D1731350

Lutter/Hommelhoff · **SE-Kommentar**

SE-
Kommentar

SE-VO · SEAG · SEBG
Steuerrecht

herausgegeben von

Prof. Dr. Dres. h.c. Marcus Lutter

und

Prof. Dr. Dres. h.c. Peter Hommelhoff

2008

Verlag
Dr. Otto Schmidt
Köln

Bearbeiter

Prof. Dr. Walter Bayer
o. Professor, Universität Jena
Richter am Thüringer OLG
Mitglied des Thüringer VerfGH

Prof. Dr. Tim Drygala
o. Professor, Universität Leipzig

Prof. Dr. Ulrich Ehricke,
M.A., LL.M. (London)
o. Professor, Universität Köln
Richter am OLG Düsseldorf

Prof. Dr. Holger Fleischer,
LL.M. (Ann Arbor)
o. Professor, Universität Bonn

Prof. Dr. Dres. h.c. Peter Hommelhoff
o. Professor em., Universität Heidelberg
Richter am OLG a.D.

Prof. Dr. Detlef Kleindiek
o. Professor, Universität Bielefeld

Prof. Dr. Gerd Krieger
Rechtsanwalt, Düsseldorf
Honorarprofessor, Universität Düsseldorf

Dr. Gerd H. Langhein
Notar, Hamburg

Prof. Dr. Dres. h.c. Marcus Lutter
o. Professor em., Universität Bonn
Sprecher des Zentrums
für Europäisches Wirtschaftsrecht
der Universität Bonn
Rechtsanwalt, Berlin

Prof. Dr. Hanno Merkt, LL.M.
(Univ. of Chicago)
o. Professor, Universität Freiburg

Prof. Dr. Hartmut Oetker
o. Professor, Universität Kiel
Richter am Thüringer OLG

Dr. Wolf-Georg Ringe, M.Jur. (Oxon)
Lecturer, Universität Oxford
Deputy Director,
Institute of European and
Comparative Law

Dr. Viola Sailer
Rechtsanwältin, München

Dr. Clemens Philipp Schindler, LL.M.
(NYU Int'l Tax)
Rechtsanwalt und Steuerberater, Wien

Prof. Dr. Wolfgang Schön
Direktor, Max-Planck-Institut für
Geistiges Eigentum, Wettbewerbs- und
Steuerrecht, München
Honorarprofessor,
Ludwig-Maximilians-Universität München

Dr. Christoph H. Seibt, LL.M. (Yale)
Rechtsanwalt, Hamburg,
Fachanwalt für Steuerrecht

Prof. Dr. Gerald Spindler
o. Professor, Universität Göttingen

Prof. Dr. Christoph Teichmann
o. Professor, Universität Würzburg

Dr. Hildegard Ziemons
Rechtsanwältin, Frankfurt am Main

Prof. Dr. Daniel Zimmer, LL.M. (UCLA)
o. Professor, Universität Bonn

Zitierempfehlung:

Bearbeiter in Lutter/Hommelhoff (Hrsg.), SE-Kommentar, 2008, Art. ... SE-VO Rz. ... oder § ... SEBG Rz. ...

Bearbeiter in Lutter/Hommelhoff (Hrsg.), SE-Kommentar, 2008, Steuerrecht Rz. ...

Bibliografische Information
der Deutschen Nationalbibliothek

Die Deutsche Nationalbibliothek verzeichnet diese Publikation in der Deutschen Nationalbibliografie; detaillierte bibliografische Daten sind im Internet über http://dnb.d-nb.de abrufbar.

Verlag Dr. Otto Schmidt KG
Gustav-Heinemann-Ufer 58, 50968 Köln
Tel. 02 21/9 37 38-01, Fax 02 21/9 37 38-943
info@otto-schmidt.de
www.otto-schmidt.de

ISBN 978-3-504-31175-9

Das verwendete Papier ist aus chlorfrei gebleichten Rohstoffen hergestellt, holz- und säurefrei, alterungsbeständig und umweltfreundlich.

Einbandgestaltung: Jan P. Lichtenford, Mettmann
Satz: WMTP, Birkenau
Druck und Verarbeitung: Kösel, Altusried-Krugzell
Printed in Germany

Vorwort

45 Jahre hat das Gesetzgebungsverfahren um die Schaffung einer Europäischen Gesellschaft gedauert, von den ersten Vorschlägen des französischen Notariats im Jahre 1959 über die Vorentwürfe von *Pieter Sanders* bis zum fabelhaften Entwurf von 1975 und seinen ständigen Verschlechterungen bis zum Beschluss von Nizza im Jahre 2001. Noch einmal waren dann drei Jahre erforderlich, bis auch die nationalen Begleit- und Umsetzungsgesetze in Kraft getreten waren, ehe seit dem 8. Oktober 2004 überall in der EU und dem EWR, also in heute 30 Ländern, Europäische Gesellschaften gegründet werden können. Und weil die Herausgeber dieses schwierige Projekt von seinen Anfängen an begleitet haben, lag die Schaffung eines Kommentars zu diesen Gesetzeswerken für sie nahe.

Aber neue Schwierigkeiten türmten sich auf. Denn die SE hat nicht wie die deutsche Aktiengesellschaft *eine Rechtsgrundlage*, sondern derer *drei*: Die SE-VO, das nationale Begleitgesetz (SEAG) und das nationale (hier: deutsche) Aktiengesetz. Sollte man wirklich mehr als die Hälfte des deutschen Aktiengesetzes verstreut über die 70 Artikel der SE-VO und des deutschen SEAG kommentieren? Das würde direkt in Verwirrung und Unlesbarkeit führen. Die Herausgeber haben sich daher zu einer Teilung entschlossen: die SE-VO wird zusammen mit dem Begleitgesetz SEAG (Teil A.) und dem die Mitbestimmung behandelnden SEBG (Teil B.) hier kommentiert, hinsichtlich der in der Rangfolge zuletzt anwendbaren Vorschriften des AktG wird auf einen parallel dazu entstandenen neuen Aktienrechts-Kommentar verwiesen (Karsten Schmidt/Marcus Lutter [Hrsg.], AktG-Kommentar, 2008). Um diese Teilung inhaltlich möglichst wenig relevant werden zu lassen, ist es gelungen, die Autoren dieses Kommentars mit denen der entsprechenden Fragen im AktG-Kommentar identisch zu halten. Auf diese Weise sind die beiden Kommentare sachlich und personell aufs Engste miteinander verknüpft.

Während ihrer Arbeiten an der SE-VO hat die Europäische Kommission auch stets im Blick gehabt, steuerliche Hindernisse für die Gründung und Entfaltung einer SE aus dem Weg zu räumen. Auf steuerliche Regelungen in der SE-VO selbst wurde jedoch verzichtet. Wegen der großen Bedeutung für die SE wird das begleitende Steuerrecht hier eingehend dargestellt (Teil C.).

Wir danken allen, die an diesem ambitionierten Projekt mitgewirkt haben, und hoffen nicht nur auf eine freundliche Aufnahme des Werkes, sondern auch darauf, dass es zur Gründung vieler SE auf seine Weise beiträgt.

Bonn und Heidelberg, im Oktober 2007   Marcus Lutter
                                                          Peter Hommelhoff

Es haben bearbeitet:

Bayer	Art. 2, 3, 15–36
Drygala	Art. 40, 42
Ehricke	Art. 63–65
Fleischer	Art. 4, 5
Hommelhoff/Teichmann	Art. 9, 10
Kleindiek	Art. 12 Abs. 1–3, 13, 14, 61, 62
Krieger/Sailer	Art. 41
Langhein	Art. 11, 67, 68
Lutter	Einleitung, Art. 1
Merkt	Anh. II zu Art. 5
Oetker	§§ 1–47 SEBG
Schindler	Steuerrecht (Rz. 287–416)
Schön	Steuerrecht (Rz. 1–286)
Seibt	Art. 6, 12 Abs. 4, 37, 39, 59, 66
Spindler	Art. 52–58, 60
Teichmann	Art. 38, 43, Anh. zu Art. 43 (§§ 20–49 SEAG), 44–48, Anh. zu Art. 48 (§ 19 SEAG), 49–51
Ziemons	Anh. I zu Art. 5
Zimmer/Ringe	Art. 7, 8

Inhaltsverzeichnis

A. SE-Verordnung

B. SE-Beteiligungsgesetz

C. Die SE im Steuerrecht

Allgemeines Literaturverzeichnis

Barnert/Dolezel/Egermann/Illigasch	Societas Europaea, Das Handbuch für Praktiker in Deutsch/Englisch, 2005
Bartone/Klapdor	Die Europäische Aktiengesellschaft, 2005
Baumbach/Hopt	Handelsgesetzbuch, 32. Aufl. 2006
Baumbach/Hueck	Aktiengesetz, 13. Aufl. 1968
Baums (Hrsg.)	Bericht der Regierungskommission Corporate Governance, 2001
Baums/Cahn (Hrsg.)	Die Europäische Aktiengesellschaft, Umsetzungsfragen und Perspektiven, 2004
Beck'scher Bilanz-Kommentar	6. Aufl. 2006
Beck'sches Handbuch der AG	herausgegeben von Welf Müller, Rödder, 2003
Buchheim	Europäische Aktiengesellschaft und grenzüberschreitende Konzernverschmelzung: der aktuelle Entwurf der Rechtsform aus betriebswirtschaftlicher Sicht, 2001
Ebenroth/Boujong/Joost	Handelsgesetzbuch, 2001
Emmerich/Habersack	Aktien- und GmbH-Konzernrecht, 4. Aufl. 2005
Emmerich/Habersack	Konzernrecht, 8. Aufl. 2005
Fleischer (Hrsg.)	Handbuch des Vorstandsrechts, 2006
Geßler/Hefermehl/Eckardt/Kropff	Aktiengesetz, 1974 ff. (2. Aufl. s. Münchener Kommentar zum Aktiengesetz)
v. Godin/Wilhelmi	Aktiengesetz, 4. Aufl. 1971
Großkommentar zum Aktiengesetz	herausgegeben von Hopt, Wiedemann, 4. Aufl. 1992 ff.
Grundmann	Europäisches Gesellschaftsrecht, 2004
Grundmann/Möslein	European Company Law, 2007
Habersack	Europäisches Gesellschaftsrecht, 3. Aufl. 2006
Hachenburg	Gesetz betreffend die Gesellschaften mit beschränkter Haftung, Großkommentar, 8. Aufl. 1989 ff.
Happ (Hrsg.)	Aktienrecht, 3. Aufl. 2007
Heidel (Hrsg.)	Aktienrecht und Kapitalmarktrecht, 2. Aufl. 2007
Henn	Handbuch des Aktienrechts, 7. Aufl. 2002
Henze	Aktienrecht – Höchstrichterliche Rechtsprechung, 5. Aufl. 2002
Henssler/Willemsen/Kalb	Arbeitsrecht Kommentar, 2. Aufl. 2006
Hoffmann/Preu	Der Aufsichtsrat, 5. Aufl. 2003
Hueck/Windbichler	Gesellschaftsrecht, 20. Aufl. 2003
Hüffer	Aktiengesetz, 7. Aufl. 2006
Van Hulle/Maul/Drinhausen (Hrsg.)	Handbuch zur Europäischen Gesellschaft (SE), 2007
Jäger	Aktiengesellschaft, 2004

Jannott/Frodermann (Hrsg.)	Handbuch der Europäischen Aktiengesellschaft – Societas Europaea, 2005
Kalss/Hügel (Hrsg.)	Europäische Aktiengesellschaft. SE-Kommentar, Wien 2004
Kallmeyer	UmwG, 3. Aufl. 2006
Keidel/Kuntze/Winkler	Freiwillige Gerichtsbarkeit. Kommentar zum FGG, 15. Aufl. 2003
Kölner Kommentar zum Aktiengesetz	herausgegeben von Zöllner, 2. Aufl. 1986 ff., herausgegeben von Zöllner, Noack, 3. Aufl. 2004 ff. (ohne Auflagen-Angabe wird die 2. Aufl. zitiert)
Krieger/Uwe H. Schneider (Hrsg.)	Handbuch Managerhaftung – Risikobereiche und Haftungsfolgen für Vorstand, Geschäftsführer, Aufsichtsrat, 2007
Kropff	Aktiengesetz, Textausgabe des Aktiengesetzes v. 6.9.1965, 1965
Kübler/Assmann	Gesellschaftsrecht, 6. Aufl. 2006
Lächler/Oplustil	Funktion und Umfang des Regelungsbereichs der SE-VO, NZG 2005, 381
Lind	Die Europäische Aktiengesellschaft, Wien 2004
Lutter	Information und Vertraulichkeit im Aufsichtsrat, 3. Aufl. 2006
Lutter	Umwandlungsgesetz, 3. Aufl. 2004
Lutter	Europäisches Unternehmensrecht, 4: Aufl. 1996
Lutter (Hrsg.)	Das Kapital der Aktiengesellschaft in Europa, 2006
Lutter/Hommelhoff	GmbH-Gesetz, 16. Aufl. 2004
Lutter/Krieger	Rechte und Pflichten des Aufsichtsrats, 4. Aufl. 2002
Manz/Mayer/Schröder (Hrsg.)	Europäische Aktiengesellschaft SE, Kommentar, 2005
Michalski (Hrsg.)	GmbHG, 2002
Münchener Handbuch des Gesellschaftsrechts	Band 4 Aktiengesellschaft herausgegeben von Hoffmann-Becking, 3. Aufl. 2007
Münchener Kommentar zum Aktiengesetz	herausgegeben von Kropff, Semler, 2. Aufl. 2000 ff.
Münchener Kommentar zum HGB	herausgegeben von Karsten Schmidt, 1997 ff.
Nagel/Freis/Kleinsorge	Die Beteiligung der Arbeitnehmer in der Europäischen Gesellschaft – SE, 2005
Nirk/Ziemons/Binnewies	Handbuch der Aktiengesellschaft (Loseblatt)
Obermüller/Werner/Winden	Die Hauptversammlung der Aktiengesellschaft, 4. Aufl. 2001 (bearbeitet von Butzke)
Palandt	Bürgerliches Gesetzbuch, 66. Aufl. 2007

Raiser/Veil	Recht der Kapitalgesellschaften, 4. Aufl. 2005
Röhricht/Graf von Westphalen	HGB, 2. Aufl. 2001
Roth/Altmeppen	Gesetz betreffend die Gesellschaften mit beschränkter Haftung, 5. Aufl. 2005
Rowedder/Schmidt-Leithoff (Hrsg.)	Gesetz betreffend die Gesellschaften mit beschränkter Haftung, Kommentar, 4. Aufl. 2002
Scheifele	Die Gründung der Europäischen Aktiengesellschaft, 2004
Schindler	Die europäische Aktiengesellschaft: gesellschafts- und steuerrechtliche Aspekte, Wien 2002
Schmidt, Jessica	Deutsche versus britische Societas Europaea (SE), 2006
Schmidt, Karsten	Gesellschaftsrecht, 4. Aufl. 2002
Schmidt, Karsten/Lutter, Marcus (Hrsg.)	Aktiengesetz, 2008
Scholz	Kommentar zum GmbH-Gesetz, 9. Aufl. 2000/2002, 10. Aufl. 2006 (Bd. I), 2007 (Bd. II)
Schönborn	Die monistische Societas Europaea in Deutschland im Vergleich zum englischen Recht, 2007
Schwarz	Europäisches Gesellschaftsrecht, 2000
Semler	Leitung und Überwachung der Aktiengesellschaft, 2. Aufl. 1996
Semler/Peltzer (Hrsg.)	Arbeitshandbuch für Vorstandsmitglieder, 2005
Semler/v. Schenck (Hrsg.)	Arbeitshandbuch für Aufsichtsratsmitglieder, 2. Aufl. 2004
Semler/Volhard (Hrsg.)	Arbeitshandbuch für die Hauptversammlung, 2. Aufl. 2003
Spindler/Stilz	Aktiengesetz, 2007
Straube/Aicher	Handbuch zur Europäischen Aktiengesellschaft, 2006
Theisen/Wenz (Hrsg.)	Die Europäische Aktiengesellschaft, Recht, Steuern und Betriebswirtschaft der Societas Europaea (SE), 2. Aufl. 2005
Thümmel	Die Europäische Aktiengesellschaft, Leitfaden für die Unternehmens- und Beratungspraxis, 2005
Ulmer	GmbHG, Großkommentar, 2005 ff., herausgegeben von Ulmer, Habersack, Winter
Wenz	Die Societas Europaea, 1993
Widmann/Mayer	Umwandlungsrecht (Loseblatt)
Wiedemann	Gesellschaftsrecht, Band I: Grundlagen, 1980

Abkürzungsverzeichnis

a.A.	anderer Ansicht
a.E.	am Ende
a.F.	alte Fassung
ABl. EG	Amtsblatt der Europäischen Gemeinschaft
ABl. EU	Amtsblatt der Europäischen Union
Abs.	Absatz
AcP	Archiv für die civilistische Praxis
AG	Aktiengesellschaft; Die Aktiengesellschaft
AGB	Allgemeine Geschäftsbedingungen
AktG	Aktiengesetz
Alt.	Alternative
Anh.	Anhang
Anm.	Anmerkung
AnwBl.	Anwaltsblatt
AO	Abgabenordnung
AöR	Archiv des öffentlichen Rechts
AR	Aufsichtsrat
ArbVG	Arbeitsvertragsgesetz
Art.	Artikel
AStG	Gesetz über die Besteuerung bei Auslandsbeziehungen
Aufl.	Auflage
AWD	Außenwirtschaftsdienst (jetzt: RIW)
BaFin	Bundesanstalt für Finanzdienstleistungsaufsicht
BAG	Bundesarbeitsgericht
BAnz.	Bundeanzeiger
BayObLG	Bayerisches Oberstes Landesgericht
BayObLGZ	Entscheidungssammlung des BayObLG in Zivilsachen
BB	Betriebs-Berater
Bd.	Band
BDA	Bundesvereinigung der Deutschen Arbeitgeberverbände
BDI	Bundesverband der Deutschen Industrie
BeckBilKomm.	Beckscher Bilanz-Kommentar
Begr.	Begründung
BetrAVG	Gesetz zur Verbesserung der betrieblichen Altersversorgung
BetrVG	Betriebsverfassungsgesetz
BeurkG	Beurkundungsgesetz
BewG	Bewertungsgesetz
BFH	Bundesfinanzhof
BGB	Bürgerliches Gesetzbuch
BGBl.	Bundesgesetzblatt
BGH	Bundesgerichtshof
BGHZ	Entscheidungen des Bundesgerichtshofs in Zivilsachen
BilReG	Bilanzrechtsreformgesetz
BiRiLiG	Bilanzrichtlinien-Gesetz
BKR	Zeitschrift für Bank- und Kapitalmarktrecht
BMJ	Bundesministerium der Justiz
BNotO	Bundesnotarordnung
BörsG	Börsengesetz

BRAO	Bundesrechtsanwaltsordnung
BR-Drucks.	Bundesrats-Drucksache
BSG	Bundessozialgericht
BStBl.	Bundessteuerblatt
BT-Drucks.	Bundestags-Drucksache
BuB	Bankrecht und Bankpraxis
BVerfG	Bundesverfassungsgericht
BVerfGE	Entscheidungssammlung des Bundesverfassungsgerichts
BVG	Besonderes Verwaltungsgremium
BZRG	Bundeszentralregistergesetz
bzw.	beziehungsweise
CEO	Chief Executive Officer
DAI	Deutsches Aktieninstitut
DAV	Deutscher Anwaltverein
DAX	Deutscher Aktienindex
DB	Der Betrieb
DBA	Doppelbesteuerungsabkommen
DCGK	Deutscher Corporate Governance Kodex
d.h.	das heißt
DiskE	Diskussionsentwurf
Diss.	Dissertation
DJT	Deutscher Juristentag
DNotZ	Deutsche Notar-Zeitschrift
DöV	Die öffentliche Verwaltung
DrittelbG	Drittelbeteiligungsgesetz
DStR	Deutsches Steuerrecht
DSW	Deutsche Schutzvereinigung für Wertpapierbesitz
DVBl.	Deutsches Verwaltungsblatt
DVO	Durchführungsverordnung
DZWiR	Deutsche Zeitschrift für Wirtschaftsrecht
E	Entwurf
EAS	Europäisches Arbeits- und Sozialrecht
EBLR	European Business Law Review
EBOR	European Business Organization Law Review
EBRG	Gesetz über Europäische Betriebsräte
EBR-RL	Richtlinie über den Europäischen Betriebsrat
ECFR	European Company and Financial Law Review
Eds.	Editors
EFG	Entscheidungen der Finanzgerichte
EFTA	European Free Trade Association
EfzG	Entgeltfortzahlungsgesetz
EG	Europäische Gemeinschaft
EGAktG	Einführungsgesetz zum Aktiengesetz
EGBGB	Einführungsgesetz zum Bürgerlichen Gesetzbuch
EHUG	Gesetz über elektronische Handelsregister und Genossenschaftsregister sowie das Unternehmensregister
ELR	European Law Reporter
EP	Europäisches Parlament
EPG	Europäische Privatgesellschaft
ErfK	Erfurter Kommentar

EStDV	Einkommensteuer-Durchführungsverordnung
EStG	Einkommensteuergesetz
EU	Europäische Union
EUGGES	Europäische Gegenseitigkeitsgesellschaft
EuGH	Europäischer Gerichtshof
EuGVÜ	Europäisches Gerichtsstands- und Vollstreckungsübereinkommen
EuGVVO	Verordnung über die gerichtliche Zuständigkeit und die Anerkennung und Vollstreckung von Entscheidungen in Zivil- und Handelssachen
EuInsVO	Europäische Insolvenzverordnung
EuroEG	Euro-Einführungsgesetz
EUV	Vertrag über die Europäische Union
EUV-VOV	Vorschlag einer Verordnung zum Vertrag über die Europäische Union
EWG	Europäische Wirtschaftsgemeinschaft
EWiR	Entscheidungen zum Wirtschaftsrecht
EWIV	Europäische wirtschaftliche Interessenvereinigung
EWR	Europäischer Wirtschaftsraum
EWS	Europäisches Wirtschafts- und Steuerrecht
EWWU	Europäische Wirtschafts- und Währungsunion
EZB	Europäische Zentralbank
f., ff.	folgende, fortfolgende
FamFG	Gesetz zur Reform des Verfahrens in Familiensachen und in Angelegenheiten der Freiwilligen Gerichtsbarkeit
FamRZ	Zeitschrift für das gesamte Familienrecht
FAZ	Frankfurter Allgemeine Zeitung
FGG	Gesetz über die Angelegenheiten der Freiwilligen Gerichtsbarkeit
FGPrax	Praxis der freiwilligen Gerichtsbarkeit
Fn.	Fußnote
FR	Finanz-Rundschau
FS	Festschrift
FWB	Frankfurter Wertpapierbörse
GAAP	Generally Accepted Accounting Principles
GbR	Gesellschaft bürgerlichen Rechts
GenG	Gesetz betreffend die Erwerbs- und Wirtschaftsgenossenschaften
GesR	Gesellschaftsrecht
GesRZ	Der Gesellschafter
GewArch	Gewerbearchiv
GewStG	Gewerbesteuergesetz
GewStR	Gewerbesteuerrichtlinien
GG	Grundgesetz
ggf.	gegebenenfalls
G/H/E/K	Geßler/Hefermehl/Eckardt/Kropff
GmbH	Gesellschaft mit beschränkter Haftung
GmbHG	Gesetz betreffend die Gesellschaften mit beschränkter Haftung
GmbHR	GmbH-Rundschau
GoB	Grundsätze ordnungmäßiger Buchführung
GrEStG	Grunderwerbsteuergesetz
Großkomm.	Großkommentar

GS	Gedächtnisschrift
GuV	Gewinn- und Verlustrechnung
GVBl.	Gesetz- und Verordnungsblatt
GVG	Gerichtsverfassungsgesetz
GWB	Gesetz gegen Wettbewerbsbeschränkungen
Hdb.	Handbuch
HdJ	Handbuch des Jahresabschlusses
HGB	Handelsgesetzbuch
h.L.	herrschende Lehre
h.M.	herrschende Meinung
HR	Handelsregister
HRefG	Handelsregisterreformgesetz
HRR	Höchstrichterliche Rechtsprechung
Hrsg.	Herausgeber
HRV	Handelsregisterverordnung
HV	Hauptversammlung
i.d.F.	in der Fassung
i.d.R.	in der Regel
i.E.	im Ergebnis
i.e.S.	im engeren Sinne
i.S.d.	im Sinne des
i.V.m.	in Verbindung mit
IAS	International Accounting Standards
IASB	International Accounting Standards Board
ibid.	ibidem
IDW	Institut der Wirtschaftsprüfer
IDW PS	IDW Prüfungsstandards
IFRS	International Financial Reporting Standards
InsO	Insolvenzordnung
InvG	Investmentgesetz
InsVV	Insolvenzrechtliche Vergütungsverordnung
IStR	Internationales Steuerrecht
JR	Juristische Rundschau
Jura	Juristische Ausbildung
JuS	Juristische Schulung
JZ	Juristenzeitung
KapErhG	Kapitalerhöhungsgesetz
KapRL	Kapitalrichtlinie
KG	Kommanditgesellschaft
KGaA	Kommanditgesellschaft auf Aktien
KMU	kleine und mittlere Unternehmen
KölnKomm.	Kölner Kommentar
Komm.	Kommentar
KonTraG	Gesetz zur Kontrolle und Transparenz im Unternehmensbereich
KoR	Kapitalmarktorientierte Rechnungslegung
KostO	Kostenordnung
KStG	Körperschaftsteuergesetz
KTS	Zeitschrift für Konkurs-, Treuhand- und Schiedsgerichtswesen
KWG	Kreditwesengesetz

LAG	Landesarbeitsgericht
LG	Landgericht
lit.	litera
LM	Lindenmaier/Möhring
LStDV	Lohnsteuer-Durchführungsverordnung
LStR	Lohnsteuerrichtlinien
Ltd.	Limited Company
LugÜ	Luganer Übereinkommen
m.w.N.	mit weiteren Nachweisen
MA	Musterabkommen
MDR	Monatsschrift für Deutsches Recht
MgVG	Gesetz über die Mitbestimmung der Arbeitnehmer bei einer grenzüberschreitenden Verschmelzung
Mio.	Million
MittBayNotZ	Mitteilungen des Bayerischen Notarvereins, der Notarkasse und der Landesnotarkammer Bayern
MitbestErgG	Mitbestimmungsergänzungsgesetz
MitbestG	Mitbestimmungsgesetz
MittRhNotK	Mitteilungen der Rheinischen Notarkammer
MoMiG	Gesetz zur Modernisierung des GmbH-Rechts und zur Bekämpfung von Missbräuchen
MünchHdb. AG	Münchener Handbuch des Gesellschaftsrechts, Die Aktiengesellschaft
MünchKomm.	Münchener Kommentar
NASDAQ	National Association of Securities Dealers Automated Quotation
NaStraG	Gesetz zur Namensaktie und zur Erleichterung der Stimmrechtsausübung
n.F.	neue Fassung
NJW	Neue Juristische Wochenschrift
NJW-RR	NJW-Rechtsprechungs-Report
NotBZ	Zeitschrift für die notarielle Beratungs- und Beurkundungspraxis
Nr.	Nummer
NStZ	Neue Zeitschrift für Strafrecht
NVersZ	Neue Zeitschrift für Versicherung und Recht
NWB	Neue Wirtschaftsbriefe
NYSE	New York Stock Exchange
NZA	Neue Zeitschrift für Arbeitsrecht
NZG	Neue Zeitschrift für Gesellschaftsrecht
öAktG	österreichisches Aktiengesetz
OECD	Organisation for Economic Cooperation and Development
OFD	Oberfinanzdirektion
OHG	Offene Handelsgesellschaft
OLG	Oberlandesgericht
OLGZ	Entscheidungssammlung der Oberlandesgerichte in Zivilsachen
ÖStZ	Österreichische Steuer-Zeitung
OWiG	Gesetz über Ordnungswidrigkeiten
PartGG	Partnerschaftsgesellschaftsgesetz

PLC	Public Limited Company
RL	Richtlinie
RdA	Recht der Arbeit
RefE	Referentenentwurf
RegE	Regierungsentwurf
REIT-AG	Immobilien-Aktiengesellschaft mit börsennotierten Anteilen
REITG	Gesetz über deutsche Immobilien-Aktiengesellschaften mit bör- sennotierten Anteilen
RFH	Reichsfinanzhof
RG	Reichsgericht
RGZ	Entscheidungssammlung des Reichsgerichts in Zivilsachen
RIW	Recht der Internationalen Wirtschaft
RL	Richtlinie
RNotZ	Rheinische Notar-Zeitschrift
RPfl.	Der Deutsche Rechtspfleger
RPflG	Rechtspflegergesetz
Rs.	Rechtssache
Rspr.	Rechtsprechung
RWZ	Zeitschrift für Recht und Rechnungswesen
Rz.	Randzahl
S.	Seite
s.	siehe
S.A.R.L.	Société à Responsabilité Limitée
SCE	Europäische Genossenschaft
SCEBG	Gesetz über die Beteiligung der Arbeitnehmer und Arbeitnehme- rinnen in einer Europäischen Genossenschaft
SE	Societas Europaea
SEAG	SE-Ausführungsgesetz
SEBG	SE-Beteiligungsgesetz
SEC	Securities and Exchange Commission
SEEG	Gesetz zur Einführung der Europäischen Gesellschaft
SEG	Gesetz über das Statut der Europäischen Gesellschaft (Öster- reich)
SEStEG	Gesetz über steuerliche Begleitmaßnahmen zur Einführung der Europäischen Gesellschaft und zur Änderung weiterer steuer- rechtlicher Vorschriften
SE-VO	SE-Verordnung
SE-VOV	Vorschlag für eine SE-Verordnung
sog.	sogenannt
SprAuG	Sprecherausschussgesetz
SpruchG	Spruchverfahrensgesetz
Stb.	Steuerberater
StBerG	Steuerbereinigungsgesetz
StbJB	Steuerberater-Jahrbuch
StGB	Strafgesetzbuch
StuB	Steuern und Bilanzen
StuW	Steuer und Wirtschaft
SZW	Schweizerische Zeitschrift für Wirtschaftsrecht
TransPuG	Transparenz- und Publizitätsgesetz
TUG	Transparenzrichtlinie-Umsetzungsgesetz

Tz.	Textziffer
u.a.	unter anderem
UBGG	Gesetz über Unternehmensbeteiligungsgesellschaften
UMAG	Gesetz zur Unternehmensintegrität und Modernisierung des Anfechtungsrechts
UmwBerG	Umwandlungsbereinigungsgesetz
UmwG	Umwandlungsgesetz
UmwStG	Umwandlungssteuergesetz
UStG	Umsatzsteuergesetz
u.U.	unter Umständen
UWG	Gesetz gegen den unlauteren Wettbewerb
VAG	Versicherungsaufsichtsgesetz
Var.	Variante
VerkProspG	Verkaufsprospektgesetz
VersR	Versicherungsrecht
VerwArch	Verwaltungsarchiv
VG	Verwaltungsgericht
VGH	Verwaltungsgerichtshof
vgl.	vergleiche
VGR	Gesellschaftsrechtliche Vereinigung
VO	Verordnung
VOE	Verordnungsentwurf
VOV	Verordnungsvorschlag
VVG	Versicherungsvertragsgesetz
VZ	Veranlagungszeitraum
Wbl	Zeitschrift für österreichisches und europäisches Wirtschaftsrecht
WG	Wechselgesetz
WiB	Wirtschaftsrechtliche Beratung
wistra	Zeitschrift für Wirtschaft, Steuer und Strafrecht
WM	Wertpapier-Mitteilungen
WPg	Die Wirtschaftsprüfung
WpHG	Wertpapierhandelsgesetz
WPK	Wirtschaftsprüferkammer
WPO	Wirtschaftsprüferordnung
WpÜG	Wertpapiererwerbs- und Übernahmegesetz
WpÜG-AngVO	WpÜG-Angebotsverordnung
WpÜG-GebVO	WpÜG-Gebührenverordnung
WuB	Entscheidungssammlung zum Wirtschafts- und Bankrecht
WWU	Wirtschafts- und Währungsunion
ZBB	Zeitschrift für Bankrecht und Bankwirtschaft
ZEuP	Zeitschrift für europäisches Privatrecht
ZEV	Zeitschrift für Erbrecht und Vermögensnachfolge
ZfA	Zeitschrift für Arbeitsrecht
ZfB	Zeitschrift für Betriebswirtschaft
ZfbF	Zeitschrift für betriebswirtschaftliche Forschung
ZfRV	Zeitschrift für Rechtsvergleichung
ZGR	Zeitschrift für Unternehmens- und Gesellschaftsrecht
ZHR	Zeitschrift für das gesamte Handels- und Wirtschaftsrecht

Ziff.	Ziffer
ZInsO	Zeitschrift für das gesamte Insolvenzrecht
ZIP	Zeitschrift für Wirtschaftsrecht
zit.	zitiert
ZNotP	Zeitschrift für die Notarpraxis
ZPO	Zivilprozessordnung
ZRP	Zeitschrift für Rechtspolitik
ZuVOJu	Verordnung des Justizministeriums über gerichtliche Zuständigkeiten
ZVglRWiss	Zeitschrift für Vergleichende Rechtswissenschaft
ZZP	Zeitschrift für Zivilprozess

A. SE-Verordnung

Verordnung (EG) Nr. 2157/2001 des Rates vom 8. Oktober 2001 über das Statut der Europäischen Gesellschaft (SE)

(ABl.EG Nr. L 294 v. 10.11.2001, S.1 ff.), zuletzt geändert durch VO vom 20. November 2006 (ABl.EG Nr. L 363 v. 20.12.2006, S. 1 ff.)

Titel I. Allgemeine Vorschriften

Artikel 1

(1) Handelsgesellschaften können im Gebiet der Gemeinschaft in der Form europäischer Aktiengesellschaften (Societas Europaea, nachfolgend „SE" genannt) unter den Voraussetzungen und in der Weise gegründet werden, die in dieser Verordnung vorgesehen sind.

(2) Die SE ist eine Gesellschaft, deren Kapital in Aktien zerlegt ist. Jeder Aktionär haftet nur bis zur Höhe des von ihm gezeichneten Kapitals.

(3) Die SE besitzt Rechtspersönlichkeit.

(4) Die Beteiligung der Arbeitnehmer in der SE wird durch die Richtlinie 2001/86/EG geregelt.

Artikel 2

(1) Aktiengesellschaften im Sinne des Anhangs I, die nach dem Recht eines Mitgliedstaats gegründet worden sind und ihren Sitz sowie ihre Hauptverwaltung in der Gemeinschaft haben, können eine SE durch Verschmelzung gründen, sofern mindestens zwei von ihnen dem Recht verschiedener Mitgliedstaaten unterliegen.

(2) Aktiengesellschaften und Gesellschaften mit beschränkter Haftung im Sinne des Anhangs II, die nach dem Recht eines Mitgliedstaats gegründet worden sind und ihren Sitz sowie ihre Hauptverwaltung in der Gemeinschaft haben, können die Gründung einer Holding-SE anstreben, sofern mindestens zwei von ihnen

a) dem Recht verschiedener Mitgliedstaaten unterliegen oder

b) seit mindestens zwei Jahren eine dem Recht eines anderen Mitgliedstaats unterliegende Tochtergesellschaft oder eine Zweigniederlassung in einem anderen Mitgliedstaat haben.

(3) Gesellschaften im Sinne des Artikels 48 Absatz 2 des Vertrags sowie juristische Personen des öffentlichen oder privaten Rechts, die nach dem Recht eines Mitgliedstaats gegründet worden sind und ihren Sitz sowie ihre Hauptverwaltung in der Gemeinschaft haben, können eine Tochter-SE durch Zeichnung ihrer Aktien gründen, sofern mindestens zwei von ihnen

a) dem Recht verschiedener Mitgliedstaaten unterliegen oder

b) seit mindestens zwei Jahren eine dem Recht eines anderen Mitgliedstaats unterliegende Tochtergesellschaft oder eine Zweigniederlassung in einem anderen Mitgliedstaat haben.

(4) Eine Aktiengesellschaft, die nach dem Recht eines Mitgliedstaats gegründet worden ist und ihren Sitz sowie ihre Hauptverwaltung in der Gemeinschaft hat, kann in eine SE umgewandelt werden, wenn sie seit mindestens zwei Jahren eine dem Recht eines anderen Mitgliedstaats unterliegende Tochtergesellschaft hat.

(5) Ein Mitgliedstaat kann vorsehen, dass sich eine Gesellschaft, die ihre Hauptverwaltung nicht in der Gemeinschaft hat, an der Gründung einer SE beteiligen kann, sofern sie nach dem Recht eines Mitgliedstaats gegründet wurde, ihren Sitz in diesem Mitgliedstaat hat und mit der Wirtschaft eines Mitgliedstaats in tatsächlicher und dauerhafter Verbindung steht.

Artikel 3

(1) Die SE gilt als Aktiengesellschaft, die zum Zwecke der Anwendung des Artikels 2 Absätze 1, 2 und 3 dem Recht des Sitzmitgliedstaats unterliegt.

(2) Eine SE kann selbst eine oder mehrere Tochtergesellschaften in Form einer SE gründen. Bestimmungen des Sitzmitgliedstaats der Tochter-SE, gemäß denen eine Aktiengesellschaft mehr als einen Aktionär haben muss, gelten nicht für die Tochter-SE. Die einzelstaatlichen Bestimmungen, die aufgrund der Zwölften Richtlinie 89/667/EWG des Rates vom 21. Dezember 1989 auf dem Gebiet des Gesellschaftsrechts betreffend Gesellschaften mit beschränkter Haftung mit einem einzigen Gesellschafter(5) angenommen wurden, gelten sinngemäß für die SE.

Artikel 4

(1) Das Kapital der SE lautet auf Euro.

(2) Das gezeichnete Kapital muss mindestens 120000 EUR betragen.

(3) Die Rechtsvorschriften eines Mitgliedstaats, die ein höheres gezeichnetes Kapital für Gesellschaften vorsehen, die bestimmte Arten von Tätigkeiten ausüben, gelten auch für SE mit Sitz in dem betreffenden Mitgliedstaat.

Artikel 5

Vorbehaltlich des Artikels 4 Absätze 1 und 2 gelten für das Kapital der SE, dessen Erhaltung und dessen Änderungen sowie die Aktien, die Schuldverschreibungen und sonstige vergleichbare Wertpapiere der SE die Vorschriften, die für eine Aktiengesellschaft mit Sitz in dem Mitgliedstaat, in dem die SE eingetragen ist, gelten würden.

Artikel 6

Für die Zwecke dieser Verordnung bezeichnet der Ausdruck „Satzung der SE" zugleich die Gründungsurkunde und, falls sie Gegenstand einer getrennten Urkunde ist, die Satzung der SE im eigentlichen Sinne.

Artikel 7

Der Sitz der SE muss in der Gemeinschaft liegen, und zwar in dem Mitgliedstaat, in dem sich die Hauptverwaltung der SE befindet. Jeder Mitgliedstaat kann darüber hinaus den in seinem Hoheitsgebiet eingetragenen SE vorschreiben, dass sie ihren Sitz und ihre Hauptverwaltung am selben Ort haben müssen.

Artikel 8

(1) Der Sitz der SE kann gemäß den Absätzen 2 bis 13 in einen anderen Mitgliedstaat verlegt werden. Diese Verlegung führt weder zur Auflösung der SE noch zur Gründung einer neuen juristischen Person.

(2) Ein Verlegungsplan ist von dem Leitungs- oder dem Verwaltungsorgan zu erstellen und unbeschadet etwaiger vom Sitzmitgliedstaat vorgesehener zusätzlicher Offenlegungsformen gemäß Artikel 13 offen zu legen. Dieser Plan enthält die bisherige Firma, den bisherigen Sitz und die bisherige Registriernummer der SE sowie folgende Angaben:

a) den vorgesehenen neuen Sitz der SE,

b) die für die SE vorgesehene Satzung sowie gegebenenfalls die neue Firma,

c) die etwaigen Folgen der Verlegung für die Beteiligung der Arbeitnehmer,

d) den vorgesehenen Zeitplan für die Verlegung,

e) etwaige zum Schutz der Aktionäre und/oder Gläubiger vorgesehene Rechte.

(3) Das Leitungs- oder das Verwaltungsorgan erstellt einen Bericht, in dem die rechtlichen und wirtschaftlichen Aspekte der Verlegung erläutert und begründet und die Auswirkungen der Verlegung für die Aktionäre, die Gläubiger sowie die Arbeitnehmer im Einzelnen dargelegt werden.

(4) Die Aktionäre und die Gläubiger der SE haben vor der Hauptversammlung, die über die Verlegung befinden soll, mindestens einen Monat lang das Recht, am Sitz der SE den Verlegungsplan und den Bericht nach Absatz 3 einzusehen und die unentgeltliche Aushändigung von Abschriften dieser Unterlagen zu verlangen.

(5) Die Mitgliedstaaten können in Bezug auf die in ihrem Hoheitsgebiet eingetragenen SE Vorschriften erlassen, um einen angemessenen Schutz der Minderheitsaktionäre, die sich gegen die Verlegung ausgesprochen haben, zu gewährleisten.

(6) Der Verlegungsbeschluss kann erst zwei Monate nach der Offenlegung des Verlegungsplans gefasst werden. Er muss unter den in Artikel 59 vorgesehenen Bedingungen gefasst werden.

(7) Bevor die zuständige Behörde die Bescheinigung gemäß Absatz 8 ausstellt, hat die SE gegenüber der Behörde den Nachweis zu erbringen, dass die Interessen ihrer Gläubiger und sonstigen Forderungsberechtigten (einschließlich der öffentlich-rechtlichen Körperschaften) in Bezug auf alle vor der Offenlegung des Verlegungsplans entstandenen Verbindlichkeiten im Einklang mit den Anforderungen des Mitgliedstaats, in dem die SE vor der Verlegung ihren Sitz hat, angemessen geschützt sind.

Die einzelnen Mitgliedstaaten können die Anwendung von Unterabsatz 1 auf Verbindlichkeiten ausdehnen, die bis zum Zeitpunkt der Verlegung entstehen (oder entstehen können).

Die Anwendung der einzelstaatlichen Rechtsvorschriften über das Leisten oder Absichern von Zahlungen an öffentlich-rechtliche Körperschaften auf die SE wird von den Unterabsätzen 1 und 2 nicht berührt.

(8) Im Sitzstaat der SE stellt das zuständige Gericht, der Notar oder eine andere zuständige Behörde eine Bescheinigung aus, aus der zweifelsfrei hervorgeht, dass die der Verlegung vorangehenden Rechtshandlungen und Formalitäten durchgeführt wurden.

(9) Die neue Eintragung kann erst vorgenommen werden, wenn die Bescheinigung nach Absatz 8 vorgelegt und die Erfuellung der für die Eintragung in dem neuen Sitzstaat erforderlichen Formalitäten nachgewiesen wurde.

(10) Die Sitzverlegung der SE sowie die sich daraus ergebenden Satzungsänderungen werden zu dem Zeitpunkt wirksam, zu dem die SE gemäß Artikel 12 im Register des neuen Sitzes eingetragen wird.

(11) Das Register des neuen Sitzes meldet dem Register des früheren Sitzes die neue Eintragung der SE, sobald diese vorgenommen worden ist. Die Löschung der früheren Eintragung der SE erfolgt erst nach Eingang dieser Meldung.

(12) Die neue Eintragung und die Löschung der früheren Eintragung werden gemäß Artikel 13 in den betreffenden Mitgliedstaaten offen gelegt.

(13) Mit der Offenlegung der neuen Eintragung der SE ist der neue Sitz Dritten gegenüber wirksam. Jedoch können sich Dritte, solange die Löschung der Eintragung im Register des früheren Sitzes nicht offen gelegt worden ist, weiterhin auf den alten Sitz berufen, es sei denn, die SE beweist, dass den Dritten der neue Sitz bekannt war.

(14) Die Rechtsvorschriften eines Mitgliedstaats können bestimmen, dass eine Sitzverlegung, die einen Wechsel des maßgeblichen Rechts zur Folge hätte, im Falle der in dem betreffenden Mitgliedstaat eingetragenen SE nicht wirksam wird, wenn eine zuständige Behörde dieses Staates innerhalb der in Absatz 6 genannten Frist von zwei Monaten dagegen Einspruch erhebt. Dieser Einspruch ist nur aus Gründen des öffentlichen Interesses zulässig.

Untersteht eine SE nach Maßgabe von Gemeinschaftsrichtlinien der Aufsicht einer einzelstaatlichen Finanzaufsichtsbehörde, so gilt das Recht auf Erhebung von Einspruch gegen die Sitzverlegung auch für die genannte Behörde.

Gegen den Einspruch muss ein Rechtsmittel vor einem Gericht eingelegt werden können.

(15) Eine SE kann ihren Sitz nicht verlegen, wenn gegen sie ein Verfahren wegen Auflösung, Liquidation, Zahlungsunfähigkeit oder vorläufiger Zahlungseinstellung oder ein ähnliches Verfahren eröffnet worden ist.

(16) Eine SE, die ihren Sitz in einen anderen Mitgliedstaat verlegt hat, gilt in Bezug auf alle Forderungen, die vor dem Zeitpunkt der Verlegung gemäß Absatz 10 entstanden sind, als SE mit Sitz in dem Mitgliedstaat, in dem sie vor der Verlegung eingetragen war, auch wenn sie erst nach der Verlegung verklagt wird.

Artikel 9

(1) Die SE unterliegt

a) den Bestimmungen dieser Verordnung,

b) sofern die vorliegende Verordnung dies ausdrücklich zulässt, den Bestimmungen der Satzung der SE,

c) in Bezug auf die nicht durch diese Verordnung geregelten Bereiche oder, sofern ein Bereich nur teilweise geregelt ist, in Bezug auf die nicht von dieser Verordnung erfassten Aspekte

i) den Rechtsvorschriften, die die Mitgliedstaaten in Anwendung der speziell die SE betreffenden Gemeinschaftsmaßnahmen erlassen,

ii) den Rechtsvorschriften der Mitgliedstaaten, die auf eine nach dem Recht des Sitzstaats der SE gegründete Aktiengesellschaft Anwendung finden würden,

iii) den Bestimmungen ihrer Satzung unter den gleichen Voraussetzungen wie im Falle einer nach dem Recht des Sitzstaats der SE gegründeten Aktiengesellschaft.

(2) Von den Mitgliedstaaten eigens für die SE erlassene Rechtsvorschriften müssen mit den für Aktiengesellschaften im Sinne des Anhangs I maßgeblichen Richtlinien im Einklang stehen.

(3) Gelten für die von der SE ausgeübte Geschäftstätigkeit besondere Vorschriften des einzelstaatlichen Rechts, so finden diese Vorschriften auf die SE uneingeschränkt Anwendung.

Artikel 10

Vorbehaltlich der Bestimmungen dieser Verordnung wird eine SE in jedem Mitgliedstaat wie eine Aktiengesellschaft behandelt, die nach dem Recht des Sitzstaats der SE gegründet wurde.

Artikel 11

(1) Die SE muss ihrer Firma den Zusatz „SE" voran- oder nachstellen.

(2) Nur eine SE darf ihrer Firma den Zusatz „SE" hinzufügen.

(3) Die in einem Mitgliedstaat vor dem Zeitpunkt des Inkrafttretens dieser Verordnung eingetragenen Gesellschaften oder sonstigen juristischen Personen, deren Firma den Zusatz „SE" enthält, brauchen ihre Namen jedoch nicht zu ändern.

Artikel 12

(1) Jede SE wird gemäß Artikel 3 der Ersten Richtlinie 68/151/EWG des Rates vom 9. März 1968 zur Koordinierung der Schutzbestimmungen, die in den Mitgliedstaaten den Gesellschaften im Sinne des Artikels 58 Absatz 2 des Vertrages im Interesse der Gesellschafter sowie Dritter vorgeschrieben sind, um diese Bestimmungen gleichwertig zu gestalten(6), im Sitzstaat in ein nach dem Recht dieses Staates bestimmtes Register eingetragen.

(2) Eine SE kann erst eingetragen werden, wenn eine Vereinbarung über die Beteiligung der Arbeitnehmer gemäß Artikel 4 der Richtlinie 2001/86/EG geschlossen worden ist, ein Beschluss nach Artikel 3 Absatz 6 der genannten Richtlinie gefasst worden ist oder die Verhandlungsfrist nach Artikel 5 der genannten Richtlinie abgelaufen ist, ohne dass eine Vereinbarung zustande gekommen ist.

(3) Voraussetzung dafür, dass eine SE in einem Mitgliedstaat, der von der in Artikel 7 Absatz 3 der Richtlinie 2001/86/EG vorgesehenen Möglichkeit Gebrauch gemacht hat, registriert werden kann, ist, dass eine Vereinbarung im Sinne von Artikel 4 der genannten Richtlinie über die Modalitäten der Beteiligung der Arbeitnehmer – einschließlich der Mitbestimmung – geschlossen wurde oder dass für keine der teilnehmenden Gesellschaften vor der Registrierung der SE Mitbestimmungsvorschriften galten.

(4) Die Satzung der SE darf zu keinem Zeitpunkt im Widerspruch zu der ausgehandelten Vereinbarung stehen. Steht eine neue gemäß der Richtlinie 2001/86/EG geschlossene Vereinbarung im Widerspruch zur geltenden Satzung, ist diese – soweit erforderlich – zu ändern.

In diesem Fall kann ein Mitgliedstaat vorsehen, dass das Leitungs- oder das Verwaltungsorgan der SE befugt ist, die Satzungsänderung ohne weiteren Beschluss der Hauptversammlung vorzunehmen.

Artikel 13

Die die SE betreffenden Urkunden und Angaben, die nach dieser Verordnung der Offenlegungspflicht unterliegen, werden gemäß der Richtlinie 68/151/EWG nach Maßgabe der Rechtsvorschriften des Sitzstaats der SE offen gelegt.

Artikel 14

(1) Die Eintragung und die Löschung der Eintragung einer SE werden mittels einer Bekanntmachung zu Informationszwecken im Amtsblatt der Europäischen Gemeinschaften veröffentlicht, nachdem die Offenlegung gemäß Artikel 13 erfolgt ist. Diese Bekanntmachung enthält die Firma der SE, Nummer, Datum und Ort der Eintragung der SE, Datum, Ort und Titel der Veröffentlichung sowie den Sitz und den Geschäftszweig der SE.

(2) Bei der Verlegung des Sitzes der SE gemäß Artikel 8 erfolgt eine Bekanntmachung mit den Angaben gemäß Absatz 1 sowie mit denjenigen im Falle einer Neueintragung.

(3) Die Angaben gemäß Absatz 1 werden dem Amt für amtliche Veröffentlichungen der Europäischen Gemeinschaften innerhalb eines Monats nach der Offenlegung gemäß Artikel 13 übermittelt.

Titel II. Gründung

Abschnitt 1. Allgemeines

Artikel 15

(1) Vorbehaltlich der Bestimmungen dieser Verordnung findet auf die Gründung einer SE das für Aktiengesellschaften geltende Recht des Staates Anwendung, in dem die SE ihren Sitz begründet.

(2) Die Eintragung einer SE wird gemäß Artikel 13 offen gelegt.

Artikel 16

(1) Die SE erwirbt die Rechtspersönlichkeit am Tag ihrer Eintragung in das in Artikel 12 genannte Register.

(2) Wurden im Namen der SE vor ihrer Eintragung gemäß Artikel 12 Rechtshandlungen vorgenommen und übernimmt die SE nach der Eintragung die sich aus diesen Rechtshandlungen ergebenden Verpflichtungen nicht, so haften die natürlichen Personen, die Gesellschaften oder anderen juristischen Personen, die diese Rechtshandlungen vorgenommen haben, vorbehaltlich anders lautender Vereinbarungen unbegrenzt und gesamtschuldnerisch.

Abschnitt 2. Gründung einer SE durch Verschmelzung

Artikel 17

(1) Eine SE kann gemäß Artikel 2 Absatz 1 durch Verschmelzung gegründet werden.

(2) Die Verschmelzung erfolgt

a) entweder nach dem Verfahren der Verschmelzung durch Aufnahme gemäß Artikel 3 Absatz 1 der Richtlinie 78/855/EWG(7)

b) oder nach dem Verfahren der Verschmelzung durch Gründung einer neuen Gesellschaft gemäß Artikel 4 Absatz 1 der genannten Richtlinie.

Im Falle einer Verschmelzung durch Aufnahme nimmt die aufnehmende Gesellschaft bei der Verschmelzung die Form einer SE an. Im Falle einer Verschmelzung durch Gründung einer neuen Gesellschaft ist die neue Gesellschaft eine SE.

Artikel 18

In den von diesem Abschnitt nicht erfassten Bereichen sowie in den nicht erfassten Teilbereichen eines von diesem Abschnitt nur teilweise abgedeckten Bereichs sind bei der Gründung einer SE durch Verschmelzung auf jede Gründungsgesellschaft die mit der Richtlinie 78/855/EWG in Einklang stehenden, für die Verschmelzung von Aktiengesellschaften geltenden Rechtsvorschriften des Mitgliedstaats anzuwenden, dessen Recht sie unterliegt.

Artikel 19

Die Rechtsvorschriften eines Mitgliedstaates können vorsehen, dass die Beteiligung einer Gesellschaft, die dem Recht dieses Mitgliedstaates unterliegt, an der Gründung einer SE durch Verschmelzung nur möglich ist, wenn keine zuständige Behörde dieses Mitgliedstaats vor der Erteilung der Bescheinigung gemäß Artikel 25 Absatz 2 dagegen Einspruch erhebt.

Dieser Einspruch ist nur aus Gründen des öffentlichen Interesses zulässig. Gegen ihn muss ein Rechtsmittel eingelegt werden können.

Artikel 20

(1) Die Leitungs- oder die Verwaltungsorgane der sich verschmelzenden Gesellschaften stellen einen Verschmelzungsplan auf. Dieser Verschmelzungsplan enthält

a) die Firma und den Sitz der sich verschmelzenden Gesellschaften sowie die für die SE vorgesehene Firma und ihren geplanten Sitz,

b) das Umtauschverhältnis der Aktien und gegebenenfalls die Höhe der Ausgleichsleistung,

c) die Einzelheiten hinsichtlich der Übertragung der Aktien der SE,

d) den Zeitpunkt, von dem an diese Aktien das Recht auf Beteiligung am Gewinn gewähren, sowie alle Besonderheiten in Bezug auf dieses Recht,

e) den Zeitpunkt, von dem an die Handlungen der sich verschmelzenden Gesellschaften unter dem Gesichtspunkt der Rechnungslegung als für Rechnung der SE vorgenommen gelten,

f) die Rechte, welche die SE den mit Sonderrechten ausgestatteten Aktionären der Gründungsgesellschaften und den Inhabern anderer Wertpapiere als Aktien gewährt, oder die für diese Personen vorgeschlagenen Maßnahmen,

g) jeder besondere Vorteil, der den Sachverständigen, die den Verschmelzungsplan prüfen, oder den Mitgliedern der Verwaltungs-, Leitungs-, Aufsichts- oder Kontrollorgane der sich verschmelzenden Gesellschaften gewährt wird,

h) die Satzung der SE,

i) Angaben zu dem Verfahren, nach dem die Vereinbarung über die Beteiligung der Arbeitnehmer gemäß der Richtlinie 2001/86/EG geschlossen wird.

(2) Die sich verschmelzenden Gesellschaften können dem Verschmelzungsplan weitere Punkte hinzufügen.

Artikel 21

Für jede der sich verschmelzenden Gesellschaften und vorbehaltlich weiterer Auflagen seitens des Mitgliedstaates, dessen Recht die betreffende Gesellschaft unterliegt, sind im Amtsblatt dieses Mitgliedstaats nachstehende Angaben bekannt zu machen:

a) Rechtsform, Firma und Sitz der sich verschmelzenden Gesellschaften,

b) das Register, bei dem die in Artikel 3 Absatz 2 der Richtlinie 68/151/EWG genannten Urkunden für jede der sich verschmelzenden Gesellschaften hinterlegt worden sind, sowie die Nummer der Eintragung in das Register,

c) einen Hinweis auf die Modalitäten für die Ausübung der Rechte der Gläubiger der betreffenden Gesellschaft gemäß Artikel 24 sowie die Anschrift, unter der erschöpfende Auskünfte über diese Modalitäten kostenlos eingeholt werden können,

d) einen Hinweis auf die Modalitäten für die Ausübung der Rechte der Minderheitsaktionäre der betreffenden Gesellschaft gemäß Artikel 24 sowie die Anschrift, unter der erschöpfende Auskünfte über diese Modalitäten kostenlos eingeholt werden können,

e) die für die SE vorgesehene Firma und ihr künftiger Sitz.

Artikel 22

Als Alternative zur Heranziehung von Sachverständigen, die für Rechnung jeder der sich verschmelzenden Gesellschaften tätig sind, können ein oder mehrere unabhängige Sachverständige im Sinne des Artikels 10 der Richtlinie 78/855/EWG, die auf gemeinsamen Antrag dieser Gesellschaften von einem Gericht oder einer Verwaltungsbehörde des Mitgliedstaats, dessen Recht eine der sich verschmelzenden Gesellschaften oder die künftige SE unterliegt, dazu bestellt wurden, den Verschmelzungsplan prüfen und einen für alle Aktionäre bestimmten einheitlichen Bericht erstellen.

Die Sachverständigen haben das Recht, von jeder der sich verschmelzenden Gesellschaften alle Auskünfte zu verlangen, die sie zur Erfuellung ihrer Aufgabe für erforderlich halten.

Artikel 23

(1) Die Hauptversammlung jeder der sich verschmelzenden Gesellschaften stimmt dem Verschmelzungsplan zu.

(2) Die Beteiligung der Arbeitnehmer in der SE wird gemäß der Richtlinie 2001/86/EG festgelegt. Die Hauptversammlung jeder der sich verschmelzenden Gesellschaften kann sich das Recht vorbehalten, die Eintragung der SE davon abhängig zu machen, dass die geschlossene Vereinbarung von ihr ausdrücklich genehmigt wird.

Artikel 24

(1) Das Recht des Mitgliedstaats, das jeweils für die sich verschmelzenden Gesellschaften gilt, findet wie bei einer Verschmelzung von Aktiengesellschaften unter Berücksichtigung des grenzüberschreitenden Charakters der Verschmelzung Anwendung zum Schutz der Interessen

a) der Gläubiger der sich verschmelzenden Gesellschaften,

b) der Anleihegläubiger der sich verschmelzenden Gesellschaften,

c) der Inhaber von mit Sonderrechten gegenüber den sich verschmelzenden Gesellschaften ausgestatteten Wertpapieren mit Ausnahme von Aktien.

(2) Jeder Mitgliedstaat kann in Bezug auf die sich verschmelzenden Gesellschaften, die seinem Recht unterliegen, Vorschriften erlassen, um einen angemessenen Schutz der Minderheitsaktionäre, die sich gegen die Verschmelzung ausgesprochen haben, zu gewährleisten.

Artikel 25

(1) Die Rechtmäßigkeit der Verschmelzung wird, was die die einzelnen sich verschmelzenden Gesellschaften betreffenden Verfahrensabschnitte anbelangt, nach den für die Verschmelzung von Aktiengesellschaften geltenden Rechtsvorschriften des Mitgliedstaats kontrolliert, dessen Recht die jeweilige verschmelzende Gesellschaft unterliegt.

(2) In jedem der betreffenden Mitgliedstaaten stellt das zuständige Gericht, der Notar oder eine andere zuständige Behörde eine Bescheinigung aus, aus der zweifelsfrei hervorgeht, dass die der Verschmelzung vorangehenden Rechtshandlungen und Formalitäten durchgeführt wurden.

(3) Ist nach dem Recht eines Mitgliedstaats, dem eine sich verschmelzende Gesellschaft unterliegt, ein Verfahren zur Kontrolle und Änderung des Umtauschverhältnisses der Aktien oder zur Abfindung von Minderheitsaktionären vorgesehen, das jedoch der Eintragung der Verschmelzung nicht entgegensteht, so findet ein solches Verfahren nur dann Anwendung, wenn die anderen sich verschmelzenden Gesellschaften in Mitgliedstaaten, in denen ein derartiges Verfahren nicht besteht, bei der

Zustimmung zu dem Verschmelzungsplan gemäß Artikel 23 Absatz 1 ausdrücklich akzeptieren, dass die Aktionäre der betreffenden sich verschmelzenden Gesellschaft auf ein solches Verfahren zurückgreifen können. In diesem Fall kann das zuständige Gericht, der Notar oder eine andere zuständige Behörde die Bescheinigung gemäß Absatz 2 ausstellen, auch wenn ein derartiges Verfahren eingeleitet wurde. Die Bescheinigung muss allerdings einen Hinweis auf das anhängige Verfahren enthalten. Die Entscheidung in dem Verfahren ist für die übernehmende Gesellschaft und ihre Aktionäre bindend.

Artikel 26

(1) Die Rechtmäßigkeit der Verschmelzung wird, was den Verfahrensabschnitt der Durchführung der Verschmelzung und der Gründung der SE anbelangt, von dem/der im künftigen Sitzstaat der SE für die Kontrolle dieses Aspekts der Rechtmäßigkeit der Verschmelzung von Aktiengesellschaften zuständigen Gericht, Notar oder sonstigen Behörde kontrolliert.

(2) Hierzu legt jede der sich verschmelzenden Gesellschaften dieser zuständigen Behörde die in Artikel 25 Absatz 2 genannte Bescheinigung binnen sechs Monaten nach ihrer Ausstellung sowie eine Ausfertigung des Verschmelzungsplans, dem sie zugestimmt hat, vor.

(3) Die gemäß Absatz 1 zuständige Behörde kontrolliert insbesondere, ob die sich verschmelzenden Gesellschaften einem gleich lautenden Verschmelzungsplan zugestimmt haben und ob eine Vereinbarung über die Beteiligung der Arbeitnehmer gemäß der Richtlinie 2001/86/EG geschlossen wurde.

(4) Diese Behörde kontrolliert ferner, ob gemäß Artikel 15 die Gründung der SE den gesetzlichen Anforderungen des Sitzstaates genügt.

Artikel 27

(1) Die Verschmelzung und die gleichzeitige Gründung der SE werden mit der Eintragung der SE gemäß Artikel 12 wirksam.

(2) Die SE kann erst nach Erfüllung sämtlicher in den Artikeln 25 und 26 vorgesehener Formalitäten eingetragen werden.

Artikel 28

Für jede sich verschmelzende Gesellschaft wird die Durchführung der Verschmelzung nach den in den Rechtsvorschriften des jeweiligen Mitgliedstaats vorgesehenen Verfahren in Übereinstimmung mit Artikel 3 der Richtlinie 68/151/EWG offen gelegt.

Artikel 29

(1) Die nach Artikel 17 Absatz 2 Buchstabe a vollzogene Verschmelzung bewirkt ipso jure gleichzeitig Folgendes:

a) Das gesamte Aktiv- und Passivvermögen jeder übertragenden Gesellschaft geht auf die übernehmende Gesellschaft über;

b) die Aktionäre der übertragenden Gesellschaft werden Aktionäre der übernehmenden Gesellschaft;

c) die übertragende Gesellschaft erlischt;

d) die übernehmende Gesellschaft nimmt die Rechtsform einer SE an.

(2) Die nach Artikel 17 Absatz 2 Buchstabe b vollzogene Verschmelzung bewirkt ipso jure gleichzeitig Folgendes:

a) Das gesamte Aktiv- und Passivvermögen der sich verschmelzenden Gesellschaften geht auf die SE über;

b) die Aktionäre der sich verschmelzenden Gesellschaften werden Aktionäre der SE;

c) die sich verschmelzenden Gesellschaften erlöschen.

(3) Schreibt ein Mitgliedstaat im Falle einer Verschmelzung von Aktiengesellschaften besondere Formalitäten für die Rechtswirksamkeit der Übertragung bestimmter von den sich verschmelzenden Gesellschaften eingebrachter Vermögensgegenstände, Rechte und Verbindlichkeiten gegenüber Dritten vor, so gelten diese fort und sind entweder von den sich verschmelzenden Gesellschaften oder von der SE nach deren Eintragung zu erfüllen.

(4) Die zum Zeitpunkt der Eintragung aufgrund der einzelstaatlichen Rechtsvorschriften und Gepflogenheiten sowie aufgrund individueller Arbeitsverträge oder Arbeitsverhältnisse bestehenden Rechte und Pflichten der beteiligten Gesellschaften hinsichtlich der Beschäftigungsbedingungen gehen mit der Eintragung der SE auf diese über.

Artikel 30

Eine Verschmelzung im Sinne des Artikels 2 Absatz 1 kann nach der Eintragung der SE nicht mehr für nichtig erklärt werden.

Das Fehlen einer Kontrolle der Rechtmäßigkeit der Verschmelzung gemäß Artikel 25 und 26 kann einen Grund für die Auflösung der SE darstellen.

Artikel 31

(1) Wird eine Verschmelzung nach Artikel 17 Absatz 2 Buchstabe a durch eine Gesellschaft vollzogen, die Inhaberin sämtlicher Aktien und sonstiger Wertpapiere ist, die Stimmrechte in der Hauptversammlung einer anderen Gesellschaft gewähren, so finden Artikel 20 Absatz 1 Buchstaben b, c und d, Artikel 22 und Artikel 29 Absatz 1 Buchstabe b keine Anwendung. Die jeweiligen einzelstaatlichen Vorschriften, denen die einzelnen sich verschmelzenden Gesellschaften unterliegen und die für die Verschmelzungen von Aktiengesellschaften nach Artikel 24 der Richtlinie 78/855/EWG maßgeblich sind, sind jedoch anzuwenden.

(2) Vollzieht eine Gesellschaft, die Inhaberin von mindestens 90 %, nicht aber aller der in der Hauptversammlung einer anderen Gesellschaft Stimmrecht verleihenden Aktien und sonstigen Wertpapiere ist, eine Verschmelzung durch Aufnahme, so sind die Berichte des Leitungs- oder des Verwaltungsorgans, die Berichte eines oder mehrerer unabhängiger Sachverständiger sowie die zur Kontrolle notwendigen Unterlagen nur insoweit erforderlich, als dies entweder in den einzelstaatlichen Rechtsvorschriften, denen die übernehmende Gesellschaft unterliegt, oder in den für die übertragende Gesellschaft maßgeblichen einzelstaatlichen Rechtsvorschriften vorgesehen ist.

Die Mitgliedstaaten können jedoch vorsehen, dass dieser Absatz Anwendung auf eine Gesellschaft findet, die Inhaberin von Aktien ist, welche mindestens 90 % der Stimmrechte, nicht aber alle verleihen.

Abschnitt 3. Gründung einer Holding-SE

Artikel 32

(1) Eine SE kann gemäß Artikel 2 Absatz 2 gegründet werden.

Die die Gründung einer SE im Sinne des Artikels 2 Absatz 2 anstrebenden Gesellschaften bestehen fort.

(2) Die Leitungs- oder die Verwaltungsorgane der die Gründung anstrebenden Gesellschaften erstellen einen gleich lautenden Gründungsplan für die SE. Dieser Plan enthält einen Bericht, der die Gründung aus rechtlicher und wirtschaftlicher Sicht erläutert und begründet sowie darlegt, welche Auswirkungen der Übergang zur Rechtsform einer SE für die Aktionäre und für die Arbeitnehmer hat. Er enthält ferner die in Artikel 20 Absatz 1 Buchstaben a, b, c, f, g, h und i vorgesehenen Angaben und setzt von jeder die Gründung anstrebenden Gesellschaft den Mindestprozentsatz der Aktien oder sonstigen Anteile fest, der von den Aktionären eingebracht werden muss, damit die SE gegründet werden kann. Dieser Prozentsatz muss mehr als 50 % der durch Aktien verliehenen ständigen Stimmrechte betragen.

(3) Der Gründungsplan ist mindestens einen Monat vor der Hauptversammlung, die über die Gründung zu beschließen hat, für jede der die Gründung anstrebenden Gesellschaften nach den in den Rechtsvorschriften der einzelnen Mitgliedstaaten gemäß Artikel 3 der Richtlinie 68/151/EWG vorgesehenen Verfahren offen zu legen.

(4) Ein oder mehrere von den die Gründung anstrebenden Gesellschaften unabhängige Sachverständige, die von einem Gericht oder einer Verwaltungsbehörde des Mitgliedstaats, dessen Recht die einzelnen Gesellschaften gemäß den nach Maßgabe der Richtlinie 78/855/EWG erlassenen einzelstaatlichen Vorschriften unterliegen, bestellt oder zugelassen sind, prüfen den gemäß Absatz 2 erstellten Gründungsplan und erstellen einen schriftlichen Bericht für die Aktionäre der einzelnen Gesellschaften. Im Einvernehmen zwischen den die Gründung anstrebenden Gesellschaften kann durch einen oder mehrere unabhängige Sachverständige, der/die von einem Gericht oder einer Verwaltungsbehörde des Mitgliedstaats, dessen Recht eine der die Gründung anstrebenden Gesellschaften oder die künftige SE gemäß den nach Maßgabe der Richtlinie 78/855/EWG erlassenen einzelstaatlichen Rechtsvorschriften unterliegt, bestellt oder zugelassen ist/sind, ein schriftlicher Bericht für die Aktionäre aller Gesellschaften erstellt werden.

(5) Der Bericht muss auf besondere Bewertungsschwierigkeiten hinweisen und erklären, ob das Umtauschverhältnis der Aktien oder Anteile angemessen ist, sowie angeben, nach welchen Methoden es bestimmt worden ist und ob diese Methoden im vorliegenden Fall angemessen sind.

(6) Die Hauptversammlung jeder der die Gründung anstrebenden Gesellschaften stimmt dem Gründungsplan für die SE zu.

Die Beteiligung der Arbeitnehmer in der SE wird gemäß der Richtlinie 2001/86/EG festgelegt. Die Hauptversammlung jeder der die Gründung anstrebenden Gesellschaften kann sich das Recht vorbehalten, die Eintragung der SE davon abhängig zu machen, dass die geschlossene Vereinbarung von ihr ausdrücklich genehmigt wird.

(7) Dieser Artikel gilt sinngemäß auch für Gesellschaften mit beschränkter Haftung.

Artikel 33

(1) Die Gesellschafter der die Gründung anstrebenden Gesellschaften verfügen über eine Frist von drei Monaten, um diesen Gesellschaften mitzuteilen, ob sie beabsichtigen, ihre Gesellschaftsanteile bei der Gründung der SE einzubringen. Diese Frist beginnt mit dem Zeitpunkt, zu dem der Gründungsplan für die SE gemäß Artikel 32 endgültig festgelegt worden ist.

(2) Die SE ist nur dann gegründet, wenn die Gesellschafter der die Gründung anstrebenden Gesellschaften innerhalb der in Absatz 1 genannten Frist den nach dem Gründungsplan für jede Gesellschaft festgelegten Mindestprozentsatz der Gesellschaftsanteile eingebracht haben und alle übrigen Bedingungen erfuellt sind.

(3) Sind alle Bedingungen für die Gründung der SE gemäß Absatz 2 erfuellt, so hat jede der die Gründung anstrebenden Gesellschaften diese Tatsache gemäß den nach Artikel 3 der Richtlinie 68/151/EWG erlassenen Vorschriften des einzelstaatlichen Rechts, dem sie unterliegt, offen zu legen.

Die Gesellschafter der die Gründung anstrebenden Gesellschaften, die nicht innerhalb der Frist nach Absatz 1 mitgeteilt haben, ob sie die Absicht haben, ihre Gesellschaftsanteile diesen Gesellschaften im Hinblick auf die Gründung der künftigen SE zur Verfügung zu stellen, verfügen über eine weitere Frist von einem Monat, um dies zu tun.

(4) Die Gesellschafter, die ihre Wertpapiere im Hinblick auf die Gründung der SE einbringen, erhalten Aktien der SE.

(5) Die SE kann erst dann eingetragen werden, wenn die Formalitäten gemäß Artikel 32 und die in Absatz 2 genannten Voraussetzungen nachweislich erfuellt sind.

Artikel 34

Ein Mitgliedstaat kann für die eine Gründung anstrebenden Gesellschaften Vorschriften zum Schutz der die Gründung ablehnenden Minderheitsgesellschafter, der Gläubiger und der Arbeitnehmer erlassen.

Abschnitt 4. Gründung einer Tochter-SE

Artikel 35

Eine SE kann gemäß Artikel 2 Absatz 3 gegründet werden.

Artikel 36

Auf die an der Gründung beteiligten Gesellschaften oder sonstigen juristischen Personen finden die Vorschriften über deren Beteiligung an der Gründung einer Tochtergesellschaft in Form einer Aktiengesellschaft nationalen Rechts Anwendung.

Abschnitt 5. Umwandlung einer bestehenden Aktiengesellschaft in eine SE

Artikel 37

(1) Eine SE kann gemäß Artikel 2 Absatz 4 gegründet werden.

(2) Unbeschadet des Artikels 12 hat die Umwandlung einer Aktiengesellschaft in eine SE weder die Auflösung der Gesellschaft noch die Gründung einer neuen juristischen Person zur Folge.

(3) Der Sitz der Gesellschaft darf anlässlich der Umwandlung nicht gemäß Artikel 8 in einen anderen Mitgliedstaat verlegt werden.

(4) Das Leitungs- oder das Verwaltungsorgan der betreffenden Gesellschaft erstellt einen Umwandlungsplan und einen Bericht, in dem die rechtlichen und wirtschaftlichen Aspekte der Umwandlung erläutert und begründet sowie die Auswirkungen, die der Übergang zur Rechtsform einer SE für die Aktionäre und für die Arbeitnehmer hat, dargelegt werden.

(5) Der Umwandlungsplan ist mindestens einen Monat vor dem Tag der Hauptversammlung, die über die Umwandlung zu beschließen hat, nach den in den Rechtsvorschriften der einzelnen Mitgliedstaaten gemäß Artikel 3 der Richtlinie 68/151/EWG vorgesehenen Verfahren offen zu legen.

(6) Vor der Hauptversammlung nach Absatz 7 ist von einem oder mehreren unabhängigen Sachverständigen, die nach den einzelstaatlichen Durchführungsbestimmungen zu Artikel 10 der Richtlinie 78/855/EWG durch ein Gericht oder eine Verwaltungsbehörde des Mitgliedstaates, dessen Recht die sich in eine SE umwandelnde Aktiengesellschaft unterliegt, bestellt oder zugelassen sind, gemäß der Richtlinie 77/91/EWG(8) sinngemäß zu bescheinigen, dass die Gesellschaft über Nettovermögenswerte mindestens in Höhe ihres Kapitals zuzüglich der kraft Gesetzes oder Statut nicht ausschüttungsfähigen Rücklagen verfügt.

(7) Die Hauptversammlung der betreffenden Gesellschaft stimmt dem Umwandlungsplan zu und genehmigt die Satzung der SE. Die Beschlussfassung der Hauptversammlung erfolgt nach Maßgabe der einzelstaatlichen Durchführungsbestimmungen zu Artikel 7 der Richtlinie 78/855/EWG.

(8) Ein Mitgliedstaat kann die Umwandlung davon abhängig machen, dass das Organ der umzuwandelnden Gesellschaft, in dem die Mitbestimmung der Arbeitnehmer vorgesehen ist, der Umwandlung mit qualifizierter Mehrheit oder einstimmig zustimmt.

(9) Die zum Zeitpunkt der Eintragung aufgrund der einzelstaatlichen Rechtsvorschriften und Gepflogenheiten sowie aufgrund individueller Arbeitsverträge oder Arbeitsverhältnisse bestehenden Rechte und Pflichten der umzuwandelnden Gesellschaft hinsichtlich der Beschäftigungsbedingungen gehen mit der Eintragung der SE auf diese über.

Titel III. Aufbau der SE

Artikel 38

Die SE verfügt nach Maßgabe dieser Verordnung über
a) eine Hauptversammlung der Aktionäre und

b) entweder ein Aufsichtsorgan und ein Leitungsorgan (dualistisches System) oder ein Verwaltungsorgan (monistisches System), entsprechend der in der Satzung gewählten Form.

Abschnitt 1. Dualistisches System

Artikel 39

(1) Das Leitungsorgan führt die Geschäfte der SE in eigener Verantwortung. Ein Mitgliedstaat kann vorsehen, dass ein oder mehrere Geschäftsführer die laufenden Geschäfte in eigener Verantwortung unter denselben Voraussetzungen, wie sie für Aktiengesellschaften mit Sitz im Hoheitsgebiet des betreffenden Mitgliedstaates gelten, führt bzw. führen.

(2) Das Mitglied/die Mitglieder des Leitungsorgans wird/werden vom Aufsichtsorgan bestellt und abberufen.

Die Mitgliedstaaten können jedoch vorschreiben oder vorsehen, dass in der Satzung festgelegt werden kann, dass das Mitglied/die Mitglieder des Leitungsorgans von der Hauptversammlung unter den Bedingungen, die für Aktiengesellschaften mit Sitz in ihrem Hoheitsgebiet gelten, bestellt und abberufen wird/werden.

(3) Niemand darf zugleich Mitglied des Leitungsorgans und Mitglied des Aufsichtsorgans der SE sein. Das Aufsichtsorgan kann jedoch eines seiner Mitglieder zur Wahrnehmung der Aufgaben eines Mitglieds des Leitungsorgans abstellen, wenn der betreffende Posten nicht besetzt ist. Während dieser Zeit ruht das Amt der betreffenden Person als Mitglied des Aufsichtsorgans. Die Mitgliedstaaten können eine zeitliche Begrenzung hierfür vorsehen.

(4) Die Zahl der Mitglieder des Leitungsorgans oder die Regeln für ihre Festlegung werden durch die Satzung der SE bestimmt. Die Mitgliedstaaten können jedoch eine Mindest- und/oder Hoechstzahl festsetzen.

(5) Enthält das Recht eines Mitgliedstaats in Bezug auf Aktiengesellschaften mit Sitz in seinem Hoheitsgebiet keine Vorschriften über ein dualistisches System, kann dieser Mitgliedstaat entsprechende Vorschriften in Bezug auf SE erlassen.

Artikel 40

(1) Das Aufsichtsorgan überwacht die Führung der Geschäfte durch das Leitungsorgan. Es ist nicht berechtigt, die Geschäfte der SE selbst zu führen.

(2) Die Mitglieder des Aufsichtsorgans werden von der Hauptversammlung bestellt. Die Mitglieder des ersten Aufsichtsorgans können jedoch durch die Satzung bestellt werden. Artikel 47 Absatz 4 oder eine etwaige nach Maßgabe der Richtlinie 2001/86/EG geschlossene Vereinbarung über die Mitbestimmung der Arbeitnehmer bleibt hiervon unberührt.

(3) Die Zahl der Mitglieder des Aufsichtsorgans oder die Regeln für ihre Festlegung werden durch die Satzung bestimmt. Die Mitgliedstaaten können jedoch für die in ihrem Hoheitsgebiet eingetragenen SE die Zahl der Mitglieder des Aufsichtsorgans oder deren Hoechst- und/oder Mindestzahl festlegen.

Artikel 41

(1) Das Leitungsorgan unterrichtet das Aufsichtsorgan mindestens alle drei Monate über den Gang der Geschäfte der SE und deren voraussichtliche Entwicklung.

(2) Neben der regelmäßigen Unterrichtung gemäß Absatz 1 teilt das Leitungsorgan dem Aufsichtsorgan rechtzeitig alle Informationen über Ereignisse mit, die sich auf die Lage der SE spürbar auswirken können.

(3) Das Aufsichtsorgan kann vom Leitungsorgan jegliche Information verlangen, die für die Ausübung der Kontrolle gemäß Artikel 40 Absatz 1 erforderlich ist. Die Mitgliedstaaten können vorsehen, dass jedes Mitglied des Aufsichtsorgans von dieser Möglichkeit Gebrauch machen kann.

(4) Das Aufsichtsorgan kann alle zur Erfüllung seiner Aufgaben erforderlichen Überprüfungen vornehmen oder vornehmen lassen.

(5) Jedes Mitglied des Aufsichtsorgans kann von allen Informationen, die diesem Organ übermittelt werden, Kenntnis nehmen.

Artikel 42

Das Aufsichtsorgan wählt aus seiner Mitte einen Vorsitzenden. Wird die Hälfte der Mitglieder des Aufsichtsorgans von den Arbeitnehmern bestellt, so darf nur ein von der Hauptversammlung der Aktionäre bestelltes Mitglied zum Vorsitzenden gewählt werden.

Abschnitt 2. Monistisches System

Artikel 43

(1) Das Verwaltungsorgan führt die Geschäfte der SE. Ein Mitgliedstaat kann vorsehen, dass ein oder mehrere Geschäftsführer die laufenden Geschäfte in eigener Verantwortung unter denselben Voraussetzungen, wie sie für Aktiengesellschaften mit Sitz im Hoheitsgebiet des betreffenden Mitgliedstaates gelten, führt bzw. führen.

(2) Die Zahl der Mitglieder des Verwaltungsorgans oder die Regeln für ihre Festlegung sind in der Satzung der SE festgelegt. Die Mitgliedstaaten können jedoch eine Mindestzahl und erforderlichenfalls eine Höchstzahl festsetzen.

Ist jedoch die Mitbestimmung der Arbeitnehmer in der SE gemäß der Richtlinie geregelt, so muss das Verwaltungsorgan aus mindestens drei Mitgliedern bestehen.

(3) Das Mitglied/die Mitglieder des Verwaltungsorgans wird/werden von der Hauptversammlung bestellt. Die Mitglieder des ersten Verwaltungsorgans können jedoch durch die Satzung bestellt werden. Artikel 47 Absatz 4 oder eine etwaige nach Maßgabe der Richtlinie 2001/86/EG geschlossene Vereinbarung über die Mitbestimmung der Arbeitnehmer bleibt hiervon unberührt.

(4) Enthält das Recht eines Mitgliedstaats in Bezug auf Aktiengesellschaften mit Sitz in seinem Hoheitsgebiet keine Vorschriften über ein monistisches System, kann dieser Mitgliedstaat entsprechende Vorschriften in Bezug auf SE erlassen.

Artikel 44

(1) Das Verwaltungsorgan tritt in den durch die Satzung bestimmten Abständen, mindestens jedoch alle drei Monate, zusammen, um über den Gang der Geschäfte der SE und deren voraussichtliche Entwicklung zu beraten.

(2) Jedes Mitglied des Verwaltungsorgans kann von allen Informationen, die diesem Organ übermittelt werden, Kenntnis nehmen.

Artikel 45

Das Verwaltungsorgan wählt aus seiner Mitte einen Vorsitzenden. Wird die Hälfte der Mitglieder des Verwaltungsorgans von den Arbeitnehmern bestellt, so darf nur ein von der Hauptversammlung der Aktionäre bestelltes Mitglied zum Vorsitzenden gewählt werden.

Abschnitt 3. Gemeinsame Vorschriften für das monistische und das dualistische System

Artikel 46

(1) Die Mitglieder der Organe der Gesellschaft werden für einen in der Satzung festgelegten Zeitraum, der sechs Jahre nicht überschreiten darf, bestellt.

(2) Vorbehaltlich in der Satzung festgelegter Einschränkungen können die Mitglieder einmal oder mehrmals für den gemäß Absatz 1 festgelegten Zeitraum wiederbestellt werden.

Artikel 47

(1) Die Satzung der SE kann vorsehen, dass eine Gesellschaft oder eine andere juristische Person Mitglied eines Organs sein kann, sofern das für Aktiengesellschaften maßgebliche Recht des Sitzstaats der SE nichts anderes bestimmt.

Die betreffende Gesellschaft oder sonstige juristische Person hat zur Wahrnehmung ihrer Befugnisse in dem betreffenden Organ eine natürliche Person als Vertreter zu bestellen.

(2) Personen, die

a) nach dem Recht des Sitzstaats der SE dem Leitungs-, Aufsichts- oder Verwaltungsorgan einer dem Recht dieses Mitgliedstaats unterliegenden Aktiengesellschaft nicht angehören dürfen oder

b) infolge einer Gerichts- oder Verwaltungsentscheidung, die in einem Mitgliedstaat ergangen ist, dem Leitungs-, Aufsichts- oder Verwaltungsorgan einer dem Recht eines Mitgliedstaats unterliegenden Aktiengesellschaft nicht angehören dürfen,

können weder Mitglied eines Organs der SE noch Vertreter eines Mitglieds im Sinne von Absatz 1 sein.

(3) Die Satzung der SE kann für Mitglieder, die die Aktionäre vertreten, in Anlehnung an die für Aktiengesellschaften geltenden Rechtsvorschriften des Sitzstaats der SE besondere Voraussetzungen für die Mitgliedschaft festlegen.

(4) Einzelstaatliche Rechtsvorschriften, die auch einer Minderheit von Aktionären oder anderen Personen oder Stellen die Bestellung eines Teils der Organmitglieder erlauben, bleiben von dieser Verordnung unberührt.

Artikel 48

(1) In der Satzung der SE werden die Arten von Geschäften aufgeführt, für die im dualistischen System das Aufsichtsorgan dem Leitungsorgan seine Zustimmung erteilen muss und im monistischen System ein ausdrücklicher Beschluss des Verwaltungsorgans erforderlich ist.

Die Mitgliedstaaten können jedoch vorsehen, dass im dualistischen System das Aufsichtsorgan selbst bestimmte Arten von Geschäften von seiner Zustimmung abhängig machen kann.

(2) Die Mitgliedstaaten können für die in ihrem Hoheitsgebiet eingetragenen SE festlegen, welche Arten von Geschäften auf jeden Fall in die Satzung aufzunehmen sind.

Artikel 49

Die Mitglieder der Organe der SE dürfen Informationen über die SE, die im Falle ihrer Verbreitung den Interessen der Gesellschaft schaden könnten, auch nach Ausscheiden aus ihrem Amt nicht weitergeben; dies gilt nicht in Fällen, in denen eine solche Informationsweitergabe nach den Bestimmungen des für Aktiengesellschaften geltenden einzelstaatlichen Rechts vorgeschrieben oder zulässig ist oder im öffentlichen Interesse liegt.

Artikel 50

(1) Sofern in dieser Verordnung oder der Satzung nichts anderes bestimmt ist, gelten für die Beschlussfähigkeit und die Beschlussfassung der Organe der SE die folgenden internen Regeln:

a) Beschlussfähigkeit: mindestens die Hälfte der Mitglieder muss anwesend oder vertreten sein;

b) Beschlussfassung: mit der Mehrheit der anwesenden oder vertretenen Mitglieder.

(2) Sofern die Satzung keine einschlägige Bestimmung enthält, gibt die Stimme des Vorsitzenden des jeweiligen Organs bei Stimmengleichheit den Ausschlag. Eine anders lautende Satzungsbestimmung ist jedoch nicht möglich, wenn sich das Aufsichtsorgan zur Hälfte aus Arbeitnehmervertretern zusammensetzt.

(3) Ist die Mitbestimmung der Arbeitnehmer gemäß der Richtlinie 2001/86/EG vorgesehen, so kann ein Mitgliedstaat vorsehen, dass sich abweichend von den Absätzen 1 und 2 Beschlussfähigkeit und Beschlussfassung des Aufsichtsorgans nach den Vorschriften richten, die unter denselben Bedingungen für die Aktiengesellschaften gelten, die dem Recht des betreffenden Mitgliedstaats unterliegen.

Artikel 51

Die Mitglieder des Leitungs-, Aufsichts- oder Verwaltungsorgans haften gemäß den im Sitzstaat der SE für Aktiengesellschaften maßgeblichen Rechtsvorschriften für den Schaden, welcher der SE durch eine Verletzung der ihnen bei der Ausübung ihres Amtes obliegenden gesetzlichen, satzungsmäßigen oder sonstigen Pflichten entsteht.

Abschnitt 4. Hauptversammlung

Artikel 52

Die Hauptversammlung beschließt über die Angelegenheiten, für die ihr

a) durch diese Verordnung oder

b) durch in Anwendung der Richtlinie 2001/86/EG erlassene Rechtsvorschriften des Sitzstaats der SE

die alleinige Zuständigkeit übertragen wird.

Außerdem beschließt die Hauptversammlung in Angelegenheiten, für die der Hauptversammlung einer dem Recht des Sitzstaats der SE unterliegenden Aktiengesellschaft die Zuständigkeit entweder aufgrund der Rechtsvorschriften dieses Mitgliedstaats oder aufgrund der mit diesen Rechtsvorschriften in Einklang stehenden Satzung übertragen worden ist.

Artikel 53

Für die Organisation und den Ablauf der Hauptversammlung sowie für die Abstimmungsverfahren gelten unbeschadet der Bestimmungen dieses Abschnitts die im Sitzstaat der SE für Aktiengesellschaften maßgeblichen Rechtsvorschriften.

Artikel 54

(1) Die Hauptversammlung tritt mindestens einmal im Kalenderjahr binnen sechs Monaten nach Abschluss des Geschäftsjahres zusammen, sofern die im Sitzstaat der SE für Aktiengesellschaften, die dieselbe Art von Aktivitäten wie die SE betreiben, maßgeblichen Rechtsvorschriften nicht häufigere Versammlungen vorsehen. Die Mitgliedstaaten können jedoch vorsehen, dass die erste Hauptversammlung bis zu 18 Monate nach Gründung der SE abgehalten werden kann.

(2) Die Hauptversammlung kann jederzeit vom Leitungs-, Aufsichts- oder Verwaltungsorgan oder von jedem anderen Organ oder jeder zuständigen Behörde nach den für Aktiengesellschaften im Sitzstaat der SE maßgeblichen einzelstaatlichen Rechtsvorschriften einberufen werden.

Artikel 55

(1) Die Einberufung der Hauptversammlung und die Aufstellung ihrer Tagesordnung können von einem oder mehreren Aktionären beantragt werden, sofern sein/ihr Anteil am gezeichneten Kapital mindestens 10 % beträgt; die Satzung oder einzelstaatli-

che Rechtsvorschriften können unter denselben Voraussetzungen, wie sie für Aktiengesellschaften gelten, einen niedrigeren Prozentsatz vorsehen.

(2) Der Antrag auf Einberufung muss die Punkte für die Tagesordnung enthalten.

(3) Wird die Hauptversammlung nicht rechtzeitig bzw. nicht spätestens zwei Monate nach dem Zeitpunkt, zu dem der in Absatz 1 genannte Antrag gestellt worden ist, abgehalten, so kann das am Sitz der SE zuständige Gericht oder die am Sitz der SE zuständige Verwaltungsbehörde anordnen, dass sie innerhalb einer bestimmten Frist einzuberufen ist, oder die Aktionäre, die den Antrag gestellt haben, oder deren Vertreter dazu ermächtigen. Hiervon unberührt bleiben einzelstaatliche Bestimmungen, aufgrund deren die Aktionäre gegebenenfalls die Möglichkeit haben, selbst die Hauptversammlung einzuberufen.

Artikel 56

Die Ergänzung der Tagesordnung für eine Hauptversammlung durch einen oder mehrere Punkte kann von einem oder mehreren Aktionären beantragt werden, sofern sein/ihr Anteil am gezeichneten Kapital mindestens 10 % beträgt. Die Verfahren und Fristen für diesen Antrag werden nach dem einzelstaatlichen Recht des Sitzstaats der SE oder, sofern solche Vorschriften nicht vorhanden sind, nach der Satzung der SE festgelegt. Die Satzung oder das Recht des Sitzstaats können unter denselben Voraussetzungen, wie sie für Aktiengesellschaften gelten, einen niedrigeren Prozentsatz vorsehen.

Artikel 57

Die Beschlüsse der Hauptversammlung werden mit der Mehrheit der abgegebenen gültigen Stimmen gefasst, sofern diese Verordnung oder gegebenenfalls das im Sitzstaat der SE für Aktiengesellschaften maßgebliche Recht nicht eine größere Mehrheit vorschreibt.

Artikel 58

Zu den abgegebenen Stimmen zählen nicht die Stimmen, die mit Aktien verbunden sind, deren Inhaber nicht an der Abstimmung teilgenommen oder sich der Stimme enthalten oder einen leeren oder ungültigen Stimmzettel abgegeben haben.

Artikel 59

(1) Die Änderung der Satzung bedarf eines Beschlusses der Hauptversammlung, der mit der Mehrheit von nicht weniger als zwei Dritteln der abgegebenen Stimmen gefasst worden ist, sofern die Rechtsvorschriften für Aktiengesellschaften im Sitzstaat der SE keine größere Mehrheit vorsehen oder zulassen.

(2) Jeder Mitgliedstaat kann jedoch bestimmen, dass die einfache Mehrheit der Stimmen im Sinne von Absatz 1 ausreicht, sofern mindestens die Hälfte des gezeichneten Kapitals vertreten ist.

(3) Jede Änderung der Satzung wird gemäß Artikel 13 offen gelegt.

Artikel 60

(1) Sind mehrere Gattungen von Aktien vorhanden, so erfordert jeder Beschluss der Hauptversammlung noch eine gesonderte Abstimmung durch jede Gruppe von Aktionären, deren spezifische Rechte durch den Beschluss berührt werden.

(2) Bedarf der Beschluss der Hauptversammlung der Mehrheit der Stimmen gemäß Artikel 59 Absätze 1 oder 2, so ist diese Mehrheit auch für die gesonderte Abstimmung jeder Gruppe von Aktionären erforderlich, deren spezifische Rechte durch den Beschluss berührt werden.

Titel IV. Jahresabschluss und konsolidierter Abschluss

Artikel 61

Vorbehaltlich des Artikels 62 unterliegt die SE hinsichtlich der Aufstellung ihres Jahresabschlusses und gegebenenfalls ihres konsolidierten Abschlusses einschließlich des dazugehörigen Lageberichts sowie der Prüfung und der Offenlegung dieser Abschlüsse den Vorschriften, die für dem Recht des Sitzstaates der SE unterliegende Aktiengesellschaften gelten.

Artikel 62

(1) Handelt es sich bei der SE um ein Kreditinstitut oder ein Finanzinstitut, so unterliegt sie hinsichtlich der Aufstellung ihres Jahresabschlusses und gegebenenfalls ihres konsolidierten Abschlusses einschließlich des dazugehörigen Lageberichts sowie der Prüfung und der Offenlegung dieser Abschlüsse den gemäß der Richtlinie 2000/12/EG des Europäischen Parlaments und des Rates vom 20. März 2000 über die Aufnahme und Ausübung der Tätigkeit der Kreditinstitute(9) erlassenen einzelstaatlichen Rechtsvorschriften des Sitzstaats.

(2) Handelt es sich bei der SE um ein Versicherungsunternehmen, so unterliegt sie hinsichtlich der Aufstellung ihres Jahresabschlusses und gegebenenfalls ihres konsolidierten Abschlusses einschließlich des dazugehörigen Lageberichts sowie der Prüfung und der Offenlegung dieser Abschlüsse den gemäß der Richtlinie 91/674/EWG des Rates vom 19. Dezember 1991 über den Jahresabschluss und den konsolidierten Abschluss von Versicherungsunternehmen(10) erlassenen einzelstaatlichen Rechtsvorschriften des Sitzstaats.

Titel V. Auflösung, Liquidation, Zahlungsunfähigkeit und Zahlungseinstellung

Artikel 63

Hinsichtlich der Auflösung, Liquidation, Zahlungsunfähigkeit, Zahlungseinstellung und ähnlicher Verfahren unterliegt die SE den Rechtsvorschriften, die für eine Aktiengesellschaft maßgeblich wären, die nach dem Recht des Sitzstaats der SE gegründet worden ist; dies gilt auch für die Vorschriften hinsichtlich der Beschlussfassung durch die Hauptversammlung.

Artikel 64

(1) Erfüllt eine SE nicht mehr die Verpflichtung nach Artikel 7, so trifft der Mitgliedstaat, in dem die SE ihren Sitz hat, geeignete Maßnahmen, um die SE zu verpflichten, innerhalb einer bestimmten Frist den vorschriftswidrigen Zustand zu beenden, indem sie

a) entweder ihre Hauptverwaltung wieder im Sitzstaat errichtet

b) oder ihren Sitz nach dem Verfahren des Artikels 8 verlegt.

(2) Der Sitzstaat trifft die erforderlichen Maßnahmen, um zu gewährleisten, dass eine SE, die den vorschriftswidrigen Zustand nicht gemäß Absatz 1 beendet, liquidiert wird.

(3) Der Sitzstaat sieht vor, dass ein Rechtsmittel gegen die Feststellung des Verstoßes gegen Artikel 7 eingelegt werden kann. Durch dieses Rechtsmittel werden die in den Absätzen 1 und 2 vorgesehenen Verfahren ausgesetzt.

(4) Wird auf Veranlassung der Behörden oder einer betroffenen Partei festgestellt, dass sich die Hauptverwaltung einer SE unter Verstoß gegen Artikel 7 im Hoheitsgebiet eines Mitgliedstaats befindet, so teilen die Behörden dieses Mitgliedstaats dies unverzüglich dem Mitgliedstaat mit, in dem die SE ihren Sitz hat.

Artikel 65

Die Eröffnung eines Auflösungs-, Liquidations-, Zahlungsunfähigkeits- und Zahlungseinstellungsverfahrens und sein Abschluss sowie die Entscheidung über die Weiterführung der Geschäftstätigkeit werden unbeschadet einzelstaatlicher Bestimmungen, die zusätzliche Anforderungen in Bezug auf die Offenlegung enthalten, gemäß Artikel 13 offen gelegt.

Artikel 66

(1) Eine SE kann in eine dem Recht ihres Sitzstaats unterliegende Aktiengesellschaft umgewandelt werden. Ein Umwandlungsbeschluss darf erst zwei Jahre nach Eintragung der SE oder nach Genehmigung der ersten beiden Jahresabschlüsse gefasst werden.

(2) Die Umwandlung einer SE in eine Aktiengesellschaft führt weder zur Auflösung der Gesellschaft noch zur Gründung einer neuen juristischen Person.

(3) Das Leitungs- oder das Verwaltungsorgan der SE erstellt einen Umwandlungsplan sowie einen Bericht, in dem die rechtlichen und wirtschaftlichen Aspekte der Umwandlung erläutert und begründet sowie die Auswirkungen, die der Übergang zur Rechtsform der Aktiengesellschaft für die Aktionäre und die Arbeitnehmer hat, dargelegt werden.

(4) Der Umwandlungsplan ist mindestens einen Monat vor dem Tag der Hauptversammlung, die über die Umwandlung zu beschließen hat, nach den in den Rechtsvorschriften der einzelnen Mitgliedstaaten gemäß Artikel 3 der Richtlinie 68/151/EWG vorgesehenen Verfahren offen zu legen.

(5) Vor der Hauptversammlung nach Absatz 6 ist von einem oder mehreren unabhängigen Sachverständigen, der/die nach den einzelstaatlichen Durchführungsbestimmungen zu Artikel 10 der Richtlinie 78/855/EWG durch ein Gericht oder eine Verwaltungsbehörde des Mitgliedstaates, dem die sich in eine Aktiengesellschaft um-

wandelnde SE unterliegt, bestellt oder zugelassen ist/sind, zu bescheinigen, dass die Gesellschaft über Vermögenswerte mindestens in Höhe ihres Kapitals verfügt.

(6) Die Hauptversammlung der SE stimmt dem Umwandlungsplan zu und genehmigt die Satzung der Aktiengesellschaft. Die Beschlussfassung der Hauptversammlung erfolgt nach Maßgabe der einzelstaatlichen Bestimmungen im Einklang mit Artikel 7 der Richtlinie 78/855/EWG.

Titel VI. Ergänzungs- und Übergangsbestimmungen

Artikel 67

(1) Jeder Mitgliedstaat kann, sofern und solange für ihn die dritte Stufe der Wirtschafts- und Währungsunion (WWU) nicht gilt, auf die SE mit Sitz in seinem Hoheitsgebiet in der Frage, auf welche Währung ihr Kapital zu lauten hat, dieselben Bestimmungen anwenden wie auf die Aktiengesellschaften, für die seine Rechtsvorschriften gelten. Die SE kann ihr Kapital auf jeden Fall auch in Euro ausdrücken. In diesem Fall wird für die Umrechnung zwischen Landeswährung und Euro der Satz zugrunde gelegt, der am letzten Tag des Monats vor der Gründung der SE galt.

(2) Sofern und solange für den Sitzstaat der SE die dritte Stufe der WWU nicht gilt, kann die SE jedoch die Jahresabschlüsse und gegebenenfalls die konsolidierten Abschlüsse in Euro erstellen und offen legen. Der Mitgliedstaat kann verlangen, dass die Jahresabschlüsse und gegebenenfalls die konsolidierten Abschlüsse nach denselben Bedingungen, wie sie für die dem Recht dieses Mitgliedstaats unterliegenden Aktiengesellschaften vorgesehen sind, in der Landeswährung erstellt und offen gelegt werden. Dies gilt unbeschadet der der SE zusätzlich eingeräumten Möglichkeit, ihre Jahresabschlüsse und gegebenenfalls ihre konsolidierten Abschlüsse entsprechend der Richtlinie 90/604/EWG (11) in Euro offen zu legen.

Titel VII. Schlussbestimmungen

Artikel 68

(1) Die Mitgliedstaaten treffen alle geeigneten Vorkehrungen, um das Wirksamwerden dieser Verordnung zu gewährleisten.

(2) Jeder Mitgliedstaat benennt die zuständigen Behörden im Sinne der Artikel 8, 25, 26, 54, 55 und 64. Er setzt die Kommission und die anderen Mitgliedstaaten davon in Kenntnis.

Artikel 69

Spätestens fünf Jahre nach Inkrafttreten dieser Verordnung legt die Kommission dem Rat und dem Europäischen Parlament einen Bericht über die Anwendung der Verordnung sowie gegebenenfalls Vorschläge für Änderungen vor. In dem Bericht wird insbesondere geprüft, ob es zweckmäßig ist,

a) zuzulassen, dass sich die Hauptverwaltung und der Sitz der SE in verschiedenen Mitgliedstaaten befinden,

b) den Begriff der Verschmelzung in Artikel 17 Absatz 2 auszuweiten, um auch andere als die in Artikel 3 Absatz 1 und Artikel 4 Absatz 1 der Richtlinie 78/855/EWG definierten Formen der Verschmelzung zuzulassen,

c) die Gerichtsstandsklausel des Artikels 8 Absatz 16 im Lichte von Bestimmungen, die in das Brüsseler Übereinkommen von 1968 oder in einen Rechtsakt der Mitgliedstaaten oder des Rates zur Ersetzung dieses Übereinkommens aufgenommen wurden, zu überprüfen,

d) vorzusehen, dass ein Mitgliedstaat in den Rechtsvorschriften, die er in Ausübung der durch diese Verordnung übertragenen Befugnisse oder zur Sicherstellung der tatsächlichen Anwendung dieser Verordnung auf eine SE erlässt, Bestimmungen in der Satzung der SE zulassen kann, die von diesen Rechtsvorschriften abweichen oder diese ergänzen, auch wenn derartige Bestimmungen in der Satzung einer Aktiengesellschaft mit Sitz in dem betreffenden Mitgliedstaat nicht zulässig wären.

Artikel 70

Diese Verordnung tritt am 8. Oktober 2004 in Kraft.

Diese Verordnung ist in allen ihren Teilen verbindlich und gilt unmittelbar in jedem Mitgliedstaat.

(1) ABl. C 263 vom 16.10.1989, S. 41, und ABl. C 176 vom 8.7.1991, S. 1.

(2) Stellungnahme vom 4. September 2001 (noch nicht im Amtsblatt veröffentlicht).

(3) ABl. C 124 vom 21.5.1990, S. 34.

(4) Siehe S. 22 dieses Amtsblatts.

(5) ABl. L 395 vom 30.12.1989, S. 40. Zuletzt geändert durch die Beitrittsakte von 1994.

(6) ABl. L 65 vom 14.3.1968, S. 8. Zuletzt geändert durch die Beitrittsakte von 1994.

(7) Dritte Richtlinie 78/855/EWG des Rates vom 9. Oktober 1978 gemäß Artikel 54 Absatz 3 Buchstabe g des Vertrages betreffend die Verschmelzung von Aktiengesellschaften (ABl. L 295 vom 20.10.1978, S. 36). Zuletzt geändert durch die Beitrittsakte von 1994.

(8) Zweite Richtlinie 77/91/EWG des Rates vom 13. Dezember 1976 zur Koordinierung der Schutzbestimmungen, die in den Mitgliedstaaten den Gesellschaften im Sinne des Artikels 58 Absatz 2 des Vertrages im Interesse der Gesellschafter sowie Dritter für die Gründung der Aktiengesellschaft sowie für die Erhaltung und Änderung ihres Kapitals vorgeschrieben sind, um diese Bestimmungen gleichwertig zu gestalten (ABl. L 26 vom 31.1.1977, S. 1). Zuletzt geändert durch die Beitrittsakte von 1994.

(9) ABl. L 126 vom 26.5.2000, S. 1.

(10) ABl. L 374 vom 31.12.1991, S. 7.

(11) Richtlinie 90/604/EWG des Rates vom 8. November 1990 zur Änderung der Richtlinie 78/660/EWG über den Jahresabschluss und der Richtlinie 83/349/EWG über den konsolidierten Abschluss hinsichtlich der Ausnahme für kleine und mittlere Gesellschaften sowie der Offenlegung von Abschlüssen in Ecu (ABl. L 317 vom 16.11.1990, S. 57).

Anhang I. Aktiengesellschaften gemäß Artikel 2 Absatz 1

BELGIEN:
la société anonyme/de naamloze vennootschap
BULGARIEN:
акционерно дружество
TSCHECHISCHE REPUBLIK:
akciová společnost'
DÄNEMARK:
aktieselskaber
DEUTSCHLAND:
die Aktiengesellschaft
ESTLAND:
aktsiaselts
GRIECHENLAND:
ανώνυμη εταιρία
SPANIEN:
la sociedad anónima
FRANKREICH:
la société anonyme
IRLAND:
public companies limited by shares
public companies limited by guarantee having a share capital
ITALIEN:
societá per azioni
ZYPERN:
Δημόσια Εταιρεία περιορισμένης ευθύνης με μετοχές, Δημόσια Εταιρεία περιορισμένης ευθύνης με εγγύηση
LETTLAND:
akciju sabiedrība
LITAUEN:
akcinės bendrovės
LUXEMBURG:
la société anonyme
UNGARN:
részvénytársaság
MALTA:
kumpaniji pubbliċi/public limited liability companies
NIEDERLANDE:
de naamloze vennootschap
ÖSTERREICH:
die Aktiengesellschaft

POLEN:

spółka akcyjna

PORTUGAL:

a sociedade anónima de responsabilidade limitada

RUMÄNIEN:

societate pe acţiuni

SLOWENIEN:

delniška družba

SLOWAKEI:

akciová spoločnos

FINNLAND:

julkinen osakeyhtiö/publikt aktiebolag

SCHWEDEN:

publikt aktiebolag

VEREINIGTES KÖNIGREICH:

public companies limited by shares

public companies limited by guarantee having a share capital

Anhang II. Aktiengesellschaften und Gesellschaften mit beschränkter Haftung gemäß Artikel 2 Absatz 2

BELGIEN:

la société anonyme/de naamloze vennootschap,

la société privée à responsabilité limitée/besloten vennootschap met beperkte aansprakelijkheid

BULGARIEN:

акционерно дружество, дружество с ограничена отговорност

TSCHECHISCHE REPUBLIK:

akciová společnost,

společnost s ručením omezeným

DÄNEMARK:

aktieselskaber,

anpartsselskaber

DEUTSCHLAND:

die Aktiengesellschaft,

die Gesellschaft mit beschränkter Haftung

ESTLAND:

aktsiaselts ja osaühing

GRIECHENLAND:

ανώνυμη εταιρία

εταιρία περιορισμένης ευθύνης

SPANIEN:

la sociedad anónima,

la sociedad de responsabilidad limitada

FRANKREICH:

la société anonyme

la société à responsabilité limitée

IRLAND:

public companies limited by shares

public companies limited by guarantee having a share capital

private companies limited by shares

private companies limited by guarantee having a share capital

ITALIEN:

società per azioni,

società a responsabilità limitata

ZYPERN:

Δημόσια εταιρεία περιορισμένης ευθύνης με μετοχές,

δημόσια Εταιρεία περιορισμένης ευθύνης με εγγύηση,

ιδιωτική εταιρεία

LETTLAND:

akciju sabiedrība,

un sabiedrība ar ierobežotu atbildību

LITAUEN:

akcinės bendrovės,

uždarosios akcinės bendrovės

LUXEMBURG:

la société anonyme,

la société à responsabilité limitée

UNGARN:

részvénytársaság,

korlátolt felelősségű társaság

MALTA:

kumpaniji pubbliċi/public limited liability companies,

kumpaniji privati/private limited liability companies

NIEDERLANDE:

de naamloze vennootschap,

de besloten vennootschap met beperkte aansprakelijkheid

ÖSTERREICH:

die Aktiengesellschaft,

die Gesellschaft mit beschränkter Haftung

POLEN:

spółka akcyjna,

spółka z ograniczoną odpowiedzialnością

27

PORTUGAL:

a sociedade anónima de responsabilidade limitada,

a sociedade por quotas de responsabilidade limitada

RUMÄNIEN:

societate pe acţiuni, societate cu răspundere limitată

SLOWENIEN:

delniška družba,

družba z omejeno odgovornostjo

SLOWAKEI:

akciová spoločnos',

spoločnost' s ručením obmedzeným

FINNLAND:

osakeyhtiö/aktiebolag

SCHWEDEN:

aktiebolag

VEREINIGTES KÖNIGREICH:

public companies limited by shares

public companies limited by guarantee having a share capital

private companies limited by shares

private companies limited by guarantee having a share capital

Gesetz zur Ausführung der Verordnung (EG) Nr. 2157/2001 des Rates vom 8. Oktober 2001 über das Statut der Europäischen Gesellschaft (SE) (SE-Ausführungsgesetz – SEAG)

vom 22. Dezember 2004 (BGBl. I S. 3675), zuletzt geändert durch Gesetz vom 10. November 2006 (BGBl. I S. 2553)

Abschnitt 1. Allgemeine Vorschriften

§ 1 Anzuwendende Vorschriften

Soweit nicht die Verordnung (EG) Nr. 2157/2001 des Rates vom 8. Oktober 2001 über das Statut der Europäischen Gesellschaft (SE) (ABl. EG Nr. L 294 S. 1) (Verordnung) gilt, sind auf eine Europäische Gesellschaft (SE) mit Sitz im Inland und auf die an der Gründung einer Europäischen Gesellschaft beteiligten Gesellschaften mit Sitz im Inland die folgenden Vorschriften anzuwenden.

§ 2 Sitz

Die Satzung der SE hat als Sitz den Ort zu bestimmen, wo die Hauptverwaltung geführt wird.

§ 3 Eintragung

Die SE wird gemäß den für Aktiengesellschaften geltenden Vorschriften im Handelsregister eingetragen.

§ 4 Zuständigkeiten

Für die Eintragung der SE und für die in Artikel 8 Abs. 8, Artikel 25 Abs. 2 sowie den Artikeln 26 und 64 Abs. 4 der Verordnung bezeichneten Aufgaben ist das nach § 125 Abs. 1 und 2 des Gesetzes über die Angelegenheiten der freiwilligen Gerichtsbarkeit bestimmte Gericht zuständig. Das zuständige Gericht im Sinne des Artikels 55 Abs. 3 Satz 1 der Verordnung bestimmt sich nach § 145 Abs. 1 des Gesetzes über die Angelegenheiten der freiwilligen Gerichtsbarkeit.

Abschnitt 2. Gründung einer SE

Unterabschnitt 1. Verschmelzung

§ 5 Bekanntmachung

Die nach Artikel 21 der Verordnung bekannt zu machenden Angaben sind dem Register bei Einreichung des Verschmelzungsplans mitzuteilen. Das Gericht hat diese Angaben zusammen mit dem nach § 61 Satz 2 des Umwandlungsgesetzes vorgeschriebenen Hinweis bekannt zu machen.

§ 6 Verbesserung des Umtauschverhältnisses

(1) Unter den Voraussetzungen des Artikels 25 Abs. 3 Satz 1 der Verordnung kann eine Klage gegen den Verschmelzungsbeschluss einer übertragenden Gesellschaft nicht darauf gestützt werden, dass das Umtauschverhältnis der Anteile nicht angemessen ist.

(2) Ist bei der Gründung einer SE durch Verschmelzung nach dem Verfahren der Verordnung das Umtauschverhältnis der Anteile nicht angemessen, so kann jeder Aktionär einer übertragenden Gesellschaft, dessen Recht, gegen die Wirksamkeit des Verschmelzungsbeschlusses Klage zu erheben, nach Absatz 1 ausgeschlossen ist, von der SE einen Ausgleich durch bare Zuzahlung verlangen.

(3) Die bare Zuzahlung ist nach Ablauf des Tages, an dem die Verschmelzung im Sitzstaat der SE nach den dort geltenden Vorschriften eingetragen und bekannt gemacht worden ist, mit jährlich 2 Prozentpunkten über dem Basiszinssatz zu verzinsen. Die Geltendmachung eines weiteren Schadens ist nicht ausgeschlossen.

(4) Macht ein Aktionär einer übertragenden Gesellschaft unter den Voraussetzungen des Artikels 25 Abs. 3 Satz 1 der Verordnung geltend, dass das Umtauschverhältnis der Anteile nicht angemessen sei, so hat auf seinen Antrag das Gericht nach dem Spruchverfahrensgesetz vom 12. Juni 2003 (BGBl. I S. 838) eine angemessene bare Zuzahlung zu bestimmen. Satz 1 findet auch auf Aktionäre einer übertragenden Gesellschaft mit Sitz in einem anderen Mitgliedstaat der Europäischen Union oder in einem anderen Vertragsstaat des Abkommens über den Europäischen Wirtschaftsraum Anwendung, sofern nach dem Recht dieses Staates ein Verfahren zur Kontrolle und Änderung des Umtauschverhältnisses der Aktien vorgesehen ist und deutsche Gerichte für die Durchführung eines solchen Verfahrens international zuständig sind.

§ 7 Abfindungsangebot im Verschmelzungsplan

(1) Bei der Gründung einer SE, die ihren Sitz im Ausland haben soll, durch Verschmelzung nach dem Verfahren der Verordnung hat eine übertragende Gesellschaft im Verschmelzungsplan oder in seinem Entwurf jedem Aktionär, der gegen den Verschmelzungsbeschluss der Gesellschaft Widerspruch zur Niederschrift erklärt, den Erwerb seiner Aktien gegen eine angemessene Barabfindung anzubieten. Die Vorschriften des Aktiengesetzes über den Erwerb eigener Aktien gelten entsprechend, jedoch ist § 71 Abs. 4 Satz 2 des Aktiengesetzes insoweit nicht anzuwenden. Die Bekanntmachung des Verschmelzungsplans als Gegenstand der Beschlussfassung muss den Wortlaut dieses Angebots enthalten. Die Gesellschaft hat die Kosten für eine

Übertragung zu tragen. § 29 Abs. 2 des Umwandlungsgesetzes findet entsprechende Anwendung.

(2) Die Barabfindung muss die Verhältnisse der Gesellschaft im Zeitpunkt der Beschlussfassung über die Verschmelzung berücksichtigen. Die Barabfindung ist nach Ablauf des Tages, an dem die Verschmelzung im Sitzstaat der SE nach den dort geltenden Vorschriften eingetragen und bekannt gemacht worden ist, mit jährlich 2 Prozentpunkten über dem Basiszinssatz zu verzinsen. Die Geltendmachung eines weiteren Schadens ist nicht ausgeschlossen.

(3) Die Angemessenheit einer anzubietenden Barabfindung ist stets durch Verschmelzungsprüfer zu prüfen. Die §§ 10 bis 12 des Umwandlungsgesetzes sind entsprechend anzuwenden. Die Berechtigten können auf die Prüfung oder den Prüfungsbericht verzichten; die Verzichtserklärungen sind notariell zu beurkunden.

(4) Das Angebot nach Absatz 1 kann nur binnen zwei Monaten nach dem Tage angenommen werden, an dem die Verschmelzung im Sitzstaat der SE nach den dort geltenden Vorschriften eingetragen und bekannt gemacht worden ist. Ist nach Absatz 7 dieser Vorschrift ein Antrag auf Bestimmung der Barabfindung durch das Gericht gestellt worden, so kann das Angebot binnen zwei Monaten nach dem Tage angenommen werden, an dem die Entscheidung im Bundesanzeiger bekannt gemacht worden ist.

(5) Unter den Voraussetzungen des Artikels 25 Abs. 3 Satz 1 der Verordnung kann eine Klage gegen die Wirksamkeit des Verschmelzungsbeschlusses einer übertragenden Gesellschaft nicht darauf gestützt werden, dass das Angebot nach Absatz 1 zu niedrig bemessen oder dass die Barabfindung im Verschmelzungsplan nicht oder nicht ordnungsgemäß angeboten worden ist.

(6) Einer anderweitigen Veräußerung des Anteils durch den Aktionär stehen nach Fassung des Verschmelzungsbeschlusses bis zum Ablauf der in Absatz 4 bestimmten Frist Verfügungsbeschränkungen bei den beteiligten Rechtsträgern nicht entgegen.

(7) Macht ein Aktionär einer übertragenden Gesellschaft unter den Voraussetzungen des Artikels 25 Abs. 3 Satz 1 der Verordnung geltend, dass eine im Verschmelzungsplan bestimmte Barabfindung, die ihm nach Absatz 1 anzubieten war, zu niedrig bemessen sei, so hat auf seinen Antrag das Gericht nach dem Spruchverfahrensgesetz vom 12. Juni 2003 (BGBl. I S. 838) die angemessene Barabfindung zu bestimmen. Das Gleiche gilt, wenn die Barabfindung nicht oder nicht ordnungsgemäß angeboten worden ist. Die Sätze 1 und 2 finden auch auf Aktionäre einer übertragenden Gesellschaft mit Sitz in einem anderen Mitgliedstaat der Europäischen Union oder in einem anderen Vertragsstaat des Abkommens über den Europäischen Wirtschaftsraum Anwendung, sofern nach dem Recht dieses Staates ein Verfahren zur Abfindung von Minderheitsaktionären vorgesehen ist und deutsche Gerichte für die Durchführung eines solchen Verfahrens international zuständig sind.

§ 8 Gläubigerschutz

Liegt der künftige Sitz der SE im Ausland, ist § 13 Abs. 1 und 2 entsprechend anzuwenden. Das zuständige Gericht stellt die Bescheinigung nach Artikel 25 Abs. 2 der Verordnung nur aus, wenn die Vorstandsmitglieder einer übertragenden Gesellschaft die Versicherung abgeben, dass allen Gläubigern, die nach Satz 1 einen Anspruch auf Sicherheitsleistung haben, eine angemessene Sicherheit geleistet wurde.

Unterabschnitt 2. Gründung einer Holding-SE

§ 9 Abfindungsangebot im Gründungsplan

(1) Bei der Gründung einer Holding-SE nach dem Verfahren der Verordnung, die ihren Sitz im Ausland haben soll oder die ihrerseits abhängig im Sinne des § 17 des Aktiengesetzes ist, hat eine die Gründung anstrebende Aktiengesellschaft im Gründungsplan jedem Anteilsinhaber, der gegen den Zustimmungsbeschluss dieser Gesellschaft zum Gründungsplan Widerspruch zur Niederschrift erklärt, den Erwerb seiner Anteile gegen eine angemessene Barabfindung anzubieten. Die Vorschriften des Aktiengesetzes über den Erwerb eigener Aktien gelten entsprechend, jedoch ist § 71 Abs. 4 Satz 2 des Aktiengesetzes insoweit nicht anzuwenden. Die Bekanntmachung des Gründungsplans als Gegenstand der Beschlussfassung muss den Wortlaut dieses Angebots enthalten. Die Gesellschaft hat die Kosten für eine Übertragung zu tragen. § 29 Abs. 2 des Umwandlungsgesetzes findet entsprechende Anwendung.

(2) § 7 Abs. 2 bis 7 findet entsprechende Anwendung, wobei an die Stelle der Eintragung und Bekanntmachung der Verschmelzung die Eintragung und Bekanntmachung der neu gegründeten Holding-SE tritt.

§ 10 Zustimmungsbeschluss; Negativerklärung

(1) Der Zustimmungsbeschluss gemäß Artikel 32 Abs. 6 der Verordnung bedarf einer Mehrheit, die bei einer Aktiengesellschaft mindestens drei Viertel des bei der Beschlussfassung vertretenen Grundkapitals und bei einer Gesellschaft mit beschränkter Haftung mindestens drei Viertel der abgegebenen Stimmen umfasst.

(2) Bei der Anmeldung der Holding-SE haben ihre Vertretungsorgane zu erklären, dass eine Klage gegen die Wirksamkeit der Zustimmungsbeschlüsse gemäß Artikel 32 Abs. 6 der Verordnung nicht oder nicht fristgemäß erhoben oder eine solche Klage rechtskräftig abgewiesen oder zurückgenommen worden ist.

§ 11 Verbesserung des Umtauschverhältnisses

(1) Ist bei der Gründung einer Holding-SE nach dem Verfahren der Verordnung das Umtauschverhältnis der Anteile nicht angemessen, so kann jeder Anteilsinhaber der die Gründung anstrebenden Gesellschaft von der Holding-SE einen Ausgleich durch bare Zuzahlung verlangen.

(2) § 6 Abs. 1, 3 und 4 findet entsprechende Anwendung, wobei an die Stelle der Eintragung und Bekanntmachung der Verschmelzung die Eintragung und Bekanntmachung der Gründung der Holding-SE tritt.

Abschnitt 3. Sitzverlegung

§ 12 Abfindungsangebot im Verlegungsplan

(1) Verlegt eine SE nach Maßgabe von Artikel 8 der Verordnung ihren Sitz, hat sie jedem Aktionär, der gegen den Verlegungsbeschluss Widerspruch zur Niederschrift erklärt, den Erwerb seiner Aktien gegen eine angemessene Barabfindung anzubieten.

Die Vorschriften des Aktiengesetzes über den Erwerb eigener Aktien gelten entsprechend, jedoch ist § 71 Abs. 4 Satz 2 des Aktiengesetzes insoweit nicht anzuwenden. Die Bekanntmachung des Verlegungsplans als Gegenstand der Beschlussfassung muss den Wortlaut dieses Angebots enthalten. Die Gesellschaft hat die Kosten für eine Übertragung zu tragen. 5§ 29 Abs. 2 des Umwandlungsgesetzes findet entsprechende Anwendung.

(2) § 7 Abs. 2 bis 7 findet entsprechende Anwendung, wobei an die Stelle der Eintragung und Bekanntmachung der Verschmelzung die Eintragung und Bekanntmachung der SE im neuen Sitzstaat tritt.

§ 13 Gläubigerschutz

(1) Verlegt eine SE nach Maßgabe von Artikel 8 der Verordnung ihren Sitz, ist den Gläubigern der Gesellschaft, wenn sie binnen zwei Monaten nach dem Tag, an dem der Verlegungsplan offen gelegt worden ist, ihren Anspruch nach Grund und Höhe schriftlich anmelden, Sicherheit zu leisten, soweit sie nicht Befriedigung verlangen können. Dieses Recht steht den Gläubigern jedoch nur zu, wenn sie glaubhaft machen, dass durch die Sitzverlegung die Erfüllung ihrer Forderungen gefährdet wird. Die Gläubiger sind im Verlegungsplan auf dieses Recht hinzuweisen.

(2) Das Recht auf Sicherheitsleistung nach Absatz 1 steht Gläubigern nur im Hinblick auf solche Forderungen zu, die vor oder bis zu 15 Tage nach Offenlegung des Verlegungsplans entstanden sind.

(3) Das zuständige Gericht stellt die Bescheinigung nach Artikel 8 Abs. 8 der Verordnung nur aus, wenn bei einer SE mit dualistischem System die Mitglieder des Leitungsorgans und bei einer SE mit monistischem System die geschäftsführenden Direktoren die Versicherung abgeben, dass allen Gläubigern, die nach den Absätzen 1 und 2 einen Anspruch auf Sicherheitsleistung haben, eine angemessene Sicherheit geleistet wurde.

§ 14 Negativerklärung

Das zuständige Gericht stellt die Bescheinigung nach Artikel 8 Abs. 8 der Verordnung nur aus, wenn die Vertretungsorgane einer SE, die nach Maßgabe des Artikels 8 der Verordnung ihren Sitz verlegt, erklären, dass eine Klage gegen die Wirksamkeit des Verlegungsbeschlusses nicht oder nicht fristgemäß erhoben oder eine solche Klage rechtskräftig abgewiesen oder zurückgenommen worden ist.

Abschnitt 4. Aufbau der SE

Unterabschnitt 1. Dualistisches System

§ 15 Wahrnehmung der Geschäftsleitung durch Mitglieder des Aufsichtsorgans

Die Abstellung eines Mitglieds des Aufsichtsorgans zur Wahrnehmung der Aufgaben eines Mitglieds des Leitungsorgans nach Artikel 39 Abs. 3 Satz 2 der Verordnung ist nur für einen im Voraus begrenzten Zeitraum, höchstens für ein Jahr, zulässig. Eine wiederholte Bestellung oder Verlängerung der Amtszeit ist zulässig, wenn dadurch die Amtszeit insgesamt ein Jahr nicht übersteigt.

§ 16 Zahl der Mitglieder des Leitungsorgans

Bei Gesellschaften mit einem Grundkapital von mehr als 3 Millionen Euro hat das Leitungsorgan aus mindestens zwei Personen zu bestehen, es sei denn, die Satzung bestimmt, dass es aus einer Person bestehen soll. § 38 Abs. 2 des SE-Beteiligungsgesetzes bleibt unberührt.

§ 17 Zahl der Mitglieder und Zusammensetzung des Aufsichtsorgans

(1) Das Aufsichtsorgan besteht aus drei Mitgliedern. Die Satzung kann eine bestimmte höhere Zahl festsetzen. Die Zahl muss durch drei teilbar sein. Die Höchstzahl beträgt bei Gesellschaften mit einem Grundkapital

bis zu 1 500 000 Euro	neun,
von mehr als 1 500 000 Euro	fünfzehn,
von mehr als 10 000 000 Euro	einundzwanzig.

(2) Die Beteiligung der Arbeitnehmer nach dem SE-Beteiligungsgesetz bleibt unberührt.

(3) Für Verfahren entsprechend den §§ 98, 99 oder 104 des Aktiengesetzes ist auch der SE-Betriebsrat antragsberechtigt. Für Klagen entsprechend § 250 des Aktiengesetzes ist auch der SE-Betriebsrat parteifähig; § 252 des Aktiengesetzes gilt entsprechend.

(4) § 251 des Aktiengesetzes findet mit der Maßgabe Anwendung, dass das gesetzeswidrige Zustandekommen von Wahlvorschlägen für die Arbeitnehmervertreter im Aufsichtsorgan nur nach den Vorschriften der Mitgliedstaaten über die Besetzung der ihnen zugewiesenen Sitze geltend gemacht werden kann. Für die Arbeitnehmervertreter aus dem Inland gilt § 37 Abs. 2 des SE-Beteiligungsgesetzes.

§ 18 Informationsverlangen einzelner Mitglieder des Aufsichtsorgans

Jedes einzelne Mitglied des Aufsichtsorgans kann vom Leitungsorgan jegliche Information nach Artikel 41 Abs. 3 Satz 1 der Verordnung, jedoch nur an das Aufsichtsorgan, verlangen.

§ 19 Festlegung zustimmungsbedürftiger Geschäfte durch das Aufsichtsorgan

Das Aufsichtsorgan kann selbst bestimmte Arten von Geschäften von seiner Zustimmung abhängig machen.

Unterabschnitt 2. Monistisches System

§ 20 Anzuwendende Vorschriften

Wählt eine SE gemäß Artikel 38 Buchstabe b der Verordnung in ihrer Satzung das monistische System mit einem Verwaltungsorgan (Verwaltungsrat), so gelten anstelle der §§ 76 bis 116 des Aktiengesetzes die nachfolgenden Vorschriften.

§ 21 Anmeldung und Eintragung

(1) Die SE ist bei Gericht von allen Gründern, Mitgliedern des Verwaltungsrats und geschäftsführenden Direktoren zur Eintragung in das Handelsregister anzumelden.

(2) In der Anmeldung haben die geschäftsführenden Direktoren zu versichern, dass keine Umstände vorliegen, die ihrer Bestellung nach § 40 Abs. 1 Satz 4 entgegenstehen und dass sie über ihre unbeschränkte Auskunftpflicht gegenüber dem Gericht belehrt worden sind. In der Anmeldung ist anzugeben, welche Vertretungsbefugnis die geschäftsführenden Direktoren haben. Der Anmeldung sind die Urkunden über die Bestellung des Verwaltungsrats und der geschäftsführenden Direktoren sowie die Prüfungsberichte der Mitglieder des Verwaltungsrats beizufügen.

(3) Das Gericht kann die Anmeldung ablehnen, wenn für den Prüfungsbericht der Mitglieder des Verwaltungsrats die Voraussetzungen des § 38 Abs. 2 des Aktiengesetzes gegeben sind.

(4) Bei der Eintragung sind die geschäftsführenden Direktoren sowie deren Vertretungsbefugnis anzugeben.

§ 22 Aufgaben und Rechte des Verwaltungsrats

(1) Der Verwaltungsrat leitet die Gesellschaft, bestimmt die Grundlinien ihrer Tätigkeit und überwacht deren Umsetzung.

(2) Der Verwaltungsrat hat eine Hauptversammlung einzuberufen, wenn das Wohl der Gesellschaft es fordert. Für den Beschluss genügt die einfache Mehrheit. Für die Vorbereitung und Ausführung von Hauptversammlungsbeschlüssen gilt § 83 des Aktiengesetzes entsprechend; der Verwaltungsrat kann einzelne damit verbundene Aufgaben auf die geschäftsführenden Direktoren übertragen.

(3) Der Verwaltungsrat hat dafür zu sorgen, dass die erforderlichen Handelsbücher geführt werden. Der Verwaltungsrat hat geeignete Maßnahmen zu treffen, insbesondere ein Überwachungssystem einzurichten, damit den Fortbestand der Gesellschaft gefährdende Entwicklungen früh erkannt werden.

(4) Der Verwaltungsrat kann die Bücher und Schriften der Gesellschaft sowie die Vermögensgegenstände, namentlich die Gesellschaftskasse und die Bestände an Wertpapieren und Waren, einsehen und prüfen. Er kann damit auch einzelne Mitglieder oder für bestimmte Aufgaben besondere Sachverständige beauftragen. Er erteilt dem Abschlussprüfer den Prüfungsauftrag für den Jahres- und Konzernabschluss gemäß § 290 des Handelsgesetzbuchs.

(5) Ergibt sich bei Aufstellung der Jahresbilanz oder einer Zwischenbilanz oder ist bei pflichtmäßigem Ermessen anzunehmen, dass ein Verlust in der Hälfte des Grundkapitals besteht, so hat der Verwaltungsrat unverzüglich die Hauptversammlung ein-

zuberufen und ihr dies anzuzeigen. Bei Zahlungsunfähigkeit oder Überschuldung der Gesellschaft gilt § 92 Abs. 2 und 3 des Aktiengesetzes entsprechend.

(6) Rechtsvorschriften, die außerhalb dieses Gesetzes dem Vorstand oder dem Aufsichtsrat einer Aktiengesellschaft Rechte oder Pflichten zuweisen, gelten sinngemäß für den Verwaltungsrat, soweit nicht in diesem Gesetz für den Verwaltungsrat und für geschäftsführende Direktoren besondere Regelungen enthalten sind.

§ 23 Zahl der Mitglieder des Verwaltungsrats

(1) Der Verwaltungsrat besteht aus drei Mitgliedern. Die Satzung kann etwas anderes bestimmen; bei Gesellschaften mit einem Grundkapital von mehr als 3 Millionen Euro hat der Verwaltungsrat jedoch aus mindestens drei Personen zu bestehen. Die Höchstzahl der Mitglieder des Verwaltungsrats beträgt bei Gesellschaften mit einem Grundkapital

bis zu 1 500 000 Euro	neun,
von mehr als 1 500 000 Euro	fünfzehn,
von mehr als 10 000 000 Euro	einundzwanzig.

(2) Die Beteiligung der Arbeitnehmer nach dem SE-Beteiligungsgesetz bleibt unberührt.

§ 24 Zusammensetzung des Verwaltungsrats

(1) Der Verwaltungsrat setzt sich zusammen aus Verwaltungsratsmitgliedern der Aktionäre und, soweit eine Vereinbarung nach § 21 oder die §§ 34 bis 38 des SE-Beteiligungsgesetzes dies vorsehen, auch aus Verwaltungsratsmitgliedern der Arbeitnehmer.

(2) Nach anderen als den zuletzt angewandten vertraglichen oder gesetzlichen Vorschriften kann der Verwaltungsrat nur zusammengesetzt werden, wenn nach § 25 oder nach § 26 die in der Bekanntmachung des Vorsitzenden des Verwaltungsrats oder in der gerichtlichen Entscheidung angegebenen vertraglichen oder gesetzlichen Vorschriften anzuwenden sind.

§ 25 Bekanntmachung über die Zusammensetzung des Verwaltungsrats

(1) Ist der Vorsitzende des Verwaltungsrats der Ansicht, dass der Verwaltungsrat nicht nach den maßgeblichen vertraglichen oder gesetzlichen Vorschriften zusammengesetzt ist, so hat er dies unverzüglich in den Gesellschaftsblättern und gleichzeitig durch Aushang in sämtlichen Betrieben der Gesellschaft und ihrer Konzernunternehmen bekannt zu machen. Der Aushang kann auch in elektronischer Form erfolgen. In der Bekanntmachung sind die nach Ansicht des Vorsitzenden des Verwaltungsrats maßgeblichen vertraglichen oder gesetzlichen Vorschriften anzugeben. Es ist darauf hinzuweisen, dass der Verwaltungsrat nach diesen Vorschriften zusammengesetzt wird, wenn nicht Antragsberechtigte nach § 26 Abs. 2 innerhalb eines Monats nach der Bekanntmachung im Bundesanzeiger das nach § 26 Abs. 1 zuständige Gericht anrufen.

(2) Wird das nach § 26 Abs. 1 zuständige Gericht nicht innerhalb eines Monats nach der Bekanntmachung im Bundesanzeiger angerufen, so ist der neue Verwaltungsrat nach den in der Bekanntmachung angegebenen Vorschriften zusammenzusetzen. Die

Bestimmungen der Satzung über die Zusammensetzung des Verwaltungsrats, über die Zahl der Mitglieder des Verwaltungsrats sowie über die Wahl, Abberufung und Entsendung von Mitgliedern des Verwaltungsrats treten mit der Beendigung der ersten Hauptversammlung, die nach Ablauf der Anrufungsfrist einberufen wird, spätestens sechs Monate nach Ablauf dieser Frist insoweit außer Kraft, als sie den nunmehr anzuwendenden Vorschriften widersprechen. Mit demselben Zeitpunkt erlischt das Amt der bisherigen Mitglieder des Verwaltungsrats. Eine Hauptversammlung, die innerhalb der Frist von sechs Monaten stattfindet, kann an Stelle der außer Kraft tretenden Satzungsbestimmungen mit einfacher Stimmenmehrheit neue Satzungsbestimmungen beschließen.

(3) Solange ein gerichtliches Verfahren nach § 26 anhängig ist, kann eine Bekanntmachung über die Zusammensetzung des Verwaltungsrats nicht erfolgen.

§ 26 Gerichtliche Entscheidung über die Zusammensetzung des Verwaltungsrats

(1) Ist streitig oder ungewiss, nach welchen Vorschriften der Verwaltungsrat zusammenzusetzen ist, so entscheidet darüber auf Antrag ausschließlich das Landgericht (Zivilkammer), in dessen Bezirk die Gesellschaft ihren Sitz hat. Die Landesregierung kann die Entscheidung durch Rechtsverordnung für die Bezirke mehrerer Landgerichte einem der Landgerichte übertragen, wenn dies der Sicherung einer einheitlichen Rechtsprechung dient. Die Landesregierung kann die Ermächtigung auf die Landesjustizverwaltung übertragen.

(2) Antragsberechtigt sind

1. jedes Mitglied des Verwaltungsrats,

2. jeder Aktionär,

3. die nach § 98 Abs. 2 Satz 1 Nr. 4 bis 10 des Aktiengesetzes Antragsberechtigten,

4. der SE-Betriebsrat.

(3) Entspricht die Zusammensetzung des Verwaltungsrats nicht der gerichtlichen Entscheidung, so ist der neue Verwaltungsrat nach den in der Entscheidung angegebenen Vorschriften zusammenzusetzen. § 25 Abs. 2 gilt entsprechend mit der Maßgabe, dass die Frist von sechs Monaten mit dem Eintritt der Rechtskraft beginnt.

(4) Für das Verfahren gilt § 99 des Aktiengesetzes entsprechend mit der Maßgabe, dass die nach Absatz 5 der Vorschrift vorgesehene Einreichung der rechtskräftigen Entscheidung durch den Vorsitzenden des Verwaltungsrats erfolgt.

§ 27 Persönliche Voraussetzungen der Mitglieder des Verwaltungsrats

(1) Mitglied des Verwaltungsrats kann nicht sein, wer

1. bereits in zehn Handelsgesellschaften, die gesetzlich einen Aufsichtsrat oder einen Verwaltungsrat zu bilden haben, Mitglied des Aufsichtsrats oder des Verwaltungsrats ist,

2. gesetzlicher Vertreter eines von der Gesellschaft abhängigen Unternehmens ist oder

3. gesetzlicher Vertreter einer anderen Kapitalgesellschaft ist, deren Aufsichtsrat oder Verwaltungsrat ein Vorstandsmitglied oder ein geschäftsführender Direktor der Gesellschaft angehört.

Auf die Höchstzahl nach Satz 1 Nr. 1 sind bis zu fünf Sitze in Aufsichts- oder Verwaltungsräten nicht anzurechnen, die ein gesetzlicher Vertreter (beim Einzelkaufmann der Inhaber) des herrschenden Unternehmens eines Konzerns in zum Konzern gehörenden Handelsgesellschaften, die gesetzlich einen Aufsichtsrat oder einen Verwaltungsrat zu bilden haben, inne hat. Auf die Höchstzahl nach Satz 1 Nr. 1 sind Aufsichtsrats- oder Verwaltungsratsämter im Sinne der Nummer 1 doppelt anzurechnen, für die das Mitglied zum Vorsitzenden gewählt worden ist.

(2) § 36 Abs. 3 Satz 2 in Verbindung mit § 6 Abs. 2 bis 4 des SE-Beteiligungsgesetzes oder eine Vereinbarung nach § 21 des SE-Beteiligungsgesetzes über weitere persönliche Voraussetzungen der Mitglieder der Arbeitnehmer bleibt unberührt.

(3) Eine juristische Person kann nicht Mitglied des Verwaltungsrats sein.

§ 28 Bestellung der Mitglieder des Verwaltungsrats

(1) Die Bestellung der Mitglieder des Verwaltungsrats richtet sich nach der Verordnung.

(2) § 101 Abs. 2 des Aktiengesetzes gilt entsprechend.

(3) Stellvertreter von Mitgliedern des Verwaltungsrats können nicht bestellt werden. Jedoch kann für jedes Mitglied ein Ersatzmitglied bestellt werden, das Mitglied des Verwaltungsrats wird, wenn das Mitglied vor Ablauf seiner Amtszeit wegfällt. Das Ersatzmitglied kann nur gleichzeitig mit dem Mitglied bestellt werden. Auf seine Bestellung sowie die Nichtigkeit und Anfechtung seiner Bestellung sind die für das Mitglied geltenden Vorschriften anzuwenden. Das Amt des Ersatzmitglieds erlischt spätestens mit Ablauf der Amtszeit des weggefallenen Mitglieds.

§ 29 Abberufung der Mitglieder des Verwaltungsrats

(1) Mitglieder des Verwaltungsrats, die von der Hauptversammlung ohne Bindung an einen Wahlvorschlag gewählt worden sind, können von ihr vor Ablauf der Amtszeit abberufen werden. Der Beschluss bedarf einer Mehrheit, die mindestens drei Viertel der abgegebenen Stimmen umfasst. Die Satzung kann eine andere Mehrheit und weitere Erfordernisse bestimmen.

(2) Ein Mitglied des Verwaltungsrats, das auf Grund der Satzung in den Verwaltungsrat entsandt ist, kann von dem Entsendungsberechtigten jederzeit abberufen und durch ein anderes ersetzt werden. Sind die in der Satzung bestimmten Voraussetzungen des Entsendungsrechts weggefallen, so kann die Hauptversammlung das entsandte Mitglied mit einfacher Stimmenmehrheit abberufen.

(3) Das Gericht hat auf Antrag des Verwaltungsrats ein Mitglied abzuberufen, wenn in dessen Person ein wichtiger Grund vorliegt. Der Verwaltungsrat beschließt über die Antragstellung mit einfacher Mehrheit. Ist das Mitglied auf Grund der Satzung in den Verwaltungsrat entsandt worden, so können auch Aktionäre, deren Anteile zusammen den zehnten Teil des Grundkapitals oder den anteiligen Betrag von 1 Million Euro erreichen, den Antrag stellen. Gegen die Entscheidung ist die sofortige Beschwerde zulässig.

(4) Für die Abberufung eines Ersatzmitglieds gelten die Vorschriften über die Abberufung des Mitglieds, für das es bestellt ist.

§ 30 Bestellung durch das Gericht

(1) Gehört dem Verwaltungsrat die zur Beschlussfähigkeit nötige Zahl von Mitgliedern nicht an, so hat ihn das Gericht auf Antrag eines Mitglieds des Verwaltungsrats oder eines Aktionärs auf diese Zahl zu ergänzen. Mitglieder des Verwaltungsrats sind verpflichtet, den Antrag unverzüglich zu stellen, es sei denn, dass die rechtzeitige Ergänzung vor der nächsten Sitzung des Verwaltungsrats zu erwarten ist. Hat der Verwaltungsrat auch aus Mitgliedern der Arbeitnehmer zu bestehen, so können auch den Antrag stellen

1. die nach § 104 Abs. 1 Satz 3 des Aktiengesetzes Antragsberechtigten,

2. der SE-Betriebsrat.

Gegen die Entscheidung ist die sofortige Beschwerde zulässig.

(2) Gehören dem Verwaltungsrat länger als drei Monate weniger Mitglieder als die durch Vereinbarung, Gesetz oder Satzung festgelegte Zahl an, so hat ihn das Gericht auf Antrag auf diese Zahl zu ergänzen. In dringenden Fällen hat das Gericht auf Antrag den Verwaltungsrat auch vor Ablauf der Frist zu ergänzen. Das Antragsrecht bestimmt sich nach Absatz 1. Gegen die Entscheidung ist die sofortige Beschwerde zulässig.

(3) Das Amt des gerichtlich bestellten Mitglieds erlischt in jedem Fall, sobald der Mangel behoben ist.

(4) Das gerichtlich bestellte Mitglied hat Anspruch auf Ersatz angemessener barer Auslagen und, wenn den Mitgliedern der Gesellschaft eine Vergütung gewährt wird, auf Vergütung für seine Tätigkeit. Auf Antrag des Mitglieds setzt das Gericht die Vergütung und die Auslagen fest. Gegen die Entscheidung ist die sofortige Beschwerde zulässig. Die weitere Beschwerde ist ausgeschlossen. Aus der rechtskräftigen Entscheidung findet die Zwangsvollstreckung nach der Zivilprozessordnung statt.

§ 31 Nichtigkeit der Wahl von Verwaltungsratsmitgliedern

(1) Die Wahl eines Verwaltungsratsmitglieds durch die Hauptversammlung ist außer im Fall des § 241 Nr. 1, 2 und 5 des Aktiengesetzes nur dann nichtig, wenn

1. der Verwaltungsrat unter Verstoß gegen § 24 Abs. 2, § 25 Abs. 2 Satz 1 oder § 26 Abs. 3 zusammengesetzt wird;

2. durch die Wahl die gesetzliche Höchstzahl der Verwaltungsratsmitglieder überschritten wird (§ 23);

3. die gewählte Person nach Artikel 47 Abs. 2 der Verordnung bei Beginn ihrer Amtszeit nicht Verwaltungsratsmitglied sein kann.

(2) Für die Parteifähigkeit für die Klage auf Feststellung, dass die Wahl eines Verwaltungsratsmitglieds nichtig ist, gilt § 250 Abs. 2 des Aktiengesetzes entsprechend. Parteifähig ist auch der SE-Betriebsrat.

(3) Erhebt ein Aktionär, ein Mitglied des Verwaltungsrats oder ein nach Absatz 2 Parteifähiger gegen die Gesellschaft Klage auf Feststellung, dass die Wahl eines Verwaltungsratsmitglieds nichtig ist, so gelten § 246 Abs. 2, 3 Satz 1 bis 4, Abs. 4, die §§ 247, 248 Abs. 1 Satz 2, die §§ 248a und 249 Abs. 2 des Aktiengesetzes entsprechend. Es ist nicht ausgeschlossen, die Nichtigkeit auf andere Weise als durch Erhebung der Klage geltend zu machen.

§ 32 Anfechtung der Wahl von Verwaltungsratsmitgliedern

Für die Anfechtung der Wahl von Verwaltungsratsmitgliedern findet § 251 des Aktiengesetzes mit der Maßgabe Anwendung, dass das gesetzwidrige Zustandekommen von Wahlvorschlägen für die Arbeitnehmervertreter im Verwaltungsrat nur nach den Vorschriften der Mitgliedstaaten über die Besetzung der ihnen zugewiesenen Sitze geltend gemacht werden kann. Für die Arbeitnehmervertreter aus dem Inland gilt § 37 Abs. 2 des SE-Beteiligungsgesetzes.

§ 33 Wirkung des Urteils

Für die Urteilswirkung gilt § 252 des Aktiengesetzes entsprechend.

§ 34 Innere Ordnung des Verwaltungsrats

(1) Der Verwaltungsrat hat neben dem Vorsitzenden nach näherer Bestimmung der Satzung aus seiner Mitte mindestens einen Stellvertreter zu wählen. Der Stellvertreter hat nur dann die Rechte und Pflichten des Vorsitzenden, wenn dieser verhindert ist. Besteht der Verwaltungsrat nur aus einer Person, nimmt diese die dem Vorsitzenden des Verwaltungsrats gesetzlich zugewiesenen Aufgaben wahr.

(2) Der Verwaltungsrat kann sich eine Geschäftsordnung geben. Die Satzung kann Einzelfragen der Geschäftsordnung bindend regeln.

(3) Über die Sitzungen des Verwaltungsrats ist eine Niederschrift anzufertigen, die der Vorsitzende zu unterzeichnen hat. In der Niederschrift sind der Ort und der Tag der Sitzung, die Teilnehmer, die Gegenstände der Tagesordnung, der wesentliche Inhalt der Verhandlungen und die Beschlüsse des Verwaltungsrats anzugeben. Ein Verstoß gegen Satz 1 oder Satz 2 macht einen Beschluss nicht unwirksam. Jedem Mitglied des Verwaltungsrats ist auf Verlangen eine Abschrift der Sitzungsniederschrift auszuhändigen. Die Sätze 1 bis 4 finden auf einen Verwaltungsrat, der nur aus einer Person besteht, keine Anwendung.

(4) Der Verwaltungsrat kann aus seiner Mitte einen oder mehrere Ausschüsse bestellen, namentlich, um seine Verhandlungen und Beschlüsse vorzubereiten oder die Ausführung seiner Beschlüsse zu überwachen. Die Aufgaben nach Absatz 1 Satz 1 und nach § 22 Abs. 1 und 3, § 40 Abs. 1 Satz 1 und § 47 Abs. 3 dieses Gesetzes sowie nach § 68 Abs. 2 Satz 2, § 203 Abs. 2, § 204 Abs. 1 Satz 1, § 205 Abs. 2 Satz 1 und § 314 Abs. 2 und 3 des Aktiengesetzes können einem Ausschuss nicht an Stelle des Verwaltungsrats zur Beschlussfassung überwiesen werden. Dem Verwaltungsrat ist regelmäßig über die Arbeit der Ausschüsse zu berichten.

§ 35 Beschlussfassung

(1) Abwesende Mitglieder können dadurch an der Beschlussfassung des Verwaltungsrats und seiner Ausschüsse teilnehmen, dass sie schriftliche Stimmabgaben überreichen lassen. Die schriftlichen Stimmabgaben können durch andere Mitglieder überreicht werden. Sie können auch durch Personen, die nicht dem Verwaltungsrat angehören, übergeben werden, wenn diese nach § 109 Abs. 3 des Aktiengesetzes zur Teilnahme an der Sitzung berechtigt sind.

(2) Schriftliche, fernmündliche oder andere vergleichbare Formen der Beschlussfassung des Verwaltungsrats und seiner Ausschüsse sind vorbehaltlich einer näheren Regelung durch die Satzung oder eine Geschäftsordnung des Verwaltungsrats nur zulässig, wenn kein Mitglied diesem Verfahren widerspricht.

(3) Ist ein geschäftsführender Direktor, der zugleich Mitglied des Verwaltungsrats ist, aus rechtlichen Gründen gehindert, an der Beschlussfassung im Verwaltungsrat teilzunehmen, hat insoweit der Vorsitzende des Verwaltungsrats eine zusätzliche Stimme.

§ 36 Teilnahme an Sitzungen des Verwaltungsrats und seiner Ausschüsse

(1) An den Sitzungen des Verwaltungsrats und seiner Ausschüsse sollen Personen, die dem Verwaltungsrat nicht angehören, nicht teilnehmen. Sachverständige und Auskunftspersonen können zur Beratung über einzelne Gegenstände zugezogen werden.

(2) Mitglieder des Verwaltungsrats, die dem Ausschuss nicht angehören, können an den Ausschusssitzungen teilnehmen, wenn der Vorsitzende des Verwaltungsrats nichts anderes bestimmt.

(3) Die Satzung kann zulassen, dass an den Sitzungen des Verwaltungsrats und seiner Ausschüsse Personen, die dem Verwaltungsrat nicht angehören, an Stelle von verhinderten Mitgliedern teilnehmen können, wenn diese sie in Textform ermächtigt haben.

(4) Abweichende gesetzliche Bestimmungen bleiben unberührt.

§ 37 Einberufung des Verwaltungsrats

(1) Jedes Verwaltungsratsmitglied kann unter Angabe des Zwecks und der Gründe verlangen, dass der Vorsitzende des Verwaltungsrats unverzüglich den Verwaltungsrat einberuft. Die Sitzung muss binnen zwei Wochen nach der Einberufung stattfinden.

(2) Wird dem Verlangen nicht entsprochen, so kann das Verwaltungsratsmitglied unter Mitteilung des Sachverhalts und der Angabe einer Tagesordnung selbst den Verwaltungsrat einberufen.

§ 38 Rechtsverhältnisse der Mitglieder des Verwaltungsrats

(1) Für die Vergütung der Mitglieder des Verwaltungsrats gilt § 113 des Aktiengesetzes entsprechend.

(2) Für die Gewährung von Krediten an Mitglieder des Verwaltungsrats und für sonstige Verträge mit Mitgliedern des Verwaltungsrats gelten die §§ 114 und 115 des Aktiengesetzes entsprechend.

§ 39 Sorgfaltspflicht und Verantwortlichkeit der Verwaltungsratsmitglieder

Für die Sorgfaltspflicht und Verantwortlichkeit der Verwaltungsratsmitglieder gilt § 93 des Aktiengesetzes entsprechend.

§ 40 Geschäftsführende Direktoren

(1) Der Verwaltungsrat bestellt einen oder mehrere geschäftsführende Direktoren. Mitglieder des Verwaltungsrats können zu geschäftsführenden Direktoren bestellt werden, sofern die Mehrheit des Verwaltungsrats weiterhin aus nicht geschäftsführenden Mitgliedern besteht. Die Bestellung ist zur Eintragung in das Handelsregister anzumelden. Werden Dritte zu geschäftsführenden Direktoren bestellt, gilt für sie § 76 Abs. 3 des Aktiengesetzes entsprechend. Die Satzung kann Regelungen über die Bestellung eines oder mehrerer geschäftsführender Direktoren treffen. 6§ 38 Abs. 2 des SE-Beteiligungsgesetzes bleibt unberührt.

(2) Die geschäftsführenden Direktoren führen die Geschäfte der Gesellschaft. Sind mehrere geschäftsführende Direktoren bestellt, so sind sie nur gemeinschaftlich zur Geschäftsführung befugt; die Satzung oder eine vom Verwaltungsrat erlassene Geschäftsordnung kann Abweichendes bestimmen. Gesetzlich dem Verwaltungsrat zugewiesene Aufgaben können nicht auf die geschäftsführenden Direktoren übertragen werden. Soweit nach den für Aktiengesellschaften geltenden Rechtsvorschriften der Vorstand Anmeldungen und die Einreichung von Unterlagen zum Handelsregister vorzunehmen hat, treten an die Stelle des Vorstands die geschäftsführenden Direktoren.

(3) Ergibt sich bei der Aufstellung der Jahresbilanz oder einer Zwischenbilanz oder ist bei pflichtgemäßem Ermessen anzunehmen, dass ein Verlust in der Hälfte des Grundkapitals besteht, so haben die geschäftsführenden Direktoren dem Vorsitzenden des Verwaltungsrats unverzüglich darüber zu berichten. Dasselbe gilt, wenn die Gesellschaft zahlungsunfähig wird oder sich eine Überschuldung der Gesellschaft ergibt.

(4) Sind mehrere geschäftsführende Direktoren bestellt, können sie sich eine Geschäftsordnung geben, wenn nicht die Satzung den Erlass einer Geschäftsordnung dem Verwaltungsrat übertragen hat oder der Verwaltungsrat eine Geschäftsordnung erlässt. Die Satzung kann Einzelfragen der Geschäftsordnung bindend regeln. Beschlüsse der geschäftsführenden Direktoren über die Geschäftsordnung müssen einstimmig gefasst werden.

(5) Geschäftsführende Direktoren können jederzeit durch Beschluss des Verwaltungsrats abberufen werden, sofern die Satzung nichts anderes regelt. Für die Ansprüche aus dem Anstellungsvertrag gelten die allgemeinen Vorschriften.

(6) Geschäftsführende Direktoren berichten dem Verwaltungsrat entsprechend § 90 des Aktiengesetzes, sofern die Satzung oder die Geschäftsordnung nichts anderes vorsieht.

(7) Die §§ 87 bis 89 des Aktiengesetzes gelten entsprechend.

(8) Für Sorgfaltspflicht und Verantwortlichkeit der geschäftsführenden Direktoren gilt § 93 des Aktiengesetzes entsprechend.

(9) Die Vorschriften über die geschäftsführenden Direktoren gelten auch für ihre Stellvertreter.

§ 41 Vertretung

(1) Die geschäftsführenden Direktoren vertreten die Gesellschaft gerichtlich und außergerichtlich.

(2) Mehrere geschäftsführende Direktoren sind, wenn die Satzung nichts anderes bestimmt, nur gemeinschaftlich zur Vertretung der Gesellschaft befugt. Ist eine Wil-

lenserklärung gegenüber der Gesellschaft abzugeben, so genügt die Abgabe gegenüber einem geschäftsführenden Direktor.

(3) Die Satzung kann auch bestimmen, dass einzelne geschäftsführende Direktoren allein oder in Gemeinschaft mit einem Prokuristen zur Vertretung der Gesellschaft befugt sind. Absatz 2 Satz 2 gilt in diesen Fällen entsprechend.

(4) Zur Gesamtvertretung befugte geschäftsführende Direktoren können einzelne von ihnen zur Vornahme bestimmter Geschäfte oder bestimmter Arten von Geschäften ermächtigen. Dies gilt entsprechend, wenn ein einzelner geschäftsführender Direktor in Gemeinschaft mit einem Prokuristen zur Vertretung der Gesellschaft befugt ist.

(5) Den geschäftsführenden Direktoren gegenüber vertritt der Verwaltungsrat die Gesellschaft gerichtlich und außergerichtlich.

§ 42 Zeichnung durch geschäftsführende Direktoren

Die geschäftsführenden Direktoren zeichnen für die Gesellschaft, indem sie der Firma der Gesellschaft ihre Namensunterschrift mit dem Zusatz „Geschäftsführender Direktor" hinzufügen.

§ 43 Angaben auf Geschäftsbriefen

(1) Auf allen Geschäftsbriefen gleichviel welcher Form, die an einen bestimmten Empfänger gerichtet werden, müssen die Rechtsform und der Sitz der Gesellschaft, das Registergericht des Sitzes der Gesellschaft und die Nummer, unter der die Gesellschaft in das Handelsregister eingetragen ist, sowie alle geschäftsführenden Direktoren und der Vorsitzende des Verwaltungsrats mit dem Familiennamen und mindestens einem ausgeschriebenen Vornamen angegeben werden. § 80 Abs. 1 Satz 3 des Aktiengesetzes gilt entsprechend.

(2) § 80 Abs. 2 bis 4 des Aktiengesetzes gilt entsprechend.

§ 44 Beschränkungen der Vertretungs- und Geschäftsführungsbefugnis

(1) Die Vertretungsbefugnis der geschäftsführenden Direktoren kann nicht beschränkt werden.

(2) Im Verhältnis zur Gesellschaft sind die geschäftsführenden Direktoren verpflichtet, die Anweisungen und Beschränkungen zu beachten, die im Rahmen der für die SE geltenden Vorschriften die Satzung, der Verwaltungsrat, die Hauptversammlung und die Geschäftsordnungen des Verwaltungsrats und der geschäftsführenden Direktoren für die Geschäftsführungsbefugnis getroffen haben.

§ 45 Bestellung durch das Gericht

Fehlt ein erforderlicher geschäftsführender Direktor, so hat in dringenden Fällen das Gericht auf Antrag eines Beteiligten das Mitglied zu bestellen. § 85 Abs. 1 Satz 2, Abs. 2 und 3 des Aktiengesetzes gilt entsprechend.

§ 46 Anmeldung von Änderungen

(1) Die geschäftsführenden Direktoren haben jeden Wechsel der Verwaltungsratsmitglieder unverzüglich in den Gesellschaftsblättern bekannt zu machen und die Bekanntmachung zum Handelsregister einzureichen. Sie haben jede Änderung der geschäftsführenden Direktoren oder der Vertretungsbefugnis eines geschäftsführenden Direktors zur Eintragung in das Handelsregister anzumelden. Sie haben weiterhin die Wahl des Verwaltungsratsvorsitzenden und seines Stellvertreters sowie jede Änderung in der Person des Verwaltungsratsvorsitzenden oder seines Stellvertreters zum Handelsregister anzumelden.

(2) Die neuen geschäftsführenden Direktoren haben in der Anmeldung zu versichern, dass keine Umstände vorliegen, die ihrer Bestellung nach § 40 Abs. 1 Satz 4 entgegenstehen und dass sie über ihre unbeschränkte Auskunftspflicht gegenüber dem Gericht belehrt worden sind. § 37 Abs. 2 Satz 2 des Aktiengesetzes ist anzuwenden.

(3) § 81 Abs. 2 des Aktiengesetzes gilt für die geschäftsführenden Direktoren entsprechend.

§ 47 Prüfung und Feststellung des Jahresabschlusses

(1) Die geschäftsführenden Direktoren haben den Jahresabschluss und den Lagebericht unverzüglich nach ihrer Aufstellung dem Verwaltungsrat vorzulegen. Zugleich haben die geschäftsführenden Direktoren einen Vorschlag vorzulegen, den der Verwaltungsrat der Hauptversammlung für die Verwendung des Bilanzgewinns machen soll; § 170 Abs. 2 Satz 2 des Aktiengesetzes gilt entsprechend.

(2) Jedes Verwaltungsratsmitglied hat das Recht, von den Vorlagen und Prüfungsberichten Kenntnis zu nehmen. Die Vorlagen und Prüfungsberichte sind auch jedem Verwaltungsratsmitglied oder, soweit der Verwaltungsrat dies beschlossen hat und ein Bilanzausschuss besteht, den Mitgliedern des Ausschusses auszuhändigen.

(3) Für die Prüfung durch den Verwaltungsrat gilt § 171 Abs. 1 und 2 des Aktiengesetzes entsprechend.

(4) Absatz 1 Satz 1 und Absatz 3 gelten entsprechend für einen Einzelabschluss nach § 325 Abs. 2a Satz 1 des Handelsgesetzbuchs sowie bei Mutterunternehmen (§ 290 Abs. 1, 2 des Handelsgesetzbuchs) für den Konzernabschluss und den Konzernlagebericht. Der Einzelabschluss nach § 325 Abs. 2a Satz 1 des Handelsgesetzbuchs darf erst nach Billigung durch den Verwaltungsrat offen gelegt werden.

(5) Billigt der Verwaltungsrat den Jahresabschluss, so ist dieser festgestellt, sofern nicht der Verwaltungsrat beschließt, die Feststellung des Jahresabschlusses der Hauptversammlung zu überlassen. Die Beschlüsse des Verwaltungsrats sind in den Bericht des Verwaltungsrats an die Hauptversammlung aufzunehmen.

(6) Hat der Verwaltungsrat beschlossen, die Feststellung des Jahresabschlusses der Hauptversammlung zu überlassen, oder hat der Verwaltungsrat den Jahresabschluss nicht gebilligt, so stellt die Hauptversammlung den Jahresabschluss fest. Hat der Verwaltungsrat eines Mutterunternehmens (§ 290 Abs. 1, 2 des Handelsgesetzbuchs) den Konzernabschluss nicht gebilligt, so entscheidet die Hauptversammlung über die Billigung. Für die Feststellung des Jahresabschlusses oder die Billigung des Konzernabschlusses durch die Hauptversammlung gilt § 173 Abs. 2 und 3 des Aktiengesetzes entsprechend.

§ 48 Ordentliche Hauptversammlung

(1) Unverzüglich nach der Zuleitung des Berichts an die geschäftsführenden Direktoren hat der Verwaltungsrat die Hauptversammlung zur Entgegennahme des festgestellten Jahresabschlusses und des Lageberichts, eines vom Verwaltungsrat gebilligten Einzelabschlusses nach § 325 Abs. 2a Satz 1 des Handelsgesetzbuchs sowie zur Beschlussfassung über die Verwendung des Bilanzgewinns, bei einem Mutterunternehmen (§ 290 Abs. 1, 2 des Handelsgesetzbuchs) auch zur Entgegennahme des vom Verwaltungsrat gebilligten Konzernabschlusses und des Konzernlageberichts, einzuberufen.

(2) Die Vorschriften des § 175 Abs. 2 bis 4 und des § 176 Abs. 2 des Aktiengesetzes gelten entsprechend. Der Verwaltungsrat hat der Hauptversammlung die in § 175 Abs. 2 des Aktiengesetzes angegebenen Vorlagen vorzulegen. Zu Beginn der Verhandlung soll der Verwaltungsrat seine Vorlagen erläutern. Er soll dabei auch zu einem Jahresfehlbetrag oder einem Verlust Stellung nehmen, der das Jahresergebnis wesentlich beeinträchtigt hat. Satz 4 ist auf Kreditinstitute nicht anzuwenden.

§ 49 Leitungsmacht und Verantwortlichkeit bei Abhängigkeit von Unternehmen

(1) Für die Anwendung der Vorschriften der §§ 308 bis 318 des Aktiengesetzes treten an die Stelle des Vorstands der Gesellschaft die geschäftsführenden Direktoren.

(2) Für die Anwendung der Vorschriften der §§ 319 bis 327 des Aktiengesetzes treten an die Stelle des Vorstands der eingegliederten Gesellschaft die geschäftsführenden Direktoren.

Unterabschnitt 3. Hauptversammlung

§ 50 Einberufung und Ergänzung der Tagesordnung auf Verlangen einer Minderheit

(1) Die Einberufung der Hauptversammlung und die Aufstellung ihrer Tagesordnung nach Artikel 55 der Verordnung kann von einem oder mehreren Aktionären beantragt werden, sofern sein oder ihr Anteil am Grundkapital mindestens 5 Prozent beträgt.

(2) Die Ergänzung der Tagesordnung für eine Hauptversammlung durch einen oder mehrere Punkte kann von einem oder mehreren Aktionären beantragt werden, sofern sein oder ihr Anteil 5 Prozent des Grundkapitals oder den anteiligen Betrag von 500 000 Euro erreicht.

§ 51 Satzungsänderungen

Die Satzung kann bestimmen, dass für einen Beschluss der Hauptversammlung über die Änderung der Satzung die einfache Mehrheit der abgegebenen Stimmen ausreicht, sofern mindestens die Hälfte des Grundkapitals vertreten ist. Dies gilt nicht für die Änderung des Gegenstands des Unternehmens, für einen Beschluss gemäß Artikel 8 Abs. 6 der Verordnung sowie für Fälle, für die eine höhere Kapitalmehrheit gesetzlich zwingend vorgeschrieben ist.

Abschnitt 5. Auflösung

§ 52 Auflösung der SE bei Auseinanderfallen von Sitz und Hauptverwaltung

(1) Erfüllt eine SE nicht mehr die Verpflichtung nach Artikel 7 der Verordnung, so gilt dies als Mangel der Satzung im Sinne des § 262 Abs. 1 Nr. 5 des Aktiengesetzes. Das Registergericht fordert die SE auf, innerhalb einer bestimmten Frist den vorschriftswidrigen Zustand zu beenden, indem sie

1. entweder ihre Hauptverwaltung wieder im Sitzstaat errichtet oder

2. ihren Sitz nach dem Verfahren des Artikels 8 der Verordnung verlegt.

(2) Wird innerhalb der nach Absatz 1 bestimmten Frist der Aufforderung nicht genügt, so hat das Gericht den Mangel der Satzung festzustellen.

(3) Gegen Verfügungen, durch welche eine Feststellung nach Absatz 2 getroffen wird, findet die sofortige Beschwerde statt.

Abschnitt 6. Straf- und Bußgeldvorschriften

§ 53 Straf- und Bußgeldvorschriften

(1) Die Strafvorschriften des § 399 Abs. 1 Nr. 1 bis 5 und Abs. 2, des § 400 und der §§ 402 bis 404 des Aktiengesetzes, der §§ 331 bis 333 des Handelsgesetzbuchs und der §§ 313 bis 315 des Umwandlungsgesetzes sowie die Bußgeldvorschriften der §§ 405 und 406 des Aktiengesetzes und des § 334 des Handelsgesetzbuchs gelten auch für die SE im Sinne des Artikels 9 Abs. 1 Buchstabe c Doppelbuchstabe ii der Verordnung. Soweit sie

1. Mitglieder des Vorstands,

2. Mitglieder des Aufsichtsrats oder

3. Mitglieder des vertretungsberechtigten Organs einer Kapitalgesellschaft

betreffen, gelten sie bei der SE mit dualistischem System in den Fällen der Nummern 1 und 3 für die Mitglieder des Leitungsorgans und in den Fällen der Nummer 2 für die Mitglieder des Aufsichtsorgans. Bei der SE mit monistischem System gelten sie in den Fällen der Nummern 1 und 3 für die geschäftsführenden Direktoren und in den Fällen der Nummer 2 für die Mitglieder des Verwaltungsrats.

(2) Die Strafvorschriften des § 399 Abs. 1 Nr. 6 und des § 401 des Aktiengesetzes gelten im Sinne des Artikels 9 Abs. 1 Buchstabe c Doppelbuchstabe ii der Verordnung auch für die SE mit dualistischem System. Soweit sie Mitglieder des Vorstands betreffen, gelten sie für die Mitglieder des Leitungsorgans.

(3) Mit Freiheitsstrafe bis zu drei Jahren oder mit Geldstrafe wird bestraft, wer

1. als Vorstandsmitglied entgegen § 8 Satz 2,

2. als Mitglied des Leitungsorgans einer SE mit dualistischem System oder als geschäftsführender Direktor einer SE mit monistischem System entgegen § 13 Abs. 3,

3. als geschäftsführender Direktor einer SE mit monistischem System entgegen § 21 Abs. 2 Satz 1 oder § 46 Abs. 2 Satz 1 oder

4. als Abwickler einer SE mit monistischem System entgegen Artikel 9 Abs. 1 Buchstabe c Doppelbuchstabe ii der Verordnung in Verbindung mit § 266 Abs. 3 Satz 1 des Aktiengesetzes

eine Versicherung nicht richtig abgibt.

(4) Ebenso wird bestraft, wer bei einer SE mit monistischem System

1. als Mitglied des Verwaltungsrats entgegen § 22 Abs. 5 Satz 1 die Hauptversammlung nicht oder nicht rechtzeitig einberuft oder ihr den Verlust nicht, nicht richtig, nicht vollständig oder nicht rechtzeitig anzeigt oder

2. a) als Mitglied des Verwaltungsrats entgegen § 22 Abs. 5 Satz 2 in Verbindung mit § 92 Abs. 2 des Aktiengesetzes oder

b) als Abwickler entgegen Artikel 9 Abs. 1 Buchstabe c Doppelbuchstabe ii der Verordnung in Verbindung mit § 268 Abs. 2 Satz 1, dieser in Verbindung mit § 92 Abs. 2 des Aktiengesetzes,

die Eröffnung des Insolvenzverfahrens nicht oder nicht rechtzeitig beantragt.

(5) Handelt der Täter in den Fällen des Absatzes 4 fahrlässig, so ist die Strafe Freiheitsstrafe bis zu einem Jahr oder Geldstrafe.

Wegweiser für das SEAG

Die folgende Kommentierung richtet sich im Aufbau nach der SE-VO. Die Kommentierung des SEAG ist wegen des engen Sachzusammenhangs integriert. Die folgende Aufstellung gibt Auskunft darüber, an welcher Stelle der SE-VO der jeweilige Paragraph der SEAG kommentiert wird bzw. Erwähnung findet.

§ des SEAG	Art. der SE-VO
1	9
2	7
3	12
4	12, 25, 26, 54, 68
5	21
6	24
7	24
8	24, 25
9	34
10	32, 33
11	34
12	8
13	8, 24
14	8
15	39
16	39
18	41
19	48 (Anhang)
20	12
21	12
20 – 49	43 (Anhang)
50	55, 56
51	59
52	64

Einleitung

Literatur: *Bärmann*, Europäische Integration im Gesellschaftsrecht, 1970 (zit.: Europäische Integration); *Blanquet*, Das Statut der Europäischen Aktiengesellschaft, ZGR 2002, 20; *Brandi*, Die Europäische Aktiengesellschaft im deutschen und internationalen Konzernrecht, NZG 2003, 889; *Boucourechliev/Hommelhoff*, Vorschläge für eine Europäische Privatgesellschaft, 1999; *Bouloukos*, The European Company (SE) as a vehicle for Corporate Mobility within the EU: A Breakthrough in European Corporate Law?, EBLR 2007, 535; *Brandt*, Die Europäische Aktiengesellschaft in Deutschland, BB-Spezial 3/2005; *Brandt/Scheifele*, Die Europäische Aktiengesellschaft und das anwendbare Recht, DStR 2002, 546; *Drygala*, Stand und Entwicklung des europäischen Gesellschaftsrechts, ZEuP 2004, 337; *Eder*, Die monistisch verfasste Societas Europaea – Überlegungen zur Umsetzung eines CEO-Modells, NZG 2004, 544; *Fleischer*, Der Einfluss der Societas Europaea auf die Dogmatik des deutschen Gesellschaftsrechts, AcP 204 (2004), 502; *Geyrhalter/Weber*, Transnationale Verschmelzungen – im Spannungsfeld zwischen SEVIC System und der Verschmelzungsrichtlinie, DStR 2006, 146; *Habersack*, Konzernrechtliche Aspekte der Mitbestimmung in der Societas Europaea, Der Konzern 2006, 106; *Habersack*, Schranken der Mitbestimmungsautonomie in der SE, AG 2006, 345; *Habersack*, Das Konzernrecht der „deutschen" SE, ZGR 2003, 724; *Hirte*, Die Europäische Aktiengesellschaft, NZG 2002, 1; *Helms*, Die Europäische Privatgesellschaft, 1998; *Hommelhoff*, Zum Konzernrecht in der Europäischen Aktiengesellschaft, AG 2003, 179; *Hommelhoff*, Einige Bemerkungen zur Organisationsverfassung der Europäischen Aktiengesellschaft, AG 2001, 279; *Hommelhoff/Teichmann*, Die Europäische

Aktiengesellschaft – das Flaggschiff läuft vom Stapel, SZW/RSDA 2002, 1; *Horn*, Die Europa-AG im Kontext des deutschen und europäischen Gesellschaftsrechts, DB 2005, 147; *Kallmeyer*, Europa AG: Strategische Optionen für deutsche Unternehmen, AG 2003, 19; *Kämmerer/Veil*, Paritätische Mitbestimmung in der monistischen Societas Europaea – ein verfassungsrechtlicher Irrweg?, ZIP 2005, 369; *Koppensteiner*, Zur grenzüberschreitenden Verschmelzung, GesRZ 2006, 111; *Lutter/Kollmorgen/Feldhaus*, Die Europäische Aktiengesellschaft – Satzungsgestaltung bei der „mittelständische SE", BB 2005, 2473; *Lutter*, Europäische Aktiengesellschaft: Rechtsfigur mit Zukunft?, BB 2002, 1; *Lutter*, Die Europäische Aktiengesellschaft, 2. Aufl. 1976; *Oetker*, Unternehmensmitbestimmung in der SE kraft Vereinbarung, ZIP 2006, 1113; *Pannier*, Harmonisierung der Aktionärsrechte in Europa, 2003; *Ratka/Rauter*, Verschmelzungsgründung und Folgeverschmelzung einer Europäischen Aktiengesellschaft, GesRZ 2006, 55; *Redeker*, Die SE und ihr Erfolg in der Praxis – Eine Zwischenbilanz, AG 2006, S. R343; *Reichert*, Die SE als Gestaltungsinstrument für grenzüberschreitende Umstrukturierungen, Der Konzern 2006, 821; *Scheifele/Brandt*, Die Europäische Aktiengesellschaft und das anwendbare Recht, DStR 2002, 546; *Schlüter*, Die EWIV: Modellfall für ein europäisches Gesellschaftsrecht?, EuZW 2002, 589; *Seibt*, Privatautonome Mitbestimmungsvereinbarungen: rechtliche Grundlagen und Praxishinweise, AG 2005, 413; *Teichmann*, Die Einführung der Europäischen Aktiengesellschaft, ZGR 2002, 383; *Thoma/Leuering*, Die Europäische Aktiengesellschaft – Societas Europaea, NJW 2002, 1449; *Wollburg/Banerjea*, Die Reichweite der Mitbestimmung in der Europäischen Gesellschaft, ZIP 2005, 277; *Wymeersch*, Company Law in Europe and European Company Law, in 1. Europäischer Juristentag, 2001, S. 85.

I. Die SE und ihr Recht in diesem Kommentar

1. Die rechtlichen Grundlagen

1   Die SE mit Sitz in Deutschland beruht auf folgenden Rechtsakten:

1. der **Verordnung** (EG) Nr. 2157/2001 des Rates vom 8. Oktober 2001[1],

2. der **Richtlinie** 2001/86/EG des Rates vom 8. Oktober 2001 zur Ergänzung des Statuts der Europäischen Gesellschaft hinsichtlich der Beteiligung der Arbeitnehmer[2] sowie

3. dem deutschen „Gesetz zur Einführung der Europäischen Gesellschaft" (**SEEG**)[3] mit seinen Teilen

     (1) „Gesetz zur Ausführung der Verordnung (EG) Nr. 2157/2001 des Rates vom 8. Oktober 2001 über das Statut der Europäischen Gesellschaft (SE) (SE-Ausführungsgesetz – SEAG)"[4] und

     (2) dem „Gesetz über die Beteiligung der Arbeitnehmer in einer Europäischen Gesellschaft (SE-Beteiligungsgesetz – SEBG)"[5]

4. dem **Aktiengesetz** in seiner jeweiligen Fassung und

5. der **Satzung** der betreffenden SE in ihrer jeweiligen Fassung.

2. Die Rangordnung dieser Grundlagen[6]

2   a) Entsprechend ihrem Charakter als **Verordnung** haben deren Regeln **unmittelbare Wirkung** und **Vorrang** vor nationalem Recht in Deutschland, Art. 249 Abs. 1 EG.

---

1 ABl.EG Nr. L 294 v. 10.11.2001, S. 1 ff, hier abgedruckt auf S. 1.
2 ABl.EG Nr. L 294 v. 10.11.2001, S. 22 ff., hier abgedruckt auf S. 1.
3 BGBl. I 2004, 3675 ff.
4 Hier abgedruckt auf S. 29.
5 Hier abgedruckt auf S. 835.
6 Dazu näher unten *Hommelhoff* in seinen Erläuterungen zu Art. 9 sowie in „Normenhierarchie für die Europäische Gesellschaft" in Lutter/Hommelhoff, Europäische Gesellschaft, S. 5 ff.

b) Demgegenüber bedurfte die Richtlinie der Umsetzung ins deutsche Recht (Art. 249 3
Abs. 2 EG), was mit dem SEBG geschehen ist. Bei dessen Auslegung ist aber stets zu
fragen, ob mit ihm den Anforderungen der Richtlinie Genüge getan wurde; ggf. ist
das SEBG **richtlinienkonform**[7] auszulegen.

c) Obwohl die SE-VO unmittelbare Wirkung hat, bedurfte es eines deutschen Ausfüh- 4
rungsgesetzes; denn die SE-VO hat dem nationalen Gesetzgeber bestimmte **Regelungsaufträge** erteilt oder ihm ausdrücklich **Gestaltungsspielräume** eingeräumt.
Dem ist der deutsche Gesetzgeber mit dem SEAG nachgekommen.

d) Mit SE-VO und SEEG liegen aber nur ca. 50% des für eine börsenfähige Kapitalge- 5
sellschaft erforderlichen Rechtes vor. In diesen Rechtsakten finden sich nämlich **keine Regeln** über die Aktien, über die Aufbringung und Erhaltung des Kapitals, über
Vorstand und Aufsichtsrat im dualistischen System, über Kapitalerhöhung und Kapitalherabsetzung etc. Daher ist für eine SE mit Sitz in der Bundesrepublik auch das
AktG mit etwa 50% des auf eine SE mit Sitz in Deutschland anwendbaren Rechtes
von ganz zentraler Bedeutung.

3. Die Berücksichtigung der Regelungsebenen in diesem Kommentar

Bei sehr vielen einzelnen Rechtsfragen – von der Gründung über die Verwaltung der 6
SE bis zu den Rechten und Pflichten ihrer Vorstände und Aufsichtsräte – verschrän-
ken sich die **drei Rechtsebenen** vielfältig. Diese Situation hätte die Autoren zu einer
ständigen, aber unsystematischen Behandlung und Erläuterung des Aktiengesetzes
in Einzelaspekten gezwungen – und das häufig in größeren Anhängen (z.B. „Kapitalaufbringung in der SE", „Kapitalerhaltung in der SE", „Der Aufsichtsrat in der SE",
etc.).

Herausgeber und Autoren haben sich daher entschlossen, diese Verschränkungen der
drei Rechtsebenen zu entzerren, indem in diesem Kommentar nur die **SE-VO mit ihren Ergänzungen** in der Richtlinie und dem SEEG erläutert werden, in einem eigenen
Kommentar von *Karsten Schmidt/Marcus Lutter* über das AktG. Selbstverständlich
weisen die Autoren des vorliegenden Kommentars – weit überwiegend sind sie für
die gleichen Sachfragen im AktG-Kommentar ebenfalls zuständig – in ihrer Kommentierung von SE-VO und SEEG stets darauf hin, wann und für welche Fragen das
AktG und mithin die Kommentierung zum AktG einschlägig und zu beachten ist.

Beide Kommentare zusammen ergeben dann 100% des auf eine SE mit Sitz in
Deutschland anwendbaren Gesellschafts- und Mitbestimmungsrechts.

II. Die Entstehung der SE-VO

Auf dem 1. Europäischen Juristentag Nürnberg 2001 sagt *Eddy Wymeersch*[8] dazu: 7
„No subject in company law has required more efforts, involved more man-hours
and received more attention than the Statute for a European Company or Societas Europaea (SE)."

---

7 Ständige Rspr. des EuGH seit den Urteilen v. 10.4.1984 – Rs. 14/83, Slg. 1984, 1891 – „von Col-
   son und Kamann" und v. 13.11.1990 – Rs. C-106/89, Slg. 1990, 4144 – „Marleasing" und erneut
   EuGH v. 5.10.2004 – C-397/01 bis C-403/01, NZA 2004, 1145.
8 *Eddy Wymeersch*, Company Law in Europe and European Company Law, in 1. Europäischer Juristentag, 2001, S. 139 Nr. 47.

1. Die erste Phase (1959–1975) bis zur Vorlage des revidierten Statuts der Europäischen Aktiengesellschaft

7a   a) Schon sehr bald nach dem Inkrafttreten des Vertrages von Rom hatte sich gezeigt, dass die im EWG-Vertrag auch den Unternehmen verheißene Freizügigkeit durch die Nationalität der für sie zuständigen Rechtsordnungen stark behindert wird. Daher entwickelte sich hierzu bereits ab 1959 eine lebhafte Debatte[9]: der französische Notar *Thibièrge* trug auf dem Kongress des französischen Notariats im Jahre 1959 erste Überlegungen für eine Gesellschaft internationalen Typs in Europa vor, entsprechende Anregungen wurden im **Europäischen Parlament** eingebracht und der niederländische Professor *Pieter Sanders* hielt in Rotterdam seine Antrittsvorlesung unter dem engagierten Titel: „Auf dem Wege zu einer Europäischen Aktiengesellschaft?"[10]. Nachdem jedoch auf dem Kongress der Pariser Anwaltskammer im Sommer des Jahres 1960 sehr viele skeptische Stimmen laut geworden waren und auch die Vertreter der europäischen Industrie eher Desinteresse bekundet hatten, wurde es zunächst scheinbar still um Pläne dieser Art. In Wirklichkeit fanden jedoch vor allem in Frankreich (*Houin* im Rahmen des Comité Français de Droit International Privé und *Vasseur* im Rahmen eines „Comité Hamel"), aber auch in der Bundesrepublik (Tagung der Gesellschaft für Rechtsvergleichung 1961 mit Vorträgen zum Thema von *Duden* und *Marty*) weitere Untersuchungen zum Thema statt.

8   b) Aufsehen erregende amerikanische Unternehmenskäufe in Europa und große rechtliche Schwierigkeiten bei europäischen grenzüberschreitenden Zusammenschlüssen (Agfa Gevaert) legten in den folgenden Jahren große Schwächen der europäischen Position offen. Es war dann die französische Regierung, welche mit einer Note vom 15.3.1965 an den Ministerrat der Europäischen Wirtschaftsgemeinschaft die Schaffung einer Europäischen Handelsgesellschaft durch **Staatsvertrag unter den Mitgliedstaaten**[11] vorschlug. Dieser politisch wichtige Vorstoß führte auf Seiten der Kommission zunächst zur Ausarbeitung einer Denkschrift vom 22.4.1966 und in der Folge zum Auftrag an *Pieter Sanders* zur Ausarbeitung eines Vorentwurfs, der bereits im September 1966 vorgelegt wurde.

9   c) Auf der Grundlage dieses Vorentwurfs erarbeitete die Kommission dann den Vorschlag eines **vollständigen Statuts** für Europäische Aktiengesellschaften, den sie am 30.6.1970 dem Ministerrat vorlegte. Diese erste Vorlage von 1970 führte zu umfangreichen Stellungnahmen der nationalen Regierungen und Verbände, des Wirtschafts- und Sozialausschusses und des Europäischen Parlamentes. Nachdem dieses am 11.7.1974 auf der Grundlage zweier umfangreicher Berichte ihrer Mitglieder *Pintus* und *Brugger* eingehende und zum Teil sehr weit reichende Beschlüsse gefasst hatte, unternahm die Kommission eine vollständige Revision ihres ersten Entwurfes von 1970, dessen neue Fassung sie 1975 dem Ministerrat der Europäischen Gemeinschaften zur endgültigen Entscheidung vorlegte[12].

---

9 Vgl. zum Ganzen *Lutter*, BB 2002, 1 ff.; *Blanquet*, ZGR 2002, 20 ff. und *Bärmann*, Europäische Integration, S. 143 ff.

10 Der Vortrag ist in alle europäischen Sprachen übertragen und publiziert worden. In deutscher Sprache veröffentlicht in AWD 1960, 1 ff.

11 Dieses Modell ist zuvor einige Male verwirklicht worden, vor allem in der durch den deutsch-französischen Saarvertrag von 1956 geschaffenen „Saar-lothringischen Kohleunion, Deutsch-französische Gesellschaft auf Aktien" (Saarlor) mit Doppelsitz in Deutschland und Frankreich und paritätischer Besetzung des Vorstands. Ihre Rechtsgrundlagen waren das durch den Staatsvertrag geschaffene Statut und „die gemeinsamen Grundsätze des deutschen und französischen Rechts". Vgl. *Bärmann*, Europäische Integration, S. 25 ff. und *v. Arnim*, Rechtsgrundlage und Struktur der saar-lothringischen Kohleunion, Diss. Saarbrücken 1962.

12 Dazu *Lutter*, Die Europäische Aktiengesellschaft, 1976.

d) Dieses Statut von 1975 mit seinen vier Anhängen war schon von seinem Umfang   10
her mit über 400 Artikeln eindrucksvoll. Seinem Inhalt nach war es einem vollständigen Aktiengesetz mitsamt Konzernrecht und Teilen eines Betriebsverfassungsgesetzes vergleichbar. Die Kommission hatte aber auch ihren ursprünglichen Gedanken einer *loi uniforme* durch **Vertrag unter den Mitgliedstaaten** schon im Entwurf
von 1970 verlassen und schlug seither die Schaffung **unmittelbaren europäischen
Rechts** und den **Erlass einer Verordnung** aufgrund der (damals) Art. 189 und 235 des
EWG-Vertrages (heute Art. 85 und Art. 308 EG) vor (so dann auch verabschiedet). Bei
einem derartig anspruchsvollen Konzept kann es nicht verwundern, dass dieser revi-
dierte Vorschlag eines Statuts für Europäische Aktiengesellschaften politisch und
rechtlich vielfach umstritten war und heftig diskutiert wurde[13].

Politisch aber führte der hohe Anspruch des Vorschlags zu einem energischen Widerstand der nationalen Regierungen, die u.a. ein „Austrocknen" ihrer nationalen Aktienrechte und das „Auswandern" ihrer Aktiengesellschaften in die SE fürchteten.

Der Ministerrat hat daher über den Entwurf 1975 nie förmlich beraten und entschieden. Die Arbeiten an ihm schliefen durch schlichte Nicht-Befassung einfach ein.
1982 wurden die Arbeiten dann auch förmlich im Rat ausgesetzt.

**2. Die zweite Phase 1988 bis 1991 (Dritter geänderter Vorschlag für eine Verordnung
über das Statut der Europäischen Aktiengesellschaft)**

a) Im Juli 1988 beschloss die Kommission unter ihrem Präsidenten *Jacques Delors*   11
zur Vollendung des Binnenmarkts die Diskussion über das SE-Statut durch ein **Bin-
nenmarkt-Weißbuch**[14] wieder in Gang zu bringen und fand dabei im Rat und im Parlament durchaus offene Ohren unter dem Stichwort der Stärkung der Wettbewerbsfähigkeit der Europäischen Unternehmen auf den Weltmärkten.

b) Auf diesem Hintergrund entwickelte die Kommission dann das letztlich ver-   12
abschiedete Konzept der Aufteilung ihrer Arbeiten in ein rein gesellschaftsrechtliches Statut auf der Grundlage einer Verordnung und die Ausgliederung der Mit-
bestimmungsfragen in eine Richtlinie. So wurde 1989 der zweite geänderte Vorschlag
für eine Verordnung über das Statut der Europäischen Aktiengesellschaft sowie einer
Richtlinie für die Stellung der Arbeitnehmer von der Kommission verabschiedet und
dem Rat und Parlament vorgelegt. Aufgrund der Stellungnahmen des Europäischen
Parlaments und des Wirtschafts- und Sozialausschusses wurde dieser Vorschlag überarbeitet und schließlich der **dritte geänderte Vorschlag** förmlich vorgelegt[15].

c) Dieser Vorschlag war auf **ein Drittel** des Umfangs von 1975 verkürzt worden, ent-   13
hielt sehr viele Verweise auf das nationale Recht und klammerte ganze Regelungs-
komplexe wie etwa das Konzernrecht ganz aus. Mit diesem Entwurf war aber vor allem das Konzept festgelegt für eine Europäische Gesellschaft, die nur mehr teilweise
aus europäischem Einheitsrecht, im Übrigen aber aus nationalem Sitzrecht lebt[16].

Vor allem aber versuchte die Kommission das heillos umstrittene Problem der Mitbestimmung durch nationale Wahlrechte zu lösen

– entweder durch Vertretung der Arbeitnehmer im Aufsichtsrat oder Verwaltungsrat
(nach deutschem und niederländischem Vorbild)

---

13 Vgl. etwa *Lutter*, Die Europäische Aktiengesellschaft, 2. Aufl. 1978, mit Beiträgen zu allen
    Aspekten des Entwurfs von 1975.
14 Memorandum der Kommission an das Parlament, den Rat und die Sozialpartner, KOM(88)
    320 endg. vom 15. Juli 1988, dort insbes. Rz. 137.
15 ABl.EG Nr. C 263 v. 16.10.1989, S. 69.
16 Dazu die eingehende Diskussion auf dem Bonner Symposion zur Europäischen Aktiengesell-
    schaft v. 18. Juni 1990, abgedruckt in AG 1990, 413 ff.

– oder ihre Vertretung in einem besonderen Organ (französisches und belgisches Modell des *Comité d'Entreprise*)

– oder ein von Arbeitnehmern und Arbeitgebern vertraglich festgelegtes eigenes Modell.

3. Die dritte Phase 1991 bis 2000 (Einigung von Nizza)

14 a) Die folgenden Jahre waren von einer harten Debatte um die Gleichwertigkeit der **drei Mitbestimmungs-Modelle** gekennzeichnet. Deutschland und die Niederlande lehnten diese ab und bestanden auf einer gleichberechtigten Vertretung der Arbeitnehmer im Aufsichtsorgan (Aufsichtsrat) oder Verwaltungsorgan (monistisches Modell). Die Debatte konzentrierte sich schließlich auf die Positionen „keine SE ohne paritätische Mitbestimmung" (insbesondere Deutschland und die Niederlande) und „kein Export nationaler Mitbestimmungsmodelle" (insbesondere Großbritannien und Spanien). Eine Lösung war nicht in Sicht.

15 b) Die heillos festgefahrene Debatte wurde durch Wünsche der europäischen Wirtschaft und Unternehmen immer wieder angestoßen, die eine SE für dringend erforderlich hielten, denn sie allein könne

– die Zusammenarbeit über die Grenzen hinweg erleichtern (z.B. im Rahmen der transeuropäischen Netze),

– das Management auf Ebene der Union ermöglichen,

– zur Entwicklung einer europäischen Unternehmenskultur beitragen,

– durch Größenvorteile die Wettbewerbsfähigkeit auf Unionsebene erhöhen,

– die Struktur von Konzernen vereinfachen und ihre Umstrukturierung zur besseren Anpassung an den europäischen Markt erleichtern,

– den KMU die Expansion in andere Mitgliedstaaten ermöglichen und

– die Produktivität und Wettbewerbsfähigkeit der europäischen Wirtschaft erhöhen[17].

Diese Sicht der Dinge wurde von einer durch die Kommission eingesetzten Beratergruppe unter *Carlo Ciampi*[18] und eine Mitteilung der Kommission selbst[19] bestätigt.

16 c) All diese Aussagen und Anstrengungen waren aber nicht in der Lage, das Mitbestimmungs-Problem zu lösen. Daher bildete die Kommission im Jahre 1996 eine **Arbeitsgruppe hochrangiger Experten** aus den Mitgliedsländern unter dem Vorsitz ihres ehemaligen Vizepräsidenten *Etienne Davignon*. Im Bericht dieser Arbeitsgruppe wurde das heute gültige Modell entwickelt aus

– vorrangiger Lösung durch Vereinbarung und

– **Auffangregelungen** für den Fall, dass eine Vereinbarung nicht zustande kommt[20].

Dieses Modell fand dann 1998 unter britischem Ratsvorsitz seine endgültige Lösung, der alle Mitgliedsländer bis auf Spanien zustimmten.

17 d) Die Blockade durch Spanien dauerte bis zur **Ratssitzung von Nizza**, wo dann das endgültige Konzept einvernehmlich verabschiedet wurde.

---

17 Vgl. dazu *Blanquet*, ZGR 2002, 20, 28 f.

18 Bericht der Beratergruppe „Wettbewerbsfähigkeit" vom Juni 1995 (*Ciampi*-Bericht). In diesem Bericht wurde das Einsparungspotential durch die SE von der Beratergruppe auf 30 Milliarden ECU geschätzt (!); vgl. *Blanquet*, ZGR 2002, 20 ff.

19 Memorandum 147 der Kommission vom 15.11.1995.

20 Abschlussbericht der Sachverständigengruppe „European Systems of Worker Involvement"; näher *Blanquet*, ZGR 2002, 30 f.

4. Die vierte Phase 2001 (Erlass von SE-VO und SE-RL) bis 2004 (Ende der Übergangszeit)

a) Nach der Einigung im Ministerrat von Nizza musste der Text der SE-VO und der   18
Richtlinie überarbeitet werden, ehe Verordnung und Richtlinie am 8.10.2001 verabschiedet werden konnten[21].

b) Art. 70 der SE-VO sieht aber ausdrücklich vor, dass die Verordnung erst drei Jahre   19
später, nämlich am 8.10.2004 in Kraft trat. Das gleiche Datum wurde als Frist für
die Umsetzung der Richtlinie festgelegt. Andererseits konnte aber auch die Verordnung ohne das nationale Begleitgesetz keine praktische Wirksamkeit entfalten. In
Deutschland ist es erst am 22.12.2004, also verspätet, verabschiedet und erst am
28.12.2004 im Bundesgesetzblatt verkündet worden, nach Art. 9 des SEEG mithin
erst am 29.12.2004 in Kraft getreten. Erst von diesem Zeitpunkt an konnten in
Deutschland Europäische Gesellschaften gegründet werden. Zur Nutzung der SE in
Deutschland unten Rz. 31.

III. Umsetzungsprozess in Deutschland und den einzelnen Mitgliedstaaten

1. Deutschland

Da die Verordnung über das Statut der Europäischen Gesellschaft gem Art. 249 EG   20
unmittelbar in jedem Mitgliedstaat gilt, bedurfte diese an sich **keiner Umsetzung ins
deutsche Recht**. Abweichend vom Regelfall enthält sie aber zahlreiche Regelungsaufträge und Wahlrechte für den nationalen Gesetzgeber, so dass auch in Deutschland
ein **besonderes Ausführungsgesetz** erforderlich wurde. Da die SE-VO den Unternehmen die Wahlmöglichkeit zwischen monistischem Board und dualistischem Vorstand/Aufsichtsrat eröffnet, hatte der deutsche Gesetzgeber sein besonderes Augenmerk darauf zu richten, die rechtlichen Rahmenbedingungen für die Einführung des
hier bislang unbekannten einheitlichen Verwaltungsgremiums zu schaffen. Dies und
sämtliche weitere Voraussetzungen, die für die Gründung und Existenz einer SE mit
Sitz in Deutschland erforderlich sind, hat der Gesetzgeber durch das Gesetz zur Einführung der Europäischen Gesellschaft (SEEG) vom 22.12.2004 geregelt. Dabei handelt es sich um ein Artikelgesetz, wobei Art. 1 das Ausführungsgesetz zu der SE-Verordnung enthält (SEAG). Durch Art. 2 (SE-Beteiligungsgesetz – SEBG) wird die ergänzende Richtlinie vom 8.10.2001 über die Beteiligung der Arbeitnehmer umgesetzt.
Die weiteren Artikel enthalten notwendige Folgeänderungen im Gerichtsverfassungsgesetz (Art. 3), im Gesetz über die Angelegenheiten der freiwilligen Gerichtsbarkeit (Art. 4), im Spruchverfahrensgesetz (Art. 5), im Arbeitsgerichtsgesetz (Art. 6)
und in der Handelsregisterverordnung (Art. 7).

2. England

Die SE-Richtlinie wurde durch ein Gesetz mit der Bezeichnung „**The European Pu-**   21
blic Limited Liability Company Regulations 2004" in die Rechtsordnungen von England, Wales und Schottland transferiert. Dem Erlass des Gesetzes war ein Diskussionsentwurf des britischen Wirtschaftsministeriums (*„Department of Trade and Industry"*) vom Oktober 2003 vorausgegangen, in dem die britische Regierung ihre
Vorgehensweise bei der Umsetzung des SE-Statuts erläutert hat. Ausgangspunkt war
die Überlegung, dass ein **detailliertes Ausführungsgesetz verzichtbar** ist, weil die SE-
VO über Art. 249 EG unmittelbar gilt und durch die Verweisungsnorm des Art. 9c ii

---

21 Zum anschließenden Konflikt mit dem Europäischen Parlament über die Rechtsgrundlage der
Verordnung vgl. *Lutter*, BB 2002, 1, 3.

SE-VO Regelungslücken automatisch geschlossen werden[22]. So konzentriert sich das SE-Ausführungsgesetz vor allem auf zwei Aspekte, die dem britischen Gesellschaftsrecht bisher fremd waren: Die Arbeitnehmermitbestimmung und die Wahlmöglichkeit zwischen monistischem und dualistischem Leitungsgremium.

Anders als das AktG schreibt das britische Gesellschaftsrecht jedoch keine bestimmte *board*–Struktur vor, sondern überlässt es den Anteilseignern, diese durch Satzung zu regeln. Obwohl in der Praxis der monistische Verwaltungsrat dominiert, besteht in Großbritannien seit je her die Wahlfreiheit zwischen dualistischem und monistischem System. Über Art. 9 Abs. 1c ii SE-VO gilt sie auch für die SE mit Sitz in England. Der Ansatz des britischen *Department for Trade and Industry* war es daher, dass das SE-Begleitgesetz **keine zusätzlichen Regelungen** für die Einführung des dualistischen Modells enthalten sollte[23]. Wie in der englischen *public limited company* können die Organe das Leitungsgremium der SE also flexibel gestalten. Es wird erwartet, dass diese traditionelle Flexibilität des englischen Gesellschaftsrechts dem Vereinigten Königreich viel Zulauf verschaffen wird, wenn es um die Sitzwahl einer SE geht[24].

3. Frankreich

22 Der Gesetzgeber in Frankreich hat die SE-VO durch ein Gesetz vom 26.7.2005 (**„La loi pour la confiance et la modernisation de l'économie"**) in das französische Handelsgesetzbuch („code de commerce") implementiert. Das Gesetz basiert im Wesentlichen auf den Entwürfen der Senatoren *Marini* und *Hyest*, die ihrerseits auf die Vorarbeiten einer Arbeitsgruppe von Gesellschaftsrechtsexperten zurückgreifen konnten[25]. Ziel der Entwürfe war es, eine für Gründer besonders attraktive Rechtsform zu schaffen, die im Standortwettbewerb eine **größtmögliche Flexibilität** bietet[26].

Das Ausführungsgesetz besteht aus insgesamt 15 Artikeln, die unter anderem die Organisation des Führungsgremiums (Art. 229-7) sowie den Gläubiger- und Minderheitenschutz bei einer grenzüberschreitenden Sitzverlegung (Art. 229-2) regeln. Der ursprüngliche Gesetzesentwurf von *Marini* und *Hyest* war allerdings weitaus detaillierter und enthielt noch 31 Artikel.

Die Richtlinie zur Mitbestimmung der Arbeitnehmer wurde in das französische Arbeitsgesetz („code de travail") integriert und umfasst 26 Vorschriften. Das besondere Verhandlungsgremium ist eng an die französischen Konzernbetriebsräte angelehnt. Seine französischen Mitglieder werden durch die Gewerkschaftsorganisationen benannt[27].

4. Niederlande

23 Das Gesetz zur Einführung des SE-Statuts ist in den Niederlanden durch königlichen Beschluss am 1.4.2005 in Kraft getreten. Mit Gesetz vom 17.3.2005 haben die Niederlande außerdem die EU-Richtlinie zur Beteiligung der Arbeitnehmer im Rahmen der Europäischen Aktiengesellschaft umgesetzt. Dadurch werden Unterrichtungs- und Anhörungsrechte der Arbeitnehmer im Rahmen der Gründung der Europäischen Aktiengesellschaft gewährleistet. Anders als in Deutschland setzt das niederländische Recht bei der Arbeitnehmermitbestimmung auf das sog. **„Kooptationsmodell"**, wo-

---

22 *Davies* in Baums/Cahn, Europäische Aktiengesellschaft, S. 10, 15.
23 *Davies* in Baums/Cahn, Europäische Aktiengesellschaft, S. 10, 16 f.; *Kübler* in MünchKomm. AktG, Einf. Europ. Gesellschaft Rz. 53.
24 *Kübler* in MünchKomm. AktG, Einf. Europ. Gesellschaft Rz. 46.
25 Vgl. *Schröder/Fuchs* in Manz/Mayer/Schröder, Art. 9 SE-VO Rz. 109 f.
26 Vgl. *Rontchevsky* in Baums/Cahn, Europäische Aktiengesellschaft, S. 51, 53.
27 Dazu grundlegend *Roussel-Verret*, BB-Spezial, 1/2005, 25 f.

nach den Arbeitnehmervertretern lediglich das Recht zukommt, die Bestellung eines Teils oder aller Mitglieder des Aufsichts- oder Verwaltungsorgans zu empfehlen oder abzulehnen[28].

Das SE-Begleitgesetz wurde bewusst knapp gefasst und konzentriert sich im Wesentlichen auf die Regelung des monistischen Leistungssystems, das es zuvor in den Niederlanden nicht gab[29]. Ferner gewährt das Gesetz dem Justizminister Einspruchsmöglichkeiten, wenn bei Sitzverlegung einer niederländischen SE oder der Errichtung einer SE durch eine niederländische Aktiengesellschaft das Allgemeininteresse berührt wird (z.B. bei privatisierten Unternehmen, die öffentliche Aufgaben wahrnehmen)[30].

5. Österreich

Am 8.10.2004 trat das **Gesellschaftsrechtsänderungsgesetz 2004** (GesRÄG 2004) über   24 das Statut der Europäischen Aktiengesellschaft in Österreich in Kraft. Wie in Deutschland handelt es sich um ein **Artikelgesetz**, das vor allem die gesellschaftsrechtlichen Fragen im Zusammenhang mit der SE österreichischer Prägung regelt. Mit Art. 1 steht im Mittelpunkt das SE-Gesetz (SEG). Es enthält die wesentlichen Vorschriften zur Organisationsverfassung, Gründung und Sitzverlegung. Die Art. 2–8 enthalten die notwendigen Folgeänderungen in einzelnen Nebengesetzen, wie im Aktiengesetz (Art. 2), Firmenbuchgesetz (Art. 3), Rechtspflegergesetz (Art. 4), Gerichtsgebührengesetz (Art. 5), EWIV-Ausführungsgesetz (Art. 6), Genossenschaftsrevisionsgesetz 1997 (Art. 7) sowie im Versicherungsaufsichtsgesetz (Art. 8). Parallel zum SE-Gesetz wurde mit der Änderung des Arbeitsverfassungsgesetzes (ArbVG) die Richtlinie über die Arbeitnehmermitbestimmung in der SE umgesetzt[31].

6. Polen

Der polnische Gesetzgeber hat die SE-VO durch das Gesetz vom 4.3.2005 über die Eu-   25 ropäische Wirtschaftliche Interessenvereinigung und die Europäische Aktiengesellschaft implementiert (nachfolgend „polnisches SEAG")[32]. Sie basiert auf dem Entwurf einer Expertengruppe des polnischen Justizministeriums unter dem Vorsitz von *Stanisław Sołtysiński*. Durch dieses Gesetz wurde gleichzeitig auch die Richtlinie zur Mitbestimmung der Arbeitnehmer in das polnische Recht umgesetzt.

Das polnische Ausführungsgesetz besteht aus insgesamt **138 Artikeln**. In Titel III des SEAG finden sich die Regelungen zur Gründung, zu den Organen (dualistisches und monistisches System) und der Sitzverlegung einer SE (Art. 15–57). Dabei sah sich der polnische Gesetzgeber ebenso wie der deutsche mit der Aufgabe konfrontiert, detaillierte Bestimmungen zum bislang unbekannten monistischen Führungsmodell zu erlassen. Titel IV enthält Regelungen zur Mitbestimmung der Arbeitnehmer (Art. 58–121) und stellt den umfangreichsten Teil des polnischen SE-Ausführungsgesetzes dar. Titel V beinhaltet verschiedene Strafvorschriften (Art. 122–133).

Den SE-Vorschriften vorgelagert sind in Titel II die Bestimmungen zur EWIV, die bislang im polnischen Gesellschaftsrecht fehlten.

---

28 Vgl. *Schwarz*, Einleitung Rz. 272.
29 Vgl. *Slagter* in Baums/Cahn, Europäische Aktiengesellschaft, S. 30, 33 ff.
30 *Slagter* in Baums/Cahn, Europäische Aktiengesellschaft, S. 30, 33.
31 Dazu *Kalss/Hügel*, Europäische Aktiengesellschaft; *Kalss/Greda*, GesRZ 2004, 91 ff.
32 Ustawa o europejskim zgrupowaniu interesów gospodarczych i spółce europejskiej. Die englische Übersetzung des polnischen SE-Ausführungsgesetzes ist unter http://europa.eu.int/comm/employment_social/labour_law/documentation_en.htm#10 erhältlich.

7. Belgien

26 Belgien gehört neben Österreich, Dänemark, Schweden, Finnland und Island zu den Mitgliedstaaten, die **am schnellsten** die SE-VO und SE-RL in das nationale Recht umgesetzt haben. Die SE-VO wurde in Belgien durch Königliche Verordnung vom 1.9.2004 in das belgische Gesellschaftsgesetzbuch (Code des sociétés/Wetboek vennootschappen) implementiert. Die Verordnung umfasst insgesamt 36 Artikel. Art. 1–31 enthalten die Änderungsvorschriften des belgischen Gesellschaftsrechts; Art. 32 und 33 beinhalten notwendige Folgeänderungen der belgischen Zivilprozess-ordnung (Code judiciaire/Gerechtelijk Wetboek)[33].

Die Umsetzung der Richtlinie zur Mitbestimmung der Arbeitnehmer erfolgte in Belgien durch den Tarifvertrag Nr. 84 vom 6.10.2004 über die Arbeitnehmerbeteiligung in der SE (Convention collective n° 84/Collectieve arbeidsovereenkomst nr. 84), der ebenfalls durch Königliche Verordnung vom 22.12.2004 in Kraft getreten ist.

8. Spanien

27 Das Gesetz zur Einführung des SE-Statuts ist in Spanien am 16.11.2005 in Kraft getreten. Der spanische Gesetzgeber hat dazu das spanische Aktiengesetz[34] (Ley de Sociedades Anónimas, nachfolgend LSA) entsprechend angepasst. Unter anderem wurde das gesonderte Kapitel XII in das spanische Aktiengesetz eingeführt. Die Art. 312–338 schaffen den normativen Rahmen für Europäische Aktiengesellschaften mit Sitz in Spanien. Hervorzuheben sind die Gründungsvorschriften in Art. 315–326 LSA sowie die Regelungen über die Organe in Art. 327–338 LSA. Im Gegensatz zu vielen anderen Mitgliedstaaten folgte das spanische Aktienrecht bislang dem **monistischem Verwaltungsmodell**, so dass der Gesetzgeber in Art. 329–336 LSA die Voraussetzungen zur Einrichtung eines dualistischen Leitungsgremiums zu schaffen hatte. Beim dualistischen Modell wird die SE in Spanien durch einen oder mehrere Direktoren bzw. durch einen Direktorenrat (Consejo de directores) vertreten. Die Direktion wird von einem Kontrollrat (Consejo de Control) überwacht. Die Mitglieder des Kontrollrates werden von der Hauptversammlung (junta general) gewählt und abberufen.

Die Ergänzung der SE-VO sowie die Umsetzung der Richtlinie zur Mitbestimmung erfolgten schließlich durch einen Gesetzentwurf von 2005[35] und das Gesetz 31/2006 v. 18.10.2006[36].

9. Italien

28 Die zur Schaffung einer italienischen SE notwendigen Gesetze wurden im Rahmen einer **umfassenden Gesellschaftsrechtsreform**, die am 1.1.2004 in Kraft trat, in das italienische Recht eingeführt. Im Zuge dessen wurden auch das Zivil- sowie das Zivilverfahrensrecht reformiert sowie besondere kapitalmarktrechtliche und international-privatrechtliche Bestimmungen des italienischen Rechts an die Bedürfnisse einer dort ansässigen SE angepasst[37]. Einschneidende Veränderungen hat die Gesellschaftsrechtsreform vor allem für die bislang in Italien praktizierte **Corporate Gover-**

---

33 Näher zur Umsetzung der SE-VO und SE-RL in Belgien vgl. *van Cutsem* in Jannott/Frodermann, Handbuch Europäische Aktiengesellschaft, S. 562–582.
34 Ley de Sociedades Anónimas, nachfolgend LSA.
35 Der Name des Entwurfs lautet: „Proyecto de Ley sobre implicación de los trabajadores en las sociedades anónimas europeas."
36 Ley 31/2006 de 18 de octubre, sobre implicación de los trabajadores en las sociedades anónimas y cooperativas europeas, erhältlich unter www.ec.europa.eu/employment_social/labour_law/documentation_de.html#10.
37 *Pernazza/Allotti* in Oplustil/Teichmann, The European Company – all over Europe, 2004, S. 172.

nance ausgelöst. Bislang existierte ein für europäische Verhältnisse höchst ungewöhnliches dreigeteiltes Leitungssystem aus einem Verwaltungsrat, der seinerseits durch einen Aufsichtsrat und ein drittes, mit der Rechnungslegung betrautes Organ (Rechnungsprüfer oder Revisionsgesellschaft) kontrolliert wird[38]. Dieses kann nunmehr mittels einer SE durch ein dualistisches oder monistisches System ersetzt werden. Im dualistischen System übernimmt der Aufsichtsrat neben der Überwachung auch Funktionen, die bei der italienischen AG bislang in die Zuständigkeit der Hauptversammlung fielen. Im Gegensatz zur italienischen Aktiengesellschaft (S.p.A) kann die Satzung dem Aufsichtsrat einer SE darüber hinaus auch Zustimmungsvorbehalte bei bestimmten Geschäftsführungsmaßnahmen einräumen[39]. Das monistische System italienischer Prägung besteht aus einem eingliedrigen Verwaltungsrat, wobei auf eine funktionale Trennung in geschäftsführende und überwachende Verwaltungsratsmitglieder wie sie das SEAG vorschreibt[40] verzichtet wurde[41]. Sowohl im dualistischen als auch im monistischen Gremium werden die Organe aber durch einen Rechnungsprüfer kontrolliert, der in ein beim Justizministerium geführtes Register eingetragen sein muss und von der Hauptversammlung gewählt wird[42].

Die Ergänzung der SE-VO sowie die Umsetzung der Richtlinie zur Mitbestimmung erfolgten durch die Verordnung Nr. 188 v. 19.8.2005[43].

IV. Normenhierarchie und Rechtsquellen (VO, SEEG, SEAG)

Kaum ein Aspekt hat der SE-VO so viel Kritik eingetragen wie die Verweisungstechnik in Art. 9, nach der je nach Sachlage Gemeinschaftsrecht oder mitgliedstaatliches Recht zur Anwendung kommt. Vom „kleinsten gemeinsamen Nenner"[44] ist daher die Rede, einem „politischen Kompromiss"[45], einer „nationalen AG in europäischem Gewande"[46] oder gar einem „Konstruktionsfehler"[47].   29

Richtig ist, dass die SE in ihrer gegenwärtigen Form das Produkt eines langen **politischen Meinungsbildungsprozesses** ist, bei dem es galt, die vielfältigen Interessen der Mitgliedstaaten auf europäischer Ebene zu bündeln. So mag es nicht verwundern, dass die ursprüngliche Idee einer Vollregelung aus dem Jahr 1970 keinen Bestand haben konnte. Damals zählte die Europäische Union noch ganze sechs Mitgliedsländer. Inzwischen ist sie auf 27 angewachsen, so dass sich die Kompromissfindung entsprechend schwieriger gestaltet. Daher war eine Minimalregelung angesichts der Vielfalt der nationalen Gesellschaftsrechte der einzige Weg zur SE[48].

Darüber hinaus ist der Weg zu einer **Einheits-SE** keineswegs verbaut: Die Gesetzgebungsorgane der Gemeinschaft können, wenn sie nur wollen, frei und jederzeit für eine einheitlich gefärbte Gesellschaft sorgen. Die Kompetenz darüber, ob und inwie-

---

38 *Cavasola/de Lorenzo* in Jannott/Frodermann, Handbuch Europäische Aktiengesellschaft, S. 717.
39 *Pernazza/Allotti* in Oplustil/Teichmann, The European Company – all over Europe, 2004, S. 189 f.
40 Vgl. *Thümmel,* Europäische Aktiengesellschaft, S. 91.
41 *Pernazza/Allotti* in Oplustil/Teichmann, The European Company – all over Europe, 2004, S. 191.
42 *Cavasola/de Lorenzo* in Jannott/Frodermann, Handbuch Europäische Aktiengesellschaft, S. 719.
43 Decreto Legislativo 19 agosto 2005 n. 188. Attuazione della direttive 2001/86/CE, abrufbar unter www.parlamento.it/leggi/deleghe/05188dl.html.
44 *Hommelhoff/Teichmann,* SZW/RSDA 2002, 1, 3.
45 *Brandt,* BB-Spezial, 3/2005, 1, 7.
46 *Ulmer,* FAZ v. 21.3.2001, S. 30.
47 FAZ v. 29.9.2005, S. 11.
48 *Horn,* DB 2005, 147; *Grundmann/Möslein,* European Company Law, Rz. 1125.

weit auf die SE anwendbares Nationalrecht durch Gemeinschaftsrecht ersetzt werden soll, liegt ausschließlich bei den Gemeinschaftsorganen[49].

30   Die **Normenpyramide** gliedert sich wie folgt[50]:

- Das *Fundament* bilden die Regelungen der SE-VO;
- auf der *ersten Stufe* finden sich jene Bestimmungen in der Satzung der SE, mit denen der Satzungsgeber von dem ihm in der Verordnung ausdrücklich erteilten Regelungsermächtigung Gebrauch gemacht hat;
- die *zweite Stufe* besteht aus den mitgliedstaatlichen Vorschriften des spezielle SE-Ausführungsgesetzes im Sitzstaat der SE, die auf diese anzuwenden sind;
- auf der *dritten Stufe* finden sich die mitgliedstaatlichen Vorschriften des allgemeinen Aktienrechts im Sitzstaat der SE, die auf diese anzuwenden sind;
- auf der *vierten Stufe* kommen schließlich jene anderen Satzungsbestimmungen der einzelnen SE zum Zuge, die nach dem Aktienrecht des Sitzstaates zulässig und von der SE-VO nicht verboten sind.

31   Was oberflächlich betrachtet wie eine klar strukturierte Normenhierarchie aussieht, wirft dennoch viele Fragen auf, über die SE-VO und Gesetz wenig Aufschluss geben. Welche Bereiche sind es, die durch die Verordnung nicht oder nur teilweise geregelt werden? Was ist der **Regelungsbereich der Verordnung** und wie weit reicht er? Welche **Auslegungsgrundsätze** sind dabei zu beachten[51]?

Hier wird vor allem der **EuGH** als das für die Auslegung von Gemeinschaftsrecht zuständige Organ künftig Klarheit schaffen müssen[52]. Dass es vorerst insoweit noch an der Rechtssicherheit einer langen Rechtsprechungstradition mangelt[53], liegt in der Natur der Sache und sollte nicht überbewertet werden.

Wichtig ist aber: Für Neugründungen stellt die SE-VO in Art. 2 Abs. 1, 17 Abs. 1, Abs. 2 lit. a und b (Verschmelzung), Art. 2 Abs. 2, 32 (Gründung einer Holding-SE), Art. 2 Abs. 3, 15–16, 35–36 (Gründung einer „Tochter-SE") und in Art. 2 Abs. 4, 15–16, 37 (Umwandlung einer AG in eine SE) zunächst ein klares und übersichtliches Fundament bereit. Das SEAG sorgt insbesondere mit seinen §§ 15 ff. zur internen Organisationsverfassung für verlässliche Strukturen.

Die vielfachen Verweisungen ins AktG erhöhen einerseits die **Komplexität** des gesamten Regelungswerkes, schaffen auf der anderen Seite aber auch Rechtssicherheit. Denn der Rückgriff auf nationales Recht lässt besonders sensible Sachbereiche des Rechts der Kapitalgesellschaft unangetastet[54]. Für das deutsche Aktienrecht ist hier vor allem die Insolvenzantragspflicht nach § 92 Abs. 2 AktG zu nennen, die längst nicht in allen Ländern Europas gilt[55] und die gem § 22 Abs. 5 Satz 2 SEAG auch auf die deutsche SE Anwendung findet.

Positiv zu bewerten ist auch der zu erwartende **Wettbewerb unter den Rechtsordnungen**, den die Verweisung in die nationalen Aktienrechte befördern wird[56]. Vor allem in Frankreich wird die Verweisungstechnik weniger als Hindernis, sondern als He-

---

49 *Hommelhoff* in Lutter/Hommelhoff, Europäische Gesellschaft, S. 5, 7.
50 Dazu *Hommelhoff* in Lutter/Hommelhoff, Europäische Gesellschaft, S. 5, 15.
51 Vgl. dazu *Teichmann*, ZGR 2002, 383, 402 ff.; *Brandt/Scheifele*, DStR 2002, 547 ff.; *Lächler/ Oplustil*, NZG 2005, 381 ff. Im Einzelnen in diesem Kommentar *Hommelhoff/Teichmann* zu Art. 9.
52 *Hommelhoff* in Lutter/Hommelhoff, Europäische Gesellschaft, S. 5, 21.
53 *Brandt*, BB-Spezial, 3/2005, 1, 7.
54 *Fleischer*, AcP 204 (2004), 502, 509; *Wollburg/Banerjea*, ZIP 2005, 277.
55 Die Gesellschaftsrechte von England und Frankreich sehen zum Beispiel keine Antragspflicht vor.
56 *Lutter*, BB 2002, 1, 3; *Teichmann*, ZGR 2002, 383, 400 ff.

rausforderung und Bewährungsprobe für das eigene Aktienrecht gesehen[57]. In Großbritannien lässt das flexible und auf die Interessen der Kapitalanleger ausgerichtete Gesellschaftsrecht vermehrte Zuwanderung erwarten[58]. Welche Rolle Deutschland in diesem Prozess spielen wird, ist momentan noch offen. Eine Unternehmensflucht aus Deutschland mittels Gründung einer SE und anschließender Sitzverlegung, um der hierzulande vermeintlich lästigen Mitbestimmung und Überregulierung zu entkommen, ist eher unwahrscheinlich[59]. Auch internationale Großkonzerne sind im globalen Wettbewerb auf eine starke Verankerung in ihrem Heimatmarkt angewiesen. Nichtsdestotrotz ist der deutsche Gesetzgeber im Wettbewerb der Rechtsordnungen nachdrücklich aufgerufen, Deutschland zu einem attraktiven Inkorporationsstandort für die SE zu machen. Auch insoweit wird die im Augenblick intensiv diskutierte Reform der Mitbestimmung von wesentlicher Bedeutung sein.

V. SE, bisherige Gründungen und Vorteile für die Praxis

1. Überblick

a) Ziel des SE-Statuts war es, eine auf europaweit tätige Unternehmen zugeschnitte-   32
ne Rechtsform für Kapitalgesellschaften zu schaffen, die es diesen ermöglicht, **Transaktions- und Organisationskosten** einzusparen und **grenzüberschreitende Fusionen** mit Sitzverlegungen leichter zu vollziehen[60]. Jede mittlere und jede größere Gesellschaft unterhält heute praktisch in jedem Mitgliedstaat der EU eine Tochtergesellschaft mit Melde-, Bilanzierungs- und Prüfungspflichten. Werden sie zu einer SE fusioniert und als Niederlassung der einen SE fortgeführt, kann ein erhebliches Sparpotential, aber auch eine wesentliche Vereinfachung der Organisation realisiert werden. Außerdem lassen sich mithilfe der SE europaweit einheitliche Konzernstrukturen innerhalb einer Gruppe schaffen.

Der Erfolg der SE hängt maßgeblich davon ab, inwieweit sich diese Erwartungen in der Praxis erfüllen[61]. Ein knappes Jahr nach Verabschiedung der SE-VO hatte sich aufgrund der geringen Zahl von Gründungen zunächst Skepsis breitgemacht. Manche Medien befürchteten schon ein Scheitern der SE[62]. Den Durchbruch in Deutschland brachte schließlich die Ankündigung der **Allianz AG**, das Unternehmen in eine SE umzuwandeln. Die Umwandlung erfolgte durch Verschmelzung nach Art. 17 Abs. 2a, wobei die italienische Tochtergesellschaft RAS vollständig in die Muttergesellschaft integriert worden ist. Die Motive der Allianz AG für den Rechtsformwechsel waren vor allem die **geringeren Transaktionskosten**[63] im Vergleich zu einem öffentlichen Übernahmeangebot sowie die zu erwartenden **Kosteneinsparungen** infolge vereinfachter Konzernstrukturen[64]. Damit scheint sich ein wesentlicher Beweggrund für die Schaffung der SE in der Praxis zu bewähren[65]. Zur Zeit (Juni 2007) sind die Ländern des EWR über 70 Europäische Aktiengesellschaften registriert, von denen 26 ihren Sitz in Deutschland haben[66], unter anderem neben der Allianz SE solche Unternehmen wie die MAN B&W Diesel SE und Mensch und Maschine Software SE. Die

---

57 Vgl. *Rontchevsky* in Baums/Cahn, Europäische Aktiengesellschaft, S. 51, 53.
58 *Kübler* in MünchKomm. AktG, Einf. Europ. Gesellschaft Rz. 46.
59 Vgl. aber *Kübler* in MünchKomm. AktG, Einf. Europ. Gesellschaft Rz. 48, 55.
60 Vgl. die Erwägungsgründe 1, 4 und 8 der SE-VO.
61 Zur praktischen Relevanz der SE vgl. *Redeker*, AG 2006, R343 ff.
62 FAZ v. 5.8.2005, S. 11.
63 Handelsblatt v. 15.2.2006, S. 18.
64 Vgl. Handelsblatt v. 26.9.2005, S. 36.
65 Vgl. *Blanquet*, ZGR 2002, 20, 34 f.
66 Quelle: www.seeurope-network.com.

Umwandlung in die Europäische Aktiengesellschaft wird beim Gesundheitskonzern Fresenius AG gegenwärtig durchgeführt. Es wird erwartet, dass andere Unternehmen diesen Beispielen folgen werden. Die Änderung der Unternehmensstruktur und Umwandlung der als Holding agierenden Gesellschaft in eine Europäische Aktiengesellschaft hat bereits die Hauptversammlung der Porsche AG beschlossen. Auch die BASF hat die Umwandlung in eine SE angekündigt. Andere Unternehmen wie die Deutsche Bank AG und die Wirtschaftsprüfungs- und Beratungsgruppe Deloitte & Touche prüfen derzeit eine Umwandlung in eine SE[67]. Somit erweist sich die Rechtsform der SE als interessante Gestaltungsmöglichkeit sowie für große als auch für mittelständische deutsche Unternehmen.

33 b) Ein nicht zu unterschätzender Vorteil könnte weiterhin in dem **Marketingeffekt** liegen, der mit dem Auftritt als Europäische Gesellschaft verbunden ist[68]. Ein Unternehmenszusammenschluss unter dem Dach der SE wird nationale Eitelkeiten unangetastet lassen und erleichtert die Zusammenführung verschiedener Unternehmenskulturen[69]. Manche prognostizieren einem Unternehmen sogar einen besonderen **Image- und Prestigegewinn**, weil mit der Wahl der SE als Rechtsform Größe und Internationalität dokumentiert werde, was einer Gesellschaft vor allem im globalen Wettbewerb mit asiatischen und US-amerikanischen Konzernen zugute komme[70].

Unstreitig spielt der psychologische Faktor bei der SE-Gründung eine herausragende Rolle. Sie symbolisiert Fortschritt und Wagnis und könnte sich vor allem auf das Erscheinungsbild des Unternehmens in den Augen von Kunden und Wettbewerbern im Sinne einer *European Corporate Identity* positiv auswirken[71]. Spannend bleibt auch, wie der **Kapitalmarkt** auf die neue Rechtsform reagieren wird und ob die Anleger die mit den Kosteneinsparungen einhergehenden Unternehmensgewinne entsprechend honorieren werden.

2. Wahlmöglichkeit zwischen monistischem und dualistischem Leitungsgremium

34 a) Die Wahlfreiheit zwischen monistischem und dualistischem Verwaltungsgremium wird gemeinhin als „**größte Innovationsleistung**" des SE-Statuts gepriesen[72]. Nicht umsonst hat der deutsche Gesetzgeber der Organisationsverfassung den größten Teil des SE-Ausführungsgesetzes (SEAG) gewidmet. Im Mittelpunkt steht dabei der hierzulande bislang unbekannte monistische Verwaltungsrat, bestehend aus geschäftsführenden und nicht-geschäftsführenden Mitgliedern. Der Vorteil des monistischen Verwaltungsrates wird allgemein in dem verbesserten Informationsfluss zwischen

---

67 Zum Ganzen vgl. FAZ v. 6.6.2006, S. 22; v. 5.12.2006, S. 17 und v. 28.2.2007 sowie Börsen-Zeitung v. 17.3.2007, S. 1, 11 und Handelsblatt v. 29.5.2007, S. 19.

68 Dazu Wiener Zeitung v. 13.10.2004: Auf die Frage, warum man sich für die Umwandlung in eine SE entschieden habe, antwortete der Vorstandschef der Strabag AG, *Haselsteiner*: „Wir haben einfach an einen Werbegag gedacht". Ähnlich äußerte sich auch ein Vertreter des finnischen Elektronikkonzerns Elcoteq anlässlich der Umwandlung zur SE: „Das erste Mal, dass die internationale Finanzpresse über uns geschrieben hat, war, als wir das angekündigt haben.", FAZ v. 22.6.2006, S. 22.

69 *Thoma/Leuering*, NJW 2002, 1449, 1454; *Brandt*, BB-Spezial, 3/2005, 1, 7.

70 *Thümmel*, Europäische Aktiengesellschaft, S. 32; *Theisen/Wenz*, Europäische Aktiengesellschaft, S. 53; *Thoma/Leuering*, NJW 2002, 1449, 1454.

71 *Wollburg/Banerjea*, ZIP 2005, 277; *Theisen/Wenz*, Europäische Aktiengesellschaft, S. 53; *Reichert*, Der Konzern 2006, 821, 822, 826; kritisch aber *Götz* in Baums/Cahn, Europäische Aktiengesellschaft, S. 152, 156.

72 So *Fleischer*, AcP 204 (2004), 502, 521; ähnlich *Lutter*, BB 2002, 1, 4; *Hommelhoff*, AG 2001, 279, 282; *Teichmann*, ZGR 2002, 383, 444.

Geschäftsführungs- und Überwachungsorgan und mithin einer verbesserten **Corporate Governance** gesehen[73].

Das Verhältnis zwischen geschäftsführenden und nicht-geschäftsführenden Verwaltungsratsmitgliedern ähnelt hier stark der Machtverteilung zwischen Gesellschaftern und Geschäftsführern in der **deutschen GmbH**[74]: Wie der GmbH-Geschäftsführer sind die geschäftsführenden Direktoren den Weisungen des Verwaltungsrates unterworfen (§ 44 Abs. 2 SEAG) und können von diesem jederzeit abberufen werden (§ 40 Abs. 5 SEAG). Damit bietet die monistische SE die Möglichkeit, die personalistischen Strukturen der GmbH mit den Vorzügen einer Aktiengesellschaft, die den Zugang zum Kapitalmarkt gewährt, zu verbinden. Dies ist gerade für mittelständische Unternehmen in Familienhand ein nicht zu unterschätzender Vorteil[75].

b) Darüber hinaus eröffnet das eingliedrige Führungsgremium weitere bislang unbekannte Gestaltungsmöglichkeiten. Zulässig ist insoweit auch die Einrichtung eines **CEO-Modells** nach US-amerikanischem Vorbild[76]. Der CEO *(chief executive officer)* kann gleichzeitig den Verwaltungsratsvorsitz *(chairman of the board)* und den Vorsitz des *management board* innehaben und verfügt damit über eine ähnliche große Machtfülle, als wenn Vorstands- und Aufsichtsratsvorsitz in Personalunion ausgeübt würden[77]. Diese Struktur dürfte ebenfalls mittelständische Aktiengesellschaften ansprechen[78]. Ferner besteht im „Einheitsboard" die Option, die Anzahl der Gremienmitglieder zu reduzieren und so die Führungsstruktur wesentlich zu vereinfachen[79]. Insgesamt weist die SE damit gegenüber der deutschen AG, die ausschließlich das zweigliedrige Modell erlaubt, ein deutlich **höheres Maß an Flexibilität** auf[80]. Für das dualistische Leitungssystem gelten die Regeln des AktG. Soweit danach Gestaltungsspielräume bestehen, gelten sie auch für die SE[81].   **35**

c) Die Möglichkeit der Schaffung eines CEO war auch ein Argument für die „Mensch und Maschine AG", ein mittelständisches Softwareunternehmen, die Gesellschaft in eine SE umzuwandeln[82]. Ein anderer Fall aus der Unternehmenspraxis hat jedoch gezeigt, dass die Umwandlung einer deutschen AG in eine SE mit dem Ziel, die Funktion des Vorstands- und des Aufsichtsratsvorsitzenden zusammenzulegen, auch zu erheblichen Konflikten zwischen Vorstand und Aufsichtsrat führen kann[83]. Eine be-   **36**

---

73 *Teichmann* in Lutter/Hommelhoff, Europäische Gesellschaft, S. 195, 210; *Grundmann*, European Company Law, Rz. 1123, 1124.
74 *Teichmann* in Lutter/Hommelhoff, Europäische Gesellschaft, S. 195, 213.
75 *Hommelhoff/Teichmann*, Börsen-Zeitung v. 1.8.2006, S. 19; *Lutter/Kollmorgen/Feldhaus*, BB 2005, 2473, 2474; *Redeker*, AG 2006, R346.
76 Dazu *Eder*, NZG 2004, 544 ff.; *Merkt*, ZGR 2003, 651, 664 f.
77 *Seibt* in Lutter/Hommelhoff, Europäische Gesellschaft, S. 67, 86 f.; *Theisen/Hölzl* in Theisen/Wenz, Europäische Aktiengesellschaft, S. 299.
78 *Hommelhoff/Teichmann*, Börsen-Zeitung v. 1.8.2006, S. 19.
79 Vgl. auch *Hommelhoff/Teichmann*, Börsen-Zeitung v. 1.8.2006, S. 19; *Redeker*, AG 2006, R346.
80 *Jannott/Frodermann*, Handbuch Europäische Aktiengesellschaft, S. 2.
81 *Seibt* in Lutter/Hommelhoff, Europäische Gesellschaft, S. 67, 73.
82 Dazu www.mum.de. Vgl. dazu auch *Redeker*, AG 2006, R346 und Interview mit dem Verwaltungsratsvorsitzenden und Geschäftsführenden Direktor der Mensch und Maschine SE, *Adi Drotleff*, Handelsblatt v. 29.5.2007, S. 19. Kürzlich wurden auch in Österreich monistische SE gegründet: SE TRADECOM Finanzinvest, Ma + Har SE, PLANSEE SE.
83 Der Vorstandsvorsitzende der Vossloh AG, *Schuchmann*, beabsichtigte laut Medienberichten die Umwandlung des Konzerns in eine SE und im Zuge dessen die Zusammenführung von Vorstand und Aufsichtsrat zu einem einheitlichen Verwaltungsrat. Dies führte zu einer Auseinandersetzung mit dem Aufsichtsratschef *Neukirchen*, der seine Entmachtung fürchtete und schließlich von seinem Amt zurücktrat, dazu http://www.n24.de/wirtschaft/unternehmen/index.php/n2005082616492700002 sowie FAZ v. 25.10.2006, S. 28. Inzwischen hat auch *Schuchmann* das Unternehmen verlassen.

sondere Herausforderung für die satzungsgestaltende Praxis wird es sicher auch sein, die **Mitbestimmung** in die einstufige Unternehmensverfassung zu integrieren, weil Arbeitnehmer auf diese Weise in das Leitungsgremium gelangen[84].

3. Verhandelbarkeit der Mitbestimmung

37 Vordergründig gilt bei der Mitbestimmung in der SE der **Vorrang der Verhandlungslösung**, das heißt durch Einsatz eines besonderen Verhandlungsgremiums, bestehend aus Arbeitgeber- und Arbeitnehmervertretern, soll eine vertragliche Vereinbarung über die Mitbestimmung erzielt werden, Art. 3 ff. SE-RL. Dafür haben die Parteien maximal sechs Monate Zeit (§ 20 Abs. 1 Satz 1 SEBG), sofern die den Verhandlungszeitraum nicht einvernehmlich auf sechs Monate verlängern (§ 20 Abs. 2 SEBG). Scheitern die Verhandlungen, kommt eine **Auffangregelung** zum Tragen, die zum einen die Einrichtung eines besonderen SE-Betriebsrats vorsieht (§§ 22 ff. SEBG) und zum anderen den höchsten Mitbestimmungsstandard für anwendbar erklärt, welcher sich nach der Gründungsform der SE (§ 34 SEBG) und dem höchsten Anteil der Arbeitnehmervertreter in den Gründungsgesellschaften richtet (§ 33 Abs. 2 Satz 2 SEBG).

Besonders die Auffanglösung wird kritisch betrachtet, weil sie unter Umständen der unter Unternehmern zum Teil unpopulären paritätischen Mitbestimmung zum Durchbruch verhilft[85]. Auf Arbeitgeberseite entsteht so ein gewisser **Einigungsdruck**. Für die Arbeitnehmer bestehen hingegen theoretische Anreize, die Verhandlungen so lange zu blockieren, bis die für sie günstige Auffangregelung eingreift[86]. Dadurch droht der Grundgedanke der Richtlinie, der Vorrang der Verhandlungslösung, verloren zu gehen. Das gilt umso mehr, als eine geplante Sitzverlegung ins Ausland an dieser Situation nichts ändert[87]. Andererseits kann aber die Auffangregelung auch für die Arbeitgeberseite günstig sein, wenn es z.B. um die Größe des Aufsichtsrates geht. Greift die Auffangregelung ein, haben es die Satzungsgeber in der Hand, die Größe des Aufsichtsrates z.B. auf 12 Sitze zu verkleinern.

Ferner wird befürchtet, die drohende Geltung der deutschen paritätischen Mitbestimmung könne ausländische Unternehmen davon abhalten, eine SE mit einem deutschen Unternehmen zu gründen[88]. Aus Unternehmenssicht wird die Mitbestimmungsregelung daher in den seltensten Fällen den positiven Ausschlag für eine SE-Gründung geben. Umso mehr wird das Regelungswerk zur Mitbestimmung von den Gewerkschaften positiv aufgenommen[89].

4. Grenzüberschreitende Zusammenschlüsse und Restrukturierungen

38 a) Die Gründung einer SE bietet sich an, wenn eine **internationale Fusion** angestrebt wird. Dabei werden die beteiligten Gesellschaften sowie ihre Aktionäre im Wege der Verschmelzung zur Neugründung vollständig in die zum Zweck der Fusion gegründete SE integriert[90]. Die in verschiedenen Mitgliedstaaten ansässigen Unternehmen

---

84 *Fleischer*, AcP 204 (2004), 502, 522; *Kallmeyer*, ZIP 2003, 1531, 1534; *Hommelhoff*, AG 2001, 279, 281; *Reichert*, Der Konzern 2006, 821, 824 f.

85 Kritisch vor allem *Fleischer*, AcP 204 (2004), 502, 535: „kardinaler Konstruktionsfehler".

86 Vgl. *Fleischer*, AcP 204 (2004) 502, 535; anders *Teichmann*, BB 2004, 53, 56. Vgl. auch *Reichert/Brandes*, ZGR 2003, 767, 780.

87 Vgl. das Beispiel SAP, wo der Vorstand durch Sitzverlegung mittels Gründung einer SE versucht hatte, die Gründung eines Betriebsrats zu verhindern. Das Vorhaben scheiterte letztlich, dazu FAZ v. 15.3.2006, S. 15.

88 *Thümmel*, Europäische Aktiengesellschaft, S. 37.

89 Vgl. Handelsblatt v. 26.9.2005, S. 36: „Chancen für den Export der deutschen Mitbestimmung".

90 *Götz* in Baums/Cahn, Europäische Aktiengesellschaft, S. 152, 153.

werden also gleichberechtigt zu einer SE verschmolzen[91]. Die SE fungiert dann als neue Obergesellschaft, von der aus die verschiedenen Tochtergesellschaften der beteiligten Unternehmen gesteuert werden. Bis zur Entscheidung SEVIC des EuGH[92] konnte eine grenzüberschreitende Fusion nur durch Gründung einer nationalen Obergesellschaft vollzogen werden[93], der sich das Partnerunternehmen als Tochtergesellschaft unterordnete[94]. Die SE bietet somit den Vorteil einer **Fusion unter Gleichen (merger of equals)**, bei der sich keines der beteiligten Unternehmen als unterlegener Partner fühlen muss. An dieser Stelle kommen vor allem die oben beschriebenen psychologischen Aspekte zum Zuge.

b) Wie die Verschmelzung der italienischen RAS S.p.A. auf die Allianz AG gezeigt **39** hat, eignet sich die Rechtsform der SE auch für **konzerninterne Restrukturierungen** sowie für **Verschlankungen der Verwaltungsstrukturen**[95]. Ein europaweit tätiges Unternehmen, das in jedem Mitgliedstaat eigenständige Vertriebstochtergesellschaften unterhält, kann eine Holding-SE gründen, in der sämtliche Aktivitäten gebündelt werden. Dies ermöglicht eine bessere Koordinierung der Vertriebsstrategie. Gerade für vertriebsintensive Branchen wie Banken und Versicherungen kann die Gründung einer SE somit von Nutzen sein.

5. Kosteneinsparungen

Die Verschlankung von Verwaltungsstrukturen mittels Gründung einer SE hat den **40** vorteilhaften Effekt, dass **Kosten eingespart** werden können. Bisher brauchten europaweit tätige Gesellschaften ein Netz von Holding- und Tochtergesellschaften, die dem Recht des jeweiligen Mitgliedstaates unterliegen, in dem sie ansässig sind[96]. Die Organisation in Form von Tochtergesellschaften macht Entscheidungsprozesse aber nicht nur schwerfällig, sondern verursacht auch hohe Kosten[97]. Alle Tochtergesellschaften müssen ein bis zwei Geschäftsführer haben, müssen bilanzieren und ihre Bilanzen prüfen lassen und sodann publizieren[98]. Diese Anforderungen entfallen, sobald europaweit durch eine einzige SE mit **rechtlich unselbstständigen Niederlassungen** gehandelt wird[99]. Diese Gestaltung spart nicht nur Verwaltungs- und Rechtsberatungskosten, die bei einem unternehmerischen Tätigwerden in einer fremden Rechtsordnung anfallen[100], sondern sie schafft auch ein effizienteres Management aufgrund der strafferen Steuerung und Kontrolle[101].

---

91 *Maul/Wenz* in Lutter/Hommelhoff, Europäische Gesellschaft, S. 261, 263.

92 EuGH, Urteil v. 13.12.2005 – C-411/03, GmbHR 2006, 140 – „SEVIC Systems AG".

93 Der Zusammenschluss der Hoechst AG und der Rhone-Poulenc S.A. zur Aventis S.A. vollzog sich zunächst durch Gründung einer AG französischen Rechts, die als Muttergesellschaft den gemeinsamen Unternehmen fungierte, vgl. auch *Maul/Wenz* in Lutter/Hommelhoff, Europäische Gesellschaft, S. 261, 263; *Schwarz*, Einleitung, Rz. 16.

94 *Thümmel*, Europäische Aktiengesellschaft, S. 32.

95 *Wenz*, AG 2003, 185, 192 f.

96 *Lutter*, Europäisches Unternehmensrecht, 4. Aufl. 1996, S. 41; *Monti*, WM 1997, 607; *Schwarz*, Einleitung Rz. 12.

97 *Reichert*, Der Konzern 2006, 821, 825.

98 *Lutter/Kollmorgen/Feldhaus*, BB 2005, 2473.

99 *Maul/Wenz* in Lutter/Hommelhoff, Europäische Gesellschaft, S. 261.

100 *Schwarz*, Einleitung Rz. 12; *Hommelhoff*, AG 1995, 529, 531.

101 *Kallmeyer*, AG 2003, 197, 202; Kritiker prophezeien dem Modell der Einheits-SE mit rechtlich unselbstständigen Zweigniederlassungen aber keine große Zukunft, da auf diese Weise die Begrenzung von bestimmten Risiken auf untergeordnete Beteiligungsgesellschaften nicht mehr möglich sei, so *Götz* in Baums/Cahn, Europäische Aktiengesellschaft, S. 152, 157.

6. Verkleinerung und Internationalisierung des Aufsichtsrates

41   Gegenüber der nationalen AG bietet die SE darüber hinaus den Vorteil einer **größeren Gestaltungsfreiheit** in Bezug auf den Aufsichtsrat. Die bislang in Deutschland als SE firmierenden Gesellschaften, Allianz SE und MAN Diesel SE, haben von dieser Option bereits Gebrauch gemacht und im Zuge des Rechtsformwechsels ihren Aufsichtsrat verkleinert[102]. Für die Fresenius AG war die Möglichkeit zur Verkleinerung des Aufsichtsrates sogar das Hauptmotiv für die Umwandlung zur SE[103]. Auch bei der Umwandlung der BASF in eine Europäische Aktiengesellschaft wird eine Verkleinerung des Aufsichtsrats angestrebt[104]. Die Rechtsgrundlage hierzu findet sich in Art. 40 Abs. 3, wonach die Festsetzung der Größe des Aufsichtsorgans allein dem **Satzungsgeber** obliegt. Die Satzungsautonomie erfährt nur insoweit eine Einschränkung, dass sie den Vorgaben des § 17 SEAG entsprechen muss. Danach sind bei der Festlegung der Größe des Aufsichtsorgans gewisse Höchstgrenze in Abhängigkeit vom Grundkapital von jeweils 9, 15 und 21 sowie eine Mindestgröße von drei Aufsichtsratsmitgliedern einzuhalten. Die Bestimmung entspricht § 95 AktG. Zwischen dem Mindestwert 3 und dem Höchstwert 21 hat der Satzungsgeber daher Freiheit, die Größe des Aufsichtsorgans den Bedürfnissen der Gesellschaft anzupassen. Der entscheidende Vorzug gegenüber der nationalen AG liegt aber darin, dass die Mindestgrenzen des **§ 7 MitbestG**, dem „Herzstück" des deutschen Mitbestimmungsrechts[105], auf die SE keine Anwendung finden[106]. Der nationale Gesetzgeber hat insoweit auf eine Übernahme der Regelung ins SEBG verzichtet. Daher ist die SE anders als die deutsche AG zum Beispiel nicht verpflichtet, nach Maßgabe des § 7 Abs. 1 Nr. 3 MitbestG die Anzahl ihrer Aufsichtsratsmitglieder auf 20 zu erhöhen, sobald die Gesellschaft mehr als 20.000 Beschäftigte hat, sondern sie kann einen 12-köpfigen Aufsichtsrat beibehalten[107]. Dies kann für die Unternehmenspraxis **erhebliche Effizienzgewinne** bedeuten, da der Verwaltungsaufwand sinkt und sich die Entscheidungsfindung entsprechend schneller vollzieht.

Auch die Regelungen über die paritätische Mitbestimmung stehen einer Verkleinerung des Aufsichtsrates nicht im Wege. Sollten die Verhandlungen zwischen Arbeitgebern und Arbeitnehmern über die Mitbestimmung scheitern, so dass die Auffanglösung nach §§ 22 Abs. 1, 34 SEBG zum Tragen kommt, bleibt es beim Wegfall des § 7 MitbestG. Denn die gesetzliche Auffangregelung schützt nicht die absolute Zahl der Arbeitnehmervertreter, sondern allein das proportionale Verhältnis zwischen den Anteilseigner- und den Arbeitnehmervertretern[108]. Diese Regelung kann vor allem die Arbeitgeber bei den Verhandlungen über die Mitbestimmung begünstigen. Beharrt die Arbeitnehmerseite in den Verhandlungen auf einem 20-köpfigen Aufsichtsrat, um sich beispielsweise die drei obligatorischen Aufsichtsratsposten für Gewerkschaftsvertreter zu sichern, können die Arbeitgeber theoretisch bis zum Eingreifen der Auffangregelung zuwarten. In diesem Fall gilt nämlich wiederum die Satzungsautonomie bezüglich der Festsetzung der Aufsichtsratsgröße, mit Hilfe derer sich die

---

102 Vgl. dazu FAZ v. 23.9.2006, S. 16; Handelsblatt v. 1.9.2006, S. 19.
103 Börsen-Zeitung v. 12.10.2006, S. 11; FAZ v. 12.10.2006, S. 21.
104 FAZ v. 28.2.2007, S. 16.
105 *Henssler* in Ulmer/Habersack/Henssler, § 7 MitbestG Rz. 1.
106 Vgl. *Habersack*, ZIP 2006, 345, 352; *Reichert/Brandes* in MünchKomm. AktG, Art. 40 SE-VO Rz. 70; *Reichert*, Der Konzern 2006, 821, 824.
107 *Habersack*, Der Konzern, 2006, 105, 106; *Seibt*, AG 2005, 413, 423; vgl. auch das Beispiel Fresenius, Börsen-Zeitung v. 12.10.2006, S. 11.
108 *Jacobs* in MünchKomm. AktG, § 35 SEBG Rz. 11; *Habersack* in Ulmer/Habersack/Henssler, § 35 SEBG Rz. 6. Zu der Frage, ob die Größe des Aufsichtsrates auch Gegenstand einer Mitbestimmungsvereinbarung sein kann, vgl. die Ausführungen von *Oetker* zu § 21 SEBG sowie von *Drygala* zu Art. 40 SE-VO in diesem Kommentar.

gewünschte Verkleinerung des Aufsichtsrates unter Beibehaltung der paritätischen Mitbestimmung umsetzen lässt.

Auch die Möglichkeit zur **Besetzung des Aufsichtsrates mit ausländischen Arbeitnehmern,** die in § 36 SEBG erstmals auf eine gesetzliche Grundlage gestellt wurde, kann einen willkommenen Nebeneffekt bei der Umwandlung in eine SE darstellen[109]. Insbesondere nach grenzüberschreitenden Übernahmen ermöglicht die Entsendung ausländischer Arbeitnehmer in den Aufsichtsrat ein besseres Zusammenwachsen verschiedener Unternehmenskulturen, so dass sich auch Synergien unter Umständen schneller heben lassen[110].

7. Notwendigkeit einer SE für grenzüberschreitende Sitzverlegungen nach „Inspire Art"?

Eine Verlegung des SE-Verwaltungs- und Satzungssitzes in einen anderen Mitgliedstaat kann ohne vorherige Auflösung und Liquidation nach Art. 8 Abs. 1 Satz 2 problemlos vollzogen werden. Dies entspricht dem gemeinschaftsrechtlichen Charakter der SE sowie dem Regelungsziel des europäischen Gesetzgebers, die Mobilität von europaweit tätigen Unternehmen zu erleichtern. Demgegenüber ist der SE die alleinige Verlegung nur des Verwaltungssitzes oder nur des Satzungssitzes ausdrücklich verboten, Art. 7, während die Verlegung (nur) des Verwaltungssitzes jeder nationalen Gesellschaft aus der EU und dem EWR durch die Rechtsprechung des EuGH in den Entscheidungen „Überseering"[111] und „Inspire Art"[112] offen steht. Darüber hinaus ist für die Verlegung des Satzungssitzes solcher nationaler Gesellschaften innerhalb der EU eine **Sitzverlegungs-Richtlinie** geplant[113]. Die der SE ausdrücklich eingeräumte Möglichkeit der Verlegung des Satzungs-Sitzes zusammen mit dem Verwaltungssitz wird also in Zukunft allgemeiner europäischer Standard sein, ja die einfache Möglichkeit nur der Verlegung des Geschäfts (Verwaltungs-)Sitzes wird wegen Art. 7 ein Privileg **nur der nationalen Gesellschaften** bleiben und gerade nicht der SE eröffnet sein. Vielfach wird daher eingewandt, als Instrument zur grenzüberschreitenden Sitzverlegung sei die SE überflüssig, weil diese ohnehin schon europarechtlich garantiert werde[114].

Zum einen stellt sich bei der SE nicht wie bei der nationalen Auslandsgesellschaft die schwierige Frage des **anwendbaren Rechts.** Im Vergleich zur Auslandsgesellschaft bietet die SE trotz der unterschiedlichen Regelungsebenen eine verlässliche Zuteilung von nationalem und supranationalem Recht. Gerade im Hinblick auf **Gläubigerschutzbestimmungen** kann man bei der SE sicher sein, dass nationales Recht am Sitz der SE Anwendung findet, wohingegen bei der Auslandsgesellschaft in diesem Punkt noch erheblicher Klärungsbedarf herrscht[115]. Ziel ist der Zusammenschluss von großen und mittelgroßen europäischen Unternehmen. Die Wahl ausländischer Rechtsformen wird hingegen eher von kleinen Unternehmen gewählt, um den strengen Kapitalvorschriften eines Mitgliedstaates aus dem Weg zu gehen[116].

42

---

109 Vgl. das Beispiel Allianz, FAZ v. 23.9.2006, S. 16 und *Fresenius,* FAZ v. 5.12.2006, S. 17.
110 Vgl. *Redeker,* AG 2006, R345, 346.
111 EuGH, Urt. v. 5.11.2002 – Rs. C-208/00, NJW 2002, 3614.
112 EuGH, Urt. v. 30.9.2003 – Rs. C-167/01, NJW 2003, 3331.
113 Die Beratungen der Kommission über Inhalt und Notwendigkeit einer Sitzverlegungs-Richtlinie dauern noch an. Ein endgültiger Richtlinienentwurf lag bis Oktober 2007 noch nicht vor, vgl. http://ec.europa.eu/internal_market/company/seat-transfer/2004-consult_de.htm.
114 Vgl. *Götz* in Baums/Cahn, Europäische Aktiengesellschaft, S. 152, 158.
115 Vgl. jüngst BGH v. 14.3.2005 – II ZR 5/03, GmbHR 2005, 630.
116 *Schwarz,* Einleitung Rz. 22.

VI. Gemeinsamkeiten und Unterschiede zur deutschen Aktiengesellschaft

43   Eine Europäische Gesellschaft mit Sitz in Deutschland ist aufgrund der vielfältigen Verweisungen ins nationale Recht weitgehend **mit der deutschen Aktiengesellschaft vergleichbar**. Die Möglichkeiten, dem hohen deutschen Mitbestimmungsniveau mittels Gründung einer SE auszuweichen, sind begrenzt, weil die Auffanglösung bei Scheitern der Verhandlungen den status quo erhält. So bleibt vor allem die **Gestaltungsfreiheit im Hinblick auf die Führungsstruktur**, in der sich die SE von dem System der deutschen AG unterscheidet. Da das eingliedrige Führungsmodell mit Verwaltungsrat und geschäftsführenden Direktoren dem Modell der GmbH sehr nahe kommt, wird seine Akzeptanz vermutlich wenig Schwierigkeiten machen. Ansonsten wird die SE immer dann die überzeugendere Alternative zur deutschen AG darstellen, wenn es um grenzüberschreitende Fusionen oder Restrukturierungen geht und zwar nicht nur bei Großprojekten wie bei der Allianz, sondern auch im mittelständischen Bereich.

VII. Die SE im Kontext des Europäischen Gesellschaftsrechts

44   *Hopt* hat die SE als das „Flaggschiff" des Europäischen Gesellschaftsrechts bezeichnet[117]. Tatsächlich bildete die **Schaffung einer europäischen Gesellschaftsform** neben der Rechtsangleichung und der Steigerung der Mobilität der Gesellschaften im Binnenmarkt eine tragende Säule bei der Entwicklung eines europäischen Gesellschaftsrechts[118]. Während die erste europäische Gesellschaftsform, die Europäische Wirtschaftliche Interessenvereinigung (EWIV), wegen ihres auf Freiberufler beschränkten Einsatzgebietes eher ein Schattendasein führt[119], hat die SE angesichts der steigenden Zahl von Unternehmensgründungen gute Aussichten, zu einem großen Erfolg zu werden. Andere europäische Rechtsformen wie die Europäische Privatgesellschaft[120] oder die Europäische Genossenschaft sind in Planung bzw. sind bereits geltendes Recht[121].

Mit der SE hat der europäische Gesetzgeber außerdem gleich zwei seiner Ziele verwirklicht: Sie ist europäische Gesellschaftsform und fördert auf Grund ihres Zuschnitts die **Mobilität von Gesellschaften** in Europa[122]. Sie stellt damit einen zentralen Entwicklungsschritt hin zu einem modernen und leistungsfähigen Gesellschafts- und Unternehmensrecht in der EU dar[123]. Zwar ist die Mobilität kein eigenes Privileg der SE mehr, seit die EuGH-Rechtsprechung zur Niederlassungsfreiheit („Centros"[124], „Überseering"[125] und „Inspire Art"[126]) auch den nationalen Gesellschaftsformen die rechtsformwahrende Sitzverlegung garantiert. Doch findet bei der SE die Mobilität auf sicherer Rechtsgrundlage statt.

---

117 ZIP 1998, 96, 99.
118 *Lutter*, Europäisches Unternehmensrecht, 4. Aufl. 1996, S. 4 ff.; *Drygala*, ZEuP 2004, 337, 338 ff.
119 Vgl. *Drygala*, ZEuP 2004, 337, 341; *Schlüter*, EuZW 2002, 589 ff.
120 Dazu *Boucourechliev/Hommelhoff*, Vorschläge für eine Europäische Privatgesellschaft, 1999; *Helms*, Die Europäische Privatgesellschaft, 1998.
121 Das Gesetz zur Einführung der Europäischen Genossenschaft (SCE) und zur Änderung des Genossenschaftsrechts ist am 17.8.2006 im Bundesgesetzblatt verkündet worden und am 18.8.2006 in Kraft getreten.
122 Vgl. *Maul/Wenz* in Lutter/Hommelhoff, Europäische Gesellschaft, S. 261 ff.
123 *Maul/Wenz* in Lutter/Hommelhoff, Europäische Gesellschaft, S. 261, 274.
124 EuGH, Urt. v. 9.3.1999 – C-212/97, NJW 1999, 2027.
125 EuGH, Urt. v. 5.11.2002 – C-208/00, NJW 2002, 3614.
126 EuGH, Urt. v. 30.9.2003 – C-167/01, NJW 2003, 3331.

Es bleibt die **Harmonisierung der nationalen Gesellschaftsrechte** in Europa. Hier sind seit den siebziger Jahren durch verschiedene Richtlinien vor allem auf den Gebieten des Gesellschafts-, Bilanz- und Kapitalmarktrechts beachtliche Fortschritte erzielt worden[127]. Am 20.9.2005 hat der Ministerrat in Brüssel außerdem die **Richtlinie über die grenzüberschreitende Verschmelzung** von Kapitalgesellschaften verabschiedet[128]. Fortan ist eine grenzüberschreitende Fusion somit nicht mehr ausschließlich durch Gründung einer SE möglich, sondern sie kann auch zwischen nationalen Gesellschaften erfolgen[129].

Trotzdem werden Maßnahmen der Rechtsangleichung in Zukunft eher selten sein. Neben der bereits erwähnten Sitzverlegungs-Richtlinie[130] ist weiter eine Richtlinie zur grenzüberschreitenden Ausübung von Aktionärsrechten geplant[131]. Die Kommission vertraut jedenfalls derzeit eher auf den Wettbewerb der Rechtsordnungen und auf unverbindliche Empfehlungen.

VIII. Ausgewählte Spezialgebiete

1. Insolvenzrecht

Einfallstor für das Insolvenzrecht der SE ist Art. 63, der auf das **Recht des Sitzstaates**   45 verweist. Eine insolvente SE mit Sitz in Deutschland kann also wie jede andere heimische Gesellschaft im Regel (§§ 148 ff. InsO) – oder Planverfahren (§§ 217–269 InsO), im Rahmen der Eigenverwaltung (§§ 270–285 InsO) oder durch übertragende Sanierung abgewickelt bzw. saniert werden. Als Insolvenzgründe sind ebenfalls die §§ 17–19 InsO maßgeblich. Die Antragspflicht obliegt in der dualistischen SE dem Vorstand nach § 92 Abs. 2 AktG. In der monistischen SE haben dagegen die geschäftsführenden Mitglieder des Verwaltungsrates für die rechtzeitige Insolvenzanmeldung zu sorgen[132]. Das materielle Insolvenzrecht richtet sich also ausschließlich nach dem Recht des SE-Sitzstaates.

Auf Grund ihrer gesetzlichen Struktur als grenzüberschreitend tätige Gesellschaft wird die SE aber immer über **Vermögen oder Niederlassungen in verschiedenen Mitgliedsstaaten** verfügen[133]. Daher wird bei grenzüberschreitenden Insolvenzen der Geltungsbereich der **EUInsVO** berührt[134]. Die EUInsVO liefert in Art. 3 Abs. 1 und Abs. 2 die gesetzliche Grundlage für ein Sekundär- bzw. Partikularinsolvenzverfahren, das über das Vermögen einer Niederlassung der SE in einem anderen Mitgliedstaat eröffnet werden kann. Das Hauptinsolvenzverfahren findet dort statt, wo die SE den Mittelpunkt ihrer hauptsächlichen Interessen hat, Art. 3 Abs. 1 Satz 1 EUInsVO. Dies wird in aller Regel der Sitzstaat sein. Haupt- und Partikularinsolvenzverfahren werden unabhängig voneinander durchgeführt und unterliegen jeweils den verschiedenen Insolvenzsachrechten der beteiligten Mitgliedstaaten[135]. Die EUInsVO sorgt

---

127 Vgl. den Überblick bei *Lutter*, Europäisches Unternehmensrecht, 4. Aufl. 1996, S. 101 ff.; *Drygala*, ZEuP 2004, 337, 339 ff.; *Schröder/Fuchs* in Manz/Mayer/Schröder, Teil A – Vorbemerkungen Rz. 29 ff.
128 Richtlinie 2005/56/EG v. 26.10.2005, ABl.EU Nr. L 310 v. 25.11.2005, S. 1; dazu *Nagel*, NZG 2006, 97 ff.; *Neye*, ZIP 2005, 1893 ff.
129 Näher unten Rz. 49.
130 Vgl. oben Rz. 42.
131 Vgl. *Pannier*, Harmonisierung der Aktionärsrechte in Europa, 2003.
132 Im Einzelnen *Nolting* in Theisen/Wenz, Europäische Aktiengesellschaft, S. 617, 640 f.
133 Vgl. *Nolting* in Theisen/Wenz, Europäische Aktiengesellschaft, S. 617, 632 ff.
134 *Schwarz*, Art. 63 Rz. 52.
135 *Staak*, NZI 2004, 480, 483.

aber für eine hinreichende Koordinierung beider Verfahren und weist dem Verwalter des Hauptverfahrens eine bestimmende Rolle zu[136].

Aufgrund ihres Zuschnitts auf grenzüberschreitende Sachverhalte stellt die EUInsVO somit ein brauchbares Instrument zur Bewältigung einer SE-Insolvenz dar. Zugleich zeigt sich hier, dass sich die verschiedenen Bausteine des Europäischen Gesellschaftsrechts gut ergänzen können. Im Übrigen vgl. die Kommentierung zu Art. 63.

2. Umwandlungsrecht

46   Das Umwandlungsrecht ist in der SE-VO nur fragmentarisch geregelt. Lediglich **Art. 66** bestimmt, dass eine SE ohne Auflösung auch wieder in eine AG nationalen Rechts **zurückverwandelt** werden kann. Die **Beschränkung auf die Rückumwandlung** in eine nationale AG ist zunächst nur konsequent, da auch im umgekehrten Fall ein Formwechsel zur SE nur aus der Rechtsform der AG nach Art. 2 Abs. 4, Art. 37 möglich ist. Streitig ist, ob Art. 66 abschließend ist oder ob auch ein Formwechsel in einen anderen Rechtsträger als der AG in Betracht kommt[137]. Für Letzteres spricht vor allem, dass eine Beschränkung auf eine Rückumwandlung zur AG problemlos dadurch umgangen werden könnte, dass die AG sogleich weiter in eine GmbH etc. umgewandelt wird[138].

Soweit die Verordnung keine gesonderten umwandlungsrechtlichen Bestimmungen enthält, gilt für die SE mit Sitz in Deutschland nach Art. 9 Abs. 1 lit. c ii **nationales Umwandlungsrecht**. Dies bedeutet, dass die SE wie eine AG nach den Regeln des UmwG an einer Verschmelzung, einer Spaltung, einer Vermögensübertragung und einem Formwechsel beteiligt sein kann, auch wenn sie bei den jeweiligen Umwandlungsarten nicht ausdrücklich als beteiligungsfähiger Rechtsträger aufgeführt ist[139].

Zweifelhaft ist, inwieweit neben den in der Verordnung vorgesehenen Gründungsvorgängen auch eine **sekundäre SE-Gründung** nach dem UmwG, also durch Verschmelzung, Spaltung oder Formwechsel möglich ist. Eine Neugründung durch Verschmelzung nach dem UmwG scheidet aus, da die Verordnung diesen Sachverhalt in Art. 2 Abs. 2 und Art. 17 ff. abschließend regelt[140]. Das nationale Umwandlungsrecht wird aber im Fall einer innerstaatlichen Verschmelzung relevant, wenn eine bereits bestehende SE eine AG oder eine SE aufnimmt[141]. Auch die Spaltung einer SE erfolgt auf der Grundlage des UmwG. Weder Art. 2 und Art. 3 noch Art. 66 entfalten eine Sperrwirkung, so dass über Art. 9 Abs. 1 lit. c ii § 123 UmwG zur Anwendung kommt[142]. Danach kann eine SE sowohl eine oder mehrere SE im Wege der Ausgliederung gründen als auch eine Tochter-SE durch Ausgliederung zur Neugründung nach § 123 Abs. 3 Nr. 2 UmwG errichten[143]. Allerdings dürfen diese Vorgänge nach Art. 9 Abs. 1 lit. c ii i.V.m. § 141 UmwG bzw. nach Art. 66 analog erst zwei Jahre nach Eintragung der SE erfolgen[144].

---

136 Näher *Staak*, NZI 2004, 480, 483 ff.
137 Gegen eine abschließende Regelung: *Bayer* in Lutter/Hommelhoff, Europäische Gesellschaft, S. 25, 28; *Ratka/Rauter*, GesRZ 2006, 55, 65; *Karollus* in Lutter, UmwG, § 120 Rz. 18; *Oplustil/Schneider*, NZG 2003, 13, 16; Dafür: *Kalss* in Kalss/Hügel, § 33 SEG Rz. 7.
138 *Bayer* in Lutter/Hommelhoff, Europäische Gesellschaft, S. 25, 29; *Oplustil/Schneider*, NZG 2003, 13, 17.
139 *Marsch-Barner* in FS Happ, 2006, S. 165, 173, der auf §§ 3, 124, 175, 191 UmwG verweist.
140 *Marsch-Barner* in FS Happ, 2006, S. 165, 168; *Ratka/Rauter*, GesRZ 2006, 55, 64.
141 *Ratka/Rauter*, GesRZ 2006, 55, 64.
142 *Bayer* in Lutter/Hommelhoff, Europäische Gesellschaft, S. 25, 28; *Oplustil/Schneider*, NZG 2003, 13, 17; *Marsch-Barner* in FS Happ, 2006, S. 165, 170.
143 *Marsch-Barner* in FS Happ, 2006, S. 165, 170; *Oplustil/Schneider*, NZG 2003, 13, 17; *Scheifele*, Gründung, S. 442 ff.
144 *Bayer* in Lutter/Hommelhoff, Europäische Gesellschaft, S. 25, 28.

3. Rechnungslegung, Prüfung und Publizität

Die Rechnungslegung der SE folgt in Deutschland den für Aktiengesellschaften gel-   47
tenden Regelungen, Art. 61. SE-spezifische Rechnungslegungsvorschriften existieren
nicht. Im Falle einer deutschen SE unterliegen damit die Aufstellung, Prüfung und
Offenlegung des Jahresabschlusses, eines konsolidierten Jahresabschlusses und des
Lageberichts den Bestimmungen der **§§ 150 ff. AktG, 238 ff. HGB**[145]. Ausgenommen
hiervon sind hinsichtlich des konsolidierten Abschlusses allerdings diejenigen Unternehmen in der Rechtsform einer SE, deren Wertpapiere am oder nach dem
1.1.2005 zum Handel an einem geregelten Markt eines Mitgliedstaates zugelassen
sind. Diese kapitalmarktorientierten „Europäischen Gesellschaften" haben nach
Art. 4 IAS-VO[146] fortan den Konzernabschluss nach den Bestimmungen der IAS/IFRS
aufzustellen[147].

4. Konzernrecht

Die SE-VO enthält keine konzernrechtlichen Regelungen im materiellen Sinn. Der   48
deutsche Gesetzgeber füllt diese Regelungslücke für SE mit Sitz in Deutschland
durch Anwendung der §§ 291 ff. AktG, wie sich mittelbar aus § 49 SEAG ergibt[148].

IX. Die Richtlinie über die grenzüberschreitende Verschmelzung im Verhältnis zur SE-VO

Seitdem die Richtlinie über die grenzüberschreitende Verschmelzung vom   49
25.11.2005[149] in nationales Recht transferiert worden ist[150], können sich Unternehmen auch **ohne vorherige SE-Gründung** über die Grenze hinweg verschmelzen. Daraus
wird teilweise der Schluss gezogen, dass sie die SE als Form und Mittel einer internationalen Transaktion überflüssig mache[151]. Die Allianz AG erklärt hingegen, dass die
SE immer noch die besseren Rahmenbedingungen biete, um größere grenzüberschreitende Unternehmenszusammenschlüsse mit der gebotenen **Transaktionssicherheit**
umsetzen zu können[152]. Ob diese Aussage noch gilt, nachdem die Richtlinie vollständig in die nationalen Rechte umgesetzt worden ist, muss die Zukunft zeigen.

Das aber ist Grund genug, den Blick auf die Frage zu lenken, welche **Gemeinsamkeiten und Unterschiede** zwischen Verschmelzungsrichtlinie und SE-VO bei der Ausgestaltung des Verschmelzungsprozesses bestehen. Zunächst ist festzuhalten, dass
sich die Richtlinie nach Art. 2 Nr. 1 allgemein an Kapitalgesellschaften richtet und
damit anders als die SE-VO auch der GmbH und der KGaA die grenzüberschreitende
Verschmelzung eröffnet[153]. Eine GmbH wird daher den Zusammenschluss auf der

---

145 *Thümmel*, Europäische Aktiengesellschaft, S. 37.
146 Verordnung (EG) Nr. 1606/2002 des Europäischen Parlaments und des Rates vom 19.7.2002,
    ABl.EG Nr. L 243 v. 11.9.2002, S. 1.
147 *Wenz*, BC 2004, 77, 78.
148 Zu den erforderlichen Anpassungen s. *Maul*, Das Konzernrecht der Europäischen Gesell-
    schaft, in Lutter/Hommelhof, Europäische Gesellschaft, S. 249.
149 Richtlinie 2005/56/EG des Europäischen Parlaments und des Rates vom 26.10.2005, ABl.EG
    Nr. L 310 v. 25.11.2005, S.1; dazu *Drinhausen/Keinath*, RIW 2006, 81 ff.; *Geyerhalter/Weber*,
    DStR 2006, 146 ff.; *Grohman/Gruschinske*, GmbHR 2006, 191 ff.; *Nagel*, NZG 2006, 97 ff.;
    Oechsler, NZG 2006, 161 ff.
150 Zweites Gesetz zur Änderung des Umwandlungsgesetzes v. 19.4.2007, BGBl. I 2007, 542.
151 Vgl. FAZ v. 6.6.2006, S. 22.
152 So *Peter Hemeling*, Chefsyndikus der Allianz AG in einem Gastkommentar in KPMG's Au-
    dit Committee Quaterly, II/2006, S. 5.
153 Für Genossenschaften und Organismen für gemeinsame Anlagen in Wertpapiere gelten Son-
    derregeln (Art. 3 Abs. 2 und 3 RL). Gem. § 122b Abs. 2 UmwG, eingeführt durch das Zweite

Grundlage der Richtlinie bevorzugen, um auf diese Weise den Zwischenschritt zur Umwandlung in eine AG, den eine Verschmelzung nach der SE-VO erfordern würde, zu vermeiden. Für welche Variante sich verschmelzungswillige Aktiengesellschaften in Zukunft entscheiden, hängt maßgeblich davon ab, welches Rechtsinstrument bei den Faktoren **Rechtssicherheit, Mitbestimmung und Schnelligkeit des Verfahrens** die größeren Vorteile bietet.

Teilweise wird angenommen, eine Verschmelzung auf der Grundlage der Richtlinie sei vorteilhafter, weil sich mit ihr die Mitbestimmung leichter einschränken lasse[154]. Richtig ist, dass die Richtlinie hinsichtlich der Mitbestimmungsregelung insoweit von der SE-VO abweicht, als die Schwelle für das Eingreifen der gesetzlichen Auffangregelung heraufgesetzt wurde. Nach der Richtlinie hängt die Anwendung der gesetzlichen Auffangregelung davon ab, dass der Prozentsatz der Arbeitnehmer, die in den Ausgangsgesellschaften einem Mitbestimmungsregime unterlagen, 33,3% der von der Verschmelzung berührten Arbeitnehmer insgesamt ausmacht. Demgegenüber beträgt dieser Prozentsatz in der SE-VO nur 25%[155]. Darüber hinaus wurde auch das Verhandlungsverfahren in einigen Punkten flexibilisiert[156]. Ein Nachteil gegenüber der Mitbestimmungsregelung in der SE liegt aber darin, dass die Richtlinie eine **Zementierung der Mitbestimmung** in der neuen Gesellschaft für die Dauer von drei Jahren vorsieht. Dies erschwert weitere Umstrukturierungen. Eine derartige Strenge findet sich in den Vorschriften zur SE nicht[157].

Ein bedeutender Unterschied zur SE-VO besteht auch darin, dass nach Art. 16 Abs. 4 lit. c der Richtlinie die Repräsentanz der Arbeitnehmer im monistischen Verwaltungsrat auf ein Drittel beschränkt werden kann. Diese Regelung ist aber nur für die Mitgliedstaaten relevant, deren nationale Aktienrechte ohnehin das monistische *board*-System vorsehen. Für das deutsche Aktienrecht mit seiner zweigliedrigen Führungsstruktur dürfte diese Bestimmung keine Rolle spielen[158]. Eine Umsetzung ins deutsche UmwG ist daher nicht erfolgt.

Was die Pflichten bei der Aufstellung eines Verschmelzungsplans, den Minderheiten- und Gläubigerschutz bei der grenzüberschreitenden Verschmelzung anbelangt, sind die Regelungsgegenstände der Richtlinie und der SE-VO aber im Wesentlichen identisch und lassen sich daher als **homogene Regelungen** begreifen[159].

50   Welche Variante in der Praxis letztlich den Ausschlag gibt, hängt vom Einzelfall ab. Wem es nur auf den transaktionsbezogenen Einmaleffekt der grenzüberschreitenden Verschmelzung ankommt, wird der Richtlinienlösung den Vorzug geben. Allerdings bleibt die Gesellschaft in diesem Fall **nationale AG, KGaA** oder **GmbH**. Für ein Unternehmen, das eine langfristige strategische Neuausrichtung seines Auslandsgeschäfts anstrebt, bleibt daher die SE erste Wahl. Denn nur mit ihr lässt sich ein europäischen Einheitsunternehmens mit unselbstständig operierenden Niederlassungen in einzelnen Mitgliedsländern schaffen. Auch der Allianz ermöglicht die SE-Gründung neben der Hineinverschmelzung der italienischen Tochtergesellschaft

---

Gesetz zur Änderung des UmwG v. 19.4.2007, BGBl. I 2007, 542, dürfen Genossenschaften an einer grenzüberschreitenden Verschmelzung nicht teilnehmen.

154 *Louven/Dettmeier/Pöschke/Weng*, BB-Spezial 3/2006, 1, 16; FAZ v. 6.6.2006, S. 22; vgl. zu den mitbestimmungsrechtlichen Bestimmungen der Richtlinie auch die Einleitung von *Oetker* zum SEBG in diesem Kommentar.

155 Dazu *Koppensteiner*, GesRZ 2006, 111, 122; *Nagel*, NZG 2006, 97, 99.

156 Nach Art. 16 Abs. 4c der Richtlinie können die verantwortlichen Organe der beteiligten Gesellschaften die Anwendung der Auffangregelung ohne vorherige Verhandlung beschließen.

157 *Kornbichler*, Börsen-Zeitung v. 2.8.2006, S. 3.

158 Vgl. auch *Kornbichler*, Börsen-Zeitung v. 2.8.2006, S. 2.

159 Näher *Koppensteiner*, GesRZ 2006, 111, 122 ff.

eine wesentliche Vereinfachung der europäischen Beteiligungsstruktur. So konnten die Beteiligungen an wichtigen operativen Einheiten in Spanien, Portugal, Österreich und der Schweiz mit dem Zusammenschluss auf Ebene der Konzernspitze konzentriert werden[160]. Ferner wirken sich insbesondere bei einem grenzüberschreitenden Zusammenschluss die psychologischen Vorteile der „Marke SE" aus.

---

160 *Peter Hemeling*, Chefsyndikus der Allianz AG in KPMG's Audit Committee Quaterly, II/2006, S. 4.

Titel I. Allgemeine Vorschriften

Art. 1
[Wesen der SE]

(1) Handelsgesellschaften können im Gebiet der Gemeinschaft in der Form europäischer Aktiengesellschaften (Societas Europaea, nachfolgend „SE" genannt) unter den Voraussetzungen und in der Weise gegründet werden, die in dieser Verordnung vorgesehen sind.

(2) Die SE ist eine Gesellschaft, deren Kapital in Aktien zerlegt ist. Jeder Aktionär haftet nur bis zur Höhe des von ihm gezeichneten Kapitals.

(3) Die SE besitzt Rechtspersönlichkeit.

(4) Die Beteiligung der Arbeitnehmer in der SE wird durch die Richtlinie 2001/86/EG geregelt.

Literatur: *Blanquet*, Das Statut der Europäischen Aktiengesellschaft, ZGR 2002, 20; *Bleckmann*, Zu den Auslegungsmethoden des Europäischen Gerichtshofs, NJW 1982, 1177; *Brandes*, Europäische Aktiengesellschaft: Juristische Person als Organ?, NZG 2004, 642; *Ebenroth/Wilken*, Entwicklungstendenzen im deutschen Internationalen Gesellschaftsrecht, JZ 1991, 1014; *Fleischer*, Juristische Personen als Organmitglieder im Europäischen Gesellschaftsrecht, RIW 2004, 16; *Heckschen*, Die Europäische AG aus notarieller Sicht, DNotZ 2003, 251; *Hirte*, Die Europäische Aktiengesellschaft – ein Überblick nach In-Kraft-Treten der deutschen Ausführungsgesetzgebung, DStR 2005, 653; *Hirte*, Die Europäische Aktiengesellschaft, NZG 2002, 1; *Hommelhoff*, Einige Bemerkungen zur Organisationsverfassung der Europäischen Aktiengesellschaft, AG 2001, 279; *Hommelhoff*, Gesellschaftsrechtliche Fragen im Entwurf eines SE-Statuts, AG 1990, 422; *Hommelhoff/Teichmann*, Die Europäische Aktiengesellschaft – das Flaggschiff läuft vom Stapel, SZW/RSDA 2002, 1; *Ihrig/Wagner*, Diskussionsentwurf für ein SE-Ausführungsgesetz, BB 2003, 969; *Jahn/Herfs-Röttgen*, Die Europäische Aktiengesellschaft – Societas Europaea, DB 2001, 631; *Kallmeyer*, Zugang zur Europäischen Aktiengesellschaft nach dem Entwurf eines SE-Statuts, AG 1990, 527; *Kersting*, Societas Europaea: Gründung und Vorgesellschaft, DB 2001, 2079; *Lutter*, Europäische Aktiengesellschaft – Rechtsfigur mit Zukunft?, BB 2002, 1; *Lutter*, Auslegung angeglichenen Rechts, JZ 1992, 593; *Lutter*, Genügen die vorgeschlagenen Regelungen für eine „Europäische Aktiengesellschaft"?, AG 1990, 413; *Pluskat*, Die neuen Vorschläge zur Europäischen Aktiengesellschaft, EuZW 2001, 524; *Schulz/Geismar*, Die Europäische Aktiengesellschaft – Eine kritische Bestandsaufnahme, DStR 2001, 1078; *Schwarz*, Zum Statut der Europäischen Aktiengesellschaft, ZIP 2001, 1847; *Teichmann*, Die Einführung der Europäischen Aktiengesellschaft,

ZGR 2002, 383; *Thoma/Leuering*, Die Europäische Aktiengesellschaft – Societas Europaea, NJW 2002, 1449; *Werlauff*, SE – The Law of the European Company, 2003.

I. Normzweck und Rechtsnatur

Art. 1 der SE-VO fasst die **wesentlichen Strukturmerkmale** der SE zusammen: Han- 1
delsgesellschaft, Zerlegung in Aktien, beschränkte Haftung der Aktionäre, Rechtspersönlichkeit. Damit weist die SE dieselben Strukturmerkmale auf wie die deutsche
Aktiengesellschaft. Soweit nichts anderes bestimmt ist, wird die SE auch wie eine
nach dem Rechts des Sitzstaates gegründete Aktiengesellschaft behandelt (Art. 10).
Die Form der Aktiengesellschaft wurde für die SE gewählt, weil diese sowohl von der
Finanzierung (die SE ist börsenfähig!) als auch von der Geschäftsführung her am besten den Bedürfnissen der gemeinschaftsweit tätigen Unternehmen entspricht[1].

Die SE ist **supranationale Rechtsform** und will grenzüberschreitende Unternehmens- 2
kooperationen fördern, indem sie einfachere und effizientere Organisationsstruktu-
ren zu insgesamt geringeren Verwaltungskosten ermöglicht[2]. Eine europaweit einheitliche Rechtsform[3] wurde mit der SE dennoch nicht geschaffen: Angesichts divergierender Positionen im Gesetzgebungsprozess[4] konnten sich die Mitgliedstaaten
nur auf einen „kleinsten gemeinsamen Nenner"[5] verständigen. Daher regelt die Verordnung nur den **Kernbereich des Gesellschaftsrechts** (Gründung, Aufbau) und verweist im Übrigen auf das nationale Recht des Sitzstaates (Art. 9). Kapitalaufbringung
und -erhaltung, die Aktien, Bilanzrecht, Konzernrecht und Satzungsauslegung – all
dies unterliegt nationalem Recht. Die Folge davon ist eine hohe Komplexität des Regelwerks sowie der Umstand, dass es so viele SE wie Mitgliedstaaten gibt[6]. Darin ist
per se noch kein Nachteil zu sehen. Vielmehr wird die Kombination der Rechtsquel-
len den Wettbewerb unter den Rechtsordnungen um die attraktivsten aktien- und
mitbestimmungsrechtlichen Lösungen ankurbeln[7]. Insbesondere die durch Art. 38
lit. b eröffnete Wahlmöglichkeit zwischen der monistischen und dualistischen Leitungsstruktur sorgt für die notwendige Flexibilität und eröffnet Gründern neue Ge-
staltungsperspektiven[8].

Hinsichtlich der korrekten **Rechtsformbezeichnung** sind drei Varianten denkbar: entweder **Europäische Aktiengesellschaft**, wie es der Wortlaut in Art. 1 Abs. 1 vorsieht,
oder **Societas Europaea** oder abgekürzt „**SE**". Die Firma der SE darf nur auf die abge-
kürzte Version, also „SE", lauten, vgl. Art. 11.

Im Vergleich zur nationalen AG ist die SE ein **aliud**. Wenngleich die SE auch den in
§ 1 AktG vorgegebenen Wesensmerkmalen einer AG entspricht, ist sie kein Spezial-

---

1 Vgl. 13. Erwägungsgrund der SE-VO.
2 *Teichmann*, ZGR 2002, 383, 385; *Schulz/Geismar*, DStR 2002, 1078 ff.
3 Vgl. 6. Erwägungsgrund der SE-VO; *Kuhn* in Jannott/Frodermann, Handbuch Europäische Aktiengesellschaft, S. 23 Rz. 4.
4 Vgl. dazu *Lutter*, BB 2002, 1 ff.
5 *Hommelhoff/Teichmann*, SZW 2002, 1, 3; *Pluskat*, EuZW 2001, 524, 528.
6 *Lutter*, AG 1990, 413, 414; *Hirte*, NZG 2002, 1, 2; *Heckschen*, DNotZ 2003, 251, 252.
7 *Lutter*, BB 2002, 1, 3. Auf diesem Hintergrund liegt inzwischen ein Vergleich zwischen einer
  „deutschen" SE und einer „englischen" SE vor; vgl. *J. Schmidt*, „Deutsche" versus „Britische"
  Societas Europaea (SE), Jena 2006.
8 Die für das monistisch verfasste Leitungsgremium geltenden Vorschriften sind in §§ 22 ff.
  SEEG enthalten; vgl. dazu unten Art. 43 ff.

fall der nationalen AG[9]. Zwar ist die SE als börsenfähige Kapitalgesellschaft in Form einer nationalen AG konzipiert (Erwägungsgrund Nr. 13). Das auf die SE anwendbar Recht besteht aber zur einen Hälfte aus nationalem und zur anderen Hälfte aus europäischem Recht. Eben Letzteres verleiht der SE eine eigenständige, supranationale Prägung, die sie von der nationalen AG unterscheidet[10].

II. Geltungsbereich

1. Positiver Geltungsbereich

3 Europäische Aktiengesellschaften können nur im Gebiet der Gemeinschaft gegründet werden. Zum Gemeinschaftsgebiet gehören nach Art. 299 EG folgende Länder:

Das Königreich Belgien, die Republik Bulgarien, das Königreich Dänemark, die Bundesrepublik Deutschland, die Republik Estland, die Republik Finnland, die Französische Republik, die Griechische Republik, das Vereinigte Königreich Großbritannien und Nordirland, Irland, die Italienische Republik, die Republik Lettland, die Republik Litauen, das Großherzogtum Luxemburg, die Republik Malta, das Königreich der Niederlande, die Republik Österreich, die Republik Polen, die Portugiesische Republik, die Republik Rumänien, das Königreich Schweden, die Slowakische Republik, die Republik Slowenien, das Königreich Spanien, die Tschechische Republik, die Republik Ungarn und die Republik Zypern.

Nach Art. 299 Abs. 2 EG erstreckt sich das Gemeinschaftsgebiet auch auf die französischen überseeischen Departements, die Azoren, Madeira und die kanarischen Inseln. Auch dort können also SE gegründet werden.

Der Beschluss des Gemeinsamen EWR-Ausschusses Nr. 93/2002 vom 25.7.2002 zur Änderung des Anhangs XXII (Gesellschaftsrecht) des EWR-Abkommens[11] hat den Anwendungsbereich auf die Länder des EWR ausgedehnt. Danach können auch in **Island, Liechtenstein und Norwegen** SEs gegründet werden.

2. Negativer Geltungsbereich

4 Wegen Nichtzugehörigkeit zum Gemeinschaftsgebiet kann in folgenden Gebieten **keine SE** gegründet werden:

Auf den **Färöer-Inseln** sowie in der Hoheitszone des Vereinigten Königreichs auf **Zypern** (Art. 299 Abs. 6 lit. a und b EG). Weiter in der **Schweiz** und in den Europäischen Kleinstaaten **San Marino, Monaco und Andorra**[12].

III. Strukturmerkmale der SE

1. (Handels-)gesellschaft

5 Der Gesetzestext nimmt in Art. 1 auf Handelsgesellschaften Bezug, die unter den Voraussetzungen der Verordnung als SE gegründet werden können. Daraus ergibt sich aber nicht, dass eine SE nur gegründet werden darf, wenn sie auf den Betrieb eines Handelsgewerbes gerichtet ist. Eine dem § 3 Abs. 1 AktG entsprechende Formulierung, wonach eine Aktiengesellschaft unabhängig von ihrem Unternehmensgegenstand als Handelsgesellschaft zu behandeln ist, wurde mit Rücksicht auf Mitgliedstaaten, die nicht zwischen Handelsgesellschaften und sonstigen Gesellschaften

---

9 A.A. *Ihrig/Wagner*, BB 2003, 969, 971 Fn. 37.
10 Ebenso *Schwarz*, Art. 1 Rz. 49.
11 ABl. EG Nr. L 266 v. 3.10.2002, S. 69.
12 *Schröder* in von der Groeben/Schwarze, EU-/EG-Vertrag, 6. Aufl. 2004, Art. 299 EG Rz. 2.

unterscheiden, aus dem Gesetzestext entfernt[13]. Deshalb wird in anderen Sprachfassungen der SE-VO nur neutral von Gesellschaften gesprochen[14]. Die Gründung einer SE ist somit auch zulässig, wenn sie kein Handelsgewerbe betreibt. Angesichts des Zuschnitts der SE auf größere Unternehmen[15] wird es in der Praxis aber kaum eine SE geben, die nicht auch die Voraussetzungen einer Handelsgesellschaft i.S.v. § 1 Abs. 2 HGB erfüllt. Davon abgesehen ist eine SE mit Sitz in Deutschland in jedem Falle **Formkaufmann** nach § 3 Abs. 1 AktG. Dies ergibt sich zwar nicht unmittelbar aus Art. 1, wohl aber aus der Verweisung des Art. 9[16]. Damit ist die deutsche SE wie die Aktiengesellschaft den Bestimmungen des Handelsrechts, insbesondere den Rechnungslegungs- und Buchführungsvorschriften und der Registerpublizität unterworfen (vgl. Art. 61, 62).

2. Mehrstaatlichkeit

Die SE ist durch das Prinzip der Mehrstaatlichkeit gekennzeichnet[17], das Ausdruck   6 des Erfordernisses eines grenzüberschreitenden Sachverhalts und für die Anwendung des Gemeinschaftsrechts konstituierend ist[18]. Seine gesetzliche Verankerung hat das Mehrstaatlichkeitsprinzip in Art. 2 gefunden, wonach die Gründung einer SE die Beteiligung von Gesellschaften aus verschiedenen Mitgliedstaaten voraussetzt. Demnach kann eine SE nur gegründet werden, wenn mindestens zwei der Gründungsgesellschaften dem Recht verschiedener Mitgliedstaaten obliegen (Art. 2 Abs. 1, Abs. 2 lit. a, Abs. 3 lit. a) oder wenn mindestens zwei Gründungsgesellschaften – seit mindestens zwei Jahren – eine Tochtergesellschaft oder Zweigniederlassung haben, die dem Recht eines anderen Mitgliedstaates als der Muttergesellschaft unterliegen bzw. in einem anderen Mitgliedstaat als die Hauptniederlassung ihre Niederlassung haben (Art. 2 Abs. 2 lit. b, Abs. 3 lit. b) oder wenn die Gründungsgesellschaften eine dem Recht eines anderen Mitgliedstaates unterliegenden Tochtergesellschaft hat (Art. 2 Abs. 4). Der grenzüberschreitende Bezug muss bei Eintragung ins Handelsregister vorliegen. Fällt die Mehrstaatlichkeit später weg, weil etwa bei einer Holding-SE die Gründergesellschaften dem Recht ein und desselben Mitgliedstaates unterliegen, so hat das – im Gegensatz zur Europäischen Wirtschaftlichen Interessenvereinigung, die in diesem Fall nach Art. 31 Abs. 3 EWIV-VO aufzulösen ist – keine besonderen Konsequenzen für die SE[19].

3. Grundkapital und Aktien

a) Grundkapital

Die SE hat ein in Aktien zerlegtes Grundkapital in Höhe von mindestens 120.000 Euro (Art. 1 Abs. 1 Satz 2, Art. 4). Das Kapital dient als **Haftungsrückhalt für die Gläubiger**, denen nach Art. 1 Abs. 2 Satz 2 nur das Gesellschaftsvermögen als Haftungsgrundlage zur Verfügung steht. Die Aufbringung dieses Grundkapitals folgt nationalen Regeln. Gründer einer SE mit Sitz in Deutschland, die eine SE durch Einbringung von Sachen gründen wollen, werden also vor allem die Regeln über die Sacheinlage

---

13 Vgl. *Schwarz*, Art. 1 Rz. 15; *Schröder* in Manz/Mayer/Schröder, Art. 1 SE-VO Rz. 18.
14 *Kuhn* in Jannott/Frodermann, Handbuch Europäische Aktiengesellschaft, S. 33 Rz. 47; *Schröder* in Manz/Mayer/Schröder, Art. 1 SE-VO Rz. 25 ff.
15 Dazu unten Rz. 7.
16 *Hirte*, DStR 2005, 653, 654.
17 *Hommelhoff*, AG 1990, 422, 423; *Kallmeyer*, AG 1990, 527, 528; *Ebenroth/Wilken*, JZ 1991, 1014, 1016.
18 *Schwarz*, Art. 1 Rz. 18.
19 Vgl. *Thoma/Leuering*, NJW 2002, 1449, 1451 Fn. 34; *Hommelhoff*, AG 2001, 279, 281; *Hirte*, NZG 2002, 1, 4; *Schwarz*, Art. 1 Rz. 18 ff.

und die Nachgründung beachten müssen[20]. Mit 120.000 Euro beträgt das Mindest-kapital mehr als doppelt soviel wie das der deutschen AG[21]. Daraus wird vielfach der Schluss gezogen, die SE sei in erster Linie eine **Rechtsform für Großunternehmen**[22]. In den Erwägungsgründen findet sich dazu lediglich der Hinweis, die relativ hohe Mindestkapitalisierung solle die Gewähr für eine „ausreichende Vermögensgrund-lage bieten, ohne kleinen und mittleren Unternehmen die Gründung einer SE zu er-schweren"[23]. Tatsächlich stellt aber nicht nur die relativ hohe Mindestkapitalisie-rung eine Erschwerung für kleinere Unternehmen dar. Das gilt auch für das Gebot der Satzungsstrenge nach Art. 9 Abs. 1 lit. b[24], das nur eine sehr begrenzte Gestal-tungsfreiheit erlaubt. Hinzu kommen die hohen Rechtsberatungskosten, die zur Gründung einer SE erforderlich sind[25]. Auf der anderen Seite verteilen sich dann das Kapital und Gründungskosten auf zwei Unternehmen, die ihre Geschäftstätigkeit in-nerhalb der Union zusammenlegen und ausbauen wollen[26]. Hinsichtlich der Attrak-tivität der SE für mittelständische Unternehmen vgl. oben Einleitung, Rz. 32.

b) Zerlegung in Aktien

8   aa) Das Grundkapital der SE ist in Aktien zerlegt. Der **Begriff der Zerlegung** meint das gleiche wie die Formulierung in § 1 Abs. 2 AktG, nämlich die Aufteilung des Grundkapitals in mehrere Aktien[27]. Das schließt die Ausgabe nur einer Aktie nicht aus, denn in Ausnahmefällen kann es vorkommen, dass es nur einen Gründer gibt, so dass auch eine einzige Aktie genügt. Als Beispiel dafür kommen die Umwandlung einer Einpersonengesellschaft in eine SE nach Art. 2 Abs. 4 oder die Gründung einer Tochter-SE durch eine Mutter-SE nach Art. 3 Abs. 2 in Betracht[28]. Im Übrigen vgl. unten Anh. I zu Art. 5, Aktie.

9   bb) Die Art der Aktien richtet sich gemäß der Verweisungsnorm in Art. 9 lit. c ii nach nationalem Recht. Aktien der SE können somit entweder als **Nennbetrags- oder Stückaktien** ausgegeben werden[29]. Die Aktienart muss durch die Satzung festgelegt werden. Das folgt aus Art. 9 Abs. 1 lit. c ii i.V.m. § 23 Abs. 3 Nr. 5 AktG. Der Min-destnennbetrag einer Nennwertaktie beträgt ein Euro[30]. Stückaktien lauten auf kei-nen Nennbetrag, sind aber in gleichem Umfang am Grundkapital beteiligt[31], haben also einen mittelbaren Nennbetrag[32]. Der VO-Text spricht damit die sog. unechten nennwertlosen Aktien an, bei denen trotz Fehlens eines Nennbetrages immer noch eine Beziehung der Aktien zum Grundkapital besteht[33]. Bei der echten nennwert-losen Aktie ist das anders: sie repräsentiert nicht einen Teil des Grundkapitals, son-

---

20 *Teichmann*, ZGR 2002, 383, 387; vgl. unten die Kommentierung von *Fleischer* zu Art. 5.
21 § 7 AktG hat bereits den Mindestbetrag von 25.000 Euro nach Art. 6 Abs. 1 der 2. RL verdop-pelt.
22 *Hommelhoff/Teichmann*, SZW 2002, 1, 3; *Teichmann*, ZGR 2002, 383, 388; *Heckschen*, DNotZ 2003, 252.
23 Vgl. 13. Erwägungsgrund der SE-VO; vgl. auch *Gutsche*, Die Eignung der Europäischen Ak-tiengesellschaft für kleinere und mittlere Unternehmen, 1993.
24 Vgl. *Lutter*, BB 2002, 1, 3.
25 *Hommelhoff/Teichmann*, SZW 2002, 1, 3; *Hommelhoff*, AG 2001, 279, 287.
26 *Blanquet*, ZGR 2002, 20, 52.
27 Vgl. *Lutter* in K. Schmidt/Lutter, AktG, § 1 Rz. 29.
28 *Schröder* in Manz/Mayer/Schröder, Art. 1 SE-VO Rz. 23.
29 Vgl. *Theisen/Widmayer* in Theisen/Wenz, Europäische Aktiengesellschaft, S. 377, 388.
30 § 8 Abs. 2 AktG.
31 § 8 Abs. 3 AktG.
32 Bei einem Grundkapital von 200.000 Euro und der Ausgabe von 200 Aktien beträgt der mittel-bare Nennwert jeder Aktie 1.000 Euro.
33 Vgl. *Heider* in MünchKomm. AktG, § 8 Rz. 19 f.

dern einen Anteil am Gesellschaftsvermögen. Diese Form der Aktien ist bei der Gründung einer SE mit Sitz in Deutschland daher nicht zulässig.

cc) Hinsichtlich der Form der Aktien schweigt die SE-VO, so dass nach Art. 9 Abs. 1   10
lit. b deutsches Recht anzuwenden ist. Das kennt Inhaberaktien und Namensaktien,
§ 10 Abs. 1 AktG; die Entscheidung trifft die Satzung; diese kann die Verbriefung
einschränken oder ausschließen[34]. Vgl. zum Grundkapital im Übrigen *Lutter* in
K. Schmidt/Lutter, AktG, § 1 Rz. 21 ff.

c) Keine Haftung der Aktionäre

aa) Aktionäre der SE haften nach der Formulierung des Art. 1 Abs. 2 Satz 2 nur bis   11
zur Höhe des von ihnen gezeichneten Kapitals. Damit wird entgegen des missverständlichen Wortlauts nicht etwa eine Regelung nach Art der Kommanditistenhaf-
tung (§ 171 Abs. 1 HGB) geschaffen[35]. Es wird nichts anderes zum Ausdruck gebracht
als der in § 1 Abs. 1 AktG formulierte Grundsatz, dass den Gläubigern für die Verbindlichkeiten der SE nur das Gesellschaftsvermögen zur Verfügung steht, nicht aber,
und sei es auch nur beschränkt, das Vermögen der Aktionäre[36]. Der Aktionär ist nur
zur Leistung seiner Einlage an die SE in Höhe des Ausgabebetrages der von ihm übernommenen Aktien verpflichtet[37]. Für die SE gilt insoweit nichts anderes als für die
AG. Damit steht die SE im Gegensatz zur EWIV, die eine gesamtschuldnerische und
unbeschränkte, aber subsidiäre Haftung der Mitglieder für die Verbindlichkeiten der
jeweiligen EWIV kennt (Art. 24 Abs. 1 Satz 1, Abs. 2 EWIV-VO)[38].

bb) Die SE-VO regelt die Frage der Haftung bzw. Nicht-Haftung der Aktionäre selbst   12
und verweist insoweit gerade nicht auf das nationale Sitzrecht. Daher ist eine unmittelbare Anwendbarkeit der im deutschen Recht hierzu entwickelten **Durchgriffshaftung** nicht möglich.

Es bleibt aber die Auslegung des VO-Textes selbst. Der Wortlaut und die Erwägungsgründe sind dafür unergiebig. Es bleibt mithin nur, die Funktion der Norm zu bedenken[39]. Und hier fällt auf, dass der Ausschluss persönlicher Haftung der Aktionäre in
allen nationalen Aktienrechten der Gemeinschaft ähnlich oder gar wortgleich angeordnet wird[40]. Dennoch wird diese Regel ebenso in allen uns bekannten nationalen
Rechten vor allem bei ihrem **Missbrauch** eingeschränkt und führt dann doch zu einer
persönlichen Haftung einzelner Aktionäre[41]. Man kann also sagen, dass der sog.
Durchgriff in Fällen groben Missbrauchs dem Standard der europäischen nationalen
Aktienrechte entspricht. Das wiederum ist für das Verständnis dieser europäischen
Norm prägend.

---

34 Vgl. unten Anh. I zu Art. 5, Die Aktie, Rz. 15 ff.; *Ziemons* in K. Schmidt/Lutter, AktG, § 10 Rz. 32.
35 *K. Schmidt*, GesR, § 26 I 4. d), S. 757; *Kuhn* in Jannott/Frodermann, Handbuch Europäische Aktiengesellschaft, S. 32 Rz. 43.
36 Vgl. § 1 Abs. 1 Satz 2 AktG.
37 § 54 Abs. 1 AktG.
38 Vgl. *Schwarz*, Art. 1 Rz. 25.
39 Zur autonomen Auslegung des europäischen Rechts vgl. *Lutter*, JZ 1992, 593, 603; *Bleck-mann*, NJW 1982, 1177 ff.; *Schwarz*, Einleitung Rz. 76.
40 Vgl. § 1 des österreichischen AktG; Art. 73 des französischen Code de Sociétés; Art. 2325 des italienischen Codice Civile; Art. 64 des niederländischen Burgerlijk Wetboek, 2; Art. 26 der belgischen Loi Coordinnée.
41 Vgl. dazu die Übersicht über die Fallgruppen der Durchgriffshaftung in einzelnen europäi-schen Staaten sowie in den USA bei *Merkt/Spindler* in Lutter, Das Kapital der Aktiengesell-schaft in Europa, 2006, S. 207 ff.

Darüber hinaus ist aber auch in der Auslegung europäischer Normen durch den EuGH anerkannt, dass der Versuch, sie missbräuchlich und gegen ihre eigentliche Zielrichtung einzusetzen, zu ihrer **Unanwendbarkeit** führt[42].

Man kann daher mit aller Vorsicht sagen, dass auch auf die SE mit Sitz in Deutschland die für die AG entwickelten Grundsätze des sog. Durchgriffs[43] anwendbar sind. Allerdings geht es dabei um die Auslegung europäischen Rechts; dafür hat der EuGH das Monopol. Der deutsche Richter, will er diesem Verständnis von Art. 1 Abs. 2 Satz 2 folgen, muss daher die Frage nach dem Durchgriff dem EuGH nach Art. 234 EG zur Vorabentscheidung vorlegen.

4. Eigene Rechtspersönlichkeit, Art. 1 Abs. 3

a) Überblick

13   Die SE ist juristische Person (personne morale) mit eigener Rechtspersönlichkeit. Die Norm formuliert damit einen Standard, dessen Einzelheiten durch Auslegung der Norm erst gewonnen werden müssen. Da weder der Wortlaut noch die Erwägungsgründe hilfreich sind, spielt dabei erneut das Verständnis von „Rechtspersönlichkeit" in den nationalen Rechten eine gewichtige Rolle. Diese aber stimmen darin überein, dass eine „Rechtspersönlichkeit" Träger aller Rechte und Pflichten wie eine natürliche Person sein kann, soweit diese nicht ihrer Natur nach, wie insbesondere im Familien- und Erbrecht, auf eine „Kunstperson" nicht anwendbar sind[44].

Die „Rechtspersönlichkeit" ist aber auch Person im Prozess, kann also Kläger sein und verklagt werden und kann diesen Prozess selbst durch ihre Organe führen[45].

13a   Als juristische Person ist die SE selbst nicht handlungsfähig und wird deshalb **durch ihre Organe vertreten**. Je nachdem, welche Führungsstruktur die Gründer gewählt haben, bilden entweder Vorstand und ggf. Aufsichtsrat im dualistischen Gremium oder die geschäftsführenden und nicht-geschäftsführenden Direktoren oder geschäftsführende Direktoren allein (vgl. § 41 Abs. 3 Satz 1 SEAG) im monistischen Verwaltungsrat die vertretungsberechtigten Organe der SE. Fragen des Vertretungsrechts und der Wissenszurechnung regelt aufgrund der Generalverweisung des Art. 9 Abs. 1 lit. c ii ausschließlich das nationale Aktienrecht[46].

b) Erlangung und Verlust der Rechtsfähigkeit

14   Ihre Rechtsfähigkeit erlangt die SE mit Eintragung **im deutschen Handelsregister**, Art. 16 Abs. 1, 12[47]. Diese Eintragung ist also **konstitutiv**. Damit übernimmt die SE das in den meisten Mitgliedsländern bekannte System[48]. Der Erwerb der Rechtspersönlichkeit hängt also nicht von einem staatlichen Verleihungsakt (Konzession) ab, sondern die SE kann frei gebildet werden, sofern die von der SE-VO normierten Voraussetzungen erfüllt sind (sog. System der Normativbestimmungen).

---

42 Vgl. dazu *Schwarz*, Europäisches Gesellschaftsrecht, 2000, S. 58 Rz. 83 ff.; *Lutter*, JZ 1992, 593, 603; *Bleckmann*, NJW 1982, 1177 ff.
43 Dazu *Lutter* in K. Schmidt/Lutter, AktG, § 1 Rz. 14 ff.
44 *Schwarz*, Art. 1 Rz. 35; *Schwarz*, Europäisches Gesellschaftsrecht, 2000, S. 186 Rz. 287.
45 *Schröder* in Manz/Mayer/Schröder, Art. 1 SE-VO Rz. 31.
46 *Kuhn* in Jannott/Frodermann, Handbuch Europäische Aktiengesellschaft, S. 32 Rz. 41.
47 *Schwarz*, Art. 1 Rz. 39.
48 Anders ist dies jedoch bei einer englischen company, die ihre Rechtsfähigkeit nicht schon durch Registrierung, sondern erst mit Eintritt des Datums, das auf dem ausgestellten „certificate of incorporation" angegeben ist, vgl. *Schwarz*, Art. 1 Rz. 39 Fn. 39.

Die Eintragung der SE im deutschen Handelsregister ist im Amtsblatt der Europäischen Gemeinschaften bekannt zu machen, Art. 14; Näheres s. dort. Die Bekanntmachung hat nur deklaratorische Bedeutung.

Zwischen dem Antrag auf Eintragung im Handelsregister und der tatsächlichen Eintragung vergeht eine gewisse Zeit, in der die SE und ihre Organe meistens schon unternehmerisch handeln. Inwieweit hier die Grundsätze der Vor-AG auch auf die SE zur Anwendung kommen und die Organmitglieder gemäß der **Handelndenhaftung** belangt werden können, bestimmt sich nach Art. 16 Abs. 2[49]. Danach haften die im Namen der SE vor der Eintragung Handelnden, wenn nicht die SE die Verbindlichkeiten nach der Eintragung übernimmt. Das kann insbesondere der Fall sein, wenn die Eintragung scheitert oder aufgegeben wird[50].   15

Das **Erlöschen der Rechtsfähigkeit** ist in der SE-VO nicht geregelt. Sie richtet sich daher gemäß Art. 9 Abs. 1 lit. c ii wiederum nach dem Recht des Sitzstaates. Für eine SE mit Sitz in Deutschland sind hier die §§ 262 ff. AktG anwendbar[51]. Eine SE mit Sitz in Deutschland ist mithin nach § 273 AktG im Handelsregister zu löschen, wenn die Abwicklung beendet, kein Vermögen mehr vorhanden und der Schluss der Abwicklung zur Eintragung in das Handelsregister angemeldet worden ist. Eine Löschung erfolgt außerdem, wenn das Insolvenzverfahren über das Vermögen der SE durchgeführt wurde und keine Anhaltspunkte für ein Restvermögen vorliegen, § 141a Abs. 1 Satz 2 FGG. Und schließlich ist die SE bei Vermögenslosigkeit von Amts wegen im Handelsregister zu löschen, § 141a Abs. 1 Satz 1 FGG.   16

Auch für die SE gilt mithin der sog. Zweistufige Erlöschensbegriff, wonach die Löschung allein die Rechtsfähigkeit nicht beseitigt, sondern zusätzlich Vermögenslosigkeit vorliegen muss[52].

c) Bedeutung der Rechtsfähigkeit in den einzelnen Rechtsgebieten

aa) Zivilrecht. Da die Anerkennung der Rechtsfähigkeit in jedem Mitgliedstaat gewährleistet ist, stehen der in Deutschland registrierten SE sämtliche bürgerlich-rechtlichen Rechte zu wie der Aktiengesellschaft. Insbesondere ist sie **konto- und grundbuchfähig**, das heißt sie kann Konten errichten, die auf ihren Namen lauten und Eigentum an Grundstücken und grundstücksgleichen Rechten erwerben[53]. Die SE kann **gewerbliche Schutzrechte** (Marken-, Patent- oder Geschmacksmusterrechte) erwerben und Nutzungsrechte an Urheberrechten erlangen (§ 31 UrhG). Sie kann testamentarisch **Erbin** sein oder mit einem Vermächtnis bedacht und als Testamentsvollstreckerin eingesetzt werden[54]. Die SE kann sich an jeder in- und ausländischen Kapital- oder Personengesellschaft **beteiligen**. Dies gilt insbesondere für die Holding-SE. Anders als in anderen EU-Ländern (zum Beispiel Großbritannien, Frankreich, Niederlande) ist es einer SE mit Sitz in Deutschland aber nicht möglich, selbst zum **Geschäftsleiter** (Vorstand, Aufsichtsrat, Verwaltungsrat) bestellt zu werden[55]. Das na-   17

---

49 Vgl. *Kersting*, DB 2001, 2079 ff.; *Werlauff*, SE – The Law of the European Company, 2003, S. 28.

50 *Schwarz*, Art. 16 Rz. 16; näher unten Art. 16 Rz. 19 ff., 27.

51 Vgl. daher die Erläuterungen von *Riesenhuber* zu den §§ 262 ff. AktG in K. Schmidt/Lutter, AktG.

52 Dazu *Riesenhuber* in K. Schmidt/Lutter, AktG, § 262 Rz. 15, sowie *Lutter/Kleindiek* in Lutter/Hommelhoff, GmbHG, § 60 Rz. 17.

53 *Heider* in MünchKomm. AktG, § 1 Rz. 27; *Hüffer*, § 1 Rz. 5; *Lutter* in K. Schmidt/Lutter, AktG, § 1 Rz. 7.

54 *Heider* in MünchKomm. AktG, § 1 Rz. 28; *Lutter* in K. Schmidt/Lutter, AktG, § 1 Rz. 7.

55 Dazu *Brandes*, NZG 2004, 642 ff.; *Fleischer*, RIW 2004, 16 ff.

tionale deutsche Recht, das insoweit Anwendung findet, lässt **nur natürliche Personen** als Geschäftsleiter zu[56].

18   **bb) Zivilprozessrecht.** Im Zivilprozess ist die SE aktiv und passiv **parteifähig** (§ 50 ZPO). Vertreten wird sie durch ihre Organe, was sich wiederum danach bemisst, ob die SE eine monistische oder eine dualistische Leitungsstruktur aufweist. Bei dualistischem System gelten die bekannten Bestimmungen des Aktienrechts, wonach der Vorstand die SE im Prozess vertritt (§ 78 AktG) und in Ausnahmefällen der Aufsichtsrat (§§ 112, 246 Abs. 2, 249 Abs. 1 AktG). Im monistischen System vertritt der Verwaltungsrat die Gesellschaft gegenüber den geschäftsführenden Direktoren, § 41 Abs. 5 SEAG und diese die SE gegenüber den Mitgliedern des Verwaltungsrates, § 41 Abs. 1 SEAG[57]. Wie die Aktiengesellschaft ist die SE darüber hinaus auch **prozessfähig** nach § 51 ZPO[58]. Für Auflösung, Liquidation und Zahlungsunfähigkeit verweist Art. 63 auf die Bestimmungen des Sitzstaates. Damit folgt die Insolvenzfähigkeit der SE aus §§ 11 Abs. 1, 19 Abs. 1 InsO.

19   **cc) Öffentliches Recht.** Auch im öffentlichen Recht wird die SE als eigenständige Rechtspersönlichkeit anerkannt. Da sich die Inländereigenschaft bei Art. 19 Abs. 3 GG nach dem Sitz der Gesellschaft bestimmt[59], ist eine in Deutschland domizilierende SE auch **grundrechtsfähig**. Allerdings kann sie sich nur auf solche Grundrechte berufen, die ihrem Wesen nach auf eine Kapitalgesellschaft wie die SE anwendbar sind. Dazu gehört unter anderem das Recht auf **wirtschaftliche Betätigungsfreiheit** nach Art. 2 Abs. 1 GG[60].

d) Trennungsprinzip

20   Folge der Rechtsfähigkeit ist die Trennung der Rechte und Pflichten der SE von den Rechten und Pflichten anderer Rechtssubjekte und insbesondere der ihrer Aktionäre. Ihre Aktiva sind nicht die ihrer Aktionäre. Dies führt dazu, dass die Aktionäre mangels einer anders lautenden gesetzlichen Anweisung auch nicht die Schuldner der Gläubiger sind, kurz: für deren Verbindlichkeiten nicht haften. Das ist in Art. 1 Abs. 2 Satz 2 zwar ausdrücklich gesagt (oben Rz. 11, 12), würde sich aber auch ohne das Trennungsprinzip als Folge der Rechtssubjektivität ergeben. Vgl. dazu im Übrigen *Lutter* in K. Schmidt/Lutter, AktG, § 1 Rz. 4 ff.

5. Börsenfähigkeit

21   Die SE ist in allen Mitgliedsländern und allen Ländern der **EU und** des **EWR** börsenfähig. Selbstverständlich muss sie dabei die allgemeinen Regeln der Börsenzulassung nach §§ 1–12 BörsZulV erfüllen, sofern sie einen Börsengang in Deutschland beabsichtigt. Die Aktien der SE können also nicht wegen ihrer Rechtsform vom Handel ausgeschlossen werden. Da nach Art. 15 Abs. 1 auf die Gründung einer SE das Aktienrecht des Sitzstaates Anwendung findet, sind auch die Voraussetzungen des § 1 BörsZulV gegeben, der für die Börsenzulassung das Gründungsrecht des Sitzstaates verlangt. Auch insoweit ist die SE der AG gleichgestellt. Nach einem erfolgreichen Börsengang ist die SE schließlich auch als börsennotierte Gesellschaft nach § 3 Abs. 2

---

56 Vgl. BGH v. 25.2.2002 – II ZR 196/00, BGHZ 150, 61, 68.
57 Vgl. *Hirte*, NZG 2002, 1, 8.
58 *Hüffer*, § 1 Rz. 7.
59 BVerfG v. 1.3.1967 – 1 BvR 46/66, BVerfGE 21, 207, 209; *Dürig* in Maunz/Dürig, GG, Loseblatt, Art. 19 Abs. 3 Rz. 31; *Jarras/Pieroth*, GG, 8. Aufl. 2006, Art. 19 Rz. 15.
60 *Di Fabio* in Maunz/Düring, GG, Loseblatt, Art. 2 Abs. 1 Rz. 10 m.w.N.; *Dreier*, GG, 2. Aufl. 2004, Art. 2 Abs. 1 Rz. 38; BVerfG v. 25.1.1984 – 1 BvR 272/81, BVerfGE 66, 116, 130.

AktG zu qualifizieren, auf die dann möglicherweise die Vorschriften der §§ 110 Abs. 2, 171 Abs. 2 Satz 2, 328 Abs. 3 AktG Anwendung finden[61].

6. Beteiligung der Arbeitnehmer

Die Beteiligung der Arbeitnehmer ist in der Richtlinie vom 8.10.2004 gesondert be-   22
handelt und wurde durch das SEBG umgesetzt; vgl. dazu unten Kommentierung zum SEBG, S. 856 ff.

Art. 2
[Gründung]

(1) Aktiengesellschaften im Sinne des Anhangs I, die nach dem Recht eines Mitgliedstaats gegründet worden sind und ihren Sitz sowie ihre Hauptverwaltung in der Gemeinschaft haben, können eine SE durch Verschmelzung gründen, sofern mindestens zwei von ihnen dem Recht verschiedener Mitgliedstaaten unterliegen.

(2) Aktiengesellschaften und Gesellschaften mit beschränkter Haftung im Sinne des Anhangs II, die nach dem Recht eines Mitgliedstaats gegründet worden sind und ihren Sitz sowie ihre Hauptverwaltung in der Gemeinschaft haben, können die Gründung einer Holding-SE anstreben, sofern mindestens zwei von ihnen

a) dem Recht verschiedener Mitgliedstaaten unterliegen oder

b) seit mindestens zwei Jahren eine dem Recht eines anderen Mitgliedstaats unterliegende Tochtergesellschaft oder eine Zweigniederlassung in einem anderen Mitgliedstaat haben.

(3) Gesellschaften im Sinne des Artikels 48 Absatz 2 des Vertrags sowie juristische Personen des öffentlichen oder privaten Rechts, die nach dem Recht eines Mitgliedstaats gegründet worden sind und ihren Sitz sowie ihre Hauptverwaltung in der Gemeinschaft haben, können eine Tochter-SE durch Zeichnung ihrer Aktien gründen, sofern mindestens zwei von ihnen

a) dem Recht verschiedener Mitgliedstaaten unterliegen oder

b) seit mindestens zwei Jahren eine dem Recht eines anderen Mitgliedstaats unterliegende Tochtergesellschaft oder eine Zweigniederlassung in einem anderen Mitgliedstaat haben.

(4) Eine Aktiengesellschaft, die nach dem Recht eines Mitgliedstaats gegründet worden ist und ihren Sitz sowie ihre Hauptverwaltung in der Gemeinschaft hat, kann in eine SE umgewandelt werden, wenn sie seit mindestens zwei Jahren eine dem Recht eines anderen Mitgliedstaats unterliegende Tochtergesellschaft hat.

(5) Ein Mitgliedstaat kann vorsehen, dass sich eine Gesellschaft, die ihre Hauptverwaltung nicht in der Gemeinschaft hat, an der Gründung einer SE beteiligen kann, sofern sie nach dem Recht eines Mitgliedstaats gegründet wurde, ihren Sitz in diesem Mitgliedstaat hat und mit der Wirtschaft eines Mitgliedstaats in tatsächlicher und dauerhafter Verbindung steht.

---

61 Vgl. *Hüffer*, § 3 Rz. 5; *Lutter* in K. Schmidt/Lutter, AktG, § 3 Rz. 6.

Literatur: *Blanke,* Europäische Aktiengesellschaft ohne Arbeitnehmerbeteiligung?, ZIP 2006, 789; *Blanquet,* Das Statut der Europäischen Aktiengesellschaft (Societas Europaea „SE"), ZGR 2002, 20; *Casper,* Der Lückenschluß im Statut der Europäischen Aktiengesellschaft, in Habersack, (Hrsg.), FS Ulmer , 2003, S. 51; *Casper/Schäfer,* Die Vorrats-SE-Zulässigkeit und wirtschaftliche Neugründung, ZIP 2007, 653; *Cerioni,* The approved version of the European Company Statute in comparison with the 1991 draft: some first remarks from the General Provisions and from the Directive on employees' involvement, (2004) 25 Co Law 228, 259; *Frodermann/Jannott,* Zur Amtszeit des Verwaltungs- bzw. Aufsichtsrats der SE, ZIP 2005, 2251; *Fuchs,* Die Gründung einer Europäischen Aktiengesellschaft durch Verschmelzung und das nationale Recht, Diss. Konstanz 2004 (zit.: Gründung); *Hirte,* Die Europäische Aktiengesellschaft, NZG 2002, 1; *Hommelhoff,* Einige Bemerkungen zur Organisationsverfassung der Europäischen Aktiengesellschaft, AG 2001, 279; *Hommelhoff/Teichmann,* Die Europäische Aktiengesellschaft – das Flaggschiff läuft vom Stapel, SZW 2002, 1; *Lange,* Überlegungen zur Umwandlung einer deutschen in eine Europäische Aktiengesellschaft, EuZW 2003, 301; *Lutter,* Europäische Aktiengesellschaft – Rechtsfigur mit Zukunft?, BB 2002, 1; *Müller-Bonanni/Melot de Beauregard,* Mitbestimmung in der Societas Europaea, GmbHR 2005, 195; *Neye/Teichmann,* Der Entwurf für das Ausführungsgesetz zur Europäischen Aktiengesellschaft, AG 2003, 169; *Noack,* Kurzkommentar zu LG Hamburg v. 30.9.2005, EWiR 2005, 905; *Oechsler,* Der praktische Weg zur Societas Europaea (SE) – Gestaltungsspielraum und Typenzwang, NZG 2005, 697; *Oplustil,* Selected problems concerning formation of a holding SE (societas europaea) (2003) 4 GLJ 107; *Sanna,* Societas Europaea (SE) – Die Europäische Aktiengesellschaft, ELR 2002, 2; *Schwarz,* G. C., Zum Statut der Europäischen Aktiengesellschaft, ZIP 2001, 1847; *Seibt,* Arbeitnehmerlose Societas Europaea, ZIP 2005, 2248; *Seibt/Reinhard,* Umwandlung der Aktiengesellschaft in die Europäische Gesellschaft (Societas Europaea), Der Konzern 2005, 407; *Teichmann,* Die Einführung der Europäischen Aktiengesellschaft, ZGR 2002, 383; *Teichmann,* Vorschläge für das deutsche Ausführungsgesetz zur Europäischen Aktiengesellschaft, ZIP 2002, 1109; *Vossius,* Gründung und Umwandlung der deutschen Europäischen Gesellschaft (SE), ZIP 2005, 741; *Wenz,* Einsatzmöglichkeiten einer Europäischen Aktiengesellschaft in der Unternehmenspraxis aus betriebswirtschaftlicher Sicht, AG 2003, 185; *Werlauff,* The SE Company – A new common European company from 8 October 2004, [2003] EBLR 85.

I. SE-Gründung: Überblick

1. Numerus clausus der Gründungsformen

Die SE-VO gibt einen numerus clausus[1] von Gründungsformen vor, wobei zwischen 1
primärer und sekundärer SE-Gründung[2] zu differenzieren ist:

a) Primäre SE-Gründung

Die 4 primären Gründungsformen sind in Art. 2 Abs. 1–4 aufgelistet. Danach kann 2
eine SE gegründet werden:

– im Wege der Verschmelzung (Art. 2 Abs. 1), und zwar einerseits zur Aufnahme
  (Art. 17 Abs. 2 lit. a), andererseits zur Neugründung (Art. 17 Abs. 2 lit. b),
– als Holding-SE (Art. 2 Abs. 2),
– als Tochter-SE (Art. 2 Abs. 3),
– durch formwechselnde Umwandlung (Art. 2 Abs. 4).

b) Sekundäre SE-Gründung

Eine bereits bestehende SE kann nach Art. 3 Abs. 2 im Wege der sekundären Grün- 3
dung eine oder mehrere Tochter-SE errichten (ausf. Art. 3 Rz. 6).

2. Gesetzliche Konzeption und Systematik

a) SE-Gründung als Ergebnis von Umstrukturierungs-/Kooperationsmaßnahmen

Aus dem numerus clausus der Gründungsformen (Rz. 1 ff.) folgt, dass eine SE nur im 4
Rahmen einer Umstrukturierung bereits bestehender Unternehmen, nicht dagegen
in Form einer originären Unternehmensgründung errichtet werden kann.

Konzeptionell ist die SE daher **keine Rechtsform für Existenzgründer**, die auf der grü- 5
nen Wiese ein neues Unternehmen errichten wollen, sondern ein Vehikel für „Um-
strukturierungs- und Kooperationsmaßnahmen"[3] mit grenzüberschreitendem Bezug
(dazu näher Rz. 11, 15, 22). Dies schließt allerdings eine SE-Neugründung durch direkte Zeichnung des Aktienkapitals nicht aus (vgl. in den Varianten des Art. 2 Abs. 3
und Art. 3 Abs. 2)[4]; doch können nur (bestimmte) Unternehmen Gründer einer SE
sein (dazu ausf. unten Rz. 8 f., 14, 19, 21, 23).

b) Systematik der SE-VO

Die SE-VO normiert in Art. 2 und 3 zunächst nur die allgemeinen Gründungsvoraus- 6
setzungen: In den Abs. 1–4 des Art. 2 für die vier primären Gründungsvarianten und
in Art. 3 Abs. 2 für die sekundäre SE-Gründung. Die Einzelheiten des für die jeweiligen Gründungsvarianten geltenden Verfahrens sind dann in Titel II (Art. 15 ff.) geregelt.

---

1 *Oechsler* in MünchKomm. AktG, Art. 2 SE-VO Rz. 1; *Schwarz*, Art. 2 Rz. 10; *Jannott* in Jan-
  nott/Frodermann, Handbuch Europäische Aktiengesellschaft, § 3 Rz. 1.
2 Begriff nach *Hommelhoff*, AG 2001, 279, 280. Wie hier auch *Lutter*, BB 2002, 1, 4; *Teichmann*,
  ZGR 2002, 389, 409; *Schwarz*, Art. 2 Rz. 15. Diese Bezeichnung ist treffender als die Unterscheidung zwischen „originärer" und „derivativer" Gründung.
3 S. Erwägungsgrund 3 der SE-VO.
4 *Schwarz*, Art. 2 Rz. 12 a.E.; unscharf insofern *Blanquet*, ZGR 2002, 22, 44.

II. Voraussetzungen für den Zugang zur SE

7　Der begrenzte Zugang zur SE ist im In- und Ausland vielfach kritisiert worden[5]. Für die vier originären Gründungsalternativen ergeben sich folgende Unterschiede:

1. Verschmelzungs-SE (Art. 2 Abs. 1, Art. 17 ff.)

a) Gründungsberechtigung

8　Eine SE-Gründung durch Verschmelzung kommt nur für **Aktiengesellschaften** i.S.d. Anhangs I in Betracht. Als deutsche Gründungsgesellschaften sind danach nur die AG, nicht auch die KGaA zugelassen[6].

9　Weitere Voraussetzung ist, dass die Aktiengesellschaften nach dem **Recht eines Mitgliedstaats** wirksam **gegründet** wurden[7]. Dies setzt nach deutschem Recht die Eintragung in das Handelsregister voraus (§ 41 AktG). Entgegen verbreiteter Auffassung[8] kann somit **nicht** bereits die **Vor-AG** Gründer sein[9]; denn Satzungsfeststellung und Aktienübernahme haben gem. § 29 AktG nur die „Errichtung" der AG (= Vor-AG) zur Folge, nicht die „Gründung". Dagegen ist die **AG i.L.** unstreitig gründungsfähig, soweit – gem. Art. 18 – die zusätzlichen Voraussetzungen des § 3 Abs. 3 UmwG[10] vorliegen[11], d.h. wenn die Fortsetzung der aufgelösten AG beschlossen werde könnte, was jedoch gem. § 274 AktG nur der Fall ist, solange noch nicht mit der Verteilung des Vermögens unter die Aktionäre begonnen ist[12].

b) Sitz und Hauptverwaltung in der Gemeinschaft

10　Alle Gründungsgesellschaften müssen ihren aktuellen **Satzungssitz** – dies bedeutet der Begriff „Sitz" (vgl. auch „siège statutaire" bzw. „registered office") – und ihre **Hauptverwaltung** (= Verwaltungssitz) in der Gemeinschaft haben, doch können satzungsmäßiger Sitz und Hauptverwaltung in verschiedenen Mitgliedstaaten liegen[13]. Zur Gemeinschaft zählen auch die EWR-Staaten Island, Liechtenstein und Norwegen; denn auch dort gilt die SE-VO[14]. Unternehmen aus Drittstaaten können somit an einer SE-Gründung nicht beteiligt sein. Von der Option nach Art. 2 Abs. 5 hat Deutschland keinen Gebrauch gemacht (ausf. unten Rz. 24 ff.).

5　S. etwa *Cerioni*, (2004) 25 Co Law 228, 233 f.; *Hirte*, NZG 2002, 1, 4; *Hommelhoff*, AG 2001, 279, 280; *Lange*, EuZW 2003, 301 f.

6　*Oechsler* in MünchKomm. AktG, Art. 2 Rz. 24; *Sanna*, ELR 2002, 2, 6; *Scheifele*, Gründung, S. 78; *J. Schmidt*, „Deutsche" vs. „britische" SE, S. 135; *Schwarz*, Art. 2 Rz. 26; *Seibt/Reinhard*, Der Konzern 2005, 407, 409.

7　*Schwarz*, Art. 2 Rz. 35.

8　So *Fuchs*, Gründung, S. 106; *J. Schmidt*, „Deutsche" vs. „britische" SE, S. 135; *Schröder* in Manz/Mayer/Schröder, Art 17 SE-VO Rz. 6.

9　Wie hier *Schwarz*, Art. 2 Rz. 24; *Scheifele*, Gründung, S. 79 f. Die Rechtslage ist somit kraft ausdrücklicher gesetzlicher Regelung anders als im Bereich des UmwG; vgl. zum dortigen Streit nur *Bayer*, ZIP 1997, 1613, 1614 einerseits und *Lutter/Drygala* in Lutter, UmwG, § 3 Rz. 5 m.w.N. andererseits.

10　Ausf. *Lutter/Drygala* in Lutter, UmwG, § 3 Rz. 15 ff.

11　Eingehend *Schwarz*, Art. 2 Rz. 24, 52. S. auch *Scheifele*, Gründung, S. 80 f.; *J. Schmidt*, „Deutsche" vs. „britische" SE, S. 72; *Schröder* in Manz/Mayer/Schröder, Art. 17 SE-VO Rz. 7.

12　*Hüffer*, § 274 Rz. 4. Zweifelhaft ist, ob die Fortsetzung beschlossen werden kann, wenn das verteilte Vermögen wieder zurückerstattet wurde: verneinend *Hüffer*, § 274 Rz. 4; a.A. die h.M. zur Parallelregelung bei der eG; vgl. nur *Bayer* in Lutter, UmwG, § 79 Rz. 12 m.w.N.

13　*Scheifele*, Gründung, S. 98; *Schwarz*, Art. 2 Rz. 40. Vgl. auch *Oechsler* in MünchKomm. AktG, Art. 2 SE-VO Rz. 5, 25.

14　So bereits *Bayer* in Lutter/Hommelhoff, Europäische Gesellschaft, S. 25, 30; ebenso *Scheifele*, Gründung, S. 98 f.; *J. Schmidt*, „Deutsche" vs. „britische" SE, S. 138; *Schwarz*, Art. 2 Rz. 40 a.E.; *Wenz*, AG 2003, 185 m.w.N.

c) Mehrstaatlichkeit

Mindestens zwei der beteiligten Aktiengesellschaften müssen dem Recht verschiede-   11
ner Mitgliedstaaten unterliegen. Damit gelten bei der Verschmelzung im Vergleich
zur Holding- oder Tochter-SE-Gründung erhöhte Anforderungen; die bloße Existenz
einer Tochtergesellschaft oder Zweigniederlassung in einem anderen Mitgliedstaat
genügt hier gerade nicht.

d) Konzernverschmelzung

Der Gründung einer SE im Wege der Verschmelzung steht nicht entgegen, daß die be-   12
teiligten Aktiengesellschaften zueinander in einem Herrschafts- bzw. Abhängigkeits-
verhältnis stehen. **Zulässig** ist daher auch die **Errichtung einer SE im Konzernverbund**[15]. Die abweichende Auffassung, die einer Umgehung der Zwei-Jahres-Frist des
Art. 2 Abs. 4 (dazu unten Rz. 22 i.V.m. Rz. 18) vorbeugen möchte[16], ist angesichts der
eindeutigen Regelung des Art. 31 – die Vorschrift betrifft explizit den Sachverhalt der
Konzernverschmelzung – unhaltbar.

e) Maßgeblicher Zeitpunkt

Maßgeblicher Zeitpunkt für die Erfüllung der Gründungsvoraussetzungen ist derjeni-   13
ge der **Anmeldung** zur Eintragung, denn nur hierauf bezieht sich die Kontrolle durch
die zuständige Stelle[17]. Ein etwaiger späterer Wegfall der Gründungsvoraussetzungen
ist unschädlich[18]. Abweichendes gilt nur hinsichtlich der Voraussetzungen für das
Eingreifen der Privilegierungen für Konzernverschmelzungen nach Art. 31, bei denen
es sich allerdings auch nicht um „Gründungsvoraussetzungen" i.e.S. handelt (dazu
näher Art. 31 Rz. 6).

2. Holding-SE (Art. 2 Abs. 2, Art. 32 ff.)

a) Gründungsberechtigung und Sitz

Eine Holding-SE kann sowohl durch Aktiengesellschaften als auch durch GmbH   14
i.S.d. Anhangs II errichtet werden. Nach deutschem Recht kommen daher sowohl
die **AG** als auch die **GmbH**, nicht aber die KGaA in Betracht[19]. Die Gründungsgesellschaften müssen nach dem Recht eines Mitgliedstaates wirksam gegründet sein; ausgeschlossen ist somit die Gründerfähigkeit der Vor-GmbH (oben Rz. 9). **Sitz** und
Hauptverwaltung müssen in der Gemeinschaft liegen (dazu oben Rz. 10).

b) Mehrstaatlichkeit

Gegenüber der Verschmelzungsgründung (oben Rz. 11) ist die Mehrstaatlichkeit et-   15
was gelockert: Ausreichend ist es hier, wenn mindestens zwei Gründungsgesellschaf-

---

15 *Bayer* in Lutter/Hommelhoff, Europäische Gesellschaft, S. 25, 32; *Casper* in FS Ulmer, 2003,
   S. 51, 64; *Heckschen* in Widmann/Mayer, Anhang 14 Rz. 132; *Jannott* in Jannott/Frodermann,
   Handbuch Europäische Aktiengesellschaft, § 3 Rz. 7 a.E.; *Kalss* in Kalss/Hügel, Vor § 17 SEG
   – Gründung der SE Rz. 16; *Oechsler* in MünchKomm. AktG, Art. 2 SE-VO Rz. 13, 26; *Oechs-
   ler*, NZG 2005, 697, 700 f.; *J. Schmidt*, „Deutsche" vs. „britische" SE, S. 137; *Schwarz*, Art. 17
   SE-VO Rz. 17; *Seibt/Reinhard*, Der Konzern 2005, 407, 409; *Teichmann*, ZGR 2002, 383, 412;
   Vossius, ZIP 2005, 741, 743.
16 So *Hirte*, NZG 2002, 1, 3.
17 Ebenso *Scheifele*, Gründung, S. 126; *J. Schmidt*, „Deutsche" vs. „britische" SE, S. 143;
   Schwarz, Art. 2 Rz. 48.
18 Ebenso *Scheifele*, Gründung, S. 126 f.; *Schröder* in Manz/Mayer/Schröder, Art. 2 SE-VO
   Rz. 40; *Schwarz*, Art. 2 Rz. 49.
19 *Oechsler* in MünchKomm. AktG, Art. 2 SE-VO Rz. 29; *Schwarz*, Art. 2 Rz. 57; *Schröder* in
   Manz/Mayer/Schröder, Art. 2 SE-VO Rz. 76.

ten[20] entweder dem Recht verschiedener Mitgliedstaaten unterliegen oder seit mindestens zwei Jahren eine dem Recht eines anderen Mitgliedstaats unterliegende Tochtergesellschaft oder eine Zweigniederlassung in einem anderen Mitgliedstaat haben.

16 **aa) Tochtergesellschaft.** Der Begriff der „Tochtergesellschaft" ist in der SE-VO nicht definiert. Soweit im Schrifttum auf Art. 3 der steuerlichen Mutter-Tochter-RL[21] rekurriert wird[22], vermag dies aufgrund des fehlenden systematischen Zusammenhangs nicht zu überzeugen. Näher liegt der von verschiedenen Autoren befürwortete Rückgriff auf Art. 2 lit. c der SE-RL[23]. Diese Definition soll indes nach Art. 2 der SE-RL ausdrücklich nur „für die Zwecke dieser Richtlinie" gelten[24]. Vorzugswürdig ist daher eine Orientierung an der Begriffsbestimmung in Art. 1 der **Konzernbilanz-RL**[25], wobei allerdings auch die Zurechnungen nach Art. 2 zu berücksichtigen sind. Diese Lösung hat nicht nur den Charme, dass sie die systematische Einheitlichkeit des europäischen Gesellschaftsrechts befördert, sondern sie hebt überdies den zentralen Aspekt der Tochtereigenschaft hervor: die Kontrollausübung durch die Mutter[26].

17 **bb) Zweigniederlassung.** Für den Terminus der „Zweigniederlassung" findet sich in der SE-VO ebenfalls keine Definition. Eine extensive Interpretation wie im Rahmen des Art. 43 Abs. 1 Satz 2 EG erscheint hier allerdings nicht sachgerecht, denn damit würde im Extremfall z.B. sogar ein Lagerraum zur Erfüllung des Mehrstaatlichkeitserfordernisses genügen. Geboten ist daher vielmehr eine **restriktive Interpretation**[27] wie sie auch im Bezug auf die Zweigniederlassungs-RL[28] und die Auslegung des Art. 5 Nr. 5 EuGVVO[29] allgemein anerkannt ist. Zweigniederlassung i.S.d. Art. 2 ist

---

20 Diese Voraussetzung gilt für beide Alternativen. Entgegen *Hommelhoff*, AG 2001, 279, 281 ist es somit nicht ausreichend, wenn nur eine der Gründungsgesellschaften eine Tochtergesellschaft oder Zweigniederlassung in einem anderen Mitgliedstaat hat. So bereits *Schwarz*, ZIP 2001, 1847, 1850 und *Bayer* in Lutter/Hommelhoff, Europäische Gesellschaft, S. 25, 30 Fn. 25 m.w.N.

21 RL 90/43/EWG des Rates vom 23.7.1990 über das gemeinsame Steuersystem der Mutter- und Tochtergesellschaften verschiedener Mitgliedstaaten, ABl.EG Nr. L 225 v. 20.8.1990, S. 6.

22 So *Wenz*, SE, S. 52; *Buchheim*, Europäische Aktiengesellschaft, S. 135 Fn. 167.

23 Hierfür *Jannott* in Jannott/Frodermann, Handbuch Europäische Aktiengesellschaft, § 3 Rz. 13, 18; *Oechsler*, in MünchKomm. AktG, Art. 2 SE-VO Rz. 31; *Oplustil*, (2003) 4 GLJ 107, 110; *Schröder* in Manz/Mayer/Schröder, Art. 1 SE-VO Rz. 62; *Seibt/Reinhard*, Der Konzern 2005, 407, 410; vgl. auch *Heckschen* in Widmann/Mayer, Anhang 14 Rz. 119.

24 Ablehnend daher auch *Kalss* in Kalss/Hügel, Vor § 17 SEG – Gründung der SE Rz. 6; *Scheifele*, Gründung, S. 121 f.; *J. Schmidt*, „Deutsche" vs. „britische" SE, S. 141. Sympathie für die Heranziehung der Konzernbilanz-RL auch bei *Heckschen* in Widmann/Mayer, Anhang 14 Rz. 120.

25 Siebente Richtlinie 83/349/EWG des Rates vom 13. Juni 1983 aufgrund von Artikel 54 Absatz 3 Buchstabe g) des Vertrages über den konsolidierten Abschluß, ABl.EG Nr. L 193 v. 18.7.1983, S. 1.

26 Wie hier auch *Kalss* in Kalss/Hügel, Vor § 17 SEG – Gründung der SE Rz. 6; *Scheifele*, Gründung, S. 121 f.; *J. Schmidt*, „Deutsche" vs. „britische" SE, S. 141 sowie bereits *Bayer* in Lutter/Hommelhoff, Europäische Gesellschaft, S. 25, 31.

27 Ebenso *Scheifele*, Gründung, S. 124; *Schwarz*, Art. 2 Rz. 72 f.; s. auch bereits *Bayer* in Lutter/Hommelhoff, Europäische Gesellschaft, S. 25, 32. Für eine Orientierung an der 11. RL auch *Heckschen* in Widmann/Mayer, Anhang 14 Rz. 84; *Oechsler* in MünchKomm. AktG, Art. 2 SE-VO Rz. 32.

28 Elfte Richtlinie 89/666/EWG des Rates vom 21. Dezember 1989 über die Offenlegung von Zweigniederlassungen, die in einem Mitgliedstaat von Gesellschaften bestimmter Rechtsformen errichtet wurden, die dem Recht eines anderen Staates unterliegen, ABl.EG Nr. L 395 v. 30.12.1989, S. 36.

29 Verordnung (EG) Nr. 44/2001 des Rates vom 22. Dezember 2000 über die gerichtliche Zuständigkeit und die Anerkennung und Vollstreckung von Entscheidungen in Zivil- und Handelssachen, ABl.EG Nr. L 12 v. 16.1.2001, S. 1.

demgemäß nur eine räumlich und organisatorisch von der Hauptniederlassung getrennte Einrichtung, die über eine gewisse organisatorische Selbständigkeit, eine Geschäftsführung und ein abgesondertes Geschäftsvermögen verfügt[30].[31]

cc) Zwei-Jahres-Frist. Im Hinblick auf die im Schrifttum umstrittene Berechnung der   18
Zwei-Jahres-Frist kann i.E. nichts anderes gelten als allgemein für die Erfüllung der
Gründungsvoraussetzungen (s. oben Rz. 13): Entscheidend ist – als Bezugspunkt der
Rechtmäßigkeitskontrolle – der Zeitpunkt der **Anmeldung**[32] (und nicht derjenige des
Gründungsgeschäfts[33] oder der Eintragung[34]).

3. Tochter-SE (Art. 2 Abs. 3, Art. 35, 36)

a) Gründungsberechtigung

Bei der Tochter-SE ist der Kreis der gründungsberechtigten Rechtsformen am weites-   19
ten: Zugelassen sind sämtliche Gesellschaften i.S.d. Art. 48 Abs. 2 EG (d.h. alle einen
Erwerbszweck verfolgenden, rechtlich konfigurierten Marktakteure[35]) sowie juristische Personen des öffentlichen und privaten Rechts. In Deutschland können sich
demgemäß beteiligen: AG, GmbH, KGaA, eG, OHG, KG, GbR, PartG, Partenreederei
und Vereine[36]; erfasst sind zudem auch Vorgesellschaften und Gesellschaften im Li-
quidationsstadium[37].

b) Sonstige Gründungsvoraussetzungen

Hinsichtlich übrigen Gründungsvoraussetzungen gelten die Ausführungen bei Rz. 14   20
(Gründung nach dem Recht eines Mitgliedstaats, Sitz und Hauptverwaltung in der
Gemeinschaft) bzw. Rz. 15 (Mehrstaatlichkeit).

4. SE-Gründung durch Umwandlung (Art. 2 Abs. 4, Art. 37)

Eine SE-Gründung kann schließlich – unter Beteiligung nur eines Rechtsträgers –   21
durch **formwechselnde Umwandlung einer Aktiengesellschaft** erfolgen. Auch wenn
im Unterschied zur Verschmelzungs- und Holdinggründung ein Verweis auf Anhang
I und II fehlt, dürfte nicht zweifelhaft sein, dass auch insoweit nur eine AG i.S.d. Aktiengesetzes in Betracht kommt[38]. Ein solcher Formwechsel kann unter den Voraus-

---

30 Vgl. EuGH v. 22.11.1978 – Rs. 33/78 „Somafer v. Saar-Ferngas", Slg. 1978, 2183 (zu Art. 5 Nr. 5
    EuGVÜ, der Vorgängernorm von Art. 5 Nr. 5 EuGVVO); *Lutter/Bayer* in Lutter/Hommelhoff,
    GmbHG, § 12 Rz. 2 m.w.N. (zur Terminologie der Zweigniederlassungs-RL).
31 Wie hier *J. Schmidt*, „Deutsche" vs. „britische" SE, S. 142 f.; ähnlich *Oechsler* in Münch-
    Komm. AktG, Art. 2 SE-VO Rz. 32.
32 So bereits *Bayer* in Lutter/Hommelhoff, Europäische Gesellschaft, S. 25, 32. Ebenso *Heck-
    schen* in Widmann/Mayer, Anhang 14 Rz. 126; *Jannott* in Jannott/Frodermann, Handbuch Eu-
    ropäische Aktiengesellschaft, § 3 Rz. 12, 18; *Oechsler* in MünchKomm. AktG, Art. 2 SE-VO
    Rz. 34; *Scheifele*, Gründung, S. 125; *J. Schmidt*, „Deutsche" vs. „britische" SE, S. 143;
    Schwarz, Art. 2 Rz. 48, 76.
33 So *Neun* in Theisen/Wenz, Europäische Aktiengesellschaft, S. 57, 68.
34 So (für die Gründung durch Umwandlung) *Marsch-Barner* in Kallmeyer, UmwG, Anhang
    Rz. 99; *Seibt/Reinhard*, Der Konzern 2005, 407, 411.
35 Vgl. *Müller-Graff* in Streinz, EUV/EGV, 2003, Art. 48 EG Rz. 2 m.w.N.
36 Vgl. *Scheifele*, Gründung, S. 85; *J. Schmidt*, „Deutsche" vs. „britische" SE, S. 144; *Schröder* in
    Manz/Mayer/Schröder, Art. 2 SE-VO Rz. 76; *Schwarz*, Art. 2 Rz. 80; *Thümmel*, Europäische
    Aktiengesellschaft, Rz. 16, 118 f.
37 *Schwarz*, Art. 2 Rz. 71 f.; s. auch *Scheifele*, Gründung, S. 82, 85; *J. Schmidt*, „Deutsche" vs.
    „britische" SE, S. 144.
38 So auch *Hommelhoff*, AG 2001, 279, 280 Fn. 8; *Oechsler* in MünchKomm. AktG, Art. 2 SE-
    VO Rz. 43; *Schwarz*, Art. 2 Rz. 99.

setzungen des § 191 Abs. 3 UmwG auch von einer aufgelösten AG durchgeführt werden[39].

22 Zu den weiteren Voraussetzungen (Gründung in der Gemeinschaft, Sitz und Hauptverwaltung) s. oben Rz. 10 f. Im Hinblick auf die systemimmanente Mehrstaatlichkeit ergibt sich gegenüber der Holding-SE und der Tochter-SE der Unterschied, dass hier eine Zweigniederlassung in einem anderen Mitgliedstaat nicht genügt; erforderlich ist als Beweis für den grenzüberschreitenden Charakter der Geschäftstätigkeit nach Auffassung des Rats[40] vielmehr eine **Tochtergesellschaft**, die dem Recht eines anderen Mitgliedstaats unterliegt[41]. Zur Zwei-Jahres-Frist: oben Rz. 18.

5. SE als Gründungsgesellschaft (Art. 3 Abs. 1)

23 Nach Art. 3 Abs. 1 kommt in den Fällen der Verschmelzungs-SE, der Holding-SE und der Tochter-SE auch **eine bereits bestehende SE** als Gründungsgesellschaft in Betracht[42]; denn die SE gilt insoweit als AG (ausf. Art. 3 Rz. 3).

III. Ermächtigung nach Art. 2 Abs. 5

24 Art. 2 Abs. 5 ermächtigt die Mitgliedstaaten, auch Unternehmen, die ihre Hauptverwaltung außerhalb des EWR-Raums haben, die Beteiligung an der SE-Gründung zu gestatten. Dieses **Optionsrecht** ist allerdings beschränkt auf Gesellschaften, die nach dem Recht eines Mitgliedstaats gegründet wurden, ihren Sitz in diesem Mitgliedstaat haben und mit der Wirtschaft eines Mitgliedstaats in tatsächlicher und dauerhafter Verbindung stehen.

25 Zur Auslegung des vagen Begriffs der **„tatsächlichen und dauerhaften Verbindung"** sind gem Erwägungsgrund 23 Satz 1 die Grundsätze des allgemeinen Programms zur Aufhebung der Beschränkungen der Niederlassungsfreiheit von 1962[43] heranzuziehen. Nach Satz 2 besteht der erforderliche Nexus jedenfalls dann[44], wenn die Gesellschaft in dem betreffenden Mitgliedstaat eine Niederlassung hat, von der aus sie ihre Geschäfte betreibt. Auch im Übrigen dürfte es maßgeblich auf objektive wirtschaftliche Kriterien, nicht hingegen auf die personelle Struktur der Gesellschaft angekommen[45].

26 Die besagte Verbindung muss nach vorzugswürdiger Auffassung nicht zwingend zum Gründungsstaat der Gesellschaft bestehen[46]; Wortlaut und Systematik der Norm sprechen insbesondere vor dem Hintergrund ihres Bezuges zur Niederlassungsfreiheit

---

39 *Scheifele*, Gründung, S. 82; *Schwarz*, Art. 2 Rz. 100.
40 Vgl. *Blanquet*, ZGR 2002, 20, 38.
41 Vgl. *Schwarz*, Art. 2 Rz. 103 f.; *Kalss* in Kalss/Hügel, Vor § 17 SEG – Gründung der SE Rz. 32.
42 *Bayer* in Lutter/Hommelhoff, Europäische Gesellschaft, S. 25, 29; *Kalss* in Kalss/Hügel, Vor § 17 SEG – Gründung der SE Rz. 34; *Schröder* in Manz/Mayer/Schröder, Art. 3 SE-VO Rz. 1; *Schwarz*, Art. 3 Rz. 6 ff.; *Teichmann*, ZGR 2002, 383, 410.
43 Allgemeines Programm zur Aufhebung der Beschränkungen der Niederlassungsfreiheit, ABl-EG Nr. 2 v. 15.1.1962, S. 36.
44 Wie sich aus der englischen und französischen Textversion ergibt, handelt es sich bei Erwägungsgrund 23 Satz 2 nicht um eine abschließende Definition, sondern lediglich um ein Regelbeispiel, vgl. *Cerioni*, (2004) 25 Co Law 228, 230 f.
45 Vgl. näher *Scheifele*, Gründung, S. 102; *J. Schmidt*, „Deutsche" vs. „britische" SE, S. 151; *Schwarz*, Art. 2 Rz. 114 ff.
46 So aber *Hommelhoff*, AG 2001, 279, 281 Fn. 17; *Neun* in Theisen/Wenz, Europäische Aktiengesellschaft, 57, 69 Fn. 2; *Teichmann*, ZGR 2002, 383, 414.

vielmehr nachdrücklich dafür, dass eine entsprechende Verbindung zu **irgendeinem Mitgliedstaat** genügt[47].

Deutschland hat allerdings – im Gegensatz etwa zu Großbritannien[48] – auf die Aus- 27
übung der Option des Art. 2 Abs. 5 bewusst verzichtet, da hierfür kein praktisches Bedürfnis festgestellt wurde und ein Auseinanderfallen von Satzungssitz und Hauptverwaltung deutschen Unternehmen nach der damals lex lata nicht gestattet war[49]. Im Hinblick auf die bevorstehende gesetzliche Zulassung eines ausländischen Hauptverwaltungssitzes deutscher GmbHs und AGs[50] wird die Entscheidung noch einmal kritisch zu überdenken sein.

IV. Sonderproblem: Die „Vorrats-SE"

Im Kontext der Gründungsvoraussetzungen stellt sich das Spezialproblem, ob und 28
unter welchen Voraussetzungen die Gründung einer SE als Vorratsgesellschaft („**Vorrats-SE**") zulässig ist. Soweit die – ohnehin eher formalen – Gründungsvoraussetzungen des Art. 2 eingehalten werden, dürfte dem jedenfalls **auf Ebene der SE-VO grundsätzlich nichts entgegenstehen**[51].

Über die Verweisungsnorm des **Art. 15 Abs. 1** können sich allerdings u.U. aus dem 29
nationalen Recht des (künftigen) Sitzstaates der SE spezielle Anforderungen und Beschränkungen ergeben. Im Falle der Gründung einer „**deutschen" Vorrats-SE** sind demgemäß prinzipiell die von Rspr. und Lehre entwickelten Grundsätze über die Zulässigkeit von Vorratsgesellschaften anzuwenden. Zulässig ist demnach nur die sog. **offene Vorratsgründung**, bei der als Unternehmensgegenstand die „Verwaltung eigenen Vermögens" angegeben wird[52]. Darüber hinaus dürften für die Gründung einer Vorrats-SE grundsätzlich auch die von der neueren Rechtsprechung entwickelten Regeln über die **wirtschaftliche Neugründung**[53] gelten[54], da diese primär der Sicherung

47 Ebenso i.E. *Fuchs*, Gründung, S. 98; *Scheifele*, Gründung, S. 103 ff.; *J. Schmidt*, „Deutsche" vs. „britische" SE, S. 152 f.; *Schröder* in Manz/Mayer/Schröder, Art. 2 SE-VO Rz. 72 ff.; *Schwarz*, Art. 2 Rz. 116; *Werlauff*, [2003] EBLR 85, 92.
48 Vgl. r. 55 der European Public Limited-Liability Company Regulations 2004 (SI 2004/2326); dazu näher *J. Schmidt*, „Deutsche" vs. „britische" SE, S. 150 ff.
49 Hierzu *Hommelhoff/Teichmann*, SZW 2002, 1, 7; *Neun* in Theisen/Wenz, Europäische Aktiengesellschaft, 57, 69; *Neye/Teichmann*, AG 2003, 169, 170; *Teichmann*, ZGR 2002, 383, 414; *Teichmann*, ZIP 2002, 1109, 1110; *Teichmann* in Theisen/Wenz, Europäische Aktiengesellschaft, S. 691, 700.
50 Vgl. die beabsichtigte Änderung von § 4a GmbHG und § 5 AktG durch Art. 1 Nr. 4, Art. 5 Nr. 1 RegE v. 23.5.2007 zum MoMiG (Gesetz zur Modernisierung des GmbH-Rechts und zur Bekämpfung von Missbräuchen, BR-Drs. 354/07).
51 Ausf. *Schäfer* in MünchKomm. AktG, Art. 16 SE-VO Rz. 12. S. ferner auch AG Düsseldorf v. 16.1.2006 – HRB 52618, ZIP 2006, 287; *Casper*, AG 2007, 97/99; *Casper/Schäfer*, ZIP 2007, 653 ff.; *Kienast* in Jannott/Frodermann, Handbuch Europäische Aktiengesellschaft, § 13 Rz. 210; *Köstler* in Theisen/Wenz, Europäische Aktiengesellschaft, S. 331, 372; *Lange*, EuZW 2003, 301, 302; *Müller-Bonanni/ Melot de Beauregard*, GmbHR 2005, 195, 200; *Oechsler* in MünchKomm. AktG, Art. 2 SE-VO Rz. 1; *Reinhard*, RIW 2006, 68, 69; *Reichert*, Der Konzern 2007, 821, 829 f.; *Seibt*, ZIP 2005, 2248, 2250; *Vossius*, ZIP 2006, 741, 746, 748. Vgl. zur Vorrats-AG *Seibt* in K. Schmidt/Lutter, AktG, § 23 Rz. 39 f.
52 Grundlegend für die AG: BGH v. 16.3.1992 – II ZB 17/91, BGHZ 117, 323; *Hüffer*, § 23 Rz. 26 m.w.N. Ebenso für die SE: *Schäfer* in MünchKomm. AktG, Art. 16 SE-VO Rz. 10. Vgl. auch AG Düsseldorf v. 16.1.2006 – HRB 52618, ZIP 2006, 287.
53 Grundlegend BGH v. 9.12.2002 – II ZB 12/02, BGHZ 153, 158; BGH v. 7.7.2003 – II ZB 4/02, BGHZ 155, 318. Dazu etwa *Lutter/Bayer* in Lutter/Hommelhoff, GmbHG, § 3 Rz. 9 ff. m.w.N.
54 Ebenso *Schäfer* in MünchKomm. AktG, Art. 16 SE-VO Rz. 10; *Seibt*, ZIP 2005, 2248, 2250 f.; s. ferner auch *Köstler* in Theisen/Wenz, Europäische Aktiengesellschaft, S. 331, 374; *Oechsler*, NZG 2005, 697, 701.

des Kapitalgrundlagen dienen und für die Kapitalaufbringung und -erhaltung gem. Art. 15 Abs. 1 (im Gründungsstadium) bzw. Art. 5 (für die eingetragene SE) das Recht des Sitzstaates gilt. Die wirtschaftliche Neugründung ist daher ggü. dem Registergericht **offen zu legen**; das Leitungsorgan bzw. die geschäftsführenden Direktoren haben die Versicherung nach § 37 Abs. 1 Satz 1 AktG abzugeben und das Registergericht hat zu prüfen, ob das satzungsmäßige **Grundkapital gedeckt** ist. Ferner haften die Gründer ggf. für eine etwaige Unterbilanz. Problematisch ist allerdings, ob die Verwaltungsorgane der SE auch eine Handelndenhaftung treffen kann, da diese bei der SE in Art. 16 Abs. 2 einheitlich auf Verordnungsebene normiert ist. Konsequenterweise müsste man **Art. 16 Abs. 2** insofern **analog** anwenden[55]. Ob dies so auch vom EuGH gebilligt würde, ist allerdings gegenwärtig völlig offen.

30 Problematisch ist die Vorratsgründung aber vor allem auch im Hinblick auf die **Mitbestimmung der Arbeitnehmer**. Dabei ist zunächst fraglich, ob hier im Rahmen der Gründung überhaupt ein Verhandlungsverfahren durchzuführen ist, wenn die Vorrats-SE (wie dies typischerweise der Fall sein wird) zunächst keine Arbeitnehmer beschäftigt. Nach ganz überwiegender Ansicht ist jedoch aufgrund des klaren und eindeutigen Wortlauts des Art. 12 Abs. 2 die Durchführung eines **Beteiligungsverfahrens** gleichwohl **prinzipiell erforderlich**[56]; eine Ausnahme wird nur für den Sonderfall gemacht, dass auch die Gründungsgesellschaften keine Arbeitnehmer beschäftigen und somit gar kein Verhandlungspartner existiert[57]. Die Mitbestimmungsproblematik wird aber nicht nur im Zusammenhang mit der erstmaligen Eintragung relevant, sondern stellt sich erneut, wenn die Vorrats-SE später aktiviert wird und dann auch Arbeitnehmer beschäftigt. Hier wird im Schrifttum teilweise gefordert, das Beteiligungsverfahren **analog § 18 Abs. 3 SEBG** nachzuholen bzw. erneut durchzuführen, sobald die ursprüngliche Vorrats-SE effektiv unternehmerisch tätig wird[58]. Ob die wirtschaftliche Neugründung wertungsmäßig tatsächlich stets und generell den in dieser Norm vorausgesetzten „strukturellen Änderungen" gleichzusetzen ist, lässt sich indes durchaus bezweifeln[59].

---

55 So auch *Casper/Schäfer*, ZIP 2007, 653, 657 f.; *Schäfer* in MünchKomm. AktG, Art. 16 SE-VO Rz. 11.

56 AG Hamburg v. 28.6.2005 – 66 AR 76/05, ZIP 2005, 2017, bestätigt durch LG Hamburg, v. 30.9.2005 – 417 T 15/05, RIW 2006, 68 (mit ablehnender Anmerkung *Reinhard*); zustimmend jedoch *Blanke*, ZIP 2006, 789, 790 ff.; *Casper/Schäfer*, ZIP 2007, 653; *Freudenberg*, AG 2006, R125; *Frodermann/Jannott*, ZIP 2005, 2251; *Kienast* in Jannott/Frodermann, Handbuch Europäische Aktiengesellschaft, § 13 Rz. 211; *Noack*, EWiR 2005, 905, 906; *Seibt*, ZIP 2005, 2248, 2250.

57 AG Düsseldorf v. 16.1.2006 – HRB 52618, ZIP 2006, 287; AG München v. 29.3.2006 – HRB 159649, ZIP 2006, 1300; *Frodermann/Jannott*, ZIP 2005, 2251; *Henssler*, RdA 2005, 330, 334; *Kienast* in Jannott/Frodermann, Handbuch Europäische Aktiengesellschaft, § 13 Rz. 212; *Noack*, EWiR 2005, 905, 906; *Seibt*, ZIP 2005, 2248, 2250; *Startz*, ZIP 2006, 1301; *Wicke*, MittBayNot 2006, 196, 202; vgl. ferner *Casper/Schäfer*, ZIP 2007, 653; *Reichert*, Der Konzern 2007, 821, 829 f. Anders jedoch *Blanke*, ZIP 2006, 789, 790 ff.

58 So *Köstler* in Theisen/Wenz, Europäische Aktiengesellschaft, S. 331, 374; *Schäfer* in MünchKomm. AktG, Art. 16 Rz. 13. Ebenso (allerdings nur, wenn die wirtschaftliche Neugründung mit korporativen Akten von ganz erheblichem Gewicht verbunden ist) auch *Seibt*, ZIP 2005, 2248, 2250; ähnlich auch *Noack*, EWiR 2005, 905, 906. Vgl. ferner *Reinhard*, RIW 2006, 68, 70 (erstmalige Einstellung von Arbeitnehmern als strukturelle Änderung).

59 Für eine grundsätzlich sehr restriktive Anwendung des § 18 Abs. 3 SEBG: *Grobys*, NZA 2005, 84, 91; *Kienast* in Jannott/Frodermann, Handbuch Europäische Aktiengesellschaft, § 3 Rz. 191 ff.; *Wollburg/Banerjea*, ZIP 2005, 277, 278 ff. Zurückhaltend speziell im Hinblick auf die wirtschaftliche Neugründung auch *Casper/Schäfer*, ZIP 2007, 653, 658 ff.; *Noack*, EWiR 2005, 905, 906; *Seibt*, ZIP 2005, 2248, 2250.

Art. 3
[SE als Gründerin]

(1) Die SE gilt als Aktiengesellschaft, die zum Zwecke der Anwendung des Artikels 2 Absätze 1, 2 und 3 dem Recht des Sitzmitgliedstaats unterliegt.

(2) Eine SE kann selbst eine oder mehrere Tochtergesellschaften in Form einer SE gründen. Bestimmungen des Sitzmitgliedstaats der Tochter-SE, gemäß denen eine Aktiengesellschaft mehr als einen Aktionär haben muss, gelten nicht für die Tochter-SE. Die einzelstaatlichen Bestimmungen, die aufgrund der Zwölften Richtlinie 89/667/EWG des Rates vom 21. Dezember 1989 auf dem Gebiet des Gesellschaftsrechts betreffend Gesellschaften mit beschränkter Haftung mit einem einzigen Gesellschafter (5) angenommen wurden, gelten sinngemäß für die SE.

Literatur: *Engert*, Der international-privatrechtliche Anwendungsbereich des Rechts der Europäischen Aktiengesellschaft, ZVglRWiss 104 (2005) 444; *Heckschen*, Die Europäische AG aus notarieller Sicht, DNotZ 2003, 251; *Hirte*, Die Europäische Aktiengesellschaft, NZG 2002, 1; *Hirte* Die Europäische Aktiengesellschaft – ein Überblick nach Inkrafttreten der deutschen Ausführungsgesetzgebung, DStR 2005, 653 und 700; *Hommelhoff*, Gesellschaftsrechtliche Fragen im Entwurf eines SE-Statuts, AG 1990, 422; *Hommelhoff*, Einige Bemerkungen zur Organisationsverfassung der Europäischen Aktiengesellschaft, AG 2001, 279; *Hommelhoff/Teichmann*, Die Europäische Aktiengesellschaft – das Flaggschiff läuft vom Stapel, SZW 2002, 1; *Kallmeyer*, Europa-AG: Strategische Optionen für deutsche Unternehmen, AG 2003, 197; *Kalss*, Gründung und Sitzverlegung der SE, in Societas Europaea. Grundfragen des Aktienrechts am Beginn des 21. Jahrhunderts, Univ.-Prof. Dr. Peter Doralt zum 65. Geburtstag, GesRZ 2004, Sonderheft, 24; *Kalss/Zollner*, Der Weg aus der SE, RdW 2004, 587; *Kloster*, Societas Europaea und europäische Unternehmenszusammenschlüsse, EuZW 2003, 293; *Oplustil/Schneider*, M., Zur Stellung der Europäischen Aktiengesellschaft im Umwandlungsrecht, NZG 2003, 13; *Schlüter*, Die EWIV: Modellfall für ein europäisches Gesellschaftsrecht?, EuZW 2002, 589; *Thoma/Leuering*, Die Europäische Aktiengesellschaft – Societas Europaea, NJW 2002, 1449; *Vossius*, Gründung und Umwandlung der deutschen Europäischen Gesellschaft (SE), ZIP 2005, 741.

I. Normzweck

Die Vorschrift regelt die **Beteiligung einer bereits bestehenden SE** an der Gründung 1 einer neuen SE. Während allerdings Art. 3 Abs. 2 eine eigenständige Gründungsform darstellt (sog. sekundäre SE-Gründung: dazu Art. 2 Rz. 1, 3), wird eine SE in Art. 3 Abs. 1 lediglich fiktiv einer AG nationalen Rechts gleichgestellt, um auf diese Weise der SE den Zugang zu den Gründungsformen nach Art. 2 Abs. 1–3 zu eröffnen[1]. Die

---

1 Ähnlich *Schwarz*, Art. 3 Rz. 1; *J. Schmidt*, „Deutsche" vs. „britische" SE, S. 380 f.; *Schröder* in Manz/Mayer/Schröder, Art. 3 SE-VO Rz. 1. Vgl. ferner *Oechsler* in MünchKomm. AktG, Art. 3 Rz. 3.

Umwandlung einer SE in eine neue SE nach Art. 2 Abs. 4 ist hingegen nicht vorgesehen.

2   Nicht in Art. 3 geregelt, aber nicht generell ausgeschlossen, ist die **Umwandlung einer SE in eine Gesellschaftsform des nationalen Rechts**; sie richtet sich allgemein nach Art. 9 Abs. 1c nach dem Sitzstaatrecht der SE[2] und ist speziell für die (Rück-)Umwandlung in eine AG in Art. 66 geregelt[3]. Eine SE mit Sitz in Deutschland kann daher Umwandlungsmaßnahmen – d.h. Verschmelzung, Spaltung, Vermögensübertragung und Formwechsel – nach dem UmwG durchführen[4]. Entgegen einer verbreiteten Auffassung[5] ist auch ein Formwechsel in eine andere Rechtsform als eine AG zulässig[6]; in diesem Fall sind allerdings die Vorschriften über das Umwandlungsverfahren in Art. 66[7] sowie speziell die Zwei-Jahres-Frist[8] analog anzuwenden (ausf. Art. 66 Rz. 7 ff., 9).

II. Beteiligung einer SE an primären SE-Gründungen (Art. 3 Abs. 1)

3   Kraft gesetzlicher Fiktion ist eine bestehende SE „zum Zwecke der Anwendung des Art. 2 Absätze 1, 2 und 3" der nationalen AG des Sitzstaatrechts in jeder Hinsicht gleichgestellt. Eine SE kann daher[9]

---

2 Vgl. *Engert*, ZVglRWiss 104 (2005), 444, 459 f.; *Heckschen* in Widmann/Mayer, Anhang 14 Rz. 524; *Oplustil/M. Schneider*, NZG 2003, 13, 16 ff.; *Marsch-Barner* in Kallmeyer, UmwG, Anhang Rz. 8 ff.; *Schröder* in Manz/Mayer/Schröder, Art. 66 SE-VO Rz. 9; *Schwarz*, Art. 3 Rz. 1, 33; *Vossius*, ZIP 2005, 741, 748 f. S. ferner auch *Oechsler* in MünchKomm. AktG, Art. 3 SE-VO Rz. 7.

3 Vgl. zu den Umwandlungsmöglichkeiten im Einzelnen: *Engert*, ZVglRWiss 104 (2005), 444, 459 f.; *Heckschen* in Widmann/Mayer, Anhang 14 Rz. 524 ff.; *Lutter/Drygala* in Lutter, UmwG, § 3 Rz. 14; *Marsch-Barner* in Kallmeyer, UmwG, Anhang Rz. 5 ff.; *Marsch-Barner* in FS Happ 2006, S. 165, 173 ff.; *Oechsler* in MünchKomm. AktG, Vor Art. 1 SE-VO Rz. 17 ff.; *Oplustil/M. Schneider*, NZG 2003, 13 ff.; *Schwarz*, Art. 3 Rz. 33 ff.; *A. Teichmann* in Lutter, UmwG, § 124 Rz. 5 ff.; *Veil* in Jannott/Frodermann, Handbuch Europäische Aktiengesellschaft, § 10 Rz. 19 f., 45 ff.; *Vossius* in Widmann/Mayer, § 20 UmwG Rz. 423 ff.; *Vossius*, ZIP 2005, 741, 748 f.; s. für Österreich auch *Kalss* in Kalss/Hügel, Vor § 17 SEG – Gründung der SE, Rz. 38 ff.; *Kalss/Zollner*, RdW 2004, 587, 588 f.

4 Vgl. *Engert*, ZVglRWiss 104 (2005), 444, 459 f.; *Marsch-Barner* in Kallmeyer, UmwG, Anhang Rz. 15; *Marsch-Barner* in FS Happ, 2006, S. 165, 173 ff.; *Schröder* in Manz/Mayer/Schröder, Art. 66 SE-VO Rz. 7 ff.; *Schwarz*, Art. 2 Rz. 34 ff.; *Veil* in Jannott/Frodermann, Handbuch Europäische Aktiengesellschaft, § 10 Rz. 22; *Vossius*, ZIP 2005, 741, 748 f.

5 Für eine Beschränkung der Rückumwandlung einer SE nur auf eine AG: *Kalss* in Kalss/Hügel, Vor § 17 SEG – Gründung der SE Rz. 45 f.; *Kalss*, GesRZ 2004, Sonderheft, 24, 26 f.; *Kalss/Zollner*, RdW 2004, 587, 588 f.; *Schäfer* in MünchKomm. AktG, Art. 66 SE-VO Rz. 14; *Veil* in Jannott/Frodermann, Handbuch Europäische Aktiengesellschaft, § 10 Rz. 20; *Vossius*, ZIP 2005, 741, 748.

6 Ebenso *Engert*, ZVglRWiss 104 (2005), 444, 459; *Heckschen* in Widmann/Mayer, Anhang 14 Rz. 520 f.; *Marsch-Barner* in FS Happ, 2006, S. 165, 177; *Oplustil/M. Schneider*, NZG 2003, 13, 16; *Schröder* in Manz/Mayer/Schröder, Art. 66 SE-VO Rz. 9; *Schwarz*, Art. 66 Rz. 31.

7 Ebenso *Marsch-Barner* in FS Happ, 2006, S. 165, 177; *Oplustil/M. Schneider*, NZG 2003, 13, 16; *Schwarz*, Art. 66 Rz. 31; a.A. *Heckschen* in Widmann/Mayer, Anhang 14 Rz. 521.

8 Ebenso *Engert*, ZVglRWiss 104 (2005) 444, 459; *Marsch-Barner* in FS Happ, 2006, S. 165, 177; *Oechsler* in MünchKomm. AktG, Vor Art. 1 SE-VO Rz. 18, Art. 3 Rz. 8; *Oplustil/M. Schneider*, NZG 2003, 13, 16; *Schröder* in Manz/Mayer/Schröder, Art. 66 SE-VO Rz. 9; *Schwarz*, Art. 66 Rz. 31; a.A. *Heckschen* in Widmann/Mayer, Anhang 14 Rz. 521.

9 Dazu allgemein *Kalss* in Kalss/Hügel, Vor § 17 SEG – Gründung der SE Rz. 34; *Scheifele*, Gründung, S. 433; *Schwarz*, Art. 3 Rz. 15 ff.; *Schröder* in Manz/Mayer/Schröder, Art. 3 SE-VO.

– sowohl mit einer AG (unstreitig) als auch mit einer anderen SE[10] eine neue SE im Wege der Verschmelzung gründen (Art. 2 Abs. 1), wobei die SE nach zutreffender, wenngleich bestrittener Auffassung sowohl übertragender als auch übernehmender Rechtsträger sein kann[11],

– mit einer AG, einer anderen SE oder einer GmbH eine gemeinsame Holding-SE gründen (Art. 2 Abs. 2),

– oder mit einer anderen Gesellschaft eine gemeinsame Tochter-SE gründen (Art. 2 Abs. 3).

Im Hinblick auf die **allgemeinen Gründungsvoraussetzungen** des Art. 2 Abs. 1–3 gilt: 4
Generell hat jede SE gem. Art. 7 und 8 ihren Satzungssitz und ihre Hauptverwaltung in der Gemeinschaft und erfüllt damit stets diese Zugangsvoraussetzung (dazu Art. 2 Rz. 10, 14, 20, 22)[12]. Auf das weitere Erfordernis der **Mehrstaatlichkeit** (Art. 2 Rz. 11, 15, 20, 22) kann dagegen im Hinblick auf die beteiligte SE **verzichtet** werden, auch wenn dies – anders als in den Entwürfen von 1989 und 1991[13] – nicht explizit formuliert wurde. Denn da die ratio des Mehrstaatlichkeitserfordernisses bereits durch den europäischen Charakter der SE erfüllt ist, ist Art. 2 insoweit teleologisch zu reduzieren[14].

Im Übrigen richtet sich das **Gründungsverfahren** auch hinsichtlich der beteiligten SE   5
nach Art. 15 Abs. 1 (anwendbares Recht), Art. 17 ff. (Verschmelzungs-SE), Art. 32 ff. (Holding-SE) bzw. Art. 35, 36 (Tochter-SE)[15].

III. Sekundäre SE-Gründung (Art. 3 Abs. 2)

1. Privilegierungen gegenüber der Errichtung einer gemeinsamen Tochter-SE

Gegenüber der Errichtung einer Tochter-SE im Rahmen der primären SE-Gründung   6
gem. Art. 2 Abs. 3 (dazu oben Art. 2 Rz. 19 f.) enthält die Errichtung einer Tochter-SE durch eine bereits bestehende SE im Rahmen der sekundären SE-Gründung Besonderheiten, speziell verschiedene Privilegierungen:

a) Errichtung einer 100%igen Tochter-SE

Eine bereits bestehende SE kann ohne die Beteiligung eines weiteren Rechtsträgers   7
eine Tochter-SE errichten. Eine solche **Einpersonengründung** ist bei keiner anderen Gründungsform möglich. Entgegenstehende Bestimmungen im nationalen Sitzstaat-

---

10 Wie hier *Schröder* in Manz/Mayer/Schröder, Art. 3 SE-VO Rz. 1; *Schwarz*, Art. 3 Rz. 16; a.A. *Kallmeyer*, AG 2003, 197, 199.
11 Wie hier *Kalss* in Kalss/Hügel, Vor § 17 SEG – Gründung der SE Rz. 13; *Marsch-Barner* in FS Happ, 2006, S. 165, 173; *Schwarz*, Art. 3 Rz. 15. Nur übertragender Rechtsträger: *Jannott* in Jannott/Frodermann, Handbuch, § 3 Rz. 6 sowie offenbar auch *Oplustil/M. Schneider*, NZG 2003, 13, 16. Vgl. zur kontrovers diskutierten Frage des Verhältnisses von SE-VO und 10. RL: *Bayer/J. Schmidt*, NJW 2006, 401; *Drinhausen/Keinath*, BB 2006, 725, 726; *Louven*, ZIP 2006, 2021, 2024; *H.-F. Müller*, NZG 2006, 286, 287; *H.-F. Müller*, ZIP 2004, 1790, 1792; *H.-F. Müller*, ZIP 2007, 1081, 1082; *Oechsler*, NZG 2006, 161, 162; *Ratka/Rauter*, GesRZ 2006, 55, 63 f.; *Reichert*, Der Konzern 2006, 821, 834; *Winter*, Der Konzern 2007, 24, 27.
12 Ähnlich *Schwarz*, Art. 3 Rz. 9.
13 Vgl. Art. 131 f. SE-VOE 1989 und Art. 132 SE-VOE 1991.
14 Zutreffend *Schwarz*, Art. 3 Rz. 10 f. m. ausf. Begr. und Bezugnahme auf *Scheifele*, Gründung, S. 435 f.; a.A. *Heckschen* in Widmann/Mayer, UmwG, Anhang 14 Rz. 522; *Jannott* in Jannott/Frodermann, Handbuch Europäische Aktiengesellschaft, § 3 Rz. 7; *Schröder* in Manz/Mayer/Schröder, Art. 3 SE-VO Rz. 3 ff. sowie offenbar auch *Hommelhoff*, AG 2001, 279, 281.
15 *Scheifele*, Gründung, S. 436; *Schröder* in Manz/Mayer/Schröder, Art. 3 SE-VO Rz. 7; *Schwarz*, Art. 3 Rz. 12.

recht[16] gelten nach der ausdrücklichen Anordnung in Art. 3 Abs. 2 Satz 2 nicht für die Tochter-SE.

8 **Voraussetzung** für Anwendung des Art. 3 Abs. 2 ist aber auch, dass die SE alleinige Gründerin der Tochter-SE ist. Ein Hinzutreten weiterer Gründer ist im Rahmen der sekundären SE-Gründung also nicht möglich[17]. Sollen weitere Gründungsgesellschafter beteiligt werden, dann geht dies nur im primären Gründungsverfahren gem. Art. 2 Abs. 3 unter Einhaltung der dortigen Voraussetzungen (dazu Art. 2 Rz. 19 f.). Das gleiche Ergebnis lässt sich indes dadurch erreichen, dass die Mutter-SE – nach erfolgter Errichtung gem. Art. 3 Abs. 2 – Anteile der neuen Tochter-SE an die anderen „Gründer" überträgt[18].

9 Art. 3 Abs. 2 Satz 3 erklärt im Übrigen die einzelstaatlichen Bestimmungen aus der Umsetzung der **12. Richtlinie**[19] für **sinngemäß anwendbar auf die SE**. Dies bedeutet: Sofern das Sitzstaatrecht der (künftigen) SE Einpersonen-AGs verbietet, gelten für die Einpersonen-SE die Umsetzungsvorschriften zur 12. RL, allerdings eben nur „sinngemäß", da die 12. RL in ihrem genuinen Anwendungsbereich lediglich GmbHs betrifft[20].

b) Keine Mehrstaatlichkeit

10 Auf das Gründungserfordernis der **Mehrstaatlichkeit** (dazu Art. 2 Rz. 11, 15, 20, 22) wurde im Rahmen der sekundären SE-Gründung ausdrücklich verzichtet[21]. Dem VO-Geber war es vielmehr ausreichend, dass dem Mehrstaatlichkeitserfordernis bereits bei der Gründung der Mutter-SE Rechnung getragen wurde[22].

2. Gründungsverfahren

a) Allgemein

11 Im Schrifttum wird zuweilen der Eindruck erweckt, dass sich das Verfahren der sekundären SE-Gründung ausschließlich nach dem Recht des geplanten Sitzstaats der Tochter-SE richte[23]. Dies würde indes zu absurden Ergebnissen führen, denn damit

---

16 So z.B. im britischen Recht, vgl. s. 1(1), (3A) und s. 24 CA 1985. Das Verbot der Ein-Personen-PLC wird allerdings im Zuge der anstehenden Gesellschaftsrechtsreform abgeschafft werden, vgl. s. 7(1) Companies Act 2006; dazu näher *J. Schmidt,* „Deutsche" vs. „britische" SE, S. 379.

17 Wie hier *Hügel* in Kalss/Hügel, Vor § 17 SEG Art. 15 Rz. 4; *Jannott* in Jannott/Frodermann, Handbuch Europäische Aktiengesellschaft, § 3 Rz. 26; *Schröder* in Manz/Mayer/Schröder, Art. 3 SE-VO Rz. 18; *Schwarz,* Art. 3 Rz. 22; *Kallmeyer,* AG 2003, 197, 199; anders aber möglicherweise *Hommelhoff,* AG 2001, 279, 280; *Schlüter,* EuZW 2002, 589, 590.

18 Vgl. *Scheifele,* Gründung, S. 439; *Schröder* in Manz/Mayer/Schröder, Art. 3 SE-VO Rz. 18; *Schwarz,* Art. 3 Rz. 22; ferner auch schon *Hommelhoff,* AG 1990, 422, 423 (zum SE-VOE 1989).

19 Zwölfte Richtlinie 89/667/EWG des Rates vom 21. Dezember 1989 auf dem Gebiet des Gesellschaftsrechts betreffend Gesellschaften mit beschränkter Haftung mit einem einzigen Gesellschafter, ABl.EG Nr. L 395 v. 30.12.1989, S. 40.

20 Vgl. *Scheifele,* Gründung, S. 439; *J. Schmidt,* „Deutsche" vs. „britische" SE, S. 379; *Schröder* in Manz/Mayer/Schröder, Art. 3 SE-VO Rz. 22; *Schwarz,* Art. 3 Rz. 23.

21 Vgl. *Jannott* in Jannott/Frodermann, Handbuch Europäische Aktiengesellschaft, § 3 Rz. 27; *Scheifele,* Gründung, S. 438 f.; *Schindler,* Europäische Aktiengesellschaft, S. 40; *J. Schmidt,* „Deutsche" vs. „britische" SE, S. 378; *Schröder* in Manz/Mayer/Schröder, Art. 3 SE-VO Rz. 17; *Schwarz,* Art. 3 Rz. 21; *Thümmel,* Europäische Aktiengesellschaft, Rz. 131.

22 Begr. Kommission zur SE-VOE 1989, BT-Drucks. 11/5427, S. 8.

23 Zumindest missverständlich insofern etwa *Heckschen,* DNotZ 2003, 251, 264; *Jannott* in Jannott/Frodermann, Handbuch Europäische Aktiengesellschaft, § 3 Rz. 269; *Thümmel,* Europäische Aktiengesellschaft, Rz. 132. Bzgl. der Parallelvorschrift im SE-VOE 1991 wurde diese Ansicht sogar explizit vertreten, vgl. etwa *Hemmelrath* in Schwappach, EU-Rechtshandbuch für die Wirtschaft, 2. Aufl. 1996, § 35 Rz. 70.

würde z.B. im Falle der Gründung einer Tochter-SE mit Sitz in Frankreich auch für die Verfahrensschritte, die noch ausschließlich der z.B. „deutschen" Mutter-SE zuzurechnen sind, französisches Recht (!) gelten. Richtigerweise ist daher auch im Bezug auf die sekundäre SE-Gründung – ebenso wie bei den primären Gründungsvarianten[24] – strikt zu differenzieren zwischen den Verfahrensschritten, die noch der **Sphäre** der (hier nur einen) Gründungsgesellschaft (d.h. der **Mutter-SE**) zuzurechnen sind und den Verfahrensschritten, die bereits die **Sphäre der** künftigen **(Tochter-)SE** betreffen; auch hier gilt also der Grundsatz der **Sphärentrennung**[25].

Für diejenigen Verfahrensschritte, die noch der **Sphäre der Mutter-SE** zuzurechnen   12 sind, gilt **deren „nationales" Recht** – wobei hiermit freilich das sich (kraft der Verweisungen der SE-VO) aus dem Zusammenspiel von SE-Recht und dem nationalen Recht des Sitzstaates ergebende Recht gemeint ist[26].[27] Dies ergibt sich aus **Art. 36**, der nach zutreffender Auffassung nicht nur für die primäre Gründung einer gemeinsamen Tochter-SE[28], sondern auch für die sekundäre Gründung einer Tochter-SE gilt[29] (s. auch Art. 36 Rz. 2). Der 4. Abschnitt des Titel II umfasst nämlich – wie sich auch aus der allgemeinen Überschrift „Gründung einer Tochter-SE" ergibt[30] – in seinem Regelungsbereich grundsätzlich sowohl die primäre (vgl. deklaratorisch Art. 35, s. Art. 35 Rz. 1) als auch die sekundäre Gründung einer Tochter-SE[31]. Der Unterschied zwischen den beiden Varianten der Tochter-Gründung ist lediglich, dass Art. 3 Abs. 2 – insofern als lex specialis zu Art. 2 Abs. 3[32] – einer bereits bestehenden SE das Exklusivrecht auf unilaterale Gründung einer Tochter-SE (s. oben Rz. 7) einräumt[33].

Das eigentliche Gründungsverfahren, d.h. diejenigen Verfahrensschritte, die bereits   13 die **Sphäre der künftigen Tochter-SE** betreffen, richtet sich kraft der für alle Gründungstatbestände geltenden partiellen Generalverweisung des **Art. 15 Abs. 1** (ausf. dazu Art. 15 Rz. 4 ff.) nach dem **Recht des geplanten Sitzstaats der Tochter-SE**[34]. Soweit dagegen im Schrifttum für die Anwendung des Sitzstaatsrechts der Tochter-SE als dogmatische Grundlage Art. 3 Abs. 1 herangezogen wird[35], vermag dies schon deshalb nicht zu überzeugen, weil es sich bei dieser Norm überhaupt nicht um eine Ver-

---

24 Vgl. allgemein Art. 15 Rz. 7 sowie speziell Art. 18 Rz. 3 (Verschmelzung), Art. 32 Rz. 4 ff. (Holding) und Art. 36 Rz. 8 (gemeinsame Tochter-SE).

25 Ebenso dezidiert *Scheifele*, Gründung, S. 440; *J. Schmidt*, „Deutsche" vs. „britische" SE, S. 380; i.E. ferner auch *Hommelhoff/Teichmann*, SZW 2002, 1, 10 (speziell Fn. 53); *Kalss* in Kalss/Hügel, Vor § 17 SEG – Gründung der SE Rz. 37; *Schwarz*, Art. 3 Rz. 25 ff.

26 Vgl. *J. Schmidt*, „Deutsche" vs. britische" SE, S. 380 Fn. 1557.

27 Ebenso i.E. *Heckschen* in Widmann/Mayer, Anhang 14 Rz. 399, 404; *Hommelhoff/Teichmann*, SZW 2002, 1, 10 Fn. 53; *Kalss* in Kalss/Hügel, Vor § 17 SEG – Gründung der SE Rz. 37; *Kloster*, EuZW 2003, 25, 296; *Scheifele*, Gründung, S. 440 f.; *J. Schmidt*, „Deutsche" vs. britische" SE, S. 380; *Schwarz*, Art. 3 Rz. 25.

28 So jedoch explizit *Scheifele*, Gründung, S. 385; *Schwarz*, Art. 35 Rz. 1.

29 Wie hier *Heckschen* in Widmann/Mayer, Anhang 14 Rz. 399, 404; *Hommelhoff/Teichmann*, SZW 2002, 1, 10 Fn. 53; *Kalss* in Kalss/Hügel, Vor § 17 SEG – Gründung der SE Rz. 37; *Kloster*, EuZW 2003, 295, 296; *J. Schmidt*, „Deutsche" vs. britische" SE, S. 380.

30 Im SE-VOE 1991 hatte es dagegen noch explizit „Gründung einer *gemeinsamen* Tochter-SE" geheißen.

31 Vgl. *J. Schmidt*, „Deutsche" vs. „britische" SE, S. 380.

32 Vgl. zur Notwendigkeit einer Beteiligung von mindestens zwei Rechtsträgern bei der Gründung einer gemeinsamen Tochter-SE Art. 35 Rz. 3.

33 *J. Schmidt*, „Deutsche" vs. „britische" SE, S. 380; vgl. auch *Schröder* in Manz/Mayer/Schröder, Art. 3 SE-VO Rz. 15.

34 Ebenso *Scheifele*, Gründung, S. 441; *J. Schmidt*, „Deutsche" vs. „britische" SE, S. 380; *Schwarz*, Art. 3 Rz. 26.

35 So *Heckschen* in Widmann/Mayer, Anhang 14 Rz. 399, 404; *Hommelhoff/Teichmann*, SZW 2002, 1, 10 Fn. 53; *Kalss* in Kalss/Hügel, Vor § 17 SEG – Gründung der SE Rz. 37.

weisung, sondern um eine die Gründungstatbestände der Art. 2 Abs. 1–3 modifizierende Fiktion handelt (vgl. oben Rz. 1, 3)

b) Vorgelagertes Verfahren in einer „deutschen" Mutter-SE

14   Für das der eigentlichen Gründung vorgelagerte Verfahren in einer „deutschen" Mutter SE gilt gem. Art. 36 (ausf. oben Rz. 12) **„deutsches" SE-Recht**, d.h. primär die SE-VO sowie ergänzend das SEEG und deutsches Aktienrecht (vgl. Art. 9 Abs. 1, dazu ausf. Art. 9 Rz. 34 ff.). Ebenso wie bei der Beteiligung einer deutschen AG an der Gründung einer gemeinsamen Tochter-SE (dazu ausf. Art. 36 Rz. 10) kann daher auch hier via Art. 52 Satz 2 Alt. 1 i.V.m. den Grundsätzen der **„Holzmüller"/„Gelatine"-Rechtsprechung**[36] eine Zustimmung der Hauptversammlung notwendig sein[37].

c) Gründung einer sekundären Tochter-SE mit Sitz in Deutschland

15   Soll die Tochter-SE ihren Sitz in Deutschland haben, so gelten für das eigentliche Gründungsverfahren, d.h. diejenigen Verfahrensschritte, die bereits die Sphäre der (künftigen) Tochter-SE betreffen, gem. **Art. 15 Abs. 1** (s. ausf. oben Rz. 13) die allgemeinen **Vorschriften des deutschen Rechts über die Gründung einer Aktiengesellschaft**, also die §§ 23 ff. AktG. Bzgl. der Einzelheiten des Verfahrensablaufs sei insoweit auf die Ausführungen zur primären Gründung einer gemeinsamen Tochter-SE mit Sitz in Deutschland (*Bayer*, Art. 36 Rz. 15 ff.) verwiesen, die im Wesentlichen mutatis mutandis auch für die sekundäre Gründung einer SE mit Sitz in Deutschland gelten.

16   Anders als die primäre Gründung einer gemeinsamen Tochter-SE (dazu *Bayer*, Art. 36 Rz. 17) kann die sekundäre Gründung einer Tochter-SE mit Sitz in Deutschland aber nicht nur im Wege der Bar- oder Sachgründung (Art. 15 Abs. 1 i.V.m. §§ 23 ff. AktG) erfolgen, sondern **auch** im Wege der **Ausgliederung** nach dem Umwandlungsgesetz (Art. 15 Abs. 1 i.V.m. § 123 Abs. 3 Nr. 2 UmwG)[38]. Der restriktiven Sichtweise, wonach die sekundäre SE-Gründung nur mittels Aktienzeichnung und anschließender Leistung einer Bar- oder Sacheinlage erfolgen könne[39], ist nicht zu folgen. Vielmehr kommt für eine SE mit Sitz in Deutschland über Art. 15 Abs. 1 generell das für deutsche Aktiengesellschaften maßgebliche Recht zur Anwendung, soweit die SE-VO keine abweichende Regelung enthält. Anders als die primäre Gründungsform des Art. 2 Abs. 3 (dazu *Bayer*, Art. 2 Rz. 19 f., Art. 36 Rz. 17) enthält Art. 3 Abs. 2 für die sekundäre SE-Gründung eine solche Beschränkung indes nicht. Ebensowenig steht der numerus clausus des § 1 UmwG entgegen; denn eine deutsche SE gilt gem.

---

36   BGH v. 25.2.1982 – II ZR 174/80, BGHZ 83, 319 – „Holzmüller"; BGH v. 26.4.2004 – II ZR 154/02, NZG 2004, 575 – „Gelatine I"; BGH v. 26.4.2004 – II ZR 155/02, BGHZ 159, 30 – „Gelatine II".

37   *Heckschen* in Widmann/Mayer, Anhang 14 Rz. 406; *Scheifele*, Gründung, S. 444; *J. Schmidt*, „Deutsche" vs. „britische" SE, S. 381; *Schröder* in Manz/Mayer/Schröder, Art. 3 SE-VO Rz. 26 ff.; *Schwarz*, Art. 3 Rz. 31, Art. 6 Rz. 9; *Thümmel*, Europäische Aktiengesellschaft, Rz. 133.

38   Wie hier *Casper*, AG 2007, 97, 104; *Kalss* in Kalss/Hügel, Vor § 17 SEG – Gründung der SE Rz. 40; *Kloster*, EuZW 2003, 293, 296; *Marsch-Barner* in Kallmeyer, UmwG, Anhang Rz. 4, 10; *J. Schmidt*, „Deutsche" vs. „britische" SE, S. 382; *Schröder* in Manz/Mayer/Schröder, Art. 36 SE-VO Rz. 16; *Schwarz*, Art. 3 Rz. 29 f.; *A. Teichmann* in Lutter, UmwG, § 124 Rz. 7; ausf. *Scheifele*, Gründung, S. 438, 442 f.; vgl. bereits *Bayer* in Lutter/Hommelhoff, Europäische Gesellschaft, S. 25, 27. I.E. wohl auch *Oechsler* in MünchKomm. AktG, Art. 3 SE-VO Rz. 4, 7.

39   So *Hirte*, NZG 2002, 1, 4, 10; *Hirte*, DStR 2005, 700, 704; *Jannott* in Jannott/Frodermann, Handbuch Europäische Aktiengesellschaft, § 3 Rz. 24; vgl. auch *Schindler*, Europäische Aktiengesellschaft, S. 40; *Thoma/Leuering*, NJW 2002, 1449, 1451 Fn. 33.

Art. 10 als deutsche AG und kann folglich nach den Vorschriften über die AG-Umwandlung auch Ausgliederungen nach § 123 UmwG vornehmen[40].

IV. Ergänzende Anwendung des AktG

Vgl. zur „Holzmüller"/„Gelatine"-Rechtsprechung *Spindler* in K. Schmidt/Lutter, 17
AktG, § 119 Rz. 26 ff.
Ausführlich zum Ablauf der Gründung einer AG gem. §§ 23 ff. AktG *Seibt* in
K. Schmidt/Lutter, AktG, § 23 Rz. 1, 11 ff.

Art. 4
[Mindestkapital]

(1) Das Kapital der SE lautet auf Euro.

(2) Das gezeichnete Kapital muss mindestens 120.000 Euro betragen.

(3) Die Rechtsvorschriften eines Mitgliedstaats, die ein höheres gezeichnetes Kapital für Gesellschaften vorsehen, die bestimmte Arten von Tätigkeiten ausüben, gelten auch für SE mit Sitz in dem betreffenden Mitgliedstaat.

Literatur: *Fleischer*, Die Finanzverfassung der Europäischen Gesellschaft, in Lutter/Hommelhoff (Hrsg.), Die Europäische Gesellschaft, 2005, S. 169; *Koke*, Die Finanzverfassung der Europäischen Aktiengesellschaft (SE) mit Sitz in Deutschland, 2005; *Martens*, Kapital und Kapitalschutz in der S.E., in Lutter (Hrsg.), Die Europäische Aktiengesellschaft, 2. Aufl. 1978, S. 167.

I. Regelungsgegenstand und Bedeutung

Art. 4 betrifft das **Mindestkapital der SE**: Abs. 1 verlangt, dass das Kapital in Euro an- 1
gegeben wird; Abs. 2 schreibt einen Mindestbetrag des gezeichneten Kapitals von
120.000 Euro vor; Abs. 3 bestimmt, dass Sondervorschriften eines Mitgliedstaats, die
ein höheres Mindestkapital für Gesellschaften mit einem bestimmten Unternehmensgegenstand vorsehen, auch für SE mit Sitz in dem betreffenden Mitgliedstaat
gelten.

Die Vorschrift beruht auf dem **System des festen Garantiekapitals**[1], das auch der ge- 2
meinschaftsrechtlichen Kapitalrichtlinie[2] zugrunde liegt. Sie stammt aus einer älte-

---

40 Ebenso *Hommelhoff*, AG 2001, 279, 280 („ausgegründet").

1 Vgl. *Casper* in Spindler/Stilz, Art. 4 SE-VO Rz. 1; *Koke*, S. 27 ff.
2 Richtlinie 77/91/EWG v. 13.12.1976, ABl. Nr. L 26 v. 31.1.1977, S. 1.

ren Entwicklungsschicht der SE-VO[3] und konnte die jüngere Grundsatzdebatte über die Sinnhaftigkeit des Kapitals in Europa[4] noch nicht berücksichtigen[5]. Vor allem Großbritannien tritt auf Gemeinschaftsebene für eine Reform der Kapitalrichtlinie und einen Verzicht auf das Mindestkapitalerfordernis ein[6]. Sollten sich diese Reformbestrebungen durchsetzen, dürfte das die Finanzverfassung der SE kaum unberührt lassen[7].

II. Angabe des Kapitals in Euro

1. Angabe in Euro

3 Gemäß Art. 4 Abs. 1 muss das Kapital der SE auf **Euro** lauten. Bezugnahmen auf andere Währungen oder einen sonstigen Wertmesser sind unzulässig[8]. Das entspricht dem staatlichen Währungsmonopol in seiner Ausformung durch die **dritte Stufe der Wirtschafts- und Währungsunion** (WWU).

4 Ein **Mitgliedstaat, in dem** die **dritte Stufe der WWU nicht gilt**, kann gemäß Art. 67 Abs. 1 Satz 1 für die SE mit Sitz in seinem Hoheitsgebiet eine in der **Landeswährung** ausgedrückte Kapitalziffer verlangen. Die betreffende SE kann jedoch ihr Kapital nach Art. 67 Abs. 1 Satz 2 auf jeden Fall auch in Euro ausdrücken. In diesem Fall wird für die Umrechnung zwischen Landeswährung und Euro nach Art. 67 Abs. 1 Satz 3 der Satz zugrunde gelegt, der am letzten Tag des Monats vor der Gründung der SE galt.

2. Rechtsfolgen bei Verstößen

5 Lautet das Kapital nicht auf Euro, muss das Registergericht die **Eintragung der SE** in das Handelsregister nach Art. 15 Abs. 1 i.V.m. § 38 Abs. 1 Satz 2 AktG **ablehnen**[9]. Erfolgt die Eintragung trotz eines Verstoßes gegen Art. 4 Abs. 1, ist die Gesellschaft wirksam entstanden[10]. Das Registergericht hat die SE jedoch über die Generalverweisung in Art. 9 Abs. 1 lit. c) ii nach § 144a Abs. 1 FGG zur Beseitigung des Mangels aufzufordern[11]. Kommt die SE dieser Aufforderung nicht nach, hat das Registergericht den Mangel nach § 144a Abs. 2 FGG festzustellen. Mit Rechtskraft der Feststellungsverfügung wird die SE nach § 262 Abs. 1 Nr. 5 AktG aufgelöst[12].

---

3 Dazu auch *Oechsler* in MünchKomm. AktG, Art. 4 SE-VO Rz. 2; allgemein zum windungsreichen Entstehungsprozess der SE-VO *Fleischer*, AcP 204 (2004), 502, 505 ff.

4 Umfassend die zahlreichen Beiträge in dem Sammelband von *Lutter* (Hrsg.), Das Kapital der Aktiengesellschaft in Europa, 2006.

5 Ebenso *Casper* in Spindler/Stilz, Art. 4 SE-VO Rz. 2.

6 Vgl. vor allem den sog. *Rickford*-Bericht, EBLR 2004, 919; ferner *Armour*, EBOR 7 (2006) 5, 17 ff.

7 Ähnlich *Oechsler* in MünchKomm. AktG, Art. 4 SE-VO Rz. 2.

8 Vgl. *Mayer* in Manz/Mayer/Schröder, Art. 4 SE-VO Rz. 7; für die AG *Fleischer* in K. Schmidt/Lutter, AktG, § 6 Rz. 5.

9 Vgl. *Mayer* in Manz/Mayer/Schröder, Art. 4 SE-VO Rz. 9; *Schwarz*, Art. 4 Rz. 9; für die AG *Fleischer* in K. Schmidt/Lutter, AktG, § 6 Rz. 8.

10 Vgl. *Schwarz*, Art. 4 Rz. 9; für die AG *Fleischer* in K. Schmidt/Lutter, AktG, § 6 Rz. 8.

11 Vgl. *Mayer* in Manz/Mayer/Schröder, Art. 4 SE-VO Rz. 17; *Schwarz*, Art. 4 Rz. 9; für die AG *Fleischer* in K. Schmidt/Lutter, AktG, § 6 Rz. 8.

12 Vgl. *Schwarz*, Art. 4 Rz. 9; für die AG *Fleischer* in K. Schmidt/Lutter, AktG, § 6 Rz. 8.

III. Mindestbetrag des gezeichneten Kapitals

1. Höhe des Mindestkapitals

Das gezeichnete Kapital muss gemäß Art. 4 Abs. 2 **mindestens 120.000 Euro** betra-   6
gen. Dieser Mindestbetrag ist gegenüber früheren Entwürfen eines SE-Statuts deutlich abgesenkt worden[13]. Er beträgt aber noch immer fast das Fünffache des Mindestbetrags der Kapitalrichtlinie von 25.000 Euro[14].[15] Dies hat man **im Schrifttum als
prohibitiv hoch kritisiert**[16]. Der 13. Erwägungsgrund der SE-VO rechtfertigt die Min-
destkapitalanforderungen mit der Gewährleistung einer sinnvollen Unternehmensgröße und einer ausreichenden Vermögensgrundlage für die SE, ohne dass dadurch
kleineren und mittleren Unternehmen die Gründung von SE erschwert werde[17].
Letzteres vermag nicht zu überzeugen; vielmehr unterstreicht die hohe Mindestkapitalziffer, dass die **SE in erster Linie für große Wirtschaftseinheiten konzipiert**
ist[18].

Die vorgegebene Mindestkapitalziffer ist **zwingend**. Sie darf weder bei der Gründung   7
noch bei einer späteren Kapitalherabsetzung unterschritten werden[19]. Eine **Ausnahme** macht allein **Art. 5 i.V.m. § 228 AktG**, wonach das Kapital unter den Mindest-
nennbetrag herabgesetzt werden kann, wenn dieser durch eine gleichzeitig beschlossene **Barkapitalerhöhung** wieder erreicht wird[20]. Art. 4 Abs. 2 ist auch von SE in
Mitgliedstaaten zu beachten, in denen die dritte Stufe der WWU nicht gilt: Die Sonderregelung in Art. 67 (vgl. Rz. 4) betrifft nur den Ausweis des Kapitals, nicht aber
dessen Mindesthöhe[21]. Der Betrag von 120.000 Euro kann überschritten werden; eine
Obergrenze besteht nicht[22].

2. Festsetzung des Kapitals

Gemäß Art. 9 Abs. 1 lit. c) ii bzw. Art. 15 Abs. 1 i.V.m. § 23 Abs. 3 Nr. 3 AktG muss   8
die Höhe des Kapitals **in der Satzung festgesetzt** werden[23]. Herauf- und Herabsetzun-
gen bedürfen daher stets einer Satzungsänderung. Im Rahmen der gesetzlichen Vorgaben liegt die Wahl der Kapitalziffer im unternehmerischen Ermessen der Gründer[24]. Eine dem angestrebten Geschäftsumfang angemessene Kapitalausstattung

---

13 Der Vorentwurf eines SE-Statuts von *Sanders* aus dem Jahre 1967 hatte noch ein Mindestkapital von 1 Mio. Recheneinheiten vorgeschrieben; zum Entwurf von 1975/1979 *Martens*, S. 165,
   168 f.
14 Vgl. Art. 6 Abs. 1 KapRL (Fn. 2); dazu *Habersack*, Europäisches Gesellschaftsrecht, § 6 Rz. 16.
15 Vgl. *Casper* in Spindler/Stilz, Art. 4 SE-VO Rz. 2; *Fleischer*, S. 169, 170; *Habersack*, Europäisches Gesellschaftsrecht, § 12 Rz. 13.
16 Vgl. *Hommelhoff*, AG 2001, 279, 286; *Schwarz*, ZIP 2001, 1847, 1854 mit Fn. 50; genau ent-
   gegengesetzt *Baldamus*, Reform der Kapitalrichtlinie, 2002, S. 78 ff., der sich für eine Anhebung des Mindestgrundkapitals der Art. 6 Abs. 1 KapRL (Fn. 2) auf 120.000 Euro ausspricht.
17 Dazu auch *Blanquet*, ZGR 2002, 20, 52.
18 Vgl. *Fleischer*, S. 169, 170; *Hirte*, NZG 2002, 1, 9; *Hommelhoff*, AG 2001, 279, 286; monographisch *Gutsche*, Die Eignung der Europäischen Aktiengesellschaft für kleine und mittlere
   Unternehmen in Deutschland, 1994.
19 Vgl. *Mayer* in Manz/Mayer/Schröder, Art. 4 SE-VO Rz. 12.
20 Vgl. *Koke*, S. 218 f.; *Mayer* in Manz/Mayer/Schröder, Art. 4 SE-VO Rz. 12; *Oechsler* in Münch-
   Komm. AktG, Art. 5 SE-VO Rz. 34; für die AG *Fleischer* in K. Schmidt/Lutter, AktG, § 7
   Rz. 5; vgl. auch Art. 34 Satz 2 der Kapitalrichtlinie.
21 Vgl. *Mayer* in Manz/Mayer/Schröder, Art. 4 SE-VO Rz. 13.
22 Vgl. *Schwarz*, Art. 4 Rz. 9; für die AG *Fleischer* in K. Schmidt/Lutter, AktG, § 7 Rz. 5.
23 Vgl. *Schwarz*, Art. 4 Rz. 10; für die AG *Fleischer* in K. Schmidt/Lutter, AktG, § 7 Rz. 7.
24 Vgl. *Koke*, S. 29; *Schwarz*, Art. 4 Rz. 10; für die AG *Fleischer* in K. Schmidt/Lutter, AktG, § 7
   Rz. 7.

verlangen weder die SE-VO noch das AktG[25]. Für sie bietet auch die betriebswirtschaftliche Finanzierungstheorie keine handhabbaren Größen an[26].

3. Rechtsfolgen bei Verstößen

9 Bei Unterschreiten des Mindestbetrags muss das Registergericht die **Eintragung der SE** in das Handelsregister nach Art. 15 Abs. 1 i.V.m. § 38 Abs. 1 Satz 2 AktG **verweigern**[27]. Wird die SE gleichwohl eingetragen, so ist sie wirksam entstanden[28]. Eine Nichtigkeitsklage nach Art. 9 Abs. 1 lit. c) ii i.V.m. § 275 AktG scheidet aus[29]. Das Registergericht hat aber das **Amtsauflösungsverfahren** nach § 144a FGG zu betreiben und die SE zur Mängelbeseitigung aufzufordern[30]. Kommt die SE dieser Aufforderung nicht nach, wird sie nach § 262 Abs. 1 Nr. 5 AktG aufgelöst[31].

IV. Sondervorschriften

10 Nach Art. 4 Abs. 3 gelten Rechtsvorschriften eines Mitgliedstaates, die ein höheres gezeichnetes Kapital für die Gesellschaften vorsehen, die bestimmte Arten von Tätigkeiten ausüben, auch für SE mit Sitz in dem betreffenden Mitgliedstaat. Solche **Sondervorschriften** bestehen **hierzulande** etwa für Investmentaktiengesellschaften (§ 97 Abs. 1 Nr. 1 InvG: 300.000 Euro), Kapitalanlagegesellschaften (§ 11 Abs. 1 Nr. 1 InvG: 730.000 Euro bzw. 2,5 Mio. Euro), Unternehmensbeteiligungsgesellschaften (§ 2 Abs. 4 UBGG: 1 Mio. Euro) und REIT-Aktiengesellschaften (§ 4 REITG: 15 Mio. Euro)[32]. Von anderer Qualität, weil nicht an das gezeichnete Kapital anknüpfend, sind die Eigenkapitalanforderungen im Kreditwesengesetz (§ 10 Abs. 1 Satz 1 KWG) und im Pfandbriefgesetz (§ 2 Abs. 1 Nr. 1 PfandBG). Eine **Verletzung** der Sondervorschriften hat allerdings **keine gesellschaftsrechtlichen Konsequenzen**[33]. Insbesondere darf der Registerrichter die Eintragung der SE in das Handelsregister nicht verweigern.

Art. 5
[Kapital, Aktien]

Vorbehaltlich des Artikels 4 Absätze 1 und 2 gelten für das Kapital der SE, dessen Erhaltung und dessen Änderungen sowie die Aktien, die Schuldverschreibungen und sonstige vergleichbare Wertpapiere der SE die Vorschriften, die für eine Aktiengesellschaft mit Sitz in dem Mitgliedstaat, in dem die SE eingetragen ist, gelten würden.

---

25 Missverständlich *Schwarz*, Art. 4 Rz. 10.
26 Näher *Fleischer* in K. Schmidt/Lutter, AktG, § 7 Rz. 7 m.w.N.
27 Vgl. *Mayer* in Manz/Mayer/Schröder, Art. 4 SE-VO Rz. 17; *Schwarz*, Art. 4 Rz. 9; für die AG *Fleischer* in K. Schmidt/Lutter, AktG, § 7 Rz. 8.
28 Vgl. *Schwarz*, Art. 4 Rz. 9; für die AG *Fleischer* in K. Schmidt/Lutter, AktG, § 7 Rz. 8.
29 Vgl. für die AG *Fleischer* in K. Schmidt/Lutter, AktG, § 7 Rz. 8.
30 Vgl. *Mayer* in Manz/Mayer/Schröder, Art. 4 SE-VO Rz. 17; *Schwarz*, Art. 4 Rz. 9; für die AG *Fleischer* in K. Schmidt/Lutter, AktG, § 7 Rz. 8.
31 Vgl. *Mayer* in Manz/Mayer/Schröder, Art. 4 SE-VO Rz. 17; *Schwarz*, Art. 4 Rz. 9; für die AG *Fleischer* in K. Schmidt/Lutter, AktG, § 7 Rz. 8.
32 Näher *Fleischer* in K. Schmidt/Lutter, AktG, § 7 Rz. 6.
33 Vgl. *Mayer* in Manz/Mayer/Schröder, Art. 4 SE-VO Rz. 19; *Schwarz*, Art. 4 Rz. 11; für die AG *Fleischer* in K. Schmidt/Lutter, AktG, § 7 Rz. 6.

Literatur: *Fleischer*, Die Finanzverfassung der Europäischen Gesellschaft, in Lutter/Hommelhoff (Hrsg.), Die Europäische Gesellschaft, 2005, S. 169; *Kleeberg*, Kapitalaufbringung bei Gründung der Societas Europaea, 2006 (zit.: Kapitalaufbringung); *Koke*, Die Finanzverfassung der Europäischen Aktiengesellschaft (SE) mit Sitz in Deutschland, 2005 (zit.: Finanzverfassung); *Lutter*, Die Aktien der S.E., in Lutter (Hrsg.), Die Europäische Aktiengesellschaft, 2. Aufl. 1978, S. 145; *Martens*, Kapital und Kapitalschutz in der S.E., in Lutter (Hrsg.), Die Europäische Aktiengesellschaft, 2. Aufl. 1978, S. 167; *Oechsler*, Kapitalerhaltung in der Europäischen Gesellschaft (SE), NZG 2005, 449; *H.P. Westermann*, Die Finanzierung der S.E. (Kapitalerhöhung, Anleihen, Wandelschuldverschreibungen), in Lutter (Hrsg.), Die Europäische Aktiengesellschaft, 2. Aufl. 1978, S. 195.

I. Regelungsgegenstand und Bedeutung

Art. 5 betrifft mit dem Kapital und dessen Erhaltung, den Kapitalmaßnahmen sowie den Aktien, Schuldverschreibungen und vergleichbaren Wertpapieren **Kernbestandteile der Finanzverfassung der SE**. Im Gegensatz zu den Vorentwürfen eines SE-Statuts[1] verzichtet er allerdings auf eine umfangreiche Regelung, sondern **verweist** statt dessen **auf das Aktienrecht des Sitzmitgliedstaats**[2]. Zur Begründung dieser Verweisungstechnik beruft sich der 9. Erwägungsgrund auf „beachtliche Fortschritte" bei der **Angleichung des nationalen Gesellschaftsrechts**. Im vorliegenden Zusammenhang ist dies auf die **Kapitalrichtlinie**[3] gemünzt, die den kontinentaleuropäischen Grundsatz des Garantiekapitals gemeinschaftsweit festgeschrieben hat. Ihr Grundgerüst führt allerdings keineswegs zu einer uniformen Finanzverfassung der SE in Europa; vielmehr **verbleiben den Mitgliedstaaten beträchtliche Regelungsspielräume** zur Verwirklichung eigener Rechtsideen und zur Einführung neuartiger Finanzierungsinstrumente[4]. 1

Die Verweisung in Art. 5 ist nach zutreffender h.M. eine reine **Sachnormverweisung** auf das materielle Recht und keine Gesamtnormverweisung[5]. Sie nimmt also die international-privatrechtlichen Vorschriften des Sitzstaatenrechts nicht in Bezug, sondern verweist ausschließlich auf die Kapital- und Wertpapiervorschriften des nationalen Aktienrechts. Weil es sich insoweit um eine **vollumfängliche Bezugnahme** 2

---

1 Vgl. den Dritten geänderten Vorschlag eines SE-Statuts v. 16.5.1991, ABl. EG Nr. C 176 v. 8.7.1991, S. 1, der dem Themenbereich „Kapital, Aktien und andere Wertpapiere" noch einen ganzen Titel mit 17 Artikeln gewidmet hatte; ausführlich dazu *Jaeger*, Die Europäische Aktiengesellschaft – europäischen oder nationalen Rechts, 1994, S. 39 ff.

2 Zum Verzicht auf ein Vollstatut der SE-Finanzverfassung *Fleischer* in Lutter/Hommelhoff, Die Europäische Gesellschaft, S. 169, 170 f.; *Mayer* in Manz/Mayer/Schröder, Art. 5 SE-VO Rz. 1; *Oechsler* in MünchKomm. AktG, Art. 5 SE-VO Rz. 1; *Schwarz*, Art. 5 Rz. 1.

3 Richtlinie 77/91/EWG v. 13.12.1976, ABl.EG Nr. L 26 v. 31.1.1977, S. 1.

4 Näher *Fleischer* in Lutter/Hommelhoff, Die Europäische Gesellschaft, S. 169, 173 ff.

5 Vgl. *Casper* in Spindler/Stilz, Art. 5 SE-VO Rz. 2; *Mayer* in Manz/Mayer/Schröder, Art. 5 SE-VO Rz. 4 ff.; *Oechsler* in MünchKomm. AktG, Art. 5 SE-VO Rz. 5.

handelt, kann man von einer **partiellen Generalverweisung** sprechen[6]. Verweisungs-objekt ist das angeglichene nationale Recht[7]; die Kapitalrichtlinie kommt nur im Wege richtlinienkonformer Auslegung des Sitzstaatenrechts zur Anwendung[8]. Zum Korpus des nationalen Rechts gehören neben dem geschriebenen Recht auch richterrechtliche und sonstige ungeschriebene Rechtsgrundsätze[9]. Die Schaffung eines eigenen **Sonderrechts für das Kapital der SE** durch den nationalen Gesetzgeber, die im Schrifttum gelegentlich gefordert wurde[10], wäre **mit Art. 5 unvereinbar**[11].

II. Verhältnis zu anderen Verweisungsnormen

1. Art. 15 (Gründungsrecht)

3   Nach **Art. 15 Abs. 1** findet auf die Gründung einer SE das für die Aktiengesellschaft geltende Recht des Staats Anwendung, in dem die SE ihren Sitz begründet. Diese **Verweisung auf das nationale Gründungsrecht** genießt **Vorrang vor Art. 5**[12]. Sie erstreckt sich auf alle Vorschriften zur Sicherung der Kapitalaufbringung im Gründungsstadium[13]. Es ist daher unzutreffend, Art. 5 als maßgebliche Verweisungsnorm für die Kapitalaufbringung zu bezeichnen[14].

2. Art. 10 (Gleichbehandlungsgebot)

4   Nach **Art. 10** wird eine SE in jedem Mitgliedstaat wie eine Aktiengesellschaft behandelt, die nach dem Recht des Sitzstaats der SE gegründet wurde. Im Schrifttum hat man die Frage aufgeworfen, ob es angesichts dieses **Gleichbehandlungsgebots** überhaupt einer Sonderverweisung in Art. 5 bedurft hätte[15]. Sie hat wegen übereinstimmender Verweisungsergebnisse keine praktische Bedeutung[16]; rechtstheoretisch ist **Art. 5** in Bezug auf die Finanzverfassung der SE **die speziellere Norm**[17].

III. Einzelne Verweisungsgegenstände

1. Kapitalaufbringung?

5   Für die erstmalige Aufbringung des Gesellschaftskapitals der SE im Gründungsstadium ist **Art. 15 Abs. 1 die maßgebliche Brückenvorschrift** ins nationale Aktienrecht

---

6 Vgl. *Fleischer* in Lutter/Hommelhoff, Europäische Gesellschaft, S. 169, 171; *Hirte*, NZG 2002, 1, 9; *Koke*, Finanzverfassung, S. 22; kritisch dazu *Casper* in Spindler/Stilz, Art. 5 SE-VO Rz. 1 mit Fn. 2.
7 Vgl. *Casper* in Spindler/Stilz, Art. 5 SE-VO Rz. 2; *Oechsler* in MünchKomm. AktG, Art. 5 SE-VO Rz. 4.
8 Vgl. *Casper* in Spindler/Stilz, Art. 5 SE-VO Rz. 2; *Oechsler* in MünchKomm. AktG, Art. 5 SE-VO Rz. 4.
9 Vgl. *Casper* in Spindler/Stilz, Art. 5 SE-VO Rz. 2; *Oechsler* in MünchKomm. AktG, Art. 5 SE-VO Rz. 4.
10 So *Kallmeyer*, AG 2003, 197, 198; gegen ihn aber *Ihrig/Wagner*, BB 2003, 969, 970; *Koke*, Finanzverfassung, S. 21 f.; *Teichmann*, ZIP 2002, 1109, 1110.
11 Ebenso *Mayer* in Manz/Mayer/Schröder, Art. 5 SE-VO Rz. 2; *Schwarz*, Art. 5 Rz. 6.
12 Vgl. *Casper* in Spindler/Stilz, Art. 5 SE-VO Rz. 1; *Fleischer* in Lutter/Hommelhoff, Europäische Gesellschaft, S. 169, 172; *Koke*, Finanzverfassung, S. 23 ff.; *Schwarz*, Art. 5 Rz. 5.
13 Vgl. *Casper* in Spindler/Stilz, Art. 5 SE-VO Rz. 1; *Schwarz*, Art. 5 Rz. 5; ausführlich *Kleeberg*, Kapitalaufbringung, S. 55 ff.
14 So aber *Hirte*, NZG 2002, 1, 9; *Lutter*, BB 2002, 1, 3; *Mayer* in Manz/Mayer/Schröder, Art. 5 SE-VO Rz. 10; *Pluskat*, EuZW 2001, 524, 526; *Thoma/Leuering*, NJW 2002, 1449, 1451.
15 Vgl. *Habersack*, ZGR 2003, 724, 731; *Oechsler* in MünchKomm. AktG, Art. 5 SE-VO Rz. 2.
16 Auf gleicher Linie *Casper* in Spindler/Stilz, Art. 5 SE-VO Rz. 1 mit Fn. 7.
17 Gleichsinnig *Oechsler* in MünchKomm. AktG, Art. 5 SE-VO Rz. 2: „Konkretisierung".

(vgl. bereits Rz. 3)[18]. Von Belang ist dies vor allem wegen seines Regelungsvorbehalts für die SE-VO („vorbehaltlich der Bestimmungen dieser Verordnung"), der in Art. 5 kein Gegenstück hat[19].

2. Kapitalerhaltung

Art. 5 verweist ausdrücklich auf die Kapitalerhaltungsvorschriften des nationalen 6 Aktienrechts, für eine in Deutschland ansässige SE also auf die Schlüsselvorschriften der §§ 57, 62 AktG[20] und deren Begleitvorschriften zur Sicherung der Kapitalerhaltung[21]. Wie bereits erwähnt (Rz. 2), kommt es insoweit auf das harmonisierte nationale Recht an, das in Teilbereichen über den Mindeststandard der Kapitalrichtlinie hinausgehen kann[22].

Detailprobleme ergeben sich im Zusammenhang mit der **Bedienung von Abfindungs-** 7 **rechten** bei einer Sitzverlegung (Art. 8 Abs. 5), Verschmelzung (Art. 24 Abs. 2) oder Holding-Gründung (Art. 34). Richtigerweise führt hier bereits eine erweiternde Auslegung des § 71 Abs. 1 Nr. 3 AktG zum Ziel[23], so dass man nicht auf § 71 Abs. 1 Nr. 8 AktG zurückgreifen muss, der zusätzlich einen Ermächtigungsbeschluss verlangt. Darüber hinaus stellen sich **Sonderfragen bei einer deutschen SE mit monistischem System**. Nach der Grundregel des § 22 Abs. 6 SEAG tritt der Verwaltungsrat in seiner Gesamtheit an die Stelle des Vorstands. Er ist richtigerweise auch als Adressat des Ermächtigungsbeschlusses nach § 71 Abs. 1 Nr. 8 Satz 1 AktG anzusehen[24]. Anmeldungen von Kapitalmaßnahmen zur Eintragung in das Handelsregister nehmen dagegen nach § 40 Abs. 2 Satz 4 SEAG lediglich die geschäftsführenden Direktoren vor[25].

Durch die dogmatische Neuausrichtung der **Existenzvernichtungshaftung** als eine Fallgruppe des § 826 BGB[26] ist die Frage obsolet geworden, ob Art. 5 auch auf diese Rechtsfigur verweist[27]. Gleiches gilt bei Inkrafttreten der angestrebten Neuordnung des **Kapitalersatzrechts** durch das Gesetz zur Modernisierung des GmbH-Rechts und zur Bekämpfung von Missbräuchen (MoMiG)[28] für das kapitalersetzende Aktionärsdarlehen[29].

3. Kapitalmaßnahmen

a) Kapitalerhöhung

Für Kapitalerhöhungen gelten über Art. 5 die Vorschriften über die ordentliche Kapi- 8 talerhöhung (§§ 182 bis 191 AktG), die bedingte Kapitalerhöhung (§§ 192 bis 201 AktG), die Kapitalerhöhung aus genehmigtem Kapital (§§ 202 bis 206 AktG) sowie

---

18 Vgl. *Casper* in Spindler/Stilz, Art. 5 SE-VO Rz. 1; *Fleischer* in Lutter/Hommelhoff, Die Europäische Gesellschaft, S. 169, 172; *Oechsler* in MünchKomm. AktG, Art. 5 SE-VO Rz. 7.
19 Vgl. *Casper* in Spindler/Stilz, Art. 5 SE-VO Rz. 1; *Oechsler* in MünchKomm. AktG, Art. 5 SE-VO Rz. 7.
20 Näher *Oechsler* in MünchKomm. AktG, Art. 5 SE-VO Rz. 9 f.
21 Vgl. *Casper* in Spindler/Stilz, Art. 5 SE-VO Rz. 2.
22 Beispiele bei *Oechsler* in MünchKomm. AktG, Art. 5 SE-VO Rz. 24.
23 Ebenso *Casper* in Spindler/Stilz, Art. 5 SE-VO Rz. 3; *Oechsler* in MünchKomm. AktG, Art. 5 SE-VO Rz. 12 ff.
24 Wie hier *Casper* in Spindler/Stilz, Art. 5 SE-VO Rz. 4; *Oechsler* in MünchKomm. AktG, Art. 5 SE-VO Rz. 25.
25 Vgl. *Casper* in Spindler/Stilz, Art. 5 SE-VO Rz. 4.
26 Vgl. BGH v. 16.7.2007 – II ZR 3/04, NJW 2007, 2689 – „Trihotel".
27 Bejahend *Casper* in Spindler/Stilz, Art. 5 SE-VO Rz. 5; *Oechsler* in MünchKomm. AktG, Art. 5 SE-VO Rz. 25.
28 Dazu *Fleischer* in K. K. Schmidt/Lutter, AktG, § 57 Rz. 56.
29 Für eine Erfassung des Kapitalersatzrechts durch Art. 5 bislang *Casper* in Spindler/Stilz, Art. 5 SE-VO Rz. 5; *Oechsler* in MünchKomm. AktG, Art. 5 SE-VO Rz. 27.

die Kapitalerhöhung aus Gesellschaftsmitteln (§§ 207 bis 220 AktG)[30]. Hervorhebung verdient insbesondere das **Bezugsrecht der Altaktionäre** bei Kapitalerhöhungen (§ 186 AktG), das hierzulande über den Mindeststandard der Kapitalrichtlinie hinausgeht[31]. Im Rahmen des bedingten Kapitals wird bei einer monistisch strukturierten SE darum gestritten, welche Führungskräfte Begünstigte von **Aktienoptionsprogrammen** (§§ 192 Abs. 2 Nr. 3, 193 Abs. 2 Nr. 4 AktG) sein können. Mit Blick auf die einschlägige BGH-Rechtsprechung[32] sprechen die besseren Gründe für eine Beschränkung auf geschäftsführende Direktoren[33]. Beim **genehmigten Kapital** stellen sich bei einer in Deutschland ansässigen monistischen SE Fragen der Kompetenzaufteilung: Manche weisen hier dem Verwaltungsratsvorsitzenden die Initiativkompetenz des Vorstands (§ 204 Abs. 1 AktG) und dem Verwaltungsrat den Zustimmungsvorbehalt des Aufsichtsrats (§ 205 Abs. 2 AktG) zu[34]; andere halten eine Ermächtigung der geschäftsführenden Direktoren durch den Verwaltungsrat für möglich[35]; wieder andere sprechen sich für eine Initiativkompetenz aller geschäftsführenden Direktoren in ihrer Gesamtheit und einen Zustimmungsvorbehalt des Verwaltungsrats aus[36]. Der letztgenannten Ansicht ist beizutreten.

b) Kapitalherabsetzung

9   Auf Kapitalherabsetzungen finden vermittels Art. 5 die Vorschriften über die ordentliche Kapitalherabsetzung (§§ 222 bis 228 AktG), die vereinfachte Kapitalherabsetzung (§§ 229 bis 236 AktG) und die Kapitalherabsetzung durch Einziehung von Aktien (§§ 237 bis 239 AktG) Anwendung[37]. In Erinnerung zu rufen ist hier vor allem, dass ein **Kapitalschnitt** nach § 228 AktG **mit** der Regelung über das Mindestkapital in **Art. 4 Abs. 2 vereinbar** ist (vgl. bereits Art. 4 Rz. 7)[38].

4. Aktien, Schuldverschreibungen und vergleichbare Wertpapiere

10   Schließlich gelten nach Art. 5 auch für die Aktien, Schuldverschreibungen und sonstigen vergleichbaren Wertpapiere der SE die Vorschriften des nationalen Rechts. Im Hinblick auf **Aktien** betrifft dies namentlich die Fragen nach ihrer Ausgestaltung als Inhaber- oder Namensaktien[39], nach den zulässigen Aktiengattungen[40] sowie nach der Verbriefung, Übertragbarkeit und Vinkulierung von Aktien[41]. Nicht unter Art. 5, sondern unter Art. 9 Abs. 1 lit. c ii fallen dagegen die Mitgliedsrechte der Aktionä-

---

30 Vgl. *Koke*, Finanzverfassung, S. 117 ff.; *Mayer* in Manz/Mayer/Schröder, Art. 5 SE-VO Rz. 17; *Oechsler* in MünchKomm. AktG, Art. 5 SE-VO Rz. 28; *Schwarz*, Art. 5 Rz. 7.
31 Vgl. *Fleischer* in Lutter/Hommelhoff, Die Europäische Gesellschaft, S. 169, 173; *Oechsler* in MünchKomm. AktG, Art. 5 SE-VO Rz. 28; ausführlich *Schwarz*, Art. 5 Rz. 20 ff.; *Koke*, Finanzverfassung, S. 152 ff.; ferner EuGH, Urt. v. 19.11.1996 – Rs. C 42/95, Slg. 1996, I-6028 – „Siemens/Nold".
32 Vgl. BGH v. 16.2.2004 – II ZR 316/02, BGHZ 158, 122 – „Mobilcom".
33 Wie hier *Casper* in Spindler/Stilz, Art. 5 SE-VO Rz. 4; *Koke*, Finanzverfassung, S. 165 ff.; *Oechsler*, NZG 2005, 449, 451; abw. *Schwarz*, Art. 5 Rz. 20.
34 So *Oechsler* in MünchKomm. AktG, Art. 5 SE-VO Rz. 31; *Oechsler*, NZG 2005, 449, 453.
35 Vgl. *Schwintowski* in Jannott/Frodermann, Handbuch Europäische Aktiengesellschaft, § 8 Rz. 93.
36 Vgl. *Casper* in Spindler/Stilz, Art. 5 SE-VO Rz. 4.
37 Vgl. *Koke*, Finanzverfassung, S. 217 ff.; *Mayer* in Manz/Mayer/Schröder, Art. 5 SE-VO Rz. 17; *Oechsler* in MünchKomm. AktG, Art. 5 SE-VO Rz. 28; *Schwarz*, Art. 5 Rz. 7.
38 Vgl. *Oechsler* in MünchKomm. AktG, Art. 5 SE-VO Rz. 34.
39 Vgl. *Koke*, Finanzverfassung, S. 83; *Oechsler* in MünchKomm. AktG, Art. 5 SE-VO Rz. 36; *Schwarz*, Art. 5 Rz. 46.
40 Vgl. *Koke*, Finanzverfassung, S. 84 ff.; *Oechsler* in MünchKomm. AktG, Art. 5 SE-VO Rz. 36; *Schwarz*, Art. 5 Rz. 47 ff.
41 Vgl. *Mayer* in Manz/Mayer/Schröder, Art. 5 SE-VO Rz. 23; *Oechsler* in MünchKomm. AktG, Art. 5 SE-VO Rz. 36; *Schwarz*, Art. 5 Rz. 56. Ausführlicher zur Aktie unten Anh. I zu Art. 5.

re[42]. Was die **Schuld-verschreibungen** anbelangt, bezieht sich Art. 5 insbesondere auf die Fragen nach ihrer grundsätzlichen Zulässigkeit, ihren möglichen Varianten und den gesellschaftsrechtlichen Bedingungen ihrer Ausgabe[43]. **Sonstige vergleichbare Wertpapiere** sind namentlich Genussscheine (§ 221 Abs. 3 AktG) und Zwischenscheine (§§ 8 Abs. 6, 10 Abs. 3 und 4 AktG)[44].

Anhang I zu Art. 5 SE-VO
Die Aktie

Literatur: *Fleischer*, Die Finanzverfassung der Europäischen Gesellschaft, in Lutter/Hommelhoff, Die Europäische Gesellschaft, 2005, S. 169 ff.; *Hommelhoff*, Normenhierarchie für die Europäische Gesellschaft, in Lutter/Hommelhoff, Die Europäische Gesellschaft, 2005, S. 5 ff.; *C. Jaeger*, Die Europäische Aktiengesellschaft – europäischen oder nationalen Rechts?, 1994; *Lutter*, Die Aktien der S. E., in Lutter, Die Europäische Aktiengesellschaft, 1976, S. 145 ff.; *Merkt*, Die Europäische Gesellschaft als börsennotierte Gesellschaft, in Lutter/Hommelhoff, Die Europäische Gesellschaft, 2005, S. 179 ff.

I. Überblick

Die SE-VO enthält – anders als die Entwürfe[1] – **keine eigenständigen Sachregelungen**   1
zur Aktie. Art. 1 Abs. 2 bestimmt, dass das Kapital der SE in Aktien zerlegt ist. Nach Art. 5 gelten für die Aktien der SE die Vorschriften, die für eine Aktiengesellschaft mit Sitz in dem Mitgliedstaat, in dem die SE eingetragen ist, gelten würden.

1. Entstehungsgeschichte der Verweisung auf nationales Recht

Der ursprüngliche Entwurf von 1970[2] (ebenso wie der Vorentwurf von *Sanders* aus   2
dem Jahr 1966[3]) und der erste geänderte Entwurf von 1975[4] enthielten recht umfängliche Regelungen zur Aktie. In diesen Entwürfen wurden Aktientyp (Nennbetragsaktie statt Stück- oder Quotenaktie), Unteilbarkeit der Aktie, gemeinschaftliche

---

42 Wie hier *Oechsler* in MünchKomm. AktG, Art. 5 SE-VO Rz. 35; offen lassend *Mayer* in Manz/ Mayer/Schröder, Art. 5 SE-VO Rz. 25.
43 Vgl. *Koke*, Finanzverfassung, S. 203 ff.; *Oechsler* in MünchKomm. AktG, Art. 5 SE-VO Rz. 37; *Schwarz*, Art. 5 Rz. 68. Ausführlicher zu den Schuldverschreibungen unten Anh. II zu Art. 5.
44 Vgl. *Oechsler* in MünchKomm. AktG, Art. 5 SE-VO Rz. 38.
1   Dazu Rz. 2.
2   Art. 48–53 des Vorschlags einer Verordnung (EWG) des Rates über das Statut der Europäischen Aktiengesellschaft, ABl.EG C 124 v. 10.10.1970, S. 1.
3   Art. III – 2 – 1 bis III – 2 – 6, *Sanders*, Vorentwurf eines Statuts für europäische Aktiengesellschaften, EU-Kommission (Hrsg.), Brüssel 1967, S. 45 ff.
4   Art. 48 bis 53 des ersten Vorschlags für eine Verordnung (EWG) des Rates über das Statut der Europäischen Aktiengesellschaft (COM (75) 150 endg.), abgedruckt bei *Lutter*, Europäisches Gesellschaftsrecht, 2. Aufl. 1984, S. 363.

Berechtigung, gattungsbegründende Merkmale, stimmrechtslose Vorzugsaktien, Stimmrechtsbeschränkungen und Mehrstimmrechte, Inhaber- und Namensaktien, Aktienregister, Ausstellung, Ersatz und Kraftloserklärung von Aktien sowie deren Übertragung behandelt[5].

3   Auch im zweiten[6] und dritten[7] geänderten Entwurf (von 1989 bzw. 1991) waren noch **vergleichbare Sachregelungen** enthalten, wobei auf die Vorschriften zur Übertragung vollständig verzichtet und bezüglich Ausstellung, Ersatz und Kraftloserklärung von Aktien auf das Recht des Sitzstaates verwiesen wurde.

4   Im Zuge der weiteren Verschlankung der SE-Verordnung wurde in der **Ausrichtung für eine politische Einigung vom 20.12.2000**[8] erstmals vollständig auf Sachregeln zur Aktie verzichtet und generell auf das Recht des Sitzstaats verwiesen. Angesichts dessen, dass im Bereich des Rechts der Aktie – abgesehen von kapitalaufbringungs- und -erhaltungsbezogenen Vorschriften[9] – keine Rechtsangleichung stattgefunden hat, dürfte die Abstinenz der SE-VO in diesem Bereich nicht darauf zurückzuführen sein, dass in diesem Bereich „bei der Angleichung des nationalen Gesellschaftsrechts beachtliche Fortschritte erzielt worden"[10] waren.

2. Gesetzgebungstechnische Bedeutung der Verweisung

5   Mit der Verweisung auf nationales Recht hat der Verordnungsgesetzgeber seine Gesetzgebungskompetenz dahingehend ausgeübt, keine selbständige Regelung in der SE-VO zu treffen, sondern die mitgliedstaatlichen Regelungen für anwendbar zu erklären. Diese sind daher – sofern sie auf eine SE Anwendung finden – nicht mehr genuin mitgliedstaatliches, sondern „**abgeleitet legitimiertes Recht**"[11]. Das hat aber nicht zur Folge, dass dieses nationale Recht zu Gemeinschaftsrecht mutiert mit der weiteren Folge, dass es – sofern und soweit es für eine deutsche SE gilt – europarechtlich und in letzter Instanz vom EuGH auszulegen ist. Vielmehr ist und bleibt das Aktienrecht, auf das verwiesen wird, deutsches Recht, dessen Auslegung nach den Grundsätzen des deutschen Rechts erfolgt[12].

6   Die **Verweisung auf das deutsche Recht ist eine dynamische**[13]. D.h. auf die SE mit Sitz in Deutschland finden die deutschen Vorschriften in ihrer jeweiligen Fassung Anwendung. Der deutsche Gesetzgeber ist aufgrund der Verweisung nicht gehindert, sein nationales Recht zu ändern. Durch die Verweisung ist jedoch ausgeschlossen, dass der nationale Gesetzgeber für die Aktien der SE ein Sonderrecht schafft, dessen Regelungen von denen, die für Aktiengesellschaften mit Sitz in seinem Hoheitsgebiet gelten, abweichen.

II. „Aktie" als Gegenstand der Verweisung

7   Aktie hat **im deutschen Recht** unterschiedliche Bedeutungen: Als Aktie werden sowohl die Aktienurkunde als auch die anteilige Beteiligung am Grundkapital als auch

---

5 Dazu *Lutter* in Lutter, Europäische Aktiengesellschaft, 1976, S. 145 ff.
6 Art. 51 bis 54 des zweiten Vorschlags für eine Verordnung (EWG) des Rates über das Statut der Europäischen Aktiengesellschaft (COM (89) 268 endg. SYN 218).
7 Art. 51 bis 54 des dritten Vorschlags für eine Verordnung (EWG) des Rates über das Statut der Europäischen Aktiengesellschaft, ABl.EG C 176 S. 1 v. 8.7.1991).
8 Ratsdok. 14717/00 SE 8 SOC 500.
9 Z.B. Art. 8, 38 oder 39 der 2. gesellschaftsrechtlichen Richtlinie (Richtlinie 77/91/EWG).
10 9. Erwägungsgrund der SE-VO.
11 *Hommelhoff* in Lutter/Hommelhoff, Europäische Gesellschaft, S. 5, 7.
12 *Hommelhoff* in Lutter/Hommelhoff, Europäische Gesellschaft, S. 5, 23 f.
13 *Hommelhoff* in Lutter/Hommelhoff, Europäische Gesellschaft, S. 5, 12.

die Mitgliedschaft selbst (Gesamtheit der mit der Beteiligung verbundenen Rechte und Pflichten) bezeichnet[14].

Dieses Verständnis der Aktie kann Art. 5 nicht ohne weiteres zugrunde gelegt werden[15]. Vielmehr ist dieser Begriff (und damit die Reichweite der Verweisung) **autonom aus der SE-VO heraus auszulegen**[16].   8

Aktie im Sinne von Art. 5 ist jedenfalls das **Wertpapier** bzw. die Urkunde – das ergibt   9
sich bei systematischer Auslegung aus dem Kontext (Aktien, Schuldverschreibungen und sonstige Wertpapiere).

Von der Verweisung erfasst sind außerdem die Regeln über **Art, Typ und Gattung** der   10
Aktien – diese Bereiche waren nach den Vorentwürfen Gegenstand der Verordnung (historische Auslegung). Das aber betrifft nicht nur die „wertpapierrechtliche Seite der Aktie"[17] oder die Aktie als Rechtsgegenstand[18], sondern auch einzelne[19] mitgliedschaftliche Aspekte[20]. Die Mitgliedschaft ist beispielsweise insoweit angesprochen, als einzelne Mitgliedschaftsrechte bzw. deren Ausgestaltung (Gewinnbezugsrecht, Stimmrecht etc.) gattungsbegründend sein können, oder in Hinblick auf die Möglichkeiten der Beschränkung bzw. Erweiterung des Stimmrechts (Höchst- bzw. Mehrstimmrechte).

Und schließlich ist die Aktie auch europarechtlich Synonym für die **kapitalmäßige**   11
Beteiligung. Da die SE-VO in Art. 1 Abs. 2 die diesbezügliche Regelung selbst enthält, erfolgt insoweit keine Verweisung auf das nationale Recht.

Von der Verweisung in Art. 5 nicht erfasst sind die Vorschriften des nationalen   12
Rechts, die sich mit der **Änderung der mit der Aktie verbundenen Rechte** befassen. Das betrifft z.B. §§ 179 Abs. 3 und 182 Abs. 2 AktG. Sie stellen Satzungsänderungen dar, für die Art. 59 f. vorrangig sind[21]. Dabei ist zu beachten, dass § 141 Abs. 3 AktG über Art. 60 Abs. 2 i.V.m. 59 zur Anwendung kommt. Im Übrigen kommt in Hinblick auf die Mitgliedschaft deutsches Recht über Art. 9 subsidiär zur Anwendung[22].

Selbst wenn über die (Spezial-)Verweisung in Art. 5 nicht alle die Aktie (im nationa-   13
len Sinn) betreffenden Regeln des Rechts des Sitzstaats zur Anwendung kommen, finden sie über die **Generalverweisung des Art. 9** Abs. 1 lit. c ii Anwendung, soweit nicht vorrangig die SE-VO oder das SEAG zur Anwendung kommen[23]. Anders gewendet: Im praktischen Ergebnis ist eine Bestimmung des Anwendungsbereichs der Verweisung in Art. 5 (d.h. die autonome Auslegung des Begriffs „Aktie") entbehrlich, da das nationale Recht entweder über die Spezialverweisung in Art. 5 oder über die Generalverweisung in Art. 9 zur Anwendung kommt[24].

Verwiesen wird auf die **Sachnormen des deutschen Rechts**, nicht auf das deutsche in-   14
ternationale Gesellschaftsrecht[25]. Die Geltung des deutschen internationalen Privatrechts wird im Übrigen durch die Verweisung nicht berührt; das betrifft insbesondere

---

14 *Ziemons/Schluck-Amend* in Nirk/Ziemons/Binnewies, Handbuch AG, Loseblatt, Rz. I 6.1.
15 A.A. *B. Mayer* in Manz/Mayer/Schröder, Art. 5 SE-VO Rz. 64 f.
16 *Oechsler* in MünchKomm. AktG, Art. 5 SE-VO Rz. 3.
17 *Oechsler* in MünchKomm. AktG, Art. 5 SE-VO Rz. 35.
18 *Lutter* in Lutter, Europäische Aktiengesellschaft, 1976, S. 145, 146.
19 A.A. *B. Mayer* in Manz/Mayer/Schröder, Art. 5 SE-VO Rz. 64 ff., die eine Verweisung bezüglich sämtlicher Aspekte der Mitgliedschaft annimmt.
20 A.A. *Oechsler* in MünchKomm. AktG, Art. 5 SE-VO Rz. 35.
21 So auch *Schwarz*, Art. 5 Rz. 47 f., 50 f.
22 *Oechsler* in MünchKomm. AktG, Art. 5 SE-VO Rz. 35.
23 *Hommelhoff* in Lutter/Hommelhoff, Europäische Gesellschaft, S. 5, 15.
24 So auch *Casper* in Spindler/Stilz, Art. 5 SE-VO Rz. 1.
25 *Oechsler* in MünchKomm. AktG, Art. 5 SE-VO Rz. 5 m.w.N.

das internationale Sachenrecht (lex cartae sitae) bezüglich der Übertragung von (verbrieften) Aktien[26]. Daher gilt für eine SE mit Sitz in Deutschland in Hinblick auf Aktien Folgendes:

III. Inhalt der Verweisung[27]

15 Aktien können entweder als **Nennbetrags- oder Stückaktien** ausgegeben werden; der Mindestbetrag (geringster Nennwert oder anteiliger Betrag) beträgt 1,00 Euro, § 8 Abs. 1 bis 4 AktG. Die Aktie ist (vorbehaltlich einer Neueinteilung des Grundkapitals) unteilbar, § 8 Abs. 4 AktG. Die gemeinschaftliche Berechtigung an einer SE-Aktie bestimmt sich nach § 69 AktG.

16 Die SE kann sowohl **Inhaber- als auch Namensaktien** ausgeben, § 10 Abs. 1 und 2 AktG. Die Übertragung von Namensaktien kann an die Zustimmung der Gesellschaft gebunden werden (§ 68 Abs. 2 AktG); anderweitige Vinkulierungen sind nicht statthaft. Für verbriefte Namensaktien ist ein Aktienregister zu führen, wodurch der als Aktionär Eingetragene gegenüber der Gesellschaft, nicht aber gegenüber Dritten als Inhaber der Aktie legitimiert ist, § 67 AktG.

17 Auch die **Verbriefung** richtet sich nach deutschem Recht. Das betrifft nicht nur den Anspruch des Aktionärs auf Verbriefung bzw. dessen Ausschluss (§ 10 Abs. 5 AktG) und die Verbriefung als solche (Ausstellung der Urkunde und Begebungsvertrag), sondern auch das Verbot der Ausgabe von Aktien vor Eintragung der SE bzw. der Durchführung einer Kapitalerhöhung (§§ 41 Abs. 4, 191 AktG) und das Verfahren der Kraftloserklärung von Aktien, §§ 72 ff. AktG.

18 **Verfügungen** über Aktien richten sich nach deutschem Recht. Verbriefte Aktien können wertpapiermäßig übertragen werden, wodurch auch ein gutgläubiger Erwerb ermöglicht wird; unverbriefte Aktien werden nach §§ 398 ff. BGB durch Abtretung übertragen. Legitimationszession (§§ 129 Abs. 3, 135 Abs. 7 AktG) ist zulässig und richtet sich ebenso wie die Verpfändung nach deutschem Recht.

19 **Aktiengattungen** können durch unterschiedliche Rechte jeder Art begründet werden; die Gattungsunterschiede sind nicht auf Sonderrechte bei der Gewinnverteilung oder der Verteilung des Liquidationserlöses beschränkt, § 11 AktG. Auch in Hinblick auf Mitverwaltungsrechte (zum Stimmrecht Rz. 20) sind gattungsbegründende unterschiedliche Ausstattungen der Aktie möglich, z.B. Erfordernis von Sonderbeschlüssen bei bestimmten Beschlussgegenständen. Andererseits ist es nicht zulässig, sog. rückkaufbare Aktien zu schaffen, die ihrem Inhaber oder der SE das Recht gewähren, diese Aktien zurückzukaufen bzw. an die SE zu verkaufen. Die diesbezügliche Satzungsautonomie richtet sich nach nationalem, d.h. deutschem Aktienrecht[28].

20 Hinsichtlich des **Stimmrechts** gilt das Prinzip one share one vote, d.h. Mehrstimmrechtsaktien sind unzulässig (§ 12 Abs. 2 AktG); Höchststimmrechte können nur in der Satzung der nicht börsennotierten SE vorgesehen werden, § 134 Abs. 1 Satz 2 bis 6 AktG. Stimmrechtslose Vorzugsaktien können unter Beachtung der §§ 139 ff. AktG geschaffen werden[29].

---

26 Ähnlich *Oechsler* in MünchKomm. AktG, Art. 5 SE-VO Rz. 36. Vgl. dazu schon *Lutter* in Lutter, Europäische Aktiengesellschaft, 1976, S. 145, 152.

27 Vgl. dazu auch *Schwarz*, Art. 5 Rz. 46 ff.; *Oechsler* in MünchKomm. AktG, Art. 5 SE-VO Rz. 36; *Merkt* in Lutter/Hommelhoff, Europäische Gesellschaft, S. 179, 190.

28 *Schwarz*, Art. 5 Rz. 47. Vgl. dazu auch *C. Jaeger*, Die Europäische Aktiengesellschaft – europäischen oder nationalen Rechts?, 1994, S. 65 ff., 102.

29 *Schwarz*, Art. 5 Rz. 49.

IV. Konsequenzen der Verweisung auf nationales Recht

Da das materielle Recht der Aktie in den Mitgliedstaaten – anders als etwa Kapital-   21
aufbringung und Kapitalerhaltung – keine Angleichung[30] erfahren hat[31], können sich
in Abhängigkeit vom Sitzstaat größere oder kleinere Unterschiede ergeben, die bei
der Wahl des Sitzstaats auch berücksichtigt werden sollten, um ggf. Gestaltungsspielräume zu nutzen[32]. Bei diesem Statuten-Shopping ist aber zu berücksichtigen, dass
mit der **Arbitrage** auch erhöhte Transaktionskosten (dazu auch Rz. 24) verbunden
sein können – Kenntnis des ausländischen Rechts und der Gerichtspraxis sind erforderlich.

Die Verweisung auf das (nicht angeglichene) Sitzstaatsrecht hat (abgesehen von der   22
Möglichkeit der Arbitrage[33] bei Gründung, Rz. 21) Vor- und Nachteile: Die **Verlegung
des Satzungssitzes** (Art. 8) hat zur Folge, dass sich auch der rechtliche Rahmen für
und damit die rechtliche Ausgestaltung der Aktie ändert: Maßgeblich ist nicht mehr
das Recht des Gründungsstaats, sondern das des neuen Sitzstaats. Während die SE-
VO zum Schutz der (dissentierenden) Aktionäre (Art. 8 Abs. 5) und der Gläubiger der
SE (Art. 8 Abs. 7) (mittelbar) Vorkehrungen trifft, werden die **Interessen sonstiger
dinglich Berechtigter an Aktien der SE** (z.B. Gläubiger von Aktionären oder Dritten,
denen SE-Aktien verpfändet wurden) in der SE-VO nicht berücksichtigt. Kennt das
Recht des neuen Sitzstaats etwa kein Pfandrecht oder knüpft es dessen Entstehen
oder Bestand an andere Voraussetzungen als das deutsche Recht, erlischt das Pfandrecht. Diesem Umstand sollte in Verpfändungsverträgen über SE-Aktien Rechnung
getragen werden. In Hinblick auf die Möglichkeit des identitätswahrenden Formwechsels einer AG in eine SE (Art. 2 Abs. 4), die ihren Sitz dann grenzüberschreitend
verlegen kann, sollten auch in Verträgen über die Verpfändung von Aktien einer AG
bereits entsprechende Vorkehrungen (z.B. Ausübung der Aktionärsrechte nur mit
Einwilligung bzw. auf Verlangen des Pfandgläubigers, Pflicht zur Bestellung von Er-
satzsicherheiten etc.) getroffen werden.

Andererseits hat die Verweisung auf nationales Recht auch **negative Auswirkungen**   23
auf die von der SE-VO intendierte Mobilität der SE innerhalb der EU: weichen die die
Aktie betreffenden Vorschriften von Herkunfts- und Mitgliedstaat wesentlich voneinander ab, können umfangreiche Änderungen von Satzung und oder Struktur erforderlich sein. Z.B. Zusammenlegung von Aktien oder Kapitalmaßnahmen, um Min-
destnennbetragserfordernissen des Zuzugsstaats zu genügen, oder Abschaffung von
im Ausland zulässigen sog. Golden Shares, wenn die SE ihren Sitz nach Deutschland
verlegt.

Demgegenüber wiegt der mit der Verweisung auf das nationale Recht verbundene   24
Vorteil, dass auf vertraute Strukturen zurückgegriffen werden kann[34], nicht so
schwer. Solange die SE ihren Sitz in Deutschland hat, können sich deutsche Aktionäre, Organmitglieder und Gläubiger etc. bezüglich der die Aktie betreffende Regelungen auf vertrautem Boden bewegen. Sobald sich aber der Sitz der SE im Ausland befindet, gelten dessen Vorschriften und die ausländische SE unterscheidet sich insoweit nicht von der Aktiengesellschaft ausländischen Rechts mit der Folge, dass die

---

30 Art. 3 der 2. gesellschaftlichen Richtlinie bewirkt keine Angleichung der nationalen Aktienrechte, sondern betrifft die Angleichung der Publizität.
31 Dazu z.B. *Wehrlauff*, EU-Company-Law, 2. Aufl. 2003, S. 299 ff.
32 Vgl. dazu z.B. *J. Schmidt*, „Deutsche" vs. „britische" Societas Europaea, S. 417 ff., 429; *Merkt*
   in Lutter/Hommelhoff, Europäische Gesellschaft, S. 179, 191; schon *Lutter* in Lutter, Europäische Aktiengesellschaft, 1976, S. 145 ff.
33 *Merkt* in Lutter/Hommelhoff, Europäische Gesellschaft, S. 179, 191.
34 So *Fleischer* in Lutter/Hommelhoff, Europäische Gesellschaft, S. 169, 171.

Transaktionskosten für die Beteiligten entsprechend steigen. Das gilt entsprechend für ausländische Beteiligte (Aktionäre, Organmitglieder, Gläubiger) bei einer deutschen SE.

Anhang II zu Art. 5 SE-VO
Wandelschuldverschreibungen und Gewinnschuld-
verschreibungen bei der SE

Literatur: *Hirte*, Die Europäische Aktiengesellschaft, NZG 2002, 1; *Koke*, Die Finanzverfassung der Europäischen Aktiengesellschaft (SE) mit Sitz in Deutschland, 2005.

Die Verordnung des Rates über das Statut der Europäischen Gesellschaft (SE-VO) enthält **keine speziellen Regelungen** für die Ausgabe von Wertpapieren durch die SE. Der Grund liegt in der Vergleichbarkeit der in den Mitgliedstaaten bestehenden Rechtslage, so dass das Kapital auch bei Anwendung der entsprechenden nationalen Regelungen hinreichend gesichert erscheint[1].

I. Anzuwendendes Recht

1. Inhalt von Art. 5

1 Nach Art. 5 gelten für eine SE die Vorschriften des **Rechts des Sitzstaates**, in dem die SE eingetragen ist[2]. Demgemäß finden über Art. 5 für eine SE mit Sitz in Deutschland § 221 AktG und damit die Regelungen des deutschen Rechts über Wandelschuldverschreibungen, Optionsanleihen, Gewinnschuldverschreibungen und Genussrechte Anwendung[3]. Von Art. 5 gemeint ist der Satzungssitz der SE, denn gem. Art. 12 Abs. 1 wird die SE im Sitzstaat eingetragen (dazu Art. 5 Rz. 1).

2. Sachnorm- oder Gesamtnormverweisung

2 Bei Art. 5 handelt es sich nicht um eine sog. Kollisionsnorm- oder Gesamtnormverweisung, bei der erst das Kollisionsrecht des Sitzstaates Aufschluss über die Anwendbarkeit des nationalen Sachrechts gibt, sondern um eine sog. Sachnormverweisung: Verwiesen wird sogleich auf das **materielle Gesellschaftsrecht des Sitzstaates**. Hierfür spricht zum einen der Wortlaut von Art. 5, da nicht auf den gesamten für Aktiengesellschaften geltenden Normenbestand des Sitzstaates, sondern auf einzelne Regelungen des Sitzstaates über die Ausgabe von Wertpapieren durch die AG verwiesen

1 *Mayer* in Manz/Mayer/Schröder, Art. 5 SE-VO Rz. 2.
2 *Schwarz*, Art. 5 Rz. 67; *Koke*, S. 209.
3 *Koke*, S. 209; *Schwarz*, Art. 5 Rz. 67 m.w.N.

wird. Zum anderen handelt es sich bei der SE-VO der Natur nach um völkervertragliches Kollisionsrecht, das grundsätzlich Sachnormverweisungen enthält. Schließlich gelten hier wie auch sonst zugunsten einer Sachnormverweisung die mit ihr verbundene Praktikabilität und Rechtssicherheit[4].

3. Regelungsinhalt der Verweisung

Von der Verweisung nach Art. 5 sind zunächst die Regelungen zur **gesellschaftsrechtlichen Zulässigkeit der Ausgabe** der Wertpapiere, sodann die Regelungen zur **Organzuständigkeit** für die Entscheidung über die Ausgabe der Wertpapiere und schließlich die Regelungen zum gesellschaftsinternen **Verfahren** erfasst[5]. In allen diesen Fragen enthält die SE-VO keine eigenen Regelungen, sondern sie verweist auf das Recht des Sitzstaates.   3

Unklar ist nach der SE-VO indessen, ob **der Anleihevertrag und der Emissionsvertrag**   4 von der Verweisung des Art. 5 erfasst sind oder ob das anwendbare Recht für die Vertragsbeziehungen zwischen Anlegern oder Emissionsbank und Emittenten nach den allgemeinen Grundsätzen des internationalen Privatrechts zu ermitteln ist. Beim Erwerb von Fremdkapital durch die SE im Wege der Ausgabe einer Anleihe ist die SE als Dritter zu qualifizieren, so dass es sich nicht um einen gesellschaftsrechtlichen Vorgang handelt[6]. Da andere als gesellschaftsrechtliche Vorgänge nicht unter Art. 5 fallen, werden Anleihe- und Emissionsvertrag nicht vom Regelungsbereich der SE-VO und damit nicht von der Verweisung in Art. 5 erfasst.

II. Ausgabe der Finanzierungstitel

1. Zuständigkeit

Nach der SE-VO bedarf es zur Begebung der Finanzierungstitel durch die SE eines   5 Hauptversammlungsbeschlusses, Art. 52 Unterabs. 2 i.V.m. §§ 221 Abs. 1, 119 Abs. 1 Nr. 6 AktG[7]. Eine Satzungsänderung ist für die Ausgabe der Finanzierungstitel nicht erforderlich[8]. Das Erfordernis eines Hauptversammlungsbeschlusses entspricht dem Anlegerschutz, da sich die Ausgabe entsprechender Finanzierungstitel auf die künftige Beteiligungsstruktur der SE auswirkt und damit allgemeine Strukturfragen der SE betroffen sind[9]. Gleiches gilt auch für die Ausgabe von Gewinnschuldverschreibungen und Genussrechten, wie die Entstehungsgeschichte der SE-VO erkennen lässt. Der Grund für das Erfordernis eines Hauptversammlungsbeschlusses liegt in der möglichen Konkurrenzstellung der Aktionärsrechte mit den Rechten der Gläubiger von Wandelschuldverschreibungen und ähnlichen Finanzierungstiteln.

2. Mehrheitserfordernisse

Art. 57 und Art. 59 regeln abschließend die Mehrheitserfordernisse bei der Beschluss-   6 fassung der Hauptversammlung im Allgemeinen, so dass die entsprechenden Regelungen im Aktiengesetz, §§ 133 Abs. 1, 221 Abs. 1 AktG, nicht zur Anwendung kom-

---

4 *Koke*, S. 12.
5 *Schwarz*, Art. 5 Rz. 68.
6 *Koke*, S. 206.
7 *Koke*, S. 209: Auf Genussrechte ist § 221 Abs. 3 AktG anzuwenden.
8 *Schwarz*, Art. 5 Rz. 70 f.
9 *Lutter* in KölnKomm. AktG, § 221 Rz. 37.

men[10]. Verbreitet wird daher angenommen, dass eine **Mehrheit von zwei Dritteln der abgegebenen Stimmen** bei der Ausgabe der Finanzierungstitel und damit ein Beschluss der Hauptversammlung der SE mit satzungsändernder Mehrheit zu fordern sei[11]. Dies wird mit dem Bedürfnis nach umfassendem Anlegerschutz begründet und stimmt mit den Vorgängerentwürfen zur SE-VO überein[12].

3. Einfluss des Sitzstaatsrechts

7 Die **Anforderungen an die Mehrheitsverhältnisse** bei der Ausgabe der Finanzierungstitel können durch das jeweilige Sitzstaatsrecht **modifiziert** werden. Dies folgt aus Art. 59 Abs. 1 a.E., der zulässt, dass das jeweilige Sitzstaatsrecht eine größere als die Mehrheit von zwei Dritteln der abgegebenen Stimmen vorsehen kann[13]. Nach Art. 59 Abs. 1 i.V.m. § 221 Abs. 1 Satz 2 und 3 AktG bedarf es einer Mehrheit von mindestens drei Vierteln der abgegebenen Stimmen in SE-spezifischer Auslegung[14]. Eine Änderung des Mehrheitserfordernisses durch die Satzung ist nach Art. 59 Abs. 1 i.V.m. § 221 Abs. 1 Satz 3 Halbs. 1 AktG möglich. Einzuhalten ist jedoch das von Art. 59 Abs. 1 vorausgesetzte **Mindesterfordernis** von zwei Dritteln der abgegebenen Stimmen[15].

Art. 6
[Satzung]

Für die Zwecke dieser Verordnung bezeichnet der Ausdruck „Satzung der SE" zugleich die Gründungsurkunde und, falls sie Gegenstand einer getrennten Urkunde ist, die Satzung der SE im eigentlichen Sinne.

Literatur: Brandt, Überlegungen zu einem SE-Ausführungsgesetz, NZG 2002, 991; *Brandt/Scheifele,* Die Europäische Aktiengesellschaft und das anwendbare Recht, DStR 2002, 547; *Casper,* Der Lückenschluss im Statut der Europäischen Aktiengesellschaft, in FS Ulmer, 2003, S. 51; *Hommelhoff,* Satzungsstrenge und Gestaltungsfreiheit in der Europäischen Aktiengesellschaft, in FS Ulmer, 2003, S. 267; *Kallmeyer,* Europa-AG: Strategische Optionen für deutsche Unternehmen, AG 2003, 197; *Lutter/Kollmorgen/Feldhaus,* Die Europäische Aktiengesellschaft – Satzungsgestaltung bei der „mittelständischen SE", BB 2005, 2473; *Nagel,* Die Europäische Aktien-

---

10 *Koke,* S. 210; anders *Jaeger,* Die Europäische Aktiengesellschaft, 1994, S. 102: Anzuwenden sind die Mehrheitserfordernisse des § 221 Abs. 1 Satz 2 AktG aufgrund der Verweisung in Art. 56 SE – VO 1991.
11 *Schwarz,* Art. 5 Rz. 71.
12 *Koke,* S. 211 f.; a.A. *Theisen/Wenz,* Europäische Aktiengesellschaft, S. 333, 347.
13 *Theisen/Wenz,* Europäische Aktiengesellschaft, S. 333, 347.
14 *Koke,* S. 213.
15 *Schwarz,* Art. 5 Rz. 73.

gesellschaft (SE) in Deutschland – der Regierungsentwurf zum SE-Einführungsgesetz, NZG 2004, 833; *Nagel*, Ist die Europäische Aktiengesellschaft (SE) attraktiv?, DB 2004, 1299; *Wagner*, Die Bestimmung des auf die SE anwendbaren Rechts, NZG 2002, 985.

I. Begriff der Satzung

Die SE-VO enthält nur punktuelle Regelungen betreffend die Satzung der SE, näm- 1
lich über die Geltung von Satzungsregelungen (Art. 9 Abs. 1 lit. b und lit. c iii), das Verhältnis von Satzung und Mitbestimmungsvereinbarung (Art. 12 Abs. 4), das Verfahren zur Änderung der Satzung (Art. 59) sowie – im Rahmen der betreffenden Regelungsbereiche – zahlreiche Gestaltungsermächtigungen und Regelungsaufträge an den Satzungsgeber (s. im Einzelnen Rz. 6 ff.). Art. 6 stellt klar, dass sich der in diesen Vorschriften einheitlich gebrauchte Ausdruck „Satzung der SE" sowohl auf die Gründungsurkunde als auch auf die Satzung der SE im eigentlichen Sinne bezieht, sofern die Satzung im eigentlichen Sinne in einer von der Gründungsurkunde getrennten Satzungsurkunde niedergelegt ist.

Die **Gründungsurkunde** im Sinne von Art. 6 ist je nach Gründungsform der Ver- 2
schmelzungsplan (Art. 20), der Gründungsplan (Art. 32 Abs. 2), der Umwandlungsplan (Art. 37 Abs. 4) bzw. bei der Gründung einer Tochter-SE die Gründungsurkunde (Art. 15 Abs. 1 i.V.m. § 23 AktG).[1]

Die **Satzung im eigentlichen Sinne** ist die normative Grundordnung der SE, also die 3
Gesamtheit der materiellen (echten, körperschaftlichen, korporativen, normativen) Satzungsbestimmungen betreffend die Gesellschaft und ihre Beziehungen zu den Aktionären[2]. Davon abzugrenzen sind die formellen (unechten, individuellen) Satzungsbestimmungen, die nicht zur Satzung im eigentlichen Sinne gehören, aber durch ihre Aufnahme in die Satzungsurkunde zu Bestandteilen des Satzungstextes werden[3]. Dabei gehören alle Regelungen, die aufgrund von Gestaltungsermächtigungen der SE-VO mit oder ohne Regelungsauftrag in die Satzung aufgenommen wurden, zu den materiellen Satzungsbestimmungen. Dies gilt auch dann, wenn die entsprechende Regelung in der Satzung einer AG als formeller Satzungsbestimmung zu qualifizieren wäre, also z.B. für die Bestellung der ersten Organmitglieder, die gem. Art. 40 Abs. 2 Satz 2 und Art. 43 Abs. 3 Satz 2 ausdrücklich *durch die Satzung* erfolgen kann[4].

Die Satzung im eigentlichen Sinne ist zunächst bei allen Formen der Gründung einer 4
SE notwendiger Bestandteil der Gründungsurkunde (vgl. Art. 20 Abs. 1 lit. h für den Verschmelzungsplan, Art. 32 Abs. 2 i.V.m. Art. 20 Abs. 1 lit. h für den Gründungsplan, Art. 37 Abs. 7 für den Umwandlungsplan sowie Art. 15 Abs. 1 i.V.m. § 23 AktG für die Gründungsurkunde einer Tochter-SE). Der Fall, dass die Satzung Gegenstand einer von der Gründungsurkunde getrennten Urkunde ist, kann sich daher erst nach einer späteren Änderung der Satzung ergeben. Da bei allen späteren Satzungsänderungen gem. § 181 Abs. 1 Satz 2 AktG der vollständige Wortlaut der Satzung zum

---

1 *Fuchs* in Manz/Mayer/Schröder, Art. 6 SE-VO Rz. 4.
2 *Schwarz*, § 6 Rz. 29.
3 Vgl. zur Abgrenzung im nationalen Aktienrecht *Seibt* in K. Schmidt/Lutter, AktG, § 23 Rz. 6 f.
4 Vgl. *Schwarz*, Art. 6 Rz. 45.

Handelsregister eingereicht werden muss, ist die Satzung im eigentlichen Sinne stets vollständig in einer einzigen **Satzungsurkunde** enthalten[5]. Mit der Bezeichnung als „Urkunde" sind durch Art. 6 keine Formerfordernisse vorgegeben (die englische Fassung der SE-VO spricht neutral von „document").

5   Die **Gleichstellung von Gründungsurkunde und Satzung im eigentlichen Sinn** gilt nach Art. 6 nur „für die Zwecke dieser Verordnung", also nicht für die Anwendung nationalen Rechts. Auf diese Weise wird es den Gründern freigestellt, in der SE-VO enthaltene Regelungsaufträge nicht in dem als dauerhafter Satzungstext der SE bestimmten Teil der Gründungsurkunde, sondern an anderer geeigneter Stelle in der Gründungsurkunde umzusetzen. Dies ist sinnvoll, denn beispielsweise die Bestellung der ersten Mitglieder des Aufsichtsorgans (Art. 39 Abs. 2 Satz 2) oder des Verwaltungsorgans (Art. 43 Abs. 3 Satz 2) hat keine über das Gründungsstadium hinausgehende Bedeutung.

II. Notwendiger Inhalt

6   Die SE-VO enthält keine Bestimmungen über den notwendigen Mindestinhalt der Satzung. Über die Verweise in Art. 9 Abs. 1 lit. b ii sowie in Art. 15 Abs. 1 kommen die nationalen Vorschriften der Mitgliedsstaaten betreffend den notwendigen Inhalt der Satzung von Aktiengesellschaften zur Anwendung, die aber ihrerseits aufgrund der Zweiten Gesellschaftsrechtlichen EU-Richtlinie[6] harmonisiert sind.

7   Für die SE mit Sitz in Deutschland findet der **Katalog des § 23 Abs. 3 und Abs. 4 AktG** Anwendung[7]. Darüber hinaus sind in der Satzung gem. § 26 Abs. 1 AktG etwaige einzelnen Aktionären oder Dritten eingeräumte **Sondervorteile** sowie gem. § 26 Abs. 2 AktG der von der Gesellschaft übernommene **Gründungsaufwand** festzusetzen.

8   Je nach Gründungsform sind des weiteren die nach § 27 AktG erforderlichen Festsetzungen über vereinbarte **Sacheinlagen oder Sachübernahmen** in die Satzung aufzunehmen[8]. Unproblematisch ist dies bei der Gründung einer Tochter-SE, sofern es sich um eine Sachgründung handelt. Schwierigkeiten bereitet die Anwendung von § 27 AktG bei der – stets eine Sachgründung darstellenden – Gründung einer Holding-SE, denn im Zeitpunkt der Beschlussfassung über die Satzung, die Bestandteil des Gründungsplans ist, steht noch nicht fest, wie viele und welche Gesellschafter der Gründungsgesellschaften ihre Anteile als Sacheinlage in die SE einbringen werden (vgl. Art. 33). Die Festsetzungen in der Satzung nach § 27 AktG sind daher ähnlich dem Fall einer Kapitalerhöhung mit Sacheinlagen einerseits durch möglichst genau einzugrenzende Angaben über die Sacheinlagen im Gründungsplan gem. Art. 32 Abs. 2[9], andererseits durch Aufnahme der individuellen Festsetzungen über die Sacheinlagen in von den am Tausch teilnehmenden Gesellschaftern in analoger Anwendung von

---

5 Vgl. *Schwarz*, Art. 6 Rz. 45.
6 Zweite Richtlinie 77/91/EWG des Rates vom 13. Dezember 1976 zur Koordinierung der Schutzbestimmungen, die in den Mitgliedstaaten den Gesellschaften im Sinne des Artikels 58 Abs. 2 des Vertrages im Interesse der Gesellschafter sowie Dritter für die Gründung der Aktiengesellschaft sowie für die Erhaltung und Änderung ihres Kapitals vorgeschrieben sind, um diese Bestimmungen gleichwertig zu gestalten, ABl.EG Nr. L 26 v. 31.1.1977, S. 1 ff.
7 Vgl. hierzu *Seibt* in K. Schmidt/Lutter, AktG, § 23 Rz. 30 ff.
8 Vgl. *Meister/Klöcker* in Kallmeyer, UmwG, § 197 Rz. 35; *Grunewald* in Lutter, UmwG, § 74 Rz. 6; *Marsch-Barner* in Kallmeyer, UmwG, § 74 Rz. 1; *Rieger* in Widmann/Mayer, § 74 UmwG Rz. 3.
9 *Mayer* in Manz/Mayer/Schröder, Art. 32 SE-VO Rz. 4; *Schwarz*, Vor Art. 32 Rz. 24.

§ 185 AktG zu unterzeichnende Zeichnungsscheine[10] zu ersetzen (vgl. auch Art. 32 Rz. 35). Für die Gründung einer Kapitalgesellschaft im Wege der Verschmelzung durch Neugründung, ist im nationalen Recht streitig, ob das Vermögen der übertragenden Rechtsträger gem. § 36 Abs. 2 UmwG i.V.m. § 27 AktG als Sacheinlage in der Satzung festzusetzen ist[11]. Nach überzeugender Auffassung ist dies auch bei der Neugründung einer SE durch Verschmelzung nicht erforderlich, weil die entsprechenden Bestimmungen im Verschmelzungsplan getroffen werden[12]. Auch bei der Gründung durch Umwandlung ist in der Satzung nicht zwingend eine § 27 AktG genügende Bestimmung aufzunehmen (Art. 37 Rz. 33).

Durch Art. 15 Abs. 1 in Verbindung mit nationalem **Umwandlungsrecht** wird der **9** notwendige Satzungsinhalt dahingehend erweitert, dass auch alle Festsetzungen über Sondervorteile, Gründungsaufwand, Sacheinlagen und Sachübernahmen, die in den Gesellschaftsverträgen oder Satzungen der übertragenden bzw. formwechselnden Gesellschaften enthalten waren, in die Satzung der neuen SE zu übernehmen sind (vgl. für die Verschmelzung § 74 UmwG sowie für die Umwandlung § 243 UmwG). Wegen des notwendigen Formwechsels gilt dies auch für die Gründung im Wege der Verschmelzung durch Aufnahme[13].

Für die SE ergeben sich über die §§ 23 Abs. 3 und Abs. 4, 26, 27 AktG hinaus zusätz- **10** lich notwendige Inhalte der Satzung aus den **Gestaltungsermächtigungen der SE-VO mit Regelungsauftrag** (s. unten Rz. 15).

III. Satzungsstrenge und Gestaltungsermächtigungen

1. Grundsatz der Satzungsstrenge

Für die deutsche Aktiengesellschaft gilt der Grundsatz der Satzungsstrenge, deren **11** beide Ausprägungen in § 23 Abs. 5 AktG niedergelegt sind:

(1) *Abweichungen* von den Vorschriften des Aktiengesetzes in der Satzung sind *unzulässig*, es sei denn, das Gesetz lässt sie ausdrücklich zu.

(2) *Ergänzungen* der gesetzlichen Regelung durch die Satzung sind *zulässig*, es sei denn, das Gesetz enthält eine abschließende Regelung.

Für eine in Deutschland als Sitzstaat gegründete SE gilt der Grundsatz der **Satzungs-** **12** **strenge in doppelter Hinsicht**: Zunächst unterliegt die SE gem. Art. 9 Abs. 1 lit. b den Bestimmungen einer Satzung nur, *„sofern die [SE-VO] dies ausdrücklich zulässt"*. Darüber hinaus unterliegt die SE in Bezug auf Aspekte, die von der SE-VO nicht oder nur teilweise geregelt sind, dem deutschen Aktienrecht – und damit § 23 Abs. 5 AktG – (Art. 9 Abs. 1 lit. c ii) sowie den Bestimmungen ihrer Satzung unter den gleichen Voraussetzungen wie eine nach deutschem Recht gegründete Aktiengesellschaft (Art. 9 Abs. 1 lit. c iii)[14].

---

10 So vorgeschlagen von *Jannott* in Jannott/Frodermann, Handbuch Europäische Aktiengesellschaft, Rz. 3–170.

11 Dafür *Marsch-Barner* in Kallmeyer, UmwG, § 36 Rz. 10, § 74 Rz. 1; *Rieger* in Widmann/Mayer, § 74 UmwG Rz. 3; a.A. *Grunewald* in Lutter, UmwG, § 74 Rz. 6.

12 Vgl. *Mayer* in Manz/Mayer/Schröder, Art. 5 SE-VO Rz. 40; sowie für das nationale Recht *Grunewald* in Lutter, UmwG, § 74 Rz. 6.

13 Vgl. *Marsch-Barner* in Kallmeyer, UmwG, Anhang Rz. 45; *Scheifele*, Gründung, S. 167; *Neun* in Theisen/Wenz, Europäische Aktiengesellschaft, S. 88.

14 *Seibt* in Lutter/Hommelhoff, Europäische Gesellschaft, S. 67, 68; *Kallmeyer*, AG 2003, 197, 198; *Hommelhoff* in FS Ulmer, S. 267, 276; *Wagner*, NZG 2002, 985, 989; *Schwarz*, Art. 6 Rz. 47, 92.

13 Der europarechtliche Grundsatz der Satzungsstrenge dient offenbar der „juristischen Einheitlichkeit der europäischen Unternehmen" in den nationalstaatlichen Rechtsformen der SE (Erwägungsgrund 6 der SE-VO[15]), insbesondere von kapitalmarktnahen SE[16]. Eine an sich dann gebotene Differenzierung der Normenkataloge für kapitalmarktorientierte und nicht kapitalmarktorientierte Unternehmen trifft die SE-VO allerdings nicht und wird daher nur unvollständig und in der EU uneinheitlich durch Verweis auf das einzelstaatliche Recht erreicht[17].

14 Anders als § 23 Abs. 5 AktG erlaubt Art. 9 Abs. 1 lit. b Satzungsbestimmungen nur bei deren *ausdrücklicher* Zulassung durch die SE-VO. Nicht genannt ist dagegen die **Möglichkeit** *ergänzender* Regelungen in der Satzung, wenn die Auslegung einer Verordnungsbestimmung ergibt, dass diese nicht abschließend ist. Daraus kann allerdings nicht geschlossen werden, dass der europäische Grundsatz der Satzungsstrenge die Satzungsautonomie noch stärker einschränkt als das deutsche Aktiengesetz[18]. Denn in den Fällen, in denen die Verordnung einen Bereich nicht abschließend regelt, kommt gem. Art. 9 Abs. 1 lit. c ii und iii das nationale Aktienrecht zur Anwendung, das seinerseits Ergänzungen durch die Satzung in Fällen nicht abschließender Regelung durch das Gesetz zulässt. Enthält weder die SE-VO noch das deutsche Aktiengesetz eine abschließende Regelung, dürfte somit im Ergebnis wie im deutschen Aktienrecht ein verdeckter Regelungsfreiraum für ergänzende Satzungsbestimmungen bestehen[19].

2. Gestaltungsermächtigungen in der SE-VO

15 Die in der SE-VO enthaltenen Gestaltungsermächtigungen zugunsten des Satzungsgebers können – in Folge von *Hommelhoff*[20] – eingeteilt werden in solche (1) **mit Regelungsauftrag** und (2) **ohne Regelungsauftrag**. Für einen Teil der Gestaltungsermächtigungen ohne Regelungsauftrag ist Voraussetzung, dass das deutsche Recht für Aktiengesellschaften dieselbe Regelung zulässt (*Gleichlaufprinzip*). Hieraus kann allerdings nicht gefolgert werden, dass der nationale Gesetzgeber darin gehindert ist, die SE attraktiver auszugestalten als die nationale Aktiengesellschaft[21]. Dies ergibt

---

15 „(6) Die juristische Einheitlichkeit der europäischen Unternehmen muss ihrer wirtschaftlichen weitestgehend entsprechen. Neben den bisherigen Gesellschaftsformen nationalen Rechts ist daher die Schaffung von Gesellschaften vorzusehen, deren Struktur und Funktionsweise durch eine in allen Mitgliedstaaten unmittelbar geltende gemeinschaftliche Verordnung geregelt werden."

16 *Hommelhoff* in FS Ulmer, S. 267, 273; *Seibt* in Lutter/Hommelhoff, Europäische Gesellschaft, S. 67, 68 f.; *Schwarz*, Art. 6 Rz. 52.

17 *Seibt* in Lutter/Hommelhoff, Europäische Gesellschaft, S. 67, 69; zur erweiterten Satzungsfreiheit bei nicht börsennotierten Unternehmen im deutschen Recht vgl. § 67 Abs. 6 AktG (Einsichtsrecht in Aktienregister), § 134 Abs. 1 Satz 2 AktG (Höchststimmrechte).

18 *Seibt* in Lutter/Hommelhoff, Europäische Gesellschaft, S. 67, 69; abweichend *Hommelhoff* in FS Ulmer, S. 267, 272: dieses umfassende Regelungsverbot der SE-VO könne nur durch eine restriktive Interpretation für verordnungsergänzende Satzungsregelungen aufgeschlossen werden; auch *Wagner*, NZG 2002, 985, 988, stellt fest, dass sich eine gemeinschaftsrechtliche Satzungsautonomie nicht erst durch Auslegung ergeben könne.

19 *Seibt* in Lutter/Hommelhoff, Europäische Gesellschaft, S. 67, 69; im Ergebnis ähnlich *Schwarz*, Art. 6 Rz. 50.

20 *Hommelhoff* in FS Ulmer, 2003, S. 267, 274; vgl. auch *Brandt/Scheifele*, DStR 2002, 547, 555; *Wagner*, NZG 2002, 985, 989; *Schwarz*, Art. 6 Rz. 62 ff., der je nach inhaltlichem Gestaltungsspielraum des Satzungsgebers weiter unterscheidet zwischen Ausgestaltungsermächtigungen und Ausgestaltungsverpflichtungen einerseits sowie Wahlrechten und Wahlpflichten andererseits und in „begrenzt statutarischen Ausgestaltungslegitimierungen eine Zwischenstufe analysiert", die sich wiederum nach Erlassbegrenzungen und Inhaltsbegrenzungen unterscheiden lassen.

21 *Seibt* in Lutter/Hommelhoff, Europäische Gesellschaft, S. 67, 69; *Kallmeyer*, AG 2003, 197, 198; a.A. *Hommelhoff* in FS Ulmer, 2003, S. 267, 275; *Schwarz*, Art. 6 Rz. 83, 88, 96.

sich aus Folgendem: Ein Gleichlauf mit dem nationalen Aktiengesetz ist vom europäischen Verordnungsgeber nur bei bestimmten Gestaltungsermächtigungen vorgesehen, aber eben nicht in allen Fällen. Art. 69 lit. d ist vor dem Hintergrund dieser ausdrücklichen Gleichlaufanordnungen zu lesen, deren Zweckmäßigkeit spätestens fünf Jahre nach Inkrafttreten der SE-VO zu überprüfen ist, und lässt weder darauf schließen, dass ausdrückliche Gestaltungsermächtigungen der SE-VO ohne einen solchen Parallelitätsvorbehalt den im nationalen Recht geltenden zwingenden Schranken der Satzungsfreiheit unterliegen[22], noch lässt sich Art. 69 lit. d entnehmen, dass der nationale Gesetzgeber in den von der SE-VO nicht geregelten Bereichen gehindert wäre, der SE größere Satzungsfreiheit zu gewähren als der AG[23]. Auch das in Art. 10 normierte Gebot, die SE in jedem Mitgliedstaat wie eine nationale Aktiengesellschaft zu behandeln, gilt nur *„vorbehaltlich der Bestimmungen dieser Verordnung"*. Art. 10 sowie diejenigen Gestaltungsermächtigungen, die einen **Gleichlauf mit nationalem Recht** voraussetzen, sind vielmehr vor dem Hintergrund des Erwägungsgrundes 5 der SE-VO zu lesen, wonach die Mitgliedstaaten verpflichtet sind, dafür zu sorgen, dass die auf die SE anwendbaren Bestimmungen nicht zu einer Diskriminierung dadurch führen, dass die SE ungerechtfertigterweise anders behandelt wird als die nationale Aktiengesellschaft. Art. 10 ist demzufolge nicht als Anordnung des Gleichlaufprinzips, sondern als Diskriminierungsverbot zu verstehen[24].

Davon zu unterscheiden ist die in der Regierungsbegründung zum SE-Ausführungsgesetz ausdrücklich genannte rechtspolitische **Intention des deutschen Gesetzgebers**, bei Ausübung der ihm eröffneten Regelungsermächtigungen einen möglichst weitgehenden Gleichlauf mit dem allgemeinen Aktienrecht herzustellen[25]. An der Umsetzung des Zieles ist der Gesetzgeber allerdings dann gehindert, wenn der Regelungsbereich in der SE-VO abweichend vom deutschen Recht *abschließend* geregelt ist[26]. Zur Beurteilung derjenigen Fälle, in denen sich aus dem Wortlaut der SE-VO nicht eindeutig ergibt, ob Grenzen der Satzungsfreiheit, die im nationalen Recht bestehenden, auch auf die SE Anwendung finden, ist daher entscheidend, ob die SE-VO für einen Bereich eine – ggf. durch Auslegung zu ermittelnde – abschließende Sachregelung enthält oder ob eine Regelungslücke besteht, die zur Anwendung der Verweisung auf das nationale Recht führt. Enthält die SE-VO zu einer Rechtsfrage keine Regelung, muss es sich allerdings nicht zwangsläufig um eine ausfüllungsbedürftige Regelungslücke handeln; vielmehr kann auch eine bewusste, d.h. abschließende Nichtregelung vorliegen[27].   16

Die in der SE-VO enthaltenen Gestaltungsermächtigungen (in der hier vorgeschlagenen Differenzierung), die auf die SE mit Sitz in Deutschland Anwendung finden, können tabellarisch wie folgt zusammengefasst werden[28].   17

---

22 So bereits *Seibt* in Lutter/Hommelhoff, Europäische Gesellschaft, S. 67, 76 f.; *Schwarz*, Art. 6 Rz. 36 ff.

23 A.A. *Schwarz*, Art. 6 Rz. 83.

24 *Seibt* in Lutter/Hommelhoff, Europäische Gesellschaft, S. 67, 70; *Kallmeyer*, AG 2003, 197, 198.

25 Regierungsbegründung zur gesetzlichen Grundkonzeption, BT-Drucks. 15/3405, S. 31.

26 So beispielsweise bezüglich der im deutschen Recht nicht gegebenen Möglichkeit zur Einschränkung der Wiederbestellung von Vorstandsmitgliedern nach Art. 46 Abs. 2 oder zur Bestimmung qualifizierter Mehrheitserfordernisse für Beschlussfähigkeit und Beschlussfassung der Organe nach Art. 50 Abs. 1; hierzu ausführlich *Seibt* in Lutter/Hommelhoff, Europäische Gesellschaft, S. 67, 75 ff.; *Schwarz*, Art. 6 Rz. 36 ff. [verordnungsgeborene Satzungsautonomie schließt zwingendes nationales Recht sowie nationale Satzungsautonomie aus].

27 *Seibt* in Lutter/Hommelhoff, Europäische Gesellschaft, S. 67, 70; *Wagner*, NZG 2002, 985, 989.

28 Zu den Gestaltungsspielräumen im Einzelnen ausführlich *Seibt* in Lutter/Hommelhoff, Europäische Gesellschaft, S. 67 ff.; vgl. auch die Mustersatzung mit Erläuterungen von *Lutter/*

Gestaltungsermächtigungen (Art. 9 Abs. 1 lit. b)		
Ermächtigungen mit Regelungsauftrag an Satzungsgeber	**Ermächtigungen ohne Regelungsauftrag an Satzungsgeber**	
– Gleichlauf der Satzung mit Mitbestimmungsvereinbarung (Art. 12 Abs. 4 UAbs. 1	**Gleichlauferfordernis mit nationaler AG**	**Kein Gleichlauferfordernis mit nationaler AG**
– Wahl des Leitungssystems (dualistisch/monistisch) (Art. 38 lit. b)	– Bestellung der Mitglieder des Leitungsorgans durch HV (Art. 39 Abs. 2 UAbs. 2)	– Bestellung der Mitglieder des ersten Aufsichtsorgans in Satzung (Art. 40 Abs. 2 Satz 2)
– Mitgliederzahl des Leitungsorgans (Art. 39 Abs. 4 Satz 1)	– Gesellschaft/juristische Person als Mitglied eines Organs (Art. 47 Abs. 1 UAbs. 1)	– Bestellung der Mitglieder des ersten Verwaltungsorgans in Satzung (Art. 43 Abs. 3 Satz 2)
– Mitgliederzahl des Aufsichtsorgans (Art. 40 Abs. 3 Satz 1)	– Eignungsvoraussetzungen für Organmitglieder der Anteilseignerseite (Art. 47 Abs. 3)	– Sitzungsfrequenz des Verwaltungsorgans (Art. 44 Abs. 1)[29]
– Mitgliederzahl des Verwaltungsorgans (Art. 43 Abs. 2 UAbs. 1 Satz 1)	– Beschlusszuständigkeit des HV durch Satzungsregelung (Art. 52 Satz 2)	– Einschränkungen für Wiederbestellung von Organmitgliedern (Art. 46 Abs. 2)
– Amtsdauer der Organmitglieder (Art. 46 Abs. 1)	– Erleichterte HV-Einberufung durch Aktionärsminderheit (Art. 55 Abs. 1 2. Halbs.)	– Beschlussfähigkeit und Mehrheitserfordernis bei Organbeschlüssen (Art. 50 Abs. 1)
– Festlegung der zustimmungsbedürftigen Geschäfte (Art. 48 Abs. 1 UAbs. 1, Abs. 2)	– Erleichterte Ergänzung der HV-Tagesordnung durch Aktionärsminderheit (Art. 56 Satz 3)	– Zweitstimmrecht des Organvorsitzenden (Art. 50 Abs. 2)
– Festlegung von Verfahren und Fristen für Aktionärsantrag auf Ergänzung der HV-Tagesordnung bei Fehlen einzelstaatlicher Regelung (Art. 56 Satz 2)		

18 Einige weitere in der SE-VO eröffnete Gestaltungsspielräume bestehen nicht für den Satzungsgeber einer SE mit Sitz in Deutschland, weil sie vom europäischen Verordnungsgeber ausdrücklich an die Bedingung eines Gleichlaufs mit nationalem Aktienrecht geknüpft sind[30]. Dies betrifft vor allem

(1) die Zulässigkeit der Wahl von Mitgliedern des Leitungsorgans durch die Hauptversammlung (Art. 39 Abs. 2 Unterabs. 2) und

(2) die Zulässigkeit von juristischen Personen als Organmitglieder (Art. 47).

IV. Auslegung der Satzung

19 Mangels Existenz einer europäischen Methodik zur Satzungsauslegung richtet sich die Auslegung der Satzung als in der SE-VO nicht geregelter Bereich i.S.v. Art. 9 Abs. 1 lit. c einheitlich nach den jeweiligen nationalen Grundsätzen[31]. Auch eine sol-

---

Kollmorgen/Feldhaus, BB 2005, 2473, 2474; sowie die Auflistungen von *Schwarz*, Art. 6 Rz. 60, 67 ff., 102 f.

29 Unzutreffend *Schwarz*, Art. 6 Rz. 68 [statutarische Ausgestaltungsverpflichtung].

30 *Seibt* in Lutter/Hommelhoff, Europäische Gesellschaft, S. 67, 80; *Nagel*, NZG 2004, 833, 835 und DB 2004, 1299 f.; *Brandt*, NZG 2002, 991, 993.

31 *Brandt*, Die Hauptversammlung der Europäischen Aktiengesellschaft, 2004, S.159; *Casper* in FS Ulmer, S. 51, 70; a.A. *Schwarz*, Art. 6 Rz. 111 [Auslegung nach europäischen Grundsätzen].

che Auslegung nach nationalem Sitzstaatsrecht gebietet die von den Vertretern der Gegenansicht geforderte **verordnungskonforme Auslegung**[32]. Eröffnet die SE-VO Gestaltungsspielräume, unterliegen die materiellen Satzungsbestimmungen einer objektiven Auslegung[33].

Formelle Satzungsbestimmungen, die nicht zur Satzung im eigentlichen Sinne gehören, werden demgegenüber nach den im Sitzstaat geltenden Regeln der Rechtsgeschäftslehre (§§ 133, 157 BGB) ausgelegt[34].   20

V. Mängel der Satzung

1. Mängel vor Eintragung der SE

Gem. Art. 15 Abs. 1 i.V.m. § 38 Abs. 1 AktG hat das für die Eintragung der SE zuständige Registergericht zu prüfen, ob die SE ordnungsgemäß errichtet und angemeldet ist[35]. Ein die Eintragung hindernder Errichtungsmangel liegt in Anwendung von Art. 15 Abs. 1 i.V.m. **§ 38 Abs. 3 AktG** vor, wenn durch die Unvollständigkeit der Satzung oder den Inhalt einer Satzungsbestimmung einer der Tatbestände des § 38 Abs. 3 Nrn. 1 bis 3 AktG erfüllt ist[36], insbesondere, wenn die Satzung nicht den gemäß SE-VO und nationalem Recht notwendigen Inhalt aufweist (Fall des § 38 Abs. 3 Nr. 1 AktG) oder entgegen Art. 12 Abs. 4 im Widerspruch zu einer Mitbestimmungsvereinbarung steht (Fall des § 38 Abs. 3 Nr. 2 AktG). Die Prüfungsschranken des § 38 Abs. 3 AktG gelten auch bei einem Verstoß der Satzung gegen Europarecht[37].   21

2. Mängel nach Eintragung der SE

Besonders gravierende Satzungsmängel können in Anwendung von **§ 275 Abs. 1 AktG** dazu führen, dass die SE für nichtig erklärt wird. Dies gilt unabhängig von ihrer Gründungsform[38]. Der durch Art. 30 gewährte besondere Bestandsschutz der Verschmelzung gilt in gleicher Weise wie die über Art. 15 Abs. 1 i.V.m. § 202 Abs. 1 Nr. 3 UmwG gewährte Rechtsbeständigkeit des Formwechsels ausschließlich für die Umwandlung selbst[39]. Seine Grenzen findet der Bestandsschutz wie im nationalen Recht an den allgemeinen aktienrechtlichen Gründungsvorschriften. Liegt ein Mangel i.S.v. § 275 Abs. 1 AktG vor, findet keine Entschmelzung oder Rückumwandlung statt, sondern es gelten die §§ 276, 277 AktG[40]. Ist der Satzungsmangel heilbar, kann eine Nichtigkeitsklage erst nach erfolgloser Aufforderung der SE zur Mängelbeseitigung erhoben werden (§ 275 Abs. 2 AktG). Dabei kann sich aus der Treuepflicht der Aktionäre untereinander eine Pflicht ergeben, der heilenden Satzungsänderung zuzustimmen[41].   22

32 Vgl. *Schwarz*, Art. 6 Rz. 111.
33 Vgl. *Seibt* in K. Schmidt/Lutter, AktG, § 23 Rz. 10.
34 Vgl. *Seibt* in K. Schmidt/Lutter, AktG, § 23 Rz. 11.
35 *Schwarz*, Art. 6 Rz. 114; *Mayer* in Manz/Mayer/Schröder, Art. 33 SE-VO Rz. 36; *Neun* in Theisen/Wenz, Europäische Aktiengesellschaft, S. 171, 184; *Kleindiek* in Lutter/Hommelhoff, Europäische Gesellschaft, S. 95, 102.
36 Hierzu *Seibt* in K. Schmidt/Lutter, AktG, § 23 Rz. 61.
37 *Schwarz*, Art. 6 Rz. 115.
38 A.A. *Schwarz*, Art. 6 Rz. 119.
39 Zum nationalen Recht *Kraft* in KölnKomm. AktG, § 275 Rz. 13; *Decher* in Lutter, UmwG, § 36 Rz. 10, § 202 Rz. 62; a.A. *Schwarz*, Art. 6 Rz. 119 sowie für das nationale Recht *Hüffer*, § 275 Rz. 7 [keine Geltung von § 275 Abs. 1 AktG bei Verschmelzungen].
40 Zum nationalen Recht *Kraft* in KölnKomm. AktG, § 275 Rz. 13.
41 Zum nationalen Recht *Kraft* in KölnKomm. AktG, § 276 Rz. 11; a.A. *Hüffer* in MünchKomm. AktG, § 276 Rz. 11.

23 Für die **Behandlung einzelner Mängel**, die nicht die Satzung der SE in ihrer Gesamtheit betreffen, gelten gem. Art. 9 Abs. 1 lit. c ii die Grundsätze des nationalen
Rechts[42]. Eine Heilung analog § 242 Abs. 2 AktG kommt jedoch nur für Mängel in
Betracht, die sich aus dem nationalen Recht ergeben. Bei Verstoß gegen Europarecht
steht einer Heilung der Grundsatz des *effet utile* (effektive Durchsetzung des Gemeinschaftsrechts) entgegen[43].

24 Nachträgliche Satzungmängel, die erst durch eine spätere Satzungsänderung entstehen, unterliegen der Registerkontrolle gemäß den im nationalen Aktienrecht geltenden Grundsätzen[44].

VI. Ergänzende Anwendung des AktG

25 Der notwendige **Inhalt** der Satzung ergibt sich über die Verweise in Art. 9 Abs. 1 lit. b
ii, Art. 15 Abs. 1 aus § 23 Abs. 3 und Abs. 4, §§ 26, 27 AktG.

26 Der in § 23 Abs. 5 AktG niedergelegte Grundsatz der **Satzungsstrenge** gilt gem. Art. 9
Abs. 1 lit. c ii für Bereiche, die von der SE-VO nicht oder nur teilweise geregelt sind.
Keine Anwendung finden im nationalen Aktienrecht geltende Schranken, wenn die
SE-VO dem Satzungsgeber in einem in der SE-VO abschließend (nicht-) geregelten Be-
reich Gestaltungsspielräume eröffnet.

27 Die **Auslegung** der Satzung richtet sich als in der SE-VO nicht geregelter Bereich
nach den im nationalen Aktienrecht geltenden Regeln[45].

28 Über die Verweisung in Art. 15 Abs. 1 findet § 38 Abs. 3 AktG auf **Satzungsmängel**
vor Eintragung in das Handelsregister Anwendung. Nach Eintragung der SE sind die
§§ 275 ff. AktG entsprechend anzuwenden. Auch die Behandlung einzelner Mängel,
die nicht die Satzung in ihrer Gesamtheit betreffen, richtet sich nach nationalen
Grundsätzen[46]. Nachträgliche Satzungsmängel unterliegen der Registerkontrolle wie
im nationalen Recht [47].

Art. 7
[Sitz der SE]

**Der Sitz der SE muss in der Gemeinschaft liegen, und zwar in dem Mitgliedstaat, in
dem sich die Hauptverwaltung der SE befindet. Jeder Mitgliedstaat kann darüber hinaus den in seinem Hoheitsgebiet eingetragenen SE vorschreiben, dass sie ihren Sitz
und ihre Hauptverwaltung am selben Ort haben müssen.**

§ 2 SEAG: Sitz
Die Satzung der SE hat als Sitz den Ort zu bestimmen, wo die Hauptverwaltung geführt wird.

---

42 Vgl. *Seibt* in K. Schmidt/Lutter, AktG, § 23 Rz. 61; *Schwarz*, Art. 6 Rz. 121.
43 *Schwarz*, Art. 6 Rz. 118, 121.
44 Vgl. *Seibt* in K. Schmidt/Lutter, AktG, § 23 Rz. 62; *Schwarz*, Art. 6 Rz. 123 und Art. 59 Rz. 25.
45 Vgl. hierzu *Seibt* in K. Schmidt/Lutter, AktG, § 23 Rz. 9 ff.
46 Vgl. hierzu *Seibt* in K. Schmidt/Lutter, AktG, § 23 Rz. 77 f.
47 Vgl. *Seibt* in K. K. Schmidt/Lutter, AktG, § 181 Rz. 30 ff.

Literatur: *Leupold*, Die Europäische Aktiengesellschaft unter besonderer Berücksichtigung des deutschen Rechts – Chancen und Probleme auf dem Weg zu einer supranationalen Gesellschaftsform, 1993, S. 27 ff. (zit.: Europäische Aktiengesellschaft); *Menjucq*, Rattachement de la société européenne et jurisprudence communautaire sur la liberté d'établissement: incompatible ou paradoxe?, Dalloz 2003, 2874; *Panthen*, Der „Sitz"-Begriff im Internationalen Gesellschaftsrecht, 1988 (zit.: „Sitz"-Begriff); *Ringe*, Die Sitzverlegung der Europäischen Aktiengesellschaft, 2006 (zit.: Sitzverlegung); *Schäfer*, Das Gesellschaftsrecht (weiter) auf dem Weg nach Europa – am Beispiel der SE-Gründung, NZG 2004, 785; *Teichmann*, Minderheitenschutz bei Gründung und Sitzverlegung der SE, ZGR 2003, 367; *Schindler*, „Überseering" und Societas Europaea: vereinbar oder nicht vereinbar, das ist hier die Frage, RdW 2003, 122; *Werner*, Der Nachweis des Verwaltungssitzes ausländischer juristischer Personen, 1998 (zit.: Nachweis des Verwaltungssitzes); *Zimmer*, Wie es Euch gefällt? Offene Fragen nach dem Überseering-Urteil des EuGH, BB 2003, 1.

I. Bedeutung des Sitzes der SE

Der Sitz ist in vielfacher Hinsicht von entscheidender Bedeutung für die SE. Er ist zu-   1
nächst das entscheidende Anknüpfungskriterium sowohl für die Generalklausel
(Art. 9 Abs. 1 lit. c ii) als auch für zahlreiche Spezialverweisungen (z.B. Art. 5, 15
Abs. 1, 53, 61 Abs. 1) und bestimmt daher über das geltende **Subsidiärrecht**, das auf
die SE wegen der Lückenhaftigkeit[1] der SE-VO Anwendung findet. Der Sitz entscheidet damit über die jeweilige „nationale Prägung" der SE[2].

Weiterhin ist der Sitz relevant für eine Vielzahl von **administrativen Zuständigkeiten**   2
im Zusammenhang mit der SE (Art. 68 Abs. 2 i.V.m. Art. 8, 25, 26, 54, 55, 64). Insbesondere ist hier die Zuständigkeit der Behörden des Sitzstaates im Falle eines Auseinanderfallens von Sitz und Hauptverwaltung nach Art. 64 Abs. 1–3 zu nennen[3].
Der Sitzstaat ist darüber hinaus nach Art. 12 Abs. 1 **Registerstaat** der SE; von der ursprünglichen Idee eines europäischen Registers ist man abgerückt.

Neben diesen Zuständigkeitsregelungen knüpfen auch **Organisationsregelungen** der   3
inneren Verfassung der SE an den Sitz an. So soll z.B. bei einer SE mit Sitz in
Deutschland die Hauptversammlung i.d.R. am Ort des Sitzes abgehalten werden
(Art. 53 i.V.m. § 121 Abs. 5 AktG).

Schließlich wirkt der Sitz in den meisten Fällen **gerichtsstandsbegründend**. Die **inter-**   4
nationale Zuständigkeit von mitgliedstaatlichen Gerichten ist in der Regel sowohl
nach Art. 2 Abs. 1 i.V.m Art. 60 Abs. 1 lit. a EuGVO als auch nach Art. 22 Nr. 2 EuG-
VO am Sitz einer Gesellschaft begründet. Wegen der i.d.R. im gleichen Mitgliedstaat
belegenen Hauptverwaltung (unten Rz. 8 ff.) ergeben sich hier meist keine Abweichungen, soweit in wenigen Fällen die Hauptverwaltung relevant für die Bestim-

---

1 Dazu Art. 9.
2 *Lutter*, BB 2002, 1, 3; *Teichmann*, ZGR 2002, 383, 395; *Theisen/Wenz* in Theisen/Wenz, Europäische Aktiengesellschaft, S. 47.
3 Vgl. dazu die Kommentierung von zu Art. 64.

mung des internationalen Gerichtsstands wird (Art. 60 Abs. 1 lit. b, 22 Nr. 2 EuG-VO). Die **örtliche Zuständigkeit** richtet sich nach dem nationalen Prozessrecht. In Deutschland findet sich der allgemeine Gerichtsstand einer juristischen Person nach § 17 Abs. 1 Satz 1 ZPO am Ort des Sitzes. Sitz im Sinne dieser Norm ist der Satzungssitz, und zwar selbst dann, wenn die Verwaltung der Gesellschaft an einem anderen Ort geführt wird (§ 17 Abs. 1 Satz 2 ZPO)[4].

II. Anforderungen an den Sitz der SE

5   In Art. 7 werden an den Sitz der SE gestufte Anforderungen gestellt. Der Sitz der SE muss erstens *in der Gemeinschaft* und zweitens *im gleichen Mitgliedstaat wie die Hauptverwaltung* liegen. Darüber hinaus kann der Sitzstaat drittens der SE vorschreiben, den Sitz *am gleichen Ort wie die Hauptverwaltung* zu nehmen.

6   Aus diesen Anforderungen ergibt sich, dass unter dem Sitz einer Gesellschaft i.S.d. SE-VO – entgegen der gängigen deutschen Terminologie – der **Satzungssitz** zu verstehen ist[5]. Deutlicher kommt dies in den anderssprachigen Fassungen der SE-VO zum Ausdruck. Die englische Fassung spricht vom „registered office", die französische vom „siège statutaire". Auch Art. 64 Abs. 1 stützt diese Auslegung, indem er zwischen „Sitz" und „Hauptverwaltung" differenziert.

1. Sitz der SE in der Gemeinschaft (Art. 7 Satz 1)

7   Art. 7 Satz 1 Halbs. 1 ist eine Rechtsanwendungsnorm. Die SE unterliegt der SE-VO nur, wenn sich ihr Sitz in der Gemeinschaft befindet[6]. Daher bleibt die SE-VO anwendbar, wenn die SE ihren Sitz innerhalb der Gemeinschaft gem. Art. 8 verlegt. Unanwendbar wird die SE-VO hingegen, wenn der Satzungssitz in einen Staat außerhalb der EG verlegt wird[7].

2. Sitz der SE im Staat der Hauptverwaltung

8   Der Sitz muss sich in demselben Mitgliedstaat wie die Hauptverwaltung befinden. Dieses Erfordernis ist eines der Herzstücke des SE-Statuts und kann als politischer Kompromiss zwischen Sitz- und Gründungstheorie gelten (vgl. Erwägungsgrund 27)[8].

a) Bestimmung der „Hauptverwaltung" („head office", „administration centrale")

9   Problematisch ist, nach welchen Kriterien sich die Hauptverwaltung der SE bestimmt. Dieser Frage kommt für die SE besondere Bedeutung zu, gilt es doch, ein Auseinanderfallen des – eindeutig bestimmbaren – Satzungssitzes mit der Hauptverwaltung zu vermeiden, um den Konsequenzen von Art. 64 zu entgehen[9]. Bedauerns-

---

4   OLG Stuttgart v. 17.2.1977 – 8 W 541, BB 1977, 413, 414; *Vollkommer* in Zöller, ZPO, 26. Aufl. 2007, § 17 Rz. 9 f.
5   *Schwarz*, ZIP 2001, 1847, 1849 f.; *Schwarz*, Art. 7 Rz. 4; *Teichmann*, ZGR 2002, 383, 455 f.; *Theisen/Widmayer* in Theisen/Wenz, Europäische Aktiengesellschaft, S. 383 f.; *Habersack*, Europäisches Gesellschaftsrecht, 3. Aufl. 2006, § 12 Rz. 9. Vgl. zur Bedeutung des Sitzbegriffes im AktG die Erläuterungen bei *Zimmer* in K. Schmidt/Lutter, AktG, § 5 Rz. 5 ff.
6   *Sonnenberger* in MünchKomm. BGB, 4. Aufl. 2006, Einl. IPR Rz. 154; *Kindler* in Münch-Komm. BGB, 4. Aufl. 2006, IntGesR Rz. 68.
7   Folge wäre, dass die SE aufgelöst werden müsste; vgl. näher zu den Konsequenzen *W.-H. Roth*, RabelsZ 55 (1991), 624, 630 Fn. 34. S. auch Art. 8 Rz. 101.
8   *Schwarz*, ZIP 2001, 1847, 1849; *Habersack*, Europäisches Gesellschaftsrecht, § 12 Rz. 9; *Kindler* in MünchKomm. BGB, 4. Aufl. 2006, IntGesR Rz. 68.
9   *Werlauff*, EBLR 2003, 85, 97; *Werlauff*, SE – The Law of the European Company, 2003, S. 114, bezeichnet die Vorschrift als von zentraler Bedeutung für die ganze SE-VO.

werterweise enthält die SE-VO keine Definition des Begriffs[10]. Die Bestimmung der „Hauptverwaltung" wirft juristische Schwierigkeiten auf, da es sich um keinen Rechtsbegriff, sondern um einen an die **faktischen Verhältnisse anknüpfenden Terminus** handelt. In der deutschen Rechtspraxis und Lehre wird über den Begriff des Verwaltungssitzes seit langem diskutiert, und mittlerweile haben sich sachgerechte Kriterien herausgebildet, um ihn hinreichend zu konkretisieren[11]. Durchgesetzt hat sich die sog. Sandrock'sche Formel des Ortes, an dem „die grundlegenden Entscheidungen der Unternehmensleitung effektiv in laufende Geschäftsführungsakte umgesetzt werden"[12]. Indes ist fraglich, ob sich diese Annäherungsweise auf den europarechtlichen Begriff der Hauptverwaltung, wie ihn Art. 7 Satz 1 verwendet, ohne weiteres übertragen lassen.

aa) Auslegungsart. Zunächst ist auf die Auslegungsmöglichkeiten zu dieser Vorschrift einzugehen. Grundsätzlich denkbar wären drei Möglichkeiten: Eine Auslegung nach Maßstäben der lex fori[13], nach solchen des Rechts des jeweiligen (Satzungs-)Sitzes[14] oder eine verordnungsautonome Auslegung. Allein die letztere Möglichkeit bietet die Gewähr dafür, dass EU-weit einheitliche Grundsätze dafür gelten, wo die Hauptverwaltung einer SE belegen ist, und dass das Einhalten der Erfordernisse von Art. 7 EU-weit kontrolliert werden kann. Die autonome Auslegung von Rechtsakten der EU entspricht der stetigen Rechtspraxis des EuGH[15] und wird allein dem supranationalen Charakter von derartigen Rechtsakten gerecht[16].   10

bb) Autonome Auslegung. Wenn damit nach brauchbaren Instrumenten einer autonomen Auslegung gesucht werden muss, treten weitere Schwierigkeiten auf. Der **EuGH** hatte – soweit ersichtlich – noch nicht über diese Frage (bzw. den Parallelbegriff in Art. 48 Abs. 1 EG) zu befinden. Generalanwalt *Darmon* hat in seinen Schlussanträgen zur Rechtssache Daily Mail verschiedene Kriterien erörtert[17], die tatsächlichen Feststellungen dazu jedoch dem mitgliedstaatlichen Gericht überantwortet[18].   11

Die Schwierigkeit, auf gemeinschaftsrechtlicher Ebene eine handhabbare Begriffsbestimmung zu treffen, kann nicht verwundern. Der EuGH als Auslegungsorgan für   12

---

10 Stellungnahme des Wirtschafts- und Sozialausschusses zum E-1989 v. 28.3.1990, ABl. EG Nr. C 124 v. 21.5.1990, S. 34, 37 (zum E-1989); *Werlauff*, SE – The Law of the European Company, 2003, S. 113.

11 Vgl. zur Diskussion und zu den Ergebnissen *Panthen*, „Sitz"-Begriff; *Werner*, Nachweis des Verwaltungssitzes; *Zimmer*, Internationales Gesellschaftsrecht, S. 234 sowie in K. Schmidt/Lutter, AktG, Einl. Int. GesR Rz. 5 ff.

12 *Sandrock* in FS Beitzke, 1979, S. 669, 683; BGH v. 21.3.1986 – V ZR 10/85, BGHZ 97, 269, 272; OLG Hamm v. 4.10.1996 – 29 U 108/95, RIW 1997, 236, 237.

13 So z.B. Art. 53 Abs. 1 Satz 2 EuGVÜ (Brüsseler EWG-Übereinkommen über die gerichtliche Zuständigkeit und die Vollstreckung gerichtlicher Entscheidungen in Zivil- und Handelssachen vom 27.9.1968, BGBl. II 1972, 774, in der Fassung des 4. Beitrittsübereinkommens vom 29.11.1996, BGBl. II 1998, 1412). Das EuGVÜ wurde mittlerweile durch die EuGVO (Verordnung (EG) Nr. 44/2001 des Rates über die gerichtliche Zuständigkeit und die Anerkennung und Vollstreckung von Entscheidungen in Zivil- und Handelssachen vom 22.12.2000, ABl. EG Nr. L 12 v. 16.1.2001, S. 1) weitgehend abgelöst, ist aber weiterhin im Verhältnis der Mitgliedstaaten zu Dänemark in Kraft; vgl. Erwägungsgrund 22 zur EuGVO.

14 So in Art. 3 Abs. 1 Geneva Subcommittee Am.J.Int.L. 1928 Supp. 204 Art. 3 para.1.

15 EuGH v. 1.2.1972 – Rs. 49/71, Slg. 1972, 23, 35; EuGH v. 1.2.1972 – Rs. 50/71, Slg. 1972, 53, 65; EuGH v. 14.1.1982 – Rs. 64/81, Slg. 1982, 13.

16 Ausführlich *Werlauff*, EBLR 2003, 85, 97 f.; *Werlauff*, SE – The Law of the European Company, 2003, S. 114. Ähnlich bereits *W.-H. Roth*, RabelsZ 55 (1991), 623, 636.

17 GA *Darmon*, Schlussanträge zu EuGH v. 27.9.1988 – Rs. 81/87, Slg. 1988, 5483 (Rz. 4 ff.) – „Daily Mail".

18 GA *Darmon*, Schlussanträge zu EuGH v. 27.9.1988 – Rs. 81/87, Slg. 1988, 5483 (Rz. 9, 15) – „Daily Mail".

Primär- und Sekundärrecht gewinnt seine Begriffsdefinitionen in der Regel durch eine „Rundumschau" im Recht der Mitgliedstaaten sowie mit Hilfe von allgemeinen Rechtsgrundsätzen. Gerade auf dem Gebiet der Anknüpfungspunkte für das internationale Gesellschaftsrecht divergieren die Rechte der Mitgliedstaaten jedoch außerordentlich[19]. Deshalb versuchen EU-Rechtsakte in der Regel, den ewigen Konflikt zwischen Sitz- und Gründungstheorie zu vermeiden: Sowohl Art. 48 Abs. 1 EG als auch Art. 60 Abs. 1 EuGVO[20] **stellen Satzungssitz, Hauptverwaltung und Hauptniederlassung auf eine Stufe.** Sie verhindern auf diese Weise eine Entscheidung im Sinne der einen oder anderen Theorie, vermeiden damit aber auch, dass der EuGH in die Lage gerät, Kriterien zur Bestimmung der Hauptverwaltung zu erarbeiten.

13   Die europarechtliche **Literatur** behilft sich häufig mit einem Rückgriff auf die in der deutschen Diskussion produzierten Ergebnisse[21]. *Troberg* und *Tiedje*[22] definieren die Hauptverwaltung als den „Ort, an dem die Willensbildung und die eigentliche unternehmerische Leitung der Gesellschaft erfolgt, also meist der Sitz der Organe". Anders wohl *Müller-Huschke*: Unter Hauptverwaltung sei der Ort zu verstehen, an dem die unternehmerischen Entscheidungen durch das Leitungsorgan, d.h. die Geschäftsführung oder den Vorstand, getroffen werden[23]. Auf den Sitz der Gesellschafter, auch wenn diese zur Willensbildung im Unternehmen aufgrund ihrer satzungsmäßigen Befugnisse beitragen, komme es nicht an; das ergebe sich aus der Zielrichtung des Art. 48 EG, auch Unternehmen zu erfassen, die von außerhalb der EU gesellschaftsrechtlich kontrolliert werden, ihre Hauptverwaltung aber in der EU haben[24].

14   Die Aufstellung von Kriterien wird der **Rechtsprechung** überlassen bleiben. In Hinblick auf mögliche Streitigkeiten über die konkrete Belegenheit einer Hauptverwaltung sind u.U. Vorlageverfahren nach Art. 234 lit. b EG zu erwarten. Auch ein Vertragsverletzungsverfahren nach Art. 226 f. EG ist denkbar, wenn ein Staat seiner Liquidationspflicht aus Art. 64 Abs. 2 nicht nachkommt. Bei dieser Gelegenheit sollte der EuGH sachgerechte Kriterien zur Ermittlung der Hauptverwaltung entwickeln.

15   **cc) Zusätzliche Schwierigkeiten.** Die genaue Festlegung des Ortes der Hauptverwaltung kann mitunter praktische Schwierigkeiten bereiten, denn gerade bei einer grenzüberschreitend tätigen Gesellschaft wie der SE kommen die Mitglieder der Organe häufig aus **verschiedenen Mitgliedstaaten.** Daher werden anstatt von förmlichen Zusammenkünften der Mitglieder an einem bestimmten Ort wegen der damit verbundenen Kosten und Zeiteinbußen häufig mittels **moderner Kommunikationstechnik** gefasste Entscheidungen treten[25], die die Bestimmung der konkreten Hauptverwaltung eines internationalen Unternehmens erschweren werden. Aber auch ohne Hinzutreten der Besonderheiten der SE hat sich die deutsche Rechtsprechung immer schwer getan, einheitliche Kriterien zur Bestimmung der Hauptverwaltung eines Unternehmens zu entwickeln und konsequent anzuwenden[26]. Die Annahme ei-

---

19   Vgl. dazu die rechtsvergleichende „Studie über die Verlegung des Sitzes einer Gesellschaft von einem Mitgliedstaat in eine anderen" der EU-Kommission, durchgeführt von KPMG, Brüssel/Luxemburg 1993.

20   Verordnung (EG) Nr. 44/2001 des Rates über die gerichtliche Zuständigkeit und die Anerkennung und Vollstreckung von Entscheidungen in Zivil- und Handelssachen vom 22.12.2000, ABl. EG Nr. L 12 v. 16.1.2001, S. 1.

21   So wollen *Selbherr/Manz,* Kommentar zur EWIV, 1995, Art. 12 EWIV-VO Rz. 3 (Fn. 237) für die Bestimmung der Hauptverwaltung die deutschen Grundsätze analog anwenden.

22   *Troberg/Tiedje* in von der Groeben/Schwarze, EU-/EG-Vertrag, 6. Aufl. 2004, Art. 48 EG Rz. 9.

23   *Müller-Huschke* in Schwarze, EU-Kommentar, 2000, Art. 48 EG Rz. 10.

24   *Müller-Huschke* in Schwarze, EU-Kommentar, 2000, Art. 48 EG Rz. 10.

25   *Leupold,* Europäische Aktiengesellschaft, S. 31 f.; *Ebenroth/Bippus,* JZ 1988, 677, 678; *Noack,* ZGR 1998, 592, 615 f.; *Zimmer* in FS Buxbaum, 2000, S. 655 ff.

26   Vgl. dazu *Zimmer,* Internationales Gesellschaftsrecht, S. 234 ff.

ner Doppel- oder Mehrfachhauptverwaltung bei der SE als Lösung scheidet wegen der Regelungstechnik von Art. 7 aus. In Art. 5 E-1975 hatte die Kommission eine solche Mehrfachanknüpfung erwogen, mittlerweile aber aufgegeben.

Leupold will im Falle einer zweifelhaften Hauptverwaltung ergänzende Kriterien wie   16
den Gründungsort, den Ort der Hauptversammlungen oder die Lage des Betriebsmittelpunktes (centre d'exploitation) heranziehen[27]. Diese Punkte können allerdings immer nur Indizien sein und die eigentliche Bestimmung der Hauptverwaltung nur ergänzen.

b) Beweislast

Wegen der dargestellten Unsicherheiten bei der Bestimmung der Hauptverwaltung   17
ist von häufiger praktischer Relevanz, wen die Beweislast für die tatsächliche Lage des Verwaltungssitzes trifft. Konkret lässt sich die Frage stellen, ob eine **widerlegbare Vermutung** dafür streitet, dass Satzungssitz und Hauptverwaltung im gleichen Mitgliedstaat belegen sind.

Gegen die Geltung einer derartigen Vermutung wird vorgebracht, die Gründungs-   18
urkunde beweise nur die Abgabe der dort beurkundeten Erklärung, nicht aber deren inhaltliche Richtigkeit[28]. Aus den Gründungsurkunden sei keine Vermutung gegen eine später vorgenommene Sitzverlegung in einen Drittstaat herzuleiten. Darüber hinaus sollen systematische Erwägungen gegen die Annahme einer Vermutung sprechen, denn die Tatsache, dass beide „Sitze" im gleichen Mitgliedstaat liegen müssten, sei ein Erfordernis, das durch Art. 7 SE-VO aufgestellt werde und das nicht gleichzeitig durch eine Vermutung wieder entkräftet werden könne[29].

Auf der anderen Seite ist zu bedenken, dass die **Praktikabilität des grenzüberschrei-**   19
tenden Wirtschaftsverkehrs ohne eine derartige Vermutung stark in Frage gestellt würde; denn sonst müsste die SE in jeder Situation eine bloße Behauptung, sie erfülle die Anforderungen des Art. 7 nicht mehr, durch aufwändige Argumentation widerlegen[30]. Außerdem ist angesichts der eindeutigen Anforderung, Sitz und Hauptverwaltung müssten im gleichen Mitgliedstaat sein, davon auszugehen, dass die Mehrzahl der Unternehmen diese Anforderung auch erfüllt.

Die Gründe, die *für* eine Vermutung sprechen, überwiegen. Auch dass das Gemein-   20
schaftsrecht in Art. 3 Abs. 1 Satz 2 EuInsVO eine Vermutung für die Übereinstimmung von Sitz und Hauptverwaltung enthält, kann als Grundlage für eine praktikable Anwendung des Sitzmodells in Europa herangezogen werden[31].

3. Sitz am selben Ort wie die Hauptverwaltung (Art. 7 Satz 2)

Nach Art. 7 Satz 2 können die Mitgliedstaaten sogar vorschreiben, dass sich beide   21
„Sitze" (Satzungssitz und Hauptverwaltung) an demselben Ort befinden müssen. § 2 SEAG macht von dieser Ermächtigung für Deutschland Gebrauch. Die Bundesregierung möchte aber, im Sinne einer größeren Gestaltungsfreiheit für Gesellschaftsgründer, die restriktive Vorschrift des § 2 SEAG – ebenso wie die inhaltlich ähnlichen Bestimmungen in § 4a Abs. 2 GmbHG und in § 5 Abs. 2 AktG – mit dem MoMiG strei-

---

27 *Leupold*, Europäische Aktiengesellschaft, S. 32.
28 *Kindler* in MünchKomm. BGB, 4. Aufl. 2006, IntGesR Rz. 449.
29 *Leupold*, Europäische Aktiengesellschaft, S. 32.
30 So insbesondere *Bungert*, DB 1995, 963, 965 zu mitgliedstaatlichem Recht unterliegenden Gesellschaften. Näher *Werner*, Nachweis des Verwaltungssitzes, S. 75 ff.
31 *Zimmer*, RabelsZ 67 (2003), 298, 312.

chen[32]. Leicht abweichend vom bisherigen deutschen Recht verlangt § 5 Abs. 1 des österreichischen SEG, die Gesellschaft müsse als Satzungssitz einen Ort bestimmen, an dem „die Gesellschaft einen Betrieb hat oder wo sich die Geschäftsleitung befindet oder die Verwaltung geführt wird." Diese Regelung soll ähnlich wie noch der Vorschlag des deutschen DiskE einen **Gleichklang mit dem nationalen Aktienrecht** (hier § 5 Satz 1 öAktG) herstellen[33]. Eine derartige Regelung macht von dem Spielraum aus Art. 7 Satz 2 in abgemilderter Form Gebrauch und ist damit von der Ermächtigungsnorm gedeckt[34].

III. Einordnung der SE in das internationale Gesellschaftsrecht

22 Eine Zuordnung des Anknüpfungsmodells, das Art. 7 wählt, zu den bestehenden Kollisionsrechtskonzepten fällt nicht leicht. Im Ergebnis handelt es sich wohl um eine **Kombination von Sitz- und Gründungstheorie.**

23 Die grundsätzliche Anknüpfung an den Satzungssitz (vgl. Art. 9 Abs. 1 lit. c i.V.m. Art. 7 Satz 1) steht der Gründungstheorie nahe: Grundsätzlich ist der Satzungssitz maßgeblich, auch wenn er – obgleich vorschriftswidrig – vom Ort der tatsächlich Hauptverwaltung abweichen sollte[35]. Durch Art. 7 Satz 1 Halbs. 2 wird allerdings die kollisionsrechtliche Sitzanknüpfung durch eine materiellrechtliche Anordnung über die Anforderungen an Hauptverwaltung stark eingeschränkt. Im Ergebnis entspricht der Gleichlauf von Sitz und Hauptverwaltung einem Zustand, der auch von der Sitztheorie angestrebt wird[36].

24 Jedenfalls will der VO-Geber durch die „Gleichschaltung" von Sitz und Hauptverwaltung verhindern, dass für die SE der Streit um die Gründungs- und Sitztheorie überhaupt relevant wird[37], zumal die Mitgliedstaaten diese Kernfrage des internationalen Gesellschaftsrechts höchst unterschiedlich handhaben[38]. Für die SE soll diese Frage „verdrängt" werden, indem Art. 7 beide Anknüpfungspunkte in denselben Mitgliedstaat zwingt.

25 Dennoch lässt sich dieses Problem nicht völlig umgehen. Es bleiben problematische Situationen, beispielsweise wenn eine SE entgegen der Anordnung von Art. 7 entweder ihren Sitz förmlich nach Art. 8 verlegt, die Hauptverwaltung aber im Wegzugstaat belässt, oder wenn sie faktisch ihre Hauptverwaltung in einen anderen Mit-

---

32 Art. 18 Nr. 2 des RegE MoMiG, BT-Drucks. 16/6140.
33 Begründung zur Regierungsvorlage eines GesRÄndG, S. 8. Vgl. zum deutschen DiskE RegBegr.DiskE, S. 24; zuvor bereits *Teichmann*, ZGR 2002, 383, 456 f.; *Wenz* in Theisen/Wenz, Europäische Aktiengesellschaft, S. 222.
34 *Brandt*, NZG 2002, 991, 994; *Neye/Teichmann*, AG 2003, 169, 173; *Ihrig/Wagner*, BB 2003, 969 Fn. 38.
35 *Schwarz*, Europäisches Gesellschaftsrecht, 2000, Rz. 1113; *Schwarz*, ZIP 2001, 1849; *Leupold*, Europäische Aktiengesellschaft, S. 30 f.; *Ringe*, Sitzverlegung, S. 40 f. Ähnlich *Hirte*, NZG 2002, 1, 4. Zur Darstellung der Gründungstheorie allgemein *Zimmer* in K. Schmidt/Lutter, AktG, Einl. Int. GesR Rz. 8 ff.
36 *Schulz/Geismar*, DStR 2001, 1079; *Schulz/Eicker*, intertax 2001, 333; *Habersack*, Europäisches Gesellschaftsrecht; *Ebert*, BB 2003, 1854, 1857; *Kindler* in MünchKomm. BGB, 4. Aufl. 2006, IntGesR Rz. 68. Zur Sitztheorie allgemein *Zimmer* in K. Schmidt/Lutter, AktG, Einl. Int. GesR Rz. 5 ff.
37 *Teichmann*, ZGR 2002, 383, 456; *Wenz* in Theisen/Wenz, Europäische Aktiengesellschaft, S. 224. Davon geht wohl auch die SE-VO selbst aus, s. Erwägungsgrund 27, der die Rechtsvorschriften der Mitgliedstaaten in dieser Hinsicht unberührt lassen will.
38 S. die „Studie über die Verlegung des Sitzes einer Gesellschaft von einem Mitgliedstaat in eine anderen" der EU-Kommission, durchgeführt von KPMG, Brüssel/Luxemburg 1993.

gliedsstaat verlegt, den Sitz aber im Ursprungsstaat behält[39]. Für diesen Fall sieht Art. 64 Schutzmechanismen bis zur drohenden Liquidation vor. Es bleibt jedoch abzuwarten, wie konsequent die Mitgliedstaaten diese Mechanismen im Einzelnen handhaben und ob sie in jedem Fall gegen eine SE vorgehen werden, die sich entgegen Art. 7 etabliert[40].

In diesem Zusammenhang wird die Frage relevant, ob sich der von Art. 7 geforderte   26
Gleichlauf von Sitz und Hauptverwaltung mit der **Niederlassungsfreiheit** vereinbaren lässt. Kollisions- und materiellrechtliche Mobilitätshindernisse für Gesellschaften sind in den letzten Jahren verstärkt auf dem Prüfstand der Art. 43, 48 EG gewesen[41]. Vor allem die EuGH-Urteile *Centros*, *Überseering* und *Inspire Art* legen es nahe, dass die Niederlassungsfreiheit auch das Recht umfasst, Satzungssitz und Hauptverwaltung in unterschiedlichen Mitgliedstaaten zu unterhalten. Daher sind Zweifel an der Primärrechtskonformität des von Art. 7 Satz 1 gewählten Modells laut geworden[42].

Auf den ersten Blick scheinen sich die Aussagen der EuGH-Urteile *Überseering* und   27
Inspire Art auf der einen und Art. 7 Satz 1 auf der anderen Seite zu widersprechen. Hauptaussage der genannten Urteile war es, eine im EU-Ausland wirksam gegründete Gesellschaft, die dort ihren satzungsmäßigen Sitz habe, genieße aufgrund der Artikel 43 EG und 48 EG das Recht, als Gesellschaft ausländischen Rechts im Zuzugstaat von ihrer Niederlassungsfreiheit Gebrauch zu machen, indem sie dort ihre Hauptverwaltung etablierte[43]. Dennoch gibt es verschiedene Ansätze, beide **Aussagen miteinander zu vereinen**.

Einerseits lässt sich vertreten, dass der EuGH zu der absoluten These in *Überseering/*   28
Inspire Art nur gelangte, weil der Gesellschaft keine andere Möglichkeit blieb, als sich neu zu gründen[44]. Es ist daher nichts darüber ausgesagt, wie der EuGH entschieden hätte, wenn Deutschland als Zuzugstaat eine Art Umwandlungsmechanismus zur Verfügung gestellt hätte, wonach sich die niederländische Gesellschaft in eine deutsche hätte umwandeln können[45]. Ein solches (teilweises) **Umwandlungsmodell** stellt der Gemeinschaftsgesetzgeber aber hier in Form des Verfahrens in Art. 8 zur Verfügung[46]. In eine ähnliche Richtung deutet zudem auch der Vorentwurf für eine Sitzverlegungs-Richtlinie aus dem Jahr 1997[47].

---

39 Zu den Konstellationen *Wenz* in Theisen/Wenz, Europäische Aktiengesellschaft, S. 225 ff.
40 Vgl. auch die Erläuterungen zu Art. 64.
41 So die Urteile EuGH v. 27.9.1988 – Rs. 81/87, Slg. 1988, 5483 – „Daily Mail"; EuGH v. 9.3.1999 – Rs. C-212/97, Slg. 1999, I-1459 – „Centros"; EuGH v. 5.11.2002 – Rs. C-208/00, Slg. 2002, I-9919 – „Überseering"; EuGH v. 30.9.2003 – Rs. C-167/01, Slg. 2003, I-10155 – „Inspire Art".
42 *Menjucq*, Dalloz 2003, 2874; *W.-H. Roth*, IPRax 2003, 117, 125 Fn. 83; *Schindler*, RdW 2003, 122, 124; *Teichmann*, ZGR 2003, 367, 399 f.; *Wymeersch*, CMLR 40 (2003), 661, 692 f. Ausführlich *Ringe*, Sitzverlegung, S. 47 ff.
43 EuGH v. 5.11.2002 – Rs. C-208/00, Slg. 2002, I-9919 (Rz. 80) – „Überseering"; EuGH v. 30.9.2003 – Rs. C-167/01, Slg. 2003, I-10155 – „Inspire Art". Dazu näher *Zimmer*, BB 2003, 1; *Großerichter*, DStR 2003, 159.
44 *Zimmer*, BB 2003, 1, 6 f.; *Zimmer*, FAZ v. 3.4.2003, S. 14.
45 Andeutungsweise in Rz. 79 des EuGH-Urteils v. 5.11.2002 – Rs. C-208/00, Slg. 2002, I-9919 – „Überseering".
46 S. Art. 8 Rz. 16 ff.
47 Vgl. Art. 11 Abs. 2 im „Vorschlag für eine Vierzehnte Richtlinie des Europäischen Parlaments und des Rates über die Verlegung des Sitzes einer Gesellschaft in einen anderen Mitgliedstaat mit Wechsel des für die Gesellschaft maßgebenden Rechts", Dokument KOM XV/6002/97, abgedruckt in ZIP 1997, 1721 ff. Dazu die Beiträge von *Di Marco/Neye/K. Schmidt/Priester/Heinze/Hügel/Rajak/Wymeersch/Timmerman* in ZGR 1999, 1 ff.; *Koppensteiner* in FS Lutter, 2000, S. 141 ff.; *Hoffmann*, ZHR 164 (2000), 43 ff.

29   Eine andere Erklärung kann die Entscheidung *Daily Mail*[48] aus dem Jahr 1988 – deren Verhältnisse zu Aussagen der neueren EuGH-Judikate ungeklärt ist – bieten: Wegzughindernisse der Mitgliedstaaten gegenüber den Gesellschaften des eigenen Rechts fallen danach nicht in den Anwendungsbereich der Niederlassungsfreiheit[49]. Nach überwiegender Ansicht[50] gilt dies auch nach den EuGH-Entscheidungen *de Lasteyrie du Saillant*[51] und *Sevic*[52]. Überträgt man diesen Gedanken auf die SE, muss auch die Gemeinschaft dazu befugt sein, für Geschöpfe des eigenen Rechts Mobilitätshindernisse aufzustellen[53].

30   Wenn daher an dieser Stelle die Regelung mit dem Primärrecht vereinbar erscheint[54], so muss das nicht heißen, dass sie noch lange bestehen wird: Nach **Art. 69 lit. a** ist spätestens im Jahre 2009 darüber zu entscheiden, ob dieser Sitzzwang weiter aufrechterhalten werden soll. Es erscheint nicht unwahrscheinlich, dass diese Überprüfung in dem Sinne entschieden wird, die Regelung aufzuheben.

Art. 8
[Sitzverlegung]

(1) Der Sitz der SE kann gemäß den Absätzen 2 bis 13 in einen anderen Mitgliedstaat verlegt werden. Diese Verlegung führt weder zur Auflösung der SE noch zur Gründung einer neuen juristischen Person.

(2) Ein Verlegungsplan ist von dem Leitungs- oder dem Verwaltungsorgan zu erstellen und unbeschadet etwaiger vom Sitzmitgliedstaat vorgesehener zusätzlicher Offenlegungsformen gemäß Artikel 13 offen zu legen. Dieser Plan enthält die bisherige Firma, den bisherigen Sitz und die bisherige Registriernummer der SE sowie folgende Angaben:

a) den vorgesehenen neuen Sitz der SE,

b) die für die SE vorgesehene Satzung sowie gegebenenfalls die neue Firma,

c) die etwaigen Folgen der Verlegung für die Beteiligung der Arbeitnehmer,

d) den vorgesehenen Zeitplan für die Verlegung,

e) etwaige zum Schutz der Aktionäre und/oder Gläubiger vorgesehene Rechte.

---

48 EuGH v. 27.9.1988 – Rs. 81/87, Slg. 1988, 5483 – „Daily Mail".

49 Kritisch dazu *Ringe*, EBLR 2005, 621 ff.; *W.-H. Roth* in Lutter, Europäische Auslandsgesellschaften in Deutschland, 2005, S. 379, 384 ff.

50 OLG Brandenburg v. 30.11.2004 – 6 Wx 4/04, GmbHR 2005, 484; OLG München v. 2.5.2006 – 31 Wx 9/06, DB 2006, 1148, 1149; LG Berlin v. 22.2.2005 – 102 T 1/05, GmbHR 2005, 997, 998. Aus der Literatur *Eidenmüller/Rehm*, ZGR 2004, 159, 178 Fn. 78; *Engert*, DStR 2004, 664, 668 Fn. 44; *Haase*, IStR 2004, 232, 236; *Körner*, IStR 2004, 424, 430; *Korsten/Bieniek*, EWiR 2004, 801, 802; *Rickford*, EBLR 2004, 1225, 1247 Fn. 69; *Zimmer*, ZHR 168 (2004), 355, 361; *Ringe*, GmbHR 2005, 487, 488 f.; *Ringe*, DB 2005, 2806; *Thiel*, DB 2005, 2316, 2318; *Frotscher*, IStR 2006, 65, 69 f.; *Haase/Torwegge*, DZWiR 2006, 57, 62.

51 EuGH v. 11.3.2004 – Rs. C-9/02, Slg. 2004, I-2409 = GmbHR 2004, 504 – „de Lasteyrie du Saillant".

52 EuGH v. 13.12.2005 – Rs. C-411/03, Slg. 2005, I-10805 = GmbHR 2006, 140 – „Sevic".

53 *Schindler*, RdW 2003, 122; *Menjucq*, Dalloz 2003, 2874; *Ringe*, Sitzverlegung, S. 77, 99 ff.; *Oechsler* in MünchKomm. AktG, Art. 7 SE-VO Rz. 2; *Schwarz*, Art. 7 Rz. 16.

54 Ebenso *Schindler*, RdW 2003, 122, 124. A.A. *Wymeersch*, CMLR 40 (2003), 661, 693. Differenzierend *Ringe*, Sitzverlegung, S. 99 ff.

(3) Das Leitungs- oder das Verwaltungsorgan erstellt einen Bericht, in dem die rechtlichen und wirtschaftlichen Aspekte der Verlegung erläutert und begründet und die Auswirkungen der Verlegung für die Aktionäre, die Gläubiger sowie die Arbeitnehmer im Einzelnen dargelegt werden.

(4) Die Aktionäre und die Gläubiger der SE haben vor der Hauptversammlung, die über die Verlegung befinden soll, mindestens einen Monat lang das Recht, am Sitz der SE den Verlegungsplan und den Bericht nach Absatz 3 einzusehen und die unentgeltliche Aushändigung von Abschriften dieser Unterlagen zu verlangen.

(5) Die Mitgliedstaaten können in Bezug auf die in ihrem Hoheitsgebiet eingetragenen SE Vorschriften erlassen, um einen angemessenen Schutz der Minderheitsaktionäre, die sich gegen die Verlegung ausgesprochen haben, zu gewährleisten.

(6) Der Verlegungsbeschluss kann erst zwei Monate nach der Offenlegung des Verlegungsplans gefasst werden. Er muss unter den in Artikel 59 vorgesehenen Bedingungen gefasst werden.

(7) (I) Bevor die zuständige Behörde die Bescheinigung gemäß Absatz 8 ausstellt, hat die SE gegenüber der Behörde den Nachweis zu erbringen, dass die Interessen ihrer Gläubiger und sonstigen Forderungsberechtigten (einschließlich der öffentlich-rechtlichen Körperschaften) in Bezug auf alle vor der Offenlegung des Verlegungsplans entstandenen Verbindlichkeiten im Einklang mit den Anforderungen des Mitgliedstaats, in dem die SE vor der Verlegung ihren Sitz hat, angemessen geschützt sind.

(II) Die einzelnen Mitgliedstaaten können die Anwendung von Unterabsatz 1 auf Verbindlichkeiten ausdehnen, die bis zum Zeitpunkt der Verlegung entstehen (oder entstehen können).

(III) Die Anwendung der einzelstaatlichen Rechtsvorschriften über das Leisten oder Absichern von Zahlungen an öffentlich-rechtliche Körperschaften auf die SE wird von den Unterabsätzen 1 und 2 nicht berührt.

(8) Im Sitzstaat der SE stellt das zuständige Gericht, der Notar oder eine andere zuständige Behörde eine Bescheinigung aus, aus der zweifelsfrei hervorgeht, dass die der Verlegung vorangehenden Rechtshandlungen und Formalitäten durchgeführt wurden.

(9) Die neue Eintragung kann erst vorgenommen werden, wenn die Bescheinigung nach Absatz 8 vorgelegt und die Erfüllung der für die Eintragung in dem neuen Sitzstaat erforderlichen Formalitäten nachgewiesen wurde.

(10) Die Sitzverlegung der SE sowie die sich daraus ergebenden Satzungsänderungen werden zu dem Zeitpunkt wirksam, zu dem die SE gemäß Artikel 12 im Register des neuen Sitzes eingetragen wird.

(11) Das Register des neuen Sitzes meldet dem Register des früheren Sitzes die neue Eintragung der SE, sobald diese vorgenommen worden ist. Die Löschung der früheren Eintragung der SE erfolgt erst nach Eingang dieser Meldung.

(12) Die neue Eintragung und die Löschung der früheren Eintragung werden gemäß Artikel 13 in den betreffenden Mitgliedstaaten offen gelegt.

(13) Mit der Offenlegung der neuen Eintragung der SE ist der neue Sitz Dritten gegenüber wirksam. Jedoch können sich Dritte, solange die Löschung der Eintragung im Register des früheren Sitzes nicht offen gelegt worden ist, weiterhin auf den alten Sitz berufen, es sei denn, die SE beweist, dass den Dritten der neue Sitz bekannt war.

(14) (I) Die Rechtsvorschriften eines Mitgliedstaats können bestimmen, dass eine Sitzverlegung, die einen Wechsel des maßgeblichen Rechts zur Folge hätte, im Falle der in dem betreffenden Mitgliedstaat eingetragenen SE nicht wirksam wird, wenn eine zuständige Behörde dieses Staates innerhalb der in Absatz 6 genannten Frist von zwei Monaten dagegen Einspruch erhebt. Dieser Einspruch ist nur aus Gründen des öffentlichen Interesses zulässig.

(II) Untersteht eine SE nach Maßgabe von Gemeinschaftsrichtlinien der Aufsicht einer einzelstaatlichen Finanzaufsichtsbehörde, so gilt das Recht auf Erhebung von Einspruch gegen die Sitzverlegung auch für die genannte Behörde.

(III) Gegen den Einspruch muss ein Rechtsmittel vor einem Gericht eingelegt werden können.

(15) Eine SE kann ihren Sitz nicht verlegen, wenn gegen sie ein Verfahren wegen Auflösung, Liquidation, Zahlungsunfähigkeit oder vorläufiger Zahlungseinstellung oder ein ähnliches Verfahren eröffnet worden ist.

(16) Eine SE, die ihren Sitz in einen anderen Mitgliedstaat verlegt hat, gilt in Bezug auf alle Forderungen, die vor dem Zeitpunkt der Verlegung gemäß Absatz 10 entstanden sind, als SE mit Sitz in dem Mitgliedstaat, in dem sie vor der Verlegung eingetragen war, auch wenn sie erst nach der Verlegung verklagt wird.

§ 12 SEAG: Abfindungsangebot im Verlegungsplan

(1) Verlegt eine SE nach Maßgabe von Artikel 8 der Verordnung ihren Sitz, hat sie jedem Aktionär, der gegen den Verlegungsbeschluss Widerspruch zur Niederschrift erklärt, den Erwerb seiner Aktien gegen eine angemessene Barabfindung anzubieten. Die Vorschriften des Aktiengesetzes über den Erwerb eigener Aktien gelten entsprechend, jedoch ist § 71 Abs. 4 Satz 2 des Aktiengesetzes insoweit nicht anzuwenden. Die Bekanntmachung des Verlegungsplans als Gegenstand der Beschlussfassung muss den Wortlaut dieses Angebots enthalten. Die Gesellschaft hat die Kosten für eine Übertragung zu tragen. § 29 Abs. 2 des Umwandlungsgesetzes findet entsprechende Anwendung.

(2) § 7 Abs. 2 bis 7 findet entsprechende Anwendung, wobei an die Stelle der Eintragung und Bekanntmachung der Verschmelzung die Eintragung und Bekanntmachung der SE im neuen Sitzstaat tritt.

§ 13 SEAG: Gläubigerschutz

(1) Verlegt eine SE nach Maßgabe von Artikel 8 der Verordnung ihren Sitz, ist den Gläubigern der Gesellschaft, wenn sie binnen zwei Monaten nach dem Tag, an dem der Verlegungsplan offen gelegt worden ist, ihren Anspruch nach Grund und Höhe schriftlich anmelden, Sicherheit zu leisten, soweit sie nicht Befriedigung verlangen können. Dieses Recht steht den Gläubigern jedoch nur zu, wenn sie glaubhaft machen, dass durch die Sitzverlegung die Erfüllung ihrer Forderungen gefährdet wird. Die Gläubiger sind im Verlegungsplan auf dieses Recht hinzuweisen.

(2) Das Recht auf Sicherheitsleistung nach Absatz 1 steht Gläubigern nur im Hinblick auf solche Forderungen zu, die vor oder bis zu 15 Tage nach Offenlegung des Verlegungsplans entstanden sind.

(3) Das zuständige Gericht stellt die Bescheinigung nach Artikel 8 Abs. 8 der Verordnung nur aus, wenn bei einer SE mit dualistischem System die Mitglieder des Leitungsorgans und bei einer SE mit monistischem System die geschäftsführenden Direktoren die Versicherung abgeben, dass allen Gläubigern, die nach den Absätzen 1 und 2 einen Anspruch auf Sicherheitsleistung haben, eine angemessene Sicherheit geleistet wurde.

§ 14 SEAG: Negativerklärung

Das zuständige Gericht stellt die Bescheinigung nach Artikel 8 Abs. 8 der Verordnung nur aus, wenn die Vertretungsorgane einer SE, die nach Maßgabe des Artikels 8 der Verordnung ihren Sitz verlegt, erklären, dass eine Klage gegen die Wirksamkeit des Verlegungsbeschlusses nicht oder nicht fristgemäß erhoben oder eine solche Klage rechtskräftig abgewiesen oder zurückgenommen worden ist.

Literatur: S. auch die Literatur vor Art. 7. *Bellingwout*, Verplaatsing van een Europese vennot-schap (SE), Ondernemingsrecht 2001, 356; *de Diego*, Die Mobilität der Europäischen Aktienge-sellschaft (SE) im EG-Binnenmarkt, EWS 2005, 446; *Förster/Lange*, Grenzüberschreitende Sitz-verlegung der Europäischen Aktiengesellschaft aus ertragsteuerlicher Sicht, RIW 2002, 585; *Grundmann* in v. Rosen (Hrsg.), DAI-Studie 21 „Die Europa AG – eine Option für deutsche Un-ternehmen?", 2003, S. 47 ff.; *Heckschen*, Die Europäische AG aus notarieller Sicht, DNotZ 2003, 251; *Herzig/Griemla*, Steuerliche Aspekte der Europäischen Aktiengesellschaft/Societas Euro-paea (SE), StuW 2002, 55; *Hoffmann*, Neue Möglichkeiten zur identitätswahrenden Sitzverlegung in Europa? – Der Richtlinienvorentwurf zur Verlegung des Gesellschaftssitzes innerhalb der EU, ZHR 164 (2000), 43; *Kalss*, Der Minderheitenschutz bei Gründung und Sitzverlegung der SE nach dem Diskussionsentwurf, ZGR 2003, 593; *Kessler/Huck*, Steuerliche Aspekte der Gründung und Sitzverlegung der Europäischen Aktiengesellschaft – Geltende und zukünftige Rechtslage, Der

Konzern 2006, 352; *Koppensteiner*, Die Sitzverlegungsrichtlinie nach Centros, in FS Lutter, 2000, S. 141; *Oechsler*, Die Sitzverlegung der Europäischen Aktiengesellschaft nach Art. 8 SE-VO, AG 2005, 373; *Priester*, EU-Sitzverlegung – Verfahrensablauf, ZGR 1999, 36; *Ress*, Grenzüberschreitende Sitzverlegung im Europäischen Gesellschaftsrecht, in FS Ress, 2005, S. 743 ff.; *Ringe*, Mitbestimmungsrechtliche Folgen einer SE-Sitzverlegung, NZG 2006, 931; *Ringe*, Die Sitzverlegung der Europäischen Aktiengesellschaft, 2006; *Karsten Schmidt*, Sitzverlegungsrichtlinie, Freizügigkeit und Gesellschaftspraxis, ZGR 1999, 20; *Schulz/Petersen*, Die Europa-AG – steuerlicher Handlungsbedarf bei Gründung und Sitzverlegung, DStR 2002, 1508; *Teichmann*, Minderheitenschutz bei Gründung und Sitzverlegung der SE, ZGR 2003, 367; *Wymeersch*, The transfer of the company's seat in European Company law, CMLR 40 (2003), 661; *Zimmer*, Ein Internationales Gesellschaftsrecht für Europa, RabelsZ 67 (2003), 298.

A. Allgemeines

I. Bedeutung und Geschichte der Norm

1   Die Möglichkeit der **grenzüberschreitenden identitätswahrenden Sitzverlegung** ist eine der Haupterrungenschaften der SE und stellt einen nicht zu unterschätzenden Vorteil gegenüber den Gesellschaftsformen mitgliedstaatlichen Rechts dar. Auch nach Ergehen der Rechtsprechung des EuGH in Sachen *Centros*, *Überseering* und *Inspire Art* (hierzu Art. 7 Rz. 26 ff.) ist die Sitzverlegung dieser Gesellschaftsformen noch nicht in jeder Hinsicht zufrieden stellend gelöst.

2   Art. 8 geht zurück auf eine Forderung des Europäischen Parlaments[1] und wurde im E-1991 in Art. 5a neu eingefügt. Auch in den früheren Entwürfen des SE-Statuts ging man offenbar von einer identitätswahrenden Verlegungsmöglichkeit aus, ohne dass diese speziell geregelt war[2].

3   Das Verfahren entspricht weitgehend dem bei der EWIV[3], insbesondere den Art. 13, 14 EWIV-VO[4]. Vorbild für den Sitzverlegungsplan der EWIV wiederum war der Verschmelzungsplan nach Art. 5 Abs. 1 der Dritten gesellschaftsrechtlichen Richtlinie (Fusionsrichtlinie)[5] bzw. der Spaltungsplan nach Art. 2 Abs. 1 der Sechsten gesellschaftsrechtlichen Richtlinie (Spaltungsrichtlinie)[6]. Ebenfalls lassen sich aus Parallelen zum Richtlinienvorentwurf zur Verlegung des Gesellschaftssitzes innerhalb der EU[7] von 1997 Erkenntnisse gewinnen[8].

---

1 *Trojan-Limmer*, RIW 1991, 1010, 1015.

2 Begründung zum E-1989, BT-Drucks. 11/5427, S. 5 (zu Art. 5 E-1989).

3 Vgl. BT-Drucks. 12/1004, S. 2; *Trojan-Limmer*, RIW 1991, 1010, 1015, *Blanquet*, ZGR 2002, 20, 43.

4 Verordnung über die Schaffung einer Europäischen wirtschaftlichen Interessenvereinigung (EWIV) vom 25.7.1985 Nr. 2137/EWG, ABl. EG Nr. L 199 v. 31.7.1985, S. 1 ff.; kritisch zu dieser Parallele *Trojan-Limmer*, RIW 1991, 1010,1016.

5 Richtlinie 78/855/EWG vom 9.10.1978, ABl. EG Nr. L 295 v. 20.10.1978, S. 36 ff., abgedruckt bei *Lutter*, Europäisches Unternehmensrecht, 4. Aufl. 1996, S. 128 ff. (im Folgenden: „Dritte Richtlinie"); zur Vorbildfunktion vgl. *Ganske*, EWIV, 1988, S. 63.

6 Richtlinie 82/891/EWG vom 17.12.1982, ABl. EG Nr. L 378 v. 31.12.1982, S. 47 ff., abgedruckt bei *Lutter*, Europäisches Unternehmensrecht, 4. Aufl. 1996, S. 196 ff. (im Folgenden: „Sechste Richtlinie").

7 Vorschlag für eine Vierzehnte Richtlinie des Europäischen Parlaments und des Rates über die Verlegung des Sitzes einer Gesellschaft in einen anderen Mitgliedstaat mit Wechsel des für die Gesellschaft maßgebenden Rechts, Dokument KOM XV/6002/97 vom 22.4.1997, abgedruckt in ZIP 1997, 1721 (im Folgenden: „Sitzverlegungsrichtlinie(E)").

8 Vgl. Begründung zur Sitzverlegungsrichtlinie(E), VII.3, ZIP 1997, 1721, 1723.

II. Sitzverlegung

Art. 8 regelt die *Sitz*verlegung der SE in einen anderen Mitgliedstaat. Damit ist in An- 4
lehnung an die Begrifflichkeit von Art. 7 die Verlegung des **Satzungssitzes** gemeint
(vgl. Art. 7 Rz. 6). Sie darf gem. Art. 8 Abs. 1 Satz 2 weder zur Auflösung der SE noch
zur Gründung einer neuen juristischen Person führen. Eine Sitzverlegung muss aber
stets die Verlegung der Hauptverwaltung nach sich ziehen (vgl. Art. 7 Satz 1).

Daraus ergibt sich, dass die SE-VO zwei Konstellationen *nicht* regelt: Die alleinige 5
Verlegung des Satzungssitzes und die alleinige Verlegung der Hauptverwaltung. Beides sind **Konstellationen, die nach Art. 7 Satz 1 gar nicht eintreten dürfen**. Sollte ein
solcher Zustand entgegen der ausdrücklichen Regelung des Art. 7 Satz 1 doch eintreten, müssen Sanktionen ergriffen werden. Art. 64[9] schreibt für einen solchen Fall den
Mitgliedstaaten vor, „geeignete Maßnahmen" zu treffen, um die SE zu verpflichten,
innerhalb einer bestimmten Frist den vorschriftswidrigen Zustand zu beenden. Entweder hat die SE ihre Hauptverwaltung wieder im Sitzstaat zu errichten oder ihren
Sitz nach Art. 8 zu verlegen. Weigert sich die Gesellschaft, den vorschriftswidrigen
Zustand zu beenden, muss sie nach Art. 64 Abs. 2 liquidiert werden. Allerdings muss
der Sitzstaat gem. Art. 64 Abs. 3 Rechtsmittel vorsehen, mit denen die SE gegen die
Feststellung vorgehen kann, sie verstoße gegen Art. 7. In Deutschland wurde eine Regelung eingeführt, die sich an § 144a FGG anlehnt[10].

Geregelt wird nur die **grenzüberschreitende** Sitzverlegung; nicht erfasst wird von die- 6
ser Regelung die Sitzverlegung innerhalb der Grenzen eines Mitgliedstaates (s. dazu
unten Rz. 100). Sitz- und Gründungstheorie sollen unangetastet bleiben; mit Art. 8
wird versucht, eine allein materiell-rechtliche Lösung zu finden. Somit wird auf das
weiterhin divergierende IPR der Mitgliedstaaten Rücksicht genommen.

III. Grundsätze

Im Regelfall verläuft die Sitzverlegung nach folgenden Grundsätzen: **Sitz und Haupt-** 7
verwaltung müssen nach den Verfahrensvorschriften des Art. 8, deren Ziel es ist, ausreichenden Gläubiger- und Gesellschafterschutz zu bieten[11], **gemeinsam verlegt** werden. Da Art. 9 Abs. 1 lit. c ii auf das Recht am jeweiligen Sitz der SE verweist, geht
mit der Sitzverlegung ein jedenfalls teilweiser Statutenwechsel einher[12]:

Grundsätzlich unterliegt die SE nach Art. 9 primär der SE-VO und subsidiär dem 8
Recht des Sitzstaates. Verlegt eine SE also ihren Sitz in einen anderen Mitgliedstaat,
so tritt mit Abschluss der Sitzverlegung (Art. 8 Abs. 10) ein **Statutenwechsel** hinsichtlich des subsidiären nationalen Rechts ein, wie dies – in weiterem Umfang –
auch bisher für rein nationale Gesellschaften der Fall war. Der Unterschied zur bisherigen Praxis liegt auf der materiellrechtlichen Ebene: Der Wegzugsbeschluss der SE
darf vom deutschen materiellen Recht nicht als Auflösungsbeschluss gewertet werden, wie dies in der Vergangenheit von deutschen Gerichte für Gesellschaften nationalen Rechts angenommen wurde[13]. Damit wird es der SE kraft unmittelbar gelten-

---

9 Art. 64 beruht auf Art. 117a E-1991, der aber nur den Fall behandelt, dass der Sitz einer SE aus
  der Gemeinschaft verlegt wurde, vgl. *Schwarz*, ZIP 2001, 1847, 1858.
10 § 52 SEAG, vgl. dazu *Teichmann*, ZGR 2002, 383, 458 f.; *Ihrig/Wagner*, BB 2003, 969, 976; *Ih-*
  rig/Wagner, BB 2004, 1749, 1758. S. näher die Erläuterungen zu Art. 64.
11 Vgl. Erwägungsgrund 24 zur SE-VO.
12 *Oechsler* in MünchKomm. AktG, Art. 8 SE-VO Rz. 3.
13 Seit RGZ 7, 68, 69 f.; RGZ 88, 53, 55; RGZ 107, 94, 97; aus neuerer Zeit BayObLG v. 7.5.1992
  – 3Z BR 14/92, EuZW 1992, 548, 549; OLG Düsseldorf v. 26.3.2001 – 3 Wx 88/01, GmbHR
  2001, 438; OLG Hamm v. 1.2.2001 – 15 W 390/00, GmbHR 2001, 440.

den Gemeinschaftsrechts ermöglicht, identitätswahrend ihren Sitz zu verlegen (Art. 8 Abs. 1 Satz 2).

9   Dieser Statutenwechsel tritt **unabhängig von Sitz- oder Gründungstheorie** ein. Das internationale Gesellschaftsrecht der Mitgliedstaaten tritt hinter die EG-rechtliche Regelung zurück und wird von ihr überlagert[14].

IV. Arbeitnehmermitbestimmung

10   Die SE-RL sieht eine Festlegung der Mitbestimmungsbefugnisse in der SE primär im Wege freier **Verhandlungen** zwischen der Unternehmensführung und einem besonderen Verhandlungsgremium der Arbeitnehmerseite vor (Art. 3 ff. SE-RL). Für den Fall, dass die Verhandlungen scheitern, greift gem. Art. 7 i.V.m. Anhang SE-RL eine **Auffangregelung**, die hinsichtlich der Beteiligung der Arbeitnehmer bestimmte Standardanforderungen sichert. **Voraussetzung** für die Anwendbarkeit der Auffangregelung ist allerdings, dass im Falle der Gründung durch Verschmelzung mindestens 25% der Arbeitnehmer aller beteiligten Gesellschaften bisher Mitbestimmungsrechte zustanden. Wird dieser Prozentsatz nicht erreicht, greift die Auffangregelung nur, wenn das besondere Verhandlungsgremium einen entsprechenden Beschluss fasst. Für die Gründung einer Holding- oder Tochter-SE gilt dies entsprechend mit der Besonderheit, dass 50% der Arbeitnehmer der beteiligten Gesellschaften mitbestimmt sein müssen, um die Auffangregelung zur Anwendung kommen zu lassen[15].

11   Sind diese Voraussetzungen für die Anwendbarkeit der Auffangregelung erfüllt, gilt die Auffangregelung des beabsichtigten Sitzstaates der SE. Diese Auffangregelung muss den **Anforderungen des Anhangs zur SE-RL** genügen. Die RL verzichtet dabei darauf, auf die jeweilige nationale Gesetzgebung abzustellen, sondern richtet ihr Augenmerk auf die Situation der an der Gründung der SE beteiligten Unternehmen und die Rechtsposition, die deren Arbeitnehmer bisher innehatten. Wird eine SE durch Umwandlung gegründet, so bleibt es grundsätzlich bei der Mitbestimmung, die bisher in der umgewandelten Gesellschaft galt (**Vorher-Nachher-Prinzip**). Inhalt der Auffangregelung in den Fällen der Gründung durch Fusion, oder durch Errichtung einer Holding-Tochter-SE ist es insbesondere, dass der höchste Mitbestimmungs-Standard einer beteiligten Gesellschaft auf die gesamte SE übertragen wird, gleichgültig, wo diese ihren Sitz hat[16].

12   Erwägungsgrund 18 Satz 2 zur SE-RL weitet das Vorher-Nachher-Prinzip auch auf Fälle einer strukturellen Veränderung der SE aus[17]. Im Fall einer **Sitzverlegung** gilt für die SE daher grundsätzlich **weiterhin die erzielte Verhandlungslösung**. Galt eine Auffanglösung, so wird ab Eintragung in das Register des Zuzugstaats für die SE auch die **Auffanglösung des Zuzugstaats** gelten. Somit herrscht in beiden Konstellationen grundsätzlich Kontinuität in der Mitbestimmungsfrage[18].

---

14 Vgl. Art. 3 Abs. 2 Satz 2 EGBGB.
15 *Heinze*, ZGR 2002, 66, 88. Näher zur Arbeitnehmermitbestimmung allgemein *Herfs-Röttgen*, NZA 2001, 424; *Pluskat*, DStR 2001, 1483; *Köstler/Jaeger*, Die Europäische Aktiengesellschaft (Arbeitshilfe der Hans-Böckler-Stiftung), 2002; *Köstler* in Theisen/Wenz, Europäische Aktiengesellschaft, S. 331 ff.; *Kleinsorge*, RdA 2002, 343; *Henssler* in FS Ulmer, 2003, S. 193 ff.; *Gruber/Weller*, NZG 2003, 297. Speziell zur Mitbestimmung *Ringe*, NZG 2006, 931.
16 *Lutter*, BB 2002, 1, 6.
17 *Kleinsorge*, RdA 2002, 343, 351; *Köstler/Jaeger*, Die Europäische Aktiengesellschaft (Arbeitshilfe der Hans-Böckler-Stiftung), 2002, S. 18; *Wenz* in Theisen/Wenz, Europäische Aktiengesellschaft, S. 234 f.
18 *Kleinsorge*, RdA 2002, 343, 351; *Wenz* in Theisen/Wenz, Europäische Aktiengesellschaft, S. 189, 234 f.; *Hunger* in Jannott/Frodermann, Handbuch Europäische Aktiengesellschaft,

Im Falle der **Verhandlungslösung** wird aber oftmals in die erzielte Vereinbarung eine   **13**
Klausel aufgenommen, dass anlässlich einer Sitzverlegung über die Beteiligung **neu
zu verhandeln** ist. Dies wird von Art. 4 Abs. 2 lit. h SE-RL nahe gelegt. Im deutschen
Umsetzungsgesetz findet sich die Regel, dass eine erzielte Vereinbarung sogar eine
Neuaufnahmeregelung anlässlich von strukturellen Änderungen enthalten „soll"
(§ 21 Abs. 1 Nr. 6, Abs. 4 SEBG). Schließlich enthält § 18 Abs. 3 SEBG die Pflicht,
neue Verhandlungen über die Arbeitnehmerbeteiligung aufzunehmen, wenn eine
Strukturmaßnahme geplant ist, die geeignet ist, die Beteiligungsrechte der Arbeitnehmer zu mindern[19]. Dazu ist eine Sitzverlegung aber nicht zu zählen[20].

In der Literatur wird vertreten, trotz der grundsätzlichen Kontinuität der Arbeitneh- **14**
merbeteiligung sei erwägenswert, dass die Sitzverlegung einen Wegfall der **Geschäfts-**
grundlage für die erzielte Verhandlungslösung bewirke[21]. Auch wenn richtig ist, dass
die Auffanglösung eine Art Drohpotential für die zu treffende Vereinbarung beinhaltet, so kann die Konstruktion einer Änderung der Geschäftsgrundlage nicht nachvollzogen werden: Zwar ändert sich durch die Sitzverlegung das jeweilige nationale Regime, das die Auffanglösung umsetzt, doch beruhen alle nationalen Regelungen letztlich auf der gleichen Richtlinie[22] – was dazu führt, dass die Abweichungen zwischen
den betroffenen mitgliedstaatlichen Auffanglösungen zumeist marginal sind und keine derart entscheidende Veränderung des rechtlichen Umfelds herbeizuführen vermögen, dass eine grundsätzliche Neubewertung der Vereinbarung notwendig erscheint.

Dessen ungeachtet sind in seltenen Fällen Konstellationen denkbar, in denen es **de** **15**
facto zu Einschränkungen der Arbeitnehmerbeteiligungsrechte kommt[23]. Beispielsweise ist es denkbar, dass die Mitgliedstaaten die SE-Richtlinie und damit auch die
Auffangregelung unterschiedlich umgesetzt haben, das Standardniveau somit zwischen den Mitgliedstaaten divergiert. In einem solchen Fall sind Neuverhandlungen
unumgänglich[24].

B. Das Verfahren der grenzüberschreitenden Sitzverlegung

Ziel des Verlegungsverfahrens nach Art. 8 Abs. 2–13 ist es, die Sitzverlegung trans- **16**
parent zu machen und die Interessen der von der Sitzverlegung betroffenen Gesellschafter und Gläubiger zu schützen[25]. Das Verfahren beruht auf dem Mechanismus
Eintragung im Zuzugstaat und anschließende Löschung der Eintragung im Wegzugstaat. Die Satzung der SE muss dem neu geltenden Subsidiärrecht angepasst werden[26]. Zum Schutz der Gesellschafter und Gläubiger sehen die Abs. 5 und 7 vor, dass
gewisse Garantien gegeben werden müssen.

Kap. 9 Rz. 37; *Oechsler*, AG 2005, 373, 376 f.; *Wollburg/Banerjea*, ZIP 2005, 277, 283; *Güntzel*, Umsetzung, S. 299 ff.; *Ringe*, Sitzverlegung, S. 153 ff.; *Schwarz*, Art. 8 Rz. 10.
19 Dazu eingehend *Rehberg*, ZGR 2005, 859, 887 ff.
20 *Oechsler*, AG 2005, 373, 376.
21 So *Oechsler*, AG 2005, 373, 377; *Oechsler* in MünchKomm. AktG, Art. 8 SE-VO Rz. 13.
22 Die Auffangregelungen waren auf der Grundlage von Art. 7 SE-RL umzusetzen.
23 S. *Ringe*, Sitzverlegung, S. 154 ff.; *Ringe*, NZG 2006, 931, 932 f.
24 *Ringe*, Sitzverlegung, S. 159.
25 Vgl. Erwägungsgrund 24.
26 Vgl. Art. 8 Abs. 10. Dazu auch *Bungert/Beier*, EWS 2002, 1, 6; Begründung zur Sitzverlegungs-
    richtlinie(E), VII.3, ZIP 1997, 1721, 1723.

I. Maßnahmen im Wegzugstaat

1. Verlegungsplan (Art. 8 Abs. 2)

17 Das Leitungs- oder Verwaltungsorgan leitet die Sitzverlegung durch Aufstellung eines Verlegungsplans ein. Einen solchen „Plan" kennt das deutsche Umwandlungs- bzw. Sitzverlegungsrecht bislang nicht. Er entspricht wohl am ehesten dem Entwurf eines Umwandlungsbeschlusses in § 194 Abs. 2 UmwG. Eine Parallele findet sich in Art. 4 Sitzverlegungsrichtlinie-Vorentwurf.

a) Aufstellung

18 Erforderlich ist ein Tätigwerden des Leitungs- oder Verwaltungsorgans in vertretungsberechtigender Zusammensetzung. Fraglich ist, welchen **Formerfordernissen** der Verlegungsplan unterliegt. Denkbar wäre es, die privatschriftliche Abfassung des Plans genügen zu lassen, wenn man insofern den vorbereitenden Charakter des Plans betont[27]. Andererseits streiten die Gewähr der materiellen Richtigkeit und das Ziel einer korrekten Information der Beteiligten dafür, die Mitwirkung eines Notars zu fordern[28]. Zu fragen ist, ob die Vorschriften in Art. 8 abschließend zu verstehen sind oder nicht. Die ausführliche Beschreibung des Sitzverlegungsverfahrens und die Tatsache, dass der Notar bspw. in Art. 8 Abs. 8 als Mitwirkender ausdrücklich benannt ist, lassen darauf schließen, dass auch **formelle Fragen** wie eine Beurkundung in Art. 8 **abschließend aufgezählt** werden[29]. Ein Mitwirken des Notars ist damit nicht zu fordern.

19 Diese Feststellung wird dadurch untermauert, dass Art. 8 – anders als Art. 10 der Dritten Richtlinie und Art. 8 der Zehnten Richtlinie – **keine Überprüfung durch einen Sachverständigen** vorsieht. Dieser Unterschied zu den beiden Fusionsrichtlinien liegt darin begründet, dass bei Fusionen eine ungleich stärkere Beeinträchtigung von Interessen z.B. der Aktionäre droht als bei der Sitzverlegung[30]. Während sich die Aktionärsrechte der SE nach Art. 5 u.U. erheblich ändern können, bleiben ihre Anteilsquoten anders als bei einer Verschmelzung gleich.

20 Als **Sprache** des Verlegungsplans muss die Sprache des Wegzugstaates gewählt werden[31].

b) Offenlegung

21 Der Verlegungsplan muss nach Art. 8 Abs. 2 Satz 1 i.V.m. Art. 13 gemäß den Vorschriften des Sitzstaates der SE, die der Umsetzung der Ersten Richtlinie (**Publizitätsrichtlinie**)[32] dienen, offen gelegt werden. Entscheidende Bedeutung kommt dabei den Art. 2, 3 der Ersten Richtlinie zu[33]. Erforderlich sind demnach u. a. Einreichung zum

---

27 So zur Sitzverlegungsrichtlinie *Priester*, ZGR 1999, 36, 41.
28 *Heckschen*, DNotZ 2003, 251, 265.
29 Ähnlich *Schulz/Geismar*, DStR 2001, 1078, 1080 zum Verschmelzungsplan.
30 *Grundmann* in v. Rosen, DAI-Studie 21 „Die Europa AG – eine Option für deutsche Unternehmen?", 2003, S. 54.
31 So zur Sitzverlegungsrichtlinie *Priester*, ZGR 1999, 36, 41; *Schwarz*, Europäisches Gesellschaftsrecht, 2000, Rz. 820 Fn. 1178.
32 Erste Richtlinie v. 9.3.1968 (Publizitätsrichtlinie), 68/151/EWG, ABl.EG Nr. L 65 v. 14.3.1968, S. 8.
33 Diese beiden Normen wurden in Art. 4 Abs. 2 des Sitzverlegungsrichtlinie-Vorentwurfs ausdrücklich genannt. Vgl. im Einzelnen zu Art. 13.

Handelsregister und deren Bekanntmachung nach den Erfordernissen des Handelsrechts (vgl. § 61 UmwG i.V.m. § 10 HGB)[34].

Die Offenlegung muss mindestens **zwei Monate vor der Hauptversammlung** der SE, die nach Art. 8 Abs. 6 über die Sitzverlegung zu beschließen hat, und mindestens **einen Monat vor deren Einberufung** erfolgen, da die Einberufungsfrist ebenfalls einen Monat beträgt (vgl. Art. 53 i.V.m. § 123 Abs. 1 AktG).

c) Inhalt

Art. 8 Abs. 2 Satz 2 lit. a-e enthält einen Katalog mit Angaben, die im Verlegungsplan 22
enthalten sein müssen. Dieser **Katalog ist zwingend**; es ist daher ratsam, alle Punkte im Verlegungsplan anzusprechen, auch wenn die Angabe sich in einer Negativerklärung erschöpft (etwa wenn keine Rechte nach lit. e gewährt werden). Lit. a-d entsprechen den Anforderungen in Art. 4 Sitzverlegungsrichtlinie-Vorentwurf. Beide Regelungen bleiben hinter § 194 UmwG zurück.

Im einzelnen sind **folgende Angaben erforderlich**: 23

Zunächst muss der Verlegungsplan eine eindeutige **Identifizierung der bisherigen SE** ermöglichen und deshalb genaue Daten über sie enthalten (Art. 8 Abs. 2 Satz 2). Der **neue Sitz** der SE muss angegeben werden. Damit ist der neue satzungsmäßige Sitz der SE gemeint (vgl. Art. 7 Satz 1). Die **Satzung** (lit. b) muss an das neue Subsidiärrecht des Sitzstaates angepasst werden[35]. Die SE kann eine neue **Firma** erhalten, kann aber auch die bisherige Firma behalten, wobei jedoch das jeweilige mitgliedstaatliche Firmenrecht zu beachten ist[36]. Außerdem sind die etwaigen **Folgen des Umzugs für die Beteiligungsrechte**[37] **der Arbeitnehmer** aufzuführen (lit. c). Diese Angabe dient der frühzeitigen Unterrichtung der Arbeitnehmer und ihrer Vertretungen über kollektivarbeitsrechtliche Veränderungen. Zu den arbeitsrechtlichen Folgen einer Sitzverlegung s. oben Rz. 10 ff. sowie die Erläuterung zum SEBG, unten S. 856 ff. Außerdem muss der Verlegungsplan einen **Zeitplan** vorsehen (lit. d). Schließlich sind **Rechte zugunsten von Aktionären und/oder Gläubigern** aufzunehmen (lit. e). Die Anforderungen an den Schutz dieser Beteiligten richtet sich nach den Vorschriften im Sitzstaat der SE, in Deutschland sind dies §§ 12–14 SEAG. S. dazu unten Rz. 32 ff. und 45 ff.

Anders als im deutschen Umwandlungsrecht[38] muss der Verlegungsplan der SE keine 24
Angaben über die **zukünftigen Rechte der Aktionäre** enthalten. Durch den Wechsel des subsidiär anwendbaren Rechts (vgl. Art. 9) können deren Rechte aber – trotz Identität des Unternehmensträgers – unter Umständen erheblich beeinträchtigt werden[39]. Bei den Angaben in Art. 8 Abs. 2 Satz 2 handelt es sich vom hier eingenommenen Standpunkt aus aber nicht um Mindestangaben, so dass auf Aktionärsrechte nicht einzugehen ist, wenn sich aus der Satzung der SE nichts Gegenteiliges ergibt[40].

---

34 Vgl. *Oechsler*, AG 2005, 373, 378 f. Zur elektronischen Offenlegung vgl. *Wenz* in Theisen/Wenz, Die Europäische Aktiengesellschaft, S. 238.
35 Vgl. dazu Art. 8 Abs. 10.
36 *Schwarz*, Art. 8 Rz. 6.
37 Dieser Begriff ist in Art. 2 lit. h SE-RL legaldefiniert.
38 § 194 Abs. 1 UmwG.
39 Die Aktionärsrechte unterliegen nach Art. 5 dem Sitzstaat. S. dazu die Kommentierung zu Art. 5 und *Theisen/Widmayer* in Theisen/Wenz, Europäische Aktiengesellschaft, S. 377 ff.
40 Das ergibt sich im Umkehrschluss aus Art. 20 Abs. 2, der im Falle der Verschmelzung deutlich von Mindestangaben spricht. Vgl. *Wenz* in Theisen/Wenz, Europäische Aktiengesellschaft, S. 237. A.A. *Schwarz*, Art. 8 Rz. 14.

d) Einsichtsrecht

25 Zum Einsichtsrecht s. unten Rz. 29 ff.

2. Bericht (Art. 8 Abs. 3)

26 Neben dem Verlegungsplan muss das Leitungs- oder das Verwaltungsorgan einen
speziellen Bericht erstellen, der die rechtlichen und wirtschaftlichen Aspekte der
Sitzverlegung erklärt und begründet sowie die Auswirkungen für die aufgezählten
schutzbedürftigen Personengruppen aufzeigt. Ziel ist eine zusätzliche **Verstärkung
des a-priori-Schutzes** bei der Sitzverlegung[41]. Die frühzeitige Unterrichtung dient dazu, es den schutzbedürftigen Personengruppen zu ermöglichen, sich auf die Abstimmung frühzeitig vorzubereiten[42]. Vorbilder für diese Regelung sind Art. 9 der Dritten
Richtlinie, Art. 7 der Sechsten Richtlinie sowie Art. 5 Abs. 1 der Sitzverlegungsricht-
linie(E)[43]. Eine Parallele im deutschen Recht findet sich in § 192 UmwG (Umwandlungsbericht).

a) Inhalt

27 An den Inhalt des Berichts sind hohe Anforderungen zu stellen. Erforderlich sind ausführliche schriftliche Erläuterungen zu den **rechtlichen und wirtschaftlichen Gründen und Auswirkungen** der Sitzverlegung. Es empfiehlt sich, zunächst die Lage der
SE im Wegzugstaat, ihre Entwicklung, Konzernstruktur und Beteiligungen darzustellen und dann auch auf alle wesentlichen Vor- und Nachteile des Umzugs einzugehen.
Der Umzug sollte in einen größeren Zusammenhang gestellt werden und mit einem
schlüssigen Gesamtkonzept bzw. der Unternehmensstrategie in Einklang stehen.
Einzugehen ist insbesondere auf die wirtschaftlichen und rechtlichen (inbes. Gesell-
schafts- und steuerrechtlichen) Aspekte.

b) Adressaten

28 Dargelegt werden sollen die Auswirkungen für drei Gruppen: **Aktionäre, Gläubiger
und Arbeitnehmer.** Diese Personengruppen bedürfen bei einer Sitzverlegung besonderen Schutzes (vgl. Abs. 4, 5 und 7). Im Unterschied zu Art. 5 Abs. 1 Sitzverlegungsrichtlinie-Vorentwurf fällt auf, dass die Gläubiger gesondert erwähnt werden. Den
Gläubigern wird in Abs. 16 eine starke Stellung eingeräumt; im Übrigen ist der Gläubigerschutz in die Hände der Mitgliedstaaten gelegt (vgl. Art. 8 Abs. 7).

c) Einsichtsrecht

29 Nach Art. 8 Abs. 4 steht Aktionären und Gläubigern der SE ein einmonatiges Einsichtsrecht am Sitz der SE zu. Gegenüber der Dritten und Sechsten Richtlinie erweitert die SE-VO den Kreis der Einsichtberechtigten um die Gläubiger, die in den
Richtlinien nicht genannt sind[44]. Gegenüber dem Sitzverlegungsrichtlinie-Vorentwurf wird das Einsichtsrecht jedoch eingeschränkt: Art. 5 Abs. 2 dieser Richtlinie
sieht ein Einsichtsrecht auch der Arbeitnehmer vor. Diese Beschränkung steht im
Widerspruch zu der Erwähnung der Arbeitnehmer in Abs. 3.

---

41 *Wenz* in Theisen/Wenz, Europäische Aktiengesellschaft, S. 238; *Oechsler* in MünchKomm.
AktG, Art. 8 SE-VO Rz. 19.
42 *Schwarz*, Europäisches Gesellschaftsrecht, 2000, Rz. 646 (zur Dritten Richtlinie).
43 *Werlauff*, SE – The Law of the European Company, 2003, S. 124.
44 Art. 11 Abs. 1 Dritte Richtlinie; Art. 9 Abs. 1 Sechste Richtlinie.

Der **Umfang** des Einsichtsrechts erstreckt sich auf den Verlegungsplan sowie auf den 30 nach Art. 8 Abs. 3 erstellten Bericht. Es schließt das Recht mit ein, kostenlose Ablichtungen der genannten Dokumente zu erhalten.

Ob ein **Verzicht** auf das Einsichtsrecht möglich ist, erscheint zweifelhaft. Anders als 31 die Sechste Richtlinie[45] sieht Art. 8 keine Verzichtsmöglichkeit vor.

3. Minderheitenschutz (Art. 8 Abs. 5)

Die Mitgliedstaaten können spezielle Vorschriften zum Schutz der Minderheitsaktio- 32 näre erlassen. Diese Möglichkeit hat der deutsche Gesetzgeber mit **§ 12 Abs. 1 SEAG** wahrgenommen. Danach hat die SE dem widersprechenden Aktionär ein Barabfindungsangebot zu machen. Diese Regelung lehnt sich an § 207 UmwG an[46].

a) Sinn und Zweck

Das **Austrittsrecht** ist neben der Information (Art. 8 Abs. 2 und 3) und der Mitwir- 33 kung an der Entscheidung (Art. 8 Abs. 6) der „dritte Baustein" eines effektiven Minderheitenschutzes. In § 12 Abs. 1 SEAG kommt ebenso wie in §§ 29 Alt. 1, 207 UmwG der allgemeine Rechtsgedanke zum Ausdruck, dass den Aktionären bei einer erheblichen Umgestaltung des Unternehmens, die ggf. eine nachhaltige Veränderung ihrer Rechtsposition mit sich bringen kann (vgl. Art. 5), ein Austrittsrecht zusteht, weil die Fortführung der Mitgliedschaft unzumutbar wird[47]. Dabei wird offenbar die Sitzverlegung der SE – wegen der starken Prägung der SE durch das mit der Sitzverlegung wechselnde Subsidiärrecht (Art. 9 Abs. 1 lit. c) – in den Auswirkungen einer Umwandlung gleich erachtet[48].

b) Erklärung des Widerspruchs

Art. 8 Abs. 5 ermächtigt zum Schutz von Aktionären, die sich „gegen die Verlegung 34 ausgesprochen haben". Ob damit ein Schutz auch derjenigen Aktionäre möglich ist, die nicht gegen die Verlegung gestimmt haben[49], sondern sich eben nur dagegen geäußert haben, mag dahinstehen, denn das deutsche SEAG macht es zur Voraussetzung des Barabfindungsangebots, dass der Aktionär gegen den Verlegungsbeschluss **Widerspruch zur Niederschrift** erklärt hat[50]. Widerspruch kann nach verbreiteter Auffassung nur derjenige erklären, der auch gegen die Sitzverlegung gestimmt hat[51].

Der Widerspruchserklärung steht es nach § 12 Abs. 1 Satz 5 SEAG i.V.m. **§ 29 Abs. 2** 35 **UmwG** gleich, wenn der Aktionär zu einem Widerspruch **ohne eigenes Verschulden nicht in der Lage** war, sei es, dass er zu Unrecht nicht zur Teilnahme an der Hauptversammlung zugelassen wurde, sei es, dass die Hauptversammlung nicht ordnungsgemäß einberufen oder der Verlegungsbeschluss nicht ordnungsgemäß bekannt gemacht wurde.

Für die **Erklärung** des Widerspruchs können ähnliche Grundsätze wie zu § 29 UmwG 36 herangezogen werden: Der Widerspruch muss während der Hauptversammlung abge-

---

45 Art. 10 Sechste Richtlinie.
46 Begr. zum DiskE, S. 33.
47 *Decher* in Lutter, UmwG, § 207 Rz. 3, *Kalss*, wbl 2001, 366, 373.
48 So die Begr.DiskE, S. 33; vgl. auch *Teichmann*, ZGR 2003, 367, 398.
49 Befürwortend *Teichmann*, ZGR 2003, 367, 384 zur Parallelproblematik bei Art. 24 Abs. 2.
50 *Werlauff*, SE – The Law of the European Company, 2003, S. 124.
51 *Grunewald* in Lutter, UmwG, § 29 Rz. 10; *Schaub*, NZG 1998, 626, 628; a.A. *Marsch-Barner* in Kallmeyer, UmwG, § 29 Rz. 13; *Meister/Klöcker* in Kallmeyer, UmwG, § 207 Rz. 15. Vgl. dazu auch *Teichmann*, ZGR 2003, 367, 384.

geben werden; ein vorheriges Einreichen ist ebenso wenig gestattet wie ein Nachreichen[52].

c) Abfindungsangebot

37 Das Abfindungsangebot muss nach Art. 2 Satz 2 lit. e bereits im Verlegungsplan enthalten sein (vgl. § 12 Abs. 1 Satz 3 SEAG). Nach § 12 Abs. 2 SEAG gelten die Regelungen über das Abfindungsangebot im Verschmelzungsplan nach § 7 Abs. 2–7 SEAG entsprechend. Hierzu wird auf die Erläuterungen zu Art. 24 Rz. 45 ff. verwiesen.

38 Es sei lediglich darauf hingewiesen, dass §§ 12 Abs. 2, 7 Abs. 5 SEAG Klagen gegen die Wirksamkeit des Verlegungsbeschlusses, die darauf gestützt werden, das Barabfindungsangebot nach § 12 Abs. 1 SEAG sei zu niedrig bemessen oder im Verlegungsplan überhaupt nicht oder nicht ordnungsgemäß angeboten worden, ausschließt. Eine gerichtliche Überprüfung der Angemessenheit ist demgemäß einem **Spruchverfahren** zugewiesen. Diese Systematik entspricht dem deutschen Umwandlungsrecht in den Fällen der §§ 14 Abs. 2, 32, 195 Abs. 2 UmwG. Nach § 7 Abs. 7 SEAG i.V.m. § 1 Nr. 5 SpruchG gelten die Verfahrensvorschriften des SpruchG[53]. Die Zuständigkeit der deutschen Gerichte für dieses Spruchverfahren bleibt nach der Gerichtsstandsfiktion des Art. 8 Abs. 16 erhalten[54].

4. Verlegungsbeschluss (Art. 8 Abs. 6)

39 Der Verlegungsbeschluss hat **satzungsändernden Charakter**, denn der Sitz der SE ist notwendiger Bestandteil der Satzung (vgl. Art. 6, 7 SE-VO, § 2 SEAG). Dementsprechend verlangt Art. 8 Abs. 6 Satz 2 einen Mehrheitsbeschluss mit einer satzungsändernden Mehrheit i.S.d. Art. 59. Die dort vorgesehene 2/3-Mehrheit wird vom deutschen Recht auf ein ¾-Mehrheitserfordernis verschärft[55]. Dies weicht ab von den Erfordernissen der Sitzverlegung einer EWIV, die gem. Art. 14 Abs. 1 Satz 3 EWIV-VO Einstimmigkeit verlangt.

a) Besonderheiten

40 Wenn **mehrere Gattungen** von Aktien vorhanden sind, muss jede Gruppe von Aktionären nach Art. 60 eine gesonderte Abstimmung mit einer ¾-Mehrheit vornehmen.

41 Fraglich ist weiterhin, ob **Inhabern vinkulierter Rechte** nach dem Vorbild von § 193 Abs. 2 UmwG ein Vetorecht in dem Sinne zustehen soll, dass es eines positiven Votums aller in solcher Weise berechtigter Gesellschafter bedarf, um den Beschluss wirksam werden zu lassen. Dem deutschen Aktienrecht ist die Zustimmung von Aktionären zur Aktienübertragung jedoch unbekannt, vgl. § 68 Abs. 2 AktG. Nach der eindeutigen Formulierung von § 193 Abs. 2 UmwG sind im Aktienrecht denkbare Zustimmungsvorbehalte anderer Organe wie des Aufsichtsrats (§ 68 Abs. 2 Satz 3 AktG) hier unbeachtlich[56]. Ein solcher Vorbehalt würde auch die Sitzverlegung erheblich erschweren und in Konflikt mit der Niederlassungsfreiheit der SE geraten.

---

52 *Kalss* in Semler/Stengel, UmwG, 2003, § 29 Rz. 21; *Marsch-Barner* in Kallmeyer, UmwG, § 29 Rz. 12; *Grunewald* in Lutter, UmwG, § 29 Rz. 11; BGH v. 3.7.1989 – II ZR 5/89, BGHZ 108, 217, 221f. (zu § 375 AktG).

53 Gesetz über das gesellschaftsrechtliche Spruchverfahren (Spruchverfahrensgesetz – SpruchG) v. 12.6.2003, BGBl. I 2003, 838, geändert durch Art. 5 SEEG.

54 Dazu *Oetker*, AG 2005, 373, 375 f.

55 S. § 179 Abs. 2 Satz 1 AktG. Vgl. auch § 240 UmwG. So auch schon der Vorschlag von *Kruse*, Sitzverlegung, S. 180; *Heckschen*, DNotZ 2003, 251, 266; *Wenz* in Theisen/Wenz, Europäische Aktiengesellschaft, S. 239.

56 *Zimmermann* in Kallmeyer, UmwG, § 193 Rz. 18.

b) Fristen

Der Verlegungsbeschluss kann erst **zwei Monate nach Offenlegung** des Verlegungs- 42
plans gefasst werden, d.h. er kann auch nicht – aufschiebend bedingt durch den Ablauf von zwei Monaten – mit dem Verlegungsplan zusammen beschlossen werden[57].
Insofern sind das Ziel der Warnfunktion für die Aktionäre und der Wortlaut des
Art. 8 Abs. 6 eindeutig. Weiter ist zu beachten, dass die Hauptversammlung, die über
die Sitzverlegung beschließt, dreißig Tage vorher einberufen worden sein muss,
Art. 59 i.V.m. § 123 Abs. 1 AktG. Während eines Monats vor der Hauptversammlung
vorher muss Aktionären und Gläubigern eine Einsichtsmöglichkeit gewährt worden
sein, vgl. Art. 8 Abs. 4.

c) Form

Der Verlegungsbeschluss ist als Satzungsänderung beurkundungsbedürftig. Das folgt 43
in Ermangelung einer besonderen Bestimmung in der SE-VO aus Art. 9 Abs. 1 lit. c ii
i.V.m. § 130 AktG.

d) Fehlerhaftigkeit

Bei Fehlerhaftigkeit des Beschlusses gelten über Art. 9 Abs. 1 lit. c ii die allgemeinen 44
Regeln, d.h. in Deutschland die §§ 241 ff. AktG.

5. Gläubigerschutz (Art. 8 Abs. 7)

Ähnlich wie der Minderheitenschutz (Art. 8 Abs. 5) ist die Gestaltung des Gläubiger- 45
schutzes **den Mitgliedstaaten überlassen**[58]. Im Unterschied hierzu sieht Art. 8 Sitzverlegungsrichtlinie-Vorentwurf einen obligatorischen Gläubigerschutz vor. Dass die
SE-VO den Gläubigerschutz fakultativ ausgestaltet, hängt damit zusammen, dass die
Gläubiger die SE nach Art. 8 Abs. 16 am alten Sitz verklagen können und daher ohnehin eine starke Stellung haben[59].

a) Vermögensschutz

Der deutsche Gesetzgeber hat die durch Art. 8 Abs. 7 Unterabs. 1 gestellte Aufgabe 46
mit **§ 13 SEAG** gelöst: In Hinblick auf die effektive Schutznorm des Art. 8 Abs. 16 ist
demnach für einen Anspruch auf Sicherheitsleistung nach § 13 Abs. 1 Satz 2 SEAG
die Glaubhaftmachung einer Gefährdung der Anspruchserfüllung erforderlich, die
über die bloßen Folgen einer Sitzverlegung hinausgeht[60]. Eine solche Gefährdung ist
anzunehmen, wenn im Zuge der Sitzverlegung bedeutende Vermögensverschiebun-
gen vorgenommen werden[61].

aa) Berechtigte Gläubiger. Sicherheitsleistung können Gläubiger verlangen, die gegen 47
die SE einen **schuldrechtlichen Anspruch** haben; dingliche Ansprüche werden dagegen nicht gesichert, da das dingliche Recht selbst schon eine Sicherheit darstellt[62].
Erfasst sind ansonsten alle Arten von Forderungen, d.h. auch öffentlich-rechtliche
Ansprüche auf Steuern und Sozialversicherungsbeiträge[63].

---

57 So zur EWIV *von der Heydt/v. Rechenberg*, Die EWIV, 1991, S. 96 f.
58 Kritisch zu Art. 8 Abs. 7 als Ermächtigungsgrundlage *Ringe*, Sitzverlegung, S. 125 ff.
59 S. unten Rz. 95 ff. Zur Frage, ob zusätzlich zu Abs. 16 eine Regelung wie in § 13 SEAG überhaupt noch erforderlich ist, vgl. *Teichmann*, ZGR 2002, 383, 460 f.
60 Begr.DiskE, S. 34.
61 Begr.DiskE, S. 34.
62 So zu § 22 UmwG *Marsch-Barner* in Kallmeyer, UmwG, § 22 Rz. 2.
63 *Wenz* in Theisen/Wenz, Europäische Aktiengesellschaft, S. 243.

48 Der Anspruch besteht nicht, wenn der Gläubiger **Befriedigung verlangen** kann (§ 13 Abs. 1 Satz 1 SEAG a.E.). Sobald der Anspruch nämlich fällig ist, kann Erfüllung verlangt werden; in diesem Fall besteht kein Bedürfnis für eine Sicherheitsleistung. Der Gläubiger kann direkt auf Erfüllung klagen.

49 **bb) Verfahren.** Voraussetzung des Anspruchs auf Sicherheitsleistung ist, dass innerhalb von zwei Monaten nach Offenlegung des Verlegungsplans (Art. 8 Abs. 2 Satz 1 i.V.m. Art. 13) der Anspruch nach Grund und Höhe **schriftlich angemeldet** wird, § 13 Abs. 1 Satz 1 SEAG. Dabei muss nach § 13 Abs. 1 Satz 2 SEAG die **Gefährdung** der Erfüllung **glaubhaft** gemacht werden. Hierfür gelten die allgemeinen Grundsätze (§ 294 ZPO). Die Gefährdung muss konkret sein und über die alleinige Verlegung des Sitzes hinausgehen[64] (hierzu auch schon Rz. 46).

50 **cc) Frist.** Die Zweimonatsfrist (s. oben Rz. 49) ist kurz bemessen. Sie lehnt sich an Art. 8 Abs. 6 an. Ziel der Regelung in § 13 SEAG und damit Grund für eine relativ kurze Frist ist u.a., dass die Sicherheitsleistung noch **vor der Sitzverlegung erbracht** wird[65]. Diese frühzeitige Abwicklung ist nicht selbstverständlich. In § 22 UmwG kann noch sechs Monate nach der Bekanntmachung einer Verschmelzung Sicherheitsleistung verlangt werden[66]. Wegen der Besonderheiten der Verlegung über die Grenze, die trotz der zivilprozessualen Hilfestellung in Abs. 16 (dazu unten Rz. 95 ff.) und dem mittlerweile hohen Niveau des europäischen Zivilprozessrechts[67] eine Geltendmachung der Forderung faktisch erschweren kann, erscheint ein präventives System der Sicherheitsleistung sinnvoll[68].

b) Ausweitung der Frist

51 Die von Art. 8 Abs. 7 vorgesehenen fakultativen Schutzmaßnahmen zugunsten von Gläubigern gelten zunächst für Verbindlichkeiten, die bis zur Offenlegung des Verlegungsplans entstanden sind; von diesem Zeitpunkt an ist nicht mehr von einem schutzwürdigen Vertrauen des Gläubigers auszugehen, sein Schuldner bleibe im gleichen Mitgliedstaat ansässig. Art. 8 Abs. 7 **Unterabs. 2** ermächtigt die Mitgliedstaaten allerdings, den Schutz auf **Verbindlichkeiten** auszudehnen, die **bis zum Abschluss des Sitzverlegungsverfahrens** (Art. 8 Abs. 10) **entstanden** sind. Das deutsche Ausführungsgesetz macht hiervon teilweise Gebrauch. § 13 Abs. 2 SEAG erfasst auch Forderungen, die bis **fünfzehn Tage** nach der Offenlegung des Verlegungsplans entstanden sind. Damit versucht das SEAG einen Kompromiss zwischen den Sicherheitsbedürfnissen der Gläubiger und dem Bedürfnis der Gesellschaft nach zügiger Verlegung zu finden[69]. Die Norm begegnet damit in der Literatur erhobenen Bedenken, eine uneingeschränkte Sicherheitsleistung hätte das Verfahren erheblich in die Länge ziehen können[70]. Die Frist von fünfzehn Tagen lehnt sich an § 15 Abs. 2 HGB und damit an Art. 3 Abs. 5 Satz 2 der Ersten Richtlinie (68/151/EWG) an. Sie entspricht dem Grundgedanken, dass der Rechtsverkehr nach Ablauf dieser Frist eine ordnungs-

---

64 *Neye/Teichmann*, AG 2003, 169, 174 f.; *Teichmann* in Theisen/Wenz, Europäische Aktiengesellschaft, S. 724. Vgl. demgegenüber noch *Teichmann*, ZGR 2002, 383, 461.
65 Begr.DiskE, S. 34.
66 Dazu *Marsch-Barner* in Kallmeyer, UmwG, § 22 Rz. 4.
67 Neben der EuGVO (VO 44/2001, ABl.EG Nr. L 12 v. 16.1.2001, S. 1) sind in diesem Zusammenhang vor allem die Zustellungsverordnung ("EuZVO", VO 1348/2000, ABl.EG Nr. L 160 v. 30.6.2000, S. 37) und die Beweisverordnung ("EuBVO", VO 1206/2001, ABl.EG Nr. L 174 v. 27.6.2001, S. 1) zu nennen.
68 *Di Marco*, ZGR 1999, 3, 10, spricht sich im Zusammenhang mit der Sitzverlegungsrichtlinie für eine Sicherheitsleistung vor Vollzug der Sitzverlegung aus. Zweifelnd *Wenz* in Theisen/Wenz, Europäische Aktiengesellschaft, S. 245.
69 Begr.DiskE, S. 34.
70 So *Wenz* in Theisen/Wenz, Europäische Aktiengesellschaft, 1. Aufl. 2002, S. 224 f.

gemäß bekannt gemachte Tatsache gegen sich gelten lassen muss[71]. Die Regelung in § 13 SEAG wird freilich nicht der differenzierten Beweislast gerecht, die in Art. 3 Abs. 5 Satz 2 der Ersten Richtlinie getroffen wurde: Danach obliegt es dem Dritten, zu beweisen, dass er bisher von der Bekanntmachung keine Kenntnis hatte und es ihm nicht möglich war, diese Kenntnis zu erlangen[72]. Eine konsequente Übertragung des Rechtsgedankens aus der Ersten Richtlinie auf den Gläubigerschutz der SE-Sitzverlegung hätte dementsprechend vorgesehen, dass ein Gläubigerschutz nach Offenlegung des Verlegungsplans grundsätzlich nicht stattfindet, es sei denn, der Gläubiger tritt den Beweis an, er habe keine entsprechende Kenntnis gehabt.

c) Zahlungen an öffentlich-rechtliche Körperschaften

Art. 8 Abs. 7 Unterabs. 3 legt fest, dass bestehende mitgliedstaatliche Rechte, die Forderungen von öffentlich-rechtlichen Körperschaften betreffen, von Art. 8 Abs. 7 insgesamt unberührt bleiben. Darin ist jedoch keine Regelungsermächtigung zu sehen, die betreffenden Forderungen separat zu regeln. Gemeint sind allgemeine mitgliedstaatliche Regelungen, insbesondere solche, die Steuern und Abgaben betreffen[73]. Diese können nur angewendet werden, soweit sie auf nationale Aktiengesellschaften anwendbar sind, denn die SE soll nicht gegenüber der Aktiengesellschaft diskriminiert werden (Art. 10).   52

d) Gerichtsstand

Ebenfalls zum Gläubigerschutz gehört die Gerichtsstandsfestlegung in Art. 8 Abs. 16. Vgl. dazu unten Rz. 95 ff.   53

6. Ausstellung der Bescheinigung (Art. 8 Abs. 8)

Bevor die Sitzverlegung umgesetzt werden kann, muss die im Wegzugstaat zuständige Stelle eine „Bescheinigung" darüber ausstellen, dass die erforderlichen Handlungen und Formalitäten im Wegzugstaat erfüllt wurden.   54

a) Zweck

Die Bescheinigung hat eine doppelte Funktion. Zum einen soll sie die Überprüfung der bisher erfolgten Schritte der Sitzverlegung auf ihre Rechtmäßigkeit gewährleisteten (**Rechtmäßigkeitsgewähr**) und zum anderen soll die Ordnungsgemäßheit der Schritte für den Zuzugstaat dokumentiert werden, damit dieser nach Art. 8 Abs. 9 die neue Eintragung vornehmen kann (**Dokumentationsfunktion**). Der Zuzugstaat hat regelmäßig keinen Einblick in die Erfordernisse, die im Wegzugstaat gelten, und kann nicht feststellen, ob die zuzugswillige SE diesen auch nachgekommen ist. Die Bescheinigung schließt also Informationslücken zwischen den beiden beteiligten Mitgliedstaaten.   55

b) Zuständige Stelle

Die Ausstellung der „Bescheinigung" erfolgt in Deutschland in Form einer Abschrift bzw. eines Ausdrucks der Handelsregistereintragung (§ 9 Abs. 4 HGB)[74]. Zuständig für   56

---

71 *Neye/Teichmann*, AG 2003, 169, 175.
72 Diese Beweislast kommt in § 15 Abs. 2 Satz 2 HGB deutlich zum Ausdruck; vgl. dazu *Gehrlein* in Ebenroth/Boujong/Joost, HGB, 2001, § 15 Rz. 20.
73 *Werlauff*, SE- The Law of the European Company, 2003, S. 126.
74 Vgl. schon *Teichmann*, ZGR 2002, 383, 460; *Heckschen*, DNotZ 2003, 251, 266; zum Vorteil ggü. einer notariellen Bescheinigung vgl. *Priester*, ZGR 1999, 36, 44; *Wenz* in Theisen/Wenz, Europäische Aktiengesellschaft, S. 249.

die Eintragung ist das **Registergericht** (§ 125 FGG) **am Ort des Sitzes** der Gesellschaft (§ 14 AktG). Die Eintragung sowie Abschrift bzw. Ausdruck sind mit einem Vorläufigkeitsvermerk[75] zu versehen, der darauf hinweist, dass die Wirksamkeit der Sitzverlegung erst mit Eintragung im Register des Zuzugstaates eintritt (Art. 8 Abs. 10, 13).

57 **aa) Anmeldung.** Entsprechend dem Antragsgrundsatz des Handelsregisters (§ 12 HGB) ist über Art. 9 Abs. 1 lit. c ii zunächst ein **Antrag** der SE erforderlich. Diesen hat das Leitungs- oder Verwaltungsorgan der SE in vertretungsberechtigter Zusammensetzung zu stellen. Anzumelden sind die Sitzverlegung und die Satzungsneufassung nach der im Wegzugstaat geltenden Form, in Deutschland demnach in öffentlich beglaubigter Form (Art. 9 Abs. 1 lit. c ii i.V.m. § 12 Abs. 1 HGB).

58 Zusätzlich ist eine **Versicherung** gegenüber dem Registergericht abzugeben, dass alle **Gläubiger angemessen geschützt** sind (§ 13 Abs. 3 SEAG)[76]. Ein Verstoß gegen diese Vorschrift ist nicht straf- oder ordnungsrechtlich bewehrt[77]. Bei Abgabe einer unzutreffenden Erklärung besteht jedoch die Möglichkeit einer Schadensersatzpflicht nach § 823 Abs. 2 BGB i.V.m. § 13 Abs. 3 SEAG.

59 **bb) Prüfungsumfang.** Das Gericht nimmt die Anmeldung entgegen und prüft sie zunächst auf ihre **formelle Ordnungsmäßigkeit**[78], d.h. darauf, ob die Anmeldung in öffentlich beglaubigter Form nach § 12 HGB eingereicht und dabei die Vertretungsverhältnisse der SE gewahrt wurden. Gegenstand der **materiellen Prüfung** sind sämtliche für die Sitzverlegung bestehenden Voraussetzungen im Wegzugstaat. Dazu gehört zunächst die Ordnungsmäßigkeit des Verlegungsplans, -berichts und -beschlusses. Nach Art. 8 Abs. 8 i.V.m. § 13 Abs. 3 SEAG muss weiterhin kontrolliert werden, ob die wegziehende SE die Versicherung zum Gläubigerschutz abgegeben hat. Außerdem prüft das Gericht, ob ein Verstoß gegen Art. 8 Abs. 15 oder gegen Art. 37 Abs. 3 vorliegt, die unter bestimmten Voraussetzungen eine Sitzverlegung ausschließen (näher unten Rz. 83 ff. und Art. 37 Rz. 4).

c) Eintragung

60 Fällt die Prüfung positiv aus, werden die Satzungsneufassung und die Sitzverlegung mit **Vorläufigkeitsvermerk** (s. oben Rz. 56) im Handelsregister eingetragen. Nach der Eintragung im Zuzugstaat und Meldung ist die Eintragung im Handelsregister dann zu löschen (Art. 8 Abs. 11 Satz 2). Die **Löschung** muss nach Art. 8 Abs. 12 in der Form des Art. 13 offen gelegt werden, hat allerdings rein deklaratorische Funktion; entscheidend für die Wirksamkeit der Sitzverlegung ist die Eintragung im Zuzugstaat, Art. 8 Abs. 10. Solange die Löschung noch nicht bewirkt ist, muss die SE den alten Sitz gegen sich gelten lassen, es sei denn, sie beweist, dass dem Dritten der neue Sitz bekannt war (Art. 8 Abs. 13 Satz 2).

7. Einspruchsrecht der nationalen Behörde (Art. 8 Abs. 14)

61 Das Einspruchsrecht geht zurück auf Art. 14 Abs. 4 EWIV-VO, welcher auf Wunsch der britischen Delegation aufgenommen wurde[79]. Die Norm beruht auf den **Beson-**

---

75 Vgl. die Parallele bei der Umwandlung unter Beteiligung mehrerer Register, § 198 Abs. 2 Satz 2–5 UmwG. S. auch *Oechsler*, AG 2005, 373, 379.
76 Vgl. § 58 Abs. 1 Nr. 4 GmbHG bei der Herabsetzung des Stammkapitals.
77 Der Bundesrat wollte eine solche Sanktion schaffen (BR-Drucks. 438/04B, S. 8 f.), die Bundesregierung hielt eine solchen Schritt aber nicht für notwendig (BT-Drucks. 15/3656, S. 9).
78 So zur nationalen Sitzverlegung *Pentz* in MünchKomm. AktG, § 45 Rz. 7 m.w.N.
79 *Selbherr/Manz*, Kommentar zur EWIV, 1995, Art. 14 EWIV-VO Rz. 6. Das britische Ausführungsgesetz hat von dieser Ermächtigung Gebrauch gemacht, s. Section 4 paragraph 2 EEIG-Regulations 1989 S.I. 1989/638.

derheiten des englischen Rechts, das ein Einspruchsrecht der Steuerbehörde vorsieht: Die Sitzverlegung wurde bis 1988 selbst innerhalb Großbritanniens davon abhängig gemacht, dass sämtliche Steuerschulden und Sozialversicherungsabgaben bezahlt waren – eine Regelung, die den Anlass für das Daily-Mail-Urteil des EuGH[80] gegeben hatte[81]. Von der Option haben bei der EWIV Großbritannien, Irland und Spanien Gebrauch gemacht[82], bei der SE u.a. Großbritannien, Frankreich, Belgien, die Niederlande und Spanien[83]. Das deutsche SEAG sieht hingegen keine derartige Vorbehaltsregelung vor[84].

Eingang in ein Arbeitspapier zur SE-VO hat die Vorschrift bereits im Jahr 1990 gefunden[85]; sie wurde aber im offiziellen Vorschlag E-1991 nicht berücksichtigt. Auch der Sitzverlegungsrichtlinie-Vorentwurf kam 1997 ohne Einspruchsmöglichkeit aus[86]. Erst im Jahre 2000 wurde die Norm in erweiterter Form wieder aufgenommen[87]. **62**

a) Das „**öffentliche Interesse**" ist ein konturenloser Begriff[88]. Es kann aus steuerlichen, verwaltungs- oder wettbewerbsrechtlichen Gründen bestehen, ferner wohl auch dann, wenn sich die SE bzw. ihre Gesellschafter oder Leitungsorganmitglieder der Strafverfolgung entziehen wollen. Nicht zum öffentlichen Interesse sind Interessen der Arbeitnehmer, Gläubiger und Minderheitsgesellschafter zu zählen, da diese schon durch andere Mechanismen geschützt werden[89]. Wegen der anderenfalls einschneidenden Beeinträchtigung der Niederlassungsfreiheit nach Art. 43, 48 EG ist die Vorschrift allerdings eng auszulegen[90]. Endgültige Sicherheit können erst Urteile des EuGH bringen, die in Hinblick auf die Möglichkeit eines Vorabentscheidungsverfahrens im Rahmen des Rechtsschutzes nach Art. 8 Abs. 14 Unterabs. 3 zu erwarten sind (vgl. dazu unten Rz. 66). **63**

b) Die **Einspruchsfrist** für die Behörde beträgt zwei Monate nach der Offenlegung des Verlegungsplans, vgl. Art. 8 Abs. 6. **64**

c) Die **zuständige Stelle** kann vom Mitgliedstaat bestimmt werden, Art. 8 Abs. 14 Unterabs. 1 Satz 1. Ggf. gilt das Einspruchsrecht auch für einzelstaatliche Finanzaufsichtsbehörden, Art. 8 Abs. 14 Unterabs. 2. Die Vorschrift kann nur so verstanden werden, dass auch im letzteren Fall eine Frist von zwei Monaten gilt und ein „öffentliches Interesse" gegeben sein muss[91]. Dass die Finanzaufsichtsbehörde nicht willkürliche Entscheidungen treffen darf, kann aus einer primärrechtskonformen Auslegung von Art. 8 Abs. 14 Unterabs. 2 im Lichte der Niederlassungsfreiheit (Art. 43, 48 EG) gefolgert werden. **65**

---

80 EuGH v. 27.9.1983 – Rs. 81/87, Slg. 1988, 5505.
81 *Teichmann*, ZGR 2002, 383, 432.
82 Ausführlich *Anderson*, European Economic Interest Groupings, 1990.
83 Regulation 58 GB SE-AG; Art. L 229-4 Code de commerce n.F. (F); Art. 935 Code des Sociétés n.F. (B); Art. 5 NL SE-AG und Art. 316 Ley de Sociedades Anónimas n.F.
84 Zur Begründung *Teichmann*, ZGR 2002, 383, 462. Anders noch die Forderung von *Wenz* in Theisen/Wenz, Europäische Aktiengesellschaft, 1. Aufl. 2002, S. 227.
85 Überarbeiteter Entwurf für die Titel I, II und III des Statuts der Europäischen Aktiengesellschaft (Arbeitspapier), Dok. Nr. SN/2254/90 v. 28.5.1990.
86 Kritisch dazu *Rajak*, ZGR 2000, 111, 118 f.; *Rajak*, EBLR 2000, 43, 45 f.
87 Art. 8 Abs. 10 im Dokument 14593/00 v. 14.12.2000, das der Ausschuss der Ständigen Vertreter des Rates der Europäischen Union am 15.12.2000 beriet.
88 *Edwards*, CMLR 40 (2003), 443, 456; *Schindler*, RdW 2003, 122, 124.
89 *Schindler*, RdW 2003, 122, 124.
90 *Bungert/Beier*, EWS 2002, 1, 6; *Grundmann* in v. Rosen, DAI-Studie 21 „Die Europa AG – eine Option für deutsche Unternehmen?", 2003, S. 56; *Kübler*, ZHR 167 (2003), 222, 228; *Oechsler* in MünchKomm. AktG, Art. 8 SE-VO Rz. 31. A.A. *Werlauff*, SE – The Law of the European Company, 2003, S. 129.
91 *Werlauff*, SE – The Law of the European Company, 2003, S. 129.

66 **d)** Wie Art. 14 Abs. 4 Satz 3 EWIV-VO verlangt auch Art. 8 Abs. 14 Unterabs. 3, dass das nationale Ausführungsgesetz, so es ein Einspruchsrecht vorsieht, eine **Rechtsschutzmöglichkeit** gegen die Entscheidung gewährt. Die Administrativentscheidung ist damit kein Letztentscheidungsrecht, sondern gerichtlicher Überprüfung zugänglich. Dass die Mitgliedstaaten ggf. eine Art Widerspruchsverfahren bzw. eine andere Art der Selbstüberprüfung der Verwaltung vor den gerichtlichen Rechtsschutz vorschalten, wird als zulässig erachtet[92].

II. Maßnahmen im Zuzugstaat

1. Erfüllung der Eintragungsvoraussetzungen (Art. 8 Abs. 9)

67 Vor einer Eintragung in das Register im Zuzugstaat ist die Erfüllung der Voraussetzungen des Art. 8 Abs. 9 zu prüfen.

a) Vorlage der Bescheinigung

68 Die „Bescheinigung", d.h. im deutschen Recht eine Abschrift bzw. ein Ausdruck der Handelsregistereintragung (§ 9 Abs. 2 HGB, s. Rz. 56), ist der eintragenden Stelle vorzulegen. Es findet demnach keine Übermittlung der Eintragungsnachricht von Amts wegen statt[93]. Auf Seiten der SE muss das durch die Sitzverlegung nicht in seiner Kontinuität berührte[94] Leitungs- oder Verwaltungsorgan in vertretungsberechtigter Zusammensetzung aus eigener Initiative tätig werden. Aus der „Bescheinigung" muss hervorgehen, dass im Wegzugstaat alle erforderlichen Maßnahmen getroffen wurden.

b) Erfüllung aller Formalitäten des Zuzugstaats

69 Zweite wesentliche Voraussetzung einer neuen Eintragung im Zuzugstaat ist die Erfüllung aller „Formalitäten" des Zuzugstaates. Die Verordnung lässt offen, was unter „Formalitäten" zu verstehen ist, d.h. wie weit das Prüfungsrecht der neuen Registerbehörde reicht. Unter Hinweis auf den unterschiedlichen Wortlaut in Art. 8 Abs. 8 und 9 (Abs. 8 verlangt Durchführung der „Rechtshandlungen und Formalitäten", Abs. 9 dagegen nur Erfüllung der „Formalitäten") ließe sich vertreten, das Prüfungsrecht des Zuzugstaates beschränke sich auf formelle Aspekte, d.h. hauptsächlich auf verfahrensrechtliche Fragen. Das Verfahren im Zuzugstaates muss allerdings durch fundierte Prüfung dem Rechtsverkehr Schutz bieten[95]. „Formalitäten" kann daher nicht so verstanden werden, dass ein Registerantrag genügt und die zuständige Stelle nur prüft, ob dieser verfahrensmäßig in Ordnung ist. Vielmehr muss vom hier eingenommenen Standpunkt aus eine **materielle Prüfung** erfolgen, insbesondere hinsichtlich der Vereinbarkeit der Satzung mit dem **neuen Subsidiärrecht** des Zuzugstaats[96]. Diese Prüfung erstreckt sich jedoch nicht auf die im Wegzugstaat vorgenommenen

---

92 *Werlauff*, SE – The Law of the European Company, 2003, S. 129.
93 Anders bei der innerstaatlichen Sitzverlegung gemäß § 45 Abs. 2 Satz 1 AktG, § 13h Abs. 2 Satz 1 HGB.
94 Dazu *Wenz* in Theisen/Wenz, Europäische Aktiengesellschaft, S. 256; *Oechsler*, AG 2005, 373, 375.
95 Vgl. *Thode*, EWiR 1992, 785, 786.
96 *Wenz* in Theisen/Wenz, Europäische Aktiengesellschaft, S. 254; vgl. auch *Priester*, ZGR 1999, 36, 44 zur Sitzverlegungsrichtlinie; *Pentz* in MünchKomm. AktG, § 45 Rz. 11 zur nationalen Sitzverlegung; a.A. zur EWIV *Selbherr/Manz*, Kommentar zur EWIV, 1995, Art. 14 EWIV-VO Rz. 3: Nur formelle Prüfung.

Rechthandlungen und Formalitäten; diese sind nach dem System der Art. 8 Abs. 8 und 9 ausschließlich vom Wegzugstaat zu prüfen und abschließend zu bescheinigen (s. oben Rz. 54 ff.).

Anders als teilweise im Schrifttum gefordert, ist aber **keine** erneute **Gründungsprü-** 70 **fung**[97] vorzunehmen. Eine solche wäre mit dem System der SE-Sitzverlegung, insbesondere mit dem Prinzip der Identitätswahrung (Art. 8 Abs. 1 Satz 2, s. dazu Rz. 89) nicht vereinbar[98]. Da das Subsidiärrecht der SE infolge der Sitzverlegung teilweise wechselt, kann auch nur in diesem Umfang eine materielle Prüfung erfolgen[99].

c) Umfang der Prüfung

Das Registergericht des Zuzugstaates prüft somit die Erfüllung der Voraussetzungen, 71 die der neue Sitzstaat an die SE stellt, in formeller und materieller Hinsicht. Dazu gehören nach den oben entwickelten Grundsätzen:

aa) Formelle Prüfung. Zu prüfen ist, ob die Anmeldung in Form und Verfahren ord- 72 nungsmäßig ist (§ 12 HGB).

bb) Materielle Prüfung. Diese umfasst folgende Schritte: 73

(1) Vereinbarkeit der Satzung mit dem Recht des Zuzugstaats. Da die SE-VO in vielen 74 Bereichen auf das nationale Recht am Sitz der SE verweist, muss die Satzung der SE mit den Anforderungen auch des dortigen nationalen Rechts übereinstimmen. Bei einem Wechsel des anwendbaren Rechts ist ggf. eine Satzungsänderung oder -neufassung erforderlich (vgl. auch Art. 8 Abs. 2 Satz 2 lit. b und Abs. 10).

(2) Einhaltung der Erfordernisse des Art. 7. Es ist fraglich, ob das Zuzugsregister auch 75 prüft, ob Art. 7 eingehalten wird, d.h. Sitz und Hauptverwaltung in demselben Mitgliedstaat liegen. Anders als in Art. 11 Abs. 2 Sitzverlegungsrichtlinie-Vorentwurf findet sich in der SE-VO dazu keine ausdrückliche Regelung. Dennoch ist auch diese Voraussetzung vom Registergericht des Zuzugstaat zu überprüfen[100]. Das folgt bereits daraus, dass mit dem Zuzug der neue Mitgliedstaat die „Verantwortung" für den Sitz der SE übernimmt. Diese Verantwortung besteht darin, dass es nach der Konzeption der SE-VO (vgl. Art. 7 Satz 1, 64 Abs. 1–3) allein dem Mitgliedstaat des satzungsmäßigen Sitzes der SE zufällt, die Einhaltung dieses Erfordernisses zu kontrollieren (vgl. dazu näher Art. 64 Rz. 17)[101].

(3) Unterscheidbarkeit der Firma (§ 30 HGB). Bei der Sitzverlegung einer deutschen 76 AG ist nach § 45 Abs. 2 Satz 3 AktG stets zu prüfen, ob die Grundsätze der Firmenunterscheidbarkeit nach § 30 HGB eingehalten wurden[102]. Da das Firmenrecht in der SE-VO bis auf die grundlegenden Aussagen in Art. 11 nicht geregelt ist, findet § 30

---

97 So aber insbesondere – wenn auch zur Sitzverlegungsrichtlinie(E) – *Priester*, ZGR 1999, 36 (44); ähnlich zur SE *Wenz* in Theisen/Wenz, Europäische Aktiengesellschaft, S. 254. Wie hier *Oechsler* in MünchKomm. AktG, Art. 8 SE-VO Rz. 51.

98 *Oechsler*, AG 2005, 373, 374 f.; *Schwarz*, Art. 8 Rz. 51; *Schröder* in Manz/Mayer/Schröder, Art. 8 SE-VO Rz. 98.

99 So auch *Schröder* in Manz/Mayer/Schröder, Art. 8 SE-VO Rz. 97.

100 *Schröder* in Manz/Mayer/Schröder, Art. 8 SE-VO Rz. 100. Ebenso zur innerdeutschen Sitzverlegung und der Beachtung von § 5 AktG *Pentz* in MünchKomm. AktG, § 45 Rz. 11. A.A. *Oechsler* in MünchKomm. AktG, Art. 8 SE-VO Rz. 50.

101 Die Ausnahme von diesem Prinzip ist Art. 64 Abs. 4, der aber nur ein Feststellungs- und Mitteilungsrecht des Mitgliedstaates enthält, in dem sich die Hauptverwaltung der SE befindet.

102 Näher *Pentz* in MünchKomm. AktG, § 45 Rz. 11.

HGB über Art. 9 Abs. 1 lit. c auf eine SE mit Sitz in Deutschland Anwendung[103]. Seine Einhaltung ist vom Register des Zuzugstaates zu prüfen[104].

77 **(4) Kapitalprüfung.** Die Prüfung erstreckt sich auch darauf, ob das Grundkapital der zuziehenden Gesellschaft unversehrt ist, d.h. ob es durch das Nettovermögen in entsprechender Höhe gedeckt ist[105]. Die SE muss daher im Zeitpunkt der Registeranmeldung über ein **Aktivvermögen** verfügen, **das auch bei Abzug der Verbindlichkeiten das Grundkapital deckt**. Eine Besonderheit ergibt sich vorliegend freilich daraus, dass jeweils die Bewertung nach den Vorschriften des Zuzugstaats zu erfolgen hat, da nach Art. 5 die Grundsätze der Kapitalerhaltung nach dem Recht des Sitzstaates zu bemessen sind[106].

(5) Fraglich ist, ob der Zuzugstaat auch einen **Verstoß gegen Art. 8 Abs. 15** zu prüfen hat. Ob ein **Auflösungs- oder Insolvenzverfahren** eröffnet worden ist, ist grundsätzlich Gegenstand der Prüfung im Wegzugstaat. Stellt dieser die Bescheinigung nach Art. 8 Abs. 8 aus, so muss der Zuzugstaat vom Vorliegen der Voraussetzungen im Wegzugstaat auszugehen (vgl. oben Rz. 65). Eine Prüfung der Voraussetzungen Art. 8 Abs. 15 kommt danach im Staat des Zuzugs nicht in Betracht[107].

2. Anmeldung und Eintragung (Art. 8 Abs. 10)

78 **a) Inhalt der Anmeldung:** Sitzverlegung, Neufassung der Satzung und Einreichung der Wegzugsbescheinigung nach Art. 8 Abs. 8.

79 b) Die **Eintragung** der ihren Sitz verlegenden SE im Zuzugstaat erfolgt nach den allgemeinen Grundsätzen in Art. 12, der auf die Publizitätsrichtlinie verweist. Voraussetzung ist nach Art. 12 Abs. 2–4 Klarheit (Vereinbarung, Beschluss oder Fristablauf) hinsichtlich der Beteiligung der Arbeitnehmer und die Übereinstimmung der (neuen) Satzung mit einer hierzu geschlossenen Vereinbarung. Letztere kann erforderlichenfalls nach Art. 12 Abs. 4 geändert werden.

80 Die Eintragung im Zuzugstaat ist der entscheidende und letzte Schritt für die **Wirksamkeit** der Sitzverlegung, vgl. Art. 8 Abs. 10 (dazu unten Rz. 89 ff.). Die Wirksamkeit tritt dabei unabhängig davon ein, ob schon tatsächlich die Hauptverwaltung oder überhaupt eine Niederlassung verlegt wurden. Eine taggenau gleichzeitige Verlegung der Hauptverwaltung ist i.d.R. auch faktisch gar nicht möglich[108]. Modifiziert wird die Wirksamkeitsregelung des Art. 8 Abs. 10 durch die Ausnahmen in Art. 8 Abs. 13 (dazu unten Rz. 91 ff.).

3. Meldung (Art. 8 Abs. 11)

81 Die eintragende Stelle im Zuzugstaat meldet dem Register des Wegzugstaates nach Art. 8 Abs. 11, dass die Eintragung erfolgt ist. Diese Meldung erfolgt **von Amts wegen**. Dann erst kann die frühere Eintragung im Wegzugstaat gelöscht werden.

---

103 *Hirte*, NZG 2002, 1, 4. Vgl. zur EWIV EuGH v. 18.12.1997 – Rs. C-402/96, Slg. 1997, 7515 Rz. 20, 23 – „EITO"; *Hopt* in Baumbach/Hopt, HGB, Anh § 160 Rz. 22.

104 Zu den Erfordernissen der deutlichen Unterscheidbarkeit *Zimmer* in Ebenroth/Boujong/Joost, HGB, 2001, § 30 Rz. 15 ff.

105 *Wenz* in Theisen/Wenz, Europäische Aktiengesellschaft, S. 255, 259. So bereits *Priester*, ZGR 1999, 36, 48 zur Sitzverlegungsrichtlinie.

106 *Hirte*, NZG 2002, 1, 9.

107 In der Tendenz a.A. *Priester*, ZGR 1999, 36, 49 zur Sitzverlegungsrichtlinie.

108 *Grundmann* in v. Rosen, DAI-Studie 21 „Die Europa AG – eine Option für deutsche Unternehmen?", 2003, S. 52.

4. Offenlegung (Art. 8 Abs. 12)

Beide zuletzt genannte Maßnahmen, die Eintragung im Zuzugstaat und die Löschung　82
der Eintragung im Wegzugstaat, müssen nach Art. 8 Abs. 12 i.V.m Art. 13 nach den
Grundsätzen der Publizitätsrichtlinie offengelegt werden.

II. Ausschluss der Sitzverlegung (Art. 8 Abs. 15)

In bestimmten Fällen ist die Sitzverlegung ausgeschlossen; dann darf die Behörde im　83
Wegzugstaat die Bescheinigung nach Art. 8 Abs. 8 nicht ausstellen (vgl. dazu oben
Rz. 59). Art. 8 Abs. 15 nennt beispielhaft Fälle, in denen Verfahren gegen die SE eröff-
net wurden, welche eine Sitzverlegung unmöglich machen. Für diese Fälle gilt nach
Art. 63 das Verfahrensrecht des Sitzstaates.

a) Auflösungs- oder Liquidationsverfahren

Ein Auflösungsverfahren bezweckt den Übergang von der werbenden Tätigkeit zur　84
Abwicklung der Gesellschaft[109]. Ein solches Verfahren kann darauf beruhen, dass die
SE in ihrer Satzung nur für eine bestimmte Zeit angelegt war und diese Zeitspanne
abgelaufen ist[110]. Ein Beschluss der Hauptversammlung, die SE aufzulösen, erfordert
nach deutschem Recht eine Mehrheit von ¾ des bei der Beschlussfassung vertretenen
Grundkapitals, Art. 63 Halbs. 2 i.V.m. § 262 Abs. 1 Nr. 2 AktG.

In Deutschland wird ein Auflösungsverfahren weiterhin eingeleitet, wenn die Sat-　85
zung bestimmte Mängel enthält, vgl. § 144a FGG. Hierzu ist nach § 52 SEAG auch
das Verfahren nach Art. 64 Abs. 2 zu rechnen. Danach hat der Sitzstaat Maßnahmen
zur Liquidation zu ergreifen, wenn eine SE entgegen der Forderung des Art. 7 ihre
Hauptverwaltung in einem anderen Staat als in dem ihres Sitzes hat.

b) Zahlungsunfähigkeit oder vorläufige Zahlungseinstellung

Damit sind in erster Linie das Insolvenzverfahren und das Löschungsverfahren nach　86
§ 141a FGG in Bezug genommen.

c) Sonstige Verfahren

Die Aufzählung in Art. 8 Abs. 15 ist nicht abschließend. Auch „ähnliche Verfahren"　87
sind in der Lage, eine Sitzverlegung zu verhindern. Damit ist keine freiwillige Vereinbarung der SE mit ihren Gläubigern gemeint[111]. Erfasst werden sollen „Verfahren",
d.h. Abläufe, die von einer öffentlichen Aufsichtsbehörde gesteuert werden und im
Zusammenhang mit gesellschafts- oder insolvenzrechtlichen Angelegenheiten stehen[112].

d) Beendigung des Verfahrens

Aus dem Wortlaut geht nicht eindeutig hervor, was gilt, wenn die o.g. Verfahren be-　88
endet sind, sich das Unternehmen aber erfolgreich rehabilitiert hat. In diesem Fall ist
Art. 8 Abs. 15 unanwendbar[113].

109　*Hüffer* in MünchKomm. AktG, § 262 Rz. 1.
110　Art. 63 i.V.m. § 262 Abs. 1 Nr. 1 AktG.
111　*Werlauff*, SE – The Law of the European Company, 2003, S. 128.
112　*Werlauff*, SE – The Law of the European Company, 2003, S. 128.
113　*Rajak*, EBLR 2000, 43, 47 f. mit Beispielen (zur Sitzverlegungsrichtlinie).

III. Wirkung der Sitzverlegung

89 Entscheidender Vorteil der Sitzverlegung einer SE ist die Identitätswahrung, Art. 8 Abs. 1 Satz 2. Es handelt sich bei der SE mit dem neuen Sitz nicht um eine neu gegründete oder umgewandelte, sondern um dieselbe SE mit einer neu gefassten Satzung und einem verlegten Sitz. Eine Vermögensübertragung findet daher nicht statt.

90 Das primär auf die SE anwendbare Recht der SE-VO bleibt erhalten. Im Gegensatz dazu wechselt das nach Art. 9 Abs. 1 lit. c ii subsidiär auf die SE anwendbare Recht; insoweit kann von einem **subsidiären Formwechselmodell** gesprochen werden[114].

1. Wirkung gegenüber Dritten (Art. 8 Abs. 13)

91 Obwohl die Sitzverlegung nach Art. 8 Abs. 10 bereits mit Eintragung im Zuzugstaat wirksam wurde, kommt es bei der Wirkung der Sitzverlegung gegenüber Dritten entscheidend auf die Offenlegung nach Art. 8 Abs. 12, 13 an.

a) Grundfall

92 Sofern beide offen zu legenden Handlungen, neue Eintragung im Zuzugstaat und Löschung der alten Eintragung im Wegzugstaat, ordnungsgemäß nach Art. 13 offen gelegt wurden, ist der neue Sitz gegenüber Dritten voll wirksam (Art. 8 Abs. 13 Satz 1).

b) Besonderheiten

93 Wurde die neue Eintragung offen gelegt, die Löschung der alten Eintragung hingegen noch nicht, greift die Beweislastregel in Art. 8 Abs. 13 Satz 2: Die SE kann den Beweis führen, dass dem Dritten der neue Sitz positiv bekannt war; gelingt ihr dieser Beweis nicht, gilt dem Dritten gegenüber weiterhin der alte Sitz[115]. Diese merkwürdig anmutende Regelung beruht darauf, dass zwar bereits eine Offenlegung eines neuen Sitzes erfolgte, der Rechtsverkehr aber möglicherweise von Offenlegungen in anderen Mitgliedstaaten keine Kenntnis erlangt hat oder – mangels Offenlegung der Löschung des alten Sitzes – mit zwei sich widersprechenden Angaben über den Sitz der betreffenden SE konfrontiert ist.

94 Tritt der umgekehrte Fall ein, dass zwar die Löschung des alten Sitzes, aber noch nicht die Eintragung des neuen Sitzes offen gelegt wurde, so kann Art. 8 Abs. 13 Satz 1 im Umkehrschluss entnommen werden, dass der Sitz Dritten gegenüber noch keinerlei Wirkungen zeigt. Obwohl der Dritte mit der Löschung im Wegzugstaat konfrontiert wird, kann er möglicherweise keine Kenntnis darüber haben, wo sich der neue Sitz der SE befindet. Dies rechtfertigt es, dass er sich uneingeschränkt auf den alten Sitz berufen kann.

2. Sitzfiktion (Art. 8 Abs. 16)

95 Die Fiktion in Art. 8 Abs. 16 bewirkt einen zusätzlichen Gläubigerschutz. Für bis zum Zeitpunkt der Eintragung in das Register des Zuzugstaates (Art. 8 Abs. 10) entstandene Forderungen gilt die SE als SE des Wegzugstaates, selbst wenn die Klage erst danach erhoben wird[116].

---

114 Ähnlich *Wenz* in Theisen/Wenz, Europäische Aktiengesellschaft, S. 230 f.; *Ringe*, Sitzverlegung, S. 147.

115 Dazu *Habersack*, Europäisches Gesellschaftsrecht, § 12 Rz. 11.

116 *Schwarz*, ZIP 2001, 1847, 1850.

a) Voraussetzung

Die Fiktion gilt für alle Forderungen, die „vor dem Zeitpunkt der Verlegung ... ent- 96
standen sind". Zu beachten ist, dass die verschiedenen Sprachfassungen der SE-VO
auf unterschiedliche Voraussetzungen abzustellen scheinen[117]. Soweit im deutschen
Recht der **Entstehungszeitpunkt** einer Forderung relevant wird (z.B. § 406 BGB), wird
i.d.R. darauf abgestellt, wann die rechtliche Grundlage der Forderung geschaffen
wird[118]. In diesem Sinne muss auch Art. 8 Abs. 16 ausgelegt werden[119].

b) Wirkung

Die Regelung hat Bedeutung für den Gerichtsstand. Die allgemeine internationale 97
Zuständigkeit von mitgliedstaatlichen Gerichten für Klagen gegen Gesellschaften bestimmt sich nach Art. 2 Abs. 1 i.V.m. Art. 60 EuGVO[120] alternativ nach Satzungssitz,
Hauptverwaltung oder Hauptniederlassung. Damit wären grundsätzlich ab Eintragung (Art. 8 Abs. 10) – vorbehaltlich der Regelungen in Art. 8 Abs. 13 – die Gerichte
des Zuzugstaates der SE international zuständig. Um dieses Ergebnis zu vermeiden,
fingiert Art. 8 Abs. 16, dass der Satzungssitz der SE weiterhin im Wegzugstaat besteht. Der Kläger kann dann nach Art. 2 Abs. 1 i.V.m. 60 Abs. 1 lit. a EuGVO weiterhin im Wegzugstaat klagen. Es bleibt ihm aber unbenommen, die Klage am neuen
Satzungssitz zu erheben[121].

Problematisch ist die Anwendung der Satzungssitzfiktion in Fällen, in denen weiter- 98
hin zur Bestimmung des Gerichtsstandes auf das nationale IPR – und somit ggf. auf
die Sitztheorie – zurückgegriffen werden muss. Eine solche Situation ergibt sich beim
ausschließlichen Gerichtsstand nach **Art. 22 Nr. 2 EuGVO** (Klagen betreffend Gültig-
keit, Nichtigkeit oder Auflösung einer Gesellschaft oder juristischen Person oder
Gültigkeit der Beschlüsse ihrer Organe); sie ergibt sich ferner allgemein bei gegen die
Gesellschaft gerichteten Klagen im Verhältnis zu Dänemark und den EWR-Staaten:
Hier gilt mangels Anwendbarkeit der EuGVO[122] weiterhin die Regelung aus Art. 2
Abs. 1 i.V.m. **53 Abs. 1 EuGVÜ/LugÜ**. Verlegt beispielsweise eine SE ihren Sitz von
Dänemark in einen Mitgliedstaat, der der Sitztheorie folgt, so könnten sich die Ge-
richte des Zuzugstaates trotz der Fiktion in Art. 8 Abs. 16 für zuständig erklären, da
die Sitztheorie allein auf die Hauptverwaltung der Gesellschaft abstellt[123]. In diesem
Fall muss das Abstellen auf das internationale Privatrecht des Forumstaates so aus-

---

117 S. dazu *Werlauff*, SE – The Law of the European Company, 2003, S. 127 f.
118 BGH v. 27.4.1972 – II ZR 122/70, BGHZ 58, 327, 330 f.; BGH v. 19.12.1974 – II ZR 27/73,
    BGHZ 63, 338, 342; BGH v. 1.7.1974 – II ZR 115/72, NJW 1974, 2000, 2001; BGH v.
    22.11.1979 – VII ZR 322/78, NJW 1980, 584, 585; Hans. OLG Hamburg v. 11.2.2000 – 14 U
    277/98, MDR 2000, 1186, 1187.
119 Ähnliche Ergebnisse bei *Werlauff*, SE – The Law of the European Company, 2003, S. 128.
120 Verordnung (EG) Nr. 44/2001 des Rates über die gerichtliche Zuständigkeit und die Aner-
    kennung und Vollstreckung von Entscheidungen in Zivil- und Handelssachen vom
    22.12.2000, ABl.EG Nr. L 12 v. 16.1.2001, S. 1. Im Verhältnis zu Dänemark gilt noch Art. 2
    Abs. 1 i.V.m. 53 Abs. 1 EuGVÜ (Brüsseler EWG-Übereinkommen über die gerichtliche Zu-
    ständigkeit und die Vollstreckung gerichtlicher Entscheidungen in Zivil- und Handels-
    sachen v. 27.9.1968, BGBl. II 1972, 774, in der Fassung des 4. Beitrittsübereinkommens v.
    29.11.1996, BGBl. II 1998, 1412).
121 Vgl. *Oechsler*, AG 2005, 373, 378.
122 Auf Titel IV des EG-Vertrags gestützte Maßnahmen haben für Dänemark nach Art. 1 und 2
    des Protokolls über die Position Dänemarks keine Wirkung, vgl. auch Erwägungsgründe 21
    und 22 der EuGVO.
123 Die Sitztheorie ist durch die Rechtsprechung des EuGH stark in Frage gestellt worden,
    EuGH v. 5.11.2002 – Rs. C-208/00, Slg. 2002, I-9919 – „Überseering"; EuGH v. 30.9.2003 –
    Rs. C-167/01, Slg. 2003, I-10155 – „Inspire Art"; vgl. dazu nur *Zimmer*, NJW 2003, 3585;
    Kindler, NZG 2003, 1086; *Kieninger*, ZEuP 2004, 685.

gelegt werden, dass vorrangig die Satzungssitzanknüpfung der SE-VO zu berücksichtigen ist. Auf diese Weise lassen sich Friktionen mit dem von Art. 8 Abs. 16 intendierten Gläubigerschutz vermeiden[124].

c) Ausblick

99   Sollte in das EuGVÜ, die EuGVO oder einen Nachfolgerechtsakt eine spezielle Regelung für den Gerichtsstand im Falle einer Sitzverlegung aufgenommen werden, würde diese gemäß **Erwägungsgrund 25** von der SE-VO nicht berührt. In diesem Fall müsste Art. 8 Abs. 16 ggf. hinter einer solchen Regelung zurückstehen. Das steht in Einklang mit der 2009 anstehenden Überprüfung von Art. 8 Abs. 16, vgl. Art. 69 lit. c.

C. Sitzverlegung innerhalb eines Mitgliedstaates

100   Die Verlegung des Sitzes innerhalb eines Mitgliedstaates wird von Art. 8 nicht geregelt. Hier gelten die **allgemeinen Grundsätze** des nationalen Rechts[125]. Ggf. werden der innerstaatlichen Sitzverlegung von einer Regelung, die von der Ermächtigung in Art. 7 Satz 2 Gebrauch macht, Grenzen gezogen[126].

D. Sitzverlegung in einen Nicht-EU-Staat

101   Sowohl die Verlegung der Hauptverwaltung als auch diejenige des Sitzes in einen Nicht-Mitgliedstaat ist durch Art. 7 Satz 1 untersagt. Folge einer solchen Sitzverlegung wäre ebenfalls das Verfahren nach Art. 64 (dazu oben Rz. 75 und 85; ferner die Erläuterungen zu Art. 7 und 64). Dies gilt jedenfalls für die Verlegung unter Aufrechterhaltung der Rechtsform SE. Ob eine derartige Sitzverlegung unter Wechsel der Rechtsform zulässig ist, entscheidet das Recht des jeweiligen Wegzugstaates.

Art. 9
[Anwendbares Recht]

(1) Die SE unterliegt

a) den Bestimmungen dieser Verordnung,

b) sofern die vorliegende Verordnung dies ausdrücklich zulässt, den Bestimmungen der Satzung der SE,

c) in Bezug auf die nicht durch diese Verordnung geregelten Bereiche oder, sofern ein Bereich nur teilweise geregelt ist, in Bezug auf die nicht von dieser Verordnung erfassten Aspekte

i) den Rechtsvorschriften, die die Mitgliedstaaten in Anwendung der speziell die SE betreffenden Gemeinschaftsmaßnahmen erlassen,

ii) den Rechtsvorschriften der Mitgliedstaaten, die auf eine nach dem Recht des Sitzstaats der SE gegründete Aktiengesellschaft Anwendung finden würden,

---

124 Ausführlich *Ringe*, Sitzverlegung, S. 187 ff.
125 *Schröder* in Manz/Mayer/Schröder, Art. 8 SE-VO Rz. 24 f.
126 Näher *Ringe*, Sitzverlegung, S. 218 ff.

iii) den Bestimmungen ihrer Satzung unter den gleichen Voraussetzungen wie im Falle einer nach dem Recht des Sitzstaats der SE gegründeten Aktiengesellschaft.

(2) Von den Mitgliedstaaten eigens für die SE erlassene Rechtsvorschriften müssen mit den für Aktiengesellschaften im Sinne des Anhangs I maßgeblichen Richtlinien im Einklang stehen.

(3) Gelten für die von der SE ausgeübte Geschäftstätigkeit besondere Vorschriften des einzelstaatlichen Rechts, so finden diese Vorschriften auf die SE uneingeschränkt Anwendung.

§ 1 SEAG: Anzuwendende Vorschriften

Soweit nicht die Verordnung (EG) Nr. 2157/2001 des Rates vom 8. Oktober 2001 über das Statut der Europäischen Aktiengesellschaft (SE) (ABl. EG Nr. L 294 S. 1) (Verordnung) gilt, sind auf eine Europäische Gesellschaft (SE) mit Sitz im Inland und auf die an der Gründung einer Europäischen Gesellschaft beteiligten Gesellschaften mit Sitz im Inland die folgenden Vorschriften anzuwenden.

Literatur: *Abeltshauser,* Der neue Statutsvorschlag für eine Europäische Aktiengesellschaft, AG 1990, 289–297; *Blanquet,* Das Statut der Europäischen Aktiengesellschaft (Societas Europaea „SE") – Ein Gemeinschaftsinstrument für die grenzübergreifende Zusammenarbeit im Dienste der Unternehmen, ZGR 2002, 20–65; *Brandi,* Die Europäische Aktiengesellschaft im deutschen und internationalen Konzernrecht, NZG 2003, 889–896; *Brandt,* Die Hauptversammlung der Europäischen Aktiengesellschaft (SE), 2004 (zit.: Hauptversammlung); *Brandt/Scheifele,* Die Europäische Aktiengesellschaft und das anwendbare Recht, DStR 2002, 547–555; *Casper,* Der Lückenschluss im Statut der Europäischen Aktiengesellschaft, in FS Ulmer, 2003, S. 51–72; *Ebert,* Das anwendbare Konzernrecht der Europäischen Aktiengesellschaft, BB 2003, 1854–1859; *Engert,* Der international-privatrechtliche und sachrechtliche Anwendungsbereich des Rechts der Europäischen Aktiengesellschaft, ZVglRWiss 104 (2005) 444–460; *Ficker*, ‚Hilfsweise geltendes Recht' für ‚Europäische Aktiengesellschaften'?, in Zonderland (Hrsg.), liber amicorum Sanders, 1972, S. 37–48; *Forum Europaeum Konzernrecht*, Konzernrecht für Europa, ZGR 1998, 672–772; *Grote*, Das neue Statut der europäischen Aktiengesellschaft zwischen europäischem und nationalem Recht, 1990; *Habersack*, Das Konzernrecht der „deutschen" SE, ZGR 2003, 724–742; *Hommelhoff*, Einige Bemerkungen zur Organisationsverfassung der Europäischen Aktiengesellschaft, AG 2001, 279–288; *Hommelhoff*, Satzungsstrenge und Gestaltungsfreiheit in der Europäischen Aktiengesellschaft, in FS Ulmer, 2003, S. 267–278; *Hommelhoff*, Zum Konzernrecht der Europäischen Aktiengesellschaft, AG 2003, 179–184; *Hommelhoff/Riesenhuber*, Strukturmaßnahmen, insbesondere Verschmelzung und Spaltung im Europäischen und deutschen Gesellschaftsrecht, in Grundmann (Hrsg.), Systembildung und Systemlücken in Kerngebieten des Europäischen Privatrechts, 2000, S. 259–282; *Jaecks/Schönborn*, Die Europäische Aktiengesellschaft, das internationale und das deutsche Konzernrecht, RIW 2003, 254–265; *Jaeger*, Die Europäische Aktiengesellschaft – europäischen oder nationalen Rechts, 1994; *Lächler*, Das Konzernrecht der Europäischen Gesellschaft (SE), 2007 (zit.: Konzernrecht der SE); *Lächler/Oplustil*, Funktion und Umfang des Regelungsbereichs der SE-Verordnung, NZG 2005, 381–387; *Lind*, Die Europäische Aktiengesellschaft – Eine Analyse der Rechtsanwendungsvorschriften, 2004; *Lindacher*, Maßgebendes Recht, Auslegung und Lückenschließung, in Lutter (Hrsg.), Die Europäische Aktiengesellschaft, 2. Aufl. 1978, S. 1–15; *Lübking*, Ein einheitliches Konzernrecht für Europa, 2000; *Lutter*, Genügen die vorgeschlagenen Regelungen für eine „Europäische Aktiengesellschaft"?, AG 1990, 413–421; *Mäntysaari*, The European Company: Selected Issues on Governing Law and Corporate Governance, JFT 6/2003, 622–656; *Merkt*, Europäische Aktiengesellschaft: Gesetzgebung als Selbstzweck?, BB 1992, 652–661; *Neye*, Kein neuer Stolperstein für die Europäische Aktiengesellschaft, ZGR 2002, 377–382; *Neye/Teichmann*, Der Entwurf für das Ausführungsgesetz zur Europäischen Aktiengesellschaft, AG 2003, 169–179; *Raiser*, Die Europäische Aktiengesellschaft und die nationalen Aktiengesetze, in FS Semler, 1993, S. 277–297; *Schindler*, Die Europäische Aktiengesellschaft, 2002; *Teichmann*, Die Einführung der Europäischen Aktiengesellschaft – Grundlagen der Ergänzung des europäischen Statuts durch den deutschen Gesetzgeber, ZGR 2002, 383–464; *Teichmann*, Vorschläge für das deutsche Ausführungsgesetz zur Europäischen Aktiengesellschaft, ZIP 2002, 1109–1116; *Teichmannm*, The European Company – A Challenge to Academics, Legislatures and Practitioners, in Neville/Sørensen (Hrsg.), The Regulation of Companies, 2003, S. 251–274; *Teichmann*, Binnenmarktkonformes Gesellschaftsrecht, 2006; *Teichmann*, Mitbestimmung und grenzüberschreitende Verschmelzung, Der Konzern 2007, 89–98; *Trojan-Limmer*, Die Geänderten Vorschläge für ein Statut der Europäischen Aktiengesellschaft (SE), RIW 1991, 1010–1017; *von Caemmerer*, Europäische Aktiengesellschaft, in FS Kronstein, 1967, S. 171–202; *Wagner*, Die Bestimmung des auf die SE anwendbaren Rechts, NZG 2002, 985–991; *Wahlers*, Art. 100a EWGV – Unzulässige Rechtsgrundlage für den geänderten Vorschlag einer Verordnung über das Statut der Europäischen Aktiengesellschaft?, AG 1990, 448–458; *Werlauff*, SE – The Law of the European Company, 2003; *Zöllter-Petzold*, Die Verknüpfung von europäischem und nationalem Recht bei der Gründung einer Societas Europaea (SE), 2005.

I. Überblick

1. Regelungsgehalt von Art. 9 und § 1 SEAG

1   Art. 9 Abs. 1 regelt das auf die SE anwendbare Recht. Kennzeichnend ist die Stufung in eine „rechtsquellendurchmischte **Normenpyramide**"[1], die SE-VO, Satzung und mitgliedstaatliches Recht in kunstvoller Weise miteinander verschränkt und zur wechselseitigen Ergänzung beruft. Art. 9 Abs. 2 gemahnt die Mitgliedstaaten, ihre nationalen Ausführungsregeln in Übereinstimmung mit den gesellschaftsrechtlichen Richtlinien abzufassen. Art. 9 Abs. 3 erklärt Vorschriften mitgliedstaatlichen Rechts, die für eine bestimmte Geschäftstätigkeit gelten, auch auf die SE für anwendbar. § 1 **SEAG** ist angesichts dessen rein **deklaratorischer** Natur: Die Frage, welche Bereiche die Verordnung selbst regelt (unten Rz. 35 ff.) und wo sie in Ermangelung einer gemeinschaftsrechtlichen Regelung auf nationales Recht verweist (unten Rz. 42 ff.), ist durch Auslegung der Verordnung zu klären; die Verordnung entscheidet auch darü-

---

1 *Hommelhoff*, AG 2001, 279, 285.

ber, ob und inwieweit der nationale Gesetzgeber berechtigt ist, SE-spezifische Sonderregeln einzuführen, wie sie sich im SEAG finden (zu den speziellen Ermächti-
gungsgrundlagen vgl. jeweils die Kommentierung der einzelnen SEAG-Vorschriften).

2. Bedeutung für die Verknüpfung von europäischem und nationalem Recht

Das Recht der **Europäischen Gemeinschaft** ist ungeachtet seiner stets weiter ausgrei-   2
fenden Regelungsdichte bis heute **keine auf Vollständigkeit** angelegte Rechtsordnung. Die von Art. 9 vorgenommene Verknüpfung von europäischem und nationalem Recht ist daher notwendiger Bestandteil eines jeden Regelwerks zur Schaffung
supranationaler Rechtsformen[2]. Andernfalls müssten bei Einführung einer supranationalen Rechtsform nicht nur sämtliche Fragen des Gesellschaftsrechts, sondern
auch solche des Zivil-, Handels- oder Steuerrechts – um nur einige der relevanten
Rechtsgebiete zu nennen – umfassend auf europäischer Ebene geregelt werden. Dies
ist im Lichte des Subsidiaritätsprinzips problematisch und wegen des übermäßigen
Regelungsaufwandes auch kaum wünschenswert. Die Rechtsakte zur Einführung supranationaler Rechtsformen beschränken sich daher stets auf Kernbereiche, für die
eine eigenständige Regelung nötig und erreichbar erscheint, und überlassen die übrigen Rechtsfragen dem mitgliedstaatlichen Recht.

Ein erster Schritt zur Integration der europäischen Rechtsform in das mitgliedstaatli-   3
che Recht ist die Verleihung von **Rechtspersönlichkeit** (Art. 1 Abs. 3). Dies eröffnet
der SE die Teilnahme am allgemeinen Zivil- und Handelsrechtsverkehr der Mitgliedstaaten.

Weiteres Regelungsinstrument zur Komplettierung des Rechtsrahmens sind die **Ver-**   4
weisungsnormen innerhalb des europäischen Rechtstextes. Sie entfalten ihre Rechtswirkungen in zweierlei Richtung: Als europäischer Rechtsanwendungsbefehl für nationales Recht (Rz. 5) und als Gebot der Gleichbehandlung mit der nationalen Aktiengesellschaft (Rz. 6).

Die Verweisungen der SE-VO enthalten einen **Rechtsanwendungsbefehl**, der die Mit-   5
gliedstaaten verpflichtet, das jeweils für maßgeblich erklärte mitgliedstaatliche
Recht auf eine SE zur Anwendung zu bringen. Eine ursprünglich für Gesellschaften
nationalen Rechts erlassene Vorschrift findet somit auch auf die SE Anwendung[3].
Diese Rechtsfolge wurzelt nicht in der Gesetzgebungshoheit der Mitgliedstaaten, denen die Kompetenz für die Schaffung einer europäischen Rechtsform fehlt, sondern
in dem konkreten und unmittelbar anwendbaren Rechtsanwendungsbefehl der europäischen Verordnung.

Die Verweisungen legen darüber hinaus fest, mit welcher nationalen Rechtsform die   6
SE gleichzustellen ist: Soweit die SE-VO nichts anderes regelt, greift das in den Mit-
gliedstaaten für Aktiengesellschaften geltende Recht (Art. 9 Abs. 1); nationale Regeln
mit Bezug auf die SE müssen die für Aktiengesellschaften geltenden Richtlinien be-
achten (Art. 9 Abs. 2). Damit ist bereits Art. 9 – und nicht erst Art. 10 – geprägt vom
Grundsatz der **Gleichbehandlung** der SE mit der nationalen **Aktiengesellschaft**. Die
Mitgliedstaaten haben nicht die Freiheit, in Bezug auf die SE zur Lückenfüllung oder
Ergänzung die Rechtsregeln einer beliebigen Rechtsform heranzuziehen; rechtlicher
Bezugspunkt der SE ist vielmehr das für Aktiengesellschaften geltende Recht der
Mitgliedstaaten.

---

2 Ausführlich zur Verknüpfung der Regelungsebenen bei der Schaffung supranationaler Rechtsformen *Teichmann*, Binnenmarktkonformes Gesellschaftsrechts, S. 277 ff. sowie *Schwarz*, Europäisches Gesellschaftsrecht, S. 571 ff.
3 Dazu *Lind*, Die Europäische AG, S. 35 sowie *C. Teichmann*, ZGR 2003, 383, 395 ff.

3. General- und Spezialverweisung

a) Begriffliche Unterscheidung

7 Art. 9 Abs. 1 regelt das anwendbare Recht in allgemeiner Form („Die SE unterliegt…"), ohne dies in irgendeiner Weise inhaltlich einzugrenzen. Man spricht daher
von einer **Generalverweisung**[4], die als Auffangregelung fungiert und teilweise auch
nur deklaratorischen Charakter hat[5]. Daneben finden sich über die SE-VO verteilt
zahlreiche **spezielle Verweisungsnormen**, die nur eine bestimmte rechtliche Einzelfrage betreffen. Vielfach wurden sie im Verlauf der Entstehungsgeschichte als „Platz-
halter" für Rechtsbereiche eingefügt, die in früheren Entwürfen noch materiell geregelt waren. Im Verhältnis zur Generalverweisung haben sie, soweit sie nationales
Aktienrecht für anwendbar erklären, lediglich klarstellende Wirkung. Mitunter lässt
sich ihnen aber auch der Hinweis entnehmen, dass eine konkrete Rechtsfrage im
mitgliedstaatlichen Recht jedenfalls nicht ungeregelt bleiben darf[6].

b) Gründung der SE

8 Bei der Analyse der Verweisungsnormen ist zu unterscheiden zwischen der bestehenden SE, für die Art. 9 gilt, und dem **Gründungsverfahren**[7]. Während des Gründungsverfahrens findet in vielfacher Weise **nationales Gesellschaftsrecht** Anwendung;
denn die Gründung einer SE ist nur bei Beteiligung bereits existierender Rechtsträger
möglich (vgl. Art. 2). Für die Willensbildung in den nationalen Gründungsgesellschaften gilt naturgemäß ihr eigenes Gesellschaftsstatut (vgl. Art. 18, 36, 37 Abs. 7). Zugleich benötigt die entstehende SE eine eindeutige Zuordnung zu einer bestimmten
Rechtsordnung; dies regelt Art. 15. Für die weiteren Einzelheiten des im Gründungsstadium anwendbaren Rechts sei auf die Kommentierung der genannten Vorschriften
verwiesen.

c) Bestehende SE

9 Klammert man das Gründungsverfahren aus und richtet den Blick auf die entstandene SE, so finden sich in der SE-VO neben der **Generalverweisung** des Art. 9 folgende
wichtige **Spezialverweisungen**, die das nationale Recht am Sitzstaat der SE zur Anwendung berufen: Art. 5 (Kapital), Art. 13 (Offenlegung), Art. 51 (Haftung der Organmitglieder), Art. 52 Satz 2 (Zuständigkeiten der Hauptversammlung), Art. 53 (Organisation und Ablauf der Hauptversammlung), Art. 61 und 62 (Rechnungslegung),
Art. 63 (Auflösung und Liquidation)[8].

10 Eine eigene Gruppe bilden diejenigen Vorschriften, die der mitgliedstaatliche Gesetzgeber auf Basis einer ausdrücklichen **Regelungsermächtigung** der SE-VO erlässt und
die sich für Deutschland im SEAG finden[9]. Auch hier handelt es sich um Vorschriften mitgliedstaatlichen Rechts, die kraft europäischen Anwendungsbefehls für die SE

---

4 Zur systematischen Unterscheidung von General- und Spezialverweisung *Schwarz*, Europäisches Gesellschaftsrecht, S. 574 ff. Rz. 957 ff.
5 Es hätte insbesondere die Anwendung der SE-VO auf die SE keiner ausdrücklichen Erwähnung bedurft; vgl. *Raiser* in FS Semler, S. 277, 282 (deklaratorische Natur der Generalverweisung).
6 So etwa für die Spezialverweisung hinsichtlich der Organhaftung (Art. 51 Rz. 6).
7 In diesem Sinne auch *Merkt*, BB 1992, 652, 657, zum Entwurf von 1991. Weiterhin *Kalss/Greda*
in Kalss/Hügel, AT Rz. 16 und *Schwarz*, Art. 9 Rz. 6. Monographisch *Zöllter-Petzold*, Verknüpfung von europäischem und nationalen Recht.
8 S. für eine ausführliche Auflistung aller Spezialverweisungen *Schäfer* in MünchKomm. AktG,
Art. 9 SE-VO Rz. 9 ff.
9 Vgl. die Übersicht der aus deutscher Sicht relevanten Regelungsaufträge und Wahlrechte bei
Teichmann, ZIP 2002, 1109, 1110 ff.

gelten. Die Regelungsermächtigung wirkt der Sache nach wie eine Spezialverweisung auf das in Umsetzung der Ermächtigung vom mitgliedstaatlichen Gesetzgeber geschaffene Recht[10]. Zudem sind diese Umsetzungsregeln in Art. 9 Abs. 1 lit. c i ausdrücklich in Bezug genommen (unten Rz. 52 f.).

Darüber hinaus finden sich in der Verordnung diverse **Hinweise auf das mitglied-   11
staatliche Recht**, die zwar nicht als Verweisungen formuliert sind, der Sache nach aber als solche wirken. Wenn es etwa in Art. 8 Abs. 7 heißt, die für eine Sitzverlegung nötige Bescheinigung könne nur ausgestellt werden, wenn die Interessen der Gläubiger „im Einklang mit den Anforderungen des Mitgliedstaates, in dem die SE vor der Verlegung ihren Sitz hat, angemessen geschützt sind," unterstellt die Verordnung die Existenz von Gläubigerschutzvorschriften, die bei Sitzverlegung einer SE zu berücksichtigen sind, ohne in der SE-VO geregelt zu sein. Sie müssen also dem nationalen Recht entstammen und sollen für die SE verbindlich sein; letztlich liegt auch darin ein Anwendungsbefehl zu Gunsten des nationalen Rechts, das allein aus eigener Autorität heraus keine Geltung für eine SE beanspruchen könnte[11].

II. Entstehungsgeschichte

Die besondere Verweisungstechnik der SE-VO beruht auf einem **Regelungskonzept,**   12
das erst vor dem Hintergrund der Entstehungsgeschichte verständlich wird. Ursprünglich sollte die europäische Verordnung den Bereich des Gesellschaftsrechts abschließend regeln, damit die Europäische Gesellschaft in jedem Mitgliedstaat nach denselben Regeln gegründet und geführt werden könne. Der Sinn des Projektes lag darin, der Wirtschaft eine Organisationsform zur Verfügung zu stellen, die rechtlich nicht mehr an ein bestimmtes Land gebunden sei[12]. Der erste offizielle Entwurf der europäischen Kommission aus dem Jahre 1970 folgte diesem Leitgedanken einer **europäisch abschließend geregelten** und aus sich heraus funktionsfähigen Gesellschaftsform aktienrechtlichen Charakters[13], ebenso der geänderte Entwurf aus dem Jahre 1975. Eine Verweisungsnorm nach dem Muster des heutigen Art. 9 enthielten diese Entwürfe naturgemäß nicht; stattdessen wurde jeder Rückgriff auf nationales Recht ausgeschlossen. Die Vorläufernormen des heutigen Art. 9 in den Entwürfen von 1970 und 1975 ließen eine **Lückenfüllung** nur durch Entwicklung **allgemeiner Grundsätze** eines europäischen Aktienrechts zu.

Artikel 7 des **Entwurfes von 1970**[14] fasste dies in folgende Worte: 13
„(1) Vorbehaltlich entgegenstehender Vorschriften sind die von dem Statut behandelten Gegenstände selbst hinsichtlich der Rechtsfragen, die nicht ausdrücklich geregelt werden, der Anwendung des Rechts der Mitgliedstaaten entzogen. Ist eine Rechtsfrage nicht ausdrücklich geregelt, wird sie entschieden
a) nach den allgemeinen Grundsätzen, auf denen dieses Statut beruht;

---

10 *Brandt/Scheifele*, DStR 2002, 547, 553; *Wagner*, NZG 2002, 985, 986.
11 Weitere Beispiele: Einberufung der Hauptversammlung durch eine nach nationalem Recht hierfür zuständige Behörde (Art. 54 Abs. 2); einzelstaatliche Bestimmungen, aufgrund deren die Aktionäre die Möglichkeit haben, die Hauptversammlung einzuberufen, bleiben „unberührt" (Art. 55 Abs. 3 Satz 2).
12 So *Lindacher* in Lutter, Europäische Aktiengesellschaft, S. 1, 3. S. aus der reichhaltigen Literatur zur Entstehungsgeschichte der SE-VO außerdem *Blanquet*, ZGR 2002, 20 ff.; *Schwarz*, Europäisches Gesellschaftsrecht, 2000, S. 643 ff.; *Schwarz*, Einl. Rz. 41 ff. sowie *Teichmann*, Binnenmarktkonformes Gesellschaftsrecht, S. 234 ff.
13 So die Begründung der Europäischen Kommission zu Art. 7 des Entwurfs, Beilage 8, Bulletin der Europäischen Gemeinschaft v. 24.6.1970, S. 15.
14 Zitiert nach Beilage 8 zum Bulletin der Europäischen Gemeinschaften v. 24.6.1970, S. 14.

b) falls diese allgemeinen Grundsätze keine Lösung der Rechtsfragen bieten, nach den gemeinsamen Regeln oder den gemeinsamen allgemeinen Grundsätzen der Rechte der Mitgliedstaaten.

(2) Die in dem Statut nicht behandelten Gegenstände werden nach dem im Einzelfall anwendbaren Recht der Mitgliedstaaten beurteilt."

Ein Verweis auf **nationales** Recht fand sich also nur für diejenigen Bereiche, die nicht zu den vom Statut behandelten Gegenständen gehörten. Dabei ging es vereinfacht gesagt um alle Materien, die **außerhalb des Gesellschaftsrechts** liegen[15]. Für diese Bereiche wurde Art. 7 Abs. 2 als Verweis auf das mitgliedstaatliche Recht einschließlich des Kollisionsrechts verstanden; für die in der Verordnung nicht geregelten Bereiche wäre somit das einschlägige Recht über die Zwischenstufe des mitgliedstaatlichen Internationalen Privatrechts zu ermitteln gewesen[16].

14 Ob die ursprünglich vorgesehene Entwicklung allgemeiner Grundsätze wirklich gelungen wäre, mag hier dahinstehen[17]. Denn diese Ambition wurde mit dem Entwurf von 1989 zunächst partiell und mit dem Entwurf von 1991 gänzlich aufgegeben[18]. Art. 7 lautete im **Entwurf von 1989**[19]:

„(1) In den der Verordnung unterliegenden Bereichen werden die nicht ausdrücklich geregelten Fragen wie folgt entschieden:
a) nach den allgemeinen Grundsätzen, auf denen diese Verordnung beruht;
b) falls diese allgemeinen Grundsätze keine Lösung aufzeigen, nach dem im Sitzstaat der SE für Aktiengesellschaften geltenden Recht.

(2) ... (3) In den von dieser Verordnung nicht geregelten Bereichen finden die Vorschriften des Gemeinschaftsrechts und des Rechts der Mitgliedstaaten auf die SE Anwendung."

Diese Regelung enthält im Gegensatz zu den Vorläufernormen von 1970 und 1975 einen Verweis auf das nationale Recht nicht allein für Materien **außerhalb** des Gesellschaftsrechts (Abs. 3), sondern auch für diejenigen **innerhalb** des Gesellschaftsrechts, für die sich eine Lösung an Hand allgemeiner Grundsätze nicht entwickeln lässt (Abs. 1 lit. b). Für diesen Teil der Verweisung wurde nun auch rechtsformspezifisch klargestellt, dass die SE im Sitzstaat nach denjenigen Regeln zu behandeln sei, die dort für **Aktiengesellschaften** gelten.

15 Der **kollisionsrechtliche Gehalt** der Verweisungen wurde in der Literatur seinerzeit folgendermaßen differenziert[20]: Der Verweis innerhalb des Gesellschaftsrechts (Abs. 1 lit. b) sei als Sachnormverweisung zu verstehen, führe also unmittelbar in das materielle Gesellschaftsrecht des Sitzstaates. Der Verweis auf Materien außerhalb des Gesellschaftsrechts (Abs. 3) sei eine Gesamtnormverweisung; das anwendbare Recht ermittle sich also insoweit erst nach einer Vorprüfung des jeweiligen nationalen Kollisionsrechts.

---

15 Vgl. *Lindacher* in Lutter, Europäische Aktiengesellschaft, S. 1, 5: „Sicherlich dem Regelungsbereich des Entwurfs zuzuschlagen – mit der Folge, daß der Geltungsanspruch der nationalen Rechte insoweit gebrochen ist – sind alle Sachfragen, die man kollisionsrechtlich als zum Aktienrecht gehörig qualifizieren würde." Zur Problematik dieses kollisionsrechtlich inspirierten Ansatzes *Teichmann*, Binnenmarktkonformes Gesellschaftsrecht, S. 283 ff.
16 *Lindacher* in Lutter, Die Europäische Aktiengesellschaft, S. 4; *Teichmann*, Binnenmarktkonformes Gesellschaftsrecht, S. 298.
17 Optimistisch seinerzeit *Ficker* in liber amicorum Sanders, S. 37, 45; auch *Raiser* in FS Semler, S. 277, 282, wollte der Wissenschaft eine solche Leistung durchaus zutrauen; kritisch demgegenüber beispielsweise *Merkt*, BB 1992, 652, 656.
18 S. nur *Lutter*, AG 1990, 413, 416 f.
19 Abgedr. u.a. in AG 1990, 111 ff.
20 *Grote*, Europäische Aktiengesellschaft, S. 45 ff.; s. weiterhin die in Fn. 16 zitierten Autoren.

Der **Entwurf von 1991** (gleichfalls Art. 7) verabschiedet sich endgültig von jedem 16
Hinweis auf die allgemeinen Grundsätze der Verordnung[21]:

„(1) SE unterliegen:

a) – den Bestimmungen dieser Verordnung;

– sofern diese Verordnung dies ausdrücklich zulässt, den von den Parteien in der Satzung der SE frei festgelegten Bestimmungen.

b) anderenfalls:

– dem im Sitzstaat der SE für Aktiengesellschaften geltenden Recht;

– den von den Parteien in der Satzung frei festgelegten Bestimmungen unter den gleichen Voraussetzungen wie im Fall von Aktiengesellschaften, für die das Recht des Sitzstaates der SE gilt."

Entfallen war auch der frühere Absatz 3 der Vorschrift, der sich auf die **außerhalb** des Gesellschaftsrechts liegenden Materien bezog. Dies mag daran liegen, dass sich der Verweis auf mitgliedstaatliches Recht für alle in der Verordnung nicht geregelten Rechtsfragen ohnehin aus Absatz 1 ergab oder aber für die von der Verordnung nicht erfassten Bereiche als selbstverständlich und daher nicht regelungsbedürftig angesehen wurde. Das Zusammenfallen der früheren Absätze 2 und 3, von denen einer als Sachnorm- und der andere als Gesamtnormverweisung verstanden worden waren (Rz. 15), legte den Keim für die heutige Kontroverse zum Regelungsbereich und seiner kollisionsrechtlichen Bedeutung (unten Rz. 26 ff.).

Die **heute gültige** Generalverweisung des Art. 9 Abs. 1 ist noch tiefer gestaffelt als 17
der Vorläufer von 1991: An erster Stelle steht die **SE-VO**, gefolgt von denjenigen Bestimmungen der **Satzung**, die sich auf eine ausdrückliche Ermächtigung in der SE-VO stützen können. Für Bereiche, die weder in der Verordnung noch in einer verordnungsgestützten Satzungsbestimmung geregelt sind, gilt das **mitgliedstaatliche Recht**, das sich in folgende Normentrias unterteilt: (1) Rechtsvorschriften, die die Mitgliedstaaten in Anwendung der speziell die SE betreffenden Gemeinschaftsmaßnahmen erlassen; (2) Rechtsvorschriften der Mitgliedstaaten, die auf eine nach dem Recht des Sitzstaats der SE gegründete Aktiengesellschaft Anwendung finden würden; (3) Bestimmungen der Satzung unter den gleichen Voraussetzungen wie im Falle einer nach dem Recht des Sitzstaats der SE gegründeten Aktiengesellschaft.

III. Regelungsbereich und kollisionsrechtlicher Gehalt der Verweisung

Die Anwendung des Art. 9 wird überwiegend davon abhängig gemacht, dass eine zu 18
klärende Rechtsfrage in den **Regelungsbereich** der Verordnung fällt[22]: **Innerhalb** des Regelungsbereiches sei das anwendbare Recht mit Hilfe des Art. 9 zu ermitteln; **außerhalb** des Regelungsbereiches gälten die allgemeinen Regeln der Rechtsanwendung – insbesondere die Ermittlung der anwendbaren Rechtsordnung mit Hilfe des Internationalen Privatrechts (IPR). Die Debatte um den Regelungsbereich stammt aus den Frühzeiten der Entstehungsgeschichte (unter 1.), sie hat für die heutige Fassung der SE-VO vordergründig an Bedeutung verloren (unter 2.), hängt aber eng mit dem Verständnis der Vorschrift als Sachnorm- oder Gesamtnormverweisung zusammen (unter 3.).

1. Debatte im Verlauf der Entstehungsgeschichte

Die Entstehungsgeschichte der SE-VO wird begleitet von der Diskussion um ihren 19
Regelungsbereich. Diesen Bereich abzustecken war vor allem in den **frühen Entwürfen** eine zwingende Notwendigkeit. Denn nach den Fassungen von 1970 und 1975

---

21 Abgedr. u.a. in *Lutter*, Europäisches Unternehmensrecht, S. 724 ff.
22 Vgl. die Nachweise in Fn. 28.

waren *die von dem Statut behandelten Gegenstände* selbst hinsichtlich der *nicht ausdrücklich geregelten* Rechtsfragen der Anwendung mitgliedstaatlichen Rechts entzogen (Art. 7 Abs. 1 des Entwurfs von 1970)[23]. Es bedurfte somit der Klärung, welches die vom Statut behandelten Gegenstände seien. Da mitgliedstaatliches Recht auch für die **nicht ausdrücklich** geregelten Rechtsfragen ausgeschlossen sein sollte, konnte der Normtext der Verordnung für die Bestimmung des Regelungsbereichs nicht allein ausschlaggebend sein. Es musste vielmehr eine teleologisch definierte Abgrenzung derjenigen Rechtsfragen entwickelt werden, die nach dem Willen der Verordnungsgeber ohne Rückgriff auf nationales Recht – und stattdessen durch Auslegung der Verordnung oder gegebenenfalls Entwicklung allgemeiner Grundsätze – zu lösen wären.

20 Es bestand Einigkeit, dass damit all diejenigen Rechtsfragen angesprochen waren, die man üblicherweise dem **Gesellschaftsrecht** zurechnet[24]. Die Erwägungsgründe des Entwurfs von 1970 stützten diese Auffassung: „Um sämtliche Vorteile der Einheitlichkeit der Regelung zu verwirklichen, müssen sämtliche Vorschriften über die Gründung, die Struktur, die Arbeitsweise und die Liquidation der Europäischen Aktiengesellschaft von der Anwendung der einzelstaatlichen Rechte ausgenommen werden"[25].

21 Mit der **weiteren Entwicklung** des Rechtstextes verlor die Frage nach dem Regelungsbereich an Bedeutung. Der entscheidende konzeptionelle Umschwung fand im Jahre 1991 statt. Ließ sich zur Rechtsanwendungsnorm von 1989 noch die Auffassung vertreten, das Statut sei „in erster Linie aus sich heraus, systemimmanent auszulegen und gegebenenfalls fortzuentwickeln"[26], lässt sich Gleiches für den Entwurf von 1991 und die Endfassung von 2001 nicht mehr sagen. Heute gilt für alle Rechtsfragen, die nicht ausdrücklich geregelt sind, das mitgliedstaatliche Recht. Selbst für Gegenstände, die zwar vom Statut behandelt, dort aber „**nur teilweise**" geregelt werden, verweist Art. 9 Abs. 1 lit. c „in Bezug auf die nicht von dieser Verordnung erfassten Aspekte" auf das **mitgliedstaatliche Recht**. Es kommt also nicht mehr darauf an, ob eine Frage materiell dem Gesellschaftsrecht zuzuweisen ist oder nicht – jede Lücke im Rechtstext der SE-VO ist durch Anwendung mitgliedstaatlichen Rechts zu schließen[27]. Dass es einen über die ausdrücklich geregelten Fragen hinaus gehenden Regelungsbereich geben könnte, innerhalb dessen die Verordnung Geltung beansprucht, lässt sich dem heutigen Normtext nicht mehr entnehmen.

2. Bestimmung des Regelungsbereichs für die geltende SE-VO

22 Auf den ersten Blick hat mithin die Kategorie des Regelungsbereich nach dem Wechsel vom Vollstatut zum lückenhaften und durch nationales Recht zu ergänzenden Statut jede Bedeutung verloren. Dennoch setzt sich die Diskussion auch nach Erlass der SE-VO fort. Nach herrschender Auffassung ist auch für die heute geltende SE-VO der Regelungsbereich zu ermitteln, weil sich daraus zugleich der Anwendungs-

---

23 Ebenso bereits der unter Leitung von *Sanders* entstandene wissenschaftliche Vorentwurf eines Statuts für Europäische Aktiengesellschaften, Kollektion Studien, Reihe Wettbewerb Nr. 6, Brüssel, 1967, S. 23.

24 Exemplarisch *von Caemmerer*, der Mitglied der *Sanders*-Arbeitsgruppe war, die einen wissenschaftlichen Vorentwurf geliefert hatte: „Die Regelung des Statuts ist auf ihrem Gebiet, d.h. in den Fragen des Gesellschaftsrechts als vollständige gemeint." (in FS Kronstein, S. 171, 194). Weiterhin *Lindacher* (Zitat oben in Fn. 15). S. auch die Begründung des Sanders-Entwurfs (oben Fn. 23), S. 23 f.

25 Zitiert nach Beilage 8 zum Bulletin der Europäischen Gemeinschaften v. 24.6.1970, S. 7.

26 *Raiser* in FS Semler, S. 277, 282.

27 Zur Frage, inwieweit methodisch Raum für einen Lückenschluss auf gemeinschaftsrechtlicher Ebene bleibt, s. unten Rz. 51 f.

bereich von Art. 9 ergebe[28]. Zum Regelungsbereich zählt man weiterhin alle Rechtsfragen, die gemeinhin zum **Gesellschaftsrecht** gehören[29]. Dies sind namentlich die Gründung, das Kapital, die Organisationsverfassung, aber auch die in Art. 8 geregelte Sitzverlegung und die in Art. 66 angesprochene Umwandlung in eine nationale Aktiengesellschaft.

Umstritten ist die Einordnung des **Konzernrechts**[30]. Dies überrascht zunächst: Befasst sich das Konzernrecht doch in erster Linie mit dem Interessenkonflikt von Gesellschaftermehrheit und -minderheit sowie mit dem Gläubigerschutz – also mit genuin gesellschaftsrechtlichen Fragen, die in den meisten Rechtsordnungen mit den Mitteln des allgemeinen Gesellschaftsrechts gelöst werden[31]. Erwägungsgrund 15 der SE-VO spricht sich allerdings dafür aus, den Schutz von Minderheitsaktionären und Dritten gemäß den Vorschriften und allgemeinen Grundsätzen des internationalen Privatrechts nach dem für das kontrollierte Unternehmen geltenden Recht zu bestimmen. Dass dies das richtige Ergebnis sei, wird soweit ersichtlich von niemandem bestritten. Da aber nach der herrschenden Auffassung Art. 9 auf das nationale Sachrecht unter Ausschaltung des IPR verweist (dazu sogleich Rz. 26), muss das Konzernrecht aus dem Anwendungsbereich dieser Norm herausgenommen werden, um zum gewünschten Ergebnis – der Zwischenschaltung des IPR – zu gelangen[32]. Andere Autoren zählen das Konzernrecht zum Regelungsbereich und verstehen Art. 9 insoweit ausnahmsweise als Gesamtnormverweisung[33]. Sieht man in Art. 9 generell eine Verweisung, die das Kollisionsrecht einschließt (dazu unten Rz. 31), ergeben sich mit der Einordnung des Konzernrechts ohnehin keine Probleme.

23

Hingegen lässt sich das **Kapitalmarktrecht** dem Regelungsbereich nicht eindeutig zuordnen[34]; denn seine Regelungen sind überwiegend nicht gesellschaftsrechtlicher Natur. Eine Schnittstelle zum Gesellschaftsrecht bildet allein das Übernahmerecht: Es regelt die Rechtsverhältnisse zwischen den Aktionären und greift partiell in die Kompetenzregelung der Organe ein; insoweit lässt sich ihm ein gesellschaftsrechtlicher

24

---

28 *Brandt*, Hauptversammlung, S. 29 ff.; *Brandt/Scheifele*, DStR 2002, 547 ff.; *Kalss/Greda* in Kalss/Hügel, AT Rz. 20 ff.; *Lächler*, Konzernrecht der SE, S. 91 f.; *Lächler/Oplustil*, NZG 2005, 381 ff.; *Lind*, Europäische AG, S. 53 ff.; *Schäfer* in MünchKomm. AktG, Art. 9 SE-VO Rz. 7; *Scheifele*, Gründung der SE, S. 32 ff.; *Schwarz*, Einl. Rz. 49 ff.; *Wagner*, NZG 2002, 985, 988; zurückhaltende Tendenz in Richtung der herrschenden Auffassung bei *Hommelhoff* in Lutter/Hommelhoff, Europäische Gesellschaft, S. 5, 9.

29 S. etwa *Brandt/Scheifele*, DStR 2002, 547, 550; *Schäfer* in MünchKomm. AktG, Art. 9 SE-VO Rz. 7; *Wagner*, NZG 2002, 985, 988.

30 Vgl. dazu auch Anh. zu Art. 43 § 49 SEAG Rz. 1. Ausführlich hierzu die jüngst erschienene Arbeit von *Lächler*, Konzernrecht der SE, S. 76 ff.

31 S. hierzu nur den rechtsvergleichenden Überblick bei Forum Europaeum Konzernrecht, ZGR 1998, 672, 676 ff. sowie umfassend *Lübking*, Ein einheitliches Konzernrecht für Europa.

32 In diesem Sinne *Brandi*, NZG 2003, 889, 893; *Casper* in FS Ulmer, S. 51, 67; *Ebert*, BB 2003, 1854, 1856 ff.; *Habersack*, ZGR 2003, 724, 727; ohne abschließende Stellungnahme *Veil*, WM 2003, 2169, 2172. Nach der insoweit überzeugenden Stellungnahme von *Schwarz*, Einl. Rz. 174 ff., handelt es sich allerdings um ein Scheinproblem: Auf eine abhängige SE findet nach Art. 9 ohnehin das Recht ihres Sitzstaates ergänzend Anwendung; für die von einer SE beherrschte Gesellschaft nationaler Rechtsform ist das anwendbare Recht nicht nach der SE-VO zu ermitteln.

33 *Lächler/Oplustil*, NZG 2005, 381, 386; in der Tendenz auch *Jaecks/Schönborn*, RIW 2003, 254, 257. Wiederum anders *Schwarz*, Einl. Rz. 174 ff. (vgl. oben Fn. 32): Konzernrecht gehört zum Regelungsbereich.

34 Dazu *Lächler/Oplustil*, NZG 2005, 381, 386 f. und *Lächler*, Konzernrecht der SE, S. 92.

Charakter beimessen[35]. Dagegen haben die mit der Übernahme verbundenen Verfahrensfragen (z.B. Inhalt der Angebotsunterlage) kapitalmarktrechtlichen Charakter und fallen nicht in den Regelungsbereich der SE-VO[36].

25 Einem grundlegend anderen Konzept folgt *Schwarz*, der den Regelungsbereich der SE-VO **kompetenzrechtlich** deutet[37]. Die Verordnung wurde auf Basis des Art. 308 EG erlassen[38]. Diese Kompetenznorm stützt ganz allgemein Maßnahmen zur Erreichung der Ziele des Gemeinsamen Marktes und rechtfertigt damit einen denkbar weiten Anwendungsbereich der SE-VO, zu dem auch Rechtsgebiete wie das Steuerrecht oder das Wettbewerbsrecht gehören. Dass die SE-VO hierzu keine Vorschriften enthält, deutet *Schwarz* als einen Regelungsverzicht des europäischen Gesetzgebers, der insoweit von seiner dem Grunde nach bestehenden Regelungskompetenz keinen Gebrauch gemacht habe[39]. In Konsequenz dessen verweise Art. 9 Abs. 1 lit. c ii auf „jegliches nationale Recht"[40], das auf eine Aktiengesellschaft in der Situation der SE Anwendung fände – selbst auf Vorschriften des HGB oder des BGB, soweit die entsprechende Rechtsfrage in den kompetenzrechtlich definierten weiten Anwendungsbereich der Verordnung fällt.

3. Kollisionsrechtliche Bedeutung der Generalverweisung

a) Herrschende Auffassung: Sachnormverweisung

26 Die Bestimmung des Regelungsbereichs hat nach heutiger Fassung der SE-VO allein deshalb noch Bedeutung, weil die herrschende Auffassung Art. 9 Abs. 1 lit. c ii als Sachnormverweisung versteht[41]. Die Verweisung führt bei diesem Verständnis unmittelbar zum materiellen Gesellschaftsrecht im Sitzstaat der SE; nationales **Kollisionsrecht** kommt **nicht** zur Anwendung. Damit entscheidet die Bestimmung des Regelungsbereichs darüber, ob das nationale IPR zwischengeschaltet (außerhalb des Regelungsbereichs) oder unter Vermeidung des IPR direkt auf die Sachnormen im Sitzstaat zugegriffen wird (innerhalb des Regelungsbereichs).

27 Die herrschende Auffassung verweist unter anderem auf Erwägungsgrund 20, dem sich entnehmen lasse, dass es Bereiche „außerhalb der Verordnung" geben müsse, beispielsweise das Steuerrecht und das Wettbewerbsrecht. Das anwendbare Recht in diesen Bereichen sei anhand des mitgliedstaatlichen Kollisionsrechts zu ermitteln (dazu bereits oben Rz. 15). Im Gegensatz dazu solle das Kollisionsrecht für alle Rechtsfragen, die innerhalb des Regelungsbereiches liegen, nicht zur Anwendung kommen. Dies entspricht einer weithin üblichen Vorgehensweise im Bereich der Rechtsvereinheitlichung[42]. Käme das Kollisionsrecht auch innerhalb des Regelungsbereichs der Verordnung zur Anwendung, würde dies der ohnehin komplexen Rechts-

---

35 So *Lächler/Oplustil*, NZG 2005, 381, 387, und *Lächler*, Konzernrecht der SE, S. 92. Demgegenüber neigt *Casper* in FS Ulmer, S. 51, 66 dazu, das gesamte Kapitalmarktrecht vom dem Regelungsbereich der Verordnung auszunehmen; ihm folgend *Schäfer* in MünchKomm. AktG, Art. 9 SE-VO Rz. 7.

36 *Lächler/Oplustil*, NZG 2005, 381, 387.

37 *Schwarz*, Einl. Rz. 51 ff.

38 Ob diese Kompetenznorm einschlägig sei, war streitig (zur Diskussion etwa *Abeltshauser*, AG 1990, 291 ff. und *Wahlers*, AG 1990, 448 ff.); das Europäische Parlament hatte daher gegen die SE-VO gar eine Klage erwogen (vgl. *Neye*, ZGR 2002, 377 ff.). Mittlerweile hat der EuGH anlässlich der Einführung der Europäischen Genossenschaft bestätigt, dass Art. 308 EG für die Einführung supranationaler Rechtsformen die zutreffende Kompetenzgrundlage ist (Parlament gegen Rat, EuGH v. 2.5.2006 – Rs. C-436/03, Slg. 2006, S. I-3733 ff.).

39 *Schwarz*, Einl. Rz. 58.

40 *Schwarz*, Art. 9 Rz. 37.

41 Vgl. dazu die in Fn. 28 genannten Autoren; s. weiterhin Schwarz, Einl. Rz. 128.

42 Darauf weist namentlich *Lächler*, Konzernrecht der SE, S. 84 f., hin.

quellenpyramide eine weitere Prüfungsstufe hinzufügen. Außerdem käme es, da das Internationale Gesellschaftsrecht noch nicht vereinheitlicht und derzeit in vielen Staaten im Umbruch ist, möglicherweise zu **Entscheidungsdivergenzen**. All dies würde die **praktische Handhabbarkeit** der supranationalen Rechtsform erschweren und ihrem europäisch einheitlichen Charakter zuwiderlaufen.

b) Eigene Stellungnahme

Die herrschende Auffassung hatte ihre Berechtigung, solange die Redaktoren der SE-VO tatsächlich noch einem Konzept der Rechtsvereinheitlichung folgten, also bis zum Entwurf von 1989 (vgl. oben Rz. 12 ff.). Heute lässt sich der SE-VO jedoch ein ganz anderes Konzept entnehmen. Die zentrale Rechtsanwendungsnorm ist nicht mehr Ausdruck des europäischen Charakters der SE, sondern Zeugnis ihrer „**Renationalisierung**"[43]. Dementsprechend bedarf das Verständnis der zentralen Rechtsanwendungsnorm des Art. 9 einer Überprüfung. Ausgangspunkt dessen ist die Feststellung, dass die SE-VO selbst in den teilweise geregelten Fragen auf mitgliedstaatliches Recht verweist. Sie hat also selbst dort, wo sie eine ansatzweise Regelung unternimmt, den Anspruch auf Rechtsvereinheitlichung aufgegeben. Damit ist der tragende Grund für den Ausschluss des Kollisionsrechts entfallen. Im Anwendungsbereich des Art. 9 Abs. 1 lit. c ii steht der europäische Charakter der SE nicht mehr zur Debatte, führt die Verweisung doch allemal zur Anwendung nationalen Rechts.

In den Vordergrund schiebt sich damit ein anderer Regelungsgedanke: In den von der Verordnung nicht geregelten Bereichen ist die **Gleichbehandlung** von SE und nationaler Aktiengesellschaft geboten (oben Rz. 6). Daher verweist Art. 9 Abs. 1 lit. c ii auf diejenigen Rechtsvorschriften, die in einer vergleichbaren Konstellation auf eine Aktiengesellschaft mitgliedstaatlichen Rechts anwendbar wären. Zu diesen Rechtsvorschriften gehören auch die Regeln des Internationalen Privatrechts, die ihrer Natur nach nationales Recht sind und bei jedem Sachverhalt mit Auslandsberührung eine selbstverständliche Prüfungsstufe bilden. Dass bei einer SE diese Prüfungsstufe entfällt, bedarf einer tragfähigen Rechtfertigung, begründet doch die herrschende Auffassung damit eine Ungleichbehandlung von SE und nationaler Aktiengesellschaft.

Dass Kollisionsrecht eine Zwischenstufe sei, die zusätzliche Rechtsunsicherheit schaffe und die Pyramide der Rechtsnormen unnötige kompliziere, kann nicht überzeugen. Wie die ausufernde Diskussion zum Regelungsbereich zeigt, lässt sich mit Hilfe dieser Kategorie keinesfalls mehr Rechtssicherheit schaffen. Daher sollte bei der Suche nach einer **sachgerechten Lösung** von Sachverhalten mit Auslandsberührung die altbewährte Kategorie des Internationalen Privatrechts nicht leichter Hand als überflüssige Komplizierung der Materie über Bord geworfen werden. Denn in den Grenzfällen kommt auch die herrschende Auffassung ohne kollisionsrechtliche Wertungen nicht aus, wie die Debatte zum Konzernrecht (oben Rz. 29) zeigt.

Versteht man Art. 9 Abs. 1 lit. c ii aus diesen Erwägungen heraus als eine **Gesamtnormverweisung**, die das Kollisionsrecht einschließt[44], führt dies auch nicht zu der befürchteten Rechtszersplitterung. Denn Art. 9 Abs. 1 lit. c ii verweist ausdrücklich auf die Rechtsvorschriften des Sitzstaates der SE. Dies meint in der Terminologie der

28

29

30

31

---

43 Dies relativiert die Aussagekraft des Erwägungsgrundes 20 (s. Rz. 27), der zu Zeiten der Einheitskonzeption formuliert wurde und demgemäß Materien innerhalb und außerhalb der Verordnung unterscheidet.

44 In diesem Sinne bereits *Teichmann*, Binnenmarktkonformes Gesellschaftsrecht, S. 293 ff. und *Drinhausen/Teichmann* in van Hulle/Maul/Drinhausen, 3. Abschnitt Rz. 11 ff. (S. 45 f.); weiterhin *Mäntysaari*, JFT 6/2003, 622, 634.

SE-VO stets den **Satzungssitz**[45]. Somit erreicht man auch bei einem Verständnis der Generalverweisung als Gesamtnormverweisung europaweiten **Entscheidungseinklang**. Dieser ist nicht davon abhängig, dass Sitz und Hauptverwaltung in demselben Mitgliedstaat liegen, wie es Art. 7 bislang noch vorschreibt[46]. Selbst wenn Hauptverwaltung und Satzungssitz auseinanderfallen, hat jedes Gericht in der Europäischen Gemeinschaft allein das IPR des Mitgliedstaats anzuwenden, in dem die SE ihren Satzungssitz hat.

32 Der **Vereinheitlichungseffekt** des Art. 9 Abs. 1 lit. c ii liegt mithin darin, eine „Kollision der Kollisionsrechte" zu vermeiden. Dem supranationalen Charakter der SE wäre es in der Tat abträglich, wenn verschiedene Mitgliedstaaten jeweils ihr eigenes Kollisionsrecht anwenden würden, wodurch es zu Normenhäufungen oder Normenmangel kommen könnte[47]. Indem die SE-VO zwingend auf das Kollisionsrecht am Satzungssitz verweist, schafft sie Rechtssicherheit und internationalen Entscheidungseinklang.

33 Für die **Rechtspraxis** ist der Theorienstreit bislang nicht relevant geworden. In den derzeit diskutierten Streitfällen gelangen beide Auffassungen auf verschiedenen Wegen zu denselben Ergebnissen. Bei einem Auftreten neuer Zweifelsfälle empfiehlt sich auch bei Anwendung der herrschenden Auffassung, den Regelungsbereich jedenfalls unter Berücksichtigung **kollisionsrechtlicher Wertungen** zu bestimmen. Denn als Kontrollüberlegung leistet das Kollisionsrecht auch der herrschenden Auffassung gute Dienste bei der Ermittlung sachgerechter Ergebnisse; dies belegt die am kollisionsrechtlichen Ergebnis ausgerichtete Diskussion zum Konzernrecht (oben Rz. 23).

IV. Die Normenpyramide des Art. 9 Abs. 1

34 Die SE unterliegt nach Maßgabe der Normenpyramide des Art. 9 Abs. 1 erstens den Bestimmungen der **Verordnung** (nachfolgend 1.), zweitens ihrer **Satzung**, soweit die Verordnung zu Satzungsregeln ermächtigt (nachfolgend 2.), und drittens in den von der Verordnung nicht oder nur teilweise geregelten Bereichen dem **mitgliedstaatlichen Recht** (nachfolgend 3.).

1. Bestimmungen der Verordnung

a) Vorrang des Gemeinschaftsrechts

35 Die SE unterliegt in erster Linie den Bestimmungen der SE-VO (Art. 9 Abs. 1 lit. a). Diese Festlegung hat lediglich **deklaratorische** Bedeutung[48]. Denn kraft europäischen Rechts ist ohnehin jede Verordnung in allen Mitgliedstaaten unmittelbar anwendbar (Art. 249 Abs. 2 EG); zudem genießt Gemeinschaftsrecht nach gefestigter Rechtsprechung des EuGH Vorrang vor mitgliedstaatlichem Recht[49].

---

45 Die englische („registered office") und die französische Fassung („siège statutaire") belegen dies. Aus der deutschen Version der SE-VO ergibt es sich nur mittelbar: Art. 7 unterscheidet begrifflich den „Sitz" von der „Hauptverwaltung". Näher Art. 7 Rz. 6 ff.

46 Diese Erfordernis soll nach Ablauf einer Fünf-Jahres-Periode überprüft werden (vgl. Art. 69 Satz 2 lit. a).

47 Vgl. zu dieser Problematik das kollisionsrechtliche Schrifttum s. etwa *Krophaller*, Internationales Privatrecht, 5. Aufl. 2004, S. 20; *Sonnenberger* in MünchKomm. BGB, Einl. IPR (Band 10), 4. Aufl. 2006, Rz. 601.

48 *Kalss/Greda* in Kalss/Hügel, AT Rz. 17.

49 Grundlegend EuGH v. 5.2.1963 – Rs. 26/62, Slg. 1963, 1 ff. – „Van Gend&Loos" und v. 15.7.1964 – Rs. 6/64, Slg. 1964, 1251 ff. – „Costa/ENEL"; s. weiterhin die europarechtliche Literatur etwa *Schroeder* in Streinz (Hrsg.), EUV/EGV, 2003, Art. 249 Rz. 40 ff.

b) Auslegung der SE-VO

Für die SE-VO gilt nach der allgemeinen gemeinschaftsrechtlichen Methodik eine **eu-**   36
ropäisch-autonome Auslegung[50]. Diese folgt im Grundsatz den auch im deutschen
Recht angewandten Auslegungsmethoden nach Wortlaut, Entstehungsgeschichte,
Systematik und Telos der Norm. Allerdings führt die Zugehörigkeit der betreffenden
Norm zum Gemeinschaftsrecht auf allen Prüfungsstufen zu gewissen Besonderheiten. Ausgangspunkt der Interpretation ist der **Wortlaut** der Norm in allen offiziellen
Sprachfassungen. Die **Entstehungsgeschichte** eines Rechtsaktes ist im Gemeinschaftsrecht nur selten dokumentiert und daher üblicherweise von eher geringer Bedeutung. Für die Auslegung der SE-VO können allerdings die zahlreichen Vorentwürfe und die hierzu veröffentlichten Stellungnahmen der Gemeinschaftsorgane Bedeutung erlangen. Die **systematische** Auslegung bezieht sich auf das Verhältnis zum
Primärrecht des EG-Vertrages, aber auch auf andere Akte des Sekundärrechts. Insoweit sind bei aller Lückenhaftigkeit des europäischen Gesellschaftsrechts zumindest
im Recht der Strukturmaßnahmen erste Ansätze einer Systembildung zu erkennen[51];
für die SE lassen sich daher insbesondere bei Gründung und Sitzverlegung systematische Bezüge zum Richtlinienrecht herstellen.

Ganz im Vordergrund steht bei der Auslegung europäischer Rechtsakte üblicherweise   37
die **teleologische Interpretation** im Sinne des „effet utile". Gerade dieser Schritt erlaubt allerdings bei der SE nur bedingt Rückschlüsse auf den Inhalt der Verordnung.
Denn die im Allgemeinen für die Zielsetzung eines Rechtsaktes aussagekräftigen Erwägungsgründe stammen überwiegend aus einer Zeit, in der noch ein vollständiges
SE-Statut beabsichtigt war. Bislang hat denn auch die Heranziehung der Erwägungsgründe in Auslegungsfragen eher für Verwirrung, denn für Klarheit gesorgt[52]. Im Sinne einer übergeordneten Zielsetzung lässt sich allenfalls formulieren, dass die SE als
eine in sich funktionsfähige Rechtsform konzipiert sein müsse[53]. Indessen dürfte dieser Grundsatz nur selten eine eindeutige Aussage für oder gegen eine bestimmte Aus-
legungsvariante erlauben.

Die **Rechtsvergleichung** kann bei der Auslegung vielfache Unterstützung bieten. Sie   38
hilft bei der Ermittlung des Wortsinnes verschiedener Sprachfassungen und erlaubt
mitunter Aussagen über die Entstehungsgeschichte europäischer Normen. Allerdings
zeigt die Rechtsprechung des EuGH, dass das nationale Vorverständnis einer Norm
keineswegs ausschlaggebend für ihr Verständnis auf europäischer Ebene sein muss.
Vorrang hat stets das Bemühen um eine europäisch-autonome Begriffsbildung[54].

2. Satzungsbestimmungen nach SE-VO

An zweiter Stelle der Normenhierarchie steht die **Satzung**, soweit es sich um Rege-   39
lungen handelt, die in der SE-VO ausdrücklich zugelassen werden (Art. 9 Abs. 1

---

50 Zur Auslegung der SE-VO: *Casper* in FS Ulmer, S. 51, 54 ff.; *Kalss/Greda* in Kalss/Hügel, AT
    Rz. 31 f.; *Lind*, Europäische Aktiengesellschaft, S. 37 ff.; *Schwarz*, Art. 9 Rz. 15; *Teichmann*,
    ZGR 2002, 383, 402 ff.
51 Näher dazu *Hommelhoff/Riesenhuber* in Grundmann, Systembildung und Systemlücken,
    S. 259 ff.
52 Zweifelhaft ist beispielsweise der Aussagegehalt von Erwägungsgrund 14 zur Organisations-
    verfassung (vgl. Art. 38 Rz. 11 ff.), von Erwägungsgrund 17 zum Konzernrecht (oben Rz. 23)
    und Erwägungsgrund 20 zum Regelungsbereich der Verordnung (s. Fn. 43).
53 *Teichmann*, ZGR 2002, 383, 405 ff.
54 Vgl. die zur Europäischen Interessenvereinigung (EWIV) ergangene Entscheidung des EuGH v.
    18.12.1997 – Rs. 402/96, Slg. 1997, I-7515 ff., welche für die Interpretation der EWIV-VO gera-
    de nicht auf die französische Rechtslage Bezug nimmt, obwohl diese als Regelungsvorbild ge-
    dient hatte (nähere Urteilsanalyse bei *Teichmann*, Binnenmarktkonformes Gesellschafts-
    recht, S. 311 ff.).

lit. b)[55]. Satzungsvorschriften, die sich auf die Verordnung stützen, genießen damit **Vorrang** vor dem mitgliedstaatlichen Gesetzesrecht, das erst auf der dritten Stufe folgt. Damit verdrängt eine nach SE-VO zulässige Satzungsbestimmung gegebenenfalls auch entgegenstehendes zwingendes Recht der Mitgliedstaaten[56]. Die Tragweite dieser Aussage relativiert sich allerdings dadurch, dass die SE-VO häufig nur zu Satzungsregelungen ermächtigt, die mit dem nationalen Aktienrecht im Einklang stehen oder wiederum vom mitgliedstaatlichen Gesetzgeber weiteren Beschränkungen unterworfen werden können[57].

40   Bereiche europäischer Satzungsautonomie eröffnen sich insbesondere für die **Unternehmensverfassung**. Die Satzung legt fest, ob eine SE nach dem monistischen Modell mit nur einem Verwaltungsorgan oder dem dualistischen mit Leitungs- und Aufsichtsorgan geführt wird (Art. 38). Weiterhin bestimmt die Satzung die Zahl der Organmitglieder oder die Regeln für ihre Festlegung (Art. 39 Abs. 4, Art. 40 Abs. 3 sowie Art. 43 Abs. 2), und die Dauer ihrer Amtsperiode (Art. 46)[58].

41   Dennoch begründet Art. 9 Abs. 1 lit. b eine eigentümliche Form der **Satzungsstrenge** für die SE. Diese soll den Bestimmungen ihrer Satzung nur unterliegen, „sofern die vorliegende Verordnung dies ausdrücklich zulässt". Damit gestattet die SE-VO – anders als § 23 Abs. 5 AktG – zumindest dem Wortlaut nach **keine ergänzenden Satzungsbestimmungen**. Dieses auf den ersten Blick unerklärlich enge Korsett findet jedoch seine Erklärung in der Systematik des Art. 9[59]: Regelungslücken, welche die Verordnung lässt, sollen grundsätzlich nicht durch die Satzung, sondern durch das mitgliedstaatliche Recht geschlossen werden. Dieses mag dann Satzungsfreiheit gewähren; die mitgliedstaatliche Satzungsautonomie kommt über Art. 9 Abs. 1 lit. c iii zum Tragen (unten Rz. 56 ff.). Außerdem muss im Gefüge der Normenpyramide des Art. 9 klar abgrenzbar sein, wo der Übergang vom europäischen zum mitgliedstaatlichen Recht liegt. Die Beschränkung auf die ausdrücklich gewährte Satzungsautonomie hat schließlich auch den Sinn, dass der europäische Gesetzgeber naturgemäß nur dort, wo über Satzungsregeln explizit nachgedacht wurde, potentielle Konflikte mit dem mitgliedstaatlichen Recht erkennen und entschärfen konnte[60].

3. Anwendung mitgliedstaatlichen Rechts

42   Mitgliedstaatliches Recht greift als dritte Stufe der Normenhierarchie immer dort, wo die SE-VO einen Bereich **nicht** regelt **oder** nur **teilweise regelt** (Art. 9 Abs. 1 lit. c); Voraussetzung der Anwendbarkeit mitgliedstaatlichen Rechts ist daher die Feststellung einer Unvollständigkeit in der SE-VO (Rz. 44 ff.).

43   Das gegebenenfalls zur Anwendung berufene mitgliedstaatliche Recht ist in **drei Stufen** untergliedert (Rz. 52 ff.): (i) die Rechtsvorschriften, die die Mitgliedstaaten in Anwendung der speziell die SE betreffenden Gemeinschaftsmaßnahmen erlassen; (ii) die Rechtsvorschriften der Mitgliedstaaten, die auf eine nach dem Recht des Sitzstaats der SE gegründete Aktiengesellschaft Anwendung finden würden; (iii) die Bestimmungen ihrer Satzung unter den gleichen Voraussetzungen wie im Falle einer nach dem Recht des Sitzstaats der SE gegründeten Aktiengesellschaft. Die drei Stufen ste-

---

55 Vgl. zum Begriff der Satzung Art. 6.
56 Ausführlich zu dieser Problematik *Lind*, Europäische AG, S. 89 ff.
57 S. etwa Art. 48: Nach Art. 48 Abs. 1 kann die Satzung der SE zustimmungsbedürftige Geschäfte festlegen; gem. Art. 48 Abs. 2 können aber auch die Mitgliedstaaten festlegen, welche Arten von Geschäften auf jeden Fall in die Satzung aufzunehmen sind.
58 Zu den weiteren Möglichkeiten der Satzungsgestaltung *Hommelhoff* in FS Ulmer, S. 267, 274 f. und *Seibt* in Lutter/Hommelhoff, Europäische Gesellschaft, S. 67 ff.
59 *Casper* in FS Ulmer, S. 51, 71; *Lind*, Europäische AG, S. 93 ff.; *Schwarz*, Einl. Rz. 160.
60 Darauf weist zutreffend *Lind*, Europäische AG, S. 94, hin.

hen zueinander im Verhältnis einer **Rangfolge**: Vorrang hat das speziell für die SE erlassene mitgliedstaatliche Recht. Erst danach greift das allgemeine Aktienrecht, dem
sich wiederum der Freiraum für die Satzungsautonomie und damit die dritte Stufe
der Rechtsanwendung entnehmen lässt.

a) Unvollständigkeit der SE-VO

Hintergrund der Verweisung auf nationales Recht ist die Unvollständigkeit der SE-   44
VO. Anders als die frühen Entwürfe aus den siebziger und achtziger Jahren des vergangenen Jahrhunderts erhebt der heutige Rechtstext nicht mehr den Anspruch auf
Vollständigkeit (vgl. die Entstehungsgeschichte, Rz. 12 ff.). Mit Art. 9 thematisiert
die Verordnung ihre eigene Unvollständigkeit und gibt Anweisung, wie bei Beant-
wortung nicht geregelter Rechtsfragen vorzugehen ist. Anhaltspunkt bei der Klärung
des anwendbaren Rechts können folgende **Prüfungsschritte** sein: Zunächst ist zu klären, ob eine Rechtsfrage in der SE-VO ausdrücklich geregelt ist (Rz. 45); schweigt die
Verordnung, kann unproblematisch auf mitgliedstaatliches Recht zurückgegriffen
werden (Rz. 45 f.); findet sich jedoch eine Verordnungsvorschrift, die den fraglichen
Bereich anspricht, bleibt zu überprüfen, ob darin eine abschließende oder nur eine
teilweise Regelung liegt (Rz. 47 ff.).

aa) Ausdrückliche Regelung in der SE-VO. Soweit eine Rechtsfrage in der Verordnung   44a
ausdrücklich geregelt ist, gilt allein die **Verordnung**; mitgliedstaatliches Recht kommt
nicht zur Anwendung. Eine ausdrückliche Regelung kann auch darin liegen, dass die
Verordnung selbst zwar keine inhaltliche Regelung trifft, dafür aber eine Regelung in
der **Satzung** der SE zulässt. Diese auf europäischer Ebene eröffnete Satzungsautonomie
hat Vorrang vor dem mitgliedstaatlichen Recht (oben Rz. 39). Eine Regelung kann
auch darin liegen, dass ausdrücklich auf mitgliedstaatliches Recht verwiesen wird.
Dies schließt die Anwendung von Art. 9 Abs. 1 lit. c gleichfalls aus; denn derartige
Spezialverweisungen haben Vorrang vor der Generalverweisung (oben Rz. 7).

bb) Schweigen der SE-VO. Findet sich zu einem bestimmten Bereich in der Verord-   45
nung überhaupt keine Regelung, greift das **mitgliedstaatliche Recht** in der von Art. 9
Abs. 1 lit. c vorgegebenen Reihenfolge. Beispielsweise enthält die Verordnung keinerlei Vorschriften über die Verschmelzung oder Spaltung einer SE[61]. Es handelt sich um
einen nicht von der Verordnung geregelten Bereich, für den umfänglich nationales
Recht eingreift – im deutschen Recht die für Aktiengesellschaften geltenden Vorschriften des Umwandlungsgesetzes.

Auch in den ungeregelten Bereichen ist der **Vorrang der SE-VO** zu beachten. Tritt das   46
mitgliedstaatliche Recht des ungeregelten Bereiches in Kollision zu Vorschriften der
SE-VO aus anderen Bereichen, hat das europäische Recht Vorrang. Ein Beispiel dafür
ist der Beherrschungsvertrag des deutschen Aktienrechts. Unternehmensverträge
sind in der SE-VO nicht geregelt, grundsätzlich ist also Raum für die Anwendung des
deutschen Aktienrechts[62]. Allerdings lässt sich durch Anwendung der vom nationalen Recht angeordneten Rechtsfolgen nicht der allgemeine Vorrang des Gemeinschaftsrechts aushebeln; im Falle einer inhaltlichen Kollision mit Vorschriften der
SE-VO muss diese Vorrang haben[63]. Problematisch ist insoweit die Durchbrechung

---

61 Die 17 ff. regeln die Gründung der SE durch Verschmelzung, nicht aber die Verschmelzung ei-
    ner bestehenden SE.
62 Zur Anwendbarkeit des Konzernrechts auf eine SE s. oben Rz. 23 und Anh. zu Art. 43 § 49 SE-
    AG Rz. 1.
63 A.A. offenbar *Altmeppen* in MünchKomm. AktG, Anh. Art. 9 SE-VO Rz. 23 ff., für den die
    vorbehaltlose Anwendung deutschen Konzernrechts offenbar selbst dann außer Frage steht,
    wenn dadurch entgegenstehendes Verordnungsrecht verdrängt wird.

der Eigenverantwortlichkeit des Vorstandes durch das Weisungsrecht des § 308 Abs. 1 AktG[64]. Denn nach Art. 39 Abs. 1 führt das Leitungsorgan der SE die Geschäfte der SE in eigener Verantwortung. Versteht man dies ebenso wie für § 76 AktG in der Weise, dass Weisungen an das Leitungsorgan unzulässig sind[65], muss das mitgliedstaatliche Recht des Beherrschungsvertrages insoweit zurücktreten.

47   **cc) Teilregelung in der SE-VO.** Art. 9 Abs. 1 lit. c verweist auch dann auf mitgliedstaatliches Recht, wenn ein Bereich in der Verordnung nur teilweise geregelt ist. Daher muss selbst bei Rechtsfragen, die in der Verordnung ausdrücklich geregelt sind, die Frage angeschlossen werden, ob diese Regelung **abschließend** ist. Auch dies ist im Wege einer europäisch-autonomen Interpretation der Verordnung zu klären; das nationale Vorverständnis einer vollständigen und abschließenden Regelung eines Fragenkreises kann nicht zum Maßstab dienen. Im Sinne einer Faustformel lässt sich sagen, dass bei der heutigen nur noch rudimentären Regelung der meisten Rechtsbereiche nur selten von einer abschließenden Regelung ausgegangen werden kann[66]. Dies lässt sich häufig anhand der Entstehungsgeschichte belegen. Denn im Vergleich zu den wesentlich ausführlicheren Vorentwürfen stellt sich der heutige Rechtstext in vielen Bereichen nur noch als „Torso" eines einstmals mit Anspruch auf Vollständigkeit angelegten Gesetzesplans dar. Nicht selten lässt der Rechtstext dies ausdrücklich erkennen. Denn Bereiche, die im Laufe der Beratungen gekürzt wurden, enthalten vielfach Spezialverweisungen in das mitgliedstaatliche Recht oder Regelungsermächtigungen für den mitgliedstaatlichen Gesetzgeber[67].

48   An einigen Stellen der Verordnung finden sich auch **Öffnungsklauseln**, die abweichende oder ergänzende Regelungen nationalen Rechts ausdrücklich zugelassen. Sie gehen zumeist auf Anregungen einzelner Mitgliedstaaten zurück. So beruht etwa Art. 48 Abs. 1 Satz 2 zum Zustimmungskatalog im dualistischen Modell auf der entsprechenden Regelung des deutschen Aktiengesetzes, deren Anwendung auch auf die SE ermöglicht werden sollte[68]. Naturgemäß finden sich derartige Öffnungsklauseln nur zu denjenigen Rechtsfragen, hinsichtlich derer die Abweichungen in Regelungsausmaß oder Regelungstiefe aufgefallen waren. Einen Umkehrschluss, dass alle Vorschriften, die keine Öffnungsklausel enthalten, abschließend seien, lässt sich daraus nicht ziehen[69]. Ob eine Vorschrift abschließend ist oder nicht, muss in jedem einzelnen Fall gesondert ermittelt werden[70].

49   Als Beispiel für einen Zweifelsfall mag **Art. 55** dienen. Dort ist geregelt, dass eine Aktionärsminderheit die Einberufung der Hauptversammlung verlangen kann. Das deutsche Aktienrecht fordert in einer vergleichbaren Vorschrift (§ 122 Abs. 1 AktG) ein schriftliches Verlangen und Angabe des Zwecks und der Gründe. Art. 55 sieht derartige Formalien nicht vor. Betrachtet man ihn als eine teilweise Regelung des Minderheitenverlangens, käme ergänzend und zusätzlich § 122 Abs. 1 AktG mit seinen formalen Anforderungen zur Anwendung. Der Blick in die Entstehungsgeschich-

---

64 Dazu *Hommelhoff*, AG 2003, 179, 182.
65 Dies ist eine Frage der autonomen Auslegung des europäischen Rechts, die hier nicht abschließend geklärt werden kann (dazu *Schwarz*, Art. 39 Rz. 23 ff.; zweifelnd unten Art. 39 Rz. 5).
66 In diesem Sinne auch *Kalss/Greda* in Kalss/Hügel, AT Rz. 21; *Schindler*, Europäische Aktiengesellschaft, S. 10.
67 Vgl. beispielsweise die heutige Fassung des Art. 51 im Lichte seiner Entstehungsgeschichte (Art. 51 Rz. 2 ff.).
68 Zu diesem Regelungsproblem *Merkt*, BB 1992, 652, 656 f.; weiterhin die Kommentierung zu § 19 SEAG, Anh. zu Art. 48.
69 In diesem Sinne auch *Merkt*, BB 1992, 652, 657.
70 Ebenso *Merkt*, BB 1992, 652, 657; *Trojan-Limmer*, RIW 1991, 1010, 1012.

te des Art. 55 zeigt, dass in früheren Entwürfen derartige Formalien geregelt waren. Systematisch betrachtet fällt zudem ins Auge, dass Art. 56 Satz 2 für die Ergänzung der Tagesordnung ausdrücklich auf die Formalien des mitgliedstaatlichen Rechts verweist. Beides spricht dafür, in Art. 55 eine unvollständige Regelung zu sehen, die einer Ergänzung durch nationales Recht zugänglich ist[71].

dd) Lückenschließung auf gemeinschaftsrechtlicher Ebene. Dies führt zu der Folge-   50
frage, ob im Angesicht der Verweisungsnorm des Art. 9 Abs. 1 noch Raum für eine Lückenschließung auf gemeinschaftsrechtlicher Ebene bleibt. Art. 9 Abs. 1 lit. c ist im Lichte seiner Entstehungsgeschichte (oben Rz. 12 ff.) Ausdruck einer „politisch gewollten **Nationalisierung der SE**"[72]. Der europäische Gesetzgeber hat sich bewusst einer europäischen Regelung enthalten und stattdessen nationales Recht zur Anwendung berufen. Diese gesetzgeberische Entscheidung ist zu respektieren; es fehlt grundsätzlich an der für einen Analogieschluss nötigen planwidrigen Lücke.

Indessen sind auch bei dieser gesetzgeberischen Entscheidung **Anschauungslücken**   51
denkbar, wenn nicht sogar wahrscheinlich. Es gibt doch einen Unterschied zwischen Bereichen, die der Gesetzgeber positiv durchdacht und geregelt hat, so dass ein Analogieschluss den gesetzgeberischen Plan konterkarieren würde, und Rechtsfragen, deren Regelung ihn derart überfordert hat, dass er sich mit dem Verweis auf ein anderes Regelungssystem begnügt. Im letzteren Fall lassen sich die Auswirkungen des Regelungsverzichts schlechterdings nicht in allen Einzelheiten überblicken. Es besteht daher kein Anlass, Art. 9 Abs. 1 lit. c ein regelrechtes „Analogieverbot" zu entnehmen[73]. Der Verweis auf nationales Recht lässt sich in seiner Bedeutung und Tragweite eher respektieren und angemessen erfassen, indem man die Anforderungen an die Feststellung einer planwidrigen Lücke an der speziellen Regelungsintention des Art. 9 Abs. 1 lit. c ausrichtet[74]: Der Weg in das mitgliedstaatliche Recht ist zwar durchaus gewollt. Dahinter stand aber vor allem das Bestreben, mit der SE ungeachtet der disparaten Vorstellungen der Verhandlungspartner eine funktionsfähige supranationale Rechtsform zu schaffen. Erwägungsgrund 9 deutet an, dass dabei nicht der Wunsch nach einer Renationalisierung der SE Pate stand, sondern die Hoffnung und Erwartung, der bereits erreichte Stand der Rechtsangleichung werde die Rechtszersplitterung des SE-Statuts in Grenzen halten. Es verleiht der „Notlösung" des Art. 9 eine unverdiente und nicht intendierte Weihe, wollte man darin ein striktes Verbot der **Rechtsfortbildung** auf europäischer Ebene erblicken. Eine behutsame und auf die Systematik des Primär- und Sekundärrechts der Gemeinschaft gestützte Rechtsfortbildung mag dem supranationalen Charakter der Rechtsform im Einzelfall besser gerecht werden als ein mechanischer und ohne Überprüfung seiner Sinnhaftigkeit vollzogener Verweis in die mitgliedstaatlichen Rechtsordnungen.

b) Rangstufen innerhalb des mitgliedstaatlichen Rechts

aa) Recht zur Umsetzung von SE-spezifischen Gemeinschaftsmaßnahmen. Ist mit-   52
gliedstaatliches Recht kraft der Verweisung des Art. 9 Abs. 1 lit. c anwendbar, gelangen innerhalb des mitgliedstaatlichen Rechts zunächst diejenigen Rechtsregeln zur Anwendung, welche die Mitgliedstaaten in Anwendung der speziell die SE betreffenden Gemeinschaftsmaßnahmen erlassen haben. Diese **Gemeinschaftsmaßnahmen**

---

71 In diesem Sinne mit den hier referierten Argumenten *Brandt*, Hauptversammlung, S. 191 f. S. auch Art. 55 Rz.13 f.
72 *Casper* in FS Ulmer, S. 51, 58; s. auch *Teichmann*, ZGR 2002, 383, 406 ff.
73 So aber *Casper* in FS Ulmer, S. 51, 57 und *Schäfer* in MünchKomm. AktG, Art. 9 SE-VO Rz. 15.
74 Dazu bereits *Teichmann*, ZGR 2002, 383, 406 ff.; ausführlich zur Methodik der Lückenschließung in der SE-VO auch *Schwarz*, Einl. Rz. 85 ff.

sind die SE-VO und die SE-RL. In der SE-VO finden sich zahlreiche Regelungsaufträge oder Regelungsermächtigungen, die sich an den mitgliedstaatlichen Gesetzgeber richten[75]. Soweit der deutsche Gesetzgeber auf Basis dessen eigene Vorschriften erlassen hat, finden sie sich im **SEAG**. Die SE-RL bedurfte ihrer Natur nach insgesamt einer Transformation in das nationale Recht. Der deutsche Gesetzgeber hat dies im **SEBG** vollzogen.

53 Gestützt auf die SE-RL und deren Umsetzung im SEBG können die Verhandlungspartner eine **SE-Beteiligungsvereinbarung** abschließen. Teilweise wird aus Art. 12 Abs. 4 geschlossen, eine Mitbestimmungsvereinbarung bedürfe der Transformation in die Satzung und entfalte erst als Teil derselben ihre Wirkung[76]. Dies würde ihr in der Normenhierarchie einen Rang noch unterhalb der mitgliedstaatlichen Satzungsautonomie zuweisen. Konsequenterweise wollen denn auch zahlreiche Autoren den Inhalt der Beteiligungsvereinbarung am Maßstab der deutschen Satzungsstrenge messen (unten Rz. 58). Diese Auffassung verkennt, dass Art. 12 Abs. 4 nicht von einer Mitbestimmungsvereinbarung spricht, sondern von einer gem. Art. 4 der SE-RL abgeschlossenen Vereinbarung[77]. Diese behandelt neben der Mitbestimmung auch alle übrigen Beteiligungsrechte der Arbeitnehmer, insbesondere die Unterrichtung und Anhörung über den SE-Betriebsrat. Damit ist der überwiegende Inhalt einer derartigen Vereinbarung einer Umsetzung in der Satzung schlechthin nicht zugänglich. Wollte man allein für den Bereich der Mitbestimmung eine Umsetzung in der Satzung fordern, gelangte man zu einer gespaltenen Rechtsnatur der SE-Beteiligungsvereinbarung; dies aber wird soweit ersichtlich von niemandem vertreten. Es widerspräche auch der Systematik von SE-RL und SEBG. Denn die Vereinbarung über die Beteiligung der Arbeitnehmer beruht auf der Verhandlungsautonomie, die von SE-RL und SEBG eröffnet wird. Sie partizipiert damit an deren Rangstufe und steht in der Verweisungshierarchie auf der Ebene des **Art. 9 Abs. 1 lit. c i**[78].

54 **bb) Allgemeines mitgliedstaatliches Aktienrecht.** Die zweite Stufe bilden auf der Ebene des mitgliedstaatlichen Rechts die Rechtsvorschriften, die auf eine nach dem Recht des Sitzstaats gegründete Aktiengesellschaft Anwendung finden würden. Dies ist die für die Rechtspraxis bei weitem **wichtigste Verweisung**. Denn die SE-VO regelt in ihren 70 Artikeln über weite Strecken nur die Gründung der SE und deren Unternehmensverfassung. Bei nahezu allen weiteren Fragen beschränkt sie sich auf rudimentäre Regelungen oder schweigt ganz. Soweit in diesen Fällen keine Spezialverweisungen greifen, führt jedenfalls die Generalverweisung des Art. 9 Abs. 1 lit. c in das mitgliedstaatliche Recht. Da überdies das SEAG in Umsetzung der die SE betreffenden Gemeinschaftsmaßnahmen kein eigenständiges SE-Aktienrecht schaffen durfte[79], wird das Leben einer SE ganz überwiegend von dem auf zweiter Stufe zur Anwendung berufenen **allgemeinen Aktienrecht** bestimmt.

55 Die Verweisung lässt sich als **dynamische Verweisung** kennzeichnen[80], denn sie folgt dem jeweiligen Stand des mitgliedstaatlichen Aktienrechts. Einbezogen ist dabei

---

75 Dazu im Überblick aus Perspektive des deutschen Ausführungsgesetzes *Teichmann*, ZIP 2002, 1109 ff.

76 *Habersack*, AG 2006, 345, 348.

77 Dies zeigt sich in der Zusammenschau von Art. 12 Abs. 4, der nur von „der Vereinbarung" spricht, und Art. 12 Abs. 3, in dem von einer „Vereinbarung im Sinne von Artikel 4 der genannten Richtlinie über die Modalitäten der Beteiligung der Arbeitnehmer" die Rede ist.

78 Ebenso bereits *Teichmann*, Der Konzern 2007, 89, 93 ff.

79 S. dazu *Teichmann*, ZIP 2002, 1109 f. sowie *Teichmann* in Theisen/Wenz, Europäische Aktiengesellschaft, S. 691, 697 f. und zur konkreten Umsetzung im SEAG *Neye/Teichmann*, AG 2003, 169 ff.

80 So *Brandt/Scheifele*, DStR 2002, 547, 553, und *Schwarz*, Art. 9 Rz. 38.

auch das nationale **Richterrecht**[81]. Da sich die Anwendung des mitgliedstaatlichen Rechts auf einen europäischen Rechtsanwendungsbefehl stützt (oben Rz. 5), könnte man zu der Auffassung gelangen, es erhalte gleichfalls den Status von Gemeinschaftsrecht[82]. Indessen würde dies zu einer **Auslegung** des nationalen Rechts durch den Europäischen Gerichtshof führen, eine Folge, die der Verordnungsgeber mit der Verweisung auf nationales Recht kaum intendiert haben dürfte[83]. Bedenkt man, dass Erwägungsgrund 9 die Reduzierung des Rechtstextes mit den Fortschritten bei der Rechtsangleichung begründet, gelangt man zu dem Ergebnis, dass europäische Rechtsgedanken allenfalls über die ohnehin stets gebotene europarechtskonforme Auslegung des nationalen Gesellschaftsrechts einfließen sollten. Es bleibt also für die Anwendung des mitgliedstaatlichen Rechts im Grundsatz bei der Auslegungshoheit der nationalen Gerichte, die ihre gewohnten Auslegungskriterien anlegen – zu deren methodengerechter Anwendung stets die Berücksichtigung der vielfältigen Einflüsse der europäischen Rechtsintegration gehört.

cc) Satzungsbestimmungen nach mitgliedstaatlichem Recht. Drittens unterliegt die   56
SE den Bestimmungen ihrer Satzung unter den gleichen Voraussetzungen wie im Falle einer nach dem Recht des Sitzstaats der SE gegründeten Aktiengesellschaft. Auf diese Weise partizipiert die SE an der **Satzungsautonomie des nationalen Aktienrechts**. Daraus resultieren erhebliche Abweichungen je nach dem, in welchem Mitgliedstaat die SE ihren Sitz nimmt. Während eine SE mit Sitz in England an der dortigen Gestaltungsfreiheit partizipiert, gilt für die in Deutschland ansässige SE eine doppelte Satzungsstrenge: Zur Satzungsstrenge der Verordnung (oben Rz. 41) tritt diejenige des deutschen Aktienrechts[84].

Das mitgliedstaatliche Satzungsrecht gelangt über Art. 9 Abs. 1 lit. c iii als unterste   57
Stufe der Normenhierarchie zur Geltung. Satzungsbestimmungen, die sich auf die Satzungsautonomie des mitgliedstaatlichen Rechts stützen, müssen daher insbesondere das höherrangige Recht der **SE-VO** beachten[85]. Insoweit werden mitgliedstaatlich eingeräumte Gestaltungsfreiräume durch zwingendes Gemeinschaftsrecht begrenzt.

Ob der Inhalt einer **SE-Beteiligungsvereinbarung** Vorrang vor der Satzung hat, ist um-   58
stritten. Gem. Art. 12 Abs. 4 darf die Satzung der SE nicht in Widerspruch zu einer solchen Vereinbarung stehen und ist gegebenenfalls nachträglich anzupassen. Daraus folgt ein Vorrang der SE-Beteiligungsvereinbarung im Verhältnis zur SE-Satzung[86]. Dass die herrschende Meinung die SE-Beteiligungsvereinbarung der deutschen Satzungsstrenge unterwerfen will[87], läuft diesem Gedanken diametral zuwider und ist daher abzulehnen[88].

---

81 *Brandt/Scheifele*, DStR 2002, 547, 553; *Casper* in FS Ulmer, S. 51, 68 f.; *Schäfer* in Münch-
    Komm. AktG, Art. 9 SE-VO Rz. 18; *Schwarz*, Art. 9 Rz. 38; *Teichmann*, ZGR 2002, 383, 398 f.
82 In diese Richtung *Grote*, Europäische Aktiengesellschaft, S. 53, der von „unechtem" Gemein-
    schaftsrecht spricht; weiterhin *Teichmann* in Neville/Sørensen, The Regulation of Compa-
    nies, S. 251, 273.
83 S. dazu auch *Schäfer* in MünchKomm. AktG, Art. 9 SE-VO Rz. 19; *Schwarz*, Einl. Rz. 154 und
    Art. 9 Rz. 26.
84 S. nur *Hommelhoff* in FS Ulmer, S. 267, 272; *Schwarz*, Art. 9 Rz. 40 ff.
85 *Schwarz*, Art. 9 Rz. 45.
86 *Hommelhoff* in Lutter/Hommelhoff, Europäische Gesellschaft, S. 16; *Schindler*, Europäische
    Aktiengesellschaft, S. 12; *Werlauff*, SE, S. 140 f.
87 S. unten Teil B., § 21 SEBG Rz. 33.
88 Ausführliche Begründung dieses Standpunktes bei *Teichmann*, Der Konzern 2007, 89, 93 ff.

V. Geltung der gesellschaftsrechtlichen Richtlinien (Art. 9 Abs. 2)

59 Soweit die **Mitgliedstaaten** eigens für die SE Rechtsvorschriften erlassen, müssen diese mit den Richtlinien im Einklang stehen, die für Aktiengesellschaften maßgebend sind (Art. 9 Abs. 2)[89]. Da die Verordnung den Mitgliedstaaten nur wenig Raum lässt, **eigens für die SE** Rechtsvorschriften zu erlassen, ist der Anwendungsbereich des Art. 9 Abs. 2 begrenzt. Er bezieht sich für Deutschland vor allem auf das **SEAG**, darüber hinaus auf das SEBG, soweit dies Regelungen enthalten sollte, die in den Anwendungsbereich einer der gesellschaftsrechtlichen Richtlinien fallen.

VI. Vorschriften für bestimmte Geschäftstätigkeit (Art. 9 Abs. 3)

60 Bestehen für eine bestimme Geschäftstätigkeit besondere Vorschriften des einzelstaatlichen Rechts, so gelten diese uneingeschränkt auch für die SE. Zu denken ist beispielsweise an aufsichtsrechtliche Vorschriften des Bank-, Finanz- und Versicherungswesens. Art. 9 Abs. 3 stellt klar, dass die SE nicht anders zu behandeln ist als nationale Rechtsformen. Die supranationale Rechtsform beansprucht also **keine Besserstellung** gegenüber nationalen Rechtsformen.

61 Auffallend ist, dass hier die Parallelität zur Aktiengesellschaft verlassen (vgl. oben Rz. 6) und allein auf die Regelung der **Geschäftstätigkeit** abgestellt wird. Es kommt also nicht darauf an, ob sich die Tätigkeitsvorschriften speziell auf Aktiengesellschaften beziehen. Soweit eine Geschäftstätigkeit im nationalen Recht besonderen Vorschriften unterworfen ist, gelten diese auch für die SE.

Art. 10
[Gleichbehandlung mit Aktiengesellschaft]

Vorbehaltlich der Bestimmungen dieser Verordnung wird eine SE in jedem Mitgliedstaat wie eine Aktiengesellschaft behandelt, die nach dem Recht des Sitzstaates der SE gegründet wurde.

I. Gleichbehandlungsgebote in der SE-VO

1 Der Gedanke der **Gleichbehandlung** der SE mit **Aktiengesellschaften nationalen Rechts** findet sich von Anfang an in der Entstehungsgeschichte der Verordnung. Schon der *Sanders*-Entwurf enthielt in Art. 1 Abs. 3 die Regelung: „Sie (die SE) ... genießt in allen Vertragsstaaten die gleichen Rechte und Befugnisse wie die Aktiengesellschaften nationalen Rechts"[1]. Damit sollte vermieden werden, dass sich die SE in einem Vertragsstaat auf Grund ihrer Nationalität oder gerade mangels einer bestimmten Nationalität in einer ungünstigeren Lage befindet als eine Aktiengesellschaft nationalen Rechts[2].

2 Der Gleichbehandlungsgedanke taucht in der heutigen SE-VO **mehrfach** auf. So regelt Art. 3 Abs. 1 für die Gründung einer SE, dass sich eine bereits bestehende SE

---

89 Zum Richtlinienrecht für Aktiengesellschaften *Habersack*, Europäisches Gesellschaftsrecht, S. 81 ff.; *Teichmann*, Binnenmarktkonformes Gesellschaftsrecht, S. 187 ff.

1 *Pieter Sanders*, Vorentwurf eines Statuts für Europäische Aktiengesellschaften, Kollektion Studien, Reihe Wettbewerb Nr. 6, Brüssel, 1967, S. 19.

2 Begr. zu Art. 1 *Sanders*-Entwurf (oben Fn. 1), S. 20.

ebenso wie eine Aktiengesellschaft nationalen Rechts an einer SE-Gründung beteiligen kann. Ebenso enthält die Generalverweisung des Art. 9 Abs. 1 lit. c ii ein Element der Gleichbehandlung, wenn dort diejenigen Rechtsvorschriften in Bezug genommen werden, die auf eine nach dem Recht des Sitzstaates der SE gegründete Aktiengesellschaft Anwendung finden würden (Art. 9 Rz. 6). Weiterhin unterwerfen viele Regelungsermächtigungen den mitgliedstaatlichen Gesetzgeber der Vorgabe, für die SE nur solche Regeln einzuführen, die bereits im nationalen Aktienrecht vorhanden sind (s. etwa Art. 43 Abs. 1 Satz 2).

Art. 10 hat vor dem Hintergrund der sonstigen Gleichbehandlungsgebote die Funktion einer **Auffangregelung**, deren Bedeutung nicht zuletzt davon abhängt, wie weit man den Anwendungsbereich der anderen Gleichbehandlungsgebote der SE-VO zieht.   3

II. Regelungsgehalt des Art. 10

Zunächst stellt Art. 10 klar, dass die Gleichbehandlung nur „vorbehaltlich der Bestimmungen dieser Verordnung" zu gewähren ist. Es gibt also durchaus **SE-spezifisches Recht**; sein Erlass bleibt aber dem europäischen Gesetzgeber vorbehalten. Den Mitgliedstaaten ist es nicht gestattet, eine SE anderen Regelungen zu unterwerfen als ihre nationalen Aktiengesellschaften[3].   4

Der Regelungsgehalt von Art. 10 bestimmt sich im Übrigen auch durch seine **Abgrenzung gegenüber Art. 9**. Sieht man in Art. 9 Abs. 1 lit. c ii mit der herrschenden Auffassung eine Sachnormverweisung innerhalb des Regelungsbereichs der Verordnung (Art. 9 Rz. 26), schließt Art. 10 die Lücke für die außerhalb des Regelungsbereichs liegenden Fragen. Die Gleichstellung der SE führt dann – etwa bei der Prüfung eines von der SE geschlossenen Kaufvertrages – zur Anwendung der **Regeln des Internationalen Privatrechts**, wie sie auch bei einer Aktiengesellschaft desselben Sitzstaates eingreifen würden[4]. Versteht man Art. 9 hingegen als Gesamtnormverweisung (Art. 9 Rz. 31), hat Art. 10 insoweit keine eigenständige Bedeutung.   5

Über die kollisionsrechtliche Gleichbehandlung hinaus wirkt Art. 10 jedoch als Gebot der Gleichbehandlung auch in allen übrigen **rechtlichen und tatsächlichen Fragen**. Nicht nur bei der Bestimmung des anwendbaren Rechts, sondern auch in jeder anderen Hinsicht ist eine SE von staatlichen Behörden und Gerichten so zu behandeln wie eine nationale Aktiengesellschaft aus dem Sitzstaat der SE. Dabei spricht Art. 10 nicht nur den Sitzstaat selbst an, sondern **jeden Mitgliedstaat**, der mit der SE in Berührung kommt[5]. Auch eine in diesem Sinne „ausländische" SE (mit Satzungssitz in einem anderen Mitgliedstaat) darf nicht diskriminiert werden; sie ist vielmehr ebenso zu behandeln wie eine **Aktiengesellschaft**, die in dem Sitzstaat der SE gegründet wurde[6].   6

Der Grundsatz der Gleichbehandlung verlangt keine strikt formale Gleichstellung. Vielmehr ist eine **Unterscheidung** zwischen SE und nationaler Aktiengesellschaft dort möglich, wo sie sich sachlich rechtfertigen lässt[7]. Als sachlicher Differenzierungsgrund kommt insbesondere die **Supranationalität** der SE in Betracht. Auch die Möglichkeit zur **Sitzverlegung** nach Art. 8 – die bis zum Erlass der geplanten, aber   7

---

3 Dies entnehmen auch *Kalss/Greda* in Kalss/Hügel, AT Rz. 30, der Vorschrift des Art. 10.
4 *Schwarz*, Art. 10 Rz. 13.
5 *Teichmann*, Binnenmarktkonformes Gesellschaftsrecht, S. 297; in diese Richtung auch *Schäfer* in MünchKomm. AktG, Art. 10 SE-VO Rz. 2.
6 *Schäfer* in MünchKomm. AktG, Art. 10 SE-VO Rz. 4.
7 *Schwarz*, Art. 10 Rz. 22.

nun von der Kommission offenbar aufgegebenen[8] 14. Richtlinie nur der SE zur Verfügung steht – kann Anlass für Differenzierungen bieten, weil hier ein vergleichbares Regelwerk im nationalen Recht fehlt. Ein vom nationalen Recht abweichendes Rechtsregime gilt auch in Fragen der **Arbeitnehmerbeteiligung**. Die hierfür erlassene SE-ErgRL und die nationalen Transformationsgesetze (für Deutschland das SEBG) weichen teilweise erheblich von den Beteiligungsregelungen des nationalen Rechts ab. Im deutschen Recht ist schon die bloße Existenz einer Verhandlungslösung eine ungewohnte Erscheinung. Einer solchen, vom europäischen Recht vorgegebenen abweichenden Situation in der SE steht Art. 10 nicht entgegen.

Art. 11
[Rechtsformzusatz]

(1) Die SE muss ihrer Firma den Zusatz „SE" voran- oder nachstellen.

(2) Nur eine SE darf ihrer Firma den Zusatz „SE" hinzufügen.

(3) Die in einem Mitgliedstaat vor dem Zeitpunkt des Inkrafttretens dieser Verordnung eingetragenen Gesellschaften oder sonstige juristischen Personen, deren Firma den Zusatz „SE" enthält, brauchen ihren Namen jedoch nicht zu ändern.

I. Normzweck

1   Art. 11 Abs. 1 bezweckt die Schaffung von **Rechtsformklarheit**. Es soll die Information des Rechtsverkehrs über die Gesellschafts- und Haftungsverhältnisse sicherstellen[1]. Für die Zukunft gilt dies uneingeschränkt und exklusiv (Art. 11 Abs. 2), bereits bestehende Gesellschaften oder sonstige juristische Personen mit dem Namenszusatz „SE" genießen jedoch Bestandsschutz (Art. 11 Abs. 3). Die Rechtsformklarheit schützt in erster Linie den Rechtsverkehr. Darüber hinaus kann die Gesellschaft selbst aus Image-Gründen ein Interesse daran haben, durch den Zusatz „SE" als international tätiges Unternehmen aufzutreten und identifiziert zu werden[2]. Im Übrigen kann der Zwang zu einer einheitlichen Firmierung auch die juristische Einheitlichkeit der europäischen Unternehmen fördern (so jedenfalls Erwägungsgrund 6 der SE-VO).

---

8 Wie EU-Kommissar McCreevy in einer Ansprache vom 3.10.2007 vor dem Europäischen Parlament mitteilte, habe die 14. Richtlinie für die Kommission derzeit keine Prorität; zweifelnd auch schon *Weber-Rey*, ECFR 2007, 409.

1 Vgl. nur *Schwarz*, Art. 11 Rz. 1.

2 *Schröder* in Manz/Mayer/Schröder, Art. 11 SE-VO Rz. 2; zum Schutz des daraus resultierenden Marketingvorteils *Schwarz*, Art. 11 Rz. 1.

II. Einzelheiten

1. Firma

Die SE-VO definiert den Begriff der Firma nicht ausdrücklich. Gemeint ist der Name   2
der Gesellschaft[3].

2. Ergänzende Anwendung des AktG

Für die Zulässigkeit der jeweiligen Firmierung gilt mangels Regelung in der VO über   3
Art. 15, 9 Abs. 1c ii das nationale Aktien- bzw. Handelsrecht[4].

3. Rechtsformzusatz (Art. 11 Abs. 1)

Nach Art. 11 Abs. 1 ist die Verwendung der **Abkürzung SE zwingend**. Nach dem   4
Wortlaut kommt allein der ausgeschriebene Zusatz „Societas Europaea" nicht in Betracht[5]. Bei einer kumulativen Verwendung dürften allerdings gegen die Bezeichnung
als „SE" keine Bedenken bestehen, da dies nicht ausdrücklich verboten wird[6]. Der
Zusatz muss **voran- oder nachgestellt** werden[7]. Der weitere denkbare Zusatz „Europäische Aktiengesellschaft" ist hingegen wegen der Verwechslungsgefahr mit Aktiengesellschaften nationalen Rechts unzulässig. § 4 AktG gilt insofern nicht subsidiär über Art. 15 Abs. 1 oder nach Abschluss der Gründung über Art. 9 Abs. 1 c ii,
da Art. 11 Abs. 1 abschließend ist[8].

Die Abkürzung SE ist in **lateinischen Buchstaben** auch in Ländern zu führen, die
grundsätzlich nicht mit dem lateinischen Alphabet arbeiten, also Griechenland und
Zypern. Dementsprechend verhält sich die griechische Fassung der SE-VO[9].

Der Zusatz „SE" ist Voraussetzung für die **Eintragung** in das Handelsregister[10].   5

Welche Rechtsfolgen, etwa in Form registergerichtlicher Maßnahmen, wettbewerbs-   6
rechtlicher Konkurrentenklagen, persönlicher Haftung von Vorständen und Aktionären, eine **Nichtbeachtung** der Vorschrift auslöst, wird von der SE-VO nicht geregelt.
Insoweit ist nach Art. 9 Abs. 1c i und ii nationales Recht heranzuziehen.

Nationales Recht gilt auch für die Pflichtangaben in Briefen und Schriftstücken[11].   7

4. Ausschließlichkeit

Seit Inkrafttreten der VO darf **ausschließlich** die SE den Rechtsformzusatz „SE" ver-   8
wenden. Damit sind zukünftig EU-weit im Rahmen der Firmenbildung entsprechende Buchstabenkombinationen, sei es durch die Verwendung von Initialen oder reine

---

3 *Vgl. Schwarz*, Art. 11 Rz. 4 unter Hinweis auf das englische und französische Recht, ferner
    Rz. 8 (keine Geltung von § 17 Abs. 1 HGB).
4 *Schwarz*, Art. 11 Rz. 5 ff. Vgl. insofern die Kommentierung *Langhein* in K. K. Schmidt/Lutter,
    § 4 AktG.
5 Näher *Schwarz*, Art. 11 Rz. 12.
6 So auch *Schröder* in Manz/Mayer/Schröder, Art. 11 SE-VO Rz. 3.
7 *Schwarz*, Art. 11 Rz. 14; *Wenger*, RWZ 2001, 317, 318 Fn. 7; anders § 4 AktG.
8 *Bayer* in Lutter/Hommelhoff, Die Europäische Gesellschaft, S. 36; *Schröder* in Manz/Mayer/
    Schröder, Art. 11 SE-VO Rz. 20; anders *Neun* in Theisen/Wenz, Die Europäische Aktiengesell-
    schaft, S. 51, 82; *Kolster* in Jannott/Frodermann, Handbuch Europäische Aktiengesellschaft,
    4. Kapitel Rz. 12; *Greda* in Kalss/Hügel, § 2 SEG Rz. 6. § 4 AktG trifft keine ergänzenden Aus-
    sagen und widerspricht im Übrigen Art. 11 insoweit, als nach § 4 AktG der Zusatz in der Mit-
    te stehen könnte.
9 Vgl. *Schröder* in Manz/Mayer/Schröder, Art. 11 SE-VO Rz. 4.
10 *Schwarz*, Art. 11 Rz. 16.
11 *Schröder* in Manz/Mayer/Schröder, Art. 11 SE-VO Rz. 6.

Phantasiebezeichnungen unzulässig. In Altfällen können sie hingegen gem. Abs. 3 beibehalten werden. Die Zusatzbezeichnung „Europäische Aktiengesellschaft" ist infolge Irreführungsgefahr zukünftig ebenfalls unzulässig[12].

9 Die **Rechtsfolgen einer Nichtbeachtung** der Vorschrift werden nicht von der SE-VO geregelt. Folglich gilt auch insoweit über Art. 9 Abs. 1c i und ii nationales Recht. In Betracht kommen insbesondere Unterlassungsansprüche[13] und Firmenmissbrauchsverfahren[14].

5. Bestandsschutz (Art. 11 Abs. 3)

10 Art. 11 Abs. 3 gewährt den in einem Mitgliedstaat vor dem Zeitpunkt des Inkrafttretens der SE-VO eingetragenen Gesellschaften oder sonstigen juristischen Personen, deren Firma den Zusatz „SE" enthält, **Bestandsschutz**. Aus Vertrauensschutzgesichtspunkten können sie den Namen beibehalten. Dies gilt auch, wenn sie den bisher geführten Namen unter Beibehaltung des Zusatzes „SE" ändern. Maßgeblicher Stichtag ist der 8.10.2004 (Art. 70). Der enge Anwendungsbereich der Norm betrifft lediglich **diejenigen Mitgliedstaaten**, in denen als Rechtsformzusatz das Kürzel „SE" gebräuchlich war. Wie die Formulierung zeigt, handelt es sich um einen **unbefristeten** Bestandsschutz.

11 Da sich die Norm auf „eingetragene" Gesellschaften und juristische Personen bezieht, betrifft sie in Deutschland die **Handelsgesellschaften** (AG, KGaA, GmbH, KG, OHG, VVaG, EWIV), die eingetragenen **Vereine**, die eingetragenen **Genossenschaften** und die **Partnerschaftsgesellschaften**. Aus der Formulierung wird deutlich, dass **Einzelkaufleute** der Regelung nicht unterfallen, da sie zwar im Handelsregister eingetragen, jedoch keine Gesellschaft oder juristische Person sind. Ebenfalls nicht erfasst sind die GbR, der nicht rechtsfähige Verein sowie öffentlich-rechtliche juristische Personen; insoweit fehlt es an einer Eintragung.

6. Deutsches Recht

12 Da die SE-VO keine anderen firmenrechtlichen Bestimmungen enthält, und es sich damit um einen – von dem Thema des Rechtsformzusatzes abgesehen – nicht geregelten Bereich handelt, kommen hinsichtlich des Firmenrechts über Art. 15 Abs. 1 bzw. nach Gründung über Art. 9 Abs. 1c ii die für nationale Aktiengesellschaften geltenden **Vorschriften der Mitgliedstaaten** zur Anwendung, in Deutschland also die §§ 17 ff. HGB i.V.m. § 4 AktG[15]. Das SEAG enthält keine weiteren Regelungen zur Firma.

III. Täuschungseignung

13 Zweifelhaft ist, ob nur solche Gesellschaften die Rechtsform und somit die Firma der SE wählen können, die tatsächlich nach Größe und Marktstellung europaweit agieren[16]. Auch unter dem Blickwinkel des § 18 Abs. 2 Satz 1 HGB ist eine solche Einschränkung bei Einhaltung der Gründungsvoraussetzungen des Art. 2 abzulehnen[17], da sie gerade KMU den wünschenswerten Zugang zur europäischen Rechtsform verstellen würde und die VO insofern keinerlei weitere Zugangsbarrieren statuiert.

---

12 *Schwarz*, Art. 11 Rz. 20.
13 *Schröder* in Manz/Mayer/Schröder, Art. 11 SE-VO Rz. 8.
14 *Schwarz*, Art. 11 Rz. 11.
15 *Thümmel*, Europäische Aktiengesellschaft, Rz. 22; *Schröder* in Manz/Mayer/Schröder, Art. 11 SE-VO Rz. 13; vgl. oben Rz. 3.
16 In diese Richtung *Hommelhoff*, AG 1990, 422, 423.
17 Wie hier *Schwarz*, Art. 11 Rz. 10.

Art. 12
[Eintragungspflicht; Voraussetzungen der Eintragung]

(1) Jede SE wird gemäß Artikel 3 der Ersten Richtlinie 68/151/EWG des Rates vom 9. März 1968 zur Koordinierung der Schutzbestimmungen, die in den Mitgliedstaaten den Gesellschaften im Sinne des Artikels 58 Absatz 2 des Vertrages im Interesse der Gesellschafter sowie Dritter vorgeschrieben sind, um diese Bestimmungen gleichwertig zu gestalten, im Sitzstaat in ein nach dem Recht dieses Staates bestimmtes Register eingetragen.

(2) Eine SE kann erst eingetragen werden, wenn eine Vereinbarung über die Beteiligung der Arbeitnehmer gemäß Artikel 4 der Richtlinie 2001/86/EG geschlossen worden ist, ein Beschluss nach Artikel 3 Absatz 6 der genannten Richtlinie gefasst worden ist oder die Verhandlungsfrist nach Artikel 5 der genannten Richtlinie abgelaufen ist, ohne dass eine Vereinbarung zustande gekommen ist.

(3) Voraussetzung dafür, dass eine SE in einem Mitgliedstaat, der von der in Artikel 7 Absatz 3 der Richtlinie 2001/86/EG vorgesehenen Möglichkeit Gebrauch gemacht hat, registriert werden kann, ist, dass eine Vereinbarung im Sinne von Artikel 4 der genannten Richtlinie über die Modalitäten der Beteiligung der Arbeitnehmer – einschließlich der Mitbestimmung – geschlossen wurde oder dass für keine der teilnehmenden Gesellschaften vor der Registrierung der SE Mitbestimmungsvorschriften galten.

(4) Die Satzung der SE darf zu keinem Zeitpunkt im Widerspruch zu der ausgehandelten Vereinbarung stehen. Steht eine neue gemäß der Richtlinie 2001/86/EG geschlossene Vereinbarung im Widerspruch zur geltenden Satzung, ist diese – soweit erforderlich – zu ändern.

In diesem Fall kann ein Mitgliedstaat vorsehen, dass das Leitungs- oder das Verwaltungsorgan der SE befugt ist, die Satzungsänderung ohne weiteren Beschluss der Hauptversammlung vorzunehmen.

§ 3 SEAG: Eintragung
Die SE wird gemäß den für Aktiengesellschaften geltenden Vorschriften im Handelsregister eingetragen.

§ 4 SEAG: Zuständigkeiten
Für die Eintragung der SE und für die in Artikel 8 Abs. 8, Artikel 25 Abs. 2 sowie den Artikeln 26 und 64 Abs. 4 der Verordnung bezeichneten Aufgaben ist das nach § 125 Abs. 1 und 2 des Gesetzes über die Angelegenheiten der freiwilligen Gerichtsbarkeit bestimmte Gericht zuständig. Das zuständige Gericht im Sinne des Artikels 55 Abs. 3 Satz 1 der Verordnung bestimmt sich nach § 145 Abs. 1 des Gesetzes über die Angelegenheiten der freiwilligen Gerichtsbarkeit.

§ 20 SEAG: Anzuwendende Vorschriften
Wählt eine SE gemäß Artikel 38 Buchstabe b der Verordnung in ihrer Satzung das monistische System mit einem Verwaltungsorgan (Verwaltungsrat), so gelten anstelle der §§ 76 bis 116 des Aktiengesetzes die nachfolgenden Vorschriften.

§ 21 SEAG: Anmeldung und Eintragung
(1) Die SE ist bei Gericht von allen Gründern, Mitgliedern des Verwaltungsrats und geschäftsführenden Direktoren zur Eintragung in das Handelsregister anzumelden.

(2) In der Anmeldung haben die geschäftsführenden Direktoren zu versichern, dass keine Umstände vorliegen, die ihrer Bestellung nach § 40 Abs. 1 Satz 4 entgegenstehen und dass sie über ihre unbeschränkte Auskunftpflicht gegenüber dem Gericht belehrt worden sind. In der Anmeldung ist anzugeben, welche Vertretungsbefugnis die geschäftsführenden Direktoren haben. Der

Anmeldung sind die Urkunden über die Bestellung des Verwaltungsrats und der geschäftsführenden Direktoren sowie die Prüfungsberichte der Mitglieder des Verwaltungsrats beizufügen. Die geschäftsführenden Direktoren haben ihre Namensunterschrift zur Aufbewahrung beim Gericht zu zeichnen.

(3) Das Gericht kann die Anmeldung ablehnen, wenn für den Prüfungsbericht der Mitglieder des Verwaltungsrats die Voraussetzungen des § 38 Abs. 2 des Aktiengesetzes gegeben sind.

(4) Bei der Eintragung sind die geschäftsführenden Direktoren sowie deren Vertretungsbefugnis anzugeben.

(5) In die Bekanntmachung der Eintragung sind die Zahl der Mitglieder des Verwaltungsrats und der geschäftsführenden Direktoren oder die Regeln, nach denen diese Zahl festgesetzt wird, sowie Name, Beruf und Wohnort der Mitglieder des ersten Verwaltungsrats aufzunehmen.

Literatur: *Ammon*, Die Anmeldung zum Handelsregister, DStR 1993, 1025; *Bayer*, Die Gründung einer Europäischen Gesellschaft mit Sitz in Deutschland, in Lutter/Hommelhoff, Europäische Gesellschaft, S. 25 ff. (zit.: Gründung); *Clausnitzer/Blatt*, Das neue elektronische Handels- und Unternehmensregister, GmbHR 2006, 1303; *Herfs-Röttgen*, Arbeitnehmerbeteiligung in der Europäischen Aktiengesellschaft, NZA 2001, 424; *Ihrig/Wagner*, Das Gesetz zur Einführung der Europäischen Gesellschaft (SEEG) auf der Zielgeraden, BB 2004, 1749; *Jahn/Herfs-Röttgen*, Die Europäische Aktiengesellschaft – Societas Europaea, DB 2001, 631; *Kleindiek*, Die Eintragung der Europäischen Gesellschaft im Handelsregister, in Lutter/Hommelhoff, Europäische Gesellschaft, S. 95 (zit.: Eintragung); *Krafka/Willer*, Registerrecht, 7. Aufl. 2007; *Neye/C. Teichmann*, Der Entwurf für das Ausführungsgesetz zur Europäischen Aktiengesellschaft, AG 2003, 169; *Noack*, Das EHUG ist beschlossen – elektronische Handels- und Unternehmensregister ab 2007, NZG 2006, 801; *Oetker*, Die Mitbestimmung der Arbeitnehmer in der Europäischen Gesellschaft, in Lutter/Hommelhoff, Europäische Gesellschaft, S. 277 (zit.: Mitbestimmung); *Scheifele*, Die Gründung der Europäischen Aktiengesellschaft, 2004; *Scholz*, Die Einführung elektronischer Handelsregister im Europarecht, EuZW 2004, 172; *Seibt*, Arbeitnehmerlose Societas Europaea, ZIP 2005, 2248; *Seibt*, Privatautonome Mitbestimmungsvereinbarung: Rechtliche Grundlagen und Praxishinweise, AG 2005, 413; *Seibt*, Arbeitnehmerlose Societas Europaea, ZIP 2005, 2248; *Seibt/Reinhard*, Umwandlung der Aktiengesellschaft in die Europäische Gesellschaft (Societas Europaea), Der Konzern 2005, 407; *Seibert/Decker*, Das Gesetz über elektronische Handelsregister und Genossenschaftsregister sowie das Unternehmensregister (EHUG) – Der „Big Bang" im Recht der Unternehmenspublizität, DB 2006, 2446; *C. Teichmann*, Die Einführung der Europäischen Aktiengesellschaft, Grundlagen der Ergänzung des europäischen Statuts durch den deutschen Gesetzgeber, ZGR 2002, 383; *C. Teichmann*, Vorschläge für das deutsche Ausführungsgesetz zur Europäischen Aktiengesellschaft, ZIP 2002, 1109; *Terbrack*, Die Eintragung einer Aktiengesellschaft im Handelsregister, Rpfleger 2003, 225; *Vossius*, Gründung und Umwandlung der deutschen Europäischen Gesellschaft (SE), ZIP 2005, 741; *Walden/Meyer-Landrut*, Die grenzüberschreitende Verschmelzung zu einer Europäischen Gesellschaft: Beschlussfassung und Eintragung, DB 2005, 2619.

I. Gegenstand der Regelung

Art. 12 Abs. 1 schreibt die Eintragung einer jeden SE gem. Art. 3 der PublizitätsRL 68/151/EWG[1] in ein Register des Sitzstaates vor, das vom Recht des Sitzstaates zu bestimmen ist. **Art. 12 Abs. 2** normiert eine besondere Eintragungsvoraussetzung angesichts der nach Art. 4 Richtlinie 2001/86/EWG (SE-RL) gebotenen Arbeitnehmerbeteiligung. **Art. 12 Abs. 3** enthält ebenfalls eine spezielle Eintragungsvoraussetzung im Zusammenhang mit der Arbeitnehmerbeteiligung, nämlich für den Fall, dass ein Mitgliedstaat von der in Art. 7 Abs. 3 SE-RL eingeräumten Ausstiegsoption (opting out) Gebrauch gemacht hat. **Art. 12 Abs. 4** stellt schließlich – ergänzend zu den in Abs. 2 und 3 normierten Eintragungsvoraussetzungen – fest, dass die Satzung der SE zu keinem Zeitpunkt im Widerspruch zu der ausgehandelten Vereinbarung stehen darf. Steht eine neue gemäß der Arbeitnehmerbeteiligungs-Richtlinie geschlossene Vereinbarung im Widerspruch zur geltenden Satzung, so ist letztere – soweit erforderlich – zu ändern.

1

II. Die Eintragung in das Handelsregister (Art. 12 Abs. 1)

1. Normative Grundlagen

Art. 12 Abs. 1 sieht die **Eintragung** der SE in ein nach dem Recht des Sitzstaates bestimmtes **Register** i.S.v. Art. 3 der PublizitätsRL vor; mit dieser Eintragung erwirbt die SE ihre Rechtspersönlichkeit (Art. 16 Abs. 1). Der deutsche Gesetzgeber hat das insoweit maßgebliche Register mit **§ 3 SEAG** bestimmt.

2

§ 3 SEAG verweist nicht nur für den Ort der Eintragung (Handelsregister), sondern auch für das **Eintragungsverfahren** auf die für Aktiengesellschaften geltenden Vorschriften. Für die SE mit dualistischem Verwaltungssystem sind weitere Vorgaben im nationalen Recht damit entbehrlich; **§§ 36 ff. AktG** finden Anwendung[2]. Weil die SE-VO auch ein monistisches Verwaltungssystem vorsieht, das dem deutschen Aktienrecht unbekannt ist, werden die Bestimmungen der §§ 36 ff. AktG durch **§ 21 SEAG** ergänzt, der Sonderregelungen für die Anmeldung und Eintragung der SE mit monistischem System enthält (s. unten Rz. 10, 13, 21, 22)[3].

3

Zu den für die Aktiengesellschaften geltenden Eintragungsvorschriften zählen auch die Bestimmungen der **Handelsregisterverordnung** (HRV)[4]. Der Gesetzgeber des SE-Einführungsgesetzes (SEEG)[5] hat hier ebenfalls klarstellende Ergänzungen vorgenommen und die SE sowie die zur Vertretung der SE befugten Stellen, die in das Handels-

4

---

1 Richtlinie 68/151/EWG v. 9.3.1968, ABl. EG Nr. L 65 v. 14.3.1968, S. 8; zuletzt geändert durch Richtlinie 2003/58/EG v. 15.7.2003, ABl. EU Nr. L 221 v. 4.9.2003, S. 13.
2 Zu Einzelheiten s. die Erläuterungen von *Kleindiek* in K. K. Schmidt/Lutter, AktG, §§ 36 ff.
3 S. Begr. RegE zu § 21 SEAG, BT-Drucks. 15/3405, S. 36.
4 Verordnung über die Eintragung und Führung des Handelsregisters v. 12.8.1937 (RMBl. S. 515), zuletzt geändert durch Art. 5 des Gesetzes über elektronische Handelsregister und Genossenschaftsregister sowie das Unternehmensregister (EHUG) v. 10.11.2006 (BGBl. I 2006, 2553).
5 S. Begr. RegE zu § 21 SEAG, BT-Drucks. 15/3405, S. 36.

register einzutragen sind, ausdrücklich in die Vorschriften der HRV aufgenommen (Art. 7 SEEG)[6].

5   Die – im Zuge des Eintragungsverfahrens zu überprüfenden (s. Rz. 20 f.) – materiellen Voraussetzungen der Eintragung der SE sind durch eine eigentümliche Gemengelage zwischen europäischem Recht und nationalem Recht gekennzeichnet[7]. Diese Voraussetzungen sind – den unterschiedlichen Gründungsmodalitäten der SE folgend – zu einem Teil in der SE-VO selbst normiert. Zum anderen Teil ergeben sie sich aus dem für die Gründung von Aktiengesellschaften mit Sitz in Deutschland geltenden Recht, das Art. 15 Abs. 1 – vorbehaltlich der Bestimmungen der SE-VO – auf die Gründung einer „deutschen" SE für anwendbar erklärt. Damit kommen auf die Entstehung einer SE mit Sitz in Deutschland die Bestimmungen des Aktiengesetzes über die Gründung der Gesellschaft (§§ 23 ff. AktG) sowie – in Abhängigkeit von der gewählten Gründungsmodalität – die einschlägigen Regelungen des Umwandlungsrechts zur Anwendung[8].

2. Anmeldung

6   Über § 38 Abs. 1 Satz 1 AktG[9] ist die **ordnungsgemäße Anmeldung** der (ordnungsgemäß errichteten) SE Voraussetzung für ihre Eintragung[10].

a) Zuständiges Gericht

7   Die Anmeldung ist bei dem für die Eintragung zuständigen Gericht zu erklären. Nach § 4 SEAG ist das nach § 125 Abs. 1 und 2 FGG bestimmte Gericht zuständig. Daraus ergibt sich die sachliche Zuständigkeit des Amtsgerichts als Registergericht. Örtlich zuständig ist entsprechend § 14 AktG das Registergericht, in dessen Bezirk die SE ihren Sitz hat[11].

b) Zur Anmeldung berufene Personen

8   Zur Anmeldung der Gesellschaft verpflichtet sind bei der dualistisch strukturierten SE entsprechend § 36 Abs. 1 AktG die Gründer sowie die Mitglieder des Vorstands und des Aufsichtsrats, in der SE mit monistischem System gemäß § 21 Abs. 1 SEAG die Mitglieder des Verwaltungsrats und die geschäftsführenden Direktoren.

9   **aa) Gründer.** Initiatoren der Gründung einer SE sind in allen Gründungsvarianten des Art. 2 die dort aufgeführten Gesellschaften[12]. Diese werden bei der Anmeldung durch ihre Vertretungsorgane repräsentiert. Auch bei der Gründung einer Holding-SE (Art. 2 Abs. 2) sind die Ausgangsgesellschaften, nicht etwa deren Gesellschafter, als Gründer anzusehen[13].

---

6   S. dazu auch Begr. RegE zu Art. 7 SEEG, BT-Drucks. 15/3405, S. 59.
7   S. schon *Kleindiek*, Eintragung, S. 95 ff.
8   Eingehend *Scheifele*, Gründung, S. 19 ff.; speziell für die Gründung durch Umwandlung einer AG s. auch *Seibt/Reinhard*, Der Konzern 2005, 407, 409 ff.
9   S. *Kleindiek* in K. Schmidt/Lutter, AktG, § 38.
10 Zur Anmeldung *Ammon*, DStR 1993, 1025 ff.
11 *Kleindiek*, Eintragung, S. 95, 97; vgl. *Ihrig/Wagner*, NZG 2004, 1749, 1750. Zur Konzentrationsvorschrift des § 125 FGG und ihrer Handhabung s. *Krafka/Willer*, Registerrecht, Rz. 13; *Clausnitzer/Blatt*, GmbHR 2006, 1301; zur Erweiterung durch Art. 4 Nr. 1 EHUG (Konzentration über die Landesgrenzen hinaus) *Seibert/Decker*, DB 2006, 2446.
12 Zu den Gründungsgesellschaften in den einzelnen Gründungsvarianten näher *Kleindiek*, Eintragung, S. 95, 97 ff.
13 Auch dazu näher *Kleindiek*, Eintragung, S. 95, 98 m.w.N.

bb) Organmitglieder. In einer dualistisch geführten SE ergeben sich keine Abwei-   10
chungen gegenüber dem Aktienrecht[14]; entsprechend § 36 Abs. 1 AktG sind alle Mitglieder des Vorstands und des Aufsichtsrats zur Anmeldung der Gesellschaft verpflichtet. Für die SE mit monistischer Leitungsstruktur weist § 21 Abs. 1 SEAG die
Anmeldepflicht den Mitgliedern des Verwaltungsrats und den geschäftsführenden
Direktoren zu.

c) Inhalt der Anmeldung

aa) Allgemeines. Art. 15 Abs. 1 verweist auf das für Aktiengesellschaften des Sitz-   11
staates der künftigen SE einschlägige Gründungsrecht (Aktien- und Umwandlungsrecht). Sachlich übereinstimmend enthält § 3 SEAG – für die Eintragung der SE mit
Sitz in Deutschland – eine Verweisung auf die für die Eintragung von Aktiengesellschaften maßgeblichen Normen. Somit gelten für den Inhalt der Anmeldung einer SE
auch die Vorgaben aus § 37 AktG (und § 24 HRV) zu den dort verlangten „Erklärungen", „Versicherungen", „Angaben" und „Nachweisen" einschließlich der beizufügenden Anlagen grundsätzlich entsprechend[15].

In der **SE mit dualistischer Leitungsstruktur** ergeben sich insoweit keine Unterschie-   12
de zur AG. Es findet somit auch die (neue) Bestimmung des § 37 Abs. 4 Nr. 3a AktG
i.d.F. von Art. 9 Nr. 1a des Gesetzes über elektronische Handelsregister und Genossenschaftsregister sowie das Unternehmensregister (EHUG)[16] Anwendung, wonach
der Anmeldung eine Liste der Mitglieder des Aufsichtsrats beizufügen ist, aus der die Fa-
milienname, Vorname, ausgeübter Beruf und Wohnort der Aufsichtsratsmitglieder
(nicht ihre Privatanschriften) ersichtlich sind. Bei Änderungen in den Personen der
Aufsichtsratsmitglieder hat der Vorstand unverzüglich eine aktualisierte Liste einzureichen (§ 106 AktG n.F.)[17].

Für die **SE mit monistischer Leitungsstruktur** werden die Regelungen des § 37 AktG   13
hingegen durch § 21 Abs. 2 SEAG modifiziert[18]: Verpflichtung der Mitglieder des Verwaltungsrats und der geschäftsführenden Direktoren zur Abgabe jener Versicherungen, die in der dualistisch strukturierten Gesellschaft den Vorstandsmitgliedern obliegen (§ 21 Abs. 2 Satz 1 SEAG statt § 37 Abs. 2 Satz 1 AktG); Angabe der Vertretungsbefugnis der geschäftsführenden Direktoren (§ 21 Abs. 2 Satz 2 SEAG statt § 37
Abs. 3 AktG); Beifügung der Urkunden über die Bestellung des Verwaltungsrats und
der geschäftsführenden Direktoren sowie der Prüfberichte der Mitglieder des Verwaltungsrats (§ 21 Abs. 2 Satz 3 SEAG gegenüber § 37 Abs. 4 Nr. 3 und Nr. 4 AktG). –
Die früher erforderliche Zeichnung der Namensunterschriften von Vorstandsmitgliedern und geschäftsführenden Direktoren zur Aufbewahrung beim Registergericht
(§ 37 Abs. 5 AktG a.F. und § 21 Abs. 2 Satz 4 SEAG a.F.) ist mit dem Inkrafttreten des
EHUG zum 1.1.2007 (oben Rz. 12) entfallen[19].

bb) Spezielle Erfordernisse nach Maßgabe der einzelnen Gründungsmodalitäten. Die   14
Verweisung auf das nationale Gründungsrecht in Art. 15 (s. oben Art. 15 Rz. 15) steht
unter dem Vorbehalt spezifischer Bestimmungen der SE-VO selbst. Für die jeweiligen
Gründungsmodalitäten finden sich dort in unterschiedlichem Umfang Vorgaben, de-

---

14 S. *Kleindiek* in K. Schmidt/Lutter, AktG, § 36 Rz. 6.
15 Zu Einzelheiten s. *Kleindiek* in K. Schmidt/Lutter, AktG, § 37 Rz. 3 ff.
16 EHUG v. 10.11.2006, BGBl. I, 2553.
17 S. dazu *Kleindiek* in K. Schmidt/Lutter, AktG, § 37 Rz. 27 f.
18 S. Begr. RegE zu § 21 SEAG, BT-Drucks. 15/3405, S. 36.
19 Vgl. Art. 9 Nr. 1b und Art. 12 Abs. 11 Nr. 1 EHUG. S. dazu auch *Kleindiek* in K. Schmidt/Lut-
    ter, AktG, § 37 Rz. 2.

ren Einhaltung spätestens bei der Anmeldung der SE nachzuweisen und vom Registergericht zu überprüfen sind[20]:

15 Im Fall der **Gründung durch Verschmelzung** (Art. 2 Abs. 1, Art. 17 ff.) müssen bei der Anmeldung die Bescheinigungen der nationalen Behörden nach Art. 25 Abs. 2 sowie eine Ausfertigung des Verschmelzungsplans[21] und die Niederschriften über die Zustimmung der Hauptversammlungen (Art. 26 Abs. 2 und 3) vorliegen. Bei der **Holding-Gründung** (Art. 2 Abs. 2, Art. 32 ff.) sind dem Registergericht vorzulegen: der von den Leitungs- oder Verwaltungsorganen der die Gründung anstrebenden Gesellschaften erstellte (gleich lautende) Gründungsplan mit Gründungsbericht (Art. 32 Abs. 2), die Nachweise über die Offenlegung des Gründungsplans (Art. 32 Abs. 3), der Prüfungsbericht der unabhängigen Sachverständigen über den Gründungsplan (Art. 32 Abs. 4 und 5), die Niederschriften über die Zustimmung der Hauptversammlungen (Art. 32 Abs. 6) sowie für jede beteiligte Gesellschaft ein Nachweis darüber, dass innerhalb der Dreimonatsfrist Anteile in Höhe des im Gründungsplan festgelegten Mindestsatzes umgetauscht worden sind (Art. 33 Abs. 2). Die Vertretungsorgane der Holding-SE haben gemäß § 10 Abs. 2 SEAG bei der Anmeldung zu erklären, dass eine Klage gegen die Wirksamkeit der Zustimmungsbeschlüsse nicht oder nicht fristgemäß erhoben oder eine solche Klage rechtskräftig abgewiesen oder zurückgenommen worden ist[22]. Bei **Gründung durch Umwandlung** (Art. 2 Abs. 4, Art. 37) sind vorzulegen: der von dem Leitungs- oder Verwaltungsorgan der Gesellschaft erstellte Umwandlungsplan sowie der Umwandlungsbericht, auf den nicht verzichtet werden kann (Art. 37 Abs. 4), die Nachweise über die Offenlegung des Umwandlungsplans (Art. 37 Abs. 5), die Bescheinigung über die durchgeführte Kapitalprüfung (Art. 37 Abs. 6) sowie die Niederschrift der Zustimmung der Hauptversammlung der formwechselnden Aktiengesellschaft (Art. 37 Abs. 7). Wegen der Einzelheiten wird auf die Erläuterungen zu den zitierten Bestimmungen verwiesen. Sofern dem Registergericht einzelne der notwendigen Unterlagen bereits in einem früheren Stadium des Gründungsverfahrens vorgelegt worden sind, müssen sie der Anmeldung nicht erneut als Anlagen beigefügt werden.

16 Zu den spezifischen Eintragungsvoraussetzungen nach Art. 12 Abs. 2 und 3 im Zusammenhang mit der **Arbeitnehmerbeteiligung** s. unten Rz. 24 ff.

d) Form

17 **aa) Anmeldung.** In Folge der mit dem EHUG vollzogenen Umstellung auf die elektronische Registerführung (§ 8 Abs. 1 HGB n.F.) ist die **Anmeldung** nach Maßgabe von § 12 Abs. 1 HGB in der Fassung des EHUG **elektronisch in öffentlich beglaubigter Form** vorzunehmen, § 129 Abs. 1 BGB, §§ 39, 39a, 40 BeurkG (elektronische Übermittlung der Erklärung der Anmeldung unter – elektronischer – Beglaubigung der Unterschriften durch einen Notar)[23]. Allerdings können die Landesregierungen durch

---

20 S. schon *Kleindiek*, Eintragung, S. 95, 99 ff.; eingehend *Bayer*, Gründung, S. 25, 32 ff.; *Scheifele*, Gründung, S. 37 ff; speziell für die Gründung durch Umwandlung einer AG s. auch *Seibt/Reinhard*, Der Konzern 2005, 407, 422 ff.
21 Hierzu *Teichmann*, ZGR 2002, 383, 417 ff.
22 Sog. Negativerklärung nach dem Vorbild von § 16 Abs. 2 UmwG; hierzu *Neye/Teichmann*, AG 2003, 169, 173.
23 Zu den bestehenden „virtuellen Poststellen" der Länder s. die Informationen auf den Seiten des gemeinsamen Justizportals des Bundes und der Länder: www.justiz.de; zur Anmeldung über das „Elektronische Gerichts- und Verwaltungspostfach" und die hier angeschlossenen Registergerichte s. www.egvp.de.

Rechtsverordnung bestimmen, dass Anmeldungen bis zum 31.12.2009 auch in Papierform zum Handelsregister eingereicht werden können (Art. 61 Abs. 1 EGHGB)[24].

bb) Beizufügende Dokumente. Die notwendigen **Dokumente** sind der Anmeldung   18
nach § 37 Abs. 5 AktG, § 12 Abs. 2 Satz 1 HGB ebenfalls **in elektronischer Form** beizufügen, wobei § 12 Abs. 2 Satz 2 HGB differenzierende Formvorgaben macht: Ist ein notariell beurkundetes Dokument oder eine öffentlich beglaubigte Abschrift einzureichen, so ist ein mit einem einfachen elektronischen Zeugnis (§ 39a BeurkG) versehenes Dokument zu übermitteln (§ 12 Abs. 2 Satz 2 Halbs. 2 HGB). Ist eine Urschrift oder eine einfache Abschrift einzureichen oder ist für das Dokument die Schriftform bestimmt, so genügt nach § 12 Abs. 2 Satz 2 Halbs. 1 HGB die Übermittlung einer elektronischen Aufzeichnung[25].

Die Verpflichtung zur elektronischen Einreichung von Dokumenten gilt seit dem   19
1.1.2007, jedoch können die Landesregierungen durch Rechtsverordnung bestimmen, dass (ebenso wie Anmeldungen) auch alle oder einzelne Dokumente **übergangsweise** bis zum 31.12.2009 **auch in Papierform** zum Handelsregister eingereicht werden können (Art. 61 Abs. 1 Satz 1 EGHGB i.d.F. von Art. 2 EHUG). Soweit von dieser Ermächtigung Gebrauch gemacht worden ist[26], gelten die Vorschriften über die Einreichung von Dokumenten in ihrer bis zum Inkrafttreten des EHUG (am 1.1.2007) geltenden Fassung (Art. 61 Abs. 1 Satz 2 EGHGB). Vor diesem Hintergrund verliert § 37 Abs. 6 AktG a.F. (durch das EHUG aufgehoben) seine Bedeutung noch nicht völlig. Jene Vorschrift sah vor, dass die mit der Anmeldung der Gesellschaft eingereichten Schriftstücke beim Registergericht in **Urschrift, Ausfertigung oder öffentlich beglaubigter Abschrift** aufbewahrt werden. Aus dieser Form der Aufbewahrung folgt mittelbar, dass die Anlagen auch nur in einer dieser drei Formen zum Gericht eingereicht werden dürfen; dabei können die Anmelder wählen, für welche dieser Formen sie sich entscheiden wollen[27]. Nach § 11 Abs. 1 HGB können (in Umsetzung der Vorgaben aus Art. 3a Abs. 2–4 PublizitätsRL in der Fassung der Änderungsrichtlinie 2003/58/EG[28]) die zum Handelsregister einzureichenden Dokumente – neben der deutschen Fassung – zusätzlich auch in **Übersetzung** übermittelt werden, und zwar in jeder Amtssprache eines Mitgliedstaates der EU; ebenso kann die Gesellschaft eine entsprechende Übermittlung des Inhalts einer auf dem Registerblatt vorzunehmenden Eintragung übermitteln[29].

3. Prüfung und Entscheidung des Registergerichts

Das Registergericht hat entsprechend § 38 Abs. 1 AktG zu prüfen, ob die SE ord-   20
nungsgemäß errichtet und (nach §§ 36 und 37 AktG sowie § 21 Abs. 1 und 2 SEAG) angemeldet worden ist; die Prüfung bezieht sich nicht nur auf die formellen, sondern auch auf die materiellen Eintragungsvoraussetzungen[30]. **Prüfungsmaßstab** für das Registergericht sind die Vorgaben der SE-VO sowie des anwendbaren nationalen Rechts.

---

24 Von dieser Ermächtigung haben vier Länder (für unterschiedliche Zeiträume) Gebrauch gemacht: Berlin (bis 31.1.2007), Niedersachsen (bis 31.12.2007), Rheinland-Pfalz (bis 30.6.2007) und Sachsen-Anhalt (bis 31.3.2007); s. dazu die Übersicht auf den Seiten des gemeinsamen Justizportals des Bundes und der Länder: www.justiz.de.
25 S. *Kleindiek* in K. Schmidt/Lutter, AktG, § 37 Rz. 35 ff.
26 Dazu oben Fn. 24.
27 S. *Kleindiek* in K. Schmidt/Lutter, AktG, § 37 Rz. 39.
28 Richtlinie 68/151 EWG v. 9.3.1968, ABl. EG Nr. L 65 v. 14.3.1968, S. 8; zuletzt geändert durch Richtlinie 2003/58/EG v. 15.7.2003, ABl. EU Nr. L 221 v. 4.9.2003, S. 13.
29 Zu den Folgen einer Abweichung der Originalfassung von einer eingereichten Übersetzung s. *Kleindiek* in K. Schmidt/Lutter, AktG, § 37 Rz. 37.
30 Dazu *Kleindiek* in K. Schmidt/Lutter, AktG, § 38 Rz. 4 ff.

Die SE-VO macht die Eintragung in Art. 27 Abs. 2 und 33 Abs. 5 ausdrücklich von den in Art. 25 und 26 bzw. Art. 32 und 33 normierten, in Rz. 15 skizzierten Voraussetzungen abhängig. Zu den spezifischen Eintragungsvoraussetzungen nach Art. 12 Abs. 2 und 3 im Zusammenhang mit der Arbeitnehmerbeteiligung s. unten Rz. 24 ff.

21 Die in § 38 Abs. 2 AktG eröffnete Möglichkeit zur Ablehnung der Eintragung bei unrichtigem, unvollständigem oder nicht gesetzeskonformem Gründungsbericht oder Prüfungsbericht der Mitglieder des Vorstands und des Aufsichtsrats wird durch **§ 21 Abs. 3 SEAG** für die monistisch strukturierte SE um den Fall des mangelhaften Prüfungsberichts der Mitglieder des Verwaltungsrats ergänzt. Stehen der Eintragung der SE keine Hindernisse entgegen, verfügt das Gericht gem. § 25 Abs. 1 HRV die Eintragung[31].

4. Inhalt und Offenlegung der Eintragung

22 Die neu gegründete SE wird im Handelsregister nach Maßgabe der §§ 3 Abs. 3, 43 HRV in der Abteilung B eingetragen. Für den **Inhalt der Eintragung** gilt § 39 AktG entsprechend[32]. Für die monistisch strukturierte SE wird jene Vorschrift durch § 21 Abs. 4 SEAG modifiziert: anzugeben sind die geschäftsführenden Direktoren (und deren Vertretungsbefugnis), nicht aber die Mitglieder des Verwaltungsrats, da nur die geschäftsführenden Direktoren gemäß § 41 SEAG zur Vertretung der SE nach außen berechtigt sind[33].

23 Art. 15 Abs. 2 ordnet die **Offenlegung** der Eintragung einer SE gem. Art. 13 an; s. die Erläuterungen dort.

III. Beteiligung der Arbeitnehmer (Art. 12 Abs. 2–4)

1. Eintragungsvoraussetzungen nach Art. 12 Abs. 2

a) Grundlagen

24 Nach Art. 12 Abs. 2 kann eine SE erst dann eingetragen werden, wenn

– entweder das besondere Verhandlungsgremium mit dem zuständigen Organ der beteiligten Gesellschaften eine (schriftliche) Vereinbarung über die Arbeitnehmermitbestimmung gem. Art. 4 SE-RL ausgehandelt hat,

– oder vom besonderen Verhandlungsgremium beschlossen wurde, keine Verhandlungen zur Mitbestimmung aufzunehmen oder bereits begonnene Verhandlungen abzubrechen und die Beteiligungsvorschriften der Mitgliedstaaten, in denen die SE Arbeitnehmer beschäftigt, zur Anwendung gelangen zu lassen (Art. 3 Abs. 6 SE-RL),

– oder die Verhandlungsfrist nach Art. 5 SE-RL, in der eine Einigung über die Mitbestimmung herbeigeführt werden muss, erfolglos abgelaufen ist.

Da die Verordnung über das Statut der Europäischen Gesellschaft gem. Art. 249 Satz 2 EG unmittelbar geltendes Recht in jedem Mitgliedstaat ist, korrespondiert mit jenen Vorgaben des Art. 12 Abs. 2 eine **Prüfungspflicht** der für die Eintragung der SE zuständigen Stelle. In der SE-VO ist eine entsprechende Prüfpflicht zwar nur für *eine* Gründungsmodalität ausdrücklich normiert: Art. 26 Abs. 3 weist im Falle der SE-Gründung durch Verschmelzung der für die Kontrolle der Rechtmäßigkeit der Ver-

---

31 S. im Übrigen *Kleindiek* in K. Schmidt/Lutter, AktG, § 38 Rz. 19 ff.
32 S. die Erläuterungen von *Kleindiek* in K. Schmidt/Lutter, AktG, § 39.
33 Vgl. Begr. RegE § 21 Abs. 4 SEAG, BT-Drucks. 15/3405, S. 36.

schmelzung im künftigen Sitzstaat zuständigen Behörde die Aufgabe zu, auch zu überprüfen, ob eine Vereinbarung über die Arbeitnehmerbeteiligung abgeschlossen ist. Daraus ist aber nicht etwa zu schließen, dass die Vorgaben aus Art. 12 Abs. 2 bei einer der übrigen Gründungsmodalitäten einen geringeren Stellenwert hätten. Vielmehr dient Art. 26 Abs. 3 der Klarstellung, dass die Prüfungskompetenz hier nicht schon auf der ersten Stufe des Verschmelzungsprozesses, sondern allein auf dessen zweiter Stufe, d.h. dem – wie Art. 26 Abs. 1 formuliert – „Verfahrensabschnitt der Durchführung der Verschmelzung und der Gründung der SE", liegt.

b) Der Anmeldung beizufügende Nachweise

Der deutsche Gesetzgeber hat – anders als § 2 Abs. 2 des österreichischen SE-Geset-   25
zes[34] – davon abgesehen, die auf Art. 12 Abs. 2 bezogene Prüfungspflicht des Registergerichts durch flankierende Regelungen zu unterstützen, in denen den anmeldepflichtigen Personen die **Vorlage einschlägiger Urkunden und Versicherungen** ausdrücklich auferlegt wird. Der Nachweis über den Abschluss der Vereinbarung zur Arbeitnehmerbeteiligung wird sich durch Vorlage der schriftlichen Vereinbarung leicht führen lassen. Die Beschlussfassung des besonderen Verhandlungsgremiums, keine Verhandlungen zur Mitbestimmung aufzunehmen oder bereits begonnene Verhandlungen abzubrechen, kann durch Vorlage der entsprechenden Niederschrift dokumentiert werden, die nach § 17 Nr. 2 SEBG ohnehin zu erstellen ist. Schwieriger gestaltet sich der Nachweis über den fruchtlosen Ablauf der in Art. 5 der SE-RL vorgesehenen Frist: Nach jener Richtlinienbestimmung beginnen die Verhandlungen mit der Einsetzung des besonderen Verhandlungsgremiums und können bis zu sechs Monate dauern; die Parteien können einvernehmlich beschließen, die Verhandlungen über diesen Zeitraum hinaus bis zu insgesamt einem Jahr ab Einsetzung des Gremiums fortzusetzen. „Einsetzung" bezeichnet dabei – in der schlüssigen Interpretation des § 20 Abs. 1 Satz 2 SEBG – den Tag, zu dem zur konstituierenden Sitzung des besonderen Verhandlungsgremiums eingeladen worden ist. Es bietet sich an, zur Glaubhaftmachung des ergebnislosen Ablaufs der bezeichneten Frist die Vorlage einer entsprechenden Versicherung der Mitglieder des Leitungs- oder Verwaltungsorgans der an der SE-Gründung beteiligten Gesellschaften zu verlangen. Diese – von § 2 Abs. 5 SEBG als „Leitungen" bezeichneten – Organe sind die Verhandlungspartner des besonderen Verhandlungsgremiums (vgl. § 4 Abs. 1 SEBG); ihre Mitglieder sind auch zum Vollzug der Anmeldung der SE berufen (s. Rz. 8).

Das Registergericht kann jedenfalls im Rahmen des **Amtsermittlungsgrundsatzes**   26
(§ 12 FGG) Aufklärung und nähere Angaben zum fruchtlosen Fristablauf fordern, außer durch Abgabe entsprechender Versicherungen der Leitungs- oder Verwaltungsorgane auch etwa durch Vorlage der einschlägigen Verhandlungsprotokolle[35].

Eine Vereinbarung über die Mitbestimmung soll auch dann zu treffen sein, wenn die   27
zu gründende Tochtergesellschaft erklärt, dass sie **keine Arbeitnehmer** hat und auch zukünftig nicht haben wird, sofern als Verhandlungspartner in der Gründungsgesellschaft Arbeitnehmer zur Verfügung stehen; dabei kommt es nicht darauf an, ob in der Gründungsgesellschaft Mitbestimmungsrechte bestehen[36]. Demgegenüber ist die

34 Gesetz über das Statut der Europäischen Gesellschaft (SEG), BGBl. (Österreich) I Nr. 67 v. 24.6.2004.
35 Zur Diskussion um die Folgen voreiliger Eintragung s. *Kleindiek*, Eintragung, S. 95, 104 ff.; *Oetker*, Mitbestimmung, S. 277, 288 ff.; *Seibt*, ZIP 2005, 2248, 2249.
36 So AG Hamburg v. 28.6.2005 – 66 AR 76/05, ZIP 2005, 2017; LG Hamburg v. 30.9.2005 – 417 T 15705, ZIP 2005, 2018; zust. *Frodermann/Jannott*, ZIP 2005, 2251; *Noack*, EWiR 2005, 905, 906; *Seibt*, ZIP 2005, 2248; abl. *Reinhard*, RIW 2006, 68, 69.

sofortige Eintragung der SE möglich, wenn weder die an der Gründung beteiligten Gesellschaften noch betroffene Tochtergesellschaften Arbeitnehmer beschäftigen; hierüber sind mit der Anmeldung entsprechende Negativerklärungen der Gründungsgesellschaften abzugeben[37]. Die Arbeitnehmerlosigkeit der SE ist jedenfalls kein Eintragungshindernis[38]. Näheres zur Gründung einer **Vorrats-SE** Art. 2 Rz. 28 ff.

2. Eintragungsvoraussetzungen nach Art. 12 Abs. 3

28   Art. 12 Abs. 3 bezieht sich ebenfalls auf das Verfahren zur Arbeitnehmermitbestimmung, betrifft aber den **Sonderfall des Art. 7 Abs. 3 SE-RL**. Diese Vorschrift eröffnet den Mitgliedstaaten die Möglichkeit, im Fall der Gründung der SE durch Verschmelzung die Anwendung der Auffangregelung aus Art. 7 Abs. 1 SE-RL i.V.m. Teil 3 des Anhangs nach dem Scheitern der Verhandlungen über die Arbeitnehmermitbestimmung auszuschließen[39]. Nutzt ein Mitgliedsstaat die dargestellte **Ausstiegsoption**, so darf die durch Verschmelzung gegründete SE nur eingetragen werden, wenn das besondere Verhandlungsgremium eine dem Art. 4 SE-RL entsprechende Vereinbarung über die Mitbestimmung geschlossen hat oder die beteiligten Gesellschaften von vornherein mitbestimmungsfrei waren. – Der deutsche Gesetzgeber hat von der Option bislang keinen Gebrauch gemacht, so dass die Vorschrift hierzulande bis auf weiteres keine praktische Bedeutung hat.

3. Satzung der SE

a) Normzweck

29   Art. 12 Abs. 5 stellt sicher, dass die korporativ wirkenden Mitbestimmungsvereinbarungen i.S.v. Art. 4 SE-RL, §§ 13 Abs. 1, 21 SEBG nicht im Widerspruch stehen zu den Satzungsbestimmungen der SE, auf die sich die Mitbestimmungsvereinbarung (primär[40]) bezieht. Diese Bestimmung soll also einen **Normenkonflikt verhindern** und hat insoweit eine Funktionsähnlichkeit zu § 97 Abs. 2 Satz 2, § 98 Abs. 4 Satz 2 AktG, ohne dass allerdings die SE-VO vorsieht, dass der Mitbestimmungsvereinbarung widersprechende Satzungsregelungen nach einem bestimmten Zeitablauf automatisch außer Kraft treten. Dieser Unterschied liegt darin begründet, dass es sich bei den Mitbestimmungsvereinbarungen i.S.v. Art. 4 SE-RL, § 13 Abs. 1, § 21 SEBG nicht um Gesetzesnormen, sondern korporationsrechtliche Vereinbarungen handelt, die überdies zu ihrer Wirksamkeit der Zustimmung der Hauptversammlung bedürfen[41]. Daher setzen sich im Konfliktfall auch die Satzungsbestimmungen gegenüber Regelungen einer Mitbestimmungsvereinbarung durch (Rz. 32 f.).

30   Für das Verhältnis zwischen dem konkreten Mitbestimmungssystem der SE und deren Satzungsbestimmungen sind vier Fälle zu unterscheiden, von denen zwei Art. 12 Abs. 4 regelt: (1) Sind die an der Gründung einer SE beteiligten Gesellschaften nicht verpflichtet, ein mitbestimmungsrechtliches Beteiligungsverfahren zu initiieren (insbesondere weil weder die beteiligten Gesellschaften i.S.v. § 2 Abs. 2 SEBG noch die

---

37 AG Düsseldorf v. 16.1.2006 – HRB 52618, ZIP 2006, 287; AG München v. 29.3.2006 – HRB 159649, ZIP 2006, 1300.

38 Ganz h.M.; s. nur *Seibt*, ZIP 2005, 2248, 2249 f.; *Startz*, ZIP 2006, 1301, je m.w.N.; a.A. *Blanke*, ZIP 2006, 789 ff.; oben Art. 2 Rz. 30.

39 Zum Hintergrund dieser Regelung s. *Jahn/Herfs-Röttgen*, DB 2001, 631, 638; *Herfs-Röttgen*, NZA 2001, 424, 428.

40 Mitbestimmungsvereinbarungen i.S.v. Art. 4 SE-RL, § 13 Abs. 1, § 21 SEBG können Regelungen nicht nur treffen in Bezug auf die SE, sondern auch im Hinblick auf deren beteiligte Tochtergesellschaften und Betriebe i.S.v. § 2 Abs. 2, Abs. 4 SEBG.

41 Hierzu *Seibt*, AG 2005, 413, 417 f.

betroffenen Tochtergesellschaften und Betriebe i.S.v. § 2 Abs. 4 SEBG insgesamt mehr als 10 Arbeitnehmer beschäftigen)[42] und **unterliegt die SE** auch sonst **nicht der Unternehmensmitbestimmung**, dann ergibt sich das Übereinstimmungsgebot von Satzungs- und Gesetzeslage aus dem in Art. 9 Abs. 1 normierten Prinzip der Satzungsstrenge. (2) **Kommt eine Mitbestimmungsvereinbarung nicht zustande**, so gilt für die SE die in §§ 35 ff. SEBG niedergelegte Auffangregelung. Die Übereinstimmungspflicht von Satzungsinhalt und gesetzlicher Auffangregelung, insbesondere bezüglich Größe und Zusammensetzung der Gesellschaftsorgane[43], ergibt sich wiederum unmittelbar aus dem Prinzip der Satzungsstrenge[44]. (3) Wird eine **Mitbestimmungsvereinbarung i.S.v. Art. 4 SE-RL, § 13 Abs. 1, § 21 SEBG** abgeschlossen, bestimmt Art. 12 Abs. 4 die Widerspruchsfreiheit von Satzungsinhalt zur ausgehandelten Mitbestimmungsvereinbarung. Dabei gilt Art. 12 Abs. 4 Satz 1 für die Gründungssatzung der SE (Rz. 32). (4) Demgegenüber regelt Art. 12 Abs. 4 Satz 2 den Fall, dass nach Eintragung der SE eine **Mitbestimmungsvereinbarung erstmals abgeschlossen** oder neu ausgehandelt wird (Rz. 33).

Aus Art. 12 Abs. 4 resultiert auch die Organpflicht des Vertretungsorgans der SE bzw.   31 der Vertretungsorgane der beteiligten Gesellschaften i.S.v. § 2 Abs. 2 SEBG alles rechtlich Zulässige und Erforderliche zu unternehmen, damit eine **Übereinstimmung zwischen Satzungsinhalt und Regelungen** der Mitbestimmungsvereinbarung erreicht wird. Hierzu gehört vor allem die unverzügliche Einberufung einer Hauptversammlung, in der über die erforderlichen Satzungsänderungen zur Umsetzung der Mitbestimmungsvereinbarung beschlossen werden kann, die Formulierung und Empfehlung entsprechender Beschlussvorschläge sowie die ordnungsgemäße Durchführung der Hauptversammlung. Demgegenüber ergeben sich für die Aktionäre des SE oder die Hauptversammlung keine (Förder-)Pflichten aus Art. 12 Abs. 4 (Rz. 32 f.).

b) Übereinstimmung der Gründungssatzung mit der Mitbestimmungsvereinbarung (Art. 12 Abs. 4 Satz 1)

Bei Gründung der SE ist die Übereinstimmung der Satzung mit einer zu diesem Zeit-   32 punkt bereits geschlossenen Vereinbarung über die Arbeitnehmerbeteiligung ebenso **Eintragungsvoraussetzung** wie die Übereinstimmung der Satzungsbestimmungen mit anderen gesetzlich zwingenden Vorschriften[45]. Da die Beschlussfassung der Hauptversammlungen über die Gründung der SE und damit über die zukünftige Satzung der SE bereits vor Abschluss des Verfahrens über die Arbeitnehmerbeteiligung erfolgen kann, die Gründungsgesellschaft in diesem Verfahren aber von ihren vertretungsberechtigten Organen vertreten werden, kann es durchaus dazu kommen, dass eine Vereinbarung über die Arbeitnehmer ausgehandelt wird, die mit der von der Hauptversammlung beschlossenen Satzung nicht übereinstimmt. Zum Schutz gegen eine nachträgliche Änderung der wirtschaftlichen Grundlagen der Verschmelzung

---

42 Hierzu *Seibt*, ZIP 2005, 2248 f.
43 Vgl. im dualistischen System für das Leitungsorgan Art. 39 Abs. 4 i.V.m. § 16 Abs. 2 SEAG, § 38 Abs. 2 SEBG und für das Aufsichtsorgan Art. 40 Abs. 3 i.V.m. § 17 Abs. 2 SEAG, § 35 SEBG, sowie im monistischen System für das Verwaltungsorgan Art. 43 Abs. 2 i.V.m. § 23 Abs. 2 SEAG, §§ 35, 38 Abs. 2 SEBG.
44 Abweichend *Fuchs* in Manz/Mayer/Schröder, Art. 12 SE-VO Rz. 30 sowie *Schwarz*, Art. 12 Rz. 31, die das Übereinstimmungsgebot auch im Fall der gesetzlichen Auffangregelung über dessen Wortlaut hinaus aus Art. 12 Abs. 4 herleiten.
45 Ebenso *Schwarz*, Art. 12 Rz. 42, Art. 6 Rz. 116; *Neun* in Theisen/Wenz, Europäische Aktiengesellschaft, S. 137; a.A. *Fuchs* in Manz/Mayer/Schröder, Art. 12 SE-VO Rz. 28, der aus dem von Art. 12 Abs. 2 und Abs. 3 abweichenden Wortlaut auf eine Anwendung von Art. 12 Abs. 4 erst für die Zeit nach Eintragung der SE schließt.

können sich die Hauptversammlungen das Recht vorbehalten, die Eintragung der SE von einer ausdrücklichen Genehmigung einer gegebenenfalls ausgehandelten Mitbestimmungsvereinbarung abhängig zu machen (vgl. Art 23 Abs. 2, Art. 32 Abs. 6 Satz 3, für die Gründung im Wege der Umwandlung s. unter Art. 37 Rz. 65). Machen die Anteilseigner von diesem Zustimmungsvorbehalt keinen Gebrauch, bedarf es dennoch eines weiteren Hauptversammlungsbeschlusses, wenn das Verhandlungsergebnis eine nachträgliche Änderung der als Bestandteil des Gründungsbeschlusses bereits beschlossenen Satzung erforderlich macht[46].

c) Übereinstimmung der Satzung mit der nach Eintragung der SE abgeschlossenen Mitbestimmungsvereinbarung (Art. 12 Abs. 4 Satz 2)

33   Wird **nach Eintragung der SE** eine Vereinbarung über die Beteiligung der Arbeitnehmer neu geschlossen, etwa nach Wiederaufnahme von Verhandlungen (vgl. § 18 SEBG) oder nach neuer Aushandlung einer bereits bestehenden Mitbestimmungsvereinbarung in den darin bestimmten Fällen (vgl. § 21 Abs. 1 Nr. 6 SEBG), verlangt Art. 12 Abs. 4 Satz 2 die Beseitigung etwaiger zur geltenden Satzung der SE bestehender Widersprüche im Wege der Satzungsänderung. Da der deutsche Gesetzgeber von der Ermächtigung des Art. 12 Abs. 4 Satz 3 keinen Gebrauch gemacht hat[47], die Befugnis zur Vornahme einer solche Satzungsänderung dem Leitungs- oder Verwaltungsorgan der SE zu übertragen, bedarf es zur Anpassung der Satzung an die ausgehandelte Vereinbarung eines satzungsändernden Beschlusses der Hauptversammlung. Zu einem solchen Beschluss sind die Anteilseigner jedoch durch Art. 12 Abs. 4 Satz 2 nicht gezwungen; vielmehr steht ein Widerspruch zur geltenden Satzung dem Wirksamwerden der ausgehandelten Vereinbarung entgegen. Auf diese Weise wird das Mitspracherecht der Anteilseigner über das Gründungsstadium hinaus auch bei späteren Verhandlungen mit den Arbeitnehmervertretungen gesichert[48]. In der Praxis wird das Leitungsorgan der SE den Abschluss der Vereinbarung über die Beteiligung der Arbeitnehmer unter den Vorbehalt der Zustimmung der Hauptversammlung stellen[49].

d) Nachträglicher Widerspruch durch Satzungsänderung

34   Ergibt sich aus einer späteren Änderung der Satzung ein Widerspruch zu einer bereits wirksam bestehenden Mitbestimmungsvereinbarung, ist der satzungsändernde Beschluss wegen Verstoßes gegen Art. 12 Abs. 4 gem. § 241 Nr. 3 AktG nichtig und die Satzungsänderung nicht in das Handelsregister einzutragen[50].

---

46 Vgl. *Schröder* in Manz/Mayer/Schröder, Art. 23 SE-VO Rz. 17 und Art. 37 SE-VO Rz. 61.
47 Anders bspw. der englische Gesetzgeber, vgl. Regulation 59 des Statutory Instrument 2004 No. 2326, The European Public Limited-Liability Company Regulations 2004.
48 Vgl. *Teichmann*, ZIP 2002, 1109, 1112; *Schröder* in Manz/Mayer/Schröder, Art. 12 SE-VO Rz. 32 f.; abweichend aber mit ähnlichem Ergebnis *Schwarz*, Art. 12 Rz. 36 ff., der von einem Vorrang der Vereinbarung vor der Satzung ausgeht (deklaratorische Satzungsänderung), jedoch die Wirksamkeit der Vereinbarung von der Zustimmung der Hauptversammlung abhängig macht.
49 So auch *Teichmann*, ZIP 2002, 1109, 1112.
50 *Schwarz*, Art. 12 Rz. 40 sowie Art. 59 Rz. 25.

Art. 13
[Offenlegung]

Die die SE betreffenden Urkunden und Angaben, die nach dieser Verordnung der Offenlegungspflicht unterliegen, werden gemäß der Richtlinie 68/151/EWG nach Maßgabe der Rechtsvorschriften des Sitzstaats der SE offen gelegt.

Literatur : S. vor Art. 12.

I. Gegenstand der Regelung

Die Vorschrift verpflichtet dazu, alle die SE betreffenden, nach der SE-VO offenle-   **1** gungspflichtigen Urkunden und Angaben nach Maßgabe der Rechtsvorschriften des Sitzstaates der SE offen zu legen; diese Rechtsvorschriften müssen der PublizitätsRL 68/151/EWG[1] entsprechen. Die Regelung betrifft nicht nur die Offenlegung von Urkunden und Angaben im Zusammenhang mit der Gründung der SE, sondern auch alle sonstigen nach der SE-VO publizitätspflichtigen Urkunden und Angaben, welche die SE (und nicht lediglich ihre Gründungsgesellschaften) betreffen.

II. Offenlegungspflichten

Offenlegungspflichten hinsichtlich der **die SE betreffenden Urkunden und Angaben**   **2** i.S.v. Art. 13 statuiert die SE-VO für die Eintragung und Löschung (Art. 15 Abs. 2, Art. 14 Abs. 1), für die Sitzverlegung (Art. 8 Abs. 2 und 12), für jede Satzungsänderung (Art. 59 Abs. 3), für die Eröffnung eines Auflösungs-, Liquidations-, Zahlungsunfähigkeits- und Zahlungseinstellungsverfahrens und für dessen Abschluss sowie für die Entscheidung über die Weiterführung der Geschäftätigkeit (Art. 65). Einen unmittelbaren Verweis auf die Rechtsvorschriften des Sitzstaates der SE enthält Art. 66 Abs. 4 für den Fall der Umwandlung der SE in eine nationale AG.

Von der Verpflichtung zur Offenlegung der die SE betreffenden Urkunden und Anga-   **3** ben nach Art. 13 sind jene Fälle zu unterscheiden, für welche die Verordnung die **Offenlegung für die am Gründungsverfahren beteiligten Gesellschaften** nach dem mitgliedstaatlichen Recht anordnet. Das betrifft namentlich die Angaben für jede der sich verschmelzenden Gesellschaften nach Art. 21 und – für den Verfahrensabschnitt der Durchführung der Verschmelzung – nach Art. 28, den Gründungsplan und die Erfüllung der Bedingungen für die Holding-Gründung für jede der beteiligten Gesellschaften (Art. 32 Abs. 3, Art. 33 Abs. 3) sowie den Umwandlungsplan nach Art. 37 Abs. 5. Art. 13 ist in diesen Fällen **nicht einschlägig**[2].

---

1 Richtlinie 68/151/EWG v. 9.3.1968, ABl. EG Nr. L 65 v. 14.3.1968, S. 8; zuletzt geändert durch Richtlinie 2003/58/EG v.15.7.2003, ABl. EU Nr. L 221 v. 4.9.2003, S. 13.
2 Zutr. *Schwarz*, Art. 13 Rz. 10 f.; ebenso *Schäfer* in MünchKomm. AktG, Art. 13, 14 SE-VO Rz. 1.

III. Publizitätsmedien

1. Eintragung im Handelsregister; Einstellung in den Registerordner

4 Die nach Art. 13 offenlegungspflichtigen Urkunden und Tatsachen werden hierzulande in das – nunmehr elektronisch geführte (§ 8 Abs. 1 HGB i.d.F. des EHUG, s. oben Art. 12 Rz. 17) – **Handelsregister** eingetragen bzw. zu den **Registerakten** (§ 8 HRV i.d.F. des EHUG) genommen und in den (elektronisch geführten) **Registerordner** eingestellt (§§ 7, 9 HRV i.d.F. des EHUG).

2. Bekanntmachung der Eintragung; Einsichtnahme

5 Die **Eintragungen** in das Handelsregister (und nur diese) werden vom Registergericht in dem nach Landesrecht bestimmten Informations- und Kommunikationssystem **elektronisch bekannt gemacht**, wobei auch ein länderübergreifendes System eingerichtet werden kann (§ 10 i.V.m. § 9 HGB i.d.F. von Art. 1 Nr. 2 EHUG)[3].

6 Über ein solches elektronisches Informations- und Kommunikationssystem ist (nach § 9 HGB n.F.) auch die **Einsichtnahme** in das Handelsregister sowie in den für jedes Registerblatt angelegten Registerordner möglich[4], in den die unbeschränkter Einsicht unterliegenden Dokumente eingestellt werden[5]. Der Zugang zu den bei den Registergerichten geführten Daten der Handelsregister (sowie zu anderen publizitätspflichtigen Unternehmensinformationen) ist zudem über das mit §§ 8b, 9a HGB i.d.F. von Art. 1 Nr. 2 EHUG eingerichtete Unternehmensregister möglich, das ebenfalls elektronisch geführt wird[6].

7 Eine zusätzliche Bekanntmachung der Handelsregistereintragungen auf andere Weise ist angesichts des leichten Zugriffs über das Internet überflüssig geworden. Gleichwohl verpflichtet Art. 61 Abs. 4 EGHGB i.d.F. von Art. 2 EHUG das Registergericht, die Eintragungen **übergangsweise bis zum 31.12.2008 zusätzlich** zur elektronischen Bekanntmachung auch in einer **Tageszeitung** oder einem sonstigen Blatt bekannt zu machen[7].

8 In der skizzierten Weise bekannt zu machen sind nur noch die Eintragungen im Handelsregister. Deshalb sind die Bestimmungen von **§ 40 AktG a.F. und § 21 Abs. 5 SE-AG a.F.**, wonach – über den Inhalt der Eintragung hinaus – auch die Bekanntmachung weiterer (nicht einzutragender) Gegenstände vorgeschrieben war (bestimmte Festsetzungen der Satzung, Ausgabebetrag der Aktien, Name und Wohnort der Gründer, Personalien der Mitglieder des ersten Aufsichtsrats bzw. Verwaltungsrats etc.), durch Art. 9 Nr. 2 und Art. 12 Abs. 11 Nr. 1 EHUG **aufgehoben** worden. Über den online-Zugriff auf die in den Registerordner eingestellten Dokumente ist eine Information auch über nicht eintragungspflichtige Gegenstände leicht möglich.

---

3 S. schon www.handelsregisterbekanntmachungen.de
4 S. schon www.handelsregister.de
5 Zu weiteren Einzelheiten, auch zur Übermittlung von Registerauszügen in elektronischer oder in Papierform sowie zu den Kosten von Bekanntmachungen und Einsichtnahmen s. etwa *Seibert/Decker*, DB 2006, 2446, 2448 f.; *Noack*, NZG 2006, 801, 802 ff.
6 S. *Kleindiek* in K. Schmidt/Lutter, AktG, § 39 Rz. 8.
7 S. zum Hintergrund *Kleindiek* in K. Schmidt/Lutter, AktG, § 39 Rz. 9.

Art. 14
[Bekanntmachung der Gründung und Sitzverlegung]

(1) Die Eintragung und die Löschung der Eintragung einer SE werden mittels einer Bekanntmachung zu Informationszwecken im Amtsblatt der Europäischen Gemeinschaften veröffentlicht, nachdem die Offenlegung gemäß Artikel 13 erfolgt ist. Diese Bekanntmachung enthält die Firma der SE, Nummer, Datum und Ort der Eintragung der SE, Datum, Ort und Titel der Veröffentlichung sowie den Sitz und den Geschäftszweig der SE.

(2) Bei der Verlegung des Sitzes der SE gemäß Artikel 8 erfolgt eine Bekanntmachung mit den Angaben gemäß Absatz 1 sowie mit denjenigen im Falle einer Neueintragung.

(3) Die Angaben gemäß Absatz 1 werden dem Amt für amtliche Veröffentlichungen der Europäischen Gemeinschaften innerhalb eines Monats nach der Offenlegung gemäß Artikel 13 übermittelt.

Literatur: S. vor Art. 12.

I. Gegenstand der Regelung

Neben die in Art. 13 angeordnete Offenlegung nach Maßgabe der (angeglichenen) Rechtsvorschriften der Mitgliedstaaten tritt für **bestimmte Vorgänge** die „europaweite" Information durch **Bekanntmachung im Amtsblatt der Europäischen Union**[1] gem. Art. 14.   1

Art. 14 Abs. 1 ordnet eine solche Bekanntmachung für die **Eintragung** und **Löschung** 2 der Eintragung der SE an; Art. 14 Abs. 2 erweitert diese Bekanntmachungspflicht auf die **Sitzverlegung**. Art. 14 Abs. 3 enthält schließlich eine Vorgabe für die **Übermittlung** der bekannt zu machenden **Angaben** an das Amt für amtliche Veröffentlichungen der Europäischen Union.

Mit der Bekanntmachung nach Art. 14, die ausschließlich **Informationszwecken** 3 dient, wird das Fehlen eines europäischen Registers für die SE kompensiert: Es ist auf diese Weise sichergestellt, dass jede in einem Mitgliedsstaat gegründete SE (und deren Löschung) in einem zentralen europäischen Publizitätsorgan veröffentlicht wird.

---

1 Mit dem Vertrag von Nizza heißt das Amtsblatt der Europäischen Gemeinschaften seit dem 1.3.2003 „Amtsblatt der Europäischen Union".

II. Bekanntmachung von Eintragung und Löschung (Art. 14 Abs. 1)

1. Gegenstand der Bekanntmachung

4   Der Bekanntmachungspflicht nach Art. 14 Abs. 1 unterliegen die Eintragung und die Löschung der SE. **Eintragung** meint die konstitutive Eintragung in das nach dem Recht des Sitzstaates bestimmte Register gem. Art. 12 Abs. 1. Unter der **Löschung** ist die Entfernung der Eintragung aus dem Register zu verstehen[2]; zu Auflösung und Liquidation der SE s. im Übrigen Art. 63 und die Erläuterungen dort.

5   Die Bekanntmachung enthält **Firma, Sitz und Geschäftszweig** der SE sowie **Nummer, Datum und Ort der Eintragung** in das Register des Sitzstaates. Der Ort der Eintragung ist so anzugeben, dass sich potentielle Interessenten an die bezeichnete Stelle wenden können, ohne weitere Nachforschungen zur Adresse anstellen zu müssen[3].

6   Außerdem sind **Datum, Ort und Titel der Veröffentlichung** aufzunehmen. Das erfordert heute – nach Umstellung auf die elektronische Registerführung im Zuge des EHUG (s. dazu Art. 12 Rz. 17) – eine Information über die Zugriffsadresse des elektronischen Kommunikations- und Informationssystems, in welchem die Eintragungen in das Handelsregister nach § 10 HGB bekannt gemacht werden; der Zugang zu diesen Daten ist auch über das (ebenfalls elektronisch geführte) Unternehmensregister möglich (s. zum Ganzen oben Art. 13 Rz. 6). Der Bekanntmachung muss ein Interessent ohne weiteren Rechercheaufwand entnehmen können, auf welchem Wege die Daten der SE abgerufen werden können.

2. Bekanntmachungsmedium

7   Medium der Bekanntmachung ist das **Amtsblatt der Europäischen Union**, das vom Amt für amtliche Veröffentlichungen der Europäischen Union herausgegeben wird. Die Veröffentlichung erfolgt in der Reihe C „Mitteilungen und Bekanntmachungen"; diese beinhaltet einen ausschließlich elektronischen Teil, das Amtsblatt CE. Die Bekanntmachung im Amtsblatt ist nach Offenlegung gem. Art. 13 vorzunehmen (Art. 14 Abs. 1 Satz 1 a.E.).

III. Bekanntmachung der Sitzverlegung (Art. 14 Abs. 2)

8   Art. 14 Abs. 2 erweitert den Kreis der veröffentlichungspflichtigen Vorgänge um die **Sitzverlegung** nach Art. 8. Die Verlegung des Sitzes vollzieht sich registerrechtlich in zwei Schritten: Zunächst wird die Gesellschaft gemäß Art. 8 Abs. 10 im Register des zukünftigen Sitzes eingetragen, bevor anschließend die Eintragung aus dem Register des bisherigen Sitzes gem. Art. 8 Abs. 11 gelöscht wird. Sowohl die Eintragung als auch die Löschung sind gem. Art. 8 Abs. 12 im jeweiligen Mitgliedsstaat offen zu legen. Anschließend ist die Sitzverlegung als solche im Amtsblatt der Europäischen Union bekannt zu machen. In die Bekanntmachung nach Art. 14 Abs. 2 sind die Angaben der bisherigen Eintragung sowie diejenigen der Neueintragung aufzunehmen, und zwar nach Maßgabe der in Art. 14 Abs. 1 getroffenen Konkretisierungen[4].

---

2 *Schwarz*, Art. 14 Rz. 7.
3 *Schwarz*, Art. 14 Rz. 10.
4 *Schwarz*, Art. 14 Rz. 16.

IV. Übermittlung der bekannt zu machenden Angaben (Art. 14 Abs. 3)

Art. 14 Abs. 3 begründet eine Pflicht, die für die Bekanntmachung erforderlichen An-   9
gaben innerhalb eines Monats nach der Offenlegung gem. Art. 13 (s. dazu oben
Art. 13 Rz. 4 ff.) an das Amt für amtliche Veröffentlichungen der EU zu übermitteln.
Träger der Übermittlungspflicht ist hierzulande das Registergericht, dem die Übermittlung als Annex-Pflicht zur Bekanntmachung von Registereintragungen nach
§ 10 HGB obliegt[5]. Das Registergericht hat die Übermittlung von Amts wegen zu veranlassen.

---

5 *Schwarz*, Art. 14 Rz. 18. Im Ergebnis bejahend zur Übermittlungspflicht des Registergerichts
auch *Fuchs* in Manz/Mayer/Schröder, Art. 14 SE-VO Rz. 7; *Schäfer* in MünchKomm. AktG,
Art. 14 SE-VO Rz. 3; *Vossius*, ZIP 2005, 741, 742.

Titel II. Gründung

Abschnitt 1. Allgemeines

Art. 15
[Bei der Gründung anwendbares Recht]

(1) Vorbehaltlich der Bestimmungen dieser Verordnung findet auf die Gründung einer SE das für Aktiengesellschaften geltende Recht des Staates Anwendung, in dem die SE ihren Sitz begründet.

(2) Die Eintragung einer SE wird gemäß Artikel 13 offen gelegt.

Literatur: *Brandt/Scheifele*, Die Europäische Aktiengesellschaft und das anwendbare Recht, DStR 2002, 547; *Fuchs*, Die Gründung einer Europäischen Aktiengesellschaft durch Verschmelzung und das nationale Recht, Diss. Konstanz 2004 (zit.: Gründung); *Kersting*, Societas Europaea: Gründung und Vorgesellschaft, DB 2001, 2079; *Lenz*, Die Europäische wirtschaftliche Interessenvereinigung mit dem Sitz in der Bundesrepublik Deutschland vor Eintragung, 1997; *Schmidt, J.*, SE and SCE: two new European company forms – and more to come!, (2006) 27 Co Law 99; *Seibt/Reinhard*, Umwandlung der Aktiengesellschaft in die Europäische Gesellschaft (Societas Europaea), Der Konzern 2005, 407; *Seibt/Saame*, Die Societas Europaea (SE) deutschen Rechts: Anwendungsfelder und Beratungshinweise, AnwBl 2005, 225; *Teichmann*, Die Einführung der Europäischen Aktiengesellschaft, ZGR 2002, 383; *Vossius*, Gründung und Umwandlung der deutschen Europäischen Gesellschaft (SE), ZIP 2005, 741; *Wagner, J.*, Die Bestimmung des auf die SE anwendbaren Rechts, NZG 2002, 985; *Walden/Meyer-Landrut*, Die grenzüberschreitende Verschmelzung zu einer Europäischen Gesellschaft: Planung und Vorbereitung, DB 2005, 2119.

I. Regelungsgegenstand und Zweck

1   Art. 15 **Abs. 1** bestimmt, dass für alle Formen der **primären SE-Gründung** (dazu Art. 2 Rz. 2) das **(Sach-)Recht der AG des Sitzstaates** maßgeblich ist, soweit die SE-VO selbst keine eigenständige Regelung enthält. Die Vorschrift ist somit einerseits eine (partielle) Generalverweisung[1], die gewährleisten soll, dass die Gründung der SE grundsätzlich den gleichen Regeln folgt wie die Gründung der nationalen AG[2], und

---

1   *Brandt/Scheifele*, DStR 2002, 547, 555; *Fuchs*, Gründung, S. 37; *Lind*, Europäische Aktiengesellschaft, S. 68; *Scheifele*, Gründung, S. 51; *Schwarz*, Art. 15 Rz. 1; *Schäfer* in MünchKomm. AktG, Art. 15 SE-VO Rz. 2.

2   *Schröder* in Manz/Mayer/Schröder, Art. 15 SE-VO Rz. 1.

andererseits eine Auffangnorm für nicht speziell geregelte Fragen des Gründungsrechts[3].

Keine Anwendung findet Art. 15 Abs. 1 hingegen auf **Umwandlungen** einer bereits bestehenden SE. Dies gilt sowohl für die spezialgesetzlich geregelte formwechselnde Umwandlung in eine AG (nach Art. 66) als auch für andere Umwandlungen, die das nationale Recht der SE gestattet (vgl. dazu Art. 3 Rz. 2). Anwendbar ist hier allein Art. 9, speziell Abs. 1 lit. c ii[4]. 2

Art. 15 **Abs. 2** ist im Kontext mit Art. 16 Abs. 1 zu lesen: Die Gründung einer SE ist erst mit ihrer Eintragung in das in Art. 12 bestimmte Register abgeschlossen (dazu Art. 16 Rz. 5). Diese **Eintragung der SE** ist nach Art. 15 Abs. 2 **offenzulegen**, wobei gem. Art. 13 das Verfahren maßgeblich ist, das von der nationalen Rechtsordnung in Umsetzung der Publizitäts-RL[5] geschaffen wurde (ausf. unten Rz. 10 f.). 3

II. Anwendbares Recht (Art. 15 Abs. 1)

1. Inhalt und Rechtsnatur der Verweisung

a) Recht am Sitz der künftigen SE

Art. 15 Abs. 1 erklärt das nationale Recht der AG des Staates für anwendbar, „in dem die SE ihren Sitz begründet". Als Generalverweisung für das Recht der Gründung der SE kann damit nicht das Recht gemeint sein, das für die SE nach ihrer Eintragung gilt; denn zu diesem Zeitpunkt ist die Gründung bereits abgeschlossen (ausf. Art. 16 Rz. 5; vgl. unten Rz. 6). Anders als die Parallelnorm des Art. 2 Abs. 1 EWIV-VO – die nach h.M. erst ab Eintragung der EWIV anwendbar sein soll, so dass für die Bestimmung des zuvor anwendbaren Rechts die Vorschriften des IPR heranzuziehen seien[6] – bezieht sich die Verweisung des Art. 15 Abs. 1 vielmehr eindeutig auf das Recht der künftigen SE, d.h. auf die Rechtsordnung, in der die **in Gründung befindliche SE planmäßig ihren Sitz haben soll**[7]. Wie generell (vgl. etwa Art. 2 Rz. 10) ist auch hier der satzungsmäßige Sitz der SE gemeint. Abzustellen ist somit im Ergebnis auf den im Gründungsplan (vgl. Art. 20 Abs. 1 Satz 2 lit. a) festgelegten Sitz der SE[8]. 4

b) Kollisionsrechtliche Sachnormverweisung

Da Art. 15 Abs. 1 eine Entscheidung über die anwendbare Rechtsordnung trifft, hat die Vorschrift internationalprivatrechtlichen Charakter und ist als **Kollisionsnorm** zu qualifizieren[9]. Allerdings wird nicht im Wege einer Gesamtverweisung auf die ge- 5

---

3 *Schäfer* in MünchKomm. AktG, Art. 15 SE-VO Rz. 3; *Scheifele*, Gründung, S. 51; *Schröder* in Manz/Mayer/Schröder, Art. 15 SE-VO Rz. 2; *Schwarz*, Art. 15 Rz. 1.
4 *Schröder* in Manz/Mayer/Schröder, Art. 66 SE-VO Rz. 6, 9; *Schwarz*, Art. 66 Rz. 10, 30.
5 Erste Richtlinie 68/151/EWG des Rates vom 9. März 1968 zur Koordinierung der Schutzbestimmungen, die in den Mitgliedstaaten den Gesellschaften im Sinne des Artikels 58 Absatz 2 des Vertrages im Interesse der Gesellschafter sowie Dritter vorgeschrieben sind, um diese Bestimmungen gleichwertig zu gestalten, ABl.EG Nr. L 65 v. 14. 3.1968, S. 8.
6 So *Schwarz*, Europäisches Gesellschaftsrecht, Rz. 1010; *Habersack*, Europäisches Gesellschaftsrecht, § 11 Rz. 17; a.A. *Manz* in Selbherr/Manz, Komm. zur EWIV, 1995, Art. 2 SE-VO Rz. 14; *Lenz*, EWIV, S. 48 ff.
7 *Schäfer* in MünchKomm. AktG, Art. 15 SE-VO Rz. 1; *Scheifele*, Gründung, S. 52; *J. Schmidt*, „Deutsche" vs. „britische" SE, S. 159; *Schröder* in Manz/Mayer/Schröder, Art. 15 SE-VO Rz. 5; *Schwarz*, Art. 15 Rz. 16; *Teichmann*, ZGR 2002, 383, 414; *Kersting*, DB 2001, 2079, 2080; teilw. abw. *Hügel* in Kalss/Hügel, Vor § 17 SEG Art. 15 Rz. 8.
8 Ebenso *Scheifele*, Gründung, S. 52; *Schröder* in Manz/Mayer/Schröder, Art. 15 SE-VO Rz. 5; *Schwarz*, Art. 15 Rz. 16.
9 *Scheifele*, Gründung, S. 51; *Schwarz*, Art. 15 Rz. 18; vgl. auch *Wagner*, NZG 2002, 985, 987. Anders jedoch *Teichmann*, ZGR 2002, 383, 396.

samte Rechtsordnung des künftigen Sitzstaates verwiesen, sondern – ebenso wie bei Art. 9 (dazu dort Rz. 26 ff.) – unmittelbar auf das **Sachrecht** des künftigen Sitzstaates[10] (Einzelheiten unten Rz. 8 f.).

2. Abgrenzung zu anderen Verweisungsnormen

a) Abgrenzung zu Art. 9

6   Die Anwendungsbereiche von Art. 9 und Art. 15 Abs. 1 schließen einander nach ganz herrschender und zutreffender Auffassung gegenseitig aus: Art. 9 gilt nämlich, wie sich aus seinem Wortlaut und der Systematik der SE-VO ergibt, nur für die bereits „gegründete" SE, d.h. ab Eintragung (vgl. Art. 16 Abs. 1)[11].

b) Abgrenzung zu Art. 18 und Art. 36

7   Art. 15 Abs. 1 gilt aber nicht für die gesamte Gründungsphase, sondern lediglich für die Endphase der Gründung (sog. Vollzugsphase), d.h. diejenigen Verfahrensschritte, die bereits die Sphäre der künftigen SE betreffen[12]. In der Vorbereitungs- und Beschlussphase, d.h. im Hinblick auf diejenigen Verfahrensschritte, die noch der Sphäre der einzelnen Gründungsgesellschaften zuzuordnen sind, bestimmt sich das anwendbare Recht hingegen nach Art. 18 (die Norm gilt direkt nur für die Verschmelzung[13], analog aber auch für die Holding-Gründung, vgl. dazu Art. 32 Rz. 7) und Art. 36 (für die Tochter-SE)[14].

3. Umfang der Verweisung

8   Anwendbar sind nach Art. 15 Abs. 1 **alle Vorschriften**, die **für Aktiengesellschaften** im Sitzstaat der künftigen SE **gelten**. Die Verweisung bezieht sich somit – aus deut-

---

10 *Hügel* in Kalss/Hügel, Vor § 17 SEG Art. 15 Rz. 25; *Neun* in Theisen/Wenz, Europäische Aktiengesellschaft, S. 57, 71; *Schäfer* in MünchKomm. AktG, Art. 15 SE-VO Rz. 4; *Schwarz*, Art. 15 Rz. 18. Vgl. auch *Brandt/Scheifele*, DStR 2002, 547, 553; *Wagner*, NZG 2002, 985, 987.

11 Wie hier *Fuchs*, Gründung, S. 39; *Kalss* in Baums/Cahn, Europäische Aktiengesellschaft, S. 106, 115; *Lind*, Europäische Aktiengesellschaft, S. 68; *Scheifele*, Gründung, S. 51; *J. Schmidt*, „Deutsche" vs. „britische" SE, S. 156 f.; *Schröder*, in Manz/Mayer/Schröder, Art. 15 SE-VO Rz. 3; *Schwarz*, Art. 9 Rz. 6; *C. Teichmann*, ZGR 2002, 383, 415 f.; *Walden/Meyer-Landrut*, DB 2005, 2119, 2120. Anders jedoch *Hügel* in Kalss/Hügel, Vor § 17 SEG Art. 15 Rz. 8; *Schindler*, Europäische Aktiengesellschaft, S. 22 (Anwendung des Art. 9 auch in der Gründungsphase).

12 *Hügel* in Kalss/Hügel, Vor § 17 SEG Art. 15 SE-VO Rz. 5; *Lind*, Europäische Aktiengesellschaft, S. 104; *Marsch-Barner* in Kallmeyer, UmwG, Anhang Rz. 18; *Scheifele*, Gründung, S. 37, 51; *J. Schmidt*, „Deutsche" vs. „britische" SE, S. 159; *J. Schmidt*, (2006) 27 Co Law 99, 101; *Schwarz*, Art. 15 Rz. 10, 15; *Teichmann*, ZGR 2002, 383, 416; *Walden/Meyer-Landrut*, DB 2005, 2119, 2120; so auch schon *Bayer* in Lutter/Hommelhoff, Europäische Gesellschaft, S. 25, 33. Anders wohl nur *Schröder* in Manz/Mayer/Schröder, Art. 15 SE-VO Rz. 4 (teilweise kumulative Anwendung von Art. 15 Abs. 1 und Art. 18).

13 *Hügel* in Kalss/Hügel, Vor § 17 SEG Art. 15 Rz. 6; *Kleindiek* in Lutter/Hommelhoff, Europäische Gesellschaft, S. 95, 100; *Lind*, Europäische Aktiengesellschaft, S. 106; *Marsch-Barner* in Kallmeyer, UmwG, Anhang Rz. 18; *Scheifele*, Gründung, S. 37, 39, 41; *J. Schmidt*, „Deutsche" vs. „britische" SE, S. 157; *J. Schmidt*, (2006) 27 Co Law 99, 101; *Schwarz*, Art. 18 Rz. 16; *Teichmann*, ZGR 2002, 383, 416; *Walden/Meyer-Landrut*, DB 2005, 2119; so auch schon *Bayer* in Lutter/Hommelhoff, Europäische Gesellschaft, S. 25, 32 f.

14 *Jannott* in Jannott/Frodermann, Handbuch Europäische Aktiengesellschaft, § 3 Rz. 202; *Kalss* in Kalss/Hügel, Vor § 17 SEG – Gründung der SE Rz. 27; *Kleindiek* in Lutter/Hommelhoff, Europäische Gesellschaft, S. 95, 101; *Lind*, Europäische Aktiengesellschaft, S. 124; *Neun* in Theisen/Wenz, Europäische Aktiengesellschaft, S. 57, 74, 186; *Scheifele*, Gründung, S. 390, 392; *J. Schmidt*, „Deutsche" vs. „britische" SE, S. 346; *J. Schmidt*, (2006) 27 Co Law 99, 101; *Schwarz*, Art. 36 Rz. 5, 10; *Seibt/Saame*, AnwBl 2005, 225, 232; *Teichmann*, ZGR 2003, 367, 396; so auch schon *Bayer* in Lutter/Hommelhoff, Europäische Gesellschaft, S. 25, 58.

scher Sicht – nicht nur auf das Aktienrecht i.e.S. (das AktG), sondern darüber hinaus auch auf das UmwG, soweit es auf AG anwendbar ist, aber auch auf das allgemeine Zivilrecht[15]. Erfasst wird sowohl das geschriebene als auch das ungeschriebene Recht[16].

Anwendbar sind – soweit nicht die SE-VO eine vorrangige Regelung enthält – im Falle der Gründung einer SE durch **Verschmelzung** (Art. 2 Abs. 1, 17 ff.) daher insbesondere die §§ 2 ff. UmwG und ergänzend die §§ 1–53 AktG[17]. Im Falle der **Holding**-Gründung (Art. 2 Abs. 2, 32 ff.) sind aufgrund der engen Verwandtschaft der Holding-Bildung zur Verschmelzung ebenfalls die §§ 2 ff. UmwG anzuwenden, jedenfalls insoweit sich nicht ausnahmsweise holdinggründungsspezifische Besonderheiten ergeben (ausf. dazu Art. 32 Rz. 5). Wird eine gemeinsame **Tochter-SE** errichtet (Art. 2 Abs. 3, 36, 37), dann kommen insbesondere die Vorschriften zur Bar- und Sachgründung der §§ 1–53 AktG zur Anwendung[18], nicht jedoch § 123 UmwG, da hier eine Spaltung durch Ausgliederung – anders als im Rahmen der sekundären SE-Gründung gem. Art. 3 Abs. 2 (vgl. Art. 3 Rz. 10) – nicht möglich ist (ausf. Art. 36 Rz. 16). Im Falle der **Umwandlung** einer **AG** gem. Art. 2 Abs. 4, 37 in eine SE verweist Art. 15 Abs. 1 vorrangig auf die §§ 190 ff. UmwG[19], und zwar auch auf die §§ 238 ff. UmwG[20]. 9

III. Offenlegung der Eintragung (Art. 15 Abs. 2)

Offenzulegen ist nach Art. 15 Abs. 2 die Eintragung der SE in das in Art. 12 genannte Register. Diese Offenlegung hat nur deklaratorischen Charakter[21]; denn als Rechtspersönlichkeit ist die SE bereits mit der Eintragung entstanden (Art. 16 Abs. 1, vgl. Art. 16 Rz. 5). Für eine SE mit Sitz in Deutschland gilt: Das zuständige Registergericht (Art. 12 Abs. 1, § 3 SEAG) hat die Eintragung durch Bundesanzeiger und mindestens ein anderes Blatt bekannt zu machen (§ 10 HGB)[22]. 10

Hiervon zu unterscheiden sind die Offenlegungspflichten nach **Art. 14** und **Art. 28**: Erstere stellt sicher, dass die Gründung der SE im gesamten EWR-Raum publik wird; Art. 28 gewährleistet bei der Gründung einer SE durch Verschmelzung die Publizität in den Mitgliedstaaten der beteiligten Gründungsgesellschaften[23]. 11

---

15 *Hügel* in Kalss/Hügel, Vor § 17 SEG Art. 15 Rz. 29; *Schäfer* in MünchKomm. AktG, Art. 15 SE-VO Rz. 10; *Scheifele*, Gründung, S. 53 ff.; *J. Schmidt*, „Deutsche" vs. „britische" SE, S. 159; *Schwarz*, Art. 15 Rz. 20; *Schröder* in Manz/Mayer/Schröder, Art. 15 SE-VO Rz. 6.
16 *Schäfer* in MünchKomm. AktG, Art. 15 SE-VO Rz. 10; allgemein für die Verweisungen in der SE-VO: *Brandt/Scheifele*, DStR 2002, 547, 553; *Wagner*, NZG 2002, 985, 987; *Schwarz*, Einleitung, Rz. 134 m.z.w.N.
17 *Schäfer* in MünchKomm. AktG, Art. 15 SE-VO Rz. 10; *Schröder* in Manz/Mayer/Schröder, Art. 15 SE-VO Rz. 29; *Schwarz*, Art. 15 Rz. 21, 23.
18 *Bayer* in Lutter/Hommelhoff, Europäische Gesellschaft, S. 25, 58; *Hügel* in Kalss/Hügel, Vor § 17 SEG Art. 15 Rz. 33; *J. Schmidt*, „Deutsche" vs. „britische" SE, S. 351; *Schröder* in Manz/Mayer/Schröder, Art. 15 SE-VO Rz. 29; *Schwarz*, Art. 15 Rz. 21, 23, Art. 36 Rz. 20 f.
19 *J. Schmidt*, „Deutsche" vs. „britische" SE, S. 361; *Scheifele*, Gründung, S. 54; *Schröder* in Manz/Mayer/Schröder, Art. 15 SE-VO Rz. 6, 29; *Schwarz*, Art. 15 Rz. 21; *Seibt/Reinhard*, Der Konzern 2005, 408, 409.
20 *J. Schmidt*, „Deutsche" vs. „britische" SE, S. 361; *Scheifele*, Gründung, S. 54; *Schröder* in Manz/Mayer/Schröder, Art. 15 SE-VO Rz. 29; *Schwarz*, Art. 15 Rz. 22; *Seibt/Reinhard*, Der Konzern 2005, 407, 409.
21 *Kersting*, DB 2001, 2079, 2080; *Schröder* in Manz/Mayer/Schröder Art. 15 SE-VO Rz. 28; *Schwarz*, Art. 15 Rz. 2.
22 *Kleindiek* in Lutter/Hommelhoff, Europäische Gesellschaft, S. 95, 109; *J. Schmidt*, „Deutsche" vs. „britische" SE, S. 260; *Schwarz*, Art. 15 Rz. 26; *Vossius*, ZIP 2005, 741, 744.
23 Vgl. *Schwarz*, Art. 15 Rz. 27.

Art. 16
[Erwerb der Rechtspersönlichkeit]

(1) Die SE erwirbt die Rechtspersönlichkeit am Tag ihrer Eintragung in das in Artikel 12 genannte Register.

(2) Wurden im Namen der SE vor ihrer Eintragung gemäß Artikel 12 Rechtshandlungen vorgenommen und übernimmt die SE nach der Eintragung die sich aus diesen Rechtshandlungen ergebenden Verpflichtungen nicht, so haften die natürlichen Personen, die Gesellschaften oder anderen juristischen Personen, die diese Rechtshandlungen vorgenommen haben, vorbehaltlich anders lautender Vereinbarungen unbegrenzt und gesamtschuldnerisch.

Literatur: *Casper*, Die Vor-SE – nationale oder europäische Vorgesellschaft?, Der Konzern 2007, 244; *Fuchs*, Die Gründung einer Europäischen Aktiengesellschaft durch Verschmelzung und das nationale Recht, Diss. Konstanz 2004 (zit.: Gründung); *Hirte*, Die Europäische Aktiengesellschaft, NZG 2002, 1; *Hirte*, Die Europäische Aktiengesellschaft – ein Überblick nach Inkrafttreten der deutschen Ausführungsgesetzgebung, DStR 2005, 653 und 700; *Kersting*, Die Vorgesellschaft im europäischen Gesellschaftsrecht, 2000; *Kersting*, Societas Europaea: Gründung und Vorgesellschaft, DB 2001, 2079; *Koke*, Die Finanzverfassung der Europäischen Aktiengesellschaft (SE) mit Sitz in Deutschland, 2005 (zit.: Finanzverfassung); *Oechsler*, Kapitalerhaltung in der Europäischen Gesellschaft (SE), NZG 2005, 449; *Paefgen*, Handelndenhaftung bei europäischen Auslandsgesellschaften, GmbHR 2005, 957; *Schäfer*, Das Gesellschaftsrecht (weiter) auf dem Weg nach Europa – am Beispiel der SE-Gründung, NZG 2004, 785; *Teichmann*, Die Einführung der Europäischen Aktiengesellschaft, ZGR 2002, 383; *Vossius*, Gründung und Umwandlung der deutschen Europäischen Gesellschaft (SE), ZIP 2005, 741; *Zöllter-Petzoldt*, Die Verknüpfung von europäischem und nationalem Recht bei der Gründung einer Societas Europaea (SE). Dargestellt am Beispiel der Gründung einer gemeinsamen Tochtergesellschaft nach Art. 2 Abs. 3, 35 f. SE-VO in Deutschland, England und Spanien, 2005 (zit.: Verknüpfung).

I. Regelungsgegenstand und -zweck

1   Art. 16 **Abs. 1** trifft unabhängig von den unterschiedlichen nationalen Rechten der Mitgliedstaaten[1] die vorrangige europarechtliche Entscheidung, dass die SE mit ihrer Eintragung in das nach Art. 12 bestimmte Register die **Rechtspersönlichkeit i.S.v. Art. 1 Abs. 3 erwirbt**. Weder ist somit bereits die Unterzeichnung des Gesellschafts-

---

1 Dazu Begr. der Kommission zum SE-VOE 1991, BT-Drucks. 12/1004, S. 3.

vertrages ausreichend, noch erst die Bekanntmachung der Eintragung erforderlich; die Offenlegung ist zwar nach Art. 15 Abs. 2 vorgeschrieben, hat jedoch lediglich deklaratorischen Charakter (Art. 15 Rz. 10). Mit der Eintragung ist das **Gründungsverfahren abgeschlossen**. Die Rechtslage entspricht somit der Regelung in § 41 Abs. 1 Satz 1 AktG[2].

Art. 16 **Abs. 2** regelt nach dem Vorbild von Art. 7 der 1. (Publizitäts-)RL[3] die **Handeln-**   2
denhaftung vor Eintragung der SE. Die Norm entspricht in ihrem Kern der Regelung in § 41 Abs. 1 Satz 2 AktG.

Die Vorschrift hat einen **doppelten Normzweck**: Zur **Vermeidung von Rechtsunsi-**   3
cherheit wird für alle Mitgliedstaaten verbindlich festgestellt, dass die SE als juristische Person erst mit ihrer Eintragung entsteht[4]. Die Haftung der Handelnden dient dem **Gläubigerschutz**[5], und zwar insbesondere dann, wenn im Namen der SE Rechtsgeschäfte vor ihrer Eintragung ohne Vertretungsmacht getätigt wurden und aus diesem Grund eine Haftung der späteren SE ausscheidet[6]. Mittelbar erzeugt die Handelndenhaftung damit sowohl einen Druck dahin, die Eintragung zur Vermeidung des Haftungszwischenraumes möglichst zügig zu betreiben, als auch dahin, dafür Sorge zu tragen, dass alle vor der Eintragung eingegangenen Verbindlichkeiten von der SE übernommen werden[7].

Dagegen trifft Art. 16 **keine Aussage** zu der Frage, ob auch im Recht der SE die aus   4
zahlreichen nationalen Rechten bekannte Rechtsfigur der Vorgesellschaft[8] als **eigene Rechtsform** anzuerkennen ist[9]. Europarechtliche Vorgaben bestehen insoweit – entgegen anderslautenden Behauptungen im Schrifttum – weder im positiven[10] noch im negativen Sinne[11]. Welchen Charakter die in Gründung befindliche SE im Falle eines notwendigen Durchgangsstadiums bis zu ihrer Eintragung hat, insbesondere ob bereits eine **Vor-SE** als Rechtsträger sui generis existiert und inwieweit über die Handelndenhaftung des Art. 16 Abs. 2 hinaus auch die Gesellschafter für Verbindlichkeiten der Vor-SE einzustehen haben, bestimmt sich vielmehr aufgrund des Verweises in Art. 15 Abs. 1 allein nach dem Recht der AG im künftigen Sitzstaat der SE (ausf. unten Rz. 6 ff.).

---

2 Dazu *Drygala* in K. Schmidt/Lutter, AktG, § 41 Rz. 3.
3 Erste Richtlinie 68/151/EWG des Rates vom 9. März 1968 zur Koordinierung der Schutzbestimmungen, die in den Mitgliedstaaten den Gesellschaften im Sinne des Artikels 58 Absatz 2 des Vertrages im Interesse der Gesellschafter sowie Dritter vorgeschrieben sind, um diese Bestimmungen gleichwertig zu gestalten, ABl.EG Nr. L 65 v. 14.3.1968, S. 8.
4 *Schröder* in Manz/Mayer/Schröder, Art. 16 SE-VO Rz. 1; *Schwarz*, Art. 16 Rz. 1.
5 *Grundmann*, Europäisches Gesellschaftsrecht, Rz. 1027 i.V.m. Rz. 208; *Habersack*, Europäisches Gesellschaftsrecht, § 12 Rz. 22 i.V.m. § 5 Rz. 21; *Schäfer* in MünchKomm. AktG, Art. 16 SE-VO Rz. 2; *J. Schmidt*, „Deutsche" vs. „britische" SE, S. 384 f.; *Schwarz*, Art. 16 Rz. 1.
6 Richtig *Schwarz*, Art. 16 Rz. 1.
7 Richtig *Schäfer* in MünchKomm. AktG, Art. 16 SE-VO Rz. 2.
8 Rechtsvergleichend *Kersting*, Die Vorgesellschaft im europäischen Gesellschaftsrecht.
9 Ebenso *Casper*, Der Konzern 2007, 244, 246; *Fuchs*, Gründung, S. 205; *Hügel* in Kalss/Hügel, Vor § 17 SEG Art. 16 Rz. 2; *Jannott* in Jannott/Frodermann, Handbuch Europäische Aktiengesellschaft, § 3 Rz. 297; *Schäfer* in MünchKomm. AktG, Art. 16 Rz. 2; *J. Schmidt*, „Deutsche" vs. „britische" SE, S. 385; *Schwarz*, Art. 16 Rz. 8.
10 So aber *Kersting*, DB 2001, 2079, 2080; *Kersting*, GmbHR 2003, 1466, 1467; wohl auch *Greda* in Kalss/Hügel, § 2 SEG Rz. 16. S. zur Parallelproblematik im Rahmen der 1. RL noch *Schön*, RabelsZ 64 (2000), 1, 16 ff.; dagegen bereits zu Recht *Mülbert/Nienhaus*, RabelsZ 65 (2001), 513, 527 ff., 533 ff.; *Kalss*, ZHR 166 (2002), 133 ff.; *Habersack*, Europäisches Gesellschaftsrecht, § 5 Rz. 21.
11 So aber *Hirte*, NZG 2002, 1, 4; *Hirte*, DStR 2005, 653, 656; *Vossius*, ZIP 2005, 741, 742.

II. Erwerb der Rechtspersönlichkeit (Art. 16 Abs. 1)

5   Gemäß Art. 16 Abs. 1 erwirbt die SE ihre Rechtspersönlichkeit mit Eintragung in das in Art. 12 bestimmte Register (vgl. dazu bereits oben Rz. 1), in Deutschland also mit der Eintragung ins Handelsregister (§ 3 SEAG). Voraussetzungen und Verfahren der Eintragung richten sich nach den jeweiligen Gründungsvorschriften.

III. Vor-SE

1. Verweis auf das Recht der Vor-AG

6   Die in Art. 16 Abs. 2 angeordnete Handelndenhaftung (ausf. unten Rz. 18 ff.) schließt die Existenz einer Vor-SE als Rechtsfigur sui generis sowie eine (zusätzliche) Haftung der Gesellschafter für Verbindlichkeiten der Vorgesellschaft nicht aus (dazu bereits oben Rz. 4). Die Frage wird vielmehr aufgrund der Verweisung in Art. 15 Abs. 1 nach dem – geschriebenen und ungeschriebenen – Recht der AG im Sitzstaat der künftigen SE entschieden[12] (dazu ausf. Art. 15 Rz. 8 f.). Für eine SE mit Sitz in Deutschland **gilt somit das Recht der Vor-AG**[13]. Dies bedeutet:

a) Rechtsnatur und Rechtsfähigkeit

7   Soweit die Vor-SE notwendiges Durchgangsstadium zur Errichtung der SE ist (ausf. unten Rz. 12 ff.) ist sie als **Rechtsträger sui generis** zu qualifizieren[14]. Mit Eintragung und damit verbundener Erlangung der Rechtspersönlichkeit i.S.v. Art. 16 Abs. 1 wandelt sie sich ipso iure und mit allen Aktiva und Passiva in die SE um[15]. Die Vor-SE ist rechtsfähig[16]; geleistete Einlagen gehen in ihr Eigentum über[17] und müssen nach

12   Ebenso *Casper*, Der Konzern 2007, 244, 249; *Fuchs*, Gründung, S. 205; *Hügel* in Kalss/Hügel, Vor § 17 SEG Art. 16 Rz. 2; *Jannott* in Jannott/Frodermann, Handbuch Europäische Aktiengesellschaft, § 3 Rz. 297; *Schäfer* in MünchKomm. AktG, Art. 16 SE-VO Rz. 4; *J. Schmidt*, „Deutsche" vs. „britische" SE, S. 385; *Schröder* in Manz/Mayer/Schröder, Art. 16 SE-VO Rz. 11, 48; *Zöllter-Petzoldt*, Verknüpfung, S. 193.

13   *Schäfer* in MünchKomm. AktG, Art. 16 SE-VO Rz. 5; *J. Schmidt*, „Deutsche" vs. „britische" SE, S. 283. Vgl. auch *Jannott* in Jannott/Frodermann, Handbuch Europäische Aktiengesellschaft, § 3 Rz. 302 ff.; *Schröder* in Manz/Mayer/Schröder, Art. 16 SE-VO Rz. 51 ff.

14   *Schäfer* in MünchKomm. AktG, Art. 16 SE-VO Rz. 5; *Jannott* in Jannott/Frodermann, Handbuch Europäische Aktiengesellschaft, § 3 Rz. 302; i.E. auch *Schwarz*, Art. 16 Rz. 8, 11; für die Vor-GmbH: BGH v. 12.7.1956 – II ZR 218/54, BGHZ 21, 242, 246; BGH v. 24.10.1968 – II ZR 216/66, BGHZ 51, 30, 32; BGH v. 18.1.2000 – XI ZR 71/99, BGHZ 143, 314, 319; *Lutter/Bayer* in Lutter/Hommelhoff, GmbHG, § 11 Rz. 4 m.w.N.; für die Vor-AG: *Hüffer*, § 41 Rz. 4 m.w.N.

15   *Casper*, Der Konzern 2007, 244, 249; *Jannott* in Jannott/Frodermann, Handbuch Europäische Aktiengesellschaft, § 3 Rz. 310; *J. Schmidt*, „Deutsche" vs. „britische" SE, S. 389; *Schröder* in Manz/Mayer/Schröder, Art. 16 SE-VO Rz. 60; *Schwarz*, Art. 16 Rz. 31; vgl. auch *Hügel* in Kalss/Hügel, Vor § 17 SEG Art. 16 Rz. 3 (für die parallele Rechtslage bei der „österreichischen" SE); für die Vor-GmbH: BGH v. 9.3.1981 – II ZR 54/80, BGHZ 80, 129, 138; *K. Schmidt* in Scholz, GmbHG, § 11 Rz. 25; *Lutter/Bayer* in Lutter/Hommelhoff, GmbHG, § 11 Rz. 4; für die Vor-AG: *Pentz* in MünchKomm. AktG, § 41 Rz. 107 f. m.w.N.; i.E. auch (aber als Gesamtrechtsnachfolge qualifizierend) *Hüffer*, § 41 Rz. 16 m.w.N.

16   *Jannott* in Jannott/Frodermann, Handbuch Europäische Aktiengesellschaft, § 3 Rz. 304; *J. Schmidt*, „Deutsche" vs. „britische" SE, S. 391; *Schröder* in Manz/Mayer/Schröder, Art. 16 SE-VO Rz. 51, 54; *Schwarz*, Art. 16 Rz. 11 ff.; für die Vor-GmbH: BGH v. 9.3.1981 – II ZR 54/80, BGHZ 80, 129, 132; BGH v. 16.3.1992 – II ZB 17/91, BGHZ 117, 323, 326; *K. Schmidt* in Scholz, GmbHG, § 11 Rz. 27; *Lutter/Bayer* in Lutter/Hommelhoff, GmbHG, § 11 Rz. 4; *Ulmer* in Ulmer, GmbHG, § 11 Rz. 59; für die Vor-AG: *Pentz* in MünchKomm. AktG, § 41 Rz. 22, 24; ähnlich *Hüffer*, § 41 Rz. 4, 10 (teilrechtsfähig).

17   So für die Vor-GmbH: *Lutter/Bayer* in Lutter/Hommelhoff, GmbHG, § 11 Rz. 4; *K. Schmidt* in Scholz, GmbHG, § 11 Rz. 28; ähnlich (Gesamthandsvermögen) BGH v. 9.3.1981 – II ZR

Aufgabe des Vorbelastungsverbots[18] auch nicht mehr thesauriert, sondern können für Zwecke der SE verwendet werden; der Schutz der Kapitalaufbringung wird durch die Vorbelastungshaftung übernommen[19] (dazu ausf. unten Rz. 11).

Diese Grundsätze gelten auch im Falle der **Einpersonengründung**[20]. Soweit im   8
Schrifttum für das nationale Recht zwischen der Einpersonen- und der Mehrpersonengesellschaft Unterschiede gemacht werden[21], überzeugt dies weder dogmatisch noch lässt sich diese Differenzierung mit europäischem Recht vereinbaren (vgl. Art. 2 Abs. 1 der 12. RL[22])[23].

b) Anwendbare Regeln

Auf die Vor-SE sind bereits jetzt die Regeln der SE anwendbar mit Ausnahme der Vor-   9
schriften, die ihre Eintragung (nicht: Rechtsfähigkeit) voraussetzen[24]. Die Gesellschafter sind verpflichtet, die Mindesteinzahlungen vorzunehmen und an allen Maßnahmen mitzuwirken, die für die Eintragung der Gesellschaft erforderlich sind[25].

c) Außenverhältnis

Die **Vertretung** der Vor-SE obliegt dem Leitungsorgan (dualistisches System) bzw.   10
den geschäftsführenden Direktoren (monistisches System, vgl. § 41 Abs. 1 SEAG)[26]. Ebenso wie bei der Vor-AG ist die Vertretungsmacht im Stadium der Vor-SE allerdings nach zutreffender Ansicht nicht schon entsprechend § 82 Abs. 1 AktG bzw. § 44 Abs. 1 SEAG unbeschränkt und unbeschränkbar[27], sondern wird durch den

54/80, BGHZ 80, 129, 135; *Ulmer* in Ulmer, GmbHG, § 11 Rz. 41; *Pentz* in MünchKomm. AktG, § 41 Rz. 3; *Hüffer*, § 41 Rz. 4.

18 Durch BGH v. 9.3.1981 – II ZR 54/80, BGHZ 80, 129; dazu ausf. *Ulmer*, ZGR 1981, 594 ff. m.w.N.
19 Ausf. *K. Schmidt* in Scholz, GmbHG, § 11 Rz. 36 ff.
20 Speziell für die SE: *J. Schmidt*, „Deutsche" vs. „britische" SE, S. 389; für die AG: *Pentz* in MünchKomm. AktG, § 41 Rz. 78; *K. Schmidt* in Großkomm. AktG, § 41 Rz. 135; für die GmbH: *Lutter/Bayer* in Lutter/Hommelhoff, GmbHG, § 11 Rz. 28; *K. Schmidt* in Scholz, GmbHG, § 11 Rz. 147.
21 So vor allem *Hüffer*, § 41 Rz. 17a ff.
22 Zwölfte Richtlinie 89/667/EWG des Rates vom 21. Dezember 1989 auf dem Gebiet des Gesellschaftsrechts betreffend Gesellschaften mit beschränkter Haftung mit einem einzigen Gesellschafter, ABl.EG Nr. L 395 v. 30.12.1989, S. 40.
23 Wie hier auch *Jannott* in Jannott/Frodermann, Handbuch Europäische Aktiengesellschaft, § 3 Rz. 299; *J. Schmidt*, „Deutsche" vs. „britische" SE, S. 389; *Schröder* in Manz/Mayer/Schröder, Art. 16 SE-VO Rz. 70 ff.
24 *J. Schmidt*, „Deutsche" vs. „britische" SE, S. 390; *Schwarz*, Art. 16 Rz. 14; vgl. auch *Schröder* in Manz/Mayer/Schröder, Art. 16 SE-VO Rz. 55 ff.; für die Vor-GmbH: BGH v.12.7.1956 – II ZR 218/54, BGHZ 21, 246; BGH v. 24.10.1968 – II ZR 216/66, BGHZ 51, 30, 32; *Lutter/Bayer* in Lutter/Hommelhoff, GmbHG, § 11 Rz. 5. Einzelheiten: *Drygala* in K. Schmidt/Lutter, AktG, § 41 Rz. 2 ff.
25 So für die Vor-GmbH: *Lutter/Bayer* in Lutter/Hommelhoff, GmbHG, § 11 Rz. 9; für die Vor-AG: *Pentz* in MünchKomm. AktG, § 41 Rz. 41.
26 *J. Schmidt*, „Deutsche" vs. „britische" SE, S. 390 f.; *Schröder* in Manz/Mayer/Schröder, Art. 16 SE-VO Rz. 56; *Schwarz*, Art. 16 Rz. 15. Insofern unzutreffend *Jannott* in Jannott/Frodermann, Handbuch Europäische Aktiengesellschaft, § 3 Rz. 303 (Vertretung durch den Verwaltungsrat).
27 So für die Vor-SE: *Jannott* in Jannott/Frodermann, Handbuch Europäische Aktiengesellschaft, § 3 Rz. 303; *Schwarz*, Art. 16 Rz. 15; für die Vor-AG: *Pentz* in MünchKomm. AktG, § 41 Rz. 34; *K. Schmidt* in Großkomm. AktG, § 41 Rz. 58.

Zweck der Vorgesellschaft begrenzt[28]; eine generell unbeschränkte Vertretungsmacht würde nämlich auch die Gesellschafter mit der Vorbelastungshaftung (dazu unten Rz. 11) bedrohen, die mit der vorzeitigen Geschäftsaufnahme nicht einverstanden sind oder hiervon gar nichts wissen. Die Vertretungsmacht ist daher bei Bargründungen allgemein auf solche Rechtshandlungen beschränkt, die zur Herbeiführung der Eintragung notwendig sind; wird dagegen ein Unternehmen eingebracht, so deckt sich die Vertretungsmacht i.E. weitgehend mit der unbeschränkt Vertretungsmacht gem. § 82 Abs. 1 AktG bzw. § 44 Abs. 1 SEAG; i.Ü. sind die Gründer aber ohne weiteres berechtigt, die derart beschränkte Vertretungsmacht einverständlich zu erweitern[29].

d) Unterbilanz- und Verlustdeckungshaftung

11   Ebenso wie bei der Vor-AG trifft auch die Gründer der Vor-SE die sog. Verlustdeckungs- und Unterbilanzhaftung[30]. Nach der neueren Rspr.[31] und h.L.[32] handelt es sich hierbei grundsätzlich um eine unbeschränkte proratarische Innenhaftung. Weitaus stimmiger – insbesondere in Anbetracht der zahlreichen Ausnahmen, zu denen sich die h.M. genötigt sieht – ist allerdings das von einer starken Literaturmeinung befürwortete Konzept einer unbeschränkten Außenhaftung[33].

2. Besonderheiten bei der SE

12   Für die Rechtsfigur der Vor-SE als notwendiges Durchgangsstadium zur Errichtung einer SE ist – ebenso wie im nationalen Recht[34] – **kein Bedarf** im Falle der **Verschmelzungsgründung durch Aufnahme** gem. Art. 17 Abs. 2 lit. a sowie des **Formwechsels aus der AG** gem. Art. 37. Denn in beiden Fällen entsteht keine neue juristische Person; vielmehr wandelt sich die jeweilige Gründungsgesellschaft unter Beibehaltung ihrer Identität in eine SE um. Verbindlichkeiten aus Handlungen für die künftige SE treffen nach den Grundsätzen über das unternehmensbezogene Geschäft generell und unbedingt die jeweilige AG als Ausgangsrechtsträger[35]. Insbesondere ist deshalb

---

28 *J. Schmidt*, „Deutsche" vs. „britische" SE, S. 391. Vgl. für die Vor-AG: *Hüffer*, § 41 Rz. 11; für die Vor-GmbH: BGH v. 9.3.1981 – II ZR 54/80, BGHZ 80, 129, 139; *Lutter/Bayer* in Lutter/Hommelhoff, GmbHG, § 11 Rz. 11; *Meyer*, GmbHR 2002, 1176, 1180 f.
29 Vgl. für die Vor-GmbH: BGH v. 9.3.1981 – II ZR 54/80, BGHZ 80, 129, 139; *Lutter/Bayer* in Lutter/Hommelhoff, GmbHG, § 11 Rz. 11. Ebenso für die Vor-SE: *J. Schmidt*, „Deutsche" vs. „britische" SE, S. 391.
30 Ebenso *Casper*, Der Konzern 2007, 244, 250; *Jannott* in Jannott/Frodermann, Handbuch Europäische Aktiengesellschaft, § 3 Rz. 311 ff.; *J. Schmidt*, „Deutsche" vs. „britische" SE, S. 392; *Schröder* in Manz/Mayer/Schröder, Art. 16 SE-VO Rz. 66 f. Für die Unterbilanzhaftung auch *Bartone/Klapdor*, Europäische Aktiengesellschaft, S. 75.
31 BGH v. 27.1.1997 – II ZR 123/94, BGHZ 134, 333 (für die GmbH); BAG v. 12.1.2004 – 5 AZR 117/04, ZIP 2005, 350, 351 f.; OLG Köln v. 20.12.2001 – 18 U 152/01, NZG 2002, 1066, 1068 (für die AG).
32 Für die SE: *Jannott* in Jannott/Frodermann, Handbuch Europäische Aktiengesellschaft, § 3 Rz. 311 ff.; *Schröder* in Manz/Mayer/Schröder, Art. 16 SE-VO Rz. 66; für die AG bzw. GmbH: *Hoffmann-Becking* in MünchHdb. AG, § 3 Rz. 35; *Hüffer*, § 41 Rz. 8; *Lutter*, JuS 1998, 1073, 1077; *Wiedemann*, ZIP 1997, 2027, 2033.
33 Für die AG: *Pentz* in MünchKomm. AktG, § 41 Rz. 65; *K. Schmidt* in Großkomm. AktG, § 41 Rz. 86; für die GmbH: *Bayer* in FS Röhricht, 2005, S. 25, 35; *Lutter/Bayer* in Lutter/Hommelhoff, GmbHG, § 11 Rz. 15; *K. Schmidt* in Scholz, GmbHG, § 11 Rz. 52 ff. m.w.N.
34 Zur Verschmelzung durch Aufnahme: BGH v. 23.9.1985 – II ZR 284/84, NJW-RR 1986, 115; *K. Schmidt* in Großkomm. AktG, § 41 Rz. 11; zum Formwechsel: BGH v. 25.1.1999 – II ZR 383/96, NJW-RR 1999, 1554; *K. Schmidt* in Großkomm. AktG, § 41 Rz. 10; a.A. fälschlich *Rieger* in Widmann/Mayer, § 197 UmwG Rz. 199 f.
35 So bereits *Schäfer*, NZG 2004, 785, 790.

weder Raum für eine Unterbilanzhaftung[36] noch für eine Verlustdeckungshaftung[37] der Gesellschafter. Die Rechtsfigur der Vor-SE geht insoweit ins Leere[38].

Bedeutung hat die Vor-SE hingegen im Falle der Errichtung einer SE im Wege der Verschmelzung durch Neugründung gem. Art. 17 Abs. 2 lit. b[39] sowie im Falle der Gründung einer gemeinsamen Holding-SE (Art. 32 ff.) oder auch einer gemeinsamen Tochter-SE (Art. 35 f.)[40], ebenso im Rahmen der sekundären SE-Gründung nach Art. 3 Abs. 2[41]. Allerdings ist zu differenzieren: 13

Im Falle der **Verschmelzung durch Neugründung** entsteht die Vor-SE, sobald alle Hauptversammlungen der beteiligten Gründungsgesellschaften dem Verschmelzungsplan zugestimmt haben[42] (dazu Art. 23 Rz. 4 ff.); wurde die Zustimmung lediglich zu einem Entwurf erklärt, dann ist – für die „deutsche SE" (dazu Art. 23 Rz. 13) – weiterhin noch die notarielle Beurkundung erforderlich[43].   14

Sowohl für die Errichtung einer Holding-SE als auch für die Errichtung einer Tochter-SE sieht das deutsche Recht keine speziellen Vorschriften vor. Die Vor-SE entsteht in diesen beiden Konstellationen jedoch unproblematisch unter Anwendung der allgemeinen Gründungsvorschriften der AG. Im Falle der **Holdinggründung** entsteht die Vor-SE, sobald die Zustimmungsbeschlüsse aller Gründungsgesellschaften zum Gründungsplan gefasst sind[44] (dazu Art. 32 Rz. 59 ff.); die Einbringung der Mindest-   15

---

36 Wie hier ausdrücklich *Jannott* in Jannott/Frodermann, Handbuch Europäische Aktiengesellschaft, § 3 Rz. 314.
37 Wie hier ausdrücklich *Jannott* in Jannott/Frodermann, Handbuch Europäische Aktiengesellschaft, § 3 Rz. 320.
38 *Casper*, Der Konzern 2007, 244, 249; *Hügel* in Kalss/Hügel, Vor § 17 SEG Art. 16 Rz. 2; *Jannott* in Jannott/Frodermann, Handbuch Europäische Aktiengesellschaft, § 3 Rz. 301; *Schäfer* in MünchKomm. AktG, Art. 16 SE-VO Rz. 6; *Schäfer*, NZG 2004, 785, 790; *Schindler*, Europäische Aktiengesellschaft, S. 18; *J. Schmidt*, „Deutsche" vs. „britische" SE, S. 387; *Schröder* in Manz/Mayer/Schröder, Art. 16 SE-VO Rz. 3; *Schwarz*, Art. 16 Rz. 9.
39 *Casper*, Der Konzern 2007, 244, 249; *Hügel* in Kalss/Hügel, Vor § 17 SEG Art. 16 Rz. 2; *Jannott* in Jannott/Frodermann, Handbuch Europäische Aktiengesellschaft, § 3 Rz. 299; *Schäfer* in MünchKomm. AktG, Art. 16 SE-VO Rz. 7; *Schäfer*, NZG 2004, 785, 790; *J. Schmidt*, „Deutsche" vs. „britische" SE, S. 387; *Schröder* in Manz/Mayer/Schröder, Art. 16 SE-VO Rz. 52 (abw. jedoch Rz. 4); *Schwarz*, Art. 16 Rz. 10; ebenso für das nationale Recht: *Lutter/Drygala* in Lutter, UmwG, § 4 Rz. 17; *Winter* in Lutter, UmwG, § 56 Rz. 7; *K. Schmidt* in Großkomm. AktG, § 41 Rz. 12 m.w.N.
40 *Casper*, Der Konzern 2007, 244, 249; Zur Holding-SE und Tochter-SE: *Hügel* in Kalss/Hügel, Vor § 17 SEG Art. 16 Rz. 2; *Schäfer* in MünchKomm. AktG, Art. 16 SE-VO Rz. 7; *Schindler*, Europäische Aktiengesellschaft, S. 18; *J. Schmidt*, „Deutsche" vs. „britische" SE, S. 388; *Schröder* in Manz/Mayer/Schröder, Art. 16 SE-VO Rz. 5 ff.; *Schwarz*, Art. 16 Rz. 10; für die Holding-SE auch *Oechsler*, NZG 2005, 449, 450.
41 *Jannott* in Jannott/Frodermann, Handbuch Europäische Aktiengesellschaft, § 3 Rz. 299; *J. Schmidt*, „Deutsche" vs. „britische" SE, S. 389; vgl. ferner *Schröder* in Manz/Mayer/Schröder, Art. 16 SE-VO Rz. 72.
42 *Bartone/Klapdor*, Europäische Aktiengesellschaft, S. 75; *Casper*, Der Konzern 2007, 244, 249; *Hügel* in Kalss/Hügel, Vor § 17 SEG Art. 16 Rz. 2; *Jannott* in Jannott/Frodermann, Handbuch Europäische Aktiengesellschaft, § 3 Rz. 299; *Schäfer* in MünchKomm. AktG, Art. 16 SE-VO Rz. 7; *J. Schmidt*, „Deutsche" vs. „britische" SE, S. 387f.; *Schwarz*, Art. 16 Rz. 10.
43 Richtig *Jannott* in Jannott/Frodermann, Handbuch Europäische Aktiengesellschaft, § 3 Rz. 299.
44 *Bartone/Klapdor*, Europäische Aktiengesellschaft, S. 75; *Casper*, Der Konzern 2007, 244, 249; *Jannott* in Jannott/Frodermann, Handbuch Europäische Aktiengesellschaft, § 3 Rz. 300; *Lind*, Europäische Aktiengesellschaft, S. 104; *Schindler*, Europäische Aktiengesellschaft, S. 18; *Kersting*, DB 2001, 2079, 2080; *Schäfer* in MünchKomm. AktG, Art. 16 SE-VO Rz. 7; *J. Schmidt*, „Deutsche" vs. „britische" SE, S. 388 f.; *Schwarz*, Art. 16 Rz. 10.

anteilsquote nach Art. 33 Abs. 2 (dazu Art. 33 Rz. 7 ff.) ist nicht erforderlich[45]. Im Falle der gemeinsamen **Tochter-SE** sowie der Tochter-SE im Rahmen der sekundären SE-Gründung nach Art. 3 Abs. 2 ist maßgeblicher Zeitpunkt die Feststellung der Satzung *und* die Übernahme sämtlicher Aktien[46].

16   Mit der Eintragung in das gem. Art. 12 bestimmte Register wandelt sich die Vor-SE *ipso iure* mit allen Aktiva und Passiva in die SE um (oben Rz. 7)[47]. In Betracht kommt jedoch eine **Unterbilanzhaftung** der Gründer (vgl. dazu bereits oben Rz. 11)[48]. Scheitert die Eintragung, so kann die Gründer eine **Verlustdeckungshaftung** treffen (vgl. dazu bereits oben Rz. 11)[49].

17   **Haftungssubjekt** sind sowohl bei der Unterbilanz- als auch bei der Verlustdeckungshaftung die Gründer. Dies sind bei allen Varianten der SE-Gründung die **Gründungsgesellschaften**[50].

IV. Handelndenhaftung (Art. 16 Abs. 2)

1. Allgemeines

a) Anwendungsbereich

18   Die Vorschrift des Art. 16 Abs. 2 findet auf **alle Formen der SE-Gründung** Anwendung. Die im Schrifttum[51] vorgeschlagene teleologische Reduktion in denjenigen Fällen der SE-Gründung, in denen die Rechtsfigur der Vor-SE keine Bedeutung hat, weil kein neuer Rechtsträger entsteht und somit der Ausgangsrechtsträger generell in der Haftung ist (oben Rz. 12), würde dem Charakter des Art. 16 Abs. 2 als einheitliche, autonom-europäische geregelte Handelndenhaftung widersprechen. Zuzugeben ist jedoch, dass die Handelndenhaftung in diesen Fällen kaum praktische Bedeutung hat, da hier im Regelfall entweder nach den Grundsätzen des unternehmensbezogenen Geschäfts ohnehin eine Verpflichtung der aufnehmenden bzw. sich umwandelnden Gesellschaft begründet wird oder jedenfalls mit Eintragung eine „Übernahme" erfolgt (vgl. dazu unten Rz. 27).

---

45 Ebenso *Jannott* in Jannott/Frodermann, Handbuch Europäische Aktiengesellschaft, § 3 Rz. 300; *Schäfer* in MünchKomm. AktG, Art. 16 SE-VO Rz. 7 a.E.; *J. Schmidt*, „Deutsche" vs. „britische" SE, S. 388f.; a.A. *Brandes*, AG 2005, 177, 186; *Hügel* in Kalss/Hügel, Vor § 17 SEG Art. 16 Rz. 2; *Schröder* in Manz/Mayer/Schröder, Art. 16 SE-VO Rz. 53.
46 *Bartone/Klapdor*, Europäische Aktiengesellschaft, S. 49, 75; *Hügel* in Kalss/Hügel, Vor § 17 SEG Art. 16 Rz. 2; *Jannott* in Jannott/Frodermann, Handbuch Europäische Aktiengesellschaft, § 3 Rz. 299; *Kersting*, DB 2001, 2079, 2081; *J. Schmidt*, „Deutsche" vs. „britische" SE, S. 388; *Schwarz*, Art. 16 Rz. 10; a.A. *Schäfer* in MünchKomm. AktG, Art. 16 SE-VO Rz. 7 a.E.; *Schröder* in Manz/Mayer/Schröder, Art. 16 SE-VO Rz. 53 (nur Feststellung der Satzung). Wie hier für das nationale Recht: *Hüffer*, § 41 Rz. 3; *K. Schmidt* in Großkomm. AktG, § 41 Rz. 39.
47 Vgl. die Nachweise oben in Fn. 15 .
48 *J. Schmidt*, „Deutsche" vs. „britische" SE, S. 392; *Schröder* in Manz/Mayer/Schröder, Art. 16 SE-VO Rz. 66; ausf. *Jannott* in Jannott/Frodermann, Handbuch Europäische Aktiengesellschaft, § 3 Rz. 311 ff.
49 *Casper*, Der Konzern 2007, 244, 250; *Jannott* in Jannott/Frodermann, Handbuch Europäische Aktiengesellschaft, § 3 Rz. 319; *J. Schmidt*, „Deutsche" vs. „britische" SE, S. 392; *Schröder* in Manz/Mayer/Schröder, Art. 16 SE-VO Rz. 67.
50 *Casper*, Der Konzern 2007, 244, 250; *J. Schmidt*, „Deutsche" vs. „britische" SE, S. 392. Vgl. für die Verschmelzung *Koke*, Finanzverfassung, S. 40; *Scheifele*, Gründung, S. 252; *Teichmann*, ZGR 2003, 367, 392. Vgl. für die Tochter-Gründung auch Art. 36 Rz. 21 f., für die Holding-Gründung ausf. Art. 32 Rz. 11.
51 *Schäfer* in MünchKomm. AktG, Art. 16 SE-VO Rz. 16.

b) Haftungszeitraum

Da die SE-VO die Existenz einer Vorgesellschaft dem nationalen Recht überlässt 19 (s. oben Rz. 4, 6) – d.h. in einer Reihe von Staaten (z.B. in Großbritannien[52]) überhaupt keine Vorgesellschaft bestehen wird – kann der zeitliche Anwendungsbereich der autonom-europäisch zu interpretierenden Handelndenhaftung nach Art. 16 Abs. 2 zwangsläufig nicht auf den Zeitraum einer etwaigen Vorgesellschaft beschränkt sein[53]. Vielmehr werden – nicht zuletzt auch im Interesse des von der Norm intendierten umfassenden Gläubigerschutzes – sämtliche Handlungen im Zeitraum **vor Eintragung** der SE erfasst[54]. Ausgeschlossen sind lediglich solche Rechtshandlungen, im Zeitpunkt derer die Gründung einer SE noch nicht einmal in irgendeiner Weise beabsichtigt war[55].

2. Handeln im Namen der SE

a) Handelnder

Handelnder i.S.d. Art. 16 Abs. 2 können nicht nur natürliche Personen, sondern auch 20 juristische Personen und Gesellschaften sein.

Im Gegensatz zu § 41 Abs. 1 Satz 2 AktG[56] ist der subjektive Anwendungsbereich 21 des autonom-europäisch auszulegenden Art. 16 Abs. 2 insbesondere auch **nicht auf Organe** der Vorgesellschaft **beschränkt**[57]; eine solche Interpretation würde die Handelndenhaftung nämlich in denjenigen Staaten, in denen keine Vorgesellschaft mit für sie handelnden Organen existiert, teilweise leer laufen lassen[58].

Bei der Nennung von „juristischen Personen und Gesellschaften" als potentielle Haf- 22 tungssubjekte kann es sich demzufolge auch nicht lediglich um eine Bezugnahme auf die nach Art. 47 Abs. 1 i.V.m. nationalem Recht zulässige Bestellung juristischer Personen als Organe einer SE (dazu Art. 47 Rz. 3 ff.) handeln[59]. Vielmehr wird damit klargestellt, dass Handelnde i.S.d. Art. 16 Abs. 2 generell auch **juristische Personen oder Gesellschaften** – insbesondere auch die jeweiligen Gründungsgesellschaften – sein können[60].

---

52 Das britische Recht kennt keine Vorgesellschaft, vgl. *Heinemann*, ZIP 1991, 760; *Kersting*, Vorgesellschaft, S. 173, 357; *Reith*, (1988) 37 ICLQ 109, 117; *Triebel*, Englisches Handels- und Wirtschaftsrecht, Rz. 597 ff. Ausf. zur Rechtslage bei Gründung einer „britischen" SE: *J. Schmidt*, „Deutsche" vs. „britische" SE, S. 393ff.
53 So aber *Kersting*, DB 2001, 2079, 2081; *Schwarz*, Art. 16 Rz. 17.
54 Ebenso *Hügel* in Kalss/Hügel, Vor § 17 SEG Art. 16 Rz. 4; *J. Schmidt*, „Deutsche" vs. „britische" SE, S. 400f.; *Zöllter-Petzoldt*, Verknüpfung, S. 185 f.; vgl. auch *Fuchs*, Gründung, S. 195; *Schröder* in Manz/Mayer/Schröder, Art. 16 SE-VO Rz. 17 f.
55 *J. Schmidt*, „Deutsche" vs. „britische" SE, S. 401; ähnlich auch *Zöllter-Petzoldt*, Verknüpfung, S. 186.
56 Vgl. dazu BGH v. 31.5.1976 – II ZR 185/74, BGHZ 66, 359, 361; *Hüffer*, § 41 Rz. 20.
57 So aber *Greda* in Kalss/Hügel, § 2 SEG Rz. 18; *Schäfer*, NZG 2004, 785, 791; *Schwarz*, Art. 16 Rz. 27; s. ferner auch *Jannott* in Jannott/Frodermann, Handbuch Europäische Aktiengesellschaft, § 3 Rz. 306; *Kersting*, DB 2001, 2079, 2082.
58 *J. Schmidt*, „Deutsche" vs. „britische" SE, S. 396 f. Wie hier i.E. wohl auch *Fuchs*, Gründung, S. 197 ff.; *Hügel* in Kalss/Hügel, Vor § 17 SEG Art. 16 Rz. 5; *Schröder* in Manz/Mayer/Schröder, Art. 16 SE-VO Rz. 23 ff.
59 So aber *Greda* in Kalss/Hügel, § 2 SEG Rz. 18; *Schäfer*, NZG 2004, 785, 791; *Schröder* in Manz/Mayer/Schröder, Art. 16 SE-VO Rz. 28 ff.
60 *J. Schmidt*, „Deutsche" vs. „britische" SE, S. 397 f. Wie hier i.E. auch *Fuchs*, Gründung, S. 197 f.; *Hügel* in Kalss/Hügel, Vor § 17 SEG Art. 16 Rz. 5; *Kersting*, DB 2001, 2079, 2082 ff.; *Oplustil*, (2003) 4 GLJ 107, 121; *Schwarz*, Art. 16 Rz. 21.

23   **Nicht** unter den Handelndenbegriff des Art. 16 Abs. 2 fallen hingegen die **Anteilsinhaber der Gründungsgesellschaften**[61]: Die bloße Mitwirkung am Gründungsbeschluss stellt kein nach außen gerichtetes Handeln für die SE dar, ebenso wenig wie die Einbringung der Anteile im Falle der Gründung einer Holding-SE[62].

b) Rechtshandlungen

24   Der weit auszulegende Begriff der „Rechtshandlungen" erfasst sowohl rechtsgeschäftliches als auch rechtsgeschäftsähnliches, nicht aber deliktisches Handeln[63].

c) Im Namen der SE

25   Die Handelndenhaftung greift nur im Falle eines Handelns „im Namen der SE". Im Interesse der Vermeidung von Abgrenzungsschwierigkeiten, Umgehungen und Zufallsergebnissen erfasst dies richtigerweise aber nicht nur ein explizites Handeln im Namen „der X-SE", sondern auch ein solches im Namen der „X-SE in Gründung" oder der „X-Vor-SE"[64].

3. Haftungsausschluss

26   **Negative tatbestandliche Voraussetzung** für die Handelndenhaftung ist, dass die mit der Eintragung entstandene SE die Verpflichtung **nicht übernimmt**. Die „Übernahme" der Verpflichtung ist nicht wörtlich zu nehmen; erfasst werden vielmehr **alle Konstellationen**, in denen entweder der **Ausgangsrechtsträger oder die neue SE** mit ihrem Vermögen dem jeweiligen Gläubiger **haften**, sei es kraft gesetzlicher Anordnung, sei es kraft rechtsgeschäftlicher Übernahme[65].

27   Wird die **neue SE** gem. Art. 16 Abs. 1 **eingetragen**, so gehen regelmäßig alle Verpflichtungen der Vor-SE ipso iure über (oben Rz. 7, 16) und eine zuvor begründete Handelndenhaftung erlischt[66]. Die Rechtslage ist nicht anders, wenn – wie im Falle der Verschmelzung durch Aufnahme oder des Formwechsels nach Art. 37 (oben Rz. 12) – in der Gründungsphase keine Vor-SE existiert hat; denn im Falle der Verschmelzung durch Aufnahme haftet die neu entstandene SE als Gesamtrechtsnachfolgerin (Art. 29 Abs. 1 lit. a), im Falle der Umwandlung aufgrund ihrer Identität mit der sich umwandelnden Gesellschaft (vgl. Art. 37 Abs. 2) für die Verbindlichkeit[67].

---

61 So aber *Hirte*, NZG 2002, 1, 4 Fn. 37; *Hirte*, DStR 2005, 653, 656 Fn. 43; *Kersting*, DB 2001, 2079, 2082 ff.; *Schindler*, Europäische Aktiengesellschaft, S. 19.

62 Ebenso *Fuchs*, Gründung, S. 198; *Jannott* in Jannott/Frodermann, Handbuch Europäische Aktiengesellschaft, § 3 Rz. 307; *Oplustil*, (2003) 4 GLJ 107, 121; *Paefgen*, GmbHR 2005, 957, 964; *Schäfer*, NZG 2004, 785, 791; *J. Schmidt*, „Deutsche" vs. „britische" SE, S. 398 f.; *Schwarz*, Art. 16 Rz. 25 f.; *Zöllter-Petzoldt*, Verknüpfung, S. 188.

63 *Fuchs*, Gründung, S. 197; *J. Schmidt*, „Deutsche" vs. „britische" SE, S. 399; *Schröder* in Manz/Mayer/Schröder, Art. 16 SE-VO Rz. 19; *Schwarz*, Art. 16 Rz. 28.

64 *Kersting*, DB 2001, 2078, 2084; *J. Schmidt*, „Deutsche" vs. „britische" SE, S. 399 f.; *Schröder* in Manz/Mayer/Schröder, Art. 16 SE-VO Rz. 20; *Schwarz*, Art. 16 Rz. 29; *Zöllter-Petzoldt*, Verknüpfung, S. 190.

65 Ähnlich *Jannott* in Jannott/Frodermann, Handbuch Europäische Aktiengesellschaft, § 3 Rz. 310; *Schäfer* in MünchKomm. AktG, Art. 16 SE-VO Rz. 21; *J. Schmidt*, „Deutsche" vs. „britische" SE, S. 403; *Schwarz*, Art. 16 Rz. 30 ff.

66 *Jannott* in Jannott/Frodermann, Handbuch Europäische Aktiengesellschaft, § 3 Rz. 310; *Schäfer* in MünchKomm. AktG, Art. 16 SE-VO Rz. 21; *J. Schmidt*, „Deutsche" vs. „britische" SE, S. 403 f.; *Schwarz*, Art. 16 Rz. 31; vgl. für die parallele Rechtslage in Österreich auch *Hügel* in Kalss/Hügel, Vor § 17 SEG Art. 16 Rz. 6; für das nationale deutsche Recht: BGH v. 13.6.1977 – II ZR 232/75, BGHZ 69, 95, 103 f.; *Hüffer*, § 41 Rz. 25; *Lutter/Bayer* in Lutter/Hommelhoff, GmbHG, § 11 Rz. 26; *Pentz* in MünchKomm. AktG, § 41 Rz. 109.

67 *J. Schmidt*, „Deutsche" vs. „britische" SE, S. 403. Vgl. für die Verschmelzung durch Aufnahme auch *Fuchs*, Gründung, S. 202; *Kersting*, DB 2001, 2078, 2083.

Eine gesetzliche Übernahme von Verpflichtungen, die im Namen der künftigen SE   28
eingegangen wurden, findet allerdings trotz Eintragung der neuen SE nicht statt,
wenn der Handelnde **nicht vertretungsberechtigt** war[68]. In diesem Fall kann die Haftung dennoch dadurch vermieden werden, dass die Verpflichtung von der SE im Wege
der Schuldübernahme **rechtsgeschäftlich übernommen** wird[69]. Der Zustimmung des
Gläubigers (vgl. §§ 414, 415 BGB) bedarf es hier nach § 41 Abs. 2 AktG (i.V.m. Art. 15
Abs. 1) grundsätzlich nicht[70]. Das Handeln eines vollmachtslosen Vertreters kann
die SE aber auch gem. §§ 177 ff. BGB **genehmigen**; hierfür brauchen die Voraussetzungen des § 41 Abs. 2 AktG nicht vorzuliegen[71].

4. Rechtsfolgen

Die Handelndenhaftung nach Art. 16 Abs. 2 ist eine **unbegrenzte und gesamtschuld-**   29
nerische Außenhaftung[72], die im Interesse eines umfassenden Gläubigerschutzes
grundsätzlich auf Erfüllung gerichtet ist[73]. Ein Verschulden ist nicht erforderlich[74].
Ausweislich des eindeutigen Wortlauts der Norm kann die Haftung jedenfalls durch
individuelle Vereinbarung ausgeschlossen werden[75]; eine Abbedingung durch AGB[76]
oder die Satzung[77] dürfte hingegen unzulässig sein.

5. Regress

Der interne Ausgleich zwischen **mehreren Handelnden** bestimmt sich nach den Re-   30
geln über die Gesamtschuld[78].

Ist der Handelnde ein Organmitglied der (künftigen) **SE** und hat er pflichtgemäß ge-   31
handelt, so hat er gegen diese einen Erstattungsanspruch (§§ 611, 675, 670 BGB)[79]; in
sonstigen Fällen kommt ein Regress nur nach GoA-Regeln in Betracht.

Im Hinblick auf die Frage eines etwaigen Regresses gegen die **(Gründungs-)Gesell-**   32
schafter stellt sich dieselbe Problematik wie bei der AG und GmbH, auf die hier nur
kurz verwiesen werden kann[80].

---

68 Vgl. *Schröder* in Manz/Mayer/Schröder, Art. 16 SE-VO Rz. 61; *J. Schmidt*, „Deutsche" vs.
   „britische" SE, S. 404.
69 *Schäfer* in MünchKomm. AktG, Art. 16 SE-VO Rz. 21; *Schwarz*, Art. 16 Rz. 32.
70 *Schäfer* in MünchKomm. AktG, Art. 16 SE-VO Rz. 21; *Schröder* in Manz/Mayer/Schröder,
   Art. 16 SE-VO Rz. 61.
71 Zutreffend *Schäfer* in MünchKomm. AktG, Art. 16 SE-VO Rz. 21 a.E.; *J. Schmidt*, „Deutsche"
   vs. „britische" SE, S. 404; vgl. zum nationalen Recht *Pentz* in MünchKomm. AktG, § 41
   Rz. 135, 155.
72 *J. Schmidt*, „Deutsche" vs. „britische" SE, S. 406; *Schröder* in Manz/Mayer/Schröder, Art. 16
   SE-VO Rz. 42 ff.; *Schwarz*, Art. 16 Rz. 37 ff.
73 *Kersting*, DB 2001, 2078, 2084; *Schindler*, Europäische Aktiengesellschaft, S. 19; *J. Schmidt*,
   „Deutsche" vs. „britische" SE, S. 406; *Schröder* in Manz/Mayer/Schröder, Art. 16 SE-VO
   Rz. 43; *Schwarz*, Art. 16 Rz. 38.
74 *Schröder* in Manz/Mayer/Schröder, Art. 16 SE-VO Rz. 31.
75 *Fuchs*, Gründung, S. 203; *J. Schmidt*, „Deutsche" vs. „britische" SE, S. 406; *Schröder* in
   Manz/Mayer/Schröder, Art. 16 SE-VO Rz. 41; *Schwarz*, Art. 16 Rz. 36.
76 Vgl. zu § 41 Abs. 1 Satz 2 AktG: *K. Schmidt* in Großkomm. AktG, § 41 Rz. 93.
77 Ebenso *J. Schmidt*, „Deutsche" vs. „britische" SE, S. 406; *Schröder* in Manz/Mayer/Schröder,
   Art. 16 SE-VO Rz. 41; *Schwarz*, Art. 16 Rz. 36.
78 *Schröder* in Manz/Mayer/Schröder, Art. 16 SE-VO Rz. 45; vgl. für die AG: *Hüffer*, § 41 Rz. 26.
79 Vgl. für die AG: *Hüffer*, § 41 Rz. 26; *Pentz* in MünchKomm. AktG, § 41 Rz. 148.
80 Vgl. für die AG: *Pentz* in MünchKomm. AktG, § 41 Rz. 149 m.w.N.; für die GmbH: *Lutter/*
   Bayer in Lutter/Hommelhoff, GmbHG, § 11 Rz. 27 m.w.N.

6. Konkurrenzen

33   § 41 Abs. 1 Satz 2 AktG wird durch die lex specialis des Art. 16 Abs. 2 verdrängt[81].

V. Ergänzende Anwendung des AktG

34   Vgl. zu Rechtsnatur und Haftung in der Vor-AG *Drygala* in K. Schmidt/Lutter, AktG, § 41 Rz. 2 ff.; speziell zur Unterbilanz- und Verlustdeckungshaftung Rz. 10 ff.

Abschnitt 2. Gründung einer SE durch Verschmelzung

Art. 17
[Gründung durch Verschmelzung]

(1) Eine SE kann gemäß Artikel 2 Absatz 1 durch Verschmelzung gegründet werden.

(2) Die Verschmelzung erfolgt

a) entweder nach dem Verfahren der Verschmelzung durch Aufnahme gemäß Artikel 3 Absatz 1 der Richtlinie 78/855/EWG

b) oder nach dem Verfahren der Verschmelzung durch Gründung einer neuen Gesellschaft gemäß Artikel 4 Absatz 1 der genannten Richtlinie.

Im Falle einer Verschmelzung durch Aufnahme nimmt die aufnehmende Gesellschaft bei der Verschmelzung die Form einer SE an. Im Falle einer Verschmelzung durch Gründung einer neuen Gesellschaft ist die neue Gesellschaft eine SE.

Literatur: *Brandes*, Cross Border Mergers mittels der SE, AG 2005, 177; *Buchheim*, Europäische Aktiengesellschaft und grenzüberschreitende Konzernverschmelzung: der aktuelle Entwurf der Rechtsform aus betriebswirtschaftlicher Sicht, 2001 (zit.: Europäische Aktiengesellschaft); *Casper*, Der Lückenschluss im Statut der Europäischen Aktiengesellschaft, in Habersack (Hrsg.), FS Ulmer, 2003, S. 51; *Fuchs*, Die Gründung einer Europäischen Aktiengesellschaft durch Verschmelzung und das nationale Recht, Diss. Konstanz 2004 (zit.: Gründung); *Ihrig/Wagner*, Diskussionsentwurf für ein SE-Ausführungsgesetz, BB 2003, 969; *Kallmeyer*, Europa-AG: Strategische Optionen für deutsche Unternehmen, AG 2003, 197; *Kraft/Bron*, Defizite bei der grenzüberschreitenden Verschmelzung – eine sekundärrechtliche Bestandsaufnahme, RIW 2005, 641; *Lutter*, Europäische Aktiengesellschaft – Rechtsfigur mit Zukunft?, BB 2002, 1; *Lutter/Kollmorgen/Feldhaus*, Die Europäische Aktiengesellschaft – Satzungsgestaltung bei der „mittelständischen" SE, BB 2005, 2473; *Oechsler*, Der praktische Weg zur Societas Europaea (SE) – Gestaltungsspielraum und Typenzwang, NZG 2005, 697; *Seibt/Reinhard*, Umwandlung der Aktiengesellschaft in die Europäische Gesellschaft (Societas Europaea), Der Konzern 2005, 407; *Teichmann*, Die Einführung der Europäischen Aktiengesellschaft, ZGR 2002, 383; *Vossius*, Gründung und Umwandlung der deutschen Europäischen Gesellschaft (SE), ZIP 2005, 741.

---

81 *J. Schmidt*, „Deutsche" vs. „britische" SE, S. 390.

I. Verschmelzung durch Aufnahme und durch Neugründung

Art. 17 **konkretisiert** die originäre Gründungsform der Verschmelzungs-SE nach 1
Art. 2 Abs. 1 dahin, dass sowohl die Verschmelzung durch Aufnahme (Art. 17 Abs. 2
lit. a) als auch die Verschmelzung durch Neugründung (Art. 17 Abs. 2 lit. b) möglich
sind. Der Hinweis auf die RL 78/855/EWG – 3. RL[1] – ist allerdings nicht als „Anwendungsbefehl" zu verstehen, sondern **definiert** lediglich die Verschmelzung durch Aufnahme als Vorgang, „durch den eine oder mehrere Gesellschaften ihr gesamtes Ak-
tiv- und Passivvermögen im Wege der Auflösung ohne Abwicklung auf eine andere
Gesellschaft übertragen, und zwar gegen Gewährung von Aktien der übernehmenden
Gesellschaft an die Aktionäre der übertragenden Gesellschaft oder Gesellschaften
und gegebenenfalls einer baren Zuzahlung, die den zehnten Teil des Nennbetrags
oder, wenn ein Nennbetrag nicht vorhanden ist, des rechnerischen Wertes der gewährten Aktien nicht übersteigt" (Art. 3 Abs. 1 der 3. RL) und die Verschmelzung
durch Neugründung als Vorgang, „durch den mehrere Gesellschaften ihr gesamtes
Aktiv- und Passivvermögen im Wege der Auflösung ohne Abwicklung auf eine Gesellschaft, die sie gründen, übertragen, und zwar gegen Gewährung von Aktien der
neuen Gesellschaft an ihre Aktionäre und gegebenenfalls einer baren Zuzahlung, die
den zehnten Teil des Nennbetrags oder, wenn der Nennbetrag nicht vorhanden ist,
des rechnerischen Wertes der gewährten Aktien nicht übersteigt" (Art. 4 Abs. 1 der
3. RL)[2].

Im Unterschied zur innerstaatlichen Verschmelzung findet hier für jede beteiligte 2
übertragende Gründungsgesellschaft eine **Auflösung über die Grenze** statt[3]. Eine weitere Besonderheit – sowohl zur innerstaatlichen (3. RL) als auch zur grenzüberschreitenden (10. RL[4]) Verschmelzung – besteht im Falle der Verschmelzung zur Aufnahme
darin, dass die **aufnehmende** Gründungsgesellschaft ihre **Rechtsform ändert**, nämlich
von der AG hin zur SE. Es handelt sich insoweit mithin um die Kombination von
Verschmelzung und (identitätswahrendem) Formwechsel[5] (vgl. auch Art. 29 Abs. 1
lit. d).

Nach allg. M. kann im Falle der Verschmelzung **zur Neugründung** die neue SE ihren 3
(satzungsmäßigen) **Sitz in einem anderen Mitgliedstaat** haben als die Gründungsgesellschaften[6]. Im Falle der Verschmelzung durch Aufnahme wird eine derartige

1 Dritte Richtlinie des Rates 78/855/EWG vom 9. Oktober 1978 gemäß Artikel 54 Absatz 3 Buchstabe g) des Vertrages betreffend die Verschmelzung von Aktiengesellschaften, ABl.EG Nr. L
  295 v. 20.10.1978, S. 36.
2 *Hügel* in Kalss/Hügel, Vor § 17 SEG Art. 17 Rz. 1; *Schäfer* in MünchKomm. AktG, Art. 17 SE-
  VO Rz. 2; *Schwarz*, Art. 17 Rz. 4 m.w.N.
3 Dogmatisch unscharf allerdings *Schäfer* in MünchKomm. AktG, Art. 17 SE-VO Rz. 1 a.E. (,,...
  mit einer Sitzverlegung verbindet ...").
4 Richtlinie 2005/56/EG des Europäischen Parlaments und des Rates vom 26. Oktober 2005
  über die Verschmelzung von Kapitalgesellschaften aus verschiedenen Mitgliedstaaten, ABl.EU
  Nr. L 310 v. 25.11.2005, S. 1. Dazu ausf. *Bayer/J. Schmidt*, NJW 2006, 401 ff.; *Drinhausen/Kei-
  nath*, RIW 2006, 81 ff.; *Grohmann/Gruschinske*, GmbHR 2006, 191 ff.; *Kiem*, WM 2006,
  1091 ff.
5 Ebenso *Hügel* in Kalss/Hügel, Vor § 17 SEG Art. 17 Rz. 5; *Schwarz*, Art. 17 Rz. 6; *Schindler*, Europäische Aktiengesellschaft, S. 22.
6 *Habersack*, Europäisches Gesellschaftsrecht, § 12 Rz. 16; *Heckschen* in Widmann/Mayer, Anhang 14 Rz. 127, 155; *Ihrig/Wagner*, BB 2003, 969, 971 Fn. 67; *Jannott* in Jannott/Frodermann,
  Handbuch Europäische Aktiengesellschaft, § 3 Rz. 5; *Kallmeyer*, AG 2003, 197, 198; *Kraft/
  Bron*, RIW 2005, 641, 642; *Lutter*, BB 2002, 1, 4; *Lutter/Kollmorgen/Feldhaus*, BB 2005, 2473;
  Marsch-Barner in Kallmeyer, UmwG, Anhang Rz. 27; *Oechsler*, NZG 2005, 697, 700; *Schäfer*
  in MünchKomm. AktG, Art. 17 SE-VO Rz. 11, Art. 20 Rz. 13; *Schröder* in Manz/Mayer/Schrö-
  der, Art. 8 SE-VO Rz. 14, Art. 20 Rz. 15; *Schwarz*, Art. 20 Rz. 21.

Sitzwahlfreiheit hingegen verbreitet abgelehnt[7]. Die Interessenlage sei hier ähnlich wie bei der Umwandlung, so dass Art. 37 Abs. 3 analog anzuwenden sei[8]; überdies folge bereits aus dem Wesen der Verschmelzung durch Aufnahme, dass der Sitz der künftigen SE mit demjenigen der aufnehmenden Gesellschaft identisch sein müsse[9]. Letztlich vermag dies jedoch nicht zu überzeugen. Zum einen bewirkt eine Sitzverlegung nämlich keinesfalls zwingend den Verlust der Identität der Gesellschaft (arg. e Art. 8 Abs. 1). Vor allem aber besteht bei der Verschmelzung eben kein ausdrückliches Sitzverlegungsverbot[10]. Art. 20 Abs. 1 Satz 2 lit. a (Festlegung des Sitzes im Verschmelzungsplan) sowie die weite Formulierung in Art. 22[11] sprechen vielmehr gerade für eine umfassende **Sitzwahlfreiheit** auch im Falle der **Verschmelzung durch Aufnahme**[12].

II. Verschmelzungsfähige Rechtsträger

4 Wer sich an einer SE-Gründung durch Verschmelzung beteiligen kann, wird bereits in **Art. 2 Abs. 1 geregelt**: Nur Aktiengesellschaften i.S.v. Anhang I der SE-VO, d.h. aus deutscher Sicht **nur die AG**, nicht hingegen die KGaA (Art. 2 Rz. 8), jedoch wegen Art. 3 Abs. 1 auch die **SE** (dazu Art. 2 Rz. 23, Art. 3 Rz. 3). Die Vor-AG ist nicht verschmelzungsfähig (Art. 2 Rz. 9), die aufgelöste AG nur unter den Voraussetzungen des nach Art. 18 anwendbaren Rechts, d.h. aus deutscher Sicht gem. § 3 Abs. 3 UmwG, § 274 AktG (Art. 2 Rz. 9).

5 Weitere Voraussetzungen: **Sitz** und **Hauptverwaltung in der Gemeinschaft** (Art. 2 Rz. 10) sowie sog. **Mehrstaatlichkeit** (Art. 2 Rz. 11).

6 Zulässig ist auch eine **Konzernverschmelzung** (*Bayer*, Art. 2 Rz. 12)[13]. Hier gewährt Art. 31 im Falle der Aufnahme der Tochter-AG durch die Mutter-AG (sog. upstreammerger)[14] gewisse Erleichterungen (ausf. Art. 31 Rz. 7 ff.).

---

7 *Buchheim*, Europäische Aktiengesellschaft, S. 138, 193; *Ihrig/Wagner*, BB 2004, 1749, 1752; *Jannott* in Jannott/Frodermann, Handbuch Europäische Aktiengesellschaft, § 3 Rz. 5; *Kraft/Bron*, RIW 2005, 641, 642; *Marsch-Barner* in Kallmeyer, UmwG, Anhang Rz. 26; *Schäfer* in MünchKomm. AktG, Art. 17 SE-VO Rz. 10, Art. 20 Rz. 13; *Schröder* in Manz/Mayer/Schröder, Art. 8 SE-VO Rz. 15, Art. 20 SE-VO Rz. 15; sowie wohl auch *Lutter*, BB 2002, 1, 4; *Oechsler*, NZG 2005, 697, 700.

8 *Schröder* in Manz/Mayer/Schröder, Art. 8 SE-VO Rz. 15.

9 Vgl. *Buchheim*, Europäische Aktiengesellschaft, S. 138, 193; *Jannott* in Jannott/Frodermann, Handbuch Europäische Aktiengesellschaft, § 3 Rz. 5; *Kraft/Bron*, RIW 2005, 641, 642; *Marsch-Barner* in Kallmeyer, UmwG, Anhang Rz. 26; *Schröder* in Manz/Mayer/Schröder, Art. 8 SE-VO Rz. 15, Art. 20 SE-VO Rz. 15.

10 Vgl. *Fuchs*, Gründung, S. 117 f.; *Heckschen* in Widmann/Mayer, Anhang 14 Rz. 127; *Scheifele*, Gründung, S. 153 f.; *Schwarz*, Art. 20 Rz. 21.

11 „… Mitgliedstaats, dessen Recht eine der sich verschmelzenden Gesellschaften oder die künftige SE unterliegt …", vgl. *Kallmeyer*, AG 2003, 197, 198; *Scheifele*, Gründung, S. 154.

12 Ebenso *Fuchs*, Gründung, S. 117 f.; *Heckschen* in Widmann/Mayer, UmwG, Anhang 14 Rz. 127, 155; *Kallmeyer*, AG 2003, 197, 198; *Scheifele*, Gründung, S. 153; *Schwarz*, Art. 20 Rz. 21; ferner wohl auch *Bungert/Beier*, EWS 2002, 1, 8; *Habersack*, Europäisches Gesellschaftsrecht, § 12 Rz. 16; *Lutter/Kollmorgen/Feldhaus*, BB 2005, 2473; s. auch schon *Sagasser/Swienty*, DStR 1991, 1188, 1191 zum SE-VOE 1991.

13 *Bayer* in Lutter/Hommelhoff, Europäische Gesellschaft, S. 25, 32; *Casper* in FS Ulmer, 2003, S. 51, 64; *Jannott* in Jannott/Frodermann, Handbuch Europäische Aktiengesellschaft, § 3 Rz. 7 a.E.; *Kalss* in Kalss/Hügel, Vor § 17 SEG – Gründung der SE Rz. 16; *Oechsler*, NZG 2005, 697, 700 f.; *J. Schmidt*, „Deutsche" vs. „britische" SE, S. 137; *Schwarz*, Art. 17 Rz. 17; *Seibt/Reinhard*, Der Konzern 2005, 407, 409; *Teichmann*, ZGR 2002, 383, 412; *Vossius*, ZIP 2005, 741, 743; a.A. *Hirte*, NZG 2002, 1, 3.

14 Hingegen nicht für den umgekehrten Fall des sog. downstream-merger: *Bayer* in Lutter/Hommelhoff, Europäische Gesellschaft, S. 25, 45; *Fuchs*, Gründung, S. 169, 175; *Oechsler*, NZG

Für **deutsche Gründungsgesellschaften** sind über die **Verweisung in Art. 18** bei der   7
Verschmelzung zur Aufnahme die §§ 4–35 und 60–73 UmwG anwendbar, bei der Verschmelzung zur Neugründung die §§ 36–38 und 73–77 UmwG[15]. Insbesondere sind
im Hinblick auf die Zwei-Jahres-Frist die Regelungen in **§§ 67 und 76 Abs. 1 UmwG**
zu beachten (ausf. Art 23 Rz. 8, 12)[16] sowie allgemein hinsichtlich der Kapitalerhöhung bei einer aufnehmenden AG die **§§ 66 UmwG, 182 ff. AktG** anzuwenden[17].

III. Gründungsverfahren im Überblick

Das Gründungsverfahren ist dem von der 3[18]. und 6. RL[19] her bekannten Modell   8
nachgebildet; die zentralen Eckpunkte sind:

(1) Verschmelzungsplan

(2) Verschmelzungsbericht

(3) Publizität

(4) Beginn der Verhandlungen mit den Arbeitnehmern

(5) Verschmelzungsprüfung

(6) Verschmelzungsbeschluss

(7) Rechtmäßigkeitskontrolle

(8) Eintragung und Bekanntmachungen.

Art. 18
[Für Verschmelzung anwendbares Recht]

**In den von diesem Abschnitt nicht erfassten Bereichen sowie in den nicht erfassten
Teilbereichen eines von diesem Abschnitt nur teilweise abgedeckten Bereichs sind
bei der Gründung einer SE durch Verschmelzung auf jede Gründungsgesellschaft die
mit der Richtlinie 78/855/EWG in Einklang stehenden, für die Verschmelzung von
Aktiengesellschaften geltenden Rechtsvorschriften des Mitgliedstaats anzuwenden,
dessen Recht sie unterliegt.**

2005, 697, 700; *Schäfer* in MünchKomm. AktG, Art. 31 SE-VO Rz. 2; *Scheifele*, Gründung,
S. 281, 287; *Schindler*, Europäische Aktiengesellschaft, S. 29; *Schröder* in Manz/Mayer/Schröder, Art. 31 SE-VO Rz. 1; *Schwarz*, Art. 31 Rz. 5, 22; *Teichmann*, ZGR 2002, 383, 431; zumindest i.E. auch *Hügel* in Kalss/Hügel, § 20 SEG Rz. 13 (der downstream merger sei zwar theoretisch erfasst, Art. 31 habe aber insofern keine praktische Relevanz).

15 *Scheifele*, Gründung, S. 136; *J. Schmidt*, „Deutsche" vs. „britische" SE, S. 158; *Schwarz*,
Art. 17 Rz. 10.

16 *Bayer* in Lutter/Hommelhoff, Europäische Gesellschaft, S. 25, 39; *Jannott* in Jannott/Frodermann, Handbuch Europäische Aktiengesellschaft, § 3 Rz. 83; *Marsch-Barner* in Kallmeyer,
UmwG, Anhang Rz. 67; *Scheifele*, Gründung, S. 212; *J. Schmidt*, „Deutsche" vs. „britische"
SE, S. 203; *Schwarz*, Art. 17 Rz. 13; a.A. *Schröder* in Manz/Mayer/Schröder, Art. 23 SE-VO
Rz. 25.

17 *Bayer* in Lutter/Hommelhoff, Europäische Gesellschaft, S. 25, 42; *Brandes*, AG 2005, 177,
185; *Jannott* in Jannott/Frodermann, Handbuch Europäische Aktiengesellschaft, § 3 Rz. 78;
Marsch-Barner in Kallmeyer, UmwG, Anhang Rz. 69; *Neun* in Theisen/Wenz, Europäische
Aktiengesellschaft, S. 57, 129; *J. Schmidt*, „Deutsche" vs. „britische" SE, S. 210; *Schwarz*,
Art. 17 Rz. 7; *Thümmel*, Europäische Aktiengesellschaft, Rz. 69.

18 S. oben Fn. 1.

19 Sechste Richtlinie 82/891/EWG des Rates vom 17. Dezember 1982 gemäß Artikel 54 Absatz 3
Buchstabe g) des Vertrages betreffend die Spaltung von Aktiengesellschaften, ABl.EG Nr. L
378 v. 31.12.1982, S. 47.

Literatur: *Brandes*, Cross Border Mergers mittels der SE, AG 2005, 177; *Fuchs*, Die Gründung einer Europäischen Aktiengesellschaft durch Verschmelzung und das nationale Recht, Diss. Konstanz 2004 (zit.: Gründung); *Lennerz*, Die internationale Verschmelzung und Spaltung unter Beteiligung deutscher Gesellschaften, 2001; *Menjucq*, La société européenne, Revue des sociétés 2002, 225; *Oplustil*, Selected problems concerning formation of a holding SE (societas europaea), (2003) 4 GLJ 107; *Schmidt, J.*, SE and SCE: two new European company forms – and more to come!, (2006) 27 Co Law 99; *Schulz/Geismar*, Die Europäische Aktiengesellschaft, DStR 2001, 1078; *Teichmann*, Die Einführung der Europäischen Aktiengesellschaft, ZGR 2002, 383; *Teichmann*, Minderheitenschutz bei Gründung und Sitzverlegung der SE, ZGR 2003, 367; *Wagner*, Die Bestimmung des auf die SE anwendbaren Rechts, NZG 2002, 985; *Walden/Meyer-Landrut*, Die grenzüberschreitende Verschmelzung zu einer Europäischen Gesellschaft: Planung und Vorbereitung, DB 2005, 2119.

I. Regelungsinhalt und -zweck

1   Art. 18 ist eine **Spezialverweisung** für die Errichtung einer SE durch Verschmelzung und erklärt in lückenfüllender Ergänzung der SE-VO für jede beteiligte Gründungs-AG das jeweils für sie geltende nationale **Verschmelzungsrecht** für anwendbar. Im Verhältnis zur allgemeinen Verweisungsnorm des Art. 15 Abs. 1 ist Art. 18 in seinem Anwendungsbereich (dazu unten Rz. 2 f.) vorrangig, dagegen im Verhältnis zu speziellen Regelungen der Verschmelzungs-SE in der SE-VO (einschließlich spezieller Verweisungen in Art. 19 ff.)[1] nachrangig. Nachrangig gegenüber der SE-VO ist im Zusammenhang mit der Errichtung einer SE durch Verschmelzung zugleich das nationale Recht der Gründungsgesellschaften.

II. Anwendungsbereich

2   Art. 18 erfasst nach Wortlaut und Systematik nur die Errichtung einer SE durch **Verschmelzung**[2]. Für die Holding-Gründung fehlt eine vergleichbare Regelung[3]; diese planwidrige Lücke lässt sich aber ohne weiteres durch eine **analoge Anwendung** des Art. 18 schließen (ausf. Art. 32 Rz. 7)[4].

3   In Abgrenzung zu Art. 15 (dort Rz. 7) erstreckt sich die Verweisung des Art. 18 nur auf die **Phase 1** der SE-Gründung, nämlich die Vorbereitungs- und Beschlussphase, d.h. diejenigen Verfahrensschritte, die noch der Sphäre der einzelnen Gründungsgesellschaften zuzuordnen sind[5].

---

1 *Schäfer* in MünchKomm. AktG, Art. 18 SE-VO Rz. 4; *Schröder* in Manz/Mayer/Schröder, Art. 18 SE-VO Rz. 6; vgl. *Schwarz*, Art. 18 Rz. 10.
2 *Scheifele*, Gründung, S. 41; *J. Schmidt*, „Deutsche" vs. „britische" SE, S. 157; *J. Schmidt*, (2006) 27 Co Law 99, 101; *Schwarz*, Art. 18 Rz. 9; vgl. auch *Hügel* in Kalss/Hügel, Vor § 17 SEG Art. 18 Rz. 1; *Schröder* in Manz/Mayer/Schröder, Art. 18 SE-VO Rz. 1.
3 Nach *Teichmann*, ZGR 2003, 367, 389 handelt es sich um ein Redaktionsversehen.
4 So bereits *Bayer* in Lutter/Hommelhoff, Europäische Gesellschaft, S. 25, 46; ebenso *Jannott* in Jannott/Frodermann, Handbuch Europäische Aktiengesellschaft, § 3 Rz. 153; *Oplustil*, (2003) 4 GLJ 107, 109; *J. Schmidt*, „Deutsche" vs. „britische" SE, S. 272 f.; *J. Schmidt*, (2006) 27 Co Law 99, 101; *Schäfer* in MünchKomm. AktG, Art. 32 SE-VO Rz. 3; *Schwarz*, Vor Art. 32 Rz. 11 (str.).
5 So bereits *Bayer* in Lutter/Hommelhoff, Europäische Gesellschaft, S. 25, 32 f.; *Fuchs*, Gründung, S. 42; *Hügel* in Kalss/Hügel, Vor § 17 SEG Art. 15 Rz. 6; *Kleindiek* in Lutter/Hommel-

III. Verweisungsobjekt

1. Kollisionsrechtliche Ebene

Welches nationale Verschmelzungsrecht gilt, wird in Art. 18 nicht bestimmt, son- 4
dern folgt aus dem internationalen Gesellschaftsrecht (Kollisionsrecht) der jeweiligen
Gründungsgesellschaft; im Unterschied zu Art. 15 Abs. 1 (Art. 15 Rz. 3 f.) verweist
Art. 18 nämlich **nicht direkt auf das Sitzstaatrecht** der Gründungsgesellschaften[6].
Die in den einzelnen EWR-Staaten nach wie vor bestehenden Unterschiede im Hinblick auf die Bestimmung des Gesellschaftsstatuts (Sitz- vs. Gründungstheorie) wirken sich allerdings insoweit dank der neueren EuGH-Rechtsprechung (*Centros*[7],
Überseering[8], *Inspire Art*[9]) letztlich kaum aus: Auch in traditionellen Sitztheorie-
staaten (wie Deutschland) gilt nunmehr die „europarechtliche Gründungstheorie"[10]
– jedenfalls im Verhältnis zu anderen EWR-Staaten[11]. Bedeutung können die unterschiedlichen Anknüpfungsmoment daher allenfalls in dem Ausnahmefall haben,
dass sich (qua Art. 2 Abs. 5, dazu Art. 2 Rz. 24 ff.) auch Gesellschaften mit Hauptverwaltung außerhalb des EWR-Raums an einer SE-Gründung beteiligen[12].

2. Übereinstimmung mit der 3. Richtlinie

Die Verweisung auf das nationale Verschmelzungsrecht erfolgt unter der Vorausset- 5
zung, dass diese Vorschriften im Einklang mit der 3. RL[13] stehen. **Richtlinienwidriges**
Verschmelzungsrecht kommt somit **nicht** zur Anwendung[14].

---

hoff, Europäische Gesellschaft, S. 95, 100; *Marsch-Barner* in Kallmeyer, UmwG, Anhang
Rz. 18; *Schäfer* in MünchKomm. AktG, Art. 18 SE-VO Rz. 1; *Scheifele*, Gründung, S. 37, 39,
41; *J. Schmidt*, „Deutsche" vs. „britische" SE, S. 157; *J. Schmidt*, (2006) 27 Co Law 99, 101;
Schwarz, Art. 18 Rz. 16; *Schröder* in Manz/Mayer/Schröder, Art. 18 SE-VO Rz. 2; *Teichmann*,
ZGR 2002, 383, 416; *Walden/Meyer-Landrut*, DB 2005, 2119.

6 Richtig *Hügel* in Kalss/Hügel, Vor § 17 SEG Art. 18 Rz. 3; *Lind*, Europäische Aktiengesell-
schaft, S. 107 f.; *Schäfer* in MünchKomm. AktG, Art. 18 SE-VO Rz. 2; *Scheifele*, Gründung,
S. 43; *J. Schmidt*, „Deutsche" vs. „britische" SE, S. 157 f.; *Schröder* in Manz/Mayer/Schröder,
Art. 18 SE-VO Rz. 7; *Schwarz*, Art. 18 Rz. 7, 21; *Teichmann*, ZGR 2002, 383, 417 Fn. 157;
Teichmann, ZGR 2003, 367, 371 Fn. 22; *Wagner*, NZG 2002, 985, 990; a.A. *Fuchs*, Gründung,
S. 61; *Menjucq*, Revue des sociétés 2002, 225, 234; *Schulz/Geismar*, DStR 2001, 1078, 1080.

7 EuGH v. 9.3.1999 – Rs. C-212/97 – „Centros Ltd v. Erhvervs- og Selskabsstyrelsen", Slg. 1999,
I-1459.

8 EuGH v. 5.11.2002 – Rs. C-208/00 – „Überseering BV v. Nordic Construction Company Bau-
management GmbH (NCC)", Slg. 2002, I-9919.

9 EuGH v. 30.9.2003 – Rs. C-167/01 – „Kamer van Koophandel en Fabrieken voor Amsterdam v.
Inspire Art Ltd.", Slg. 2003, I-10155.

10 Vgl. für Deutschland: BGH v. 13.3.2003 – VII ZR 370/98, BGHZ 154, 185 – „Überseering";
BGH v. 19. 9.2005 – II ZR 372/03, AG 2005, 886; aus dem Schrifttum etwa: *Bernstorff*, RIW
2004, 498; *Eidenmüller*, NJW 2005, 1618; *Horn*, NJW 2004, 893, 896; *Rehm*, JZ 2005, 304;
Wachter, GmbHR 2005, 717, 721; s. auch schon *Bayer*, BB 2004, 1, 4 m.w.N.

11 Ob die Sitztheorie im Verhältnis zu Drittstaaten fortgilt, ist in Deutschland momentan
umstr.; dafür etwa: *Horn*, NJW 2004, 893, 897; *Wachter*, GmbHR 2005, 717, 721; dagegen etwa: *Leible/Hoffmann*, RIW 2002, 925, 935 f.; *Rehm*, JZ 2005, 304, 306.

12 Vgl. *J. Schmidt*, „Deutsche" vs. „britische" SE, S. 158.

13 Dritte Richtlinie des Rates 78/855/EWG vom 9. Oktober 1978 gemäß Artikel 54 Absatz 3
Buchstabe g) des Vertrages betreffend die Verschmelzung von Aktiengesellschaften, ABl.EG
Nr. L 295 v. 20.10.1978, S. 36.

14 *Hügel* in Kalss/Hügel, Vor § 17 SEG Art. 18 Rz. 7; *Schäfer* in MünchKomm. AktG, Art. 18 SE-
VO Rz. 3; *Scheifele*, Gründung, S. 45; *J. Schmidt*, „Deutsche" vs. „britische" SE, S. 158;
Schwarz, Art. 18 Rz. 29.

3. Sachrechtliche Ebene

a) Allgemeines

6 Kommt auf die Gründungsgesellschaft **deutsches** Sachrecht zur Anwendung, dann gelten nicht nur die deutschen Durchführungsvorschriften zur 3. RL[15],[16] sondern alle Vorschriften des **UmwG**, die auf AG Anwendung finden[17], aber auch alle sonstige Vorschriften, die für eine Verschmelzung deutscher AG gelten, also speziell die ergänzend anwendbaren Vorschriften des **AktG**[18].

7 Auf eine **ausländische AG mit Verwaltungssitz in Deutschland** findet – jedenfalls soweit sie in einem EWR-Staat gegründet wurde – kraft der „europarechtlichen Gründungstheorie" das Recht ihres Gründungsstaates Anwendung (vgl. dazu auch bereits oben Rz. 4)[19].

b) Einzelheiten

8 In Ergänzung der speziellen Regelungen in der SE-VO (oben Rz. 1) kommen im Falle der Errichtung einer Verschmelzungs-SE auf eine deutsche AG (oder SE) als Gründungsgesellschaft insbesondere folgende Vorschriften zur Anwendung:

– Form des Verschmelzungsplans: § 6 UmwG (vgl. dazu Art. 20 Rz. 6)

– Bekanntmachung des Verschmelzungsplans (vgl. Art. 6 der 3. RL[20]): § 61 UmwG (vgl. dazu Art. 21 Rz. 3, 9)

– Zuleitung des Verschmelzungsplans an den Betriebsrat: § 5 Abs. 3 UmwG (vgl. dazu Art. 21 Rz. 11)

– Verschmelzungsbericht (vgl. Art. 9 der 3. RL): § 8 UmwG (vgl. dazu Art. 20 Rz. 29)

– Verschmelzungsprüfung (vgl. Art. 10 der 3. RL): §§ 60, 73, 9–12 UmwG (vgl. dazu Art. 22 Rz. 3)

– Informationsrechte der Aktionäre (vgl. Art. 11 der 3. RL): §§ 63, 64 UmwG (vgl. dazu *Bayer*, Art. 23 Rz. 6 f., 9)

– Übertragung der Aktien: § 71 UmwG (vgl. dazu *Bayer*, Art. 20 Rz. 20)

– ggf. spezielle Kapitalerhöhungsvorschriften: §§ 66 ff. UmwG i.V.m. §§ 182 ff. AktG[21]

---

15 Dritte Richtlinie des Rates 78/855/EWG vom 9. Oktober 1978 gemäß Artikel 54 Absatz 3 Buchstabe g) des Vertrages betreffend die Verschmelzung von Aktiengesellschaften, ABl.EG Nr. L 295 v. 20.10.1978, S. 36.

16 Zumindest missverständlich insofern *Lennerz*, Verschmelzung, S. 25 f.; *Wagner*, NZG 2002, 985, 990.

17 *Hügel* in Kalss/Hügel, Vor § 17 SEG Art. 18 Rz. 8; *Schäfer* in MünchKomm. AktG, Art. 18 SE-VO Rz. 2 f.; *Scheifele*, Gründung, S. 45; *J. Schmidt*, „Deutsche" vs. „britische" SE, S. 158; *Schwarz*, Art. 18 Rz. 29 f.

18 *Hügel* in Kalss/Hügel, Vor § 17 SEG Art. 18 Rz. 9; *Scheifele*, Gründung, S. 45; *J. Schmidt*, „Deutsche" vs. „britische" SE, S. 158; *Schwarz*, Art. 18 Rz. 30; *Teichmann*, ZGR 2002, 383, 425 Fn. 179.

19 *Hügel* in Kalss/Hügel, Vor § 17 SEG Art. 18 Rz. 5; *Schäfer* in MünchKomm. AktG, Art. 18 SE-VO Rz. 2; *J. Schmidt*, „Deutsche" vs. „britische" SE, S. 158; vgl. auch *Schwarz*, Art. 18 Rz. 21.

20 Dritte Richtlinie des Rates 78/855/EWG vom 9. Oktober 1978 gemäß Artikel 54 Absatz 3 Buchstabe g) des Vertrages betreffend die Verschmelzung von Aktiengesellschaften, ABl.EG Nr. L 295 v. 20.10.1978, S. 36.

21 *Bayer* in Lutter/Hommelhoff, Europäische Gesellschaft, S. 25, 42; *Brandes*, AG 2005, 177, 185; *Jannott* in Jannott/Frodermann, Handbuch Europäische Aktiengesellschaft, § 3 Rz. 78; *Marsch-Barner* in Kallmeyer, UmwG, Anhang Rz. 69; *Neun* in Theisen/Wenz, Europäische Aktiengesellschaft, S. 57, 129; *J. Schmidt*, „Deutsche" vs. „britische" SE, S. 210; *Schwarz*, Art. 17 Rz. 7.

- ggf. Nachgründungsrecht: § 67 UmwG (vgl. dazu Art. 17 Rz. 7, Art. 23 Rz. 8)
- Sperrfrist: § 76 UmwG (vgl. dazu Art. 17 Rz. 7, Art. 23 Rz. 12)
- zivilrechtliche Haftung der Organmitglieder (vgl. Art. 20 der 3. RL): §§ 25 f. UmwG[22].

Art. 19
[Behördliches Einspruchsrecht]

Die Rechtsvorschriften eines Mitgliedstaates können vorsehen, dass die Beteiligung einer Gesellschaft, die dem Recht dieses Mitgliedstaates unterliegt, an der Gründung einer SE durch Verschmelzung nur möglich ist, wenn keine zuständige Behörde dieses Mitgliedstaats vor der Erteilung der Bescheinigung gemäß Artikel 25 Absatz 2 dagegen Einspruch erhebt.

Dieser Einspruch ist nur aus Gründen des öffentlichen Interesses zulässig. Gegen ihn muss ein Rechtsmittel eingelegt werden können.

Literatur: *Cerioni*, The approved version of the European Company Statute in comparison with the 1991 draft: some first remarks from the General Provisions and from the Directive on employees' involvement, part II (2004) 25 Co Law 259; *Fuchs*, Die Gründung einer Europäischen Aktiengesellschaft durch Verschmelzung und das nationale Recht, Diss. Konstanz 2004 (zit.: Gründung); *Morse* (Hrsg.), Palmer's Company Law (London), 25. Aufl. 1992, Loseblatt, Stand: Februar 2005; *Teichmann*, Die Einführung der Europäischen Aktiengesellschaft, ZGR 2002, 383; *Teichmann*, Vorschläge für das deutsche Ausführungsgesetz zur Europäischen Aktiengesellschaft, ZIP 2002, 1109.

I. Regelungsgegenstand und -zweck

Art. 19 Unterabs. 1 enthält – in Parallele zu Art. 8 Abs. 14 bei der Sitzverlegung (dazu Art. 8 Rz. 61 ff.) – eine **Ermächtigung**[1] an die Mitgliedstaaten, den nationalen Behörden ein **Einspruchsrecht** gegen die Verschmelzung einzuräumen. Dieses Optionsrecht trägt der Tatsache Rechnung, dass eine grenzüberschreitende Verschmelzung u.U. auch bedeutsame öffentliche Interessen berührt. Es beruht auf dem Wunsch Großbritanniens[2], das in seinem nationalen Recht bis 1988 für Wegzugsfälle ein Ein-   1

---

22 *Schröder* in Manz/Mayer/Schröder, Art. 18 SE-VO Rz. 47; *Schwarz*, Art. 22 Rz. 37.

1 *Schäfer* in MünchKomm. AktG, Art. 19 SE-VO Rz. 1; *J. Schmidt*, „Deutsche" vs. „britische" SE, S. 160; *Schröder* in Manz/Mayer/Schröder, Art. 19 SE-VO Rz. 2; *Schwarz*, Art. 19 Rz. 1.

2 Vgl. *Schäfer* in MünchKomm. AktG, Art. 19 SE-VO Rz. 2; *Scheifele*, Gründung, S. 139; *J. Schmidt*, „Deutsche" vs. „britische" SE, S. 162; *Teichmann*, ZGR 2002, 383, 432.

spruchsrecht der Finanzbehörden kannte, welches Gegenstand des berühmten *Daily-Mail*-Verfahrens[3] war.

2   Unterabs. 2 Satz 1 beschränkt den Einspruch auf Gründe des **öffentlichen Interesses** (dazu Rz. 4). Unterabs. 2 Satz 2 bestimmt, dass hiergegen ein Rechtsmittel möglich sein muss (dazu Rz. 7).

II. Zuständigkeit und Reichweite des Einspruchsrechts

1. Bezugspunkt: nationale Gesellschaften

3   Das Einspruchsrecht darf sich nach dem eindeutigen Wortlaut der Norm nur auf diejenigen Gesellschaften beziehen, die dem Recht des von der Ermächtigung Gebrauch machenden Mitgliedstaates unterliegen; ein Mitgliedstaat kann also nur „seinen" – nicht dagegen ausländischen – Gesellschaften die Teilnahme an der Verschmelzung zur SE untersagen[4].

2. Öffentliches Interesse

4   Der Einspruch ist gem. Art. 19 Abs. 2 nur aus Gründen des öffentlichen Interesses zulässig. Der Ausnahmecharakter der Vorschrift und die drakonischen Folgen eines etwaigen Einspruchs (vgl. dazu Rz. 6) gebieten insoweit eine **restriktive Auslegung**[5], wobei die Rechtsprechung des EuGH zur eng verwandten Norm des Art. 46 EG als Vorbild dienen kann[6]. Ein Einspruch ist demnach nur begründet, wenn eine tatsächliche und hinreichend schwere Gefährdung vorliegt, die ein Grundinteresse der Gesellschaft berührt[7]. In Betracht kommen daher etwa die nationale Sicherheit[8] oder die Strafverfolgung[9]; rein fiskalische Interessen[10] dürften hingegen angesichts der neueren Rechtsprechung des EuGH[11] nicht unbedingt in jedem Fall genügen[12].

---

3   EuGH v. 27.9.1988 – Rs. C-81/87 "The Queen v. H. M. Treasury and Commissioners of Inland Revenue, ex parte Daily Mail and General Trust plc", Slg. 1988, 5483.

4   Ebenso i.E. *Fuchs*, Gründung, S. 158; *Scheifele*, Gründung, S. 139; *J. Schmidt*, „Deutsche" vs. „britische" SE, S. 163; *Schwarz*, Art. 19 Rz. 4. Zumindest missverständlich ist hingegen die Differenzierung zwischen Wegzugs- und Zuzugsstaat bei *Schröder* in Manz/Mayer/Schröder, Art. 19 SE-VO Rz. 4: Sofern eine der Gründungsgesellschaften dem Recht des künftigen Sitzstaates der SE unterliegt, kann im Einzelfall durchaus auch die Behörde dieses „Zuzugstaats" gegen die Teilnahme der betreffenden Gründungsgesellschaft Einspruch erheben.

5   Für eine restriktive Handhabung auch *Fuchs*, Gründung, S. 158; *Scheifele*, Gründung, S. 139; *J. Schmidt*, „Deutsche" vs. „britische" SE, S. 160; *Schröder* in Manz/Mayer/Schröder, Art. 19 SE-VO Rz. 5; *Schwarz*, Art. 19 Rz. 5.

6   *J. Schmidt*, „Deutsche" vs. „britische" SE, S. 160f.; ähnlich *Cerioni*, (2004) 25 Co Law 259, 266 f.; *Schröder* in Manz/Mayer/Schröder, Art. 19 SE-VO Rz. 5.

7   Vgl. zu Art. 46 EG: EuGH v. 9. 3.2000 – Rs. C-355/98 – „Kommission der Europäischen Gemeinschaften v. Königreich Belgien", Slg. 2000, I-1221 Rz. 28; *Streinz/Müller-Graff*, EUV/ EGV, 2003, Art. 46 EG Rz. 9 m.w.N.

8   S. *Bungert/Beier*, EWS 2002, 1, 7 Fn. 59 i.V.m. Fn. 52; *Palmer's Company Law*, 17.011; *Scheifele*, Gründung, S. 139; *J. Schmidt*, „Deutsche" vs. „britische" SE, S. 161; *Schwarz*, Art. 19 Rz. 2.

9   S. *Scheifele*, Gründung, S. 139; *J. Schmidt*, „Deutsche" vs. „britische" SE, S. 161; *Schwarz*, Art. 19 Rz. 2.

10   So *Cerioni*, (2004) 25 Co Law 259, 266 f.; *Scheifele*, Gründung, S. 139; *Schwarz*, Art. 19 Rz. 2.

11   S. EuGH v. 11.3.2004 – Rs. C-9/02 – „Hughes de Lasteyrie du Saillant v. Ministére d l'Économie, des Finances et de l'Industrie", Slg. 2004, I-2409.

12   Vgl. *J. Schmidt*, „Deutsche" vs. „britische" SE, S. 161.

3. Zeitlicher Rahmen

Der Einspruch muss **vor der Erteilung der Bescheinigung** gem. Art. 25 Abs. 2 (dazu   5
ausf. Art. 25 Rz. 14 ff.) erhoben werden.

III. Rechtsfolgen eines Einspruchs

Wenn die zuständige Behörde Einspruch erhebt, darf der betreffenden Gesellschaft   6
keine Bescheinigung nach Art. 25 Abs. 2 ausgestellt werden, d.h. der Einspruch bewirkt eine **„Bescheinigungssperre"**[13]. Wegen Art. 26 Abs. 2 (Vorlage der Bescheinigung im künftigen Sitzstaat, dazu Art. 26 Rz. 3, 9) ist damit zugleich auch eine Eintragung der Verschmelzung im künftigen Sitzstaat der SE ausgeschlossen[14].

IV. Rechtsmittel

Gem. Art. 19 Unterabs. 1 Satz 2 muss gegen den Einspruch ein Rechtsmittel einge-   7
legt werden können. Erforderlich ist die Möglichkeit einer **gerichtlichen Überprüfung**[15]; im Interesse des effet utile der Norm muss diese zudem auch in angemessener Zeit erfolgen[16].

V. Keine Umsetzung in Deutschland

Im Gegensatz zu einer Reihe anderer Mitgliedstaaten[17] sah der deutsche Gesetzgeber   8
für eine Umsetzung der Option des Art. 19 Unterabs. 1 kein Bedürfnis[18].

Art. 20
[Verschmelzungsplan]

**(1) Die Leitungs- oder die Verwaltungsorgane der sich verschmelzenden Gesellschaf-
ten stellen einen Verschmelzungsplan auf. Dieser Verschmelzungsplan enthält**

**a) die Firma und den Sitz der sich verschmelzenden Gesellschaften sowie die für die
SE vorgesehene Firma und ihren geplanten Sitz,**

**b) das Umtauschverhältnis der Aktien und gegebenenfalls die Höhe der Ausgleichs-
leistung,**

c) die Einzelheiten hinsichtlich der Übertragung der Aktien der SE,

**d) den Zeitpunkt, von dem an diese Aktien das Recht auf Beteiligung am Gewinn
gewähren, sowie alle Besonderheiten in Bezug auf dieses Recht,**

---

13 *Schröder* in Manz/Mayer/Schröder, Art. 19 SE-VO Rz. 6; *Schwarz*, Art. 19 Rz. 7.
14 *Schröder* in Manz/Mayer/Schröder, Art. 19 SE-VO Rz. 6; *Schwarz*, Art. 19 Rz. 7.
15 Vgl. die englische und französische Textfassung („review by a judicial authority"/„recours de-
vant une autorité judicaire").
16 Vgl. zur Problematik der Folgen eines stattgebenden Urteils: *Cerioni*, (2004) 25 Co Law 259,
266 f.
17 Z.B. Großbritannien (r. 60 European Public Limited-Liability Company Regulations 2004, SI
2004/2326, dazu ausf. *J. Schmidt*, „Deutsche" vs. „britische" SE, S. 162 ff.) oder Belgien (art.
878 Code des sociétés).
18 Vgl. *Teichmann*, ZIP 2002, 1109, 1112; *Teichmann*, ZGR 2002, 383, 432; s. ferner auch *Scheifele*, Gründung, S. 140; *J. Schmidt*, „Deutsche" vs. „britische" SE, S. 162.

e) den Zeitpunkt, von dem an die Handlungen der sich verschmelzenden Gesellschaften unter dem Gesichtspunkt der Rechnungslegung als für Rechnung der SE vorgenommen gelten,

f) die Rechte, welche die SE den mit Sonderrechten ausgestatteten Aktionären der Gründungsgesellschaften und den Inhabern anderer Wertpapiere als Aktien gewährt, oder die für diese Personen vorgeschlagenen Maßnahmen,

g) jeder besondere Vorteil, der den Sachverständigen, die den Verschmelzungsplan prüfen, oder den Mitgliedern der Verwaltungs-, Leitungs-, Aufsichts- oder Kontrollorgane der sich verschmelzenden Gesellschaften gewährt wird,

h) die Satzung der SE,

i) Angaben zu dem Verfahren, nach dem die Vereinbarung über die Beteiligung der Arbeitnehmer gemäß der Richtlinie 2001/86/EG geschlossen wird.

(2) Die sich verschmelzenden Gesellschaften können dem Verschmelzungsplan weitere Punkte hinzufügen.

Literatur: *Bungert/Beier*, Die Europäische Aktiengesellschaft, EWS 2002, 1; *Brandes*, Cross BorderMergers mittels der SE, AG 2005, 177; *Brandt/Scheifele*, Die Europäische Aktiengesellschaft und das anwendbare Recht, DStR 2002, 547; *Casper*, Der Lückenschluss im Statut der Europäischen Aktiengesellschaft, in Habersack [Hrsg.], FS Ulmer, 2003, S. 51; *Fuchs*, Die Gründung einer Europäischen Aktiengesellschaft durch Verschmelzung und das nationale Recht, Diss. Konstanz 2004 (zit.: Gründung); *Heckschen*, Die Europäische AG aus notarieller Sicht, DNotZ 2003, 251; *Hirte*, Die Europäische Aktiengesellschaft – ein Überblick nach Inkrafttreten der deutschen Ausführungsgesetzgebung, DStR 2005, 653; *Kloster*, Societas Europaea und europäische Unternehmenszusammenschlüsse, EuZW 2003, 293; *Lösekrug*, Die Umsetzung der Kapital-, Verschmelzungs- und Spaltungsrichtlinie der EG in das nationale Recht, 2004 (zit.: Umsetzung); *Mahi*, Die Europäische Aktiengesellschaft. Societas Europaea – SE, 2004 (zit.: Europäische Aktiengesellschaft); *Sagasser/Swienty*, Die Gründung einer Europäischen Aktiengesellschaft im Wege der Verschmelzung – Zur Praktikabilität des SE-Statuts in der Entwurfsfassung vom 6./16.5.1991, DStR

1991, 1188; *Schulz/Eicker*, The European Company Statute – the German view, Intertax 2001, 332; *Schulz/Geismar*, Die Europäische Aktiengesellschaft, DStR 2001, 1078; *Schwarz, G.*, Zum Statut der Europäischen Aktiengesellschaft, ZIP 2001, 1847; *Seibt/Saame*, Die Societas Europaea (SE) deutschen Rechts: Anwendungsfelder und Beratungshinweise, AnwBl 2005, 225; *Teichmann*, Die Einführung der Europäischen Aktiengesellschaft, ZGR 2002, 383; *Teichmann*, Minderheitenschutz bei Gründung und Sitzverlegung der SE, ZGR 2003, 367; *Vossius*, Gründung und Umwandlung der deutschen Europäischen Gesellschaft (SE), ZIP 2005, 741; *Walden/Meyer-Landrut*, Die grenzüberschreitende Verschmelzung zu einer Europäischen Gesellschaft: Planung und Vorbereitung, DB 2005, 2119.

I. Regelungsgegenstand und Zweck

Das „Herzstück"[1] des europäischen Verschmelzungsrechts ist sowohl nach der 3.   1
RL[2] und – neuerdings – der 10. RL[3] als auch nach der SE-VO der Verschmelzungsplan. Es handelt sich hierbei um das **Gründungsdokument** der Verschmelzungs-SE, das von den Leitungs- oder Verwaltungsorganen der Gründungsgesellschaften (bei einer deutschen AG von deren Vorstand, bei einer deutschen SE mit monistischem System gem. § 41 Abs. 1 SEAG von deren geschäftsführenden Direktoren)[4] einvernehmlich mit einem **bestimmten Mindestinhalt** und ggf. weiteren Ergänzungen aufzustellen und nach erfolgter sachverständiger Prüfung (Art. 22) und unter Beifügung eines Verschmelzungsberichts (Art. 18 i.V.m. dem anwendbaren und mit der 3. RL übereinstimmenden nationalen Recht; dazu Art. 18 Rz. 5, 8; unten Rz. 29 ff.) der jeweiligen Hauptversammlung zur zustimmenden Beschlussfassung vorzulegen ist (Art. 23).

II. Begriff und Rechtsnatur des Verschmelzungsplans

Der Verschmelzungsplan erfordert im Vorfeld seiner Aufstellung eine Verständigung   2
der Gründungsgesellschaften über den Inhalt. Eine solche inhaltliche Übereinstimmung folgt nicht nur aus der Natur der Sache[5], sondern ausdrücklich auch aus Art. 26 Abs. 3 („gleich lautender Verschmelzungsplan"). Dass die zuständigen Organe einen **gemeinsamen Verschmelzungsplan** i.S.e. einheitlichen Gründungsdokuments aufstellen, ist allerdings – entgegen einer verbreiteten Auffassung[6] – **nicht erforderlich**. Jede Gründungsgesellschaft hat vielmehr einen eigenen, wenn auch inhaltlich übereinstimmenden und damit „gleich lautenden" Verschmelzungsplan aufzustellen und ihrer Hauptversammlung zur Beschlussfassung vorzulegen[7]. Zu den Auswirkungen dieser Kontroverse: Rz. 6 (Form) und Rz. 10 (Sprache).

---

1 So bereits *Bayer* in Lutter/Hommelhoff, Europäische Gesellschaft, S. 25, 34 im Anschluss an *Kloster*, EuZW 2003, 293, 295.
2 Dritte Richtlinie des Rates 78/855/EWG vom 9. Oktober 1978 gemäß Artikel 54 Absatz 3 Buchstabe g) des Vertrages betreffend die Verschmelzung von Aktiengesellschaften, ABl.EG Nr. L 295 v. 20.10.1978, S. 36.
3 Richtlinie 2005/56/EG des Europäischen Parlaments und des Rates vom 26. Oktober 2005 über die Verschmelzung von Kapitalgesellschaften aus verschiedenen Mitgliedstaaten, ABl.EU Nr. L 310 v. 25.11.2005, S. 1. Dazu *Bayer/J. Schmidt*, NJW 2006, 401 ff.; *Drinhausen/Keinath*, RIW 2006, 81 ff.; *Kiem*, WM 2006, 1091 ff.; *Neye*, ZIP 2005, 1893 ff.
4 *Schäfer* in MünchKomm. AktG, Art. 20 SE-VO Rz. 4; *Schröder* in Manz/Mayer/Schröder, Art. 20 SE-VO Rz. 42.
5 So schon *Teichmann*, ZGR 2002, 383, 417; vgl. weiter *Schäfer* in MünchKomm. AktG, Art. 20 SE-VO Rz. 4.
6 Ausf. *Schwarz*, Art. 20 Rz. 10 im Anschluss an *Scheifele*, Gründung, S. 141 f.; vgl. auch *Fuchs*, Gründung, S. 108; *Schröder* in Manz/Mayer/Schröder, Art. 20 SE-VO Rz. 1.
7 So bereits *Bayer* in Lutter/Hommelhoff, Europäische Gesellschaft, S. 25, 34; ebenso *Marsch-Barner* in Kallmeyer, UmwG, Anhang Rz. 28 f.; *J. Schmidt*, „Deutsche" vs. „britische" SE, S. 165; *Thümmel*, Europäische Aktiengesellschaft, Rz. 55.

3 Anders als im nationalen Verschmelzungsrecht muss auch **kein Verschmelzungsvertrag** geschlossen werden; die Vorschrift des § 4 UmwG kommt auch für eine deutsche Gründungsgesellschaft aufgrund der Spezialität und damit des Vorrangs von Art. 20 nicht zur Anwendung (über Art. 18: dort Rz. 1), weil die SE-VO insoweit eine europaweit einheitliche Regelung getroffen hat[8]. Anders als in der 3. RL ist hier für den nationalen Gesetzgeber kein Spielraum eröffnet[9].

4 Unbenommen ist es jedoch den Gründungsgesellschaften, **freiwillig** einen **Verschmelzungsvertrag** oder zusätzlich ein „business combination agreement" zu schließen, um auf diese Weise eine zusätzliche wechselseitige Bindung zu erzeugen[10]. Dies ist in der (internationalen) Praxis üblich und auch empfehlenswert[11]. Wird ein solcher Verschmelzungsvertrag geschlossen, dann erfüllt er ohne weiteres die Voraussetzung gleich lautender Verschmelzungspläne; die zusätzliche schuldrechtliche Bindung der Beteiligten ist unschädlich[12].

5 Von seiner Rechtsnatur her ist der Verschmelzungsplan ein **gesellschaftsrechtlicher Organisationsakt**[13].

III. Form und Sprache

1. Form

a) Notarielle Beurkundung

6 Die SE-VO enthält für den Verschmelzungsplan keine Formvorschrift. Nach zutreffender Auffassung wird die Frage, ob eine notarielle Beurkundung erforderlich ist, über **Art. 18** durch das anwendbare nationale Verschmelzungsrecht entschieden[14]; ei-

---

8 *Bayer* in Lutter/Hommelhoff, Europäische Gesellschaft, S. 25, 34; *Brandes*, AG 2005, 177, 180; *Casper* in FS Ulmer, S. 51, 68; *Heckschen*, DNotZ 2003, 251, 257; *Heckschen* in Widmann/Mayer, Anhang 14 Rz. 146 ff.; *Jannott* in Jannott/Frodermann, Handbuch Europäische Aktiengesellschaft, § 3 Rz. 37; *Marsch-Barner* in Kallmeyer, UmwG, Anhang Rz. 28; *Scheifele*, Gründung, S. 143 ff.; *J. Schmidt*, „Deutsche" vs. „britische" SE, S. 166; *Teichmann*, ZGR 2002, 383, 418 ff.; *Walden/Meyer-Landrut*, DB 2005, 2119, 2121; vgl. auch *Vossius*, ZIP 2005, 741, 743 Fn. 23.

9 Richtig *Brandes*, AG 2005, 177, 180; *Schäfer* in MünchKomm. AktG, Art. 20 SE-VO Rz. 8; *J. Schmidt*, „Deutsche" vs. „britische" SE, S. 166; *Teichmann*, ZGR 2002, 383, 418 ff. Verfehlt daher § 17 öSEG, wo vom „Verschmelzungsvertrag" gesprochen wird; dazu nur *Hügel* in Kalss/Hügel, § 17 SEG Rz. 1 f.

10 So schon *Bayer* in Lutter/Hommelhoff, Europäische Gesellschaft, S. 25, 34; *Brandes*, AG 2005, 177, 181; *Hügel* in Kalss/Hügel, § 17 SEG Rz. 5; *Marsch-Barner* in Kallmeyer, UmwG, Anhang Rz. 29; *Schäfer* in MünchKomm. AktG, Art. 20 SE-VO Rz. 9; *J. Schmidt*, „Deutsche" vs. „britische" SE, S. 166; *Vossius*, ZIP 2005, 741, 743 Fn. 23; a.A. wohl *Scheifele*, Gründung, S. 152; *Schwarz*, Art. 20 Rz. 14 (nur business combination agreement zulässig).

11 Dazu ausf. *Aha*, BB 2001, 2225 ff. Vgl. auch *Brandes*, AG 2005, 177, 181 m.w.N.

12 *Bayer* in Lutter/Hommelhoff, Europäische Gesellschaft, S. 25, 34; *Hügel* in Kalss/Hügel, § 17 SEG Rz. 5; *Marsch-Barner* in Kallmeyer, UmwG, Anhang Rz. 29; *Schäfer* in MünchKomm. AktG, Art. 20 SE-VO Rz. 9 a.E.; *J. Schmidt*, „Deutsche" vs. „britische" SE, S. 166.

13 *Brandes*, AG 2005, 177, 181; *Heckschen* in Widmann/Mayer, Anhang 14 Rz. 146; *Schröder* in Manz/Mayer/Schröder, Art. 20 SE-VO Rz. 1; *Schwarz*, Art. 20 Rz. 12; vgl. auch *Teichmann*, ZGR 2002, 383, 419.

14 S. bereits *Bayer* in Lutter/Hommelhoff, Europäische Gesellschaft, S. 25, 34 f.; *Fuchs*, Gründung, S. 112; *Heckschen*, DNotZ 2003, 251, 258 f.; *Heckschen* in Widmann/Mayer, UmwG, Anhang 14 Rz. 200; *Hügel* in Kalss/Hügel, § 17 SEG Rz. 6; *Marsch-Barner* in Kallmeyer, UmwG, Anhang Rz. 31; *J. Schmidt*, „Deutsche" vs. „britische" SE, S. 167; *Schwarz*, Art. 20 Rz. 51; *Teichmann*, ZGR 2002, 383, 420; vgl. auch *Schröder* in Manz/Mayer/Schröder, Art. 20 SE-VO Rz. 7. A.A. *Schulz/Eicker*, Intertax 2001, 332, 335; *Schulz/Geismar*, DStR 2001, 1078, 1080; vgl. ferner *Brandes*, AG 2005, 177, 182.

ne dies ausdrücklich anordnende Regelung im SE-VOE 1991 (Art. 18 Abs. 2) wurde als überflüssig angesehen und wieder gestrichen[15]. Da ein gemeinsamer Verschmelzungsplan nicht erforderlich ist (oben Rz. 2), hat eine **unterschiedliche nationale Rechtslage** nicht zur Folge, dass sich das strengere Recht durchsetzt[16]; die notarielle Form gilt vielmehr nur für die Gründungsgesellschaft, deren nationales Recht dies verlangt[17]. Dies ist – notwendigerweise – nur dann anders, wenn die Beteiligten freiwillig einen Verschmelzungsvertrag schließen (dazu oben Rz. 4).

Ist eine **deutsche Gründungsgesellschaft** beteiligt, so ist gem. § 6 UmwG die notarielle Form erforderlich. Die Vorschrift erfasst im Rahmen einer entsprechenden Anwendung nicht nur den Verschmelzungsvertrag, sondern auch den Verschmelzungsplan, was bereits daraus folgt, dass auch die 3. RL[18] diesen Begriff benutzt und § 6 UmwG hierauf aufbaut[19].   7

b) Auslandsbeurkundung

Zweifelhaft ist – ebenso wie bei nationalen Sachverhalten[20] – die Zulässigkeit einer   8
Auslandsbeurkundung. Jedenfalls bei einer SE sollten jedoch aufgrund der Supranationalität dieser Rechtsform keine Bedenken[21] bestehen, wenn die Beurkundung des Verschmelzungsplans im Mitgliedstaat eines Verschmelzungspartners[22] oder im Sitzstaat der künftigen SE[23] erfolgt. Weitergehend wird man aber – analog zum Geltungsbereich der SE-VO – sogar eine Beurkundung **in irgendeinem EWR-Staat** für ausreichend erachten müssen[24].

---

15 Vgl. *Heckschen*, DNotZ 2003, 251, 258; *Teichmann*, ZGR 2002, 383, 420; *Schäfer* in Münch-Komm. AktG, Art. 20 SE-VO Rz. 6; *J. Schmidt*, „Deutsche" vs. „britische" SE, S. 166 f.

16 So aber – von ihrem Standpunkt aus konsequent – *Fuchs*, Gründung, S. 112; *Scheifele*, Gründung, S. 174 f.; *Schröder* in Manz/Mayer/Schröder, Art. 20 SE-VO Rz. 7; *Schwarz*, Art. 20 Rz. 50.

17 So auch dezidiert *Heckschen* in Widmann/Mayer, Anhang 14 Rz. 200; *Hügel* in Kalss/Hügel, § 17 SEG Rz. 6 f.; *Marsch-Barner* in Kallmeyer, UmwG, Anhang Rz. 31; *Neun* in Theisen/Wenz, Europäische Aktiengesellschaft, S. 57, 96; *J. Schmidt*, „Deutsche" vs. „britische" SE, S. 167.

18 Dritte Richtlinie des Rates 78/855/EWG vom 9. Oktober 1978 gemäß Artikel 54 Absatz 3 Buchstabe g) des Vertrages betreffend die Verschmelzung von Aktiengesellschaften, ABl.EG Nr. L 295 v. 20.10.1978, S. 36.

19 Vgl. ausf. bereits *Bayer* in Lutter/Hommelhoff, Europäische Gesellschaft, S. 25, 34 f.; *J. Schmidt*, „Deutsche" vs. „britische" SE, S. 168.

20 Hierzu *Lutter/Drygala* in Lutter, UmwG, § 6 Rz. 7 ff. m.w.N.; vgl. aktuell etwa auch *Brück*, DB 2004, 2409 ff.

21 Für eine schlichte Übertragung der von der h.M. für nationale Sachverhalte geforderten Gleichwertigkeit jedoch *Fuchs*, Gründung, S. 113; *Heckschen* in Widmann/Mayer, Anhang 14 Rz. 203 f.; *Hügel* in Kalss/Hügel, § 17 SEG Rz. 6; *Mahi*, Europäische Aktiengesellschaft, S. 38 f.; *Schäfer* in MünchKomm. AktG, Art. 20 SE-VO Rz. 6 f. Für eine Beschränkung auf Beurkundung durch deutsche Notare *Spitzbart*, RNotZ 2006, 369, 390.

22 *Bayer* in Lutter/Hommelhoff, Europäische Gesellschaft, S. 25, 35.

23 *Bayer* in Lutter/Hommelhoff, Europäische Gesellschaft, S. 25, 35; ebenso *Marsch-Barner* in Kallmeyer, UmwG, Anhang Rz. 32.

24 I.E. ebenso *Jannott* in Jannott/Frodermann, Handbuch Europäische Aktiengesellschaft, § 3 Rz. 38; *J. Schmidt*, „Deutsche" vs. „britische" SE, S. 169 f.; *Schröder* in Manz/Mayer/Schröder, Art. 20 SE-VO Rz. 51; zumindest für EU-Staaten auch *Scheifele*, Gründung, S. 176; *Schwarz*, Art. 20 Rz. 53; vgl. auch *Brandt/Scheifele*, DStR 2002, 547, 554 (Auslandsbeurkundung generell zulässig).

c) Nachbeurkundung des Entwurfs

9   Ebenso wie im Rahmen der innerstaatlichen Verschmelzung (vgl. § 4 Abs. 2 UmwG) ist auch hier die Nachbeurkundung zulässig, wenn zunächst lediglich über den Entwurf des Verschmelzungsplans Beschluss gefasst wurde[25].

2. Sprache

10   Die SE-VO trifft keine Regelung zur Sprache des Verschmelzungsplans. Maßgeblich ist daher gem. **Art. 18** das nationale (Verschmelzungs-)Recht der jeweiligen Gründungsgesellschaften[26]. Anders wäre nur zu entscheiden, wenn ein gemeinsamer Verschmelzungsplan erforderlich wäre; dies ist aber nicht der Fall (oben Rz. 2). Für eine deutsche Gründungsgesellschaft muss der Verschmelzungsplan bereits wegen der Pflicht zur notariellen Beurkundung (oben Rz. 7) grundsätzlich in deutscher Sprache abgefasst sein (§ 5 Abs. 1 BeurkG)[27]. Der Praxis zu empfehlen ist jedoch die Herstellung einer **mehrsprachigen Fassung**, bei der die Sprachen aller beteiligten Gründungsgesellschaften berücksichtigt werden. Damit wird einerseits die inhaltliche Übereinstimmung sichergestellt, andererseits aber gleichzeitig auch die Voraussetzung für eine ordnungsgemäße Beurkundung sowie die spätere Registeranmeldung[28] (vgl. Art. 26) geschaffen. Gleiches gilt im Falle des (freiwilligen) Abschlusses eines Verschmelzungsvertrags (dazu oben Rz. 4)[29].

IV. Inhalt

1. Überblick

11   Der in Art. 20 Abs. 1 Satz 2 bestimmte Inhalt des Verschmelzungsplans orientiert sich weitgehend an Art. 5 Abs. 2 der 3. RL[30], geht jedoch teilweise noch darüber hinaus (z.B. im Hinblick auf die Satzung der SE und das Verfahren zur Sicherstellung der Arbeitnehmermitbestimmung). Die zahlreichen Übereinstimmungen mit § 5 Abs. 1 UmwG resultieren daraus, dass auch diese Vorschrift auf der 3. RL beruht. In Art. 20 Abs. 2 wird den Beteiligten die fakultative Aufnahme weiterer Bestandteile ausdrücklich gestattet.

---

25 So bereits *Bayer* in Lutter/Hommelhoff, Europäische Gesellschaft, S. 25, 35; ebenso *Jannott* in Jannott/Frodermann, Handbuch Europäische Aktiengesellschaft, § 3 Rz. 38; *Marsch-Barner* in Kallmeyer, UmwG, Anhang Rz. 31; *Schäfer* in MünchKomm. AktG, Art. 20 SE-VO Rz. 6; *J. Schmidt*, „Deutsche" vs. „britische" SE, S. 168 f.; *Schwarz*, Art. 20 Rz. 52; *Teichmann*, ZGR 2003, 367, 374 Fn. 29; *Walden/Meyer-Landrut*, DB 2005, 2119, 2125.

26 *Fuchs*, Gründung, S. 113; *Schäfer* in MünchKomm. AktG, Art. 20 SE-VO Rz. 5; vgl. auch *Schröder* in Manz/Mayer/Schröder, Art. 20 SE-VO Rz. 8.

27 *Schäfer* in MünchKomm. AktG, Art. 20 Rz. 5.

28 Ein Verschmelzungsplan in einer ausländischen Sprache müsste bei der Maßgeblichkeit deutschen Rechts jedenfalls für die Registeranmeldung gem. §§ 8 FGG, 184 GVG in einer beglaubigten Übersetzung vorgelegt werden: *Schäfer* in MünchKomm. AktG, Art. 20 SE-VO Rz. 5 m.w.N.

29 Ähnlich wie hier *Schäfer* in MünchKomm. AktG, Art. 20 SE-VO Rz. 5; *J. Schmidt*, „Deutsche" vs. „britische" SE, S. 170; vgl. auch *Fuchs*, Gründung, S. 113; *Marsch-Barner* in Kallmeyer, UmwG, Anhang Rz. 30.

30 Dritte Richtlinie des Rates 78/855/EWG vom 9. Oktober 1978 gemäß Artikel 54 Absatz 3 Buchstabe g) des Vertrages betreffend die Verschmelzung von Aktiengesellschaften, ABl.EG Nr. L 295 v. 20.10.1978, S. 36.

2. Keine Erweiterung durch nationales Recht

Nach herrschender und auch zutreffender Auffassung wird der zwingende Mindest- 12
inhalt des Verschmelzungsplans **in der SE-VO erschöpfend festgelegt**[31]. Über den abschließenden Katalog des Art. 20 Abs. 1 Satz 2 hinaus darf das nach Art. 18 berufene
nationale Recht keine weiteren Angaben verlangen. Auch bei Maßgeblichkeit deutschen Verschmelzungsrechts sind somit keine Angaben nach § 5 Abs. 1 Nr. 9 UmwG
(Folgen für die Arbeitnehmer etc.) erforderlich[32].

Als einzige Ausnahme statthaft ist allerdings die Verpflichtung gem. § 7 Abs. 1 SE- 13
AG, im Verschmelzungsplan einer übertragenden Gründungsgesellschaft ein **Barabfindungsangebot** zu unterbreiten, falls die künftige SE ihren Sitz im Ausland haben
soll (dazu ausf. unten Rz. 28). Denn hierzu wurde der nationale Gesetzgeber durch
die Optionsregelung des Art. 24 Abs. 2 ausdrücklich ermächtigt (dazu *Bayer*, Art. 24
Rz. 3).

3. Fakultativer Inhalt

In **Art. 20 Abs. 2** wird ausdrücklich **klargestellt**, dass die sich verschmelzenden Ge- 14
sellschaften dem Verschmelzungsplan freiwillig weitere Punkte hinzufügen können.

4. Der Mindestinhalt nach Art. 20 Abs. 1 Satz 2

a) Firma und Sitz (lit. a)

Anzugeben sind sowohl Firma und (Satzungs-)Sitz[33] der Gründungsgesellschaften als 15
auch der (künftigen) SE.

aa) Firma der SE. Gem. Art. 11 Abs. 1 ist zwingend der Firmenzusatz SE erforderlich; 16
im Übrigen kommt ergänzend über Art. 15 Abs. 1 – sowie nach Abschluss der Gründung über Art. 9 Abs. 1 lit. c ii – nationales Firmenrecht zur Anwendung[34] (vgl.
Art. 11 Rz. 3).

bb) Sitz der SE. Der statutarische Sitz der SE und ihre Hauptverwaltung müssen sich 17
gem. Art. 7 Satz 1 im selben Mitgliedstaat befinden. Bei einer deutschen SE schreibt
§ 2 SEAG darüber hinaus (noch[35]) vor, dass beide sich am selben Ort befinden müssen (ausf. dazu Art. 7 Rz. 21). Im Übrigen besteht aber sowohl bei der Verschmelzung
durch Neugründung als auch bei der Verschmelzung durch Aufnahme Sitzwahlfrei-

---

31 *Bayer* in Lutter/Hommelhoff, Europäische Gesellschaft, S. 25, 38 f.; *Casper* in FS Ulmer, S. 51,
68; *Heckschen*, DNotZ 2003, 251, 257; *Hügel* in Kalss/Hügel, § 17 SEG Rz. 13; *Marsch-Barner*
in Kallmeyer, UmwG, Anhang Rz. 50; *Schäfer* in MünchKomm. AktG, Art. 20 SE-VO Rz. 12;
J. Schmidt, „Deutsche" vs. „britische" SE, S. 171; *Schwarz*, Art. 20 Rz. 46; *Teichmann*, ZGR
2002, 383, 420. A.A. *Schröder* in Manz/Mayer/Schröder, Art. 20 SE-VO Rz. 9, 55.
32 *Bayer* in Lutter/Hommelhoff, Europäische Gesellschaft, S. 25, 39; *Brandes*, AG 2005, 177,
181; *Schäfer* in MünchKomm. AktG, Art. 20 SE-VO Rz. 12; *Marsch-Barner* in Kallmeyer,
UmwG, Anhang Rz. 50; *Neun* in Theisen/Wenz, Europäische Aktiengesellschaft, S. 57, 85;
Scheifele, Gründung, S. 171; *J. Schmidt*, „Deutsche" vs. „britische" SE, S. 171. A.A. *Schröder*
in Manz/Mayer/Schröder, Art. 20 SE-VO Rz. 59.
33 *Schäfer* in MünchKomm. AktG, Art. 20 SE-VO Rz. 13; *Schröder* in Manz/Mayer/Schröder,
Art. 20 SE-VO Rz. 13. Vgl. auch die englische und französische Textfassung („registered office"/"siège statuaire").
34 S. bereits *Bayer* in Lutter/Hommelhoff, Europäische Gesellschaft, S. 25, 35; vgl. auch *Heckschen* in Widmann/Mayer, Anhang 14 Rz. 156; *Hirte*, DStR 2005, 653, 656; *J. Schmidt*, „Deutsche" vs. „britische" SE, S. 116; *Schröder* in Manz/Mayer/Schröder, Art. 11 SE-VO Rz. 1;
Schwarz, Art. 11 Rz. 7.
35 § 2 SEAG soll jedoch – als Folgeänderung zur geplanten Novellierung von § 4a GmbHG und
§ 5 AktG – demnächst gestrichen werden, vgl. Art. 18 Nr. 1a RegE zum MoMiG, BR-Drucks.
354/07, S. 39.

heit, d.h. der Sitz der (künftigen) SE muss nicht zwingend im selben Mitgliedstaat (oder gar am selben Ort) wie derjenige einer der Gründungsgesellschaften liegen (ausf. dazu bereits Art. 17 Rz. 3).

b) Umtauschverhältnis der Aktien und Höhe der Ausgleichsleistung (lit. b)

18 **aa) Umtauschverhältnis.** Zu den zentralen Bestandteilen des Verschmelzungsplans zählt das Umtauschverhältnis der Aktien, das unter Berücksichtigung der Unternehmenswerte der beteiligten Gründungsgesellschaften nach gleichartigen Maßstäben zu ermitteln ist[36]. Aufgrund des grenzüberschreitenden Charakters der Verschmelzung können sich hier spezifische Probleme ergeben[37].

19 **bb) Höhe der Ausgleichsleistung.** Anders als frühere Entwürfe[38] enthält die SE-VO weder Vorgaben hinsichtlich der Art etwaiger Ausgleichsleistungen noch eine diesbezügliche Obergrenze. Dies bedeutet allerdings nicht, dass insoweit – wie teilweise angenommen[39] – keinerlei Beschränkungen bestehen (können). Entgegen einer im Schrifttum vertretenen Ansicht lassen sich solche **Beschränkungen** zwar nicht via Art. 17 Abs. 2 unmittelbar aus der 3. (Fusions-)RL[40] herleiten[41], denn erstens wird den Mitgliedstaaten dort – wie sich aus Art. 30 ergibt – zumindest die 10%-Grenze nicht zwingend vorgeschrieben[42], und zweitens ist generell fraglich, ob eine derartige unmittelbare Anwendung von Richtlinienbestimmungen überhaupt zulässig und systemkonform ist. Entsprechend der allgemeinen Konzeption der SE-VO ist vielmehr davon auszugehen, dass die Frage etwaiger Beschränkungen bewusst dem – mit der 3. RL konformen – nationalen Recht überlassen wurde[43]. Fraglich könnte allenfalls sein, ob insoweit Art. 18 oder Art. 15 Abs. 1 die zutreffende Verweisungsnorm ist. Für die Anwendung von Art. 18[44] lässt sich zwar anführen, dass die 10%-Grenze primär als Instrument zum Schutz der Anteilsinhaber des übertragenden Rechtsträgers vor einem „Auskauf" angesehen wird[45]. Indessen ist die Gewährung der Aus-

---

36 *Bayer* in Lutter/Hommelhoff, Europäische Gesellschaft, S. 25, 37; *Neun* in Theisen/Wenz, Europäische Aktiengesellschaft, S. 57, 81 f.; *Schäfer* in MünchKomm. AktG, Art. 20 SE-VO Rz. 15; *J. Schmidt*, „Deutsche" vs. „britische" SE, S. 172 f.; *Schröder* in Manz/Mayer/Schröder, Art. 20 SE-VO Rz. 17 f.

37 Näher hierzu *Neun* in Theisen/Wenz, Europäische Aktiengesellschaft, S. 51, 81 ff.; *Scheifele*, Gründung, S. 155 ff.; *J. Schmidt*, „Deutsche" vs. „britische" SE, S. 173; *Schwarz*, Art. 20 Rz. 26.

38 Art. 21 SE-VOE 1970, Art. 21, 22 Abs. 1 lit. c SE-VOE 1975 sowie Art. 17, 18 Abs. 1 lit. b SE-VOE 1989 und 1991 gestatteten nur bare Zuzahlungen bis zur einer Höhe von 10% Nennbetrages (bzw. rechnerischen Wertes) der gewährten Aktien.

39 So *Hügel* in Kalss/Hügel, § 17 SEG Rz. 13.

40 Dritte Richtlinie des Rates 78/855/EWG vom 9. Oktober 1978 gemäß Artikel 54 Absatz 3 Buchstabe g) des Vertrages betreffend die Verschmelzung von Aktiengesellschaften, ABl.EG Nr. L 295 v. 20.10.1978.

41 So aber *Marsch-Barner* in Kallmeyer, UmwG, Anhang Rz. 36; *Scheifele*, Gründung, S. 157 f.; *Schwarz*, Art. 20 Rz. 29.

42 Die Legaldefinitionen in Art. 3 Abs. 1, 4 Abs. 1 der 3. RL enthalten zwar eine Begrenzung auf bare Zuzahlungen i.H.v. 10% des Nennbetrages bzw. rechnerischen Wertes; nach Art. 30 gelten die meisten Vorschriften der Richtlinie jedoch auch dann, wenn das nationale Recht höhere Zuzahlungen gestattet. Vgl. *Habersack*, Europäisches Gesellschaftsrecht, § 7 Rz. 9, 12; *Lösekrug*, Umsetzung, S. 309 f.

43 Vgl. *J. Schmidt*, „Deutsche" vs. „britische" SE, S. 174.

44 Hierfür *Schäfer* in MünchKomm. AktG, Art. 20 SE-VO Rz. 14; *Walden/Meyer-Landrut*, DB 2005, 2119, 2122. Ebenso auch noch *Bayer* in Lutter/Hommelhoff, Europäische Gesellschaft, S. 25, 38.

45 Vgl. zu § 68 Abs. 3 UmwG: *Diekmann* in Semler/Stengel, UmwG, § 68 Rz. 22; zu § 54 Abs. 4 UmwG: *Winter* in Lutter, UmwG, § 54 Rz. 31.

gleichsleistung im Grunde schon der künftigen SE zuzurechnen[46]. Überdies haben Begrenzungen der Ausgleichsleistung insbesondere auch den Zweck, die Kapitalgrundlagen und die Liquidität der aufnehmenden bzw. neuen Gesellschaft (d.h. der SE) zu schützen[47]. Im Ergebnis dürfte folglich **Art. 15 Abs. 1** die zutreffende Verweisungsnorm sein[48]. Für Art und Umfang zulässiger Ausgleichsleistungen ist demzufolge das **Recht des Sitzstaates der künftigen SE** maßgeblich; ob und inwieweit im Recht der Gründungsgesellschaften Beschränkungen existieren, ist dagegen unerheblich. Im Falle der Gründung einer „deutschen" SE ist daher nur eine bare Zuzahlung gestattet, die zudem maximal 10% des auf die gewährten Aktien der SE entfallenden anteiligen Betrages ihres Grundkapitals betragen darf (**Art. 15 Abs. 1 i.V.m. § 68 Abs. 3 UmwG**).

c) Einzelheiten hinsichtlich der Übertragung der Aktien (lit. c)

Hier stellt sich aus deutscher Sicht das Problem, ob und wann bei Übertragung der Aktien das Verfahren nach §§ 71 ff. UmwG zur Anwendung kommt und folglich ein Treuhänder zu bestellen ist. Teilweise wird dieser Sachverhalt dem Bereich der künftigen SE zugeordnet, so dass die Vorschriften nach Art. 15 Abs. 1 nur zu beachten wären, wenn die SE deutschem Recht unterliegt[49]. Richtigerweise bezweckt die Regelung indes den Schutz der Aktionäre des übertragenden Rechtsträgers und findet daher gem. Art. 18 nur auf deutsche Gründungsgesellschaften Anwendung[50]. (Nur) insoweit ist eine Aufnahme in den Verschmelzungsplan erforderlich, nicht dagegen im Hinblick auf den ausländischen Verschmelzungspartner.   20

d) Zeitpunkt der Gewinnberechtigung (lit. d)

Der Zeitpunkt, von dem an die Aktien der SE das Recht auf Beteiligung am Gewinn gewähren, kann von den Parteien frei festgelegt werden[51]. In Anbetracht der gerade bei transnationalen Fusionen besonders großen Unwägbarkeiten ist insofern dringend zu einer variablen Festsetzung zu raten[52].   21

---

46 Vgl. *Lind*, Europäische Aktiengesellschaft, S. 111 f.; *Mahi*, Europäische Aktiengesellschaft, S. 39; *Neun* in Theisen/Wenz, Europäische Aktiengesellschaft, S. 57, 88; *J. Schmidt*, „Deutsche" vs. „britische" SE, S. 174.

47 Vgl. zu § 54 Abs. 4 UmwG: *Winter* in Lutter, UmwG, § 54 Rz. 31.

48 Ebenso *Jannott* in Jannott/Frodermann, Handbuch Europäische Aktiengesellschaft, § 3 Rz. 41; *Lind*, Europäische Aktiengesellschaft, S. 112; *Mahi*, Europäische Aktiengesellschaft, S. 39; *Neun* in Theisen/Wenz, Europäische Aktiengesellschaft, S. 57, 88; *J. Schmidt*, „Deutsche" vs. „britische" SE, S. 174.

49 So *Lind*, Europäische Aktiengesellschaft, S. 112; ebenso *Sagasser/Swienty*, DStR 1991, 1188, 1193 im Hinblick auf Art. 11a Abs. 1 SE-VOE 1991 (diese Norm entspricht dem heutigen Art. 15 Abs. 1 SE-VO).

50 So bereits *Bayer* in Lutter/Hommelhoff, Europäische Gesellschaft, S. 25, 38; ebenso i.E. *Fuchs*, Gründung, S. 85, 118; *Hügel* in Kalss/Hügel, § 17 SEG Rz. 30 Fn. 41; *Jannott* in Jannott/Frodermann, Handbuch Europäische Aktiengesellschaft, § 3 Rz. 42; *Mahi*, Europäische Aktiengesellschaft, S. 40; *Marsch-Barner* in Kallmeyer, UmwG, Anhang Rz. 37; *Schäfer* in MünchKomm. AktG, Art. 20 SE-VO Rz. 16; *J. Schmidt*, „Deutsche" vs. „britische" SE, S. 175; *Schröder* in Manz/Mayer/Schröder, Art. 18 SE-VO Rz. 60; *Schwarz*, Art. 20 Rz. 30; *Vossius*, ZIP 2005, 741, 744; vgl. auch *Heckschen* in Widmann/Mayer, Anhang 14 Rz. 160.

51 *Heckschen* in Widmann/Mayer, Anhang 14 Rz. 162 f.; *Marsch-Barner* in Kallmeyer, UmwG, Anhang Rz. 38; *Neun* in Theisen/Wenz, Europäische Aktiengesellschaft, S. 57, 89 f.; *Schäfer* in MünchKomm. AktG, Art. 20 SE-VO Rz. 17; *Scheifele*, Gründung, S. 159; *J. Schmidt*, „Deutsche" vs. „britische" SE, S. 175; *Schwarz*, Art. 20 Rz. 31; *Walden/Meyer-Landrut*, DB 2005, 2119, 2123.

52 S. die Nachweise in Fn. 51.

e) Verschmelzungsstichtag (lit. e)

22 Der Zeitpunkt, von dem an die Handlungen der sich verschmelzenden Gesellschaften unter dem Gesichtspunkt der Rechnungslegung als für Rechnung der SE vorgenommen gelten (sog. Verschmelzungsstichtag) kann ebenfalls frei gewählt werden, wobei sich auch hier eine variable Regelung empfiehlt[53]. Zulässig und ggf. auch zweckmäßig ist zudem eine unterschiedliche Festlegung für die einzelnen Gründungsgesellschaften[54].

f) Sonderrechte (lit. f)

23 Der Verschmelzungsplan muss ferner die Rechte benennen, welche die SE den „mit Sonderrechten ausgestatteten Aktionären" und „Inhabern anderer Wertpapiere als Aktien" gewährt oder die für diese Personen vorgeschlagenen Maßnahmen. Erfasst werden somit alle Vergünstigungen bei der Stimmrechtsausübung wie auch im Rahmen der Gewinnverwendung, darüber hinaus Schuldverschreibungen und Genussrechte[55]. Die Rechtslage ist im Kern vergleichbar mit der Regelung in § 5 Abs. 1 Nr. 7 UmwG[56], im Detail bestehen jedoch Unterschiede. Zum einen beschränkt sich die Angabepflicht nach lit. f auf Rechte, die Aktionären mit Sonderrechten gewährt werden[57]. Zudem erfasst die Norm ihrem eindeutigen Wortlaut nach auch solche Sonderrechte, die *allen* (nicht nur einzelnen) Aktionären gewährt werden; einer teleologischen Reduktion – wie sie im Schrifttum zum Teil vorgeschlagen wird[58] – dürfte insoweit der eindeutige Wortlaut der Norm entgegenstehen[59].

g) Vorteile für sonstige Beteiligte (lit. g)

24 Dem Aktionärsschutz durch Information[60] dient ferner die Angabe jeden besonderen Vorteils, der den Sachverständigen, die den Verschmelzungsplan prüfen, oder den Mitgliedern des Verwaltungs-, Leitungs-, Aufsichts- oder Kontrollorgans der sich verschmelzenden Gesellschaften gewährt wird. Ihrer ratio entsprechend bezieht sich die Angabepflicht nicht nur auf obligatorische, sondern auch auf fakultative Organe[61].

---

53 *Brandes*, AG 2005, 177, 181; *Heckschen* in Widmann/Mayer, Anhang 14 Rz. 166 f.; *Jannott* in Jannott/Frodermann, Handbuch Europäische Aktiengesellschaft, § 3 Rz. 44; *Marsch-Barner* in Kallmeyer, UmwG, Anhang Rz. 39; *Schäfer* in MünchKomm. AktG, Art. 20 SE-VO Rz. 17; *J. Schmidt*, „Deutsche" vs. „britische" SE, S. 175; *Schwarz*, Art. 20 Rz. 32; *Walden/Meyer-Landrut*, DB 2005, 2119, 2123.

54 Vgl. näher *Fuchs*, Gründung, S. 120; *Marsch-Barner* in Kallmeyer, UmwG, Anhang Rz. 39; *Neun* in Theisen/Wenz, Europäische Aktiengesellschaft, S. 57, 91; *Scheifele*, Gründung, S. 160; *J. Schmidt*, „Deutsche" vs. „britische" SE, S. 176; *Schwarz*, Art. 20 Rz. 33.

55 S. schon *Bayer* in Lutter/Hommelhoff, Europäische Gesellschaft, S. 25, 38. Vgl. weiter *Jannott* in Jannott/Frodermann, Handbuch Europäische Aktiengesellschaft, § 3 Rz. 45 Fn. 90; *Neun* in Theisen/Wenz, Europäische Aktiengesellschaft, S. 57, 92; *Schäfer* in MünchKomm. AktG, Art. 20 SE-VO Rz. 18; *Scheifele*, Gründung, S. 161; *J. Schmidt*, „Deutsche" vs. „britische" SE, S. 177; *Schwarz*, Art. 20 Rz. 37; *Walden/Meyer-Landrut* DB 2005, 2119, 2123.

56 S. schon *Bayer* in Lutter/Hommelhoff, Europäische Gesellschaft, S. 25, 38; ähnlich *Schäfer* in MünchKomm. AktG, Art. 20 SE-VO Rz. 18.

57 Vgl. *Scheifele*, Gründung, S. 161 f.; *Schwarz*, Art. 20 Rz. 35.

58 S. *Neun* in Theisen/Wenz, Europäische Aktiengesellschaft, S. 57, 92; *Schäfer* in MünchKomm. AktG, Art. 20 SE-VO Rz. 18.

59 Wie hier *Scheifele*, Gründung, S. 162; *J. Schmidt*, „Deutsche" vs. „britische" SE, S. 176; *Schwarz*, Art. 20 Rz. 35.

60 Vgl. *Heckschen* in Widmann/Mayer, Anhang 14 Rz. 169; *Jannott* in Jannott/Frodermann, Handbuch Europäische Aktiengesellschaft, § 3 Rz. 46; *Schäfer* in MünchKomm. AktG, Art. 20 SE-VO Rz. 19; *Scheifele*, Gründung, S. 162; *Schröder* in Manz/Mayer/Schröder, Art. 20 SE-VO Rz. 25; *Schwarz*, Art. 20 Rz. 38.

61 *Scheifele*, Gründung, S. 162; *J. Schmidt*, „Deutsche" vs. „britische" SE, S. 178; *Schwarz*, Art. 20 Rz. 38.

Nicht erfasst ist hingegen – anders als bei § 5 Abs. 1 Nr. 8 UmwG – der Abschlussprüfer[62]. „Besonderer Vorteil" ist jede Art von Vergünstigung, die anlässlich der Verschmelzung gewährt wird und nicht Gegenleistung für eine erbrachte Tätigkeit ist[63]; nicht angabepflichtig sind also etwa die üblichen Sachverständigenhonorare[64].

h) Satzung (lit. h)

Bestandteil des Verschmelzungsplans ist ferner – und zwar anders als nach dem   25
UmwG auch bei der Verschmelzung durch Aufnahme[65] – auch die Satzung der SE
(s. ausf. zu Form und Inhalt der Satzung die Kommentierung zu Art. 6; zum Verhältnis von Satzung und Mitbestimmungsmodell ausf. Art. 12 Rz. 32).

i) Angaben zum Verfahren der Arbeitnehmerbeteiligung (lit. i)

Erforderlich sind schließlich noch Angaben zu dem Verfahren, nach dem die Verein-   26
barung über die Beteiligung der Arbeitnehmer gemäß der SE-RL geschlossen wird.
Ratio ist, die Aktionäre über das konkrete Verfahren zu informieren[66]; trotz des Terminus „Vereinbarung" ist daher auch eine etwaige Auffanglösung erfasst[67]. Im Hinblick auf die umfangreichen Informationen im Verschmelzungsbericht (dazu Rz. 31)
ist eine kurze Darstellung der Grundzüge als ausreichend zu erachten[68]. Angaben
über das Ergebnis etwaiger Verhandlungen sind im Verschmelzungsplan ohnehin
nicht möglich, da das Verfahren der Arbeitnehmerbeteiligung erst *nach* der Offenlegung des Verschmelzungsplans beginnt (vgl. Art. 3 Abs. 1 SE-RL, § 4 Abs. 2 SEBG)[69].

5. Entbehrlichkeit bestimmter Angaben bei Konzernverschmelzungen

In den Fällen des Art. 31 Abs. 1 sind die Angaben nach Art. 20 Abs. 1 Satz 2 lit. b, c   27
und d entbehrlich (näher dazu Art. 31 Rz. 9).

6. Barabfindungsangebot

Sofern bei einer deutschen übertragenden Gesellschaft nach § 7 Abs. 1 Satz 1 SEAG   28
ein Barabfindungsangebot erforderlich ist (dazu ausf. Art. 24 Rz. 46 ff.) muss dies
ebenfalls in den Verschmelzungsplan aufgenommen werden. Grundlage für diese ausnahmsweise zulässige nationale Erweiterung der Mindestangaben ist die spezielle Ermächtigung in Art. 24 Abs. 2 (vgl. bereits oben Rz. 13; Art. 24 Rz. 3).

---

62 Ausführlich und überzeugend *Scheifele*, Gründung, S. 163; *Schwarz*, Art. 20 Rz. 38; ebenso
J. Schmidt, „Deutsche" vs. „britische" SE, S. 178. A.A. *Hügel* in Kalss/Hügel, § 17 SEG Rz. 12.
63 Ähnlich *Jannott* in Jannott/Frodermann, Handbuch Europäische Aktiengesellschaft, § 3
Rz. 46; *Schröder* in Manz/Mayer/Schröder, Art. 20 SE-VO Rz. 26.
64 *Scheifele*, Gründung, S. 163; *Schwarz*, Art. 20 Rz. 38; vgl. auch *Sagasser/Swienty*, DStR 1991,
1188, 1193 (zum SE-VOE 1991).
65 Vgl. *Schäfer* in MünchKomm. AktG, Art. 20 SE-VO Rz. 20; s. schon *Bayer* in Lutter/
Hommelhoff, Europäische Gesellschaft, S. 25, 38.
66 *Mahi*, Europäische Aktiengesellschaft, S. 41; *Neun* in Theisen/Wenz, Europäische Aktiengesellschaft, S. 57, 94; *Schäfer* in MünchKomm. AktG, Art. 20 SE-VO Rz. 21; *J. Schmidt*, „Deutsche" vs. „britische" SE, S. 181.
67 *Neun* in Theisen/Wenz, Europäische Aktiengesellschaft, S. 57, 94 f.; *Scheifele*, Gründung,
S. 169 f.; *J. Schmidt*, „Deutsche" vs. „britische" SE, S. 181; *Schwarz*, Art. 20 Rz. 44.
68 Vgl. *Neun* in Theisen/Wenz, Europäische Aktiengesellschaft, S. 57, 95; *Scheifele*, Gründung,
S. 170; *J. Schmidt*, „Deutsche" vs. „britische" SE, S. 181 f.; *Schwarz*, Art. 20 Rz. 44; ferner
ähnlich auch *Hügel* in Kalss/Hügel, § 17 SEG Rz. 12; *Schäfer* in MünchKomm. AktG, Art. 20
SE-VO Rz. 21; *Walden/Meyer-Landrut*, DB 2005, 2119, 2125.
69 Vgl. *Fuchs*, Gründung, S. 132; *Jannott* in Jannott/Frodermann, Handbuch Europäische Aktiengesellschaft, § 3 Rz. 48; *Mahi*, Europäische Aktiengesellschaft, S. 41; *Schäfer* in MünchKomm. AktG, Art. 20 SE-VO Rz. 21; *Scheifele*, Gründung, S. 170; *J. Schmidt*, „Deutsche" vs.
„britische" SE, S. 182; *Schwarz*, Art. 20 Rz. 44.

V. Verschmelzungsbericht

1. Erforderlichkeit

29 Aus der Tatsache, dass die SE-VO – im Gegensatz zu früheren Entwürfen[70] – einen Verschmelzungsbericht nicht ausdrücklich vorschreibt, lässt sich keineswegs ableiten, dass ein solcher nicht erforderlich sei[71]. Mit der h.M. ist vielmehr davon auszugehen, dass für deutsche Gesellschaften § 8 UmwG zur Anwendung kommt[72]. Denn der Wegfall der ausdrücklichen Anordnung war deshalb unschädlich, weil Art. 18 umfassend auf das mit der 3. RL[73] in Einklang stehende nationale Recht verweist und somit über Art. 9 der 3. RL der Verschmelzungsbericht sichergestellt ist[74]. Darüber hinaus geht auch Art. 31 Abs. 2 von einer solchen Berichterstattung aus[75]. Ferner ist der Bericht auch bei der Holding-Gründung (Art. 32 Abs. 2 Satz 2, ausf. dazu Art. 32 Rz. 41 ff.), der Sitzverlegung (Art. 8 Abs. 3, dazu ausf. Art. 8 Rz. 26 ff.) und der SE-Gründung durch Umwandlung (Art. 37 Abs. 4, dazu ausf. Art. 37 Rz. 41 ff.) vorgesehen und gehört heute bei Umstrukturierungen von Aktiengesellschaften zum Grundbestand des Europäischen Rechts[76].[77]

2. Gemeinsame Berichterstattung

30 Eine gemeinsame Berichterstattung dürfte – trotz Fehlens einer entsprechenden Regelung in der 3. RL[78] – qua Art. 18 jedenfalls dann zulässig sein, wenn das Recht jeder

---

70 Vgl. Art. 20 SE-VOE 1991.
71 Zumindest missverständlich insofern *Bungert/Beier*, EWS 2002, 1, 7; *Schwarz*, ZIP 2001, 1847, 1851.
72 *Brandes*, AG 2005, 177, 183; *Heckschen* in Widmann/Mayer, Anhang 14 Rz. 210; *Jannott* in Jannott/Frodermann, Handbuch Europäische Aktiengesellschaft, § 3 Rz. 56; *Marsch-Barner* in Kallmeyer, UmwG, Anhang Rz. 57; *Schäfer* in MünchKomm. AktG, Art. 22 SE-VO Rz. 13; *J. Schmidt*, „Deutsche" vs. „britische" SE, S. 183; *Schröder* in Manz/Mayer/Schröder, Art. 18 SE-VO Rz. 31; *Schwarz*, Art. 20 Rz. 57; *Seibt/Saame*, AnwBl 2005, 225, 230; *Teichmann*, ZGR 2002, 383, 423; *J. Vetter* in Lutter/Hommelhoff, Europäische Gesellschaft, S. 111, 119; *Vossius*, ZIP 2005, 741, 743; *Walden/Meyer-Landrut*, DB 2005, 2119, 2125. So auch schon *Bayer* in Lutter/Hommelhoff, Europäische Gesellschaft, S. 25, 39.
73 Dritte Richtlinie des Rates 78/855/EWG vom 9. Oktober 1978 gemäß Artikel 54 Absatz 3 Buchstabe g) des Vertrages betreffend die Verschmelzung von Aktiengesellschaften, ABl.EG Nr. L 295 v. 20.10.1978, S. 36.
74 S. schon *Bayer* in Lutter/Hommelhoff, Europäische Gesellschaft, S. 25, 39; vgl. *Heckschen* in Widmann/Mayer, Anhang 14 Rz. 210; *Mahi*, Europäische Aktiengesellschaft, S. 41; *Neun* in Theisen/Wenz, Europäische Aktiengesellschaft, S. 57, 98; *Scheifele*, Gründung, S. 178; *J. Schmidt*, „Deutsche" vs. „britische" SE, S. 182 f.
75 S. schon *Bayer* in Lutter/Hommelhoff, Europäische Gesellschaft, S. 25, 39; vgl. *Fuchs*, Gründung, S. 136; *Hügel* in Kalss/Hügel, § 18 SEG Rz. 14; *Marsch-Barner* in Kallmeyer, UmwG, Anhang Rz. 57; *Schäfer* in MünchKomm. AktG, Art. 22 SE-VO Rz. 13; *Scheifele*, Gründung, S. 178; *J. Schmidt*, „Deutsche" vs. „britische" SE, S. 183; *Schwarz*, Art. 20 Rz. 57.
76 Vgl. Art. 9 der 3. RL (Dritte Richtlinie des Rates 78/855/EWG vom 9. Oktober 1978 gemäß Artikel 54 Absatz 3 Buchstabe g) des Vertrages betreffend die Verschmelzung von Aktiengesellschaften, ABl.EG Nr. L 295 v. 20.10.1978, S. 36.), Art. 7 der 6. RL (Sechste Richtlinie 82/891/EWG des Rates vom 17. Dezember 1982 gemäß Artikel 54 Absatz 3 Buchstabe g) des Vertrages betreffend die Spaltung von Aktiengesellschaften, ABl.EG Nr. L 378 v. 31.12.1982, S. 47) und Art. 7 der 10. RL (Richtlinie 2005/56/EG des Europäischen Parlaments und des Rates vom 26. Oktober 2005 über die Verschmelzung von Kapitalgesellschaften aus verschiedenen Mitgliedstaaten, ABl.EU Nr. L 310 v. 25.11.2005, S. 1).
77 Vgl. bereits *Bayer* in Lutter/Hommelhoff, Europäische Gesellschaft, S. 25, 39; ferner *J. Schmidt*, „Deutsche" vs. „britische" SE, S. 183.
78 Dritte Richtlinie des Rates 78/855/EWG vom 9. Oktober 1978 gemäß Artikel 54 Absatz 3 Buchstabe g) des Vertrages betreffend die Verschmelzung von Aktiengesellschaften, ABl.EG Nr. L 295 v. 20.10.1978, S. 36.

der beteiligten Gründungsgesellschaften diese Möglichkeit vorsieht[79]. Angesichts der nach wie vor unsicheren Rechtslage und der mit dieser Option verbundenen praktischen Probleme sollte jedoch vorsichtshalber ggf. gleichwohl der sichere Weg getrennter Verschmelzungsberichte gewählt werden[80].

3. Inhalt

Bei einer deutschen Gründungsgesellschaft gilt für den Inhalt des Verschmelzungs- 31
berichts § 8 Abs. 1 und 2 UmwG[81]. Erforderlich ist also ein **ausführlicher schriftlicher Bericht**, in dem die Verschmelzung, der Verschmelzungsplan oder sein Entwurf rechtlich und wirtschaftlich erläutert und begründet werden; hinzuweisen ist zudem auf besondere Bewertungsschwierigkeiten sowie auf die Folgen für die Beteiligung der Anteilsinhaber[82]. Sofern nach § 7 Abs. 1 Satz 1 SEAG ein Barabfindungsangebot erforderlich ist (dazu ausf. Art. 24 Rz. 46 ff.), ist nach § 8 Abs. 1 Satz 1 Hs. 1 UmwG ferner insbesondere auch die Höhe dieser Barabfindung rechtlich und wirtschaftlich zu erläutern[83].

4. Entbehrlichkeit und Verzicht

a) Entbehrlichkeit bei Konzernverschmelzungen

Im Falle eines upstream-mergers einer 100%igen Tochter auf die Mutter ist ein Ver- 32
schmelzungsbericht gem. Art. 31 Abs. 1 Satz 2 i.V.m. §§ 60, 73, 8 Abs. 3 Satz 1 Alt. 2
UmwG nicht erforderlich[84] (s. auch Art. 31 Rz. 13). Art. 31 Abs. 2 ist für deutsche Gründungsgesellschaften nicht relevant (ausf. Art. 31 Rz. 19 f.).

b) Verzicht

Da die 3. RL[85] nach zutreffender Auffassung einem Verzicht auf den Verschmelzungs- 33
bericht nicht entgegensteht[86], ist auch bei der SE-Gründung durch Verschmelzung

---

79 *Heckschen* in Widmann/Mayer, Anhang 14 Rz. 213; *Marsch-Barner* in Kallmeyer, UmwG, Anhang Rz. 57; *Schäfer* in MünchKomm. AktG, Art. 22 SE-VO Rz. 14; *J. Schmidt*, „Deutsche" vs. „britische" SE, S. 183 f.; *Schwarz*, Art. 20 Rz. 59. A.A. *Mahi*, Europäische Aktiengesellschaft, S. 42.
80 S. bereits *Bayer* in Lutter/Hommelhoff, Europäische Gesellschaft, S. 25, 40; ähnlich auch *Schäfer* in MünchKomm. AktG, Art. 23 SE-VO Rz. 14.
81 *Heckschen* in Widmann/Mayer, Anhang 14 Rz. 210; *Neun* in Theisen/Wenz, Europäische Aktiengesellschaft, S. 57, 101 ff.; *Schäfer* in MünchKomm. AktG, Art. 22 SE-VO Rz. 13; *J. Schmidt*, „Deutsche" vs. „britische" SE, S. 184; *Schröder* in Manz/Mayer/Schröder, Art. 18 SE-VO Rz. 31; *Schwarz*, Art. 20 Rz. 64.
82 Ausf. speziell für die SE: *Neun* in Theisen/Wenz, Europäische Aktiengesellschaft, S. 57, 101 ff.; *J. Schmidt*, „Deutsche" vs. „britische" SE, S. 185 f.; *Schröder* in Manz/Mayer/Schröder, Art. 18 SE-VO Rz. 32 ff.; *Schwarz*, Art. 20 Rz. 64 ff. Allgemein zu § 8 Abs. 1, 2 UmwG: *Lutter/Drygala* in Lutter, UmwG, § 8 Rz. 13 ff. m.z.w.N.
83 *Scheifele*, Gründung, S. 182; *J. Schmidt*, „Deutsche" vs. „britische" SE, S. 114; *Schröder* in Manz/Mayer/Schröder, Art. 18 SE-VO Rz. 32; *Schwarz*, Art. 20 Rz. 70.
84 So schon *Bayer* in Lutter/Hommelhoff, Europäische Gesellschaft, S. 25, 45; ebenso *Heckschen* in Widmann/Mayer, Anhang 14 Rz. 211; *Jannott* in Jannott/Frodermann, Handbuch Europäische Aktiengesellschaft, § 3 Rz. 58; *Scheifele*, Gründung, S. 284 f.; *J. Schmidt*, „Deutsche" vs. „britische" SE, S. 187; *Schröder* in Manz/Mayer/Schröder, Art. 18 SE-VO Rz. 29; *Schwarz*, Art. 31 Rz. 16; *Teichmann*, ZGR 2002, 383, 433; *Walden/Meyer-Landrut*, DB 2005, 2119, 2126. Anders wohl nur *Schäfer* in MünchKomm. AktG, Art. 31 SE-VO Rz. 7.
85 Dritte Richtlinie des Rates 78/855/EWG vom 9. Oktober 1978 gemäß Artikel 54 Absatz 3 Buchstabe g) des Vertrages betreffend die Verschmelzung von Aktiengesellschaften, ABl.EG Nr. L 295 v. 20.10.1978, S. 36.
86 *Lutter/Drygala* in Lutter, UmwG, § 8 Rz. 49; *Lösekrug*, Umsetzung, S. 251 ff. m.z.w.N. Speziell zur SE auch *Scheifele*, Gründung, S. 180; *J. Schmidt*, „Deutsche" vs. „britische" SE, S. 188 f.; *Schröder* in Manz/Mayer/Schröder, Art. 18 SE-VO Rz. 14; *Schwarz*, Art. 20 Rz. 60.

ein Verzicht möglich, wenn und soweit das nach **Art. 18** maßgebliche nationale Recht dies gestattet[87]. Für die Aktionäre deutscher Gründungsgesellschaften gilt daher **§§ 60, 73, 8 Abs. 3 Satz 1 Alt. 1, Satz 2 UmwG**[88].

34 **Voraussetzungen und Wirkung** des Verzichts beziehen sich damit aber naturgemäß auch nur auf die jeweilige Gründungsgesellschaft[89]. Im Falle eines gemeinsamen Verschmelzungsberichts ist dieser daher nur dann entbehrlich, wenn ein Verzicht nach allen beteiligten Rechtsordnungen zulässig ist und die jeweiligen Voraussetzungen erfüllt sind[90].

Art. 21
[Bekanntmachung]

Für jede der sich verschmelzenden Gesellschaften und vorbehaltlich weiterer Auflagen seitens des Mitgliedstaates, dessen Recht die betreffende Gesellschaft unterliegt, sind im Amtsblatt dieses Mitgliedstaats nachstehende Angaben bekannt zu machen:

a) Rechtsform, Firma und Sitz der sich verschmelzenden Gesellschaften,

b) das Register, bei dem die in Artikel 3 Absatz 2 der Richtlinie 68/151/EWG genannten Urkunden für jede der sich verschmelzenden Gesellschaften hinterlegt worden sind, sowie die Nummer der Eintragung in das Register,

c) einen Hinweis auf die Modalitäten für die Ausübung der Rechte der Gläubiger der betreffenden Gesellschaft gemäß Artikel 24 sowie die Anschrift, unter der erschöpfende Auskünfte über diese Modalitäten kostenlos eingeholt werden können,

d) einen Hinweis auf die Modalitäten für die Ausübung der Rechte der Minderheitsaktionäre der betreffenden Gesellschaft gemäß Artikel 24 sowie die Anschrift, unter der erschöpfende Auskünfte über diese Modalitäten kostenlos eingeholt werden können,

e) die für die SE vorgesehene Firma und ihr künftiger Sitz.

---

87 Vgl. die Nachweise in Fn. 88.
88 So schon *Bayer* in Lutter/Hommelhoff, Europäische Gesellschaft, S. 25, 40; ebenso *Brandes*, AG 2005, 177, 183; *Heckschen* in Widmann/Mayer, Anhang 14 Rz. 212; *Jannott* in Jannott/ Frodermann, Handbuch Europäische Aktiengesellschaft, § 3 Rz. 58; *Marsch-Barner* in Kallmeyer, UmwG, Anhang Rz. 57; *Schäfer* in MünchKomm. AktG, Art. 22 SE-VO Rz. 15; *J. Schmidt*, „Deutsche" vs. „britische" SE, S. 189; *Schröder* in Manz/Mayer/Schröder, Art. 18 SE-VO Rz. 34; *Schwarz*, Art. 20 Rz. 61; *Seibt/Saame*, AnwBl 2005, 225, 230; *Vossius*, ZIP 2005, 741, 743 Fn. 25; *Walden/Meyer-Landrut*, DB 2005, 2119, 2126 f.
89 S. bereits *Bayer* in Lutter/Hommelhoff, Europäische Gesellschaft, S. 25, 40; ebenso *Heckschen* in Widmann/Mayer, Anhang 14 Rz. 212; *Marsch-Barner* in Kallmeyer, UmwG, Anhang Rz. 57; *Schäfer* in MünchKomm. AktG, Art. 22 SE-VO Rz. 15; *J. Schmidt*, „Deutsche" vs. „britische" SE, S. 189; *Schwarz*, Art. 20 Rz. 61; *Vossius*, ZIP 2005, 741, 743 Fn. 25. Anders (Verzicht generell nur durch und mit Wirkung für die Aktionäre aller beteiligter Rechtsträger): *Jannott* in Jannott/Frodermann, Handbuch Europäische Aktiengesellschaft, § 3 Rz. 58; *Schröder* in Manz/Mayer/Schröder, Art. 18 SE-VO Rz. 34; *Walden/Meyer-Landrut*, DB 2005, 2119, 2126 f.
90 Wie hier *Schäfer* in MünchKomm. AktG, Art. 22 Rz. 15; *J. Schmidt*, „Deutsche" vs. „britische" SE, S. 189.

§ 5 SEAG: Bekanntmachung

Die nach Artikel 21 der Verordnung bekannt zu machenden Angaben sind dem Register bei Einreichung des Verschmelzungsplans mitzuteilen. Das Gericht hat diese Angaben zusammen mit dem nach § 61 Satz 2 des Umwandlungsgesetzes vorgeschriebenen Hinweis bekannt zu machen.

Literatur: *Brandes*, Cross Border Mergers mittels der SE, AG 2005, 177; *Kalss*, Der Minderheitenschutz bei Gründung und Sitzverlegung der SE nach dem Diskussionsentwurf, ZGR 2003, 593; *Kalss*, Der Minderheitenschutz bei Gründung und Sitzverlegung der SE nach dem Diskussionsentwurf, ZGR 2003, 593; *Mahi*, Die Europäische Aktiengesellschaft. Societas Europaea – SE, 2004 (zit.: Europäische Gesellschaft); *Neye/Teichmann*, Der Entwurf für das Ausführungsgesetz zur Europäischen Aktiengesellschaft, AG 2003, 169; *Teichmann*, Die Einführung der Europäischen Aktiengesellschaft, ZGR 2002, 383; *Teichmann*, Vorschläge für das deutsche Ausführungsgesetz zur Europäischen Aktiengesellschaft, ZIP 2002, 1109; *Vossius*, Gründung und Umwandlung der deutschen Europäischen Gesellschaft (SE), ZIP 2005, 741; *Walden/Meyer-Landrut*, Die grenzüberschreitende Verschmelzung zu einer Europäischen Gesellschaft: Beschlussfassung und Eintragung, DB 2005, 2619; *Walden/Meyer-Landrut*, Die grenzüberschreitende Verschmelzung zu einer Europäischen Gesellschaft: Planung und Vorbereitung, DB 2005, 2119.

I. Regelungsgegenstand und -zweck

In Art. 21 werden die **Publizitätspflichten im Vorfeld** der Errichtung einer SE durch Verschmelzung geregelt[1]. Allerdings ist zu differenzieren: 1

Zwingend angeordnet wird in der Vorschrift allein die **Bekanntmachung** der unter lit. a–e aufgeführten Angaben **der beabsichtigten Verschmelzung**, nicht hingegen – wie teilweise im Schrifttum behauptet[2] – die Verpflichtung, den Verschmelzungsplan ganz oder auch nur teilweise offen zu legen[3]. Die Bekanntmachung hat im Amtsblatt des Mitgliedstaats zu erfolgen, dessen Recht die jeweilige Gründungsgesellschaft unterliegt; das hierfür maßgebliche Verfahren überlässt die SE-VO allerdings dem nationalen Recht[4]. Der deutsche Gesetzgeber hat hierfür die Vorschrift des § 5 SEAG erlassen (dazu Rz. 3, 10).   2

---

1 Weitere Bekanntmachungen erfolgen im Rahmen der SE-Gründung durch Verschmelzung gem. Art. 15 Abs. 2 i.V.m. Art. 13 (dazu Art. 13 Rz. 2 ff.), Art. 28 (dazu Art. 28 Rz. 1 ff.) und Art. 14 (dazu Art. 14 Rz. 1 ff.).

2 S. *Buchheim*, Europäische Aktiengesellschaft, S. 197 ff.; *Kalss*, ZGR 2003, 593, 618.

3 So bereits *Bayer* in Lutter/Hommelhoff, Europäische Gesellschaft, S. 25, 40. Nunmehr auch *Schäfer* in MünchKomm. AktG, Art. 21 SE-VO Rz. 1; *J. Schmidt*, „Deutsche" vs. „britische" SE, S. 191; *Schröder* in Manz/Mayer/Schröder, Art. 21 SE-VO Rz. 5; *Schwarz*, Art. 21 Rz. 1. Vgl. auch *Hügel* in Kalss/Hügel, § 19 SEG Rz. 1; *Neun* in Theisen/Wenz, Die Europäische Aktiengesellschaft, S. 57, 120; *Scheifele*, Gründung, S. 185.

4 *Schäfer* in MünchKomm. AktG, Art. 21 SE-VO Rz. 2; *J. Schmidt*, „Deutsche" vs. „britische" SE, S. 191 ff.; *Schröder* in Manz/Mayer/Schröder, Art. 21 SE-VO Rz. 9; *Schwarz*, Art. 21 Rz. 17.

3   Die Bekanntmachungspflichten des Art. 21 sind indes nicht abschließend. Dem nationalen Gesetzgeber ist es vielmehr ausdrücklich gestattet, „weitere Auflagen" zu
machen. Diese Formulierung bedeutet zweierlei: Zum einen gilt uneingeschränkt
die **Verweisung des Art. 18** in das nationale Verschmelzungsrecht der Gründungsgesellschaften, für das deutsche Recht insbesondere auf § 61 UmwG und die dort angeordnete Pflicht zur **Offenlegung des Verschmelzungsplans**[5]. Zum anderen ist der
nationale Gesetzgeber aber auch ermächtigt, weitergehende, von der Verweisung in
Art. 18 nicht erfasste Regelungen zu treffen[6]; allerdings hat der deutsche Gesetzgeber
hiervon keinen Gebrauch gemacht[7], sondern mit § 5 SEAG nur konkretisierende Bestimmungen zum Verfahren der Bekanntmachung getroffen und hierbei gleichzeitig
die verfahrensrechtliche Verbindung zum Hinweis nach § 61 Satz 2 UmwG hergestellt (vgl. weiter Rz. 10).

II. Inhalt der Bekanntmachung nach Art. 21 und Verfahren

1. Der Katalog des Art. 21

a) Rechtsform, Firma und Sitz der sich verschmelzenden Gesellschaften

4   Durch diese, die Gründungsgesellschaften individualisierenden Angaben wird nochmals der transnationale Charakter der Verschmelzung verdeutlicht[8].

b) Register

5   Die Spezifizierung von Register und Registernummer macht es für den Rechtsverkehr
einfacher, weitere Informationen über die Gründungsgesellschaften zu erlangen[9].

c) Hinweis auf die Modalitäten für die Ausübung der Gläubigerrechte

6   Der Hinweis auf die Modalitäten für die Ausübung der Gläubigerrechte soll sicherstellen, dass die Gläubiger – hierunter fallen auch die Anleihegläubiger und Sonderrechtsinhaber, arg. e Art. 24 Abs. 1 lit. b und c[10] – auch tatsächlich Kenntnis von ihren durch Art. 24 Abs. 1 gewährleisteten Rechten (dazu Art. 24 Rz. 4 ff., 17) erhalten[11]. Die Bekanntmachung bezieht sich nur auf die Rechte der Gläubiger der
jeweiligen (d.h. nicht der anderen beteiligten) Gründungsgesellschaft[12], bei einer

---

5 So bereits *Bayer* in Lutter/Hommelhoff, Europäische Gesellschaft, S. 25, 41; ebenso *Marsch-
   Barner* in Kallmeyer, UmwG, Anhang Rz. 56; *Schäfer* in MünchKomm. AktG, Art. 21 SE-VO
   Rz. 1; *J. Schmidt*, „Deutsche" vs. „britische" SE, S. 191; *Schröder* in Manz/Mayer/Schröder,
   Art. 21 SE-VO Rz. 5, 14; *Scheifele*, Gründung, S. 186; *Schwarz*, Art. 21 Rz. 26 f.; *Walden/May-
   er-Landrut*, DB 2005, 2619. S. auch Begr.RegE zum SEEG, BT-Drucks. 15/3405, S. 32.
6 *Bayer* in Lutter/Hommelhoff, Europäische Gesellschaft, S. 25, 40 f.; *Fuchs*, Gründung, S. 133;
   Neun in Theisen/Wenz, Europäische Aktiengesellschaft, S. 57, 121; *Scheifele*, Gründung,
   S. 189 f.; *J. Schmidt*, „Deutsche" vs. „britische" SE, S. 192; *Schröder* in Manz/Mayer/Schrö-
   der, Art. 21 SE-VO Rz. 6, 12; *Teichmann* in Theisen/Wenz, Europäische Aktiengesellschaft,
   S. 691, 703; *Teichmann*, ZIP 2002, 1109, 1112.
7 S. dazu *Neye/Teichmann*, AG 2003, 169, 173; *Teichmann* in Theisen/Wenz, Europäische Aktiengesellschaft, S. 691, 703 f.; *Teichmann*, ZIP 2002, 1109, 1112.
8 Vgl. *Schäfer* in MünchKomm. AktG, Art. 21 SE-VO Rz. 4; *Scheifele*, Gründung, S. 188;
   Schwarz, Art. 21 Rz. 9.
9 Vgl. *Schäfer* in MünchKomm. AktG, Art. 21 SE-VO Rz. 5; *Scheifele*, Gründung, S. 188;
   Schwarz, Art. 21 Rz. 10.
10 *Schäfer* in MünchKomm. AktG, Art. 21 SE-VO Rz. 6; *Scheifele*, Gründung, S. 188; *Schwarz*,
   Art. 21 Rz. 12.
11 Ähnlich *Scheifele*, Gründung, S. 188 f.; *Schwarz*, Art. 21 Rz. 6.
12 *Schäfer* in MünchKomm. AktG, Art. 21 SE-VO Rz. 6; *Scheifele*, Gründung, S. 188; *Schwarz*,
   Art. 21 Rz. 11.

deutschen AG/SE also auf die Rechte nach §§ 22, 23 UmwG und § 8 SEAG (dazu Art. 24 Rz. 7 ff.)[13]. Erforderlich ist zumindest eine kurze Erläuterung, die bloße Wiedergabe der einschlägigen Normen genügt nicht („Modalitäten der Ausübung")[14]. Daneben ergibt sich aus Art. 21 lit. c Halbs. 2 ein Anspruch der Gläubiger gegen die jeweilige Gesellschaft auf kostenlose Erteilung erschöpfender Auskünfte[15].

d) Hinweis auf die Modalitäten für die Ausübung der Minderheitsaktionärsrechte

Der parallele Hinweis auf die Modalitäten für die Ausübung der Rechte der Minder- 7
heitsaktionäre, durch den gewährleistet werden soll, dass auch diese Kenntnis von ihren Rechten nach Art. 24 Abs. 2 (dazu Art. 24 Rz. 21 ff.) erhalten[16], bezieht sich ebenfalls nur auf die jeweilige Gründungsgesellschaft, bei einer deutschen AG/SE also auf die Vorschriften der §§ 6, 7 SEAG (dazu Art. 24 Rz. 31 ff.)[17]. Im Übrigen gelten die Ausführungen zu lit. c (Rz. 6) entsprechend.

e) Firma und Sitz der SE

Vgl. zur Firma der SE Art. 11 Rz. 2 ff., zum Sitz Art. 7 Rz. 1 ff.   8

2. Das Verfahren der Bekanntmachung

Aus deutscher Sicht gilt: Die **Gründungsgesellschaft** hat die Angaben nach Art. 21   9
dem Registergericht „bei Einreichung des Verschmelzungsplans" zu machen (§ 5 Satz 1 SEAG). Zur Vermeidung von Unklarheiten und Missverständnissen hat dies mittels eines gesonderten Dokuments zu erfolgen, und zwar auch dann, wenn sich die Angaben bereits aus dem (ebenfalls eingereichten) Verschmelzungsplan selbst ergeben[18]. Der Verschmelzungsplan und damit auch die Angaben sind außerdem gem. Art. 18 i.V.m § 61 Satz 1 UmwG „vor der Einberufung der Hauptversammlung" einzureichen, d.h. wenigstens einen Tag vor dem Erscheinen der Einberufung (dazu Art. 23 Rz. 5) in den Gesellschaftsblättern.

Die **Bekanntmachung** selbst hat dann durch das **Registergericht** zu erfolgen (§ 5   10
Satz 2 SEAG), und zwar zusammen mit dem Hinweis nach § 61 Satz 2 UmwG, wonach der Verschmelzungsplan beim Handelsregister eingereicht wurde. Die Bekanntmachung sämtlicher Angaben erfolgt im Amtsblatt, d.h. gem. § 10 Satz 1 HGB in dem von der Landesjustizverwaltung bestimmten elektronischen Informations- und Kommunikationssystem (sowie gem. Art. 61 Abs. 4 Satz 1 EGHGB bis zum 31.12.2008 zusätzlich in einer Tageszeitung oder einem sonstigen Blatt)[19].

---

13 *Scheifele*, Gründung, S. 188; *Schwarz*, Art. 21 Rz. 12.
14 *Schäfer* in MünchKomm. AktG, Art. 21 SE-VO Rz. 6; *Scheifele*, Gründung, S. 189; *Schwarz*, Art. 21 Rz. 13.
15 *Schäfer* in MünchKomm. AktG, Art. 21 SE-VO Rz. 6; *Scheifele*, Gründung, S. 189; *Schwarz*, Art. 21 Rz. 14.
16 Vgl. *Scheifele*, Gründung, S. 187; *Schröder* in Manz/Mayer/Schröder, Art. 21 SE-VO Rz. 10; *Schwarz*, Art. 21 Rz. 6.
17 *Schäfer* in MünchKomm. AktG, Art. 21 SE-VO Rz. 7; *Scheifele*, Gründung, S. 188 f.; *Schwarz*, Art. 21 Rz. 11 f.
18 Wie hier *Schäfer* in MünchKomm. AktG, Art. 21 SE-VO Rz. 9.
19 Vgl. zur Rechtslage gem. § 10 Abs. 1 Satz 1 HGB a.F. (vor Inkrafttreten des EHUG) *J. Schmidt*, „Deutsche" vs. „britische" SE, S. 192; *Schröder* in Manz/Mayer/Schröder, Art. 21 SE-VO Rz. 14; *Schwarz*, Art. 21 SE-VO Rz. 18 ff.; *Schäfer* in MünchKomm. AktG, Art. 21 SE-VO Rz. 2, 9, 10 m.w.N.

III. Sonstige Bekanntmachungspflichten

1. Zuleitung an den Betriebsrat

11   Der Verschmelzungsplan einer deutschen Gründungsgesellschaft ist gem. Art. 18[20] i.V.m. § 5 Abs. 3 UmwG mindestens einen Monat vor dem Hauptversammlungsbeschluss dem Betriebsrat zuzuleiten[21]. Entgegen teilweise vertretener Auffassung[22] vermögen die Informationen nach § 4 SEBG diese gesonderte Zuleitung nicht zu ersetzen[23].

2. Kapitalmarktrecht

12   Ferner sind ggf. kapitalmarktrechtliche Publizitätspflichten (z.B. nach §§ 15 Abs. 1, 21 WpHG) zu beachten[24].

Art. 22
[Verschmelzungsprüfung]

Als Alternative zur Heranziehung von Sachverständigen, die für Rechnung jeder der sich verschmelzenden Gesellschaften tätig sind, können ein oder mehrere unabhängige Sachverständige im Sinne des Artikels 10 der Richtlinie 78/855/EWG, die auf gemeinsamen Antrag dieser Gesellschaften von einem Gericht oder einer Verwaltungsbehörde des Mitgliedstaats, dessen Recht eine der sich verschmelzenden Gesellschaften oder die künftige SE unterliegt, dazu bestellt wurden, den Verschmelzungsplan prüfen und einen für alle Aktionäre bestimmten einheitlichen Bericht erstellen.

Die Sachverständigen haben das Recht, von jeder der sich verschmelzenden Gesellschaften alle Auskünfte zu verlangen, die sie zur Erfüllung ihrer Aufgabe für erforderlich halten.

---

20 Da der Verschmelzungsplan die Sphäre der jeweiligen Gründungsgesellschaft betrifft, ist Art. 18 einschlägig, nicht Art. 15 Abs. 1 (so aber *Mahi*, Europäische Aktiengesellschaft, S. 43; *Marsch-Barner* in Kallmeyer, UmwG, Anhang Rz. 59; *Neun* in Theisen/Wenz, Europäische Aktiengesellschaft, S. 57, 120).

21 *Heckschen* in Widmann/Mayer, Anhang 14 Rz. 226; *Jannott* in Jannott/Frodermann, Handbuch Europäische Aktiengesellschaft, § 3 Rz. 52; *Nagel* in Nagel/Freis/Kleinsorge, SEBG, 2005, 2. Teil Rz. 26; *Schäfer* in MünchKomm. AktG, Art. 20 SE-VO Rz. 10; *J. Schmidt*, „Deutsche" vs. „britische" SE, S. 194; *Schwarz*, Art. 21 Rz. 21; *Teichmann*, ZGR 2002, 383, 421; *Walden/Meyer-Landrut*, DB 2005, 2619.

22 *Brandes*, AG 2005, 177, 182; skeptisch auch *Vossius*, ZIP 2005, 741, 743 Fn. 24.

23 Ausf. *J. Schmidt*, „Deutsche" vs. „britische" SE, S. 194 f.

24 Näher hierzu *Kalss*, ZGR 2003, 593, 637; *Scheifele*, Gründung, S. 191; *Schwarz*, Art. 21 Rz. 22; *Walden/Meyer-Landrut*, DB 2005, 2119, 2121.

Literatur: *Bayer,* 1000 Tage neues Umwandlungsrecht – eine Zwischenbilanz, ZIP 1997, 1613; *Bayer,* Informationsrechte bei der Verschmelzung von Aktiengesellschaften, AG 1988, 323; *Bayer,* Kein Abschied vom Minderheitenschutz durch Information – Plädoyer für eine restriktive Anwendung des § 16 Abs. 3 UmwG, ZGR 1995, 613; *Bayer/Schmidt, J.,* Die neue Richtlinie über die grenzüberschreitende Verschmelzung von Kapitalgesellschaften, NJW 2006, 401; *Brandes,* Cross Border Mergers mittels der SE, AG 2005, 177; *Edwards,* The European Company – Essential tool or eviscerated dream?, (2003) 40 CMLR 443; *Fuchs,* Die Gründung einer Europäischen Aktiengesellschaft durch Verschmelzung und das nationale Recht, Diss. Konstanz 2004 (zit.: Gründung); *Grundmann,* Die Struktur des Europäischen Gesellschaftsrechts von der Krise zum Boom, ZIP 2004, 2401; *Henckel,* Rechnungslegung und Prüfung anlässlich einer grenzüberschreitenden Verschmelzung zu einer Societas Europaea (SE), DStR 2005, 1785; *Hoffmann-Becking,* Das neue Verschmelzungsrecht in der Praxis, in Goerdeler/Hommelhoff/Lutter/Wiedemann (Hrsg.), FS Fleck 1988, S. 105; *Hommelhoff,* Minderheitenschutz bei Umstrukturierungen, ZGR 1993, 452; *Kallmeyer,* Europa-AG: Strategische Optionen für deutsche Unternehmen, AG 2003, 197; *Kalss,* Der Minderheitenschutz bei Gründung und Sitzverlegung der SE nach dem Diskussionsentwurf, ZGR 2003, 593; *Lösekrug,* Die Umsetzung der Kapital-, Verschmelzungs- und Spaltungsrichtlinie der EG in das nationale Recht, 2004 (zit.: Umsetzung); *Luke,* Die Europäische Aktiengesellschaft – Societas Europaea, NWB, Fach 18, 4047; *Mahi,* Die Europäische Aktiengesellschaft. Societas Europaea – SE, 2004 (zit.: Europäische Gesellschaft); *Neye,* Die neue Richtlinie zur grenzüberschreitenden Verschmelzung von Kapitalgesellschaften, ZIP 2005, 1893; *Priester,* Strukturänderungen – Beschlussvorbereitung und Beschlussfassung, ZGR 1990, 420; *Schwarz,* Zum Statut der Europäischen Aktiengesellschaft, ZIP 2001, 1847; *Teichmann,* Die Einführung der Europäischen Aktiengesellschaft, ZGR 2002, 383; *Teichmann,* Minderheitenschutz bei Gründung und Sitzverlegung der SE, ZGR 2003, 367; *Vossius,* Gründung und Umwandlung der deutschen Europäischen Gesellschaft (SE), ZIP 2005, 741; *Walden/Meyer-Landrut,* Die grenzüberschreitende Verschmelzung zu einer Europäischen Gesellschaft: Beschlussfassung und Eintragung, DB 2005, 2619.

I. Regelungsgegenstand und -zweck

Ebenso wie im angeglichenen Recht der nationalen Verschmelzung – vgl. Art. 10 der   1
3. (Fusions-)RL[1] – ist der **Verschmelzungsplan** im Interesse der Aktionäre der Gründungsgesellschaften durch unabhängige Sachverständige zu **prüfen** und über das Prüfergebnis zu **berichten**. Dabei steht das Umtauschverhältnis der Anteile im Mittelpunkt. Die Verschmelzungsprüfung ist ein zentraler Baustein im europäischen Grundmodell des „Minderheitenschutzes durch Information"[2], das nunmehr auch Eingang in die 10. RL über die grenzüberschreitende Verschmelzung von Kapitalgesellschaften[3] gefunden hat[4].

---

1 Dritte Richtlinie des Rates 78/855/EWG vom 9. Oktober 1978 gemäß Artikel 54 Absatz 3 Buchstabe g) des Vertrages betreffend die Verschmelzung von Aktiengesellschaften, ABl.EG Nr. L 295 v. 20.10.1978, S. 36.
2 So treffend *Grundmann,* ZIP 2004, 2401, 2406 ff.; ähnlich *Teichmann,* ZGR 2003, 367, 373 f.; *Kalss,* ZGR 2003, 593, 618; vgl. zum deutschen Recht bereits *Bayer,* ZGR 1995, 613, 614; *Bayer,* ZIP 1997, 1613, 1621.
3 Richtlinie 2005/56/EG des Europäischen Parlaments und des Rates vom 26. Oktober 2005 über die Verschmelzung von Kapitalgesellschaften aus verschiedenen Mitgliedstaaten, ABl.EU Nr. L 310 v. 25.11.2005, S. 1.
4 Zur 10. RL: *Bayer/J. Schmidt,* NJW 2006, 401 ff.; *Drinhausen/Keinath,* RIW 2006, 81 ff.; *Kiem,* WM 2006, 1091 ff.; *Neye,* ZIP 2005, 1893 ff.

2   Allerdings ist diese Prüfung des Verschmelzungsplans in der SE-VO nur rudimentär geregelt. **Art. 22 Unterabs. 1** formuliert ausdrücklich nur, dass eine **alternative Form** der Verschmelzungsprüfung (vgl. „Als Alternative ...") gestattet ist; über **Art. 22 Unterabs. 2** wird sichergestellt, dass die beauftragten Sachverständigen von allen sich verschmelzenden Gesellschaften die erforderlichen **Auskünfte** verlangen können. Eine sachverständige Prüfung des Verschmelzungsplans wird als Regelfall jedoch zumindest stillschweigend vorausgesetzt. Dies ergibt sich indirekt auch aus Art. 31 Abs. 1 Satz 1, wonach im Falle der Verschmelzung einer 100%igen Tochter auf die Mutter Art. 22 keine Anwendung finden soll; gemeint ist damit nicht der Wegfall der Alternative, sondern der Verzicht auf jede Verschmelzungsprüfung (dazu unten Rz. 18 sowie Art. 31 Rz. 10)[5].

3   Alle **Einzelheiten** zur Verschmelzungsprüfung ergeben sich im Übrigen aus dem nach Art. 18 anwendbaren **nationalen Recht**, das jedoch durch Art. 10 der 3. (Fusions-)RL[6] angeglichen ist, wodurch sichergestellt wird, dass im Interesse der Aktionäre der Gründungsgesellschaften bei allen SE-Gründungen im Wege der Verschmelzung eine sachverständige Prüfung des Verschmelzungsplans stattfindet. Für eine deutsche Gründungsgesellschaft bedeutet dies die Anwendung der **§§ 60, 73, 9–12 UmwG**[7].

4   Der **umstrittenen Frage**, ob bereits unmittelbar durch Art. 22 Unterabs. 1 eine Verschmelzungsprüfung angeordnet wird[8], oder ob sich die Pflicht zu einer sachverständigen Prüfung des Verschmelzungsplans erst aus Art. 18 i.V.m. dem anwendbaren nationalen Recht ergibt und sich die Bedeutung von Art. 22 darin erschöpft, zwei alternative Formen der Prüfung anzubieten[9], kommt somit **keine praktische Bedeutung** zu[10].

II. Getrennte und gemeinsame Prüfung

5   Gem. Art. 22 Unterabs. 1 haben die Gründungsgesellschaften die Wahl zwischen einer separaten Verschmelzungsprüfung für jede der beteiligten Gesellschaften und einer sich auf alle erstreckenden gemeinsamen Verschmelzungsprüfung. Anders als nach der 3. (Fusions-)RL[11] steht die Möglichkeit einer gemeinsamen Prüfung damit

---

5   Richtig *Heckschen* in Widmann/Mayer, Anhang 14 Rz. 216; *Hügel* in Kalss/Hügel, § 20 SEG Rz. 9; *Schäfer* in MünchKomm. AktG, Art. 31 SE-VO Rz. 5; *Scheifele*, Gründung, S. 192; *Schwarz*, Art. 22 Rz. 7, Art. 31 Rz. 27; vgl. auch *Henckel*, DStR 2005, 1785, 1790 f.; *Neun* in Theisen/Wenz, Europäische Aktiengesellschaft, S. 57, 108.

6   Dritte Richtlinie des Rates 78/855/EWG vom 9. Oktober 1978 gemäß Artikel 54 Absatz 3 Buchstabe g) des Vertrages betreffend die Verschmelzung von Aktiengesellschaften, ABl.EG Nr. L 295 v. 20.10.1978, S. 36.

7   *Bayer* in Lutter/Hommelhoff, Europäische Gesellschaft, S. 25, 40; *Brandes*, AG 2005, 177, 183; *Jannott* in Jannott/Frodermann, Handbuch Europäische Aktiengesellschaft, § 3 Rz. 59; *Schäfer* in MünchKomm. AktG, Art. 22 SE-VO Rz. 6; *J. Schmidt*, „Deutsche" vs. „britische" SE, S. 195; *Schwarz*, Art. 20 Rz. 8; *J. Vetter* in Lutter/Hommelhoff, Europäische Gesellschaft, S. 111, 119; *Vossius*, ZIP 2005, 741, 743; *Walden/Meyer-Landrut* DB 2005, 2119, 2125; vgl. auch *Heckschen* in Widmann/Mayer, Anhang 14 Rz. 216 ff.; *Neun* in Theisen/Wenz, Europäische Aktiengesellschaft, S. 57, 108 ff.; *Schröder* in Manz/Mayer/Schröder, Art. 18 SE-VO Rz. 36 ff.

8   So *Scheifele*, Gründung, S. 191 f.; *Schwarz*, Art. 20 Rz. 7.

9   So *Fuchs*, Gründung, S. 137 f.; *Heckschen* in Widmann/Mayer, UmwG, Anhang 14 Rz. 216; *Schäfer* in MünchKomm. AktG, Art. 22 SE-VO Rz. 1; *Schröder* in Manz/Mayer/Schröder, Art. 22 Rz. 1; *Teichmann*, ZGR 2002, 383, 423; *Teichmann.*, ZGR 2003, 367, 374.

10   So i.E. auch *Scheifele*, Gründung, S. 192; *Schwarz*, Art. 22 Rz. 8.

11   Dritte Richtlinie des Rates 78/855/EWG vom 9. Oktober 1978 gemäß Artikel 54 Absatz 3 Buchstabe g) des Vertrages betreffend die Verschmelzung von Aktiengesellschaften, ABl.EG Nr. L 295 v. 20.10.1978, S. 36.

nicht im Belieben der Mitgliedstaaten[12], sondern wird durch die SE-VO selbst als **gleichwertige Alternative** eröffnet[13]. *A maiore ad minus* dürfte es zudem zulässig sein, nur für einen Teil der an der Verschmelzung beteiligten Gesellschaften eine gemeinsame Prüfung durchzuführen.

Ein Antrag auf **gemeinsame Prüfung** kann in jedem Mitgliedstaat, dessen Recht eine   6
der beteiligten Gründungsgesellschaften unterliegt oder im Sitzstaat der künftigen SE gestellt werden. Antrags- und Bestellungsverfahren richten sich dann nach dem Recht des jeweiligen Staates[14]. Jedenfalls insofern haben die Gründungsgesellschaften damit unstreitig indirekt auch die Möglichkeit einer **Rechtswahl**[15]. Entgegen einer verbreiteten Ansicht[16] gilt dies darüber hinaus aber auch für Gegenstand und Inhalt der Prüfung: Auch diese bestimmen sich ausschließlich nach dem **Recht des gewählten Staates**[17]. Sofern im Schrifttum eine kumulativen Anwendung aller beteiligten Rechtsordnungen postuliert wird[18], kann dem nicht gefolgt werden: Hiermit würde die von der SE-VO durch die Möglichkeit einer gemeinsamen Prüfung intendierte Vereinfachung konterkariert[19]. Durch ihren gemeinsamen Antrag bekunden die Gründungsgesellschaften vielmehr gerade, dass sie sich allein dem Recht des gewählten Staates unterwerfen[20]. Die im Schrifttum geäußerten Befürchtungen im Hinblick auf angebliche Umgehungsgefahren[21] sind unbegründet: Da Gegenstand und Inhalt der Prüfung durch Art. 10 der 3. (Fusions-)RL[22] europaweit harmonisiert sind, ist es nicht möglich, durch Wahl eines bestimmten Prüfungsstaates den europarechtlich etablierten zwingenden Mindeststandard, von dem auch die SE-VO ausgeht, zu umgehen[23].

III. Bestellung der Prüfer nach deutschem Recht

1. Verfahren

a) Getrennte Prüfung

Im Falle einer getrennten Prüfung werden der/die Prüfer für eine deutsche Grün-   7
dungsgesellschaft gem. Art. 18 i.V.m. §§ 60, 73, 10 Abs. 1 Satz 1, Abs. 2 Satz 1 UmwG

---

12 Art. 10 Abs. 1 Satz 2 der 3. RL (Dritte Richtlinie des Rates 78/855/EWG vom 9. Oktober 1978 gemäß Artikel 54 Absatz 3 Buchstabe g) des Vertrages betreffend die Verschmelzung von Aktiengesellschaften, ABl.EG Nr. L 295 v. 20.10.1978, S. 36) enthält insofern nur ein Optionsrecht.

13 Vgl. *Heckschen* in Widmann/Mayer, Anhang 14 Rz. 216; *Schäfer* in MünchKomm. AktG, Art. 22 SE-VO Rz. 1; *Scheifele*, Gründung, S. 194; *J. Schmidt*, „Deutsche" vs. „britische" SE, S. 196; *Teichmann*, ZGR 2002, 383, 423.

14 *Schäfer* in MünchKomm. AktG, Art. 22 SE-VO Rz. 8; *Scheifele*, Gründung, S. 197 f.; *J. Schmidt*, „Deutsche" vs. „britische" SE, S. 196 f.; *Schwarz*, Art. 22 Rz. 16 ff.

15 *Marsch-Barner* in Kallmeyer, UmwG, Anhang Rz. 54; *Schäfer* in MünchKomm. AktG, Art. 22 SE-VO Rz. 8; *J. Schmidt*, „Deutsche" vs. „britische" SE, S. 196 f.; *Schwarz*, Art. 22 Rz. 16.

16 *Fuchs*, Gründung, S. 138; *Schäfer* in MünchKomm. AktG, Art. 22 SE-VO Rz. 8; *Scheifele*, Gründung, S. 198; *Schwarz*, Art. 22 Rz. 19.

17 *J. Schmidt*, „Deutsche" vs. „britische" SE, S. 196 f.

18 Vgl. die Nachweise in Fn. 16.

19 *J. Schmidt*, „Deutsche" vs. „britische" SE, S. 196 f.

20 Vgl. auch *Scheifele*, Gründung, S. 198; *Schwarz*, Art. 22 Rz. 19.

21 Vgl. die Nachweise in Fn. 16.

22 Dritte Richtlinie des Rates 78/855/EWG vom 9. Oktober 1978 gemäß Artikel 54 Absatz 3 Buchstabe g) des Vertrages betreffend die Verschmelzung von Aktiengesellschaften, ABl.EG Nr. L 295 v. 20.10.1978, S. 36.

23 *J. Schmidt*, „Deutsche" vs. „britische" SE, S. 197.

auf Antrag des Vorstands durch das Landgericht am Sitz der jeweiligen Gesellschaft bestellt[24].

b) Gemeinsame Prüfung

8 Entscheiden sich die Gesellschaften für eine gemeinsame Prüfung nach deutschem Recht, so werden der/die Prüfer gem. Art. 22 Unterabs.1[25] i.V.m. §§ 60, 73, 10 Abs. 1 Satz 1 und 2, Abs. 2 Satz 1 UmwG auf gemeinsamen Antrag der Vertretungsorgane der beteiligten Rechtsträger durch das Landgericht, in dessen Bezirk eine deutsche Gründungsgesellschaft oder die künftige „deutsche" SE ihren Sitz hat, bestellt[26].

2. Materielle Anforderungen

a) Unabhängigkeit

9 Die ungeschickte sprachliche Fassung von Art. 22 Unterabs.1 hat zu der kuriosen Auffassung geführt, dass die Prüfung nicht nur durch unabhängige, sondern auch durch abhängige Sachverständige (!) erfolgen dürfe[27]. Indes zielt die Vorschrift nicht auf die Alternative *abhängiger* oder *unabhängiger* Prüfer, sondern möchte allein die *separate* wie auch die *gemeinsame* Verschmelzungsprüfung gestatten[28]. Dass ausschließlich eine Prüfung durch unabhängige Sachverständige zulässig sein kann[29], zeigen auch Art. 31 Abs. 2 Satz 1[30] und die Parallelregelungen in Art. 32 Abs. 4, Art. 37 Abs. 6 sowie in Art. 10 der 3. (Fusions-)RL[31].[32] Dort ist stets ausdrücklich von einer Prüfung durch **unabhängige Sachverständige** die Rede.

---

24 Vgl. *Heckschen* in Widmann/Mayer, Anhang 14 Rz. 220; *Henckel*, DStR 2005, 1785, 1791; *Jannott* in Jannott/Frodermann, Handbuch Europäische Aktiengesellschaft, § 3 Rz. 60; *Marsch-Barner* in Kallmeyer, UmwG, Anhang Rz. 54; *Schäfer* in MünchKomm. AktG, Art. 22 SE-VO Rz. 6; *J. Schmidt*, „Deutsche" vs. „britische" SE, S. 196; *Thümmel*, Rz. 65; *Walden/Meyer-Landrut*, DB 2005, 2119, 2125.

25 Art. 22 Satz 1 ist insofern lex specialis zu Art. 18: *Schröder* in Manz/Mayer/Schröder, Art. 18 SE-VO Rz. 37; *Scheifele*, Gründung, S. 198; *J. Schmidt*, „Deutsche" vs. „britische" SE, S. 196; *Schwarz*, Art. 22 Rz. 16, 18; vgl. ferner auch *Jannott* in Jannott/Frodermann, Handbuch Europäische Aktiengesellschaft, § 3 Rz. 60; *Marsch-Barner* in Kallmeyer, UmwG, Anhang Rz. 54.

26 *Henckel*, DStR 2005, 1785, 1791; *Marsch-Barner* in Kallmeyer, UmwG, Anhang Rz. 54; *Schäfer* in MünchKomm. AktG, Art. 22 SE-VO Rz. 7; *J. Schmidt*, „Deutsche" vs. „britische" SE, S. 197; *Schwarz*, Art. 22 Rz. 16; *Walden/Meyer-Landrut*, DB 2005, 2119, 2125.

27 S. *Schwarz*, ZIP 2001, 1847, 1851; ebenso wohl auch *Luke*, NWB Fach 18, 4047, 4053.

28 *Bayer* in Lutter/Hommelhoff, Europäische Gesellschaft, S. 25, 40; *Fuchs*, Gründung, S. 139; *Neun* in Theisen/Wenz, Europäische Aktiengesellschaft, S. 57, 113; *Scheifele*, Gründung, S. 193 f.; *J. Schmidt*, „Deutsche" vs. „britische" SE, S. 198; nunmehr auch *Schwarz*, Art. 22 Rz. 12.

29 So schon *Bayer* in Lutter/Hommelhoff, Europäische Gesellschaft, S. 25, 40; ebenso *Brandes*, AG 2005, 177, 183; *Edwards*, (2003) 40 CMLR 443, 453; *Grundmann*, Europäisches Gesellschaftsrecht, Rz. 1028; *Marsch-Barner* in Kallmeyer, UmwG, Anhang Rz. 54; *Nagel* in Nagel/Freis/Kleinsorge, SEBG, 2. Teil Rz. 24; *Schäfer* in MünchKomm. AktG, Art. 22 SE-VO Rz. 2; *Scheifele*, Gründung, S. 193 f., 199; *J. Schmidt*, „Deutsche" vs. „britische" SE, S. 197 f.; *Schröder* in Manz/Mayer/Schröder, Art. 22 SE-VO Rz. 9; *Schwarz*, Art. 22 Rz. 12; *Teichmann*, ZGR 2002, 383, 423 f.

30 Vgl. *Neun* in Theisen/Wenz, Europäische Aktiengesellschaft, S. 57, 113; *Scheifele*, Gründung, S. 193 f.; *J. Schmidt*, „Deutsche" vs. „britische" SE, S. 198; *Schwarz*, Art. 22 Rz. 12.

31 Dritte Richtlinie des Rates 78/855/EWG vom 9. Oktober 1978 gemäß Artikel 54 Absatz 3 Buchstabe g) des Vertrages betreffend die Verschmelzung von Aktiengesellschaften, ABl.EG Nr. L 295 v. 20.10.1978, S. 36.

32 Vgl. *Neun* in Theisen/Wenz, Europäische Aktiengesellschaft, S. 57, 112; *Scheifele*, Gründung, S. 193 f.; *Schwarz*, Art. 22 Rz. 12; *J. Schmidt*, „Deutsche" vs. „britische" SE, S. 197 f.; *C. Teichmann*, ZGR 2002, 383, 423 f.

b) Qualifikation

Sofern für die Prüfung deutsches Recht gilt, müssen der/die Prüfer qua Art. 18 (sepa- 10
rate Prüfung) bzw. Art. 22 Unterabs. 1 (gemeinsame Prüfung) den Anforderungen der
§§ 60, 73, 11 Abs. 1 Satz 1 UmwG i.V.m. §§ 319 Abs. 1–4, 319a HGB[33] genügen[34].

IV. Auskunftsrecht

Gem. Art. 22 Unterabs. 2 haben die Sachverständigen das Recht, von jeder der sich 11
verschmelzenden Gesellschaften alle Auskünfte zu verlangen, die sie zur Erfüllung
ihrer Aufgabe für erforderlich halten. Die VO gibt ihnen damit ein **umfassendes
Informationsrecht**[35]. Der gegenüber der 3. (Fusions-)RL[36] und den Vorentwürfen veränderte Wortlaut[37] ist lediglich eine modernere Formulierung, eine inhaltliche Einschränkung[38] ist damit nach herrschender[39] und zutreffender Ansicht nicht verbunden. Insbesondere ist der Begriff „Auskunft" extensiv auszulegen; die Sachverständigen können nicht nur verbale Informationen, sondern auch Unterlagen verlangen
und zudem ggf. selbst Nachprüfungen vornehmen[40].

Nach dem Wortlaut der Norm scheint es hinsichtlich der **Erforderlichkeit** einer Aus- 12
kunft zwar ausschließlich auf die subjektive Einschätzung der Sachverständigen an-
zukommen; richtigerweise wird man dies aber so zu verstehen haben, dass es darauf
ankommt, ob sie eine Auskunft den Umständen nach auch tatsächlich für erforderlich halten durften[41].

V. Prüfungsgegenstand und -umfang

1. Verschmelzungsplan

Prüfungsgegenstand ist zunächst der Verschmelzungsplan[42] – egal, ob man dies (je- 13
denfalls für die gemeinsame Prüfung) aus Art. 22 Unterabs. 1 oder aus Art. 18 i.V.m.

---

33 Dazu näher *Lutter/Drygala* in Lutter, UmwG, § 11 Rz. 4 ff.; *Zeidler* in Semler/Stengel,
   UmwG, § 11 Rz. 2 ff. m.w.N.
34 *Henckel*, DStR 2005, 1785, 1791; *Marsch-Barner* in Kallmeyer, UmwG, Anhang Rz. 54;
   J. Schmidt, „Deutsche" vs. „britische" SE, S. 198; *Schröder* in Manz/Mayer/Schröder, Art. 18
   SE-VO Rz. 38; *Schäfer* in MünchKomm. AktG, Art. 22 SE-VO Rz. 4; *Schwarz*, Art. 22 Rz. 22 f.
35 *Heckschen* in Widmann/Mayer, Anhang 14 Rz. 218; *Henckel*, DStR 2005, 1785, 1791; *Jannott*
   in Jannott/Frodermann, Handbuch Europäische Aktiengesellschaft, § 3 Rz. 62; *Schäfer* in
   MünchKomm. AktG, Art. 22 Rz. 11; *J. Schmidt*, „Deutsche" vs. „britische" SE, S. 199;
   Schwarz, Art. 22 Rz. 32; *Teichmann*, ZGR 2002, 383, 424f.
36 Dritte Richtlinie des Rates 78/855/EWG vom 9. Oktober 1978 gemäß Artikel 54 Absatz 3
   Buchstabe g) des Vertrages betreffend die Verschmelzung von Aktiengesellschaften, ABl.EG
   Nr. L 295 v. 20.10.1978, S. 36.
37 Gem. Art. 10 Abs. 3 der 3. (Fusions-)RL (Fn. 1), Art. 21 Abs. 3 SE-VOE 1989 und 1991 sowie in
   Art. 23 Abs. 4 SE-VOE 1975 hat jeder Sachverständige „das Recht, von den an der Verschmelzung beteiligten Gesellschaften alle zweckdienlichen Auskünfte und Unterlagen zu verlangen und alle erforderlichen Nachprüfungen vorzunehmen".
38 So aber offenbar *Fuchs*, Gründung, S. 143; *Schröder* in Manz/Mayer/Schröder, Art. 22 SE-VO
   Rz. 17; *Schwarz*, ZIP 2001, 1847, 1851.
39 Vgl. die Nachweise in Fn. 35.
40 S. die Nachweise in Fn. 35.
41 *J. Schmidt*, „Deutsche" vs. „britische" SE, S. 199 f. Enger allerdings *Henckel*, DStR 2005,
   1785, 1791 und *Schäfer*, Art. 22 Rz. 11, die eine Grenze nur im Schikaneverbot sehen.
42 *Fuchs*, Gründung, S. 140; *Heckschen* in Widmann/Mayer, Anhang 14 Rz. 221; *Jannott* in Jan-
   nott/Frodermann, Handbuch Europäische Aktiengesellschaft, § 3 Rz. 61; *Marsch-Barner* in
   Kallmeyer, UmwG, Anhang Rz. 54; *Neun* in Theisen/Wenz, Europäische Aktiengesellschaft,
   S. 57, 109 f.; *Schäfer* in MünchKomm. AktG, Art. 22 SE-VO Rz. 1; *Schwarz*, Art. 22 Rz. 26;
   Walden/Meyer-Landrut, DB 2005, 2119, 2125.

den Umsetzungsvorschriften zur 3. (Fusions-)RL[43], bei Prüfung in Deutschland also aus § 9 Abs. 1 UmwG, herleitet[44]. Aufgabe der Verschmelzungsprüfer ist die Kontrolle auf **Vollständigkeit und Richtigkeit**[45] und dabei insbesondere die Nachprüfung der **Angemessenheit des festgesetzten Umtauschverhältnisses**[46].

2. Verschmelzungsbericht

14 Ob und inwieweit auch der Verschmelzungsbericht (dazu ausf. Art. 20 Rz. 29 ff.) in die Prüfung einzubeziehen ist, ist für das nationale Verschmelzungsrecht umstritten. Einigkeit besteht darin, dass die Ausführungen zur wirtschaftlichen Zweckmäßigkeit der Verschmelzung nicht Prüfungsgegenstand sind[47]. Im Interesse eines effektiven Minderheitenschutzes sollte sich die Verschmelzungsprüfung – entgegen der aktuellen Praxis und der h.M.[48] – jedoch nicht auf den Verschmelzungsplan als solchen beschränken, sondern auch zur **Richtigkeit des Verschmelzungsberichts** Stellung beziehen[49]. Hiervon ging offensichtlich auch die Kommission in ihrer Begründung zum SE-VOE 1989 aus: „Dieser Bericht [Verschmelzungsbericht] wird von Sachverständigen geprüft ...“[50].

3. Barabfindung

15 Sofern gem. § 7 Abs. 1 Satz 1 SEAG ein Barabfindungsangebot erforderlich ist (dazu ausf. Art. 24 Rz. 46 ff.), ist gem. § 7 Abs. 3 Satz 1 SEAG auch dessen Angemessenheit zu prüfen[51]. Die Norm entspricht § 30 Abs. 2 UmwG[52].

---

43 Dritte Richtlinie des Rates 78/855/EWG vom 9. Oktober 1978 gemäß Artikel 54 Absatz 3 Buchstabe g) des Vertrages betreffend die Verschmelzung von Aktiengesellschaften, ABl.EG Nr. L 295 v. 20.10.1978, S. 36.
44 Vgl. zur Kontroverse um die Bedeutung des Art. 22 bereits oben Rz. 4.
45 *Fuchs*, Gründung, S. 140; *Henckel*, DStR 2005, 1785, 1790; *Mahi*, Europäische Aktiengesellschaft, S. 42; *Neun* in Theisen/Wenz, Europäische Aktiengesellschaft, S. 57, 110; *Schäfer* in MünchKomm. AktG, Art. 22 SE-VO Rz. 9; *Scheifele*, Gründung, S. 201; *J. Schmidt*, „Deutsche" vs. „britische" SE, S. 200; *Schröder* in Manz/Mayer/Schröder, Art. 22 SE-VO Rz. 12; *Schwarz*, Art. 22 Rz. 28.
46 Speziell für die SE: *Fuchs*, Gründung, S. 140; *Jannott* in Jannott/Frodermann, Handbuch Europäische Aktiengesellschaft, § 3 Rz. 61; *Mahi*, Europäische Aktiengesellschaft, S. 42; *Neun* in Theisen/Wenz, Europäische Aktiengesellschaft, S. 57, 110; *Schäfer* in MünchKomm. AktG, Art. 22 SE-VO Rz. 9; *Scheifele*, Gründung, S. 202; *J. Schmidt*, „Deutsche" vs. „britische" SE, S. 200; *Schröder* in Manz/Mayer/Schröder, Art. 22 SE-VO Rz. 12; *Walden/Meyer-Landrut*, DB 2005, 2119, 2125; *Schwarz*, Art. 22 Rz. 28; allgemein zu § 9 UmwG: *Lutter/Drygala* in Lutter, UmwG, § 9 Rz. 10; speziell zur Angemessenheit des Umtauschverhältnisses auch *Bayer*, ZIP 1997, 1613, 1617.
47 Allgemein zu § 9 UmwG: *Lutter/Drygala* in Lutter, UmwG, § 9 Rz. 12 m.w.N.; so auch *Bayer*, ZIP 1997, 1613, 1621. Speziell für die SE-Gründung: *Fuchs*, Gründung, S. 141; *Jannott* in Jannott/Frodermann, Handbuch Europäische Aktiengesellschaft, § 3 Rz. 61; *Neun* in Theisen/Wenz, Europäische Aktiengesellschaft, S. 57, 110; *Schäfer* in MünchKomm. AktG, Art. 22 SE-VO Rz. 9; *Schröder* in Manz/Mayer/Schröder, Art. 22 SE-VO Rz. 12.
48 Zusammenfassend *Lutter/Drygala* in Lutter, UmwG, § 9 Rz. 12 f. m.w.N.; ebenso zur SE: *Fuchs*, Gründung, S. 140; *Neun* in Theisen/Wenz, Europäische Aktiengesellschaft, S. 57, 109; *Schäfer* in MünchKomm. AktG, Art. 22 SE-VO Rz. 9; *Scheifele*, Gründung, S. 201; *Schröder* in Manz/Mayer/Schröder, Art. 22 SE-VO Rz. 12; *Schwarz*, Art. 22 Rz. 28.
49 *Bayer*, ZIP 1997, 1613, 1617; ebenso zu § 340b Abs. 1 AktG a.F.: *Bayer*, AG 1988, 323, 328; vgl. auch *Priester*, ZGR 1990, 420, 430; *Hoffmann-Becking* in FS Fleck, S. 105, 122; für Kontrolle des Verschmelzungsberichts auf Richtigkeit und Vollständigkeit: *Hommelhoff*, ZGR 1993, 452, 464 ff.
50 BT-Drucks. 11/5427, S. 7.
51 Näher dazu etwa *Neun* in Theisen/Wenz, Europäische Aktiengesellschaft, S. 57, 116 f.
52 Vgl. RegE zum SEEG, BT-Drucks. 15/3405, S. 33. Näher zu § 30 Abs. 2 UmwG etwa: *Grunewald* in Lutter, UmwG, § 30 Rz. 5 ff.; *Zeidler* in Semler/Stengel, UmwG, § 30 Rz. 26 ff. m.w.N.

VI. Prüfungsbericht

Über das Ergebnis der Prüfung ist ein schriftlicher Bericht zu erstellen[53];[54] im Falle 16
gemeinsamer Prüfung fordert Art. 22 Unterabs. 1 ausdrücklich einen für alle Aktionäre bestimmten einheitlichen Bericht. Der Inhalt des Prüfungsberichts richtet sich
mangels Regelung in der SE-VO kraft Art. 18 (separate Prüfung) bzw. Art. 22 Unterabs. 1 (gemeinsame Prüfung)[55] nach den nationalen Umsetzungsvorschriften zu
Art. 10 der 3. (Fusions-)RL[56], bei Prüfung nach deutschem Recht also nach §§ 60, 73,
12 UmwG[57].[58] Zudem ist gem. § 7 Abs. 3 Satz 2 SEAG i.V.m. § 12 UmwG ggf. auch
über die Prüfung des Barabfindungsangebots zu berichten.

VII. Verantwortlichkeit der Verschmelzungsprüfer

Die zivil- und strafrechtliche Verantwortlichkeit der Verschmelzungsprüfer richtet 17
sich mangels Regelung in der SE-VO gem. Art. 18 (getrennte Prüfung) bzw. Art. 22
Unterabs. 1 (gemeinsame Prüfung) ebenfalls nach nationalem Recht; bei Prüfung
nach deutschem Recht gelten folglich §§ 60, 73, 11 Abs. 2 UmwG i.V.m. § 323 HGB
(zivilrechtliche Haftung)[59] sowie §§ 314, 315 UmwG (strafrechtliche Verantwortlichkeit)[60].

---

53 Egal ob man dies (jedenfalls für die gemeinsame Prüfung) unmittelbar aus Art. 22 Satz 1 oder
    aus Art. 18 i.V.m. den nationalen Umsetzungsvorschriften zu Art. 10 Abs. 1 Satz 1 der 3. (Fusi-
    ons-)RL (Dritte Richtlinie des Rates 78/855/EWG vom 9. Oktober 1978 gemäß Artikel 54 Ab-
    satz 3 Buchstabe g) des Vertrages betreffend die Verschmelzung von Aktiengesellschaften,
    ABl.EG Nr. L 295 v. 20.10.1978, S. 36) herleitet; vgl. zur Kontroverse um die Bedeutung des
    Art. 22 bereits oben Rz. 4.
54 *Heckschen* in Widmann/Mayer, Anhang 14 Rz. 222; *Henckel*, DStR 2005, 1785, 1791; *Jannott*
    in Jannott/Frodermann, Handbuch Europäische Aktiengesellschaft, § 3 Rz. 64; *Marsch-Barner*
    in Kallmeyer, UmwG, Anhang Rz. 55; *Schäfer* in MünchKomm. AktG, Art. 22 SE-VO Rz. 1;
    Scheifele, Gründung, S. 201; *J. Schmidt*, „Deutsche" vs. „britische" SE, S. 200; *Schröder* in
    Manz/Mayer/Schröder, Art. 22 SE-VO Rz. 1; *Schwarz*, Art. 22 Rz. 26; *Walden/Meyer-Landrut*,
    DB 2005, 2119, 2125.
55 Art. 22 Satz 1 ist insofern lex specialis zu Art. 18, vgl. oben Fn. 25.
56 Dritte Richtlinie des Rates 78/855/EWG vom 9. Oktober 1978 gemäß Artikel 54 Absatz 3
    Buchstabe g) des Vertrages betreffend die Verschmelzung von Aktiengesellschaften, ABl.EG
    Nr. L 295 v. 20.10.1978, S. 36.
57 Näher zum Berichtsinhalt gem. § 12 UmwG etwa *Lutter/Drygala* in Lutter, UmwG, § 12
    Rz. 6 ff.; *Zeidler* in Semler/Stengel, UmwG, § 30 Rz. 5 ff.
58 *Heckschen* in Widmann/Mayer, Anhang 14 Rz. 222 ff.; *Henckel*, DStR 2005, 1785, 1791; *Jan-
    nott* in Jannott/Frodermann, Handbuch Europäische Aktiengesellschaft, § 3 Rz. 64; *Mahi*, Eu-
    ropäische Aktiengesellschaft, S. 42; *Marsch-Barner* in Kallmeyer, UmwG, Anhang Rz. 55;
    Schäfer in MünchKomm. AktG, Art. 22 SE-VO Rz. 10; *J. Schmidt*, „Deutsche" vs. „britische"
    SE, S. 200; *Schröder* in Manz/Mayer/Schröder, Art. 18 SE-VO Rz. 40; *Schwarz*, Art. 22
    Rz. 27 f.; *Walden/Meyer-Landrut*, DB 2005, 2119, 2125.
59 Vgl. *Bartone/Klapdor*, Europäische Aktiengesellschaft, S. 30; *Neun* in Theisen/Wenz, Europäi-
    sche Aktiengesellschaft, S. 57, 115; *Schäfer* in MünchKomm. AktG, Art. 22 SE-VO Rz. 12;
    Scheifele, Gründung, S. 204 f.; *J. Schmidt*, „Deutsche" vs. „britische" SE, S. 201; *Schröder* in
    Manz/Mayer/Schröder, Art. 18 SE-VO Rz. 38, 43; *Schwarz*, Art. 22 Rz. 34.
60 Vgl. *Neun* in Theisen/Wenz, Europäische Aktiengesellschaft, S. 57, 116; *Schäfer* in München-
    Komm. AktG, Art. 22 SE-VO Rz. 12; *Scheifele*, Gründung, S. 205; *J. Schmidt*, „Deutsche" vs.
    „britische" SE, S. 201.

VIII. Entbehrlichkeit und Verzicht

1. Entbehrlichkeit

18 Im Falle eines up-stream-merger einer 100%igen Tochter auf die Mutter ist gem. **Art. 31 Abs. 1 Satz 1**[61] keine Prüfung erforderlich[62] (s. Art. 31 Rz. 10). Die anderen in Art. 31 Abs. 2 SE-VO vorgesehenen Fälle einer Entbehrlichkeit der Prüfung haben für Deutschland keine Bedeutung (dazu ausf. Art. 31 Rz. 19 f.).

2. Verzicht

19 Da die 3. (Fusions-)RL[63] nach zutreffender Auffassung einem Verzicht auf die Verschmelzungsprüfung bzw. den Verschmelzungsprüfungsbericht nicht entgegensteht[64], ist auch bei der SE-Gründung durch Verschmelzung ein Verzicht zulässig, wenn und soweit das nach Art. 18 (bzw. bei gemeinsamer Prüfung Art. 22 Unterabs. 1) maßgebliche nationale Recht dies gestattet[65]. Für die Aktionäre deutscher Gründungsgesellschaften gelten daher **§§ 60, 73, 12 Abs. 3, 9 Abs. 3, 8 Abs. 3 Satz 1 Alt. 1, Satz 2 UmwG**[66].

20 **Voraussetzungen und Wirkung** des Verzichts beziehen sich damit aber naturgemäß auch nur auf die jeweilige Gründungsgesellschaft[67]. Im Falle einer gemeinsamen Verschmelzungsprüfung ist diese daher nur dann entbehrlich, wenn ein Verzicht nach allen beteiligten Rechtsordnungen zulässig ist und die jeweiligen Voraussetzungen erfüllt sind.

---

61 Bezieht man Art. 31 Abs. 1 Satz 1 nur auf die gemeinsame Prüfung, so ergäbe sich für die Entbehrlichkeit bei einer separaten Prüfung einer deutschen Gründungsgesellschaft dasselbe aus Art. 18 i.V.m. §§ 60, 73, 9 Abs. 3, 8 Abs. 3 Satz 1 Alt. 2 UmwG; dafür offenbar *Jannott* in Jannott/Frodermann, Handbuch Europäische Aktiengesellschaft, § 3 Rz. 63; *Kallmeyer*, AG 2003, 197, 203; *Schröder* in Manz/Mayer/Schröder, Art. 22 SE-VO Rz. 3; Art. 31 Rz. 29, 37; *Teichmann*, ZGR 2002, 383, 431.

62 S. schon *Bayer* in Lutter/Hommelhoff, Europäische Gesellschaft, S. 25, 45. Wie hier auch *Heckschen* in Widmann/Mayer, Anhang 14 Rz. 216; *Henckel*, DStR 2005, 1785, 1790 f.; *Hügel* in Kalss/Hügel, § 20 SEG Rz. 9; *Neun* in Theisen/Wenz, Europäische Aktiengesellschaft, S. 57, 108; *Schäfer* in MünchKomm. AktG, Art. 31 SE-VO Rz. 5; *Scheifele*, Gründung, S. 192, 289; *Schwarz*, Art. 22 Rz. 7, Art. 31 Rz. 22.

63 Dritte Richtlinie des Rates 78/855/EWG vom 9. Oktober 1978 gemäß Artikel 54 Absatz 3 Buchstabe g) des Vertrages betreffend die Verschmelzung von Aktiengesellschaften, ABl.EG Nr. L 295 v. 20.10.1978, S. 36.

64 *Lutter/Drygala* in Lutter, UmwG, § 9 Rz. 17; *Lösekrug*, Umsetzung, S. 255 f. m.z.w.N. Speziell zur SE auch *Brandes*, AG 2005, 177, 183.

65 Vgl. *Brandes*, AG 2005, 177, 183; *Heckschen* in Widmann/Mayer, Anhang 14 Rz. 217, 225; *Jannott* in Jannott/Frodermann, Handbuch Europäische Aktiengesellschaft, § 3 Rz. 63; *Marsch-Barner* in Kallmeyer, UmwG, Anhang Rz. 55; *Schröder* in Manz/Mayer/Schröder, Art. 18 SE-VO Rz. 19, 39, 42; *J. Schmidt*, „Deutsche" vs. „britische" SE, S. 202; *Schwarz*, Art. 22 Rz. 30.

66 Vgl. *Brandes*, AG 2005, 177, 183; *Heckschen* in Widmann/Mayer, Anhang 14 Rz. 217, 225; *Jannott* in Jannott/Frodermann, Handbuch Europäische Aktiengesellschaft, § 3 Rz. 63; *Marsch-Barner* in Kallmeyer, UmwG, Anhang Rz. 55; *Neun* in Theisen/Wenz, Europäische Aktiengesellschaft, 57, 108; *Scheifele*, Gründung, S. 202; *J. Schmidt*, „Deutsche" vs. „britische" SE, S. 202; *Schröder* in Manz/Mayer/Schröder, Art. 18 SE-VO Rz. 39, 42; *Schwarz*, Art. 22 Rz. 30.

67 *Heckschen* in Widmann/Mayer, Anhang 14 Rz. 217, 225; *Neun* in Theisen/Wenz, Europäische Aktiengesellschaft, S. 57, 108; *Scheifele*, Gründung, S. 202; *J. Schmidt*, „Deutsche" vs. „britische" SE, S. 202; *Schwarz*, Art. 22 Rz. 30; a.A. aber offenbar *Schröder* in Manz/Mayer/Schröder, Art. 18 SE-VO Rz. 39.

Vgl. zur parallelen Problematik eines Verzichts auf den Verschmelzungsbericht   21
Art. 20 Rz. 34.

Art. 23
[Zustimmung der Hauptversammlungen]

(1) Die Hauptversammlung jeder der sich verschmelzenden Gesellschaften stimmt dem Verschmelzungsplan zu.

(2) Die Beteiligung der Arbeitnehmer in der SE wird gemäß der Richtlinie 2001/86/EG festgelegt. Die Hauptversammlung jeder der sich verschmelzenden Gesellschaften kann sich das Recht vorbehalten, die Eintragung der SE davon abhängig zu machen, dass die geschlossene Vereinbarung von ihr ausdrücklich genehmigt wird.

Literatur: *Fuchs*, Die Gründung einer Europäischen Aktiengesellschaft durch Verschmelzung und das nationale Recht, Diss. Konstanz 2004 (zit.: Gründung); *Heckschen*, Die Europäische AG aus notarieller Sicht, DNotZ 2003, 251; *Horn*, Die Europa-AG im Kontext des deutschen und europäischen Gesellschaftsrechts, DB 2005, 147; *Kallmeyer*, Europa-AG: Strategische Optionen für deutsche Unternehmen, AG 2003, 197; *Lösekrug*, Die Umsetzung der Kapital-, Verschmelzungs- und Spaltungsrichtlinie der EG in das nationale Recht, 2004 (zit.: Umsetzung); *Mahi*, Die Europäische Aktiengesellschaft. Societas Europaea – SE –, 2004 (zit.: Europäische Aktiengesellschaft); *Oplustil*, Selected problems concerning formation of a holding SE (societas europaea), (2003) 4 GLJ 107; *Seibt/Reinhard*, Umwandlung der Aktiengesellschaft in die Europäische Gesellschaft (Societas Europaea), Der Konzern 2005, 407; *Teichmann*, Die Einführung der Europäischen Aktiengesellschaft, ZGR 2002, 383; *Teichmann*, Minderheitenschutz bei Gründung und Sitzverlegung der SE, ZGR 2003, 367; *Vossius*, Gründung und Umwandlung der deutschen Europäischen Gesellschaft (SE), ZIP 2005, 741; *Walden/Meyer-Landrut*, Die grenzüberschreitende Verschmelzung zu einer Europäischen Gesellschaft: Planung und Vorbereitung, DB 2005, 2119; *Walden/Meyer-Landrut*, Die grenzüberschreitende Verschmelzung zu einer Europäischen Gesellschaft: Beschlussfassung und Eintragung, DB 2005, 2619.

I. Regelungsgegenstand und -zweck

Nach **Art. 23 Abs. 1** wird der inhaltlich übereinstimmende Verschmelzungsplan   1
(Art. 20 Rz. 2) erst wirksam, wenn die **Hauptversammlungen** aller Gründungsgesell-

schaften ihre **Zustimmung** erteilt haben. Diese Regelung ist – anders als nach Art. 7 Abs. 1 Satz 1 der 3. (Fusions-)RL[1, 2] – **zwingend**, kann somit auch nicht über Art. 18 durch das nationale Recht der Gründungsgesellschaften ausgehebelt werden[3]. Abweichungen sind auch bei Konzernverschmelzungen nur im Rahmen des Art. 31 zulässig; die Erleichterungen des § 62 UmwG (i.V.m. Art. 18) kommen daher im Falle einer deutschen Gründungsgesellschaft nicht zur Anwendung[4] (s. auch Art. 31 Rz. 14). Das Zustimmungserfordernis der Hauptversammlung ist somit nach der Konzeption der SE-VO ein zentrales und unverzichtbares Element des **Minderheitenschutzes**[5], da es jedem Aktionär nicht nur ein Mitentscheidungsrecht, sondern darüber hinaus Kontrollmöglichkeiten durch ergänzende Informations- und Klagerechte (dazu auch Rz. 6 f., 9) einräumt.

2   Art. 23 Abs. 1 beschränkt sich allerdings darauf, die Beschlussfassung als solche anzuordnen; das gesamte **Verfahren** (einschließlich der Vorbereitung der Zustimmungsbeschlüsse) richtet sich demgegenüber gem. **Art. 18** nach dem nationalen Recht der jeweiligen Gründungsgesellschaft[6]; im Falle einer deutschen Gründungsgesellschaft somit §§ 121 ff. AktG, 63 ff. UmwG (Einzelheiten Rz. 5 ff.).

3   Die Anordnung in **Art. 23 Abs. 2 Satz 1**, wonach „die Beteiligung der Arbeitnehmer in der SE gemäß der Richtlinie 2001/86/EG festgelegt wird", hat nur **klarstellende Bedeutung**[7]. Die Hauptversammlung hat in Fragen der Arbeitnehmermitbestimmung generell keine Gestaltungskompetenz; diese Aufgabe ist vielmehr den Leitungs- bzw. Verwaltungsorganen der Gründungsgesellschaften einerseits sowie einem besonderen Verhandlungsgremium der Arbeitnehmerseite andererseits übertragen (s. § 2 Abs. 5 und § 4 SEBG mit den Erläuterungen von *Oetker*). Das künftige Mitbestimmungsmodell wird allerdings im Zeitpunkt der Zustimmung der Hauptversammlung zum Verschmelzungsplan häufig noch nicht feststehen. Um nun dem Dilemma zu entgehen, entweder „die Katze im Sack kaufen" zu müssen oder die Beschlussfassung über die SE-Gründung nicht zeitnah zur Offenlegung des Verschmelzungsplans vornehmen zu können – erst ab diesem Zeitpunkt wird nämlich das Verhandlungs-

---

1 Dritte Richtlinie des Rates 78/855/EWG vom 9. Oktober 1978 gemäß Artikel 54 Absatz 3 Buchstabe g) des Vertrages betreffend die Verschmelzung von Aktiengesellschaften, ABl.EG Nr. L 295 v. 20.10.1978, S. 36.

2 Art. 25 und 27 der 3. (Fusions-)RL (Dritte Richtlinie des Rates 78/855/EWG vom 9. Oktober 1978 gemäß Artikel 54 Absatz 3 Buchstabe g) des Vertrages betreffend die Verschmelzung von Aktiengesellschaften, ABl.EG Nr. L 295 v. 20.10.1978, S. 36) gestatten bei Konzernverschmelzungen unter bestimmten Voraussetzungen einen Verzicht auf das Beschlusserfordernis; vgl. dazu ausf. *Lösekrug*, Umsetzung, S. 296 ff. m.w.N.

3 *Fuchs*, Gründung, S. 145; *Schäfer* in MünchKomm. AktG, Art. 23 SE-VO Rz. 1; *Scheifele*, Gründung, S. 285 f.; *J. Schmidt*, „Deutsche" vs. „britische" SE, S. 204; *Schröder* in Manz/Mayer/Schröder, Art. 23 Rz. 1; *Schwarz*, Art. 23 Rz. 5; *Walden/Meyer-Landrut*, DB 2005, 2619, 2623.

4 *Fuchs*, Gründung, S. 145; *Kallmeyer*, AG 2003, 197, 203; *Marsch-Barner* in Kallmeyer, UmwG, Anhang Rz. 73; *Schäfer* in MünchKomm. AktG, Art. 23 SE-VO Rz. 4; *Scheifele*, Gründung, S. 285 f.; *J. Schmidt*, „Deutsche" vs. „britische" SE, S. 204; *Schwarz*, Art. 31 Rz. 17 ff.; *Walden/Meyer-Landrut*, DB 2005, 2619, 2623; irrig *Thümmel*, Europäische Aktiengesellschaft, Rz. 76 f.; *C. Teichmann*, ZGR 2002, 383, 431.

5 So auch *Schäfer* in MünchKomm. AktG, Art. 23 SE-VO Rz. 1.

6 *Bayer* in Lutter/Hommelhoff, Europäische Gesellschaft, S. 25, 41; *Heckschen*, DNotZ 2003, 251, 259; *Heckschen* in Widmann/Mayer, Anhang 14 Rz. 231, 237; *Marsch-Barner* in Kallmeyer, UmwG, Anhang Rz. 59; *Neun* in Theisen/Wenz, Europäische Aktiengesellschaft, S. 44; *Schäfer* in MünchKomm. AktG, Art. 23 SE-VO Rz. 3; *Scheifele*, Gründung, S. 207 ff.; *J. Schmidt*, „Deutsche" vs. „britische" SE, S. 204; *Schwarz*, Art. 23 Rz. 8, 15; *Teichmann*, ZGR 2002, 383, 425; *Vossius* in Widmann/Mayer, § 20 UmwG Rz. 426.

7 *Schröder* in Manz/Mayer/Schröder, Art. 23 SE-VO Rz. 13; *Schwarz*, Art. 23 Rz. 23; vgl. auch *Schäfer* in MünchKomm. AktG, Art. 23 SE-VO Rz. 2 („überflüssiger Hinweis").

verfahren zur Arbeitnehmermitbestimmung offiziell in Gang gesetzt (Art. 3 SE-RL)[8] –, ermöglicht **Art. 23 Abs. 2 Satz 2**, dass sich die Hauptversammlung das Recht vorbehalten kann, die Eintragung der SE von der **Genehmigung der Mitbestimmungsvereinbarung** abhängig zu machen. Die Idee, mit der Möglichkeit eines solchen Zustimmungsvorbehalts das Mitentscheidungsrecht der Aktionäre zu sichern, ohne den Fortgang des Gründungsverfahrens zu blockieren, wird jedoch mit dem Zeitverlust einer weiteren Hauptversammlung erkauft; denn eine Delegation der Zustimmung (etwa auf den Aufsichtsrat) ist nach der Konzeption der Regelung nicht möglich[9] (dazu noch Rz. 21).

II. Zustimmung zum Verschmelzungsplan

1. Zuständigkeit

Für die Zustimmung zum Verschmelzungsplan ist gem. Art. 23 Abs. 1 zwingend **ausschließlich die Hauptversammlung** der jeweiligen Gründungsgesellschaft zuständig; eine Delegation dieser Grundlagenentscheidung auf andere Organe ist nicht – auch nicht durch die Satzung – zulässig[10].   4

2. Vorbereitung der Hauptversammlung

a) Einberufung

Die Modalitäten der Einberufung der Hauptversammlung richten sich gem. Art. 18   5 nach dem nationalen Recht der jeweiligen Gründungsgesellschaft[11], bei einer deutschen also nach §§ 121 ff. AktG[12]. Wegen Art. 11 Abs. 1 der 3. (Fusions-)RL[13] ist aller-

---

8 Ein früherer (inoffizieller) Beginn des Verhandlungsverfahrens ist jedoch nicht ausgeschlossen, s. *Jannott* in Jannott/Frodermann, Handbuch Europäische Aktiengesellschaft, § 3 Rz. 85; *Kleinsorge* in Nagel/Freis/Kleinsorge, § 4 SEBG Rz. 9; *Köstler* in Theisen/Wenz, Europäische Aktiengesellschaft, S. 331, 339; *Marsch-Barner* in Kallmeyer, UmwG, Anhang Rz. 77; *Oetker* in Lutter/Hommelhoff, Europäische Gesellschaft, S. 277, 292; *Schäfer* in MünchKomm. AktG, Art. 23 SE-VO Rz. 2 Fn. 3; *Vossius*, ZIP 2005, 741, 743 Fn. 20 sowie (zur Umwandlungsgründung) *Seibt/Reinhard*, Der Konzern 2005, 407, 417.
9 So bereits *Bayer* in Lutter/Hommelhoff, Europäische Gesellschaft, S. 25, 41; ebenso *Heckschen* in Widmann/Mayer, UmwG, Anhang 14 Rz. 242; *Jannott* in Jannott/Frodermann, Handbuch Europäische Aktiengesellschaft, § 3 Rz. 85; *Mahi*, Europäische Aktiengesellschaft, S. 45 Rz. 259; *Neun* in Theisen/Wenz, Europäische Aktiengesellschaft, S. 57, 132; a.A. *Marsch-Barner* in Kallmeyer, UmwG, Anhang Rz. 65; *Schäfer* in MünchKomm. AktG, Art. 23 SE-VO Rz. 2; *Scheifele*, Gründung, S. 218; *Teichmann*, ZGR 2002, 383, 430.
10 *Scheifele*, Gründung, S. 207; *Schwarz*, Art. 23 Rz. 5.
11 *Bayer* in Lutter/Hommelhoff, Europäische Gesellschaft, S. 25, 41; *Fuchs*, Gründung, S. 145; *Heckschen* in Widmann/Mayer, Anhang 14 Rz. 231; *Jannott* in Jannott/Frodermann, Handbuch Europäische Aktiengesellschaft, § 3 Rz. 73; *Mahi*, Europäische Aktiengesellschaft, S. 44; *Marsch-Barner* in Kallmeyer, UmwG, Anhang Rz. 59; *Schäfer* in MünchKomm. AktG, Art. 23 Rz. 5; *J. Schmidt*, „Deutsche" vs. „britische" SE, S. 204 f.; *Schröder* in Manz/Mayer/Schröder, Art. 23 SE-VO Rz. 3; *Schwarz*, Art. 23 Rz. 13; *Teichmann*, ZGR 2002, 383, 425; *Vossius* in Widmann/Mayer, § 20 UmwG Rz. 426; *Walden/Meyer-Landrut*, DB 2005, 2619, 2620.
12 *Bayer* in Lutter/Hommelhoff, Europäische Gesellschaft, S. 25, 41; *Heckschen* in Widmann/Mayer, Anhang 14 Rz. 232; *Jannott* in Jannott/Frodermann, Handbuch Europäische Aktiengesellschaft, § 3 Rz. 73; *Neun* in Theisen/Wenz, Europäische Aktiengesellschaft, S. 57, 130; *Schäfer* in MünchKomm. AktG, Art. 23 SE-VO Rz. 5; *Scheifele*, Gründung, S. 209; *J. Schmidt*, „Deutsche" vs. „britische" SE, S. 205; *Schröder* in Manz/Mayer/Schröder, Art. 23 SE-VO Rz. 20; *Schwarz*, Art. 23 Rz. 13; *Vossius* in Widmann/Mayer, § 20 UmwG Rz. 426; *Walden/Meyer-Landrut*, DB 2005, 2619, 2620.
13 Dritte Richtlinie des Rates 78/855/EWG vom 9. Oktober 1978 gemäß Artikel 54 Absatz 3 Buchstabe g) des Vertrages betreffend die Verschmelzung von Aktiengesellschaften, ABl.EG Nr. L 295 v. 20.10.1978, S. 36.

dings – in richtlinienkonformer Auslegung von § 123 Abs. 1 AktG n.F. – eine Mindesteinberufungsfrist von 1 Monat zu wahren[14].

b) Vorabinformation

6   Die SE-VO sieht keine besonderen Regelungen betreffend die Vorabinformation der Aktionäre vor; die Bekanntmachungen nach Art. 21 (dazu ausf. Art. 21 Rz. 4 ff.) sowie die Offenlegung des Verschmelzungsplans (dazu ausf. Art. 21 Rz. 3, 9 f.) richten sich nicht speziell, die Zuleitung des Verschmelzungsplans an den Betriebsrat (s. Art. 21 Rz. 11) überhaupt nicht an die Aktionäre[15]. Hinsichtlich der spezifischen Vorabinformation der Aktionäre gilt vielmehr gem. **Art. 18** ebenfalls das nationale Recht der jeweiligen Gründungsgesellschaft[16].

7   Bei einer deutschen Gründungsgesellschaft sind folglich gem. **§ 63 Abs. 1 UmwG** mindestens einen Monat[17] vor der Hauptversammlung zur Einsicht der Aktionäre auszulegen: der Verschmelzungsplan, die Jahresabschlüsse und Lageberichte der sich verschmelzenden Gesellschaften für die letzten 3 Geschäftsjahre, ggf. Zwischenbilanzen[18], der/die Verschmelzungsbericht(e) und der/die Verschmelzungsprüfungsbericht(e); gem. § 63 Abs. 3 UmwG ist jedem Aktionär unverzüglich und kostenlos eine Abschrift dieser Unterlagen zu erteilen[19].

---

14 Ausf. *J. Schmidt*, DB 2006, 375. Speziell für die SE-Gründung auch *J. Schmidt*, „Deutsche" vs. „britische" SE, S. 205 f.
15 Vgl. *Scheifele*, Gründung, S. 209; *Schäfer* in MünchKomm. AktG, Art. 23 SE-VO Rz. 5; *Schwarz*, Art. 23 Rz. 10.
16 *Bayer* in Lutter/Hommelhoff, Europäische Gesellschaft, S. 25, 41; *Fuchs*, Gründung, S. 144 f.; *Heckschen* in Widmann/Mayer, Anhang 14 Rz. 231; *Jannott* in Jannott/Frodermann, Handbuch Europäische Aktiengesellschaft, § 3 Rz. 73; *Mahi*, Europäische Aktiengesellschaft, S. 44; *Marsch-Barner* in Kallmeyer, UmwG, Anhang Rz. 59; *Neun* in Theisen/Wenz, Europäische Aktiengesellschaft, S. 57, 130; *Schäfer* in MünchKomm. AktG, Art. 23 SE-VO Rz. 5; *J. Schmidt*, „Deutsche" vs. „britische" SE, S. 204 f.; *Schröder* in Manz/Mayer/Schröder, Art. 23 SE-VO Rz. 4; *Schwarz*, Art. 23 Rz. 11; *Teichmann*, ZGR 2002, 383, 425; *Walden/Meyer-Landrut*, DB 2005, 2619, 2620; für die Anwendung des jeweiligen nationalen Rechts i.E. auch *Scheifele*, Gründung, S. 209 f.; *Thümmel*, Europäische Aktiengesellschaft Rz. 68.
17 Infolge der Änderung des § 123 Abs. 1 AktG durch das UMAG würde sich gem. § 63 Abs. 1 UmwG an sich eine Auslegungsfrist von 30 Tagen ergeben. Der sich hieraus ergebende – offenbar unbeabsichtigte – Widerspruch zu Art. 11 Abs. 1 der 3. (Fusions-)RL (Dritte Richtlinie des Rates 78/855/EWG vom 9. Oktober 1978 gemäß Artikel 54 Absatz 3 Buchstabe g) des Vertrages betreffend die Verschmelzung von Aktiengesellschaften, ABl.EG Nr. L 295 v. 20.10.1978, S. 36) (Auslegungsfrist von 1 Monat) ist im Wege der richtlinienkonformen Auslegung zu korrigieren. Ausf. *J. Schmidt*, DB 2006, 375. Speziell für die SE auch *J. Schmidt*, „Deutsche" vs. „britische" SE, S. 204 f.
18 Bei der SE-Verschmelzung ist insofern auf den Tag der Aufstellung des Verschmelzungsplans abzustellen: *Schäfer* in MünchKomm. AktG, Art. 23 SE-VO Rz. 5; *Scheifele*, Gründung, S. 210 Fn. 395; *Schwarz*, Art. 23 Rz. 11 Fn. 20; a.A. jedoch offenbar *Schröder* in Manz/Mayer/Schröder, Art. 18 SE-VO Rz. 45.
19 *Bartone/Klapdor*, Europäische Aktiengesellschaft, S. 26; *Bayer* in Lutter/Hommelhoff, Europäische Gesellschaft, S. 25, 41; *Brandes*, AG 2005, 177, 183; *Fuchs*, Gründung, S. 145 f.; *Heckschen* in Widmann/Mayer, Anhang 14 Rz. 234; *Jannott* in Jannott/Frodermann, Handbuch Europäische Aktiengesellschaft, § 3 Rz. 74 f.; *Mahi*, Europäische Aktiengesellschaft, S. 44; *Marsch-Barner* in Kallmeyer, UmwG, Anhang Rz. 59; *Neun* in Theisen/Wenz, Europäische Aktiengesellschaft, S. 57, 130; *Schäfer* in MünchKomm. AktG, Art. 23 SE-VO Rz. 5; *Scheifele*, Gründung, S. 209 f.; *J. Schmidt*, „Deutsche" vs. „britische" SE, S. 205; *Schröder* in Manz/Mayer/Schröder, Art. 23 Rz. 21, Art. 18 Rz. 44 f.; *Schwarz*, Art. 23 Rz. 11 f.; *Thümmel*, Europäische Aktiengesellschaft, Rz. 68; *Vossius*, ZIP 2005, 743, 744; *Walden/Meyer-Landrut*, DB 2005, 2619, 2620.

c) Ggf. Nachgründungsbericht und gesonderte Gründungsprüfung

Im Falle der Verschmelzung durch Aufnahme hat eine übernehmende deutsche   8
Gründungsgesellschaft ggf. gem. Art. 18 i.V.m. **§ 67 UmwG** die Vorschriften der § 52
Abs. 3, 4, 7–9 AktG über die Nachgründung einzuhalten[20]. Der Aufsichtsrat muss in
diesen Fällen vor der Beschlussfassung der Hauptversammlung einen Nachgrün-
dungsbericht erstatten (§ 52 Abs. 3 AktG); zudem ist eine gesonderte Prüfung durch
externe Prüfer durchzuführen (§ 52 Abs. 4 AktG)[21]. Für die **Zwei-Jahres-Frist** ist allerdings entgegen einer verbreiteten Auffassung nicht auf den Zeitpunkt der notariellen
Beurkundung des Verschmelzungsplans[22], sondern – entsprechend § 76 Abs. 1
UmwG – auf denjenigen des **Verschmelzungs*beschlusses*** abzustellen[23].

3. Durchführung der Hauptversammlung

Ebenso wie die Vorbereitung richtet sich auch die Durchführung der Hauptversamm-   9
lung qua Art. 18 nach nationalem Recht[24]. Bei einer deutschen Gründungsgesellschaft gelten also die §§ 129 ff. AktG und insbesondere § 64 UmwG[25]: Danach sind
die in § 63 Abs. 1 UmwG bezeichneten Unterlagen (dazu oben Rz. 7) in der Hauptversammlung auszulegen; der Vorstand hat den Verschmelzungsplan oder seinen Entwurf mündlich zu erläutern; ferner haben die Aktionäre ein erweitertes Auskunftsrecht (Art. 23 Abs. 2).

4. Beschlussfassung

a) Allgemein

Die Einzelheiten Beschlussfassung richten sich mangels Regelung in der SE-VO   10
ebenfalls qua Art. 18 nach dem jeweiligen nationalen Recht, das insoweit durch

---

20 S. bereits *Bayer* in Lutter/Hommelhoff, Europäische Gesellschaft, S. 25, 39; ebenso i.E. *Brandes*, AG 2005, 177, 187; *Marsch-Barner* in Kallmeyer, UmwG, Anhang Rz. 67; *Jannott* in Jan-
nott/Frodermann, Handbuch Europäische Aktiengesellschaft, § 3 Rz. 66; *Neun* in Theisen/
Wenz, Europäische Aktiengesellschaft, S. 57, 118 f.; *Schäfer* in MünchKomm. AktG, Art. 23
SE-VO Rz. 8; *Scheifele*, Gründung, S. 177 f.; *J. Schmidt*, „Deutsche" vs. „britische" SE, S. 203;
Schröder in Manz/Mayer/Schröder, Art. 23 SE-VO Rz. 25; *Schwarz*, Art. 20 Rz. 55.
21 Ausf. dazu etwa *Diekmann* in Semler/Stengel, UmwG, § 67 Rz. 15 ff.; *Grunewald* in Lutter,
UmwG, § 67 Rz. 11 ff.
22 So *Jannott* in Jannott/Frodermann, Handbuch Europäische Aktiengesellschaft, § 3 Rz. 66;
Neun in Theisen/Wenz, Europäische Aktiengesellschaft, S. 57, 119; *Scheifele*, Gründung,
S. 178; *Schwarz*, Art. 20 Rz. 55; ferner wohl auch *Marsch-Barner* in Kallmeyer, UmwG, Anhang Rz. 67.
23 So bereits *Bayer* in Lutter/Hommelhoff, Europäische Gesellschaft, S. 25, 39.
24 *Bayer* in Lutter/Hommelhoff, Europäische Gesellschaft, S. 25, 41; *Heckschen* in Widmann/
Mayer, Anhang 14 Rz. 237; *Jannott* in Jannott/Frodermann, Handbuch Europäische Aktiengesellschaft, § 3 Rz. 77; *Mahi*, Europäische Aktiengesellschaft, S. 44; *Marsch-Barner* in Kallmeyer, UmwG, Anhang Rz. 59; *Neun* in Theisen/Wenz, Europäische Aktiengesellschaft, S. 57,
131; *Schäfer* in MünchKomm. AktG, Art. 23 SE-VO Rz. 6; *J. Schmidt*, „Deutsche" vs. „britische" SE, S. 207; *Schwarz*, Art. 23 Rz. 15; *Teichmann*, ZGR 2002, 383, 425; *Walden/Meyer-
Landrut*, DB 2005, 2619, 2620; für eine Anwendung nationalen Rechts i.E. auch *Scheifele*,
Gründung, S. 209 f.
25 *Bayer* in Lutter/Hommelhoff, Europäische Gesellschaft, S. 25, 41; *Heckschen* in Widmann/
Mayer, Anhang 14 Rz. 237; *Jannott* in Jannott/Frodermann, Handbuch Europäische Aktiengesellschaft, § 3 Rz. 77; *Mahi*, Europäische Aktiengesellschaft, S. 44; *Marsch-Barner* in Kallmeyer, UmwG, Anhang Rz. 60; *Neun* in Theisen/Wenz, Europäische Aktiengesellschaft, S. 57,
131; *Schäfer* in MünchKomm. AktG, Art. 23 SE-VO Rz. 6; *Scheifele*, Gründung, S. 211;
J. Schmidt, „Deutsche" vs. „britische" SE, S. 207; *Schröder* in Manz/Mayer/Schröder, Art. 18
SE-VO Rz. 46; *Schwarz*, Art. 23 Rz. 15 f.; *J. Vetter* in Lutter/Hommelhoff, Europäische Gesellschaft, S. 111, 119; *Walden/Meyer-Landrut*, DB 2005, 2619, 2620.

Art. 7 Abs. 1 der 3. (Fusions-)RL[26] harmonisiert ist[27]. Der Zustimmungsbeschluss einer deutschen Gründungsgesellschaft bedarf folglich neben einer einfachen Stimmenmehrheit auch einer Mehrheit von mindestens drei Vierteln des bei der Beschlussfassung vertretenen Grundkapitals (§§ 65 Abs. 1 Satz 1 UmwG, 133 Abs. 1 AktG); die Satzung kann eine größere Mehrheit und weitere Erfordernisse bestimmen[28].

b) Sonderbeschlüsse

11 Falls mehrere Aktiengattungen existieren, bedarf es eines Sonderbeschlusses jeder Gattung mit der entsprechenden Mehrheit (Art. 18 i.V.m. § 65 Abs. 2 UmwG)[29].

c) Beschlussverbot gem. § 76 UmwG

12 Für eine übertragende deutsche AG gilt gem. Art. 18 Abs. 1 die zweijährige Sperrfrist des § 76 Abs. 1 UmwG, hinsichtlich derer unstreitig auf den Zeitpunkt des Verschmelzungsbeschlusses abzustellen ist[30]. Da die Nachgründungsvorschriften, deren Umgehung durch diese Sperrfrist verhindert werden sollen[31], auch auf europäischer Ebene ein zentraler Baustein des Kapitalschutzes sind (vgl. Art. 11 der 2. RL[32]), vermag die vereinzelt vertretene Auffassung, wonach die Anwendung des § 76 Abs. 1 UmwG gegen Art. 2 Abs. 1 verstoßen soll[33], nicht zu überzeugen.

---

26 Dritte Richtlinie des Rates 78/855/EWG vom 9. Oktober 1978 gemäß Artikel 54 Absatz 3 Buchstabe g) des Vertrages betreffend die Verschmelzung von Aktiengesellschaften, ABl.EG Nr. L 295 v. 20.10.1978, S. 36.

27 *Bayer* in Lutter/Hommelhoff, Europäische Gesellschaft, S. 25, 41; *Fuchs*, Gründung, S. 148; *Heckschen* in Widmann/Mayer, Anhang 14 Rz. 237; *Jannott* in Jannott/Frodermann, Handbuch Europäische Aktiengesellschaft, § 3 Rz. 81; *Marsch-Barner* in Kallmeyer, UmwG, Anhang Rz. 59; *Mahi*, Europäische Aktiengesellschaft, S. 44 f.; *Neun* in Theisen/Wenz, Europäische Aktiengesellschaft, S. 57, 132; *Schäfer* in MünchKomm. AktG, Art. 23 SE-VO Rz. 6; *Scheifele*, Gründung, S. 211; *J. Schmidt*, „Deutsche" vs. „britische" SE, S. 208; *Schröder* in Manz/Mayer/Schröder, Art. 23 Rz. 8; *Schindler*, Europäische Aktiengesellschaft, S. 27; *Schwarz*, Art. 23 Rz. 17; *Teichmann*, ZGR 2002, 383, 425; *J. Vetter* in Lutter/Hommelhoff, Europäische Gesellschaft, S. 111, 118; *Walden/Meyer-Landrut*, DB 2005, 2619.

28 *Brandes*, AG 2005, 177, 184; *Heckschen* in Widmann/Mayer, Anhang 14 Rz. 238; *Horn*, DB 2005, 147, 148; *Jannott* in Jannott/Frodermann, Handbuch Europäische Aktiengesellschaft, § 3 Rz. 81; *Mahi*, Europäische Aktiengesellschaft, S. 44 f.; *Marsch-Barner* in Kallmeyer, UmwG, Anhang Rz. 61; *Neun* in Theisen/Wenz, Europäische Aktiengesellschaft, S. 57, 132; *Schäfer* in MünchKomm. AktG, Art. 23 SE-VO Rz. 6; *Scheifele*, Gründung, S. 211; *J. Schmidt*, „Deutsche" vs. „britische" SE, S. 208 f.; *Schröder* in Manz/Mayer/Schröder, Art. 23 SE-VO Rz. 22; *Schwarz*, Art. 23 Rz. 17; *Teichmann*, ZGR 2002, 383, 425; *Teichmann*, ZGR 2003, 367, 373; *Thümmel*, Europäische Aktiengesellschaft, Rz. 69; *J. Vetter* in Lutter/Hommelhoff, Europäische Gesellschaft, S. 111, 118; *Vossius*, ZIP 2005, 741, 743f.; *Walden/Meyer-Landrut*, DB 2005, 2619, 2620.

29 *Jannott* in Jannott/Frodermann, Handbuch Europäische Aktiengesellschaft, § 3 Rz. 81; *Marsch-Barner* in Kallmeyer, UmwG, Anhang Rz. 59; *Scheifele*, Gründung, S. 207; *J. Schmidt*, „Deutsche" vs. „britische" SE, S. 208 f.; *Schwarz*, Art. 23 Rz. 6; *Teichmann*, ZGR 2003, 367, 373; *Vossius*, ZIP 2005, 741, 743 Fn. 29.

30 So bereits *Bayer* in Lutter/Hommelhoff, Europäische Gesellschaft, S. 25, 39; ebenso *Jannott* in Jannott/Frodermann, Handbuch Europäische Aktiengesellschaft, § 3 Rz. 83; *Marsch-Barner* in Kallmeyer, UmwG, Anhang Rz. 67; *Schäfer* in MünchKomm. AktG, Art. 23 SE-VO Rz. 7; *Scheifele*, Gründung, S. 112; *J. Schmidt*, „Deutsche" vs. „britische" SE, S. 203; *Schwarz*, Art. 17 Rz. 13.

31 Vgl. *Grunewald* in Lutter, UmwG, § 76 Rz. 2 m.w.N.

32 Zweite Richtlinie 77/91/EWG des Rates vom 13. Dezember 1976 zur Koordinierung der Schutzbestimmungen, die in den Mitgliedstaaten den Gesellschaften im Sinne des Artikels 58 Absatz 2 des Vertrages im Interesse der Gesellschafter sowie Dritter vorgeschrieben sind, um diese Bestimmungen gleichwertig zu gestalten, ABl.EG Nr. L 26 v. 31.1.1977, S. 1.

33 So *Schröder* in Manz/Mayer/Schröder, Art. 23 SE-VO Rz. 25.

5. Form

Hinsichtlich etwaiger Formerfordernisse gilt gem. Art. 18 nationales Recht[34]. Der   13
Zustimmungsbeschluss einer deutschen Gründungsgesellschaft bedarf folglich gem.
§ 13 Abs. 3 UmwG der notariellen Beurkundung; auf Verlangen ist jedem Aktionär
auf dessen Kosten unverzüglich eine Abschrift zu erteilen[35].

III. Zustimmungsvorbehalt

1. Zweck und Gegenstand

Art. 23 Abs. 2 Satz 2 ermöglicht es der Hauptversammlung, sich das Recht vorzube-   14
halten, die Eintragung der SE von der Genehmigung der Mitbestimmung abhängig zu
machen; damit kann das **Mitentscheidungsrecht der Aktionäre gesichert** werden, ohne den Fortgang des Gründungsverfahrens zu blockieren (vgl. bereits oben Rz. 3).

Die Bezugnahme auf eine „geschlossene Vereinbarung" in Art. 23 Abs. 2 Satz 2 ist al-   15
lerdings missverständlich: Vor dem Hintergrund, dass das Verfahren der Arbeitnehmerbeteiligung nach der SE-RL auch in anderer Weise als durch eine Vereinbarung
beendet werden kann, entspricht es allgemeiner Meinung, dass sich der Genehmigungsvorbehalt auf **alle Arten einer zulässigen Mitbestimmungsregelung** – d.h. nicht
nur auf eine individuelle Vereinbarung, sondern auch auf die Fälle eines Eingreifens
der Auffangregelung infolge eines ergebnislosen Abbruchs der Verhandlungen oder
infolge Fristablaufs – bezieht[36].

2. Erklärung des Vorbehalts, Mitbestimmungsvereinbarung und Satzung

Sofern nicht bereits im Zeitpunkt der Beschlussfassung über den Verschmelzungs-   16
plan das spätere Mitbestimmungsmodell vorliegt, eröffnet allein der Entscheidungs-
vorbehalt nach Art. 23 Abs. 2 Satz 2 den Aktionären die Möglichkeit, von der SE-
Gründung Abstand zu nehmen. Man könnte zwar daran denken, bereits i.R.d. Satzung – die Teil des Verschmelzungsplans ist (vgl. Art. 20 Abs. 1 Satz 2 lit. h) – eine
Regelung zur Mitbestimmung zu treffen, die vom Vorstand jedenfalls nicht überschritten werden darf. Dieser Ausweg ist indes versperrt: Denn steht die getroffene
Vereinbarung im Widerspruch zur Satzung, so ist letztere zu ändern, d.h. die Mitbestimmungsregelung geht vor (vgl. Art. 12 Abs. 4)[37].

---

34 Vgl. *Heckschen* in Widmann/Mayer, Anhang 14 Rz. 239; *Jannott* in Jannott/Frodermann,
   Handbuch Europäische Aktiengesellschaft, § 3 Rz. 81; *Neun* in Theisen/Wenz, Europäische
   Aktiengesellschaft, S. 57, 132; *Scheifele*, Gründung, S. 212 f.; *J. Schmidt*, „Deutsche" vs. „britische" SE, S. 209; *Schwarz*, Art. 23 Rz. 21; *Thümmel*, Europäische Aktiengesellschaft, Rz. 69.
35 *Brandes*, AG 2005, 177, 182; *Heckschen* in Widmann/Mayer, Anhang 14 Rz. 239; 239; *Heckschen*, DNotZ 2003, 251, 259; *Jannott* in Jannott/Frodermann, Handbuch Europäische Aktiengesellschaft, § 3 Rz. 81; *Marsch-Barner* in Kallmeyer, UmwG, Anhang Rz. 61; *Schäfer* in
   MünchKomm. AktG, Art. 23 SE-VO Rz. 6; *Scheifele*, Gründung, S. 212 f.; *J. Schmidt*, „Deutsche" vs. „britische" SE, S. 209; *Schröder* in Manz/Mayer/Schröder, Art. 23 SE-VO Rz. 26;
   Schwarz, Art. 23 Rz. 21; *Vossius*, ZIP 2005, 741, 743 Fn. 29.
36 Vgl. *Hügel* in Kalss/Hügel, § 19 SEG Rz. 8; *Marsch-Barner* in Kallmeyer, UmwG, Anhang
   Rz. 63; *Scheifele*, Gründung, S. 215 f.; *Schwarz*, Art. 23 Rz. 29 f.; ferner wohl auch *Schäfer* in
   MünchKomm. AktG, Art. 23 SE-VO Rz. 9.
37 So bereits *Bayer* in Lutter/Hommelhoff, Europäische Gesellschaft, S. 25, 41; vgl. auch *Kleindiek* in Lutter/Hommelhoff, Europäische Gesellschaft, S. 95, 103; *Schäfer* in MünchKomm.
   AktG, Art. 23 SE-VO Rz. 10; *Schröder* in Manz/Mayer/Schröder, Art. 23 SE-VO Rz. 17.

3. Mehrheit

17 Mangels Regelung in der SE-VO ist hinsichtlich der für die Erklärung des Vorbehalts erforderlichen Mehrheit kraft Art. 18 das nationale Recht maßgeblich[38]. Richtigerweise genügt damit nach dem Grundsatz des § 133 Abs. 1 AktG eine **einfache Stimmenmehrheit**[39]. Eine (analoge) Anwendung des § 65 Abs. 1 Satz 1 UmwG ist nicht gerechtfertigt: Erstens hat jedenfalls die Erklärung des Vorbehalts keinen Grundlagencharakter[40] (an einen solchen ließe sich allenfalls im Hinblick auf die Genehmigung selbst denken, vgl. dazu unten Rz. 20) und zweitens würde es dem mit der Möglichkeit eines Vorbehalts intendierten Aktionärsschutz diametral zuwiderlaufen, hierfür eine qualifizierte Mehrheit zu verlangen[41].

4. Wirkung des Vorbehalts

18 Solange das Mitbestimmungsmodell nicht genehmigt wurde (dazu unten Rz. 19 f.), darf die SE nicht eingetragen werden (Art. 23 Abs. 2 Satz 2); es handelt sich somit um ein gesetzliches **Eintragungshindernis**[42], das von Amts wegen zu prüfen ist[43] (dazu auch Art. 25 Rz. 6, Art. 26 Rz. 13). Die Wirksamkeit des Verschmelzungsbeschlusses selbst bleibt allerdings unberührt[44].

5. Erklärung der Genehmigung

a) Beschluss der Hauptversammlung

19 Nach dem insoweit eindeutigen Wortlaut des Art. 23 Abs. 2 Satz 2 muss die **Genehmigung ausdrücklich** erfolgen, eine konkludentes Handeln oder gar bloße Untätigkeit der Hauptversammlung genügen nicht[45]. Ratio ist, dass die zuständige Kontrollstelle das Vorliegen der Genehmigung – die ja Eintragungsvoraussetzung ist (vgl. oben Rz. 18) – eindeutig und zweifelsfrei feststellen können muss[46].

20 Die für die Genehmigung erforderliche **Mehrheit** bestimmt sich gem. Art. 18 nach nationalem Recht[47]. Bei einer deutschen Gründungsgesellschaft wird insoweit teilweise entsprechend § 65 Abs. 1 Satz 1 UmwG eine qualifizierte Mehrheit gefordert, da die Vereinbarungen mit den Arbeitnehmern für die SE grundlegende Bedeutung hätten und daher als Teil des Verschmelzungsplans anzusehen seien[48]. Dies vermag jedoch nicht zu überzeugen. Die Arbeitnehmerbeteiligung ist nämlich – wie sich im

---

38 Vgl. *Schäfer* in MünchKomm. AktG, Art. 23 SE-VO Rz. 11; *Scheifele*, Gründung, S. 215; *Schwarz*, Art. 23 Rz. 27.
39 Ebenso *Schäfer* in MünchKomm. AktG, Art. 23 SE-VO Rz. 11; *Scheifele*, Gründung, S. 215; *Schwarz*, Art. 23 Rz. 27.
40 *Schäfer* in MünchKomm. AktG, Art. 23 SE-VO Rz. 11; *Scheifele*, Gründung, S. 215.
41 Ähnlich *Schäfer* in MünchKomm. AktG, Art. 23 SE-VO Rz. 11.
42 *Heckschen* in Widmann/Mayer, Anhang 14 Rz. 241; *Marsch-Barner* in Kallmeyer, UmwG, Anhang Rz. 64; *Schäfer* in MünchKomm. AktG, Art. 23 SE-VO Rz. 13; *Schröder* in Manz/Mayer/Schröder, Art. 23 SE-VO Rz. 18; *Schwarz*, Art. 23 Rz. 33.
43 So ausdrücklich auch *Scheifele*, Gründung, S. 217; *Schwarz*, Art. 23 Rz. 33.
44 *Heckschen* in Widmann/Mayer, Anhang 14 Rz. 241; *Marsch-Barner* in Kallmeyer, UmwG, Anhang Rz. 64; *Neun* in Theisen/Wenz, Europäische Aktiengesellschaft, S. 57, 132; *J. Schmidt*, „Deutsche" vs. „britische" SE, S. 209; *Schwarz*, Art. 23 Rz. 33.
45 *Scheifele*, Gründung, S. 216; *Schwarz*, Art. 23 Rz. 31.
46 Vgl. *Scheifele*, Gründung, S. 216; *Schwarz*, Art. 23 Rz. 31.
47 Vgl. *Schäfer* in MünchKomm. AktG, Art. 23 SE-VO Rz. 12; *Scheifele*, Gründung, S. 217; *Schwarz*, Art. 23 Rz. 32.
48 So *Oplustil*, (2003) 4 GLJ 107, 118, der es allerdings zugleich für zulässig hält, dass die Hauptversammlung im Rahmen der Erklärung des Vorbehalts bestimmt, dass für die Genehmigung eine einfache Mehrheit genügen soll.

Umkehrschluss aus Art. 20 Abs. 1 Satz 2 lit. i (dazu ausf. Art. 20 Rz. 26) ergibt – gerade nicht Bestandteil des Verschmelzungsplans[49]. Entsprechende Vereinbarungen sind vielmehr prinzipiell eine der Verwaltung überlassene Geschäftsführungsmaßnahme (vgl. bereits oben Rz. 3), ein Genehmigungsvorbehalt der Hauptversammlung ist nur der Ausnahmefall[50]. Nach der Grundregel des § 133 Abs. 1 AktG genügt demgemäß für die Genehmigung eine **einfache Stimmenmehrheit**[51].

b) Keine Delegation

Entgegen einer verbreiteten Auffassung im Schrifttum[52] kann die Genehmigung des   21
künftigen Mitbestimmungsmodells **nicht auf den Aufsichtsrat delegiert** werden[53].
Anders als vielfach postuliert ist die Übertragung der Genehmigungszuständigkeit nämlich keineswegs lediglich ein *Minus* zur eigenständigen Entscheidung durch die Hauptversammlung[54], sondern ein so von der SE-VO gerade nicht vorgesehenes[55] *Aliud*. Eine derartige Delegation stünde zudem in diametralem Gegensatz zur ratio des Zustimmungsvorbehalts, durch den die endgültige Entscheidung gerade von der Verwaltung wegverlagert werden soll, um so die Eigentümerrechte der Aktionäre zu sichern[56].

IV. Ergänzende Anwendung des Aktiengesetzes

Vgl. zur Nachgründung gem. § 52 AktG *Bayer* in K. Schmidt/Lutter, AktG, § 52   22
Rz. 6 ff.

Vgl. zur Einberufung der Hauptversammlung gem. §§ 121 ff. AktG *Ziemons* in K. Schmidt/Lutter, AktG, § 121 Rz. 6 ff., speziell zu § 123 AktG *Ziemons* in K. Schmidt/Lutter, AktG, § 123 Rz. 6 ff.

Vgl. zur Durchführung der Hauptversammlung gem. §§ 129 ff. AktG *Ziemons* in K. Schmidt/Lutter, AktG, § 129 Rz. 3 ff.

Vgl. zum Mehrheitserfordernis des § 133 AktG *Spindler* in K. Schmidt/Lutter, AktG, § 133 Rz. 22 ff.

---

49 Vgl. *Schäfer* in MünchKomm. AktG, Art. 23 SE-VO Rz. 12; *Scheifele*, Gründung, S. 217; *Schwarz*, Art. 23 Rz. 32.
50 Vgl. die Nachweise in Fn. 49.
51 Ebenso *Marsch-Barner* in Kallmeyer, UmwG, Anhang Rz. 64; *Schäfer* in MünchKomm. AktG, Art. 23 SE-VO Rz. 12; *Scheifele*, Gründung, S. 217; *Schwarz*, Art. 23 Rz. 32.
52 *Brandes*, AG 2005, 177, 185; *Marsch-Barner* in Kallmeyer, UmwG, Anhang Rz. 65; *Schäfer* in MünchKomm. AktG, Art. 23 SE-VO Rz. 2; *Scheifele*, Gründung, S. 218; *Teichmann*, ZGR 2002, 383, 430.
53 Ebenso *Heckschen* in Widmann/Mayer, Anhang 14 Rz. 242; *Jannott* in Jannott/Frodermann, Handbuch Europäische Aktiengesellschaft, § 3 Rz. 85; *Mahi*, Europäische Aktiengesellschaft, S. 45 Fn. 259; *Neun* in Theisen/Wenz, Europäische Aktiengesellschaft, S. 57, 132.
54 So aber *Schäfer* in MünchKomm. AktG, Art. 23 SE-VO Rz. 2; *Scheifele*, Gründung, S. 218.
55 Dies betonen auch die in Fn. 53 genannten Autoren.
56 Ähnlich auch *Heckschen* in Widmann/Mayer, Anhang 14 Rz. 242; *Jannott* in Jannott/Frodermann, Handbuch Europäische Aktiengesellschaft, § 3 Rz. 85.

Art. 24
[Schutz der Gläubiger und Minderheitsaktionäre]

(1) Das Recht des Mitgliedstaats, das jeweils für die sich verschmelzenden Gesellschaften gilt, findet wie bei einer Verschmelzung von Aktiengesellschaften unter Berücksichtigung des grenzüberschreitenden Charakters der Verschmelzung Anwendung zum Schutz der Interessen

a) der Gläubiger der sich verschmelzenden Gesellschaften,

b) der Anleihegläubiger der sich verschmelzenden Gesellschaften,

c) der Inhaber von mit Sonderrechten gegenüber den sich verschmelzenden Gesellschaften ausgestatteten Wertpapieren mit Ausnahme von Aktien.

(2) Jeder Mitgliedstaat kann in Bezug auf die sich verschmelzenden Gesellschaften, die seinem Recht unterliegen, Vorschriften erlassen, um einen angemessenen Schutz der Minderheitsaktionäre, die sich gegen die Verschmelzung ausgesprochen haben, zu gewährleisten.

§ 6 SEAG: Verbesserung des Umtauschverhältnisses

(1) Unter den Voraussetzungen des Artikels 25 Abs. 3 Satz 1 der Verordnung kann eine Klage gegen den Verschmelzungsbeschluss einer übertragenden Gesellschaft nicht darauf gestützt werden, dass das Umtauschverhältnis der Anteile nicht angemessen ist.

(2) Ist bei der Gründung einer SE durch Verschmelzung nach dem Verfahren der Verordnung das Umtauschverhältnis der Anteile nicht angemessen, so kann jeder Aktionär einer übertragenden Gesellschaft, dessen Recht, gegen die Wirksamkeit des Verschmelzungsbeschlusses Klage zu erheben, nach Absatz 1 ausgeschlossen ist, von der SE einen Ausgleich durch bare Zuzahlung verlangen.

(3) Die bare Zuzahlung ist nach Ablauf des Tages, an dem die Verschmelzung im Sitzstaat der SE nach den dort geltenden Vorschriften eingetragen und bekannt gemacht worden ist, mit jährlich 2 Prozentpunkten über dem Basiszinssatz zu verzinsen. Die Geltendmachung eines weiteren Schadens ist nicht ausgeschlossen.

(4) Macht ein Aktionär einer übertragenden Gesellschaft unter den Voraussetzungen des Artikels 25 Abs. 3 Satz 1 der Verordnung geltend, dass das Umtauschverhältnis der Anteile nicht angemessen sei, so hat auf seinen Antrag das Gericht nach dem Spruchverfahrensgesetz vom 12. Juni 2003 (BGBl. I S. 838) eine angemessene bare Zuzahlung zu bestimmen. Satz 1 findet auch auf Aktionäre einer übertragenden Gesellschaft mit Sitz in einem anderen Mitgliedstaat der Europäischen Union oder in einem anderen Vertragsstaat des Abkommens über den Europäischen Wirtschaftsraum Anwendung, sofern nach dem Recht dieses Staates ein Verfahren zur Kontrolle und Änderung des Umtauschverhältnisses der Aktien vorgesehen ist und deutsche Gerichte für die Durchführung eines solchen Verfahrens international zuständig sind.

§ 7 SEAG: Abfindungsangebot im Verschmelzungsplan

(1) Bei der Gründung einer SE, die ihren Sitz im Ausland haben soll, durch Verschmelzung nach dem Verfahren der Verordnung hat eine übertragende Gesellschaft im Verschmelzungsplan oder in seinem Entwurf jedem Aktionär, der gegen den Verschmelzungsbeschluss der Gesellschaft Widerspruch zur Niederschrift erklärt, den Erwerb seiner Aktien gegen eine angemessene Barabfindung anzubieten. Die Vorschriften des Aktiengesetzes über den Erwerb eigener Aktien gelten entsprechend, jedoch ist § 71 Abs. 4 Satz 2 des Aktiengesetzes insoweit nicht anzuwenden. Die Bekanntmachung des Verschmelzungsplans als Gegenstand der Beschlussfassung muss den Wortlaut dieses Angebots enthalten. Die Gesellschaft hat die Kosten für eine Übertragung zu tragen. § 29 Abs. 2 des Umwandlungsgesetzes findet entsprechende Anwendung.

(2) Die Barabfindung muss die Verhältnisse der Gesellschaft im Zeitpunkt der Beschlussfassung über die Verschmelzung berücksichtigen. Die Barabfindung ist nach Ablauf des Tages, an dem die Verschmelzung im Sitzstaat der SE nach den dort geltenden Vorschriften eingetragen und bekannt gemacht worden ist, mit jährlich 2 Prozentpunkten über dem Basiszinssatz zu verzinsen. Die Geltendmachung eines weiteren Schadens ist nicht ausgeschlossen.

(3) Die Angemessenheit einer anzubietenden Barabfindung ist stets durch Verschmelzungsprüfer zu prüfen. Die §§ 10 bis 12 des Umwandlungsgesetzes sind entsprechend anzuwenden. Die Berechtigten können auf die Prüfung oder den Prüfungsbericht verzichten; die Verzichtserklärungen sind notariell zu beurkunden.

(4) Das Angebot nach Absatz 1 kann nur binnen zwei Monaten nach dem Tage angenommen werden, an dem die Verschmelzung im Sitzstaat der SE nach den dort geltenden Vorschriften eingetragen und bekannt gemacht worden ist. Ist nach Absatz 7 dieser Vorschrift ein Antrag auf Bestimmung der Barabfindung durch das Gericht gestellt worden, so kann das Angebot binnen zwei Monaten nach dem Tage angenommen werden, an dem die Entscheidung im Bundesanzeiger bekannt gemacht worden ist.

(5) Unter den Voraussetzungen des Artikels 25 Abs. 3 Satz 1 der Verordnung kann eine Klage gegen die Wirksamkeit des Verschmelzungsbeschlusses einer übertragenden Gesellschaft nicht darauf gestützt werden, dass das Angebot nach Absatz 1 zu niedrig bemessen oder dass die Barabfindung im Verschmelzungsplan nicht oder nicht ordnungsgemäß angeboten worden ist.

(6) Einer anderweitigen Veräußerung des Anteils durch den Aktionär stehen nach Fassung des Verschmelzungsbeschlusses bis zum Ablauf der in Absatz 4 bestimmten Frist Verfügungsbeschränkungen bei den beteiligten Rechtsträgern nicht entgegen.

(7) Macht ein Aktionär einer übertragenden Gesellschaft unter den Voraussetzungen des Artikels 25 Abs. 3 Satz 1 der Verordnung geltend, dass eine im Verschmelzungsplan bestimmte Barabfindung, die ihm nach Absatz 1 anzubieten war, zu niedrig bemessen sei, so hat auf seinen Antrag das Gericht nach dem Spruchverfahrensgesetz vom 12. Juni 2003 (BGBl. I S. 838) die angemessene Barabfindung zu bestimmen. Das Gleiche gilt, wenn die Barabfindung nicht oder nicht ordnungsgemäß angeboten worden ist. Die Sätze 1 und 2 finden auch auf Aktionäre einer übertragenden Gesellschaft mit Sitz in einem anderen Mitgliedstaat der Europäischen Union oder in einem anderen Vertragsstaat des Abkommens über den Europäischen Wirtschaftsraum Anwendung, sofern nach dem Recht dieses Staates ein Verfahren zur Abfindung von Minderheitsaktionären vorgesehen ist und deutsche Gerichte für die Durchführung eines solchen Verfahrens international zuständig sind.

§ 8 SEAG: Gläubigerschutz

Liegt der künftige Sitz der SE im Ausland, ist § 13 Abs. 1 und 2 entsprechend anzuwenden. Das zuständige Gericht stellt die Bescheinigung nach Artikel 25 Abs. 2 der Verordnung nur aus, wenn die Vorstandsmitglieder einer übertragenden Gesellschaft die Versicherung abgeben, dass allen Gläubigern, die nach Satz 1 einen Anspruch auf Sicherheitsleistung haben, eine angemessene Sicherheit geleistet wurde.

§ 13 SEAG: Gläubigerschutz

(1) Verlegt eine SE nach Maßgabe von Artikel 8 der Verordnung ihren Sitz, ist den Gläubigern der Gesellschaft, wenn sie binnen zwei Monaten nach dem Tag, an dem der Verlegungsplan offen gelegt worden ist, ihren Anspruch nach Grund und Höhe schriftlich anmelden, Sicherheit zu leisten, soweit sie nicht Befriedigung verlangen können. Dieses Recht steht den Gläubigern jedoch nur zu, wenn sie glaubhaft machen, dass durch die Sitzverlegung die Erfüllung ihrer Forderungen gefährdet wird. Die Gläubiger sind im Verlegungsplan auf dieses Recht hinzuweisen.

(2) Das Recht auf Sicherheitsleistung nach Absatz 1 steht Gläubigern nur im Hinblick auf solche Forderungen zu, die vor oder bis zu 15 Tage nach Offenlegung des Verlegungsplans entstanden sind.

(3) Das zuständige Gericht stellt die Bescheinigung nach Artikel 8 Abs. 8 der Verordnung nur aus, wenn bei einer SE mit dualistischem System die Mitglieder des Leitungsorgans und bei einer SE mit monistischem System die geschäftsführenden Direktoren die Versicherung abgeben, dass allen Gläubigern, die nach den Absätzen 1 und 2 einen Anspruch auf Sicherheitsleistung haben, eine angemessene Sicherheit geleistet wurde.

Literatur: *Baums/Cahn* (Hrsg.), Die Europäische Aktiengesellschaft. Umsetzungsfragen und Perspektiven, 2004 (zit.: Europäische Aktiengesellschaft); *Bayer/Schmidt, J.*, Die neue Richtlinie über die grenzüberschreitende Verschmelzung von Kapitalgesellschaften, NJW 2006, 401; *Brandes*, Cross Border Mergers mittels der SE, AG 2005, 177; *Brandt*, Der Diskussionsentwurf zu einem SE-Ausführungsgesetz, DStR 2002, 1208; *Bungert/Beier*, Die Europäische Aktiengesellschaft, EWS 2002, 1; *Chuah*, Council Regulation on the Statute for a European Company (SE), (2002) 13 ICCLR 317; *Colombani/Favero*, Societas Europaea. La Société Européenne, Paris 2002; *Deutscher Notarverein (DNotV)*, Stellungnahme zum Diskussionsentwurf eines Gesetzes zur Einführung der Europäischen Gesellschaft vom 24. Juni 2003, abrufbar unter www.dnotv.de; *Fuchs*, Die Gründung einer Europäischen Aktiengesellschaft durch Verschmelzung und nationale Recht, Diss. Konstanz 2004; *Grundmann* (Hrsg.), Systembildung und Systemlücken in Kerngebieten des Europäischen Privatrechts, 2000; *Handelsrechtsausschuss des DAV*, Stellungnahme zu dem Regierungsentwurf eines Gesetzes zur Einführung der Europäischen Gesellschaft (SEEG), Juli 2004, NZG 2004, 957; *Handelsrechtsausschuss des DAV*, Stellungnahme zum Diskussionsentwurf eines Gesetzes zur Ausführung der Verordnung (EG) Nr. 2157/2001 des Rates vom 8.10.2001 über das Statut der Europäischen Gesellschaft (SE) (SE-Ausführungsgesetz – SEAG), NZG 2004, 75; *Ihrig/Wagner*, Diskussionsentwurf für ein SE-Ausführungsgesetz, BB 2003, 969; *Kalss*, Der Minderheitenschutz bei Gründung und Sitzverlegung der SE nach dem Diskussionsentwurf, ZGR 2003, 593; *Kübler*, Barabfindung bei der Gründung einer Europa-AG?, ZHR 167 (2003), 627; *Lösekrug*, Die Umsetzung der Kapital-, Verschmelzungs- und Spaltungsrichtlinie der EG in das nationale Recht, 2004 (zit.: Umsetzung); *Mahi*, Die Europäische Aktiengesellschaft. Societas Europaea – SE, 2004; *Neye/Teichmann*, Der Entwurf für das Ausführungsgesetz zur Europäischen Aktiengesellschaft, AG 2003, 169; *Schindler*, Vor einem Ausführungsgesetz zur Europäischen Aktiengesellschaft, ecolex 2003, 1; *Spitzenverbände der deutschen Wirtschaft*, Stellungnahme zum Referentenentwurf des Bundesministeriums der Justiz und des Bundesministeriums für Wirtschaft eines Gesetzes zur Einführung der Europäischen Gesellschaft (SEEG), 3.5.2004, abrufbar unter www.dai.de/internet/dai/dai-2-0.nsf/dai_publikationen.htm; *Teichmann*, Die Einführung der Europäischen Aktiengesellschaft, ZGR 2002, 383; *Teichmann*, Minderheitenschutz bei Gründung und Sitzverlegung der SE, ZGR 2003, 367; *Teichmann*, Vorschläge für das deutsche Ausführungsgesetz zur Europäischen Aktiengesellschaft, ZIP 2002, 1109; *Walden/Meyer-Landrut*, Die grenzüberschreitende Verschmelzung zu einer Europäischen Gesellschaft: Beschlussfassung und Eintragung, DB 2005, 2619; *Walden/Meyer-Landrut*, Die grenzüberschreitende Verschmelzung zu einer Europäischen Gesellschaft: Planung und Vorbereitung, DB 2005, 2119; *Zang*, Sitz und Verlegung des Sitzes einer Europäischen Aktiengesellschaft mit Sitz in Deutschland, 2005.

A. Regelungsgegenstand und -zweck

Art. 24 Abs. 1 ist eine Vorschrift zum **Schutz der Gläubiger** (einschließlich der Anlei- 1
hegläubiger) und der **Sonderrechtsinhaber**, und zwar sowohl im Hinblick auf die
übertragende als auch die aufnehmende Gründungsgesellschaft[1]. Inhaltlich wird angeordnet, dass das für die jeweilige Gründungsgesellschaft geltende nationale Recht
Anwendung findet, und zwar in gleicher Weise „wie bei einer Verschmelzung von
Aktiengesellschaften", wobei allerdings der grenzüberschreitende Charakter der Verschmelzung zu berücksichtigen ist. Es handelt sich bei Art. 24 Abs. 1 also um eine
Spezialverweisung auf das für Aktiengesellschaften geltende und daher gem.
Art. 13 ff. der 3. (Fusions-)RL[2] europaweit angeglichene nationale Verschmelzungs-
recht der jeweiligen Gründungsgesellschaft[3].

Da auch Art. 18 auf das nationale Recht der Gründungsgesellschaften verweist (ausf. 2
Art. 18 Rz. 4 f.), liegt die Bedeutung von Art. 24 Abs. 1 darin, dass das nationale Verschmelzungsrecht nur „**unter Berücksichtigung des grenzüberschreitenden Charakters der Verschmelzung**" Anwendung findet. Diese Formulierung hat den deutschen
Gesetzgeber dazu veranlasst, mit § 8 SEAG eine spezielle Vorschrift zum Schutz der
Gläubiger einer inländischen Gründungsgesellschaft für den Fall zu schaffen, dass
der Sitz der künftigen SE im Ausland liegt. Wissenschaft und Praxis haben dies aus
unterschiedlichen Gründen teilweise massiv kritisiert (ausf. unten Rz. 15 f.).

Bei **Art. 24 Abs. 2** handelt es sich dagegen um eine **Ermächtigungsnorm**[4]. Jeder Mit- 3
gliedstaat kann danach für Gründungsgesellschaften, die seinem Recht unterliegen,
spezielle Vorschriften erlassen, „um einen angemessenen Schutz der Minderheitsaktionäre, die sich gegen die Verschmelzung ausgesprochen haben, zu gewährleisten". Diese speziellen Schutzvorschriften ergänzen die bereits nach Art. 21 sowie
nach Art. 18 i.V.m. dem jeweiligen nationalen Recht anwendbaren Publizitätsvorschriften, die ebenfalls vorrangig dem Minderheitenschutz dienen (dazu Art. 21
Rz. 2 ff.). Der deutsche Gesetzgeber hat von der Ermächtigung mit den §§ 6, 7 SEAG
Gebrauch gemacht (ausf. unten Rz. 31 ff.). Die Ausgestaltung des Art. 24 Abs. 2 als
Ermächtigungsnorm liegt darin begründet, dass – anders als beim Gläubigerschutz
(Rz. 1) – der Minderheitenschutz in der 3. (Fusions-)RL[5] nicht geregelt ist[6], vielmehr
die Rechtsordnungen der verschiedenen Mitgliedstaaten eine große Bandbreite an
Schutzstandards aufweisen.

---

1 *Fuchs*, Gründung, S. 184; *Schäfer* in MünchKomm. AktG, Art. 24 SE-VO Rz. 1; *Scheifele*,
  Gründung, S. 224; *Schwarz*, Art. 24 Rz. 7.
2 Richtlinie des Rates 78/855/EWG vom 9. Oktober 1978 gemäß Artikel 54 Absatz 3 Buchstabe
  g) des Vertrages betreffend die Verschmelzung von Aktiengesellschaften, ABl.EG Nr. L 295 v.
  20.10.1978, S. 36. Näher speziell zu Art. 13 ff.: *Grundmann*, Europäisches Gesellschaftsrecht,
  Rz. 879; *Lösekrug*, Umsetzung, S. 265 ff. m.w.N.
3 *Fuchs*, Gründung, S. 182 f.; *Schäfer* in MünchKomm. AktG, Art. 24 SE-VO Rz. 1; *Scheifele*,
  Gründung, S. 224; *Schröder* in Manz/Mayer/Schröder, Art. 24 SE-VO Rz. 1; *Schwarz*, Art. 24
  Rz. 1.
4 *Brandes*, AG 2005, 177, 180; *Heckschen* in Widmann/Mayer, Anhang 14 Rz. 172; *Hügel* in
  Kalss/Hügel, §§ 21, 22 SEG Rz. 5; *Schäfer* in MünchKomm. AktG, Art. 24 SE-VO Rz. 11;
  J. Schmidt, „Deutsche" vs. „britische" SE, S. 220; *Schwarz*, Art. 24 Rz. 15; *Teichmann*, ZGR
  2002, 383, 426; *Teichmann*, ZGR 2003, 367, 376; *Walden/Meyer-Landrut*, DB 2006, 2619, 2620.
5 Richtlinie des Rates 78/855/EWG vom 9. Oktober 1978 gemäß Artikel 54 Absatz 3 Buchstabe
  g) des Vertrages betreffend die Verschmelzung von Aktiengesellschaften, ABl.EG Nr. L 295 v.
  20.10.1978, S. 36.
6 *Grundmann*, Europäisches Gesellschaftsrecht, Rz. 878; *Hommelhoff/Riesenhuber* in Grundmann, Systembildung und Systemlücken in Kerngebieten des Europäischen Privatrechts,
  S. 259, 276 ff.

B. Schutz der Gläubiger und Sonderrechtsinhaber (Art. 24 Abs. 1)

I. Schutzbedürfnis

4 Sowohl für die Gläubiger eines übernehmenden, insbesondere aber für die Gläubiger eines übertragenden Rechtsträgers birgt eine Verschmelzung **vielfältige Risiken**: Da der **übertragende Rechtsträger** erlischt, erhalten dessen Gläubiger mit dem übernehmenden Rechtsträger zwar einen neuen Schuldner, doch haben sie sich diesen nicht ausgesucht[7]. Zugleich stehen sie in Konkurrenz zu anderen Gläubigern des übernehmenden Rechtsträgers. Aus der Sicht der Gläubiger des **übernehmenden Rechtsträgers** kann gerade diese Konkurrenz gefährlich sein; denn es ist nicht sichergestellt, dass das vom übertragenden Rechtsträger im Wege der Gesamtrechtsnachfolge auf den übernehmenden Rechtsträger übergegangene Aktivvermögen diese Verbindlichkeiten deckt[8]. Bei der Errichtung einer Verschmelzungs-SE tritt als besonderes Risiko noch hinzu, dass dieser Vorgang zumindest für einen Teil der Gläubiger – nämlich für alle Gläubiger einer übertragenden Gründungsgesellschaft – mit einem **Wechsel** der für den Schuldner maßgeblichen **Rechtsordnung** verbunden ist, was die Rechtsverfolgung erschweren kann[9].

II. Verweisungsumfang und Schutzbereich

5 Art. 24 Abs. 1 erklärt die **nationale Rechtsvorschriften** für **anwendbar**, die im Falle einer Verschmelzung von Aktiengesellschaft gelten. Verwiesen wird damit auf die Durchführungsbestimmungen zur 3. RL[10], und zwar speziell der Art. 13 ff. In inhaltlicher Übereinstimmung mit den Art. 13–15 der 3. RL erstreckt sich der Kreis der Schutzberechtigten auf folgende Personen: Allgemeine Forderungsgläubiger (Art. 13 der 3. RL), Anleihegläubiger (Art. 14 der 3. RL) und Inhaber von Wertpapieren, die mit Sonderrechten verbunden, jedoch keine Aktien sind (Art. 15 der 3. RL). Bei den Regelungen der Art. 13–15 der 3. RL handelt es sich um Mindeststandards[11]; daher sehen die nationalen Verschmelzungsrechte der Mitgliedstaaten teilweise einen höheren qualitativen Schutzstandard vor, teilweise erweitern sie aber auch den Kreis der Schutzberechtigten. Da Art. 24 Abs. 1 keine qualitativen Schutzstandards formuliert, kann insoweit kein Widerspruch auftreten. Allerdings stellt sich die Frage, ob das Recht einer Gründungsgesellschaft auch Schutzvorkehrungen zugunsten solcher Personen anordnen kann (über Art. 18), die über den in Art. 24 Abs. 1 genannten Kreis hinausgehen. Die Problematik stellt sich etwa für stimmrechtslose Vorzugsaktionäre: Während hier einerseits auf den abschließenden Tatbestand der Verweisung nach Art. 24 Abs. 1 hingewiesen wird[12], sollen nach einer anderen Auffassung nationale

---

7 Für das nationale Recht: *Marsch-Barner* in Kallmeyer, UmwG, § 22 Rz. 1; speziell für die SE: *Schäfer* in MünchKomm. AktG, Art. 24 SE-VO Rz. 2; *Scheifele*, Gründung, S. 222; *Schwarz*, Art. 24 Rz. 4.

8 Für das nationale Recht: *Grunewald* in Lutter, UmwG, § 22 Rz. 4, 13; speziell für die SE: *Schäfer* in MünchKomm. AktG, Art. 24 SE-VO Rz. 2; *Scheifele*, Gründung, S. 222; *Schwarz*, Art. 24 Rz. 4.

9 *Schwarz*, Art. 24 Rz. 4; ähnlich *Schäfer* in MünchKomm. AktG, Art. 24 SE-VO Rz. 7; *Scheifele*, Gründung, S. 222; *Thümmel*, Europäische Aktiengesellschaft, Rz. 90.

10 Richtlinie des Rates 78/855/EWG vom 9. Oktober 1978 gemäß Artikel 54 Absatz 3 Buchstabe g) des Vertrages betreffend die Verschmelzung von Aktiengesellschaften, ABl.EG Nr. L 295 v. 20.10.1978, S. 36.

11 Ausf. *Lösekrug*, Umsetzung, S. 265 ff., 273 ff. m.w.N.

12 So *Scheifele*, Gründung, S. 228 f.; *Schwarz*, Art. 24 Rz. 14.

Regelungen zum Schutz solcher Vorzugsaktionäre zulässig sein[13] (zur Problematik bei Anwendung des § 23 UmwG unten Rz. 18).

Entgegen einer im Schrifttum geäußerten Auffassung erfolgt **keine kumulative An-** 6 **wendung** der aufeinander treffenden mitgliedschaftlichen Rechtsordnungen, bei der sich die jeweils strengere Vorschrift durchsetzt[14]. Art. 24 Abs. 1 ordnet vielmehr eine **distributive Anwendung** der einzelstaatlichen Gläubigerschutzvorschriften an, d.h. für jede Gründungsgesellschaft ist (ausschließlich) ihr jeweiliges Gesellschaftsstatut maßgeblich[15].

III. Schutz der Gläubiger und Sonderrechtsinhaber einer deutschen Gründungsgesellschaft

1. Verweisung auf § 22 UmwG

Nach dem maßgeblichen, nämlich auf deutsche Aktiengesellschaften anwendbaren 7 Verschmelzungsrecht (oben Rz. 1, 5), werden **Gläubiger** einer deutschen Gründungs- gesellschaft nach § 22 UmwG geschützt. Dies gilt ohne jede Einschränkung, wenn auch die **künftige SE** ihren **Sitz im Inland** hat[16].

In diesem Fall haben die Gläubiger einer **übertragenden** wie auch einer **übernehmen-** 8 **den Gründungsgesellschaft**, hingegen nicht Gläubiger einer ausländischen Grün- dungsgesellschaft, einen **Anspruch auf Sicherheitsleistung** nach Maßgabe des § 22 UmwG[17]. Dieser wird mit Eintragung der Verschmelzung im Register des überneh- menden (oder des neuen[18]) Rechtsträgers fällig[19]; Schuldner ist die übernehmende (oder die neue) SE; denn der übertragende Rechtsträger ist im Zeitpunkt der Fälligkeit des Anspruchs auf Sicherheitsleistung bereits erloschen[20] (vgl. zu Art. 29 Abs. 1 lit. c Art. 29 Rz. 10). Fällige Ansprüche sind nicht sicherungsbedürftig; der Gläubiger kann hier seine Forderung ebenso gut klageweise durchsetzen[21].

Der Anspruch auf Sicherheitsleistung muss unter Angabe von Grund und Höhe des 9 zu sichernden Anspruchs schriftlich angemeldet werden[22]. Da § 19 UmwG im Falle der SE-Gründung durch Verschmelzung nicht anwendbar ist (vgl. dazu ausf. Art. 25

---

13 So *Schäfer* in MünchKomm. AktG, Art. 24 SE-VO Rz. 8; wohl auch *Schröder* in Manz/Mayer/ Schröder, Art. 24 SE-VO Rz. 30.
14 So unzutreffend *Schindler*, Europäische Aktiengesellschaft, S. 28.
15 *Schwarz*, Art. 24 Rz. 5 im Anschluss an *Scheifele*, Gründung, S. 223; ebenso *Fuchs*, Grün- dung, S. 183; *Schäfer* in MünchKomm. AktG, Art. 24 SE-VO Rz. 1; *J. Schmidt*, „Deutsche" vs. „britische" SE, S. 212.
16 *Jannott* in Jannott/Frodermann, Handbuch Europäische Aktiengesellschaft, § 3 Rz. 125; *Marsch-Barner* in Kallmeyer, UmwG, Anhang Rz. 71; *Schäfer* in MünchKomm. AktG, Art. 24 SE-VO Rz. 9; *J. Schmidt*, „Deutsche" vs. „britische" SE, S. 212; *Schröder* in Manz/Mayer/ Schröder, Art. 24 SE-VO Rz. 26f., *Schwarz*, Art. 24 Rz. 10.
17 *Schwarz*, Art. 24 Rz. 10; vgl. auch *Jannott* in Jannott/Frodermann, Handbuch Europäische Ak- tiengesellschaft, § 3 Rz. 125; *Marsch-Barner* in Kallmeyer, UmwG, Anhang Rz. 71; *Schäfer* in MünchKomm. AktG, Art. 24 SE-VO Rz. 9.
18 Vgl. § 36 Abs. 1 UmwG.
19 *Grunewald* in Lutter, UmwG, § 22 Rz. 21; *Maier-Reimer* in Semler/Stengel, UmwG, § 22 Rz. 42.
20 Vgl. für das nationale Recht: *Grunewald* in Lutter, UmwG, § 22 Rz. 22; *Maier-Reimer* in Sem- ler/Stengel, UmwG, § 22 Rz. 42.
21 OLG Celle v. 2.11.1988 – 9 U 54/88, NJW-RR 1989, 1119; *Grunewald* in Lutter, UmwG, § 22 Rz. 11; *Maier-Reimer* in Semler/Stengel, UmwG, § 22 Rz. 36; *Marsch-Barner* in Kallmeyer, UmwG, § 22 Rz. 8.
22 Weitere Einzelheiten zur Anmeldung bei *Grunewald* in Lutter, UmwG, § 22 Rz. 14 ff.; *Marsch-Barner* in Kallmeyer, UmwG, § 22 Rz. 4 ff.

Rz. 18) ist § 22 UmwG allerdings hinsichtlich des Beginns der hierfür geltenden 6-monatigen Ausschlussfrist SE-spezifisch auszulegen. Im Schrifttum wird insofern teilweise auf die Bekanntmachung nach Art. 21 Abs. 1 lit. c (Angaben zu den Modalitäten des Gläubigerschutzes)[23], teilweise auf diejenige nach Art. 15 Abs. 2 (Bekanntmachung der Eintragung der künftigen SE)[24] abgestellt. Vorzugswürdig dürfte es allerdings sein, den **Beginn der 6-Monats-Frist** an die **Bekanntmachung nach Art. 28** (Offenlegung der Durchführung der Verschmelzung im Bezug auf die einzelne Gründungsgesellschaft) anzuknüpfen[25], da nur diese funktional der Bekanntmachung nach § 19 Abs. 3 UmwG entspricht.

10   In gleicher Weise werden auch die **Anleihegläubiger** geschützt[26]. Für Ansprüche aus dem Gesellschaftsverhältnis ist nach verbreiteter Auffassung gar keine Sicherheit zu leisten[27], nach zutreffender h.M. jedoch dann, soweit es sich um Gläubigerrechte handelt[28]. Ansprüche, die Folge der Verschmelzung sind (z.B. Abfindungsansprüche), werden bereits vom Wortlaut der Vorschrift nicht erfasst[29]. Kein Recht auf Sicherheitsleistung haben die Gläubiger, die im Falle der Insolvenz ein Recht auf vorzugsweise Befriedigung haben (§ 22 Abs. 2 UmwG); denn diese sind bereits hinreichend gesichert[30]. Dies gilt ebenso für Gläubiger, deren Ansprüche gem. § 232 BGB gesichert sind[31].

2. Künftige SE mit Sitz im Ausland: § 8 SEAG

a) Normzweck

11   Für den Fall, dass die künftige SE ihren Sitz im Ausland hat, wurde mit **§ 8 SEAG** eine **spezielle Vorschrift** zum Schutz von Gläubigern einer inländischen Gründungsgesellschaft geschaffen. Nach den Vorstellungen des Gesetzgebers werden die Gläubigerinteressen in dieser Konstellation nicht ausreichend geschützt, da die Gläubiger sowohl ihre Forderung als auch den Anspruch auf Sicherheitsleistung gegen eine ausländische SE geltend machen müssen. Diese **Erschwerung der Rechtsverfolgung** wird im Falle der Sitzverlegung einer SE nach Art. 8 Abs. 7 als Umstand angesehen, der einen **besonderen Gläubigerschutz** rechtfertigt bzw. erfordert (ausf. Art. 8 Rz. 45 ff.).

b) Einzelheiten

12   Von der in Art. 8 Abs. 7 enthaltenen (stillschweigenden) Ermächtigung der Mitgliedstaaten zum Erlass entsprechender Rechtsvorschriften (Art. 8 Rz. 46)[32] hat der deutsche Gesetzgeber in Form des **§ 13 SEAG** Gebrauch gemacht. Indem **§ 8 Satz 1 SEAG**

---

23 So *Schäfer* in MünchKomm. AktG, Art. 24 SE-VO Rz. 9.
24 So *Scheifele*, Gründung, S. 226; *Schwarz*, Art. 24 Rz. 10.
25 So auch *Scheifele*, Gründung, S. 279; *Schwarz*, Art. 28 Rz. 9 (anders aber *dies.* an den in Fn. 24 zitierten Fundstellen).
26 *Schäfer* in MünchKomm. AktG, Art. 24 SE-VO Rz. 8; *Scheifele*, Gründung, S. 228; *J. Schmidt*, „Deutsche" vs. „britische" SE, S. 216; *Schröder* in Manz/Mayer/Schröder, Art. 24 SE-VO Rz. 27 i.V.m. Rz. 6; *Schwarz*, Art. 24 Rz. 12.
27 So *Grunewald* in Lutter, UmwG, § 22 Rz. 5.
28 *Maier-Reimer* in Semler/Stengel, UmwG, § 22 Rz. 6; *Marsch-Barner* in Kallmeyer, UmwG, § 22 Rz. 2; *Stratz* in Schmitt/Hörtnagl/Stratz, UmwG, § 22 Rz. 4; *Vossius* in Widmann/Mayer, § 22 UmwG Rz. 14.
29 *Grunewald* in Lutter, UmwG, § 22 Rz. 5; *Maier-Reimer* in Semler/Stengel, UmwG, § 22 Rz. 6.
30 *Grunewald* in Lutter, UmwG, § 22 Rz. 25; *Marsch-Barner* in Kallmeyer, UmwG, § 22 Rz. 9.
31 *Grunewald* in Lutter, UmwG, § 22 Rz. 26; *Marsch-Barner* in Kallmeyer, UmwG, § 22 Rz. 10.
32 *Schwarz*, Art. 8 Rz. 34 a.E.; *Teichmann*, ZGR 2002, 383, 460; *Teichmann*, ZIP 2002, 1109, 1111; *Wenz* in Theisen/Wenz, Europäische Aktiengesellschaft, S. 189, 242; *Zang*, Sitz, S. 198; vgl. auch *Bungert/Beier*, EWS 2002, 1, 5.

die **entsprechende Anwendung** dieser Vorschrift anordnet, gelten im Falle eines ausländischen Sitzes der SE folgende Besonderheiten:

In Abweichung zu § 22 UmwG – der einen a-posteriori-Schutz vorsieht – wird der   13
Gläubigerschutz **präventiv nach vorne verlagert**: Die Gläubiger haben bereits vor
dem Wirksamwerden der Verschmelzung einen Anspruch auf Sicherheitsleistung
und können diesen Anspruch somit bereits **gegen die inländische Gründungsgesellschaft** geltend machen[33]. Voraussetzung ist, dass sie ihren Anspruch binnen zwei
Monaten nach dem Tag, an dem der Verschmelzungsplan offen gelegt worden ist,
nach Grund und Höhe schriftlich anmelden und glaubhaft machen, dass durch die
Verschmelzung die Erfüllung ihrer Forderung gefährdet wird (§ 8 Satz 1 i.V.m. § 13
Abs. 1 SEAG). Die Anmeldefrist ist somit deutlich kürzer als im Falle der Inlandsver-
schmelzung nach § 22 UmwG; andernfalls würde jedoch die Eintragung der Verschmelzung erheblich verzögert. Erfasst werden – nach § 8 Satz 1 i.V.m. § 13 Abs. 2
SEAG – außerdem nur solche Forderungen, die vor oder bis zu 15 Tage nach Offenlegung des Verschmelzungsplans[34] entstanden sind. Würden auch noch später begründete Forderungen einbezogen, so würde auch aus diesem Grund die Verschmelzung
hinausgezögert werden; spätere Gläubiger sind durch die Offenlegung des Verschmelzungsplan zudem hinreichend gewarnt[35].

c) Bescheinigung

§ 8 Satz 2 SEAG sichert den Anspruch der Gläubiger auf Sicherheitsleistung dadurch   14
ab, dass die Bescheinigung nach Art. 25 vom Registergericht nur ausgestellt werden
darf, wenn die Vorstandsmitglieder der betreffenden übertragenden Gesellschaft ver-
sichert haben, dass allen anspruchsberechtigten Gläubigern eine angemessene Sicherheit geleistet wurde (s. auch Art. 25 Rz. 16).

d) Kritik

Kritisiert wurde die Regelung des § 8 SEAG von Seiten der Praxis mit dem Argument,   15
dass eine derartige Vorverlagerung des Gläubigerschutzes angesichts der europaweiten Gewährleistung der Durchsetzung von Forderungen durch EuGVVO[36] **nicht gerechtfertigt** erscheint[37] und zudem **erhebliche Kosten** entstehen[38]. Aus der Wissenschaft wurden zudem beträchtliche **Zweifel an der Regelungskompetenz** des deutschen Gesetzgebers geltend gemacht: Aus Wortlaut und Systematik des Art. 24
Abs. 1 (insbesondere im Vergleich zu Art. 24 Abs. 2 und zu Art. 8 Abs. 7) ergebe sich

---

33 *Jannott* in Jannott/Frodermann, Handbuch Europäische Aktiengesellschaft, § 3 Rz. 126; *Schäfer* in MünchKomm. AktG, Art. 24 SE-VO Rz. 12; *Schwarz*, Art. 24 Rz. 11; s. ferner auch *Ihrig/
Wagner*, BB 2003, 969, 973; *Marsch-Barner* in Kallmeyer, UmwG, Anhang Rz. 71; *Scheifele*,
Gründung, S. 226 f.; *Schröder* in Manz/Mayer/Schröder, Art. 24 SE-VO Rz. 34.
34 Diese Frist wurde in Anlehnung an § 15 Abs. 2 HGB geschaffen: *Neye/Teichmann*, AG 2003,
169, 175.
35 S. weiter die Kommentierung von § 13 SEAG bei Art. 8 Rz. 46 ff.
36 Verordnung (EG) Nr. 44/2001 des Rates vom 22. Dezember 2000 über die gerichtliche Zuständigkeit und die Anerkennung und Vollstreckung von Entscheidungen in Zivil- und Handelssachen, ABl.EG Nr. L 12 v. 16.1.2001, S. 1.
37 *Spitzenverbände der deutschen Wirtschaft*, Stellungnahme zum RefE, S. 5; vgl. weiter *Ihrig/
Wagner*, BB 2003, 969, 973; *Brandt*, DStR 2003, 1208, 1214; *Schindler/Teichmann* in Theisen/
Wenz, Europäische Aktiengesellschaft, S. 739, 773; *J. Schmidt*, „Deutsche" vs. „britische" SE,
S. 213; vgl. auch Stellungnahme des Bundesrates BT-Drucks. 15/3656, S. 4. s. ferner auch
schon *Bayer* in Lutter/Hommelhoff, Europäische Gesellschaft, S. 25, 43.
38 *Spitzenverbände der deutschen Wirtschaft*, Stellungnahme zum RefE, S. 5 f.; ebenso *Brandt*,
DStR 2003, 1208, 1214; *Handelsrechtsausschuss des DAV*, NZG 2004, 957, 958; *DNotV*, Stellungnahme zum DiskE; *J. Schmidt*, „Deutsche" vs. „britische" SE, S. 213; s. auch schon *Bayer*
in Lutter/Hommelhoff, Europäische Gesellschaft, S. 25, 43.

unzweifelhaft, dass zwar die für nationale Verschmelzungen geltenden Regelungen (hier: § 22 UmwG) dem grenzüberschreitenden Charakter der Verschmelzung „angepasst" werden dürften (und auch müssten), jedoch der deutsche Gesetzgeber nicht ermächtigt sei, eine spezielle Regelung für SE-Gründungen im Ausland zu erlassen[39]. Dagegen sieht sich der deutsche Gesetzgeber hierzu „in verklausulierter Form" berechtigt[40].

16 Die Rechtslage ist zur Zeit ungeklärt[41] und führt zu erheblicher **Rechtsunsicherheit**. Denn bei Fehlen einer Ermächtigung ist § 8 SEAG aufgrund des Anwendungsvorrangs des Gemeinschaftsrechts[42] unanwendbar; es gilt dann (über Art. 24 Abs. 1) für alle Gläubiger inländischer Gründungsgesellschaften generell nur § 22 UmwG mit der Maßgabe, dass bei der Rechtsanwendung der grenzüberschreitende Charakter der Verschmelzung zu berücksichtigen ist.

3. Hinweispflichten

17 Um zu gewährleisten, dass die Gläubiger auch tatsächlich von ihrem Anspruch auf Sicherheitsleistung Kenntnis erlangen, muss in der Bekanntmachung nach Art. 21 auf die Modalitäten der Ausübung der Gläubigerrechte hingewiesen werden (Abs. 1 lit. c, dazu Art. 21 Rz. 6). Falls der Sitz der künftigen SE im Ausland liegen soll, ist darüber hinaus gem. § 8 Satz 1 i.V.m. § 13 Abs. 1 Satz 3 SEAG bereits im Verschmelzungsplan auf die Sicherungsrechte hinzuweisen[43].

4. Verweisung auf § 23 UmwG

a) Begriff

18 Sonderrechtsinhaber einer deutschen **übertragenden Gründungsgesellschaft** werden gem. § 23 UmwG geschützt[44]. Einbezogen in den Schutzbereich des § 23 UmwG sind ausdrücklich Inhaber von **Wandelschuldverschreibungen, Gewinnschuldverschreibungen** und von **Genußrechten**, doch sollen auch Inhaber von **stimmrechtslosen Vorzugsaktien** erfasst werden[45]. Diese Auffassung überzeugt indes **nicht**[46]. Dies folgt zum einen schon aus § 5 Abs. 1 Nr. 7 UmwG, wo der Gesetzgeber „Anteile ohne Stimmrecht" und „Vorzugsaktien" nebeneinander aufführt[47], zum anderen aber auch

---

39 So insbesondere *Ihrig/Wagner*, BB 2003, 969, 973; *Scheifele*, Gründung, S. 226 ff.; *Schindler*, ecolex 2003, 1, 7; *J. Schmidt*, „Deutsche" vs. „britische" SE, S. 213 f.; vgl. ferner *Handelsrechtsausschuss des DAV*, NZG 2004, 75, 78; zweifelnd auch *Schröder* in Manz/Mayer/Schröder, Art. 24 SE-VO Rz. 34 sowie *Bayer* in Lutter/Hommelhoff, Europäische Gesellschaft, S. 25, 43.

40 *Neye/Teichmann*, AG 2003, 169, 175. Vgl. auch Begr.RegE zum SEEG, BT-Drucks. 15/3405, S. 33 f.

41 Billigung findet § 8 SEAG insbesondere bei *Schäfer* in MünchKomm. AktG, Art. 24 SE-VO Rz. 4, 10; unentschieden *Schwarz*, Art. 24 Rz. 11.

42 Zum Anwendungsvorrang des Gemeinschaftsrechts: EuGH v. 9.3.1978 – Rs. 106/77, Slg. 1978, 629 – „Staatliche Finanzverwaltung v. SPA Simmenthal" (grundlegend); s. auch *Streinz*, EUV/EGV, Art. 1 EG Rz. 19 ff.

43 Vgl. *Schröder* in Manz/Mayer/Schröder, Art. 24 SE-VO Rz. 39, der allerdings irrtümlich vom „Verlegungsplan" spricht.

44 *Schäfer* in MünchKomm. AktG, Art. 24 SE-VO Rz. 8; *Scheifele*, Gründung, S. 228; *J. Schmidt*, „Deutsche" vs. „britische" SE, S. 217; *Schröder* in Manz/Mayer/Schröder, Art. 24 SE-VO Rz. 30; *Schwarz*, Art. 24 Rz. 13; *Vossius* in Widmann/Mayer, § 20 UmwG Rz. 446.

45 *Grunewald* in Lutter, UmwG, § 23 Rz. 10; *Marsch-Barner* in Kallmeyer, UmwG, § 23 Rz. 4; *Vossius* in Widmann/Mayer, § 23 UmwG Rz. 11; *Kiem*, ZIP 1997, 1627, 1631. Speziell für die SE auch *Schäfer* in MünchKomm. AktG, Art. 24 SE-VO Rz. 8.

46 Abl. auch *Kalss* in Semler/Stengel, UmwG, § 23 Rz. 11; *Rümker* in WM-FG Hellner, 1994, S. 73, 76; ausf. *Hüffer* in FS Lutter, 2000, S. 1227, 1231 ff.; speziell für die SE auch: *Scheifele*, Gründung, S. 228 f.; *Schwarz*, Art. 24 Rz. 13 Fn. 35, Rz. 14.

47 So zutreffend *Hüffer* in FS Lutter, 2000, S. 1227, 1231.

daraus, dass Vorzugsaktionäre weder von Art. 15 der 3. RL[48] erfasst werden noch sich die Vorgängernorm des § 347a AktG a.F. auf diesen Personenkreis erstreckte[49] und der Gesetzgeber eine Ausweitung des Anwendungsbereichs dieser Vorschrift ausweislich der Gesetzesmaterialien zum UmwG auch nicht beabsichtigt hat[50]. Ein rechtspolitisches Bedürfnis hierfür besteht im Übrigen auch nicht, da ein ausreichender Schutz bereits durch die Bestimmungen über das Umtauschverhältnis erreicht wird[51]. Es ist somit zulässig, wenn im Verschmelzungsplan vorgesehen ist, dass die bisherigen Vorzugsaktien in stimmberechtigte Stammaktien der übernehmenden (neue) SE umgetauscht werden; einer besonderen Zustimmung der Vorzugsaktionäre bedarf diese Veränderung nicht[52].

b) Gleichwertige Rechte

Den Sonderrechtsinhabern der übertragenden inländischen Gründungsgesellschaft 19 sind in der übernehmenden (neuen) SE „gleichwertige Rechte" zu gewähren. Gefordert ist hier eine **wirtschaftliche Gleichwertigkeit**[53]. Ebenso wie bei einer rechtsformübergreifenden Mischverschmelzung nach nationalem Recht kann dies insbesondere bei einer SE mit Sitz im Ausland zu schwierigen Anpassungsproblemen führen[54]. Daher sollte auf die Festsetzungen nach Art. 20 Abs. 1 Satz 2 lit. f große Sorgfalt verwendet werden (dazu auch Art. 20 Rz. 23).

c) Durchsetzung

Die berechtigten Sonderrechtsinhaber haben (nur) einen Anspruch auf **rechts-** 20 **geschäftliche Einräumung** gleichwertiger Rechte[55]; eine Anpassung von Gesetzes wegen findet hingegen nicht statt[56]. Die gerichtliche Durchsetzung ist im nationalen Recht mittels einer Klage ab Abgabe einer Vertragserklärung mit dem Rechtskraftziel des § 894 ZPO möglich[57], auch Schadensersatzansprüche kommen in Betracht[58]. Dagegen kann die Gleichwertigkeit im Verschmelzungsplan gewährter Rechte weder im Spruchverfahren nachgeprüft werden[59] noch berechtigt eine Verletzung des § 23 UmwG zur Anfechtung des Verschmelzungsbeschlusses[60].

---

48 Richtlinie des Rates 78/855/EWG vom 9. Oktober 1978 gemäß Artikel 54 Absatz 3 Buchstabe g) des Vertrages betreffend die Verschmelzung von Aktiengesellschaften, ABl.EG Nr. L 295 v. 20.10.1978, S. 36.
49 Ausdrücklich eingeräumt von *Marsch-Barner* in Kallmeyer, UmwG, § 23 Rz. 4.
50 Begr.RegE, BT-Drucks. 12/6699, S. 92 f.
51 Überzeugend *Hüffer* in FS Lutter, 2000, S. 1227, 1232 f.
52 So für das nationale Recht auch *Lutter/Drygala* in Lutter, UmwG, § 5 Rz. 13; *Marsch-Barner* in Kallmeyer, UmwG, § 5 Rz. 11; ausf. *Volhard/Goldschmidt* in FS Lutter, 2000, S. 779, 788 f. m.w.N.
53 So Begr.RegE zu § 347a AktG a.F., BT-Drucks. 12/6699, S. 92 f.; ebenso *Marsch-Barner* in Kallmeyer, UmwG, § 23 Rz. 8; *Hüffer* in FS Lutter, 2000, S. 1227, 1239 m.w.N.
54 *Scheifele*, Gründung, S. 228; *J. Schmidt*, „Deutsche" vs. „britische" SE, S. 217; *Schwarz*, Art. 24 Rz. 13.
55 *Grunewald* in Lutter, UmwG, § 23 UmwG Rz. 8; *Marsch-Barner* in Kallmeyer, UmwG, § 23 Rz. 13.
56 Ausf. *Hüffer* in FS Lutter, 2000, S. 1227, 1238.
57 *Hüffer* in FS Lutter, 2000, S. 1227, 1242 f.; *Marsch-Barner* in Kallmeyer, UmwG, § 23 Rz. 13.
58 *Grunewald* in Lutter, UmwG, § 23 Rz. 8; *Marsch-Barner* in Kallmeyer, UmwG, § 23 Rz. 13; *Hüffer* in FS Lutter, 2000, S. 1227, 1243.
59 *Kalss* in Semler/Stengel, UmwG, § 23 Rz. 18; *Marsch-Barner* in Kallmeyer, UmwG, § 23 Rz. 13; ausf. *M. Winter* in FS Peltzer, 2001, S. 647, 657 f.; anders im Hinblick auf umgetauschte Vorzugsaktien: *Grunewald* in Lutter, UmwG, § 23 Rz. 9. Zutreffend *Volhard/Goldschmidt* in FS Lutter, 2000, S. 779, 789.
60 *Grunewald* in Lutter, UmwG, § 23 Rz. 13; *Kalss* in Semler/Stengel, UmwG, § 23 Rz. 18; *Marsch-Barner* in Kallmeyer, UmwG, § 23 Rz. 13.

C. Schutz der Minderheitsaktionäre

I. Voraussetzungen des Art. 24 Abs. 2

21 Art. 24 Abs. 2 ermächtigt jeden Mitgliedstaat, „in Bezug auf die sich verschmelzenden Gesellschaften, die seinem Recht unterliegen, Vorschriften zu erlassen, um einen angemessenen Schutz der Minderheitsaktionäre, die sich gegen die Verschmelzung ausgesprochen haben, zu gewährleisten". Dies bedeutet:

22 Schutzvorschriften können sowohl im Hinblick auf eine **übertragende** als auch auf eine **übernehmende** Gründungsgesellschaft getroffen werden[61], vorausgesetzt, sie unterliegen der Rechtsordnung des anordnenden Mitgliedstaates. Stets werden hiervon jedoch nur die **Aktionäre der jeweiligen Gründungsgesellschaft** erfasst; Schutzvorschriften zugunsten von Aktionären einer ausländischen Gründungsgesellschaft kann ein Mitgliedstaat daher auch dann nicht erlassen, wenn hierdurch Ansprüche ausschließlich gegen eine inländische Gründungsgesellschaft begründet werden[62]. Eine deutsche Schutzregelung kann daher den Aktionären einer ausländischen Gründungsgesellschaft keinerlei (Minderheiten-)Rechte gewähren[63].

23 Art. 24 Abs. 2 ermächtigt nicht nur zu speziellen Minderheitenrechten, sondern auch zu **individuellen Schutzvorschriften**, die jeder Minderheitsaktionär geltend machen kann[64].

24 Der Hinweis auf einen „angemessenen" Schutz bedeutet, dass der Grundsatz der Verhältnismäßigkeit zu berücksichtigen ist[65]; so wird der nationale Gesetzgeber z.B. nicht eine einstimmige Beschlussfassung anordnen dürfen[66]. Im Übrigen steht es aber im Ermessen des nationalen Gesetzgebers, inwieweit er spezielle Zustimmungs- bzw. Mehrheitserfordernisse, Informationsrechte oder auch einen finanziellen Ausgleich vorsieht[67].

25 Schutzvorschriften dürfen nur zugunsten solcher Minderheitsaktionäre getroffen werden, die sich **gegen die Verschmelzung ausgesprochen** haben. Die Bedeutung dieser einschränkenden Voraussetzung ist umstritten. Ein Teil des Schrifttums ist der Auffassung, dass nach Art. 24 Abs. 2 nur solche Aktionäre geschützt werden dürfen, die in der Hauptversammlung gegen die Verschmelzung gestimmt haben[68]. Diese restriktive Auslegung ist indes weder erforderlich noch sachgerecht:

---

61 *Scheifele*, Gründung, S. 232, *Schwarz*, Art. 24 Rz. 20.

62 So zutreffend *Schwarz*, Art. 24 Rz. 19 gegen *Teichmann*, ZGR 2002, 383, 429; ähnlich auch *Neye/Teichmann*, AG 2003, 169, 172 Fn. 22.

63 *Ihrig/Wagner*, BB 2003, 969, 971; *Scheifele*, Gründung, S. 232, 245; *J. Schmidt*, „Deutsche" vs. „britische" SE, S. 220; *Schwarz*, Art. 24 Rz. 19.

64 Nicht überzeugend daher die Unterscheidung bei *Schäfer* in MünchKomm. AktG, Art. 24 SE-VO Rz. 12.

65 *Scheifele*, Gründung, S. 233; *Schwarz*, Art. 24 Rz. 22.

66 Zutreffend *Scheifele*, Gründung, S. 233; *Schwarz*, Art. 24 Rz. 22 m.w.N.

67 Ähnlich *Scheifele*, Gründung, S. 232 f.; *Schröder* in Manz/Mayer/Schröder, Art. 24 SE-VO Rz. 23 ff.; *Schwarz*, Art. 24 Rz. 21.

68 *Brandt*, DStR 2003, 1208, 1210 Fn. 32; *Handelsrechtsausschuss des DAV*, NZG 2004, 75, 76 f.; *Handelsrechtsausschuss des DAV*, NZG 2004, 957; *Ihrig/Wagner*, BB 2003, 969, 972; *Lind*, Europäische Aktiengesellschaft, S. 147; *Schindler*, ecolex 2003, 1, 6; *Schröder* in Manz/Mayer/Schröder, Art. 24 SE-VO Rz. 50; *Spitzenverbände der deutschen Wirtschaft*, Stellungnahme zum RefE S. 4; *J. Vetter* in Lutter/Hommelhoff, Europäische Gesellschaft, S. 111, 126; *Walden/Meyer-Landrut*, DB 2005, 2619, 2620; zweifelnd auch *Jannott* in Jannott/Frodermann, Handbuch Europäische Aktiengesellschaft, § 3 Rz. 113 Fn. 208.

Ebenso wie im nationalen Recht[69] sollen Aktionäre, die zwar die Verschmelzung als   26
solche befürworten, aber mit dem **Umtauschverhältnis der Anteile** nicht einverstanden sind, nicht zur Ablehnung einer möglicherweise sinnvollen Umstrukturierung
gezwungen werden[70]. Entgegen verbreiteter Auffassung[71] ist daher die Regelung in
§ 6 Abs. 2 SEAG nicht deshalb **europarechtswidrig**, weil das Spruchverfahren generell
für alle Aktionäre einer übertragenden Gründungsgesellschaft eröffnet ist[72]. Art. 24
Abs. 2 ist insoweit vielmehr teleologisch zu reduzieren[73]; ausreichend ist, dass der
Aktionär sich mit dem Umtauschverhältnis als einem zentralen Bestandteil der Verschmelzung **nicht einverstanden** erklärt hat, was rechtstechnisch auch in der Weise
erfolgen kann, dass das Spruchverfahren eingeleitet oder – infolge der inter-omnes-
Wirkung des § 13 Satz 2 SpruchG (Rz. 43) – sich das Ergebnis des Spruchverfahrens
nachträglich zu eigen gemacht wird[74]. Dass das – zur Zeit nur in Deutschland und
Österreich existierende – Spruchverfahren vom europäischen Gesetzgeber ausdrücklich gebilligt wurde, folgt zudem eindeutig aus Art. 25 Abs. 3[75].

Anders ist hingegen die Rechtslage im Hinblick auf Aktionäre, die im Zuge der Ver-   27
schmelzung gegen **Abfindung** aus einer Gründungsgesellschaft **ausscheiden** wollen.
Hier ist eine vorausgehende Ablehnung der Verschmelzung erforderlich. Würde man
auf dieses Erfordernis verzichten, dann könnte der Fall eintreten, dass die Verschmelzung mehrheitlich beschlossen wird, anschließend aber von einer so großen Zahl der
Aktionäre die – möglicherweise noch erhöhte – Abfindung eingefordert wird, dass die
Umstrukturierung aus wirtschaftlichen Gründen nicht mehr sinnvoll durchführbar
ist. Speziell in diese Richtung zielt der Vorbehalt des Art. 24 Abs. 2. Zutreffend
macht daher auch **§ 7 Abs. 1 SEAG** – ebenfalls in Übereinstimmung mit dem nationalen Recht (vgl. § 29 Abs. 1 Satz 1 UmwG) – die Geltendmachung einer Barabfindung davon abhängig, dass zuvor ein **Widerspruch** gegen den Verschmelzungsbeschluss erklärt wurde. Widerspruchsberechtigt ist nach herrschender und auch zu-

---

69 Eine Verbesserung des Umtauschverhältnisses kann von den Aktionären des übertragenden
  Rechtsträgers auch dann nach § 15 UmwG geltend gemacht werden, wenn sie der Verschmelzung zugestimmt haben: So im Anschluss an Begr.RegE, BT-Drucks. 12/6699, S. 88 die h.M.:
  Bork in Lutter, UmwG, § 15 Rz. 4; *Gehling* in Semler/Stengel, UmwG, § 15 Rz. 9; *Marsch-
  Barner* in Kallmeyer, UmwG, § 15 Rz. 5.
70 So ausdrücklich Begr.RegE zu § 6 SEAG, BT-Drucks. 15/3405, S. 32; *Teichmann*, ZGR 2003,
  367, 384; krit. hierzu aber *J. Vetter* in Lutter/Hommelhoff, Europäische Gesellschaft, S. 111,
  123.
71 Kritisch zu § 6 SEAG: *Brandt*, DStR 2003, 1208, 1210 Fn. 32; *Handelsrechtsausschuss des
  DAV*, NZG 2004, 75, 76 f.; *Handelsrechtsausschuss des DAV*, NZG 2004, 957; *Ihrig/Wagner*,
  BB 2003, 969, 972; *Jannott* in Jannott/Frodermann, Handbuch Europäische Aktiengesellschaft,
  § 3 Rz. 113 Fn. 208; *Lind*, Europäische Aktiengesellschaft, S. 147; *Schindler*, ecolex 2003, 1, 6;
  Schröder in Manz/Mayer/Schröder, Art. 24 SE-VO Rz. 50; *Spitzenverbände der deutschen
  Wirtschaft*, Stellungnahme zum RefE, S. 4; *J. Vetter* in Lutter/Hommelhoff, Europäische Gesellschaft, S. 111, 126; *Walden/Meyer-Landrut*, DB 2005, 2619, 2620.
72 Wie hier *Heckschen* in Widmann/Mayer, Anhang 14 Rz. 182; *Schäfer* in MünchKomm. AktG,
  Art. 24 SE-VO Rz. 13; *Schwarz*, Art. 24 Rz. 17; *Teichmann*, ZGR 2003, 367, 384 f.
73 Daher ist auch nicht zu fordern, dass der Aktionär „sich irgendwie" gegen den Verschmelzungsplan – wo das Umtauschverhältnis enthalten ist (vgl. Art. 20 Abs. 1 Satz 2 lit. b) – ausgesprochen hat; so aber *Schwarz*, Art. 24 Rz. 17, 27; weitergehend *Scheifele*, Gründung,
  S. 231.
74 Wie hier i.E. *Heckschen* in Widmann/Mayer, Anhang 14 Rz. 182; *Jannott* in Jannott/Froder-
  mann, Handbuch Europäische Aktiengesellschaft, § 3 Rz. 113; *Schäfer* in MünchKomm.
  AktG, Art. 24 SE-VO Rz. 13; *J. Schmidt*, „Deutsche" vs. „britische" SE, S. 224 f.; *Schwarz*,
  Art. 24 Rz. 17; *Teichmann*, ZGR 2003, 367, 384 f.; *Thümmel*, Europäische Aktiengesellschaft,
  Rz. 82.
75 Ebenso *Heckschen* in Widmann/Mayer, Anhang 14 Rz. 182; *Kalss*, ZGR 2003, 593, 621;
  J. Schmidt, „Deutsche" vs. „britische" SE, S. 225; *Schwarz*, Art. 24 Rz. 17; *Teichmann*, ZGR
  2003, 367, 384; *J. Vetter* in Lutter/Hommelhoff, Europäische Gesellschaft, S. 111, 126 f.

treffender Auffassung[76] nur derjenige Anteilsinhaber, der gegen die Verschmelzung gestimmt hat[77] (s. auch unten Rz. 49).

II. Art. 24 Abs. 2 als abschließende Regelung

28 Art. 24 Abs. 2 stellt im Hinblick auf den verschmelzungsspezifischen Minderheitenschutz bei der SE-Gründung durch Verschmelzung eine **abschließende Sonderregelung** dar: Die Mitgliedstaaten sind hierdurch explizit zum Erlass von Schutzvorschriften ermächtigt; sofern sie untätig bleiben, verzichten sie damit implizit auf einen verschmelzungsspezifischen Minderheitenschutz für die Aktionäre der ihrem Recht unterliegenden Gründungsgesellschaften[78].

29 Insbesondere ist es – entgegen teilweise vertretener Auffassung[79] – **nicht** möglich, über **Art. 18 zusätzlich oder subsidiär** auch nationales verschmelzungsspezifisches Minderheitenschutzrecht zur Anwendung zu bringen[80]. Art. 24 Abs. 2 verweist nämlich gerade nicht (wie Art. 24 Abs. 1) auf nationales Recht, sondern enthält – ebenso wie die Parallelnorm in Art. 34 – ausschließlich eine Ermächtigung zum Erlass von Sondervorschriften[81]. Gegen die Anwendung des Art. 18 spricht ferner die fehlende Harmonisierung des nationalen Minderheitenschutzrechts durch die 3. (Fusions-)RL[82]; anders als der Gläubigerschutz (vgl. Art. 13–15 der 3. RL) ist dieses in keinster Weise angeglichen (vgl. bereits oben Rz. 3), so dass die Annahme einer Verweisung auch aus diesem Grund der Systematik der SE-VO widerspräche[83].

30 Wie sich aus dem Wortlaut und der Systematik des Art. 24 Abs. 2 ergibt, entfaltet diese Norm allerdings nur im Bezug auf **verschmelzungsspezifische Minderheitenschutzvorschriften** Sperrwirkung[84]. Nicht ausgeschlossen ist damit die Anwendung allgemeiner (d.h. nicht verschmelzungsspezifischer) Rechtsbehelfe des nationalen Rechts, wie z.B. der Anfechtungsklage nach deutschem Recht[85].

---

76 So zum UmwG: *Grunewald* in Lutter, UmwG, § 29 Rz. 10; *Kalss* in Semler/Stengel, UmwG, § 29 Rz. 20 f.; *Stratz* in Schmitt/Hörtnagl/Stratz, UmwG, § 29 Rz. 5; *Vollrath* in Widmann/Mayer, § 29 UmwG Rz. 24; a.A. *Marsch-Barner* in Kallmeyer, UmwG, § 29 Rz. 13. Wie hier auch für die Verschmelzung von Genossenschaften: *Bayer* in Lutter, UmwG, § 90 Rz. 21; *Fronhöfer* in Widmann/Mayer, § 90 UmwG Rz. 21; a.A. aber ohne überzeugende Begründung das genossenschaftsrechtliche Schrifttum: *Beuthien*, GenG, 14. Aufl. 2004, §§ 2 ff. UmwG Rz. 113; *Schulte* in Lang/Weidmüller/Schaffland/Hannig, GenG, 34. Aufl. 2005, § 90 UmwG Rz. 3; *Röhrich* in Hettrich/Pöhlmann/Gräser/Röhrich, GenG, 2. Aufl. 2001, § 90 UmwG Rz. 3; *Scholderer* in Semler/Stengel, UmwG, § 90 Rz. 15.

77 *Heckschen* in Widmann/Mayer, Anhang 14 Rz. 183; *Jannott* in Jannott/Frodermann, Handbuch Europäische Aktiengesellschaft, § 3 Rz. 118; *Schröder* in Manz/Mayer/Schröder, Art. 24 SE-VO Rz. 60; *Schwarz*, Art. 24 Rz. 33; *J. Vetter* in Lutter/Hommelhoff, Europäische Gesellschaft, S. 111, 144.

78 Ebenso i.E. *Scheifele*, Gründung, S. 234; *Schindler*, Die Europäische Aktiengesellschaft, S. 28; *J. Schmidt*, „Deutsche" vs. „britische" SE, S. 221; vgl. auch *Schwarz*, Art. 24 Rz. 15 f.; *Teichmann*, ZGR 2003, 367, 376; *Teichmann*, ZGR 2002, 383, 426.

79 So *Bartone/Klapdor*, Europäische Aktiengesellschaft, S. 31 f.; *Chuah*, (2002) 13 ICCLR 317, 318; *Handelsrechtsausschuss des DAV*, NZG 2004, 75, 76; *Ihrig/Wagner*, BB 2003, 969, 972; offenbar auch *Colombani/Favero*, La Société Européenne, S. 77.

80 *J. Schmidt*, „Deutsche" vs. „britische" SE, S. 220.

81 Vgl. *J. Schmidt*, „Deutsche" vs. „britische" SE, S. 220.

82 Richtlinie des Rates 78/855/EWG vom 9. Oktober 1978 gemäß Artikel 54 Absatz 3 Buchstabe g) des Vertrages betreffend die Verschmelzung von Aktiengesellschaften, ABl.EG Nr. L 295 v. 20.10.1978, S. 36.

83 Vgl. *J. Schmidt*, „Deutsche" vs. „britische" SE, S. 221.

84 *J. Schmidt*, „Deutsche" vs. „britische" SE, S. 221.

85 *J. Schmidt*, „Deutsche" vs. „britische" SE, S. 221.

III. Minderheitenschutz nach §§ 6, 7 SEAG

1. Verbesserung des Umtauschverhältnisses, § 6 SEAG

§ 6 SEAG gewährt (nur) den Aktionären einer übertragenden Gründungsgesellschaft   31
im Falle eines nicht angemessenen Umtauschverhältnisses unter bestimmten formellen Voraussetzungen einen Anspruch gegen die SE auf **Ausgleich durch bare Zuzahlung**; im Gegenzug wird insoweit eine **Klage** gegen den Verschmelzungsbeschluss
ausgeschlossen. Vorbild für diese Regelung sind die §§ 14 Abs. 2, 15 UmwG[86]; diese
Vorschriften kommen indes nicht (über Art. 18) zur Anwendung, weil sie von der
Spezialregelung des Art. 24 Abs. 2 i.V.m. § 6 SEAG verdrängt werden (dazu auch oben
Rz. 29).

a) Klageausschluss

Nach **§ 6 Abs. 1 SEAG** ist für Aktionäre[87] einer – deutschen[88] – **übertragenden Grün-**   32
dungsgesellschaft unter den Voraussetzungen des Art. 25 Abs. 3 Satz 1 (s. unten
Rz. 39 ff., sowie Art. 25 Rz. 20 ff.) eine Klage gegen den Verschmelzungsbeschluss
ausgeschlossen, die darauf gestützt wird, dass das **Umtauschverhältnis** der Anteile
nicht angemessen ist[89]. Der deutsche Gesetzgeber erachtet es rechtspolitisch als wenig sinnvoll, die häufig umstrittene Frage nach der Angemessenheit des Umtauschverhältnisses im Wege der (Anfechtungs-)Klage zu klären, sondern hält hierfür das
Spruchverfahren für geeigneter[90]. Dies ist zutreffend.

Bedauerlicherweise wurde diese Regelung trotz nachdrücklicher Forderungen aus   33
Wissenschaft und Praxis[91] und entgegen der ursprünglichen Absicht (vgl. § 6 Abs. 2
SEAG-DiskE)[92] bislang **nicht** auf **übernehmende Rechtsträger erstreckt**[93]. Hier sollte
bei nächster Gelegenheit ein großer Wurf getätigt werden, der alle Umwandlungsvor-
gänge im nationalen und internationalen Bereich erfasst und sich insbesondere auch

---

86 Begr.RegE z. SEEG, BT-Drucks. 15/3405, S. 32.
87 Im Falle von Namensaktien gelten gegenüber der übertragenden AG nur die im Aktienregister
    eingetragenen Personen als Aktionäre: KG v. 22.11.1999 – 2 W 7000/98, AG 2000, 364; *Bayer*
    in MünchKomm. AktG, § 67 Rz. 37; *Marsch-Barner* in Kallmeyer, UmwG, § 15 Rz. 3; ausf.
    Lieder, NZG 2005, 159, 164 f.
88 Begr.RegE z. SEEG, BT-Drucks. 15/3405, S. 32. Auch ohne ausdrückliche Erwähnung im
    Wortlaut des § 6 SEAG folgt dies aus der eingeschränkten Regelungskompetenz des deutschen
    Gesetzgebers: oben Rz. 22. Ebenso: *Scheifele*, Gründung, S. 232, 247 f.; *Schwarz*, Art. 24
    Rz. 28; *Teichmann*, ZGR 2003, 367, 379; *J. Vetter* in Lutter/Hommelhoff, Europäische Gesell-
    schaft, S. 111, 123.
89 Zur Unangemessenheit des Umtauschverhältnisses: *Bork* in Lutter, UmwG, § 15 Rz. 3; *Geh-*
    ling in Semler/Stengel, UmwG, § 14 Rz. 13 ff. (jeweils m.w.N.); speziell für die SE-Gründung:
    J. Vetter in Lutter/Hommelhoff, Europäische Gesellschaft, S. 111, 136 ff.
90 Vgl. Begr.RegE z. SEEG, BT-Drucks. 15/3405, S. 33; *Neye/Teichmann*, AG 2003, 169, 172.
91 Allgemein für eine Erstreckung auf den übernehmenden Rechtsträger: *Bayer*, ZHR 168 (2004),
    132, 159 ff.; *Bayer*, ZHR 163 (1999), 505, 548 ff.; *Bayer*, Gesellschaftsrecht in der Diskussion
    1999, VGR Bd. 2, 2000, S. 35, 51 ff.; *Bayer*, ZHR-Sonderheft 71 (2002), 137, 141 ff.; *Reichert*,
    ZHR-Sonderheft 71 (2002), 165, 187 f.; *Winter* in FS Ulmer, 2003, S. 699, 708 ff.; *J. Vetter*, ZHR
    168 (2004), 8, 33 ff.; vgl. auch Beschlussfassung auf dem 63. DJT 2000 O 76 und dazu im Vor-
    feld *Bayer*, NJW 2000, 2609, 2617 f.; *Lutter*, JZ 2000, 837, 839 f.
92 Dazu auch *Neye/Teichmann*, AG 2003, 169, 171; *Kalss*, ZGR 2003, 593, 621; *Teichmann*,
    ZGR 2002, 383, 427; *Teichmann*, ZGR 2003, 367, 380. Nach § 225c Abs. 1 öAktG hat jeder
    Aktionär einer beteiligten (also auch einer übernehmenden) Gesellschaft einen Anspruch auf
    Ausgleich durch bare Zuzahlung.
93 Zur Kritik jüngst *Bayer/J. Schmidt*, NJW 2006, 401, 406; zuvor bereits *J. Vetter* in Lutter/
    Hommelhoff, Europäische Gesellschaft, S. 111, 122 m.w.N.

auf die gleich gelagerten Kapitalmaßnahmen erstreckt[94]. Bis dahin wird Deutschland mit dem Standortnachteil[95] leben müssen, dass Aktionäre einer übernehmende SE (mit Sitz im Inland) ein aus ihrer Sicht unangemessenes Umtauschverhältnis nur im Wege einer Klage gegen den Verschmelzungsbeschluss rügen können.

34 Die auf die Unangemessenheit des Umtauschverhältnisses gestützte Klage gegen den Verschmelzungsbeschluss ist allerdings **nur unter den Voraussetzungen des Art. 25 Abs. 3 Satz 1** ausgeschlossen (ausf. dort Rz. 20 ff.). Liegen diese Voraussetzungen nicht vor, so findet nach § 6 Abs. 2 SEAG auch kein Spruchverfahren statt; vielmehr steht jedem Aktionär weiterhin die (Anfechtungs-)Klage offen.

35 Ein Klageausschluss für **Informationsmängel**, die im Zusammenhang mit dem Umtauschverhältnis stehen, ist in § 6 SEAG nicht formuliert[96]. Vor Inkrafttreten des UMAG[97] war daher im Schrifttum streitig, ob auch insoweit die (Anfechtungs-)Klage ausgeschlossen ist[98]. Mit dem neuen § 243 Abs. 4 Satz 2 AktG[99] hat sich diese Streitfrage erledigt, denn damit ist klargestellt, dass eine Anfechtungsklage generell nicht auf unrichtige, unvollständige oder unzureichende Informationen in der Hauptversammlung über die Ermittlung, Höhe oder Angemessenheit eines Ausgleichs gestützt werden kann[100].

b) Bare Zuzahlung

36 Der Ausgleich ist – ebenso wie im nationalen Recht (vgl. § 15 UmwG) – zwingend in Form einer **baren Zuzahlung** zu leisten[101]. Der Forderung aus Wissenschaft und Praxis, auch eine Ausgleichsleistung in Form von **Aktien** zu gestatten[102], ist der Gesetzgeber **nicht** nachgekommen[103], sondern hat auch dieses rechtspolitische Anliegen in die Zukunft vertagt[104].

---

94 Hierzu ausf. *Bayer*, ZHR 168 (2004), 132, 159 ff. m.w.N. S. ferner jüngst *Bayer/J. Schmidt*, NZG 2006, 841, 844 sowie den Gesetzgebungsvorschlag des *Handelsrechtsausschusses des DAV* vom Juni 2007, abgedruckt in NZG 2007, 497 ff.
95 So auch *Teichmann*, ZGR 2003, 363, 380; *J. Vetter* in Lutter/Hommelhoff, Europäische Gesellschaft, S. 111, 123.
96 Vgl. Stellungnahme der Bundesregierung, BT-Drucks. 15/3656, S. 9 (zu Nr. 11); vgl. weiter *J. Vetter* in Lutter/Hommelhoff, Europäische Gesellschaft, S. 111, 128 ff.
97 Gesetz zur Unternehmensintegrität und Modernisierung des Anfechtungsrechts v. 22.9.2005, BGBl. I 2005, 2802, in Kraft getreten am 1.11.2005.
98 Dafür: *Kalss*, ZGR 2003, 593, 624 („explizit" ausgeschlossen); *Neun* in Theisen/Wenz, Europäische Aktiengesellschaft, S. 57, 140; *Teichmann*, ZGR 2003, 367, 375. Dagegen: *Scheifele*, Gründung, S. 247; *Schwarz*, Art. 20 Rz. 69, Art. 24 Rz. 25; *J. Vetter* in Lutter/Hommelhoff, Europäische Gesellschaft, S. 111, 129 f.
99 Eingefügt durch Art. 1 Nr. 20 UMAG.
100 Ebenso *Schäfer* in MünchKomm. AktG, Art. 30 SE-VO Rz. 9; *J. Schmidt*, „Deutsche" vs. „britische" SE, S. 222; vgl. auch Stellungnahme der Bundesregierung, BT-Drucks. 15/3656, S. 9 (zu Nr. 11); *J. Vetter* in Lutter/Hommelhoff, Europäische Gesellschaft, S. 111, 130.
101 *Jannott* in Jannott/Frodermann, Handbuch Europäische Aktiengesellschaft, § 3 Rz. 113; *Schäfer* in MünchKomm. AktG, Art. 24 SE-VO Rz. 13; *J. Schmidt*, „Deutsche" vs. „britische" SE, S. 222 f.; *Schröder* in Manz/Mayer/Schröder, Art. 24 SE-VO Rz. 49; *Schwarz*, Art. 24 Rz. 26.
102 Stellungnahme des Bundesrates, BT-Drucks. 15/3656, S. 3; *Handelsrechtsausschuss des DAV*, NZG 2004, 75, 76; *Handelsrechtsausschuss des DAV*, NZG 2004, 957; *Spitzenverbände der deutschen Wirtschaft*, Stellungnahme zum RefE, S. 4.
103 S. *J. Schmidt*, „Deutsche" vs. „britische" SE, S. 225; *J. Vetter* in Lutter/Hommelhoff, Europäische Gesellschaft, S. 111, 121 (jeweils m.w.N.).
104 Antwort der Bundesregierung auf die Stellungnahme des Bundesrates (BT-Drucks. 15/3656, S. 3): BT-Drucks. 15/3656, S. 9.

Nach **§ 6 Abs. 3 SEAG** ist die bare Zuzahlung **zu verzinsen**. Diese Regelung entspricht   37
§ 15 Abs. 2 UmwG, allerdings mit dem Unterschied, dass die Verzinsungspflicht nach
Ablauf des Tages beginnt, an dem die Verschmelzung im Sitzstaat der SE nach den
dort geltenden Vorschriften eingetragen und bekannt gemacht worden ist[105].

c) Gerichtliche Geltendmachung

Der Anspruch auf bare Zuzahlung ist nach **§ 6 Abs. 4 SEAG** durch Einleitung eines   38
Spruchverfahrens nach dem SpruchG[106] geltend zu machen. Ungenau ist allerdings
die Begr.RegE, wenn insoweit auf das Vorbild von § 34 UmwG verwiesen wird[107];
denn diese Regelung betrifft die Festsetzung einer Barabfindung, nicht eine Verbesserung des Umtauschverhältnisses. § 6 Abs. 4 SEAG orientiert sich vielmehr an § 15
Abs. 1 Satz 2 UmwG.

aa) Internationale Zuständigkeit. Besteht ein Anspruch auf bare Zuzahlung für Ak-   39
tionäre einer inländischen übertragenden Gründungsgesellschaft gegenüber einer **SE
mit Sitz im Ausland**, dann folgt die internationale Zuständigkeit des inländischen
Spruchverfahrens mittelbar aus **Art. 25 Abs. 3 Satz 4**, sofern das Recht der anderen
Gründungsgesellschaft(en) **kein spezielles Verfahren** zur Kontrolle des Umtauschverhältnisses kennt. Denn in diesem Fall kann das Spruchverfahren im Inland nur mit
ausdrücklicher Zustimmung der Aktionäre der betreffenden Gesellschaft(en) durchgeführt werden (Art. 25 Abs. 3 Satz 1, § 6 Abs. 4 SEAG); ist diese erfolgt, dann ergibt
sich aus der Bindungswirkung der Entscheidung gegenüber der übernehmenden SE
(Art. 25 Abs. 3 Satz 4) zugleich auch die internationale Zuständigkeit für das inländische Spruchverfahren[108].

Kennt hingegen **auch** das Recht der ausländischen Gründungsgesellschaft(en) **ein spe-**   40
zielles Verfahren zur Kontrolle des Umtauschverhältnisses, so ist eine Zustimmung
nach Art. 25 Abs. 3 Satz 1 entbehrlich. Der Anspruch auf bare Zuzahlung gem. § 6
Abs. 2 SEAG wird in diesem Fall gegen die SE mit Sitz im Ausland begründet, ohne
dass zugleich eine internationale Zuständigkeit des inländischen Spruchverfahrens
begründet ist. Eine solche Zuständigkeit könnte nur dadurch erfolgen, dass die Aktionäre der ausländischen Gründungsgesellschaft(en) auf die Durchführung eines
Spruchverfahrens nach ihrem eigenen Recht verzichten und dem Verfahren im Inland zustimmen[109]. In diesem Fall wird ihnen gem. **§ 6 Abs. 4 Satz 2 SEAG** das Recht
zur Einleitung eines inländischen Spruchverfahrens eröffnet[110]. Allerdings muss bezweifelt werden, ob das ausländische Recht eine solche Derogation gestattet. Kommt
es zu keiner wirksamen Zuständigkeitsbegründung des inländischen Spruchverfahrens, dann muss der Anspruch nach § 6 Abs. 2 SEAG im Rahmen eines Spruchverfahrens am Sitz der SE geltend gemacht werden[111].

---

105 Begr.RegE z. SEEG, BT-Drucks. 15/3405, S. 32; *Jannott* in Jannott/Frodermann, Handbuch
     Europäische Aktiengesellschaft, § 3 Rz. 114; *Neye/Teichmann*, AG 2003, 169, 171; *Schröder*
     in Manz/Mayer/Schröder, Art. 24 SE-VO Rz. 54; *Scheifele*, Gründung, S. 248; *Schwarz*,
     Art. 20 Rz. 29.
106 Gesetz über das gesellschaftsrechtliche Spruchverfahren (Spruchverfahrensgesetz –
     SpruchG) v. 12.6.2003, BGBl. I 2003, 838; dazu ausf. *Krieger* in Lutter, UmwG, Anhang I
     SpruchG.
107 Begr.RegE, BT-Drucks. 15/3405, S. 32; zust. allerdings *Jannott* in Jannott/Frodermann, Hand-
     buch Europäische Aktiengesellschaft, § 3 Rz. 115 Fn. 211; *Schäfer* in MünchKomm. AktG,
     Art. 24 SE-VO Rz. 13 a.E.; *Scheifele*, Gründung, S. 248; *Schwarz*, Art. 24 Rz. 30.
108 Wie hier *Schäfer* in MünchKomm. AktG, Art. 24 SE-VO Rz. 15; ebenso für Österreich: *Hügel*
     in Kalss/Hügel, §§ 21, 22 SEG Rz. 25.
109 So zutreffend *Schäfer* in MünchKomm. AktG, Art. 24 SE-VO Rz. 16.
110 So auch *Schäfer* in MünchKomm. AktG, Art. 24 SE-VO Rz. 16, 19.
111 *Schäfer* in MünchKomm. AktG, Art. 24 SE-VO Rz. 16.

41 Hat die **SE ihren Sitz im Inland**, dann stellen sich für die Überprüfung des Umtauschverhältnisses **keine Zuständigkeitsprobleme**. Die Aktionäre einer inländischen übertragenden Gesellschaft können gem. § 6 Abs. 4 Satz 1 SEAG das inländische Spruchverfahren betreiben, wenn die Voraussetzungen des Art. 25 Abs. 3 Satz 1 vorliegen; existiert für die Aktionäre einer ausländischen Gründungsgesellschaft ein spezielles Verfahren zur Überprüfung des Umtauschverhältnisses, dann gilt § 6 Abs. 4 Satz 2 SEAG[112].

42 **bb) Besonderer Vertreter.** Sofern die Aktionäre einer ausländischen Gründungsgesellschaft im Spruchverfahren nicht beteiligungsfähig sind (vgl. oben Rz. 39 ff.) können sie zur Wahrung ihrer Interessen beim Gericht gem. **§ 6a SpruchG** die Bestellung eines besonderen Vertreters beantragen; durch diese Möglichkeit prozessualer Einflussnahme sollen die betreffenden Aktionäre zugleich zur Erteilung der Zustimmung gem. Art. 25 Abs. 3 animiert werden[113].

43 **cc) Inter-omnes-Wirkung.** Eine Entscheidung, die im Spruchverfahren ergeht, wirkt gem. **§ 13 SpruchG** inter omnes, d.h. auch für und gegen diejenigen Aktionäre, die am Verfahren selbst nicht beteiligt waren[114].

d) Begrenzung

44 Ein besonders diffiziles Sonderproblem ist, ob und inwieweit der Anspruch auf bare Zuzahlung nach § 6 Abs. 2 SEAG durch die Grundsätze der Kapitalerhaltung begrenzt wird[115]. Für das UmwG ist dies streitig, die h.M.[116] geht jedoch zu Recht von einem **Vorrang der Kapitalerhaltungsvorschriften** aus. Bei der SE-Gründung wird die Problematik allerdings dadurch verkompliziert, dass der Sitz der künftigen SE auch im Ausland liegen kann und das maßgebliche nationale Recht u.U. abweichende (insbesondere auch schärfere) Kapitalschutzregeln vorsieht. Im Hinblick darauf, dass die SE-VO die Möglichkeit von Ausgleichsansprüchen ausdrücklich anerkennt (Art. 25 Abs. 3) werden etwaige schärfere ausländische Kapitalschutzregeln allerdings nicht dazu führen dürfen, dass der Nachbesserungsanspruch völlig ausgehebelt wird; analog der h.M. zum deutschen Recht ist vielmehr davon auszugehen, dass der Nachbesserungsanspruch ggf. nur zeitlich hinausgeschoben ist, bis die Voraussetzungen für eine Auszahlung nach dem maßgeblichen nationalen Recht erfüllt sind; bis dahin sind die Aktionäre durch die Verzinsung nach § 6 Abs. 3 SEAG (dazu Rz. 37) geschützt[117].

2. Ausscheiden gegen Barabfindung, § 7 SEAG

45 § 7 SEAG gibt den Aktionären einer deutschen übertragenden Gesellschaft ein Recht auf Ausscheiden gegen Barabfindung, wenn die künftige SE ihren Sitz im Ausland ha-

---

112 *Schäfer* in MünchKomm. AktG, Art. 24 SE-VO Rz. 19.
113 Vgl. Begr.RegE z. SEEG, BT-Drucks. 15/3656, S. 58; *Neye/Teichmann*, AG 2003, 169, 172; *Schäfer* in MünchKomm. AktG, Art. 24 Rz. 22; *Teichmann*, ZGR 2003, 367, 385 f.; *Teichmann* in Theisen/Wenz, Europäische Aktiengesellschaft, S. 691, 709; ausf. zur Rolle des besonderen Vertreters *J. Vetter* in Lutter/Hommelhoff, Europäische Gesellschaft, S. 111, 130 ff.
114 Allgemein zu § 13 SpruchG: *Krieger* in Lutter, UmwG, Anhang I SpruchG, § 13 Rz. 2; *Volhard* in MünchKomm. AktG, § 13 SpruchG Rz. 3; vgl. speziell zur SE: *Schröder* in Manz/ Mayer/Schröder, Art. 24 SE-VO Rz. 58; *J. Vetter* in Lutter/Hommelhoff, Europäische Gesellschaft, S. 111, 123.
115 Dazu näher *J. Vetter* in Lutter/Hommelhoff, Europäische Gesellschaft, S. 111, 127 f.
116 *Bork* in Lutter, UmwG, § 15 Rz. 5; *Gehling* in Semler/Stengel, UmwG, § 15 Rz. 22 f.; *Marsch-Barner* in Kallmeyer, UmwG, § 15 Rz. 2; *J. Vetter*, ZHR 168 (2004), 8, 19 f.; a.A. *Stratz* in Schmitt/Hörtnagl/Stratz, UmwG, § 15 Rz. 17.
117 Ebenso i.E. *J. Vetter* in Lutter/Hommelhoff, Europäische Gesellschaft, S. 111, 128.

ben soll. Vorbild der Regelung sind die §§ 29 ff. UmwG[118]. Hinsichtlich etwaiger Mängel des Barabfindungsangebots gilt auch hier gem. § 7 Abs. 5 und 7 SEAG das Prinzip des Klageausschlusses und des Verweises ins Spruchverfahren (dazu näher Rz. 57 ff.).

a) Anwendungsbereich

Im Gegensatz zum DiskE besteht eine Verpflichtung zu einem Barabfindungsangebot   46
nur noch gegenüber Aktionären einer deutschen **übertragenden Gesellschaft** und auch nur dann, wenn die künftige **SE** ihren **Sitz im Ausland** haben soll.

Die Beschränkung auf Aktionäre **übertragender Gründungsgesellschaften** steht zwar   47
im Einklang mit der nationalen Parallelregelung in § 29 UmwG, ist aber – ebenso wie dort – rechtspolitisch verfehlt; die Differenzierung zwischen Aktionären übertragender und übernehmender Gesellschaften sollte vielmehr grundsätzlich aufgegeben werden (vgl. ausf. bereits oben Rz. 33).

Mit der Begrenzung auf Fälle, in denen die künftige SE ihren Sitz im Ausland haben   48
soll (sog. „**sitzverlegende Verschmelzung**") trug der Gesetzgeber der heftigen Kritik[119] Rechnung, die sich an der generellen Barangebotspflicht des § 7 SEAG-DiskE entzündet hatte. Eine ein Austritts- und Abfindungsrecht legitimierende Rechtsforminkongruenz besteht nämlich gerade nicht, wenn die künftige SE ihren Sitz in Deutschland haben wird, denn dann gilt für sie in weiten Bereichen deutsches Aktienrecht[120]. Anders hingegen im Falle der „sitzverlegenden Verschmelzung": Hat die künftige SE ihren Sitz im Ausland, so unterliegt sie weitgehend dem jeweiligen ausländischen Aktienrecht; dieser Wechsel des subsidiär anwendbaren Rechts kann dem Aktionär nicht einfach aufoktroyiert werden[121]. Dies darf freilich nicht als Negativbewertung des ausländischen Rechts missverstanden werden: Entscheidend ist vielmehr allein der Wechsel in eine nicht kongruente Rechtsform – wenn § 29 UmwG sogar im Falle eines Rechtsformwechsel zwischen zwei *deutschen* Rechtsform ein Austritts- und Abfindungsrecht vorsieht, so erscheint ein solches im Falle der Verschmelzung auf eine „ausländische" SE erst recht erforderlich[122].

b) Widerspruch

Voraussetzung für ein Austritts- und Abfindungsrecht ist nach § 7 Abs. 1 Satz 1 SE-   49
AG konsequenterweise, dass der betreffende Aktionär gegen den Verschmelzungsbeschluss Widerspruch zur Niederschrift erklärt hat (vgl. dazu bereits oben Rz. 27);

---

118 Begr.RegE z. SEEG, BT-Drucks. 15/3405, S. 33.

119 *DNotV*, Stellungnahme zum DiskE, S. 9 ff.; *Handelsrechtsausschuss des DAV*, NZG 2004, 75, 77; *Ihrig/Wagner*, BB 2003, 969, 972; *Kalss*, ZGR 2003, 593, 627; *Kübler*, ZHR 167 (2003), 627, 629 f.; *Kübler* in Baums/Cahn, Europäische Aktiengesellschaft, S. 1, 8; *Schindler*, ecolex 2003, 1, 3.

120 Vgl. Begr.RegE z. SEEG, BT-Drucks. 15/3405, S. 33; *Handelsrechtsausschuss des DAV*, NZG 2004, 75, 77; *Heckschen* in Widmann/Mayer, UmwG, Anhang 14 Rz. 175; *Ihrig/Wagner*, BB 2003, 969, 972; *Kalss*, ZGR 2003, 593, 625; *Schäfer* in MünchKomm. AktG, Art. 20 SE-VO Rz. 22; *Schindler*, ecolex 2003, 1, 7; *J. Schmidt*, „Deutsche" vs. „britische" SE, S. 229; *Teichmann* in Theisen/Wenz, Europäische Aktiengesellschaft, S. 691, 707; *Walden/Meyer-Landrut*, DB 2005, 2119, 2122.

121 Vgl. Begr.RegE z. SEEG, BT-Drucks. 15/3405, S. 32 f.; *J. Schmidt*, „Deutsche" vs. „britische" SE, S. 229; *Teichmann* in Theisen/Wenz, Europäische Aktiengesellschaft, S. 691, 707; *Teichmann*, AG 2004, 67, 68 f.; *Walden/Meyer-Landrut*, DB 2005, 2119, 2122.

122 Vgl. Begr.RegE z. SEEG, BT-Drucks. 15/3405, S. 33; *Neye* in Baums/Cahn, Europäische Aktiengesellschaft, S. 131, 134; *J. Schmidt*, „Deutsche" vs. „britische" SE, S. 229 f.; *Schröder* in Manz/Mayer/Schröder, Art. 24 SE-VO Rz. 60; *Teichmann* in Theisen/Wenz, Europäische Aktiengesellschaft, S. 691, 706 f.; *Teichmann*, AG 2004, 67, 69.

eine Ausnahme hiervon gilt nur in den Fällen des § 29 Abs. 2 UmwG[123] (§ 7 Abs. 1 Satz 5 SEAG). Widerspruchsberechtigt ist nach herrschender und auch zutreffender Auffassung nur derjenige Anteilsinhaber, der gegen die Verschmelzung gestimmt hat[124].

c) Durchführung

50   **aa) Angebot im Verschmelzungsplan.** Unter den in Rz. 46 ff. näher erläuterten Voraussetzungen hat eine deutsche übertragende Gesellschaft jedem ordnungsgemäß widersprechenden Aktionär im Verschmelzungsplan oder seinem Entwurf den Erwerb seiner Aktien gegen eine angemessene Barabfindung anzubieten (§ 7 Abs. 1 Satz 1 SEAG). Der Wortlaut des Angebots muss in der Bekanntmachung zur Vorbereitung der Hauptversammlung (§ 124 Abs. 2 Satz 2 AktG)[125] enthalten sein (§ 7 Abs. 1 Satz 3 SEAG).

51   Hinsichtlich der Bemessung des Angebots sind gem. § 7 Abs. 2 Satz 1 SEAG – ebenso wie nach der Parallelregelung in § 30 Abs. 1 UmwG[126] – die **Verhältnisse** der Gesellschaft **im Zeitpunkt der Beschlussfassung** über die Verschmelzung zu berücksichtigen.

52   Nach § 7 Abs. 2 Satz 2 ist die Barabfindung **zu verzinsen**, womit die Geltendmachung eines weiteren Schadens jedoch nicht ausgeschlossen ist. Diese Regelung entspricht § 30 Abs. 1 Satz 2 UmwG, allerdings mit dem Unterschied, dass die Verzinsungspflicht (ebenso wie bei § 6 Abs. 3 SEAG, dazu oben Rz. 37) nach Ablauf des Tages beginnt, an dem die Verschmelzung im Sitzstaat der SE nach den dort geltenden Vorschriften eingetragen und bekannt gemacht worden ist[127].

53   Der Anspruch auf Barabfindung richtet sich zunächst gegen die jeweilige übertragende deutsche Gesellschaft; mit Wirksamwerden der Verschmelzung geht diese Verpflichtung jedoch gem. Art. 29 Abs. 1 lit. a bzw. Abs. 2 lit. a ipso iure auf die SE über[128].

54   **bb) Prüfung des Angebots.** Vorbehaltlich eines etwaigen Verzichts ist die Angemessenheit der Barabfindung gem. § 7 Abs. 3 SEAG stets durch Verschmelzungsprüfer **zu prüfen**[129] (dazu bereits Art. 22 Rz. 15); die Norm entspricht § 30 Abs. 2 UmwG[130].

---

123   Dazu näher *Grunewald* in Lutter, UmwG, § 29 Rz. 13 ff.; *Stratz* in Schmitt/Hörtnagl/Stratz, UmwG, § 29 Rz. 17.

124   *Heckschen* in Widmann/Mayer, Anhang 14 Rz. 183; *Jannott* in Jannott/Frodermann, Handbuch Europäische Aktiengesellschaft, § 3 Rz. 118; *Schröder* in Manz/Mayer/Schröder, Art. 24 SE-VO Rz. 60; *Schwarz*, Art. 24 Rz. 33; *J. Vetter* in Lutter/Hommelhoff, Europäische Gesellschaft, S. 111, 144.

125   Vgl. Begr.RegE z. SEEG, BT-Drucks. 15/3405, S. 33; *Schäfer* in MünchKomm. AktG, Art. 20 SE-VO Rz. 25; *J. Schmidt*, „Deutsche" vs. „britische" SE, S. 230; *Schröder* in Manz/Mayer/Schröder, Art. 24 Rz. 62; *Schwarz*, Art. 24 Rz. 34.

126   Dazu näher *Grunewald* in Lutter, UmwG, § 30 Rz. 2; *Stratz* in Schmitt/Hörtnagl/Stratz, UmwG, § 30 Rz. 5, 9 ff.; *Zeidler* in Semler/Stengel, UmwG, § 30 Rz. 4 ff., 18 f.

127   Vgl. Begr.RegE z. SEEG, BT-Drucks. 15/3405, S. 33; *Schröder* in Manz/Mayer/Schröder, Art. 24 SE-VO Rz. 64.

128   Begr.RegE z. SEEG, BT-Drucks. 15/3405, S. 33; *Jannott* in Jannott/Frodermann, Handbuch Europäische Aktiengesellschaft, § 3 Rz. 118; *Schäfer* in MünchKomm. AktG, Art. 20 SE-VO Rz. 23; *Scheifele*, Gründung, S. 242; *J. Schmidt*, „Deutsche" vs. „britische" SE, S. 230; *Schröder* in Manz/Mayer/Schröder, Art. 24 Rz. 67.

129   Näher dazu etwa *Neun* in Theisen/Wenz, Europäische Aktiengesellschaft, 57, 116 f.

130   Vgl. Begr.RegE z. SEEG, BT-Drucks. 15/3405, S. 33. Näher zu § 30 Abs. 2 UmwG etwa: *Grunewald* in Lutter, UmwG, § 30 Rz. 5 ff.; *Zeidler* in Semler/Stengel, UmwG, § 30 Rz. 26 ff. m.w.N.

cc) Annahme des Angebots. Gem. § 7 Abs. 4 SEAG kann die Annahme des Angebots   55
nur innerhalb einer **Ausschlussfrist von 2 Monaten** erfolgen. Die Frist beginnt – insofern abweichend vom Vorbild des § 31 UmwG – grundsätzlich ab dem Tag, an dem
die Verschmelzung im Sitzstaat der SE nach den dort geltenden Vorschriften eingetragen und bekannt gemacht worden ist (§ 7 Abs 4 Satz 1 SEAG)[131]. Im Falle eines
Spruchverfahrens (s. dazu Rz. 58 ff.) läuft die Frist allerdings erst ab Bekanntmachung
der Entscheidung im Bundesanzeiger (§ 7 Abs. 4 Satz 2 SEAG)[132].

d) Die Problematik des Erwerbs eigener Aktien

Vor dem Hintergrund, dass die Erfüllung des Abfindungs- und Austrittsanspruchs für   56
die neu entstandene SE einen Erwerb eigener Aktien bedeutet, ordnet **§ 7 Abs. 1
Satz 2 SEAG** die entsprechende Anwendung der Vorschriften des AktG an, allerdings
– ebenso wie die Parallelnorm des § 29 Abs. 1 Satz 1 Halbs. 2 UmwG – mit Ausnahme des § 71 Abs. 4 Satz 2 AktG (Nichtigkeit des schuldrechtlichen Grundgeschäfts).
So wird sichergestellt, dass eine erst nach dem Verschmelzungsbeschluss erkennbare
Überschreitung der 10%-Grenze[133] den Erwerb eigener Aktien nicht hindert[134]. Dies
gilt infolge der durch Art. 25 Abs. 3 Satz 4 normierten Bindungswirkung sogar dann,
wenn der Sitz der künftigen SE im Ausland liegt. Damit ist ein für die Erfüllung des
Austritts- und Abfindungsrecht notwendiger Erwerb eigener Aktien selbst dann möglich, wenn das für die künftige SE geltende einzelstaatliche Recht (anders als
Deutschland mit § 29 Abs. 1 Satz 1 Halbs. 2 UmwG) die Option des Art. 20 Abs. 1
lit. d Kapital-RL nicht umgesetzt hat, d.h. einen Erwerb eigener Aktien in dieser Konstellation an sich nicht zulassen würde[135].

e) Gerichtliche Überprüfung der Barabfindung

aa) Klageausschluss. Nach dem Vorbild des § 32 UmwG[136] und in Parallele zu § 6   57
Abs. 1 SEAG berechtigt ein zu niedrig bemessenes, fehlendes oder nicht ordnungsgemäßes Barabfindungsangebot gem. **§ 7 Abs. 5 SEAG** nicht zur Erhebung einer Anfechtungsklage gegen den Verschmelzungsbeschluss. Dieser Klageausschluss gilt allerdings ebenfalls nur unter den Voraussetzungen des **Art. 25 Abs. 3 Satz 1 SEAG**
(ausf. dort Rz. 20 ff.); liegen diese nicht vor, so steht jedem Aktionär weiterhin die
Anfechtungsklage offen.

Aufgrund des durch das UMAG neu eingefügten **§ 243 Abs. 4 Satz 2 AktG** ist nun-   58
mehr klar, dass sich der Klageausschluss im dort geregelten Umfang auch auf Infor-

---

131 Vgl. Begr.RegE z. SEEG, BT-Drucks. 15/3405, S. 31.
132 Vgl. zur Frist nach § 31 UmwG: *Grunewald* in Lutter, UmwG, § 31 Rz. 2; *Kalss* in Semler/
    Stengel, UmwG, § 31 Rz. 2 f.
133 Seit der kürzlich erfolgten Novellierung der Kapital-RL (Zweite Richtlinie 77/91/EWG des
    Rates vom 13. Dezember 1976 zur Koordinierung der Schutzbestimmungen, die in den Mit-
    gliedstaaten den Gesellschaften im Sinne des Artikels 58 Absatz 2 des Vertrages im Interesse
    der Gesellschafter sowie Dritter vorgeschrieben sind, um diese Bestimmungen gleichwertig
    zu gestalten, ABl.EG Nr. L 26 v. 31.1.1977, S. 1) durch die RL 2006/68/EG (ABl.EU Nr. L 264
    v. 25.9.2006, S. 32 ff.) ist die 10%-Grenze, die vorher von Art. 19 Abs. 1 lit. b a.F. vorgegeben
    wurde, optional ausgestaltet (vgl. Art. 19 Abs. 1 Unterabs. 2 lit. i n.F.).
134 Vgl. zu § 29 Abs. 1 Satz 1 Halbs. 2 UmwG: *Grunewald* in Lutter, UmwG, § 29 Rz. 26; *Teich-
    mann*, ZGR 2003, 367, 377 Fn. 48.
135 Vgl. Begr.RegE z. SEEG, BT-Drucks. 15/3405, S. 33; *Neye/Teichmann*, AG 2003, 169, 172;
    Schäfer in MünchKomm. AktG, Art. 20 SE-VO Rz. 24; *Scheifele*, Gründung, S. 250;
    J. Schmidt, „Deutsche" vs. „britische" SE, S. 231; *Teichmann*, ZGR 2003, 367, 377 f. Ableh-
    nend allerdings *Brandes*, AG 2005, 177, 180; *J. Vetter* in Lutter/Hommelhoff, Europäische
    Gesellschaft, S. 111, 147. Skeptisch auch *Schwarz*, Art. 24 Rz. 34.
136 Begr.RegE z. SEEG, BT-Drucks. 15/3405, S. 33.

mationsmängel betreffend die Barabfindung bezieht (vgl. dazu bereits näher oben Rz. 35).

59   **bb) Spruchverfahren.** Sofern die Voraussetzungen des Art. 25 Abs. 3 Satz 1 (ausf. dort Rz. 20 ff.) vorliegen, kann ein zu geringes, fehlendes oder nicht ordnungsgemäßes Barabfindungsangebot (ebenso wie diesbezügliche Informationsmängel, vgl. oben Rz. 58) gem. § 7 Abs. 7 Satz 1 und 2 SEAG nur im Spruchverfahren nach dem SpruchG[137] geltend gemacht werden.

60   Insofern stellen sich in besonderem Maße Probleme im Hinblick auf die **internationale Zuständigkeit**, denn ein Barabfindungsanspruch kann überhaupt nur dann bestehen, wenn die SE ihren Sitz im Ausland hat (§ 7 Abs. 1 Satz 1 SEAG, vgl. oben Rz. 46, 48).

61   Kennt das Recht der anderen Gründungsgesellschaft(en) **kein spezielles Verfahren** zur Kontrolle der Abfindung, so folgt die Zuständigkeit des inländischen Spruchverfahrens mittelbar aus **Art. 25 Abs. 3 Satz 4**. Denn in diesem Fall kann das Spruchverfahren nur mit ausdrücklicher Zustimmung der Aktionäre der betreffenden Gesellschaft(en) durchgeführt werden (Art. 25 Abs. 3 Satz 1, § 7 Abs. 7 Satz 1 SEAG); ist dies erfolgt, dann ergibt sich aus der Bindungswirkung der Entscheidung gegenüber der übernehmenden SE (Art. 25 Abs. 3 Satz 4) zugleich auch die internationale Zuständigkeit für das inländische Spruchverfahren[138].

62   Sieht dagegen das Recht der ausländischen Gründungsgesellschaft(en) **auch ein spezielles Verfahren** zur Kontrolle des Umtauschverhältnisses vor, so ist eine Zustimmung nach Art. 25 Abs. 3 Satz 1 entbehrlich. Hier könnte eine Zuständigkeitsbegründung zugunsten deutscher Gerichte nur dadurch erfolgen, dass die Aktionäre der ausländischen Gesellschaft(en) auf die Durchführung eines Spruchverfahrens nach ihrem Heimatrecht verzichten und dem Verfahren im Inland zustimmen[139]. **§ 7 Abs. 7 Satz 3 SEAG** eröffnet den ausländischen Aktionären in diesem Fall zwar das Recht zur Einleitung eines inländischen Spruchverfahrens; es ist allerdings fraglich, ob das ausländische Recht eine solche Derogation gestattet. Ggf. muss der Anspruch nach § 7 Abs. 1 Satz 1 SEAG im Rahmen des Spruchverfahrens am Sitz der SE geltend gemacht werden[140].

63   Sofern die Aktionäre einer ausländischen Gründungsgesellschaft im deutschen Spruchverfahren nicht beteiligungsfähig sind, können sie zur Wahrung ihrer Interessen beim Gericht gem. **§ 6a SpruchG** die **Bestellung eines besonderen Vertreters** beantragen (vgl. dazu bereits oben Rz. 42).

64   Eine Entscheidung, die im Spruchverfahren ergeht, wirkt gem. **§ 13 SpruchG inter omnes**, d.h. auch für und gegen die Aktionäre, die am Verfahren selbst nicht beteiligt waren sowie insbesondere auch für diejenigen, die bereits gegen die ursprünglich angebotene Barabfindung ausgeschieden sind[141].

f) Exkurs: Erleichterte Veräußerbarkeit

65   Nach dem Vorbild des § 33 UmwG[142] erleichtert **§ 7 Abs. 6 SEAG** während des Laufs der Angebotsfrist (dazu Rz. 55) die Veräußerbarkeit der Aktien. Durch die faktische

---

137   Spruchverfahrensgesetz v. 12.6.2003 (BGBl. I 2003, 838).
138   Wie hier *Schäfer* in MünchKomm. AktG, Art. 20 SE-VO Rz. 33; ebenso für Österreich: *Hügel* in Kalss/Hügel, §§ 21, 22 SEG Rz. 25.
139   So zutreffend *Schäfer* in MünchKomm. AktG, Art. 20 SE-VO Rz. 34.
140   S. *Schäfer* in MünchKomm. AktG, Art. 20 SE-VO Rz. 34.
141   *Krieger* in Lutter, UmwG, Anhang I SpruchG, § 13 Rz. 3 f.; *Volhard* in MünchKomm. AktG, § 13 SpruchG Rz. 3 f.
142   Vgl. Begr.RegE z. SEEG, BT-Drucks. 15/3405, S. 33.

Außerkraftsetzung von Verfügungsbeschränkungen wird den Aktionären ermöglicht, den Erwerb einer Mitgliedschaft in der SE a priori zu vermeiden bzw. diese zumindest zeitnah zu beenden und ggf. auf dem freien Markt einen höheren Übertragungspreis zu erzielen[143].

D. Ergänzende Anwendung des AktG

Vgl. zu § 243 Abs. 4 Satz 2 AktG *Schwab* in K. Schmidt/Lutter, AktG, § 243 Rz. 32 ff. 66
Vgl. zu §§ 71 ff. AktG *Bezzenberger* in K. Schmidt/Lutter, AktG, § 71 Rz. 86 ff.

Art. 25
[Rechtmäßigkeitskontrolle]

(1) Die Rechtmäßigkeit der Verschmelzung wird, was die die einzelnen sich verschmelzenden Gesellschaften betreffenden Verfahrensschritte anbelangt, nach den für die Verschmelzung von Aktiengesellschaften geltenden Rechtsvorschriften des Mitgliedstaats kontrolliert, dessen Recht die jeweilige Gesellschaft unterliegt.

(2) In jedem der betreffenden Mitgliedstaaten stellt das zuständige Gericht, der Notar oder eine andere zuständige Behörde eine Bescheinigung aus, aus der zweifelsfrei hervorgeht, dass die der Verschmelzung vorangehenden Rechtshandlungen und Formalitäten durchgeführt wurden.

(3) Ist nach dem Recht eines Mitgliedstaats, dem eine sich verschmelzende Gesellschaft unterliegt, ein Verfahren zur Kontrolle und Änderung des Umtauschverhältnisses der Aktien oder zur Abfindung von Minderheitsaktionären vorgesehen, das jedoch der Eintragung der Verschmelzung nicht entgegensteht, so findet ein solches Verfahren nur dann Anwendung, wenn die anderen sich verschmelzenden Gesellschaften in Mitgliedstaaten, in denen ein derartiges Verfahren nicht besteht, bei der Zustimmung zu dem Verschmelzungsplans gemäß Art. 23 Abs. 1 ausdrücklich akzeptieren, dass die Aktionäre der betreffenden sich verschmelzenden Gesellschaft auf ein solches Verfahren zurückgreifen können. In diesem Fall kann das zuständige Gericht, der Notar oder eine andere zuständige Behörde die Bescheinigung gemäß Absatz 2 ausstellen, auch wenn ein derartiges Verfahren eingeleitet wurde. Die Bescheinigung muss allerdings einen Hinweis auf das anhängige Verfahren enthalten. Die Entscheidung in dem Verfahren ist für die übernehmende Gesellschaft und ihre Aktionäre bindend.

§ 4 SEAG: Zuständigkeiten

Für die Eintragung der SE und für die in Artikel 8 Abs. 8, Artikel 25 Abs. 2 sowie den Artikeln 26 und 64 Abs. 4 der Verordnung bezeichneten Aufgaben ist das nach § 125 Abs. 1 und 2 des Gesetzes über die Angelegenheiten der freiwilligen Gerichtsbarkeit bestimmte Gericht zuständig. Das zuständige Gericht im Sinne des Artikels 55 Abs. 3 Satz 1 der Verordnung bestimmt sich nach § 145 Abs. 1 des Gesetzes über die Angelegenheiten der freiwilligen Gerichtsbarkeit.

§ 8 SEAG: Gläubigerschutz

Liegt der künftige Sitz der SE im Ausland, ist § 13 Abs. 1 und 2 entsprechend anzuwenden. Das zuständige Gericht stellt die Bescheinigung nach Artikel 25 Abs. 2 der Verordnung nur aus, wenn die Vorstandsmitglieder einer übertragenden Gesellschaft die Versicherung abgeben, dass allen

---

143 Vgl. *Grunewald* in Lutter, UmwG, § 33 Rz. 2; *Kalss* in Semler/Stengel, UmwG, § 33 Rz. 2.

Gläubigern, die nach Satz 1 einen Anspruch auf Sicherheitsleistung haben, eine angemessene Sicherheit geleistet wurde.

Literatur: *Blanquet,* Das Statut der Europäischen Aktiengesellschaft (Societas Europaea „SE"), ZGR 2002, 20; *Brandes,* Cross Border Mergers mittels der SE, AG 2005, 177; *Brandt,* Ein Überblick über die Europäische Aktiengesellschaft (SE) in Deutschland, BB-Special 3/2005, S. 1; *Bungert/Beier,* Die Europäische Aktiengesellschaft, EWS 2002, 1; *Fuchs,* Die Gründung einer Europäischen Aktiengesellschaft durch Verschmelzung und das nationale Recht, Diss. Konstanz 2004 (zit.: Gründung); *Handelsrechtsausschuss des DAV,* Stellungnahme zum Diskussionsentwurf eines Gesetzes zur Ausführung der Verordnung (EG) Nr. 2157/2001 des Rates vom 8.10.2001 über das Statut der Europäischen Gesellschaft (SE) (SE-Ausführungsgesetz – SEAG), NZG 2004, 75; *Henckel,* Rechnungslegung und Prüfung anlässlich einer grenzüberschreitenden Verschmelzung zu einer Societas Europaea (SE), DStR 2005, 1785; *Ihrig/Wagner,* Das Gesetz zur Einführung der Europäischen Gesellschaft (SEEG) auf der Zielgeraden, BB 2004, 1749; *Kalss,* Der Minderheitenschutz bei Gründung und Sitzverlegung der SE nach dem Diskussionsentwurf, ZGR 2003, 593; *Mahi,* Die Europäische Aktiengesellschaft. Societas Europaea – SE, 2004; *Seibt/Saame,* Die Societas Europaea (SE) deutschen Rechts: Anwendungsfelder und Beratungshinweise, AnwBl. 2005, 225; *Tavares Da Costa/Meester Bilreiro,* The European Company Statute, Den Haag 2003; *Vossius,* Gründung und Umwandlung der deutschen Europäischen Gesellschaft (SE), ZIP 2005, 741; *Walden/Meyer-Landrut,* Die grenzüberschreitende Verschmelzung zu einer Europäischen Gesellschaft: Beschlussfassung und Eintragung, DB 2005, 2619; *Walden/Meyer-Landrut,* Die grenzüberschreitende Verschmelzung zu einer Europäischen Gesellschaft: Planung und Vorbereitung, DB 2005, 2119.

I. Einleitung

1. Zweistufige Rechtmäßigkeitskontrolle

1   Nach Art. 27 Abs. 2 (dort Rz. 2) wird die SE erst in das gem. Art. 12 Abs. 1 bestimmte Register eingetragen, wenn sämtliche formale Voraussetzungen gem. Art. 25, 26 erfüllt sind. Der Eintragung von Verschmelzung und SE geht damit nach der Konzeption der SE-VO eine zweistufige Rechtmäßigkeitskontrolle voraus: Zum einen wird die Rechtmäßigkeit der SE-Gründung nach **Art. 25** auf der **Ebene der Gründungsgesellschaften** überprüft, zum anderen nach **Art. 26** auf der **Ebene der künftigen SE.** Es handelt sich um eine Form der Arbeitsteilung[1], weniger um eine Doppelprüfung: Denn in Parallele zum anwendbaren materiellen Recht (Art. 18) wird im Verfahren nach Art. 25 Abs. 1 nur die Einhaltung derjenigen Verfahrensschritte geprüft, die sich auf das Verschmelzungsverfahren in den Gründungsgesellschaften beziehen, wäh-

---

1 So zutreffend *Kleindiek* in Lutter/Hommelhoff, Europäische Gesellschaft, S. 95, 108.

rend im Verfahren nach Art. 26 Abs. 1 diejenigen Verfahrensschritte geprüft werden, welche die Durchführung der Verschmelzung und die Gründung der SE selbst betreffen (ausf. unten Rz. 6 ff., Art. 26 Rz. 16).

Gegenüber der ursprünglichen Idee eines einheitlichen Prüfungsverfahrens[2] hat das zweistufige Modell den Vorteil, dass durch die Einschaltung von Kontrollinstanzen auf der Ebene der Gründungsgesellschaften **die Einhaltung des jeweils anwendbaren nationalen Gründungsrechts** mit größerer Sachkunde gewährleistet ist[3]. Zudem wird Befürchtungen entgegengetreten, dass nicht überall mit der gleichen Sorgfalt geprüft werden könnte[4].   2

2. Die Regelung des Art. 25 im Überblick

Art. 25 regelt die – für jede Gründungsgesellschaft separat erfolgende – **erste Stufe der Rechtmäßigkeitskontrolle. Art. 25 Abs. 1** bestimmt, dass für jede sich verschmelzende Gesellschaft eine Rechtmäßigkeitskontrolle hinsichtlich der ausschließlich sie betreffenden Verfahrensschritte zu erfolgen hat, und zwar nach den für Aktiengesellschaften geltenden Vorschriften ihres Gesellschaftsstatuts.   3

Nach **Art. 25 Abs. 2** hat die – von dem jeweiligen Mitgliedstaat nach Art. 68 Abs. 2 zu bestimmende (dazu Art. 68 Rz. 5 ff.) – Kontrollstelle nach Abschluss der Prüfung eine **Rechtmäßigkeitsbescheinigung** auszustellen, die dann gem. Art. 26 Abs. 2 der für die zweite Stufe der Rechtmäßigkeitskontrolle zuständigen Stelle vorzulegen ist (dazu Art. 26 Rz. 3, 9).   4

Art. 25 Abs. 3 regelt die Zulässigkeit und Bindungswirkung von auf der Basis von Art. 24 Abs. 2 etablierten nationalrechtlichen Verfahren zur Kontrolle und Änderung des Umtauschverhältnisses der Aktien und zur Abfindung von Minderheitsaktionären („**Spruchverfahren**") sowie deren Verhältnis zur Rechtmäßigkeitskontrolle nach Art. 25 Abs. 1. Derartige Verfahren sind zwar in der Bescheinigung zu vermerken, stehen ihrer Erteilung aber nicht entgegen (Art. 25 Abs. 3 Satz 2 und 3, dazu näher unten Rz. 17)   5

II. Rechtmäßigkeitskontrolle nach Art. 25 Abs. 1

1. Prüfungsgegenstand

Der Umfang der Prüfung nach Art. 25 Abs. 1 korrespondiert mit der Regelung in Art. 18. Auf der ersten Stufe wird somit die Rechtmäßigkeit der Gründung im Hinblick auf alle die die einzelnen sich verschmelzenden Gesellschaften betreffenden Verfahrensschritte kontrolliert[5]. Dazu gehören: die Gründungsberechtigung der betreffenden Gesellschaft (Art. 2 Abs. 1, dazu Art. 2 Rz. 8 ff.), der Verschmelzungsplan (dazu Art. 20 Rz. 2 ff.), Offenlegung des Verschmelzungsplans (dazu Art. 21 Rz. 3, 9 f.) und die Bekanntmachung nach Art. 21 (dazu Art. 21 Rz. 2 ff.), der Verschmelzungsbericht (dazu Art. 20 Rz. 29 ff.), die Verschmelzungsprüfung (dazu Art. 22 Rz. 1 ff.), der Zustimmungsbeschluss (dazu Art. 23 Rz. 4 ff.), ggf. die Genehmigung des Mitbestimmungsmodells (dazu Art. 23 Rz. 14 ff.), ggf. das Fehlen eines Behördenein-   6

---

2 So noch Art. II-1-1 und II-1-6 des Sanders-Vorentwurfs, EWG-Kommission, Generaldirektion Wettbewerb, Az. 11000/IV/67, Studie Nr. 6, Reihe Wettbewerb, Brüssel 1967; sowie Art. 11, 17, 18 der VO-Vorschläge von 1970 und 1975.
3 *Scheifele*, Gründung, S. 258; *Schwarz*, Art. 25 Rz. 8.
4 *Blanquet*, ZGR 2002, 20, 44; *Schäfer* in MünchKomm. AktG, Art. 25 SE-VO Rz. 1.
5 *Scheifele*, Gründung, S. 263; *J. Schmidt*, „Deutsche" vs. „britische" SE, S. 247; *Schröder* in Manz/Mayer/Schröder, Art. 25 SE-VO Rz. 5; *Schwarz*, Art. 25 Rz. 13.

spruchs (dazu Art. 19 Rz. 3 ff.) sowie die Beachtung der relevanten Gläubiger- und Minderheitenschutzvorschriften (dazu Art. 24 Rz. 4 ff., 21 ff.)[6].

7   **Keiner Kontrolle** unterliegen im Rahmen des Verfahrens nach Art. 25 Abs. 1: die wirtschaftliche Zweckmäßigkeit der Verschmelzung[7], die Angemessenheit des Umtauschverhältnisses[8] oder das Angebot einer ordnungsgemäßen Barabfindung[9]. Dies entspricht der Rechtslage im deutschen Umwandlungsrecht[10].

2. Prüfungsmaßstab

8   Zu unterscheiden ist das Prüfungsverfahren vom maßgeblichen anwendbaren Recht: Allein das **formelle Prüfungsverfahren** richtet sich im Gleichlauf mit Art. 18 nach dem nationalen Recht des Prüfstaates; Art. 25 Abs. 1 ist insofern eine Spezialverweisung[11].

9   Dagegen ergeben sich die **materiellen Voraussetzungen** für die Rechtmäßigkeit der Gründung auf der Ebene der Gründungsgesellschaften nach den Vorgaben der Art. 20–24 und nur soweit, wie dort (bzw. durch Art. 18) auf mitgliedstaatliches Recht verwiesen wird, sind die entsprechenden nationalen Anforderungen maßgeblich[12]. Trotz der SE-rechtlichen Vorgaben variiert der Prüfungsmaßstab damit je nach Kontrollstaat. Die deutschen Registergerichte (zur Zuständigkeit s. unten Rz. 10) müssen z.B. auch prüfen, ob die nach § 71 Abs. 1 Satz 2 UmwG erforderliche Anzeige des Treuhänders vorliegt (s. dazu Art. 20 Rz. 20) und ob den Gläubigern eine angemessene Sicherheit geleistet wurde (§ 8 Satz 2 SEAG) (dazu bereits Art. 24 Rz. 14 sowie unten Rz. 16)[13].

3. Prüfungsverfahren für eine deutsche Gründungsgesellschaft

a) Zuständigkeit

10 Für die Rechtmäßigkeitsprüfung (und nicht nur für die Bescheinigung nach Art. 25 Abs. 2[14]) **sachlich** zuständig ist nach Art. 68 Abs. 2 i.V.m. **§ 4 Abs. 1 Satz 1 SEAG** das

---

6   Vgl. *Scheifele*, Gründung, S. 263 f.; *Schröder* in Manz/Mayer/Schröder, Art. 25 SE-VO Rz. 5; *Schwarz*, Art. 25 Rz. 13.

7   *Scheifele*, Gründung, S. 264; *Schwarz* Art. 25 Rz. 15; *Walden/Meyer-Landrut*, DB 2005, 2619, 2621.

8   *Scheifele*, Gründung, S. 264; *Schwarz* Art. 25 Rz. 15.

9   *Scheifele*, Gründung, S. 264; *Schwarz* Art. 25 Rz. 15.

10 Vgl. *Grunewald* in Lutter, UmwG, § 20 Rz. 6; *Kübler* in Semler/Stengel, UmwG, § 20 Rz. 5; *Zimmermann* in Kallmeyer, UmwG, § 19 Rz. 5.

11 *Fuchs*, Gründung, S. 157; *Scheifele*, Gründung, S. 261; *J. Schmidt*, „Deutsche" vs. „britische" SE, S. 247 f.; *Schwarz* Art. 25 Rz. 12; vgl. auch *Schröder* in Manz/Mayer/Schröder, Art. 25 SE-VO Rz. 14, 15.

12 Richtig *Kleindiek* in Lutter/Hommelhoff, Europäische Gesellschaft, S. 95, 107; *Scheifele*, Gründung, S. 263; *J. Schmidt*, „Deutsche" vs. „britische" SE, S. 250 f.; *Schröder* in Manz/Mayer/Schröder, Art. 25 SE-VO Rz. 5; *Schwarz*, Art. 25 Rz. 12; vgl. ferner auch *Heckschen* in Widmann/Mayer, Anhang 14 Rz. 253; *Marsch-Barner* in Kallmeyer, UmwG, Anhang Rz. 90; zumindest missverständlich *Bungert/Beier*, EWS 2002, 1, 7; *Jannott* in Jannott/Frodermann, Handbuch Europäische Aktiengesellschaft, § 3 Rz. 96; *Neun* in Theisen/Wenz, Europäische Aktiengesellschaft, S. 57, 139; *Schäfer* in MünchKomm. AktG, Art. 25 SE-VO Rz. 4; *Thümmel*, Europäische Aktiengesellschaft, Rz. 70; *Walden/Meyer-Landrut*, DB 2005, 2619, 2621.

13 Vgl. *Scheifele*, Gründung, S. 264; *J. Schmidt*, „Deutsche" vs. „britische" SE, S. 168; *Schwarz*, Art. 25 Rz. 13; ferner *Mahi*, Europäische Aktiengesellschaft, S. 47; *Marsch-Barner* in Kallmeyer, UmwG, Anhang Rz. 90; *Schröder* in Manz/Mayer/Schröder, Art. 25 SE-VO Rz. 32, Art. 24 SE-VO Rz. 37.

14 Unzutreffend daher *Scheifele*, Gründung, S. 260, und *Schwarz*, Vorb. Art. 25–28 Rz. 14, die die sachliche Zuständigkeit aus Art. 25 Abs. 1 i.V.m. § 16 UmwG herleiten. Wie hier *Jannott* in Jannott/Frodermann, Handbuch Europäische Aktiengesellschaft, § 3 Rz. 97; *Schäfer* in

nach § 125 Abs. 1 und 2 FGG bestimmte Gericht; dies ist das Amtsgericht als Registergericht[15]. **Örtlich** zuständig ist nach Art. 25 Abs. 1 i.V.m. § 14 AktG[16] das Gericht am Satzungssitz der AG[17].

b) Einzelheiten

Hinsichtlich des Prüfungsverfahrens verweist Art. 25 Abs. 1 auf **§ 38 Abs. 1 i.V.m.** **§§ 16, 17 UmwG**[18]. Die Verschmelzung ist also vom Vorstand beim zuständigen Registergericht anzumelden (§ 16 Abs. 1 UmwG)[19]. Soweit möglich, hat er dabei eine Negativerklärung nach § 16 Abs. 2 UmwG abzugeben[20]. Liegen die Voraussetzungen hierfür nicht vor, dann darf – wie sich aus einer SE-spezifischen Auslegung des § 16 Abs. 2 Satz 2 UmwG ergibt – die Rechtmäßigkeitsbescheinigung i.S.d. Art. 25 Abs. 2 nur erteilt werden, nachdem erfolgreich ein Unbedenklichkeitsverfahren nach § 16 Abs. 3 UmwG[21] durchgeführt wurde; die erste Stufe der Rechtmäßigkeitskontrolle nach der SE-VO endet nämlich nicht mit einer Registereintragung (vgl. zur Unanwendbarkeit des § 19 UmwG unten Rz. 18), sondern mit der Erteilung der Rechtmäßigkeitsbescheinigung, so dass **§ 16 Abs. 2 Satz 2 UmwG** im Falle der SE-Gründung durch Verschmelzung keine „Register-", sondern eine „**Bescheinigungssperre**"[22] bewirkt.

11

MünchKomm. AktG, Art. 25 SE-VO Rz. 5; *Schröder* in Manz/Mayer/Schröder, Art. 25 SE-VO Rz. 33.

15 *Kleindiek* in Lutter/Hommelhoff, Europäische Gesellschaft, S. 95, 97, 100; *Marsch-Barner* in Kallmeyer, UmwG, Anhang Rz. 89; *Schäfer* in MünchKomm. AktG, Art. 25 SE-VO Rz. 5; *J. Schmidt,* „Deutsche" vs. „britische" SE, S. 247; *Schröder* in Manz/Mayer/Schröder, Art. 25 SE-VO Rz. 33; *Schwarz,* Vorbem. Art. 25–28 Rz. 14.

16 Nicht gem. Art. 9 Abs. 1 lit. c ii, weil diese Vorschrift nur die bereits existierende SE betrifft (dazu oben Art. 9 Abs. 43). Unrichtig daher *Handelsrechtsausschuss des DAV,* NZG 2004, 75, 76; *Ihrig/Wagner,* BB 2004, 1749, 1750.

17 *Kleindiek* in Lutter/Hommelhoff, Europäische Gesellschaft, S. 95, 97; *Ihrig/Wagner,* BB 2004, 1749, 1750; *Schäfer* in MünchKomm. AktG, Art. 25 SE-VO Rz. 5; *J. Schmidt,* „Deutsche" vs. „britische" SE, S. 248; *Schwarz,* Art. 68 Rz. 12.

18 Ebenso *Schäfer* in MünchKomm. AktG, Art. 25 SE-VO Rz. 4; *J. Schmidt,* „Deutsche" vs. „britische" SE, S. 166; *Schwarz,* Art. 25 Rz. 9. Für die Anwendung der §§ 16, 17 UmwG i.E. auch *Brandes,* AG 2005, 177, 187; *Heckschen* in Widmann/Mayer, UmwG, Anhang 14 Rz. 251; *Jannott* in Jannott/Frodermann, Handbuch Europäische Aktiengesellschaft, § 3 Rz. 92; *Kleindiek* in Lutter/Hommelhoff, Europäische Gesellschaft, S. 95, 98; *Marsch-Barner* in Kallmeyer, UmwG, Anhang Rz. 87; *Seibt/Saame,* AnwBl. 2005, 225, 231; *Vossius,* ZIP 2005, 741, 744; *Walden/Meyer-Landrut,* DB 2005, 2619, 2621.

19 *Jannott* in Jannott/Frodermann, Handbuch Europäische Aktiengesellschaft, § 3 Rz. 92; *Kleindiek* in Lutter/Hommelhoff, Europäische Gesellschaft, S. 95, 97 f.; *J. Schmidt,* „Deutsche" vs. „britische" SE, S. 248; *Schwarz,* Art. 25 Rz. 11.

20 *Brandes,* AG 2005, 177, 187; *Heckschen* in Widmann/Mayer, UmwG, Anhang 14 Rz. 251; *Jannott* in Jannott/Frodermann, Handbuch Europäische Aktiengesellschaft, § 3 Rz. 93; *J. Schmidt,* „Deutsche" vs. „britische" SE, S. 248; *Schröder* in Manz/Mayer/Schröder, Art. 25 SE-VO Rz. 37; *Schwarz,* Art. 25 Rz. 11; *Walden/Meyer-Landrut,* DB 2005, 2619, 2621.

21 S. zur Anwendung des § 16 Abs. 3 UmwG: *Brandes,* AG 2005, 177, 187; *Heckschen* in Widmann/Mayer, Anhang 14 Rz. 188; *Jannott* in Jannott/Frodermann, Handbuch Europäische Aktiengesellschaft, § 3 Rz. 93; *Marsch-Barner* in Kallmeyer, UmwG, Anhang Rz. 88; *J. Schmidt,* „Deutsche" vs. „britische" SE, S. 248 f.; *J. Vetter* in Lutter/Hommelhoff, Europäische Gesellschaft, S. 111, 118; *Walden/Meyer-Landrut,* DB 2005, 2619, 2621; zumindest für eine analoge Anwendung auch *Brandt,* BB-Special 3/2005, 1, 2.

22 So prägnant *Mahi,* Europäische Aktiengesellschaft, S. 47; ebenso i.E. *Neun* in Theisen/Wenz, Europäische Aktiengesellschaft, S. 57, 140; *Schäfer* in MünchKomm. AktG, Art. 25 SE-VO Rz. 8; *J. Schmidt,* „Deutsche" vs. „britische" SE, S. 249; *J. Vetter* in Lutter/Hommelhoff, Europäische Gesellschaft, S. 111, 118; *Walden/Meyer-Landrut,* DB 2005, 2619, 2621.

12 Mit der Anmeldung müssen die in § 17 Abs. 1 UmwG genannten Unterlagen einge-reicht werden[23], d.h. Verschmelzungsplan[24], Verschmelzungsbeschluss, Verschmel-zungsbericht, Verschmelzungsprüfungsbericht (oder ggf. entsprechende Verzichts-erklärungen), ein Nachweis der rechtzeitigen Zuleitung des Verschmelzungsplans an den Betriebsrat (dazu Art. 21 Rz. 11) sowie ggf. notwendige Genehmigungsurkunden. Erforderlich ist eine Ausfertigung oder öffentlich beglaubigte Abschrift; soweit die Dokumente nicht notariell zu beurkunden sind, genügt eine Urschrift oder Ab-schrift[25]. Gem. § 17 Abs. 2 UmwG ist überdies eine Schlussbilanz beizufügen[26].

13 In diesem Kontext ist zu betonen, dass Art. 25 Abs. 1 ausschließlich die erste Stufe der eigentlichen Rechtmäßigkeitskontrolle normiert; die Eintragung und Offenle-gung der Verschmelzung richtet sich nach Art. 12, 13, 15 Abs. 2, 27 und 28[27], welche die deutsche Regelung des § 19 UmwG verdrängen (dazu näher unten Rz. 18).

III. Bescheinigung nach Art. 25 Abs. 2

1. Normzweck und Bindungswirkung

14 Die für die Rechtmäßigkeitsprüfung auf der ersten Stufe zuständige Stelle (dazu oben Rz. 10) hat der Gründungsgesellschaft nach positivem Abschluss des Prüfungsverfah-rens eine Bescheinigung auszustellen, aus der „zweifelsfrei ...". Hierauf besteht ein Anspruch[28]. Diese Bescheinigung ist dann nach Art. 26 Abs. 2 der zuständigen Kon-trollstelle **auf der zweiten Stufe vorzulegen** und hat insoweit Bindungswirkung, als die für die zweite Stufe der Rechtmäßigkeitsprüfung zuständige Kontrollstelle an das in der Bescheinigung enthaltene positive Prüfungsergebnis gebunden ist[29] (dazu Art. 26 Rz. 16).

2. Form und Inhalt

15 Die Bescheinigung ist schriftlich zu erteilen[30]. Streitig ist, ob das Ergebnis der Prü-fung tenorartig zusammengefasst werden darf[31], oder ob die Form eines Beschlusses **mit Tatbestand und Gründen** zu verlangen ist[32]. Die ausländischen Sprachversionen

---

23 *Heckschen* in Widmann/Mayer, UmwG, Anhang 14 Rz. 251; *Jannott* in Jannott/Frodermann, Handbuch Europäische Aktiengesellschaft, § 3 Rz. 93; *Marsch-Barner* in Kallmeyer, UmwG, Anhang Rz. 87; *J. Schmidt*, „Deutsche" vs. „britische" SE, S. 249; *Schröder* in Manz/Mayer/ Schröder, Art. 25 SE-VO Rz. 34, 39; *Schwarz*, Art. 25 Rz. 11.
24 „Verschmelzungsvertrag" ist auch hier SE-spezifisch als „Verschmelzungsplan" zu lesen.
25 Näher zu den formalen Anforderung des § 17 Abs. 1 UmwG: *Bork* in Lutter, UmwG, § 17 Rz. 3.
26 *Brandes*, AG 2005, 177, 187; *Henckel*, DStR 2005, 1785, 1788; *Marsch-Barner* in Kallmeyer, UmwG, Anhang Rz. 87; *J. Schmidt*, „Deutsche" vs. „britische" SE, S. 249; *Schwarz*, Art. 25 Rz. 11; *Walden/Meyer-Landrut*, DB 2005, 2119, 2123.
27 *Scheifele*, Gründung, S. 262; *Schwarz*, Art. 25 Rz. 10.
28 *Schäfer* in MünchKomm. AktG, Art. 25 SE-VO Rz. 6.
29 *Marsch-Barner* in Kallmeyer, UmwG, Anhang Rz. 92; *Schäfer* in MünchKomm. AktG, Art. 25 SE-VO Rz. 6; *Scheifele*, Gründung, S. 272, 276; *J. Schmidt*, „Deutsche" vs. „britische" SE, S. 257; *Schwarz*, Art. 26 Rz. 6; *Tavares Da Costa/Meester Bilreira*, European Company Statu-te, S. 31 f. Einschränkend jedoch *Heckschen* in Widmann/Mayer, Anhang 14 Rz. 266; *Klein-diek* in Lutter/Hommelhoff, Europäische Gesellschaft, S. 95, 108.
30 *Schröder* in Manz/Mayer/Schröder, Art. 25 SE-VO Rz. 19; *Schwarz*, Art. 25 Rz. 17.
31 So *Schäfer* in MünchKomm. AktG, Art. 25 SE-VO Rz. 6; *Scheifele*, Gründung, S. 265 f.; *Schrö-der* in Manz/Mayer/Schröder, Art. 25 SE-VO Rz. 16 ff.; *Schwarz*, Art. 25 Rz. 20.
32 So *DNotV*, Stellungnahme zum DiskE, S. 6; *J. Schmidt*, „Deutsche" vs. „britische" SE, S. 251 f.; vgl. auch *Vossius* in Widmann/Mayer, § 20 UmwG Rz. 426 Fn. 2.

sprechen für einen ausführlicheren Text[33]. Auch rechtsstaatliche Aspekte streiten für die Beifügung von Tatbestand und Gründen[34], zumal dies auch für eine etwaige Beschwerde gegen eine ablehnende Entscheidung (dazu unten Rz. 19) von Bedeutung ist.

3. Sicherheitsleistung

Nach § 8 Satz 2 SEAG darf die Bescheinigung für eine deutsche übertragende Gesell-   16
schaft nur ausgestellt werden, wenn die Vorstandsmitglieder versichern, dass allen Gläubigern, die nach § 8 Satz 1 SEAG einen Anspruch auf Sicherheitsleistung haben (dazu Art. 24 Rz. 11 ff.), eine angemessene Sicherheit geleistet wurde. Dass die Sicherheitsleistung zu den nach Art. 25 Abs. 1 zu prüfenden und nach Art. 25 Abs. 2 zu bescheinigenden Verfahrensanforderungen gehört, ergibt sich freilich bereits aus der Systematik von SE-VO und SEAG[35]; konstitutive Bedeutung hat § 8 Satz 2 SEAG nur im Hinblick auf die diesbezügliche Versicherungsobliegenheit der Vorstandsmitglieder.

4. Anhängiges Spruchverfahren

Ein anhängiges Spruchverfahren zur Verbesserung des Umtauschverhältnisses (dazu   17
Art. 24 Rz. 38 ff.) oder zur Überprüfung der Barabfindung (dazu Art. 24 Rz. 59 ff.) **hindert** die Ausstellung der Bescheinigung **nicht** (Art. 25 Abs. 3 Satz 2). In diesem Fall muss die Bescheinigung allerdings einen **Hinweis** auf das anhängige Spruchverfahren enthalten (Art. 25 Abs. 3 Satz 3)[36]. Zum Spruchverfahren noch unten Rz. 20 ff.

5. Keine vorläufige Eintragung

Im Schrifttum wird teilweise vorgeschlagen, dass in Bezug auf eine deutsche Grün-   18
dungsgesellschaft die zur Rechtmäßigkeitsprüfung nach Art. 25 berufene Stelle bei positivem Ausgang ihrer Prüfung gem. § 19 UmwG sogleich die **Verschmelzung** – versehen mit einem Vorläufigkeitsvermerk – in das Register der Gründungsgesellschaft **einzutragen** habe. Der Kontrollstelle am Sitz der SE sei dann dieser Registerauszug anstelle einer Bescheinigung nach Art. 25 Abs. 2 vorzulegen[37]. Dieses Verfahren erscheint indes unzulässig, da es sich nicht in die Konzeption der SE-VO einfügen lässt: Die Funktion der Eintragung mit Vorläufigkeitsvermerk (§ 19 Abs. 1 UmwG) erfüllt bei der Gründung einer SE durch Verschmelzung die Rechtmäßigkeitsbescheinigung gem. Art. 25 Abs. 2, die Publizität der Verschmelzung im Hinblick auf die Gründungsgesellschaft ist durch Art. 28 abschließend geregelt[38]. § 19 UmwG ist demzufolge bei der SE-Gründung durch Verschmelzung nicht anwendbar[39].

---

33 Englisch: „conclusively attesting"; französisch: „attestant d'une manière concluante", italienisch: „attestare in modo concludente", spanisch: „que acredite de manera concluyente".
34 Vgl. *J. Schmidt*, „Deutsche" vs. „britische" SE, S. 251 f.
35 Vgl. Begr.RegE z. SEEG, BT-Drucks. 15/3405, S. 34; *Schäfer* in MünchKomm. AktG, Art. 25 SE-VO Rz. 9; *Scheifele*, Gründung, S. 266; *Schwarz*, Art. 25 Rz. 22.
36 Vgl. *Schäfer* in MünchKomm. AktG, Art. 25 SE-VO Rz. 7; *J. Schmidt*, „Deutsche" vs. „britische" SE, S. 252; *Schwarz*, Art. 25 Rz. 19; Formulierungsvorschlag bei *Schröder* in Manz/Mayer/Schröder, Art. 25 SE-VO Rz. 18.
37 So *Brandes*, AG 2005, 177, 187; *Marsch-Barner* in Kallmeyer, UmwG, Anhang Rz. 19; *Schröder* in Manz/Mayer/Schröder, Art. 28 SE-VO Rz. 7 ff.; *Seibt/Saame*, AnwBl. 2005, 225, 231; *Vossius* in Widmann/Mayer, § 20 UmwG Rz. 426 Fn. 1; *Walden/Meyer-Landrut*, DB 2005, 2619, 2622.
38 Wie hier *Jannott* in Jannott/Frodermann, Handbuch Europäische Aktiengesellschaft, § 3 Rz. 98 Fn. 197; *Schäfer* in MünchKomm. AktG, Art. 25 SE-VO Rz. 10; *Scheifele*, Gründung, S. 268 ff.; *J. Schmidt*, „Deutsche" vs. „britische" SE, S. 258 f.; *Schwarz*, Art. 25 Rz. 25.
39 Vgl. die Nachweise in Fn. 38.

6. Rechtsmittel

19 Lehnt das Registergericht die Erteilung der Bescheinigung ab, so ist dagegen die Beschwerde nach § 19 FGG statthaft, anschließend ggf. die weitere Beschwerde nach
§ 27 FGG[40].

IV. Anerkennung von Spruchverfahren (Art. 25 Abs. 3)

20 Spezielle mitgliedstaatliche Verfahren zur Überprüfung des Umtauschverhältnisses
oder einer Barabfindung, die der Eintragung der Verschmelzung nicht entgegenstehen, können nach **Art. 25 Abs. 3 Satz 1** nur unter der Voraussetzung zur Anwendung
kommen, dass die anderen beteiligten Gründungsgesellschaften, deren Recht derartige Verfahren nicht kennt, dies **ausdrücklich akzeptieren**. Nicht explizit geregelt ist
die Rechtslage, wenn auch nach dem Recht der anderen Gründungsgesellschaften ein
solches spezielles Überprüfungsverfahren vorgesehen ist. Im **Umkehrschluss** wird
man indes zu dem Ergebnis gelangen müssen, dass dann die Aktionäre aller beteiligten Gesellschaften das nach ihrem jeweiligen Recht anwendbare Überprüfungsverfahren durchführen können[41].

21 Nicht gesichert ist damit jedoch die **internationale Zuständigkeit** und nicht gelöst
die Problematik möglicher **divergierender Entscheidungen**. Daher ist es auf jeden Fall
zumindest empfehlenswert, wenn das anwendbare Überprüfungsverfahren zuvor im
Rahmen des Verschmelzungsplans mit verbindlicher Wirkung festgelegt wird; fraglich ist allerdings, inwieweit das jeweilige nationale Recht dies gestattet. Aus Art. 25
Abs. 3 Satz 1 sollte jedoch eine spezielle und vorrangige Entscheidungskompetenz
der jeweiligen Hauptversammlung der beteiligten Gründungsgesellschaften gefolgt
werden können. Für das deutsche Recht haben §§ 6 Abs. 4, 7 Abs. 7 SEAG festgelegt,
dass sich die Aktionäre einer ausländischen Gründungsgesellschaft, deren Heimatrecht ein „Spruchverfahren" kennt, am deutschen Spruchverfahren beteiligen können (s. dazu Art. 24 Rz. 41, 62).

22 Ist die Zustimmung erforderlich, so ist sie **bei der Beschlussfassung** über den Verschmelzungsplan gem. Art. 23 Abs. 1 zu erteilen (Art. 25 Abs. 3 Satz 1). Technisch
kann dies in Verbindung mit der Abstimmung über den Verschmelzungsplan oder
auch in Form einer isolierten Beschlussfassung erfolgen[42]. Jedoch ist stets die **gleiche
Mehrheit** erforderlich[43]. Hätte der SE-Verordnungsgeber insoweit keine Koppelung
beabsichtigt, so hätte er in Art. 25 Abs. 3 Satz 1 eine andere Formulierung gewählt.
Diese Koppelung macht aus Sinn: Ist für die SE-Gründung entsprechend den Vorgaben von Art. 7 Abs. 1 der 3. (Fusions-)RL[44] nach dem maßgeblichen Recht der
Gründungsgesellschaft eine qualifizierte Mehrheit erforderlich (ausf. Art. 23 Rz. 10),
dann darf es nicht sein, dass eine einfache Mehrheit in die Lage versetzt wird, das fi-

---

40 *Schäfer* in MünchKomm. AktG, Art. 25 SE-VO Rz. 6 a.E.; *Schröder* in Manz/Mayer/Schröder,
Art. 25 SE-VO Rz. 41.
41 So etwa *Schäfer* in MünchKomm. AktG, Art. 25 SE-VO Rz. 12; *Schröder* in Manz/Mayer/
Schröder, Art. 25 SE-VO Rz. 26.
42 So richtig *Hügel* in Kalss/Hügel, §§ 21, 22 SEG Rz. 8; *Kalss*, ZGR 2003, 593, 623; ähnlich auch
Fuchs, Gründung, S. 147 f.; *Heckschen* in Widmann/Mayer, Anhang 14 Rz. 240; *Schröder* in
Manz/Mayer/Schröder, Art. 25 SE-VO Rz. 28; a.A. (stets getrennte Beschlussfassung): *Scheife-
le*, Gründung, S. 220; *Schwarz*, Art. 25 Rz. 29.
43 Wie hier *Schäfer* in MünchKomm. AktG, Art. 25 SE-VO Rz. 12; *Schröder* in Manz/Mayer/
Schröder, Art. 25 SE-VO Rz. 28.
44 Dritte Richtlinie des Rates 78/855/EWG vom 9. Oktober 1978 gemäß Artikel 54 Absatz 3
Buchstabe g) des Vertrages betreffend die Verschmelzung von Aktiengesellschaften, ABl.EG
Nr. L 295 v. 20.10.1978, S. 36.

nanzielle Risiko einer Abänderung des Umtauschverhältnisses oder einer Erhöhung der Barabfindung zu akzeptieren[45].

Ist ein spezielles Überprüfungsverfahren nach den Voraussetzungen des Art. 25 Abs. 3 Satz 1 zulässig, dann wird in **Art. 25 Abs. 3 Satz 4** eine **Rechtskrafterstreckung** auf alle beteiligten Gründungsgesellschaften und deren Aktionäre angeordnet[46]. Dagegen stellen die Regelungen in Art. 25 Abs. 3 Satz 2 und 3 klar, dass die Durchführung eines solchen speziellen Überprüfungsverfahrens die Eintragung der Verschmelzung und damit die SE-Gründung nicht hindert (ausf. oben Rz. 17). **23**

V. Ergänzende Anwendung des AktG

Vgl. zur örtlichen Zuständigkeit gem. § 14 AktG *Langhein* in K. Schmidt/Lutter, AktG, § 14 Rz. 1 ff. **24**

Art. 26
[Rechtmäßigkeitskontrolle bei der Gründung]

(1) Die Rechtmäßigkeit der Verschmelzung wird, was den Verfahrensabschnitt der Durchführung der Verschmelzung und der Gründung der SE anbelangt, von dem/der im künftigen Sitzstaat der SE für die Kontrolle dieses Aspekts der Rechtmäßigkeit der Verschmelzung von Aktiengesellschaften zuständigen Gericht, Notar oder sonstigen Behörde kontrolliert.

(2) Hierzu legt jede der sich verschmelzenden Gesellschaften dieser zuständigen Behörde die in Artikel 25 Absatz 2 genannte Bescheinigung binnen sechs Monaten nach ihrer Ausstellung sowie eine Ausfertigung des Verschmelzungsplans, dem sie zugestimmt hat, vor.

(3) Die gemäß Absatz 1 zuständige Behörde kontrolliert insbesondere, ob die sich verschmelzenden Gesellschaften einem gleich lautenden Verschmelzungsplan zugestimmt haben und ob eine Vereinbarung über die Beteiligung der Arbeitnehmer gemäß der Richtlinie 2001/86/EG geschlossen wurde.

(4) Diese Behörde kontrolliert ferner, ob gemäß Artikel 15 die Gründung der SE den gesetzlichen Anforderungen des Sitzstaates genügt.

§ 4 SEAG: Zuständigkeiten
Für die Eintragung der SE und für die in Artikel 8 Abs. 8, Artikel 25 Abs. 2 sowie den Artikeln 26 und 64 Abs. 4 der Verordnung bezeichneten Aufgaben ist das nach § 125 Abs. 1 und 2 des Gesetzes über die Angelegenheiten der freiwilligen Gerichtsbarkeit bestimmte Gericht zuständig. Das zuständige Gericht im Sinne des Artikels 55 Abs. 3 Satz 1 der Verordnung bestimmt sich nach § 145 Abs. 1 des Gesetzes über die Angelegenheiten der freiwilligen Gerichtsbarkeit.

---

45 Abw. (einfache Mehrheit): *Scheifele*, Gründung, S. 220; *Schwarz*, Art. 25 Rz. 29.
46 *Scheifele*, Gründung, S. 243; *Schröder* in Manz/Mayer/Schröder, Art. 25 SE-VO Rz. 29; *Schwarz*, Art. 25 Rz. 26.

Literatur: *Brandes*, Cross Border Mergers mittels der SE, AG 2005, 177; *Ihrig/Wagner*, Diskussionsentwurf für ein SE-Ausführungsgesetz, BB 2003, 969; *Koke*, Die Finanzverfassung der Europäischen Aktiengesellschaft (SE) mit Sitz in Deutschland, 2005 (zit.: Finanzverfassung); *Seibt/Saame*, Die Societas Europaea (SE) deutschen Rechts: Anwendungsfelder und Beratungshinweise, AnwBl. 2005, 225; *Vossius*, Gründung und Umwandlung der deutschen Europäischen Gesellschaft (SE), ZIP 2005, 741; *Walden/Meyer-Landrut*, Die grenzüberschreitende Verschmelzung zu einer Europäischen Gesellschaft: Beschlussfassung und Eintragung, DB 2005, 2619.

I. Regelungsgegenstand und -zweck

1   Im Rahmen des doppelstufigen Kontrollverfahrens (Art. 25 Rz. 1) regelt Art. 26 zur Vorbereitung der Eintragung der SE in das vom Sitzstaat bestimmte Register (Art. 27, 12) die **zweite Stufe der Rechtmäßigkeitskontrolle**. Prüfungsgegenstand ist nach Art. 26 Abs. 1 der „Verfahrensabschnitt der Durchführung der Verschmelzung und der Gründung der SE", insbesondere der Verschmelzungsplan und der Abschluss einer Vereinbarung über die Arbeitnehmerbeteiligung (Art. 26 Abs. 3) sowie die Einhaltung der gesetzlichen Anforderungen nach dem Recht am Sitz der künftigen SE (Art. 26 Abs. 4 i.V.m. Art. 15 Abs. 1). In Art. 26 Abs. 1 und Abs. 2 werden zudem verfahrensrechtliche Regelungen getroffen, die gewährleisten sollen, dass keine Eintragung der SE erfolgt, bevor die erste Stufe der Rechtmäßigkeitskontrolle mit positivem Ergebnis durchgeführt worden ist[1].

II. Zuständigkeit und Verfahren

1. Regelung in Art. 26 SE-VO

2   Die zweite Stufe der Rechtmäßigkeitsprüfung erfolgt gem. Art. 26 Abs. 1 durch eine von den Mitgliedstaaten **gem. Art. 68 Abs. 2 zu benennende Kontrollstelle** (Gericht, Notar oder sonstige Behörde) (s. Art. 68 Rz. 5 ff.)[2].

3   Im Bezug auf das Verfahren der Rechtmäßigkeitsprüfung macht **Art. 26** nur einige Vorgaben betreffend die **einzureichenden Unterlagen**: Gem. **Art. 26 Abs. 2** muss jede sich verschmelzende Gesellschaft die **Rechtmäßigkeitsbescheinigung** i.S.d. Art. 25 Abs. 2 vorlegen und zwar binnen 6 Monaten nach Ausstellung; vorzulegen ist ferner eine Ausfertigung des **Verschmelzungsplans**, dem die betreffende Gesellschaft zuge-

---

1 Ähnlich *Schäfer* in MünchKomm. AktG, Art. 26 SE-VO Rz. 2; *Schwarz*, Art. 26 Rz. 1.
2 Vgl. *Scheifele*, Gründung, S. 271; *Schröder* in Manz/Mayer/Schröder, Art. 26 SE-VO Rz. 7; *Schwarz*, Vorb. Art. 25–28 Rz. 12.

stimmt hat. Aus **Art. 26 Abs. 3** ergibt sich daneben implizit, dass ggf. auch die **Vereinbarung über die Arbeitnehmerbeteiligung** bei der Kontrollstelle einzureichen ist.

Im Übrigen richten sich Anmeldung, einzureichende Unterlagen, **Verfahren** etc. kraft Art. 15 Abs. 1[3] (sofern man nicht sogar Art. 26 Abs. 1 selbst als konkludente Verweisung interpretieren will[4])[5] nach dem **nationalen Rechts** des künftigen Sitzstaates der SE. Konsequenz hiervon ist freilich, dass sich das Prüfverfahren je nach Sitzstaat erheblich unterscheiden kann.   4

2. Kontrolle im Falle einer „deutschen" SE

a) Zuständigkeit

Zuständig für die Eintragung und damit auch für die vorausgehende Kontrolle nach Art. 26 ist nach Art. 68 Abs. 2 i.V.m. § 4 Abs. 1 SEAG, § 14 AktG das Handelsregister am Sitz der künftigen SE (ausf. Art. 25 Rz. 10)[6].   5

b) Verfahren

Die SE wird gemäß den für Aktiengesellschaften geltenden Vorschriften im Handelsregister eingetragen (§ 3 SEAG). Dies bedeutet: 6

aa) Anmeldung. Im Falle einer Verschmelzungsgründung ist die SE **von allen Gründungsgesellschaften** (nur) beim Handelsregister **am Sitz der künftigen SE** anzumelden. Dies folgt zweifelsfrei direkt aus Art. 26 Abs. 2[7]. § 16 Abs. 1 Satz 1 UmwG kommt somit auch im Falle einer Verschmelzung durch Aufnahme nicht zur Anwendung[8]. Ebensowenig erfolgt im Falle der Verschmelzung zur Neugründung eine zusätzliche Anmeldung nach § 38 Abs. 1 UmwG[9]; die Anmeldungen beim Register der Gründungsgesellschaften erfolgen vielmehr zunächst nur zur Prüfung nach Art. 25 (Art. 25 Rz. 11 ff.) und dann wiederum erst nach erfolgter Eintragung der Verschmelzung im Rahmen der Offenlegung nach Art 28 (Art. 28 Rz. 2 ff.)[10]. Die Eintragungsreihenfolge gem. **§ 19 Abs. 1 UmwG** gilt nämlich gerade **nicht** (ausf. Art. 25 Rz. 18)[11].   7

---

3 So *Fuchs*, Gründung, S. 161; *Neun* in Theisen/Wenz, Europäische Aktiengesellschaft, S. 57, 141; *Scheifele*, Gründung, S. 272; *J. Schmidt*, „Deutsche" vs. „britische" SE, S. 253; *Schwarz*, Art. 26 Rz. 5.

4 So offenbar der österreichische Gesetzgeber, vgl. Begr. zu § 24 SEG, abgedruckt bei Kalss/Hügel, S. 341; s. auch *Hügel* in Kalss/Hügel, § 24 SEG Rz. 19; *J. Schmidt*, „Deutsche" vs. „britische" SE, S. 253.

5 Jedenfalls unzutreffend aber *Ihrig/Wagner*, BB 2003, 969, 971: Art. 12 Abs. 1, 13 betreffen die Eintragung und deren Offenlegung, mit der Rechtmäßigkeitskontrolle haben diese Vorschriften nichts zu tun.

6 *Kleindiek* in Lutter/Hommelhoff, Europäische Gesellschaft, S. 95, 97; *Marsch-Barner* in Kallmeyer, UmwG, Anhang Rz. 94; *Schäfer* in MünchKomm. AktG, Art. 26 SE-VO Rz. 4; *Schröder* in Manz/Mayer/Schröder, Art. 26 SE-VO Rz. 16; *Schwarz*, Art. 26 Rz. 4.

7 Richtig *Schäfer* in MünchKomm. AktG, Art. 26 SE-VO Rz. 6.

8 Unzutreffend daher *Schröder* in Manz/Mayer/Schröder, Art. 26 SE-VO Rz. 18.

9 Unzutreffend *Schröder* in Manz/Mayer/Schröder, Art. 26 SE-VO Rz. 19 (mit zusätzlich falscher Lesart des § 38 Abs. 1 UmwG).

10 Insoweit richtig *Scheifele*, Gründung, S. 267 ff, 279 f.

11 Ebenso *Jannott* in Jannott/Frodermann, Handbuch Europäische Aktiengesellschaft, § 3 Rz. 98 Fn. 197; *Schäfer* in MünchKomm. AktG, Art. 25 SE-VO Rz. 10; *Scheifele*, Gründung, S. 268 ff.; *J. Schmidt*, „Deutsche" vs. „britische" SE, S. 258 f.; *Schwarz*, Art. 25 Rz. 25; a.A. *Brandes*, AG 2005, 177, 187; *Marsch-Barner* in Kallmeyer, UmwG, Anhang Rz. 19; *Schröder* in Manz/Mayer/Schröder, Art. 28 SE-VO Rz. 7 ff.; *Seibt/Saame*, AnwBl. 2005, 225, 231; *Vossius* in Widmann/Mayer, § 20 UmwG Rz. 426 Fn. 1; *Walden/Meyer-Landrut*, DB 2005, 2619, 2622.

8   Auch die allgemeine Regelung in **§ 36 Abs. 1 AktG** findet im Falle der Verschmel-
    zungsgründung **keine Anwendung**[12]. Ebenso wird § 21 SEAG verdrängt: Zwar wird
    dort eine spezielle Anmelderegelung für eine SE mit monistischem System getroffen,
    doch erstreckt sich diese Regelung ausweislich der Gesetzesmaterialien[13] nur auf An-
    meldungen, für die im dualistischen System die §§ 36 ff. AktG gelten würden, was je-
    doch hier – wie ausgeführt – nicht der Fall ist[14]. Die Anmeldung wird vielmehr gem.
    Art. 26 Abs. 2 i.V.m. § 38 Abs. 2 UmwG durch die **Vertretungsorgane der Gründungs-**
    gesellschaften (in vertretungsberechtigter Zahl oder unechter Gesamtvertretung)[15]
    vorgenommen[16]. Vertretung durch Bevollmächtigte ist zulässig[17]. Die Anmeldung ist
    öffentlich zu beglaubigen (§ 12 Abs. 1 Satz 1 HGB)[18].

9   **bb) Beizufügende Unterlagen.** Neben der **Rechtmäßigkeitsbescheinigung** gem. Art. 26
    Abs. 2[19], der Ausfertigung eines **Verschmelzungsplans** sowie der **Vereinbarung** über
    die Arbeitnehmerbeteiligung zur Kontrolle nach Art. 26 Abs. 3 (oben Rz. 3) sind der
    Anmeldung gem. **Art. 15 i.V.m. § 36 Abs. 1 UmwG** beizufügen: (1) die übrigen in § 17
    Abs. 1 UmwG genannten Unterlagen, d.h. Verschmelzungsbeschlüsse, Verschmel-
    zungsbericht(e), Verschmelzungsprüfungsbericht(e), ggf. Nachweis(e) über die ord-
    nungsgemäße Zuleitung des Verschmelzungsplans an den Betriebsrat sowie ggf. er-
    forderliche Genehmigungsurkunden[20]; (2) die Schlussbilanzen (§ 17 Abs. 2 UmwG)[21].
    Wenn und soweit diese Unterlagen bereits i.R.d. Rechtmäßigkeitskontrolle nach
    Art. 25 bei demselben Registergericht eingereicht worden sind, ist eine erneute Vor-
    lage freilich entbehrlich[22].

10 Ferner sind gem. **Art. 15 Abs. 1 i.V.m. § 36 Abs. 2 Satz 1 UmwG** auch die Anforde-
    rungen des **§ 37 AktG** zu beachten[23]. Im Falle der Gründung einer SE mit monisti-
    scher Struktur wird § 37 AktG durch **§ 21 Abs. 2 SEAG** modifiziert[24]. Doch auch bei
    Gründung einer SE mit dualistischer Struktur sind im Rahmen der Anwendung des

---

12 Richtig *J. Schmidt*, „Deutsche" vs. „britische" SE, S. 254. Zu undifferenziert *Kleindiek* in
    Lutter/Hommelhoff, Europäische Gesellschaft, S. 95, 97; a.A. *Jannott* in Jannott/Frodermann,
    Handbuch Europäische Aktiengesellschaft, § 3 Rz. 94; *Scheifele*, Gründung, S. 272; *Schwarz*,
    Art. 26 Rz. 5; wie hier *Schäfer* in MünchKomm. AktG, Art. 26 SE-VO Rz. 7; vgl. weiter zum
    UmwG: *Zimmermann* in Kallmeyer, UmwG, § 38 Rz. 4.
13 Begr.RegE z. SEEG, BT-Drucks 15/3405, S. 36.
14 Richtig *Schäfer* in MünchKomm. AktG, Art. 26 SE-VO Rz. 7; *J. Schmidt*, „Deutsche" vs. „bri-
    tische" SE, S. 254.
15 *Grunewald* in Lutter, UmwG, § 38 Rz. 3; *Volhard* in Semler/Stengel, UmwG, § 38 Rz. 3; *Zim-*
    mermann in Kallmeyer, UmwG, § 38 Rz. 4; unter fälschlichem Hinweis auf § 36 Abs. 1 AktG
    abw. *Kleindiek* in Lutter/Hommelhoff, Europäische Gesellschaft, S. 95, 99 (alle Mitglieder
    von Vorstand und Aufsichtsrat).
16 Wie hier *Schäfer* in MünchKomm. AktG, Art. 26 SE-VO Rz. 7; *J. Schmidt*, „Deutsche" vs.
    „britische" SE, S. 253; i.E. auch *Kleindiek* in Lutter/Hommelhoff, Europäische Gesellschaft,
    S. 95, 98.
17 *Volhard* in Semler/Stengel, UmwG, § 38 Rz. 3; *Zimmermann* in Kallmeyer, UmwG, § 38
    Rz. 4.
18 *Kleindiek* in Lutter/Hommelhoff, Europäische Gesellschaft, S. 95, 101.
19 Das Handelsregister kann entsprechend § 142 Abs. 3 ZPO die Beibringung einer Übersetzung
    der fremdsprachigen Bescheinigung verlangen: *Kleindiek* in Lutter/Hommelhoff, Europäische
    Gesellschaft, S. 95, 108. Vgl. zur Berechnung der 6-Monats-Frist: *Schwarz*, Art. 26 Rz. 7.
20 S. auch *Schäfer* in MünchKomm. AktG, Art. 26 SE-VO Rz. 8.
21 *Schäfer* in MünchKomm. AktG, Art. 26 SE-VO Rz. 9; *J. Schmidt*, „Deutsche" vs. „britische"
    SE, S. 254.
22 Ebenso *Schäfer* in MünchKomm. AktG, Art. 26 SE-VO Rz. 8; *J. Schmidt*, „Deutsche" vs. „bri-
    tische" SE, S. 254 Fn. 1005.
23 *Schäfer* in MünchKomm. AktG, Art. 26 SE-VO Rz. 9; *J. Schmidt*, „Deutsche" vs. „britische"
    SE, S. 254; *Schröder* in Manz/Mayer/Schröder, Art. 26 SE-VO Rz. 20.
24 Vgl. Begr.RegE z. SEEG, BT-Drucks. 15/3405, S. 36.

§ 37 AktG stets die Besonderheiten der SE-Gründung zu beachten[25]; z.B. ist § 37 Abs. 4 Nr. 4 AktG bei der SE-Gründung partiell gegenstandslos, da hier keine (externe) Gründungsprüfung erforderlich ist[26] (s. unten Rz. 19 ff.).

III. Prüfungsumfang

1. Verschmelzungsplan

Zu prüfen ist nach **Art. 26 Abs. 3 Halbs. 1**, „ob die sich verschmelzenden Gesellschaften einem gleich lautenden Verschmelzungsplan zugestimmt haben". Wortlaut und Normzweck deuten darauf hin, dass nur noch eine **formale Kontrolle** stattfindet, hingegen nicht mehr eine inhaltliche Rechtmäßigkeit des Verschmelzungsplans erfolgt; denn dieser wurde bereits für jede Gründungsgesellschaft im Verfahren nach Art. 25 Abs. 1 überprüft (s. zur Bindungswirkung der Bescheinigung nach Art. 25 Abs. 2 auch Rz. 16)[27].   **11**

2. Vereinbarung über Arbeitnehmerbeteiligung

Umfassender ist hingegen die Prüfung nach **Art. 26 Abs. 3 Halbs. 2**. Nach dem – etwas missverständlichen – Wortlaut ist zwar nur zu prüfen, ob eine „Vereinbarung" über die Arbeitnehmerbeteiligung abgeschlossen worden ist. Ebenso wie bei Art. 23 Abs. 2 Satz 2 (s. dazu Art. 23 Rz. 15) ist dies aber nach der ratio der Norm nicht wortwörtlich zu verstehen; die Prüfungspflicht erstreckt sich vielmehr generell darauf, ob das Verfahren der Arbeitnehmerbeteiligung in einer in **Art. 12 Abs. 2** genannten Weise ordnungsgemäß abgeschlossen wurde (also ggf. auch durch Beschluss nach Art. 3 Abs. 6 SE-RL oder Zeitablauf)[28]. Darüber hinaus hat das Registergericht aber auch zu kontrollieren, ob die Satzung im Einklang mit der Mitbestimmungsregelung steht (arg. e **Art. 12 Abs. 4**); ansonsten ist erstere ggf. anzupassen[29].   **12**

Nicht zum Prüfungsgegenstand gehört hingegen, ob eine ggf. gem. **Art. 23 Abs. 2 Satz 2** erforderliche **Genehmigung** der Hauptversammlung(en) einer oder mehrerer der beteiligten Gründungsgesellschaft(en) (dazu ausf. Art. 23 Rz. 14 ff.) vorliegt; dies ist vielmehr ausschließlich Prüfungsgegenstand der Rechtmäßigkeitskontrolle nach Art. 25 Abs. 1 (s. Art. 25 Rz. 6; s. zur Bindungswirkung der Bescheinigung nach Art. 25 Abs. 2 auch unten Rz. 16)[30].   **13**

3. Mehrstaatlichkeit

Obwohl in Art. 26 nicht ausdrücklich erwähnt, gehört zu den zu prüfenden Anforderungen an die „Rechtmäßigkeit der Verschmelzung" i.S.d. Abs. 1 ferner zweifelsohne   **14**

---

25 S. auch *Schäfer* in MünchKomm. AktG, Art. 26 SE-VO Rz. 9; *J. Schmidt*, „Deutsche" vs. „britische" SE, S. 255.

26 *J. Schmidt*, „Deutsche" vs. „britische" SE, S. 255. Ebenso zumindest für die Verschmelzung zur Neugründung: *Schäfer* in MünchKomm. AktG, Art. 26 SE-VO Rz. 9.

27 Ebenso *Schäfer* in MünchKomm. AktG, Art. 26 SE-VO Rz. 10; *Scheifele*, Gründung, S. 274; *Schwarz*, Art. 26 Rz. 11.

28 *Kleindiek* in Lutter/Hommelhoff, Europäische Gesellschaft, S. 95, 102 f.; *Schäfer* in MünchKomm. AktG, Art. 26 SE-VO Rz. 10; *Scheifele*, Gründung, S. 275; *J. Schmidt*, „Deutsche" vs. „britische" SE, S. 255 f.; *Schröder* in Manz/Mayer/Schröder, Art. 26 SE-VO Rz. 14; *Schwarz*, Art. 26 Rz. 12.

29 *Kleindiek* in Lutter/Hommelhoff, Europäische Gesellschaft, S. 95, 103; *Schäfer* in MünchKomm. AktG, Art. 26 SE-VO Rz. 10.

30 Richtig *Schwarz*, Art. 26 Rz. 9; a.A. *Neun* in Theisen/Wenz, Europäische Aktiengesellschaft, S. 57, 141.

auch die Wahrung der nach Art. 2 Abs. 1 erforderlichen Mehrstaatlichkeit (dazu Art. 2 Rz. 11)[31].

4. Prüfung gem. Art. 26 Abs. 4 i.V.m. Art. 15 Abs. 1

15   Nach Art. 26 Abs. 4 ist ferner zu kontrollieren, ob die Gründung der SE gem. Art. 15 Abs. 1[32] den gesetzlichen Anforderungen des Sitzstaates genügt.

a) Beschränkung auf die SE in Gründung

16   Mit der Bezugnahme auf Art. 15 Abs. 1 wird an die der SE-Gründung immanente **„Sphärentrennung"** angeknüpft. Art. 25 und Art. 26 basieren – als Pendants zu den Verweisungsnormen der Art. 18 und 15 Abs. 1 – auf der Differenzierung zwischen den Verfahrensschritten, die noch den einzelnen Gründungsgesellschaften zuzurechnen sind und denjenigen Verfahrenschritten, die bereits die Sphäre der künftigen SE betreffen (vgl. bereits Art. 25 Rz. 1). Nur letztere sind Gegenstand der zweiten Stufe der Rechtmäßigkeitskontrolle gem. Art. 26. Das noch in der Sphäre der einzelnen Gründungsgesellschaften sich vollziehende Verschmelzungsverfahren wird demgegenüber ausschließlich auf der ersten Stufe der Rechtmäßigkeitprüfung nach Art. 25 kontrolliert; das Ergebnis wird in der Bescheinigung gem. Art. 25 Abs. 2, die nach Art. 26 Abs. 2 bei der für die zweite Stufe zuständigen Kontrollstelle einzureichen ist, dokumentiert. Die für die zweite Stufe zuständige Kontrollstelle im Sitzstaat der künftigen SE ist nicht autorisiert (oder gar verpflichtet), diese Verfahrensschritte einer nochmaligen Kontrolle zu unterziehen. Eine erneute Prüfung wäre nicht nur überflüssig und ein Widerspruch zum Grundsatz des gegenseitigen Vertrauens[33], sondern überdies auch kaum praktikabel, da dann die Beachtung ausländischen Verschmelzungsrechts (bzw. ggf. sogar mehrerer ausländischer Verschmelzungsrechte) kontrolliert werden müsste[34]. Vielmehr kommt der **Rechtmäßigkeitsbescheinigung gem. Art. 25 Abs. 2** im Bezug auf die auf der ersten Stufe zu kontrollierenden Verfahrensschritte, die noch die **Sphäre der einzelnen Gründungsgesellschaften** betreffen, umfassende **Bindungswirkung** zu[35].

b) Beachtung der Anforderungen des anwendbaren nationalen Aktiengründungsrechts

17   Nach Art. 26 Abs. 4 hat die Kontrollstelle im Sitzstaat der SE die Beachtung der Anforderungen des nationalen Aktiengründungsrechts zu prüfen, soweit diese über Art. 15 Abs. 1 anwendbar sind[36]. Prüfungsgegenstand ist dabei **insbesondere** auch die

---

31 *Schäfer* in MünchKomm. AktG, Art. 26 SE-VO Rz. 12; *Scheifele*, Gründung, S. 277; *Schwarz*, Art. 26 Rz. 19.

32 Obwohl die Verordnung allgemein von „Art. 15" spricht, kann systematisch nur Art. 15 Abs. 1 gemeint sein, da die in Art. 15 Abs. 2 geregelte Offenlegung der Eintragung nicht Voraussetzung für dieselbe sein kann: *Scheifele*, Gründung, S. 275; *Schwarz*, Art. 26 Rz. 13.

33 Vgl. Erwägungsgrund 16 zur EuGVVO.

34 Vgl. *Heckschen* in Widmann/Mayer, Anhang 14 Rz. 263, 266; *Schäfer* in MünchKomm. AktG, Art. 26 SE-VO Rz. 1; *Scheifele*, Gründung, S. 276; *J. Schmidt*, „Deutsche" vs. „britische" SE, S. 256 f.; *Schwarz*, Art. 26 Rz. 16.

35 *Marsch-Barner* in Kallmeyer, UmwG, Anhang Rz. 92; *Schäfer* in MünchKomm. AktG, Art. 25 SE-VO Rz. 6; *J. Schmidt*, „Deutsche" vs. „britische" SE, S. 257; *Schröder* in Manz/Mayer/Schröder, Art. 25 SE-VO Rz. 21; *Schwarz*, Art. 26 Rz. 6; *Tavares Da Costa/Meester Bilreira*, European Company Statute, S. 31 f. Einschränkend jedoch *Heckschen* in Widmann/Mayer, UmwG, Anhang 14 Rz. 266; *Kleindiek* in Lutter/Hommelhoff, Europäische Gesellschaft, S. 95, 108.

36 *Schäfer* in MünchKomm. AktG, Art. 26 SE-VO Rz. 12; *Schröder* in Manz/Mayer/Schröder, Art. 26 SE-VO Rz. 3 ff.; *Schwarz*, Art. 26 Rz. 13.

formelle und materielle Rechtmäßigkeit der **Satzung**, die neben den Vorgaben der SE-VO auch den kraft Art. 15 Abs. 1 bereits im Gründungsstadium geltenden ergänzenden Anforderungen des nationalen Rechts genügen muss (zum Satzungsinhalt näher Art. 6 Rz. 6 ff.)[37].

c) SE mit Sitz im Inland

aa) Allgemein. Im Falle der Gründung einer SE mit Sitz in Deutschland hat das Regis-   18
tergericht folglich gem. Art. 26 Abs. 4 zu prüfen, ob die **gem. Art. 15 Abs. 1 anwendbaren Vorschriften des deutschen Verschmelzungs- und Aktiengründungsrechts** beachtet wurde[38]. Hinsichtlich des Prüfungsumfangs gilt § 38 AktG[39], der im Falle der Gründung einer monistischen SE durch **§ 21 Abs. 3 SEAG** modifiziert wird[40]; Satzungsmängel (vgl. zur Satzung als Prüfungsgegenstand oben Rz. 17) sind also nur im Rahmen des § 38 Abs. 3 AktG beachtlich[41].

bb) Sonderproblem: Rechtmäßigkeitskontrolle und Sachgründungsrecht. Im Kontext   19
der zweiten Stufe der Rechtmäßigkeitsprüfung stellt sich die Frage, ob und inwieweit im Falle der Gründung einer „deutschen" SE Sachgründungsrecht zu beachten und dann ggf. vom Registergericht zu kontrollieren ist.

cc) Verschmelzung durch Neugründung. Im Falle der Verschmelzung durch Neugrün-   20
dung sind eine externe Gründungsprüfung (§ 33 Abs. 2 AktG) und ein Gründungsbericht durch Gründer (§ 32 AktG) nach allgemeiner Meinung gem. **Art. 15 Abs. 1 i.V.m. § 75 Abs. 2 UmwG** entbehrlich[42]. Der dieser Norm zugrunde liegende Gedanke, dass die Kapitalsicherung bereits durch das Organisationsrecht des übertragenden Rechtsträgers gewährleistet ist[43], ist auf die Gründung der SE durch Verschmelzung übertragbar, da hieran nur Aktiengesellschaften beteiligt sein können (vgl. Art. 2 Abs. 1, dazu Art. 2 Rz. 8) und die Kapitalaufbringung und -erhaltung für diese durch die Kapital-RL[44] europaweit harmonisiert ist[45].

Gem. Art. 15 Abs. 1 i.V.m. § 36 Abs. 2 Satz 1 UmwG, § 33 Abs. 1 AktG ist aber ein   21
(interner) Gründungsbericht durch das Leitungs- und Aufsichtsorgan bzw. den Verwaltungsrat (§ 22 Abs. 6 SEAG) erforderlich[46], den das Registergericht gem. § 38 Abs. 2 AktG (ggf. i.V.m. § 21 Abs. 3 SEAG[47]) zu prüfen hat.

---

37 *Schäfer* in MünchKomm. AktG, Art. 26 SE-VO Rz. 12; *Schröder* in Manz/Mayer/Schröder, Art. 26 SE-VO Rz. 5; *Schwarz*, Art. 26 Rz. 13, 18.
38 *Schäfer* in MünchKomm. AktG, Art. 26 SE-VO Rz. 3, 12; *Schwarz*, Art. 26 Rz. 13, 18.
39 *Bartone/Klapdor*, Europäische Aktiengesellschaft, S. 22; *Koke*, Finanzverfassung, S. 39; *Scheifele*, Gründung, S. 275; *Schwarz*, Art. 26 Rz. 13, 18.
40 Vgl. Begr.RegE z. SEEG, BT-Drucks. 15/3405, S. 36; *Schwarz*, Art. 26 Rz. 13.
41 *Scheifele*, Gründung, S. 275; *Schwarz*, Art. 26 Rz. 13, 18.
42 *Brandes*, AG 2005, 177, 186; *Jannott* in Jannott/Frodermann, Handbuch Europäische Aktiengesellschaft, § 3 Rz. 90; *Koke*, Finanzverfassung, S. 38; *Mayer* in Manz/Mayer/Schröder, Art. 5 SE-VO Rz. 40; *Schäfer* in MünchKomm. AktG, Art. 20 SE-VO Rz. 40, Art. 26 Rz. 9; *J. Schmidt*, „Deutsche" vs. „britische" SE, S. 244; *Schwarz*, Vorb. Art. 17–31 Rz. 21.
43 Vgl. Begr.RegE z. UmwG, BT-Drucks. 12/6699, S. 102, 105.
44 Zweite Richtlinie 77/91/EWG des Rates vom 13. Dezember 1976 zur Koordinierung der Schutzbestimmungen, die in den Mitgliedstaaten den Gesellschaften im Sinne des Artikels 58 Absatz 2 des Vertrages im Interesse der Gesellschafter sowie Dritter vorgeschrieben sind, um diese Bestimmungen gleichwertig zu gestalten, ABl.EG Nr. L 26 v. 31.1.1977, S. 1.
45 Ähnlich *Scheifele*, Gründung, S. 255; *J. Schmidt*, „Deutsche" vs. „britische" SE, S. 244; *Schwarz*, Vorb. Art. 17–31 Rz. 21.
46 Ebenso *Jannott* in Jannott/Frodermann, Handbuch Europäische Aktiengesellschaft, § 3 Rz. 90; *Koke*, Finanzverfassung, S. 38; *Neun* in Theisen/Wenz, Europäische Aktiengesellschaft, S. 57, 137; *Marsch-Barner* in Kallmeyer, UmwG, Anhang Rz. 66; *J. Schmidt*, „Deutsche" vs. „britische" SE, S. 244; *Schwarz*, Vorb. Art. 17–31 Rz. 22; *Vossius*, ZIP 2005, 741, 744.
47 Vgl. dazu Begr.RegE z. SEEG, BT-Drucks. 15/3405, S. 36.

22　**dd) Verschmelzung durch Aufnahme.** Im Hinblick auf die Verschmelzung durch Aufnahme wird im Schrifttum verbreitet die Ansicht vertreten, dass **analog Art. 37 Abs. 6**[48] bzw. **§ 220 Abs. 1 UmwG**[49] eine Prüfung der Reinvermögensdeckung notwendig sei und/oder dass es **analog §§ 197, 220 UmwG**[50] einer Sachgründungsprüfung bedürfe, da mit der Verschmelzung zugleich ein Formwechsel der aufnehmenden Gesellschaft in die Rechtsform der SE verbunden sei.

23　Eine derartige **Analogie** vermag jedoch i.E. **nicht** zu überzeugen[51]. Einer Analogie unmittelbar auf der Ebene der SE-VO steht entgegen, dass die SE-VO für die Verschmelzung durch Aufnahme gerade keine dem Art. 37 Abs. 6 entsprechende Regelung vorsieht. Hier findet vielmehr gem. Art. 22 eine den Spezifika des Verschmelzungsvorgangs entsprechende Verschmelzungsprüfung durch sachverständige Prüfer statt, im Rahmen derer insbesondere auch die Angemessenheit des festgesetzten Umtauschverhältnisses – der bei der Verschmelzung letztlich im Hinblick auf das Kapital wirklich neuralgische Punkt – nachgeprüft wird (vgl. Art. 22 Rz. 1, 13)[52].

24　Ebenso verbietet sich aber auch eine Analogiebildung auf der Ebene des nationalen Rechts. Im **nationalen Verschmelzungsrecht** ist für den Fall der Verschmelzung durch Aufnahme ebenfalls keine Sachgründungsprüfung vorgesehen; eine solche findet hier nur statt, wenn mit der Verschmelzung zugleich eine Kapitalerhöhung verbunden ist, und auch dann gem. § 69 Abs. 1 UmwG nur ausnahmsweise. Die Gründung einer SE durch Verschmelzung anders behandeln zu wollen, widerspräche daher dem in Art. 3 Abs. 1 und Art. 10 zum Ausdruck kommenden Gedanken, dass die SE prinzipiell wie eine nationale Aktiengesellschaft zu behandeln ist[53]. Ferner streitet auch die dem § 75 Abs. 2 UmwG zugrunde liegende Wertung gegen die Erforderlichkeit einer Sachgründungsprüfung: Wenn eine solche schon im Falle der Verschmelzung durch Neugründung entbehrlich ist, so muss dies im Falle der Verschmelzung durch Aufnahme erst recht gelten[54]. An der Verschmelzung zur SE können sich nämlich gem. Art. 2 Abs. 1 nur Aktiengesellschaften beteiligen (dazu Art. 2 Rz. 8); das Recht der Kapitalaufbringung und -erhaltung ist aber für Aktiengesellschaften durch die 2. (Kapital-)RL[55] europaweit harmonisiert, die Kapitalsicherung ist also gewährleistet.

25　Auch bei der Verschmelzung durch Aufnahme ist demzufolge eine **Sachgründungsprüfung grundsätzlich nicht erforderlich**, ebenso wenig wie eine Prüfung der Reinvermögensdeckung. Nur wenn zur Durchführung der Verschmelzung eine Kapitalerhö-

48　So *Hügel* in Kalss/Hügel, § 17 SEG Rz. 28; *Schäfer* in MünchKomm. AktG, Art. 20 SE-VO Rz. 39, Art. 26 Rz. 9.
49　So *Koke*, Finanzverfassung, S. 33; *Scheifele*, Gründung, S. 255.
50　So *Schröder* in Manz/Mayer/Schröder, Art. 15 SE-VO Rz. 43, 48, 54; *Schäfer* in MünchKomm. AktG, Art. 20 SE-VO Rz. 39, Art. 26 SE-VO Rz. 9.
51　Ausdrücklich ablehnend auch *Brandes*, AG 2005, 177, 187; *Marsch-Barner* in Kallmeyer, UmwG, Anhang Rz. 66; *J. Schmidt*, „Deutsche" vs. „britische" SE, S. 245 f. S. ferner auch *Jannott* in Jannott/Frodermann, Handbuch Europäische Aktiengesellschaft, § 3 Rz. 89; *Neun* in Theisen/Wenz, Europäische Aktiengesellschaft, S. 57, 136 f.; *Vossius*, ZIP 2005, 741, 744, die die Problematik der Sachgründungsvorschriften ausschließlich im Bezug auf die Verschmelzung zur Neugründung erörtern.
52　Vgl. *J. Schmidt*, „Deutsche" vs. „britische" SE, S. 245 f.
53　Ähnlich *Brandes*, AG 2005, 177, 187; *J. Schmidt*, „Deutsche" vs. „britische" SE, S. 245.
54　So i.E. auch *Scheifele*, Gründung, S. 255; *J. Schmidt*, „Deutsche" vs. „britische" SE, S. 245 f.; vgl. ferner auch *Schäfer* in MünchKomm. AktG, Art. 26 SE-VO Rz. 9.
55　Zweite Richtlinie 77/91/EWG des Rates vom 13. Dezember 1976 zur Koordinierung der Schutzbestimmungen, die in den Mitgliedstaaten den Gesellschaften im Sinne des Artikels 58 Absatz 2 des Vertrages im Interesse der Gesellschafter sowie Dritter vorgeschrieben sind, um diese Bestimmungen gleichwertig zu gestalten, ABl.EG Nr. L 26 v. 31.1.1977, S. 1.

hung erfolgt, kann gem. **Art. 15 Abs. 1 i.V.m. § 69 Abs. 1 UmwG ausnahmsweise** eine Sachgründungsprüfung notwendig werden[56].

IV. Ergänzende Anwendung des AktG

Vgl. zur örtlichen Zuständigkeit gem. § 14 AktG *Langhein* in K. Schmidt/Lutter, 26
AktG, § 14 Rz. 1 ff.

Vgl. zum Inhalt der Anmeldung gem. § 37 AktG *Kleindiek* in K. Schmidt/Lutter, AktG, § 37 Rz. 3 ff.

Vgl. zum Prüfungsumfang des Registergerichts gem. § 38 AktG *Kleindiek* in K. Schmidt/Lutter, AktG, § 38 Rz. 4 ff.

Vgl. zum Gründungsbericht gem. § 32 AktG *Bayer* in K. Schmidt/Lutter, AktG, § 32 Rz. 4 ff. sowie zur Gründungsprüfung gem. § 33 AktG *Bayer* in K. Schmidt/Lutter, AktG, § 33 Rz. 2 ff.

Art. 27
[Eintragung der Verschmelzung]

(1) Die Verschmelzung und die gleichzeitige Gründung der SE werden mit der Eintragung der SE gemäß Artikel 12 wirksam.

(2) Die SE kann erst nach Erfüllung sämtlicher in den Artikeln 25 und 26 vorgesehener Formalitäten eingetragen werden.

Literatur: *Fuchs,* Die Gründung einer Europäischen Aktiengesellschaft durch Verschmelzung und das nationale Recht, Diss. Konstanz 2004 (zit.: Europäische Gesellschaft); *Lennerz,* Die internationale Verschmelzung und Spaltung unter Beteiligung deutscher Gesellschaften, 2001 (zit.: Internationale Verschmelzung).

I. Regelungsgegenstand und -zweck

In Art. 27 **Abs. 1** wird angeordnet, dass sowohl die **Verschmelzung** als auch die **Grün-** 1
dung der SE mit der Eintragung in das für die SE maßgebliche Register nach Art. 12
wirksam wird. Auf diese Weise wird sichergestellt, dass die Wirkungen der Verschmelzung – die in Art. 29 geregelt sind – und der Zeitpunkt, in dem die SE nach Art. 16 Abs. 1 die Qualität einer Rechtspersönlichkeit nach Art. 1 Abs. 3 erwirbt, zusammen fallen[1]. Zugleich ergibt sich daraus, dass es für die Verschmelzungswirkungen nicht auf den Zeitpunkt der Bekanntmachung der Eintragung nach Art. 28 ankommt (die Verschmelzung ist insbesondere auch wirksam, wenn die Bekannt-

---

56 Wie hier *J. Schmidt,* „Deutsche" vs. „britische" SE, S. 246.

1 *Scheifele,* Gründung, S. 277; *Schwarz,* Art. 27 Rz. 4.

machung unterbleibt) und dass ein im Verschmelzungsplan genannter Stichtag nur schuldrechtlich inter partes wirkt[2]. Die Regelung war erforderlich, weil die Mitgliedstaaten in ihren nationalen Rechten den Zeitpunkt der Wirksamkeit der Verschmelzung unterschiedlich bestimmen[3]. Art. 27 Abs. 1 entspricht der Regelung im deutschen Recht (§ 20 Abs. 1 Satz 1 UmwG).

2   Mit der **verfahrensrechtlichen Regelung** in Art. 27 **Abs. 2** wird nochmals betont, dass die Eintragung der SE erst nach Erfüllung „sämtlicher in den Artikeln 25 und 26 vorgesehener Formalitäten" erfolgen kann, d.h. nach Abschluss der zweistufigen Rechtmäßigkeitskontrolle (dazu ausf. Art. 25 Rz. 1). Bezweckt ist damit, fehlerhafte SE-Gründungen zu unterbinden[4].

II. Wirksamwerden von Verschmelzung und SE-Gründung

3   Die Eintragung der SE hat mit **konstitutiver Wirkung** zur Folge, dass die SE ihre Rechtspersönlichkeit nach Art. 16 Abs. 1 erwirbt[5] und dass die Wirkungen der Verschmelzung nach Art. 29 eintreten[6]. Das Eintragungsverfahren richtet sich nach Art. 25–28; auch bei Anwendung deutschen Rechts kommt somit § 19 Abs. 1 Satz 1 UmwG nicht zur Anwendung (vgl. bereits Art. 25 Rz. 18)[7]. Weitere Einzelheiten zum Eintragungsverfahren bei Art. 26 Rz. 2 ff. sowie auch bei Art. 12 Rz. 2 ff. Vor erfolgter Eintragung kann die SE als Vorgesellschaft bestehen (dazu näher Art. 16 Rz. 4, 6 ff.).

4   Die Eintragung einer **deutschen SE** erfolgt gem. §§ 3 SEAG, 3 Abs. 3 HRV in der Abteilung B des Handelsregisters[8]; dabei gilt hinsichtlich der inhaltlichen Angaben § 39 AktG, im Falle einer monistischen Struktur allerdings modifiziert durch §§ 21 Abs. 4, 22 Abs. 6 SEAG[9].

III. Voraussetzungen der Eintragung

5   Die Nichteinhaltung der Eintragungsvoraussetzungen nach Art. 25, 26 ist ein zwingendes **Eintragungshindernis**. Wird rechtswidrig dennoch eingetragen, so berührt dies jedoch die Wirkungen nach Art. 27 Abs. 1 nicht[10]; in Betracht kommt indes eine Auflösung der SE (dazu Art. 30 Rz. 2, 6 ff.). Stehen einer Eintragung keine Hindernisse

---

2   *Schäfer* in MünchKomm. AktG, Art. 27 SE-VO Rz. 1; vgl. ferner *Schröder* in Manz/Mayer/Schröder, Art. 27 SE-VO Rz. 2.

3   Dazu näher *Lennerz*, Internationale Verschmelzung, S. 260 ff.

4   *Schäfer* in MünchKomm. AktG, Art 27 SE-VO Rz. 2; vgl. auch *Schwarz*, Art. 27 Rz. 6.

5   *Bartone/Klapdor*, Europäische Aktiengesellschaft, S. 36; *Fuchs*, Gründung, S. 165; *Marsch-Barner* in Kallmeyer, UmwG, Anhang Rz. 96; *Schäfer* in MünchKomm. AktG, Art. 27 SE-VO Rz. 3; *Scheifele*, Gründung, S. 277; *J. Schmidt*, „Deutsche" vs. „britische" SE, S. 258; *Schröder* in Manz/Mayer/Schröder, Art. 27 SE-VO Rz. 2; *Schwarz*, Art. 27 Rz. 4.

6   *Schäfer* in MünchKomm. AktG, Art. 27 SE-VO Rz. 3; *Scheifele*, Gründung, S. 291; *Schröder* in Manz/Mayer/Schröder, Art. 27 SE-VO Rz. 2; *Schwarz*, Art. 29 Rz. 4.

7   *Jannott* in Jannott/Frodermann, Handbuch Europäische Aktiengesellschaft, § 3 SE-VO Rz. 98 Fn. 197; *Schäfer* in MünchKomm. AktG, Art. 25 SE-VO Rz. 10; *J. Schmidt*, „Deutsche" vs. „britische" SE, S. 258 f.; *Scheifele*, Gründung, S. 268 ff.; *Schwarz*, Art. 25 Rz. 25.

8   *Jannott* in Jannott/Frodermann, Handbuch Europäische Aktiengesellschaft, § 3 Rz. 102; *Kleindiek* in Lutter/Hommelhoff, Europäische Gesellschaft, S. 95, 108; *Marsch-Barner* in Kallmeyer, UmwG, Anhang Rz. 95; *J. Schmidt*, „Deutsche" vs. „britische" SE, S. 258; *Schwarz*, Art. 27 Rz. 5. Vgl. Begr.RegE z. SEEG, BT-Drucks. 15/3405, S. 59.

9   Begr.RegE z. SEEG, BT-Drucks. 15/3405, S. 59; *Kleindiek* in Lutter/Hommelhoff, Europäische Gesellschaft, S. 95, 108; *J. Schmidt*, „Deutsche" vs. „britische" SE, S. 259; *Schwarz*, Art. 12 Rz. 15; *Thümmel*, Europäische Aktiengesellschaft, Rz. 190.

10   *Schäfer* in MünchKomm. AktG, Art. 27 SE-VO Rz. 2; *Schröder* in Manz/Mayer/Schröder, Art. 27 SE-VO Rz. 5. Vgl. auch *Fuchs*, Gründung, S. 164.

entgegen, so erlässt im Falle einer deutschen SE der Registerrichter nach § 25 Abs. 1 HRV eine Eintragungsverfügung; ferner sind die Beteiligten gem. § 130 Abs. 2 FGG zu benachrichtigen[11].

IV. Offenlegung der Eintragung der SE

Die Eintragung der SE ist gem. Art. 13, 15 Abs. 2 offen zu legen (ausf. Art. 15 Rz. 10).   6

V. Ergänzende Anwendung des AktG

Vgl. zum Inhalt der Eintragung gem. § 39 AktG *Kleindiek* in K. Schmidt/Lutter,   7
AktG, § 39 Rz. 3 ff.

Art. 28
[Offenlegung der Verschmelzung]

Für jede sich verschmelzende Gesellschaft wird die Durchführung der Verschmelzung nach den in den Rechtsvorschriften des jeweiligen Mitgliedstaats vorgesehenen Verfahren in Übereinstimmung mit Artikel 3 der Richtlinie 68/151/EWG offen gelegt.

I. Regelungsgegenstand und -zweck

Art. 28 betrifft die **Offenlegung** der Durchführung der Verschmelzung **bei den** an der   1
SE-Gründung beteiligten **Gründungsgesellschaften**, hingegen nicht die Offenlegung der Eintragung der SE (nach Art. 12, 27 Abs. 1), die in Art. 13, 15 Abs. 2 (dazu Art. 15 Rz. 10) geregelt ist, und durch die Bekanntmachung nach Art. 14 ergänzt wird. Zweck der Vorschrift ist, das Handelsregister, aber insbesondere auch das Rechtspublikum[1] sowohl im Hinblick auf eine übertragende als auch im Hinblick auf eine übernehmende Gründungsgesellschaft über die **wirksam gewordene Verschmelzung** zu informieren (Publizitätswirkung)[2].

II. Verfahren der Offenlegung

Die Offenlegung nach Art. 28 hat nur **deklaratorischen** Charakter[3]. Sie erfolgt stets   2
nur **durch die SE**; denn obwohl die Gründungsgesellschaften von der Regelung betroffen sind, bestehen diese nach Eintragung der Verschmelzung und der gleichzeitigen Errichtung der SE (vgl. Art. 27 Rz. 1) nicht mehr (ausf. bei Art. 29 Rz. 10)[4]. Der Ver-

---

11 *Kleindiek* in Lutter/Hommelhoff, Europäische Gesellschaft, S. 95, 108.

1 *Schäfer* in MünchKomm. AktG, Art. 28 SE-VO Rz. 2; *Schwarz*, Art. 28 Rz. 8.
2 *Schäfer* in MünchKomm. AktG, Art. 28 SE-VO Rz. 2; *Schwarz*, Art. 28 Rz. 4.
3 *Schäfer* in MünchKomm. AktG, Art. 28 SE-VO Rz. 2; *Schröder* in Manz/Mayer/Schröder, Art. 28 SE-VO Rz. 4; *Schwarz*, Art. 28 Rz. 1; vgl. auch *Jannott* in Jannott/Frodermann, Handbuch Europäische Aktiengesellschaft, § 3 Rz. 103.
4 *Schäfer* in MünchKomm. AktG, Art. 28 SE-VO Rz. 3.

weis in Art. 28 auf die in Übereinstimmung mit der RL 68/151/EWG stehenden Rechtsvorschriften des jeweiligen Mitgliedstaats kann somit nur in **modifizierter Form** gelten[5]. Das Eintragungsverfahren bei der SE-Gründung durch Verschmelzung weicht somit auch vom Verfahren nach § 19 UmwG ab[6]. Eine bestimmte Reihenfolge ist für die Offenlegung nach Art. 28 nicht vorgeschrieben[7].

3   Für eine **deutsche Gründungsgesellschaft**[8] sind die §§ 8 ff. HGB anzuwenden[9]. Dies bedeutet: Das zuständige Registergericht hat die Durchführung der Verschmelzung gem. § 10 Satz 1 HGB, §§ 32 ff. HRV in dem von der Landesjustizverwaltung bestimmten elektronischen Informations- und Kommunikationssystem (sowie gem. Art. 61 Abs. 4 Satz 1 EGHGB bis zum 31.12.2008 zusätzlich in einer Tageszeitung oder einem sonstigen Blatt) bekannt zu machen[10]. § 19 Abs. 3 UmwG ist dagegen nicht anwendbar (vgl. ausf. bereits Art. 25 Rz. 18).

4   Da die Bekanntmachung nach Art. 28 bei der SE funktional den Bekanntmachungen für die einzelnen Gründungsgesellschaften gem. § 19 Abs. 3 Satz 1 UmwG entspricht, ist sie maßgeblich für den **Beginn der Fristen** für den Gläubigerschutz (Art. 24 Abs. 1 i.V.m. § 22 UmwG, vgl. bereits Art. 24 Rz. 9)[11] sowie für die Verjährung der Schadensersatzansprüche gegen Verwaltungsträger der übertragenden Rechtsträger (Art. 18 i.V.m. § 25 Abs. 3 UmwG)[12].[13]

Art. 29
[Wirkungen der Verschmelzung]

(1) Die nach Artikel 17 Absatz 2 Buchstabe a vollzogene Verschmelzung bewirkt ipso jure gleichzeitig Folgendes:

a) **Das gesamte Aktiv- und Passivvermögen jeder übertragenden Gesellschaft geht auf die übernehmende Gesellschaft über;**

b) **die Aktionäre der übertragenden Gesellschaft werden Aktionäre der übernehmenden Gesellschaft;**

---

5   Richtig *Scheifele*, Gründung, S. 279 f.; a.A. *Schwarz*, Art. 28 Rz. 5.
6   Missverständlich daher *Jannott* in Jannott/Frodermann, Handbuch Europäische Aktiengesellschaft, § 3 Rz. 104; *Schröder* in Manz/Mayer/Schröder, Art. 28 SE-VO Rz. 5.
7   *Scheifele*, Gründung, S. 280; *Schwarz*, Art. 28 Rz. 5.
8   *Schäfer* in MünchKomm. AktG, Art. 28 SE-VO Rz. 3 spricht irrtümlich von einer „deutschen SE".
9   *Schäfer* in MünchKomm. AktG, Art. 28 SE-VO Rz. 3; *Scheifele*, Gründung, S. 280; *Schwarz*, Art. 28 Rz. 7.
10 Vgl. (zur Rechtslage gem. § 10 Abs. 1 Satz 1 HGB a.F.) *Schäfer* in MünchKomm. AktG, Art. 28 SE-VO Rz. 3; *Scheifele*, Gründung, S. 280; *J. Schmidt*, „Deutsche" vs. „britische" SE, S. 261; *Schwarz*, Art. 28 Rz. 7; *Thümmel*, Europäische Aktiengesellschaft, Rz. 73; vgl. auch *Jannott* in Jannott/Frodermann, Handbuch Europäische Aktiengesellschaft, § 3 Rz. 104 (der allerdings auch § 19 Abs. 3 UmwG für anwendbar hält).
11 Ebenso *Scheifele*, Gründung, S. 279 (anders jedoch S. 226: Art. 15 Abs. 2); *Schwarz*, Art. 28 Rz. 9 (anders jedoch Art. 24 Rz. 10: Art. 15 Abs. 2).
12 Ebenso *Scheifele*, Gründung, S. 279; *Schwarz*, Art. 28 Rz. 9; unzutreffend hingegen *Schröder* in Manz/Mayer/Schröder, Art. 18 SE-VO Rz. 51 (Anwendung des § 19 UmwG).
13 Entgegen *Scheifele*, Gründung, S. 279; *Schwarz*, Art. 28 Rz. 9, beginnt hingegen mit der Bekanntmachung nach Art. 28 *nicht* die Frist nach § 31 UmwG, denn diese Norm ist im Falle der SE-Gründung durch Verschmelzung gar nicht anwendbar (eine Barangebotspflicht besteht nur nach § 7 Abs. 1 SEAG; die entspr. Annahmefrist ist in § 7 Abs. 4 SEAG geregelt, vgl. dazu Art. 24 Rz. 55).

c) die übertragende Gesellschaft erlischt;

d) die übernehmende Gesellschaft nimmt die Rechtsform einer SE an.

(2) Die nach Artikel 17 Absatz 2 Buchstabe b vollzogene Verschmelzung bewirkt ipso jure gleichzeitig Folgendes:

a) Das gesamte Aktiv- und Passivvermögen der sich verschmelzenden Gesellschaften geht auf die SE über;

b) die Aktionäre der sich verschmelzenden Gesellschaften werden Aktionäre der SE;

c) die sich verschmelzenden Gesellschaften erlöschen.

(3) Schreibt ein Mitgliedstaat im Falle einer Verschmelzung von Aktiengesellschaften besondere Formalitäten für die Rechtswirksamkeit der Übertragung bestimmter von den sich verschmelzenden Gesellschaften eingebrachter Vermögensgegenstände, Rechte und Verbindlichkeiten gegenüber Dritten vor, so gelten diese fort und sind entweder von den sich verschmelzenden Gesellschaften oder von der SE nach deren Eintragung zu erfüllen.

(4) Die zum Zeitpunkt der Eintragung aufgrund der einzelstaatlichen Rechtsvorschriften und Gepflogenheiten sowie aufgrund individueller Arbeitsverträge oder Arbeitsverhältnisse bestehenden Rechte und Pflichten der beteiligten Gesellschaften hinsichtlich der Beschäftigungsbedingungen gehen mit der Eintragung der SE auf diese über.

Literatur: *Fuchs,* Die Gründung einer Europäischen Aktiengesellschaft durch Verschmelzung und das nationale Recht, Diss. Konstanz 2004; *Mahi,* Die Europäische Aktiengesellschaft. Societas Europaea – SE, 2004; *Schwarz,* Zum Statut der Europäischen Aktiengesellschaft, ZIP 2001, 1847; *Vossius,* Gründung und Umwandlung der deutschen Europäischen Gesellschaft (SE), ZIP 2005, 741.

I. Regelungsgegenstand und -zweck

Art. 29 regelt die **Wirkungen der Verschmelzung**, wobei Art. 29 **Abs. 1** die Verschmelzung zur Aufnahme (Art. 17 Abs. 2 lit. a) und Art. 29 **Abs. 2** die Verschmelzung zur Neugründung (Art. 17 Abs. 2 lit. b) betrifft. Die Vorschrift **ergänzt Art. 27** (Zeitpunkt des Wirksamwerdens der Verschmelzung) **und Art. 30** (fehlerhafte Verschmelzung); alle vier Vorschriften entsprechen in etwa der auf Art. 17, 18 der 3. RL[1] beruhenden Regelung des § 20 UmwG[2].   1

---

1 Dritte Richtlinie des Rates 78/855/EWG vom 9. Oktober 1978 gemäß Artikel 54 Absatz 3 Buchstabe g) des Vertrages betreffend die Verschmelzung von Aktiengesellschaften, ABl.EG Nr. L 295 v. 20.10.1978, S. 36.

2 So auch zutreffend *Schäfer* in MünchKomm. AktG, Art. 29 SE-VO Rz. 1.

2   In Parallele zu Art. 19 Abs. 3 Satz 1 der 3. RL wird in Art. 29 **Abs. 3** die Drittwirkung
     der Übertragung bestimmter von den Gründungsgesellschaften eingebrachter Ver-
     mögensgegenstände, Rechte und Verbindlichkeiten geregelt[3]. In Art. 29 **Abs. 4** wird
     der Übergang von arbeitsrechtlichen Rechten und Pflichten auf die SE angeordnet.

II. Wirkungen der Verschmelzung (Art. 29 Abs. 1, 2)

3   Die Wirkungen der Verschmelzung treten **im Zeitpunkt der Eintragung der SE** gem.
     Art. 27 Abs. 1 i.V.m. Art. 12 Abs. 1 ein, da mit dieser Eintragung zugleich auch die
     Verschmelzung wirksam, d.h. i.S.v. Art. 17 Abs. 1 Satz 1 „vollzogen" wird (vgl. auch
     Art. 27 Rz. 1, 3)[4].

1. Gesamtrechtsnachfolge

4   Bei der Verschmelzung durch Neugründung geht das gesamte Aktiv- und Passivver-
     mögen der sich verschmelzenden Gesellschaften auf die SE über (Art. 17 Abs. 2 lit. a),
     bei der Verschmelzung durch Aufnahme geht das gesamte Aktiv- und Passivver-
     mögen jeder übertragenden Gründungsgesellschaft auf die übernehmende Gesell-
     schaft über (Art. 17 Abs. 1 lit. a), die sich gleichzeitig in eine SE umwandelt (unten
     Rz. 11). Es handelt sich um eine Gesamtrechtsnachfolge mit materiellrechtlicher
     Wirkung für und gegen jedermann[5], die **sämtliche Vermögensgegenstände, Rechte
     und Pflichten sowie Vertragsverhältnisse** erfasst[6], soweit sich nicht aus Abs. 3 Ab-
     weichungen ergeben (dazu unten Rz. 12). Da diese Regelung mit Art. 19 Abs. 1 der
     3. RL[7] sowie § 20 Abs. 1 Nr. 1 UmwG übereinstimmt, kann wegen weiterer Einzel-
     heiten auf die einschlägigen Kommentierungen verwiesen werden[8].

2. Aktienerwerb

a) Grundsatz

5   Die Aktionäre aller verschmelzenden Gesellschaften werden im Zeitpunkt der Ein-
     tragung der SE (s. Rz. 3) ipso iure **Aktionäre der SE**; insoweit besteht zwischen einer
     Verschmelzung durch Aufnahme und durch Neugründung kein Unterschied[9]. Die
     Anzahl der auf jeden Aktionär entfallen Aktien bestimmt sich nach dem Verschmel-
     zungsplan[10]; es handelt sich um einen gesetzlichen Erwerb, die Übergabe der Aktien-

---

   3 *Schäfer* in MünchKomm. AktG, Art. 29 SE-VO Rz. 1; *Scheifele*, Gründung, S. 291 f.; *Schröder*
      in Manz/Mayer/Schröder, Art. 29 SE-VO Rz. 26; *Schwarz*, Art. 29 Rz. 1, 3.
   4 *Schäfer* in MünchKomm. AktG, Art. 27 SE-VO Rz. 3, Art. 29 Rz. 2; *Scheifele*, Gründung,
      S. 291; *Schröder* in Manz/Mayer/Schröder, Art. 27 SE-VO Rz. 2, Art. 29 Rz. 1; *Schwarz*, Art. 29
   5 So ausdrücklich auch *Fuchs*, Gründung, S. 78; *Schröder* in Manz/Mayer/Schröder, Art. 29 SE-
      VO Rz. 3; *Vossius* in Widmann/Mayer, § 20 UmwG Rz. 429; vgl. auch *Schwarz*, ZIP 2001,
      1847, 1851; vgl. zu § 20 UmwG auch *Grunewald* in Lutter, UmwG, § 20 Rz. 7 ff.
   6 *Schäfer* in MünchKomm. AktG, Art. 29 SE-VO Rz. 2; *Schröder* in Manz/Mayer/Schröder,
      Art. 29 SE-VO Rz. 4 ff.; *Schwarz*, Art. 29 Rz. 6.
   7 Dritte Richtlinie des Rates 78/855/EWG vom 9. Oktober 1978 gemäß Artikel 54 Absatz 3
      Buchstabe g) des Vertrages betreffend die Verschmelzung von Aktiengesellschaften, ABl.EG
      Nr. L 295 v. 20.10.1978, S. 36.
   8 Ausf. *Grunewald* in Lutter, UmwG, § 20 Rz. 7 ff; *Kübler* in Semler/Stengel, UmwG, § 20
      Rz. 8 ff.; *Marsch-Barner* in Kallmeyer, UmwG, § 20 Rz. 4 ff.
   9 *Schäfer* in MünchKomm. AktG, Art. 29 SE-VO Rz. 3; *Scheifele*, Gründung, S. 296; *Schwarz*,
      Art. 29 Rz. 18.
  10 *Fuchs*, Gründung, S. 80; *Schäfer* in MünchKomm. AktG, Art. 29 SE-VO Rz. 3; *Scheifele*,
      Gründung, S. 296; *Schwarz*, Art. 29 Rz. 18.

urkunden ist hierfür nicht Voraussetzung[11]. Erfasst werden alle Aktien, auch stimmrechtslose Vorzugsaktien[12]. Da alle übertragenden Gründungsgesellschaften erlöschen bzw. die übernehmende Gesellschaft im Falle der Verschmelzung durch Aufnahme ihre Rechtsform ändert (unten Rz. 10 f.), verändert sich ipso iure die Rechtsnatur der Mitgliedschaft und der Aktienbeteiligung; es findet ein **gesetzlicher Aktientausch** statt[13].

Die **Übertragung der neuen Aktien** richtet sich nach den in Art. 20 Abs. 1 lit. c im   **6** Verschmelzungsplan enthaltenen Festlegungen[14]. Im Falle einer **deutschen Gründungsgesellschaft** ist daher gem. Art. 18 i.V.m. § 71 UmwG ein Treuhänder zu bestellen (s. ausf. bereits Art. 20 Rz. 20)[15].

b) Ausnahmen

Gem. **Art. 31 Abs. 1 Satz 1** findet Art. 29 Abs. 1 lit. b im Falle eines **up-stream-**   **7** **mergers einer 100%igen Tochter** auf die Mutter keine Anwendung (s. auch Art. 31 Rz. 8). Ratio ist, dass es andernfalls zu einem Erwerb eigener Aktien kommen würde, der aber – wie die Art. 19 ff. Kapital-RL[16] zeigen – grundsätzlich als problematisch empfunden wird[17].

Die Gefahr des **Erwerbs eigener Aktien** besteht jedoch auch in anderen Konstellatio-   **8** nen. Hierfür bedurfte es indes in der SE-VO keiner ausdrücklichen Regelung, da insoweit kraft Art. 18 die nationalen **Umsetzungsvorschriften zu Art. 19 Abs. 2 der 3. (Fusions-)RL**[18] eingreifen[19]. Im Falle der Gründung einer deutschen SE gilt somit **§ 20 Abs. 1 Nr. 3 Satz 1 Halbs. 2 UmwG**[20], d.h. ein Anteilserwerb findet nicht statt, soweit die übernehmende Gesellschaft Anteile an der übertragenden oder die übertragende Gesellschaft eigene Anteile hält[21].

---

11 *Schäfer* in MünchKomm. AktG, Art. 29 SE-VO Rz. 3; *Schröder* in Manz/Mayer/Schröder, Art. 29 SE-VO Rz. 9; *Schwarz*, Art. 29 Rz. 19.
12 *Schäfer* in MünchKomm. AktG, Art. 29 SE-VO Rz. 3.
13 *Schröder* in Manz/Mayer/Schröder, Art. 29 SE-VO Rz. 9; vgl. auch *Scheifele*, Gründung, S. 296; *Schwarz*, Art. 29 Rz. 19.
14 *Scheifele*, Gründung, S. 296; *Schwarz*, Art. 29 Rz. 19; vgl. auch *Schäfer* in MünchKomm. AktG, Art. 29 SE-VO Rz. 3 a.E.
15 So bereits *Bayer* in Lutter/Hommelhoff, Europäische Gesellschaft, S. 25, 38; ebenso i.E. *Hügel* in Kalss/Hügel, § 17 SEG Rz. 30 Fn. 41; *Jannott* in Jannott/Frodermann, Handbuch Europäische Aktiengesellschaft, § 3 Rz. 42; *Marsch-Barner* in Kallmeyer, UmwG, Anhang Rz. 37; *Schäfer* in MünchKomm. AktG, Art. 20 SE-VO Rz. 16; *Schwarz*, Art. 20 Rz. 30; *Vossius*, ZIP 2005, 741, 744; vgl. auch *Heckschen* in Widmann/Mayer, Anhang 14 Rz. 160.
16 Zweite Richtlinie 77/91/EWG des Rates vom 13. Dezember 1976 zur Koordinierung der Schutzbestimmungen, die in den Mitgliedstaaten den Gesellschaften im Sinne des Artikels 58 Absatz 2 des Vertrages im Interesse der Gesellschafter sowie Dritter vorgeschrieben sind, um diese Bestimmungen gleichwertig zu gestalten, ABl.EG Nr. L 26 v. 31.1.1977, S. 1.
17 Vgl. auch *Fuchs*, Gründung, S. 172; *Schäfer* in MünchKomm. AktG, Art. 29 SE-VO Rz. 4; *Scheifele*, Gründung, S. 297; *Schwarz*, Art. 29 Rz. 22.
18 Dritte Richtlinie des Rates 78/855/EWG vom 9. Oktober 1978 gemäß Artikel 54 Absatz 3 Buchstabe g) des Vertrages betreffend die Verschmelzung von Aktiengesellschaften, ABl.EG Nr. L 295 v. 20.10.1978, S. 36.
19 *Schäfer* in MünchKomm. AktG, Art. 29 SE-VO Rz. 4; *Scheifele*, Gründung, S. 297 f.; *Schröder* in Manz/Mayer/Schröder, Art. 29 SE-VO Rz. 10 f.; *Schwarz*, Art. 29 Rz. 22; *Vossius* in Widmann/Mayer, § 20 UmwG Rz. 437; a.A. *Fuchs*, Gründung, S. 84 f.
20 *Schäfer* in MünchKomm. AktG, Art. 29 SE-VO Rz. 4; *Scheifele*, Gründung, S. 297 f.; *Schwarz*, Art. 29 Rz. 20 ff.; vgl. auch *Vossius* in Widmann/Mayer, § 20 UmwG Rz. 436 f.
21 Ausf. zu § 20 Abs. 1 Nr. 3 Satz 1 Halbs. 2 UmwG: *Grunewald* in Lutter, UmwG, § 20 Rz. 59 ff.; *Kübler* in Semler/Stengel, UmwG, § 20 Rz. 76 ff.

c) Surrogation im Hinblick auf Rechte Dritter

9   Problematisch ist, dass die SE-VO keine Regelung enthält, die mit **§ 20 Abs. 1 Nr. 3 Satz 2 UmwG** vergleichbar ist. Somit ist nicht generell sichergestellt, dass sich Rechte Dritter, die an Aktien einer Gründungsgesellschaft bestehen, an den im Wege des Anteilstausches **erworbenen SE-Aktien fortsetzen**. Allein wenn das nach Art. 15 Abs. 1 anwendbare Recht der SE eine solche dingliche Surrogation auch nach dem eingetretenen Statutenwechsel[22] anordnet (wie im Falle einer deutschen SE)[23], ist dieses – rechtspolitisch unzweifelhaft wünschenswerte – Ergebnis gewährleistet[24]. Trotz entsprechender Forderungen aus dem Schrifttum[25], hat der Gesetzgeber im SE-AG darauf verzichtet, § 20 Abs. 1 Nr. 3 Satz 2 UmwG explizit insoweit für anwendbar zu erklären, als auch das für die übertragende Gesellschaft geltende Recht eine Surrogation anordnet[26].

3. Erlöschen bzw. Formwechsel der Gründungsgesellschaften

10   Mit der Eintragung der SE **erlöschen** alle **übertragenden** Gründungsgesellschaften (Art. 29 Abs. 1 lit. c, Abs. 2 lit. c); eine Liquidation findet aufgrund der Gesamtrechtsnachfolge nicht statt[27]. Mit dem Erlöschen der übertragenden Gesellschaft(en) endet die Organstellung ihrer Verwaltungs- und Leitungsorgane[28].

11   Im Falle der Verschmelzung durch Aufnahme wandelt sich die **übernehmende** Gründungsgesellschaft zeitgleich (ohne eine dazwischen liegende „juristische Sekunde")[29] **in eine SE** um (Art. 29 Abs. 1 lit. d). Dieser Formwechsel entfällt, wenn die übernehmende Gründungsgesellschaft bereits eine SE ist (Gründung gem. Art. 3 Abs. 1; vgl. dazu Art. 3 Rz. 3 ff.)[30].

III. Drittwirkung der Übertragung (Art. 29 Abs. 3)

12   Art. 29 Abs. 3 regelt nach dem Modell von Art. 19 Abs. 3 Satz 1 der 3. RL[31] die Drittwirkung der Übertragung bestimmter von den Gründungsgesellschaften eingebrachter Vermögensgegenstände, Rechte und Verbindlichkeiten[32]. Ungeachtet des in der deutschen Textfassung missverständlichen Wortlauts[33] betrifft der Vorbehalt nicht

---

22   Ausf. *Schröder* in Manz/Mayer/Schröder, Art. 29 SE-VO Rz. 15.
23   So auch *Schäfer* in MünchKomm. AktG, Art. 29 SE-VO Rz. 5; *Scheifele*, Gründung, S. 298; *Schwarz*, Art. 29 Rz. 25; *Schröder* in Manz/Mayer/Schröder, Art. 29 SE-VO Rz. 38.
24   *Scheifele*, Gründung, S. 298; *Schwarz*, Art. 29 Rz. 25; vgl. auch *Schröder* in Manz/Mayer/Schröder, Art. 29 SE-VO Rz. 16, 38 f.
25   *Vossius* in Widmann/Mayer, § 20 UmwG Rz. 442; vgl. auch *Scheifele*, Gründung, S. 298.
26   *Schäfer* in MünchKomm. AktG, Art. 29 SE-VO Rz. 6 a.E.; *Schwarz*, Art. 29 Rz. 25.
27   *Fuchs*, Gründung, S. 86; *Schäfer* in MünchKomm. AktG, Art. 29 SE-VO Rz. 6; *Scheifele*, Gründung, S. 299; *Schröder* in Manz/Mayer/Schröder, Art. 29 SE-VO Rz. 18; *Schwarz*, Art. 29 Rz. 26.
28   *Schröder* in Manz/Mayer/Schröder, Art. 29 SE-VO Rz. 19; vgl. für § 20 UmwG: *Grunewald* in Lutter, UmwG, § 20 Rz. 28; *Kübler* in Semler/Stengel, UmwG, § 20 Rz. 20.
29   So auch *Scheifele*, Gründung, S. 296; *Schwarz*, Art. 29 Rz. 18 a.E.
30   *Schröder* in Manz/Mayer/Schröder, Art. 29 SE-VO Rz. 22.
31   Dritte Richtlinie des Rates 78/855/EWG vom 9. Oktober 1978 gemäß Artikel 54 Absatz 3 Buchstabe g) des Vertrages betreffend die Verschmelzung von Aktiengesellschaften, ABl.EG Nr. L 295 v. 20.10.1978, S. 36.
32   *Schäfer* in MünchKomm. AktG, Art. 29 SE-VO Rz. 1; *Scheifele*, Gründung, S. 291 f.; *Schröder* in Manz/Mayer/Schröder, Art. 29 SE-VO Rz. 26; *Schwarz*, Art. 29 Rz. 1, 3.
33   Eindeutig dagegen etwa die englische und französische Fassung: „special formalities before the transfer … becomes effective against third parties"/„formalités particulières pour l'opposabilité aux tiers".

etwa die materielle Berechtigung selbst[34], sondern lediglich die Frage, ob der Rechts-übergang **Dritten entgegengehalten** werden kann[35]. „Formalitäten" i.S.d. Art. 29 Abs. 3 sind im deutschen Recht also z.B. die Notwendigkeit einer Grundbuchberich-tigung (§ 894 Abs. 1 BGB, zuvor ist gutgläubiger Erwerb möglich, vgl. § 892 BGB) oder einer steuerlichen Unbedenklichkeitsbescheinigung (§ 22 GrEStG)[36]. Die betreffen-den Formalitäten können – wie Art. 29 Abs. 3 a.E. explizit klarstellt – entweder von den sich verschmelzenden Gesellschaften oder (nach ihrer Eintragung) von der SE selbst erfüllt werden[37].

IV. Betriebsübergang (Art. 29 Abs. 4)

Durch Art. 29 Abs. 4 wird explizit klargestellt[38], dass die Universalsukzession auch   13
die Rechte und Pflichten der Gründungsgesellschaften hinsichtlich der Beschäfti-gungsbedingungen umfasst; die Norm ist somit das SE-rechtliche Pendant zu §§ 324 UmwG, 613a Abs. 1, 4–6 BGB[39]. Konstitutive Bedeutung hat sie allerdings insofern, als sie auch der **Übergang kollektivrechtlicher Vereinbarungen** (insbesondere Tarif-verträge) anordnet – dies wäre allein durch Art. 29 Abs. 1 lit. a bzw. Abs. 2 lit. a nicht gewährleistet[40].

Art. 30
[Rechtmäßigkeit der Verschmelzung]

Eine Verschmelzung im Sinne des Artikels 2 Absatz 1 kann nach der Eintragung der SE nicht mehr für nichtig erklärt werden.

Das Fehlen einer Kontrolle der Rechtmäßigkeit der Verschmelzung gemäß Artikel 25 und 26 kann einen Grund für die Auflösung der SE darstellen.

---

34 So aber offenbar *Jannott* in Jannott/Frodermann, Handbuch Europäische Aktiengesellschaft, § 3 Rz. 108; *Schröder* in Manz/Mayer/Schröder, Art. 29 SE-VO Rz. 27; ebenso für Art. 19 Abs. 3 Satz 1 der 3. RL *Habersack*, Europäisches Gesellschaftsrecht, § 7 Rz. 13.

35 Ebenso *Scheifele*, Gründung, S. 292; *J. Schmidt*, „Deutsche" vs. „britische" SE, S. 263; *Schwarz*, Art. 29 Rz. 8; *Vossius* in Widmann/Mayer, § 20 UmwG Rz. 429. Ohne eindeutige Stellungnahme, i.E. aber für die Geltung allgemeiner zivilrechtlicher Beschränkungen der Übertragbarkeit *Schäfer* in MünchKomm. AktG, Art. 29 SE-VO Rz. 9.

36 Vgl. *Scheifele*, Gründung, S. 292; *J. Schmidt*, „Deutsche" vs. „britische" SE, S. 263; *Schröder* in Manz/Mayer/Schröder, Art. 29 SE-VO Rz. 55; *Schwarz*, Art. 29 Rz. 9; i.E. auch *Schäfer* in MünchKomm. AktG, Art. 29 SE-VO Rz. 9; *Vossius* in Widmann/Mayer, § 20 UmwG Rz. 430.

37 Vgl. *Fuchs*, Gründung, S. 87; *Schäfer* in MünchKomm. AktG, Art. 29 SE-VO Rz. 9; *Scheifele*, Gründung, S. 293; *Schröder* in Manz/Mayer/Schröder, Art. 29 SE-VO Rz. 28; *Schwarz*, Art. 29 Rz. 10.

38 Vgl. zum weitgehend deklaratorischen Charakter der Norm: *Hügel* in Kalss/Hügel, § 24 SEG Rz. 30; *Jannott* in Jannott/Frodermann, Handbuch Europäische Aktiengesellschaft, § 3 Rz. 109; *Schäfer* in MünchKomm. AktG, Art. 29 SE-VO Rz. 10; *J. Schmidt*, „Deutsche" vs. „britische" SE, S. 263; *Schröder* in Manz/Mayer/Schröder, Art. 29 SE-VO Rz. 29; *Schwarz*, Art. 29 Rz. 12; *Vossius* in Widmann/Mayer, § 20 UmwG Rz. 432.

39 *Schäfer* in MünchKomm. AktG, Art. 29 SE-VO Rz. 10; *Scheifele*, Gründung, S. 293; *Schwarz*, Art. 29 Rz. 12; *Vossius* in Widmann/Mayer, § 20 UmwG Rz. 432.

40 *Fuchs*, Gründung, S. 89 f.; *Schäfer* in MünchKomm. AktG, Art. 29 SE-VO Rz. 10; *Scheifele*, Gründung, S. 293; *J. Schmidt*, „Deutsche" vs. „britische" SE, S. 263; *Schwarz*, Art. 29 Rz. 12; *Vossius* in Widmann/Mayer, § 20 UmwG Rz. 433.

Literatur: *Blanquet,* Das Statut der Europäischen Aktiengesellschaft (Societas Europaea „SE"), ZGR 2002, 20; *Bungert/Beier,* Die Europäische Aktiengesellschaft, EWS 2002, 1; *Cerioni,* The approved version of the European Company Statute in comparison with the 1991 draft: some critical issues on the formation and the working of the SE and the key challenge: part II, (2004) 25 Co Law 259–269; *Fuchs,* Die Gründung einer Europäischen Aktiengesellschaft durch Verschmelzung und das nationale Recht, Diss. Konstanz 2004 (zit.: Gründung); *Lösekrug,* Die Umsetzung der Kapital-, Verschmelzungs- und Spaltungsrichtlinie der EG in das nationale deutsche Recht, 2004 (zit.: Umsetzung); *Mahi,* Die Europäische Aktiengesellschaft. Societas Europaea – SE, 2004.

I. Regelungsgegenstand und -zweck

1   Nach **Art. 30 Unterabs. 1** kann auch eine **fehlerhafte Verschmelzung nach Eintragung** der SE **nicht** mehr für **nichtig** erklärt werden. Eine Rückabwicklung mit Wirkung ex tunc ist daher generell ausgeschlossen. Dies entspricht der Rechtslage für innerstaatliche Verschmelzungen (§ 20 Abs. 2 UmwG)[1]. Grund für diese Einschränkung sind die vielfältigen rechtlichen und wirtschaftlichen Probleme, die eine Rückabwicklung der vollzogenen Verschmelzung mit sich bringen würde. Da dies verstärkt im Falle der grenzüberschreitenden Verschmelzung zutrifft, hat sich der europäische Gesetzgeber dazu entschlossen, die Regelung in der SE-VO strenger zu fassen als für den Fall der innerstaatlichen Verschmelzung, wo es den Mitgliedstaaten im Rahmen des Art. 22 der 3. RL[2] freigestellt wird, die Nichtigkeitsfolge anzuordnen[3]. Unterschiede zwischen den Mitgliedstaaten sind bei der SE-Gründung schon deshalb nicht wünschenswert, weil ansonsten Fehler aus dem nationalen Recht der Gründungsgesellschaften unterschiedlich behandelt würden, je nachdem, welcher Konzeption die Rechtsordnung am Sitz der SE folgt[4].

2   Eine **Auflösung** der eingetragenen SE mit Wirkung ex nunc kann nach **Art. 30 Unterabs. 2** allerdings dann in Betracht kommen, wenn die Rechtmäßigkeitskontrolle gem. Art. 25 und Art. 26 nicht stattgefunden hat. Es handelt sich insoweit um eine abschließende Regelung im Hinblick auf Gründungsmängel[5]; weitere Auflösungsgründe folgen aus Art. 64 Abs. 2 (Art. 64 Rz. 3 ff., 20) sowie aus Art. 63 Halbs. 1 i.V.m. dem nationalen Recht am Sitz der SE (ausf. Art. 63 Rz. 26 ff.). Im Unterschied zu früheren Fassungen[6] ist klargestellt, dass auch das Fehlen der Rechtmäßigkeitskontrolle nicht zur Nichtigkeit der SE führt[7].

---

1   Insoweit unstreitig, s. *Grunewald* in Lutter, UmwG, § 20 Rz. 71; *Kübler* in Semler/Stengel, UmwG, § 20 Rz. 85 f.; *Marsch-Barner* in Kallmeyer, UmwG, § 20 Rz. 47 (jeweils m.z.w.N.).
2   Dritte Richtlinie des Rates 78/855/EWG vom 9. Oktober 1978 gemäß Artikel 54 Absatz 3 Buchstabe g) des Vertrages betreffend die Verschmelzung von Aktiengesellschaften, ABl.EG Nr. L 295 v. 20.10.1978, S. 36.
3   *Schäfer* in MünchKomm. AktG, Art. 30 SE-VO Rz. 1; *J. Schmidt,* „Deutsche" vs. „britische" SE, S. 264; *Schwarz,* Art. 30 Rz. 1; vgl. auch *Habersack,* Europäisches Gesellschaftsrecht, § 7 Rz. 26; *Lösekrug,* Umsetzung, S. 280 f.
4   In diesem Sinne Kommission, Begr. SE-VOE 1989, BT-Drucks. 11/5427, S. 7.
5   Ebenso *Schäfer* in MünchKomm. AktG, Art. 30 SE-VO Rz. 1; *Schröder* in Manz/Mayer/Schröder, Art. 30 SE-VO Rz. 5; a.A. wohl *Hügel* in Kalss/Hügel, § 24 SEG Rz. 34.
6   Art. 29 Satz 1 SE-VOE 1989 und Art. 29 Abs. 1 SE-VOE 1991 hatten noch ausdrücklich vorgesehen, dass die fehlende Rechtmäßigkeitskontrolle ein Nichtigkeitsgrund sein kann.
7   *Blanquet,* ZGR 2002, 20, 44; *Cerioni,* (2004) 25 Co Law 259, 263; *Hügel* in Kalss/Hügel, § 24 SEG Rz. 34; *Schäfer* in MünchKomm. AktG, Art. 30 SE-VO Rz. 6; *Scheifele,* Gründung, S. 301; *Schröder* in Manz/Mayer/Schröder, Art. 30 SE-VO Rz. 1, 5; *Schwarz,* Art. 30 Rz. 7.

Der europäische Gesetzgeber hat somit für die eingetragene SE im Hinblick auf   3
Gründungsmängel einen sehr weitreichenden Bestandsschutz angeordnet[8]. Mängel
der Verschmelzung können grundsätzlich nur **vor Eintragung** der SE geltend machen[9]. Der Rechtmäßigkeitskontrolle nach Art. 25 und Art. 26, insbesondere aber
auch – für inländische Gründungsgesellschaften – der „Bescheinigungssperre" gem.
§ 16 Abs. 2 Satz 2 UmwG (dazu Art. 25 Rz. 11 a.E.), kommt deshalb eine hohe Bedeutung zu[10].

II. Ausschluss der Nichtigkeit (Art. 30 Unterabs. 1)

Nach Eintragung führen Fehler bei der Verschmelzungsgründung generell nicht zur   4
Nichtigkeit der SE[11]. Auch eine Auflösung (mit der Folge einer „Entschmelzung"
mit Wirkung ex nunc) kommt nur bei Fehlen der Rechtmäßigkeitskontrolle in Betracht (Art. 30 Unterabs. 2; unten Rz. 6 ff.)[12].

Die Eintragung bewirkt allerdings **keine Heilung**[13]. Schadensersatzansprüche (z.B. im   5
Falle einer deutschen Gründungsgesellschaft gegen die verantwortlichen Organmitglieder nach Art. 18 i.V.m. §§ 25 ff. UmwG) sind somit nicht ausgeschlossen[14]. Zweifelhaft ist, ob im Falle einer deutschen SE eine Heilung nach Art. 15 Abs. 1 i.V.m.
§ 20 Abs. 1 Nr. 4 UmwG eintreten kann[15]; denn auf diese Weise würden nach dem
anwendbaren Recht einer Gründungsgesellschaft möglicherweise gegebenen Scha-
densersatzansprüchen die Grundlage entzogen. Gleiches gilt für Schadensersatzansprüche gem. § 16 Abs. 3 Satz 6 Halbs. 1 UmwG, wenn eine Eintragung im Verfahren nach § 16 Abs. 3 UmwG durchgesetzt würde[16].

III. Fehlende Rechtmäßigkeitskontrolle (Art. 30 Unterabs. 2)

Nach Art. 30 Unterabs. 2 kommt eine Auflösung der eingetragenen SE dann in Be-   6
tracht, wenn eine Kontrolle der Rechtmäßigkeit der Verschmelzung gem. Art. 25 und
Art. 26 fehlt. Die gesetzliche Regelung lässt offen, ob der Tatbestand bereits dann erfüllt ist, wenn die Kontrolle nur auf einer Stufe nicht stattfand, oder ob hierfür erfor-

---

8 Ebenso *Schäfer* in MünchKomm. AktG, Art. 30 SE-VO Rz. 1.
9 *Schäfer* in MünchKomm. AktG, Art. 30 SE-VO Rz. 8; *Schröder* in Manz/Mayer/Schröder,
    Art. 30 SE-VO Rz. 13; vgl. auch *Hügel* in Kalss/Hügel, § 24 SEG Rz. 33.
10 Zutreffend *Schäfer* in MünchKomm. AktG, Art. 30 SE-VO Rz. 2.
11 *Bayer* in Lutter/Hommelhoff, Europäische Gesellschaft, S. 25, 44; *Cerioni*, (2004) 25 Co Law
    259, 263; *Schäfer* in MünchKomm. AktG, Art. 30 SE-VO Rz. 3; *Scheifele*, Gründung, S. 299;
    Schindler, Europäische Aktiengesellschaft, S. 31 f.; *J. Schmidt*, „Deutsche" vs. „britische" SE,
    S. 264; *Schröder* in Manz/Mayer/Schröder, Art. 30 SE-VO Rz. 1; *Schwarz*, Art. 30 Rz. 4, 7.
12 *Bayer* in Lutter/Hommelhoff, Europäische Gesellschaft, S. 25, 44; *Schäfer* in MünchKomm.
    AktG, Art. 30 SE-VO Rz. 3; *Scheifele*, Gründung, S. 301 ff.; *Schindler*, Europäische Aktienge-
    sellschaft, S. 31 f.; *J. Schmidt*, „Deutsche" vs. „britische" SE, S. 264 f.; *Schröder* in Manz/May-
    er/Schröder, Art. 30 SE-VO Rz. 5; *Schwarz*, Art. 30 Rz. 7.
13 *Fuchs*, Gründung, S. 192; *Schäfer* in MünchKomm. AktG, Art. 30 SE-VO Rz. 4; *Schröder* in
    Manz/Mayer/Schröder, Art. 30 SE-VO Rz. 6; *Scheifele*, Gründung, S. 300; *Schwarz*, Art. 30
    Rz. 4.
14 *Schäfer* in MünchKomm. AktG, Art. 30 SE-VO Rz. 4; *Scheifele*, Gründung, S. 300; *Schröder* in
    Manz/Mayer/Schröder, Art. 30 SE-VO Rz. 6; *Schwarz*, Art. 30 Rz. 5.
15 So *Schäfer* in MünchKomm. AktG, Art. 30 SE-VO Rz. 5; *Scheifele*, Gründung, S. 301; *Schrö-
    der* in Manz/Mayer/Schröder, Art. 30 SE-VO Rz. 10; *Schwarz*, Art. 30 Rz. 6 a.E. Nach *Schwarz*
    und *Scheifele* (ebd.) soll sogar § 20 Abs. 2 UmwG Anwendung finden. Dagegen jedoch zu
    Recht unter Hinweis auf die Spezialität des Art. 30 *Schäfer* in MünchKomm. AktG, Art. 30
    SE-VO Rz. 5 a.E.
16 Dazu *Bork* in Lutter, UmwG, § 16 Rz. 33; *Marsch-Barner* in Kallmeyer, UmwG, § 16 Rz. 53;
    Volhard in Semler/Stengel, UmwG, § 16 Rz. 50 f.

derlich ist, dass auf beiden Stufen keine Rechtmäßigkeitskontrolle erfolgte. Angesichts der weitreichenden Wirkungen der Bestandsschutzregelung des Art. 30 könnte viel dafür sprechen, dass bereits der **Ausfall einer Prüfungsstufe** die Tür zur Auflösung der SE eröffnet[17].

7 Andererseits bedeutet das Fehlen einer Rechtmäßigkeitskontrolle (noch) nicht, dass die Verschmelzung auch materiell fehlerhaft ist[18]. Bereits aus diesem Grund ist der Auffassung zu widersprechen, dass die fehlende Kontrolle stets zwingend zur Auflösung der SE führt[19]. Kein Ausweg ist insoweit die rechtsschöpferische Lösung von *Schäfer*, wonach Voraussetzung für eine Auflösung sein soll, dass wenigstens (auch) ein Verschmelzungsbeschluss mangelhaft ist[20]. Zu entscheiden ist vielmehr zwischen zwei Alternativen: Zum einen könnte das „kann" als Ermächtigung an den nationalen Gesetzgeber zu verstehen sein, für diesen Fall der fehlenden Rechtmäßigkeitskontrolle eine SE-spezifische Regelung zu treffen[21]. Hiergegen spricht jedoch, dass der Wortlaut des Art. 30 Unterabs. 2 gerade nicht in der für die Ermächtigungsnormen der SE-VO typischen Weise formuliert ist[22]. Vorzugswürdig ist vielmehr die Auffassung, wonach das Fehlen einer Rechtmäßigkeitskontrolle nur dann einen Auflösungsgrund darstellt, wenn das gem. Art. 63 anwendbare nationale Recht des Sitzstaates der SE einen solchen vorsieht[23]. Hierfür spricht nicht nur der Umkehrschluss aus Art. 34 Abs. 2 SCE-VO[24] (wonach das Fehlen der Rechtmäßigkeitskontrolle ein Auflösungsgrund „ist")[25] und der Vergleich mit Art. 29 SE-VOE 1989 und 1991 (Verweis auf das nationale Recht), sondern auch die Tatsache, dass sich diese Interpretation mühelos in das System des Art. 63 einfügt[26].

8 Für eine **deutsche SE** kommt eine **Auflösung** wegen fehlender Rechtmäßigkeitskontrolle de lege lata **nicht in Betracht**[27]. Der Sachverhalt ist von § 262 Abs. 1 AktG nicht erfasst[28]. Da eine SE-spezifische Regelung ausscheidet (oben Rz. 7), bliebe dem nationalen Gesetzgeber nur die Möglichkeit, eine entsprechende allgemeine Regelung in das Aktiengesetz aufzunehmen. Dies erscheint jedoch rechtspolitisch nur

---

17 So *Schäfer* in MünchKomm. AktG, Art. 30 SE-VO Rz. 6 f.; ähnlich auch *Fuchs*, Gründung, S. 190 f.
18 Richtig *Schäfer* in MünchKomm. AktG, Art. 30 SE-VO Rz. 7.
19 So aber zumindest erwogen von *Bungert/Beier*, EWS 2002, 1, 7; *Mahi*, Europäische Aktiengesellschaft, S. 118. Auch Art. 34 Abs. 2 SCE-VO (Verordnung (EG) Nr. 1435/2003 des Rates vom 22. Juli 2003 über das Statut der Europäischen Genossenschaft (SCE), ABl.EU Nr. L 207 v. 18.8.2003, S. 1) wird so gelesen, dass eine Auflösung im Falle des Fehlens einer Rechtmäßigkeitskontrolle zwingend ist, vgl. *Beuthien*, GenG, 14. Aufl. 2004, Art. 34 SE-VO Rz. 2; *Schindler*, Europäische Aktiengesellschaft, S. 302; *Schwarz*, Art. 30 Rz. 10.
20 So *Schäfer* in MünchKomm. AktG, Art. 30 SE-VO Rz. 7 („andere Interpretation des … kann").
21 So *Fuchs*, Gründung, S. 189; *Hügel* in Kalss/Hügel, § 24 SEG Rz. 34; *Schröder* in Manz/Mayer/Schröder, Art. 30 SE-VO Rz. 8; ferner wohl auch *Cerioni*, (2004) 25 Co Law 259, 265.
22 Vgl. *J. Schmidt*, „Deutsche" vs. „britische" SE, S. 265.
23 So bereits *Bayer* in Lutter/Hommelhoff, Europäische Gesellschaft, S. 25, 44 im Anschluss an *Scheifele*, Gründung, S. 301 ff.; ebenso *J. Schmidt*, „Deutsche" vs. „britische" SE, S. 265; *Schwarz*, Art. 30 Rz. 10.
24 Verordnung (EG) Nr. 1435/2003 des Rates vom 22. Juli 2003 über das Statut der Europäischen Genossenschaft (SCE), ABl.EU Nr. L 207 v. 18.8.2003, S. 1.
25 Vgl. *Beuthien*, GenG, 14. Aufl. 2004, Art. 34 SE-VO Rz. 2; *Schindler*, Europäische Aktiengesellschaft, S. 302; *J. Schmidt*, „Deutsche" vs. „britische" SE, S. 265; *Schwarz*, Art. 30 Rz. 10.
26 Zutreffend *J. Schmidt*, „Deutsche" vs. „britische" SE, S. 265; *Schröder* in Manz/Mayer/Schröder, Art. 30 SE-VO Rz. 8.
27 Ebenso *Bayer* in Lutter/Hommelhoff, Europäische Gesellschaft, S. 25, 45; *Scheifele*, Gründung, S. 300; *J. Schmidt*, „Deutsche" vs. „britische" SE, S. 265 f.; *Schröder* in Manz/Mayer/Schröder, Art. 30 SE-VO Rz. 13; *Schwarz*, Art. 30 Rz. 11; teilw. abw. *Schäfer* in MünchKomm. AktG, Art. 30 SE-VO Rz. 7.
28 S. *Riesenhuber* in K. Schmidt/Lutter, AktG, § 262 Rz. 1 ff.

dann sinnvoll, wenn zugleich weitere materiellrechtliche Voraussetzungen (z.B. fehlerhafter Verschmelzungsbeschluss) aufgestellt würden[29].

Art. 31
[Mutter-Tochter-Verschmelzung]

(1) Wird eine Verschmelzung nach Artikel 17 Absatz 2 Buchstabe a durch eine Gesellschaft vollzogen, die Inhaberin sämtlicher Aktien und sonstiger Wertpapiere ist, die Stimmrechte in der Hauptversammlung einer anderen Gesellschaft gewähren, so finden Artikel 20 Absatz 1 Buchstaben b, c und d, Artikel 22 und Artikel 29 Absatz 1 Buchstabe b keine Anwendung. Die jeweiligen einzelstaatlichen Vorschriften, denen die einzelnen sich verschmelzenden Gesellschaften unterliegen und die für die Verschmelzungen von Aktiengesellschaften nach Artikel 24 der Richtlinie 78/855/EWG maßgeblich sind, sind jedoch anzuwenden.

(2) Vollzieht eine Gesellschaft, die Inhaberin von mindestens 90 %, nicht aber aller der in der Hauptversammlung einer anderen Gesellschaft Stimmrecht verleihenden Aktien und sonstigen Wertpapiere ist, eine Verschmelzung durch Aufnahme, so sind die Berichte des Leitungs- oder des Verwaltungsorgans, die Berichte eines oder mehrerer unabhängiger Sachverständiger sowie die zur Kontrolle notwendigen Unterlagen nur insoweit erforderlich, als dies entweder in den einzelstaatlichen Rechtsvorschriften, denen die übernehmende Gesellschaft unterliegt, oder in den für die übertragende Gesellschaft maßgeblichen einzelstaatlichen Rechtsvorschriften vorgesehen ist.

Die Mitgliedstaaten können jedoch vorsehen, dass dieser Absatz Anwendung auf eine Gesellschaft findet, die Inhaberin von Aktien ist, welche mindestens 90 % der Stimmrechte, nicht aber alle verleihen.

Literatur: *Bayer*, 1000 Tage neues Umwandlungsrecht – eine Zwischenbilanz, ZIP 1997, 1613; *Edwards*, EC Company Law, Oxford 1999; *Fuchs*, Die Gründung einer Europäischen Aktiengesellschaft durch Verschmelzung und das nationale Recht, Diss. Konstanz 2004; *Henckel*, Rechnungslegung und Prüfung anlässlich einer grenzüberschreitenden Verschmelzung zu einer Societas Europaea (SE), DStR 2005, 1785; *Kallmeyer*, Europa-AG: Strategische Optionen für deutsche Unternehmen, AG 2003, 197; *Leupold*, Die Europäische Aktiengesellschaft unter besonderer Berücksichtigung des deutschen Rechts, 1993 (zit.: Europäische Aktiengesellschaft); *Lösekrug*, Die Umsetzung der Kapital-, Verschmelzungs- und Spaltungsrichtlinie der EG in das nationale deut-

---

29 Vgl. dazu *Schäfer* in MünchKomm. AktG, Art. 30 SE-VO Rz. 7, der seinen Standpunkt allerdings bereits de lege lata begründet.

sche Recht, 2004 (zit.: Umsetzung); *Mahi*, Die Europäische Aktiengesellschaft. Societas Europaea – SE, 2004; *Oechsler*, Der praktische Weg zur Societas Europaea (SE) – Gestaltungsspielraum und Typenzwang, NZG 2005, 697; *Schwarz*, Europäisches Gesellschaftsrecht, 2000; *Teichmann*, Die Einführung der Europäischen Aktiengesellschaft, ZGR 2002, 383; *Walden/Meyer-Landrut*, Die grenzüberschreitende Verschmelzung zu einer Europäischen Gesellschaft: Planung und Vorbereitung, DB 2005, 2119.

I. Regelungsgegenstand und -zweck

1   Art. 31 normiert in Anlehnung an Art. 24 ff. der 3. (Fusions-)RL[1, 2] eine Reihe von **Privilegierungen** für **Verschmelzungen von Mutter- und Tochtergesellschaften**, allerdings nur für sog. **upstream mergers**[3] (s. auch Rz. 3, 15). Ratio ist, dass viele verfahrensrechtliche Anforderungen primär dem Schutz außenstehender Aktionäre dienen und demgemäß bei konzerninternen Verschmelzungen entbehrlich sind[4].

2   Hinsichtlich Art und Umfang der Erleichterungen wird dabei nach der Beteiligungs- und Stimmrechtsquote der Mutter differenziert. Die umfangreichsten Erleichterungen normiert Art. 31 **Abs. 1** für den upstream merger **einer 100%igen Tochter** auf die Mutter (ausf. Rz. 3 ff.). Hält die Mutter zwar nicht 100%, aber **mindestens 90%** der **stimmberechtigten Anteile** an der Tochter, so gelten nach Art. 31 **Abs. 2 Satz 1** ebenfalls eine Reihe von Erleichterungen, allerdings nur vorbehaltlich abweichender Regelungen im für die Gründungsgesellschaften maßgeblichen nationalen Recht (ausf. Rz. 16 ff.). Art. 31 **Abs. 2 Satz 2** ermächtigt die Mitgliedstaaten, diese Erleichterungen auch auf den Fall einer **90%igen Stimmrechtsquote** zu erstrecken (ausf. Rz. 20).

II. Upstream merger einer 100%igen Tochter (Art. 31 Abs. 1)

1. Voraussetzungen

a) upstream merger

3   Abs. 1 betrifft seinem eindeutigen Wortlaut nach nur die **Verschmelzung durch Aufnahme** (vgl. die Bezugnahme auf Art. 17 Abs. 2 lit. a) und auch nur den sog. **upstream merger**, d.h. die Aufnahme der Tochter durch die Mutter („… durch eine Gesellschaft, die …"), nicht dagegen den umkehrten Fall des sog. downstream merger[5].

b) 100% der stimmberechtigten Anteile

4   Die aufnehmende Muttergesellschaft muss Inhaberin von **100% der Stimmrechte gewährenden Anteile** der Tochter sein. Anteile i.d.S. sind nach der Verordnung sowohl **Aktien** als auch **sonstige Wertpapiere**; die zweite Alternative hat aber zumindest für deutsche Muttergesellschaften wegen der nach deutschem Aktienrecht zwingenden

---

1   Dritte Richtlinie des Rates 78/855/EWG vom 9. Oktober 1978 gemäß Artikel 54 Absatz 3 Buchstabe g) des Vertrages betreffend die Verschmelzung von Aktiengesellschaften, ABl.EG Nr. L 295 v. 20.10.1978, S. 36.

2   *Schäfer* in MünchKomm. AktG, Art. 31 SE-VO Rz. 1; *Scheifele*, Gründung, S. 281; *Schwarz*, Art. 31 Rz. 1, 4.

3   *Bayer* in Lutter/Hommelhoff, Europäische Gesellschaft, S. 25, 45; *Fuchs*, Gründung, S. 169, 175; *Oechsler*, NZG 2005, 697, 700; *Schäfer* in MünchKomm. AktG, Art. 31 SE-VO Rz. 2; *Scheifele*, Gründung, S. 281, 287; *Schwarz*, Art. 31 Rz. 5, 22; *Teichmann*, ZGR 2002, 383, 431; zumindest i.E. auch *Hügel* in Kalss/Hügel, § 20 SEG Rz. 13 (der downstream merger sei zwar vom Wortlaut erfasst, Art. 31 habe aber insofern keine praktische Relevanz).

4   *Schäfer* in MünchKomm. AktG, Art. 31 SE-VO Rz. 1; vgl. für Art. 24 ff. der 3. (Fusions-)RL: *Habersack*, Europäisches Gesellschaftsrecht, § 7 Rz. 11; *Lösekrug*, Umsetzung, S. 295.

5   Vgl. die Nachweise in Fn. 3.

Verknüpfung von Stimmrecht und Aktie (§ 12 Abs. 1 AktG)[6] keine praktische Bedeutung[7]. Maßgeblich ist dabei allein, dass die betreffenden Anteile ein Stimmrecht gewähren, das Stimmgewicht ist irrelevant[8].

Die Muttergesellschaft muss **Eigentümerin** der betreffenden Aktien bzw. Wertpapiere   5
sein; im Gegensatz zu Art. 26 der 3. RL[9] lässt die SE-VO mittelbaren Besitz gerade nicht ausreichen[10].

Hinsichtlich des für das Vorliegen der Voraussetzungen des Abs. 1 entscheidenden   6
Zeitpunktes herrscht im Schrifttum Uneinigkeit; ähnlich wie zur deutschen Parallelnorm des § 5 Abs. 2 UmwG[11] wird hier von der Maßgeblichkeit der Beschlussfassung[12], der Anmeldung[13] oder der Rechtmäßigkeitskontrolle nach Art. 25[14] bis hin zu derjenigen der Eintragung[15] nahezu alles vertreten. Angesichts dieses diffusen Meinungsspektrums ist den sich verschmelzenden Gesellschaften in jedem Fall dringend dazu zu raten, sicherzustellen, dass die Voraussetzungen des Art. 31 bereits im Zeitpunkt der **Beschlussfassung**[16] erfüllt sind und bis zur Eintragung nicht mehr entfallen, zumal die normierten Privilegierungen auch nur in diesem Fall wirklich gerechtfertigt erscheinen.

2. Rechtsfolgen

Sind die in Rz. 3 ff. erläuterten Voraussetzungen erfüllt, so gelten in jedem Fall die in   7
Art. 31 Abs. 1 Satz 1 unmittelbar durch die SE-VO selbst normierten Privilegierungen (dazu Rz. 8 ff.). Daneben können sich qua Art. 31 Abs. 1 Satz 2 aber auch aus dem nationalen Recht weitere Erleichterungen ergeben (dazu Rz. 11).

a) Erleichterungen gem. Art. 31 Abs. 1 Satz 1

Unmittelbar aufgrund der SE-VO gelten gem. Art. 31 Abs. 1 Satz 1 folgende Privile-   8
gierungen:

---

6 Dazu *Heider* in MünchKomm. AktG, § 12 Rz. 5 f.; *Hüffer*, § 12 Rz. 3.
7 *Schäfer* in MünchKomm. AktG, Art. 31 SE-VO Rz. 3; *Scheifele*, Gründung, S. 282 Fn. 698; *Schwarz*, Art. 31 Rz. 6 Fn. 9.
8 *Schäfer* in MünchKomm. AktG, Art. 31 SE-VO Rz. 3; *Scheifele*, Gründung, S. 282; *Schwarz*, Art. 31 Rz. 6.
9 Dritte Richtlinie des Rates 78/855/EWG vom 9. Oktober 1978 gemäß Artikel 54 Absatz 3 Buchstabe g) des Vertrages betreffend die Verschmelzung von Aktiengesellschaften, ABl.EG Nr. L 295 v. 20.10.1978, S. 36.
10 *Fuchs*, Gründung, S. 170; *Scheifele*, Gründung, S. 282; *Schröder* in Manz/Mayer/Schröder, Art. 31 SE-VO Rz. 4; *Schwarz*, Art. 31 Rz. 7.
11 S. dazu *Lutter/Drygala* in Lutter, UmwG, § 5 Rz. 96; *Marsch-Barner* in Kallmeyer, UmwG, § 5 Rz. 70; *Schröer* in Semler/Stengel, UmwG, § 5 Rz. 111.
12 So *Leupold*, Europäische Aktiengesellschaft, S. 58 (zum SE-VOE 1991); ebenso zu § 5 Abs. 2 UmwG: *Bayer*, ZIP 1997, 1613, 1615; *Lutter/Drygala* in Lutter/Hommelhoff, GmbHG, § 5 Rz. 96 m.w.N.
13 So *Scheifele*, Gründung, S. 282; ebenso zu § 5 Abs. 2 UmwG: *Bermel/Hannappel* in Goutier/Knopf/Tulloch, UmwG, 1. Aufl. 1996, § 5 Rz. 117.
14 So *Schäfer* in MünchKomm. AktG, Art. 31 SE-VO Rz. 4; *Schwarz*, Art. 31 Rz. 8; ebenso zu § 5 Abs. 2 UmwG: *Marsch-Barner* in Kallmeyer, UmwG, § 5 Rz. 70 m.w.N.
15 So *Fuchs*, Gründung, S. 170; ebenso prinzipiell auch *Schröder* in Manz/Mayer/Schröder, Art. 31 SE-VO Rz. 7, der allerdings zugleich betont, dass die Voraussetzungen praktisch bei Durchführung der Gründungskontrolle geprüft werden.
16 S. zur Maßgeblichkeit des Zeitpunktes der Beschlussfassung im Hinblick auf die Parallelnorm des § 5 Abs. 2 UmwG: *Bayer*, ZIP 1997, 1613, 1615; *Lutter/Bayer* in Lutter/Hommelhoff, GmbHG, § 5 Rz. 96 m.w.N.

Erstens ist Art. 29 Abs. 1 lit. b unanwendbar, d.h. es findet **kein Aktientausch** statt. So wird der (prinzipiell unerwünschte) Erwerb eigener Aktien *a priori* verhindert[17] (vgl. bereits Art. 29 Rz. 7).

9 Zweitens ist der **obligatorische Inhalt des Verschmelzungsplans eingeschränkt:** Da kein Aktientausch stattfindet (oben Rz. 8), sind konsequenterweise auch keine Angaben zum Umtauschverhältnis (Art. 20 Abs. 1 Satz 2 lit. b), zur Übertragung der Aktien (Art. 20 Abs. 1 Satz 2 lit. c) sowie zum Zeitpunkt der Gewinnberechtigung (Art. 20 Abs. 1 Satz 2 lit. d) erforderlich[18].

10 Drittens wird **Art. 22** für **unanwendbar** erklärt. Entgegen teilweise vertretener Auffassung ist damit indes nicht gemeint, dass eine gemeinsame Verschmelzungsprüfung unzulässig wäre[19], denn dies widerspräche der ratio des Art. 31, der Konzernverschmelzungen gerade privilegieren will[20]. Gemeint ist vielmehr umgekehrt, dass in den Fällen des Art. 31 Abs. 1 Satz 1 insgesamt **keine Verschmelzungsprüfung** erforderlich ist, wobei sich die Entbehrlichkeit richtigerweise auch für die separate Prüfung unmittelbar aus Art. 31 Abs. 1 Satz 1 ergibt[21] – und nicht (wie teilweise postuliert) erst aus Art. 18 i.V.m. den nationalen Umsetzungsvorschriften zu Art. 24 der 3. RL[22] (d.h. bei einer deutschen Gründungsgesellschaft §§ 60, 73, 9 Abs. 3, 8 Abs. 3 Satz 1 Alt. 2 UmwG)[23] (s. dazu auch bereits Art. 22 Rz. 1, 18).

b) Ggf. weitergehende Erleichterungen nach nationalem Recht, Art. 31 Abs. 1 Satz 2

11 Art. 31 Abs. 1 Satz 2 bestimmt, dass die nationalen Umsetzungsvorschriften zu Art. 24 der 3. RL[24] „jedoch anzuwenden" sind. Entgegen einer im Schrifttum vertretenen Auffassung bedeutet dies indes nicht, dass die Privilegierungen des Satzes 1 nur unter dem Vorbehalt abweichender Bestimmungen im nationalen Recht gelten[25]. Art. 31 Abs. 1 Satz 2 bestimmt vielmehr, dass **zusätzlich zu den in Satz 1** unmittelbar in den SE-VO selbst vorgesehenen Privilegierungen auch weitergehende, **im jeweiligen nationalen Recht im Einklang mit Art. 24 der 3. RL vorgesehene Erleichterungen** anzuwenden sind[26]. Da die in Art. 24 der 3. RL gestatteten[27] Erleichterungen aller-

---

17 Vgl. auch *Schäfer* in MünchKomm. AktG, Art. 29 SE-VO Rz. 4; *Scheifele*, Gründung, S. 297; *Schwarz*, Art. 29 Rz. 22.

18 Vgl. *Fuchs*, Gründung, S. 172; *Schäfer* in MünchKomm. AktG, Art. 29 SE-VO Rz. 4; *Scheifele*, Gründung, S. 283; *Schwarz*, Art. 31 Rz. 11.

19 So aber *Teichmann*, ZGR 2002, 383, 431.

20 Ebenso *Schäfer* in MünchKomm. AktG, Art. 31 SE-VO Rz. 5.

21 S. schon *Bayer* in Lutter/Hommelhoff, Europäische Gesellschaft, S. 25, 45. Wie hier auch *Heckschen* in Widmann/Mayer, Anhang 14 Rz. 216; *Henckel*, DStR 2005, 1785, 1790 f.; *Hügel* in Kalss/Hügel, § 20 SEG Rz. 9; *Neun* in Theisen/Wenz, Europäische Aktiengesellschaft, S. 57, 108; *Schäfer* in MünchKomm. AktG, Art. 31 SE-VO Rz. 5; *Scheifele*, Gründung, S. 192, 289; *Schwarz*, Art. 22 Rz. 7, Art. 31 Rz. 27.

22 Dritte Richtlinie des Rates 78/855/EWG vom 9. Oktober 1978 gemäß Artikel 54 Absatz 3 Buchstabe g) des Vertrages betreffend die Verschmelzung von Aktiengesellschaften, ABl.EG Nr. L 295 v. 20.10.1978, S. 36.

23 So aber offenbar *Jannott* in Jannott/Frodermann, Handbuch Europäische Aktiengesellschaft, § 3 Rz. 63; *Kallmeyer*, AG 2003, 197, 203; *Schröder* in Manz/Mayer/Schröder, Art. 22 SE-VO Rz. 3, Art. 31 SE-VO Rz. 29, 37; *Teichmann*, ZGR 2002, 383, 431.

24 Dritte Richtlinie des Rates 78/855/EWG vom 9. Oktober 1978 gemäß Artikel 54 Absatz 3 Buchstabe g) des Vertrages betreffend die Verschmelzung von Aktiengesellschaften, ABl.EG Nr. L 295 v. 20.10.1978, S. 36.

25 So aber *Schröder* in Manz/Mayer/Schröder, Art. 31 SE-VO Rz. 12.

26 Wie hier *Fuchs*, Gründung, S. 174 f.; *Hügel* in Kalss/Hügel, § 20 SEG Rz. 6; *Schäfer* in MünchKomm. AktG, Art. 31 SE-VO Rz. 6; *Scheifele*, Gründung, S. 283; *Schwarz*, Art. 31 Rz. 9, 13; *Teichmann*, ZGR 2002, 383, 431.

27 Im Schrifttum ist umstritten, ob die in Art. 24 der 3. RL vorgesehenen Erleichterungen zwingend sind (so *Habersack*, Europäisches Gesellschaftsrecht, § 7 Rz. 11; *Lösekrug*, Umsetzung,

dings weitgehend deckungsgleich mit den sich bereits aus Art. 31 Abs. 1 Satz 1 ergebenden Privilegierungen sind[28], kann der Verweis in Art. 31 Abs. 1 Satz 2 letztlich nur im Hinblick auf Erleichterungen betreffend den Verschmelzungsbericht (Art. 9 der 3. RL) und die Haftung der Organwalter (Art. 20 der 3. RL) relevant werden.

Maßgeblich ist das **Recht, dem die jeweilige Gründungsgesellschaft unterliegt.** Die 12
entsprechenden Erleichterungen gelten demzufolge auch nur für die betreffende Gründungsgesellschaften, in deren Recht sie vorgesehen sind; nur wenn und soweit eine Erleichterung nach sämtlichen beteiligten Rechtsordnungen vorgesehen ist, gilt sie auch für alle Gründungsgesellschaften[29].

Für eine **deutsche Gründungsgesellschaft** bedeutet der Verweis in Art. 31 Abs. 1 13
Satz 2, dass der **Verschmelzungsbericht** gem. §§ 60, 73, 8 Abs. 3 Satz 1 Alt. 2 UmwG **entbehrlich** ist[30] (vgl. auch bereits Art. 20 Rz. 32).

Nicht entbehrlich ist hingegen der **Zustimmungsbeschluss der Hauptversammlung** 14
der aufnehmenden Gesellschaft, auch nicht gem. Art. 18 i.V.m. den nationalen Umsetzungsvorschriften zu Art. 25 der 3. RL[31] (in Deutschland: § 62 UmwG)[32]. Art. 31 Abs. 1 Satz 2 erklärt lediglich die auf der Basis von Art. 24 der 3. RL zulässigen Erleichterungen des nationalen Rechts für anwendbar, nicht dagegen die Umsetzungsvorschriften zu Art. 25 der 3. RL[33]. Die Zustimmung der Hauptversammlung ist nach der Konzeption der SE-VO ein zentrales und unverzichtbares Instrument des Minderheitenschutzes[34], von dem Art. 31 auch im Falle von Konzernverschmelzungen gerade nicht dispensiert[35] (vgl. bereits Art. 23 Rz. 1).

S. 302) oder ob ihre Anwendung den Mitgliedstaaten freigestellt ist (so wohl *Edwards*, EC Company Law, S. 106; *Ganske*, DB 1981, 1551, 1557; *Schwarz*, Europäisches Gesellschaftsrecht, Rz. 663 f., 667).

28 Die reduzierten Pflichtangaben, die Entbehrlichkeit der Verschmelzungsprüfung (sowie konsequenterweise der Auslegung des Prüfungsberichts und der Haftung der Sachverständigen) sowie das Entfallen des Aktientauschs werden bereits unmittelbar durch Art. 31 Abs. 1 Satz 1 angeordnet.

29 Vgl. *Scheifele*, Gründung, S. 284; *Schröder* in Manz/Mayer/Schröder, Art. 31 SE-VO Rz. 10 f., 13; *Schwarz*, Art. 31 Rz. 14.

30 So schon *Bayer* in Lutter/Hommelhoff, Europäische Gesellschaft, S. 25, 45; ebenso *Heckschen* in Widmann/Mayer, Anhang 14 Rz. 211; *J. Schmidt*, „Deutsche" vs. „britische" SE, S. 187; *Schröder* in Manz/Mayer/Schröder, Art. 31 SE-VO Rz. 29; *Schwarz*, Art. 31 Rz. 16; *Teichmann*, ZGR 2002, 383, 433; *Thümmel*, Europäische Aktiengesellschaft, Rz. 76; *Walden/Meyer-Landrut*, DB 2005, 2119, 2126. Anders wohl nur *Schäfer* in MünchKomm. AktG, Art. 31 SE-VO Rz. 7.

31 Dritte Richtlinie des Rates 78/855/EWG vom 9. Oktober 1978 gemäß Artikel 54 Absatz 3 Buchstabe g) des Vertrages betreffend die Verschmelzung von Aktiengesellschaften, ABl.EG Nr. L 295 v. 20.10.1978, S. 36.

32 *Kallmeyer*, AG 2003, 197, 203; *Marsch-Barner* in Kallmeyer, UmwG, Anhang Rz. 73; *Schäfer* in MünchKomm. AktG, Art. 23 SE-VO Rz. 4; *J. Schmidt*, „Deutsche" vs. „britische" SE, S. 204; *Schwarz*, Art. 31 Rz. 17 ff.; *Walden/Meyer-Landrut*, DB 2005, 2619, 2623; irrig *Thümmel*, Europäische Aktiengesellschaft, Rz. 76 f.; *Teichmann*, ZGR 2002, 383, 431.

33 *Fuchs*, Gründung, S. 174; *Scheifele*, Gründung, S. 285; *Schwarz*, Art. 31 Rz. 17.

34 So auch *Schäfer* in MünchKomm. AktG, Art. 23 SE-VO Rz. 1.

35 Vgl. *Fuchs*, Gründung, S. 174; *Schäfer* in MünchKomm. AktG, Art. 31 SE-VO Rz. 7; *Scheifele*, Gründung, S. 285 f.; *J. Schmidt*, „Deutsche" vs. „britische" SE, S. 204; *Schwarz*, Art. 31 Rz. 17 ff.

III. Upstream merger einer mindestens 90%igen Tochter (Art. 31 Abs. 2)

15   Art. 31 Abs. 2 enthält Sonderregelungen für Fälle, in denen die Mutter zwar nicht alle[36], aber mindestens **90% der Stimmrechte gewährenden Anteile (Unterabs. 1)** bzw. der **Stimmrechte (Unterabs. 2)** hält. Ebenso wie Art. 31 Abs. 1 betrifft auch Art. 31 Abs. 2 nur Fälle der Verschmelzung durch Aufnahme in Form eines **upstream merger** (vgl. bereits oben Rz. 1, 3)[37].

1. Art. 31 Abs. 2 Satz 1: 90% der Stimmrechte gewährenden Anteile

16   Art. 31 Abs. 2 Unterabs. 1 privilegiert upstream mergers, wenn die Mutter mindestens **90% der Stimmrechte gewährenden Anteile** (Aktien oder sonstige Wertpapiere, s. dazu oben Rz. 4) der Tochter hält. Wie bei Art. 31 Abs. 1 muss die Mutter Eigentümerin der betreffenden Anteile sein (s. oben Rz. 5). Zum maßgeblichen Zeitpunkt s. oben Rz. 6.

17   In Anlehnung an Art. 28 der 3. RL[38] sind diesen Fällen der **Verschmelzungsbericht**, der **Verschmelzungsprüfungsbericht** sowie „**die zur Kontrolle notwendigen Unterlagen**" entbehrlich. Was mit Letzterem gemeint ist, ist nicht ganz klar. Einige beziehen dies auf die Unterlagen, die den Sachverständigen im Rahmen ihres Auskunftsrechts zur Kontrolle vorzulegen sind[39], andere auf die zum Zwecke der Rechtmäßigkeitskontrolle nach Art. 25 und 26 einzureichenden Unterlagen[40]. Der Vergleich mit Art. 24 und 28 der 3. RL spricht allerdings eher dafür, dass hiermit von der Auslegung des Verschmelzungs- und Verschmelzungsprüfungsberichts im Vorfeld der Hauptversammlung (vgl. Art. 11 der 3. RL) dispensiert werden soll[41].

18   Die Privilegierungen des Art. 31 Abs. 2 Unterabs. 1 stehen jedoch unter dem ausdrücklichen **Vorbehalt des nationalen Rechts**, d.h. Verschmelzungsbericht, Verschmelzungsprüfung und „die zur Kontrolle notwendigen Unterlagen" sind gleichwohl erforderlich, wenn und soweit das für die Tochter oder die Mutter geltende nationale Recht dies vorsieht[42].

19   **Für deutsche Gründungsgesellschaften** sind die Privilegierungen des Art. 31 Abs. 2 Unterabs. 1 daher **irrelevant**, da der deutsche Gesetzgeber von den in Art. 28 der 3. RL vorgesehenen Erleichterungen keinen Gebrauch gemacht hat[43].

---

36   Art. 31 Abs. 1 und 2 stehen also zueinander in einem Alternativitätsverhältnis: *Scheifele*, Gründung, S. 287 f.; *Schröder* in Manz/Mayer/Schröder, Art. 31 SE-VO Rz. 17; *Schwarz*, Art. 31 Rz. 20.

37   *Bayer* in Lutter/Hommelhoff, Europäische Gesellschaft, S. 25, 45; *Oechsler*, NZG 2005, 697, 700; *Schäfer* in MünchKomm. AktG, Art. 31 SE-VO Rz. 1; *Schröder* in Manz/Mayer/Schröder, Art. 31 SE-VO Rz. 1, 17; *Schwarz*, Art. 31 Rz. 22; *Teichmann*, ZGR 2002, 383, 431; zumindest i.E. auch *Hügel* in Kalss/Hügel, § 20 SEG Rz. 13.

38   Dritte Richtlinie des Rates 78/855/EWG vom 9. Oktober 1978 gemäß Artikel 54 Absatz 3 Buchstabe g) des Vertrages betreffend die Verschmelzung von Aktiengesellschaften, ABl.EG Nr. L 295 v. 20.10.1978, S. 36.

39   So *Schröder* in Manz/Mayer/Schröder, Art. 31 SE-VO Rz. 26; entgegen *Schröder* ergibt sich das Auskunftsrecht der Sachverständigen allerdings aus Art. 22 Satz 2, nicht aus Art. 10 Abs. 3 der 3. RL (die Bezugnahme auf Art. 19 Abs. 3 dürfte an dieser Stelle ein Druckfehler sein).

40   So *Scheifele*, Gründung, S. 289; *Schwarz*, Art. 31 Rz. 28.

41   So wohl auch *Fuchs*, Gründung, S. 177.

42   *Fuchs*, Gründung, S. 178; *Schäfer* in MünchKomm. AktG, Art. 31 SE-VO Rz. 8; *Scheifele*, Gründung, S. 288; *Schröder* in Manz/Mayer/Schröder, Art. 31 SE-VO Rz. 24; *Schwarz*, Art. 31 Rz. 23.

43   *Schäfer* in MünchKomm. AktG, Art. 31 SE-VO Rz. 8; *Schwarz*, Art. 31 Rz. 24. S. ferner auch *Bayer* in Lutter/Hommelhoff, Europäische Gesellschaft, S. 25, 45; *J. Schmidt*, „Deutsche" vs. „britische" SE, S. 187; *Walden/Meyer-Landrut*, DB 2005, 2119, 2126.

2. Art. 31 Abs. 2 Satz 2: 90% der Stimmrechte

Art. 31 Abs. 2 Unterabs. 2 enthält eine **Ermächtigung** für die Mitgliedstaaten, die in   20
Unterabs. 1 genannten Erleichterungen auch auf den Fall einer **90%igen Stimmrechtsquote** zu erstrecken. Anders als bei Art. 31 Abs. 1 und Art. 31 Abs. 2 Unterabs. 1 zählen insoweit allerdings nur Stimmrechte, die durch **Aktien** verliehen werden[44]. Diese auf einem Wunsch Schwedens beruhende[45] Ermächtigung zielt auf Konstellationen ab, in denen Aktien Mehrfachstimmrechte verleihen. Da dies nach
deutschem Aktienrecht nicht zulässig ist (vgl. § 12 Abs. 2 AktG), hat der deutsche
Gesetzgeber die Ermächtigung konsequenterweise **nicht umgesetzt**[46].

Abschnitt 3. Gründung einer Holding-SE

Art. 32
[Gründung einer Holding-SE]

(1) Eine SE kann gemäß Artikel 2 Absatz 2 gegründet werden.

Die die Gründung einer SE im Sinne des Artikels 2 Absatz 2 anstrebenden Gesellschaften bestehen fort.

(2) Die Leitungs- oder die Verwaltungsorgane der die Gründung anstrebenden Gesellschaften erstellen einen gleich lautenden Gründungsplan für die SE. Dieser Plan enthält einen Bericht, der die Gründung aus rechtlicher und wirtschaftlicher Sicht erläutert und begründet sowie darlegt, welche Auswirkungen der Übergang zur Rechtsform einer SE für die Aktionäre und für die Arbeitnehmer hat. Er enthält ferner die in
Artikel 20 Absatz 1 Buchstaben a, b, c, f, g, h und i vorgesehenen Angaben und setzt
von jeder die Gründung anstrebenden Gesellschaft den Mindestprozentsatz der Aktien oder sonstigen Anteile fest, der von den Aktionären eingebracht werden muss,
damit die SE gegründet werden kann. Dieser Prozentsatz muss mehr als 50 % der
durch Aktien verliehenen ständigen Stimmrechte betragen.

(3) Der Gründungsplan ist mindestens einen Monat vor der Hauptversammlung, die
über die Gründung zu beschließen hat, für jede der die Gründung anstrebenden Gesellschaften nach den in den Rechtsvorschriften der einzelnen Mitgliedstaaten gemäß Artikel 3 der Richtlinie 68/151/EWG vorgesehenen Verfahren offen zu legen.

(4) Ein oder mehrere von den die Gründung anstrebenden Gesellschaften unabhängige Sachverständige, die von einem Gericht oder einer Verwaltungsbehörde des Mitgliedstaats, dessen Recht die einzelnen Gesellschaften gemäß den nach Maßgabe der
Richtlinie 78/855/EWG erlassenen einzelstaatlichen Vorschriften unterliegen, bestellt oder zugelassen sind, prüfen den gemäß Absatz 2 erstellten Gründungsplan und
erstellen einen schriftlichen Bericht für die Aktionäre der einzelnen Gesellschaften.
Im Einvernehmen zwischen den die Gründung anstrebenden Gesellschaften kann
durch einen oder mehrere unabhängige Sachverständige, der/die von einem Gericht

---

44 *Scheifele*, Gründung, S. 289; *Schwarz*, Art. 31 Rz. 29.
45 *Schäfer* in MünchKomm. AktG, Art. 31 SE-VO Rz. 9; *J. Schmidt*, „Deutsche" vs. „britische"
    SE, S. 187; *Schwarz*, Art. 31 Rz. 30; *Teichmann*, ZGR 2002, 383, 433.
46 Vgl. *Schäfer* in MünchKomm. AktG, Art. 31 SE-VO Rz. 1, 9; *Scheifele*, Gründung, S. 289;
    J. Schmidt, „Deutsche" vs. „britische" SE, S. 187 f.; *Schwarz*, Art. 31 Rz. 30; *Teichmann*, ZGR
    2002, 383, 433.

oder einer Verwaltungsbehörde des Mitgliedstaats, dessen Recht eine der die Gründung anstrebenden Gesellschaften oder die künftige SE gemäß den nach Maßgabe der Richtlinie 78/855/EWG erlassenen einzelstaatlichen Rechtsvorschriften unterliegt, bestellt oder zugelassen ist/sind, ein schriftlicher Bericht für die Aktionäre aller Gesellschaften erstellt werden.

(5) Der Bericht muss auf besondere Bewertungsschwierigkeiten hinweisen und erklären, ob das Umtauschverhältnis der Aktien oder Anteile angemessen ist, sowie angeben, nach welchen Methoden es bestimmt worden ist und ob diese Methoden im vorliegenden Fall angemessen sind.

(6) Die Hauptversammlung jeder der die Gründung anstrebenden Gesellschaften stimmt dem Gründungsplan für die SE zu.

Die Beteiligung der Arbeitnehmer in der SE wird gemäß der Richtlinie 2001/86/EG festgelegt. Die Hauptversammlung jeder der die Gründung anstrebenden Gesellschaften kann sich das Recht vorbehalten, die Eintragung der SE davon abhängig zu machen, dass die geschlossene Vereinbarung von ihr ausdrücklich genehmigt wird.

(7) Dieser Artikel gilt sinngemäß auch für Gesellschaften mit beschränkter Haftung.

§ 10 SEAG: Zustimmungsbeschluss; Negativerklärung

(1) Der Zustimmungsbeschluss gemäß Artikel 32 Abs. 2 der Verordnung bedarf einer Mehrheit, die bei einer Aktiengesellschaft mindestens drei Viertel des bei der Beschlussfassung vertretenen Grundkapitals und bei einer Gesellschaft mit beschränkter Haftung mindestens drei Viertel der abgegebenen Stimmen umfasst.

(2) Bei der Anmeldung der Holding-SE haben ihre Vertretungsorgane zu erklären, dass eine Klage gegen die Wirksamkeit der Zustimmungsbeschlüsse gemäß Artikel 32 Abs. 6 der Verordnung nicht oder nicht fristgemäß erhoben oder eine solche Klage rechtskräftig abgewiesen oder zurückgenommen worden ist.

Literatur: Bayer/Schmidt, J., Die neue Richtlinie über die grenzüberschreitende Verschmelzung von Kapitalgesellschaften, NJW 2006, 401; *Brandes*, Cross Border Mergers mittels der SE, AG 2005, 177; *Brandt*, Überlegungen zu einem SE-Ausführungsgesetz, NZG 2002, 991; *Bungert/Beier*, Die Europäische Aktiengesellschaft, EWS 2002, 1; *Casper*, Der Lückenschluß im Statut der Europäischen Aktiengesellschaft, in Habersack (Hrsg.), FS Ulmer, 2003, S. 51; *Handelsrechtsausschuss des DAV*, Stellungnahme zu dem Regierungsentwurf eines Gesetzes zur Einführung der Europäischen Gesellschaft (SEEG), Juli 2004, NZG 2004, 957; *Handelsrechtsausschuss des DAV*, Stellungnahme zum Diskussionsentwurf eines Gesetzes zur Ausführung der Verordnung (EG) Nr. 2157/2001 des Rates vom 8.10.2001 über das Statut der Europäischen Gesellschaft (SE) (SE-Ausführungsgesetz – SEAG), NZG 2004, 75; *Heckschen*, Die Europäische AG aus notarieller Sicht, DNotZ 2003, 251; *Horn*, Die Europa-AG im Kontext des deutschen und europäischen Gesellschaftsrechts, DB 2005, 147; *Ihrig/Wagner*, Das Gesetz zur Einführung der Europäischen Gesellschaft (SEEG) auf der Zielgeraden, BB 2004, 1749; *Ihrig/Wagner*, Diskussionsentwurf für ein SE-Ausführungsgesetz, BB 2003, 969; *Jahn/Herfs-Röttgen* Die Europäische Aktiengesellschaft – Societas Europaea, DB 2001, 631; *Kalss*, Der Minderheitenschutz bei Gründung und Sitzverlegung der SE nach dem Diskussionsentwurf, ZGR 2003, 593; *Koke*, Die Finanzverfassung der Europäischen Aktiengesellschaft (SE) mit Sitz in Deutschland, 2005 (zit.: Finanzverfassung); *Lutter* (Hrsg.), Holding-Handbuch, 4. Aufl. 2004; *Mahi*, Die Europäische Aktiengesellschaft. Societas Europaea – SE –, 2004 (zit.: Europäische Aktiengesellschaft); *Menjucq*, La société européenne, Revue des sociétés 2002, 225; *Morse* (Hrsg.), Palmer's Company Law, 25. Aufl. 1992 (Stand 2005); *Neye/Teichmann*, Der Entwurf für das Ausführungsgesetz zur Europäischen Aktiengesellschaft, AG 2003, 169; *Oplustil*, Selected problems concerning formation of a holding SE (societas europaea), (2003) 4 GLJ 107; *Schmidt, J.*, SE and SCE: two new European company forms – and more to come!, (2006) 27 Co Law 99; *Schulz/Geismar*, Die Europäische Aktiengesellschaft, DStR 2001, 1078; *Schwarz*, Europäisches Gesellschaftsrecht, 2000; *Seibt/Saame*, Die Societas Europaea (SE) deutschen Rechts: Anwendungsfelder und Beratungshinweise, AnwBl 2005, 225; *Teichmann*, Austrittsrecht und Pflichtangebot bei Gründung einer Europäischen Aktiengesellschaft, AG 2004, 67; *Teichmann*, Die Einführung der Europäischen Aktiengesellschaft, ZGR 2002, 383; *Teichmann*, Minderheitenschutz bei Gründung und Sitzverlegung der SE, ZGR 2003, 367; *Thoma/Leuering*, Die Europäische Aktiengesellschaft – Societas Europaea, NJW 2002, 1449; *Vossius*, Gründung und Umwandlung der deutschen Europäischen Gesellschaft (SE), ZIP 2005, 741.

I. Einführung und Überblick

1. Begriff der Holding-SE

Bei der Gründungsform der Holding-SE bringen die Gesellschafter der Gründungs-   1
gesellschaften mehrheitlich ihre (stimmberechtigten) Anteile in die neue SE ein und

erhalten dafür im Tausch Aktien der SE. Es handelt sich also um eine Sachgründung, bei der die Gründungsgesellschaften zu Tochtergesellschaften der Holding-SE – der künftigen Konzernspitze – werden[1]. Das Fortbestehen der Gründungsgesellschaften wird in Art. 32 Abs. 1 Satz 2 ausdrücklich (wenngleich i.E. rein deklaratorisch) angeordnet[2].

2. Gründungsvoraussetzungen (Art. 32 Abs. 1 Satz 1 i.V.m. Art. 2 Abs. 2)

2 Art. 32 Abs. 1 Satz 1 stellt noch einmal klar, dass eine SE unter den Voraussetzungen des Art. 2 Abs. 2 (s. dazu ausf. Art. 2 Rz. 16 ff.) als Holding-SE gegründet werden kann[3].

3. Regelung in der SE-VO und ergänzend anwendbares Recht

3 Im Vergleich zur Verschmelzungsgründung (Art. 17–31) sind die Regelungen in der SE-VO zur Holdinggründung relativ knapp (Art. 32–34). Es stellt sich daher hier in besonderem Maße das Problem der Lückenfüllung im Hinblick auf die in der SE-VO nicht geregelten Bereiche. Folgende Unterscheidung ist zu beachten:

a) Ebene der künftigen SE

4 Zweifellos anwendbar ist die **Verweisungsnorm des Art. 15 Abs. 1**[4]. Jedoch erfasst diese Vorschrift die Endphase der Gründung (sog. Vollzugsphase), d.h. diejenigen Verfahrensschritte, die bereits die Sphäre der künftigen SE betreffen[5] (ausf. Art. 15 Rz. 7). Maßgeblich ist insoweit „das für Aktiengesellschaften geltende Recht" des künftigen Sitzstaats der SE, und zwar unter Einschluss aller spezialgesetzlicher Regelungen, die für bestimmte Gründungsformen gelten (ausf. Art. 15 Rz. 8). Problematisch ist hier, dass die meisten Rechtsordnungen der Mitgliedstaaten – das gilt auch für Deutschland – **keine speziellen Holdinggründungsvorschriften** kennen[6].

5 Die Lösung der Problematik ist streitig. Überwiegend wird angenommen, dass eine Verweisung (ausschließlich) auf das nationale aktienrechtliche **Sachgründungsrecht** stattfindet[7]. Vorzugswürdig erscheint hingegen die Auffassung, wonach vorrangig das nationale, auf Aktiengesellschaften anwendbare **Verschmelzungsrecht** Anwendung findet[8], wobei allerdings „holding-spezifischen" Besonderheiten Rechnung zu tragen

---

1 So bereits *Bayer* in Lutter/Hommelhoff, Europäische Gesellschaft, S. 25, 45 f.; vgl. weiter *Jannott* in Jannott/Frodermann, Handbuch Europäische Aktiengesellschaft, § 3 Rz. 127; *Schäfer* in MünchKomm. AktG, Art. 32 SE-VO Rz. 1; *Schwarz*, Vorb. Art. 32–34 Rz. 3 a.E.
2 Vgl. *Schröder* in Manz/Mayer/Schröder, Art. 32 SE-VO Rz. 6f.; *Schwarz*, Art. 32 Rz. 6.
3 Vgl. *Schwarz*, Art. 32 Rz. 1, 6.
4 *Hügel* in Kalss/Hügel, §§ 25, 26 SEG Rz. 3; *Oplustil*, (2003) 4 GLJ 107, 108; *Schäfer* in MünchKomm. AktG, Art. 32 SE-VO Rz. 2; *Schwarz*, Vorb. Art. 32–34 Rz. 7. Art. 9 ist hingegen nicht anwendbar, denn die Norm gilt, wie sich aus ihrem Wortlaut und der Systematik der SE-VO ergibt, nur für die bereits „gegründete" SE, d.h. ab Eintragung (s. dazu bereits Art. 15 Rz. 6).
5 *Hügel* in Kalss/Hügel, §§ 25, 26 SEG Rz. 3; *Oplustil*, (2003) 4 GLJ 107, 108; *Schäfer* in MünchKomm. AktG, Art. 32 SE-VO Rz. 2f.; *Schwarz*, Vorb. Art. 32–34 Rz. 7.
6 Ein besonderes Holdingrecht bzw. Holdinggründungsrecht existiert z.B. auch nicht in Dänemark, Großbritannien, den Niederlanden, Österreich, der Schweiz und Spanien, vgl. *Rosenbach* in Lutter, Holding-Handbuch, § 16 Rz. 106, 126, 135, 144, 158, 167. Entgegen einer verbreiteten Auffassung (etwa *Scheifele*, Gründung, S. 305; *Schwarz*, Vorb. Art. 32–34 Rz. 1, 11) existiert auch in Luxemburg kein spezielles Holdinggründungsrecht; dort gelten für Holdings lediglich besondere Steuervorschriften, vgl. *Lutter*, Holding-Handbuch, § 1 Rz. 11 Fn. 6; *Rosenbach* in Lutter, Holding-Handbuch, § 16 Rz. 117.
7 *Schäfer* in MünchKomm. AktG, Art. 32 SE-VO Rz. 2; *Schwarz*, Vorb. Art. 32–34 Rz. 18.
8 *J. Schmidt*, „Deutsche" vs. „britische" SE, S. 271.

ist. Dieser Vorrang des nationalen Verschmelzungsrechts folgt daraus, dass die Holdinggründung bei wirtschaftlicher Betrachtung einer Verschmelzung durchaus vergleichbar ist[9] und dass auch nach der Konzeption der SE-VO das Verfahren der Holdinggründung in seiner Grundstruktur sich kaum von der Verschmelzungsgründung unterscheidet[10]. Die Sachgründungsvorschriften des künftigen Sitzstaats sind also nur ergänzend heranzuziehen[11].

Für eine künftige Holding-SE **mit Sitz im Inland** bedeutet dies: Es gelten zunächst –   6 wenngleich unter Beachtung der Spezifika der Holdinggründung – die §§ 2 ff. UmwG, kraft § 36 Abs. 2 UmwG aber zusätzlich die §§ 23 ff. AktG[12].

b) Ebene der Gründungsgesellschaften

Im Unterschied zur Verschmelzungsgründung existiert für die Holding-SE keine dem   7 Art. 18 vergleichbare Vorschrift. Dies wird auf ein Redaktionsversehen zurückgeführt[13]. Gleichwohl ist auch für diese Gründungsvariante einzig und allein eine Verweisung auf das nationale Recht der Gründungsgesellschaften sinnvoll. Denn ausschließlich dieser Rechtsordnung kann die Kompetenz zukommen, das Verfahren auf der Ebene der Gründungsgesellschaften bis zum Zeitpunkt des Verlassens der „nationalen Sphäre" zu regeln[14]. Rechtskonstruktiv lässt sich dieses Ergebnis ohne weiteres durch eine **Analogie zu Art. 18** erzielen[15]; dieser methodische Weg erscheint auch vorzugswürdig[16] gegenüber einer Heranziehung allgemeiner, aus der 3[17]. und 6. RL[18] abgeleiteter Grundsätze des europäischen Gesellschaftsrechts[19].

Auch bei dieser Verweisung stellt sich jedoch das Problem, dass in der Regel keine   8 nationalen Vorschriften zur Holdinggründung existieren (oben Rz. 4). Ebenso wie im Rahmen des Art. 15 Abs. 1 (oben Rz. 5) muss daher vorrangig und unter Beachtung der holding-spezifischen Besonderheiten das für die jeweilige Gründungsgesellschaft

---

9 So bereits Sanders-Vorentwurf (EWG-Kommission, Generaldirektion Wettbewerb, Az. 11000/ IV/67, Studie Nr. 6, Reihe Wettbewerb, Brüssel 1967), Begründung, S. 37; ebenso *Scheifele*, Gründung, S. 305; *Schwarz*, Vorb. Art. 32–34 Rz. 2 a.E.
10 Vgl. *Schäfer* in MünchKomm. AktG, Art. 32 SE-VO Rz. 5; *Schwarz*, Art. 32 Rz. 1; *Teichmann*, ZGR 2003, 367, 389; *Teichmann*, (2003) 4 GLJ 309, 329; *Teichmann*, ZGR 2002, 383, 433.
11 *Bayer* in Lutter/Hommelhoff, Europäische Gesellschaft, S. 25, 54; *J. Schmidt*, „Deutsche" vs. „britische" SE, S. 271.
12 *J. Schmidt*, „Deutsche" vs. „britische" SE, S. 271.
13 *Teichmann*, ZGR 2003, 367, 389.
14 S. bereits *Bayer* in Lutter/Hommelhoff, Europäische Gesellschaft, S. 25, 46; ähnlich *Neun* in Theisen/Wenz, Europäische Aktiengesellschaft, S. 57, 73; *Teichmann* in Theisen/Wenz, Europäische Aktiengesellschaft, S. 691, 712; *Teichmann*, ZGR 2003, 367, 338.
15 So i.E. auch *Heckschen*, DNotZ 2003, 251, 261; *Oplustil*, (2003) 4 GLJ 107, 109. S. ferner die Nachweise in Fn. 16.
16 So bereits *Bayer* in Lutter/Hommelhoff, Europäische Gesellschaft, S. 25, 46. Ebenso *Schäfer* in MünchKomm. AktG, Art. 32 SE-VO Rz. 3; *Scheifele*, Gründung, S. 46 f., 311; *J. Schmidt*, „Deutsche" vs. „britische" SE, S. 272 f.; *J. Schmidt*, (2006) 27 Co Law 99, 101; *Schwarz*, Vorb. Art. 32–34 Rz. 11.
17 Dritte Richtlinie 78/855/EWG des Rates vom 9.10.1978 gemäß Artikel 54 Absatz 3 Buchstabe g) des Vertrages betreffend die Verschmelzung von Gesellschaften, ABl.EG Nr. L 295 v. 20.10.1978, S. 36.
18 Sechste Richtlinie 82/891/EWG des Rates vom 17.12.1982 gemäß Artikel 54 Absatz 3 Buchstabe g) des Vertrages betreffend die Spaltung von Aktiengesellschaften, ABl.EG Nr. L 378 v. 31.12.1982, S. 47.
19 Dafür *Teichmann*, ZGR 2002, 383, 434; *Teichmann*, ZGR 2003, 367, 388 ff., 392; ihm folgend *Heckschen* in Widmann/Mayer, Anhang 14 Rz. 275.

geltende **Verschmelzungsrecht** zur Anwendung kommen, soweit es nicht im Widerspruch zur 3. RL steht[20], im Übrigen das allgemeine Aktien- oder GmbH-Recht[21].

9 Der Forderung, der deutsche Gesetzgeber solle im Rahmen des SEAG Sondervorschriften zur Gründung einer Holding-SE schaffen[22], wurde zu Recht nicht entsprochen. Denn mangels einer ausdrücklichen Ermächtigungsgrundlage in der SE-VO wäre der deutsche Gesetzgeber hierzu gar nicht berechtigt gewesen[23].

10 Für **deutsche Gründungsgesellschaften** kommen somit §§ 2 ff. UmwG sowie via § 36 Abs. 2 UmwG auch §§ 23 ff. AktG (bei AG) bzw. §§ 2 ff. GmbHG (bei GmbH) zur Anwendung[24].

4. Gründerproblematik

11 Problematisch ist bei der Holdinggründung, wer die „Gründer" der SE sind. Angesichts der Tatsache, dass das Grundkapital der SE dadurch aufgebracht wird, dass die Anteilsinhaber der Gründungsgesellschaften ihre Anteile einbringen, könnte man auf die Idee kommen, diese auch als „Gründer" der SE anzusehen. Damit wäre allerdings eine Flut praktischer Probleme verbunden[25]. Vor allem aber widerspräche eine solche Einordnung auch dem Konzept der SE-VO: Es sind die „die Gründung anstrebenden Gesellschaften", die durch ihre Leitungs- und Verwaltungsorgane den Gründungsplan aufstellen (Art. 32 Abs. 2 Satz 1, dazu unten Rz. 21 ff.), diesen offen legen (Art. 32 Abs. 3, dazu unten Rz. 47 ff.) und dessen Gründungsprüfung initiieren (Art. 32 Abs. 4, dazu unten Rz. 51 ff.) – sie sind also die eigentlichen Protagonisten[26]. Die Mitwirkung der Anteilsinhaber beim Zustimmungsbeschluss ändert daran nichts, denn insofern handeln diese ausschließlich in ihrer Eigenschaft als Teil des Organs Haupt- bzw. Gesellschafterversammlung der betreffenden Gründungsgesellschaft[27]. Gem. Art. 15 Abs. 1 i.V.m. § 36 Abs. 2 Satz 2 UmwG[28] sind daher nach zutreffender Ansicht allein die **Gründungsgesellschaften** als „Gründer" der Holding-SE anzusehen[29].

---

20 *Bayer* in Lutter/Hommelhoff, Europäische Gesellschaft, S. 25, 46; *Neun* in Theisen/Wenz, Europäische Aktiengesellschaft, S. 57, 156; *Scheifele*, Gründung, S. 46 f., 311; *J. Schmidt*, „Deutsche" vs. „britische" SE, S. 273; *Schwarz*, Vorb. Art. 32–34 Rz. 11; insoweit abw. *Heckschen*, DNotZ 2003, 251, 263; *Heckschen* in Widmann/Mayer, Anhang 14 Rz. 295 (Vorschriften über Ausgliederung).

21 Insoweit ebenso *Hügel* in Kalss/Hügel, §§ 25, 26 SEG Rz. 6. S. auch bereits *Bayer* in Lutter/Hommelhoff, Europäische Gesellschaft, S. 25, 46.

22 *Brandt*, NZG 2002, 991, 995; *Handelsrechtsausschuss des DAV*, NZG 2004, 75, 78 f.

23 Zutreffend *Schäfer* in MünchKomm. AktG, Art. 32 SE-VO Rz. 3; *Scheifele*, Gründung, S. 46; *Schwarz*, Vorb. Art. 32–34 Rz. 9.

24 S. auch schon *Bayer* in Lutter/Hommelhoff, Europäische Gesellschaft, S. 25, 46; *J. Schmidt*, „Deutsche" vs. „britische" SE, S. 273.

25 Vgl. *Neye/Teichmann*, AG 2003, 169, 174; *Scheifele*, Gründung, S. 309; *Teichmann*, ZGR 2003, 367, 392.

26 Ähnlich *Handelsrechtsausschuss des DAV*, NZG 2004, 75, 78; *Kleindiek* in Lutter/Hommelhoff, Europäische Gesellschaft, S. 95, 98; *Marsch-Barner* in Lutter, Holding-Handbuch, § 15 Rz. 72; *Neun* in Theisen/Wenz, Europäische Aktiengesellschaft, S. 57, 166 f.; *Oplustil*, (2003) 4 GLJ 107, 121; *Scheifele*, Gründung, S. 307 ff.; *J. Schmidt*, „Deutsche" vs. „britische" SE, S. 311 f.; *Schwarz*, Vorb. Art. 32–34 Rz. 19.

27 Vgl. *Neun* in Theisen/Wenz, Europäische Aktiengesellschaft, S. 57, 166; *Oplustil*, (2003) 4 GLJ 107, 121; *J. Schmidt*, „Deutsche" vs. „britische" SE, S. 312; *Schwarz*, Vorb. Art. 32–34 Rz. 19.

28 Ebenso bereits *Bayer* in Lutter/Hommelhoff, Europäische Gesellschaft, S. 25, 54; *Teichmann*, ZGR 2003, 392 f.; vgl. auch *Neye/Teichmann*, AG 2003, 169, 174; *J. Schmidt*, „Deutsche" vs. „britische" SE, S. 312.

29 So schon *Bayer* in Lutter/Hommelhoff, Europäische Gesellschaft, S. 25, 54; ebenso *Handelsrechtsausschuss des DAV*, NZG 2004, 75, 78; *Handelsrechtsausschuss des DAV*, NZG 2004, 957, 958; *Hügel* in Kalss/Hügel, §§ 25, 26 SEG Rz. 37; *Jannott* in Jannott/Frodermann, Hand-

5. Das Verfahren der Holdinggründung im Überblick

Das Verfahren zur Errichtung einer „deutschen" Holding-SE lässt sich im Wesentli- 12
chen in die folgenden fünf Phasen einteilen[30]:

a) Beschlussvorbereitungs-Phase

In der ersten Phase (Beschlussvorbereitungs-Phase) erfolgt zunächst die Aufstellung 13
des Gründungsplans – einschließlich des darin enthaltenen Gründungsberichts –
(Art. 32 Abs. 2, dazu ausf. unten Rz. 21 ff.) und dessen Prüfung durch Sachverständige
(Art. 32 Abs. 4 und 5, dazu ausf. unten Rz. 51 ff.). Danach wird der Gründungsplan offen gelegt (Art. 32 Abs. 3, dazu ausf. unten Rz. 47 ff.) und die Haupt- bzw. Gesellschafterversammlung jeder Gründungsgesellschaft fasst einen Gründungsbeschluss
(Art. 32 Abs. 6, dazu ausf. unten Rz. 59 ff.).

b) Anteilstausch-Phase

Die anschließende Anteilstausch-Phase gliedert sich in zwei Etappen: Die erste 14
Tranche erfolgt innerhalb einer Frist von drei Monaten durch Abschluss von Anteils-
einbringungsverträgen zwischen den Anteilsinhabern der Gründungsgesellschaften
und der (künftigen) Holding-SE (Art. 33 Abs. 1, dazu ausf. Art. 33 Rz. 7 ff.). Sind die
Bedingungen für die Gründung einer Holding-SE gem. Art. 33 Abs. 3 erfüllt, so wird
dies zunächst offen gelegt (Art. 33 Abs. 3 Satz 1, dazu ausf. Art. 33 Rz. 24 ff.), bevor
im Rahmen einer zweiten Tranche diejenigen Anteilsinhaber der Gründungsgesellschaften, die ihre Anteile nicht bereits umgetauscht hatten, über eine Frist von einem weiteren Monat verfügen, um dies zu tun (Art. 33 Abs. 3 Satz 2, dazu ausf.
Art. 33 Rz. 30 ff.).

c) Gründungsverfahren nach AktG

Die dritte Phase der Holdinggründung besteht aus dem über Art. 15 Abs. 1 zur An- 15
wendung kommenden Gründungsverfahren nach §§ 33 ff. AktG (dazu ausf. Art. 33
Rz. 38 ff.).

d) Mitbestimmungsvereinbarung/Auffanglösung

In einer vierten Phase erfolgt dann der Abschluss einer Mitbestimmungsverein- 16
barung oder ggf. ein Mitbestimmungsverzicht gem. Art. 3 Abs. 6 SE-RL (Art. 12
Abs. 2). Kommt es hierüber zu keiner Einigung, so gilt ggf. die Auffanglösung (Art. 7
Abs. 1 Satz 2 lit. b, Abs. 2 lit. c SE-RL, §§ 22 Abs. 1 Nr. 2, 34 Abs. 1 Nr. 3 SEBG). Ausf.
zur Arbeitnehmerbeteiligung bei der Holdinggründung unten Teil B., § 34 SEBG
Rz. 23.

---

buch Europäische Aktiengesellschaft, § 3 Rz. 128; *Kleindiek* in Lutter/Hommelhoff, Europäi-
sche Gesellschaft, S. 95, 98; *Koke*, Finanzverfassung, S. 57; *Marsch-Barner* in Lutter, Holding-
Handbuch, § 15 Rz. 72; *Neun* in Theisen/Wenz, Europäische Aktiengesellschaft, S. 57, 166 f.;
Neye/Teichmann, AG 2003, 169, 174; *Oplustil*, (2003) 4 GLJ 107, 121; *Schäfer* in Münch-
Komm. AktG, Art. 32 SE-VO Rz. 1; *Scheifele*, Gründung, S. 307 ff.; *J. Schmidt*, „Deutsche" vs.
„britische" SE, S. 312; *Schröder* in Manz/Mayer/Schröder, Art. 32 SE-VO Rz. 100 ff.; *Schwarz*,
Vorb. Art. 32–34 Rz. 19; *Teichmann*, ZGR 2002, 383, 436 Fn. 201; *Teichmann*, ZGR 2003, 367,
392 f.; *Vossius*, ZIP 2005, 741, 746 Fn. 62.
30 S. bereits *Bayer* in Lutter/Hommelhoff, Europäische Gesellschaft, S. 46 f.; ähnlich auch *Hügel*
in Kalss/Hügel, §§ 25, 26 SEG Rz. 6.

e) Schlusseintragungen und Bekanntmachungen

17 Die abschließende fünfte Phase des Gründungsverfahrens bildet die Eintragung der Holding-SE in das Handelsregister (Art. 12 Abs. 1, § 3 SEAG) und deren Offenlegung (Art. 15 Abs. 2 i.V.m. Art. 13) sowie die informatorische Bekanntmachung im Amtsblatt (Art. 14); dazu ausf. Art. 33 Rz. 55 ff.

6. Anwendbarkeit des WpÜG

a) Generelle Anwendbarkeit des WpÜG

18 Im Falle der Gründung einer Holding-SE stellt sich mit besonderer Schärfe die Frage nach der Anwendbarkeit des WpÜG. Umstritten ist insofern bereits, ob das WpÜG überhaupt zur Anwendung gelangt. Von **einigen Autoren** wird dies **prinzipiell verneint**[31]. Teilweise wird argumentiert, dass schon gar keine Übernahmesituation vorliege, weil der Übertragungsvorgang von den Gründungsgesellschaften gemeinsam ausgeht und nicht von einer Bietergesellschaft allein[32]. Jedenfalls aber sei bei der Holdinggründung die „Zaunkönigregel" des Art. 33 Abs. 3 Satz 2 als abschließende Sonderregelung zu verstehen[33]. Weiterhin sei die Preiskontrolle in Form einer Überprüfung der Bewertungsrelation bereits durch Art. 32 Abs. 4 und 5 abschließend geregelt[34]. Schließlich bedürften die Aktionäre eines zusätzlichen Schutzes durch das WpÜG auch gar nicht, da sie entweder in der Gründungsgesellschaft verbleiben oder gegen eine Abfindung ausscheiden könnten[35].

19 Die **h.M.** geht demgegenüber jedoch **zu Recht** von einer **grundsätzlichen Anwendbarkeit des WpÜG** im Falle der SE-Gründung aus: Sofern der Anwendungsbereich des WpÜG gem. § 1 WpÜG eröffnet ist, muss die Holding-SE prinzipiell ein Pflichtangebot nach § 35 WpÜG unterbreiten[36]. Art. 33 regelt nämlich nur die gesellschaftsrechtlichen Voraussetzungen für die Entstehung der Holding-SE, ein Ausschluss einer übernahmerechtlichen Angebotspflicht nach Kontrollerwerb lässt sich daraus keinesfalls ableiten[37], insbesondere im Hinblick auf Erwägungsgrund 12 der SE-VO[38]. Überdies machen die Vorschriften der SE-VO zum Anteilstausch die Anwendung des WpÜG auch keineswegs überflüssig: Nach § 31 Abs. 2 WpÜG (vgl. ähnlich auch Art. 5 Abs. 5 der 13. RL[39]) muss die Gegenleistung nämlich in Geld oder liquiden Aktien bestehen, während die Aktionäre nach der SE-VO nur die Möglichkeit haben, ihre Aktien in diejenigen der SE umzutauschen, welche aber freilich nicht liquide sind,

31 So *Brandt*, NZG 2002, 991, 995; *Ihrig/Wagner*, BB 2003, 969, 973; *Ihrig/Wagner*, BB 2004, 1749, 1753; *J. Vetter* in Lutter/Hommelhoff, Europäische Gesellschaft, S. 111, 162.

32 *Brandt*, NZG 2002, 991, 995.

33 *Ihrig/Wagner*, BB 2003, 969, 973; *Ihrig/Wagner*, BB 2004, 1749, 1753; *J. Vetter* in Lutter/Hommelhoff, Europäische Gesellschaft, S. 111, 162.

34 *Brandt*, NZG 2002, 991, 995; *J. Vetter* in Lutter/Hommelhoff, Europäische Gesellschaft, S. 111, 162.

35 Vgl. insoweit kritisch *Marsch-Barner* in Lutter, Holding-Handbuch, § 15 Rz. 95.

36 *Bayer* in Lutter/Hommelhoff, Europäische Gesellschaft, S. 25, 55 ff.; *Brandes*, AG 2005, 177, 186; *Handelsrechtsausschuss des DAV*, NZG 2004, 74, 79; *Handelsrechtsausschuss des DAV*, NZG 2004, 957, 958; *Horn*, DB 2005, 147, 149; *Koke*, Finanzverfassung, S. 65 ff.; *Neun* in Theisen/Wenz, Europäische Aktiengesellschaft, S. 57, 165; *Oechsler* in MünchKomm. AktG, Art. 2 SE-VO Rz. 20; *Oplustil*, (2003) 4 GLJ 107, 125; *Schäfer* in MünchKomm. AktG, Art. 32 SE-VO Rz. 6; *J. Schmidt*, „Deutsche" vs. „britische" SE, S. 328 f.; *Schröder* in Manz/Mayer/Schröder*, Art. 34 SE-VO Rz. 34; *Schwarz*, Vorb. Art. 32–34 Rz. 17; *Teichmann*, AG 2004, 67, 78 ff.

37 S. *Handelsrechtsausschuss des DAV*, NZG 2004, 75, 79.

38 Vgl. *J. Schmidt*, „Deutsche" vs. „britische" SE, S. 327.

39 Richtlinie 2004/25/EG des Europäischen Parlaments und des Rates v. 21.4.2004 betreffend Übernahmeangebote, ABl.EU Nr. L 142 v. 30.4.2004, S. 12.

weil die SE noch nicht existiert und ihre Aktien noch nicht börsennotiert sind[40]. Weiterhin macht auch das in § 9 SEAG normierte Austrittsrecht (dazu ausf. Art. 34 Rz. 13 ff.) einen Schutz der Aktionäre durch die Vorschriften des WpÜG keineswegs obsolet: zwar dienen beide Instrumente dem Minderheitenschutz, in ihrer Ausgestaltung sind sie jedoch sehr verschieden[41]. Wesentliche Unterschiede bestehen vor allem hinsichtlich des Rechtsschutzes (einen individuellen Rechtsschutz wie bei § 9 SEAG [dazu Art. 34 Rz. 13 ff.] gibt es im Übernahmerecht nicht) sowie hinsichtlich der Preisbildung (anders als im WpÜG[42] kann bei der Barabfindung der Preis für einen eventuellen Vorerwerb von Aktien kaum berücksichtigt werden)[43].

b) Auflösung des Konkurrenzverhältnisses zum Gesellschaftsrecht

Die parallele Anwendbarkeit von SE-VO, Barabfindungsangebot nach § 9 SEAG (dazu   20 ausf. Art. 34 Rz. 13 ff.) und WpÜG führt allerdings in der Praxis zu nicht unerheblichen Problemen: Folge einer kumulativen Anwendung ist nämlich die **Doppelung von Verfahrens-, Informations- und Abfindungsregeln**[44]. Der DAV hatte deshalb im Gesetzgebungsverfahren vorgeschlagen, § 9 SEAG komplett zu streichen; zumindest aber solle sich der Gesetzgeber im SEAG klar zur Frage der Anwendbarkeit des WpÜG und zum Konkurrenzverhältnis äußern[45]. Beiden Empfehlungen ist der Gesetzgeber nicht gefolgt. Gleichwohl lässt sich auch auf der Basis der bestehenden Regelungen durchaus eine sinnvolle Koordinierung beider Materien erreichen[46]. Entgegen einer im Schrifttum vertretenen Auffassung ist die Lösung allerdings nicht in § 35 Abs. 3 WpÜG[47] zu finden: Nach Sinn und Zweck dieser Vorschrift kann ein vorausgehendes freiwilliges Übernahmeangebot ein Pflichtangebot nur dann entbehrlich machen, wenn es denselben Standards (speziell der Mindestpreisregelung des § 31 WpÜG) gerecht wird[48], was jedoch bei dem im Gründungsplan der Holding-SE enthaltenen „Tauschangebot" zu verneinen ist[49]. Wie *Teichmann* zutreffend dargelegt hat, ist das adäquate Instrument zur Koordinierung von Übernahme- und SE-Recht vielmehr die **Befreiung** vom Pflichtangebot nach § 37 WpÜG: Wenn die Interessen der Minderheitsaktionäre durch ein gesellschaftsrechtliches Austrittsrecht (wie § 9 SEAG) hinreichend geschützt sind, so tendiert das Ermessen gegen Null; folglich ist in diesen Fällen die Befreiung zwingend zu erteilen[50]. Im Interesse der Rechtssicherheit würde es sich aber dennoch empfehlen, den Fall der gesellschafts-

---

40 Vgl. *Oplustil*, (2003) 4 GLJ 107, 125 f.
41 Vgl. *Kalss*, ZGR 2003, 593, 642; *Oplustil*, (2003) 4 GLJ 107, 125; *Koke*, Finanzverfassung, S. 67 f.; *Neun* in Theisen/Wenz, Europäische Aktiengesellschaft, S. 57, 164 f; *Teichmann*, AG 2004, 67, 82.
42 S. § 31 Abs. 1 WpÜG i.V.m. § 4 WpÜG-AngebotsVO.
43 Vgl. *Teichmann*, AG 2004, 67, 80 ff., 83.
44 *Bayer* in Lutter/Hommelhoff, Europäische Gesellschaft, S. 25, 57; *Kalss*, ZGR 2003, 593, 638 ff.; *Koke*, Finanzverfassung, S. 67; *Teichmann*, AG 2004, 67, 79.
45 *Handelsrechtsausschuss des DAV*, NZG 2004, 75, 79; *Handelsrechtsausschuss des DAV*, NZG 2004, 957, 958.
46 Vgl. auch *Kalss*, ZGR 2003, 593, 643, 646.
47 So aber *Kalss*, ZGR 2003, 593, 642; *Scheifele*, Gründung, S. 367.
48 Vgl. Begr.RegE z. WpÜG, BT-Drucks. 14/7034, S. 30; *Meyer* in Geibel/Süßmann, WpÜG, 2002, § 35 Rz. 52; *von Bülow* in KölnKomm. WpÜG, 2003, § 35 Rz. 183.
49 *J. Schmidt*, „Deutsche" vs. „britische" SE, S. 329.
50 *Teichmann*, AG 2004, 67, 82 f.; im Anschluss daran ebenso *Bayer* in Lutter/Hommelhoff, Europäische Gesellschaft, S. 25, 57 f.; *Horn*, DB 2005, 147, 149; *J. Schmidt*, „Deutsche" vs. „britische" SE, S. 330. Als möglichen Ausweg wird eine Befreiung auch gesehen von *Brandes*, AG 2005, 177, 186; *Koke*, Finanzverfassung, S. 69; *Marsch-Barner* in Lutter, Holding-Handbuch, § 15 Rz. 95; *Schröder* in Manz/Mayer/Schröder, Art. 34 SE-VO Rz. 34. Kritische jedoch *Oechsler* in MünchKomm. AktG, Art. 2 SE-VO Rz. 21.

rechtlich gewährten Barabfindung in die Liste der Befreiungstatbestände des § 9 WpÜG-AngebotsVO aufzunehmen[51].

II. Gründungsplan (Art. 32 Abs. 2)

1. Allgemeines

21 Die Leitungs- bzw. Verwaltungsorganen der beteiligten Gründungsgesellschaften haben einen gleich lautenden" Gründungsplan zu erstellen, d.h. es ist – wie bei der Verschmelzung (Art. 20 Rz. 2) – **nicht zwingend** ein **gemeinsamer Plan** aufzustellen[52], doch dürfen sich die beiderseitigen Pläne inhaltlich nicht widersprechen[53]. Beim Gründungsplan handelt es sich – ebenso wie beim Verschmelzungsplan (Art. 20 Rz. 5) – um einen gesellschaftsrechtlichen Organisationsakt[54].

2. Form

22 Der Gründungsplan einer deutschen Gründungsgesellschaft bedarf nach Art. 18 (analog) i.V.m. § 6 UmwG (analog) der **notariellen Beurkundung**[55]. Auch wer dies ablehnt[56], wird nicht bestreiten können, dass zumindest die Satzung einer deutschen SE – die Teil des Gründungsplans ist (unten Rz. 41) – der notariellen Beurkundung gem. Art. 15 Abs. 1 i.V.m. § 23 Abs. 1, 2 AktG bedarf[57]. Zur Problematik der Auslandsbeurkundung: Art. 20 Rz. 8.

3. Inhalt

23 Der (Pflicht-)Inhalt des Gründungsplans wird in **Art. 32 Abs. 2 Satz 2–4** geregelt. Er ist in drei Teile untergliedert: Die Mindestangaben nach Art. 20 Abs. 1 Satz 2 lit. a–c, f–i (Rz. 24 ff.), die Mindesteinbringungsquote (Rz. 37 ff.) und den Gründungsbericht (Rz. 41 ff.). Darüber hinaus kommen Schutzvorschriften zugunsten der die Gründung ablehnenden Minderheitsgesellschafter, der Gläubiger und der Arbeitnehmer in Betracht, die vom nationalen Gesetzgeber nach **Art. 34** angeordnet werden dürfen (dazu Art. 34 Rz. 1). Auch wenn eine dem Art. 20 Abs. 2 vergleichbare Regelung fehlt, besteht Einigkeit, dass es den Parteien freisteht, zusätzliche Regelungen in den Gründungsplan aufzunehmen[58].

---

51 *Teichmann*, AG 2004, 67, 82 f. S. auch bereits *Bayer* in Lutter/Hommelhoff, Europäische Gesellschaft, S. 35, 57.
52 So aber *Schwarz*, Art. 32 Rz. 9; *Scheifele*, Gründung, S. 312.
53 *Bayer* in Lutter/Hommelhoff, Europäische Gesellschaft, S. 25, 48; *Hügel* in Kalss/Hügel, §§ 25, 26 SEG Rz. 9; *Oplustil*, (2003) 4 GLJ 107, 111; *Schäfer* in MünchKomm. AktG, Art. 32 SE-VO Rz. 9; *J. Schmidt*, „Deutsche" vs. „britische" SE, S. 274; *Schröder* in Manz/Mayer/Schröder, Art. 32 SE-VO Rz. 18; *Teichmann*, ZGR 2002, 383, 417.
54 *Schäfer* in MünchKomm. AktG, Art. 32 SE-VO Rz. 10; *Scheifele*, Gründung, S. 312; *Schwarz*, Art. 32 Rz. 8.
55 *Bayer* in Lutter/Hommelhoff, Europäische Gesellschaft, S. 25, 48; *Oplustil*, (2003) 4 GLJ 107, 113; *Schäfer* in MünchKomm. AktG, Art. 32 SE-VO Rz. 23; *J. Schmidt*, „Deutsche" vs. „britische" SE, S. 284 f.; *Schwarz*, Art. 32 Rz. 37; i.E. auch *Heckschen*, DNotZ 2003, 251, 263; *Heckschen*, in Widmann/Mayer, Anhang 14 Rz. 294 ff.; *Jannott* in Jannott/Frodermann, Handbuch Europäische Aktiengesellschaft, § 3 Rz. 131.
56 So *Brandes*, AG 2005, 177, 182; *Marsch-Barner* in Lutter, Holding-Handbuch, § 15 Rz. 42; *Vossius*, ZIP 2005, 741, 745 Fn. 51.
57 *Heckschen*, DNotZ 2003, 251, 263; *Heckschen* in Widmann/Mayer, Anhang 14 Rz. 296; *Jannott* in Jannott/Frodermann, Handbuch Europäische Aktiengesellschaft, § 3 Rz. 131; *Schäfer* in MünchKomm. AktG, Art. 32 SE-VO Rz. 23.
58 *Heckschen* in Widmann/Mayer, Anhang 14 Rz. 283; *Marsch-Barner* in Lutter, Holding-Handbuch, § 15 Rz. 41; *Schäfer* in MünchKomm. AktG, Art. 32 SE-VO Rz. 22; *Scheifele*, Gründung,

a) Mindestangaben gem. Art. 32 Abs. 2 Satz 3 Halbs. 1

Art. 32 Abs. 2 Satz 3 verweist auf die Angaben in **Art. 20 Abs. 1**; ausgenommen sind 24 lediglich Art. 20 Abs. 1 lit. d (Zeitpunkt der Gewinnberechtigung) und lit. e (Verschmelzungsstichtag). Dies resultiert daraus, dass die Gründungsgesellschaften nicht erlöschen, sondern ohne jede Schmälerung ihres Vermögens weiterbestehen[59]. Anzugeben sind daher (nur):

aa) Firma und Sitz (Art. 20 Abs. 1 lit. a). Firma und Sitz der Gründungsgesellschaften 25 sowie der künftigen SE (Art. 20 Abs. 1 lit. a); die Holding-SE muss ihren Sitz nicht notwendigerweise in einem der Mitgliedstaaten haben, in denen die Gründungsgesellschaften ansässig sind (arg. e Art. 32 Abs. 4 Satz 2)[60].

bb) Umtauschverhältnis der Aktien und ggf. Höhe der Ausgleichsleistung (Art. 20 26 **Abs. 1 lit. b).** Über Art und Umfang der Ausgleichsleistung enthält die SE-VO keine Regelung. Daraus lässt sich jedoch nicht folgern, dass insoweit keinerlei Begrenzungen bestünden[61]. Vielmehr ist diese Frage – wie im Falle der Verschmelzung – über Art. 15 Abs. 1 nach dem Recht am Sitz der künftigen SE zu entscheiden[62]; Art. 18 kommt entgegen verbreiteter Auffassung[63] hingegen nicht zur Anwendung (ausf. Art. 20 Rz. 19). Im Falle einer **deutschen SE** bedeutet dies, dass gem. Art. 15 Abs. 1 i.V.m. § 68 Abs. 3 UmwG (analog) nur bare Zuzahlungen bis zur Höhe von 10% des Gesamtnennbetrages der gewährten Aktien der Holding-SE erfolgen dürfen[64].

cc) Einzelheiten hinsichtlich der Übertragung der Aktien (Art. 20 Abs. 1 lit. c). Eine 27 Regelung dieser Frage ist bei der Holding-SE deshalb besonders wichtig, weil der Anteilstausch – anders als bei der Verschmelzung (dazu Art. 20 Rz. 20) – nicht ex lege erfolgt (s. zum Aktienerwerb Art. 33 Rz. 21)[65]. Im Hinblick auf eine inländische Gründungsgesellschaft ist umstritten, ob über Art. 18 die Vorschrift des **§ 71 UmwG** zur Anwendung kommt und somit zwingend ein **Treuhänder** zu bestellen ist[66] (nach a.A. soll sich die Problematik hingegen nur stellen, wenn es sich um eine deutsche SE handelt; Verweisungsnorm wäre dann Art. 15 Abs. 1[67]; dagegen aber Art. 20 Rz. 20). Richtigerweise ist eine solche Verpflichtung jedoch zu **verneinen**[68]. Denn Art. 33

S. 325 f.; *J. Schmidt*, „Deutsche" vs. „britische" SE, S. 284; *Schröder* in Manz/Mayer/Schröder, Art. 32 SE-VO Rz. 54; *Schwarz*, Art. 32 Rz. 36.

59 *Heckschen* in Widmann/Mayer, Anhang 14 Rz. 283; *Hügel* in Kalss/Hügel, §§ 25, 26 SEG Rz. 10; *Marsch-Barner* in Lutter, Holding-Handbuch, § 15 Rz. 35; *Schäfer* in MünchKomm. AktG, Art. 32 SE-VO Rz. 11; *J. Schmidt*, „Deutsche" vs. „britische" SE, S. 276; *Schwarz*, Art. 32 Rz. 11.

60 Ebenso *Schäfer* in MünchKomm. AktG, Art. 32 SE-VO Rz. 11; *Scheifele*, Gründung, S. 313 Fn. 50; *Schwarz*, Art. 32 Rz. 12.

61 So aber *Hügel* in Kalss/Hügel, §§ 25, 26 SEG Rz. 10 i.V.m. § 17 SEG Rz. 13; zumindest für den Fall, dass das nationale Recht keine besonderen Regeln für die Holdinggründung kennt: *Neun* in Theisen/Wenz, Europäische Aktiengesellschaft, S. 57, 145; s. ferner auch *Marsch-Barner* in Lutter, Holding-Handbuch, § 15 Rz. 35.

62 Wie hier *J. Schmidt*, „Deutsche" vs. „britische" SE, S. 276.

63 *Schäfer* in MünchKomm. AktG, Art. 32 SE-VO Rz. 12; *Scheifele*, Gründung, S. 314; *Schwarz*, Art. 32 Rz. 14.

64 *J. Schmidt*, „Deutsche" vs. „britische" SE, S. 276 f.; ebenso i.E. auch *Jannott* in Jannott/Frodermann, Handbuch Europäische Aktiengesellschaft, § 3 Rz. 136 (allerdings qua einer Analogie gemeinschaftsrechtlicher Grundsätze).

65 *Schäfer* in MünchKomm. AktG, Art. 32 SE-VO Rz. 13; *Scheifele*, Gründung, S. 382; *Schwarz*, Art. 33 Rz. 31; s. ferner auch *Handelsrechtsausschuss des DAV*, NZG 2004, 75, 79.

66 Dafür *Scheifele*, Gründung, S. 315.

67 So *Koke*, Finanzverfassung, S. 47; *Schwarz*, Art. 32 Rz. 16.

68 Wie hier *Brandes*, AG 2005, 177, 186; *Marsch-Barner* in Lutter, Holding-Handbuch, § 15 Rz. 35; *Neun* in Theisen/Wenz, Europäische Aktiengesellschaft, S. 57, 145; *Schäfer* in MünchKomm. AktG, Art. 32 SE-VO Rz. 13; *J. Schmidt*, „Deutsche" vs. „britische" SE, S. 191 f.

Abs. 4 ordnet lediglich an, dass überhaupt ein Anteilstausch zu erfolgen hat; die Bestimmung von Zeit und Ort der Erwerbsmodalitäten ist damit prinzipiell den beteiligten Gründungsgesellschaften überlassen[69]. Überdies besteht im Falle der Holdinggründung auch kein vergleichbares Schutzbedürfnis für die Anteilsinhaber, da hier die Gründungsgesellschaften – anders als die übertragenden Gesellschaften im Falle der Verschmelzung – nicht erlöschen[70]. Allerdings kann es sich anbieten, freiwillig einen (mehrseitigen) Treuhänder einzuschalten, der die Aktien der umtauschwilligen Aktionäre treuhänderisch übernimmt und dann einbringt[71].

28   **dd) Sonderrechte (Art. 20 Abs. 1 lit. f).** Dazu Art. 20 Rz. 23.

29   **ee) Vorteile für sonstige Beteiligte (Art. 20 Abs. 1 lit. g).** Dazu Art. 20 Rz. 24.

30   **ff) Satzung (Art. 20 Abs. 1 lit. h).** Der Satzungsinhalt bestimmt sich bei einer deutschen SE nach Art. 15 Abs. 1 i.V.m. § 23 AktG[72].

31   **(1) Grundkapital. Problematisch** ist die geforderte Angabe des **Grundkapitals** (§ 23 Abs. 3 Nr. 3 AktG), da dieses erst mit Ablauf der Nachfrist des Art. 33 Abs. 3 Satz 2 (dazu Art. 33 Rz. 30 ff.) endgültig fest steht. Weil dem deutschen Recht die von der SE-VO vorgesehene Stufengründung (oben Rz. 14) fremd ist[73], war vorgeschlagen worden, dass im SEAG eine spezielle Regelung getroffen wird, durch die ein vorläufiges Grundkapital ausdrücklich anerkannt wird[74]; anders als der österreichische Gesetzgeber[75] ist der deutsche Gesetzgeber dieser Forderung indes nicht gefolgt. Im Schrifttum werden im Wesentlichen folgende vier Vorgehensweisen diskutiert: Stufenweise Festsetzung des Grundkapitals, Treuhänderlösung, bedingtes Kapital und genehmigtes Kapital.

32   Die im Anfangsstadium der Diskussion von *Oplustil* vorgeschlagene **stufenweise Festsetzung** des Grundkapitals (zunächst Eintragung mit einer Art „Minimalkapital", das nach Ablauf der Nachfrist ggf. anzupassen ist)[76] wäre zwar aus praktischer Sicht eine zweckmäßige und Lösung; ihre Vereinbarkeit mit dem sowohl im deutschen[77], aber auch im europäischen[78] Recht geltenden System des festen Grundkapitals erscheint jedoch äußerst zweifelhaft[79].

33   Unter pragmatischen Aspekten durchaus interessant ist auch die sog. **Treuhänderlösung**, nach der die Aktien der zu gründenden Holding-SE zunächst vollständig auf einen Treuhänder übertragen werden, welcher sie dann an die tauschwilligen Aktionäre verteilt[80]. Problematisch an dieser Konstruktion ist allerdings, was am Ende mit

---

69 *Marsch-Barner* in Lutter, Holding-Handbuch, § 15 Rz. 35; *Neun* in Theisen/Wenz, Europäische Aktiengesellschaft, S. 57, 145; *Schäfer* in MünchKomm. AktG, Art. 32 SE-VO Rz. 13; *J. Schmidt*, „Deutsche" vs. „britische" SE, S. 277.
70 *J. Schmidt*, „Deutsche" vs. „britische" SE, S. 277.
71 *Brandes*, AG 2005, 177, 186; *Vossius*, ZIP 2005, 741, 746; *Schäfer* in MünchKomm. AktG, Art. 32 SE-VO Rz. 13 a.E. m.w.N.
72 *Schäfer* in MünchKomm. AktG, Art. 32 SE-VO Rz. 14; *Schwarz*, Vor Art. 32–34 Rz. 20.
73 *Hüffer*, § 23 Rz. 28; *Pentz* in MünchKomm. AktG, § 23 Rz. 108.
74 *Handelsrechtsausschuss des DAV*, NZG 2004, 75, 79; *Handelsrechtsausschuss des DAV*, NZG 2004, 957, 958; *Marsch-Barner* in Lutter, Holding-Handbuch, § 15 Rz. 38.
75 S. § 25 Abs. 3 öSEG; dazu *Hügel* in Kalss/Hügel, §§ 25, 26 SEG Rz. 36.
76 *Oplustil*, (2003) 4 GLJ 107, 120; ähnlich wohl auch *Heckschen* in Widmann/Mayer, Anhang 14 Rz. 288 (zunächst nur Festlegung von Mindest- und Höchstgrenze in Anlehnung an § 25 Abs. 3 öSEG).
77 *Hüffer*, § 23 Rz. 28; *Pentz* in MünchKomm. AktG, Art. 32 SE-VO Rz. 14.
78 S. statt aller *Grundmann*, Europäisches Gesellschaftsrecht, Rz. 330.
79 Näher *Koke*, Finanzverfassung, S. 45 f.
80 Hierfür *Koke*, Finanzverfassung, S. 47 ff.; *Scheifele*, Gründung, S. 317 f., 380 f.

„überzähligen" Holding-SE-Aktien geschehen soll, d.h. wenn und soweit die Anteilsinhaber, für welche diese vorgesehen waren, sich gegen einen „Anteilstausch" entscheiden[81].

Auch die Alternativen der Verwendung eines genehmigten oder bedingten Kapitals 34 sind – neben der insoweit etwas misslichen Begrenzung auf die Hälfte des Grundkapitals (§§ 192 Abs. 3 Satz 1, 202 Abs. 3 Satz 1 AktG)[82] – mit einer Reihe konstruktiver und dogmatischer Probleme verbunden, die sich allerdings letztlich durchaus lösen lassen. Die Verwendung eines **bedingten Kapitals**[83] dürfte jedenfalls nicht bereits an dessen Zweckbegrenzung scheitern, denn man wird die Holdinggründung (zumindest im Wege der SE-spezifischen Auslegung) unter § 192 Abs. 2 Nr. 2 AktG (Vorbereitung eines Zusammenschlusses) subsumieren können[84]. Der neuralgische Punkt dürfte eher bei der umstrittenen Frage der Zulässigkeit eines bedingten Kapitals in der Gründungssatzung zu verorten sein. Soweit diese verneint wird[85], vermag dies indes bereits für nationale Sachverhalte kaum zu überzeugen[86]. Bei der Holding-SE-Gründung besteht darüber hinaus aufgrund der europarechtlichen Vorgaben unzweifelhaft ein dringendes Bedürfnis nach einer entsprechenden Regelung bereits im Gründungsstadium, so dass man jedenfalls hier im Wege der verordnungskonformen Auslegung ein bedingtes Kapital bereits in der Gründungssatzung zulassen muss[87].

Die Schaffung eines **genehmigten Kapitals**[88] in der Gründungssatzung ist hingegen vom Gesetzgeber in § 202 Abs. 1 AktG explizit gestattet[89]. Die gegen diese Lösung vorgebrachten Bedenken im Hinblick darauf, dass über die Ausübung des genehmigten Kapitals das Leitungs- bzw. Verwaltungsorgan entscheidet und damit die Gefahr bestehe, dass die Aktien letztlich gar nicht an die tauschwilligen Aktionäre ausgegeben werden[90], sind unbegründet: Sofern die Satzung nicht ausdrücklich eine Zweckbegrenzung auf die Aktienausgabe an tauschwillige Aktionäre vorsieht, dürfte das Auswahlermessen der Verwaltung jedenfalls insoweit auf Null reduziert sein[91].

---

81 S. dazu *J. Schmidt*, „Deutsche" vs. „britische" SE, S. 341 Fn. 1395. Explizit gegen die Treuhandlösung auch *Schäfer* in MünchKomm. AktG, Art. 33 SE-VO Rz. 23 Fn. 38.
82 Kritisch insoweit *Scheifele*, Gründung, S. 380; *Schwarz*, Art. 33 Rz. 55. Durch eine entsprechende Festsetzung von Mindestquote (dazu unten Rz. 37 ff.) und ggf. weitere Kapitalmaßnahmen im Vorfeld lässt sich allerdings auch diese Hürde nehmen, vgl. dazu *J. Schmidt*, „Deutsche" vs. „britische" SE, S. 278 f.
83 Vgl. *Brandes*, AG 2005, 177, 182; *Handelsrechtsausschuss des DAV*, NZG 2004, 75, 79; *Jannott* in Jannott/Frodermann, Handbuch Europäische Aktiengesellschaft, § 3 Rz. 140; *Marsch-Barner* in Lutter, Holding-Handbuch, § 15 Rz. 38; *Schäfer* in MünchKomm. AktG, Art. 33 SE-VO Rz. 22f.; *J. Schmidt*, „Deutsche" vs. „britische" SE, S. 278 ff.; *Vossius*, ZIP 2005, 741, 745 Fn. 50. Dagegen jedoch *Koke*, Finanzverfassung, S. 46; *Scheifele*, Gründung, S. 316; *Schwarz*, Art. 33 Rz. 54 f.
84 Vgl. *J. Schmidt*, „Deutsche" vs. „britische" SE, S. 279.
85 *Lutter* in KölnKomm. AktG, 2. Aufl. 1995, § 192 Rz. 2; *Fuchs* in MünchKomm. AktG, § 192 Rz. 2. m.w.N.
86 *Frey* in Großkomm. AktG, 4. Aufl. 2001, § 192 Rz. 24 ff.; *Krieger* in MünchHdb. AG, § 57 Rz. 11; *Georgakopoulos*, ZHR 120 (1957), 84, 151; jedenfalls für den Fall des § 192 Abs. 2 Nr. 3 AktG auch *Hüffer*, § 192 Rz. 7.
87 Ebenso *Schäfer* in MünchKomm. AktG, Art. 33 SE-VO Rz. 23; *J. Schmidt*, „Deutsche" vs. „britische" SE, S. 278 f. S. ferner auch *Brandes*, AG 2005, 177, 182.
88 Hierfür *Brandes*, AG 2005, 177, 183; *Jannott* in Jannott/Frodermann, Handbuch Europäische Aktiengesellschaft, § 3 Rz. 140; *J. Schmidt*, „Deutsche" vs. „britische" SE, S. 278, 280. *Vossius*, ZIP 2005, 741, 745 Fn. 50. Dagegen jedoch *Scheifele*, Gründung, S. 317, 379 f.; *Schwarz*, Vorb. Art. 32–34 Rz. 20, Art. 33 Rn. 54 f.
89 S. *Bayer* in MünchKomm. AktG, § 202 Rz. 36; *Hüffer*, § 202 Rz. 3.
90 So *Scheifele*, Gründung, S. 379 f.; *Schwarz*, Art. 33 Rz. 55.
91 *J. Schmidt*, „Deutsche" vs. „britische" SE, S. 280.

35   **(2) Sacheinlagen. Problematisch** sind weiterhin die von § 27 Abs. 1 AktG in der Satzung geforderten Angaben zur **Sacheinlage**, da im Zeitpunkt der Aufstellung der Satzung noch gar nicht feststeht, welche Anteilsinhaber ihre Anteile einbringen und hierfür Aktien der SE erhalten. Daraus lässt sich allerdings nicht folgern, dass gar keine entsprechenden Angaben erforderlich wären[92]. § 27 Abs. 1 AktG ist vielmehr verordnungskonform dahingehend auszulegen, dass es anstelle der konkreten Angabe von Einlagegegenstand und Person des Inferenten genügt, dass aus der Satzung klar hervorgeht, dass das Grundkapital durch die Einbringung von Anteilen an den Gründungsgesellschaften gegen Gewährung von SE-Aktien zum festgesetzten Umtauschverhältnis aufgebracht wird[93]; damit wird auch bei der Holdinggründung der Schutzzweck des § 27 Abs. 1 AktG so weit als möglich realisiert (weitergehend oben Art. 6 Rz. 8: Zeichnung analog § 185 AktG).

36   **gg) Angaben zum Verfahren der Arbeitnehmerbeteiligung (Art. 20 Abs. 1 lit. i).** Vgl. dazu Art. 20 Rz. 26.

b) Mindesteinbringungsquote gem. Art. 32 Abs. 2 Satz 2 Halbs. 2, Satz 4

37   Eine Holding-SE kann nur gegründet werden, wenn die Aktionäre einen im Gründungsplan festgesetzten Mindestprozentsatz ihrer Aktien und sonstigen Anteile an den Gründungsgesellschaften einbringen. Da dieser Prozentsatz zwingend mehr als 50% der durch Aktien verliehenen ständigen Stimmrechte betragen muss, ist sichergestellt, dass die Holding-SE **beherrschende Konzernspitze** wird; die Gründungsgesellschaften werden somit zu Tochtergesellschaften (zu dieser Funktion der Holding-SE: oben Rz. 1)[94]. Nicht Voraussetzung ist, dass die Holding-SE auch über die Mehrheit am Grundkapital verfügt; dies ist jedoch im Hinblick auf Beschlüsse, die auch eine Kapitalmehrheit erfordern (z.B. Satzungsänderungen gem. § 179 Abs. 2 AktG), unschädlich,[95] da auch insoweit nur stimmberechtigte Aktien zählen[96].

38   Es müssen **mindestens 50% plus 1 der stimmberechtigten Aktien** umgetauscht werden[97]; im Falle einer deutschen Gründungsgesellschaft zählen somit stimmrechtslose Aktien (z.B. Vorzugsaktien gem. § 140 Abs. 1 AktG) nicht mit[98]; Mehrstimmrechtsaktien (soweit noch zulässig) und Höchststimmrechtsaktien werden mit ihrem Stimmgewicht berücksichtigt[99]. Nicht berücksichtigt werden Aktien, die satzungsmäßig nur auf bestimmte Beschlussgegenstände beschränkt sind[100]. Weil **eigenen Ak-**

---

92   So aber offenbar *Neun* in Theisen/Wenz, Europäische Aktiengesellschaft, S. 57, 170.

93   Ebenso *Schäfer* in MünchKomm. AktG, Art. 32 SE-VO Rz. 15; *Scheifele*, Gründung, S. 318; *Schwarz*, Vorb. Art. 32–34 Rz. 24. Vgl. ferner *Brandes*, AG 2005, 177, 182; *Handelsrechtsausschuss des DAV*, NZG 2004, 75, 78; *Handelsrechtsausschuss des DAV*, NZG 2004, 957, 958 (Angabe der Person des Sacheinlegers entbehrlich). Weitergehend *Koke*, Finanzverfassung, S. 51 (der auf Basis seiner Treuhänderlösung die Angabe des Treuhänders als Inferenten fordert).

94   *Bayer* in Lutter/Hommelhoff, Europäische Gesellschaft, S. 25, 48; *Scheifele*, Gründung, S. 319; *Schwarz*, Art. 32 Rz. 19.

95   Zumindest missverständlich daher *Schwarz*, Art. 32 Rz. 19.

96   *Hüffer*, § 179 Rz. 14 m.w.N.

97   *Schäfer* in MünchKomm. AktG, Art. 32 SE-VO Rz. 16; *Schröder* in Manz/Mayer/Schröder, Art. 32 SE-VO Rz. 55; *Schwarz*, Art. 32 Rz. 23; ungenau *Bungert/Beier*, EWS 2002, 1, 7 und *Jahn/Herfs-Röttgen*, DB 2001, 631, 633 („mindestens 50%").

98   *Bayer* in Lutter/Hommelhoff, Europäische Gesellschaft, S. 25, 48; *Oplustil*, (2003) 4 GLJ 107, 112; *Schäfer* in MünchKomm. AktG, Art. 32 SE-VO Rz. 16; *Scheifele*, Gründung, S. 319; *J. Schmidt*, „Deutsche" vs. „britische" SE, S. 282; *Schwarz*, Art. 32 Rz. 20.

99   *Schäfer* in MünchKomm. AktG, Art. 32 SE-VO Rz. 16; *Scheifele*, Gründung, S. 319; *Schwarz*, Art. 32 Rz. 20.

100   *Scheifele*, Gründung, S. 319; *Schwarz*, Art. 32 Rz. 21.

tien, die von den Gründungsgesellschaften gehalten werden, das Stimmrecht nur vorübergehend entzogen ist (§ 71b AktG) und somit bei Einbringung in die Holding-SE wieder auflebt, können diese ohne weiteres in Ansatz gebracht werden[101].

Die Mindesteinbringungsquote ist für **jede Gründungsgesellschaft gesondert** festzusetzen und muss auch nicht übereinstimmen; sie muss jedoch stets über 50% der stimmberechtigten Aktien liegen[102].   39

Eine **Höchstquote** darf hingegen **nicht** angeordnet werden, weil auf diese Weise das Einbringungswahlrecht gem. Art. 33 Abs. 1 und 4 (dazu Art. 33 Rz. 3 ff.) unterlaufen würde[103].   40

c) Gründungsbericht gem. Art. 32 Abs. 2 Satz 2

aa) Allgemeines. Der Gründungsbericht ist hier – anders als bei der Verschmelzung (dazu Art. 20 Rz. 29 ff.) – ausdrücklich **Teil des Gründungsplans**. Diese Einbeziehung bedeutet allerdings nicht, dass zwingend ein gemeinsamer Gründungsbericht zu erstellen ist[104]. Vielmehr ist es ausreichend, wenn die von den Leitungs- oder Verwaltungsorganen der Gründungsgesellschaften erstellten Gründungsberichte sich inhaltlich nicht widersprechen und jedenfalls insoweit übereinstimmen, als nicht Besonderheiten der jeweiligen nationalen Rechtsordnung Abweichungen erfordern[105]; auch kann der (jeweilige) Gründungsbericht in einer separaten, dem Plan beigefügten Urkunde enthalten sein[106] (bedeutsam im Hinblick auf die Offenlegung: unten Rz. 47 ff.).   41

bb) Inhalt. Aufgabe des Gründungsberichts ist, die Gründung aus rechtlicher und wirtschaftlicher Sicht zu erläutern und die Auswirkungen des Übergangs zur Rechtsform der SE für die Anteilsinhaber[107] und Arbeitnehmer darzulegen. Ratio ist – ebenso wie beim Verschmelzungsbericht (s. dazu Art. 20 Rz. 29 ff.) –, den Anteilsinhabern alle für ihre Entscheidungsfindung relevanten Informationen zu verschaffen[108]. Obschon in Art. 32 Abs. 2 Satz 2 (anders als etwa Art. 9 der 3. RL[109]) eine „ausführliche" Berichterstattung nicht explizit verlangt wird, wird daher allgemein zu Recht davon   42

---

101   *Bayer* in Lutter/Hommelhoff, Europäische Gesellschaft, S. 25, 48; *Oplustil*, (2003) 4 GLJ 107, 112; *Schäfer* in MünchKomm. AktG, Art. 32 SE-VO Rz. 16; *J. Schmidt*, „Deutsche" vs. „britische" SE, S. 282; *Schwarz*, Art. 32 Rz. 22.
102   *Bayer* in Lutter/Hommelhoff, Europäische Gesellschaft, S. 25, 48; *Heckschen* in Widmann/Mayer, UmwG, Anhang 14 Rz. 286; *Scheifele*, Gründung, S. 320; *J. Schmidt*, „Deutsche" vs. „britische" SE, S. 282; *Schwarz*, Art. 32 Rz. 25.
103   *Bayer* in Lutter/Hommelhoff, Europäische Gesellschaft, S. 25, 48; *Heckschen* in Widmann/Mayer, Anhang 14 Rz. 285; *Schäfer* in MünchKomm. AktG, Art. 32 SE-VO Rz. 16; *J. Schmidt*, „Deutsche" vs. „britische" SE, S. 282; *Schwarz*, Art. 32 Rz. 25.
104   So aber *Scheifele*, Gründung, S. 321; *Schwarz*, Art. 32 Rz. 27; vgl. ferner *Jannott* in Jannott/Frodermann*, Handbuch Europäische Aktiengesellschaft, § 3 Rz. 133; *Neun* in Theisen/Wenz, Europäische Aktiengesellschaft, S. 57, 146.
105   *Schäfer* in MünchKomm. AktG, Art. 32 SE-VO Rz. 17.
106   *Schäfer* in MünchKomm. AktG, Art. 32 SE-VO Rz. 17.
107   Art. 32 Abs. 2 Satz 2 spricht zwar von „Aktionären", wegen Abs. 7 sind damit aber auch die Anteilsinhaber einer GmbH gemeint.
108   *Jannott* in Jannott/Frodermann, Handbuch Europäische Aktiengesellschaft, § 3 Rz. 134; *Mahi*, Europäische Aktiengesellschaft, S. 56; *Marsch-Barner* in Lutter, Holding-Handbuch, § 15 Rz. 25; *Schäfer* in MünchKomm. AktG, Art. 32 SE-VO Rz. 17; *J. Schmidt*, „Deutsche" vs. „britische" SE, S. 283; *Schwarz*, Art. 32 Rz. 34.
109   Dritte Richtlinie 78/855/EWG des Rates vom 9.10.1978 gemäß Artikel 54 Absatz 3 Buchstabe g) des Vertrages betreffend die Verschmelzung von Gesellschaften, ABl.EG Nr. L 295 v. 20.10.1978, S. 36.

ausgegangen, dass gleichwohl eine umfassende und detaillierte Darstellung erforderlich ist[110].

43 Die Erläuterungen haben sich dabei insbesondere auch auf den **Gründungsplan** zu beziehen[111]. Gegenstand des Berichts ist zudem speziell auch die wirtschaftliche **Zweckmäßigkeit** der Holdinggründung[112]. Ein Schwerpunkt der Berichterstattung liegt überdies – trotz des Fehlens einer entsprechenden ausdrücklichen Regelung – in der Erläuterung des für die Anteilsinhaber äußerst bedeutsamen **Umtauschverhältnisses**[113].

44 Im Wesentlichen gelten also dieselben Anforderungen wie bei der Verschmelzung, so dass insoweit bzgl. der Einzelheiten weitgehend auf die einschlägigen Kommentierungen zu § 8 UmwG[114] Bezug genommen werden kann. Besonderheiten ergeben sich allerdings dadurch, dass zugleich ein Rechtsformwechsel in die SE stattfindet, weshalb nach Art. 32 Abs. 2 Satz 2 speziell auch dessen **Auswirkungen auf die Anteilsinhaber und Arbeitnehmer** darzulegen sind[115].

45 **cc) Prüfung.** Als Teil des Gründungsplans unterliegt (auch) der Gründungsbericht der Prüfung gem. Art. 32 Abs. 4 Satz 1 (ausf. unten Rz. 57).

d) Abfindungsangebot

46 Unter den Voraussetzungen des § 9 SEAG (dazu Art. 34 Rz. 13 ff.) muss eine deutsche Gründungsgesellschaft im Gründungsplan jedem widersprechenden Aktionär ein Barabfindungsangebot machen. Grundlage für diese über Art. 32 Abs. 2 hinausgehende Pflichtangabe ist die Ermächtigung in Art. 34[116].

III. Offenlegung (Art. 32 Abs. 3)

1. Verfahren

47 Die Offenlegung des Gründungsplans hat gem. Art. 32 Abs. 3 für jede Gründungsgesellschaft „nach den in den Rechtsvorschriften der einzelnen Mitgliedstaaten gem.

---

110 *Marsch-Barner* in Lutter, Holding-Handbuch, § 15 Rz. 25; *Neun* in Theisen/Wenz, Europäische Aktiengesellschaft, S. 57, 146; *Schäfer* in MünchKomm. AktG, Art. 32 SE-VO Rz. 18; *Scheifele*, Gründung, S. 325; *J. Schmidt*, „Deutsche" vs. „britische" SE, S. 283; *Schwarz*, Art. 32 Rz. 34.

111 *Jannott* in Jannott/Frodermann, Handbuch Europäische Aktiengesellschaft, § 3 Rz. 134; *Schäfer* in MünchKomm. AktG, Art. 32 SE-VO Rz. 18; *Scheifele*, Gründung, S. 323; *Schwarz*, Art. 32 Rz. 30; vgl. auch zur Verschmelzungs-SE oben Art. 20 Rz. 31.

112 *Heckschen* in Widmann/Mayer, Anhang 14 Rz. 301; *Marsch-Barner* in Lutter, Holding-Handbuch, § 3 Rz. 26; *Scheifele*, Gründung, S. 322; *J. Schmidt*, „Deutsche" vs. „britische" SE, S. 283; *Schwarz*, Art. 32 Rz. 29. Vgl. auch *Schäfer* in MünchKomm. AktG, Art. 32 SE-VO Rz. 18.

113 *Heckschen* in Widmann/Mayer, Anhang 14 Rz. 301; *Marsch-Barner* in Lutter, Holding-Handbuch, § 15 Rz. 29; *Schäfer* in MünchKomm. AktG, Art. 32 SE-VO Rz. 18; *Scheifele*, Gründung, S. 323; *J. Schmidt*, „Deutsche" vs. „britische" SE, S. 283; *Schwarz*, Art. 32 Rz. 30.

114 S. etwa *Lutter/Drygala* in Lutter, UmwG, § 8 Rz. 13 ff.; *Gehling* in Semler/Stengel, UmwG, § 8 Rz. 11 ff.

115 Näher hierzu *Marsch-Barner* in Lutter, Holding-Handbuch, § 15 Rz. 29 ff.; *Scheifele*, Gründung, S. 323 ff.; *Schwarz*, Art. 32 Rz. 31 ff.

116 *Mahi*, Europäische Aktiengesellschaft, S. 55; *Neun* in Theisen/Wenz, Europäische Aktiengesellschaft, S. 57, 144; *Scheifele*, Gründung, S. 325; *J. Schmidt*, „Deutsche" vs. „britische" SE, S. 284.

Art. 3 der RL 68/151/EWG [1. (Publizitäts-)RL][117] vorgesehenen Verfahren" zu erfolgen. Es handelt sich bei dieser Offenlegungsvorschrift nicht um eine Ermächtigungsnorm[118], sondern um eine Verweisung in das maßgebliche nationale Recht, das lediglich mit Art. 3 der 1. RL übereinstimmen muss[119]. Für eine deutsche Gründungsgesellschaft würde dies unter Zugrundelegung der allgemeinen Publizitätsregeln bedeuten, dass der Gründungsplan beim Handelsregister zur Eintragung anzumelden wäre; nach erfolgter Eintragung müsste der Gründungsplan anschließend bekannt gemacht werden (§§ 12 Abs. 1, 10 Satz 1 HGB)[120]. Ausreichend ist nach Art. 3 Abs. 2, 4 der 1. RL allerdings auch die Hinterlegung beim Register verbunden mit der Bekanntmachung eines Hinweises; dieses Verfahren wird – in Übereinstimmung mit Art. 6 der 3. (Fusions-)RL[121] – gem. § 61 UmwG im Falle der Verschmelzung angewandt. Da auf die Holding-SE die nationalen Verschmelzungsvorschriften grundsätzlich vorrangig vor den allgemeinen Vorschriften zur Anwendung kommen (oben Rz. 5, 8), gilt auch hier, dass **analog § 61 UmwG** der Gründungsplan nur in beglaubigter Form (§ 12 Abs. 1 HGB) beim Register eingereicht und anschließend ein entsprechender Hinweis gem. § 10 HGB bekannt gemacht wird; der Gründungsplan als solcher ist somit *nicht* bekannt zu machen[122]. Dieser Auffassung folgt – unausgesprochen – auch der deutsche Gesetzgeber (unten Rz. 50).

2. Offenlegung des Gründungsberichts?

Zweifelhaft und streitig ist, ob auch der in den Gründungsplan integrierte **Grün-** 48 **dungsbericht** (oben Rz. 41) von der Pflicht zur Offenlegung erfasst wird[123]. Die Frage wird von zahlreichen Autoren im Wege einer teleologischen Reduktion des Art. 32 und mit dem Argument verneint, bei der Errichtung einer Holding-SE bestehe kein weiterreichendes Informationsinteresse als im Falle der Verschmelzungsgründung[124] (wo gem. Art. 18 i.V.m. § 61 UmwG der Verschmelzungsbericht nicht offen gelegt wird; dazu Art. 21 Rz. 3, 9). Ob diese Auffassung, die den Wortlaut und die Systematik des Art. 32 sicherlich gegen sich hat, in der Sache jedoch überzeugt, einer gerichtlichen Überprüfung standhält, ist ungewiss[125]. Folgt man der hier vertretenen Auffassung zur Offenlegung analog § 61 UmwG (oben Rz. 47), dann kommt dem Streit je-

---

117 Erste Richtlinie 68/151/EWG des Rates vom 9. März 1968 zur Koordinierung der Schutzbestimmungen, die in den Mitgliedstaaten den Gesellschaften im Sinne des Artikels 58 Absatz 2 des Vertrages im Interesse der Gesellschafter sowie Dritter vorgeschrieben sind, um diese Bestimmungen gleichwertig zu gestalten, ABl.EG Nr. L 65 v. 14.3.1968, S. 8.

118 So aber wohl die Auffassung des österreichischen Gesetzgebers (vgl. § 26 Abs. 1 öSEG) und offenbar auch *Scheifele*, Gründung, S. 327.

119 Wie hier *Marsch-Barner* in Lutter, Holding-Handbuch, § 15 Rz. 49; *Schäfer* in MünchKomm. AktG, Art. 32 SE-VO Rz. 24; *Schröder* in Manz/Mayer/Schröder, Art. 32 SE-VO Rz. 61; *J. Schmidt*, „Deutsche" vs. „britische" SE, S. 285 f.; *Schwarz*, Art. 32 Rn. 38.

120 Hierfür *Jannott* in Jannott/Frodermann, Handbuch Europäische Aktiengesellschaft, § 3 Rz. 150.

121 Dritte Richtlinie 78/855/EWG des Rates vom 9.10.1978 gemäß Artikel 54 Absatz 3 Buchstabe g) des Vertrages betreffend die Verschmelzung von Gesellschaften, ABl.EG Nr. L 295 v. 20.10.1978, S. 36.

122 *Bayer* in Lutter/Hommelhoff, Europäische Gesellschaft, S. 25, 49; *Marsch-Barner* in Lutter, Holding-Handbuch, § 15 Rz. 49; *Schäfer* in MünchKomm. AktG, Art. 32 SE-VO Rz. 24; *J. Schmidt*, „Deutsche" vs. „britische" SE, S. 286; *Schwarz*, Art. 32 Rz. 39, 40; *Teichmann*, ZGR 2002, 383, 433.

123 Dafür: *Brandes*, AG 2005, 177, 183; *Hügel* in Kalss/Hügel, §§ 25, 26 SEG Rz. 18; *Mahi*, Europäische Aktiengesellschaft, S. 59; *Marsch-Barner* in Lutter, Holding-Handbuch, § 15 Rz. 49; *Neun* in Theisen/Wenz, Europäische Aktiengesellschaft, S. 57, 155; *J. Schmidt*, „Deutsche" vs. „britische" SE, S. 286 f.

124 *Kalss*, ZGR 2003, 593, 630; *Schäfer* in MünchKomm. AktG, Art. 32 SE-VO Rz. 24; *Scheifele*, Gründung, S. 328; *Schwarz*, Art. 32 Rz. 41.

125 So bereits *Bayer* in Lutter/Hommelhoff, Europäische Gesellschaft, S. 25, 49 f.

doch im Ergebnis **keine praktische Bedeutung** zu; denn aufwendig wäre nur die Eintragung und Bekanntmachung von Gründungsplan und Gründungsbericht, nicht aber die zusätzliche Hinterlegung des Gründungsberichts.

3. Frist

49 Die Offenlegung des Gründungsplans muss „**mindestens einen Monat** vor der Hauptversammlung, die über die Gründung zu beschließen hat", erfolgen. **§ 61 Satz 1 UmwG** präzisiert diese Mindestfrist für eine deutsche Gründungsgesellschaft dahin, dass die Einreichung des Gründungsplans zum Register „vor der Einberufung" der Hauptversammlung zu erfolgen hat, d.h. mindestens einen Tag vor dem Erscheinen der Einberufung in den Gesellschaftsblättern.

4. Abfindungsangebot

50 Ist ein Abfindungsangebot erforderlich (dazu Art. 34 Rz. 13 ff.), dann muss nach **§ 9 Abs. 1 Satz 3 SEAG** „die Bekanntmachung des Gründungsplans als Gegenstand der Beschlussfassung ... den Wortlaut dieses Angebots enthalten". Diese Bestimmung wäre entbehrlich, wenn der deutsche Gesetzgeber davon ausginge, dass der Gründungsplan als solcher (mit dem Abfindungsangebot) bekannt gemacht werden müsste. Indirekt folgt aus § 9 Abs. 1 Satz 3 SEAG vielmehr, dass der Hinweis nach § 61 Satz 2 UmwG ausreicht (dazu oben Rz. 47), zusätzlich aber der Wortlaut des Abfindungsangebots bekannt zu machen ist[126].

IV. Prüfung des Gründungsplans (Art. 32 Abs. 4 und 5)

51 Der Gründungsplan ist durch unabhängige Sachverständige (dazu Art. 22 Rz. 9) zu prüfen; über das Ergebnis ist für die Aktionäre der Gründungsgesellschaft ein schriftlicher Bericht zu erstellen, der ein zentrales Element des Gesellschafterschutzes – speziell des Minderheitenschutzes – durch Information ist (ausf. Art. 22 Rz. 1).

1. Getrennte oder gemeinsame Prüfung

52 Wie im Falle der Verschmelzung (Art. 22 Rz. 5 ff.) kommen sowohl eine getrennte als auch eine gemeinsame Prüfung in Betracht. Auch hier gilt: Während im Falle der getrennten Prüfung stets das nationale Recht einer jeden Gründungsgesellschaft – ergänzend neben Art. 32 Abs. 4 und 5 – zur Anwendung kommt, können die Beteiligten im Falle der gemeinsamen Prüfung **wählen**, ob diese nach dem Recht einer der beteiligten Gründungsgesellschaften oder nach dem Recht der künftigen SE durchgeführt wird (**Art. 32 Abs. 4 Satz 2**)[127]. Diese Regelung stimmt mit Art. 22 Satz 1 überein (dort Rz. 5 f.).

53 Nach zutreffender Auffassung ist der missverständliche Wortlaut des Art. 32 Abs. 4 Satz 2 dahin auszulegen, dass im Falle der gemeinsamen Prüfung die **Bestellung der Prüfer** zwingend durch das zuständige Gericht zu erfolgen hat[128]; dies entspricht der Rechtslage bei der Verschmelzung gem. Art. 10 Abs. 1 Satz 2 der 3. RL[129] und gilt

---

126 Ebenso *Schäfer* in MünchKomm. AktG, Art. 32 SE-VO Rz. 25.

127 *J. Schmidt*, „Deutsche" vs. „britische" SE, S. 288; für eine Kumulation der materiell-rechtlichen Anforderungen der beteiligten Rechtsordnungen dagegen *Schäfer* in MünchKomm. AktG, Art. 32 SE-VO Rz. 28; *Scheifele*, Gründung, S. 331 f.; *Schwarz*, Art. 32 Rz. 50.

128 *Schäfer* in MünchKomm. AktG, Art. 32 SE-VO Rz. 27; *Scheifele*, Gründung, S. 329 ff.; *J. Schmidt*, „Deutsche" vs. „britische" SE, S. 288; *Schwarz*, Art. 32 Rz. 47 ff.

129 Dritte Richtlinie 78/855/EWG des Rates vom 9.10.1978 gemäß Artikel 54 Absatz 3 Buchstabe g) des Vertrages betreffend die Verschmelzung von Gesellschaften, ABl.EG Nr. L 295 v. 20.10.1978, S. 36.

gem. Art. 18 i.V.m. § 10 Abs. 1 UmwG auch für die SE im Falle der Verschmelzungsgründung; es ist nicht davon auszugehen, dass bei der Holding-SE bereits das bloße Einvernehmen der Gründungsgesellschaften genügen soll[130]. Dagegen ist es bei der getrennten Prüfung ausreichend, wenn die Prüfer i.S.v. Art. 10 Abs. 1 Satz 1 der 3. RL zugelassen sind[131] (zur Rechtslage im Falle einer deutschen Gründungsgesellschaft: Art. 22 Rz. 7)[132].

2. Prüfungsgegenstand

Die Prüfung erstreckt sich auf den gesamten Gründungsplan und damit auch auf den Gründungsbericht[133]. Anders als im Falle der Verschmelzungs-SE (vgl. Art. 22 Rz. 14) hat der SE-VO-Gesetzgeber die auch im nationalen Recht umstrittene Frage[134] zutreffend im Sinne eines effektiven Gesellschafter-, speziell Minderheitenschutzes entschieden. Die Prüfer haben allerdings nicht die Zweckmäßigkeit der Errichtung einer Holding-SE zu beurteilen, sondern nur zur **Richtigkeit des Gründungsberichts** Stellung zu nehmen[135].   54

Im Zentrum der Prüfung stellt allerdings – ebenso wie im Falle der Verschmelzung (Art. 22 Rz. 13) die **Angemessenheit des Umtauschverhältnisses** der Anteile (Art. 32 Abs. 5).   55

Im Falle einer deutschen Gründungsgesellschaft ist gem. Art. 34 SE-VO i.V.m. §§ 9 Abs. 2, 7 Abs. 3 SEAG ggf. auch die Angemessenheit einer im Gründungsplan anzubietenden **Barabfindung** zu prüfen, wobei die §§ 10–12 UmwG zur Anwendung kommen[136].   56

3. Prüfungsbericht

Für den Prüfungsbericht gelten kraft Art. 32 Abs. 4 und 5 im Wesentlichen dieselben Anforderungen wie bei der Verschmelzung (dazu Art. 22 Rz. 16). Er muss auf besondere Bewertungsschwierigkeiten hinweisen und erklären, ob das Umtauschverhältnis der Aktien bzw. Anteile angemessen ist; ferner ist anzugeben, nach welchen Methoden das Umtauschverhältnis bestimmt worden ist und ob diese in casu angemessen sind. Sofern bei einer deutschen Gründungsgesellschaft nach § 9 SEAG ein Barabfindungsangebot erforderlich ist (dazu Art. 34 Rz. 13 ff.), ist auch dieses Gegenstand des Berichts, § 9 Abs. 2 i.V.m. § 7 Abs. 3 SEAG[137].   57

---

130 So aber *Heckschen* in Widmann/Mayer, Anhang 14 Rz. 302; *Mahi*, Europäische Aktiengesellschaft, S. 57; *Marsch-Barner* in Lutter, Holding-Handbuch, § 15 Rz. 44; *Schröder* in Manz/Mayer/Schröder, Art. 32 SE-VO Rz. 66 f.; *Neun* in Theisen/Wenz, Europäische Aktiengesellschaft, S. 57, 151.
131 *Schäfer* in MünchKomm. AktG, Art. 32 SE-VO Rz. 27; *Scheifele*, Gründung, S. 329 ff.; *Schwarz*, Art. 32 Rz. 47 ff.
132 S. auch *Schäfer* in MünchKomm. AktG, Art. 32 SE-VO Rz. 27; *Scheifele*, Gründung, S. 330; *J. Schmidt*, „Deutsche" vs. „britische" SE, S. 289; *Schwarz*, Art. 32 Rz. 47 ff.; *Thümmel*, Europäische Aktiengesellschaft, Rz. 105.
133 Allg. M.: *Bayer* in Lutter/Hommelhoff, Europäische Gesellschaft, S. 25, 50; *Schäfer* in MünchKomm. AktG, Art. 32 SE-VO Rz. 28; *J. Schmidt*, „Deutsche" vs. „britische" SE, S. 289 f.; *Schwarz*, Art. 32 Rz. 53.
134 Dazu nur *Lutter/Drygala* in Lutter, UmwG, § 9 Rz. 12 f. m.w.N.
135 *Schäfer* in MünchKomm. AktG, Art. 32 SE-VO Rz. 28; *Scheifele*, Gründung, S. 332; *J. Schmidt*, „Deutsche" vs. „britische" SE, S. 290; *Schwarz*, Art. 32 Rz. 53.
136 Vgl. *Bayer* in Lutter/Hommelhoff, Europäische Gesellschaft, S. 25, 50; *Mahi*, Europäische Aktiengesellschaft, S. 58; *Marsch-Barner* in Lutter, Holding-Handbuch, § 15 Rz. 46; *Seibt/Saame*, AnwBl 2005, 225, 231; *J. Schmidt*, „Deutsche" vs. „britische" SE, S. 290 f.
137 Vgl. *Bayer* in Lutter/Hommelhoff, Europäische Gesellschaft, S. 25, 50; *Neun* in Theisen/Wenz, Europäische Aktiengesellschaft, S. 57, 153; *J. Schmidt*, „Deutsche" vs. „britische" SE, S. 291.

4. Auskunftsrecht

58   Ein Auskunftsrecht der Prüfer ist in der SE-VO im Falle der Holdinggründung zwar nicht speziell vorgesehen, ergibt sich jedoch kraft der Verweisung in Art. 32 Abs. 4 aus den nationalen Umsetzungsvorschriften zu Art. 10 Abs. 3 der 3. RL[138], bei Prüfung nach deutschem Recht also aus § 11 Abs. 1 UmwG i.V.m. § 320 HGB[139]. Der in der Literatur teilweise postulierten analogen Anwendung des Art. 22 Abs. 2[140] bedarf es daher nicht.

V. Beschlussfassung durch die Haupt- bzw. Gesellschafterversammlung (Art. 32 Abs. 6)

1. Normzweck

59   Die Haupt- bzw. Gesellschafterversammlung jeder Gründungsgesellschaft muss der Errichtung einer Holding-SE zustimmen. Diese in Art. 32 Abs. 6 Satz 1 getroffene Regelung hat im Schrifttum teils große Verwunderung, teils auch Kritik ausgelöst[141]. Speziell wurde auch darauf hingewiesen, dass ein besonderes Schutzbedürfnis der Anteilsinhaber bereits deshalb zu verneinen sei, weil die Gründungsgesellschaften fortbestehen und auch kein Gesellschaftsvermögen in die Holding transferiert werden; ferner sei kein Gesellschafter gezwungen, seine Anteile in Aktien der SE umzutauschen[142]. Diese Sichtweise verkennt jedoch, dass sowohl das Verbleiben in einer nun konzernierten Tochtergesellschaft als auch das Überwechseln in eine Rechtsform, die häufig ihren Sitz im Ausland haben wird, massiv in die **Rechtsstellung der Gesellschafter** der Gründungsgesellschaften **eingreift**. Daher muss auch ihnen und nicht allein der Verwaltung die **letzte Entscheidungskompetenz** zufallen. Rechtspolitische Kritik ist daher nicht angebracht[143].

2. Vorbereitung der Haupt- bzw. Gesellschafterversammlung

60   Für die Vorbereitung der Haupt- bzw. Gesellschafterversammlung, d.h. die Einberufung sowie die Vorabinformation der Anteilsinhaber ist in Ermangelung einer Regelung in der SE-VO **analog Art. 18** das jeweilige **nationale Recht** maßgeblich[144]. Für

---

138   Dritte Richtlinie 78/855/EWG des Rates vom 9.10.1978 gemäß Artikel 54 Absatz 3 Buchstabe g) des Vertrages betreffend die Verschmelzung von Gesellschaften, ABl.EG Nr. L 295 v. 20.10.1978, S. 36.
139   *J. Schmidt*, „Deutsche" vs. „britische" SE, S. 291; für eine Anwendung nationalen Rechts auch *Schröder* in Manz/Mayer/Schröder, Art. 32 SE-VO Rz. 76.
140   So aber *Scheifele*, Gründung, S. 334; *Schwarz*, Art. 32 Rz. 57.
141   *Scheifele*, Gründung, S. 336; vgl. auch *Thoma/Leuering*, NJW 2002, 1449, 1453.
142   Vgl. *Casper* in FS Ulmer, S. 51, 61; *Mahi*, Europäische Aktiengesellschaft, S. 63; *Marsch-Barner* in Lutter, Holding-Handbuch, § 15 Rz. 64; *Neun* in Theisen/Wenz, Europäische Aktiengesellschaft, S. 51, 142; *Oplustil*, (2003) 4 GLJ 107, 117.
143   S. bereits *Bayer* in Lutter/Hommelhoff, Europäische Gesellschaft, S. 25, 51; wie hier auch *Heckschen*, DNotZ 2003, 251, 263; *Schindler*, Europäische Aktiengesellschaft, S. 35; *Schulz/Geismar*, DStR 2001, 1078, 1081; *J. Schmidt*, „Deutsche" vs. „britische" SE, S. 292; *Teichmann*, ZGR 2002, 383, 435.
144   So bereits *Bayer* in Lutter/Hommelhoff, Europäische Gesellschaft, S. 25, 51; ebenso *Jannott* in Jannott/Frodermann, Handbuch Europäische Aktiengesellschaft, § 3 Rz. 153; *Neun* in Theisen/Wenz, Europäische Aktiengesellschaft, S. 57, 156 f.; *Schäfer* in MünchKomm. AktG, Art. 32 SE-VO Rz. 33; *J. Schmidt*, „Deutsche" vs. „britische" SE, S. 292; *Schwarz*, Art. 32 Rz. 60. Für die Anwendung nationalen Rechts i.E. auch *Heckschen* in Widmann/Mayer, Anhang 14 Rz. 309; *Marsch-Barner* in Lutter, Holding-Handbuch, § 15 Rz. 59 f.; *Schröder* in Manz/Mayer/Schröder, Art. 32 SE-VO Rz. 81.

die **Einberufung** gelten daher bei einer deutsche AG die §§ 121 ff. AktG, bei einer deutschen GmbH die §§ 49 ff. GmbHG[145].

Hinsichtlich der **Vorabinformation** der Anteilsinhaber sind die jeweiligen nationalen   **61** Umsetzungsvorschriften zu Art. 11 der 3. RL[146] anzuwenden, soweit die Gesellschaft deutschem Recht unterliegt, also **§ 63 UmwG**[147] (vgl. zu den Einzelheiten der Auslegung Art. 23 Rz. 7). Nach zutreffender Auffassung gilt dies auch für Gründungsgesellschaften in Form der GmbH (bzw. Ltd., S.A.R.L. etc.): Im Hinblick darauf, dass Art. 32 Abs. 7 GmbHs im Bezug auf die Holdinggründung explizit den Aktiengesellschaften gleichstellt, kann für diese insoweit kein anderer Schutzstandard gelten[148]. Genau dazu würde es aber kommen, wenn man insoweit schlicht die (nicht harmonisierten) nationalen Verschmelzungsvorschriften für GmbHs – sofern solche überhaupt existieren – anwenden würde.

3. Durchführung der Haupt- bzw. Gesellschafterversammlung

Für die Durchführung der Haupt- bzw. Gesellschafterversammlung ist mangels Rege-   **62** lung in der SE-VO ebenfalls **analog Art. 18** grundsätzlich das für AG bzw. GmbH geltende jeweilige nationale Recht maßgeblich[149]. Für eine deutsche Gründungsgesellschaft ist insbesondere auch **§ 64 UmwG** (zu den Einzelheiten Art. 23 Rz. 9) zu beachten[150]; nach zutreffender Auffassung gilt dies unabhängig davon, ob es sich um eine AG oder GmbH handelt (vgl. oben Rz. 61).

a) Beschlussgegenstand

Nach dem Wortlaut des Art. 32 Abs. 6 Satz 1 ist Beschlussgegenstand der „**Grün-**   **63** **dungsplan**", zu dessen Bestandteilen gem. Art. 32 Abs. 2 Satz 2 auch der Gründungsbericht gehört. Die in der Literatur wohl h.M. will den Beschlussgegenstand allerdings teleologisch auf die Angaben nach Art. 32 Abs. 2 Satz 3 reduzieren, da der Gründungsbericht gerade nur dazu diene, die Anteilsinhaber im Vorfeld der Be-

---

145 *Bayer* in Lutter/Hommelhoff, Europäische Gesellschaft, S. 25, 51; *Marsch-Barner* in Lutter, Holding-Handbuch, § 15 Rz. 60; *Neun* in Theisen/Wenz, Europäische Aktiengesellschaft, S. 57, 157; *Schäfer* in MünchKomm. AktG, Art. 32 SE-VO Rz. 33; *Scheifele*, Gründung, S. 337; *J. Schmidt*, „Deutsche" vs. „britische" SE, S. 293; *Schwarz*, Art. 32 Rz. 60.

146 Dritte Richtlinie 78/855/EWG des Rates vom 9.10.1978 gemäß Artikel 54 Absatz 3 Buchstabe g) des Vertrages betreffend die Verschmelzung von Gesellschaften, ABl.EG Nr. L 295 v. 20.10.1978, S. 36.

147 *Brandes*, AG 2005, 177, 183; *J. Schmidt*, „Deutsche" vs. „britische" SE, S. 293; *Schäfer* in MünchKomm. AktG, Art. 32 SE-VO Rz. 33; *Teichmann*, ZGR 2002, 383, 434; vgl. auch *Heckschen* in Widmann/Mayer, Anhang 14 Rz. 309; *Schwarz*, Art. 32 Rz. 61. Zumindest für die AG auch: *Jannott* in Jannott/Frodermann, Handbuch Europäische Aktiengesellschaft, § 3 Rz. 155; *Marsch-Barner* in Lutter, Holding-Handbuch, § 15 Rz. 59.

148 Ebenso *Neun* in Theisen/Wenz, Europäische Aktiengesellschaft, S. 57, 157; *J. Schmidt*, „Deutsche" vs. „britische" SE, S. 293; *Teichmann*, ZGR 2002, 383, 434; s. ferner *Brandes*, AG 2005, 177, 183; *Heckschen* in Widmann/Mayer, UmwG, Anhang 14 Rz. 309; *Schäfer* in MünchKomm. AktG, Art. 32 SE-VO Rz. 33; *Scheifele*, Gründung, S. 340; *Schwarz*, Art. 32 Rz. 62. A.A. (§§ 47, 49 UmwG): *Jannott* in Jannott/Frodermann, Handbuch Europäische Aktiengesellschaft, § 3 Rz. 157; *Mahi*, Europäische Aktiengesellschaft, S. 61; *Marsch-Barner* in Lutter, Holding-Handbuch, § 15 Rz. 59.

149 *Bayer* in Lutter/Hommelhoff, Europäische Gesellschaft, S. 25, 51; *Schäfer* in MünchKomm. AktG, Art. 32 SE-VO Rz. 33; *Schindler/Teichmann* in Theisen/Wenz, Europäische Aktiengesellschaft, 739, 766; *J. Schmidt*, „Deutsche" vs. „britische" SE, S. 293; *Schwarz*, Art. 32 Rz. 63; i.E. auch *Marsch-Barner* in Lutter, Holding-Handbuch, § 15 Rz. 61; *Scheifele*, Gründung, S. 340 f.

150 Ebenso *Schäfer* in MünchKomm. AktG, Art. 32 SE-VO Rz. 33; *Scheifele*, Gründung, S. 340 f.; *J. Schmidt*, „Deutsche" vs. „britische" SE, S. 293; *Schwarz*, Art. 32 Rz. 63; zumindest für die AG auch *Marsch-Barner* in Lutter, Holding-Handbuch, § 15 Rz. 61.

schlussfassung zu informieren[151]. Im Hinblick auf den unmissverständlichen Wortlaut der Art. 32 Abs. 6 Satz 1 und Abs. 2 Satz 2 ist allerdings mehr als zweifelhaft, ob der EuGH dies billigen würde[152].

64 Sofern bei einer deutschen Gründungsgesellschaft ein **Barabfindungsangebot** nach § 9 SEAG erforderlich ist (dazu ausf. Art. 34 Rz. 13 ff.) gehört auch dieses als Bestandteil des Gründungsplans (dazu oben Rz. 46) zum Beschlussgegenstand[153].

b) Beschlussmehrheit

65 Hinsichtlich der erforderlichen Beschlussmehrheit enthält die SE-VO keine Regelung (anders noch Art. 31 Abs. 3 Satz 2 SE-VOE 1991). Zwecks Schließung dieser Lücke hat der deutsche Gesetzgeber in **§ 10 Abs. 1 Satz 1 SEAG** angeordnet, dass der Zustimmungsbeschluss bei einer deutschen AG einer Mehrheit von mind. ¾ des bei der Beschlussfassung vertretenen Grundkapitals und bei einer deutschen GmbH von mind. ¾ der abgegebenen Stimmen bedarf. Ob der deutsche Gesetzgeber hierzu überhaupt befugt war, erscheint allerdings durchaus fraglich, da die SE-VO insoweit keine spezielle Ermächtigungsgrundlage enthält[154]. Im Ergebnis wird sich die Regelung allerdings wohl auf Art. 68 Abs. 1 stützen lassen, da sie letztlich nur deklaratorisch ist (jedenfalls in Bezug auf AG, vgl. unten Rz. 68, zur Problematik bei der GmbH s. unten Rz. 69) und vor allem der Rechtssicherheit sowie der Effektivität der SE-VO dient[155].

66 Im **Schrifttum** wird und wurde zwar vielfach die Auffassung vertreten, dass nach den europäischen Vorgaben eine **einfache Mehrheit** genüge[156]. Der noch in Art. 31 Abs. 3 Satz 2 SE-VOE 1991 enthaltene Verweis auf die 3. RL[157] sei bewusst nicht in die geltende Fassung der SE-VO übernommen worden[158]. Für eine qualifizierte Mehrheit bestehe auch gar kein Bedürfnis, da die Gründungsgesellschaften fortbestehen[159] und die Anteilsinhaber nicht zum Anteilstausch gezwungen sind[160].

67 Dem ist allerdings nicht zu folgen. Nach zutreffender Ansicht ergibt sich aus den europäischen Vorgaben vielmehr gerade die Notwendigkeit einer **qualifizierten Mehr-**

---

151 So *Hügel* in Kalss/Hügel, §§ 25, 26 SEG Rz. 24; *Schäfer* in MünchKomm. AktG, Art. 32 SE-VO Rz. 33; *Neun* in Theisen/Wenz, Europäische Aktiengesellschaft, S. 57, 158; *Schwarz*, Art. 32 Rz. 66.
152 Gegen eine Einschränkung auch *Marsch-Barner* in Lutter, Holding-Handbuch, § 15 Rz. 62.
153 *J. Schmidt*, „Deutsche" vs. „britische" SE, S. 294.
154 Vgl. dazu *Bayer* in Lutter/Hommelhoff, Europäische Gesellschaft, S. 25, 51; *J. Schmidt*, „Deutsche" vs. „britische" SE, S. 295; *Teichmann* in Theisen/Wenz, Europäische Aktiengesellschaft, S. 691, 711 f.; für Art. 34 als Rechtsgrundlage: *Schäfer* in MünchKomm. AktG, Art. 32 SE-VO Rz. 34.
155 *J. Schmidt*, „Deutsche" vs. „britische" SE, S. 297; s. auch schon *Bayer* in Lutter/Hommelhoff, Europäische Gesellschaft, S. 25, 51; vgl. ferner auch *Scheifele*, Gründung, S. 345.
156 So *Casper* in FS Ulmer, S. 51, 60 f.; *Handelsrechtsausschuss des DAV*, NZG 2004, 75, 79; *Marsch-Barner* in Lutter, Holding-Handbuch, § 15 Rz. 64; *Scheifele*, Gründung, S. 342; zweifelnd auch *Ihrig/Wagner*, BB 2004, 1749, 1753; *Mahi*, Europäische Aktiengesellschaft, S. 62 f.; *Oplustil*, (2003) 4 GLJ 107, 117. Vgl. ferner auch *Menjucq*, Revue des sociétés 2002, 225, 226; *Palmer's Company Law* 17.013.
157 Dritte Richtlinie 78/855/EWG des Rates vom 9.10.1978 gemäß Artikel 54 Absatz 3 Buchstabe g) des Vertrages betreffend die Verschmelzung von Gesellschaften, ABl.EG Nr. L 295 v. 20.10.1978, S. 36.
158 *Oplustil*, (2003) 4 GLJ 107, 117; *Scheifele*, Gründung, S. 342.
159 *Oplustil*, (2003) 4 GLJ 107, 117; *Scheifele*, Gründung, S. 342.
160 *Casper* in FS Ulmer, S. 51, 61; *Handelsrechtsausschuss des DAV*, NZG 2004, 75, 79; *Ihrig/Wagner*, BB 2004, 1749, 1753; *Mahi*, Europäische Aktiengesellschaft, S. 63; *Marsch-Barner* in Lutter, Holding-Handbuch, § 15 Rz. 64; *Oplustil*, (2003) 4 GLJ 107, 117; *Scheifele*, Gründung, S. 342.

heit[161]. Das Erfordernis einer qualifizierten Mehrheit ist ein zentrales Element des europäischen Rechts der Strukturmaßnahmen (vgl. 7 Abs. 1 der 3. RL[162], Art. 5 Abs. 1 der 6. RL[163] sowie Art. 4 Abs. 1 lit. b, Abs. 2 Satz 1 der 10. RL[164] i.V.m. den Umsetzungsvorschriften zu Art. 7 Abs. 1 der 3. RL[165]); dementsprechend verweist auch die SE-VO bei der Gründung einer SE durch Umwandlung (Art. 37 Abs. 7, s. dazu Art. 37 Rz. 59 ff.) und insbesondere bei der mit der Holdinggründung strukturell eng verwandten Verschmelzung (dazu Art. 23 Rz. 10) auf die nationalen Umsetzungsvorschriften zu Art. 7 Abs. 1 der 3. RL[166]. Der Wegfall des noch in Art. 31 Abs. 3 Satz 2 SE-VOE 1991 enthaltenen Verweises dürfte daher schlicht auf einem Redaktionsversehen beruhen[167]. Gemäß **Art. 18 analog** i.V.m. den nationalen Umsetzungsvorschriften zu Art. 7 der 3. RL (in Deutschland: § 65 Abs. 1 Satz 1 UmwG) ist richtigerweise auch bei der Holdinggründung eine qualifizierte Mehrheit erforderlich[168]. Im Hinblick auf Art. 32 Abs. 7 und im Interesse eines einheitlichen Schutzniveaus muss dies auch für Gründungsgesellschaften in der Rechtsform der GmbH (bzw. Ltd., S.A.R.L. etc.) gelten[169].

Für **AG** stellt § 10 Abs. 1 Satz 1 SEAG daher letztlich nur klar, was sich ohnehin aus 68
Art. 18 analog i.V.m. § 65 Abs. 1 Satz 1 UmwG ergeben würde, und dürfte daher insoweit durch Art. 68 Abs. 1 gedeckt sein (vgl. bereits oben Rz. 65)[170]. Zusätzlich zur ¾-Kapitalmehrheit ist aber gem. § 133 Abs. 1 AktG auch eine einfache Stimmenmehrheit erforderlich[171].

Problematisch ist § 10 Abs. 1 Satz 1 SEAG allerdings im Hinblick auf **GmbH**: Die 69
Norm lässt hier nämlich eine ¾-*Stimmen*mehrheit genügen, obgleich sich aus Art. 18 analog i.V.m. § 65 Abs. 1 Satz 1 UmwG an sich das Erfordernis einer ¾-*Kapital*mehrheit ergeben würde. Die Europarechtskonformität der Regelung ist daher insofern zumindest äußerst zweifelhaft[172].

---

161 So bereits *Bayer* in Lutter/Hommelhoff, Europäische Gesellschaft, S. 25, 51; ebenso *Heckschen*, DNotZ 2003, 251, 262; *Heckschen* in Widmann/Mayer, Anhang 14 Rz. 311; *Oechsler* in MünchKomm. AktG, Art. 2 SE-VO Rz. 19; *Schindler*, Europäische Aktiengesellschaft, S. 35; *Schulz/Geismar*, DStR 2001, 1078, 1081; *J. Schmidt*, „Deutsche" vs. „britische" SE, S. 296 f.; *Schwarz*, Art. 31 Rz. 65; *Teichmann*, ZGR 2002, 383, 435; *Teichmann*, ZGR 2003, 367, 392.
162 Dritte Richtlinie 78/855/EWG des Rates vom 9.10.1978 gemäß Artikel 54 Absatz 3 Buchstabe g) des Vertrages betreffend die Verschmelzung von Gesellschaften, ABl.EG Nr. L 295 v. 20.10.1978, S. 36.
163 Sechste Richtlinie 82/891/EWG des Rates vom 17.12.1982 gemäß Artikel 54 Absatz 3 Buchstabe g) des Vertrages betreffend die Spaltung von Aktiengesellschaften, ABl.EG Nr. L 378 v. 31.12.1982, S. 47.
164 Richtlinie 2005/56/EG des Europäischen Parlaments und des Rates vom 26. Oktober 2005 über die Verschmelzung von Kapitalgesellschaften aus verschiedenen Mitgliedsstaaten, ABl.EU Nr. L 310 v. 25.11.2005, S. 1.
165 Dazu *Bayer/J. Schmidt*, NJW 2006, 401, 404; *Neye*, ZIP 2005, 1893, 1896.
166 Vgl. *Heckschen*, DNotZ 2003, 251, 262; *Heckschen* in Widmann/Mayer, Anhang 14 Rz. 311; *J. Schmidt*, „Deutsche" vs. „britische" SE, S. 296 f.; *Teichmann*, ZGR 2003, 383, 435.
167 *Heckschen*, DNotZ 2003, 251, 262; *Teichmann*, ZGR 2002, 383, 435.
168 So schon *Bayer* in Lutter/Hommelhoff, Europäische Gesellschaft, S. 25, 51; *Heckschen*, DNotZ 2003, 251, 262; *Heckschen* in Widmann/Mayer, Anhang 14 Rz. 311; *J. Schmidt*, „Deutsche" vs. „britische" SE, S. 297; *Schwarz*, Art. 32 Rz. 65. Ebenso (aber mit abweichender Begründung): *Teichmann*, ZGR 2002, 383, 435; *Teichmann*, ZGR 2003, 367.
169 *J. Schmidt*, „Deutsche" vs. „britische" SE, S. 297.
170 *J. Schmidt*, „Deutsche" vs. „britische" SE, S. 297; s. auch schon *Bayer* in Lutter/Hommelhoff, Europäische Gesellschaft, S. 25, 51; vgl. ferner auch *Scheifele*, Gründung, S. 345.
171 *J. Schmidt*, „Deutsche" vs. „britische" SE, S. 297; allgemein zur Kumulation von § 133 Abs. 1 AktG und § 65 Abs. 1 Satz 1 UmwG: *Diekmann* in Semler/Stengel, UmwG, § 65 Rz. 11.
172 Dazu *J. Schmidt*, „Deutsche" vs. „britische" SE, S. 297 f.

c) Form

70   Entgegen einer im Schrifttum vertretenen Auffassung ist Schriftform nicht ausreichend[173]; aus Art. 18 analog i.V.m. § 13 Abs. 3 UmwG ergibt sich, dass der Zustimmungsbeschluss der **notariellen Beurkundung** bedarf[174].

d) Zustimmungsvorbehalt

71   Im Interesse einer umfassenden Absicherung des Mitentscheidungsrechts der Aktionäre ermöglicht es Art. 32 Abs. 6 Satz 3 der Haupt- bzw. Gesellschafterversammlung, sich das Recht vorzubehalten, die Eintragung der SE von der Genehmigung der Mitbestimmung abhängig zu machen. Hinsichtlich der Einzelheiten kann insofern auf die Ausführungen zur Parallelregelung in Art. 23 Abs. 2 Satz 2 verwiesen werden (s. Art. 23 Rz. 14 ff.).

VI. Sinngemäße Anwendung auf GmbH (Art. 32 Abs. 7)

72   Vor dem Hintergrund, dass sich an der Gründung einer Holding-SE gem. Art. 2 Abs. 2 auch GmbHs beteiligen können (s. Art. 2 Rz. 14), wird in Art. 32 Abs. 7 explizit **klargestellt**, dass die **Art. 32 Abs. 1–6**, die sich ihrer Formulierung nach nur auf Aktiengesellschaften beziehen, **sinngemäß auch für** Gründungsgesellschaften in der Rechtsform der **GmbH** (bzw. Ltd., S.A.R.L. etc.) gelten[175]. Gleiches muss selbstverständlich **auch für Art. 33 und 34** gelten, auch wenn insoweit eine ausdrückliche Klarstellung fehlt.

73   Die „sinngemäße" Anwendung bedeutet zunächst, dass „Hauptversammlung" in den Art. 32 ff. im Falle einer GmbH (bzw. Ltd., S.A.R.L. etc.) als **„Gesellschafterversammlung"** und „Aktien" als **„Anteile"** zu lesen sind. Die eigentliche Relevanz des Abs. 7 zeigt sich aber im Zusammenhang mit den im Rahmen der Holdinggründung geltenden **nationalen Umsetzungsvorschriften zur 3. RL**[176]: Obgleich die 3. RL in ihrem genuinen Anwendungsbereich nur Aktiengesellschaften betrifft (vgl. Art. 1 Abs. 1), gelten die entsprechenden nationalen Umsetzungsvorschriften (z.B. §§ 63, 64 UmwG, dazu oben Rz. 61, 62) im Interesse der Schaffung eines homogenen Schutzniveaus im Falle der Holdinggründung auch für Gründungsgesellschaften in der Rechtsform der GmbH (bzw. Ltd., S.A.R.L. etc.). Soweit im Übrigen mangels Regelung in der SE-VO nationales Recht zu Anwendung berufen ist, kommen allerdings für GmbHs selbstverständlich die jeweiligen für GmbHs geltenden mitgliedsstaatlichen Vorschriften zur Anwendung, z.B. bzgl. der Einberufung und Durchführung der Gesellschafterversammlung (s. oben Rz. 60, 62).

---

173 So aber *Marsch-Barner* in Lutter, Holding-Handbuch, § 15 Rz. 63; für die GmbH auch *Jannott* in Jannott/Frodermann, Handbuch Europäische Aktiengesellschaft, § 3 Rz. 160; *Neun* in Theisen/Wenz, Europäische Aktiengesellschaft, S. 57, 158.

174 Ebenso *Schäfer* in MünchKomm. AktG, Art. 32 SE-VO Rz. 34; *Scheifele*, Gründung, S. 343; *J. Schmidt*, „Deutsche" vs. „britische" SE, S. 298; *Schwarz*, Art. 32 Rz. 67. Für eine notarielle Beurkundung i.E. auch *Brandes*, AG 2005, 177, 182; *Heckschen*, DNotZ 2003, 251, 262; *Heckschen* in Widmann/Mayer, Anhang 14 Rz. 317; *Vossius*, ZIP 2005, 741, 745 Fn. 55.

175 Vgl. *Schwarz*, Art. 32 Rz. 75; *Schröder* in Manz/Mayer/Schröder, Art. 32 SE-VO Rz. 90.

176 Dritte Richtlinie 78/855/EWG des Rates vom 9.10.1978 gemäß Artikel 54 Absatz 3 Buchstabe g) des Vertrages betreffend die Verschmelzung von Gesellschaften, ABl.EG Nr. L 295 v. 20.10.1978, S. 36.

VII. Ergänzende Anwendung des AktG

Vgl. zum Satzungsinhalt gem. § 23 AktG *Seibt* in K. Schmidt/Lutter, AktG, § 23   74
Rz. 30 ff. sowie speziell zu den durch § 27 Abs. 1 AktG geforderten Angaben *Bayer* in
K. Schmidt/Lutter, AktG, § 27 Rz.6 ff.

Vgl. zur Einberufung der Hauptversammlung gem. §§ 121 ff. AktG *Ziemons* in
K. Schmidt/Lutter, AktG, § 121 Rz. 1 ff., zur Durchführung der Hauptversammlung
gem. §§ 129 ff. AktG *Ziemons* in K. Schmidt/Lutter, AktG, § 129 Rz. 26 ff.

Vgl. zum bedingten Kapital *Veil* in K. Schmidt/Lutter, AktG, §§ 192 ff., speziell zu
§ 192 Abs. 2 Nr. 2 AktG *Veil* in K. Schmidt/Lutter, AktG, § 192 Rz. 3 ff.

Vgl. zum genehmigten Kapital *Veil* in K. Schmidt/Lutter, AktG, §§ 202 ff., speziell
zu § 202 Abs. 1 AktG *Veil* in K. Schmidt/Lutter, AktG, § 202 Rz. 13 ff.

Art. 33
[Einbringung der Anteile]

(1) Die Gesellschafter der die Gründung anstrebenden Gesellschaften verfügen über
eine Frist von drei Monaten, um diesen Gesellschaften mitzuteilen, ob sie beabsichtigen, ihre Gesellschaftsanteile bei der Gründung der SE einzubringen. Diese Frist beginnt mit dem Zeitpunkt, zu dem der Gründungsplan für die SE gemäß Artikel 32
endgültig festgelegt worden ist.

(2) Die SE ist nur dann gegründet, wenn die Gesellschafter der die Gründung anstrebenden Gesellschaften innerhalb der in Absatz 1 genannten Frist den nach dem
Gründungsplan für jede Gesellschaft festgelegten Mindestprozentsatz der Gesellschaftsanteile eingebracht haben und alle übrigen Bedingungen erfüllt sind.

(3) Sind alle Bedingungen für die Gründung der SE gemäß Absatz 2 erfüllt, so hat jede
der die Gründung anstrebenden Gesellschaften diese Tatsache gemäß den nach Artikel 3 der Richtlinie 68/151/EWG erlassenen Vorschriften des einzelstaatlichen
Rechts, dem sie unterliegt, offen zu legen.

Die Gesellschafter der die Gründung anstrebenden Gesellschaften, die nicht innerhalb der Frist nach Absatz 1 mitgeteilt haben, ob sie die Absicht haben, ihre Gesellschaftsanteile diesen Gesellschaften im Hinblick auf die Gründung der künftigen SE
zur Verfügung zu stellen, verfügen über eine weitere Frist von einem Monat, um dies
zu tun.

(4) Die Gesellschafter, die ihre Wertpapiere im Hinblick auf die Gründung der SE einbringen, erhalten Aktien der SE.

(5) Die SE kann erst dann eingetragen werden, wenn die Formalitäten gemäß Artikel 32 und die in Absatz 2 genannten Voraussetzungen nachweislich erfüllt sind.

§ 10 SEAG: Zustimmungsbeschluss; Negativerklärung
(1) Der Zustimmungsbeschluss gemäß Artikel 32 Abs. 6 der Verordnung bedarf einer Mehrheit,
die bei einer Aktiengesellschaft mindestens drei Viertel des bei der Beschlussfassung vertretenen
Grundkapitals und bei einer Gesellschaft mit beschränkter Haftung mindestens drei Viertel der
abgegebenen Stimmen umfasst.
(2) Bei der Anmeldung der Holding-SE haben ihre Vertretungsorgane zu erklären, dass eine Klage
gegen die Wirksamkeit der Zustimmungsbeschlüsse gemäß Artikel 32 Abs. 6 der Verordnung
nicht oder nicht fristgemäß erhoben oder eine solche Klage rechtskräftig abgewiesen oder zurückgenommen worden ist.

Literatur: *Brandes,* Cross Border Mergers mittels der SE, AG 2005, 177; *Brandt,* Ein Überblick über die Europäische Aktiengesellschaft (SE) in Deutschland, BB-Special 3/2005, 1; *Bungert/Beier,* Die Europäische Aktiengesellschaft, EWS 2002, 1; *Handelsrechtsausschuss des DAV,* Stellungnahme zu dem Regierungsentwurf eines Gesetzes zur Einführung der Europäischen Gesellschaft (SEEG), Juli 2004, NZG 2004, 957; *Handelsrechtsausschuss des DAV,* Stellungnahme zum Diskussionsentwurf eines Gesetzes zur Ausführung der Verordnung (EG) Nr. 2157/2001 des Rates vom 8.10.2001 über das Statut der Europäischen Gesellschaft (SE) (SE-Ausführungsgesetz – SE-AG), NZG 2004, 75; *Heckschen,* Die Europäische AG aus notarieller Sicht, DNotZ 2003, 251; *Ihrig/Wagner,* Das Gesetz zur Einführung der Europäischen Gesellschaft (SEEG) auf der Zielgeraden, BB 2004, 1749; *Kersting,* Societas Europaea: Gründung und Vorgesellschaft, DB 2001, 2079; *Koke,* Die Finanzverfassung der Europäischen Aktiengesellschaft (SE) mit Sitz in Deutschland, 2005 (zit.: Finanzverfassung); *Lutter* (Hrsg.), Holding-Handbuch, 4. Aufl. 2004; *Mahi,* Die Europäische Aktiengesellschaft. Societas Europaea – SE, 2004 (zit.: Europäische Aktiengesellschaft); *Neye/Teichmann,* Der Entwurf für das Ausführungsgesetz zur Europäischen Aktiengesellschaft, AG 2003, 169; *Oechsler,* Kapitalerhaltung in der Europäischen Gesellschaft (SE), NZG 2005, 449; *Oplustil,* Selected problems concerning formation of a holding SE (societas europaea), (2003) 4 GLJ 107; *Oplustil/Teichmann* (Hrsg.), The European Company – all over Europe, 2004; *Sanna,* Societas Europaea (SE) – Die Europäische Aktiengesellschaft, ELR 2002, 2; *Seibt/Saame,* Die Societas Europaea (SE) deutschen Rechts: Anwendungsfelder und Beratungshinweise, AnwBl 2005, 225; *Teichmann,* Austrittsrecht und Pflichtangebot bei Gründung einer Europäischen Aktiengesellschaft, AG 2004, 67; *Teichmann*, Die Einführung der Europäischen Aktiengesellschaft, ZGR 2002, 383; *Vossius*, Gründung und Umwandlung der deutschen Europäischen Gesellschaft (SE), ZIP 2005, 741.

I. Überblick

1. Regelungsgegenstand und -zweck

Die Gründung einer Holding-SE wird dadurch geprägt, dass mindestens die Hälfte der   1 Anteilsinhaber jeder Gründungsgesellschaft ihre Anteile einbringen und dafür im Gegenzug Anteile der Holding-SE erhalten, wodurch die Holding-SE zur Konzernspitze wird (vgl. bereits Art. 32 Rz. 1). Art. 33 **Abs. 1–4** regeln diese **Einbringungsphase** der SE-Gründung[1]. **Abs. 5** regelt die Voraussetzungen für die **Eintragung** der SE.

2. Die zwei Phasen des Einbringungsverfahrens

Der „Anteilstausch" erfolgt gem. Art. 33 in zwei Phasen[2]:   2

– **Phase 1 („Mindestquotenphase")**: Die Anteilsinhaber jeder der an der Gründung beteiligten Gesellschaften haben zunächst drei Monate Zeit, um der jeweiligen Gesellschaft mitzuteilen, ob sie beabsichtigen, ihre Anteile bei der Gründung der SE einzubringen (Art. 33 Abs. 1). Nach Art. 33 Abs. 2 ist die SE nur dann gegründet, wenn innerhalb dieser Drei-Monats-Frist die für jede Gesellschaft im Gründungsplan fixierte Mindestquote erreicht wird. Näheres zu Phase 1 unten Rz. 7 ff.

– **Phase 2 („Zaunkönigphase")**: Wenn in Phase 1 die Mindestquote erreicht wurde und demzufolge die Gründung der SE sicher ist, so erhalten diejenigen Anteilsinhaber, die in Phase 1 keine Mitteilung gemacht haben, eine Nachfrist von einem weiteren Monat, um dies nachzuholen (Art. 33 Abs. 3 Unterabs. 2). Diese „Zaunkönig"-Regel[3] hat zwei komplementäre Funktionen: Einerseits wird dadurch die Chance vergrößert, dass die Holding-SE am Ende eine größtmögliche Zahl von Anteilen an den Gründungsgesellschaften hält und so ihre Holding-Funktion effektiv wahrnehmen kann[4]. Andererseits wird so zugleich vermieden, dass für die Anteilsinhaber der Gründungsgesellschaften ein sog. „prisoner's dilemma" entsteht: Sie können zunächst zuwarten, ob es in Phase 1 überhaupt zur Gründung der SE kommt, ohne damit zwangsläufig das Risiko eingehen zu müssen, sich am Ende als Minderheitsgesellschafter in ihrer nun von der neuen Holding-SE kontrollierten Gesellschaft wiederzufinden, weil sie den Anteilstausch „verpasst" haben[5]. Näheres zu Phase 2 unten Rz. 30 ff.

---

1 *Schäfer* in MünchKomm. AktG, Art. 33 SE-VO Rz. 1; *Schwarz*, Art. 33 Rz. 1.
2 Vgl. *Bayer* in Lutter/Hommelhoff, Europäische Gesellschaft, S. 25, 53; *Heckschen* in Widmann/Mayer, UmwG, Anhang 14 Rz. 319; *Hügel* in Kalss/Hügel, §§ 25, 26 SEG Rz. 6; *Jannott* in Jannott/Frodermann, Handbuch Europäische Aktiengesellschaft, § 3 Rz. 166; *Schäfer* in MünchKomm. AktG, Art. 33 SE-VO Rz. 1; *J. Schmidt*, „Deutsche" vs. „britische" SE, S. 299 f.; *Schwarz*, Art. 32 Rz. 13.
3 Vgl. *Oplustil*, (2003) 4 GLJ 107, 119; *Scheifele*, Gründung, S. 364; *J. Schmidt*, „Deutsche" vs. „britische" SE, S. 300; *Schwarz*, Art. 33 Rz. 24; *Teichmann*, ZGR 2002, 383, 435.
4 *Bayer* in Lutter/Hommelhoff, Europäische Gesellschaft, S. 25, 54; *Scheifele*, Gründung, S. 364; *J. Schmidt*, „Deutsche" vs. „britische" SE, S. 300; *Schwarz*, Art. 33 Rz. 24.
5 Vgl. *Bayer* in Lutter/Hommelhoff, Europäische Gesellschaft, S. 25, 54; *Schäfer* in MünchKomm. AktG, Art. 33 SE-VO Rz. 16; *J. Schmidt*, „Deutsche" vs. „britische" SE, S. 300; *Schwarz*, Art. 33 Rz. 24. Zur funktionsäquivalenten „Zaunkönig-Regel" des § 16 Abs. 2 WpÜG etwa *Thoma/Stöcker* in Baums/Thoma, WpÜG, § 16 Rz. 29.

II. Einbringungswahlrecht (Art. 33 Abs. 1)

3 Anders als noch in früheren Entwürfen[6] vorgesehen, findet bei der Holdinggründung **kein Zwangsumtausch** der Anteile statt; die Anteilsinhaber der Gründungsgesellschaften können vielmehr völlig frei entscheiden, ob sie sich an der mehrheitlich beschlossenen Umstrukturierung beteiligen und Aktien der SE erwerben wollen oder nicht[7].

4 Das Einbringungswahlrecht ist **nicht an das Abstimmungsverhalten** in der über die Holdinggründung beschließenden Haupt- bzw. Gesellschafterversammlung **gekoppelt**: Auch Anteilsinhaber, die gegen die Holdinggründung gestimmt haben, können ihre Anteile einbringen, während umgekehrt solche, die dafür gestimmt haben, nicht automatisch zum Anteilstausch gezwungen sind[8].

5 Zulässig ist auch ein nur **teilweiser Anteilstausch**[9]: Da es den Anteilsinhabern frei steht, ihre Anteile überhaupt umzutauschen, sind sie *a maiore ad minus* auch als befugt anzusehen, nur einen Teil ihrer Anteile einzubringen[10].

III. Einbringungsfähige Gegenstände

6 Trotz der – auch in anderen Sprachfassungen – etwas verwirrenden Terminologie der SE-VO (Art. 32: „Aktien oder (sonstige) Anteile", Art. 33 Abs. 1–3: „Gesellschaftsanteile", Art. 33 Abs. 4: „Wertpapiere")[11] sind bei AGs **nur Aktien bzw.** bei GmbHs nur **GmbH-Anteile** einbringungsfähig[12]. Ein Einbringungsrecht auch der Inhaber sonstiger Wertpapiere (z.B. Wandelschuldverschreibungen, Genussrechte) wäre mit dem Konzept der Holdinggründung nach Art. 32 ff. unvereinbar. Irrelevant ist hingegen, ob die Anteile ein Stimmrecht gewähren[13].

IV. Einbringungsverfahren (Art. 33 Abs. 1–4)

1. Phase 1 („Mindestquotenphase")

7 Innerhalb der ersten Phase des Einbringungsverfahrens, der dreimonatigen sog. Mindestquotenphase, müssen so viele der Anteilsinhaber ihren jeweiligen Gründungsgesellschaften ihre Einbringungsabsicht mitteilen, dass die für die jeweilige Gesellschaft im Gründungsplan vorgesehene **Mindesteinbringungsquote** (dazu Art. 32 Rz. 37 ff.) erreicht wird.

---

6 Der noch in Art. 29 Abs. 1 SE-VOE 1970 und 1975 sowie in Art. 31 Abs. 1 SE-VOE 1989 statuierte Zwangsumtausch entfiel erst mit Art. 31 SE-VOE 1991.

7 *Bayer* in Lutter/Hommelhoff, Europäische Gesellschaft, S. 25, 51 f.; *Schäfer* in MünchKomm. AktG, Art. 33 SE-VO Rz. 2; *J. Schmidt*, „Deutsche" vs. „britische" SE, S. 300 f.; *Schröder* in Manz/Mayer/Schröder, Art. 33 SE-VO Rz. 1; *Schwarz*, Art. 33 Rz. 6.

8 *Bayer* in Lutter/Hommelhoff, Europäische Gesellschaft, S. 25, 52; *Hügel* in Kalss/Hügel, §§ 25, 26 SEG Rz. 29; *Schäfer* in MünchKomm. AktG, Art. 33 SE-VO Rz. 3; *J. Schmidt*, „Deutsche" vs. „britische" SE, S. 301; *Schwarz*, Art. 33 Rz. 7.

9 *Schäfer* in MünchKomm. AktG, Art. 33 SE-VO Rz. 10; *Scheifele*, Gründung, S. 358; *J. Schmidt*, „Deutsche" vs. „britische" SE, S. 300; *Schwarz*, Art. 33 Rz. 8.

10 *J. Schmidt*, „Deutsche" vs. „britische" SE, S. 300 Fn. 1216.

11 Auch in den englischen und französischen Versionen wird in Art. 33 Abs. 4 („securities" bzw. „titres") eine andere Terminologie verwendet als in Art. 32 und 33 Abs. 1–3 („shares" bzw. „actions ou parts").

12 *Schäfer* in MünchKomm. AktG, Art. 33 SE-VO Rz. 11; *Sanna*, ELR 2002, 2, 5 f.; *Scheifele*, Gründung, S. 360; *Schwarz*, Art. 33 Rz. 11.

13 *Schäfer* in MünchKomm. AktG, Art. 33 SE-VO Rz. 11; *Scheifele*, Gründung, S. 360; *Schwarz*, Art. 33 Rz. 11.

a) Erreichen der Mindestquote innerhalb der Drei-Monats-Frist als Gründungsvoraussetzung (Art. 33 Abs. 2)

Nach Art. 33 Abs. 2 ist die „SE nur dann gegründet", wenn innerhalb der Drei-Monats-Frist des Art. 33 Abs. 1 für jede der Gründungsgesellschaften die Mindesteinbringungsquote erreicht wurde. Der Begriff „gegründet" ist allerdings insoweit missverständlich. Hierin liegt **nicht** etwa ein Hinweis auf die Entstehung einer **Vor-SE**, zumal die Einbringung der Mindestanteilsquote hierfür gerade nicht Voraussetzung ist[14] (s. Art. 16 Rz. 15). Art. 33 Abs. 2 ist vielmehr im Zusammenhang mit Art. 33 Abs. 5, der die Eintragungsvoraussetzungen regelt und explizit auf Abs. 2 verweist, zu lesen[15]. Das Erreichen der Mindestquote von Anteilen innerhalb der Drei-Monats-Frist ist tatsächlich eine **Eintragungsvoraussetzung**[16]. Durch die Sonderregelung in Art. 33 Abs. 2 wird lediglich klargestellt, dass die Mindestquote auch wirklich innerhalb der Drei-Monats-Frist erreicht werden muss – und nicht etwa erst später während des Laufs der Nachfrist nach Abs. 3 (diese beginnt i.Ü. gar nicht zu laufen, wenn die Mindestquote innerhalb der Drei-Monats-Frist nicht erreicht wird, vgl. dazu unten Rz. 25, 31). Näher zur Bedeutung des Art. 33 Abs. 2, insbesondere zu den „übrigen Bedingungen" ausf. unten Rz. 27 f., 47. 8

b) „Mitteilung" i.S.d. Art. 33 Abs. 1 Satz 1

Das Wahlrecht (dazu oben Rz. 3 ff.) wird dadurch ausgeübt, dass der Anteilsinhaber gem. Art. 33 Abs. 1 Satz 1 mitteilt, dass er beabsichtige, seinen Anteil in die SE einzubringen. Entgegen dem ersten Eindruck handelt es sich hierbei keineswegs um eine unverbindliche Absichtserklärung[17]. Die Mitteilung schafft vielmehr den Rechtsgrund für die anschließende, nach den Regeln einer Sacheinlage vorzunehmende tatsächliche Übertragung des Anteils; es handelt sich demzufolge nach ganz h.M. um eine **rechtsverbindliche Erklärung**[18]. 9

Fraglich könnte allenfalls sein, ob es sich um ein Angebot handelt, das noch angenommen werden muss[19], oder bereits um die Annahme eines schon vorliegenden Angebots[20]. Letztere Variante hätte den Vorzug der Beschleunigung des Verfahrens. Allerdings ist es im Regelfall rechtskonstruktiv nicht möglich, in dem beiderseits verabschiedeten Gründungsplan ein an alle Gesellschafter gerichtetes verbindliches Angebot zum Erwerb ihrer Anteile im Tausch gegen Aktien der SE zu sehen[21]. Denn die Anteile sind an die SE – und zwar bei der SE mit Sitz in Deutschland bereits in ihrem Stadium als Vorgesellschaft (s. zur Vor-SE bei der Holdinggründung Art. 16 Rz. 15) – zu übertragen (dazu näher unten Rz. 17 ff., 33 f.), d.h. auch der Zeichnungsvertrag ist zwischen den Vertretungsorganen der künftigen SE und den Sacheinlegern 10

---

14 *Schäfer* in MünchKomm. AktG, Art. 33 SE-VO Rz. 7; vgl. ferner auch *Schwarz*, Art. 33 Rz. 43.
15 Vgl. *Schäfer* in MünchKomm. AktG, Art. 33 SE-VO Rz. 7; *Schwarz*, Art. 33 Rz. 43.
16 *Schäfer* in MünchKomm. AktG, Art. 33 SE-VO Rz. 7; zumindest missverständlich insofern *Schwarz*, Art. 33 Rz. 43 sowie *Schröder* in Manz/Mayer/Schröder, Art. 33 SE-VO Rz. 8.
17 So aber offenbar *Schröder* in Manz/Mayer/Schröder, Art. 33 SE-VO Rz. 27.
18 *Bayer* in Lutter/Hommelhoff, Europäische Gesellschaft, S. 25, 52; *Heckschen*, DNotZ 2003, 251, 262; *Heckschen* in Widmann/Mayer, Anhang 14 Rz. 323; *Koke*, Finanzverfassung, S. 52; *Schäfer* in MünchKomm. AktG, Art. 33 SE-VO Rz. 6; *Oplustil*, (2003) 4 GLJ 107, 119; *J. Schmidt*, „Deutsche" vs. „britische" SE, S. 307; *Schwarz*, Art. 33 Rz. 18; *Teichmann*, ZGR 2002, 383, 437.
19 So *Bayer* in Lutter/Hommelhoff, Europäische Gesellschaft, S. 25, 52 f.; *Schäfer* in MünchKomm. AktG, Art. 33 SE-VO Rz. 6; *J. Schmidt*, „Deutsche" vs. „britische" SE, S. 307.
20 So *Scheifele*, Gründung, S. 361 f.; *Schwarz*, Art. 33 Rz. 18.
21 So aber *Scheifele*, Gründung, S. 361 f.; *Schwarz*, Art. 33 Rz. 18.

abzuschließen[22]. Nimmt man hinzu, dass die Mitteilung des Anteilsinhabers nach Art. 33 Abs. 1 nicht an die SE bzw. Vor-SE, sondern an die jeweilige Gründungsgesellschaft zu richten ist, so dürfte es sich doch um ein **verbindliches Angebot des Anteilsinhabers** handeln, das von seiner jetzigen Gesellschaft anschließend an die Vertretungsorgane der SE bzw. Vor-SE übermittelt und auch angenommen wird. Eine andere Beurteilung ist indes möglich, wenn etwa den Anteilsinhabern der künftigen Holding-SE ein individuelles oder auch nur ein öffentliches Angebot zur Übernahme ihrer Anteile unterbreitet wird[23]; dann kann die Mitteilung auch als Annahme dieses verbindlichen Angebots angesehen werden.

11 Generell gilt indes, dass das Angebot jedenfalls konkludent **aufschiebend bedingt** ist durch das Erreichen der Mindesteinbringungsquote[24], nicht dagegen grundsätzlich durch eine nachfolgende Ratifikation im Falle eines Entscheidungsvorbehalts nach Art. 32 Abs. 6 Unterabs. 2 SE-VO[25]. Vielmehr beginnt hier die Drei-Monats-Frist erst mit der Genehmigung des Mitbestimmungsmodells durch die Haupt- bzw. Gesellschafterversammlung (dazu unten Rz. 13)[26].

12 Im Falle von Anteilen an einer **deutschen GmbH** ist hinsichtlich des schuldrechtlichen Vertrages die Form des **§ 15 Abs. 4 GmbHG** zu beachten[27].

c) Drei-Monats-Frist

13 Die Drei-Monats-Frist beginnt gem. Art. 33 Abs. 1 Satz 2 „mit dem Zeitpunkt, zu dem der Gründungsplan für die SE gemäß Art. 32 endgültig festgelegt worden ist". Maßgeblich für den Fristbeginn ist damit grundsätzlich der **Zustimmungsbeschluss der Haupt- bzw. Gesellschafterversammlung**; falls allerdings ein Zustimmungsvorbehalt gem. Art. 32 Abs. 6 Unterabs. 2 Satz 2 (dazu Art. 32 Rz. 71) statuiert wurde, ist ausnahmsweise auf den Zeitpunkt der **Genehmigung des Mitbestimmungsmodells** abzustellen[28]. Umstritten ist allerdings, ob die Frist für jede Gründungsgesellschaft separat läuft[29] oder ob hinsichtlich des Fristbeginns einheitlich auf den Zeitpunkt der letzten Beschlussfassung bzw. Genehmigung abzustellen ist[30]. Eine gewisse Koordinierung erscheint hier zwar durchaus sinnvoll, aufgrund der Systematik der SE-VO ist allerdings gleichwohl prinzipiell von einem **separaten Fristlauf** auszugehen: Die Mitteilung über die Einbringung betrifft insofern noch die Sphäre der jeweiligen Gesellschaft, an die sich schließlich auch zu richten ist; überdies erfolgt auch die anschließende Offenlegung nach Art. 33 Abs. 3 Unterabs. 1 (dazu unten Rz. 24 ff.)

---

22 *Heckschen* in Widmann/Mayer, Anhang 14 Rz. 323; *Hügel* in Kalss/Hügel, §§ 25, 26 SEG Rz. 29 a.E.; *Schäfer* in MünchKomm. AktG, Art. 33 SE-VO Rz. 6.
23 S. dazu auch *Hügel* in Kalss/Hügel, §§ 25, 26 SEG Rz. 29.
24 *Bayer* in Lutter/Hommelhoff, Europäische Gesellschaft, S. 25, 53; *Koke*, Finanzverfassung, S. 54; *Oplustil*, (2003) 4 GLJ 107, 119; *Scheifele*, Gründung, S. 361; *J. Schmidt*, „Deutsche" vs. „britische" SE, S. 307. S. auch *Jannott* in Jannott/Frodermann, Handbuch Europäische Aktiengesellschaft, § 3 Rz. 168.
25 So aber *Oplustil*, (2003) 4 GLJ 107, 119.
26 S. schon *Bayer* in Lutter/Hommelhoff, Europäische Gesellschaft, S. 25, 53.
27 *Bayer* in Lutter/Hommelhoff, Europäische Gesellschaft, S. 25, 53; *Jannott* in Jannott/Frodermann, Handbuch Europäische Aktiengesellschaft, § 3 Rz. 169; *Schäfer* in MünchKomm. AktG, Art. 33 SE-VO Rz. 6; *J. Schmidt*, „Deutsche" vs. „britische" SE, S. 307.
28 *Bayer* in Lutter/Hommelhoff, Europäische Gesellschaft, S. 25, 53; *Brandes*, AG 2005, 177, 186; *Heckschen* in Widmann/Mayer, Anhang 14 Rz. 326; *Schäfer* in MünchKomm. AktG, Art. 33 SE-VO Rz. 4; *J. Schmidt*, „Deutsche" vs. „britische" SE, S. 307; *Schwarz*, Art. 33 Rz. 20; *Teichmann*, ZGR 2002, 383, 436.
29 So *J. Schmidt*, „Deutsche" vs. „britische" SE, S. 308; ebenso wohl auch *Schäfer* in MünchKomm. AktG, Art. 33 SE-VO Rz. 4; *Scheifele*, Gründung, S. 362 f.; *Schwarz*, Art. 33 Rz. 20.
30 So *Brandes*, AG 2005, 177, 186; *Schröder* in Manz/Mayer/Schröder, Art. 33 SE-VO Rz. 5.

nach dem eindeutigen Wortlaut der Norm für jede der beteiligten Gesellschaften separat[31].

Die Drei-Monats-Frist ist **zwingend**; eine Verkürzung oder Verlängerung[32] ist nach dem insoweit eindeutigen Wortlaut des Abs. 1 nicht zulässig, zumal hier aufgrund des transnationalen Charakters des Vorgangs in besonderem Maße ein Bedürfnis nach Rechtssicherheit besteht[33].   14

d) „Mitteilung", „Einbringung" und dingliche Übertragung der Anteile

Höchst unterschiedlich interpretiert wird im Schrifttum indes die exakte Bedeutung der Termini „Mitteilung" und „Einbringung" sowie ihr Verhältnis zur dinglichen Übertragung der Anteile. Richtigerweise ist wie folgt zu differenzieren: 15

aa) Rechtsnatur der Einbringung. Unter „Einbringung" i.S.v. Art. 33 Abs. 1 und 2 ist nach zutreffender Ansicht nicht die dingliche Übertragung, sondern lediglich die **schuldrechtliche Vereinbarung** über die Übertragung der Aktien bzw. Anteile (d.h. der Zeichnungsvertrag) zu verstehen[34]. Wortlaut und Systematik der SE-VO sind zwar insofern – auch in anderen Sprachfassungen – ambivalent[35]. Für die Erforderlichkeit der dinglichen Übertragung bereits während des Laufs der Drei-Monats-Frist[36] ließe sich freilich anführen, dass die eingebrachten Anteile letztlich das Grundkapital der Holding-SE bilden und diese ihre Holding-Funktion auch nur dann effektiv ausüben kann, wenn sie tatsächlich Inhaberin dieser Anteile ist[37]. Gleichwohl kann jedoch nicht davon ausgegangen werden, dass die SE-VO zwingend auch die dingliche Übertragung der Anteile innerhalb der Drei-Monats-Frist anordnen wollte: In denjenigen Staaten, in denen es aufgrund des jeweiligen nationalen Rechts keine Vor-SE gibt (wie z.B. in Großbritannien[38]), wäre nämlich völlig unklar, an wen die Anteile überhaupt übertragen werden sollten, da die Holding-SE als solche vor ihrer Eintragung gar nicht existiert[39]. Bei der „Einbringung" i.S.d. Art. 33 Abs. 1 und 2 geht es also nur um die schuldrechtliche Verpflichtung.   16

bb) Dingliche Übertragung der Anteile. (1) Allgemein. Der Zeitpunkt sowie die Ausgestaltung der **dinglichen Übertragung** der Anteile bestimmt sich dagegen – als Problem der **Kapitalaufbringung** – gem. Art. 15 Abs. 1 bzw. Art. 5[40] **nach dem nationalen**   17

---

31 Vgl. *J. Schmidt*, „Deutsche" vs. „britische" SE, S. 308.
32 Für die Zulässigkeit einer Verlängerung aber *Hügel* in Kalss/Hügel, §§ 25, 26 SEG Rz. 30.
33 So bereits *Bayer* in Lutter/Hommelhoff, Europäische Gesellschaft, S. 25, 52 Fn. 155; ebenso *Heckschen* in Widmann/Mayer, Anhang 14 Rz. 319 ff.; *Oplustil*, (2003) 4 GLJ 107, 118; *Scheifele*, Gründung, S. 363; *J. Schmidt*, „Deutsche" vs. „britische" SE, S. 308; *Schwarz*, Art. 33 Rz. 21.
34 Ebenso *Brandes*, AG 2005, 177, 186; *Schäfer* in MünchKomm. AktG, Art. 33 SE-VO Rz. 6; *Scheifele*, Gründung, S. 360, 362; *J. Schmidt*, „Deutsche" vs. „britische" SE, S. 303; *Schwarz*, Art. 33 Rz. 15 ff., 19.
35 Dazu näher *J. Schmidt*, „Deutsche" vs. „britische" SE, S. 302.
36 Hierfür *Jannott* in Jannott/Frodermann, Handbuch Europäische Aktiengesellschaft, § 3 Rz. 168; *Koke*, Finanzverfassung, S. 53 f.; *Schröder* in Manz/Mayer/Schröder, Art. 33 SE-VO Rz. 4; in diese Richtung auch noch *Bayer* in Lutter/Hommelhoff, Europäische Gesellschaft, S. 25, 52.
37 Vgl. dazu *Koke*, Finanzverfassung, S. 53; *Scheifele*, Gründung, S. 360 f.; *J. Schmidt*, „Deutsche" vs. „britische" SE, S. 302; *Schwarz*, Art. 33 Rz. 15.
38 Dazu näher *J. Schmidt*, „Deutsche" vs. „britische" SE, S. 389 f. m.w.N.
39 S. *J. Schmidt*, „Deutsche" vs. „britische" SE, S. 303.
40 Die maßgebliche Verweisungsnorm ist davon abhängig, ob die Kapitalaufbringung nach dem jeweiligen mitgliedstaatlichen Recht *vor* (dann Art. 15 Abs. 1) oder *nach* Eintragung der Gesellschaft (dann Art. 5) erfolgt, vgl. *J. Schmidt*, „Deutsche" vs. „britische" SE, S. 303 Fn. 1230, S. 415 m.w.N.

Recht des Sitzstaates der künftigen Holding-SE, denn bei den einzubringenden Anteilen handelt es sich um die Sacheinlagen, durch die das Grundkapital der Holding-SE aufgebracht wird[41].

18 **(2) Holding-SE mit Sitz in Deutschland.** Hat die (künftige) Holding-SE ihren Sitz in Deutschland, so sind die Anteile gem. **Art. 15 Abs. 1 i.V.m. § 36 Abs. 2 Satz 1 AktG** dinglich **an die Vor-SE zu übertragen**[42].

19 **Nicht anwendbar** ist allerdings die Fünf-Jahres-Frist des § 36a Abs. 2 Satz 2 AktG, denn eine derartig hinausgeschobene Einlageleistung wäre mit dem Konzept der Holdinggründung nach der SE-VO unvereinbar[43]. Diese setzt vielmehr wesensmäßig voraus, dass die Sacheinlagen – also die Anteile an den Gründungsgesellschaften – **bereits im Zeitpunkt der Eintragung** der Holding-SE **vollständig geleistet**, d.h. dinglich an die Holding-SE übertragen sind, denn nur dann ist sichergestellt, dass die Holding-SE von Anfang an Mehrheitsgesellschafterin jeder der beteiligten Gründungsgesellschaften ist und damit die für sie charakteristische Holding-Funktion auch tatsächlich effektiv wahrnehmen kann[44]. Nicht zwingend erforderlich ist hingegen, dass die dingliche Übertragung bereits während der Drei-Monats-Frist des Art. 33 Abs. 1 erfolgt[45] (vgl. auch bereits oben Rz. 16).

20 Bei Anteilen an einer **deutschen GmbH** bedarf die Übertragung gem. **§ 15 Abs. 3 GmbHG** der notariellen Beurkundung[46].

e) Erwerb der Aktien (Art. 33 Abs. 4)

21 Gem. Art. 33 Abs. 4 erhalten diejenigen Gesellschafter, die ihre „Wertpapiere" – d.h. Aktien bzw. Anteile (vgl. zur missverständlichen Begrifflichkeit bereits oben Rz. 6) – im Hinblick auf die Gründung der SE einbringen, Aktien der SE. Wie sich aus dem Wortlaut der Norm, speziell im Vergleich mit Art. 29 Abs. 1 lit. b bzw. Abs. 2 lit. b, deutlich ergibt, erfolgt also **kein Aktienerwerb ex lege**[47]. Die Anteilsinhaber erwerben die Aktien der Holding-SE vielmehr im Wege eines **rechtsgeschäftlichen Erwerbs** auf der Grundlage des von ihnen (freiwillig) abgeschlossenen Zeichnungsvertrages[48] (vgl. dazu bereits oben Rz. 10, 16).

---

41 Ebenso *Scheifele*, Gründung, S. 360; *J. Schmidt*, „Deutsche" vs. „britische" SE, S. 303 f.; *Schwarz*, Art. 33 Rz. 15 f. S. ferner auch *Schäfer* in MünchKomm. AktG, Art. 33 SE-VO Rz. 9.

42 *Bayer* in Lutter/Hommelhoff, Europäische Gesellschaft, S. 25, 53; *Heckschen* in Widmann/Mayer, UmwG, Anhang 14 Rz. 323; *Schäfer* in MünchKomm. AktG, Art. 33 SE-VO Rz. 6; *Scheifele*, Gründung, S. 360 f.; *J. Schmidt*, „Deutsche" vs. „britische" SE, S. 305; *Schwarz*, Art. 33 Rz. 17; für die parallele Rechtslage in Österreich auch *Hügel* in Kalss/Hügel, §§ 25, 26 SEG Rz. 29 a.E.

43 *Jannott* in Jannott/Frodermann, Handbuch Europäische Aktiengesellschaft, § 3 Rz. 168 Fn. 315; *Schäfer* in MünchKomm. AktG, Art. 32 SE-VO Rz. 38, Art. 33 Rz. 9; *Scheifele*, Gründung, S. 360 f.; *J. Schmidt*, „Deutsche" vs. „britische" SE, S. 304 f.; *Schwarz*, Art. 33 Rz. 17.

44 Vgl. *Schäfer* in MünchKomm. AktG, Art. 33 SE-VO Rz. 9; *Scheifele*, Gründung, S. 360 f.; *J. Schmidt*, „Deutsche" vs. „britische" SE, S. 302 ff.; *Schwarz*, Art. 33 Rz. 17. Vgl. ferner auch *Koke*, Finanzverfassung, S. 53 f.

45 *Schäfer* in MünchKomm. AktG, Art. 33 SE-VO Rz. 9; *Scheifele*, Gründung, S. 360 f.; *J. Schmidt*, „Deutsche" vs. „britische" SE, S. 304 f.; *Schwarz*, Art. 33 Rz. 17.

46 *Bayer* in Lutter/Hommelhoff, Europäische Gesellschaft, S. 25, 54; *Jannott* in Jannott/Frodermann, Handbuch Europäische Aktiengesellschaft, § 3 Rz. 169; *J. Schmidt*, „Deutsche" vs. „britische" SE, S. 305; *Schröder* in Manz/Mayer/Schröder, Art. 33 SE-VO Rz. 26.

47 *Schäfer* in MünchKomm. AktG, Art. 32 SE-VO Rz. 13; *Scheifele*, Gründung, S. 382; *Schwarz*, Art. 33 Rz. 31; s. ferner auch *Handelsrechtsausschuss des DAV*, NZG 2004, 75, 79.

48 *Schäfer* in MünchKomm. AktG, Art. 33 SE-VO Rz. 12; *Scheifele*, Gründung, S. 382; *Schwarz*, Art. 33 Rz. 31.

f) Sonderproblematik: Holdinggründung und Verbot des Erwerbs eigener Aktien

Im Schrifttum ist die Frage aufgeworfen worden, ob und inwieweit die Holdinggrün-   22
dung für eine an der Gründung beteiligte deutsche AG im Hinblick auf das prinzipiel-
le Verbot des Erwerbs eigener Aktien problematisch sein könnte. Zum einen ließe
sich erwägen, den Gründungsplan bzw. Zustimmungsbeschluss als Rechtsgeschäft
i.S.d. **§ 71a Abs. 2 AktG** anzusehen, weil dadurch der Rechtsgrund dafür geschaffen
wird, dass die SE die Aktien an der Gründungsgesellschaft erwirbt, die SE also die Aktien faktisch auf deren Rechnung erwerbe. Eine derartige Interpretation erscheint allerdings schon deshalb äußerst zweifelhaft, weil die Gründungsgesellschaft aufgrund
des Einbringungswahlrechts der Anteilsinhaber (dazu oben Rz. 3 ff.) letztlich gar keinen rechtlichen gesicherten Einfluss auf den Umfang des Anteilstauschs hat[49]. Unabhängig davon ist aber jedenfalls davon auszugehen, dass das durch die **SE-VO** speziell
vorgegebene Holdinggründungsverfahren, welches wesensmäßig mit einem derartigen Anteilstauschverfahren verbunden ist, **Vorrang** sowohl vor den allgemeinen Beschränkungen des Erwerbs eigener Aktien durch die Kapital-RL[50] und die nationalen
Umsetzungsvorschriften in §§ 71 ff. AktG, speziell § 71a Abs. 2 AktG, hat[51].

Sofern die Gründungsgesellschaft eigene Aktien in die SE einbringt und dafür im Ge-   23
genzug SE-Aktien erhält, wäre zudem an die Anwendung des **§ 71d AktG** zu denken.
Jedenfalls soweit die Gründungsgesellschaft die von ihr eingebrachten Aktien berech-
tigterweise gehalten hat, dürfte § 71d AktG insofern allerdings teleologisch zu reduzieren sein: Der Schutzzweck der Norm ist hier **nicht** tangiert, da kein neuer Erwerb
eigener Aktien stattfindet, sondern nur eine unmittelbare gegen eine mittelbare Beteiligung getauscht wird[52].

2. Offenlegung (Art. 33 Abs. 3)

Wenn alle Bedingungen für die Gründung der SE gem. Art. 33 Abs. 2 erfüllt sind, so   24
hat jede der die Gründung anstrebenden Gesellschaften dies gem. Art. 33 Abs. 3 offen
zu legen.

a) Bedingungen für die Gründung der SE gem. Art. 33 Abs. 2

Voraussetzung und zugleich Gegenstand der Offenlegung ist, dass die „Bedingungen   25
für die Gründung der SE gemäß Absatz 2 erfüllt" sind. Nach Art. 33 Abs. 2 ist die SE
nur dann „gegründet" (dazu bereits oben Rz. 8), wenn (1) innerhalb der Drei-Monats-
Frist des Abs. 1 für jede der Gründungsgesellschaften die Mindesteinbringungsquote
erreicht wurde und (2) „alle übrigen Bedingungen erfüllt sind".

aa) Erreichen der Mindesteinbringungsquote. Erforderlich ist zunächst, dass bei **jeder**   26
Gründungsgesellschaft innerhalb der Drei-Monats-Frist des Art. 33 Abs. 1 (dazu oben
Rz. 13 f.) die Mindesteinbringungsquote erreicht wurde[53]. Nach dem Wortlaut der
Norm dürfte es genügen, dass das Erreichen der Mindestquote an sich offen gelegt

---

49 *Schäfer* in MünchKomm. AktG, Art. 33 SE-VO Rz. 13.
50 Zweite Richtlinie 77/91/EWG des Rates vom 13.12.1976 zur Koordinierung der Schutzbestim-
    mungen, die in den Mitgliedsstaaten den Gesellschaften im Sinne des Artikels 58 Absatz 2
    des Vertrages im Interesse der Gesellschafter sowie Dritter für die Gründung der Aktiengesell-
    schaft sowie für die Erhaltung und Änderung ihres Kapitals vorgeschrieben sind, um diese Be-
    stimmungen gleichwertig zu gestalten, ABl.EG Nr. L 26 v. 31.1.1977, S. 1.
51 Ebenso: *Oechsler* in MünchKomm. AktG, Art. 2 SE-VO Rz. 28, Art. 5 Rz. 17; *Oechsler*, NZG
    2005, 449, 450.
52 Ähnlich *Schäfer* in MünchKomm. AktG, Art. 33 SE-VO Rz. 15; *Scheifele*, Gründung, S. 382 f.;
    Schwarz, Art. 33 Rz. 32.
53 *Schäfer* in MünchKomm. AktG, Art. 33 SE-VO Rz. 17; *Scheifele*, Gründung, S. 372; *Schwarz*,
    Art. 33 Rz. 29.

wird; sicherheitshalber und im Interesse einer umfassenden Information der Anteilsinhaber ist jedoch zu empfehlen, zusätzlich auch die tatsächlich erreichte Quote offen zu legen[54].

27 **bb) Erfüllung „aller übrigen Bedingungen".** Aus der Formulierung in Art. 33 Abs. 5 („Formalitäten gemäß Art. 32 und die in Absatz genannten Voraussetzungen") wird teilweise abgeleitet, dass unter den in Art. 33 Abs. 2 genannten „übrigen Bedingungen" nur die im Gründungsplan genannten Voraussetzungen zu verstehen seien[55]. Nach zutreffender Ansicht ist indessen erforderlich, dass **sämtliche nach Art. 32 erforderliche Verfahrensschritte** beachtet wurden[56]; die missverständliche Formulierung in Art. 33 Abs. 5 beruht insoweit auf einem entstehungsgeschichtlich zu erklärenden Redaktionsversehen[57].

28 Ferner ist erforderlich, dass auch weitere, sich ggf. aus dem jeweiligen **nationalen Recht ergebende Voraussetzungen** beachtet wurden[58]. Dies bezieht sich zum einen auf die qua **Art. 18 analog** zu beachtenden Anforderungen des für die jeweilige Gründungsgesellschaft geltenden Rechts, zum anderen aber auch auf die qua **Art. 15 Abs. 1** zu beachtenden Anforderungen nach dem Recht des Sitzstaats der künftigen SE[59]. Gerade im Hinblick auf letztere gilt dies allerdings freilich nur insoweit, als diese Anforderungen tatsächlich auch bereits zu diesem Zeitpunkt erfüllt sein müssen, d.h. im Falle der Gründung einer Holding-SE mit Sitz in Deutschland z.B. nicht für das Sachgründungsverfahren nach §§ 32 ff. AktG (dazu näher unten Rz. 39 ff.), das erst im Zeitpunkt der Anmeldung abgeschlossen sein muss und daher auch erst dann geprüft wird (s. unten Rz. 47).

b) Verfahren der Offenlegung

29 Die Offenlegung erfolgt für jede Gründungsgesellschaft separat[60] (vgl. dazu bereits oben Rz. 13) gemäß „den nach Artikel 3 der [Publizitäts-RL][61] erlassenen Vorschriften des einzelstaatlichen Rechts, dem sie unterliegt". Für eine deutsche Gründungsgesellschaft verweist[62] Art. 33 Abs. 3 also auf **§ 10 HGB**[63].

---

54 Nach *Schäfer* in MünchKomm. AktG, Art. 33 SE-VO Rz. 17 soll dies sogar zwingend sein.
55 So *Schröder* in Manz/Mayer/Schröder, Art. 33 SE-VO Rz. 10.
56 *Oplustil*, (2003) 4 GLJ 109, 119; *Schäfer* in MünchKomm. AktG, Art. 33 SE-VO Rz. 17; *Scheifele*, Gründung, S. 373; *J. Schmidt*, „Deutsche" vs. „britische" SE, S. 301; *Schwarz*, Art. 33 Rz. 29.
57 Art. 31a Abs. 3 SE-VOE 1991 war nahezu wortgleich mit dem heutigen Art. 33 Abs. 5, in Art. 31a Abs. 2 SE-VOE 1991 wurde aber nur das Erreichen der Mindestquote, nicht auch die Erfüllung „aller übrigen Bedingungen" verlangt; s. dazu auch *Schäfer* in MünchKomm. AktG, Art. 33 SE-VO Rz. 17; *Scheifele*, Gründung, S. 372 f.
58 Vgl. auch *Schäfer* in MünchKomm. AktG, Art. 33 SE-VO Rz. 17; *Scheifele*, Gründung, S. 372 f.; *Schwarz*, Art. 33 Rz. 29; *J. Schmidt*, „Deutsche" vs. „britische" SE, S. 301.
59 Zumindest ungenau insoweit *Schäfer*, *Scheifele* und *Schwarz* (s. Fn. 58), die sich jeweils nur auf die sich aus Art. 15 Abs. 1 ergebenden Anforderungen des nationalen Rechts beziehen. Vgl. *J. Schmidt*, „Deutsche" vs. „britische" SE, S. 301.
60 *Scheifele*, Gründung, S. 373; *J. Schmidt*, „Deutsche" vs. „britische" SE, S. 308; *Schröder* in Manz/Mayer/Schröder, Art. 33 SE-VO Rz. 11; *Schwarz*, Art. 33 Rz. 28.
61 Erste Richtlinie 68/151/EWG des Rates vom 9. März 1968 zur Koordinierung der Schutzbestimmungen, die in den Mitgliedstaaten den Gesellschaften im Sinne des Artikels 58 Absatz 2 des Vertrages im Interesse der Gesellschafter sowie Dritter vorgeschrieben sind, um diese Bestimmungen gleichwertig zu gestalten, ABl.EG Nr. L 65 v. 14.3.1968, S. 8.
62 Abs. 3 ist eine Verweisung, keine Ermächtigungsnorm, vgl. *J. Schmidt*, „Deutsche" vs. „britische" SE, S. 308; *Schröder* in Manz/Mayer/Schröder, Art. 33 SE-VO Rz. 12; *Schwarz*, Art. 33 Rz. 30.
63 *Jannott* in Jannott/Frodermann, Handbuch Europäische Aktiengesellschaft, § 3 Rz. 174; *Schäfer* in MünchKomm. AktG, Art. 33 SE-VO Rz. 18; *J. Schmidt*, „Deutsche" vs. „britische" SE, S. 309; *Seibt/Saame*, AnwBl 2005, 225, 232.

3. Phase 2 („Zaunkönigphase")

In der anschließenden Phase 2, der sog. „**Zaunkönigphase**", haben diejenigen Anteils- 30
inhaber der Gründungsgesellschaften, die sich in Phase 1 (noch) nicht zur Einbringung ihrer Anteile entschlossen haben, gem. **Art. 33 Abs. 3 Unterabs. 2** einen **weiteren Monat** Zeit, um ihrer Gründungsgesellschaft mitzuteilen, ob sie die Absicht
haben, ihre Gesellschaftsanteile im Hinblick auf die Gründung der künftigen SE zur
Verfügung zu stellen (vgl. zur ratio der Norm bereits oben Rz. 2).

a) Ein-Monats-Frist

Die Ein-Monats-Frist des Art. 33 Abs. 3 Unterabs. 2 **beginnt** nicht etwa erst mit der 31
Eintragung der Holding-SE[64], sondern **mit** der **Offenlegung nach Art. 33 Abs. 3 Unterabs. 1**[65]. Dies ergibt sich nicht nur aus dem systematischen Kontext der Unterabsätze
1 und 2 des Abs. 3, sondern auch aus der ratio der Offenlegung: Dadurch erfahren die
Anteilsinhaber, dass die Gründung der Holding-SE nun sicher ist, sie diese also nicht
mehr verhindern können und daher erwägen sollten, ob sie auf dieser Basis tatsächlich an ihrer bislang ablehnenden Position festhalten wollen[66] (vgl. auch oben Rz. 2).

b) Mitteilung

Für die „**Mitteilung**" nach Art. 33 Abs. 3 Unterabs. 1 kann i.E. nichts anderes gelten 32
als für diejenige nach Art. 33 Abs. 1 (dazu ausf. oben Rz. 9 ff.). Auch hierbei handelt
es sich um eine **rechtsverbindliche Erklärung**[67] und zwar richtigerweise um ein **Angebot** des Anteilsinhabers auf Abschluss eines Zeichnungsvertrages[68], das allerdings
– anders als die Mitteilung nach Art. 33 Abs. 1 – selbstverständlich nicht unter der
aufschiebenden Bedingung des Erreichens der Mindestquote steht. Im Falle von Anteilen an einer deutschen GmbH ist auch hier gem. **§ 15 Abs. 4 GmbHG** eine notarielle Beurkundung erforderlich.

c) Dingliche Übertragung der betreffenden Anteile und Erwerb der Aktien der SE

Die dinglichen Übertragung derjenigen Anteile, zu deren „Einbringung" sich die An- 33
teilsinhaber erst während des Laufs der Nachfrist entschieden haben, richtet sich als
Frage der Kapitalaufbringung ebenfalls qua **Art. 15 Abs. 1 bzw. Art. 5** nach dem **nationalen Recht** des Sitzstaates der SE (vgl. bereits oben Rz. 17).

Wenn die (künftige) Holding-SE ihren **Sitz in Deutschland** hat, so sind die Anteile al- 34
so gem. **Art. 15 Abs. 1 i.V.m. § 36a Abs. 2 Satz 1 AktG** dinglich an die **Vor-SE** zu **übertragen** (vgl. zum Verhältnis von Nachfrist und Eintragung ausf. unten Rz. 36 f.). Die
Fünf-Jahres-Frist des § 36a Abs. 2 Satz 2 AktG ist nicht anwendbar (näher dazu bereits oben Rz. 19). Bei Anteilen an einer deutschen GmbH bedarf die Übertragung
gem. **§ 15 Abs. 3 GmbHG** der notariellen Beurkundung (vgl. bereits oben Rz. 20).

---

64 So aber *Kersting*, DB 2001, 2078, 2084; *Thümmel*, Europäische Aktiengesellschaft, Rz. 108.
65 *Bayer* in Lutter/Hommelhoff, Europäische Gesellschaft, S. 25, 54; *Brandes*, AG 2005, 177,
    186; *Jannott* in Jannott/Frodermann, Handbuch Europäische Aktiengesellschaft, § 3 Rz. 175;
    Oplustil, (2003) 4 GLJ 107, 119; *Schäfer* in MünchKomm. AktG, Art. 33 SE-VO Rz. 16, 19;
    J. Schmidt, „Deutsche" vs. „britische" SE, S. 309; *Schwarz*, Art. 33 Rz. 23; *Seibt/Saame*,
    AnwBl 2005, 225, 232; *Teichmann*, ZGR 2002, 383, 437.
66 Vgl. *Schäfer* in MünchKomm. AktG, Art. 33 SE-VO Rz. 16; *Schwarz*, Art. 33 Rz. 23; *Schröder*
    in Manz/Mayer/Schröder, Art. 33 SE-VO Rz. 17.
67 *Schäfer* in MünchKomm. AktG, Art. 33 SE-VO Rz. 20; *Scheifele*, Gründung, S. 361;
    J. Schmidt, „Deutsche" vs. „britische" SE, S. 309; *Schwarz*, Art. 33 Rz. 18.
68 *Schäfer* in MünchKomm. AktG, Art. 33 SE-VO Rz. 20; *J. Schmidt*, „Deutsche" vs. „britische"
    SE, S. 309. Anders jedoch *Scheifele*, Gründung, S. 361; *Schwarz*, Art. 33 Rz. 18 (Annahme-
    erklärung).

35   Zum **Erwerb der SE-Aktien** bereits oben Rz. 21, zur Problematik im Hinblick auf §§ 71 ff. AktG oben Rz. 22 f.

d) Nachfrist und Eintragung

36   Im Schrifttum wird verbreitet die Auffassung vertreten, dass die Eintragung der Holding-SE bereits während des Laufs der Nachfrist gem. Art. 33 Abs. 3 Unterabs. 2 erfolgen könne, da Art. 33 Abs. 5 als Eintragungsvoraussetzungen lediglich die nachweisliche Erfüllung der Formalitäten gem. Art. 32 und Art. 33 Abs. 2 fordere[69]. Einige Autoren gehen noch weiter und wollen sogar eine Eintragung während der Drei-Monats-Frist des Art. 33 Abs. 1 zulassen, sofern die Mindestquote bereits vor deren Ablauf erreicht wurde[70].

37   Diese formale Argumentation vermag jedoch nicht zu überzeugen. Eine ganze Reihe gewichtiger systematischer und teleologischer Gründe spricht vielmehr dafür, dass die **Eintragung** der Holding-SE **erst nach Ablauf der Nachfrist** des Art. 33 Abs. 3 Unterabs. 2 erfolgen darf[71]. Zum einen ist bereits das aus Art. 33 Abs. 5 abgeleitete Wortlautargument nicht restlos überzeugend; die Tatsache, dass hier nur auf die Wahrung der Voraussetzungen nach Art. 32 und Art. 33 Abs. 2 Bezug genommen wird, lässt sich ebenso gut damit erklären, dass die Einbringung weiterer Anteile während der Nachfrist keine Voraussetzung für die Entstehung der Holding-SE ist; es handelt sich hierbei vielmehr lediglich um eine zusätzliche Option für die Anteilsinhaber[72]. Weiterhin hat die Argumentation der h.M. auch die Systematik des Art. 33 gegen sich: Nach dem durch die einzelnen Absätze dieser Norm fixierten chronologischen Ablaufschema für die Holdinggründung erfolgt die Eintragung (Art. 33 Abs. 5) ganz klar erst *nach* Ablauf der Nachfrist des Art. 33 Abs. 3[73]. Entscheidend gegen die Zulässigkeit einer Eintragung vor Ablauf der Nachfrist spricht aber vor allem die Unvereinbarkeit dieser Auffassung mit den europa- und nationalrechtlichen Vorschriften der Kapitalaufbringung. Nach den über Art. 15 Abs. 1 bzw. Art. 5 anwendbaren mitgliedsstaatlichen Durchführungsbestimmungen zu Art. 10 Kapital-RL[74] – im Falle der Gründung einer Holding-SE mit Sitz in Deutschland: §§ 34 Abs. 3 Satz 1, 37 Abs. 4 Nr. 4 AktG – muss *vor* Eintragung der Gesellschaft (bzw. vor der Genehmigung über die Aufnahme der Geschäftstätigkeit) eine Sachgründungsprüfung durch sachverständige Prüfer erfolgen (vgl. dazu ausf. unten Rz. 38, 41). Da diese sich auf *alle* Sacheinlagen beziehen muss, deren genaue Anzahl und Identität aber erst *nach* Ablauf der Nachfrist überhaupt feststeht, ist eine Eintragung der Holding-SE *vor* Ablauf der Nachfrist aus **kapitalrechtlichen Gründen** ausgeschlossen[75]. Für die Qualifi-

---

69   So *Bartone/Klapdor*, Europäische Aktiengesellschaft, S. 45; *Bungert/Beier*, EWS 2002, 1, 8; *Heckschen* in Widmann/Mayer, Anhang 14 Rz. 290; *Jannott* in Jannott/Frodermann, Handbuch Europäische Aktiengesellschaft, § 3 Rz. 185; *Koke*, Finanzverfassung, S. 45; *Mahi*, Europäische Aktiengesellschaft, S. 65; *Marsch-Barner* in Lutter, Holding-Handbuch, § 15 Rz. 68; *Neun* in Theisen/Wenz, Europäische Aktiengesellschaft, S. 57, 163 f.; *Oplustil*, (2003) 4 GLJ 107, 120; *Schäfer* in MünchKomm. AktG, Art. 33 SE-VO Rz. 19, 26; *Scheifele*, Gründung, S. 378; *Teichmann*, ZGR 2002, 383, 437.
70   So *Scheifele*, Gründung, S. 378; *Schwarz*, Art. 33 Rz. 49 f.
71   Ebenso und mit ausf. Begründung *J. Schmidt*, „Deutsche" vs. „britische" SE, S. 340 ff.; i.E. (allerdings ohne nähere Begründung) auch *Hügel* in Kalss/Hügel, § 27 SEG Rz. 11.
72   Vgl. *J. Schmidt*, „Deutsche" vs. „britische" SE, S. 340.
73   Vgl. *J. Schmidt*, „Deutsche" vs. „britische" SE, S. 340 f.
74   Zweite Richtlinie 77/91/EWG des Rates vom 13.12.1976 zur Koordinierung der Schutzbestimmungen, die in den Mitgliedstaaten den Gesellschaften im Sinne des Artikels 58 Absatz 2 des Vertrages im Interesse der Gesellschafter sowie Dritter für die Gründung der Aktiengesellschaft sowie für die Erhaltung und Änderung ihres Kapitals vorgeschrieben sind, um diese Bestimmungen gleichwertig zu gestalten, ABl.EG Nr. L 26 v. 31.1.1977, S. 1.
75   Näher dazu auch *J. Schmidt*, „Deutsche" vs. „britische" SE, S. 341.

kation des Ablaufs der Nachfrist als Eintragungsvoraussetzung spricht im Übrigen auch, dass so eo ipso zumindest im Zeitpunkt der Eintragung der Holding-SE das Grundkapital endgültig feststeht und sich damit zugleich eine Vielzahl – auf der Basis der abweichenden Auffassung kontrovers diskutierter – Probleme[76] von selbst erledigen[77].

V. Sachgründungsverfahren nach nationalem Recht

1. Allgemeines

Aufgrund des Wesens der Holding-SE-Gründung als Sachgründung (vgl. Art. 32 Rz. 1)   38
sind gem. **Art. 15 Abs. 1 bzw. Art. 5**[78] stets die nach dem Recht des Sitzstaates geltenden – und durch Art. 10 Kapital-RL[79] harmonisierten – **Sachgründungsvorschriften** zu beachten[80]. Aufgrund des unterschiedlichen Schutzzwecks werden die Sachgründungsvorschriften auch nicht etwa durch den Gründungsbericht nach Art. 32 Abs. 2 Satz 2 (dazu Art. 32 Rz. 41 ff.) noch durch die Gründungsprüfung nach Art. 32 Abs. 4 und 5 (dazu Art. 32 Rz. 51 ff.) verdrängt: Letztere gewährleisten einen „Schutz durch Information" für die Anteilsinhaber (und Arbeitnehmer), während die nach Art. 10 Kapital-RL gebotene Sachgründungsprüfung primär der Sicherung der ordnungsmäßigen Kapitalaufbringung und damit dem Gläubigerschutz dient[81].

2. Holding-SE mit Sitz in Deutschland

Hat die (künftige) Holding-SE ihren Sitz in Deutschland, so gelten gem. Art. 15   39
Abs. 1 die **§§ 32 ff. AktG**[82]. Der vereinzelt vertretenen Auffassung, dass Gründungsbericht und -prüfung nach **§ 75 Abs. 2 UmwG** entbehrlich seien[83], ist **nicht** zu folgen[84]. Die dieser Norm zugrunde liegende Wertung, dass im Fall einer Kapitalgesellschaft als übertragendem Rechtsträger die Kapitalaufbringung bereits durch die

---

76 Ausführlich zu diesen Problemen etwa *Scheifele*, Gründung, S. 378 ff.
77 Vgl. *J. Schmidt*, „Deutsche" vs. „britische" SE, S. 341.
78 S. zur Abgrenzung oben Fn. 40.
79 Zweite Richtlinie 77/91/EWG des Rates vom 13.12.1976 zur Koordinierung der Schutzbestimmungen, die in den Mitgliedsstaaten den Gesellschaften im Sinne des Artikels 58 Absatz 2 des Vertrages im Interesse der Gesellschafter sowie Dritter für die Gründung der Aktiengesellschaft sowie für die Erhaltung und Änderung ihres Kapitals vorgeschrieben sind, um diese Bestimmungen gleichwertig zu gestalten, ABl.EG Nr. L 26 v. 31.1.1977, S. 1.
80 Vgl. *Bayer* in Lutter/Hommelhoff, Europäische Gesellschaft, S. 25, 54; *Koke*, Finanzverfassung, S. 42 f.; *Marsch-Barner* in Lutter, Holding-Handbuch, § 15 Rz. 69; *Oplustil*, (2003) 4 GLJ 107, 120; *Schäfer* in MünchKomm. AktG, Art. 32 SE-VO Rz. 36; *J. Schmidt*, „Deutsche" vs. „britische" SE, S. 309 f.; *Teichmann* in Oplustil/Teichmann, The European Company, S. 107, 117.
81 *Bayer* in Lutter/Hommelhoff, Europäische Gesellschaft, S. 25, 54; *Brandes*, AG 2005, 177, 187; *Koke*, Finanzverfassung, S. 55; *Neun* in Theisen/Wenz, Europäische Aktiengesellschaft, S. 57, 166; *Oplustil*, (2003) 4 GLJ 107, 115, 121; *Schäfer* in MünchKomm. AktG, Art. 32 SE-VO Rz. 37; *Scheifele*, Gründung, S. 368; *J. Schmidt*, „Deutsche" vs. „britische" SE, S. 310; *Schwarz*, Vorb. Art. 32–34 Rz. 28.
82 *Bayer* in Lutter/Hommelhoff, Europäische Gesellschaft, S. 25, 54; *Brandes*, AG 2005, 177, 187; *Marsch-Barner* in Lutter, Holding-Handbuch, § 15 Rz. 69 ff.; *Schäfer* in MünchKomm. AktG, Art. 32 SE-VO Rz. 36f.; *Schröder* in Manz/Mayer/Schröder, Art. 15 SE-VO Rz. 39, 46; *Schwarz*, Vorb. Art. 32–34 Rz. 29; *Seibt/Saame*, AnwBl 2005, 225, 231; *Vossius*, ZIP 2005, 741, 745.
83 So *Jannott* in Jannott/Frodermann, Handbuch Europäische Aktiengesellschaft, § 3 Rz. 178, 181.
84 So schon *Bayer* in Lutter/Hommelhoff, Europäische Gesellschaft, S. 25, 55; ebenso *Koke*, Finanzverfassung, S. 56; *Scheifele*, Gründung, S. 368 f.; *J. Schmidt*, „Deutsche" vs. „britische" SE, S. 311; *Schwarz*, Vorb. Art. 32–34 Rz. 29.

speziellen (nationalen) Kapitalaufbringungs- und -erhaltungsvorschriften gesichert ist[85], passt im Falle der Gründung einer Holding-SE nicht: Das Grundkapital der Holding-SE wird nämlich durch die Anteilsinhaber der Gründungsgesellschaften aufgebracht, die Kapitalaufbringung bei den Gründungsgesellschaften ist demgemäß nur indirekt von Bedeutung[86] und nicht notwendig auf die Kapitalaufbringung der SE abgestimmt, insbesondere nicht bei einer ausländischen „GmbH" als Gründungsgesellschaft, da die Kapitalaufbringung durch die Kapital-RL[87] nur für Aktiengesellschaften harmonisiert ist[88].

a) Gründungsbericht

40 Die Gründer der Holding-SE – d.h. entsprechend § 36 Abs. 2 UmwG die Gründungsgesellschaften (ausf. Art. 32 Rz. 11), vertreten durch ihre jeweiligen Vertretungsorgane – müssen gem. **Art. 15 Abs. 1 i.V.m. § 32 Abs. 1 AktG** einen Gründungsbericht erstellen[89]. Darin ist zunächst der Hergang der Gründung darzustellen (§ 32 Abs. 1 AktG)[90]. Ferner sind die wesentlichen Umstände darzulegen, von denen die Angemessenheit der Leistungen für die Sacheinlagen – also die Wertgleichheit des Ausgabebetrags der SE-Aktien mit den hierfür eingebrachten Anteilen[91] – abhängt (§ 32 Abs. 2 Satz 1 AktG). Umstritten ist indes, ob und inwieweit bei Gründung einer Holding-SE § 32 Abs. 2 Satz 2 AktG, der in seinen Nr. 1–3 die hierzu erforderlichen Angaben konkretisiert[92], anwendbar ist. § 32 Abs. 2 Satz 2 Nr. 1 und Nr. 3 AktG werden hier praktisch ohnehin kaum jemals relevant werden[93], zu Problemen könnte aber die nach § 32 Abs. 2 Satz 2 **Nr. 2** erforderliche **Angabe der Anschaffungskosten** führen[94]. Die daraus im Schrifttum zum Teil abgeleitete Folgerung, dass diese Angaben deshalb im Falle der Gründung einer Holdinggründung SE gänzlich entbehrlich seien[95], geht allerdings zu weit[96]. Die im Einzelnen zu stellenden Anforderungen dürften allerdings im Wege der **SE-spezifischen Auslegung** der Norm kontextspezifisch

---

85 Vgl. *Diekmann* in Semler/Stengel, UmwG, § 75 Rz. 4; *Winter* in Lutter, UmwG, § 58 Rz. 7.
86 *Bayer* in Lutter/Hommelhoff, Europäische Gesellschaft, S. 25, 55; *Koke*, Finanzverfassung, S. 56; *Scheifele*, Gründung, S. 368 f.; *J. Schmidt*, „Deutsche" vs. „britische" SE, S. 311; *Schwarz*, Vorb. Art. 32–34 Rz. 29.
87 Zweite Richtlinie 77/91/EWG des Rates vom 13.12.1976 zur Koordinierung der Schutzbestimmungen, die in den Mitgliedstaaten den Gesellschaften im Sinne des Artikels 58 Absatz 2 des Vertrages im Interesse der Gesellschafter sowie Dritter für die Gründung der Aktiengesellschaft sowie für die Erhaltung und Änderung ihres Kapitals vorgeschrieben sind, um diese Bestimmungen gleichwertig zu gestalten, ABl.EG Nr. L 26 v. 31.1.1977, S. 1.
88 *Bayer* in Lutter/Hommelhoff, Europäische Gesellschaft, S. 25, 55; *Koke*, Finanzverfassung, S. 56; *J. Schmidt*, „Deutsche" vs. „britische" SE, S. 311; *Schwarz*, Vorb. Art. 32–34 Rz. 29.
89 Vgl. *Bayer* in Lutter/Hommelhoff, Europäische Gesellschaft, S. 25, 54; *Marsch-Barner* in Lutter, Holding-Handbuch, § 15 Rz. 72; *Scheifele*, Gründung, S. 368; *J. Schmidt*, „Deutsche" vs. „britische" SE, S. 312.
90 Dazu näher *Marsch-Barner* in Lutter, Holding-Handbuch, § 15 Rz. 74; *Neun* in Theisen/Wenz, Europäische Aktiengesellschaft, S. 57, 167; *Scheifele*, Gründung, S. 369; *Schwarz*, Vorbem. Art. 32–34 Rz. 30.
91 Vgl. *Koke*, Finanzverfassung, S. 57; *Neun* in Theisen/Wenz, Europäische Aktiengesellschaft, S. 57, 167; *Schäfer* in MünchKomm. AktG, Art. 32 SE-VO Rz. 37; *Scheifele*, Gründung, S. 369; *J. Schmidt*, „Deutsche" vs. „britische" SE, S. 312; *Schwarz*, Vorb. Art. 32–34 Rz. 31.
92 Vgl. *Hüffer*, § 32 Rz. 5; *Pentz* in MünchKomm. AktG, § 32 Rz. 15.
93 *Marsch-Barner* in Lutter, Holding-Handbuch, § 15 Rz. 75; *Neun* in Theisen/Wenz, Europäische Aktiengesellschaft, S. 57, 167; *Scheifele*, Gründung, S. 370.
94 Dazu näher *Marsch-Barner* in Lutter, Holding-Handbuch, § 15 Rz. 75; *Neun* in Theisen/Wenz, Europäische Aktiengesellschaft, S. 57, 167 f.; *Scheifele*, Gründung, S. 370.
95 So *Schäfer* in MünchKomm. AktG, Art. 32 SE-VO Rz. 37; *Scheifele*, Gründung, S. 370; s. ferner auch *Schwarz*, Vorb. Art. 32–34 Rz. 32 (punktuelle Nichtanwendung).
96 Ebenso *Koke*, Finanzverfassung, S. 57; *Marsch-Barner* in Lutter, Holding-Handbuch, § 15 Rz. 75; *Neun* in Theisen/Wenz, Europäische Aktiengesellschaft, S. 57, 168.

zu reduzieren sein[97]. Weiterhin sind ggf. Angaben über etwaige Sondervorteile für und Aktienübernahmen durch Mitglieder der Organe der künftigen SE zu machen (§ 32 Abs. 3 AktG)[98].

b) Gründungsprüfung

Da es sich bei der Gründung einer Holding-SE wesensmäßig um eine Sachgründung handelt (s. Art. 32 Rz. 1), ist generell nicht nur eine **interne** Gründungsprüfung durch die Mitglieder des ersten Vorstands und Aufsichtsrats (dualistische SE) bzw. des ersten Verwaltungsrats (monistische SE, vgl. § 22 Abs. 6 SEAG) erforderlich (**Art. 15 Abs. 1 i.V.m. § 33 Abs. 1 AktG**), sondern *zusätzlich* auch eine Gründungsprüfung durch **externe Prüfer** (**Art. 15 Abs. 1 i.V.m. § 33 Abs. 2 Nr. 4 AktG**)[99]. Letztere muss durch ausreichend vorgebildete und erfahrene Prüfer bzw. Prüfungsgesellschaften durchgeführt werden, für die die Bestellungsverbote gem. §§ 33 Abs. 5 Satz 1, 143 Abs. 2 AktG i.V.m. §§ 319 Abs. 2–4, 319a HGB gelten[100]. Prüfungsgegenstand ist gem. § 34 Abs. 1 AktG die Richtigkeit und Vollständigkeit der Angaben im Gründungsplan, speziell die Werthaltigkeit der Sacheinlagen (d.h. der eingebrachten Anteile)[101]. Nach § 34 Abs. 2 AktG ist jeweils[102] ein schriftlicher **Prüfungsbericht** zu erstellen[103], der mit der Anmeldung beim Registergericht einzureichen ist (§§ 34 Abs. 3 Satz 1, 37 Abs. 4 Nr. 4 AktG)[104] (zur Anmeldung auch unten Rz. 51 ff.). 41

c) Exkurs: Verantwortlichkeit der Gründer und Haftung der künftigen Organe der SE

In engem Zusammenhang mit Gründungsbericht und -prüfung steht die gesamtschuldnerische Haftung der „Gründer" nach **§ 46 AktG**; dies sind bei der Holding-SE die Gründungsgesellschaften[105] (ausf. Art. 32 Rz. 11). In Betracht kommt ferner eine Strafbarkeit der Mitglieder des Leitungs- bzw. Verwaltungsorgans der beteiligten Gründungsgesellschaften gem. § 399 Abs. 1 Nr. 1 Var. 1, Nr. 2 Var. 1 AktG i.V.m. § 14 Abs. 1 Nr. 1 StGB[106]. Die Organe der künftigen SE im Hinblick auf Gründungs- 42

---

97 Ähnlich *Marsch-Barner* in Lutter, Holding-Handbuch, § 15 Rz. 75 (bei Erwerb von Aktien über die Börse nur generalisierende Angaben); zu weitgehend aber wohl *Neun* in Theisen/ Wenz, Europäische Aktiengesellschaft, S. 57, 168 (Angabepflicht nur für personalistisch strukturierte Gesellschaften).

98 Dazu *Marsch-Barner* in Lutter, Holding-Handbuch, § 15 Rz. 76; *Neun* in Theisen/Wenz, Europäische Aktiengesellschaft, S. 57, 168. Allg. zu § 32 Abs. 3 AktG: *Hüffer*, § 32 Rz. 6; *Pentz* in MünchKomm. AktG, § 32 Rz. 27 ff. m.w.N.

99 *Koke*, Finanzverfassung, S. 57; *Marsch-Barner* in Lutter, Holding-Handbuch, § 15 Rz. 77; *Neun* in Theisen/Wenz, Europäische Aktiengesellschaft, S. 57, 168; *Scheifele*, Gründung, S. 368, 370; *J. Schmidt*, „Deutsche" vs. „britische" SE, S. 313; *Schwarz*, Vorb. Art. 32–34 Rz. 33; *Vossius*, ZIP 2005, 741, 746.

100 *Neun* in Theisen/Wenz, Europäische Aktiengesellschaft, S. 57, 168 f.; *J. Schmidt*, „Deutsche" vs. „britische" SE, S. 313; allg. dazu *Hüffer*, § 33 Rz. 8 f.; *Pentz* in MünchKomm. AktG, § 33 Rz. 35 ff. m.w.N.

101 *Koke*, Finanzverfassung, S. 58; *Marsch-Barner* in Lutter, Holding-Handbuch, § 15 Rz. 77; *J. Schmidt*, „Deutsche" vs. „britische" SE, S. 221 f.; *Schwarz*, Vorb. Art. 32–34 Rz. 33; allg. zu § 34 Abs. 1: *Hüffer*, § 34 Rz. 2 f.; *Pentz* in MünchKomm. AktG, § 34 Rz. 7 ff. m.w.N.

102 D.h. jeweils ein Bericht über die interne und über die externe Prüfung: *Hüffer*, § 34 Rz. 4.

103 *Koke*, Finanzverfassung, S. 58; *Marsch-Barner* in Lutter, Holding-Handbuch, § 15 Rz. 79; *J. Schmidt*, „Deutsche" vs. „britische" SE, S. 313; allg. dazu *Hüffer*, § 34 Rz. 4 f.; *Pentz* in MünchKomm. AktG, § 34 Rz. 18 ff. m.w.N.

104 *Marsch-Barner* in Lutter, Holding-Handbuch, § 15 Rz. 79; *J. Schmidt*, „Deutsche" vs. „britische" SE, S. 313.

105 *Handelsrechtsausschuss des DAV*, NZG 2004, 75, 78; *Marsch-Barner* in Lutter, Holding-Handbuch, § 15 Rz. 72; *Oplustil*, (2003) 4 GLJ 107, 121; *Scheifele*, Gründung, S. 308; *J. Schmidt*, „Deutsche" vs. „britische" SE, S. 313.

106 Dazu *J. Schmidt*, „Deutsche" vs. „britische" SE, S. 313 f.

bericht und -prüfung eine Haftung nach **§ 48 AktG** treffen; in Betracht kommt ferner eine Strafbarkeit gem. § 399 Abs. 1 Nr. 1 Var. 2, 3, Nr. 2 Var. 2, 3 i.V.m. § 53 Abs. 1 Satz 1 Nr. 1, 2 SEAG[107].

VI. Rechtmäßigkeitsprüfung

43 Im Gegensatz zur Verschmelzung (dazu Art. 25 Rz. 1 f.) enthält die SE-VO für die Holdinggründung keine detaillierten Vorgaben für eine zweistufige Rechtmäßigkeits-kontrolle. Dass aber auch hier vor Eintragung eine – allerdings nur **einstufige** – **Rechtmäßigkeitskontrolle** erfolgen muss, ergibt sich jedoch mittelbar aus der Rege-lung der Eintragungsvoraussetzungen in **Art. 33 Abs. 5**[108].

1. Zuständigkeit

44 Mangels einer speziellen Regelung in der SE-VO (Art. 68 Abs. 2 nimmt gerade nicht auf Art. 33 Abs. 5 Bezug[109]) bestimmt sich die zuständige Kontrollstelle gem. **Art. 15 Abs. 1** nach dem für die Gründung von Aktiengesellschaften geltenden Recht des künftigen Sitzstaats der SE[110]. Im Falle der Gründung einer Holding-SE mit **Sitz in Deutschland** ist demgemäß für die Rechtmäßigkeitsprüfung das **Registergericht** am künftigen Sitz der SE zuständig, **§§ 125 Abs. 1, 2 FGG, 14 AktG**[111]; **§ 4 Satz 1 SEAG** ist insofern nur deklaratorisch[112].

2. Prüfungsgegenstand

45 Nach **Art. 33 Abs. 5** darf die SE erst eingetragen werden, wenn (1) die Formalitäten gem. Art. 32 und (2) die in Art. 33 Abs. 2 genannten Voraussetzungen (dazu bereits oben Rz. 25 ff.) nachweislich erfüllt sind.

a) Formalitäten gem. Art. 32

46 Die gem. Art. 32 zu beachtenden Formalitäten sind: die Erstellung und Offenlegung des Gründungsplans (dazu Art. 32 Rz. 21 ff.), Durchführung der Gründungsprüfung (dazu Art. 32 Rz. 51 ff.), Zustimmungen der Haupt- bzw. Gesellschafterversammlun-gen (dazu Art. 32 Rz. 59 ff.) sowie ggf. die Genehmigung im Falle eines Zustim-mungsvorbehalts (dazu Art. 32 Rz. 71)[113].

b) Voraussetzungen nach Art. 33 Abs. 2

47 Aufgrund der Verweisung auf Art. 33 Abs. 2 ist weiterhin das **Erreichen der Mindest-quote** während der Drei-Monats-Frist (s. oben Rz. 26) sowie die Erfüllung der „**übri-gen Bedingungen**" (dazu bereits oben Rz. 27) erforderlich. Da zu letzteren nach zu-

---

107 *J. Schmidt*, „Deutsche" vs. „britische" SE, S. 314.
108 *Schäfer* in MünchKomm. AktG, Art. 33 SE-VO Rz. 25; *Scheifele*, Gründung, S. 373 f.; *J. Schmidt*, „Deutsche" vs. „britische" SE, S. 332; *Schröder* in Manz/Mayer/Schröder, Art. 33 SE-VO Rz. 21; *Schwarz*, Art. 33 Rz. 33 f.
109 So aber *Marsch-Barner* in Lutter, Holding-Handbuch, § 15 Rz. 80; richtig dagegen *Scheifele*, Gründung, S. 374; *J. Schmidt*, „Deutsche" vs. „britische" SE, S. 333; *Schwarz*, Art. 33 Rz. 35.
110 *Scheifele*, Gründung, S. 374; vgl. auch *Kleindiek* in Lutter/Hommelhoff, Europäische Gesell-schaft, S. 95, 99, 101.
111 *Kleindiek* in Lutter/Hommelhoff, Europäische Gesellschaft, S. 95, 97; *Schäfer* in Münch-Komm. AktG, Art. 33 SE-VO Rz. 31; *J. Schmidt*, „Deutsche" vs. „britische" SE, S. 333; *Schwarz*, Art. 33 Rz. 35.
112 *J. Schmidt*, „Deutsche" vs. „britische" SE, S. 333.
113 Vgl. *Schäfer* in MünchKomm. AktG, Art. 33 SE-VO Rz. 26; *Scheifele*, Gründung, S. 376; *Schwarz*, Art. 33 Rz. 43.

treffender Ansicht ebenfalls sämtliche **nach Art. 32 erforderliche Verfahrensschritte** gehören (s. oben Rz. 27), ist die zusätzliche explizite Bezugnahme auf Art. 32 in Art. 33 Abs. 5 an sich redundant; sie lässt sich lediglich entstehungsgeschichtlich erklären[114] (s. oben Rz. 27). „Übrige Bedingungen" und damit Gegenstand der Rechtmäßigkeitskontrolle sind daneben aber auch die sich qua Art. 18 analog sowie Art. 15 Abs. 1 aus dem jeweiligen **nationalen Recht ergebenden weiteren Anforderungen**[115] (vgl. auch bereits oben Rz. 28), soweit diese vor der Eintragung erfüllt sein müssen, also insbesondere auch die gem. Art. 15 Abs. 1 zu beachtenden nationalen Sachgründungsvorschriften (s. oben Rz. 38, bei einer Holding-SE mit Sitz in Deutschland also §§ 32 ff. AktG, dazu ausf. oben Rz. 39 ff.).

c) Problem: Kontrolle des Verfahrens in den Gründungsgesellschaften

Problematisch ist allerdings, ob und in welchem Umfang im Rahmen der Rechtmäßigkeitskontrolle auch das Verfahren in den einzelnen Gründungsgesellschaften, speziell auch die Ordnungsmäßigkeit der Zustimmungsbeschlüsse, zu kontrollieren ist. An sich würde auch dieses zu den „übrigen Bedingungen" i.S.d. Art. 33 Abs. 2 bzw. zu den „Formalitäten gem. Art. 32" gehören. Allerdings ließe sich Art. 33 Abs. 5 insofern auch durchaus so interpretieren, dass für die Eintragung lediglich nachgewiesen sein muss, dass überhaupt Zustimmungsbeschlüsse erfolgt sind (ohne dass es auf deren Ordnungsmäßigkeit ankäme). Unabhängig davon spricht aber jedenfalls eine ganze Reihe gewichtiger systematischer und teleologischer Erwägungen gegen eine umfassende materielle Kontrolle der Zustimmungsbeschlüsse anhand des jeweiligen nationalen Rechts. Zum einen wäre sie bereits rein praktisch kaum durchführbar, da damit eine umfängliche Prüfung am Maßstab ausländischen Rechts gefordert wäre[116]. Überdies stünde sie im Widerspruch zu dem auch bei der Gründung einer Holding-SE geltenden Prinzip der Sphärentrennung, das im Parallelfall der Verschmelzung gerade damit korreliert, dass den jeweiligen Kontrollstellen nur die Prüfung des eigenen nationalen Rechts (sowie des SE-Rechts) auferlegt wird[117]. Gleichwohl kann von der SE-VO andererseits aber auch kaum gewollt sein, dass die Kontrollstelle im Sitzstaat der SE selbst dann zur Eintragung verpflichtet sein soll, wenn einer der Zustimmungsbeschlüsse evident fehlerhaft ist[118]. Zumindest die Durchführung einer **Evidenzkontrolle** im Hinblick auf die Ordnungsmäßigkeit der Zustimmungsbeschlüsse dürfte daher unverzichtbar sein[119]. Für den Fall der Gründung einer **Holding-SE mit Sitz in Deutschland** dürfte der deutsche Gesetzgeber insoweit mit der in § 10 Abs. 2 SEAG vorgesehenen **Negativerklärung** (dazu näher unten Rz. 53) eine sowohl verordnungskonforme als auch zweckmäßige und praktikable Lösung gefunden haben: Wird eine derartige Negativerklärung abgegeben, so kann das Register-

48

---

114 Vgl. *Schäfer* in MünchKomm. AktG, Art. 33 SE-VO Rz. 17, 26; *Scheifele*, Gründung, S. 372 f.; *Schwarz*, Art. 33 Rz. 43.

115 *Schäfer* in MünchKomm. AktG, Art. 33 SE-VO Rz. 26; *Schwarz*, Art. 33 Rz. 43; vgl. auch *Neun* in Theisen/Wenz, Europäische Aktiengesellschaft, S. 57, 171; *Scheifele*, Gründung, S. 377.

116 Vgl. *Marsch-Barner* in Lutter, Holding-Handbuch, § 15 Rz. 82; *Scheifele*, Gründung, S. 376; *J. Schmidt*, „Deutsche" vs. „britische" SE, S. 334; *Schwarz*, Art. 33 Rz. 46.

117 Vgl. *J. Schmidt*, „Deutsche" vs. „britische" SE, S. 334.

118 Vgl. *Marsch-Barner* in Lutter, Holding-Handbuch, § 15 Rz. 82; *Neun* in Theisen/Wenz, Europäische Aktiengesellschaft, S. 57, 171 Fn. 1; *J. Schmidt*, „Deutsche" vs. „britische" SE, S. 334; *Schwarz*, Art. 33 Rz. 46.

119 Ebenso *J. Schmidt*, „Deutsche" vs. „britische" SE, S. 334 f.; ähnlich *Marsch-Barner* in Lutter, Holding-Handbuch, § 15 Rz. 82 (Plausibilitätskontrolle).

gericht davon ausgehen, dass die Zustimmungsbeschlüsse tatsächlich ordnungsgemäß erfolgt sind und darf demgemäß die SE eintragen[120].

3. Prüfungsumfang

49 Hinsichtlich des Prüfungsumfangs gilt gem. **Art. 15 Abs. 1** nationales Recht, im Falle der Gründung einer Holding-SE mit Sitz in Deutschland also **§ 38 AktG**[121].

4. Verfahren

a) Allgemein

50 Das Verfahren der Rechtmäßigkeitskontrolle sowie die einzureichenden Unterlagen richten sich mangels spezieller Regelung in der SE-VO kraft **Art. 15 Abs. 1** nach dem **nationalem Recht** des künftigen Sitzstaats der SE[122].

b) Holding-SE mit Sitz in Deutschland

51 Soll die Holding-SE ihren Sitz in Deutschland haben, so ist sie bei Wahl des **dualistischen Systems** gem. **§ 36 Abs. 1 AktG** von allen Gründern (dazu Art. 32 Rz. 11) sowie den Mitgliedern des Leitungs- und Aufsichtsorgans beim Registergericht (s. oben Rz. 44) anzumelden; ist das **monistische System** gewählt worden, so hat die **Anmeldung** gem. **§ 21 Abs. 1 SEAG** durch alle Gründer sowie die Mitglieder des Verwaltungsrats und die geschäftsführenden Direktoren zu erfolgen[123].

52 Der **Inhalt der Anmeldung** richtet sich nach **§ 37 AktG**[124], der jedoch im Falle einer monistischen SE durch **§ 21 Abs. 2 SEAG** modifiziert wird[125]. Um zu gewährleisten, dass das Registergericht die durch Art. 33 Abs. 5 gebotene Prüfung überhaupt effektiv durchführen kann, ist daneben allerdings die Einreichung folgender **weiterer Unterlagen** zu fordern[126]: Gründungsplan bzw. -pläne (Art. 32 Abs. 2, dazu Art. 32 Rz. 21 ff.), Prüfungsbericht(e) (Art. 32 Abs. 4 und 5, dazu Art. 32 Rz. 51 ff.), Niederschriften der Haupt- bzw. Gesellschafterversammlungsbeschlüsse sowie – soweit ein Zustimmungsvorbehalt festgesetzt wurde – ggf. der Genehmigung des Mitbestimmungs-

---

120 S. *J. Schmidt*, „Deutsche" vs. „britische" SE, S. 335; s. ferner auch *Schäfer* in MünchKomm. AktG, Art. 33 SE-VO Rz. 27.

121 *Brandes*, AG 2005, 177, 187; *Kleindiek* in Lutter/Hommelhoff, Europäische Gesellschaft, S. 95, 102; *Koke*, Finanzverfassung, S. 58; *Marsch-Barner* in Lutter, Holding-Handbuch, § 15 Rz. 80; *Schäfer* in MünchKomm. AktG, Art. 33 SE-VO Rz. 25; *J. Schmidt*, „Deutsche" vs. „britische" SE, S. 334; *Schwarz*, Art. 33 Rz. 33.

122 *Heckschen* in Widmann/Mayer, Anhang 14 Rz. 327; *Hügel* in Kalss/Hügel, § 28 SEG Rz. 1; *J. Schmidt*, „Deutsche" vs. „britische" SE, S. 336; *Schröder* in Manz/Mayer/Schröder, Art. 15 SE-VO Rz. 14; *Schwarz*, Art. 33 Rz. 36.

123 *Heckschen* in Widmann/Mayer, Anhang 14 Rz. 327; *Kleindiek* in Lutter/Hommelhoff, Europäische Gesellschaft, S. 95, 99.; *Marsch-Barner* in Lutter, Holding-Handbuch, § 15 Rz. 80; *J. Schmidt*, „Deutsche" vs. „britische" SE, S. 337; *Schröder* in Manz/Mayer/Schröder, Art. 15 SE-VO Rz. 71, 73, Art. 33 SE-VO Rz. 31, 33; *Schwarz*, Art. 33 Rz. 36.

124 *Brandes*, AG 2005, 177, 187; *Kleindiek* in Lutter/Hommelhoff, Europäische Gesellschaft, S. 95, 99; *Schäfer* in MünchKomm. AktG, Art. 33 SE-VO Rz. 31; *J. Schmidt*, „Deutsche" vs. „britische" SE, S. 337; *Schwarz*, Art. 33 Rz. 36; *Vossius*, ZIP 2005, 741, 746.

125 Vgl. Begr. RegE z. SEEG, BT-Drucks. 15/3405, S. 37; *Kleindiek* in Lutter/Hommelhoff, Europäische Gesellschaft, S. 95, 99; *J. Schmidt*, „Deutsche" vs. „britische" SE, S. 337; *Schwarz*, Art. 33 Rz. 36; *Vossius*, ZIP 2005, 741, 746.

126 *Kleindiek* in Lutter/Hommelhoff, Europäische Gesellschaft, S. 95, 100; *Schäfer* in MünchKomm. AktG, Art. 33 SE-VO Rz. 31; *Scheifele*, Gründung, S. 374 f.; *J. Schmidt*, „Deutsche" vs. „britische" SE, S. 337; *Schwarz*, Art. 33 Rz. 37 f.

modells (Art. 32 Abs. 6, dazu Art. 32 Rz. 59 ff.), Nachweis über die Einbringung der notwendigen Mindestquote von Anteilen während der Drei-Monats-Frist (Art. 33 Abs. 1 und 2, dazu oben Rz. 7 ff.), Nachweis bzgl. der Erfüllung der Voraussetzungen des Art. 2 Abs. 2[127] (dazu Art. 2 Rz. 14 ff.), Nachweis über den ordnungsgemäßen Abschluss des Arbeitnehmerbeteiligungsverfahrens (Art. 12 Abs. 2, dazu 24 ff.).

In Anlehnung an die bewährte Regelung in § 16 Abs. 2 UmwG[128] hat der deutsche   53
Gesetzgeber darüber hinaus in **§ 10 Abs. 2 SEAG** die Erforderlichkeit einer sog. **Negativerklärung** angeordnet (s. dazu auch bereits oben Rz. 48): Die Vertretungsorgane der Holding-SE (d.h. der Vorstand bzw. die geschäftsführenden Direktoren) müssen bei der Anmeldung erklären, dass eine Klage gegen die Wirksamkeit der Zustimmungsbeschlüsse gem. Art. 32 Abs. 6 nicht oder nicht fristgemäß erhoben oder eine solche Klage rechtskräftig abgewiesen oder zurückgenommen worden ist. Dies bezieht sich nicht nur auf die Zustimmungsbeschlüsse deutscher, sondern auch auf diejenigen der beteiligten ausländischen Gründungsgesellschaften[129]. Die Zulässigkeit einer derartigen Regelung dürfte sich bereits unmittelbar aus Art. 33 Abs. 5 („nachweislich") ergeben[130]; i.Ü. wäre sie aber – als Instrument zur Effektivierung des Kontrollverfahrens – jedenfalls durch Art. 68 Abs. 1 gedeckt[131].[132]

Auf die Regelung eines speziellen Freigabeverfahrens nach dem Vorbild des § 16   54
Abs. 3 UmwG hat der deutsche Gesetzgeber allerdings trotz nachdrücklicher Forderungen im Schrifttum[133] verzichtet. Angesichts der mit Beschlussmängelklagen verbundenen erheblichen Verzögerungs- und Blockadewirkung wird daher in der Literatur teilweise versucht, im Wege der Analogie[134] – oder gem. Art. 18 analog zumindest für deutsche Gründungsgesellschaften[135] – die Anwendbarkeit des § 16 Abs. 3 UmwG zu begründen. Beides erscheint jedoch mehr als zweifelhaft[136]. Obgleich dies rechtspolitisch bedauerlich sein mag, ist vielmehr mit der überwiegenden Ansicht[137] davon auszugehen, dass bei der Holdinggründung **kein Freigabeverfahren** möglich ist.

---

127 Dass auch die Erfüllung der Voraussetzungen des Art. 2 Abs. 2 zum Prüfungsgegenstand gehört, ist eigentlich eine Selbstverständlichkeit, ergibt sich aber in jedem Fall daraus, dass Art. 32 Abs. 1 nochmals speziell klarstellt, dass die Voraussetzungen des Art. 2 Abs. 2 erfüllt sein müssen (vgl. Art. 32 Rz. 2).
128 Vgl. Begr.RegE z. SEEG, BT-Drucks. 15/3405, S. 34; *Kleindiek* in Lutter/Hommelhoff, Europäische Gesellschaft, S. 95, 101; *Schäfer* in MünchKomm. AktG, Art. 33 SE-VO Rz. 27; *J. Schmidt*, „Deutsche" vs. „britische" SE, S. 335; *Schwarz*, Art. 33 Rz. 47.
129 *Schäfer* in MünchKomm. AktG, Art. 33 SE-VO Rz. 27; vgl. auch Begr.RegE z. SEEG, BT-Drucks. 15/3405, S. 34 („bei einer der Gründungsgesellschaften").
130 So *Schäfer* in MünchKomm. AktG, Art. 33 SE-VO Rz. 27; *Scheifele*, Gründung, S. 377; *Schwarz*, Art. 33 Rz. 47.
131 Vgl. *Neye/Teichmann*, AG 2003, 169, 173; *Teichmann* in Oplustil/Teichmann, The European Company, S. 107, 117.
132 *J. Schmidt*, „Deutsche" vs. „britische" SE, S. 335.
133 *Handelsrechtsausschuss des DAV*, NZG 2004, 957, 958; *Ihrig/Wagner*, BB 2004, 1749, 1753; *Neun* in Theisen/Wenz, Europäische Aktiengesellschaft, 1. Aufl. 2002, S. 51, 154; *Teichmann*, AG 2004, 67, 70.
134 So *Brandt*, BB-Special 3/2005, 1, 2.
135 So *Schäfer* in MünchKomm. AktG, Art. 33 SE-VO Rz. 30.
136 Näher *J. Schmidt*, „Deutsche" vs. „britische" SE, S. 335 f.
137 S. *Brandes*, AG 2005, 177, 187; *Heckschen* in Widmann/Mayer, Anhang 14 Rz. 328 ff.; *Jannott* in Jannott/Frodermann, Handbuch Europäische Aktiengesellschaft, § 3 Rz. 183; *J. Schmidt*, „Deutsche" vs. „britische" SE, S. 335 f.; *J. Vetter* in Lutter/Hommelhoff, Europäische Gesellschaft, S. 111, 154; *Schwarz*, Art. 33 Rz. 47.

VII. Eintragung und Publizität

1. Eintragung

55   Die Holding-SE wird nach **Art. 12 Abs. 1** gem. Art. 3 der 1. (Publizitäts-)RL[138] im Sitz-staat in ein nach dem Recht dieses Staates bestimmtes Register eingetragen. Die Ein-tragung hat mit **konstitutiver Wirkung** zur Folge, dass die SE ihre Rechtspersönlich-keit nach Art. 16 Abs. 1 erwirbt[139]. Die Gründungsgesellschaften bestehen fort (s. Art. 32 Rz. 1).

56   Die Eintragung einer **deutschen SE** erfolgt gem. §§ 3 SEAG, 3 Abs. 3 HRV in der Ab-teilung B des Handelsregisters[140]; dabei gilt hinsichtlich der inhaltlichen Angaben § 39 AktG, im Falle einer monistischen Struktur allerdings modifiziert durch §§ 21 Abs. 4, 22 Abs. 6 SEAG[141].

2. Publizität

57   Die Eintragung der Holding-SE ist gem. **Art. 13, 15 Abs. 2** offen zulegen, d.h. bei einer deutschen Holding-SE durch Bekanntmachung gem. § 10 HGB[142] (s. Art. 15 Rz. 11). Im Gegensatz zur Verschmelzung erfolgt jedoch keine spezielle Offenlegung im Hin-blick auf die einzelnen Gründungsgesellschaften, denn diese bestehen schließlich fort (s. Art. 32 Rz. 1)[143]. Erforderlich ist jedoch auch hier eine informatorische Be-kanntmachung im Amtsblatt der EU, **Art. 14**[144] (dazu Art. 14 Rz. 1 ff.).

VIII. Bestandsschutz

58   Anders als in Art. 30 für die Verschmelzung (dazu Art. 30 Rz. 1 ff.) ist für die Holding-gründung in der SE-VO **kein spezieller Bestandsschutz** vorgesehen. Die im Schrift-tum vereinzelt vorgeschlagene Analogie zu Art. 30[145] scheitert nicht nur am Fehlen einer planwidrigen Regelungslücke – die in Art. 32 Abs. 5 SE-VOE 1989 vorgesehene spezielle Bestandsschutzregelung für die Holdinggründung entfiel bereits im SE-VOE 1991 wieder – sondern auch an der insoweit nicht vergleichbaren Interessenlage: Die Rückabwicklung einer Holdinggründung mag zwar Probleme aufwerfen, mit den bei einer „Entschmelzung" verbundenen Schwierigkeiten lassen sich diese jedoch nicht

---

138   Erste Richtlinie 68/151/EWG des Rates vom 9. März 1968 zur Koordinierung der Schutz-bestimmungen, die in den Mitgliedstaaten den Gesellschaften im Sinne des Artikels 58 Ab-satz 2 des Vertrages im Interesse der Gesellschafter sowie Dritter vorgeschrieben sind, um diese Bestimmungen gleichwertig zu gestalten, ABl.EG Nr. L 65 v. 14.3.1968, S. 8.
139   *Schäfer* in MünchKomm. AktG, Art. 33 SE-VO Rz. 32; *J. Schmidt*, „Deutsche" vs. „briti-sche" SE, S. 342; *Schröder* in Manz/Mayer/Schröder, Art. 33 SE-VO Rz. 22; *Schwarz*, Art. 33 Rz. 33.
140   *Kleindiek* in Lutter/Hommelhoff, Europäische Gesellschaft, S. 95, 108; *Schäfer* in Münch-Komm. AktG, Art. 33 SE-VO Rz. 31; *J. Schmidt*, „Deutsche" vs. „britische" SE, S. 339; *Schwarz*, Art. 33 Rz. 33. Vgl. Begr.RegE z. SEEG, BT-Drucks. 15/3405, S. 59.
141   Begr.RegE z. SEEG, BT-Drucks. 15/3405, S. 59; *Kleindiek* in Lutter/Hommelhoff, Europäi-sche Gesellschaft, S. 95, 108; *J. Schmidt*, „Deutsche" vs. „britische" SE, S. 339; *Schwarz*, Art. 12 Rz. 15.
142   Vgl. *Jannott* in Jannott/Frodermann, Handbuch Europäische Aktiengesellschaft, § 3 Rz. 187; *Kleindiek* in Lutter/Hommelhoff, Europäische Gesellschaft, S. 95, 109; *J. Schmidt*, „Deut-sche" vs. „britische" SE, S. 339 f.; *Seibt/Saame*, AnwBl 2005, 225, 232; *Vossius*, ZIP 2005, 741, 746.
143   Vgl. *J. Schmidt*, „Deutsche" vs. „britische" SE, S. 340.
144   *Jannott* in Jannott/Frodermann, Handbuch Europäische Aktiengesellschaft, § 3 Rz. 187; *Scheifele*, Gründung, S. 381; *J. Schmidt*, „Deutsche" vs. „britische" SE, S. 340.
145   So *Brandes*, AG 2005, 177, 187.

einmal im Ansatz vergleichen, denn bei der Holdinggründung bestehen die Gründungsgesellschaften fort (s. Art. 32 Rz. 1)[146]. Diese im Vergleich zur Verschmelzung unterschiedliche Interessenlage verbietet überdies auch eine analoge Anwendung der nationalen Umsetzungsvorschriften zu Art. 22 Fusions-RL[147] (in Deutschland: § 20 Abs. 2 UmwG)[148]. Die Folgen einer fehlerhaften Holdinggründung bestimmen sich vielmehr gem. **Art. 9 Abs. 1 lit. c ii** nach den allgemeinen Regeln des nationalen Rechts des Sitzstaats der SE[149]. Für eine **deutsche Holding-SE** gelten folglich **§§ 275 f. AktG i.V.m. § 144 FGG sowie § 262 Abs. 1 Nr. 5 AktG i.V.m. § 144a FGG**[150].

IX. Ergänzende Anwendung des AktG

Vgl. zur örtlichen Zuständigkeit gem. § 14 AktG *Langhein* in K. Schmidt/Lutter, 59
AktG, § 14 Rz. 10 ff.

Vgl. zum Gründungsbericht gem. § 32 AktG *Bayer* in K. Schmidt/Lutter, AktG, § 32 Rz. 4 ff., zur Gründungsprüfung gem. §§ 33 f. AktG *Bayer* in K. Schmidt/Lutter, AktG, § 33 Rz. 1 ff.

Vgl. zur Anmeldung gem. § 36 Abs. 1 AktG *Kleindiek* in K. Schmidt/Lutter, AktG, § 36 Rz. 3 ff., zum Inhalt der Anmeldung gem. § 37 AktG *Kleindiek* in K. Schmidt/Lutter, AktG, § 37 Rz. 3 ff.

Vgl. zur Kapitalaufbringung gem. §§ 36 Abs. 2, 36a AktG *Kleindiek* in K. Schmidt/Lutter, AktG, § 37 Rz. 3.

Vgl. zur Prüfung durch das Registergericht gem. § 38 AktG *Kleindiek* in K. Schmidt/Lutter, AktG, § 38 Rz. 4 ff.

Vgl. zum Inhalt der Eintragung gem. § 39 AktG *Kleindiek* in K. Schmidt/Lutter, AktG, § 39 Rz. 1 ff.

Vgl. zur Verantwortlichkeit der Gründer gem. § 46 AktG *Bayer* in K. Schmidt/Lutter, AktG, § 46 Rz. 7 ff., zur Organhaftung gem. § 48 AktG *Bayer* in K. Schmidt/Lutter, AktG, § 48 Rz. 3 ff.

Vgl. zur Auflösung gem. § 262 Abs. 1 Nr. 5 AktG *Riesenhuber* in K. Schmidt/Lutter, AktG, § 262 Rz. 20, zur Nichtigerklärung gem. §§ 275 f. AktG *Riesenhuber* in K. Schmidt/Lutter, AktG, § 275 Rz. 9 ff.

---

146 *J. Schmidt*, „Deutsche" vs. „britische" SE, S. 342; vgl. zur divergierenden Interessenlage auch *Schäfer* in MünchKomm. AktG, Art. 33 SE-VO Rz. 33; *Scheifele*, Gründung, S. 381.
147 Dritte Richtlinie 78/855/EWG des Rates vom 9.10.1978 gemäß Artikel 54 Absatz 3 Buchstabe g) des Vertrages betreffend die Verschmelzung von Gesellschaften, ABl.EG Nr. L 295 v. 20.10.1978, S. 36.
148 *Scheifele*, Gründung, S. 381; *J. Schmidt*, „Deutsche" vs. „britische" SE, S. 342f.
149 *Scheifele*, Gründung, S. 381; *J. Schmidt*, „Deutsche" vs. „britische" SE, S. 342; *Schröder* in Manz/Mayer/Schröder, Art. 15 SE-VO Rz. 20; s. ferner auch *Schäfer* in MünchKomm. AktG, Art. 33 SE-VO Rz. 33.
150 *Schäfer* in MünchKomm. AktG, Art. 33 SE-VO Rz. 33; *J. Schmidt*, „Deutsche" vs. „britische" SE, S. 343.

Art. 34
[Minderheits-, Gläubiger- und Arbeitnehmerschutz]

Ein Mitgliedstaat kann für die eine Gründung anstrebenden Gesellschaften Vorschriften zum Schutz der die Gründung ablehnenden Minderheitsgesellschafter, der Gläubiger und der Arbeitnehmer erlassen.

§ 9 SEAG: Abfindungsangebot im Gründungsplan

(1) [1]Bei der Gründung einer Holding-SE nach dem Verfahren der Verordnung ihren Sitz im Ausland haben soll oder die ihrerseits abhängig im Sinne des § 17 des Aktiengesetzes ist, hat eine die Gründung anstrebende Aktiengesellschaft im Gründungsplan jedem Anteilsinhaber, der gegen den Zustimmungsbeschluss dieser Gesellschaft zum Gründungsplan Widerspruch zur Niederschrift erklärt, den Erwerb seiner Anteile gegen eine angemessene Barabfindung anzubieten. [2]Die Vorschriften des Aktiengesetzes über den Erwerb eigener Aktien gelten entsprechend, jedoch ist § 71 Abs. 4 Satz 2 des Aktiengesetzes insoweit nicht anzuwenden. [3]Die Bekanntmachung des Gründungsplans als Gegenstand der Beschlussfassung muss den Wortlaut dieses Angebots enthalten. [4]Die Gesellschaft hat die Kosten für eine Übertragung zu tragen. [5]§ 29 Abs. 2 des Umwandlungsgesetzes findet entsprechende Anwendung.

(2) § 7 Abs. 2 bis 7 findet entsprechende Anwendung, wobei an die Stelle der Eintragung und Bekanntmachung der Verschmelzung die Eintragung und Bekanntmachung der neu gegründeten Holding-SE tritt.

§ 11 SEAG: Verbesserung des Umtauschverhältnisses

(1) Ist bei der Gründung einer Holding-SE nach dem Verfahren der Verordnung das Umtauschverhältnis der Anteile nicht angemessen, so kann jeder Anteilsinhaber der die Gründung anstrebenden Gesellschaft von der Holding-SE einen Ausgleich durch bare Zuzahlung verlangen.

(2) § 6 Abs. 1, 3 und 4 findet entsprechende Anwendung, wobei an die Stelle der Eintragung und Bekanntmachung der Verschmelzung die Eintragung und Bekanntmachung der Gründung der Holding-SE tritt.

Literatur: *Brandt,* Ein Überblick über die Europäische Aktiengesellschaft (SE) in Deutschland, BB-Special 3/2005, 1; *Casper,* Der Lückenschluss im Statut der Europäischen Aktiengesellschaft, in Habersack (Hrsg.), FS Ulmer, 2003, S. 51; *Handelsrechtsausschuss des DAV,* Stellungnahme zu dem Regierungsentwurf eines Gesetzes zur Einführung der Europäischen Gesellschaft (SEEG), Juli 2004, NZG 2004, 957; *Handelsrechtsausschuss des DAV*, Stellungnahme zum Diskussionsentwurf eines Gesetzes zur Ausführung der Verordnung (EG) Nr. 2157/2001 des Rates vom 8.10.2001 über das Statut der Europäischen Gesellschaft (SE) (SE-Ausführungsgesetz – SEAG), NZG 2004, 75; *Horn*, Die Europa-AG im Kontext des deutschen und europäischen Gesellschaftsrechts, DB 2005, 147; *Ihrig/Wagner*, Das Gesetz zur Einführung der Europäischen Gesellschaft (SEEG) auf der Zielgeraden, BB 2004, 1749; *Ihrig/Wagner*, Diskussionsentwurf für ein SE-Ausführungsgesetz, BB 2003, 969; *Kalss*, Der Minderheitenschutz bei Gründung und Sitzverlegung der SE nach dem Diskussionsentwurf, ZGR 2003, 593; *Lutter* (Hrsg.), Holding-Handbuch, 4. Aufl 2004; *Mahi*, Die Europäische Aktiengesellschaft. Societas Europaea – SE, 2004 (zit.: Europäische Aktiengesellschaft); *Oplustil*, Selected problems concerning formation of a holding SE (societas europaea) (2003) 4 GLJ 107; *Scheifele*, Matthias, Die Gründung der Europäischen Aktiengesellschaft (SE), 2004; *Schindler*, Vor einem Ausführungsgesetz zur Europäischen Aktiengesellschaft, ecolex 2003, 1; *Spitzenverbände der deutschen Wirtschaft*, Stellungnahme zum Referentenentwurf des Bundesministeriums der Justiz und des Bundesministeriums für Wirtschaft eines Gesetzes zur Einführung der Europäischen Gesellschaft (SEEG), 3.5.2004, abrufbar unter www.dai.de/internet/dai/dai-2-0.nsf/dai_publikationen.htm; *Teichmann*, Austrittsrecht und Pflichtangebot bei Gründung einer Europäischen Aktiengesellschaft, AG 2004, 67; *Teichmann*, Die Einführung der Europäischen Aktiengesellschaft, ZGR 2002, 383; *Teichmann*, Minderheitenschutz bei Gründung und Sitzverlegung der SE, ZGR 2003, 367; *Waclawik*, Der Referentenentwurf des Gesetzes zur Einführung der Europäischen (Aktien-)Gesellschaft, DB 2004, 1191; *Vossius*, Gründung und Umwandlung der deutschen Europäischen Gesellschaft (SE), ZIP 2005, 741.

I. Regelungsgegenstand und -zweck

Art. 34 enthält eine **Ermächtigung**[1] für die Mitgliedstaaten zum Erlass von Vorschriften zum Schutz der die Gründung ablehnenden Minderheitsgesellschafter, der Gläubiger und der Arbeitnehmer. Der Vergleich mit der für die Verschmelzung geltenden Parallelvorschrift des Art. 24 (Abs. 1: Spezialverweisung bzgl. Gläubigerschutz, Abs. 2: Ermächtigung bzgl. Minderheitenschutz, vgl. Art. 24 Rz. 1, 3) zeigt, dass ein strukturänderungsspezifischer besonderer Schutz dieser drei Gruppen bei der Holdinggründung ausschließlich dann und auch nur insoweit besteht, als die Mitgliedstaaten von dieser Ermächtigung tatsächlich Gebrauch machen[2]. Vor dem Hintergrund, dass Art. 34 gerade **keine Verweisung** enthält, ist auch eine (egal ob ergänzende oder ersatzweise) Anwendung nationalen Rechts über Art. 15 Abs. 1[3] oder Art. 18 analog ausgeschlossen[4]. Eine **abschließende Regelung** trifft Art. 34 allerdings nur im Bezug auf den strukturänderungsspezifischen Schutz, allgemeine Schutzinstrumente des nationalen Rechts (wie z.B. die Anfechtungsklage im deutschen Recht) werden nicht verdrängt[5].

Ebenso wie im Falle des Art. 24 Abs. 2 (s. Art. 24 Rz. 22) bezieht sich die Ermächtigung ausschließlich auf **Gründungsgesellschaften, die dem Recht des jeweiligen Mitgliedstaats unterliegen**; ein Mitgliedstaat ist also nicht befugt, Vorschriften zum Schutz auch der Minderheitsgesellschafter, Gläubiger oder Arbeitnehmer ausländischer Gründungsgesellschaften zu erlassen[6].

1

2

---

1 *Schäfer* in MünchKomm. AktG, Art. 34 SE-VO Rz. 1; *J. Schmidt*, „Deutsche" vs. „britische" SE, S. 317; *Schwarz*, Art. 33 Rz. 1; *Teichmann* in Theisen/Wenz, Europäische Aktiengesellschaft, S. 691, 712.
2 *J. Schmidt*, „Deutsche" vs. „britische" SE, S. 317.
3 So aber *Schröder* in Manz/Mayer/Schröder, Art. 34 SE-VO Rz. 1.
4 *Schindler*, Europäische Aktiengesellschaft, S. 36; *J. Schmidt*, „Deutsche" vs. „britische" SE, S. 317.
5 *J. Schmidt*, „Deutsche" vs. „britische" SE, S. 317.
6 *J. Schmidt*, „Deutsche" vs. „britische" SE, S. 317.

II. Schutz der Gläubiger

3   Im Gegensatz zu Art. 24 Abs. 1 bezieht sich die Ermächtigung des Art. 34 ihrem eindeutigen Wortlaut nach ausschließlich auf Vorschriften zum Schutz der **Gläubiger**, **nicht** auch der **Anleihegläubiger** und **Sonderrechtsinhaber**[7]. Ein Schutzbedürfnis der Gläubiger ergibt sich bei der Holdinggründung daraus, dass die Holding-SE u.U. einen nachteiligen Einfluss auf die Gründungsgesellschaften ausüben könnte[8].

4   Der deutsche Gesetzgeber hat für die **Gläubiger deutscher Gründungsgesellschaften** im SEAG gleichwohl zu Recht **keine speziellen Schutzvorschriften** vorgesehen. Da die Gründungsgesellschaften fortbestehen (s. Art. 32 Rz. 1), kommt es durch die Holdinggründung nicht zu einem Schuldnerwechsel[9]. Den Gefahren einer etwaigen nachteiligen Einflussnahme der Holding-SE auf die Gründungsgesellschaften wird durch das hohe Schutzniveau des deutschen Konzernrechts ausreichend Rechnung getragen[10].

III. Schutz der Arbeitnehmer

5   Anders als bei der Verschmelzung sind die Mitgliedstaaten durch Art. 34 ferner zum Erlass von Vorschriften zum Schutz der **Arbeitnehmer** ermächtigt. Da mit der Holdinggründung regelmäßig auch eine Reihe von Veränderungen für die Arbeitnehmer verbunden ist (insbes. etwa Rationalisierungsmaßnahmen) ist ein prinzipielles Schutzbedürfnis zwar sicherlich anzuerkennen[11], weshalb dies größer sein soll als bei der Verschmelzung, ist allerdings nicht recht ersichtlich. Bei der Nennung der Arbeitnehmer in Art. 34 dürfte es sich daher eher ein Relikt aus früheren Entwürfen handeln[12].

6   Der deutsche Gesetzgeber hat daher aus guten Gründen im SEAG **keine speziellen Schutzvorschriften** für die Arbeitnehmer **deutscher Gründungsgesellschaften** vorgesehen[13]: Soweit die Arbeitnehmer zugleich Gläubiger der Gründungsgesellschaft sind, kann für sie nichts anderes gelten als für die übrigen Gläubiger[14] (dazu oben Rz. 4); im Übrigen sind die Arbeitnehmer durch die umfassenden Schutzvorschriften der SE-RL und ihre Umsetzung im SEBG bereits hinreichend geschützt[15].

---

7   Ebenso *Scheifele*, Gründung, S. 354; *Schwarz*, Art. 34 Rz. 16; a.A. jedoch *Schröder* in Manz/Mayer/Schröder, Art. 34 SE-VO Rz. 6.

8   Vgl. *Oplustil*, (2003) 4 GLJ 107, 123; *Schäfer* in MünchKomm. AktG, Art. 34 SE-VO Rz. 2; *J. Schmidt*, „Deutsche" vs. „britische" SE, S. 318; *Schwarz*, Art. 34 Rz. 15.

9   Vgl. *Oplustil*, (2003) 4 GLJ 107, 123; *Schäfer* in MünchKomm. AktG, Art. 34 SE-VO Rz. 2; *J. Schmidt*, „Deutsche" vs. „britische" SE, S. 318; *Schröder* in Manz/Mayer/Schröder, Art. 34 SE-VO Rz. 12 f.; *Schwarz*, Art. 34 Rz. 15; *Teichmann* in Theisen/Wenz, Europäische Aktiengesellschaft, S. 691, 715.

10 S. die Nachweise in Fn. 8.

11 Vgl. *Scheifele*, Gründung, S. 354; *Schwarz*, Art. 34 Rz. 17.

12 S. Art. 31c SE-VOE 1975, Art. 31 SE-VOE 1989; näher dazu *Scheifele*, Gründung, S. 354 f.; *Schwarz*, Art. 34 Rz. 17 f.

13 Gegen die Erforderlichkeit spezieller Schutzvorschriften auch *Lind*, Europäische Aktiengesellschaft, S. 150; *Mahi*, Europäische Aktiengesellschaft, S. 67; *Oplustil*, (2003) 4 GLJ 107, 123; *Schäfer* in MünchKomm. AktG, Art. 34 SE-VO Rz. 2; *Scheifele*, Gründung, S. 355; *J. Schmidt*, „Deutsche" vs. „britische" SE, S. 318 f.; *Schröder* in Manz/Mayer/Schröder, Art. 34 SE-VO Rz. 13; *Teichmann* in Theisen/Wenz, Europäische Aktiengesellschaft, S. 691, 715.

14 *J. Schmidt*, „Deutsche" vs. „britische" SE, S. 319; *Teichmann* in Theisen/Wenz, Europäische Aktiengesellschaft, S. 691, 715.

15 *Mahi*, Europäische Aktiengesellschaft, S. 67; *Oplustil*, (2003) 4 GLJ 107, 123; *Schindler*, ecolex 2003, 1, 8; *Schwarz*, Art. 34 Rz. 19; *J. Schmidt*, „Deutsche" vs. „britische" SE, S. 319; *Teichmann* in Theisen/Wenz, Europäische Aktiengesellschaft, S. 691, 715.

IV. Schutz der Minderheitsgesellschafter

1. Die Ermächtigung in Art. 34

In **Parallele zu Art. 24 Abs. 2** für die Verschmelzung (dazu Art. 24 Rz. 21 ff.) ermäch-   7
tigt Art. 34 die Mitgliedstaaten auch im Bezug auf die Gründung einer Holding-SE
zum Erlass von Vorschriften zum Schutz der die Gründung ablehnenden Minderheitsgesellschafter, allerdings ebenfalls nur im Bezug auf Gründungsgesellschaften,
die dem Recht des betreffenden Mitgliedstaats unterliegen (s. oben Rz. 2).

Anders als Art. 24 Abs. 2 enthält Art. 34 zwar keine ausdrückliche Beschränkung auf   8
einen „**angemessenen Schutz**" (s. dazu Art. 24 Rz. 24); dass etwaige Schutzregelun-
gen nicht außer Verhältnis zu den legitimen Interesse der beteiligten Gesellschaften
stehen dürfen, dürfte sich allerdings von selbst verstehen[16] und lässt sich letztlich jedenfalls aus der durch die SE-VO konkretisierten Niederlassungsfreiheit (Art. 43, 48
EG) ableiten.

Die Schutzvorschriften dürfen nur zugunsten **der die Gründung ablehnenden** Min-   9
derheitsgesellschafter getroffen werden. Die Bedeutung dieser Einschränkung ist
ebenso umstritten wie die der ähnlichen Begrenzung in Art. 24 Abs. 2 (dazu Art. 24
Rz. 25 ff.). Die auch insoweit im Schrifttum vertretene restriktive Auslegung dahin,
dass nur solche Minderheitsgesellschafter geschützt werden dürfen, die in der Haupt-
bzw. Gesellschafterversammlung gegen die Gründung gestimmt haben[17], ist jedoch
auch hier weder erforderlich noch sachgerecht:

Ebenso wie bei der Verschmelzung sollen Anteilsinhaber, die zwar die Gründung als   10
solche befürworten, aber mit dem **Umtauschverhältnis der Anteile** nicht einverstanden sind, nicht zur Ablehnung einer sinnvollen Umstrukturierung gezwungen werden[18]. Art. 34 ist daher – ebenso wie Art. 24 Abs. 2 – insoweit teleologisch zu reduzieren: ausreichend ist, dass der Anteilsinhaber sich mit dem Umtauschverhältnis **nicht
einverstanden** erklärt hat, was rechtstechnisch auch mittels eines Spruchverfahrens
geschehen kann (s. dazu auch Art. 24 Rz. 26). Dass der deutsche Gesetzgeber in **§ 11
Abs. 1 SEAG** (dazu ausf. unten Rz. 33 ff.) auf ein Widerspruchserfordernis verzichtet
hat, ist demgemäß **europarechtskonform**[19].

Anders ist hingegen die Rechtslage im Hinblick auf Anteilsinhaber, die im Zuge der   11
Holdinggründung **gegen Abfindung** aus einer Gründungsgesellschaft **ausscheiden**
wollen. Ebenso wie bei der Verschmelzung (dazu ausf. Art. 24 Rz. 27) ist auch hier eine vorausgehende Ablehnung der Gründung erforderlich; § 9 Abs. 1 Satz 1 SEAG (dazu ausf. unten Rz. 13 ff.) verlangt daher für die Geltendmachung des Anspruchs auf
Barabfindung zu Recht einen **Widerspruch** gegen den Zustimmungsbeschluss.

---

16 Ebenso i.E. *Scheifele*, Gründung, S. 347; *Schwarz*, Art. 34 Rz. 5.
17 So *Handelsrechtsausschuss des DAV*, NZG 2004, 75, 79; *Handelsrechtsausschuss des DAV*,
   NZG 2004, 957, 959; *Ihrig/Wagner*, BB 2003, 969, 973; *Lind*, Europäische Aktiengesellschaft,
   S. 149; *Marsch-Barner* in Lutter, Holding-Handbuch, § 15 Rz. 90; *Schröder* in Manz/Mayer/
   Schröder, Art. 34 SE-VO Rz. 10, 21; *J. Vetter* in Lutter/Hommelhoff, Europäische Gesellschaft,
   S. 111, 155.
18 Vgl. Begr.RegE z. SEEG, BT-Drucks. 15/3405, S. 34; *Scheifele*, Gründung, S. 347; *J. Schmidt*,
   „Deutsche" vs. „britische" SE, S. 324; *Schwarz*, Art. 34 Rz. 4; *Teichmann*, ZGR 2003, 367,
   393; *Teichmann*, AG 2004, 67, 70.
19 Ebenso *Schäfer* in MünchKomm. AktG, Art. 34 SE-VO Rz. 3, 6; *Scheifele*, Gründung, S. 347,
   350; *J. Schmidt*, „Deutsche" vs. „britische" SE, S. 324; *Schwarz*, Art. 34 Rz. 4, 14; *Teichmann*,
   ZGR 2003, 367, 393. S. auch Begr.RegE z. SEEG, BT-Drucks. 15/3405, S. 34.

2. Analoge Anwendung des Art. 25 Abs. 3

12   Anders als in Art. 25 Abs. 3 für die Verschmelzung (dazu ausf. Art. 25 Rz. 20 ff.) existiert für die Holding-Gründung zwar keine ausdrückliche Regelung bzgl. der Anerkennung von „Spruchverfahren". Dies dürfte allerdings schlicht auf einem Redaktionsversehen beruhen[20]. Die Interessenlage ist insofern nämlich bei der Holding-Gründung exakt dieselbe wie bei der Verschmelzung: Auch hier ließe es sich kaum rechtfertigen, den Anteilsinhabern einer Gründungsgesellschaft die Möglichkeit einzuräumen, das Umtauschverhältnis im Nachhinein zu ihren Gunsten zu modifizieren, ohne dass ein äquivalentes Verfahren auch für die Anteilsinhaber der anderen Gründungsgesellschaften zur Verfügung steht oder diese zumindest ihr Einverständnis erklärt haben[21]. **Art. 25 Abs. 3** muss daher im Wege der **Analogie** auch bei der Holdinggründung zur Anwendung gebracht werden[22].

3. Schutz der Minderheitsgesellschafter deutscher Gründungsgesellschaften nach §§ 9, 11 SEAG

a) Abfindungsangebot im Gründungsplan (§ 9 SEAG)

13   In Parallele zu § 7 SEAG (dazu ausf. Art. 24 Rz. 45 ff.) verpflichtet § 9 SEAG eine deutsche[23] Gründungsgesellschaft auch im Falle der Beteiligung an der Gründung einer Holding-SE zur Abgabe eines Barabfindungsangebots.

14   **aa) Anwendungsbereich.** In Konsequenz der heftigen Kritik[24], die sich an der in § 10 Abs. 1 Satz 1 SEAG-DiskE vorgesehenen generellen Barangebotspflicht in Schrifttum und Praxis entzündet hatte, hat der Gesetzgeber die Barangebotspflicht **in mehrfacher Hinsicht eingeschränkt:**

15   **(1) Beschränkung auf Aktiengesellschaften.** Die Verpflichtung zur Abgabe eines Barangebots gilt nur für Gründungsgesellschaften in der Rechtsform der AG, **nicht** für **GmbH.** Nach Auffassung des Gesetzgebers besteht bei GmbH kein Bedürfnis für eine derartige Regelung, da sich die Gesellschafter hier durch eine entsprechende Ausgestaltung des Gesellschaftsvertrages weitgehend gegen eine unerwünschte Konzernierung schützen könnten[25]. Die Berechtigung der Ungleichbehandlung von AG und

---

20   Vgl. *Casper* in FS Ulmer, S. 51, 60; *Marsch-Barner* in Lutter, Holding-Handbuch, § 15 Rz. 91; *Scheifele*, Gründung, S. 345; *J. Schmidt*, „Deutsche" vs. „britische" SE, S. 322; *Teichmann*, ZGR 2002, 383, 437.

21   *Casper* in FS Ulmer, S. 51, 60; *Neun* in Theisen/Wenz, Europäische Aktiengesellschaft, S. 57, 160; *Oplustil*, (2003) 4 GLJ 107, 122; *Schäfer* in MünchKomm. AktG, Art. 34 SE-VO Rz. 4; *J. Schmidt*, „Deutsche" vs. „britische" SE, S. 322 f.; *Teichmann*, ZGR 2002, 383, 437.

22   Begr.RegE z. SEEG, BT-Drucks. 15/3405, S. 34; *Casper* in FS Ulmer, S. 51, 60; *Heckschen* in Widmann/Mayer, Anhang 14 Rz. 315 f.; *Jannott* in Jannott/Frodermann, Handbuch Europäische Aktiengesellschaft, § 3 Rz. 189; *Kalss*, ZGR 2003, 593, 633; *Schäfer* in MünchKomm. AktG, Art. 34 SE-VO Rz. 4; *Scheifele*, Gründung, S. 345, 349, 351; *J. Schmidt*, „Deutsche" vs. „britische" SE, S. 322; *Schwarz*, Art. 34 Rz. 4; *Teichmann*, ZGR 2002, 383, 437. Kritisch allerdings *Brandt*, BB-Special 3/2005, 1, 2; *Lind*, Europäische Aktiengesellschaft, S. 149; *Schröder* in Manz/Mayer/Schröder, Art. 34 SE-VO Rz. 5; *J. Vetter* in Lutter/Hommelhoff, Europäische Gesellschaft, S. 111, 156, 158, 160 f.

23   Auch ohne ausdrückliche Erwähnung im Wortlaut des § 9 SEAG folgt dies aus der eingeschränkten Regelungskompetenz des deutschen Gesetzgebers, s. dazu oben Rz. 2.

24   Vgl. *Handelsrechtsausschuss des DAV*, NZG 2004, 957 f.; *Horn*, DB 2005, 147, 149; *Ihrig/ Wagner*, BB 2004, 1749, 1752; *Waclawik*, DB 2004, 1191, 1194; *Spitzenverbände der deutschen Wirtschaft*, Stellungnahme zum RefE, S. 5; *J. Vetter* in Lutter/Hommelhoff, Europäische Gesellschaft, S. 111, 158 ff.

25   Begr.RegE z. SEEG, BT-Drucks. 15/3405, S. 34.

GmbH ist gleichwohl zweifelhaft[26], denn erstens wird bei der Gründung einer GmbH wohl nur in den seltensten Fällen an entsprechende Vorkehrungen im Hinblick auf eine etwaige spätere Konzernierung gedacht werden[27] und zweitens kommt es insoweit zu einem Wertungswiderspruch mit § 29 UmwG, der uneingeschränkt auch für GmbHs gilt[28].

(2) Sitz der Holding-SE im Ausland oder Abhängigkeit. Eine Barangebotspflicht besteht zudem nur dann, wenn die (künftige) Holding-SE ihren Sitz im Ausland hat oder ihrerseits abhängig i.S.d. § 17 AktG ist[29]. Mit der ersten Fallgruppe, dem **Sitz der Holding-SE im Ausland**, knüpft der Gesetzgeber ausweislich der Gesetzesbegründung[30] an die Parallelregelung in § 7 SEAG (dazu Art. 24 Rz. 48) an. Ob eine Gleichbehandlung von Verschmelzung und Holdinggründung insoweit tatsächlich gerechtfertigt ist, lässt sich angesichts der unterschiedlichen Konsequenzen beider Gründungsvarianten für die Anteilsinhaber allerdings durchaus bezweifeln: Bei der „sitzverlegenden Verschmelzung" unterliegen sie künftig (zumindest teilweise) ausländischem Aktienrecht, während sie sich im Falle der Holding-Gründung für den Verbleib in ihrer deutschen Gründungsgesellschaft entscheiden können, die dann lediglich von einer ausländischen Holding-SE beherrscht wird[31].

Die zweite Fallgruppe – die (künftige) **Holding-SE** ist ihrerseits **abhängig i.S.d. § 17 AktG**[32] – ist an § 305 Abs. 2 Nr. 2 AktG angelehnt[33]; nach Auffassung des Gesetzgebers soll die Möglichkeit des Anteilstauschs hier alleine keinen ausreichenden Minderheitenschutz darstellen[34]. Die Einräumung eines derartigen Austrittsrechts erscheint allerdings in gewissem Sinne systemwidrig, denn eine äquivalente Regelung existiert weder im Falle der Verschmelzungsgründung noch im allgemeinen deutschen Konzerngesellschaftsrecht[35]. Bedenklich ist außerdem, dass das Austrittsrecht offenbar undifferenziert auch dann gelten soll, wenn die Gründungsgesellschaft selbst bereits abhängig war[36]. Darüber hinaus wirft die Regelung aber auch eine Reihe praktischer Schwierigkeiten auf, z.B. steht im Zeitpunkt der Aufstellung des Gründungsplans (in dem das Angebot enthalten sein muss, s. unten Rz. 19) u.U. noch gar nicht fest, ob die künftige Holding-SE ihrerseits abhängig sein wird[37].

16

17

---

26 Kritisch auch *Schröder* in Manz/Mayer/Schröder, Art. SE-VO Rz. 27 und *Thümmel*, Europäische Aktiengesellschaft, Rz. 113 Fn. 103; sowie die in Fn. 27 und 28 zitierten Autoren.
27 Vgl. *Scheifele*, Gründung, S. 352; *J. Schmidt*, „Deutsche" vs. „britische" SE, S. 320; *Waclawik*, DB 2004, 1191, 1194.
28 Vgl. *Ihrig/Wagner*, BB 2004, 1749, 1752; *J. Schmidt*, „Deutsche" vs. „britische" SE, S. 320.
29 Die Begrenzung auf diese Fallgruppen geht zurück auf *Teichmann*, AG 2004, 67, 73 f.
30 Begr.RegE z. SEEG, BT-Drucks. 15/3405, S. 34.
31 Vgl. *Handelsrechtsausschuss des DAV*, NZG 2004, 957, 958; *Heckschen* in Widmann/Mayer, Anhang 14 Rz. 292; *J. Schmidt*, „Deutsche" vs. „britische" SE, S. 321.
32 Zur Abhängigkeit i.S.d. § 17 AktG s. *J. Vetter* in K. Schmidt/Lutter, AktG, § 17 Rz. 5 ff.
33 Vgl. *Teichmann*, AG 2004, 67, 74; *Scheifele*, Gründung, S. 352.
34 Begr.RegE z. SEEG, BT-Drucks. 15/3405, S. 34; vgl. auch *Teichmann*, AG 2004, 67, 74.
35 Vgl. *Horn*, DB 2005, 147, 149; *Ihrig/Wagner*, BB 2004, 1749, 1752; *Schäfer* in MünchKomm. AktG, Art. 32 SE-VO Rz. 21; *J. Schmidt*, „Deutsche" vs. „britische" SE, S. 320 f.; *Spitzenverbände der deutschen Wirtschaft*, Stellungnahme zum RefE, S. 5; *J. Vetter* in Lutter/Hommelhoff, Europäische Gesellschaft, S. 111, 160.
36 Vgl. *Handelsrechtsausschuss des DAV*, NZG 2004, 957, 958; *Horn*, DB 2005, 147, 149; *Ihrig/Wagner*, BB 2004, 1749, 1752; *Schäfer* in MünchKomm. AktG, Art. 32 SE-VO Rz. 19; *J. Schmidt*, „Deutsche" vs. „britische" SE, S. 320; *Spitzenverbände der deutschen Wirtschaft*, Stellungnahme zum RefE, S. 5; *J. Vetter* in Lutter/Hommelhoff, Europäische Gesellschaft, S. 111, 160.
37 *Handelsrechtsausschuss des DAV*, NZG 2004, 957, 958; *Ihrig/Wagner*, BB 2004, 1749, 1752; *Jannott* in Jannott/Frodermann, Handbuch Europäische Aktiengesellschaft, § 3 Rz. 143 Fn. 259; *J. Schmidt*, „Deutsche" vs. „britische" SE, S. 320; *J. Vetter* in Lutter/Hommelhoff, Europäische Gesellschaft, S. 111, 160.

18 **bb) Widerspruch.** Voraussetzung für ein Austritts- und Abfindungsrecht ist nach § 9 Abs. 1 Satz 1 SEAG konsequenterweise, dass der betreffende Aktionär gegen den Zustimmungsbeschluss Widerspruch zur Niederschrift erklärt hat (vgl. dazu bereits oben Rz. 11); eine Ausnahme hiervon gilt nur in den Fällen des § 29 Abs. 2 UmwG[38] (§ 9 Abs. 1 Satz 5 SEAG).

19 **cc) Durchführung. (1) Angebot im Gründungsplan.** Sofern gem. die in Rz. 14 ff. erläuterten Voraussetzungen erfüllt sind, ist jedem ordnungsgemäß widersprechenden Aktionäre **im Gründungsplan** der Erwerb seiner Aktien gegen eine angemessene Barabfindung anzubieten (§ 9 Abs. 1 Satz 1 SEAG). Der Wortlaut des Angebots muss in der Bekanntmachung zur Vorbereitung der Hauptversammlung (§ 124 Abs. 2 Satz 2 AktG)[39] enthalten sein (§ 9 Abs. 1 Satz 3 SEAG).

20 Die **Verpflichtung** zum Erwerb der Aktien und zur Zahlung der Barabfindung **trifft** ausschließlich die betreffende **Gründungsgesellschaft**[40]; ein Anspruchsübergang auf die Holding-SE findet – anders als bei der Verschmelzung (s. Art. 24 Rz. 53) – nicht statt.

21 Hinsichtlich der Bemessung des Angebots sind gem. §§ 9 Abs. 2, 7 Abs. 2 Satz 1 SEAG – ebenso wie bei der Parallelregelung in § 30 Abs. 1 UmwG[41] – die **Verhältnisse** der Gesellschaft **im Zeitpunkt der Beschlussfassung** über die Holdinggründung zu berücksichtigen.

22 Gem. § 9 Abs. 2 SEAG gilt hinsichtlich der **Verzinsung** der Barabfindung § 7 Abs. 2 Satz 2 SEAG (dazu Art. 24 Rz. 52) entsprechend; die Verzinsungspflicht beginnt hier allerdings nach Ablauf des Tages, an dem die Holding-SE in ihrem Sitzstaat nach den dort geltenden Vorschriften eingetragen und bekannt gemacht worden ist[42].

23 **(2) Prüfung des Angebots.** Vorbehaltlich eines etwaigen Verzichts ist die Angemessenheit der Barabfindung gem. § 9 Abs. 2 i.V.m. § 7 Abs. 3 SEAG (dazu Art. 24 Rz. 54) stets durch die Gründungsprüfer zu prüfen (dazu bereits Art. 32 Rz. 56); die Norm entspricht § 30 Abs. 2 UmwG[43].

24 **(3) Annahme des Angebots.** Die Annahme des Angebots kann gem. § 9 Abs. 2 i.V.m. § 7 Abs. 4 SEAG (dazu Art. 24 Rz. 55) nur innerhalb einer **Ausschlussfrist von 2 Monaten** erfolgen, die hier allerdings grundsätzlich ab dem Tag beginnt, an dem die Holding-SE in ihrem Sitzstaat nach den dort geltenden Vorschriften eingetragen und bekannt gemacht worden ist; im Falle eines Spruchverfahrens (s. dazu Rz. 27 ff.) läuft die Frist jedoch erst ab Bekanntmachung der Entscheidung im Bundesanzeiger.

25 **dd) Die Problematik des Erwerbs eigener Aktien.** Die Erfüllung des Abfindungs- und Austrittsanspruchs führt zu einem **Erwerb eigener Aktien**; § 9 Abs. 2 SEAG verweist daher auf § 7 Abs. 1 Satz 2 SEAG (dazu Art. 24 Rz. 56), der die entsprechende Anwendung der Vorschriften des Aktiengesetzes anordnet, allerdings mit Ausnahme des § 71 Abs. 4 Satz 2 AktG. Da die Aktien im Falle der Holdinggründung allerdings – an-

---

38 Dazu näher *Grunewald* in Lutter, UmwG, § 29 Rz. 13 ff.; *Stratz* in Schmitt/Hörtnagl/Stratz, UmwG, § 29 Rz. 17.

39 Vgl. *Schröder* in Manz/Mayer/Schröder, Art. 34 SE-VO Rz. 31; *Schwarz*, Art. 34 Rz. 11; s. ferner auch die Begründung zur Parallelregelung in § 7 Abs. 1 Satz 3 SEAG, BT-Drucks. 15/3405, S. 33.

40 Begr.RegE z. SEEG, BT-Drucks. 15/3405, S. 34; *Schäfer* in MünchKomm. AktG, Art. 32 SE-VO Rz. 20; *Schröder* in Manz/Mayer/Schröder, Art. 34 SE-VO Rz. 30; *Schwarz*, Art. 34 Rz. 9.

41 Dazu näher *Grunewald* in Lutter, UmwG, § 30 Rz. 2; *Stratz* in Schmitt/Hörtnagl/Stratz, UmwG, § 30 Rz. 5, 9 ff.; *Zeidler* in Semler/Stengel, UmwG, § 30 Rz. 4 ff., 18 f.

42 *Jannott* in Jannott/Frodermann, Handbuch Europäische Aktiengesellschaft, § 3 Rz. 197.

43 Vgl. Begr.RegE z. SEEG, BT-Drucks. 15/3405, S. 33. Näher zu § 30 Abs. 2 UmwG etwa: *Grunewald* in Lutter, UmwG, § 30 Rz. 5 ff.; *Zeidler* in Semler/Stengel, UmwG, § 30 Rz. 26 ff. m.w.N.

ders als bei der Verschmelzung – nicht durch die SE, sondern **durch die betreffende Gründungsgesellschaft** erworben werden (vgl. bereits oben Rz. 20), erübrigt sich hier eine Reihe von Fragen, die insofern bei der Verschmelzung problematisiert werden (s. dazu Art. 24 Rz. 56).

ee) Gerichtliche Überprüfung der Barabfindung. (1) Klageausschluss. Aufgrund der 26 Verweisung des § 9 Abs. 2 SEAG auf § 7 Abs. 5 SEAG (dazu Art. 24 Rz. 57) berechtigt ein zu niedrig bemessenes, fehlendes oder nicht ordnungsgemäßes Barabfindungsangebot bei der Holdinggründung ebenfalls nicht zur Erhebung einer Anfechtungsklage gegen den Zustimmungsbeschluss. Dieser Klageausschluss gilt allerdings gleichermaßen nur unter den Voraussetzungen des **Art. 25 Abs. 3 Satz 1 SEAG** (ausf. Art. 25 Rz. 20 ff.; zur analogen Anwendung der Norm bei der Holdinggründung s. oben Rz. 12); liegen diese nicht vor, so steht jedem Aktionär weiterhin die Anfechtungsklage offen. Aufgrund des durch das UMAG neu eingefügten **§ 243 Abs. 4 Satz 2 AktG** ist nunmehr klar, dass sich der Klageausschluss im dort geregelten Umfang auch auf Informationsmängel betreffend die Barabfindung bezieht (vgl. dazu näher Art. 24 Rz. 35, 58).

(2) Spruchverfahren. Sofern die Voraussetzungen des Art. 25 Abs. 3 Satz 1 (ausf. 27 Art. 25 Rz. 20 ff., zur analogen Anwendung der Norm bei der Holdinggründung s. oben Rz. 12) vorliegen, kann ein **zu geringes, fehlendes oder ordnungsgemäßes Barabfindungsangebot** (ebenso wie diesbezügliche Informationsmängel, vgl. oben Rz. 26) auch bei der Holdinggründung **nur im Spruchverfahren** nach dem SpruchG[44] geltend gemacht werden, §§ 9 Abs. 2, 7 Abs. 7 Satz 1 und 2 SEAG.

(a) Internationale Zuständigkeit. Ähnlich wie bei der Verschmelzung (dazu Art. 24 28 Rz. 60 ff.) ist die internationale Zuständigkeit für das Spruchverfahren auch bei der Holdinggründung ein neuralgischer Punkt. Die Problematik ist hier allerdings insofern etwas entschärft, als sich der Barabfindungsanspruch nach § 9 Abs. 1 Satz 1 SEAG ausschließlich gegen die betreffende deutsche Gründungsgesellschaft – nicht gegen die Holding-SE – richtet (vgl. oben Rz. 20). Sofern die **Aktionäre einer deutschen Gründungsgesellschaft** ein Spruchverfahren im Hinblick auf ihren Barabfindungsanspruch gem. § 9 Abs. 1 Satz 1 SEAG gegen eben diese deutsche Gründungsgesellschaft einleiten wollen, dürften daher an der internationalen Zuständigkeit der **deutschen Gerichte** keine Zweifel bestehen.

Wenn allerdings das Recht einer beteiligten ausländischen Gründungsgesellschaft 29 ebenfalls ein spezielles Verfahren zur Kontrolle des Umtauschverhältnisses vorsieht, so eröffnet der gem. § 9 Abs. 2 SEAG auch bei der Holdinggründung entsprechend anwendbare § 7 Abs. 7 Satz 3 SEAG den **ausländischen Aktionären** zwar das Recht zur Einleitung eines inländischen Spruchverfahrens. Die internationale Zuständigkeit deutscher Gerichte lässt sich hier aber – ebenso wie bei der Verschmelzung (s. dazu Art. 24 Rz. 62) – nur dadurch begründen, dass die Aktionäre der ausländischen Gründungsgesellschaft(en) auf die Durchführung eines Spruchverfahrens nach ihrem Heimatrecht verzichten und dem Verfahren im Inland zustimmen[45]. Zudem müsste das ausländische Recht eine solche Derogation auch tatsächlich gestatten, was wohl eher selten der Fall sein dürfte. Praktisch relevant werden könnten §§ 9 Abs. 2, 7 Abs. 7 Satz 3 SEAG überdies wohl ohnehin nur in dem Fall, dass sich der Anspruch nach ausländischem Recht nicht gegen die ausländische Gründungsgesellschaft, sondern gegen die Holding-SE richtet und diese ihren Sitz in Deutschland hat.

---

44 Gesetz über das gesellschaftsrechtliche Spruchverfahren (Spruchverfahrensgesetz – SpruchG) v. 12.6.2003, BGBl. I 2003, 838; dazu ausf. *Krieger* in Lutter, UmwG, Anhang I SpruchG.
45 So für den Fall der Verschmelzung zutreffend *Schäfer* in MünchKomm. AktG, Art. 20 SE-VO Rz. 34.

30   **(b) Besonderer Vertreter.** Sofern die Aktionäre einer ausländischen Gründungsgesellschaft im deutschen Spruchverfahren nicht beteiligungsfähig sind, können sie zur Wahrung ihrer Interessen beim Gericht gem. **§ 6a SpruchG** die Bestellung eines besonderen Vertreters beantragen (s. auch Art. 24 Rz. 42, 63).

31   **(c) Inter-omnes-Wirkung.** Eine Entscheidung im Spruchverfahren wirkt gem. **§ 13 SpruchG** inter omnes (s. Art. 24 Rz. 64).

32   **ff) Exkurs: Erleichterte Veräußerbarkeit.** Gem. **§ 9 Abs. 2 SEAG** gelten auch bei der Holdinggründung die in **§ 7 Abs. 6 SEAG** (dazu Art. 24 Rz. 65) geregelten Erleichterungen bzgl. der Veräußerung von Anteilen während der Angebotsfrist (dazu oben Rz. 24).

b) Verbesserung des Umtauschverhältnisses (§ 11 SEAG)

33   In Parallele zu § 6 SEAG (dazu Art. 24 Rz. 31 ff.) gewährt § 11 SEAG den Anteilsinhabern auch bei der Holdinggründung im Falle eines nicht angemessenen Umtauschverhältnisses unter bestimmten formellen Voraussetzungen einen Anspruch auf **Ausgleich durch bare Zuzahlung**; im Gegenzug wird auch insoweit eine **Klage** gegen den Verschmelzungsbeschluss **ausgeschlossen**. Mangels einer entsprechenden Einschränkung ist § 11 SEAG – im Gegensatz zu § 9 SEAG (s. oben Rz. 15) – in seinem Anwendungsbereich allerdings nicht auf von **AGs** beschränkt, sondern gilt auch für **GmbHs**[46].

34   **aa) Klageausschluss.** Nach **§ 11 Abs. 2 i.V.m. § 6 Abs. 1 SEAG** (dazu Art. 24 Rz. 32) ist für die Anteilsinhaber einer deutschen[47] Gründungsgesellschaft (egal ob AG oder GmbH, s. oben Rz. 33) **unter den Voraussetzungen des Art. 25 Abs. 3 Satz 1** (ausf. Art. 25 Rz. 20 ff., zur analogen Anwendung der Norm bei der Holdinggründung s. oben Rz. 12) eine Klage gegen den Zustimmungsbeschluss die darauf gestützt wird, dass das **Umtauschverhältnis** der Anteile **nicht angemessen** ist, ausgeschlossen. Aufgrund des durch das UMAG eingefügten **§ 243 Abs. 4 Satz 2 AktG** ist nunmehr klar, dass sich der Klageausschluss im dort geregelten Umfang auch auf Informationsmängel bezieht (vgl. oben Rz. 26, sowie näher Art. 24 Rz. 35).

35   **bb) Bare Zuzahlung.** Der Ausgleich ist gem. **§ 11 Abs. 1 SEAG** – ebenso wie nach § 6 Abs. 2 SEAG (dazu Art. 24 Rz. 36) – zwingend in Form einer **baren Zuzahlung** zu leisten[48]. Der Forderung aus Wissenschaft und Praxis, auch eine Ausgleichsleistung in Form von Aktien zu gestatten[49], ist der Gesetzgeber auch insoweit nicht nachgekommen.

36   Aufgrund des undifferenzierten Wortlauts des § 11 Abs. 1 SEAG und unter Verweis auf die – insoweit missverständliche – Gesetzesbegründung[50] wird im Schrifttum zum Teil die Auffassung vertreten, dass auch diejenigen Anteilsinhaber **anspruchsberechtigt** seien, die sich gegen einen Anteilstausch und für ein Verbleiben in der

---

46 Vgl. *J. Schmidt*, „Deutsche" vs. „britische" SE, S. 323.
47 Auch ohne ausdrückliche Erwähnung im Wortlaut der §§ 6, 11 SEAG folgt dies aus der eingeschränkten Regelungskompetenz des deutschen Gesetzgebers: s. oben Rz. 2 .
48 *Marsch-Barner* in Lutter, Holding-Handbuch, § 15 Rz. 92; *Schäfer* in MünchKomm. AktG, Art. 34 SE-VO Rz. 6; *J. Schmidt*, „Deutsche" vs. „britische" SE, S. 323; *Schwarz*, Art. 34 SE-VO Rz. 13.
49 *Handelsrechtsausschuss des DAV*, NZG 2004, 957, 959; vgl. auch *Marsch-Barner* in Lutter, Holding-Handbuch, § 15 Rz. 92; *J. Schmidt*, „Deutsche" vs. „britische" SE, S. 323 f.
50 S. Begr.RegE z. SEEG, BT-Drucks. 15/3405, S. 34: „Der Anspruch ... soll <u>auch</u> Anteilsinhabern zustehen, die ihre Anteile tauschen" [Hervorhebung hinzugefügt]. Das „auch" bezieht sich lediglich darauf, dass der Anspruch auf bare Zuzahlung nicht von einem Widerspruch abhängt (s. oben Rz. 10); vgl. *Schäfer* in MünchKomm. AktG, Art. 34 SE-VO Rz. 6.

jeweiligen Gründungsgesellschaft entschieden haben[51]. Richtigerweise steht der Anspruch auf bare *Zuzahlung* seinem Sinn und Zweck nach jedoch **nur den Anteilsinhabern** zu, **die ihre Anteile** in Aktien der Holding-SE **umtauschen**: Der Nachbesserungsanspruch soll gerade sicherstellen, dass die Anteilsinhaber eine gleichwertige Gegenleistung für die von ihnen eingebrachten Anteile erhalten[52] (und nicht etwa einen etwaige Nachteile der Konzernierung ausgleichen[53]).

Schuldnerin des Anspruchs ist – wie bei § 6 Abs. 2 SEAG (vgl. Art. 24 Rz. 31), aber 37 anders als bei § 9 SEAG (dazu oben Rz. 20) – die **Holding-SE**[54].

Gem. **§ 11 Abs. 2 SEAG** gilt hinsichtlich der **Verzinsung § 6 Abs. 3 SEAG** (dazu 38 Art. 24 Rz. 37) entsprechend; die Verzinsungspflicht beginnt hier allerdings nach Ablauf des Tages, an dem die Holding-SE in ihrem Sitzstaat nach den dort geltenden Vorschriften eingetragen und bekannt gemacht worden ist[55].

cc) Gerichtliche Geltendmachung. Aufgrund der Verweisung des **§ 11 Abs. 2 SEAG** 39 ist der Anspruch – wie bei der Verschmelzung (dazu Art. 24 Rz. 38 ff.) – gem. **§ 6 Abs. 4 SEAG** durch Einleitung eines **Spruchverfahrens** nach dem SpruchG[56] geltend zu machen.

Wenn sich der Anspruch auf bare Zuzahlung gegen eine SE mit Sitz im Ausland richtet, stellt sich hinsichtlich der Begründung der **internationalen Zuständigkeit** der 40 deutschen Gerichte dieselbe Problematik wie bei der Parallelregelung des § 6 SEAG (dazu ausf. Art. 24 Rz. 39 ff.), insbesondere soweit § 11 Abs. 2 i.V.m. § 6 Abs. 4 Satz 2 SEAG auch den Aktionären ausländischer Gründungsgesellschaften das Recht auf Einleitung eines Spruchverfahrens einräumt.

Sofern die Aktionäre einer ausländischen Gründungsgesellschaft im deutschen 41 Spruchverfahren nicht beteiligungsfähig sind, können sie zur Wahrung ihrer Interessen beim Gericht gem. **§ 6a SpruchG** die Bestellung eines besonderen Vertreters beantragen (s. auch oben Rz. 30 sowie Art. 24 Rz. 42, 63).

Eine Entscheidung im Spruchverfahren wirkt gem. **§ 13 SpruchG** inter omnes 42 (s. Art. 24 Rz. 43).

V. Ergänzende Anwendung des AktG

Vgl. zum Begriff der Abhängigkeit i.S.d. § 17 AktG *J. Vetter* in K. Schmidt/Lutter, 43 AktG, § 17 Rz. 5 ff.

Vgl. zu §§ 71 ff. AktG *Bezzenberger* in K. Schmidt/Lutter, AktG, § 71 Rz. 4 ff.

Vgl. zu § 243 Abs. 4 Satz 2 AktG *Schwab* in K. Schmidt/Lutter, AktG, § 243 Rz. 32 ff.

---

51 So *Jannott* in Jannott/Frodermann, Handbuch Europäische Aktiengesellschaft, § 3 Rz. 190; *Schwarz*, Art. 34 Rz. 13.
52 Ebenso *Schäfer* in MünchKomm. AktG, Art. 34 SE-VO Rz. 6; *J. Schmidt*, „Deutsche" vs. „britische" SE, S. 323; s. ferner auch *Handelsrechtsausschuss des DAV*, NZG 2004, 75, 79; *Handelsrechtsausschuss des DAV*, NZG 2004, 957, 959 sowie *J. Vetter* in Lutter/Hommelhoff, Europäische Gesellschaft, S. 111, 155 f.
53 Vgl. *Handelsrechtsausschuss des DAV*, NZG 2004, 75, 79; *Handelsrechtsausschuss des DAV*, NZG 2004, 957, 959.
54 *Jannott* in Jannott/Frodermann, Handbuch Europäische Aktiengesellschaft, § 3 Rz. 190; *Schwarz*, Art. 34 Rz. 13; *J. Schmidt*, „Deutsche" vs. „britische" SE, S. 323; *J. Vetter* in Lutter/Hommelhoff, Europäische Gesellschaft, S. 111, 155.
55 Vgl. *Jannott* in Jannott/Frodermann, Handbuch Europäische Aktiengesellschaft, § 13 Rz. 191; *Schäfer* in MünchKomm. AktG, Art. 34 SE-VO Rz. 6.
56 Gesetz über das gesellschaftsrechtliche Spruchverfahren (Spruchverfahrensgesetz – SpruchG) v. 12.6.2003, BGBl. I 2003, 838.

Abschnitt 4. Gründung einer Tochter-SE

Art. 35
[Gründung einer gemeinsamen Tochter-SE]

Eine SE kann gemäß Artikel 2 Absatz 3 gegründet werden.

I. Regelungsgegenstand und -zweck

1   Art. 35 stellt noch einmal klar, dass eine SE unter den Voraussetzungen des Art. 2 Abs. 3 (dazu ausf. Art. 2 Rz. 19 ff.) als **gemeinsame Tochter-SE** gegründet werden kann. Die Vorschrift fungiert – ähnlich wie die Parallelregelungen in Art. 17 Abs. 1 (dazu Art. 17 Rz. 1, 4), 32 Abs. 1 Satz 1 (dazu Art. 32 Rz. 2) und 37 Abs. 1 (dazu Art. 37) – als **deklaratorisches**[1] **Bindeglied**[2] zwischen der Regelung über die materielle Gründungsberechtigung in Art. 2 Abs. 3 und der verfahrensrechtlichen Vorschrift des Art. 36.

II. Die Rechtsnatur der Gründung einer gemeinsamen Tochter-SE

2   Die Errichtung einer gemeinsamen Tochter-SE ist das **Gegenstück zur Holdinggründung**: Bei der Holdinggründung schaffen sich die Gründungsgesellschaften eine gemeinsame Mutter, hier dagegen eine gemeinsame Tochter[3].

3   Es handelt sich damit eo ipso stets um eine **bi- bzw. multilaterale Gründungsvariante**: Im Gegensatz zur Gründung einer Tochter-SE durch eine bereits bestehende SE nach Art. 3 Abs. 2 (sog. sekundäre Gründung, dazu ausf. Art. 3 Rz. 6 ff.) müssen an der Gründung einer gemeinsamen Tochter-SE mindestens zwei Gründungsgesellschaften beteiligt sein[4].

4   Die Gründung einer gemeinsamen Tochter-SE hat keine Auswirkungen auf die rechtliche (Fort-)Existenz der Gründungsgesellschaften[5]. Sie kann allerdings bedeutsame **konzernrechtliche Konsequenzen** haben, denn die Tochter-SE wird damit zum **Gemeinschaftsunternehmen** der Gründungsgesellschaften, so dass u.U. sogar eine mehrfache Abhängigkeit entsteht[6].

---

1 *J. Schmidt*, „Deutsche" vs. „britische" SE, S. 345; *Schwarz*, Art. 35 Rz. 1.
2 Vgl. *Schäfer* in MünchKomm. AktG, Art. 35, 36 SE-VO Rz. 3.
3 *Bayer* in Lutter/Hommelhoff, Europäische Gesellschaft, S. 25, 58; *Scheifele*, Gründung, S. 385; *Schwarz*, Art. 35 Rz. 2; vgl. ferner *Schäfer* in MünchKomm. AktG, Art. 35, 36 SE-VO Rz. 1.
4 *Heckschen* in Widmann/Mayer, Anhang 14 Rz. 337; *Schäfer* in MünchKomm. AktG, Art. 35, 36 SE-VO Rz. 1; *Scheifele*, Gründung, S. 385; *Schwarz*, Art. 35 Rz. 2.
5 *Scheifele*, Gründung, S. 385; *Schwarz*, Art. 35 Rz. 3.
6 Vgl. *Schäfer* in MünchKomm. AktG, Art. 35, 36 SE-VO Rz. 1; *Scheifele*, Gründung, S. 385; *Schwarz*, Art. 35 Rz. 3; ausf. zu den konzernrechtlichen Konsequenzen: *Maul* in Theisen/Wenz, Europäische Aktiengesellschaft, S. 457, 502 f.

Art. 36
[Anwendbares Recht]

Auf die an der Gründung beteiligten Gesellschaften oder sonstigen juristischen Personen finden die Vorschriften über deren Beteiligung an der Gründung einer Tochtergesellschaft in Form einer Aktiengesellschaft nationalen Rechts Anwendung.

Literatur: *Bungert/Beier*, Die Europäische Aktiengesellschaft, EWS 2002, 1; *Edwards*, The European Company – Essential tool or eviscerated dream?, (2003) 40 CMLR 443; *Heckschen*, Die Europäische AG aus notarieller Sicht, DNotZ 2003, 251; *Hommelhoff/Teichmann*, Die Europäische Aktiengesellschaft – das Flaggschiff läuft vom Stapel, SZW 2002, 1; *Jahn/Herfs-Röttgen*, Die Europäische Aktiengesellschaft – Societas Europaea, DB 2001, 631; *Kallmeyer*, Europa-AG: Strategische Optionen für deutsche Unternehmen, AG 2003, 197; *Kalss*, Der Minderheitenschutz bei Gründung und Sitzverlegung der SE nach dem Diskussionsentwurf, ZGR 2003, 593; *Kloster*, Societas Europaea und europäische Unternehmenszusammenschlüsse, EuZW 2003, 293; *Koke*, Die Finanzverfassung der Europäischen Aktiengesellschaft (SE) mit Sitz in Deutschland, 2005; *Mahi*, Die Europäische Aktiengesellschaft. Societas Europaea – SE, 2004; *Sanna*, Societas Europaea (SE) – Die Europäische Aktiengesellschaft, ELR 2002, 2; *Schwarz/Lösler*, Das Recht der Europäischen Aktiengesellschaft – ein Überblick, NotBZ 2001, 117; *Seibt/Saame*, Die Societas Europaea (SE) deutschen Rechts: Anwendungsfelder und Beratungshinweise, AnwBl 2005, 225; *Teichmann*, Die Einführung der Europäischen Aktiengesellschaft, ZGR 2002, 383; *Teichmann,*, Minderheitenschutz bei Gründung und Sitzverlegung der SE, ZGR 2003, 367; *Wenger*, Die europäische (Aktien-)Gesellschaft (SE) wird Realität, RWZ 2001, 317; *Zöllter-Petzoldt*, Die Verknüpfung von europäischem und nationalem Recht bei der Gründung einer Societas Europaea (SE). Dargestellt am Beispiel der Gründung einer gemeinsamen Tochtergesellschaft nach Art. 2 Abs. 3, 35f. SE-VO in Deutschland, England und Spanien, 2005.

I. Regelungsgegenstand und -zweck

Art. 36 enthält eine Regelung betreffend das **Verfahren innerhalb der beteiligten Gründungsgesellschaften** im Bezug auf die Gründung einer Tochter-SE, allerdings lediglich in Form einer **Verweisung** auf nationales Recht. Im Gegensatz zu früheren   1

Entwürfen[1] macht die SE-VO somit für die Gründungsvariante einer Tochter-SE keinerlei eigene verfahrensrechtliche Vorgaben mehr[2], sondern überantwortet die nähere Ausgestaltung des gesamten Verfahrens mittels der Verweisungsnormen der Art. 36 und 15 Abs. 1 (zum Zusammenspiel und zur Abgrenzung dieser beiden Normen ausf. unten Rz. 8 [gemeinsame Tochter-SE] sowie Art. 3 Rz. 12 f. [sekundäre Tochter-SE]) dem nationalen Recht.

2   Art. 36 gilt **sowohl für die primäre Gründung** einer gemeinsamen Tochter-SE **als auch für die sekundäre Gründung einer Tochter-SE**[3] (s. auch Art. 3 Rz. 12). Der 4. Abschnitt des Titel II umfasst nämlich – wie sich auch aus der allgemeinen Überschrift „Gründung einer Tochter-SE" ergibt[4] – in seinem Regelungsbereich grundsätzlich sowohl die primäre (vgl. deklaratorisch Art. 35, s. Art. 35 Rz. 1) als auch die sekundäre Gründung einer Tochter-SE[5]. Der Unterschied zwischen den beiden Varianten der Tochter-Gründung ist lediglich, dass Art. 3 Abs. 2 – insofern als lex specialis zu Art. 2 Abs. 3[6] – einer bereits bestehenden SE das Exklusivrecht auf unilaterale Gründung einer Tochter-SE (s. auch Art. 3 Rz. 7) einräumt[7].

II. Die Verweisung des Art. 36

1. Anwendungsbereich

3   Art. 36 betrifft nach Wortlaut und Systematik – ebenso wie die Parallelvorschrift des Art. 18 (s. Art. 15 Rz. 7, Art. 18 Rz. 3) – nur diejenigen Verfahrensschritte, die noch der **Sphäre der einzelnen Gründungsgesellschaften** zuzurechnen sind[8].

2. Verweisungsobjekt

4   Verweisungsobjekt des Art. 36 sind „die **Vorschriften über** [die] Beteiligung an der **Gründung einer Tochtergesellschaft in Form einer Aktiengesellschaft nationalen Rechts".** Maßgeblich sind also diejenigen Vorschriften, die für die betreffende Gründungsgesellschaft gelten würden, wenn sie nach dem für sie geltenden nationalen Recht eine Aktiengesellschaft des betreffenden nationalen Rechts gründen würde[9].

---

1 Art. 35–37 SE-VOE 1970 und 1975 sowie Art. 34 f. SE-VOE 1989 sahen noch eigenständige Verfahrensregelungen vor.

2 Vgl. dazu auch *Schäfer* in MünchKomm. AktG, Art. 35, 36 SE-VO Rz. 3; *Scheifele*, Gründung, S. 388 ff.; *J. Schmidt*, „Deutsche" vs. „britische" SE, S. 345; *Schröder* in Manz/Mayer/Schröder, Vorb. zu Art. 35 SE-VO; *Schwarz*, Art. 36 Rz. 3.

3 Wie hier *Heckschen* in Widmann/Mayer, Anhang 14 Rz. 399, 404; *Hommelhoff/Teichmann*, SZW 2002, 1, 10 Fn. 53; *Kalss* in Kalss/Hügel, Vor § 17 SEG – Gründung der SE, Rz. 37; *Kloster*, EuZW 2003, 295, 296; *J. Schmidt*, „Deutsche" vs. britische" SE, S. 380. A.A. (Geltung nur für die primäre Gründung einer gemeinsamen Tochter-SE) jedoch *Scheifele*, Gründung, S. 385; *Schwarz*, Art. 35 Rz. 1.

4 Im SE-VOE 1991 hatte es dagegen noch explizit „Gründung einer *gemeinsamen* Tochter-SE" geheißen.

5 Vgl. *J. Schmidt*, „Deutsche" vs. „britische" SE, S. 380.

6 Vgl. zur Notwendigkeit einer Beteiligung von mindestens zwei Rechtsträgern bei der Gründung einer gemeinsamen Tochter-SE: Art. 35 Rz. 3.

7 *J. Schmidt*, „Deutsche" vs. „britische" SE, S. 380; vgl. auch *Schröder* in Manz/Mayer/Schröder, Art. 3 SE-VO Rz. 15.

8 *Bayer* in Lutter/Hommelhoff, Europäische Gesellschaft, S. 25, 58; *Kalss*, ZGR 2003, 593, 615; *Kleindiek* in Lutter/Hommelhoff, Europäische Gesellschaft, S. 95, 101; *Schäfer* in MünchKomm. AktG, Art. 35, 36 SE-VO Rz. 3; *Scheifele*, Gründung, S. 390, 392; *J. Schmidt*, „Deutsche" vs. „britische" SE, S. 346; *Schwarz*, Art. 36 Rz. 5, 10; *Teichmann*, ZGR 2003, 367, 396.

9 Vgl. *Hügel* in Kalss/Hügel, Vor § 17 SEG – Gründung der SE, Rz. 27 f.; *Neun* in Theisen/Wenz, Europäische Aktiengesellschaft, S. 57, 186; *Schröder* in Manz/Mayer/Schröder, Art. 36 SE-VO Rz. 4; *Schwarz*, Art. 36 Rz. 7, 9.

Welche Vorschriften im Einzelnen gelten, hängt also davon ab, welche Rechtsform (z.B. AG, PLC, S.A., GmbH, Ltd., S.A.R.L., vgl. zu den zulässigen Gründern Art. 2 Rz. 19) die betreffende Gründungsgesellschaft hat[10].

Bei Art. 36 handelt es sich um eine dynamische **Sachnormverweisung**, die auch das 5 Richterrecht mitumfasst[11].

III. Die Gründung einer gemeinsamen Tochter-SE

1. Das für die Gründung einer gemeinsamen Tochter-SE geltende Recht

a) Analoge Anwendung der Vorschriften über Verschmelzungs- und Holding-gründung?

Vor dem Hintergrund der regulativen Enthaltsamkeit der SE-VO im Hinblick auf die 6 Gründung einer Tochter-SE (s. oben Rz. 1) plädieren einige prominente Stimmen im Schrifttum[12] für eine – mehr oder weniger umfangreiche – **analoge Anwendung der Vorschriften über die Verschmelzungs- und Holdinggründung**. Andernfalls bestehe nämlich die Gefahr, dass die insoweit geltenden strikten verfahrensrechtlichen Vorgaben (Plan, Bericht, sachverständige Prüfung, Beschluss) auf dem Umweg über die Gründung einer gemeinsamen Tochter-SE unterlaufen würden.

Allein aus der Tatsache, dass sich mittels der Gründung einer Tochter-SE u.U. das 7 aufwendige und umständliche Verfahren einer Verschmelzungs- oder Holdinggründung vermeiden lässt, kann indes nicht auf das Vorliegen einer unzulässigen Umgehung geschlossen werden[13]. Eine Analogie zu den Art. 17 ff. bzw. Art. 32 ff. scheitert bereits an der fehlenden Planwidrigkeit der „Regelungslücke", denn die noch in früheren Entwürfen enthaltenen detaillierten Vorgaben für die Gründung einer gemeinsamen Tochter-SE wurden im SE-VOE 1991 bewusst gestrichen, da sie für diese Gründungsvariante als „zu schwerfällig" empfunden wurden[14]. Vor allem aber mangelt es auch an einer Vergleichbarkeit der Interessenlage, denn im Falle der Gründung einer gemeinsamen Tochter-SE kommt es weder zu einer Auflösung der Gründungsgesellschaft (wie im Fall der Verschmelzung) noch werden die Anteilsinhaber (wie im Fall der Holdinggründung) vor die Alternative gestellt, ob sie fortan Aktionäre einer supranationalen SE oder Anteilsinhaber einer von dieser SE beherrschten Gesellschaft sein wollen[15]. Eine Erstreckung der Gründungsvorschriften der Art. 17 ff. bzw. 32 ff. auf die Tochter-SE im Wege der **Analogie** kommt daher generell **nicht** in Betracht[16].

---

10 *J. Schmidt*, „Deutsche" vs. „britische" SE, S. 347; *Schwarz*, Art. 36 Rz. 9.
11 *Schwarz*, Art. 36 Rz. 8.
12 *Heckschen*, DNotZ 2003, 251, 263; *Hommelhoff/Teichmann*, SZW 2002, 1, 9; *Schäfer* in MünchKomm. AktG, Art. 35, 36 SE-VO Rz. 4; *Schröder* in Manz/Mayer/Schröder, Art. 35 SE-VO Rz. 7; *Teichmann*, ZGR 2002, 383, 438.
13 So bereits *Bayer* in Lutter/Hommelhoff, Europäische Gesellschaft, S. 25, 59; vgl. auch *Bungert/Beier*, EWS 2002, 1, 8.
14 S. Begr. der Kommission z. SE-VOE 1991, BT-Drucks. 12/1004, S. 6; vgl. dazu auch *Lind*, Europäische Aktiengesellschaft, S. 125; *Scheifele*, Gründung, S. 389, 394; *J. Schmidt*, „Deutsche" vs. „britische" SE, S. 345 f.; *Schwarz/Lösler*, NotBZ 2001, 117, 120; *Schwarz*, Art. 36 Rz. 15.
15 *Scheifele*, Gründung, S. 395; *J. Schmidt*, „Deutsche" vs. „britische" SE, S. 346.
16 So schon *Bayer* in Lutter/Hommelhoff, Europäische Gesellschaft, S. 25, 59; ebenso *Scheifele*, Gründung, S. 389; *J. Schmidt*, „Deutsche" vs. „britische" SE, S. 346; *Schwarz*, Art. 36 Rz. 15; vgl. ferner auch *Bungert/Beier*, EWS 2002, 1, 8.

b) Die Zweistufigkeit des Gründungsprozesses („Sphärentrennung")

8 Obwohl dies im Schrifttum bedauerlicherweise nicht immer deutlich wird[17], ist auch bei der Gründung einer gemeinsamen Tochter-SE – ebenso wie bei der Verschmelzungs- und Holdinggründung (s. Art. 15 Rz. 7, Art. 18 Rz. 3, Art. 32 Rz. 4 ff.) – zwischen den Verfahrensschritten auf der Ebene der Gründungsgesellschaften und denjenigen, die bereits die Sphäre der künftigen SE betreffen, zu differenzieren (s. auch schon Art. 15 Rz. 7). Diese für die SE-VO geradezu charakteristische „**Sphärentrennung**" wird im Falle der Gründung einer gemeinsamen Tochter-SE durch das Zusammenspiel der beiden Verweisungsnormen des Art. 36 und des Art. 15 Abs. 1 realisiert. **Art. 36** betrifft nur diejenigen Verfahrensschritte, die noch der **Sphäre der einzelnen Gründungsgesellschaften** zuzurechnen sind (s. bereits oben Rz. 3)[18]. Für die Verfahrensschritte, die bereits die **Sphäre der künftigen SE** selbst betreffen, gilt hingegen gem. **Art. 15 Abs. 1** das Recht des künftigen Sitzstaats der SE[19] (ausf. zur Verweisung des Art. 15 Abs. 1 Art. 15 Rz. 4 ff.).

2. Das Verfahren der Gründung einer gemeinsamen Tochter-SE

a) Vorgelagerte Verfahrensschritte in den einzelnen Gründungsgesellschaften

9 **aa) Allgemeines.** Für die der eigentlichen Gründung vorgelagerten Verfahrensschritte in den einzelnen Gründungsgesellschaften gilt gem. Art. 36 das nationale Recht, dem die betreffende Gründungsgesellschaft unterliegt, und zwar diejenigen Regeln und **Vorschriften, die für Gründung einer nationalen Aktiengesellschaft gelten** würden (vgl. oben Rz. 4, 8). Von Interesse ist dabei insbesondere die Frage, ob und inwieweit ein Beschluss der Haupt- bzw. Gesellschafterversammlung der betreffenden Gesellschaft erforderlich ist.

10 **bb) Deutsche Gründungsgesellschaften.** Bei einer deutschen **AG** fällt die Gründung einer Tochtergesellschaft **grundsätzlich** in den Bereich der alleinigen **Geschäftsführungskompetenz des Vorstands**. Es ist zwar gem. § 111 Abs. 4 AktG möglich, in der Satzung einen diesbezügliche Zustimmungsvorbehalt zugunsten des Aufsichtsrats festzulegen, eine Zustimmung der Hauptversammlung ist dagegen prinzipiell nicht notwendig[20].

11 Im Zuge der Gründung einer Tochter-SE werden auf diese jedoch regelmäßig auch wesentliche Vermögenswerte transferiert werden; soweit dies der Fall ist, kann sich hierdurch nach den Grundsätzen der „**Holzmüller**"/„**Gelatine**"-Rechtsprechung[21] die

---

17 Insofern zumindest missverständlich: *Bungert/Beier*, EWS 2002, 1, 8; *Heckschen*, DNotZ 2003, 251, 263; *Edwards*, (2003) 40 CMLR 443, 455; *Jahn/Herfs-Röttgen*, DB 2001, 631, 633; *Marsch-Barner* in Kallmeyer, UmwG, Anhang Rz. 3; *Sanna*, ELR 2002, 2, 7; *Schindler*, Europäische Aktiengesellschaft, S. 37; *Thümmel*, Europäische Aktiengesellschaft, Rz. 121; *Wenger*, RWZ 2001, 317, 319.

18 S. die Nachweise oben in Fn. 8.

19 *Bayer* in Lutter/Hommelhoff, Europäische Gesellschaft, S. 25, 58; *Jannott* in Jannott/Frodermann, Handbuch Europäische Aktiengesellschaft, § 3 Rz. 202; *Kallmeyer*, AG 2003, 197, 199; *Kalss*, ZGR 2003, 593, 615; *Kleindiek* in Lutter/Hommelhoff, Europäische Gesellschaft, S. 95, 101; *Schäfer* in MünchKomm. AktG, Art. 35, 36 SE-VO Rz. 3; *J. Schmidt*, „Deutsche" vs. „britische" SE, S. 346 f.; *Schröder* in Manz/Mayer/Schröder, Art. 36 SE-VO Rz. 1 f.; *Schwarz*, Art. 36 Rz. 5, 20; *Seibt/Saame*, AnwBl 2005, 225, 232; *Teichmann*, ZGR 2003, 367, 396.

20 Vgl. *Grundmann*, Europäisches Gesellschaftsrecht, Rz. 1031; *Jannott* in Jannott/Frodermann, Handbuch Europäische Aktiengesellschaft, § 3 Rz. 216 ff.; *Kalss*, ZGR 2003, 593, 616; *Mahi*, Europäische Aktiengesellschaft, S. 68; *J. Schmidt*, „Deutsche" vs. „britische" SE, S. 347 f.; *Teichmann*, ZGR 2003, 367, 396.

21 BGH v. 25.2.1982 – II ZR 174/80, BGHZ 83, 122 = AG 1982, 158 – „Holzmüller"; BGH v. 26.4.2004 – II ZR 154/02, NZG 2004, 575 = ZIP 2004, 1001 – „Gelatine I"; BGH v. 26.4.2004 – II ZR 155/02, BGHZ 159, 30 = AG 2004, 384 – „Gelatine II".

Notwendigkeit einer **Zustimmung der Hauptversammlung** ergeben[22]. Der BGH hat indes in den „Gelatine"-Entscheidungen nachdrücklich akzentuiert, dass eine derartige Hauptversammlungszuständigkeit nur ausnahmsweise und „in engen Grenzen" besteht, die in der Regel erst überschritten sind, wenn von der wirtschaftlichen Bedeutung her die Ausmaße wie im grundlegenden „Holzmüller"-Beschluss (dort: 80% des Gesellschaftsvermögens) erreicht werden; ist dies jedoch der Fall, so bedarf es eines Hauptversammlungsbeschlusses mit qualifizierter Mehrheit[23]. Die überwiegende Meinung im Schrifttum verlangt darüber hinaus zu Recht auch eine entsprechende besondere Information der Aktionäre (sog. „Holzmüller-Bericht")[24].

Ebenso wie bei der AG ist die Beteiligung an der Gründung einer Tochtergesellschaft   12 auch bei der **GmbH** – vorbehaltlich einer anderweitigen Regelung in der Satzung – grundsätzlich eine Maßnahme der Geschäftsführung. Allerdings gelten die „**Holzmüller"/„Gelatine"-Grundsätze** nach wohl h.M.[25] auch im GmbH-Recht: Wenn in solchen Fällen schon der Vorstand einer AG nicht allein entscheiden kann, so muss dies für den GmbH-Geschäftsführer erst recht gelten. Sofern der mit der Gründung der gemeinsamen Tochter-SE einhergehende Vermögenstransfer die „Holzmüller"-Grenze überschreitet, ist daher auch bei der GmbH ein Beschluss der Gesellschafterversammlung mit qualifizierter Mehrheit erforderlich[26]. Im Gegensatz zur AG wird bei der GmbH jedoch auch unterhalb dieser Schwelle häufig ein Beschluss der Gesellschafterversammlung (dann jedoch mit einfacher Mehrheit) notwendig sein, nämlich dann, wenn es sich bei der Beteiligung an der Gründung der Tochter-SE zumindest um eine sog. „**außergewöhnliche Maßnahme**"[27] handelt[28].

Bei **OHG** und **KG** ist für konzernbildende Maßnahmen wie die Gründung einer Tochter-SE prinzipiell die Zustimmung sämtlicher Gesellschafter notwendig; denn es   13

---

22 *Bayer* in Lutter/Hommelhoff, Europäische Gesellschaft, S. 25, 58; *Heckschen*, DNotZ 2003, 251, 263; *Jannott* in Jannott/Frodermann, Handbuch Europäische Aktiengesellschaft, § 3 Rz. 218; *Kalss*, ZGR 2003, 593, 616; *Schäfer* in MünchKomm. AktG, Art. 35, 36 SE-VO Rz. 5; *Scheifele*, Gründung, S. 393 f.; *J. Schmidt*, „Deutsche" vs. „britische" SE, S. 348; *Schwarz*, Art. 36 Rz. 13; *Teichmann*, ZGR 367, 396 f. S. ferner (allerdings ohne exakte Differenzierung zwischen Beteiligung an der Gründung und Vermögensübertragung): *Heckschen* in Widmann/Mayer, Anhang 14 Rz. 338 ff.; *Mahi*, Europäische Aktiengesellschaft, S. 68; *Neun* in Theisen/Wenz, Europäische Aktiengesellschaft, S. 57, 186; *Schröder* in Manz/Mayer/Schröder, Art. 15 SE-VO Rz. 57, Art. 36 Rz. 14; *Thümmel*, Europäische Aktiengesellschaft, Rz. 127; *J. Vetter* in Lutter/Hommelhoff, Europäische Gesellschaft, S. 111, 117.
23 BGH v. 26.4.2004 – II ZR 154/02, NZG 2004, 575 = ZIP 2004, 1001 – „Gelatine I"; BGH v. 26.4.2004 – II ZR 155/02, BGHZ 159, 30 = AG 2004, 384 – „Gelatine II".
24 *Arnold*, ZIP 2005,1573, 1578; *Bungert*, BB 2004, 1345, 1351; *Liebscher*, ZGR 2005, 1, 32; *Reichert*, AG 2005, 150, 159; eher reserviert jedoch *Götze*, NZG 2004, 585, 589. Eine solche Berichtspflicht wurde auch schon vor den „Gelatine"-Entscheidung mehrheitlich bejaht, s. *Hüffer*, § 119 Rz. 19 m.w.N.
25 *Emmerich* in Scholz, GmbHG, Anhang Konzernrecht Rz. 62; *Lutter/Leinekugel*, ZIP 1998, 225, 231 f.; *Reichert*, AG 2005, 150, 160; s. ferner auch *Emmerich*, AG 1987, 1, 2; *Lutter/Hommelhoff*, GmbHG, § 37 Rz. 11; *Zöllner/Noack* in Baumbach/Hueck, GmbHG, § 37 Rz. 11.
26 *J. Schmidt*, „Deutsche" vs. „britische" SE, S. 349.
27 Allgemein „zum Begriff der „außergewöhnlichen (bzw. ungewöhnlichen) Maßnahme": *Koppensteiner* in Rowedder/Schmidt-Leithoff, GmbHG, § 37 Rz. 11 ff.; *Lutter/Hommelhoff*, GmbHG, § 37 Rz. 10 ff.
28 *Schäfer* in MünchKomm. AktG, Art. 35, 36 SE-VO Rz. 6; *Scheifele*, Gründung, S. 396; *J. Schmidt*, „Deutsche" vs. „britische" SE, S. 349; *Schwarz*, Art. 36 Rz. 18. Vgl. allgemein für die Gründung einer Tochter-Gesellschaft durch eine GmbH: *Lutter/Hommelhoff*, GmbHG, § 37 Rz. 11; *Zöllner/Noack* in Baumbach/Hueck, GmbHG, § 37 Rz. 11.

handelt sich hierbei um ein außergewöhnliches Geschäft i.S.d. §§ 116 Abs. 2, 164 Satz 1 HGB, wenn nicht sogar um ein sog. Grundlagengeschäft[29].

14 Im Bezug auf die zahlreichen **anderen Gesellschaften und juristischen Personen**, die sich an der Gründung einer Tochter-SE beteiligen können (s. Art. 2 Rz. 19) muss hier aus Platzgründen auf die einschlägige Fachliteratur verwiesen werden.

b) Eigentliches Gründungsverfahren

15 Von den vorgelagerten Verfahrensschritten innerhalb der beteiligten Gründungsgesellschaften strikt zu trennen ist das eigentliche Gründungsverfahren, d.h. diejenigen Verfahrenschritte, die bereits die **Sphäre der künftigen SE selbst betreffen** (s. oben Rz. 8). Hierfür gilt gem. Art. 15 Abs. 1 das nationale Aktienrecht des künftigen Sitzstaats der Tochter-SE[30] (s. oben Rz. 8).

16 Für die Gründung einer **gemeinsamen Tochter-SE mit Sitz in Deutschland** gelten demgemäß – vorbehaltlich SE-rechtlicher Sonderregelungen – die allgemeinen **Gründungsvorschriften des deutschen Aktienrechts**[31].

17 **aa) Keine Spaltung durch Ausgliederung.** Eine gemeinsame Tochter-SE mit Sitz in Deutschland kann allerdings **nicht** im Wege der **Spaltung durch Ausgliederung** gem. § 123 Abs. 3 Nr. 2 UmwG errichtet werden: zum einen, weil in diesem Fall nur ein Rechtsträger beteiligt wäre (s. zum Charakter als bi- bzw. multilaterale Gründung Art. 35 Rz. 3), zum anderen, weil die Errichtung der Tochter-SE „durch Zeichnung ihrer Aktien" (vgl. Art. 2 Abs. 3) zu erfolgen hat, also nicht durch gesetzlichen Erwerb (wie bei der Spaltung) entstehen kann[32].

18 **bb) Gründungsverfahren im Überblick.** Die Gründung einer gemeinsamen Tochter-SE mit Sitz in Deutschland läuft demgemäß im Wesentlichen wie folgt ab:

19 **(1) Feststellung der Satzung.** Erster Gründungsschritt ist ebenso wie bei einer deutschen AG die Feststellung der Satzung der SE durch notarielle Beurkundung, **Art. 15 Abs. 1 i.V.m. § 23 Abs. 1 AktG**[33]. Zum Satzungsinhalt näher Art. 6 Rz. 6 ff. Mit der in der Satzung enthaltenen Erklärung zur Aktienübernahme (§ 23 Abs. 2 AktG) ist die Gesellschaft errichtet (vgl. § 29 AktG)[34]. Ab diesem Zeitpunkt existiert auch die „Vor-SE" (s. Art. 16 Rz. 15).

20 **(2) Information und Beteiligung der Arbeitnehmer.** Die Beteiligung der Arbeitnehmer ist auch im Falle der Gründung einer gemeinsamen Tochter-SE zwingend (vgl. Art. 12 Abs. 2). Dazu Teil B., § 34 SEBG Rz. 23.

---

29 Ausf. *Emmerich/Habersack*, Konzernrecht, 8. Aufl. 2005, § 8 II 1 (S. 103 f.); *Liebscher*, Konzernbildungskontrolle, 1995, S. 115 ff., 123. Speziell für die Gründung einer Tochter-SE: *Scheifele*, Gründung, S. 396; *Schwarz*, Art. 36 Rz. 19.

30 S. die Nachweise in Fn. 19.

31 Vgl. *Bayer* in Lutter/Hommelhoff, Europäische Gesellschaft, S. 25, 58; *Scheifele*, Gründung, S. 390 f.; *Schäfer* in MünchKomm. AktG, Art. 35, 36 SE-VO Rz. 4; *J. Schmidt*, „Deutsche" vs. „britische" SE, S. 351; *Schröder* in Manz/Mayer/Schröder, Art. 15 SE-VO Rz. 29; *Schwarz*, Art. 36 Rz. 20 f.; *Vossius*, ZIP 2004, 741, 747.

32 S. schon *Bayer* in Lutter/Hommelhoff, Europäische Gesellschaft, S. 25, 58; ebenso *Schäfer* in MünchKomm. AktG, Art. 35, 36 SE-VO Rz. 4; *Scheifele*, Gründung, S. 391; *J. Schmidt*, „Deutsche" vs. „britische" SE, S. 353; *Schwarz*, Art. 36 Rz. 23 f. Vgl. ferner auch *Oechsler* in MünchKomm. AktG, Art. 2 SE-VO Rz. 39.

33 *Jannott* in Jannott/Frodermann, Handbuch Europäische Aktiengesellschaft, § 3 Rz. 206, 211 f.; *J. Schmidt*, „Deutsche" vs. „britische" SE, S. 351; *Schwarz*, Art. 6 Rz. 15; *Thümmel*, Europäische Aktiengesellschaft, Rz. 123; *Vossius*, ZIP 2005, 741, 747.

34 Vgl. *J. Schmidt*, „Deutsche" vs. „britische" SE, S. 351; *Thümmel*, Europäische Aktiengesellschaft, Rz. 123; *Vossius*, ZIP 2005, 741, 747.

(3) Leistung der Einlagen. Die Gründung einer gemeinsamen Tochter-SE mit Sitz in 21
Deutschland kann sowohl als **Bar- als auch** als **Sachgründung** (oder gemischte Grün-
dung) erfolgen[35]. Für die Leistung der Einlagen gelten gem. Art. 15 Abs. 1 die §§ 36
Abs. 2 Satz 1, 36a AktG[36].

(4) Gründungsbericht und Gründungsprüfung. Die Gründer, d.h. die Gründungs- 22
gesellschaften der Tochter-SE, haben gem. **Art. 15 Abs. 1 i.V.m. § 32 AktG** einen
Gründungsbericht zu erstellen[37]. Zudem ist gem. **Art. 15 Abs. 1 i.V.m. §§ 33 ff. AktG**
eine **Gründungsprüfung** durchzuführen[38]. Stets erforderlich ist dabei gem. § 33 Abs. 1
AktG eine interne Prüfung des Hergangs der Gründung durch die Mitglieder des Lei-
tungs- und Aufsichtsorgans (dualistische SE) bzw. des Verwaltungsrats (monistische
SE, vgl. § 22 Abs. 6 SEAG). Gem. § 33 Abs. 2 AktG ist zudem in bestimmten Fällen,
insbesondere bei Sachgründungen, zusätzlich eine externe Prüfung durch sachverständige Prüfer durchzuführen.

(5) Anmeldung. Sodann ist die Tochter-SE zur Eintragung in das Handelsregister 23
(Art. 12 Abs. 1, § 3 SEAG) anzumelden; die Anmeldung hat durch alle Gründer (d.h.
die Gründungsgesellschaften[39]) sowie die Mitglieder des Leitungs- und Aufsichtsorgans (dualistische SE, **Art. 15 Abs. 1 i.V.m. § 36 Abs. 1 AktG**) bzw. die Mitglieder
des Verwaltungsrats und die geschäftsführenden Direktoren (monistische SE, **§ 21
Abs. 1 Satz 1 SEAG**) zu erfolgen[40]. Bzgl. des Inhalts der Anmeldung gilt § 37 AktG,
der jedoch für den Fall der Gründung einer monistischen SE durch § 21 Abs. 2 SEAG
modifiziert wird[41].

(6) Prüfung durch das Registergericht und Eintragung. Das zuständige Registergericht 24
(§ 4 Satz 1 SEAG, § 14 AktG)[42] prüft, ob die Tochter-SE ordnungsgemäß errichtet und
angemeldet ist, **Art. 15 Abs. 1 i.V.m. § 38 AktG** (sowie ggf. § 21 Abs. 3 SEAG)[43].

Ist dies der Fall, so wird die Tochter-SE nach den für AGs geltenden Vorschriften **in** 25
das Handelsregister eingetragen, Art. 12 Abs. 1, § 3 SEAG. Für den Inhalt der Eintra-

---

35 *Bayer* in Lutter/Hommelhoff, Europäische Gesellschaft, S. 25, 58; *Kalss*, ZGR 2003, 593, 615;
Marsch-Barner in Kallmeyer, UmwG, Anhang Rz. 3; *Sanna*, ELR 2002, 2, 7; *Schäfer* in
MünchKomm. AktG, Art. 35, 36 SE-VO Rz. 4; *J. Schmidt*, „Deutsche" vs. „britische" SE,
S. 352; *Schwarz*, Art. 36 Rz. 21.
36 *Jannott* in Jannott/Frodermann, Handbuch Europäische Aktiengesellschaft, § 3 Rz. 228;
J. Schmidt, „Deutsche" vs. „britische" SE, S. 352; *Vossius*, ZIP 2001, 741, 747.
37 *Jannott* in Jannott/Frodermann, Handbuch Europäische Aktiengesellschaft, § 3 Rz. 221;
J. Schmidt, „Deutsche" vs. „britische" SE, S. 353; *Vossius*, ZIP 2005, 741, 747; s. ferner auch
Bartone/Klapdor, Europäische Aktiengesellschaft, S. 52 f.; *Schröder* in Manz/Mayer/Schröder,
Art. 15 SE-VO Rz. 37.
38 *Jannott* in Jannott/Frodermann, Handbuch Europäische Aktiengesellschaft, § 3 Rz. 224 ff.;
J. Schmidt, „Deutsche" vs. „britische" SE, S. 353; *Vossius*, ZIP 2005, 741, 747; s. ferner auch
Schröder in Manz/Mayer/Schröder, Art. 15 SE-VO Rz. 53.
39 *Kleindiek* in Lutter/Hommelhoff, Europäische Gesellschaft, S. 95, 98; *J. Schmidt*, „Deutsche"
vs. „britische" SE, S. 353.
40 Vgl. *Kleindiek* in Lutter/Hommelhoff, Europäische Gesellschaft, S. 95, 99, 101; *J. Schmidt*,
„Deutsche" vs. „britische" SE, S. 353 f.; *Schröder* in Manz/Mayer/Schröder, Art. 15 SE-VO
Rz. 73; *Vossius*, ZIP 2005, 741, 747.
41 Vgl. *Kleindiek* in Lutter/Hommelhoff, Europäische Gesellschaft, S. 95, 99, 101; *J. Schmidt*,
„Deutsche" vs. „britische" SE, S. 354; *Schröder* in Manz/Mayer/Schröder, Art. 15 SE-VO
Rz. 71; *Vossius*, ZIP 2005, 741, 747.
42 Vgl. *Bartone/Klapdor*, Europäische Aktiengesellschaft, S. 55; *Kleindiek* in Lutter/Hommel-
hoff, Europäische Aktiengesellschaft, S. 95, 97; *J. Schmidt*, „Deutsche" vs. „britische" SE, S. 354.
43 Vgl. *Jannott* in Jannott/Frodermann, Handbuch Europäische Aktiengesellschaft, § 3 Rz. 229;
Kleindiek in Lutter/Hommelhoff, Europäische Gesellschaft, S. 95, 97; *J. Schmidt*, „Deutsche"
vs. „britische" SE, S. 354; *Schröder* in Manz/Mayer/Schröder, Art. 15 SE-VO Rz. 77; *Vossius*,
ZIP 2005, 741, 747.

gung gilt **§ 39 AktG**, der im Falle einer monistischen SE jedoch durch § 21 Abs. 4 SE-AG modifiziert wird[44]. Mit der Eintragung erlangt die SE gem. Art. 16 Abs. 1 Rechtsfähigkeit (s. Art. 16 Rz. 1, 5).

26 **(7) Publizität.** Die Eintragung der SE ist in dem von der Landesjustizverwaltung bestimmten elektronischen Informations- und Kommunikationssystem (sowie gem. Art. 61 Abs. 4 Satz 1 EGHGB bis zum 31.12.2008 zusätzlich in einer Tageszeitung oder einem sonstigen Blatt) bekannt zu machen, **Art. 13, 15 Abs. 2 i.V.m. § 10 HGB**[45]. Daneben ist gem. **Art. 14** eine informatorische Bekanntmachung im Amtsblatt der EU erforderlich (s. ausf. Art. 14 Rz. 4 ff.).

IV. Die sekundäre Gründung einer Tochter-SE

27 Dazu bereits ausf. Art. 3 Rz. 6 ff.

V. Ergänzende Anwendung des AktG

28 Vgl. zur örtlichen Zuständigkeit gem. § 14 AktG *Langhein* in K. Schmidt/Lutter, AktG, § 14 Rz. 10 ff.

Vgl. zur Feststellung der Satzung durch notarielle Beurkundung gem. § 23 Abs. 1 AktG *Seibt* in K. Schmidt/Lutter, AktG, § 23 Rz. 11 ff.

Vgl. zur Errichtung der Gesellschaft gem. § 29 AktG *Bayer* in K. Schmidt/Lutter, AktG, § 29 Rz. 1 ff.

Vgl. zur Kapitalaufbringung gem. §§ 36 Abs. 2 Satz 1, 36a AktG *Kleindiek* in K. Schmidt/Lutter, AktG, § 36 Rz. 14 ff.

Vgl. zum Gründungsbericht gem. § 32 AktG *Bayer* in K. Schmidt/Lutter, AktG, § 32 Rz. 4 ff., zur Gründungsprüfung gem. §§ 33 f. AktG *Bayer* in K. Schmidt/Lutter, AktG, § 33 Rz. 2 ff.

Vgl. zur Anmeldung gem. § 36 Abs. 1 AktG *Kleindiek* in K. Schmidt/Lutter, AktG, § 36 Rz. 3 ff., zum Inhalt der Anmeldung gem. § 37 AktG *Kleindiek* in K. Schmidt/Lutter, AktG, § 37 Rz. 3 ff.

Vgl. zur Prüfung durch das Registergericht gem. § 38 AktG *Kleindiek* in K. Schmidt/Lutter, AktG, § 38 Rz. 4 ff.

Vgl. zum Inhalt der Eintragung gem. § 39 AktG *Kleindiek* in K. Schmidt/Lutter, AktG, § 39 Rz. 3 ff.

---

44 Vgl. *Bartone/Klapdor*, Europäische Aktiengesellschaft, S. 56; *J. Schmidt*, „Deutsche" vs. „britische" SE, S. 354; *Vossius*, ZIP 2005, 741, 747.
45 Vgl. (zur Rechtslage nach § 10 Abs. 1 Satz 1 HGB a.F.) *Jannott* in Jannott/Frodermann, Handbuch Europäische Aktiengesellschaft, § 3 Rz. 230; *Kleindiek* in Lutter/Hommelhoff, Europäische Gesellschaft, S. 95, 109; *J. Schmidt*, „Deutsche" vs. „britische" SE, S. 354; *Fuchs* in Manz/Mayer/Schröder, Art. 13 SE-VO Rz. 7; *Vossius*, ZIP 2005, 741, 747.

Abschnitt 5. Umwandlung einer bestehenden Aktiengesellschaft in eine SE

Art. 37
[Gründung durch Formwechsel]

(1) Eine SE kann gemäß Artikel 2 Absatz 4 gegründet werden.

(2) Unbeschadet des Artikels 12 hat die Umwandlung einer Aktiengesellschaft in eine SE weder die Auflösung der Gesellschaft noch die Gründung einer neuen juristischen Person zur Folge.

(3) Der Sitz der Gesellschaft darf anlässlich der Umwandlung nicht gemäß Artikel 8 in einen anderen Mitgliedstaat verlegt werden.

(4) Das Leitungs- oder das Verwaltungsorgan der betreffenden Gesellschaft erstellt einen Umwandlungsplan und einen Bericht, in dem die rechtlichen und wirtschaftlichen Aspekte der Umwandlung erläutert und begründet sowie die Auswirkungen, die der Übergang zur Rechtsform einer SE für die Aktionäre und für die Arbeitnehmer hat, dargelegt werden.

(5) Der Umwandlungsplan ist mindestens einen Monat vor dem Tag der Hauptversammlung, die über die Umwandlung zu beschließen hat, nach den in den Rechtsvorschriften der einzelnen Mitgliedstaaten gemäß Artikel 3 der Richtlinie 68/151/EWG vorgesehenen Verfahren offen zu legen.

(6) Vor der Hauptversammlung nach Absatz 7 ist von einem oder mehreren unabhängigen Sachverständigen, die nach den einzelstaatlichen Durchführungsbestimmungen zu Artikel 10 der Richtlinie 78/855/EWG durch ein Gericht oder eine Verwaltungsbehörde des Mitgliedstaates, dessen Recht die sich in eine SE umwandelnde Aktiengesellschaft unterliegt, bestellt oder zugelassen sind, gemäß der Richtlinie 77/91/EWG([1]) sinngemäß zu bescheinigen, dass die Gesellschaft über Nettovermögenswerte mindestens in Höhe ihres Kapitals zuzüglich der kraft Gesetzes oder Statut nicht ausschüttungsfähigen Rücklagen verfügt.

(7) Die Hauptversammlung der betreffenden Gesellschaft stimmt dem Umwandlungsplan zu und genehmigt die Satzung der SE. Die Beschlussfassung der Hauptversammlung erfolgt nach Maßgabe der einzelstaatlichen Durchführungsbestimmungen zu Artikel 7 der Richtlinie 78/855/EWG.

(8) Ein Mitgliedstaat kann die Umwandlung davon abhängig machen, dass das Organ der umzuwandelnden Gesellschaft, in dem die Mitbestimmung der Arbeitnehmer vorgesehen ist, der Umwandlung mit qualifizierter Mehrheit oder einstimmig zustimmt.

(9) Die zum Zeitpunkt der Eintragung aufgrund der einzelstaatlichen Rechtsvorschriften und Gepflogenheiten sowie aufgrund individueller Arbeitsverträge oder Arbeitsverhältnisse bestehenden Rechte und Pflichten der umzuwandelnden Gesell-

---

1 Zweite Richtlinie 77/91/EWG des Rates vom 13. Dezember 1976 zur Koordinierung der Schutzbestimmungen, die in den Mitgliedstaaten den Gesellschaften im Sinne des Artikels 58 Absatz 2 des Vertrages im Interesse der Gesellschafter sowie Dritter für die Gründung der Aktiengesellschaft sowie für die Erhaltung und Änderung ihres Kapitals vorgeschrieben sind, um diese Bestimmungen gleichwertig zu gestalten (ABl.EG Nr. L 26 vom 31.1.1977, S. 1); zuletzt geändert durch die Beitrittsakte von 1994.

schaft hinsichtlich der Beschäftigungsbedingungen gehen mit der Eintragung der SE auf diese über.

Literatur: *Blanquet*, Das Statut der Europäischen Aktiengesellschaft (Societas Europaea „SE"). Ein Gemeinschaftsinstrument für die grenzübergreifende Zusammenarbeit im Dienste der Unternehmen, ZGR 2002, 20; *Brandt*, Überlegungen zu einem SE-Ausführungsgesetz, NZG 2002, 991; *Bungert/Beier*, Die Europäische Aktiengesellschaft, EWS 2002, 1; *Heckschen*, Die Europäische AG aus notarieller Sicht, DNotZ 2003, 251; *Heinze*, Ein neuer Lösungsweg für die Europäische Aktiengesellschaft, AG 1997, 289; *Hoffmann*, Die Bildung der Aventis S.A. – ein Lehrstück des europäischen Gesellschaftsrechts, NZG 1999, 1077; *Hoffmann*, Einige Bemerkungen zur Organisationsverfassung der Europäischen Aktiengesellschaft, AG 2001, 279; *Hoffmann*, Gesellschaftsrechtliche Fragen im Entwurf eines SE-Statuts, AG 1990, 422; *Hommelhoff/Teichmann*, Die Europäische Aktiengesellschaft – Das Flaggschiff läuft vom Stapel, SZW 2002, 1; *Kalss*, Der Minderheitenschutz bei Gründung und Sitzverlegung der SE nach dem Diskussionsentwurf, ZGR 2003, 593; *Kübler*, Leitungsstrukturen der Aktiengesellschaft und die Umsetzung des SE-Statuts, ZHR 167 (2003), 222; *Lange*, Überlegungen zur Umwandlung einer deutschen in eine Europäische Aktiengesellschaft, EuZW 2003, 301; *Pluskat*, Die Arbeitnehmerbeteiligung in der geplanten Europäischen AG, DStR 2001, 1483; *Sanna*, Societas Europaea (SE) – Die Europäische Aktiengesellschaft, ELR 2002, 2; *C. Schäfer*, Das Gesellschaftsrecht (weiter) auf dem Weg nach Europa – am Beispiel der SE-Gründung, NZG 2004, 785; *Schulz/Geismar*, Die Europäische Aktiengesellschaft – Eine kritische Bestandsaufnahme, DStR 2001, 1078; *Teichmann*, ECLR, Minderheitenschutz bei Gründung und Sitzverlegung der SE, ZGR 2003, 367; *Teichmann*, ECLR, Die Einführung der Europäischen Aktiengesellschaft, ZGR 2002, 383; *Seibt*, Arbeitnehmerlose Societas Europaea, ZIP 2005, 2248; *Seibt*, Privatautonome Mitbestimmungsvereinbarungen: Rechtliche Grundlagen und Praxishinweise, AG 2005, 413; *Seibt/Reinhard*, Umwandlung der Aktiengesellschaft in die Europäische Gesellschaft, Der Konzern 2005, 407; *Seibt/Saame*, Die Societas Europaea (SE) deutschen Rechts: Anwendungsfelder und Beratungshinweise, AnwBl 2005, 225; *Thoma/Leuering*, Die Europäische Aktiengesellschaft – Societas Europaea, NJW 2002, 1449; *Trojahn-Limmer*, Die geänderten Vorschläge für ein Statut der Europäischen Aktiengesellschaft (SE), RIW 1991, 1010; *Vossius*, Gründung und Umwandlung der deutschen Europäischen Gesellschaft (SE), ZIP 2005, 741; *Wollburg/Banerjea*, Die Reichweite der Mitbestimmung in der Europäischen Gesellschaft. Die SE als alternative neue Rechtsform für grenzüberschreitende Zusammenschlüsse und für grenzüberschreitend tätige deutsche Konzerne, ZIP 2005, 277.

I. Grundlegungen

1. Formwechsel als zulässige Gründungsvariante (Überblick)

Art. 37 gestattet die Gründung einer SE auch durch „Umwandlung" einer Aktiengesellschaft (Rz. 8) mit Sitz und Verwaltung in einem Mitgliedstaat (Rz. 11), sofern sie seit mindestens zwei Jahre eine dem Recht eines anderen Mitgliedstaats unterliegende Tochtergesellschaft hat (Rz. 14). Diese Gründungsform wurde erstmals in den Verordnungsvorschlag von 1991 eingeführt[2], nachdem zuvor die Europäische Kommission wegen einer befürchteten „Flucht aus der Mitbestimmung" hierauf verzichten wollte[3]. Gewisse Sicherungsbestimmungen gegen die Absenkung des Mitbestimmungsniveaus finden sich (1) im Sitzverlegungsverbot nach Art. 37 Abs. 3, (2) in der Ermächtigungsklausel des Art. 37 Abs. 8, derzufolge die Mitgliedstaaten mitbestimmten Verwaltungsorganen ein „Vetorecht" gegen den Formwechsel zubilligen können, (3) in der Regelung des Art. 37 Abs. 9 zum Übergang bestimmter arbeitsrechtlicher Verhältnisse (Rz. 84) und (4) in Art. 4 Abs. 4 SE-RL, der ein (begrenztes) Veränderungsverbot für das vor den Formwechsel geltende Mitbestimmungssystem regelt (Rz. 84).   1

Voraussetzungen und Verfahren des Formwechsels werden durch die Art. 2 Abs. 4, Art. 37 geregelt; ergänzend gelten nach Art. 1 Abs. 4 die Bestimmungen der SE-RL bzw. des diese umsetzenden SEBG sowie aufgrund von Art. 15 Abs. 1 die für den Formwechsel von Aktiengesellschaften geltenden Bestimmungen des nationalen   2

---

2 Art. 37a Geänderter Vorschlag für eine Verordnung (EWG) über das Statut der Europäischen Aktiengesellschaft vom 16. Mai 1991, ABl.EG Nr. C 176 v. 8.7.1991, S. 1 ff. = BT-Drucks. 12/1004 v. 30.7.1991, S. 1 ff.

3 Vgl. den Abschlussbericht der Sachverständigengruppe „European Systems of Worker Involvement" (Davignon-Bericht), 1997, Rz. 33 ff.; hierzu *Heinze*, AG 1997, 289, 293. Vgl. auch Begründung zu Art. 37a VO-Vorschlag von 1991, S. 6: „*Auf Wunsch des Europäischen Parlaments und des Wirtschafts- und Sozialausschusses hat die Kommission als weitere Form der Gründung einer SE die Umwandlung einer Aktiengesellschaft nationalen Rechts vorgesehen.*"

Rechts (also in Deutschland die §§ 190 ff., 226 f., 238 ff. UmwG sowie über § 197 UmwG die §§ 23 ff. AktG)[4]. Hierbei kommt deutsches Recht nach Art. 15 Abs. 1 immer dann zur Anwendung, wenn die aus dem Formwechsel hervorgehende SE ihren Sitz in Deutschland haben soll. Da der Sitz der Gesellschaft anlässlich der Umwandlung gemäß Art. 37 Abs. 3 nicht in einen anderen Mitgliedstaat verlegt werden darf, ist auf den Formwechsel einer deutschen AG stets deutsches (Umwandlungs-)Recht anzuwenden[5].

2. Rechtsnatur des Formwechsels (Art. 37 Abs. 2)

3 Die „Umwandlung" der AG in eine SE hat nach Art. 37 Abs. 2 weder die Auflösung der bestehenden noch die Gründung einer neuen Gesellschaft zur Folge, sondern die Gesellschaft wechselt lediglich ihre Rechtsform von derjenigen einer Aktiengesellschaft in diejenige einer SE desselben nationalen Rechts[6]. Bei der „Umwandlung" i.S.v. § 37 handelt es sich somit um einen Formwechsel deutschrechtlicher Begriffsprägung (vgl. §§ 190 ff. UmwG), der weder die Identität des formwechselnden Rechtsträgers berührt noch zu einem Vermögensübergang führt (sog. **Identitätsprinzip**, vgl. § 202 Abs. 1 Nr. 1 UmwG). Er löst daher weder Ertrag- noch Verkehrssteuern aus. Näheres unter Rz. 82 ff.

3. Sitzverlegungsverbot (Art. 37 Abs. 3)

4 Art. 37 Abs. 3 bestimmt, dass der Sitz der Gesellschaft „anlässlich der Umwandlung" nicht in einen anderen Mitgliedstaat verlegt werden darf. Eine Aktiengesellschaft deutschen Rechts kann also unmittelbar nur in eine SE deutschrechtlicher Prägung formgewechselt werden. Dieses Sitzverlegungsverbot will einer Flucht aus Mitbestimmung und nationalem Steuerrecht vorbeugen[7]. Nicht berührt vom Sitzverlegungsverbot ist die Sitzverlegung der formwechselnden AG innerhalb Deutschlands sowie die Sitzverlegung einer bereits durch Formwechsel entstandenen SE in einen anderen Mitgliedstaat nach Art. 8. Schließlich steht dem Sitzverlegungsverbot nach Art. 37 Abs. 3 nicht entgegen, wenn die Hauptversammlung der formwechselnden AG nicht nur den Formwechsel nach Art. 37 Abs. 7 beschließt, sondern in der gleichen Hauptversammlung auch, dass der Sitz des Unternehmens in einen anderen Mitgliedstaat unter Beachtung des Verfahrens nach Art. 8 verlegt wird, allerdings aufschiebend bedingt durch die Eintragung des Formwechsels im Handelsregister.

4. Praktische Relevanz des Formwechsels als Gründungsform

5 Die mit dem Formwechsel einer AG in die Rechtsform der SE verfolgten Ziele sind namentlich (1) die **Umsetzung vielgestaltiger Corporate Governance-Modelle** insbesondere aufgrund der durch Art. 38 eröffneten freien Wahl zwischen dem dualistischen Verwaltungssystem mit einem Leitungs- und einem Aufsichtsorgan und dem

---

4 Hierzu *Schäfer* in MünchKomm. AktG, Art. 37 SE-VO Rz. 4.
5 Nach dem klaren Wortlaut des Art. 15 Abs. 1 kommt es nicht auf das Recht an, dem die umzuwandelnde Gesellschaft unterliegt. Sofern es das Recht eines anderen Mitgliedstaats gestattet, eine Aktiengesellschaft mit satzungsmäßigem Sitz in Deutschland zu gründen oder den Sitz dorthin zu verlegen, könnte es also zu der Situation kommen, dass eine ausländische Gesellschaft nach den Vorschriften des UmwG in eine SE umzuwandeln wäre.
6 *Jannott* in Jannott/Frodermann, Handbuch Europäische Aktiengesellschaft, Rz. 3–231; *Schäfer* in MünchKomm. AktG, Art. 37 SE-VO Rz. 2; *Schwarz*, Art. 37 Rz. 5; *Kalss* in Kalss/Hügel, Vor § 29 SEG Rz. 1; *Schulz/Geismar*, DStR 2001, 1078, 1081; *Schindler*, Europäische Aktiengesellschaft, S. 38; *Thoma/Leuering*, NJW 2002, 1449, 1452.
7 *Schäfer* in MünchKomm. AktG, Art. 37 SE-VO Rz. 3; *Scheifele*, Gründung, S. 400; *Blanquet*, ZGR 2002, 20, 46; *Kübler*, ZHR 167 (2003), 222, 226; *Kalss* in Kalss/Hügel, Vor § 29 SEG Rz. 10.

monistischen Verwaltungssystem mit einem einheitlichen Verwaltungsorgan (*Board*-Strukturen)[8], (2) die **Bildung einer europäischen Organisationsstruktur** z.B. durch einen einheitlichen Außenauftritt in verschiedenen EU-Mitgliedsstaaten sowie eine einheitliche Unternehmensbinnenstruktur und (3) die **Entwicklung einer europäischen Unternehmenskultur** (Europäische Corporate Identity)[9]. Da anders als beispielsweise im Fall einer Gründung durch Verschmelzung nur die Vorschriften einer Rechtsordnung zu beachten sind, kommt dem Gründungsweg durch Formwechsel in der Praxis eine herausragende Bedeutung zu[10], wie auch die ersten Beratungsmandate und SE-Gründungen in mehreren EU-Rechtsordnungen bestätigen. Allerdings stehen auch alternative Gründungsstrukturen zur Verfügung, die im wirtschaftlichen Ergebnis einem Formwechsel der AG in die Rechtsform der SE gleich oder jedenfalls nahe kommen, ohne dass hierbei allerdings die Mitbestimmungsbeibehaltungsregelungen nach Art. 4 Abs. 4 SE-RL und § 21 Abs. 6 SEBG beachtet werden müssen. Hierzu gehört vor allem die **Errichtung einer Vorrats-SE**, die Vermögensgegenstände einer bzw. die Anteile an einer Zielgesellschaft erwirbt[11], wobei ggf. in einem weiteren Schritt die Zielgesellschaft auf die Vorrats-SE verschmolzen werden kann. Solche Alternativstrukturen, insbesondere aber die Errichtung von Vorrats-SE, unterliegen keinen rechtlichen Bedenken und sind insbesondere nicht rechtsmissbräuchlich[12].

II. Voraussetzungen des Formwechsels in eine SE

Art. 2 Abs. 4 knüpft die Gründung einer SE durch Formwechsel an die folgenden drei Voraussetzungen: *Erstens* muss die formwechselnde Gesellschaft eine AG sein, die nach dem Recht eines Mitgliedstaates gegründet worden ist und ihren Sitz sowie ihre Hauptverwaltung in der Gemeinschaft hat (Rz. 11). Diese AG muss *zweitens* eine dem Recht eines anderen Mitgliedstaats unterliegende Tochtergesellschaft haben (Rz. 14), und dies *drittens* seit mindestens zwei Jahren (Rz. 18). Darüber hinaus stellen Art. 4 Abs. 2, Art. 37 Abs. 6 Mindestanforderungen an die Kapitalausstattung der SE (Rz. 23).   6

An diesen Gründungsvoraussetzungen wird die Errichtung einer SE durch Formwechsel *in praxi* selten scheitern. Sollte eine formwechselnde Gesellschaft die Umwandlungsvoraussetzungen im Einzelfall (noch) nicht erfüllen, lässt sich die gewünschte Errichtung der SE z.B. dadurch dennoch herbeiführen, dass die Gesellschaft mit einer (neugegründeten oder erworbenen) ausländischen Tochtergesellschaft gem. Art. 2 Abs. 1 zu einer SE verschmolzen wird. Art. 66 Abs. 1 Satz 2 steht dem nicht entgegen, da diese Vorschrift lediglich die Gestaltung ausschließt, eine SE innerhalb der ersten zwei Jahre ihrer Existenz in eine AG (rück-)umzuwandeln. Die Verschmelzung einer SE auf eine AG wird von dieser Regelung nicht erfasst und folglich auch nicht beschränkt[13].   7

---

8 Hierzu und den Gestaltungsmöglichkeiten *Seibt* in Lutter/Hommelhoff, Europäische Gesellschaft, S. 67, 72 ff.

9 Hierzu z.B. *Wenz*, AG 2003, 185, 196.

10 *Seibt/Reinhard*, Der Konzern 2005, 407, 408; *Hommelhoff*, AG 2001, 279, 280; *Hommelhoff/Teichmann*, SZW 2002, 1, 2; *Hoffmann*, NZG 1999, 1077, 1083; *Blanquet*, ZGR 2002, 20, 46; *Scheifele*, Gründung, S. 397.

11 Zu solchen Fallgestaltungen *Seibt* in Willemsen/Hohenstatt/Schweibert/Seibt, Umstrukturierung und Übertragung von Unternehmen, 3. Aufl. 2007, F 137a–137i; *Wollburg/Banerjea*, ZIP 2005, 277, 280 ff.

12 Hierzu ausführlich *Seibt*, ZIP 2005, 2248, 2249 f. m.w.N.; vgl. auch AG Hamburg v. 28.6.2005 – 66 AR 76/05 und LG Hamburg v. 30.9.2005 – 417 T 15/05, ZIP 2005, 2017 – „Zoll Pool Hafen Hamburg"; a.A. *Blanke*, AG 2006, 789 ff.

13 Insofern gilt Art. 10 i.V.m. §§ 2 ff. UmwG.

1. Aktiengesellschaft als Ausgangsrechtsform

a) Aktiengesellschaft

8   Während bei anderen Gründungsformen einer SE auch Unternehmen anderer Rechtsform beteiligt sein können (bei der Gründung einer Holding-SE auch eine GmbH, bei der Gründung einer Tochter-SE auch alle übrigen Kapital- und Personengesellschaften[14], Art. 2 Abs. 2 und 3), steht die Gründung einer SE im Wege des Formwechsels nur für Aktiengesellschaften (einschliesslich der REIT-AG) offen. Trotz weitreichender Identität des nationalen Normenbestands bei AG und KGaA (vgl. § 278 AktG, § 250 UmwG) können Kommanditgesellschaften auf Aktien nicht in eine SE umgewandelt werden. Die SE-VO definiert nämlich die Rechtform „Aktiengesellschaft" länderspezifisch in ihrem Anhang I, der für Deutschland nur die AG aufführt; dieses Begriffsverständnis liegt trotz fehlendem Verweis auch Art. 2 Abs. 4 zugrunde[15].

9   Ein objektiver Vorzug der Beschränkung zeigt sich in dem vergleichsweise **geringen Regelungsbedarf** für den Formwechsel einer AG in eine SE. Denn abgesehen von einzelnen, SE-spezifischen Vorschriften ist die SE wie eine AG zu behandeln, vgl. Art. 5 und 10. Entsprechend knapp fällt der Abschnitt über die Gründung einer SE durch Formwechsel (Art. 37) gegenüber den Regelungen beispielsweise zur Gründung einer SE durch Verschmelzung (Art. 17 bis 31) aus[16].

b) Keine bestimmten Substanzvoraussetzungen

10   Die AG muss nicht notwendig operativ tätig sein oder Arbeitnehmer beschäftigen. Auch eine Holdinggesellschaft ohne eigene Arbeitnehmer kann sich in eine SE umwandeln[17]. Die Aktionäre der AG können auch bereits deren Liquidation beschlossen haben. Die AG ist in diesem Fall solange umwandlungsfähig, wie noch die Fortsetzung der Gesellschaft als AG beschlossen werden kann, d.h. noch nicht die Verteilung des Vermögens unter die Aktionäre begonnen hat, Art. 15 Abs. 1 i.V.m. §§ 191 Abs. 3 UmwG, 274 AktG[18].

c) Sitz und Hauptverwaltung in EU/EWR

11   Die AG muss Sitz und Hauptverwaltung in der Gemeinschaft[19] haben. Der Sitz einer deutschen AG liegt zwingend im Inland[20]. Gleiches dürfte nach (noch) herrschender Auffassung für die Hauptverwaltung einer AG gelten[21]. Aber auch dann, wenn Sitz-

---

14   Vgl. Art. 48 Abs. 2 des Vertrags zur Gründung der Europäischen Gemeinschaft, auf den Art. 2 Abs. 3 verweist.

15   So auch *Scheifele*, Gründung, S. 78; *Schröder* in Manz/Mayer/Schröder, Art. 37 SE-VO Rz. 1.

16   *Kalss*, ZGR 2003, 593, 613 mit Hinweis auf die relativ späte Aufnahme in die SE-VO.

17   *Seibt*, ZIP 2005, 2248, 2250; *Kallmeyer*, AG 2003, 197, 199; *Scheifele*, Gründung, S. 78.

18   Ausführlich hierzu *Scheifele*, Gründung, S. 80 ff.

19   Aufgrund des Beschlusses Nr. 93/2002 des Gemeinsamen EWR-Ausschusses vom 25.6.2002 ist die SE-VO auch in den Staaten des Europäischen Wirtschaftsraums anzuwenden, also neben den EU-Mitgliedstaaten im Verhältnis zu Island, Norwegen und Liechtenstein. Sofern die SE–VO auf die „Gemeinschaft" oder „Mitgliedstaaten" verweist, sind diese Länder also eingeschlossen.

20   Statt aller BGH v. 19.2.1959 – II ZR 22/58, BGHZ 29, 320, 328; *Heider* in MünchKomm. AktG, § 5 Rz. 25; *Hüffer*, § 5 Rz. 5.

21   Vgl. *Heider* in MünchKomm. AktG, § 5 Rz. 20, die bislang herrschende Sitztheorie reflektierend. Aufgrund der EuGH-Entscheidungen „Überseering" (EuGH v. 5.11.2002 – Rs. C-208/00, NJW 2002, 3614) und „Inspire Art" (EuGH v. 30.9.2003 – Rs. C-167/01, NJW 2003, 3331) ist die Sitztheorie im Verhältnis zu EU-Staaten nicht mehr uneingeschränkt anwendbar (aus der umfangreichen Literatur z.B. *Horn*, NJW 2004, 893 ff.). Die jüngeren EuGH-Entscheidungen betrafen aber stets den „Import" von Gesellschaften, also die Anerkennung ausländischer Gesellschaften im Inland. Der umgekehrte Fall ist seit der „Daily Mail"-Entscheidung (EuGH v.

staat und Staat der Hauptverwaltung auseinanderfallen können (wie gegenwärtig beispielsweise bei der englischen *company limited by shares* oder demnächst möglicherweise auch bei der deutschen AG), ist eine solche Spaltung bei der SE nicht zulässig, weil Art. 7 vorschreibt, dass Sitz und Hauptverwaltung einer SE in demselben Mitgliedsstaat liegen.

Für eine SE mit Sitz im Inland verlangt § 2 SEAG sogar, dass sich Satzungssitz und   12
Hauptverwaltung **an demselben Ort** befinden[22].

Fallen Satzungs- und Verwaltungssitz bei der formwechselnden AG auseinander,   13
müssen sie im Zuge des Formwechsels also zusammengeführt werden. Dabei ist indes Art. 37 Abs. 3 zu beachten, demzufolge **untersagt ist, den Sitz** der Gesellschaft anlässlich des Formwechsels **grenzüberschreitend zu verlegen**.

2. Tochtergesellschaft in einem anderen Mitgliedstaat

Weiterhin muss nach Art. 2 Abs. 4 die formwechselnde AG eine dem Recht eines an-   14
deren Mitgliedstaats unterliegende Tochtergesellschaft halten. Der Begriff der Tochtergesellschaft wird zwar von der SE–VO nicht näher definiert, eine **Definition** findet sich aber – beschränkt auf den direkten Anwendungsbereich der SE-RL – **in Art. 2 lit. c SE–RL**. Da keinerlei Anhaltspunkte dafür bestehen, dass die gleichzeitig mit der SE–RL verabschiedete SE–VO – nach Erwägungsgrund 19 der SE-VO bilden SE-VO und SE-RL eine untrennbare Einheit – den Begriff der Tochtergesellschaft in einer abweichenden Bedeutung verwenden will, ist auch für die Konturierung von Art. 2 Abs. 4 auf die Legaldefinition in Art. 2 lit. c SE-RL zurückzugreifen[23].

Demnach ist eine Tochtergesellschaft ein Unternehmen, auf das die AG einen **be-**   15
herrschenden Einfluss im Sinne des Art. 3 Abs. 2–7 der Richtlinie zum Europäischen Betriebsrat[24] ausübt[25]. Ein beherrschender Einfluss ist zu vermuten, wenn die AG direkt oder indirekt die Mehrheit des gezeichneten Kapitals dieses Unternehmens besitzt, über die Mehrheit der mit den Anteilen an dem Unternehmen verbundenen Stimmrechte verfügt oder mehr als die Hälfte der Mitglieder des Verwaltungs-, Leitungs- oder Aufsichtsorgans des Unternehmens bestellen kann (Art. 3 Abs. 2 lit. a bis c EBR-RL, in Deutschland umgesetzt durch § 6 Abs. 2 Nr. 1 bis 3 EBRG)[26]. Tochtergesellschaft im Sinne der SE-VO kann daher auch eine (Ur-) Enkelgesellschaft sein.

27.9.1988 – Rs. 81/87, NJW 1989, 2186) nicht erneut vom EuGH entschieden worden. Damals sah der EuGH die Mitgliedstaaten nicht verpflichtet, den nach ihrem Recht gegründeten Gesellschaften die Möglichkeit zu eröffnen, ihren Sitz ohne Verlust ihrer Rechtspersönlichkeit oder ihrer Eigenschaft als Gesellschaft eben dieser Rechtsordnung in einen anderen Mitgliedstaat zu verlegen.

22 § 5 Abs. 2 AktG, der insofern eine gewisse Wahlfreiheit eröffnet, gilt also nicht für die SE.

23 Ebenso *Jannott* in Jannott/Frodermann, Handbuch Europäische Aktiengesellschaft, 2005, Rz. 3–23 i.V.m. Rz. 3–13; ähnlich *Neun* in Theisen/Wenz, Europäische Aktiengesellschaft, S. 68; zurückhaltender *Scheifele*, Gründung, S. 121 f.; *Vossius*, ZIP 2005, 741, 745 Fn. 41.

24 Richtlinie 94/45/EG des Rates vom 22. September 1994 über die Einsetzung eines Europäischen Betriebsrats oder die Schaffung eines Verfahrens zur Unterrichtung und Anhörung der Arbeitnehmer in gemeinschaftsweit operierenden Unternehmen und Unternehmensgruppen („EBR-RL", ABl.EG Nr. L 254 v. 30.9.1994, S. 64 ff.

25 *Vossius*, ZIP 2005, 741, 745 Fn. 41 fasst den Begriff der Tochtergesellschaft weiter: Eine Tochtergesellschaft i.S.d. SE-VO müsse nicht unbedingt beherrscht sein. Vossius lässt allerdings offen, welche Mindestanforderungen stattdessen an eine Tochtergesellschaft zu stellen sein sollen.

26 Zu Einzelheiten *Giesen* in Henssler/Willemsen/Kalb, Arbeitsrecht Kommentar, 2. Aufl. 2006, EBRG Rz. 7.

16   Der EBR-RL liegt ein weiter, **rechtsformneutraler Unternehmensbegriff** zugrunde, der jede organisatorische Einheit umfasst, die wirtschaftliche Tätigkeiten ausübt[27] und am Rechtsverkehr teilnimmt bzw. solche Tätigkeiten vorbereitet (z.B. Vorratsgesellschaften mit konkret bevorstehender Tätigkeitsaufnahme). Reine Innengesellschaften scheiden daher aus, nicht jedoch (bloße) Vermögensverwaltungsgesellschaften. Die Tochtergesellschaft kann selbstverständlich auch eine SE sein. Eine bloße Zweigniederlassung in einem anderen Mitgliedsstaat genügt dagegen nicht[28].

17   Art. 2 Abs. 4 stellt absichtsvoll **keine sachlichen oder qualitativen Erfordernisse** für die Eigenschaft als Tochtergesellschaft auf, insbesondere keine Mindestgrößen für Umsatz, Bilanzsumme oder Beschäftigte[29]. Allerdings erfüllt eine in Liquidation befindliche Gesellschaft, deren Unternehmensgegenstand ja durch den Liquidationsbeschluss von einer werbenden Aktivität in denjenigen einer bloßen Abwicklungsgesellschaft geändert ist, nicht das Erfordernis einer Tochtergesellschaft. Teleologisch wird dieses Ergebnis dadurch gestützt, dass das Tochtergesellschaft-Erfordernis den aktuellen Gemeinschaftsbezug der formwechselnden Gesellschaft untermauern soll, der ihr den Zugang zu dieser genuin europäischen Rechtsform öffnet und eine Liquidation der Auslandstochter den Rückzug ins Inland dokumentiert[30].

3. Zwei-Jahres-Frist

18   Schließlich stellt Art. 2 Abs. 4 ein Fristerfordernis in der Weise auf, dass die formwechselnde AG die dem Recht eines anderen Mitgliedstaats unterliegende Tochtergesellschaft seit mindestens zwei Jahren haben muss. Diese Fristbestimmung soll vermeiden, dass der Gemeinschaftsbezug *ad hoc* und nur mit dem Ziel einer Umwandlung in die SE hergestellt wird[31]. Dabei kommt es für die Zwei-Jahres-Frist nicht auf die Dauer der EU-Mitgliedschaft des betreffenden Sitzstaates an, sondern es ist ausreichend, dass der Sitzstaat zum Zeitpunkt der Eintragung der SE der EU beigetreten ist[32].

a) Fristlauf

19   Die Bestimmung des Art. 2 Abs. 4 enthält keine Vorschriften zur Berechnung der Zwei-Jahres-Frist. Nach allgemeinen Regeln ist die Frist auf den Zeitpunkt der Grün-

---

27 *Giesen* in Henssler/Willemsen/Kalb, Arbeitsrecht Kommentar, 2. Aufl. 2006, EBRG Rz. 7; *Blanke/Düwell* in Handkommentar BetrVG, 2. Aufl. 2006, § 2 EBRG Rz. 7; *C. Müller*, EBRG, 1997, § 3 Rz. 1. Im praktischen Ergebnis dürfte sich dieser Unternehmensbegriff mit dem von *Vossius* (ZIP 2005, 741, 745, insbes. Fn. 42) zur Auslegung herangezogenen Art. 48 Abs. 2 EG decken.

28 Insofern stellt Art. 2 Abs. 4 engere Voraussetzungen auf, als für die Gründung einer Holding-SE oder einer Tochter-SE bestehen; vgl. Art. 2 Abs. 2 lit. b und 3 lit. b. Eine bloße Auslandsniederlassung sollte es der formwechselnden AG nach dem Willen des Rates nicht gestatten, sich durch Umwandlung in eine SE dem nationalen Recht (partiell) zu entziehen; *Blanquet*, ZGR 2002, 20, 46; vgl. auch *Hirte*, NZG 2002, 1, 3; *Schwarz*, ZIP 2001, 1847, 1850; *Schröder* in Manz/Mayer/Schröder, Art. 37 SE-VO Rz. 2.

29 Starre Mindestgrößen wären auch kaum mit dem ausdrücklichen Ziel der SE-VO vereinbar, die Rechtsform der SE für kleinere und mittlere Unternehmen zu öffnen, vgl. Erwägungsgrund 13 der SE-VO. Qualitative Kriterien für den Auslandsbezug sind während der Vorarbeiten zur SE-VO wiederholt vorgeschlagen und diskutiert, letztlich aber nicht darin aufgenommen worden; hierzu ausführlich *Scheifele*, Gründung, S. 106 ff., insbesondere S. 110. Wie hier auch *Marsch-Barner* in Kallmeyer, UmwG, Anhang Rz. 99.

30 Vgl. *Scheifele*, Gründung, S. 106 ff.

31 Zur Sorge des Rates, die SE könne zur Flucht aus dem Aktienrecht missbraucht werden *Blanquet*, ZGR 2002, 20, 46.

32 So auch *Marsch-Barner* in Kallmeyer, UmwG, Anhang Rz. 99; *Vossius*, ZIP 2005, 741, 745 zur Holding-SE.

dung der SE zu beziehen, also auf ihre **Eintragung im Handelsregister** (Art. 15 Abs. 2),
da erst dann die Umwandlung wirksam wird, auf die Art. 2 Abs. 4 abstellt („... *kann
umgewandelt werden, wenn sie seit mindestens zwei Jahren ...* "). Folglich müssen
die zwei Kalenderjahre (nicht Wirtschaftsjahre) weder bei der Aufstellung des Umwandlungsplans (Art. 37 Abs. 4) noch zum Zeitpunkt des Hauptversammlungsbeschlusses über den Formwechsel (Art. 37 Abs. 7)[33] noch bei der Anmeldung der
Umwandlung zum Handelsregister[34] vollendet sein.

b) Kein Mindestbestand der formwechselnden Gesellschaft als Aktiengesellschaft

Der Wortlaut des Art. 2 Abs. 4 („... *wenn sie [die AG] seit mindestens zwei Jahren
...* ") scheint auf den ersten Blick vorauszusetzen, dass die formwechselnde Gesell- **20**
schaft bereits seit zwei Jahren in der Rechtsform der AG besteht. Zwingend ist dieses
Wortlautverständnis allerdings nicht, und teleologische Gründe sprechen gegen eine
solche „AG-Haltefrist". Die Zwei-Jahres-Frist soll lediglich solche Gesellschaften
von der Umwandlung ausschließen, die ihren **Gemeinschaftsbezug** *ad hoc* allein mit
dem Ziel der Gründung einer SE schaffen. Für den Gemeinschaftsbezug ist es aber
unerheblich, wie lange das umzuwandelnde Unternehmen zuvor in der Rechtsform
der AG existierte. Hätte der Verordnungsgeber eine Mindestdauer des unzuwandeln-
den Unternehmens in die Rechtform der AG vor dem Formwechsel in eine SE vorschreiben wollen, hätte er dies ausdrücklich regeln müssen, wie er dies für die Rückumwandlung der SE in eine AG in Art. 66 Abs. 1 Satz 2 getan hat. Art. 2 Abs. 4 ist daher auch dann genügt, wenn das umzuwandelnde Unternehmen jedenfalls zum
Zeitpunkt des Umwandlungsbeschlusses in der Rechtsform der AG betrieben wird,
sofern nur der Unternehmensträger bereits zwei Jahre vor Eintragung der SE bestand[35]; ein Zwischen-Formwechsel in die AG innerhalb der Zwei-Jahres-Frist ist unschädlich.

c) Anforderungen an die Tochtergesellschaft

Die vorstehenden Überlegungen gelten erst recht für die Tochtergesellschaft, deren **21**
Rechtsform die SE-VO nicht spezifiziert. In Anbetracht des *Telos* der Zwei-Jahres-
Frist steht dem Formwechsel also nicht entgegen, wenn die Auslandstochter innerhalb von 24 Monaten ihre Rechtsform gewechselt hat. Ebenso wenig dürfte ein
Wechsel der Rechtsordnung innerhalb der Gemeinschaft schaden, dem die Tochtergesellschaft unterliegt. Für den erforderlichen Gemeinschaftsbezug ist es nämlich unerheblich, mit welcher anderen europäischen Rechtordnung die formwechselnde AG
verbunden ist. Die erforderliche Materialität des Gemeinschaftsbezugs wird demnach im Wesentlichen zeitlich und nicht durch sachliche Parameter (wie Umsatz, Bilanzsumme oder Beschäftigtenzahl) erstrebt. Entsprechend formuliert Art. 2 Abs. 4
auch „... *dem Recht eines Mitgliedstaats ...* ", und eben nicht „... *dem Recht desselben Mitgliedstaats ...* ".

---

33 So ohne Begründung *Neun* in Theisen/Wenz, Europäische Aktiengesellschaft, S. 68. Gegen
diese Ansicht spricht ein Gegenschluss aus Art. 66 Abs. 1 Satz 2 1. Alt., der für die Rückumwandlung der SE in eine AG ausdrücklich auf den Zeitpunkt der Beschlussfassung abstellt.
34 So *Jannott* in Jannott/Frodermann, Handbuch Europäische Aktiengesellschaft, Rz. 3–23 i.V.m.
Rz. 3–12; *Scheifele*, Gründung, S. 125. Diese Ansicht führte zu dem wenig überzeugenden Ergebnis, dass eine verfrühte Anmeldung vom Handelsregister zurückzuweisen und nach Ablauf der Zwei-Jahresfrist vom Vorstand inhaltlich unverändert erneut einzureichen wäre. Wie
hier auch *Marsch-Barner* in Kallmeyer, UmwG, Anhang Rz. 99.
35 Im Ergebnis ebenso *Scheifele*, Gründung, S. 120; *Marsch-Barner* in Kallmeyer, UmwG, Anhang Rz. 99.

22 Das Erfordernis des zweijährigen Gemeinschaftsbezugs einer Tochtergesellschaft ist auch dann erfüllt, wenn die AG ohne zeitliche Unterbrechung über zwei Jahre vor Wirksamwerden der Umwandlung *eine* **EU-Tochtergesellschaft gehalten hat**. Die **Identität** der Tochtergesellschaft ist ebenso wenig wie ihre Rechtsform oder die sie beherrschende Rechtsordnung vorausgesetzt. So sind die Anforderungen des Art. 2 Abs. 4 beispielsweise auch in dem Fall erfüllt, in dem eine AG eine vor drei Jahren vor Wirksamwerden der Umwandlung gegründete französische S.A.R.L. zwei Jahre später veräußert hat, aber vor 18 Monaten eine englische Limited erwarb. Nur eine solche, dynamisch-teleologische Auslegung von Art. 2 Abs. 4 wird den Anforderungen des Wirtschaftslebens ebenso wie dem Ziel der SE-VO gerecht, die Rechtsform der SE einem möglichst breiten Kreis von Unternehmen zugänglich zu machen (Rz. 5).

4. Kapitalausstattung der Gesellschaft

a) Gezeichnetes Kapital

23 Das gezeichnete Kapital der SE muss mindestens 120.000 Euro betragen (Art. 4 Abs. 2). Die Vorschrift über das Mindestkapital differenziert nicht danach, auf welchem Weg eine SE gegründet wurde, und erfasst damit auch den Formwechsel[36]. Ist das Grundkapital der formzuwechselnden AG geringer als 120.000 Euro, muss es vor dem Formwechsel entsprechend erhöht werden[37]. Die **Beschlüsse zur Kapitalerhöhung** und zum Formwechsel können in derselben Hauptversammlung gefasst und gemeinsam zum Handelsregister angemeldet werden[38]. Die Durchführung der Kapitalerhöhung muss aber vor der Entstehung der SE in das Handelsregister eingetragen und damit wirksam geworden sein, d.h. bevor die SE ihrerseits im Handelsregister eingetragen wird (vgl. Art. 16 Abs. 1). Nationale Sonderregelungen über ein erhöhtes Mindestkapital für Gesellschaften bestimmter Wirtschaftszweige bleiben von Art. 4 Abs. 3 ausdrücklich unberührt[39].

b) Nettoreinvermögen

24 Über das Mindest-Nominalkapital nach Art. 4 Abs. 2 hinaus verlangt Art. 37 Abs. 6, dass das Nettoreinvermögen der formwechselnden AG den Betrag des Grundkapitals und der nach Gesetz oder Satzung nicht ausschüttungsfähigen Rücklagen erreicht oder übersteigt[40].

---

36 Aus Sicht des deutschen Rechts ginge eine Differenzierung zwischen Formwechsel und sonstigen Gründungsarten schon wegen Art. 15 Abs. 1 i.V.m. § 243 Abs. 2 UmwG ins Leere.

37 Das Nennkapital der formwechselnden und der formgewechselten Kapitalgesellschaft muss sich ziffernmäßig entsprechen; zum deutschen Recht *Stratz* in Schmitt/Hörtnagl/Stratz, UmwG, § 243 Rz. 6; *Mutter/Arnold* in Semler/Stengel, UmwG, § 243 Rz. 21 f.; *Happ* in Lutter, UmwG, § 243 Rz. 42.

38 Ebenso *Jannott* in Jannott/Frodermann, Handbuch Europäische Aktiengesellschaft, Rz. 3–250.

39 Ein höheres Grundkapital benötigen insbesondere Unternehmensbeteiligungsgesellschaften (1 Mio. Euro gem. § 2 Abs. 4 UBGG) und Schiffspfandbriefbanken (4 Mio. Euro gem. § 2 Abs. 2 Schiffsbankgesetz); weitergehende Eigenkapitalanforderungen finden sich u.a. für Kapitalanlagegesellschaften (730.000 Euro bzw. 2,5 Mio. Euro gem. § 11 Abs. 1 Nr. 1 InvestG; bis zu 10 Mio. Euro gem. § 11 Abs. 1 Nr. 2 InvestG).

40 Die von *Schwarz*, Art. 37 Rz. 41, 45, 77 herausgehobene Tatsache, dass Maßstab der Prüfung das Grundkapital der AG und nicht dasjenige der SE ist, woraus *Schwarz* schlussfolgert, dass Art. 36 Abs. 6 den Zweck einer Vermögensaufstellung gem. § 192 Abs. 2 UmwG erfüllt und daneben gem. Art. 15 Abs. 1 i.V.m. §§ 245, 220 Abs. 1 UmwG das in Art. 36 Abs. 6 nicht normierte Gebot der Reinvermögensdeckung angewandt werden muss, ist ohne Bedeutung, da das Grundkapital der AG demjenigen der SE entspricht (vgl. Fn. 37) und ggf. vor Wirksamwerden des Formwechsels auf 120.000 Euro erhöht werden muss.

Nach deutschem Aktienrecht **nicht ausschüttungsfähig** sind die gesetzliche Rück- 25
lage (§ 150 Abs. 1, 2 AktG) und die Kapitalrücklagen nach § 272 Abs. 2 Nr. 1 bis 3
HGB (§ 150 Abs. 3 und 4 AktG). Damit gewährleistet die SE-VO ein höheres Nettoreinvermögen, als dies beim Formwechsel beispielsweise einer KGaA in eine AG der
Fall ist. Gem. § 245 Abs. 3 Satz 2, § 220 Abs. 1 UmwG ist dort nämlich nur sicherzustellen, dass das nach Abzug der Schulden verbleibende Vermögen (also das Nettoreinvermögen) den Nennbetrag des Grundkapitals der AG übersteigt.

Bei der Bestimmung des Nettoreinvermögens der Gesellschaft könnte auf eine **Be-** 26
wertung einerseits zu Buchwerten (formelles Nettoreinvermögen) und andererseits
zu Zeitwerten (materielles Nettoreinvermögen) abgestellt werden. Die Frage stellt
sich in ähnlicher Weise bei § 220 UmwG (i.V.m. § 245 UmwG)[41], der allerdings nicht
auf europarechtlichen Vorgaben beruht und für die Auslegung des Art. 37 Abs. 6 daher keine autoritativen Hinweise geben kann.

Eine Auslegungshilfe könnte die Zweite Gesellschaftsrechtliche Richtlinie[42] darstel- 27
len, auf die Art. 37 Abs. 6 verweist und in deren Art. 15 Abs. 1 das Nettoaktivver-
mögen ausdrücklich an den (letzten) Jahresabschluss der Gesellschaft und folglich an
Buchwerte anknüpft. Zwar verwendet die deutsche Fassung der Richtlinie nicht den
Begriff Netto*rein*vermögen, sondern spricht von Netto*aktiv*vermögen. Die englische
und die französische Fassung nutzen jedoch jeweils denselben Begriff wie in der SE-
VO („*net assets*" bzw. „*actifs nets*"), was dafür spricht, dass ein unterschiedlicher Be-
deutungsinhalt nicht beabsichtigt ist.

Dennoch vermag dieses Ergebnis **(Buchwertbetrachtung)** aus einer Reihe von Grün- 28
den für die vorliegende Frage **nicht zu überzeugen**: Käme es nämlich lediglich auf die
Buchwerte an, ist nicht recht einsehbar, wieso Art. 37 Abs. 6 externe Gutachter zur
Bestimmung der Nettoreinvermögen beruft (unten Rz. 54 ff.). Das maßgebliche Reinvermögen ließe sich nämlich dann ohne Notwendigkeit unabhängigen Sachverstands
aus der jeweils maßgeblichen (Zwischen-)Bilanz ablesen. Die notwendige Richtigkeitsgewähr wäre mit der Prüfung der Bilanz zu gewährleisten gewesen. Dem Konzept einer Zwischenbilanz ist der Verordnungsgeber in Art. 11 der Dritten Gesellschaftsrechtlichen Richtlinie[43] gefolgt, auf die Art. 37 Abs. 6 ebenfalls verweist. Dass
er in der SE-VO einen anderen Weg gegangen ist, ist ein Indiz dafür, dass hier keine
Buchwerte, sondern Zeitwerte maßgeblich sein sollen. Für eine Bewertung von Vermögen und Schulden zu Zeitwerten spricht ferner das Ziel dieser Prüfung, eine *reale*
Unterlegung des Haftungsfonds der Gesellschaft zu sichern. Ein „Sicherheitspuffer"
für Gläubiger und Aktionäre, den etwaige stille Reserven bei einem Ansatz von
Buchwerten schaffen, wird im Rahmen des Art. 37 Abs. 6 aber bereits durch die Berücksichtigung nicht ausschüttungsfähiger Rücklagen neben dem gezeichneten Kapital gebildet. Schließlich wird auch bei der Gründung beispielsweise einer Tochter-SE
anhand des Zeitwerts einer Sacheinlage geprüft, ob Grundkapital und Agio erbracht
sind (Art. 15 Abs. 1 i.V.m. § 36a AktG).

---

41 Zum Meinungsstand dort *Stratz* in Schmitt/Hörtnagl/Stratz, UmwG, § 220 Rz. 5 ff.; *Schlitt* in
  Semler/Stengel, UmwG, § 220 Rz. 13; *Dirksen* in Kallmeyer, UmwG, § 220 UmwG Rz. 7 f.
  Die heute h.M. stellt auf die Zeitwerte ab.
42 Zweite Richtlinie 77/91/EWG des Rates vom 13. Dezember 1976 zur Koordinierung der
  Schutzbestimmungen, die in den Mitgliedstaaten den Gesellschaften im Sinne des Artikels
  58 Absatz 2 des Vertrages im Interesse der Gesellschafter sowie Dritter für die Gründung der
  Aktiengesellschaft sowie für die Erhaltung und Änderung ihres Kapitals vorgeschrieben sind,
  um diese Bestimmungen gleichwertig zu gestalten, ABl.EG Nr. L 26 v. 31.1.1977, S. 1 ff.
43 Richtlinie 78/855/EWG des Rates vom 9. Oktober 1978 betreffend die Verschmelzung von Aktiengesellschaften, ABl.EG Nr. L 295 v. 20.10.1978, S. 36 ff.

29 Zur Ermittlung des Nettoreinvermögens der Gesellschaft gem. Art. 37 Abs. 6 sind ihre Aktiva und Passiva also mit **Zeitwerten** und nicht zu Buchwerten zu bewerten[44]. Dabei kommt es konsequenterweise nicht auf die Bilanzierungsfähigkeit der Aktiva an, da gerade keine buchmäßige Betrachtung stattfindet, sondern entscheidend ist die Einlagefähigkeit der Vermögensgegenstände[45]. Dienstleistungen scheiden damit aus.

30 Art. 37 Abs. 6 bestimmt keinen exakten **Zeitpunkt für die Bewertung** des Nettoreinvermögens. Nach dem Wortlaut der Verordnung muss sie *„vor der Hauptversammlung"* stattfinden, die über den Formwechsel der AG beschließt. Hieraus lässt sich ableiten, dass die Bewertung so zeitnah vor der Hauptversammlung zu erfolgen hat, dass sie zum Zeitpunkt des Umwandlungsbeschlusses noch aussagekräftig ist[46]. Die Gesellschaft darf die Bewertung aber vor der Einladung zur Hauptversammlung abschließen, beispielsweise um sie ihren Aktionären zur Einsicht zur Verfügung zu stellen, auch wenn dies nicht zwingend erforderlich ist[47]. Es ist daher jedenfalls unschädlich, wenn die Bewertung am Tag der Hauptversammlung bereits älter als einen Monat ist. Der Stichtag des letzten Jahresabschlusses wird demgegenüber nicht stets genügen.

III. Durchführung des Formwechsels

31 Die Umwandlung einer AG in eine SE vollzieht sich in den nachfolgend unter 1. bis 10. dargestellten Schritten[48]:

1. Umwandlungsplan (Art. 37 Abs. 4)

32 Nach Art. 37 Abs. 4 hat der Vorstand der AG zunächst einen Umwandlungsplan zu erstellen.

a) Inhalt des Umwandlungsplans

33 Art. 37 Abs. 4 schreibt für den Umwandlungsplan – anders als Art. 20 Abs. 1 für den Verschmelzungsplan und Art. 32 Abs. 2 Satz 3 für den Gründungsplan – **keinen Mindestinhalt** vor. Hieraus ist indes nicht abzuleiten, dass der EU-Verordnungsgeber den Inhalt des Umwandlungsplans in das völlige Belieben des Vorstands der formwechselnden AG stellen wollte[49]. Ein **Rückgriff auf nationales Umwandlungsrecht**, d.h. für die deutsche AG auf §§ 194 Abs. 1, 243, 218 UmwG, **verbietet sich**[50], da (1) solche

---

44 Im Ergebnis ebenso *Scheifele*, Gründung, S. 414 f.; *Schäfer* in MünchKomm. AktG, Art. 37 SE-VO Rz. 23; *Schwarz*, Art. 37 Rz. 44; *Marsch-Barner* in Kallmeyer, UmwG, Anhang Rz. 101.

45 Vgl. *Seibt/Reinhard*, Der Konzern 2005, 407, 413; *Schäfer* in MünchKomm. AktG, Art. 37 SE-VO Rz. 23; *Scheifele*, Gründung, S. 414 f.; *Schwarz*, Art. 37 Rz. 43; Zur parallelen Wertung bei § 220 UmwG *Stratz* in Schmitt/Hörtnagl/Stratz, UmwG, § 220 Rz. 6; *Schlitt* in Semler/Stengel, UmwG, § 220 Rz. 9.

46 Eine ähnliche Wertung findet sich im nationalen Umwandlungsrecht für die Vermögensaufstellung gem § 192 Abs. 2 UmwG, die mangels europarechtlicher Grundlage für die Auslegung der SE-VO aber nicht ergiebig ist. Sie muss nach h.M. (vgl. *Stratz* in Schmitt/Hörtnagl/Stratz, UmwG, § 192 Rz. 22; *Schlitt* in Semler/Stengel, UmwG, § 220 Rz. 13) in einem engen zeitlichen Zusammenhang zum Umwandlungsbeschluss erstellt worden sein.

47 Zur Vorbereitung der Hauptversammlung, die über die Umwandlung beschließt, s. unten Rz. 59 ff.

48 Hierzu auch in Form einer Checkliste *Seibt/Saame*, AnwBl. 2005, 225, 232.

49 Ebenso *Scheifele*, Gründung, S. 404 f.; *Schwarz*, Art. 37 Rz. 14 f.

50 *Seibt/Reinhard*, Der Konzern 2005, 407, 414; *Schäfer* in MünchKomm. AktG, Art. 37 SE-VO Rz. 10; a.A. *Neun* in Theisen/Wenz, Europäische Aktiengesellschaft, S. 175; *Vossius*, ZIP 2005, 741, 747; *Schröder* in Manz/Mayer/Schröder, Art. 37 Rz. 69 ff.; *Bayer* in Lutter/Hommelhoff, Europäische Gesellschaft, S. 25, 61.

nationalen Vorschriften nicht auf einer europarechtlichen Grundlage beruhen und nicht alle nationalen EU-Rechte Vorschriften zum Rechtsformwechsel kennen und (2) im Hinblick auf Art. 20 nicht anzunehmen ist, dass die SE-VO für diesen Bereich keine Regelung treffen und den Inhalt des Umwandlungsplans in das Belieben der Mitgliedstaaten stellen wollte[51]. Allerdings ergibt sich aus Zweck und Funktion des Umwandlungsplanes nach der Konzeption der SE-VO, nämlich als Dokument umfassender Vorab-Information der Aktionäre in Vorbereitung auf deren Beschlussfassung, dass in diesem sämtliche Informationen enthalten sein müssen, die zur technischen Umsetzung des Formwechsels gehören (z.B. Satzung für die formgewechselte SE) sowie für eine informierte Beschlussfassung der Aktionäre erforderlich sind[52]. Zur Konkretisierung dieser teleologischen Vorgaben bietet der Katalog in Art. 20 Abs. 1 ein gewisses Leitbild[53], unabhängig davon, dass die Verschmelzungsregeln technisch nicht „vor der Klammer" stehen wie die Art. 15 und 16. Bei Berücksichtigung der Wesensunterschiede von Verschmelzung und Formwechsel ergibt sich, dass der Umwandlungsplan zumindest folgende Inhalte enthalten muss[54]:

– die für die SE vorgesehene **Firma** und ihren geplanten **Sitz** (vgl. Art. 20 Abs. 1 lit. a), wobei die Firma den Rechtsformzusatz „SE" enthalten muss (vgl. Art. 11 Abs. 1);

– die Zahl, ggf. der Nennbetrag und die Gattung der **Aktien** an der SE, welche die Aktionäre der AG erhalten sollen (vgl. Art. 20 Abs. 1 lit. b); weicht die Stückelung der Aktien an der SE von derjenigen in der AG ab (was zulässig ist[55]), so sind die entsprechenden Festsetzungen in der Satzung zu treffen (§ 243 Abs. 3 UmwG);

– eine Beschreibung der Rechte, welche die SE den mit **Sonderrechten** ausgestatteten Aktionären der formwechselnden Gesellschaft und den Inhabern anderer Wertpapiere als Aktien gewährt, oder die für diese Personen vorgeschlagenen Maßnahmen (vgl. Art. 20 Abs. 1 lit. f);

– eine Beschreibung jedes **besonderen Vorteils**, der den Sachverständigen, die gem. Art. 37 Abs. 6 das Nettovermögen der AG prüfen, oder den Mitgliedern des Aufsichtsrats oder des Vorstands der AG gewährt wird (vgl. Art. 20 Abs. 1 lit. g);

– **die Satzung** der SE (vgl. Art. 20 Abs. 1 lit. h)[56], wobei über Art. 15 Abs. 1 auf die Satzung § 243 Abs. 1 Sätze 2 und 3 UmwG Anwendung findet, so dass neben den Mindestangaben gem. § 23 AktG auch Festsetzungen über Sondervorteile, Gründungsaufwand, Sacheinlagen und Sachübernahmen, die in der Satzung der AG enthalten sind, in die Satzung der SE zu übernehmen sind, soweit sie nicht nach § 26

---

51 Problematisch ist vor diesem Hintergrund der Regelungsgehalt von § 29 östSEG, der als Mindestinhalt des Umwandlungsplans Angaben verlangt, die nicht im Katalog des Art. 20 Abs. 1 enthalten sind (insb. Zeitplan für die Umwandlung, Folgen für die Beteiligung der Arbeitnehmer, etwaige zum Schutz von Gläubigern und Aktionären vorgesehene Rechte). Kritisch auch *Schäfer* in MünchKomm. AktG, Art. 37 SE-VO Rz. 9.

52 Ähnlich *Schäfer* in MünchKomm. AktG, Art. 37 SE-VO Rz. 9; *Schwarz*, Art. 37 Rz. 16.

53 So bereits *Seibt/Reinhard*, Der Konzern 2005, 407, 414; *Marsch-Barner* in Kallmeyer, UmwG, Anhang Rz. 104; für eine Analogie *Schäfer* in MünchKomm. AktG, Art. 37 SE-VO Rz. 10; *Scheifele*, Gründung, S. 405 f.; *Schwarz*, Art. 37 Rz. 17 ff.; *Schindler*, Europäische Aktiengesellschaft, S. 39.

54 So bereits *Seibt/Reinhard*, Der Konzern 2005, 407, 414; ähnlich *Scheifele*, Gründung, S. 406 f.; *Schäfer* in MünchKomm. AktG, Art. 37 SE-VO Rz. 11; *Schwarz*, Art. 37 Rz. 19 ff.

55 *Schröder* in Manz/Mayer/Schröder, Art. 37 SE-VO Rz. 75.

56 Ebenso *Schäfer* in MünchKomm. AktG, Art. 37 SE-VO Rz. 11; *Scheifele*, Gründung, S. 407; *Schwarz*, Art. 37 Rz. 25; a.A. *Schröder* in Manz/Mayer/Schröder, Art. 37 SE-VO Rz. 19 und *Jannott* in Jannott/Frodermann, Handbuch Europäische Aktiengesellschaft, Rz. 3–234, der aus der Nennung der Satzung als Beschlussgegenstand in Art. 37 Abs. 7 schließt, dass die Satzung nicht Bestandteil des Umwandlungsplans sei. Die gesonderte Erwähnung der Satzung in Art. 37 Abs. 7 dient aber bloß der Klarstellung.

Abs. 4 und 5 AktG geändert oder beseitigt werden können[57]. Entsprechend der zutreffenden Auffassung zum deutschen Umwandlungsrecht findet § 27 AktG nicht in der Weise Anwendung, dass (auch) in der Satzung offengelegt werden muss, dass das Grundkapital der SE durch Formwechsel erbracht wird[58]; allerdings sollte wegen Fehlens gerichtlicher Entscheidungen zu dieser Frage aus Gründen der Vorsicht eine solche Bestimmung aufgenommen werden, die keine Auflistung der einzelnen Vermögensgegenstände enthält und wie folgt lauten könnte: „Das Grundkapital wird durch Formwechsel der A-AG mit Sitz in B-Stadt erbracht." Die Gestaltungsmöglichkeiten für die Satzung der SE sind ansonsten deutlich weiter als bei der AG[59].

34   Nicht erforderlich sind Angaben entsprechend Art. 20 Abs. 1 lit c (Einzelheiten der Übertragung der SE-Aktien), entsprechend Art. 20 Abs. 1 lit. d (Zeitpunkt der Gewinnberechtigung) sowie entsprechend Art. 20 Abs. 1 lit. e (Verschmelzungsstichtag), da sie mit dem den Formwechsel prägenden Identitätsprinzip kollidieren[60]. Auch Angaben zu dem Verfahren zur Beteiligung der Arbeitnehmer gemäß SEBG, die von Art. 20 Abs. 1 lit. i verlangt werden, sind im Umwandlungsplan entbehrlich[61]. Denn Art. 37 Abs. 4 sieht statt dessen zur Information der Arbeitnehmer die Aufstellung eines Umwandlungsberichts vor (Rz. 41). In der Praxis finden sich allerdings auch im Umwandlungsplan solche Angaben[62]. Wegen der noch bestehenden Rechtsunsicherheiten über die Fragen des Mindestinhalts des Umwandlungsplans sollte dieser mit dem zuständigen Handelsregister abgestimmt werden.

35   Allerdings kann der Umwandlungsplan über den Mindestinhalt hinausgehende, **fakultative Angaben** enthalten[63], beispielsweise ein Abfindungsangebot an widersprechende Aktionäre (vgl. § 194 Abs. 1 Nr. 6 UmwG), Angaben zu dem Verfahren zur Beteiligung der Arbeitnehmer (Rz. 49 ff.) oder die Bestellung eines Abschlussprüfers.

b) Form des Umwandlungsplans

36   Wenngleich Art. 37 Abs. 4 keine Vorgabe zur Form des Umwandlungsplans enthält, wird teilweise – unter Analogiebildung zur Beurkundungsbedürftigkeit eines Spaltungsplans – das **Erfordernis einer notariellen Beurkundung** mit der Begründung vertreten, dass hierdurch eine materielle Richtigkeitsgewähr und die Belehrung der Beteiligten erreicht werden können[64]. Diese Analogiebildung **überzeugt** indes **nicht**, da

---

57 So auch *Schäfer* in MünchKomm. AktG, Art. 37 SE-VO Rz. 13; *Scheifele*, Gründung, S. 425 f.

58 Offen *Schäfer* in MünchKomm. AktG, Art. 37 SE-VO Rz. 13; a.A. *Schwarz*, Art. 37 Rz. 71; zur Unanwendbarkeit des § 27 AktG im Rahmen des nationalen Formwechsels *Happ* in Lutter, UmwG, § 245 Rz. 28; *Priester*, AG 1986, 29, 32; dagegen *Rieger* in Widmann/Mayer, § 197 UmwG Rz. 146.

59 Hierzu ausführlich *Seibt* in Lutter/Hommelhoff, Europäische Gesellschaft, S. 67 ff.; *Seibt*, AG 2005, 413, 422 ff.

60 So zu Art. 20 Abs. 2 lit. d und e auch *Schäfer* in MünchKomm. AktG, Art. 37 SE-VO Rz. 11.

61 Vgl. *Seibt/Reinhard*, Der Konzern 2005, 407, 414; a.A. *Schäfer* in MünchKomm. AktG, Art. 37 Rz. 11; *Scheifele*, Gründung, S. 408; *Schröder* in Manz/Mayer/Schröder, Art. 37 SE-VO Rz. 19; *Schwarz*, Art. 37 Rz. 27; *Marsch-Barner* in Kallmeyer, UmwG, Anhang Rz. 104.

62 Z.B. Umwandlungsplan der BASF AG v. 27.2.2007; Umwandlungsplan der Dr. Ing. h.c. F. Porsche AG v. 27.4.2007; Umwandlungsplan der Fresenius AG v. 10.10.2006; Umwandlungsplan der Mensch und Maschine Software AG v. 10.4.2006.

63 So auch *Schäfer* in MünchKomm. AktG, Art. 37 SE-VO Rz. 12; *Scheifele*, Gründung, S. 408; *Schwarz*, Art. 37 Rz. 28.

64 Vgl. *Heckschen*, DNotZ 2003, 251, 264 mit Verweis auf parallele Erwägungen zur Gründung einer SE durch Verschmelzung; *Scheifele*, Gründung, S. 408; *Vossius*, ZIP 2005, 741, 747 Fn. 74; *Bayer* in Lutter/Hommelhoff, Europäische Gesellschaft, S. 61; *Schwarz*, Art. 37 Rz. 29; *Henssler* in Ulmer/Habersack/Henssler, Mitbestimmungsrecht, 2. Aufl. 2006, SEBG Einl Rz. 83; a.A. *Schulz/Geismar*, DStR 2001, 1078, 1080.

der Umwandlungsplan eine besondere Nähe zum *Entwurf* eines Umwandlungsbeschlusses i.S.v. § 194 Abs. 2 UmwG hat, der gerade nicht beurkundungspflichtig
ist. Vor diesem Hintergrund hätte der deutsche Gesetzgeber eine Pflicht zur notariellen Beurkundung ausdrücklich für den Umwandlungsplan anordnen müssen, wenn
er diese Erfordernis hätte aufstellen wollen[65]. Demnach genügt es jedenfalls, wenn
der Umwandlungsplan in schriftlicher Form (§ 126 BGB) aufgestellt wird. In der Praxis wird allerdings der Umwandlungsplan überwiegend in notarieller Form aufgestellt (z.B. BASF AG, Porsche AG, Fresenius AG). Eine vorherige Abstimmung mit
dem zuständigen Handelsregister ist daher anzuraten.

c) Aufstellungskompetenz

Der Umwandlungsplan wird vom Vorstand aufgestellt. Ob die **Vorstandsmitglieder**   37
in vertretungsberechtigter Zahl handeln können oder aber sämtliche Mitglieder mitwirken müssen, lässt der Wortlaut des Art. 37 Abs. 4 offen; die Frage dürfte auch außerhalb des Regelungswillens des Verordnungsgebers liegen[66]. In Orientierung an
Art. 5 der Dritten Gesellschaftsrechtlichen Richtlinie zum Verschmelzungsplan bei
der Verschmelzung von Aktiengesellschaften, der durch § 4 UmwG umgesetzt wurde, ist nur ein Handeln von Vorstandsmitgliedern in vertretungsberechtigter Zahl für
die Aufstellung des Umwandlungsplans zu fordern[67].

d) Offenlegung

Gem. Art. 37 Abs. 5 ist der Umwandlungsplan mindestens einen Monat vor dem Tag   38
der Hauptversammlung, die über die Umwandlung zu beschließen hat, nach dem
Verfahren offenzulegen, das die nationalen Rechtsvorschriften zur Umsetzung von
Art. 3 der Ersten Gesellschaftsrechtlichen Richtlinie[68] vorsehen. Danach ist in
Deutschland der Umwandlungsplan zunächst **zu dem für die AG zuständigen Han-
delsregister einzureichen**, also zum Handelsregister beim Amtgericht des Sitzes der
AG (vgl. § 14 AktG)[69]. Das Registergericht hat sodann einen Hinweis auf die Hinter-
legung im Bundesanzeiger zu veröffentlichen[70].

---

65 So bereits *Seibt/Reinhard*, Der Konzern 2005, 407, 414; i.E. auch *Jannott* in Jannott/Froder-
    mann, Handbuch Europäische Aktiengesellschaft, Rz. 3–232; *Schäfer* in MünchKomm. AktG,
    Art. 37 SE-VO Rz. 14; *Marsch-Barner* in Kallmeyer, UmwG, Anhang Rz. 105. A.A. *Schröder*
    in Manz/Mayer/Schröder, Art. 37 SE-VO Rz. 15; *Schwarz*, Art. 37 Rz. 29.
66 So auch *Schröder* in Manz/Mayer/Schröder, Art. 37 SE-VO Rz. 14.
67 So auch i.E. *Schäfer* in MüchKomm AktG, Art. 37 SE-VO Rz. 9; *Vossius*, ZIP 2005, 741, 747
    Fn. 76; *Marsch-Barner* in Kallmeyer, UmwG, Anhang Rz. 104. – Zu § 4 UmwG *Stratz* in
    Schmitt/Hörtnagl/Stratz, UmwG, § 4 Rz. 10; *Schröer* in Semler/Stengel, UmwG, § 4 Rz. 5;
    Goutier/Knopf/Tulloch, UmwG, 1. Aufl. 1996, § 220 Rz. 4.
68 Erste Richtlinie 68/151/EWG des Rates vom 9. März 1968 zur Koordinierung der Schutz-
    bestimmungen, die in den Mitgliedstaaten den Gesellschaften im Sinne des Artikels 58 Ab-
    satz 2 des Vertrages im Interesse der Gesellschafter sowie Dritter vorgeschrieben sind, um die-
    se Bestimmungen gleichwertig zu gestalten, ABl.EG Nr. L 65 v. 14.3.1968, S. 8 ff., zuletzt
    geändert durch Richtlinie 2003/58/EG des Europäischen Parlaments und des Rates vom
    15. Juli 2003 zur Änderung der Richtlinie 68/151/EWG des Rates in Bezug auf die Offenle-
    gungspflichten von Gesellschaften bestimmter Rechtsformen, ABl.EG Nr. L 221 v. 4.9.2003,
    S. 13 ff.
69 Art. 3 Abs. 2 der Ersten Gesellschaftsrechtlichen Richtlinie überlässt es den Mitgliedern, ob
    die relevanten Urkunden und Angaben in der Registerakte hinterlegt werden oder im Register
    eingetragen werden. Der Gesetzgeber hat mit Erlass von SEAG und SEBG zwar auch die HRV
    geändert, aber keine Anordnungen zur Eintragung des Umwandlungsplans getroffen. Die Auf-
    stellung eines Umwandlungsplans ist demnach nicht eintragungsfähig.
70 Entgegen *Scheifele*, Gründung, S. 410 sowie *Schwarz*, Art. 37 Rz. 36, ist der Umwandlungs-
    plan nicht einzutragen, sondern entsprechend der Handhabung zu § 61 UmwG lediglich zu
    den Registerakten zu nehmen.

39   Das SEAG bestimmt weder Urheber (Gesellschaft oder Gericht[71]) noch Inhalt (Wortlaut des Plans oder nur Verweis auf Hinterlegung[72]) der **Veröffentlichung** zum Umwandlungsplan ausdrücklich. Es enthält allerdings mit § 5 SEAG eine Regelung für die Gründung einer SE durch Verschmelzung, wonach für die durch Art. 21 vorgeschriebene Bekanntmachung das **Registergericht zuständig** ist und insoweit auf § 61 Satz 2 UmwG verwiesen wird. Da es keinen Grund für unterschiedliche Wege und Formen der Bekanntmachung bei Verschmelzung und Formwechsel gibt, ist § 5 SEAG analog auch auf die Bekanntmachung des Umwandlungsplans anzuwenden[73]. Die Veröffentlichung des Gerichts erscheint somit gem. § 5 SEAG (analog) i.V.m. § 61 Satz 2 UmwG, § 10 HGB im elektronischen Bundesanzeiger.

e) Keine Zuleitung an zuständigen Betriebsrat

40   Zwar ähnelt der Umwandlungsplan für die Umwandlung einer AG in eine SE in Inhalt und Funktion dem *Entwurf* des Umwandlungsbeschlusses im nationalen Recht, dennoch ist der Vorstand der AG nicht verpflichtet, den Umwandlungsplan analog § 194 Abs. 2 UmwG dem zuständigen Betriebsrat zuzuleiten. Der Umwandlungsplan muss nämlich anders als der *Entwurf* des Umwandlungsbeschlusses **keine Angaben zu den Folgen des Formwechsels für die Arbeitnehmer** enthalten (Rz. 34). Diese Funktion erfüllt ausschließlich der Umwandlungsbericht (Rz. 41). Zudem ist der Umwandlungsplan anders als der *Entwurf* des Umwandlungsbeschlusses nach Art 37 Abs. 5 offenzulegen (Rz. 38). In diesem Konzept sind die Arbeitnehmer Teil der (informierten) Öffentlichkeit. Das Informationsbedürfnis der Arbeitnehmervertreter sichert der deutsche Gesetzgeber mit einer detaillierten Mitteilungsregelung in § 4 Abs. 2 und Abs. 3 SEBG und einem weitergehenden Auskunftsanspruch in § 13 Abs. 2 SEBG. Insofern fehlt es an einer ausfüllungsbedürftigen Regelungslücke[74]. Allerdings mag es wegen der abweichenden Literaturauffassungen in der Praxis ratsam sein, den Umwandlungsplan gleichwohl entsprechend § 194 Abs. 2 UmwG dem zuständigen Betriebsrat zuzuleiten.

2. Umwandlungsbericht

a) Inhalt des Umwandlungsberichts

41   Der Vorstand der formwechselnden AG hat gem. Art. 37 Abs. 4 zusätzlich zu dem Umwandlungsplan einen Umwandlungsbericht vorzulegen, in dem die **rechtlichen und wirtschaftlichen Aspekte** der Umwandlung **erläutert und begründet** sowie die Auswirkungen dargelegt werden, die der Übergang zur Rechtsform einer SE für Aktionäre und Arbeitnehmer hat. Regelmäßig werden im Umwandlungsbericht folgende Aspekte dargestellt werden[75]: (1) rechtliche und wirtschaftliche Hintergründe des Formwechsels, insbesondere Begründung der wirtschaftlichen Zweckmäßigkeit un-

---

71 Die Bekanntmachung des Jahresabschlusses beispielsweise obliegt gem. § 325 Abs. 1 und Abs. 2 HGB der Gesellschaft, während für die Bekanntmachung von einzutragenden Tatsachen gem. § 10 HGB das Gericht zuständig ist.

72 Art. 3 Abs. 4 der Ersten Gesellschaftsrechtlichen Richtlinie eröffnet beide Alternativen.

73 So bereits *Seibt/Reinhard*, Der Konzern 2005, 407, 415; folgend *Schäfer* in MünchKomm. AktG, Art. 37 SE-VO Rz. 19; i.E. auch *Scheifele*, Gründung, S. 410 (Analogie zu § 61 UmwG).

74 Vgl. *Seibt/Reinhard*, Der Konzern 2005, 407, 415; *Schwarz*, Art. 37 Rz. 37; *Henssler* in Ulmer/Habersack/Henssler, Mitbestimmungsrecht, 2. Aufl. 2006, SEBG Einl Rz. 83, 97; a.A. *Schäfer* in MünchKomm. AktG, Art. 37 SE-VO Rz. 20; *Jannott* in Jannott/Frodermann, Handbuch Europäische Aktiengesellschaft, Rz. 3–235; *Scheifele*, Gründung, S. 410 f.; *Schröder* in Manz/Mayer/Schröder, Art. 37 SE-VO Rz. 78.

75 Vgl. *Schröder* in Manz/Mayer/Schröder, Art. 37 SE-VO Rz. 23 ff.; *Schwarz*, Art. 37 Rz. 35; sowie für den Umwandlungsbericht bei nationalem Formwechsel *Decher* in Lutter, UmwG, § 192 Rz. 22 ff.

ter Abwägung der Alternativen, (2) wesentliche Verfahrensschritte, (3) Erläuterung des Umwandlungsplans, (4) rechtliche Folgen des Formwechsels, insbesondere eingehende Erklärung bei Wechsel der Leitungsstruktur, (5) Auswirkungen für die Aktionäre, insbesondere Erläuterung der Rechtsstellung in der SE, (6) Auswirkungen für die Arbeitnehmer und deren Vertretungen, insbesondere Erläuterung einer ggf. abgeschlossenen bzw. abzuschließenden Mitbestimmungsvereinbarung, (7) steuerliche Auswirkungen und (8) Kosten der Umwandlung.

Der in der SE-VO statuierte Umwandlungsbericht kombiniert somit zwei aus dem 42 nationalen Umwandlungsrecht vertraute Elemente: Nach § 192 Abs. 1 Satz 1 UmwG hat der Umwandlungsbericht den Formwechsel in rechtlicher und wirtschaftlicher Hinsicht zu erläutern und zu begründen, wendet sich dabei allerdings ausschließlich an die Gesellschafter (vgl. § 192 Abs. 1 Satz 2, § 8 Abs. 3 Satz 1 UmwG); die Information der Arbeitnehmer ist demgegenüber beim Formwechsel nach dem UmwG in den Umwandlungsbeschluss eingebettet (vgl. § 194 Abs. 1 Nr. 7 UmwG).

Eine **Vermögensaufstellung** nach § 192 Abs. 2 UmwG ist nicht Bestandteil des Um- 43 wandlungsberichts[76]. Sie ist von der SE-VO nicht vorgesehen und auch aus der Sicht deutschen Umwandlungsrechts beim Formwechsel einer AG in eine Kapitalgesellschaft anderer Rechtsform **entbehrlich**, wie sich aus § 238 Satz 2 UmwG ergibt.

b) Zeitpunkt der Erstellung

Anders als für den Umwandlungsplan enthält Art. 37 keine ausdrückliche Regelung, 44 bis zu welchem Zeitpunkt der Umwandlungsbericht spätestens zu erstellen ist. Da er der Information (auch) der Aktionäre dient, muss er jedenfalls **vor der maßgeblichen Hauptversammlung** aufgestellt sein. Über Art. 15 Abs. 1 ordnen § 238 Satz 1, § 230 Abs. 2 Satz 1 UmwG weitergehend an, dass der Umwandlungsbericht von der Einberufung der Hauptversammlung an in den Geschäftsräumen der Gesellschaft zur Einsicht der Aktionäre auszulegen ist[77]. Gem. § 123 AktG gilt daher dieselbe Monatsfrist wie nach Art. 37 Abs. 5 für den Umwandlungsplan.

c) Aufstellungskompetenz

Art. 37 Abs. 4 regelt die Erstellung von Umwandlungsplan und -bericht in demselben 45 Satz. Daher liegt es nahe, für die Aufstellung des Umwandlungsberichts ebenso wie beim Umwandlungsplan ein Handeln von **Vorstandsmitgliedern in vertretungsberechtigter Zahl** genügen zu lassen[78]. Dies entspricht auch der jüngeren Rechtsprechung zu § 8 UmwG (die Umsetzungsnorm zu Art. 9 der Dritten Gesellschaftsrechtlichen Richtlinie), derzufolge jedenfalls nicht zu verlangen ist, dass der Umwandlungsbericht von sämtlichen Vorstandsmitgliedern zu unterzeichnen ist[79]. Allerdings haben sämtliche Vorstandsmitglieder an seiner Erstellung mitzuwirken (Gesamtverantwortung) und ihre Kenntnisse einzubringen[80].

---

76 So auch *Vossius*, ZIP 2005, 741, 747 Fn. 77; *Jannott* in Jannott/Frodermann, Handbuch Europäische Aktiengesellschaft, Rz. 3–237 Fn. 420; *Schäfer* in MünchKomm. AktG, Art. 37 SE-VO Rz. 16.
77 *Seibt/Saame*, AnwBl. 2005, 225, 232 Fn. 28; *Teichmann*, ZGR 2002, 383, 440. – S. auch unter Rz. 61.
78 So auch *Vossius*, ZIP 2005, 741, 747 Fn. 76.
79 So zu § 8 UmwG KG v. 25.10.2004 – 23 U 234/03, AG 2005, 205 f. = ZIP 2005, 167 f. – „Vattenfall"; zu Art. 37 *Seibt/Reinhard*, Der Konzern 2005, 407, 414; a.A. – allerdings ohne Begründung – *Jannott* in Jannott/Frodermann, Handbuch Europäische Aktiengesellschaft, Rz. 3–236.
80 Vgl. KG v. 25.10.2004 – 23 U 234/03, AG 2005, 205 f. = ZIP 2005, 167 f. – „Vattenfall"; *Stratz* in Schmitt/Hörtnagl/Stratz, UmwG, § 8 Rz. 5; *Gehling* in Semler/Stengel, UmwG, § 8 Rz. 5; *Marsch-Barner* in Kallmeyer, UmwG, § 8 Rz. 2, Anhang Rz. 109.

d) Offenlegung

46   Nach dem klaren Wortlaut des Art. 37 Abs. 5 besteht **keine Verpflichtung**, den Umwandlungsbericht gemeinsam mit dem Umwandlungsplan offenzulegen. Dies erklärt sich daraus, dass der Umwandlungsplan auch der Unterrichtung der Öffentlichkeit dient, während der Umwandlungsbericht eine reine Binnenfunktion zur Unterrichtung von Aktionären und Arbeitnehmern (vgl. Art. 37 Abs. 4) hat[81].

e) Keine Zuleitung an zuständigen Betriebsrat

47   Gegen eine Zuleitungsverpflichtung des Umwandlungsberichts an den zuständigen Betriebsrat entsprechend § 194 Abs. 2 UmwG sprechen teilweise die gleichen Gründe wie beim Umwandlungsplan (Rz. 40): Neben § 4 Abs. 2 und Abs. 3 SEBG sowie insbesondere § 13 Abs. 2 SEBG fehlt es an einem weiteren Informationsbedürfnis der Arbeitnehmervertreter und damit an einer Regelungslücke. § 13 Abs. 2 SEBG verpflichtet nämlich den Vorstand der AG, dem besonderen Verhandlungsgremium der Arbeitnehmer (Rz. 49) rechtzeitig alle erforderlichen Auskünfte zu erteilen und alle erforderlichen Unterlagen (wozu eben auch der Umwandlungsbericht gehört) zur Verfügung zu stellen[82].

f) Kein Verzicht möglich

48   Art. 37 Abs. 4 sieht kein Recht der Aktionäre vor, auf die Erstellung eines Umwandlungsberichts zu verzichten. Dies ist konsequent, da der Umwandlungsbericht zumindest auch der Information der Arbeitnehmer dient[83]. Daher kann auf § 192 Abs. 3 UmwG (analog) nicht zurückgegriffen werden[84].

3. Einsetzung des besonderen Verhandlungsgremiums und Verhandlung

49   Unverzüglich nach Offenlegung des Umwandlungsplans hat der Vorstand die Arbeitnehmervertretungen und Sprecherausschüsse in der AG[85] und in ihren sämtlichen Tochtergesellschaften und Betrieben[86] nach den Vorschriften des SEBG über das Gründungsvorhaben zu informieren und zur Bildung des sog. besonderen Verhandlungsgremiums aufzufordern, dessen Aufgabe es ist, mit dem Vorstand eine schriftliche Vereinbarung über die Beteiligung der Arbeitnehmer in der SE i.S.v. §§ 2 Abs. 8, 4 Abs. 1 Satz 2, 13 Abs. 1, 21 SEBG zu schließen (vgl. hierzu Teil B., § 4 SEBG Rz. 6 ff.).

---

81 So auch *Marsch-Barner* in Kallmeyer, UmwG, Anhang Rz. 112; a.A. *Schäfer* in MünchKomm. AktG, Art. 37 SE-VO Rz. 15, 19.

82 So auch *Marsch-Barner* in Kallmeyer, UmwG, Anhang Rz. 112.

83 S. oben Rz. 41 ff. – Dies unterscheidet den Umwandlungsbericht von dem Verschmelzungsbericht nach der EU-Verschmelzungsrichtlinie. Die Argumentation zur Zulässigkeit eines Berichtsverzichts bei der Verschmelzung von Aktiengesellschaften – vgl. nur *Diekmann* in Semler/Stengel, UmwG, § 60 Rz. 5 – lässt sich daher nicht übertragen.

84 So auch *Jannott* in Jannott/Frodermann, Handbuch Europäische Aktiengesellschaft, Rz. 3–238; *Marsch-Barner* in Kallmeyer, UmwG, Anhang Rz. 113; *Henssler* in Ulmer/Habersack/Henssler, Mitbestimmungsrecht, 2. Aufl. 2006, SEBG Einl Rz. 84. A.A. *Schäfer* in MünchKomm. AktG, Art. 37 SE-VO Rz. 17; *Schröder* in Manz/Mayer/Schröder, Art. 37 SE-VO Rz. 82; *Scheifele*, Gründung, S. 410; *Bayer* in Lutter/Hommelhoff, Europäische Gesellschaft, S. 61; *Schwarz*, Art. 37 Rz. 35; *Neun* in Theisen/Wenz, Europäische Aktiengesellschaft, S. 177 (anders Vorauflage 2002).

85 Bei einer Umwandlung ist nur die AG „beteiligte Gesellschaft" i.S.v. §§ 4 Abs. 2 Satz 1, 2 Abs. 2 SEBG.

86 § 4 Abs. 2 Satz 1 SEBG spricht von betroffenen Tochtergesellschaften und betroffenen Betrieben, für die sich in § 2 Abs. 4 SEBG eine Legaldefinition findet.

Das in § 4 Abs. 2 SEBG vorgesehene Grundkonzept von vorausgehender Planaufstel- 50
lung und nachfolgender Arbeitnehmerbeteiligung schließt indes nicht aus, dass das
Verfahren der Arbeitnehmerbeteiligung initiiert und sogar abgeschlossen wird, **bevor
der Umwandlungsplan offengelegt** wird[87]. Denn hierdurch kann vermieden werden,
dass die Ergebnisse der Verhandlung mit den Arbeitnehmern zu Änderungen am Umwandlungsplan, zu dessen erneuter Offenlegung in geänderter Form und zu zeitlichen Verzögerungen führt.

Bei der SE-Gründung durch Umwandlung ist der Regelungsrahmen einer **schriftli-** 51
chen Vereinbarung über die Beteiligung der Arbeitnehmer in der SE begrenzt, da § 21
Abs. 6 SEBG (Umsetzungsnorm des Art. 4 Abs. 4 SE-RL) gebietet, dass die Vereinbarung in Bezug auf alle Komponenten der Arbeitnehmerbeteiligung zumindest das
gleiche Ausmaß gewährleistet, das in der formwechselnden Gesellschaft bestand
(s. hierzu Teil B., § 21 SEBG Rz. 34). Im Bereich der Unternehmensmitbestimmung
verbleiben jedenfalls drei **Gestaltungsbereiche**, nämlich (1) das Einfrieren eines bestimmten Unternehmensmitbestimmungsregimes trotz veränderter tatsächlicher
Umstände in der Zukunft (z.B. Beschäftigtenzahl)[88], (2) die Herabsenkung der Organ-
mitgliederzahl im Aufsichtsrat/Verwaltungsrat (ohne Änderung des *Anteils* der
Arbeitnehmervertreter)[89] sowie (3) der Abschluss von Vergleichs- und Rationali-
sierungsvereinbarungen[90]. Schließlich ist auch daran zu denken, eine Alternativgrün-
dungsstruktur zur Umwandlung zu wählen (z.B. Verschmelzung der AG auf Vorrats-
SE), um die Mitbestimmungsbeibehaltungsregelung des § 21 Abs. 6 SEBG zu vermeiden (Rz. 5).

Schließen die Verhandlungspartner keine Vereinbarung ab und werden die Verhand- 52
lungen auch nicht vor Fristablauf ergebnislos beendet, bestimmen die §§ 22 ff. SEBG
ein ausdifferenziertes System der **Arbeitnehmerbeteiligung „kraft Gesetzes"**, das
durch bloßen Fristablauf in Kraft tritt (s. hierzu Teil B., § 34 SEBG Rz. 10 ff.). Die in
§ 16 Abs. 1 und Abs. 2 SEBG vorgesehene Möglichkeit des besonderen Verhandlungsgremiums, die Nichtaufnahme oder den Abbruch der Verhandlungen zu beschließen,
mit der Folge, dass die gesetzliche Auffangregelung *nicht* zur Anwendung kommt,
besteht bei der Gründung durch Umwandlung nicht, wenn die formwechselnde AG
mitbestimmt ist (vgl. § 16 Abs. 3 SEBG). In der Praxis bleibt allerdings neben dem
bloßen Verstreichenlassen der Verhandlungsfrist auch die ggf. zeiteffiziente Alternative, eine zulässige Vereinbarung zwischen dem besonderen Verhandlungsgremium
und Unternehmensleitung zu treffen, mit der einvernehmlich die Beendigung der
Verhandlungen festgestellt wird[91].

---

87 Vgl. *Seibt/Reinhard*, Der Konzern 2005, 407, 417; auch *Vossius*, ZIP 2005, 741, 747 Fn. 73;
    Jannott in Jannott/Frodermann, Handbuch Europäische Aktiengesellschaft, Rz. 3–243 Fn. 425;
    Schäfer in MünchKomm. AktG, Art. 37 SE-VO Rz. 7.
88 Hierzu *Seibt*, AG 2005, 413, 427; *Seibt* in Willemsen/Hohenstatt/Schweibert/Seibt, Umstruk-
    turierung und Übertragung von Unternehmen, 3. Aufl. 2007, F 137 f.; *Wollburg/Banerjea*, ZIP
    2005, 277, 282 f.; *Müller-Bonanni/Melot de Beauregard*, GmbHR 2005, 195, 197.
89 Hierzu ausführlich *Seibt* in Lutter/Hommelhoff, Europäische Gesellschaft, S. 67, 78 f.; vgl.
    auch *Müller-Bonanni/Melot de Beauregard*, GmbHR 2005, 195, 197; *Henssler* in Ulmer/Ha-
    bersack/Henssler, Mitbestimmungsrecht, 2. Aufl. 2006, § 35 SEBG Rz. 6. – Aus der Praxis
    MAN Diesel SE (10 anstatt 12 AR-Mitglieder), Fresenius SE (Beibehaltung von 12 anstatt *ex
    lege* 20 AR-Mitglieder), BASF SE (12 anstatt 20 AR-Mitglieder; geplant), Porsche Automobil
    Holding SE (Beibehaltung von 12 AR-Mitgliedern); vgl. *Seibt* in Willemsen/Hohenstatt/
    Schweibert/Seibt, Umstrukturierung und Übertragung von Unternehmen, 3. Aufl. 2007, F
    137 b.
90 Hierzu *Seibt*, AG 2005, 413, 419 f.
91 So auch *Marsch-Barner* in Kallmeyer, UmwG, Anhang Rz. 116.

4. Umwandlungsprüfung

53 Im Unterschied zu Art. 22 (Verschmelzung-SE) und Art. 32 Abs. 4 (Holding-SE) regelt die SE-VO keine umfassende sachverständige Prüfung des Umwandlungs-/Gründungsplans. Dies findet seine Rechtfertigung in dem **fehlenden Anteilstausch** bei Gründung, so dass die ansonsten materiell im Mittelpunkt stehende sachverständige Prüfung der Angemessenheit des Umtauschverhältnisses wegfällt[92]. In gleicher Weise sieht auch das deutsche Umwandlungsrecht beim Formwechsel keine Sachverständigenprüfung vor.

54 Nach Art. 37 Abs. 6 ist vor Fassung des Umwandlungsbeschlusses von einem oder mehreren Sachverständigen zu bescheinigen, dass das Nettoreinvermögen der formwechselnden AG den **Betrag des Grundkapitals** und der nach Gesetz oder Satzung **nicht ausschüttungsfähigen Rücklagen erreicht oder übersteigt**. Zu den materiellen Voraussetzungen dieser Bescheinigung s. Rz. 24 ff. Die Bestätigung ausreichender Nettovermögenswerte durch einen Sachverständigen ist Eintragungsvoraussetzung des Formwechsels[93].

a) Bestellung des Umwandlungsprüfers

55 Für die Auswahl des bzw. der Sachverständigen verweist Art. 37 Abs. 6 auf die einzelstaatlichen Ausführungsbestimmungen zu Art. 10 der Dritten Gesellschaftsrechtlichen Richtlinie, also für das deutsche Recht auf **§§ 9 bis 11, 60 UmwG**. Als Sachverständige kommen ausschließlich Wirtschaftsprüfer bzw. Wirtschaftsprüfungsgesellschaften in Betracht (§ 11 Abs. 1 Satz 1 UmwG i.V.m. § 319 Abs.1 Satz 1 HGB)[94]. Der Sachverständige ist vom Vorstand der AG oder – auf dessen Antrag – von dem für den Gesellschaftssitz zuständigen Landgericht zu bestellen (§ 10 Abs. 1 und Abs. 2, § 60 Abs. 2 UmwG)[95].

56 Unter welchen Umständen Wirtschaftsprüfer und Wirtschaftsprüfungsgesellschaften von der Bestellung zum Umwandlungsprüfer **ausgeschlossen** sind, ergibt sich aus §§ 319, 319a HGB. Eine Tätigkeit als Abschlussprüfer der formwechselnden AG hindert die Bestellung in der Regel nicht, da kein den gesetzlich geregelten Fällen vergleichbarer Interessenkonflikt besteht[96]. Allerdings wird *in praxi* vor der Bestellung die Abstimmung in dem für die Eintragung der Umwandlung zuständigen Registergericht gesucht werden. Die gerichtliche Bestellung ersetzt die Auftragserteilung durch den Vorstand. Die Vergütung wird gerichtlich festgesetzt (§ 318 Abs. 5 Satz 2 HGB). Wird eine hierüber hinausgehende Vergütung vereinbart, was zulässig ist[97], wird die AG durch den Vorstand vertreten; § 111 Abs. 2 Satz 3 AktG gilt hier nicht. Unabhängig vom Inhalt des Vertragsverhältnisses mit der AG steht dem Umwandlungsprüfer

---

92 Vgl. *Hommelhoff*, AG 1990, 422, 425; *Schindler*, Europäische Aktiengesellschaft, S. 39; *Schäfer* in MünchKomm. AktG, Art. 37 SE-VO Rz. 21.

93 *Schäfer* in MünchKomm. AktG, Art. 37 SE-VO Rz. 21.

94 Ebenso *Bayer* in Lutter/Hommelhoff, Europäische Gesellschaft, S. 62; *Schwarz*, Art. 37 Rz. 42; a.A. *Schröder* in Manz/Mayer/Schröder, Art. 37 SE-VO Rz. 46: keine Vorgabe durch SE-VO, Orientierung am UmwG.

95 Vgl. *Seibt/Reinhard*, Der Konzern 2005, 407, 419; *Schäfer* in MünchKomm. AktG, Art. 37 SE-VO Rz. 24; *Scheifele*, Gründung, S. 413 f. Bei richtlinienkonformer Auslegung steht § 60 Abs. 2 Satz 2 UmwG einer gerichtlichen Bestellung nicht entgegen, vgl. nur *Rieger* in Widmann/Mayer, § 60 UmwG Rz. 11 ff.

96 Vgl. *Seibt/Reinhard*, Der Konzern 2005, 407, 419; *Neun* in Theisen/Wenz, Europäische Aktiengesellschaft, S. 178; *Schäfer* in MünchKomm. AktG, Art. 37 SE-VO Rz. 24.

97 Vgl. *Lutter/Drygala* in Lutter, UmwG, § 10 Rz. 28; *W. Müller* in Kallmeyer, UmwG, § 10 Rz. 11; *Hopt/Merkt* in Baumbach/Hopt, HGB, § 318 Rz. 12; *Ebke* in MünchKomm. HGB, § 318 Rz. 66.

ein Auskunftsrecht analog Art. 22 Satz 2 zu, und zwar in dem Umfang, wie es für die sachgerechte Durchführung ihres Auftrages erforderlich ist[98].

b) Unverzichtbarkeit der Umwandlungsprüfung

Art. 37 Abs. 6 schreibt die Umwandlungsprüfung ausnahmslos vor. Sie entfällt daher   57
auch dann nicht, wenn sämtliche Aktionäre der formwechselnden AG auf sie verzichten sollten, anders als dies z.B. für die Verschmelzungsprüfung nach § 9 Abs. 3
i.V.m. § 8 Abs. 3 UmwG vorgesehen ist[99]. Dies ergibt sich zwar noch nicht ohne weiteres aus dem Wortlaut der SE-VO, denn auch der dem § 9 UmwG zugrunde liegende
Art. 10 der Dritten Gesellschaftsrechtlichen Richtlinie sieht keine Verzichtsmöglichkeit vor. Während Art. 10 der Dritten Gesellschaftsrechtlichen Richtlinie aber ausschließlich den Interessen der Aktionäre dient[100], soll die Prüfung des realen Mindestkapitals – wie sich aus dem Verweis des Art. 37 Abs. 6 auf die Zweite Gesellschaftsrechtliche Richtlinie ergibt – in erster Linie die Gläubiger der künftigen SE
schützen und steht daher nicht zur Disposition ihrer Aktionäre[101].

c) Prüfungsbericht

Die Bescheinigung über das Nettoreinvermögen der AG soll gem. Art. 37 Abs. 6 in   58
sinngemäßer Anwendung[102] der Bestimmungen der Zweiten Gesellschaftsrechtlichen Richtlinie erfolgen. Nach Art. 10 Abs. 2 der Zweiten Gesellschaftsrechtlichen
Richtlinie hat der Umwandlungsprüfer die von ihm angewandten Bewertungsverfah-
ren darzulegen und anzugeben, ob die von ihm bestimmten Werte für das Nettoreinvermögen der formwechselnden AG den Betrag des Grundkapitals und der nach Gesetz oder Satzung nicht ausschüttungsfähigen Rücklagen erreichen oder übersteigen.
Eine Einzelbeschreibung der bewerteten Vermögensgegenstände ist nicht erforderlich[103] und wäre *in praxi* bei wirtschaftsstarken Gesellschaften auch nicht zu leisten.
Im Regelfall ist für die Ermittlung des Nettovermögens eine Unternehmensbewer-
tung nach dem IDW-Standard: Grundsätze zur Durchführung von Unternehmens-
bewertungen vom 18.10.2005 (IDW S1) durchzuführen; zur Plausibilisierung können
Börsenkapitalisierung oder die bilanziellen Verhältnisse der Gesellschaft herangezogen werden. Bewertungsstichtag ist der Tag der beschließenden Hauptversammlung.
Aus Art. 10 Abs. 3 der Zweiten Gesellschaftsrechtlichen Richtlinie ergibt sich, dass
die Bescheinigung des Umwandlungsprüfers zum Handelsregister einzureichen ist
(Rz. 81).

---

98 So auch *Schäfer* in MünchKomm. AktG, Art. 37 SE-VO Rz. 24, *Schwarz*, Art. 37 Rz. 47.
99 Vgl. *Seibt/Reinhard*, Der Konzern 2005, 407, 419; *Jannott* in Jannott/Frodermann, Handbuch
    Europäische Aktiengesellschaft, Rz. 3–239; *Schäfer* in MünchKomm. AktG, Art. 37 SE-VO
    Rz. 25. A.A. *Teichmann*, ZGR 2002, 383, 440, der § 63 UmwG entsprechend auf den Um-
    wandlungsplan anwenden will; *Vossius*, ZIP 2005, 741, 748 Fn. 80.
100 Vgl. Vierter Erwägungsgrund der Dritten Gesellschaftsrechtlichen Richtlinie: „Im Rahmen
    der Koordinierung ist es besonders wichtig, *die Aktionäre* [Hervorhebung durch Verf.] der
    sich verschmelzenden Gesellschaften angemessen und so objektiv wie möglich zu unter-
    richten und ihre Rechte in geeigneter Weise zu schützen."
101 Die Prüfung dient allerdings auch der Information der Aktionäre, wie sich daran zeigt, dass
    die Prüfung vor der Fassung des Umwandlungsbeschlusses durchzuführen ist.
102 Nach der deutschen Fassung des Art. 37 Abs. 6 könnte man das Wort „sinngemäß" auch auf
    den Inhalt der Bescheinigung beziehen. Dass dies nicht gemeint ist, ergibt sich insbesondere
    aus der Betrachtung der englischen und französischen Textfassung von Art. 37 Abs. 6 („...
    certify in compliance with Directive 77/91/EEC mutatis mutandis ..." bzw. „... attestent,
    conformément à la directive 77/91/EEC mutatis mutandis ...").
103 Vgl. *Seibt/Reinhard*, Der Konzern 2005, 407, 419; *Schröder* in Manz/Mayer/Schröder, Art. 37
    SE-VO Rz. 37; *Schäfer* in MünchKomm. AktG, Art. 37 SE-VO Rz. 25; a.A. *Scheifele*, Grün-
    dung, S. 415; *Schwarz*, Art. 37 Rz. 46.

5. Zustimmung der Hauptversammlung (Art. 37 Abs. 7)

59 Da die SE-VO keine Vorgaben zur Form und Frist der Einladung zu der über den Umwandlungsplan beschließenden Hauptversammlung enthält, gelten über Art. 15 Abs. 1 die nationalen Rechtsvorschriften für Aktiengesellschaften, in Deutschland also die §§ 238, 230 Abs. 2 UmwG; §§ 121 ff. AktG[104].

a) Ankündigung des Umwandlungsbeschlusses und Auslage des Umwandlungsberichts

60 Die Hauptversammlung beschließt über den Umwandlungsplan und die Satzung der SE (Art. 37 Abs. 7). Mit der Tagesordnung der Hauptversammlung sind beide Unterlagen entsprechend § 124 Abs. 2 Satz 2 AktG zumindest ihrem wesentlichen Inhalt nach bekannt zu machen[105].

61 Der Umwandlungsbericht ist von der Einberufung der Hauptversammlung an in den Geschäftsräumen der Gesellschaft zur Einsicht der Aktionäre auszulegen und überdies jedem Aktionär auf dessen Verlangen abschriftlich zur Verfügung zu stellen (§§ 230 Abs. 2, 238 UmwG). Im Interesse einer umfassenden Information der Aktionäre ist diese Pflicht auch auf den Umwandlungsplan (der die Satzung der SE enthält) und den Prüfungsbericht gem. Art. 37 Abs. 6 zu erstrecken[106].

62 Die SE-VO regelt für die Gründungsvariante des Formwechsels lediglich die Vorab-Information und das Erfordernis einer Beschlussfassung der Hauptversammlung als Instrumente des Minderheitenschutzes und sieht auch keine ausdrückliche Ermächtigung des nationalen Gesetzgebers vor, hierüber hinausgehende minderheitsschützende Vorschriften zu regeln.

b) Informationen in der Hauptversammlung

63 In der Hauptversammlung sind entsprechend § 239 Abs. 1 UmwG diejenigen Unterlagen auszulegen, die den Aktionäre bereits ab der Einberufung zur Hauptversammlung zur Einsicht zur Verfügung standen[107]. Dies sind (1) der **Umwandlungsplan** einschließlich der Satzung der SE, (2) der **Umwandlungsbericht** und (3) der **Prüfungsbericht**. Der Umwandlungsplan ist zudem zu Beginn der Verhandlung vom Vorstand mündlich zu erläutern (§ 239 Abs. 2 UmwG analog).

---

104 Vgl. *Seibt/Reinhard*, Der Konzern 2005, 407, 419; *Scheifele*, Gründung, S. 417; *Jannott*, in Jannott/Frodermann, Handbuch Europäische Aktiengesellschaft, Rz. 3–247; *Neun* in Theisen/Wenz, Europäische Aktiengesellschaft, S. 180; *Bayer* in Lutter/Hommelhoff, Europäische Gesellschaft, S. 62; *Schäfer* in MünchKomm. AktG, Art. 37 SE-VO Rz. 27; *Schwarz*, Art. 37 Rz. 50.

105 Da der Umwandlungsplan ohnehin gem Art. 37 Abs. 5 bekannt zu machen ist, kommt § 124 Abs. 2 Satz 2 AktG insofern keine besondere Bedeutung zu. Für eine Bekanntmachung des vollständigen Wortlauts der Satzung *Jannott* in Jannott/Frodermann, Handbuch Europäische Aktiengesellschaft, Rz. 3–246, dagegen *Hüffer*, § 124 Rz. 10 (zur Umwandlung einer AG in eine GmbH).

106 So auch *Seibt/Saame*, AnwBl. 2005, 225, 232 Fn. 28; *Schäfer* in MünchKomm. AktG, Art. 37 SE-VO Rz. 27; *Jannott* in Jannott/Frodermann, Handbuch Europäische Aktiengesellschaft, Rz. 3–247; *Scheifele*, Gründung, S. 418; *Neun* in Theisen/Wenz, Europäische Aktiengesellschaft S. 180; *Schwarz*, Art. 37 Rz. 53; *Teichmann*, ZGR 2002, 383, 440; *Vossius*, ZIP 2005, 741, 748 Fn. 81.

107 *Seibt/Reinhard*, Der Konzern 2005, 407, 420; *Jannott* in Jannott/Frodermann, Handbuch Europäische Aktiengesellschaft, Rz. 3–248; *Scheifele*, Gründung, S. 418 f.; *Vossius*, ZIP 2005, 741, 748 Fn. 81.

c) Fassung des Umwandlungsbeschlusses

Die Hauptversammlung der formwechselnden AG muss dem Umwandlungs-   64
beschluss zustimmen und die Satzung der SE genehmigen (Art. 37 Abs. 6 Satz 1). Für
die Beschlussfassung verweist Art. 37 Abs. 6 Satz 2 auf Art. 7 der Dritten Gesellschaftsrechtlichen Richtlinie und die nationale Umsetzung in § 65 UmwG, der eine
Hauptversammlungsmehrheit des bei der Beschlussfassung vertretenen Grundkapitals von mindestens 75 % vorschreibt[108]. Sind mehrere stimmberechtigte Aktiengattungen vorhanden, gilt die Zustimmungsschwelle von 75 % für jede dieser Gattungen (vgl. § 65 Abs. 2 UmwG). Der Zustimmungsbeschluss der Hauptversammlung ist
gem. § 13 Abs. 3 UmwG, § 130 Abs. 1 AktG durch eine notariell aufgenommene Niederschrift zu beurkunden[109].

Art. 37 sieht – anders als Art. 23 Abs. 2 für die Verschmelzung – nicht ausdrücklich   65
vor, dass sich die Hauptversammlung vorbehalten kann, eine mit dem besonderen
Verhandlungsgremium geschlossene Vereinbarung vor Eintragung der SE zu billigen.
Wenngleich die Hauptversammlung einen solchen Vorbehalt als Minus gegenüber einem vorbehaltlosen Zustimmungsbeschluss feststellen kann[110], wird es in der Praxis häufig praktikabler sein, die Hauptversammlung erst dann abzuhalten, wenn die
Mitbestimmungsvereinbarung vorliegt oder die Verhandlungsfrist abgelaufen ist.
Wird wegen des Verhandlungsergebnisses mit dem besonderen Verhandlungsgremium eine Änderung der Satzung notwendig, nachdem die Hauptversammlung der Umwandlung bereits zugestimmt hatte, muss die Hauptversammlung die Satzungsänderung beschließen und dem hierdurch insoweit geänderten Umwandlungsplan zustimmen (vgl. Art. 12 Abs. 4)[111].

d) Keine Verpflichtung zur Barabfindung oder zur Verbesserung der Beteiligungs-
     verhältnisse

Bei der Umwandlung einer AG in eine SE besteht daher – anders als nach § 207   66
UmwG – keine Verpflichtung, denjenigen Aktionären, die gegen den Umwandlungsbeschluss Widerspruch zur Niederschrift erklären, ein Angebot zur Barabfindung zu
unterbreiten (und daher auch keine Pflicht zur Mitteilung eines Abfindungsangebots)[112]. Denn angesichts der weitreichenden Gemeinsamkeiten von AG und SE in
Bezug auf die Struktur der Mitgliedschaft und die Finanzverfassung (vgl. Art. 10) wird
die **Rechtsstellung des Aktionärs** beim Formwechsel in die SE **nicht wesentlich verändert**, so dass keine Erforderlichkeit (und Sachgleichheit zu § 207 UmwG oder § 7

---

108 *Seibt/Reinhard*, Der Konzern 2005, 407, 420; *Seibt/Saame*, AnwBl. 2005, 225, 232 Fn. 29;
     Heckschen, DNotZ 2003, 251, 264; *Bayer* in Lutter/Hommelhoff, Europäische Gesellschaft,
     S. 63; *Schäfer* in MünchKomm. AktG, Art. 37 SE-VO Rz. 55.
109 *Seibt/Reinhard*, Der Konzern 2005, 407, 420; *Jannott* in Jannott/Frodermann, Handbuch Eu-
     ropäische Aktiengesellschaft, Rz. 3–252; *Scheifele*, Gründung, S. 419; *Heckschen*, DNotZ
     2003, 251, 264; *Schwarz*, Art. 37 Rz. 56.
110 So bereits *Seibt/Reinhard*, Der Konzern 2005, 407, 420; ebenso *Schwarz* , Art. 37 Rz. 49, 58;
     Marsch-Barner in Kallmeyer, UmwG, Anhang Rz. 120; a.A. *Jannott* in Jannott/Frodermann,
     Handbuch Europäische Aktiengesellschaft, Rz. 3–252 und *Schröder* in Manz/Mayer/Schrö-
     der, Art. 37 SE-VO Rz. 57, der einen Zustimmungsvorbehalt im nationalen SE-VO-Ausfüh-
     rungsgesetz für erforderlich hält. Ähnlich wohl *Schäfer* in MünchKomm. AktG, Art. 37 SE-
     VO Rz. 28 mit Fn. 61 („Ablehnung unter Vorbehalt").
111 Ähnlich *Schröder* in Manz/Mayer/Schröder, Art. 37 SE-VO Rz. 60 f.
112 Vgl. *Seibt/Reinhard*, Der Konzern 2005, 407, 420; *Kalss*, ZGR 2003, 593, 614; *Storck*, Finanz-
     betrieb 2005, 153, 156; *Teichmann*, ZGR 2003, 367, 395; *Jannott* in Jannott/Frodermann,
     Handbuch Europäische Aktiengesellschaft, Rz. 3–268; *Schröder* in Manz/Mayer/Schröder,
     Art. 37 SE-VO Rz. 97; *Scheifele*, Gründung, S. 423; *Schäfer* in MünchKomm. AktG, Art. 37
     SE-VO Rz. 37; *Marsch-Barner* in Kallmeyer, UmwG, Anhang Rz. 104.

Abs. 1, § 9 Abs. 1 SEAG) besteht[113]. Der gleiche Rechtsgedanke ist im Übrigen in § 250 UmwG verankert, demzufolge der Formwechsel von der AG zur KGaA und umgekehrt von der Pflicht zur Barabfindung ausgenommen ist[114]. Darüber hinaus lässt die SE-VO bei der SE-Gründung durch Umwandlung eben **keinen Raum** („beredtes Schweigen") **für nationalen Regelungen** zu einer Barabfindung für widersprechende Minderheitsaktionäre[115]. Dagegen stellt sie den Mitgliedstaaten in Verschmelzungsfällen ausdrücklich frei, entsprechende Schutzvorschriften zu erlassen (Art. 24 Abs. 2). Dementsprechend knüpfen §§ 7 und 12 SEAG ein Abfindungsangebot ausschließlich daran, dass die SE ihren Sitz im Ausland haben oder dorthin verlegen soll, die SE und die Rechte und Pflichten ihrer Aktionäre also künftig einem ausländischen Recht unterliegen. Dieser Fall kann im Rahmen der Umwandlung aber nicht eintreten (vgl. Art. 37 Abs. 3). Bei der Holding-SE ist ein Abfindungsangebot nur im Fall der Auslandsgründung sowie dann geregelt, wenn die zu gründende Holding ihrerseits abhängig i.S.v. § 17 AktG ist. Auch diese Konstellation ist mit der identitätswahrenden Umwandlung der AG in die Rechtsform der SE nicht zu vergleichen.

67 Den Aktionären steht ferner kein durch bare Zuzahlung zu erfüllender Anspruch auf Verbesserung der Beteiligungsverhältnisse nach § 196 UmwG zu, da die SE-VO für einen solchermaßen weitergehenden **Minderheitenschutz** dem nationalen Gesetzgeber **keinen Raum gibt** und überdies die Beteiligungsverhältnisse wegen der Identität des Rechtsträgers vor und nach dem Formwechsel in der Regel[116] identisch sein werden, so dass für eine gerichtliche Überprüfung kein Anlass besteht[117]. Der Schutz der Minderheitsaktionäre gegen eine unzutreffende Umsetzung der Mitgliedschaft in der SE als neuer Rechtsform (einschließlich sich hierauf beziehender Informationsmängel) kann nur im Wege der Beschlussmängelklage vorgebracht werden. Es ist weder das Spruchverfahren eröffnet, noch greift die Einschränkung der Klagemöglichkeitdes § 195 Abs. 2 UmwG ein[118].

e) Folgen von Beschlussmängeln

68 In Ermangelung besonderer Regelungen in der SE-VO oder im SEAG gelten für Beschlussmängel die **§§ 241 ff. AktG**[119]. Dabei gelten allerdings die spezifischen Beschränkungen des Klagerechts nach §§ 195, 210 UmwG für den Formwechselbeschluss nach Art. 37 Abs. 7 nicht, da den Aktionären weder ein Austrittsrecht entsprechend § 207 UmwG noch ein Nachbesserungsrecht entsprechend § 196 UmwG zukommt (Rz. 67)[120]. Auch für den Formwechsel von der AG in die SE gilt nach Art. 15 Abs. 1 i.V.m. §§ 198 Abs. 3, 16 Abs. 2 Satz 1 UmwG eine Registersperre im

---

113 *Seibt/Reinhard*, Der Konzern 2005, 407, 420; folgend *Schäfer* in MünchKomm. AktG, Art. 37 SE-VO Rz. 37.

114 Vgl. BR-Drucks. 75/94, S. 159 (zu § 250 UmwG).

115 *Seibt/Reinhard*, Der Konzern 2005, 407, 420; *Scheifele*, Gründung, S. 422 f.; *Kalss*, ZGR 2003, 593, 614 f.; a.A. *Schäfer* in MünchKomm. AktG, Art. 37 SE-VO Rz. 37.

116 Bei der (zulässigen) nicht-verhältniswahrenden Umwandlung ist dagegen ohnehin die Zustimmung aller Gesellschafter erforderlich, die sich nicht mit ihrem gesamten Anteil beteiligen können (§ 242 UmwG); vgl. *Schwarz*, Art. 37 Rz. 20 Fn. 35.

117 Ebenso *Schwarz*, Art. 37 Rz. 64 f.; a.A. *Schäfer* in MünchKomm. AktG, Art. 37 SE-VO Rz. 38; *Schröder* in Manz/Mayer/Schröder, Art. 37 SE-VO Rz. 95.

118 *Schwarz*, Art. 37 Rz. 65; a.A. *Schäfer* in MünchKomm. AktG, Art. 37 SE-VO Rz. 38; *Schröder* in Manz/Mayer/Schröder, Art. 37 SE-VO Rz. 95.

119 *Schäfer* in MünchKomm. AktG, Art. 37 SE-VO Rz. 29; *Neun* in Theisen/Wenz, Europäische Aktiengesellschaft, S. 184; *Schwarz*, Art. 37 Rz. 57.

120 Ebenso *Schwarz*, Art. 37 Rz. 58, 65; abweichend *Schäfer* in MünchKomm. AktG, Art. 37 SE-VO Rz. 29 (Anfechtungsklage gem. § 195 Abs. 2 UmwG ausgeschlossen wegen Bestehen eines Nachbesserungsrechtes der Aktionäre gem. § 196 UmwG).

Falle einer rechtzeitig erhobenen Beschlussmängelklage, die durch das Freigabeverfahren nach § 16 Abs. 3 UmwG überwindbar ist[121].

f) Keine Gründer

§ 244 Abs. 1 UmwG sieht vor, dass die Niederschrift über den Umwandlungs- 69 beschluss diejenigen Personen namentlich aufführt, die nach § 245 Abs. 1 bis 3 UmwG den Gründern der Gesellschaft gleichstehen. Diese nationale Umwandlungsvorschrift läuft beim Formwechsel einer AG in die Rechtsform der SE leer, da es hier keine den Gründern der Gesellschaft gleichstehenden Personen gibt[122]. Eine Analogie zu § 245 Abs. 2 bzw. Abs. 3 UmwG, die den Formwechsel zwischen AG und KGaA regeln, scheidet aus, weil die dort zu Gründern bestimmten persönlich haftenden Gesellschafter der KGaA weder in der AG noch in der SE existieren. Auch § 245 Abs. 1 UmwG taugt nicht als Vorbildregelung[123]. Sie stellt für den Fall der Umwandlung einer – typischerweise personalistisch strukturierten – GmbH in eine AG die den Umwandlungsbeschluss tragenden Gesellschafter den Gründern gleich. Demgegenüber ist die Realstruktur der AG (insbesondere bei börsennotierten Unternehmen) in der Regel durch einen anonymen Großgesellschafterkreis charakterisiert. Hier stellte die Regelung in § 244 Abs. 1 UmwG eine vom EU-Verordnungsgeber nicht gewollte Zugangsbarriere zur SE dar, wenn über den Umwandlungsbeschluss namentlich abgestimmt werden müsste.

Die Annahme einer „gründerlosen" Umwandlung einer AG in die Rechtsform der SE 70 steht auch nicht im Widerspruch zum nationalen Umwandlungsrecht, wie sich aus § 75 Abs. 2 UmwG (Verschmelzung einer Kapitalgesellschaft oder einer eingetragenen Genossenschaft auf eine AG) und aus § 245 Abs. 4 UmwG (Formwechsel einer AG in eine GmbH) ergibt. Allerdings wird die Praxis eine **Abstimmung mit dem** für die Eintragung der Umwandlung **zuständigen Registergericht** suchen, um insbesondere abzustimmen, ob tatsächlich keine dem Gründer gleichstehenden Personen oder ob sämtliche Organmitglieder[124] (eine bloße Förmelei) in der Niederschrift aufzuführen sind.

g) Bestellung des Aufsichtsrats/Verwaltungsrats

In die Kompetenz der Hauptversammlung fällt neben der Fassung des Umwandlungs- 71 beschlusses auch die Wahl der Anteilseignervertreter im Verwaltungsrat (im Fall einer monistischen SE) bzw. im Aufsichtsrat (im Fall einer dualistischen SE). Eine Amtskontinuität i.S.v. § 203 UmwG kommt wohl trotz der Rechtsnormennähe von AG und SE (vgl. Art. 5 und 10) und Mitbestimmungsschutzklausel (Art. 4 Abs. 4 SE-RL; 21 Abs. 6 SEBG) nicht in Betracht[125]. Dies ist beim Wechsel in das monistische

121 *Jannott* in Jannott/Frodermann, Handbuch Europäische Aktiengesellschaft, Rz. 3–264; *Scheifele*, Gründung, S. 430; *Schäfer* in MünchKomm. AktG, Art. 37 SE-VO Rz. 29; *Schwarz*, Art. 37 Rz. 65.
122 *Marsch-Barner* in Kallmeyer, UmwG, Anhang Rz. 123; a.A. *Vossius*, ZIP 2005, 741, 749 Fn. 84, der eine Gesamtanalogie zu § 245 Abs. 2 bis 4 UmwG sowie § 75 Abs. 2 UmwG erwägt, die dazu führen soll (?), dass sämtliche Mitglieder von Vorstand und Aufsichtsrat an die Stelle der Gründer treten; ähnlich [AG ist selbst Gründerin] *Scheifele*, Gründung, S. 399; *Schäfer* in MünchKomm. AktG, Art. 37 SE-VO Rz. 28; *Schwarz*, Art. 37 Rz. 69.
123 So auch *Scheifele*, Gründung, S. 399; a.A. *Neun* in Theisen/Wenz, Europäische Aktiengesellschaft, S. 181 f.
124 So *Vossius*, ZIP 2005, 741, 749 Fn. 84. Aus der Praxis („aus Gründen rechtlicher Vorsicht") Umwandlung der Porsche AG sowie der BASF AG, anders bei Fresenius AG.
125 So auch *Schröder* in Manz/Mayer/Schröder, Art. 37 SE-VO Rz. 106; *Neun* in Theisen/Wenz, Europäische Aktiengesellschaft, S. 182; *Schwarz*, Art. 37 Rz. 72; *Marsch-Barner* in Kallmeyer, UmwG, Anhang Rz. 124; *Henssler* in Ulmer/Habersack/Henssler, Mitbestimmungsrecht,

System augenfällig, gilt aber auch dann, wenn der Aufsichtsrat bei der SE fortbesteht. Das SEBG geht erkennbar nicht davon aus, dass alte Mandate fortbestehen, sondern gestaltet die Mandatsverteilung. So sind den beteiligten Mitgliedsstaaten gem. § 36 Abs. 1 SEBG die Arbeitnehmer-Mandate nach der Anzahl der in diesen Ländern jeweils beschäftigten Arbeitnehmer zuzuschlüsseln.

72 Die **Arbeitnehmervertreter** für den Verwaltungsrat oder Aufsichtsrat sind in einem Verfahren zu ermitteln, das sich für die inländischen Arbeitnehmervertreter an die Regeln zur Bestimmung der Mitglieder des besonderen Verhandlungsgremiums anlehnt (vgl. § 36 Abs. 2 und 3 SEBG). Stehen die Vertreter fest, sind sie von der Hauptversammlung der SE zu wählen (§ 36 Abs. 4 SEBG); die Hauptversammlung ist an entsprechende Wahlvorschläge gebunden.

73 Anders als in § 11 Abs. 1 Satz 1 SEBG bei der Bestellung der Mitglieder des besonderen Verhandlungsgremiums ist für die Ermittlung der Mandatsträger **keine zeitliche Höchstgrenze** vorgesehen. Daraus folgt, dass die Errichtung der SE nicht von der Benennung der Arbeitnehmervertreter abhängen kann. Der Verwaltungsrat bzw. Aufsichtsrat muss handlungsfähig sein und insbesondere die geschäftsführenden Direktoren bzw. den Vorstand bestellen können, da die SE ohne deren Bestellung nicht eingetragen wird (Rz. 81). Diese Sicht entspricht auch der herrschenden Auffassung zum inländischen Formwechsel[126].

h) Bestellung des Abschlussprüfers

74 Nach § 197 Satz 1 UmwG, § 30 Abs. 1 Satz 1 AktG (analog) hat die Hauptversammlung zudem den Abschlussprüfer für das erste (Rumpf-)Geschäftsjahr der SE zu bestellen[127].

i) Keine gesonderte Beurkundung der Satzung

75 Die Satzung der aus einem Formwechsel hervorgehenden SE ist nicht durch gesonderte notarielle Beurkundung festzustellen, sondern wird als Bestandteil des Umwandlungsbeschlusses nach den für diesen Beschluss geltenden Förmlichkeiten festgestellt[128]. Dies entspricht den Regelungen des nationalen Umwandlungsrechts mit § 243 Abs. 1 Satz 1, § 218 Abs. 1 Satz 1 UmwG und dem historischen Gesetzgebungswillen zum UmwG[129]. Etwas anderes ergibt sich auch nicht aus Art. 15 Abs. 1, § 23 Abs. 1 AktG i.V.m. §§ 8 ff. BeurkG[130]. Denn Gründungsvorschriften wie § 23 Abs. 1 AktG kommen nicht unmittelbar zur Anwendung, sondern lediglich in dem Rahmen, den die umwandlungsrechtlichen Vorschriften stecken (vgl. § 197 UmwG). Ein anderes Ergebnis wäre übrigens auch nicht mit der Zielrichtung der SE-VO (praktikable Zurverfügungstellung einer zur EU-Sitzverlegung geeigneten Rechtsform) ver-

---

2. Aufl. 2006, SEBG Einl Rz. 89; a.A. *Jannott* in Jannott/Frodermann, Handbuch Europäische Aktiengesellschaft, Rz. 3–254; *Scheifele*, Gründung, S. 426; differenzierend *Schäfer* in MünchKomm. AktG, Art. 37 SE-VO Rz. 31 (§ 203 UmwG bei Fortführung des dualistischen Leitungssystems in der SE und keine Änderung des Mitbestimmungsstatus).

126 Vgl. *Stratz* in Schmitt/Hörtnagl/Stratz, UmwG, § 203 Rz. 4; dazu *Bärwaldt* in Semler/Stengel, UmwG, § 197 Rz. 69 ff.; *Decher* in Lutter, UmwG, § 203 Rz. 21.

127 *Seibt/Reinhard*, Der Konzern 2005, 407, 422; *Jannott* in Jannott/Frodermann, Handbuch Europäische Aktiengesellschaft, Rz. 3–257; *Scheifele*, Gründung, S. 426; *Schäfer* in MünchKomm. AktG, Art. 37 SE-VO Rz. 31.

128 *Seibt/Reinhard*, Der Konzern 2005, 407, 422; *Schäfer* in MünchKomm. AktG, Art. 37 SE-VO Rz. 14; *Marsch-Barner* in Kallmeyer, UmwG, Anhang Rz. 119; a.A. *Schwarz*, Art. 6 Rz. 15.

129 S. Begr.RegE zu § 244 Abs. 2 UmwG (Formwechsel AG/KGaA in GmbH), BR-Drucks. 75/94, S. 157.

130 So aber *Schwarz*, Art. 6 Rz. 15; für die SE-Gründung durch Verschmelzung *Brandes*, AG 2005, 177, 182.

einbar, da der mit der Beurkundung einhergehende Zwang zur Unterzeichnung der Gründungssatzung durch sämtliche Aktionäre für Aktiengesellschaften mit großem Aktionärskreis – insbesondere börsennotierte Aktiengesellschaften – mit erheblichen praktischen Schwierigkeiten verbunden wäre.

j) Kein Zustimmungserfordernis zugunsten des Aufsichtsrates (Art. 37 Abs. 8)

Die Vorschrift des Art. 37 Abs. 8 enthält eine Ermächtigung zugunsten der Mitglieds- 76
staaten, die Umwandlung davon abhängig zu machen, dass das **mitbestimmte Organ** der formwechselnden AG – in Deutschland also der Aufsichtsrat[131] – der Umwandlung mit qualifizierter Mehrheit oder sogar einstimmig zustimmt. Obwohl diese Ermächtigungsklausel auf Vorschlag der deutschen Verhandlungsdelegation zum Zwecke des verstärkten Arbeitnehmerschutzes aufgenommen wurde, hat Deutschland diese – ebenso wie beispielsweise Österreich[132] – nicht umgesetzt[133], so dass der Formwechsel der AG in die SE keiner gesetzlichen Zustimmung des Aufsichtsrats unterliegt. Ohne spezielle gesetzliche Grundlage bestehen auch erhebliche rechtliche Bedenken, ob wegen des zwingenden Charakters der Zuständigkeitsregelung in §§ 193, 240 UmwG ein solches Zustimmungserfordernis durch Satzung oder Geschäftsordnung des Aufsichtsrats mit Wirkung für das Innenverhältnis begründet werden kann[134].

6. Kein Gründungsbericht

Ein Gründungsbericht ist entgegen § 197 UmwG, § 32 AktG nicht erforderlich, weil 77
es bei der Umwandlung einer AG in eine SE keine Personen gibt, die den Gründern der Gesellschaft gleichstünden (Rz. 69)[135].

7. Gründungsprüfung

Auch eine Gründungsprüfung durch Vorstand und Aufsichtsrat (§ 33 Abs. 1 AktG) 78
oder einen Gründungsprüfer (§ 33 Abs. 2 AktG) ist **entbehrlich**[136]: Zum einen läuft

---

131 *Seibt/Reinhard*, Der Konzern 2005, 407, 421; *Scheifele*, Gründung, S. 420 f.; *Schäfer* in MünchKomm. AktG, Art. 37 SE-VO Rz. 35; a.A. (auch der Betriebsrat) *Schulz/Geismar*, DStR 2001, 1078, 1081; *Sanna*, ELR 2002, 2, 7.

132 Vgl. *Hügel* in Kalss/Hügel, Vor § 29 SEG Rz. 3.

133 Zur Kritik an Art. 37 Abs. 8 *Teichmann*, ZGR 2002, 383, 441; *Teichmann*, ZIP 2002, 1109, 1113; *Brandt*, NZG 2002, 991, 995.

134 Vgl. *Seibt*, AG 2005, 413, 416; *Seibt* in Willemsen/Hohenstatt/Schweibert/Seibt, Umstrukturierung und Übertragung von Unternehmen, 2. Aufl. 2003, F 14; *Marsch-Barner* in Kallmeyer, UmwG, Anhang Rz. 121; a.A. (für Zulässigkeit) *Vossius*, ZIP 2005, 741, 748 Fn. 82 – Zu Praxisfällen solcher Regelungen *Seibt*, AG 2005, 413, 416 Fn. 27.

135 So auch *Jannott* in Jannott/Frodermann, Handbuch Europäische Aktiengesellschaft, Rz. 3–258; *Scheifele*, Gründung, S. 427; *Schwarz*, Art. 37 Rz. 74 (Verweis auf den Rechtsgedanken des § 75 Abs. 2 UmwG); *Marsch-Barner* in Kallmeyer, UmwG, Anhang Rz. 122; *Henssler* in Ulmer/Habersack/Henssler, Mitbestimmungsrecht, 2. Aufl. 2006, SEBG Einl Rz. 90; a.A. *Koke*, Die Finanzverfassung der Europäischen Aktiengesellschaft mit Sitz in Deutschland, 2005, S. 76 ff.; *Bayer* in Lutter/Hommelhoff, Europäische Gesellschaft, S. 64; *Neun* in Theisen/Wenz, Europäische Aktiengesellschaft, 2. Aufl. 2005 S. 182 ff., der aber *de lege ferenda* dafür votiert, auf Gründungsbericht und -prüfung zu verzichten; offen *Vossius*, ZIP 2005, 741, 749 Fn. 84.

136 *Seibt/Reinhard*, Der Konzern 2005, 407, 422; *Schäfer* in MünchKomm. AktG, Art. 37 SE-VO Rz. 26; *Schwarz*, Art. 37 Rz. 74; *Marsch-Barner* in Kallmeyer, UmwG, Anhang Rz. 122; *Henssler* in Ulmer/Habersack/Henssler, Mitbestimmungsrecht, 2. Aufl. 2006, SEBG Einl Rz. 90; differenzierend *Neun* in Theisen/Wenz, Europäische Aktiengesellschaft, S. 183 f., der eine interne Gründungsprüfung durch Vorstand und Aufsichtsrat mit entsprechenden Prüfungsberichten verlangt; a.A. *Bayer* in Lutter/Hommelhoff, Europäische Gesellschaft, S. 64; offen *Jannott* in Jannott/Frodermann, Handbuch Europäische Aktiengesellschaft,

der erste Hauptzweck der Gründungsprüfung mangels Gründungsbericht leer, nämlich die Angaben der Gründer zu verifizieren (vgl. § 34 Abs. 1 Nr. 1 AktG), und zum
anderen ist der zweite Hauptzweck, nämlich eine ordnungsgemäße Kapitalaufbringung zu gewährleisten (vgl. § 34 Abs. 1 Nr. 2 AktG), bereits durch den speziell für die
Umwandlung angeordneten Bericht der Umwandlungsprüfer gem. Art. 37 Abs. 6 erreicht[137]. Wegen der in der Literatur abweichend vertretenen Auffassung wird in praxi die Frage der Gründungsprüfung mit dem zuständigen Handelsregister zu klären
sein.

8. Handelsregisteranmeldung

79   Die Umwandlung in die Rechtsform der SE ist zur Eintragung zum Handelsregister
anzumelden, wie sich insbesondere aus Art. 12 Abs. 1 ergibt, der seinerseits auf die
nationalen Rechtsvorschriften zur Umsetzung von Art. 3 der Ersten Gesellschaftsrechtlichen Richtlinie verweist. Zuständig ist das Handelsregister beim Amtsgericht
des Sitzes der AG (Rz. 11). Die Form der Anmeldung legt das nationale Recht fest,
ebenso die beizufügenden Anlagen.

a) Form und Inhalt der Anmeldung

80   Die Anmeldung bedarf der **notariellen Beglaubigung**, § 198 UmwG, § 12 Abs. 1 HGB.
Sie ist nach § 246 Abs. 1 UmwG von den vertretungsberechtigten Organen in vertretungsberechtigter Zahl zu unterzeichnen[138]. Gleichzeitig mit der SE sind die **Vertretungsorgane** der SE **anzumelden** (§ 246 Abs. 2 UmwG), also die Mitglieder des Leitungsorgans im dualistischen System bzw. die geschäftsführenden Direktoren (§ 41
Abs. 1 SEAG) im monistischen System. Dies bedeutet, dass die künftigen Vertreter
der SE ihre Unterschrift zur Aufbewahrung beim Gericht zu zeichnen (§ 197 Satz 1
UmwG, § 37 Abs. 5 AktG) und die Versicherungen gem. § 37 Abs. 2, § 76 Abs. 3 Sätze 3 und 4 AktG abzugeben haben (keine Verurteilung wegen einer Straftat nach den
§§ 283 bis 283d StGB; keine relevante gerichtliche oder behördliche Beschränkung
der Berufsausübung; erfolgte Belehrung über die unbeschränkte Auskunftspflicht gegenüber dem Gericht)[139]. Gem. Art. 15 Abs. 1 i.V.m. § 198 Abs. 3, § 16 Abs. 2 und 3
UmwG haben die Vorstände bei der Anmeldung entweder zu erklären, dass keine
Klage gegen die Wirksamkeit des Umwandlungsbeschlusses anhängig ist, oder einen
rechtskräftigen Beschluss des Prozessgerichts vorzulegen, demzufolge die Klage der
Eintragung der Umwandlung nicht entgegensteht[140].

Rz. 3–260 f. – Eine Gründungsprüfung durch Vorstand und Aufsichtsrat wurde bei der Fresenius AG durchgeführt.

137 A.A. *Scheifele*, Gründung, S. 428 und *Koke*, Die Finanzverfassung der Europäischen Aktiengesellschaft mit Sitz in Deutschland, 2005, S. 73 f., die verkennen, dass der Prüfungsmaßstab
des Art. 37 Abs. 6 strenger ist als derjenige der §§ 245, 220 UmwG. Das öSEG löst die Frage
möglicher nebeneinander bestehender Prüfungspflichten dadurch, dass es die sinngemäße
Geltung der nationalen Bestimmungen über die Sacheinlagenprüfung für die Prüfung nach
Art. 37 Abs. 6 anordnet (§ 30 öSEG).

138 Vgl. *Happ* in Lutter, UmwG, § 246 Rz. 7; *Rieger* in Widmann/Mayer, § 246 UmwG Rz. 8;
Scheel in Semler/Stengel, UmwG, § 246 Rz. 2.

139 Es hätte an sich nahegelegen, die Tätigkeitsverbote und die darauf bezogenen Versicherungen im monistischen System auf sämtliche Mitglieder des Verwaltungsrats als dem eigentlichen Leitungsorgan auszudehnen, insbesondere angesichts der aktuellen Bestrebungen, die
Tätigkeitsverbote für Geschäftsleiter von Kapitalgesellschaften erheblich zu verschärfen
(vgl. *Drygala*, ZIP 2005, 423 ff.).

140 So auch *Jannott* in Jannott/Frodermann, Handbuch Europäische Aktiengesellschaft,
Rz. 3–264; *Scheifele*, Gründung, S. 430; *Schwarz*, Art. 37 Rz. 81.

b) Anlagen zur Anmeldung

Der Anmeldung sind in Ausfertigung oder öffentlich beglaubigter Abschrift oder, so-   81
weit sie nicht notariell zu beurkunden sind, in Urschrift oder Abschrift folgende Unterlagen beizufügen[141]:

– die Niederschrift des **Umwandlungsbeschlusses** (§ 199 UmwG) einschließlich der
  Feststellung der Satzung sowie der Wahlen der Aufsichtsratsmitglieder und des
  Abschlussprüfers;
– **der Umwandlungsbericht** (§ 199 UmwG, Art. 37 Abs. 4);
– **die Bescheinigung der Umwandlungsprüfer** gem. Art. 37 Abs. 6;
– die zwischen Vorstand der AG und dem besonderen Verhandlungsgremium geschlossene **Vereinbarung über die Beteiligung der Arbeitnehmer** i.S.v. § 21 SEBG.
  Ist eine solche Vereinbarung nicht geschlossen worden, ist entweder der Beschluss
  gem. § 16 SEBG oder die Vereinbarung zur einvernehmlichen Beendigung der Verhandlungen beizufügen oder der Ablauf der sechsmonatigen[142] Verhandlungsfrist
  des § 20 SEBG nachzuweisen. Zum Nachweis des Fristbeginns ist dem Gericht das
  Einladungsschreiben des Vorstands zur konstituierenden Sitzung des besonderen
  Verhandlungsgremiums vorzulegen, maßgeblicher Zeitpunkt für den Fristablauf
  ist die Eintragung der SE. Demgegenüber muss der Vorstand in der Regel (nämlich
  solange kein konkreter Anlass dazu besteht, wie z.B. eine ausdrückliche und begründete Eingabe des besonderen Verhandlungsgremiums) keinen Nachweis dazu
  vorlegen, dass der Einladungstermin den Vorgaben der §§ 12, 11 Abs. 1 Satz 1 SEBG
  entspricht, also nicht vor Ablauf von zehn Wochen seit der Information der Arbeitnehmervertretungen gem. § 4 Abs. 2 und 3 SEBG lag;
– ein Nachweis über das Bestehen einer **ausländischen Tochtergesellschaft** gem.
  Art. 2 Abs. 4, beispielsweise durch Vorlage eines Registerauszuges;
– sofern die Umwandlung der **staatlichen Genehmigung** bedarf, eine Abschrift der
  Genehmigungsurkunde, § 199 UmwG a.E.;
– **die Berechnung der Kosten** des Formwechsels, § 197 UmwG i.V.m. § 37 Abs. 4
  Nr. 2 Alt. 2 AktG.

Der Umwandlungsplan muss nicht als Anlage zur Handelsregisteranmeldung genommen werden, da er dem Gericht bereits vorliegt (Rz. 38)[143].

9. Eintragung der SE; Arbeitnehmerschutz (Art. 37 Abs. 9)

Mit der Eintragung der SE in das Handelsregister am Sitz der Gesellschaft ist der   82
Formwechsel vollzogen. Nach § 16 Abs. 1 erwirbt die SE „Rechtspersönlichkeit" am
Tag ihrer Eintragung, was allerdings nicht dahin fehlgedeutet werden darf, dass die
SE einen neuen, von der formgewechselten AG zu unterscheidenden Rechtsträger
darstellte. § 37 Abs. 2 stellt insoweit klar, dass die Umwandlung weder zu einer Auflösung der formwechselnden AG noch zur Gründung einer neuen juristischen Person
(mit Vor-SE) noch zu einem Übergang von Vermögensgegenständen führt. Es gilt also
wie beim nationalen Formwechsel das Identitätsprinzip[144]. Allerdings ändert sich die

---

141 Hierzu ausführlich *Scheifele*, Gründung, S. 429 f.
142 Bzw. zwölfmonatigen Frist im Fall des § 20 Abs. 2 SEBG.
143 *Seibt/Reinhard*, Der Konzern 2005, 407, 423; a.A. ohne Begründung *Jannott* in Jannott/Fro-
    dermann, Handbuch Europäische Aktiengesellschaft, Rz. 3–264; *Scheifele*, Gründung, S. 430;
    Kleindiek in Lutter/Hommelhoff, Europäische Gesellschaft, 95, 101; *Schwarz*, Art. 37 Rz. 80.
144 *Seibt/Reinhard*, Der Konzern 2005, 407, 423; *Scheifele*, Gründung, S. 397; *Schröder* in
    Manz/Mayer/Schröder, Art. 37 SE-VO Rz. 5; *Bayer* in Lutter/Hommelhoff, Europäische Ge-
    sellschaft, S. 65; *Schwarz*, Art. 37 Rz. 85.

auf das Unternehmen anzuwendende Rechtsordnung (Diskontinuität der Verfassung). Die Anteilsverhältnisse und die Dividendenberechtigung der Aktionäre bleibt von der Umwandlung unberührt.

83 Entsprechend dem Identitätsprinzip gibt es beim Formwechsel der AG in die SE auch **keine Gründerhaftung**[145]. Eine **Handelndenhaftung** des Vorstands der AG besteht allerdings auch beim Formwechsel gem. Art. 16 Abs. 2.

84 Zwar regelt Art. 37 Abs. 9, dass „die zum Zeitpunkt der Eintragung (…) bestehenden Rechte und Pflichten der umzuwandelnden Gesellschaft hinsichtlich der Beschäftigungsbedingungen (…) mit der Eintragung der SE auf diese über [gehen]" was gegen die Annahme des Identitätsprinzips (Rz. 3) und für ein Gesamtrechtsnachfolgekonzept sprechen könnte. Dies wäre allerdings ein Fehlverständnis dieser politisch motivierten, eigentlich überflüssigen und merkwürdigen Bestimmung, mit der lediglich klargestellt werden sollte, dass die Arbeitsverhältnisse mit all ihren Rechten und Pflichten von dem Unternehmen in der neuen Rechtsform der SE unverändert fortgeführt werden, also dass es durch den Formwechsel **zu keiner Änderung solcher Rechte und Pflichten kommen kann**[146]. Die Bestimmung ordnet den „Übergang" von Rechten und Pflichten der umzuwandelnden Gesellschaft nur „hinsichtlich der Beschäftigungsbedingungen" an, was darauf hindeuten könnte, dass andere arbeitsrechtliche Verhältnisse (insbesondere die Betriebsverfassungsstruktur und das Unternehmensmitbestimmungsmodell) keinem Veränderungsverbot unterliegen. In diesen Feldern der „Arbeitnehmervertretung" gilt allerdings die Mitbestimmungsbeibehaltungsregelung des Art. 4 Abs. 4 SE-RL und § 21 Abs. 6 SEBG (zu den Einschränkungen Rz. 51).

85 Mit Wirksamwerden der Umwandlung **enden die Ämter der gegenwärtigen Vorstands- und Aufsichtsratsmitglieder.** Die Mitglieder des SE-Vorstands sind durch den ersten SE-Aufsichtsrat zu bestellen (vgl. Art. 39 Abs. 2 Satz 1 SE-VO), und zwar bereits vor Wirksamwerden der Umwandlung; die Anteilseignervertreter des ersten Aufsichtsrats werden in der SE-Satzung bestellt und die Arbeitnehmervertreter erst nach Abschluss des Mitbestimmungsverfahrens.

86 Die SE-VO trifft keine Aussagen zur **Rechtsbeständigkeit des Formwechsels** nach vollzogener Eintragung. Gem. Art. 15 Abs. 1 ist aber § 202 Abs. 1 Nr. 3, Abs. 3 UmwG entsprechend anzuwenden, so dass ein fehlerhaftes Hauptversammlungsprotokoll oder sonstige Mängel der Umwandlung deren Rechtswirksamkeit unberührt lassen[147]. Die Heilungswirkung erstreckt sich beispielsweise auch auf Mängel im Zusammenhang mit der Konstituierung und/oder der Verhandlung mit dem besonderen Verhandlungsgremium[148].

---

145 So auch *Schäfer* in MünchKomm. AktG, Art. 37 SE-VO Rz. 34; *Scheifele*, Gründung, S. 399; *Schwarz*, Art. 37 Rz. 70. Allgemein zum Formwechsel im Umwandlungsgesetz *Happ* in Lutter, UmwG, § 245 Rz. 13.

146 So auch *Schäfer* in MünchKomm. AktG, Art. 37 SE-VO Rz. 36; *Schwarz*, Art. 37 Rz. 87 f.

147 *Seibt/Reinhard*, Der Konzern 2005, 407, 423; *Scheifele*, Gründung, S. 432; *Schröder* in Manz/Mayer/Schröder, Art. 37 SE-VO Rz. 104; *Schäfer* in MünchKomm. AktG, Art. 37 SE-VO Rz. 34; *Schwarz*, Art. 37 Rz. 89.

148 Bei der Umwandlung der Bauholding Strabag wurde trotz fehlender Konstituierung eines besonderen Verhandlungsgremiums und nach Abschluss einer Mitbestimmungsvereinbarung mit dem Europäischen Betriebsrat die Umwandlung im österreichischen Handelsregister eingetragen, wogegen eine Reihe von Eingaben (z.B. von der IG BAU, dem Betriebsrat der Strabag Belgien und der Arbeiterkammer Österreich) erhoben wurden. Hierzu *Gagawczuk*, The Bauholding Strabag Case, Bericht vom 15.11.2004, abrufbar unter www.seeurope-network.org/homepages/seeurope/file_uploads/strabag_gagawczuk.pdf.

Aufgrund des identitätswahrenden Charakters des Formwechsels der AG in die   87
Rechtsform der SE hat dieser keine Auswirkung auf eine **Börsenzulassung der Aktien**. Es muss lediglich die Notierung (wegen der Umfirmierung) entsprechend umgestellt werden, und die mit der Umwandlung verbundenen Änderungen (z.B. Satzungsänderungen) sind nach § 30c WpHG der BaFin und den relevanten Zulassungsstellen
im Entwurf vorzulegen und mitzuteilen. Mit der Umwandlung werden die Aktien-
urkunden ausgetauscht; effektive Stücke sollten auf der Grundlage der in § 73 Abs. 1
AktG vorgesehenen Verfahren für kraftlos erklärt werden. Die Umwandlung hat
auch keine Auswirkungen auf die Einbeziehung der Aktien in Börsen-Indizes.

10. Offenlegung der Eintragung

a) Bekanntmachung im Bundesanzeiger

Gem. Art. 15 Abs. 2, Art. 13 i.V.m. § 10 Abs. 1 HGB hat das Handelsregister die Ein-   88
tragung der SE im elektronische Bundesanzeiger sowie in mindestens einem weiteren
Blatt bekannt zu machen.

b) Hinweis auf Gläubigerschutz

Die Bekanntmachung hat gem. Art. 15 Abs. 1 i.V.m. §§ 204, 22 Abs. 1 Satz 3 UmwG   89
einen Hinweis auf das Recht der Gläubiger der formwandelnden AG auf Sicherheitsleistung zu enthalten[149]. Insoweit gilt für die Umwandlung einer AG in eine SE
nichts anderes als für die Umwandlung einer AG in eine KGaA. Allerdings wird der
Hinweis in dem einen wie in dem anderen Fall praktisch folgenlos bleiben, da es
Gläubigern im Regelfall nicht gelingen dürfte, die Gefährdung von Forderungen –
wie von § 22 Abs. 1 Satz 2 UmwG gefordert – glaubhaft zu machen.

c) Bekanntmachung im Amtsblatt der Europäischen Union

Einen weiteren Publizitätsakt regelt Art. 14 Abs. 1, demzufolge (1) die Firma der SE,   90
(2) ihre Registernummer, (3) das Datum und der Ort ihrer Eintragung, (4) das Datum,
der Ort und der Titel der Bekanntmachung gem. Art. 15 Abs. 2, Art. 13 und (5) der
Sitz und der Geschäftszweig der SE im Amtsblatt der Europäischen Union[150] zu Informationszwecken zu veröffentlichen sind. Für die Veröffentlichung ist das **Amt für
amtliche Veröffentlichungen** zuständig. Damit dieses Amt die Gründung einer SE
veröffentlichen kann, muss es seinerseits die notwendigen Informationen erhalten.
Art. 14 Abs. 3 schreibt deshalb vor, dass dem Amt die zu veröffentlichenden Informationen innerhalb eines Monats nach der mitgliedstaatlichen Bekanntmachung zu
übermitteln sind. Wer Adressat der Übermittlungspflicht ist, regelt das SEAG nicht.
Diese Regelungslücke dürfte durch Rückgriff auf § 4 Abs. 2 EWIV-Ausführungsgesetz

---

149 *Seibt/Reinhard*, Der Konzern 2005, 407, 424; *Vossius*, ZIP 2005,741, 748; a.A. *Jannott* in Jan-
     nott/Frodermann, Handbuch Europäische Aktiengesellschaft, Rz. 3–268; *Schäfer* in Münch-
     Komm. AktG, Art. 37 SE-VO Rz. 39; *Schwarz*, Art. 37 Rz. 66; wohl auch *Scheifele*, Grün-
     dung, S. 423. Aus den Art. 24 Abs. 1, 34 lässt sich entgegen *Jannott* nicht schließen, dass der
     EU-Verordnungsgeber bei der Umwandlung anders als bei der Verschmelzungs-SE oder der
     Holding-SE gerade keinen Gläubigerschutz gewünscht habe. Das „Schweigen" des Art. 37
     zu dieser Frage ist mit der generell geringeren Regelungsdichte der SE-VO bei der Umwand-
     lung zu erklären.
150 Die Bezeichnung „Amtsblatt der Europäischen Gemeinschaften" in Art. 14 Abs. 1 ist seit
     dem Inkrafttreten des Vertrages von Nizza zum 1. Februar 2003 überholt. Die Website des
     Amts für Veröffentlichungen findet sich unter http://publications.eu.int/general/whati-
     tis_de.html.

zu schließen sein[151], da dieser Bestimmung nämlich eine Art. 14 ähnliche Verordnungsbestimmung zugrunde liegt[152]. Nach § 4 Abs. 2 EWIV-Ausführungsgesetz obliegt die Information dem Gericht, in dessen Handelsregister die SE eingetragen wurde. Die aus dem Formwechsel hervorgegangene SE ist nicht zur Mitwirkung verpflichtet.

---

151 A.A. *Vossius*, ZIP 2005, 741, 742, der ohne nähere Begründung unmittelbar auf die HRV zurückgreifen will.
152 Art. 11 der Verordnung (EWG) Nr. 2137/85 des Rates vom 25. Juli 1985 über die Schaffung einer Europäischen Wirtschaftlichen Interessenvereinigung (EWIV), ABl.EG Nr. L 124 v. 15.5.1990, S. 52 ff.

Titel III. Aufbau der SE

Art. 38
[Struktur der Organe]

Die SE verfügt nach Maßgabe dieser Verordnung über

a) eine Hauptversammlung der Aktionäre und

b) entweder ein Aufsichtsorgan und ein Leitungsorgan (dualistisches System) oder ein Verwaltungsorgan (monistisches System), entsprechend der in der Satzung gewählten Form.

Literatur: *Arlt*, Französische Aktiengesellschaft, 2006; *Arlt/Bervoets/Grechenig/Kalss*, The Societas Europaea in Relation to the Public Corporation of Five Member States (France, Italy, Netherlands, Spain, Austria), EBOR 2002, 733–764; *Beier*, Der Regelungsauftrag als Gesetzgebungsinstrument im Gemeinschaftsrecht, 2001; *Brandt*, Überlegungen zu einem SE-Ausführungsgesetz, NZG 2002, 991–996; *Brandt*, Der Diskussionsentwurf zu einem SE-Ausführungsgesetz, DStR 2003, 1208–1215; *Brandt*, Die Hauptversammlung der Europäischen Aktiengesellschaft (SE), 2004 (zit.: Hauptversammlung); *Cheffins*, Company Law: Theory, Structure and Operation, 1997; *Davies*, Struktur der Unternehmensführung in Großbritannien und Deutschland: Konvergenz oder fortbestehende Divergenz?, ZGR 2001, 268–293; *Doralt/Nowotny/Kalss* (Hrsg.), Kommentar zum Aktiengesetz, 2003 (zit.: AktG); *Dorresteijn/Kuiper/Morse*, European Corporate Law, 1995; *Esteban Velasco*, La separación entre Dirección y Control: el sistema monista español frente la opción entre distintos sistemas que ofrece el Derecho comparado, in Derecho de Sociedades Anónimas Cotizadas, Band II, 2006, S. 727–768; *Farrar/Hannigan*, Farrar's Company Law, 4. Aufl. 1998; *Ferran*, Company Law Reform in the United Kingdom, RabelsZ 69 (2005), 629–657; *Ferrarini/Giudici/Richter*, Company Law Reform in Italy: Real Progress?, RabelsZ 69 (2005), 658–697; *Ficker*, Die europäische Entwicklung zu einem Aufsichtsratssystem für Großgesellschaften, in Lutter/Kollhosser/Trusen (Hrsg.), FS Bärmann, 1975, S. 299–320; *Grechenig*, Spanisches Aktien- und GmbH-Recht, Wien, 2005; *Gower and Davies'* Principles of Modern Company Law, 7. Aufl. 2003; *Guyon*, Droit des Affaires, Band 1: Droit commercial général et Sociétés, 12. Aufl. 2003; *Guyon*, Traité des Contrats, Les Sociétés, 5. Aufl. 2002; *Hoffmann-Becking*, Organe: Strukturen und Verantwortlichkeiten, insbesondere im monistischen System, ZGR 2004, 355–382; *Holland*, Das amerikanische „board of directors" und die Führungsorganisation der monistischen SE in Deutschland, 2006; *Hommelhoff*, Einige Bemerkungen zur Organisationsverfassung der Europäischen Aktiengesellschaft, AG 2001, 279–288; *Hommelhoff*, Satzungsstrenge und Gestaltungsfreiheit in der Europäischen Aktiengesellschaft, in Habersack/Hommelhoff/Hüffer/Schmidt (Hrsg.), FS Ulmer, 2003, S. 267–278; *Hommelhoff/Oplustil*, Deutsche Einflüsse auf das polnische Recht der Kapitalgesellschaften: Vorgesellschaft, Eigenkapitalersatz und dualistische Organstruktur in Aktiengesellschaften, in Dauner-Lieb/Hommelhoff/Jacobs/Kaiser/Weber (Hrsg.), FS Konzen, 2006, S. 309–319; *Hopt*, Gemeinsame Grundsätze der Corporate Governance in Europa?, ZGR 2000, 779–818; *Hopt/Leyens*, Board Models in Europe – Recent Developments of Internal Corporate Governance Structures in Germany, the United Kingdom, France and Italy, ECFR 1 (2004), 135–168; *Hornberg*, Die Regelungen zur Beaufsichtigung der Geschäftsführung im deutschen und britischen Corporate Governance Kodex, 2006 (zit.: Beaufsichtigung der Geschäftsführung); *Ihrig/Wagner*, Diskussionsentwurf für ein SE-Ausführungsgesetz, BB 2003, 969–976; *Jungmann*, The Effectiveness of Corporate Governance in One-Tier and Two-Tier Board Systems, ECFR 2006, 426–474; *Kalss/Burger/Eckert*, Die Entwicklung des österreichischen Aktienrechts, 2003; *Lau Hansen*, Nordic Company Law, Kopenhagen, 2003; *Leyens*, Deutscher Aufsichtsrat und U.S.-Board: ein- oder zweistufiges Verwaltungssystem? – Zum Stand der rechtsvergleichenden Corporate Governance-Debatte, RabelsZ 67 (2003), 57–105; *Liebscher/Zoll* (Hrsg.), Einführung in das polnische Recht, 2005; *Lutter* (Hrsg.), Die Europäische Aktiengesellschaft, 2. Aufl. 1978 (zit.: Europäische AG; *Lutter*, Europäisches Gesellschaftsrecht, 1. Aufl. 1979, 2. Aufl. 1984 (zit.: EuGesR); *Lutter*, Europäische Aktiengesellschaft – Rechtsfigur mit Zukunft?, BB 2002, 1–7; *Mävers*, Die Mitbestimmung der Arbeitnehmer in der Europäischen Aktiengesellschaft, 2002 (zit.: Mitbestimmung); *Menjucq*, Das „monistische" System der Unternehmensleitung in der SE, ZGR 2003, 679–687; *Menjucq*, The Company Law Reform in France, RabelsZ 69 (2005), 698–711; *Merkt/Göthel*, US-amerikanisches Gesellschaftsrecht, 2. Aufl. 2006; *Minuth*, Führungssysteme der Europäischen Aktiengesellschaft (SE), 2005 (zit.: Führungssysteme); *Neye*, Die optionale Einführung der monistischen Unternehmensverfassung für die Europäische (Aktien-)Gesellschaft im deutschen Recht, in Crezelius/Hirte/Vieweg (Hrsg.), FS Röhricht, 2005, S. 443–454; *Oplustil/Teichmann* (Hrsg.), The European Company – all over Europe, 2004; *Passow*, Die Entstehung des Aufsichtsrats der Aktiengesellschaft, ZHR 64 (1909), 27–57; *Raiser*, Führungsstruktur und Mitbestimmung in der Europäischen Aktiengesellschaft nach dem Verordnungsvorschlag der Kommission vom 25. August 1989, in Baur/Hopt/Mailänder (Hrsg.), FS Steindorff, 1990, S. 201–214; *Raiser*, Die Europäische Aktiengesellschaft und die nationalen Aktiengesetze, in Bierich/Hommelhoff/Kropff (Hrsg.), FS Semler, 1993, S. 277–297; *Schiessl*, Leitungs- und Kontrollstrukturen im internationalen Wettbewerb, ZHR 167 (2003), 235–256; *Schönborn*, Die monistische Societas Europaca in Deutschland im Vergleich zum englischen Recht, 2007, (zit.: Monistische SE und englisches Recht); *Schubert/Hommelhoff*, Hundert Jahre modernes Aktienrecht, 1985; *Skog*, The New Swedish Companies Act, AG 2006, 238–242; *Seibt*, Satzung und Satzungsgestaltung in der Europäischen Gesellschaft deutschen Rechts, in Lutter/Hommelhoff, Europäische Gesellschaft, S. 67–94; *Storck*, Corporate Governance à la Française – Current Trends –, ECFR 1 (2004), 36–59; *Striebeck*, Reform des Aktienrechts durch die Strukturrichtlinie der Europäischen Gemeinschaften, 1992 (zit.: Strukturrichtlinie); *Teichmann*, Corporate Governance in Europa, ZGR 2001, 645–679; *Teichmann*, Vorschläge für das deutsche Ausführungsgesetz zur Europäischen Aktiengesellschaft, ZIP 2002, 1109–1116; *Teichmann*, Binnenmarktkonformes Gesellschaftsrecht, 2006; *Ulmer*, Paritätische Arbeitnehmermitbestimmung im Aufsichtsrat von Großunternehmen – noch zeitgemäß?, ZHR 166 (2002), 271–275; *van den Berghe*, Corporate Governance in a Globalising world: Convergence or Divergence?, 2002; *v. Werder*, Formen der Führungsorganisation einer Europäischen Aktiengesellschaft, RIW 1997, 304–310; *Waclawik*, Der Referentenentwurf des Gesetzes zur Einführung der Europäischen (Aktien-)Gesellschaft, DB 2004, 1191–1199; *Wagner*, Die Bestimmung des auf die SE anwendbaren Rechts, NZG 2002, 985–991; *Werlauff*, SE – The Law of the European Company, 2003; *Wiethölter*, Interessen und Organisation der Aktiengesellschaft im amerikanischen und deutschen Recht, 1961; *Wymeersch*, A Status Report on Corporate Governance Rules and Practices in Some Continental European States, in Hopt/Kanda/Roe/Wymeersch/Prigge (Hrsg.), Comparative Corporate Governance – The State of the Art and Emerging Research, 1998, S. 1045–1199.

I. Unternehmensverfassung der SE

1   Titel III regelt den Aufbau der SE und der vorangestellte Art. 38 bildet die **Grundnorm** ihrer Unternehmensverfassung. Die SE verfügt über eine Hauptversammlung der Aktionäre und – nach Wahl der Satzung – über ein Aufsichts- und ein Leitungs-

organ (dualistisches System) oder über ein Verwaltungsorgan (monistisches System). Zuständigkeiten und innere Organisation der einzelnen Organe werden in den nachfolgenden Abschnitten der Verordnung entfaltet: Im ersten Abschnitt für das dualistische (Art. 39–42), im zweiten für das monistische Leitungssystem (Art. 43–45); dem folgt ein Abschnitt mit gemeinsamen Vorschriften für beide Systeme (Art. 46–51) und der Abschnitt über die Hauptversammlung (Art. 52–60). Nach Maßgabe des europäisch determinierten Rechtsrahmens ist die Schaffung weiterer Organe durch die SE-Satzung oder den mitgliedstaatlichen Gesetzgeber grundsätzlich denkbar (dazu Rz. 41 ff.).

Während die SE-VO sich in vielen gesellschaftsrechtlichen Fragen auf eine Rahmen-   2
regelung mit Verweisen in das allgemeine nationale Aktienrecht zurückgezogen hat, wird für das dualistische und das monistische Leitungssystem das Bemühen erkennbar, zumindest das Grundgerüst der Unternehmensverfassung originär in der Verordnung zu verankern. Der Titel zur Unternehmensverfassung ist nach demjenigen über die Gründung der umfangreichste. Zudem enthält die Verordnung in diesem Bereich die wohl am weitesten reichende Regelungsermächtigung zur Schaffung SE-spezifischen Rechts durch den mitgliedstaatlichen Gesetzgeber. Regelungsziel ist also ein originär **SE-spezifisches Leitungssystem**, sei es dualistisch, sei es monistisch. Dessen Grundstrukturen sind europäisch determiniert beziehungsweise SE-spezifisch von den Mitgliedstaaten ausgestaltet, das allgemeine Aktienrecht damit stärker als in anderen Bereichen auf eine nachgeordnet lückenfüllende Aufgabe reduziert (vgl. auch die Erläuterungen zu Art. 39 ff. für das dualistische und zu Art. 43 ff. für das monistische System).

Bezüglich der **Hauptversammlung** hingegen hat sich der europäische Gesetzgeber   3
weitgehend aus der Regelungsverantwortung zurückgezogen. Die Lücken im Rechtstext sind groß, die Verweisungen führen in das nationale Aktienrecht des Sitzstaates. Dies gilt selbst für so zentrale Fragen wie Kompetenzen, Organisation und Ablauf der Hauptversammlung (Art. 52 und 53). Es lässt sich daher kaum annehmen, die SE-VO habe für die Stellung der Hauptversammlung in der Unternehmensverfassung ein bestimmtes Modell zwingend festgelegt. Weder für das „Hierarchiemodell", bei welchem die Hauptversammlung ein grundsätzlich allzuständiges Basisorgan ist, noch für das „Nebenordnungsmodell", das allen Organen der Unternehmensverfassung originär-eigene Kompetenzen zuweist, lässt sich in der SE-VO eine Verankerung erkennen[1]. Die Stellung der Hauptversammlung in der Kompetenzordnung der Unternehmensverfassung changiert statt dessen in Abhängigkeit vom Sitzstaat der SE.

II. Entstehung der Norm

1. Entwicklung des SE-Statuts

Art. 38, der in seiner heutigen Fassung ein Satzungswahlrecht zwischen dem dualis-   4
tischen und dem monistischen Leitungssystem eröffnet, hat eine wechselvolle Geschichte[2]. Der **Kommissionsvorschlag** aus dem Jahre **1970** hatte das dualistische Modell mit Vorstand und Aufsichtsrat noch als allein verbindliche Leitungsstruktur vorgegeben[3]. Nach Auffassung der Europäischen Kommission war zwar in allen Mitgliedstaaten eine Trennung von Geschäftsführung und Überwachung gebräuchlich.

---

1 A.A. *Brandt*, Hauptversammlung, S. 67 ff. und 105 ff., der annimmt, die SE sei gemeinschaftsrechtlich auf die Nebenordnungsstruktur festgelegt. Vgl. Art. 52 Rz. 10.
2 Dazu im Überblick *Neye* in FS Röhricht, S. 443 ff.
3 Vorschlag einer Verordnung (EWG) des Rates über das Statut für europäische Aktiengesellschaften, ABl. EG Nr. C 124 v. 10.10.1970, S. 1 ff. (vgl. Art. 62 ff. zu Vorstand und Aufsichtsrat).

Das System der „strikten Trennung" sei aber demjenigen der „lockeren Trennung" überlegen; denn es ermögliche eine dauerhaftere und wirksamere Überwachung und Kontrolle[4]. Diese Entscheidung für das dualistische Modell war naturgemäß eng mit der Frage der Mitbestimmung verknüpft[5]: Ein Drittel der Aufsichtsratsmitglieder sollte von den Arbeitnehmern gewählt werden[6]. Dies entsprach dem damaligen Standard im deutschen Recht (Betriebsverfassungsgesetz 1952).

5   Der geänderte **Vorschlag des Jahres 1975**[7] blieb bei dieser Weichenstellung; auch hier war für die SE ausschließlich das dualistische Modell vorgesehen (Art. 62 ff.)[8]. Der Aufsichtsrat sollte gem. Art. 74a zu einem Drittel aus Vertretern der Aktionäre, zu einem Drittel aus Vertretern der Arbeitnehmer und zu einem Drittel aus Personen, die von beiden Gruppen hinzugewählt würden, bestehen („Drei-Bänke-Modell"). Das Festhalten am dualistischen Leitungsmodell wurde begründet mit der Notwendigkeit, „ein System klarer Trennung der Verantwortlichkeiten einzuführen"[9]. Zudem ließ sich die Mitbestimmung im System der Trennung von Vorstand und Aufsichtsrat leichter realisieren und seinerzeit wohl gar nicht anders denken, denn als Vertretung der Arbeitnehmer in einem strikt separierten Aufsichtsorgan[10].

6   Der erneut geänderte **Vorschlag** aus dem Jahre **1989** vollzog die Wende zu einem **Wahlrecht** der Unternehmen[11]: Die Satzung der SE solle entscheiden, ob die Gesellschaft nach dem dualistischen oder nach dem monistischen System geleitet werde (Art. 61 des Entwurfs). Dieses Wahlrecht wurde möglich durch einen neuen Regelungsansatz in der Mitbestimmungsfrage[12]. Neben der SE-VO war eine Richtlinie geplant, die verschiedene Mitbestimmungsmodelle zur Wahl anbieten sollte. Damit war die Arbeitnehmerbeteiligung nicht mehr zwingend an ein bestimmtes Modell der Unternehmensleitung gekoppelt, weshalb auch für die Leitungsstruktur Wahlfreiheit eröffnet werden konnte.

7   Nach der 1989 vorgeschlagenen Konzeption sollten allerdings die Mitgliedstaaten die Wahl der Mitbestimmungsmodelle einschränken können. Dies stand im Widerspruch zur Entscheidungsfreiheit der Unternehmen hinsichtlich der Leitungsstruktur und hätte zu Friktionen zwischen dem satzungsmäßig vorgesehenen Leitungsmodell und dem national geregelten Mitbestimmungsmodell führen können. Dieser Konflikt wurde zunächst zu Gunsten einer mitgliedstaatlichen Regelungshoheit gelöst. Im **Entwurf von 1991**[13] erhielten die Mitgliedstaaten im neu gefassten Art. 61 nun auch die Option, den SE mit Sitz in ihrem Hoheitsgebiet das dualistische oder das monistische Leistungsystem vorzuschreiben. Dieser Zusatz entfiel dann wieder, als der Text unter britischer Präsidentschaft im Jahre **1998 überarbeitet** wurde[14]. Denn mittlerweile war im Bereich der Mitbestimmung das Prinzip des Vorrangs der Verhandlungen zum Durchbruch gelangt, so dass es nur konsequent erschien, nun

---

4 Begründung der Kommission zu den Art. 62 ff. des Vorschlags von 1970 (Sonderbeilage 8/70 zum Bulletin der EG, S. 53).
5 Ausführlich hierzu *Mävers*, Mitbestimmung, S. 109 ff.
6 Art. 137 ff. SEVO-Vorschlag 1970.
7 Abgedruckt bei *Lutter*, EuGesR, 1. Aufl., S. 278 ff.
8 Näher *Mävers*, Mitbestimmung, S. 132 ff.
9 Erwägungsgrund 14 des Vorschlags von 1975.
10 Vgl. zu diesen Überlegungen *Rittner* in Lutter, Europ. AG, S. 93, 95 ff. und *Mertens* in Lutter, Europ. AG, S. 115 f.
11 Abgedruckt bei *Lutter*, Europäisches Unternehmensrecht, 3. Aufl., 1991, S. 561 ff.; vgl. dazu *Raiser* in FS Steindorff, S. 201 ff.
12 Dazu *Mävers*, Mitbestimmung, S. 213 ff.
13 Abgedruckt bei *Lutter*, Europäisches Unternehmensrecht, S. 724 ff. Zu den damit eröffneten Möglichkeiten der Führungsorganisation *v. Werder*, RIW 1997, 304 ff.
14 *Mävers*, Mitbestimmung, S. 323.

auch das Leitungsmodell wieder für den Gestaltungswillen der Gesellschaft zu öffnen[15]. Bei dieser Konzeption ist es für den **2001** verabschieden Rechtstext geblieben. Heute entscheidet der **Satzungsgeber** über das Leitungssystem der SE; die einschlägigen Regeln zur Mitbestimmung ergeben sich aus den Verhandlungen oder der subsidiär greifenden Auffangregelung gem. der SE-Richtlinie.

2. Strukturrichtlinie

Die geschilderte Entwicklung der SE-VO verlief parallel zu den Arbeiten an der Strukturrichtlinie. Dieser als fünfte gesellschaftsrechtliche Richtlinie geplante Rechtsakt sollte das nationale Aktienrecht der Mitgliedstaaten im Bereich der Unternehmensverfassung harmonisieren. Mit einer Verabschiedung ist kaum mehr zu rechnen[16]. Entstehungsgeschichtlich spiegelt aber die Strukturrichtlinie ebenso wie das SE-Statut den Wandel der rechtspolitischen Vorstellungen im Verlaufe der Jahrzehnte wider: Der erste **Vorschlag von 1972**[17] sah ausschließlich das dualistische Leitungssystem vor und hätte eine europaweite Einführung dieses Systems bedeutet. Zudem folgte der Vorschlag dem damaligen „Trend in Richtung auf eine interessenpluralistische Ausrichtung der Unternehmen durch Einbeziehung der Arbeitnehmer in den unternehmerischen Entscheidungsprozess"[18] und sah für alle Aktiengesellschaften mit mehr als 500 Arbeitnehmern eine Beteiligung der Arbeitnehmer im Aufsichtsorgan der Gesellschaft vor. 8

Dem Vorschlag von 1972 folgte eine lebhafte Diskussion. Angesichts der fundamentalen Unterschiede der verschiedenen Rechtssysteme in Fragen des Leitungssystems und der Arbeitnehmerbeteiligung konnten weder der Europäische Wirtschafts- und Sozialausschuss noch das Europäische Parlament zu einer einheitlichen Linie finden[19]. Der geänderte **Vorschlag von 1983**[20] bot daher als Kompromiss ein Mitgliedstaaten-Wahlrecht an: Der Gesetzgeber könne entweder das dualistische System verbindlich vorschreiben oder aber den Unternehmen die Wahl zwischen dem dualistischen und dem monistischen System eröffnen. Der Sache nach wäre dadurch jedoch das monistische System weitgehend dem dualistischen angenähert worden[21], dem unverkennbar „Vorbildcharakter"[22] zukommen sollte. Eine Mitbestimmung der Arbeitnehmer sollte für beide Systeme in Aktiengesellschaften mit mehr als 1.000 Arbeitnehmern gelten. Im Jahre **1991** wurde ein nochmals geringfügig veränderter Vorschlag unterbreitet[23], der aber ebensowenig zum Durchbruch führte. Seitdem ruhen die Arbeiten an der Strukturrichtlinie. 9

Die Entwicklung der Strukturrichtlinie hat für die heutige Fassung der SE-VO **methodische Bedeutung**. Denn bei den Arbeiten an der SE-VO diente die jeweils aktuelle Version der Strukturrichtlinie stets als Vorbild, das im heute geltenden Wahl- 10

---

15 Kritisch dazu *Mävers*, Mitbestimmung, S. 367.
16 S. nur *Habersack*, Europäisches Gesellschaftsrecht, S. 60 f. Rz. 14.
17 Abgedruckt bei *Lutter*, EuGesR, 1. Aufl., S. 99 ff. S. auch die Erläuterungen zu Inhalt und Konzeption des Vorschlags bei *Lutter*, EuGesR, 1. Aufl., S. 22 ff., *Mävers*, Mitbestimmung, S. 147 ff. und *Striebeck*, Strukturrichtlinie, S. 18 ff.
18 *Lutter*, EuGesR, 1. Aufl., S. 23.
19 Zur Diskussion des Vorschlags von 1972 *Mävers*, Mitbestimmung, S. 154 ff. und *Striebeck*, Strukturrichtlinie, S. 19 ff.
20 Abgedruckt bei *Lutter*, EuGesR, 2. Aufl., S. 145 ff.
21 Vgl. dazu die Textanalyse bei *Teichmann*, Binnenmarktkonformes Gesellschaftsrecht, S. 596 ff.
22 *Striebeck*, Strukturrichtlinie, S. 33.
23 Abgedruckt bei *Lutter*, Europäisches Unternehmensrecht, S. 176 ff.; ausführliche Darstellung des dort vorgeschlagenen Systems der Unternehmensleitung bei *Schwarz*, Europäisches Gesellschaftsrecht, S. 446 ff. (Rn. 712 ff.).

modell der SE weiterlebt. Die EU-Kommission bezog sich bei der Einführung des Wahlrechts in den SE-Vorschlag von 1989 ausdrücklich auf den damaligen Stand der Arbeiten an der fünften Richtlinie[24]. In der Erläuterung zu Art. 61 des SE-Vorschlags von 1989 heißt es: „Das Statut der Europäischen Aktiengesellschaft gleicht sich in Bezug auf die Organe an die einzelstaatlichen Rechtsvorschriften über die Aktiengesellschaften und an die Bestimmungen des geänderten Vorschlags für eine fünfte Richtlinie über die Struktur der Aktiengesellschaften an."[25] Für die Auslegung der SE-VO in ihrer heutigen Fassung kann also der Blick auf die seinerzeit konzipierte Strukturrichtlinie weiterhin aufschlussreich sein.

3. Erwägungsgrund 14: Funktionstrennung

11 Die Entstehungsgeschichte der SE-VO (Rz. 4 ff.), die in der Rz. 8 ff. beschriebenen Weise mit der Diskussion um die Strukturrichtlinie verwoben ist, hat Niederschlag gefunden in Erwägungsgrund 14 der heute geltenden Verordnung:

> „Es ist erforderlich, der SE alle Möglichkeiten einer leistungsfähigen Geschäftsführung an die Hand zu geben und gleichzeitig deren wirksame Überwachung sicherzustellen. Dabei ist dem Umstand Rechnung zu tragen, dass in der Gemeinschaft hinsichtlich der Verwaltung der Aktiengesellschaften derzeit zwei verschiedene Systeme bestehen. Die Wahl des Systems bleibt der SE überlassen, jedoch ist eine klare Abgrenzung der Verantwortungsbereiche jener Personen, denen die Geschäftsführung obliegt, und der Personen, die mit der Aufsicht betraut sind, wünschenswert."

12 Diesem Erwägungsgrund wird heute vielfach Bedeutung für die Aufteilung der Funktionen im monistischen System beigemessen, teilweise wird ihm geradezu eine europarechtlich verankerte Trennung in **geschäftsführende** und **nicht-geschäftsführende Direktoren** entnommen[26]. Dies bedarf jedoch der Relativierung. Denn der Erwägungsgrund entstammt einer Zeit, in welcher der europäische Gesetzgeber die konzeptionelle Führungsrolle dem dualistischen Modell zugedacht hatte. Er taucht erstmals im SE-Vorschlag von 1989 auf. In diesem Vorschlag war das monistische Modell noch stärker dem dualistischen nachgebildet als im heute geltenden Verordnungstext. So war das Verwaltungsorgan nach Art. 66 Abs. 2 Satz 1 des Vorschlags von 1989 verpflichtet, einem oder mehreren seiner Mitglieder die Geschäftsführung der SE zu übertragen. Dabei war sicherzustellen, dass die Zahl der geschäftsführenden Mitglieder niedriger war als diejenige der übrigen Mitglieder des Organs (Art. 66 Abs. 1 Satz 2 SE-Vorschlag). Eine noch stärkere Nähe zum dualistischen Modell wies der parallel entwickelte Vorschlag der Strukturrichtlinie von 1991 auf. Die Erwägungsgründe des Strukturrichtlinienentwurfs von 1991 machten deutlich, worum es ging: „Zwar ist die allgemeine Einführung des dualistischen Systems derzeit nicht zu verwirklichen; indessen soll dieses System den Aktiengesellschaften überall zumindest zur Wahl offen stehen. Das monistische System kann beibehalten werden, sofern es mit Merkmalen ausgestattet wird, die dazu führen, seine Funktionsweise der des

---

24 Bulletin der Europäischen Gemeinschaften, Beilage 5/89, S. 11: „Was die Struktur der SE (Titel IV) anbelangt, so ist im Text unter Berücksichtigung des Stands der Arbeiten im Rat über den Vorschlag für eine fünfte Richtlinie vorgesehen, daß zwischen dem monistischen System (Verwaltungsorgan) und dem dualistischen System (Leitungs- und Aufsichtsorgan) gewählt werden kann."

25 Bulletin der Europäischen Gemeinschaften, Beilage 5/89, S. 21.

26 So etwa *Theisen/Hölzl* in Theisen/Wenz, Europäische Aktiengesellschaft, S. 280, mit der Bemerkung, das Statut unterscheide „generell zwischen geschäftsführenden und nicht-geschäftsführenden Mitgliedern des getrennten bzw. gemeinsamen Führungs- und Überwachungsorgans". Zurückhaltender *Hommelhoff*, AG 2001, 279, 284, der darauf hinweist, dass Erwägungsgrund 14 im Text der Verordnung keinen adäquaten Niederschlag findet.

dualistischen Systems anzugleichen."[27] Das monistische Modell sollte demnach formell erhalten bleiben, sich materiell aber dem **Leitbild des dualistischen Modells** unterordnen. Es besteht kaum ein Zweifel, dass die Abfassung der damals entstandenen Entwürfe der SE-VO von demselben Geist getragen war. Vor diesem Hintergrund ist ein Satz wie der folgende zu lesen, der sich bereits in den Erwägungsgründen des Vorschlags einer Strukturrichtlinie von 1991 fand: „Für beide Systeme ist es wünschenswert, die Verantwortlichkeiten der Personen, die mit der einen oder anderen Aufgabe betraut sind, eindeutig voneinander abzugrenzen."

Zwar ist der heutige Erwägungsgrund 14 der SE-VO nahezu gleichlautend formuliert,   13 von der damaligen Präferenz für das dualistische System hat sich die SE-VO aber weit entfernt. Das monistische System wurde von den früher eingefügten „dualistischen Korsettstangen" wieder befreit. Unverändert geblieben ist allein der Erwägungsgrund 14, dessen Aussagekraft im Lichte der wechselvollen Entstehungsgeschichte nicht überschätzt werden darf. Dass eine klare Funktionstrennung wünschenswert sei, diente ursprünglich als Begründung für die dualistische Prägung, die das monistische Modell im Text der SE-VO erfahren sollte. Heute handelt es sich um einen schlichten **Programmsatz** ohne normative Verankerung im Rechtstext der Verordnung. Die Verordnung ist in ihrer heutigen Fassung für jede Variante der Funktionstrennung offen, wie sie in den aktuell existierenden monistisch orientierten Gesellschaftsrechtssystemen praktiziert wird, und lässt darüber hinaus auch andere Lösungsmöglichkeiten zu in Mitgliedstaaten, die SE-spezifisch das monistische Modell erstmals einführen.

III. Reduktion der mitgliedstaatlichen Vielfalt auf zwei Leitungssysteme

Dass Art. 38 der SE ein Wahlrecht zwischen dem monistischen und dem dualistischen Leitungssystem eröffnet, erklärt sich aus der Typenvielfalt, die in den Mitgliedstaaten der Gemeinschaft herrscht (Rz. 15 ff.). Die SE-VO beschränkt sich allerdings nicht auf ein Wahlrecht aus den existierenden nationalen Systemen, sondern regelt selbst in Art. 38 ff. recht ausführlich die materielle Leitungsstruktur der SE. Es geht demnach nicht etwa um die Wahl zwischen den verschiedenen real existierenden Leitungssystemen im mitgliedstaatlichen Aktienrecht. Vielmehr können die Satzungsgeber der SE aus den beiden von der SE-VO vorgeprägten Leitungssystemen eines auszuwählen, von denen das eine mit einem Aufsichts- und einem Leitungsorgan, das andere mit einem Verwaltungsorgan ausgestattet ist. Die Begriffe des „dualistischen" und des „monistischen" Leitungssystems bedürfen, mit anderen Worten, einer europäisch autonomen Interpretation und sind nicht deckungsgleich mit den mannigfaltig in den Mitgliedstaaten anzutreffenden Leitungssystemen (Rz. 24 ff.).

1. Typenvielfalt in den mitgliedstaatlichen Rechtsordnungen

In den Mitgliedstaaten der Gemeinschaft herrscht hinsichtlich der Leitung und Kontrolle von Aktiengesellschaften eine erhebliche Typenvielfalt. Die rechtstatsächlich existierenden Leitungsstrukturen lassen sich zwar grob in eine Gruppe der monistischen und eine andere der dualistischen Leitungssysteme unterteilen. Innerhalb dieser Gruppen gibt es aber eine beträchtliche Bandbreite[28]. Das monistische Modell ist

---

27 Dieser Versuch, das dualistische Modell europaweit zum Maßstab zu machen, gipfelte in der am dualistischen Modell orientierten, für ein monistisches Organ aber schlicht unsinnigen Vorschrift des Art. 211 des Strukturrichtlinienentwurfs von 1991: „Niemand darf zugleich geschäftsführendes und nicht geschäftsführendes Mitglied des Verwaltungsorgans sein."
28 Vgl. zu den aktuellen Entwicklungen *Arlt/Bervoets/Grechenig/Kalss*, EBOR 2002, 733 ff. und *Hopt/Leyens*, ECFR 1 (2004), 135 ff. Außerdem zur englischen Company Law Reform *Ferran*,

traditionell bekannt im angelsächsischen und im romanischen Rechtsraum. Als Repräsentanten dieser beiden Rechtskreise sollen nachfolgend in Rz. 16 ff. das englische und das französische Recht vorgestellt werden. Für das dualistische Modell (Rz. 19 ff.) stehen vor allem das deutsche und das österreichische Aktienrecht; aber auch manche mittel- und osteuropäischen Rechtsordnungen haben sich am deutschen Recht orientiert, wofür exemplarisch das polnische Recht genannt sei. Hinzu kommen (Rz. 22 ff.) Mischformen wie das skandinavische Modell, das zwar ein Organ der Oberleitung kennt, zusätzlich aber – zumindest in Gesellschaften einer bestimmten Größenordnung – die Bestellung geschäftsführender Direktoren zwingend vorschreibt.

a) Monistische Leitungssysteme

16 Das **englische Recht** kennt streng genommen überhaupt kein gesetzlich geregeltes Leitungsmodell. Der Companies Act aus dem Jahre 1985 schreibt lediglich vor, dass jede Gesellschaft über mindestens einen, börsennotierte Gesellschaften über mindestens zwei Geschäftsleiter (*directors*) verfügen müssen[29]. Alles weitere bleibt der Satzungsgestaltung überlassen. Zur Satzung der Gesellschaft wird automatisch der Anhang A (*Table A*) des Companies Act, soweit die Gesellschafter die dort vorgesehenen Regelungen nicht abbedingen[30]. Aus diesem Grund prägt Table A die reale Struktur englischer Gesellschaften ganz erheblich[31], wenngleich es sich von der Rechtsquelle her nicht um Gesetzesrecht, sondern um Satzungsrecht handelt. Nicht im Gesetz, sondern nur in Table A findet sich beispielsweise eine Regelung zu den Kompetenzen der Geschäftsleiter, die ihnen die Aufgabe zuweist, die Geschäfte der Gesellschaft zu führen[32]. Auch die Möglichkeit, Geschäftsführungsaufgaben auf einzelne Direktoren zu delegieren, setzt eine Ermächtigung in der Satzung voraus. Das Gremium der Direktoren (***board of directors***) wird nach Common Law als Organ angesehen, dessen Befugnisse sich von der Gesellschafterversammlung ableiten und die es ohne Ermächtigung der Gesellschafter nicht weiterdelegieren kann[33].

17 Die übliche Kennzeichnung des englischen Modells als „monistisch" mit einem *board of directors*, das als einziges Verwaltungsorgan die Geschäfte führt, ist dem-

---

RabelsZ 69 (2005), 629 ff., zur Gesellschaftsrechtsreform in Italien *Ferrarini/Giudici/Richter*, RabelsZ 69 (2005), 658 ff. und in Frankreich *Menjucq*, RabelsZ 69 (2005), 698 ff.

29 Sec. 282 Companies Act: „(1) Every company registered on or after 1st November 1929 (other than a private company) shall have at least two directors. (2) Every company registered before that date (other than a private company) shall have at least one director. (3) Every private company shall have at least one director."

30 Sec. 8 Companies Act: „(1) Table A is as prescribed by regulations made by the Secretary of State; and a company may for its articles adopt the whole or any part of that Table. (2) In the case of a company limited by shares, if articles are not registered or, if articles are registered, in so far as they do not exclude or modify Table A, that Table (so far as applicable, and as in force at the date of the company's registration) constitutes the company's articles, in the same manner and to the same extent as if articles in the form of that Table had been duly registered. [...]"

31 Dazu auch *Brandt*, Hauptversammlung, S. 76 ff.; weiterhin *Dorresteijn/Kuiper/Morse*, European Corporate Law, S. 128 ff.; sowie *Schönborn*, Monistische SE und englisches Recht, S. 49 ff.

32 Art. 70 Table A: „Subject to the provisions of the Act, the memorandum and the articles and to any directions given by a special resolution, the business of the company shall be managed by the directors who may exercise all the powers of the company."

33 *Gower and Davies'* Company Law, S. 320 f. Anders das US-amerikanische Recht, in dem das *board of directors* die Verwaltung der Gesellschaft nicht als Vertreter der Gesellschafter erledigt, sondern in eigener Verantwortung (*Merkt/Göthel*, US-amerikanisches Gesellschaftsrecht, S. 313); ausführlich zur Funktionsweise des board of directors im US-amerikanischen Rechtssystem *Holland*, Board of directors und monistische SE, S. 16 ff.

nach eine Beschreibung der Rechtspraxis, nicht des geschriebenen Rechts. In der Praxis börsennotierter Gesellschaften allerdings ergibt sich die Existenz eines „Board" schon daraus, dass diese Gesellschaften wegen ihres Geschäftsumfangs eine **größere Zahl von Geschäftsleitern** benötigen, die als formal bestellte „directors" alle den gleichen Status besitzen und daher die Geschäftsleitung zwangsläufig als Kollegialorgan organisieren müssen. Unter dem Einfluss von Corporate Governance Kodices hat sich innerhalb der Gruppe der Geschäftsleiter eine Aufteilung in geschäftsführende (*executive*) und nicht-geschäftsführende (*non-executive*) Direktoren eingebürgert[34]. Zu den Zulassungsregeln der Londoner Börse gehört mittlerweile der sogenannte „Combined Code", der diese Zweiteilung explizit einfordert. Zwar ist auch dies keine zwingende Regel, denn die Börsennotierung erfordert nur eine öffentliche Erklärung über die Einhaltung des Kodex (Prinzip des „*comply or explain"*)[35]. Der Kodex verursacht aber einen faktischen Anpassungsdruck, so dass die überwiegende Zahl der börsennotierten Gesellschaften die Zweiteilung in geschäftsführende und nicht-geschäftsführende Direktoren respektiert und nach außen kenntlich macht. Ungeachtet dessen bleiben alle formal bestellten Geschäftsleiter als solche kollektiv in gleicher Weise verantwortlich für die Geschäftsleitung[36]. Der Combined Code hebt dies deutlich hervor: „As part of their role as *members of a unitary board*[37], non-executive directors should constructively challenge and help develop proposals on strategy."[38]

Das **französische Recht** bietet zwar seit dem Jahre 1996 das dualistische Modell an[39], wird aber traditionell geprägt von einem monistischen Leitungssystem mit dem Verwaltungsrat (*conseil d'administration*) an der Spitze der Geschäftsleitung[40]. Der Verwaltungsrat bestimmt die Strategie des Unternehmens und wacht über deren Umsetzung; er kann jede Maßnahme der Geschäftsführung an sich ziehen, soweit er dies für erforderlich hält[41]. Zusätzlich bestimmt der Verwaltungsrat einen Generaldirektor, der mit der allgemeinen Geschäftsführung betraut wird (*directeur général*); dies kann der Vorsitzende des Verwaltungsrats (*président directeur général*) oder eine andere natürliche Person sein[42]. Auf seinen Vorschlag kann der Verwaltungsrat weitere Geschäftsführer ernennen, die dem Directeur Général zur Seite stehen (*directeur général délégué*)[43]. Die Generaldirektoren sind jederzeit abrufbar; allerdings kann die vorzeitige Abberufung zu Schadensersatzforderungen führen, wenn sie nicht gerecht-

18

---

34 *Fararr's* Company Law, S. 332 ff.; *Hornberg*, Beaufsichtigung der Geschäftsführung, S. 117 ff.
35 *Gower and Davies'* Company Law, S. 323.
36 *Cheffins*, Company Law, S. 96 f.; *Hornberg*, Beaufsichtigung der Geschäftsführung, S. 117.
37 Hervorhebung durch den *Verfasser*.
38 Combined Code (A.1 – Supporting principles), abrufbar auf der Homepage der Financial Services Authority (http://www.fsa.gov.uk/pubs/ukla/lr_comcode2003.pdf).
39 Geregelt in den Art. L. 225-57 bis Art. L. 225-93.
40 Art. L. 225-17 Abs. 1 Satz 1 Code de commerce: „La société anonyme est administrée par un conseil d'administration composé de trois membres au moins."
41 Art. L. 225-35 Abs. 1 Code de commerce: „Le conseil d'administration détermine les orientations de l'activité de la société et veille à leur mise en œuvre. Sous réserve des pouvoirs expressément attribués aux assemblées d'actionnaires et dans la limite de l'objet social, il se saisit de toute question intéressant la bonne marche de la société et règle par ses délibérations les affaires qui la concernent."
42 Art. L. 225-51-1 Abs. 1 Code de commerce: „La direction générale de la société est assumée, sous sa responsabilité, soit par le président du conseil d'administration, soit par une autre personne physique nommée par le conseil d'administration et portant le titre de directeur général."
43 Art. L. 225-53 Abs. 1 Code de commerce: „Sur proposition du directeur général, le conseil d'administration peut nommer une ou plusieurs personnes physiques chargées d'assister le directeur général, avec le titre de directeur général délégué."

fertigt war[44]. Diese Überlagerung des originären Verwaltungsorgans durch den *directeur général* lässt in Fragen der Geschäftsführungs- und Vertretungskompetenz die aus dogmatischer Sicht wünschenswerte Trennschärfe vermissen[45]. Vertretungsorgan ist jedenfalls der Generaldirektor[46]. Zusätzlich ist aber offenbar auch der Verwaltungsrat berechtigt, die Gesellschaft zu vertreten[47].

b) Dualistische Leitungssysteme

19   Das **deutsche Recht** ist ein wichtiger Repräsentant des dualistischen Leitungssystems und hat die europäische Diskussion maßgeblich geprägt[48]. Weitgehend parallel verlief die Rechtsentwicklung in **Österreich**[49]. Das heute in Deutschland und Österreich geltende dualistische Modell hat sich historisch aus einer monistischen Leitungsstruktur heraus entwickelt[50]. Im 19. Jahrhundert war die Geschäftleitung durch einen Verwaltungsrat weithin üblich; soweit Geschäftsführer oder Direktoren eingesetzt wurden, waren sie dem Verwaltungsrat untergeordnet[51]. Der Aufsichtsrat findet zwar bereits im Allgemeinen Deutschen Handelsgesetzbuch von 1861 Erwähnung. Allerdings war seine Einrichtung fakultativ, so dass er in vielen Gesellschaften entweder gar nicht eingesetzt oder aber – entgegen dem heutigen Verständnis seiner Funktion – als Geschäftsleitungsorgan verstanden wurde. Auch die Novelle von 1884[52] änderte nichts daran, dass die Rechtswirklichkeit in deutschen Aktiengesellschaften bis zum Jahre 1937 weiterhin einem Verwaltungsratssystem entsprach[53]. Ermöglicht wurde dies insbesondere durch die Befugnis des Aufsichtsrats, Maßnahmen der Geschäftsführung an sich zu ziehen.

---

44 Art. L. 225-55 Abs. 1 Code de commerce: „Le directeur général est révocable à tout moment par le conseil d'administration. Il en est de même, sur proposition du directeur général, des directeurs généraux délégués. Si la révocation est décidée sans juste motif, elle peut donner lieu à dommages-intérêts, sauf lorsque le directeur général assume les fonctions de président du conseil d'administration."

45 Dazu auch Art. 43 Rz. 21.

46 Art. L. 225-56 Abs. 1 Code de commerce: „Le directeur général est investi des pouvoirs les plus étendus pour agir en toute circonstance au nom de la société. Il exerce ces pouvoirs dans la limite de l'objet social et sous réserve de ceux que la loi attribue expressément aux assemblées d'actionnaires et au conseil d'administration. Il représente la société dans ses rapports avec les tiers. La société est engagée même par les actes du directeur général qui ne relèvent pas de l'objet social, à moins qu'elle ne prouve que le tiers savait que l'acte dépassait cet objet ou qu'il ne pouvait l'ignorer compte tenu des circonstances, étant exclu que la seule publication des statuts suffise à constituer cette preuve. Les dispositions des statuts ou les décisions du conseil d'administration limitant les pouvoirs du directeur général sont inopposables aux tiers."

47 Eine Vertretungsbefugnis des Verwaltungsrats lässt sich mittelbar Art. L. 225-35 Abs. 2 Code de commerce entnehmen: „Dans les rapports avec les tiers, la société est engagée même par les actes du conseil d'administration qui ne relèvent pas de l'objet social, à moins qu'elle ne prouve que le tiers savait que l'acte dépassait cet objet ou qu'il ne pouvait l'ignorer compte tenu des circonstances, étant exclu que la seule publication des statuts suffise à constituer cette preuve."

48 Vgl. die Ausführungen zur Strukturrichtlinie oben Rz. 8 ff.

49 Die historische Entwicklung wird ausführlich nachgezeichnet bei *Kalss/Burger/Eckert*, Entwicklung des österreichischen Aktienrechts, S. 264 ff. und S. 317 ff.; zur heute geltenden dualistischen Struktur in Österreich s. in Doralt/Nowotny/Kalss (Hrsg.), Aktiengesetz, die Kommentierung der §§ 70 ff. (Vorstand) von *Nowotny* und der §§ 86 ff. (Aufsichtsrat) von *Kalss*.

50 Dazu im Überblick *Schiessl*, ZHR 167 (2003), 235, 237 ff.; *Teichmann*, Binnenmarktkonformes Gesellschaftsrecht, S. 545 ff.

51 *Passow*, ZHR 64 (1909), 27 ff.; *Wiethölter*, Interessen und Organisation der Aktiengesellschaft, S. 66 ff.

52 Zu ihren Auswirkungen auf das Leitungssystem der Aktiengesellschaft *Hommelhoff* in Schubert/Hommelhoff, Modernes Aktienrecht, S. 85 ff.

53 *Ficker* in FS Bärmann, S. 305; *Teichmann*, Binnenmarktkonformes Gesellschaftsrecht, S. 554; *Wiethölter*, Interessen und Organisation der Aktiengesellschaft, S. 290.

Im Lichte der Entstehungsgeschichte werden die **konstitutiven Merkmale** des dualis-   20
tischen Systems deutlich: Die Existenz zweier rechtlich getrennter Organe ist für
sich genommen nicht ausreichend. Es wird darüber hinaus sichergestellt, dass das
Aufsichtsorgan Maßnahmen der Geschäftsleitung nicht an sich ziehen kann. Dies
wird abgesichert durch den Grundsatz der Inkompatibilität, der es verbietet, dass
Mitglieder des Leitungsorgans zugleich dem Aufsichtsorgan angehören. In diesem
Sinne wird das deutsche Aktienrecht mit gutem Grund als paradigmatisch für das
dualistische Modell angesehen. Es kennt nicht nur die beiden Organe Vorstand und
Aufsichtsrat. Es sichert die Stellung des Vorstandes auch gegen allzu großen Macht-
gewinn des Aufsichtsrates ab: Der Vorstand leitet die Gesellschaft und ist dabei keinen Weisungen unterworfen (§ 76 Abs. 1 AktG)[54]; er kann nur aus wichtigem Grund
abberufen werden (§ 84 Abs. 3 AktG), und Mitglieder des Vorstands können nicht zugleich Mitglieder des Aufsichtsrats sein (§ 105 AktG). Der Aufsichtsrat kann zwar
über Zustimmungsvorbehalte auf wichtige Geschäftsführungsmaßnahmen Einfluss
nehmen (§ 111 Abs. 4 Satz 2 AktG). Dies gewährt ihm aber nur ein Vetorecht, kein
Initiativrecht[55]. Die Übertragung von Geschäftsführungsmaßnahmen an den Aufsichtsrat schließt das Gesetz ausdrücklich aus (§ 111 Abs. 4 Satz 1 AktG).

Das **polnische Recht** hat sich nach der Transformation zur Marktwirtschaft im Han-   21
delsgesetzbuch von 2000 am deutschen Modell orientiert und sieht für Aktiengesellschaften gleichfalls eine Trennung von Vorstand und Aufsichtsrat vor[56]. Im Gefolge
einer wissenschaftlichen Kontroverse hat der Gesetzgeber im Jahre 2003 die Vorschrift
eingefügt, dass weder die Hauptversammlung noch der Aufsichtsrat berechtigt seien,
dem Vorstand Anweisungen zu erteilen. Die Kategorie der zustimmungspflichtigen
Geschäfte kennt das polnische Recht ebenfalls; allerdings muss der entsprechende Katalog in die Satzung aufgenommen werden und kann nicht einseitig vom Aufsichtsrat
festgelegt werden. Gegenüber dem deutschen Recht ist der Widerruf der Vorstands-
bestellung erleichtert, da er nicht an das Vorliegen eines wichtigen Grundes gebunden
ist. Eine Mitbestimmung der Arbeitnehmer im Aufsichtsrat ist – mit Ausnahme pri-
vatisierter Staatsunternehmen – nicht vorgesehen. Dafür kann eine Aktionärsminderheit von mindestens zwanzig Prozent eine Wahl des Aufsichtsrats in getrennten
Gruppen erzwingen und auf diese Weise einen Minderheitsvertreter installieren.

c) Mischformen

Im Recht der **skandinavischen Staaten** gilt eine aktienrechtliche Leitungsstruktur,   22
die in gewisser Weise zwischen dem rein monistischen und dem konsequent dualistischen Modell angesiedelt ist. Zwar existiert ein oberstes Verwaltungsorgan, zugleich ist aber die Ernennung von geschäftsführenden Direktoren bereits kraft Gesetzes vorgesehen[57]. Dem Verwaltungsorgan obliegt die Bestellung und Abberufung der
geschäftsführenden Direktoren; außerdem kann es hinsichtlich der Geschäftsführung Weisungen erteilen und allgemeine Richtlinien aufstellen[58]. Gegebenenfalls
kann das Verwaltungsorgan auch alle den geschäftsführenden Direktoren zugewiesenen Kompetenzen wieder an sich ziehen[59].

---

54 Die Weisungsfreiheit wird gemeinhin der Formulierung des § 76 Abs. 1 AktG entnommen,
    der Vorstand leite die Gesellschaft „unter eigener Verantwortung" (s. nur *Hüffer*, § 76 Rz. 10
    und *Lutter/Krieger*, Aufsichtsrat, S. 23 Rz. 62).
55 S. etwa *Lutter/Krieger*, Aufsichtsrat, S. 23 Rz. 62: Der Aufsichtsrat könne bestimmte Ge-
    schäftsführungsmaßnahmen verhindern, nicht aber erzwingen.
56 Zum Folgenden *Hommelhoff/Oplustil* in FS Konzen, S. 316 ff. und *Oplustil* in Liebscher/Zoll
    (Hrsg.), Einführung in das polnische Recht, S. 430 ff.
57 *Lau Hansen*, Nordic Company Law, S. 72; *Skog*, AG 2006, 238, 240; *Werlauff*, SE, S. 74.
58 *Lau Hansen*, Nordic Company Law, S. 116; *Werlauff*, SE, S. 74.
59 *Lau Hansen*, Nordic Company Law, S. 117.

23   Gesetzesreformen der jüngeren Zeit haben in vielen **anderen Staaten**, die traditionell einem rein monistischen Modell folgen, Elemente eines funktionalen Dualismus eingeführt. Der im Jahre 2001 neu eingeführte *directeur général* wird in der französischen Literatur teilweise als Element einer *„structure mixte"* beschrieben, weil er die lange Zeit vorherrschende Personalunion von Verwaltungsratspräsidium und Leitung der Geschäftsführung in der Figur des *président directeur général* aufbricht[60]. Auch das System der Unternehmensleitung in der spanischen Aktiengesellschaft, das herkömmlich monistisch geprägt ist, regelt mittlerweile gesetzlich die Delegation von Geschäftsführungsaufgaben auf einzelne Verwaltungsratsmitglieder (*consejero delegado*) oder einen geschäftsführenden Ausschuss (*comisión ejecutiva*)[61]. Eine vergleichbare Entwicklung hat das belgische Recht vollzogen; dort kann der traditionell allein herrschende *conseil d'administration* nunmehr kraft ausdrücklicher gesetzlicher Regelung die Führung der täglichen Geschäfte auf einen geschäftsführenden Ausschuss delegieren[62].

2. Reduktion auf zwei Leitungssysteme in der SE-VO

a) Konvergenz und Divergenz der Systeme

24   Ungeachtet der realen Systemvielfalt hat sich in der rechtsvergleichenden Analyse die Unterscheidung von **zwei Grundmodellen** etabliert: das „monistische" mit nur einem Verwaltungsorgan und das „dualistische" mit einem Leitungs- und einem Aufsichtsorgan[63]. Diese Einteilung stand ohne Zweifel auch den Verfassern der SE-VO vor Augen; dies zeigt schon der in Rz. 11 ff. behandelte Erwägungsgrund 14. Das letztlich in den Rechtstext aufgenommene Wahlrecht ist daher nicht allein Ausweis dessen, dass eine Festlegung auf das eine oder andere System nicht konsensfähig gewesen wäre, sondern auch Ausdruck der Erkenntnis, dass monistisches und dualistisches System jeweils ihre spezifischen Schwächen und Stärken haben, in der Summe aber durchaus als **gleichwertig** angesehen werden können[64].

25   Auf der anderen Seite wird seit längerem eine **Konvergenz** der Systeme konstatiert[65]. Die kategorische Unterscheidung von monistischem und dualistischem System verliert damit an Schärfe. Denn zur Milderung ihrer je systemimmanenten Schwächen entwickeln sich beide Systeme in der praktischen Handhabung oder zumindest in den an die Praxis gerichteten Forderungen der Corporate Governance-Diskussion auf das jeweils andere zu. Für das monistische Modell wird beklagt, dass es an einer Überwachung durch wirklich unabhängig und distanziert urteilende Direktoren fehle und den geschäftsführenden Personen dadurch zu viel Macht zukomme. Gefordert und vielfach praktiziert wird daher die Aufnahme „unabhängiger" Direktoren in das monistische Verwaltungsorgan; als unabhängig werden in der Regel Organmitglieder verstanden, die selbst nicht geschäftsführend sind und auch keine anderen Bindungen an die Gesellschaft aufweisen, die ihr unabhängiges Urteil beeinträchtigen könn-

---

60   *Guyon*, Droit des Affaires I, S. 331; dazu auch *Arlt*, Französische Aktiengesellschaft, S. 163 ff.; *Hopt/Leyens*, ECFR 1 (2004), 135, 156 f.; *Menjucq*, ZGR 2003, 679, 685 ff.; *Storck*, ECFR 1 (2004), 36, 41 ff.
61   Dazu *Esteban Velasco*, S. 751 f. und *Grechenig*, Spanisches Aktien- und GmbH-Recht, S. 23 ff. sowie S. 35 ff.
62   Vgl. *Wymeersch*, ZGR 2004, 53 ff.
63   S. nur *Leyens*, RabelsZ 67 (2003), 57 ff.; *Teichmann*, ZGR 2001, 645, 663 ff.; *Wymeersch* in Hopt u.a., Corporate Governance, S. 1045, 1078 ff.
64   In diesem Sinne zustimmend zum Vorschlag von 1989 *Raiser* in FS Steindorff, S. 201, 210.
65   S. dazu aus der reichhaltigen Literatur die Bestandsaufnahmen bei: *Davies*, ZGR 2001, 268 ff.; *Hopt*, ZGR 2000, 779 ff.; *Jungmann*, ECFR 2006, 426 ff.; *Schiessl*, ZHR 167 (2003), 235 ff.; *Teichmann*, Binnenmarktkonformes Gesellschaftsrecht, S. 565 ff.; *van den Berghe*, Corporate Governance, passim.

ten[66]. Weiterhin lässt sich eine Intensivierung der Ausschussarbeit beobachten, die zur größeren Effizienz des Verwaltungsorgans beitragen soll. Im dualistischen Modell wird die Trennung von Geschäftsführung und Überwachung konsequenter durchgehalten, darunter leiden aber Informationsfluss und Diskussionskultur, wobei gerade Letzteres nicht selten auf die Arbeitnehmermitbestimmung zurückgeführt wird[67]. Zur Milderung dieser Defizite wird eine intensivierte Ausschussarbeit, eine Verbesserung des Informationsflusses (vgl. § 90 AktG) und eine Aufwertung des Aufsichtsrats vom Überwachungs- zum Beratungsorgan angestrebt.

b) Normative Divergenz in der SE-VO

Die Konvergenz in der praktischen Handhabung und die in immer neuen Varianten auftretenden Mischformen stellen den Sinn der bisherigen Grenzziehung in Frage. Für die Anwendung der SE-VO gewinnt sie indessen neue Aktualität: Die Vorschriften der Art. 38 ff. setzen zwingend voraus, dass sich ein konkretes nationales Leitungsmodell entweder dem dualistischen oder dem monistischen Modell zuweisen lässt. Es muss sich also um zwei klar **unterscheidbare Systeme** handeln. Andernfalls ließe sich das anwendbare Recht nicht bestimmen, das in die Vorschriften zum dualistischen (Art. 39 ff.) und zum monistischen System (Art. 43 ff.) unterteilt ist. Auch die Regelungsermächtigungen der Art. 39 Abs. 5 (für Staaten, die das dualistische Modell nicht kennen) und des Art. 43 Abs. 4 (für solche, die das monistische Modell nicht kennen) lassen sich nur unter der Prämisse, dass beide Systeme unterscheidbar sind, sinnvoll handhaben[68]. 26

Die Verfasser der Verordnung gingen offenbar davon aus, lediglich die ohnehin vorhandenen zwei Gruppen abzubilden, die es in Europa gibt. So heißt es in Erwägungsgrund 14: „Dabei ist dem Umstand Rechnung zu tragen, dass in der Gemeinschaft hinsichtlich der Verwaltung der Aktiengesellschaften derzeit zwei verschiedene Systeme bestehen." Tatsächlich ist aber in den nationalen Rechtsordnungen nur selten das eine oder andere System in Reinform anzutreffen. Die Reduzierung auf zwei klar unterscheidbare Systeme ist somit keine deklaratorische Bezugnahme auf bereits existierende Systeme, sondern eine **normative Entscheidung** für zwei SE-spezifische Leitungsmodelle, deren Grundstrukturen denn auch nicht durch Verweis auf nationales Recht, sondern durch konstitutive Regelung in der SE-VO festgelegt werden. 27

c) Wesensmerkmale der SE-spezifischen Leitungssysteme

Das **dualistische System** der SE-VO ist durch folgende Wesensmerkmale gekennzeichnet: Geschäftsführung und Überwachung sind zwei getrennten Organen zugewiesen (Art. 39 Abs. 1 Satz 1 und Art. 40 Abs. 1 Satz 1). Zwischen beiden Organen herrscht personelle Inkompatibilität (Art. 39 Abs. 3 Satz 1); das Aufsichtsorgan ist nicht berechtigt, die Geschäfte zu führen (Art. 40 Abs. 1 Satz 2). Diese Regelung greift erkennbar auf das deutsch-österreichische Vorbild zurück[69] und lässt dessen Besonderheit als eines in seinen Grundzügen gesetzlich zwingend festgelegten Systems erkennen. 28

---

66 Vgl. auch die Empfehlung der EU-Kommission (2005/162/EG) v. 15.2.2005 (ABl. EU Nr. L 52 v. 15.2.2005, S. 51), wonach unabhängige nicht-geschäftsführende Direktoren „frei von jedweden signifikanten Interessenkonflikten" (Erwägungsgrund 18) sein sollen.
67 S. nur *Ulmer*, ZHR 166 (2002), 271, 275, der von einer „Entleerung der Diskussion im Plenum" spricht.
68 Ausführlich dazu *Teichmann*, Binnenmarktkonformes Gesellschaftsrecht, S. 537 ff.
69 In diesem Sinne etwa *Hommelhoff*, AG 2001, 279, 283 und *Theisen/Hölzl* in Theisen/Wenz, Europäische Aktiengesellschaft, S. 285.

29 Die Regelung zum **monistischen System** fällt demgegenüber erstaunlich knapp aus:
    Es gibt ein Verwaltungsorgan, das die Geschäfte führt (Art. 43 Abs. 1 Satz 1) und des-
    sen Mitglieder von der Hauptversammlung bestellt werden (Art. 43 Abs. 3). Es tritt
    mindestens alle drei Monate zusammen (Art. 44 Abs. 1) und wählt aus seiner Mitte
    einen Vorsitzenden, der im Fall eines paritätisch mitbestimmten Organs ein von der
    Hauptversammlung bestelltes Mitglied sein muss (Art. 45). Die Möglichkeit, die täg-
    lichen Geschäfte auf einen geschäftsführenden Direktor zu delegieren, wird als Spiel-
    art des monistischen Modells zwar erwähnt, für Staaten, die das monistische System
    bereits kennen, allerdings nicht als SE-spezifische Regelung, sondern nur in Anleh-
    nung an das nationale Modell zugelassen (Art. 43 Abs. 1 Satz 2). Die gegenüber dem
    dualistischen Modell nochmals verringerte Regelungsdichte der Art. 43 ff. fügt sich
    in die allgemeine rechtsvergleichende Erkenntnis ein, dass sich das monistische Mo-
    dell gerade durch seine „Unstrukturiertheit" oder, positiver formuliert, durch seine
    „Strukturoffenheit" auszeichnet[70]. Auch das monistische Modell der SE-VO bietet
    wesentlich mehr Möglichkeiten für differenzierende Ausgestaltungen – sei es durch
    bloße Rechtspraxis, durch Regelungen in Geschäftsordnung und Satzung oder durch
    den mitgliedstaatlichen SE-Ausführungsgesetzgeber – als das dualistische Modell.

30 Hinzu kommen **Vorschriften, die für beide Systeme gemeinsam gelten**. Es finden sich
    dort Regelungen über die Länge der Amtsperiode (Art. 46), die persönlichen Voraus-
    setzungen der Mitgliedschaft (Art. 47), zustimmungsbedürftige Geschäfte (Art. 48),
    die Vertraulichkeit (Art. 49), die Beschlussfassung (Art. 50) und die Haftung (Art. 51).
    Aussagen über die Unterschiede zwischen beiden Systemen lassen sich aus diesen ge-
    meinsamen Vorschriften naturgemäß nicht ableiten. Andererseits liegt darin eine
    normative Aussage, die in ihrer Tragweite bislang noch kaum gewürdigt wurde: Der
    europäische Gesetzgeber geht – im Ergebnis wohl zu Recht – davon aus, dass es zahl-
    reiche Einzelfragen gibt, die unabhängig von der Wahl des Systems in gleicher Weise
    geregelt werden können[71]. *Raiser* konstatierte seinerzeit[72]: „Wer das deutsche Ak-
    tienrecht kennt, ist erstaunt, wie weit sich diese Gesetzgebungstechnik als möglich
    erwies." Die weitere wissenschaftliche und rechtspraktische Befassung mit den bei-
    den Systemen, die mit Einführung der SE immer häufiger in ein und derselben
    Rechtsordnung auftreten werden, dürfte erweisen, dass die Gemeinsamkeiten noch
    weiter gehen als bislang vermutet. Offenbar gibt es für Kollegialorgane ganz generell
    gemeinsame Funktionsbedingungen, die sich in den wenigen Vorschriften der Art. 46
    bis 51 gewiss nicht erschöpfen[73].

d) Zuordnung der mitgliedstaatlichen Mischsysteme

31 Die von der SE-VO vorgegebene Ausgangslage zwingt alle Mitgliedstaaten zu einer
    klaren Zuordnung ihres jeweils im nationalen Aktienrecht verankerten nationalen
    Leitungssystems. Das gilt auch und gerade für die Mischsysteme, denn die SE-VO
    kennt nur das monistische und das dualistische System – *tertium non datur*. Enthält
    das mitgliedstaatliche Recht Regelungen zum monistischen System, kann es dafür
    keine SE-spezifischen Regelungen mehr treffen. Dasselbe gilt umgekehrt für Staaten,
    deren Aktienrecht dem Dualismus folgt. Die Festlegung der Verordnung auf zwei Lei-
    tungssysteme bedingt für alle existierenden **nationalen Leitungssysteme** die Notwen-
    digkeit einer **eindeutigen Zuordnung**.

---

70 Vgl. *Minuth*, Führungssysteme, S. 43.
71 In diesem Sinne auch *Raiser* in FS Steindorff, S. 201, 204 zum Verordnungsvorschlag 1989:
    Der europäische Gesetzgeber bringe schon äußerlich zum Ausdruck, dass beide Modelle in al-
    len wesentlichen Punkten übereinstimmend zu beurteilen seien.
72 *Raiser* in FS Semler, S. 277, 290.
73 Dazu auch Vorbemerkung zu Art. 46 Rz. 1 ff.

Im rechtsvergleichenden Schrifttum werden die Rz. 22 ff. beschriebenen **Mischsyste-** 32
me häufig als nicht eindeutig zuzuordnende zwischen den Systemen stehende Formen angesehen; dies entspricht nicht selten auch der Binnenperspektive der betroffenen Rechtsordnungen, wie etwa die in der französischen Literatur gewählte Bezeichnung einer *„structure mixte"* nach Einführung des *directeur général* verdeutlicht[74].
Soweit damit unterstellt wird, die Mischformen stünden in der Mitte mit gleichem
Abstand zu den beiden verschiedenen Systemen, ist dem jedoch zu widersprechen.
Erst recht abzulehnen sind Äußerungen, die bestimmte Mischsysteme ausdrücklich
dem Kreis der dualistischen Rechtssysteme zuweisen[75]. Es handelt sich vielmehr
durchgehend um Formen eines **arbeitsteilig organisierten Monismus**[76]. Denn allen
bekannten Mischformen fehlt etwas, was gerade das Wesen des dualistischen Systems – auch in seiner Ausprägung durch die SE-VO – ausmacht: Es gibt keine klare
und zwingend angeordnete Trennung von Geschäftsführung und Überwachung. Statt
dessen bleibt es konzeptionell bei der Allzuständigkeit des monistischen Verwaltungsorgans. Die Delegation von Geschäftsführungskompetenzen auf geschäftsführende Direktoren oder Ausschüsse ändert dies nicht wesentlich; denn das Verwaltungsorgan bleibt weiterhin originär auch für die delegierbaren Materien zuständig.
Dies äußert sich vor allem in Weisungs- und Interventionsrechten des Verwaltungsorgans und in der Möglichkeit, die Delegation jederzeit wieder rückgängig zu machen. Letztlich bleibt die Kompetenz des Verwaltungsorgans zur Oberleitung der Gesellschaft erhalten[77] – dies wiederum ist das prägende Merkmal eines monistischen
Leitungssystems.

Die Diskussion vor Erlass der **nationalen Begleitgesetze** hat denn auch gezeigt, dass 33
die vermeintlichen Mischsysteme unter der SE-VO nicht funktionsfähig wären, würde man sie dem dualistischen Modell zuordnen. Sie verstießen gegen zahlreiche
zwingende Regelungen der SE-VO, weil ihren Geschäftsführungsorganen die Eigenverantwortlichkeit gegenüber dem Organ der Oberleitung fehlt[78]. Ordnet man sie
hingegen als Spielarten des Monismus ein, löst sich der Widerspruch auf. Denn in
Staaten, die das dualistische System nicht kennen, darf der nationale Gesetzgeber
gem. Art. 39 Abs. 4 hierzu ergänzende SE-spezifische Regelungen erlassen. Staaten
mit einem monistisch geprägten Mischsystem können dies also für die SE als monistisches System beibehalten und zusätzlich ein klar strukturiertes dualistisches System einführen. Diejenigen Staaten, die über ein **Mischsystem** verfügen, haben sich in
ihrer nationalen Gesetzgebung auch im Sinne dieser Einteilung entschieden, ihr System dem **Monismus** zugeordnet und sich infolgedessen der Ermächtigung bedient,
ein SE-spezifisches dualistisches Leitungsmodell einzuführen[79].

---

74 Dazu oben bei Fn. 60.
75 So etwa *Manz* in Manz/Mayer/Schröder, Art. 38 SE-VO Rz. 3, der Dänemark dem dualistischen Modell zuordnet; ebenso *Hopt*, ZGR 2000, 779, 783, und *Reichert/Brandes* in Münch-
Komm. AktG, Art. 38 SE-VO Rz. 9.
76 Dazu *Teichmann*, Binnenmarktkonformes Gesellschaftsrecht, S. 588 ff.
77 S. *Grechenig*, Spanisches Aktien- und GmbH-Recht, S. 37 ff. (Spanien); *Lau Hansen*, Nordic
Company Law, S. 116 f. (Skandinavien); *Wymeersch*, ZGR 2004, 53, 56 (Belgien).
78 Vgl. etwa *van der Elst*, der in Oplustil/Teichmann, The European Company, S. 35 f., feststellt,
dass das modifizierte Leitungssystem des belgischen Rechts (vgl. oben bei Fn. 62) mit der dualistischen Struktur der SE nicht kompatibel ist und somit angewandt auf eine SE gegen höherrangiges Recht verstoße.
79 Vgl. die Länderberichte in den Sammelwerken von *Baums/Cahn*, Europäische Aktiengesellschaft, *Jannott/Frodermann*, Handbuch Europäische Aktiengesellschaft, S. 561 ff. und *Oplu-
stil/Teichmann*, The European Company, sowie *Schindler/Teichmann* in Theisen/Wenz, Europäische Aktiengesellschaft, S. 739, 758 ff.

IV. Verknüpfung zwischen europäischem und nationalem Recht

1. Grundstrukturen in der SE-VO

34   Die Grundnorm des Art. 38 und die folgenden Vorschriften zur Unternehmensverfassung der SE sind geprägt von der **Regelungstechnik**, die sich im Verlaufe der Entstehungsgeschichte der Verordnung entwickelt hat (vgl. dazu Art. 9 Rz. 12 ff.). Einerseits legt die SE-VO selbst das Grundmuster der Unternehmensverfassung fest, indem sie die Organe ausdrücklich benennt und deren Zuständigkeiten beschreibt. Andererseits ist die Regelung nicht abschließend, weshalb zur Lückenfüllung auf nationales Aktienrecht verwiesen wird (z.B. Art. 51 bzw. allgemein Art. 9) oder der nationale Gesetzgeber die Befugnis zum Erlass SE-spezifischer Sonderregeln verliehen bekommt (so namentlich in Art. 39 Abs. 5 und Art. 43 Abs. 4). Dazu oben Einl. Rz. 2 f.

35   Das in Art. 38 eingeräumte **Satzungs-Wahlrecht** einer jeden SE, sich für das monistische oder das dualistische System zu entscheiden, steht nicht zur Disposition des mitgliedstaatlichen Gesetzgebers[80]. Eine SE kann kraft europäischen Rechts in jedem Mitgliedstaat aus beiden Leitungssystemen das erwünschte auswählen. Es handelt sich um ein Wahlrecht, das die SE ausüben muss; denn aus der Verordnung selbst ließe sich nicht ableiten, ob eine konkrete SE monistisch oder dualistisch geführt wird. In diesem Sinne handelt es sich um einen an die Gesellschaft gerichteten Regelungsauftrag, mit welchem der Gesetzgeber zwar vorgibt, dass eine Regelung getroffen werden muss, deren Inhalt aber der privatautonomen Festlegung überlässt[81].

36   Da in den meisten Mitgliedstaaten nur eines von beiden Systemen geregelt ist, musste der europäische Gesetzgeber zumindest die **Grundstruktur** beider Leitungsmodelle **in der Verordnung** selbst verankern. Der in Art. 9 zentral geregelte und in vielen anderen Vorschriften der Verordnung anzutreffende Verweis auf das für nationale Aktiengesellschaften geltende Recht hätte nicht ausgereicht, weil in den meisten Mitgliedstaaten nur eines der beiden Leitungssysteme im nationalen Aktienrecht angeboten wird. Bestand somit einerseits die Notwendigkeit, gewisse europäische „Pflöcke einzuschlagen", hätte eine Vorgehensweise, bei der beide Systeme bis in einzelne Details durchreguliert worden wären, auch Nachteile gehabt. Erstens wären damit die in den Mitgliedstaaten bereits existierenden und untereinander keineswegs identischen „dualistischen" und „monistischen" Systeme von einer weiteren, europäischen Variante überlagert worden; zweitens musste man sich im Prozess der Rechtsetzung erst einmal auf eine konkrete Ausgestaltung der jeweiligen Modelle einigen. Um diese Schwierigkeiten zumindest zu verringern, wählt die Verordnung einen gesetzgeberischen Mittelweg: Sie regelt nur das Grundgerüst und überlässt die weitere Ausgestaltung der nationalen Rechtsordnung.

2. Ergänzung durch mitgliedstaatliches Recht

a) Dualistisches System

37   Das mitgliedstaatliche Recht kommt somit auf zweierlei Weise zum Zuge: Soweit es um das im nationalen Aktienrecht gängige Leitungsmodell geht, greift die übliche Technik der **Verweisung** auf das am Sitz der SE geltende **allgemeine Aktienrecht** (z.B. Art. 51 und als Auffangregelung Art. 9). Dies gilt für eine SE mit Sitz in Deutschland,

---

80   Es ist insbesondere nicht davon abhängig, ob der nationale Gesetzgeber von den Ermächtigungen des Art. 39 Abs. 5 oder Art. 43 Abs. 4 Gebrauch gemacht hat (ebenso *Manz* in Manz/Mayer/Schröder, Art. 38 SE-VO Rz. 10; weiterhin Kommentierung zu Art. 39 Rz. 43).
81   *Reichert/Brandes* in MünchKomm. AktG, Art. 38 SE-VO Rz. 2; monographisch *Beier*, Regelungsauftrag, insb. S. 71 ff.

wenn sie sich für das dualistische Modell entscheidet. Es sind dann ergänzend zu den Art. 39 ff. die §§ 76–116 AktG heranzuziehen[82].

Das **SEAG** äußert sich hierzu nicht, weil der Verweis auf das nationale Aktienrecht 38 bereits in der unmittelbar anwendbaren SE-VO geregelt ist. Im Schrifttum war zwar vorgeschlagen worden, die damit in Bezug genommenen Vorschriften des allgemeinen Aktienrechts deklaratorisch im SEAG aufzulisten[83]. Dem ist der Gesetzgeber aber zu Recht nicht gefolgt. Denn das europäische Recht genießt Vorrang gegenüber dem nationalen Recht; der nationale Gesetzgeber kann daher nicht die Geltung des allgemeinen Aktienrechts anordnen, die sich bereits unmittelbar aus der SE-VO ergibt[84]. Eine rein deklaratorische Auflistung im SEAG wäre nicht hilfreich, weil sie keine normative Autorität besäße – entscheidend für die Rechtsanwendung wäre nicht die Auflistung im nationalen Ausführungsgesetz, sondern die Interpretation der Verordnung durch den EuGH. Zudem entstünde Unklarheit über die Rechtsnatur der anwendbaren Vorschriften; im Rechtsalltag würden sie als eine vom deutschen Gesetzgeber zu verantwortende Norm angesehen. *Schwarz* verweist zu Recht auf eine frühe Entscheidung des EuGH[85], in der gerade wegen der Verdunkelung der Herkunft der Norm eine Wiederholung europäischer Normen im nationalen Recht als mit dem EG-Vertrag unvereinbar angesehen wurde[86].

Die Regelungen des SEAG zum dualistischen System beschränken sich somit auf 39 einzelne Aspekte, zu welchen die SE-VO ausdrücklich dem mitgliedstaatlichen Gesetzgeber die Regelungsbefugnis erteilt; der deutsche Gesetzgeber strebt dabei im Grundsatz einen **Gleichlauf mit dem allgemeinen Aktienrecht** an[87]: Interimistische Geschäftsführung durch Mitglieder des Aufsichtsrats (§ 15 SEAG); Zahl der Mitglieder des Leitungsorgans (§ 16 SEAG); Zahl der Mitglieder und Zusammensetzung des Aufsichtsorgans (§ 17 SEAG); Informationsverlangen einzelner Mitglieder des Aufsichtsorgans (§ 18 SEAG); Festlegung zustimmungsbedürftiger Geschäfte durch das Aufsichtsorgan (§ 19 SEAG).

b) Monistisches System

Soweit eine SE das im nationalen Recht unbekannte System wählt, ist eine **SE-spezi-** 40 **fische Ausgestaltung im nationalen Ausführungsgesetz** zulässig. Es handelt sich insoweit um „Rechtsvorschriften, die die Mitgliedstaaten in Anwendung der speziell die SE betreffenden Gemeinschaftsmaßnahmen erlassen" (Art. 9 Abs. 1 lit. c i)[88]. Dies ist der Gehalt der Regelungsermächtigungen in Art. 39 Abs. 5 und Art 43 Abs. 4. Der deutsche Gesetzgeber hat auf Basis des Art. 43 Abs. 4 die §§ 20–49 SEAG für das monistische System erlassen[89].

---

82 Dazu auch *Theisen/Hölzl* in Theisen/Wenz, Europäische Aktiengesellschaft, S. 285 ff.
83 In diesem Sinne tendenziell für ein „integriertes SE-Gesetz" *Lutter*, BB 2002, 1, 6. Für eine großzügige Handhabung des mitgliedstaatlichen Gestaltungsspielraums auch *Brandt*, NZG 2002, 991, 992 und *Ihrig/Wagner*, BB 2003, 969, 970.
84 Daher für eine eng auf die Regelungsaufträge und -optionen der SE-VO begrenzte Umsetzung *Teichmann*, ZIP 2002, 1109, 1110 und *Neye/Teichmann*, AG 2003, 169, 170; zustimmend *Waclawik*, DB 2004, 1191.
85 *Schwarz*, Anh. Art. 43 Rz. 12.
86 EuGH, Rs. 39/72 (Kommission/Italien), Slg. 1973, 101 ff. (insb. Rz. 17 der Entscheidung).
87 Vgl. die Liste der einzelnen Regelungsoptionen und Vorschläge zur Gesetzgebung bei *Teichmann*, ZIP 2002, 1109 ff.
88 Art. 9 Rz. 53; *Schwarz*, Anh. Art. 43 Rz. 5; nach Auffassung von *Wagner*, NZG 2002, 985, 986, setzt sich die Ermächtigungsnorm des Art. 43 Abs. 4 SE-VO als einfache Verweisungsnorm fort, was aber im Ergebnis keinen Unterschied macht.
89 Vgl. im Einzelnen die Kommentierung der Art. 43 ff. SE-VO und der §§ 20 ff. SEAG.

V. Einrichtung weiterer Organe

41   In der SE besteht Satzungsautonomie nur dort, wo die **Verordnung eine Satzungsregelung ausdrücklich zulässt**; in den nicht oder nur teilweise geregelten Bereichen
kommt ergänzend die mitgliedstaatlich gewährte Satzungsautonomie zum Tragen[90].
Eine ausdrückliche Ermächtigung zur Einrichtung weiterer Organe findet sich in der
Verordnung nicht. Immerhin aber finden sich Anhaltspunkte dafür, dass die
Art. 39 ff., welche die Leitungsstruktur regeln, die Existenz weiterer Organe nicht
gänzlich ausschließen[91]. Daher greift ergänzend die mitgliedstaatliche Satzungsfreiheit, die ihrerseits begrenzt wird durch die zwingenden Kompetenzzuweisungen der
Art. 39 ff. Die **Satzung** kann demnach fakultative Organe einrichten, soweit dadurch
die gesetzliche Zuständigkeitsverteilung nicht verändert wird[92].

42   Der **mitgliedstaatliche Gesetzgeber** kann SE-spezifische Vorschriften für dasjenige
Leitungssystem erlassen, das seiner Rechtsordnung unbekannt ist (Art. 39 Abs. 5,
Art. 43 Abs. 4). Der **deutsche Gesetzgeber** hat davon für das monistische System in
den §§ 20 ff. SEAG Gebrauch gemacht und dabei dem in der SE-VO geregelten Verwaltungsorgan die Figur des **geschäftsführenden Direktors** an die Seite gestellt (vgl.
§ 40 SEAG)[93]. Art. 38 ist nicht in dem Sinne zu verstehen, dass im monistischen System neben der Hauptversammlung und dem Verwaltungsorgan keine weiteren Organe existieren dürften[94]. Bedenkt man, dass im Aktienrecht der Mitgliedstaaten unter
dem Dach der beiden Systeme des Monismus und des Dualismus eine beträchtliche
Variationsbreite herrscht, wäre es eine überschießende Interpretation des Art. 38,
ihm zu unterstellen, er wolle all diese im nationalen Recht bestehenden Gestaltungsmöglichkeiten kurzerhand abschneiden. Der Wortlaut spricht nicht davon, dass eine
SE „nur" die in Art. 38 genannten Organe haben könne. Er ist offen für weitere Organe. Die Delegation der Geschäftsführung auf separate Ausschüsse oder Geschäftsführer ist gerade in monistisch geprägten Rechtssystemen weithin üblich (vgl. oben
Rz. 16 ff. sowie Rz. 22 f. und Anh. Art. 43 § 40 SEAG Rz. 2). Art. 43 Abs. 1 Satz 2 erwähnt eines dieser Modelle und bestätigt damit, dass innerhalb des Monismus die
Existenz von „Geschäftsführern" neben dem Verwaltungsorgan denkbar ist, darin also noch kein Systembruch liegt, solange die Leitung weiterhin beim Verwaltungsorgan konzentriert ist[95]. Dies ist nach dem deutschen SEAG gewährleistet. Der Verwaltungsrat ist als Organ der Oberleitung verpflichtet und auch mit den nötigen
Kompetenzen dazu ausgestattet, den geschäftsführenden Direktoren die Leitlinien
ihrer Tätigkeit vorzugeben und deren Umsetzung zu überwachen (Art. 43 Rz. 64 ff.
und Anh. Art. 43 § 22 SEAG Rz. 12 ff.).

---

90   Zur Satzungsautonomie in der SE *Hommelhoff* in FS Ulmer, S. 267 ff.; *Seibt* in Lutter/Hom-
melhoff, Europäische Gesellschaft, S. 67 ff. sowie Art. 9 Rz. 39 ff. und 57 ff.
91   Ebenso *Schwarz*, Art. 38 Rz. 5. Normative Anhaltspunkte sind Art. 39 Abs. 1 Satz 2 und
Art. 43 Abs. 1 Satz 2 SE-VO mit der Erwähnung der „Geschäftsführer" sowie Art. 54 Abs. 2
SE-VO zur Einberufung der Hauptversammlung mit der Erwähnung „anderer Organe".
92   *Schwarz*, Art. 38 Rz. 6. Dies entspricht der Rechtslage im deutschen Aktienrecht (vgl. *Hüffer*,
§ 23 Rz. 38).
93   Zur Vereinbarkeit dieser Regelung mit der SE-VO Art. 43 Rz. 30 ff.
94   So aber *Hoffmann-Becking*, ZGR 2004, 355, 369 ff.
95   Art. 43 Abs. 1 Satz 2 SE-VO ist andererseits keine Gestaltungsgrenze für diejenigen Mitgliedstaaten, deren nationales Recht den Monismus bislang nicht kennt (Art. 43 Rz. 30 ff.).

Abschnitt 1. Dualistisches System

Art. 39
[Aufgaben und Bestellung des Leitungsorgans]

(1) Das Leitungsorgan führt die Geschäfte der SE in eigener Verantwortung. Ein Mitgliedstaat kann vorsehen, dass ein oder mehrere Geschäftsführer die laufenden Geschäfte in eigener Verantwortung unter denselben Voraussetzungen, wie sie für Aktiengesellschaften mit Sitz im Hoheitsgebiet des betreffenden Mitgliedstaates gelten, führt bzw. führen.

(2) Das Mitglied/die Mitglieder des Leitungsorgans wird/werden vom Aufsichtsorgan bestellt und abberufen.

Die Mitgliedstaaten können jedoch vorschreiben oder vorsehen, dass in der Satzung festgelegt werden kann, dass das Mitglied/die Mitglieder des Leitungsorgans von der Hauptversammlung unter den Bedingungen, die für Aktiengesellschaften mit Sitz in ihrem Hoheitsgebiet gelten, bestellt und abberufen wird/werden.

(3) Niemand darf zugleich Mitglied des Leitungsorgans und Mitglied des Aufsichtsorgans der SE sein. Das Aufsichtsorgan kann jedoch eines seiner Mitglieder zur Wahrnehmung der Aufgaben eines Mitglieds des Leitungsorgans abstellen, wenn der betreffende Posten nicht besetzt ist. Während dieser Zeit ruht das Amt der betreffenden Person als Mitglied des Aufsichtsorgans. Die Mitgliedstaaten können eine zeitliche Begrenzung hierfür vorsehen.

(4) Die Zahl der Mitglieder des Leitungsorgans oder die Regeln für ihre Festlegung werden durch die Satzung der SE bestimmt. Die Mitgliedstaaten können jedoch eine Mindest- und/oder Höchstzahl festsetzen.

(5) Enthält das Recht eines Mitgliedstaats in Bezug auf Aktiengesellschaften mit Sitz in seinem Hoheitsgebiet keine Vorschriften über ein dualistisches System, kann dieser Mitgliedstaat entsprechende Vorschriften in Bezug auf SE erlassen.

§ 15 SEAG: Wahrnehmung der Geschäftsleitung durch Mitglieder des Aufsichtsorgans
Die Abstellung eines Mitglieds des Aufsichtsorgans zur Wahrnehmung der Aufgaben eines Mitglieds des Leitungsorgans nach Artikel 39 Abs. 3 Satz 2 der Verordnung ist nur für einen im Voraus begrenzten Zeitraum, höchstens für ein Jahr, zulässig. Eine wiederholte Bestellung oder Verlängerung der Amtszeit ist zulässig, wenn dadurch die Amtszeit insgesamt ein Jahr nicht übersteigt.

§ 16 SEAG: Zahl der Mitglieder des Leitungsorgans
Bei Gesellschaften mit einem Grundkapital von mehr als 3 Millionen Euro hat das Leitungsorgan aus mindestens zwei Personen zu bestehen, es sei denn, die Satzung bestimmt, dass es aus einer Person bestehen soll. § 38 Abs. 2 des SE-Beteiligungsgesetzes bleibt unberührt.

Literatur: *Brandt*, Die Hauptversammlung der Europäischen Aktiengesellschaft (SE), 2004 (zit.: Hauptversammlung); *Buchheim*, Europäische Aktiengesellschaft und grenzüberschreitende Konzernverschmelzung, 2001 (zit.: Konzernverschmelzung); *Gutsche*, Die Eignung der Europäischen Aktiengesellschaft für kleine und mittlere Unternehmen in Deutschland, 1994 (zit.: EA für kleine und mittlere Unternehmen); *Leupold*, Die Europäische Aktiengesellschaft unter besonderer Berücksichtigung des deutschen Rechts, 1990 (zit.: Europäische Aktiengesellschaft); *Maul*, Die faktisch abhängige SE (Societas Europaea) im Schnittpunkt zwischen deutschem und europäischem Recht, 1997 (zit.: Die faktisch abhängige SE); *Pfeuffer*, Der Regelungsbedarf des deutschen Gesetzgebers zur Anpassung des Aktienrechts an die SE-Verordnung im Hinblick auf den Vorstand, 2005 (zit.: Anpassung des AktG an die SE-VO); *Seibt*, Satzung und Satzungsgestaltung in der Europäischen Gesellschaft deutschen Rechts, in Lutter/Hommelhoff, Europäische Gesellschaft, S. 67 (zit.: Satzung).

I. Normzweck und anwendbare Vorschriften

1. Normzweck

1 Art. 39 ist die **Zentralvorschrift des dualistischen Verwaltungssystems** der SE und regelt die Unternehmensleitung und Geschäftsführung durch das Leitungsorgan (Art. 39 Abs. 1), die Bestellung und Abberufung seiner Mitglieder im Regelstatut durch das Aufsichtsorgan (Art. 39 Abs. 2), die Inkompatibilität zwischen einer Mitgliedschaft im Leitungs- und im Aufsichtsorgan (Art. 39 Abs. 3) sowie die Größe des Leitungsorgans (Art. 39 Abs. 4). Das Regelstatut des dualistischen Leitungssystems der SE entspricht demjenigen der Aktiengesellschaft deutschen Rechts und ist von drei **Leitaussagen** geprägt (von denen zwei in Art. 39 verankert sind): (1) Das Leitungsorgan (und damit negativ auch kein anderes Unternehmensorgan) führt selbständig und weisungsunabhängig die Geschäfte der SE (einschließlich der Leitung des Unternehmens), und zwar als Kollegialorgan (Art. 39 Abs. 1 Satz 1). (2) Das Aufsichtsorgan übt die Personalkompetenz über das Leitungsorgan aus und ist insbeson-

dere für die Bestellung und Abberufung der Mitglieder des Leitungsorgans zuständig (Art. 39 Abs. 2 Satz 1). (3) Des Weiteren berät und überwacht das Aufsichtsorgan das Leitungsorgan bei dessen Aufgabenerfüllung (Art. 40 Abs. 1). Allerdings eröffnet die SE-VO den Mitgliedstaaten die Möglichkeit zur **Modifikation in zwei wesentlichen Punkten**, jedoch nur insofern und soweit diese auch für die nationale Aktiengesellschaft gilt: (1) Einem oder mehreren Geschäftsführern, die nicht zwingend auch Mitglieder des Leitungsorgans sein müssen, können die laufenden Geschäfte des SE zugewiesen werden (Art. 39 Abs. 1 Satz 2). (2) Die Zuständigkeit zur Bestellung und Abberufung der Mitglieder des Leitungsorgans kann der Hauptversammlung zugewiesen werden (Art. 39 Abs. 2 Satz 2). Da der deutsche Gesetzgeber davon abgesehen hat, diese Gestaltungsvarianten bei der Aktiengesellschaft zu eröffnen[1], waren ihm diese Regelungsvarianten auch für die SE deutscher Prägung nicht eröffnet.

2. Anwendbare Vorschriften

Auf die SE mit dualistischem Verwaltungssystem finden neben den **Primärnormen** 2 in Art. 39 und 40 die **Vorschriften des AktG** Anwendung, und zwar (1) über die in der SE-VO enthaltenen Spezialverweisungen (z.B. Art. 51 und 52 Satz 2), (2) über die partiellen Generalverweisungen in der SE-VO (z.B. Art. 15 und 18) sowie (3) die Generalverweisung in Art. 9 Abs. 1 lit. c (ii)[2]. Sofern dem deutschen Gesetzgeber wegen der Lückenhaftigkeit der SE-VO im Hinblick auf das dualistische Verwaltungssystem eine Regelungskompetenz zukam, hat er sich – in Befolgung von Art. 10 SE-VO – für einen weitgehenden Gleichlauf mit den entsprechenden Vorschriften des AktG für Vorstand und Aufsichtsrat entschieden[3]. Auf die SE mit Sitz in Deutschland findet der **DCGK** – im Bereich des Vorstandsrechts Ziff. 3 und 4 – Anwendung[4]. Eine Übersicht über die rechtliche Verortung des Rechts des Vorstands (bei der AG) bzw. des Leitungsorgans (bei der SE) kann schematisch wie folgt festgehalten werden:

AG	Sachgegenstand	SE mit Sitz in Deutschland	Kongruenz (K)/ Abweichung (A)
§ 76 Abs. 1 Satz 1 AktG	Autonome Leitungsbefugnis	Art. 39 Abs. 1 Satz 1 (Wertung aus Art. 40 Abs. 1 Satz 2 und Funktionsprinzip des dualistischen Leitungsprinzips)	K (Rz. 3–5)
§ 76 Abs. 2 Satz 1, 2 AktG	Zahl der Vorstandsmitglieder	Art. 39 Abs. 4 Satz 2 SE-VO, § 16 Satz 1 SEAG	K (Rz. 38)
§ 76 Abs. 2 Satz 3 AktG	Arbeitsdirektor	§ 16 Satz 2 SEAG, § 38 Abs. 2 SEBG	K (Rz. 39) (europarechtlich zweifelhaft)
§ 76 Abs. 3, § 105 AktG	Bestellungshindernisse	Art. 47 Abs. 2; Art. 39 Abs. 3; § 105 Abs. 1 AktG i.V.m. Art. 9 Abs. 1 lit. c ii	A (Rz. 17 und 32, 34 ff.)

---

1 Zu rechtspolitischen Forderungen nach der Zulässigkeit einer statutarischen Verlagerung der Personalkompetenz auf die Hauptversammlung bei nicht-börsennotierten AG *Seibt* in K. Schmidt/Lutter, AktG, § 84 Rz. 2; bei konzerneingebundenen SE *Hommelhoff*, AG 2001, 279, 283; *Hirte*, NZG 2002, 1, 6.

2 Vgl. *Reichert/Brandes* in MünchKomm. AktG, Art. 39 SE-VO Rz. 3; *Schwarz*, Art. 39 Rz. 11; *Teichmann*, ZGR 2006, 383, 442 f.

3 Vgl. *Neye/Teichmann*, AG 2003, 169, 176; *Hoffmann-Becking*, ZGR 2004, 355, 363; *Reichert/Brandes* in MünchKomm. AktG, Art. 39 SE-VO Rz. 3.

4 Zur klarstellenden Ergänzung der Präambel im DCGK Regierungskommission DCGK, Pressemitteilung v. 14.6.2007.

AG	Sachgegenstand	SE mit Sitz in Deutschland	Kongruenz (K)/ Abweichung (A)
§ 77 Abs. 1 Satz 1 AktG	Prinzip der Gesamt-geschäftsführung	Wertung aus Art. 39 Abs. 1; Art. 50 Abs. 1	K (Rz. 6)
§ 77 Abs. 1 Satz 2 AktG	Dispositivität der Binnen-organisation	§ 77 Abs. 1 Satz 2 AktG i.V.m. Art. 9 Abs. 1 lit. c ii, iii; Art. 50 Abs. 2 Satz 1	A (Rz. 7 und 8: VV hat ausschlaggebendes Stimmrecht)
§ 77 Abs. 2 AktG	Geschäftsordnung	§ 77 Abs. 2 AktG i.V.m. Art. 9 Abs. 1 lit. c ii; Art. 50 Abs. 1	A (Rz. 8: Geltung Mehrheitsprinzip)
§ 78 Abs. 1 AktG	Vorstand als Vertretungs-organ	§ 78 Abs. 1 AktG i.V.m. Art. 9 Abs. 1 lit. c ii	K (Rz. 9)
§ 78 Abs. 2 Satz 1 AktG	Aktivvertretung: Prinzip der Gesamtvertretungs-befugnis	§ 78 Abs. 2 Satz 1 AktG i.V.m. Art. 9 Abs. 1 lit. c ii	K (Rz. 9)
§ 78 Abs. 2 Satz 2 AktG	Passivvertretung: Prinzip der Einzelvertretungs-befugnis	§ 78 Abs. 2 Satz 2 AktG i.V.m. Art. 9 Abs. 1 lit. c ii	K (Rz. 9)
§ 78 Abs. 3, Abs. 4 AktG	Abweichende Bestimmun-gen zur Gesamtvertre-tungsbefugnis	§ 78 Abs. 3, Abs. 4 AktG i.V.m. Art. 9 Abs. 1 lit. c ii	K (Rz. 9)
§ 82 Abs. 1 AktG	Unbeschränkbarkeit der Vertretungsmacht	§ 82 Abs. 1 AktG i.V.m. Art. 9 Abs. 1 lit. c ii	K (Rz. 9)
§ 82 Abs. 2 AktG	Beschränkbarkeit der Ge-schäftsführungsbefugnis	§ 82 Abs. 2 AktG i.V.m. Art. 9 Abs. 1 lit. c ii	K (Rz. 4)
§ 84 Abs. 1 Satz 1 AktG	Bestellungsorgan Auf-sichtsrat; Amtshöchstzeit	§ 39 Abs. 2 Unterabs. 1; § 84 Abs. 1 Satz 1 AktG i.V.m. Art. 9 Abs. 1 lit. c ii; Art. 50 Abs. 1 lit. b; Amts-höchstzeit: Art. 46 Abs. 1	A (Rz. 13: Satzungs-dispositivität für Mehr-heit der Beschlussfas-sung, keine Geltung von § 31 MitbestG); Amtshöchstzeit: A (Rz. 18)
§ 84 Abs. 1 Satz 2–4 AktG	Wiederbestellung als Vor-stand	Art. 46 Abs. 2	A (Rz. 18: Satzungs-vorbehalt)
§ 84 Abs. 1 Satz 5 AktG	Anstellungsverhältnis: Be-schlussorgan Aufsichtsrat; Laufzeit	§ 84 Abs. 1 Satz 5 AktG i.V.m. Art. 9 Abs. 1 lit. c ii sowie Prinzip der Sachnähe zur Organbestellung	K (Rz. 27–29)
§ 84 Abs. 2 AktG	Vorsitzender des Vorstands	§ 84 Abs. 2 AktG i.V.m. Art. 9 Abs. 1 lit. c ii; Art. 50 Abs. 2 Satz 1	A (Rz. 8: VV hat aus-schlaggebendes Stimmrecht)
§ 84 Abs. 3 AktG	Widerruf der Bestellung	Art. 39 Abs. 2, Art. 50 Abs. 1 lit. b; § 84 Abs. 3 AktG i.V.m. Art. 9 Abs. 1 lit. c ii: Vorliegen eines wichtigen Grundes	A (Rz. 22: Satzungs-dispositivität für Mehrheit der Be-schlussfassung, keine Geltung von § 31 Mit-bestG und 24)
§ 85 AktG	Gerichtliche Bestellung	§ 85 AktG i.V.m. Art. 9 Abs. 1 lit. c ii	K (Rz. 16)

AG	Sachgegenstand	SE mit Sitz in Deutschland	Kongruenz (K)/ Abweichung (A)
§ 87 Abs. 1 AktG	Angemessenheit der Vorstandsbezüge	§ 87 Abs. 1 AktG i.V.m. Art. 9 Abs. 1 lit. c ii	K (Rz. 29)
§ 87 Abs. 2 AktG	Herabsetzung der Vorstandsbezüge	§ 87 Abs. 2 AktG i.V.m. Art. 9 Abs. 1 lit. c ii	K (Rz. 29)
§ 87 Abs. 3 AktG	Vorstandsbezüge bei Insolvenz der Gesellschaft	§ 87 Abs. 3 AktG i.V.m. Art. 9 Abs. 1 lit. c ii	K (Rz. 29)
§ 88 AktG	Wettbewerbsverbot von Vorstandsmitgliedern	§ 88 AktG i.V.m. Art. 9 Abs. 1 lit. c ii	K (Rz. 31)
§ 89 AktG	Kreditgewährung an Vorstandsmitglieder	§ 89 AktG i.V.m. Art. 9 Abs. 1 lit. c ii	K (Rz. 31)
§ 94 AktG	Stellvertretende Vorstandsmitglieder	§ 94 AktG i.V.m. Art. 9 Abs. 1 lit. c ii	K (Rz. 10)

II. Leitungsorgan (Art. 39 Abs. 1)

1. Geschäftsführung

Durch Art. 39 Abs. 1 Satz 1 wird die Geschäftsführung, verstanden als **Vornahme aller tatsächlichen und rechtsgeschäftlichen Tätigkeiten für die SE**[5], dem Leitungsorgan zugewiesen. Der Begriff der Geschäftsführung ist europaeinheitlich in der Weise auszulegen, dass er die Unternehmensleitung als herausgehobenen Teil der Geschäftsführung[6] und ferner unter funktioneller Betrachtung alle Tätigkeitsfelder umfasst, die zur Unternehmensführung gehören und nicht ausdrücklich einem anderen Gesellschaftsorgan zugewiesen sind (interne Geschäftsführung). Der Verortung der Unternehmensleitung unmittelbar in Art. 39 Abs. 1 Satz 1 (und nicht über Art. 9 Abs. 1 lit. c ii in § 76 Abs. 1 AktG) steht nicht entgegen, dass die Regelungsentwürfe in Art. 62 Satz 1 SE-VO von 1970 und 1975 in der deutschen Sprachfassung noch zwischen Verwaltung und Leitung unterschieden[7]. Denn sowohl diese Vorentwürfe als auch Art. 39 sind für das Feld der internen Geschäftsführung vom Prinzip der umfassenden Kompetenzzuweisung an das Leitungsorgan geprägt, so dass insoweit keine Regelungsoffenheit der SE-VO besteht, die über nationales Recht zu schließen wäre.

Zum europarechtlich vorgegebenen (und damit einheitlichen) **Kernbereich der Geschäftsführung** gehört neben der Unternehmensleitung (Rz. 3) die Unternehmensplanung (*arg. e* Berichtspflichten des Art. 41)[8] und die Einrichtung eines Risikofrüherkennungs- und Überwachungssystems[9]. Die **Aufgaben des Leitungsorgans** können aber deswegen nicht europaeinheitlich konturiert werden, da Art. 52 für die Kompetenzzuweisung zur Hauptversammlung auf das nationale Aktienrecht bzw. auf die mit nationalem Recht konformen Satzungen verweist[10]. Für die SE deutscher Prägung bedeutet dies, dass § 119 Abs. 2 AktG (über die Verweisung in Art. 52 Satz 2)

3

4

---

5 Vgl. *Schwarz*, Art. 39 Rz. 12; s. auch *Seibt* in K. Schmidt/Lutter, AktG, § 76 Rz.9.
6 So auch *Schwarz*, Art. 39 Rz. 13; *Reichert/Brandes* in MünchKomm. AktG, Art. 39 SE-VO Rz. 2; *Hirte*, NZG 2002, 1, 6.
7 Zutreffend *Schwarz*, Art. 39 Rz. 13.
8 *Schwarz*, Art. 39 Rz. 15.
9 Abweichend *Schwarz*, Art. 39 Rz. 15: Aufgabenzuweisung folgt aus Art. 9 Abs. 1 lit. c ii i.V.m. § 91 Abs. 2 AktG.
10 *Schwarz*, Art. 39 Rz. 12; *Hirte*, NZG 2002, 1, 8.

auf solche Fragen der Geschäftsführung Anwendung findet, die der Hauptversammlung vom Leitungsorgan der SE zur Beschlussfassung vorgelegt werden; § 119 Abs. 2 AktG ist eine Rechtsvorschrift, die der Hauptversammlung eine subsidiäre und durch das entsprechende Verlangen des primär zuständigen Leitungsorgans aktivierte Zuständigkeit in Geschäftsführungsangelegenheiten „überträgt"[11]. In gleicher Weise gelten über Art. 52 Satz 2 die aus einer Gesamtanalogie zu Strukturmaßnahmen entwickelten Leitsätze der „Holzmüller/Gelatine"-Rechtsprechung des Bundesgerichtshofs[12] auch für die SE deutscher Prägung[13]. Die Geschäftsführungsbefugnis der Mitglieder des Leitungsorgans kann beschränkt werden (§ 82 Abs. 2 AktG i.V.m. Art. 9 Abs. 1 lit. c ii).

2. Selbständigkeit und Weisungsfreiheit

5   Art. 39 Abs. 1 Satz 1 in der deutschen Sprachfassung überträgt die Geschäftsführung dem Leitungsorgan „in eigener Verantwortung". Dies wird von der überwiegenden Meinung als funktionelle Entsprechung mit dem in § 76 Abs. 1 AktG verankerten Merkmal „unter eigener Verantwortung" und damit als Prinzip der Weisungsunabhängigkeit des Leitungsorgans gegenüber der Hauptversammlung und dem Aufsichtsorgan verstanden[14]. Wenngleich die sprachlichen Nähe zu § 76 Abs. 1 AktG sowie die Verordnungsgenese mit der Einfügung der Worte „in eigener Verantwortung" in Art. 39 Abs. 1 Satz 1 (die in Art. 62 Abs. 1 SE-VO von 1989 und 1991 noch nicht enthalten waren) für dieses Verständnis sprechen, so fehlt diese Ergänzung in den anderen maßgeblichen Sprachfassungen[15]. Gegen eine Auslegung des Begriffsmerkmals „in eigener Verantwortung" als Weisungsunabhängigkeit i.S.v. § 76 Abs. 1 AktG spricht auch der Vergleich mit Art. 39 Abs. 1 Satz 2 und Art. 43 Abs. 1 Satz 2, die ebenfalls dieses Begriffsmerkmal verwenden. Ein weiteres weisungsunabhängiges Gremium der Geschäftsführer im monistischem oder dualistischem Leitungssystem liefe dem Leitgedanken zuwider, mit dem Leitungsorgan bzw. Verwaltungsorgan ein einheitliches Organ der Unternehmensleitung zu schaffen[16]. Allerdings folgt die Verpflichtung des Leitungsorgans, die Geschäftsführung im Rahmen der gesetzlichen Kompetenzzuordnung selbständig und weisungsunabhängig auszuführen, zum einen aus Art. 40 Abs. 1 Satz 2 (Geschäftsführungsverbot des Aufsichtsorgans) und dem Funktionsprinzip des dualistischem Leitungsprinzips sowie zum anderen aus Art. 52 Satz 1 im Verhältnis zur Hauptversammlung[17]. Das Begriffsmerkmal „in eigener Verantwortung" in Art. 39 Abs. 1 Satz 1 ist vielmehr als **selbstverständlicher Verweis auf die haftungsrechtliche Verantwortung** der Mitglieder des Leitungsorgans für Feh-

---

11 *Reichert/Brandes* in MünchKomm. AktG, Art. 39 SE-VO Rz. 9; a.A. *Brandt*, Hauptversammlung, S. 114; *Schwarz*, Art. 39 Rz. 28 und Art. 52 Rz. 24.

12 BGH v. 25.2.1982 – II ZR 174/80, BGHZ 83, 122 = AG 1982, 158 – „Holzmüller"; BGH v. 26.4.2004 – II ZR 155/02, ZIP 2004, 993 – „Gelatine I"; BGH v. 26.4.2004 – II ZR 154/02, ZIP 2004, 1001 – „Gelatine II"; hierzu *J. Vetter* in K. Schmidt/Lutter, AktG, § 119 Rz. 26 ff.

13 So auch *Reichert/Brandes* in MünchKomm. AktG, Art. 39 SE-VO Rz. 10; *Habersack*, ZGR 2003, 724, 741; *Casper* in FS Ulmer, 2003, S. 51, 69; *Maul*, Die faktisch abhängige SE, S. 40 ff.; *Gutsche*, EA für kleine und mittlere Unternehmen, S. 105; a.A. *Brandt*, Hauptversammlung, S. 129.

14 Vgl. *Manz* in Manz/Mayer/Schröder, Art. 39 SE-VO Rz. 5; *Hirte*, NZG 2002, 1, 6; *Veil*, WM 2003, 2169, 2170; vgl. auch *Buchheim*, Konzernverschmelzung, S. 250; *Hommelhoff*, AG 2003, 179, 182.

15 Die englische Sprachfassung lautet „The management organ shall be responsible for managing the SE" und die französische „L'organe de direction est responsable de la gestion de la SE".

16 Ähnlich *Schwarz*, Art. 39 Rz. 24.

17 Zutreffend *Schwarz*, Art. 39 Rz. 27.

ler der Geschäftsführung zu verstehen[18]; dies entspricht auch einer wortlautorientierten Auslegung der englischen und französischen Sprachfassung von Art. 39 Abs. 1[19].

3. Kollegialitätsprinzip

a) Prinzip der Gesamtgeschäftsführungsbefugnis

Zwar fehlt es an einer ausdrücklichen Anordnung des Gesamtgeschäftsführung wie in § 77 Abs. 1 Satz 1 AktG, aber hieraus folgt nicht, dass die SE-VO hinsichtlich der Grundsatzfrage von Einzel- oder Gesamtgeschäftsführung regelungsoffen ist[20]. Denn Art. 39 Abs. 1 Satz 1 überträgt die Geschäftsführung dem **Leitungsorgan als Kollegium** und nicht den einzelnen Organmitgliedern, so dass die Geschäftsführung in einem mehrgliedrigen Leitungsorgan eben als Gesamtgeschäftsführung aller Leitungsorganmitglieder wahrzunehmen ist[21]. Art. 50 Abs. 1 spricht nicht gegen das Prinzip der Gesamtgeschäftsführung, sondern unterstützt es. Denn bestünde im Grundsatz Einzelgeschäftsführung, dann wäre eine Regelung zur Beschlussfähigkeit der Organe überflüssig. Aus Art. 50 Abs. 1 ergibt sich vielmehr (nur), dass grundsätzlich die Gesamtgeschäftsführung mit dem **Mehrheitsprinzip** kombiniert ist, mit der Folge, dass nach Beschluss einer Geschäftsführungsmaßnahme durch Mehrheitsentscheid auch die Mitglieder, die gegen die Maßnahme gestimmt haben, wegen des Prinzips der Gesamtgeschäftsführung verpflichtet sind, zusammen mit den übrigen Mitgliedern die Maßnahme durchzuführen[22]. Allerdings ist das in Art. 50 Abs. 1 geregelte Mehrheitsprinzip dispositiver Natur (Art. 50 Rz. 14). 6

Art. 39 Abs. 1 Satz 1 mit dem dort (implizit) kodifizierten Prinzip der Gesamtgeschäftsführung sperrt allerdings nicht die Anwendung nationalen Rechts, die eine Einzelgeschäftsführung bzw. eine Geschäftsverteilung zulässt. Eine so verstandene Regelungsoffenheit ergibt sich zum einen aus Art. 50 Abs. 1, der eine Beschlussfassung auch durch eine Person für zulässig erklärt, zum anderen aber aus einem Umkehrschluss zu dem im monistischen Leitungssystem geltenden Art. 48 Abs. 1 Unterabs. 1, der für die dort genannten Geschäfte eine Einzelgeschäftsführung vereitelt[23]. Dementsprechend kommt für die SE deutscher Prägung § 77 AktG über Art. 9 Abs. 1 lit. c ii und iii mit der Folge zur Anwendung[24], dass das Leitungsorgan bzw. das Aufsichtsorgan **über eine Geschäftsordnung oder die Satzung unmittelbar die Einzelgeschäftsführung oder andere Varianten der Geschäftsverteilung regeln können**[25]. Allerdings ist bei der Unternehmensleitung eine Modifizierung der Gesamtgeschäftsführung nicht möglich, da diese zwingend dem Gesamtorgan obliegt[26]. 7

b) Willensbildung, Geschäftsverteilung und Binnenorganisation

Für die Willensbildung im Leitungsorgan ist Art. 50 Abs. 1 anzuwenden, demzufolge bei Beschlussfassungen **das (einfache) Mehrheitsprinzip** gilt (zu Einzelheiten Art. 50 8

---

18 Zutreffend *Schwarz*, Art. 39 Rz. 25.
19 S. Fn. 15.
20 So aber *Buchheim*, Konzernverschmelzung, S. 251.
21 *Schwarz*, Art. 39 Rz. 16; im Ergebnis auch *Frodermann* in Jannott/Frodermann, Handbuch Europäische Aktiengesellschaft, Kap. 5 Rz. 77: § 77 AktG i.V.m. Art. 9 Abs. 1 lit. c ii; abweichend *Reichert/Brandes* in MünchKomm. AktG, Art. 39 SE-VO Rz. 4 ("Das in § 77 Abs. 1 Satz 1 AktG kodifizierte Prinzip der Gesamtgeschäftsführung wird durch die Regelung in Art. 50 Abs. 1 verdrängt").
22 *Schwarz*, Art. 39 Rz. 16; *Manz* in Manz/Mayer/Schröder, Art. 39 SE-VO Rz. 6.
23 Ebenso *Schwarz*, Art. 39 Rz. 20.
24 *Schwarz*, Art. 39 Rz. 21.
25 Zu Gestaltungsvarianten im Einzelnen *Seibt* in K. Schmidt/Lutter, AktG, § 77 Rz. 16, 19 ff.
26 Ebenso *Schwarz*, Art. 39 Rz. 22; vgl. auch *Seibt* in K. Schmidt/Lutter, AktG, § 77 Rz. 19.

Rz. 11 ff.). Das Leitungsorgan kann sich im Rahmen von Art. 39 Abs. 1 Satz 1 **frei organisieren**, beispielsweise ein funktionale Organisation, eine Spartenorganisation, eine virtuelle Holding oder eine Mischstruktur wählen[27]. Die SE-VO sperrt auch weder die Wahl eines Leitungsorganvorsitzenden, der dann entsprechend § 84 Abs. 2 AktG vom Aufsichtsorgan zu ernennen ist, noch die Wahl eines Leitungsorgansprechers aus der Mitte des Leitungsorgans[28]. Im Unterschied zum deutschen Aktienrecht kommt dem **Leitungsorganvorsitzenden** bei der SE bereits aus Art. 50 Abs. 2 Satz 1 ein **ausschlaggebendes Stimmrecht** zu[29], das allerdings statutarisch ausgeschlossen oder eingeschränkt werden kann. Das Leitungsorgan kann sich ferner eine Geschäftsordnung zur Regelung der internen Aufgabenverteilung und Organorganisation geben, *soweit* nicht die Satzung die Kompetenz auf das Aufsichtsorgan übertragen oder das Aufsichtsorgan bereits eine Geschäftsordnung erlassen hat (§ 77 Abs. 2 AktG i.V.m. Art. 9 Abs. 1 lit. c ii); für die Beschlussfassung über die Geschäftsordnung gilt das in Art. 50 Abs. 1 geregelte Mehrheitsprinzip, das insoweit § 77 Abs. 2 Satz 3 AktG als höherrangiges Recht verdrängt[30].

4. Vertretung

9   Der Wortlaut von Art. 39 Abs. 1 Satz 1 ist – auch in der englischen oder französischen Sprachfassung – im Hinblick auf die Frage nicht eindeutig, ob unter dem Begriff der „Geschäftsführung" nur die Geschäftsführung im engeren (interne Geschäftsführung) oder auch die im weiteren Sinne (interne Geschäftsführung und Vertretung im Außenverhältnis) zu verstehen ist. Die historische Genese von Art. 39 Abs. 1 Satz 1 und sachnahe Vorschriften legt ein Verständnis nahe, dass eine europaeinheitliche Regelung nur für die interne Geschäftsführung vorgesehen werden sollte. Die früheren Regelungen zur Vertretung (Art. 62 Abs. 1 Satz 2, Art. 63 Abs. 1 Satz 3, Art. 66 Abs. 1 Satz 2 SE-VO von 1991) sind nämlich gestrichen worden. Zudem wird bei Europäischen Genossenschaften durch Art. 37 Abs. 1 Satz 1 SCE-VO dem Leitungsorgan nicht nur die Geschäftsführung, sondern ausdrücklich auch die Vertretung zugewiesen. Hieraus folgt, dass Art. 39 Abs. 1 Satz 1 die Vertretung der SE nicht regelt, sondern eine **bewusste Regelungslücke** besteht, die über Art. 9 Abs. 1 lit. c durch Anwendung des nationalen Rechts zu schließen ist[31]. Die nationalstaatlichen Vertretungsvorschriften sind durch die EU-PublizitätsRL insoweit angeglichen als die **Vertretungsmacht** des Leitungsorgans zwingend **nach außen unbeschränkt und unbeschränkbar** ist. Eine SE mit Sitz in Deutschland wird durch ihr Leitungsorgan vertreten, wobei der Grundsatz der Gesamtvertretung gilt; die Satzung kann allerdings von der Gesamtvertretung abweichende Bestimmungen enthalten[32]. Art. 50 Abs. 1 verdrängt § 78 Abs. 2 Satz 1 AktG (Prinzip der Gesamtvertretung) nicht, da die Vertretung der SE kein Beschluss ist, sondern die Ausführung eines Beschlusses[33]. Gegenüber dem Leitungsorgan wird die SE durch das Aufsichtsorgan vertreten (§ 112 AktG i.V.m. Art. 9 Abs. 1 lit. c ii)[34].

---

27 Vgl. *Seibt* in K. Schmidt/Lutter, AktG, § 77 Rz. 20.
28 *Schwarz*, Art. 39 Rz. 92 und 94.
29 So auch *Schwarz*, Art. 39 Rz. 93; *Theisen/Hölzl* in Theisen/Wenz, Europäische Aktiengesellschaft, S. 247, 265, 267.
30 *Schwarz*, Art. 39 Rz. 95.
31 *Schwarz*, Art. 39 Rz. 14; *Schwarz*, ZIP 2001, 1847, 1857; *Manz* in Manz/Mayer/Schröder, Art. 39 SE-VO Rz. 16; *Hirte*, NZG 2002, 1, 7; *Buchheim*, Konzernverschmelzung, S. 251; a.A. *Theisen/Hölzl* in Theisen/Wenz, Europäische Aktiengesellschaft, S. 247, 267; unklar *Reichert/Brandes* in MünchKomm. AktG, Art. 39 SE-VO Rz. 8.
32 Hierzu *Seibt* in K. Schmidt/Lutter, AktG, § 78 Rz. 20 ff.
33 Ebenso *Schwarz*, Art. 39 Rz. 89.
34 *Schwarz*, Art. 39 Rz. 87; *Manz* in Manz/Mayer/Schröder, Art. 39 SE-VO Rz. 55; *Hirte*, NZG 2002, 1, 7.

5. Stellvertretende Mitglieder des Leitungsorgans

Art. 39 Abs. 1 sperrt nicht die Bestellung der stellvertretenden Mitglieder des Lei-   10
tungsorgans, sofern diese in ihrer Rechtstellung den ordentlichen Mitgliedern gleichgestellt sind (wie dies § 94 AktG festlegt)[35]. Bei der SE mit Sitz in Deutschland erfolgt
die Zulässigkeit und die inhaltliche Ausgestaltung aus § 94 AktG i.V.m. Art. 9 Abs. 1
lit. c (ii). Die stellvertretenden Mitglieder des Leitungsorgans sind bei der Bestimmung der Anzahl der Mitglieder des Leitungsorgans (Art. 39 Abs. 3, § 16 SEAG) mitzuzählen und – nach § 81 AktG i.V.m. Art. 9 Abs. 1 lit. c ii – zum Handelsregister
(ohne Stellvertreterzusatz)[36] anzumelden. Das Ressort „Arbeit und Soziales" (§ 38
Abs. 2 Satz 2 SEBG) kann auch einem stellvertretenden Mitglied des Leitungsorgans
zugewiesen werden, wenn sachliche Gründe für eine solche hierarchische Abstufung
sprechen[37].

6. Ermächtigung der Mitgliedstaaten zur Geschäftsführerregelung
(Art. 39 Abs. 1 Satz 2)

Nach Art. 39 Abs. 1 Satz 2 kann (1) ein Mitgliedstaat unter denselben Voraussetzun-   11
gen wie bei einer nationalen Aktiengesellschaft vorsehen (Rz. 12), (2) dass eine oder
mehrere Personen als Geschäftsführer (die nicht notwendigerweise Mitglieder des
Leitungsorgan sein müssen[38]) (3) die laufenden Geschäfte[39] (4) in eigener Verantwortung (im Sinne einer Haftungsverantwortung[40]) führt bzw. führen. Diese Ermächti-
gungsvorschrift ist auf Wunsch Schwedens in den endgültigen Verordnungsentwurf
eingefügt worden und sollte das dortige System der Unternehmensleitung (Bestellung
eines geschäftsführenden Direktors zur Geschäftsführung und Vertretung hinsichtlich der laufenden Geschäfte, der dem Verwaltungsrat nicht angehören muss[41]) für eine dort ansässige SE mit dualistischem Leitungssystem ermöglichen. Es geht also
um eine **besondere Ausgestaltung des dualistischen Leitungssystems** in der Weise,
dass neben dem Leitungsorgan und dem Aufsichtsorgan Geschäftsführer (oder nach
anderem Sprachgebrauch: geschäftsführende Direktoren) für die laufenden Geschäfte
der Geschäftsführung als Quasi-Organ bestehen[42]. Es handelt sich nicht um eine § 77
Abs. 1 Satz 2 AktG entsprechende Ermächtigung der Mitgliedstaaten zur Einzelgeschäftsführung[43]. Für die Überwachung der Geschäftsführer ist das Leitungsorgan
zuständig (arg. e Art. 39 Abs. 1 Satz 1), für die sich seine originäre Geschäftsführungs-
pflicht hinsichtlich der laufenden Geschäfte in eine Überwachungs- und Kontroll-
pflicht umwandelt. Obwohl dem Aufsichtsorgan nach dem Wortlaut des Art. 40
Abs. 1 Satz 1 keine Überwachungskompetenz über die Geschäftsführer zukommt, ist
dies unter teleologischen Gesichtspunkten in eine sekundäre Überwachungspflicht
weiterzuentwickeln. Denn führte das Leitungsorgan selbst die laufenden Geschäfte,
so obläge ihre Überwachung dem Aufsichtsorgan; im dualistischen Verwaltungssys-

---

35 Ebenso *Reichert/Brandes* in MünchKomm. AktG, Art. 39 SE-VO Rz. 32; *Manz* in Manz/May-
   er/Schröder, Art. 39 SE-VO Rz. 94.
36 Hierzu *Seibt* in K. Schmidt/Lutter, AktG, § 81 Rz. 3.
37 Ebenso *Reichert/Brandes* in MünchKomm. AktG, Art. 39 SE-VO Rz. 32.
38 Ebenso *Schwarz*, Art. 39 Rz. 33; *Manz* in Manz/Mayer/Schröder, Art. 39 SE-VO Rz. 10; a.A.
   Theisen/Hölzl in Theisen/Wenz, Europäische Aktiengesellschaft, S. 247, 277.
39 Zur europarechtlich autonomen Auslegung *Schwarz*, Art. 39 Rz. 43; *Manz* in Manz/Mayer/
   Schröder, Art. 39 SE-VO Rz. 11; a.A. *Hommelhoff*, AG 2001, 279, 284.
40 *Schwarz*, Art. 39 Rz. 39.
41 Hierzu *Foerster* in Hohloch, EU-Hdb. GesR, Loseblatt, Schweden Rz. 237 ff.
42 Zur Organqualität der Geschäftsführung im dualistischen Leitungssystem *Forstmoser*, ZGR
   2003, 688, 713 (mit Hinweisen zur Rechtslage in der Schweiz); *Schwarz*, Art. 39 Rz. 53.
43 Zutreffend *Schwarz*, Art. 39 Rz. 31; a.A. *Manz* in Manz/Mayer/Schröder, Art. 39 SE-VO
   Rz. 7 f.; *Buchheim*, Konzernverschmelzung, S. 253; wohl auch *Theisen/Hölzl* in Theisen/
   Wenz, Europäische Aktiengesellschaft, S. 247, 277.

tem sind Leitungsorgan und Geschäftsführung funktional als Einheit zu betrachten[44].

12   Das Mitgliedstaatenwahlrecht kann nur ausgeübt werden, wenn der Mitgliedstaat die **Einrichtung der Geschäftsführer** für die Führung der laufenden Geschäfte **unter denselben Bedingungen wie bei einer nationalstaatlichen AG** vorsieht. Damit soll (wie mit Art. 39 Abs. 2 Satz 2 oder Art. 47 Abs. 1) vermieden werden, dass die SE in diesen Hinsichten attraktiver ausgestaltet werden kann als eine Aktiengesellschaft mit Sitz in demselben Mitgliedstaat; damit gehen diese Einzelregelungen über das allgemeine Diskriminierungsverbot des Art. 10 hinaus[45]. Zwar verweist Art. 39 Abs. 1 Satz 2 nur allgemein auf „Voraussetzungen, wie sie für Aktiengesellschaften mit Sitz im Hoheitsgebiet des betreffenden Mitgliedstaates gelten", ohne zu differenzieren, ob das nationale Aktienrecht eine dualistische oder monistische Organisation vorsieht. Aus einer teleologischen Auslegung, die das Ziel eines Gleichlaufes zwischen nationaler Aktiengesellschaft und SE hat, ergibt sich aber die Einschränkung der Ermächtigung, dass ein Mitgliedstaat das Wahlrecht nur dann ausüben kann, wenn diese im nationalen Aktienrecht auch Geschäftsführer neben dem Leitungsorgan im dualistischen Verwaltungssystem vorsehen bzw. erlauben[46]. Da dies im deutschen Aktienrecht nicht der Fall ist, konnte Deutschland die Ermächtigung des Art. 39 Abs. 1 Satz 2 nicht wahrnehmen.

III. Bestellung und Abberufung der Mitglieder des Leitungsorgans (Art. 39 Abs. 2)

1. Bestellung

a) Zuständigkeit des Aufsichtsorgans und Verfahren

13   Für die Bestellung der Mitglieder des Leitungsorgans ist im Grundsatz das Aufsichtsorgan zuständig (Art. 39 Abs. 2 Unterabs. 1). Dic Bestellung erfordert (1) den Beschluss des Aufsichtsorgans, (2) dessen Kundgabe an das gewählte Mitglied des Leitungsorgans, (3) die Annahme der Wahl durch jenen und (4) die Entgegennahme der Wahlannahme durch das Aufsichtsorgan[47]. Die Entscheidung über die Bestellung (Beschluss) muss das **Aufsichtsorgan als Gesamtgremium** fassen (§ 84 Abs. 1 Satz 1 AktG i.V.m. Art. 9 Abs. 1 lit. c ii)[48]. Der Bestellungsbeschluss kann mit **einfacher Mehrheit** gefasst werden (Art. 50 Abs. 1 lit. b)[49]. Allerdings kann die Satzung – im Unterschied zum deutschen Aktienrecht[50] – **abweichende Mehrheitserfordernisse** regeln, da Art. 50 Abs. 1 dies auch bei Beschlussgegenständen zulässt, die das Aufsichtsorgan kraft Gesetzes zu treffen hat[51]. Das spezifische Wahlverfahren mit qualifizierten Mehrheitserfordernissen nach § 31 MitbestG findet im Grundsatz auf die SE keine Anwendung; das SEBG enthält keine entsprechende Vorschrift[52]. Allerdings

---

44 Ähnlich *Schwarz*, Art. 39 Rz. 50.
45 Zum Verständnis von Art. 10 als allgemeinem Diskriminierungsverbot *Seibt*, Satzung, S. 67, 69 f.; *Kübler*, ZHR 167 (2003), 222, 232.
46 Im Ergebnis auch *Schwarz*, Art. 39 Rz. 37; a.A. *Manz* in Manz/Mayer/Schröder, Art. 39 SE-VO Rz. 9.
47 Hierzu *Seibt* in K. Schmidt/Lutter, AktG, § 84 Rz. 10.
48 *Reichert/Brandes* in MünchKomm. AktG, Art. 39 SE-VO Rz. 16.
49 *Reichert/Brandes* in MünchKomm. AktG, Art. 39 SE-VO Rz. 24; *Manz* in Manz/Mayer/Schröder, Art. 39 SE-VO Rz. 19.
50 Zur Rechtslage bei der AG *Hüffer*, § 108 AktG Rz. 8; *Mertens* in KölnKomm. AktG, § 108 Rz. 46; *Drygala* in K. Schmidt/Lutter, AktG, § 108 Rz. 24 ff.
51 *Reichert/Brandes* in MünchKomm. AktG, Art. 39 SE-VO Rz. 24.
52 Ebenso *Reichert/Brandes* in MünchKomm. AktG, Art. 39 SE-VO Rz. 24.

könnte ein § 31 MitbestG entsprechendes Wahlverfahren als Folge der Verhandlung zwischen den Leitungsorganen der Gründungsgesellschaften und dem besonderen Verhandlungsgremium in der Satzung der SE oder in der Mitbestimmungsvereinbarung nach § 21 SEBG festgelegt werden. Dann steht dem Vorsitzenden des Aufsichtsorgans indes zwingend nach Art. 50 Abs. 2 Satz 2 das Zweitstimmrecht – anders als in § 31 MitbestG geregelt – nicht erst im dritten, sondern bereits im zweiten Wahlgang zu[53]. Eine § 31 MitbestG entsprechende Regelung in einer Mitbestimmungsvereinbarung wird von Art. 4 Abs. 2 lit. g SE-RL (umgesetzt in § 21 Abs. 3 lit. c SEBG) abgedeckt, da solche qualifizierten Mehrheitserfordernisse bei der Abstimmung im mitbestimmten Aufsichtsorgan noch als „Rechte der Arbeitnehmervertreter" qualifiziert werden können[54].

Bei **fehlerhafter Bestellung** eines Mitglieds des Leitungsorgans kommt die von der Wissenschaft und Rechtsprechung entwickelte Lehre von der fehlerhaften Organbestellung bei der SE mit Sitz in Deutschland zur Anwendung (Art. 9 Abs. 1 lit. c ii)[55]. | 14

b) Ermächtigung der Mitgliedstaaten zur Zuständigkeitsverlagerung auf die Hauptversammlung

Art. 39 Abs. 2 Unterabs. 2 ermächtigt die Mitgliedstaaten entweder im Wege einer | 15
zwingenden Sachregelung („vorschreiben") oder durch Gewährung von Satzungsautonomie („vorsehen"), die Kompetenz zur Bestellung der Mitglieder des Leitungsorgans (sowie zu ihrer Abberufung; Rz. 23) auf die Hauptversammlung zu übertragen. Die Ermächtigung steht allerdings unter dem Vorbehalt, dass sie nur unter den Bedingungen, die für Aktiengesellschaften mit Sitz in ihrem Hoheitsgebiet gelten, in nationales Recht umgesetzt werden (keine SE-spezifische Umsetzung der Zuständigkeitsverlagerung). Da das deutsche Aktienrecht eine Bestellungskompetenz der Hauptversammlung nicht regelt, konnte Deutschland diese Ermächtigung nicht ausüben[56].

c) Gerichtlichte Notbestellung

Die Bestellung nach Art. 39 Abs. 2 Unterabs. 1 und die Funktionsübernahme durch | 16
ein Mitglied des Aufsichtsorgans nach Art. 39 Abs. 3 Satz 2 stellen keine abschließende Regelung zur Besetzung des Leitungsorgans dar. Bei dringender Erforderlichkeit kommt auch bei der SE mit Sitz in Deutschland die gerichtliche Notbestellung auf Antrag eines Beteiligten in Frage (§ 85 AktG i.V.m. Art. 9 Abs. 1 lit. c ii)[57].

d) Persönliche Voraussetzungen

Als Mitglied des Leitungsorgans können nur solche Personen bestellt werden, welche | 17
die persönlichen Voraussetzungen des Art. 47 Abs. 2 erfüllen, der zum einen auf die

---

53 Ebenso *Reichert/Brandes* in MünchKomm. AktG, Art. 39 SE-VO Rz. 24a.

54 A.A. *Reichert/Brandes* in MünchKomm. AktG, Art. 39 SE-VO Rz. 24a.

55 *Reichert/Brandes* in MünchKomm. AktG, Art. 39 SE-VO Rz. 25. – Zur Einbeziehung ungeschriebener Rechtsgrundsätze in die Verweisungsnorm des Art. 9 Abs. 1 lit. c ii *Brandt/Scheifele*, DStR 2002, 547, 553; *Casper* in FS Ulmer, 2003, S. 49, 68; *Grothe*, Das neue Statut der Europäischen Aktiengesellschaft zwischen nationalem und europäischem Recht, 1990, S. 43; *Hirte*, NZG 2002, 1, 2; *Teichmann*, ZGR 2002, 383, 397. – Zur Lehre von der fehlerhaften Organbestellung bei der AG *Seibt* in K. Schmidt/Lutter, AktG, § 84 Rz. 21 f.

56 *Brandt*, NZG 2002, 991, 994; *Schwarz*, Art. 39 Rz. 56; *Teichmann* in Theisen/Wenz, Europäische Aktiengesellschaft, S. 273, 599; a.A. *Frodermann* in Jannott/Frodermann, Handbuch Europäische Aktiengesellschaft, Kap. 5 Rz. 19.

57 *Reichert/Brandes* in MünchKomm. AktG, Art. 39 SE-VO Rz. 17; *Schwarz*, Art. 39 Rz. 57; *Frodermann* in Jannott/Frodermann, Handbuch Europäische Aktiengesellschaft, Kap. 5 Rz. 22.

Bestellungsverbote des Sitzstaats (und somit für die SE mit Sitz in Deutschland auf die **Bestellungshindernisse** des § 76 Abs. 3 AktG[58]) verweist (lit. a) und zum anderen – über die Rechtslage bei der nationalstaatlichen AG hinaus – ein Bestellungshindernis bei Gerichts- oder Verwaltungsentscheidungen eines *anderen* EG-Mitgliedstaates annimmt (lit. b). Im Unterschied z.B. zur SE mit Sitz in den Niederlanden können bei einer SE mit Sitz in Deutschland juristische Personen nicht Mitglied des Leitungsorgans werden (Art. 47 Abs. 1 Unterabs. 1 i.V.m. § 76 Abs. 3 Satz 1 AktG).

e) Amtszeit

18   Die Mitglieder des Leitungsorgans werden für einen in der Satzung festgelegten Zeitraum bestellt, der sechs Jahre nicht überschreiten darf; Wiederbestellungen sind – vorbehaltlich abweichender Satzungsbestimmungen – zulässig (Art. 46; zu den Gestaltungsmöglichkeiten Art. 46 Rz. 3 ff.).

f) Rechte und Pflichten

19   Aus der Zuweisung der Leitungskompetenz zum Leitungsorgan als Kollegium sowie dem Art. 39 Abs. 1 Satz 1 zu entnehmenden Prinzip der Gesamtgeschäftsführungsbefugnis (Rz. 6) folgt, dass die Mitglieder des Leitungsorgans gleichberechtigt sind, die gleichen Rechte innehaben sowie den gleichen Pflichten unterliegen[59].

g) Erstes Leitungsorgan

20   Für die Bestellung der Mitglieder des ersten Leitungsorgans bei Gründung der SE gilt Art. 39 Abs. 2 nicht, da dieser erst ab Eintragung der SE in das Handelsregister Anwendung findet[60]. Da Art. 15 Abs. 1 für das Gründungsstadium auf die **aktienrechtlichen Gründungsvorschriften** verweist, wird das erste Leitungsorgan durch das erste Aufsichtsorgan bestellt, das sich ausschließlich aus Anteilseignervertretern zusammensetzt (§ 30 Abs. 4 AktG). Zur Bestellung des ersten Aufsichtsorgans s. Art. 40 Rz. 13. Ein Arbeitsdirektor (§ 38 Abs. 2 SEBG) ist als Mitglied des ersten Leitungsorgans nicht zu bestellen[61].

21   In **allen Fällen der SE-Gründung** ist ein erstes Leitungsorgan zu bestellen. Dies gilt auch in den Fällen der Verschmelzung zur Aufnahme (Art. 2 Abs. 1, Art. 17 Abs. 1a) und der Umwandlung (= Formwechsel; Art. 2 Abs. 4, Art. 37), selbst wenn die Identität des (übernehmenden bzw. formwechselnden) Rechtsträgers unverändert bleibt und sich im Übrigen an der Zusammensetzung und Größe des Leitungsorgans nichts ändert. Der Grundsatz der Amtskontinuität (vgl. z.B. § 203 UmwG) gilt hier nicht, sondern die Ämter der Vorstandsmitglieder des formwechselnden bzw. aufnehmenden Rechtsträgers enden automatisch mit Eintragung der SE in das Handelsregister[62].

2. Abberufung

a) Zuständigkeit des Aufsichtsorgans und Verfahren

22   Im Grundsatz steht die Kompetenz zum Widerruf der Bestellung zum Mitglied des Leitungsorgans („Abberufung") dem Aufsichtsorgan zu (Art. 39 Abs. 2 Unterabs. 1). Die Abberufung als *actus contrarius* zur Bestellung erfordert (1) den Beschluss des

---

58 Hierzu *Seibt* in K. Schmidt/Lutter, AktG, § 76 Rz. 27.
59 Zur Rechtslage bei der AG *Seibt* in K. Schmidt/Lutter, AktG, § 76 Rz. 7.
60 *Reichert/Brandes* in MünchKomm. AktG, Art. 39 SE-VO Rz. 26.
61 *Reichert/Brandes* in MünchKomm. AktG, Art. 39 SE-VO Rz. 27.
62 *Reichert/Brandes* in MünchKomm. AktG, Art. 39 SE-VO Rz. 28; *Manz* in Manz/Mayer/Schröder, Art. 39 SE-VO Rz. 24.

Aufsichtsorgans als Gesamtgremium und (2) dessen Kundgabe an das Organmitglied[63]. Wie beim Beschluss über die Bestellung bedarf auch der Beschluss über den Widerruf der Bestellung im Grundsatz einer einfachen Stimmenmehrheit nach Art. 50 Abs. 1b[64]; ein dem § 31 MitbestG entsprechendes Wahlverfahren mit besonderen Mehrheitserfordernissen ist weder in der SE-VO noch in den deutschen Umsetzungsgesetzen enthalten. Zur zulässigen Abweichung in der Satzung oder in der Mitbestimmungsvereinbarung s. Art. 50 Rz. 6 und Teil B., § 21 SEBG Rz. 37.

b) Ermächtigung der Mitgliedstaaten zur Zuständigkeitsverlagerung auf die Hauptversammlung

Das Mitgliedstaatenwahlrecht zur Kompetenzzuordnung in Art. 39 Abs. 2 und Abs. 1   23
betrifft sowohl die Bestellung (Rz. 15) als auch die Abberufung von Mitgliedern des Leitungsorgans. Es kann allerdings nur einheitlich für Bestellung und Abberufung ausgeübt werden[65]. Dies entspricht einem funktionellen Verständnis der Personalkompetenz über das Leitungsorgan (Bestellung und Widerruf der Bestellung bedingen einander in vielfältiger Weise) und kommt überdies im Wortlaut von Art. 39 Abs. 2 Unterabs. 2 darin zum Ausdruck, dass die beiden kooperationsrechtlichen Akte mit „und" sprachlich verbunden sind[66].

c) Voraussetzungen

Art. 39 Abs. 2 regelt keine materiellen Voraussetzungen für die vorzeitige Abberu-   24
fung eines Mitglieds des Leitungsorgans. Hieraus kann allerdings nicht der Schluss gezogen werden, dass Art. 39 Abs. 2 europaeinheitlich die jederzeitige Abberufung von Organmitgliedern ohne wichtigen Grund vorsieht[67]. Vielmehr ergibt sich bereits aus der historischen Genese von Art. 39 (die Regelung in Art. 62 Abs. 2 SE-VO von 1989, derzufolge die Mitglieder des Leitungsorgans *jederzeit* abberufen werden können, wurde aufgrund vielfacher Kritik geändert[68]) sowie aus Art. 46 Abs. 1, der die Bestellung für einen festgelegten Zeitraum vorsieht, dass eine jederzeitige Abberufung ohne weitere materielle Voraussetzungen nicht europarechtlich vorgegeben ist. Vielmehr ist Art. 39 Abs. 2 im Hinblick auf die Abberufungsmodalitäten regelungsoffen und verweist über Art. 9 Abs. 1 lit. c ii hierzu in das nationale Aktienrecht[69]. Daher ist die Abberufung der Mitglieder des Leitungsorgans einer SE mit Sitz in Deutschland nur bei **Vorliegen eines wichtigen Grundes** möglich (§ 84 Abs. 3 AktG)[70]. Dabei ist ein wichtiger Grund für die Abberufung auch gegeben, wenn die Hauptversammlung dem Mitglied des Leitungsorgans das Vertrauen entzieht (§ 84 Abs. 3 Satz 2, 3.

---

63 Hierzu *Seibt* in K. Schmidt/Lutter, AktG, § 84 Rz. 47.
64 *Manz* in Manz/Mayer/Schröder, Art. 39 SE-VO Rz. 27.
65 *Schwarz*, Art. 39 Rz. 61.
66 Ebenso *Schwarz*, Art. 39 Rz. 61.
67 So aber *Theisen/Hölzl* in Theisen/Wenz, Europäische Aktiengesellschaft, S. 247, 266; *Schindler*, Handbuch, S. 68 f.
68 Hierzu *Schwarz*, Art. 39 Rz. 63.
69 *Schwarz*, Art. 39 Rz. 63; *Manz* in Manz/Mayer/Schröder, Art. 39 SE-VO Rz. 32; *Buchheim*, Konzernverschmelzung, S. 253 f.; *Hommelhoff*, AG 2001, 279, 283; *Leupold*, Europäische Aktiengesellschaft, S. 85; *Maul*, Die faktisch abhängige SE, S. 43 ff.; *Pfeuffer*, Anpassung des AktG an die SE-VO, S. 127; *Rasner*, ZGR 1992, 314, 322; *Trojan-Limmer*, RIW 1991, 1010, 1016; im Ergebnis auch *Reichert/Brandes* in MünchKomm. AktG, Art. 39 SE-VO Rz. 33; a.A. *Gutsche*, EA für kleine und mittlere Unternehmen, S. 80 f.; v. *Werder*, RIW 1997, 304, 308.
70 *Manz* in Manz/Mayer/Schröder, Art. 39 SE-VO Rz. 71; *Frodermann* in Jannott/Frodermann, Handbuch Europäische Aktiengesellschaft, Kap. 5 Rz. 23; implizit auch *Schwarz*, Art. 39 Rz. 63; zu den Anforderungen im Einzelnen *Seibt* in K. Schmidt/Lutter, AktG, § 84 Rz. 48 f.

Fall AktG); auch in diesem Fall liegt die Abberufungskompetenz entsprechend Art. 39 Abs. 2 beim Aufsichtsorgan[71].

3. Sonstige Beendigungstatbestände

25   Art. 39 Abs. 2 Unterabs. 1 sperrt andere Beendigungsgründe für die Organstellung als Mitglied des Leitungsorgans nicht. Die Organstellung als Mitglied des Leitungsorgans kann weiter enden durch (1) die **Amtsniederlegung** als einseitige Erklärung des Organmitglieds gegenüber dem Aufsichtsorgan, aus dem Organverhältnis ausscheiden zu wollen, (2) die einvernehmliche **Aufhebung** der Bestellung, (3) den Eintritt der **Befristung** der Organbestellung, (4) den **Tod** oder den **Verlust der** unbeschränkten **Geschäftsfähigkeit** des Organmitglieds sowie (5) das **Erlöschen bzw.** die **Umwandlung** der Gesellschaft.

4. Anmeldung zum Handelsregister

26   Alle Änderungen der Personen der Mitglieder des Leitungsorgans und ihre Befugnisse[72] sind nach Art. 39 Abs. 1 Satz 1, § 81 AktG im Handelsregister einzutragen. Anmeldepflichtig ist das Leitungsorgan in vertretungsberechtigter Zahl.

5. Anstellungsvertrag

a) Rechtsnatur, Zuständigkeit zum Abschluss und Inhalt

27   Von der Organstellung der Mitglieder des Leitungsorgans ist deren schuldrechtliches Rechtsverhältnis zur SE zu unterscheiden (*Trennungsprinzip*), über das die SE-VO keine ausdrückliche Regelung trifft. Diese Regelungsoffenheit ist durch entsprechende **Anwendung des nationalen Aktienrechts** zu schließen (Art. 9 Abs. 1 lit. c ii), allerdings unter Berücksichtigung der europarechtlichen Wertungen in den Vorschriften zur Bestellung der Organmitglieder (*Prinzip der Sachnähe*).

28   Beim Abschluss des Anstellungsvertrages (Vertrag über die Leistung unabhängiger, durch aktienrechtliche Vorgaben geprägter Dienste i.S.v. §§ 611, 675 BGB) wird die SE ausschließlich und zwingend **durch das Aufsichtsorgan vertreten** (§ 112 AktG)[73]. Das gilt auch für den Abschluss von Nebenvereinbarungen mit dem Mitglied des Leitungsorgans sowie bei Änderungen des Anstellungsvertrages oder von Nebenverträgen und ist auch bei der Gewährung von Vergütungsaktien oder Aktienoptionen zu beachten. Die Entscheidung über den Abschluss oder die Änderung des Anstellungsvertrages bzw. von Nebenvereinbarungen kann einem Ausschuss des Aufsichtsorgans übertragen werden (*arg. e* § 107 Abs. 3 Satz 2 AktG)[74].

29   Bei der AG besteht ein Gleichlauf zwischen der Höchstdauer der organschaftlichen Amtszeit und des schuldrechtlichen Anstellungsvertrages, die jeweils auf fünf Jahre begrenzt ist (§ 84 Abs. 1 Satz 1, Abs. 1 Satz 5 AktG). Dieses vernünftige **Gleichlaufprinzip** ist auch beim Leitungsorgan der SE anzuwenden, wobei die hier anwendbaren Höchstdauern von Art. 46 vorgegeben sind, mit der Folge, dass auch bei den schuldrechtlichen Anstellungsverträgen die in der Satzung geregelte Höchstamtszeit gilt, die maximal sechs statt bei der AG fünf Jahre beträgt[75]. Im Übrigen gelten die aktien-

---

71 *Reichert/Brandes* in MünchKomm. AktG, Art. 39 SE-VO Rz. 33. Zur Rechtslage bei der AG *Seibt* in K. Schmidt/Lutter, AktG, § 84 Rz. 50.
72 Zu den anmeldepflichtigen Umständen *Seibt* in K. Schmidt/Lutter, AktG, § 81 Rz. 3 ff.
73 *Reichert/Brandes* in MünchKomm. AktG, Art. 39 SE-VO Rz. 15; *Manz* in Manz/Mayer/Schröder, Art. 39 SE-VO Rz. 75.
74 *Reichert/Brandes* in MünchKomm. AktG, Art. 39 SE-VO Rz. 16.
75 Im Ergebnis ebenso *Reichert/Brandes* in MünchKomm. AktG, Art. 39 SE-VO Rz. 40; *Manz* in Manz/Mayer/Schröder, Art. 39 SE-VO Rz. 76.

rechtlichen Regelungen zum Anstellungsvertrag für die Mitglieder des Leitungsorgans der SE entsprechend[76]. Die Ausgestaltung des Anstellungsvertrages obliegt dem pflichtgemäßen Ermessen des Aufsichtsorgans, das hier eine unternehmerische Entscheidung unter Berücksichtigung der gesetzlichen Wertungen (insbesondere des Angemessenheitsgebots nach § 87 AktG) zu treffen hat[77]. Auf die dienstrechtliche Vergütung der Mitglieder des Leitungsorgans finden über Art. 9 Abs. 1 lit. c ii die Bestimmungen des § 87 AktG Anwendung.

b) Kündigung und sonstige Beendigungstatbestände

Für die Beendigung des Anstellungsvertrages gelten nach § 84 Abs. 3 Satz 5 AktG 30
i.V.m. Art. 9 Abs. 1 lit. c ii die allgemeinen **dienstrechtlichen Vorschriften**. Auch bei der Kündigung des Anstellungsvertrages wird die SE durch das Aufsichtsorgan vertreten (§ 112 AktG). Der Kündigungserklärung muss eine Beschlussfassung zugrunde liegen, der allerdings auch durch einen Ausschuss des Aufsichtsorgans gefasst werden kann (*arg. e* § 107 Abs. 3 Satz 2 AktG)[78]. Daneben kommen als weitere Beendigungstatbestände z.B. ein Aufhebungsvertrag, der Ablauf der Vertragslaufzeit sowie der Eintritt vertraglich vereinbarter Beendigungsgründe oder der Tod in Betracht[79].

6. Weitere Aspekte der Personalkompetenz des Aufsichtsorgans

Die SE-VO regelt zur Personalkompetenz des Aufsichtsorgans über die Mitglieder des 31
Leitungsorgans (lediglich) das Grundelement der Bestellung und Abberufung (Art. 39 Abs. 2 Satz 1). Aus dem dualistischen Leitungssystem und der in diesem Rahmen getroffenen Grundentscheidung der Zuweisung der Personalkompetenz über die Mitglieder des Leitungsorgans zum Aufsichtsorgan folgt, dass auch die **sonstigen Beziehungen der SE zu den Leitungsorganmitgliedern** für die Gesellschaft durch das Aufsichtsorgan gestaltet werden, sofern in den regelungsoffenen Bereichen nicht das nationale Aktienrecht eine abweichende Zuständigkeit vorsieht (Rechtsgedanke des Art. 39 Abs. 2 Satz 2). Für die SE mit Sitz in Deutschland bedeutet dies, dass das Aufsichtsorgan über die Fragen des schuldrechtlichen Anstellungsvertrages mit den Mitgliedern des Leitungsorgans hinaus (Rz. 32 ff.) auch für die Beschlussfassung zur Kreditgewährung der SE an die Leitungsorganmitglieder (§ 89 AktG i.V.m. Art. 9 Abs. 1 lit. c ii), die Einwilligung zu Wettbewerbshandlungen (§ 88 AktG i.V.m. Art. 9 Abs. 1 lit. c ii) und den Abschluss von Dienst- und Werkverträgen mit Aufsichtsratsmitgliedern (§ 114 AktG i.V.m. Art. 9 Abs. 1 lit. c ii) zuständig ist sowie die SE bei Rechtsstreitigkeiten gegen die Leitungsorganmitglieder vertritt (§ 112 AktG i.V.m. Art. 9 Abs. 1 lit. c ii).

IV. Inkompatibilität (Art. 39 Abs. 3)

1. Inkompatibilität der Mitgliedschaft in Aufsichts- und Leitungsorgan

Art. 39 Abs. 3 Satz 1 ordnet die Inkompatibilität einer Mitgliedschaft im Aufsichts- 32
organ mit einer Mitgliedschaft im Leitungsorgan an und ist damit notwendiger Bestandteil der **Funktionstrennung zwischen Leitungs- und Aufsichtsorgan** im dualistischen Leitungssystem. Die Regelung des Art. 39 Abs. 1 Satz 1 ist in ihrem An-

---

76 Zu den aktienrechtlichen Regelungen *Seibt* in K. Schmidt/Lutter, AktG, § 84 Rz. 23 ff.
77 Zu der Ermessensentscheidung des Aufsichtsrats bei der AG vgl. *Seibt* in K. Schmidt/Lutter, AktG, § 84 Rz. 24 f. und § 87 Rz. 2. Zu den Rechten und Pflichten des Mitglieds des Leitungsorgans aus dem Anstellungsvertrag s. *Seibt* in K. Schmidt/Lutter, AktG, § 84 Rz. 29 ff.
78 Zur Rechtslage bei der AG *Seibt* in K. Schmidt/Lutter, AktG, § 84 Rz. 61.
79 Hierzu für Vorstandsverträge *Seibt* in K. Schmidt/Lutter, AktG, § 84 Rz. 75.

wendungsbereich zwingend und verdrängt das insoweit bestehende nationale Aktienrecht (§ 105 AktG). Allerdings ist § 105 Abs. 1 AktG (über Art. 9 Abs. 1 lit. c ii) über Art. 39 Abs. 3 hinaus anwendbar, soweit er die Inkompatibilität auch auf Prokuristen, Handlungs- und Generalbevollmächtigte ausdehnt[80]. Die Inkompatibilität gilt auch für stellvertretende Mitglieder des Leitungsorgans (vgl. § 94 AktG)[81] und für Abwickler der SE (Art. 63 i.V.m. § 268 Abs. 2 AktG)[82].

33 Ein **Verstoß** gegen den Grundsatz der Inkompatibilität führt dann zur Nichtigkeit des Bestellungsaktes nach § 134 BGB, wenn die Verknüpfung beider Organämter gewollt ist[83]. Im Zweifel wird allerdings bei Übernahme der Organstellung im Leitungsorgan die Aufgabe des Amtes im Aufsichtsorgan beabsichtigt sein. Dann ist die Bestellung zum Mitglied des Leitungsorgans bis zur Niederlegung des Aufsichtsmandates schwebend unwirksam. Dasselbe gilt bei Bestellung eines amtierenden Mitglieds des Leitungsorgans zum Mitglied im Aufsichtsorgan[84].

2. Ausnahme: Abstellung eines Mitglieds des Aufsichtsorgans

a) Rechtsnatur und Verfahren

34 Im Falle einer **Funktionsgefährdung** beim Leitungsorgan (Rz. 42) kann der Grundsatz der Inkompatibilität in der Weise durchbrochen werden, dass das Aufsichtsorgan „eines seiner Mitglieder zur Wahrnehmung der Aufgaben eines Mitglieds des Leitungsorgans abstell[t]" (Art. 39 Abs. 3 Satz 2). Diese Vorschrift verdrängt inhaltlich die Regelung des § 105 Abs. 2 Sätze 1 bis 3 AktG. Trotz des - auch von § 105 Abs. 2 Satz 1 abweichenden - Wortlauts („Abstellung zur Wahrnehmung der Aufgaben eines Mitglieds des Leitungsorgans") ist die „Abstellung" nicht nur eine bloße Funktionswahrnehmung ähnlich eines Generalbevollmächtigten (mit rechtsgeschäftlicher Vollmacht), sondern eine **organschaftliche Bestellung**. Sie erfolgt durch (1) Beschluss des Aufsichtsorgans (Mehrheitsentscheidung, Art. 50 Abs. 1), (2) dessen Bekanntgabe an den Bestellten, (3) die Wahlannahme sowie (4) die Kundgabe der Wahlannahme gegenüber dem Aufsichtsorgan. Der Bestellungsbeschluss kann auch durch einen Ausschuss des Aufsichtsorgans gefasst werden (*arg. e* § 107 Abs. 3 Satz 2 AktG).

35 Mit der Bestellung („Abstellung") wird das Mitglied des Aufsichtsorgans zugleich Mitglied des Leitungsorgans, **ohne sein Ursprungsmandat** zu verlieren[85]. Allerdings kann das Mitglied des Aufsichtsorgans für die Dauer der Abstellung dort seine Organfunktion nicht ausüben (Art. 39 Abs. 3 Satz 3); stimmt es dennoch bei Beschlüssen des Aufsichtsorgans mit ab, so ist die Stimme (nicht aber der Beschluss) ungültig[86]. Während der Dauer seiner Bestellung kommen ihm sämtliche Rechte und Pflichten eines Mitglieds des Leitungsorgans zu, allerdings mit der Ausnahme, dass das Wettbewerbsverbot des § 88 AktG (i.V.m. Art. 9 Abs. 1 lit. c ii) für das abgestellte Mitglied nicht gilt; § 105 Abs. 2 Satz 4 AktG (i.V.m. Art. 9 Abs. 1 lit. c ii) wird durch Art. 39 nicht verdrängt[87].

---

80 Vgl. *Reichert/Brandes* in MünchKomm. AktG, Art. 39 SE-VO Rz. 44; i.E. auch *Schwarz*, Art. 39 Rz. 65 sowie Art. 47 Rz. 31.
81 *Reichert/Brandes* in MünchKomm. AktG, Art. 39 SE-VO Rz. 45.
82 *Reichert/Brandes* in MünchKomm. AktG, Art. 39 SE-VO Rz. 45.
83 *Reichert/Brandes* in MünchKomm. AktG, Art. 39 SE-VO Rz. 46; *Schwarz*, Art. 39 Rz. 65.
84 *Reichert/Brandes* in MünchKomm. AktG, Art. 39 SE-VO Rz. 46.
85 *Reichert/Brandes* in MünchKomm. AktG, Art. 39 SE-VO Rz. 53; *Schwarz*, Art. 39 Rz. 70; *Manz* in Manz/Mayer/Schröder, Art. 39 SE-VO Rz. 46; *Leupold*, Europäische Aktiengesellschaft, S. 86.
86 *Schwarz*, Art. 39 Rz. 70.
87 Ebenso *Reichert/Brandes* in MünchKomm. AktG, Art. 39 SE-VO Rz. 53.

b) Sachliche Voraussetzungen

Die Möglichkeit zur Abstellung eines Mitglieds des Aufsichtsorgans setzt voraus, 36
dass „der betreffende Posten [eines Mitglieds des Leitungsorgans] nicht besetzt ist"
(Art. 39 Abs. 3 Satz 1). Eine solche **Unterbesetzung des Leitungsorgans** liegt vor,
wenn die gesetzlich (§§ 16 SEAG, 38 Abs. 2 SEBG), durch Satzung oder Geschäftsordnung vorgeschriebene Fest- oder Mindestzahl unterschritten ist. Eine Abstellung ist
aber auch dann zulässig, wenn eine in der Satzung festgelegte Mitgliederhöchstzahl
noch nicht ausgeschöpft ist[88]. Im Unterschied zum überwiegenden Verständnis von
§ 105 Abs. 2 AktG reicht bei Art. 39 Abs. 3 Satz 1 eine nur vorübergehende Verhinderung in der Amtsausübung (z.B. Krankheit, Urlaub/Sabbatical) wegen des ausdrücklichen Wortlauts („Posten nicht besetzt ist" bzw. „in the event of a vacancy"
bzw. „en cas de vacance") nicht aus[89].

c) Zeitliche Befristung

Art. 39 Abs. 3 Satz 4 ermächtigt die Mitgliedstaaten, eine zeitliche Begrenzung der 37
Abstellung vorzusehen. Nach § 15 Satz 1 SEAG muss die Bestellung in jedem Fall für
einen im Voraus begrenzten Zeitraum erfolgen und die zulässige **Höchstdauer** beträgt
wie bei § 105 Abs. 2 Satz 1 AktG **ein Jahr**. Eine wiederholte Bestellung ist möglich,
solange die Dauer der Abstellung insgesamt ein Jahr nicht überschreitet (§ 15 Satz 2
SEAG).

V. Anzahl der Mitglieder des Leitungsorgans (Art. 39 Abs. 4)

1. Mindest- und Höchstzahl

Die SE-VO schreibt mit Art. 39 Abs. 4 Satz 1 keine Mindest- oder Höchstzahl der Lei- 38
tungsorganmitglieder vor, so dass das Leitungsorgan auch nur mit einer Person besetzt sein kann (vgl. auch Art. 39 Abs. 2 Unterabs. 1)[90]. Art. 39 Abs. 4 Satz 1 bestimmt – wie § 23 Abs. 3 Nr. 6 AktG – nur, dass die Zahl der Mitglieder oder die Regeln für ihre Festlegung **durch die Satzung bestimmt** werden müssen, wobei die
Mitgliedstaaten eine Mindest- und/oder Höchstzahl vorschreiben können (Art. 39
Abs. 4 Satz 2). Die Satzung kann auch bestimmen, dass das Aufsichtsorgan die Anzahl festlegen kann[91]. Die Ermächtigungsgrundlage in Art. 39 Abs. 4 Satz 2 hat der
deutsche Gesetzgeber mit § 16 Satz 1 SEAG ausgeübt, demzufolge bei Gesellschaften
mit einem Grundkapital von mehr als 3 Mio. Euro das Leitungsorgan aus mindestens
zwei Personen zu bestehen hat, es sei denn, die Satzung bestimmt, dass es aus einer
Person bestehen soll. Zusätzlich gilt für börsennotierte SE Ziff. 4.2.1 Satz 1 DCGK.
Enthält die Satzung keine Regelung zur Personenzahl des Leitungsorgans, besteht ein
Eintragungshindernis. Allerdings genügt eine Satzungsklausel den gesetzlichen Anforderungen, derzufolge das Leitungsorgan aus einer oder mehreren Personen besteht[92].

---

88 *Reichert/Brandes* in MünchKomm. AktG, Art. 39 SE-VO Rz. 49.
89 Ebenso *Reichert/Brandes* in MünchKomm. AktG, Art. 39 SE-VO Rz. 50; enger *Schwarz*,
Art. 39 Rz. 67: nur wenige Tage dauernde/nur eine Organsitzung berührende Verhinderung
kein sachlicher Anlass.
90 *Schwarz*, Art. 39 Rz. 71.
91 *Schwarz*, Art. 39 Rz. 71.
92 *Reichert/Brandes* in MünchKomm. AktG, Art. 39 SE-VO Rz. 20; zur Rechtslage bei der AG
Seibt in K. Schmidt/Lutter, AktG, § 76 Rz. 19.

2. Arbeitsdirektor

39   Nach § 16 Satz 2 SEAG bleibt für die Frage der Anzahl der Leitungsorganmitglieder § 38 Abs. 2 SEBG unberührt, demzufolge eine mitbestimmte SE einen Arbeitsdirektor zu bestellen hat. Nach dieser ausdrücklichen **gesetzgeberischen Anweisung** muss das Leitungsorgan satzungsfest aus mindestens zwei Mitgliedern bestehen, soweit ein Arbeitsdirektor zu bestellen ist[93]. Allerdings verstößt § 16 Satz 2 SEAG gegen Art. 13 Abs. 2 SE-RL, da es sich bei der Frage nach der Bestellung eines Arbeitsdirektors in das Leitungsorgan um eine Modalität der Unternehmensmitbestimmung handelt[94].

3. Über- und Unterbesetzung

40   Hat das Leitungsorgan weniger Mitglieder als nach Gesetz oder Satzung bestimmt, ist das Aufsichtsorgan im Rahmen der pflichtgemäßen Erfüllung seiner Personalkompetenz verpflichtet, die **fehlenden Mitglieder unverzüglich neu zu bestellen**[95]. Bei unterbleibenden Handeln und/oder in dringenden Fällen kommt eine Notbestellung nach § 85 AktG (i.V.m. Art. 9 Abs. 1 lit. c ii) in Betracht.

41   Die Überbesetzung des Leitungsorgans berührt nicht die Rechtswirksamkeit einer Maßnahme[96]. Eine Unterbesetzung des Leitungsorgans führt **ausnahmsweise** dann zur **Handlungsunfähigkeit**, wenn (1) ein Beschluss durch das Gesamtorgan zu fassen ist oder (2) ein Handeln in vertretungsberechtigter Zahl erforderlich und diese Zahl nicht vorhanden ist[97]. Soweit sich hingegen die Maßnahme in der Vornahme eines bloßen Realaktes, in innergesellschaftlichen Verfahrenshandlungen ohne rechtsgeschäftlichen Charakter oder in im öffentlichen Interesse liegende Anträge erschöpft, bleibt die Handlungsfähigkeit des Leitungsorgans erhalten, soweit der Organbeschluss ordnungsgemäß zustande gekommen ist[98]. Ein von einem unterbesetzten Leitungsorgan festgestellter Jahresabschluss ist wegen Handlungsunfähigkeit nach Art. 61, § 256 Abs. 2 AktG nichtig[99].

VI. Ergänzungsermächtigung (Art. 39 Abs. 5)

42   Enthält das Recht eines Mitgliedstaats in Bezug auf Aktiengesellschaften mit Sitz in seinem Hoheitsgebiet *keine* Vorschriften über ein dualistisches System, kann dieser Mitgliedstaat entsprechende Vorschriften in Bezug auf die SE erlassen (Art. 39 Abs. 5). Diese Norm bezieht sich nur auf die Rechtsordnungen solcher Mitgliedstaaten, die bislang keine **aktienrechtlichen Vorschriften über das dualistische Verwaltungssystem** haben, und ermächtigt diese, ergänzende Bestimmungen zu Art. 39 ff. zu erlassen. Für Rechtsordnungen, die bereits für nationale Aktiengesellschaften ein dualistisches Verwaltungssystem vorsehen (z.B. Deutschland), gilt diese Ermächtigung nicht und diese dürfen insbesondere auch keine privilegierenden Sondervor-

---

93 So ausdrücklich *Manz* in Manz/Mayer/Schröder, Art. 39 SE-VO Rz. 90.

94 Für die Unzulässigkeit von § 16 Satz 2 SEAG ebenso *Grobys*, NZA 2004, 779, 780; *v. Werder*, REW 1997, 304, 308; kritisch auch *Schwarz*, Art. 39 Rz. 73 („äußerst bedenklich"); a.A. *Oetker*, BB-Spezial 1, 2005, 2, 12; wohl auch *Nagel*, AuR 2004, 282, 285; *Niklas*, NZA 2004, 1200, 1204.

95 *Reichert/Brandes* in MünchKomm. AktG, Art. 39 SE-VO Rz. 22; zur Rechtslage bei der AG *Seibt* in K. Schmidt/Lutter, AktG, § 76 Rz. 21.

96 Zur Rechtslage bei der AG *Seibt* in K. Schmidt/Lutter, AktG, § 76 Rz. 21.

97 Zur Rechtslage bei der AG *Seibt* in K. Schmidt/Lutter, AktG, § 76 Rz. 21.

98 Zur Rechtslage bei der AG *Seibt* in K. Schmidt/Lutter, AktG, § 76 Rz. 21.

99 Zur Rechtslage bei der AG *Seibt* in K. Schmidt/Lutter, AktG, § 76 Rz. 21.

schriften für eine dualistisch strukturierte SE treffen, es sei denn, die SE-VO enthält hierzu eine ausdrückliche Ermächtigung (z.B. Art. 39 Abs. 4 Satz 2, Art. 41 Abs. 3 Satz 2)[100].

Wenngleich Art. 39 Abs. 5 ausweislich seines Wortlauts und seiner historischen Genese eine Regelungs*ermächtigung* (und keine Regelungs*verpflichtung*) ist, sind die Mitgliedstaaten verpflichtet, das **Wahlrecht** zum Leitungssystem nach Art. 38 lit. b **effektiv umzusetzen**, sei es durch Eröffnung einer Satzungsfreiheit oder sei es durch Einführung ergänzender gesetzlicher Vorschriften[101].   43

Art. 40
[Aufgaben und Bestellung des Aufsichtsorgans]

(1) Das Aufsichtsorgan überwacht die Führung der Geschäfte durch das Leitungsorgan. Es ist nicht berechtigt, die Geschäfte der SE selbst zu führen.

(2) Die Mitglieder des Aufsichtsorgans werden von der Hauptversammlung bestellt. Die Mitglieder des ersten Aufsichtsorgans können jedoch durch die Satzung bestellt werden. Artikel 47 Abs. 4 oder eine etwaige nach Maßgabe der Richtlinie 2001/86/EG geschlossene Vereinbarung über die Mitbestimmung der Arbeitnehmer bleibt hiervon unberührt.

(3) Die Zahl der Mitglieder des Aufsichtsorgans oder die Regeln für ihre Festlegung werden durch die Satzung bestimmt. Die Mitgliedstaaten können jedoch für die in ihrem Hoheitsgebiet eingetragenen SE die Zahl der Mitglieder des Aufsichtsorgans oder deren Höchst- und/oder Mindestzahl festlegen.

Literatur: *Brandt*, Die Hauptversammlung der Europäischen Aktiengesellschaft (SE), 2004 (zit.: Hauptversammlung); *Habersack*, Schranken der Mitbestimmungsautonomie in der SE, AG 2006, 345; *Hirte*, Die Europäische Aktiengesellschaft, NZG 2002, 1; *Henssler*, Unternehmerische Mitbestimmung in der Societas Europaea – Neue Denkanstöße für die Corporate Governance-Diskussion, in FS Ulmer, 2003, S. 193; *Hoffmann-Becking*, Organe: Strukturen und Verantwortlichkeiten, insbesondere im monistischen System, ZGR 2004, 355; *Hommelhoff*, Einige Bemerkungen zur Organisationsverfassung der Europäischen Aktiengesellschaft, AG 2001, 279; *Krause*, Die Mitbestimmung der Arbeitnehmer in der Europäischen Gesellschaft (SE), BB 2005, 1221; *Kallmeyer*, Europa-AG – Strategische Optionen für deutsche Unternehmen, AG 2003, 197; *Lange*, Überlegungen zur Umwandlung einer deutschen in eine Europäische Aktiengesellschaft, EuZW

---

100 Ebenso *Teichmann*, ZIP 2002, 1109, 1114; Teichmann, ZGR 2002, 383, 443; *Schwarz*, Art. 39 Rz. 77; vgl. auch *Seibt*, Satzung, S. 67, 69 ff.
101 Zutreffend *Schwarz*, Art. 39 Rz. 81 f.; im Ergebnis ähnlich *Manz* in Manz/Mayer/Schröder, Art. 39 SE-VO Rz. 52; *Hommelhoff*, AG 2001, 279, 282; *Menjucq*, ZGR 2003, 679; abweichend *Theisen/Hölzl* in Theisen/Wenz, Europäische Aktiengesellschaft, S. 247, 275; *Nagel*, DB 2004, 1299, 1304.

2003, 301; *Ihrig/Wagner*, Das Gesetz zur Einführung der Europäischen Gesellschaft (SEEG) auf der Zielgeraden, BB 2004, 1749; *Oetker*, Unternehmensmitbestimmung in der SE kraft Vereinbarung, ZIP 2006, 1113; *Reichert/Brandes*, Mitbestimmung der Arbeitnehmer in der SE – Gestaltungsfreiheit und Bestandsschutz, ZGR 2003, 767; *Schwarz*, Zum Statut der Europäischen Aktiengesellschaft, ZIP 2001, 1847; *Seibt*, Privatautonome Mitbestimmungsvereinbarungen – Rechtliche Grundlagen und Praxishinweise, AG 2005, 413; *Teichmann*, Mitbestimmung und grenzüberschreitende Verschmelzung, Der Konzern 2007, 89.

I. Übersicht

1   Die Norm regelt einen Teil der **Aufgaben und Befugnisse** des Aufsichtsorgans im dualistischen System (Art. 40 Abs. 1), die **Wahl seiner Mitglieder** (Art. 40 Abs. 2) und die **Größe des Organs** (Art. 40 Abs. 3). Hierzu finden sich nähere Bestimmungen in § 17 SEAG. Hinsichtlich der Befugnisse wird die Regelung durch Art. 48 ergänzt, der die Zustimmungsvorbehalte regelt. Auch ansonsten enthalten die Art. 46–51 weitere Regeln, die auch für das Aufsichtsorgan im dualistischen System relevant sind. Ansonsten gelten überwiegend die Regeln des nationalen Rechts, insbesondere hinsichtlich der Rechte und Pflichten des Gremiums die §§ 111 und 90 AktG sowie im Hinblick auf den Jahresabschluss auch die §§ 170–172 AktG. Sehr umstritten ist gegenwärtig die Frage, inwieweit die innere Ordnung des Aufsichtsorgans und seine Größe von der Mitbestimmungsvereinbarung nach § 21 SEBG geregelt werden können und in welchem Verhältnis diese Vereinbarung zur Satzung der SE steht (näher Rz. 17).

II. Aufgaben des Aufsichtsorgans

2   Das Aufsichtsorgan ist zuständig für die **Überwachung der Geschäftsführung** durch das Leitungsorgan. Die Norm entspricht im Wesentlichen § 111 Abs. 1 AktG, so dass zur Konkretisierung der Pflichten die dort gewonnenen Erkenntnisse mit herangezogen werden können[1]. Insbesondere ist auch in der SE die Überwachung nicht bloß retrospektiv, sondern als Pflicht zur begleitenden Überwachung und Beratung zu verstehen[2]. Ergänzend gilt in der börsennotierten deutschen SE der Deutsche Corporate Governance Kodex einschließlich der Pflicht zur Abgabe der Entsprechenserklärung[3]. Die Einsichts- und Prüfungsrechte nach § 111 Abs. 2 AktG sind in Art. 41 besonders geregelt, und auch die Pflicht zur Einberufung der HV (§ 111 Abs. 3) ist in Art. 54 Abs. 2 durch ein freies Einberufungsrecht nach Ermessen des Organs ersetzt[4]. Ferner gehört zu den Aufgaben des Aufsichtsorgans die Vertretung der Gesellschaft gegenüber dem Leitungsorgan (Art. 9, § 112 AktG)[5].

3   Umstritten ist, inwieweit sich die Überwachung auch auf die Mitglieder **nachgeordneter Führungsebenen** bezieht. Das wird für das deutsche Aktienrecht teilweise bejaht, wenn den nachgeordneten Personen wesentliche Führungsaufgaben übertragen

---

1   Vgl. *Drygala* in K. Schmidt/Lutter, AktG, § 111 Rz. 6 ff.
2   *Frodermann* in Jannott/Frodermann, Handbuch Europäische Aktiengesellschaft, § 5 Rz. 109; *Kalss/Gerda* in Kalss/Hügel, § 37 SEG Rz. 6; *Theisen/Hölzl* in Theisen/Wenz, Europäische Aktiengesellschaft, S. 269, 291; *Schwarz*, Art. 40 Rz. 10; *J. Schmidt*, „Deutsche" vs. „britische" SE, S. 544; a.A. *Lange*, EuZW 2003, 301, 304, aufgrund einer fehlerhaften Gleichsetzung von Beratung mit Teilhabe an der Geschäftsführung.
3   *Hoffmann-Becking*, ZGR 2004, 355, 364.
4   *Kubis* in KölnKomm. AktG, Art. 54 SE-VO Rz. 9; a.A. (Verweis auf § 111 Abs. 3) *Reichert/Brandes* in MünchKomm. AktG, Art. 40 SE-VO Rz. 24.
5   *Drinhausen* in van Hulle/Maul/Drinhausen, SE, S. 129; *J. Schmidt*, „Deutsche" vs. „britische" SE, S. 547 f. m.w.N.

werden[6], von einer starken Gegenansicht aber nach wie vor abgelehnt[7]. In der SE wird diese Befugnis mit Berufung auf den Wortlaut bestritten, da die Vorschrift, anders als § 111 AktG, nur von der Überwachung der Geschäftsführung *durch das Leitungsorgan* spricht[8]. Aus demselben Grunde wird auch eine **Konzernbezogenheit der Überwachung** abgelehnt[9], die für die deutsche AG ganz allgemein anerkannt ist[10] und gesetzlich ihren Niederschlag in der besonderen Berichtspflicht des Vorstands nach § 90 Abs. 1 Satz 2 AktG gefunden hat.

Die Vertreter dieser beiden Ansichten überbetonen in beiden Fragen den Wortlaut   4
der Norm, und zugleich ist **keine bewusste Regelung** beider Fragen durch den europäischen Gesetzgeber dahingehend erkennbar, dass eine Überwachung auch nachgeordneter Mitarbeiter bzw. eine konzernbezogene Überwachung in der SE nicht stattfinden soll. Auch in sachlicher Hinsicht spricht wenig für eine abweichende Behandlung der SE. Hinsichtlich der **Überwachung nachgeordneter Mitarbeiter** erscheint vielmehr die hier vertretene Differenzierung nach der Funktionsverteilung auch für die SE sinnvoll. Danach bezieht sich die Überwachungsaufgabe auch auf die Personen, die herausgehobene Leitungsaufgaben wahrnehmen, unabhängig davon, ob sie formal dem Leitungsorgan angehören oder nicht[11]. Hinsichtlich der SE als **Obergesellschaft eines Konzerns** kann man nicht an der Tatsache vorbeigehen, dass sich in einem Konzern auch die Aufgabe des Vorstands ändert, nämlich dahin, dass dieser auch die Tochtergesellschaften – mehr oder weniger intensiv – leitet. Es wäre gänzlich unverständlich, wenn dieser Teil der Vorstandstätigkeit ohne Überwachung durch den Aufsichtsrat bleiben sollte. Insbesondere könnte diese Ansicht dazu führen, dass Risiken aus dem Geschäft der Tochter dem Aufsichtsrat verborgen bleiben, und gerade solche Risiken haben in der Vergangenheit häufig Unternehmenskrisen ausgelöst. Die Zulassung eines überwachungsfreien Bereichs ist also auch in der SE nicht im Sinne einer guten Corporate Governance. Daher bezieht sich auch in der SE die Überwachungsaufgabe des Aufsichtsrats auf die Rechtmäßigkeit, Ordnungsmäßigkeit, Wirtschaftlichkeit und Zweckmäßigkeit der Konzernleitung durch den Vorstand der Muttergesellschaft[12]. Das schließt die Notwendigkeit ein, sich bei Bedarf auch mit den Angelegenheiten einzelner Tochtergesellschaften näher zu befassen[13].

Art. 40 Abs. 1 Satz 2 schließt das Aufsichtsorgan **von der Geschäftsführung aus**. Die   5
se negative Kompetenzabgrenzung korrespondiert mit § 111 Abs. 4 Satz 1 AktG. Sie lässt eine Weisungsbefugnis des Aufsichtsorgans gegenüber dem Leitungsorgan nicht

---

6 *Hopt/Roth* in Großkomm. AktG, § 111 Rz. 252; *Hüffer*, § 111 Rz. 3; *Ulmer/Habersack* in Ulmer/Habersack/Henssler, Mitbestimmungsrecht, 2. Aufl. 2006, § 25 MitbestG Rz. 50; *Mertens* in KölnKomm. AktG, § 111 Rz. 21; noch weitergehend für generelle Zulässigkeit *Leyens*, Information des Aufsichtsrats, 2006, S. 158 ff.

7 *Semler*, Leitung und Überwachung der Aktiengesellschaft, 2. Aufl. 1996, S. 23, 68; *Semler* in FS Döllerer, 1988, S. 571, 588; *Raiser/Veil*, Recht der Kapitalgesellschaften, 4. Aufl. 2006, § 15 Rz. 3; *v. Schenck*, NZG 2002, 64, 66; *Lutter/Krieger*, Aufsichtsrat, Rz. 69; *Lutter*, AG 2006, 517, 520 f.

8 So *Reichert/Brandes* in MünchKomm. AktG, Art. 40 SE-VO Rz. 14; *Manz* in Manz/Mayer/ Schröder, Art. 40 SE-VO, Rz. 2.

9 *Schwarz*, Art. 40 Rz. 13.

10 *Hopt/Roth* in Großkomm. AktG, § 111 Rz. 369 ff.; *Lutter/Krieger*, Aufsichtsrat, Rz. 136; *v. Schenck* in Semler/v. Schenck, Arbeitshandbuch für Aufsichtsratsmitglieder, 2. Aufl. 2004, § 7 Rz. 64; *Semler*, Leitung und Überwachung der Aktiengesellschaft, 2. Aufl. 1996, S. 186 ff. Rz. 317 ff.; *Lutter*, AG 2006, 517, 519 ff.

11 Vgl. im Einzelnen *Drygala* in K. Schmidt/Lutter, AktG, § 111 Rz. 8.

12 Dazu ausführlich *Lutter*, AG 2006, 517, 519.

13 So zur AG *v. Schenck* in Semler/v. Schenck, Arbeitshandbuch für Aufsichtsratsmitglieder, 2. Aufl. 2004, § 7 Rz. 64; *Hopt/Roth* in Großkomm. AktG, § 111 Rz. 372.

zu, ebenso wenig wie ein Initiativrecht in unternehmerischen Angelegenheiten[14]. Die Norm ist Ausdruck der funktionalen Trennung zwischen Leitungs- und Aufsichtsorgan im dualistischen System und sichert die eigenverantwortliche Unternehmensführung durch das Leitungsorgan. Die Frage, ob die Gesellschaft über einen **Katalog von zustimmungspflichtigen Geschäften** verfügen muss oder ob Entscheidungsfreiheit hinsichtlich der Einführung solcher Zustimmungsvorbehalte besteht, ist umstritten[15], da die Regelung der Frage in Art. 48 und § 19 SEAG nicht erkennen lässt, ob sie Höchst- oder Mindeststandard ist. Hinsichtlich der Bildung, Zusammensetzung und der Befugnisse von Ausschüssen des Aufsichtsorgans ergeben sich keine Besonderheiten gegenüber dem deutschen Recht[16].

III. Wahl der Mitglieder und Abberufung

1. Bestellung der Anteilseignervertreter

6   Die Mitglieder des Aufsichtsgremiums werden regelmäßig nach Art. 40 Abs. 2 Satz 1 **von der Hauptversammlung** bestellt. Die Bestellung erfolgt durch Wahl mit einfacher Mehrheit, sofern die Satzung keine andere Regelung enthält (Art. 53, § 133 Abs. 2 AktG). Für die Vorbereitung der Hauptversammlung gelten die Regeln des nationalen Rechts. Entsenderechte sind nach Maßgabe des nationalen Rechts zulässig; das ergibt sich aus Art. 40 Abs. 2 Satz 3 und Art. 47 Abs. 4[17]. Eine ergänzende Bestimmung über die persönlichen Voraussetzungen der Mitglieder findet sich in Art. 47.

2. Bestellung der Arbeitnehmervertreter

7   In mitbestimmten Gesellschaften ist nach Art. 40 Abs. 2 Satz 3 die mit dem besonderen Verhandlungsgremium geschlossene **Vereinbarung vorrangig**. Sieht diese eine Beteiligung der Arbeitnehmer im Aufsichtsorgan vor, soll sie nach § 21 Abs. 3 SEBG auch das Verfahren regeln, nach dem die Arbeitnehmervertreter gewählt oder bestellt werden. Enthält die Vereinbarung eine diesbezügliche Regelung, so erlangen die Arbeitnehmervertreter die Mitgliedschaft im Aufsichtsorgan direkt und ohne Mitwirkung der Hauptversammlung, so wie das auch §§ 9 ff. MitbestG vorsehen. Fehlt eine solche Vereinbarung oder greift die Auffangregelung nach § 34 SEBG ein, werden die Arbeitnehmervertreter durch die Hauptversammlung gewählt, die dabei an die von der Arbeitnehmerseite gemachten Wahlvorschläge gebunden ist, § 36 Abs. 4 Satz 2 SEBG[18].

8   Die an dieser Lösung des deutschen Gesetzgebers geübte Kritik[19] ist im Ansatz nicht unberechtigt, denn Art. 42 Satz 2 und Art. 45 Satz 2 sprechen von einer **„Bestellung"** **der Mitglieder** durch die Arbeitnehmer. Zudem ist es merkwürdig, dass Art. 40 Abs. 2 Satz 3 nur auf die Vereinbarungslösung eingeht, nicht aber auf die gesetzliche Auffanglösung der Mitbestimmung. Dennoch ist nicht davon auszugehen, dass die vom

---

14   *Manz* in Manz/Mayer/Schröder, Art. 40 SE-VO, Rz. 1 m.w.N.
15   Vgl. *Hoffmann-Becking*, ZGR 2004, 355, 365 f. einerseits, *Theisen/Hölzl* in Theisen/Wenz, Europäische Aktiengesellschaft, S. 294 andererseits; für eine Mindestregelung auch *J. Schmidt*, „Deutsche" vs. „britische" SE, S. 544 ff.
16   Eingehend *Schwarz*, Art. 40 Rz. 18 ff.
17   *Reichert/Brandes* in MünchKomm. AktG, Art. 40 SE-VO Rz. 35; *Schwarz*, Art. 40 Rz. 43; *J. Schmidt*, „Deutsche" vs. „britische" SE, S. 561 f.
18   Begr. SEEG, BT-Drucks. 15/3405, S. 55; *Ihrig/Wagner*, BB 2004, 1749, 1755; *Kienast* in Jannott/Frodermann, Handbuch Europäische Aktiengesellschaft, § 13 Rz. 284.
19   *Schwarz*, Art. 40 Rz. 44; im Ergebnis auch *Manz* in Manz/Mayer/Schröder Art. 40 SE-VO Rz. 11.

deutschen Gesetzgeber getroffene Regelung gegen höherrangiges Recht verstößt[20]. Der SE-VO lässt sich nicht klar entnehmen, auf welchem Wege die Arbeitnehmervertreter ins Amt gelangen, wenn eine ausdrückliche Regelung der Frage in der Mitbestimmungsvereinbarung fehlt. Die Interpretation, dass die SE-VO die Arbeitnehmermandate im Falle der Auffanglösung als Entsendungsrechte der Arbeitnehmer i.S.d. Art. 47 ansieht, ist möglich, aber nicht zwingend, da Art. 40 Abs. 2 Satz 1 eben von der Wahl durch die Hauptversammlung als Regelfall ausgeht und eine eindeutige anderweitige Regelung fehlt. Angesichts dessen ist die Frage als entscheidungsoffen und der Regelung durch den nationalen Gesetzgeber zugänglich anzusehen, die mit § 36 Abs. 4 Satz 2 SEBG verbindlich getroffen wurde. Daher ist daran festzuhalten, dass die Wahl der Mitglieder durch die Hauptversammlung auch bei den Arbeitnehmervertretern konstitutiv für die Erlangung des Mandats ist.

3. Gerichtliche Ersatzbestellung

Es besteht Einigkeit, dass das Verfahren der **gerichtlichen Ersatzbestellung** von Aufsichtsratsmitgliedern nach § 104 AktG auch auf die SE anwendbar ist[21]. Ein wichtiger Grund zur Einleitung eines solchen Verfahrens liegt insbesondere vor, wenn bei paritätischer Mitbestimmung ein Anteilseignervertreter wegfällt und dadurch das Kräftegleichgewicht im Aufsichtsorgan gestört ist[22]. Antragsberechtigt ist abweichend vom deutschen Recht nach § 17 Abs. 3 SEBG auch der SE-Betriebsrat.   9

4. Abberufung aus dem Aufsichtsorgan

Die Amtszeit der Mitglieder ist in Art. 46 dahin geregelt, dass eine Bestellung für die Dauer von **bis zu sechs Jahren** möglich ist. Aus dieser Bestimmung wurde teilweise geschlossen, dass angesichts der festen Bestellungsfrist eine vorzeitige Abberufung nur aus wichtigem Grund zulässig sei[23]. Die Gesetzesmaterialien weisen jedoch in eine andere Richtung[24]. Auch in sachlicher Hinsicht spricht wenig dafür, für die Abberufung einen wichtigen Grund zu fordern, zumal eine solche Regelung die Auswechselung der Mitglieder im Anschluss an einen Kontrollwechsel extrem erschwert und sich damit als ein ausgesprochenes Übernahmehindernis darstellt. Es kann nicht angenommen werden, dass der europäische Gesetzgeber allein durch die Fristregelung in Art. 46 eine solche Konsequenz herbeiführen wollte[25]. Hinsichtlich der erforderlichen Mehrheit kommt ebenfalls nationales Recht zur Anwendung, so dass vorbehaltlich einer abweichenden satzungsmäßigen Regelung die qualifizierte Mehrheit erforderlich ist, § 103 Abs. 1 AktG. Daraus, dass § 103 Abs. 1 Satz 3 AktG eine satzungsmäßige Regelung zulässt, folgt nichts anderes[26].   10

In Abweichung von § 103 AktG ist auch die Abberufung von Mitgliedern möglich, die unter Bindung an Wahlvorschläge gewählt wurden; das betrifft insbesondere die **Abberufung von Arbeitnehmervertretern** bei Eingreifen der Auffangregelung, § 37 Abs. 1 Satz 4 SEBG. Anders ist es bei entsandten Mitgliedern oder bei Arbeitnehmervertretern, die ihr Mandat aufgrund der Vereinbarungslösung unmittelbar ohne Wahl der Hauptversammlung erlangt haben: Hier liegt das Abberufungsrecht bei Entsende-   11

---

20 So aber *Schwarz*, Art. 40 Rz. 44.
21 *Reichert/Brandes* in MünchKomm. AktG, Art. 40 SE-VO Rz. 39.
22 Näher *Drygala* in K. Schmidt/Lutter, AktG, § 104 Rz. 14.
23 *Hommelhoff*, AG 2001, 279, 283; *Hirte*, NZG 2002, 1, 5; *Schwarz*, ZIP 2001, 1847, 1855.
24 Begr. zum Entwurf einer SE-VO vom 1989, BT-Drucks. 11/5427, S. 12.
25 Im Ergebnis wie hier *Schwarz*, Art. 40 Rz. 63; *Manz* in Manz/Mayer/Schröder Art. 40 SE-VO Rz. 27; *Reichert/Brandes* in MünchKomm. AktG, Art. 40 SE-VO Rz. 59; *Brand*, Hauptversammlung, S. 147 f.; *J. Schmidt*, „Deutsche" vs. „britische" SE, S. 564.
26 A.A. *Schwarz*, Art. 40 Rz. 65: stets einfache Mehrheit genügend.

berechtigten bzw. im Fall der Arbeitnehmer bei der zuständigen Arbeitnehmervertretung, die die Wahl vorgenommen hat[27].

12 Nicht besonders geregelt ist die Frage der **gerichtlichen Abberufung** aus dem Aufsichtsorgan der SE. Die Entscheidung des europäischen Gesetzgebers, die Frage der Abberufung im Gegensatz zu den ursprünglichen Verordnungsentwürfen nicht zu regeln, lässt sich als Regelungsverzicht deuten, so dass über die Generalverweisung in Art. 9 Abs. 1 lit. c ii nationales Recht zur Anwendung kommt[28]. Daher können sowohl Arbeitnehmer- wie auch Anteilseignervertreter gerichtlich abberufen werden. Auch für die Beschlussfassung gilt das nationale Recht[29].

5. Erstes Aufsichtsorgan

13 Art. 40 Abs. 2 Satz 2 enthält eine besondere Regelung für das erste Aufsichtsorgan. Abweichend von Art. 40 Abs. 2 Satz 1 können dessen Mitglieder **durch die Satzung bestellt** werden. Die Norm will die Handlungsfähigkeit der in der Gründung befindlichen SE fördern, da ohne das Vorhandensein eines Aufsichtsorgans auch kein Vorstand bestellt werden kann, ohne den wiederum die werdende SE handlungsunfähig ist[30]. Die satzungsmäßige Bestellung ist zweckmäßig, aber nicht zwingend, denn Art. 40 Abs. 2 Satz 2 will nur eine zusätzliche Handlungsoption eröffnen[31]. Die Norm hat Bedeutung vor allem bei der Gründung der Holding- und der Tochter- SE, da hier der Rechtsträger neu entsteht. Gleiches gilt für die Entstehung der SE durch Verschmelzung zur Neugründung.

14 Bei der **Verschmelzung durch Aufnahme** (Art. 17 Abs. 2a) und beim **Formwechsel** in die SE kommt es jedoch zu einer Kontinuität des Rechtsträgers. Es ist daher fraglich, ob auch bei diesen Gesellschaften ein erstes Aufsichtsorgan erforderlich ist. Die Antwort hängt davon ab, ob hinsichtlich der Organbesetzung Diskontinuität eintritt. Das ist für den Formwechsel nach § 203 UmwG der Fall, wenn sich eine Veränderung hinsichtlich der Organbesetzung ergibt. Eine Veränderung auf der Arbeitnehmerseite, z.B. durch die Notwendigkeit, auch ausländische Mitarbeiter mit einem Sitz zu berücksichtigen, reicht dafür aus[32]. Der Aufsichtsrat bleibt beim Formwechsel also nur dann im Amt, wenn sich überhaupt keine Veränderung ergibt[33]. Ansonsten ist ein erstes Aufsichtsorgan zu bestellen. Bei der Verschmelzung zur Aufnahme bleibt der Aufsichtsrat des übernehmenden Rechtsträgers im Amt[34]. Sofern der Aufsichtsrat in Folge der verschmelzungsbedingten Veränderungen, also insbesondere eines dadurch bedingten Anstiegs der Mitarbeiterzahlen, nicht mehr korrekt besetzt ist, ist ein Statusverfahren nach §§ 97–99 AktG einzuleiten. Diese Rechtslage lässt sich auf die Gründung der SE im Wege der Verschmelzung zur Aufnahme übertragen[35]. Die Veränderung, die sich beim übernehmenden Rechtsträger dadurch ergibt, dass er bei der

---

27 Wie hier *Reichert/Brandes* in MünchKomm. AktG, Art. 40 SE-VO Rz. 62; *J. Schmidt*, „Deutsche" vs. „britische" SE, S. 564.
28 Wie hier *Reichert/Brandes* in MünchKomm. AktG, Art. 40 SE-VO Rz. 63; *Schwarz*, Art. 40 Rz. 68.
29 Insoweit a.A. *Schwarz*, Art. 40 Rz. 40: satzungsmäßige Einführung der qualifizierten Mehrheit zulässig.
30 *Manz* in Manz/Mayer/Schröder, Art. 40 SE-VO Rz. 9.
31 *Manz* in Manz/Mayer/Schröder, Art. 40 SE-VO Rz. 8; a.A. *J. Schmidt*, „Deutsche" vs. „britische" SE, S. 563.
32 *Reichert/Brandes* in MünchKomm. AktG, Art. 40 SE-VO Rz. 47.
33 So zu § 203 UmwG *Decher* in Lutter, UmwG, § 203 Rz. 8 ff.; *Simon* in Semler/Stengel, UmwG, § 203 Rz. 3 ff. jeweils m.w.N.
34 Statt aller *Kübler* in Semler/Stengel, UmwG, § 20 Rz. 20.
35 A.A. *Reichert/Brandes* in MünchKomm. AktG, Art. 40 SE-VO Rz. 46.

Verschmelzung die Rechtsform der SE annimmt (Art. 17 Abs. 2 Satz 2), wiegt nicht so schwer, dass abweichend vom nationalen Recht eine Diskontinuität des Aufsichtsorgans erforderlich wäre.

Die **Amtszeit des ersten Aufsichtsorgans** richtet sich nach § 30 AktG, nicht nach   15 Art. 46. Die vorhergehenden Entwürfe der SE-VO enthielten zeitliche Höchstgrenzen für die Bestellungsdauer[36]. Das Entfallen dieser Bestimmungen darf nicht dahin gedeutet werden, dass jetzt allein Art. 46 gilt und die Bestellung der Mitglieder des ersten Aufsichtsorgans für sechs Jahre erfolgen könnte[37]. Das wäre mit einer guten Corporate Governance gänzlich unvereinbar, denn häufig sind es die Vorstände der beteiligten Unternehmen, die die Satzung der späteren SE entwerfen. Häufig sind diese Personen auch die Vorstände der zukünftigen SE. Daher suchen sich de facto die Vorstände die Personen aus, die später die Überwachungsaufgabe wahrnehmen sollen. Gleichzeitig ist die Beteiligung der Aktionäre an der Auswahl der Mitglieder schwächer ausgeprägt. Zwar müssen sie der Satzung zustimmen, aber sie können dabei, von Ausnahmefällen abgesehen[38], nur über den Vorgang als ganzen abstimmen, nicht aber über jedes Organmitglied einzeln, so wie es bei einer regulären Wahl zum Aufsichtsorgan der Fall wäre. Diese schwächere Legitimation des ersten Aufsichtsorgans erfordert die Begrenzung der Amtszeit. Zudem ist der Regelungsverzicht des Verordnungsgebers als Verweis auf das nationale Recht und damit auf § 30 AktG zu verstehen. Art. 46 gilt demgegenüber nur für Mitglieder des Aufsichtsorgans, die im regulären Verfahren ins Amt gekommen sind[39].

Schwierigkeiten verursacht die **Mitbestimmung im ersten Aufsichtsorgan**. In der Re-   16 gel wird es länger dauern, bis das Aufsichtsorgan vollständig besetzt ist. Die Regierungsbegründung zum SEEG geht davon aus, dass das Aufsichtsorgan bis zum Zusammentreten der ersten Hauptversammlung (Art. 54) mitbestimmungsfrei bleibt[40]. Dafür spricht § 30 Abs. 2 AktG, aber auch § 31 AktG kommt zur Anwendung. Werden also bei einer Holding- oder Tochtergründung ein Unternehmen oder Unternehmensteile auf die Holding oder auf die Tochter übertragen, so ist das erste Aufsichtsorgan nach § 31 AktG zu bilden, d.h. es sind zunächst nur die Arbeitgebervertreter durch die Satzung zu bestellen und das Aufsichtsorgan wird später um die erforderliche Anzahl an Arbeitnehmervertretern ergänzt[41]. Die Verschmelzung zur Neugründung ist immer Sacheinbringung im Sinne des § 31 AktG[42], so dass § 31 AktG auch bei der Gründung nach Art. 17 Abs. 2b immer zur Anwendung kommt. Beim Formwechsel mit Diskontinuität im Aufsichtsorgan war die Anwendung von § 31 AktG früher durch § 197 UmwG ausgeschlossen, aber die Vorschrift wurde 2006 geändert. Seitdem gilt § 31 AktG auch für den Formwechsel, vgl. § 197 Satz 3 UmwG in der Fassung des 2. Gesetzes zur Änderung des Umwandlungsrechts[43]. Damit ist insbesondere bei der Gründung der SE durch Formwechsel der bisher übliche Umweg, die Arbeitnehmervertreter präventiv nach § 104 AktG durch das Gericht bestellen zu lassen[44], nicht mehr notwendig.

---

36 Art. 68 des Entwurfs von 1989; Art. 74c des Entwurfs von 1975.
37 So aber *Schwarz*, Art. 40 Rz. 53; *Manz* in Manz/Mayer/Schröder, Art. 40 SE-VO Rz. 9.
38 Bei der Verschmelzung zur Neugründung kommt die Anwendung von § 76 Abs. 2 Satz 2 UmwG in Betracht, zutr. *Reichert/Brandes* in MünchKomm. AktG, Art. 40 SE-VO Rz. 54.
39 Wie hier *Reichert/Brandes* in MünchKomm. AktG, Art. 40 SE-VO Rz. 53.
40 Begr. RegE SEEG, BT-Drucks. 15/3405, S. 51.
41 *Pentz* in MünchKomm. AktG, § 31 Rz. 23 ff.
42 Vgl. *Pentz* in MünchKomm. AktG, § 27 Rz. 32, § 31 Rz. 6 ff.
43 BT-Drucks. 16/2919, S. 9.
44 Darauf aufbauend *Reichert/Brandes* in MünchKomm. AktG, Art. 40 SE-VO Rz. 49; *Decher* in Lutter, UmwG, § 203 Rz. 21 ff.

IV. Größe des Aufsichtsorgans

17   Art. 40 Abs. 3 sieht für die Regelung der Größe des Aufsichtsorgans eine **satzungs-mäßige Regelung** vor. Gleichzeitig wird den Mitgliedstaaten die Möglichkeit eröffnet, für die in ihrem Gebiet ansässigen SE eine feste Zahl an Mitgliedern oder Höchst- oder Mindestzahlen festzulegen. Davon hat der deutsche Gesetzgeber in § 17 SEAG dahingehend Gebrauch gemacht, dass er – wie in § 95 AktG – eine Mindestzahl von drei Mitgliedern und eine Höchstzahl festgesetzt hat, die sich gestaffelt nach der Höhe des Grundkapitals bemisst.

18   Einigkeit besteht darin, dass § 7 MitbestG, der für paritätisch mitbestimmte Unternehmen höhere Mindestzahlen festschreibt, auf die SE nicht anwendbar ist, was die Möglichkeit zur **Bildung kleinerer Aufsichtsorgane** eröffnet[45]. Darin liegt einer der zentralen Vorteile der SE für deutsche Unternehmen, die durch das MitbestG auf eine Zahl von 20 Mitgliedern festgelegt sind. Es bestehen erhebliche Zweifel daran, ob ein derartig großes Gremium hinreichend leistungsfähig ist und seine Aufgaben effektiv wahrnehmen kann[46]. Daher kann der Wechsel in die Rechtsform der SE die Möglichkeit zur Verkleinerung des Aufsichtsorgans eröffnen und damit einen Beitrag zur besseren Corporate Governance leisten.

19   Umstritten ist aber, wem die **Entscheidungskompetenz** zur Festlegung der Mitgliederzahl zusteht. Art. 40 Abs. 3 verweist insoweit auf den Satzungsgeber. Häufig wird jedoch auch mit den Arbeitnehmern in dem Verfahren nach § 21 SEBG über die Größe des Aufsichtsorgans verhandelt. Einigen sich die Parteien dabei auf eine bestimmte Anzahl von Sitzen, geht diese Einigung in die Mitbestimmungsvereinbarung nach § 21 SEBG ein. Dann aber darf die Satzung nicht im Widerspruch zur Vereinbarung stehen und ist gegebenenfalls vor Eintragung der SE entsprechend anzupassen, Art. 12 Abs. 4. Verbreitet wird angenommen, dass Art. 12 Abs. 4 in dieser Situation Vorrang hat und deshalb die Größe des Aufsichtsorgans **Gegenstand der Mitbestimmungsvereinbarung** sein könne. Sofern die Satzung eine abweichende Zahl an Mitgliedern bestimmt hat, müsse sie der Vereinbarung angepasst werden[47]. Gegen diese Lösung spricht nicht der Gedanke der fehlenden Satzungsautonomie, die in der Frage der Gesamtgröße des Aufsichtsorgans durch Art. 40 Abs. 3 zweifellos gegeben ist[48]. Bestritten wird aber die Mitbestimmungsrelevanz der Frage. Denn Art. 4 Abs. 2 lit. g SE-VO besagt zwar, dass der Inhalt der Vereinbarung auch die „Zahl der Mitglieder ... welche die Arbeitnehmer wählen oder bestellen können" umfasst. Daraus könne aber nur abgeleitet werden, dass die Bestimmung des Anteils, nicht hingegen die Gesamtgröße des Organs einer Vereinbarung zugänglich ist[49].

20   Dieser letztgenannten Einschränkung ist nicht zu folgen. Die Mitbestimmungsvereinbarung dient ersichtlich dem Zweck, eine **auf die jeweilige SE zugeschnittene Lösung** der Mitbestimmungsproblematik zu finden. Sie schließt insbesondere die Befugnis ein, auch unkonventionelle Wege zu gehen, für die es im nationalen Recht kein Vorbild gibt. Das betrifft etwa die Vereinbarung des Kooptationsmodells für die Erlangung der Mitgliedschaft im Gremium (§ 2 Abs. 12 Nr. 2 SEBG), aber z.B. auch die

---

45   Statt aller *Reichert/Brandes* in MünchKomm. AktG, Art. 40 SE-VO Rz. 70; *Seibt*, AG 2005, 413, 423; insofern übereinstimmend auch *Habersack*, AG 2006, 345, 347.
46   *Mertens* in KölnKomm. AktG, § 95 Rz. 7; *Semler* in MünchKomm. AktG, § 95 Rz. 24; *Hopt/ Roth* in Großkomm. AktG, § 95 Rz. 26.
47   *Seibt*, AG 2005, 413, 422; *Hennings* in Manz/Mayer/Schröder, Art. 4 SE-RL Rz. 28; *Kienast* in Jannott/Frodermann, Handbuch Europäische Aktiengesellschaft, § 13 Rz. 386; *Krause*, BB 2005, 1221, 1226; *Schwarz*, Einl. Rz. 288.
48   So auch *Habersack*, AG 2006, 345, 349; *Oetker*, ZIP 2006, 1113, 1117.
49   *Reichert/Brandes* in MünchKomm. AktG, Art. 40 SE-VO Rz. 70; *Habersack*, AG 2006, 345, 351 f.; *Oetker*, ZIP 2006, 1113, 1116.

Möglichkeit, gänzlich neue, im nationalen Recht nicht vorgesehene Organe als Ort der Mitbestimmung zu schaffen[50]. Von daher kann man den Begriff der Mitbestimmung nicht auf die Festlegung eines bestimmten Zahlenverhältnisses zwischen Anteilseigner- und Arbeitnehmervertretern beschränken[51], sondern muss anerkennen, dass ein großer Regelungsspielraum für die Parteien erforderlich und vom Gesetz gewollt ist. Zudem ist auch die Annahme, die Mitbestimmungsvereinbarung müsse zunächst in die Satzung überführt werden, um Wirksamkeit zu erlangen[52], nicht zutreffend. Die **Parteiautonomie folgt aus dem SEBG**, das wiederum in Ausführung der SE-RL erlassen wurde. Diese Rechtsvorschriften stehen im Rang über dem mitgliedstaatlichen Aktienrecht[53].

Hinter der eher technisch geführten Diskussion um Satzungsautonomie und Mit-   21
bestimmungsbegriff steht materiell die Befürchtung, dass die Leitungsorgane und Arbeitnehmervertreter in ihrer Mitbestimmungsvereinbarung **Kompromisse zu Lasten der Gesellschafter und des Aufsichtsorgans** eingehen. Dieser Gefahr kann aber auch anders vorgebeugt werden als durch eine Verengung der Vereinbarungsautonomie. Dem Satzungsgeber steht es frei, die Anpassung der Satzung an den Mitbestimmungskompromiss nach Art. 12 Abs. 4 zu verweigern und damit das ganze Projekt zum Scheitern zu bringen, da die SE in diesem Fall nicht eingetragen werden kann. Das ist eine extreme Maßnahme, aber allein ihre Möglichkeit setzt die Leitungsorgane unter Druck, ein Ergebnis herbeizuführen, das Akzeptanz bei den Anteilseignern der beteiligten Gesellschaften findet. Das Aufsichtsorgan selbst ist dadurch geschützt, dass die Parteien nicht in sein Recht zur Selbstorganisation eingreifen können. Denn auch wenn es in der AG § 23 Abs. 5 AktG nicht gäbe, wären nicht alle Vorschriften des AktG dispositiv. Die Unabdingbarkeit kann sich vielmehr auch aus dem Sinn und Zweck der Norm ergeben, wie das z.B. auch im Recht der Personengesellschaften und der GmbH bei bestimmten Normen angenommen wird, obwohl das Recht dort grundsätzlich dispositiv ist[54]. Zu diesen nicht dispositiven Grundsätzen des Aktienrechts zählt auch die Befugnis des Aufsichtsorgans auf unabhängige Organisation seiner eigenen Arbeit. Daher scheitern Vereinbarungen über die Person des Vorsitzenden, die zu bildenden Ausschüsse oder die Geschäftsordnung des Aufsichtsrats zwar nicht an der deutschen Satzungsstrenge, aber an den nicht disponiblen Grundsätzen guter Corporate Governance[55].

Die hier dargestellten Grundsätze gelten auch bei einer **SE–Gründung durch Form-**   22
wechsel. Zwar gilt bei dieser Gründungsform ein besonderes Verschlechterungsverbot hinsichtlich der Mitbestimmung der Arbeitnehmer (§ 35 Abs. 1 SEBG). Dieses Verbot ist aber nur dahin zu verstehen, dass der quotale Anteil der Arbeitnehmervertreter an den Sitzen im Aufsichtsorgan auch durch eine Mitbestimmungsvereinbarung nicht verschlechtert werden darf, nicht aber dahin, dass die absolute Größe des Aufsichtsorgans gleich zu bleiben habe[56]. Daher besteht auch bei dieser Gründungsform die Möglichkeit, das Aufsichtsorgan durch Vereinbarung zu verkleinern.

---

50 Vgl. *Henssler* in FS Ulmer, S. 193, 197; *Kallmeyer*, AG 2003, 197, 200; *Reichert/Brandes*, ZGR 2003, 767, 774.
51 Wie hier auch *Teichmann*, Der Konzern 2007, 89, 95 f.
52 *Habersack*, AG 2006, 345, 348.
53 *Teichmann*, Der Konzern 2007, 89, 95.
54 Beispiele sind etwa die Unabdingbarkeit von § 707 BGB und § 15 Abs. 1 GmbHG, vgl. *Ulmer* in MünchKomm. AktG, § 707 Rz. 6; *Wiedemann*, Die Übertragung und Vererbung von Mitgliedschaftsrechten bei Handelsgesellschaften, 1965, S. 76 ff. m.w.N.
55 Insofern im Ergebnis übereinstimmend *Habersack*, AG 2006, 345, 348 f.
56 *Ihrig/Wagner*, BB 2004, 1749, 1755; *Köstler* in Theisen/Wenz, Europäische Aktiengesellschaft, S. 301, 321 f.; *Nagel* in Nagel/Freis/Kleinsorge, SEBG, § 35 Rz. 3; *J. Schmidt*, „Deutsche" vs. „britische" SE, S. 559.

Art. 41
[Informationsrechte]

(1) Das Leitungsorgan unterrichtet das Aufsichtsorgan mindestens alle drei Monate über den Gang der Geschäfte der SE und deren voraussichtliche Entwicklung.

(2) Neben der regelmäßigen Unterrichtung gemäß Absatz 1 teilt das Leitungsorgan dem Aufsichtsorgan rechtzeitig alle Informationen über Ereignisse mit, die sich auf die Lage der SE spürbar auswirken können.

(3) Das Aufsichtsorgan kann vom Leitungsorgan jegliche Information verlangen, die für die Ausübung der Kontrolle gemäß Artikel 40 Absatz 1 erforderlich ist. Die Mitgliedstaaten können vorsehen, dass jedes Mitglied des Aufsichtsorgans von dieser Möglichkeit Gebrauch machen kann.

(4) Das Aufsichtsorgan kann alle zur Erfüllung seiner Aufgaben erforderlichen Überprüfungen vornehmen oder vornehmen lassen.

(5) Jedes Mitglied des Aufsichtsorgans kann von allen Informationen, die diesem Organ übermittelt werden, Kenntnis nehmen.

> § 18 SEAG: Informationsverlangen einzelner Mitglieder des Aufsichtsorgans
> Jedes einzelne Mitglied des Aufsichtsorgans kann vom Leitungsorgan jegliche Information nach Art 41 Abs. 3 Satz 1 der Verordnung, jedoch nur an das Aufsichtsorgan, verlangen.

Literatur: *Elsing/Schmidt,* Individuelle Informationsrechte von Aufsichtsratsmitgliedern einer Aktiengesellschaft, BB 2002, 1705; *Götz,* Rechte und Pflichten des Aufsichtsrats nach dem Transparenz- und Publizitätsgesetz, NZG 2002, 599; *Ihrig/Wagner,* Die Reform geht weiter: Das Transparenz- und Publizitätsgesetz kommt, BB 2002, 789; *Lutter,* Bankenvertreter im Aufsichtsrat, ZHR 145 (1981), 224; *Lutter,* Information und Vertraulichkeit im Aufsichtsrat, 3. Aufl. 2006.

I. Regelungsgegenstand und Zweck

Art. 41 regelt die Berichtspflichten des Leitungsorgans gegenüber dem Aufsichts- 1
organ sowie die Prüfungs- und Informationsrechte des Aufsichtsorgans und seiner
Mitglieder. Zweck der Regelung ist zum einen die Absicherung der Überwachungs-
pflichten des Aufsichtsorgans. Zum anderen sollen die Berichtspflichten verhindern,
dass sich die Mitglieder des Aufsichtsorgans gegenüber einer Inanspruchnahme auf
Schadensersatz gem. Art. 51 auf Unkenntnis berufen können[1].

Die Regelung in Art. 41 deckt sich in ihrem wesentlichen Regelungsgehalt mit den 2
Regelungen zur Aktiengesellschaft in §§ 90, 111 AktG[2]. So entspricht Art. 41 Abs. 1
im wesentlichen § 90 Abs. 1 Satz 1 Nr. 3 AktG; Art. 41 Abs. 2 findet seine Entsprechung im Wesentlichen in § 90 Abs. 1 Satz 1 Nr. 4 AktG und § 90 Abs. 1 Satz 3
AktG. Das Informationsrecht des Aufsichtsorgans in Art. 41 Abs. 3 Satz 1 korreliert
mit § 90 Abs. 3 Satz 1 AktG. Das Prüfungsrecht gem. Art. 41 Abs. 4 entspricht § 111
Abs. 2 AktG, während Art. 41 Abs. 5 sein Spiegelbild in § 90 Abs. 5 Satz 1 AktG findet. In Einzelheiten weicht die Regelung in Art. 41 allerdings von der Rechtslage bei
der deutschen AG ab; hierauf wird nachstehend im einzelnen eingegangen. Hinsichtlich des Verhältnisses zwischen Art. 41 und §§ 90, 111 AktG ist **Art. 9 Abs. 1 lit. c ii**
zu beachten. Diese Vorschrift sieht vor, dass in Bezug auf die nicht durch die SE-VO
geregelten Bereiche oder, soweit ein Bereich in der SE-VO nur teilweise geregelt ist,
in Bezug auf die nicht von der SE-VO erfassten Aspekte, diejenigen **nationalen
Rechtsvorschriften** der Mitgliedstaaten Anwendung finden, die für eine nach dem
Recht des Sitzstaates der SE gegründete Aktiengesellschaft gelten würden.

Art. 41 stellt unstreitig insoweit **keine abschließende Regelung** der Berichtspflichten 3
dar, als das Leitungsorgan darüber hinaus stets dann berichtspflichtig ist, wenn es einen Beschluss des Aufsichtsorgans herbeiführen will oder muss (**Vorlageberichte**)[3].
Umstritten ist dagegen, ob die Regelung in Art. 41 hinsichtlich des Berichtsgegen-
standes der **periodisch zu erstattenden Berichte** abschließend ist. Art. 41 Abs. 1 und 2
sehen lediglich die Erstattung von Berichten über den Gang der Geschäfte der SE und
deren voraussichtliche Entwicklung sowie über Ereignisse vor, die sich auf die Lage
der SE spürbar auswirken können. Damit sind im Wesentlichen Berichte gem. § 90
Abs. 1 Satz 1 Nr. 3 und 4 AktG sowie § 90 Abs. 1 Satz 3 AktG abgedeckt. Nicht ausdrücklich in der SE-VO erwähnt sind dagegen Berichte gem. § 90 Abs. 1 Satz 1 Nr. 1
und 2 AktG (Geschäftspolitik und Unternehmensplanung sowie Rentabilität). Teilweise wird die Ansicht vertreten, dass insoweit eine Regelungslücke vorliege und daher über Art. 9 Abs. 1 lit. c ii die Regelung der § 90 Abs. 1 Satz 1 Nr. 1 und 2 AktG
zur Anwendung kommen müsse[4], nach einer Gegenmeinung liegt insoweit eine abschließende Regelung der SE-VO vor, neben der für weitere, nationalrechtliche Berichtspflichten kein Raum ist[5]. Der Meinungsstreit dürfte im Ergebnis keine signifikanten Auswirkungen haben, da in dem nach Art. 41 Abs. 1 zu erstattenden Bericht
unter dem Gesichtspunkt der „voraussichtlichen Entwicklung" auch über die Unternehmensplanung[6] und unter dem Gesichtspunkt des „Gangs der Geschäfte" auch

---

1 *Reichert/Brandes* in MünchKomm. AktG, Art. 41 SE-VO Rz. 1; *Schwarz*, Art. 41 Rz. 1.
2 *Frodermann* in Jannott/Frodermann, Handbuch Europäische Aktiengesellschaft, 5 Rz. 261.
3 *Reichert/Brandes* in MünchKomm. AktG, Art. 41 SE-VO Rz. 3; *Manz* in Manz/Mayer/Schrö-
  der, Art. 41 SE-VO Rz. 2.
4 *Reichert/Brandes* in MünchKomm. AktG, Art. 41 SE-VO Rz. 3.
5 *Schwarz*, Art. 41 Rz. 4, 33; wohl auch *Drinhausen* in Van Hulle/Maul/Drinhausen, SE, § 2
  Rz. 29.
6 Zu diesem Zusammenhang auch *Schwarz*, Art. 41 Rz. 9.

über die Rentabilität zu berichten sein wird. So verstanden, geht Art. 41 Abs. 1 sogar über die Anforderungen des § 90 AktG hinaus, da die Berichte nach § 41 Abs. 1 mindestens alle drei Monate und nicht nur mindestens jährlich zu erstatten sind.

II. Inhalt der Regelung

1. Bericht über den Gang der Geschäfte und die voraussichtliche Entwicklung (Art. 41 Abs. 1)

4   Gem. Art. 41 Abs. 1 hat das Leitungsorgan das Aufsichtsorgan mindestens alle drei Monate über den Gang der Geschäfte der SE und deren voraussichtliche Entwicklung zu unterrichten (auch **Quartalsbericht** genannt, was aufgrund des Mindestcharakters der quartalsweisen Erstattung missverständlich ist).

a) Gang der Geschäfte

5   Für die Interpretation des Begriffs Gang der Geschäfte kann der wortgleiche Begriff in § 90 Abs. 1 Satz 1 Nr. 3 AktG herangezogen werden. Unter Gang der Geschäfte ist die gesamte operative Tätigkeit der Gesellschaft zu verstehen. Die gegenwärtige Situation der Gesellschaft ist nicht nur darzustellen, sondern auch zu begründen[7]. Dabei ist auch auf äußere Faktoren wie Entwicklungen auf den Märkten, Verhalten von Wettbewerbern, wesentliche Währungsschwankungen, Veränderungen der Nachfrage, der Weltwirtschaft oder der Kaufkraft einzugehen[8]. Darzustellen sind im Bericht die **finanzielle Situation und die Ertragslage** der Gesellschaft, die Marktlage, die Auftragslage[9], die Entwicklung der Belegschaft und der Investitionen sowie besondere Risiken und Chancen[10]. Ein besonderer Schwerpunkt des Berichts hat auf der **Liquidität** der Gesellschaft zu liegen, die regelmäßig um Hinweise zu noch offenen Kreditlinien, einen Periodenvergleich sowie um eine Erläuterung der Finanzierung zu ergänzen ist[11]. Anders als in § 90 Abs. 1 Satz 1 Nr. 1 AktG legt Art. 41 Abs. 1 zwar nicht ausdrücklich fest, dass zum Bericht über den Gang der Geschäfte auch ein **Bericht über den Umsatz** der Gesellschaft gehört. In der Sache ergibt sich hieraus jedoch kein Unterschied, da auch bei der SE im Bericht über den Gang der Geschäfte zwingend auch über den Umsatz zu berichten ist[12]. Ferner hat der Bericht Zahlen zur Ergebnisrechnung zu enthalten[13]. Schließlich ist über Besonderheiten des Geschäftsverlaufs zu berichten; hierzu gehören etwa Arbeitskämpfe, der Gewinn oder Verlust wichtiger Märkte oder wichtiger Kunden, Rechtsstreitigkeiten und behördliche Verfahren oder die Kündigung von Schlüsselmitarbeitern[14]. Im Einzelnen hängen der Umfang und die Art der Berichterstattung von der Branche, Größe und Eigenart des

---

7   Für die AG: *Krieger/Sailer* in K. Schmidt/Lutter, AktG, § 90 Rz. 20; *Hefermehl/Spindler* in MünchKomm. AktG, § 90 Rz. 25.

8   Für die AG: *Krieger/Sailer* in K. Schmidt/Lutter, AktG, § 90 Rz. 22; *Semler/v. Schenck*, AR-Mitglieder, § 1 Rz. 104.

9   *Schwarz*, Art. 41 Rz. 9; für die AG: *Lutter*, Information und Vertraulichkeit, Rz. 42.

10 Für die AG: *Krieger/Sailer* in K. Schmidt/Lutter, AktG, § 90 Rz. 22; *Hefermehl/Spindler* in MünchKomm. AktG, § 90 Rz. 25; *Semler*, Leitung und Überwachung, Rz. 153.

11 *Reichert/Brandes* in MünchKomm. AktG, Art. 41 SE-VO Rz. 5; für die AG: *Lutter/Krieger*, Aufsichtsrat, Rz. 196; *Lutter*, Information und Vertraulichkeit, Rz. 41.

12 *Reichert/Brandes* in MünchKomm. AktG, Art. 41 SE-VO Rz. 5; *Manz* in Manz/Mayer/Schröder, Art. 41 SE-VO Rz. 9.

13 Für die AG: *Krieger/Sailer* in K. Schmidt/Lutter, AktG, § 90 Rz. 22; *Semler*, Leitung und Überwachung, Rz. 153.

14 Für die AG: *Krieger/Sailer* in K. Schmidt/Lutter, AktG, § 90 Rz. 22; *Lutter*, Information und Vertraulichkeit, Rz. 43; *Hefermehl/Spindler* in MünchKomm. AktG, § 90 Rz. 25.

jeweiligen Unternehmens ab. Den Erfordernissen des jährlichen Geschäftsberichts muss der Bericht nicht entsprechen[15].

b) Voraussichtliche Entwicklung

Daneben ist gem. Art. 41 Abs. 1 über die voraussichtliche Entwicklung der Geschäfte 6 der SE zu berichten. Hieran zeigt sich, dass die Berichte des Leitungsorgans auch **zukunftsgerichtet** sein müssen. Insbesondere ergibt sich hieraus eine Pflicht zur „Follow up"-Berichterstattung. Wie bei den Berichten gem. § 90 Abs. 1 Satz 1 Nr. 3 AktG ist es daher auch bei Berichten nach Art. 41 Abs. 1 unerlässlich, nicht nur über die absoluten Zahlen, sondern auch über Vergleichszahlen zu berichten, wobei ein Vergleich in zweierlei Hinsicht erforderlich ist, nämlich zum einen gegenüber den Zahlen des Vorjahresvergleichszeitraumes (**Vorjahresvergleich**) und zum anderen gegenüber den Planzahlen (**Soll-Ist-Vergleich**)[16]. Abweichungen von den Planzahlen sind vom Leitungsorgan zu **begründen**[17]. Darüber hinaus hat das Leitungsorgan, soweit notwendig, eine Korrektur der Planzahlen vorzunehmen und diese dem Aufsichtsorgan zu erläutern[18].

c) Weitere Berichtsgrundsätze

Bei der Erstellung der Berichte nach Art. 41 Abs. 1 ist des Weiteren auch der im Rah- 7 men des § 90 AktG anerkannte Grundsatz zu beachten, dass nicht nur eine Darstellung des Unternehmen insgesamt erforderlich ist, sondern daneben auch – abhängig von der Eigenart des Unternehmens – im Bericht eine Aufgliederung nach einzelnen Sparten, Produktbereichen oder Märkten vorzunehmen ist (**segmentierte Berichterstattung**)[19].

Besonders wesentliche, überraschende oder auffällige Daten sind zu erläutern. Des 8 Weiteren sind dem Quartalsbericht, soweit vorhanden, in der Regel die verfügbaren **Zahlenwerke** beizufügen. Auch die Zahlenwerke sind für den Bericht sachgerecht (z.B. nach Sparten, Produkten oder Märkten) zu **gliedern**[20]. Der Bericht wird sich in der Regel nicht auf die bloße Vorlage von Zahlen beschränken können, sondern muss darüber hinaus **verbale Erläuterungen** enthalten[21].

d) Konzernweite Berichterstattung?

Die Frage, ob und inwieweit der Vorstand einer Muttergesellschaft seinem Aufsichts- 9 rat auch zu Sachverhalten berichtpflichtig ist, die sich auf Tochtergesellschaften beziehen, wird im Rahmen des § 90 Abs. 1 Satz 2 AktG für die Aktiengesellschaft aus-

---

15 Für die AG: *Krieger/Sailer* in K. Schmidt/Lutter, AktG, § 90 Rz. 22; *Hefermehl/Spindler* in MünchKomm. AktG, § 90 Rz. 25.
16 *Reichert/Brandes* in MünchKomm. AktG, Art. 41 SE-VO Rz. 5; für die AG: *Wiesner* in MünchHdb. AG, § 25 Rz. 17; *Lutter*, Information und Vertraulichkeit, Rz. 36 ff.; *Semler*, Leitung und Überwachung, Rz. 153; *Semler/v. Schenck*, AR-Mitglieder, § 1 Rz. 107 f.; *Lutter/Krieger*, Aufsichtsrat, Rz. 194.
17 *Reichert/Brandes* in MünchKomm. AktG, Art. 41 SE-VO Rz. 5; *Schwarz*, Art. 41 Rz. 9; für die AG: *Hüffer*, § 90 Rz. 6; *Götz*, NZG 2002, 599, 600; *Lutter/Krieger*, Aufsichtsrat, Rz. 197.
18 *Reichert/Brandes* in MünchKomm. AktG, Art. 41 SE-VO Rz. 6.
19 *Schwarz*, Art. 41 Rz. 9, 12; für die AG: *Wiesner* in MünchHdb. AG, § 25 Rz. 17; *Lutter*, Information und Vertraulichkeit, Rz. 36 ff.; *Semler*, Leitung und Überwachung, Rz. 153; *Semler/v. Schenck*, AR-Mitglieder, § 1 Rz. 107 f.; *Lutter/Krieger*, Aufsichtsrat, Rz. 194.
20 Für die AG: *Krieger/Sailer* in K. Schmidt/Lutter, AktG, § 90 Rz. 21; *Hefermehl/Spindler* in MünchKomm. AktG, § 90 Rz. 25.
21 Für die AG: *Krieger/Sailer* in K. Schmidt/Lutter, AktG, § 90 Rz. 21; *Semler*, Leitung und Überwachung, Rz. 154; *Semler/v. Schenck*, AR-Mitglieder, § 1 Rz. 108.

führlich diskutiert[22]. Eine Übertragung dieser Grundsätze auf die SE erscheint allerdings aufgrund der insoweit abweichenden Regelung in Art. 41 Abs. 1 problematisch. Danach ist über den „Gang der Geschäfte der SE" und „deren" voraussichtliche Entwicklung zu berichten. Hieraus folgt, dass der Bericht nach Art. 41 Abs. 1 sich auf die **verbundenen Unternehmen** der Gesellschaft nur zu erstrecken braucht, soweit diese für die Beurteilung der Geschäfte der Gesellschaft selbst relevant sind[23]. Ein Rückgriff auf § 90 Abs. 1 Satz 2 AktG, der eine solche Einschränkung nicht enthält, ist durch Art. 9 Abs. 1 lit. c ii versperrt. Soweit Vorgänge in verbundenen Unternehmen die Lage der SE allerdings beeinflussen, ist das Leitungsorgan der SE – auch im faktischen Konzern und bei einfachen Abhängigkeitsverhältnissen – verpflichtet, von seinen rechtlichen und faktischen Informationsrechten gegenüber den verbundenen Unternehmen Gebrauch zu machen. Dies schließt die Ausübung von Weisungsrechten (insbesondere bei Tochtergesellschaften in der Rechtsform der GmbH oder der Personengesellschaft) oder sonstigen Einflussrechten bis hin zur tatsächlichen oder angedrohten Abberufung der Geschäftsführer ein[24].

e) Zeitpunkt und Häufigkeit der Berichterstattung

10 Gem. Art. 41 Abs. 1 sind die Berichte „mindestens alle drei Monate", und zwar **unaufgefordert**[25], zu erstatten. Der Drei-Monats-Turnus bezieht sich nicht auf das Kalenderjahr, sondern auf das **Geschäftsjahr** der Gesellschaft[26]. Sinn und Zweck dieser Berichte ist allerdings, dass das Aufsichtsorgan laufend über die Lage der Gesellschaft im Bilde ist. Daraus und aus dem Wortlaut der Verordnung ist zu schließen, dass die Berichte, soweit erforderlich, auch **häufiger** als alle drei Monate erstattet werden müssen, und zwar ohne dass das Aufsichtsorgan dies ausdrücklich verlangen muss. Dies kann insbesondere bei Gesellschaften bedeutsam werden, deren Geschäft erheblichen monatlichen Schwankungen unterliegt[27]. Falls Berichte in kürzerem Abstand notwendig sind, das Leitungsorgan diese jedoch nicht erstattet, ist es Sache des Aufsichtsorgans, sicherzustellen, dass das Leitungsorgan seinen Berichtspflichten nachkommt[28]. Wird vor Ablauf des regulären Drei-Monats-Zeitraums berichtet, ist der nächste reguläre Bericht spätestens drei Monate nach dem letzten regulären Bericht – und nicht gerechnet ab dem Zusatzbericht – zu erstatten[29].

2. Bericht über wesentliche Ereignisse (Art. 41 Abs. 2)

11 Gem. Art. 41 Abs. 2 hat das Leitungsorgan dem Aufsichtsorgan des Weiteren rechtzeitig alle Informationen über Ereignisse mitzuteilen, die sich auf die Lage der SE spürbar auswirken können.

---

22 Vgl. grundlegend *Lutter*, Information und Vertraulichkeit, Rz. 148 ff.; *Semler*, Leitung und Überwachung, Rz. 269 ff., 402 ff.; s. ferner zur AG *Krieger/Sailer* in K. Schmidt/Lutter, AktG, § 90 Rz. 30 f.

23 Ebenso *Reichert/Brandes* in MünchKomm. AktG, Art. 41 SE-VO Rz. 5 und *Schwarz*, Art. 41 Rz. 8; letzterer unter Verweis auf die – noch explizitere – Regelung zur Europäischen Genossenschaft (Art. 40 Abs. 1 SCE-VO).

24 Vgl. zur AG *Krieger/Sailer* in K. Schmidt/Lutter, AktG, § 90 Rz. 30.

25 *Manz* in Manz/Mayer/Schröder, Art. 41 SE-VO Rz. 5.

26 *Schwarz*, Art. 41 Rz. 6.

27 Für die AG: *Krieger/Sailer* in K. Schmidt/Lutter, AktG, § 90 Rz. 23; *Semler/v. Schenck*, AR-Mitglieder, § 1 Rz. 103.

28 Für die AG: *Krieger/Sailer* in K. Schmidt/Lutter, AktG, § 90 Rz. 23; *Semler*, Leitung und Überwachung, Rz. 152; *Semler/v. Schenck*, AR-Mitglieder, § 1 Rz. 128.

29 *Schwarz*, Art. 41 Rz. 6.

a) Ereignisse mit potentieller spürbarer Auswirkung

Art. 41 Abs. 2 entspricht inhaltlich im Wesentlichen einer Verbindung von § 90   12
Abs. 1 Satz 1 Nr. 4 AktG (Berichte, die für die Rentabilität oder Liquidität der Gesellschaft von erheblicher Bedeutung sein können) und § 90 Abs. 1 Satz 3 AktG (sonstige
wichtige Anlässe). Anders als nach § 90 Abs. 1 Satz 1 Nr. 4 AktG besteht nach
Art. 41 Abs. 2 eine Berichtspflicht jedoch nicht nur im Hinblick auf Geschäfte, die
für die Rentabilität oder Liquidität der Gesellschaft von erheblicher Bedeutung sein
können, sondern schon bei potentiellen „spürbaren Auswirkungen" auf die Lage der
SE. Die **Schwelle berichtspflichtiger Umstände** ist daher **niedriger** als bei der AG[30].
Es kann sich sowohl um **Geschäftsführungsmaßnahmen** als auch um exogene, **von
außen an die Gesellschaft herangetragene Umstände** handeln[31]. Eine Berichtspflicht
besteht unabhängig davon, ob positive oder negative Auswirkungen zu befürchten
sind[32].

Zu § 90 Abs. 1 Satz 1 Nr. 4 und Satz 3 AktG werden als berichtspflichtig beispiels-   13
weise **folgende Fälle** angesehen, die sich auf Art. 41 Abs. 2 übertragen lassen: zu § 90
Abs. 1 Satz 1 Nr. 4 AktG der Erwerb oder die Veräußerung eines Betriebs oder Betriebsteils oder einer Beteiligung, die Gründung und Schließung einer Zweigniederlassung, die Aufnahme eines größeren Auftrags[33], der Abschluss langfristiger (Lie-
fer-)Geschäfte, die Übernahme größerer Aufträge, das Tätigen größerer Investitionen,
die Veräußerung oder der Erwerb von Unternehmen oder Betrieben, die Expansion in
neue Geschäftsfelder oder Märkte oder Beteiligungen sowie die Gründung von Niederlassungen[34]; zu § 90 Abs. 1 Satz 3 AktG wesentliche Rechtsstreitigkeiten oder behördliche Verfahren bzw. Auflagen, erhebliche Betriebsstörungen, tatsächliche oder
drohende Arbeitskämpfe, wesentliche Steuernachforderungen oder sonstige Forderungen, die gegen die Gesellschaft erhoben werden, Gefährdung größerer Außenstän-
de oder Auftragsverhältnisse (z.B. wegen Insolvenz eines Großkunden), Liquiditäts-
probleme, wesentliche Verluste, Unfälle oder sonstige Umstände, die die Lage der
Gesellschaft erheblich verändern[35]. Des Weiteren kann über schwerwiegenden Streit
im Leitungsorgan zu berichten sein[36]. Diese Aufzählung ist nicht abschließend. Umgekehrt löst nicht jeder der genannten Fälle stets zwingend eine Berichtspflicht aus.
Ob das Geschäft von erheblicher Bedeutung ist, ist vielmehr im Wege einer **Einzel-
fallbetrachtung** zu klären und hängt von der Größe, Branchenzugehörigkeit und Situation der Gesellschaft einerseits sowie von der Art, dem Ausmaß und dem Risiko
des Geschäfts andererseits ab[37]. Überdies ist von Bedeutung, welche Art oder welchen Umfang von Geschäften die Gesellschaft ansonsten üblicherweise durchführt.

---

30 *Schwarz*, Art. 41 Rz. 20.
31 *Reichert/Brandes* in MünchKomm. AktG, Art. 41 SE-VO Rz. 7.
32 *Schwarz*, Art. 41 Rz. 20; *Reichert/Brandes* in MünchKomm. AktG, Art. 41 SE-VO Rz. 7, nach
   dem ein Bericht über positive Effekte allerdings nur dann erforderlich sein soll, wenn insoweit
   bestimmte unternehmerische Entscheidungen zu treffen sind, die sich auf die Lage der Gesellschaft spürbar auswirken können; für die AG: *Krieger/Sailer* in K. Schmidt/Lutter, AktG, § 90
   Rz. 25; *Mertens* in KölnKomm. AktG, § 90 Rz. 38.
33 Begr. RegE bei *Kropff*, Aktiengesetz, S. 117.
34 *Hefermehl/Spindler* in MünchKomm. AktG, § 90 Rz. 26; *Semler/v. Schenck*, AR-Mitglieder,
   § 1 Rz. 136; *Wiesner* in MünchHdb. AG, § 25 Rz. 18.
35 Begr. RegE bei *Kropff*, Aktiengesetz, S. 117; *Hüffer*, § 90 Rz. 8; *Hefermehl/Spindler* in Münch-
   Komm. AktG, § 90 Rz. 28; *Mertens* in KölnKomm. AktG, § 90 Rz. 39; *Lutter/Krieger*, Aufsichtsrat, Rz. 209; vgl. auch für die SE *Schwarz*, Art. 41 Rz. 18; *Manz* in Manz/Mayer/Schrö-
   der, Art. 41 SE-VO Rz. 12 ff.
36 *Wiesner* in MünchHdb. AG, § 25 Rz. 19; *Mertens* in KölnKomm. AktG, § 90 Rz. 39.
37 Für die AG: *Krieger/Sailer* in K. Schmidt/Lutter, AktG, § 90 Rz. 25; Begr. RegE bei *Kropff*, Aktiengesetz, S. 117; *Hefermehl/Spindler* in MünchKomm. AktG, § 90 Rz. 26; *Semler/
   v. Schenck*, AR-Mitglieder, § 1 Rz. 135.

Was für eine Gesellschaft Tagesgeschäft ist, kann bei einer anderen Gesellschaft berichtspflichtig sein[38]. Das Leitungsorgan hat dem Aufsichtsorgan bereits dann über ein Geschäft zu berichten, wenn eine **erhebliche Bedeutung potentiell möglich** ist, wofür eine vernünftige kaufmännische Prognose maßgebend ist[39]. Es ist nicht nur über die Folgen zu berichten, die ein Gelingen eines Geschäfts auf die Gesellschaft hat, sondern auch über die Folgen eines etwaigen Misslingens[40].

14 In dem Bericht nach Art. 41 Abs. 2 ist auch auf **verbundene Unternehmen** der Gesellschaft einzugehen, soweit diese sich auf die Lage der SE spürbar auswirken können[41].

b) Zeitpunkt und Häufigkeit der Berichterstattung

15 Der Bericht gem. Art. 41 Abs. 2 ist „**rechtzeitig**" zu erstatten. Rechtzeitigkeit bedeutet, dass das Aufsichtsorgan vor dem Treffen der jeweiligen Entscheidung Gelegenheit haben muss, Stellung zu nehmen. Bei Berichten, die eine Sitzung des Aufsichtsorgans vorbereiten, bedeutet Rechtzeitigkeit, dass die Berichte vor der Sitzung zu übermitteln sind, und zwar so zeitig, dass die Mitglieder des Aufsichtsorgans noch die Möglichkeit haben, sie zu lesen[42]. Je umfangreicher die Unterlagen sind und je länger sie bereits vor der Sitzung feststehen, desto früher sollten sie auch übermittelt werden. Berichte, die nicht der Vorbereitung einer Sitzung dienen, sollten so frühzeitig übermittelt werden, dass das Aufsichtsorgan noch in der Lage ist zu reagieren[43]. Ist ein berichtspflichtiges Ereignis bereits eingetreten, so ist gleichwohl darüber zu berichten, damit dem Aufsichtsorgan ermöglicht wird, den Eintritt gleichartiger Ereignisse in der Zukunft zu verhindern[44].

16 Die Formulierung der Verordnung unterscheidet sich von der Formulierung in § 90 Abs. 2 Nr. 4, Abs. 4 Satz 2 AktG, in der die Rede von einer „möglichst" rechtzeitigen Berichterstattung ist. Anders als das AktG geht die SE-VO daher nicht ausdrücklich davon aus, dass sich **Eilsituationen** ergeben können, in denen von einer rechtzeitigen Unterrichtung abgesehen werden kann. Gleichwohl ist zu berücksichtigen, dass sich auch in einer SE die Situation ergeben kann, dass das Leitungsorgan im Interesse der Gesellschaft eine Maßnahme unverzüglich durchführen muss, ohne dass die Möglichkeit besteht, vorher das Aufsichtsorgan zu informieren[45]. In solchen Fällen muss das Leitungsorgan, ebenso wie im Rahmen des § 90 AktG, ausnahmsweise berechtigt sein, die Maßnahme vor Unterrichtung des Aufsichtsorgans auszuführen. Wie bei § 90 AktG hat das Leitungsorgan dann allerdings vor der Durchführung der Maßnahme zumindest, sofern dies noch möglich ist, den **Vorsitzenden** des Aufsichtsorgans – im Falle seiner Verhinderung seinen Stellvertreter – zu unterrichten, der nach pflichtgemäßem Ermessen über das weitere Vorgehen, insbesondere über eine unverzügliche Information der anderen Mitglieder des Aufsichtsorgans, zu entscheiden

---

38 Für die AG: *Krieger/Sailer* in K. Schmidt/Lutter, AktG, § 90 Rz. 25; *Semler/v. Schenck*, AR-Mitglieder, § 1 Rz. 136.
39 Für die AG: *Krieger/Sailer* in K. Schmidt/Lutter, AktG, § 90 Rz. 25; *Hüffer*, § 90 Rz. 7.
40 Für die AG: *Krieger/Sailer* in K. Schmidt/Lutter, AktG, § 90 Rz. 25; *Semler/v. Schenck*, AR-Mitglieder, § 1 Rz. 138.
41 *Schwarz*, Art. 41 Rz. 19. Auch hier legt Art. 41 Abs. 2 ausdrücklich fest, dass Ereignisse bei verbundenen Unternehmen nur bei spürbarer Auswirkung auf die SE relevant sind; vgl. näher Rz. 9.
42 Für die AG: BT-Drucks. 14/8769, S. 15.
43 Für die AG: BT-Drucks. 14/8769, S. 15.
44 *Schwarz*, Art. 41 Rz. 22.
45 Für die AG: *Krieger/Sailer* in K. Schmidt/Lutter, AktG, § 90 Rz. 28; *Hüffer*, § 90 Rz. 13b; kritisch dagegen *DAV Handelsrechtsausschuss*, NZG 2002, 115, 116 und *Ihrig/Wagner*, BB 2002, 789, 793.

hat[46]. Dem Aufsichtsorgan in seiner Gesamtheit ist unverzüglich nachträglich, spätestens in seiner nächsten Sitzung, über den Vorgang zu berichten (§ 90 Abs. 5 Satz 3 AktG)[47]. Auch wenn das Unterlassen der Information des Aufsichtsorgans an sich aufgrund einer Eilsituation gerechtfertigt ist, kann das Leitungsorgan dadurch gegen seine Berichtspflichten verstoßen haben, dass es nicht schon früher über die Thematik berichtet und daher den Eintritt der Eilsituation zu vertreten hat[48].

3. Informationsrecht des Aufsichtsorgans (Art. 41 Abs. 3)

Gem. Art. 41 Abs. 3 Satz 1 kann das Aufsichtsorgan jegliche Informationen verlan- 17
gen, die für die Ausübung der Kontrolle nach Art. 40 Abs. 1 erforderlich sind. Gem.
Art. 41 Abs. 3 Satz 2 können die Mitgliedstaaten vorsehen, dass auch jedes einzelne
Mitglied des Aufsichtsorgans von dieser Möglichkeit Gebrauch machen kann. Die
Bundesrepublik Deutschland hat diese Option genutzt und in **§ 18 SEAG** in Anlehnung an § 90 Abs. 3 Satz 2 AktG vorgesehen, dass jedes einzelne Mitglied des Aufsichtsorgans vom Leitungsorgan jegliche Information i.S.d. Art. 41 Abs. 3 Satz 1 verlangen kann, allerdings nur an das Aufsichtsorgan in seiner Gesamtheit.

Art. 41 Abs. 3 Satz 1 entspricht im wesentlichen dem Recht des Aufsichtsrates einer 18
Aktiengesellschaft, Berichte gem. § 90 Abs. 3 Satz 1 AktG anzufordern. Die Vorschrift findet ihren Grund in der Überwachungsfunktion des Aufsichtsorgans, für deren Erfüllung das Aufsichtsorgans auf ein umfassendes, eigenständiges Informationsrecht angewiesen ist. Hieraus folgt zugleich eine **Pflicht** des Aufsichtsorgans, in ausreichendem Umfang **von seinem Recht** auf Anforderung von Berichten **Gebrauch zu
machen**. Versäumt es dies schuldhaft, kann es sich der Gesellschaft gegenüber scha-
densersatzpflichtig machen[49].

a) Berichtsverlangen des Gesamtaufsichtsorgans

Das Aufsichtsorgan kann von dem Leitungsorgan „jegliche" Information verlangen; 19
Art. 41 Abs. 3 geht damit in der Formulierung noch über § 90 Abs. 3 AktG hinaus[50].
Der Begriff „jegliche Information" ist **weit auszulegen** und unterliegt keinen sachlichen Beschränkungen[51]. Das Aufsichtsorgan hat den Gegenstand seines Informati-
onsbegehrens nach pflichtgemäßem Ermessen selbst festzulegen. Lediglich bei **offensichtlich fehlendem Funktionsbezug**[52] und in **Missbrauchsfällen** (dazu s. Rz. 26) kann
die Information verweigert werden. Aufgrund dieses weiten Umfangs potentieller
Anforderungsverlangen ist das Aufsichtsorgan andererseits aber auch verpflichtet,

---

46 *Reichert/Brandes* in MünchKomm. AktG, Art. 41 SE-VO Rz. 8; *Schwarz*, Art. 41 Rz. 23; für
   die AG: *Krieger/Sailer* in K. Schmidt/Lutter, AktG, § 90 Rz. 28; *Hüffer*, § 90 Rz. 10; *Mertens*
   in KölnKomm. AktG § 90 Rz. 37; *Semler/v. Schenck*, AR-Mitglieder, § 1 Rz. 143.
47 *Reichert/Brandes* in MünchKomm. AktG, Art. 41 SE-VO Rz. 8; *Manz* in Manz/Mayer/Schrö-
   der, Art. 41 SE-VO Rz. 15; für die AG: *Krieger/Sailer* in K. Schmidt/Lutter, AktG, § 90 Rz. 28;
   Hüffer, § 90 Rz. 10.
48 Für die AG: *Krieger/Sailer* in K. Schmidt/Lutter, AktG, § 90 Rz. 28; *Hefermehl/Spindler* in
   MünchKomm. AktG, § 90 Rz. 27.
49 *Manz* in Manz/Mayer/Schröder, Art. 41 SE-VO Rz. 19; für die AG: *Hefermehl/Spindler* in
   MünchKomm. AktG, § 90 Rz. 33.
50 Der Sache nach werden sich kaum gravierende Unterschiede ergeben, da § 90 Abs. 3 AktG
   nach h.M. weit auszulegen ist; vgl. etwa *Hefermehl/Spindler* in MünchKomm. AktG, § 90
   Rz. 31.
51 *Reichert/Brandes* in MünchKomm. AktG, Art. 41 SE-VO Rz. 9.
52 *Reichert/Brandes* in MünchKomm. AktG, Art. 41 SE-VO Rz. 10; für die AG: *Krieger/Sailer* in
   K. Schmidt/Lutter, AktG, § 90 Rz. 46; *Hefermehl/Spindler* in MünchKomm. AktG, § 90
   Rz. 49; *Wiesner* in MünchHdb. AG, § 25 Rz. 34; *Semler/v. Schenck*, AR-Mitglieder, § 1
   Rz. 151; *Elsing/Schmidt*, BB 2002, 1705, 1707.

den gewünschten Berichtsgegenstand in ausreichendem Maße zu **präzisieren**[53]. Das Informationsrecht erstreckt sich auch auf **verbundene Unternehmen**[54], ohne dass die Einschränkung des § 90 Abs. 3 Satz 1 AktG gilt, nach der nur über Beziehungen zu verbundenen Unternehmen und Vorgänge bei verbundenen Unternehmen berichtet werden muss, die auf die Lage der Gesellschaft von „erheblichem Einfluss" sein können.

20 Das Aufsichtsorgan hat nach Art. 41 Abs. 3 das Recht, sich **jederzeit** zu informieren[55]. **Innerhalb welcher Zeitspanne** das Leitungsorgan die Anfrage zu beantworten hat, ist im Gesetz nicht geregelt; dies wird von den Umständen des Einzelfalles, insbesondere dem Gegenstand der Anfrage, der Wichtigkeit und Dringlichkeit der Angelegenheit sowie den anderen zu erledigenden Aufgaben des Leitungsorgans abhängen[56]. Bietet ein abgegebener Bericht dem Aufsichtsorgan keine hinreichenden Informationen, kann das Aufsichtsorgan **ergänzende Berichterstattung** verlangen[57].

21 Zuständig für das Berichtsverlangen ist gem. Art. 41 Abs. 3 Satz 1 zunächst das Aufsichtsorgan als Kollegialorgan. Hierfür bedarf es eines Beschlusses des Aufsichtsorgans gem. Art. 50, der mit **einfacher Mehrheit** gefasst werden kann[58]. Ein Beschluss eines mit Kontrollaufgaben betrauten Ausschusses reicht aus[59]. Für die Begründung der Berichtspflicht reicht es aus, wenn die Anforderung auch nur einem Mitglied des Leitungsorgans zugeht[60].

22 Das Aufsichtsorgan hat dagegen – außerhalb des Rahmens des Art. 41 Abs. 3 – grundsätzlich kein Recht, sich am Leitungsorgan vorbei unmittelbar, etwa bei den **Angestellten**, zu informieren. Das Aufsichtsorgan ist vielmehr gehalten, sich zunächst an das Leitungsorgan zu wenden und alles zu unterlassen, was der Autorität des Leitungsorgans schaden könnte. Etwas anderes kommt nur dann in Betracht, wenn ein dringender Verdacht besteht, dass das Leitungsorgan erhebliche Pflichtverletzungen begeht oder trotz Aufforderung nicht zutreffend oder vollständig berichtet[61].

b) Berichtsverlangen einzelner Mitglieder des Aufsichtsorgans

23 Daneben kann gem. Art. 41 Abs. 3 Satz 2 i.V.m. § 18 SEAG auch jedes einzelne Mitglied des Aufsichtsorgans Berichte des Leitungsorgans über die in Art. 41 Abs. 3 Satz 1 beschriebenen Gegenstände verlangen. Gegenüber einem Schadensersatzver-

---

53 *Reichert/Brandes* in MünchKomm. AktG, Art. 41 SE-VO Rz. 11; für die AG: OLG Köln v. 9.5.1986 – 19 U 193/85, AG 1987, 24 f.; LG Bonn v. 16.10.1986 – 10 O 166/85, AG 1987, 24 f.; *Krieger/Sailer* in K. Schmidt/Lutter, AktG, § 90 Rz. 36; *Hefermehl/Spindler* in MünchKomm. AktG, § 90 Rz. 31; *Semler/v. Schenck*, AR-Mitglieder, § 1 Rz. 153; *Wiesner* in MünchHdb. AG, § 25 Rz. 21.
54 *Reichert/Brandes* in MünchKomm. AktG, Art. 41 SE-VO Rz. 11.
55 *Reichert/Brandes* in MünchKomm. AktG, Art. 41 SE-VO Rz. 11.
56 Für die AG: *Krieger/Sailer* in K. Schmidt/Lutter, AktG, § 90 Rz. 36; *Hefermehl/Spindler* in MünchKomm. AktG, § 90 Rz. 33.
57 Für die AG: *Krieger/Sailer* in K. Schmidt/Lutter, AktG, § 90 Rz. 36; *Hefermehl/Spindler* in MünchKomm. AktG, § 90 Rz. 48.
58 *Reichert/Brandes* in MünchKomm. AktG, Art. 41 SE-VO Rz. 13; *Manz* in Manz/Mayer/Schröder, Art. 41 SE-VO Rz. 20; für die AG: *Krieger/Sailer* in K. Schmidt/Lutter, AktG, § 90 Rz. 36; *Hüffer*, § 90 Rz. 11; *Semler/v. Schenck*, AR-Mitglieder, § 1 Rz. 151.
59 *Reichert/Brandes* in MünchKomm. AktG, Art. 41 SE-VO Rz. 13.
60 *Reichert/Brandes* in MünchKomm. AktG, Art. 41 SE-VO Rz. 13; für die AG: *Hefermehl/Spindler* in MünchKomm. AktG, § 90 Rz. 35; *Hüffer*, § 90 Rz. 11.
61 *Schwarz*, Art. 41 Rz. 26; für die AG: *Hüffer*, § 90 Rz. 11; *Hefermehl/Spindler* in MünchKomm. AktG, § 90 Rz. 36; *Mertens* in KölnKomm. AktG, § 90 Rz. 44; *Semler/v. Schenck*, AR-Mitglieder, § 1 Rz. 97.

langen kann sich das Mitglied des Aufsichtsorgans daher nicht darauf berufen, es sei nicht in der Lage gewesen, sich hinreichend über die Angelegenheiten der Gesellschaft zu informieren[62].

Der Anspruch des einzelnen Mitglieds des Aufsichtsorgans auf Berichterstattung ist allerdings insoweit eingeschränkt, als das Mitglied lediglich Erstattung des Berichtes **an das Aufsichtsorgan als Kollegialorgan** verlangen kann. Hieraus folgt, dass der Berichtsanspruch des einzelnen Organmitglieds erlischt, soweit das Leitungsorgan über die Angelegenheit, über die das Mitglied des Aufsichtsorgans einen Bericht verlangt, bereits an das Aufsichtsorgan berichtet hat[63]. Das Mitglied muss dann gem. Art. 41 Abs. 5 Aufklärung vom Aufsichtsorgan verlangen[64]. 24

c) Missbrauchskontrolle

Es gilt der Grundsatz, dass das Leitungsorgan dem Aufsichtsorgan einen Bericht nicht aus Vertraulichkeitsgründen verweigern darf[65]. Dieser Grundsatz beruht darauf, dass die Mitglieder des Aufsichtsorgans ihrerseits gem. Art. 49 einer **Verschwiegenheitspflicht** unterliegen, deren Verletzung gem. Art. 51 mit einer Schadensersatzhaftung sanktioniert wird. Das Berichtssystem der SE-VO beruht damit auf der Annahme, dass das Leitungsorgan dem Aufsichtsorgan bedenkenlos auch vertrauliche Informationen offen legen kann. Dies gilt in gleichem Maße für die **Arbeitnehmervertreter** im Aufsichtsorgan[66]. 25

Ausnahmen von diesem Grundsatz kommen allerdings in Betracht, wenn eine **konkrete Missbrauchsgefahr** besteht, d.h. konkrete Anhaltspunkte dafür vorliegen, dass ein Mitglied des Aufsichtsorgans die Information unter Verstoß gegen seine Vertraulichkeitspflicht zu Lasten von Gesellschaftsinteressen nutzen wird. Dies kann etwa dann der Fall sein, wenn ein Mitglied des Aufsichtsorgans **Eigeninteressen** verfolgt, insbesondere an einem **Wettbewerber** der Gesellschaft beteiligt ist, diesen vertritt oder für ihn (als Organ oder anderweitig) tätig ist und konkret zu befürchten ist, dass es die eingeforderten Informationen an den Wettbewerber weitergeben wird[67]. Bei Informationsverlangen, die nur von einzelnen Mitgliedern des Aufsichtsorgans gestellt werden, ist dem Leitungsorgan im Regelfall eine größere Skepsis gestattet als bei In- 26

---

62 Für die AG: *Krieger/Sailer* in K. Schmidt/Lutter, AktG, § 90 Rz. 39; *Hefermehl/Spindler* in MünchKomm. AktG, § 90 Rz. 37.
63 Für die AG: BayObLG v. 25.4.1968 – 2 Z 56/67, AG 1968, 329, 330.
64 Für die AG: *Krieger/Sailer* in K. Schmidt/Lutter, AktG, § 90 Rz. 40; *Hefermehl/Spindler* in MünchKomm. AktG, § 90 Rz. 39; *Wiesner* in MünchHdb. AG, § 25 Rz. 28.
65 *Reichert/Brandes* in MünchKomm. AktG, Art. 41 SE-VO Rz. 10; *Manz* in Manz/Mayer/Schröder, Art. 41 SE-VO Rz. 3; für die AG: *Krieger/Sailer* in K. Schmidt/Lutter, AktG, § 90 Rz. 36; *Hefermehl/Spindler* in MünchKomm. AktG, § 90 Rz. 50 f.; *Hüffer*, § 90 Rz. 3; *Wiesner* in MünchHdb. AG, § 25 Rz. 35.
66 *Hefermehl/Spindler* in MünchKomm. AktG, § 90 Rz. 52. *Schwarz*, Art. 41 Rz. 32 Fn. 25 befürchtet daher, dass das Aufsichtsgremium einer deutschen SE erst sehr spät über wesentliche Maßnahmen informiert wird, um Arbeitnehmerproteste zu vermeiden. Insofern ergibt sich jedoch kein Unterschied zu der bereits bislang geltenden Situation bei der Aktiengesellschaft.
67 *Reichert/Brandes* in MünchKomm. AktG, Art. 41 SE-VO Rz. 15; *Schwarz*, Art. 41 Rz. 28; für die AG: *Krieger/Sailer* in K. Schmidt/Lutter, AktG, § 90 Rz. 43; *Wiesner* in MünchHdb. AG, § 25 Rz. 34; *Hüffer*, § 90 Rz. 12a; *Mertens* in KölnKomm. AktG, § 90 Rz. 13 f.; s. zur Thematik ferner generell *Lutter*, ZHR 145 (1981), 224, 234 ff., 250 f.; LG Dortmund v. 10.8.1984 – 12 O 580/83, Die Mitbestimmung 1984, 410, 411 (dort im Ergebnis verneint); vgl. ferner zur GmbH OLG Karlsruhe v. 11.12.1984 – 11 W 135/84, OLGZ 1985, 41, 44 und OLG Stuttgart v. 8.2.1983 – 8 W 496/82, OLGZ 1983, 184, 187 f.; *Mertens*, AG 1980, 67, 74 meint, dass ein konkretes Missbrauchsrisiko jedenfalls dann stets anzunehmen sei, wenn das Mitglied des Aufsichtsorgans selbst als Konkurrent betroffen sei.

formationsverlangen, die vom Aufsichtsorgan insgesamt mitgetragen werden[68]. Umgekehrt kann es allerdings dem Leitungsorgan nicht zum Vorwurf gemacht werden, wenn er dem Aufsichtsorgan Informationen offen legt, die für die Tätigkeit des Aufsichtsorgans relevant sind, obwohl es weiß, dass einzelne Mitglieder des Aufsichtsorgans ein Eigeninteresse an der missbräuchlichen Verwendung dieser Informationen haben könnten[69]. Denn grundsätzlich darf sich das Leitungsorgan – soweit nicht offensichtlich ist, dass es zu einem Missbrauch kommen wird – auf die Verschwiegenheit des Aufsichtsorgans verlassen.

27 Das Recht des Aufsichtsorgans zur Anforderung von Berichten wird ferner durch das allgemeine **Schikaneverbot** beschränkt[70]. Dieses kann tangiert sein, wenn das Aufsichtsorgan Berichtsverlangen zur Unzeit[71] oder in überzogenem Umfang stellt, deren Erkenntnisgewinn gering ist und die zu einer unnötigen Behinderung der Geschäftsführung des Leitungsorgans führen[72]. Als überzogen ist ein Berichtsverlangen beispielsweise dann anzusehen, wenn Berichte zu Gegenständen angefordert werden, über die erst vor kurzem berichtet wurde, ohne dass vernünftigerweise eine Änderung gegenüber dem früheren Bericht zu erwarten ist; anderes gilt jedoch, wenn aufgrund der Situation der Gesellschaft gerade eine engmaschige Berichterstattung erforderlich ist[73].

4. Prüfungsrecht des Aufsichtsorgans (Art. 41 Abs. 4)

28 Gem. Art. 41 Abs. 4 kann das Aufsichtsorgan alle zur Erfüllung seiner Aufgaben erforderlichen Überprüfungen vornehmen oder vornehmen lassen. Die Vorschrift entspricht im wesentlichen § 111 Abs. 2 AktG. Das Aufsichtsorgan ist berechtigt, sämtliche **Bücher, Schriften und Papiere** sowie sämtliche **Vermögensgegenstände** der Gesellschaft einer Überprüfung zu unterziehen[74]. Diese Befugnis erstreckt sich auch auf entsprechende Unterlagen der **verbundenen Unternehmen** der Gesellschaft, allerdings nur soweit sie bei der Gesellschaft vorhanden sind[75]. Ein Recht zum Durchgriff auf die Unterlagen rechtlich selbständiger verbundener Unternehmen, die lediglich bei diesen Unternehmen vorhanden sind, gestattet Art. 41 Abs. 4 nicht.

29 Aus dem Zusatz „oder vornehmen lassen" ergibt sich, dass das Aufsichtsorgan die Prüfung auch einem oder mehreren Mitgliedern des Aufsichtsorgans, einem Ausschuss oder einem externen Dritten (z.B. Wirtschaftsprüfer) als **Delegiertem** übertragen kann[76]. Der externe Dritte kann vom insoweit vertretungsberechtigten Aufsichtsorgan unmittelbar im Namen der Gesellschaft bestellt werden; sein Vergütungsanspruch richtet sich gegen die Gesellschaft[77]. Allerdings kann sich das

---

68 Für die AG: *Krieger/Sailer* in K. Schmidt/Lutter, AktG, § 90 Rz. 43; *Hefermehl/Spindler* in MünchKomm. AktG, § 90 Rz. 54.

69 Für die AG: *Krieger/Sailer* in K. Schmidt/Lutter, AktG, § 90 Rz. 43; *Mertens* in KölnKomm. AktG, § 90 Rz. 12.

70 Für die AG: *Krieger/Sailer* in K. Schmidt/Lutter, AktG, § 90 Rz. 45; *Wiesner* in MünchHdb. AG, § 25 Rz. 34; *Hefermehl/Spindler* in MünchKomm. AktG, § 90 Rz. 53.

71 Für die AG: *Krieger/Sailer* in K. Schmidt/Lutter, AktG, § 90 Rz. 45; *Hefermehl/Spindler* in MünchKomm. AktG, § 90 Rz. 33.

72 Vgl. für die AG *Krieger/Sailer* in K. Schmidt/Lutter, AktG, § 90 Rz. 45; *Mertens* in KölnKomm. AktG, § 90 Rz. 6 – keine laufende tägliche oder wöchentliche Berichterstattung über den Gang der Geschäfte im Einzelnen; *Lutter/Krieger*, Aufsichtsrat, Rz. 207.

73 Für die AG: *Krieger/Sailer* in K. Schmidt/Lutter, AktG, § 90 Rz. 45; *Lutter*, Information und Vertraulichkeit, Rz. 123; *Hefermehl/Spindler* in MünchKomm. AktG, § 90 Rz. 33.

74 *Reichert/Brandes* in MünchKomm. AktG, Art. 41 SE-VO Rz. 17; *Schwarz*, Art. 41 Rz. 28.

75 *Reichert/Brandes* in MünchKomm. AktG, Art. 41 SE-VO Rz. 19.

76 *Reichert/Brandes* in MünchKomm. AktG, Art. 41 SE-VO Rz. 22 ff.; *Schwarz*, Art. 41 Rz. 30.

77 *Reichert/Brandes* in MünchKomm. AktG, Art. 41 SE-VO Rz. 23.

Aufsichtsorgan auch durch die Bestellung eines Dritten nicht von seiner Verantwortlichkeit für die Prüfung der Geschäftsführung freizeichnen oder das Überwachungsrecht vollständig auf Dritte verlagern; dem Dritten dürfen daher nur zeitlich und gegenständlich begrenzte Aufträge erteilt werden[78].

5. Information innerhalb des Aufsichtsorgans (Art. 41 Abs. 5)

Anders als bei der AG, bei der der Vorstand sich seiner Berichtspflicht durch Übermittlung des Berichts an den Aufsichtsratsvorsitzenden entledigen kann[79], ist bei der SE eine Übermittlung **an das Aufsichtsorgan**, d.h. an jedes Mitglied des Aufsichtsorgans erforderlich. Dies ergibt sich aus der Begründung zur Änderung des Art. 64 Abs. 2 SE-VOV 1991[80] gegenüber der Vorgängernorm des SE-VOV 1989, der noch eine Information des Vorsitzenden des Aufsichtsorgans vorgesehen hatte[81]. Aus Praktikabilitätsgründen sollte gleichwohl davon ausgegangen werden, dass der Vorsitzende des Aufsichtsorgans als **Empfangsvertreter** des Organs agieren kann, der für die Weiterleitung an die Mitglieder verantwortlich ist[82].

30

Sollte gleichwohl ein Mitglied des Aufsichtsorgans nicht sämtliche Informationen erhalten haben, die dem Aufsichtsorgan übermittelt wurden, greift Art. 41 Abs. 5 ein, nach dem jedes Mitglied des Aufsichtsorgans berechtigt ist, von allen Informationen, die diesem Organ übermittelt werden, Kenntnis zu nehmen. Der Anspruch richtet sich gegen das Aufsichtsorgan, nicht gegen das Leitungsorgan. **Kenntnisnahme** bedeutet, dass jedes Mitglied des Aufsichtsorgans das Recht hat, schriftliche Berichte zu lesen und mündliche Berichte zu hören[83]. Von diesem Recht zur bloßen „Kenntnisnahme" zu trennen ist die Frage, ob jedes Mitglied des Aufsichtsorgans auch die „**Übermittlung**" schriftlicher Berichte verlangen kann. Diese Frage ist in Art. 41 Abs. 5 nicht geregelt. Insoweit besteht eine Regelungslücke, so dass auf § 90 Abs. 5 Satz 2 AktG zurückgegriffen werden kann, nach dem die Berichte jedem Mitglied des Aufsichtsrates auf Verlangen zu übermitteln sind, soweit der Aufsichtsrat nichts anderes beschlossen hat. Das Recht des Einzelmitglieds auf Übermittlung eines Berichts kann folglich durch Beschluss des Kollegialorgans aufgehoben werden. Dagegen kann das Recht der einzelnen Mitglieds des Aufsichtsorgans auf Kenntnisnahme auch durch Beschluss des Aufsichtsorgans – außer in Missbrauchsfällen[84] (dazu Rz. 26) – nicht ausgeschlossen werden. Der wesentliche Unterschied zwischen „Kenntnisnahme" und „Übermittlung" besteht darin, dass das Recht auf Kenntnisnahme auch ohne Aushändigung des Berichts – etwa im Wege der Auslegung des Berichts und Gestattung der Einsichtnahme[85] – erfüllt werden kann, während Übermittlung bedeutet, dass das Mitglied des Aufsichtsorgans eine (elektronische) Kopie des Berichts erhält.

31

Anders als gem. § 90 Abs. 5 AktG erstreckt sich das Recht auf Kenntnisnahme nicht nur auf die vom Leitungsorgan erstatteten „Berichte", sondern auf **sämtliche Infor-**

32

---

78 *Manz* in Manz/Mayer/Schröder, Art. 41 SE-VO Rz. 25.
79 *Wiesner* in MünchHdb. AG, § 25 Rz. 26; *Hüffer*, § 90 Rz. 14; *Lutter/Krieger*, Aufsichtsrat, Rz. 222.
80 BT-Drucks. 12/1004, S. 8.
81 *Manz* in Manz/Mayer/Schröder, Art. 41 SE-VO Rz. 8; *Schwarz*, Art. 41 Rz. 23; *Thümmel*, Europäische Aktiengesellschaft, Rz. 163.
82 *Manz* in Manz/Mayer/Schröder, Art. 41 SE-VO Rz. 8.
83 Für die AG: *Krieger/Sailer* in K. Schmidt/Lutter, AktG, § 90 Rz. 60; *Hüffer*, § 90 Rz. 14.
84 Vgl. für die AG: *Krieger/Sailer* in K. Schmidt/Lutter, AktG, § 90 Rz. 62, 43; *Mertens* in KölnKomm. AktG, § 90 Rz. 14.
85 Für die AG: *Krieger/Sailer* in K. Schmidt/Lutter, AktG, § 90 Rz. 60; *Hefermehl/Spindler* in MünchKomm. AktG, § 90 Rz. 43.

mationen, die dem Aufsichtsorgan übermittelt werden, auch wenn dies nicht in Berichtsform geschieht[86].

6. Grundsätze ordnungsgemäßer Berichterstattung (§ 90 Abs. 4 AktG)

33   Art. 41 legt nicht fest, in welcher Form und in welcher Art und Weise die Berichte zu erstatten sind. Es besteht daher eine Regelungslücke, so dass auf **§ 90 Abs. 4 AktG** zurückgegriffen werden kann[87]. Im Rahmen des Art. 41 Abs. 2 ist allerdings § 90 Abs. 4 Satz 2 AktG nicht anwendbar, soweit dieser davon spricht, dass die Berichte „möglichst rechtzeitig" zu erstatten sind. Insoweit ist vielmehr Art. 41 Abs. 2 vorrangig, der die „rechtzeitige" Erstattung verlangt (s. dazu allerdings Rz. 16).

34   § 90 Abs. 4 Satz 1 AktG legt fest, dass die Berichte den Grundsätzen einer gewissenhaften und getreuen Rechenschaft zu entsprechen haben. Gem. § 90 Abs. 4 Satz 2 AktG sind die Berichte „in der Regel in Textform" zu erstatten; das Textformerfordernis gilt nicht für den Bericht nach § 90 Abs. 1 Satz 3 AktG (Sonderbericht aus sonstigem wichtigem Anlass), der eine Untermenge der nach Art. 41 Abs. 2 zu erstattenden Berichte darstellt.

a) Gewissenhafte und getreue Rechenschaft

35   Der im Gesetz nicht näher definierte Begriff der „gewissenhaften und getreuen Rechenschaft" orientiert sich an den Maßstäben des sorgfältigen Geschäftsleiters und dem **Sorgfaltsbegriff des § 93 Abs. 1 Satz 1 AktG**. Bei der Interpretation dieses Begriffs ist insbesondere dem Sinn und Zweck der Berichtspflicht Rechnung zu tragen, d.h. das Aufsichtsorgan muss in die Lage versetzt werden, seiner Überwachungsaufgabe nachzukommen[88]. Daraus ergibt sich, dass der Bericht **vollständig und zutreffend** sowie **übersichtlich und klar gegliedert**[89] sein, den erforderlichen Detaillierungsgrad aufweisen und einen **Vergleich** der aktuellen Zahlen mit den Vorjahreswerten sowie dem Budget enthalten muss[90]. Zur ordnungsgemäßen Berichterstattung gehört auch, dass Tatsachen und Wertungen klar zu trennen sind[91]. Die Verwendung von Schaubildern, Tabellen und graphischen Darstellungen wird zwar empfohlen[92]; sie sollte jedoch den verbalen Erläuterungscharakter des Berichts nicht in den Hintergrund drängen.

36   **Schuldner** der Berichtspflicht ist das Leitungsorgan als Kollegialorgan[93]. Anders als nach dem Grundsatz des § 77 Abs. 1 Satz 1 AktG bedürfen Beschlüsse des Leitungsorgans nicht der Einstimmigkeit, sondern können gem. Art. 50 mit Mehrheit gefasst werden. Hieraus wird teilweise der Schluss gezogen, dass, außer bei grundsätzlichen bzw. bedeutsamen **Meinungsverschiedenheiten**, die unterschiedlichen im Leitungs-

---

86 *Reichert/Brandes* in MünchKomm. AktG, Art. 41 SE-VO Rz. 26.
87 *Reichert/Brandes* in MünchKomm. AktG, Art. 41 SE-VO Rz. 6; *Thümmel*, Europäische Aktiengesellschaft, Rz. 163 f.
88 Für die AG: *Krieger/Sailer* in K. Schmidt/Lutter, AktG, § 90 Rz. 50; *Semler/v. Schenck*, AR-Mitglieder, § 1 Rz. 114.
89 Für die AG: *Krieger/Sailer* in K. Schmidt/Lutter, AktG, § 90 Rz. 50; *Hefermehl/Spindler* in MünchKomm. AktG, § 90 Rz. 47; *Wiesner* in MünchHdb. AG, § 25 Rz. 29.
90 Für die AG: *Krieger/Sailer* in K. Schmidt/Lutter, AktG, § 90 Rz. 50; *Wiesner* in MünchHdb. AG, § 25 Rz. 30.
91 Für die AG: *Krieger/Sailer* in K. Schmidt/Lutter, AktG, § 90 Rz. 50; *Hüffer*, § 90 Rz. 13; *Hefermehl/Spindler* in MünchKomm. AktG, § 90 Rz. 47.
92 Für die AG: *Krieger/Sailer* in K. Schmidt/Lutter, AktG, § 90 Rz. 50; *Wiesner* in MünchHdb. AG, § 25 Rz. 30.
93 *Reichert/Brandes* in MünchKomm. AktG, Art. 41 SE-VO Rz. 1; *Schwarz*, Art. 41 Rz. 5.

organ vertretenen Auffassungen nicht in dem Bericht darzulegen seien[94]. Unabhängig davon, ob die Auffassung der überstimmten Minderheit in dem Bericht angeführt wird oder nicht, muss jedoch jedem überstimmten Mitglied des Leitungsorgans das Recht zugebilligt – und gleichzeitig die Pflicht auferlegt – werden, das Aufsichtsorgan über seine abweichende Ansicht zu informieren[95].

b) Form der Berichte

Das **Textformerfordernis** wird gem. § 126b BGB auch durch Übermittlung per E-Mail   37
gewahrt[96]. Soweit es sich um einen Bericht nach Art. 41 Abs. 2 handelt, der der Sache nach ein Sonderbericht gem. § 90 Abs. 1 Satz 3 AktG ist, kommt gem. § 90 Abs. 4 Satz 2 AktG eine Ausnahme vom Textformerfordernis in Betracht[97]. Allerdings wird es auch bei Sonderberichten häufig möglich und sinnvoll sein, den Bericht auch in Textform vorzulegen oder zumindest nachzureichen[98]; hierüber hat das Leitungs-organ nach pflichtgemäßem Ermessen zu entscheiden.

Da das Gesetz die Textform der Berichte lediglich als Regelerfordernis bezeichnet,   38
sind **Ausnahmen** vom Textformerfordernis denkbar, etwa aus Gründen der besonde-ren **Eilbedürftigkeit** oder des gesteigerten **Geheimhaltungsbedürfnisses**[99]. Hiervon sollte im Rahmen des Art. 41 nur in Ausnahmefällen Gebrauch gemacht werden[100].

c) Rechtsfolgen einer nicht ordnungsgemäßen Berichterstattung

Das Aufsichtsorgan hat eine eigenständige Pflicht, zu prüfen, ob das Leitungsorgan   39
seiner Pflicht zur sorgfaltsgemäßen Berichterstattung ordnungsgemäß und gewissen-haft nachkommt. Sofern dies nicht der Fall ist, liegt hierin ein schwerer **Pflichtver-stoß**, der das Aufsichtsorgan berechtigt, die betreffenden Mitglieder des Leitungs-organs jedenfalls nach Abmahnung, in schweren Fällen auch ohne Abmahnung aus wichtigem Grund **abzuberufen**[101]. Unter den Voraussetzungen des § 93 Abs. 2 AktG sind die betreffenden Mitglieder des Leitungsorgans für den der Gesellschaft entstan-denen **Schaden** haftbar.

7. Handlungen des Aufsichtsorgans im Hinblick auf Berichte

Art. 41 regelt nicht, welche Verhaltenspflichten das Aufsichtsorgan im Hinblick auf   40
die ihm vorgelegten Berichte erfüllen muss. Aus der Beratungs- und Überwachungs-funktion des Aufsichtsorgans folgt allerdings, dass es zu den Berichten **Stellung neh-**

---

94 *Schwarz*, Art. 41 Rz. 5; anders insoweit die h.M. zur AG: *Krieger/Sailer* in K. Schmidt/Lut-ter, AktG, § 90 Rz. 51; *Wiesner* in MünchHdb. AG, § 25 Rz. 29, nach dessen Ansicht das Aufsichtsorgan zusätzlich darauf hinzuweisen ist, dass eine Einigung nicht zustande gekom-men ist; *Hefermehl/Spindler* in MünchKomm. AktG, § 90 Rz. 6 (allerdings wohl a.A. für Sonderberichte); enger *Mertens* in KölnKomm. AktG, § 90 Rz. 22, nach dem nicht jede ab-weichende Meinung eines überstimmten Mitglied des Leitungsorgans dem Aufsichtsorgan offen zu legen ist.
95 So für die AG: *Krieger/Sailer* in K. Schmidt/Lutter, AktG, § 90 Rz. 51; *Wiesner* in MünchHdb. AG, § 25 Rz. 29; *Hefermehl/Spindler* in MünchKomm. AktG, § 90 Rz. 6.
96 Für die AG: *Krieger/Sailer* in K. Schmidt/Lutter, AktG, § 90 Rz. 55; *Hüffer*, § 90 Rz. 13.
97 Für die AG: BT-Drucks. 14/8769, S. 15.
98 Für die AG: *Krieger/Sailer* in K. Schmidt/Lutter, AktG, § 90 Rz. 55; *Hefermehl/Spindler* in MünchKomm. AktG, § 90 Rz. 10.
99 Für die AG: *Krieger/Sailer* in K. Schmidt/Lutter, AktG, § 90 Rz. 56; *Hüffer*, § 90 Rz. 13.
100 *Schwarz*, Art. 41 Rz. 12.
101 Für die AG: *Krieger/Sailer* in K. Schmidt/Lutter, AktG, § 90 Rz. 58; *Hefermehl/Spindler* in MünchKomm. AktG, § 90 Rz. 46; *Hüffer*, § 90 Rz. 15; *Wiesner* in MünchHdb. AG, § 25 Rz. 36; *Semler/v. Schenck*, AR-Mitglieder, § 1 Rz. 118.

men und sie mit dem Leitungsorgan **erörtern** muss[102]. Bei Zweifeln an der Rechtmäßigkeit oder Zweckmäßigkeit der Geschäftsführung hat das Aufsichtsorgan die Pflicht, Berichte anzufordern. Gegen eine verspätete oder unzureichende Erstattung der Berichte hat das Aufsichtsorgan einzuschreiten[103]. Im Hinblick auf die vorstehenden Pflichten des Aufsichtsorgans kann es, ebenso wie bei der Aktiengesellschaft, geboten sein, dass das Aufsichtsorgan eine **Informationsordnung** – eine besondere Form der Geschäftsordnung – erlässt, die die Berichtspflicht im Einzelnen regelt und ausgestaltet[104].

8. Durchsetzung der Berichtspflichten

41 Die Durchsetzung der Berichtspflichten ist in der SE-VO nicht geregelt. Insoweit kann auf die **aktienrechtlichen Grundsätze** zurückgegriffen werden[105]. Insbesondere ist § 407 Abs. 1 AktG anwendbar, nach dem das Registergericht Mitglieder des Leitungsorgans, die ihre Berichtspflichten verletzen, im Verfahren nach §§ 132 ff. FGG zur Erfüllung ihrer Pflichten anzuhalten hat. Das Registergericht wird von Amts wegen tätig; Mitglieder des Aufsichtsorgans und sonstige Dritte können jedoch sein Einschreiten anregen. Sobald das Registergericht (Rechtspfleger, § 3 Abs. 1 Nr. 2 lit. d RPflG) glaubhaft von einem Verstoß gegen die Berichtspflicht (d.h. zu späte, unzutreffende oder unvollständige Berichterstattung) Kenntnis erhält, hat es gem. § 132 Abs. 1 FGG die betreffenden Mitglieder des Leitungsorgans unter Androhung einer Ordnungsstrafe von maximal 5.000 Euro dazu aufzufordern, ihrer Berichtspflicht innerhalb einer bestimmten Frist nachzukommen oder die Unterlassung im Wege des Einspruchs zu rechtfertigen. Gegen den Beschluss, durch den die Ordnungsstrafe festgesetzt oder der Einspruch verworfen wird, findet die sofortige Beschwerde gem. § 139 FGG statt; gegen die Entscheidung des Beschwerdegerichts ist gem. § 27 FGG die weitere Beschwerde eröffnet.

42 Ein weiteres faktisches Mittel der Durchsetzung besteht darin, dass das Aufsichtsorgan Mitglieder des Leitungsorgans, die erheblich gegen ihre Berichtspflichten verstoßen, gem. Art. 39 Abs. 2 **abberufen** kann[106].

43 Nach herrschender Ansicht zur Aktiengesellschaft kann die Berichtspflicht des Weiteren im **Klagewege** durchgesetzt werden. Aktivlegitimiert ist die Aktiengesellschaft, die gemäß § 112 AktG durch das Aufsichtsorgan vertreten wird. Die Klage ist nach herrschender Auffassung gegen die Mitglieder des Leitungsorgans als notwendige Streitgenossen zu richten[107].

44 Lehnt das Leitungsorgan eine Berichterstattung ab, die von einem **einzelnen Mitglied** des Aufsichtsorgans nach Art. 41 Abs. 3 Satz 2 i.V.m. § 18 SEAG **verlangt worden war**, kann das Mitglied des Aufsichtsorgans Klage auf Berichterstattung gegen die Ge-

---

102 Für die AG: *Krieger/Sailer* in K. Schmidt/Lutter, AktG, § 90 Rz. 70; *Hüffer*, § 90 Rz. 4c; *Hefermehl/Spindler* in MünchKomm. AktG, § 90 Rz. 22; *Leyens*, Information des Aufsichtsrats, 2006, S. 154.

103 Für die AG: *Krieger/Sailer* in K. Schmidt/Lutter, AktG, § 90 Rz. 70; *Mertens* in KölnKomm. AktG, § 90 Rz. 4.

104 Für die AG: BT-Drucks. 13/9712, S. 15; grundlegend *Lutter*, Information und Vertraulichkeit, Rz. 100; vgl. ferner *Krieger/Sailer* in K. Schmidt/Lutter, AktG, § 90 Rz. 70; *Semler/v. Schenck*, AR-Mitglieder, § 1 Rz. 93; *Kropff* in FS Raiser, 2005, S. 225, 244 f.

105 *Reichert/Brandes* in MünchKomm. AktG, Art. 41 SE-VO Rz. 28 ff.; *Manz* in Manz/Mayer/Schröder, Art. 41 SE-VO Rz. 9; *Schwarz*, Art. 41 Rz. 33 f.

106 *Schwarz*, Art. 41 Rz. 34; *Manz* in Manz/Mayer/Schröder, Art. 41 SE-VO Rz. 9.

107 Für die AG: LG Dortmund v. 10.8.1984 – 12 O 580/83, Die Mitbestimmung 1984, 410; *Krieger/Sailer* in K. Schmidt/Lutter, AktG, § 90 Rz. 68; *Hüffer*, § 90 Rz. 15; *Hefermehl/Spindler* in MünchKomm. AktG, § 90 Rz. 57; *Wiesner* in MünchHdb. AG, § 25 Rz. 36.

sellschaft erheben[108]. Verweigert der Vorsitzende des Aufsichtsorgans dem einzelnen Mitglied des Aufsichtsorgans die Kenntnisnahme bzw. Unterrichtung gem. Art. 41 Abs. 5, so kann das Mitglied im Klagewege gegen die durch das Leitungsorgan vertretene Gesellschaft vorgehen[109]. Das Verfahren nach § 407 Abs. 1 AktG steht ihm dagegen insoweit nicht zu Gebote[110].

Art. 42
[Wahl des Vorsitzenden]

Das Aufsichtsorgan wählt aus seiner Mitte einen Vorsitzenden. Wird die Hälfte der Mitglieder des Aufsichtsorgans von den Arbeitnehmern bestellt, so darf nur ein von der Hauptversammlung der Aktionäre bestelltes Mitglied zum Vorsitzenden gewählt werden.

Literatur: *Habersack*, Schranken der Mitbestimmungsautonomie in der SE, AG 2006, 345; *Henssler*, Bewegung in der deutschen Unternehmensmitbestimmung, RdA 2005, 300; *J. Schmidt*, „Deutsche" vs. „britische" Societas Europaea (SE), 2006; *Teichmann*, Die Einführung der Europäischen Aktiengesellschaft, ZGR 2002, 383.

I. Übersicht

Die Vorschrift enthält eine ansatzweise **Regelung der inneren Ordnung des Aufsichtsrats**, insbesondere in Bezug auf die Person des **Vorsitzenden**. Sie steht in Beziehung zu Art. 50 Abs. 2, der das Recht des Vorsitzenden zum Stichentscheid regelt und ist vor allem für die paritätisch mitbestimmte SE von Bedeutung. Für die SE mit Sitz in Deutschland wird die Vorschrift vor allem durch § 107 AktG ergänzt. 1

II. Vorsitzender des Aufsichtsrats

1. Aufgaben und Befugnisse

Aufgaben und Befugnisse des Vorsitzenden des Aufsichtsrats regeln sich wie bei einer deutschen AG nach § 107 AktG. Das gilt vor allem für die Leitung der Sitzungen, die Koordination der Aufsichtsratsarbeit und die Repräsentation des Aufsichtsrats nach 2

---

108 Für die AG: *Krieger/Sailer* in K. Schmidt/Lutter, AktG, § 90 Rz. 69; *Hefermehl/Spindler* in MünchKomm. AktG, § 90 Rz. 59; *Mertens* in KölnKomm. AktG, § 90 Rz. 53; vgl. ferner BGH v. 28.11.1988 – II ZR 57/88, BGHZ 106, 54, 62.

109 Für die AG: *Krieger/Sailer* in K. Schmidt/Lutter, AktG, § 90 Rz. 69; *Hefermehl/Spindler* in MünchKomm. AktG, § 90 Rz. 59 f.; vgl. ferner BGH v. 28.11.1988 – II ZR 57/88, BGHZ 106, 54, 62.

110 Für die AG: *Krieger/Sailer* in K. Schmidt/Lutter, AktG, § 90 Rz. 69; *Hefermehl/Spindler* in MünchKomm. AktG, § 90 Rz. 56.

außen. Das Recht zum Stichentscheid bei Stimmengleichheit im Aufsichtsrat ist in Art. 50 Abs. 2 besonders geregelt und tritt in der paritätisch mitbestimmten AG funktional an die Stelle des nicht anwendbaren § 29 MitbestG. Es sichert das – nach deutschem Verständnis auch verfassungsrechtlich gebotene[1] – leichte Übergewicht der Anteilseignerseite bei paritätischer Mitbestimmung.

2. Wahl des Vorsitzenden

a) Allgemeines

3 Der Vorsitzende wird nach Art. 42 Satz 1 **aus der Mitte der Mitglieder** gewählt; es können also nur Aufsichtsratsmitglieder gewählt werden und die Wahl kann nur durch den Aufsichtsrat selbst erfolgen. Daher kann insbesondere nicht eine verbindliche Festlegung auf einen Vorsitzenden im Rahmen der Mitbestimmungsvereinbarung erfolgen[2]; denn das wäre mit dem Recht des Aufsichtsrats zur Selbstorganisation gänzlich unvereinbar, zumal die Mitglieder des Aufsichtsrats an den Verhandlungen über die Mitbestimmungsregelung nicht teilnehmen (§ 2 Abs. 5 SEBG). Ebenso wie im nationalen Recht die Person des Vorsitzenden nicht von außen bestimmt werden kann, ist dies auch in der SE unzulässig; das gilt auch im Hinblick auf entsprechende Satzungsregeln[3]. Die Wahl erfolgt mit einfacher Mehrheit; die Kandidaten sind bei der eigenen Wahl stimmberechtigt[4].

b) Wahl in paritätisch mitbestimmten Gesellschaften

4 Ein besonderes Problem ergibt sich bei der paritätisch mitbestimmten Gesellschaft. Hier bestimmt Art. 42 Satz 2, dass nur ein von der **Hauptversammlung der Aktionäre** bestelltes Mitglied zum Vorsitzenden gewählt werden darf. Der Wortlaut ist missverständlich, da in der SE auch die Arbeitnehmervertreter von der Hauptversammlung gewählt werden, die dabei allerdings an Wahlvorschläge gebunden ist (§ 36 Abs. 4 SEBG). Trotzdem besteht Einigkeit, dass nach Sinn und Zweck der Norm nur ein Anteilseignervertreter zum Vorsitzenden gewählt werden kann, also ein Aufsichtsratsmitglied, das von der Hauptversammlung ohne Bindung an Wahlvorschläge gewählt worden ist[5].

5 Es besteht bei der Wahl des Vorsitzenden die **Gefahr einer Pattsituation**. Die Verordnung enthält keine Regelung für den Fall, dass in der konstituierenden Sitzung des Aufsichtsrats der Kandidat der Anteilseigner keine Mehrheit erhält. Insbesondere fehlt eine Regelung nach Art des § 27 Abs. 2 MitbestG über die Durchführung eines zweiten Wahlgangs, bei dem allein die Anteilseignervertreter den Vorsitzenden wählen. Eine doppelte Berücksichtigung der Vorsitzendenstimme nach Art. 50 Abs. 2 kommt nicht in Betracht, solange es noch keinen Vorsitzenden gibt[6]. Aus der SE-VO

---

1 BVerfG v. 1.3.1979 – 1 BvR 532/77, 1 BvR 533/77, 1 BvR 419/78, 1 BvL 21/78, BVerfGE 50, 290, 350 = NJW 1979, 593, 833; *J. Schmidt*, „Deutsche" vs. „britische" SE, S. 572.

2 So aber *Reichert/Brandes* in MünchKomm. AktG, Art. 42 SE-VO Rz. 13.

3 *Hoffmann-Becking* in MünchHdb. AG, § 31 Rz. 8; *Mertens* in KölnKomm. AktG, § 107 Rz. 9; *Lutter/Krieger*, Aufsichtsrat, Rz. 537; *Drygala* in K. Schmidt/Lutter, AktG, § 107 Rz. 8.

4 *Lutter/Krieger*, Aufsichtsrat, Rz. 538; *Hoffmann-Becking* in MünchHdb. AG, § 31 Rz. 8; *Hüffer*, § 107 Rz. 3; *Hopt/Roth* in Großkomm. AktG, § 107 Rz. 31; *Mertens* in KölnKomm. AktG, § 107 Rz. 9.

5 *Henssler*, RdA 2005, 330, 336; *Hopt/Roth* in Großkomm. AktG, § 107 Rz. 498; *Teichmann*, ZGR 2002, 383, 443 ff.; *J. Schmidt*, „Deutsche" vs. „britische" SE, S. 570 m.w.N.; *Schwarz*, Art. 42 Rz. 5f; *Drinhausen* in van Hulle/Maul/Drinhausen, SE, 5. Abschn. § 2 Rz. 26.

6 *Drinhausen* in van Hulle/Maul/Drinhausen, SE, 5. Abschn. § 2 Rz. 26.

kann man allenfalls entnehmen, dass anders als nach deutschem Recht[7] ein Arbeitnehmervertreter nicht zum Vorsitzenden gewählt werden kann; die für einen Arbeitnehmervertreter abgegebene Stimme wäre daher gesetzwidrig und bei der Auszählung nicht zu berücksichtigen. Jedoch ist es den Arbeitnehmervertretern unbenommen, gegen den von der Arbeitgeberseite vorgeschlagenen Kandidaten zu stimmen bzw. sich für einen anderen, ihnen genehmeren Arbeitgebervertreter auszusprechen. Damit kann das Zustandekommen einer Mehrheit verhindert werden[8].

Als Ausweg kommt die analoge Anwendung des § 27 Abs. 2 MitbestG nicht in Betracht, diese Möglichkeit scheitert daran, dass das SEBG die Mitbestimmung im Aufsichtsrat abschließend regelt[9]. Zulässig ist es aber, im Falle eines nicht auflösbaren Patts eine **gerichtliche Ersatzbestimmung** des Vorsitzenden analog § 104 AktG herbeizuführen[10], wie dies auch im nationalen Recht befürwortet wird, wenn eine Wahl des Vorsitzenden nicht zustande kommt[11]. Allerdings setzt ein solcher Antrag mehrere vergebliche Wahlversuche voraus; zudem muss dazu entweder die Drei-Monats-Frist nach § 104 Abs. 2 AktG abgewartet oder eine besondere Dringlichkeit geltend gemacht werden. Auch der weitere Zeitverlust bis zur Entscheidung des Gerichts macht diese Lösung nicht attraktiver. Es besteht daher durchaus die Gefahr, dass ein der Anteilseignerseite „genehmer" Vorsitzender als Kompromisskandidat vorgeschlagen werden muss, was die Corporate Governance nicht unbedingt verbessert.   6

Die Gefahr des Stimmengleichstandes lässt sich jedoch durch **Rechtsgestaltung** eindämmen. Bleibt bei der Entstehung der SE durch (formwechselnde) Umwandlung der Aufsichtsrat nach § 203 UmwG im Amt[12], gibt es einen Vorsitzenden. Dieser kann über die Person seines Nachfolgers mit abstimmen, so dass eine Vakanz im Amt vermieden wird[13]. Zudem ist es möglich, eine **Satzungsbestimmung** über die Auflösung des sich nach Art. 42 ergebenden Patts in die Satzung mit aufzunehmen. Das ergibt sich aus Art. 50 Abs. 2 Satz 2 der SE-VO, der in der Frage des Stichentscheids satzungsmäßige Regeln im Allgemeinen ausdrücklich zulässt und diese nur dann beschränkt, wenn sie das Übergewicht der Anteilseignerseite gefährden. Im Umkehrschluss muss daher eine Regelung, die das Recht zum Stichentscheid in der Satzung absichert, ohne die Rechte der Arbeitnehmer einzuschränken, mit dem Gesetz vereinbar sein[14]. Dabei kann die Regelung des § 27 Abs. 2 MitbestG sicherlich als Vorbild dienen[15].   7

---

7 Vgl. *Hopt/Roth* in Großkomm. AktG, § 107 Rz. 26 m.w.N.
8 *Teichmann*, ZGR 2002, 383, 443 f.
9 Vgl. auch Art. 13 Abs. 3 lit. a der SE-RL; näher *Jacobs* in MünchKomm. AktG, § 47 SEBG Rz. 7; *Kienast* in Jannott/Frodermann, Handbuch Europäische Aktiengesellschaft, § 13 Rz. 410; a.A. *Schwarz*, Art. 42 Rz. 11.
10 *Reichert/Brandes* in MünchKomm. AktG, Art. 42 SE-VO Rz. 15; vgl. auch *Schwarz*, Art. 42 Rz. 22.
11 *Rittner* in FS Rob. Fischer, 1979, S. 627, 632; *Hüffer*, § 107 Rz. 3b; *Mertens* in KölnKomm. AktG, § 107 Rz. 18; *Semler* in MünchKomm. AktG, § 107 Rz. 33; *Hoffmann-Becking* in MünchHdb. AG, § 31 Rz. 8; *Lutter/Krieger*, Aufsichtsrat, Rz. 535.
12 Str., wie hier *Heckschen* in Widmann/Mayer, UmwG, Anh. § 14 Rz. 393; *Jannott* in Jannott/Frodermann, Handbuch Europäische Aktiengesellschaft, § 3 Rz. 254; *Zollner* in Kalss/Hügel, § 31 SEG Rz. 19 ff.; a.A. *Neun* in Theisen/Wenz, Die Europäische Aktiengesellschaft, S. 182; *Manz* in Manz/Mayer/Schröder, Art. 40 SE-VO Rz. 10.
13 *Reichert/Brandes* in MünchKomm. AktG, Art. 42 SE-VO Rz. 5.
14 *Reichert/Brandes* in MünchKomm. AktG, Art. 42 SE-VO Rz. 8 ff.
15 *Drinhausen* in van Hulle/Maul/Drinhausen, SE, 5. Abschn. § 2 Rz. 26.

III. Stellvertretender Vorsitzender

8 Nicht geregelt ist in der SE-VO die Figur des stellvertretenden Vorsitzenden. Über die Verweisung in Art. 9 kommt insoweit deutsches Aktienrecht zur Anwendung, so dass nach § 107 AktG ein Stellvertreter zu wählen ist[16]. Dieser hat die **Befugnisse wie in einer deutschen AG**, insbesondere vertritt er den Vorsitzenden hinsichtlich der Sitzungsleitung, wenn dieser verhindert ist[17]. Das Recht zum Stichentscheid steht dem stellvertretenden Vorsitzenden in diesem Falle aber nicht zu; das ergibt sich ausdrücklich aus § 31 Abs. 4 Satz 3 MitbestG. Zwar ist das MitbestG auf die SE nicht anwendbar[18], aber daraus kann nicht geschlossen werden, dass in der SE das Recht zum Stichentscheid auf den Stellvertreter übergeht und deshalb auch der Stellvertreter zwingend ein Anteilseignervertreter sein müsse[19]. Das Ergebnis lässt sich aus dem Gleichbehandlungsgebot des Art. 10 ableiten. Wenn bei einer deutschen AG ein Stellvertreter erforderlich ist, dieser aber zum Schutze des leichten Übergewichts der Anteilseignerseite bei der Abstimmung nicht in das Recht zum Stichentscheid einrückt, kann das bei der SE nicht anders sein. Dann entfällt aber auch das Argument dagegen, einen Arbeitnehmervertreter zum stellvertretenden Vorsitzenden zu bestellen. Da das bei der deutschen AG üblich ist, wird auch dadurch dem Gleichbehandlungsgebot Rechnung getragen.

Abschnitt 2. Monistisches System

Art. 43
[Aufgaben und Bestellung des Verwaltungsorgans]

(1) Das Verwaltungsorgan führt die Geschäfte der SE. Ein Mitgliedstaat kann vorsehen, dass ein oder mehrere Geschäftsführer die laufenden Geschäfte in eigener Verantwortung unter denselben Voraussetzungen, wie sie für Aktiengesellschaften mit Sitz im Hoheitsgebiet des betreffenden Mitgliedstaats gelten, führt bzw. führen.

(2) Die Zahl der Mitglieder des Verwaltungsorgans oder die Regeln für ihre Festlegung sind in der Satzung der SE festgelegt. Die Mitgliedstaaten können jedoch eine Mindestzahl und erforderlichenfalls eine Höchstzahl festsetzen.

Ist jedoch die Mitbestimmung der Arbeitnehmer in der SE gemäß der Richtlinie geregelt, so muss das Verwaltungsorgan aus mindestens drei Mitgliedern bestehen.

(3) Das Mitglied/die Mitglieder des Verwaltungsorgans wird/werden von der Hauptversammlung bestellt. Die Mitglieder des ersten Verwaltungsorgans können jedoch durch die Satzung bestellt werden. Artikel 47 Absatz 4 oder eine etwaige nach Maßgabe der Richtlinie 2001/86/EG geschlossene Vereinbarung über die Mitbestimmung der Arbeitnehmer bleibt hiervon unberührt.

---

16 *Drinhausen* in van Hulle/Maul/Drinhausen, SE, 5. Abschn. § 2 Rz. 26.
17 *Lutter/Krieger*, Aufsichtsrat, Rz. 562; *Hoffmann-Becking* in MünchHdb. AG, § 31 Rz. 19; *Hüffer*, § 107 Rz. 7; *Hopt/Roth* in Großkomm. AktG, § 107 Rz. 155; *Mertens* in KölnKomm. AktG, § 107 Rz. 107; *Semler* in MünchKomm. AktG, § 107 Rz. 174; *Schwarz*, Art. 42 Rz. 21; *J. Schmidt*, „Deutsche" vs. „britische" SE, S. 570.
18 Das übersieht *Habersack*, AG 2006, 345, 349.
19 So aber *Reichert/Brandes* in MünchKomm. AktG, Art. 42 SE-VO Rz. 19; sowie *Schwarz*, Art. 42 Rz. 21; *Drinhausen* in van Hulle/Maul/Drinhausen, SE, 5. Abschn. § 2 Rz. 26.

(4) Enthält das Recht eines Mitgliedstaats in Bezug auf Aktiengesellschaften mit Sitz in seinem Hoheitsgebiet keine Vorschriften über ein monistisches System, kann dieser Mitgliedstaat entsprechende Vorschriften in Bezug auf SE erlassen.

Literatur (s. auch Literatur zu Art. 38): *Arlt*, Französische Aktiengesellschaft, 2006; *Artmann*, Die Organisationsverfassung der Europäischen Aktiengesellschaft, wbl 2002, 189–197; *Brandt*, Überlegungen zu einem SE-Ausführungsgesetz, NZG 2002, 991–996; *Bungert/Beier*, Die Europäische Aktiengesellschaft, EWS 2002, 1–12; *Casper*, Der Lückenschluss im Statut der Europäischen Aktiengesellschaft, in Habersack/Hommelhoff/Hüffer/Karsten Schmidt (Hrsg.), FS Ulmer, 2003, S. 51–72; *Davies*, Introduction to Company Law, 2002; *Eder*, Die monistische verfasste Societas Europaea – Überlegungen zur Umsetzung eines CEO-Modells, NZG 2004, 544–547; *Edwards*, EC Company Law, 1999; *Fischer-Zernin*, Der Rechtsangleichungserfolg der Ersten gesellschaftsrechtlichen Richtlinie der EWG, 1986; *Fleischer*, Zur Leitungsaufgabe des Vorstands im Aktienrecht, ZIP 2003, 1–11; *Forstmoser*, Monistische oder dualistische Unternehmensverfassung? Das Schweizer Konzept, ZGR 2003, 688–719; *Griffin*, Company Law, Fundamental Principles, 4. Aufl. 2006; *Gruber/Weller*, Societas Europaea: Mitbestimmung ohne Aufsichtsrat?, NZG 2003, 297–301; *Gutsche*, Die Eignung der Europäischen Aktiengesellschaft für kleine und mittlere Unternehmen in Deutschland, 1994; *Haas*, Reform des gesellschaftsrechtlichen Gläubigerschutzes, in Verhandlungen des 66. Deutschen Juristentages Stuttgart 2006, Band I, Gutachten E, 2006; *Habersack*, Schranken der Mitbestimmungsautonomie in der SE, AG 2006, 345–355; *Heinze/Seifert/Teichmann*, Verhandlungssache – Arbeitnehmerbeteiligung in der SE, BB 2005, 2524–2530; *Henssler*, Unternehmerische Mitbestimmung in der Societas Europaea, in Habersack/Hommelhoff/Hüffer/Karsten Schmidt (Hrsg.), FS Ulmer, 2003, S. 193–210; *Hirte*, Die Europäische Aktiengesellschaft, NZG 2002, 1–10; *Hommelhoff*, Die neue Position des Abschlussprüfers im Kraftfeld der aktienrechtlichen Organisationsverfassung, BB 1998, 2567–2573, 2625–2631; *Kämmerer/Veil*, Paritätische Arbeitnehmermitbestimmung in der monistischen Societas Europaea – ein verfassungsrechtlicher Irrweg?, ZIP 2005, 369–376; *Kallmeyer*, Europa-AG: Strategische Optionen für deutsche Unternehmen, AG 2003, 197–203; *Kallmeyer*, Das monistische System einer SE mit Sitz in Deutschland, ZIP 2003, 1531–1536; *Kalss/Greda*, Die Europäische Gesellschaft (SE) österreichischer Prägung nach dem Ministerialentwurf, GesRZ 2004, 91–107; *Kirchner*, Grundstruktur eines neuen institutionellen Designs für die Arbeitnehmermitbestimmung auf der Unternehmensebene, AG 2004, 197–200; *Lutter/Kollmorgen/Feldhaus*, Die Europäische Aktiengesellschaft – Satzungsgestaltung bei der mittelständischen SE, BB 2005, 2473–2483; *Marsch-Barner*, Zur monistischen Führungsstruktur einer deutschen Europäischen Gesellschaft (SE), in GS Bosch, 2006, S. 99–113; *Merkt*, Die monistische Unternehmensverfassung für die Europäische Aktiengesellschaft aus deutscher Sicht – mit vergleichendem Blick auf die Schweiz, das Vereinigte Königreich und Frankreich, ZGR 2003, 650–678; *Neuling*, Deutsche GmbH und englische private company, 1996; *Neye*, Die optionale Einführung der monistischen Unternehmensverfassung für die Europäische (Aktien-)Gesellschaft im deutschen Recht, in Crezelius/Hirte/Vieweg (Hrsg.), FS Röhricht, 2005, S. 443–454; *Neye/Teichmann*, Der Entwurf für das Ausführungsgesetz zur Europäischen Aktiengesellschaft, AG 2003, 169–179; *Nowotny*, Zur Organisationsverfassung der Europäischen Aktiengesellschaft, GesRZ 2004, 39–45; *Raiser*, Unternehmensmitbestimmung vor dem Hintergrund europarechtlicher Entwicklungen, Gutachten B für den 66. Deutschen Juristentag, in Verhandlungen des 66. Deutschen Juristentages Stuttgart 2006, Band I, 2006; *Roth*, Die unternehmerische Mitbestimmung in der monistischen SE, ZfA 2004, 431–461; *Scherer*, „Die Qual der Wahl": Dualistisches oder monistisches System?, 2006; *Semler*, Leitung und Überwachung der Aktiengesellschaft, 2. Aufl. 1996; *Schmidt-Tiedemann*, Geschäftsführung und Vertretung im Gesellschaftsrecht Deutschlands, Frankreichs und Englands, 2003 (zit.: Geschäftsführung und Vertretung); *Schwarz*, Zum Statut der Europäischen Aktiengesellschaft, ZIP 2001, 1847–1861; *Schulz/Geismar*, Die Europäische Aktiengesellschaft, DStR 2001, 1078–1086; *Teichmann*, Die Einführung der Europäischen Aktiengesellschaft – Grundlagen der Ergänzung des europäischen Statuts durch den deutschen Gesetzgeber, ZGR 2002, 383–464; *Teichmann*, Gestaltungsfreiheit im monistischen Leitungssystem der Europäischen Aktiengesellschaft, BB 2004, 53–60; *Teichmann*, Die monistische Verfassung der SE, in Lutter/Hommelhoff (Hrsg.), Die Europäische Gesellschaft, S. 195–222; *Teichmann*, Ausführungsgesetz in Deutschland, in Theisen/Wenz (Hrsg.), Europäische Aktiengesellschaft, S. 691–737; *Teichmann*, Binnenmarktkonformes Gesellschaftsrecht, 2006; *Teichmann*, Mitbestimmung und grenzüberschreitende Verschmelzung, Der Konzern 2007, 89–98.

I. Rechtsquellen des monistischen Systems in der SE

1   Art. 43 leitet Abschnitt 2 des III. Titels der SE-VO ein und legt als **Grundnorm des monistischen Systems** dessen Wesenszüge europäisch einheitlich fest: Das Verwaltungsorgan führt die Geschäfte der SE (Art. 43 Abs. 1); seine Mitglieder werden von der Hauptversammlung bestellt (Art. 43 Abs. 3). Damit steht fest, dass die Geschäftsführung in Händen des Verwaltungsorgans liegt und dieses seine Tätigkeit unmittelbar gegenüber der Hauptversammlung zu verantworten hat. Daneben enthält der Artikel eine Regelung zur Zahl der Verwaltungsratsmitglieder (Art. 43 Abs. 2) und eine an die Mitgliedstaaten gerichtete Regelungsermächtigung (Art. 43 Abs. 4).

2   Auf Grundlage der Regelungsermächtigung in Art. 43 Abs. 4 hat der deutsche Gesetzgeber im **SE-Ausführungsgesetz** eine detaillierte Regelung zum monistischen System einer in Deutschland ansässigen SE erlassen. Die das monistische System ausdifferenzierenden Vorschriften der §§ 20–49 SEAG werden im Anschluss an Art. 43 kommentiert.

3   Die weiteren Vorschriften des Abschnitts über das monistische System regeln die Sitzungsfrequenz des Organs und die Informationsrechte seiner Mitglieder (Art. 44) sowie die Bestellung eines Vorsitzenden (Art. 45). Regeln zur inneren Ordnung des Verwaltungsrats finden sich außerdem in den gemeinsamen Vorschriften für das dualistische und das monistische System (Art. 46 ff.) und im SE-Ausführungsgesetz (vgl. zur inneren Ordnung des Verwaltungsrats den Überblick bei Anh. Art. 43 § 34 SEAG Rz. 1 ff.).

II. Entstehung der Norm

4   Die Verfasser der SE-VO verfolgten angesichts der Typenvielfalt im mitgliedstaatlichen Recht (Art. 38 Rz. 15 ff.) das Ziel, eine **SE-spezifische Organisationsverfassung**

zu schaffen. Deren Konturen waren im Laufe der Entstehungsgeschichte von der jeweils aktuellen Einschätzung dessen abhängig, was als moderne Unternehmensführung anzusehen sei. Anfang der siebziger Jahre galt das deutsche Aktienrecht von 1965 einschließlich der 1951/1952 geschaffenen unternehmerischen Mitbestimmung[1] als fortschrittliches Konzept. So steht in der Begründung der EG-Kommission zum ersten Entwurf einer SE-VO (1970) zu lesen: „Die Entscheidung zwischen dem System der strikten Trennung, die es im deutschen und – dispositiv – im französischen und niederländischen Recht gibt, und dem System der lockeren Trennung, das gegenwärtig nur in Belgien, Italien und Luxemburg gilt, fiel zugunsten des Ersteren. Dieses ermöglicht eine dauerhaftere und wirksamere Überwachung und Kontrolle."[2] Die Entwürfe aus den Jahren 1970 und 1975 sahen daher für die SE alleine und zwingend das dualistische Modell mit Arbeitnehmervertretung im Aufsichtsrat vor. Erst in späteren Vorschlägen wurde das monistische Modell als Alternative eingeführt, zunächst im Entwurf von 1989 als Wahlrecht der Gesellschaft, sodann 1991 als Wahlrecht der Mitgliedstaaten, im 2001 verabschiedeten Text wiederum als Wahlrecht der Gesellschaft (ausführlich zur Historie des Wahlrechts der Leitungssysteme Art. 38 Rz. 4 ff.). Die Verordnung beschränkt sich heute auf eine Festlegung der Grundstrukturen der beiden Leitungsmodelle (Art. 38 Rz. 28 ff.) und verweist auf das nationale Aktienrecht, soweit eines der beiden Modelle dort geregelt ist, beziehungsweise erlaubt SE-spezifische Ausführungsregeln, soweit ein Modell im nationalen Recht unbekannt ist (Art. 38 Rz. 34 ff.).

Der heutige Art. 43 hat **Vorläufer** in den Entwürfen der Jahre 1989 und 1991. Die Regelung hat wie viele andere Vorschriften der SE-VO im Verlauf der Entstehungsgeschichte vielfache Kürzungen erfahren. Im Vergleich zu früheren Fassungen sind insbesondere Passagen über die Vertretungsmacht und die innere Struktur des Verwaltungsorgans entfallen. Zum Verständnis des heutigen lückenhaften Textes vermag der Blick auf die früheren Versionen beizutragen.　　　　　　　　　　　5

Art. 66 des **Vorschlags von 1989**[3] hatte folgenden Wortlaut:　　　　　　　　6

„(1) Das Verwaltungsorgan verwaltet und vertritt die SE. Dieses Organ muss mindestens aus drei Mitgliedern bestehen. Das Verwaltungsorgan gibt sich eine Geschäftsordnung und wählt aus seiner Mitte einen Vorsitzenden und einen oder mehrere stellvertretende Vorsitzende.

(2) Das Verwaltungsorgan überträgt einem oder mehreren seiner Mitglieder die Geschäftsführung der SE. Die Zahl der geschäftsführenden Mitglieder des Verwaltungsorgans muss niedriger sein als die Zahl der übrigen Mitglieder dieses Organs. Die Übertragung der Geschäftsführungsbefugnis auf ein Mitglied des Verwaltungsorgans kann von diesem Organ jederzeit widerrufen werden.

(3) Vorbehaltlich der in Anwendung von Artikel 4 der Richtlinie ... (zur Ergänzung des SE-Statuts hinsichtlich der Stellung der Arbeitnehmer) erlassenen Vorschriften werden die Mitglieder des Verwaltungsorgans von der Hauptversammlung bestellt."

Die **Europäische Kommission** gab dazu folgende Erläuterungen[4]: „Dieser Artikel legt 7
die Hauptmerkmale des monistischen Systems fest. Alle Mitglieder des Verwaltungsorgans, das mindestens aus drei Mitgliedern bestehen muss, werden von der Hauptversammlung und von den Arbeitnehmern bestellt, wenn die SE ein Mitbestimmungssystem hat, das eine solche Beteiligung vorsieht. Alle Mitglieder bestellen aus ihrer Mitte die geschäftsführenden Mitglieder, denen sie die Geschäftsführung und

---

1　Zu ihrer Entstehungsgeschichte *Raiser*, DJT-Gutachten, S. B 13.
2　Kommission der Europäischen Gemeinschaften, Vorschlag einer Verordnung des Rates über das Statut für Europäische Aktiengesellschaften v. 24.6.1970, Beilage 8/70 zum Bulletin der EG, S. 53.
3　ABl. EG Nr. C 263 v. 16.10.1989, S. 41 ff., abgedruckt in AG 1990, 111 ff. und bei *Lutter*, Europäisches Unternehmensrecht, 3. Aufl. 1991, S. 561 ff.
4　Beilage 5/89 zum Bulletin der Europäischen Gemeinschaften, gestützt auf das Dokument KOM(89) 268 endg.

die Vertretung der Gesellschaft übertragen. Die Hauptaufgabe der übrigen Mitglieder ist die Kontrolle und Überwachung der Geschäftsführer. Um die Stellung der nichtgeschäftsführenden Mitglieder zu stärken, ist vorgesehen, dass sie zahlreicher sind als die Geschäftsführer."

8   Im **Vorschlag von 1991**[5] erhielt die entsprechende Vorschrift folgenden Wortlaut:

„(1) Das Verwaltungsorgan führt die Geschäfte der SE. Das oder die Mitglieder des Verwaltungsorgans sind befugt, die SE gegenüber Dritten zu verpflichten und sie nach den in Anwendung der Richtlinie 68/151/EWG vom Sitzstaat erlassenen Rechtsvorschriften gerichtlich zu vertreten.

(1a) Das Verwaltungsorgan besteht aus mindestens drei Mitgliedern, deren Höchstzahl in der Satzung festgelegt ist. Das Verwaltungsorgan kann jedoch aus nur zwei Mitgliedern oder aus nur einem einzigen Mitglied bestehen, wenn die Vertretung der Arbeitnehmer in der SE nicht nach Artikel 4 der Richtlinie ... zur Ergänzung des SE-Statuts hinsichtlich der Stellung der Arbeitnehmer geregelt ist.

(2) Das Verwaltungsorgan kann einem oder mehreren seiner Mitglieder nur die Geschäftsführung der SE übertragen. Es kann bestimmte Geschäftsführungsbefugnisse auch einer oder mehreren natürlichen Personen übertragen, die nicht Mitglieder des Organs sind. Diese Geschäftsführungsbefugnisse können jederzeit widerrufen werden. Die Voraussetzungen für die Übertragung der Geschäftsführungsbefugnis können in der Satzung oder von der Hauptversammlung festgelegt werden.

(3) Vorbehaltlich der Anwendung von Artikel 4 der Richtlinie ..., der die Stellung der Arbeitnehmer im Verwaltungsorgan regelt, auf die SE werden das oder die Mitglieder des Verwaltungsorgans von der Hauptversammlung bestellt und abberufen."

9   Die **Europäische Kommission** erläuterte dies folgendermaßen[6]: „In Absatz 1 wird hinsichtlich des Rechts des Verwaltungsorgans zur Vertretung der SE auf die in Anwendung der Ersten Gesellschaftsrichtlinie (68/151/EWG) vom Sitzstaat der SE erlassenen Rechtsvorschriften verwiesen. Absatz 1a bestimmt, dass die Zahl der Mitglieder des Verwaltungsorgans in der Satzung festgelegt wird. Die Mindestzahl beträgt jedoch drei Mitglieder, es sei denn, es ist keine Arbeitnehmervertretung im Verwaltungsorgan vorgesehen. Absatz 2 sieht bezüglich der Übertragung der Geschäftsführung an Mitglieder des Verwaltungsorgans anstatt einer Muss- eine Kannvorschrift vor. Des weiteren wird in Absatz 2 präzisiert, dass bestimmte Geschäftsführungsbefugnisse nach der Satzung oder aufgrund von Beschlüssen der Hauptversammlung auf Personen übertragen werden können, die nicht Mitglieder des Organs sind."

10   Nach weiteren Überarbeitungen entstand im **Entwurf von 2001** die heute geltende Fassung des Art. 43. Abweichungen gegenüber den früheren Texten betreffen vor allem die folgenden Aspekte: Die in Art. 66 Abs. 1 der früheren Fassungen enthaltene Regelung zur Vertretungsmacht des Verwaltungsorgans ist entfallen; Art. 43 Abs. 1 Satz 2 der geltenden Fassung enthält die Option, die laufenden Geschäfte einem Geschäftsführer zu übertragen, schränkt dies aber ein durch den Zusatz „unter denselben Voraussetzungen, wie sie für Aktiengesellschaften mit Sitz im Hoheitsgebiet des betreffenden Mitgliedstaats gelten"; Art. 43 Abs. 4 ermächtigt die Mitgliedstaaten, deren Recht das monistische System nicht kennt, entsprechende Vorschriften in Bezug auf die SE zu erlassen.

11   Die Kürzungen im Text verbunden mit der in früheren Entwürfen nicht enthaltenen Regelungsermächtigung des Art. 43 Abs. 4 kennzeichnen einen grundlegenden Wechsel in der **Regelungstechnik**: Die SE-VO verzichtet darauf, das monistische System abschließend zu regeln. Nach den vielfältigen Streichungen, die der Entwurf im Laufe der Jahre erfahren hat, kann der europäische Rechtstext nicht mehr für sich in An-

---

5 ABl. EG Nr. C 176 v. 8.7.1991, S. 1 ff.; abgedruckt auch bei *Lutter*, Europäisches Unternehmensrecht, S. 724 ff.
6 Dokument KOM(91)endg. – SYN 218; zugleich BT-Drucks. 12/1004.

spruch nehmen, ein aus sich heraus funktionsfähiges Leitungssystem anzubieten. Vielmehr bedarf es überall dort, wo die SE-VO schweigt, der Ergänzung durch den nationalen Gesetzgeber. Dies geschieht in Staaten, die das monistische System kennen, über Verweisungen in das allgemeine Aktienrecht, in Staaten, denen das monistische System neu ist, auf Basis SE-spezifischer Ausführungsregelungen.

III. Regelungsgehalt des Art. 43

1. Stellung des Verwaltungsorgans in der Unternehmensverfassung (Art. 43 Abs. 1 Satz 1)

a) Geschäftsführung durch das Verwaltungsorgan

Das Verwaltungsorgan führt die Geschäfte der SE (Art. 43 Abs. 1 Satz 1). Der Begriff   12
der Geschäftsführung bedarf einer autonom europäischen Interpretation, die allerdings in Ermangelung konkreter Anhaltspunkte in der Verordnung schwer fällt. Der Kompetenzbereich des Verwaltungsorgans lässt sich im Kontext der SE-VO am ehesten im Verhältnis zur Hauptversammlung als dem zweiten in der monistischen Unternehmensverfassung vorgesehenen Organ klären. Unter den **Begriff der Geschäftsführung** ist damit jedes tatsächliche oder rechtliche Handeln für die Gesellschaft zu fassen, das nicht in den Kompetenzbereich der Hauptversammlung fällt. Die Kompetenzen der Hauptversammlung ergeben sich aus dem Zusammenspiel der Art. 52 ff. mit der jeweils durch die Verweisungen in Bezug genommen nationalen Rechtsordnung[7]. Grundlagengeschäfte – wie etwa Satzungsänderungen und Umstrukturierungen – fallen in den Kompetenzbereich der Hauptversammlung. Über Fragen der Geschäftsführung entscheidet sie nur, soweit sie ihr vom Verwaltungsorgan zur Zustimmung vorgelegt werden (Art. 52 Unterabs. 2, § 119 Abs. 2 AktG, § 22 Abs. 6 SEAG). Ergänzend gelten die Grundsätze der Holzmüller- und Gelatine-Entscheidungen; denn der Verweis auf die Rechtsvorschriften der Mitgliedstaaten schließt deren Interpretation durch die nationalen Gerichte mit ein[8]. Ein Weisungsrecht der Hauptversammlung besteht demnach für die monistische SE in Deutschland nicht[9].

Die Unterscheidung von „**Leitung**" und „**Geschäftsführung**" kennt die SE-VO nicht.   13
Anders als § 76 Abs. 1 AktG, der dem Vorstand die Leitung der Gesellschaft zuweist, verwendet die SE-VO sowohl in Art. 39 Abs. 1 Satz 1 (dualistisches System) als auch in Art. 43 Abs. 1 Satz 1 (monistisches System) den Begriff der Geschäftsführung. Die im deutschen Recht diskutierte Abgrenzung von Leitung und Geschäftsführung sollte indessen nicht überbewertet werden, kennzeichnet die Leitung doch nach herrschender Auffassung lediglich einen besonders hervorgehobenen Ausschnitt der Geschäftsführung als delegationsfeste Kernkompetenz des Vorstands zur Festlegung grundlegender unternehmerischer Entscheidungen[10]. Im Grunde geht es also darum, einen delegati-

---

7 Näher die Kommentierung zu Art. 52 ff.; *Manz* in Manz/Mayer/Schröder, Art. 43 SE-VO Rz. 3. A.A. *Brandt*, Hauptversammlung, S. 67 ff. und S. 105 ff., welcher der SE-VO ein europäisch abschließend determiniertes Konzept der „Nebenordnung" von Hauptversammlung und Unternehmensleitung entnimmt (dagegen bereits Art. 38 Rz. 3).
8 *Casper* in FS Ulmer, S. 51, 68 f.; *Teichmann*, ZGR 2002, 383, 398 f.; zum Ganzen auch Art. 9 Rz. 56.
9 Hingegen halten *Kalss/Greda* in Kalss/Hügel, § 39 SEG Rz. 38, für das österreichische monistische System in der SE ein Weisungsrecht der Hauptversammlung für denkbar.
10 So etwa *Fleischer*, ZIP 2003, 1, 3; *Hüffer*, § 76 Rz. 7; *Seibt* in K. Schmidt/Lutter, AktG, § 76 Rz. 9; die Gegenauffassung sieht in der Leitung den Oberbegriff von Geschäftsführung und Vertretung (*Semler*, Leitung und Überwachung, S. 5 ff.; zustimmend *Teichmann*, Binnenmarktkonformes Gesellschaftsrecht, S. 542 f.).

onsfesten Kern der Geschäftsführungskompetenzen festzulegen[11]. Diese Frage lässt sich indessen ebenso zielführend auf Basis der allgemeinen Sorgfaltspflichten des Geschäftsführungsorgans diskutieren (dazu sogleich Rz. 15); die der SE-VO fremde Unterscheidung von Leitung und Geschäftsführung ist hierfür nicht erforderlich.

14   Eine **Delegation von Geschäftsführungsaufgaben** auf Personen, die nicht zum Verwaltungsorgan gehören, ist grundsätzlich möglich. Dies entspricht einer zwingenden praktischen Notwendigkeit in großen Unternehmen, für welche die SE typologisch konzipiert ist[12], und ist auch in denjenigen Staaten, die das monistische Modell bereits kennen, allgemein üblich[13]. Frühere Entwürfe der SE-VO (Rz. 5 ff.) hatten eine solche Delegation auf einzelne Mitglieder des Verwaltungsorgans (Entwurf von 1989) oder auch auf Dritte (Entwurf von 1991) noch ausdrücklich zugelassen. Aus der Streichung dieser Passagen ist nicht zu schließen, dass Delegationen nunmehr untersagt sein sollten. Vielmehr handelt es sich jetzt um einen nur teilweise geregelten Bereich, zu dessen Ergänzung das mitgliedstaatliche Recht heranzuziehen ist (dazu Art. 9 Rz. 44 ff.).

15   Auch wenn die SE-VO nicht ausdrücklich zwischen Leitung und Geschäftsführung unterscheidet, liefert doch die Vorschrift des Art. 43 Abs. 1 Satz 2 einen Hinweis darauf, dass es einen **Kernbereich** nicht-delegierbarer Leitungskompetenz gibt[14]. Denn die Mitgliedstaaten können nur die „laufenden Geschäfte" auf einen oder mehrere Geschäftsführer übertragen[15]. Daraus lässt sich der Umkehrschluss ziehen, dass außergewöhnliche Entscheidungen auch bei dieser zweigliedrigen Leitungsstruktur in der Kompetenz des Verwaltungsorgans verbleiben. Zudem folgt schon aus allgemeinen Anforderungen an eine ordnungsgemäße Geschäftsführung, dass sich das Verwaltungsorgan mit der Delegation von Aufgaben nicht der ihm gesetzlich übertragenen Aufgaben gänzlich entledigen kann. Der genaue Verlauf der Kompetenzabgrenzung steht zwar im **Ermessen** des Verwaltungsorgans[16]. Bei pflichtgemäßer Ausübung dieses Ermessens bleibt das Verwaltungsorgan aber verpflichtet, die Leitlinien der Aufgabenerfüllung selbst festzulegen, die Durchführung der delegierten Aufgaben sodann zu überwachen und gegebenenfalls einzugreifen, wenn bestimmte Aufgaben nicht im Sinne der Vorgaben des Verwaltungsorgans ausgeführt werden. Gegenüber den Aktionären – repräsentiert in der Hauptversammlung – ist in erster Linie das Verwaltungsorgan verantwortlich[17]; denn allein das Verwaltungsorgan wurde von der Hauptversammlung bestellt.

---

11 *Fleischer*, ZIP 2003, 1, 3; *Hüffer*, § 76 Rz. 7; *Seibt* in K. Schmidt/Lutter, AktG, § 76 Rz. 9.

12 Zur Konzeption der SE als einer Rechtsform für Großunternehmen s. nur *Hommelhoff*, AG 2001, 279, 286 f., *Teichmann*, ZGR 2002, 383, 388 f. sowie monographisch *Gutsche*, Eignung der Europäischen Aktiengesellschaft für kleine und mittlere Unternehmen in Deutschland, 1994.

13 S. nur *Merkt*, ZGR 2003, 650, 657 ff. mit rechtsvergleichendem Überblick zu Frankreich und der Schweiz.

14 In diesem Sinne auch *Schwarz*, Art. 43 Rz. 10 (ohne dabei auf Art. 43 Abs. 1 Satz 2 Bezug zu nehmen). Vgl. auch *Merkt*, ZGR 2003, 650, 662: die dem Verwaltungsrat zugewiesenen Aufgaben der Festlegung der Grundlinien und der Überwachung ihrer Umsetzung sind unentziehbar. Ebenso für das österreichische Recht *Kalss/Greda* in Kalss/Hügel, § 39 SEG Rz. 6 ff. (allerdings ist hier zu beachten, dass das österreichische SEG den geschäftsführenden Direktoren von vornherein nur die laufenden Tagesgeschäfte zuweist).

15 Zur Bedeutung dieser Ermächtigungsnorm sogleich Rz. 26 ff.

16 *Merkt*, ZGR 2003, 650, 662 f.; *Teichmann*, BB 2004, 53, 54; auch *Kalss/Greda* in Kalss/Hügel, § 39 SEG Rz. 31 betonen, es handele sich bei der (in Österreich gesetzlich vorgegebenen) Trennung von Oberleitung und Tagesgeschäft um eine „bewegliche Grenze", die vom Verwaltungsrat zu konkretisieren sei.

17 *Teichmann* in Lutter/Hommelhoff, Europäische Gesellschaft, S. 195, 204.

Der deutsche Gesetzgeber hat diesen Aspekt der **Verantwortung** gegenüber den Ei-   16
gentümern in § 22 Abs. 2 bis 5 SEAG unterstrichen: Der Verwaltungsrat muss die
Hauptversammlung bei Verlust der Hälfte des Grundkapitals einberufen; er ist für
die ordnungsgemäße Führung der Bücher und für die Einführung eines Risikoma-
nagementsystems verantwortlich und muss bei Zahlungsunfähigkeit oder Überschuldung die Insolvenz beantragen. Er muss sich bei alledem nicht persönlich um
jedes Detail kümmern, kann aber bei eventuellen Fehlentwicklungen die Verantwortung nicht von sich weisen (vgl. Anh. Art. 43 § 22 SEAG Rz. 9 ff.).

b) Vertretung der Gesellschaft

aa) Regelungslücke in Art. 43. Die Vertretung der Gesellschaft ist in Art. 43 nicht ge-   17
regelt. Möglicherweise ist aber mit der Zuweisung der Geschäftsführungskompetenz
zugleich die **implizite Verleihung von Vertretungsmacht** verbunden. Dies vertritt
insbesondere *Hoffmann-Becking*. Seiner Auffassung nach ergibt sich aus Art. 43
Abs. 1 Satz 1, dass das Verwaltungsorgan gesetzlich zur Geschäftsführung und Vertretung der SE befugt sein soll[18]. Zweifel an dieser Interpretation weckt der Blick auf die
Entstehungsgeschichte der Norm (Rz. 4 ff.). In allen früheren Fassungen war begrifflich zwischen Geschäftsführung und Vertretung unterschieden worden. Neben der
Geschäftsführung fand sich im Rechtstext auch immer eine ausdrückliche Regelung
zur Vertretungsmacht[19]. Die Regelung über die Geschäftsführung erlaubte also nach
Auffassung der Redaktoren noch keinen zwingenden Schluss auf die Vertretungsmacht; diese bedurfte vielmehr einer eigenständigen Regelung[20]. Dass die SE-VO sich
nunmehr einer solchen Regelung enthält, ist im Lichte der Entwicklung des Rechtstextes kein ungewöhnlicher Vorgang. Die Geschichte der SE-VO ist eine Geschichte
ihrer Kürzungen. Die dadurch entstandenen Lücken sind nach der Konzeption der
Verordnung über die Verweisungsnorm des Art. 9 Abs. 1 lit. c durch Rückgriff auf nationales Recht zu schließen; hinzu kommt für den Bereich des monistischen Systems
die Ermächtigung an den nationalen Gesetzgeber, SE-spezifische Sonderregeln zu erlassen (Art. 43 Abs. 4). Eine Lückenfüllung, die ohne den Rückgriff auf nationales
Recht auskommen will, bedarf daher einer besonderen Rechtfertigung.

Teilweise wird zur Füllung der Lücke angenommen, die **Erste Richtlinie (Publizi-**   18
tätsrichtlinie)[21] habe die Frage in ihrem Artikel 9 bereits geregelt[22]. Gemäß dieser
Vorschrift wird eine Gesellschaft durch Handlungen ihrer Organe selbst dann verpflichtet, wenn die Handlungen nicht zum Gegenstand des Unternehmens gehören;
satzungsmäßige oder auf einem Beschluss der zuständigen Organe beruhende Beschränkungen der Vertretungsmacht können Dritten nicht entgegengehalten werden.
Die Erste Richtlinie schafft allerdings keine Vertretungsorgane, sondern setzt sie voraus. Die Bestimmung des Vertretungsorgans einer Gesellschaft ist weiterhin Angelegenheit des mitgliedstaatlichen Rechts[23].

---

18 *Hoffmann-Becking*, ZGR 2004, 355, 369.
19 So noch Art. 66 Abs. 1 Satz 2 des Vorschlags von 1991 (*Lutter*, Europäisches Unternehmens-
    recht S. 724, 736).
20 Vgl. hierzu auch z.B. die englische Sprachfassung „the administrative organ shall manage the
    SE" oder die französische „L'organe d'administration gère la SE".
21 Richtlinie 68/151/EWG v. 9.3.1968, ABl. EG Nr. L 65 v. 14.3.1968, S. 8 ff., geändert durch die
    Richtlinie 2003/58/EG v. 15.7.2003, ABl. EU Nr. L 221 v. 4.9.2003, S. 13 ff.
22 So offenbar *Manz* in Manz/Mayer/Schröder, Art. 43 SE-VO Rz. 24, der zwar über Art. 9 Abs. 1
    lit. c zu einer Anwendung des mitgliedstaatlichen Rechts gelangt, daraus aber auf eine unbe-
    schränkte und unbeschränkbare Vertretungsmacht des Verwaltungsorgans schließt, obwohl
    sich zur Vertretungsmacht eines monistischen Vertretungsorgans im von Art. 9 in Bezug ge-
    nommenen deutschen Recht keine Regelung findet.
23 *Grundmann*, Europäisches Gesellschaftsrecht, § 7 Rz. 211 (S. 101). Ebenso *Edwards*, EC Com-
    pany Law, S. 34: „National law determines which organs have the power to commit the com-

19 Will man dennoch die Vertretungsmacht des Vertretungsorgans unmittelbar aus dem europäischen Rechtstext ableiten, ist dies methodisch eine – grundsätzlich denkbare[24] – autonom-europäische Lückenfüllung der SE-VO. Voraussetzung dafür ist, dass sich ein **europäischer Rechtsgrundsatz** feststellen lässt, wonach ein zwingender Gleichlauf von Geschäftsführung und Vertretungsmacht besteht und ein Verwaltungsorgan immer auch Vertretungsorgan sein muss. Ein solcher Grundsatz ließe sich methodisch durch die Zusammenschau europäischer Rechtstexte (Rz. 20), ergänzt um eine Rechtsvergleichung der mitgliedstaatlichen Rechtsordnungen (Rz. 21 f.), entwickeln.

20 **bb) Andere supranationale Rechtsformen (EWIV, SCE).** Der Blick auf andere supranationale Rechtsformen lässt durchaus einen Gleichlauf von Geschäftsführungsbefugnis und Vertretungsmacht erkennen. Gem. Art. 20 der Verordnung über die **Europäische Wirtschaftliche Interessenvereinigung** (EWIV-VO)[25] kann jeder Geschäftsführer die Vereinigung wirksam vertreten. Allerdings bilden die Geschäftsführer kein Organ, das vertretungsberechtigt wäre; die Vertretungsbefugnis ist jedem einzelnen Geschäftsführer persönlich zugewiesen. Darin kommt der personengesellschaftsrechtliche Charakter der EWIV mit dem Grundsatz der Selbstorganschaft zum Ausdruck. Demgegenüber hat die **Europäische Genossenschaft** (SCE) eine der SE vergleichbare körperschaftliche Struktur. Die SCE-VO[26] kennt ebenso wie die SE-VO ein Wahlrecht zwischen dem dualistischen und dem monistischen Modell. Art. 42 Abs. 1 Satz 1 SCE-VO überträgt dem Verwaltungsorgan nicht nur die Geschäftsführung, sondern auch die Vertretung der Genossenschaft: „Das Verwaltungsorgan führt die Geschäfte der SCE und vertritt sie gegenüber Dritten und vor Gericht."

21 **cc) Mitgliedstaatliche monistische Systeme.** Dem monistischen System in **Frankreich** ist die Trennung von Geschäftsführung und Vertretung geläufig[27]. *Guyon* betont, man müsse das Geschäftsführungsorgan und das Vertretungsorgan begrifflich unterscheiden, selbst wenn beide Funktionen von ein und demselben Organ wahrgenommen werden sollten[28]. Unter Geschäftsführung (*gestion*) sei die Entscheidung selbst, unter Vertretung (*representation*) deren Ausführung zu verstehen. Auch der französische Gesetzgeber behandelt Geschäftsführung und Vertretungsmacht als separat regelungsbedürftige Gegenstände, wenngleich der gesetzlichen Regelung die letzte begriffliche Klarheit fehlt[29]. Denn einerseits bestimmt Art. L. 225-17 Code de

---

pany vis-à-vis third parties and defines the scope of their power, whether directly by legislating or – as in the United Kingdom – indirectly by leaving it to be described in the company's statutes."

24 Die Frage ist für die SE-VO wegen ihrer vom Gesetzgeber gewollten Lückenhaftigkeit umstritten. Für die grundsätzliche Möglichkeit der Ausdifferenzierung europäischer Rechtsgedanken, die dann einem Rückgriff auf nationales Recht entgegenstehen, *Teichmann*, ZGR 2001, 383, 402 ff.; a.A. *Casper* in FS Ulmer, S. 51, 57 f. Näher Art. 9 Rz. 51 f.
25 Verordnung (EWG) Nr. 2137/85, ABl. EG Nr. L 199 v. 31.7.1985, S. 1 ff.
26 Verordnung 1435/2003/EG v. 22.7.2003, ABl. EG Nr. L 207 v. 18.8.2003, S. 1 ff.
27 Wenngleich der Gesetzgeber die Begriffe nicht durchgehend verwendet; dort taucht die Unterscheidung eher als Trennung von Innen- und Außenverhältnis der Gesellschaft auf (vgl. *Schmidt-Tiedemann*, Geschäftsführung und Vertretung, S. 48 ff.).
28 *Guyon*, Droit des Affaires I, S. 198.
29 Auch *Menjucq*, ZGR 2003, 679, 683, bezeichnet die Rechtslage als verwirrend, weil sowohl der Verwaltungsrat als auch dessen Vorsitzender jeweils uneingeschränkte Vertretungsmacht besitzen; die neuen Vorschriften, durch die der *directeur général* eingeführt wurde, hält er gleichfalls für nicht sehr klar und präzise formuliert, weshalb nun eine gewisse Unsicherheit hinsichtlich der Kompetenzen des Verwaltungsrats bestehe. S. weiterhin *Arlt*, Französische Aktiengesellschaft, S. 117 f.

commerce, dass der Verwaltungsrat die Gesellschaft verwalte[30], andererseits weist das Gesetz die allgemeine Geschäftsleitung und die Vertretungsmacht dem Verwaltungsratsvorsitzenden (*président directeur général*) zu. Seit der Reform des Jahres 2001 kann die allgemeine Geschäftsleitung und Vertretungsmacht auch einem *directeur général* übertragen werden, der nicht Mitglied des Verwaltungsrats ist (Art. L. 225-51-1 C.C.)[31], aber dennoch unbeschränkte Vertretungsmacht besitzt (Art. L. 225-56 C.C.)[32]. Unklar ist, wie sich dazu die beibehaltene Regelung des Art. L. 225-35 C.C. verhält, wonach eine Handlung des Verwaltungsrats die Gesellschaft auch dann verpflichtet, wenn sie nicht vom Unternehmensgegenstand gedeckt ist[33]. Die unscharfe Kompetenzzuweisung des *Code de commerce* hinterlässt selbst bei französischen Autoren eine gewisse Ratlosigkeit[34], stützt aber jedenfalls nicht die These, es gebe im monistischen Modell einen zwingenden Gleichlauf von Geschäftsführungsbefugnis und Vertretungsmacht.

Im **englischen Recht** ist der Begriff des „Organs" nicht gebräuchlich[35]. Im Mittelpunkt der gesetzlichen Regelung steht der *director*. Der Companies Act beschränkt sich darauf, die Bestellung eines oder mehrerer Direktoren vorzuschreiben. Die Aufgabenverteilung im Bereich der Geschäftsführung wird als innere Angelegenheit der Gesellschaft angesehen. Über die Reichweite der Geschäftsführungsbefugnisse des *board of directors* entscheiden die Gesellschafter im Gesellschaftsvertrag[36]. Auch die Vertretungsbefugnis besteht nur im Rahmen der dem *board* zugewiesenen Zuständigkeiten und wird zusätzlich begrenzt durch den Gesellschaftsgegenstand[37]. Im Außenverhältnis gilt seit der Umsetzung der ersten gesellschaftsrechtlichen Richtlinie auch im englischen Recht, dass Beschränkungen der Vertretungsmacht Dritten nicht entgegengehalten werden können. Dennoch stützt sich die Wirksamkeit kompetenzüberschreitender Rechtsakte nach englischer Vorstellung nicht auf die originäre Vertretungsmacht der Direktoren, sondern auf den guten Glauben des Vertragspartners an das Bestehen einer solchen Vertretungsmacht[38]. Die früher geltende Lehre von der

22

---

30 „La société anonyme est administrée par un conseil d'administration composé de trois membres au moins."
31 „La direction générale de la société est assumée, sous sa responsabilité, soit par le président du conseil d'administration, soit par une autre personne physique nommée par le conseil d'administration et portant le titre de directeur général."
32 „Le directeur général est investi des pouvoirs les plus étendus pour agir en toute circonstance au nom de la société. ... Il représente la société dans ses rapports avec les tiers."
33 „Dans les rapports avec les tiers, la société est engagée même par les actes du conseil d'administration qui ne relèvent pas de l'objet social..."
34 *Menjucq*, ZGR 2003, 679, 683. Auch *Schmidt-Tiedemann*, Geschäftsführung und Vertretung, S. 64, sieht einen Widerspruch darin, dass der Verwaltungsrat im Gesetz so umschrieben werde, als würde er für die Gesellschaft handeln, obwohl der Generaldirektor der gesetzliche Vertreter der Gesellschaft ist und daher die Entscheidungen des Verwaltungsrats umsetzen müsse.
35 *Edwards*, EC Company Law, S. 34: „The term ‚organ' is not a familiar one in UK company law". Zu einzelnen Gerichtsentscheidungen, in denen der Begriff des Organs verwendet wird, *Schmidt-Tiedemann*, Geschäftsführung und Vertretung, S. 72.
36 *Farrar's* Company Law, S. 363: „... the relationship between the board and the general meeting is a contractual one based on the articles which determine the extent of the management powers conferred on the board." Zur Machtverteilung zwischen den Gesellschaftsorganen auch *Brandt*, Hauptversammlung, S. 76 ff., sowie *Schmidt-Tiedemann*, Geschäftsführung und Vertretung, S. 236 f.
37 *Neuling*, GmbH und Limited, S. 121.
38 Art. 35A (1) Companies Act: „In favour of a person dealing with a company in good faith, the power of the board of directors to bind the company, or authorise others to do so, shall be deemed to be free of any limitation under the company's constitution." Das Grundkonzept einer auf den Unternehmensgegenstand beschränkten Rechtsfähigkeit wurde damit nicht aufgegeben (*Schmidt-Tiedemann*, Geschäftsführung und Vertretung, S. 244).

constructive notice, die bei einem Dritten die Kenntnis interner Beschränkungen unterstellte, wurde zu Gunsten des Dritten umgekehrt in eine Vermutung guten Glaubens[39]. Die unbeschränkte Vertretungsmacht wird also nicht konstitutiv vom Gesetz verliehen, sondern gegenüber gutgläubigen Dritten fingiert[40].

23 **dd) Stellungnahme.** Die beiden supranationalen Rechtsformen der EWIV und der SCE kennen zwar einen Gleichlauf von Geschäftsführungs- und Vertretungsbefugnis. Im Unterschied zur SE-VO hat der europäische Gesetzgeber diese Frage jedoch in Art. 20 EWIV-VO und Art. 42 SCE-VO ausdrücklich geregelt. Dies belegt ebenso wie die Entstehungsgeschichte des Art. 43 (Rz. 4 ff.), dass das europäische Gesellschaftsrecht begrifflich zwischen **Geschäftsführung** (nach innen) und **Vertretung** (nach außen) unterscheidet. Es gibt keinen Anhaltspunkt dafür, dass mit der Streichung der Vorschriften zur Vertretungsmacht in Art. 43 eine terminologische Kehrtwende vollzogen und die dogmatische Unterscheidung von Geschäftsführung und Vertretung aufgeben werden sollte. Die SE-VO beschränkt sich auf eine Regelung der Zuständigkeit für die Geschäftsführung und meint damit die Kompetenzabgrenzung nach innen. Die Vertretungsbefugnis als Rechtsmacht nach außen bleibt ungeregelt (dies gilt auch für das dualistische System, vgl. Art. 39 Rz. 9).

24 Einem **Lückenschluss auf Ebene des Gemeinschaftsrechts** steht schon die allgemeine Regelungstechnik der SE-VO entgegen. Ihre Lücken sind beabsichtigt und werden in aller Regel durch eine Generalverweisung in das Aktienrecht des Sitzstaates der SE geschlossen (Art. 9). Die Frage der Vertretungsmacht ist auch nicht etwa übersehen worden; in allen früheren Entwürfen war sie noch ausdrücklich geregelt. Fehlt damit schon die Voraussetzung einer unbewussten Lücke, so ist darüber hinaus kein europäisch vorgegebenes Modell erkennbar, mit dessen Hilfe man die Lücke auf Ebene des Gemeinschaftsrechts schließen könnte. Schon der Blick auf die beiden wichtigsten monistisch geprägten Rechtsordnungen (Frankreich und England) hat gezeigt, dass es kein europäisch einheitliches Vorverständnis dessen gibt, wem in diesem System die Vertretungsmacht zuzuweisen ist[41]. Gerade deshalb finden sich auch in den Fassungen der SE-VO und in dem Entwurf für eine Strukturrichtlinie derart vielfältige Varianten der Aufteilung von Geschäftsführung und Vertretungsmacht[42].

25 Es hat demnach für die Frage der Vertretungsmacht bei den **allgemeinen Regeln der Lückenfüllung**[43] sein Bewenden: Für den von der Verordnung nicht geregelten Bereich verweist Art. 9 Abs. 1 lit. c auf das mitgliedstaatliche Recht. Da dies in Deutschland kein monistisches System bereithält, ist ergänzend die Ermächtigung des Art. 43 Abs. 4 heranzuziehen. Mitgliedstaaten, deren Recht das monistische System nicht kennt, können auf dieser Grundlage Vorschriften über die Vertretungsverhältnisse im monistischen System erlassen. Das deutsche SEAG überträgt die Vertretung der Gesellschaft auf **geschäftsführende Direktoren** (§ 41 Abs. 1 SEAG), die vom Verwaltungsorgan zu bestellen sind. Der Verwaltungsrat ist als reines Innenorgan konzipiert, das die Leitlinien der Geschäftsführung vorgibt und hierfür gegenüber der

---

39 Vgl. *Edwards*, EC Company Law, S. 37; *Neuling*, GmbH und Limited, S. 121.
40 *Schmidt-Tiedemann*, Geschäftsführung und Vertretung, S. 244.
41 Ebenso der rechtsvergleichende Befund bei *Schmidt-Tiedemann*, Geschäftsführung und Vertretung, S. 73: ein einheitliches Prinzip hinsichtlich der Rechtsstellung der Leitungspersonen lasse sich nicht ermitteln.
42 Neben den in Rz. 4 ff. geschilderten früheren Fassungen der SE-VO s. auch Artikel 21a des geänderten Vorschlags für eine Strukturrichtlinie (1991): „Die geschäftsführenden Mitglieder eines Verwaltungsorgans verwalten die Gesellschaft unter der Aufsicht der nichtgeschäftsführenden Mitglieder des Organs." Die Vertretungsmacht blieb dort ungeregelt.
43 In diesem Sinne auch: *Schwarz*, Art. 43 Rz. 13; *Schwarz*, ZIP 2001, 1847, 1857; *Kalss/Greda* in Kalss/Hügel, § 43 SEG Rz. 1.

Hauptversammlung Rechenschaft abzulegen hat. Er ist als Organ nicht vertretungsberechtigt, kann dies aber kompensieren, indem er aus seiner Mitte geschäftsführende Direktoren bestellt (§ 40 Abs. 1 Satz 2 SEAG). Zudem kann er seine Geschäftspolitik gegenüber den geschäftsführenden Direktoren mit Hilfe des Weisungsrechts (§ 44
Abs. 2 SEAG) und der Möglichkeit jederzeitiger Abberufung (§ 40 Abs. 5 SEAG)
durchsetzen.

2. Übertragung der laufenden Geschäfte an Geschäftsführer (Art. 43 Abs. 1 Satz 2)

a) Gleichlauf mit nationalem Aktienrecht

Ein Mitgliedstaat kann nach Art. 43 Abs. 1 Satz 2 für das monistische System vor-   26
sehen, dass ein oder mehrere Geschäftsführer die laufenden Geschäfte in eigener Verantwortung führen. Die mitgliedstaatliche Regelung muss sicherstellen, dass solche
Geschäftsführer **„unter denselben Voraussetzungen**, wie sie für Aktiengesellschaften
mit Sitz im Hoheitsgebiet des betreffenden Mitgliedstaates gelten", tätig werden.
Folglich ist die Ausübung der Gestaltungsoption nur Mitgliedstaaten möglich, deren
Aktienrecht eine vergleichbare Konstruktion der Übertragung der laufenden Geschäfte auf Geschäftsführer kennt. Art. 43 Abs. 1 Satz 2 bringt damit den vielfach in der
Verordnung aufscheinenden Grundsatz einer weitestmöglichen Gleichbehandlung
der SE mit den Aktiengesellschaften ihres Sitzstaates zum Ausdruck[44].

Die Gestaltungsoption des Art. 43 Abs. 1 Satz 2 wurde erst nach Fertigstellung des   27
Entwurfs von 1991 in den Rechtstext aufgenommen[45]. Zwar erlaubte der **Entwurf
von 1991** in Art. 66 Abs. 2 die Delegation von Geschäftsführungsbefugnissen auf einzelne Mitglieder des Verwaltungsorgans; dies war jedoch eine Gestaltungsmöglichkeit des Verwaltungsorgans und nicht des mitgliedstaatlichen Gesetzgebers. Auch
fehlte damals die Einschränkung „unter denselben Voraussetzungen, wie sie für Aktiengesellschaften mit Sitz im Hoheitsgebiet des betreffenden Mitgliedstaates gelten."

Das **deutsche Recht** ist von dieser Option nicht angesprochen[46]. Es kennt eine der-   28
artige Konstruktion nicht und kann daher von vornherein keine Regelung „unter
denselben Voraussetzungen, wie sie für Aktiengesellschaften mit Sitz im Hoheitsgebiet des betreffenden Mitgliedstaats gelten", treffen.

b) Vorbild skandinavisches Recht

Eine Konstruktion, wie Art. 43 Abs. 1 Satz 2 sie im Auge hat, ist aus dem skandinavi-   29
schen Recht bekannt (Art. 38 Rz. 22). Dem Vernehmen nach hat **Schweden** seinerzeit
diese Öffnung des monistischen Modells gefordert, weil Unsicherheit darüber
herrschte, ob das skandinavische Modell als monistisch oder als dualistisch einzuordnen sei[47]. Da die Regelungsermächtigung des Art. 43 Abs. 4 voraussetzt, dass
das nationale Recht zum monistischen Modell keine Regelungen enthält, war nicht
sicher, ob skandinavische Staaten sich auf diese Ermächtigung würden stützen können; dieselbe Frage stellte sich im Hinblick auf die Parallel-Ermächtigung zum dualistischen System (Art. 39 Abs. 5). Um SE mit Sitz in den skandinavischen Staaten

---

44 Diese Gleichstellung kommt generell in Art. 10 zum Ausdruck; auch Art. 9 mit seinem Ver-
    weis auf das mitgliedstaatliche Aktienrecht ist auf Gleichbehandlung der SE mit nationalen
    Aktiengesellschaften gerichtet (Art. 9 Rz. 6).
45 Vgl. *Schwarz*, ZIP 2001, 1847, 1855.
46 In der Diskussion zum SEAG-Gesetzentwurf wurde dies vielfach verkannt (vgl. *Hoffmann-
    Becking*, ZGR 2004, 355, 372; *Teichmann* in Theisen/Wenz, Europäische Aktiengesellschaft,
    S. 691, 731).
47 Vgl. *Neye/Teichmann*, AG 2003, 169, 176.

gleichwohl die Nutzung des national bekannten Leitungssystems zu eröffnen, wurde vorsorglich für das monistische (Art. 43 Abs. 1 Satz 2) und auch für das dualistische System (Art. 39 Abs. 1 Satz 2) die Option aufgenommen, die laufenden Geschäfte auf einen oder mehrere Geschäftsführer zu übertragen.

c) Gestaltungsgrenze bei Neueinführung des monistischen Modells?

30 Ungeachtet seines entstehungsgeschichtlich und dem Wortlaut nach eng umrissenen Anwendungsbereichs wird Art. 43 Abs. 1 Satz 2 mitunter als Gestaltungsgrenze auch für die Gesetzgeber derjenigen Mitgliedstaaten verstanden, die ein monistisches Modell im nationalen Recht nicht kennen und daher auf Basis des Art. 43 Abs. 4 entsprechende Regelungen dazu erlassen. Für Deutschland richtet sich diese These gegen die Vorschriften des SEAG, mit denen in das monistische System der **geschäftsführende Direktor** eingeführt wird. Teilweise wird angenommen, die Zuweisung von Geschäftsführungsbefugnissen an Personen, die nicht Mitglieder des Verwaltungsorgans sind, sei überhaupt nur auf Basis des Art. 43 Abs. 1 Satz 2 möglich und damit den Staaten, die ein derartiges Modell in ihrem nationalen Recht nicht kennen, generell versagt[48]. Andere Autoren halten zwar die Einführung geschäftsführender Direktoren auf Basis der allgemeinen Ermächtigungsnorm des Art. 43 Abs. 4 für möglich, nehmen dann aber Art. 43 Abs. 1 Satz 2 inhaltlich zum Maßstab und beschränken daher die Kompetenzen der geschäftsführenden Direktoren im Wege einer europarechtskonformen Auslegung auf die Führung der „laufenden Geschäfte"[49].

31 Dem steht jedoch entgegen, dass die beiden Ermächtigungsnormen **verschiedene Sachverhalte** regeln: Art. 43 Abs. 1 Satz 2 soll die Möglichkeit eröffnen, SE und nationale Aktiengesellschaft gleich zu behandeln. Der Fall des Art. 43 Abs. 4 ist gänzlich anders gelagert, weil die SE hier in ein Rechtssystem einzupassen ist, dessen Aktienrecht die monistische Leitungsstruktur nicht kennt. Hätte der europäische Gesetzgeber in Art. 43 Abs. 1 Satz 2 eine generell für das monistische System geltende Aussage treffen wollen, ließe sich der Zusatz „unter denselben Voraussetzungen, wie sie für Aktiengesellschaften mit Sitz im Hoheitsgebiet des betreffenden Mitgliedstaates gelten" nicht sinnvoll erklären. Dass dieser Zusatz existiert, zeigt, dass der Kern der Vorschrift in der Gleichbehandlung liegt und nicht darin, das monistische System in denjenigen Staaten inhaltlich einzuschränken, die es bei Einführung der SE-VO noch gar nicht kannten. Art. 43 Abs. 1 Satz 2 kann auch schon deswegen keine prägende Aussage über das monistische System entnommen werden, weil sich eine identische Vorschrift im Abschnitt über das dualistische System findet (Art. 39 Abs. 1 Satz 2). Die Vorschrift sollte daher als das gelesen werden, was sie ihrem Wortlaut nach ist: Eine spezielle Gestaltungsoption für Staaten, die in ihrem nationalen Recht die Konstruktion eines lediglich für die laufenden Geschäfte zuständigen Geschäftsführers bereits kennen und sie auf die SE übertragen möchten.

32 **Deutschland** hat sich bei der Einführung des geschäftsführenden Direktors ausschließlich auf die inhaltlich nicht beschränkte Regelungsermächtigung des Art. 43 Abs. 4 gestützt[50]. Ebenso hat der Gesetzgeber in **Österreich** die Vorschrift interpretiert. Das österreichische SE-Gesetz führt einen geschäftsführenden Direktor ein, der zwar für die laufenden Geschäfte der Gesellschaft zuständig ist (§ 56 öSEG). Der ös-

---

48 *Hoffmann-Becking*, ZGR 2004, 355, 375; ihm folgend wohl *Reichert/Brandes* in Münch-Komm. AktG, Art. 43 SE-VO Rz. 17; ausführlich *Schönborn*, Monistische SE und englisches Recht, S. 192 ff.; a.A. *Manz* in Manz/Mayer/Schröder, Art. 43 SE-VO Rz. 14.

49 *Kallmeyer*, ZIP 2003, 1531, 1532; *Schwarz*, Art. 43 Rz. 39.

50 Im Sinne einer solchen regelungsoffenen Ermächtigung verstehen Art. 43 Abs. 4 *Neye/Teichmann*, AG 2003, 169, 176; *Manz* in Manz/Mayer/Schröder, Art. 43 SE-VO Rz. 11 ff.; *Teichmann*, BB 2004, 53, 59 f.

terreichische Gesetzgeber hat diese Regelung aber nicht im Hinblick auf Art. 43 Abs. 1 Satz 2 getroffen, sondern auf der Grundlage der Art. 43 Abs. 4. Er folgte der Einschätzung, dass die Ausgestaltung des monistischen Systems Sache des nationalen Gesetzgebers sei; daher wurde das monistische System so ausgestaltet, wie es der nationale Gesetzgeber für richtig hielt: In Anlehnung an Art. 43 Abs. 1 Satz 2 wurde zwar die Einschränkung auf die laufenden Geschäfte übernommen, nicht aber die Formulierung, wonach der Geschäftsführer „in eigener Verantwortung" tätig werde[51].

3. Zahl der Mitglieder des Verwaltungsorgans (Art. 43 Abs. 2)

a) Satzungsautonomie

Die Zahl der Mitglieder des Verwaltungsorgans oder die Regeln für ihre Festsetzung 33
werden durch die Satzung bestimmt (Art. 43 Abs. 2 Satz 1). Die Mitgliedstaaten können jedoch eine Mindestzahl und erforderlichenfalls eine Höchstzahl festsetzen (Art. 43 Abs. 2 Satz 2). Von dieser **Ermächtigung** hat der deutsche Gesetzgeber in **§ 23 SEAG** Gebrauch gemacht, der die Mitgliederzahl des Verwaltungsrats in Abhängigkeit vom Grundkapital der Gesellschaft staffelt.

Die Rechtsfolgen einer **Über- oder Unterbesetzung** richten sich nach dem nationalen 34
Aktienrecht[52]. Demnach hindert eine Überbesetzung die Wirksamkeit der Rechtshandlungen nicht; bei Unterbesetzung kommt es darauf an, dass das Organ zumindest beschlussfähig war[53]. Das im nationalen Recht (beim Vorstand) relevante Problem der wirksamen Vertretung nach außen stellt sich in der monistischen SE nicht, weil die Vertretungsmacht den geschäftsführenden Direktoren zukommt (§ 41 SEAG).

b) Mitbestimmtes Verwaltungsorgan

aa) Mindestzahl von drei Mitgliedern. Unterliegt das Verwaltungsorgan der unterneh- 35
merischen Mitbestimmung[54], muss es aus mindestens drei Mitgliedern bestehen. Gem. Art. 43 Abs. 2 Unterabs. 2 hängt diese Rechtsfolge davon ab, dass „die Mitbestimmung der Arbeitnehmer **gemäß der Richtlinie** geregelt" sei. Die Vorschrift ist missverständlich. Denn eine Regelung gemäß der Richtlinie könnte auch in einem Verzicht auf Mitbestimmung bestehen. Die Rechtsfolge einer Mindestzahl von drei Mitgliedern erhält jedoch nur Sinn, wenn die Regelung im konkreten Fall auch tatsächlich dazu führt, dass das Organ mitbestimmt ist[55]. Dies stellt auch die Erläuterung der Europäischen Kommission zum Entwurf von 1991 (oben Rz. 9) klar: „Die Mindestzahl beträgt jedoch drei Mitglieder, es sei denn, es ist keine Arbeitnehmervertretung im Verwaltungsorgan vorgesehen."

bb) Nachgiebigkeit gegenüber Beteiligungsvereinbarung. Fraglich ist, ob sich die 36
zwingende Festlegung auf eine Mindestzahl von drei Mitgliedern auch gegenüber einer anderslautenden Beteiligungsvereinbarung durchsetzt[56]. Grundsätzlich statuiert

---

51 *Kalss/Greda* in Kalss/Hügel, § 56 SEG Rz. 3.
52 *Schwarz*, Art. 43 Rz. 77.
53 Vgl. *Seibt* in K. Schmidt/Lutter, AktG, § 76 Rz. 21; *Hüffer*, § 76 Rz. 23.
54 Zur Anwendbarkeit der gesetzlichen Mitbestimmung auf die SE vgl. §§ 22, 34 ff. SEBG und die Kommentierung hierzu.
55 Auch *Schwarz*, Art. 43 Rz. 75 f., hält die Vorschrift nur bei einem mitbestimmten Verwaltungsorgan für anwendbar. Bei einem nicht mitbestimmten Verwaltungsorgan sei keine Mindestzahl verlangt. Ebenso *Kalss/Greda* in Kalss/Hügel, § 45 SEG Rz. 6.
56 Zum Inhalt der Beteiligungsvereinbarung § 21 SEBG und die Kommentierung hierzu in Teil B.

die SE-Richtlinie einen **Vorrang der Verhandlungen** vor gesetzlichen Lösungen[57]. Sinn und Zweck der europäischen Verhandlungslösung ist es, jeder SE die Schaffung eines maßgeschneiderten Mitbestimmungsmodells zu eröffnen. Gelangen die Sozialpartner zu einer Vereinbarung, gilt diese für die konkrete SE; die andernfalls vorgesehene gesetzliche Auffangregelung kommt nicht zur Anwendung. In der Vereinbarung kann die Mitbestimmung ausgebaut oder reduziert werden[58]. Theoretisch ist es auch denkbar, die zuvor in einer Gründungsgesellschaft bestehende Mitbestimmung für die SE im Wege der Vereinbarung gänzlich abzuschaffen. Bei einem derartigen Verhandlungsergebnis würde die Mindestzahl von drei Mitgliedern obsolet; denn sie hebt erkennbar darauf ab, die Entstehung einer Patt-Situation oder ein Übergewicht der Arbeitnehmer im mitbestimmten Verwaltungsorgan zu verhindern.

37 Zum Freiraum der Verhandlungspartner gehört indessen nicht nur die Möglichkeit, die Mitbestimmung abzuschaffen, sondern auch die Kreation eines eigenständigen Mitbestimmungsmodells für die konkrete SE[59]. Im Kontext einer solchen **maßgeschneiderten Mitbestimmung** muss es möglich sein, über die Zahl der Mitglieder im Verwaltungsorgan zu disponieren. Einigen sich die Verhandlungspartner beispielsweise auf einen außerhalb des Verwaltungsorgans angesiedelten „Konsultationsrat" – wie er *de lege ferenda* für das deutsche Recht angeregt wurde[60] – so dient dies vor allem dazu, die Leitung der Gesellschaft von den prozeduralen Belastungen der Mitbestimmung zu befreien. Dann findet zwar Mitbestimmung statt, sie ist aber außerhalb des Verwaltungsorgans angesiedelt. Soweit die Parteien im Gegenzug das Verwaltungsorgan auf eine oder zwei Personen reduzieren wollen, um die Entscheidungseffizienz zu erhöhen, wäre dies legitim. Für eine gesetzlich zwingend angeordnete Mindestgröße des Verwaltungsorgans fehlte in einem solchen Modell jede Rechtfertigung. Die europäische Verhandlungsmechanik mag auch andere, dem deutschen Denken bislang unbekannte Modelle hervorbringen. Es stünde daher in Widerspruch zu Sinn und Zweck der Verhandlungslösung, wenn den Verhandlungspartnern die Zahl der Mitglieder des Verwaltungsorgans als unverrückbares Datum gesetzlich vorgegeben würde.

38 Allerdings ist die Größe des Verwaltungsorgans nach Art. 43 Abs. 2 **Regelungsgegenstand der SE-Satzung**. Insoweit wird die Auffassung vertreten, eine Vereinbarung i.S.d. § 21 SEBG müsse die Grenzen der Satzungsautonomie beachten[61]. Diese Aussage wird insbesondere auf **Art. 12 Abs. 4** gestützt, wonach die Satzung nicht im Widerspruch zu einer Mitbestimmungsvereinbarung stehen darf[62]. Indessen besagt Art. 12 Abs. 4 lediglich, dass es zwischen dem Anwendungsbereich der Vereinbarung und der Satzung Überschneidungen geben kann, nicht aber, dass die Vereinbarung sich ausschließlich im Bereich der Satzungsautonomie bewegen müsse[63]. Zusätzlich wird angeführt, die Mitbestimmungsvereinbarung sei in der **Rechtsquellenhierarchie** des Art. 9 nicht erwähnt und entfalte daher erst mit der Überführung in die Satzung

---

57 Vgl. Teil B., § 1 SEBG Rz. 11 ff.
58 Bei einer Reduzierung der Mitbestimmung sind die Sonderregeln für die Beschlussfassung im besonderen Verhandlungsgremium zu beachten (§ 15 Abs. 3 SEBG).
59 Vgl. den Entwurf für eine Mustervereinbarung von *Heinze/Seifert/Teichmann*, BB 2005, 2524 ff.
60 S. *Kirchner*, AG 2004, 197 ff. und die „12 Thesen zur Mitbestimmung" des Berliner Netzwerks Corporate Governance, AG 2004, 200 f.
61 *Habersack*, AG 2006, 345, 348; bezogen auf Größe des Verwaltungs- oder Leitungsorgans auch *Kallmeyer*, AG 2003, 197, 199, *Reichert/Brandes* in MünchKomm. AktG, Art. 43 SE-VO Rz. 67. Ebenso unten Teil B., § 21 SEBG Rz. 33.
62 *Habersack*, AG 2006, 345, 348; *Hommelhoff* in Lutter/Hommelhoff, Europäische Gesellschaft, S. 5, 16; *Reichert/Brandes* in MünchKomm. AktG, Art. 43 SE-VO Rz. 67.
63 Näher *Teichmann*, Der Konzern 2007, 89, 94.

überhaupt ihre Wirkung[64]. Auch dieses Argument erscheint aber nicht tragfähig[65]. Denn die Vereinbarung stützt sich auf das SEBG, das in Umsetzung der SE-RL erlassen wurde. Das SEBG gehört zu den „Rechtsvorschriften, die die Mitgliedstaaten in Anwendung der speziell die SE betreffenden Gemeinschaftsmaßnahmen erlassen" (Art. 9 Abs. 1 lit. c (i)). Das SEBG und die von ihm eröffnete Parteiautonomie der Sozialpartner steht also im Rang vor dem mitgliedstaatlichen Aktienrecht (Art. 9 Abs. 1 lit. c (ii)) und der mitgliedstaatlich eröffneten Satzungsautonomie (Art. 9 Abs. 1 lit. c (iii)). Die von der SE-VO eröffnete Satzungsautonomie hat zwar grundsätzlich einen höheren Rang (Art. 9 Abs. 1 lit. b), dieser wird aber gerade durch Art. 12 Abs. 4 gegenüber der Mitbestimmungsvereinbarung wieder zurückgenommen.

Schließlich wird die Vereinbarungsautonomie auch nicht dadurch begrenzt, dass **39** „Mitbestimmung" gem. § 2 Abs. 12 SEBG nur das Recht meint, einen Teil der Mitglieder des Aufsichts- oder Verwaltungsorgans zu wählen oder zu bestellen[66]. Denn die Reichweite der nach §§ 11 ff. SEBG abgeschlossenen Vereinbarung ist nicht auf die Mitbestimmung in diesem Sinne beschränkt. SE-Richtlinie, SEBG und SE-VO unterscheiden sorgsam zwischen der Definition von Mitbestimmung und der Reichweite der Vereinbarung. Die Vereinbarung handelt von der **Beteiligung der Arbeitnehmer**[67]. Beteiligung wird definiert als „jedes Verfahren – einschließlich der Unterrichtung, Anhörung und Mitbestimmung –, durch das die Vertreter der Arbeitnehmer auf die Beschlussfassung in der Gesellschaft Einfluss nehmen können."[68] Nur eine solche weit gefasste Vereinbarung meint auch Art. 12 Abs. 4, der den Vorrang der Vereinbarung vor der Satzung festschreibt[69]. Damit wird deutlich, dass die Parteien die Autonomie besitzen, die Einflussnahme der Arbeitnehmervertreter auf die Beschlussfassung in der Gesellschaft zu regeln. Gegenstand der Vereinbarung ist also letztlich die Einflussnahme auf die internen Entscheidungsprozesse der Gesellschaft und eben nicht nur der Anteil der Arbeitnehmervertreter im Aufsichts- oder Verwaltungsorgan.

Festzuhalten bleibt demnach ein Vorrang der **Vereinbarungsautonomie** vor der Sat- **40** zungsautonomie. Die Sozialpartner können auf Basis der SE-Richtlinie, umgesetzt im SE-Beteiligungsgesetz, das Modell der Arbeitnehmer-Beteiligung in der SE frei regeln und unterliegen dabei nicht den Grenzen der gesellschaftsrechtlichen Satzungsautonomie. Folglich kann in einer solchen Vereinbarung – beispielsweise als Kompensation für anderweitige den Arbeitnehmern eingeräumte Beteiligungsrechte – auch eine Zahl von weniger als drei Mitgliedern für das Verwaltungsorgan festgelegt werden.

cc) Paritätische Mitbestimmung. Ist das Verwaltungsorgan paritätisch mitbestimmt, **41** gilt die Sonderregelung nach Art. 45 Satz 2, wonach immer ein von der Hauptver-

---

64 *Habersack*, AG 2006, 345, 348.
65 Vgl. *Teichmann*, Der Konzern 2007, 89, 94 f. weiterhin Art. 9 Rz. 54.
66 So aber *Habersack*, AG 2006, 345, 351; Teil B., § 21 SEBG Rz. 33; *Reichert/Brandes* in Münch-Komm. AktG, Art. 43 SE-VO Rz. 67.
67 In Art. 4 Abs. 1 SE-RL kommt dies deutlicher zum Ausdruck als in § 21 SEBG. Dass es um die „Beteiligung" geht, macht dort aber die Überschrift deutlich: „Kapitel 1: Beteiligung der Arbeitnehmer kraft Vereinbarung".
68 Art. 2 lit. h SE-RL, § 2 Abs. 8 SEBG. Vgl. hierzu auch die französische Sprachfassung: „'implication des travailleurs' l'information, la consultation, la participation et tout autre mécanisme par lequel les représentants des travailleurs peuvent exercer une influence sur les décisions à prendre au sein de l'entreprise."
69 Art. 12 Abs. 4 spricht nur von der „ausgehandelten Vereinbarung". Dies bezieht sich auf Art. 12 Abs. 3, in dem klargestellt wird, dass es um eine „Vereinbarung im Sinne von Artikel 4 der Richtlinie über die Modalitäten der Beteiligung der Arbeitnehmer – einschließlich der Mitbestimmung" geht.

sammlung bestelltes Mitglied den Vorsitz übernehmen muss. Ob es darüber hinaus ein zwingendes Zweitstimmrecht des Vorsitzenden gibt, oder dies in der Satzung anders geregelt werden könnte, ist streitig (vgl. Art. 50 Rz. 27).

4. Bestellung der Mitglieder des Verwaltungsorgans (Art. 43 Abs. 3)

42   Art. 43 Abs. 3 regelt die Bestellung der Mitglieder des Verwaltungsorgans durch die Hauptversammlung. Ergänzend sind die §§ 27–33 SEAG zu beachten (vgl. auch die dortige Kommentierung im Anhang des Art. 43). Die Abberufung ist in der SE-VO nicht geregelt.

a) Bestellung, Entsendung und Ersatzmitglieder

43   Art. 43 Abs. 3 regelt die Bestellung der Mitglieder des Verwaltungsorgans. Für die Bestellung ist die **Hauptversammlung** zuständig (Art. 43 Abs. 3 Satz 1); davon unberührt bleiben Regelungen über die Mitbestimmung der Arbeitnehmer (Art. 43 Abs. 3 Satz 3). Für die Bestellung genügt die einfache Mehrheit[70]. Denn gem. Art. 57 beschließt die Hauptversammlung mit einfacher Mehrheit, soweit nicht die Verordnung oder das nationale Recht eine größere Mehrheit vorschreibt. Das deutsche Recht sieht eine größere Mehrheit nicht vor; § 28 Abs. 1 SEAG regelt vielmehr ausdrücklich, dass sich die Bestellung der Verwaltungsratsmitglieder nach der SE-VO richten soll[71]. Die persönlichen Voraussetzungen für die Bestellung finden sich in Art. 47 und § 27 SEAG geregelt. § 30 SEAG sieht außerdem eine gerichtliche Bestellung von Verwaltungsratsmitgliedern vor, wenn dem Verwaltungsrat nicht die zur Beschlussfassung nötige Zahl von Mitgliedern angehört.

44   Die Bestellung begründet die **korporationsrechtliche Stellung** der Organmitglieder, insbesondere ihre Teilhabe an der Geschäftsführungskompetenz (Art. 43 Abs. 1 Satz 1) des Verwaltungsorgans. Ihre Wirksamkeit setzt die Zustimmung der bestellten Person voraus[72]. Ob daneben ein Anstellungsverhältnis begründet werden kann, regelt die Verordnung nicht; insoweit gilt folglich mitgliedstaatliches Recht. Gewiss kann mit den geschäftsführenden Mitgliedern des Verwaltungsorgans, nach deutschem Recht also denjenigen, die gem. § 40 SEAG zu **geschäftsführenden** Direktoren bestellt wurden, zusätzlich zur gesellschaftsrechtlichen Organstellung ein **schuldrechtliches Anstellungsverhältnis** begründet werden. Für den Abschluss des Anstellungsvertrags ist dann der Verwaltungsrat zuständig (§ 41 Abs. 5 SEAG). Ob allerdings mit jedem Mitglied des Verwaltungsorgans zugleich ein Anstellungsverhältnis besteht, erscheint zweifelhaft. In Anlehnung an die deutsche Diskussion zum Aufsichtsrat[73] spricht vieles dafür, die Stellung der **nicht-geschäftsführenden** Mitglieder **rein gesellschaftsrechtlich** zu begreifen (vgl. Anh. Art. 43 § 28 SEAG Rz. 5).

45   **Entsendungsrechte** bestimmter Aktionäre, wie sie das deutsche Recht für den Aufsichtsrat kennt (§ 101 Abs. 2 AktG), sieht Art. 43 Abs. 3 Satz 1 nicht vor. Zwar wird der Begriff der „Bestellung" im deutschen Aktienrecht als Oberbegriff für die Wahl durch die Hauptversammlung und die Entsendung durch einzelne Aktionäre gebraucht[74]. Art. 43 Abs. 3 Satz 1, der eine Bestellung „durch die Hauptversammlung" anordnet, scheint daher für Entsendungsrechte einzelner Aktionäre auf den ersten Blick keinen Spielraum zu eröffnen. Indessen sieht Art. 47 Abs. 4 ausdrücklich vor,

---

70 Ebenso für das österreichische Recht *Kalss/Greda* in Kalss/Hügel, § 46 SEG Rz. 5
71 Vgl. zu den einzelnen Verfahrensfragen der Bestellung die Kommentierung zu § 28 SEAG.
72 *Schwarz*, Art. 43 Rz. 102.
73 Vgl. *Drygala* in K. Schmidt/Lutter, AktG, § 101 Rz. 2; weiterhin *Hopt/Roth* in Großkomm. AktG, § 101 Rz. 91 ff.
74 *Hüffer*, § 101 Rz. 3.

dass einzelstaatliche Vorschriften unberührt bleiben, die einer Minderheit von Aktionären oder anderen Personen oder Stellen die Bestellung eines Teils der Organmitglieder erlauben. Diese Ausnahmeregelungen bleiben unberührt, wie Art. 43 Abs. 3 Satz 3 klarstellt. Im nationalen Recht vorgesehene Entsendungsrechte sind also auch in der SE zulässig, soweit sie sich nur auf einen Teil der Organmitglieder beziehen. Da § 101 Abs. 2 AktG nur Entsendungsrechte in den Aufsichtsrat regelt, ordnet **§ 28 Abs. 2 SEAG** für das monistische System eine entsprechende Anwendung dieser Vorschrift an. Somit können auch im monistischen System Entsendungsrechte in der Satzung begründet werden.

§ 28 Abs. 3 SEAG erlaubt zudem die Bestellung von **Ersatzmitgliedern**. Dies ist zwar   46
in Art. 43 Abs. 3 nicht ausdrücklich vorgesehen, erscheint aber unbedenklich, weil die dort geregelte Entscheidungskompetenz der Hauptversammlung unangetastet bleibt[75]. Auch das österreichische SEG sieht eine Bestellung von Ersatzmitgliedern vor (§ 46 Abs. 2 SEG).

Eine Bestellung von **Stellvertretern** ist in der Verordnung nicht vorgesehen. Auch das   47
SEAG lässt sie nicht zu. Es betont damit die uneingeschränkte persönliche Verantwortung des jeweils aktuellen Mitglieds (Anh. Art. 43 § 28 SEAG Rz. 9).

b) Bestellung der Mitglieder des ersten Verwaltungsorgans

Die Mitglieder des ersten Verwaltungsorgans können durch die Satzung bestellt wer-   48
den (Art. 43 Abs. 3 Satz 2). Dies entspricht der Regelung in § 30 Abs. 1 AktG, wonach die Gründer den ersten Aufsichtsrat der Gesellschaft zu bestellen haben. Der Sinn dieser Vorschrift liegt darin, dass die Gesellschaft bereits **im Gründungsstadium handlungsfähig** sein muss[76]. Die SE-VO stellt zwar dem Wortlaut nach keine Pflicht auf, die Mitglieder des ersten Verwaltungsorgans bereits in der Satzung zu bestellen. Jedoch ist auch bei einer SE-Gründung die Handlungsfähigkeit der Gesellschaft im Gründungsstadium herzustellen, da die Mitglieder des Verwaltungsorgans bei der Gründungsprüfung (§ 33 AktG) und bei Anmeldung der Gesellschaft (§ 21 Abs. 1 SEAG) zwingend mitwirken müssen[77]. Eine Bestellung durch die Gründer sieht die SE-VO nicht vor; die Bestellung in der Satzung steht dem aber im praktischen Ergebnis gleich. Zur Durchführung der SE-Gründung ist es daher letztlich unumgänglich, bereits in der Gründungssatzung die Mitglieder des ersten Verwaltungsorgans zu bestellen[78]. Die Dauer der Bestellung kann in diesem Sonderfall abweichend von der regulär vorgesehenen Mandatsdauer geregelt werden (Art. 46 Rz. 4)[79].

c) Abberufung

Zur Abberufung der Mitglieder des Verwaltungsorgans schweigt die Verordnung.   49
Streitig ist, ob darin eine **Lücke** liegt, die durch Verweis auf mitgliedstaatliches Recht zu schließen wäre, oder ob die Verordnung insoweit abschließend ist[80]. Im Allgemei-

---

75 Auch *Schwarz*, Art. 43 Rz. 114, sieht die Verordnung insoweit als „regelungsoffen" an.
76 *Bayer* in K. Schmidt/Lutter, AktG, § 30 Rz. 1; *Hüffer*, § 30 Rz. 1.
77 § 30 AktG findet auf die SE-Gründung kraft der Verweisung in Art. 15 Anwendung (Art. 15 Rz. 1, 4).
78 Im Ergebnis ebenso, wenn auch mit Abweichungen in der Begründung (analoge Anwendung des § 30 AktG) *Reichert/Brandes* in MünchKomm. AktG, Art. 43 SE-VO Rz. 45.
79 *Schwarz*, Art. 43 Rz. 104.
80 Für eine Lückenfüllung durch nationales Recht *Brandt*, Hauptversammlung, S. 147; *Kalss/Greda* in Kalss/Hügel, § 48 SEG Rz. 2; *Manz* in Manz/Mayer/Schröder, Art. 43 SE-VO Rz. 32; *Reichert/Brandes* in MünchKomm. AktG, Art. 43 SE-VO Rz. 53 und Art. 46 Rz. 13; *Schwarz*, Art. 43 Rz. 120. Für abschließende Regelung in der Verordnung *Hirte*, NZG 2002, 1, 5; *Hommelhoff*, AG 2001, 279, 283.

nen verweist die SE-VO selbst für nur teilweise geregelte Bereiche auf das mitgliedstaatliche Recht (Art. 9 Rz. 42 ff.). Will man diesen Weg ausnahmsweise verschließen, setzt dies den Nachweis voraus, dass die Verordnung den betreffenden Bereich nicht nur „teilweise" geregelt hat, sondern **abschließend regeln wollte** (Art. 9 Rz. 48). Ein Hinweis darauf ist für den Fall der Abberufung möglicherweise Art. 46 Abs. 1 zu entnehmen. Demnach sind die Organmitglieder für einen in der Satzung festgelegten Zeitraum zu bestellen. Dies könnte darauf schließen lassen, dass sie während dieses Zeitraums nicht abberufen werden können.

50   **Art. 46 Abs. 1** könnte andererseits auch den Sinn haben, eine **unbefristete Bestellung zu verhindern**: Die für die Bestellung zuständigen Organe werden angehalten, sich nach Ablauf festgelegter Fristen erneut Gedanken über die Eignung der Mandatsträger zu machen und über eine Wiederbestellung ausdrücklich zu beschließen, andernfalls endet das Mandat. Die Entstehungsgeschichte der Verordnung legt ein solches Verständnis nahe[81]. Denn Art. 68 des Entwurfs von 1991 regelte ebenso wie der heutige Art. 46 eine Bestellung für einen satzungsmäßig festgelegten Zeitraum, während nach dem damaligen Art. 66 Abs. 3 die Mitglieder des Verwaltungsorgans von der Hauptversammlung „bestellt und abberufen" werden sollten. Angesichts der zeitlich festgelegten Mandatsdauer und der damit verbundenen automatischen Beendigung des Mandats bei Zeitablauf, ergibt diese Kompetenz zur Abberufung überhaupt nur als *vorzeitige* Abberufung einen Sinn. Dass der Hinweis auf die Abberufung im weiteren Verlauf gestrichen wurde, erlaubt keine Neuinterpretation der Regelung über die Zeitdauer. Denn der Kompensation dieser Kürzungen dienen regelmäßig die in das mitgliedstaatliche Recht führenden Verweisungsnormen.

51   Im Bereich des monistischen Systems übernehmen für eine in Deutschland ansässige SE die gem. Art. 43 Abs. 4 erlassenen Regelungen die **Lückenfüllung**, da der Verweis auf nationales Recht andernfalls ins Leere ginge[82]. Der deutsche Gesetzgeber hat auf Grundlage des Art. 43 Abs. 4 in **§ 29 SEAG** eine Regelung für die Abberufung von Verwaltungsratsmitgliedern getroffen. Die Abberufung vor Ablauf der Amtszeit ist demnach möglich, bedarf aber eines Beschlusses der Hauptversammlung, der mit einer Mehrheit von drei Vierteln der abgegebenen Stimmen gefasst werden muss (§ 29 Abs. 1 SEAG). Ein Mitglied, das auf Grund eines Entsendungsrechts einen Sitz im Verwaltungsrat einnimmt, kann vom Entsendungsberechtigten jederzeit abberufen werden (§ 29 Abs. 2 SEAG). Bei Vorliegen eines wichtigen Grundes ist auch eine gerichtliche Abberufung möglich (§ 29 Abs. 3 SEAG). Dazu auch die Kommentierung im Anh. Art. 43.

d) Bestellung und Abberufung der Arbeitnehmervertreter

52   Ob die Arbeitnehmer das Recht haben, einen Teil der Mitglieder des Verwaltungsorgans zu bestellen, richtet sich nach dem einschlägigen Mitbestimmungsregime. Soweit eine **Vereinbarung** über die Mitbestimmung getroffen wurde, hat diese Vorrang[83]. Wurde keine Vereinbarung geschlossen und kein Beschluss zum Abbruch der Verhandlungen durch das besondere Verhandlungsgremium der Arbeitnehmer gefasst, greift die gesetzliche **Auffanglösung**. Ist an der SE-Gründung eine mitbestimmte Gesellschaft deutschen Rechts beteiligt, haben die Arbeitnehmer in der Regel auch in der SE das Recht, einen Teil der Mitglieder des Aufsichts- oder Verwaltungsorgans zu bestellen (§ 35 SEBG). Die in Art. 43 Abs. 1 geregelte Bestellungskompetenz der

---

81 Zur Entstehungsgeschichte der Vorschrift ausführlich *Brandt*, Hauptversammlung, S. 146 ff.
82 Vgl. zur Regelungstechnik im Bereich der Unternehmensverfassung Art. 38 Rz. 34 ff.
83 Vgl. § 22 SEBG, wonach eine gesetzliche Arbeitnehmerbeteiligung nur dann eingreift, wenn dies ausdrücklich vereinbart wurde oder keine Vereinbarung zustande kam.

Hauptversammlung tritt insoweit zurück. Gem. § 36 Abs. 4 SEBG ist die Hauptversammlung in diesen Fällen an die Wahlvorschläge der Arbeitnehmer gebunden.

Art. 43 Abs. 3 Satz 3 bringt diesen **Vorrang der Mitbestimmungsregelungen** etwas   53
verklausuliert zum Ausdruck. Denn er erwähnt explizit nur die Möglichkeit, dass
nach Maßgabe der SE-Richtlinie eine Vereinbarung über die Mitbestimmung abgeschlossen worden ist. Indessen kann es auch über die gesetzliche Auffanglösung zu
einer Bestellung von Arbeitnehmervertretern im Verwaltungsorgan kommen. Auch
in diesem Fall tritt die Bestellungskompetenz der Hauptversammlung zurück.

Dieses Ergebnis lässt sich möglicherweise damit begründen, dass die **Bestellungs-**   54
rechte der Arbeitnehmer von Art. 47 Abs. 4 erfasst sind, auf den Art. 43 Abs. 3 Satz 3
ausdrücklich Bezug nimmt. Gem. **Art. 47 Abs. 4** bleiben einzelstaatliche Vorschriften
unberührt, die einer Minderheit von Aktionären oder anderen Personen oder Stellen
die Bestellung eines Teils der Organmitglieder erlauben. Zu den „anderen Personen",
denen Bestellungsrechte eingeräumt sein können, lassen sich auch die Arbeitnehmer
rechnen[84]. Indessen bestehen Zweifel daran, dass Art. 47 Abs. 4 nach der Vorstellung
des europäischen Gesetzgebers Regelungsort für die Mitbestimmung der Arbeitnehmer in SE-Organen sein sollte. Denn „Mitbestimmung" ist nach der Begriffsbestimmung in Art. 2 lit. k SE-Richtlinie nicht nur die Bestellung von Organmitgliedern,
sondern auch die Empfehlung oder Ablehnung von Organmitgliedern. Hätte der Verordnungsgeber die Grundaussage des Art. 43 Abs. 3 Satz 1 (Bestellungskompetenz der
Hauptversammlung) gegenüber der Arbeitnehmer-Mitbestimmung relativieren wollen, hätte er neben den Bestellungsrechten von Arbeitnehmern auch die anderen Mitbestimmungsformen ansprechen müssen.

Vorzugswürdig ist daher eine **systematische Abgrenzung von SE-Verordnung und**   55
SE-Richtlinie. Die Bestellung von Mitgliedern des Verwaltungsorgans durch die Arbeitnehmer ist als gesetzliche Auffanglösung in der SE-Richtlinie ausdrücklich vorgesehen (Teil 3 des Anhangs, der die Auffanglösung nach Artikel 7 regelt). Die Verordnung ist daher selbstverständlich in all ihren Einzelbestimmungen so zu interpretieren, dass sie die Mitbestimmungsrechte der Arbeitnehmer, wie sie in der
SE-Richtlinie geregelt sind, nicht vereitelt. Dass die Verordnung die Möglichkeit einer Bestellung von Organmitgliedern durch die Arbeitnehmer implizit in Rechnung
stellt, kann angesichts der parallel verhandelten SE-Richtlinie keinem Zweifel unterliegen und kommt zudem in Art. 45 Satz 2 zum Ausdruck: Zum Vorsitzenden des
Verwaltungsorgans ist, wenn die Hälfte der Mitglieder von den Arbeitnehmern bestellt wurde, ein Anteilseigner zu wählen. Dem entsprechend ist Art. 43 Abs. 3 teleologisch dahingehend zu reduzieren, dass die Bestellungskompetenz der Hauptversammlung nicht nur gegenüber einer Mitbestimmungsvereinbarung, sondern auch
bei Anwendung der gesetzlichen Auffanglösung zu Gunsten einer Bestellungskompetenz der Arbeitnehmer zurücktritt.

Damit beruht die Festlegung des deutschen Gesetzgebers in § 36 Abs. 4 SEBG (**Bestel-**   56
lung der Arbeitnehmervertreter durch die Hauptversammlung) auf einer falschen
Prämisse. Anders als in der Gesetzesbegründung angenommen[85], schreibt die SE-VO
nicht zwingend vor, dass alle Mitglieder des Verwaltungsorgans von der Hauptversammlung bestellt werden müssten. Sie ist vielmehr offen für anderweitige mitbestimmungsrechtliche Regelungen. *Schwarz* hält daher die Regelung des § 36 Abs. 4
SEBG für europarechtswidrig und zieht daraus die Konsequenz, dass bereits die Benennung der Kandidaten durch SE-Betriebsrat oder Wahlgremium (§ 36 Abs. 2 und 3

---

84 *Schwarz*, Art. 47 Rz. 55 und Rz. 58.
85 Begr. RegE zu § 36 SEBG, BT-Drucks. 15/3405, S. 55.

SEBG) konstitutive Wirkung habe[86]. Dem ist jedoch nicht zu folgen. Denn der von ihm herangezogene Art. 47 Abs. 4 lässt lediglich einzelstaatliche Rechtsvorschriften unberührt, besagt aber nichts über deren Inhalt. § 36 SEBG ist allein an der **SE-Richtlinie** zu messen. Deren Auffanglösung lässt indessen gerade offen, ob die Arbeitnehmer einen Teil der Mitglieder des Verwaltungsorgans wählen, bestellen, empfehlen oder ablehnen, solange nur die Zahl dieser Mitglieder sich nach dem höchsten Anteil in den beteiligten Gesellschaften vor Eintragung der SE bemisst. Eine Modifikation des Bestellungsverfahrens, die für die Mitbestimmung qualitativ keine Einschränkung bedeutet, wird man dem nationalen Gesetzgeber im Rahmen der Richtlinientransformation zugestehen dürfen. Die Bestellung der Arbeitnehmervertreter durch die Hauptversammlung bei Bindung an die Wahlvorschläge der Arbeitnehmervertretungen ist daher **europarechtlich zulässig**[87].

57   Die **Abberufung** von Mitgliedern des Verwaltungsorgans, die auf Vorschlag der Arbeitnehmer bestellt wurden, regelt § 37 SEBG. Ebenso wie bei der Bestellung ist auch hier die Hauptversammlung zuständig; sie ist dabei an einen entsprechenden Antrag der Arbeitnehmerseite gebunden (vgl. im Einzelnen die Kommentierung in Teil B. zu § 37 SEBG).

IV. Das monistische Modell der deutschen SE

1. Regelungsermächtigung (Art. 43 Abs. 4)

58   Art. 43 enthält in seinem Absatz 4 eine **Ermächtigung** an die Mitgliedstaaten, **SE-spezifische Regelungen für das monistische System zu schaffen**. Dies richtet sich an die Gesetzgeber derjenigen Mitgliedstaaten, deren Recht bislang keine Vorschriften für ein solches System enthält. In der Diskussion über die nationale Begleitgesetzgebung wurde die Frage aufgeworfen, ob der Gesetzgeber auf derartige das monistische System konkretisierende Vorschriften auch verzichten könne. Teilweise wurde das „kann" in Art. 43 Abs. 4 im Sinne eines mitgliedstaatlichen Wahlrechts interpretiert[88]. Ungeachtet dessen bestand weitgehende Einigkeit, dass der deutsche Gesetzgeber angesichts der im allgemeinen Aktienrecht fest verankerten dualistischen Struktur gut daran täte, ergänzende Regelungen für das monistische System zu schaffen[89]. Zumindest mittelbar ist er hierzu auch verpflichtet, weil das Wahlrecht andernfalls *de facto* nicht sinnvoll ausgeübt werden könnte[90]. Die wohl überwiegende Auffassung interpretiert Art. 43 Abs. 4 daher zumindest für den deutschen (und den österreichischen) Gesetzgeber im Sinne einer Regelungspflicht[91].

2. Regelungstechnik des deutschen Gesetzgebers

59   Der deutsche Gesetzgeber hat auf Grundlage der Ermächtigung des Art. 43 Abs. 4 das monistische System in den **§§ 20 bis 49 SEAG** näher ausgestaltet. Es gilt für eine SE, die ihren Registersitz in Deutschland hat (§ 1 SEAG).

---

86 *Schwarz*, Art. 43 Rz. 108.
87 Im Lichte dessen bedarf dann allerdings Art. 45 Satz 2 einer teleologischen Korrektur; er ist über den unmittelbaren Wortlaut („„von den Arbeitnehmern bestellt") sinngemäß auch auf Verwaltungsratsmitglieder anwendbar, die auf Vorschlag der Arbeitnehmer von der Hauptversammlung bestellt wurden (vgl. Art. 45 Rz. 11).
88 *Artmann*, wbl 2002, 189, 190; *Bungert/Beier*, EWS 2002, 1, 3; *Hirte*, NZG 2002, 1, 5 Fn. 51; *Schulz/Geismar*, DStR 2001, 1078, 1082; *Schwarz*, ZIP 2001, 1847, 1854; *Werlauff*, SE, S. 73 f.
89 *Hommelhoff*, AG 2001, 279, 284; *Teichmann*, ZIP 2002, 1109, 1114.
90 *Schindler*, Europäische Aktiengesellschaft, S. 58.
91 *Ihrig/Wagner*, BB 2003, 969, 974; *Kalss/Greda*, GesRZ 2004, 91, 100; *Lutter*, BB 2002, 1, 4; *Manz* in Manz/Mayer/Schröder, Art. 43 SE-VO Rz. 37; *Neye/Teichmann*, AG 2003, 169, 175; *Theisen/Hölzl* in Theisen/Wenz, Europäische Aktiengesellschaft, S. 269, 279 f.

Probleme bereitet die Einfügung des monistischen Systems in eine **dualistisch ge-** 60 **prägte Rechtsumgebung**. Die Ermächtigung des Art. 43 Abs. 4 bezieht sich allein auf Regelungen über das monistische Leitungssystem. Für alle übrigen aktienrechtlichen Materien gilt mittels der Verweisungsnormen der Verordnung (Art. 9 und verschiedene Spezialverweisungen) das allgemeine deutsche Aktienrecht. Diese allgemeinen Regeln setzen jedoch häufig die Existenz von Vorstand und Aufsichtsrat voraus. Das beginnt bei den Gründungsvorschriften[92], setzt sich fort in den Regelungen über Rechnungslegung[93] und Kapitalerhöhungen[94] und zieht sich bis in das Konzernrecht[95] hinein. Werden die Organe Vorstand und Aufsichtsrat einfach durch den monistischen Verwaltungsrat ersetzt, entfallen die genannten und andere, hundertfach über das Aktiengesetz verteilte Elemente der internen Corporate Governance. Ob tatsächlich jede Nuance dieser gesellschaftsrechtlichen Gewaltenteilung bewahrenswert ist, mag man unterschiedlich beurteilen. Jedenfalls erschien das SE-Ausführungsgesetz nicht als der geeignete Ort, das aktienrechtliche System der „checks and balances" mit einem Federstrich abzuschaffen[96]. Ebensowenig konnte das Aktienrecht durchgängig reformiert und auf den Monismus ausgerichtet werden; denn es gilt im Bereich der Verweisungsnormen der SE-VO der Grundsatz der Gleichbehandlung von SE und nationaler Aktiengesellschaft. Eine das gesamte Aktienrecht einbeziehende monistische Leitungsstruktur hätte demnach im nationalen Aktienrecht eingeführt werden müssen.

Vor diesem Hintergrund wurde neben dem Verwaltungsrat als oberstem Leitungs- 61 organ die Figur des geschäftsführenden Direktors eingeführt. Auf diese Weise wird eine Trennung in **geschäftsführende und nicht-geschäftsführende Direktoren** hergestellt, wie sie auch in den monistischen Systemen des Auslands allgemein üblich ist (vgl. Art. 38 Rz. 25). Dies wurde in der Diskussion grundsätzlich begrüßt. Kritisiert wurde allerdings, dass die Bestellung geschäftsführender Direktoren zwingend vorgeschrieben sei[97]. Indessen lag eine wesentliche Absicht des Gesetzgebers darin, für die als besonders wichtig angesehenen Bereiche Rechnungslegung und Konzernrecht ein dem nationalen Aktienrecht vergleichbares System der internen Kontrolle zu errichten (vgl. §§ 47, 49 SEAG). Diese interne Kontrolle ist im dualistischen System zwingendes Recht und muss es daher auch im monistischen sein.

Im Vergleich zum dualistischen System enthält das monistischen System aber **keine** 62 **strikte Funktionstrennung** (dazu sogleich Rz. 63 ff.). Mitglieder des Verwaltungsrats können zugleich geschäftsführende Direktoren sein; die Direktoren müssen überdies den Weisungen des Verwaltungsrats folgen und können von ihm jederzeit abberufen werden. Um dennoch eine gewisse Selbstkontrolle sicherzustellen, schreibt das Gesetz vor, dass die Mehrheit des Verwaltungsrats aus nicht-geschäftsführenden Mitgliedern bestehen muss.

---

92 Bei der Nachgründung (§ 52 AktG) prüft der *Aufsichtsrat* den Vertrag, den der *Vorstand* gegenüber der Hauptversammlung zu erläutern hat.
93 Der *Aufsichtsrat* billigt den vom *Vorstand* aufgestellten Jahresabschluss (§ 172 AktG).
94 Die Entscheidung des *Vorstands* über die Ausübung des genehmigten Kapitals bedarf der Zustimmung des *Aufsichtsrats* (§ 204 AktG).
95 Der *Aufsichtsrat* prüft den vom *Vorstand* erstellten Abhängigkeitsbericht (§ 314 AktG).
96 Zu diesen gesetzgeberischen Vorüberlegungen *Neye/Teichmann*, AG 2003, 169, 177 ff.; *Teichmann*, BB 2004, 53, 57 ff.; *Teichmann* in Lutter/Hommelhoff, Europäische Gesellschaft, S. 195, 220 ff.; aus österreichischer Sicht gleichlaufende Erwägungen bei *Nowotny*, GesRZ 2004, 39 f.
97 So etwa *Hoffmann-Becking*, ZGR 2004, 355, 378; *Holland*, Board of Directors und monistische SE, S. 156; *Ihrig/Wagner*, BB 2003, 969, 975.

3. Leitung und Kontrolle

63   In der monistisch strukturierten SE in Deutschland ist der **Verwaltungsrat** das oberste Leitungsorgan der Gesellschaft. Er leitet die Gesellschaft, bestimmt die Grundlinien ihrer Tätigkeit und überwacht deren Umsetzung (§ 22 Abs. 1 SEAG). Ihm sind weiterhin in § 22 Abs. 2 bis Abs. 6 SEAG zentrale Aufgaben gesetzlich zwingend zugewiesen, die im dualistischen Modell der Vorstand übernimmt. Damit wird gesetzlich verdeutlicht, dass der Verwaltungsrat nicht etwa ein aufgewerteter Aufsichtsrat ist, sondern strukturell dem Vorstand entspricht, der im dualistischen Modell die Gesellschaft in eigener Verantwortung zu leiten hat. Im monistischen Modell entfällt die Überwachung durch eine externe Instanz; die im dualistischen Modell dem Aufsichtsrat zugewiesenen Überwachungsaufgaben müssen innerhalb des monistischen Verwaltungsorgans von den nicht-geschäftsführenden Mitgliedern oder durch Ausschüsse wahrgenommen werden. Zu Recht meint daher *Schwarz*, der Verwaltungsrat vereinige in sich die **Aufgaben von Vorstand und Aufsichtsrat** einer deutschen AG[98].

64   Der Verwaltungsrat bestellt einen oder mehrere **geschäftsführende Direktoren** (§ 40 Abs. 1 SEAG). Die geschäftsführenden Direktoren vertreten die Gesellschaft nach außen (§ 41 SEAG). Sie können vom Verwaltungsrat jederzeit abberufen werden (§ 40 Abs. 5 SEAG) und sind im Innenverhältnis verpflichtet, die vom Verwaltungsrat vorgesehenen Beschränkungen und Anweisungen einzuhalten (§ 44 Abs. 2 SEAG). Zum geschäftsführenden Direktor können auch Mitglieder des Verwaltungsrats ernannt werden; die Mehrheit der Verwaltungsratsmitglieder muss aber nicht-geschäftsführend bleiben (§ 40 Abs. 1 Satz 2 SEAG). Andernfalls würde die Kontrolle der Geschäftsführung durch den Verwaltungsrat von den mit dem Tagesgeschäft befassten geschäftsführenden Mitgliedern dominiert und damit letztlich neutralisiert werden.

65   Die **Vertretung der Gesellschaft** gegenüber Dritten obliegt den geschäftsführenden Direktoren (§ 41 SEAG). Dafür sprechen Gründe der Praktikabilität, denn der Verwaltungsrat kann – zumal in einer mitbestimmten Gesellschaft – eine beachtliche Größe erreichen. Viele seiner Mitglieder werden sich in der Praxis auf die Position eines nicht-geschäftsführenden Mitglieds zurückziehen, das lediglich an den Sitzungen teilnimmt, von denen es nach Art. 44 Abs. 1 streng genommen nicht mehr als vier jährlich geben muss. Die klare und ausschließliche Zuweisung der Vertretungsmacht an die geschäftsführenden Direktoren erscheint vorzugswürdig gegenüber der französischen Rechtslage, bei welcher eine unübersichtliche Gemengelage zwischen den Kompetenzen des conseil d'administration und dem directeur général besteht (vgl. oben Rz. 21). Die Konstruktion des englischen Rechts (vgl. oben Rz. 22), das die Vertretungsmacht als eine von der Gesellschafterversammlung verliehene Befugnis versteht und die dadurch entstehende Rechtsunsicherheit im Außenverhältnis durch einen vermuteten guten Glauben der unbeschränkten Vertretungsmacht kompensiert, entspricht nicht dem deutschen Recht, das die Vertretungsbefugnis bei Kapitalgesellschaften stets als gesetzlich zugewiesene Befugnis regelt.

66   Die geschäftsführenden Direktoren übernehmen zwar die Geschäftsführung und die Vertretung nach außen. Dennoch trägt der Verwaltungsrat als das „Verwaltungsorgan" im Sinne des Art. 43 Abs. 1 im inneren Kompetenzgefüge der Gesellschaft die ungeteilte Verantwortung für die Geschäftsführung. Seine **Leitungsverantwortung** (Anh. Art. 43 § 22 SEAG Rz. 5 ff.) manifestiert sich vorrangig als Organisationsverantwortung. Nach dem SEAG stehen ihm die rechtlichen Instrumente zur Verfügung, um dieser Verantwortung gerecht werden zu können: Er bestellt die geschäftsführenden Direktoren, ist ihnen gegenüber weisungsbefugt und kann sie jeder-

---

98 *Schwarz*, Anh. Art. 43 Rz. 41; in diesem Sinne auch *Manz* in Manz/Mayer/Schröder, Art. 43 SE-VO Rz. 1.

zeit wieder abberufen. Er hat zudem die Möglichkeit, geschäftsführende Direktoren aus den eigenen Reihen zu bestellen, wodurch Mitglieder des Verwaltungsorgans Vertretungsbefugnis erhalten. Um die Handlungsfähigkeit des Verwaltungsorgans sicherzustellen oder jedenfalls zu verbessern, ist es im Regelfall ein Gebot pflichtgemäßer Unternehmensführung, auch Mitglieder aus den eigenen Reihen zu geschäftsführenden Direktoren zu ernennen.

4. Mitbestimmung

Ist eine mitbestimmte Gesellschaft an der Gründung einer SE beteiligt, kann es mittels einer Vereinbarung oder über die gesetzliche Auffanglösung zu einer **Übertragung der Mitbestimmungsregeln auf die SE** kommen. Die deutsche Mitbestimmung ist zwar bislang auf das dualistische Leitungsmodell bezogen, sie muss aber bei der Gründung einer monistisch geleiteten SE auf das Verwaltungsorgan übertragen werden. Gemäß der europäischen Vorgabe sind alle Mitglieder des Verwaltungsorgans, die von den Arbeitnehmern gewählt, bestellt oder empfohlen wurden, **vollwertige Mitglieder** des Verwaltungsrats mit denselben Rechten und Pflichten wie die Mitglieder, welche die Anteilseigner vertreten (§ 38 Abs. 1 SEBG). Die Arbeitnehmervertreter partizipieren damit an der unternehmerischen Oberleitung im Verwaltungsrat und genießen auf diese Weise einen qualitativ weiterreichenden Einfluss als im Aufsichtsrat des dualistischen Systems[99]. Sie können auch zu geschäftsführenden Direktoren bestellt werden, sofern sich dafür im Verwaltungsrat eine Mehrheit findet[100]. Diese Aufwertung ist notwendig und systemimmanent, denn im monistischen System gibt es nur ein Organ der Oberleitung[101]. Gestaltungen, die darauf abzielen, zentrale Leitungsaufgaben in Ausschüsse zu verlagern, von deren Mitgliedschaft Arbeitnehmervertreter generell ausgeschlossen sind[102], lassen sich mit dieser Vorgabe nicht vereinbaren[103].   67

Richtet sich die Mitbestimmung nach der Auffanglösung, bemisst sich die **Zahl der Arbeitnehmervertreter** nach dem Anteil an Arbeitnehmervertretern, der zuvor in den Organen der beteiligten Gesellschaften geherrscht hat. Galt in einer der beteiligten Gesellschaften das traditionelle deutsche Mitbestimmungssystem, so ist der Vergleichsmaßstab ein Leitungsorgan (Vorstand), in dem keine von den Arbeitnehmern bestellten Mitglieder sitzen, und ein Aufsichtsorgan (Aufsichtsrat) in dem – je nach Mitbestimmungsregime – Drittelbeteiligung oder Parität herrscht. Bei der Übertragung dieser Regelung auf das monistische Verwaltungsorgan liegt es nahe, den Anteil der Arbeitnehmervertreter auf die Gruppe der nicht-geschäftsführenden Mitglieder des Verwaltungsrats zu beziehen[104]. Im Gesetzgebungsverfahren folgte man aber offenbar der Gegenauffassung[105], die eine numerische Übertragung der Aufsichtsratsmitbestimmung auf das Verwaltungsorgan fordert. Andernfalls wäre der in letzter   68

---

99 *Gruber/Weller*, NZG 2003, 297, 299; *Reichert/Brandes*, ZGR 2003, 767, 789; *Roth*, ZfA 2004, 431, 443 f.; *Teichmann*, BB 2004, 53, 57.
100 Die beispielsweise von *Henssler* in FS Ulmer, S. 193, 208 ff. angeregte Beschränkung der Arbeitnehmervertreter auf eine Kontrollfunktion wird in der Praxis die Regel sein, ist aber rechtlich nicht zwingend.
101 Kritik daran aus verfassungsrechtlicher Sicht bei *Kämmerer/Veil*, ZIP 2005, 369 ff.
102 S. etwa *Gruber/Weller*, NZG 2003, 297, 300, mit dem Vorschlag eines allein von Anteilseignervertretern besetzten Planungsausschusses.
103 Vgl. andererseits *Reichert/Brandes*, ZGR 2003, 767, 794, mit dem zutreffenden Hinweis, dass auch nicht in jedem Ausschuss zwingend die proportionalen Anteile von Anteilseignern und Arbeitnehmern exakt abgebildet werden müssten.
104 Ausführliche Begründung dieses Standpunktes bei *Teichmann* in Lutter/Hommelhoff, Europäische Gesellschaft, S. 195, 214 ff.; ebenso *Roth*, ZfA 2004, 431, 451; monographisch *Scherer*, Dualistisches oder monistisches System, S. 140 ff.
105 S. dazu nur *Köstler* in Theisen/Wenz, Europäische Aktiengesellschaft, S. 331, 361 f.

Minute eingefügte § 35 Abs. 3 SEAG nicht erforderlich gewesen[106]. Die Praxis wird sich hierauf einzustellen haben; vielfach wird das monistische System aus diesem Grunde für mitbestimmte Gesellschaften eine nur geringe Attraktivität entfalten.

Anhang zu Art. 43 SE-VO
Monistisches System

Kommentierung der §§ 20–49 SEAG

§ 20 SEAG
Anzuwendende Vorschriften

Wählt eine SE gemäß Artikel 38 Buchstabe b der Verordnung in ihrer Satzung das monistische System mit einem Verwaltungsorgan (Verwaltungsrat), so gelten anstelle der §§ 76 bis 116 des Aktiengesetzes die nachfolgenden Vorschriften.

Literatur: *Deutscher Anwaltverein*, Stellungnahme zum Diskussionsentwurf des SE-Ausführungsgesetzes, NZG 2004, 75–86; *Forstmoser*, Monistische oder dualistische Unternehmensverfassung? Das Schweizer Konzept, ZGR 2003, 688–719; *Hirte*, Die Europäische Aktiengesellschaft, NZG 2002, 1–10; *Menjucq*, Das „monistische" System der Unternehmensleitung in der SE, ZGR 2003, 679–687; *Neye/Teichmann*, Der Entwurf für das Ausführungsgesetz zur Europäischen Aktiengesellschaft, AG 2003, 169–179; *Wagner*, Die Bestimmung des auf die SE anwendbaren Rechts, NZG 2002, 985–991.

I. Eigenständige Regelung des monistischen Systems

1 § 20 leitet den Abschnitt über das monistische Modell ein und nimmt auf das **Wahlrecht des Art. 38** Bezug. Demnach entscheidet die SE in ihrer Satzung über das Leitungsmodell. Wählt sie das dualistische Leitungsmodell mit Vorstand und Aufsichtsrat, gelten neben den Art. 39 ff. die allgemeinen Vorschriften des deutschen Aktienrechts (vgl. Art. 39 Rz. 2). Entscheidet sie sich hingegen für das monistische Modell, fehlt ein entsprechendes Vorbild im deutschen Aktienrecht. Der deutsche Gesetzgeber hat daher auf Grundlage von Art. 43 Abs. 4 für die SE in den §§ 20 ff. SEAG Vorschriften zum monistischen Leitungsmodell erlassen. Es handelt sich im Kontext der SE-spezifischen Normenhierarchie um „Rechtsvorschriften, die die Mitgliedstaaten

---

106 Zu dessen Bedeutung und Entstehungsgeschichte vgl. Anh. Art. 43 § 35 SEAG Rz. 10 ff.

in Anwendung der speziell die SE betreffenden Gemeinschaftsmaßnahmen erlassen" (Art. 9 Abs. 1 lit. c i)[1].

§ 20 SEAG erklärt ausdrücklich die §§ 76 bis 116 des Aktiengesetzes für unanwend- 2 bar[2]. Statt dessen gelten die Vorschriften des SEAG. Dort finden sich zwar durchaus Anleihen beim nationalen Aktienrecht; § 20 SEAG stellt indessen klar, dass Vorschriften aus dem dualistischen System grundsätzlich nur dann herangezogen werden sollen, wenn das SEAG ausdrücklich Bezug auf sie nimmt. Diese **Regelungstechnik** unterstreicht die Autonomie des monistischen Systems gegenüber dem dualistischen System des nationalen Aktienrechts. Sie hat **methodische Bedeutung**: Das monistische Modell soll nach Möglichkeit in seiner Eigenständigkeit gewürdigt und aus sich heraus fortentwickelt werden. Analogiebildung oder Rechtsfortbildung in Anlehnung an das System des nationalen Aktienrechts ist damit zwar nicht gänzlich verwehrt, aber doch erhöht begründungsbedürftig[3]. Derartige Parallelen dürfen nicht schematisch vorgenommen werden, sondern sind jeweils aus gleichlaufenden Sachnotwendigkeiten zu begründen[4].

Vorschriften oder Rechtsgedanken aus dem dualistischen Modell können insbesonde- 3 re dann herangezogen werden, wenn darin allgemeine Grundsätze der **Funktionsweise von Kollegialorganen** zum Ausdruck kommen (dazu bereits Art. 38 Rz. 30). Schon die Verordnung geht davon aus, dass es Überschneidungsbereiche beider Systeme gibt; denn sie regelt in den Art. 46 ff. gemeinsame Vorschriften für das monistische und das dualistische System. Auch das SEAG hat Regelungen des allgemeinen Aktienrechts, soweit in ihnen nicht Besonderheiten des dualistischen Systems, sondern allgemeine Funktionsbedürfnisse einer jeden Leitungsstruktur zum Ausdruck kommen, in das monistische System integriert (s. etwa die §§ 34 ff. SEAG zur inneren Ordnung des Verwaltungsrats und § 39 SEAG zur Organhaftung).

In der rechtspolitischen Diskussion war der Regelungsansatz des § 20 SEAG auf **Kri-** 4 **tik** gestoßen. Der *Handelsrechtsausschuss des DAV* hielt zwar den Ausschluss der §§ 76 bis 116 AktG für „methodisch einleuchtend", schlug darüber hinaus aber vor, Anlehnungen an das Aktienrecht durch „weitreichende Verweisungen auf das AktG" zu regeln und den Gesetzestext dadurch zu vereinfachen[5]. Nach Auffassung des *Deutschen Notarvereins* war die allgemeine Verweisungsnorm zuwenig aussagekräftig; er forderte eine ausdrückliche Auflistung aller Vorschriften des Aktiengesetzes, die auch auf das monistische System anwendbar seien[6]. Dieser Weg erschien jedoch nicht gangbar, da die Organe Aufsichtsrat oder Vorstand im Aktiengesetz mehrere hundert Male erwähnt sind. Eine enumerative Auflistung dieser Normen mit jeweiliger Klärung der Zuständigkeiten für das monistische System hätte den Rechtstext überlastet. Eine im mitgliedstaatlichen Recht enthaltene deklaratorische Auflistung von Normen, die bereits kraft europäischen Rechts auf die SE Anwendung finden,

---

1 Dazu Art. 9 Rz. 53; *Schwarz*, Anh Art. 43 Rz. 7; demgegenüber setzt sich nach Auffassung von *Wagner*, NZG 2002, 985, 986, die Ermächtigungsnorm des Art. 43 Abs. 4 als einfache Verweisungsnorm fort.
2 Kritisch hierzu *Manz* in Manz/Mayer/Schröder, Art. 43 SE-VO Rz. 54.
3 Vgl. *Neye/Teichmann*, AG 2003, 169, 177.
4 Vergleichbar *Schwarz*, Anh Art. 43 Rz. 8: Rückgriff auf Sinn und Zweck der Regelungen der §§ 76 ff. AktG sei möglich, wobei Besonderheiten des monistischen Systems zu beachten seien.
5 *Handelsrechtsausschuss des DAV*, Stellungnahme zu § 18 Diskussionsentwurf.
6 *Deutscher Notarverein*, Stellungnahme zu § 18 Diskussionsentwurf, notar 2003, 94 ff., mit dem Vorschlag (S. 103), der Vorschrift über die anwendbaren Vorschriften folgenden Abs. 3 anzufügen: „§ 52 Abs. 3 und 4, § 59, § 63, § 64, § 83, § 88, § 89, § 92, § 121, § 131, § 145, § 179, § 183, § 194, § 227, § 239, §§ 202–206, § 221, § 293a, § 293c, § 308, § 312, § 394 des Aktiengesetzes sowie § 4, § 8, § 10, § 127, § 136, § 192 des Umwandlungsgesetzes betreffen anstelle der in diesen Vorschriften genannten Organe den Verwaltungsrat."

stößt darüber hinaus auf gemeinschaftsrechtliche Bedenken (dazu bereits Art. 38 Rz. 38).

II. Bezeichnung des Verwaltungsorgans als „Verwaltungsrat"

5   Gem. § 20 SEAG trägt das Verwaltungsorgan der monistischen SE in Deutschland die Bezeichnung „**Verwaltungsrat**". Diese Bezeichnung entspricht dem französischen Recht (conseil d'administration) und der deutschen Begrifflichkeit, wie sie im Schweizer Obligationenrecht verwendet wird[7]. Die von *Hirte* erwogene Bezeichnung als „Vorstand"[8] hätte zwar insoweit ihre Berechtigung gehabt, als der Verwaltungsrat funktional eine dem Vorstand vergleichbare Leitungsverantwortung trägt (vgl. Art. 43 Rz. 60); sie hätte andererseits in einer an das Modell des deutschen Aktiengesetzes gewohnten Rechtsumgebung den konzeptionellen Unterschied zwischen dem monistischen und dem dualistischen Modell allzu sehr verdunkelt.

6   *Schwarz* sieht in der Bezeichnung als „Verwaltungsrat" einen Verstoß gegen das höherrangige europäische Recht, das in Art. 38 die Bezeichnung „**Verwaltungsorgan**" zwingend vorschreibe[9]. Dem ist nicht zu folgen. Die Begriffe „Aufsichtsorgan", „Leitungsorgan" und „Verwaltungsorgan" in Art. 38 sind funktional zu verstehen und nicht im Sinne einer sprachlichen Bezeichnung, die vom nationalen Recht zwingend zu übernehmen sei. Andernfalls wären einer dualistischen SE in Deutschland die Bezeichnungen „Vorstand" und „Aufsichtsrat" verwehrt; das monistische Organ einer in England gegründeten SE dürfte sich nicht „Board of directors" nennen, sondern müsste als „administrative organ" firmieren. Diese Beispiele zweier Rechtsordnungen, die den Verfassern der Verordnung nebst den anderen in Europa bekannten Systemen vor Augen standen, zeigen, dass die Formulierung in der SE-Verordnung nur neutral gemeint sein kann im Sinne einer Funktionsbezeichnung, die nicht zwingend mit der im Rechtsverkehr und in nationalen Rechtstexten üblichen Bezeichnung des Gremiums übereinstimmen muss. Solange das Organ eindeutig bezeichnet wird, sind daher die im nationalen Recht gebräuchlichen oder SE-spezifisch neu eingeführten Bezeichnungen zulässig.

§ 21 SEAG
Anmeldung und Eintragung

(1) **Die SE ist bei Gericht von allen Gründern, Mitgliedern des Verwaltungsrats und geschäftsführenden Direktoren zur Eintragung in das Handelsregister anzumelden.**

(2) **In der Anmeldung haben die geschäftsführenden Direktoren zu versichern, dass keine Umstände vorliegen, die ihrer Bestellung nach § 40 Abs. 1 Satz 4 entgegenstehen und dass sie über ihre unbeschränkte Auskunftspflicht gegenüber dem Gericht belehrt worden sind. In der Anmeldung ist anzugeben, welche Vertretungsbefugnis die geschäftsführenden Direktoren haben. Der Anmeldung sind die Urkunden über die Bestellung des Verwaltungsrats und der geschäftsführenden Direktoren sowie die Prüfungsberichte der Mitglieder des Verwaltungsrats beizufügen.**

(3) **Das Gericht kann die Anmeldung ablehnen, wenn für den Prüfungsbericht der Mitglieder des Verwaltungsrats die Voraussetzungen des § 38 Abs. 2 des Aktiengesetzes gegeben sind.**

---

7 S. für Frankreich *Menjucq*, ZGR 2003, 679 ff., für die Schweiz *Forstmoser*, ZGR 2003, 688 ff.
8 *Hirte*, NZG 2002, 1, 6.
9 *Schwarz*, Anh. Art. 43 Rz. 11.

(4) Bei der Eintragung sind die geschäftsführenden Direktoren sowie deren Vertretungsbefugnis anzugeben.

I. Überblick

Das Gründungsverfahren einer SE richtet sich nach den **im künftigen Sitzstaat geltenden Vorschriften**, soweit die SE-VO keine abweichenden Regelungen trifft (Art. 15 Abs. 1). Das deutsche Aktienrecht ist jedoch hier ebenso wie in anderen Bereichen vom dualistischen System mit Vorstand und Aufsichtsrat geprägt. Daher nimmt § 21 SEAG in Bezug auf die Anmeldung (Abs. 1), die dabei abzugebenden Erklärungen und einzureichenden Unterlagen (Abs. 2) sowie die Eintragung und deren Bekanntmachung (Abs. 3 und 4) gewisse Anpassungen an das monistische System vor[1]. Im Übrigen bleibt es bei der Anwendung der allgemeinen aktienrechtlichen Gründungsregeln[2].   1

II. Anmeldung der Gründung (§ 21 Abs. 1 SEAG)

1. Verpflichteter Personenkreis

Für Gründungsbericht, Gründungsprüfung und Anmeldung der Gründung einer SE in Deutschland gelten die §§ 32 ff. AktG (vgl. dazu näher oben Art. 15). Die Orientierung dieser Vorschriften am dualistischen Leitungsmodell zeigt sich schon rein äußerlich an der häufigen Nennung von Vorstand und Aufsichtsrat, die mit der Zuweisung spezifischer Aufgaben im Gründungsverfahren verbunden wird (beispielsweise der Gründungsprüfung gem. § 33 Abs. 1 AktG). Soweit das SEAG hierzu keine spezielle Regelung trifft, gilt der **Grundsatz des § 22 Abs. 6 SEAG**: Rechte und Pflichten, die das Aktiengesetz Vorstand oder Aufsichtsrat zuweist, treffen im monistischen Modell allein den **Verwaltungsrat**.   2

Für die Anmeldung der Gründung zum Handelsregister weicht § 21 Abs. 1 SEAG von diesem Grundsatz ab und überträgt damit den **Regelungsgedanken des § 36 Abs. 1 AktG** in das monistische Modell. Gem. § 36 Abs. 1 AktG ist eine neu gegründete Aktiengesellschaft von allen Gründern und allen Mitgliedern des Vorstands und des Aufsichtsrats zur Eintragung in das Handelsregister anzumelden[3]. Die Anmeldung ist Voraussetzung der späteren Eintragung und leitet das zur Entstehung der AG führende Registerverfahren ein[4]. Die Anmelder handeln nicht im eigenen Namen, sondern im Namen der Vorgesellschaft[5], die mit Feststellung der Satzung und Übernahme der Aktien durch die Gründer entstanden ist[6]. § 36 Abs. 1 AktG spricht ganz be-   3

---

1 Vgl. die tabellarische Übersicht bei *Manz* in Manz/Mayer/Schröder, Art. 43 SE-VO Rz. 58.
2 Näher die Kommentierung zu Art. 15.
3 Zur Frage, wer bei Gründung einer SE als „Gründer" im Rechtssinne anzusehen ist, vgl. Art. 12 Rz. 9.
4 *Hüffer*, § 36 Rz. 2.
5 BGH v. 16.3.1992 – II ZB 17/91, BGHZ 117, 323, 325 ff.
6 *Hüffer*, § 40 Rz. 3.

wusst nicht allein die vertretungsberechtigten Personen an, sondern nimmt alle an der Gründung beteiligten Personen für die ordnungsgemäße Durchführung der Gründung in die Verantwortung[7].

4   Das monistische System, in welchem grundsätzlich allein die geschäftsführenden Direktoren für Anmeldungen zum Handelsregister zuständig sind (§ 40 Abs. 2 Satz 4 SEAG) bedurfte insoweit einer Anpassung. § 21 Abs. 1 SEAG legt daher fest, dass neben den Gründern auch **alle Mitglieder des Verwaltungsrats und alle geschäftsführenden Direktoren** die Anmeldung zum Handelsregister abzugeben haben. Wurden stellvertretende geschäftsführende Direktoren bestellt, sind auch diese zur Anmeldung verpflichtet[8]. Abgesehen von der Regelung des zur Anmeldung verpflichteten Personenkreises in § 21 Abs. 1 SEAG gelten die allgemeinen Vorschriften des registerrechtlichen Verfahrens; insoweit können Rechtsprechung und Literatur zu § 36 Abs. 1 AktG herangezogen werden können. Ebenso kann zum Inhalt der Anmeldung auf den über Art. 15 anwendbaren § 37 AktG Bezug genommen werden (s. ergänzend unten Rz. 13).

2. Allgemeines Gründungsrecht

5   Im Bereich des Gründungsrechts bleibt es – von der in § 21 Abs. 1 SEAG geregelten Anmeldung abgesehen – bei der **Generalzuständigkeit** des Verwaltungsrats, die sich aus § 22 Abs. 6 SEAG ergibt. In Einzelfällen bedarf allerdings das Zusammenspiel des allgemeinen Aktienrechts mit dem monistischen System einer funktionalen Anpassung, um den Besonderheiten des Leitungsmodells einerseits und dem Regelungsgedanken der allgemein-aktienrechtlichen Norm andererseits gerecht zu werden (dazu näher unten Anh. Art. 43 § 22 SEAG Rz. 41 ff.). Zu berücksichtigen ist insbesondere die **interne Arbeitsteilung**, die sich aus der Zusammenarbeit des Verwaltungsrats mit den ihm weisungsunterworfenen geschäftsführenden Direktoren ergibt.

6   So lässt sich die Anforderung des § 36 Abs. 2 AktG, wonach die **Einlagen zur freien Verfügung** des Vorstands geleistet sein müssen, nicht unmittelbar auf den Verwaltungsrat übertragen; denn dieser hat keine Vertretungsbefugnis, kann also im Rechtssinne nicht über die Einlagen „verfügen". Die Einlagen sind daher zur freien Verfügung der geschäftsführenden Direktoren zu leisten. Da geschäftsführende Direktoren im monistischen Leitungssystem der Personal- und Weisungshoheit des Verwaltungsrats unterliegen[9], gelangen die Einlagen mit der Leistung an die Direktoren zugleich in den Herrschaftsbereich des Verwaltungsrats. Das Merkmal der „freien" Verfügung ist insoweit nicht allein auf die Direktoren bezogen; auch der Verwaltungsrat darf gegenüber dem einlegenden Gesellschafter keinen Beschränkungen in der Verfügung der eingezahlten Mittel unterliegen[10].

III. Erklärungen und beizufügende Unterlagen (§ 21 Abs. 2 SEAG)

7   § 21 Abs. 2 Satz 1 SEAG entspricht der allgemein-aktienrechtlichen Regelung in § 37 Abs. 2 Satz 1 AktG. Die geschäftsführenden Direktoren unterliegen hinsichtlich der persönlichen Voraussetzungen Beschränkungen, die denjenigen von Vorstandsmit-

---

7 Zu dieser gesetzgeberischen Intention BGH v. 16.3.1992 – II ZB 17/91, BGHZ 117, 323, 327 ff.
8 *Schwarz*, Anh Art. 43 Rz. 18.
9 Dazu im Überblick Art. 43 Rz. 60 ff.; vgl. im Übrigen die Kommentierung zu §§ 40 ff. SEAG, hier im Anh. Art. 43.
10 Zum Merkmal der „freien" Verfügbarkeit s. nur *Kleindiek* in K. Schmidt/Lutter, AktG, § 36 Rz. 19 ff. und *Hüffer*, § 36 Rz. 7 ff.

gliedern vergleichbar sind (§ 40 Abs. 1 Satz 4 SEAG lehnt sich insoweit an § 76 Abs. 2 AktG an); denn ebenso wie Vorstandsmitglieder nehmen sie die Geschäftsführung und die Vertretung der Gesellschaft nach außen wahr. Dass sie dabei anders als Vorstandsmitglieder weisungsabhängig sind, macht für die grundsätzlich zu fordernden persönlichen Voraussetzungen – wie etwa das Fehlen von einschlägigen Vorstrafen – keinen Unterschied. Ebenso wie Vorstandsmitglieder gem. § 37 Abs. 2 AktG müssen daher die geschäftsführenden Direktoren gem. § 21 Abs. 2 Satz 1 SEAG versichern, dass keine **Bestellungshindernisse** vorliegen und sie über ihre uneingeschränkte Auskunftpflicht gegenüber dem Gericht belehrt worden sind.

Die Stellung als geschäftsführender Direktor kann mit der **Mitgliedschaft im Verwaltungsrat** verbunden werden (vgl. § 40 Abs. 1 SEAG). Dabei kommt es zu einer kumulativen Anwendung der für beide Funktionen geltenden Bestellungshindernisse. Für Verwaltungsratsmitglieder gelten zunächst über Art. 47 Abs. 2 die allgemeinen Bestellungshindernisse, welche das nationale Recht für Mitglieder von Leitungs- oder Aufsichtsorganen aufstellt (vgl. unten Art. 47 Rz. 12 f.). Zusätzlich gelten die Bestellungshindernisse des § 27 Abs. 1 SEAG, die eine übermäßige Kumulation von Mandaten verhindern sollen. Indessen sind auch im Fall der Personalunion die Bestellung zum geschäftsführenden Direktor und zum Mitglied des Verwaltungsrats zwei getrennte Rechtsakte, die verschiedenen Voraussetzungen unterliegen können. Die Versicherung der geschäftsführenden Direktoren nach § 21 Abs. 2 Satz 1 SEAG bezieht sich allein auf die Einhaltung der persönlichen Voraussetzungen für dieses Amt. Bestellungshindernisse aus § 27 Abs. 1 SEAG betreffen die Funktion als Mitglied des Verwaltungsrats und stehen der Eintragung als geschäftsführender Direktor nicht entgegen[11].

In der Anmeldung ist weiterhin anzugeben, welche **Vertretungsbefugnis** die geschäftsführenden Direktoren haben (§ 21 Abs. 2 Satz 2 SEAG), ob also Einzel- oder Gesamtvertretungsbefugnis (vgl. § 41 SEAG) vorliegt. Dies entspricht der Vorschrift des § 37 Abs. 3 AktG. Nach der mit dem MoMiG geplanten Änderung (§ 21 Abs. 2 Satz 2 SEAG n.F.) wird zusätzlich die Angabe einer **inländischen Geschäftsanschrift** verlangt werden.

Welche **Unterlagen** der Anmeldung beizufügen sind, ergibt sich grundsätzlich aus § 37 Abs. 4 AktG. § 21 Abs. 2 Satz 3 SEAG nimmt nur in zweierlei Hinsicht eine Anpassung an das monistische Modell vor: Zum einen sind der Anmeldung die Urkunden über die Bestellung des Verwaltungsrats und der geschäftsführenden Direktoren beizufügen; diese Regelung tritt an die Stelle von § 37 Abs. 4 Nr. 3 AktG. Weiterhin sind die Prüfungsberichte der Mitglieder des Verwaltungsrats beizufügen; insoweit wird § 37 Abs. 4 Nr. 4 AktG modifiziert.

Rechtliche Grundlage der **Gründungsprüfung** durch die Mitglieder des Verwaltungsrats sind die §§ 33, 34 AktG i.V.m. § 22 Abs. 6 SEAG. Sie sind – ebenso wie im dualistischen System die Mitglieder von Vorstand und Aufsichtsrat – persönlich zur Prüfung des Gründungsvorgangs verpflichtet[12]. Über die Prüfung ist gem. § 34 Abs. 2 Satz 1 AktG schriftlich zu berichten. Die gemeinsame Berichterstattung in einer Urkunde

8

9

10

11

---

11 Die entgegenstehende Auffassung von *Schwarz* (Anh Art. 43 Rz. 27) beruht offenbar darauf, dass er die allgemeinen Bestellungshindernisse für Verwaltungsratsmitglieder, die sich nach hier vertretener Auffassung aus Art. 47 Abs. 2 in Verbindung mit dem allgemeinen Aktienrecht ergeben (vgl. hier Anh. Art. 43 § 27 SEAG Rz. 2 ff. und Art. 47 Rz. 7 ff.), dem § 27 SEAG zuordnet (*Schwarz*, Anh Art. 43 Rz. 129 ff.).
12 Zu dieser Prüfungspflicht *Bayer* in K. Schmidt/Lutter, AktG, § 33 Rz. 2 sowie *Hüffer*, § 33 Rz. 2.

ist zulässig[13]; der Plural in § 21 Abs. 2 Satz 3 („Prüfungsberichte") ist nicht so zu verstehen, dass jedes Mitglied des Verwaltungsrats zwingend einen äußerlich getrennten eigenen Bericht vorlegen muss. Die geschäftsführenden Direktoren trifft keine Prüfungspflicht. Dies unterstreicht ihre gegenüber dem Verwaltungsrat nachgeordnete Stellung. Die Verantwortung für eine ordnungsgemäße Gründung trägt neben den Gründern vor allem der Verwaltungsrat als oberstes Leitungsorgan der Gesellschaft.

IV. Eintragung (§ 21 Abs. 3 und 4 SEAG)

12 Die Anmeldung führt zur Eintragung der Gesellschaft nach Art. 12, sofern keine Eintragungshindernisse entgegenstehen. Der Eintragung geht daher eine **Prüfung durch das Gericht** voraus; dies folgt aus § 38 AktG i.V.m. Art. 15. § 38 Abs. 2 AktG nennt als mögliches Eintragungshindernis die Unrichtigkeit oder Unvollständigkeit des Prüfungsberichts der Mitglieder von Vorstand und Aufsichtsrat[14]; bei Gründung einer monistisch strukturierten SE kommt es insoweit gem. § 21 Abs. 3 SEAG auf den Prüfungsbericht der Mitglieder des Verwaltungsrats an.

13 Den **Inhalt der Eintragung** regelt § 39 AktG i.V.m. Art. 15. In Modifizierung von § 39 Abs. 1 AktG, der vorschreibt, in der Eintragung die Vorstandsmitglieder anzugeben, bestimmt § 21 Abs. 4 SEAG, dass die Eintragung die geschäftsführenden Direktoren und ihre Vertretungsbefugnis angeben muss. Einzutragen sind Vor- und Nachname, Beruf und Wohnort[15]. Die Mitglieder des Verwaltungsrats werden als solche nicht eingetragen, da sie keine Vertretungsbefugnis besitzen[16]. Soweit sie zugleich geschäftsführende Direktoren sind, werden sie in dieser Eigenschaft eingetragen. Der Vorsitzende des Verwaltungsrats und sein Stellvertreter sind gem. § 46 Abs. 1 Satz 3 SEAG zum Handelsregister anzumelden.

14 Die **Bekanntmachung der Eintragung** geht gem. § 40 AktG i.V.m. Art. 15 in einigen Punkten über den Inhalt der Eintragung hinaus. Die nach Art. 14 zusätzlich gebotene Bekanntmachung im Amtsblatt der Europäischen Union hat lediglich informatorischen Charakter und ersetzt nicht die in den §§ 10 HGB, 40 AktG geregelte Bekanntmachung nach nationalem Recht[17].

§ 22 SEAG
Aufgaben und Rechte des Verwaltungsrats

(1) Der Verwaltungsrat leitet die Gesellschaft, bestimmt die Grundlinien ihrer Tätigkeit und überwacht deren Umsetzung.

(2) Der Verwaltungsrat hat eine Hauptversammlung einzuberufen, wenn das Wohl der Gesellschaft es fordert. Für den Beschluss genügt die einfache Mehrheit. Für die Vorbereitung und Ausführung von Hauptversammlungsbeschlüssen gilt § 83 des Aktiengesetzes entsprechend; der Verwaltungsrat kann einzelne damit verbundene Aufgaben auf die geschäftsführenden Direktoren übertragen.

---

13 Für die gemeinsame Berichterstattung von Vorstand und Aufsichtsrat *Bayer* in K. Schmidt/Lutter, AktG, § 34 Rz. 10 sowie *Hüffer*, § 34 Rz. 4.
14 Zu weiteren Eintragungshindernissen Art. 12 Rz. 24 ff.
15 *Schwarz*, Anh Art. 43 Rz. 36; zu § 39 AktG *Kleindiek* in K. Schmidt/Lutter, AktG, § 39 Rz. 3 sowie *Hüffer*, § 39 Rz. 2.
16 *Manz* in Manz/Mayer/Schröder, Art. 43 SE-VO Rz. 58.
17 *Schwarz*, Art. 12 Rz. 18 und Anh Art. 43 Rz. 39.

(3) Der Verwaltungsrat hat dafür zu sorgen, dass die erforderlichen Handelsbücher geführt werden. Der Verwaltungsrat hat geeignete Maßnahmen zu treffen, insbesondere ein Überwachungssystem einzurichten, damit den Fortbestand der Gesellschaft gefährdende Entwicklungen früh erkannt werden.

(4) Der Verwaltungsrat kann die Bücher und Schriften der Gesellschaft sowie die Vermögensgegenstände, namentlich die Gesellschaftskasse und die Bestände an Wertpapieren und Waren, einsehen und prüfen. Er kann damit auch einzelne Mitglieder oder für bestimmte Aufgaben besondere Sachverständige beauftragen. Er erteilt dem Abschlussprüfer den Prüfungsauftrag für den Jahres- und Konzernabschluss gemäß § 290 des Handelsgesetzbuchs.

(5) Ergibt sich bei Aufstellung der Jahresbilanz oder einer Zwischenbilanz oder ist bei pflichtmäßigem Ermessen anzunehmen, dass ein Verlust in der Hälfte des Grundkapitals besteht, so hat der Verwaltungsrat unverzüglich die Hauptversammlung einzuberufen und ihr dies anzuzeigen. Bei Zahlungsunfähigkeit oder Überschuldung der Gesellschaft gilt § 92 Abs. 2 und 3 des Aktiengesetzes entsprechend.

(6) Rechtsvorschriften, die außerhalb dieses Gesetzes dem Vorstand oder dem Aufsichtsrat einer Aktiengesellschaft Rechte oder Pflichten zuweisen, gelten sinngemäß für den Verwaltungsrat, soweit nicht in diesem Gesetz für den Verwaltungsrat und für geschäftsführende Direktoren besondere Regelungen enthalten sind.

Literatur: *Brandt,* Die Hauptversammlung der Europäischen Aktiengesellschaft (SE), 2004 (zit.: Hauptversammlung); *Deutscher Anwaltverein,* Stellungnahme zum Diskussionsentwurf des SE-Ausführungsgesetzes, NZG 2004, 75–86; *Ebert,* Folgepflicht und Haftung des GmbH-Geschäftsführers beim Erhalt und bei der Ausführung von Weisungen, GmbHR 2003, 444–449; *Eder,* Die monistisch verfasste Societas Europaea – Überlegungen zur Umsetzung eines CEO-Modells, NZG 2004, 544–547; *Fleischer*, Zur Leitungsaufgabe des Vorstands im Aktienrecht, ZIP 2003, 1–11; *Haas*, Reform des gesellschaftsrechtlichen Gläubigerschutzes, Verhandlungen des 66. Deutschen Juristentages Stuttgart 2006, Band I, Gutachten E, 2006; *Hommelhoff*, Die neue Position des Abschlussprüfers im Kraftfeld der aktienrechtlichen Organisationsverfassung, BB 1998, 2567–2573 (Teil I), 2625–2631 (Teil II); *Holland*, Das amerikanische „board of directors" und die Führungsorganisation der monistischen SE in Deutschland, 2006; *Hopt/Leyens*, Board Models in Europe – Recent Developments of Internal Corporate Governance Structures in Germany, the United Kingdom, France and Italy, ECFR 1 (2004), 135–168; *Kallmeyer*, Das monistische System in der SE mit Sitz in Deutschland, ZIP 2003, 1531–1536; *Kalss/Greda*, Die Europäische Gesellschaft (SE) österreichischer Prägung nach dem Ministerialentwurf, GesRZ 2004, 91–107; *Koke*, Die Finanzverfassung der Europäischen Aktiengesellschaft (SE) mit Sitz in Deutschland, 2005 (zit.: Finanzverfassung der SE); *Lutter/Kollmorgen/Feldhaus*, Die Europäische Aktiengesellschaft – Satzungsgestaltung bei der mittelständischen SE, BB 2005, 2473–2483; *Lutter/Kollmorgen/Feldhaus*, Muster-Geschäftsordnung für den Verwaltungsrat einer SE, BB 2007, 509–516; *Marsch-Barner*, Zur monistischen Führungsstruktur einer deutschen Europäischen Gesellschaft (SE), in Gedächtnisschrift für Ulrich Bosch, 2006, S. 99–113; *Maul*, Konzernrecht der „deutschen" SE – Ausgewählte Fragen zum Vertragskonzern und den faktischen Unternehmensverbindungen, ZGR 2003, 743–763; *Menjucq*, Das „monistische" System der Unternehmensleitung in der SE, ZGR 2003, 679–687; *Merkt*, Die monistische Unternehmensverfassung für die Europäische Aktiengesellschaft aus deutscher Sicht, ZGR 2003, 650–678; *Minuth*, Führungssysteme der Europäischen Aktiengesellschaft (SE), 2005 (zit.: Führungssysteme); *Nagel*, Unabhängigkeit der Kontrolle im Aufsichtsrat und Verwaltungsrat: Der Konflikt zwischen der deutschen und der angelsächsischen Konzeption, NZG 2007, 166–169; *Neye/Teichmann*, Der Entwurf für das Ausführungsgesetz zur Europäischen Aktiengesellschaft, AG 2003, 169–179; *Nowotny*, Zur Organisationsverfassung der Europäischen Aktiengesellschaft, GesRZ 2004, 39–45; *Oechsler*, Kapitalerhaltung in der Europäischen Gesellschaft (SE), NZG 2005, 449–454; *Scherer*, „Die Qual der Wahl": Dualistisches oder monistisches System?, 2006; *Teichmann*, Gestaltungsfreiheit im monistischen Leitungssystem der Europäischen Aktiengesellschaft, BB 2004, 53–60.

I. Bedeutung des § 22 SEAG

1   Im monistischen Modell der SE führt das Verwaltungsorgan die Geschäfte (Art. 43 Abs. 1). Es trägt in Deutschland die Bezeichnung „Verwaltungsrat" (§ 20 SEAG). § 22 SEAG dient, gestützt auf die Regelungsermächtigung des Art. 43 Abs. 4, der näheren Ausgestaltung der Aufgaben und Kompetenzen des Verwaltungsrats einer SE mit Sitz in Deutschland. Eine solche, die Verordnung ergänzende Vorschrift verfolgt zweierlei **Regelungsziele**: Zum einen ist das monistische System im deutschen Aktienrecht nicht geregelt und bedarf daher der Abgrenzung gegenüber dem traditionellen dualistischen System. Zum zweiten bietet Art. 43 Abs. 1 nicht genügend Anhaltspunkte, um die Pflichtenstellung eines Organs, das es im nationalen Aktienrecht nicht gibt, hinreichend klar zu umreißen[1].

2   Der Verwaltungsrat trägt im gesellschaftsrechtlichen Innenverhältnis die unveräußerliche **Leitungsverantwortung**[2]. Dies schließt es nicht aus, Geschäftsführungsaufgaben auf nachgeordnete Stellen zu delegieren (Art. 43 Rz. 13 ff.). Die vom Gesetz vorgesehene Bestellung geschäftsführender Direktoren (§ 40 Abs. 1 SEAG) bedeutet aber nur eine Arbeitsentlastung, keine Freistellung von Verantwortung. Die häufig zu lesende Einschätzung, es handele sich beim monistischen SE-Modell wegen der Existenz geschäftsführender Direktoren um ein „verdeckt dualistisches" Modell[3] oder um eine „Spielart des dualistischen Systems"[4], wird der Verantwortungs- und

---

1   Daher ist § 22 Abs. 1 SEAG, entgegen *Schwarz*, Anh Art. 43 Rz. 49, mehr als nur eine deklaratorische Vorschrift.

2   Begr. RegE zu § 22, BT-Drucks. 15/3405, S. 36.

3   So als Erster wohl der DAV, NZG 2004, 75, 82.

4   *Marsch-Barner* in GS Bosch, S. 99, 106.

Haftungslage der Verwaltungsratsmitglieder nicht gerecht. Da der geschäftsführende Direktor die Geschäfte nicht „in eigener Verantwortung" führt, können sich die Verwaltungsratsmitglieder nicht auf eine bloße Überwachung im Sinne der Aufsichtsratstätigkeit zurückziehen. Sie sind vergleichbar einem Vorstand für die Leitung der Gesellschaft zuständig und partizipieren an dieser Verantwortung in grundsätzlich gleicher Weise, unabhängig davon, ob sie zu den geschäftsführenden oder nicht-geschäftsführenden Mitgliedern des Verwaltungsrats gehören[5].

Der Verwaltungsrat vereinigt damit auf sich die Aufgaben von Vorstand und Aufsichtsrat einer deutschen AG[6]. Eine Entsprechung zum Aufsichtsrat gibt es im monistischen System in der Regel nicht[7]. Denn die historisch gewachsene Vorstellung, das Aufsichtsorgan müsse zur besseren Wahrnehmung seiner Überwachungsaufgabe von der Geschäftsführung ausgeschlossen sein, ist ein Spezifikum des dualistischen Modells (Art. 38 Rz. 19 ff.). Im Vergleich dazu ist das **Zusammenfallen von Geschäftsführung und Überwachung** in einem Organ gerade das prägende Merkmal eines monistischen Systems (Art. 38 Rz. 32) und somit zwingende Vorgabe der mitgliedstaatlichen Ausgestaltung der monistischen SE. Gegebenenfalls auftretende Überwachungsdefizite sind systemgetreu durch interne Kontrollelemente auszugleichen (unten Rz. 46 ff.)[8].

Eine dem SEAG vergleichbare Regelung findet sich im **österreichischen SE-Gesetz**[9]. Auch dort werden dem Verwaltungsrat die Rechte und Pflichten zugewiesen, die im dualistischen Modell von Vorstand oder Aufsichtsrat wahrgenommen werden (§ 38 Abs. 2 und 3 SEG)[10]. Der Verwaltungsrat leitet die Gesellschaft (§ 39 Abs. 1 SEG); damit sind ihm die originären unternehmerischen Leitungsaufgaben zugewiesen, wie insbesondere die Festlegung der strategischen Ausrichtung und der Unternehmensorganisation[11]. Da den geschäftsführenden Direktoren nach österreichischem Recht nur die laufenden Geschäfte obliegen (§ 56 SEG), besteht die Notwendigkeit einer Abgrenzung von Oberleitung und laufender Geschäftsführung[12]. Dem deutschen SEAG vergleichbar sind die folgenden Einzelregelungen: Der Verwaltungsrat hat die Pflicht, bei Verlust der Hälfte des Grundkapitals die Hauptversammlung einzuberufen (§ 39 Abs. 2 SEG); er hat dafür zu sorgen, dass ein Rechnungswesen und ein internes Kontrollsystem geführt werden (§ 39 Abs. 3 SEG); er kann Bücher und Schriften der Gesellschaft einsehen (§ 39 Abs. 4 SEG). Hingegen hat die in § 39 Abs. 5 SEG geregelte Berichterstattung bei Aktienoptionen keine Entsprechung im SEAG.

3

4

---

5 Vgl. insoweit auch die Ausführungen zur Organhaftung bei Art. 51 SE-VO und Anh. Art. 43 § 39 SEAG.

6 *Schwarz*, Anh Art. 43 Rz. 41; *Manz* in Manz/Mayer/Schröder, Art. 43 SE-VO Rz. 1; ebenso für das österreichische Modell der monistischen SE *Kalss/Greda* in Kalss/Hügel, § 39 SEG Rz. 3.

7 In Schweden haben die so genannten Revisoren das Recht, die Geschäftsführung des Verwaltungsrats und der geschäftsführenden Direktoren zu überprüfen. ABL Kap. 9 § 3.

8 Zu den aktuellen Bestrebungen monistischer Systeme, die internen Kontrollmechanismen auszubauen, *Hopt/Leyens*, ECFR 2004 (1), 135 ff. Im Übrigen ist die Thematik der internen Kontrolleffizienz das beherrschende Thema der internationalen Corporate Governance-Debatte (vgl. zur Entwicklung im US-amerikanischen Recht *Holland*, Board of directors und monistische SE, S. 39 ff. und *Scherer*, Dualistisches oder monistisches System?, S. 77 ff., dort S. 68 ff. auch zum englischen Recht); zu den konzeptionellen Unterschieden von Kontrolle und Überwachung im Aufsichtsrats- und Verwaltungsratssystem kürzlich *Nagel*, NZG 2007,

9 Zum österreichischen SE-Monismus vgl. auch Art. 43 Rz. 31, 46, 55.

10 *Kalss/Greda* in Kalss/Hügel, § 39 SEG Rz. 3.

11 *Kalss/Greda* in Kalss/Hügel, § 39 SEG Rz. 6 ff.; *Nowotny*, GesRZ 2004, 39, 43 ff.

12 *Kalss/Greda* in Kalss/Hügel, § 39 SEG Rz. 28 ff. Im deutschen Modell liegt diese Kompetenzabgrenzung im Ermessen des Verwaltungsrats (s. unten Rz. 13).

II. Stellung des Verwaltungsrats in der Unternehmensverfassung (§ 22 Abs. 1 SEAG)

1. Leitungsverantwortung

a) Inhalt

5   Der Verwaltungsrat **leitet die Gesellschaft**. Die Formel des § 22 Abs. 1 SEAG ist dem französischen Recht entlehnt[13]. Dieses ist dem Modell des SEAG auch deshalb vergleichbar, weil es ebenso wie das SEAG ein Verwaltungsorgan für die unternehmerische Oberleitung und einen geschäftsführenden Direktor (*directeur général*) für die Geschäftsführung gesetzlich vorschreibt[14]. Die Existenz geschäftsführender Direktoren soll dem Verwaltungsrat den Freiraum schaffen, sich um die von ihm für wichtig befundenen Fragen zu kümmern[15]. Diese „gesetzliche Delegation"[16] entspricht funktional der rechtsgeschäftlichen Übertragung von Geschäftsführungsaufgaben, ohne die auch ein angelsächsisches *Board* seinen eigentlichen Kernaufgaben kaum sinnvoll nachkommen kann[17].

6   Im Kontext des deutschen Rechts ist die Aufgabe des Verwaltungsrats **mit derjenigen des Vorstands vergleichbar**, der im dualistischen Modell die Leitung der Gesellschaft inne hat[18]. Grundsätzlich kann daher für die Aufgabenbeschreibung des Verwaltungsrats auf die zum Vorstand entwickelten Gedanken zurückgegriffen werden[19]: „Er hat die langfristigen Unternehmensziele vorzugeben, die wesentlichen Geschäftsfelder zu umreißen und über die wichtigsten Investitionsentscheidungen zu befinden."[20] Diese Leitungsaufgabe lässt sich unterteilen in eine Planungs- und Steuerungsverantwortung, eine allgemeine Organisationsverantwortung, eine Finanzverantwortung und eine Informations- und Berichtsverantwortung[21].

7   Da im monistischen System ein gesondertes Überwachungsorgan in Form des Aufsichtsrats fehlt, trifft den Verwaltungsrat eine gesteigerte Verantwortung für die Einrichtung **interner Kontrollmechanismen**. In Abhängigkeit vom Umfang der wirtschaftlichen Tätigkeit des Unternehmens und den damit verbundenen Risiken muss er beispielsweise die Einrichtung spezialisierter Ausschüsse erwägen (vgl. zur Ausschussbildung § 34 Abs. 4 SEAG), die mit dem nötigen Sachverstand ausgestattet

---

13 Begr. RegE zu § 22, BT-Drucks. 15/3405, S. 36; vgl. auch *Neye/Teichmann*, AG 2003, 169, 177.

14 Vgl. zum französischen Leitungsmodell Art. 38 Rz. 18 und *Menjucq*, ZGR 2003, 679 ff.

15 Ebenso *Reichert/Brandes* in MünchKomm. AktG, Art. 43 SE-VO Rz. 7.

16 *Reichert/Brandes* in MünchKomm. AktG, Art. 43 SE-VO Rz. 81, sprechen anschaulich von einer „gesetzlichen Delegationsnorm".

17 Zu Recht sieht daher *Scherer*, Dualistisches oder monistisches System?, S. 76, einen Gleichlauf der Aufgaben eines Executive Director im englischen Recht und des geschäftsführenden Direktors nach dem SEAG. In der rechtspolitischen Kritik steht daher weniger die Figur des geschäftsführenden Direktors als solches, wohl aber die zwingende gesetzliche Anordnung, dass mindestens ein geschäftsführender Direktor zu bestellen sei (dazu Art. 43 Rz. 58).

18 Vgl. *Teichmann* in Lutter/Hommelhoff, Europäische Gesellschaft, S. 195, 202.

19 So verfahren auch die bislang vorliegenden Kommentierungen, soweit sie sich ausführlicher mit dem Inhalt der Leitungsaufgaben befassen. S. dazu etwa *Reichert/Brandes* in MünchKomm. AktG, Art. 43 SE-VO Rz. 81 ff. und für das insoweit vergleichbare österreichische Modell *Kalss/Greda* in Kalss/Hügel, § 39 SEG Rz. 6 ff.

20 *Fleischer*, ZIP 2003, 1, 5, zur Leitungsaufgabe des Vorstands.

21 So die Unterteilung bei *Reichert/Brandes* in MünchKomm. AktG, Art. 43 SE-VO Rz. 83 ff.; in diesem Sinne auch die Ausführungen zum österreichischen SE-Monismus bei *Kalss/Greda* in Kalss/Hügel, § 39 SEG Rz. 6 ff.; weiterhin *Eder*, NZG 2004, 544; *Kallmeyer*, ZIP 2003, 1531, 1532 (der allerdings entgegen der Konzeption des SEAG eine Zuständigkeit der geschäftsführenden Direktoren nur für die laufende Geschäftsführung annimmt – dazu Art. 43 Rz. 29 ff.).

sind und dadurch eine effektive Vollzugskontrolle (Rz. 14 ff.) der Geschäftsführung sicherstellen.

Im Rahmen seiner Organisationsverantwortung entscheidet der Verwaltungsrat auch 8
über die Bestellung **interner oder externer Direktoren**[22]. Eine enge Bindung der Geschäftsführung an die strategische Linie des Verwaltungsrats lässt sich erreichen, indem Mitglieder des Verwaltungsrats zu geschäftsführenden Direktoren ernannt werden (interne Direktoren). § 40 Abs. 1 Satz 2 SEAG lässt dies zu, solange es sich nicht um die Mehrheit der Verwaltungsratsmitglieder handelt. Denkbar ist auch die Bestellung von Personen, die nicht dem Verwaltungsrat angehören (externe Direktoren). Werden allein externe Direktoren bestellt, ist die Umsetzung der Leitlinien des Verwaltungsrats möglicherweise nicht immer uneingeschränkt sichergestellt. Kommt es zu einem Konflikt mit den geschäftsführenden Direktoren, müsste zunächst eine Weisung ergehen oder gar der bisherige Direktor abberufen und ein neuer bestellt werden. Im Regelfall ist daher die Bestellung zumindest eines internen Direktors ein Gebot vorausschauender Unternehmensplanung[23]. Dies gilt umso mehr, als die geschäftsführenden Direktoren die Gesellschaft vertreten (§ 41 Abs. 1 SEAG) und auch insoweit die Handlungsfähigkeit der Gesellschaft in Übereinstimmung mit der Strategieplanung des Verwaltungsrats zu jedem Zeitpunkt sichergestellt sein muss.

b) Leitungsverantwortung und Leitungspflicht

Die Leitung der Gesellschaft ist für den Verwaltungsrat ein **Pflichtrecht**[24]. Er ist ver- 9
pflichtet, von seiner Kompetenz aktiv Gebrauch zu machen. Diese Pflicht trifft das Verwaltungsorgan als Kollegialorgan, also auch diejenigen Mitglieder, die sich nicht der täglichen Geschäftsführung widmen einschließlich der von den Arbeitnehmern bestellten Mitglieder (vgl. hierzu auch Anh. Art. 43 § 39 SEAG)[25].

Die Leitungsverantwortung des Verwaltungsrats betrifft das gesellschaftsrechtliche 10
Innenverhältnis. Art. 43 Abs. 1 Satz 1 SE-VO und § 22 Abs. 1 SEAG klären die Rechte und Pflichten des Verwaltungsorgans gegenüber der Hauptversammlung (Art. 43 Rz. 11). Der Verwaltungsrat ist für alle Angelegenheiten zuständig, über die nicht kraft Gesetzes die Hauptversammlung zu beschließen hat (Art. 43 Rz. 11). Entsprechend ist er den Aktionären gegenüber für die Geschäftsführung rechenschaftspflichtig. Dies kommt in § 22 Abs. 2 bis 5 SEAG ebenso zum Ausdruck wie in der Generalnorm des § 22 Abs. 6 SEAG, kraft derer sich namentlich das Auskunftsrecht aus § 131 AktG gegen den Verwaltungsrat und nicht etwa gegen die geschäftsführenden Direktoren richtet.

Das **Außenverhältnis** regelt die SE-VO nicht; weder zur Vertretungsmacht (dazu 11
Art. 43 Rz. 16 ff.) noch zur Außenhaftung der Organe finden sich dort Anhaltspunkte. Das deutsche Ausführungsrecht weist auf Basis der Regelungsermächtigung des Art. 43 Abs. 4 die Vertretungsmacht den geschäftsführenden Direktoren zu (§ 41 SE-AG). Für die Außenhaftung gelten über Art. 9 Abs. 1 lit. c ii SE-VO die allgemeinen Regeln des mitgliedstaatlichen Rechts (Art. 51 Rz. 12).

---

22 Vgl. für die Schweiz *Merkt*, ZGR 2003, 650, 660.
23 Problematisch ist dies im Fall eines paritätisch mitbestimmten Verwaltungsrats, weil dann unter den nicht-geschäftsführenden Verwaltungsratsmitgliedern die Arbeitnehmervertreter die Mehrheit haben. Dies spricht dafür, die Parität nur auf die nicht-geschäftsführenden Mitglieder zu beziehen (*Teichmann*, BB 2004, 53, 56 f.; a.A. die wohl herrschende Meinung, vgl. dazu Art. 43 Rz. 65).
24 *Fleischer*, ZIP 2003, 1, 2, für den Vorstand.
25 Ebenso für das österreichische SEG *Kalss/Greda* in Kalss/Hügel, § 39 SEG Rz. 15; zur gleichgelagerten Gesamtverantwortung des Vorstandes *Fleischer*, ZIP 2003, 1, 2.

2. Verhältnis zu den geschäftsführenden Direktoren

a) Über-/Unterordnung

12 Gem. § 40 Abs. 1 Satz 1 SEAG bestellt der Verwaltungsrat einen oder mehrere geschäftsführende Direktoren, denen nach § 40 Abs. 2 SEAG die Geschäftsführung obliegt. Dies ändert jedoch nichts an der Oberleitung durch den Verwaltungsrat, der gem. § 22 Abs. 1 SEAG die Gesellschaft leitet, die Grundlinien ihrer Tätigkeit bestimmt und deren Umsetzung überwacht. Im Vergleich zu den geschäftsführenden Direktoren besteht daher eine klare **Hierarchie**: Die Leitungsentscheidungen des Verwaltungsrats haben Vorrang und sind von den geschäftsführenden Direktoren bei Ausübung ihrer Tätigkeit zu beachten. Das SEAG festigt diese Position des Verwaltungsrats durch das Recht, die Direktoren jederzeit abzuberufen (§ 40 Abs. 5 SEAG) und ihnen Weisungen zu erteilen (§ 44 Abs. 2 SEAG).

13 „**Geschäftsführung**" der Direktoren im Sinne des § 40 SEAG kann vor diesem Hintergrund immer nur ein Ausschnitt der dem Verwaltungsrat zustehenden Kompetenzen sein. Verwaltungsrat und geschäftsführende Direktoren haben denselben Aktionsradius[26]. Der Verwaltungsrat unterliegt in seiner Einflussnahme auf die Geschäftsführung keinen inhaltlichen Beschränkungen; denn er ist bereits nach Art. 43 Abs. 1 gemeinschaftsrechtlich das für die Führung der Geschäfte zuständige Organ (Art. 43 Rz. 11 ff.). Auch die Reichweite der den geschäftsführenden Direktoren zugewiesenen Kompetenz ist inhaltlich unbeschränkt (str., vgl. Art. 43 Rz. 30 ff.); sie findet ihre Begrenzung allein qualitativ in der Unterordnung gegenüber dem Verwaltungsrat. Zwar spricht die Gesetzesbegründung davon, die geschäftsführenden Direktoren nähmen die „Aufgaben der laufenden Geschäftsführung" wahr[27]. Dies bezieht sich aber lediglich auf die Wahrnehmung dieser Aufgaben im Außenverhältnis, beispielsweise die Handelsregisteranmeldungen (ausdrücklich erwähnt in § 40 Abs. 4 Satz 4 SEAG). Das Gesetz überträgt den geschäftsführenden Direktoren die Geschäftsführung ohne einschränkenden Zusatz (§ 40 Abs. 2 Satz 1 SEAG), wobei der systematische Kontext der Weisungsunterworfenheit (§ 44 Abs. 2 SEAG) mitzudenken ist. Es überlässt damit die Grenzziehung zwischen Oberleitung und Geschäftsführung (in den Grenzen des § 40 Abs. 2 Satz 3 SEAG) dem Verwaltungsrat (dazu sogleich Rz. 14 ff.)[28].

b) Delegation und Vollzugskontrolle

14 Die Delegation von Geschäftsführungsaufgaben gehört zu den Ausprägungen eines jeden monistischen Systems (Art. 43 Rz. 13). Sie kann sich an Mitglieder des Verwaltungsorgans richten oder an Personen, die nicht dem Verwaltungsrat angehören[29]. Beides ist nach dem SEAG möglich, indem interne oder externe geschäftsführende Direktoren bestellt werden (vgl. § 40 Abs. 1 Satz 2 SEAG). Ungeachtet dessen trägt der Verwaltungsrat weiterhin als Gesamtorgan die Verantwortung für alle Bereiche der Geschäftsführung. Seine Pflichtenstellung wandelt sich mit der Delegation von Geschäftsführungsaufgaben in eine Pflicht zur Festsetzung der **Leitlinien** und der

---

26 *Teichmann* in Lutter/Hommelhoff, Europäische Gesellschaft, S. 195, 206. Insoweit anders das österreichische Recht, das den geschäftsführenden Direktoren ausdrücklich nur die laufenden Geschäfte zuweist (§ 56 SEG); zu den Problemen der Abgrenzung von Oberleitung und laufender Geschäftsführung *Kalss/Greda* in Kalss/Hügel, § 39 SEG Rz. 28 ff.
27 Begr. RegE zu § 40, BT-Drucks. 14/3405, S. 39.
28 *Scherer*, Dualistisches oder monistisches System?, S. 102; weiterhin *Merkt*, ZGR 2003, 650, 662 f.; *Reichert/Brandes* in MünchKomm. AktG, Art. 43 SE-VO Rz. 81; sowie *Schwarz*, Anh Art. 43 Rz. 46.
29 Vgl. die Beschreibung der Strukturalternativen bei *Minuth*, Führungssysteme, S. 77 ff.

Überwachung ihrer Umsetzung (§ 22 Abs. 1 SEAG)[30]. Darüber hinaus kann der Verwaltungsrat zu jedem Zeitpunkt bestimmte Geschäftsführungsmaßnahmen an sich ziehen. Er ist dabei nicht auf Maßnahmen von grundlegender Bedeutung beschränkt. Vielmehr obliegt es seinem eigenen unternehmerischen, pflichtgemäß auszuübenden Ermessen, welche Entscheidungen er selbst zu treffen gedenkt und welche er den Direktoren zur eigenverantwortlichen Wahrnehmung überlässt[31]. Im konkreten Einzelfall kann und muss der Verwaltungsrat kraft seiner Weisungsbefugnis oder notfalls durch Abberufung bisheriger und Bestellung neuer geschäftsführender Direktoren auch in das Tagesgeschäft eingreifen[32].

Die Überwachung durch den Verwaltungsrat ist eine **Vollzugskontrolle** hinsichtlich der Grundlinien der Unternehmensstrategie, die er selbst festgelegt hat. Die Aufgabe der „Überwachung" im monistischen System ist daher nicht unmittelbar vergleichbar mit der Überwachung des Vorstands durch den Aufsichtsrat. Im monistischen System überwachen die nicht-geschäftsführenden Mitglieder des Verwaltungsrats die Durchführung von Entscheidungen, an denen sie selbst mitgewirkt haben, ja kraft ihrer Organstellung – die nicht nur Rechte, sondern auch Pflichten festlegt – sogar aktiv mitwirken müssen[33]. Zu Recht spricht *Merkt* von der Kontrolle der geschäftsführenden Direktoren als der „Kehrseite der Strategiefestlegung"[34]. Im dualistischen System ist der Aufsichtsrat demgegenüber kraft Gesetzes von der Geschäftsführung ausgeschlossen (Art. 40 Abs. 1 Satz 2, § 111 Abs. 4 Satz 1 AktG) und überwacht daher Entscheidungen, deren Entstehung er nicht zu verantworten hat.   15

Die Parallele zwischen monistischem und dualistischem System weist auch hier (vgl. bereits oben Rz. 3) auf den **Vorstand**. Soweit dieser Geschäftsführungsaufgaben delegiert, ist er verpflichtet, jederzeit **steuernd einzugreifen**, wenn während des Planungsvollzugs Störungen auftreten[35]. Dies gilt ebenso für den Verwaltungsrat im Verhältnis zu den geschäftsführenden Direktoren. Anlehnungen an die zur Überwachungstätigkeit des Aufsichtsrats entwickelten Grundsätze sind hingegen nur unter Vorbehalt möglich. Soweit es sich um die allgemeine Überlegungen handelt, dass der Verwaltungsrat ebenso wenig wie ein Aufsichtsrat jede einzelne Geschäftsführungsmaßnahme kontrollieren könne[36], ist die Parallele unbedenklich. Sie darf jedoch nicht dazu verleiten, den Verwaltungsrat beispielsweise schon deshalb aus der Verantwortung zu entlassen, weil im Rahmen der regelmäßigen Berichterstattung (vgl. § 40 Abs. 6 SEAG) keine Anhaltspunkte für Beanstandungen zu entdecken waren. Vielmehr muss sich der Verwaltungsrat als Leitungsorgan selbst um die Informa-   16

---

30 *Reichert/Brandes* in MünchKomm. AktG, Art. 43 SE-VO Rz. 98 ff.; ebenso für Österreich *Kalss/Greda* in Kalss/Hügel, § 39 SEG Rz. 16.
31 *Merkt*, ZGR 2003, 650, 663.
32 A.A. *Schwarz*, der davon ausgeht, dass den geschäftsführenden Direktoren ein Kernbereich eigener Kompetenzen verbleiben müsse, *Schwarz*, Anh Art. 43 Rz. 337, 339; so auch *Kalss/Greda* in Kalss/Hügel, § 56 SEG Rz. 11, 15. *Merkt*, ZGR 2003, 650, 662 f. erwartet, dass sich die Erteilung von Weisungen in der Praxis auf Ausnahmefälle beschränken wird, um Schadensersatzpflichten zu vermeiden.
33 Darin liegt ein allgemeines Merkmal der „Überwachung" im monistischen System und eine wichtige Unterscheidung gegenüber dem dualistischen System. Dazu etwa *Scherer*, Dualistisches oder monistisches System?, S. 103, sowie *Teichmann*, Binnenmarktkonformes Gesellschaftsrecht, S. 572 ff. S. nur den Combined Code der Londoner Börse, Absatz 3, Satz 2 der „Supporting Principles" zu Main Principle A.1: „As part of their role as members of a unitary board, non-executive directors should constructively challenge and help develop proposals on strategy. Non-executive directors should scrutinise the performance of management on meeting agreed goals and objectives and monitor the reporting of performance."
34 *Merkt*, ZGR 2003, 650, 672.
35 Vgl. zur Überwachungspflicht des Vorstands *Fleischer*, ZIP 2003, 1, 5.
36 Etwa *Reichert/Brandes* in MünchKomm. AktG, Art. 43 SE-VO Rz. 98.

tionen bemühen, die er zur Erfüllung seiner Aufgaben benötigt und darüber hinaus aktiv von seinen Einflussrechten gegenüber den geschäftsführenden Direktoren Gebrauch machen.

III. Verwaltungsrat und Hauptversammlung

1. Einberufung und Leitung der Hauptversammlung

17 Organisation und Ablauf der Hauptversammlung richten sich gem. Art. 53 nach dem mitgliedstaatlichen Recht. Das deutsche Aktienrecht weist insoweit dem Vorstand eine maßgebliche Rolle zu: Er ist für die Einberufung der Hauptversammlung zuständig und übernimmt die wesentlichen Tätigkeiten bei Vorbereitung und Durchführung der Versammlung (vgl. im Einzelnen die §§ 121 ff. AktG); weiterhin ist er Adressat des Auskunftsrechts der Aktionäre (§ 131 AktG). Da sich für das monistische Modell im allgemeinen deutschen Aktienrecht keine Regelungen finden, bedurfte es einer Regelung im SE-Ausführungsgesetz, um die Zuständigkeiten für Einberufung und Durchführung der Hauptversammlung zu klären. Allgemein ergibt sich die **Zuständigkeit des Verwaltungsrats** für alle Aufgaben, die im dualistischen Modell dem Vorstand zugewiesen sind, aus § 22 Abs. 6 SEAG. Die daraus resultierende Kompetenz des Verwaltungsrats zur Einberufung und Leitung der Hauptversammlung entspricht seiner Letztverantwortung für die Unternehmenspolitik und seiner Verantwortlichkeit gegenüber den Anteilseignern[37]. Das SEAG weist diese Kompetenzen daher dem Verwaltungsrat und nicht den geschäftsführenden Direktoren zu.

18 Die Regelung stützt sich auf die **allgemeine Ermächtigung** zur Ausgestaltung des monistischen Systems (Art. 43 Abs. 4). Die Vorschriften der SE-VO über die Hauptversammlung der SE stehen nicht entgegen. Zwar vertritt *Brandt* die Auffassung, Art. 54 Abs. 2 weise jedem Organ der Gesellschaft die Befugnis zu, jederzeit die Hauptversammlung einzuberufen[38]. Dem ist aber nicht zuzustimmen. Der Verweis des Art. 54 Abs. 2 auf das mitgliedstaatliche Recht bedeutet, dass die genannten Organe oder Stellen nur dann die Hauptversammlung einberufen können, wenn sie nach mitgliedstaatlichem Recht dafür zuständig sind[39]. Der Verweis auf nationales Recht in Art. 54 Abs. 2 lässt sich auch nicht als bloßer Verweis auf die Modalitäten der Einberufung verstehen[40]; denn der Verordnungsgeber konnte kaum davon ausgehen, dass mitgliedstaatliche Rechtsnormen die Modalitäten einer Hauptversammlungseinberufung durch Organe oder andere Stellen regeln, die nach mitgliedstaatlichem Recht überhaupt nicht befugt sind, die Hauptversammlung einzuberufen.

2. Einberufung in Sonderfällen

a) Zum Wohle der Gesellschaft (§ 22 Abs. 2 Satz 1 SEAG)

19 Das dualistisch geprägte Aktienrecht kennt ausnahmsweise auch eine Einberufung der Hauptversammlung durch den Aufsichtsrat, sofern das Wohl der Gesellschaft es erfordert (§ 111 Abs. 3 AktG). Darin liegt im dualistischen Modell ein Element der Überwachung; denn die Fälle, in denen eine solche Einberufung typischerweise in Betracht kommt, sind solche, in denen der Aufsichtsrat notfalls gegen den Willen des

---

37 Vgl. Begr. RegE, BT-Drucks. 15/3405, S. 37. Der Verwaltungsrat macht der Hauptversammlung damit auch die gem. § 124 Abs. 3 Satz 1 AktG vorgesehenen Beschlussvorschläge zu den Gegenständen der Tagesordnung (vgl. für die Wahl der Verwaltungsratsmitglieder Anh. Art. 43 § 28 SEAG Rz. 3).

38 *Brandt*, Hauptversammlung, S. 180.

39 Ebenso *Schwarz*, Art. 54 Rz. 8.

40 So aber *Brandt*, Hauptversammlung, S. 181; auch Art. 54 Rz. 12 ff.

Vorstands eine Hauptversammlung durchsetzt[41]. Da es im monistischen System kein separates Überwachungsorgan gibt und der Verwaltungsrat ohnehin für die Einberufung der Hauptversammlung zuständig ist, entfällt das Bedürfnis für eine speziell geregelte Einberufungsbefugnis. § 22 Abs. 2 SEAG hat daher vor allem die Funktion, den Verwaltungsrat an seine **Pflicht** zu gemahnen, eine **Hauptversammlung gegebenenfalls außerordentlich einzuberufen**, wenn das Wohl der Gesellschaft es erfordert[42]. Dies kann für Fälle einer krisenhaften Entwicklung gelten oder für Konstellationen im Sinne der Holzmüller-/Gelatine-Rechtsprechung[43], bei denen eine Geschäftsführungsmaßnahme ohne zustimmenden Beschluss der Hauptversammlung rechtswidrig wäre.

Für den **Beschluss** über die Einberufung genügt im Verwaltungsrat die **einfache Mehrheit**. Zwar regelt auch Art. 50 die Beschlussfassung in den Organen der SE. Dies steht allerdings unter dem ausdrücklichen Vorbehalt, dass die Verordnung selbst nichts anderes regelt. Für die Einberufung der Hauptversammlung verweisen Art. 53 und Art. 54 Abs. 2 auf das mitgliedstaatliche Recht. Insoweit gilt für den Beschluss über die Einberufung der Hauptversammlung nicht Art. 50, sondern das einschlägige mitgliedstaatliche Recht[44]. Da dieses für die monistische Struktur keine Regelung trifft, regelt § 22 Abs. 2 SEAG die Frage ausdrücklich. Diese Regelung entspricht derjenigen in § 111 Abs. 3 Satz 2 AktG. Diese Parallele zum deutschen Aktienrecht ist keine Anlehnung an Besonderheiten des dualistischen Modells, sondern Ausprägung allgemeiner Verfahrensgrundsätze von Kollegialorganen (dazu Art. 38 Rz. 30), die ihre Beschlüsse typischerweise mit einfacher Mehrheit fassen. **20**

b) Verlust der Hälfte des Grundkapitals (§ 22 Abs. 5 Satz 1 SEAG)

Die Pflicht, bei einem Verlust in Höhe der Hälfte des Grundkapitals die Hauptversammlung einzuberufen (§ 22 Abs. 5 Satz 1 SEAG), dient ebenso wie die gleich gelagerte Pflicht des Vorstands im dualistischen Modell (§ 92 Abs. 1 AktG) der **Information der Hauptversammlung** und der Herstellung ihrer Handlungsfähigkeit[45]. Reaktionsmöglichkeiten der Hauptversammlung sind insbesondere Kapitalmaßnahmen oder ein Auflösungsbeschluss. Auch hiermit unterstreicht das SEAG die Gesamtverantwortung des Verwaltungsrats für die Geschäftsführung in der Gesellschaft. Eine Einberufungspflicht bei schweren Verlusten des gezeichneten Kapitals ist zudem in Art. 17 der zweiten gesellschaftsrechtlichen Richtlinie (Kapitalrichtlinie) vorgeschrieben[46]. Für den Beschluss über die Einberufung genügt auch hier die einfache Mehrheit; dies folgt in Ermangelung einer ausdrücklichen Regelung aus einer Analogie zu § 22 Abs. 2 Satz 2 SEAG[47]. **21**

---

41 *Drygala* in K. Schmidt/Lutter, AktG, § 111 Rz. 33; *Hüffer*, § 111 Rz. 13 f. nennt Abstimmung über Vertrauensentzug, der Abberufung des Vorstands nach § 84 Abs. 3 Satz 2 AktG vorbereitet, oder Einberufung zur Beschlussfassung über grundlegende Entscheidungen im Sinne der Holzmüller-/Gelatine-Rechtsprechung.
42 Auch die Begr. RegE zu § 22, BT-Drucks. 15/3405, S. 37, sieht in § 22 Abs. 2 SEAG ein Element der besonderen Pflichtstellung des Verwaltungsrats und seiner „Verantwortung für die Gesamtleitung der Gesellschaft".
43 *Hüffer*, § 111 Rz. 14.
44 Ebenso *Schwarz*, Anh Art. 43 Rz. 54.
45 Vgl. *Krieger/Sailer* in K. Schmidt/Lutter, AktG, § 92 Rz. 1 sowie *Habersack* in Großkomm. AktG, § 92 Rz. 2, und *Hüffer*, § 92 Rz. 1; BGH v. 9.7.1979 – II ZR 211/76, NJW 1979, 1829, 1831.
46 Dazu etwa *Habersack*, Europäisches Gesellschaftsrecht, S. 152 ff. (Rz. 42 ff.).
47 *Schwarz*, Anh Art. 43 Rz. 69.

22   Ein Verlust in Höhe der Hälfte des Grundkapitals ist eingetreten, wenn das Vermögen nur noch die **Hälfte des Nennkapitals** deckt[48]. Der Verwaltungsrat muss in diesem Fall die Hauptversammlung unverzüglich einberufen und die Verlustanzeige auf die Tagesordnung setzen. Eine Verletzung der Einberufungspflicht kann zur Haftung des Verwaltungsrats gem. § 39 SEAG führen. Außerdem ist die Vorschrift Schutzgesetz im Sinne des § 823 Abs. 2 BGB zu Gunsten der Gesellschaft[49]; ob darüber hinaus auch die individuellen Interessen der Aktionäre vom Schutzzweck erfasst sind, ist streitig[50]. Ein Schutzgesetz zu Gunsten der Gläubiger ist die Vorschrift nicht[51].

3. Vorbereitung und Durchführung von Beschlüssen (§ 22 Abs. 2 Satz 3 SEAG)

23   Die Hauptversammlung ist organisatorisch zumeist nicht in der Lage, ihre Beschlüsse selbst in die Tat umzusetzen. Daher ordnet § 83 AktG an, dass der Vorstand auf Verlangen der Hauptversammlung verpflichtet ist, Maßnahmen, die in die Zuständigkeit der Hauptversammlung fallen, vorzubereiten[52]. Diese Aufgabe weist § 22 Abs. 2 Satz 3 SEAG für das monistische Leitungsmodell dem Verwaltungsrat zu, der sich hierzu der Unterstützung der geschäftsführenden Direktoren bedienen kann. Im Übrigen gelten die zu § 83 AktG entwickelten Grundsätze; die Vorbereitung von Hauptversammlungsbeschlüssen durch den Verwaltungsrat setzt somit insbesondere voraus, dass eine **Kompetenz der Hauptversammlung** besteht und von ihr ein **Weisungsbeschluss** gefasst wurde[53].

24   Verletzt der Verwaltungsrat seine aus § 22 Abs. 2 Satz 3 SEAG resultierende Pflicht, kommt nur eine **Aktionärsklage** in Betracht. Die für § 83 AktG diskutierte Geltendmachung durch den Aufsichtsrat findet im monistischen System keine Entsprechung[54]. Eine Vertretung der Gesellschaft durch die geschäftsführenden Direktoren im Verhältnis zum Verwaltungsrat scheidet aus, weil diese dem Verwaltungsrat weisungsunterworfen sind[55]. Die Hauptversammlung als solche ist ihrer Struktur nach im Rechtsverkehr nicht handlungsfähig und daher nicht in der Lage, die Gesellschaft in einem Rechtsstreit gegenüber dem Verwaltungsrat zu vertreten[56].

IV. Handelsbücher und Risikofrüherkennungssystem (§ 22 Abs. 3 SEAG)

25   § 22 Abs. 3 SEAG regelt zwei weitere zentrale Leitungsaufgaben des Verwaltungsrats. Er hat dafür zu sorgen, dass die erforderlichen Handelsbücher geführt werden und ein Überwachungssystem zur Früherkennung bestandsgefährdender Entwicklungen eingeführt wird. Die Regelung lehnt sich an § 91 AktG an, der für den Vorstand „Einzelaspekte der Leitungsverantwortung"[57] konkretisiert. Die Bedeutung des § 22 Abs. 3 SEAG liegt vor allem darin, die **Gesamtverantwortung des Verwaltungsrats als Kolle-**

---

48 *Krieger/Sailer* in K. Schmidt/Lutter, AktG, § 92 Rz. 3; *Hüffer*, § 92 Rz. 2; a.A. *Habersack* in Großkomm. AktG, § 92 Rz. 13 ff.

49 *Hüffer*, § 92 Rz. 15.

50 Bejahend *Habersack* in Großkomm. AktG, § 92 Rz. 26, ablehnend *Hüffer*, § 92 Rz. 15; *Krieger/Sailer* in K. Schmidt/Lutter, AktG, § 92 Rz. 10.

51 BGH v. 9.7.1979 – II ZR 211/76, NJW 1979, 1829, 1831 zu § 92 Abs. 1 AktG.

52 Vgl. zum Zweck der Regelung *Seibt* in K. Schmidt/Lutter, AktG, § 83 Rz. 1 sowie *Hüffer*, § 83 Rz. 1.

53 Vgl. dazu *Seibt* in K. Schmidt/Lutter, AktG, § 83 Rz. 4, und *Hüffer*, § 83 Rz. 2.

54 Zum Ganzen *Seibt* in K. Schmidt/Lutter, AktG, § 83 Rz. 13, sowie *Hüffer*, § 83 Rz. 6.

55 *Schwarz*, Anh Art. 43 Rz. 58.

56 A.A. *Schwarz*, Anh Art. 43 Rz. 58: gerichtliche und außergerichtliche Vertretung durch die Hauptversammlung.

57 So *Hüffer*, § 91 Rz. 1.

gialorgan und seine nach innen gerichtete Verantwortlichkeit gegenüber der Gesellschaft zu betonen[58]. Die Ausführung der konkreten Einzelmaßnahmen der Buchführung und der Risikofrüherkennung kann zwar den geschäftsführenden Direktoren oder leitenden Angestellten überlassen werden, die Verantwortung für eine ordnungsgemäße Durchführung der Maßnahmen trägt jedoch der Verwaltungsrat als Kollegialorgan (oben Rz. 14 ff.). Eine ressortmäßige Aufteilung und die Delegation an Personen außerhalb des Verwaltungsrats sind zwar zulässig; dies ändert nichts an der Überwachungspflicht auch der nicht unmittelbar zuständigen Verwaltungsratmitglieder.

1. Führung der Handelsbücher (§ 22 Abs. 3 Satz 1 SEAG)

Die Vorschrift des § 22 Abs. 3 SEAG ist Teil eines Normengefüges, welches die gemeinsame Verantwortung der geschäftsführenden Direktoren und des Verwaltungsrats im Bereich der Rechnungslegung ausgestaltet: Die gesetzliche Pflicht zur Rechnungslegung trifft jeden Kaufmann (§§ 238, 242 HGB), in einer Kapitalgesellschaft deren gesetzliche Vertreter (vgl. § 264 Abs. 1 HGB). Diese Vorschriften finden gem. der in Art. 62 geregelten Spezialverweisung für den Bereich der Rechnungslegung auch auf die SE Anwendung. Gesetzliche Vertreter einer monistischen SE sind die **geschäftsführenden Direktoren** (§ 41 Abs. 1 SEAG). Diese sind Adressaten der gesetzlichen Buchführungspflicht und damit vor allem im Außenverhältnis für die ordnungsgemäße Rechnungslegung verantwortlich.   26

Im internen Gefüge der monistischen SE ist jedoch der **Verwaltungsrat** das Organ der unternehmerischen Oberleitung. Seine Verantwortung realisiert sich weniger im Verhältnis zu Dritten als gegenüber den Aktionären. Das Gesetz erlegt ihm daher in § 22 Abs. 3 SEAG die Pflicht auf, für eine **ordnungsgemäße Rechnungslegung** Sorge zu tragen. Er kann sich nicht mit dem Hinweis darauf entlasten, dass die geschäftsführenden Direktoren kraft Gesetzes ohnehin zur Buchführung verpflichtet seien. Das Zusammenwirken von Verwaltungsrat und geschäftsführenden Direktoren regelt § 47 Abs. 1 SEAG, der die geschäftsführenden Direktoren verpflichtet, Jahresabschluss und Lagebericht dem Verwaltungsrat vorzulegen. Dieser hat die Rechnungslegung zu prüfen; erst mit seiner Billigung ist der Jahresabschluss festgestellt (§ 47 Abs. 5 SEAG).   27

Diese **normative Zweispurigkeit** einer nach außen orientierten Buchführungspflicht und einer nach innen gerichteten Sorgfaltspflicht ist bereits im allgemeinen Aktienrecht angelegt. Die Verantwortung des Verwaltungsrats im Innenverhältnis (§ 22 Abs. 3 Satz 1 SEAG) entspricht derjenigen des Vorstands nach § 91 Abs. 1 AktG. Diese Norm wäre angesichts der gesetzlich geregelten Zuständigkeit des gesetzlichen Vertreters einer Kapitalgesellschaft für die Rechnungslegung (§ 264 Abs. 1 HGB) überflüssig, verstünde man sie nicht als Hinweis auf das aktienrechtliche Innenverhältnis: Den Vorstand trifft im Außenverhältnis die Buchführungspflicht (§ 264 Abs. 1 HGB); im Innenverhältnis der Gesellschaft ist er organschaftlich verpflichtet, die dazu erforderlichen Maßnahmen zu ergreifen[59]. In der monistischen SE werden Innen- und Außenverhältnis auf verschiedene Personen verteilt: Adressaten der Buchführungspflicht sind im Außenverhältnis die geschäftsführenden Direktoren; im Innenverhältnis wird zusätzlich der Verwaltungsrat kraft seiner allgemeinen Oberleitungsaufgabe mit in die Pflicht genommen.   28

Der konkrete **Inhalt der Rechnungslegungspflichten** unterscheidet sich nicht von der Rechtslage in einer dualistisch strukturierten Aktiengesellschaft. Für die Buchfüh-   29

---

58 Dazu auch *Schwarz*, Anh Art. 43 Rz. 62; den Aspekt der Gesamtverantwortung betonen auch die Kommentierungen zu § 91 AktG (etwa *Hüffer*, § 91 Rz. 1 und Rz. 3).
59 *Krieger/Sailer* in K. Schmidt/Lutter, AktG, § 91 Rz. 3 f.; *Hüffer*, § 91 Rz. 2.

rungspflicht gilt kraft der Verweisung in Art. 61 das allgemein auf Aktiengesellschaften anwendbare mitgliedstaatliche Recht (Art. 61 Rz.1 ff.).

2. Risikofrüherkennungssystem

30   Die Einrichtung eines Risikofrüherkennungssystems muss den Verwaltungsrat in die Lage versetzen, bestandsgefährdende Entwicklungen rechtzeitig zu erkennen[60]. Für die Anforderungen an ein derartiges Früherkennungssystem gelten dieselben Grundsätze wie im allgemeinen Aktienrecht[61]. Spezifisch für die monistische Leitungsstruktur ist, dass der Verwaltungsrat auch hier die rechte **Balance zwischen Delegation und Vollzugskontrolle** finden muss. Die nähere Ausformung und Handhabung des Früherkennungssystems darf der Verwaltungsrat den geschäftsführenden Direktoren und den nachgeordneten Managementebenen überlassen[62]. Es muss andererseits aber auch sichergestellt sein, dass die Information über Bestandsgefährdungen nicht nur auf einer unteren Leitungsebene oder bei den geschäftsführenden Direktoren vorliegt. Sie muss auch den Verwaltungsrat so **rechtzeitig erreichen**, dass dieser gegebenenfalls Maßnahmen zur Risikominimierung beraten und veranlassen kann.

V. Einsichts- und Prüfungsrecht (§ 22 Abs. 4 SEAG)

31   § 22 Abs. 4 Satz 1 SEAG gewährt dem Verwaltungsrat das Recht, die Bücher und Schriften der Gesellschaft sowie die Vermögensgegenstände, namentlich die Gesellschaftskasse und die Bestände an Wertpapieren und Waren, einzusehen und zu prüfen. Er ist damit nicht auf die von den geschäftsführenden Direktoren gelieferten Informationen angewiesen, sondern kann sich ein **eigenes Bild von den Verhältnissen der Gesellschaft** zu machen. Dies ist für die ordnungsgemäße Wahrnehmung seiner Leitungsverantwortung unerlässlich. Gewiss kann er kraft seiner Weisungsbefugnis die gewünschten Informationen auch von den geschäftsführenden Direktoren einfordern[63]. Zur Wahrnehmung seiner originären Leitungsverantwortung gehört aber auch die Möglichkeit, sich gegebenenfalls ohne Einschaltung der geschäftsführenden Direktoren informieren zu können.

32   § 22 Abs. 4 Satz 1 SEAG lehnt sich zwar in der Formulierung an § 111 Abs. 2 AktG an, der ein vergleichbares Recht dem Aufsichtsrat gewährt, bei der **Norminterpretation** ist jedoch zu berücksichtigen, dass die Vorschrift in § 22 SEAG auf den Verwaltungsrat als ein Organ der Oberleitung bezogen ist, dessen Stellung sich von derjenigen des Aufsichtsorgans im dualistischen System grundlegend unterscheidet. **Nicht übertragbar** sind damit die Einschränkungen, die gegenüber dem Einsichts- und Prüfungsrecht des Aufsichtsrates gemeinhin geltend gemacht werden. Dem Aufsichtsrat werden bei der Zuziehung von Sachverständigen Grenzen gezogen, weil seine Mitglieder nach § 111 Abs. 5 AktG ihre Aufgaben nicht durch andere wahrnehmen lassen können. Im Lichte dessen wird eine Hinzuziehung von Sachverständigen nur für konkrete Einzelangelegenheiten zugelassen, nicht aber im Sinne einer ständigen Beratung[64]. Diese restriktive Interpretation ist für § 22 Abs. 4 Satz 2 SEAG nicht zu übernehmen. Zwar ist auch dort die Hinzuziehung von Sachverständigen dem Wortlaut nach nur für „bestimmte" Aufgaben vorgesehen. Es steht aber andererseits im

---

60 Vgl. *Krieger/Sailer* in K. Schmidt/Lutter, AktG, § 91 Rz. 6, sowie *Hüffer*, § 91 Rz. 7 für das dualistische System.
61 Vgl. *Krieger/Sailer* in K. Schmidt/Lutter, AktG, § 91 Rz. 7 ff.
62 *Reichert/Brandes* in MünchKomm. AktG, Art. 43 SE-VO Rz. 87.
63 Darauf weist *Schwarz*, Anh Art. 43 Rz. 63 hin.
64 BGH v. 15.11.1982 – II ZR 27/82, BGHZ 85, 293, 296; *Drygala* in K. Schmidt/Lutter, AktG, § 111 Rz. 28; *Hüffer*, § 111 Rz. 12.

freien unternehmerischen Ermessen des Verwaltungsrats, sich überall dort, wo er es für geboten hält, besonderen Sachverstandes zu bedienen. Insbesondere fehlt für den Verwaltungsrat eine § 111 Abs. 5 AktG vergleichbare Regelung, die eine Aufgabenwahrnehmung durch andere untersagt. Dies beruht auf der unterschiedlichen Aufgabenstellung von Aufsichtsrat und Verwaltungsrat. Während der Aufsichtsrat lediglich die Geschäftsführung des Vorstands zu überwachen hat, ist der Verwaltungsrat selbst originär für die ordnungsgemäße Geschäftsführung verantwortlich.

Das Einsichts- und Prüfungsrecht steht dem Verwaltungsrat insgesamt zu, nicht aber   33
einzelnen seiner Mitglieder. Soweit der Verwaltungsrat Informationen erhält, können jedoch gem. Art. 44 Abs. 2 alle seine Mitglieder davon Kenntnis nehmen. Weiterhin können **einzelne Mitglieder** mit der Wahrnehmung des Einsichts- und Prüfungsrechts betraut werden (§ 22 Abs. 4 Satz 2 SEAG); dies setzt aber einen Beschluss des Verwaltungsrats voraus[65]. Damit wird die Wahrnehmung des Informationsrechts kanalisiert und ein unkoordiniertes Vorgehen vermieden. Soweit Verwaltungsratsmitglieder zugleich geschäftsführende Direktoren sind, haben sie ohnehin unmittelbaren Zugang zu allen Unternehmensdaten. Das Einsichts- und Prüfungsrecht ist damit letztlich vor allem für die Mehrheit der nicht-geschäftsführenden Mitglieder (vgl. § 40 Abs. 1 Satz 2 SEAG) von Bedeutung, die sich gegebenenfalls ein eigenes Bild von der Lage im Unternehmen machen will.

VI. Erteilung des Prüfungsauftrags an den Abschlussprüfer (§ 22 Abs. 4 Satz 3 SEAG)

Der Abschlussprüfer wird nach der allgemeinen Regelung in § 318 HGB von den Ge-   34
sellschaftern bestellt und erhält seinen Prüfungsauftrag vom gesetzlichen Vertreter der Gesellschaft. Davon weicht § 22 Abs. 4 Satz 3 SEAG insofern ab, als der Prüfungsauftrag nicht von den geschäftsführenden Direktoren als den gesetzlichen Vertretern der Gesellschaft, sondern vom Verwaltungsrat erteilt wird. Es liegt darin einer der seltenen Fälle, in denen der Verwaltungsrat die Gesellschaft nach außen vertritt. Ähnlich wie § 111 Abs. 2 Satz 3 AktG, der diese Aufgabe dem Aufsichtsrat zuweist, soll damit eine gewisse Distanz hergestellt werden zwischen den geschäftsführenden Personen und dem Abschlussprüfer, der im Rahmen seiner Tätigkeit zumindest indirekt auch die Qualität der Geschäftsführung bewertet[66]. Zugleich entsteht damit der nötige Freiraum, um den Prüfungsauftrag für eine **Konkretisierung und Strukturierung der Abschlussprüfung** zu nutzen[67]. Anders als die insoweit naturgemäß befangenen geschäftsführenden Direktoren kann der Verwaltungsrat, namentlich die nicht geschäftsführende Mehrheit seiner Mitglieder, die Abschlussprüfung dazu nutzen, bestimmte Prüfungsschwerpunkte festzulegen und damit möglicherweise Schwachstellen der Geschäftsführung aufzudecken[68].

VII. Leitungspflichten bei Zahlungsunfähigkeit und Überschuldung (§ 22 Abs. 5 Satz 2 SEAG)

1. Übertragbarkeit allgemein aktienrechtlicher Rechtsgrundsätze

§ 22 Abs. 5 Satz 2 SEAG verweist für den Fall der Zahlungsunfähigkeit oder Über-   35
schuldung der Gesellschaft auf § 92 Abs. 2 und 3 AktG. Diese Vorschrift regelt, dass

---

65 *Schwarz*, Anh Art. 43 Rz. 64.
66 *Drygala* in K. Schmidt/Lutter, AktG, § 111 Rz. 30.
67 Dazu *Hommelhoff*, BB 1998, 2567, 2569.
68 Vgl. zu § 111 AktG *Hüffer*, § 111 Rz. 12d.

der Vorstand bei Eintritt von Zahlungsunfähigkeit oder Überschuldung nach spätestens drei Wochen die **Eröffnung des Insolvenzverfahrens** zu beantragen hat. Der Vorstand darf in diesem Stadium keine Zahlungen mehr leisten, soweit sie nicht mit der Sorgfalt eines ordentlichen und gewissenhaften Geschäftsleiters vereinbar sind. Diese Regeln sind auf den Verwaltungsrat entsprechend anzuwenden. Grundsätzlich sind dabei die zu § 92 AktG entwickelten Rechtsgedanken auf das monistische System zu übertragen. Dies betrifft insbesondere die Fragen, unter welchen Voraussetzungen Zahlungsunfähigkeit vorliegt[69] und wann die Drei-Wochen-Frist beginnt[70]. Weiterhin gilt, sofern es zu dieser durch das MoMiG vorgesehenen Änderung kommt, eine persönliche Haftung, wenn durch Zahlungen an Aktionäre die Zahlungsunfähigkeit der Gesellschaft herbeigeführt wird (§ 92 Abs. 3 AktG n.F.).

2. Anpassung an die monistische Leitungsstruktur

36   Hinsichtlich der **Adressaten** der Insolvenzantragspflicht ist eine Anpassung an die monistische Leitungsstruktur vorzunehmen. Orientiert man sich an der Regelung des § 92 Abs. 2 und 3 AktG, wird deutlich, dass die Pflicht zur Beantragung der Eröffnung des Insolvenzverfahrens und zur Einstellung von Zahlungen den Vorstand der AG deshalb trifft, weil er einerseits das Leitungsorgan der Gesellschaft und andererseits das gegenüber Dritten vertretungsberechtigte Organ ist. In der GmbH trifft die Insolvenzantragspflicht die Geschäftsführer (§ 62 GmbHG), obwohl diese – insoweit dem geschäftsführenden Direktor vergleichbar – den Weisungen der Gesellschafterversammlung unterliegen. Der Gesetzgeber richtet die Pflicht also an **Geschäftsführer einer GmbH** und **Vorstand einer AG** vor allem aus dem Grund, weil diese die Geschäfte führen, dadurch über die Finanzlage der Gesellschaft am besten informiert und außerdem als Vertretungsorgan der Gesellschaft für nach außen gerichtete Rechtshandlungen zuständig sind.

37   Vor diesem Hintergrund erfordert die entsprechende Anwendung der krisenbezogenen Pflichten im monistischen System des SEAG ein Zusammenspiel zwischen Verwaltungsrat und geschäftsführenden Direktoren. Da die täglichen Geschäfte in der Regel in den Händen der **geschäftsführenden Direktoren** liegen, regelt § 40 Abs. 3 SEAG deren Pflicht, den Verwaltungsrat über eine krisenhafte Entwicklung unverzüglich zu informieren. Der in § 40 Abs. 3 Satz 2 SEAG genannte Zeitpunkt, in dem die Gesellschaft zahlungsunfähig „wird" oder sich eine Überschuldung „ergibt", ist ebenso zu bestimmen wie in § 92 Abs. 2 AktG[71] und markiert im Interesse der Gläubiger den Zeitpunkt, zu dem der Verwaltungsrat auf jeden Fall informiert werden muss. Aus der allgemeinen Sorgfaltspflicht der geschäftsführenden Direktoren (§ 40 Abs. 8 SEAG) folgt darüber hinaus im Interesse der Gesellschaft eine deutliche Vorverlagerung der Berichtspflicht auf denjenigen Zeitpunkt, in dem die krisenhafte Entwicklung erkennbar wird und der Verwaltungsrat als Organ der Oberleitung davon Kenntnis erhalten muss, um gegebenenfalls noch rechtzeitig über Sanierungsmaßnahmen beschließen zu können.

---

69 Dazu *Krieger/Sailer* in K. Schmidt/Lutter, AktG, § 92 Rz. 13, sowie *Hüffer*, § 92 Rz. 7 f.; vgl. zur Abgrenzung gegenüber der Zahlungsstockung BGH v. 24.5.2005 – IX ZR 123/04, NZG 2005, 811 ff.
70 Im Aktienrecht (vgl. *Krieger/Sailer* in K. Schmidt/Lutter, AktG, § 92 Rz. 17, und *Hüffer*, § 92 Rz. 9) deutet sich hier das Vordringen der objektiven Lehre an, wonach Erkennbarkeit des objektiv vorliegenden Insolvenzgrundes ausreicht (für die GmbH grundlegend BGH v. 29.11.1999 – II ZR 273/98, BGHZ 143, 184 ff.; so zum Aktienrecht bereits *Habersack* in Großkomm. AktG, § 92 Rz. 62).
71 Vgl. vorige Fn.

Als Organ der Oberleitung trifft indessen den **Verwaltungsrat** auch die Pflicht, sich   38
aktiv um eine rechtzeitige Kenntnis des Eintritts von Zahlungsunfähigkeit oder
Überschuldung zu bemühen. Bei der Festlegung des Pflichtenmaßstabes ist allerdings
zu berücksichtigen, dass der Verwaltungsrat zwar die Gesamtverantwortung für alle
Vorgänge im Unternehmen trägt, sich aber nach Maßgabe des Art. 44 Abs. 1 unter
Umständen nur zu vier Sitzungen im Jahr trifft, somit nicht zwingend als ein mit
dem Tagesgeschäft befasstes Gremium konzipiert ist. Es ist andererseits Teil seiner
Organisationsverantwortung, für eine ordnungsgemäße Aufgabenerfüllung der geschäftsführenden Direktoren zu sorgen und eine effektive Vollzugskontrolle zu organisieren (oben Rz. 14 ff.). Er ist nicht verpflichtet, sich laufend und in kurzen Abständen über die Finanzlage der Gesellschaft zu informieren, muss aber die verlässliche
Weiterleitung von Informationen durch die geschäftsführenden Direktoren zumindest stichprobenartig überprüfen und bei Anzeichen von Fehlentwicklungen aktiv
von seinen Handlungsmöglichkeiten (Weisungserteilung, Bestellung neuer Direktoren, Abberufung vorhandener Direktoren) Gebrauch machen.

Im **Außenverhältnis** sind die **geschäftsführenden Direktoren** vertretungsberechtigt   39
(§ 41 SEAG) und somit dafür zuständig, den Insolvenzantrag zu stellen. Der Verwaltungsrat muss gegebenenfalls eine dahin gehende Weisung erteilen. Das SEAG enthält keine ausdrückliche Regelung, die den geschäftsführenden Direktor persönlich
in die Pflicht nähme, den Insolvenzantrag aus eigener Initiative zu stellen. Im Lichte
der allgemeinen Systematik der Insolvenzantragspflichten bei Kapitalgesellschaften
ist darin eine planwidrige Lücke zu sehen. Denn die Insolvenzantragspflicht trifft
stets diejenigen Personen, die nach außen vertretungsberechtigt sind[72]. Bei AG (§ 92
Abs. 2 AktG) und Genossenschaft ist dies der Vorstand, bei der GmbH der Geschäftsführer (§ 64 Abs. 1 GmbHG). Ob die vertretungsberechtigten Organe oder Personen
im Innenverhältnis weisungsunterworfen sind, ist unerheblich. Das zeigt die Insolvenzantragspflicht des GmbH-Geschäftsführers. Das Weisungsrecht der Gesellschafterversammlung findet seine Grenze an der gesetzlich angeordneten Insolvenzantragspflicht, die im Interesse Dritter besteht und daher unabhängig von Weisungen
der Gesellschafter zu beachten ist[73].

Die Verletzung der Insolvenzantragspflicht kann wegen des gläubigerschützenden   40
Charakters der Regelung zu einer **persönlichen Haftung** der Verwaltungsratsmitglieder führen[74]. Ebenso haften die geschäftsführenden Direktoren, wenn sie ihre in § 40
Abs. 3 SEAG geregelte Pflicht verletzen, den Verwaltungsrat rechtzeitig zu informieren, oder im weiteren Zeitablauf nicht darauf achten, dass gegebenenfalls rechtzeitig
Insolvenzantrag gestellt wird. Untätigkeit oder auch entgegenstehende Weisungen
des Verwaltungsrats können die Direktoren nicht entlasten.

VIII. Allgemeine Pflichtenstellung des Verwaltungsrats (§ 22 Abs. 6 SEAG)

1. Sinn und Zweck der Norm

Das monistische System der Unternehmensleitung muss in ein **aktienrechtliches**   41
Umfeld eingebettet werden, das durchweg vom Dualismus geprägt ist. Dieses Umfeld konnte anlässlich der SE-Einführung schon aus Zeitgründen nicht gänzlich auf
den Monismus umgestellt werden; die Regelungsermächtigung des Art. 43 Abs. 4

---

72 Für eine rechtsformübergreifende Lösung de lege ferenda *Haas*, DJT-Gutachten, S. 37 f.
73 Vgl. für die GmbH *Ebert*, GmbHR 2003, 444, 445; allgemein zu den Grenzen des Weisungs-
    rechts *Lutter/Hommelhoff* in Lutter/Hommelhoff, GmbHG, § 37 Rz. 22.
74 Vgl. zur Einordnung von § 92 AktG als Schutzgesetz i.S.d. § 823 Abs. 2 BGB *Krieger/Sailer* in
    K. Schmidt/Lutter, AktG, § 92 Rz. 18.

(Art. 43 Rz. 55 ff.) deckt im Übrigen nur eine Regelung der Leitungsstruktur, nicht einen SE-spezifischen Umbau des gesamten Aktien- und Unternehmensrechts. Der Gesetzgeber wählt daher mit § 22 Abs. 6 SEAG den Weg einer pauschalen Kompetenzzuweisung: Alle Rechte und Pflichten, die in Vorschriften außerhalb des SEAG an Vorstand oder Aufsichtsrat gerichtet sind, beziehen sich im monistischen Modell auf den Verwaltungsrat. Der Gesetzgeber folgt damit einem „zweckorientierten Lösungsansatz"[75]. Das Ziel besteht darin, für alle Normen des allgemeinen Aktienrechts sowie anderer Rechtsgebiete einen **Normadressaten** zu bestimmen, damit sie gegenüber einer monistischen SE nicht ins Leere laufen[76]. Die Diskussion um das SEAG konnte die hierfür in Betracht kommenden Rechtsnormen nicht vollständig ausloten, so dass durchaus gesetzgeberische „Anschauungslücken" denkbar sind, die von Rechtsprechung und Wissenschaft zu schließen sind. Dies betrifft Rechtsnormen, die nicht Rechte und Pflichten im engen Sinne zuweisen, jedoch in anderer Weise vom dualistischen System geprägt sind (Rz. 42 ff.); weiterhin sind auch im unmittelbaren Anwendungsbereich des § 22 Abs. 6 SEAG Fälle denkbar, in denen die damit verbundene Einebnung der internen Kontrollmechanismen nicht kompensationslos hingenommen werden kann (Rz. 46 ff.).

2. Anwendung anderer vom Dualismus geprägter Rechtsnormen

42   § 22 Abs. 6 SEAG spricht allein von „Rechten und Pflichten", ohne zu berücksichtigen, dass Vorstand und Aufsichtsrat im Aktienrecht mitunter auch anderweitig erwähnt sind. Die Regelung ist nach ihrem Sinn und Zweck **weit auszulegen** und auf alle Normen zu erstrecken, die Vorstand oder Aufsichtsrat in irgendeiner Weise ansprechen, selbst wenn sie nicht Rechte oder Pflichten im engeren Sinne zuweisen. Grundsätzlich ist jede auf nationale Aktiengesellschaften anwendbare Rechtsregel, soweit sie sich auf Vorstand oder Aufsichtsrat bezieht, in der monistischen SE auf den Verwaltungsrat zu übertragen. Dies gilt nicht nur für Vorschriften des Aktiengesetzes, sondern auch für Rechtsnormen anderer Rechtsbereiche.

43   **Beispiele**[77]: Der Verwaltungsrat ist zuständig für die Abgabe der Entsprechenserklärung zum Corporate Governance Kodex gem. § 161 AktG[78]. § 11 Abs. 2 Satz 3 Nr. 3 WpÜG fordert bei der Abgabe eines öffentlichen Angebots Angaben zu Vorteilen, die dem „Vorstand oder Aufsichtsrat der Zielgesellschaft" gewährt oder in Aussicht gestellt wurden; handelt es sich bei der Zielgesellschaft um eine monistische SE, ist über Vorteile zu informieren, die Mitgliedern des Verwaltungsrats gewährt oder in Aussicht gestellt wurden. Gem. § 15a WpHG müssen Verwaltungsratsmitglieder eigene Geschäfte mit Aktien der Gesellschaft mitteilen[79]; diese Norm ist von vornherein schon weiter formuliert als üblich und erfasst ausdrücklich auch die Mitglieder eines „Verwaltungsorgans" des Emittenten (§ 15a Abs. 2 WpHG). Der Rechtsgedanke des § 22 Abs. 6 SEAG lässt sich auch heranziehen für die Anwendung der Bestellungshindernisse des § 76 Abs. 3 AktG auf Verwaltungsratsmitglieder (vgl. Anh. Art. 43 § 27 SEAG Rz. 4).

44   Einer **funktionalen Betrachtung** bedürfen allgemeine Regelungen, die „Mitglieder der Geschäftsführung" ansprechen oder ähnlich offene Formulierungen wählen. Ein Beispiel ist die Vorschrift des § 192 Abs. 2 Nr. 3 AktG. Sie steht nach Auffassung der

---

75 So *Kalss/Greda* in Kalss/Hügel, § 38 SEG Rz. 7, zur weitgehend vergleichbaren Parallelnorm des österreichischen SEG.

76 *Kalss/Greda* in Kalss/Hügel, § 38 SEG Rz. 7.

77 Zum Bezugspunkt der kapitalmarktrechtlichen Zuständigkeiten auch *Kalss/Greda* in Kalss/Hügel, § 38 SEG Rz. 20 ff.

78 *Reichert/Brandes* in MünchKomm. AktG, Art. 43 SE-VO Rz. 96.

79 *Reichert/Brandes* in MünchKomm. AktG, Art. 43 SE-VO Rz. 95.

Rechtsprechung der Gewährung von **Aktienoptionen an Aufsichtsratsmitglieder** entgegen, da eine derartige Vergütungsform mit deren Kontrollfunktion als nicht vereinbar angesehen wird[80]. Insoweit läge es nahe, im Verwaltungsrat allein denjenigen Mitgliedern Aktienoptionen zuzugestehen, die zugleich geschäftsführende Direktoren sind, und die nicht-geschäftsführenden Mitglieder wegen ihrer Überwachungsfunktion davon auszuschließen[81]. Andererseits ist der Verwaltungsrat als Ganzes für die Oberleitung der Gesellschaft zuständig und damit dem Vorstand wesentlich eher vergleichbar als dem Aufsichtsrat; soweit ihm Überwachungsaufgaben zukommen, haben diese einen grundlegend anderen Charakter als beim Aufsichtsrat (oben Rz. 14 ff.). Die besseren Gründe sprechen daher hinsichtlich der Vergütung durch Aktienoptionen für eine Gleichstellung mit dem Vorstand[82].

Andererseits sind all jene Vorschriften, die den **gesetzlichen Vertreter** einer Gesell- 45
schaft ansprechen, grundsätzlich auf die **geschäftsführenden Direktoren** zu beziehen. Denn eine gesetzliche Verpflichtung, die den gesetzlichen Vertretern auferlegt wird, setzt im Zweifel für ihre Erfüllung die Rechtsmacht voraus, die Gesellschaft wirksam zu binden. Dies können im Gefüge der monistischen SE allein die geschäftsführenden Direktoren. Es besteht daher ähnlich wie in der GmbH eine an die Außenwelt gerichtete Verantwortlichkeit der Direktoren in ihrer Eigenschaft als gesetzlicher Vertreter, während im Innenverhältnis die Leitungsmacht kraft der Weisungsbefugnis beim Verwaltungsrat liegt, der im Verhältnis zu den geschäftsführenden Direktoren zur Vollzugskontrolle verpflichtet ist.

3. Fehlen interner Kontrollmechanismen

Die Kumulation der Zuständigkeiten von Vorstand und Aufsichtsrat beim Verwal- 46
tungsrat führt zu einer Einebnung der vielfältig ausdifferenzierten **Corporate Governance** im deutschen Aktienrecht[83]. Der Gesetzgeber des SEAG begegnet dem in einzelnen Punkten durch eine Funktionstrennung zwischen Verwaltungsrat und geschäftsführenden Direktoren; dies betrifft die Aufstellung des Jahresabschlusses (§ 47 SEAG) und das Konzernrecht (§ 49 SEAG). In allen übrigen Bereichen werden Rechtsprechung und Wissenschaft von Fall zu Fall zu prüfen haben, ob nach Sinn und Zweck der allgemein aktienrechtlichen Regelung funktionsäquivalente Kontrollmechanismen im Sinne eines „Vier-Augen-Prinzips" zu entwickeln sind.

Als **Beispiel** dafür lässt sich das **genehmigte Kapital** anführen. Es besteht im dualisti- 47
schen Modell in einer satzungsmäßigen Ermächtigung des Vorstandes, das Grundkapital durch Ausgabe neuer Aktien zu erhöhen (§ 202 Abs. 1 AktG). Wegen der grundlegenden Bedeutung dieser Maßnahme und der Kompetenzverschiebung von der Hauptversammlung zum Vorstand wird der Aufsichtsrat als Überwachungsorgan beteiligt: Der Vorstand soll von der Ermächtigung nur mit Zustimmung des Aufsichtsrats Gebrauch machen (§ 202 Abs. 3 Satz 2 AktG). Dieses Element der internen Kontrolle entfällt, wenn § 202 AktG gem. § 22 Abs. 6 SEAG undifferenziert auf den Verwaltungsrat angewandt wird. Kompensieren lässt sich dies zumindest teilweise durch die Annahme einer Verpflichtung, einen ausdrücklichen Verwaltungsratsbeschluss über die Ausübung der Kapitalerhöhung herbeizuführen[84]. Auf diese Weise wird die Mehrheit der nicht-geschäftsführenden Mitglieder (vgl. § 40 Abs. 1 Satz 2

---

80 BGH v. 16.2.2004 – II ZR 316/02, BGHZ 158, 122, 127.
81 So *Koke*, Finanzverfassung der SE, S. 165 ff.
82 Auch *Lutter/Kollmorgen/Feldhaus*, BB 2005, 2473, 2480; *Schwarz*, Anh. Art. 43 Rz. 250; a.A. *Koke*, Finanzverfassung der SE, S. 165 ff. und *Oechsler*, NZG 2005, 449, 450 f.
83 Bedenken in diese Richtung werden in der Literatur vielfach geäußert. S. beispielsweise *Kallmeyer*, ZIP 2003, 1531, 1533; *Scherer*, Dualistisches oder monistisches System?, S. 102 ff.
84 In diesem Sinne *Koke*, Finanzverfassung der SE, S. 190 ff.

SEAG) an ihre interne Kontrollaufgabe gemahnt. Empfehlenswert ist für derartige Fälle die Übertragung der Entscheidung auf einen Prüfungsausschuss, der ausschließlich aus nicht-geschäftsführenden Mitgliedern besteht[85].

48   Für börsennotierte Gesellschaften empfiehlt sich eine weitere Ausdifferenzierung der internen Kontrollmechanismen im **Deutschen Corporate Governance Kodex**[86]. Dies greift den Regelungsmechanismus des angelsächsischen Rechtskreises, in dem das monistische Modell traditionell verankert ist, auf und macht ihn für die im deutschen Aktienrecht noch unbekannte Leitungsstruktur fruchtbar. Sinnvoll wäre die Empfehlung zur Einrichtung von Ausschüssen, die allein mit nicht-geschäftsführenden Verwaltungsratsmitgliedern besetzt sind und überall dort zur Beschlussfassung aufgerufen sind, wo im allgemeinen Aktienrecht der Aufsichtsrat tätig wird. So könnte einem Prüfungsausschuss die Aufgabe übertragen werden, den Jahresabschluss und den konzernrechtlichen Abhängigkeitsbericht aus Warte der nicht-geschäftsführenden Verwaltungsratsmitglieder zu überprüfen bzw. die entsprechende Entscheidung des Verwaltungsrats vorzubereiten[87].

§ 23 SEAG
Zahl der Mitglieder des Verwaltungsrats

(1) Der Verwaltungsrat besteht aus drei Mitgliedern. Die Satzung kann etwas anderes bestimmen; bei Gesellschaften mit einem Grundkapital von mehr als 3 Millionen Euro hat der Verwaltungsrat jedoch aus mindestens drei Personen zu bestehen. Die Höchstzahl der Mitglieder des Verwaltungsrats beträgt bei Gesellschaften mit einem Grundkapital

bis zu	**1 500 000 Euro**	**neun,**
von mehr als	**1 500 000 Euro**	**fünfzehn,**
von mehr als	**10 000 000 Euro**	**einundzwanzig.**

(2) Die Beteiligung der Arbeitnehmer nach dem SE-Beteiligungsgesetz bleibt unberührt.

Literatur: *Fleischer* (Hrsg.), Handbuch des Vorstandsrechts, 2006; *Holland*, Das amerikanische „board of directors" und die Führungsorganisation einer monistischen SE in Deutschland, 2006 (zit.: Monistische SE); *Lutter/Kollmorgen/Feldhaus*, Die Europäische Aktiengesellschaft – Satzungsgestaltung bei der mittelständischen SE, BB 2005, 2473–2483; *Teichmann*, Gestaltungsfreiheit im monistischen Leitungssystem der Europäischen Aktiengesellschaft, BB 2004, 53–60.

---

85 Zu diesem typischen Element der internen Überwachung in monistischen Systemen s. nur *Holland*, Board of Directors und monistische SE, S. 27 ff. und *Scherer*, Dualistisches oder monistisches System?, S. 75 und S. 85 ff.

86 In diesem Sinne bereits *Neye/Teichmann*, AG 2003, 169, 177, sowie *Teichmann*, BB 2004, 53, 55.

87 Vgl. den Vorschlag bei *Maul*, ZGR 2003, 743, 758 ff. für den faktischen Konzern. Die in § 47 Abs. 3 SEAG vorgesehene Prüfung des Jahresabschlusses durch den Verwaltungsrat kann gem. § 34 Abs. 4 SEAG nicht zur endgültigen Beschlussfassung, sondern nur zur Vorbereitung auf einen Ausschuss übertragen werden.

I. Europäische Rechtsgrundlage

Zur Zahl der Mitglieder des Verwaltungsorgans findet sich eine **europäische Vorgabe**   1
in Art. 43 Abs. 2 (vgl. Art. 43 Rz. 32 f.) Demnach werden die Zahl der Mitglieder des
Verwaltungsorgans oder die Regeln für ihre Festlegung grundsätzlich in der Satzung
festgelegt (Satz 1). Die Mitgliedstaaten können aber eine Mindestzahl und erforderlichenfalls eine Höchstzahl festsetzen (Satz 2). Ist die Mitbestimmung der Arbeitnehmer in der SE gemäß der Richtlinie geregelt, muss das Verwaltungsorgan aus mindestens drei Mitgliedern bestehen (Unterabs. 2).

§ 23 SEAG stützt sich auf die Ermächtigung in Art. 43 Abs. 2 Satz 2. Der Wortlaut   2
der SE-Verordnung ist nicht so zu interpretieren, dass die Mitgliedstaaten nur starre
Mindest- oder Höchstgrenzen festlegen dürften. Auch die Orientierung an **Schwel-
lenwerten** – hier: bestimmte Grundkapitalziffern – ist der Sache nach eine Festlegung
von Mindest- und Höchstzahlen der Mitglieder des Verwaltungsorgans. Es ist nicht
anzunehmen, dass der Verordnungsgeber den Mitgliedstaaten einerseits die Regelungsbefugnis für diese Frage überantworten, ihnen andererseits derartige sachgerechte, weil an die Unternehmensgröße anknüpfende Differenzierungen untersagen
wollte[1]. Die Kernaussage des Art. 43 Abs. 2 Satz 2 liegt vielmehr darin, dass die Frage
der Mindest- und Höchstzahlen von Verwaltungsorganmitgliedern der Regelungskompetenz der Mitgliedstaaten zugewiesen wird. Es widerspricht diesem Grundgedanken auch nicht, dass § 23 Abs. 1 Satz 2 SEAG die Festlegung der Mitgliederzahl
für die Satzungsautonomie öffnet; denn diese wird von Art. 43 Abs. 2 Satz 1 gerade
als der Regelfall angesehen, dem gesetzliche Mindest- oder Höchstzahlen entgegen-
gesetzt werden können, aber nicht müssen[2]. Die in § 23 Abs. 1 SEAG anzutreffende
differenzierende Lösung ist daher verordnungskonform[3].

Die Ermächtigungsgrundlage scheint unterschiedliche **Anforderungen an die Fest-**   3
legung einer Mindest- und einer Höchstzahl zu stellen. Während die Festlegung einer
Mindestzahl ohne sprachliche Relativierung gestattet wird, soll die Festlegung einer
Höchstzahl nur „erforderlichenfalls" festgesetzt werden. Fraglich ist damit, ob die
Mitgliedstaaten bei der Festlegung einer Höchstzahl an ein Kriterium einer – wie
auch immer zu bestimmenden – **Erforderlichkeit** gebunden sind[4]. Neben der deutschen Fassung scheint auch die englische Fassung („where necessary") ein solches
Verständnis nahezulegen, während die französische Fassung („le cas échéant") offener formuliert ist. Naheliegender ist der Zusatz „erforderlichenfalls" – oder im Französischen: „le cas échéant" – dahingehend zu verstehen, dass der Eindruck vermieden werden sollte, es müsse, wer eine Mindestgrenze festlegt, zugleich auch eine
Höchstgrenze bestimmen. Dieser Eindruck wäre entstanden, würde die Ermächtigung lediglich lauten, „die Mitgliedstaaten können eine Mindest- und eine Höchstgrenze festsetzen". In jedem Fall ist die Ermächtigung aber so zu lesen, dass die Entscheidung darüber, unter welchen Voraussetzungen eine Höchstgrenze erforderlich
ist, den Mitgliedstaaten überlassen bleibt und eine Überprüfung dieser Entscheidung
auf ihre inhaltliche Berechtigung nicht statt findet.

---

1 Ebenso *Schwarz*, Anh Art. 43 Rz. 81 f.
2 Da die Mitgliedstaaten die in Art. 43 Abs. 2 Satz 1 geregelte Satzungsfreiheit gem. Satz 2 durch
  Festlegung einer Mindestzahl beseitigen können, ist die Öffnung der partiellen Satzungsfreiheit
  auch nicht nur eine deklaratorische Regelung (so aber *Schwarz*, Anh Art. 48 Rz. 79), sondern
  konstitutiv, um gegenüber der Festlegung in § 23 Abs. 1 Satz 1 SEAG einen Freiraum für die
  Satzungsfreiheit zu eröffnen.
3 Ebenso *Schwarz*, Anh Art. 43 Rz. 78.
4 So im Ausgangspunkt *Schwarz*, Anh Art. 43 Rz. 82, der aber die Erforderlichkeit des § 23 Abs. 1
  Satz 3 SEAG im Lichte der Arbeitsunfähigkeit allzu großer Gremien gewahrt sieht.

II. Mindestzahl

4   § 23 Abs. 1 Satz 1 SEAG legt als Mindestzahl des Verwaltungsrats eine Zahl von **drei Mitgliedern** fest. Die Satzung kann davon abweichen. Wenn allerdings das Grundkapital der Gesellschaft mehr als drei Millionen Euro beträgt, *muss* der Verwaltungsrat aus mindestens drei Mitgliedern bestehen. Die Vorschrift folgt zwar in der Formulierung einerseits § 95 AktG für den Aufsichtsrat[5] und nimmt andererseits auch Anleihen bei § 76 Abs. 2 AktG für den Vorstand, sie bedarf dennoch einer eigenständigen Würdigung im Lichte dessen, dass der Verwaltungsrat im monistischen Leitungssystem die Funktionen von Aufsichtsrat und Vorstand auf sich vereinigt (vgl. § 22 Abs. 6 SEAG); die Verwendung des monistischen Systems soll andererseits nach einer ganz bewussten gesetzgeberischen Weichenstellung mehr Gestaltungsfreiheit eröffnen als das Trennungssystem[6] und damit insbesondere für kleine und mittlere Gesellschaften ein brauchbares Instrumentarium bieten. Aus diesem Grunde ist die in § 23 SEAG festgelegte Zahl **satzungsdispositiv**. Die damit mögliche Reduzierung der Mitglieder auf eine Zahl von zwei oder eins ist allerdings nur unterhalb einer Grundkapitalziffer von drei Millionen Euro möglich und damit in erster Linie eine Option für den Mittelstand[7]; daneben bietet sich diese Gestaltung bei Einsatz der SE als Tochtergesellschaft an. Eine **Erhöhung** der Mitgliederzahl ist hingegen – unter Beachtung der gesetzlich festgelegten Höchstgrenzen – unabhängig von der Größe der Gesellschaft in der Satzung frei regelbar[8].

5   Die Regelung des monistischen Modells übernimmt insoweit zwei Einschränkungen aus dem Dualismus, die der Gesetzgeber als **allgemeine Regeln einer guten Unternehmensführung** identifiziert, die unabhängig vom konkreten Leitungsmodell Geltung beanspruchen[9]: Zum einen sollte die Leitung eines Unternehmens von einer gewissen Größe an nicht von einer Person allein wahrgenommen werden; zum anderen sollte stets ein Element der institutionalisierten Selbstkontrolle erhalten bleiben[10]. Aus diesem Grunde übernimmt § 23 Abs. 1 Satz 2 Hs. 2 SEAG den Schwellenwert eines Grundkapitals von drei Millionen Euro aus § 76 Abs. 2 Satz 2 AktG, oberhalb dessen eine Leitung durch eine einzige Person nicht mehr angemessen ist[11]. Weiterhin kann der geschäftsführende Direktor im Fall eines einköpfigen Verwaltungsrats nicht „aus der Mitte des Verwaltungsrats" bestellt werden. Denn nur durch Bestellung eines externen geschäftsführenden Direktors lässt sich bei einem einköpfigen Verwaltungsrat das Erfordernis des § 40 Abs. 1 Satz 2 SEAG erfüllen, dass die Mehrheit der Mitglieder des Verwaltungsrats nicht-geschäftsführend sein muss.

III. Höchstzahl

6   § 23 Abs. 1 Satz 3 SEAG legt für den Verwaltungsrat Höchstzahlen fest, die an bestimmte Schwellenwerte des Grundkapitals geknüpft sind. Die Formulierung ist § 95 AktG entlehnt, der Regelungsgedanke wiederum allgemeiner Natur (s. soeben

---

5   So *Holland*, Monistische SE, S. 131, und *Schwarz*, Anh Art. 43 Rz. 77.
6   Ausführlich *Teichmann*, BB 2004, 53 ff.
7   Dazu *Teichmann*, BB 2004, 53, 54, und *Lutter/Kollmorgen/Feldhaus*, BB 2005, 2473, 2477.
8   Dies verkennt *Holland*, Monistische SE, S. 131, der feststellt, nur Gesellschaften mit einem Grundkapital von weniger als 1.500.000 Euro seien berechtigt, die Größe des Verwaltungsrats frei zu bestimmen.
9   Zu derartigen allgemeinen Funktionsbedingungen Art. 38 Rz. 30.
10 Die hierfür bei *Fleischer* in Handbuch Vorstandsrecht, S. 29, referierten rechtspolitischen Argumente gelten mutatis mutandis auch für die monistische SE.
11 Kritisch *Holland*, Monistische SE, S. 132, der größere Flexibilität für die Unternehmen fordert.

Rz. 5): Ein Gremium, das **Entscheidungen zur Unternehmenspolitik** treffen soll, ist oberhalb einer bestimmten Größe nicht mehr arbeitsfähig.

IV. Arbeitnehmerbeteiligung

Im deutschen Aktienrecht hängt die Zahl der Aufsichtsratsmitglieder auch davon ab, ob die Gesellschaft der unternehmerischen Mitbestimmung unterliegt (vgl. § 7 Mit-bestG). Für die SE bleibt zu bedenken, dass die Arbeitnehmerbeteiligung von der SE-Richtlinie und dem darauf beruhenden SE-Beteiligungsgesetz geregelt wird. Zudem kann über die konkrete Form der Arbeitnehmerbeteiligung verhandelt werden, so dass die Zahl der Arbeitnehmervertreter im Gegensatz zum deutschen Mitbestimmungsrecht nicht gesetzlich zwingend festgelegt ist. Aus diesen Gründen öffnet § 23 Abs. 2 SEAG die Regelung über Mindest- und Höchstzahlen der Verwaltungsratsmitglieder für eventuell abweichende Regelungen oder Vereinbarungen nach dem SEBG. Die SE-VO legt in Art. 43 Abs. 2 Satz 3 eine Mindestzahl von **drei Mitgliedern** fest.   7

Inwieweit gesetzliche Mindest- oder Höchstzahlen bei Anwendung der **Auffanglösung** gelten, erscheint fraglich[12]. § 23 Abs. 2 SEAG regelt die Frage nicht. Aber auch die in Ermangelung einer Vereinbarung anwendbaren §§ 34 bis 38 SEBG legen die Zahl der Organmitglieder nicht ausdrücklich fest. Insoweit bleibt es bei der Vorschrift des § 23 Abs. 1 SEAG, die Zahl der Mitglieder des Verwaltungsrats kann also in den von § 23 Abs. 1 SEAG festgelegten Grenzen durch die Satzung geregelt werden. Diese wiederum darf gem. Art. 12 Abs. 4 nicht im Konflikt zu einer eventuellen Mitbestimmungsvereinbarung stehen.   8

§ 24 SEAG
Zusammensetzung des Verwaltungsrats

(1) Der Verwaltungsrat setzt sich zusammen aus Verwaltungsratsmitgliedern der Aktionäre und, soweit eine Vereinbarung nach § 21 oder die §§ 34 bis 38 des SE-Beteiligungsgesetzes dies vorsehen, auch aus Verwaltungsratsmitgliedern der Arbeitnehmer.

(2) Nach anderen als den zuletzt angewandten vertraglichen oder gesetzlichen Vorschriften kann der Verwaltungsrat nur zusammengesetzt werden, wenn nach § 25 oder nach § 26 die in der Bekanntmachung des Vorsitzenden des Verwaltungsrats oder in der gerichtlichen Entscheidung angegebenen vertraglichen oder gesetzlichen Vorschriften anzuwenden sind.

§ 24 SEAG beschreibt die Regeln für die Zusammensetzung des Verwaltungsrats; eine vergleichbare Norm findet sich für das deutsche Aktienrecht in § 96 AktG. Die **rechtlichen Grundlagen** für die Zusammensetzung des Verwaltungsrats regeln **SE-VO** und SE-Richtlinie (umgesetzt im **SEBG**); § 24 Abs. 1 SEAG ist insoweit nur deklaratorischer Natur.   1

Gem. **Art. 43 Abs. 3** werden die Mitglieder des Verwaltungsorgans **von der Hauptversammlung bestellt** (Art. 43 Rz. 42 ff.). Die Mitglieder des ersten Verwaltungsorgans können durch die Satzung bestellt werden (Art. 43 Rz. 48). Unberührt bleiben Entsen-   2

---

12 Vgl. dazu die Kommentierung unten, Teil B., §§ 34 ff. SEBG.

derechte der Aktionäre (Art. 43 Rz. 45 und Anh. Art. 43 § 28 SEAG Rz. 7 f.) und die Mitbestimmung der Arbeitnehmer (Art. 43 Rz. 52 ff.).

3   Da insbesondere die Regelungen über die Mitbestimmung der Arbeitnehmer zu rechtlicher Unsicherheit über die ordnungsgemäße Zusammensetzung des Verwaltungsrats führen können, regelt das SEAG in Anlehnung an die §§ 97 ff. AktG ein **Statusverfahren** zur Feststellung der anwendbaren vertraglichen oder gesetzlichen Vorschriften. Dieses wird in den §§ 25 und 26 SEAG näher ausgestaltet.

§ 25 SEAG
Bekanntmachung über die Zusammensetzung des Verwaltungsrats

(1) Ist der Vorsitzende des Verwaltungsrats der Ansicht, dass der Verwaltungsrat nicht nach den maßgeblichen vertraglichen oder gesetzlichen Vorschriften zusammengesetzt ist, so hat er dies unverzüglich in den Gesellschaftsblättern und gleichzeitig durch Aushang in sämtlichen Betrieben der Gesellschaft und ihrer Konzernunternehmen bekannt zu machen. Der Aushang kann auch in elektronischer Form erfolgen. In der Bekanntmachung sind die nach Ansicht des Vorsitzenden des Verwaltungsrats maßgeblichen vertraglichen oder gesetzlichen Vorschriften anzugeben. Es ist darauf hinzuweisen, dass der Verwaltungsrat nach diesen Vorschriften zusammengesetzt wird, wenn nicht Antragsberechtigte nach § 26 Abs. 2 innerhalb eines Monats nach der Bekanntmachung im Bundesanzeiger das nach § 26 Abs. 1 zuständige Gericht anrufen.

(2) Wird das nach § 26 Abs. 1 zuständige Gericht nicht innerhalb eines Monats nach der Bekanntmachung im Bundesanzeiger angerufen, so ist der neue Verwaltungsrat nach den in der Bekanntmachung angegebenen Vorschriften zusammenzusetzen. Die Bestimmungen der Satzung über die Zusammensetzung des Verwaltungsrats, über die Zahl der Mitglieder des Verwaltungsrats sowie über die Wahl, Abberufung und Entsendung von Mitgliedern des Verwaltungsrats treten mit der Beendigung der ersten Hauptversammlung, die nach Ablauf der Anrufungsfrist einberufen wird, spätestens sechs Monate nach Ablauf dieser Frist insoweit außer Kraft, als sie den nunmehr anzuwendenden Vorschriften widersprechen. Mit demselben Zeitpunkt erlischt das Amt der bisherigen Mitglieder des Verwaltungsrats. Eine Hauptversammlung, die innerhalb der Frist von sechs Monaten stattfindet, kann an Stelle der außer Kraft tretenden Satzungsbestimmungen mit einfacher Stimmenmehrheit neue Satzungsbestimmungen beschließen.

(3) Solange ein gerichtliches Verfahren nach § 26 anhängig ist, kann eine Bekanntmachung über die Zusammensetzung des Verwaltungsrats nicht erfolgen.

I. Bedeutung der Norm

Die §§ 25 und 26 SEAG regeln das sogenannte **Statusverfahren**, das der Feststellung 1
oder Herstellung einer ordnungsgemäßen Zusammensetzung des Verwaltungsrats
dient. Sie orientieren sich an den Vorschriften der §§ 97 ff. AktG für den Aufsichtsrat. Hier wie dort geht es darum, der Arbeit des Organs eine sichere Rechtsgrundlage
zu bieten; Streit über die Zusammensetzung des Organs kann insbesondere dadurch
entstehen, dass verschiedene Mitbestimmungsmodelle in Betracht kommen[1].

Der Verwaltungsrat bestimmt als Organ der Oberleitung die unternehmerischen 2
Leitlinien (§ 22 Abs. 1 SEAG); das Interesse an **Rechtssicherheit** für seine Tätigkeit
ist daher noch stärker ausgeprägt als beim Aufsichtsrat des dualistischen Systems.
Rechtsprechung und Schrifttum zu den **§§ 97 AktG** sind jedoch angesichts der parallel laufenden Regelungsziele weitgehend auf die §§ 25 und 26 SEAG **übertragbar**[2].
Abweichungen, die durch Eigenheiten des monistischen Systems bedingt sind, werden nachfolgend erörtert.

II. Mitbestimmungsmodelle in der SE

Das Statusverfahren dient vor allem dazu, Rechtsunsicherheiten im Zusammenhang 3
mit der Anwendung der Mitbestimmungsregeln zu klären[3]. § 25 Abs. 1 SEAG erwähnt in Abweichung vom redaktionellen Vorbild des § 97 Abs. 1 Satz 1 AktG **sowohl gesetzliche als auch vertragliche Vorschriften**, nach denen sich die Zusammensetzung des Verwaltungsrats einer SE richten kann. Denn in der SE kann die Mitbestimmung nach dem SEBG auch in einer Vereinbarung geregelt sein (vgl. § 21
SEBG). Wurde keine Vereinbarung geschlossen, greift die gesetzliche Auffanglösung
(§§ 34 ff. SEBG). Hingegen sind **Satzungsbestimmungen** weder gesetzliche noch vertragliche Vorschriften und können daher nicht Anlass für ein Statusverfahren sein[4].

Unsicherheiten über die ordnungsgemäße Zusammensetzung eines mitbestimmten 4
Verwaltungsrats können beispielsweise hinsichtlich der Frage bestehen, ob sich der
proportionale Anteil der Arbeitnehmervertreter auf den gesamten Verwaltungsrat unter Einbeziehung der geschäftsführenden Mitglieder bezieht oder allein auf die nicht-
geschäftsführenden Verwaltungsratsmitglieder (vgl. Art. 43 Rz. 65). Im Schrifttum ist
außerdem streitig, welche Reichweite eine **Mitbestimmungsvereinbarung** haben
kann, insbesondere ob sie die Mitgliederzahl des Verwaltungsrats regeln kann (vgl.
Art. 43 Rz. 36 ff.).

III. Verfahren

1. Bekanntmachung der unrichtigen Zusammensetzung

Der Verwaltungsratsvorsitzende ist verpflichtet, die ordnungsgemäße Zusammenset- 5
zung des Verwaltungsrats zu prüfen[5]. Gelangt er zu der Ansicht, dass der Verwaltungsrat nicht ordnungsgemäß zusammengesetzt ist, hat er dies unverzüglich in den

---

1 Zu den Regelungszielen des aktienrechtlichen Statusverfahrens *Drygala* in K. Schmidt/Lutter,
 AktG, § 97 Rz. 1 sowie *Hopt/Roth/Peddinghaus* in Großkomm. AktG, § 97 Rz. 3 ff.
2 S. nur Kommentierung von *Drygala* in K. Schmidt/Lutter, AktG, §§ 97 ff.
3 *Hopt/Roth/Peddinghaus* in Großkomm. AktG, § 97 Rz. 3.
4 *Schwarz*, Anh Art. 43 Rz. 94. Für das allgemeine Aktienrecht *Drygala* in K. Schmidt/Lutter,
 AktG, § 97 Rz. 6 sowie *Hüffer*, § 97 Rz. 3 und *Hopt/Roth/Peddinghaus* in Großkomm. AktG,
 § 97 Rz. 23.
5 Zur parallel gelagerten Pflicht des Vorstandes im allgemeinen Aktienrecht: *Hopt/Roth/Ped-
 dinghaus* in Großkomm. AktG, § 97 Rz. 27.

Gesellschaftsblättern (§ 25 AktG)[6] bekannt zu machen; zusätzlich ist eine Bekanntmachung durch Aushang in sämtlichen Betrieben der Gesellschaft und ihrer Konzernunternehmen erforderlich. Während im dualistischen System der Vorstand das Statusverfahren einleitet, weist der Gesetzgeber des SEAG die Prüfungs- und Bekanntmachungspflicht bewusst dem **Vorsitzenden des Verwaltungsrats** zu und nicht etwa den geschäftsführenden Direktoren[7]. Diese sind dem Verwaltungsrat untergeordnet (*Teichmann*, Anh. Art. 43 § 22 SEAG Rz. 12) und können insoweit nicht verpflichtet werden, für dessen ordnungsgemäße Zusammensetzung zu sorgen. In der Verantwortlichkeit des Verwaltungsratsvorsitzenden manifestiert sich die Parallelität zwischen Verwaltungsrat und Vorstand als Leitungsorgan der Gesellschaft. Gegen die Zuständigkeit des Verwaltungsratsvorsitzenden lässt sich zwar einwenden, dass er von einer Zusammensetzungsrüge selbst betroffen sein könnte. Indessen erscheint die Gefahr einer dauerhaft rechtswidrigen Zusammensetzung des Verwaltungsrats gering, da jedes Mitglied des Verwaltungsrats und auch alle übrigen betroffenen Personengruppen – insbesondere Aktionäre und Arbeitnehmer – die Möglichkeit haben, die ordnungsgemäße Zusammensetzung gerichtlich klären zu lassen (vgl. § 26 SEAG).

6   Die Bekanntmachung muss „**unverzüglich**", also ohne schuldhaftes Zögern (§ 121 Abs. 1 Satz 1 BGB), erfolgen. Die Einholung eines Rechtsgutachtens oder die Abstimmung mit den übrigen Verwaltungsratsmitgliedern begründet kein schuldhaftes Zögern[8]. In der Bekanntmachung sind die nach Ansicht des Verwaltungsratsvorsitzenden maßgeblichen Vorschriften anzugeben (§ 25 Abs. 1 Satz 3 SEAG).

7   Der **Verwaltungsratsvorsitzende** ist nicht nur zur Bekanntmachung nach § 25 Abs. 1 SEAG, sondern – wie jedes andere Verwaltungsratsmitglied – auch zur Anrufung des Gerichts befugt (§ 26 Abs. 2 SEAG). Der Weg über die Bekanntmachung nach § 25 SEAG führt möglicherweise zu einer Klärung der Verhältnisse, ohne dass ein Gerichtsverfahren nötig wird (dazu sogleich Rz. 9 ff.). Andererseits kann es vorzugswürdig sein, das Gericht anzurufen, wenn sich abzeichnet, dass es ohnehin zu einem Rechtsstreit kommen wird – etwa weil bereits andere nach § 26 Abs. 2 SEAG antragsbefugte Personen eine Anrufung des Gerichts angekündigt haben. Über den geeigneten Weg entscheidet der Verwaltungsratsvorsitzende nach pflichtgemäßem Ermessen[9].

8   Sollte bereits ein **gerichtliches Verfahren** nach § 26 SEAG anhängig sein, ist eine Bekanntmachung über die Zusammensetzung des Verwaltungsrats nicht mehr zulässig (§ 25 Abs. 3 SEAG). Die Feststellung der maßgeblichen Vorschriften durch das Gericht soll Vorrang haben vor der Bekanntmachung der Ansicht des Verwaltungsratsvorsitzenden[10].

2. Anrufung des Gerichts

9   Mit der Bekanntmachung beginnt eine **Frist von einem Monat** zu laufen, innerhalb derer die nach § 26 Abs. 2 SEAG antragsberechtigten Personen das zuständige Gericht zur Klärung der Zusammensetzung des Verwaltungsrats anrufen können. Zur Fristwahrung genügt auch die Anrufung eines örtlich unzuständigen Gerichts[11].

---

6   Anwendbar kraft der Generalverweisung in Art. 9 Abs. 1 lit. c ii (*Schwarz*, Anh Art. 43 Rz. 95).

7   Begr. RegE, BT-Drucks. 15/3405, S. 37.

8   Für das allgemeine Aktienrecht: *Drygala* in K. Schmidt/Lutter, AktG, § 97 Rz. 10 sowie *Hüffer*, § 97 Rz. 4 und *Hopt/Roth/Peddinghaus* in Großkomm. AktG, § 97 Rz. 43.

9   Zur vergleichbaren Ermessensentscheidung des Vorstands s. *Hopt/Roth/Peddinghaus* in Großkomm. AktG, § 97 Rz. 30.

10   *Schwarz*, Anh Art. 43 Rz. 105.

11   *Hopt/Roth/Peddinghaus* in Großkomm. AktG, § 97 Rz. 70; *Hüffer*, § 97 Rz. 6.

3. Fristablauf ohne Anrufung des Gerichts

Läuft die Frist ohne Anrufung des Gerichts ab, ist der neue Verwaltungsrat nach den   10
in der Bekanntmachung angegebenen Vorschriften zusammenzusetzen (§ 25 Abs. 2
Satz 1 SEAG). Das Amt der bisherigen Verwaltungsratsmitglieder **erlischt** spätestens
sechs Monate nach Ablauf der Anrufungsfrist (§ 25 Abs. 2 Satz 3 SEAG). In der nächsten auf den Ablauf der Monatsfrist folgenden Hauptversammlung ist der Verwaltungsrat gemäß den nunmehr geltenden Vorschriften **neu zu besetzen.**

Soweit **Arbeitnehmervertreter** zu bestellen sind, ist außerdem das nach Vereinbarung   11
oder Gesetz maßgebende Verfahren einzuleiten; bei Anwendung der gesetzlichen
Auffangregelung werden gemäß § 36 Absätze 2 und 3 SEBG Kandidaten ermittelt, die
sodann von der Hauptversammlung zu bestellen sind (§ 36 Abs. 4 SEBG).

Satzungsbestimmungen treten außer Kraft, soweit sie den bekannt gemachten und   12
nunmehr anzuwendenden Vorschriften entgegenstehen (§ 25 Abs. 2 Satz 2 SEAG).
Gem. § 25 Abs. 2 Satz 4 SEAG kann die Hauptversammlung innerhalb von sechs Monaten nach Ablauf der Anrufungsfrist die außer Kraft getretenen Satzungsbestimmungen mit **einfacher Stimmenmehrheit** durch neue Satzungsbestimmungen ersetzen. Gem. Art. 59 Abs. 1 ist zwar für eine Satzungsänderung grundsätzlich eine
Mehrheit von mindestens zwei Dritteln der abgegebenen Stimmen erforderlich. Der
mitgliedstaatliche Gesetzgeber kann aber vorsehen, dass eine einfache Stimmenmehrheit ausreicht, sofern mindestens die Hälfte des gezeichneten Kapitals vertreten
ist (Art. 59 Abs. 2). Im Wege der **verordnungskonformen Auslegung** ist daher der in
§ 25 Abs. 2 Satz 4 SEAG vorgesehene Beschluss mit einfacher Stimmenmehrheit nur
dann ausreichend, wenn zugleich mindestens die Hälfte des gezeichneten Kapitals
bei der Beschlussfassung vertreten war[12].

Zur Fortgeltung einer **Mitbestimmungsvereinbarung**, die den bekannt gemach-   13
ten Vorschriften entgegensteht, äußert sich das Gesetz nicht. Das Statusverfahren kann
seinen Zweck (Rz. 1 f.) allerdings nur erfüllen, wenn sich die bekannt gemachte
Rechtslage auch gegenüber einer entgegenstehenden Mitbestimmungsvereinbarung
durchsetzt. Bestand Streit über die Vereinbarkeit der Mitbestimmungsvereinbarung
mit gesetzlichen Regeln und hat der Verwaltungsratsvorsitzende dies zum Anlass einer Bekanntmachung nach § 25 Abs. 1 SEAG genommen, ist demzufolge der Verwaltungsrat nach Ablauf der Monatsfrist gemäß den bekannt gemachten Vorschriften zusammenzusetzen.

Dem steht nicht der im Gemeinschaftsrecht verankerte **Vorrang der Verhandlun-**   14
gen[13] entgegen. Denn die SE-Richtlinie regelt nur das Zustandekommen der Vereinbarung, nicht aber die Frage, auf welchem Wege ihre Wirksamkeit und ihr Inhalt verbindlich festgestellt werden können. In Ermangelung einer europäischen Vorgabe obliegt die Ausgestaltung des Rechtsweges dem mitgliedstaatlichen Gesetzgeber.
Dessen Gestaltungsfreiraum wird begrenzt einerseits durch das Gebot, allgemeine
rechtsstaatliche Anforderungen einzuhalten, andererseits durch den Grundsatz, die
SE nicht anders zu behandeln als die Aktiengesellschaft nationalen Rechts[14]. § 25 SE-
AG entspricht diesen Anforderungen. Er regelt ein Verfahren, das der Feststellung
des Inhalts und der Wirksamkeit der für die Verwaltungsratsbesetzung maßgeblichen

---

12 Vgl. auch die Bedenken bei *Schwarz*, Anh Art. 43 Rz. 103, der die Vereinbarkeit der nationalen
Regelung mit dem höherrangigen Verordnungsrecht aus dem Rechtsgedanken des Art. 12
Abs. 4 ableitet.
13 Vgl. Teil B., § 21 SEBG. Zur Stellung der Vereinbarung im Rahmen der SE-Normenhierarchie
Art. 9.
14 Zum Gebot der Gleichbehandlung von SE und nationalen Aktiengesellschaften Art. 9 Rz. 6
sowie Art. 10 Rz. 1.

Regeln dient, zu denen auch eine Mitbestimmungsvereinbarung gehören kann. Die von dieser Frage betroffenen Personen können zu jedem Zeitpunkt eine gerichtliche Klärung herbeiführen (vgl. § 26 SEAG). Zudem entspricht das Statusverfahren dem allgemeinen Aktienrecht, erfüllt also das Gebot der Gleichbehandlung von SE und nationaler Aktiengesellschaft.

§ 26 SEAG
Gerichtliche Entscheidung über die Zusammensetzung des Verwaltungsrats

(1) Ist streitig oder ungewiss, nach welchen Vorschriften der Verwaltungsrat zusammenzusetzen ist, so entscheidet darüber auf Antrag ausschließlich das Landgericht (Zivilkammer), in dessen Bezirk die Gesellschaft ihren Sitz hat. Die Landesregierung kann die Entscheidung durch Rechtsverordnung für die Bezirke mehrerer Landgerichte einem der Landgerichte übertragen, wenn dies der Sicherung einer einheitlichen Rechtsprechung dient. Die Landesregierung kann die Ermächtigung auf die Landesjustizverwaltung übertragen.

(2) Antragsberechtigt sind

1. jedes Mitglied des Verwaltungsrats,

2. jeder Aktionär,

3. die nach § 98 Abs. 2 Satz 1 Nr. 4 bis 10 des Aktiengesetzes Antragsberechtigten,

4. der SE-Betriebsrat.

(3) Entspricht die Zusammensetzung des Verwaltungsrats nicht der gerichtlichen Entscheidung, so ist der neue Verwaltungsrat nach den in der Entscheidung angegebenen Vorschriften zusammenzusetzen. § 25 Abs. 2 gilt entsprechend mit der Maßgabe, dass die Frist von sechs Monaten mit dem Eintritt der Rechtskraft beginnt.

(4) Für das Verfahren gilt § 99 des Aktiengesetzes entsprechend mit der Maßgabe, dass die nach Absatz 5 der Vorschrift vorgesehene Einreichung der rechtskräftigen Entscheidung durch den Vorsitzenden des Verwaltungsrats erfolgt.

1 Das in § 26 SEAG geregelte gerichtliche Verfahren zur Feststellung der Vorschriften, nach denen der Verwaltungsrat zusammenzusetzen ist (**Statusverfahren**), lehnt sich eng an das **aktienrechtliche Vorbild der §§ 98, 99 AktG** an. Auf Rechtsprechung und Literatur zu diesen Vorschriften kann weitgehend zurückgegriffen werden.

2 Gem. § 25 Abs. 1 Satz 1 SEAG ist für den Rechtsstreit das **Landgericht** ausschließlich zuständig, in dessen Bezirk die Gesellschaft ihren Sitz hat; gemeint ist damit der satzungsmäßige Sitz[1]. Durch diese Regelung soll eine Zuständigkeitszersplitterung zwischen ordentlicher Gerichtsbarkeit und Arbeitsgerichtsbarkeit vermieden werden[2]. Die in § 26 Abs. 1 Satz 2 und 3 SEAG eingeräumte **Möglichkeit der Verfahrenskonzentration** entspricht der Regelung in § 98 Abs. 1 Satz 2 und 3 AktG. Im allgemeinen

---

1 Vgl. § 5 AktG; auch die SE-VO meint mit dem Begriff „Sitz" den satzungsmäßigen Sitz im Gegensatz zur „Hauptverwaltung" (vgl. Art. 7 Rz. 6).
2 *Schwarz*, Art. 43 Rz. 109; zu § 98 AktG vgl. *Drygala* in K. Schmidt/Lutter, AktG, § 98 Rz. 1 und *Hüffer*, § 98 Rz. 1.

Aktienrecht wurde davon teilweise Gebrauch gemacht[3]. Eine Anpassung an die SE ist verschiedentlich schon erfolgt[4].

Im allgemeinen Aktienrecht wurde durch das Gesetz zur Unternehmensintegrität 3 und Modernisierung des Anfechtungsrechts (UMAG)[5] die Zuständigkeit der **Kammer für Handelssachen** eingeführt, soweit eine solche bei dem zuständigen Landgericht gebildet worden ist (§ 98 Abs. 1 Satz 1 Hs. 2 AktG). Das UMAG verfolgte generell das Ziel, der Kammer für Handelssachen die Zuständigkeit für gesellschaftsrechtliche Streitigkeiten auch dort zuzuweisen, wo sie zuvor bei der Zivilkammer angesiedelt war. Die neue Gesetzesfassung des § 98 AktG kehrt insoweit zur „aktienrechtlichen Normalität" zurück[6]. In § 26 Abs. 1 SEAG wurde diese Umstellung nicht mitvollzogen. Ein sachlicher Grund dafür ist nicht ersichtlich; dies umso weniger, als für das dualistische SE-System kraft der Generalverweisung des Art. 9 („dynamische Verweisung") nunmehr die neue Fassung des § 98 AktG Gültigkeit hat und für eine unterschiedliche Behandlung der beiden Leitungssysteme kein Anlass besteht. Die Unterlassung dürfte eher darauf zurückzuführen sein, dass beide Gesetze parallel behandelt und in der Endphase nicht mehr in allen Punkten aufeinander abgestimmt wurden[7]. Es handelt sich somit um eine **planwidrige Lücke**, die durch analoge Anwendung des § 98 Abs. 1 Satz 1 Hs. 2 AktG zu schließen ist. Auch für das Statusverfahren nach § 26 Abs. 1 SEAG ist damit die Kammer für Handelssachen funktional zuständig, sofern eine solche bei dem zuständigen Landgericht gebildet wurde.

Die Liste der **Antragsberechtigten** (§ 26 Abs. 2 SEAG) orientiert sich an § 98 Abs. 2 4 AktG und nimmt die notwendigen Anpassungen an das monistische Modell vor. Antragsberechtigt sind demnach – neben den auch im allgemeinen Aktienrecht genannten Personen – insbesondere die Mitglieder des Verwaltungsrats und der SE-Betriebsrat. Die Antragsberechtigung der Verwaltungsratsmitglieder, der Aktionäre, sowie von Betriebsrat, Gesamtbetriebsrat und SE-Betriebsrat ist an **keine weiteren Voraussetzungen** geknüpft. Bei den gem. § 26 Abs. 2 Nr. 3 i.V.m. § 98 Abs. 2 Nr. 4 bis 10 AktG antragsberechtigten **Einrichtungen oder Organisationen** ist Voraussetzung, dass sie Belange von Wahl- oder Vorschlagsberechtigten wahrnehmen oder nach den in Frage stehenden Vorschriften selbst ein Vorschlagsrecht hätten[8]. Für den Antrag ist nicht Voraussetzung, dass zuvor ein Bekanntmachungsverfahren nach § 25 SEAG durchgeführt wurde[9].

---

3 *Ulmer/Habersack* in Ulmer/Habersack/Henssler, Mitbestimmungsrecht, 2. Aufl. 2006, § 6 MitbestG Rz. 33.
4 S. z.B. die Verordnung über die gerichtliche Zuständigkeit zur Entscheidung gesellschaftsrechtlicher Angelegenheiten und in Angelegenheiten der Versicherungsvereine auf Gegenseitigkeit (Konzentrations-VO Gesellschaftsrecht) des Landes Nordrhein-Westfalen v. 31.5.2005 (§ 1 Nr. 5.2: Zuständigkeit der Landgerichte Düsseldorf, Dortmund und Köln), die Verordnung über Zuständigkeiten nach dem Gesetz zur Unternehmensintegrität und Modernisierung des Anfechtungsrechts und nach anderen Rechtsvorschriften des Landes *Hessen* v. 6.4.2006 (§ 1: Zuständigkeit des LG Frankfurt/M sowie die Verordnung des Justizministeriums über gerichtliche Zuständigkeiten (Zuständigkeitsverordnung Justiz – ZuVoJu) des Landes *Baden-Württemberg* v. 20.11.1998 (§ 13 Abs. 2 Nr. 11: Zuständigkeit der Landgerichte Mannheim und Stuttgart).
5 Gesetz v. 22.9.2005, BGBl. I 2005, 2802 ff.
6 *Hüffer*, § 98 Rz. 2.
7 Der Diskussionsentwurf zum SEAG wurde Anfang 2003 veröffentlicht (abgedr. in AG 2003, 204 ff.); das Gesetz wurde am 22.12.2004 ausgefertigt und am 28.12.2004 im Gesetzblatt verkündet (BGBl. I 2004, 3675 ff.). Das UMAG nimmt für das zuvor erlassene SEAG nur eine Änderung zu § 31 SEAG vor (Art. 2 Abs. 7 UMAG).
8 Vgl. *Drygala* in K. Schmidt/Lutter, AktG, § 98 Rz. 9 ff. sowie *Hüffer*, § 98 Rz. 4.
9 *Schwarz*, Art. 43 Rz. 110; zum allgemeinen Aktienrecht *Hüffer*, § 98 Rz. 3.

5   Für das **gerichtliche Verfahren** gilt § 99 AktG entsprechend (§ 26 Abs. 4 SEAG). In entsprechender Anwendung des § 99 Abs. 2 Satz 2 AktG sind anzuhören die Mitglieder des Verwaltungsrats, der SE-Betriebsrat sowie weitere antragsberechtigte Betriebsräte, Sprecherausschüsse, Spitzenorganisationen und Gewerkschaften. Die Aufgabe des Vorstands, die rechtskräftige Entscheidung zum Handelsregister einzureichen (§ 99 Abs. 5 Satz 3 AktG), übernimmt im monistischen System der Vorsitzende des Verwaltungsrats (§ 26 Abs. 4 SEAG).

6   Ergibt die **Gerichtsentscheidung**, dass der Verwaltungsrat nicht ordnungsgemäß zusammengesetzt ist, folgt die Zusammensetzung des neuen Verwaltungsrat den in der Entscheidung genannten Vorschriften (§ 26 Abs. 3 Satz 1 SEAG). Dafür gilt § 25 Abs. 2 SEAG entsprechend; die dort geregelte Frist von sechs Monaten beginnt mit der Rechtskraft der Entscheidung (§ 26 Abs. 3 Satz 2 SEAG).

§ 27 SEAG
Persönliche Voraussetzungen der Mitglieder des Verwaltungsrats

(1) Mitglied des Verwaltungsrats kann nicht sein, wer

1. bereits in zehn Handelsgesellschaften, die gesetzlich einen Aufsichtsrat oder einen Verwaltungsrat zu bilden haben, Mitglied des Aufsichtsrats oder des Verwaltungsrats ist,

2. gesetzlicher Vertreter eines von der Gesellschaft abhängigen Unternehmens ist oder

3. gesetzlicher Vertreter einer anderen Kapitalgesellschaft ist, deren Aufsichtsrat oder Verwaltungsrat ein Vorstandsmitglied oder geschäftsführender Direktor der Gesellschaft angehört.

Auf die Höchstzahl nach Satz 1 Nr. 1 sind bis zu fünf Sitze in Aufsichts- oder Verwaltungsräten nicht anzurechnen, die ein gesetzlicher Vertreter (beim Einzelkaufmann der Inhaber) des herrschenden Unternehmens eines Konzerns in zum Konzern gehörenden Handelsgesellschaften, die gesetzlich einen Aufsichtsrat oder einen Verwaltungsrat zu bilden haben, inne hat. Auf die Höchstzahl nach Satz 1 Nr. 1 sind Aufsichtsrats- oder Verwaltungsratsämter im Sinne der Nummer 1 doppelt anzurechnen, für die das Mitglied zum Vorsitzenden gewählt worden ist.

(2) § 36 Abs. 3 Satz 2 in Verbindung mit § 6 Abs. 2 bis 4 des SE-Beteiligungsgesetzes oder eine Vereinbarung nach § 21 des SE-Beteiligungsgesetzes über weitere persönliche Voraussetzungen der Mitglieder der Arbeitnehmer bleibt unberührt.

(3) Eine juristische Person kann nicht Mitglied des Verwaltungsrats sein.

I. Überblick

1. Regelungsgehalt des § 27 SEAG

§ 27 SEAG regelt die Frage der Mehrfachmandate (Abs. 1), enthält eine Öffnungsklau-   1
sel für die Arbeitnehmervertreter im Verwaltungsrat (Abs. 2) und schließt juristische
Personen als Mitglieder des Verwaltungsrats aus (Abs. 3). Zwar steht der Verwaltungsrat funktional dem Vorstand im dualistischen System nahe. Dennoch sind **Regelungsvorbild** für § 27 SEAG in erster Linie **§ 100 Abs. 2 bis 4 AktG.** Denn die Tätigkeit im Verwaltungsrat ist nach dem gesetzlichen Leitbild grundsätzlich als neben-
berufliche gedacht (vgl. auch Art. 44, der lediglich vier Sitzungen im Jahr zwingend
vorschreibt). Daher orientiert sich § 27 Abs. 2 SEAG an den Regeln über Mehrfachmandate, die gem. § 100 Abs. 2 AktG für den Aufsichtsrat gelten. Ermächtigungsgrundlage für den Erlass des § 27 SEAG ist Art. 43 Abs. 4[1]. Die **Rechtsfolgen** einer gegen § 27 SEAG verstoßenden Bestellung zum Verwaltungsratsmitglied regelt § 31 SE-
AG.

2. Bestellungshindernisse des allgemeinen Aktienrechts

Für die persönlichen Voraussetzungen der Organmitglieder einer SE gilt gem. **Art. 47**   2
Abs. 2 grundsätzlich das **mitgliedstaatliche Recht.** Demnach dürfen Personen, die
nach mitgliedstaatlichem Recht oder auf Grund einer Gerichts- oder Verwaltungsentscheidung nicht Organmitglied einer nationalen Aktiengesellschaft sein können,
auch nicht dem Organ einer SE angehören. Nach der **deutschen Textfassung** der SE-
VO schlägt unabhängig vom konkreten Leitungssystem jedes Bestellungshindernis
nationalen Rechts auf die SE durch (Art. 47 Rz. 7); beispielsweise dürfte eine Person,
die nicht Vorstandsmitglied einer nationalen AG sein kann, auch nicht dem Verwaltungsrat einer SE angehören. Dem entsprechend verzichtet das SEAG auf eine umfassende Regelung der persönlichen Voraussetzungen von Verwaltungsratsmitgliedern
und unterstellt eine – über Art. 47 Abs. 2 vermittelte – Anwendung des § 76 Abs. 3
AktG[2]. In Konsequenz dessen ordnet § 31 Abs. 1 Nr. 3 SEAG die **Nichtigkeit der Bestellung** zum Verwaltungsratsmitglied an, wenn gegen Art. 47 Abs. 2 verstoßen worden ist.

Bei **gemeinschaftsrechtlich-autonomer Auslegung** unter Berücksichtigung anderer   3
Sprachfassungen ist Art. 47 Abs. 2 jedoch enger zu verstehen. Bestellungshindernisse
des nationalen Rechts gelten immer nur für das *entsprechende* SE-Organ (Art. 47
Rz. 8). Bei diesem Verständnis können Bestellungshindernisse für Vorstand oder Aufsichtsrat nicht auf den Verwaltungsrat übertragen werden. Vielmehr müssen Bestellungshindernisse für das monistische System im nationalen Ausführungsgesetz SE-
spezifisch geregelt werden. Das SEAG kommt dieser Aufgabe vor dem Hintergrund
der missverständlichen deutschen Sprachfassung des Art. 47 Abs. 2 nur unvollständig
nach. Zwar regelt § 27 Abs. 1 SEAG die Frage der Mehrfachmandate. Es fehlen aber
weitere persönliche Bestellungshindernisse für Verwaltungsratsmitglieder, insbesondere die in § 76 Abs. 3 AktG für den Vorstand geregelte fehlende Eignung bei Verurteilung wegen einer Insolvenzstraftat nach den §§ 283 bis 283d StGB.

§ 76 Abs. 3 AktG ist vor diesem Hintergrund auf Mitglieder des Verwaltungsrats **ana-**   4
log anwendbar. Die Interessenlage ist vergleichbar; denn der Verwaltungsrat trägt als

---

1   *Schwarz*, Anh Art. 43 Rz. 114.
2   Diesem Normverständnis folgt die h.M. in der Literatur (*Hopt/Roth* in Großkomm. AktG,
§ 100 Rz. 204; *Manz* in Manz/Mayer/Schröder, Art. 47 SE-VO Rz. 15; *Reichert/Brandes* in
MünchKomm. AktG, Art. 47 SE-VO Rz. 27 ff.); a.A. *Schwarz*, Art. 47 Rz. 33: § 76 Abs. 3 AktG
nur analog anwendbar.

Organ der Oberleitung ebenso wie ein Vorstand Verantwortung für die Geschäftsleitung (Anh. Art. 43 § 22 SEAG Rz. 6). Es entsprach auch dem Willen des deutschen Gesetzgebers, die für den Vorstand geltenden Bestellungshindernisse auf Verwaltungsratsmitglieder zu übertragen. Dies belegt die Vorschrift des § 31 Abs. 1 Nr. 3 SEAG (vgl. Anh. Art. 43 § 31 Rz. 3 ff.). Indirekt ergibt sich dieser Wille des Gesetzgebers auch aus § 40 Abs. 1 Satz 4 SEAG. Nach dieser Vorschrift findet § 76 Abs. 3 AktG auf diejenigen geschäftsführenden Direktoren Anwendung, die nicht aus den Reihen des Verwaltungsrats bestellt werden; denn für Personen, die bereits dem Verwaltungsrat angehören, unterstellt der Gesetzgeber die Anwendung des § 76 Abs. 3 AktG auf Basis des Art. 47 Abs. 2. Da aber Art. 47 Abs. 2 bei gemeinschaftsrechtlich-autonomer Auslegung (Art. 47 Rz. 8) nicht zu einer Anwendung der auf den Vorstand bezogenen Bestellungshindernisse führt, weist das SEAG eine planwidrige Lücke auf, die durch analoge Anwendung des § 76 Abs. 3 AktG auf Verwaltungsratmitglieder zu schließen ist[3]. Auch aus § 22 Abs. 6 SEAG ergibt sich – bei dem hier vertretenen funktionalweiten Verständnis der Vorschrift (Anh. Art. 43 § 22 SEAG Rz. 42) – ein Argument für die Anwendung der auf den Vorstand bezogenen Bestellungshindernisse; in der österreichischen Diskussion wird die Anwendung der allgemein aktienrechtlichen Bestellungshindernisse auf diesem Wege begründet[4].

II. Höchstgrenze für die Kumulation mehrerer Mandate

1. Berechnung

5   Die Mitgliedschaft im Verwaltungsrat kann grundsätzlich mit der Mitgliedschaft in Verwaltungsräten oder Aufsichtsräten anderer Gesellschaften verbunden werden, soweit die gesetzlich festgelegte Höchstgrenze von **insgesamt zehn Mandaten in Handelsgesellschaften** nicht überschritten wird (§ 27 Abs. 1 Satz 1 Nr. 1 SEAG). Dabei besteht ein **Konzernprivileg**: Mandatsträger im herrschenden Unternehmen können bis zu fünf Sitze in abhängigen Unternehmen übernehmen, ohne dass diese auf die Höchstgrenze angerechnet werden (§ 27 Abs. 1 Satz 2 SEAG). Andererseits ist der **Vorsitz** in einem Verwaltungs- oder Aufsichtsrat wegen der damit verbundenen höheren Arbeitsbelastung doppelt anzurechnen (§ 27 Abs. 1 Satz 3 SEAG). Bei der Berechnung der Höchstgrenze sind auch die Mandate im Aufsichts- oder Verwaltungsorgan einer in Deutschland ansässigen SE zu berücksichtigen[5]. Denn die SE ist vorbehaltlich abweichender Bestimmungen in der Verordnung einer nationalen Aktiengesellschaft gleichgestellt[6].

2. Anlehnung an § 100 Abs. 2 AktG

6   § 27 Abs. 1 SEAG entspricht der Regelung in § 100 Abs. 2 AktG; auf die Kommentierungen hierzu kann grundsätzlich verwiesen werden[7]. Allerdings ist bei Anwendung der zu § 100 Abs. 2 AktG entwickelten Grundsätze zu bedenken, dass ein Verwaltungsratsmitglied auf Grund der im Vergleich zum Aufsichtsrat herausgehobenen

---

3 Die Anwendung des § 76 Abs. 3 AktG auf Verwaltungsratsmitglieder ist, soweit ersichtlich, in der Literatur unbestritten (s. etwa *Manz* in Manz/Mayer/Schröder, Art. 43 SE-VO Rz. 83 und Art. 47 SE-VO Rz. 15; *Reichert/Brandes* in MünchKomm. AktG, Art. 47 SE-VO Rz. 29; *Schwarz*, Anh Art. 43 Rz. 131); lediglich die Begründungen divergieren, da häufig Art. 47 Abs. 2 in der deutschen Textfassung zu Grunde gelegt wird.
4 Auf die § 22 Abs. 6 SEAG vergleichbare Parallelnorm des österreichischen SEG stützen *Kalss/Greda* in Kalss/Hügel, § 45 SEG Rz. 19, ihre Auffassung, aktienrechtliche Qualifikationsanforderungen und Bestellungshindernisse seien auf den Verwaltungsrat übertragbar.
5 *Schwarz*, Art. 47 Rz. 32.
6 Zu diesem Gleichstellungsgrundsatz Art. 9 Rz. 6 und Art. 10 Rz. 1 ff.
7 Vgl. namentlich *Drygala* in K. Schmidt/Lutter, AktG, § 100 Rz. 4 ff.

Leitungsverantwortung (Anh. Art. 43 § 22 Rz. 5 ff.) eine **höhere Verantwortung und** möglicherweise auch **Arbeitsbelastung** übernimmt als ein Aufsichtsratsmitglied[8]. Der österreichische Gesetzgeber hat sich aus diesen Gründen für eine **unterschiedliche Gewichtung** der Ämter entschieden und zählt bei den Mandatsbeschränkungen das Verwaltungsratsmandat wie zwei Aufsichtsratsmandate[9]. Der deutsche Gesetzgeber hat auf eine solche Gewichtung verzichtet. Dies bedeutet aber nicht, dass es in jedem Fall unbedenklich wäre, die gesetzliche Obergrenze auszuschöpfen. Bei der Übernahme einer Zahl von Mandaten, deren Arbeitsbelastung nicht bewältigt werden kann, droht früher als im dualistischen System ein Übernahmeverschulden[10].

Der Gesetzgeber begründet die Anlehnung an § 100 Abs. 2 AktG mit dem Argument, **7** Verwaltungsratsmitglieder hätten eine dem Aufsichtsrat vergleichbare Aufsichtsfunktion[11]. Daran ist richtig, dass die Tätigkeit in beiden Organen regelmäßig **keine Vollzeitbeschäftigung** ist und daher in der Regel auch mehrere solcher Mandate zu bewältigen ist. Dennoch unterscheidet sich die Aufsicht des Verwaltungsrats über die geschäftsführenden Direktoren in qualitativer Weise von derjenigen des Aufsichtsrats über den Vorstand (Anh. Art. 43 § 22 Rz. 14 ff.). Der Verwaltungsrat überwacht den Vollzug der von ihm selbst festgelegten Unternehmensstrategie; es geht also um die Kontrolle, ob die eigenen Leitentscheidungen konsequent umgesetzt werden. Die Vorbereitung und Vollzugskontrolle der unternehmerischen Leitentscheidungen verlangt eine intensivere Befassung mit den Geschäftsangelegenheiten der Gesellschaft als die Überwachungstätigkeit des Aufsichtsrats, der kein unternehmerisches Initiativrecht hat.

3. Mandate in ausländischen Gesellschaften

Die herrschende Lehre zu § 100 Abs. 2 Satz 1 Nr. 1 AktG bezieht die Mandatsobergrenze allein auf inländische Aktiengesellschaften. Mandate in den Organen ausländischer Gesellschaften werden nicht angerechnet, weil deren Rechtsposition mit inländischen Mandaten **nicht vergleichbar** sei[12]. Fraglich ist, ob die Einführung der SE in dieser Streitfrage einen neuen Akzent setzt[13]. Denn nunmehr besteht kraft europäischen Rechts (Art. 38) ein Wahlrecht zwischen dualistischer und monistischer Struktur. Folglich können Unternehmen in jedem Mitgliedstaat, wenn sie sich für die Rechtsform der SE entscheiden, zwischen der dualistischen und der monistischen Struktur wählen. Das Argument, bezüglich ausländischer Leitungssysteme fehle die Vergleichbarkeit, verliert damit zumindest für die SE an Überzeugungskraft.

Rechnet man jedoch allein bei der SE auch die Mandate ausländischer Gesellschaften **9** auf die Höchstzahl an, droht eine Ungleichbehandlung von SE und nationaler Aktiengesellschaft[14]. Die **Gleichbehandlung** mit der nationalen Aktiengesellschaft ließe sich allerdings auch dadurch herstellen, dass ausländische Mandate künftig im Rahmen des § 100 Abs. 2 Satz 1 Nr. 1 AktG berücksichtigt werden[15]. Richtigerweise muss die Gleichbehandlung aber in Richtung auf die bereits zum Aufsichtsrat herr-

---

8 In diesem Sinne auch *Schwarz*, Anh Art. 43 Rz. 118.
9 Vgl. § 45 Abs. 3 SEG; dazu *Kalss/Greda* in Kalss/Hügel, § 43 SEG Rz. 12.
10 Zum Aspekt des Übernahmeverschuldens *Hopt/Roth* in Großkomm. AktG, § 100 Rz. 32.
11 Begr. RegE zu § 27 SEAG, BT-Drucks. 15/3405, S. 37 f.
12 *Hüffer*, § 100 Rz. 3; *Mertens* in KölnKomm. AktG, § 100 Rz. 17.
13 In diesem Sinne *Hopt/Roth* in Großkomm. AktG, § 100 Rz. 37 ff., die für eine Neubewertung der Streitfrage eintreten.
14 Aus diesem Grund gegen die Anrechnung ausländischer Mandate *Schwarz*, Anh Art. 43 Rz. 120.
15 Insoweit konsequent für eine Abkehr von der bisher herrschenden Meinung *Drygala* in K. Schmidt/Lutter, AktG, § 100 Rz. 6; *Hopt/Roth* in Großkomm. AktG, § 100 Rz. 37 ff.

schende Lehre vorgenommen werden. Denn das Argument der fehlenden Vergleichbarkeit hat sein Gewicht keineswegs verloren. Mandate in in- und ausländischen Gesellschaften sind auch nach Einführung der SE nur schwer vergleichbar. Selbst in eng verwandten Rechtsordnungen fällt die Bewertung manchmal unterschiedlich aus; dies belegt die von § 27 SEAG abweichende Behandlung der Verwaltungsratsmandate in Österreich (soeben Rz. 6). Zudem herrscht in den Mitgliedstaaten auch nach Einführung der SE eine derart große **Typenvielfalt** (Art. 38 Rz. 15 ff.), dass sich die Frage der Vergleichbarkeit keineswegs erledigt hat. Eine **pauschale Anrechnung ausländischer Mandate scheidet daher aus**[16].

10 Es bedarf statt dessen einer einzelfallbezogenen Betrachtungsweise, die zunächst der Mandatsträger selbst nach pflichtgemäßem Ermessen durchzuführen hat. Er ist gehalten, die Kumulation in- und ausländischer Mandate im Lichte der damit verbundenen Arbeitsbelastung sorgfältig abzuwägen. Ergibt sich eine Summe von mehr als zehn Mandaten allein durch die Zurechnung ausländischer Mandate, ist zwar die formale Schwelle des § 27 Abs. 2 SEAG noch nicht überschritten, der Vorwurf eines **Übernahmeverschuldens** (vgl. bereits Rz. 6) aber sehr naheliegend.

III. Inkompatibilitäten

1. Doppelmandat entgegen „Organisationsgefälle" im Konzern

11 Mitglied des Verwaltungsrats kann nicht sein, wer bereits **gesetzlicher Vertreter eines** von der Gesellschaft **abhängigen Unternehmens** ist (§ 27 Abs. 1 Satz 1 Nr. 2 SEAG). Dies beruht auf der Überlegung, dass die betreffende Person sich in einem solchen Fall selbst kontrollieren würde, und entspricht der Regelung in § 100 Abs. 2 Satz 1 Nr. 2 AktG. Diese Regelung gilt nach ihrem Sinn und Zweck auch für die gesetzlichen Vertreter eines abhängigen Unternehmens, das seinen **Sitz im Ausland** hat[17].

12 Die Mitglieder des Verwaltungsrats einer abhängigen monistisch strukturierten SE sind nach der Konzeption des SEAG keine gesetzlichen Vertreter, denn gem. § 41 Abs. 1 SEAG sind allein die **geschäftsführenden Direktoren vertretungsbefugt**. Auf Verwaltungsratsmitglieder des abhängigen Unternehmens ist daher die Inkompatibilitätsregel des § 27 Abs. 1 Satz 1 Nr. 2 SEAG nicht anwendbar. Dies entspricht zwar der Regelung in § 100 Abs. 2 Satz 1 Nr. 2 AktG, die Aufsichtsratsmitglieder im abhängigen Unternehmen nicht einbezieht[18]. Dennoch widerspricht diese Regelung in gewisser Weise der Leitungsaufgabe des Verwaltungsrats (s. Anh. Art. 43 § 22 SEAG Rz. 5 ff.). Andererseits besteht in der Führungsorganisation eines Konzerns ein nachvollziehbares praktisches Interesse daran, Verwaltungsratsmitglieder des herrschenden Unternehmens zugleich für den Verwaltungsrat abhängiger Unternehmen bestellen zu können. Die **Übernahme eines Mandats** als nicht-geschäftsführendes Verwaltungsratsmitglied ist daher zu Recht **nicht von der Inkompatibilität erfasst**. Soweit Verwaltungsratsmitglieder gleichzeitig zu geschäftsführenden Direktoren bestellt werden, unterliegen sie der Inkompatibilitätsregel in ihrer Eigenschaft als gesetzliche Vertreter des abhängigen Unternehmens.

---

16 Im Ergebnis ebenso *Reichert/Brandes* in MünchKomm. AktG, Art. 47 SE-VO Rz. 31; *Schwarz,* Anh Art. 43 Rz. 120.

17 Herrschende Meinung zu § 100 Abs. 2 Satz 1 Nr. 2 AktG (*Hopt/Roth* in Großkomm. AktG, § 100 Rz. 54 m.w.N.).

18 *Drygala* in K. Schmidt/Lutter, AktG, § 100 Rz. 9; *Hopt/Roth* in Großkomm. AktG, § 100 Rz. 53.

2. Überkreuzverflechtungen

Ausgeschlossen von der Mitgliedschaft im Verwaltungsrat sind die gesetzlichen Vertreter anderer Kapitalgesellschaften, deren Aufsichtsrat oder Verwaltungsrat ein Vorstand oder geschäftsführender Direktor der Gesellschaft angehört (**Überkreuzverflechtung**). In einem solchen Fall würde sich die wechselseitige Kontrolle der betroffenen Personen neutralisieren. Regelungsvorbild ist § 100 Abs. 2 Satz 1 Nr. 3 AktG.   13

Die herrschende Meinung zu § 100 Abs. 2 Satz 1 Nr. 3 AktG bezieht das Verbot der   14
Überkreuzverflechtung allein auf die gesetzlichen Vertreter inländischer Kapitalgesellschaften[19]. Anders als bei Berechnung der Höchstgrenze von Mandaten (oben Rz. 8 ff.) stellt sich hier aber nicht das Problem der Vergleichbarkeit; denn wer gesetzlicher Vertreter einer Gesellschaft ist, sollte sich zumindest im Bereich der Europäischen Union zweifelsfrei feststellen lassen[20]. Die Inkompatibilitätsregel muss daher auch für **gesetzliche Vertreter ausländischer Gesellschaften** gelten[21].

IV. Arbeitnehmervertreter im Verwaltungsrat

Die von den Arbeitnehmern in den Verwaltungsrat gewählten oder bestellten Personen sind **vollwertige Verwaltungsratsmitglieder** mit allen Rechten und Pflichten (§ 38 Abs. 1 SEBG; vgl. auch Art. 43 Rz. 64). Es gelten daher die allgemeinen Bestellungsvoraussetzungen für Verwaltungsratsmitglieder. § 27 Abs. 2 SEAG stellt lediglich klar, dass **zusätzliche Bestellungsvoraussetzungen**, die nur für Arbeitnehmervertreter gelten, unberührt bleiben. Diese folgen aus §§ 36 Abs. 3 Satz 2 i.V.m. 6 Abs. 2 bis 4 SEBG: Wählbar sind nur Arbeitnehmer der betroffenen Gesellschaften und Betriebe sowie Gewerkschaftsvertreter; jeder dritte Arbeitnehmervertreter ist ein Gewerkschaftsvertreter, jeder siebte ein leitender Angestellter. Von dieser gesetzlichen Regelung können SE-Beteiligungsvereinbarungen nach § 21 SEBG abweichen, in ihnen können daher im Einzelfall andere oder zusätzliche Bestellungsvoraussetzungen geregelt sein.   15

V. Juristische Personen als Organmitglied

Gem. § 27 Abs. 3 SEAG kann eine juristische Person nicht Mitglied des Verwaltungsrats sein. Zwar ließe Art. 47 Abs. 1 eine Satzungsregelung über die Bestellung juristischer Personen zu, allerdings nur, sofern das für Aktiengesellschaften maßgebliche Recht des Sitzstaats der SE nichts anderes bestimmt. Da auch das allgemeine deutsche Aktienrecht nur natürliche Personen als Organmitglieder kennt, schließt das SEAG juristische Personen für das monistische System von der Mitgliedschaft aus (s. auch Art. 47 Rz. 2 ff.). Der Anfang 2002 vorgelegte Diskussionsentwurf zum SEAG[22] hatte die Bestellung juristischer Personen noch nicht angesprochen in der Annahme, es gelte für den Verwaltungsrat ohnehin § 76 Abs. 3 Satz 1 AktG. In der Diskussion   16

---

19 Vgl. die Nachweise bei *Drygala* in K. Schmidt/Lutter, AktG, § 100 Rz. 11, der allerdings selbst die Gegenauffassung vertritt.

20 Grundlage dafür ist das harmonisierte Recht der organschaftlichen Vertretung und Handelsregisterpublizität nach der Ersten und Elften gesellschaftsrechtlichen Richtlinie (näher *Grundmann*, Europäisches Gesellschaftsrecht, S. 108 ff.; *Schwarz*, Europäisches Gesellschaftsrecht, 190 ff.).

21 Ebenso *Schwarz*, Anh Art. 43 Rz. 126, unter Berufung auf den europäischen Charakter der SE; auch *Drygala* in K. Schmidt/Lutter, AktG, § 100 Rz. 11.

22 Abgedr. in AG 2003, 204 ff.

war jedoch eine ausdrückliche Regelung angeregt worden[23], die sich nunmehr in § 27 Abs. 3 SEAG findet[24].

§ 28 SEAG
Bestellung der Mitglieder des Verwaltungsrats

(1) Die Bestellung der Mitglieder des Verwaltungsrats richtet sich nach der Verordnung.

(2) § 101 Abs. 2 des Aktiengesetzes gilt entsprechend.

(3) Stellvertreter von Mitgliedern des Verwaltungsrats können nicht bestellt werden. Jedoch kann für jedes Mitglied ein Ersatzmitglied bestellt werden, das Mitglied des Verwaltungsrats wird, wenn das Mitglied vor Ablauf seiner Amtszeit wegfällt. Das Ersatzmitglied kann nur gleichzeitig mit dem Mitglied bestellt werden. Auf seine Bestellung sowie die Nichtigkeit und Anfechtung seiner Bestellung sind die für das Mitglied geltenden Vorschriften anzuwenden. Das Amt des Ersatzmitglieds erlischt spätestens mit Ablauf der Amtszeit des weggefallenen Mitglieds.

Literatur: *Reuter*, Bestellung und Anstellung von Organmitgliedern im Körperschaftsrecht, in Lieb/Noack/H.P. Westermann (Hrsg.), FS Zöllner, 1998, S. 487–502; *Schiessl*, Leitungs- und Kontrollstrukturen im internationalen Wettbewerb, ZHR 167 (2003), 235–256; *Teichmann*, Binnenmarktkonformes Gesellschaftsrecht, 2006.

I. Überblick

1   Grundnorm für die Bestellung der Mitglieder des Verwaltungsrats ist **Art. 43 Abs. 3 Satz 1**, der anordnet, dass die Mitglieder des Verwaltungsorgans **von der Hauptversammlung bestellt** werden. § 28 Abs. 1 SEAG ist insoweit rein deklaratorisch, während die Abs. 2 und 3 zusätzliche Regelungen darstellen, die sich auf die Regelungsermächtigung in Art. 43 Abs. 4 stützen. Ob bei einzelnen Personen **Bestellungshindernisse** bestehen, richtet sich nach nationalem Recht (vgl. Art. 47 SE-VO und § 27 SEAG).

II. Bestellung der Mitglieder des Verwaltungsrats

2   Die Hauptversammlung bestellt die Mitglieder des Verwaltungsrats mit **einfacher Stimmenmehrheit** (Art. 43 Abs. 3 Satz 1 i.V.m. Art. 57, vgl. auch Art. 43 Rz. 43). Soweit keine in der Satzung festgelegten Entsendungsrechte bestehen (unten Rz. 7), ist

---

23   S. etwa *Ihrig/Wagner*, BB 2003, 969, 974.
24   Dem allerdings nach Auffassung des Gesetzgebers nur klarstellender Charakter beizumessen ist (Begr. RegE zu § 27 SEAG, BT-Drucks. 15/3405, S. 38).

die Hauptversammlung in ihrer Entscheidung über die zu bestellende Person frei. Die Satzung kann Bestellungsvoraussetzungen festlegen, sofern diese nicht auf ein verkapptes Entsendungsrecht hinauslaufen (Art. 47 Rz. 21).

Die **Vorschläge für die Wahl** zum Verwaltungsrat unterbreitet der amtierende Verwaltungsrat. Dies folgt aus den allgemeinen Regeln der Einberufung der Hauptversammlung, für welche Art. 53 auf die im SE-Sitzstaat maßgeblichen Vorschriften verweist. Gem. § 124 Abs. 3 Satz 1 AktG unterbreiten Vorstand und Aufsichtsrat für jeden Gegenstand der Tagesordnung, über den die Hauptversammlung beschließen soll, einen Beschlussvorschlag. Diese Befugnis geht im monistischen System gem. § 22 Abs. 6 SEAG auf den Verwaltungsrat über[1]. Das korporationsrechtliche Verhältnis zur Gesellschaft entsteht, sofern die bestellte Person **die Bestellung annimmt** (Art. 43 Rz. 44).   3

Ob neben der Bestellung auch ein **Anstellungsverhältnis** begründet werden kann, bleibt in der SE-VO offen, richtet sich also nach nationalem Recht. Auch das SEAG äußert sich zur Qualifikation der Rechtsbeziehung zwischen Verwaltungsratsmitglied und Gesellschaft nicht. Darin unterscheidet sich die Regelung zum Verwaltungsrat von derjenigen der geschäftsführenden Direktoren, bei denen das Gesetz den Abschluss eines Anstellungsvertrages als Möglichkeit anspricht (vgl. § 40 Abs. 5 Satz 2 SEAG).   4

Fraglich ist, ob für den Verwaltungsrat insoweit eine **Parallele zum Aufsichtsrat** gezogen werden kann, dessen Mitglieder nach herrschender Auffassung kein Anstellungsverhältnis mit der Gesellschaft eingehen[2]. Dies wird damit begründet, dass der körperschaftliche Akt der Bestellung bereits die Organpflichten begründe, für eine zusätzliche Pflichtenstellung kraft Dienstvertrags daher keine Notwendigkeit bestehe[3]. Zudem fehle im Verhältnis zum Aufsichtsrat das Vertretungsorgan, welches einen Dienstvertrag abschließen könnte[4]. Ebenso liegen die Dinge beim Verwaltungsrat. Alle für das körperschaftliche Verhältnis nötigen Fragen – einschließlich der Vergütung[5] – beschließt die Hauptversammlung[6]. Einer eigenständigen dienstvertraglichen Grundlage bedarf das Verhältnis zur Gesellschaft erst und nur dann, wenn die Übernahme des Mandats eine berufliche Existenzgrundlage darstellen soll[7]. Dies ist beim Vorstand und auch bei geschäftsführenden Direktoren, nicht aber bei Aufsichtsrats- und Verwaltungsratsmitgliedern der Fall. Für ein Anstellungsverhältnis ist daher bei Verwaltungsratsmitgliedern kein Raum[8].   5

Die **Arbeitnehmervertreter** werden bei Anwendung der gesetzlichen Auffanglösung von der Hauptversammlung bestellt, die dabei an Wahlvorschläge der Arbeitnehmer gebunden ist (§ 36 Abs. 4 SEBG). Dies ergibt sich zwar nicht unmittelbar aus der SE-VO; diese tritt aber insoweit im Verhältnis zur SE-Richtlinie zurück (Art. 43 Rz. 52 ff.). Ausdrücklich geregelt ist in Art. 43 Abs. 3 Satz 3, dass die Bestellungs-   6

---

1 Der Verwaltungsrat nimmt für die Einberufung und Organisation der Hauptversammlung generell die Stellung ein, die im dualistischen System der Vorstand innehat (vgl. Anh. Art. 43 § 22 SEAG Rz. 17 f.).
2 S. nur *Hopt/Roth* in Großkomm. AktG, § 101 Rz. 91 ff.
3 *Reuter* in FS Zöllner, S. 487, 488.
4 So für den Aufsichtsrat *Hopt/Roth* in Großkomm. AktG, § 101 Rz. 92.
5 Vgl. § 38 Abs. 1 SEAG mit Verweis auf § 113 AktG.
6 Ebenso für den Aufsichtsrat *Hopt/Roth* in Großkomm. AktG, § 101 Rz. 93.
7 *Reuter* in FS Zöllner, S. 487, 488.
8 So im Ergebnis auch *Frodermann* in Jannott/Frodermann, Handbuch Europäische Aktiengesellschaft, S. 166; a.A. *Schwarz*, Anh Art. 43 Rz. 117; *Manz* in Manz/Mayer/Schröder, Art. 43 SE-VO Rz. 34.

kompetenz der Hauptversammlung gegenüber einer Mitbestimmungsvereinbarung zurücktritt.

III. Entsendungsrechte

7 Entsendungsrechte lässt die SE-VO zu, soweit sie im mitgliedstaatlichen Recht vorgesehen sind (Art. 43 Abs. 3 Satz 3 i.V.m. 47 Abs. 4; vgl. Art. 43 Rz. 46). Das deutsche Aktienrecht kennt derartige Entsendungsrechte in **§ 101 Abs. 2 AktG** für den Aufsichtsrat. Gestützt auf die Ermächtigung des Art. 43 Abs. 4 überträgt § 28 Abs. 2 SEAG diese Regelung auf den Verwaltungsrat.

8 Aus § 28 Abs. 2 SEAG i.V.m. § 101 Abs. 2 AktG ergeben sich folgende Vorgaben für die Einräumung von Entsendungsrechten[9]: Ein Recht, Mitglieder in den Verwaltungsrat zu entsenden, muss durch die **Satzung** eingeräumt werden. Es kann nur für bestimmte Aktionäre oder für die jeweiligen Inhaber von vinkulierten Namensaktien begründet werden. Die Entsendungsrechte können höchstens für **ein Drittel der Anteilseignervertreter** im Verwaltungsrat eingeräumt werden. Unberührt davon bleibt das sogenannte Volkswagengesetz[10]. Das Entsendungsrecht wird durch Benennung der Person des Verwaltungsratsmitglieds ausgeübt. Die Erklärung richtet sich an die Gesellschaft, vertreten durch den oder die geschäftsführenden Direktoren. Die Bestellung wird erst durch Annahme wirksam. Die entsandten Mitglieder haben die **gleichen Rechte und Pflichten** wie alle übrigen Verwaltungsratsmitglieder; sie unterliegen nicht den Weisungen des Entsendungsberechtigten[11].

IV. Stellvertreter und Ersatzmitglieder

1. Stellvertreter

9 Die Bestellung von Stellvertretern für Verwaltungsratsmitglieder ist nach § 28 Abs. 3 Satz 1 SEAG **nicht zulässig**. Der Gesetzgeber möchte damit ebenso wie in § 101 Abs. 3 Satz 1 AktG (für den Aufsichtsrat) die ungeteilte Verantwortlichkeit der Verwaltungsratsmitglieder sicherstellen[12]. Zwar steht der Verwaltungsrat funktional dem Vorstand nahe[13], die Mandatsausübung wird jedoch in der Regel eine Nebentätigkeit sein[14]. Dies führt in monistischen Systemen häufig zu einer vergleichbar niedrigen Präsenz wie in deutschen Aufsichtsräten[15]. Angesichts dessen ist es sinnvoll, die Bestellung von Stellvertretern nicht zuzulassen, und die Verwaltungsratsmitglieder damit an die Notwendigkeit persönlicher Aufgabenwahrnehmung zu gemahnen. Für die vorrangig mit dem Tagesgeschäft befassten geschäftsführenden Direktoren können Stellvertreter bestellt werden (vgl. § 40 Abs. 9 SEAG). Dies gilt

---

9 Vgl. des Weiteren die Kommentierungen zu § 100 AktG (*Drygala* in K. Schmidt/Lutter, AktG, § 100 Rz. 13 ff.; *Hüffer*, § 100 Rz. 8 ff.).

10 Das Volkswagengesetz ist allerdings jüngst vom EuGH mit Urteil vom 23.10.2007 – C-112/05, ZIP 2007, 2068, wegen Verstoßes gegen die Kapitalverkehrsfreiheit aus Art. 56 EG für europarechtswidrig erklärt worden.

11 BGH v. 29.1.1962 – II ZR 1/61, BGHZ 36, 296, 306.

12 *Hüffer*, § 101 Rz. 11.

13 Daher plädiert *Schwarz*, Anh Art. 43 Rz. 141, in Anlehnung an § 94 AktG für die Möglichkeit, Stellvertreter benennen zu können.

14 S. nur Art. 44 Abs. 1, der lediglich die Mindestzahl von vier Sitzungen pro Jahr vorsieht.

15 S. nur *Schiessl*, ZHR 167 (2003), 235, 246. Eine KPMG-Studie aus den Jahren 2002/2003 ermittelt zwar eine geringfügig höhere Sitzungsfrequenz angelsächsischer Boards im Vergleich zu deutschen Aufsichtsräten, an denen allerdings nur in 60% der Fälle auch alle Mitglieder teilnahmen, während die Aufsichtsräte insofern eine Quote von 82% erreichten (näher *Teichmann*, Binnenmarktkonformes Gesellschaftsrecht, S. 569 f.).

auch, wenn sie gleichzeitig Mitglied des Verwaltungsrats sind; der für die Geschäftsführung benannte Stellvertreter kann aber nicht die Tätigkeit als Verwaltungsratsmitglied wahrnehmen.

2. Ersatzmitglieder

Für Verwaltungsratsmitglieder können Ersatzmitglieder bestellt werden, die **nach-**   10
rücken, wenn das Mitglied **vor Ablauf seiner Amtszeit wegfällt** (§ 28 Abs. 3 Satz 2 SE-
AG). Das Ersatzmitglied muss gleichzeitig mit dem Verwaltungsratsmitglied bestellt
werden, für das es nachrücken soll (§ 28 Abs. 3 Satz 3 SEAG). Die Bestellung des Ersatzmitglieds richtet sich nach denselben Vorschriften wie die Bestellung des zu er-
setzenden Mitglieds (§ 28 Abs. 3 Satz 4 SEAG). Folglich kann, soweit Mitglieder auf
Grund von Entsendungsrechten bestellt werden (oben Rz. 5 f.), der Entsendungsberechtigte auch jeweils ein Ersatzmitglied benennen. Die Amtszeit des Ersatzmitglieds endet spätestens mit Ablauf der Amtszeit des weggefallenen Verwaltungsratsmitglieds (§ 28 Abs. 3 Satz 5 SEAG).

Soweit **Arbeitnehmervertreter** nach der gesetzlichen Auffanglösung bestellt werden,   11
ist gem. §§ 36 Abs. 3 Satz 2 i.V.m. 6 Abs. 2 Satz 3 SEBG stets ein Ersatzmitglied zu
bestellen. Gleiches kann in einer Mitbestimmungsvereinbarung geregelt werden (vgl.
§ 21 Abs. 5 SEBG mit Verweis auf die §§ 34 bis 38 SEBG).

§ 28 Abs. 3 Sätze 2 bis 4 SEAG zur Bestellung von Ersatzmitgliedern entspricht der   12
Regelung in **§ 101 Abs. 3 AktG**; § 28 Abs. 3 Satz 5 SEAG entspricht **§ 102 Abs. 2
AktG**. Auf die Kommentierungen zum Aktiengesetz kann insoweit zurückgegriffen
werden.

§ 29 SEAG
Abberufung der Mitglieder des Verwaltungsrats

**(1) Mitglieder des Verwaltungsrats, die von der Hauptversammlung ohne Bindung an
einen Wahlvorschlag gewählt worden sind, können von ihr vor Ablauf der Amtszeit
abberufen werden. Der Beschluss bedarf einer Mehrheit, die mindestens drei Viertel
der abgegebenen Stimmen umfasst. Die Satzung kann eine andere Mehrheit und weitere Erfordernisse bestimmen.**

**(2) Ein Mitglied des Verwaltungsrats, das auf Grund der Satzung in den Verwaltungs-
rat entsandt ist, kann von dem Entsendungsberechtigten jederzeit abberufen und
durch ein anderes ersetzt werden. Sind die in der Satzung bestimmten Voraussetzungen des Entsendungsrechts weggefallen, so kann die Hauptversammlung das entsandte Mitglied mit einfacher Stimmenmehrheit abberufen.**

**(3) Das Gericht hat auf Antrag des Verwaltungsrats ein Mitglied abzuberufen, wenn
in dessen Person ein wichtiger Grund vorliegt. Der Verwaltungsrat beschließt über
die Antragstellung mit einfacher Mehrheit. Ist das Mitglied auf Grund der Satzung in
den Verwaltungsrat entsandt worden, so können auch Aktionäre, deren Anteile zusammen den zehnten Teil des Grundkapitals oder den anteiligen Betrag von 1 Million Euro erreichen, den Antrag stellen. Gegen die Entscheidung ist die sofortige Beschwerde zulässig.**

**(4) Für die Abberufung eines Ersatzmitglieds gelten die Vorschriften über die Abberu-
fung des Mitglieds, für das es bestellt ist.**

Literatur: *Brandt*, Die Hauptversammlung der Europäischen Aktiengesellschaft (SE), 2004 (zit.: Hauptversammlung der SE); *Hirte*, Die Europäische Aktiengesellschaft, NZG 2002, 1–10; *Hommelhoff*, Gesellschaftsrechtliche Fragen im Entwurf eines SE-Statuts, AG 1990, 422–435; *Hommelhoff*, Einige Bemerkungen zur Organisationsverfassung der Europäischen Aktiengesellschaft, AG 2001, 279–288; *Jaeger*, Die Europäische Aktiengesellschaft – europäischen oder nationalen Rechts, 1994 (zit.: Europäische Aktiengesellschaft); *Raiser*, Die Europäische Aktiengesellschaft und die nationalen Aktiengesetze, in Bierich/Hommelhoff/Kropff (Hrsg.), FS Semler, 1993, S. 277–297; *Trojan-Limmer*, Die Geänderten Vorschläge für ein Statut der Europäischen Aktiengesellschaft (SE), RIW 1991, 1010–1017.

I. Überblick

1. Regelungsoffenheit der SE-Verordnung

1 Die SE-VO regelt zwar die Bestellung (Art. 43 Rz. 44 ff.), nicht aber die Abberufung der Mitglieder des Verwaltungsorgans. In der Literatur wird daher teilweise angenommen, dass die Bestellung für einen in der Satzung festgesetzten Zeitraum (Art. 46 Abs. 1) nicht vorzeitig durch Abberufung beendet werden könne[1]. Folgt man der allgemeinen Systematik der Lückenfüllung in der SE-VO, gilt jedoch für eine nicht ausdrücklich geregelte Frage **das Aktienrecht des Sitzstaates**, soweit nicht die SE-VO ausnahmsweise als abschließende Regelung zu verstehen ist (Art. 9 Rz. 42 ff.).

2 Die **Entstehungsgeschichte** spricht gegen die Annahme, die Verfasser der SE-VO hätten durch Schweigen die Abberufbarkeit ausschließen wollen[2]. Denn in den vorangehenden Entwürfen von 1989 (Art. 75) und 1991 (Art. 66 Abs. 3) waren Bestellung und Abberufung noch als miteinander korrespondierende Kompetenzen der Hauptversammlung geregelt worden. Die Begründung zum Entwurf von 1989 ging davon aus, damit einen ohnehin in allen Mitgliedstaaten geltenden Gedanken auszusprechen: „Im allgemeinen geht die Zuständigkeit zur Bestellung der Mitglieder des Aufsichts- und des Verwaltungsorgans mit der Zuständigkeit zur Abberufung ‚ad nutum' einher."[3] Diese Einschätzung hatte sich nur insoweit als irrig erwiesen, als nicht alle Rechtsordnungen eine Abberufung „ad nutum" zulassen, sondern sie teilweise an bestimmte Voraussetzungen knüpfen[4]. Da sich der Entwurf von 1989 zu den **Abberufungsvoraussetzungen** nicht äußerte, entstand schon damals die Frage, ob er insoweit abschließend sei oder eine Ergänzung um mitgliedstaatliches Recht zulasse[5]. Im wei-

---

1 *Hommelhoff*, AG 2001, 279, 283 sowie *Hirte*, NZG 2002, 1, 5.
2 Zum Folgenden insbesondere *Brandt*, Hauptversammlung der SE, S. 146 ff.
3 Begründung zu Art. 75 des Entwurfs von 1989, Beilage 5/89 zum Bulletin der Europäischen Gemeinschaften, S. 23.
4 S. die Hinweise bei *Brandt*, Hauptversammlung der SE, S. 148 Fn. 844, und bei *Jaeger*, Europäische Aktiengesellschaft, S. 141 f.; vgl. weiterhin die Kritik von *Hommelhoff*, AG 1990, 422, 427, der die im Entwurf von 1989 vorgesehene freie Abberufbarkeit des Aufsichtsorgans kritisiert.
5 S. etwa *Jaeger*, Europäische Aktiengesellschaft, S. 141; *Raiser* in FS Semler, S. 277, 291 ff. und *Trojan-Limmer*, RIW 1991, 1010, 1016, für Art. 62 Abs. 2 des Entwurfs von 1991, der die Abberufbarkeit des Vorstands regelte.

teren Verlauf entfiel dann die Regelung über die Abberufung gänzlich. Dies lässt sich angesichts der Unterschiede im mitgliedstaatlichen Recht nur so verstehen, dass die SE-Verordnung in dieser Frage auf eine Vereinheitlichung verzichtet. Im Kontext der allgemeinen Regelungstechnik **greift also gem. Art. 9 nationales Recht**[6].

Da die SE-VO die Frage der Abberufung nicht regelt und das deutschen Aktienrecht   3 für den Verwaltungsrat keine einschlägige Regelungen bereit enthält, konnte der deutsche Gesetzgeber gestützt auf die **Ermächtigungsgrundlage** des Art. 43 Abs. 4 die Regelung des § 29 SEAG erlassen. Auch der österreichische Gesetzgeber hat mit § 48 SEG eine eigenständige Regelung über die Abberufung von Verwaltungsratsmitgliedern getroffen[7].

2. Systematik der Abberufungskompetenzen

§ 29 SEAG entspricht in seinem Wortlaut weitgehend **§ 103 AktG**; die Erläuterungen   4 hierzu können ergänzend herangezogen werden[8]. Die Vorschrift ist systematisch danach untergliedert, wer im konkreten Fall für die Abberufung eines Verwaltungsratsmitglieds zuständig ist: Grundsätzlich ist dies die **Hauptversammlung** (Abs. 1), bei entsandten Mitgliedern der **Entsendungsberechtigte** (Abs. 2), bei Vorliegen eines wichtigen Grundes das **Gericht** (Abs. 3); für die Abberufung von **Ersatzmitgliedern** gelten dieselben Vorschriften wie für das Mitglied, zu dessen Ersatz es bestellt ist (Abs. 4).

Die Abberufung von Vertretern der **Arbeitnehmer** richtet sich nach § 37 SEBG (vgl.   5 die dortige Kommentierung in Teil B.); zuständig für die Abberufung ist die Hauptversammlung (§ 37 Abs. 1 Satz 4 SEBG), die jedoch ebenso wie bei der Bestellung den nach dem SEBG zustande gekommenen Empfehlungen der Arbeitnehmer folgen muss[9].

In ergänzender Anwendung des nationalen Aktienrechts sind auch **anderweitige An-**   6 **lässe der Amtsbeendigung** denkbar[10]. Zu denken ist etwa an den Tod eines Verwaltungsratsmitglieds oder an die freiwillige Amtsniederlegung. Auch Verschmelzung oder Formwechsel können zur Mandatsbeendigung führen[11]. Ferner führt der Wegfall gesetzlich vorgeschriebener persönlicher Voraussetzungen zum Erlöschen des Verwaltungsratsamtes[12].

II. Abberufung durch die Hauptversammlung (§ 29 Abs. 1 SEAG)

Die Hauptversammlung kann Mitglieder des Verwaltungsrats, die von ihr ohne Bin-   7 dung an einen Wahlvorschlag gewählt worden sind, vor Ablauf der Amtszeit abberufen. Die Wahl **ohne Bindung an einen Wahlvorschlag** ist der Regelfall (vgl. Art. 43

---

6   In diesem Sinne *Brandt*, Hauptversammlung der SE, S. 146 ff.; weiterhin *Manz* in Manz/Mayer/Schröder, Art. 43 SE-VO Rz. 32, *Reichert/Brandes* in MünchKomm. AktG, Art. 43 SE-VO Rz. 53 (die sich auf die Spezialverweisung des Art. 52 Satz 2 stützen) sowie *Theisen/Hölzl* in Theisen/Wenz, Europäische Aktiengesellschaft, S. 279 f.

7   Näher *Kalss/Greda* in Kalss/Hügel, § 48 SEG Rz. 1 ff.

8   Vgl. insbesondere zu den Wirkungen der Abberufung: *Drygala* in K. Schmidt/Lutter, AktG, § 103 Rz. 6; *Hüffer*, § 103 Rz. 5 f.

9   A.A. *Schwarz*, Anh Art. 43 Rz. 120, der die Abberufungskompetenz ebenso wie die Bestellungskompetenz den Arbeitnehmer bzw. dem SE-Betriebsrat selbst zuspricht; dies ist konsequent im Lichte der bei *Schwarz*, Art. 43 Rz. 108, vertretenen Auffassung, dass bereits der Vorschlag der Arbeitnehmer konstitutive Wirkung habe (dazu Art. 43 Rz. 57).

10   Vgl. hierzu etwa *Hüffer*, § 103 Rz. 16 ff.

11   Dies ist str. für den Formwechsel (vgl. *Hüffer*, § 103 Rz. 16 m.w.N.).

12   Vgl. hierzu ausführlich *Reichert/Brandes* in MünchKomm. AktG, Art. 43 SE-VO Rz. 57 f.

Rz. 44 und Anh. Art. 43 § 28 SEAG Rz. 2 ff.). Anders liegt es bei den Arbeitnehmervertretern, die von der Hauptversammlung auf Vorschlag der Arbeitnehmer bestellt werden (§ 36 Abs. 4 SEBG); deren Abberufung richtet sich nach § 37 SEBG. Von der Abberufungskompetenz der Hauptversammlung erfasst sind auch die Mitglieder des ersten Verwaltungsrats, die gemäß Art. 43 Abs. 3 Satz 2 durch die Satzung bestellt werden können[13].

8 Der **Hauptversammlungsbeschluss** über die Abberufung bedarf nach der Grundregel des § 29 Abs. 1 Satz 2 SEAG einer Mehrheit von drei Vierteln der abgegebenen Stimmen. Darin liegt eine Abweichung von Art. 57, der für alle Hauptversammlungsbeschlüsse grundsätzlich die einfache Mehrheit vorsieht. Allerdings lässt Art. 57 mitgliedstaatliche Regelungen, die eine höhere Mehrheit vorschreiben, ausdrücklich zu.

9 Die **Satzung** kann für den Hauptversammlungsbeschluss eine **andere Mehrheit und weitere Erfordernisse** bestimmen (§ 29 Abs. 1 Satz 3 SEAG). Die erforderliche Beschlussmehrheit kann abgesenkt werden, allerdings ist eine Abberufung durch eine Minderheit nicht möglich[14]. Die in der Satzung geregelte Mehrheit muss einheitlich für alle Mitglieder des Verwaltungsrats gelten[15]. Der hierfür vom BGH im Rahmen des § 103 AktG herangezogene Grundsatz der individuell gleichen Berechtigung und Verantwortung aller Aufsichtsratsmitglieder[16] gilt auch im Verwaltungsrat.

10 Nach der Grundregel des § 29 Abs. 1 Satz 1 SEAG unterliegt die Abberufung keinen inhaltlichen Voraussetzungen und stellt sich damit als bloßer Vertrauensentzug durch die Hauptversammlung dar, der keiner weiteren Begründung bedarf[17]. Als weitere Erfordernisse, die Gegenstand einer Satzungsregelung sein können, ist daher insbesondere die Bindung der Abberufung an das **Vorliegen eines wichtigen Grundes** denkbar.

11 Die **Vereinbarkeit** der von § 29 Abs. 1 Satz 3 SEAG gewährten Satzungsautonomie **mit Art. 57** wird teilweise bezweifelt[18]. Art. 57 mit seinem Grundsatz der einfachen Mehrheit trete nur gegenüber zwingenden Vorschriften des nationalen Rechts, nicht aber gegenüber einer Satzungsregelung zurück. Anhaltspunkt dafür ist der Wortlaut des Art. 57, der verlangt, dass das mitgliedstaatliche Recht eine größere Mehrheit „vorschreibt", und sich in dieser Formulierung von Art. 59 unterscheidet, in dem es heißt, das nationale Recht könne eine höhere Mehrheit vorsehen „oder zulassen"[19]. Es geht allerdings in § 29 Abs. 1 Satz 3 SEAG der Sache nach um die Regelung von **Abberufungsvoraussetzungen**, die nach der Systematik der SE-VO generell dem mitgliedstaatlichen Recht überlassen bleiben (s. oben Rz. 2). Inhaltlich besteht eine Wechselwirkung zwischen den beiden Varianten, bei wichtigem Grund abzuberufen oder bei Vorliegen einer satzungsmäßig festgelegten Mehrheit. Über das Vorliegen eines wichtigen Grundes kann im konkreten Fall Streit entstehen, daher ist die Festlegung bestimmter Mehrheiten eine sinnvolle rechtssichere Alternative. Derartigen Sachregelungen des mitgliedstaatlichen Rechts wollte die SE-VO durch ihr Schweigen in dieser Frage gerade Raum geben. Gegenüber diesen spezielleren Überlegungen im Recht der Abberufung tritt Art. 57 als allgemeine Norm zurück.

---

13 *Schwarz*, Anh Art. 43 Rz. 147.
14 Vgl. zu § 103 AktG *Drygala* in K. Schmidt/Lutter, AktG, § 103 Rz. 5 sowie *Hüffer*, § 103 Rz. 4.
15 BGH v. 15.12.1986 – II ZR 18/86, BGHZ 99, 211, 215 f. (zu § 103 AktG).
16 BGH v. 15.12.1986 – II ZR 18/86, BGHZ 99, 211, 216.
17 *Schwarz*, Anh Art. 43 Rz. 150; für das allgemeine Aktienrecht s. *Drygala* in K. Schmidt/Lutter, AktG, § 103 Rz. 3 sowie *Hüffer*, § 103 Rz. 3.
18 *Schwarz*, Anh Art. 43 Rz. 148.
19 Dazu *Schwarz*, Art. 57 Rz. 11.

III. Abberufung durch den Entsendungsberechtigten (§ 29 Abs. 2 SEAG)

Ebenso wie im nationalen Recht der Aktiengesellschaft können auch in der SE Ent- **12**
sendungsrechte bestehen (Art. 43 Rz. 46 sowie Anh. Art. 43 § 28 SEAG Rz. 7). Dem
Bestellungsrecht korrespondiert die in § 29 Abs. 2 SEAG geregelte Abberufungskompetenz, die nicht an das Vorliegen eines Grundes gebunden ist. Wurden zwischen
dem Entsendungsberechtigten und dem entsandten Mitglied **Vereinbarungen** getroffen, **die einer Abberufung entgegenstehen,** so bleibt die Abberufung gleichwohl wirksam; das entsandte Mitglied ist in einem solchen Fall der Verletzung interner Vereinbarungen auf Schadensersatzansprüche beschränkt[20]. Beruht das Entsendungsrecht
auf bestimmten in der Satzung festgelegten Voraussetzungen, so kann ausnahmsweise auch die Hauptversammlung das entsandte Mitglied abberufen, wenn diese Voraussetzungen weggefallen sind (§ 29 Abs. 2 Satz 2 SEAG).

IV. Abberufung durch das Gericht (§ 29 Abs. 3 SEAG)

Während die in § 29 Abs. 1 und 2 SEAG geregelte Abberufung durch Hauptversamm- **13**
lung oder Entsendungsberechtigten keinen wichtigen Grund voraussetzt, ist die Abberufung durch das Gericht an die Existenz eines wichtigen Grundes gebunden. Die
Regelung gilt für alle Verwaltungsratsmitglieder gleichermaßen, auch für diejenigen,
die von Arbeitnehmerseite bestellt wurden[21]. Ein **wichtiger Grund** liegt vor, wenn eine Fortsetzung des Amtsverhältnisses bis zum Ablauf der Amtszeit für die Gesellschaft unzumutbar ist[22]. So kann ein Verwaltungsratsmitglied abberufen werden, das
durch sein Verhalten eine weitere vertrauensvolle Zusammenarbeit im Organ unmöglich macht[23]. Die Abberufungsmöglichkeit durch das Gericht gilt für Aktionärsvertreter wie Arbeitnehmervertreter gleichermaßen[24].

Das Gericht entscheidet auf **Antrag.** Antragsberechtigt ist der **Verwaltungsrat.** Dieser **14**
beschließt über die Antragstellung mit einfacher Mehrheit (§ 29 Abs. 3 Satz 2 SEAG).
Da Art. 50 bereits eine Regelung über die Beschlussfassung in den SE-Organen trifft,
ist § 29 Abs. 3 Satz 2 SEAG ohne Bedeutung. In Zweifelsfällen hat Art. 50 Vorrang[25].
Wenn das Mitglied auf Grund eines satzungsmäßigen Entsendungsrechts bestellt
wurde, ist auch eine **Aktionärsminderheit,** deren Anteile zusammen den zehnten
Teil des Grundkapitals oder den anteiligen Betrag von einer Million Euro erreichen,
antragsberechtigt (§ 29 Abs. 3 Satz 3 SEAG).

Zuständiges Gericht ist das Amtsgericht am Sitz der SE. Für die nationale Aktienge- **15**
sellschaft ergibt sich die Zuständigkeit dieses Gerichts aus § 103 Abs. 3 AktG i.V.m.

---

20 Für § 103 *Drygala* in K. Schmidt/Lutter, AktG, § 103 Rz. 9 sowie *Hüffer*, § 103 Rz. 7.
21 *Schwarz*, Anh Art. 43 Rz. 153; für § 103 AktG *Hüffer*, § 103 Rz. 9.
22 So die h.M. zu § 103 AktG (vgl. *Drygala* in K. Schmidt/Lutter, AktG, § 103 Rz. 14, *Hüffer*,
    § 103 Rz. 10 jeweils mit Nachweisen zur früheren strengeren Auffassung, die ein krass gesell-
    schaftswidriges Verhalten forderte).
23 LG Frankfurt v. 14.10.1986 – 3/11 T 29/85, AG 1987, 160 f. für den Aufsichtsrat. Weitere Ein-
    zelfälle bei *Hüffer*, § 103 Rz. 11; *Drygala* in K. Schmidt/Lutter, AktG, § 103 Rz. 16.
24 Dies ergibt sich in § 103 AktG, an dem sich § 29 SEAG orientiert, aus § 103 Abs. 4 AktG. Die-
    ser Absatz wurde in das SEAG nicht übernommen, weil er auf die nationalen mitbestim-
    mungsrechtlichen Regelungen verweist und für die SE ohnehin das SEBG gilt. § 103 Abs. 4
    AktG hat aber zusätzlich in Bezug auf § 103 Abs. 3 AktG eine klarstellende Funktion, weil er
    festhält, dass für die Abberufung der Arbeitnehmervertreter „außer Absatz 3" auch das Mit-
    bestimmungsrecht gelte. Er macht damit deutlich, dass auch Arbeitnehmervertreter gemäß
    § 103 Abs. 3 AktG vom Gericht aus wichtigem Grund abberufen werden können (vgl. *Hüffer*,
    § 103 Rz. 14). Da sich § 29 Abs. 3 SEAG im Wortlaut eng an § 103 Abs. 3 AktG anlehnt und
    auch denselben Zweck verfolgt, ist er ebenso zu verstehen.
25 *Schwarz*, Anh Art. 43 Rz. 155.

§ 145 FGG und (für die örtliche Zuständigkeit) § 14 AktG. Zwar regelt § 29 Abs. 3 SE-AG die Zuständigkeit nicht ausdrücklich. Angezeigt gewesen wäre eine Aufnahme der Vorschrift in den Katalog des § 145 FGG. Diese Lücke ist jedoch offenbar ein Versehen. § 29 SEAG entspricht nahezu wortgleich der Regelung in § 103 Abs. 3 AktG, so dass es offenkundig dem Willen des Gesetzgebers entsprach, dasjenige Gericht zu bestimmen, das auch bei nationalen Aktiengesellschaften in vergleichbaren Fällen zuständig ist. Zudem gilt in Ermangelung einer SE-spezifischen Regelung über Art. 9 Abs. 1 lit. c ii auch für die SE der § 14 AktG. Dass die gerichtlichen Zuständigkeiten für die SE parallel laufen sollen, zeigt sich weiterhin in § 4 SEAG[26]. Das geplante **FGG-Reformgesetz** wird die Lücke schließen. Eine ausdrückliche Regelung der Zuständigkeit für das Verfahren aus § 29 Abs. 3 SEAG ist vorgesehen in § 375 Nr. 4 FamFG-E[27].

16   Gegen die Entscheidung des Gerichts ist die **sofortige Beschwerde** zulässig (§ 29 Abs. 3 Satz 4 SEAG).

§ 30 SEAG
Bestellung durch das Gericht

(1) Gehört dem Verwaltungsrat die zur Beschlussfähigkeit nötige Zahl von Mitgliedern nicht an, so hat ihn das Gericht auf Antrag eines Mitglieds des Verwaltungsrats oder eines Aktionärs auf diese Zahl zu ergänzen. Mitglieder des Verwaltungsrats sind verpflichtet, den Antrag unverzüglich zu stellen, es sei denn, dass die rechtzeitige Ergänzung vor der nächsten Sitzung des Verwaltungsrats zu erwarten ist. Hat der Verwaltungsrat auch aus Mitgliedern der Arbeitnehmer zu bestehen, so können auch den Antrag stellen

1. die nach § 104 Abs. 1 Satz 3 des Aktiengesetzes Antragsberechtigten,

2. der SE-Betriebsrat.

Gegen die Entscheidung ist die sofortige Beschwerde zulässig.

(2) Gehören dem Verwaltungsrat länger als drei Monate weniger Mitglieder als die durch Vereinbarung, Gesetz oder Satzung festgelegte Zahl an, so hat ihn das Gericht auf Antrag auf diese Zahl zu ergänzen. In dringenden Fällen hat das Gericht auf Antrag den Verwaltungsrat auch vor Ablauf der Frist zu ergänzen. Das Antragsrecht bestimmt sich nach Absatz 1. Gegen die Entscheidung ist die sofortige Beschwerde zulässig.

(3) Das Amt des gerichtlich bestellten Mitglieds erlischt in jedem Fall, sobald der Mangel behoben ist.

(4) Das gerichtlich bestellte Mitglied hat Anspruch auf Ersatz angemessener barer Auslagen und, wenn den Mitgliedern der Gesellschaft eine Vergütung gewährt wird, auf Vergütung für seine Tätigkeit. Auf Antrag des Mitglieds setzt das Gericht die Vergütung und die Auslagen fest. Gegen die Entscheidung ist die sofortige Beschwerde zulässig. Die weitere Beschwerde ist ausgeschlossen. Aus der rechtskräftigen Entscheidung findet die Zwangsvollstreckung nach der Zivilprozessordnung statt.

---

26 *Schwarz*, Anh Art. 43 Rz. 157, stützt daher die Zuständigkeit des Amtsgerichts im Falle des § 29 SEAG auf eine erweiternde Auslegung des § 4 SEAG.

27 Entwurf für ein Gesetz über das Verfahren in Familiensachen und in den Angelegenheiten der freiwilligen Gerichtsbarkeit (FamFG), BR-Drucks. 309/07, S. 159.

I. Überblick

Die Regelung stützt sich auf die Ermächtigungsgrundlage des Art. 43 Abs. 4 und **orientiert sich an § 104 AktG.** SE-spezifische Abweichungen vom nationalen Vorbild bestehen kaum, so dass weitgehend auf die Kommentierungen zu § 104 AktG zurückgegriffen werden kann. Ziel ist die gerichtliche Ergänzung des Organs bei Beschlussunfähigkeit (Abs. 1) oder länger andauernder Unterbesetzung (Abs. 2). Die Amtszeit des gerichtlich bestellten Mitglieds ist an die Dauer des Mangels gebunden, zu dessen Behebung es bestellt wurde (Abs. 3). Es hat Anspruch auf Auslagenersatz und, soweit die übrigen Mitglieder eine solche erhalten, auch auf Vergütung (Abs. 4).

II. Ergänzung bei Beschlussunfähigkeit (§ 30 Abs. 1 SEAG)

Der Verwaltungsrat ist beschlussunfähig, wenn ihm die nach Gesetz oder Satzung (s. dazu Art. 50 Rz. 6 ff.) für die Beschlussfähigkeit **vorgesehene Mitgliederzahl fehlt**[1]. Die Beschlussfähigkeit des Verwaltungsrats richtet sich nach Art. 50 Abs. 1 lit. a. Demnach muss in Ermangelung anderweitiger Regelungen mindestens die Hälfte der Mitglieder anwesend sein. Beschlussunfähig ist der Verwaltungsrat daher erst dann, wenn ihm nur noch weniger als die Hälfte der regulären Mitglieder angehören. Anders als § 30 Abs. 2 SEAG für die Gesamtzahl des Organs erwähnt § 30 Abs. 1 SEAG nicht die Vereinbarung als Grundlage der Beschlussfähigkeit. Dies erscheint konsequent, da das Quorum der Beschlussfähigkeit in Art. 50 Abs. 1 festgelegt ist, der nur gegenüber anderslautenden Satzungsregeln zurücktritt (Art. 50 Rz. 6).

Antragsberechtigt ist in diesem Fall jedes Mitglied des Verwaltungsrats und jeder Aktionär. Die Mitglieder des Verwaltungsrats unterliegen der Pflicht, den Antrag unverzüglich – also ohne schuldhaftes Zögern (§ 121 Abs. 1 Satz 1 BGB) – zu stellen (§ 30 Abs. 1 Satz 2 SEAG). Ist der Verwaltungsrat **mitbestimmt**, sind gem. § 30 Abs. 1 Satz 3 SEAG neben dem SE-Betriebsrat auch die in § 104 Abs. 1 Satz 3 AktG genannten Organe und Gruppierungen (Arbeitnehmervertretungsorgane, ein Zehntel oder einhundert der wahlberechtigten Arbeitnehmer, Gewerkschaften und ihre Spitzenorganisationen) antragsberechtigt.

Das **zuständige Gericht** wird in § 30 Abs. 1 SEAG nicht ausdrücklich bezeichnet. Zuständig ist das Amtsgericht am Sitz der SE[2]. Dies ist bislang ebensowenig wie im Fall des § 29 SEAG ausdrücklich im Gesetz geregelt (s. Anh. Art. 43 § 29 Rz. 15). Das geplante **FGG-Reformgesetz** wird die Lücke jedoch schließen. Eine ausdrückliche Regelung der Zuständigkeit für das Verfahren aus § 30 Abs. 1, 2 und 4 SEAG ist vorgesehen in § 375 Nr. 4 FamFG-E[3]. Das Gericht entscheidet im Verfahren der Freiwilligen Gerichtsbarkeit. Gegen die Entscheidung ist die **sofortige Beschwerde** zulässig (§ 30 Abs. 1 Satz 4 SEAG).

---

1 So für den Aufsichtsrat *Hüffer*, § 104 Rz. 2.
2 *Schwarz*, Anh Art. 43 Rz. 165.
3 Entwurf für ein Gesetz über das Verfahren in Familiensachen und in den Angelegenheiten der freiwilligen Gerichtsbarkeit (FamFG), BR-Drucks. 309/07, S. 159.

5 Das Gericht hat bei der Frage, ob ein zusätzliches Mitglied zu bestellen ist, keinen **Ermessensspielraum**[4]. Bei fehlender Beschlussfähigkeit hat es auf Antrag den Verwaltungsrat auf die zur Beschlussfassung nötige Mitgliederzahl zu ergänzen (§ 30 Abs. 1 Satz 1 SEAG). Über die konkret zu bestellende Person entscheidet das Gericht jedoch im eigenen Ermessen; Vorschläge sind möglich, aber nicht bindend[5]. Bei einem mitbestimmten Verwaltungsrat muss das Gericht allerdings die für die **Mitbestimmung** geltenden Repräsentationsgrundsätze beachten; der Rechtsgedanke des § 104 Abs. 4 AktG kann insoweit zur Konkretisierung des gerichtlichen Ermessens herangezogen werden[6].

III. Ergänzung bei dauerhafter Unterbesetzung (§ 30 Abs. 2 SEAG)

6 Anlass für die gerichtliche Bestellung eines Ersatzmitglieds nach § 30 Abs. 2 SEAG ist eine **länger als drei Monate** andauernde Unterbesetzung des Verwaltungsrats. In dringenden Fällen kann eine gerichtliche Bestellung auch schon früher erfolgen; derartige Fälle sind insbesondere bei einem Ungleichgewicht in einem paritätisch mitbestimmten Organ denkbar[7]. Für die Antragsberechtigung gilt § 30 Abs. 1 SEAG (§ 30 Abs. 2 Satz 3 SEAG). Ebenso wie bei der Ersatzbestellung nach Abs. 1 ist gegen die gerichtliche Entscheidung die sofortige Beschwerde zulässig.

IV. Amtsdauer (§ 30 Abs. 3 SEAG)

7 Die Rechtsstellung der ersatzweise bestellten Verwaltungsratsmitglieder unterscheidet sich grundsätzlich nicht von derjenigen der regulären Mitglieder. Allerdings **endet ihr Mandat automatisch** in dem Zeitpunkt, in dem der Mangel behoben ist, der Anlass für ihre Bestellung war (§ 30 Abs. 3 SEAG). Eine frühere Abberufung ist denkbar unter den Voraussetzungen des § 29 Abs. 3 SEAG (Anh. Art. 43 § 29 SEAG Rz. 13 ff.).

V. Auslagen und Vergütung (§ 30 Abs. 4 SEAG)

8 § 30 Abs. 4 SEAG regelt den Anspruch des gerichtlich bestellten Mitglieds auf Ersatz seiner Auslagen und die Gewährung einer Vergütung. Es besteht Anspruch auf Ersatz angemessener Auslagen und – soweit die regulären Mitglieder eine Vergütung erhalten – auch auf Vergütung. Deren Höhe setzt das Gericht auf Antrag fest. Gegen die Entscheidung ist die sofortige Beschwerde zulässig; die weitere Beschwerde ist ausgeschlossen. Der rechtskräftige Beschluss ist Vollstreckungstitel i.S.v. § 794 ZPO.

---

4 *Schwarz*, Anh Art. 43 Rz. 166.
5 *Schwarz*, Anh Art. 43 Rz. 166. Für das allgemeine Aktienrecht *Drygala* in K. Schmidt/Lutter, AktG, § 104 Rz. 8 und *Hüffer*, § 104 Rz. 5.
6 Ebenso *Schwarz*, Anh Art. 43 Rz. 166.
7 *Schwarz*, Anh Art. 43 Rz. 167. Zum insoweit vergleichbaren § 104 AktG *Drygala* in K. Schmidt/Lutter, AktG, § 104 Rz. 14 und *Hüffer*, § 104 Rz. 7. Für den Zeitraum bis zur gerichtlichen Ersatzbestellung bei Übergewicht der Anteilseigner wird teilweise eine analoge Anwendung von § 35 Abs. 3 SEAG vorgeschlagen (*Schwarz*, Anh Art. 43 Rz. 221).

§ 31 SEAG
Nichtigkeit der Wahl von Verwaltungsratsmitgliedern

(1) Die Wahl eines Verwaltungsratsmitglieds durch die Hauptversammlung ist außer im Fall des § 241 Nr. 1, 2 und 5 des Aktiengesetzes nur dann nichtig, wenn

1. der Verwaltungsrat unter Verstoß gegen § 24 Abs. 2, § 25 Abs. 2 Satz 1 oder § 26 Abs. 3 zusammengesetzt wird;

2. durch die Wahl die gesetzliche Höchstzahl der Verwaltungsratsmitglieder überschritten wird (§ 23);

3. die gewählte Person nach Artikel 47 Abs. 2 der Verordnung bei Beginn ihrer Amtszeit nicht Verwaltungsratsmitglied sein kann.

(2) Für die Parteifähigkeit für die Klage auf Feststellung, dass die Wahl eines Verwaltungsratsmitglieds nichtig ist, gilt § 250 Abs. 2 des Aktiengesetzes entsprechend. Parteifähig ist auch der SE-Betriebsrat.

(3) Erhebt ein Aktionär, ein Mitglied des Verwaltungsrats oder ein nach Absatz 2 Parteifähiger gegen die Gesellschaft Klage auf Feststellung, dass die Wahl eines Verwaltungsratsmitglieds nichtig ist, so gelten § 246 Abs. 2, 3 Satz 1 bis 4, Abs. 4, die §§ 247, 248 Abs. 1 Satz 2, die §§ 248a und 249 Abs. 2 des Aktiengesetzes entsprechend. Es ist nicht ausgeschlossen, die Nichtigkeit auf andere Weise als durch Erhebung der Klage geltend zu machen.

I. Überblick

§ 31 SEAG stützt sich auf die Ermächtigungsgrundlage des Art. 43 Abs. 4 und entspricht inhaltlich weitgehend § 250 AktG. Kommentierungen zu dieser Vorschrift können zur Handhabung des § 31 SEAG herangezogen werden.   1

II. Nichtigkeitsgründe

Die Nichtigkeit von Hauptversammlungsbeschlüssen einer SE richtet sich grundsätzlich nach dem mitgliedstaatlichen Recht im Sitzstaat der SE (Art. 53 Rz. 32). Ebenso wie § 250 AktG für die nationale Aktiengesellschaft schränkt § 31 SEAG die Nichtigkeitsgründe bei der Bestellung des Verwaltungsrats einer SE ein. Anwendbar sind die **allgemeinen Nichtigkeitsgründe** des § 241 Nr. 1 (Einberufungsmangel), Nr. 2 (fehlende Beurkundung) und Nr. 5 (rechtskräftig entschiedene Anfechtungsklage) AktG.   2

Zusätzlich bestimmt § 31 Abs. 1 SEAG **besondere Nichtigkeitsgründe** für die Wahl von Verwaltungsratsmitgliedern. Dies sind Verfahrensfehler beim Statusverfahren der §§ 24 bis 26 SEAG (Nr. 1), die Überschreitung der in § 23 SEAG festgelegten gesetzlichen Höchstzahl (Nr. 2) und die Wahl von Personen, die nach Art. 47 Abs. 2 dem Organ einer SE nicht angehören können.   3

Die **Verweisung auf Art. 47 Abs. 2** (§ 31 Abs. 1 Nr. 3 SEAG) ist verfehlt. Denn die dort in Bezug genommenen persönlichen Bestellungsvoraussetzungen des allgemei-   4 nen mitgliedstaatlichen Aktienrechts gelten nicht für Verwaltungsratsmitglieder (näher Art. 47 Rz. 7 ff.). Dies ergibt eine Analyse der verschiedenen Sprachfassungen, die zu dem Ergebnis führt, dass die jeweiligen Bestellungsvoraussetzungen des nationalen Rechts immer nur für das „entsprechende" Organ in der SE gelten. Da das deutsche Aktiengesetz keine Bestellungsvoraussetzungen für Verwaltungsratsmitglieder regelt, geht Art. 47 Abs. 2 insoweit ins Leere. Dass § 31 Abs. 1 Nr. 3 SEAG dennoch auf ihn verweist, liegt an der insoweit nicht präzisen deutschen Sprachfassung des Art. 47, die nahelegt, Bestellungsvoraussetzungen des allgemeinen Aktienrechts gälten auch für das im nationalen Recht ungeregelte Leitungssystem.

5   § 31 Abs. 1 SEAG enthält somit eine planwidrige Lücke. Denn sein Ziel, mit dem Verweis auf Art. 47 Abs. 2 die Nichtigkeit der Bestellung von Verwaltungsratsmitgliedern zu regeln, die entgegen einem persönlichen Bestellungshindernis bestellt wurden, erreicht er nicht. Die Lücke ist zu schließen durch eine **analoge Anwendung** der Nichtigkeitsfolge auf Fälle, in denen Verwaltungsratsmitglieder bestellt wurden, obwohl in ihrer Person Bestellungshindernisse gem. § 76 Abs. 3 AktG vorlagen. Diese Bestellungshindernisse gelten zwar unmittelbar nur für den Vorstand, sind aber auf Verwaltungsratsmitglieder analog anwendbar (Anh. Art. 43 § 27 SEAG Rz. 4). Die Nichtigkeitsfolge erfasst gemäß den allgemeinen Regeln nur Mitglieder, die bereits bei Beginn ihrer Amtszeit nicht wählbar waren[1].

6   Darüber hinaus muss ein Hauptversammlungsbeschluss über die Bestellung eines Arbeitnehmervertreters dann nichtig sein, wenn die Hauptversammlung ein Mitglied bestellt, welches nicht von den Arbeitnehmern vorgeschlagen wurde, mithin ein **Verstoß gegen § 36 Abs. 4 Satz 2 SEBG** vorliegt[2]. § 250 Abs. 1 Ziff. 2 AktG enthält eine vergleichbare Regelung. § 31 Abs. 1 SEAG, der sich im übrigen an § 250 AktG anlehnt, schweigt jedoch zu dieser Frage. Dies lässt sich in Ermangelung anderweitiger Anhaltspunkte in der Gesetzesbegründung nur durch ein Versehen erklären, das möglicherweise auf mangelnder Abstimmung von SEAG und SEBG beruht.

III. Parteifähigkeit (§ 31 Abs. 2 SEAG)

7   Parteifähig für die Klage auf Feststellung der Nichtigkeit sind die in § 250 Abs. 2 AktG genannten **Arbeitnehmervertretungsorgane** und Gewerkschaften (§ 31 Abs. 2 Satz 1 SEAG) und der SE-Betriebsrat (§ 31 Abs. 2 Satz 2 SEAG). Aktionäre und Verwaltungsratsmitglieder sind als natürliche Personen ohnehin parteifähig im Sinne des § 50 Abs. 1 ZPO (vgl. auch § 31 Abs. 3 Satz 1 SEAG); insoweit bedurfte es keiner ausdrücklichen Regelung.

IV. Sonstige Verfahrensfragen (§ 31 Abs. 3 SEAG)

8   Die Vorschrift des § 31 Abs. 3 Satz 1 SEAG verweist für das Verfahren der Nichtigkeitsklage in weitem Umfang auf die Regelungen über die **Anfechtungsklage**. Dies deckt sich mit § 250 Abs. 3 AktG[3]. Da die Nichtigkeit bereits kraft Gesetzes eintritt, kann sie auch in **anderer Weise** als durch Klage geltend gemacht werden (§ 31 Abs. 3 Satz 2 SEAG)[4].

---

1   *Schwarz*, Anh Art. 43 Rz. 176; zum allgemeinen Aktienrecht *Hüffer*, § 250 Rz. 9.
2   *Reichert/Brandes* in MünchKomm. AktG, Art. 43 SE-VO Rz. 32.
3   Vgl. daher *Schwab* in K. Schmidt/Lutter, AktG, § 250 Rz. 8 und *Hüffer*, § 250 Rz. 14 f.
4   Vgl. dazu *Hüffer*, § 250 Rz. 16.

§ 32 SEAG
Anfechtung der Wahl von Verwaltungsratsmitgliedern

Für die Anfechtung der Wahl von Verwaltungsratsmitgliedern findet § 251 des Aktiengesetzes mit der Maßgabe Anwendung, dass das gesetzwidrige Zustandekommen von Wahlvorschlägen für die Arbeitnehmervertreter im Verwaltungsrat nur nach den Vorschriften der Mitgliedstaaten über die Besetzung der ihnen zugewiesenen Sitze geltend gemacht werden kann. Für die Arbeitnehmervertreter aus dem Inland gilt § 37 Abs. 2 des SE-Beteiligungsgesetzes.

I. Überblick

§ 32 SEAG verweist auf § 251 AktG und bezieht sich damit auf die im allgemeinen 1 Aktienrecht entwickelten Besonderheiten der Anfechtung von Wahlbeschlüssen der Hauptversammlung. Da der Verwaltungsrat einer mitbestimmten SE auch mit Repräsentanten ausländischer Arbeitnehmer besetzt sein kann, verweist die Vorschrift insoweit auf das jeweilige mitgliedstaatliche Recht, das die Besetzung der den Arbeitnehmern zugewiesenen Mitglieder regelt. Für die Arbeitnehmer aus dem Inland gilt § 37 Abs. 2 SEBG.

II. Anfechtungsgründe

Aus § 32 SEAG ergeben sich in Verbindung mit § 251 AktG folgende Anfechtungs- 2 gründe: Die Wahl von Verwaltungsratsmitgliedern durch die Hauptversammlung kann **wegen Verletzung des Gesetzes oder der Satzung** durch Klage angefochten werden. Ist die Hauptversammlung an Wahlvorschläge gebunden, kann die Anfechtung auch darauf gestützt werden, dass der **Wahlvorschlag gesetzwidrig** zustande gekommen ist. Der Beschluss kann außerdem nach den Vorgaben des § 243 Abs. 4 AktG bei **unrichtiger, unvollständiger oder verweigerter Erteilung von Information** angefochten werden. Eine Bestätigung des anfechtbaren Beschlusses gem. § 244 AktG ist möglich.

Gem. § 36 Abs. 4 SEBG werden in einem mitbestimmten Verwaltungsrat auch die 3 **Arbeitnehmervertreter** von der Hauptversammlung bestellt; diese ist dabei an den nach § 36 Abs. 2 und 3 SEBG zustande gekommenen Vorschlag der Arbeitnehmer gebunden[1]. Folglich kann auch die Anfechtung des Beschlusses nur auf einen Verfahrensfehler beim Zustandekommen dieses Wahlvorschlages gestützt werden (vgl. § 37 Abs. 2 SEBG).

III. Anfechtungsbefugnis

Zur Anfechtungsbefugnis ergibt sich aus § 32 SEAG i.V.m. § 251 Abs. 2 AktG Folgen- 4 des: Anfechtungsbefugt ist zunächst **jeder Aktionär** (unter den Voraussetzungen des 245 Nr. 1 oder Nr. 2 AktG). Durch den Verweis auf §§ 251 Abs. 2 Satz 1 i.V.m. 245

---

1 Nach a.A. hat bereits der Wahlvorschlag der Arbeitnehmer konstitutive Wirkung (dazu Art. 43 Rz. 57).

Nr. 4 AktG ergäbe sich außerdem eine Zuständigkeit des Vorstandes. Da ein solcher im monistischen System nicht existiert, bedarf der Verweis einer Modifizierung. Gem. § 22 Abs. 6 SEAG übernimmt grundsätzlich der Verwaltungsrat alle Zuständigkeiten des Vorstandes. Möglicherweise verleiht das AktG aber gerade deshalb dem Vorstand die Anfechtungsbefugnis, weil er selbst von dem Verfahren nicht betroffen ist. Der Verwaltungsrat hingegen müsste die Anfechtung der Bestellung eines seiner eigenen Mitglieder betreiben. Die Nennung des Vorstandes in § 245 Nr. 4 AktG beruht indessen darauf, dass er kraft Amtes zur Wahrung des Gesetzes und des Gesellschaftsvertrages berufen ist[2]. Dies ist eine Leitungsaufgabe, die im monistischen System der **Verwaltungsrat** trägt. Ihm muss daher auch die korrespondierende Klagebefugnis zugestanden werden. Das persönlich betroffene Mitglied ist insoweit von der Beschlussfassung ausgeschlossen.

5   Die **Bestellung von Arbeitnehmervertretern** aus dem **Inland** kann gem. § 37 Abs. 2 Satz 2 SEBG angefochten werden von SE-Betriebsrat und Leitung der SE sowie von den in § 37 Abs. 1 Satz 2 SEBG Genannten (Arbeitnehmervertretungen, Gewerkschaften, drei Arbeitnehmer bei Urwahl des Mitglieds, Sprecherausschuss)[3]. § 251 Abs. 2 AktG Satz 2 und 3 AktG regeln zwar für den Sonderfall der Montan-Mitbestimmung die Anfechtungsbefugnis von Arbeitnehmervertretungsorganen und Gewerkschaften. Diese Regelungen werden aber durch die spezielleren Vorschriften des SEBG verdrängt, auf die § 32 Satz 2 SEAG verweist. Die Anfechtung der Bestellung von Arbeitnehmervertretern aus dem **Ausland** richtet sich dem hierfür maßgeblichen mitgliedstaatlichen Gesetz, welches die SE-Richtlinie transformiert (§ 32 Satz 1 SEAG hat insoweit nur klarstellende Funktion).

IV. Anfechtungsverfahren

6   Das Anfechtungsverfahren bestimmt sich gemäß der Verweisung in § 32 SEAG und § 251 Abs. 3 AktG weitgehend nach den allgemeinen Regelungen über Anfechtungsklagen (§§ 246, 247, 248 Abs. 1 Satz 2 und 248a AktG).

§ 33 SEAG
Wirkung des Urteils

Für die Urteilswirkung gilt § 252 des Aktiengesetzes entsprechend.

1   Die Vorschrift schließt die Sonderregeln des SEAG zur Nichtigkeit oder Anfechtbarkeit der Bestellung von Verwaltungsratmitgliedern ab. Die Nichtigkeit richtet sich nach § 31 SEAG, die Anfechtbarkeit nach § 32 SEAG. Das Urteil, das auf eine Anfechtungsklage oder eine Klage auf Feststellung der Nichtigkeit ergeht, soll ebenso wie im allgemeinen Aktienrecht mit **Drittwirkung** ausgestattet sein und insbesondere auch die Arbeitnehmerseite einbeziehen[1]. Für die näheren Einzelheiten sei auf die Kommentierungen zu § 252 AktG verwiesen.

---

2 *K. Schmidt* in Großkomm. AktG, § 245 Rz. 31.
3 *Reichert/Brandes* in MünchKomm. AktG, Art. 43 SE-VO Rz. 36.

1 Vgl. zum Sinn und Zweck des § 252 AktG *Schwab* in K. Schmidt/Lutter, AktG, § 252 Rz. 1 und *Hüffer*, § 252 Rz. 1.

§ 34 SEAG
Innere Ordnung des Verwaltungsrats

(1) Der Verwaltungsrat hat neben dem Vorsitzenden nach näherer Bestimmung der Satzung aus seiner Mitte mindestens einen Stellvertreter zu wählen. Der Stellvertreter hat nur dann die Rechte und Pflichten des Vorsitzenden, wenn dieser verhindert ist. Besteht der Verwaltungsrat nur aus einer Person, nimmt diese die dem Vorsitzenden des Verwaltungsrats gesetzlich zugewiesenen Aufgaben wahr.

(2) Der Verwaltungsrat kann sich eine Geschäftsordnung geben. Die Satzung kann Einzelfragen der Geschäftsordnung bindend regeln.

(3) Über die Sitzungen des Verwaltungsrats ist eine Niederschrift anzufertigen, die der Vorsitzende zu unterzeichnen hat. In der Niederschrift sind der Ort und der Tag der Sitzung, die Teilnehmer, die Gegenstände der Tagesordnung, der wesentliche Inhalt der Verhandlungen und die Beschlüsse des Verwaltungsrats anzugeben. Ein Verstoß gegen Satz 1 oder Satz 2 macht einen Beschluss nicht unwirksam. Jedem Mitglied des Verwaltungsrats ist auf Verlangen eine Abschrift der Sitzungsniederschrift auszuhändigen. Die Sätze 1 bis 4 finden auf einen Verwaltungsrat, der nur aus einer Person besteht, keine Anwendung.

(4) Der Verwaltungsrat kann aus seiner Mitte einen oder mehrere Ausschüsse bestellen, namentlich um seine Verhandlungen und Beschlüsse vorzubereiten oder die Ausführung seiner Beschlüsse zu überwachen. Die Aufgaben nach Absatz 1 Satz 1 und nach § 22 Abs. 1 und 3, § 40 Abs. 1 Satz 1 und § 47 Abs. 3 dieses Gesetzes sowie nach § 68 Abs. 2 Satz 2, § 203 Abs. 2, § 204 Abs. 1 Satz 1, § 205 Abs. 2 Satz 1 und § 314 Abs. 2 und 3 des Aktiengesetzes können einem Ausschuss nicht an Stelle des Verwaltungsrats zur Beschlussfassung überwiesen werden. Dem Verwaltungsrat ist regelmäßig über die Arbeit der Ausschüsse zu berichten.

Literatur: *Eder*, Die monistische verfasste Societas Europaea – Überlegungen zur Umsetzung eines CEO-Modells, NZG 2004, 544–547; *Gruber/Weller*, Societas Europaea: Mitbestimmung ohne Aufsichtsrat?, NZG, 2003, 297–301; *von Hein*, Die Rolle des US-amerikanischen CEO gegenüber dem Board of Directors im Lichte neuerer Entwicklungen, RIW 2002, 501–509; *Heinze/Seifert/Teichmann*, Verhandlungssache – Arbeitnehmerbeteiligung in der SE, BB 2005, 2524–2530; *Holland*, Das amerikanische „board of directors" und die Führungsorganisation der monistischen SE in Deutschland, 2006 (zit.: Board of directors und monistische SE); *Hommelhoff/Mattheus*, Corporate Governance nach dem KonTraG, AG 1998, 249–259; *Hopt/Leyens*, Board Models in Europe – Recent Developments of Internal Corporate Governance Structures in Germany, the United Kingdom, France and Italy, ECFR 1 (2004), 135–168; *Hornberg*, Die Regelungen zur Beaufsichtigung der Geschäftsführung im deutschen und britischen Corporate Governance Kodex, 2006;

Kindl, Die Teilnahme an der Aufsichtsratssitzung, 1993; *Leyens*, Information des Aufsichtsrats, 2006; *Lutter/Kollmorgen/Feldhaus*, Die Europäische Aktiengesellschaft – Satzungsgestaltung bei der mittelständischen SE, BB 2005, 2473–2483; *Lutter/Kollmorgen/Feldhaus*, Muster-Geschäftsordnung für den Verwaltungsrat einer SE, BB 2007, 509–516; *Marsch-Barner*, Zur monistischen Führungsstruktur einer deutschen Europäischen Gesellschaft (SE), in Gedächtnisschrift Bosch, 2006, S. 99–113; *Merkt*, Die monistische Unternehmensverfassung für die Europäische Aktiengesellschaft aus deutscher Sicht – mit vergleichendem Blick auf die Schweiz, das Vereinigte Königreich und Frankreich, ZGR 2003, 650–678; *Minuth*, Führungssysteme der Europäischen Aktiengesellschaft (SE), 2005; *Reichert/Brandes*, Mitbestimmung der Arbeitnehmer in der SE: Gestaltungsfreiheit und Bestandsschutz, ZGR 767–799; *Scheffler*, Aufgaben und Zusammensetzung von Prüfungsausschüssen (Audit Committees), ZGR 2003, 236–263; *Scherer*, „Die Qual der Wahl": Dualistisches oder monistisches System?, 2006; *Teichmann*, Gestaltungsfreiheit im monistischen Leitungssystem der Europäischen Aktiengesellschaft, BB 2004, 53–60; *Teichmann*, Mitbestimmung und grenzüberschreitende Verschmelzung, Der Konzern 2007, 89–98; *van den Berghe*, Corporate Governance in a Globalising world: Convergence or Divergence?, 2002 (zit.: Corporate Governance).

I. Überblick

1   Die innere Ordnung des Verwaltungsrats ist in der **SE-VO** nur **lückenhaft** geregelt. Das Verwaltungsorgan tritt mindestens alle drei Monate zusammen (Art. 44 Abs. 1); jedes Mitglied kann von allen Informationen, die dem Verwaltungsorgan übermittelt werden, Kenntnis nehmen (Art. 44 Abs. 2). Das Verwaltungsorgan wählt aus seiner Mitte einen Vorsitzenden, der bei paritätischer Mitbestimmung ein Vertreter der Anteilseigner sein muss (Art. 45). Zudem findet sich im Abschnitt der gemeinsamen Vorschriften für das monistische und das dualistische System in Art. 50 eine Regelung über Beschlussfähigkeit und Beschlussfassung der Organe der SE.

2   Zur Ergänzung der SE-VO regelt das SEAG in seinen **§§ 34 ff. Einzelheiten der inneren Ordnung des Verwaltungsrats** einer in Deutschland ansässigen SE. Dazu gehören die Wahl eines stellvertretenden Vorsitzenden (§ 34 Abs. 1 SEAG), die Geschäftsordnung des Verwaltungsrats (§ 34 Abs. 2 SEAG), die Niederschrift seiner Sitzungen (§ 34 Abs. 3 SEAG) sowie die Ausschussarbeit (§ 34 Abs. 4 SEAG). Ergänzende Regeln zur Beschlussfassung trifft § 35 SEAG, während § 36 SEAG Fragen der Teilnahme an den Sitzungen des Verwaltungsrats und seiner Ausschüsse regelt und § 37 SEAG die Einberufung des Verwaltungsrats behandelt. Weitere Bestimmungen zur inneren Ordnung können in **Satzung** und **Geschäftsordnung** aufgenommen werden.

3   Inhaltlich orientieren sich die Regelungen über die innere Ordnung des Verwaltungsrats vielfach an den allgemeinen aktienrechtlichen Bestimmungen zum Aufsichtsrat. In ihnen spiegeln sich verallgemeinerungsfähige **Funktionsbedingungen von Kollegialorganen** (vgl. Art. 38 Rz. 30), insbesondere wenn deren Mitglieder die Tätigkeit nur als Nebenbeschäftigung ausüben. So wird namentlich die Bildung von Ausschüssen schon seit längerem als systemübergreifendes Element einer guten Corporate Governance angesehen[1]. Von besonderer Bedeutung ist die Ausschussbildung auch in mitbestimmten Organen, deren Plenum zuweilen eine Größe erreicht, die einer fruchtbaren Diskussionskultur entgegensteht[2].

---

1   S. dazu nur *von Hein*, RIW 2002, 501, 505 f.; *Holland*, Board of Directors und monistische SE, S. 25 ff.; *Hommelhoff/Mattheus*, AG 1998, 249, 254 f.; *Hopt/Leyens*, ECFR 1 (2004), 135, 161; *Hornberg*, Beaufsichtigung der Geschäftsführung, S. 252 ff.; *Leyens*, Information des Aufsichtsrats, S. 100 ff. (Board-Modell) und S. 262 ff. (Aufsichtsrat); *Merkt*, ZGR 2003, 650, 667; *Minuth*, Führungssysteme der Europäischen Aktiengesellschaft, S. 63 ff.; *van den Berghe*, Corporate Governance, S. 76.

2   *Hopt/Roth* in Großkomm. AktG, § 107 Rz. 229.

II. Stellvertretender Vorsitzender des Verwaltungsrats (§ 34 Abs. 1 SEAG)

1. Ergänzung der SE-VO

Gem. Art. 45 Satz 1 wählt das Verwaltungsorgan aus seiner Mitte einen **Vorsitzen-**   4
den. Ist das Verwaltungsorgan paritätisch mitbestimmt, muss der Vorsitzende ein
Vertreter der Anteilseigner sein (Art. 45 Satz 2). Insoweit lässt die SE-VO keinen
Raum für eine mitgliedstaatliche Regelung. § 32 Abs. 1 Satz 1 SEAG regelt daher allein die Wahl eines **stellvertretenden Vorsitzenden**, der bei Verhinderung des Vorsitzenden dessen Aufgaben übernehmen soll. Die Vorschrift ist in ihrem Wortlaut angelehnt an **§ 107 Abs. 1 AktG**[3]. Die in § 107 Abs. 1 Satz 2 AktG geregelte Anmeldung
zum Handelsregister findet ihre Entsprechung in § 46 Abs. 1 Satz 3 SEAG.

2. Wahl des stellvertretenden Vorsitzenden

Für die Wahl des stellvertretenden Vorsitzenden durch den Verwaltungsrat gelten die   5
Regeln der **Beschlussfassung** nach Art. 50 Abs. 1 und 2: Der Verwaltungsrat entscheidet mit einfacher Mehrheit, bei Stimmengleichheit gibt die Stimme des Vorsitzenden
den Ausschlag. Art. 50 ist insoweit aber satzungsdispositiv. Eine **Regelung in der Sat-**
zung ist zu empfehlen, wenn die Auflösung einer Pattsituation anders als durch das
Doppelstimmrecht des Vorsitzenden – beispielsweise durch einen zweiten Wahlgang
– ermöglicht werden soll[4].

Für den **paritätisch mitbestimmten** Verwaltungsrat fehlt die verfahrensmäßige Siche-   6
rung der Arbeitnehmerinteressen, wie sie im nationalen Recht das zweistufige Wahlverfahren des § 27 MitbestG bietet. Dies lässt sich auch weder durch eine unmittelbare noch eine analoge Anwendung des MitbestG beheben, da die maßgeblichen Fragen abschließend durch die SE-VO geregelt sind[5]. Die in § 27 MitbestG mitgeregelte
Wahl des Vorsitzenden regelt bereits Art. 45 Satz 2 in dem Sinne, dass es sich zwingend um einen Vertreter der Anteilseigner handeln muss. Im Übrigen richtet sich die
Beschlussfassung in Organen der SE nach Art. 50. Dieser kann nur für die Beschlussfassung im Aufsichtsorgan von mitbestimmungsrechtlichen Vorschriften des nationalen Rechts überlagert werden (Art. 50 Abs. 3)[6]. Eine rechtlich abgesicherte Position
ihrer Interessen können die Arbeitnehmer daher allenfalls durch Abschluss einer
Mitbestimmungsvereinbarung erreichen, sofern man entgegen der herrschenden Literaturmeinung in derartigen Vereinbarungen auch Absprachen über die innere Ordnung des Organs zulässt[7].

3. Stellung des stellvertretenden Vorsitzenden im Verwaltungsrat

Der Stellvertreter hat die Rechte und Pflichten des Verwaltungsratsvorsitzenden,   7
wenn dieser verhindert ist. Folgende **Aufgaben** weist das SEAG dem Vorsitzenden
ausdrücklich zu: Unterzeichnung der Sitzungsniederschrift (§ 34 Abs. 3 Satz 1 SE-
AG); Entscheidung über die Teilnahme externer Mitglieder an Ausschusssitzungen

---

3 Vgl. Begr. RegE zu § 34 SEAG, BT-Drucks. 15/3405, S. 38.
4 Hingegen ist Art. 50 einer Abänderung durch die Geschäftsordnung des Verwaltungsrats nicht
    zugänglich; die von *Lutter/Kollmorgen/Feldhaus*, BB 2007, 509, 511, vorgeschlagene Geschäfts-
    ordnungsregel mit zwei Wahlgängen dürfte daher nicht zulässig sein.
5 Zudem schließt § 47 Abs. 1 Nr. 1 SEBG die Geltung des Mitbestimmungsgesetzes aus (Begr.
    RegE, § 47 SEBG, BT-Drucks. 15/3405, S. 57; *Reichert/Brandes* in MünchKomm. AktG, Art. 45
    SE-VO Rz. 4).
6 Teilweise wird eine analoge Anwendung auf das Verwaltungsorgan befürwortet (dazu Art. 50
    Rz. 31).
7 Zu dieser Streitfrage unten Teil B., § 21 SEBG Rz. 31 sowie *Teichmann*, Der Konzern 2007, 89,
    93 ff.

(§ 36 Abs. 2 SEAG); Einberufung des Verwaltungsrats auf Verlangen eines Mitglieds (§ 37 Abs. 1 SEAG). Weitere Aufgaben können sich aus Satzung oder Geschäftsordnung ergeben. Eine **Verhinderung** des Vorsitzenden ist immer dann anzunehmen, wenn dieser auch nur vorübergehend eine Aufgabe nicht wahrnehmen kann, die keinen Aufschub duldet[8].

8   Der Vorsitzende und sein Stellvertreter können gleichzeitig **geschäftsführende Direktoren** sein (vgl. § 40 Abs. 1 Satz 2 SEAG). Sie gewinnen damit eine Machtfülle, die derjenigen eines US-amerikanischen „Chief Executive Officer" vergleichbar ist[9]. Unter dem Aspekt einer guten Corporate Governance erscheint dies zwar in großen oder gar börsennotierten Gesellschaften nicht unbedingt empfehlenswert und daher, wenn überhaupt, nur für mittelständische Unternehmen geeignet[10]. Rechtlich gesehen steht es dem Verwaltungsrat indessen frei, aus seiner Mitte geschäftsführende Direktoren zu bestellen, soweit die nicht-geschäftsführenden Mitglieder in der Mehrheit bleiben (§ 40 Abs. 1 Satz 2 SEAG). Die Bestellung zum geschäftsführenden Direktor ist **personenbezogen**. Soweit also der Vorsitzende zum geschäftsführenden Direktor bestellt wurde, geht diese Funktion auch bei Verhinderung des Vorsitzenden nicht auf den Stellvertreter über.

9   Fraglich ist, ob dem stellvertretenden Vorsitzenden auch der **Stichentscheid** zusteht, den Art. 50 Abs. 2 Satz 1 für den Vorsitzenden regelt. Bejaht man dies, liegt der Schluss nahe, dass in einem paritätisch mitbestimmten Organ neben dem Vorsitzenden (Art. 45 Satz 2) auch sein Stellvertreter zwingend ein Vertreter der **Anteilseigner** sein muss[11]. Indessen ist ein Übergang des Doppelstimmrechts auf den Stellvertreter abzulehnen. Der Wortlaut des Art. 50 Abs. 2 Satz 1 deckt eine solche Ausdehnung nicht; dort ist nur vom Vorsitzenden die Rede. Der mitgliedstaatliche Gesetzgeber ist nicht befugt, die Verordnung insoweit zu korrigieren. Ein solcher Wille des Gesetzgebers lässt sich auch kaum annehmen, geht doch im nationalen Recht die Zweitstimme des Vorsitzenden auch nicht auf den Stellvertreter über (§ 29 Abs. 2 Satz 3 MitbestG). Es entspräche auch nicht dem Sinn und Zweck des in Art. 50 Abs. 2 Satz 1 angeordneten Doppelstimmrechts, durch Übergang auf den Stellvertreter die Abwesenheit des Vorsitzenden auszugleichen. Ließe man das Doppelstimmrecht des abwesenden Vorsitzenden auf den Stellvertreter übergehen, so würde dadurch – die Anwesenheit aller übrigen Mitglieder vorausgesetzt – das Patt gerade erst herbeigeführt, das Art. 50 Abs. 2 Satz 1 eigentlich auflösen will; letztlich hätten die Anteilseigner damit den Vorteil, dass der aus ihren Reihen bestellte Vorsitzende zu wichtigen Beschlüssen nicht zwingend erscheinen müsste, weil der gleichfalls aus ihren Reihen stammende Stellvertreter jeden unerwünschten Beschluss mit dem Doppelstimmrecht abwehren könnte. Der stellvertretende Vorsitzende übernimmt nach dem Sinn und Zweck des § 34 Abs. 1 SEAG nur insoweit die Rolle des Vorsitzenden, als spezifische Aufgaben des Organvorsitzenden erledigt werden müssen, die keinen Aufschub dulden (oben Rz. 7). Die Ausübung des Doppelstimmrechts gehört nicht dazu; es ist an die Person des Vorsitzenden gebunden und setzt dessen Anwesenheit voraus. Gemäß dieser eingeschränkten Rolle des Stellvertreters kann er unproblematisch **aus den Reihen der Arbeitnehmer** bestellt werden.

---

8   Vgl. zur gleichgelagerten Vorschrift des allgemeinen Aktienrechts *Drygala* in K. Schmidt/Lutter, AktG, § 107 Rz. 23 und *Hüffer*, § 107 Rz. 7.
9   Zu dieser Gestaltung in der monistischen SE namentlich *Eder*, NZG 2004, 544 ff.
10   Vgl. *Teichmann*, BB 2004, 53, 54 f.
11   In diesem Sinne *Reichert/Brandes* in MünchKomm. AktG, Art. 45 SE-VO Rz. 36 und *Schwarz*, Anh Art. 43 Rz. 193.

III. Geschäftsordnung (§ 34 Abs. 2 SEAG)

Gem. § 34 Abs. 2 SEAG kann sich der Verwaltungsrat eine Geschäftsordnung geben, 10
zu welcher die Satzung bindende Vorgaben machen darf. Diese Regelung ist **§ 77
Abs. 2 AktG** entlehnt, der die Geschäftsordnung des Vorstands betrifft[12]. Anders als
in § 77 Abs. 2 Satz 3 AktG herrscht im Verwaltungsrat jedoch **kein Einstimmigkeits-
erfordernis** bei Beschlüssen über die Geschäftsordnung; insoweit genießt Art. 50 Vorrang, der das Mehrheitsprinzip festlegt, dabei zwar zur Disposition der SE-Satzung,
nicht aber zur Disposition des mitgliedstaatlichen Gesetzgebers steht. Ebenso fehlt
naturgemäß die in § 77 Abs. 2 AktG angesprochene vorrangige Geschäftsordnungs-
Kompetenz des Aufsichtsrats.

Inhalt der Geschäftsordnung sind Einzelfragen der organinternen Zusammenarbeit, 11
etwa Sitzungsmodalitäten und Ausschussarbeit[13]. Fragen der **Beschlussfassung** können in der Geschäftsordnung nicht geregelt werden[14]. Denn dies regelt Art. 50, der
nur gegenüber der Satzung nachgiebig ist, nicht aber gegenüber einer Geschäftsordnung (näher Art. 50 Rz. 6).

Die **Satzung** kann Einzelfragen der Geschäftsordnung bindend vorschreiben, nicht 12
aber die gesamte Geschäftsordnung vorwegnehmen[15]. Dem Verwaltungsrat muss ein
satzungsfester Kernbereich an eigener Regelungskompetenz verbleiben[16].

Ob auch die mit den Arbeitnehmern geschlossene **Beteiligungsvereinbarung** Fragen 13
der inneren Ordnung mit bindender Wirkung gegenüber Satzung und Geschäftsordnung regeln kann, ist umstritten. Nach herrschender Auffassung findet die Vereinbarung ihre Grenze an der Satzungsautonomie der Gesellschaft und der Geschäfts-
ordnungsautonomie des Organs[17]. Diese enge Sichtweise verstößt allerdings gegen
die europarechtlich angeordnete Parteiautonomie (Art. 4 Abs. 2 SE-RL). Diese hat
Vorrang vor mitgliedstaatlichem Recht und gilt im Anwendungsbereich dessen, was
die SE-Richtlinie unter den Begriff der „Beteiligung" fasst: „jedes Verfahren – einschließlich der Unterrichtung, der Anhörung und der Mitbestimmung –, durch das
die Vertreter der Arbeitnehmer auf die Beschlussfassung innerhalb der Gesellschaft
Einfluss nehmen können" (Art. 2 lit. h SE-RL)[18]. Da die innere Ordnung des mitbestimmten Verwaltungsorgans Teil des Verfahrens ist, durch welches die Arbeitnehmer Einfluss auf die Beschlussfassung innerhalb der Gesellschaft nehmen können,
muss dieser Bereich auch der Regelung in einer Beteiligungsvereinbarung offen stehen[19].

IV. Sitzungsniederschrift (§ 34 Abs. 3 SEAG)

Die Regelung in § 34 Abs. 3 SEAG zur Sitzungsniederschrift orientiert sich an **§ 107** 14
Abs. 2 AktG[20]. Der **Vorsitzende** muss eine Sitzungsniederschrift anfertigen und un-

---

12 Vgl. Begr. RegE zu § 34 SEAG, BT-Drucks. 15/3405, S. 38.
13 Vgl. die Muster-Geschäftsordnung von *Lutter/Kollmorgen/Feldhaus*, BB 2007, 509 ff.; s. außerdem *Seibt* in K. Schmidt/Lutter, AktG, § 77 Rz. 19 f. sowie *Hüffer*, § 77 Rz. 21.
14 Bedenklich daher § 6 der Muster-Geschäftsordnung von *Lutter/Kollmorgen/Feldhaus*, BB
2007, 509, 513.
15 Vgl. dazu § 10 der Mustersatzung einer monistischen SE bei *Lutter/Kollmorgen/Feldhaus*, BB
2005, 2473, 2478.
16 *Schwarz*, Anh Art. 43 Rz. 198; ebenso die h.M. zu § 77 Abs. 2 AktG (*Seibt* in K. Schmidt/Lut-
ter, AktG, § 77 Rz. 27 sowie *Hüffer*, § 77 Rz. 20).
17 S. nur unten Teil B., § 21 SEBG Rz. 33.
18 Näher *Teichmann*, Der Konzern 2007, 89, 93 ff.
19 Vgl. dazu die Mustervereinbarung bei *Heinze/Seifert/Teichmann*, BB 2005, 2524 ff.
20 Vgl. Begr. RegE zu § 34 SEAG, BT-Drucks. 15/3405, S. 38.

terzeichnen. Er darf sich dabei einer Hilfsperson (Protokollführer) bedienen[21]; § 36 Abs. 1 Satz 1 SEAG ist nur eine Soll-Vorschrift, von der in diesem begründeten Fall eine Ausnahme gemacht werden kann[22]. Jedes Verwaltungsratsmitglied hat Anspruch auf Aushändigung einer Sitzungsniederschrift (§ 34 Abs. 3 Satz 4 SEAG).

15 Der **Mindestinhalt** der Niederschrift ist in § 34 Abs. 3 Satz 2 SEAG geregelt: Ort und Tag der Sitzung, Teilnehmer, Gegenstände der Tagesordnung, der wesentliche Inhalt der Verhandlungen und die Beschlüsse des Verwaltungsrats. Der Inhalt der Beschlüsse ist vollständig und genau wiederzugeben, bei kontroversen Abstimmungen auch mit Angabe der Ja- und Nein-Stimmen[23].

16 Die Niederschrift ist eine bloße **Beweisurkunde** und hat keinen materiellen Einfluss auf die Wirksamkeit der Beschlüsse[24]. § 34 Abs. 3 Satz 3 SEAG stellt daher klar, dass Verstöße gegen die Sätze 1 und 2 den Beschluss nicht unwirksam machen.

17 Besteht der Verwaltungsrat nur aus **einer Person**, kann von der Abfassung einer Niederschrift abgesehen werden[25]. Grundsätzlich gilt zwar eine Mindestzahl von drei Mitgliedern; die Satzung kann aber bei Gesellschaften, die ein Grundkapital von nicht mehr als 3 Millionen Euro aufweisen, eine geringere Zahl festsetzen (§ 23 Abs. 1 SEAG). Auf eine Verpflichtung, Verwaltungsratsbeschlüsse zu Beweiszwecken festzuhalten, wie sie im Recht der Einpersonen-GmbH besteht (§ 48 Abs. 3 GmbHG), hat der Gesetzgeber bewusst verzichtet[26]. Es liegt damit in der Eigenverantwortung des einzigen Verwaltungsratsmitglieds, für eine angemessene Dokumentation derjenigen Angelegenheiten zu sorgen, über die der Verwaltungsrat als Organ entscheiden muss.

V. Bildung von Ausschüssen (§ 34 Abs. 4 SEAG)

1. Überblick

18 Die Regelung des § 34 Abs. 4 SEAG über die Bestellung von Verwaltungsratsausschüssen und deren Kompetenzen orientiert sich an **§ 107 Abs. 3 AktG**[27]. Damit hat der deutsche Gesetzgeber ebenso wie im allgemeinen Aktienrecht[28] darauf verzichtet, die Bildung bestimmter Ausschüsse fest vorzuschreiben. Es liegt im **pflichtgemäßen Ermessen des Verwaltungsrats**, ob und mit welcher Aufgabenzuweisung er Ausschüsse einrichtet[29]. Über § 47 Abs. 3 SEAG findet die durch das KonTraG für börsennotierte Gesellschaften hinsichtlich der Ausschussarbeit erweiterte Berichtspflicht gegenüber der Hauptversammlung (§ 171 Abs. 2 Satz 2 AktG) auch auf die SE Anwendung. Zudem enthält der Deutsche Corporate Governance Kodex in Ziffer 5.3 Empfehlungen und Anregungen zur Ausschussarbeit[30]. Diese beziehen sich zwar al-

---

21 *Schwarz*, Anh Art. 43 Rz. 201; ebenso für den Aufsichtsrat *Kindl*, Teilnahme an der Aufsichtsratssitzung, S. 40.
22 Ebenso für die parallel gelagerte Problematik im Aufsichtsrat *Hüffer*, § 107 Rz. 12.
23 *Hüffer*, § 107 Rz. 12.
24 Ebenso zu § 107 AktG, *Hüffer*, § 107 Rz. 13.
25 Diese Regelung hat keine Parallele im § 107 AktG, da der Aufsichtsrat immer aus mindestens drei Personen besteht (vgl. § 95 Abs. 1 Satz 1 AktG).
26 Begr. RegE zu § 34 SEAG, BT-Drucks. 15/3405, S. 38.
27 Vgl. Begr. RegE zu § 34 SEAG, BT-Drucks. 15/3405, S. 38.
28 Zum Stellenwert der Ausschussarbeit nach dem KonTraG *Hommelhoff/Mattheus*, AG 1998, 249, 254 f.
29 Vgl. auch *Reichert/Brandes* in MünchKomm. AktG, Art. 44 SE-VO Rz. 50.
30 Vgl. die jeweils aktuelle Fassung unter www.corporate-governance-code.de. Den Einfluss der Corporate Governance Kodices auf die Qualität der Ausschussarbeit betont *Merkt*, ZGR 2003, 650, 667 f.

lein auf das dualistische Leitungssystem, sind aber auch für monistisch strukturierte Gesellschaften ein Anhaltspunkt dessen, was unter guter Unternehmensführung zu verstehen ist.

Ausschüsse können vorbereitende, überwachende oder beschließende Funktion ha- 19 ben. Die Bildung von **vorbereitenden** Ausschüssen unterliegt grundsätzlich keinen Beschränkungen, da insoweit ohnehin noch der Verwaltungsrat als Plenum entscheiden muss. **Überwachende** Ausschüsse haben die Aufgabe, die Umsetzung der Verwaltungsratsbeschlüsse zu überwachen. Ihre Funktion ist insoweit auch an die Beschlüsse des Plenums gebunden.

Beschließende Ausschüsse entscheiden über die in ihrem Aufgabenbereich liegenden 20 Angelegenheiten anstelle des Verwaltungsrats. Dem entsprechend sind für diese Ausschüsse gewisse Einschränkungen zu beachten: § 34 Abs. 4 Satz 2 SEAG regelt, welche Aufgaben einem beschließenden Ausschuss nicht übertragen werden können; weiterhin gelten bestimmte Mindestanforderung an die Zusammensetzung beschließender Ausschüsse (unten Rz. 22). Schließlich sollte die Möglichkeit, beschließende Ausschüsse einzurichten, in der **Satzung** ausdrücklich vorgesehen werden, um einen Verstoß gegen Art. 50 zu vermeiden (vgl. Art. 50 Rz. 22 f.). Zur Wahrung der Autonomie des Verwaltungsrats in seinen inneren Angelegenheiten[31] sollte die Satzung allerdings davon absehen, die Einrichtung von Ausschüssen zwingend vorzuschreiben.

National und international gebräuchlich sind in großen Gesellschaften **Prüfungsaus-** 21 **schüsse** (*audit committee*) sowie **Nominierungs** – und **Vergütungsausschüsse** (*remuneration* und/oder *nomination committee*)[32]. Dies entspricht auch der Empfehlung 2005/162 der Europäischen Kommission[33]. Zusätzlich ist im monistischen System die Einrichtung eines **Exekutivausschusses** zu empfehlen, der zwischen den Sitzungen des Plenums die Aufgaben der unternehmerischen Oberleitung wahrnimmt (unten Rz. 28 ff.).

2. Ausschusszusammensetzung

a) Geschäftsführende und nicht-geschäftsführende Mitglieder

Der Verwaltungsrat kann einzelne seiner Mitglieder zu geschäftsführenden Direkto- 22 ren ernennen, solange die **nicht-geschäftsführenden Mitglieder weiterhin die Mehrheit** bilden (§ 40 Abs. 1 Satz 2 SEAG). Bei beschließenden Ausschüssen wird man diese Regel auch auf die Ausschusszusammensetzung übertragen müssen, da andernfalls der vom Gesetzgeber erstrebte Kontrollmechanismus außer Kraft gesetzt werden könnte[34]. Bei vorbereitenden und überwachenden Ausschüssen ist hingegen eine Mehrheit von geschäftsführenden Mitgliedern denkbar, da auf Grund ihrer nur eingeschränkten Kompetenzen stets die Rückbindung an das Plenum sichergestellt ist (oben Rz. 19).

---

31 Vgl. BGH v. 25.2.1982 – II ZR 123/81, BGHZ 83, 106 ff. für den Aufsichtsrat.
32 S. nur *Hüffer*, § 107 Rz. 16; *Leyens*, Information des Aufsichtsrats, S. 100 ff. und *van den Berghe*, Corporate Governance, S. 76; zu Prüfungsausschüssen ausführlich *Scheffler*, ZGR 2003, 236 ff. Vgl. zu Ausschussbildung auch die Muster-Geschäftsordnung von *Lutter/Kollmorgen/ Feldhaus*, BB 2007, 509, 515. Zu Personalausschuss und Prüfungsausschuss in der monistischen SE auch *Reichert/Brandes* in MünchKomm. AktG, Art. 44 SE-VO Rz. 63 ff. und Rz. 71 ff.
33 Empfehlung v. 15.2.2005, ABl. EU Nr. L 52 v. 25.2.2005, S. 51 ff., konkret S. 55.
34 *Schwarz*, Anh Art. 43 Rz. 204. Ebenso, jedenfalls für den Prüfungsausschuss, *Marsch-Barner* in GS Bosch, S. 99, 110.

b) Ausschusszusammensetzung im mitbestimmten Verwaltungsrat

23   Bei Besetzung der Verwaltungsratsausschüsse gilt ebenso wie für den Aufsichtsrat
      der Grundsatz der individuell **gleichen Berechtigung und Verantwortung** aller Mit-
      glieder ohne Rücksicht darauf, wer sie bestellt hat[35]. Dies bedeutet zwar nicht, dass
      im mitbestimmten Verwaltungsrat zwingend in jedem Ausschuss das Mehrheitsver-
      hältnis von Anteilseigner- und Arbeitnehmervertretern exakt abgebildet werden
      müsse. Die Gestaltung der Ausschussarbeit darf aber nicht dem Zweck dienen, zwin-
      gendes Mitbestimmungsrecht nach dessen Sinn und Zweck zu unterlaufen[36]. Diese
      für den Aufsichtsrat entwickelten Grundsätze gelten auch für den mitbestimmten
      Verwaltungsrat[37], jedenfalls soweit sich die Mitbestimmung nach der Auffanglösung
      richtet. Denn nach der SE-Richtlinie sind in diesem Fall auch die von den Arbeitneh-
      mern gewählten, bestellten oder empfohlenen Mitglieder „**vollberechtigte Mitglie-
      der**" des betreffenden Organs (dazu auch Art. 43 Rz. 68)[38]. Dass die Verwaltungsrats-
      mitglieder mehr Kompetenzen haben und eine größere Verantwortung tragen als im
      dualistischen Modell die Aufsichtsratsmitglieder, liegt in der Natur der Sache und
      darf nicht Anlass für eine Verkürzung der Mitspracherechte derjenigen Mitglieder
      sein, die von den Arbeitnehmern vorgeschlagen wurden.

24   Bedenklich sind daher Ausschusskonstruktionen, die dazu gedacht sind, den Einfluss
      der Arbeitnehmer zurückzudrängen. So wird vorgeschlagen, einen unternehmeri-
      schen Planungsausschuss für den Bereich der dem Verwaltungsrat zugewiesenen **stra-
      tegischen Oberleitung** einzurichten, dem Arbeitnehmervertreter generell nicht ange-
      hören sollen[39]. Es handelt sich dabei zwar nur um einen vorbereitenden Ausschuss,
      der seine Überlegungen stets dem Plenum zur Beschlussfassung vorlegen müsste.
      Dennoch wäre der generelle Ausschluss der Arbeitnehmervertreter von der in einem
      Ausschuss vorgenommenen strategischen Planung nicht zulässig. Denn gerade die
      strategische Oberleitung ist eine Kernkompetenz des Gesamtorgans[40]. Auch die
      Übertragung des gegenüber den geschäftsführenden Direktoren bestehenden **Wei-
      sungsrechts** auf einen Exekutivausschuss, dem keine Arbeitnehmervertreter angehö-
      ren[41], verstößt gegen die Gleichberechtigung der Organmitglieder.

25   Fehl geht der Versuch, eine **Parallele zum Aufsichtsrat** zu ziehen mit dem Hinweis,
      dort hätten die Arbeitnehmervertreter auch keinen Einfluss auf das Tagesgeschäft[42].
      Diese Einschränkung trifft im dualistischen Modell auch die Vertreter der Anteilseig-
      ner und lässt sich daher gerade nicht für eine Ungleichbehandlung im monistischen
      Modell heranziehen. Wenn im Aufsichtsrat ein Übergehen der Arbeitnehmervertre-
      ter bei der Ausschussbildung die Vermutung des Missbrauchs in sich trägt[43], gilt dies
      ebenso im Verwaltungsrat[44]. Die Arbeitnehmer partizipieren dort gleichwertig an der

---

35 Ebenso *Reichert/Brandes* in MünchKomm. AktG, Art. 44 SE-VO Rz. 56; grundlegend (für den
    Aufsichtsrat) BGH v. 25.2.1982 – II ZR 123/81, BGHZ 83, 106, 112 f.
36 Für den Aufsichtsrat BGH v. 25.2.1982 – II ZR 102/81, BGHZ 83, 144, 149.
37 A.A. *Gruber/Weller*, NZG 2003, 297, 300.
38 SE-Richtlinie, Anhang Auffangregelung, Teil 3, letzter Satz, umgesetzt in § 38 Abs. 1 SEBG.
39 *Gruber/Weller*, NZG 2003, 297, 300.
40 Dies macht schon § 34 Abs. 4 Satz 2 SEAG deutlich, der eine Übertragung auf beschließende
    Ausschüsse gänzlich untersagt.
41 In diesem Sinne *Reichert/Brandes*, ZGR 2003, 767, 795 f. und *Reichert/Brandes* in Münch-
    Komm. AktG, Art. 44 SE-VO Rz. 58 ff.
42 So *Reichert/Brandes*, ZGR 2003, 767, 795 (und *Reichert/Brandes* in MünchKomm. AktG,
    Art. 44 SE-VO Rz. 58) mit dem Hinweis, eine Beteiligung von Arbeitnehmervertretern an Fra-
    gen des täglichen Geschäfts sei dem deutschen Recht grundsätzlich fremd.
43 So zutreffend *Reichert/Brandes* in MünchKomm. AktG, Art. 44 SE-VO Rz. 57.
44 So auch *Frodermann* in Jannott/Frodermann, Handbuch Europäische Aktiengesellschaft,
    S. 180.

qualitativ gewichtigeren Rolle, die dem Verwaltungsrat im Vergleich zum Aufsichtsrat nun einmal zukommt. Wer eine funktionale Übertragung der deutschen Mitbestimmung auf das monistische Modell anstrebt, darf nicht die Rechte der Arbeitnehmervertreter beschneiden, sondern muss die Parität auf die Bezugsgruppe der
nicht-geschäftsführenden Mitglieder begrenzen (dazu Art. 43 Rz. 69).

Ohne weiteres zulässig ist die Ausschussbildung, soweit sie der Arbeitsfähigkeit des   26
Organs dient. In mitbestimmten Verwaltungsräten besteht durchaus ein Bedürfnis
dafür, die nachteilige **Größe des Organs** durch die Einrichtung vorbereitender Ausschüsse zu kompensieren. Diese Ausschüsse müssen nicht zwingend das Verhältnis
von Anteilseigner- und Arbeitnehmervertretern in derselben Weise abbilden wie das
Gesamtorgan[45]. Das „leichte Übergewicht" der Anteilseigner darf sich auch dort widerspiegeln[46], solange Arbeitnehmervertreter nicht generell ausgeschlossen werden.

3. Zwingende Aufgaben des Verwaltungsrats als Kollegialorgan

§ 34 Abs. 2 SEAG definiert **Kernkompetenzen** des Verwaltungsrats, die nicht auf be-   27
schließende Ausschüsse übertragen werden können: Wahl des stellvertretenden Vorsitzenden (§ 34 Abs. 1 Satz 1 SEAG), Oberleitung der Gesellschaft (§ 22 Abs. 1 SEAG),
Führung der Handelsbücher (§ 22 Abs. 3 SEAG), Bestellung der geschäftsführenden
Direktoren (§ 40 Abs. 1 Satz 1 SEAG), Prüfung des Jahresabschlusses (§ 47 Abs. 3 SE-
AG), Zustimmung zur Übertragung vinkulierter Namensaktien (§ 68 Abs. 2 Satz 2
AktG), Entscheidung über den Ausschluss des Bezugsrechts beim genehmigten Kapital und über die Bedingungen der Aktienausgabe (§§ 203 Abs. 2, 204 Abs. 1 Satz 1,
205 Abs. 2 Satz 1 AktG) sowie die Prüfung des Abhängigkeitsberichts (§ 314 Abs. 2
und 3 AktG).

4. Exekutivausschuss für unternehmerische Oberleitung

Bei der Ausschussarbeit im Verwaltungsrat ist zu bedenken, dass dieser im monisti-   28
schen System das Organ der unternehmerischen **Oberleitung** ist. Funktional steht er
damit dem Vorstand näher als dem Aufsichtsrat (Anh. Art. 43 § 22 SEAG Rz. 3). Der
Vorstand kennt keine Ausschussbildung, sondern allenfalls eine Geschäftsverteilung,
die am Grundsatz der Gesamtgeschäftsführung und Gesamtleitung nichts ändert[47];
denn der Vorstand nimmt die Leitungsverantwortung mit vollberuflich tätigen Mitgliedern als Kollegialorgan wahr. Der Verwaltungsrat steht somit funktional dem
Vorstand nahe, ist andererseits insoweit mit dem Aufsichtsrat vergleichbar, als seine
Mitglieder das Mandat in der Regel nur im Nebenberuf ausüben werden. Zwar kann
ein Teil der Verwaltungsratsmitglieder zu geschäftsführenden Direktoren bestellt
werden, er bleibt jedoch in seiner Mehrheit zwingend mit nicht-geschäftsführenden
Mitgliedern besetzt (§ 40 Abs. 1 Satz 2 SEAG), die typischerweise nicht ihre gesamte
Arbeitszeit dieser Tätigkeit widmen[48].

Dennoch obliegt dem **Verwaltungsrat als Gesamtorgan** die Festlegung der Grundlini-   29
en der Unternehmensstrategie und die Überwachung ihrer Umsetzung. Wegen seiner
Gesamtverantwortung bei teilweise nur nebenamtlicher Tätigkeit seiner Mitglieder
bedarf er einer vom Vorstand/Aufsichtsrats-Modell gelösten eigenständigen Einordnung. Sie steht im Spannungsfeld zwischen der internen Organisationsfreiheit einerseits und der Vorgabe des § 34 Abs. 4 SEAG andererseits, wonach die Leitungsaufgabe
nicht an beschließende Ausschüsse delegiert werden darf. Um dem gerecht zu wer-

---

45 Dazu ausführlich *Reichert/Brandes*, ZGR 2003, 767, 793 ff.
46 Für den Aufsichtsrat BGH v. 25.2.1982 – II ZR 102/81, BGHZ 83, 144, 149.
47 Näher *Seibt* in K. Schmidt/Lutter, AktG, § 77 Rz. 16 ff. und *Hüffer*, § 77 Rz. 3 ff.
48 S. nur Art. 44 Abs. 1, der lediglich vier Sitzungen im Jahr verlangt.

den, muss der Verwaltungsrat die geschäftsführenden Direktoren intensiver überwachen als ein Aufsichtsrat den Vorstand, zumal Überwachung sich im Fall des Verwaltungsrats als **Vollzugskontrolle** der eigenen Strategieentscheidung versteht und nicht als Kontrolle fremder Entscheidungen (Anh. Art. 43 § 22 SEAG Rz. 15). Die notwendige Überwachungsintensität kann nur durch hinreichend häufige Befassung mit den Angelegenheiten der Gesellschaft erreicht werden. Nur in sehr kleinen Gesellschaften wird dies durch den Verwaltungsrat im Plenum möglich sein; in allen anderen Fällen bietet sich die Übertragung dieser Aufgabe auf einen Ausschuss an, der beispielsweise „**Exekutivausschuss**"[49] oder „Geschäftsführungsausschuss"[50] genannt werden kann.

30   Um die Aufgabe der Oberleitung verantwortungsvoll wahrnehmen zu können, muss die **Kontrolldichte** einen höheren Grad erreichen als im Verhältnis zwischen Aufsichtsrat und Vorstand[51]. Der Exekutivausschuss sollte sich daher in relativ kurzen Abständen über das Tagesgeschäft berichten lassen, daraus Schlüsse ziehen, ob die Grundlinien der Tätigkeit weiterhin den Vorgaben des Verwaltungsrates folgen und gegebenenfalls über die Ausübung des Weisungsrechts beraten. Da die Oberleitung i.S.d. § 22 Abs. 1 SEAG nicht auf einen beschließenden Ausschuss übertragen werden kann (oben Rz. 27), muss der Exekutivausschuss gegebenenfalls das Plenum einberufen, wenn der Verlauf des Tagesgeschäfts eine Überarbeitung der Unternehmensstrategie nahelegt oder Weisungen im Bereich der Oberleitung zu erteilen sind[52]; Weisungen im Tagesgeschäft kann der Ausschuss aus eigener Kompetenz aussprechen. Bei dieser Handhabung übernimmt der Exekutivausschuss nicht selbst die dem Verwaltungsrat zustehende Oberleitung, sondern dient als „Frühwarnsystem" zur frühzeitigen Erkennung von Entwicklungen, die Strategieentscheidungen oder strategiebezogene Weisungen an die geschäftsführenden Direktoren erforderlich machen.

§ 35 SEAG
Beschlussfassung

(1) Abwesende Mitglieder können dadurch an der Beschlussfassung des Verwaltungsrats und seiner Ausschüsse teilnehmen, dass sie schriftliche Stimmabgaben überreichen lassen. Die schriftlichen Stimmabgaben können durch andere Mitglieder überreicht werden. Sie können auch durch Personen, die nicht dem Verwaltungsrat angehören, übergeben werden, wenn diese nach § 109 Abs. 3 des Aktiengesetzes zur Teilnahme an der Sitzung berechtigt sind.

(2) Schriftliche, fernmündliche oder andere vergleichbare Formen der Beschlussfassung des Verwaltungsrats und seiner Ausschüsse sind vorbehaltlich einer näheren Regelung durch die Satzung oder eine Geschäftsordnung des Verwaltungsrats nur zulässig, wenn kein Mitglied diesem Verfahren widerspricht.

---

49 So die Terminologie bei *Reichert/Brandes* in MünchKomm. AktG, Art. 44 SE-VO Rz. 52 ff. und *Eder*, NZG 2004, 544, 546.

50 *Holland*, Board of directors und monistische SE, S. 181 f.

51 In den größeren Einflussmöglichkeiten auf die Geschäftsführung liegt im Systemvergleich gerade die Stärke des monistischen gegenüber dem dualistischen System (s. nur *Minuth*, Führungssysteme der Europäischen Aktiengesellschaft, S. 127).

52 In diesem Sinne auch *Reichert/Brandes* in MünchKomm. AktG, Art. 44 SE-VO Rz. 53; s. zu den Aufgaben eines solchen Ausschusses auch *Holland*, Board of directors und monistische SE, S. 181 f.

(3) Ist ein geschäftsführender Direktor, der zugleich Mitglied des Verwaltungsrats ist, aus rechtlichen Gründen gehindert, an der Beschlussfassung im Verwaltungsrat teilzunehmen, hat insoweit der Vorsitzende des Verwaltungsrats eine zusätzliche Stimme.

Literatur: *Kindl*, Die Teilnahme an der Aufsichtsratssitzung, 1993; *Kindl*, Beschlussfassung des Aufsichtsrats und neue Medien – zur Änderung des § 108 Abs. 4 AktG, ZHR 166 (2002), 335–348; *Lutter/Kollmorgen/Feldhaus*, Muster-Geschäftsordnung für den Verwaltungsrat einer SE, BB 2007, 509–516; *Matthießen*, Stimmrecht und Interessenkollision im Aufsichtsrat, 1989; *Siems*, Befangenheit bei Verwaltungsratsmitgliedern einer Europäischen Aktiengesellschaft, NZG 2007, 129–132; *Teichmann*, Gestaltungsfreiheit im monistischen Leitungssystem der Europäischen Aktiengesellschaft, BB 2004, 53–60.

I. Überblick

§ 35 SEAG regelt die Beschlussfassung im Verwaltungsrat Die ersten beiden Absätze   1
der Vorschrift lehnen sich an § 108 Abs. 3 und 4 AktG an. Sie lassen die Überbringung schriftlicher Stimmabgaben zu und erlauben schriftliche, fernmündliche und andere Formen der Beschlussfassung, soweit kein Mitglied widerspricht. Abs. 3 betrifft den Sonderfall des geschäftsführenden Direktors, der zugleich Mitglied des Verwaltungsrates und im Einzelfall aus rechtlichen Gründen an der Stimmabgabe gehindert ist.

II. Vereinbarkeit mit Art. 50

§ 35 SEAG ergänzt Art. 50, der Grundregeln zu Beschlussfähigkeit und Beschlussfas-   2
sung in den Organen der SE enthält. Ob die SE-VO in diesem Bereich überhaupt **regelungsoffen** ist, lässt sich nur schwer klären. Selbst die Gesetzesbegründung zu § 35 SEAG räumt ein, dass unklar sei, ob Art. 50 sämtliche Fragen der Beschlussfassung regeln wolle. Bei europäisch-autonomer Auslegung bleibt allerdings für eine mitgliedstaatliche Ausformung der Begriffe „anwesend" und „vertreten", die für das Beschlussquorum und für die Beschlussmehrheit relevant sind, kein Raum (Art. 50 Rz. 11 ff.)[1]. Der deutsche Gesetzgeber verfolgte vor allem das Ziel, den Gesellschaften den größtmöglichen Umfang an **Satzungsautonomie** zu gewähren. Die § 108 Abs. 4 AktG entlehnte Regelung der Abs. 1 und 2 wurde „zur Sicherheit" eingefügt[2]; denn auf diese Weise haben die Gesellschaften im Ergebnis Rechtssicherheit, diese Frage in der Satzung regeln zu können. Auf die Frage, ob sich die Satzungsautonomie auf Art. 50 Abs. 1 (vgl. Art. 50 Rz. 6 ff. zur Satzungsautonomie) oder auf § 35 SEAG stützt, kommt es dann nicht entscheidend an[3].

---

1 BT-Drucks. 15/3405, S. 38.
2 Vgl. Begr. RegE zu § 35 SEAG, BT-Drucks. 14/3405, S. 38.
3 Sieht man von der Einordnung in die Normenhierarchie des Art. 9 ab, für die es einen Unterschied macht, ob Satzungsautonomie von der SE-VO oder vom mitgliedstaatlichen Recht gewährt wird (Art. 9 Rz. 39 ff. und 57 ff.).

3 Beschlussfähigkeit und Beschlussmehrheit setzen voraus, dass wenigstens die Hälfte der Organmitglieder anwesend oder vertreten sind (Art. 50 Abs. 1). Eine Beteiligung abwesender Mitglieder sieht Art. 50 nicht vor. Andererseits lässt sich die Überbringung einer Stimmbotschaft als eine Form der von Art. 50 Abs. 1 zugelassenen **Vertretung eines abwesenden Mitglieds** auffassen (Art. 50 Rz. 15). § 35 Abs. 1 SEAG verstößt daher nicht gegen die Verordnung, hat allerdings gegenüber Art. 50 Abs. 1 auch keine eigenständige Bedeutung. Denn Vorrang hat in jedem Fall das europäisch autonom ermittelte Auslegungsergebnis des Begriffes der Vertretung in Art. 50 Abs. 1.

4 Die in § 35 Abs. 2 SEAG zugelassene schriftliche, fernmündliche oder anderweitige Form der Beschlussfassung ist gleichfalls an Art. 50 Abs. 1 zu messen. Bei fernmündlicher Kommunikation und bei anderen Formen der **zeitgleichen Telekommunikation** der Sitzungsteilnehmer sind die betreffenden Mitglieder **anwesend** i.S.v. Art. 50 Abs. 1 (Art. 50 Rz. 13). Anders liegt es bei Mitgliedern, deren Stimmabgabe nur schriftlich übersandt und nicht von einem Stimmboten überbracht wird. Sie sind weder anwesend noch vertreten und können daher gem. Art. 50 Abs. 1 weder für das Beschlussquorum, noch für die Beschlussmehrheit berücksichtigt werden. Art. 35 Abs. 2 SEAG muss insoweit gegenüber dem höherrangigen europäischen Recht zurücktreten. Eine **schriftliche Stimmabgabe** auf Basis von § 35 Abs. 2 SEAG ist daher nicht zulässig[4]; sie kann aber in der Satzung zugelassen werden (vgl. Art. 50 Rz. 14).

5 § 35 Abs. 3 SEAG regelt ein Doppelstimmrecht des Vorsitzenden für den Fall, in dem ein geschäftsführender Direktor zugleich Verwaltungsratsmitglied ist und einem **Stimmrechtsausschluss** unterliegt. Zwar regelt Art. 50 Abs. 2 den Stichentscheid durch den Vorsitzenden im Fall der Stimmengleichheit. Dies ist jedoch eine andere Konstellation (unten Rz. 10 ff.). Außerdem bleiben Fragen der Befangenheit und des Stimmrechtsausschlusses in Art. 50 gerade ungeregelt (Art. 50 Rz. 19), weshalb in diesem Bereich eine mitgliedstaatliche Regelung möglich ist[5].

III. Stimmbote (§ 35 Abs. 1 SEAG)

6 Gem. § 35 Abs. 1 SEAG können abwesende Mitglieder ihre Stimme schriftlich abgeben und von anderen Personen überbringen lassen. Stimmbote kann auch sein, wer nach den Regeln des § 109 Abs. 3 AktG, die insoweit auf den Verwaltungsrat zu übertragen sind, zur Sitzungsteilnahme zugelassen ist (§ 35 Abs. 1 Satz 3 SEAG)[6]. Die Abstimmung durch Stimmboten ist von der schriftlichen Stimmabgabe i.S.d. § 35 Abs. 2 SEAG zu unterscheiden. Der Stimmbote ist mit Art. 50 zu vereinbaren, weil das abwesende Mitglied damit **als „vertreten" anzusehen** ist (bereits oben Rz. 3)[7].

7 Maßgeblich ist, dass sich die übermittelte Stimmabgabe **dem Willen** des abwesenden und durch den Stimmboten vertretenen Mitglieds **eindeutig zurechnen** lässt (Art. 50 Rz. 15). Daran sind die Überlegungen zu messen, die im deutschen Aktienrecht im Rahmen des § 108 Abs. 3 AktG angestellt werden[8]: Die überbrachte Stimmabgabe muss nicht zwingend eigenhändig unterschrieben sein[9]. Denn wenn Art. 50 die Vertretung durch eine andere Person zulässt, deckt dies sogar Fälle ab, in denen über-

---

4 A.A. die h.M.: *Manz* in Manz/Mayer/Schröder, Art. 50 SE-VO Rz. 7; *Reichert/Brandes* in MünchKomm. AktG, Art. 44 SE-VO Rz. 27 ff. und *Schwarz*, Anh Art. 43 Rz. 214.

5 Ebenso mit etwas abweichender Begründung *Siems*, NZG 2007, 169, 130 f.

6 Vgl. näher *Drygala* in K. Schmidt/Lutter, AktG, § 109 Rz. 16 f.

7 In Art. 50 ist der Begriff der Vertretung in einem weiten Sinne auszulegen (Art. 50 Rz. 15).

8 Näher *Drygala* in K. Schmidt/Lutter, AktG, § 108 Rz. 16 f. sowie *Hüffer*, § 108 Rz. 14 f. und *Kindl*, Teilnahme an der Aufsichtsratssitzung, S. 32 ff.

9 Anders die wohl herrschende Meinung im allgemeinen Aktienrecht (vgl. *Drygala* in K. Schmidt/Lutter, AktG, § 108 Rz. 17 und *Hüffer*, § 108 Rz. 15).

haupt keine schriftliche Äußerung des Mitglieds überbracht wird. Die Zurechnung zum abwesenden Mitglied vollzieht sich über die Person, die statt seiner anwesend ist. Daher ist – mit einer für das deutsche Aktienrecht vertretenen Auffassung[10] – auch die Ausfüllung der Stimmbotschaft nach Weisung in der Sitzung zulässig.

IV. Beschlussfassung ohne Sitzung (§ 35 Abs. 2 SEAG)

Im Bereich der von Art. 50 Abs. 1 geregelten Fragen der Beschlussfassung hat der mitgliedstaatliche Gesetzgeber keine Regelungsbefugnis (Art. 50 Rz. 14). § 35 Abs. 2 SEAG kann insoweit keine Anwendung finden. Er dient nach Aussage der Gesetzesbegründung auch in erster Linie dazu, der Gesellschaft nach Möglichkeit die volle **Satzungsautonomie** zu gewährleisten. Diese ist bereits nach der Verordnung gegeben (Art. 50 Rz. 6 ff.). Die Satzung – nicht aber die Geschäftsordnung (Art. 50 Rz. 6) – kann daher eine § 35 Abs. 2 SEAG entsprechende Regelung treffen und Formen der Beschlussfassung ohne Sitzung zulassen.   8

Es mag insoweit sinnvoll sein, sich in der Satzung an die Formulierung des § 35 Abs. 2 SEAG anzulehnen, die **§ 108 Abs. 4 AktG** entstammt und als solche im Schrifttum bereits ausführliche Kommentierungen erfahren hat[11]. In Betracht kommt namentlich die Beschlussfassung im Wege der **Telefon- oder Videokonferenz** sowie über einen „Chat-Room" mittels der **Übersendung von E-mails**[12]. Sodann können diese verschiedenen Formen der Beschlussfassung auch kombiniert werden (z.B. durch Zuschaltung einzelner räumlich abwesender Mitglieder in eine Telefon- oder Videokonferenz)[13]. Soweit die Satzung derartige Formen der Beschlussfassung ohne Sitzung erlaubt, besteht auch kein Widerspruchsrecht einzelner Organmitglieder[14]. Fraglich bleibt im Hinblick auf die SE-VO lediglich, ob eine rein virtuelle Zusammenkunft auf die Zahl der Pflichtsitzungen gem. Art. 44 angerechnet werden kann. Insoweit ist zu bedenken, dass die Pflichtsitzungen der Beratung, nicht aber zwingend der Beschlussfassung dienen. Daher sollte zumindest bei den vier Pflichtsitzungen pro Jahr wenigstens die Mehrheit der Mitglieder persönlich anwesend sein (vgl. Art. 44 Rz. 7 ff.).   9

V. Zweitstimmrecht des Vorsitzenden (§ 35 Abs. 3 SEAG)

1. Anwendungsbereich

Bei Stimmengleichheit im Verwaltungsrat gibt gem. Art. 50 Abs. 2 die Stimme des Vorsitzenden den Ausschlag. Dem fügt § 35 Abs. 3 SEAG eine Sonderregel für diejenigen Fälle hinzu, in denen ein geschäftsführender Direktor zugleich Mitglied des Verwaltungsrats und aus rechtlichen Gründen daran gehindert ist, an der Beschlussfassung teilzunehmen. Die Vorschrift wurde auf Vorschlag des Bundestags-Rechtsausschusses in das SEAG eingefügt[15] und zielt vor allem auf **mitbestimmte Verwaltungsräte**, ohne dass ihre Anwendbarkeit dem Wortlaut nach auf diese Fälle beschränkt wäre[16]. Das Zweitstimmrecht des Vorsitzenden soll verhindern, dass bei einem Stimmrechtsausschluss des geschäftsführenden Verwaltungsratsmitglieds die   10

---

10 S. dazu nur *Lutter/Krieger*, Aufsichtsrat, Rz. 602.
11 Dazu neben den gängigen Aktiengesetz-Kommentaren auch *Kindl*, ZHR 166 (2002), 335 ff.
12 Näher *Kindl*, ZHR 166 (2002), 335, 341.
13 Zu diesen Formen der „gemischten Beschlussfassung" *Kindl*, ZHR 166 (2002), 335, 342 ff.
14 So in Bezug auf § 108 Abs. 4 AktG *Kindl*, ZHR 166 (2002), 335, 341.
15 Vgl. BT-Drucks. 15/4053, S. 18.
16 Gegen eine teleologische Reduktion auf mitbestimmte Verwaltungsräte zutreffend *Siems*, NZG 2007, 129, 130.

Anteilseignervertreter in die Minderheit geraten. Denn das in Art. 50 Abs. 2 vorgesehene Doppelstimmrecht des Vorsitzenden setzt Stimmengleichheit voraus, zu der es aber erst gar nicht kommt, wenn ein Mitglied der Anteilseignerseite vom Stimmrecht ausgeschlossen ist.

11 Eine **analoge Anwendung** auf sonstige Anteilseignervertreter, die aus persönlichen Gründen einem Stimmrechtsausschluss unterliegen oder anderweitig an der Sitzungsteilnahme gehindert sind[17], ist abzulehnen. Der gesetzgeberische Grund des § 35 Abs. 3 SEAG ist das spezifische Kontrolldefizit, das entsteht, wenn ein Verwaltungsratsmitglied zugleich geschäftsführender Direktor ist. Dem ist die Situation, in der ein bloßes Verwaltungsratsmitglied weggefallen oder verhindert ist, nicht vergleichbar.

2. Rechtliche Hinderung an der Stimmrechtsausübung

12 § 35 Abs. 3 SEAG regelt selbst nicht, in welchen Fällen ein geschäftsführendes Verwaltungsratsmitglied an der Stimmrechtsausübung gehindert ist. Dies bestimmt sich nach den allgemein für Körperschaften entwickelten Grundsätzen, die in **Analogie zu § 34 BGB** und vergleichbaren Gesetzesnormen entwickelt wurden[18]. Daraus folgt insbesondere ein Stimmverbot des Organmitglieds bei der Beschlussfassung über ein **mit ihm abzuschließendes Rechtsgeschäft** oder die **Einleitung eines Rechtsstreits zwischen ihm und der Gesellschaft**[19]. Diese Ausschlussgründe treffen auch auf den Verwaltungsrat zu. Das Stimmverbot im Falle der Geltendmachung von Ansprüchen der Gesellschaft oder der Einleitung eines Rechtsstreits lässt sich als allgemeiner und rechtsformunabhängiger Rechtsgedanke aus verschiedenen gesetzlichen Vorschriften des Rechts der Körperschaften ermitteln[20]. Das Stimmverbot bei der Vornahme von Rechtsgeschäften mit der betroffenen Person rechtfertigt sich überall dort, wo dem Organ ein Weisungsrecht zusteht[21], wie es auch im Verhältnis zwischen dem Verwaltungsrat und den geschäftsführenden Direktoren der Fall ist (vgl. § 44 Abs. 2 SEAG). Die weitere Frage, ob ein Verwaltungsratsmitglied bei seiner eigenen Bestellung zum geschäftsführenden Direktor mit abstimmen kann (dazu Anh. Art. 43 § 40 SEAG Rz. 27), stellt sich im Rahmen des § 35 Abs. 3 SEAG nicht; denn dieser setzt voraus, dass das Verwaltungsratsmitglied bereits geschäftsführender Direktor ist. Indessen ist das Verwaltungsratsmitglied ausgeschlossen, wenn es um seinen **Anstellungsvertrag** mit der Gesellschaft in seiner Eigenschaft als geschäftsführender Direktor geht.

13 Allein die Tatsache, dass der Verwaltungsrat über **Geschäftsführungsmaßnahmen** beschließt, die in die Zuständigkeit des geschäftsführenden Direktors fallen oder gar in eine Weisung an ihn münden können, bewirkt keinen Stimmrechtsausschluss[22]. Die Geschäftsführung gehört zu den zwingenden Zuständigkeiten des Verwaltungsrats nach Art. 43 Abs. 1. Einem Mitglied des Verwaltungsrats das Stimmrecht in Geschäftsführungsangelegenheiten allein deshalb abzusprechen, weil es bei der Ausführung oder Vorbereitung dieser Maßnahme persönlich beteiligt war oder sein wird, wi-

---

17 So *Schwarz*, Anh Art. 43 Rz. 222.
18 Zu diesen Grundlagen ausführlich *Matthießen*, Stimmrecht und Interessenkollision im Aufsichtsrat. *Siems*, NZG 2007, 129, 131 lehnt einen Rückgriff auf den Rechtsgedanken des § 34 BGB generell ab, weil es vorliegend um Besonderheiten des monistischen Systems gehe.
19 Zum allgemeinen Aktienrecht *Drygala* in K. Schmidt/Lutter, AktG, § 108 Rz. 12 und *Hüffer*, § 108 Rz. 9.
20 *Matthießen*, Stimmrecht und Interessenkollision im Aufsichtsrat, S. 88 ff., zusammenfassend S. 98.
21 *Matthießen*, Stimmrecht und Interessenkollision im Aufsichtsrat, S. 168.
22 Ebenso *Schwarz*, Anh Art. 43 Rz. 220 und *Lutter/Kollmorgen/Feldhaus*, BB 2007, 509, 510.

derspricht dem ureigensten Wesen des monistischen Systems. Dessen Eigenart liegt gerade darin, dass die Mitglieder des Verwaltungsrats nicht nur über die Strategie entscheiden, sondern auch für deren Ausführung zuständig sind (vgl. Art. 43 Rz. 12 ff. und Anh. Art. 43 § 22 SEAG Rz. 5 ff.). Es liegt darin auch in der Person der geschäftsführenden Direktoren keine persönliche Betroffenheit, die einen Ausschluss rechtfertigen könnte. Denn es geht um eine **Angelegenheit der Gesellschaft**, für deren Besorgung jedes Verwaltungsmitglied originär kraft seiner Bestellung durch die Hauptversammlung berufen wurde. Solange also nur unterschiedliche Auffassungen über die „richtige" Unternehmenspolitik im Raume stehen, muss jedes Verwaltungsratsmitglied seine Stimme erheben können und abstimmen dürfen. Der Ausschluss eines einzelnen Mitglieds kann nur auf den oben genannten Gründen einer besonderen **persönlichen Betroffenheit** beruhen, insbesondere wenn ihm eine Pflichtverletzung vorgeworfen und über deren Konsequenzen Beschluss gefasst werden soll. Allein in diesen Fällen einer der Person drohenden nachteiligen Maßnahme ist die dem Stimmrechtsausschluss zu Grunde liegende Annahme gerechtfertigt, dass das betroffene Mitglied seine eigenen Interessen über diejenigen der Gesellschaft stellen werde[23].

Insgesamt erlauben somit die im Recht der Körperschaften entwickelten allgemeinen Grundsätze zum Stimmrechtsausschluss eine sachgerechte Lösung der vergleichbaren Problematik im monistischen System. Für den in der Literatur teilweise angenommenen „**Rechtsfortbildungsauftrag**" im Hinblick auf die besondere Problematik des monistischen Systems[24] ist daher keine Notwendigkeit erkennbar. Sie führt im Vergleich zu den bereits anerkannten Rechtsgedanken zu keinen anderen Ergebnissen und hat methodisch den Nachteil, ihre Lösungen ohne die Anlehnung an bereits gesetzlich verankerte Wertungen entwickeln zu müssen. Besonderheiten des monistischen Systems, die eine Abweichung von den oben erläuterten Lösungen erforderlich machten, sind nicht erkennbar. Insbesondere ist die fehlende Unbefangenheit bei der Beurteilung einzelner Geschäftsführungsfragen[25] keineswegs eine ausschließliche Erscheinung des monistischen Systems. Der Aufsichtsrat einer großen Aktiengesellschaft ist ganz im Gegenteil geradezu typischerweise pluralistisch aus Vertretern verschiedener Interessengruppen zusammengesetzt, die daher keineswegs immer nur das reine Unternehmensinteresse im Auge haben.   14

Die Vorschrift des § 35 Abs. 2 SEAG kann nach alledem ihren gesetzgeberischen Zweck, die **verfehlte Übertragung der numerischen Parität** auf den mitbestimmten Verwaltungsrat **zu korrigieren**, nur sehr eingeschränkt erfüllen. Der Bundestags-Rechtsausschuss hat für die Einführung des § 35 Abs. 3 SEAG plädiert, weil er in Geschäftsführungsfragen auch unter den nicht-geschäftsführenden Verwaltungsratsmitgliedern eine Mehrheit der Anteilseigner sicherstellen wollte. Die „schematische Gleichbehandlung von Aufsichtsrat und Verwaltungsrat" führe bei „allen Entscheidungen des Verwaltungsrats zur Kontrolle der Unternehmensleitung" zu einem Letztentscheidungsrecht der Arbeitnehmervertreter[26]. Diese Sorge ist nicht unbegründet, da mit der Bestellung eines Anteilseignervertreters zum geschäftsführenden Direktor die **Arbeitnehmervertreter** die **Mehrheit der nicht-geschäftsführenden Mitglieder** stellen. Im Falle von Meinungsverschiedenheiten können sich die Anteilseignervertreter allein mit Hilfe des geschäftsführenden Verwaltungsratsmitglied durchsetzen, das auf diese Weise die „Bänke" gegeneinander ausspielen kann[27]. All diese   15

---

23 So auch die Umschreibung des allgemeinen Rechtsgedankens vom „Verbot des Richtens in eigener Sache" bei *Matthießen*, Stimmverbot und Interessenkollision im Aufsichtsrat, S. 138.
24 In diesem Sinne *Siems*, NZG 2007, 129, 131.
25 Dies betonend *Siems*, NZG 2007, 129, 131.
26 BT-Drucks. 15/4053, S. 57 f.
27 Dazu bereits *Teichmann*, BB 2004, 53, 56 f.

Überlegungen rechtfertigen aber nicht den Stimmrechtsausschluss des geschäftsführenden Mitglieds. Denn es ist vollwertiges von der Hauptversammlung bestelltes Verwaltungsratsmitglied. Seine Meinung zu Geschäftsführungsfragen wiegt ebensoviel wie diejenige aller anderen Mitglieder, und selbstverständlich ist es ebenso wie alle anderen ausschließlich dem Gesellschaftsinteresse verpflichtet. Auch nach Auffassung des Rechtsausschusses sollte § 35 Abs. 3 SEAG nicht Regelungsort eines eventuellen Stimmverbotes sein. Dieses sei vielmehr nach den allgemeinen Grundsätzen zu ermitteln[28]. Die Annahme, bei der Erteilung einer Weisung bestehe ein Stimmverbot des geschäftsführenden Direktors[29], ist ein Rechtsirrtum über das Wesen dieser allgemeinen Rechtsgrundsätze, der für die Auslegung des § 35 Abs. 3 SEAG ohne Belang ist. Eine die Rechtsauffassung des BT-Rechtsausschusses aufgreifende Gesetzesinterpretation ist auch deshalb nicht möglich, weil es gegen höherrangiges Verordnungsrecht (Art. 43 Abs. 1) verstieße, ein von der Hauptversammlung bestellten Verwaltungsratsmitglieds in Geschäftsführungsangelegenheiten auszuschließen. Das zu Recht bemängelte Überwachungsdefizit im paritätisch mitbestimmten Verwaltungsrat ist eine Folge der von der herrschenden Meinung angenommenen numerischen Parität im monistischen System; die notwendige Korrektur muss an dieser Stelle ansetzen (vgl. Art. 43 Rz. 69).

§ 36 SEAG
Teilnahme an Sitzungen des Verwaltungsrats und seiner Ausschüsse

(1) An den Sitzungen des Verwaltungsrats und seiner Ausschüsse sollen Personen, die dem Verwaltungsrat nicht angehören, nicht teilnehmen. Sachverständige und Auskunftspersonen können zur Beratung über einzelne Gegenstände zugezogen werden.

(2) Mitglieder des Verwaltungsrats, die dem Ausschuss nicht angehören, können an den Ausschusssitzungen teilnehmen, wenn der Vorsitzende des Verwaltungsrats nichts anderes bestimmt.

(3) Die Satzung kann zulassen, dass an den Sitzungen des Verwaltungsrats und seiner Ausschüsse Personen, die dem Verwaltungsrat nicht angehören, an Stelle von verhinderten Mitgliedern teilnehmen können, wenn diese sie in Textform ermächtigt haben.

(4) Abweichende gesetzliche Bestimmungen bleiben unberührt.

---

28 In der Begründung des Änderungsvorschlags wird in BT-Drucks. 15/4035, S. 59 ausdrücklich auf den Stimmrechtsausschluss nach den „allgemeinen Rechtsgrundsätzen (§ 34 BGB analog, Verbot des Richtens in eigener Sache)" hingewiesen.
29 Vgl. BT-Drucks. 15/4035, S. 59.

Literatur: *Forstmoser*, Monistische oder dualistische Unternehmensverfassung? Das Schweizer Konzept, ZGR 2003, 688–719; *Holland*, Das amerikanische „board of directors" und die Führungsorganisation einer monistischen SE in Deutschland, 2006 (zit.: Board of directors und monistische SE); *Kindl*, Die Teilnahme an der Aufsichtsratssitzung, 1993; *Leyens*, Information des Aufsichtsrats, 2006; *Merkt*, Die monistische Unternehmensverfassung für die Europäische Aktiengesellschaft aus deutscher Sicht – mit vergleichendem Blick auf die Schweiz, das Vereinigte Königreich und Frankreich, ZGR 2003, 650–678.

I. Überblick

§ 36 SEAG regelt die Teilnahme an Sitzungen des Verwaltungsrats und seiner Ausschüsse. § 36 Abs. 1 enthält den Grundsatz, dass an den Sitzungen nur die Verwaltungsratsmitglieder teilnehmen sollen, und gestattet als Ausnahme die Zuziehung von Sachverständigen und Auskunftspersonen. § 36 Abs. 2 regelt die Teilnahme an Ausschussitzungen und legt fest, dass grundsätzlich nur die Mitglieder des betreffenden Ausschusses teilnehmen sollen; andere Verwaltungsratsmitglieder können teilnehmen, wenn der Verwaltungsratsvorsitzende nichts anderes bestimmt. § 36 Abs. 3 gestattet Satzungsregelungen zur Teilnahme von Außenstehenden an Stelle von verhinderten Verwaltungsratsmitgliedern. Abweichende gesetzliche Bestimmungen bleiben gem. § 36 Abs. 4 unberührt.   1

Die **SE-VO** regelt die hier angesprochenen Fragen nicht. Sie gestaltet die innere Ordnung des Verwaltungsorgans nur höchst rudimentär (vgl. Anh. Art. 43 § 34 SEAG Rz. 1 ff.), daher bleibt Raum für **ergänzend anwendbares mitgliedstaatliches Recht**. § 36 SEAG ist eng an **§ 109 AktG** angelehnt. Einzelheiten der Sitzungsteilnahme sind keine Besonderheit des dualistischen oder monistischen Modells, vielmehr eine gemeinsame Problematik aller Kollegialorgane (vgl. Art. 38 Rz. 30); Rechtsprechung und Schrifttum zu § 109 AktG können somit als Auslegungshilfe für § 36 SEAG herangezogen werden.   2

II. Teilnahme Dritter an Verwaltungsratssitzungen (§ 36 Abs. 1 SEAG)

An Sitzungen des Verwaltungsrats sollen grundsätzlich nur dessen Mitglieder teilnehmen. Das unentziehbare **Teilnahmerecht der Mitglieder** ist in § 36 SEAG unausgesprochen vorausgesetzt[1]. Es kann nur in eng begrenzten Ausnahmefällen entzogen werden, etwa wenn eine schwere Verletzung der Gesellschaftsinteressen droht oder der ordnungsgemäße Sitzungsablauf gefährdet ist[2].   3

Der Ausschluss Dritter von der Teilnahme an Verwaltungsratssitzungen stellt einen Gleichlauf von tatsächlicher Einflussmöglichkeit und rechtlicher **Verantwortlichkeit** her[3]. Die Verantwortung für die Oberleitung der Gesellschaft (§ 22 Abs. 1 SEAG) ist den hierfür bestellten Mitgliedern des Verwaltungsrats zugewiesen. Eine Einflussnahme Dritter auf den Entscheidungsprozess im Verwaltungsrat ist daher zu vermeiden. Der grundsätzliche Ausschluss von Dritten dient außerdem der offenen Aussprache und der Wahrung der **Vertraulichkeit** im Gremium[4]. Dementsprechend re-   4

---

1 Ebenso für § 109 AktG *Hopt/Roth* in Großkomm. AktG, § 109 Rz. 13. Für den Aufsichtsrat auch *Kindl*, Teilnahme an der Aufsichtsratssitzung, S. 5 ff.
2 Näher zu der vergleichbaren Frage im Aufsichtsrat *Hopt/Roth* in Großkomm. AktG, § 109 Rz. 17 ff.; *Hüffer*, § 109 Rz. 2; *Kindl*, Teilnahme an der Aufsichtsratssitzung, S. 111 ff.
3 Zu § 109 AktG: *Hüffer*, § 109 Rz. 1; *Kindl*, Teilnahme an der Aufsichtsratssitzung, S. 13. Rechtspolitische Kritik an dieser gesetzgeberischen Intention bei *Hopt/Roth* in Großkomm. AktG, § 109 Rz. 1 ff.
4 S. für den Aufsichtsrat nur *Hopt/Roth* in Großkomm. AktG, § 109 Rz. 6 und *Kindl*, Teilnahme an der Aufsichtsratssitzung, S. 12.

gelt die SE-VO eine Verschwiegenheitspflicht auch nur für die Organmitglieder (Art. 49).

5   Dennoch kann es im Einzelfall für die Arbeit des Verwaltungsrats hilfreich sein, externe Sitzungsteilnehmer zuzulassen, um sich deren **Sachverstand** oder **sonstige Kenntnisse** zunutze zu machen[5]. Die Sitzungsteilnahme Dritter ist gem. § 36 Abs. 1 SEAG auf den behandelten Gegenstand zu begrenzen; eine ständige Teilnahme ist ausgeschlossen[6]. Eine Ausnahme davon ist die Anwesenheit eines Protokollführers zur Unterstützung des Vorsitzenden, der gem. § 34 Abs. 3 SEAG eine Sitzungsniederschrift anzufertigen hat (Anh. Art. 43 § 34 SEAG Rz. 14).

6   Auf Basis von § 36 Abs. 1 SEAG können auch externe **geschäftsführende Direktoren** zu den Sitzungen hinzugebeten werden[7]. Da diese die Tagesgeschäfte führen, ist ein Informationsaustausch mit dem Verwaltungsrat dringend geboten. Inwieweit hierzu die Teilnahme der externen geschäftsführenden Direktoren nötig ist, hängt auch davon ab, ob es geschäftsführende Direktoren aus den Reihen des Verwaltungsrats gibt. Über die Teilnahme der externen Direktoren entscheidet der Verwaltungsrat nach pflichtgemäßem Ermessen[8]. Die Bedenken, die im aktienrechtlichen Schrifttum hinsichtlich der Teilnahme von Vorstandsmitgliedern an Aufsichtsratssitzungen geäußert werden[9], lassen sich auf das monistische System nicht übertragen; denn im Gegensatz zum Aufsichtsrat ist der Verwaltungsrat nicht nur Überwachungsorgan, sondern selbst Geschäftsführungsorgan (Art. 43 Rz. 12 ff.).

7   Über die **Zulassung** Dritter zu Verwaltungsratssitzungen befindet grundsätzlich der Verwaltungsrat als Kollegialorgan. In praktischer Hinsicht reicht es aus, wenn der **Vorsitzende** über die Teilnahme entscheidet und den übrigen Mitgliedern Gelegenheit zur Stellungnahme gibt. Soweit keines der Mitglieder widerspricht, ist ein förmlicher Beschluss nicht erforderlich; der Verwaltungsrat kann andererseits sitzungsleitende Maßnahmen des Vorsitzenden jederzeit aufheben oder ändern[10].

III. Teilnahme an Ausschussitzungen (§ 36 Abs. 2 SEAG)

8   Die Teilnahme an Ausschüssen steht grundsätzlich auch denjenigen **Verwaltungsratsmitgliedern** offen, die nicht Mitglied des betreffenden Ausschusses sind. Damit verbunden besteht auch ein Anspruch auf Einsichtnahme in die Unterlagen des Ausschusses[11]. Für die Teilnahme **Dritter** gelten die zu § 36 Abs. 1 SEAG (oben Rz. 3 ff.) entwickelten Regeln.

---

5   Ausführlich zur Norm des § 109 Abs. 1 Satz 2 AktG: *Kindl*, Teilnahme an der Aufsichtsratssitzung, S. 16 ff.

6   Für den Aufsichtsrat *Drygala* in K. Schmidt/Lutter, AktG, § 109 Rz. 8; *Hopt/Roth* in Großkomm. AktG, § 109 Rz. 41; *Hüffer*, § 109 Rz. 5.

7   *Schwarz*, Anh Art. 43 Rz. 226; zu dieser Konstellation auch *Merkt*, ZGR 2003, 650, 670, und *Thümmel*, Europäische Aktiengesellschaft, Rz. 206 (S. 101).

8   So auch aus Schweizer Sicht *Forstmoser*, ZGR 2003, 688, 719. Dass es auch sinnvoll sein kann, unter Ausschluss der geschäftsführenden Personen zu tagen, um Kritik offen äußern zu können, zeigt die US-amerikanische Diskussion (dazu *Holland*, Board of directors und monistische SE, S. 97). Für eine umfassende rechtsökonomische und rechtsvergleichende Analyse des Informationsflusses zwischen Management und überwachenden Personen *Leyens*, Information des Aufsichtsrates.

9   Dazu etwa *Hopt/Roth* in Großkomm. AktG, § 109 Rz. 30 m.w.N.

10   Für den Aufsichtsrat *Lutter/Krieger*, Aufsichtsrat, Rz. 583 (S. 227); *Hüffer*, § 109 Rz. 5.

11   Für den Aufsichtsrat *Lutter/Krieger*, Aufsichtsrat, Rz. 642 (S. 251); *Hüffer*, § 109 Rz. 6.

Der **Vorsitzende des Verwaltungsrats** (nicht des Ausschusses) kann die Teilnahme 9
untersagen. Er entscheidet dabei nach pflichtgemäßem Ermessen und muss insbesondere den Grundsatz der Gleichbehandlung aller Verwaltungsratsmitglieder beachten[12]. Der Ausschluss von der Teilnahme muss im Gesellschaftsinteresse liegen, eine
Ungleichbehandlung sachliche Gründe haben. Nach dem in § 36 Abs. 2 SEAG aus-
gedrückten Regel-Ausnahme-Verhältnis muss die Untersagung der Teilnahme eine
einzelfallbezogen begründbare Ausnahme bleiben. Unzulässig wäre daher eine generelle Anordnung, wonach an den Sitzungen von Ausschüssen stets nur die Aus-
schussmitglieder teilnehmen dürften[13].

IV. Teilnahme Dritter für verhinderte Mitglieder (§ 36 Abs. 3 SEAG)

Ist ein Verwaltungsratsmitglied verhindert, kann es in Textform einen Dritten zu der 10
Teilnahme an Verwaltungsrats- oder Ausschusssitzungen ermächtigen, **wenn die Satzung dies zulässt**. Die Ermächtigung durch das Verwaltungsratsmitglied bedarf der
Textform i.S.d. § 126b BGB. Ausreichend ist damit jede zur dauerhaften Wiedergabe
in Schriftzeichen geeignete Erklärungsweise, bei welcher die Person des Erklärenden
genannt und der Abschluss der Erklärung erkennbar gemacht wird.

Das Organmitglied ist **verhindert**, wenn tatsächliche Gründe einer Teilnahme ent- 11
gegenstehen[14]. Da das Mandat persönlicher Natur ist, sollte die Ermächtigung eines
Dritten die Ausnahme bleiben; andererseits ist das Verwaltungsratsmandat zumindest für die nicht-geschäftsführenden Mitglieder ein Nebenamt, weshalb Verhin-
derungen auf Grund anderer Verpflichtungen nicht immer vermieden werden können[15].

Der teilnahmeberechtigte Dritte ist allein auf Grund des § 36 Abs. 3 SEAG **nicht be-** 12
fugt, für das Mitglied **an der Beschlussfassung teilzunehmen**. Die Stimmabgabe
durch abwesende Mitglieder folgt eigenen Regeln: Die zur Teilnahme ermächtigte
Person kann Stimmbote sein, wenn sie eine schriftliche Stimmabgabe des Mitglieds
überreicht (Anh. Art. 43 § 35 SEAG Rz. 6). Sie ist dann „Vertreter" des abwesenden
Mitglieds im Sinne des Art. 50 Abs. 1 (Art. 50 Rz. 15)[16].

In Ermangelung einer schriftlichen Stimmbotschaft beschränkt sich das **Teilnahme-** 13
recht des Dritten auf die Anwesenheit bei der Sitzung. Er kann im Namen des verhinderten Mitglieds Erklärungen abgeben oder Anträge stellen. Das Recht, seine eigene Meinung vorzutragen und damit an der Diskussion teilzunehmen, kann ihm
nicht zugestanden werden[17]; andernfalls läge es in der Hand des verhinderten Mitglieds, einem Dritten unter Umgehung der Regelung des § 36 Abs. 1 SEAG Zugang
und Rederecht zu verschaffen.

---

12 Für den Aufsichtsrat *Lutter/Krieger*, Aufsichtsrat, Rz. 643 (S. 252); *Hüffer*, § 109 Rz. 6.
13 *Hüffer*, § 109 Rz. 6; *Lutter/Krieger*, Aufsichtsrat, Rz. 643 (S. 252); *Schwarz*, Anh Art. 43
    Rz. 229.
14 *Hopt/Roth* in Großkomm. AktG, § 109 Rz. 80; *Schwarz*, Anh Art. 43 Rz. 232.
15 *Hopt/Roth* in Großkomm. AktG, § 109 Rz. 80.
16 *Schwarz*, Anh Art. 43 Rz. 233.
17 So für den Aufsichtsrat *Hüffer*, § 109 Rz. 7. Dagegen sprechen sich *Hopt/Roth* in Großkomm.
    AktG, § 109 Rz. 87, für ein eigenes Rederecht des Beauftragten aus; offen gelassen wird die
    Frage bei *Kindl*, Teilnahme an der Aufsichtsratssitzung, S. 26 f.

V. Abweichende gesetzliche Bestimmungen (§ 36 Abs. 4 SEAG)

14   Abweichende gesetzliche Bestimmungen, die gem. § 36 Abs. 4 SEAG unberührt bleiben, sind namentlich Sonderregeln des Aufsichtsrechts, die Vertretern der Aufsichtsbehörden ein Teilnahmerecht zusprechen (z.B. § 44 Abs. 4 KWG)[18].

§ 37 SEAG
Einberufung des Verwaltungsrats

(1) Jedes Verwaltungsratsmitglied kann unter Angabe des Zwecks und der Gründe verlangen, dass der Vorsitzende des Verwaltungsrats unverzüglich den Verwaltungsrat einberuft. Die Sitzung muss binnen zwei Wochen nach der Einberufung stattfinden.

(2) Wird dem Verlangen nicht entsprochen, so kann das Verwaltungsratsmitglied unter Mitteilung des Sachverhalts und der Angabe einer Tagesordnung selbst den Verwaltungsrat einberufen.

I. Überblick

1   Die Vorschrift behandelt die Einberufung des Verwaltungsrats auf Verlangen eines einzelnen Mitglieds. Die **Einberufung** als solche ist weder in der SE-VO noch im SE-AG näher geregelt und damit formfrei möglich, sofern nicht Satzung oder Geschäftsordnung besondere Verfahrensvorschriften aufstellen[1]. Für die Einberufung ist der Verwaltungsratsvorsitzende zuständig; dies ergibt sich mittelbar aus § 37 Abs. 1 SE-AG. Wesentlicher Regelungsgehalt des § 37 SEAG besteht im **individuellen Recht** eines einzelnen Mitglieds, die Einberufung des Verwaltungsrats zu verlangen (Abs. 1) und gegebenenfalls selbst vorzunehmen (Abs. 2).

2   Die Vorschrift orientiert sich an **§ 110 AktG**. Es handelt sich um eine nicht systemspezifische, sondern für jedes Kollegialorgan relevante Fragestellung (vgl. vor Art. 46 Rz. 1); daher können Literatur und Rechtsprechung zu § 110 AktG als Interpretationshilfe herangezogen werden. Der in § 110 Abs. 3 AktG festgelegte Sitzungsturnus wurde nicht in das SEAG übernommen, weil diese Frage bereits in Art. 44 Abs. 1 geregelt ist.

II. Einberufungsverlangen (§ 37 Abs. 1 SEAG)

3   Jedes Verwaltungsratsmitglied kann eine Einberufung des Verwaltungsrats verlangen. Das Verlangen **richtet sich an den Vorsitzenden** des Verwaltungsrats. Es muss den Zweck der Sitzung benennen, also insbesondere die Gegenstände, die behandelt wer-

---

18   Vgl. *Drygala* in K. Schmidt/Lutter, AktG, § 109 Rz. 18; *Hopt/Roth* in Großkomm. AktG, § 109 Rz. 92; *Hüffer*, § 109 Rz. 8.

1   *Reichert/Brandes* in MünchKomm. AktG, Art. 44 SE-VO Rz. 9; *Schwarz*, Anh Art. 43 Rz. 238. Für den Aufsichtsrat *Drygala* in K. Schmidt/Lutter, AktG, § 110 Rz. 8 sowie *Hopt/Roth* in Großkomm. AktG, § 110 Rz. 16 ff.

den sollen, und die **Gründe** für die Einberufung, also die Notwendigkeit einer Sitzung außerhalb des regulären Turnus[2].

Der Vorsitzende muss dem Einberufungsverlangen **unverzüglich**, also ohne schuld- 4
haftes Zögern (§ 121 Abs. 1 BGB), nachkommen. Zwischen Einberufung und Sitzungstermin können dann nochmals maximal **zwei Wochen** liegen. Eine Ablehnung des Verlangens ist im Missbrauchsfalle möglich. Da jedoch die Aussprache im Plenum den Kern der Tätigkeit eines Kollegialorgans ausmacht, ist der Wunsch danach nur höchst selten als missbräuchlich zu bewerten[3].

Die Unterschiede zwischen dem dualistischen und dem monistischen Modell wer- 5
den hinsichtlich der Frage relevant, ob das in § 110 Abs. 1 AktG geregelte Einberufungsverlangen des Vorstands auf die **geschäftsführenden Direktoren** übertragbar ist[4]. Der Gesetzgeber hat dieses Initiativrecht des Vorstands nicht in den § 37 SEAG übernommen. Dies ist keine planwidrige Lücke. Denn die Stellung des Vorstands als eigenverantwortliches Leitungsorgan ist mit derjenigen des geschäftsführenden Direktors nicht vergleichbar (vgl. Art. 43 Rz. 64 ff.). Dies bestätigt § 22 Abs. 6 SEAG, der die Aufgaben des Vorstands grundsätzlich dem Verwaltungsrat zuweist. Ein geschäftsführender Direktor kann daher kraft seiner besseren Kenntnis des Tagesgeschäfts zwar verpflichtet sein, eine Einberufung anzuregen. Wenn sich aber ungeachtet dessen nicht ein einziges Verwaltungsratsmitglied findet, das eine Einberufung für notwendig hält und die entsprechende Initiative ergreift, muss der geschäftsführende Direktor dies respektieren.

III. Einberufung aus eigener Initiative (§ 36 Abs. 2 SEAG)

Das Verwaltungsratsmitglied, das vergeblich ein Einberufungsverlangen an den Vor- 6
sitzenden gerichtet hat, kann den Verwaltungsrat dann im Wege der **Selbsthilfe** aus eigener Initiative einberufen (§ 37 Abs. 2 SEAG). Vergeblich war das Einberufungsverlangen, wenn der Vorsitzende die Einberufung nicht innerhalb der in § 37 Abs. 1 SEAG geregelten Frist vorgenommen hat und auch nicht in Kürze damit zu rechnen ist, dass dies noch geschieht. Die aus eigener Initiative vorgenommene Einberufung muss diesen Sachverhalt mitteilen, also über das verweigerte Einberufungsverlangen berichten, und eine Tagesordnung für die Sitzung angeben. Die Einberufung muss ohne schuldhaftes Zögern auf das vergebliche Einberufungsverlangen folgen[5]. Die Zweiwochenfrist gilt für die Einberufung im Wege der Selbsthilfe nicht.

§ 38 SEAG
Rechtsverhältnisse der Mitglieder des Verwaltungsrats

(1) Für die Vergütung der Mitglieder des Verwaltungsrats gilt § 113 des Aktiengesetzes entsprechend.

(2) Für die Gewährung von Krediten an Mitglieder des Verwaltungsrats und für sonstige Verträge mit Mitgliedern des Verwaltungsrats gelten die §§ 114 und 115 des Aktiengesetzes entsprechend.

---

2 *Schwarz*, Anh Art. 43 Rz. 239. Weiterhin die Kommentierungen zu § 110 AktG (*Drygala* in K. Schmidt/Lutter, AktG, § 110 Rz. 4; *Hüffer*, § 110 Rz. 6).
3 So auch die Einschätzung bezüglich § 110 AktG bei *Drygala* in K. Schmidt/Lutter, AktG, § 110 Rz. 5 und *Hüffer*, § 110 Rz. 7.
4 So *Schwarz*, Anh Art. 43 Rz. 242 f.
5 *Lutter/Krieger*, Aufsichtsrat, Rz. 575 (S. 222).

Literatur: *Erle/Sauter* (Hrsg.), Heidelberger Kommentar zum Körperschaftsteuergesetz, 2. Aufl. 2006; *Lutter/Kollmorgen/Feldhaus*, Die Europäische Aktiengesellschaft – Satzungsgestaltung bei der mittelständischen SE, BB 2005, 2473–2483; *Seibt/Saame*, Geschäftsleiterpflichten bei der Entscheidung über D&O-Versicherungsschutz, AG 2006, 901–913; *Streck* (Hrsg.), Körperschaftsteuergesetz Kommentar, 6. Aufl. 2003.

I. Überblick

1   § 38 SEAG regelt das Rechtsverhältnis zwischen der Gesellschaft und den Verwaltungsratsmitgliedern. Er verweist hierfür auf die Vorschriften des Aktiengesetzes über den Aufsichtsrat. Dies betrifft die Regelungen über die **Vergütung** (§ 113 AktG), über **Dienst- oder Werkverträge** mit der Gesellschaft (§ 114 AktG) und über **Kreditgewährung** der Gesellschaft an die Organmitglieder (§ 115 AktG).

2   Im Gesetzgebungsverfahren wurde teilweise gefordert, sich bei Regelung dieser Fragen eher am Vorstand zu orientieren, weil der Verwaltungsrat diesem in seiner Gesamtverantwortung für die Unternehmensleitung näher stehe[1]. Indessen folgen die auf den Vorstand bezogenen Regelungen dem Leitbild eines Geschäftsführers, der seine gesamte Arbeitskraft in den Dienst der Gesellschaft stellt. Dies dürfte bei Verwaltungsratsmitgliedern eher die Ausnahme sein. Diese stehen jedenfalls insoweit dem Aufsichtsrat näher, als es sich in beiden Fällen um eine typische **Nebentätigkeit** handelt. Die SE-VO bringt dies mittelbar zum Ausdruck, indem sie für beide Organe vier Sitzungen pro Jahr ausreichen lässt[2]. Während allerdings Aufsichtsratsmitglieder nicht zugleich dem Vorstand angehören dürfen (§ 105 AktG), können Verwaltungsratsmitglieder auch zu geschäftsführenden Direktoren bestellt werden (§ 40 Abs. 1 Satz 2 SEAG); in diesem Sonderfall finden dann in der Funktion als geschäftsführender Direktor auch die Regeln über den Vorstand entsprechende Anwendung (§ 40 Abs. 7 SEAG i.V.m. §§ 87 bis 89 AktG).

II. Vergütung der Verwaltungsratsmitglieder (§ 38 SEAG Abs. 1)

3   Gem. § 38 Abs. 1 SEAG gilt für die Vergütung der Verwaltungsratsmitglieder § 113 AktG entsprechend. Den Verwaltungsratmitgliedern kann demnach eine Vergütung gewährt werden (§§ 38 Abs. 1 SEAG i.V.m. 113 Abs. 1 Satz 1 AktG). Gemessen an der Verantwortung, die der Verwaltungsrat übernimmt, wird eine Vergütung der Regelfall sein. Über die Vergütung der Verwaltungsratsmitglieder **entscheiden die Aktionäre**: Die Vergütung kann in der Satzung festgesetzt oder von der Hauptversammlung bewilligt werden (§§ 38 Abs. 1 SEAG i.V.m. 113 Abs. 1 Satz 2 AktG)[3]. Ist die Vergütung in der Satzung festgesetzt, kann die Hauptversammlung eine Änderung mit einfacher Mehrheit beschließen (§§ 38 Abs. 1 SEAG i.V.m. 113 Abs. 1 Satz 4 AktG).

---

1   Vgl. insbesondere die Stellungnahme des Bundesrates, BT-Drucks. 15/3656, S. 5; in dieselbe Richtung auch *Schwarz*, Art. 43 Rz. 248.

2   Vgl. Art. 41 Abs. 1 und Art. 44.

3   Unverständlich daher die nicht näher begründete Einwendung des Bundesrates im Gesetzgebungsverfahren: Es werde nicht deutlich, wer für die Vergütung des Verwaltungsrates verantwortlich sei (vgl. BT-Drucks. 15/3656, S. 5).

Die Vergütung soll in einem **angemessenen Verhältnis** zu den Aufgaben der Verwaltungsratsmitglieder stehen (§§ 38 Abs. 1 SEAG i.V.m. 113 Abs. 1 Satz 3 AktG). Im Gesetzgebungsverfahren wurde zwar eingewandt, es werde der Leitungsverantwortung des Verwaltungsrats nicht gerecht, im Bereich der Vergütung auf den Aufsichtsrat zu verweisen[4]. Dieser Einwand verkennt jedoch, dass bei einer „entsprechenden Anwendung" nicht etwa die für den Aufsichtsrat übliche Vergütungshöhe den Maßstab bildet, sondern der in § 113 Abs. 1 Satz 3 AktG geregelte Grundsatz der **aufgabenadäquaten Vergütung**. Demselben Prinzip folgt im Übrigen die Regelung über die Vorstandsvergütung (§ 87 Abs. 1 Satz 1 AktG). Die Vergütung muss außerdem in einem angemessenen Verhältnis zur **Lage der Gesellschaft** stehen (§§ 38 SEAG i.V.m. 113 Abs. 1 Satz 3 AktG). Auch dieser Gedanke gilt im allgemeinen Aktienrecht nicht nur für den Aufsichtsrat, sondern ebenso für den Vorstand (§ 87 Abs. 1 Satz 1 AktG). 4

Bei der Bemessung der Vergütung sind Vergleiche mit Erfahrungswerten bei der Aufsichtsrats- oder Vorstandsvergütung nur bedingt tragfähig. Die Funktion besteht zwar in einer Teilhabe an der unternehmerischen Oberleitung und ist insoweit dem Vorstand vergleichbar, sie wird andererseits typischerweise als **Nebentätigkeit** wahrgenommen werden, was sie zumindest vom Arbeits- und Zeitaufwand in die Nähe eines Aufsichtsratsmandats rückt. Eine tägliche Befassung mit den Angelegenheiten der Gesellschaft wird man nur von denjenigen Verwaltungsratsmitgliedern erwarten können, die zugleich geschäftsführende Direktoren sind; in dieser Eigenschaft beziehen sie jedoch regelmäßig eine separate Vergütung (vgl. Anh. Art. 43 § 40 SEAG Rz. 52 ff.). Denkbar aber nicht zwingend ist eine Regelung, wonach der für Verwaltungsratsmitglieder vorgesehene Vergütungsanspruch ruht oder angerechnet wird, solange ein Mitglied die Funktion eines geschäftsführenden Direktors wahrnimmt[5]. 5

Als **materielle Kriterien** für die Bemessung einer angemessenen (oben Rz. 4) Vergütung kommen insbesondere die persönliche Qualifikation und der Marktwert des betreffenden Kandidaten in Betracht[6]. Weiterhin können die Übernahme des Vorsitzes und/oder die Tätigkeit in Ausschüssen gesondert honoriert werden[7]. Nicht zulässig ist eine Differenzierung zwischen Vertretern der Anteilseigner und der Arbeitnehmer[8]. 6

Keine Vergütungsbestandteile sind der reine Auslagenersatz[9]. Auch die Prämien für den Abschluss einer D&O-Versicherung, die für ein Organ der unternehmerischen Oberleitung noch größere Bedeutung erlangt als für den Aufsichtsrat, zählen nach wohl herrschender Auffassung nicht zur Vergütung[10]. 7

---

4 Stellungnahme des Bundesrates, BT-Drucks. 15/3656, S. 5; vgl. auch *Schwarz*, Anh Art. 43 Rz. 248.

5 Nach Auffassung von *Reichert/Brandes* in MünchKomm. AktG, Art. 44 SE-VO Rz. 86, sollte die Vergütungsregelung generell auf die nicht-geschäftsführenden Verwaltungsratsmitglieder beschränkt werden. Zwingend erscheint dies nicht, ist doch die Funktion als Verwaltungsratsmitglied auch bei Verbindung mit der Funktion des geschäftsführenden Direktors weiterhin zu erfüllen und möglicherweise mit gewissen Zusatzbelastungen verbunden.

6 So zur Vorstandsvergütung *Seibt* in K. Schmidt/Lutter, AktG, § 87 Rz. 5 und *Hüffer*, § 87 Rz. 2.

7 *Reichert/Brandes* in MünchKomm. AktG, Art. 44 SE-VO Rz. 88; vgl. auch *Drygala* in K. Schmidt/Lutter, AktG, § 113 Rz. 13 sowie *Hüffer*, § 113 Rz. 4. Vgl. auch die Satzungsregelung bei *Lutter/Kollmorgen/Feldhaus*, BB 2005, 2473, 2480.

8 *Reichert/Brandes* in MünchKomm. AktG, Art. 44 SE-VO Rz. 88; dies verbietet der Grundsatz der gleichen Berechtigung und Verantwortung aller Aufsichtsratsmitglieder (grundlegend BGH v. 25.2.1982 – II ZR 123/81, 25.2.1982, BGHZ 83, 106, 113).

9 *Drygala* in K. Schmidt/Lutter, AktG, § 113 Rz. 21 sowie *Hüffer*, § 113 Rz. 2b.

10 Vgl. *Semler* in MünchKomm. AktG, § 113 Rz. 82; für die a.A. *Drygala* in K. Schmidt/Lutter, AktG, § 113 Rz. 12; *Hüffer*, § 113 Rz. 2a. Zur unternehmenspolitischen Entscheidung über die Vereinbarung eines D&O-Versicherungsschutzes *Seibt/Saame*, AG 2006, 901 ff.

8   Ob Mitgliedern des Verwaltungsrats **Aktienoptionen** gewährt werden können, ist umstritten (näher Anh. Art. 43 § 22 SEAG Rz. 44). Es geht dabei zum einen um die Frage, welches eine angemessenen Vergütung ist, zum anderen ist eine Abstimmung mit dem Recht der Kapitalerhöhung nötig. Eine **erfolgsbezogene Vergütung** ist für den Aufsichtsrat grundsätzlich zulässig[11], muss daher umso mehr auch für den Verwaltungsrat gestattet sein, der unmittelbar unternehmerische Verantwortung trägt. Die Gewährung von Aktienoptionen scheitert bei Aufsichtsratsmitgliedern allerdings an § 192 Abs. 2 Nr. 3 AktG, der die hierfür nötige **bedingte Kapitalerhöhung** nur zum Zwecke der Gewährung von Bezugsrechten an „Mitglieder der Geschäftsführung" gestattet[12]. Im Gegensatz zum Aufsichtsrat ist der Verwaltungsrat aber ein Geschäftsführungsorgan, daher ist die Gewährung von Aktienoptionen dem Wortlaut nach möglich. Auch die für das dualistische Modell angeführten Bedenken gegenüber einer Angleichung der Vorstands- und der Aufsichtsratsvergütung[13] greifen gegenüber dem Verwaltungsrat nicht durch, dessen Eigenart gerade darin liegt, die im dualistischen System getrennten Funktionen auf sich zu vereinen (s. Anh. Art. 43 § 22 SEAG Rz. 3).

9   Bislang ungeklärt ist die **steuerliche Behandlung** der Verwaltungsratsvergütung. Die Aufsichtsratsvergütung ist steuerlich nur zur Hälfte als Betriebsausgabe abzugsfähig. Der hierfür maßgebliche § 10 Nr. 4 KStG nennt zwar auch den „Verwaltungsrat", meint damit aber ein mit der Überwachung der Geschäftsführung betrautes Gremium[14]. Der SE-Verwaltungsrat ist jedoch kraft europäischen Rechts (Art. 43 Abs. 1) selbst Geschäftsführungsorgan. Die Überwachung i.S.d. § 22 Abs. 1 SEAG ist keine dem Aufsichtsrat vergleichbare Überwachungsfunktion, sondern eine Vollzugskontrolle, wie sie auch der Vorstand gegenüber untergeordneten Ebenen wahrnimmt (Anh. Art. 43 § 22 SEAG Rz. 15). Demzufolge kann § 10 Nr. 4 KStG bei europarechtskonformer Interpretation auf die Verwaltungsratsvergütung keine Anwendung finden.

III. Kreditgewährung und sonstige Verträge (§ 38 SEAG Abs. 2)

10   Die entsprechende Anwendung des § 114 AktG auf Verwaltungsratsmitglieder führt zu einer neuen teleologischen Ausrichtung der Norm: Während § 114 AktG eine unsachgemäße Honorierung der Aufsichtsratsmitglieder durch ihren eigenen Vorstand vermeiden soll[15], stellt die entsprechende Anwendung auf den Verwaltungsrat die Vergütungshoheit der Hauptversammlung sicher. **Dienst- oder Werkverträge** einzelner Verwaltungsratsmitglieder mit der Gesellschaft sind nur dann zulässig, wenn sie eine Tätigkeit betreffen, die außerhalb der Verwaltungsratstätigkeit steht. Ihre Wirksamkeit hängt außerdem von einer **Zustimmung** des Verwaltungsrats ab. Das betreffende Mitglied ist dabei nach den allgemeinen Regeln nicht stimmberechtigt (vgl. Art. 50 Rz. 19). Damit der Verwaltungsrat sich ein eigenes Urteil über die rechtliche Einordnung des Vertrags bilden kann, muss die geschuldete Leistung möglichst konkret bezeichnet werden[16]. Die Vorschriften finden auch Anwendung auf Verträge mit Unternehmen, an denen das Verwaltungsratsmitglied beteiligt ist[17].

---

11   Näher *Drygala* in K. Schmidt/Lutter, AktG, § 113 Rz. 24 und *Hüffer*, § 113 Rz. 9 ff.
12   BGH v. 16.2.2004 – II ZR 316/02, NJW 2004, 1109 f.
13   Vgl. dazu BGH v. 16.2.2004 – II ZR 316/02, NJW 2004, 1110.
14   Zur Abgrenzung gegenüber der von § 10 Nr. 4 KStG nicht erfassten Geschäftsleitung *Olgemüller* in Streck, KStG, § 10 Rz. 17 und *Schulte* in Erle/Sauter, KStG, § 10 Rz. 71.
15   Zuletzt BGH v. 20.11.2006 – II ZR 279/05, NZG 2007, 103, 104; vgl. auch *Drygala* in K. Schmidt/Lutter, AktG, § 114 Rz. 2 und *Hüffer*, § 114 Rz. 1.
16   Vgl. BGH v. 4.7.1994 – II ZR 197/93, BGHZ 126, 340, 344 f. (für den Aufsichtsrat).
17   So für den Aufsichtsrat BGH v. 20.11.2006 – II ZR 279/05, NZG 2007, 103 ff.

Grundsätzlich wird eine **gesonderte dienst- oder werkvertragliche Vergütung** nur für 11
diejenigen Verwaltungsratsmitglieder in Betracht kommen, die nicht zugleich geschäftsführende Direktoren sind[18] und damit noch freie Arbeitskapazitäten haben,
die sie der Gesellschaft außerhalb des Verwaltungsratsmandats zur Verfügung stellen
können. Da Verwaltungsratsmitglieder ihrer Funktion nach auch in das operative Geschäft eingreifen können (Anh. Art. 43 § 22 SEAG Rz. 5 ff.), ist der Kreis der außerhalb ihrer Tätigkeit stehenden Beratungsfelder naturgemäß enger als bei Aufsichtsräten[19]. Maßgeblich ist dabei nicht der Umfang der Tätigkeit, sondern ihr **Gegenstand**[20]. Denkbar ist ein gesonderter Dienst- oder Werkvertrag beispielsweise dann,
wenn ein Verwaltungsratsmitglied ein besonderes Fachwissen vorzuweisen hat und
auf Grund dessen die Erledigung einer Aufgabe übernimmt, die üblicherweise nicht
im Verwaltungsrat selbst, sondern durch Delegation an Dritte erledigt worden wäre,
weil sie sich nicht auf überordnete allgemeine Fragen der Unternehmenstätigkeit bezieht[21].

Wird ein Verwaltungsratsmitglied zum **geschäftsführenden Direktor** bestellt, fällt der 12
hiermit zusammenhängende **Anstellungsvertrag** nicht unter §§ 38 Abs. 2 SEAG, 114
AktG und bedarf folglich keiner Zustimmung der Hauptversammlung[22]. Systematisch lässt sich dies durch den Vorrang der Spezialregelung in § 41 Abs. 5 SEAG begründen: Für den Abschluss des Anstellungsvertrages und die Festlegung der Vergütung ist der Verwaltungsrat zuständig (vgl. Anh. Art. 43 § 40 SEAG Rz. 18 und 52).
Auch der Sache nach passt der Regelungsgedanke der §§ 38 Abs. 2 SEAG, 114 AktG
nicht für die geschäftsführenden Direktoren. Denn deren Tätigkeit steht nicht i.S.d.
§ 114 Abs. 1 AktG „außerhalb" der Tätigkeit des Verwaltungsrats. Es handelt sich
vielmehr um ein Aufgabenfeld, das originär dem Verwaltungsrat zugewiesen ist und
in welchem der geschäftsführende Direktor kraft „gesetzlicher Delegation" nach
Weisung des Verwaltungsrats tätig wird (s. Anh. Art. 43 § 22 SEAG Rz. 13 und § 40
SEAG 28 ff.).

Die Sonderregel des § 115 AktG über die **Kreditwährung** der Gesellschaft an Auf- 13
sichtsratsmitglieder soll Missbräuchen entgegenwirken[23]. Aus demselben Grunde
wird in § 38 Abs. 2 SEAG die entsprechende Anwendung der Vorschrift auf Verwaltungsratsmitglieder angeordnet. Eine Kreditvergabe der Gesellschaft an Mitglieder
des Verwaltungsrats bedarf somit der **Einwilligung des Verwaltungsrats**. Anstelle des
Verwaltungsrats kann ein Ausschuss tätig werden[24], wobei für die Überweisung an
einen beschließenden Ausschuss eine entsprechende Satzungsregelung notwendig ist
(Art. 50 Rz. 22 f.). Für geschäftsführende Direktoren gilt § 40 Abs. 7 SEAG, der auf
§ 89 AktG verweist.

---

18 Die Bestellung von Verwaltungsratsmitgliedern zu geschäftsführenden Direktoren ist zulässig
   und in § 40 Abs. 1 Satz 2 SEAG vorausgesetzt (näher Anh. Art. 43 § 40 SEAG Rz. 19 ff.). Die
   Tätigkeit als geschäftsführender Direktor wird gesondert vergütet (Anh. Art. 43 § 40 SEAG
   Rz. 52 ff.).
19 *Reichert/Brandes* in MünchKomm. AktG, Art. 44 SE-VO Rz. 91.
20 BGH v. 4.7.1994 – II ZR 197/93, BGHZ 126, 340, 344 (für den Aufsichtsrat).
21 Vgl. BGH v. 4.7.1994 – II ZR 197/93, BGHZ 126, 340, 344 (für den Aufsichtsrat).
22 Ebenso mit ausführlicher Begründung *Reichert/Brandes* in MünchKomm. AktG, Art. 44 SE-
   VO Rz. 78 ff.
23 *Drygala* in K. Schmidt/Lutter, AktG, § 115 Rz. 2 und *Hüffer*, § 115 Rz. 1.
24 *Drygala* in K. Schmidt/Lutter, AktG, § 115 Rz. 8 sowie *Hüffer*, § 115 Rz. 2.

§ 39 SEAG
Sorgfaltspflicht und Verantwortlichkeit der Verwaltungsratsmitglieder

Für die Sorgfaltspflicht und Verantwortlichkeit des Verwaltungsratsmitglieder gilt § 93 AktG entsprechend.

Literatur: *Fleischer* (Hrsg.), Handbuch des Vorstandsrechts, 2006; *Hommelhoff/Teichmann*, Organhaftung in der SE, in Krieger/Uwe H. Schneider (Hrsg.), Handbuch Managerhaftung, 2007, § 5 (S. 87–106); *Ihrig*, Organschaftliche Haftung und Haftungsdurchsetzung unter Berücksichtigung der monistisch verfassten SE, in Bachmann/Casper/Schäfer/Veil (Hrsg.), Steuerungsfunktionen des Haftungsrechts im Gesellschafts- und Kapitalmarktrecht, 2007, S. 17–28; *Krieger*, Organpflichten und Haftung in der AG, in Krieger/Uwe H. Schneider (Hrsg.), Handbuch Managerhaftung, 2007, § 3 (S. 39–64); *Lutter*, Die Business Judgment Rule und ihre praktische Anwendung, ZIP 2007, 841–848; *Lohse*, Unternehmerisches Ermessen, 2005; *E. Vetter*, Organisation (Geschäftsverteilung und Delegation) und Überwachung, in Krieger/Uwe H. Schneider (Hrsg.), Handbuch Managerhaftung, 2007, § 17 (S. 453–493).

I. Überblick

1 Die **SE-VO** enthielt in früheren Fassungen noch eigenständige Haftungsregeln (Art. 51 Rz. 2 ff.), **verweist** aber in der heute gültigen Version in Art. 51 **auf das mitgliedstaatliche Recht.** Das monistische Modell ist allerdings im Aktiengesetz nicht geregelt, daher hat der deutsche Gesetzgeber für das monistische Modell eigene Haftungsregeln erlassen (§§ 39 und 40 Abs. 8 SEAG). Diese verweisen auf **§ 93 AktG,** der insoweit als haftungsrechtliche Generalklausel fungiert (Art. 51 Rz. 21 ff.). Dieser allgemeine Maßstab bietet „genügend Spielraum für eine individuelle und an der konkreten Aufgabenstellung orientierte Haftung der Mitglieder des Verwaltungsrats"[1].

II. Objektiver Pflichtenmaßstab

1. Aufgabenbezogene Pflichtenstellung

2 Gem. § 39 SEAG i.V.m. § 93 Abs. 1 Satz 1 AktG haben die Verwaltungsratsmitglieder bei ihrer Geschäftsführung die Sorgfalt eines ordentlichen und gewissenhaften Geschäftsleiters anzuwenden. Diese Vorschrift umschreibt nicht nur einen Verschuldensmaßstab, sondern auch eine objektive Pflichtenstellung der Geschäftsleiter[2]. Bei Konkretisierung dieser Pflichten sind die **Aufgaben des Verwaltungsrats** in den Blick

---

1 So ausdrücklich die Gesetzesbegründung zu § 39 SEAG, BT-Drucks. 15/3405, S. 39.
2 Vgl. zum allgemeinen Aktienrecht *Krieger* in K. Schmidt/Lutter, AktG, § 93 Rz. 5 und *Hüffer*, § 93 Rz. 3a.

zu nehmen, die sich aus SE-VO und SEAG ergeben[3]: Er ist Organ der Geschäftsführung (Art. 43 Rz. 12 ff.) und leitet die Gesellschaft (Anh. Art. 43 § 22 SEAG Rz. 5 ff.). Er nimmt außerdem die Personalhoheit gegenüber den geschäftsführenden Direktoren wahr (Anh. Art. 43 § 22 SEAG Rz. 12 ff.). Weitere Leitungsaufgaben betreffen die Einberufung der Hauptversammlung in bestimmten für die Gesellschaft bedrohlichen Situationen (§ 22 Abs. 2 Satz 1 und Abs. 5 Satz 1 SEAG), die Führung der Handelsbücher (§ 22 Abs. 3 SEAG) und die Einrichtung eines Risikoüberwachungssystems (§ 22 Abs. 3 Satz 2 SEAG). Bei Zahlungsunfähigkeit oder Überschuldung ist der Verwaltungsrat verpflichtet, für die Stellung des Insolvenzantrags zu sorgen (§ 22 Abs. 5 Satz 2 SEAG). Ganz allgemein hat er all diejenigen Aufgaben wahrzunehmen, die im dualistischen System bei Vorstand oder Aufsichtsrat angesiedelt sind, soweit nicht das Gesetz ausnahmsweise eine Zuständigkeit der geschäftsführenden Direktoren begründet (§ 22 Abs. 6 SEAG). Der Verwaltungsrat ist außerdem im faktischen Konzern verpflichtet, den von den geschäftsführenden Direktoren erstellten Abhängigkeitsbericht zu prüfen[4].

Ein Verwaltungsratsmitglied, das zugleich **geschäftsführender Direktor** ist, unterliegt   3
in seinem Tätigkeitsbereich als geschäftsführender Direktor der Haftung nach § 40 Abs. 8 SEAG, für seine Verwaltungsratstätigkeit der Haftungsnorm des § 39 SEAG. Die Unterscheidung ist aber eher formaler Natur, da in beiden Fällen der generalklauselartige Tatbestand des § 93 AktG zur Anwendung kommt.

Bei Erfüllung seiner Aufgaben hat jedes Verwaltungsratsmitglied die „**Sorgfalt eines**   4
ordentlichen und gewissenhaften Geschäftsleiters" zu beachten (§ 39 SEAG i.V.m. § 93 Abs. 1 Satz 1 AktG). Die Konkretisierung des Sorgfaltsmaßstabes orientiert sich ebenso wie bei einem AG-Vorstand oder GmbH-Geschäftsführer daran, dass dem Verwaltungsrat in verantwortlich leitender Position die selbständige treuhänderische Wahrnehmung fremder Vermögensinteressen obliegt[5]. Es handelt sich daher um einen **normativen Maßstab**, gemessen an den objektiven Notwendigkeiten derjenigen Unternehmen, die eine vergleichbare Größe, Tätigkeit und wirtschaftliche Lage haben[6]. Individuelle Unfähigkeit oder abweichende tatsächliche Übungen haben auf den objektiven Pflichtenmaßstab keine Auswirkung. Zur Sorgfalt eines ordentlichen und gewissenhaften Geschäftsleiters gehört insbesondere die Sorge für die Rechtmäßigkeit und sachgemäße Ordnungsmäßigkeit der Geschäftsführung, sowie für Wirtschaftlichkeit und Zweckmäßigkeit der Leitungsentscheidungen[7]. Entsprechend ihrer Gleichstellung in Rechten und Pflichten (§ 38 Abs. 1 SEBG) unterliegen die **Arbeitnehmervertreter** derselben Haftung wie die Vertreter der Anteilseigner[8].

Bei **Anpassung der allgemeinen aktienrechtlichen Maßstäbe** an die besondere Funk-   5
tion des Verwaltungsrats ist zu bedenken, dass er zwar Leitungsverantwortung trägt, seine Mitglieder das Amt jedoch regelmäßig als Nebentätigkeit wahrnehmen. Während beispielsweise der Aufsichtsrat für Fehler im Tagesgeschäft nicht haftet, weil dieses nicht seiner Überwachung unterliegt[9], ist eine solche Verantwortlichkeit beim Verwaltungsrat keineswegs ausgeschlossen; denn dieser kann sich ungeachtet der Hilfestellung durch die geschäftsführenden Direktoren von der Verantwortung für

---

3 Vgl. zum Folgenden vertieft die Kommentierungen zu Art. 43 und Anh. § 43 § 22 SEAG.
4 Vgl. § 49 Abs. 1 SEAG.
5 Vgl. die Formulierung bei BGH v. 20.2.1995 – II ZR 143/93, BGHZ 129, 30, 34.
6 *Krieger* in Krieger/Uwe H. Schneider, Handbuch Managerhaftung, § 3 Rz. 4 (S. 42); *Krieger* in K. Schmidt/Lutter, AktG, § 93 Rz. 5; *Hüffer*, § 93 Rz. 4.
7 Für den Vorstand: *Hopt* in Großkomm. AktG, § 93 Rz. 89 ff.; *Krieger* in Krieger/Uwe H. Schneider, Handbuch Managerhaftung, § 3 Rz. 5 f. (S. 43 f.).
8 *Reichert/Brandes* in MünchKomm. AktG, Art. 51 SE-VO Rz. 14.
9 *Krieger* in Krieger/Uwe H. Schneider, Handbuch Managerhaftung, § 3 Rz. 16 (S. 47).

das Tagesgeschäft nicht freizeichnen (s. Anh. Art. 43 § 22 SEAG Rz. 13 und § 40 SE-AG Rz. 28 ff.). Umgekehrt machen SE-VO und SEAG aber auch deutlich, dass von Verwaltungsratsmitgliedern – anders als von Vorstandsmitgliedern – keineswegs die tägliche Befassung mit den Angelegenheiten der Gesellschaft erwartet wird: Art. 44 Abs. 1 fordert lediglich eine Mindestzahl von vier Sitzungen pro Jahr und das SEAG stellt dem Verwaltungsrat nicht ohne Grund die geschäftsführenden Direktoren zur Seite. Somit verdichtet sich die an den Verwaltungsrat gestellte Sorgfaltsanforderung zu der Verpflichtung, die ihm zur Verfügung stehenden **Instrumente der Unternehmensleitung** zweckgerecht einzusetzen[10]. Dazu gehört insbesondere die sorgfältige Auswahl und Kontrolle der geschäftsführenden Direktoren, eine zweckgerechte Gestaltung des Informationsflusses in den Verwaltungsrat (Anh. Art. 43 § 40 SEAG Rz. 38 ff.), die Erteilung von Weisungen an die Direktoren (Anh. Art. 43 § 44 SEAG Rz. 8 ff.) und als *ultima ratio* auch deren jederzeit mögliche Abberufung (Anh. Art. 43 § 40 SEAG Rz. 47 ff.).

2. Business Judgment Rule

6 Für den Verwaltungsrat gilt ebenso wie für den Vorstand die sogenannte Business Judgment Rule (§§ 39 SEAG i.V.m. 93 Abs. 1 Satz 2 AktG). Es liegt demnach **keine Pflichtverletzung** vor, wenn das Verwaltungsratsmitglied bei einer unternehmerischen Entscheidung vernünftigerweise annehmen durfte, auf der Grundlage angemessener Informationen zum Wohle der Gesellschaft zu handeln. Da der Verwaltungsrat in seiner unternehmerischen Verantwortung dem Vorstand nahe kommt, genießt er einen vergleichbar weiten unternehmerischen Handlungsspielraum[11]. Dieser erfasst auch das bewusste Eingehen geschäftlicher Risiken und die Gefahr von Fehlbeurteilungen, solange das unternehmerische Handeln auf einer sorgfältigen Ermittlung der Entscheidungsgrundlagen beruht[12].

3. Gesamtverantwortung und Ressortaufteilung

7 Innerhalb des Verwaltungsrats gilt das Prinzip der **Gesamtverantwortung**[13]. Es findet im traditionellen deutschen Gesellschaftsrecht nicht nur auf den Vorstand Anwendung[14], sondern auch auf die Geschäftsführer einer GmbH, sofern mehrere Geschäftsführer bestellt wurden[15]. Demgemäß ist es als allgemeines Prinzip auch im monistischen Modell für die Aufgabenteilung innerhalb des Verwaltungsrats zu beachten. Die Gesamtverantwortung steht einer **Ressortbildung** nicht entgegen, be-

---

10 *Hommelhoff/Teichmann* in Krieger/Uwe H. Schneider, Handbuch Managerhaftung, § 5 Rz. 25 (S. 97). S. auch *Ihrig* in Bachmann/Casper/Schäfer/Veil, Haftung und Haftungsdurchsetzung, S. 17, 22 f. Vgl. hierzu die Parallele beim Aufsichtsrat: Dieser ist gehalten seine Überwachungsmittel zweckgerecht einzusetzen (*Krieger* in Krieger/Uwe H. Schneider, Handbuch Managerhaftung, § 3 Rz. 18 (S. 49)).

11 *Hommelhoff/Teichmann* in Krieger/Uwe H. Schneider, Handbuch Managerhaftung, § 5 Rz. 24 (S. 97); zur Anwendung der Business Judgment Rule allgemein *Krieger* in Krieger/Uwe H. Schneider, Handbuch Managerhaftung, § 3 Rz. 7 ff. (S. 44 ff.).

12 Vgl. BGH v. 21.4.1997 – II ZR 175/95, BGHZ 135, 244, 253 und BGH v. 21.3.2005 – II ZR 54/03, NZG 2005, 562 ff. (zum Vorstandsmitglied einer Genossenschaft). Weiterführend und vertiefend die von *Lohse*, Unternehmerisches Ermessen, 2005, entwickelte gesellschaftsrechtliche Entscheidungsfehlerlehre; aktueller Überblick zur Thematik bei *Lutter*, ZIP 2007, 841 ff.

13 *Schwarz*, Art. 51 Rz. 16.

14 Dazu *Fleischer* in Handbuch Vorstandsrecht, S. 23 ff. sowie *E. Vetter* in Krieger/Uwe H. Schneider, Handbuch Managerhaftung, § 17 (S. 453 ff.).

15 Grundlegend zur Gesamtverantwortung in der GmbH BGH v. 15.10.1996 – VI ZR 319/95, BGHZ 133, 370 ff.

grenzt aber deren Spielraum[16]. In der bisherigen Diskussion besteht sowohl für den Vorstand als auch für die mehrgliedrige GmbH-Geschäftsleitung Einigkeit darüber, dass für „echte Führungsentscheidungen"[17] beziehungsweise „Maßnahmen von besonderem Gewicht"[18] Gesamtverantwortung besteht.

Das **einzelne Verwaltungsratsmitglied** ist verpflichtet, an der Aufgabenerledigung des Verwaltungsrats aktiv mitzuwirken und ihm zugängliche entscheidungsrelevante Informationen an das Gesamtorgan weiterzugeben[19]. Hält ein Verwaltungsratsmitglied einen Beschluss des Verwaltungsrats für rechtswidrig oder unsachgemäß, muss es mit Nein stimmen; bloße Stimmenthaltung genügt nicht[20]. Soweit eine Geschäftsverteilung vorgenommen wurde, trifft das einzelne Verwaltungsratsmitglied neben der eigenen Ressortverantwortung eine Überwachungspflicht hinsichtlich der fremden Ressorts[21]. 8

III. Verschwiegenheitspflicht

Die in § 93 Abs. 1 Satz 3 AktG geregelte Verschwiegenheitspflicht folgt für Organmitglieder der SE **unmittelbar aus Art. 49**. Die dort geregelte Verpflichtung, Informationen nach dem Ausscheiden aus dem Amt nicht weiterzugeben, setzt eine auch während der Amtszeit bestehende Verschwiegenheitspflicht als gegeben voraus. Vgl. zu den Einzelheiten die Kommentierung bei Art. 49. 9

IV. Schadensersatzpflicht

Die Pflichtverletzung führt gem. § 39 SEAG i.V.m. § 93 Abs. 2 AktG zu einer Schadensersatzpflicht, soweit der Gesellschaft daraus ein Schaden entstanden ist. Die Haftungsnorm des § 93 Abs. 1 AktG wirkt insoweit auch als **objektivierter Verschuldensmaßstab**[22]. Jedes Organmitglied haftet für Pflichtverletzungen unabhängig von seinen persönlichen Kenntnissen und Fähigkeiten und hat für diejenige Sorgfalt einzustehen, die von einem durchschnittlichen Organmitglied erwartet werden kann[23]. Es muss sich notfalls die Kenntnisse und Fähigkeiten aneignen, die nötig sind, um alle normalerweise anfallenden Geschäftsvorgänge auch ohne fremde Hilfe verstehen und sachgerecht beurteilen zu können[24]. 10

Durch den Verweis des § 39 SEAG findet auch die **Beweislastregelung** des § 93 Abs. 2 Satz 2 AktG Anwendung: Ist streitig, ob Verwaltungsratsmitglieder die Sorgfalt eines 11

---

16 Vgl. allgemein hierzu m.w.N. *E. Vetter* in Krieger/Uwe H. Schneider, Handbuch Managerhaftung, § 17 Rz. 17 ff. (S. 461 ff.).
17 *Fleischer* in Handbuch Vorstandsrecht, S. 24 (Rz. 55) für den Vorstand.
18 *Lutter/Hommelhoff*, GmbHG, § 37 Rz. 31 für die GmbH-Geschäftsführer.
19 Vgl. *Krieger* in Krieger/Uwe H. Schneider, Handbuch Managerhaftung, § 3 Rz. 20 (S. 50) für den Aufsichtsrat.
20 *Krieger* in Krieger/Uwe H. Schneider, Handbuch Managerhaftung, § 3 Rz. 20 (S. 50) für den Aufsichtsrat.
21 *Reichert/Brandes* in MünchKomm. AktG, Art. 51 SE-VO Rz. 16 und 26 f.; *E. Vetter* in Krieger/ Uwe H. Schneider, Handbuch Managerhaftung, § 17 Rz. 17 ff. (S. 461 ff.).
22 Vgl. zu § 93 AktG: *Krieger* in Krieger/Uwe H. Schneider, Handbuch Managerhaftung, § 3 Rz. 29; *Krieger/Sailer* in K. Schmidt/Lutter, AktG, § 93 Rz. 29 und *Hüffer*, § 93 Rz. 14.
23 Für den Vorstand *Hopt* in Großkomm. AktG, § 93 Rz. 252 ff.; für den Aufsichtsrat *Hopt/Roth* in Großkomm. AktG, § 116 Rz. 284.
24 *Reichert/Brandes* in MünchKomm. AktG, Art. 51 SE-VO Rz. 14; für den Aufsichtsrat BGH v. 15.11.1982 – II ZR 27/82, BGHZ 85, 293, 295 f.; weiterhin *Hopt/Roth* in Großkomm. AktG, § 116 Rz. 43.

ordentlichen und gewissenhaften Geschäftsleiters angewandt haben, so trifft sie die Beweislast.

12　Bei Vorliegen der **Sondertatbestände** des § 93 Abs. 3 AktG besteht gleichfalls eine Schadensersatzpflicht. Die Ziffern 7 und 8 (Vergütung an Aufsichtsräte, Kreditvergabe an Vorstands- oder Aufsichtsratsmitglieder) sind an das monistische Modell anzupassen: Haftungsauslöser ist demnach ein Verstoß gegen §§ 38 Abs. 2 SEAG i.V.m. 114 AktG (Gewährung zusätzlicher Vergütungen an Verwaltungsratsmitglieder) sowie gegen §§ 38 Abs. 2 SEAG i.V.m. 115 AktG/§§ 40 Abs. 7 SEAG i.V.m. 89 AktG (Kreditgewährung an Verwaltungsratsmitglieder/geschäftsführende Direktoren).

13　Bei **Geltendmachung** der Ansprüche gegenüber einem Verwaltungsratsmitglied wird die SE durch die geschäftsführenden Direktoren vertreten (§ 41 Abs. 1 SEAG). Nach den allgemein geltenden Regeln besteht bei hinreichender Erfolgsaussicht eine Pflicht, den Anspruch geltend zu machen; nur ausnahmsweise darf bei einem mindestens gleichwertigen entgegenstehenden Interesse der Gesellschaft von einer Rechtsverfolgung abgesehen werden[25]. Der Verwaltungsrat kann hierüber Beschluss fassen und gegebenenfalls den geschäftsführenden Direktoren eine Weisung erteilen. Das betroffene Verwaltungsratsmitglied unterliegt bei der Beschlussfassung einem Stimmverbot.

V. Haftungsausschluss

14　Die Haftung ist ausgeschlossen, wenn die Handlung auf einem **gesetzmäßigen Beschluss der Hauptversammlung** beruhte (§§ 39 SEAG i.V.m. 93 Abs. 4 Satz 1 AktG). Die Billigung durch den Verwaltungsrat kann die Haftung nicht beseitigen (Rechtsgedanke des § 93 Abs. 4 Satz 2 AktG). Verzicht oder Vergleich richten sich nach den Regelungen des § 93 Abs. 4 Sätze 3 und 4.

VI. Geltendmachung durch die Gläubiger

15　Gläubiger der Gesellschaft können, soweit sie von der Gesellschaft keine Befriedigung erlangen können, den Ersatzanspruch der Gesellschaft gegen Verwaltungsratsmitglieder geltend machen (§§ 39 SEAG i.V.m. 93 Abs. 5 AktG); dies setzt voraus, dass es sich um einen Fall des § 93 Abs. 2 AktG (oben Rz. 11) oder um eine gröbliche Pflichtverletzung handelt.

VII. Verjährung

16　Die Ansprüche aus §§ 39 SEAG i.V.m. 93 AktG verjähren gem. § 93 Abs. 6 AktG in **fünf Jahren**. Da es sich um einen Anspruch handelt, der nicht der regelmäßigen Verjährungsfrist von drei Jahren unterliegt, gilt § 200 BGB: Die Verjährung beginnt mit der Entstehung des Anspruchs[26]. Schadensersatzansprüche, die sich auf andere Vorschriften stützen, verjähren selbständig[27].

25　BGH v. 21.4.1997 – II ZR 175/95, BGHZ 135, 244 ff.

26　*Hüffer*, § 93 Rz. 37; dies kommt auch in der RegBegr. zum Gesetz zur Anpassung der Verjährungsvorschriften an die Schuldrechtsmodernisierung zum Ausdruck (BT-Drucks. 15/3653, S. 12). A.A. *Frodermann* in Jannott/Frodermann, Handbuch Europäische Aktiengesellschaft, S. 197 (Rz. 305).

27　*Krieger* in K. Schmidt/Lutter, AktG, § 93 Rz. 63 und *Hüffer*, § 93 Rz. 36.

§ 40 SEAG
Geschäftsführende Direktoren

(1) Der Verwaltungsrat bestellt einen oder mehrere geschäftsführende Direktoren. Mitglieder des Verwaltungsrats können zu geschäftsführenden Direktoren bestellt werden, sofern die Mehrheit des Verwaltungsrats weiterhin aus nicht geschäftsführenden Mitgliedern besteht. Die Bestellung ist zur Eintragung in das Handelsregister anzumelden. Werden Dritte zu geschäftsführenden Direktoren bestellt, gilt für sie § 76 Abs. 3 des Aktiengesetzes entsprechend. Die Satzung kann Regelungen über die Bestellung eines oder mehrerer geschäftsführender Direktoren treffen. § 38 Abs. 2 des SE-Beteiligungsgesetzes bleibt unberührt.

(2) Die geschäftsführenden Direktoren führen die Geschäfte der Gesellschaft. Sind mehrere geschäftsführende Direktoren bestellt, so sind sie nur gemeinschaftlich zur Geschäftsführung befugt; die Satzung oder eine vom Verwaltungsrat erlassene Geschäftsordnung kann Abweichendes bestimmen. Gesetzlich dem Verwaltungsrat zugewiesene Aufgaben können nicht auf die geschäftsführenden Direktoren übertragen werden. Soweit nach den für Aktiengesellschaften geltenden Rechtsvorschriften der Vorstand Anmeldungen und die Einreichung von Unterlagen zum Handelsregister vorzunehmen hat, treten an die Stelle des Vorstands die geschäftsführenden Direktoren.

(3) Ergibt sich bei der Aufstellung der Jahresbilanz oder einer Zwischenbilanz oder ist bei pflichtgemäßem Ermessen anzunehmen, dass ein Verlust in der Hälfte des Grundkapitals besteht, so haben die geschäftsführenden Direktoren dem Vorsitzenden des Verwaltungsrats unverzüglich darüber zu berichten. Dasselbe gilt, wenn die Gesellschaft zahlungsunfähig wird oder sich eine Überschuldung der Gesellschaft ergibt.

(4) Sind mehrere geschäftsführende Direktoren bestellt, können sie sich eine Geschäftsordnung geben, wenn nicht die Satzung den Erlass einer Geschäftsordnung dem Verwaltungsrat übertragen hat oder der Verwaltungsrat eine Geschäftsordnung erlässt. Die Satzung kann Einzelfragen der Geschäftsordnung bindend regeln. Beschlüsse der geschäftsführenden Direktoren über die Geschäftsordnung müssen einstimmig gefasst werden.

(5) Geschäftsführende Direktoren können jederzeit durch Beschluss des Verwaltungsrats abberufen werden, sofern die Satzung nichts anderes regelt. Für die Ansprüche aus dem Anstellungsvertrag gelten die allgemeinen Vorschriften.

(6) Geschäftsführende Direktoren berichten dem Verwaltungsrat entsprechend § 90 des Aktiengesetzes, sofern die Satzung oder die Geschäftsordnung nichts anderes vorsieht.

(7) Die §§ 87 bis 89 des Aktiengesetzes gelten entsprechend.

(8) Für Sorgfaltspflicht und Verantwortlichkeit der geschäftsführenden Direktoren gilt § 93 des Aktiengesetzes entsprechend.

(9) Die Vorschriften über die geschäftsführenden Direktoren gelten auch für ihre Stellvertreter.

Literatur: *Altmeppen,* Organhaftung gegenüber Dritten, in Krieger/Uwe H. Schneider (Hrsg.), Handbuch Managerhaftung, 2007, § 7 (S. 175–213); *Arlt,* Französische Aktiengesellschaft, 2006; *Beuthien,* Zur Theorie der Stellvertretung im Gesellschaftsrecht, in Lieb/Noack/Westermann (Hrsg.), FS Zöllner, 1998, S. 87–109; *Buck,* Wissen und juristische Person, 2001; *Flume,* Allgemeiner Teil des Bürgerlichen Rechts, Band I/2, Die juristische Person, 1983; *Forstmoser,* Monistische oder dualistische Unternehmensverfassung? Das Schweizer Konzept, ZGR 2003, 688–719; *Grechenig,* Spanisches Aktien- und GmbH-Recht, Wien, 2005; *Hoffmann-Becking,* Organe: Strukturen und Verantwortlichkeiten, insbesondere im monistischen System, ZGR 2004, 355–382; *Holland,* Das amerikanische „board of directors" und die Führungsorganisation einer monistischen SE in Deutschland, 2006; *Hommelhoff/Teichmann,* Organhaftung in der SE, in Krieger/Uwe H. Schneider (Hrsg.), Handbuch Managerhaftung, 2007, § 5 (S. 87–106); *Hornberg,* Die Regelungen zur Beaufsichtigung der Geschäftsführung im deutschen und britischen Corporate Governance Kodex, 2006; *Ihrig,* Organschaftliche Haftung und Haftungsdurchsetzung unter Berücksichtigung der monistisch verfassten SE, in Bachmann/Casper/Schäfer/Veil (Hrsg.), Steuerungsfunktionen des Haftungsrechts im Gesellschafts- und Kapitalmarktrecht, 2007, S. 17–28; *Ihrig/Wagner,* Diskussionsentwurf für ein SE-Ausführungsgesetz, BB 2003, 969–976; *Kallmeyer,* Das monistische System einer SE mit Sitz in Deutschland, ZIP 2003, 1531–1536; *Kleindiek,* Deliktshaftung und juristische Person, 1997; *Koke,* Die Finanzverfassung der Europäischen Aktiengesellschaft (SE) mit Sitz in Deutschland, 2005 (zit.: Finanzverfassung der SE); *Lohr,* Die Beschränkung der Innenhaftung des GmbH-GF, NZG 2000, 1204–1213; *Lohse,* Unternehmerisches Ermessen, 2005; *Lutter/Kollmorgen/Feldhaus,* Muster-Geschäftsordnung für den Verwaltungsrat einer SE, BB 2007, 509–516; *Matthießen,* Stimmrecht und Interessenkollision im Aufsichtsrat, 1989; *Menjucq,* Das „monistische" System der Unternehmensleitung in der SE, ZGR 2003, 679–687; *Merkt,* Die monistische Unternehmensverfassung für die Europäische Aktiengesellschaft aus deutscher Sicht – mit vergleichendem Blick auf die Schweiz, das Vereinigte Königreich und Frankreich, ZGR 2003, 650–678; *Neye,* Die optionale Einführung der monistischen Unternehmensverfassung für die Europäische (Aktien-)Gesellschaft im deutschen Recht, in Crezelius/Hirte/Vieweg (Hrsg.), FS Röhricht, 2005, S. 443–454; *Neye/Teichmann,* Der Entwurf für das Ausführungsgesetz zur Europäischen Aktiengesellschaft, AG 2003, 169–179; *Paefgen*, Dogmatische Grundlagen, Anwendungsbereich und Formulierung einer Business Judgment Rule im künftigen UMAG, AG 2004, 245–261; *Scherer*, „Die Qual der Wahl": Dualistisches oder monistisches System?, 2006; *Roitsch*, Auflösung, Liquidation und Insolvenz der Europäischen Aktiengesellschaft (SE) mit Sitz in Deutschland: Art. 63–65 SE-VO, 2006; *Schiessl*, Leitungs- und Kontrollstrukturen im internationalen Wettbewerb, ZHR 167 (2003), 235–256; *Schönborn*, Die monistische Societas Europaea in Deutschland im Vergleich zum englischen Recht, 2007; *Spindler*, Vergütung und Abfindung von Vorstandsmitgliedern, DStR 2004, 36–45; *Teichmann*, Gestaltungsfreiheit im monistischen Leitungssystem der Europäischen Aktiengesellschaft, BB 2004, 53–60; *Ulmer*, Stimmrechtsschranken für Aufsichtsratsmitglieder bei eigener Kandidatur zum Vorstand, NJW 1998, 2288–2293; *Wymeersch*, Das neue belgische Gesetz über „Corporate Governance", ZGR 2004, 53–68.

I. Einführung

§ 40 SEAG bildet die **Grundnorm** für die Figur des **geschäftsführenden Direktors**, der   1
gem. § 40 Abs. 2 SEAG die Geschäfte der Gesellschaft führt. Er untersteht dabei dem
Verwaltungsrat, der die unternehmerischen Grundlinien festlegt (§ 22 Abs. 1 SEAG).
Der Verwaltungsrat bestellt die geschäftsführenden Direktoren und kann sie jederzeit
wieder abberufen (§ 40 Abs. 1 und Abs. 5 SEAG). Im Außenverhältnis ist der geschäftsführende Direktor Vertretungsorgan der Gesellschaft (§ 41 Abs. 1 SEAG). Im
Innenverhältnis genießt er jedoch nicht die Unabhängigkeit eines AG-Vorstands.
Vielmehr hat er – einem GmbH-Geschäftsführer vergleichbar – interne Beschränkungen seiner Geschäftsführungsbefugnisse zu beachten (§ 44 Abs. 2 SEAG) und unterliegt dem Weisungsrecht des Verwaltungsrats.

1. Geschäftsführende Direktoren als Element monistischer Corporate Governance

Rechtsvergleichend betrachtet sind geschäftsführende Direktoren oder funktional   2
ähnliche Ausdifferenzierungen des monistischen Systems weitgehend üblich. Nicht
immer liegt dem eine gesetzliche Regelung zugrunde. Im anglo-amerikanischen
Rechtskreis findet sich die Aufteilung in „executive" und „non executive directors"
in den diversen Corporate Governance Kodices (Art. 38 Rz. 17). Einige kontinentaleuropäisch-monistische Systeme haben die in der Praxis entstandene Ausdifferenzierung im Verwaltungsorgan mittlerweile gesetzlich nachvollzogen[1]. Im Systemvergleich ungewöhnlich ist die in § 40 Abs. 1 Satz 1 SEAG enthaltene **zwingende Anordnung**, mindestens einen geschäftsführenden Direktoren zu bestellen. Der
Gesetzgeber hat an diesem Konzept ungeachtet vieler kritischer Stimmen[2] festgehalten, da auch für die monistische SE kraft der Verweisungsregeln der Verordnung
(insb. Art. 9 Abs. 1 lit. c ii) nahezu das gesamte **deutsche Aktiengesetz** gilt[3]. Ebenso
hat sich der **österreichische** Gesetzgeber entschieden[4].

---

1 So kennt etwa das belgische Recht zusätzlich zum „conseil d'administration" seit einiger Zeit
   das „comité de direction" und den „administrateur délégué" (*Wymeersch*, ZGR 2004, 53 ff.);
   das französische Recht hat den „directeur général" eingeführt (*Arlt*, Französische Aktiengesellschaft, S. 165 ff.; *Menjucq*, ZGR 2003, 679, 685 ff.); in Spanien gibt es neben dem Verwaltungsrat häufig einen geschäftsführenden Ausschuss (*Grechenig*, Spanisches Aktien- und GmbH-
   Recht, S. 37 f.). Auch das Schweizer Obligationenrecht regelt die Kompetenzaufteilung
   zwischen Verwaltungsrat und Management (dazu *Forstmoser*, ZGR 2003, 688 ff.).
2 Kritisch dazu beispielsweise *Hoffmann-Becking*, ZGR 2004, 355, 378, *Ihrig/Wagner*, BB 2003,
   969, 975, und *Merkt*, ZGR 2003, 650, 656. Grundsätzliche Kritik auch bei *Schönborn*, Monistische SE, S. 163 ff.
3 Begr. zu § 40 SEAG, BT-Drucks. 15/3405, S. 39. Zu diesen gesetzgeberischen Überlegungen
   auch *Neye/Teichmann*, AG 2003, 169, 177 ff., und *Teichmann*, BB 2004, 53, 57 ff.
4 *Kalss/Greda* in Kalss/Hügel, § 59 SEG Rz. 4.

3   Gewiss sind andere Konzepte der „checks and balances" denkbar, als sie das dualistisch geprägte Aktiengesetz kennt[5]. Auf die SE findet aber weitgehend das allgemeine Aktienrecht Anwendung; ein monistisches System in Reinform könnte daher nur im Zuge einer umfassenden Revision des gesamten deutschen Aktienrechts realisiert werden. Dafür war der europäisch gegebene Zeitrahmen für das SE-Einführungsgesetz zu knapp bemessen[6]. Um die Aufgabenteilung bei der Feststellung des Jahresabschlusses (vgl. § 172 AktG) und im Rahmen der konzernrechtlichen Schutzmechanismen (vgl. §§ 311 ff. AktG) aufrecht zu erhalten, wird diese im SEAG mit den geschäftsführenden Direktoren verknüpft (§§ 47 und 49 SEAG). Zahlreiche weitere **dualistisch geprägte Funktionselemente** des allgemeinen Aktienrechts finden sich häufig an versteckter Stelle. So ordnet § 184 Abs. 1 AktG an, dass der Beschluss über die Erhöhung des Grundkapitals von Vorstand und Aufsichtsrat anzumelden ist. Diese Regel findet über Art. 5 SE-VO auch auf eine monistisch strukturierte SE Anwendung. Wenn die zwingend angeordnete Beteiligung zweier Organe einen binnenorganisatorischen Sinn hat, sollte sie adäquat in das monistische Modells übertragen werden. Die Figur des geschäftsführenden Direktors bietet für diese und andere Zweifelsfragen einen Anknüpfungspunkt[7]. *De lege ferenda* mag dies zur Disposition stehen, wenn zuvor geklärt wurde, ob und auf welche Weise die fein ziselierte dualistische Corporate Governance funktions-äquivalent in ein monistisches System übertragen werden soll.

2. Überblick zum Regelungsgehalt des § 40 SEAG

a) Bestellung und Abberufung geschäftsführender Direktoren

4   Der Verwaltungsrat bestellt einen oder mehrere geschäftsführende Direktoren; sie können aus den Reihen des Verwaltungsrates bestellt werden, solange die Verwaltungsratsmehrheit weiterhin aus nicht-geschäftsführenden Mitgliedern besteht. Geschäftsführende Direktoren sind jederzeit abberufbar. Sie schließen zumeist einen Anstellungsvertrag mit der Gesellschaft. Im Übrigen verweist § 40 Abs. 7 SEAG für das Rechtsverhältnis zur Gesellschaft auf die aktienrechtlichen Regelungen über den Vorstand.

b) Stellung der geschäftsführenden Direktoren in der Unternehmensverfassung

5   Den geschäftsführenden Direktoren obliegt die **Geschäftsführung** der Gesellschaft (§ 40 Abs. 2 SEAG) und ihre **Vertretung** nach außen (§ 41 Abs. 1 SEAG). Sie stehen allerdings wegen ihrer jederzeitigen Abberufbarkeit (§ 40 Abs. 5 SEAG) und der internen Kompetenzschranken (§ 44 Abs. 2 SEAG) funktional betrachtet dem Geschäftsführer einer GmbH wesentlich näher als dem Vorstand einer deutschen Aktiengesellschaft.

6   Speziell geregelt sind Pflichten zur **Information des Verwaltungsrats** bei einem Verlust in Höhe der Hälfte des Grundkapitals sowie bei Zahlungsunfähigkeit oder Überschuldung (§ 40 Abs. 3 SEAG) und eine allgemeine Berichtspflicht gegenüber dem Verwaltungsrat (§ 40 Abs. 6 SEAG). Weiterhin sind die geschäftsführenden Direktoren für die Anmeldungen beim Handelsregister zuständig (§ 40 Abs. 2 Satz 4 SEAG).

---

5 So *Forstmoser*, ZGR 2003, 688, 713.
6 Darauf weist *Neye* in FS Röhricht, S. 443, 449 f., zu Recht hin.
7 In diesem Sinne spricht sich *Koke*, Finanzverfassung der SE, S. 148, dafür aus, dass Verwaltungsrat und geschäftsführende Direktoren gemeinsam anmelden. Er diskutiert des weiteren die Problematik, wer im monistischen System als „Mitglied der Geschäftsführung" i.S.d. § 192 Abs. 2 Nr. 3 AktG anzusehen sei und daher Aktienoptionen erhalten könne (S. 165 ff.).

Für die **Haftung** der geschäftsführenden Direktoren gilt § 93 AktG entsprechend (§ 40 Abs. 8 SEAG).

c) Freiräume für Satzungsautonomie

Die Regelung über geschäftsführende Direktoren ist an mehreren Stellen satzungs-   7
dispositiv. Die Satzung kann Regelungen über die **Bestellung** eines oder mehrerer
geschäftführender Direktoren festlegen (§ 40 Abs. 1 Satz 5 SEAG). Sie kann insbesondere eine bestimmte Zahl von Direktoren vorsehen oder Vorgaben zu deren Qualifikation enthalten[8]. Die Satzung kann auch festlegen, dass nur Personen zu geschäftsführenden Direktoren bestellt werden können, die nicht dem Verwaltungsrat angehören[9]. Von der Bestellungskompetenz des Verwaltungsrats (§ 40 Abs. 1 Satz 1 SEAG)
kann die Satzung nicht abweichen. Die Modalitäten des Bestellungsbeschlusses können abweichend von Art. 50 SE-VO geregelt werden (Art. 50 Rz. 6 ff.); allerdings ist
eine Übertragung auf beschließende Verwaltungsratsausschüsse untersagt (§ 34
Abs. 4 Satz 2 SEAG). Weiterhin kann die Satzung Fragen der **Abberufung** regeln (§ 40
Abs. 5 Satz 1 SEAG)[10], sie beispielsweise vom Vorliegen bestimmter Gründe abhängig machen, ein qualifiziertes Mehrheitserfordernis oder eine feste Amtszeit vorsehen. Eine Abberufung aus wichtigem Grund muss allerdings stets möglich bleiben
und kann von der Satzung nicht ausgeschlossen werden[11].

Satzungsoffen sind auch Fragen der internen **Geschäftsverteilung** der geschäftsfüh-   8
renden Direktoren (§ 40 Abs. 2 Satz 2 Hs. 2 SEAG). An die Stelle der gemeinschaftlichen Geschäftsführung kann beispielsweise eine bestimmte Ressortaufteilung treten. Die Satzung kann auch andere Fragen der **Geschäftsordnung** bindend regeln (§ 40
Abs. 4 Satz 2 SEAG). Andernfalls obliegt diese Organisationsaufgabe vorrangig dem
Verwaltungsrat (§ 40 Abs. 2 Satz 2 Hs. 2 und Abs. 4 Satz 1 SEAG). Auch die in § 40
Abs. 6 SEAG geregelte **Berichtspflicht** der geschäftsführenden Direktoren gegenüber
dem Verwaltungsrat kann in der Satzung modifiziert werden.

3. Vorgaben der SE-VO

Die Einführung des geschäftsführenden Direktors stützt sich auf die **Ermächtigungs-**   9
norm des Art. 43 Abs. 4 (Art. 43 Rz. 59 ff.). In der Diskussion wurde zwar vielfach
Art. 43 Abs. 1 Satz 2 als Kompetenzgrundlage angesehen; diese Vorschrift spricht
aber nur diejenigen Staaten an, die bereits über ein monistisches Modell verfügen
und dort die Figur des Geschäftsführers kennen (Art. 43 Rz. 26 ff.). Gemäß dieses eng
umrissenen Anwendungsbereichs kann Art. 43 Abs. 1 Satz 2, der nur eine Übertragung der laufenden Geschäfte vorsieht, nicht als Gestaltungsgrenze für den mitgliedstaatlichen Gesetzgeber interpretiert werden (str., vgl. Art. 43 Rz. 30 ff.). Die Geschäftsführungskompetenz der gem. Art. 43 Abs. 4 eingeführten geschäftsführenden
Direktoren ist nicht zwangsläufig auf die laufenden Geschäfte beschränkt (unten
Rz. 28 ff.).

---

8 So auch *Reichert/Brandes* in MünchKomm. AktG, Art. 43 SE-VO Rz. 117 und Rz. 125; in Anlehnung an das GmbH-Recht (vgl. *Lutter/Hommelhoff*, GmbHG, vor § 35 Rz. 4) kann auch eine Bestimmung zur Dauer der Bestellung getroffen werden.
9 *Frodermann* in Jannott/Frodermann, Handbuch Europäische Aktiengesellschaft, S. 170; *Lut-
ter/Kollmorgen/Feldhaus*, BB 2007, 509, 511.
10 Vgl. dazu *Reichert/Brandes* in MünchKomm. AktG, Art. 43 SE-VO Rz. 121 ff. und Rz. 140.
11 Vgl. *Manz* in Manz/Mayer/Schröder, Art. 43 SE-VO Rz. 143, ausführlich *Reichert/Brandes* in
MünchKomm. AktG, Art. 43 SE-VO Rz. 141.

4. Organqualität der geschäftsführenden Direktoren

10   Die Einführung der geschäftsführenden Direktoren hat einen althergebrachten **Dogmenstreit** aus dem Dornröschenschlaf erweckt: denjenigen zwischen Vertretertheorie und Organtheorie[12]. Als einer der ersten hat *Hoffmann-Becking* die Frage aufgeworfen, ob es sich bei den geschäftsführenden Direktoren um ein Organ der Gesellschaft handele[13]; im Schrifttum wird diese Frage überwiegend bejaht[14]. Bei genauerer Betrachtung ist jedoch danach zu differenzieren, um welche Regelungsfrage es geht: Für die Zurechenbarkeit ihrer Handlungen zur SE sind die geschäftsführenden Direktoren als Organ der Gesellschaft anzusehen (unter a). Ob sie „Organ" im Sinne einer konkreten Norm der SE-VO sind, lässt sich hingegen nicht aus Perspektive der deutschen Dogmatik entscheiden, sondern muss im Wege europäisch-autonomer Auslegung geklärt werden (unter b).

a) Zurechenbarkeit ihres Handelns zur SE

11   Nach der **Organtheorie** sind juristische Personen als solche nicht handlungsfähig; sie handeln allein durch ihre Organe, deren Handeln als eigenes Handeln der juristischen Person anzusehen ist. Demgegenüber sieht die **Vertretertheorie** auch im Handeln der Organe vornehmlich ein Handeln derjenigen natürlichen Personen, die Organmitglied sind. Ihr Handeln werde der juristischen Person zwar zugerechnet, bleibe dieser gegenüber aber fremdes Handeln[15]. Dem Streit wird Bedeutung beigemessen „für den Zugang zu vielen praktischen Problemen, insbesondere für die Frage, ob die juristische Person selbst zu wissen, zu irren und zu vergessen vermag, ob sie deliktsfähig ist und ob sie sich strafbar machen kann."[16]

12   Die Grundfrage des Theorienstreit dreht sich jedoch darum, ob das **Handeln** einer natürlichen Person der juristischen Person **zurechenbar** ist. Der bloße Rekurs auf die Organtheorie kann nicht die Begründung dafür ersetzen, warum das Handeln oder Wissen einer natürlichen Person der juristischen Person zuzurechnen sein soll[17]. Der Theorienstreit entbindet insoweit nicht von der Analyse des konkret anstehenden Regelungsproblems[18]. Soweit das Gesetz eine konkrete Frage ausdrücklich regelt, ist eine darüber hinausgehende Theoriebildung entbehrlich[19]. So steht außer Frage, dass die geschäftsführenden Direktoren die SE vertreten (§ 41 Abs. 1 SEAG). Der geschäftsführende Direktor ist folglich in demselben Sinne Organ der monistischen SE wie es der Vorstand einer AG oder der Geschäftsführer einer GmbH sind. Sein Han-

---

12   Vgl. im Überblick *K. Schmidt*, GesR, § 10 I 2 (S. 250 ff.). Ausführliche Darstellung auch bei *Buck*, Wissen und juristische Person, S. 209 ff.

13   *Hoffmann-Becking*, ZGR 2004, 355, 369 ff.

14   S. nur *Hoffmann-Becking*, ZGR 2004, 355, 369 ff.; *Reichert/Brandes* in MünchKomm. AktG, Art. 43 SE-VO Rz. 155 ff.; *Schwarz*, Anh Art. 43 Rz. 265. *Kalss/Greda* in Kalss/Hügel, § 56 SEG Rz. 4, sehen im geschäftsführenden Direktor des österreichischen SEG ein Organ im materiellen, nicht aber im formellen Sinne.

15   In diesem Sinne *Flume*, AT Bürgerliches Recht, Band I/2, 1983, S. 379.

16   *Beuthien* in FS Zöllner, 1998, S. 87, 90.

17   In diesem Sinne zurückhaltend gegenüber eine Verwendung der Organtheorie als Ersatz für sachliche Begründungen *Kleindiek*, Deliktshaftung, S. 181. Dass allein mit der Feststellung, eine Person sei Organ, auch für Fragen der Wissenszurechnung noch nicht viel gewonnen ist, zeigt die ausführliche und differenzierte Analyse bei *Buck*, Wissen und juristische Person, S. 203 ff.

18   Zu Recht meint *Flume*, AT Bürgerliches Recht, Band I/2, 1983, S. 378, jede Problemlösung müsse an der konkreten Einzelfrage orientiert sein und diese für sich zu lösen versuchen.

19   In diesem Sinne *K. Schmidt*, GesR, § 10 I 2 (S. 252): „Niemand wird einen durch einfachen Blick in das Gesetz lösbaren Fall durch Exkurse über die Organtheorie und die Vertretertheorie in die Länge ziehen. Wo aber solche Klarheit noch fehlt, muß sich der Jurist auf die Grundlagen besinnen."

deln ist der SE als eigenes zurechenbar. Die zu Vorstandsmitgliedern und Geschäftsführern gewonnenen Erkenntnisse – beispielsweise die Anwendung von § 31 BGB – können auf den geschäftsführenden Direktor übertragen werden.

b) Weitere mit der Organqualität verbundene Sachfragen

Alle übrigen Fragen, die man im Schrifttum mit der Einordnung als „Organ" gelöst 13 zu haben glaubt, bedürfen einer am einzelnen Problem orientierten Betrachtung. Die Klassifizierung als Organ besagt nichts darüber, ob die SE-VO zur Einführung geschäftsführender Direktoren ermächtigt oder ob der mitgliedstaatliche Gesetzgeber ihnen Vertretungsmacht verleihen darf. Dies sind **Auslegungsfragen der SE-VO** (hierzu Art. 43 Rz. 17 ff. und 26 ff.). Ebensowenig ist mit der Auffassung, der geschäftsführende Direktor sei Organ, geklärt, ob die gemeinsamen Vorschriften der Art. 46 ff. auf ihn anwendbar sind; diese Vorschriften beziehen sich ihrer Systematik nach auf die von der SE-VO geregelten Organe und gelten daher nicht automatisch für die dem nationalen Recht entstammenden geschäftsführenden Direktoren (näher Vorb. Art. 46 Rz. 3).

II. Bestellung der geschäftsführenden Direktoren (§ 40 Abs. 1 SEAG)

1. Bestellung und Anstellungsvertrag

Der Verwaltungsrat bestellt einen oder mehrere geschäftsführende Direktoren (§ 40 14 Abs. 1 Satz 1 SEAG); die Satzung kann nähere Regelungen hierzu treffen (oben Rz. 7). Die Bestellung begründet das **korporationsrechtliche Verhältnis** zwischen dem geschäftsführenden Direktor und der Gesellschaft. Sie bedarf zu ihrer Wirksamkeit der **Annahme** durch die bestellte Person[20]. Die Bestellung ist zur Eintragung im **Handelsregister** anzumelden (§ 40 Abs. 1 Satz 3 SEAG), wobei dies aber nur deklaratorische Wirkung hat[21].

Gem. § 40 Abs. 1 Satz 6 SEAG bleibt die Regelung des § 38 Abs. 2 SEBG unberührt, 15 wonach die Zahl der geschäftsführenden Direktoren mindestens zwei beträgt, von denen einer zwingend für den Bereich Arbeit und Soziales zuständig ist. Dies lehnt sich zwar an den „**Arbeitsdirektor**" des deutschen Mitbestimmungsrechts an[22], begründet rechtlich gesehen aber nicht mehr als eine zwingende Ressortzuständigkeit (Teil B., § 38 SEBG Rz. 11). § 38 SEBG ist Teil der gesetzlichen Auffanglösung, die insbesondere dann Anwendung findet, wenn anlässlich der SE-Gründung keine Beteiligungsvereinbarung geschlossen wurde (vgl. § 22 SEBG).

Zusätzlich zur körperschaftlichen Bestellung wird in aller Regel ein schuldrecht- 16 licher **Anstellungsvertrag** abgeschlossen; § 40 Abs. 5 Satz 2 SEAG setzt diese Möglichkeit voraus[23]. Der geschäftsführende Direktor ist im arbeitsrechtlichen Sinne kein Arbeitnehmer[24]. Sein Vertragsverhältnis ist vielmehr als Dienstvertrag ein-

---

20 Dies ist ein allgemeiner Grundsatz, der daraus folgt, dass mit der Bestellung auch gesellschaftsrechtliche Pflichten verbunden sind (vgl. *Hommelhoff/Kleindiek* in Lutter/Hommelhoff, GmbHG, § 6 Rz. 26).
21 Vgl. zum allgemeinen Aktienrecht *Seibt* in K. Schmidt/Lutter, AktG, § 81 Rz. 15 und *Hüffer*, § 81 Rz. 10 sowie zum GmbH-Recht *Lutter/Hommelhoff*, GmbHG, § 39 Rz. 1.
22 Vgl. Begr. zu § 38 SEBG, BT-Drucks. 15/3405, S. 55.
23 Die Trennung von Bestellung und Anstellung ist ein weithin anerkanntes Prinzip im deutschen Gesellschaftsrecht (s. nur *Seibt* in K. Schmidt/Lutter, AktG, § 84 Rz. 5; *Hüffer*, § 84 Rz. 2; *Hommelhoff/Kleindiek* in Lutter/Hommelhoff, GmbHG, Anh. § 6 Rz. 1) und findet kraft der lückenfüllenden Anwendung nationalen Rechts (Art. 9 Rz. 42 ff.) auch auf die SE Anwendung.
24 *Reichert/Brandes* in MünchKomm. AktG, Art. 43 SE-VO Rz. 154 ff.

zuordnen, der auf entgeltliche Geschäftsbesorgung gerichtet ist (§§ 611, 675 BGB). Sollte ausnahmsweise kein Entgelt vereinbart sein, liegt ein Auftrag (§§ 662 ff. BGB) vor. Der geschäftsführende Direktor unterliegt der Sozialversicherungspflicht, sofern er nicht zugleich als Mitglied des Verwaltungsrats Anteil an dessen Weisungsrecht hat[25].

17 Für die **inhaltliche Ausgestaltung** und rechtliche Einordnung des Anstellungsvertrages kann auf die allgemeinen, zu GmbH-Geschäftsführer und AG-Vorstand entwickelten Regeln zurückgegriffen werden[26]. Die SE-VO äußert sich hierzu nicht und das SEAG geht in § 40 Abs. 5 Satz 2 SEAG von der Anwendung der allgemeinen Vorschriften aus. Sinnvoll sind insbesondere Regelungen zu Laufzeit und Kündigung des Vertrages[27], da die Bestellung jederzeit durch Abberufung beendet werden kann und Ansprüche aus dem Anstellungsvertrag davon unberührt bleiben (vgl. § 40 Abs. 5 Satz 2 SEAG). Wird ein Verwaltungsratsmitglied zum geschäftsführenden Direktor bestellt (unten Rz. 19 ff.), kann es in dieser Funktion einen Anstellungsvertrag abschließen, während für die bloße Mitgliedschaft im Verwaltungsrat kein Anstellungsvertrag abgeschlossen werden kann (Anh. Art. 43 § 28 SEAG Rz. 5).

18 Die Bestellung der geschäftsführenden Direktoren obliegt dem **Verwaltungsrat** (§ 40 Abs. 1 Satz 1 SEAG). Dieser schließt auch den Anstellungsvertrag ab (§ 41 Abs. 5 SEAG). Eine Bestellung durch die Hauptversammlung ist nicht möglich. Sie wäre auch nicht sinnvoll, da der geschäftsführende Direktor als Hilfsperson des Verwaltungsrats konzipiert ist. Der Verwaltungsrat kann geschäftsführende Direktoren jederzeit abberufen (§ 40 Abs. 5 Satz 1 SEAG) und in ihrer Geschäftsführung an interne Weisungen binden (§ 44 Abs. 2 SEAG). Gemäß dieser Struktur der Unternehmensverfassung obliegt Auswahl und Anleitung der geschäftsführenden Direktoren dem Verwaltungsrat; dieser muss der **Hauptversammlung** über seine personal- und geschäftspolitischen Entscheidungen Rechenschaft ablegen (vgl. Anh. Art. 43 § 22 SEAG Rz. 10).

2. Personenbezogene Bestellungsvoraussetzungen

a) Interne und externe geschäftsführende Direktoren

19 Das zwischen Vorstand und Aufsichtsrat geltende Prinzip der Inkompatibilität (Art. 39 Abs. 3 Satz 1) gibt es im Monismus nicht. § 40 Abs. 1 Satz 2 SEAG lässt die Bestellung von **Verwaltungsratsmitgliedern** zu geschäftsführenden Direktoren ausdrücklich zu. Dadurch entsteht die für monistische Systeme typische Aufteilung in „inside" und „outside directors", die sich daran orientiert, ob die geschäftsführenden Personen zugleich im Board sitzen oder nicht[28]. Wird der Verwaltungsratsvorsitzende zum geschäftsführenden Direktor bestellt, kommt es nach dem Muster des angelsächsischen „**Chief Executive Officer**" zu der Vereinigung von Organvorsitz und Management in einer Hand (vgl. Art. 45 Rz. 7). Zumindest in großen Gesellschaften dürfte dies allerdings den Regeln guter Corporate Governance widersprechen. Für börsennotierte Gesellschaften sollte der Deutsche Corporate Governance Kodex, der bislang auf die monistische Struktur nicht eingeht, eine Trennung von Verwaltungs-

---

25 *Reichert/Brandes* in MünchKomm. AktG, Art. 43 SE-VO Rz. 168. Die Weisungsabhängigkeit ist wesentlicher Grund für die Feststellung der Sozialversicherungspflicht bei einem GmbH-Fremdgeschäftsführer (BSG v. 14.12.1999 – B 2 U 48/98 R, BB 2000, 674 ff.).

26 *Reichert/Brandes* in MünchKomm. AktG, Art. 43 SE-VO Rz. 162 ff. S. auch für den GmbH-Geschäftsführer *Hommelhoff/Kleindiek* in Lutter/Hommelhoff, GmbHG, Anh. § 6 Rz. 1 ff., für den AG-Vorstand *Seibt* in K. Schmidt/Lutter, AktG, § 84 Rz. 23.

27 *Thümmel*, Europäische Aktiengesellschaft, S. 109 (Rz. 227).

28 Zu dieser im angelsächsischen Raum üblichen Unterscheidung *Holland*, Board of directors und monistische SE, S. 18 ff.

ratsvorsitz und der Position des geschäftsführenden Direktors anregen oder empfehlen.

Soweit Verwaltungsratsmitglieder zu geschäftsführenden Direktoren bestellt werden, muss die Mehrheit des Verwaltungsrats aus nicht-geschäftsführenden Mitgliedern bestehen (§ 40 Abs. 1 Satz 2 SEAG). Diese im angelsächsischen Raum so genannte „**Board Balance**"[29] schafft durch die Kombination von „executive" und „non executive members" ein Element der internen Kontrolle[30]. Da der Verwaltungsrat jede Maßnahme der Geschäftsführung an sich ziehen und durch Weisung auch gegenüber den geschäftsführenden Direktoren durchsetzen kann (vgl. Anh. Art. 43 § 22 SEAG Rz. 12 ff.), müssen diese die nicht-geschäftsführende Mehrheit von ihrem unternehmerischen Konzept überzeugen.

Der Verwaltungsrat als Kollegialorgan fungiert damit als Gesprächspartner und **interne Kontrollstufe** im Verhältnis zu seinen geschäftsführenden Mitgliedern. Gewiss kann sich dies im Einzelfall als nur „schwache Sicherung" erweisen[31]. Jedoch ist die interne Überschneidung der Zuständigkeitsbereiche ein typisches und unverzichtbares Kennzeichen des Monismus im Vergleich zum Dualismus (Art. 38 Rz. 14 ff.), dessen Nachteile systemimmanent kompensiert werden müssen. Die internen Abläufe so auszugestalten, dass sich die Geschäftsführung nicht verselbständigt, ist Teil der Organisationsaufgabe des Verwaltungsrates. Sollten sich auch börsennotierte Gesellschaften für das monistische System entscheiden – was wegen der dabei drohenden Übernahme der paritätischen Mitbestimmung (Art. 43 Rz. 69) eher nicht zu erwarten ist – wäre der Deutsche Corporate Governance Kodex der geeignete Ort, um hierfür Leitlinien aufzustellen[32].

Da geschäftsführende Direktoren auch aus der Mitte des Verwaltungsrats bestellt werden können, solange die Mehrheit des Verwaltungsrats nicht-geschäftsführend bleibt (§ 40 Abs. 1 Satz 2 SEAG), ist die Figur des geschäftsführenden Direktors letztlich ein Instrument der **Selbstorganisation des Verwaltungsrates**. Dieser ist gem. Art. 43 Abs. 1 zwingend für die Geschäftsführung zuständig (Art. 43 Rz. 12 ff.) und damit auch für die Leitung der Gesellschaft verantwortlich (Anh. Art. 43 § 22 SEAG Rz. 5 ff.). Im Lichte dessen ist die Figur des geschäftsführenden Direktors nach pflichtgemäßem Ermessen in einer Weise einzusetzen, die den Verwaltungsrat einerseits vom Tagesgeschäft entlastet, ihm andererseits den für seine Leitungsaufgabe nötigen Einfluss auf die Angelegenheiten der Gesellschaft sichert (Anh. Art. 43 § 22 SEAG Rz. 8). Zur Verbesserung der Informationsversorgung und zur Durchsetzung der eigenen Strategieentscheidungen wird es in der Regel geboten sein, zumindest einen Direktoren aus den Reihen des Verwaltungsrats zu bestellen.

In einem **paritätisch mitbestimmten** Verwaltungsrat kann die Bestellung interner geschäftsführender Direktoren allerdings zu einem Kontrolldefizit führen. In der Praxis ist kaum zu erwarten, dass Arbeitnehmervertreter zu geschäftsführenden Direktoren bestellt werden. Die Bestellung einzelner Aktionärsvertreter zu geschäftsführenden Direktoren hat demgegenüber zur Folge, dass die Arbeitnehmervertreter unter den **nicht-geschäftsführenden** Mitgliedern die **Mehrheit** bilden. Dies erschwert die in-

20

21

22

23

---

29 *Merkt*, ZGR 2003, 650, 667.
30 *Schwarz*, Anh Art. 43 Rz. 267. S. zur Bedeutung der „non executive members" im angelsächsischen Board etwa *Hornberg*, Deutscher und britischer Corporate Governance Kodex, S. 117 ff.; *Merkt*, ZGR 2003, 650, 666; *Scherer*, Dualistisches oder monistisches System?, S. 71 ff.; *Schiessl*, ZHR 167 (2003), 235, 243 f.
31 In diesem Sinne kritisch *Kallmeyer*, ZIP 2003, 1531, 1533; kritisch auch *Frodermann* in Jannott/Frodermann, Handbuch Europäische Aktiengesellschaft, S. 170 (Rz. 171).
32 Dazu bereits *Teichmann*, BB 2004, 53, 55 f.

terne Kontrolle der geschäftsführenden Direktoren. Denn diese können als Verwaltungsratsmitglieder über Geschäftsführungsmaßnahmen mit abstimmen (Anh. Art. 43 § 35 SEAG Rz. 13) und daher immer dann, wenn sie eine den Arbeitnehmervertretern gefällige Geschäftspolitik verfolgen, auf eine Stimmenmehrheit im Verwaltungsrat bauen[33].

24 Wird ein Verwaltungsratsmitglied unter **Verstoß** gegen § 40 Abs. 1 Satz 2 SEAG zum geschäftsführenden Direktor bestellt, muss es entweder das Verwaltungsratsmandat niederlegen oder auf das Amt des geschäftsführenden Direktors verzichten; bis dahin ist die Bestellung **schwebend unwirksam**[34]. Dasselbe gilt, wenn ein geschäftsführender Direktor zum Verwaltungsratsmitglieder bestellt werden soll und dadurch die „Board Balance" verletzt würde.

b) Allgemeine Bestellungshindernisse

25 Für Personen, die bereits Verwaltungsratsmitglied sind, galten bei ihrer Bestellung in den Verwaltungsrat die persönlichen Bestellungshindernisse des **§ 76 Abs. 3 AktG** (Anh. Art. 43 § 27 SEAG Rz. 4). Werden Dritte zu geschäftsführenden Direktoren bestellt, findet § 76 Abs. 3 AktG gem. § 40 Abs. 1 Satz 3 SEAG entsprechende Anwendung. Anderweitige Bestellungshindernisse gelten für geschäftsführende Direktoren, sofern sie funktional auf die geschäftsführungs- und vertretungsbefugten Personen bezogen sind (Art. 47 Rz. 14).

3. Beschlussfassung im Verwaltungsrat

26 Grundlage der Bestellung ist ein Beschluss des Verwaltungsrats. Für **Beschlussfähigkeit und Mehrheitserfordernisse** gilt Art. 50. Nach § 34 Abs. 4 Satz 2 SEAG kann die Bestellung i.S.d. § 40 Abs. 1 Satz 1 SEAG nicht auf einen beschließenden Ausschuss übertragen werden. Der Abschluss des Anstellungsvertrages ist davon nicht erfasst, kann also einem beschließenden Ausschuss zugewiesen werden, soweit die Satzung hierfür eine Regelung trifft (vgl. Art. 50 Rz. 22 f.).

27 Werden **Verwaltungsratsmitglieder** zu geschäftsführenden Direktoren bestellt (oben Rz. 19 ff.), stellt sich die Frage, ob das zu bestellende Mitglied einem **Stimmverbot** unterliegt. Die SE-VO regelt diese Frage nicht, es gelten also die Grundsätze des nationalen Rechts (Art. 50 Rz. 19). Im nationalen Aktienrecht ist weithin anerkannt, dass ein Aufsichtsratsmitglied an seiner eigenen Wahl zum Vorsitzenden mitwirken kann[35]. Wird ein Aufsichtsratsmitglied jedoch zum Vorstand bestellt, plädieren verschiedene Stimmen dafür, das betreffende Aufsichtsratsmitglied von der Abstimmung auszuschließen[36]. Die dafür maßgeblichen Argumente lassen sich jedoch nicht ohne weiteres auf das monistische Modell übertragen. Für das Stimmverbot lässt sich zwar die persönliche Betroffenheit und damit die Sorge anführen, der Einzelne werde seine eigenen Interessen über diejenigen der Gesellschaft stellen. Dagegen spricht aber die organschaftliche Zuständigkeit, an der auch ein persönlich betroffenes Mitglied partizipiert. Die Bestellung geschäftsführender Direktoren ist eine Kernkompetenz des Verwaltungsrats, an der alle Mitglieder gleichberechtigt partizipieren; dass

---

33 Zu diesem Problem auch *Teichmann*, BB 2004, 53, 56; vgl. weiterhin Art. 43 Rz. 68 f.
34 Ebenso *Reichert/Brandes* in MünchKomm. AktG, Art. 47 SE-VO Rz. 40 in Anlehnung an die Kommentierungen zu § 105 AktG.
35 *Drygala* in K. Schmidt/Lutter, AktG, § 108 Rz. 12; *Hopt/Roth* in Großkomm. AktG, § 108 Rz. 56; *Hüffer*, § 108 Rz. 9; *Ulmer*, NJW 1998, 2288, 2291.
36 *Hopt/Roth* in Großkomm. AktG, § 108 Rz. 56; *Hüffer*, § 108 Rz. 9; *Ulmer*, NJW 1998, 2288 ff. Die überzeugenderen Argumente sprechen aber für die Gegenauffassung, die bei *Matthießen*, Stimmrecht und Interessenkollision, S. 228 ff., ausführlich begründet wird.

dabei die Wahl auch auf Mitglieder des Verwaltungsrats fallen kann, sieht das Gesetz ausdrücklich vor (§ 40 Abs. 1 Satz 2 SEAG). Darin liegt der entscheidende Unterschied zum dualistischen Modell (vgl. Art. 39 Abs. 3 SE-VO und § 105 AktG). Die Lage entspricht somit eher einer Organbinnenwahl im Aufsichtsrat, bei welcher auch der betroffene Kandidat mitstimmen darf, weil die Kandidatur im Gesellschaftsinteresse liegt[37]. Weiterer Vergleichsmaßstab ist die Bestellung eines GmbH-Gesellschafters zum Geschäftsführer; auch hier unterliegt der betroffene Gesellschafter keinem Stimmverbot[38]. Somit kann im monistischen Modell das betroffene Verwaltungsratsmitglied an der Beschlussfassung über seine eigene Bestellung mitwirken[39]. Anders verhält es sich beim **Anstellungsvertrag**[40]. In diesem geht es um die persönlichen Interessen des geschäftsführenden Direktors; er unterliegt insoweit als Verwaltungsratsmitglied einem Stimmverbot[41]. Seine Stimme geht gem. § 35 Abs. 3 SEAG auf den Verwaltungsratsvorsitzenden über.

III. Geschäftsführung durch die geschäftsführenden Direktoren (§ 40 Abs. 2 SEAG)

1. Allgemeine Reichweite der Geschäftsführungsbefugnis

Die geschäftsführenden Direktoren führen die Geschäfte der Gesellschaft (§ 40 Abs. 2   **28** Satz 1 SEAG). Ihr Aufgabenbereich deckt sich mit demjenigen des Verwaltungsrates, der bereits kraft Art. 43 Abs. 1 für die Geschäftsführung zuständig ist (Anh. Art. 43 § 22 SEAG Rz. 13). Der gesetzlichen Konzeption nach sind sie **Hilfspersonen des Verwaltungsrats**, der sie bestellt, jederzeit abberufen und ihnen Weisungen erteilen kann. Der Verwaltungsrat bestimmt das Maß an Eigenverantwortlichkeit, das den geschäftsführenden Direktoren bei Wahrnehmung ihrer Tätigkeit zusteht. Je nach Zuschnitt des Unternehmens kann sowohl eine enge Bindung an Weisungen des Verwaltungsrats als auch eine weitgehende Eigenständigkeit der geschäftsführenden Direktoren sinnvoll sein. Der Verwaltungsrat regelt als Organ der Oberleitung diese Fragen der internen Organisation nach pflichtgemäßem Ermessen (Anh. Art. 43 § 22 SEAG Rz. 14 ff.).

Die geschäftsführenden Direktoren übernehmen typischerweise die **laufenden Ge-**   **29** **schäfte**, während die Grundlagenentscheidungen dem Verwaltungsrat vorbehalten bleiben. Entgegen verschiedentlich vertretener Auffassung liegt darin keine gesetzlich zwingende Zuständigkeitsgrenze[42]. Zwar findet sich in der Gesetzesbegründung zu § 40 Abs. 2 Satz 1 SEAG der Hinweis, dieser stelle klar, dass die Aufgaben der laufenden Geschäftsführung zwingend von den geschäftsführenden Direktoren wahrgenommen würden[43]. Dies erlaubt aber nicht den Umkehrschluss, dass der Verwal-

---

37 So auch *Ulmer*, NJW 1998, 2288, 2291, der nur bei einer Kandidatur zum Vorstand ein Stimmverbot annimmt.

38 *Lutter/Hommelhoff*, GmbHG, § 47 Rz. 24.

39 Ebenso *Reichert/Brandes* in MünchKomm. AktG, Art. 43 SE-VO Rz. 129.

40 Für eine solche Differenzierung auch hinsichtlich der Bestellung eines Aufsichtsratsmitglieds zum Vorstand *Matthießen*, Stimmrecht und Interessenkollision, S. 238 ff.

41 Anders für die GmbH *Hüffer* in Ulmer, § 47 Rz. 173 (m.w.N. zur Diskussion). Die dortige Befürchtung von Mehrheits-/Minderheitskonflikten ist jedoch auf die monistische SE nicht unbesehen übertragbar und wird für den Fall der paritätischen Mitbestimmung durch § 35 Abs. 3 SEAG kompensiert.

42 So aber *Schwarz*, Anh Art. 43 Rz. 276, wohl auch *Frodermann* in Jannott/Frodermann, Handbuch Europäische Aktiengesellschaft, S. 182 f. (Rz. 227). Der österreichische Gesetzgeber hat die Kompetenzen der geschäftsführenden Direktoren in § 56 SEG ausdrücklich auf die Tagesgeschäfte begrenzt (dazu *Kalss/Greda* in Kalss/Hügel, § 56 SEG Rz. 5 ff.).

43 Begr. RegE zu § 40 SEAG, BT-Drucks. 15/3405, S. 39.

tungsrat von diesem Bereich ausgeschlossen ist. Darin läge ein Verstoß gegen Art. 43 Abs. 1, der die Geschäftsführung dem Verwaltungsorgan zuweist (Art. 43 Rz. 12 ff.).

30   Ebensowenig lässt sich dem Gesetz entnehmen, dass ein geschäftsführender Direktor keine **außergewöhnlichen Geschäfte** tätigen dürfen. Für eine solche Begrenzung bietet der Wortlaut des § 40 Abs. 2 Satz 1 SEAG keinen Anhaltspunkt. Die Abgrenzung wäre auch kaum praktikabel, denn ob eine Maßnahme zu den „laufenden Geschäften" gehört oder nicht, ist eine Frage des Einzelfalles und hängt auch von der unternehmerischen Einschätzung ab, welche Tragweite eine Maßnahme haben könnte. Die Grenzziehung zwischen laufenden Geschäften, die eigenständig den geschäftsführenden Direktoren überlassen bleiben können, und grundlegenden, auf die der Verwaltungsrat Einfluss nehmen sollte, ist eine Entscheidung der Oberleitung, die dem Verwaltungsrat zukommt. Einziger Maßstab ist die allgemeine Sorgfaltspflicht, die aus gutem Grund von einem weiten unternehmerischen Ermessen geprägt ist (§§ 39 SEAG i.V.m. 93 AktG). Die sogenannte „Business Judgment Rule" ist zurückhaltend in der inhaltlichen Richtigkeitskontrolle und betont stattdessen das Entscheidungsverfahren[44]. Diese Lösung ist auch in der vorliegenden Frage vorzugswürdig gegenüber einer gesetzlich gezogenen und für den Verwaltungsrat zwingenden inhaltlich-materiellen Grenze zwischen „laufenden" und „außergewöhnlichen" Geschäften.

2. Abgrenzung zu den Verwaltungsratskompetenzen

31   Von der Geschäftsführungsbefugnis der geschäftsführenden Direktoren ausgenommen sind diejenigen Aufgaben, die das Gesetz ausdrücklich dem Verwaltungsrat zuweist (§ 40 Abs. 2 Satz 3 SEAG). Bei Anwendung dieser Vorschrift ist zu bedenken, dass es im Monismus nicht dieselbe klare Trennung der Kompetenzen gibt wie im Dualismus. Vielmehr werden die geschäftsführenden Direktoren ihrer gesetzlichen Konzeption nach notwendigerweise im Kompetenzbereich des Verwaltungsrats tätig (oben Rz. 28 und Anh. Art. 43 § 22 SEAG Rz. 13). Der Verwaltungsrat darf und soll innerhalb seines Aufgabenbereichs zur eigenen Arbeitsentlastung den geschäftsführenden Direktoren vielfältige Maßnahmen der Geschäftsführung überlassen. § 40 Abs. 2 Satz 3 SEAG spricht somit die Ausnahme von der Regel an: Grundsätzlich decken sich die Aufgabenbereiche von Verwaltungsrat und geschäftsführenden Direktoren im Kontext eines Verhältnisses der Über-/Unterordnung (Anh. Art. 43 § 22 SEAG Rz. 12 ff.). Nur bei einer **ausschließlichen Zuweisung** von Aufgaben **an den Verwaltungsrat** sind die geschäftsführenden Direktoren vom betreffenden Aufgabenbereich ausgeschlossen[45]. Ob dies der Fall ist, muss gegebenenfalls durch Auslegung ermittelt werden.

32   Ausgangspunkt ist die Aufgabenbeschreibung des Verwaltungsrats in **§ 22 SEAG**. Soweit dabei das Verhältnis zwischen Verwaltungsrat und **Hauptversammlung** angesprochen ist, können die geschäftsführenden Direktoren nicht an die Stelle des Verwaltungsrats treten; denn solche Vorschriften sind Ausdruck der Verantwortlichkeit des Verwaltungsrats in seiner Eigenschaft als Organ der Oberleitung gegenüber den Eigentümern der Gesellschaft (Anh. Art. 43 § 22 SEAG Rz. 10). Soweit es hingegen um **interne Organisationspflichten** geht – Führen der Handelsbücher und Einrichtung eines internen Risikoüberwachungssystems (§ 22 Abs. 3 SEAG) – kann der Verwal-

---

44   Zu diesem Grundgedanken der aus dem US-amerikanischen Recht stammenden Formel *Paefgen*, AG 2004, 245, 249. Für eine Weiterentwicklung zu einer gesellschaftsrechtlichen Entscheidungslehre *Lohse*, Unternehmerisches Ermessen, S. 210 ff. (mit eingehender Darstellung der US-amerikanischen Rechtslage auf S. 237 ff.).
45   Vergleichbar *Schwarz*, Anh Art. 43 Rz. 279: Nur die Aufgaben, die dem Verwaltungsrat zwingend aufgegeben sind, können nicht auf die Geschäftsführer übertragen werden.

tungsrat die konkreten Umsetzungsmaßnahmen den geschäftsführenden Direktoren überlassen. Auch die ausschließlich dem Verwaltungsrat zugewiesene Oberleitung (§ 22 Abs. 1 SEAG) zieht Umsetzungsmaßnahmen nach sich, die den geschäftsführenden Direktoren übertragen werden können. Sodann ist für die dem Verwaltungsrat obliegende Vorbereitung und Ausführung von Hauptversammlungsbeschlüssen eine Delegationsmöglichkeit ausdrücklich vorgesehen (§ 22 Abs. 2 Satz 3 Hs. 2 SEAG).

Auch für die gem. **§ 22 Abs. 6 SEAG** dem Verwaltungsrat zufallenden Aufgaben, die 33 im dualistischen System der Vorstand wahrnimmt, gilt im Zweifel die Regel, dass Ausführungsmaßnahmen auf die geschäftsführenden Direktoren **delegiert** werden können. Die Direktoren stellen eine im dualistischen System nicht vorhandene Ausführungsebene unterhalb des Leitungsorgans dar; das aktienrechtliche Prinzip der Ausschließlichkeit der Kompetenzverteilung zwischen Vorstand und Aufsichtsrat ist daher auf das Verhältnis Verwaltungsrat/geschäftsführende Direktoren nicht übertragbar.

Das Verhältnis zwischen Verwaltungsrat und geschäftsführenden Direktoren kann 34 auch in der **Satzung** (Anh. Art. 43 § 44 SEAG Rz. 5) oder einer **Geschäftsordnung** (Anh. Art. 43 § 44 SEAG Rz. 7) näher konkretisiert werden. Die geschäftsführenden Direktoren müssen derartige Beschränkungen ihrer Kompetenzen im Innenverhältnis beachten (§ 44 Abs. 2 SEAG).

3. Handelsregisteranmeldungen

Zur Entlastung des Verwaltungsrats, der nach der Generalzuweisung des § 22 Abs. 6 35 SEAG grundsätzlich alle aktienrechtlich dem Vorstand zugewiesenen Aufgaben übernimmt, weist § 40 Abs. 2 Satz 4 SEAG alle Anmeldungen zum Handelsregister den geschäftsführenden Direktoren zu. Grundsätzlich nehmen daher die **geschäftsführenden Direktoren** die Anmeldungen vor und reichen dort alle notwendigen Dokumente ein. Etwas anderes gilt, wenn **spezialgesetzlich** geregelt ist, dass neben den geschäftsführenden Direktoren auch andere Personen zu beteiligen sind. Innerhalb des SEAG ist § 21 SEAG zu nennen[46]. Ebenso wird man zu entscheiden haben, wenn im allgemeinen Aktienrecht der Vorstand eine Anmeldung nicht allein, sondern gemeinsam mit dem Aufsichtsrat vorzunehmen hat[47]. Denn § 40 Abs. 2 Satz 4 SEAG erfasst seinem Wortlaut nach nur Vorschriften, die allein den Vorstand ansprechen. Nach dem Sinn und Zweck der speziellen Regelungen, die Vorstand und Aufsichtsrat gemeinsam in die Pflicht nehmen, ist eine **Beteiligung des Verwaltungsrats** in der Regel geboten. Diese gemeinsame Verpflichtung der geschäftsführenden und der aufsichtführenden Personen ist ein Element der wechselseitigen Kontrolle, das durch Beteiligung von geschäftsführenden Direktoren und Verwaltungsrat zumindest annäherungsweise auch im monistischen System abgebildet werden kann.

4. Gesamt- oder Einzelgeschäftsführung

§ 40 Abs. 2 Satz 2 SEAG geht vom Grundsatz der Gesamtgeschäftsführung aus, so- 36 fern mehrere geschäftsführende Direktoren bestellt sind. Die Vorschrift lehnt sich an die Regelung zum Vorstand in § 77 Abs. 1 AktG an und ist daher im Wesentlichen gleichlaufend zu interpretieren. Unter den geschäftsführenden Direktoren gilt das **Kollegialprinzip**, Geschäftsführungsentscheidungen müssen also einstimmig beschlossen werden[48]. Art. 50 findet auf die dem nationalen Recht entstammenden

---

46 S. auch Begr. RegE zu § 21 SEAG, BT-Drucks. 15/3405, S. 36.
47 So zum Beispiel bei der Anmeldung der Kapitalerhöhung nach § 184 Abs. 1 AktG (*Koke*, Finanzverfassung der SE, S. 148).
48 Für den Vorstand *Seibt* in K. Schmidt/Lutter, AktG, § 77 Rz. 8 und *Hüffer*, § 77 Rz. 6.

geschäftsführenden Direktoren keine Anwendung (Art. 50 Rz. 4)[49]. Besondere Beschlussformalitäten sieht das Gesetz nicht vor. Es bedarf daher keiner Protokollierung; auch sind fernmündliche oder mit elektronischer Post gefasste Beschlüsse denkbar[50].

37 Die Satzung oder eine vom Verwaltungsrat erlassene Geschäftsordnung können **abweichende Regelungen** treffen (§ 40 Abs. 2 Satz 2 SEAG)[51]. Zwar können auch die geschäftsführenden Direktoren selbst eine Geschäftsordnung erlassen (§ 40 Abs. 4 Satz 1 SEAG), die Disposition über das Prinzip der Gesamtgeschäftsführung steht ihnen jedoch nicht zu. Dies sollen gem. § 40 Abs. 2 Satz 2 SEAG der **Satzungsgeber** oder der **Verwaltungsrat** entscheiden.

38 Abweichungen vom Grundsatz der Gesamtgeschäftsführung bilden insbesondere die Einführung des **Mehrheitsprinzips** und eine Ressortaufteilung[52]. Die einzelnen Mitglieder müssen auch nicht zwingend gleichberechtigt sein[53]. Denkbar ist beispielsweise, ein **einzelnes Mitglied** besonders hervorzuheben und ihm das Recht der alleinigen Entscheidung einzuräumen; zumeist wird es sich dabei um einen geschäftsführenden Direktor handeln, der zugleich Mitglied des Verwaltungsrats ist. Auf diese Weise kann eine dem US-amerikanischen „CEO" vergleichbare Position geschaffen werden (vgl. Art. 45 Rz. 7).

IV. Berichtspflichten gegenüber dem Verwaltungsrat

1. Allgemeine Informationsversorgung (§ 40 Abs. 6 SEAG)

39 Für die allgemeine Informationsversorgung des Verwaltungsrats gilt **§ 90 AktG** entsprechend (§ 40 Abs. 6 SEAG). Dies impliziert nicht etwa eine materielle Gleichstellung mit dem Verhältnis zwischen Vorstand und Aufsichtsrat. Das Gesetz greift auf § 90 AktG deshalb zurück, weil dieser eine sinnvolle Informationsordnung beschreibt zwischen denjenigen Personen, die in das Tagesgeschäft eingebunden sind, und denjenigen, die sich nur in größeren Zeitabständen über das Geschehen in der Gesellschaft informieren. Die geschäftsführenden Direktoren trifft darüber hinaus eine allgemeine **Vorbereitungs- und Beratungspflicht**[54]: Sie müssen den Verwaltungsrat durch hinreichende Informationen in die Lage versetzen, seiner Aufgabe der unternehmerischen Oberleitung nachzukommen.

40 Im Gegensatz zum allgemeinen Aktienrecht ist diese Informationsordnung im monistischen SE-Modell **dispositiv**. Der Informationsfluss kann entsprechend der Realstruktur der Unternehmensleitung in Satzung oder Geschäftsordnung auch anders geregelt werden. Zumindest in größeren Gesellschaften empfiehlt sich der Erlass einer **Informationsordnung** durch den Verwaltungsrat, in der Termine und Inhalte einer regelmäßigen Berichterstattung näher geregelt werden. Denkbar ist eine Intensivierung der Berichterstattung in Gesellschaften, deren Verwaltungsrat eine enge Einbindung in das Tagesgeschäft anstrebt. Es steht aber ebenso im Ermessen von Satzungs- und Geschäftsordnungsgeber, die Informationsordnung zu lockern, wenn beispielsweise durch Personalunion zwischen Verwaltungsratsmitgliedern und ge-

---

49 A.A. *Schwarz*, Anh Art. 43 Rz. 277.
50 Vgl. *Seibt* in K. Schmidt/Lutter, AktG, § 77 Rz. 8 und *Hüffer*, § 77 Rz. 6.
51 Vgl. auch *Reichert/Brandes* in MünchKomm. AktG, Art. 43 SE-VO Rz. 135.
52 Dazu *Thümmel*, Europäische Aktiengesellschaft, S. 112 f. (Rz. 236). Bei gesetzlicher Mitbestimmung ordnet § 38 Abs. 2 SEBG überdies eine zwingende Ressortbildung für Arbeit und Soziales an (vgl. oben Rz. 15).
53 *Reichert/Brandes* in MünchKomm. AktG, Art. 43 SE-VO Rz. 136.
54 *Reichert/Brandes* in MünchKomm. AktG, Art. 43 SE-VO Rz. 187.

schäftsführenden Direktoren der Informationsfluss in den Verwaltungsrat auf andere Weise gesichert ist[55].

2. Berichtspflicht in der Krise (§ 40 Abs. 3 SEAG)

Die geschäftsführenden Direktoren stehen auf Grund ihrer Nähe zum Tagesgeschäft   41
besonders in der Pflicht, krisenhafte Entwicklungen frühzeitig zu erkennen und dem Verwaltungsrat mitzuteilen. Den Verwaltungsrat trifft sodann die Rechenschafts-pflicht gegenüber der Hauptversammlung und gegebenenfalls die Verantwortung für den rechtzeitig gestellten Insolvenzantrag (§ 22 Abs. 5 SEAG)[56]. Diese im dualisti-schen System allein dem Vorstand zugewiesenen Verantwortlichkeiten bedürfen im Monismus einer reibungslosen **Zusammenarbeit** zwischen Verwaltungsrat und ge-schäftsführenden Direktoren.

Auslöser der speziellen Informationspflicht des § 40 Abs. 3 SEAG ist eine Entwick-   42
lung, bei der nach pflichtgemäßem Ermessen oder bei der Aufstellung der Jahres-bilanz oder einer Zwischenbilanz anzunehmen ist, dass ein **Verlust** in der Hälfte des Grundkapitals eingetreten ist. Dies ist der Fall, wenn das verbleibende Vermögen nur noch die Hälfte des Nennkapitals deckt (Anh. Art. 43 § 22 SEAG Rz. 22). Die ge-schäftsführenden Direktoren haben dies dem Verwaltungsrat mitzuteilen (§ 40 Abs. 3 Satz 1 SEAG). Der Verwaltungsrat hat daraufhin die Hauptversammlung einzuberu-fen (§ 22 Abs. 5 Satz 1 SEAG), um ihr die Möglichkeit zum Gegensteuern zu geben (Anh. Art. 43 § 22 SEAG Rz. 21).

Ist die Gesellschaft **zahlungsunfähig** oder **überschuldet**, müssen die geschäftsführen-   43
den Direktoren dies gleichfalls dem Verwaltungsrat mitteilen (§ 40 Abs. 3 Satz 2 SE-AG); denn zu diesem Zeitpunkt ist gem. §§ 22 Abs. 5 Satz 2 SEAG i.V.m. 92 Abs. 2 und 3 AktG unverzüglich der Insolvenzantrag zu stellen. Für die rechtzeitige Stel-lung des Antrags auf Insolvenzeröffnung sind Verwaltungsrat und geschäftsführende Direktoren gleichermaßen verantwortlich, wenngleich im Außenverhältnis die ge-schäftsführenden Direktoren als vertretungsbefugtes Organ den Antrag stellen (Anh. Art. 43 § 22 SEAG Rz. 36 ff.).

V. Geschäftsordnung der geschäftsführenden Direktoren (§ 40 Abs. 4 SEAG)

Die **geschäftsführenden Direktoren** können sich eine Geschäftsordnung geben (§ 40   44
Abs. 4 Satz 1 SEAG); diese Regelung entspricht derjenigen für den Vorstand in § 77 Abs. 2 AktG. Erlassen die geschäftsführenden Direktoren ihre eigene Geschäftsord-nung, so ist dafür ein **einstimmiger Beschluss** erforderlich (§ 40 Abs. 4 Satz 3 SEAG).

Die Selbstorganisation der geschäftsführenden Direktoren tritt in den Hintergrund,   45
wenn die Satzung den Erlass der Geschäftsordnung ausdrücklich dem **Verwaltungsrat** zuweist oder dieser von sich aus eine Geschäftsordnung erlässt (§ 40 Abs. 4 Satz 1 SE-AG).

Die **Satzung** kann Einzelfragen der Geschäftsordnung zwingend regeln, darf dabei al-   46
lerdings nicht die gesamte Geschäftsordnung determinieren[57]. Denn sie regelt nach

---

55 *Merkt*, ZGR 2003, 650, 669, betont, angesichts der gesteigerten Pflichtenstellung des Verwal-tungsrats könne eine Verringerung der Informationsrechte kaum in Betracht kommen. Dies ist im Grundsatz richtig. Eine Reduzierung der in § 40 Abs. 6 SEAG geregelten Berichtspflich-ten entspricht nur dann pflichtgemäßem Ermessen, wenn der Informationsfluss auf andere Weise sichergestellt ist.
56 Näher *Roitsch*, Liquidation der SE, S. 134.
57 So auch die h.M. zum insoweit gleichlautenden § 77 Abs. 2 AktG. S. nur *Seibt* in K. Schmidt/ Lutter, AktG, § 77 Rz. 27 und *Hüffer*, § 77 Rz. 20.

dem Wortlaut des § 40 Abs. 4 SEAG nur „Einzelfragen" und sollte auch nach Sinn und Zweck der Norm geschäftsführenden Direktoren und/oder Verwaltungsrat einen Kernbereich organisatorischer Flexibilität belassen.

47 **Inhalt einer Geschäftsordnung** können Regeln für die interne Zusammenarbeit der Direktoren sein, wozu etwa Sitzungsmodalitäten und Ressortzuständigkeiten gehören. Auch das Verhältnis zum Verwaltungsrat lässt sich sinnvollerweise in einer solchen Geschäftsordnung regeln, etwa die Informationsversorgung des Verwaltungsrats und dessen Einbindung in wichtige unternehmerische Entscheidungen[58].

VI. Abberufung (§ 40 Abs. 5 SEAG)

48 Geschäftsführende Direktoren können **jederzeit** durch Beschluss des Verwaltungsrats **abberufen** werden (§ 40 Abs. 5 SEAG). Ein wichtiger Grund ist für die Abberufung nicht erforderlich[59]. Darin kommt das gesetzliche Leitbild der geschäftsführenden Direktoren als eines dem Verwaltungsrat untergeordneten Gremiums zum Ausdruck. Für die **Beschlussfassung** im Verwaltungsrat gelten die allgemeinen Regeln (Art. 50 und § 34 SEAG). Die **Satzung** kann anderes regeln, insbesondere die Abberufung nur unter Befristung und/oder bei Vorliegen eines wichtigen Grundes zulassen oder eine qualifizierte Beschlussmehrheit vorsehen (vgl. auch oben Rz. 7)[60]. Der geschäftsführende Direktor kann außerdem sein Amt aus freien Stücken niederlegen[61].

49 Nach dem Wortlaut des § 34 Abs. 4 SEAG könnte die Abberufung einem **beschließenden Ausschuss** übertragen werden[62]; denn § 34 Abs. 4 Satz 2 SEAG nennt nur § 40 Abs. 1 Satz 1 SEAG nicht aber § 40 Abs. 5 SEAG. Der Sache nach überzeugt dies nicht. Denn die Abberufung ist als actus contratrius von ebenso großer Bedeutung wie die Bestellung. Auch § 107 Abs. 3 AktG, an dessen Wortlaut sich § 34 Abs. 3 SEAG orientiert[63], schließt eine Übertragung auf beschließende Ausschüsse für Bestellung *und* Abberufung aus. § 34 Abs. 4 SEAG weist insoweit eine Lücke auf, die durch analoge Anwendung der auf § 40 Abs. 1 Satz 1 SEAG bezogenen Regelung geschlossen werden muss. Eine Übertragung auf einen beschließenden Ausschuss ist daher nicht möglich.

50 Soll ein geschäftsführender Direktor abberufen werden, der zugleich **Verwaltungsratsmitglied** ist, so endet allein die Stellung als geschäftsführender Direktor, nicht diejenige als Verwaltungsratsmitglied[64]. Daher unterliegt das betroffene Mitglied im Verwaltungsrat auch bei der Beschlussfassung über die eigene Abberufung keinem Stimmverbot[65]. Die Auswahl der geeigneten geschäftsführenden Personen ist eine Kernkompetenz des Verwaltungsrats, an der auch derjenige Anteil hat, der die Position des geschäftsführenden Direktors übernehmen oder abgegeben soll (s. bereits oben Rz. 27). Zudem ist, da die Abberufung keinen wichtigen Grund voraussetzt, nicht notwendigerweise davon auszugehen, dass ihr ein Fehlverhalten des abzuberufenden Direktors vorangegangen ist. Der Streit kann sich auch lediglich um unterschiedliche geschäftspolitische Strategien drehen, über die jedes Verwaltungsratsmitglied gleich-

---

58 Vgl. auch den Musterentwurf einer Verwaltungsrats-Geschäftsordnung bei *Lutter/Kollmorgen/Feldhaus*, BB 2007, 509, 510, der den Erlass einer „Informationsordnung" für geschäftsführende Direktoren ausdrücklich anspricht.
59 *Schwarz*, Anh Art. 43 Rz. 285.
60 *Schwarz*, Anh Art. 43 Rz. 286; *Manz* in Manz/Mayer/Schröder, Art. 43 SE-VO Rz. 143.
61 *Reichert/Brandes* in MünchKomm. AktG, Art. 43 SE-VO Rz. 149.
62 So *Reichert/Brandes* in MünchKomm. AktG, Art. 43 SE-VO Rz. 115.
63 Begr. RegE zu § 34 SEAG, BT-Drucks. 15/3405, S. 38.
64 *Schwarz*, Anh Art. 43 Rz. 287; zur Abberufung von Verwaltungsratsmitgliedern s. § 29 SEAG.
65 Ebenso *Reichert/Brandes* in MünchKomm. AktG, Art. 43 SE-VO Rz. 146.

berechtigt mitzubestimmen hat. Ein persönliches **Stimmverbot** besteht daher nur dann, wenn die Bestellung aus wichtigem Grund widerrufen werden soll und ein solcher tatsächlich vorliegt, was notfalls gerichtlich geklärt werden muss[66]. Ebenso ist das betroffene Mitglied bei der Entscheidung über eine Kündigung des Anstellungsvertrages vom Stimmrecht ausgeschlossen (vgl. oben Rz. 27 für den Abschluss des Anstellungsvertrages).

Die Laufzeit des Anstellungsvertrages richtet sich nach der vertraglichen Regelung   51 oder dem allgemeinen Dienstvertragsrecht. Sie ist vom körperschaftlichen Akt der Abberufung ebenso zu trennen wie die Frage, ob wechselseitige Ansprüche aus dem **Anstellungsvertrag** bestehen (s. § 40 Abs. 5 Satz 2 SEAG). Denkbar sind Schadensersatzansprüche wegen eines Fehlverhaltens des geschäftsführenden Direktors. Umgekehrt kann es vertragliche Regelungen geben, wonach der geschäftsführende Direktor zumindest für den Fall einer unbegründeten Abberufung vor Beendigung der Vertragszeit Entschädigungs- und Abfindungszahlungen erhält. Der Verwaltungsrat ist im Rahmen seiner allgemeinen Sorgfaltspflicht gehalten, sich bei der Vertragsgestaltung den nötigen Entscheidungsfreiraum zu bewahren und die von § 40 Abs. 5 Satz 1 SEAG vorgesehene jederzeitige Abberufbarkeit nicht durch die Zusage übermäßig hoher Abfindungen zu konterkarieren.

VII. Rechtsverhältnis zur Gesellschaft (§ 40 Abs. 7 SEAG)

Für Vergütung, Wettbewerbsverbot und Kreditgewährung an geschäftsführende Di-   52 rektoren gelten die Vorschriften des Aktiengesetzes über den Vorstand entsprechend (§ 40 Abs. 7 SEAG). Soweit diese aktienrechtlichen Vorschriften auf den Aufsichtsrat Bezug nehmen, tritt an seine Stelle gem. § 22 Abs. 6 SEAG der Verwaltungsrat[67].

1. Vergütung der geschäftsführenden Direktoren (§ 87 AktG entsprechend)

Der Verwaltungsrat legt die Vergütung der geschäftsführenden Direktoren fest. Er   53 kommt dabei einer Rechtspflicht nach, deren unsorgfältige Wahrnehmung zu Schadensersatzpflichten führen kann[68]. Ebenso wie bei anderen Unternehmensorganen gilt der Grundsatz **aufgabenadäquater Vergütung** (vgl. Anh. Art. 43 § 38 SEAG Rz. 3): Der Verwaltungsrat hat dafür zu sorgen, dass die Gesamtbezüge in einem angemessenen Verhältnis zu den Aufgaben der geschäftsführenden Direktoren stehen (§§ 40 Abs. 7 SEAG i.V.m. 87 Abs. 1 AktG)[69]. Zwar sind geschäftsführende Direktoren den Vorgaben des Verwaltungsrats unterworfen, während der Vorstand gegenüber dem Aufsichtsrat weisungsfrei agiert; die konkrete Arbeitsbelastung und die Verantwortung für die Geschicke des Unternehmens dürften sich im Alltag jedoch nur wenig von derjenigen eines Vorstandsmitglieds unterscheiden. Daher können für die Bemessung der Bezüge grundsätzlich die für **Vorstandsbezüge** entwickelten Kriterien herangezogen werden. Denkbare Maßstäbe sind somit die persönliche Qualifikation und der Marktwert des betreffenden Direktors, die konkrete Verhandlungslage und die Dauer der Zugehörigkeit zur Gesellschaft[70].

---

66 *Reichert/Brandes* in MünchKomm. AktG, Art. 43 SE-VO Rz. 146 in Anlehnung an Rechtsprechung und Schrifttum zum GmbH-Recht; zur GmbH *Hüffer* in Ulmer, § 47 Rz. 175.
67 Begr. RegE zu § 40 SEAG, BT-Drucks. 15/3405, S. 39.
68 Für den Aufsichtsrat *Hüffer*, § 87 Rz. 8 und *Spindler*, DStR 2004, 36, 42.
69 Dazu im Überblick *Spindler*, DStR 2004, 36, 37 ff.
70 Dazu *Seibt* in K. Schmidt/Lutter, AktG, § 87 Rz. 5; *Hüffer*, § 87 Rz. 2; *Spindler*, DStR 2004, 36, 38 f.

54   **Vergütungsbestandteile** können sein: Festgehalt, Gewinnbeteiligungen, Aufwands-
     entschädigungen, Versicherungsentgelte, Provisionen und Nebenleistungen jeder Art
     (§§ 40 Abs. 7 SEAG i.V.m. 87 Abs. 1 AktG)[71]. Auch ein Ruhegehalt oder vergleichbare
     Leistungen zählen zur Vergütung und unterliegen dem Gebot der Angemessenheit[72].
     Den geschäftsführenden Direktoren können ebenso wie Vorstandsmitgliedern Ak-
     tienoptionen angeboten werden. Eine bedingte Kapitalerhöhung für diesen Zweck ist
     zulässig, da es sich um Mitglieder der Geschäftsführung i.S.d. § 192 Abs. 2 Nr. 3
     AktG handelt. Bei der angemessenen Ausgestaltung von Aktienoptionsplänen kann
     auf die zum Vorstand gesammelten Erfahrungen zurückgegriffen werden; insbesonde-
     re sollte nicht allein der Börsenkurs Maßstab der Managementleistung sein[73]. Die
     Problematik kompensationsloser Anerkennungsprämien stellt sich in Bezug auf ge-
     schäftsführende Direktoren in derselben Weise wie bei Vorstandsmitgliedern[74].

55   Bei Bemessung der Vergütung ist die **Lage der Gesellschaft** zu berücksichtigen (§§ 40
     Abs. 7 SEAG i.V.m. 87 Abs. 1 Satz 1 AktG)[75]. In Konsequenz dessen kann eine we-
     sentliche Verschlechterung in den Verhältnissen der Gesellschaft zu einer Herabset-
     zung der Vergütung führen (§§ 40 Abs. 7 SEAG i.V.m. 87 Abs. 2 AktG)[76]. Bei einer in-
     solvenzbedingten Kündigung ist ein eventueller Schadensersatzanspruch eines ge-
     schäftsführenden Direktors zeitlich auf zwei Jahre begrenzt (§§ 40 Abs. 7 SEAG
     i.V.m. 87 Abs. 3 AktG)[77].

56   Die bilanzrechtlich angeordnete Pflicht zur **Offenlegung** der Vergütung (§§ 285 Satz 1
     Nr. 9 lit. a, 314 Abs. 1 Nr. 6 lit. a HGB) gilt auch für geschäftsführende Direktoren;
     denn der Gesetzeswortlaut ist nicht auf den Vorstand begrenzt, sondern gilt all-
     gemein für die „Mitglieder des Geschäftsführungsorgans".

57   Wird ein **Mitglied des Verwaltungsrats** zum geschäftsführenden Direktor bestellt,
     handelt es sich rechtlich gesehen um zwei verschiedene Mandate, die separat ver-
     gütet werden (vgl. für den Verwaltungsrat Anh. Art. 43 § 38 SEAG Rz. 12). Dies
     schließt nicht aus, die Doppelfunktion in wirtschaftlicher Hinsicht bei Ermittlung
     der insgesamt angemessenen Vergütung zu berücksichtigen oder die beiden Ver-
     gütungen schuldrechtlich miteinander zu verknüpfen (z.B. Ruhen der Verwaltungs-
     ratsbezüge, solange gleichzeitig die Tätigkeit als geschäftsführender Direktor aus-
     geübt wird).

2. Wettbewerbsverbot (§ 88 AktG entsprechend)

58   Geschäftsführende Direktoren unterliegen gemäß §§ 40 Abs. 7 SEAG i.V.m. 88 AktG
     einem Wettbewerbsverbot. Die Regelungsproblematik ist derjenigen des Vorstands
     im dualistischen System vergleichbar. In beiden Fällen bezweckt die Vorschrift den
     Schutz der Gesellschaft nicht nur vor Wettbewerbshandlungen, sondern auch vor ei-
     nem anderweitigen Einsatz der Arbeitskraft[78]. Ihr korrespondiert daher das auch für
     geschäftsführende Direktoren geltende Leitbild einer Vollzeittätigkeit in den Diens-

---

71 Näher *Spindler*, DStR 2004, 36, 41.
72 *Seibt* in K. Schmidt/Lutter, AktG, § 87 Rz. 4 und *Hüffer*, § 87 Rz. 7.
73 Näher *Hüffer*, § 87 Rz. 6, und *Spindler*, DStR 2004, 36, 43 f.
74 Im Einzelnen ist hier vieles umstritten. Vgl. die BGH-Entscheidung im Fall „Mannesmann",
    BGH v. 21.12.2005 – 3 StR 470/04, AG 2006, 110 ff. und die Nachweise zur Diskussion bei
    Hüffer, § 87 Rz. 4.
75 Vgl. dazu *Seibt* in K. Schmidt/Lutter, AktG, § 87 Rz. 5 und *Hüffer*, § 87 Rz. 2.
76 Dazu *Seibt* in K. Schmidt/Lutter, AktG, § 87 Rz. 11 und *Hüffer*, § 87 Rz. 9 ff.
77 Näher *Seibt* in K. Schmidt/Lutter, AktG, § 87 Rz. 15 und *Hüffer*, § 87 Rz. 13.
78 So der Regelungszweck des § 88 AktG, auf den in § 40 Abs. 7 SEAG verwiesen wird (*Seibt* in
    K. Schmidt/Lutter, AktG, § 88 Rz. 1 sowie *Hüffer*, § 88 Rz. 1).

ten der Gesellschaft. An die Stelle der **Einwilligung** des Aufsichtsrats tritt diejenige des Verwaltungsrats (§ 22 Abs. 6 SEAG).

Geschäftsführende Direktoren dürfen ohne Einwilligung des Verwaltungsrats weder   59
ein **Handelsgewerbe** betreiben noch im Geschäftszweig der Gesellschaft für eigene
oder fremde Rechnung **Geschäfte** machen. Die Einwilligung des Verwaltungsrats
kann nur für bestimmte Handelsgewerbe oder Handelsgesellschaften oder bestimmte
Arten von Geschäften erteilt werden. Ohne Einwilligung des Verwaltungsrats dürfen
geschäftsführende Direktoren auch nicht Mitglied des Vorstands oder Geschäftsführer oder persönlich haftender Gesellschafter einer anderen Handelsgesellschaft sein.
Auch **Doppelmandate** als geschäftsführender Direktor in einer anderen SE können
daher nur mit Einwilligung des Verwaltungsrats übernommen werden.

Geschäftsführende Direktoren, die gegen das Verbot verstoßen, machen sich **scha-**   60
densersatzpflichtig (§§ 40 Abs. 7 SEAG i.V.m. 88 Abs. 2 AktG). Die Gesellschaft kann
alternativ verlangen, dass die für eigene Rechnung eingegangenen Geschäfte als für
Rechnung der Gesellschaft eingegangen gelten und die aus Geschäften für fremde
Rechnung bezogene Vergütung herausgegeben oder der Anspruch auf die Vergütung
abgetreten wird. Ansprüche der Gesellschaft **verjähren** in drei Monaten seit dem
Zeitpunkt, in dem die übrigen geschäftsführenden Direktoren und die Verwaltungsratsmitglieder von der zum Schadensersatz verpflichtenden Handlung Kenntnis erlangen oder ohne grobe Fahrlässigkeit erlangt haben müssten; sie verjähren ohne
Rücksicht auf Kenntnis oder grob fahrlässige Unkenntnis in fünf Jahren von ihrer
Entstehung an (§§ 40 Abs. 7 SEAG i.V.m. 88 Abs. 3 AktG).

3. Kreditgewährung an geschäftsführende Direktoren (§ 89 AktG entsprechend)

Kredite der Gesellschaft an ihre geschäftsführenden Direktoren setzen einen **Verwal-**   61
tungsratsbeschluss voraus. Dies folgt aus dem Verweis des § 40 Abs. 7 SEAG auf § 89
AktG. Diese Maßnahme soll Kredite nicht verhindern, wohl aber für **Transparenz**
sorgen[79]. Auf geschäftsführende Direktoren anwendbar sind auch die Regelungen des
§ 89 Abs. 1 AktG (Kredite und vergleichbare Geschäfte), § 89 Abs. 3 AktG (Kredite an
nahestehende Personen oder solche, die für Rechnung des Vorstandsmitglieds handeln) und § 89 Abs. 4 AktG (Kreditgewährung an juristische Personen, in denen das
betreffende Vorstandsmitglied gleichfalls Mandate wahrnimmt).

Der Verweis des § 40 Abs. 7 SEAG geht ins Leere, soweit er **§ 89 Abs. 2 AktG** ein-   62
bezieht. Denn dort sind Kredite an Prokuristen und Handlungsbevollmächtigte geregelt, mithin keine Besonderheiten des monistischen Leitungssystems. § 40 Abs. 7
SEAG, der sich auf die Ermächtigung des Art. 43 Abs. 4 zur Schaffung spezifischer
Regelungen für das monistische System stützt, kann daher den Verweis auf § 89
Abs. 2 AktG nicht tragen. Diese Vorschrift findet richtigerweise nach der allgemeinen Verweisungsnorm des **Art. 9 Abs. 1 lit. c ii SE-VO** auf jede SE unabhängig von ihrem Leitungssystem Anwendung.

VIII. Haftung der geschäftsführenden Direktoren (§ 40 Abs. 8 SEAG)

Die geschäftsführenden Direktoren müssen entsprechend **§ 93 Abs. 1 Satz 1 AktG**   63
die „Sorgfalt eines ordentlichen und gewissenhaften Geschäftsleiters" beachten (§ 40
Abs. 8 SEAG). Die aktienrechtliche Vorschrift wird hier als **haftungsrechtliche Gene-**
ralklausel in Bezug genommen, die jeweils der Anpassung an den konkreten Pflichtenmaßstab der betroffenen Personen bedarf (Art. 51 Rz. 21 ff.). Maßstab für die ord-

---

79 So für § 89 AktG *Seibt* in K. Schmidt/Lutter, AktG, § 89 Rz. 1 und *Hüffer*, § 89 Rz. 1.

nungsgemäße Wahrnehmung der gesetzlich geregelten Pflichten der geschäftsführenden Direktoren ist diejenige **Sorgfalt**, die „ein ordentlicher Geschäftsmann in verantwortlich leitender Position bei selbständiger treuhänderischer Wahrnehmung fremder Vermögensinteressen einzuhalten hat"[80]. Wie im allgemeinen Aktienrecht hat die Haftungsnorm auch hier eine **Doppelfunktion**[81]: Sie ist generalklauselartige Ausprägung objektiver Verhaltenspflichten und Verschuldensmaßstab in einem. Zudem folgt aus dem Verweis auf § 93 Abs. 1 Satz 3 AktG die **Verschwiegenheitspflicht** der geschäftsführenden Direktoren (vgl. Art. 49 Rz. 3).

64   §§ 40 Abs. 8 SEAG i.V.m. 93 AktG regeln die **Innenhaftung** im Verhältnis zur Gesellschaft. Darüber hinaus unterliegen die geschäftsführenden Direktoren als gesetzliche Vertreter der Gesellschaft (§ 41 Abs. 1 SEAG) in vielfältiger Weise der **Außenhaftung** gegenüber Dritten. In diesem Bereich gilt für die SE das allgemeine nationale Aktienrecht (Art. 51 Rz. 13); insoweit tragen die geschäftsführenden Direktoren dasselbe Außenhaftungsrisiko wie der Vorstand einer AG[82].

65   Im Innenverhältnis genießt der geschäftsführende Direktor entsprechend § 93 Abs. 1 Satz 2 AktG ein **unternehmerisches Ermessen**. Im Kompetenzgefüge des monistischen Systems bedarf dies allerdings einer gewissen Modifizierung. Denn Organ der Oberleitung ist der Verwaltungsrat, der den geschäftsführenden Direktoren Weisungen in Fragen der Geschäftsführung erteilen kann. Diese Ausgangslage modifiziert das unternehmerische Ermessen der geschäftsführenden Direktoren in zweierlei Weise: Sie haben einerseits bei allen Geschäftsführungsentscheidungen zunächst zu bedenken, dass es geboten sein könnte, den Verwaltungsrat frühzeitig einzubinden und dessen Entschließung abzuwarten. Sie genießen andererseits in den Bereichen, die ihnen der Verwaltungsrat zur eigenständigen Wahrnehmung überträgt, eigenes unternehmerisches Ermessen und können nicht für unternehmerische Entscheidungen haftbar gemacht werden, von denen sie auf der Grundlage angemessener Informationen annehmen durften, sie lägen im Wohle der Gesellschaft[83].

66   Wegen ihrer **Weisungsunterworfenheit** und jederzeitigen Abberufbarkeit stehen die geschäftsführenden Direktoren dem Geschäftsführer einer GmbH näher als dem Vorstand einer Aktiengesellschaft[84]. Während eine Billigung durch den Aufsichtsrat den eigenverantwortlich tätigen Vorstand nicht entlasten kann, muss der geschäftsführende Direktor gesetzmäßige Weisungen befolgen, selbst wenn er sie für unzweckmäßig hält (Anh. Art. 43 § 44 SEAG Rz. 12). § 93 Abs. 4 Satz 2 AktG kommt daher im monistischen System nicht zur Anwendung[85]. Soweit die geschäftsführenden Direktoren **rechtmäßige Weisungen** des Verwaltungsrats befolgen, trifft sie im Innenverhältnis keine Haftung[86]. Allerdings muss der Verwaltungsrat zuvor in ausreichender Weise informiert worden sein, um die Weisung auf zutreffender Entscheidungs-

---

80   Formulierung nach BGH v. 20.2.1995 – II ZR 143/93, BGHZ 129, 30, 34. Weitere Nachweise zum Sorgfaltsmaßstab bei *Krieger* in K. Schmidt/Lutter, AktG, § 93 Rz. 5 ff. und *Hüffer*, § 93 Rz. 4.

81   *Reichert/Brandes* in MünchKomm. AktG, Art. 43 SE-VO Rz. 173. S. weiterhin *Krieger* in K. Schmidt/Lutter, AktG, § 93 Rz. 5 und *Hüffer*, § 93 Rz. 3a.

82   Dazu im Überblick *Altmeppen* in Krieger/Uwe H. Schneider, Handbuch Managerhaftung, § 7 (S. 175 ff.).

83   *Reichert/Brandes* in MünchKomm. AktG, Art. 43 SE-VO Rz. 182 f.

84   Begr. RegE zu § 40 SEAG, BT-Drucks. 15/3405, S. 39. Weiterhin *Hommelhoff/Teichmann* in Krieger/Uwe H. Schneider, Handbuch Managerhaftung, S. 97 (Rz. 26) und *Reichert/Brandes* in MünchKomm. AktG, Art. 43 SE-VO Rz. 175 ff.

85   *Hommelhoff/Teichmann* in Krieger/Uwe H. Schneider, Handbuch Managerhaftung, S. 104 (Rz. 43).

86   *Hommelhoff/Teichmann* in Krieger/Uwe H. Schneider, Handbuch Managerhaftung, S. 104 (Rz. 43); *Reichert/Brandes* in MünchKomm. AktG, Art. 43 SE-VO Rz. 186.

grundlage aussprechen zu können[87]. Eine Haftung ist außerdem ausgeschlossen, wenn die Handlung auf einem gesetzmäßigen Beschluss der Hauptversammlung beruht (§§ 40 Abs. 8 SEAG i.V.m. 93 Abs. 4 Satz 1 AktG). Bei Ausführung einer Weisung, durch die der Verwaltungsrat pflichtwidrig handelt, trifft auch den geschäftsführenden Direktor eine Haftung; denn er ist zur entsprechenden Prüfung der ihm erteilten Weisungen verpflichtet[88].

Ebenso wie im allgemeinen Aktienrecht gilt, soweit mehrere geschäftsführende Direktoren bestellt wurden, der **Grundsatz der Gesamtverantwortung**[89]. Eine Ressortbildung ist zulässig, führt aber nicht ohne weiteres zu einer Haftungsbefreiung der übrigen Direktoren. Jeder Direktor steht weiterhin in der Verantwortung, die Tätigkeit der anderen Ressorts mit zu verfolgen und zu überwachen. Darüber hinaus wird die Ressortbildung in Ausnahmefällen durch eine **unteilbare Gesamtverantwortung** aller Direktoren überlagert[90]. Dies gilt insbesondere für die Meldepflichten gegenüber dem Handelsregister (oben Rz. 35) und die Handlungspflichten in der Krise der Gesellschaft (oben Rz. 41 ff.). 67

Für die **Rechtsverfolgung** gegenüber den geschäftsführenden Direktoren ist der Verwaltungsrat zuständig, der insoweit gem. § 41 Abs. 5 SEAG die Gesellschaft vertritt[91]. Bei hinreichender Erfolgsaussicht muss er Haftungsansprüche gegen die geschäftsführenden Direktoren geltend machen, soweit nicht ausnahmsweise mindestens gleichwertige Interessen der Gesellschaft entgegenstehen[92]. 68

IX. Stellvertreter (§ 40 Abs. 9 SEAG)

Auch die für geschäftsführende Direktoren bestellten Stellvertreter übernehmen alle mit dem Mandat verbundenen Rechte und Pflichten[93]. Dies macht § 40 Abs. 9 SEAG deutlich, der an § 94 AktG angelehnt ist. Für Bestellung und Abberufung der Stellvertreter gelten die allgemeinen Regeln des § 40 SEAG. Ebenso wie für den Vorstand einer Aktiengesellschaft hat die Bezeichnung als Stellvertreter rein interne Bedeutung für die Geschäftsverteilung. Sie ist im Außenverhältnis irrelevant und daher auch im Handelsregister nicht eintragungsfähig[94]. 69

---

87 *Hommelhoff/Teichmann* in Krieger/Uwe H. Schneider, Handbuch Managerhaftung, S. 97 (Rz. 26); *Reichert/Brandes* in MünchKomm. AktG, Art. 43 SE-VO Rz. 176.
88 *Ihrig* in Bachmann/Casper/Schäfer/Veil, Haftung und Haftungsdurchsetzung, S. 17, 25.
89 Für die GmbH-Geschäftsführer *Lutter/Hommelhoff*, GmbHG, § 37 Rz. 29 sowie *Hommelhoff/Kleindiek* in Lutter/Hommelhoff, GmbHG, § 43 Rz. 17.
90 Für die GmbH-Geschäftsführer *Lohr*, NZG 2000, 1204, 1210.
91 Näher *Hommelhoff/Teichmann* in Krieger/Uwe H. Schneider, Handbuch Managerhaftung, S. 105 f. (§ 5 Rz. 46 ff.).
92 Grundlegend für das Verhältnis Aufsichtsrat zu Vorstand: BGH v. 21.4.1997 – II ZR 175/95, BGHZ 136, 244 ff.
93 So für stellvertretende Vorstandsmitglieder *Krieger* in K. Schmidt/Lutter, AktG, § 94 Rz. 1 und *Hüffer*, § 94 Rz. 1 f.
94 *Krieger* in K. Schmidt/Lutter, AktG, § 94 Rz. 2 und *Hüffer*, § 94 Rz. 3.

§ 41 SEAG
Vertretung

(1) Die geschäftsführenden Direktoren vertreten die Gesellschaft gerichtlich und außergerichtlich.

(2) Mehrere geschäftsführende Direktoren sind, wenn die Satzung nichts anderes bestimmt, nur gemeinschaftlich zur Vertretung der Gesellschaft befugt. Ist eine Willenserklärung gegenüber der Gesellschaft abzugeben, so genügt die Abgabe gegenüber einem geschäftsführenden Direktor.

(3) Die Satzung kann auch bestimmen, dass einzelne geschäftsführende Direktoren allein oder in Gemeinschaft mit einem Prokuristen zur Vertretung der Gesellschaft befugt sind. Absatz 2 Satz 2 gilt in diesen Fällen entsprechend.

(4) Zur Gesamtvertretung befugte geschäftsführende Direktoren können einzelne von ihnen zur Vornahme bestimmter Geschäfte oder bestimmter Arten von Geschäften ermächtigen. Dies gilt entsprechend, wenn ein einzelner geschäftsführender Direktor in Gemeinschaft mit einem Prokuristen zur Vertretung der Gesellschaft befugt ist.

(5) Den geschäftsführenden Direktoren gegenüber vertritt der Verwaltungsrat die Gesellschaft gerichtlich und außergerichtlich.

Literatur: *Buck*, Wissen und juristische Person – Wissenszurechnung und Herausbildung zivilrechtlicher Organisationspflichten, 2001; *Kleindiek*, Deliktshaftung und juristische Person, 1997; *Schwarz*, Vertretungsregelungen durch den Aufsichtsrat (§ 78 Abs. 3 Satz 2 AktG) und durch Vorstandsmitglieder (§ 78 Abs. 4 Satz 1 AktG), ZHR 166 (2002), 625–655; *Teichmann*, Binnenmarktkonformes Gesellschaftsrecht, 2006.

I. Überblick

1   Die SE-VO regelt zwar die Zuständigkeiten für die Geschäftsführung, nicht aber für die Vertretung der SE (Art. 43 Rz. 17 ff.). Der deutsche Gesetzgeber hat daher, gestützt auf Art. 43 Abs. 4, für das neu einzuführende monistische Modell in § 41 SEAG eine **eigenständige Vertretungsregelung** geschaffen. Diese orientiert sich an der Vertretungsmacht des Vorstands in der nationalen Aktiengesellschaft (§ 78 AktG)[1]. Für die rechtsgeschäftlich erteilte Vertretungsmacht (zivilrechtliche und handelsrechtliche Vollmachten) gilt kraft der Generalverweisung des Art. 9 das mitgliedstaatliche Recht[2].

---

1 Begr. RegE zu § 41 SEAG, BT-Drucks. 15/3405, S. 39.
2 *Schwarz*, Anh Art. 43 Rz. 315.

Vertretungsberechtigt sind die **geschäftsführenden Direktoren** (§ 41 Abs. 1 SEAG).   2
Mehrere Direktoren sind gemeinschaftlich aktiv vertretungsbefugt, wenn die Satzung nichts anderes bestimmt (§ 41 Abs. 2 und 3 SEAG). Einzelne geschäftsführende Direktoren können zur Vornahme bestimmter Geschäfte oder bestimmter Arten von Geschäften ermächtigt werden (§ 41 Abs. 4 SEAG). Passive Vertretungsmacht genießt jeder geschäftsführende Direktor alleine (§ 41 Abs. 2 Satz 2 SEAG).

Die Vertretungsbefugnis der geschäftsführenden Direktoren ist **im Außenverhältnis**   3
unbeschränkt, kann im Innenverhältnis aber Einschränkungen unterworfen werden (§ 44 SEAG).

Der **Verwaltungsrat** ist grundsätzlich nicht vertretungsbefugt[3]. Er vertritt die Gesell-   4
schaft allein im Verhältnis zu den geschäftsführenden Direktoren (§ 41 Abs. 5 SEAG). Diese Regelung entspricht § 112 AktG für das Verhältnis zwischen Vorstand und Aufsichtsrat[4].

Das **österreichische SEG** regelt im Gegensatz zum deutschen SEAG eine gemein-   5
same Vertretungsbefugnis von geschäftsführenden Direktoren und Verwaltungsrat (§ 43 SEG). Soweit die Satzung nichts anderes bestimmt, sind sämtliche Mitglieder des Verwaltungsrats und die geschäftsführenden Direktoren nur gemeinsam zur Vertretung der Gesellschaft befugt (§ 43 Abs. 2 Satz 1 SEG). Es ist ebenso wie im deutschen Recht eine kraft Satzung geregelte Einzelvertretung oder unechte Gesamtvertretung möglich[5]. Die Satzung kann auch den Verwaltungsrat ermächtigen, abweichende Vertretungsregelungen zu treffen (§ 43 Abs. 3 Satz 2 SEG).

II. Organschaftliche Vertretungsmacht (§ 41 Abs. 1 SEAG)

Die geschäftsführenden Direktoren sind die organschaftlichen Vertreter der Gesell-   6
schaft[6]. **Rechtsgeschäftliches Handeln** im Namen der Gesellschaft wird dieser wie eigenes Handeln zugerechnet[7]. Die Vertretungsmacht ist nach außen nicht beschränkbar (§ 44 Abs. 1 SEAG). Eine rechtsgeschäftliche Bindung der Gesellschaft scheitert allenfalls dann, wenn ein Missbrauch der Vertretungsmacht vorliegt[8]. Darüber hinaus gelten für die geschäftsführenden Direktoren die allgemeinen Regeln der **Wissenszurechnung** von Organen einer juristischen Person; der Gesellschaft ist demnach auch das Wissen eines geschäftsführenden Direktors zuzurechnen, der selbst nicht an dem betreffenden Geschäft beteiligt war[9]. Außerdem haftet die Gesellschaft in analoger Anwendung des § 31 BGB (über Art. 9 Abs. 1 lit. c ii) für **deliktische Handlungen**, die ihre geschäftsführenden Direktoren in Ausführung der ihnen zustehenden Verrichtungen begehen[10].

---

3 Teilweise wird allerdings die Auffassung vertreten, er müsse kraft europäischen Rechts vertretungsbefugt sein; dazu Art. 43 Rz. 17 ff.
4 Begr. RegE zu § 41 SEAG, BT-Drucks. 15/3405, S. 39.
5 Vgl. im Einzelnen *Kalss/Greda* in Kalss/Hügel, § 43 SEG Rz. 12 ff.
6 Zum Begriff der organschaftlichen Vertretung *K. Schmidt*, GesR, § 10 II 1 (S. 254 ff.).
7 *Reichert/Brandes* in MünchKomm. AktG, Art. 43 SE-VO Rz. 191; *Schwarz*, Anh Art. 43 Rz. 303. Ebenso für den Vorstand der AG *Seibt* in K. Schmidt/Lutter, AktG, § 78 Rz. 2 und *Hüffer*, § 78 Rz. 3.
8 Dazu näher *Seibt* in K. Schmidt/Lutter, AktG, § 78 Rz. 7 und *Hüffer*, § 78 Rz. 9.
9 *Reichert/Brandes* in MünchKomm. AktG, Art. 43 SE-VO Rz. 194. Für den AG-Vorstand *Seibt* in K. Schmidt/Lutter, AktG, § 78 Rz. 10 f. und *Hüffer*, § 78 Rz. 3. Monographisch zu Legitimationsgrundlage und Grenzen der Wissenszurechnung in juristischen Personen: *Buck*, Wissen und juristische Person, insb. S. 194 ff.
10 *Schwarz*, Art. 51 Rz. 26; *Hirte*, NZG 2002, 1,8. Für den AG-Vorstand *Seibt* in K. Schmidt/Lutter, AktG, § 78 Rz. 29 und *Hüffer*, § 78 Rz. 23. Monographisch zur deliktischen Haftung juristischer Personen: *Kleindiek*, Deliktshaftung und juristische Person.

7   Für die **gerichtliche Vertretung** der SE durch ihre geschäftsführenden Direktoren gelten dieselben Grundsätze wie bei einer nationalen Aktiengesellschaft[11]. Sie sind Adressat gerichtlicher Zustellungen (§ 170 ZPO); sie können im Prozess nur als Partei und nicht als Zeuge vernommen werden (§ 455 Abs. 1 Satz 1 ZPO); sie sind zuständig für die Abgabe eidesstattlicher Versicherungen im Namen der Gesellschaft.

8   Die geschäftsführenden Direktoren vertreten die Gesellschaft auch bei der Anfechtung eines Verwaltungsratsbeschlusses durch ein Mitglied des Verwaltungsrats[12]. Bei **Anfechtungsklagen** von Aktionären gegen einen Hauptversammlungsbeschluss vertreten geschäftsführende Direktoren und Verwaltungsrat gemeinsam die Gesellschaft[13]. § 246 Abs. 2 Satz 2 AktG ist insoweit lex specialis gegenüber der allgemeinen Vertretungsregelung; an die Stelle des Aufsichtsrats tritt gem. § 22 Abs. 6 SEAG der Verwaltungsrat. Erhebt ein geschäftsführender Direktor Anfechtungsklage, wird die Gesellschaft nur durch den Verwaltungsrat vertreten. Denn nach dem Rechtsgedanken des § 246 Abs. 2 Satz 3 AktG kann der auf Klägerseite prozessführende geschäftsführende Direktor nicht gleichzeitig die beklagte Gesellschaft vertreten; nach der Grundregel des § 22 Abs. 6 SEAG ist in diesem Fall der Verwaltungsrat an Stelle der geschäftsführenden Direktoren vertretungsberechtigt. Ein weiterer Sonderfall ist die von der Hauptversammlung betriebene **Geltendmachung von Ersatzansprüchen**, für die gem. § 147 Abs. 2 AktG ein besonderer Vertreter bestellt wird.

III. Gesamtvertretung (§ 41 Abs. 2 SEAG)

9   § 41 Abs. 2 Satz 1 SEAG folgt ebenso wie die Parallelnorm § 78 Abs. 2 Satz 1 AktG für die **Aktivvertretung** dem Prinzip der Gesamtvertretung. Mehrere geschäftsführende Direktoren sind demnach, soweit die Satzung nichts Abweichendes bestimmt (unten Rz. 11 ff.), nur gemeinschaftlich zur Vertretung der Gesellschaft befugt[14]. Wurde nur ein geschäftsführender Direktor bestellt, ist dieser alleinvertretungsberechtigt[15]. Müssen jedoch nach Gesetz (vgl. § 38 Abs. 2 SEBG) oder Satzung mehrere geschäftsführende Direktoren bestellt werden und sind diese in Ermangelung anderslautender Satzungsregelung nur gemeinsam vertretungsberechtigt, kann bei Wegfall eines von zwei geschäftsführenden Direktoren der verbleibende Direktor die Gesellschaft nicht alleine vertreten[16]. Der Verwaltungsrat – in dringenden Fällen auch das Gericht (§ 45 SEAG) – muss in diesem Fall zunächst einen neuen geschäftsführenden Direktor bestellen.

10   Willenserklärungen gegenüber der Gesellschaft (**Passivvertretung**) werden wirksam, wenn sie nur einem geschäftsführenden Direktor zugegangen sind (§ 41 Abs. 2 Satz 2 SEAG); insoweit gilt also Einzelvertretung. Dies betrifft auch geschäftsähnliche Erklärungen wie etwa eine Mahnung oder Mängelrüge[17].

---

11 Dazu *Seibt* in K. Schmidt/Lutter, AktG, § 78 Rz. 4 und *Hüffer*, § 78 Rz. 4.
12 *Reichert/Brandes* in MünchKomm. AktG, Art. 43 SE-VO Rz. 195. Vgl. für die Vertretung der Aktiengesellschaft durch den Vorstand: BGH v. 17.5.1993 – II ZR 89/92, BGHZ 122, 342 ff.
13 *Reichert/Brandes* in MünchKomm. AktG, Art. 43 SE-VO Rz. 197.
14 Für die Einzelheiten vgl. *Seibt* in K. Schmidt/Lutter, AktG, § 78 Rz. 16 und *Hüffer*, § 78 Rz. 11 f.
15 *Schwarz*, Anh Art. 43 Rz. 306.
16 Vgl. für den Vorstand der Aktiengesellschaft *Seibt* in K. Schmidt/Lutter, AktG, § 78 Rz. 16 und *Hüffer*, § 78 Rz. 11.
17 *Seibt* in K. Schmidt/Lutter, AktG, § 78 Rz. 18 und *Hüffer*, § 78 Rz. 13.

IV. Abweichende Satzungsregelung (§ 41 Abs. 3 SEAG)

Die **Satzung** kann vom Grundsatz der Gesamtvertretung abweichen (§ 41 Abs. 2   11
Satz 1 SEAG). Eine Ermächtigung des Verwaltungsrats, seinerseits abweichende Vertretungsregelungen zu treffen, regelt das SEAG nicht. Es weicht insoweit vom allgemeinen Aktienrecht ab, das in § 78 Abs. 3 Satz 2 AktG eine Regelung durch den
Aufsichtsrat bei entsprechender Satzungsermächtigung zulässt.

§ 41 Abs. 3 Satz 1 SEAG stellt klar, dass insbesondere **Einzelvertretung** durch einen   12
geschäftsführenden Direktor oder **unechte Gesamtvertretung** eines geschäftsführenden Direktors gemeinsam mit einem Prokuristen zulässig sind[18]. Denkbar ist auch
eine **gemeinschaftliche Vertretung**, bei der nicht alle, sondern jeweils nur zwei (oder
mehrere) geschäftsführende Direktoren zusammenwirken[19]. Für die Passivvertretung
bleibt es in all diesen Fällen bei der Einzelvertretungsmacht (§ 41 Abs. 3 Satz 2
SEAG).

V. Einzelermächtigung (§ 41 Abs. 4 SEAG)

§ 41 Abs. 4 SEAG lässt in Anlehnung an § 78 Abs. 4 AktG die sogenannte Einzel-   13
ermächtigung zu, bei der ein **gesamtvertretungsberechtigter geschäftsführender Direktor** dazu ermächtigt wird, die Gesellschaft alleine zu vertreten. Die Ermächtigung
muss von geschäftsführenden Direktoren in vertretungsberechtigter Zahl ausgesprochen werden (§ 41 Abs. 4 Satz 2 SEAG). Bei **unechter Gesamtvertretung** genügt Zusammenwirken eines geschäftsführenden Direktors mit einem Prokuristen (§ 41
Abs. 4 Satz 2 SEAG). Die Ermächtigung kann jederzeit widerrufen werden[20].

Die Ermächtigung muss, um den Grundsatz der Gesamtvertretung nicht auszuhöh-   14
len, auf **bestimmte Geschäfte** oder **bestimmte Arten** von Geschäften begrenzt sein.
Nach der herrschenden Auffassung im Aktienrecht bedarf es dazu einer gegenständli-
chen Beschränkung, die hinreichend präzise sein muss[21]. Zulässig wäre beispielsweise eine gegenständliche Beschränkung, die mit einer betragsmäßigen Grenze verbunden wird („Einkaufsgeschäfte bis zu 10.000 Euro")[22].

Durch die Ermächtigung wird die Gesamtvertretungsmacht des ermächtigten Direk-   15
tors zur **Einzelvertretungsmacht**[23]. Gemäß der ersten gesellschaftsrechtlichen Richtlinie ist offen zu legen, ob die zur Vertretung der Gesellschaft befugten Personen die
Gesellschaft allein oder nur gemeinschaftlich vertreten können[24]. Soll daher von der
Ermächtigung Gebrauch gemacht werden, setzt das eine Eintragung im Handelsregister voraus; diese kann abstrakt und generell formuliert sein[25]. Dass ein Dritter sich

---

18 Zu den Einzelheiten vgl. die Kommentierungen der Parallelnorm in § 78 Abs. 3 AktG: *Seibt*
     in K. Schmidt/Lutter, AktG, § 78 Rz. 21 und *Hüffer*, § 78 Rz. 14 ff.
19 Vgl. *Seibt* in K. Schmidt/Lutter, AktG, § 78 Rz. 22 und *Hüffer*, § 78 Rz. 18.
20 So zu § 78 Abs. 4 AktG: *Seibt* in K. Schmidt/Lutter, AktG, § 78 Rz. 26 und *Hüffer*, § 78 Rz. 22.
21 *Seibt* in K. Schmidt/Lutter, AktG, § 78 Rz. 25 und *Hüffer*, § 78 Rz. 21.
22 So das Beispiel bei *Hüffer*, § 78 Rz. 21.
23 So die h.M. im Aktienrecht; nach a.A. ist die Ermächtigung als ein Fall der Handlungsvoll-
     macht anzusehen (vgl. *Seibt* in K. Schmidt/Lutter, AktG, § 78 Rz. 23 und *Hüffer*, § 78 Rz. 20,
     jew. m.w.N.).
24 Richtlinie 68/151/EWG, Art. 2 Abs. 2 lit. d Satz 2.
25 So für § 78 Abs. 4 AktG zu Recht und entgegen der ganz h.M. (vgl. *Kleindiek* in K. Schmidt/
     Lutter, AktG, § 37 Rz. 20 und *Hüffer*, § 37 Rz. 8) *Schwarz*, ZHR 166 (2002), 625, 639 mit For-
     mulierungsvorschlag: „Ein Vorstandsmitglied ist allein zur Vertretung befugt, wenn es durch
     zur Gesamtvertretung befugte Vorstandsmitglieder dazu ermächtigt wird."

über die Möglichkeit der Ermächtigung auch durch Lektüre des Gesetzes informieren könnte, ist aus gemeinschaftsrechtlicher Sicht nicht ausreichend[26].

VI. Vertretung der Gesellschaft gegenüber geschäftsführenden Direktoren (§ 41 Abs. 5 SEAG)

16　Im Verhältnis zu den geschäftsführenden Direktoren wird die Gesellschaft durch den **Verwaltungsrat** vertreten (§ 41 Abs. 5 SEAG). Die Regelung entspricht § 112 AktG[27], wonach die Aktiengesellschaft gegenüber Vorstandsmitgliedern durch den Aufsichtsrat vertreten wird. Dies soll **Interessenkollisionen vermeiden** und eine unbefangene, von sachfremden Erwägungen unbeeinflusste Vertretung der Gesellschaft sicherstellen[28]. Denn den geschäftsführenden Direktoren fehlt typischerweise die nötige Unbefangenheit, wenn sie die Gesellschaft gegenüber einer Person aus den eigenen Reihen vertreten sollen[29]. Dies gilt gegenüber amtierenden, aber auch gegenüber ausgeschiedenen geschäftsführenden Direktoren[30].

17　Die **Anpassung** dieses Rechtsgedankens **an das monistische Modell** begegnet insoweit gewissen Schwierigkeiten, als ein geschäftsführender Direktor zugleich Mitglied des Verwaltungsrats sein kann (vgl. § 40 Abs. 1 Satz 2 SEAG). Die Regelung des § 41 Abs. 5 SEAG stellt daher die Unbefangenheit der vertretungsberechtigten Personen nicht in jedem Fall ausreichend sicher. Als Korrektiv dient das **Stimmverbot** innerhalb des Verwaltungsrats (vgl. Anh. Art. 43 § 35 SEAG Rz. 12 ff., § 40 SEAG Rz. 27 und Art. 50 Rz. 19)[31]: Soll der Verwaltungsrat im Namen der Gesellschaft ein Geschäft abschließen, von dem ein Verwaltungsratsmitglied, welches zugleich geschäftsführender Direktor ist, betroffen ist, unterliegt dieses Mitglied bei der vorangehenden Beschlussfassung einem Stimmverbot. Dies betrifft allerdings nur die Willensbildung im Innenverhältnis. Im Außenverhältnis ist das Verwaltungsratsmitglied über Art. 9 Abs. 1 lit. c ii gem. **§ 181 BGB** daran gehindert, an der gem. § 41 Abs. 5 SEAG bestehenden Vertretungsmacht des Verwaltungsrats zu partizipieren. Insoweit ist auch keine Befreiung möglich. Denn § 41 Abs. 5 SEAG bringt den zwingenden Rechtsgedanken zum Ausdruck, dass geschäftsführende Direktoren bei der Regelung ihrer eigenen Rechtsverhältnisse – und derjenigen ihrer Kollegen – zur Gesellschaft nicht auf Seiten der Gesellschaft mitwirken sollen.

18　Im **mitbestimmten Verwaltungsrat** kann das Stimmverbot des geschäftsführenden Mitglieds, bei dem es sich in der Regel um einen Vertreter der Anteilseigner handeln wird, zu einem Übergewicht der Arbeitnehmervertreter führen[32]. Dies korrigiert § 35 Abs. 3 SEAG durch einen Übergang des Stimmrechts auf den Vorsitzenden. Empfehlenswert ist die Übertragung der Beschlussfassung auf einen Ausschuss; hierfür muss in der Satzung Vorsorge getroffen werden (Art. 50 Rz. 22 f.).

26　Der EuGH fordert aus diesem Grunde die Eintragung des an und für sich selbstverständlichen Umstandes, dass der alleinige Geschäftsführer einer GmbH auch alleine vertretungsberechtigt ist (EuGH v. 12.11.1974 – Rs. 32/74, Slg. 1974, 1201 ff. – „Haaga"); zum dahinter stehenden Informationsmodell *Teichmann*, Binnenmarktkonformes Gesellschaftsrecht, S. 213.

27　Begr. RegE zu § 41 SEAG, BT-Drucks. 15/3405, S. 39.

28　So zu § 112 AktG: BGH v. 26.6.1995 – II ZR 122/94, BGHZ 130, 108, 111; BGH v. 1.12.2003 – II ZR 161/02, BGHZ 157, 151, 154.

29　Vgl. zum Regelungszweck des § 112 AktG: *Drygala* in K. Schmidt/Lutter, AktG, § 112 Rz. 1 und *Hüffer*, § 112 Rz. 1.

30　In diesem Sinne für § 112 AktG: BGH v. 26.6.1995 – II ZR 122/94, BGHZ 130, 108, 111 f.; BGH v. 1.12.2003 – II ZR 161/02, BGHZ 157, 151, 153 f.

31　So auch *Manz* in Manz/Mayer/Schröder, Art. 43 SE-VO Rz. 155; *Reichert/Brandes* in Münch-Komm. AktG, Art. 43 SE-VO Rz. 200; *Schwarz*, Anh Art. 43 Rz. 312.

32　Zur Problematik *Reichert/Brandes* in MünchKomm. AktG, Art. 43 SE-VO Rz. 200 ff.

VII. Vertretung der Gesellschaft gegenüber Verwaltungsratsmitgliedern

Bei Rechtsgeschäften mit einem Mitglied des Verwaltungsrats wird die SE nach den 19 allgemeinen Regeln des § 41 SEAG durch ihre geschäftsführenden Direktoren vertreten. Dies begegnet Bedenken, weil die geschäftsführenden Direktoren dem Verwaltungsrat weisungsunterworfen sind (Anh. Art. 43 § 44 SEAG Rz. 8) und von ihm jederzeit abberufen werden können. Es ginge indessen zu weit, diese Konstellation generell mit einer Umgehung des § 181 BGB zu vergleichen und den geschäftsführenden Direktoren die Vertretungsmacht zu versagen, selbst wenn der Verwaltungsrat dann immer noch die Möglichkeit hätte, das Vertreterhandeln zu gestatten[33]. Denn das Gesetz hat die Problematik gesehen und trifft hierfür in **§ 38 Abs. 2 SEAG** eine Sonderregelung: Dienst-, Werk- und Kreditverträge zwischen der Gesellschaft und ihren Verwaltungsratsmitgliedern bedürfen der Zustimmung des Verwaltungsrats (Anh. Art. 43 § 38 SEAG Rz. 9 ff.). Bei dieser Beschlussfassung ist das betroffene Mitglied nicht stimmberechtigt (Anh. Art. 43 § 38 SEAG Rz. 9). Diese Schutzmechanismen setzen voraus, dass die geschäftsführenden Direktoren Vertretungsmacht haben, und lösen das Problem der Interessenkollision auf andere Weise. Der Verwaltungsrat wird angehalten, über das Geschäft intern einen Beschluss herbeizuführen. Dadurch werden auch die nicht am Rechtsgeschäft beteiligten Verwaltungsratsmitglieder an ihre Pflichten gegenüber der Gesellschaft erinnert, deren Verletzung zur persönlichen Haftung nach § 39 SEAG führt. Darüber hinaus kann einem pflichtwidrigen Zusammenwirken geschäftsführender Direktoren mit einzelnen oder allen Verwaltungsratsmitgliedern mit den Grundsätzen vom Missbrauch der Vertretungsmacht begegnet werden[34].

§ 42 SEAG
Zeichnung durch geschäftsführende Direktoren

Die geschäftsführenden Direktoren zeichnen für die Gesellschaft, indem sie der Firma der Gesellschaft ihre Namensunterschrift mit dem Zusatz „Geschäftsführender Direktor" hinzufügen.

§ 42 SEAG orientiert sich an § 79 AktG[1] und dient damit der Klarheit und Sicherheit 1 des Rechtsverkehrs[2]. Die Namenszeichnung mit der Firma soll deutlich machen, dass der geschäftsführende Direktor für die Gesellschaft handelt und nicht für sich selbst. Es handelt sich um eine **Ordnungsvorschrift**, deren Einhaltung nicht Wirksamkeitsvoraussetzung ist.

Die Einhaltung der Vorgaben des § 42 SEAG erfüllt das Kriterium der **Offenkundig-** 2 **keit** i.S.d. § 164 Abs. 1 BGB. Ob der geschäftsführende Direktor im Namen der Gesellschaft gehandelt hat, kann aber gegebenenfalls auch auf andere Weise aus den Umständen oder dem Inhalt der Erklärung ermittelt werden[3].

---

33 In diesem Sinne *Schwarz*, Anh Art. 43 Rz. 313.
34 So für die wegen der Weisungsunterworfenheit der Geschäftsführer vergleichbare Lage in der GmbH: *Lutter/Hommelhoff*, GmbHG, § 35 Rz. 4 und Rz. 12 ff.
1 Vgl. Begr. RegE zu § 34 SEAG, BT-Drucks. 15/3405, S. 39.
2 So für die aktienrechtliche Parallelnorm *Seibt* in K. Schmidt/Lutter, AktG, § 79 Rz. 1 und *Hüffer*, § 79 Rz. 1.
3 Zum Sonderfall der Begebung eines Wechsels oder eines Schecks im Namen der Gesellschaft: *Seibt* in K. Schmidt/Lutter, AktG, § 79 Rz. 4 und *Hüffer*, § 79 Rz. 5.

3   Die **Namenszeichnung** muss eigenhändig geleistet werden[4]. Die **Firma** und der Zu-
     satz „**Geschäftsführender Direktor**" können gedruckt, gestempelt oder auf andere
     Weise hinzugefügt werden[5].

4   Die Vorschrift gilt sinngemäß für den **Verwaltungsrat**, soweit dieser nach § 41 Abs. 5
     SEAG ausnahmsweise die Gesellschaft vertritt[6].

5   Von der Beachtung des § 42 SEAG zu trennen ist die Frage, ob die **Schriftform** nach
     § 126 BGB eingehalten wurde. Eine Zeichnung nach § 43 SEAG genügt in jedem Fall.
     Es reicht aber für die Einhaltung der Schriftform auch aus, wenn eigenhändig mit der
     Firma unterschrieben wird[7].

§ 43 SEAG
Angaben auf Geschäftsbriefen

**(1) Auf allen Geschäftsbriefen, gleichviel welcher Form, die an einen bestimmten
Empfänger gerichtet werden, müssen die Rechtsform und der Sitz der Gesellschaft,
das Registergericht des Sitzes der Gesellschaft und die Nummer, unter der die Gesellschaft in das Handelsregister eingetragen ist, sowie alle geschäftsführenden Direktoren und der Vorsitzende des Verwaltungsrats mit dem Familiennamen und mindestens einem ausgeschriebenen Vornamen angegeben werden. § 80 Abs. 1 Satz 3 des
Aktiengesetzes gilt entsprechend.**

(2) § 80 Abs. 2 bis 4 des Aktiengesetzes gilt entsprechend.

Literatur: *Bärwaldt/Schabacker*, Angaben auf Geschäftspapieren inländischer Zweigniederlassungen ausländischer Kapitalgesellschaften, AG 1996, 461–465; *Maaßen/Orlikowski-Wolf*, Stellt
das Fehlen von Pflichtangaben in Geschäftskorrespondenz einen Wettbewerbsverstoß dar?, BB
2007, 561–565.

I. Überblick

1   Die Vorschrift ist in Anlehnung an § 80 AktG formuliert[1] und bezweckt die **Publizi-
     tät der wesentlichen Gesellschaftsverhältnisse**[2]. Geregelt werden die notwendigen

---

4   *Hüffer*, § 79 Rz. 2; a.A. (nicht notwendigerweise eigenhändig) *Seibt* in K. Schmidt/Lutter,
    AktG, § 79 Rz. 3.
5   *Seibt* in K. Schmidt/Lutter, AktG, § 79 Rz. 3 und *Hüffer*, § 79 Rz. 2. Enger *Schwarz*, Anh Art. 43
    Rz. 320: Benennung der Firma und Bezeichnung der geschäftsführenden Direktoren soll hand-
    schriftlich geschehen.
6   So für den Aufsichtsrat *Seibt* in K. Schmidt/Lutter, AktG, § 79 Rz. 2 und *Hüffer*, § 79 Rz. 1.
7   *Seibt* in K. Schmidt/Lutter, AktG, § 79 Rz. 3 und *Hüffer*, § 79 Rz. 4.
1   Vgl. Begr. RegE zu § 34 SEAG, BT-Drucks. 15/3405, S. 39.
2   So zu § 80 AktG: *Seibt* in K. Schmidt/Lutter, AktG, § 80 Rz. 1 und *Hüffer*, § 80 Rz. 1.

Angaben auf Geschäftsbriefen (§ 43 Abs. 1 SEAG) und Bestellscheinen (§§ 43 Abs. 2 SEAG i.V.m. 80 Abs. 3 AktG). Weiterhin sind erfasst Mitteilungen im Rahmen einer bestehenden Geschäftsverbindung (§§ 43 Abs. 2 SEAG i.V.m. 80 Abs. 2 AktG) und die von Zweigniederlassungen verwandten Geschäftsbriefe oder Bestellscheine (§§ 43 Abs. 2 SEAG i.V.m. 80 Abs. 4 AktG).

Gemeinschaftsrechtliche Grundlage dieser Publizitätsvorschriften sind die Erste ge- 2
sellschaftsrechtliche Richtlinie (68/151/EWG)[3] und die Elfte gesellschaftsrechtliche Richtlinie (89/666/EWG)[4]. Auch wenn die SE als Rechtsform in den einschlägigen **Richtlinien** nicht genannt ist, weil es diese Rechtsform bei Erlass der Richtlinien noch nicht gab, ist sie doch in allen von der Verordnung nicht geregelten Fragen einer Aktiengesellschaft nationalen Rechts gleichgestellt und daher auch den Regelungen der gesellschaftsrechtlichen Richtlinien unterworfen (Art. 9 Rz. 55 f.). Speziell für die SE erlassene Rechtsvorschriften müssen mit den Richtlinien im Einklang stehen (Art. 9 Abs. 2).

Es handelt sich bei den Publizitätsregelungen um bloße **Ordnungsvorschriften**, deren 3
Verletzung auf die Gültigkeit der Erklärung keinen Einfluss hat[5]. Möglicherweise können aber Wettbewerber das Fehlen der vorgeschriebenen Angaben als Wettbewerbsverstoß angreifen[6].

II. Angaben auf Geschäftsbriefen und Bestellscheinen

1. Begriff

Geschäftsbriefe sind alle nach außen gerichteten Mitteilungen der Gesellschaft, die 4
an einen bestimmten Empfänger gerichtet sind[7]. Der Begriff ist weit auszulegen; es kann sich auch um Preislisten, Rechnungen, Quittungen, Lieferscheine oder andere Mitteilungen handeln[8]. Gemäß ausdrücklicher gesetzlicher Regelung sind **Bestellscheine** den Geschäftsbriefen gleich zu stellen (§§ 43 Abs. 2 SEAG i.V.m. 80 Abs. 3 Satz 1 AktG).

Entgegen früher vertretener Auffassung[9] erfasst der Begriff nach Inkrafttreten der Er- 5
gänzung zur ersten gesellschaftsrechtlichen Richtlinie (vgl. oben Rz. 1) nicht nur Mitteilungen in Schriftform, sondern alle Mitteilungen, die **„auf Papier oder in sonstiger Weise"** erstellt werden (Art. 4 n.F. Erste Richtlinie, s oben Rz. 2). Diese europäische Vorgabe wurde mit dem Gesetz über elektronische Handelsregister und Genossenschaftsregister sowie das Unternehmensregister (EHUG) umgesetzt, welches in § 43 Abs. 1 SEAG nach dem Wort „Geschäftsbriefen" den Zusatz „gleichviel welcher Form" einfügte[10]. Unter die Publizitätsvorschriften für Geschäftsbriefe fallen damit auch Mitteilungen in elektronischer Form[11].

---

3 Geändert durch Richtlinie 2003/58/EG v. 15.7.2003, ABl. EU Nr. L 221 v. 4.9.2003, S. 13 ff.
4 Näher *Seibt* in K. Schmidt/Lutter, AktG, § 80 Rz. 1 und *Hüffer*, § 80 Rz. 1.
5 *Seibt* in K. Schmidt/Lutter, AktG, § 80 Rz. 11 und *Hüffer*, § 80 Rz. 8.
6 Dazu *Maaßen/Orlikowski-Wolf*, BB 2007, 561 ff.
7 *Seibt* in K. Schmidt/Lutter, AktG, § 80 Rz. 8.
8 *Seibt* in K. Schmidt/Lutter, AktG, § 80 Rz. 8 und *Hüffer*, § 80 Rz. 2.
9 Beispielsweise *Hüffer*, § 80 Rz. 2.
10 Gesetz über elektronische Handelsregister und Genossenschaftsregister sowie das Unternehmensregister (EHUG), BGBl. I 2006, 2585.
11 *Seibt* in K. Schmidt/Lutter, AktG, § 80 Rz. 8; *Maaßen/Orlikowski-Wolf*, BB 2007, 651.

2. Pflichtangaben

6   Anzugeben sind Rechtsform und Sitz der Gesellschaft, das Registergericht des Sitzes der Gesellschaft und die Nummer, unter der die Gesellschaft im Handelsregister eingetragen ist. Weiterhin sind alle geschäftsführenden Direktoren und der Vorsitzende des Verwaltungsrats mit dem Familiennamen und mindestens einem ausgeschriebenen Vornamen anzugeben. Diese Vorgaben des § 43 Abs. 1 Satz 1 SEAG entsprechen § 80 Abs. 1 Satz 1 AktG. Für § 80 Abs. 1 Satz 2 (Angabe des Vorstandsvorsitzenden) findet sich hingegen keine Entsprechung, weil es unter den geschäftsführenden Direktoren keinen Vorsitzenden gibt[12].

7   § 80 Abs. 1 Satz 3 AktG findet entsprechende Anwendung (§ 43 Abs. 1 Satz 2 SEAG). Demnach sind Angaben über das Kapital der Gesellschaft zulässig, aber nicht zwingend vorgeschrieben. Werden Angaben gemacht, muss in jedem Fall das Grundkapital sowie, wenn auf die Aktien der Ausgabebetrag nicht vollständig eingezahlt ist, der Gesamtbetrag der ausstehenden Einlagen angegeben werden.

3. Ausnahmen: Vordrucke in bestehenden Geschäftsbeziehungen

8   Auf die Angaben nach § 43 Abs. 1 Satz 1 SEAG kann verzichtet werden bei Mitteilungen oder Berichten, die im Rahmen einer bestehenden Geschäftsbeziehung ergehen und für die **üblicherweise Vordrucke** verwendet werden, in denen lediglich die im Einzelfall erforderlichen besonderen Angaben eingefügt zu werden brauchen. Dies folgt aus dem Verweis in § 43 Abs. 2 SEAG auf § 80 Abs. 2 AktG[13].

9   Die Ausnahmeregelung gilt nur für Geschäftsbriefe, **nicht** für **Bestellscheine** (§§ 43 Abs. 2 SEAG i.V.m. 80 Abs. 3 Satz 2 AktG).

III. Angaben der inländischen Zweigniederlassung einer ausländischen Gesellschaft

10   Aktiengesellschaften mit Sitz im Ausland unterliegen hinsichtlich der Geschäftsbriefe und Bestellscheine, die von ihrer Zweigniederlassung im Inland verwendet werden, denselben Publizitätsregeln wie inländische Aktiengesellschaften (§ 80 Abs. 4 AktG)[14]. Diese Regelung überträgt § 43 Abs. 2 SEAG durch entsprechende Anwendung des § 80 Abs. 4 AktG auf die SE. Somit haben **SE mit Sitz im Ausland** bei den Geschäftsbriefen und Bestellscheinen ihrer deutschen Zweigniederlassung das Register, bei dem die Zweigniederlassung geführt wird, und die Nummer des Registereintrags anzugeben[15]. Weiterhin gelten die Vorschriften des § 43 Abs. 1 SEAG (Pflichtangaben) und §§ 43 Abs. 2 SEAG i.V.m. 80 Abs. 1 bis 3 AktG (Ausnahme für Vordrucke, Gleichstellung von Bestellscheinen).

11   Die Regelung gilt **unabhängig vom konkreten Leitungsmodell** für jede SE mit Sitz im Ausland. Denn auch die in Bezug genommene Vorschrift des § 80 Abs. 4 AktG ist insoweit struktur-neutral. Vielmehr werden Publizitätsvorschriften des deutschen Rechts auf die ausländische Gesellschaft nur insoweit angewandt, als nicht das ausländische Recht Abweichungen nötig macht (§ 80 Abs. 4 Satz 1 Hs. 2 AktG). Syste-

---

12 In § 40 Abs. 1 SEAG, der die Bestellung der geschäftsführenden Direktoren regelt, fehlt eine Entsprechung zu § 80 Abs. 2 AktG, der die Ernennung eines Vorstandsvorsitzenden zulässt. Dennoch wird dies von Teilen der Literatur als möglich angesehen, vgl. *Reichert/Brandes* in MünchKomm. AktG, Art. 43 SE-VO Rz. 131. Da das Gesetz dieser Position keinerlei Sonderstellung einräumt, erscheint eine Angabe auf den Geschäftsbriefen aber nicht erforderlich.
13 Vgl. zu den Einzelheiten *Seibt* in K. Schmidt/Lutter, AktG, § 80 Rz. 9 und *Hüffer*, § 80 Rz. 5.
14 Zu den Einzelheiten *Bärwaldt/Schabacker*, AG 1996. 461 ff.
15 *Schwarz*, Anh Art. 43 Rz. 328.

matisch betrachtet handelt es sich daher um eine Vorschrift allgemeiner Art, die im SEAG-Abschnitt über das monistische Modell im Grunde fehl am Platz ist. Noch weitergehend ließe sich fragen, ob der deutsche Gesetzgeber überhaupt die Kompetenz hatte, eine Sonderregelung für die inländische Zweigniederlassung einer ausländischen SE zu treffen, sind doch SE-spezifische Regelungen immer nur dann zulässig, wenn die SE-VO hierzu eine Ermächtigung enthält (Art. 9 Rz. 10). Letztlich kommt es auf diese Frage jedoch nicht an, denn die inländische Zweigniederlassung einer ausländischen SE würde nach dem allgemeinen Grundsatz der Gleichbehandlung von Aktiengesellschaft und SE (dazu Art. 9 Rz. 6 sowie Art. 10 Rz. 1 ff.) den Publizitätsregeln des § 80 Abs. 4 AktG auch ohne den expliziten Verweis des § 43 Abs. 2 SEAG unterliegen.

§ 44 SEAG
Beschränkungen der Vertretungs- und Geschäftsführungsbefugnis

(1) Die Vertretungsbefugnis der geschäftsführenden Direktoren kann nicht beschränkt werden.

(2) Im Verhältnis zur Gesellschaft sind die geschäftsführenden Direktoren verpflichtet, die Anweisungen und Beschränkungen zu beachten, die im Rahmen der für die SE geltenden Vorschriften die Satzung, der Verwaltungsrat, die Hauptversammlung und die Geschäftsordnungen des Verwaltungsrats und der geschäftsführenden Direktoren für die Geschäftsführungsbefugnis getroffen haben.

Literatur: *Brandt*, Die Hauptversammlung der Europäischen Aktiengesellschaft (SE), 2004 (zit.: Hauptversammlung); *Egermann/Heckenthaler*, Der Verwaltungsrat in der Europäischen Gesellschaft (SE) österreichischer Prägung – Überlegungen zu §§ 38 ff. SEG, GesRZ 2004, 256–266; *Hoffmann-Becking*, Organe: Strukturen und Verantwortlichkeiten, insbesondere im monistischen System, ZGR 2004, 355–382; *Hommelhoff/Teichmann*, Organhaftung in der SE, in Krieger/Uwe H. Schneider (Hrsg.), Handbuch Managerhaftung, 2007, § 5 (S. 87–106); *Kallmeyer*, Das monistische System einer SE mit Sitz in Deutschland, ZIP 2003, 1531–1536; *Kalss/Greda*, Die Europäische Gesellschaft (SE) österreichischer Prägung nach dem Ministerialentwurf, GesRZ 2004, 91–107; *Lutter*, Haftung und Haftungsfreiräume des GmbH-Geschäftsführers – 10 Gebote an den Geschäftsführer, GmbHR 2000, 301–312; *Marsch-Barner*, Zur monistischen Führungsstruktur einer deutschen Europäischen Gesellschaft (SE), in Gedächtnisschrift Bosch, 2006, S. 99–113; *Merkt*, Die monistische Unternehmensverfassung für die Europäische Aktiengesellschaft aus deutscher Sicht – mit vergleichendem Blick auf die Schweiz, das Vereinigte Königreich und Frankreich, ZGR 2003, 650–678; *Neye/Teichmann*, Der Entwurf für das Ausführungsgesetz zur Europäischen Aktiengesellschaft, AG 2003, 169–179; *Nowotny*, Zur Organisationsverfassung der Europäischen Aktiengesellschaft, GesRZ 2004, 39–45; *Teichmann*, Gestaltungsfreiheit im monistischen Leitungssystem der Europäischen Aktiengesellschaft, BB 2004, 53–60; *Teichmann*, Die monistische Verfassung der SE, in Lutter/Hommelhoff (Hrsg.), Die Europäische Gesellschaft, 2005, S. 195–222.

I. Überblick

1   § 44 Abs. 1 SEAG regelt für das **Außenverhältnis** den allgemeinen handelsrechtlichen Grundsatz der unbeschränkten und unbeschränkbaren organschaftlichen Vertretungsmacht. Die Regelung entspricht § 82 Abs. 1 AktG[1].

2   Im **Innenverhältnis** unterliegen die geschäftsführenden Direktoren den Beschränkungen, die ihnen die Satzung, der Verwaltungsrat sowie die vom Verwaltungsrat oder den geschäftsführenden Direktoren erlassene Geschäftsordnung auferlegen. Die Stellung des geschäftsführenden Direktors wird damit im Innenverhältnis derjenigen eines GmbH-Geschäftsführers angenähert[2].

II. Unbeschränkbare Vertretungsmacht (§ 44 Abs. 1 SEAG)

3   Gemäß dem Grundsatz der unbeschränkbaren Vertretungsmacht darf sich der Rechtsverkehr darauf verlassen, dass geschäftsführende Direktoren im Rahmen der ihnen gesetzlich verliehenen Vertretungsmacht (§ 41 SEAG) die Gesellschaft wirksam vertreten können[3]. Prozesshandlungen und Rechtsgeschäfte wirken also auch dann für und gegen die Gesellschaft, wenn dabei Beschränkungen oder Anweisungen im Innenverhältnis übergangen wurden. Zur Vermeidung dieser **Rechtsfolge** bleibt den geschäftsführenden Direktoren die Möglichkeit, Verträge unter die aufschiebende Bedingung (§ 158 Abs. 1 BGB) der internen Zustimmung zu stellen[4]. Andernfalls ist die Überschreitung der internen Beschränkungen eine Pflichtverletzung, die im Innenverhältnis zur Schadensersatzpflicht nach § 40 Abs. 8 SEAG führt (vgl unten Rz. 14).

4   Ausgenommen vom Grundsatz der unbeschränkbaren Vertretungsmacht sind Fälle, in denen das **Gesetz** selbst die Vertretungsmacht **beschränkt** und von der wirksamen internen Willensbildung der Gesellschaft abhängig macht[5]. Dies gilt etwa bei Rechtsgeschäften zwischen Gesellschaft und Verwaltungsratsmitgliedern (§§ 38 Abs. 2 SEAG i.V.m. 114, 115 AktG) oder bei Strukturmaßnahmen wie dem Abschluss eines Unternehmensvertrages (§ 293 Abs. 1 Satz 1 AktG) oder Verschmelzungsvertrages (§ 13 Abs. 1 UmwG). Anwendbar sind auch die allgemeinen Regeln über den Missbrauch der Vertretungsmacht[6]. Demgegenüber ist die Zustimmung der Hauptversammlung auf Basis ungeschriebener Zuständigkeiten keine Wirksamkeitsvoraussetzung; das vom vertretungsberechtigten Organ abgeschlossene Geschäft ist in diesen Fällen auch bei fehlender Zustimmung wirksam[7].

---

1 Vgl. Begr. RegE zu § 41 SEAG, BT-Drucks. 15/3405, S. 39.
2 In diesem Sinne auch Begr. RegE zu § 41 SEAG, BT-Drucks. 15/3405, S. 39; weiterhin *Neye/ Teichmann*, AG 2003, 169, 179 und *Teichmann*, BB 2004, 53, 54.
3 Vgl. für den AG-Vorstand *Seibt* in K. Schmidt/Lutter, AktG, § 82 Rz. 2 und *Hüffer*, § 82 Rz. 3; ebenso für den GmbH-Geschäftsführer die Regelung in § 37 Abs. 2 GmbHG (vgl. *Lutter/Hommelhoff*, GmbHG, § 37 Rz. 2).
4 So für den Vorstand *Seibt* in K. Schmidt/Lutter, AktG, § 82 Rz. 10 und *Hüffer*, § 82 Rz. 2.
5 Dazu näher *Seibt* in K. Schmidt/Lutter, AktG, § 82 Rz. 4 und *Hüffer*, § 82 Rz. 4 f.
6 Zu ihnen *Seibt* in K. Schmidt/Lutter, AktG, § 82 Rz. 5 und *Hüffer*, § 82 Rz. 6 f.
7 So der BGH in den Entscheidungen „Holzmüller" (BGH v. 25.2.1982 – II ZR 174/80, BGHZ 83, 122 ff.) und „Gelatine" (BGH v. 26.4.2004 – II ZR 155/02, BGHZ 159, 31 ff.). Diese aktienrechtliche Rechtsfortbildung gilt auch für die SE (vgl. Art. 52 Rz. 46 ff.; a.A. *Brandt*, Hauptversammlung, S. 127 ff.).

III. Beschränkungen im Innenverhältnis (§ 44 Abs. 2 SEAG)

1. Satzung

Beschränkungen der Geschäftsführungsbefugnis von geschäftsführenden Direktoren   5
können sich aus der Satzung ergeben. Zu beachten ist namentlich der satzungsmäßige **Unternehmensgegenstand**[8]. Weiterhin sind die geschäftsführenden Direktoren
dem Gesellschaftszweck verpflichtet, der regelmäßig in der Gewinnerzielung besteht[9]. Satzungsbestimmungen, die näher konkretisieren, auf welche Weise der Unternehmensgegenstand zu verfolgen ist, sind nur in engen Grenzen zulässig. Dies
wird im allgemeinen Aktiengesetz mit der vorrangigen Leitungskompetenz des Vorstandes begründet[10], ist aber auf das monistische Modell zu übertragen, in welchem
der Verwaltungsrat eine dem Vorstand entsprechende Leitungskompetenz ausübt
(Anh. Art. 43 § 22 SEAG Rz. 5 ff.).

2. Hauptversammlung

Beschränkungen oder Anweisungen durch die Hauptversammlung kommen nur in   6
engen Grenzen in Betracht[11]. Sie kann auf die Geschäftsführung allenfalls durch Änderung des satzungsmäßigen Unternehmensgegenstandes Einfluss nehmen[12]. Über
Einzelmaßnahmen entscheidet sie nur, wenn sie ihr gem. **§ 119 Abs. 2 AktG** vorgelegt werden oder ausnahmsweise eine zwingende Zuständigkeit nach den Grundsätzen der „Holzmüller"- und „Gelatine"-Entscheidungen besteht[13].

3. Geschäftsordnung

Auch die Geschäftsordnung der geschäftsführenden Direktoren kann diesen Be-   7
schränkungen auferlegen. Die Geschäftsordnung kann von den geschäftsführenden
Direktoren selbst oder vom Verwaltungsrat erlassen werden (§ 40 Abs. 4 SEAG); in
diesem Sinne spricht § 44 Abs. 2 SEAG – sprachlich ungenau – von den „Geschäftsordnungen des Verwaltungsrats und der geschäftsführenden Direktoren"[14]. Eine typische Beschränkung der Geschäftsführungsbefugnis durch Geschäftsordnung ist die
Ressortbildung unter mehreren geschäftsführenden Direktoren[15].

4. Verwaltungsrat

Die rechtspraktisch größte Bedeutung dürfte Beschränkungen und Anweisungen zu-   8
kommen, die vom Verwaltungsrat ausgesprochen werden. Dieser ist kraft europäischen Rechts Geschäftsführungsorgan (Art. 43 Abs. 1) und nach der konkretisieren-
den Vorgabe des § 22 Abs. 1 SEAG im gesellschaftsrechtlichen Innenverhältnis das
Organ der **unternehmerischen Oberleitung**. Er ist daher befugt und im Rahmen einer
ordnungsgemäßen Aufgabenerfüllung auch verpflichtet, sich zumindest über die
wichtigeren Maßnahmen der Geschäftsführung zu informieren und hierüber ein eigenes Urteil zu bilden. Gegenüber den geschäftsführenden Direktoren besteht ein Verhältnis der **Über-/Unterordnung** (Anh. Art. 43 § 22 SEAG Rz. 12 ff.). Insoweit gleicht
die Stellung der geschäftsführenden Direktoren derjenigen eines GmbH-Geschäfts-

---

8 Für den Vorstand: *Seibt* in K. Schmidt/Lutter, AktG, § 82 Rz. 13 und *Hüffer*, § 82 Rz. 9.
9 Für den Vorstand: *Seibt* in K. Schmidt/Lutter, AktG, § 82 Rz. 12 und *Hüffer*, § 82 Rz. 9.
10 *Seibt* in K. Schmidt/Lutter, AktG, § 82 Rz. 15 und *Hüffer*, § 82 Rz. 10.
11 In diesem Sinne auch *Manz* in Manz/Mayer/Schröder, Art. 43 SE-VO Rz. 161.
12 Vgl. *Seibt* in K. Schmidt/Lutter, AktG, § 82 Rz. 15 und *Hüffer*, § 82 Rz. 11.
13 Dazu bereits die Nachweise in Fn. 7.
14 Vgl. zur Interpretation des insoweit gleichlautenden § 82 Abs. 2 AktG *Seibt* in K. Schmidt/
   Lutter, AktG, § 82 Rz. 17 und *Hüffer*, § 82 Rz. 13.
15 Vgl. für den AG-Vorstand *Hüffer*, § 82 Rz. 13.

führers im Verhältnis zur Gesellschafterversammlung[16]; dies war vom Gesetzgeber auch so beabsichtigt[17].

9 Dieser Unterschied gegenüber dem dualistischen Modell, in dem der Vorstand weisungsfrei agiert (Art. 39 Rz. 5), ergibt sich weniger aus dem Wortlaut des § 44 Abs. 2 SEAG, der mit demjenigen des § 82 Abs. 2 AktG nahezu identisch ist, als vielmehr aus dem **systematischen Zusammenhang**. Beschränkungen der Geschäftsführungsbefugnis sind im Rahmen der gesetzlichen Vorschriften möglich[18]. Die gesetzlichen Vorschriften schließen im dualistischen Modell den Aufsichtsrat von Geschäftsführungsmaßnahmen weitgehend aus (Art. 40 Abs. 1 Satz 2), während sie im monistischen Modell den Verwaltungsrat gerade als zentrales Organ der Oberleitung konstituieren (Art. 43 Abs. 1 SE-VO, § 22 Abs. 1 SEAG). Daher wirkt der Verweis auf die gesetzlichen Vorschriften anders als beim dualistischen Modell nicht als Kompetenzschranke, sondern vielmehr als Hinweis auf die übergeordnete Funktion des Verwaltungsrats[19]. Er hat nicht nur das Recht, sondern die Pflicht, durch Beschränkungen oder Anweisungen steuernd auf die Geschäftsführung der Direktoren Einfluss zu nehmen. Ausdrücklich lässt daher § 44 Abs. 2 SEAG – im Gegensatz zur Parallelnorm des § 82 Abs. 2 AktG – zu, dass den geschäftsführenden Direktoren **Anweisungen** gegeben werden.

10 Einen dem Zugriff des Verwaltungsrats entzogenen Kompetenzkern der geschäftsführenden Direktoren – etwa im Bereich der **laufenden Geschäfte** – gibt es nicht (Anh. Art. 43 § 40 SEAG Rz. 29)[20]. Der Verwaltungsrat ist nach der zwingenden Vorgabe des Art. 43 Abs. 1 Geschäftsführungsorgan und kann daher auch in die laufende Geschäftsführung eingreifen. Zwar spricht Art. 43 Abs. 1 Satz 2 die Möglichkeit an, die laufenden Geschäfte auf Geschäftsführer zu übertragen; damit sind aber nicht die geschäftsführenden Direktoren des SEAG gemeint; denn deren Regelung stützt sich auf Art. 43 Abs. 4 (Art. 43 Rz. 28). Art. 43 Abs. 1 Satz 2 ist auch keine immanente Schranke für die Einrichtung von geschäftsführenden Direktoren (Art. 43 Rz. 30 ff.)[21]. Denn er soll nach Wortlaut und Normzweck lediglich denjenigen Staaten, die einen Geschäftsführer für das Tagesgeschäft in ihrem nationalen Aktienrecht bereits kennen, die Möglichkeit geben, ihre national übliche Struktur auf die SE zu übertragen. In Bezug auf das deutsche Recht geht die Vorschrift damit ins Leere.

---

16 Dazu *Lutter/Hommelhoff*, GmbHG, § 37 Rz. 17 ff. und *Lutter*, GmbHR 2000, 301, 303 f.

17 S. Nachweise in Fn. 2.

18 Vgl. den insoweit nahezu identischen Wortlaut von § 82 Abs. 2 AktG („... im Rahmen der Vorschriften über die Aktiengesellschaft...") und § 44 Abs. 2 SEAG („... im Rahmen der für die SE geltenden Vorschriften ...").

19 Vgl. auch *Schwarz*, Art. 43 Rz. 58, nach dessen Auffassung sich das Weisungsrecht des Verwaltungsrats unmittelbar aus der SE-VO ableiten lässt. Der österreichische Gesetzgeber hat aus diesen Erwägungen heraus darauf verzichtet, das Weisungsrecht des Verwaltungsrats gegenüber den geschäftsführenden Direktoren ausdrücklich zu regeln. Es ist nach Auffassung von *Kalss/Greda* in Kalss/Hügel, § 56 SEG Rz. 15, ohnehin Ausfluss der dem Verwaltungsrat allgemein obliegenden allgemeinen Leitung der Gesellschaft; ebenso *Kalss/Greda*, GesRZ 2004, 91, 106 und *Egermann/Heckenthaler*, GesRZ 2004, 256, 264. Zu Einzelheiten der Weisungsunterworfenheit *Nowotny*, GesRZ 2004, 39, 42 ff.

20 In diesem Sinne auch *Marsch-Barner* in GS Bosch, S. 105; *Merkt*, ZGR 2003, 650, 665; *Teichmann* in Lutter/Hommelhoff, Europäische Gesellschaft, S. 195, 206; *Thümmel*, Europäische Aktiengesellschaft, S. 117 (Rz. 246). Zweifelnd an einem derart umfassenden Weisungsrecht *Hoffmann-Becking*, ZGR 2004, 355, 369; ausdrücklich für eine exklusive Zuständigkeit der geschäftsführenden Direktoren im Bereich der laufenden Geschäftsführung *Kallmeyer*, ZIP 2003, 1531, 1532, und *Schwarz*, Anh Art. 43 Rz. 337, sowie *Kalss/Greda* in Kalss/Hügel, § 56 SEG Rz. 18, für die Rechtslage nach dem österreichischen SEG.

21 A.A. *Schwarz*, Anh Art. 43 Rz. 336.

Der Verwaltungsrat entscheidet über die Erteilung von Weisungen durch **Beschluss**[22]. **11** Die Beschlussfassung richtet sich nach Art. 50. Die Übertragung an einen beschließenden Ausschuss (etwa einen „Exekutivausschuss", Anh. Art. 43 § 34 SEAG Rz. 28 ff.) ist möglich, soweit dafür in der Satzung eine Regelung getroffen wurde (Art. 50 Rz. 22 f.). Entscheidungen der Oberleitung muss der Verwaltungsrat allerdings als Kollegialorgan im Plenum treffen (Anh. Art. 43 § 34 SEAG Rz. 27). Anweisungen des Verwaltungsrats können sich auf einzelne Geschäftsführungsmaßnahmen oder auf bestimmte Geschäftsarten beziehen[23]; denkbar ist auch die vorbeugende Anordnung von Zustimmungsvorbehalten (Art. 48 Rz. 4). Geschäftsführende Direktoren, die zugleich Verwaltungsratsmitglieder sind, können an der Beschlussfassung teilnehmen, soweit nicht ein mit ihnen persönlich abzuschließendes Rechtsgeschäft betroffen ist (Anh. Art. 43 § 35 SEAG Rz. 13).

Auch **unzweckmäßige Weisungen** des Verwaltungsrats sind verbindlich[24]. Bei unter **12** nehmerischen Meinungsverschiedenheiten genießt das Urteil des Verwaltungsrats, dem die Oberleitung der Gesellschaft zugewiesen ist, den Vorrang. Allerdings sind die geschäftsführenden Direktoren verpflichtet, den Verwaltungsrat vor seiner Beschlussfassung hinreichend zu informieren (Anh. Art. 43 § 40 SEAG Rz. 38 ff.) und dabei ihre häufig größere Sachkenntnis in Fragen des Tagesgeschäfts einzubringen. Nur unter dieser Voraussetzung können sie sich in einem eventuellen Haftungsfall entlastend auf eine Weisung des Verwaltungsrats berufen (Anh. Art. 43 § 40 SEAG Rz. 65).

Ihre **Grenze** findet die Leitungskompetenz des Verwaltungsrats, wenn die Ausfüh **13** rung einer Weisung gesellschaftsrechtliche oder öffentlich-rechtliche Pflichten der geschäftsführenden Direktoren verletzen würde[25]. Diese unterliegen als gesetzliche Vertreter der Gesellschaft (§ 41 Abs. 1 SEAG) vielfach Pflichten im Interesse Dritter oder der Allgemeinheit, über die der Verwaltungsrat nicht disponieren kann. Unzulässig und rechtlich unbeachtlich wäre daher eine Anweisung, deren Ausführung die im Gläubigerinteresse liegenden Vorschriften der Kapitalerhaltung verletzen würde[26]. Die geschäftsführenden Direktoren sind zudem zur Wahrung der rechtlich geschützten **Aktionärsinteressen** verpflichtet. Dies unterscheidet sie vom GmbH-Geschäftsführer, der bei einer Gesellschafterweisung nicht prüfen muss, ob die Gesellschafter damit möglicherweise gegen ihre eigenen Interessen verstoßen[27]. Der Verwaltungsrat der SE ist jedoch ebenso wie die geschäftsführenden Direktoren zur Wahrung fremder Vermögensinteressen eingesetzt. Daher wäre beispielsweise eine gegen den aktienrechtlichen Gleichbehandlungsgrundsatz (§ 53a AktG) verstoßende Verwaltungsratsweisung unzulässig und für die geschäftsführenden Direktoren nicht verbindlich.

5. Rechtsfolgen

Der Verstoß gegen die in Rz. 7–13 genannten internen Beschränkungen berührt die **14** Wirksamkeit des Rechtsgeschäfts im Außenverhältnis nicht. Der geschäftsführende

---

22 Dazu auch *Schwarz*, Anh Art. 43 Rz. 340.
23 *Thümmel*, Europäische Aktiengesellschaft, S. 116 (Rz. 246).
24 *Hommelhoff/Teichmann* in Krieger/Uwe H. Schneider, Handbuch Managerhaftung, S. 104 (§ 5 Rz. 44).
25 Für den GmbH-Geschäftsführer s. nur *Lutter*, GmbHR 2000, 301, 304; in diesem Sinne auch *Egermann/Heckenthaler*, GesRZ 2004, 256, 265 zum monistischen System der österreichischen SE.
26 So für die GmbH *Lutter/Hommelhoff*, GmbHG, § 37 Rz. 22 und *Lutter*, GmbHR 2000, 301, 304.
27 Vgl. zur GmbH BGH v. 28.1.1980 – II RZ 84/79, BGHZ 76, 154, 159: Es bleibt den Gesellschaftern selbst überlassen, von ihrem Anfechtungsrecht gegen einen fehlerhaften Gesellschafterbeschluss Gebrauch zu machen.

Direktor begeht jedoch im Innenverhältnis eine **Pflichtverletzung**, wenn er gegen eine rechtlich zulässige Beschränkung oder Anweisung verstößt[28]. Darüber hinaus verletzt er seine Sorgfaltspflichten, wenn er eine unzweckmäßige Weisung des Verwaltungsrats widerspruchslos hinnimmt, ohne auf entscheidungsrelevante Informationen hinzuweisen, die dem Verwaltungsrat möglicherweise nicht vorgelegen haben (vgl. oben Rz. 12). Die Pflichtverletzung führt zur Schadensersatzhaftung nach § 40 Abs. 8 SEAG.

§ 45 SEAG
Bestellung durch das Gericht

Fehlt ein erforderlicher geschäftsführender Direktor, so hat in dringenden Fällen das Gericht auf Antrag eines Beteiligten das Mitglied zu bestellen. § 85 Abs. 1 Satz 2, Abs. 2 und 3 des Aktiengesetzes gilt entsprechend.

1   § 45 SEAG stellt sicher, dass in dringenden Fällen ein geschäftsführender Direktor auch durch das Gericht bestellt werden kann. Die Regelung entspricht derjenigen in § 85 AktG für den Vorstand[1]. Die gerichtliche Bestellung eines geschäftsführenden Direktors dient dazu, die **Handlungs- und Prozessfähigkeit** der Gesellschaft herzustellen[2]. Der gerichtlich bestellte geschäftsführende Direktor hat die vollen Rechte und Pflichten, die mit dieser Position verbunden sind[3]. Sein Mandat erlischt, sobald der Mangel behoben, also ein geschäftsführender Direktor vom Verwaltungsrat (§ 40 Abs. 1 Satz 1 SEAG) bestellt worden ist[4].

2   Voraussetzung ist, dass ein erforderlicher **geschäftsführender Direktor fehlt** und die Gesellschaft dadurch **handlungsunfähig** ist, weil sie nicht vertreten werden kann. Die bloß vorübergehende Verhinderung eines geschäftsführenden Direktors reicht nicht aus[5]. Da das SEAG keine Mindestzahl von geschäftsführenden Direktoren vorsieht (vgl. § 40 Abs. 1 Satz 1 SEAG), ist die monistische SE auch mit nur einem geschäftsführenden Direktor handlungsfähig. Eine gerichtliche Bestellung kommt somit nur in Betracht, wenn überhaupt kein geschäftsführender Direktor bestellt wurde oder ein bestellter Direktor durch Tod, Widerruf der Bestellung oder Amtsniederlegung ausgeschieden ist[6]. Unterliegt die SE der gesetzlichen Mitbestimmung, muss sie mindestens zwei geschäftsführende Direktoren haben (§ 38 Abs. 2 SEBG). Im gesetzlichen Regelfall der Gesamtvertretung (Anh. Art. 43 § 41 SEAG Rz. 9), ist die SE dann nur mit zwei geschäftsführenden Direktoren handlungsfähig[7].

3   Eine gerichtliche Bestellung muss **dringlich** sein. Da grundsätzlich der Verwaltungsrat jederzeit einen geschäftsführenden Direktor bestellen kann (§ 40 Abs. 1 Satz 1 SEAG), liegt Dringlichkeit nur vor, wenn der Verwaltungsrat aus irgendwelchen

---

28 *Schwarz*, Anh Art. 43 Rz. 342.

1 Vgl. Begr. RegE zu § 45 SEAG, BT-Drucks. 15/3405, S. 39.
2 So für § 85 AktG: *Seibt* in K. Schmidt/Lutter, AktG, § 85 Rz. 1 und *Hüffer*, § 85 Rz. 1.
3 *Schwarz*, Anh Art. 43 Rz. 348; ebenso für den Vorstand *Seibt* in K. Schmidt/Lutter, AktG, § 85 Rz. 9 und *Hüffer*, § 85 Rz. 4.
4 *Schwarz*, Anh Art. 43 Rz. 348.
5 *Seibt* in K. Schmidt/Lutter, AktG, § 85 Rz. 2 und *Hüffer*, § 85 Rz. 2.
6 *Schwarz*, Anh Art. 43 Rz. 346.
7 Vgl. für den Vorstand der Aktiengesellschaft *Seibt* in K. Schmidt/Lutter, AktG, § 78 Rz. 16 und *Hüffer*, § 78 Rz. 11.

Gründen nicht sofort tätig werden kann und der Gesellschaft, ihren Aktionären oder Gläubigern, der Belegschaft oder der Öffentlichkeit daraus ein Schaden zu entstehen droht[8]. Nach Auffassung von *Schwarz* hat der Verwaltungsrat in dringenden Fällen ein **Notvertretungsrecht**[9]. Dies wäre allerdings ein systematischer Fremdkörper. Denn die Vertretungsmacht setzt stets einen Bestellungsakt voraus; dies gilt auch für Notfälle[10]. Wenn der Verwaltungsrat beschlussfähig ist, kann er ohnehin eine Person aus seiner Mitte zum geschäftsführenden Direktor bestellen; ist er es nicht, hilft auch das ihm zugewiesene Notvertretungsrecht nicht weiter.

Das Verfahren wird eingeleitet auf **Antrag eines Beteiligten**. Dies ist jeder, der an der   4 gerichtlichen Bestellung ein schutzwürdiges Interesse hat[11]. Für das anzuwendende **gerichtliche Verfahren** und den Anspruch des gerichtlich bestellten geschäftsführenden Direktors auf **Auslagenersatz** und **Vergütung** verweist § 45 Satz 2 SEAG auf das Aktiengesetz (§ 85 Abs. 1 Satz 2 sowie Abs. 2 und 3 AktG).

Ungeregelt war bislang die gerichtliche **Zuständigkeit**. § 4 SEAG erfasst das vorlie-   5 gende Verfahren nicht[12]. Auch die Aufzählung der Zuständigkeiten des Amtsgerichts in § 145 FGG nennt nur § 85 AktG, nicht aber § 45 SEAG. Diese Lücke wäre gegebenenfalls durch analoge Anwendung der Norm zu schließen. Das geplante **FGG-Reformgesetz** wird die Frage jedoch klären: Das Verfahren nach § 45 SEAG ist ausdrücklich genannt in der Liste der Zuständigkeiten nach § 375 Nr. 4 FamFG-E[13].

§ 46 SEAG
Anmeldung von Änderungen

(1) Die geschäftsführenden Direktoren haben jeden Wechsel der Verwaltungsratsmitglieder unverzüglich in den Gesellschaftsblättern bekannt zu machen und die Bekanntmachung zum Handelsregister einzureichen. Sie haben jede Änderung der geschäftsführenden Direktoren oder der Vertretungsbefugnis eines geschäftsführenden Direktors zur Eintragung in das Handelsregister anzumelden. Sie haben weiterhin die Wahl des Verwaltungsratsvorsitzenden und seines Stellvertreters sowie jede Änderung in der Person des Verwaltungsratsvorsitzenden oder seines Stellvertreters zum Handelsregister anzumelden.

(2) Die neuen geschäftsführenden Direktoren haben in der Anmeldung zu versichern, dass keine Umstände vorliegen, die ihrer Bestellung nach § 40 Abs. 1 Satz 4 entgegenstehen und dass sie über ihre unbeschränkte Auskunftspflicht gegenüber dem Gericht belehrt worden sind. § 37 Abs. 2 Satz 2 des Aktiengesetzes ist anzuwenden.

(3) § 81 Abs. 2 des Aktiengesetzes gilt für die geschäftsführenden Direktoren entsprechend.

---

8 *Schwarz*, Anh Art. 43 Rz. 346. Vgl. außerdem zu § 85 AktG *Seibt* in K. Schmidt/Lutter, AktG, § 85 Rz. 3 und *Hüffer*, § 85 Rz. 3.
9 *Schwarz*, Anh Art. 43 Rz. 303.
10 Im Aktienrecht § 85 AktG, verallgemeinerungsfähig für Körperschaften in § 29 BGB; daher ist auch für den GmbH-Geschäftsführer eine Notbestellung anerkannt, obwohl sie im GmbH-Gesetz nicht geregelt ist (*Lutter/Hommelhoff*, GmbHG, vor § 35 Rz. 13 ff.).
11 *Schwarz*, Anh Art. 43 Rz. 347; weiterhin *Seibt* in K. Schmidt/Lutter, AktG, § 85 Rz. 4 und *Hüffer*, § 85 Rz. 4.
12 A.A. *Schwarz*, Anh Art. 43 Rz. 347.
13 Entwurf für ein Gesetz über das Verfahren in Familiensachen und in den Angelegenheiten der freiwilligen Gerichtsbarkeit (FamFG), BR-Drucks. 309/07, S. 159.

Literatur: *Hommelhoff*, Die Autarkie des Aufsichtsrats – Besprechung der Entscheidung BGHZ 85, 293 „Hertie", ZGR 1983, 551–580; *Neye/Teichmann*, Der Entwurf für das Ausführungsgesetz zur Europäischen Aktiengesellschaft, AG 2003, 169–179; *Teichmann*, Gestaltungsfreiheit im monistischen Leitungssystem der Europäischen Aktiengesellschaft, BB 2004, 53–60.

I. Überblick

1   § 46 SEAG soll **Publizität** über die personelle Zusammensetzung von Verwaltungsrat und geschäftsführenden Direktoren sowie über die Vertretungsbefugnis gegenüber Dritten herstellen. Er findet seine Parallele im allgemeinen Aktienrecht in § 81 Abs. 1 AktG (für den Vorstand) und §§ 106, 107 Abs. 1 Satz 2 AktG (für den Aufsichtsrat)[1]. Die Vorschrift unterscheidet zwischen Bekanntmachung und Eintragung[2]. Angaben über den Verwaltungsrat unterliegen lediglich der Bekanntmachungspflicht, während Angaben über geschäftsführende Direktoren – wegen ihrer für den Rechtsverkehr bedeutsamen Vertretungsmacht (§ 41 SEAG) – auch einzutragen sind. Darüber hinaus stellt § 46 SEAG klar, dass die **geschäftsführenden Direktoren** für die Bekanntmachungen und Anmeldungen zum Handelsregister zuständig sind[3]. Es genügt Handeln in vertretungsberechtigter Zahl[4].

II. Bekanntmachung über den Verwaltungsrat

2   Die geschäftsführenden Direktoren haben jeden Wechsel der Verwaltungsratsmitglieder unverzüglich in den Gesellschaftsblättern bekannt zu machen und die Bekanntmachung zum Handelsregister einzureichen. Obwohl der Verwaltungsrat nicht vertretungsberechtigt ist (vgl. § 41 Abs. 1 SEAG), besteht ein Interesse an der Publizität seiner Zusammensetzung. Denn der Verwaltungsrat ist als Organ der Oberleitung für die Leitlinien der Geschäftsführung verantwortlich und nimmt kraft seines Weisungsrechts (Anh. Art. 43 § 44 SEAG Rz. 8 ff.) Einfluss auf die Tätigkeit der geschäftsführenden Direktoren, die die Gesellschaft nach außen vertreten. § 46 SEAG knüpft an die bei der SE-Gründung einzureichenden Unterlagen an (§ 21 Abs. 2 Satz 3 SEAG: Urkunden über die Bestellung des Verwaltungsrats) und ermöglicht eine **lückenlose Dokumentation** der Zusammensetzung des Verwaltungsrats[5]. Da die Ver-

---

1 Vgl. Begr. RegE zu § 46 SEAG, BT-Drucks. 15/3405, S. 39.
2 Darüber besteht im Ergebnis Einigkeit; allerdings meinen *Reichert/Brandes* in MünchKomm. AktG, Art. 43 SE-VO Rz. 150, die Unterscheidung von Bekanntmachung (Verwaltungsrat) und Eintragung (geschäftsführende Direktoren) gehe aus dem Gesetz nicht hinreichend deutlich hervor.
3 Für eine Zuweisung der Anmeldepflichten an die geschäftsführenden Direktoren auch *Neye/Teichmann*, AG 2003, 169, 178, während der *DAV* in seiner Stellungnahme zum DiskE eine Zuständigkeit des Verwaltungsrats für Handelsregisteranmeldungen anregte (NZG 2004, 75, 85).
4 Vgl. *Reichert/Brandes* in MünchKomm. AktG, Art. 43 SE-VO Rz. 151 und *Schwarz*, Anh Art. 43 Rz. 359 sowie *Drygala* in K. Schmidt/Lutter, AktG, § 106 Rz. 4 und *Hüffer*, § 106 Rz. 2.
5 Zum vergleichbaren Zusammenspiel von § 106 AktG und § 37 Abs. 4 Nr. 3 AktG (bezogen auf den Aufsichtsrat) s. *Drygala* in K. Schmidt/Lutter, AktG, § 106 Rz. 1 und *Hüffer*, § 106 Rz. 1.

waltungsratsmitglieder die Gesellschaft nicht vertreten, beschränkt sich das Gesetz auf die Bekanntmachung, es erfolgt keine Eintragung im Handelsregister[6].

Bekanntzumachen ist jeder Wechsel. Dazu gehören nicht nur Ausscheiden und Eintritt, sondern auch das Ausscheiden eines Mitglieds, ohne dass an seiner Stelle ein neues Mitglied eintritt[7]. Publizitätspflichtig sind auch Änderungen bei Ersatzmitgliedern[8]. Anzugeben sind jeweils Name, Beruf und Wohnort neu eintretender Verwaltungsratsmitglieder[9]; bei ausscheidenden Mitgliedern genügt der Name, sofern keine Verwechslungsgefahr besteht[10]. Bekanntmachung in den Gesellschaftsblättern bedeutet jedenfalls ein Einrücken in den elektronischen Bundesanzeiger[11]. 　3

Auch die Wahl des **Verwaltungsratsvorsitzenden** und seines Stellvertreters ist zum Handelsregister anzumelden (§ 46 Abs. 1 Satz 3 SEAG)[12]. Die Vorschrift entspricht derjenigen des § 107 Abs. 1 Satz 2 AktG für den Aufsichtsrat. Anzugeben sind bei der Anmeldung Namen und Anschriften des Vorsitzenden und seines Stellvertreters[13]. 　4

III. Anmeldungen betreffend die geschäftsführenden Direktoren

1. Änderungen bei geschäftsführenden Direktoren

Die geschäftsführenden Direktoren haben jede **Änderung** in ihren Reihen anzumelden. Dazu gehören ebenso wie beim Verwaltungsrat (oben Rz. 3) das Ausscheiden bisheriger und der Eintritt neuer geschäftsführender Direktoren; dies betrifft auch stellvertretende geschäftsführende Direktoren (§ 40 Abs. 9 SEAG)[14]. Einzutragen sind Name, Geburtsdatum und Wohnort[15]. Anzumelden sind weiterhin Änderungen in der **Vertretungsbefugnis**, beispielsweise ein Wechsel von Gesamtvertretungsberechtigung zu Einzelvertretungsberechtigung (vgl. Anh. Art. 43 § 41 SEAG Rz. 9 ff.)[16]. 　5

Die **Einzelheiten der Anmeldung** regeln §§ 46 Abs. 2 SEAG i.V.m. 81 Abs. 2 AktG: Der Anmeldung sind die Urkunden über die Änderung in Urschrift oder öffentlich beglaubigter Abschrift für das Gericht des Sitzes der Gesellschaft beizufügen. Die neuen geschäftsführenden Direktoren haben ihre Namensunterschrift zur Aufbewahrung bei Gericht zu zeichnen. 　6

2. Versicherung über das Fehlen von Bestellungshindernissen

Neu hinzutretende geschäftsführende Direktoren müssen gemäß § 46 Abs. 2 SEAG bei ihrer erstmaligen Anmeldung versichern, dass keine Bestellungshindernisse (Anh. Art. 43 § 40 SEAG Rz. 25) vorliegen und sie über ihre unbeschränkte Auskunftspflicht gegenüber dem Gericht belehrt worden sind. Dies entspricht der Erklä- 　7

---

6 *Schwarz*, Anh Art. 43 Rz. 356.
7 *Drygala* in K. Schmidt/Lutter, AktG, § 106 Rz. 2 und *Hüffer*, § 106 Rz. 2.
8 *Schwarz*, Anh Art. 43 Rz. 353.
9 Dies folgt aus § 21 Abs. 5 SEAG (*Schwarz*, Anh Art. 43 Rz. 355). Vgl. auch *Drygala* in K. Schmidt/Lutter, AktG, § 106 Rz. 3 und *Hüffer*, § 106 Rz. 2.
10 *Drygala* in K. Schmidt/Lutter, AktG, § 106 Rz. 3 und *Hüffer*, § 106 Rz. 2.
11 § 25 AktG findet mangels einer Regelung in der SE-VO nach der allgemeinen Verweisungsnorm des Art. 9 Anwendung (*Schwarz*, Anh Art. 43 Rz. 354). Es handelt sich nicht um eine Information, die nach Art. 14 zugleich im EU-Amtsblatt zu veröffentlichen wäre.
12 Es erfolgt aber keine Eintragung (*Schwarz*, Anh Art. 43 Rz. 360).
13 *Drygala* in K. Schmidt/Lutter, AktG, § 107 Rz. 13 und *Hüffer*, § 107 Rz. 8.
14 *Schwarz*, Anh Art. 43 Rz. 357.
15 § 43 Nr. 4b) Handelsregisterverordnung.
16 Zur umstrittenen Frage, ob die Einzelermächtigung (§ 41 Abs. 4 SEAG) eintragungspflichtig ist, vgl. Anh. Art. 43 § 41 SEAG Rz. 15.

rung, die von den ersten geschäftsführenden Direktoren bei der Gründung abgegeben werden muss (Anh. Art. 43 § 21 SEAG Rz. 7).

§ 47 SEAG
Prüfung und Feststellung des Jahresabschlusses

(1) Die geschäftsführenden Direktoren haben den Jahresabschluss und den Lagebericht unverzüglich nach ihrer Aufstellung dem Verwaltungsrat vorzulegen. Zugleich haben die geschäftsführenden Direktoren einen Vorschlag vorzulegen, den der Verwaltungsrat der Hauptversammlung für die Verwendung des Bilanzgewinns machen soll; § 170 Abs. 2 Satz 2 des Aktiengesetzes gilt entsprechend.

(2) Jedes Verwaltungsratsmitglied hat das Recht, von den Vorlagen und Prüfungsberichten Kenntnis zu nehmen. Die Vorlagen und Prüfungsberichte sind auch jedem Verwaltungsratsmitglied oder, soweit der Verwaltungsrat dies beschlossen hat und ein Bilanzausschuss besteht, den Mitgliedern des Ausschusses auszuhändigen.

(3) Für die Prüfung durch den Verwaltungsrat gilt § 171 Abs. 1 und 2 des Aktiengesetzes entsprechend.

(4) Absatz 1 Satz 1 und Absatz 3 gelten entsprechend für einen Einzelabschluss nach § 325 Abs. 2a Satz 1 des Handelsgesetzbuchs sowie bei Mutterunternehmen (§ 290 Abs. 1, 2 des Handelsgesetzbuchs) für den Konzernabschluss und den Konzernlagebericht. Der Einzelabschluss nach § 325 Abs. 2a Satz 1 des Handelsgesetzbuchs darf erst nach Billigung durch den Verwaltungsrat offen gelegt werden.

(5) Billigt der Verwaltungsrat den Jahresabschluss, so ist dieser festgestellt, sofern nicht der Verwaltungsrat beschließt, die Feststellung des Jahresabschlusses der Hauptversammlung zu überlassen. Die Beschlüsse des Verwaltungsrats sind in den Bericht des Verwaltungsrats an die Hauptversammlung aufzunehmen.

(6) Hat der Verwaltungsrat beschlossen, die Feststellung des Jahresabschlusses der Hauptversammlung zu überlassen, oder hat der Verwaltungsrat den Jahresabschluss nicht gebilligt, so stellt die Hauptversammlung den Jahresabschluss fest. Hat der Verwaltungsrat eines Mutterunternehmens (§ 290 Abs. 1, 2 des Handelsgesetzbuchs) den Konzernabschluss nicht gebilligt, so entscheidet die Hauptversammlung über die Billigung. Für die Feststellung des Jahresabschlusses oder die Billigung des Konzernabschlusses durch die Hauptversammlung gilt § 173 Abs. 2 und 3 des Aktiengesetzes entsprechend.

Literatur: *Hommelhoff*, Die Autarkie des Aufsichtsrats – Besprechung der Entscheidung BGHZ 85, 293 „Hertie", ZGR 1983, 551–580; *Neye/Teichmann*, Der Entwurf für das Ausführungsgesetz zur Europäischen Aktiengesellschaft, AG 2003, 169–179; *Teichmann*, Gestaltungsfreiheit im monistischen Leitungssystem der Europäischen Aktiengesellschaft, BB 2004, 53–60.

I. Überblick

Die Vorschrift orientiert sich an den **§§ 170 bis 173 AktG**. Diese allgemein aktienrechtlichen Regelungen nehmen den Aufsichtsrat für eine unternehmensinterne Prüfung der Rechnungslegung in die Pflicht. Regelungsgrund ist die besondere Bedeutung der Rechnungslegung. Sie dient nicht nur der Selbstinformation des Kaufmannes, sondern auch der Information und dem Schutze Dritter[1]. Aus diesen Gründen verfolgt § 47 SEAG das Ziel, einen vergleichbaren Mechanismus der **internen Selbstkontrolle** auch im monistischen System zu verankern[2]: Die Aufstellung von Jahresabschluss und Lagebericht obliegt den geschäftsführenden Direktoren, deren Prüfung dem Verwaltungsrat. Damit ist ein in gewisser Weise ein „Vier-Augen-Prinzip" gesetzlich vorgegeben[3]. Eine vergleichbare Regelung hat der österreichische Gesetzgeber in § 41 SEG getroffen[4].

Folgende Elemente kennzeichnen die **Funktionsaufteilung** der Organe im Bereich der Rechnungslegung (dazu bereits Anh. Art. 43 § 22 SEAG Rz. 26 ff.): Der Verwaltungsrat ist im gesellschaftsrechtlichen Innenverhältnis den Eigentümern verpflichtet, für eine ordnungsgemäße Führung der Handelsbücher zu sorgen (§ 22 Abs. 3 Satz 1 SEAG). Die praktische Durchführung übernehmen die geschäftsführenden Direktoren, die als Vertretungsorgan im Außenverhältnis (§ 41 Abs. 1 SEAG) die Adressaten der gesetzlichen Buchführungspflicht sind. Den von den geschäftsführenden Direktoren aufgestellten Jahresabschluss mit Lagebericht prüft der Verwaltungsrat (§ 47 Abs. 3 SEAG). Mit seiner Billigung ist der Jahresabschluss festgestellt, sofern er nicht der Hauptversammlung die Feststellung überlassen will (§ 47 Abs. 5 und 6 SEAG).

Da geschäftsführende Direktoren zugleich Mitglieder des Verwaltungsrats sein können (§ 40 Abs. 1 Satz 2 SEAG) und darüber hinaus dessen Weisungen unterliegen (Anh. Art. 43 § 44 SEAG Rz. 8 ff.), verliert das aus dem dualistischen System übernommene Vier-Augen-Prinzip im monistischen System teilweise seine steuernde Wirkung[5]. Es erscheint allerdings nicht sinnvoll, die Feststellung des Jahresabschlusses aus diesem Grunde generell der Hauptversammlung zuzuweisen[6]; denn die Aktionärsversammlung ist zumindest in Publikumsgesellschaften zu einer fundierten Willensbildung über Fragen der Rechnungslegung kaum in der Lage. Eine dem Monismus adäquate Antwort auf denkbare Kontrolldefizite ist die Einrichtung eines **Prüfungsausschusses**, der mit nicht-geschäftsführenden und sachkundigen Verwaltungsratsmitgliedern zu besetzen ist. Die Einrichtung eines solchen Ausschusses ist

1

2

3

---

1 Zum Zweck von Rechnungslegung und Publizität s. nur *Hüffer* in Großkomm. HGB, 4. Aufl. 2002, vor § 238.
2 Zur allgemeinen Frage, inwieweit Corporate Governance-Mechanismen des dualistischen Systems im monistischen System abgebildet werden sollen und können, vgl. bereits Art. 43 Rz. 59 ff. und Anh. Art. 43 § 40 SEAG Rz. 3.
3 Vgl. Begr. RegE zu § 47 SEAG, BT-Drucks. 15/3405, S. 39 f. Zum gesetzgeberischen Ziel, die Aufgabenteilung des dualistisch geprägten Aktienrechts zumindest im Sinne eines „Vier-Augen-Prinzips" auch im monistischen System zu etablieren *Neye/Teichmann*, AG 2003, 169, 178; *Teichmann*, BB 2004, 53, 58; *Teichmann* in Lutter/Hommelhoff, Europäische Gesellschaft, S. 195, 220 ff.
4 Diese Regelung ist nach Aussage von *Kalss/Greda* in Kalss/Hügel, § 41 SEG Rz. 3 von der „Vorstellung der Notwendigkeit einer Trennung von Auf- und Feststellung geprägt".
5 Kritisch insoweit *Schwarz*, Anh Art. 43 Rz. 371.
6 So de lege ferenda *Schwarz*, Anh Art. 43 Rz. 371.

jedenfalls in größeren Gesellschaften Teil der pflichtgemäßen Selbstorganisation des Verwaltungsrates (Anh. Art. 43 § 34 SEAG Rz. 18 ff.).

4 § 47 SEAG betrifft die funktionelle Aufgabenverteilung innerhalb des Unternehmens. Demgegenüber richten sich die **Inhalte der Rechnungslegung** sowie deren Prüfung durch den Abschlussprüfer und ihre Offenlegung gem. Art. 61 nach den Vorschriften, die für Aktiengesellschaften gelten, die dem Recht des Sitzstaates der SE unterliegen. Es gilt also das nationale, im Lichte der Vierten und Siebten Richtlinie harmonisierte Bilanzrecht (Art. 61 Rz.1).

II. Aufstellung und Feststellung des Jahresabschlusses

1. Dem Verwaltungsrat vorzulegende Unterlagen

5 Die geschäftsführenden Direktoren haben gem. § 47 Abs. 1 Satz 1 SEAG dem Verwaltungsrat den **Jahresabschluss** (§ 242 Abs. 3 HGB) und den **Lagebericht** (§ 289 HGB) vorzulegen. Die Vorlagepflicht gilt ebenso für einen Einzelabschluss nach internationalen Rechnungslegungsstandards i.S.d. § 325 Abs. 2a Satz 1 HGB sowie bei Mutterunternehmen auch für den Konzernabschluss und den Konzernlagebericht (§ 47 Abs. 4 SEAG). Der Einzelabschluss gem. § 325 Abs. 2a HGB darf erst nach Billigung durch den Verwaltungsrat offengelegt werden (§ 47 Abs. 4 Satz 2 SEAG).

6 Den **Prüfungsbericht** erhält der Verwaltungsrat direkt vom Abschlussprüfer, da er hierfür gem. § 22 Abs. 4 Satz 3 SEAG das auftraggebende Organ ist. § 321 Abs. 5 Satz 2 HGB ist insoweit analog heranzuziehen (Anh. Art. 43 § 22 SEAG Rz. 34).

7 Jedes **Verwaltungsratsmitglied** hat gem. § 47 Abs. 2 SEAG das Recht, von den Vorlagen und Prüfungsberichten Kenntnis zu nehmen und diese ausgehändigt zu bekommen. Die Bedeutung dieser an § 170 Abs. 3 AktG angelehnten Regelung liegt vor allem darin, dass den Verwaltungsratsmitgliedern ein unentziehbarer Individualanspruch gewährt wird[7]. Der Verwaltungsrat als Organ hat ohnehin ein umfassendes Informationsrecht gegenüber den geschäftsführenden Direktoren (Anh. Art. 43 § 40 SEAG Rz. 38 ff.). Besteht ein Bilanzausschuss, sind die Vorlagen und Prüfungsberichte auf Beschluss des Verwaltungsrats den Ausschussmitgliedern auszuhändigen (§ 47 Abs. 2 Satz 2 SEAG); das Individualrecht der übrigen Verwaltungsratsmitglieder tritt in diesem Fall zurück[8].

2. Prüfung und Feststellung durch den Verwaltungsrat

8 Der Verwaltungsrat **prüft** die ihm vorgelegten Rechnungslegungsunterlagen in entsprechender Anwendung von § 171 Abs. 1 und 2 AktG (§ 47 Abs. 3 SEAG). Somit hat der Abschlussprüfer an den Verhandlungen des Verwaltungsrats teilzunehmen und über die wesentlichen Ergebnisse seiner Prüfung zu berichten (§§ 47 Abs. 3 SEAG i.V.m. 171 Abs. 1 Satz 2 AktG).

9 Mit der **Billigung** durch den Verwaltungsrat ist der Jahresabschluss festgestellt. Der Verwaltungsrat hat alternativ die Möglichkeit, die Feststellung des Jahresabschlusses der Hauptversammlung zu überlassen (§ 47 Abs. 5 Satz 1 SEAG). Die Beschlüsse des Verwaltungsrats sind in den Bericht an die Hauptversammlung (oben Rz. 9) aufzunehmen (§ 47 Abs. 5 Satz 2 SEAG). Mit der **Feststellung** wird der Jahresabschluss

---

7 *Schwarz*, Anh Art. 43 Rz. 368; vgl. außerdem *Drygala* in K. Schmidt/Lutter, AktG, § 170 Rz. 16 ff. und *Hüffer*, § 170 Rz. 12.
8 *Schwarz*, Anh Art. 43 Rz. 368.

verbindlich für die Gesellschaftsorgane und die Aktionäre sowie die Inhaber sonstiger gewinnabhängiger Ansprüche[9].

Bei Anwendung dieser Regelungen, die den §§ 170 ff. AktG entlehnt sind, ist den Besonderheiten der monistischen Struktur Rechnung zu tragen (vgl. bereits oben Rz. 1 ff.). Während der Aufsichtsrat als Überwachungsorgan den Jahresabschluss nur als Ganzes billigen oder ablehnen kann[10], ist der Verwaltungsrat als Leitungsorgan befugt, auf die Rechnungslegung aktiv Einfluss zu nehmen und den geschäftsführenden Direktoren diesbezüglich **Weisungen** zu erteilen[11]. Verbindlich sind allerdings nur rechtmäßige Weisungen (Anh. Art. 43 § 44 SEAG Rz. 13); Anweisungen des Verwaltungsrats müssen sich daher im Rahmen der bilanzrechtlichen Ansatz- und Bewertungsregeln bewegen. Ändert der Verwaltungsrat einen bereits geprüften Abschluss, muss eine **Nachtragsprüfung** durchgeführt werden (§ 316 Abs. 3 HGB)[12]. 10

Dieser grundlegende Unterschied in der Stellung von Verwaltungsrat und Aufsichtsrat kommt im Wortlaut des § 47 SEAG, der sich weitgehend am Aktiengesetz orientiert, nicht hinreichend deutlich zum Ausdruck, ergibt sich aber aus dem **systematischen Kontext** von SEAG und SE-VO: Anders als der Aufsichtsrat ist der Verwaltungsrat das Organ der Oberleitung (Anh. Art. 43 § 22 SEAG Rz. 5 ff.); gegenüber den geschäftsführenden Direktoren ist er in allen Fragen der Geschäftsführung weisungsbefugt (Anh. Art. 43 § 44 SEAG Rz. 8 ff.). Im Verhältnis zur Hauptversammlung ist in erster Linie der Verwaltungsrat rechenschaftspflichtig (Anh. Art. 43 § 48 SEAG Rz. 1 und 8); das Gesetz nimmt ihn sogar ausdrücklich in die Pflicht, einen eventuell entstandenen Jahresfehlbetrag der Hauptversammlung zu erläutern (§ 48 Abs. 2 Satz 4 SEAG). Diese Rechenschaftspflicht gegenüber den Aktionären erhält ihren Sinn aus der umfassenden Leitungsmacht des Verwaltungsrats, zu welcher notwendig das Weisungsrecht gegenüber den geschäftsführenden Direktoren gehört. Dass § 47 SEAG an dieser grundlegenden Kompetenzaufteilung etwas ändern wollte, ist nicht ersichtlich. Ein solches Ergebnis widerspräche auch dem Gebot der europarechtskonformen Auslegung des SEAG. Denn nach Art. 43 Abs. 1 ist das Verwaltungsorgan für die Geschäftsführung zuständig. Es muss daher kraft europäischen Rechts die Kompetenz haben, in Einzelfragen der recht- und zweckmäßigen Rechnungslegung letztverbindliche Festlegungen zu treffen. 11

Die gesteigerte Verantwortung des Verwaltungsrats im Vergleich zum Aufsichtsrat schlägt sich auch im anzuwendenden **Sorgfaltsmaßstab** nieder. Das einzelne Verwaltungsratsmitglied braucht sich zwar nicht dieselbe Sachkunde wie ein Abschlussprüfer anzueignen[13]. Der Verwaltungsrat als Organ muss aber sicherstellen, dass er über die nötige Sachkunde verfügt, um seine Leitungskompetenz in Fragen der Rechnungslegung und sein damit verbundenes Weisungsrecht gegenüber den geschäftsführenden Direktoren (oben Rz. 10) sachgerecht wahrnehmen zu können. Er sollte dazu das Gespräch mit dem Abschlussprüfer suchen, dessen Teilnahme an den Verhandlungen des Verwaltungsrats das Gesetz ohnehin vorsieht (oben Rz. 8). In größe- 12

---

9 Vgl. *Drygala* in K. Schmidt/Lutter, AktG, § 172 Rz. 7 sowie *Hüffer*, § 172 Rz. 2.
10 Im zweiten Fall greift die Notkompetenz der Hauptversammlung gem. § 173 Abs. 1 AktG.
11 Insoweit trägt auch hier die Parallele zur GmbH (Anh. Art. 43 § 44 SEAG Rz. 8), bei welcher die Gesellschafter gleichfalls Abweichungen am von den Geschäftsführern aufgestellten Jahresabschluss vornehmen dürfen (vgl. *Schulze-Osterloh* in Baumbach/Hueck, GmbHG, § 42a Rz. 17). Nach österreichischer Rechtslage kann der SE-Verwaltungsrat den geschäftsführenden Direktoren gleichfalls Weisungen zur Rechnungslegung erteilen (*Kalss/Greda* in Kalss/Hügel, § 41 SEG Rz. 7).
12 Ebenso für die österreichische Rechtslage *Kalss/Greda* in Kalss/Hügel, § 41 SEG Rz. 8.
13 Diese zum Aufsichtsrat vertretene Auffassung (*Drygala* in K. Schmidt/Lutter, AktG, § 171 Rz. 6 und *Hüffer*, § 170 Rz. 9) ist auf die gleichfalls typischerweise nebenberuflich tätigen Verwaltungsratsmitglieder übertragbar.

ren Gesellschaften ist es sinnvoll, die Prüfung der Rechnungslegung einem vorbereitenden Prüfungsausschuss zu übertragen; zumindest der Ausschussvorsitzende sollte dann über hinreichende Kenntnisse und Erfahrung im Bereich der Rechnungslegung verfügen[14]. In kleineren Gesellschaften kann innerhalb des Verwaltungsrats ein „Berichterstatter" gebeten werden, die Entscheidung vorzubereiten[15].

13   Über die Hinzuziehung von **externen Sachverständigen** entscheidet der Verwaltungsrat nach pflichtgemäßem Ermessen. Die zum Aufsichtsrat ergangene Entscheidung des BGH, die einer Zuziehung von Sachverständigen zurückhaltend gegenüber steht[16], ist auf den Verwaltungsrat nicht ohne weiteres übertragbar. Der bereits für den Aufsichtsrat tragende Gedanke der Eigenverantwortlichkeit[17] erlangt im Verwaltungsrat umso mehr Bedeutung als dieser Leitungsverantwortung trägt und gegebenenfalls auch auf die Bilanzierung Einfluss nehmen kann und muss (oben Rz. 10). Das Argument, die Auswertung der Bilanzzahlen sei zunächst Sache des geschäftsführenden Organs (also: des Vorstands)[18], kann gegenüber dem Verwaltungsrat als oberstem Organ der Geschäftsführung gerade keine Einschränkung bei der Überprüfung der Rechnungslegung begründen. Weiterhin fehlt ein dem § 111 Abs. 5 AktG entsprechendes Verbot der Aufgabendelegation an Dritte[19]. Andererseits gilt auch für den Verwaltungsrat ein Vorrang der gesellschaftsintern erreichbaren Unterstützung[20], so dass zunächst das Gesamtorgan beziehungsweise ein hierfür eingerichteter Ausschuss zu befassen und die geschäftsführenden Direktoren sowie der Abschlussprüfer zu befragen sind[21]. Einzelne Verwaltungsratsmitglieder haben erst dann Anspruch auf individuelle Beratung durch einen Sachverständigen, wenn die gesellschaftsinterne Aufklärung und Beratung zu keinem befriedigenden Ergebnis geführt hat.

3. Bericht an die Hauptversammlung

14   Der Verwaltungsrat **berichtet der Hauptversammlung** schriftlich über das Ergebnis seiner Prüfung (§§ 47 Abs. 3 SEAG i.V.m. 171 Abs. 2 AktG). Dabei hat er mitzuteilen, in welcher Art und in welchem Umfang er die Geschäftsführung der Gesellschaft während des Geschäftsjahres geprüft hat; bei börsennotierten Gesellschaften hat er insbesondere anzugeben, welche Ausschüsse gebildet worden sind, sowie die Zahl seiner Sitzungen und die der Ausschüsse mitzuteilen. Weiterhin hat der Verwaltungsrat zum Ergebnis der Prüfung des Jahresabschlusses durch den Abschlussprüfer Stellung zu nehmen. Am Schluss seines Berichts hat er zu erklären, ob nach dem abschließenden Ergebnis seiner Prüfung Einwendungen zu erheben sind und ob er den von den geschäftsführenden Direktoren aufgestellten Jahresabschluss billigt.

15   Ist die SE **abhängige Gesellschaft**, finden über die Verweisung des § 49 SEAG die §§ 312 bis 314 AktG Anwendung (Anh. Art. 43 § 49 SEAG Rz. 3). Die geschäftsführenden Direktoren erstellen in diesem Fall einen Abhängigkeitsbericht, der von Abschlussprüfer und Verwaltungsrat zu prüfen ist. Der Verwaltungsrat muss in seinem

---

14 Vgl. Deutscher Corporate Governance Kodex Ziff. 5.3.2.
15 So *Hommelhoff*, ZGR 1983, 551, 577, für den Aufsichtsrat.
16 BGH v. 15.11.1982 – II ZR 27/82, BGHZ 85, 293 ff.
17 Dazu *Hommelhoff*, ZGR 1983, 551, 563 ff.
18 BGH v. 15.11.1982 – II ZR 27/82, BGHZ 85, 293, 299.
19 Zu § 111 Abs. 5 AktG als einem der das Urteil tragenden Gründe *Hommelhoff*, ZGR 1983, 551, 554 ff., der insoweit kritisch anmerkt, dass die Hinzuziehung eines Beraters noch nicht einer Aufgabenübertragung an diesen gleichkomme.
20 Zu diesem Grundsatz im Kontext der Aufsichtsratstätigkeit *Hommelhoff*, ZGR 1983, 551, 564.
21 Für eine vorherige Befassung des Gesamtorgans auch BGH v. 15.11.1982 – II ZR 27/82, BGHZ 85, 293, 299.

Bericht an die Hauptversammlung über das Ergebnis dieser Prüfung berichten (§§ 49 SEAG, 314 Abs. 2 Satz 1 AktG).

4. Feststellung des Jahresabschlusses durch die Hauptversammlung

Die subsidiäre Kompetenz der Hauptversammlung zur Feststellung des Jahres- 16
abschlusses (§ 47 Abs. 6 SEAG) tritt im monistischen System noch stärker hinter den Kompetenzen des Verwaltungsrats zurück als im Dualismus hinter denjenigen des Aufsichtsrates. Da im dualistischen System der Aufsichtsrat den Jahresabschluss nicht abändern darf, greift automatisch die Hauptversammlungskompetenz, wenn der Aufsichtsrat den Abschluss nicht billigt (§ 173 Abs. 1 Satz 1 AktG)[22]. Hingegen kann im monistischen System der Verwaltungsrat einen Disput zwischen ihm und den geschäftsführenden Direktoren kraft seiner Leitungskompetenz autonom entscheiden. Die Anrufung der Hauptversammlung hat in diesem Kontext eher den Sinn, sich in bedeutsamen Angelegenheiten bei den Aktionären rückzuversichern. Sie weist insoweit Parallelen zur allgemeinen Vorlagemöglichkeit von Geschäftsführungsmaßnahmen nach § 119 Abs. 2 AktG auf.

Die Hauptversammlung entscheidet gem. § 47 Abs. 6 Satz 1 SEAG in den folgenden 17
beiden Fällen über den Jahresabschluss: Kraft **Verwaltungsratsbeschluss** kann der Hauptversammlung die Feststellung des Jahresabschlusses überlassen werden. Dies bedeutet nicht zwingend, dass der Verwaltungsrat den Abschluss missbilligt. Er kann auch aus anderen Gründen – etwa wegen publizitätsträchtiger Geschäftsvorfälle im abgeschlossenen Geschäftsjahr, die sich im Jahresabschluss niederschlagen – eine Entscheidung der Hauptversammlung für sinnvoll oder wünschenswert halten. Wenn der Verwaltungsrat den Jahresabschluss ausdrücklich **nicht billigt**, kommt es gleichfalls zu einer Feststellung durch die Hauptversammlung. Dieses Vorgehen dürfte jedoch allenfalls eine „ultima ratio" bei unüberbrückbaren internen Differenzen darstellen. Denn als weniger auffällige Stufen der Eskalation stehen dem Verwaltungsrat seine Einflussmöglichkeiten auf die geschäftsführenden Direktoren (oben Rz. 10) sowie der bloße Verweis auf die Hauptversammlung (unter Verzicht auf eine förmliche Missbilligung des Jahresabschlusses) zur Verfügung.

Der **Hauptversammlungsbeschluss** über die Feststellung des Jahresabschlusses ergeht 18
in der ordentlichen Hauptversammlung (§§ 48 Abs. 2 SEAG i.V.m. 175 Abs. 3 AktG); er bedarf einer einfachen Mehrheit (Art. 57). Es gilt hierfür das gem. § 131 Abs. 2 Nr. 3 und 4 AktG erweiterte Auskunftsrecht der Aktionäre[23]. Die Hauptversammlung muss sich an das materielle Bilanzrecht halten (§§ 48 Abs. 6 Satz 3 i.V.m. 173 Abs. 2 AktG), kann aber in diesem Rahmen über die Ausübung von Bewertungsspielräumen frei entscheiden[24]. Der Verwaltungsrat kann nach einmal erfolgter Überweisung der Angelegenheit an die Hauptversammlung die Feststellungskompetenz nicht mehr an sich ziehen (Anh. Art. 43 § 48 SEAG Rz. 7). Ändert die Hauptversammlung den Jahresabschluss ab, wird bei prüfungspflichtigen Gesellschaften eine Nachtragsprüfung erforderlich (§§ 47 Abs. 6 Satz 3 i.V.m. 173 Abs. 3 AktG). Für Nichtigkeit und Anfechtbarkeit des Feststellungsbeschlusses sind die besonderen Vorschriften der §§ 256 Abs. 3, 257 AktG zu beachten.

Die Hauptversammlung entscheidet bei einem Mutterunternehmen auch über die 19
Billigung des **Konzernabschlusses**, wenn der Verwaltungsrat diesen nicht gebilligt hat (§ 47 Abs. 6 Satz 2 und 3 SEAG).

---

22 Eine zweite Möglichkeit, die Kompetenz der Hauptversammlung zu begründen, ist ein gemeinsamer Beschluss von Vorstand und Aufsichtsrat (§ 173 Abs. 1 Satz 1 AktG).
23 Zur Anwendbarkeit des § 131 AktG auf die SE Art. 53 Rz. 22.
24 Vgl. *Drygala* in K. Schmidt/Lutter, AktG, § 173 Rz. 5 und *Hüffer*, § 173 Rz. 4.

III. Gewinnverwendungsvorschlag

20 Über die Verwendung des Bilanzgewinns beschließt die ordentliche Hauptversammlung (§ 48 Abs. 1 SEAG). Der Vorschlag für die Gewinnverwendung kommt von der Verwaltung. Im dualistischen System unterbreitet der Vorstand einen Vorschlag, der vom Aufsichtsrat geprüft wird (§§ 170 Abs. 2, 171 Abs. 1 AktG). Das SEAG modifiziert dies für das monistische System: Die **geschäftsführenden Direktoren**, die den Jahresabschluss aufgestellt haben, unterbreiten dem Verwaltungsrat einen Vorschlag zur Gewinnverwendung (§ 47 Abs. 1 Satz 2 SEAG). Dieser Vorschlag ist in entsprechender Anwendung des § 170 Abs. 2 Satz 2 AktG wie folgt zu gliedern: 1. Verteilung an die Aktionäre; 2. Einstellung in die Gewinnrücklagen; 3. Gewinnvortrag; 4. Bilanzgewinn. Eine abweichende Gliederung ist zulässig, soweit dies durch den Inhalt des Gewinnverwendungsvorschlags bedingt ist[25]. Der **Verwaltungsrat** prüft den Vorschlag und hat auch hier kraft seiner Leitungskompetenz (oben Rz. 10) das Recht, seine eigenen Vorstellungen gegenüber den geschäftsführenden Direktoren durchzusetzen. Der Verwaltungsrat unterbreitet anschließend bei der Einberufung zur ordentlichen Hauptversammlung einen von ihm zu verantwortenden Gewinnverwendungsvorschlag[26], über den die Hauptversammlung Beschluss fasst (§ 48 Abs. 1 SEAG).

§ 48 SEAG
Ordentliche Hauptversammlung

(1) Unverzüglich nach der Zuleitung des Berichts an die geschäftsführenden Direktoren hat der Verwaltungsrat die Hauptversammlung zur Entgegennahme des festgestellten Jahresabschlusses und des Lageberichts, eines vom Verwaltungsrat gebilligten Einzelabschlusses nach § 325 Abs. 2a Satz 1 des Handelsgesetzbuchs sowie zur Beschlussfassung über die Verwendung des Bilanzgewinns, bei einem Mutterunternehmen (§ 290 Abs. 1, 2 des Handelsgesetzbuchs) auch zur Entgegennahme des vom Verwaltungsrat gebilligten Konzernabschlusses und des Konzernlageberichts, einzuberufen.

(2) Die Vorschriften des § 175 Abs. 2 bis 4 und des § 176 Abs. 2 des Aktiengesetzes gelten entsprechend. Der Verwaltungsrat hat der Hauptversammlung die in § 175 Abs. 2 des Aktiengesetzes angegebenen Vorlagen vorzulegen. Zu Beginn der Verhandlung soll der Verwaltungsrat seine Vorlagen erläutern. Er soll dabei auch zu einem Jahresfehlbetrag oder einem Verlust Stellung nehmen, der das Jahresergebnis wesentlich beeinträchtigt hat. Satz 4 ist auf Kreditinstitute nicht anzuwenden.

---

25 Vgl. *Drygala* in K. Schmidt/Lutter, AktG, § 170 Rz. 15 und *Hüffer*, § 170 Rz. 11.

26 A.A. *Schwarz*, Anh Art. 43 Rz. 379: die ordentliche Hauptversammlung beschließt über den Gewinnverwendungsvorschlag der geschäftsführenden Direktoren. Dies widerspricht aber der generellen Leitungskompetenz des Verwaltungsrats, die auch darin zum Ausdruck kommt, dass im Falle eines Verlustes den Verwaltungsrat die Erläuterungspflicht gegenüber der Hauptversammlung trifft (Anh. Art. 43 § 48 SEAG Rz. 8).

I. Überblick

Die Vorschrift über die ordentliche Hauptversammlung orientiert sich an **§ 175 AktG**   1
und folgt auf § 47 SEAG wegen des Sachzusammenhangs mit der Feststellung des
Jahresabschlusses[1]. Zuständig für die Einberufung der ordentlichen Hauptversammlung ist der **Verwaltungsrat**. Dies entspricht seiner Stellung in der Unternehmensverfassung, kraft derer er gegenüber den Aktionären erster Ansprechpartner ist und über
die Unternehmensführung Rechenschaft abzulegen hat (vgl. Anh. Art. 43 § 22 SEAG
Rz. 10 sowie Rz. 17 ff.).

Zu **Vorbereitung und Ablauf** der ordentlichen Hauptversammlung verweist § 48   2
Abs. 2 SEAG auf die Vorschriften der §§ 175 Abs. 2 bis 4 und 176 Abs. 2 AktG. Gem.
Art. 53 SE-VO richten sich diese Fragen nach dem Aktienrecht des SE-Sitzstaates
(Art. 53 Rz. 1)[2]. Die Sonderregelung des § 48 SEAG für das monistische Modell stützt
sich auf Art. 43 Abs. 4 und akzentuiert das Verhältnis zwischen Verwaltungsrat und
Hauptversammlung gemäß der generellen Leitlinie des SEAG, den Verwaltungsrat
weitgehend dem Vorstand gleichzustellen (Anh. Art. 43 § 22 SEAG Rz. 2 f.).

Den **Zeitpunkt** der ordentlichen Hauptversammlung regelt § 48 SEAG nicht. § 175   3
Abs. 1 Satz 2 AktG, der eine Hauptversammlung innerhalb der ersten acht Monate
des Geschäftsjahres vorschreibt, findet keine Anwendung. Denn die Verordnung trifft
in Art. 54 Abs. 1 eine eigene Regelung: Die Hauptversammlung tritt mindestens einmal im Kalenderjahr binnen **sechs Monaten** nach Abschluss des Geschäftsjahres zusammen, sofern das Recht des SE-Sitzstaates keine häufigeren Versammlungen vorsieht (s. auch Art. 54 Rz. 6 f.).

II. Einberufung der ordentlichen Hauptversammlung (§ 48 Abs. 1 SEAG)

Der Verwaltungsrat beruft die ordentliche Hauptversammlung ein, nachdem er sei-   4
nen **Prüfungsbericht** über den Jahresabschluss (Anh. Art. 43 § 47 SEAG Rz. 8) fertig-
gestellt und den geschäftsführenden Direktoren zugeleitet hat[3]. Die Einberufung hat
unverzüglich nach diesem Zeitpunkt zu erfolgen. Der hierauf gerichtete Beschluss
des Verwaltungsrates kann mit einfacher Mehrheit gefasst werden (Art. 54 Rz. 24)[4].

Zur Tagesordnung der ordentlichen Hauptversammlung gehören jedenfalls die fol-   5
genden **Beschlussgegenstände**: Entgegennahme des festgestellten Jahresabschlusses
und des Lageberichts sowie – falls ein solcher erstellt wurde – des vom Verwaltungsrat gebilligten Einzelabschlusses nach § 325 Abs. 2a Satz 1 HGB; Verwendung des Bilanzgewinns; bei einem Mutterunternehmen auch Entgegennahme des vom Verwaltungsrat gebilligten Konzernabschlusses und Konzernlageberichts. Zu diesen in § 48
Abs. 1 SEAG genannten Beschlussgegenständen kommen weitere hinzu: Die Entlastung der Mitglieder des Verwaltungsrats und der geschäftsführenden Direktoren
(Art. 51 Rz. 27)[5] und die Wahl des Abschlussprüfers (§ 318 Abs. 1 HGB). Die ordentli-

---

1 Begr. RegE zu § 48 SEAG, BT-Drucks. 15/3405, S. 40.
2 *Schwarz*, Anh Art. 43, Rz. 376.
3 Die Zuleitung an die geschäftsführenden Direktoren dient Informationszwecken (*Schwarz*,
   Anh Art. 43 Rz. 378).
4 *Schwarz*, Anh Art. 43 Rz. 377: Der von Art. 54 Abs. 2 SE-VO gestützte Verweis auf das nationale Recht (und damit auf § 121 Abs. 2 Satz 1 AktG) verdrängt die allgemeinere Regelung des
   Art. 50 SE-VO.
5 Die Entlastung soll gem. § 120 Abs. 3 AktG mit der Verhandlung über die Verwendung des Bilanzgewinns verbunden werden.

che Hauptversammlung ist auf diese Gegenstände nicht beschränkt und kann sich auch mit zusätzlichen Themen befassen[6].

III. Vorbereitung und Ablauf der ordentlichen Hauptversammlung (§ 48 Abs. 2 SEAG)

6 Zur Vorbereitung der ordentlichen Hauptversammlung sind folgende Unterlagen von der Einberufung an in den Geschäftsräumen der Gesellschaft zur Einsicht der Aktionäre **auszulegen** (§§ 48 Abs. 2 SEAG i.V.m. 175 Abs. 2 Satz 1 AktG): der Jahresabschluss; gegebenenfalls ein vom Verwaltungsrat gebilligter Einzelabschluss nach § 325 Abs. 2a HGB; der Lagebericht; der Bericht des Verwaltungsrats und der Vorschlag des Verwaltungsrats (Anh. Art. 43 § 47 SEAG Rz. 19) für die Verwendung des Bilanzgewinns. Auf Verlangen ist jedem Aktionär unverzüglich eine **Abschrift** der Unterlagen zu erteilen (§§ 48 Abs. 2 SEAG i.V.m. 175 Abs. 2 Satz 2 AktG). Bei einem Mutterunternehmen gelten die Auslagepflicht und die Pflicht zur Erteilung von Abschriften auch für Konzernabschluss, Konzernlagebericht und den hierüber erteilten Bericht des Verwaltungsrats (§§ 48 Abs. 2 SEAG i.V.m. 175 Abs. 2 Satz 3 AktG).

7 Die Vorschriften für die Einberufung der Hauptversammlung, die Auslegung von Unterlagen und die Erteilung von Abschriften gelten sinngemäß, wenn die Hauptversammlung über die **Feststellung des Jahresabschlusses** oder die Billigung des Konzernabschlusses (Anh. Art. 43 § 47 SEAG Rz. 16 ff.) beschließen soll (§§ 48 Abs. 2 SEAG i.V.m. 175 Abs. 3 AktG). Mit Einberufung der Hauptversammlung ist der Verwaltungsrat an die in seinem Prüfbericht (Anh. Art. 43 § 47 SEAG Rz. 14) enthaltenen Erklärungen gebunden (§§ 48 Abs. 2 SEAG i.V.m. 175 Abs. 4 AktG). Er kann daher die einmal begründete Zuständigkeit der Hauptversammlung für die Feststellung des Jahresabschlusses (Anh. Art. 43 § 47 SEAG Rz. 17) oder Billigung des Konzernabschlusses (Anh. Art. 43 § 47 SEAG Rz. 19) nicht mehr durch nachträgliche Billigung beseitigen[7]. Die Verhandlungen über die Feststellung des Jahresabschlusses und über die Verwendung des Bilanzgewinns sollen verbunden werden (§§ 48 Abs. 2 SEAG i.V.m. 175 Abs. 3 Satz 2 AktG). Der Abschlussprüfer hat an den Verhandlungen über die Feststellung des Jahresabschlusses oder die Billigung des Konzernabschlusses teilzunehmen, er ist dabei nicht zur Auskunftserteilung an Aktionäre verpflichtet (§§ 48 Abs. 2 SEAG i.V.m. 176 Abs. 2 AktG).

8 In der Hauptversammlung hat der Verwaltungsrat die sich aus §§ 48 Abs. 2 SEAG i.V.m. 175 Abs. 2 AktG ergebenden Unterlagen vorzulegen[8] und den Aktionären zu **erläutern**; er soll dabei auch zu einem Jahresfehlbetrag oder einem Verlust Stellung nehmen, der das Jahresergebnis wesentlich beeinträchtigt hat (§ 48 Abs. 2 Satz 2 bis 4 SEAG). Diese Regelung betont ein weiteres Mal die direkte Verantwortlichkeit des Verwaltungsrats gegenüber den Aktionären (oben Rz. 1). Der Verwaltungsrat kann diesbezüglich nicht auf die geschäftsführenden Direktoren verweisen; denn diese unterliegen seiner Personalhoheit und seinen Anweisungen. Eine Ausnahme von der Erläuterungspflicht gilt gem. § 48 Abs. 1 Satz 5 SEAG für Kreditinstitute; dies berücksichtigt deren besondere Vertrauensstellung[9].

---

6 So zum allgemeinen Aktienrecht *Hüffer*, § 175 Rz. 1.
7 Vgl. *Drygala* in K. Schmidt/Lutter, AktG, § 174 Rz. 15 und *Hüffer*, § 175 Rz. 8.
8 Der Verweis in § 48 Abs. 2 Satz 2 SEAG auf § 175 Abs. 2 AktG ist sprachlich ungenau. Streng genommen geht es um die Unterlagen, die nach § 48 Abs. 2 Satz 1 SEAG in *entsprechender Anwendung* des § 175 Abs. 2 AktG vorzulegen sind (vgl. oben Rz. 5).
9 Vgl. *Drygala* in K. Schmidt/Lutter, AktG, § 176 Rz. 7 und *Hüffer*, § 176 Rz. 5.

§ 49 SEAG
Leitungsmacht und Verantwortlichkeit bei Abhängigkeit von Unternehmen

(1) Für die Anwendung der Vorschriften der §§ 308 bis 318 des Aktiengesetzes treten an die Stelle des Vorstands der Gesellschaft die geschäftsführenden Direktoren.

(2) Für die Anwendung der Vorschriften der §§ 319 bis 327 des Aktiengesetzes treten an die Stelle des Vorstands der eingegliederten Gesellschaft die geschäftsführenden Direktoren.

Literatur: *Ebert*, Das anwendbare Konzernrecht der Europäischen Aktiengesellschaft, BB 2003, 1854–1859; *Habersack*, Das Konzernrecht der „deutschen" SE: Grundlagen, ZGR 2003, 724–742; *Hommelhoff*, Zum Konzernrecht in der Europäischen Aktiengesellschaft, AG 2003, 179–184; *Jaecks/Schönborn*, Die Europäische Aktiengesellschaft, das internationale und das deutsche Konzernrecht, RIW 2003, 254–265; *Lächler*, Das Konzernrecht der Europäischen Gesellschaft (SE), 2007; *Lächler/Oplustil*, Funktion und Umfang des Regelungsbereichs der SE-Verordnung, NZG 2005, 381–387; *Maul*, Die faktisch abhängige SE (Societas Europaea) im Schnittpunkt zwischen deutschem und europäischem Recht, 1998; *Maul*, Konzernrecht der „deutschen" SE – Ausgewählte Fragen zum Vertragskonzern und den faktischen Unternehmensverbindungen, ZGR, 2003, 743–763; *Teichmann*, Die Einführung der Europäischen Aktiengesellschaft – Grundlagen der Ergänzung des europäischen Statuts durch den deutschen Gesetzgeber, ZGR 2002, 383–464; *Teichmann*, Binnenmarktkonformes Gesellschaftsrecht, 2007; *Veil*, Das Konzernrecht der Europäischen Aktiengesellschaft, WM 2003, 2169–2175.

Das **Konzernrecht** der SE findet in der SE-VO **keine Regelung**[1]. Somit liegt nach der   1 allgemeinen Verweisungstechnik der SE-VO (Art. 9 Rz. 34 ff.) eine Anwendung des nationalen Konzernrechts nahe. Umstritten ist allerdings, ob das Konzernrecht innerhalb oder außerhalb des Regelungsbereichs der Verordnung liegt[2]. Die Erwägungsgründe 15 bis 17 der Verordnung scheinen anzudeuten, dass das Konzernrecht überhaupt nicht vom Regelungsbereich der SE-VO erfasst sein soll[3]. Die besseren Argumente sprechen jedoch dafür, das Konzernrecht innerhalb des Regelungsbereichs anzusiedeln; denn es handelt sich um einen genuin gesellschaftsrechtlichen Fragenkreis, der gerade in Staaten, die kein geschriebenes Konzernrecht kennen, nicht von der Anwendung des allgemeinen Gesellschaftsrechts zu trennen ist[4].

Im Ergebnis gelangen beide Auffassungen zu einer Anwendung des deutschen Konzernrechts auf eine in Deutschland ansässige SE[5]. Allerdings sehen einige Autoren in verschiedenen konzernrechtlichen Vorschriften des Aktiengesetzes einen Verstoß gegen **zwingende Vorgaben der SE-VO**[6]. Demgegenüber lässt sich einwenden, dass die   2

---

1 Anders noch frühere Entwürfe (dazu *Lächler*, Konzernrecht der SE, S. 48 ff.).
2 Zum Diskussionsstand Art. 9 Rz. 23.
3 In diesem Sinne namentlich *Ebert*, BB 2003, 1854, 1856 ff. und *Habersack*, ZGR 2003, 724, 727; ohne abschließende Stellungnahme *Veil*, WM 2003, 2169, 2172.
4 Diese Auffassung vertreten insbesondere *Hommelhoff*, AG 2003, 179, 180, *Lächler*, Konzernrecht der SE, S. 99 ff., *Lächler/Oplustil*, NZG 2005, 381, 386; *Maul* in Theisen/Wenz, Europäische Aktiengesellschaft, S. 457, 466 f., *Teichmann*, Binnenmarktkonformes Gesellschaftsrecht, S. 305 f. Auch *Jaecks/Schönborn*, RIW 2003, 254, 255, gehen offenbar davon aus, dass das Konzernrecht innerhalb des Regelungsbereichs liegt.
5 Vgl. Art. 9 Rz. 23.
6 *Hommelhoff*, AG 2003, 179, 182, sieht in den Regeln des Vertragskonzerns (Weisungsrecht gegenüber dem Vorstand und Sonderregeln der Kapitalerhaltung) eine unzulässige Durchbrechung zwingender Vorgaben der SE-Verordnung. Ebenso *Lächler*, Konzernrecht der SE, S. 161 (wegen eines Verstoßes gegen die Kapitalerhaltungsregeln der Kapitalrichtlinie) und S. 199 ff. (Unvereinbarkeit des Weisungsrechts mit der in der SE-VO abschließend geregelten Leitungsstruktur).

konzernrechtliche Problematik bei Abfassung der SE-VO bekannt war und der Verzicht auf eine eigenständig europäische Regelung gerade den Weg zur Beibehaltung nationaler Besonderheiten ermöglichen sollte[7]. Der deutsche Gesetzgeber hat auf Basis dieser Prämisse mit § 49 SEAG Vorkehrungen getroffen, um die auf das dualistische System zugeschnittenen Vorschriften auch im Monismus handhabbar zu machen.

3   Die Regelung verfolgt ebenso wie im Bereich der Rechnungslegung (Anh. Art. 43 § 47 SEAG Rz. 1) das Ziel, das im Dualismus entstandene **System der internen Selbstkontrolle** auf das monistische System zu übertragen[8]. Aus diesem Grund treten für die konzernrechtlichen Pflichten – in Abweichung von der allgemeinen Regelung des § 22 Abs. 6 SEAG – die geschäftsführenden Direktoren an die Stelle des Vorstands. Auf diese Weise entsteht eine Aufgabenteilung zwischen geschäftsführenden Direktoren und Verwaltungsrat, welche diejenige von Vorstand und Aufsichtsrat abbildet; denn soweit das Konzernrecht bestimmte Rechte oder Pflichten dem Aufsichtsrat zuweist, bleibt es bei der allgemeinen Zuweisung des § 22 Abs. 6 SEAG an den Verwaltungsrat.

4   Folglich erstellen im **faktischen Konzern** die geschäftsführenden Direktoren den Abhängigkeitsbericht (§ 46 Abs. 1 SEAG i.V.m. § 312 AktG), der vom Abschlussprüfer (Art. 9 Abs. 1 lit. c ii SE-VO i.V.m. § 314 AktG) und vom Verwaltungsrat (§ 22 Abs. 6 SEAG i.V.m. § 314 AktG) zu prüfen ist[9].

5   Im **Vertragskonzern** gilt kraft der allgemeinen Verweisung des Art. 9 Abs. 1 lit. c ii SE-VO das Weisungsrecht des § 308 Abs. 1 AktG[10]. Empfänger der Weisung sind die geschäftsführenden Direktoren (§ 46 Abs. 2 SEAG i.V.m. § 308 Abs. 1 AktG). Das grundsätzlich dem Verwaltungsrat zustehende Weisungsrecht (Anh. Art. 43 § 44 SEAG Rz. 8 ff.) geht damit auf das herrschende Unternehmen über. Der Beherrschungsvertrag beschneidet damit die Leitungskompetenzen des Verwaltungsrats[11]. Für das Verfahren nach § 308 Abs. 3 AktG tritt der Verwaltungsrat an die Stelle des Aufsichtsrats (§ 22 Abs. 6 SEAG)[12].

6   Auch im Falle der **Eingliederung** tritt der geschäftsführende Direktor an die Stelle des Vorstands (§ 46 Abs. 2 SEAG). Er ist damit insbesondere Adressat der nach § 323 Abs. 1 AktG möglichen Weisungen hinsichtlich der Leitung der Gesellschaft.

Art. 44
[Sitzungen; Informationsrecht]

(1) Das Verwaltungsorgan tritt in den durch die Satzung bestimmten Abständen, mindestens jedoch alle drei Monate, zusammen, um über den Gang der Geschäfte der SE und deren voraussichtliche Entwicklung zu beraten.

(2) Jedes Mitglied des Verwaltungsorgans kann von allen Informationen, die diesem Organ übermittelt werden, Kenntnis nehmen.

---

7   In diesem Sinne *Habersack*, ZGR 2003, 724, 740.
8   Zu den Vorüberlegungen *Teichmann*, ZGR 2002, 383, 444 ff.
9   Der Überlegung von *Maul*, ZGR 2003, 743, 758 ff., hierfür die Einrichtung eines Prüfungsausschusses gesetzlich vorzuschreiben, hat sich der Gesetzgeber nicht angeschlossen.
10 Zur Gegenauffassung s. oben Fn. 6.
11 Zutreffend *Maul*, ZGR 2003, 743, 748.
12 Näher hierzu *Maul*, ZGR 2003, 743, 748.

Literatur: *Baums* (Hrsg.), Bericht der Regierungskommission Corporate Governance, 2001; *Holland*, Das amerikanische „board of directors" und die Führungsorganisation einer monistischen SE in Deutschland, 2006 (zit.: Board of directors und monistische SE); *Hommelhoff/Teichmann*, Namensaktie, Neue Medien und Nachgründung – aktuelle Entwicklungslinien im Aktienrecht, in Dörner/Menold/Pfitzer/Oser (Hrsg.), Reform des Aktienrechts, der Rechnungslegung und der Prüfung, 2003, S. 103–134; *Lutter*, Information und Vertraulichkeit im Aufsichtsrat, 3. Aufl. 2006; *Kindl*, Beschlussfassung des Aufsichtsrats und neue Medien – zur Änderung des § 108 Abs. 4 AktG, ZHR 166 (2002), 335–348; *Sander*, Moderne Kommunikationsformen im deutschen und europäischen Gesellschaftsrecht, 2003; *Scherer*, „Die Qual der Wahl": Dualistisches oder monistisches System?, 2006; *Wagner*, Aufsichtsratssitzung in Form der Videokonferenz – Gegenwärtiger Stand und mögliche Änderungen durch das Transparenz- und Publizitätsgesetz, NZG 2002, 57–64.

I. Überblick

Art. 44 regelt den **Sitzungsturnus** des Verwaltungsorgans; dies tritt nach Maßgabe der 1 Satzung, mindestens aber alle drei Monate einmal zusammen, um über den Gang der Geschäfte und deren voraussichtliche Entwicklung zu beraten (Art. 44 Abs. 1). Weiterhin hat jedes Mitglied ein **Informationsrecht** bezüglich aller Informationen, die dem Verwaltungsorgan übermittelt werden (Art. 44 Abs. 2).

Art. 44 trifft damit für die **innere Ordnung** des Verwaltungsorgans nur eine „teilwei- 2 se" Regelung i.S.d. Art. 9 (vgl. Art. 9 Rz. 44 ff.). Ungeregelt bleiben insbesondere die Formalien der Einberufung und der Ablauf der Sitzung. Hierzu gilt **ergänzend das mitgliedstaatliche Recht**, das sich für das monistische System einer in Deutschland ansässigen SE auf die Ermächtigung des Art. 43 Abs. 4 stützt. § 34 SEAG regelt Einzelheiten der inneren Ordnung des Verwaltungsrats und den Erlass einer Geschäftsordnung. Regeln zur Beschlussfassung trifft neben dem hierfür einschlägigen Art. 50 auch § 35 SEAG. § 36 SEAG befasst sich mit der Teilnahme an den Sitzungen des Verwaltungsrats und seiner Ausschüsse und § 37 SEAG regelt die Einberufung des Verwaltungsrats. Zu den Einzelheiten sei auf die Kommentierung dieser Vorschriften im Anh. zu Art. 43 verwiesen.

II. Sitzungsturnus (Art. 44 Abs. 1)

1. Entstehungsgeschichte der Vorschrift

Ihrer Entstehungsgeschichte nach steht die Regelung im Zusammenhang mit der 3 **Aufteilung in geschäftsführende und nicht-geschäftsführende Mitglieder** des Verwaltungsorgans. Gem. Art. 66 Abs. 2 des Entwurfs von 1989[1] sollte das Verwaltungsorgan einem oder mehreren seiner Mitglieder die Geschäftsführung der SE übertragen. Um den dadurch entstehenden Informationsvorsprung der geschäftsführenden Mitglieder auszugleichen, sollte das Verwaltungsorgan nach Art. 67 Abs. 1 des Ent-

---

1 Abgedr. in AG 1990, 111 ff.

wurfs von 1989 alle drei Monate zusammentreten, um über den Gang der Geschäfte zu beraten.

4 Die **Europäische Kommission** begründete dies folgendermaßen[2]:

„Das Verwaltungsorgan muss mindestens alle drei Monate zusammentreten, damit die Geschäftsführer der Gesellschaft alle Mitglieder über den Gang der Geschäfte der Gesellschaft unterrichten. Im Rahmen dieser Sitzungen können die nichtgeschäftsführenden Mitglieder die Geschäftsführung und den Gang der Geschäfte der SE überwachen."

Dieser Grundgedanke trägt die Vorschrift noch heute. Die Aufteilung in geschäftsführende und nicht-geschäftsführende Mitglieder ist zwar in der SE-VO nicht mehr vorgeschrieben, wird aber von ihr als gängige Praxis zumindest in Rechnung gestellt und mit Erwägungsgrund 14 (dazu Art. 38 Rz. 11 ff.) auch für wünschenswert erachtet.

2. Festlegung in der Satzung

5 Die Satzung legt fest, in welchen Abständen der Verwaltungsrat zusammentritt. Dies ist nach dem Wortlaut des Art. 44 Abs. 1 ein **zwingender Regelungsgegenstand** der Satzung[3]. Sinnvoll ist auch die Statuierung einer Pflicht zur Einberufung **außerordentlicher Sitzungen**, sofern das Wohl der Gesellschaft es erfordert; in Ermangelung einer Satzungsregelung ist dies ohnehin Teil der allgemeinen Leitungsverantwortung des Verwaltungsorgans (vgl. Anh. Art. 43 § 22 SEAG Rz. 5 ff.)[4]. Wurde eine außerordentliche Sitzung anberaumt, beginnt der Turnus von neuem; es muss also innerhalb der drei Monate, die auf die außerordentlich anberaumte Sitzung folgen, wieder eine Sitzung stattfinden.

3. Inhalt und Ablauf der Sitzungen

6 Themen der Sitzung sind der **Gang der Geschäfte** und deren voraussichtliche Entwicklung. Dabei ist grundsätzlich nicht zwischen laufenden Geschäften und Fragen der Unternehmensleitung zu trennen[5]. Denn das Verwaltungsorgan erfüllt mit den Sitzungen seine Pflicht als Geschäftsführungsorgan (Art. 43 Abs. 1), kann sich also nicht auf den Standpunkt zurückziehen, für die laufenden Geschäfte seien ausschließlich die geschäftsführenden Direktoren zuständig. Denn deren Zuständigkeiten sind immer nur ein Ausschnitt der allgemeinen und hierarchisch übergeordneten Geschäftsführungskompetenz des Verwaltungsorgans (Anh. Art. 43 § 22 SEAG Rz. 13). Es ist für das Verwaltungsorgan somit keine zwingende rechtliche Vorgabe, sondern allenfalls eine Frage der Zweckmäßigkeit, die Zeit des Beisammenseins für die wirklich wichtigen Fragen zu nutzen und sich nicht in Einzelheiten der täglichen Geschäftsführung zu verlieren.

7 An eine Sitzung i.S.d. Art. 44 Abs. 1 sind gewisse qualitative **Anforderungen** zu stellen. Sie dient der **Beratung der Gesellschaftsangelegenheiten**. Die Organmitglieder müssen also Gelegenheit erhalten, sich in Rede und Gegenrede mit den Angelegenheiten der Gesellschaft zu befassen. Ein Zusammentreffen, das lediglich der Beschlussfassung ohne Aussprache dient, ist keine Sitzung i.S.d. Art. 44 Abs. 1[6]. Es stellt sich hier dieselbe Frage, wie sie im deutschen Aktienrecht zu § 110 Abs. 3 AktG diskutiert wird, ob nämlich eine **Videokonferenz** auf die Zahl der gesetzlichen

---

2 Beilage 5/89 zum Bulletin der Europäischen Gemeinschaften, S. 22.
3 *Schwarz*, Art. 44 Rz. 5.
4 In diesem Sinne *Schwarz*, Art. 44 Rz. 6.
5 Zur Problematik *Scherer*, Dualistisches oder monistisches System, S. 34 ff.
6 Zur Unterscheidung von Beratung und Beschlussfassung Art. 50 Rz. 13.

Pflichtsitzungen angerechnet werden kann[7]. Den 2002 neu gefassten § 110 Abs. 3 AktG wird man nach Wortlaut und Entstehungsgeschichte so zu verstehen haben, dass Pflichtsitzungen nicht zwingend als Präsenzsitzungen abgehalten werden müssen[8]. Andererseits wird auch von Befürwortern der Videokonferenz eingeräumt, dass diese nicht denselben intensiven Kommunikationsprozess erlaubt wie eine Präsenzsitzung[9]. Überwiegend wird daher gefordert, dass die Videokonferenz die begründungsbedürftige Ausnahme bleibe und wenigstens eine Sitzung im Halbjahr als Präsenzsitzung stattfinden solle[10].

Diese Überlegung gilt erst recht im Kontext des Art. 44 Abs. 1, der nicht das Aufsichtsorgan, sondern das monistische Verwaltungsorgan betrifft. Gerade die äußerst geringe Zahl von **vier Pflichtsitzungen** legt die Schlussfolgerung nahe, dass diese wenigen Sitzungen **von besonderer Qualität** sein müssen. Vier Sitzungen im Jahr sind ohnehin zu wenig, um der Geschäftsführungsaufgabe, die dem Verwaltungsorgan nach Art. 43 Abs. 1 zugewiesen ist, sinnvoll nachzukommen. Die Verordnung unterstellt somit, dass es **Zwischenformen** gibt: Einzeltreffen der geschäftsführenden und der nicht-geschäftsführenden Mitglieder, Beratungen der Ausschüsse, Besprechungen unter Zuhilfenahme von Telekommunikationsmitteln (Telefon- oder Videokonferenzen). Die von der Verordnung geforderte Zahl von vier Pflichtsitzungen pro Jahr ergibt angesichts dessen nur Sinn, wenn man darin ein Zusammentreffen sieht, auf dem die **entscheidenden strategischen Weichenstellungen** besprochen werden. Die Beratung komplexer Sachverhalte erlangt eine höhere Qualität, wenn eine ungehinderte Kommunikation auf verbaler und nonverbaler Ebene möglich ist. Hierzu muss die **Mehrheit** der Mitglieder **persönlich anwesend** sein[11]. 8

Soweit Gegner der Präsenzsitzung darauf verweisen, die persönliche Anwesenheit sei zwar wünschenswert aber nicht vom Gesetz erzwingbar[12], ist dem zu widersprechen. Bei Übernahme eines Mandats im Oberleitungsorgan der Gesellschaft gehört es zur **pflichtgemäßen Aufgabenerfüllung**, wenigstens vier Mal im Jahr die persönliche Sitzungsteilnahme zu ermöglichen. Da selbst bei einer Pflichtsitzung nicht zwingend alle Mitglieder anwesend sein müssen, genügt es im Ergebnis für jedes Mitglied, zumindest zwei oder drei Mal im Jahr persönlich anwesend zu sein. Dies ist selbst in europäisch und international tätigen Unternehmen keine unzumutbare Belastung, sollte vielmehr bei der Übernahme des verantwortungsvollen Mandats im Verwaltungsorgan selbstverständlich sein. 9

---

7 Vgl. *Hopt/Roth* in Großkomm. AktG, § 110 Rz. 69 ff. (m.w.N.); *Sander*, Moderne Kommunikationsformen, S. 66.

8 *Hopt/Roth* in Großkomm. AktG, § 110 Rz. 71; *Hüffer*, § 110 Rz. 11; a.A. (gegen die Verzichtbarkeit einer physischen Zusammenkunft) *Drygala* in K. Schmidt/Lutter, AktG, § 110 Rz. 20.

9 S. nur *Wagner*, NZG 2002, 57, 61, der lediglich einwendet, eine Präsenzsitzung könne nicht rechtlich erzwungen werden. Zur Problematik auch *Hommelhoff/Teichmann* in Dörner/Menold/Pfitzer/Oser, Reform des Aktienrechts, S. 103, 123 ff.

10 S. nur *Hopt/Roth* in Großkomm. AktG, § 110 Rz. 71; *Lutter/Krieger*, Aufsichtsrat, Rz. 568 (S. 219 f.); *Hüffer*, § 110 Rz. 11 jew. m.w.N.

11 Ebenso für den Aufsichtsrat die Regierungskommission Corporate Governance (s. *Baums*, Bericht der Regierungskommission, S. 99, Rz. 57). Großzügiger *Schwarz*, Art. 44 Rz. 10, der zwar grundsätzlich ein örtliches Zusammenkommen verlangt, daneben aber auch Videokonferenzen oder andere Kommunikationsmittel ausreichen lässt. Zur Diskussion im deutschen Aktienrecht *Kindl*, ZHR 166 (2002), 335, 344 ff. (m.w.N.), der auch Videokonferenzen ausreichen lassen will, und *Sander*, Moderne Kommunikationsformen, S. 64 ff.

12 So etwa für den Aufsichtsrat *Wagner*, NZG 2002, 57, 61.

III. Informationsrecht (Art. 44 Abs. 2)

1. Informationsfluss zum Verwaltungsorgan

10 Art. 44 Abs. 2 regelt ein individuelles Informationsrecht, klärt aber nicht die Frage, auf welche Weise das Organ seine Informationen erhält. Letzteres bedarf auch keiner besonderen Regelung, denn das Verwaltungsorgan hat als **Organ der Geschäftsführung und Oberleitung** ohnehin Zugang zu allen relevanten Informationen, die in der Gesellschaft verfügbar sind[13]. In der Praxis bedeutet dies zwar keineswegs immer, dass im Verwaltungsorgan tatsächlich alle notwendigen Informationen ankommen; dies sicherzustellen ist jedoch eine Frage der verantwortlichen Selbstorganisation – z.B. durch Ausschussbildung und einen regelmäßigen Informationsaustausch mit den geschäftsführenden Direktoren[14].

11 Für die konkrete Durchführung von Geschäftsführungsmaßnahmen sind nach § 40 SEAG die **geschäftsführenden Direktoren** zuständig. Diese unterliegen einer gesetzlichen Pflicht zur regelmäßigen Berichterstattung (§ 40 Abs. 6 SEAG), die in Satzung und Geschäftsordnung verdichtet werden kann. Zudem kann der Verwaltungsrat kraft seines Weisungsrechts (§ 44 Abs. 2 SEAG) jede gewünschte Information von den geschäftsführenden Direktoren einfordern und zur Strukturierung des Informationsflusses eine Informationsordnung erlassen (s. Anh. Art. 43 § 40 SEAG Rz. 40). Weiterhin erleichtert es die Informationsversorgung im Verwaltungsorgan, dass geschäftsführende Direktoren aus der Mitte des Verwaltungsrats bestellt werden können (§ 40 Abs. 1 Satz 2 SEAG). Anders als beim Aufsichtsrat nationalen Aktienrechts gibt es für das Verwaltungsorgan keine normative „Bagatellgrenze"[15]; als Geschäftsführungsorgan entscheidet es selbst, welche Informationen für seine Tätigkeit von Belang sind und welche nicht[16].

12 Soweit **einzelne Mitglieder** des Organs über Informationen verfügen, die für die Tätigkeit des Verwaltungsorgans relevant sind, trifft sie im Rahmen einer sorgfältigen Ausfüllung ihres Mandats die Pflicht, diese Informationen an das Gesamtorgan **weiterzuleiten**[17]. An dem hierdurch erreichten Informationsstand des Organs partizipieren die übrigen Mitglieder durch ihr in Art. 44 Abs. 2 festgeschriebenes individuelles Informationsrecht.

2. Informationsrecht der einzelnen Mitglieder

13 Der besondere Regelungsgehalt des Art. 44 Abs. 2 liegt in der individuell **gleichberechtigten Teilhabe** aller Organmitglieder am Informationsstand des Organs[18]. Infolge der häufig anzutreffenden Arbeitsteilung im Organ kann der Informationsstand der Mitglieder unterschiedlich sein. Art. 44 Abs. 2 bekräftigt demgegenüber den Anspruch aller Mitglieder, an den Informationen des Organs in gleicher Weise zu partizipieren. Dies gilt auch für die Arbeitnehmervertreter, die ihr Mandat im Organ mit gleichen Rechten und Pflichten wahrnehmen (dazu Art. 43 Rz. 67). Sollte der An-

---

13 *Schwarz*, Art. 44 Rz. 15.
14 Ausführlich zu den Maßnahmen, die gewährleisten, dass das Gesamtorgan die nötigen Informationen erhält, *Holland*, Board of directors und monistische SE, S. 164 ff.
15 Zu dessen Ableitung aus der Funktion des Aufsichtsrates *Lutter*, Information und Vertraulichkeit im Aufsichtsrat, Rz. 112 ff. (S. 37 ff.).
16 *Teichmann* in Lutter/Hommelhoff, Europäische Gesellschaft, S. 197, 210.
17 Ebenso *Reichert/Brandes* in MünchKomm. AktG, Art. 44 SE-VO Rz. 41. Vgl. auch *Lutter*, Information und Vertraulichkeit im Aufsichtsrat, Rz. 463 (S. 175): Keine Verschwiegenheitspflicht der Mitglieder untereinander.
18 In diesem Sinne auch *Reichert/Brandes* in MünchKomm. AktG, Art. 44 SE-VO Rz. 36, und *Schwarz*, Art. 44 Rz. 19.

spruch klageweise geltend gemacht werden müssen, ist die Gesellschaft passivlegiti-
miert und wird durch die geschäftsführenden Direktoren vertreten[19].

Art. 44 Satz 2 spricht von Informationen, die dem Organ **übermittelt** werden. Dies ist   14
gemäß der Intention der Regelung in einem weiten Sinne zu verstehen[20]. Nicht nur
Informationen, die von Außenstehenden aus eigenem Antrieb an das Organ heran-
getragen werden, sondern auch Informationen, die einzelne Organmitglieder auf
Grund ihrer Mitgliedschaft im Verwaltungsorgan erhalten, sind den übrigen Mitgliedern weiterzugeben.

Da sich der Informationsanspruch **gegen das Organ** richtet und nicht gegen einzelne   15
Mitglieder des Organs, muss es sich um Informationen handeln, die **aufgabenbezogen**
sind, also in einem Zusammenhang mit der Geschäftsführung und Oberleitung
durch das Organ stehen[21]. Nur auf Informationen, die funktionsgemäß für das Gesamtorgan bestimmt sind, haben auch die übrigen Mitglieder einen Anspruch. Dazu
gehören namentlich Informationen, die geschäftsführende Verwaltungsratsmitglieder
kraft ihrer Stellung als geschäftsführende Direktoren erhalten[22]. Der nationale Gesetzgeber hat dies verstärkt und formalisiert durch die Berichtspflicht der geschäftsführenden Direktoren nach § 40 Abs. 6 SEAG.

Ein Recht des Organs auf **Informationsverweigerung** sieht die Verordnung nicht vor.   16
Darin liegt nicht etwa eine Regelungslücke. Denn dem Geheimhaltungsbedürfnis innerhalb des Organs trägt die **Verschwiegenheitspflicht** der Mitglieder (Art. 49) Rechnung. Diese Vorschrift regelt ihrem Wortlaut nach zwar nur die Preisgabe von Informationen nach dem Ausscheiden aus dem Amt, unterstellt damit aber implizit, dass
die Organmitglieder während ihrer Amtszeit erst recht einer Verschwiegenheitspflicht unterliegen (Art. 49 Rz. 7). Eine Verweigerung von Information kommt daher
allenfalls bei einem durch konkrete Tatsachen belegbaren Verdacht, ein Mitglied
werde gegen seine Pflichtenstellung aus Art. 49 verstoßen und die erlangte Information zum Nachteil der Gesellschaft verwenden, in Betracht[23].

Art. 45
[Vorsitzender des Verwaltungsorgans]

**Das Verwaltungsorgan wählt aus seiner Mitte einen Vorsitzenden. Wird die Hälfte
der Mitglieder des Verwaltungsorgans von den Arbeitnehmern bestellt, so darf nur
ein von der Hauptversammlung der Aktionäre bestelltes Mitglied zum Vorsitzenden
gewählt werden.**

---

19 *Reichert/Brandes* in MünchKomm. AktG, Art. 44 SE-VO Rz. 40; zum Aufsichtsrat BGH v.
   15.11.1982 – II ZR 27/82, BGHZ 85, 293, 295. Da Fragen der prozessualen Durchsetzung in der
   SE-Verordnung nicht geregelt sind, ist gemäß der allgemeinen Normquellenhierarchie (Art. 9
   Rz. 42 ff.) auf das mitgliedstaatliche Recht zurückzugreifen.
20 Ebenso *Reichert/Brandes* in MünchKomm. AktG, Art. 44 SE-VO Rz. 37.
21 In diesem Sinne auch *Reichert/Brandes* in MünchKomm. AktG, Art. 44 SE-VO Rz. 37.
22 *Schwarz*, Art. 44 Rz. 20.
23 *Reichert/Brandes* in MünchKomm. AktG, Art. 44 SE-VO Rz. 44.

Literatur: *Eder*, Die monistische verfasste Societas Europaea – Überlegungen zur Umsetzung eines CEO-Modells, NZG 2004, 544–547; *Holland*, Das amerikanische „board of directors" und die Führungsorganisation einer monistischen SE in Deutschland, 2006 (zit.: Board of directors und monistische SE); *Kallmeyer*, Das monistische System in der SE mit Sitz in Deutschland, ZIP 2003, 1531–1536; *Merkt*, Die monistische Unternehmensverfassung für die Europäische Aktiengesellschaft aus deutscher Sicht – mit vergleichendem Blick auf die Schweiz, das Vereinigte Königreich und Frankreich, ZGR 2003, 650–678; *Teichmann*, Gestaltungsfreiheit im monistischen Leitungssystem der Europäischen Aktiengesellschaft, BB 2004, 53–60; *von Hein*, Vom Vorstandsvorsitzenden zum CEO?, ZHR 166 (2002), 464–502; *von Hein*, Die Rolle des US-amerikanischen CEO gegenüber dem Board of Directors im Lichte neuerer Entwicklungen, RIW 2002, 501–509.

I. Überblick

1   Art. 45 schreibt zwingend die Wahl eines Vorsitzenden aus der Mitte des Verwaltungsrats vor (Art. 45 Satz 1). In einem paritätisch mitbestimmten Verwaltungsorgan muss der Vorsitzende aus den Reihen der Anteilseignervertreter kommen (Art. 45 Satz 2). Dem Verwaltungsratsvorsitzenden kommt in späteren Abstimmungen des Verwaltungsorgans bei Stimmengleichheit der Stichentscheid zu (Art. 50 Abs. 2). Weitere Aufgaben oder Befugnisse des Vorsitzenden regelt die SE-VO nicht; diese ergeben sich namentlich aus den §§ 34 ff. SEAG. Außerdem sieht § 34 Abs. 1 SEAG die Wahl eines stellvertretenden Vorsitzenden vor.

II. Wahl des Vorsitzenden aus der Mitte des Verwaltungsrats (Art. 45 Satz 1)

1. Wahlverfahren und Amtsdauer

2   Der Vorsitzende muss selbst **Verwaltungsratsmitglied** sein, die Bestellung von Dritten ist nicht möglich[1]. In Staaten, deren Rechtssystem dies zulässt, kann der Vorsitzende auch eine juristische Person sein; diese muss allerdings eine natürliche Person als Vertreter bestellen (Art. 47 Abs. 1 Satz 2). Für in Deutschland ansässige SE ist die Mitgliedschaft juristischer Personen im Verwaltungsorgan nicht zugelassen (Art. 47 Rz. 2 ff.).

3   Bei der Wahl des Vorsitzenden gelten die allgemeinen Anforderungen des Art. 50 Abs. 1 an **Beschlussfähigkeit und Beschlussfassung** in SE-Organen. Es muss also die Hälfte der Verwaltungsratsmitglieder anwesend oder vertreten sein; der Beschluss wird mit Mehrheit der Stimmen gefasst. Der zur Wahl stehende Kandidat ist selbst stimmberechtigt[2]. Die Wahl wird wirksam, wenn der Gewählte sie annimmt[3]. Sie ist gemäß § 46 Abs. 1 Satz 3 SEAG von den geschäftsführenden Direktoren zum Handelsregister anzumelden.

4   Da Art. 50 Abs. 2 (Stichentscheid des Vorsitzenden) zumindest bei der Wahl des ersten Vorsitzenden noch keine Anwendung finden kann, droht bei **Stimmengleichheit** eine Blockade der Willensbildung; bei späteren Wahlen lässt sich dies vermeiden, in-

---

1 *Schwarz*, Art. 45 Rz. 4.
2 *Reichert/Brandes* in MünchKomm. AktG, Art. 45 SE-VO Rz. 3.
3 *Reichert/Brandes* in MünchKomm. AktG, Art. 45 SE-VO Rz. 3.

dem die Wahl zu einem Zeitpunkt durchgeführt wird, zu dem der bisherige Vorsitzende noch im Amt ist[4]. Zur Vermeidung einer Pattsituation kann die Satzung geeignete Regelungen treffen (Art. 50 Rz. 6 ff.). Andernfalls muss die Wahl so oft wiederholt werden, bis einer der Kandidaten eine Mehrheit erhält. Sollte es wegen Stimmengleichheit oder aus anderen Gründen nicht zu einer Wahl des Vorsitzenden kommen[5], ist in Analogie zu § 30 Abs. 2 SEAG eine **gerichtliche Ersatzbestellung** möglich[6].

Die **Amtsdauer** des Vorsitzenden entspricht in Ermangelung einer anderweitigen   5
Aussage in Satzung, Geschäftsordnung oder Wahlbeschluss der Zeit, für welche das gewählte Mitglied nach Art. 46 Abs. 1 in das Organ bestellt wurde[7]. Wird das Mitglied wiederbestellt (Art. 46 Abs. 2), muss auch eine erneute Wahl zum Vorsitzenden stattfinden. Die **vorzeitige Abberufung** ist als actus contrarius nach denselben Regeln wie die Wahl möglich. Allerdings darf der Vorsitzende nicht mitstimmen, weil in diesem Fall nicht gewährleistet ist, dass er seine eigenen Interessen gegenüber denjenigen der Gesellschaft zurückstellen wird[8]. Der Vorsitzende kann sein Amt auch **niederlegen**, hat jedoch darauf zu achten, dass dies nicht zur Unzeit erfolgt[9].

2. Stellung des Vorsitzenden im Organ

Zur Stellung des Verwaltungsratsvorsitzenden enthält die **SE-VO** einen einzigen An-   6
haltspunkt in Art. 50 Abs. 2 Satz 2, der dem Vorsitzenden bei Stimmengleichheit den Stichentscheid zuweist. Im Übrigen folgt die innere Ordnung des Verwaltungsrats weitgehend mitgliedstaatlichem Recht[10]. Für Deutschland gelten die **§§ 34 bis 37 SEAG**, die dem Vorsitzenden **folgende Aufgaben** zuweisen[11]: Unterzeichnung der Sitzungsniederschrift (§ 34 Abs. 3 Satz 1 SEAG); Entscheidung über die Teilnahme externer Mitglieder an Ausschusssitzungen (§ 36 Abs. 2 SEAG); Einberufung des Verwaltungsrats auf Verlangen eines Mitglieds (§ 37 Abs. 1 SEAG); Wahrnehmung des zusätzlichen Stimmrechts nach § 35 Abs. 3 SEAG. Weiterhin erwächst dem Vorsitzenden eine gewisse **faktische Dominanz** durch die allgemeine Koordination derjenigen Aufgaben, die dem Verwaltungsrat als Ganzem zugewiesen sind[12]. Er nimmt in der Regel die Berichte der geschäftsführenden Direktoren entgegen und leitet sie weiter (§§ 40 Abs. 6 SEAG i.V.m. 90 AktG). Er wird zumeist derjenige sein, der in der Hauptversammlung für den Verwaltungsrat die Rechenschaftspflicht des § 48 Abs. 2 SEAG (Erläuterung der in § 175 Abs. 2 AktG genannten Unterlagen) erfüllt. Generell übernimmt der Verwaltungsratsvorsitzende auf Grund der Verweisung in § 22 Abs. 6 SEAG in Ermangelung spezieller Regelungen diejenigen **Befugnisse**, die im dualistischen Modell **dem Vorstandsvorsitzenden oder dem Aufsichtsratsvorsitzenden zuge-**

---

4 *Reichert/Brandes* in MünchKomm. AktG, Art. 45 SE-VO Rz. 4. Die ebda. Rz. 5 vorgeschlagene Lösung einer zeitlich versetzten Amtszeit des Vorsitzenden und seines Stellvertreters setzt voraus, dass der Stichentscheid des Art. 50 Abs. 2 auf den Stellvertreter übergeht; gerade dies ist aber höchst zweifelhaft (vgl. Anh. Art. 43 § 34 SEAG Rz. 9).

5 Diese Gefahr dürfte vor allem im paritätisch mitbestimmten Organ bestehen (dazu sogleich Rz. 12).

6 So *Schwarz*, Art. 45 Rz. 19, der zu Recht darauf hinweist, dass die Verordnung insoweit für eine ergänzende Anwendung des mitgliedstaatlichen Rechts Raum lässt; auch *Reichert/Brandes* in MünchKomm. AktG, Art. 45 SE-VO Rz. 14 ff. halten eine gerichtliche Ersatzbestellung für zulässig.

7 *Reichert/Brandes* in MünchKomm. AktG, Art. 45 SE-VO Rz. 17.

8 *Reichert/Brandes* in MünchKomm. AktG, Art. 45 SE-VO Rz. 18. Zu Stimmverboten in SE-Organen unten Art. 50 Rz. 19.

9 *Reichert/Brandes* in MünchKomm. AktG, Art. 45 SE-VO Rz. 19.

10 Näher hierzu auch *Reichert/Brandes* in MünchKomm. AktG, Art. 45 SE-VO Rz. 20 ff.

11 Vgl. die Kommentierung der genannten SEAG-Vorschriften im Anh. Art. 43.

12 *Reichert/Brandes* in MünchKomm. AktG, Art. 45 SE-VO Rz. 21.

wiesen sind. Schließlich können auch die Satzung der Gesellschaft oder die Geschäftsordnung des Verwaltungsrates dem Vorsitzenden **weitere Aufgaben** zuweisen.

7   Durch Ausnutzung der Gestaltungsmöglichkeiten, die das SEAG der Gesellschaft belässt, ist es denkbar, die Stellung des Vorsitzenden derjenigen eines **Chief Executive Officer** weitgehend anzunähern[13]. Im Gegensatz zum Aufsichtsratsvorsitzenden kann der Verwaltungsratsvorsitzende zugleich Vorsitzender der Geschäftsführung sein, indem er zum geschäftsführenden Direktor ernannt wird (vgl. § 40 Abs. 1 Satz 2 SEAG). Ihm kann in der Geschäftsordnung der geschäftsführenden Direktoren eine übergeordnete Position zugewiesen werden (vgl. Anh. Art. 43 § 40 SEAG Rz. 19). Ihm kommt zudem gem. Art. 50 Abs. 2 bei Stimmengleichheit im Verwaltungsrat der Stichentscheid zu. Höhere Geschäftsführungseffizienz und kurze Entscheidungswege werden allerdings mit einem Verlust an Kontrolleffizienz erkauft. Indessen ist gerade diese Ambivalenz notwendig mit dem CEO-Modell verbunden. Die starke Stellung des Vorsitzenden sollte sinnvollerweise durch verschiedene **Überwachungsmechanismen** kompensiert werden[14]: Ein Ansatzpunkt hierfür findet sich in § 40 Abs. 1 Satz 2 SEAG, der eine nicht-geschäftsführende Mehrheit im Verwaltungsrat sicherstellt. Im Hinblick auf die spezifische Interessenlage im mitbestimmten Organ soll außerdem § 35 Abs. 3 SEAG die Kontrollmacht der Anteilseignervertreter gegenüber den geschäftsführenden Direktoren stärken; allerdings verfehlt die Vorschrift gerade in Geschäftsführungsfragen den ihr im Gesetzgebungsverfahren beigemessenen kompensatorischen Effekt (Anh. Art. 43 § 35 SEAG Rz. 12 ff.). Die Möglichkeiten der Satzungsgestaltung, dem Vorsitzenden bei der Beschlussfassung im Verwaltungsorgan eine hervorgehobene Stellung zu verschaffen, sind wegen dessen Charakter als Kollegialorgan beschränkt (Art. 50 Rz. 7).

3. Sonderfälle: Ein- oder Zweipersonen-Verwaltungsrat

8   Das Verwaltungsorgan kann auch aus nur einem Mitglied bestehen. Dies deutet Art. 43 Abs. 3 Satz 1 durch die Formulierung „das Mitglied/die Mitglieder" an. § 23 Abs. 1 SEAG sieht zwar grundsätzlich eine Mindestzahl von drei Mitgliedern vor, gestattet der Satzung aber eine Reduzierung der Mitgliederzahl, sofern das Grundkapital der Gesellschaft drei Mio. Euro nicht überschreitet. Besteht das Verwaltungsorgan nur aus **einem Mitglied**, erübrigt sich naturgemäß die Bestellung eines Vorsitzenden. Da jedoch das mitgliedstaatliche Recht dem Vorsitzenden einige Funktionen explizit zuweist, schließt § 34 Abs. 1 Satz 3 SEAG die Lücke mit dem Hinweis, dass diese Aufgaben von dem einzigen Verwaltungsratsmitglied wahrgenommen werden.

9   Besteht das Verwaltungsorgan aus lediglich **zwei Personen**, ist dennoch ein Vorsitzender zu bestellen. Das Zweitstimmrecht des Vorsitzenden hat dann zur Folge, dass er gegebenenfalls alle Entscheidungen bestimmen kann. Dies ist zulässig, wird aber kaum praktisch relevant werden. Der mitbestimmte Verwaltungsrat besteht ohnehin aus mindestens drei Mitgliedern (Art. 43 Abs. 2 UnterAbs. 2). Für den Verwaltungsrat einer monistischen SE mit Sitz in Deutschland gilt regelmäßig die Zahl von drei Mitgliedern; anderweitige Bestimmungen kann die Satzung treffen. Die Satzung kann

---

13   Näher *Eder*, NZG 2004, 544 ff.; *Frodermann* in Jannott/Frodermann, Handbuch Europäische Aktiengesellschaft, S. 167 f.; *Kallmeyer*, ZIP 2003, 1531, 1534; *Merkt*, ZGR 2003, 650, 664 f.; *Reichert/Brandes* in MünchKomm. AktG, Art. 45 SE-VO Rz. 26 ff.; *Teichmann*, BB 2004, 53, 55 f.; zu Möglichkeiten und Grenzen einer vergleichbaren Struktur im dualistischen System deutscher Prägung *von Hein*, ZHR 166 (2002), 464 ff.

14   Zu den Einschränkungen der Rolle des CEO im US-amerikanischen Leitungsmodell *von Hein*, RIW 2002, 501, 505 ff. und *Holland*, Board of directors und monistische SE, S. 68 ff., der bezogen auf die monistische SE für eine flexible Regelung im deutschen Corporate Governance-Kodex plädiert (S. 161 ff.).

im Übrigen auch den Stichentscheid des Vorsitzenden abbedingen; dies folgt aus
Art. 50 Abs. 2 Satz 2[15].

III. Wahl des Vorsitzenden im paritätisch mitbestimmten Verwaltungsorgan (Art. 45 Satz 2)

In einem paritätisch mitbestimmten Verwaltungsorgan darf nur **ein von der Haupt-** 10
versammlung bestelltes Mitglied zum Vorsitzenden gewählt werden (Art. 45 Satz 2).
Damit stellt die SE-VO sicher, dass das Übergewicht der Anteilseignerseite gewahrt
bleibt; dies zeigt das Zusammenspiel mit Art. 50 Abs. 2 Satz 2, der dem Vorsitzenden
bei Stimmengleichheit ein Zweitstimmrecht zugesteht.

1. Bestellung der Hälfte der Mitglieder durch die Arbeitnehmer

Voraussetzung von Art. 45 Satz 2 ist, dass die Hälfte der Mitglieder des Verwaltungs- 11
organs **von den Arbeitnehmern bestellt** wurde. Dieser Fall kann nach dem deutschen
SEBG streng genommen nicht eintreten, weil auch die Arbeitnehmervertreter – auf
Vorschlag der Arbeitnehmer – von der Hauptversammlung bestellt werden (§ 36
Abs. 4 SEBG). Diese Vorschrift beruht auf der irrigen Vorstellung des deutschen Gesetzgebers, sämtliche Organmitglieder müssten zwingend von der Hauptversammlung bestellt werden (vgl. Art. 43 Rz. 56). Seinem Sinn und Zweck nach erfasst
Art. 45 Satz 2 auch den Fall, in dem die Hälfte der Mitglieder von der Hauptversammlung **unter Bindung an einen Wahlvorschlag der Arbeitnehmer** bestellt wurde[16]. Dies
folgt schon daraus, dass gem. Art. 2 lit. k SE-Richtlinie (§ 2 Abs. 12 SEBG) auch die
Empfehlung von Organmitgliedern durch die Arbeitnehmer eine Form der Mitbestimmung ist. Nach dem Sinn und Zweck des Art. 45 Satz 2, den Anteilseignern
mit Hilfe von Art. 50 Abs. 2 in Pattsituationen das Übergewicht zu sichern, muss er
auf alle Modalitäten der Mitbestimmung Anwendung finden, die dazu führen, dass
nur die Hälfte der Organmitglieder von den Anteilseignern frei bestellt werden konnte.

2. Wahl des Vorsitzenden aus den Reihen der Anteilseigner

Im paritätisch mitbestimmten Organ ist der Vorsitzende zwingend ein Vertreter der 12
Anteilseigner. Dennoch nehmen die Arbeitnehmervertreter an der Wahl als vollwertige Organmitglieder (Art. 43 Rz. 67) teil. Dies schafft die Gefahr einer **Pattsituation.**
Bei Stimmengleichheit ist der vorgeschlagene Kandidat nicht gewählt. Der Stichentscheid des Vorsitzenden (Art. 50 Abs. 2) hilft nur weiter, wenn es bereits einen Vorsitzenden gibt. Andernfalls bleibt zu fragen, wie eine Pattsituation aufgelöst werden
könnte. Das Wahlverfahren des § 27 Abs. 2 MitbestG findet keine Anwendung[17].
Denn das Verfahren der Beschlussfassung ist vorrangig in Art. 50 geregelt; zudem
schließt § 47 Abs. 1 Nr. 1 SEBG die Geltung des MitbestG ausdrücklich aus. Dessen
Wahlmodus passt auch nicht auf den vorliegenden Fall, weil anders als bei § 27 MitbestG im Falle des Art. 45 Satz 2 von vornherein feststeht, dass nur ein Vertreter der
Anteilseigner Vorsitzender werden kann[18]. Sollten sich die Arbeitnehmervertreter

---

15 Zur Beschränkung der Satzungsautonomie im Falle eines mitbestimmten Aufsichtsorgans
und der Frage, ob dies auch für das Verwaltungsorgan gilt, vgl. Art. 50 Rz. 27.
16 Zu demselben Ergebnis gelangt man, wenn man mit *Schwarz*, Art. 43 Rz. 108, den konstitutiven Bestellungsakt bereits in der Benennung der Kandidaten durch den SE-Betriebsrat sieht.
17 Ebenso *Reichert/Brandes* in MünchKomm. AktG, Art. 45 SE-VO Rz. 4; a.A. *Schwarz*, Art. 45
Rz. 9.
18 Die von *Reichert/Brandes* in MünchKomm. AktG, Art. 45 SE-VO Rz. 6 ff. diskutierte Abbil-
dung von § 27 MitbestG in einer Satzungsregelung ist nicht stimmig, weil nach dort vertrete-

dennoch geschlossen der Wahl eines Vorsitzenden verweigern, ist dies über allgemeine Überlegungen des Rechtsmissbrauchs und der **Loyalitätspflichten im Organ** zu lösen: Gemäß der zwingenden Vorgabe in Art. 45 Satz 2 muss der Vorsitzende aus den Reihen der Anteilseignervertreter kommen. Die Arbeitnehmervertreter sind daher gemäß ihrer organschaftlichen Treuepflicht gehalten, zumindest eines dieser Mitglieder als Kandidaten zu akzeptieren. Da bei geschlossener Stimmenthaltung der Arbeitnehmervertreter die nötige Beschlussmehrheit nicht erreicht würde (vgl. Art. 50 Rz. 17), sind sie verpflichtet, zumindest einen der Anteilseignervertreter mit einer Ja-Stimme zu unterstützen. Gegebenenfalls ist als letzter Ausweg wiederum die gerichtliche Ersatzbestellung anzustrengen (so schon oben Rz. 4).

Abschnitt 3. Gemeinsame Vorschriften für das dualistische und das monistische System

Vorbemerkung

1   In die SE-VO wurden erstmals mit dem Entwurf von 1989, der das monistische System einführte, gemeinsame Vorschriften für beide Systeme eingeführt. Darin kommt zum Ausdruck, dass es ungeachtet der Differenzen zwischen beiden Leitungsmodellen einen **Bestand gemeinsamer Grundprinzipien** gibt, die nicht notwendig mit dem jeweiligen Modell verbunden sind, sondern aus allgemeinen Regelungsbedürfnissen der Unternehmensleitung einer Aktiengesellschaft entspringen, die durch Kollegialorgane wahrgenommen wird (vgl. Art. 38 Rz. 30).

2   Zum **Regelungsgehalt** der gemeinsamen Vorschriften gehören die Amtsdauer der Organmitglieder (Art. 46), die persönlichen Voraussetzungen für die Organmitgliedschaft (Art. 47), die Festlegung von Geschäften, für die eine Zustimmung des Aufsichtsorgans oder ein ausdrücklicher Beschluss des Verwaltungsorgans erforderlich ist (Art. 48), die Verschwiegenheitspflicht der Organmitglieder (Art. 49), die Beschlussfassung im Organ (Art. 50) und die Organhaftung (Art. 51).

3   Ihrer systematischen Stellung nach beziehen sich die gemeinsamen Vorschriften des dritten Abschnitts auf die beiden vorangehenden Abschnitte, die das dualistische (Abschnitt 1) und das monistische System (Abschnitt 2) regeln. Auf die Hauptversammlung finden sie keine Anwendung. Erfasst werden aber in jedem Fall **das Leitungs- und Aufsichtsorgan im dualistischen und das Verwaltungsorgan im monistischen System**. Hingegen ist nicht ohne weiteres anzunehmen, dass die gemeinsamen Vorschriften für **sonstige Organe** oder Gremien gelten, die vom mitgliedstaatlichen Gesetzgeber oder der Satzung eingeführt werden (dazu Art. 38 Rz. 41 ff.), zumal wenn sie nicht in derselben Weise als Kollegialorgan strukturiert sind wie die ausdrücklich in der Verordnung genannten. Für in Deutschland ansässige SE stellt sich die Frage insbesondere mit Bezug auf den oder die **geschäftsführenden Direktor/en** im monistischen Modell. Für sie ist von Fall zu Fall zu entscheiden, ob die Rechtsgedanken der Art. 46 ff. anwendbar sind. Da der geschäftsführende Direktor im Kompetenzbereich des Verwaltungsorgans tätig wird, muss für ihn beispielsweise dieselbe Verschwie-

---

ner Auffassung der stellvertretende Vorsitzende auch Anteilseignervertreter sein muss (zur a.A. Anh. Art. 43 § 34 SEAG Rz. 9), den Arbeitnehmern also keine Kompensation dafür geboten werden kann, dass der Vorsitzende in einem zweiten Wahlgang allein von den Anteilseignervertretern gewählt würde.

genheitspflicht gelten (Art. 49 Rz. 3); er muss weiterhin einer vergleichbaren Haftung unterliegen (Art. 51 Rz. 7). Hingegen bedarf es einer eigenständigen mitgliedstaatlichen Regelung hinsichtlich der persönlichen Voraussetzungen, da die Grundregel des Art. 47, die Bestellungsvoraussetzungen des vergleichbaren Systems im nationalen Aktienrecht anzuwenden, auf den geschäftsführenden Direktor nicht passt (Art. 47 Rz. 13).

Art. 46
[Amtsdauer]

(1) Die Mitglieder der Organe der Gesellschaft werden für einen in der Satzung festgelegten Zeitraum, der sechs Jahre nicht überschreiten darf, bestellt.

(2) Vorbehaltlich in der Satzung festgelegter Einschränkungen können die Mitglieder einmal oder mehrmals für den gemäß Absatz 1 festgelegten Zeitraum wiederbestellt werden.

Literatur: *Gutsche*, Die Eignung der Europäischen Aktiengesellschaft für kleine und mittlere Unternehmen in Deutschland, 1994 (zit.: Eignung der Europäischen Aktiengesellschaft); *Hirte*, Die Europäische Aktiengesellschaft, NZG 2002, 1–10; *Hoffmann-Becking*, Organe: Strukturen und Verantwortlichkeiten, insbesondere im monistischen System, ZGR 2004, 355–382; *Holland*, Das amerikanische „board of directors" und die Führungsorganisation einer monistischen SE in Deutschland, 2006 (zit.: Board of directors und monistische SE); *Hommelhoff*, Einige Bemerkungen zur Organisationsverfassung der Europäischen Aktiengesellschaft, AG 2001, 279–288; *Hommelhoff*, Satzungsstrenge und Gestaltungsfreiheit in der Europäischen Aktiengesellschaft, in Habersack/Hommelhoff/Hüffer/Schmidt (Hrsg.), FS Ulmer, 2003, S. 267–278.

I. Überblick

Art. 46 behandelt die **Amtsdauer** der Organmitglieder (Art. 46 Abs. 1) und ihre **Wiederbestellung** (Art. 46 Abs. 2). Die Satzung muss die Amtsdauer festlegen und kann die Wiederwahl Beschränkungen unterwerfen. Der körperschaftliche **Akt der Bestellung** ist in Art. 46 nicht geregelt, er findet sich bei der Regelung der verschiedenen Organe: Es gilt Art. 39 Abs. 2 für das Leitungsorgan, Art. 40 Abs. 2 für das Aufsichtsorgan und Art. 43 Abs. 3 für das Verwaltungsorgan. Auf die geschäftsführenden Direktoren ist Art. 46 nicht anwendbar (s. unten Rz. 8).   1

II. Festlegung der Amtsdauer in der Satzung (Art. 46 Abs. 1)

1. Entstehungsgeschichte

Die in Art. 46 Abs. 1 angeordnete Festlegung einer bestimmten Amtsdauer soll dazu beitragen, die **Verantwortlichkeit der Organmitglieder** zu stärken; dies lässt sich der Begründung der Europäischen Kommission zum gleichlautenden Art. 68 Abs. 1   2

Satz 1 im Entwurf von 1989 entnehmen[1]. Die Bestellung für eine im Vorhinein festgelegte Amtsdauer schließt indessen nicht aus, dass ein Organmitglied vor Ablauf
dieser Amtszeit abberufen werden kann[2]. Im Entwurf von 1989 fanden sich neben
der Festlegung der Amtszeit auch Regelungen zur **vorzeitigen Abberufung** der Organmitglieder[3]. Daher lässt sich dem gegenüber 1989 unveränderten Art. 46 Abs. 1 nicht
die Aussage entnehmen, allein durch die Festlegung einer bestimmten Amtsdauer
sei die vorzeitige Abberufung ausgeschlossen[4]. Systematisch betrachtet relativiert allerdings die Möglichkeit der vorzeitigen Abberufung das teleologische Argument, die
festgelegte Amtszeit stärke die Unabhängigkeit der Organmitglieder[5]. Andererseits
hebt sich die SE-VO damit immer noch ab von der für die USA kritisierten Praxis der
jährlichen Wahl der Board-Mitglieder, die eine allzu kurzfristig ausgerichtete Unternehmenspolitik begünstige[6].

2. Zulässiger Inhalt der Satzungsregelung

3   Die Satzung der SE *muss* eine Regelung über die Amtsdauer der Organmitglieder treffen[7]; es handelt sich um eine Gestaltungsermächtigung mit Regelungsauftrag[8]. Der
in der Satzung festgelegte Zeitraum darf **sechs Jahre** nicht überschreiten. Die Rechtsfolgen einer fehlerhaften Satzungsbestimmung regelt die Verordnung nicht, insoweit
gilt mitgliedstaatliches Recht. Fehlt die von Art. 46 Abs. 1 geforderte Satzungsbestimmung, besteht ein **Eintragungshindernis**[9]. Wird die SE dennoch eingetragen,
endet die Amtszeit der Mitglieder des Leitungs-, Aufsichts- oder Verwaltungsorgans
jedenfalls mit Ablauf von sechs Jahren[10].

4   Die Satzung kann sich nicht auf die Festlegung einer **Höchstdauer** beschränken und
die genaue Festlegung dem Bestellungsorgan überlassen[11]. Nach dem Wortlaut der
Verordnung legt bereits Art. 46 Abs. 1 die Höchstdauer von sechs Jahren fest, innerhalb derer sich die konkrete Amtszeit nach einem „in der Satzung festgelegten Zeitraum" bemisst. Der Vergleich mit Art. 40 Abs. 3 zeigt auch, dass die Verordnung es
klar zum Ausdruck bringt, wenn sie der Satzung gestatten möchte, lediglich die ausfüllungsbedürftigen Vorgaben für eine Festlegung aufzustellen, die von anderen Organen konkretisiert werden kann[12]; denn dort heißt es: „Die Zahl der Mitglieder des
Aufsichtsorgans oder die Regeln für ihre Festlegung werden durch die Satzung bestimmt." Nach dem Sinn und Zweck von Art. 46 Abs. 1 soll die Festlegung der Amtszeit in der Satzung die Verantwortlichkeit der Organmitglieder stärken (vgl. oben
Rz. 2). Dies gelingt besser, wenn sich die Amtszeit eindeutig aus der Satzung ergibt

---

1   Beilage 5/89 zum Bulletin der Europäischen Gemeinschaften, S. 22.
2   Vgl. dazu auch Art. 43 Rz. 49 ff.
3   Art. 75 Abs. 1 des Entwurfs von 1989 lautete: „Die Mitglieder des Aufsichts- oder Verwal-
     tungsorgans können von denselben Organen, Personen oder Personengruppen, die nach die-
     sem Statut oder der Satzung der SE für ihre Bestellung zuständig sind, abberufen werden." Für
     das Leitungsorgan regelte der damalige Art. 62 Abs. 2: „Die Mitglieder des Leitungsorgans
     werden vom Aufsichtsorgan bestellt und können jederzeit von diesem abberufen werden."
4   So verstehen die Vorschrift *Hommelhoff*, AG 2001, 279, 283, und *Hirte*, NZG 2002, 1, 5.
5   So schon (zum Entwurf von 1991) *Gutsche*, Eignung der Europäischen Aktiengesellschaft,
     S. 155.
6   Dazu *Holland*, Board of directors und monistische SE, S. 139.
7   *Hoffmann-Becking*, ZGR 2004, 355, 364; *Reichert/Brandes* in MünchKomm. AktG, Art. 46
     SE-VO Rz. 3.
8   *Hommelhoff* in FS Ulmer, S. 267, 275.
9   *Schwarz*, Art. 46 Rz. 6.
10   *Reichert/Brandes* in MünchKomm. AktG, Art. 46 SE-VO Rz. 6.
11   Dies halten für zulässig *Hoffmann-Becking*, ZGR 2004, 355, 364, *Reichert/Brandes* in
     MünchKomm. AktG, Art. 46 SE-VO Rz. 3 und *Schwarz*, Art. 46 Rz. 13 ff.
12   Darauf weist auch *Schwarz*, Art. 46 Rz. 13, ausdrücklich hin.

und nicht der Festlegung durch das bestellende Organ überlassen wird. Dagegen sind sachlich begründete **Differenzierungen** zulässig[13]. Insbesondere kann die Satzung für die Bestellung der ersten Mitglieder des Aufsichts- oder Verwaltungsorgans eine vom Regelfall abweichende Amtsdauer festlegen (dazu auch Art. 43 Rz. 48)[14]. Zulässig ist auch eine Differenzierung zwischen regulär bestellten Mitgliedern und Ersatzmitgliedern (unten Rz. 7).

3. Erfasster Personenkreis

Die Satzungsregelung gilt auch für Organmitglieder, die von den Arbeitnehmern 5 (oder auf deren Vorschlag) bestellt wurden[15]. Dies folgt schon daraus, dass diese Mitglieder den übrigen gleichwertig sind; zudem enthält Art. 46 Abs. 1 keinen Anhaltspunkt dafür, dass die **Arbeitnehmervertreter** nicht erfasst sein sollen. Regelt die SE-Beteiligungsvereinbarung die Amtszeit der Arbeitnehmervertreter, muss die Satzung dem gem. Art. 12 Abs. 4 entsprechen; die Obergrenze von sechs Jahren gilt auch in diesem Fall[16].

Ebenso gilt die satzungsmäßige Festlegung für **entsandte Organmitglieder**. Art. 47 6 Abs. 4 lässt zwar Entsendungsrechte des mitgliedstaatlichen Rechts bestehen (Art. 47 Rz. 26 ff.), bietet aber keinen Anhaltspunkt dafür, dass die entsandten Organmitglieder nicht der gem. Art. 46 Abs. 1 festzulegenden Amtsdauer unterliegen[17]. Der Regelungszweck, die Unabhängigkeit der Organmitglieder zu stärken, steht dem nicht entgegen. Ein entsandtes Mitglied führt seine Bestellung zwar nicht auf die Hauptversammlung zurück, soll aber in seiner Amtsführung ebenso wie regulär bestellte Mitglieder vorrangig das Gesellschaftsinteresse im Blick haben und insoweit unabhängig von den Vorstellungen des Entsendungsberechtigten sein Urteil fällen.

Die Amtszeit von **Ersatzmitgliedern** bestimmt sich grundsätzlich nach derjenigen 7 des Mitglieds, für welches es nachrückt[18]. Indessen liegt hier auch ein Fall der zulässigen Differenzierung vor. Die Satzung kann beispielsweise regeln, dass die Amtszeit eines nachgerückten Ersatzmitglieds bereits dann endet, wenn anstelle des ausgeschiedenen Mitglieds ein neues ordentliches Mitglied bestellt wurde.

Art. 46 bezieht sich gemäß seiner systematischen Stellung in den gemeinsamen Vor- 8 schriften auf das dualistische und das monistische System und die dort geregelten Organe (vgl. Vor Art. 46 Rz. 3). Die **geschäftsführenden Direktoren** finden sich nicht in der SE-VO, sondern wurden durch das SEAG eingeführt (§ 40 SEAG); für sie gilt daher nicht Art. 46, sondern das nationale Recht (s. Anh. Art. 43 § 40 SEAG Rz. 7). Auf sie trifft auch der in Rz. 2 erläuterte Regelungsgedanke des Art. 46 (Stärkung der Verantwortlichkeit) nicht zu. Bei ihnen steht nicht die eigene Verantwortlichkeit im Vordergrund, sondern die Personalhoheit des Verwaltungsrats (s. Art. 43 Rz. 64 ff.).

III. Wiederbestellung (Art. 46 Abs. 2)

Art. 46 Abs. 2 macht deutlich, dass eine Wiederbestellung von Organmitgliedern je- 9 denfalls nach der SE-VO keinen Beschränkungen unterliegt. Die einmalige oder auch

---

13 *Schwarz*, Art. 46 Rz. 11.
14 Ebenso *Schwarz*, Art. 46 Rz. 11. *Reichert/Brandes* in MünchKomm. AktG, Art. 46 SE-VO Rz. 11 wenden unmittelbar § 30 Abs. 3 Satz 1 AktG an, vgl. auch oben Art. 40 Rz. 15; gemäß der Vorgabe des Art. 46 Abs. 1 wird man verlangen müssen, dass diese Festlegung der Amtszeit in die Satzung aufgenommen wird.
15 *Reichert/Brandes* in MünchKomm. AktG, Art. 45 SE-VO Rz. 10; *Schwarz*, Art. 46 Rz. 7.
16 *Schwarz*, Art. 46 Rz. 7.
17 A.A. *Reichert/Brandes* in MünchKomm. AktG, Art. 46 SE-VO Rz. 14.
18 *Reichert/Brandes* in MünchKomm. AktG, Art. 46 SE-VO Rz. 15.

die mehrmalige Wiederbestellung ist möglich. Lediglich die Satzung der Gesellschaft kann diese Möglichkeit einschränken, indem die Anzahl der Wiederbestellungen begrenzt oder beispielsweise eine Altersgrenze eingeführt wird[19].

10   Andererseits folgt aus Art. 46 Abs. 2 i.V.m. Abs. 1, dass eine **automatische Verlängerung** der Amtszeit über die Dauer von sechs Jahren hinaus **nicht zulässig** und eine formelle Wiederbestellung nötig ist[20]. Eine Satzungsregelung, die zu einer automatischen Mandatsverlängerung führt, ist unzulässig, wenn dadurch die gesamte Amtszeit mehr als sechs Jahre beträgt[21].

Art. 47
[Voraussetzungen der Organmitgliedschaft]

(1) Die Satzung der SE kann vorsehen, dass eine Gesellschaft oder eine andere juristische Person Mitglied eines Organs sein kann, sofern das für Aktiengesellschaften maßgebliche Recht des Sitzstaats der SE nichts anderes bestimmt.

Die betreffende Gesellschaft oder sonstige juristische Person hat zur Wahrnehmung ihrer Befugnisse in dem betreffenden Organ eine natürliche Person als Vertreter zu bestellen.

(2) Personen, die

a) nach dem Recht des Sitzstaats der SE dem Leitungs-, Aufsichts- oder Verwaltungsorgan einer dem Recht dieses Mitgliedstaats unterliegenden Aktiengesellschaft nicht angehören dürfen oder

b) infolge einer Gerichts- oder Verwaltungsentscheidung, die in einem Mitgliedstaat ergangen ist, dem Leitungs-, Aufsichts- oder Verwaltungsorgan einer dem Recht des Mitgliedstaats unterliegenden Aktiengesellschaft nicht angehören dürfen,

können weder Mitglied eines Organs der SE noch Vertreter eines Mitglieds im Sinne von Absatz 1 sein.

(3) Die Satzung der SE kann für Mitglieder, die die Aktionäre vertreten, in Anlehnung an die für Aktiengesellschaften geltenden Rechtsvorschriften des Sitzstaats der SE besondere Voraussetzungen für die Mitgliedschaft festlegen.

(4) Einzelstaatliche Rechtsvorschriften, die auch einer Minderheit von Aktionären oder anderen Personen oder Stellen die Bestellung eines Teils der Organmitglieder erlauben, bleiben von dieser Verordnung unberührt.

---

19 *Schwarz*, Art. 46 Rz. 19.
20 *Manz* in Manz/Mayer/Schröder, Art. 46 SE-VO Rz. 4; *Reichert/Brandes* in MünchKomm. AktG, Art. 46 SE-VO Rz. 12.
21 *Reichert/Brandes* in MünchKomm. AktG, Art. 46 SE-VO Rz. 6.

Literatur: *Brandes,* Juristische Personen als Geschäftsführer der Europäischen Privatgesellschaft, 2003 (zit.: Juristische Person); *Brandes,* Europäische Aktiengesellschaft: Juristische Person als Organ?, NZG 2004, 642–649; *Erdmann,* Ausländische Staatsangehörige in Geschäftsführung und Vorständen deutscher GmbHs und AGs, NZG 2002, 503–513; *Fleischer,* Juristische Personen als Organmitglied im Europäischen Gesellschaftsrecht, RIW 2004, 16–21; *Fleischer* (Hrsg.), Handbuch des Vorstandsrechts, 2006 (zit.: Vorstandsrecht); *Hoffmann-Becking,* Organe: Strukturen und Verantwortlichkeiten, insbesondere im monistischen System, ZGR 2004, 355–382; *Hommelhoff,* Satzungsstrenge und Gestaltungsfreiheit in der Europäischen Aktiengesellschaft, in Habersack/Hommelhoff/Hüffer/Schmidt (Hrsg.), FS Ulmer, 2003, S. 267–278; *Ihrig/Wagner,* Diskussionsentwurf für ein SE-Ausführungsgesetz, BB 2003, 969–976; *Kalss/Greda,* Die Europäische Gesellschaft (SE) österreichischer Prägung nach dem Ministerialentwurf, GesRZ 2004, 91–107; *Schwarz,* Zum Statut der Europäischen Aktiengesellschaft, ZIP 2001, 1847–1861; *Scriba,* Die Europäische wirtschaftliche Interessenvereinigung, 1988; *Teichmann,* Die Einführung der Europäischen Aktiengesellschaft – Grundlagen der Ergänzung des europäischen Statuts durch den deutschen Gesetzgeber, ZGR 2002, 383–464.

I. Überblick

Die Vorschrift regelt die Voraussetzungen der Organmitgliedschaft in der SE. Die Bestellung juristischer Personen zu Organmitgliedern ist nur möglich, sofern das für Aktiengesellschaften maßgebliche Recht des SE-Sitzstaates nichts anderes bestimmt (Art. 47 Abs. 1); die Option ist daher auf eine in Deutschland ansässige SE nicht anwendbar. Bestellungshindernisse, die einer Organmitgliedschaft in Aktiengesellschaften des mitgliedstaatlichen Rechts entgegenstehen, gelten auch für die Organmitgliedschaft in der SE (Art. 47 Abs. 2). Darüber hinaus kann die Satzung in Anlehnung an das mitgliedstaatliche Aktienrecht besondere Voraussetzungen für die Mitgliedschaft festlegen (Art. 47 Abs. 3). Unberührt bleiben einzelstaatliche Vorschriften, die einer Minderheit von Aktionären oder anderen Personen oder Stellen die Bestellung eines Organmitglieds erlauben (Art. 47 Abs. 4).   1

II. Juristische Person als Organ (Art. 47 Abs. 1)

Die Bestellung juristischer Personen zum Organmitglied ist in verschiedenen europäischen Rechtsordnungen zulässig[1] und wurde daher in Art. 47 Abs. 1 als Option in die SE-VO aufgenommen[2]. Es obliegt der Satzung, von der Option Gebrauch zu machen, soweit das für Aktiengesellschaften maßgebliche Recht des Sitzstaates nichts anderes bestimmt. Im deutschen Aktienrecht müssen die Mitglieder von Vorstand oder Aufsichtsrat natürliche Personen sein (§§ 76 Abs. 3 Satz 1, 100 Abs. 1 Satz 1 AktG). § 27 Abs. 3 SEAG schließt auch für den Verwaltungsrat die Mitgliedschaft juristischer Personen aus. Geschäftsführende Direktoren müssen gleichfalls natürliche   2

---

1 Dazu *Brandes,* Juristische Person, S. 18 ff.; *Fleischer,* RIW 2004, 16, 17 ff.; *Manz* in Manz/Mayer/Schröder, Art. 47 SE-VO Rz. 22 ff.
2 Zur Entstehungsgeschichte der Norm *Schwarz,* Art. 47 Rz. 2 ff.

Personen sein (§ 40 Abs. 1 Satz 4 SEAG i.V.m. § 76 Abs. 3 AktG). Die Bestellung juristischer Personen zum Organmitglied ist daher **für eine SE mit Sitz in Deutschland nicht zulässig.**

3   Mit der Bestellung juristischer Personen zu Organmitgliedern werden verschiedene **Vorteile** verbunden. Sie erlaube einheitliche Leitungsstrukturen im Konzern; bei Unternehmenskooperationen sei die Führung durch eine gemeinsame Betriebsführungsgesellschaft möglich[3]. **Nachteile** liegen in der nur mittelbaren Pflichtbindung der konkret handelnden Personen[4] und der Gefahr einer häufigen Auswechslung des geschäftsführenden Personals[5]. Zudem verringert sich der Einfluss der Gesellschafter auf die Auswahl der geschäftsführenden Personen[6]. Diesen Nachteilen lässt sich teilweise begegnen durch die Pflicht zur **Benennung eines ständigen Vertreters**, wie es insbesondere das französische Recht vorsieht[7]. Auch Art. 47 Abs. 1 Satz 2 schreibt vor, dass eine natürliche Person als Vertreter der juristischen Person zu bestellen sei.

4   In der **Diskussion** vor Erlass des SEAG wurde ein dringendes Bedürfnis für die Bestellung juristischer Personen als Organmitglied kaum geltend gemacht, zumal dies eine Anpassung des allgemeinen Aktienrechts vorausgesetzt hätte[8]. Der deutsche Gesetzgeber hat sich daher für einen Gleichlauf mit dem bestehenden allgemeinen Aktienrecht entschieden, das juristische Personen als Organmitglieder nicht vorsieht[9]. Auch der österreichische Gesetzgeber hat von der Option, juristische Personen in Organen zuzulassen, keinen Gebrauch gemacht[10].

III. Bestellungshindernisse (Art. 47 Abs. 2)

1. Reichweite der Norm

5   Nach Art. 47 Abs. 2 dürfen natürliche Personen, die nach dem mitgliedstaatlichen Recht in Aktiengesellschaften nicht Mitglied eines Leitungs-, Aufsichts- oder Verwaltungsorgans sein können, auch nicht Organmitglied einer SE sein. Die SE-VO unterscheidet zwischen Bestellungshindernissen nach dem **Recht des Sitzstaates** der SE (Art. 47 Abs. 2 lit. a) und Bestellungshindernissen, die auf einer **Gerichts- oder Verwaltungsentscheidung** beruhen (Art. 47 Abs. 2 lit. b), die in (irgend-)einem Mitgliedstaat ergangen ist. Während also für unmittelbar wirkende Rechtshindernisse nur das Recht des Sitzstaates maßgeblich ist, wirken sich Bestellungshindernisse, die auf der Entscheidung von Behörden oder Gerichten eines Mitgliedstaates beruhen, auch in allen anderen Mitgliedstaaten aus[11].

---

3   Näher *Brandes*, NZG 2004, 642, 643 ff.; *Fleischer*, RIW 2004, 16, 20.
4   *Brandes*, NZG 2004, 642, 645 ff.; *Fleischer*, RIW 2004, 16, 20 f.
5   *Brandes*, NZG 2004, 642, 647 f.; *Fleischer*, RIW 2004, 16, 21.
6   *Fleischer*, RIW 2004, 16, 21; *Kalss/Greda*, GesRZ 2004, 91, 101.
7   *Brandes*, NZG 2004, 642, 648; *Fleischer*, RIW 2004, 16, 17 f.
8   Zurückhaltend daher *Hoffmann-Becking*, ZGR 2004, 355, 366; skeptisch auch *Fleischer*, RIW 2004, 16, 21; ebenso für Österreich *Kalss/Greda*, GesRZ 2004, 91, 101. Grundsätzlich positiv gegenüber juristischen Personen als Organmitglieder die Einschätzung bei *Brandes*, NZG 2004, 642, 649.
9   Vgl. Begr. RegE, BT-Drucks. 14/3405, S. 38, der § 27 Abs. 3 SEAG nur eine klarstellende Funktion beimisst; nach a.A. war eine explizite Regelung notwendig, um für das monistische System die Mitgliedschaft juristischer Personen zu verbieten (*Schwarz*, Art. 47 Rz. 14; *Ihrig/Wagner*, BB 2003, 969, 974).
10 *Kalss/Greda* in Kalss/Hügel, § 45 SEG Rz. 3.
11 *Manz* in Manz/Mayer/Schröder, Art. 47 SE-VO Rz. 7; *Reichert/Brandes* in MünchKomm. AktG, Art. 47 SE-VO Rz. 2; *Schwarz*, Art. 47 Rz. 26.

Bei der zweiten Gruppe der Bestellungshindernisse (Gerichts- und Verwaltungsent-   6
scheidungen) ist das Recht der SE **tendenziell strenger als das nationale Aktienrecht.**
Denn Verwaltungs- und Gerichtsentscheidungen gelten nach dem Grundsatz der Territorialität üblicherweise nur für das Hoheitsgebiet des Staates, in dem sie erlassen
wurden. Es ist daher selbst im europäischen Binnenmarkt keineswegs die Regel, dass
ein Mitgliedstaat die Gerichts- oder Verwaltungsentscheidungen eines anderen Mitgliedstaats ohne weitere Prüfung auf die Organzugehörigkeit nach nationalem Aktienrecht ausstrahlen lässt. Im deutschen Aktienrecht wird die Problematik nur selten angesprochen[12], im Recht der GmbH ist sie heftig umstritten[13]. Art. 47 Abs. 2
lit. b schafft insoweit für die SE Klarheit: Jegliche Gerichts- oder Verwaltungsentscheidung eines anderen Mitgliedstaats, die der Zugehörigkeit im Organ einer Aktiengesellschaft entgegensteht, ist für die SE zu berücksichtigen.

Der Tatbestand des Art. 47 Abs. 2 erfasst das monistische und das dualistische Lei-   7
tungssystem, denn er spricht vom **„Leitungs-, Aufsichts- oder Verwaltungsorgan"** einer dem nationalen Recht unterliegenden Aktiengesellschaft. Ganz offensichtlich
wurde die Norm so allgemein formuliert, um in jedem Mitgliedstaat unabhängig
vom konkreten nationalen Leitungssystem den Grundgedanken zum Ausdruck zu
bringen, dass Personen, die in den Organen einer nationalen Aktiengesellschaft nicht
bestellungsfähig sind, auch bei einer SE mit Sitz in demselben Mitgliedstaat keine
Organfunktionen übernehmen sollen. Damit werden aber unter Umständen **relative
Bestellungshindernisse**, also solche, die nur die Mitgliedschaft in einem bestimmten
Organ ausschließen, in Bezug auf die SE in **absolute Bestellungshindernisse** verwan-
delt, weil sie eine Mitgliedschaft in jedem SE-Organ ausschließen[14]. Beispielsweise
wäre eine Person, die nach deutschem Aktienrecht nicht Vorstand einer AG sein
kann, in der SE auch von der Mitgliedschaft im Aufsichts- oder Verwaltungsorgan
ausgeschlossen, obwohl sie im deutschen Aktienrecht Mitglied des Aufsichtsrats
sein könnte[15].

Um dieser überschießenden Wirkung des Art. 47 Abs. 2 zu begegnen, plädiert   8
Schwarz für eine **einschränkende Interpretation** in dem Sinne, dass die Bestellungshindernisse des nationalen Rechts immer **nur für das entsprechende Organ** der SE
gelten[16]. Die anderen Sprachfassungen liefern deutliche Hinweise darauf, dass dies
dem Verständnis des europäischen Gesetzgebers entspricht[17]. So heißt es in der französischen Textfassung: „Ne peuvent être membres d'un organe de la SE … les personnes qui ne peuvent faire partie, selon la loi de l'Etat membre du siège de la SE, de *l'organe correspondant* d'une société anonyme relevant du droit de cet Etat membre…"
Die englische Fassung formuliert es ähnlich: „No person may be a member of any SE
organ … who is disqualified, under the law of the Member State in which the SE's re-

---

12 Nicht alle Kommentierungen zu § 76 Abs. 3 AktG äußern sich überhaupt zu der Frage. Kein
 Hinweis findet sich bei *Hüffer*, § 76 Rz. 27; *Mertens* in KölnKomm. AktG, § 76 Rz. 107,
 meint, offenbar sei nur an Verbote seitens deutscher Gerichte und Behörden gedacht.
13 Für die Berücksichtigung ausländischer Gerichts- und Verwaltungsentscheidungen *Erdmann*,
 NZG 2002, 503, 508; *Uwe H. Schneider* in Scholz, GmbHG, § 6 Rz. 30, kritisch in Bezug auf
 Verwaltungsbehörden und zustimmend bei Gerichtsentscheidungen, soweit die der Verurteilung zugrundeliegenden Tatbestände den deutschen vergleichbar sind.
14 In diesem Sinne versteht *Manz* in Manz/Mayer/Schröder, Art. 47 SE-VO Rz. 6, die Norm.
15 Dies kann sich daraus ergeben, dass § 76 Abs. 3 AktG für den Vorstand Bestellungshindernisse
 enthält, die sich in § 100 AktG für den Aufsichtsrat nicht finden.
16 So *Schwarz*, Art. 47 Rz. 23; *Reichert/Brandes* in MünchKomm. AktG, Art. 47 SE-VO Rz. 20,
 vertreten dies für Bestellungshindernisse des Vorstandes, die nur auf das Leitungsorgan der SE
 übertragbar seien, nicht auf das Aufsichtsorgan; sie legen die Vorschrift indessen bezüglich
 des monistischen Systems weit aus und übertragen Bestellungshindernisse des Vorstands auf
 das Verwaltungsorgan der SE (Art. 47 SE-VO Rz. 25 ff.).
17 Die kursive Hervorhebung in den nachfolgenden Zitaten wurde vom *Verf.* hinzugefügt.

gistered office is situated, from serving on the *corresponding organ* of a public limit-ed-liability company governed by the law of that Member State..." Demnach gilt ein Bestellungshindernis des nationalen Rechts immer nur für das vergleichbare Organ in der SE.

9   Diese Interpretation leuchtet ein, soweit Bestellungshindernisse des nationalen Rechts auf ein vergleichbares Organ bei der SE bezogen werden können. Auf eine SE mit dualistischem Modell lassen sich die Bestellungshindernisse für die Organe Vor-stand und Aufsichtsrat unproblematisch übertragen. Für eine SE mit monistischer Struktur findet sich hingegen im deutschen Recht kein Vorbild. Insoweit können aber die Mitgliedstaaten auf Basis des Art. 43 Abs. 4 eine **SE-spezifische Regelung** treffen; diese findet sich in §§ 27, 40 Abs. 1 Satz 4 SEAG. Der Auffassung, Art. 47 Abs. 2 sei seinem Wortlaut nach abschließend und lasse ergänzende nationale Rege-lungen nicht zu[18], kann aus teleologischen und systematischen Gründen nicht ge-folgt werden. Denn das normative Ziel, den Gleichlauf mit nationalem Recht herzu-stellen, trägt erkennbar nur soweit, wie es im nationalen Recht eine Parallele gibt, an die sich anknüpfen lässt. Unzulässig sind daher nur SE-spezifische Regelungen für das im nationalen Recht bereits geregelte Leitungsmodell[19]; dies entspricht der all-gemeinen Einschränkung der einschlägigen Ermächtigungsnormen (Art. 43 Rz. 58).

2. Bestellungshindernisse im dualistischen System

10   Für eine SE mit dualistischem Leitungssystem gelten dieselben Bestellungshinder-nisse **wie in der nationalen Aktiengesellschaft**. Für den Vorstand ist insbesondere § 76 Abs. 3 AktG zu beachten, für den Aufsichtsrat § 100 AktG[20].

11   Für Aktiengesellschaften deutschen Rechts ist **§ 100 Abs. 2 AktG erweiternd** in dem Sinne **auszulegen**, dass bei der Zählung auch Aufsichtsratsmandate in einer SE mit Sitz in Deutschland mitzuzählen sind[21]. Denn die SE ist vorbehaltlich anderweitiger Bestimmungen in der SE-VO einer nationalen Aktiengesellschaft gleichgestellt (zu diesem Grundsatz Art. 9 Rz. 6 und Art. 10 Rz. 1 ff.). Auch Sitze in einem SE-Verwal-tungsrat oder das Mandat als geschäftsführender Direktor in einer monistischen SE sind bei Zählung der Höchstgrenze für ein Aufsichtsratsmitglied zu berücksichti-gen[22]. Das Verwaltungsratsmandat ist wegen seiner typischerweise nur nebenberufli-chen Belastung einem Aufsichtsratsmandat gleichzustellen, während die Tätigkeit als geschäftsführender Direktor in der Rubrik „gesetzlicher Vertreter" der Nummern 2 und 3 des § 100 Abs. 2 Satz 1 AktG einzuordnen ist.

3. Bestellungshindernisse im monistischen System

12   Gemäß dem oben entwickelten Normverständnis (Rz. 7 f.) gelten die Bestellungshin-dernisse des allgemeinen Aktienrechts immer nur für das entsprechende SE-Organ[23]. Für die Mitglieder des Verwaltungsorgans einer monistischen SE bedurfte es also ei-ner **SE-spezifischen Regelung** auf Basis der Ermächtigung des Art. 43 Abs. 4.

---

18 So versteht *Schwarz*, Art. 47 Rz. 22, die Norm, weshalb er (Rz. 23 und 25) für eine restriktive Auslegung der Norm in dem Sinne eintritt, dass Bestellungshindernisse des nationalen Rechts immer nur für das entsprechende Organ der SE gelten.
19 *Schwarz*, Art. 47 Rz. 24.
20 Dazu und zu weiteren, in anderen Gesetzen geregelten Bestellungshindernissen die Kommen-tierung von *Seibt* in K. Schmidt/Lutter, AktG, § 76, und *Drygala* in K. Schmidt/Lutter, AktG, § 100; für den Vorstand auch *Thüsing* in Fleischer, Vorstandsrecht, S. 103 ff.
21 *Schwarz*, Art. 47 Rz. 28.
22 Ebenso *Schwarz*, Art. 47 Rz. 28.
23 A.A. *Reichert/Brandes* in MünchKomm. AktG, Art. 47 SE-VO Rz. 26 ff.

§ 27 SEAG regelt für den **Verwaltungsrat**, dass seine Mitglieder natürliche Personen 13 sein müssen und nur eine bestimmte Höchstzahl von Mandaten übernehmen dürfen[24]. Für **geschäftsführende Direktoren** gilt § 76 Abs. 3 AktG entsprechend (§ 40 Abs. 1 Satz 4 SEAG)[25]. Dies schließt eine andernfalls möglicherweise entstehende Lücke, da zweifelhaft ist, ob die vom nationalen Ausführungsgesetz geschaffene Figur des geschäftsführenden Direktors von Art. 47 Abs. 2 erfasst ist. Anlass für derartige Zweifel bietet der Umstand, dass „Geschäftsführer" zwar in Art. 39 Abs. 1 Satz 2 und Art. 43 Abs. 1 Satz 2 erwähnt sind, nicht aber in Art. 47 Abs. 2[26]. Zudem handelt es sich bei den geschäftsführenden Direktoren gerade nicht um Geschäftsführer im Sinne des Art. 43 Abs. 1 Satz 2 (Anh. Art. 43 § 40 SEAG Rz. 9). Der deutsche Gesetzgeber hat daher zur Vermeidung von Unklarheiten und gestützt auf Art. 43 Abs. 4 **in § 40 Abs. 1 Satz 4 SEAG eine eigene Regelung** für die geschäftsführenden Direktoren geschaffen[27].

Für Bestellungshindernisse **anderer Rechtsgebiete** ist im Wege einer **funktionalen Be-** 14 **trachtung** zu ermitteln, ob sie auch die geschäftsführenden Direktoren erfassen. Beispielsweise richtet sich die Untersagung der Leitung eines Kreditinstituts nach § 36 Abs. 1 Satz 1 Kreditwesengesetz (KWG) ausdrücklich gegen den „Geschäftsleiter" und ist damit von vornherein funktional offen auf diejenigen Personen bezogen, die die Geschäfte führen. Sie kann damit in der monistischen SE sowohl auf die Mitglieder des Verwaltungsrats als auch auf die geschäftsführenden Direktoren Anwendung finden.

Insgesamt ist die **Regelung des SEAG lückenhaft**, denn sie beruht auf einem von der 15 offiziellen deutschen Textfassung irregeleiteten Normverständnis des Art. 47 Abs. 2 (vgl. oben Rz. 7 f.). Das SEAG unterstellt, dass Bestellungshindernisse des nationalen Aktienrechtsrechts absolut wirken; somit würden auf den Vorstand bezogene Bestellungshindernisse auch einer Mitgliedschaft im Verwaltungsrat einer SE entgegenstehen. Dieses Normverständnis wird an zwei Stellen deutlich: Erstens sind die Bestellungshindernisse des § 76 Abs. 3 AktG gem. § 40 Abs. 1 Satz 4 SEAG nur auf solche geschäftsführenden Direktoren entsprechend anzuwenden, die nicht gleichzeitig dem Verwaltungsrat angehören. Denn nach dem (deutschen) Wortlautverständnis des Art. 47 Abs. 2 unterlägen Verwaltungsratsmitglieder ohnehin kraft europäischen Rechts den Bestellungshindernissen des § 76 Abs. 3 AktG. Zweitens erklärt § 31 Abs. 1 Nr. 3 SEAG die Bestellung von Verwaltungsratsmitgliedern für nichtig, wenn sie gegen Art. 47 Abs. 2 verstößt. Diese Regelung beruht gleichfalls auf der Vorstellung, Verwaltungsratsmitglieder unterlägen vermittelt durch Art. 47 Abs. 2 den Bestellungshindernissen des deutschen Aktienrechts; bei dem oben Rz. 8 begründeten restriktiven Normverständnis liefe die Norm jedoch völlig leer. Die planwidrig entstandenen Lücken sind durch analoge Anwendung der maßgeblichen aktienrechtlichen Normen zu schließen (vgl. Anh. Art. 43 § 27 SEAG Rz. 4 und § 31 SEAG Rz. 5).

4. Rechtsfolge bei Verstoß gegen Bestellungshindernis

Wird eine Person zum Mitglied eines SE-Organs bestellt, obwohl ein nach Art. 47 16 Abs. 2 maßgebliches Bestellungshindernis entgegenstand, ist die Rechtsfolge dieses

---

24 Vgl. im Übrigen die Kommentierung zu § 27 SEAG im Anh. Art. 43.
25 Zur (analogen) Anwendung des § 76 Abs. 3 AktG auf geschäftsführende Direktoren, die zugleich Verwaltungsratsmitglied sind, sogleich Rz. 15.
26 Die SE-VO erwähnt die Figur des Geschäftsführers nur in Art. 39 Abs. 1 Satz 1 und Art. 43 Abs. 1 Satz 1, nicht aber in Art. 47 Abs. 2. Nach Auffassung von *Schwarz*, Art. 47 Rz. 34, kommt Art. 47 Abs. 2 daher nur im Wege der Analogie zu Anwendung.
27 Vgl. die Kommentierung des § 40 SEAG im Anh. Art. 43.

Verstoßes dem **mitgliedstaatlichen Recht** zu entnehmen. Im deutschen Aktienrecht gilt für den Aufsichtsrat § 250 Abs. 1 Nr. 6 AktG (Nichtigkeit der Bestellung). Die Bestellung zum Vorstand entgegen § 76 Abs. 3 AktG ist gem. § 134 BGB nichtig[28]. Für den Verwaltungsrat gilt § 31 SEAG.

Die Nichtigkeitsfolge unmittelbar der **SE-VO** zu entnehmen[29], begegnet Bedenken. Art. 47 Abs. 2 regelt die Folgen eines Verstoßes nicht. Für nicht oder nur teilweise geregelte Bereiche gilt in der Regel das mitgliedstaatliche Recht (Art. 9 Abs. 1 lit. c), soweit nicht Anhaltspunkte dafür vorliegen, dass die SE-VO insoweit abschließend sein soll. Gerade dies lässt sich aber im Fall des Art. 47 Abs. 2 kaum annehmen. Erstens schweigt die Vorschrift gänzlich über die Rechtsfolgen einer fehlerhaften Bestellung. Zweitens ist gerade für die in lit. b geregelten Gerichts- und Verwaltungsentscheidungen anzunehmen, dass im Recht der Mitgliedstaaten eine reiche Palette an Sanktionen existiert, die bei Missachtung der Entscheidung eingreifen. Die besseren Gründe sprechen daher für die Annahme, der europäische Gesetzgeber habe sich in Art. 47 Abs. 2 einer Regelung der Rechtsfolgen bewusst enthalten.

IV. Statutarische Bestellungsvoraussetzungen (Art. 47 Abs. 3)

1. Allgemeines Verständnis der Norm

18 Die Satzung der SE kann Bestellungsvoraussetzungen **in Anlehnung an das mitgliedstaatliche Aktienrecht** vorsehen (Art. 47 Abs. 3). Die Verordnung, die grundsätzlich einem dem deutschen Recht vergleichbaren Prinzip der Satzungsstrenge folgt[30], eröffnet hier ausnahmsweise Gestaltungsfreiheit für den Satzungsgeber. Dieser Freiraum wird gekoppelt an die mitgliedstaatlichen Vorgaben, indem die SE-Satzung Bestellungshindernisse nur *in Anlehnung* an die für Aktiengesellschaften geltenden Rechtsvorschriften des Sitzstaats der SE regeln darf. Dieser **Gleichlauf der Gestaltungsfreiheit** in nationaler und europäischer Aktiengesellschaft ist ein durchgängiges Muster der Verordnung[31], die diesen Grundsatz allerdings zumeist enger formuliert als in Art. 47 Abs. 3. So erschließt die Generalnorm des Art. 9 die Satzungsfreiheit – sofern sie nicht ausdrücklich durch die Verordnung gewährt wird – nur „unter den gleichen Voraussetzungen wie im Falle einer nach dem Recht des Sitzstaats der SE gegründeten Aktiengesellschaft"[32]. Gemäß dem allgemeinen Grundsatz, SE und nationale Aktiengesellschaft gleich zu behandeln, ist nicht anzunehmen, dass der offenere Wortlaut des Art. 47 Abs. 3 eine über das nationale Recht hinausgehende Gestaltungsfreiheit gewähren wollte; deren Grenzen hätten dann auch in der Verordnung näher bestimmt werden müssen. Naheliegender erscheint die These von *Schwarz*, dass die Gestaltungsfreiheit der SE **für beide Leitungssysteme** offen stehen soll. Mit der offenen Formulierung werde dem Umstand Rechnung getragen, dass im nationalen Recht zumeist nur eines der beiden Leitungssysteme geregelt sei, die der SE nach Art. 38 zur Verfügung stehen (Art. 38 Rz. 34 ff.)[33]. Die im nationalen Aktienrecht gewährte Satzungsautonomie soll einer SE aber auch dann offen stehen, wenn sie sich für das dort bislang nicht geregelte Leitungssystem entschieden hat.

---

28 *Seibt* in K. Schmidt/Lutter, AktG, § 76 Rz. 27; *Hüffer*, § 76 Rz. 27.
29 So *Schwarz*, Art. 47 Rz. 36.
30 *Hommelhoff* in FS Ulmer, S. 267, 272 ff.
31 *Hommelhoff* in FS Ulmer, S. 267, 275.
32 Vgl. Art. 9 Rz. 58. Vergleichbar die Formulierungen in Art. 39 Abs. 2 Unterabs. 2 und Art. 55 Abs. 1.
33 *Schwarz*, Art. 47 Rz. 40; auch *Reichert/Brandes* in MünchKomm. AktG, Art. 47 SE-VO Rz. 37, eröffnen im Ergebnis für den Verwaltungsrat einer SE denselben Satzungsspielraum wie für den Aufsichtsrat einer AG.

2. Dualistisches System

Die Bestellung zum **Vorstand** kann nach deutschem Aktienrecht von statutarischen 19
Eignungsvoraussetzungen abhängig gemacht werden, soweit hierfür ein legitimes Interesse der Gesellschaft erkennbar ist und das Auswahlermessen des Aufsichtsrats
nicht über Gebühr eingeschränkt wird[34]. Derselbe Gestaltungsfreiraum besteht auch
in der dualistisch strukturierten SE mit Sitz in Deutschland.

Für den **Aufsichtsrat** gilt § 100 Abs. 4 AktG. Die Satzung kann demnach persönliche 20
Voraussetzungen für diejenigen Aufsichtsratsmitglieder aufstellen, die von der
Hauptversammlung ohne Bindung an einen Wahlvorschlag gewählt oder auf Grund
der Satzung in den Aufsichtsrat entsandt werden. Unzulässig sind Bestellungsvoraussetzungen für die Arbeitnehmervertreter im Aufsichtsrat[35]. Unzulässig sind auch Voraussetzungen, die auf ein verkapptes Entsendungsrecht hinauslaufen[36]. Diese zur
deutschen Aktiengesellschaft entwickelten Grundsätze sind auf die dualistisch
strukturierte SE mit Sitz in Deutschland übertragbar.

3. Monistisches System

Das SEAG trifft für den **Verwaltungsrat** keine Regelung über statutarische Bestel- 21
lungsvoraussetzungen. Indessen kann der Satzungsgeber hier gestützt auf Art. 47
Abs. 3 Bestellungsvoraussetzungen in Anlehnung (oben Rz. 18) an die Regelungen
des nationalen Aktienrechts aufstellen. Damit gilt ebenso wie für den Aufsichtsrat
(§ 100 Abs. 4 AktG), dass Bestellungsvoraussetzungen nur insoweit zulässig sind, als
sie auf Verwaltungsratsmitglieder bezogen sind, die von der Hauptversammlung ohne
Bindung an einen Wahlvorschlag gewählt werden (vlg. oben Rz. 20). Entsendungsrechte müssen ausdrücklich in der Satzung verankert werden (vgl. Art. 43 Rz. 45 sowie § 28 Abs. 2 SEAG i.V.m. § 101 Abs. 2 AktG) und dürfen nicht über Bestellungsvoraussetzungen mittelbar und verschleiert entstehen. Statutarische Bestellungsvoraussetzungen für die Arbeitnehmervertreter im Verwaltungsrat sind unzulässig[37].

Zu denkbaren statutarischen Bestellungsvoraussetzungen für **geschäftsführende Di-** 22
rektoren enthält das SEAG keine Regelung. Auch hier ist die Gestaltungsfreiheit der
Satzung in Anlehnung an das nationale Aktienrecht zu bestimmen (oben Rz. 18). Im
deutschen Aktienrecht wird es für zulässig erachtet, Bestellungsvoraussetzungen für
den Vorstand in die Satzung aufzunehmen (oben Rz. 19). Der geschäftsführende Direktor hat zwar eine im Vergleich zum Vorstand deutlich schwächere Position (Anh.
Art. 43 § 40 SEAG Rz. 28 ff. und § 44 SEAG Rz. 5 ff.), dies allein rechtfertigt aber keine unterschiedliche Behandlung der monistischen SE im Hinblick auf statutarische
Bestellungsvoraussetzungen. **Grenze der Gestaltungsfreiheit ist** – wie im dualistisch-
nationalen Modell auch (oben Rz. 19) – **das Auswahlermessen** des für die Bestellung
zuständigen Organs. Dies ist für die geschäftsführenden Direktoren der Verwaltungsrat. Bestellungsvoraussetzungen in der Satzung sind also zulässig, soweit sie das Auswahlermessen des Verwaltungsrats nicht übermäßig beeinträchtigen. Dabei ist zu bedenken, dass der Verwaltungsrat – anders als ein Aufsichtsrat – für die Geschäftslei-

---

34 *Seibt* in K. Schmidt/Lutter, AktG, § 76 Rz. 25 f.; *Hüffer*, § 76 Rz. 26; *Thüsing* in Fleischer, Vorstandsrecht, S. 105; nach *Lutter/Krieger*, Aufsichtsrat, Rz. 340 soll der Aufsichtsrat aber im
Einzelfall berechtigt sein, sich über entsprechende Satzungsvorgaben nach pflichtgemäßem
Ermessen hinwegzusetzen.
35 *Drygala* in K. Schmidt/Lutter, AktG, § 100 Rz. 21; *Hüffer*, § 100 Rz. 9.
36 Derartiges liegt beispielsweise nahe, wenn die Zugehörigkeit zu einer bestimmten Familie
verlangt wird (vgl. *Hüffer*, § 100 Rz. 9).
37 *Schwarz*, Art. 47 Rz. 42.

tung originär Verantwortung trägt. Entsprechend schutzbedürftiger ist sein Auswahlermessen bei der Bestellung geschäftsführender Direktoren.

4. Rechtsfolgen bei Verstoß gegen Bestellungsvoraussetzung

23   Ebenso wie bei gesetzlichen, gerichtlichen oder behördlichen Bestellungsvoraussetzungen (oben Rz. 16) richten sich die Rechtsfolgen eines Verstoßes nach **mitgliedstaatlichem Recht**[38]. Die Wahl von Aufsichtsratsmitgliedern ist anfechtbar (§ 251 Abs. 1 AktG); dies gilt entsprechend bei Mitgliedern des Verwaltungsrats. Bei der Bestellung zum Mitglied des Vorstands kann ein Widerruf der Bestellung aus wichtigem Grund (§ 84 Abs. 3 AktG) gerechtfertigt sein. Geschäftsführende Direktoren kann der Verwaltungsrat ohnehin jederzeit abberufen (§ 40 Abs. 5 SEAG).

V. Besondere Bestellungsrechte (Art. 47 Abs. 4)

1. Verweisung auf „einzelstaatliche" Rechtsvorschriften

24   Einzelstaatliche Vorschriften können einer Minderheit von Aktionären oder anderen Stellen das Recht einräumen, einen Teil der Organmitglieder zu bestellen; derartige Vorschriften bleiben von der SE-VO unberührt (Art. 47 Abs. 4). Mit „einzelstaatlichen Vorschriften" ist üblicherweise das **mitgliedstaatliche Recht einschließlich seines Internationalen Privatrechts** gemeint. In diesem Sinne verwendet die EWIV-VO den Begriff; dort wird auch als Gegenbegriff immer dann, wenn das Internationale Privatrecht ausgeschlossen und direkt auf das Sachrecht verwiesen werden soll, der Begriff „innerstaatliches Recht" verwendet[39]. Die Terminologie der SE-VO ist weniger stringent[40]. Sie unterscheidet nicht immer klar zwischen dem „innerstaatlichen" und dem „einzelstaatlichen" Recht, was die systematischen Aussagekraft dieser Zusätze dort, wo sie ausnahmsweise verwendet werden, reduziert. Andererseits sprechen keine zwingenden Gründe dagegen, die Terminologie an der hier verwendeten Stelle in ihrem üblichen Sinne zu verstehen[41]. Es handelt sich daher um eine Verweisung auf das mitgliedstaatliche Recht einschließlich des Internationalen Privatrechts[42].

25   Die Verweisung auf einzelstaatliches Recht unterscheidet sich von den zahlreichen sonstigen Verweisungen der SE-VO auch dadurch, dass sie **nicht auf das im Sitzstaat der SE geltende Aktienrecht verweist**. Da ein solcher Zusatz in Art. 47 Abs. 4 fehlt, könnte die Anwendung des Internationalen Privatrechts, das Teil der nationalen Rechtsordnung ist, zu unterschiedlichen Ergebnissen führen, je nachdem, ob ein Mitgliedstaat der Sitz- oder der Gründungstheorie folgt. In diesen Streit wollte die SE-VO zwar nicht eingreifen[43], sie hat ihn aber in allen übrigen Verweisungsnormen dadurch entschärft, dass sie auf das Recht des Sitzstaates verweist und unter dem „Sitz" einer SE nach der Terminologie der SE-VO eindeutig der **Registersitz** zu verste-

---

[38] Insoweit übereinstimmend *Schwarz*, Art. 47 Rz. 44.
[39] S. nur *Scriba*, EWIV, S. 50.
[40] Dazu bereits *Teichmann*, ZGR 2002, 383, 397 f.
[41] Anders *Schwarz*, Art. 47 Rz. 53.
[42] Die Einbeziehung des Internationalen Privatrechts wird auch dem allgemein von der SE-Verordnung beabsichtigten Gleichlauf der SE mit den Aktiengesellschaften nationalen Rechts besser gerecht (vgl. dazu Art. 9 Rz. 28 ff.).
[43] Vgl. Erwägungsgrund 27: „In Anbetracht des spezifischen und gemeinschaftlichen Charakters der SE lässt die in dieser Verordnung für die SE gewählte Regelung des tatsächlichen Sitzes die Rechtsvorschriften der Mitgliedstaaten unberührt und greift der Entscheidung bei anderen Gemeinschaftstexten im Bereich des Gesellschaftsrechts nicht vor."

hen ist[44]. Indem Art. 7 Satz 1 verlangt, dass sich der Registersitz im Staat der Hauptverwaltung befindet, vermeidet die Verordnung zumindest im praktischen Ergebnis eine Entscheidung zwischen Sitz- und Gründungstheorie. Es gibt keinerlei Anhaltspunkte dafür, dass dies gerade im Fall der Bestellung von Organmitgliedern anders sein sollte. Daher ist in Ergänzung des insoweit lückenhaften Wortlauts anzunehmen, dass einzelstaatliche Vorschriften des Sitzstaates der SE gemeint sind[45].

2. Besondere Bestellungsrechte für SE mit Sitz in Deutschland

Das deutsche Recht erlaubt besondere Entsendungsrechte für den Aufsichtsrat in § 101 Abs. 2 AktG; dies gilt gem. Art. 47 Abs. 4 auch für eine in Deutschland ansässige SE mit dualistischem System[46]. Demnach kann die Satzung für bestimmte Aktionäre oder die jeweiligen Inhaber bestimmter Aktien das Recht begründen, Mitglieder in den **Aufsichtsrat** zu entsenden (§ 101 Abs. 2 Satz 1 AktG). Die **Entsendungsrechte** können insgesamt für höchstens ein Drittel der von den Aktionären zu bestellenden Aufsichtsratsmitglieder eingeräumt werden (§ 101 Abs. 2 Satz 4 AktG). 26

Die Bestellung des **Vorstands** ist ausschließlich und zwingend eine Kompetenz des Aufsichtsrats[47]. Entsendungsrechte oder anderweitige davon abweichende Bestellungsrechte sind nicht zulässig. Art. 39 Abs. 2 enthält insoweit – anders als Art. 40 Abs. 2 und Art. 43 Abs. 3 – auch keinen Vorbehalt und keinen Hinweis auf Art. 47 Abs. 4[48]. 27

Für die Bestellung des **Verwaltungsrats** einer monistischen SE gilt § 101 Abs. 2 AktG entsprechend. Dies folgt aus § 28 Abs. 2 SEAG. Die Kompetenznorm des Art. 43 Abs. 3, die eine Bestellung durch die Hauptversammlung vorsieht, ist für derartige anderweitige Bestellungsrechte offen (Art. 43 Abs. 3 Satz 3 durch Verweis auf Art. 47 Abs. 4). 28

Auf den ersten Blick lassen sich auch **Arbeitnehmervertreter**, die im Rahmen der unternehmerischen Mitbestimmung bestellt werden, unter Art. 47 Abs. 4 fassen[49]. Allerdings versteht die SE-Richtlinie – und ihr folgend das SEBG – unter „Mitbestimmung" nicht nur die unmittelbare Bestellung von Organmitgliedern durch die Arbeitnehmer, sondern auch das Recht, die Bestellung eines Teils der Organmitglieder zu empfehlen oder abzulehnen (§ 2 Abs. 12 SEBG). Insofern hätte Art. 47 Abs. 4, wenn er nach dem Willen des Verordnungsgebers die Mitbestimmung hätte regeln wollen, weiter gefasst werden müssen. Zudem muss Mitbestimmung in der SE nicht immer den einzelstaatlichen Vorschriften folgen, sondern kann auch auf einer Beteiligungsvereinbarung beruhen. Es ist daher nicht anzunehmen, dass der Verordnungsgeber in Art. 47 Abs. 4 die Frage der Mitbestimmung regeln wollte. Näher liegt eine systematische Abgrenzung von SE-VO und SE-Richtlinie in dem Sinne, dass Fragen der Mitbestimmung ihren Regelungsort generell in der SE-Richtlinie finden und die 29

---

44 Zum Begriff des Sitzes: Art. 7 Rz. 5 ff.; *Schwarz*, ZIP 2001, 1847, 1849, 1850; *Teichmann*, ZGR 2002, 383, 456.
45 Auch *Schwarz*, Art. 47 Rz. 53, plädiert dafür, das Sitzstaatrecht anzuwenden, meint damit aber offenkundig nur das Sachrecht, nicht jedoch das Internationale Privatrecht; dies entspricht dem allgemein von *Schwarz* vertretenen Verständnis der Verweisungen als Sachnormverweisungen unter Ausschluss des Kollisionsrechts (Einl. Rz. 128). Zur Gegenposition Art. 9 Rz. 28 ff.
46 Art. 40 Abs. 2 Satz 3 enthält insoweit auch einen ausdrücklichen Vorbehalt gegenüber dem Regelfall der Bestellung durch die Hauptversammlung.
47 Für das nationale Aktienrecht *Seibt* in K. Schmidt/Lutter, AktG, § 84 Rz. 8; *Hüffer*, § 84 Rz. 5.
48 Darauf weist *Schwarz*, Art. 47 Rz. 49, zu Recht hin.
49 In diesem Sinne *Schwarz*, Art. 47 Rz. 55.

SE-VO insoweit aus teleologischen Erwägungen zurücktritt; dies betrifft insbesondere die grundsätzlich ausschließliche Bestellungskompetenz der Hauptversammlung gem. Art. 40 Abs. 2 Satz 1 und Art. 43 Abs. 3 Satz 1 (vgl. Art. 43 Rz. 52 ff.).

Art. 48
[Zustimmungsbedürftige Geschäfte]

(1) In der Satzung der SE werden die Arten von Geschäften aufgeführt, für die im dualistischen System das Aufsichtsorgan dem Leitungsorgan seine Zustimmung erteilen muss und im monistischen System ein ausdrücklicher Beschluss des Verwaltungsorgans erforderlich ist.

Die Mitgliedstaaten können jedoch vorsehen, dass im dualistischen System das Aufsichtsorgan selbst bestimmte Arten von Geschäften von seiner Zustimmung abhängig machen kann.

(2) Die Mitgliedstaaten können für die in ihrem Hoheitsgebiet eingetragenen SE festlegen, welche Arten von Geschäften auf jeden Fall in die Satzung aufzunehmen sind.

Literatur: *Berrar*, Die zustimmungspflichtigen Geschäfte nach § 111 Abs. 4 AktG im Lichte der Corporate Governance-Diskussion, DB 2001, 2181–2186; *Fonk*, Zustimmungsvorbehalte des AG-Aufsichtsrates, ZGR 2006, 841–874; *Gutsche*, Die Eignung der Europäischen Aktiengesellschaft für kleine und mittlere Unternehmen in Deutschland, 1994 (zit.: Eignung der Europäischen Aktiengesellschaft); *Hoffmann-Becking*, Organe: Strukturen und Verantwortlichkeiten, insbesondere im monistischen System, ZGR 2004, 355–382; *Holland*, Das amerikanische „board of directors" und die Führungsorganisation einer monistischen SE in Deutschland, 2006 (zit.: Board of directors und monistische SE); *Hommelhoff*, Satzungsstrenge und Gestaltungsfreiheit in der Europäischen Aktiengesellschaft, in Habersack/Hommelhoff/Hüffer/Schmidt (Hrsg.), FS Ulmer, 2003, S. 267–278; *Koke*, Die Finanzverfassung der Europäischen Aktiengesellschaft (SE) mit Sitz in Deutschland, 2005 (zit.: Finanzverfassung der SE); *Kropff*, Die Unternehmensplanung im Aufsichtsrat, NZG 1998, 613–619; *Leyens*, Information des Aufsichtsrats, 2006; *Merkt*, Die monistische Unternehmensverfassung für die Europäische Aktiengesellschaft aus deutscher Sicht – mit vergleichendem Blick auf die Schweiz, das Vereinigte Königreich und Frankreich –, ZGR 2003, 650–678; *Schiessl*, Leitungs- und Kontrollstrukturen im internationalen Wettbewerb, ZHR 167 (2003), 235–256; *Teichmann*, Vorschläge für das deutsche Ausführungsgesetz zur Europäischen Aktiengesellschaft, ZIP 2002, 1109–1116; *Teichmann*, Binnenmarktkonformes Gesellschaftsrecht, 2006; *van den Berghe*, Corporate Governance in a Globalising world: Convergence or Divergence?, 2002.

I. Überblick

1   Art. 48 Abs. 1 Unterabs. 1 weist dem Satzungsgeber die Verantwortung zu, die Arten von Geschäften zu regeln, für die im dualistischen System das Aufsichtsorgan seine

Zustimmung erteilen und im monistischen System das Verwaltungsorgan einen ausdrücklichen Beschluss des Plenums herbeiführen muss. Gem. Art. 48 Abs. 1 Unter-Abs. 2 kann das mitgliedstaatliche Recht dem Aufsichtsorgan gestatten, zustimmungsbedürftige Geschäfte selbst festzulegen; darauf beruht die Vorschrift des § 19 SEAG. Schließlich können die Mitgliedstaaten den in ihrem Hoheitsgebiet eingetragenen SE auch vorschreiben, welche Arten von Geschäften auf jeden Fall in die Satzung aufzunehmen sind (Art. 48 Abs. 2). Von dieser Möglichkeit hat der deutsche Gesetzgeber keinen Gebrauch gemacht.

II. Zustimmungs-/Beschlussbedürftigkeit gemäß Satzung (Art. 48 Abs. 1 Unterabs. 1)

1. Regelungszweck

Die Satzung legt fest, welche Geschäfte der Zustimmung des Aufsichtsorgans oder   2 eines ausdrücklichen Beschlusses des Verwaltungsorgans bedürfen. Ihrem systematischen Standort gemäß (gemeinsame Vorschriften) und durch die Erfassung beider Leitungsmodelle in einem Satz scheint die Regelung beide Leitungssysteme gleichzubehandeln. Und doch entfaltet die scheinbar parallele Regelung im Kontext der verschiedenen Leitungsmodelle einen jeweils **system-spezifischen Regelungszweck**:

Im **dualistischen System** modifizieren die zustimmungsbedürftigen Geschäfte die   3 Überwachungsfunktion des Aufsichtsorgans, das ausnahmsweise über Maßnahmen der Geschäftsführung beschließt, von der es grundsätzlich ausgeschlossen ist (vgl. Art. 40 Abs. 1 Satz 2). Es handelt sich dennoch um eine Erscheinungsform der Überwachung. Denn das Aufsichtsorgan erlangt kein unternehmerisches Initiativrecht; dieses liegt ausschließlich beim Leitungsorgan. Das Aufsichtsorgan kann dessen Vorschläge ablehnen, nicht aber selbst Vorschläge unterbreiten oder gar ohne Beteiligung des Leitungsorgans beschließen. Das zustimmungsbedürftige Geschäft begründet somit ein Veto-Recht und ist Teil einer nicht nur retrospektiv, sondern zukunftsorientiert verstandenen **Überwachung der Geschäftsleitung**[1]. Da das Leitungsorgan die Zustimmungsbedürftigkeit zumeist schon während der eigenen Entscheidungsfindung in Rechnung stellen wird, trägt sie indirekt zu einer verbesserten und frühzeitigen Kommunikation zwischen den Organen bei[2].

Im **monistischen System** ist ohnehin das Verwaltungsorgan als Ganzes für die Ge-   4 schäftsführung zuständig (Art. 43 Abs. 1). Die Regelung des Art. 48 Abs. 1 wäre daher entbehrlich, gäbe es nicht in der Praxis häufig eine Zweiteilung in geschäftsführende und nicht-geschäftsführende Mitglieder. Damit hat der von Art. 48 Abs. 1 geforderte ausdrückliche Beschluss vor allem das Ziel, eine Befassung des Plenums mit der betreffenden Angelegenheit zu erzwingen. Die Norm akzentuiert damit den Charakter des Verwaltungsorgans als **Kollegialorgan**[3]. Sie geht unausgesprochen von dem praktischen Regelfall aus, in dem nicht alle Mitglieder des Verwaltungsorgans in gleicher

---

1 Zum damit angesprochenen Wandel des Überwachungsverständnisses hin zu einem „mit-unternehmerischen" Aufsichtsrat *Lutter/Krieger*, Aufsichtsrat, Rz. 57 (S. 21); weiterhin *Hopt/Roth* in Großkomm. AktG, § 111 Rz. 583 ff.
2 Dazu etwa *Leyens*, Information des Aufsichtsrats, S. 138, sowie *Hopt/Roth* in Großkomm. AktG, § 111 Rz. 586 ff. Zum Zustimmungsvorbehalt als Mittel der Einbindung des Aufsichtsrats in die Unternehmensplanung *Kropff*, NZG 1998, 613 ff. und *Leyens*, Information des Aufsichtsrats, S. 371 ff.
3 Die Verantwortung aller von der Hauptversammlung bestellten Organmitglieder betont in Anlehnung an US-amerikanische Erfahrungen *Holland*, Board of directors und monistische SE, S. 157.

Weise in das Tagesgeschäft involviert sind[4]. Die Entstehungsgeschichte der Norm bestätigt dies[5]. In dem Entwurf von 1989, der eine dem heutigen Art. 48 entsprechende Vorläufernorm enthielt, war die Übertragung der Geschäftsführung auf geschäftsführende Mitglieder des Verwaltungsorgans noch zwingend vorgesehen. Sie ist zwar im Anschluss wieder entfallen; die Notwendigkeit, das Gesamtorgan mit den wichtigen Angelegenheiten der Gesellschaft zu befassen, ist jedoch geblieben.

2. Festlegung in der Satzung

5 Die Satzung legt fest, für welche Arten von Geschäften das Aufsichtsorgan seine Zustimmung erteilen beziehungsweise das Verwaltungsorgan einen ausdrücklichen Beschluss herbeiführen muss. Der Vergleich der deutschen mit der englischen Sprachfassung der SE-VO („shall") legt den Schluss nahe, dass eine **Regelungspflicht** besteht[6]: Die Regelungspflicht entspringt der systemübergreifenden Erkenntnis, dass sowohl im dualistischen als auch im monistischen Modell wichtige Entscheidungsprozesse häufig in einem kleinen Kreis geschäftsführender Personen unter Ausschluss der nicht-geschäftsführenden Organmitglieder ablaufen[7].

6 Fehlt eine Satzungsregelung, besteht bei Gründung der SE ein **Eintragungshindernis**[8]. Anders als in § 111 Abs. 4 Satz 2 AktG herrscht keine Alternativität zwischen einer Festlegung durch die Satzung oder durch das Aufsichtsorgan[9]. Art. 48 Abs. 1 schreibt vielmehr eine Festlegung durch Satzung zwingend vor (Art. 48 Abs. 1 Unterabs. 1) und eröffnet lediglich zusätzlich die mitgliedstaatlich zu regelnde Möglichkeit einer Festlegung durch das Aufsichtsorgan (Art. 48 Abs. 1 Unterabs. 2)[10].

7 Die Satzung kann nicht konkrete Geschäfte der Zustimmungs- bzw. Beschlusspflicht unterwerfen, sondern muss **abstrakt-generell bestimmte Arten von Geschäften bezeichnen**. Dies kann der Abschluss von Rechtsgeschäften mit Dritten sein oder auch eine zunächst interne unternehmerische Entscheidung – wie etwa die allgemeine Unternehmensplanung, eine wichtige Investitionsentscheidung oder Betriebsstilllegung[11]. Die Zustimmungs- und Beschlusspflicht kann auch konzernbezogen sein und Maßnahmen in der Untergesellschaft betreffen, die vom Geschäftsführungsorgan

---

4 Auch die Corporate Governance-Kodices in Ländern mit monistischer Struktur sehen zumeist ausdrücklich vor, dass bestimmte Entscheidungen dem Verwaltungsorgan vorgelegt werden müssen (näher *Berrar*, DB 2001, 2181, 2183 und *Merkt*, ZGR 2003. 650, 662 f.).
5 Zur Entstehungsgeschichte auch *Schwarz*, Art. 48 Rz. 3 ff.
6 In diesem Sinne *Hommelhoff* in FS Ulmer, S. 267, 275; *Manz* in Manz/Mayer/Schröder, Art. 48 SE-VO Rz. 3, *Schwarz*, Art. 48 Rz. 9. A.A. *Reichert/Brandes* in MünchKomm. AktG, Art. 48 SE-VO Rz. 1 und *Thümmel*, Europäische Aktiengesellschaft, Rz. 180, wonach die Festlegung zustimmungsbedürftiger Geschäfte im Ermessen des Satzungsgebers bzw. Aufsichtsrates liegen soll.
7 Empirische Studien legen den Schluss nahe, dass sich auch ein monistisches Verwaltungsorgan nicht wesentlich häufiger trifft als ein Aufsichtsrat, obwohl im Verwaltungsorgan die grundlegenden Geschäftsentscheidungen fallen sollten (vgl. *Teichmann*, Binnenmarktkonformes Gesellschaftsrecht, S. 569 f. und *van den Berghe*, Corporate Governance in a Globalising World, S. 75 f.; auch *Schiessl*, ZHR 167 (2003), 235 ff., sieht im häufig zu geringen Zeitaufwand der überwachenden Mitglieder ein gemeinsames Problem beider Leitungssysteme).
8 *Schwarz*, Art. 48 Rz. 9.
9 Dies wird von *Hoffmann-Becking*, ZGR 2004, 355, 365, zwar kritisiert; entgegen seiner dort geäußerten Auffassung lag aber nicht im Ermessen des mitgliedstaatlichen Gesetzgebers, diese Vorgabe der SE-VO in § 19 SEAG zu korrigieren.
10 Teilweise wird allerdings angenommen, die Festlegung durch den Aufsichtsrat könne die Satzungsregelung ersetzen; dazu sogleich Rz. 17.
11 *Manz* in Manz/Mayer/Schröder, Art. 48 SE-VO Rz. 13; *Schwarz*, Art. 48 Rz. 13. S. aus der aktienrechtlichen Literatur zu den praxisüblichen Katalogen etwa: *Fonk*, ZGR 2006, 841, 846 ff.; *Hopt/Roth* in Großkomm. AktG, § 111 Rz. 629, und *Lutter/Krieger*, Aufsichtsrat, Rz. 109 ff. (S. 43 ff.).

der Obergesellschaft veranlasst werden[12]. Soweit die Satzung ihre Festlegung nicht konzernbezogen formuliert, ist es eine Frage der Auslegung, ob vergleichbar gewichtige Maßnahmen in der Untergesellschaft von der Zustimmungs-/Beschlusspflicht erfasst sind[13]. Ad-hoc-Zustimmungsvorbehalte für Einzelgeschäfte sind in Ausnahmefällen zulässig[14].

Eine Satzungsbestimmung, wonach die **laufenden Geschäfte** einer Zustimmungs- 8 bzw. Beschlusspflicht unterworfen werden, ist nicht möglich[15]. Art. 48 Abs. 1 verlangt eine klar konturierte Definition der zustimmungs-/beschlussbedürftigen Geschäftsarten, die mit einer bloßen Festlegung auf die „laufenden Geschäfte" nicht erfüllt wäre. Weiterhin sprechen die folgenden, je nach Leitungssystem differenzierenden Erwägungen gegen einen derartigen Zustimmungsvorbehalt: Im **dualistischen Modell** verstößt er gegen die zwingende Kompetenzaufteilung zwischen Leitungs- und Aufsichtsorgan. Die Geschäftsführung obliegt dem Leitungsorgan; Maßnahmen der Geschäftsführung dürfen dem Aufsichtsorgan nicht übertragen werden. Damit wäre eine Satzungsregelung, die für Maßnahmen der laufenden Geschäftsführung die Zustimmung des Aufsichtsrats verlangt, nicht zu vereinbaren. Im **monistischen Modell** ist das Verwaltungsorgan zwar mit der Geschäftsführung auch für die Maßnahmen der laufenden Geschäftsführung zuständig. Indessen geht es bei den beschlussbedürftigen Geschäften allein um solche, bei denen eine Befassung des Plenums nötig erscheint (oben Rz. 4). Grundsätzlich liegt es im pflichtgemäßen Ermessen des Verwaltungsorgans, die Trennlinie zwischen Maßnahmen der laufenden Geschäftsführung und außergewöhnlichen Maßnahmen zu ziehen[16]. Daher würde eine Satzungsregelung, die für jede Maßnahme der laufenden Geschäftsführung einen ausdrücklichen Plenarbeschluss verlangt, die Organkompetenz übermäßig beschränken[17].

3. Beschlussfassung im Gremium

Für die Beschlussfassung in Aufsichts- und Verwaltungsorgan gilt **Art. 50**. Die darin 9 festgelegten Voraussetzungen für Beschlussfähigkeit und Beschlussfassung dürfen nicht durch Übertragung auf beschließende Ausschüsse unterlaufen werden (vgl. Art. 50 Rz. 22 f.)[18].

Für das Verwaltungsorgan fordert Art. 48 Abs. 1 einen **ausdrücklichen Beschluss**. Das 10 Plenum hat sich mit der Angelegenheit zu befassen und muss einen formellen Beschluss herbeiführen, der auf der Tagesordnung anzukündigen und in der Sitzungsniederschrift festzuhalten ist[19]. Es genügt nicht, dass sich das Verwaltungsorgan von den geschäftsführenden Mitgliedern berichten lässt und deren Ausführungen nicht widerspricht. Vielmehr muss erkennbar eine eigene Willensbildung im Organ stattgefunden haben.

---

12 So zum allgemeinen Aktienrecht *Hüffer*, § 111 Rz. 16. Zu konzernbezogenen Zustimmungsvorbehalten weiterhin *Fonk*, ZGR 2006, 841, 852 ff.
13 S. zum nationalen Aktienrecht *Hüffer*, § 111 Rz. 21.
14 Vgl. BGH v. 15.11.1993 – II ZR 235/92, BGHZ 124, 111, 126 ff.; dazu auch *Fonk*, ZGR 2006, 841, 851.
15 So auch *Manz* in Manz/Mayer/Schröder, Art. 48 SE-VO Rz. 13; *Reichert/Brandes* in MünchKomm. AktG, Art. 48 SE-VO Rz. 10; *Schwarz*, Art. 48 Rz. 15 ff.
16 So auch *Merkt*, ZGR 2003, 650, 662 f.
17 *Reichert/Brandes* in MünchKomm. AktG, Art. 48 SE-VO Rz. 10.
18 Differenzierend *Schwarz*, Art. 48 Rz. 19 ff., der im Aufsichtsorgan eine Übertragung auf beschließende Ausschüsse für zulässig hält.
19 *Manz* in Manz/Mayer/Schröder, Art. 48 SE-VO Rz. 16.

4. Rechtswirkungen im gesellschaftsrechtlichen Innenverhältnis

11   Das Fehlen der Zustimmung bzw. eines ausdrücklichen Beschlusses wirkt sich nur im Innenverhältnis aus und entfaltet **keine Wirkung gegenüber Dritten**. Rechtsgeschäfte, die ohne den erforderlichen (Zustimmungs-) Beschluss abgeschlossen werden, bleiben wirksam[20]. In früheren Entwürfen der SE-Verordnung war dies noch ausdrücklich festgelegt[21]. Dieselbe Rechtsfolge ergibt sich nunmehr in ergänzender Anwendung des mitgliedstaatlichen Rechts, welches nach den Vorgaben der Ersten gesellschaftsrechtlichen Richtlinie gewährleisten muss, dass die organschaftliche Vertretungsbefugnis im Außenverhältnis unbeschränkt bleibt.

12   Bei Verstoß gegen die internen Vorlagepflichten hat die Gesellschaft gegebenenfalls einen **Schadensersatzanspruch** gegenüber dem Leitungsorgan oder den geschäftsführende Direktoren. Weiterhin kann das Fehlverhalten Anlass für eine **Abberufung** aus der Organstellung und eine Kündigung des Anstellungsverhältnisses sein.

13   Soweit eine zustimmungs-/beschlussbedürftige Maßnahme keinen Aufschub verdient, obliegt es dem pflichtgemäßen Ermessen der geschäftsführenden Personen (Leitungsorgan oder geschäftsführende Direktoren), über die vorgezogene Ausführung der Maßnahme zu entscheiden und die Zustimmung bzw. den Beschluss nachträglich einzuholen. Da Zustimmung oder Beschluss ohnehin nur Wirkung im Innenverhältnis haben, entscheidet sich die Folge einer derartigen **Notgeschäftsführung** letztlich am Maßstab der Pflichtenbindung der geschäftsführenden Personen. Ein Schadensersatz oder gar eine Beendigung der Anstellung sind nicht gerechtfertigt, wenn die Maßnahme aus einer ex ante-Betrachtung im Interesse der Gesellschaft keinen Aufschub duldete[22]. In aller Regel wird es aber auch dann möglich und geboten sein, zumindest den Vorsitzenden des Gremiums zu informieren[23].

14   Ob zu zustimmungs-/beschlussbedürftigen Geschäften die **Hauptversammlung** befragt werden kann, richtet sich nach mitgliedstaatlichem Recht. Die SE-VO selbst regelt die Kompetenzen der Hauptversammlung nicht abschließend. Bei einer in Deutschland ansässigen SE können Geschäftsführungsmaßnahmen gem. Art. 52 Satz 2 i.V.m. § 119 Abs. 2 AktG der Hauptversammlung vorgelegt werden[24]. Für den Zustimmungsbeschluss der Hauptversammlung genügt grundsätzlich die einfache Mehrheit, soweit es sich nicht um eine Konstellation nach Maßgabe der Holzmüller/Gelatine-Rechtsprechung handelt[25]. § 111 Abs. 4 Satz 4 AktG verlangt allerdings eine qualifizierte Mehrheit von drei Vierteln der abgegebenen Stimmen, sofern die Hauptversammlung angerufen wird, um im Falle eines zustimmungsbedürftigen Geschäfts die vom Aufsichtsrat verweigerte Zustimmung zu ersetzen. Da Art. 52 Satz 2 allgemein auf die mitgliedstaatlichen Kompetenzregeln verweist, gilt die qualifizierte Mehrheit auch im Falle der Ersetzung einer nach Art. 48 nötigen Zustimmung.

15   Die Anrufung der Hauptversammlung durch den Vorstand, um die fehlende Zustimmung des Aufsichtsrats zu ersetzen, hat im **monistischen System** keine Entsprechung. Der **Verwaltungsrat ist das oberste Leitungsorgan**, er tritt gemäß § 22 Abs. 6 SEAG an die Stelle des Vorstands, müsste also die Hauptversammlung anrufen, um seinen eigenen ablehnenden Beschluss zu ersetzen. Anders als im dualistischen Sys-

---

20   *Manz* in Manz/Mayer/Schröder, Art. 48 SE-VO Rz. 22; *Schwarz*, Art. 48 Rz. 25.

21   Art. 72 E-1989, Art. 66 E-1975.

22   Für die grundsätzliche Zulässigkeit einer solchen Notgeschäftsführung auch *Schwarz*, Art. 48 Rz. 11.

23   *Manz* in Manz/Mayer/Schröder, Art. 48 SE-VO Rz. 20.

24   *Reichert/Brandes* in MünchKomm. AktG, Art. 48 SE-VO Rz. 16; *Schwarz*, Art. 48 Rz. 14 und 29; a.A. *Manz* in Manz/Mayer/Schröder, Art. 48 SE-VO Rz. 24.

25   Vgl. *Spindler* in K. Schmidt/Lutter, AktG, § 119 Rz. 23.

tem bedarf es zur Klärung einer Meinungsverschiedenheit auch nicht der Hauptversammlung als dritter Instanz. Denn gegenüber den geschäftsführenden Direktoren kann der Verwaltungsrat einen Disput kraft seines Weisungsrechts abschließend entscheiden[26]. Allenfalls kann bei Meinungsverschiedenheiten innerhalb des Verwaltungsrats der Beschluss gefasst werden, zur Klärung der Frage die Hauptversammlung anzurufen. Es handelt sich dann um eine Vorlage i.S.d. § 119 Abs. 2 AktG, für die – außerhalb der Holzmüller-Fälle – ein Hauptversammlungsbeschluss mit einfacher Mehrheit genügt.

III. Zustimmungsvorbehalt durch das Aufsichtsorgan (Art. 48 Abs. 1 Unterabs. 2)

Der mitgliedstaatliche Gesetzgeber kann das Aufsichtsorgan dazu ermächtigen, selbst   16
bestimmte Arten von Geschäften von seiner Zustimmung abhängig zu machen. Ein Gleichlauf mit dem nationalen Aktienrecht ist hier nicht gefordert. Der deutsche Gesetzgeber hat sich gemäß der generell mit dem SEAG verfolgten Linie[27] mit **§ 19 SEAG** für einen weitgehenden Gleichlauf mit § 111 Abs. 4 Satz 3 AktG entschieden. Für die Einzelheiten sei auf die Kommentierung des § 19 SEAG (Anh. Art. 48) verwiesen[28].

Ob die Kompetenz des Aufsichtsorgans zur Festlegung zustimmungsbedürftiger Ge-   17
schäfte *neben* die Regelungspflicht des Satzungsgebers (oben Rz. 5 ff.) tritt oder diese ersetzt, wird in Art. 48 Abs. 1 nicht ganz deutlich. Das Wort „jedoch" spricht dafür, dass **an die Stelle des Satzungsgebers das Aufsichtsorgan tritt**; dies entspräche auch der Regelung im deutschen Aktienrecht (§ 111 Abs. 4 Satz 2 AktG)[29]. Andererseits soll das Aufsichtsorgan nur „bestimmte Arten von Geschäften"[30] von seiner Zustimmung abhängig machen dürfen. Damit soll dem Aufsichtsorgan offenbar eine flexible Anpassung an die konkreten Verhältnisse ermöglicht werden, die eine starre Satzungsregelung alleine nicht bieten kann. Hinzu kommt, dass für das Aufsichtsorgan eine mitgliedstaatliche Kann-Regelung möglich ist, während die Satzung zwingend einen Katalog mit zustimmungspflichtigen Geschäften enthalten soll[31]. Dies spricht dafür, in der Kompetenz des Aufsichtsorgans nur eine Ergänzung zur Satzung zu sehen[32]. Diesem Verständnis folgt auch der deutsche Gesetzgeber, der in § 19 SEAG die Zuständigkeit des Aufsichtsrates neben diejenige des Satzungsgebers stellt[33].

Ein vergleichbares Recht für das **Verwaltungsorgan** ist weder in der Verordnung noch   18
im SEAG vorgesehen. Hierfür besteht auch **keine Notwendigkeit**, da das Verwaltungsorgan kraft seiner unmittelbaren Zuständigkeit für die Geschäftsführung (Art. 43 Abs. 1) ohnehin jede Geschäftsführungsmaßnahme an sich ziehen kann[34].

---

26 *Reichert/Brandes* in MünchKomm. AktG, Art. 48 SE-VO Rz. 17.
27 S. nur *Teichmann*, ZIP 2002, 1109, 1110.
28 Vgl. auch *Drygala* in K. Schmidt/Lutter, AktG, § 111 Rz. 37 ff.
29 Dort klar zum Ausdruck gebracht durch das nachfolgend kursiv hervorgehobene „oder" im Wortlaut der Vorschrift: „Die Satzung *oder* der Aufsichtsrat hat jedoch zu bestimmen, daß bestimmte Arten von Geschäften nur mit seiner Zustimmung vorgenommen werden dürfen."
30 In der französischen Fassung „certaines catégories d'opérations", in der englischen Fassung „certain categories of transaction".
31 *Manz* in Manz/Mayer/Schröder, Art. 48 SE-VO Rz. 10.
32 In diesem Sinne auch *Manz* in Manz/Mayer/Schröder, Art. 48 SE-VO Rz. 7.
33 Kritisch dazu (auf Basis eines anderen Textverständnisses der Verordnung) *Hoffmann-Becking*, ZGR 2004, 355, 365.
34 *Frodermann* in Jannott/Frodermann, Handbuch Europäische Aktiengesellschaft, S. 188; *Schwarz*, Art. 48 Rz. 33 ff.; *Teichmann* in Lutter/Hommelhoff, Europäische Gesellschaft, S. 197, 211.

Entsprechende Vorlagepflichten der geschäftsführenden Direktoren können in deren Geschäftsordnung geregelt werden[35]. Wenn dies unterbleibt, besteht aus mitbestimmungsrechtlicher Perspektive die Gefahr, dass der Schwerpunkt der Geschäftsführung aus dem Verwaltungsorgan heraus verlagert wird und die nicht-geschäftsführenden Mitglieder – also insbesondere die Arbeitnehmervertreter – lediglich zu den vier zwingend vorgesehenen jährlichen Sitzungen (Art. 44 Abs. 1) an der Oberleitung teilhaben[36]. Indessen haben nicht-geschäftsführende Mitglieder des Verwaltungsrats Möglichkeiten, sich gegen eine faktische Zurücksetzung zu wehren. Sie können insbesondere von ihrem Informationsrecht nach Art. 44 Abs. 2 Gebrauch machen und gem. § 37 SEAG die Einberufung des Verwaltungsrats erzwingen.

IV. Vorgaben des mitgliedstaatlichen Rechts (Art. 48 Abs. 2)

19   Die Mitgliedstaaten werden in Art. 48 Abs. 2 ermächtigt, bestimmte Arten von Geschäften gesetzlich vorzuschreiben, die in jedem Fall als zustimmungs- beziehungsweise beschlussbedürftig in die Satzung aufzunehmen sind. Dass der **gesetzliche Katalog** für beide Leitungssysteme gleichermaßen gelten müsse[37], lässt sich Art. 48 Abs. 2 nicht entnehmen. Die unterschiedliche Funktionalität des Zustimmungsvorbehalts im dualistischen und der Beschlusspflicht im monistischen System (oben Rz. 2 ff.) legt es vielmehr nahe, nach beiden Systeme zu differenzieren. In **Deutschland** hatte sich zum TransPuG die Auffassung durchgesetzt, dass derartige gesetzliche Vorgaben nicht sinnvoll seien[38]. Das SEAG macht daher von der Ermächtigung des Art. 48 Abs. 2 keinen Gebrauch.

20   Allerdings kennt das deutsche Aktienrecht einige **speziell geregelte Zustimmungspflichten**. Diese Mitwirkungsrechte werden von Art. 48 nicht verdrängt, soweit sie sich infolge andernorts geregelter Verweisungen auf nationales Recht stützen können. Ein Beispiel dafür ist die Zustimmung des Aufsichtsrats bei Durchführung einer **genehmigten Kapitalerhöhung** (§ 204 Abs. 1 Satz 2 AktG). Das Verfahren der Kapitalerhöhung unterliegt gem. Art. 5 dem mitgliedstaatlichen Recht (Art. 5 Rz. 1 ff.). Demgemäß bleibt es auch in der SE bei dem in § 204 Abs. 1 Satz 2 AktG geregelten Zustimmungsvorbehalt des Aufsichtsrats[39]. Für das monistische System ist eine entsprechende Anpassung vorzunehmen und in Anlehnung an die Systematik des Art. 48 Abs. 1 ein ausdrücklicher Verwaltungsratsbeschluss zu fordern (Anh. Art. 43 § 22 SEAG Rz. 47)[40].

21   Ein weiterer Fall eines mitgliedstaatlich geregelten Zusammenwirkens von Vorstand und Aufsichtsrat ist die **Feststellung des Jahresabschlusses** (§ 172 AktG); in Übertragung dessen auf das monistische System billigt der Verwaltungsrat den von den geschäftsführenden Direktoren aufgestellten Jahresabschluss (§ 47 Abs. 5 SEAG). Einschlägige Verweisungsnorm hierfür ist Art. 61, der für die Aufstellung, Prüfung und Offenlegung des Jahresabschlusses das mitgliedstaatliche Recht heranzieht. Begrifflich ist allerdings die Feststellung des Jahresabschlusses von seiner Aufstellung zu unterscheiden[41]. Art. 61 erwähnt die Feststellung zwar nicht, macht aber durch die

---

35 *Reichert/Brandes* in MünchKomm. AktG, Art. 48 SE-VO Rz. 2.

36 Dazu *Gutsche*, Eignung der Europäischen Aktiengesellschaft, S. 159 ff.

37 So *Schwarz*, Art. 48 Rz. 39.

38 Dazu *Berrar*, DB 2001, 2181, 2183 ff., *Fonk*, ZGR 2006, 841, 843, sowie *Hüffer*, § 111 Rz. 17.

39 Ebenso im Ergebnis *Koke*, Finanzverfassung der SE, S. 189, der dieses Ergebnis mit der Entstehungsgeschichte der SE-Verordnung stützt.

40 Überzeugend *Koke*, Finanzverfassung der SE, S. 190 ff.

41 Erst mit der Feststellung wird der Abschluss verbindlich; dazu *Drygala* in K. Schmidt/Lutter, AktG, § 172 Rz. 7 und *Hüffer*, § 172 Rz. 2.

Aufzählung der Verfahrensschritte (Aufstellung, Prüfung und Offenlegung) deutlich, dass der gesamte Prozess der Rechnungslegung von der Aufstellung über die Prüfung bis hin zur Offenlegung dem mitgliedstaatlichen Recht unterliegen soll. Die Feststellung ist hierin ein notwendiger Zwischenschritt; sie vom Verweis auf das mitgliedstaatliche Recht auszunehmen, ergäbe keinen Sinn. Der Verweis auf mitgliedstaatliches Recht muss daher auch die Feststellung erfassen (vgl. zum Ergebnis auch Art. 61 Rz. 3).

Anhang zu Art. 48 SE-VO

§ 19 SEAG
Festlegung zustimmungsbedürftiger Geschäfte durch das Aufsichtsorgan

Das Aufsichtsorgan kann selbst bestimmte Arten von Geschäften von seiner Zustimmung abhängig machen.

I. Überblick

Die Festlegung zustimmungsbedürftiger Geschäfte durch den Aufsichtsrat ist ein   1
wichtiges Element der **proaktiven Überwachungs- und Beratungsaufgabe des Aufsichtsrates**[1]. Im allgemeinen Aktienrecht ist sie in **§ 111 Abs. 4 AktG** geregelt. Dort findet sich seit der Reform durch das TransPuG[2] eine Verpflichtung, zustimmungsbedürftige Geschäfte festzulegen. Dies kann durch die Satzung oder den Aufsichtsrat geschehen. Für die dualistisch strukturierte SE gilt **Art. 48**. Demnach werden zustimmungsbedürftige Geschäfte in der **Satzung** aufgeführt; darin kommt eine Regelungspflicht zum Ausdruck (str., vgl. Art. 48 Rz. 5). Der mitgliedstaatliche Gesetzgeber ist zu einer Regelung ermächtigt, wonach das Aufsichtsorgan selbst bestimmte Arten von Geschäften von seiner Zustimmung abhängig machen kann. Von dieser **Regelungsermächtigung** hat der deutsche Gesetzgeber in § 19 SEAG Gebrauch gemacht. Er verfolgt damit das Ziel, einen weitgehenden Gleichlauf mit dem nationalen Aktienrecht herzustellen[3].

II. Festlegung zustimmungsbedürftiger Geschäfte durch das Aufsichtsorgan

Im Zusammenhang mit der europäischen Vorgabe des Art. 48 entsteht die Frage, ob   2
die Kompetenz des Aufsichtsorgans, zustimmungsbedürftige Geschäfte festzulegen, neben oder an die Stelle einer **Satzungsfestlegung** tritt. Nationale Aktiengesellschaften können zustimmungsbedürftige Geschäfte entweder in der Satzung oder durch den Aufsichtsrat festgelegen (§ 111 Abs. 4 Satz 2 AktG). Für die SE gilt jedoch in erster Linie Art. 48 mit seiner Verpflichtung zur Satzungsregelung (oben Rz. 1). Die kraft mitgliedstaatlichen Rechts eingeführte Kompetenz des Aufsichtsrates bildet dazu nur eine **Ergänzung**, die es dem Aufsichtsorgan erlaubt, den Katalog der zustim-

---

1 S. nur *Lutter/Krieger*, Aufsichtsrat, Rz. 103 ff.
2 Transparenz- und Publizitätsgesetz v. 19.7.2002, BGBl. I 2002, 2681 ff.
3 Begr. RegE, BT-Drucks. 15/3405, S. 36.

mungsbedürftigen Geschäfte unabhängig vom Verfahren einer Satzungsänderung an die konkreten Bedürfnisse der Unternehmensleitung flexibel anzupassen (vgl. Art. 48 Rz. 17).

3   Bei der Einführung von Zustimmungsvorbehalten des Aufsichtsrats gelten die zu § 111 Abs. 4 Satz 2 AktG entwickelten Grundlagen und Grenzen[4]: Sie dienen der **präventiven Überwachung**, dürfen andererseits den Grundsatz des Art. 40 Abs. 1 Satz 2 nicht verletzen, dass das Aufsichtsorgan nicht zur Geschäftsführung berechtigt ist. Das Aufsichtsorgan hat demnach lediglich ein **Veto-Recht** gegen Maßnahmen, die der Vorstand vorschlägt, kann jedoch nicht selbst bestimmte Geschäftsführungsmaßnahmen beschließen oder anweisen. Der Katalog zustimmungsbedürftiger Geschäfte muss sich abstrakt auf bestimmte Arten von Geschäften beziehen (Art. 48 Rz. 7 f.): Ein Zustimmungsvorbehalt für die „laufenden Geschäfte" ist nicht möglich; Ad-hoc-Vorbehalte für Einzelmaßnahmen sind nur in Ausnahmefällen zulässig.

4   Einen **gesetzlichen Katalog** von Geschäften, für die zwingend ein Zustimmungsvorbehalt besteht, kennen weder das AktG noch das SEAG[5]. Art. 48 gewährt den Mitgliedstaaten zwar das Recht, derartige Mindestkataloge festzulegen. Der deutsche Gesetzgeber hat von dieser Ermächtigung im Lichte der zum TransPuG geführten Diskussion jedoch keinen Gebrauch gemacht (vgl. Art. 48 Rz. 19).

5   Die **Zustimmung** wird durch **Beschluss** erteilt, für den die Regeln des Art. 50 gelten. Soll die Zustimmung einem beschließenden Ausschuss übertragen werden, ist dies in der Satzung zu regeln (Art. 50 Rz. 22 f.). Eine Ersetzung der Zustimmung des Aufsichtsorgans durch einen **Hauptversammlungsbeschluss** (vgl. § 111 Abs. 4 Satz 3 AktG) ist nach dem SEAG nicht vorgesehen. Es greift insoweit das allgemeine nationale Aktienrecht, soweit die SE-VO die Frage nicht abschließend regelt (Art. 9 Rz. 34 ff.). Art. 48 erwähnt die Vorlage an die Hauptversammlung zwar nicht. Die Verordnung erhebt aber generell nicht den Anspruch, die Kompetenzen der Hauptversammlung abschließend zu regeln; statt dessen verweist Art. 52 Satz 2 auf das nationale Recht. Insoweit kann in Mitgliedstaaten, deren Aktienrecht eine solche Kompetenz regelt, die Hauptversammlung auch zur Beschlussfassung über zustimmungsbedürftige Geschäfte angerufen werden (Art. 48 Rz. 14).

Art. 49
[Verschwiegenheitpflicht]

Die Mitglieder der Organe der SE dürfen Informationen über die SE, die im Falle ihrer Verbreitung den Interessen der Gesellschaft schaden könnten, auch nach Ausscheiden aus ihrem Amt nicht weitergeben; dies gilt nicht in Fällen, in denen eine solche Informationsweitergabe nach den Bestimmungen des für Aktiengesellschaften geltenden einzelstaatlichen Rechts vorgeschrieben oder zulässig ist oder im öffentlichen Interesse liegt.

---

4 Näher *Drygala* in K. Schmidt/Lutter, AktG, § 111 Rz. 42 ff. und *Hüffer*, § 111 Rz. 16 ff.
5 Anders das österreichische Aktienrecht in § 95 Abs. 5 AktG und § 37 SEG.

Literatur: *Berndt/Hoppler*, Whistleblowing – ein integraler Bestandteil effektiver Corporate Governance, BB 2005, 2623–2629; *Leyens*, Information des Aufsichtsrats, 2006; *Lutter*, Information und Vertraulichkeit im Aufsichtsrat, 3. Aufl. 2006; *Stoffels*, Grenzen der Informationsweitergabe durch den Vorstand einer Aktiengesellschaft im Rahmen einer „Due Diligence", ZHR 165 (2001), 362–382; *Veith*, Die Befreiung von der Ad-hoc-Publizität nach § 15 III WpHG, NZG 2005, 254–259; *Weber-Rey*, Whistleblowing zwischen Corporate Governance und Better Regulation, AG 2006, 406–411.

I. Überblick

Art. 49 normiert eine **Verschwiegenheitspflicht** der Organmitglieder auch für die Zeit nach ihrem Ausscheiden aus dem Amt. Er setzt damit als selbstverständlich voraus, dass die Organmitglieder schon während ihrer Amtszeit einer Verschwiegenheitspflicht unterliegen. Die Verschwiegenheitspflicht findet ihre **Grenzen**, soweit das mitgliedstaatliche Aktienrecht eine Informationsweitergabe erlaubt oder vorschreibt oder diese im öffentlichen Interesse liegt. 1

II. Verpflichteter Personenkreis

Die Verschwiegenheitspflicht gilt für die Mitglieder der Organe der SE. Nach der systematischen Stellung der Vorschrift sind die **Mitglieder von Leitungs-, Aufsichts- und Verwaltungsorgan** angesprochen (Vor Art. 46 Rz. 3)[1]. 2

Für die **geschäftsführenden Direktoren** gilt Art. 49 zwar nicht unmittelbar[2], sie unterliegen jedoch im Ergebnis derselben Verschwiegenheitspflicht[3]. Denn sie werden im Kompetenzbereich des Verwaltungsorgans (Geschäftsführung i.S.d. Art. 43 Abs. 1) tätig; der mitgliedstaatliche Gesetzgeber konnte zwar auf Basis der Ermächtigung des Art. 43 Abs. 4 Hilfspersonen für das Verwaltungsorgan schaffen, durfte dabei aber nicht die mit dessen Aufgabenwahrnehmung verknüpfte Verschwiegenheitspflicht verkürzen. Die geschäftsführenden Direktoren unterliegen daher auf Grund ihrer allgemeinen Pflichtenstellung ebenso der Verschwiegenheitspflicht wie der Verwaltungsrat (vgl. auch Anh. Art. 43 § 40 SEAG Rz. 63). 3

III. Inhaltliche und zeitliche Reichweite der Verschwiegenheitspflicht

Art. 49 bezieht die Verschwiegenheitspflicht anders als frühere Fassungen nicht mehr auf „vertrauliche" Informationen. Alleiniger **Maßstab** für die Weitergabe von Informationen ist das **Gesellschaftsinteresse**[4]. Es kommt somit nicht darauf an, ob eine Information noch geheim oder bereits Personen außerhalb des Organs oder auch außerhalb der Gesellschaft bekannt ist. Selbst wenn bereits ein überschaubarer Kreis von Personen Kenntnis von einer Information hat, kann die Weitergabe an einen größeren Personenkreis (namentlich die Medien) gegen das Interesse der Gesellschaft verstoßen[5]. Dabei ist auch zu bedenken, dass eine Aussage aus dem Munde eines Organmitglieds ein anderes Gewicht hat als wenn eine Information nur als Gerücht kursiert. Art. 49 untersagt daher auch die **Verbreitung einer Information** innerhalb ei- 4

---

1 So auch *Manz* in Manz/Mayer/Schröder, Art. 49 SE-VO Rz. 1, ohne allerdings die Anwendbarkeit auf die geschäftsführenden Direktoren zu problematisieren.
2 In diesem Sinne wohl *Schwarz*, Art. 49 Rz. 6.
3 Ebenso *Reichert/Brandes* in MünchKomm. AktG, Art. 49 SE-VO Rz. 1.
4 Ebenso *Manz* in Manz/Mayer/Schröder, Art. 49 SE-VO Rz. 7.
5 S. dazu *Krieger/Sailer* in K. Schmidt/Lutter, AktG, § 93 Rz. 19.

nes größeren Personenkreises als demjenigen, der bislang von ihr Kenntnis erlangt hatte.

5   Die **Weitergabe innerhalb des Organs** ist keine Informationsverbreitung i.S.d. Art. 49, da alle Organmitglieder derselben Verschwiegenheitspflicht unterliegen und kraft ihrer Mitgliedschaft im Organ sogar einen Anspruch auf gleichmäßige Information haben (vgl. Art. 41 Abs. 5 und Art. 44 Abs. 2)[6]. Dasselbe gilt für die Weitergabe einer Information vom Leitungs- an das Aufsichtsorgan oder vom geschäftsführenden Direktor an den Verwaltungsrat. Grundsätzlich darf man darauf vertrauen, dass die übrigen Mitglieder des Organs und die Mitglieder des anderen, gleichfalls der Verschwiegenheit unterliegenden Organs ihre Verschwiegenheitspflicht beachten. Nur bei begründeten Zweifeln daran kann es geboten sein, eine Information selbst innerhalb der Gesellschaft nicht weiterzugeben[7].

6   Untersagt ist eine Weitergabe, die den Interessen der Gesellschaft schaden könnte. Der **Begriff des Schadens** ist hier nicht allein finanziell zu verstehen. Es genügt beispielsweise auch eine Beeinträchtigung der Reputation. Ob die Verbreitung einer Information den Interessen der Gesellschaft schadet, ist mitunter eine **Abwägungsfrage**. Die Preisgabe einer Information mag kurzfristig nachteilig wirken, langfristig aber als vorteilhaft angesehen werden – etwa im Sinne einer offenen Informationspolitik, die Missstände im Unternehmen ungeschminkt darstellt. Über eine derartige Informationsstrategie kann ein Organmitglied allerdings nicht im Alleingang entscheiden; vielmehr muss darüber das Organ beraten und beschließen.

7   In **zeitlicher** Hinsicht gilt die Verschwiegenheitspflicht **grundsätzlich unbegrenzt**. Die Weitergabe von Informationen ist auch nach Ausscheiden aus dem Amt erst dann gestattet, wenn damit den Interessen der Gesellschaft kein Schaden mehr zugefügt werden kann[8]. Dass während der Amtszeit eine Verschwiegenheitspflicht besteht, versteht sich von selbst. Während die deutsche Sprachfassung eher den Eindruck vermittelt, die Verordnung regele allein die Verschwiegenheitspflicht nach Ende der Amtszeit und setze das Bestehen einer solchen Pflicht während der Amtszeit nur stillschweigend voraus, ergibt sich aus der französischen und englischen Fassung, dass Art. 49 die Verschwiegenheitspflicht **während der Amtszeit** mit regelt. Denn es heißt dort sinngemäß, eine Information dürfe „selbst nach" dem Ausscheiden aus der Gesellschaft nicht weitergegeben werden[9].

IV. Ausnahmen von der Verschwiegenheitspflicht

8   Der zweite Halbsatz des Art. 49 entbindet die Organmitglieder von ihrer Verschwiegenheitspflicht, soweit das einzelstaatliche Recht eine Informationsweitergabe vorschreibt oder diese im öffentlichen Interesse liegt[10]. Mit dem **einzelstaatlichen Recht** ist auf das nach Internationalem Gesellschaftsrecht maßgebliche Sachrecht verwiesen (dazu bereits Art. 47 Rz. 24).

---

6   *Manz* in Manz/Mayer/Schröder, Art. 49 SE-VO Rz. 10; *Reichert/Brandes* in MünchKomm. AktG, Art. 49 SE-VO Rz. 7.

7   In diesem Sinne *Lutter*, Information und Vertraulichkeit im Aufsichtsrat, S. 43 ff. und S. 197 f. für das Verhältnis von Vorstand und Aufsichtsrat sowie *Leyens*, Information des Aufsichtsrats, S. 169; weiterhin *Hopt/Roth* in Großkomm. AktG, § 116 Rz. 254 f.

8   *Schwarz*, Art. 49 Rz. 13.

9   „Les membres des organes de la SE sont tenus de ne pas divulguer, *même après* la cessation de leurs fonctions, les informations..." sowie „The members of an SE's organ shall be under a duty, *even after* they have ceased to hold office, not do divulge any information ..."

10 Zu den Einzelfällen *Lutter*, Information und Vertraulichkeit im Aufsichtsrat, Rz. 528 ff. (S. 199 ff.).

Beispiele für Ausnahmen von der Verschwiegenheitspflicht[11]: Auf **Fragen der Aktio-** 9
näre während der Hauptversammlung muss gem. § 131 AktG grundsätzlich Auskunft gegeben werden. Eine Auskunftsverweigerung ist nur gerechtfertigt, wenn
„nicht unerhebliche Nachteile" für die Gesellschaft drohen; Art. 49 Abs. 1 wird dadurch insoweit eingeschränkt, als diese Norm keine Wesentlichkeitsschwelle kennt.
Eine wichtige Ausnahme zu Art. 49 Abs. 1 bilden auch die **kapitalmarktrechtlichen**
Informationspflichten, etwa die Ad-hoc-Mitteilung kursrelevanter Tatsachen nach
§ 15 WpHG[12]. Nur in seltenen Fällen ist es denkbar, kursrelevante Informationen im
Interesse der Gesellschaft zurückzuhalten; dies entscheidet sich aber nicht am Maßstab des Art. 49, sondern anhand kapitalmarktrechtlicher Wertungen[13].

Auch die Regeln über die Informationsweitergabe im Rahmen einer **Due Diligence** 10
zählen zu den Ausnahmen von der Verschwiegenheitspflicht[14]. Sie sind zwar nicht
ausdrücklich gesetzlich geregelt; der Verweis auf einzelstaatliches Recht erfasst aber
auch dessen Auslegung und Fortbildung durch die Gerichte (dazu auch Art. 9 Rz. 56).
Die Entscheidung über die Durchführung einer Due Diligence trifft das geschäftsführende Organ[15]. Im **dualistischen System** ist dies der Vorstand; der Aufsichtsrat kann
die Durchführung der Due Diligence von seiner Zustimmung abhängig machen[16]. Im
monistischen System können die geschäftsführenden Direktoren eine derart weitreichende Entscheidung nicht ohne den Verwaltungsrat treffen. Sie sind daher verpflichtet, den Verwaltungsrat über das Begehren einer Due Diligence zu informieren und
dessen Entschließung abzuwarten[17].

Auch das „**öffentliche Interesse**" kann eine Preisgabe von Informationen rechtfer- 11
tigen. Da ein derart unbestimmter Rechtsbegriff in hohem Maße ausfüllungsbedürf-
tig ist, stellt sich die Frage, ob auch hier die Wertungen des einzelstaatlichen Rechts
maßgeblich sind. Seinem Wortlaut nach bezieht Art. 49 das öffentliche Interesse jedoch nicht auf die einzelstaatlichen Vorschriften, sondern sieht darin offenbar einen
übergeordneten Ausnahmetatbestand. Die Bestimmung des öffentlichen Interesses
sollte daher auch **Wertungen des Gemeinschaftsrechts** einbeziehen, soweit diese hinreichend konkretisierbar sind.

Ein denkbares Beispiel für die Preisgabe von Informationen im öffentlichen Interesse 12
sind Sachverhalte, die unter dem Stichwort des „**Whistleblowing**" diskutiert werden.
Darunter versteht man einerseits die Weitergabe von Informationen innerhalb des
Unternehmens, wobei die zuständigen Hierarchieebenen übersprungen werden[18].
Dieses **interne** Whistleblowing ist kein Anwendungsfall des Art. 49, sondern eine

---

11 S. außerdem die ausführliche Darstellung gesetzlicher Auskunftspflichten bei *Hopt/Roth* in
   Großkomm. AktG, § 116 Rz. 260 ff.
12 *Reichert/Brandes* in MünchKomm. AktG, Art. 49 SE-VO Rz. 10.
13 Zur damit angesprochenen Befreiungsmöglichkeit nach § 15 Abs. 3 WpHG *Veith*, NZG 2005,
   254 ff.
14 *Reichert/Brandes* in MünchKomm. AktG, Art. 49 SE-VO Rz. 13; zur Informationsweitergabe
   im Rahmen einer Due Diligence beispielsweise *Stoffels*, ZHR 165 (2001), 362 ff.
15 S. nur *Lutter*, Information und Vertraulichkeit im Aufsichtsrat, Rz. 687 (S. 262).
16 *Lutter*, Information und Vertraulichkeit im Aufsichtsrat, Rz. 687 ff. (S. 262 ff.). Vgl. ebda.,
   Rz. 690 ff. (S. 264 ff.) auch zu der Frage, inwieweit im Rahmen der Due Diligence Einsicht in
   Aufsichtsratsprotokolle genommen werden kann.
17 Vgl. Anh. Art. 43 § 40 SEAG Rz. 39 ff. zur allgemeinen Informationspflicht der geschäftsführenden Direktoren gegenüber dem Verwaltungsrat.
18 *Berndt/Hoppler*, BB 2005, 2623, 2624; *Weber-Rey*, AG 2006, 406, 407. Diskutiert wird in diesem Zusammenhang die Frage, ob Angestellte des Unternehmens bestimmte Missstände dem
   Aufsichtsrat direkt mitteilen dürfen oder die arbeitsrechtlichen Hierarchieebenen einhalten
   müssen (s. *Leyens*, Information des Aufsichtsrats, S. 200, m.w.N.).

Frage der internen Informationsversorgung[19]. Hingegen kann bei dem sogenannten **externen** Whistleblowing[20] ein Konflikt mit Art. 49 auftreten, wenn ein Organmitglied Informationen über Fehlentwicklungen des Unternehmens nach außen trägt. Grundsätzlich ist ein Organmitglied verpflichtet, zunächst mit Hilfe der internen Entscheidungsprozesse für Abhilfe zu sorgen. Führt dies nicht zum Erfolg, kann im Einzelfall die Weitergabe von Information an die zuständigen Behörden oder auch an die Öffentlichkeit unter dem Aspekt gerechtfertigt sein, dass zumindest an der Aufdeckung gravierender Missstände auch ein öffentliches Interesse besteht.

V. Rechtsfolgen eines Pflichtverstoßes

13   Die Rechtsfolgen eines Verstoßes gegen die Verschwiegenheitspflicht regelt Art. 49 nicht. Insoweit gilt **ergänzend das mitgliedstaatliche Recht**, das im Sinne des gemeinschaftsrechtlichen „effet utile" eine wirksame Sanktion vorsehen muss. Eine persönliche Haftung auf **Schadensersatz** folgt aus Art. 51 i.V.m. dem mitgliedstaatlichen Haftungsregime[21]. Pflichtverletzungen während der Amtszeit rechtfertigen in der Regel die vorzeitige **Abberufung** und eine Kündigung des Anstellungsvertrages[22]. Die Pflichtverletzung ist außerdem **strafbewehrt** in § 404 AktG, der gem. § 53 Abs. 1 SEAG auch für das monistische System gilt.

Art. 50
[Beschlussfähigkeit und Beschlussfassung der Organe]

(1) Sofern in dieser Verordnung oder der Satzung nichts anderes bestimmt ist, gelten für die Beschlussfähigkeit und die Beschlussfassung der Organe der SE die folgenden internen Regeln:

a) Beschlussfähigkeit: mindestens die Hälfte der Mitglieder muss anwesend oder vertreten sein;

b) Beschlussfassung: mit der Mehrheit der anwesenden oder vertretenen Mitglieder.

(2) Sofern die Satzung keine einschlägige Bestimmung enthält, gibt die Stimme des Vorsitzenden des jeweiligen Organs bei Stimmengleichheit den Ausschlag. Eine anders lautende Satzungsbestimmung ist jedoch nicht möglich, wenn sich das Aufsichtsorgan zur Hälfte aus Arbeitnehmervertretern zusammensetzt.

(3) Ist die Mitbestimmung der Arbeitnehmer gemäß der Richtlinie 2001/86/EG vorgesehen, so kann ein Mitgliedstaat vorsehen, dass sich abweichend von den Absätzen 1 und 2 Beschlussfähigkeit und Beschlussfassung des Aufsichtsorgans nach den Vorschriften richten, die unter denselben Bedingungen für die Aktiengesellschaften gelten, die dem Recht des betreffenden Mitgliedstaats unterliegen.

---

19 Unter diesem Aspekt liegt in einem geordneten Verfahren des internen Whistleblowing ein Beitrag zur Corporate Governance des Unternehmens (näher *Berndt/Hoppler*, BB 2005, 2623 ff. und *Weber-Rey*, AG 2006, 406 ff.).
20 So bezeichnet bei *Weber-Rey*, AG 2006, 406, 407.
21 *Reichert/Brandes* in MünchKomm. AktG, Art. 49 SE-VO Rz. 20.
22 *Reichert/Brandes* in MünchKomm. AktG, Art. 49 SE-VO Rz. 20.

Literatur: *Arlt*, Französische Aktiengesellschaft, 2006; *Bonell*, Agency, in Hartkamp/Hesselink/ Hondius/Joustra/du Perron/Veldman (Hrsg.), Toward a European Civil Code, 3. Aufl. 2004, S. 381–397; *Cheffins*, Company Law: Theory, Structure and Operation, 1997; *Eder*, Die monistische verfasste Societas Europaea – Überlegungen zur Umsetzung eines CEO-Modells, NZG 2004, 544–547; *Hommelhoff/Teichmann*, Namensaktie, Neue Medien und Nachgründung – aktuelle Entwicklungslinien im Aktienrecht, in Dörner/Menold/Pfitzer/Oser (Hrsg.), Reform des Aktienrechts, der Rechnungslegung und der Prüfung, 2003, S. 103–134 (zit.: Reform des Aktienrechts); *Kämmerer/Veil*, Paritätische Arbeitnehmermitbestimmung in der monistischen Societas Europaea – ein verfassungsrechtlicher Irrweg?, ZIP 2005, 369–376; *Kallmeyer*, Das monistische System einer SE mit Sitz in Deutschland, ZIP 2003, 1531–1536; *Matthießen*, Stimmrecht und Interessenkollision im Aufsichtsrat, 1989; *Lutter/Kollmorgen/Feldhaus*, Die Europäische Aktiengesellschaft – Satzungsgestaltung bei der mittelständischen SE, BB 2005, 2473–2483; *Roth*, Die unternehmerische Mitbestimmung in der monistischen SE, ZfA 2004, 431–461; *Scheffler*, Aufgaben und Zusammensetzung von Prüfungsausschüssen, ZGR 2003, 236–263; *Siems*, Befangenheit bei Verwaltungsratsmitgliedern einer Europäischen Aktiengesellschaft, NZG 2007, 129–132; *Storck*, Corporate Governance à la Française – Current Trends, ECFR 2004, 36–59; *Wiesner*, Die grenzüberschreitende Verschmelzung und der neue Mitbestimmungskompromiss, DB 2005, 91–94.

I. Überblick

Art. 50 Abs. 1 stellt Grundregeln für die **Beschlussfähigkeit und Beschlussfassung** in den Organen der SE auf. Er gilt nach seiner systematischen Stellung (Abschnitt: Gemeinsame Vorschriften) sowohl für das monistische als auch für das dualistische System, bestimmt also die Beschlussmodalitäten für Leitungs- und Aufsichtsorgan ebenso wie für das Verwaltungsorgan. Die Beschlussfassung in der Hauptversammlung folgt eigenen Regeln (vgl. Art. 53 sowie Art. 56 ff.). Art. 50 Abs. 2 regelt den **Stichentscheid** des Organvorsitzenden, der für das paritätisch mitbestimmte Aufsichtsorgan zwingend angeordnet wird. Art. 50 Abs. 3 öffnet den Regelungsbereich der Vorschrift für die Anwendung des allgemeinen auf nationale Aktiengesellschaften anwendbaren Rechts, soweit es sich um **mitbestimmte Organe** handelt.   1

Die **Entstehungsgeschichte** der Vorschrift lässt sich zurückverfolgen zu Vorläufern, die zunächst nur auf den Aufsichtsrat bezogen waren (Art. 77 der Entwürfe von 1970 und 1975) und nach Aufnahme des monistischen Systems in die gemeinsamen Vorschriften für beide Leitungssysteme Eingang fanden (Art. 76 der Entwürfe von 1989 und 1991). So sind insbesondere die Grundregeln über Beschlussfähigkeit (Anwesenheit der Mehrheit der Mitglieder) und Beschlussfassung (Mehrheit der anwesenden Mitglieder) nahezu unverändert auch in früheren Entwürfen enthalten. In einer recht späten Phase der Entstehungsgeschichte kamen die mitbestimmungsrelevanten   2

Abs. 2 und 3 hinzu (Doppelstimme des Vorsitzenden, Anwendung der nationalen Mitbestimmungsregeln)[1].

3   Durch die Ausdehnung auf alle Organe der SE gilt Art. 50 in seiner heutigen Fassung auch für das **dualistische Leitungssystem** und weicht insoweit nicht unerheblich vom Modell des deutschen Aktienrechts ab. Im Vorstand einer deutschen Aktiengesellschaft gilt vorbehaltlich abweichender Regelungen (§ 77 Abs. 1 Satz 2 AktG) weder das Mehrheitsprinzip noch kommt dem Vorsitzenden bei Stimmengleichheit der Stichentscheid zu[2]. In der dualistischen SE ist dies anders. Gemäß Art. 50 Abs. 1 ist die Mehrheitsentscheidung die Regel; nach Art. 50 Abs. 2 entscheidet bei Stimmengleichheit die Stimme des Vorsitzenden. Eine abweichende Gestaltung durch die Satzung ist zulässig (unten Rz. 25).

4   Fraglich ist, ob Art. 50 auch für die Beschlussfassung in Organen gilt, die nicht von der SE-VO selbst geregelt werden. Zu denken ist namentlich an die **Geschäftsführer** i.S.d. Art. 43 Abs. 1 Satz 2 und die **geschäftsführenden Direktoren** des deutschen SEAG, die auf Grundlage von Art. 43 Abs. 4 eingeführt wurden. Dem Wortlaut nach erfasst Art. 50 alle „Organe" der SE. Nach der Systematik der SE-VO, die zunächst das dualistische, dann das monistische Modell und im Anschluss „gemeinsame Vorschriften" für beide Modelle regelt, ist jedoch anzunehmen, dass sich die gemeinsamen Vorschriften gerade auf diejenigen Organe beziehen, die in den beiden vorangegangenen Abschnitten von der Verordnung konstituiert wurden. Hinsichtlich der Geschäftsführer des Art. 43 Abs. 1 Satz 2 geht die Verordnung selbst davon aus, dass deren Rechtsstellung sich nach dem mitgliedstaatlichen Recht richtet; dies gilt erst recht für zusätzliche Organe, die auf Basis des Art. 43 Abs. 4 geschaffen werden. Die Beschlussfassung der vom SEAG eingeführten geschäftsführenden Direktoren richtet sich daher nach nationalem Recht (Anh. Art. 43 § 40 SEAG Rz. 36 ff.)[3].

II. Regelungsebenen

1. Die SE-VO

5   Die Regeln über Beschlussfähigkeit und Beschlussfassung **treten gegenüber anderslautenden Vorschriften der SE-VO zurück**[4]. Zu nennen sind insoweit Art. 54 Abs. 2 (Beschlussfassung über die Einberufung der Hauptversammlung nach einzelstaatlichen Rechtsvorschriften) und Art. 56 Satz 2 (Verfahren der Behandlung eines Minderheitenverlangens auf Ergänzung der Hauptversammlungstagesordnung).

2. Die SE-Satzung

6   Art. 50 Abs. 1 und Abs. 2 **treten außerdem zurück hinter anderslautenden Regelungen in der Satzung**; nicht vorgesehen sind abweichende Regelungen in der Geschäftsordnung eines SE-Organs[5]. Eine Regelung der Beschlussfassung in der Satzung ist dringend anzuraten, da sich die Vorgaben des Art. 50 Abs. 1 für die Unternehmenspraxis als zu knapp und mitunter auch – je nach Interpretation – als zu restriktiv er-

---

1 Das Doppelstimmrecht des Vorsitzenden taucht erstmals in Art. 76 Abs. 3a des Entwurfs von 1991 auf. Der Verweis auf nationale Mitbestimmungsregeln findet sich erstmals in der 2001 verabschiedeten Fassung.
2 S. nur *Seibt* in K. Schmidt/Lutter, AktG, § 77 Rz. 5 und *Hüffer*, § 77 Rz. 2.
3 A.A. *Schwarz*, Art. 50 Rz. 1, der die Norm auch auf die Geschäftsführer bezieht (in diesem Sinne konsequent auch die Kommentierung zu § 40 SEAG bei *Schwarz*, Anh Art. 43 Rz. 277).
4 Zu anderen Bestimmungen in der Verordnung auch *Schwarz*, Art. 50 Rz. 21.
5 *Schwarz*, Art. 50 Rz. 27.

weisen[6]. Mit der Nachgiebigkeit gegenüber Satzungsregelungen verweist die SE-VO auf die Hauptversammlung als das für Satzungsänderungen zuständige Organ. Es ist daher nicht das beschließende SE-Organ selbst befugt, die Beschlussanforderungen des Art. 50 zu modifizieren. Regelungen des mitgliedstaatlichen Rechts wie § 108 Abs. 4 AktG oder § 35 Abs. 2 SEAG, wonach die Mitglieder des Organs auf die Einhaltung von Beschlussformalien verzichten können, sind mit Art. 50 nicht zu vereinbaren (s. auch Anh. Art. 43 § 35 SEAG Rz. 8 f.).

Bei der satzungsmäßigen Ausgestaltung ist zu beachten, dass die Organe der SE von   7
der Verordnung als **Kollegialorgane** angelegt sind. Diesen Charakter darf ihr auch die Satzung nicht nehmen. Die **zwingenden** und nicht zur Disposition der Satzung stehenden **Kompetenzzuweisungen** beziehen sich jeweils auf das Organ als solches. Es ist jeweils das Gesamtorgan, dem die Leitung (Art. 39 Abs. 1), die Aufsicht (Art. 40 Abs. 1) oder die Geschäftsführung (Art. 43 Abs. 1) obliegt. Bei Wahrnehmung dieser Aufgaben unterliegen alle Organmitglieder der persönlichen Haftung (Art. 51). Folglich geht die Verordnung davon aus, dass die Organkompetenzen von allen Mitgliedern im Grundsatz **gleichberechtigt** und mit gleicher Verantwortlichkeit wahrgenommen werden[7].

Die **Grenzen der Satzungsautonomie** wären daher etwa überschritten bei Festlegung   8
eines Beschlussquorums unterhalb der Hälfte der Mitglieder[8] oder bei der Einführung eines „direktorialen" Systems[9], das dem Organvorsitzenden ein Weisungsrecht gegenüber den übrigen Mitgliedern zuweist. Hingegen ist ein bloßes **Vetorecht zulässig**[10], soweit die Satzungsregelung verfahrensmäßig sicherstellt, dass es dadurch nicht zu einer dauerhaften Blockade der Willensbildung im Organ kommt[11]. Zulässig und angesichts der Interpretationsspielräume des Art. 50 Abs. 1 auch dringend zu empfehlen sind Regelungen über die **Beschlussfassung ohne Sitzung**[12] (durch schriftliche Stimmabgabe oder mit Hilfe von Telekommunikationsmitteln) und die Einrichtung von **Ausschüssen** (vgl. unten Rz. 21 ff.).

3. Mitgliedstaatliches Recht

Fraglich bleibt, ob in Ermangelung einer Satzungsregelung auch mitgliedstaatliches   9
Recht ergänzend herangezogen werden kann. Dies hängt davon ab, ob man Art. 50 als abschließend ansieht oder darin eine Vorschrift erblickt, die ihren **Regelungsbereich nur teilweise abdeckt**, so dass nach Art. 9 Abs. 1 lit. c ii mitgliedstaatliches Recht im Sitzstaat der SE ergänzend eingreift. Ob die Verordnung einen Bereich teil-

---

6 S. nur unten Rz. 12 ff. zu der Frage, was unter Anwesenheit der Mitglieder zu verstehen ist.

7 Ebenso *Schwarz*, Art. 50 Rz. 19.

8 Nach Auffassung von *Schwarz*, Art. 50 Rz. 19, wäre dies zulässig.

9 Insoweit übereinstimmend *Schwarz*, Art. 50 Rz. 15; auch *Reichert/Brandes* in MünchKomm. AktG, Art. 45 SE-VO Rz. 31, lehnen ein Alleinentscheidungsrecht des Vorsitzenden ab.

10 So für das deutsche Recht bezogen auf den Vorstand *Seibt* in K. Schmidt/Lutter, AktG, § 77 Rz. 14 und *Hüffer*, § 77 Rz. 12. Anders als hier *Reichert/Brandes* in MünchKomm. AktG, Art. 45 SE-VO Rz. 29, die im Vetorecht des Vorsitzenden einen Verstoß gegen das Kollegialitätsprinzip sehen.

11 Wegen dieser Gefahr der Blockade wohl an der Grenze des Zulässigen der Vorschlag von *Eder*, NZG 2004, 544, 545, die Beschlussfähigkeit von der Anwesenheit des Vorsitzenden abhängig zu machen; kritisch dazu auch *Reichert/Brandes* in MünchKomm. AktG, Art. 45 SE-VO Rz. 32.

12 *Schwarz*, Art. 50 Rz. 20. Demgegenüber sind *Reichert/Brandes* in MünchKomm. AktG, Art. 50 SE-VO Rz. 52, der Auffassung, die Beschlussfassung ohne Sitzung werde von Art. 50 nicht geregelt und sei daher für ergänzendes mitgliedstaatliches Recht einschließlich der Geschäftsordnung der Organe offen; im unmittelbaren Anwendungsbereich des Art. 50 – insbesondere der Anforderung, dass die Mitglieder anwesend oder vertreten sein müssen – wird man dieser Auffassung aber nicht folgen können.

weise oder abschließend regelt, bestimmt sich nicht nach mitgliedstaatlichem Verständnis von Vollständigkeit, sondern gemäß autonom europäischer Auslegung der konkreten Norm (Art. 9 Rz. 36 ff.). Hilfreich ist insoweit ein Blick in die Entstehungsgeschichte der Norm (vgl. bereits oben Rz. 2). Im Entwurf von 1970 bestand noch die Absicht, die Bedingungen, unter denen der Aufsichtsrat[13] seine Tätigkeit ausübt, „eingehend" zu regeln[14]. Dies erlaubt den Umkehrschluss, dass die heutige Norm dieses Ziel nicht mehr verfolgt. Denn die damalige Vorschrift war ausführlicher als die heutige Fassung[15]; sie ist außerdem zu lesen im Sinne des damaligen Regelungskonzepts, ein in sich vollständiges europäisches Statut zu schaffen (vgl. Art. 9 Rz. 12 ff.). Im weiteren Verlauf der Entstehungsgeschichte teilte die Vorschrift das Schicksal vieler anderer Normen der SE-VO: Sie wurde inhaltlich gekürzt und steht heute im Kontext einer bewusst lückenhaften Verordnung. Art. 50 lässt sich daher nicht als abschließende Regelung verstehen, die einer Anwendung mitgliedstaatlichen Rechts in allen Fragen der Beschlussfassung entgegenstünde. Es handelt sich vielmehr um eine nur teilweise Regelung i.S.d. Art. 9 Abs. 1 lit. c ii.

10   **Verdrängt** werden somit nur diejenigen Vorschriften nationalen Rechts, welche die in Art. 50 ausdrücklich geregelten Fragen betreffen, also das Quorum der Beschlussfähigkeit und die Mehrheitserfordernisse bei Beschlussfassung[16]. Ungeregelt bleiben der Stimmrechtsausschluss bei Interessenkonflikten (unten Rz. 19), die Behandlung von Beschlussmängeln (unten Rz. 20) und die Ausschussarbeit (unten Rz. 21 ff.); insoweit kann ergänzend auf **mitgliedstaatliches Recht** zurückgegriffen werden. Für das Aufsichtsorgan im dualistischen Modell kommt § 108 AktG zur Anwendung. Für das monistische Modell hat der deutsche Gesetzgeber in § 35 SEAG Regelungen getroffen, die sich möglicherweise mit dem Anwendungsbereich des Art. 50 überschneiden. Damit sollte im Bewusstsein dessen, dass eine klare Abgrenzung des Regelungsbereichs von Art. 50 nur schwer möglich ist[17], sichergestellt werden, dass zumindest in der Satzung Bestimmungen zur Beschlussfassung regelbar sind (Anh. Art. 43 § 35 SEAG Rz. 2).

III. Beschlussfähigkeit und Beschlussfassung (Art. 50 Abs. 1)

1. Europäisch autonome Auslegung der Tatbestandsmerkmale

a) Grundsatz

11   Organe der SE sind beschlussfähig, wenn mindestens die **Hälfte der Mitglieder anwesend oder vertreten** ist (Art. 50 Abs. 1 lit. a). Unter welchen Voraussetzungen ein Mitglied als „anwesend" oder „vertreten" anzusehen ist, lässt sich der Verordnung nicht entnehmen. Es wäre hilfreich, könnte man das jeweilige nationale Recht zur Ausfüllung der Begriffe heranziehen. Dass ein Mitglied anwesend oder vertreten sein muss, ist jedoch in Art. 50 selbst festgelegt; insoweit **fehlt eine Lücke**, die das mitgliedstaatliche Recht schließen könnte[18]. Die Einleitung zu Art. 50 Abs. 1 („Sofern in dieser

---

13 Das monistische Modell war damals noch nicht vorgesehen (vgl. Art. 38 Rz. 4 ff.).
14 Begr. zu Art. 77 des Entwurfs von 1970, Beilage 8/70 zum Bulletin der EG, S. 65.
15 Sie enthielt insbesondere Regelungen über die Art und Weise der Vertretung abwesender Mitglieder und über die Möglichkeiten schriftlicher oder fernmündlicher Beschlussfassung; beides fehlt in der heutigen Textfassung.
16 Vgl. den ausdrücklichen Hinweis der Europäischen Kommission zur Streichung des Abs. 4 aus der Vorläufernorm von 1989: „Absatz 4 wurde zugunsten der Anwendbarkeit einzelstaatlichen Rechts gestrichen." (abgedr. in BT-Drucks. 12/1004, S. 9).
17 So ausdrücklich Begr. RegE zu § 35 SEAG, BT-Drucks. 14/3405, S. 38.
18 A.A. *Manz* in Manz/Mayer/Schröder, Art. 50 SE-VO Rz. 6, der eine Regelung der Einzelfragen im Ausführungsgesetz für möglich hält. So wohl auch *Frodermann* in Jannott/Frodermann,

Verordnung oder der Satzung nichts anderes bestimmt ist...") macht auch deutlich, dass jedenfalls in dem von Art. 50 Abs. 1 geregelten Bereich **kein Eindringen des nationalen Rechts** erwünscht ist, vielmehr eine einheitlich europäische Lösung geschaffen werden sollte. Wenn Art. 50 Abs. 1 davon spricht, Mitglieder müssten „anwesend" oder „vertreten" sein, so liegt darin kein impliziter Verweis auf nationales Recht, sondern ein Rechtsbegriff, der nach den allgemeinen methodischen Regeln der europäisch-autonomen Auslegung bedarf (vgl. allgemein Art. 9 Rz. 36 ff.).

b) Anwesenheit

Die Auslegung des Begriffes „anwesend" ist funktional auf den Regelungskontext zu   12 beziehen, der die **Beschlussfassung in Kollegialorganen** zum Gegenstand hat. Alle von Art. 50 Abs. 1 erfassten Organe treffen in ihrem Kompetenzbereich wichtige unternehmerische Entscheidungen. Die Willensbildung in diesen Fragen setzt eine **Interaktion** zwischen den Mitgliedern des Organs voraus. Für das Verwaltungsorgan heißt es in Art. 44 Abs. 1 ausdrücklich, es treffe sich mindestens alle drei Monate, um über den Gang der Geschäfte der SE und deren voraussichtliche Entwicklung zu „beraten". Es hat also ein Gespräch im Organ stattzufinden, nicht nur eine Abstimmung. Dies versteht sich auch für das Leitungs- und Aufsichtsorgan im dualistischen System von selbst. Normativer Anhaltspunkt, dass im Aufsichtsorgan nicht nur abgestimmt, sondern auch beraten wird, ist Art. 41 Abs. 1; demnach unterrichtet das Leitungsorgan das Aufsichtsorgan mindestens alle drei Monate über die Geschäfte der SE und deren voraussichtliche Entwicklung. Damit trifft sich auch das Aufsichtsorgan mindestens alle drei Monate und zwar nicht allein zur Beschlussfassung, sondern zur ausgiebigen Befassung mit den Angelegenheiten der Gesellschaft.

Für die ordnungsgemäße Arbeit im Gremium ist daher grundsätzlich die **physische**   13 **Anwesenheit** der Mitglieder nötig. Dies schließt andererseits Formen der Sitzungsbeteiligung nicht zwingend aus, bei denen Mitglieder zwar nicht körperlich anwesend sind, aber zeitgleich durch technische Mittel „zugeschaltet" werden (insb. die Telefon- oder Videokonferenz). Für eine tiefer gehende Beratung und die damit verbundene Interaktion auf verbaler und nonverbaler Ebene ist zwar die physische Anwesenheit vorzugswürdig[19]. Andererseits regelt Art. 50 Abs. 1 gerade nicht die Beratung, sondern die **Beschlussfassung**[20]. Hierfür soll es sogar genügen, dass ein Mitglied sich vertreten lässt (unten Rz. 15). Daher wird man auch die Anwesenheit als Voraussetzung der Beschlussfähigkeit nicht zwingend als körperliche Anwesenheit verstehen müssen. Formen der **Telekommunikation** sind zulässig, soweit das Mitglied auf diese Weise zeitgleich an der Beschlussfassung teilnehmen kann und eine Interaktion zwischen den Mitgliedern möglich ist. Dies ist bei einer telefonischen Zuschaltung oder einer Videokonferenz der Fall[21]. Nicht ausreichend ist die Stimmabgabe per Telefax oder E-Mail[22].

Handbuch Europäische Aktiengesellschaft, S. 169 Rz. 163, der ohne nähere Auseinandersetzung mit der hier aufgeworfenen Frage für das Verständnis der „Vertretung" auf § 35 SEAG verweist. *Siems*, NZG 2007, 129, 130, unterstellt gleichfalls eine Anwendung des nationalen Rechts.

19 S. dazu nur *Hommelhoff/Teichmann* in Dörner/Menold/Pfitzer/Oser, Reform des Aktienrechts, S. 103, 123 ff.

20 Vgl. Art. 44 Rz. 7 ff. zu der Frage, ob eine Sitzung, bei der die Mehrheit der Mitglieder abwesend ist, als Pflichtsitzung im Sinne des Art. 44 gezählt werden kann.

21 Enger *Reichert/Brandes* in MünchKomm. AktG, Art. 50 Rz. 6, die körperliche Anwesenheit verlangen.

22 A.A. die h.M., die auch schriftliche oder telegrafische Stimmabgabe für zulässig hält, ohne dabei immer scharf zu trennen, ob das Mitglied auf diese Weise „anwesend" oder „vertreten" ist (*Manz* in Manz/Mayer/Schröder, Art. 50 SE-VO Rz. 7; *Reichert/Brandes* in MünchKomm. AktG, Art. 44 SE-VO Rz. 27 ff.).

14 Teilweise wird aus der **Entstehungsgeschichte** gefolgert, **mitgliedstaatliches Recht** könne derartige Formen der Beschlussfassung ohne Sitzung regeln[23]. Art. 76 Abs. 4 des Entwurfs von 1989 hatte die Beschlussfassung durch Fernschreiben, Telegramm, Telefon oder andere Telekommunikationsmittel der Satzungsautonomie überlassen. Dieser Passus wurde 1991 gestrichen „zugunsten der Anwendbarkeit einzelstaatlichen Rechts"[24]. Der heutige Wortlaut des Art. 50 bietet jedoch keinen Anhaltspunkt für ein Eindringen mitgliedstaatlicher Regelungen, die vom Erfordernis der „Anwesenheit" oder „Vertretung" absehen wollten. Im Gegenzug wurde die europäische Satzungsautonomie im Vergleich zum Entwurfstext von 1989 deutlich erweitert[25]. Nach dem heutigen Verordnungstext ist daher eine Abweichung von den Erfordernissen des Art. 50 Absätze 1 und 2 nicht durch mitgliedstaatliches Recht, sondern allein durch die **Satzung der SE** möglich.

c) Vertretung

15 Die Auslegung des Begriffs der „Vertretung" i.S.d. Art. 50 Abs. 1 begegnet der Schwierigkeit, dass ein europäisches Recht der Stellvertretung nicht existiert und selbst die rechtsvergleichende Ermittlung gemeinsamer Prinzipien in diesem Bereich kaum möglich erscheint[26]. Das Recht der Stellvertretung fällt überdies nicht in den Bereich des Gesellschaftsrechts und gehörte damit von vornherein nicht zu den Materien, welche die SE-VO zu regeln beansprucht (vgl. Art. 9 Rz. 18 ff.). Andererseits ist „Vertretung" bei funktionaler Betrachtung auch nicht zwingend im Sinne von rechtsgeschäftlicher Stellvertretung zu interpretieren. Es geht nicht um die Abgabe einer eigenen Willenserklärung des Vertreters i.S.d. § 164 BGB, sondern um die **Herstellung von Beschlussfähigkeit** im Organ. Da die Beratung nicht zwingend in derselben Sitzung stattfinden muss, kann für die bloße Beschlussfassung auch ein abwesendes Mitglied berücksichtigt werden, soweit sich sein Wille mit Hilfe einer **Mittelsperson** zweifelsfrei ermitteln lässt. Vertretung ist daher „untechnisch"[27] und in einem weiten Sinne als jedes Verfahren zu verstehen, das abwesenden Mitgliedern eine Stimmabgabe ermöglicht, die nachweisbar auf ihre eigene Willensbildung zurückgeht. Zulässig ist daher auch der **Stimmbote**[28]. Der Begriff des Vertretens impliziert allerdings, dass für die abwesende Person eine andere Person anwesend ist. Eine schriftliche Stimmabgabe per Post oder Telefax reicht dafür nicht aus; derartige Abstimmungsverfahren sind nur zulässig, wenn sie in der Satzung ausdrücklich vorgesehen sind.

2. Mitbestimmtes Organ

16 Herrscht in einem SE-Organ unternehmerische Mitbestimmung, so haben die Arbeitnehmervertreter die gleichen Rechte und Pflichten wie die Anteilseignervertreter

---

23 *Schwarz*, Art. 50 Rz. 20.
24 Begr. der Europäischen Kommission, abgedr. in BT-Drucks. 12/1004, S. 9.
25 Im Text von 1989 konnte die Satzung nur ein „größeres Quorum" oder eine „größere Mehrheit" vorsehen. Im heutigen Text gilt Art. 50 nur, „soweit in der Satzung nichts anderes bestimmt ist" (Art. 50 Abs. 1) bzw. „sofern die Satzung keine einschlägige Bestimmung enthält" (Art. 50 Abs. 2).
26 Zu den stark divergierenden nationalen Konzepten der Stellvertretung s. nur *Bonell* in Hartkamp u.a. (Hrsg.), Towards a European Civil Code, 3. Aufl. 2004, S. 381 ff.
27 *Schwarz*, Art. 50 Rz. 7.
28 Nach *Schwarz*, Art. 50 Rz. 7, ergibt sich die Zulässigkeit der Stimmbotschaft allenfalls aus ergänzend anwendbarem mitgliedstaatlichen Recht (§ 108 Abs. 3 AktG und § 35 Abs. 1 SEAG). Wenn man aber den Begriff der Vertretung nach Art. 50 Abs. 1 untechnisch versteht (so *Schwarz*, Art. 50 Rz. 7), ergibt sich die Zulässigkeit der Stimmbotschaft bereits unmittelbar aus Art. 50 Abs. 1.

(§ 38 Abs. 1 SEBG). Es kommt zur Feststellung der Beschlussfähigkeit allein darauf an, dass die Hälfte aller Mitglieder anwesend oder vertreten ist, unabhängig davon, in welchem Verhältnis es sich dabei um Anteilseigner- und Arbeitnehmervertreter handelt[29]. Die SE-VO hält zwar institutionelle Absicherungen des leichten Übergewichts der Anteilseignerseite bereit[30]; ob und inwieweit die Anteilseignervertreter von ihren Anwesenheits- und Stimmrechten Gebrauch machen, liegt aber in deren eigener Verantwortung. Ein mitbestimmtes Organ ist daher **auch dann beschlussfähig, wenn die Anteilseignervertreter in der Minderheit sind.** Unzulässig sind auch Differenzierungen bei der Stimmabgabe; das teilweise vertretene Stimmverbot der Arbeitnehmervertreter bei wichtigen Leitentscheidungen im monistischen Modell[31] verträgt sich nicht mit der Konzeption der Mitbestimmung nach SE-Richtlinie und SEBG[32].

3. Beschlussfassung

Der Beschluss eines SE-Organs kommt zustande mit der Mehrheit der Stimmen der 17 anwesenden oder vertretenen Mitglieder. Im deutschen Aktienrecht werden Enthaltungen oder nicht abgegebene Stimmen üblicherweise nicht mitgezählt; ein Beschluss kommt zustande, wenn die Ja-Stimmen die Nein-Stimmen überwiegen[33]. Art. 50 Abs. 1 lit. b schließt eine solche Vorgehensweise jedoch aus[34]. Für den Beschluss ist nach dem klaren Wortlaut der Norm erforderlich, dass eine **Mehrheit** der anwesenden oder vertretenen Mitglieder dem Beschluss **zugestimmt** hat[35]. Anwesenheit und Vertretung ist dabei ebenso zu bestimmen wie bei der Beschlussfähigkeit (oben Rz. 12 ff.).

4. Ungeregelte Fragen: mitgliedstaatliches Recht

In Art. 50 nicht angesprochen und daher – soweit nicht in der Satzung geregelt – nach 18 mitgliedstaatlichem Recht zu entscheiden sind die **Beschlussmodalitäten.** So ist eine **geheime Abstimmung** nach den im deutschen Aktienrecht entwickelten Grundsätzen möglich[36]. Diese und andere Verfahrensfragen richten sich nach der inneren Ordnung des betreffenden Organs (vgl. für Aufsichtsrat und Verwaltungsrat § 107 AktG und § 34 SEAG, für den Vorstand gegebenenfalls die nach § 77 AktG aufgestellte Geschäftsordnung).

Auch zum **Stimmrechtsausschluss** äußert sich die SE-VO nicht, so dass ergänzend 19 mitgliedstaatliches Recht gilt[37]. Die im deutschen Aktienrecht in Analogie zu § 34 BGB entwickelten Regeln des Stimmrechtsausschlusses bei persönlicher Betroffenheit eines Organmitglieds[38] gelten auch für Abstimmungen im SE-Organ[39]. Da es

---

29 *Schwarz*, Art. 50 Rz. 14.
30 Gem. Art. 43 Satz 2 und Art. 45 Satz 2 ist der Vorsitzende im paritätisch mitbestimmten Organ immer ein Vertreter der Anteilseigner; seine Stimme gibt gem. Art. 50 Abs. 2 bei Stimmengleichheit den Ausschlag.
31 *Kallmeyer*, ZIP 2003, 1531, 1535.
32 Wie hier *Reichert/Brandes* in MünchKomm. AktG, Art. 50 SE-VO Rz. 47 ff.
33 So für den Aufsichtsrat *Drygala* in K. Schmidt/Lutter, AktG, § 108 Rz. 24 und *Hüffer*, § 108 Rz. 6.
34 A.A. *Manz* in Manz/Mayer/Schröder, Art. 50 SE-VO Rz. 4.
35 Ebenso *Schwarz*, Art. 50 Rz. 12 und – mit ausführlicher Diskussion der Problematik – im Ergebnis *Reichert/Brandes* in MünchKomm. AktG, Art. 50 SE-VO Rz. 12 ff.
36 Dazu *Drygala* in K. Schmidt/Lutter, AktG, § 108 Rz. 14 und *Hüffer*, § 108 Rz. 5.
37 *Siems*, NZG 2007, 129.
38 Monographisch *Matthießen*, Stimmrecht und Interessenkollision im Aufsichtsrat, 1989; vgl. weiterhin *Drygala* in K. Schmidt/Lutter, AktG, § 108 Rz. 12 und *Hüffer*, § 108 Rz. 9 für den Aufsichtsrat und *Hüffer*, § 77 Rz. 8 für den Vorstand.
39 *Reichert/Brandes* in MünchKomm. AktG, Art. 50 SE-VO Rz. 36 ff.; *Schwarz*, Art. 50 Rz. 13.

sich um einen allgemeinen Rechtsgedanken körperschaftlich strukturierter Verbände handelt, sind diese Überlegungen auch auf den Verwaltungsrat der monistischen SE übertragbar. Zu beachten ist für das monistische System noch § 35 Abs. 3 SEAG, der den Sonderfall des geschäftsführenden Direktors regelt, der zugleich Mitglied des Verwaltungsrats ist (Anh. Art. 43 § 35 SEAG Rz. 10 ff.).

20　Nach mitgliedstaatlichem Recht bestimmen sich auch die Rechtsfolgen von **Beschlussmängeln**[40]. Über Mängel der Stimmabgabe ist nach den allgemeinen rechtsgeschäftlichen Regeln zu entscheiden[41]. Wesentliche Verfahrensmängel sowie Verstöße gegen Gesetz oder Satzung führen zur Nichtigkeit des Beschlusses; eine Anfechtbarkeit ist mit der im deutschen Aktienrecht herrschenden Meinung abzulehnen[42].

5. Willensbildung in Ausschüssen

21　Auch zur Einrichtung von Ausschüssen und deren interner Willensbildung äußert sich Art. 50 Abs. 1 nicht. Insoweit greift ergänzend das mitgliedstaatliche Recht. Unproblematisch, weil ohne Überschneidungen mit dem Regelungsbereich von Art. 50 Abs. 1, ist die **Einrichtung von vorbereitenden und überwachenden Ausschüssen** (vgl. § 107 Abs. 3 AktG für das Aufsichtsorgan und § 34 Abs. 4 SEAG für den Verwaltungsrat).

22　Problematisch sind **beschließende Ausschüsse**. Es läge zwar nahe, die Regeln des Art. 50 auf beschließende Ausschüsse zu übertragen[43]. Dem kann aber im Ergebnis nicht gefolgt werden. Denn beschließende Ausschüsse treffen im Kompetenzbereich des Organs eine wirksame Entscheidung. Sind weniger als die Hälfte der Organmitglieder im beschließenden Ausschuss anwesend oder vertreten – was die Regel sein dürfte –, könnten Beschlüsse gefasst werden, ohne die in Art. 50 Abs. 1 genannten Quoren einzuhalten.

23　Eine derartige Überlagerung der zwingenden Beschlussregelungen des Art. 50 ließe sich allenfalls dann begründen, wenn die Einrichtung von beschließenden Ausschüssen nicht in den **Regelungsbereich** dieser Norm fiele. Die Einrichtung von Ausschüssen ist sowohl in dualistischen als auch in monistischen Rechtssystemen eine weit verbreitete Praxis; insoweit ist anzunehmen, dass diese Möglichkeit bei Abfassung der SE-VO bekannt war und mitgliedstaatlichem Recht überlassen bleiben sollte. Allerdings ist die Übertragung von Beschlusskompetenzen auf Ausschüsse, soweit ersichtlich, keineswegs in allen europäischen Rechtsordnungen üblich[44]. Auch die Eu-

---

40　*Manz* in Manz/Mayer/Schröder, Art. 50 SE-VO Rz. 21; *Reichert/Brandes* in MünchKomm. AktG, Art. 44 SE-VO Rz. 35 und Art. 50 SE-VO Rz. 55; *Schwarz*, Art. 50 Rz. 29.

41　*Schwarz*, Art. 50 Rz. 28.

42　Grundlegend BGH v. 17.5.1993 – II ZR 89/92, BGHZ 122, 342, 346 ff.; weiterhin *Drygala* in K. Schmidt/Lutter, AktG, § 108 Rz. 35 und *Hüffer*, § 108 Rz. 17 ff. (jew. m.w.N.).

43　So *Schwarz*, Art. 50 Rz. 24.

44　Das französische Gesetz über Handelsgesellschaften äußert sich überhaupt nicht zur Ausschussbildung (*Menjucq*, RabelsZ 69 (2005), 698, 700 f.); weiterhin zum französischen Recht *Arlt*, Französische Aktiengesellschaft, S. 109; *Storck*, ECFR 2004, 36, 51, verweist hierzu auch auf eine Entscheidung der *Cour de Cassation* vom 4.7.1995, wonach die Vergütung der Direktoren durch den Conseil d'Administration festzulegen sei, diese Kompetenz nicht auf einen Ausschuss übertragen dürfe (die Entscheidung ist veröffentlicht in Revue des sociétés 1995, 504 ff. mit Anm. *Le Cannu*). Im englischen Recht dürfte angesichts der generellen Gestaltungsfreiheit im Innenverhältnis (vgl. Art. 38 Rz. 16 f.) einer Beschlusskompetenz grundsätzlich nichts im Wege stehen; der für börsennotierte Gesellschaften maßgebliche Combined Code (abrufbar unter www.fsa.gov.uk) weist dem Audit Committee allerdings auch nur empfehlenden Charakter zu (Ziffer C.3.6.: „The audit committee should have primary responsibility for making a recommendation on the appointment, reappointment and removal of the ex-

ropäische Kommission äußert sich zu diesem Punkt zurückhaltend[45]: Sie empfiehlt zwar die Einrichtung von Nominierungs-, Vergütungs- und Prüfungsausschüssen; deren Aufgabe soll aber vorrangig darin bestehen, Empfehlungen für die vom Verwaltungsrat oder Aufsichtsrat zu fassenden Beschlüsse abzugeben. Sie sind nicht dazu gedacht, bestimmte Sachbereiche dem Blickfeld des Organs zu entziehen, das für die Entscheidungen in seinem Zuständigkeitsbereich voll verantwortlich bleibt[46]. Soweit die Übertragung von Entscheidungsbefugnissen einzelstaatlich zulässig sei, solle sie offen gelegt werden[47]. Die damit auf europäischer Ebene zur Kenntnis genommene Tatsache, dass einige Rechtsordnungen beschließende Ausschüsse zulassen, genügt indessen nicht, um die zwingenden Quoren des Art. 50 Abs. 1 zurücktreten zu lassen. In den Regelungsbereich des Art. 50 fällt zwar nicht die Einrichtung von Ausschüssen als solche, wohl aber **jede Beschlussfassung im Kompetenzbereich des Organs**. Andernfalls könnte mitgliedstaatliches Recht durch die Zulassung beschließender Ausschüsse im Ergebnis die Beschlussanforderungen im Organ herabsetzen. Dafür besteht aus Sicht des europäischen Rechtstextes schon deshalb kein Bedürfnis, weil Art. 50 Abs. 1 anderslautende Regelungen in der **Satzung** zulässt und damit jede Gesellschaft, die beschließende Ausschüsse einrichten will, entsprechende Vorsorge in der Satzung treffen kann[48].

IV. Stichentscheid des Vorsitzenden (Art. 50 Abs. 2)

Gem. Art. 50 Abs. 2 Satz 1 gibt bei Stimmengleichheit die Stimme des Vorsitzenden den Ausschlag. Damit soll der Entstehung von unauflösbaren **Pattsituationen** vorgebeugt werden. Es bedarf anders als im deutschen Mitbestimmungsrecht (§ 29 Abs. 2 MitbestG) keiner zweiten Abstimmung; vielmehr entscheidet kraft Gesetzes die Stimme des Vorsitzenden, wenn sich bei der Abstimmung Stimmengleichheit ergibt[49]. Dieses Vorrecht des Vorsitzenden gilt auch in einem Organ, das aus nur zwei Personen besteht[50]. Auf den stellvertretenden Vorsitzenden geht das Stimmrecht nicht über (str., vgl. Anh. Art. 43 § 34 SEAG Rz. 9). 24

Die **Satzung** kann andere Regelungen zur Auflösung von Pattsituationen enthalten; Art. 50 Abs. 2 Satz 1 lässt dies ausdrücklich zu. Denkbar ist beispielsweise eine zweite Abstimmung oder die Anrufung eines Ausschusses[51]. Ein **Vetorecht** des Vorsitzenden ist hingegen von der Ermächtigung nicht erfasst, weil es mit dem Regelungsproblem des Art. 50 Abs. 2 Satz 1 nicht in Zusammenhang steht, vielmehr dem Vorsitzenden eine weit über den Stichentscheid hinausgehende Einflussnahme sichert[52]. 25

---

ternal auditors. If the board does not accept the audit committee's recommendation, it should include in the annual report, and in any papers recommending appointment or re-appointment, a statement from the audit committee explaining the recommendation and should set out reasons why the board has taken a different position.")

45 Empfehlung der Kommission (2005/162/EG) v. 15.2.2005, ABl. EU Nr. L 52 v. 25.2.2005, S. 51 ff.

46 Empfehlung 2005/162/EG, ABl. EU Nr. L 52 v. 25.2.2005, S. 55.

47 Empfehlung 2005/162/EG, ABl. EU Nr. L 52 v. 25.2.2005, S. 58.

48 Aus Perspektive des deutschen Rechts sollte eine Satzungsregelung die Einrichtung von Ausschüssen allerdings nicht zwingend vorschreiben, weil dies in die Organisationsautonomie des Organs zu sehr eingreift (vgl. BGH v. 25.2.1982 – II ZR 123/81, BGHZ 83, 106 ff. zur Ausschussbildung im Aufsichtsrat).

49 *Schwarz*, Art. 50 Rz. 30.

50 *Manz* in Manz/Mayer/Schröder, Art. 50 SE-VO Rz. 15; ebenso für den Verwaltungsrat *Lutter/Kollmorgen/Feldhaus*, BB 2005, 2473, 2479.

51 Zu diesen Gestaltungsmöglichkeiten *Schwarz*, Art. 50 Rz. 31 und 33.

52 Gegen Zulässigkeit eines Vetorechts *Schwarz*, Art. 50 Rz. 32 mit Hinweis auf die Verfassung der SE-Organe als Kollegialorgane.

Ein solches Vetorecht kann daher allenfalls auf die allgemeine Satzungsermächtigung des Art. 50 Abs. 1 gestützt werden (oben Rz. 6 ff.).

26   In einem **paritätisch besetzten Aufsichtsorgan** ist eine abweichende Satzungsbestimmung nicht möglich (Art. 50 Abs. 2 Satz 2). Es ist dem Satzungsgeber also verwehrt, das Letztentscheidungsrecht der Anteilseignerseite aufzugeben. Dies überrascht zunächst, da ein freiwilliger Verzicht auf Rechtspositionen grundsätzlich unbedenklich ist[53]. Die Regelung lässt sich aber mit dem Charakter der SE als Aktiengesellschaft erklären, die für eine Vielzahl von Aktionären und nicht zuletzt auch eine Börsennotierung offen stehen soll. Eine Satzungsregelung, die der Arbeitnehmerseite ein Übergewicht verschafft, könnte als Investitionshemmnis und damit als ein Verstoß gegen die Kapitalverkehrsfreiheit angesehen werden. Das zwingende Letztentscheidungsrecht der Anteilseigner sorgt dafür, dass die SE als Objekt der Kapitalanlage attraktiv bleibt und diese Attraktivität nicht im Gefolge einer bestimmten, möglicherweise zufällig entstandenen Konstellation auf Anteilseignerseite mittels Satzungsänderung beseitigt werden kann.

27   Teilweise wird das Verbot einer abweichenden Satzungsregelung auch auf das monistische **Verwaltungsorgan** übertragen[54]. Dagegen spricht indessen der klare Wortlaut des Art. 50 Abs. 2 Satz 2[55]. Dass der Verordnungsgeber die Möglichkeit eines paritätisch mitbestimmten Verwaltungsrats übersehen hat, ist nicht anzunehmen; denn Art. 45 Satz 2 regelt für diesen Fall ausdrücklich, dass der Vorsitzende ein Vertreter der Anteilseigner sein muss. Zudem fällt auf, dass Art. 50 Abs. 2 Satz 1 ganz allgemein von den Organen der SE spricht, während Art. 50 Abs. 2 Satz 2 nur das Aufsichtsorgan nennt. Darin dürfte eher die Annahme zum Ausdruck kommen, dass es in der Praxis ein paritätisch besetztes Leitungsorgan überhaupt nicht und ein paritätisch besetztes Verwaltungsorgan nur selten geben werde. Die Richtlinie zur grenzüberschreitenden Verschmelzung hat jüngst gezeigt, dass eine paritätische Mitbestimmung im monistischen System auf europäischer Ebene als ungewöhnlich empfunden würde; sie enthält nämlich gerade auf Wunsch derjenigen Staaten, die eine Mitbestimmung im monistischen System bereits kennen, das Recht, in diesem Organ die Parität auf ein Drittel zu begrenzen[56]. Die Integration der Mitbestimmung in das monistische System vollzieht sich zwar nach herrschender Auffassung mittels einer Übertragung der Parität auf das gesamte Organ[57]. Ein solches national geprägtes Verständnis kann jedoch gegenüber der Regelung des Art. 50 Abs. 2 Satz 2, die europäisch-autonom auszulegen ist, nicht maßgebend sein. Daher bleibt im monistischen System eine satzungsmäßige Regelung möglich, die den Stichentscheid des Vorsitzenden beseitigen würde.

V. Überlagerung durch nationales Mitbestimmungsrecht (Art. 50 Abs. 3)

28   Art. 50 Abs. 3 ermöglicht die Anwendung nationaler Mitbestimmungsregeln auch dann, wenn diese von den Beschlussfassungsregeln des Art. 50 Abs. 1 und 2 abweichen. Allerdings muss der mitgliedstaatliche Gesetzgeber dies ausdrücklich vorsehen. Bislang ist diese Vorschrift in Ermangelung einer entsprechenden mitglied-

---

53 Die Gegenauffassung, wonach selbst ein freiwilliger Verzicht auf das Übergewicht der Anteilseigner gegen die Verfassung verstößt, vermag nicht recht zu überzeugen.
54 *Schwarz*, Art. 50 Rz. 42; auch *Frodermann* in Jannott/Frodermann, Handbuch Europäische Aktiengesellschaft, S. 167 (allerdings ohne Problematisierung dessen, dass der Wortlaut des Art. 50 Abs. 2 SE-VO nur das Aufsichtsorgan meint).
55 Gegen eine analoge Anwendung auf den Verwaltungsrat auch *Roth*, ZfA 2004, 431, 441.
56 Es handelt sich um Art. 16 Abs. 4 lit. c der Richtlinie, der nach Aussage von *Wiesner* (DB 2005, 91, 93) auf eine Initiative der skandinavischen Staaten zurückgeht.
57 Zur Kritik an dieser Interpretation Art. 43 Rz. 69.

staatlichen Regelung für SE mit Sitz in Deutschland **ohne praktischen Anwendungsbereich**. Dies dürfte in erster Linie daran liegen, dass bereits Art. 50 Abs. 2 den Vorstellungen des deutschen Mitbestimmungsrechts weitgehend Rechnung trägt. Abweichungen ergeben sich insbesondere bei der Wahl des Vorsitzenden und des stellvertretenden Vorsitzenden in Aufsichts- und Verwaltungsorgan (Art. 42 Rz. 4 ff. sowie Anh. Art. 43 § 34 SEAG Rz. 5 f.), bei der es nicht zu den nach Mitbestimmungsgesetz vorgesehenen zwei Wahlgängen kommt.

Sollte der Gesetzgeber künftig eine Modifizierung der Beschlussfassung in mitbestimmten   29
Organen regeln wollen, kann er lediglich die Vorschriften zur Anwendung bringen, die **unter denselben Bedingungen** für nationale Aktiengesellschaften gelten. Ein Sonderrecht für die SE bleibt dem mitgliedstaatlichen Gesetzgeber verwehrt.

Ob der mitgliedstaatliche Gesetzgeber mittels der Ermächtigung des Art. 50 Abs. 3   30
auch eine Regelung durchsetzen könnte, die den Stichentscheid des Vorsitzenden und damit das leichte **Übergewicht der Anteilseigner** beseitigt, ist eine offene Frage. Zwar ist der SE-Verordnung durchaus das Bestreben zu entnehmen, das Übergewicht der Anteilseigner sicherzustellen[58]. Auch werden die Regelungen in Art. 42 und Art. 45, wonach der Vorsitzende des paritätisch mitbestimmten Organs ein Vertreter der Anteilseigner sein muss, nicht zur Disposition gestellt. Indessen bezieht sich die Ermächtigung zu einer abweichenden Handhabung ausdrücklich auf Art. 50 Abs. 2 und damit auf den Stichentscheid des Vorsitzenden. Die SE-VO stellt damit auch dieses Instrument zur Disposition des nationalen Gesetzgebers[59]. Eine immanente Schranke der mitgliedstaatlichen Gesetzgebung ergibt sich folglich nicht aus der SE-Verordnung, sondern allenfalls aus dem nationalen Verfassungsrecht[60].

Die Ermächtigung gilt ihrem Wortlaut nach nur für das **Aufsichtsorgan**. Ebenso wie   31
in Art. 50 Abs. 2 Satz 2 (oben Rz. 27) ist die Entscheidung des Verordnungsgebers zu respektieren, diese Sonderregel weder für das Leitungs- noch für das Verwaltungsorgan zu erlassen. Art. 50 Abs. 3 findet daher auf das monistische System keine Anwendung[61].

Art. 51
[Haftung]

Die Mitglieder des Leitungs-, Aufsichts- oder Verwaltungsorgans haften gemäß den im Sitzstaat der SE für Aktiengesellschaften maßgeblichen Rechtsvorschriften für den Schaden, welcher der SE durch eine Verletzung der ihnen bei der Ausübung ihres Amtes obliegenden gesetzlichen, satzungsmäßigen oder sonstigen Pflichten entsteht.

---

58 Daher für eine immanente Grenze der Ermächtigung des Art. 50 Abs. 3 *Schwarz*, Art. 50 Rz. 50.
59 A.A. *Schwarz*, Art. 50 Rz. 50.
60 Vgl. zur Verfassungsmäßigkeit der Parität im monistischen Modell *Kämmerer/Veil*, ZIP 2005, 369 ff.
61 A.A. *Schwarz*, Art. 50 Rz. 48.

Literatur: *Baums,* Empfiehlt sich eine Neuregelung des aktienrechtlichen Anfechtungs- und Organhaftungsrechts, insbesondere der Klagemöglichkeiten von Aktionären?, Gutachten F für den 63. Deutschen Juristentag, 2000; *Fleischer,* Außenhaftung der Geschäftsleiter im französischen Gesellschaftsrecht, RIW 1999, 576–582; *Fleischer,* Deliktische Geschäftsführerhaftung gegenüber außenstehenden Dritten im englischen Gesellschaftsrecht, ZGR 2000, 152–165; *Fleischer,* Erweiterte Außenhaftung der Organmitglieder im Europäischen Gesellschafts- und Kapitalmarktrecht, ZGR 2004, 437–479; *Fleischer* (Hrsg.), Handbuch des Vorstandsrechts, 2006; *Holland,* Das amerikanische „board of directors" und die Führungsorganisation einer monistischen SE in Deutschland, 2006 (zit.: Board of directors und monistische SE); *Hommelhoff/Teichmann,* Organhaftung in der SE, in Krieger/Uwe H. Schneider (Hrsg.), Handbuch Managerhaftung, 2007, § 5 (S. 87–106); *Lohr,* Die Beschränkung der Innenhaftung des GmbH-GF, NZG 2000, 1204–1213; *Lutter* (Hrsg.), Die Europäische Aktiengesellschaft, 2. Aufl. 1978; *Merkt,* Die monistische Unternehmensverfassung für die Europäische Aktiengesellschaft aus deutscher Sicht – mit vergleichendem Blick auf die Schweiz, das Vereinigte Königreich und Frankreich, ZGR 2003, 650–678; *Schiessl,* Leitungs- und Kontrollstrukturen im internationalen Wettbewerb, ZHR 167 (2003), 235–256; *Spindler,* Haftung und Aktionärsklage nach dem neuen UMAG, NZG 2005, 865–872; *Ulmer,* Die Aktionärsklage als Instrument zur Kontrolle des Vorstands- und Aufsichtsratshandelns, ZHR 163 (1999), 290–342.

I. Überblick

1   Art. 51 verweist für die Organhaftung auf das **mitgliedstaatliche Recht** im Sitzstaat der SE. Insoweit ist danach zu unterscheiden, ob die SE das dualistische oder das monistische System gewählt hat. Für das **dualistische System** (unten Rz. 13 ff.) gelten kraft der Verweisung die allgemeinen aktienrechtlichen Regelungen, also § 93 AktG für das Leitungsorgan (Vorstand) und § 116 AktG für das Aufsichtsorgan (Aufsichtsrat). Für das **monistische System** (unten Rz. 18 ff.) enthält das allgemeine deutsche Aktienrecht keine Regelung. Das SEAG hat auf Basis der Ermächtigung des Art. 43 Abs. 4 eine SE-spezifische Regelung für Verwaltungsrat (§ 39 SEAG) und geschäftsführende Direktoren (§ 40 Abs. 8 SEAG) eingeführt.

II. Entstehungsgeschichte der Norm

1. Eigenständige Haftungsregelungen in früheren Entwürfen

2   Art. 51 ist in seiner jetzigen Fassung erst relativ spät in die Verordnung aufgenommen worden. Frühere Entwürfe hatten noch bis in das Jahr 1991 eine eigenständige Anspruchsgrundlage für die Haftung wegen Pflichtverletzungen vorgesehen[1]. Im **Entwurf von 1970**, der allein das dualistische Modell kannte, regelte Art. 71 eine Haftung der Vorstandsmitglieder für Pflichtverletzungen[2]. Eine Entlastung war möglich durch den „doppelten Nachweis"[3], dass das Vorstandsmitglied kein Verschulden trifft und dass es die fragliche Handlung oder Unterlassung schriftlich dem Auf-

---

1 Zur Entstehungsgeschichte auch *Schwarz,* Art. 51 Rz. 2.
2 ABl. EG Nr. C 124 v. 10.10.1970, S. 16.
3 So ausdrücklich die Erläuterungen der Europäischen Kommission, Bull. EG 1970, Beil. 8, S. 61.

sichtsrat angezeigt hat[4]. Über eine Klageerhebung war von Aufsichtsrat und Hauptversammlung zu entscheiden (Art. 72 Abs. 1). Die Haftungsklage konnte aber auch von Aktionären erhoben werden, die über 5 % des Kapitals oder Aktien im Nennwert von 100.000 Europäischer Rechnungseinheiten verfügten. Aufsichtsratsmitglieder hafteten gem. Art. 81 für Pflichtverletzungen, soweit sie nicht fehlendes Verschulden nachweisen konnten und die betreffende Handlung dem Vorsitzenden des Aufsichtsrats angezeigt hatten. Die Haftungsklage gegen Aufsichtsratsmitglieder konnte von der Hauptversammlung oder der in Art. 72 Abs. 1 genannten Aktionärsminderheit erhoben werden (Art. 81 Abs. 5). In den **Entwurf von 1975** wurde zusätzlich eine direkte Haftung gegenüber Aktionären und Dritten aufgenommen[5], die in späteren Entwürfen aber wieder entfallen ist.

In den **Entwurf von 1989** fand das monistische Modell Eingang (vgl. Art. 38 Rz. 6 und   3
Art. 43 Rz. 4 ff.); dem entsprechend wurde ein gemeinsamer, für Verwaltungs-, Leitungs- und Aufsichtsorgan geltender Haftungstatbestand eingeführt (Art. 77). Auf das Erfordernis, die betreffende Handlung oder Unterlassung zur eigenen Entlastung dem Aufsichtsrat anzuzeigen, wurde jedoch in der Fassung von 1989 verzichtet; eine Erklärung dafür findet sich in den Erläuterungen der Europäischen Kommission nicht[6]. Im **Entwurf von 1991** wurde der Haftungstatbestand sprachlich variiert, ohne dass damit inhaltliche Veränderungen verbunden sein sollten[7].

Das **gesetzgeberische Anliegen** einer Haftung für schuldhafte Pflichtverletzungen er-   4
läuterte die Europäische Kommission in ihren Ausführungen zum Entwurf von 1989
wie folgt[8]:

„Diese Bestimmung und die folgenden Bestimmungen betreffen die Haftung der Organe der SE
für Schäden, die durch schuldhaftes Verhalten gegenüber der Gesellschaft entstanden sind. Die
Haftung kommt nur zum Tragen, wenn die SE einen Schaden erlitten hat. Folglich muss ein Kausalzusammenhang zwischen dem schädigenden Ereignis und dem Schaden selbst bestehen.

Setzen sich die Organe der Gesellschaft nach dem Kollegialsystem zusammen, so kann ein Dritter kaum erfahren, welches Mitglied dieses Organs den Schaden verursacht hat. Deshalb ist im
Text eine gesamtschuldnerische Haftung aller Mitglieder des betreffenden Organs unabhängig
von der Art des Verschuldens vorgesehen.

Nach den Grundsätzen des Zivilrechts muss im allgemeinen derjenige, der einen Schaden erlitten
hat, das Verschulden des Verursachers nachweisen. Bei Anwendungen dieser Regel im vorliegenden Fall wären zahlreiche Haftungsklagen zum Scheitern verurteilt, da ein Dritter nur unter
größten Schwierigkeiten Vorgänge im Innern der Gesellschaft überprüfen könnte. Deshalb erscheint es angezeigt, die Beweislast umzukehren und die beschuldigten Mitglieder zu dem Nachweis zu verpflichten, dass sie kein Verschulden trifft.‟

2. Verweis auf das nationale Recht in Art. 51 heutiger Fassung

Der im Jahre 2001 verabschiedete Text beschränkt sich darauf, mitgliedstaatliches   5
Recht für anwendbar zu erklären. Fraglich ist, wie dieser **Regelungsverzicht** zu deuten ist. Anders als etwa die Mitbestimmung oder das Konzernrecht war die Frage der
Haftung nicht wirklich umstritten. Auch der häufige Grund für einen Regelungsver-

---

4 Kritisch zu dieser Anzeigepflicht seinerzeit *Rittner* in Lutter, Europäische Aktiengesellschaft,
   S. 93, 109.
5 Auch dazu kritisch *Rittner* in Lutter, Europäische Aktiengesellschaft, S. 93, 111.
6 Vgl. Beilage 5/89 zum Bulletin der Europäischen Gemeinschaften, S. 23: Erläuterungen zu
   Art. 77.
7 Die Formulierung „schuldhaftes Verhalten bei der Ausübung ihres Amtes" wurde ersetzt durch
   „eine Verletzung der ihnen bei der Ausübung ihres Amtes obliegenden Pflichten". Dazu erläuterte die Europäische Kommission seinerzeit, der Artikel sei präzisiert worden, ohne dass dies
   Auswirkungen auf die beabsichtigten Rechtsfolgen gehabt hätte (KOM(91)174 endg. – SYN 218
   = BT-Drucks. 12/1004, Erläuterung zu Art. 77).
8 Beilage 5/89 zum Bulletin der Europäischen Gemeinschaften, S. 23.

zicht, die zwischenzeitliche Harmonisierung des Gesellschaftsrechts (vgl. Art. 9 Rz. 12 ff.), lässt sich gerade in Haftungsfragen nicht anführen. Durch die Entstehungsgeschichte der Vorschrift bis hin zum Entwurf des Jahres 1991 zieht sich erkennbar die Auffassung, es bedürfe zur Verhaltenssteuerung und Schadenskompensation in der SE einer wirkungsvollen Organhaftung. Der in der letzten Fassung vorgenommene Regelungsverzicht lässt sich am ehesten damit erklären, dass im mitgliedstaatlichen Recht ohnehin **ausreichende Haftungsregeln** existieren. Ein weiterer Aspekt mag darin bestanden haben, dass die Organhaftung eng mit dem allgemeinen Zivilrecht verknüpft und daher einer gemeinschaftsrechtlichen Vereinheitlichung nur schwer zugänglich ist[9]. Zudem bevorzugen einige Mitgliedstaaten konzeptionell eine Binnenhaftung, während andere der Außenhaftung mehr Gewicht beimessen[10].

6   Für den Regelungsverzicht hätte indessen eine schlichte Streichung der Norm genügt. Nach Art. 9 Abs. 1 fände dann automatisch das mitgliedstaatliche Recht Anwendung. Statt dessen hat sich der Verordnungsgeber in Art. 51 für eine **Spezialverweisung** entschieden, an der auffällt, dass sie den Anwendungsbereich der Organhaftung recht klar absteckt[11]: Die Organmitglieder einer SE haften nach mitgliedstaatlichem Recht für den Schaden, welcher der SE durch eine Verletzung der ihnen bei Ausübung ihres Amtes obliegenden gesetzlichen, satzungsmäßigen oder sonstigen Pflichten entsteht. Im Lichte der Entstehungsgeschichte und der allgemeinen Systematik, die grundsätzlich über Art. 9 auf mitgliedstaatliches Recht verweist, lässt sich der so formulierten Spezialverweisung die Grundaussage entnehmen, dass jedenfalls ein **Minimum an Haftung** gewährleistet sein muss[12]. Das mitgliedstaatliche Recht kann nicht völlig darauf verzichten, bei Verwirklichung des in Art. 51 genannten Tatbestandes (Pflichtverletzung, Kausalität, Schaden der Gesellschaft) ein wirksames Haftungsregime bereitzuhalten[13]. Nähere inhaltliche Vorgaben lassen sich aus Art. 51 aber kaum ableiten. Soweit mitgliedstaatliche Haftungsnormen existieren und ihnen nicht rechtspraktisch ein völliger Leerlauf attestiert werden muss, dürfte dies den europäischen Anforderungen genügen.

3. Tatbestand und Rechtsfolge gem. Art. 51

7   Die Haftung der Organmitglieder wird ausgelöst durch eine Verletzung der ihnen bei der Ausübung ihres Amtes obliegenden Pflichten (**Organpflichten**). Diese Pflichten können sich aus Gesetz, Satzung oder sonstigen Rechtsgrundlagen ergeben. Die konkrete Pflichtenstellung bei Ausübung des Amtes ergibt sich aus einer Zusammenschau von europäischem und nationalem Recht. Das normative Grundgerüst für beide Leitungssysteme regelt die SE-Verordnung selbst (Art. 38 Rz. 14 ff.). Die dort festgelegten Kompetenzen von Leitungs-, Aufsichts- und Verwaltungsorgan einer SE begründen zugleich Pflichten der Organmitglieder[14]. Passivität gegenüber der gesetzlich zugewiesenen Aufgabe wäre ebenso eine Pflichtverletzung wie unsorgfältige Wahrnehmung der Kompetenz.

---

9 Jedenfalls wurde zum geänderten Entwurf von 1991 die Streichung der 1989 noch enthaltenen Regelung zu Haftungsverzicht und Vergleich damit begründet, dass sie „eng mit einzelstaatlichen Verfahrensvorschriften verknüpft" sei (Begr. der Kommission zu Art. 79 im Vorschlag von 1991, BT-Drucks. 12/1004, S. 10).

10 Dazu *Merkt*, ZGR 2003, 650, 673 ff.

11 Dazu auch *Schwarz*, Art. 51 Rz. 5.

12 *Merkt*, ZGR 2003, 650, 674; *Schwarz*, Art. 51 Rz. 5.

14 *Hommelhoff/Teichmann* in Krieger/Uwe H. Schneider, Handbuch Managerhaftung, § 5 Rz. 18.

Gesetzliche Pflichten der SE-Organe folgen insbesondere aus den Art. 39 ff. (dualisti- 8
sches System) sowie Art. 43 ff. (monistisches System und gemeinsame Vorschriften)
sowie dem ergänzend über Spezialverweisungen oder Art. 9 Abs. 1 heranzuziehenden
nationalen Recht. Für das im mitgliedstaatlichen Recht jeweils unbekannte Leitungssystem kommen SE-spezifische Ausführungsregelungen der Mitgliedstaaten
hinzu – für Deutschland die §§ 20 ff. SEAG zum monistischen System. Entsprechend
der SE-spezifischen Regelung der Satzungsautonomie (Art. 9 Rz. 39 ff. und 57 ff.) können **satzungsmäßige Pflichten** entweder in Ausübung ausdrücklicher Ermächtigungen der SE-VO oder im Rahmen der Satzungsautonomie mitgliedstaatlichen Rechts
geregelt werden[15]. Als Grundlage **sonstiger Pflichten** kommen insbesondere schuldrechtliche Vereinbarungen (etwa ein Anstellungsvertrag) zwischen der Gesellschaft
und ihren Organmitgliedern in Betracht[16].

Problematisch sind Versuche, **allgemeine Maßstäbe** pflichtgemäßen Verhaltens aus 9
der Verordnung selbst ableiten zu wollen[17]. Zwar lassen sich Konkretisierungen der
Geschäftsleiterpflichten – wie etwa die sogenannte Business Judgment Rule oder die
Haftungsregeln bei Ressortaufteilung im Kollegialorgan – ohne weiteres als allgemein gültige und sachnotwendige Haftungsbegrenzungen in unternehmerisch tätigen Kollegialorganen verstehen. Der europäische Gesetzgeber hat jedoch durch den
Verweis auf mitgliedstaatliches Recht gerade davon Abstand genommen, derartige
Vorgaben in der Verordnung zu verankern. Er setzt zwar die Existenz solcher Regeln
im mitgliedstaatlichen Recht voraus (oben Rz. 5), bringt sie aber mittels der Regelungstechnik des Art. 51 gerade in ihrer konkreten **mitgliedstaatlichen Ausprägung**
zur Entfaltung. Solange der konkrete Pflichtenmaßstab des mitgliedstaatlichen
Rechts nicht mittelbar zu einer völligen Aushöhlung der Haftung führt (oben Rz. 6),
besteht kein Anlass, mittels europäischer Grundsätze korrigierend einzugreifen.

Durch die Pflichtverletzung muss ein **Schaden** verursacht worden sein. Darunter ist 10
jeder Vermögensnachteil zu verstehen[18], der kausal durch die Pflichtverletzung entstanden ist. Die konkrete Ausfüllung des Schadensbegriffes und der **Kausalität** richtet sich ebenso nach mitgliedstaatlichem Recht wie Fragen der **Darlegungs- und Beweislast** und des **Verschuldens**[19]. Frühere Entwürfe der SE-VO hatten hierzu noch
eigenständige Regelungen enthalten (vgl. oben Rz. 2 ff.). Durch seinen Regelungsverzicht hat sich der europäische Gesetzgeber erkennbar einer eigenen Festlegung in diesen Bereichen enthalten wollen.

Die Verletzung von Organpflichten führt zur **Haftung**. Gemeint ist die Verpflichtung 11
der Organmitglieder, denen eine schadensverursachende Pflichtverletzung zur Last
fällt (Haftung für eigenes Fehlverhalten), den dadurch entstandenen Schaden der Gesellschaft zu ersetzen, in deutscher Terminologie also ein Schadensersatzanspruch.
Art. 51 spricht zwar nur den **Schaden der SE** an; dies allein beschränkt die Haftung
aber nicht zwingend auf eine reine Binnenhaftung[20]. Art. 51 lässt Raum für mitgliedstaatliche Regelungen, die Aktionären oder auch Gläubigern abgeleitete Klagerechte
zugestehen, mittels derer sie den Schaden der Gesellschaft geltend machen können
(zur Problematik im monistischen System unten Rz. 22 ff.).

---

15 Art. 51 ist selbst keine Ermächtigungsnorm für Satzungsregelungen (*Schwarz*, Art. 51 Rz. 12).
16 *Schwarz*, Art. 51 Rz. 13.
17 So aber *Schwarz*, Art. 51 Rz. 14, nach dessen Auffassung die Business Judgment Rule Teil des
   Art. 51 ist; ebenso Rz. 15 offenbar für die Haftungsregeln bei interner Ressortaufteilung.
18 Vgl. auch die weitere englische Fassung: „loss or damage".
19 Vgl. insoweit insbesondere die Kommentierungen zu § 93 AktG.
20 *Merkt*, ZGR 2003, 650, 674.

12   Eine **Außenhaftung** im strengen Sinne, bei der also nicht ein Schaden der Gesellschaft, sondern ein separat abzuwickelnder Schaden einzelner Aktionäre oder außenstehender Dritter in Rede steht[21], ist gleichfalls denkbar. Sie war im Entwurf von 1975 vorübergehend für die SE-Verordnung erwogen worden (oben Rz. 2). Sie unterliegt nach heutiger Rechtslage gem. Art. 9 Abs. 1 lit. c ii dem mitgliedstaatlichen Recht.

III. Organhaftung im dualistischen System

13   Das dualistische System der SE weist dieselbe Grundstruktur auf wie das Vorstands-/Aufsichtsratsmodell einer deutschen Aktiengesellschaft (s. nur Art. 38 Rz. 28 und Kommentierung zu Art. 39 ff.). Über den Verweis des Art. 51 gelten also für den Vorstand **§ 93 AktG** und für den Aufsichtsrat **§ 116 AktG**; weiterhin kommt für beide Organe § 117 Abs. 2 AktG zur Anwendung[22].

14   Das **Leitungsorgan** (Vorstand) einer dualistischen SE ist verpflichtet zur Geschäftsführung (Art. 39 Abs. 1 Satz 1), zur regelmäßigen Unterrichtung des Aufsichtsrats (Art. 41), zur Beachtung der Zustimmungsvorbehalte des Aufsichtsrats (Art. 48) und zur Verschwiegenheit (Art. 49)[23]. Weitere gesetzliche Pflichten ergeben sich ergänzend aus dem nationalen Aktienrecht, das über Art. 9 Abs. 1 lit. c ii zur Anwendung gelangt[24]. Zu denken ist beispielsweise an die aus § 91 AktG resultierenden Pflichten zur Buchführung und zur Einrichtung eines Risikoüberwachungssystems. Sonstige Pflichten i.S.d. Art. 51 (oben Rz. 8) ergeben sich insbesondere aus dem Anstellungsvertrag, den Vorstandsmitglieder üblicherweise mit der Gesellschaft abschließen (vgl. Art. 39 Rz. 27).

15   Das **Aufsichtsorgan** (Aufsichtsrat) einer dualistischen SE hat die Mitglieder des Vorstands zu bestellen (Art. 39 Abs. 2 Satz 1) und deren Geschäftsführung zu überwachen (Art. 40 Abs. 1)[25]. Daneben gehört zu den gesetzlichen Pflichten die Sorge für einen ausreichenden Informationsfluss; das Aufsichtsorgan muss bei entsprechendem Anlass von seinen Informationsrechten (Art. 41 Abs. 3 bis 5) aktiv Gebrauch machen[26].

16   Zum **Sorgfaltsmaßstab**, den die Organmitglieder einzuhalten haben, findet sich in der SE-Verordnung keine Vorgabe. Insoweit sind § 93 AktG für den Vorstand und § 116 AktG für den Aufsichtsrat heranzuziehen, die nicht nur die Haftung als solche begründen, sondern in Form einer Generalklausel auch den Sorgfaltsmaßstab definieren[27]. Geschuldet wird die „Sorgfalt eines ordentlichen und gewissenhaften Geschäftsleiters" (für den Vorstand, § 93 Abs. 1 Satz 1 AktG; sinngemäß auch für den Aufsichtsrat, § 116 Satz 1 AktG). Die hierzu entwickelten Grundsätze des deutschen Aktienrechts können für die dualistische SE herangezogen werden[28].

---

21 In diesem Sinne verwendet beispielsweise *Fleischer*, ZGR 2000, 152 ff., den Begriff der Außenhaftung.
22 *Hommelhoff/Teichmann* in Krieger/Uwe H. Schneider, Managerhaftung, § 5 Rz. 17; *Schwarz*, Art. 51 Rz. 6.
23 Vgl. zum konkreten Inhalt dieser Pflichten die Kommentierung der jeweiligen Vorschriften.
24 Allgemein zu diesem Generalverweis Art. 9 Rz. 42 ff.
25 S. auch dazu die Kommentierung der entsprechenden Vorschriften.
26 Vgl. Art. 41 Rz. 18.
27 *Krieger/Sailer* in K. Schmidt/Lutter, AktG, § 93 Rz. 1 sowie 5 ff.; *Hüffer*, § 93 Rz. 4.
28 Vgl. *Krieger/Sailer* in K. Schmidt/Lutter, AktG, Kommentierung zu § 93 und *Drygala* in K. Schmidt/Lutter, AktG, Kommentierung zu § 116.

Die **Verschwiegenheitspflicht** der SE-Organmitglieder ist unmittelbar in der Verord- 17
nung verankert (Art. 49). Die für nationale Aktiengesellschaften geltenden §§ 93
Abs. 1 Sätze 3 und 4, 116 Satz 2 AktG kommen daher nicht zur Anwendung.

IV. Organhaftung im monistischen System

Art. 51 verweist auch für die Mitglieder des Verwaltungsorgans auf die für Aktienge- 18
sellschaften geltenden Rechtsvorschriften im Sitzstaat der SE. Da das allgemeine
deutsche Aktienrecht das monistische System nicht regelt, geht die Verweisung insoweit ins Leere. Das **SEAG** enthält daher **eigene Haftungsnormen**, die sich auf Art. 43
Abs. 4 stützen[29]. Die Haftung der Mitglieder des Verwaltungsrats regelt § 39 SEAG,
diejenige der geschäftsführenden Direktoren § 40 Abs. 8 SEAG.

Die **Regelungsprinzipien** des SEAG bestehen darin, § 93 AktG als haftungsrechtliche 19
Generalklausel einzusetzen (Rz. 20 ff.) und es damit auch für das monistische System
bei der gesellschaftsrechtlichen Binnenhaftung des allgemeinen Aktienrechts zu belassen (Rz. 22 ff.). Für haftungsrechtliche Einzelfragen sei auf die Kommentierung der
§§ 39 und 40 Abs. 8 SEAG (Anh. Art. 43) verwiesen.

1. § 93 AktG als haftungsrechtliche Generalklausel

Gemäß **§ 39 SEAG** gilt für die Sorgfaltspflicht und Verantwortlichkeit der Ver- 20
waltungsratsmitglieder § 93 AktG entsprechend. Auch die geschäftsführenden Direktoren haften nach **§ 40 Abs. 8 SEAG** entsprechend der Regelung des § 93 AktG.
Ungeachtet der unterschiedlichen Pflichtenstellung von Verwaltungsrat und geschäftsführenden Direktoren knüpft der Gesetzgeber damit in beiden Fällen an die
aktienrechtliche Haftungsnorm für den Vorstand an. Dies impliziert indessen nicht,
dass Pflichtenstellung und Sorgfaltsmaßstäbe bei Vorstand, Verwaltungsrat und geschäftsführenden Direktoren identisch seien. Vielmehr dient § 93 AktG – wie auch
im allgemeinen deutschen Aktienrecht, das ihn in sinngemäßer Anwendung (§ 116
AktG) auf den Aufsichtsrat überträgt – als **haftungsrechtliche Generalklausel**.

Dieser allgemein formulierte Maßstab bedarf der **Anpassung an den Pflichtenmaß-** 21
stab der konkret betroffenen Personen. Die entsprechende Anwendung des § 93 AktG
soll nach der Gesetzesbegründung zu § 39 SEAG „genügend Spielraum für eine individuelle und an der konkreten Aufgabenstellung orientierte Haftung der Mitglieder
des Verwaltungsrats" bieten[30]. Dasselbe gilt für die geschäftsführenden Direktoren.
Zu deren Haftungsnorm (§ 40 Abs. 8 SEAG) erläutert die Gesetzesbegründung, dass
bei Ausfüllung der unbestimmten Rechtsbegriffe des § 93 AktG die besondere Stellung der geschäftsführenden Direktoren zu berücksichtigen sei, die wegen der Weisungsunterworfenheit und jederzeitigen Abberufbarkeit dem Geschäftsführer einer
GmbH ähnlicher sei als dem Vorstand einer Aktiengesellschaft[31].

2. Binnenhaftung oder Außenhaftung?

Mit dem Verweis auf § 93 AktG setzt der Gesetzgeber den Akzent auf ein System der 22
Binnenhaftung[32]. Denn die **Geltendmachung** des Schadens der Gesellschaft **obliegt
in erster Linie den Vertretungsorganen.** Dies rührt an die altbekannte Problematik,

---

29 A.A. *Schwarz*, Art. 51 Rz. 9, der für die geschäftsführenden Direktoren eine Regelungslücke
   annimmt, die durch analoge Anwendung des Art. 51 zu schließen sei. Auch dieser Weg führt
   aber zur Anwendung von § 40 Abs. 8 SEAG, so dass der Streit hier dahinstehen kann.
30 So ausdrücklich die Gesetzesbegr. zu § 39 SEAG, BT-Drucks. 15/3405, S. 39.
31 Begr. RegE zu § 40 SEAG, BT-Drucks. 15/3405, S. 39.
32 *Merkt*, ZGR 2003, 650, 673; *Thümmel*, Europäische Aktiengesellschaft, S. 108 (Rz. 224).

dass innerhalb der Gesellschaft kaum jemand ein Interesse daran hat, Pflichtverletzungen aufzudecken, an deren Entstehung er möglicherweise selbst beteiligt war, und überdies die auch für die Gesellschaft rufschädigende Wirkung eines Haftungsprozesses gefürchtet wird. Dieses Defizit an interner Kontrolle kommt im monistischen System noch stärker zum Tragen, da hier kein formal unabhängiges Organ existiert, das unverfälscht und unbefangen die Interessen der Gesellschaft verfolgt. Vielfach wird daher die Notwendigkeit gesehen, die Außenhaftung als verhaltenssteuerndes Element im monistischen System besonders zu akzentuieren[33].

23   **Außenhaftung** im strengen Sinne meint jedoch die Haftung der Organmitglieder für einen Schaden, den sie **außenstehenden Personen in Ausübung ihrer Organpflichten** zugefügt haben. Dies ist in den meisten Rechtsordnungen eine Frage des Deliktsrechts, die völlig unabhängig davon zu beantworten ist, ob ein monistisches oder ein dualistisches Leitungssystem vorherrscht[34]. Dualistisch und monistisch geprägte Rechtsordnungen versuchen hier in grundsätzlich vergleichbarer Weise, eine Balance zwischen dem Prinzip der Haftungsbeschränkung und der zivilrechtlichen Verantwortung der konkret handelnden Personen zu finden[35]. Ob man in der „Haftungskanalisierung beim Unternehmensträger" sogar eines der „Strukturprinzipien des Europäischen Gesellschaftsrechts" zu sehen hat[36], mag angesichts des insoweit nur wenig aussagefähigen Gemeinschaftsrechts dahingestellt bleiben; im Sinne eines rechtsvergleichenden Befundes ist der Aussage jedoch zuzustimmen[37]. Für die SE beschränkt sich die Außenhaftung daher zu Recht auf die Anwendung der allgemeinen zivilrechtlichen Regeln (oben Rz. 13).

24   Hingegen geht es bei den Versuchen, die „Apathie" der internen Kontrollinstanzen zu überwinden, nicht um Außenhaftung im strengen Sinne, sondern um Modifikationen der Binnenhaftung für Schäden, die der Gesellschaft entstanden sind. Im Vordergrund steht dabei ein **Verfolgungsrecht der Aktionäre** aus abgeleitetem Recht[38]. Dieses ist im deutschen Aktienrecht keineswegs unbekannt, bleibt aber auch nach der jüngsten Reform des § 148 AktG[39] in seiner Wirksamkeit deutlich hinter dem US-amerikanischen Vorbild zurück[40].

25   Zweifel sind jedoch gegenüber dem Ansatz anzumelden, eine weitere Verschärfung des Verfolgungsrechts der Aktionäre gerade aus den Besonderheiten des monistischen Systems abzuleiten. Die deutsche Rechtspraxis zeigt, dass im Bereich der Haftungsklage die Trennung von Vorstand und Aufsichtsrat kaum weiterhilft. Die faktische Verflechtung in die Entscheidungsprozesse und die – gerade wegen der höheren Kon-

---

33   Für eine stärkere Betonung der Außenhaftung im monistischen System daher *Holland*, Board of directors und monistische SE, S. 200 ff. und *Merkt*, ZGR 2003, 650, 674 f. Auch *Schiessl*, ZHR 167 (2003), 235, 243, sieht, in allgemeiner Form, in der mangelnden Kontrolleffizienz eine rechtspraktische Schwäche des monistischen Systems.

34   Beispielsweise betraf die grundlegende „Baustoff"-Entscheidung des BGH (BGH v. 5.12.1989 – VI ZR 335/88, BGHZ 109, 297 ff.) die Außenhaftung eines GmbH-Geschäftsführers.

35   S. nur die Betrachtungen von *Fleischer* zu entsprechenden Grundsatzentscheidungen in Frankreich (RIW 1999, 576 ff.) und England (ZGR 2000, 152 ff.), der in beiden Fällen Parallelen zum deutschen Recht herausarbeitet.

36   So *Fleischer*, ZGR 2004, 437, 443.

37   Auch *Fleischer* stützt seine Erkenntnis nicht unmittelbar auf das Gemeinschaftsrecht, sondern auf einen Vergleich der mitgliedstaatlichen Rechtssysteme (vgl. ZGR 2004, 437, 439 f.).

38   Grundlegend für diese Frage *Baums*, Gutachten für den 63. DJT, S. F 239 ff. und *Ulmer*, ZHR 163 (1999), 290 ff.

39   Dazu etwa *Spindler*, NZG 2005, 865, 866 ff.

40   S. nur rechtsvergleichend *Ulmer*, ZHR 163 (1999), 290, 302 ff. sowie *Holland*, Board of directors und monistische SE, S. 34 ff. zur Bildung eines „litigation committee" innerhalb des Board.

trolleffizienz geforderte – enge Zusammenarbeit der beteiligten Personen sind in beiden Systemen vergleichbar. Vor allem aber lässt der drohende Reputationsschaden für die Gesellschaft eine Haftungsklage aus zumindest vertretbaren Gründen stets nur als Ultima Ratio erscheinen. Es geht damit im Kern um ein **gemeinsames Problem beider Leitungssysteme**, für das im deutschen Aktienrecht auch eine gemeinsame Lösung gefunden werden sollte[41]. Im Ergebnis ist damit *de lege ferenda* eine Verschärfung des Verfolgungsrechts allenfalls im allgemeinen Aktienrecht zu diskutieren, das über die Verweisungsnormen der SE-VO auch für die monistische SE gilt.

Abschnitt 4. Hauptversammlung

Art. 52
[Zuständigkeit]

Die Hauptversammlung beschließt über die Angelegenheiten, für die ihr

a) durch diese Verordnung oder

b) durch in Anwendung der Richtlinie 2001/86/EG erlassene Rechtsvorschriften des Sitzstaats der SE

die alleinige Zuständigkeit übertragen wird.

Außerdem beschließt die Hauptversammlung in Angelegenheiten, für die der Hauptversammlung einer dem Recht des Sitzstaats der SE unterliegenden Aktiengesellschaft die Zuständigkeit entweder aufgrund der Rechtsvorschriften dieses Mitgliedstaats oder aufgrund der mit diesen Rechtsvorschriften in Einklang stehenden Satzung übertragen worden ist.

---

41 Bemerkenswert ist, dass auch *Holland*, Board of directors und monistische SE, S. 200 ff., in seinem Plädoyer für eine stärkere Außenhaftung im monistischen Modell letztlich zu dem Modell gelangt, das der Gesetzgeber kurz darauf in § 148 AktG implementiert hat.

Literatur: *Artmann*, Die Organisationsverfassung der Europäischen Aktiengesellschaft, wbl 2002, 189; *Brandt*, Die Hauptversammlung der Europäischen Aktiengesellschaft (SE), 2004 (zit.: Hauptversammlung); *Brandt/Scheifele*, Die Europäische Aktiengesellschaft und das anwendbare Recht, DStR 2002, 547; *Casper*, Der Lückenschluss im Statut der der Europäischen Aktiengesellschaft, in FS Ulmer, 2003, S. 51; *Gutsche*, Die Eignung der Europäischen Aktiengesellschaft für kleine und mittlere Unternehmen in Deutschland, 1994 (zit.: EA für kleine und mittlere Unternehmen); *Hirte*, Die Europäische Aktiengesellschaft, NZG 2002, 1; *Hommelhoff*, Gesellschaftsrechtliche Fragen im Entwurf eines SE-Statuts, AG 1990, 422; *Leupold*, Die Europäische Aktiengesellschaft unter besonderer Berücksichtigung des deutschen Rechts, 1993 (zit.: Europäische Aktiengesellschaft); *Lutter*, Europäische Aktiengesellschaft – Rechtsfigur mit Zukunft, BB 2002, 1; *Nagel*, Die Europäische Aktiengesellschaft (SE): Bestandsaufnahme und Perspektiven, in FS Nutzinger, 2005, S. 373; *Raiser*, Die Europäische Aktiengesellschaft und die nationalen Aktiengesetze, in FS Semler, 1993, S. 277; *Schwarz*, Zum Statut der Europäischen Aktiengesellschaft, ZIP 2001, 1847; *Sonnenberger*, Die Hauptversammlung, in Lutter (Hrsg.), Die Europäische Aktiengesellschaft, 2. Aufl. 1978, S. 73; *Spindler*, Die Hauptversammlung der Europäischen Gesellschaft und Anfechtungsklagen gegen ihre Beschlüsse, in Lutter/Hommelhoff (Hrsg.), Die Europäische Gesellschaft, 2005, S. 223; *Teichmann*, Die Einführung der Europäischen Aktiengesellschaft, ZGR 2002, 383; *Thoma/Leuering*, Die Europäische Aktiengesellschaft – Societas Europaea, NJW 2002, 1449; *Wagner*, Die Bestimmung des auf die SE anwendbaren Rechts, NZG 2002, 985.

I. Grundlagen

1. Regelungsgegenstand und Normzweck

1   Im Rahmen der Regelungen der SE-VO zur Hauptversammlung in Titel III stellt Art. 52 die **zentrale Kompetenznorm** für die Hauptversammlung dar[1]. Die Hauptversammlung ist dabei auf wenige grundlegende Entscheidungen in ihrer Einflussnahme in der SE beschränkt[2]. Sie dient in der SE – wie im deutschen Aktienrecht auch – als Organ für die Wahrnehmung der Rechte der Aktionäre[3]. Die Regelungen der Art. 52 bis 60 gelten gleichermaßen für das monistische wie auch für das dualistische System[4]. Die SE-VO unterscheidet ferner nicht zwischen ordentlichen und außerordent-

---

1   *Schindler*, Europäische Aktiengesellschaft, S. 76; *Brandt*, Hauptversammlung, S. 92; *Spindler* in Lutter/Hommelhoff, Europäische Gesellschaft, S. 223, 227; s. auch *Schwarz*, Art. 52 Rz. 1; *Casper* in Spindler/Stilz, Art. 52 SE-VO Rz. 1.

2   *Mayer* in Manz/Mayer/Schröder, Art. 52 SE-VO Rz. 1; *Leupold*, Europäische Aktiengesellschaft, S. 103; *Spindler* in Lutter/Hommelhoff, Europäische Gesellschaft, S. 223, 227; *Jäger*, NZG 2003, 1033, 1036.

3   *Baatz/Weydner* in Jannott/Frodermann, Handbuch Europäische Aktiengesellschaft, S. 207 Rz. 17; *Thümmel*, Europäische Aktiengesellschaft, S. 118 Rz. 249; s. auch die Bezeichnung bei *Thoma/Leuering*, NJW 2002, 1449, 1451 sowie *Lutter*, BB 2002, 1, 4: „Grundorgan".

4   *Mayer* in Manz/Mayer/Schröder, Vorbem. zu Abschnitt 4 SE-VO Rz. 2; *Schwarz*, Art. 52 Rz. 8; *Kubis* in MünchKomm. AktG, Art. 52 SE-VO Rz. 6; *Casper* in Spindler/Stilz, Art. 52 SE-VO Rz. 2.

lichen Hauptversammlungen, lässt diese Unterscheidung aber nach den jeweiligen mitgliedstaatlichen Vorschriften zu[5].

Zusammen mit den Vorschriften über das Leitungsorgan (Art. 38, 39 Abs. 1), über das 2 Aufsichtsorgan (Art. 40 Abs. 1) und das Verwaltungsorgan (Art. 43) stellt Art. 52 eine der wichtigsten Normen im Rahmen des Strukturgefüges der SE dar[6]. Innerhalb dieses Normenkomplexes regelt Art. 52 die Kompetenzen, welche der Hauptversammlung zugewiesen sind, und grenzt somit die Zuständigkeiten der Hauptversammlung von derjenigen der Unternehmensverwaltung (hierzu Art. 39 Rz. 4; Art. 43 Rz. 12) ab. Art. 52 listet im Einzelnen keine Zuständigkeiten der Hauptversammlung auf. Stattdessen wird in Art. 52 Unterabs. 1 auf die Vorschriften der SE-VO und auf die die SE-RL umsetzenden Regelungen sowie in Art. 52 Unterabs. 2 auf die allgemein für Aktiengesellschaften geltenden nationalen Rechtsvorschriften verwiesen. Hierdurch ergibt sich eine **doppelstufige Kompetenzzuweisung** (s. Rz. 7 ff.), was zur Folge hat, dass die jeweiligen europäischen Gesellschaften der einzelnen Mitgliedstaaten insbesondere bei der Kompetenzabgrenzung zwischen den einzelnen Organen z.T. erheblich unterschiedlich ausgestaltet sein können[7].

2. Historische Entwicklung

Sämtliche **Vorgängerentwürfe** enthielten Vorschriften zur Hauptversammlung, deren 3 Zahl aber von 17 Artikeln in der SE-VOV 1970 bzw. 20 Artikeln in dem SE-VOV 1989 auf nur noch 9 Vorschriften in der aktuellen SE-VO reduziert worden ist. Entsprechende Vorgängerentwürfe zu Art. 52 waren der Art. IV-3-1 Sanders-Vorentwurf[8], Art. 83 SE-VOV 1970[9], Art. 83 SE-VOV 1975[10], Art. 81 SE-VOV 1989[11] und SE-VOV 1991[12] sowie Art. 52 RatsE von 1998[13]. Verweisungen auf das jeweilige Sitzstaatrecht (Rz. 24 ff.) fehlten in diesen Entwürfen im Gegensatz zur vorliegenden Fassung jedoch noch bis in das Jahr 1991 (Rz. 5).

Die Zuständigkeiten der Hauptversammlung waren zunächst abschließend in einem 4 **Kompetenzkatalog** des Art. 83 SE-VOV 1970 und 1975 enumeriert[14]. Zwar enthielt

---

5 *Spindler* in Lutter/Hommelhoff, Europäische Gesellschaft, S. 223, 227; *Kubis* in MünchKomm. AktG, Art. 52 SE-VO Rz. 2; *Brandt*, Hauptversammlung, S. 66 f.; *Casper* in Spindler/Stilz, Art. 52 SE-VO Rz. 1.

6 *Schwarz*, Art. 52 Rz. 1.

7 *Schindler*, Europäische Aktiengesellschaft, S. 77; *Hirte*, NZG 2002, 1, 9; *Artmann*, wbl 2002, 189, 196; *Lutter*, BB 2002, 1, 4; *Spindler* in Lutter/Hommelhoff, Europäische Gesellschaft, S. 223, 227; *Zollner* in Kalss/Hügel, § 62 SEG Rz. 3 m.w.N.; ferner *Schulz/Geismar*, DStR 2001, 1078, 1079; *Thoma/Leuering*, NJW 2002, 1449, 1450. Allgemein zur nationalen Eigenart der SE *Heckschen* in Widmann/Mayer, Anhang 14 Rz. 2; *Nagel* in FS Nutzinger, S. 373, 395; *Zöllter-Petzold*, Gründung einer Societas Europaea (SE), 2005, S. 3 f.

8 Sanders-Vorentwurf, EWG-Kommission, Dok. 16.205/IV/66-D und DOK 1100/IV/67-D, Dezember 1966, Kollektion Studien, Reihe Wettbewerb Nr. 6, Brüssel 1967; ausführlich hierzu *Sanders*, AG 1967, 344 ff.

9 Vorschlag einer Verordnung (EWG) des Rates über das Statut für Europäische Aktiengesellschaften v. 19.8.1970, BT-Drucks. VI/1109, S. 1, 34.

10 Geänderter Vorschlag einer Verordnung des Rates über das Statut für Europäische Aktiengesellschaften v. 2.6.1975, BT-Drucks. 7/3713, S. 1, 62 f.

11 Vorschlag für eine Verordnung (EWG) des Rates über das Statut für Europäische Aktiengesellschaft v. 21.9.1989, BT-Drucks. 11/5427, S. 1, 40; kritisch hierzu *Hommelhoff*, AG 1990, 422, 429 f.

12 Geänderter Vorschlag für eine Verordnung (EWG) des Rates über das Statut der Europäischen Aktiengesellschaft v. 16.5.1991, ABl.EG Nr. C 176 v. 8.7.1991, S. 1, 45.

13 Geänderter Vorschlag für eine Verordnung über das Statut der Europäischen Aktiengesellschaft v. 28.5.1998, Dok. Nr. 8772/98 SE 27 SOC 205 (nicht veröffentlicht).

14 Unterrichtung der gesetzgebenden Körperschaften betreffend den Vorschlag der Kommission zu Art. 83 SE-VOV 1970, BT-Drucks. VI/1109 v. 19.8.1970, S. 1, 27, 34 sowie Begr. d. Komm.

auch der Vorschlag von 1989 in Art. 81 SE-VOV einen ausdrücklichen Zuständig-keitskatalog, der aber ausweislich der Begründung anders als zuvor als „nicht er-schöpfend" bezeichnet wurde[15]. Die Fassung von 1989 enthielt darüber hinaus noch weitere Zuständigkeiten der Hauptversammlung, so dass die Bezeichnung des Kom-petenzkatalogs als „nicht abschließend" lediglich der Klarstellung diente[16]. Anders als in der aktuellen SE-VO in Art. 52 Unterabs. 2 (Rz. 24 ff.) fehlte ein ausdrücklicher Verweis auf die Anwendung nationaler mitgliedstaatlicher Zuständigkeitsregelun-gen, was mittelbar auch durch Art. 35 Abs. 3 lit. b SE-VOV 1989[17] zum Ausdruck kam, der ausnahmsweise für die Gründung einer gemeinsamen Tochter-SE auf das Recht der Mitgliedstaaten verwies.

5   Mit Art. 81 SE-VOV 1991 wurde erstmals auf das jeweilige **nationale Recht** verwie-sen: Nach Art. 81 lit. b SE-VOV 1991 sollte die Hauptversammlung für die Angele-genheiten zuständig sein, für die andere Organe nach der Verordnung, der SE-RL, dem zwingenden Sitzstaatrecht oder der Satzung der SE nicht ausschließlich zustän-dig sind[18]. Ein grundlegender Konzeptionswechsel für eine Änderung der strukturel-len Grundkonzeption war mit der Neuformulierung zwar nicht gewollt[19], dennoch stellte die eingeführte Verweisungslösung auf das mitgliedstaatliche nationale Recht insofern ein Novum dar[20]. Art. 52 SE-RatsE 1998 korrigierte sodann den aufgrund der negativ formulierten Zuständigkeitsbeschreibung teils unklar gebliebenen Art. 81 SE-VOV 1991; der Hauptversammlung wurde jetzt positiv formuliert eine Kom-petenz kraft Gemeinschaftsrechts bzw. kraft nationalem Rechts übertragen[21]. Die nachfolgenden Regelungen der Art. 52 SE-RatsE 1998 und der aktuelle Art. 52 führten diese Doppelstufigkeit dann lediglich fort. Die Verweisung auf das nationale Recht sollte in Art. 81 SE-VOV 1991 zum einen als politischer Kompromiss die jeweiligen nationalen Unterschiede in der Kompetenzverteilung zwischen den Organen berücksichtigen, um eine konsensfähige Regelung zu schaffen, ohne Unter-schiede im Detail beseitigen zu müssen[22]. Zum anderen wurde sie auch mit den zwi-schenzeitlich erfolgten Harmonisierungen aufgrund der Umsetzung gesellschafts-rechtlicher Richtlinien begründet, die anstelle einer einheitlichen gemeinschafts-rechtlichen Regelung in der SE-VO eine Verweisung in das harmonisierte nationale Recht als gleichwertig erscheinen lässt[23].

---

zu Art. 83 SE-VOV 1975, BT-Drucks. 7/3713 v. 2.6.1975, S. 192, 219, hierzu s. *Pipkorn*, AG 1975, 318, 323; *Walther/Wiesner*, GmbHR 1975, 265; s. zu Art. 83 SE-VOV 1985 *Sonnenberger* in Lutter, Europäische Aktiengesellschaft, 2. Aufl. 1978, S. 73, 74 ff.; *Brandt*, Hauptversamm-lung, S. 92 f.

15 Begr. d. Komm. zu Art. 81 SE-VOV 1989, BT-Drucks. 11/5427, S. 2, 33.

16 WSA, Stellungnahme zum SE-VOV 1970, ABl.EG Nr. C 131 v. 13.12.1972, S. 32, 44; *Schwarz*, Art. 52 Rz. 3; *Brandt*, Hauptversammlung, S. 92 f.

17 Vorschlag für eine Verordnung (EWG) des Rates über das Statut der Europäischen Aktienge-sellschaft v. 21.9.1989, BT-Drucks. 11/5427, S. 1, 31.

18 Begr. d. Komm. zu Art. 81 SE-VOV 1991, BT-Drucks. 12/1004 v. 30.7.1991, S. 1, 10; s. hierzu *Trojan-Limmer*, RIW 1991, 1010, 1016.

19 So *Brandt*, Hauptversammlung, S. 93; *Gutsche*, EA für kleine und mittlere Unternehmen, S. 77; ebenso *Raiser* in FS Semler, S. 277, 293.

20 Ebenso *Schwarz*, Art. 52 Rz. 4; s. auch *Leupold*, Europäische Aktiengesellschaft, S. 102 f.

21 *Brandt*, Hauptversammlung, S. 94; *Schwarz*, Art. 52 Rz. 5; *Leupold*, Europäische Aktienge-sellschaft, S. 105 ff.; *Trojan-Limmer*, RIW 1991, 1010, 1017; *Schindler*, Europäische Aktienge-sellschaft, S. 77; *Artmann*, wbl 2002, 189, 197.

22 *Brandt*, Hauptversammlung, S. 96; *Schwarz*, Art. 52 Rz. 4; allgemein auch *Grote*, Das neue Statut der Europäischen Aktiengesellschaft zwischen europäischem und nationalem Recht, 1990, S. 48.

23 Erwägungsgrund 9 der Begr. d. Komm. zu SE-VOV 1989, BT-Drucks. 11/5427, S. 1; *Schwarz*, Art. 52 Rz. 4; *Di Marco*, ZfbF 1991, 1, 12 f.; *Blanquet*, ZGR 2002, 20, 47; *Brandt*, Hauptver-sammlung, S. 96.

II. Alleinige Zuständigkeit (Art. 52 Unterabs. 1)

Während Unterabs. 1 von einer „alleinigen Zuständigkeit" der Hauptversammlung 6
spricht, taucht in Unterabs. 2 diese Begrifflichkeit nicht auf. Die Hauptversammlung
ist nach der SE-VO (Art. 52 Unterabs. 1) demzufolge dort zuständig, wo ihr eine Kompetenz **ausdrücklich und als eigene Angelegenheit übertragen** wird[24]. Trotz der Einführung einer allgemeiner formulierten Kompetenzklausel durch Art. 81 SE-VOV
1991 (Rz. 5) ist die Formulierung der „alleinigen Zuständigkeit" dahingehend klarstellend zu verstehen, dass der Hauptversammlung nur dann eine Kompetenz zukommt, wenn ihr ausdrücklich durch die VO eine Zuständigkeit übertragen wurde
oder sie sich ausnahmsweise auf eine ungeschriebene mitgliedstaatliche Kompetenz
berufen kann (hierzu Rz. 22 f.). Art. 52 weist daher der Hauptversammlung keine umfassende Generalkompetenz zu[25].

III. Vorrangfrage

1. Verhältnis von Art. 52 Unterabs. 1 lit. b zu Art. 52 Unterabs. 2 Alt. 1

Unklar ist zunächst das Verhältnis von Art. 52 Unterabs. 1 lit. b zu Unterabs. 2, denn 7
die durch in Anwendung der Richtlinie 2001/86/EG erlassenen Rechtsvorschriften
des Sitzstaats der SE sind aufgrund der erforderlichen mitgliedstaatlichen Umsetzung
der Richtlinie notwendigerweise immer auch nationale Rechtsvorschriften eines
Mitgliedstaates. Insofern könnte Art. 52 Unterabs. 1 lit. b als Unterfall der nationalen
Rechtsvorschriften des Art. 52 Unterabs. 2 Alt. 1 zu verstehen sein. Dadurch, dass
der europäische Gesetzgeber die Kompetenz durch SE-RL ausdrücklich und zudem
aus systematischen Gründen vorrangig vor den „allgemeinen" nationalen Rechtsvorschriften erwähnt hat, ist jedoch ersichtlich, dass die Zuständigkeitszuweisung
durch die SE-RL neben einer Verdeutlichung der Normenhierarchie der Rechtsquel-
len[26] auch ihren eigenen Anwendungsbereich haben soll, denn die Normenhierarchie
wird bereits ausdrücklich durch Art. 9 dargestellt (Art. 9 Rz. 34 ff.). Ansonsten wäre
Art. 52 Unterabs. 1 lit. b schlichtweg überflüssig. Daher können die nationalen
Rechtsvorschriften i.S.d. Art. 52 Unterabs. 2 Alt. 1 lediglich solche sein, die nicht bereits der Umsetzung der Richtlinie 2001/86/EG dienen, d.h. insbesondere Vorschriften des AktG und des UmwG[27] sowie des SEAG[28]. Unterabs. 1 lit. b ist bezogen auf
das deutsche Umsetzungsgesetz (SEBG)[29] insofern **lex specialis**.

2. Art. 52 Unterabs. 2 als Ergänzungsnorm

Auch ist das **Verhältnis von Unterabs. 1 zu Unterabs. 2** insgesamt nicht eindeutig. 8
Der Wortlaut scheint zunächst eine Gleichrangigkeit der beiden Zuständigkeitsregelungen nahe zu legen, wofür die Verbindung der beiden Unterabsätze durch die

---

24 *Schwarz*, Art. 52 Rz. 16; *Mayer* in Manz/Mayer/Schröder, Art. 52 SE-VO Rz. 3; *Brecht*, Das
   Pflichtenprogramm börsennotierter Aktiengesellschaften im Europäischen Gemeinschaftsrecht, 2004, S. 349.
25 *Schwarz*, Vorb. Art. 38–60 Rz. 7; *Mayer* in Manz/Mayer/Schröder, Art. 52 SE-VO Rz. 5.
26 *Schwarz*, Art. 52 Rz. 13; *Brandt*, Hauptversammlung, S. 142.
27 So i.E. auch *Schwarz*, Art. 52 Rz. 17; ferner *Kubis* in MünchKomm. AktG, Art. 52 SE-VO
   Rz. 18.
28 Gesetz zur Ausführung der Verordnung (EG) Nr. 2157/2001 des Rates v. 8.10.2001 über das
   Statut der Europäischen Gesellschaft (SE) (SE-Ausführungsgesetz – SEAG), BGBl. I 2004,
   3675 ff.
29 Gesetz über die Beteiligung der Arbeitnehmer in einer Europäischen Gesellschaft (SE-Beteiligungsgesetz) v. 22.12.2004, BGBl. I 2004, 3686 ff.

Konjunktion „außerdem" spricht[30]. Eine Auslegung allein am Wortlaut der Norm geht jedoch fehl. Sie ist insbesondere nicht mit dem Vorrang des Gemeinschaftsrechts vereinbar, denn das mitgliedstaatliche Recht als unterrangige Vorschrift kann keine den Vorgaben der SE-VO zuwiderlaufende Kompetenzverteilung anordnen[31]. Zudem wäre eine derart strikt am Wortlaut orientierte Auslegung der Gleichrangigkeit beider Zuständigkeitsregelungen mit der in Art. 9 Abs. 1 zum Ausdruck gebrachten Normenhierarchie unvereinbar, denn die Generalverweisung in Art. 9 Abs. 1 lit. c ii verweist auf die Anwendung mitgliedstaatlichen Rechts explizit nur in den Fällen, in denen eine eigene Sachregelung in der SE-VO oder eine Spezialverweisung fehlt (hierzu Art. 9 Rz. 42)[32].

9   Art. 52 Unterabs. 2 ist demzufolge als eine Ergänzungsnorm zu Unterabs. 1 und nicht als umfassende Kompetenzzuweisung zu verstehen[33]. Die nationale Zuständigkeitsverweisung tritt also nur ergänzend **neben die mitgliedstaatliche Kompetenz** und nicht gleichrangig neben sie. Der Wortlaut der Norm („außerdem") ist insoweit missverständlich formuliert und, anstatt im engeren Wortsinn als „Gleichrangigkeit" der Zuweisungsnormen, gemeinschaftsrechtlich aufgrund des Vorrangs des EU-Rechts auszulegen. Damit die Kompetenzzuweisung des Art. 52 Unterabs. 2 an die Nationalstaaten aber nicht vollständig ausgehöhlt wird und einen Sinn behält, muss die SE-VO auch gerade offen sein für über Unterabs. 2 hinausgehende nationale Zuständigkeiten. Lediglich die **grundsätzliche Struktur** der SE im Rahmen von organschaftlichen Kompetenzen, die bereits durch die VO selbst vorgegeben ist, darf nicht von den einzelnen Mitgliedstaaten unterlaufen werden[34]. Die Zuständigkeitsverweisung in Art. 52 Unterabs. 2 steht folglich unter dem Vorbehalt der gemeinschaftsrechtlichen Strukturvorgaben; die Organisationsstruktur der SE gehört insofern zu den fundamentalen Merkmalen der Gesellschaftsrechtsform (Art. 38 Rz. 2). Daher ist die Organisationsstruktur unmittelbar aus der SE-VO abzuleiten und kann aus Gründen der Rechtsvereinheitlichung nicht dem nationalen Gesetzgeber zur Regelung überlassen werden[35]. Nach Art. 39 Abs. 1 Satz 1 ist im dualistischen System das Leitungsorgan und nach Art. 43 Abs. 1 Satz 1 im monistischen System das Verwaltungsorgan für die Geschäftsführung zuständig. Hieraus kann zwar nicht abgeleitet werden, dass die Hauptversammlung nie mit dem Bereich der Geschäftsführung in Berührung treten darf, allerdings ist eine vollständige Kompetenzzuweisung der Geschäftsführung an die Hauptversammlung kraft nationalen Rechts nach Art. 52 Unterabs. 2 dadurch ausgeschlossen[36]. Sie würde gegen die **vorrangige europarechtliche Strukturvorgabe** des Art. 39 Abs. 1 Satz 1 und des Art. 43 Abs. 1 Satz 1 verstoßen.

---

30 S. auch die englische („furthermore"), französische („en outre"), italienische („inoltre"), spanische („asimismo"), portugiesische („além disso"), dänische („endvidere"), niederländische („tevens") und schwedische („vidare") Sprachfassungen.

31 So zu Recht *Brandt*, Hauptversammlung, S. 120 f.; *Schwarz*, Art. 52 Rz. 18; *Artmann*, wbl 2002, 189, 190; *Casper* in Spindler/Stilz, Art. 52 SE-VO Rz. 6.

32 Zum Verhältnis zur Generalverweisung des Art. 9 s. *Heckschen* in Widmann/Mayer, Anhang 14 Rz. 40 f.

33 *Spindler* in Lutter/Hommelhoff, Europäische Gesellschaft, S. 223, 233; *Schwarz*, Art. 52 Rz. 18; *Brandt*, Hauptversammlung, S. 121, 142.

34 Ebenso *Schwarz*, Art. 52 Rz. 19; so wohl auch *Brandt*, Hauptversammlung, S. 88 f.; *Blanquet*, ZGR 2002, 20, 46 f.; *Kübler*, ZHR 167 (2003), 222, 223.

35 Begr. d. Komm. zu SE-VOV 1989, BT-Drucks. 11/5427, S. 1; *Gutsche*, EA für kleine und mittlere Unternehmen, S. 104; s. auch Erwägungsgrund 6 und 27 der SE-VO.

36 Ebenso *Schwarz*, Art. 52 Rz. 19; i.E. auch *Kubis* in MünchKomm. AktG, Art. 52 SE-VO Rz. 7; *Mayer* in Manz/Mayer/Schröder, Art. 52 SE-VO Rz. 11; *Gutsche*, EA für kleine und mittlere Unternehmen, S. 101, 104; *Jaeger*, Die europäische Aktiengesellschaft, 1994, S. 114; *Wenz*, SE, S. 82; *Baatz/Weydner* in Jannott/Frodermann, Handbuch Europäische Aktiengesellschaft, S. 207 Rz. 18.

Fraglich ist hierbei aber insbesondere, ob das nationale Recht mit einer zusätzlichen   10
Zuständigkeitszuweisung an die Hauptversammlung die **Kompetenzen anderer Organe einschränken** darf, sofern keine alleinige Zuständigkeit des jeweiligen anderen Organs durch die VO gegeben ist. Teilweise wird argumentiert, dass eine von dem nationalen Recht abhängige Kompetenzverteilung dem Zweck der SE-VO sowie dem
Erwägungsgrund 6 zuwiderliefe und daher auch eine Kompetenzverteilung zwischen
den Organen einheitlich nach den Vorgaben der VO zu regeln sei[37]. Zu berücksichtigen ist aber, dass die SE-VO einen langwierigen, rechtspolitischen Kompromiss darstellt (Einl. Rz. 7 ff.) und von daher vielfach auf das nationale Recht verweist, damit
zu starke Differenzen der SE zur jeweiligen nationalen AG verhindert werden[38]. Eine
Zuständigkeitsverweisung auch nach mitgliedstaatlichem Recht widerspricht zudem
dann nicht dem Zweck der SE-VO, wenn – wie hier – gefordert wird, dass die grundsätzliche Struktur der SE gemeinschaftsrechtlich zu regeln ist (Rz. 9), da so im
Grundsatz eine einheitliche Struktur in den wesentlichen Kompetenzabgrenzungs-
fragen gewahrt bleibt[39]. Eine Auslegung, die eine Kompetenzverteilung zwischen den
Organen lediglich gemeinschaftsrechtlich bestimmen möchte, ist vielmehr mit dem
eindeutigen Wortlaut des Art. 52 Unterabs. 2 nicht zu vereinbaren. Um daher den
Verweis auf das mitgliedstaatliche Recht nicht vollständig leer laufen zu lassen, sollte auch die Kompetenzverteilung zwischen den Organen dem nationalen Recht überlassen werden und nicht ausschließlich europarechtlich bestimmt werden[40].

IV. Zuständigkeit kraft EU-Rechts (Art. 52 Unterabs. 1)

Die Hauptversammlung ist zunächst für diejenigen Angelegenheiten zuständig, für   11
die ihr durch die SE-VO (Art. 52 Unterabs. 1 lit. a) oder durch die Umsetzung der SE-
RL erlassenen Rechtsvorschriften des jeweiligen Sitzstaats (Art. 52 Unterabs. 1 lit. b)
die alleinige Zuständigkeit übertragen wird.

1. Kompetenz durch SE-VO (Art. 52 Unterabs. 1 lit. a)

Die **Kompetenz der Hauptversammlung auf der gemeinschaftsrechtlichen Ebene**   12
richtet sich gem. Art. 52 Unterabs. 1 lit. a nach der Verordnung selbst. Der Hauptversammlung kommt in Art. 3 Abs. 2 Satz 1 i.V.m. Art. 23 Abs. 1, 32 Abs. 6 Satz 1
(Gründung einer SE unter Beteiligung einer SE), Art. 37 Abs. 7 (Gründung einer SE
durch Umwandlung), Art. 8 (Sitzverlegung der SE), Art. 39, 40, 43 (Bestellung der Organe), Art. 59 (Satzungsänderung) und Art. 66 Abs. 6 (Rückumwandlung in eine nationale AG) eine Zuständigkeit kraft SE-VO zu.

Die Vorschriften über die **Gründung** einer SE weisen für die unterschiedlichen Arten   13
der Gründung nur teilweise der Hauptversammlung eine Kompetenz zu[41], etwa nach
Art. 3 Abs. 2 Satz 1 für die Beteiligung einer bereits bestehenden SE an der Gründung

---

37 So *Brandt*, Hauptversammlung, S. 88 f.; ähnlich *Gutsche*, EA für kleine und mittlere Unternehmen, S. 104.
38 So zu Recht auch *Brandt*, Hauptversammlung, S. 96 f.; s. auch *Schwarz*, Vorb. Art. 38–60
   Rz. 5; allgemein zur Bewahrung nationaler Besonderheiten der SE auch *Schnyder* in FS Druey,
   S. 569, 573, 579.
39 *Schwarz*, Art. 52 Rz. 20; i.E. ebenso *Kubis* in MünchKomm. AktG, Art. 52 SE-VO Rz. 8.
40 *Schwarz*, Vorb. Art. 38–60 Rz. 5, Art. 52 Rz. 20; i.E. ebenso *Zollner* in Kalss/Hügel, § 62 SEG
   Rz. 3, 18; *Kalss/Greda*, GesRZ 2004, 91, 92; *Noack*, Hauptversammlung europäischer börsennotierter Gesellschaften, in Zentrum für europäisches Wirtschaftsrecht, Nr. 130, 2002,
   S. 10 f.; *Artmann*, wbl 2002, 189, 196; wohl auch *Baatz/Weydner* in Jannott/Frodermann,
   Handbuch Europäische Aktiengesellschaft, S. 207 Rz. 18.
41 Ausführlich zur SE-Gründung *Heckschen* in Widmann/Mayer, Anhang 14 Rz. 55 ff.

einer weiteren SE[42], für deren Gründung durch Verschmelzung gem. Art. 23 Abs. 1 hinsichtlich der Zustimmung zum Verschmelzungsplan (Art. 23 Rz. 14 ff.) und für die Gründung einer Holding-SE Art. 32 Abs. 6 Satz 1 eine Zuständigkeit für die Zustimmung zu dem Gründungsplan (Art. 32 Rz. 71). Anderes gilt jedoch für den Fall der Gründung einer Tochter-SE unter Beteiligung einer SE, denn die SE-VO selbst enthält keine Sachnormen über dieses Verfahren (Art. 3 Rz. 16), so dass nach Art. 52 Unterabs. 2 das mitgliedstaatliche nationale Recht maßgeblich ist (hierzu auch Rz. 44)[43]. Gleiches gilt, wenn eine SE nicht unter Beteiligung einer bereits bestehenden SE gegründet wird, da die Art. 23 Abs. 1, Art. 32 Abs. 6 sich grundsätzlich nur an die Hauptversammlungen der nationalen Gründungsgesellschaften richten (Art. 23 Rz. 1, Art. 32 Rz. 60).

14   Nach Art. 37 Abs. 7 Satz 1 muss die Hauptversammlung bei **Umwandlung einer bestehenden Aktiengesellschaft in eine SE** dem Umwandlungsplan zustimmen und außerdem die Satzung der SE genehmigen (ausführlich hierzu Art. 37 Rz. 59 ff.)[44]. Für die Zuständigkeit der Hauptversammlung für die **Sitzverlegung** ordnet Art. 8 Abs. 4 an, dass die Hauptversammlung über die Verlegung beschließen soll[45].

15   Ferner enthalten für die **Bestellung und Abberufung der Organe** die Art. 39, 40 und 43 Kompetenzzuweisungen an die Hauptversammlung. Nach Art. 39 Abs. 2 Unterabs. 2 kann ein Mitgliedstaat die Bestellung und Abberufung der **Leitungsorgane** der Hauptversammlung übertragen oder eine entsprechende Satzungsregelung zulassen (Art. 39 Rz. 15), ohne dass jedoch Deutschland davon Gebrauch gemacht hätte[46]. Die Bestellung der **Aufsichtsratsmitglieder** obliegt gem. Art. 40 Abs. 2 Satz 1 der Hauptversammlung (Art. 40 Rz. 6), Gleiches gilt gem. Art. 43 Abs. 3 Satz 1 für die Bestellung der **Verwaltungsorganmitglieder** (Art. 43 Rz. 43)[47]. Dagegen findet sich anders als in den ausdrücklichen Vorgängerregelungen zur **Abberufung**[48] in der Verordnung keine entsprechende Vorschrift mehr, so dass sich die Zuständigkeiten hierfür gem. Art. 52 Unterabs. 2 nach mitgliedstaatlichem Recht richten[49]. In Deutschland hat der Gesetzgeber von dieser Möglichkeit in §§ 29 Abs. 1 Satz 1, 29 Abs. 2 Satz 2

---

42 *Schwarz*, Art. 52 Rz. 11; *Brandt*, Hauptversammlung, S. 142; *Mayer* in Manz/Mayer/Schröder, Art. 52 SE-VO Rz. 4.
43 *Schwarz*, Art. 52 Rz. 11; *Brandt*, Hauptversammlung, S. 142; so wohl auch *Kubis* in MünchKomm. AktG, Art. 52 SE-VO Rz. 14.
44 *Schwarz*, Art. 37 Rz. 49 ff.; *Kubis* in MünchKomm. AktG, Art. 37 SE-VO Rz. 27 ff.; *Nagel* in FS Nutzinger, S. 373, 379; *Scheifele*, Gründung, S. 416.
45 Oben Art. 8 Rz. 39 ff.; *Kubis* in MünchKomm. AktG, Art. 52 SE-VO Rz. 14; *Mayer* in Manz/Mayer/Schröder, Art. 52 SE-VO Rz. 4; *Zollner* in Kalss/Hügel, § 62 SEG Rz. 19; *Baatz/Weydner* in Jannott/Frodermann, Handbuch Europäische Aktiengesellschaft, S. 208 Rz. 21; *Schwarz*, Art. 52 Rz. 11; *Spindler* in Lutter/Hommelhoff, Europäische Gesellschaft, S. 223, 232; *Brandt*, Hauptversammlung, S. 142.
46 *Schwarz*, Art. 52 Rz. 11; *Schwarz*, ZIP 2001, 1847, 1855; *Baatz/Weydner* in Jannott/Frodermann, Handbuch Europäische Aktiengesellschaft, S. 209 Rz. 22; *Nagel* in FS Nutzinger, S. 373, 381; *Thümmel*, Europäische Aktiengesellschaft, S. 80 Rz. 154; *Brandt*, Hauptversammlung, S. 142 m.w.N.
47 *Spindler* in Lutter/Hommelhoff, Europäische Gesellschaft, S. 223, 234; *Heckschen* in Widmann/Mayer, Anhang 14 Rz. 245 f.
48 Art. IV-2-3- Abs. 2 Sanders-Vorentwurf, Art. 75 Abs, 2 SE-VOV 1970 und 1975, Art. 63 Abs. 2 und Art. 75 SE-VOV 1989 sowie Art. 63 Abs. 2 SE-VOV 1991 für die Abberufung der Aufsichtsorganmitglieder und Art. 75 SE-VOV 1989, Art. 66 Abs. 3 Satz 1 SE-VOV 1991 für die der Verwaltungsorganmitglieder.
49 *Schwarz*, Art. 52 Rz. 11; *Brandt*, Hauptversammlung, S. 140; *Kubis* in MünchKomm. AktG, Art. 52 SE-VO Rz. 11 f.; a.A. wohl *Mayer* in Manz/Mayer/Schröder, Art. 52 SE-VO Rz. 14, jedoch ohne nähere Begründung.

SEAG[50] sowie in § 37 Abs. 1 Satz 4 SEBG[51] für die monistisch strukturierte SE Gebrauch gemacht. Nach § 29 Abs. 1 Satz 1 SEAG können Verwaltungsratmitglieder durch die Hauptversammlung vor Ablauf der Amtszeit abberufen werden[52]. Auch ein aufgrund satzungsmäßiger Bestimmungen entsandtes Mitglied des Verwaltungsrats kann die Hauptversammlung bei Wegfall der in der Satzung festgelegten Voraussetzungen des Entsendungsrechts nach § 29 Abs. 2 Satz 2 SEAG abberufen, was weitgehend § 103 AktG entspricht[53]. Für die Abberufung der Arbeitnehmervertreter durch die Hauptversammlung trifft § 37 Abs. 1 Satz 4 SEBG hingegen eine speziellere Regelung (ausführlich hierzu Rz. 21). Im dualistischen System findet hingegen die allgemeine Regelung des § 103 AktG Anwendung[54], so dass das Verwaltungsratsmitglied von der Hauptversammlung jederzeit mit einer Mehrheit von ¾ der abgegebenen Stimmen vorbehaltlich einer anderen Satzungsregelung abberufen werden kann, einschließlich der Möglichkeit (hierzu auch Art. 57 Rz. 10 ff.), andere Mehrheiten festzulegen[55].

Nach Art. 59 Abs. 1 bedarf schließlich jede **Satzungsänderung** eines Beschlusses der   16
Hauptversammlung (näher Art. 59 Rz. 3 ff.). Auch die Zustimmung zum Umwandlungsplan bei einer **Umwandlung der SE in eine AG nationalen Rechts** sieht gem. Art. 66 Abs. 6 eine ausdrückliche Zuständigkeit der Hauptversammlung vor (Art. 66 Rz. 30).

2. Kompetenz durch SE-RL (Art. 52 Unterabs. 1 lit. b)

Des Weiteren kann sich eine Zuständigkeit der Hauptversammlung gem. Art. 52 Un-   17
terabs. 1 lit. b aus den Vorschriften ergeben, die der Sitzstaat der SE in Umsetzung der **Richtlinie über die Beteiligung der Arbeitnehmer in der SE (SE-ErgRL)**[56] erlassen hat. Zum Verhältnis zu den nationalen Rechtsvorschriften i.S.d. Unterabs. 2 Alt. 1 s. bereits oben Rz. 7.

a) Zuständigkeitszuweisung in Richtlinie

Anders als zuvor Art. 3 Abs. 3 und Art. 4 Abs. 2 SE-RL-V 1991[57] enthält die **Richtlinie**   18
keine Kompetenzzuweisungen für die Hauptversammlung mehr. Allenfalls käme eine solche Zuständigkeitszuweisung durch Qualifikation der Hauptversammlung als „zuständiges Organ der beteiligten Gesellschaften" i.S.d. Art. 4 Abs. 1 SE-RL in Betracht[58]. Dem steht jedoch die deutsche Umsetzung in § 13 i.V.m. § 2 Abs. 5 Satz 2 SEBG entgegen[59], die die Kompetenz für eine Vereinbarung über die Beteiligung der

---

50 Kommentierung dazu s. Anh. Art. 43.
51 S. hierzu *Steinberg*, Mitbestimmung in der Europäischen Aktiengesellschaft, 2006, S. 85, 206.
52 *Kubis* in MünchKomm. AktG, Art. 52 SE-VO Rz. 11; *Reichert/Brandes* in MünchKomm. AktG, Art. 40 SE-VO Rz. 59; *Spindler* in Lutter/Hommelhoff, Europäische Gesellschaft, S. 223, 234; *Nagel* in FS Nutzinger, S. 373, 382; *Casper* in Spindler/Stilz, Art. 52 SE-VO Rz. 5.
53 Begr. RegE zu SEAG, BT-Drucks. 15/3405, S. 38; hierzu *Ihrig/Teichmann*, BB 2003, 969, 975; s. auch *Steinberg*, Mitbestimmung in der Europäischen Aktiengesellschaft, 2006, S. 95.
54 *Steinberg*, Mitbestimmung in der Europäischen Aktiengesellschaft, 2006, S. 85; s. auch *Thümmel*, Europäische Aktiengesellschaft, S. 88 Rz. 176.
55 *Spindler* in Lutter/Hommelhoff, Europäische Gesellschaft, S. 223, 234; so auch bereits *Rasner*, ZGR 1992, 314, 322; a.A. *Schwarz*, Art. 40 Rz. 65, der von einer abschließenden Regelung des Art. 57 SE-VO ausgeht.
56 Richtlinie 2001/86/EG des Rates v. 8.10.2001 zur Ergänzung des Statuts der Europäischen Gesellschaft hinsichtlich der Beteiligung der Arbeitnehmer, ABl.EG Nr. L 294 v. 10.11.2001, S. 22.
57 Geänderter Vorschlag für eine Richtlinie des Rates zur Ergänzung des SE-Statuts hinsichtlich der Stellung der Arbeitnehmer, ABl.EG Nr. C 138 v. 29.5.1991, S. 8.
58 *Hanau*, RdA 1998, 231, 232.
59 So auch *Schwarz*, Art. 52 Rz. 13.

Arbeitnehmer[60] den Leitungsorganen gem. § 2 Abs. 5 Satz 2 SEBG zuweist[61]. Zuständigkeiten für die Hauptversammlung begründet die SE-RL demzufolge nicht. Allerdings kann der nationale Gesetzgeber in dem jeweiligen Umsetzungsgesetz einzelne Kompetenzen für die Hauptversammlung vorsehen. Dieses hat der deutsche Gesetzgeber in dem SEBG getan.

b) Zuständigkeitszuweisung im SEBG

19 Das SEBG ist als nationales Umsetzungsgesetz lex specialis zu den „sonstigen" nationalen Rechtsvorschriften i.S.d. Art. 52 Unterabs. 2 Alt. 1 (Rz. 7). Eine Zuständigkeit der Hauptversammlung sehen § 36 Abs. 4 SEBG für die **Bestellung der Arbeitnehmervertreter** und in § 37 Abs. 1 Satz 4 SEBG für die **Abberufung der Arbeitnehmervertreter** in der monistisch strukturierten SE vor. §§ 28 Abs. 1 Satz 2 Nr. 4, 37 Abs. 2 Satz 3 SEBG stellen demgegenüber keine Kompetenznormen dar.

20 Nach § 36 Abs. 4 Satz 1 SEBG werden die zuvor auf der Grundlage des § 36 Abs. 3 Satz 2 SEBG durch ein Wahlgremium ermittelten Arbeitnehmervertreter der Hauptversammlung der SE zur **Bestellung** vorgeschlagen, welche nach § 36 Abs. 4 Satz 2 SEBG an die Vorschläge gebunden ist[62]. Die Wahl durch das Wahlgremium selbst begründet allein aber noch nicht den rechtlichen Status als Arbeitnehmervertreter im Aufsichts- oder Verwaltungsorgan, nach Ansicht des Gesetzgebers hat erst die Bestellung durch die Hauptversammlung konstitutive Wirkung[63]. Eine Vorgabe in der SE-ErgRL existiert für diese Vorschrift nicht (s. bereits Rz. 18), jedoch beruht die Regelung – auch nach Ansicht des deutschen Gesetzgebers[64] – auf der Verordnung selbst, denn bereits nach Art. 40 Abs. 2 Satz 1 und Art. 43 Abs. 3 Satz 1 sind alle Mitglieder des Aufsichts- oder Verwaltungsorgans grundsätzlich von der Hauptversammlung zu bestellen (zu den Ausnahmen Art. 40 Rz. 7 ff.)[65]. Die Vorschrift des § 36 Abs. 4 SEBG hat insofern lediglich deklaratorische Wirkung[66]. Auch wenn sie der Umsetzung der SE-RL dient, ist die Bestellung der Aufsichts- oder Verwaltungsorganmitglieder bereits von Art. 40 Abs. 2 und Art. 43 Abs. 3 Satz 1 erfasst und aus systematischen Erwägungen in den Unterabs. 1 lit. a einzuordnen[67].

21 § 37 Abs. 1 Satz 4 SEBG regelt die **Abberufung der Arbeitnehmervertreter** durch die Hauptversammlung der SE in einer monistisch strukturierten Gesellschaft. Diese Regelung findet ihre Entsprechung im deutschen Aktienrecht in § 103 AktG sowie

---

60 S. hierzu die europäische Vorgabe in Art. 4 Abs. 1 SE-ErgRiL.
61 Zu dem Begriff der Leitungen s. auch *Oetker* in Lutter/Hommelhoff, Europäische Gesellschaft, S. 277, 297 f.; *Nagel* in Nagel/Freis/Kleinsorge, SEBG, § 2 Rz. 15.
62 § 36 Abs. 4 SEBG entspricht im Wesentlichen § 6 Abs. 6 MontanMitbestG i.V.m. § 101 Abs. 1 Satz 2 AktG, der ebenfalls die Bestellung durch die Hauptversammlung vorsieht, vgl. *Jacobs* in MünchKomm. AktG, § 36 SEBG Rz. 9; *Reichert/Brandes* in MünchKomm. AktG, Art. 43 SE-VO Rz. 27; *Schwarz*, Art. 40 Rz. 44, 75, Art. 43 Rz. 108; ferner *Nagel* in Nagel/Freis/Kleinsorge, SEBG, § 36 Rz. 9 f.; *Oetker* in Lutter/Hommelhoff, Europäische Gesellschaft, S. 277, 311; *Brandt*, BB-Special 8/2005, 6 bei Fn. 48; *Krause*, BB 2005, 1221, 1228; *Hennings* in Manz/Mayer/Schröder, Art. 40 SE-VO Rz. 11, Art. 43 SE-VO Rz. 31; *Ihrig/Wagner*, BB 2004, 1749, 1755 in Fn. 80.
63 Begr. RegE zu SEEG, BT-Drucks. 15/3405, S. 55; so auch *Jacobs* in MünchKomm. AktG, § 36 SEBG Rz. 9.
64 Begr. RegE zu SEEG, BT-Drucks. 15/3405, S. 55.
65 Auf diesen Aspekt zu Recht hinweisend auch *Schwarz*, Art. 52 Rz. 13.
66 A.A. *Schwarz*, Art. 40 Rz. 44, der sie verordnungskonform dahingehend auslegen will, dass der Bestellungsakt selbst durch die Wahl durch das Wahlgremium oder die Bestimmung durch den SE-Betriebsarzt erfolgt und die Bestellung durch die Hauptversammlung lediglich bestätigt werden kann und daher rein deklaratorisch wirkt.
67 So i.E. auch *Schwarz*, Art. 52 Rz. 13; ähnlich *Torggler*, ecolex 2001, 533 („kaum erforderlich").

in § 103 Abs. 4 AktG i.V.m. § 23 Abs. 2 und 3 MitbestG[68], der über die Verweisung des Art. 52 Unterabs. 2 Alt. 1 in das mitgliedstaatliche Recht für die dualistisch strukturierte SE Anwendung findet[69]. Die Abberufung soll nur durch denjenigen erfolgen soll, der das betreffende Mitglied gewählt hat[70]. Gegen die Auffassung, die bereits die Bestellung und folgerichtige auch die Abberufung nicht der Hauptversammlung zuweist[71], spricht sowohl der eindeutige Wortlaut des § 37 Abs. 1 Satz 4 SEBG als auch die Begründung des Gesetzgebers[72]. Zudem sieht auch § 29 Abs. 1 Satz 1 SEAG eine entsprechende Möglichkeit der vorzeitigen Abberufung der Verwaltungsmitglieder durch die Hauptversammlung vor (Rz. 15)[73].

3. Kompetenz durch ungeschriebene gemeinschaftsrechtliche Zuständigkeiten

Art. 52 Unterabs. 1 ist offen formuliert; demnach ist die Hauptversammlung nicht   22
auf Beschlüsse über Angelegenheiten beschränkt, die ihr „ausdrücklich" durch die
SE-VO als Zuständigkeit übertragen sind, im Gegensatz etwa zu Art. 9 Abs. 1 lit. b,
der Satzungsgestaltungen nur bei „ausdrücklicher" Gestattung durch die SE-VO zulässt. Demgemäß können auch **ungeschriebene gemeinschaftsrechtliche Kompetenzen** die Zuständigkeit der Hauptversammlung begründen[74]. Aufgrund der lediglich ergänzenden Funktion des Unterabs. 2 (Rz. 8 f.) gehen diese den nationalen Rechtsvorschriften vor[75]. Zuständig kraft ungeschriebenem Gemeinschaftsrecht ist die Hauptversammlung etwa für eine **neu zu vereinbarende Mitbestimmung** durch das Leitungs- bzw. das Verwaltungsorgan bei einer bereits bestehenden SE; denn als satzungsüberlagernde Maßnahme bedarf eine solche Vereinbarung zur Wirksamkeit immer der Zustimmung der Hauptversammlung (Art. 12 Rz. 32)[76].

Eine ungeschriebene Kompetenzzuweisung enthält auch Art. 63 2. Halbs. für die   23
Auflösung der SE[77]. Sowohl Art. 115 Nr. 2 SE-VOV 1989 als auch Art. 115 Satz 1 SE-VOV 1991 enthielten noch eine Bestimmung, nach der die SE durch Beschluss der Hauptversammlung aufgelöst werden konnte. Zwar stellt Art. 63 2. Halbs. jetzt ausdrücklich klar, dass es bei der Auflösung *insgesamt* allein auf das nationale Recht ankommt[78]. Durch Art. 63 2. Halbs. wird aber indirekt belegt, dass der Verordnungsgeber wie selbstverständlich davon ausgegangen ist, dass die Hauptversammlung das-

68 Begr. RegE zu SEEG, BT-Drucks. 15/3405, S. 55; s. hierzu *Hüffer*, § 103 Rz. 14.
69 So wie hier *Reichert/Brandes* in MünchKomm. AktG, Art. 40 SE-VO Rz. 60; *Steinberg*, Mitbestimmung in der Europäischen Aktiengesellschaft, 2006, S. 85, 95, 206; a.A. *Hommelhoff*, AG 2001, 279, 283; *Hirte*, NZG 2002, 1, 5; *Schwarz*, ZIP 2001, 1847, 1855.
70 Begr. RegE zu SEEG, BT-Drucks. 15/3405, S. 55; zustimmend *Kubis* in MünchKomm. AktG, Art. 52 SE-VO Rz. 11.
71 *Schwarz*, Art. 40 Rz. 44.
72 Begr. RegE zu SEEG, BT-Drucks. 15/3405, S. 55. *Reichert/Brandes* in MünchKomm. AktG, Art. 40 SE-VO Rz. 59 ff.; *Kubis* in MünchKomm. AktG, Art. 52 SE-VO Rz. 11; *Baatz/Weydner* in Jannott/Frodermann, Handbuch Europäische Aktiengesellschaft, S. 211 Rz. 29.
73 So auch *Kubis* in MünchKomm. AktG, Art. 52 SE-VO Rz. 11.
74 *Brandt*, Hauptversammlung, S. 122 f.; *Kubis* in MünchKomm. AktG, Art. 52 SE-VO Rz. 15; *Schwarz*, Art. 52 Rz. 14; *Spindler* in Lutter/Hommelhoff, Europäische Gesellschaft, S. 223, 228 ff.; bezogen auf Art. 7 Abs. 1 SE-VOV 1991 bzw. Art. 6 Abs. 1 EUV-VOV 1993 s. auch *Schwarz*, Europäisches Gesellschaftsrecht, 2000, Rz. 1095; *Wagner*, Der Europäische Verein, 2000, S. 56 f.
75 *Schwarz*, Art. 52 Rz. 14; i.E. auch *Kubis* in MünchKomm. AktG, Art. 52 SE-VO Rz. 16.
76 *Schwarz*, Art. 52 Rz. 15 unter Verweis auf Art. 12 Rz. 37.
77 *Brandt*, Hauptversammlung, S. 123, 140; *Spindler* in Lutter/Hommelhoff, Europäische Gesellschaft, S. 223, 233; a.A. *Schwarz*, Art. 52 Rz. 15; unklar *Schäfer* in MünchKomm. AktG, Art. 63 SE-VO Rz. 1: „überflüssige Klarstellung".
78 *Schwarz*, Art. 52 Rz. 15.

jenige Organ ist, dass zum Liquiditätsbeschluss berufen ist; ansonsten hätte es des zusätzlichen Hinweises in Art. 63 2. Halbs. nicht bedurft[79].

V. Zuständigkeit kraft nationalen Rechts (Art. 52 Unterabs. 2)

24   Nach Art. 52 Unterabs. 2 ist die Hauptversammlung ergänzend (Rz. 8 f.) für diejenigen Angelegenheiten zuständig, für welche ihr aufgrund der Vorschriften nationalen Rechts (Art. 52 Unterabs. 2 Alt. 1) oder aufgrund in Übereinstimmung mit nationalem Recht stehender Satzung (Art. 52 Unterabs. 2 Alt. 2) eine Kompetenz zugewiesen ist.

1. Kompetenz durch nationale Rechtsvorschriften (Art. 52 Unterabs. 2 Alt. 1)

25   Zuständig ist die Hauptversammlung zunächst für solche Angelegenheiten, in denen nach dem nationalen Recht auch die Hauptversammlung einer Aktiengesellschaft zuständig wäre[80]. In Deutschland richtet sich die Zuständigkeit einer SE somit insbesondere nach den Vorschriften des AktG und des UmwG sowie des SEAG (s. bereits Rz. 7).

a) Mitwirkungsrechte (§ 119 AktG)

26   Im deutschen Aktienrecht stellt § 119 Abs. 1 AktG die zentrale Norm betreffend die Beschlusskompetenzen der Hauptversammlung dar.[81] Auch die Hauptversammlung einer in Deutschland ansässigen SE hat insbesondere die in **§ 119 Abs. 1 AktG aufgezählten Zuständigkeiten**. Sie beschließt danach gem. § 119 Abs. 1 Nr. 2 AktG über die Verwendung des Bilanzgewinns (Rz. 28), über die Entlastung der Mitglieder des Vorstands und des Aufsichtsrats, § 119 Abs. 1 Nr. 3 AktG (Rz. 30), über die Bestellung des Abschlussprüfers, § 119 Abs. 1 Nr. 4 AktG (Rz. 33), über Maßnahmen der Kapitalbeschaffung und -herabsetzung, § 119 Abs. 1 Nr. 6 AktG (Rz. 36), sowie über die Bestellung von Prüfern zur Prüfung von Vorgängen bei der Gründung oder der Geschäftsführung, § 119 Abs. 1 Nr. 7 AktG (Rz. 34) und über die Auflösung der Gesellschaft, § 119 Abs. 1 Nr. 8 AktG (Rz. 23, 35). Zur Bestellung der Aufsichtsratsmitglieder (§ 119 Abs. 1 Nr. 1 AktG) s. Rz. 15 und zur Satzungsänderung (§ 119 Abs. 1 Nr. 5 AktG) Rz. 16 und 36.

27   Darüber hinaus kann die Hauptversammlung einer deutschen AG gem. **§ 119 Abs. 2 AktG** auch über Fragen der **Geschäftsführung** entscheiden, wenn der Vorstand es verlangt. Allerdings hat die Hauptversammlung einer nationalen Aktiengesellschaft in Fragen der Geschäftsführung im deutschen Recht grundsätzlich keine Zuständigkeit; insbesondere kann sie sich nicht durch entsprechenden Beschluss zuständig machen, sondern ist von einem darauf gerichteten Verlangen des Vorstands abhängig[82]. Nach einer Ansicht soll die Kompetenzverteilung in der SE abschließend geregelt sein, es scheide eine Anwendung des § 119 Abs. 2 AktG aus[83], da dahingehende Änderungs-

---

79 *Spindler* in Lutter/Hommelhoff, Europäische Gesellschaft, S. 223, 233; ebenso *Brandt*, Hauptversammlung, S. 140.
80 Für das österreichische Recht *Zollner* in Kalss/Hügel, § 62 SEG Rz. 22 ff. Überblick über Regelungen nach französischem, britischem und niederländischem Recht bei *Jaeger*, Die europäische Aktiengesellschaft, 1994, S. 113; *Mayer* in Manz/Mayer/Schröder, Art. 52 SE-VO Rz. 20 ff.; zum spanischen Recht s. *Matarredona* in Matarredona (Dir.), La Sociedad Anónima Europea Domiciliada en España, 2006, S. 257 ff.
81 *Spindler* in K. Schmidt/Lutter, AktG, § 119 Rz. 1 m.w.N.
82 *Spindler* in K. Schmidt/Lutter, AktG, § 119 Rz. 14 m.w.N.
83 *Brandt*, Hauptversammlung, S. 114 ff.

vorschläge des EP zum SE-VOV 1989 nicht berücksichtigt worden seien[84]. Dieser Umkehrschluss überzeugt jedoch nicht: Denn Art. 52 Unterabs. 2 verweist auch in einem solchen Fall auf das subsidiär national anwendbare Recht, die Verordnung erstrebt gerade mit Art. 52 Unterabs. 2 einen Gleichlauf der Zuständigkeiten mit dem mitgliedstaatlichen Recht[85]. Zudem verbleibt im Fall des § 119 Abs. 2 AktG auch das Initiativrecht beim Vorstand, so dass die eigenverantwortliche Geschäftsführung der Leitungsorgane nicht gefährdet wird[86].

b) Verwendung des Bilanzgewinns

Anders als noch Art. 81 lit. g SE-VOV 1989 enthält die SE-VO **keine eigenständige**   28
Regelung für den Verwendungsbeschluss des Bilanzgewinns mehr. Im nationalen Recht findet sich in §§ 119 Abs. 1 Nr. 2, 174 Abs. 1 Satz 1 AktG eine Regelung, nach der die Hauptversammlung über die Verwendung des sich aus dem festgestellten Jahresabschluss ergebenden Bilanzgewinns entscheidet[87]. Nach einer Ansicht richtet sich daher der Gewinnverwendungsbeschluss in der SE mangels gemeinschaftsrechtlicher Regelung nach Art. 52 Unterabs. 2 Alt. 1 i.V.m. §§ 119 Abs. 1 Nr. 2, 174 Abs. 1 Satz 1 AktG, wobei die Hauptversammlung hierbei gem. § 174 Abs. 1 Satz 2 AktG an den festgestellten Jahresabschluss gebunden ist[88]. Über die Gewinnverwendung entscheidet demnach die ordentliche Hauptversammlung nach § 175 Abs. 1 AktG[89]. Das weitere Verfahren richtet sich nach dieser Auffassung wie im nationalen Recht direkt nach § 175 Abs. 2 bis 4 AktG[90]. Richtigerweise ist jedoch zu differenzieren, denn auch § 48 Abs. 1 SEAG enthält eine Regelung zur Beschlussfassung über die Verwendung des Bilanzgewinns und § 48 Abs. 2 Satz 1 SEAG verweist nur auf die entsprechende Anwendung der §§ 175 Abs. 2 bis 4, 176 Abs. 2 AktG. Obwohl die Vorschriften einen weitgehend gleichen Regelungsgehalt haben, ist für das **monistische System § 48 SEAG** daher **lex specialis** zu den §§ 174 ff. AktG[91]. Dieses verdeutlicht zum einen die Gesetzesbegründung zu §§ 47 f. SEAG[92] (s. auch Rz. 32), zum anderen die systematische Stellung in Abschnitt 4 Unterabschnitt 2 des SEAG („monistisches System"). Zwar wird in § 20 SEAG darauf hingewiesen, dass, sofern eine SE gem. Art. 38 lit. b das monistische System wählt, nur anstelle der §§ 76 bis 116 AktG die §§ 20 ff. SEAG Anwendung finden sollen[93], jedoch enthält das deutsche AktG keine Bestimmungen für die Unternehmensverfassung einer monistisch strukturierten SE. Somit ist davon auszugehen, dass auch die §§ 174 ff. AktG im monistischen System nicht direkt Anwendung finden können. Im dualistischen System einer SE ist § 48 SEAG hingegen nicht anwendbar und es muss auf die direkte Anwendung der § 119

---

84 Änderungsvorschlag Nr. 93 des EP zum SE-VOV 1989, ABl.EG Nr. C 48, S. 72, 92 f.
85 *Schwarz*, Art. 52 Rz. 25; *Kubis* in MünchKomm. AktG, Art. 52 SE-VO Rz. 20.
86 *Mayer* in Manz/Mayer/Schröder, Art. 52 SE-VO Rz. 15; *Baatz/Weydner* in Jannott/Frodermann, Handbuch Europäische Aktiengesellschaft, S. 209 f. Rz. 25; *Schwarz*, Art. 52 Rz. 24 f.; *Kubis* in MünchKomm. AktG, Art. 52 SE-VO Rz. 20; *Casper* in Spindler/Stilz, Art. 52 SE-VO Rz. 9; *Spindler* in Lutter/Hommelhoff, Europäische Gesellschaft, S. 223, 229 f.; *Teichmann*, ZGR 2003, 367, 396.
87 *Drygala* in K. Schmidt/Lutter, AktG, § 174 Rz. 3.
88 *Schwarz*, Art. 52 Rz. 32; *Brandt*, Hauptversammlung, S. 154; hierzu auch *Hüffer*, § 174 Rz. 3; *Euler/Müller* in Spindler/Stilz, § 174 AktG Rz. 7.
89 *Drygala* in K. Schmidt/Lutter, AktG, § 174 Rz. 3.
90 Hierzu *Drygala* in K. Schmidt/Lutter, AktG, § 174 Rz. 5 ff.
91 *Casper* in Spindler/Stilz, Art. 52 SE-VO Rz. 7; auch *Baatz/Weydner* in Jannott/Frodermann, Handbuch Europäische Aktiengesellschaft, S. 211 Rz. 30 gehen davon aus, dass der § 48 SEAG im monistischen System Anwendung findet; i.E. ebenso *Kubis* in MünchKomm. AktG, Art. 52 SE-VO Rz. 19.
92 Begr. RegE zu SEAG, BT-Drucks. 15/3405, S. 39 f.
93 Begr. RegE zu SEAG, BT-Drucks. 15/3405, S. 36.

Abs. 1 Nr. 2 i.V.m. §§ 174 ff. AktG zurückgegriffen werden. Ein inhaltlicher Unterschied zu der Auffassung, die den § 175 Abs. 2 bis 4 AktG direkt anwenden, ergibt sich jedoch auch im monistischen System nicht, so dass der Streit rein akademischer Natur sein dürfte. Auch wenn in § 48 SEAG nicht ausdrücklich auf § 174 Abs. 1 Satz 2 AktG verwiesen wird, ergibt sich die Bindung der Hauptversammlung an den festgestellten Jahresabschluss unmittelbar aus dem Wortlaut des § 48 Abs. 1 SEAG („zur Entgegennahme des *festgestellten* Jahresabschlusses").

29 Die Hauptversammlung einer SE beschließt gem. Art. 52 Unterabs. 2 Alt. 1 i.V.m. § 261 Abs. 3 Satz 2 AktG auch über die **Verwendung eines außerordentlichen Ertrags**, der sich aus einer höheren Bewertung von Aktiva ergibt, wenn infolge einer Sonderprüfung stille Reserven aufzudecken sind[94].

c) Entlastung der Mitglieder des Vorstands und des Aufsichtsrats

30 Nach §§ 119 Abs. 1 Nr. 3, 120 AktG ist ein **jährlicher Entlastungsbeschluss** im Sinne der Billigung der Verwaltung vorgesehen.[95] Bereits Art. VI-6-2 Sanders-Vorentwurf enthielt eine an § 120 AktG angelehnte Entlastung. Die SE-VOV 1970 und 1975 sahen aber keine diesbzgl. Kompetenzzuweisung im als abschließend anzusehenden Zuständigkeitskatalog an die Hauptversammlung einer SE vor; jedoch fand ein Entlastungsbeschluss in Art. 92 Abs. 3, Art. 216 Abs. 3 und Art. 218 SE-VOV 1970 zumindest Erwähnung. Im SE-VOV 1975 finden sich dagegen keine vergleichbaren Vorschriften mehr, stattdessen wurde die Entlastung als negative Voraussetzung für die Erhebung einer Haftungsklage in Art. 71 Abs. 4, Art. 81 Abs. 3 SE-VOV 1975 statuiert[96]. Eine Kompetenz der Hauptversammlung zur Erteilung einer Entlastung war jedoch nachweislich der Begründung zu Art. 91 SE-VOV 1975 nicht vorgesehen[97]. Auch der SE-VOV 1989 kennt keine Regelungen zur Entlastung mehr[98]. Ebenfalls ist in den nachfolgenden Statutentwürfen die Entlastung nicht mehr geregelt, obwohl sich das EP und der WSA ausdrücklich für eine Aufnahme des Entlastungsbeschlusses in den Zuständigkeitskatalog ausgesprochen hatten[99]. Daraus könnte im Umkehrschluss auf den abschließenden Charakter der SE-VO geschlossen werden ohne Verweis auf das mitgliedstaatliche Recht über Art. 52 Unterabs. 2 Alt. 1[100]. Andererseits richtet sich die Haftung der Organmitglieder gem. Art. 51 allein nach dem Sitzstaatrecht (Art. 51 Rz. 5); im Gegensatz zu § 120 Abs. 2 Satz 2 AktG[101] kann auf europäischer Ebene zudem ein Entlastungsbeschluss eine Haftung ausschließen[102]. Außerdem erfolgt auch die Abberufung der Organmitglieder nach nationalem Recht (Rz. 15), im deutschen Recht kann aber eine verweigerte Entlastung eine Abberufung aus wichtigem Grund darstellen[103]. Um einen Einklang mit dem nationalen Recht zu erreichen, ist somit davon auszugehen, dass die SE-VO einem solchen Entlas-

---

94 Zu den Ausnahmen *Kleindiek* in K. Schmidt/Lutter, AktG, § 261 Rz. 11.
95 *Spindler* in K. Schmidt/Lutter, AktG, § 120 Rz. 11, 13 m.w.N.
96 Begr. d. Komm. zum SE-VOV 1975, BT-Drucks. 7/3713, S. 213, 236.
97 Begr. d. Komm. zu Art. 91 SE-VOV 1975, BT-Drucks. 7/3713, S. 221.
98 *Schwarz*, Art. 52 Rz. 30; *Hommelhoff*, AG 1990, 422, 427.
99 Stellungnahme des WSA zum SE-VOV 1989, ABl.EG Nr. C 124 v. 21.5.1990, S. 34, 40; Stellungnahme des EP zum SE-VOV 1989, ABl.EG Nr. C 48 v. 25.2.1991, S. 72, 88, 92; EP, Bericht des Rechtsausschusses zum SE-VOV 1989, Teil A, S. 35, Teil B, S. 36.
100 So *Brandt*, Hauptversammlung, S. 149 f.; s. auch *Hommelhoff*, AG 1990, 422, 427.
101 *Spindler* in K. Schmidt/Lutter, AktG, § 120 Rz. 42. Wie im deutschen Recht, allerdings ohne ausdrückliche Regelung, die österreichische Regelung, hierzu *Strasser* in Jabornegg/Strasser, öAktG, 4. Aufl. 2001, § 104 Rz. 2; *Zollner* in Kalss/Hügel, § 62 SEG Rz. 22; s. auch *Mayer* in Manz/Mayer/Schröder, Art. 52 SE-VO Rz. 30.
102 *Schwarz*, Art. 52 Rz. 30; zur österreichischen Regelung des § 104 öAktG s. *Bachner* in MünchKomm. AktG, § 120 Rz. 54.
103 *Spindler* in K. Schmidt/Lutter, AktG, § 120 Rz. 45.

tungsbeschluss nicht entgegensteht[104]. Gem. Art. 52 Unterabs. 2 Alt. 1 i.V.m. §§ 119 Abs. 1 Nr. 3, 120 AktG hat die Hauptversammlung daher die Kompetenz zur Entlastung der Mitglieder des Vorstandes und des Aufsichtsrates. Für das Verwaltungsorgan und die Geschäftsführer gilt § 120 AktG entsprechend[105].

d) Jahresabschluss

Nach Art. 61 f. hat die SE zwar einen Jahresabschluss und einen konsolidierten Abschluss aufzustellen, jedoch sieht die Verordnung selbst, anders als noch Art. 81 lit. f SE-VOV 1989, **keine eigene Zuständigkeitsregelung für die Feststellung des Jahresabschlusses** mehr vor. Bei Aufstellung ihres Jahresabschlusses, ihres konsolidierten Abschlusses einschließlich des dazugehörigen Jahresberichts sowie der Prüfung und der Offenlegung dieser Abschlüsse unterliegt die SE daher nach Art. 52 Unterabs. 2 Alt. 1 den für die Aktiengesellschaften am Sitz der SE geltenden Vorschriften[106].

31

Sofern nicht Vorstand und Aufsichtsrat dieses beschließen oder der Aufsichtsrat die Billigung des Jahresabschlusses verweigert, ist gem. §§ 172 Satz 1, 173 Abs. 1 Satz 1 AktG die **Hauptversammlung in Deutschland grundsätzlich nicht** für die Feststellung des Jahresabschlusses **zuständig**[107]. Eine ähnliche Regelung zu § 172 AktG findet sich in § 47 Abs. 5 SEAG, während § 173 Abs. 1 AktG weitgehend § 47 Abs. 6 SEAG entspricht. Nach der Begründung des Gesetzgebers sollte wegen der besonderen Bedeutung des Jahresabschlusses und wegen der Eigenarten, die für das monistische System gelten, im SEAG eine eigenständige Regelung getroffen werden[108]. Auch wenn die Normen den gleichen Regelungsgehalt haben, stellt für das monistische System § 47 Abs. 5 und Abs. 6 SEAG somit lex specialis zu den §§ 172 Satz 1, 173 Abs. 1 Satz 1 AktG dar[109]. Dieses verdeutlicht zum einen die Gesetzesbegründung, zum anderen die systematische Stellung in Abschnitt 4 Unterabschnitt 2 des SEAG („monistisches System") (ausführlich bereits Rz. 28). Über die Verweisung des Art. 52 Unterabs. 2 Alt. 1 ist damit auch die Hauptversammlung einer „deutschen" SE, entweder nach §§ 172 Satz 1, 173 Abs. 1 Satz 1 AktG oder gem. § 47 Abs. 5, Abs. 6 SEAG grundsätzlich nicht für die Feststellung des Jahresabschlusses zuständig. Die Hauptversammlung im monistischen System hat aber nach § 48 Abs. 1 SEAG die Aufgabe, den vom Verwaltungsrat gebilligten und damit festgestellten Jahresabschluss und Jahresbericht sowie den vom Verwaltungsrat gebilligten Einzelabschluss nach § 325 Abs. 2a Satz 1 HGB entgegenzunehmen. Zudem ist sie im monistischen System bei einem Mutterunternehmen (§ 290 Abs. 1, 2 HGB) gem. § 48 Abs. 1 SEAG zur Entgegennahme des vom Verwaltungsrat gebilligten Konzernabschlusses und des Konzernlageberichts befugt. Unabhängig von einer monistischen oder dualistischen Systemwahl, kommt der Hauptversammlung einer in Deutsch-

32

104 So auch *Schwarz*, Art. 52 Rz. 30; *Kubis* in MünchKomm. AktG, Art. 52 SE-VO Rz. 19; *Zollner* in Kalss/Hügel, § 62 SEG Rz. 22; ohne nähere Begründung zustimmend *Gutsche*, EA für kleine und mittlere Unternehmen, S. 84; *Leupold*, Europäische Aktiengesellschaft, S. 100; weiterführend *Spindler* in Lutter/Hommelhoff, Europäische Gesellschaft, S. 223, 236.
105 *Schwarz*, Art. 52 Rz. 30.
106 *Jahn/Herfs-Röttgen*, DB 2001, 631, 634; *Schwarz*, Art. 52 Rz. 31; *Brandt*, Hauptversammlung, S. 154; *Kubis* in MünchKomm. AktG, Art. 52 SE-VO Rz. 19; zwischen Art. 9 Abs. lit. c und Art. 52 Satz 2 hingegen noch offen lassend *Spindler* in Lutter/Hommelhoff, Europäische Gesellschaft, S. 223, 237.
107 *Drygala* in K. Schmidt/Lutter, AktG, § 172 Rz. 1, § 173 Rz. 1 ff. Anders jedoch die Regelung im französischen Recht, nach der die Hauptversammlung nach Art. L 225-100 Abs. 3 C. Com stets für die Feststellung des Jahresabschluss zuständig ist; ebenso Art. 163 B.W. Niederlande; hierzu *Brandt*, Hauptversammlung, S. 154; *Schwarz*, Art. 52 Rz. 31.
108 Begr. RegE zu SEAG, BT-Drucks. 15/3405, S. 39.
109 Unklar *Schwarz*, Art. 52 Rz. 30; so wie hier wohl *Baatz/Weydner* in Jannott/Frodermann, Handbuch Europäische Aktiengesellschaft, S. 211 Rz. 31; *Ihrig/Wagner*, BB 2003, 969, 976.

land ansässigen SE auch im Fall einer rückwirkenden Kapitalherabsetzung nach § 234 Abs. 2 AktG[110] und im Fall der Abwicklung einer SE nach § 270 Abs. 2 AktG[111] für die Aufstellung des Jahresabschlusses eine Zuständigkeit zu[112]. Demzufolge besitzt die Hauptversammlung einer SE mit Sitz in Deutschland lediglich in Ausnahmefällen über die Verweisung des Art. 52 Unterabs. 2 Alt. 1 in dem Bereich des Jahresabschlusses eine selbständig zugewiesene Kompetenz.

33   Auch für die Kontrolle des Jahresabschlusse finden sich in der SE-VO keine Regelungen, so dass ebenfalls das nationale Recht zur Anwendung gelangt. Nach § 119 Abs. 1 Nr. 4 AktG i.V.m. § 318 Abs. 1 HGB bestellt die Hauptversammlung somit auch den **Abschlussprüfer**[113].

e) Sonderprüfung

34   Nach § 119 Abs. 1 Nr. 7 AktG, der auf die Sonderprüfung gem. §§ 142 ff. AktG Bezug nimmt[114], beschließt die Hauptversammlung im nationalen Recht auch über die Bestellung von Prüfern zur Prüfung von Vorgängen bei der Gründung oder der Geschäftsführung. Mangels Regelung in der Verordnung selbst ist über den Verweis des Art. 52 Unterabs. 2 Alt. 1 das **jeweilige nationale Recht einschlägig**. Die SE-VO ist nicht abschließend, denn auch die einzelnen Mitgliedstaaten weisen der Hauptversammlung z.T. eine entsprechende Kompetenz zu[115]. Die Hauptversammlung einer in Deutschland ansässigen SE ist daher auch gem. Art. 52 Unterabs. 2 Alt. 1 i.V.m. §§ 119 Abs. 1 Nr. 7, 142 ff. AktG für den Beschluss zur Bestellung von Prüfern bei der Sonderprüfung zuständig[116]. SE-spezifische Besonderheiten bestehen nicht.

f) Auflösung der Gesellschaft

35   Zwar besteht nach Art. 63 eine ungeschriebene mitgliedstaatliche Kompetenz der Hauptversammlung (Rz. 23), aber der Verweis in das nationale Recht tritt ergänzend (Rz. 9) daneben. Bereits Art. 63 2. Halbs. zeigt daher, dass für die Auflösung der Gesellschaft **nationales Recht** einschlägig ist Die Hauptversammlung einer SE in Deutschland ist somit gem. §§ 119 Abs. 1 Nr. 8, 262 Abs. 1 Nr. 2 AktG zur jederzeitigen Auflösung durch Beschluss zuständig, wenn eine Mehrheit von mindestens drei Viertel des bei der Beschlussfassung vertretenen Grundkapitals zustimmt[117]. Auch die Zuständigkeit für einen **Fortsetzungsbeschluss** sowie die **Zuständigkeiten in der Abwicklung** richten sich gem. Art. 63 nach nationalem Recht (Art. 63 Rz. 37 ff.). Nach § 274 Abs. 1 Satz 1 AktG kann die Hauptversammlung einer SE mit Sitz in

---

110 *Veil* in K. Schmidt/Lutter, AktG, § 234 Rz. 4.
111 *Riesenhuber* in K. Schmidt/Lutter, AktG, § 270 Rz. 1.
112 *Brandt*, Hauptversammlung, S. 154; *Schwarz*, Art. 52 Rz. 31.
113 *Schwarz*, Art. 52 Rz. 32; *Brandt*, Hauptversammlung, S. 154; *Kubis* in MünchKomm. AktG, Art. 52 SE-VO Rz. 19; zum deutschen Recht s. *Hüffer*, § 119 Rz. 5; *Baumbach/Hopt*, § 318 HGB Rz. 1.
114 *Spindler* in K. Schmidt/Lutter, AktG, § 119 Rz. 12.
115 So kennt das englische Recht eine ungeschriebene Reservezuständigkeit der Generalversammlung für den Fall, dass das *Board* seine, ausgehend von Art. 70 Table A, anerkannte Kompetenz zur Stellung eines Antrags beim *Secretary of State* zur Initiierung einer *investigation by inspectors* nicht ausüben kann oder will, s. hierzu *Jänich*, Aktienrechtliche Sonderprüfung, 2005, S. 182 m.w.N. Das französische Recht beinhaltet hingegen keine Kompetenz zur Initiierung einer *expertise de gestion* für die Versammlung der Anteilseigner; stattdessen sind nur die Minderheitsaktionäre sowie die Aktionärsvereinigungen nach Art. L 225-231 C.com antragsberechtigt, s. *Jänich*, Aktienrechtliche Sonderprüfung, 2005, S. 114 ff. m.w.N.
116 So auch *Mayer* in Manz/Mayer/Schröder, Art. 52 SE-VO Rz. 13.
117 Ausführlich hierzu *Riesenhuber* in K. Schmidt/Lutter, AktG, § 262 Rz. 8 ff.

Deutschland die Fortsetzung der Gesellschaft beschließen, solange noch nicht mit der Verteilung des Vermögens unter den Aktionären begonnen wurde, wenn die SE durch Zeitablauf oder durch Hauptversammlungsbeschluss gem. §§ 119 Abs. 1 Nr. 8, 262 Abs. 1 Nr. 2 AktG aufgelöst wurde[118]. Eine Kompetenz besteht gem. § 265 Abs. 2 Satz 1 AktG auch für die Bestellung anderer Personen als die Vorstandsmitglieder als Abwickler[119]. Weitere Sonderzuständigkeiten in der Abwicklung stehen der Hauptversammlung einer in Deutschland ansässigen SE nach §§ 269 Abs. 3 Satz 2, 270 Abs. 2 AktG zu[120].

g) Änderung der Satzung

Gem. §§ 119 Abs. 1 Nr. 5, 179 Abs. 1 Satz 1 AktG bedarf im deutschen Recht jede   36
Satzungsänderung einer nationalen AG eines Beschlusses der Hauptversammlung[121]. Eine **Kompetenz** der Hauptversammlung **für Änderungen der Satzung** ergibt sich bei der SE jedoch bereits aus Art. 52 Unterabs. 1 lit. a i.V.m. Art. 59 (Rz. 16). Die gemeinschaftsrechtliche Zuständigkeitszuweisung ist insofern spezieller als die §§ 119 Abs. 1 Nr. 5, 179 Abs. 1 Satz 1 AktG des deutschen Rechts. Die **nationalen Vorschriften** finden daneben **keine Anwendung** (Rz. 9). Gleiches gilt für Kapitalmaßnahmen, denn Art. 5 stellt aufgrund seiner Entstehungsgeschichte keine Ausnahmevorschrift zu Art. 59 dar. Dieses findet im Ergebnis seine Entsprechung im deutschen Recht: Auch wenn gem. § 119 Abs. 1 Nr. 6 AktG Maßnahmen der Kapitalbeschaffung (§§ 182 ff. AktG) einschließlich der Ausgabe von Wandel- und Gewinnschuldverschreibungen (§ 221 AktG) und der Kapitalherabsetzung (§§ 222 ff. AktG) in die Zuständigkeit der Hauptversammlung einer nationalen AG fallen[122], stellt eine Kapitalerhöhung auch immer eine Satzungsänderung dar und bedarf somit eines Beschlusses der Hauptversammlung einer nationalen AG gem. § 179 Abs. 1 Satz 1 AktG[123].

h) Ersetzung der Zustimmung der Verwaltung (§ 111 Abs. 4 Satz 3 AktG)

Nach Art. 48 hat der Aufsichtsrat bzw. das Verwaltungsorgan bestimmte Geschäfts-   37
führungsmaßnahmen zu genehmigen (Art. 48 Rz. 2 ff.). Für den Fall der Verweigerung der Genehmigung enthält die SE-VO keine Regelung. Umstritten ist daher, ob die verweigerte Zustimmung durch einen **Hauptversammlungsbeschluss ersetzt** werden kann. Im nationalen Recht ist dies auf Verlangen des Vorstandes gem. § 111 Abs. 4 Satz 3 AktG möglich[124]. Zwar kann die Hauptversammlung einer in Deutschland ansässigen SE gem. Art. 52 Unterabs. 2 Alt. 2 i.V.m. § 119 Abs. 2 AktG mit einzelnen Geschäftsführungsfragen (Rz. 27) und auch mit für die in der Satzung festgelegten Arten von Geschäften befasst werden[125], so dass daraus abgeleitet werden könnte, dass sie dann auch die verweigerte Zustimmung ersetzen können muss[126]. Doch ist Art. 48 abschließend und ein Rückgriff auf § 111 Abs. 4 Satz 3 AktG folglich ausgeschlossen[127]. Dies folgt aus einem Vergleich mit den Vorgängerstatuten von 1970,

---

118 *Brandt*, Hauptversammlung, S. 145; *Schwarz*, Art. 63 Rz. 32 ff., 47.
119 *Riesenhuber* in K. Schmidt/Lutter, AktG, § 265 Rz. 5.
120 *Brandt*, Hauptversammlung, S. 145; hierzu *Bachmann* in Spindler/Stilz, § 269 AktG Rz. 9 f.; *Euler/Binger* in Spindler/Stilz, § 270 AktG Rz. 93 ff.
121 *Seibt* in K. Schmidt/Lutter, AktG, § 179 Rz. 22.
122 *Spindler* in K. Schmidt/Lutter, AktG, § 119 Rz. 10.
123 *Hüffer*, § 182 Rz. 3; *Kubis* in MünchKomm. AktG, Art. 52 SE-VO Rz. 17.
124 *Drygala* in K. Schmidt/Lutter, AktG, § 111 Rz. 49 f.
125 *Schwarz*, Art. 48 Rz. 14; *Casper* in Spindler/Stilz, Art. 52 SE-VO Rz. 9.
126 *Schwarz*, Art. 48 Rz. 29; Art. 52 Rz. 26; i.E. ebenso *Baatz/Weydner* in Jannott/Frodermann, Handbuch Europäische Aktiengesellschaft, S. 209 Rz. 25.
127 *Brandt*, Hauptversammlung, S. 150 ff.; *Manz* in Manz/Mayer/Schröder, Art. 48 SE-VO Rz. 24; *Kubis* in MünchKomm. AktG, Art. 52 SE-VO Rz. 20; *Spindler* in Lutter/Hommel-

1975, 1989 und 1991, die ebenfalls keine entsprechende ausdrückliche Kompetenzregelung trafen, obwohl eine solche zwischenzeitlich gefordert worden war[128]. Anders als bei der Abberufung streitet hier die von der SE-VO detailliert geregelte interne Organisation des Aufsichtsrates dafür, im Zweifel eher von einem abschließenden Charakter der SE-VO auszugehen[129]. Eine spiegelbildliche Befugnis der Hauptversammlung wie bei Bestellung und Abberufung ist auch nicht anzunehmen, da dieses Recht zur Vorlage an die Hauptversammlung kein Pendant in der Organisation der Leitungsorgane der SE-VO hat. Richtigerweise ist daher davon auszugehen, dass aufgrund der abschließenden Regelung ein **Rückgriff auf das nationale Recht des § 111 Abs. 4 AktG ausgeschlossen** ist. Dies bedeutet auch keinen gravierenden Eingriff in die Rechte der Eigentümer, da im Falle des Art. 48 Unterabs. 1 die Satzungsgestaltung als eine Form der antizipierten Zustimmung interpretiert werden kann, und im Falle des Art. 48 Unterabs. 2 die nach Art. 57 mit einfacher Stimmenmehrheit mögliche Abberufung des Aufsichtsrates eine Lösungsmöglichkeit bietet[130].

i) Vergütungsregelung (§ 113 AktG)

38 Während die Vorgängerentwürfe noch in Art. IV-2-7 *Sanders*-Vorentwurf sowie Art. 79 Abs. 1 SE-VOV 1970 und 1975 Regelungen zur **Vergütung des Aufsichtsorgans** enthielten, schweigt die SE-VO hierüber. Da eine Vergütung in den Mitgliedstaaten aber üblich ist[131], ist nicht von einer abschließenden Regelung auszugehen. In der SE-VO kommt es daher grundsätzlich über Art. 9 Abs. 1 lit. c ii zur Anwendung des Sitzstaatrechts[132]. Sofern die Hauptversammlung einer nationalen Aktiengesellschaft die Vergütung festlegen kann, gilt dieses gem. Art. 52 Unterabs. 2 Alt. 1 auch für die jeweilige SE[133]. Nach § 113 Abs. 1 Satz 2 AktG kann eine dualistisch strukturierte SE mit Sitz in Deutschland die Vergütung des Aufsichtsrats von der Gesellschaftssatzung oder von der Hauptversammlung festsetzen[134]. Auch kann die Hauptversammlung, wenn die Vergütung in der Satzung bestimmt wurde, gem. § 113 Abs. 1 Satz 4 AktG eine Satzungsänderung beschließen, durch welche die Vergütung herabgesetzt wird[135].

39 Im monistischen System verweist § 38 Abs. 1 SEAG für die **Vergütung des Verwaltungsorgans** auf die entsprechende Anwendung des § 113 AktG. Auch hier kommt

hoff, Europäische Gesellschaft, S. 223, 235; *Lange*, EuZW 2003, 301, 305; zu den Vorgängerentwürfen ebenso *Leupold*, Europäische Aktiengesellschaft, S. 94 f.; *Reinkensmeier*, Die Organisation der Geschäftsführung und ihrer Überwachung in der europäischen Aktiengesellschafter, 1992, S. 133; *Gutsche*, EA für kleine und mittlere Unternehmen, S. 97 f.; *Zawischa*, ZfRV 1976, 125, 130; *Walther/Wiesner*, GmbHR 1975, 247, 251.

128 WSA, Stellungnahme zum SE-VOV 1970, ABl.EG Nr. C 131 v. 13.12.1972, S. 32, 42; WSA, Stellungnahme zum SE-VOV 1989, ABl.EG Nr. C 124 v. 21.5.1990, S. 34, 39 f.; UNICE, Stellungnahme zum Verordnungsvorschlag von 1989, European Company Statute Position v. 20.11.1989, S. 6; s. auch *Walther*, AG 1972, 99, 102; *Walther/Wiesner*, GmbHR 1975, 247, 251.

129 *Spindler* in Lutter/Hommelhoff, Europäische Gesellschaft, S. 223, 235; i.E. ähnlich *Reinkensmeier*, Die Organisation der Geschäftsführung und ihrer Überwachung in der europäischen Aktiengesellschaft, 1992, S. 133; *Brandt*, Hauptversammlung, S. 151 f.

130 *Spindler* in Lutter/Hommelhoff, Europäische Gesellschaft, S. 223, 235.

131 *Schwarz*, Art. 40 Rz. 88.

132 Ebenso *Schwarz*, Art. 40 Rz. 88; *Brandt*, Hauptversammlung, S. 153.

133 *Spindler* in Lutter/Hommelhoff, Europäische Gesellschaft, S. 223, 235; *Kubis* in MünchKomm. AktG, Art. 52 SE-VO Rz. 21; *Brandt*, Hauptversammlung, S. 152 f.

134 *Baatz/Weydner* in Jannott/Frodermann, Handbuch Europäische Aktiengesellschaft, S. 210 Rz. 26; *Schwarz*, Art. 52 Rz. 27.

135 *Drygala* in K. Schmidt/Lutter, AktG, § 113 Rz. 7.

der Hauptversammlung über den Verweis des Art. 52 Unterabs. 2 Alt. 1 demzufolge eine Kompetenz zu[136], die Ausführungen zu Rz. 38 gelten entsprechend.

j) Geltendmachung von Ersatzansprüchen

In Art. 15 und 20 SE-VOV 1975 fand sich noch eine Regelung über die Haftung im 40 Verordnungsentwurf, aber bereits Art. 15, 28 SE-VOV 1989 und Art. 28 SE-VOV 1991 enthielten stattdessen einen **Verweis für Haftungsfragen in das nationale Recht**[137]. Die Hauptversammlung einer nationalen AG hat in Deutschland gem. § 147 Abs. 1 Satz 1 AktG die Kompetenz, die Ersatzansprüche der Gesellschaft aus der **Gründung** gegen die nach den §§ 46 bis 48, 53 AktG verpflichteten Personen (1. Alt.) oder aus der Geschäftsführung gegen die **Mitglieder des Vorstands und des Aufsichtsrats** (2. Alt.) oder aus **§ 117 AktG** (3. Alt.) durch Beschluss geltend zu machen[138].

§§ 46 ff. AktG regeln im nationalen Recht die **Gründungshaftung**. Hiernach haften 41 die Gründer, deren Verwaltungsorgane und die Gründungsprüfer für die Ordnungsmäßigkeit des Gründungsvorgangs[139]. Aus der Entstehungsgeschichte der VO zu den Haftungsfragen (Rz. 40) ist zu schließen, dass das Statut keine abschließende Regelungslücke enthält; die Regelungslücke ist daher durch die Anwendung des nationalen Rechts nach §§ 46 ff. AktG zu schließen[140]. Über Art. 52 Unterabs. 2 Alt. 1 findet daneben auch § 50 AktG Anwendung, nach dem die SE auf Ersatzansprüche verzichten oder sich hierüber vergleichen kann, wenn die Hauptversammlung zustimmt[141].

In der SE-VO richtet sich die **Haftung der Mitglieder der Verwaltungsorgane** gem. 42 Art. 51 nach mitgliedstaatlichem Recht (dazu Art. 51 Rz. 5). Die Regelung des § 147 Abs. 1 Satz 1 AktG gilt daher auch für eine in Deutschland ansässige SE[142]. Wenn die Hauptversammlung einen entsprechenden Beschluss fasst, müssen die Ersatzansprüche somit durch die SE geltend gemacht werden[143]. Die noch in Art. 79 SE-VOV 1989 enthaltene Regelung über den Verzicht der Haftungsklage ist zugunsten der Mitgliedstaaten gestrichen worden[144]. Die Gesellschaft kann gem. § 93 Abs. 4 Satz 3 AktG ebenfalls unter der Voraussetzung der Zustimmung der Hauptversammlung auf die Ersatzansprüche verzichten oder sich hierüber vergleichen[145].

Mangels Regelung in der Verordnung findet über den Verweis des Art. 52 Unterabs. 2 43 Alt. 1 auch § 117 Abs. 4 AktG Anwendung, der für die Aufhebung der Ersatzpflicht der Gesellschaft im Falle der Schadensersatzpflicht nach § 117 Abs. 1 AktG[146] auf die sinngemäße Anwendung des § 93 Abs. 4 Satz 3 und 4 AktG verweist. Auch die **Aufhebung der Schadensersatzpflicht** ist demnach von der Zustimmung der Hauptversammlung abhängig.

---

136 Begr. RegE zu SEAG, BT-Drucks. 15/3405, S. 38; *Schwarz*, Art. 52 Rz. 27.
137 Unterrichtung durch die BReg. zu SE-VOV 1991, BT-Drucks. 12/1004 v. 30.7.1991, S. 1, 3.
138 Ausführlich hierzu *Spindler* in K. Schmidt/Lutter, AktG, § 147 Rz. 3 ff.
139 *Bayer* in K. Schmidt/Lutter, AktG, § 46 Rz. 1 ff.
140 *Brandt*, Hauptversammlung, S. 153; *Schwarz*, Art. 52 Rz. 29. Für das österreichische Recht
     s. *Zollner* in Kalss/Hügel, § 62 SEG Rz. 26 f.
141 Hierzu *Bayer* in K. Schmidt/Lutter, AktG, § 50 Rz. 3 ff.
142 *Spindler* in Lutter/Hommelhoff, Europäische Gesellschaft, S. 223, 235 f.
143 *Schwarz*, Art. 52 Rz. 29; *Brandt*, Hauptversammlung, S. 153; *Baatz/Weydner* in Jannott/Frodermann, Handbuch Europäische Aktiengesellschaft, S. 210 Rz. 26; *Kubis* in MünchKomm.
     AktG, Art. 52 SE-VO Rz. 21.
144 Unterrichtung durch die BReg. zu SE-VOV 1991, BT-Drucks. 12/1004 v. 30.7.1991, S. 1, 10.
145 *Krieger/Sailer* in K. Schmidt/Lutter, AktG, § 93 Rz. 60; *Schwarz*, Art. 52 Rz. 28; *Spindler* in
     Lutter/Hommelhoff, Europäische Gesellschaft, S. 223, 236.
146 Hierzu *Hommelhoff* in K. Schmidt/Lutter, AktG, § 117 Rz. 6 ff.

k) Sonstiges

44   Für den Fall der Gründung einer SE durch Beteiligung einer SE ergibt sich die Zuständigkeitsverweisung an die Hauptversammlung bereits aus der Verordnung selbst, für die anderen Fälle wird auf das nationale Recht verwiesen (Rz. 13). Auch für den Fall der **Verschmelzung** einer SE mit einer nationalen Aktiengesellschaft (zur Zulässigkeit Art. 3 Rz. 3) hat die Hauptversammlung somit gem. § 65 Abs. 1 i.V.m. § 13 Abs. 1 UmwG eine Kompetenz[147] und ist folglich über die Verweisung des Art. 52 Unterabs. 2 Alt. 1 auch für einen derartigen Verschmelzungsbeschluss zuständig. Die Hauptversammlung einer SE in Deutschland hat daneben eine Kompetenz für die Zustimmung zum Abschluss und zur Änderung eines **Unternehmensvertrages** nach §§ 293 Abs. 1, 295 Abs. 1 AktG[148]. Zustimmungspflichtig sind gem. § 179a AktG des Weiteren die Verträge, durch die sich eine SE zur Übertragung des ganzen Gesellschaftsvermögens verpflichtet, ohne dass die Übertragung unter die Vorschriften des Umwandlungsgesetzes fällt[149]. Auch die Kompetenzen der Hauptversammlung im Falle der **Nachgründung** (§ 52 AktG) und des **Erwerbs eigener Aktien** (§ 78 Abs. 1 Nr. 8 AktG) sind über den Verweis des Art. 52 Unterabs. 2 Alt. 1 anwendbar[150].

2. Kompetenz durch Satzung (Art. 52 Unterabs. 2 Alt. 2)

45   Aufgrund § 23 Abs. 5 AktG kann die Satzung die Zuständigkeiten unter den Organen nur abweichend vom deutschen Aktienrecht regeln, wenn das Aktiengesetz dies ausdrücklich für zulässig erklärt[151]. Damit sind der **satzungsmäßigen Zuständigkeitsregelung** über Art. 52 Unterabs. 2 Alt. 2 auch für die SE enge Grenzen gesetzt[152]. Zudem sind die Vorgaben der gemeinschaftsrechtlichen Organisationsverfassung zu beachten (Rz. 9), zu denen sich eine Zuständigkeit kraft Satzung nicht in Widerspruch setzen darf[153]. Zwar kennen sowohl das dänische Recht (§ 69 Abs. 2 Nr. 3 ASL) als auch das schwedische Recht (Kap. 9 § 5 Nr. 4 ABL) sowie das englische Recht eine sehr weitgehende Satzungsgestaltung im Bereich der Zuständigkeitsordnung[154], jedoch besteht im deutschen Recht nur nach § 119 Abs. 1 Alt. 2 i.V.m. § 23 Abs. 5 AktG eine Gestaltungsmöglichkeit[155]. Im Wesentlichen können der Hauptversammlung daher durch Satzung im Zusammenhang mit der Bildung von gesetzlich nicht vorgesehenen Gremien wie Beiräten oder Ausschüssen Kontroll- und Entscheidungsfunktionen übertragen werden[156]. Zudem erlaubt § 68 Abs. 2 Satz 3 AktG der Sat-

---

147   *Baatz/Weydner* in Jannott/Frodermann, Handbuch Europäische Aktiengesellschaft, S. 210 Rz. 27; *Teichmann*, ZGR 2003, 367, 373; *Heckschen* in Widmann/Mayer, Anhang 14 Rz. 237 ff., 242, 311; ausführlich zum nationalen Recht *Stratz* in Schmitt/Hörtnagl/Stratz, UmwG, § 65 Rz. 2 ff.

148   *Langenbucher* in K. Schmidt/Lutter, AktG, § 293 Rz. 21, § 295 Rz. 22; *Spindler* in Lutter/Hommelhoff, Europäische Gesellschaft, S. 223, 227.

149   *Mayer* in Manz/Mayer/Schröder, Art. 52 SE-VO Rz. 16; *Baatz/Weydner* in Jannott/Frodermann, Handbuch Europäische Aktiengesellschaft, S. 210 Rz. 26; *Heckschen* in Widmann/Mayer, Anhang 14 Rz. 341, 346 f.

150   *Kubis* in MünchKomm. AktG, Art. 52 SE-VO Rz. 21.

151   *Seibt* in K. Schmidt/Lutter, AktG, § 23 Rz. 53.

152   *Schwarz*, Art. 52 Rz. 33; *Kubis* in MünchKomm. AktG, Art. 52 SE-VO Rz. 23; *Mayer* in Manz/Mayer/Schröder, Art. 52 SE-VO Rz. 19; *Baatz/Weydner* in Jannott/Frodermann, Handbuch Europäische Aktiengesellschaft, S. 211 Rz. 32; *Casper* in Spindler/Stilz, Art. 52 SE-VO Rz. 14; *Brandt*, Hauptversammlung, S. 121 f.; *Hirte*, NZG 2002, 1, 5; hierzu auch *Hommelhoff* in FS Ulmer, S. 267, 274 f.

153   *Schwarz*, Art. 52 Rz. 33.

154   Hierzu *Brandt*, Hauptversammlung, S. 122.

155   *Spindler* in K. Schmidt/Lutter, AktG, § 119 Rz. 1.

156   *Brandt*, Hauptversammlung, S. 121 f.; *Schwarz*, Art. 52 Rz. 33; *Baatz/Weydner* in Jannott/Frodermann, Handbuch Europäische Aktiengesellschaft, S. 211 Rz. 32 m.w.N.

zung, der Hauptversammlung die Zustimmung zur Übertragung von Aktien zu über-lassen[157].

3. Kompetenz durch ungeschriebene nationale Zuständigkeiten

Es ist strittig, ob durch die Verweisung von Art. 52 Unterabs. 2 in das nationale Recht   46
auch **ungeschriebene mitgliedstaatliche Zuständigkeiten** der Hauptversammlung er-fasst werden. Diese Frage stellt sich im deutschen Aktienrecht insbesondere im Zu-sammenhang mit der durch das Gelatine-Urteil[158] bekräftigten und präzisierten[159] Rechtsprechung der **Holzmüller-Doktrin** des BGH[160], nach der eine Geschäftsfüh-rungsmaßnahme, die zwar von der Außenvertretungsmacht des Vorstandes formal noch gedeckt ist, aber gleichwohl tief in die Mitgliedschaftsrechte der Aktionäre und deren Vermögensinteressen eingreift, der Zustimmung der Hauptversammlung nach § 119 Abs. 2 AktG bedarf[161]. Im Fall einer Anwendung dieser Grundsätze auf die SE besteht hiernach für bestimmte Geschäfte eine Vorlagepflicht für das Leitungs- bzw. analog für das Verwaltungsorgan.

Die wohl h.M. vertritt die **Anwendung der (nationalen) Holzmüller-Doktrin auch auf**   47
die SE[162]. Bereits zu den Vorgängerentwürfen wurde dies vertreten[163]. Dass es sich um Richterrecht handelt, stünde einer Verweisung nicht entgegen, zumal einige Rechtsordnungen der Mitgliedstaaten sich explizit auf case law stützen[164]. Auch der Wortlaut der Vorschrift schließt die Übertragung der Holzmüller-Doktrin nicht aus, zumal die in den anderen Sprachfassung verwendeten Begriffe „par la *loi* de cet État membre", „the *law* of that Member State" das ungeschriebene wie das kodifizierte Recht umfassen[165]. Jedoch bestehen daran erhebliche Zweifel, abgesehen von der Frage der Verweisung auf Richterrecht[166] und den damit verbundenen Einbußen an Rechtssicherheit[167]. Denn im Lichte einer gemeinschaftseinheitlichen Lösung sind Satzungsgestaltungen vorzuziehen, die über eine genaue Bestimmung des Unterneh-

---

157 *Baatz/Weydner* in Jannott/Frodermann, Handbuch Europäische Aktiengesellschaft, S. 211 Rz. 32; s. hierzu auch *Hüffer*, § 68 Rz. 13 f.; *Cahn* in Spindler/Stilz, § 68 AktG Rz. 40 f.

158 BGH v. 26.4.2004 – II ZR 155/02, AG 2004, 384 ff. = NJW 2004, 1860 ff. – „Gelatine II"; dazu *Fleischer*, NJW 2004, 2335 ff.; *Bungert*, BB 2004, 1345 ff.; *Koppensteiner*, Der Konzern 2004, 381 ff.; *Weißhaupt*, AG 2004, 585; *Altmeppen*, ZIP 2004, 999 ff.; *Fuhrmann*, AG 2004, 339 ff.; *Götze*, NZG 2004, 585 ff.; *Goette*, DStR 2004, 927 ff.; *Just*, EWiR 2004, 573 ff.; *Lieb-scher*, ZGR 2005, 1 ff.; *Habersack*, AG 2005, 137 ff.

159 *Spindler* in Lutter/Hommelhoff, Europäische Gesellschaft, S. 223, 228 m.w.N.

160 BGH v. 25.2.1982 – II ZR 174/80, BGHZ 83, 122, 131 = AG 1982, 158, 163 – „Holzmüller".

161 Ausführlich hierzu *Spindler* in K. Schmidt/Lutter, AktG, § 119 Rz. 26 ff.

162 *Schwarz*, Art. 52 Rz. 35; *Baatz/Weydner* in Jannott/Frodermann, Handbuch Europäische Ak-tiengesellschaft, S. 211 ff. Rz. 34 ff.; *Mayer* in Manz/Mayer/Schröder, Art. 52 SE-VO Rz. 10, 17 f.; *Zollner* in Kalss/Hügel, § 62 SEG Rz. 21; *Heckschen* in Widmann/Mayer, Anhang 14 Rz. 341, 348 ff.; *Casper* in Spindler/Stilz, Art. 52 SE-VO Rz. 12 f.; *Thümmel*, Europäische Ak-tiengesellschaft, S. 122 Rz. 258; allgemein zur Anwendung ungeschriebenen Rechts auch *Teichmann*, ZGR 2002, 383, 398.

163 *Hommelhoff*, AG 1990, 422, 428; *Artmann*, wbl 2002, 189, 196; *Casper* in FS Ulmer, S. 51, 69; *Gutsche*, EA für kleine und mittlere Unternehmen, S. 104 f.; *Maul*, Die faktisch abhängi-ge SE (Societas Europaea) im Schnittpunkt zwischen deutschem und europäischem Recht, 1998, S. 40 ff.; *Buchheim*, Europäische Aktiengesellschaft und grenzüberschreitende Kon-zernverschmelzung – Der aktuelle Entwurf der Rechtsform aus betriebswirtschaftlicher Sicht, 2001, S. 250; *Jaeger*, Die europäische Aktiengesellschaft, 1994, S. 115 f.; *Körner* in Paschke/Iliopoulos (Hrsg.), Europäisches Privatrecht, 1998, S. 531, 550 f.

164 *Schwarz*, Art. 52 Rz. 35, Einl. Rz. 134 mit umfangreichen w.N.

165 *Mayer* in Manz/Mayer/Schröder, Art. 52 SE-VO Rz. 10.

166 Abl. *Kubis* in MünchKomm. AktG, Art. 52 SE-VO Rz. 22; *Brandt*, Hauptversammlung, S. 123 ff.; unter Hinweis auf Art. 83 SE-VOV 1975 ähnlich bereits *Sonnenberger* in Lutter, Europäische Aktiengesellschaft, 2. Aufl. 1978, S. 73, 75.

167 *Kubis* in MünchKomm. AktG, Art. 52 SE-VO Rz. 22.

mensgegenstands die Geschäftsführung in gewünschter Weise begrenzen können[168]. Auch setzt man sich in Widerspruch zu dem Wortlaut des Art. 52 Unterabs. 2 („übertragen"), denn übertragen werden können nur geschriebene Regelungen[169]. Abgesehen davon sorgen bereits die ungeschriebenen Zuständigkeiten nach der SE-VO für den nötigen Schutz der Aktionäre, so dass sich im Ergebnis bei einer EU-freundlichen Auslegung keine großen Differenzen zwischen den Auffassungen ergeben sollten.

Art. 53
[Organisation und Ablauf der Hauptversammlung; Abstimmungsverhalten]

Für die Organisation und den Ablauf der Hauptversammlung sowie für die Abstimmungsverfahren gelten unbeschadet der Bestimmungen dieses Abschnitts die im Sitzstaat der SE für Aktiengesellschaften maßgeblichen Rechtsvorschriften.

Literatur: S. vor Art. 52 SE-VO.

I. Grundlagen

1. Regelungsgegenstand und Normzweck

1 Der konkret nach zeitlichen, örtlichen und inhaltlichen Vorgaben strukturierte Ablauf einer Hauptversammlung ist in der SE-VO nicht geregelt. Art. 53 verweist für **Organisation, Ablauf und Abstimmungsverfahren** lediglich auf das Recht des Sitzstaates, unbeschadet der Bestimmungen der SE-VO über die Hauptversammlung.

---

168 *Brandt*, Hauptversammlung, S. 132 ff.; i.E. zustimmend *Kubis* in MünchKomm. AktG, Art. 52 SE-VO Rz. 22.
169 *Brandt*, Hauptversammlung, S. 130.

Demgemäß gilt der Verweis in das nationale Recht lediglich subsidiär[1]. Das Abstimmungsverfahren wird in Art. 57 bis 60 z.T. spezieller geregelt (Art. 57 Rz. 1).

2. Historische Entwicklung

Die Vorgängervorschrift Art. 81a SE-VOV 1991 verwies ebenso wie Art. 53 für die im   2
Entwurf ungeregelten Fragen der Organisation und des Ablaufs der Hauptversammlung generell auf das jeweilige nationale Recht des Sitzstaats. Nach der Kommissionsbegründung zum Statut von 1991 sollte Art. 81a SE-VOV 1991 die zahlreichen im Vorschlag von 1989 in Art. 84, 88, 89, 90, 91, 99 SE-VOV 1989 noch bestehenden **Einzelregelungen ersetzen**[2]. Zwar stellte Art. 81a SE-VOV 1991 seinem Wortlaut nach durch die Aufzählung einzelner Anwendungsbereiche die ausführlichere Regelung im Vergleich zur jetzigen Fassung dar, indem er beispielhaft die Stimmabgabe, die Einberufung der Hauptversammlung sowie die Teilnahme und Vertretung benannte. Ein Unterschied zu der heutigen Regelung ergab sich jedoch ansonsten nicht.

Diese Regelungstechnik setzte sich in dem Ratsentwurf von 1998 in Art. 53 SE-RatsE   3
1998 fort, der die teils in Art. 81a SE-VOV 19991 exemplarisch genannten Regelungen zur Teilnahme und Vertretung (Art. 86, 87 SE-VOV 1991) sowie zur Stimmkraft und Stimmabgabe (Art. 92 SE-VOV 1991) entfallen ließ. Stattdessen fand sich, bereits wortgleich mit der heutigen Vorschrift, der **Verweis auf das Recht des jeweiligen Sitzstaats** der SE.

II. Reichweite der Verweisung

Art. 53 verweist generell auf das jeweilige Sitzstaatsrecht, allerdings gehen die   4
Art. 54 bis Art. 56, welche Regelungen über die Häufigkeit und Form der Einberufung der Hauptversammlung sowie über die Ergänzung der Tagesordnung enthalten, als **lex specialis** vor (Rz. 1)[3]. Die gemeinschaftseinheitliche Ausgestaltung der Einberufung, der Teilnahme und Vertretung in der Hauptversammlung dient insofern der Rechtssicherheit und insbesondere dem Aktionärsminderheitenschutz[4].

Art. 9 Abs. 1 lit. c ii als allgemeine Generalverweisung (Art. 9 Rz. 7) wird durch   5
Art. 53 als speziellere Norm zur **Ausfüllung von Regelungslücken bei** der Durchführung der Hauptversammlung verdrängt. Die Verweisung nach Art. 53 erstreckt sich aber nur auf alle Fragen der Durchführung der Hauptversammlung, hier lediglich der Organisation, der Ablauf und des Abstimmungsverhaltens. Diese Aufzählung ist zwar in Art. 53 selbst als abschließend zu verstehen, jedoch werden Rechtsfragen außerhalb des Anwendungsbereichs der Vorschrift über die allgemeine Generalverweisung in Art. 9 Abs. 1 lit. c ii erfasst, welche ebenfalls zur Anwendung des Sitzstaatrechts der SE und somit zum gleichen Ergebnis führt[5].

---

1 *Schwarz*, Art. 53 Rz. 4; *Kubis* in MünchKomm. AktG, Art. 52 SE-VO Rz. 1; *Spindler* in Lutter/
   Hommelhoff, Europäische Gesellschaft, S. 223, 237; s. auch *Casper* in Spindler/Stilz, Art. 53
   SE-VO Rz. 1: „partielle Generalverweisung".
2 Unterrichtung durch die BReg. zu SE-VOV 1991, BT-Drucks. 12/1004 v. 30.7.1991, S. 1, 10 f.;
   hierzu *Merkt*, BB 1992, 652, 657; *Schwarz*, Art. 53 Rz. 2; *Brandt*, Hauptversammlung, S. 173
   m.w.N.
3 *Schwarz*, Art. 53 Rz. 4; *Brandt*, Hauptversammlung, S. 173.
4 *Brandt*, Hauptversammlung, S. 173.
5 Ebenso *Schwarz*, Art. 53 Rz. 5; wohl auch *Kubis* in MünchKomm. AktG, Art. 53 SE-VO
   Rz. 1 ff.

III. Organisation und Ablauf der Hauptversammlung

6 Die Durchführung der Hauptversammlung unterliegt **in den Mitgliedstaaten unterschiedlichen Regelungen**[6]. Der Ablauf und die Organisation der Hauptversammlung in England sind im Companies Act 1985 geregelt, in Frankreich gelten für die SA die Bestimmungen des 5. Kapitels des Code de Commerce (Art. 225-96 bis 225-126) sowie die Vorschriften der Art. 120 bis 153-3 der VO Nr. 67-236 vom 23.3.1967 und für die SARL finden Art. 223-27 ff. des Code de Commerce in Verbindung mit Art. 37, 38, 40 und 53 VO Nr. 67–236 vom 23.3.1967 Anwendung. In Österreich werden die Organisation und der Ablauf der Hauptversammlung im Wesentlichen in den §§ 105–114 AktG geregelt[7]. Im deutschen Recht finden sich Vorschriften zum Ablauf einer Hauptversammlung sowohl in §§ 50 f. SEAG (hierzu ausführlich Art. 55 Rz. 5) als auch in den §§ 121 ff. AktG.

1. Begriff

7 Unter den Begriff **Organisation und Ablauf der Hauptversammlung** fallen die Einberufung, die Tagesordnung, die Teilnahme und die Vertretung der Aktionäre in der Hauptversammlung, die Feststellung der Anwesenheit, die Stimmabgabe, die Hauptversammlungsniederschrift, die Beschlussfassung sowie das Informationsrecht der Aktionäre[8], wie sich aus einem Vergleich mit der Vorgängernorm des Art. 81a SE-VOV 1991 ergibt[9]. Als Teil der Organisation und des Ablaufs ist auch die Vorbereitung einer Hauptversammlung anzusehen, die daher ebenfalls von der Verweisung des Art. 53 in das nationale Recht umfasst ist[10].

2. Organisation der Hauptversammlung

8 Die Organisation der Hauptversammlung richtet sich im Fall einer fehlenden Spezialverweisung gem. Art. 53 nach dem **Recht des Sitzstaates** der SE. Nicht umfasst von der Verweisung in das mitgliedstaatliche Recht des Art. 53 wird hingegen die Einberufung als solche, die von der spezielleren Norm des Art. 54 geregelt wird (hierzu ausführlich Art. 54 Rz. 2)[11].

a) Ort

9 Eine Regelung bzgl. des Ortes der Hauptversammlung trifft die SE-VO selbst nicht, auch nicht in Art. 54 Abs. 2, der nur den zeitlichen Aspekt der Hauptversammlung betrifft. Über den Verweis des Art. 53 ist für eine in Deutschland ansässige Gesellschaft damit § 121 Abs. 5 Satz 1 AktG zu beachten, wonach die Hauptversammlung am **Sitz der Gesellschaft** stattfinden soll, sofern durch **Satzung** nicht etwas anderes bestimmt ist[12]. Der Ort der Hauptversammlung bestimmt sich daher in erster Linie

---

6 Überblick bei *Jaeger*, Die europäische Aktiengesellschaft, 1994, S. 121 ff.; *Mayer* in Manz/Mayer/Schröder, Art. 53 SE-VO Rz. 40; hierzu auch *Schwarz*, Art. 53 Rz. 5 m.w.N.
7 Zum österreichischen Recht s. *Zollner* in Kalss/Hügel, § 62 SEG Rz. 11 ff.
8 *Mayer* in Manz/Mayer/Schröder, Art. 53 SE-VO Rz. 3 f.; *Schwarz*, Art. 53 Rz. 7; *Baatz/Weydner* in Jannott/Frodermann, Handbuch Europäische Aktiengesellschaft, S. 222 f.; *Hirte*, NZG 2002, 1, 8; *Schwarz*, ZIP 2001, 1847, 1857; *Spindler* in Lutter/Hommelhoff, Europäische Gesellschaft, S. 223, 244.
9 *Schwarz*, Art. 53 Rz. 7; *Mayer* in Manz/Mayer/Schröder, Art. 53 SE-VO Rz. 4.
10 *Brandt*, Hauptversammlung, S. 174; *Schwarz*, Art. 53 Rz. 7; *Kubis* in MünchKomm. AktG, Art. 53 SE-VO Rz. 2.
11 *Schwarz*, Art. 54 Rz. 1; a.A. aber wohl *Kubis* in MünchKomm. AktG, Art. 53 SE-VO Rz. 3 ff.
12 *Kubis* in MünchKomm. AktG, Art. 53 SE-VO Rz. 10; *Schwarz*, Art. 53 Rz. 9; *Spindler* in Lutter/Hommelhoff, Europäische Gesellschaft, S. 223, 238 m.w.N. zum nationalen Recht.

nach der Satzung[13]. § 121 Abs. 5 AktG stellt eine Sollvorschrift dar, von der nur bei Vorliegen erheblicher Gründe abgewichen werden kann[14]. Daneben kann gem. § 121 Abs. 5 Satz 2 AktG eine in Deutschland zum Handel im regulierten Markt zugelassene Aktiengesellschaft auch die Hauptversammlung am Sitz der Börse vornehmen[15]. Anders als im nationalen Recht, für das nach wie vor umstritten ist, ob eine **Hauptversammlung auch im Ausland** abgehalten werden darf[16], ist dies für die SE-Hauptversammlung entsprechend der Praxis anderer Mitgliedstaaten[17] zu bejahen. Die Argumente gegen eine Hauptversammlung im Ausland bei einer nationalen AG sind im Fall der SE anders zu werten[18]. Anders als die nationale AG trägt die SE gerade europäischen Charakter, so dass von einer unzumutbaren Erschwerung der Teilnahme nicht ausgegangen werden kann[19]. Bei der SE ist eine EU-freundliche Auslegung des § 121 Abs. 5 AktG geboten[20]. Missbräuchen durch willkürliche, nur schwer erreichbare oder weit vom Ort des Sitzes der SE entfernte Hauptversammlungen kann durch Anfechtungsklagen erfolgreich entgegengetreten werden[21]. Auch an die Kenntnisse der beurkundenden Notare im Ausland wird man bei der SE-VO andere Anforderungen stellen müssen, wenn es um die Voraussetzungen des § 130 AktG geht[22].

b) Tele- und Internet-Hauptversammlung

Offen in der SE-VO ist auch, ob andere Hauptversammlungsformen als die reine Präsenz-Hauptversammlung zulässig sind; demgemäß findet über den Verweis des Art. 53 das **mitgliedstaatliche Recht** Anwendung. Nach deutschem Recht ist zwar die rein virtuelle Hauptversammlung nach wie vor unzulässig[23], dafür jedoch die **Hauptversammlung mit flankierendem Interneteinsatz** und Stimmrechtsausübung

10

---

13 *Semler* in MünchHdb. AG, § 35 Rz. 31; *Hüffer*, § 121 Rz. 12; *Kubis* in MünchKomm. AktG, § 121 Rz. 56; *Richter* in Semler/Volhard (Hrsg.) Arbeitshandbuch für die Hauptversanmlung, 2. Aufl. 2003, § 7 Rz. 3.
14 *Semler* in MünchHdb. AG, § 35 Rz. 35; *Kubis* in MünchKomm. AktG, § 121 Rz. 56; *Schwarz*, Art. 53 Rz. 9.
15 *Ziemons* in K. Schmidt/Lutter, AktG, § 121 Rz. 52.
16 Ausführlich *Ziemons* in K. Schmidt/Lutter, AktG, § 121 Rz. 54 ff. Für Zulässigkeit bei Satzungsregelung: *Hüffer*, § 121 Rz. 14 ff.; *Semler* in MünchHdb. AG, § 35 Rz. 32 f.; *Kubis* in MünchKomm. AktG, § 121 Rz. 55, 60 m.w.N.; abl. dagegen OLG Hamburg v. 7.5.1993 – 2 Wx 55/91, ZIP 1993, 921; *Butzke* in Obermüller/Werner/Winden, Die Hauptversammlung der Aktiengesellschaft, 4. Aufl. 2001, S. 15 Rz. 10; *Schaaf*, Die Praxis der Hauptversammlung, 2. Aufl. 1999, S. 38 ff.; *Möhring/Schwartz*, Die Aktiengesellschaft und ihre Satzung, 2. Aufl. 1966, S. 180.
17 *Gomard/Ebeling* in Blanpain, International encyclopaedia of laws, 2000, Dänemark, Rz. 200; *Peytz* in Maitland-Walker, Guide to european company laws, 1997, Denmark, S. 145, 160 f.; *Ong/Hegarty* in Maitland-Walker, Guide to european company laws, 1997, Ireland, S. 310, 323; *Brandt*, Hauptversammlung, S. 175.
18 Ebenso *Kubis* in MünchKomm. AktG, Art. 53 SE-VO Rz. 10; *Schwarz*, Art. 53 Rz. 10; *Casper* in Spindler/Stilz, Art. 53 SE-VO Rz. 4; *Spindler* in Lutter/Hommelhoff, Europäische Gesellschaft, S. 223, 238 f.; a.A. *Heckschen* in Widmann/Mayer, Anhang 14 Rz. 497, der nur bei Vorliegen einer Satzungsregelung der SE bzw. bei Vorliegen einer Vollversammlung von einer Zulässigkeit der HV im Ausland ausgeht.
19 *Brandt*, Hauptversammlung, S. 176; s. auch *Schiessl*, DB 1992, 823; für die nationale AG so aber *Richter* in Semler/Volhard (Hrsg.), Arbeitshandbuch für die Hauptversammlung, 2. Aufl. 2003, § 7 Rz. 7; kritisch zu einem derartigen Schutzbedürfnis aber *Semler* in MünchHdb. AG, § 35 Rz. 33.
20 *Spindler* in Lutter/Hommelhoff, Europäische Gesellschaft, S. 223, 239 m.w.N.; *Schwarz*, SE-VO, 2006, Art. 53 Rz. 10.
21 *Spindler* in Lutter/Hommelhoff, Europäische Gesellschaft, S. 223, 239 m.w.N. zum nationalen Recht.
22 *Kubis* in MünchKomm. AktG, Art. 53 SE-VO Rz. 10; vorsichtiger aber *Casper* in Spindler/Stilz, Art. 53 SE-VO Rz. 4.
23 Ausführlich *Spindler* in K. Schmidt/Lutter, AktG, § 118 Rz. 46.

während der Hauptversammlung über Stimmrechtsvertreter (hierzu noch Rz. 20). Dies gilt angesichts des besonderen Charakters als grenzüberschreitender Rechtsform in besonderem Maße für die SE (Rz. 9)[24]. Unterstützt wird diese europarechtskonforme Auslegung auch von dem Vorschlag der EU-Kommission einer Richtlinie zur erleichterten grenzüberschreitenden Stimmrechtsausübung[25].

c) Dauer

11   Eine Regelung für die Dauer der Hauptversammlung findet sich weder in der Verordnung noch im deutschen Recht[26]. Wird die Hauptversammlung im nationalen Recht nur für einen Tag festgelegt, muss der Versammlungsbeginn so gewählt werden, dass die Tagesordnung am gleichen Tag ordnungsgemäß abgewickelt werden kann und nicht über Mitternacht hinausgeht[27]. Ansonsten muss die Hauptversammlung vorsorglich für zwei Tage einberufen werden[28]. Angesetzt werden kann die Hauptversammlung aber auch aufgrund besonderer Gründe auf mehrere Tage, wenn die Komplexität einzelner Tagesordnungspunkte eine zeitaufwändige Behandlung erwarten lässt[29]. Gleiches gilt gem. Art. 53 auch für eine in Deutschland ansässige SE[30].

d) Zeitpunkt

12   Zwar gehört neben Ort und Dauer auch der Zeitpunkt der Einberufung der Hauptversammlung nach dem Wortlaut noch zur Organisation, jedoch trifft **Art. 54** hierfür **spezielle Regelungen**, die insofern dem Art. 53 vorgehen (Rz. 4)[31]. Da Art. 54 Abs. 2 zudem für weitere Einzelheiten auf das jeweilige Sitzstaatrecht der SE verweist (Art. 54 Rz. 3 f., 22) verbleibt für Art. 53 hier kein Spielraum.

e) Mitteilungspflichten im Vorfeld

13   Die **Mitteilungspflichten der Gesellschaft gegenüber den Aktionären** im Vorfeld der Hauptversammlung sind ebenfalls nicht in der SE-VO geregelt. Jedoch findet hier nicht Art. 53 Anwendung[32], sondern **Art. 54 Abs. 2**, da dieser bezogen auf derartige Mitteilungspflichten wie z.B. Form, Inhalt und Frist der Einberufung die speziellere Vorschrift darstellt[33]. Im Ergebnis besteht durch den Verweis auf das jeweilige natio-

---

24   *Spindler* in Lutter/Hommelhoff, Europäische Gesellschaft, S. 223, 239.
25   „Vorschlag für eine Richtlinie des Europäischen Parlaments und des Rates über die Ausübung der Stimmrechte durch Aktionäre von Gesellschaften, die ihren eingetragenen Sitz in einem Mitgliedstaat haben und deren Aktien zum Handel auf einem geregelten Markt zugelassen sind, sowie zur Änderung der Richtlinie 2004/109/EG" v. 5.1.2006, COM 2005 (685), abrufbar unter http://eur-lex.europa.eu/LexUriServ/site/de/com/2005/com2005_0685de01.pdf; hierzu *Grundmann/Winkler*, ZIP 2006, 1421 ff.; *Noack*, NZG 2006, 321 ff.; *Schmidt, J.*, BB 2006, 1641 ff.; *Wand/Tillmann*, AG 2006, 443 ff.; *Spindler* in VGR (Hrsg.), Gesellschaftsrecht in der Diskussion 2005, 2006, S. 31, 37 ff.
26   *Brandt*, Hauptversammlung, S. 177; *Schwarz*, Art. 53 Rz. 11; zum deutschen Recht *Kubis* in MünchKomm. AktG, § 121 Rz. 35; *Hüffer*, § 121 AktG Rz. 12.
27   *Ziemons* in K. Schmidt/Lutter, AktG, § 121 Rz. 33.
28   *Ziemons* in K. Schmidt/Lutter, AktG, § 121 Rz. 32.
29   *Butzke* in Obermüller/Werner/Winden, Die Hauptversammlung der Aktiengesellschaft, 4. Aufl. 2001, S. 17 f. Rz. 16 ff.; *Brandt*, Hauptversammlung, S. 177; *Schwarz*, Art. 53 Rz. 11; *Kubis* in MünchKomm. AktG, § 121 Rz. 35; *Kubis* in MünchKomm. AktG, Art. 53 SE-VO Rz. 9; *Hüffer*, § 121 AktG Rz. 17.
30   *Schwarz*, Art. 53 Rz. 11; *Brandt*, Hauptversammlung, S. 177.
31   Ebenso *Kubis* in MünchKomm. AktG, Art. 53 SE-VO Rz. 4.
32   So aber *Brandt*, Hauptversammlung, S. 177; *Kubis* in MünchKomm. AktG, Art. 53 SE-VO Rz. 11; wohl auch *Casper* in Spindler/Stilz, Art. 53 SE-VO Rz. 5.
33   So auch *Schwarz*, Art. 53 Rz. 12, Art. 54 Rz. 18.

nale Recht jedoch kein Unterschied, lediglich die Verweisnorm ist eine andere. Zu den Vorbereitungspflichten der Kreditinstitute s. Art. 54 Rz. 24.

f) Anträge und Gegenanträge

Anders als in Art. 86 SE-VOV 1970 und Art. 89 SE-VOV 1975, die noch Regelungen **14** für Anträge zu Beschlussgegenständen der Tagesordnung und zur Behandlung von Gegenanträgen enthielten, finden sich **keine Vorschriften** zur Behandlung von Anträgen und Gegenanträgen zu Tagesordnungspunkten in der SE-VO mehr. Art. 56 findet keine Anwendung, denn die Vorschrift betrifft lediglich die Aufstellung der Tagesordnungspunkte selbst (Art. 56 Rz. 2)[34], von denen das Recht, Anträge ohne Aufnahme in die Tagesordnung und ohne Bekanntmachung auch noch in der Hauptversammlung zu stellen, zu unterscheiden ist, s. § 124 Abs. 4 Satz 2 AktG[35]. Für die SE kommt daher über Art. 53 das jeweilige Sitzstaatrecht zur Anwendung[36]. Für Anträge und Gegenanträge gelten somit für eine in Deutschland ansässige SE die §§ 124 Abs. 4, 125, 126 AktG.

g) Universalversammlung

Sowohl Art. 86 Abs. 4 SE-VOV 1970 und 1975 als auch Art. 91 Abs. 2 SE-VOV 1989 **15** sahen noch Regelungen zur Universalversammlung vor, während die SE-VO **keine diesbezügliche Vorschrift** mehr kennt. Auch wenn die Begründung der Kommission zur Streichung des Art. 91 in der SE-VOV 1991 undeutlich ist[37], ist daher nicht von einem „beredten Schweigen" auszugehen, so dass über Art. 53 daher das mitgliedstaatliche Recht zur Anwendung gelangt[38], mithin § 121 Abs. 6 AktG[39]. Danach sind Mängel im Einberufungsverfahren unbeachtlich, sofern alle Aktionäre erschienen oder vertreten sind und kein Aktionär der Beschlussfassung widerspricht[40]. Auch Verstöße gegen die in Art. 52 ff. unmittelbar geregelten Verfahrensfragen sind in das Vollversammlungsprivileg des § 121 Abs. 6 AktG einzubeziehen, sofern die Vollversammlung den Charakter einer Hauptversammlung besitzt[41]; ein Beschlussverfahren unter Abwesenden kann demgegenüber auch bei allseitiger Zustimmung nicht zu einer wirksamen Beschlussfassung führen[42].

3. Ablauf der Hauptversammlung

Auch über den Ablauf der Hauptversammlung finden sich in der SE-VO **keine Regelungen**, während die Vorgängerentwürfe z.T. vereinzelte Detailvorschriften kannten, **16**

---

34 *Schwarz*, Art. 53 Rz. 13, Art. 56 Rz. 1; *Baatz/Weydner* in Jannott/Frodermann, Handbuch Europäische Aktiengesellschaft, S. 221 Rz. 86 f.
35 *Ziemons* in K. Schmidt/Lutter, AktG, § 124 Rz. 46; *Semler* in MünchHdb. AG, § 35 Rz. 47, 60; zur Abgrenzung s. auch *Kubis* in MünchKomm. AktG, § 124 Rz. 71 ff.
36 *Brandt*, Hauptversammlung, S. 224 f.; *Schwarz*, Art. 53 Rz. 13; *Baatz/Weydner* in Jannott/Frodermann, Handbuch Europäische Aktiengesellschaft, S. 220 f.; *Gutsche*, EA für kleine und mittlere Unternehmen, 1994, S. 193.
37 S. Begr. d. Komm. zu Art. 91 SE-VOV 1991, BT-Drucks. 12/1004 v. 30.7.1991, S. 1, 10.
38 *Schwarz*, Art. 53 Rz. 14; *Kubis* in MünchKomm. AktG, Art. 52 SE-VO Rz. 3, Art. 53 SE-VO Rz. 23; *Brandt*, Hauptversammlung, S. 179; *Gutsche*, EA für kleine und mittlere Unternehmen, 1994, S. 189.
39 *Kubis* in MünchKomm. AktG, Art. 52 SE-VO Rz. 3, Art. 53 SE-VO Rz. 23; *Schwarz*, Art. 53 Rz. 14; *Brandt*, Hauptversammlung, S. 179.
40 *Ziemons* in K. Schmidt/Lutter, AktG, § 121 Rz. 58 ff.; *Brandt*, Hauptversammlung, S. 179; *Schwarz*, Art. 53 Rz. 14; *Kubis* in MünchKomm. AktG, Art. 53 SE-VO Rz. 23.
41 *Kubis* in MünchKomm. AktG, § 121 Rz. 63; *Hüffer*, § 121 Rz. 19 ff.
42 *Kubis* in MünchKomm. AktG, Art. 53 SE-VO Rz. 23; s. auch *Brandt*, Hauptversammlung, S. 264.

auch wenn sie kein komplettes Regelwerk hierzu enthielten[43]. Unter den Hauptversammlungsablauf fallen die Ausübung der Mitgliedschaftsrechte, die Hauptversammlungsleitung sowie die Niederschrift der Hauptversammlung.

a) Ausübung der Mitgliedschaftsrechte

17 **aa) Teilnahme.** Im Gegensatz zu der SE-VO billigte noch der Art. 86 SE-VOV 1991 ausdrücklich jedem Aktionär ein Teilnahmerecht zu; Art. 86 SE-VOV 1989 verlangte vorher noch, dass die gesetzlichen oder satzungsmäßigen Förmlichkeiten erfüllt sein müssen[44]. Aufgrund der unterschiedlichen Ausgestaltung der Formvorschriften in den Mitgliedstaaten ist davon auszugehen, dass letztendlich **bewusst auf eine einheitliche Vorgabe in der SE-VO verzichtet** wurde[45]. Die Verordnung enthält mit Ausnahme des Art. 38 lit. a SE-VO, der von der „Hauptversammlung der Aktionäre" spricht, dementsprechend keinerlei Anhaltspunkte für den Kreis der Teilnehmer der Hauptversammlung, für den Umfang des Teilnahmerechts bzw. für eine Teilnahmepflicht.

18 Über den Verweis des Art. 53 SE-VO gilt daher für eine in Deutschland ansässige SE § **118 AktG**[46]. Die Hauptversammlung einer SE mit Sitz in Deutschland ist eine **Präsenz-Hauptversammlung** (zur Möglichkeit einer virtuellen Hauptversammlung Rz. 10) und teilnahmeberechtigt sind alle Aktionäre[47]. Die Gesellschaftssatzung konnte bisher gem. § 123 Abs. 2 bis 4 AktG vorsehen, dass die Teilnahme auf der Hauptversammlung von der rechtzeitigen Hinterlegung der Aktien oder einer Anmeldung abhängig gemacht wird[48]; durch die Änderung des § 123 AktG durch das UMAG ist eine entsprechende Forderung der Satzung nicht mehr möglich[49]. Nach dem Vorschlag für eine Richtlinie zur Stimmrechtsausübung in börsennotierten Gesellschaften soll dieses record-date-Verfahren EU-weit eingeführt werden[50].

19 Art. 87 Abs. 2 SE-VOV 1970 und 1975 sowie Art. IV-3-4 Abs. 2 *Sanders*-Vorentwurf sahen noch ein Teilnahmerecht für Inhaber von **Wandelschuldverschreibungen** vor. Eine derartige Regelung kennt die SE-VO nicht mehr, ohne dass damit ein Verbot verbunden wäre, den Kreis der teilnahmeberechtigten Personen auch auf **Dritte** zu

---

43 Hierzu ausführlich *Brandt*, Hauptversammlung, S. 224 f.
44 Hierzu *Brandt*, Hauptversammlung, S. 222 f.
45 So *Brandt*, Hauptversammlung, S. 223.
46 *Kubis* in MünchKomm. AktG, Art. 53 SE-VO Rz. 23; *Mayer* in Manz/Mayer/Schröder, Art. 53 SE-VO Rz. 5; *Heckschen* in Widmann/Mayer, Anhang 14 Rz. 500; *Casper* in Spindler/Stilz, Art. 53 SE-VO Rz. 6; a.A. *Schwarz*, Art. 53 Rz. 23, der aber über den Verweis des Art. 9 Abs. 1 lit. c SE-VO zu dem gleichen Ergebnis kommt.
47 *Kubis* in MünchKomm. AktG, Art. 53 SE-VO Rz. 14; *Mayer* in Manz/Mayer/Schröder, Art. 53 SE-VO Rz. 12 ff.; *Baatz/Weydner* in Jannott/Frodermann, Handbuch Europäische Aktiengesellschaft, S. 223 Rz. 96; zum deutschen Recht *Hüffer*, § 118 Rz. 12; *Hoffmann* in Spindler/Stilz, § 118 Rz. 11; *Kubis* in MünchKomm. AktG, § 118 Rz. 24.
48 Hierzu *Brandt*, Hauptversammlung, S. 223; *Mayer* in Manz/Mayer/Schröder, Art. 53 SE-VO Rz. 13; *Baatz/Weydner* in Jannott/Frodermann, Handbuch Europäische Aktiengesellschaft, S. 223 Rz. 97 f.
49 *Ziemons* in K. Schmidt/Lutter, AktG, § 123 Rz. 1 ff.; *Schwarz*, Art. 53 Rz. 22.
50 Art. 7 Abs. 1 des Vorschlages für eine Richtlinie des Europäischen Parlaments und des Rates über die Ausübung der Stimmrechte durch Aktionäre von Gesellschaften, die ihren eingetragenen Sitz in einem Mitgliedstaat haben und deren Aktien zum Handel auf einem geregelten Markt zugelassen sind, sowie zur Änderung der Richtlinie 2004/109/EG" v. 5.1.2006, COM 2005 (685), abrufbar unter http://eur-lex.europa.eu/LexUriServ/site/de/com/2005/com2005_0685de01.pdf; hierzu *Noack*, NZG 2006, 321, 323; *J.Schmidt*, BB 2006, 1641, 1642 f.; *Spindler* in VGR (Hrsg.), Gesellschaftsrecht in der Diskussion 2005, 2006, S. 31, 45 f. m.w.N.

erstrecken[51]. Auch hier gilt über Art. 53 § 118 AktG, so dass die Mitglieder des Leitungs- und Aufsichtsorgans teilnehmen müssen[52] (ohne Möglichkeit eines Satzungsdispenses[53]) sowie der Versammlungsleiter und der Notar, nicht aber der Abschlussprüfer[54] oder Medienvertreter teilnehmen können[55]. Eine allgemeine Öffentlichkeit der Hauptversammlung besteht nicht, so dass andere Personen – selbst bei größeren börsennotierten Gesellschaften – auch in der SE kein Teilnahmerecht haben[56]; sie können aber als Gäste vom Versammlungsleiter zugelassen werden[57]. Ebenso bestimmt sich Inhalt und Umfang des Teilnahmerechts gem. Art. 53 i.V.m. § 118 AktG nach dem nationalen Recht[58].

bb) Stimmrechtsvertretung. Art. 88 SE-VOV 1970 und Art. 88, 88a und 88b SE-VOV 20
1975, Art. 87 und 88 SE-VOV 1989 enthielten noch detaillierte Regelungen zur Stimmrechtsvertretung, während Art. 87 SE-VOV 1991 nur noch bestimmte, dass die Aktionäre sich von einer Person ihrer Wahl vertreten lassen können, wodurch dem Aktionär die größtmögliche Freiheit bei der Auswahl seines Vertreters gewährt werden sollte[59]. Da die SE-VO keine Regelung zur Stimmrechtsvertretung mehr enthält und nicht von einer abschließenden Regelung auszugehen ist, kommt gem. Art. 53 das **jeweilige Sitzstaatsrecht** der SE zur Anwendung[60]. Die nach wie vor in Europa bestehenden **Diskrepanzen bei der Stimmrechtsausübung** bleiben daher auch bei der SE bestehen, da für eine deutsche SE die §§ 129 Abs. 3, 134 Abs. 3, 135 AktG Anwendung finden[61], nicht aber etwa die Abstimmung per Brief[62]. Keine Regelungen finden sich auch für die heftig umstrittenen Fragen des „proxy-voting", der Stimmrechtsvertretung durch von der SE benannte Stellvertreter; auch hier wird das deut-

---

51 So auch *Schwarz*, Art. 53 Rz. 23; *Brandt*, Hauptversammlung, S. 223; wohl auch *Mayer* in Manz/Mayer/Schröder, Art. 53 SE-VO Rz. 14 ff.

52 *Schwarz*, Art. 53 Rz. 23; *Kubis* in MünchKomm. AktG, Art. 53 SE-VO Rz. 14; *Mayer* in Manz/Mayer/Schröder, Art. 53 SE-VO Rz. 14; *Heckschen* in Widmann/Mayer, Anhang 14 Rz. 500; *Brandt*, Hauptversammlung, S. 223.

53 Anders als nach § 118 Abs. 2 Satz 2 AktG kann die reine räumliche Entfernung zwischen dem Hauptversammlungsort und dem Dienst- bzw. Wohnsitz des Organmitglieds als Befreiungstatbestand aufgrund der Internationalität der Gesellschaft und der damit oft zwingend verbundenen weiteren Entfernungen nicht geltend gemacht werden, *Kubis* in MünchKomm. AktG, Art. 53 SE-VO Rz. 14; zur Teilnahmepflicht ähnlich *Baatz/Weydner* in Jannott/Frodermann, Handbuch Europäische Aktiengesellschaft, S. 224.

54 Dieser ist aber ausnahmsweise im Fall des § 176 Abs. 2 Satz 1 AktG zur Teilnahme verpflichtet, *Brandt*, Hauptversammlung, S. 224; *Schwarz*, Art. 53 Rz. 23; *Mayer* in Manz/Mayer/Schröder, Art. 53 SE-VO Rz. 15; zum deutschen Recht *Kubis* in MünchKomm. AktG, § 118 Rz. 57; *Hüffer*, § 118 Rz. 11.

55 *Spindler* in K. Schmidt/Lutter, AktG, § 118 Rz. 45. Ebenso *Kubis* in MünchKomm. AktG, Art. 53 SE-VO Rz. 14; zur Erstreckung auf Dritte s. auch *Mayer* in Manz/Mayer/Schröder, Art. 53 Rz. 17; *Baatz/Weydner* in Jannott/Frodermann, Handbuch Europäische Aktiengesellschaft, S. 224.

56 *Mayer* in Manz/Mayer/Schröder, Art. 53 SE-VO Rz. 17; *Schwarz*, Art. 53 Rz. 23; *Brandt*, Hauptversammlung, S. 224 m.w.N. zum nationalen Recht.

57 Einzelheiten bei *Spindler* in K. Schmidt/Lutter, AktG, § 118 Rz. 45. Vgl. auch *Schwarz*, Art. 53 Rz. 23; *Mayer* in Manz/Mayer/Schröder, Art. 53 SE-VO Rz. 17.

58 Hierzu ausführlich *Spindler* in K. Schmidt/Lutter, AktG, § 118 Rz. 20 ff. S. auch *Kubis* in MünchKomm. AktG, Art. 53 SE-VO Rz. 14.

59 Begr. d. Komm. zu Art. 81 SE-VOV 1991, BT-Drucks. 12/1004 v. 30.7.1991, S. 1, 10.

60 *Schwarz*, Art. 53 Rz. 16; *Mayer* in Manz/Mayer/Schröder, Art. 53 SE-VO Rz. 26; *Baatz/Weydner* in Jannott/Frodermann, Handbuch Europäische Aktiengesellschaft, S. 224; *Brandt*, Hauptversammlung, S. 225.

61 *Schwarz*, Art. 53 Rz. 16; *Mayer* in Manz/Mayer/Schröder, Art. 53 SE-VO Rz. 18, Rz. 26; *Brandt*, Hauptversammlung, S. 225; zur deutschen Regelung *Semler* in MünchHdb. AG, § 39 Rz. 19, § 38 Rz. 50 ff.; *Jaeger*, Die europäische Aktiengesellschaft, 1994, S. 135 f.

62 Zulässig in Belgien (Art. 550 Code des Soc.), Frankreich (Art. L 225-107 C.com) und dem Vereinigten Königreich (Art. 53 Table A).

sche Recht (§ 134 Abs. 3 Satz 3 AktG) Anwendung finden, so dass bei ausdrücklicher Weisung und Benennung von organfernen Personen eine solche Vertretung möglich ist[63]. Hier wird erst die zu erwartende Richtlinie zur Erleichterung der Ausübung von Aktionärsrechten[64] Abhilfe schaffen[65].

21 **cc) Rederecht und Sprache.** Auch wenn das Rederecht anders als das Auskunftsrecht gem. § 131 AktG (Rz. 29) im nationalen Recht an keiner Stelle ausdrücklich erwähnt ist, gehört es als Ausfluss des Teilnahmerechts zu den **mitgliedschaftlichen Aktionärsrechten**[66]. Mangels Regelung in der SE-VO findet das **nationale Recht** über den Verweis des Art. 53 Anwendung[67]. Umstritten ist aber, **in welcher Sprache** die Hauptversammlung stattzufinden hat. Die SE-VO enthält auch hierzu keinerlei Hinweise. Im nationalen Aktienrecht ist weitgehend anerkannt, dass die Sprache der Hauptversammlung deutsch sein muss[68]. Die Frage der **Mehrsprachigkeit** bei der SE ist hingegen anders zu beurteilen, damit die Ausführungen eines Aktionärs bei einer mehrstaatlichen Gesellschaft wie der SE für alle Teilnehmer überhaupt verständlich werden können und so eine Kommunikation zumindest in Grundzügen garantiert werden kann. Zum Teil wird daher gefordert, dass abweichend von den aktienrechtlichen Grundzügen bei der SE die sprachlichen Schranken großzügiger gezogen werden sollen und neben Ausführungen in deutscher Sprache auch solche in jeder EU-Amtssprache zuzulassen sind[69]. Richtig ist, dass die sprachlichen Schranken bei der SE umfassender als im nationalen Recht zu ziehen sind, die Forderung nach jeder EU-Amtssprache geht aber indes zu weit. Es bleibt grundsätzlich bei dem Verweis über Art. 53 auf das mitgliedstaatliche Recht; die durch eine Simultan-Übersetzung[70] aufgeworfenen Kosten wären derart exorbitant, dass der Verordnungsgeber diese Frage ansonsten hätte selbst regeln müssen[71]. Denn dass dem Verordnungsgeber das Problem durchaus bekannt war, zeigt Anhang Teil 2 lit. h der SE-RL, welcher der SE die Kosten für die Dolmetscher anlässlich der Sitzungen zur Verhandlung über die Mitbestimmungsvereinbarung auferlegt. Um allerdings einem babylonischen Sprachgewirr vorzubeugen, ist angesichts der Erweiterung der EU – insbesondere durch Inkorporation der osteuropäischen Länder – zu fordern, dass zumindest Englisch als lingua franca des internationalen Wirtschaftsverkehrs durch den Satzungsgeber gewählt werden kann[72]. Auch andere Sprachen kann der Satzungsgeber festlegen; es ist dann an den Aktionären, ob sie in eine solche SE investieren wollen. Von der Verwaltung der SE kann aber darüber hinaus nicht verlangt werden, dass sie für angemessene Übersetzungsmöglichkeiten zu sorgen hat[73].

---

63 Näher *Spindler* in K. Schmidt/Lutter, AktG, § 134 Rz. 46 ff.
64 Art. 10 und 11 des Vorschlags für eine Richtlinie des Europäischen Parlaments und des Rates über die Ausübung der Stimmrechte durch Aktionäre von Gesellschaften, die ihren eingetragenen Sitz in einem Mitgliedstaat haben und deren Aktien zum Handel auf einem geregelten Markt zugelassen sind, sowie zur Änderung der Richtlinie 2004/109/EG v. 5.1.2006, COM 2005 (685), abrufbar unter http://eur-lex.europa.eu/LexUriServ/site/de/com/2005/com2005_0685de01.pdf.
65 *Spindler* in VGR (Hrsg.), Gesellschaftsrecht in der Diskussion 2005, 2006, S. 31, 48 ff.; *Wand/Tillmann*, AG 2006, 443, 448; *Noack*, NZG 2006, 321, 324: ausführlich *J. Schmidt*, BB 2006, 1641, 1644 f.
66 *Kubis* in MünchKomm. AktG, § 118 Rz. 38; *Hüffer*, § 118 Rz. 9; *Hoffmann* in Spindler/Stilz, AktG, § 118 Rz. 12.
67 Zum Rederecht in der AG *Spindler* in K. Schmidt/Lutter, AktG, § 118 Rz. 37.
68 *Spindler* in K. Schmidt/Lutter, AktG, § 131 Rz. 22 m.w.N.
69 So *Kubis* in MünchKomm. AktG, Art. 53 SE-VO Rz. 15; *Casper* in Spindler/Stilz, AktG, Art. 53 SE-VO Rz. 6; wohl auch *Heckschen* in Widmann/Mayer, Anhang 14 Rz. 509.
70 Eine solche aber fordernd *Kubis* in MünchKomm. AktG, Art. 53 SE-VO Rz. 15.
71 *Spindler* in Lutter/Hommelhoff, Europäische Gesellschaft, S. 223, 240.
72 *Spindler* in Lutter/Hommelhoff, Europäische Gesellschaft, S. 223, 240.
73 A.A. *Kubis* in MünchKomm. AktG, Art. 53 SE-VO Rz. 15.

dd) Auskunftsrecht. Art. 90 SE-VOV 1989 kannte zwar noch eine Regelung des Aus-   22
kunftsrechts auf gemeinschaftsrechtlicher Ebene; heute findet sich jedoch diesbezüglich keine Vorschrift in der SE-VO, so dass sich auch das Auskunftsrecht nach **mitgliedstaatlichem Recht** richtet[74], mithin § 131 AktG anwendbar ist[75]. Jeder Aktionär
hat daher das Recht auf Auskunft in der Hauptversammlung zu allen Angelegenheiten der Gesellschaft, sofern die Auskunft zur sachgemäßen Beurteilung eines Gegenstandes der Tagesordnung erforderlich ist[76], unabhängig von seiner Beteiligung und
vom Stimmrecht[77]. Die Modifikationen bzgl. der Sprache gelten aus denselben Gründen wie für das Rederecht auch für das Auskunftsrecht (Rz. 21)[78] ebenso wie für die
Auskunftsverweigerung nach § 131 Abs. 3 Satz 1 Nr. 5 AktG. Zwar ist im deutschen
Recht für eine nationale AG davon auszugehen, dass angesichts der Einfügung in das
AktG 1965 lediglich der Schutz von Rechtsgütern nach der deutschen Strafrechtsord-
nung in den § 131 Abs. 3 Satz 1 Nr. 5 AktG einbezogen werden sollte[79], jedoch ist angesichts der bewussten Mehrstaatlichkeit der SE als europäische Gesellschaft die
Auskunftsverweigerung zugunsten des Leitungsorgans insoweit auszudehnen, als
sich eines seiner Mitglieder nach einer ausländischen Rechtsordnung irgendeines
Mitgliedstaates strafbar machen würde[80]. Zuständig für die Erfüllung der Auskunftspflicht sowie für die Entscheidung über eine Auskunftsverweigerung in der monistisch strukturierten SE sind allein die geschäftsführenden Direktoren, eine weitergehende Berechtigung oder Verpflichtung sonstiger Personen besteht daneben nicht[81].
Die Verpflichtung zur Auskunft bzw. zur Auskunftsverweigerung im monistischen
System ergibt sich hierbei aus dem Generalverweis des § 22 Abs. 6 SEAG[82]. Die Erläuterungen zu §§ 131, 132 AktG gelten im Übrigen entsprechend.

ee) Sonstige Mitgliedschaftsrechte. Die sonstigen Mitgliedschaftsrechte richten sich   23
bei den SE-Aktionären mangels Regelung in der Verordnung ebenfalls nach dem Sitzstaatsrecht; es findet in Deutschland daher das AktG Anwendung[83]. Dieses gilt für
das **Beschlussrecht**, für das Recht auf **Einsichtnahme in das Teilnehmerverzeichnis**
sowie für das **Widerspruchsrecht**[84]. Nach den Regeln des AktG besteht daneben die
Möglichkeit der Ausübung durch einen Vertreter (zur Stimmrechtsvertretung bereits
Rz. 20)[85].

---

74 *Schwarz*, Art. 53 Rz. 24; *Kubis* in MünchKomm. AktG, Art. 53 SE-VO Rz. 16; *Mayer* in Manz/
   Mayer/Schröder, Art. 53 SE-VO Rz. 7, Rz. 23; *Baatz/Weydner* in Jannott/Frodermann, Handbuch Europäische Aktiengesellschaft, S. 206 Rz. 13; kritisch zu dieser Enthaltsamkeit *Raiser*
   in FS Semler, 2003, S. 277, 294.
75 *Schwarz*, Art. 53 Rz. 24; *Kubis* in MünchKomm. AktG, Art. 53 SE-VO Rz. 16; *Mayer* in Manz/
   Mayer/Schröder, Art. 53 SE-VO Rz. 23 f.; *Baatz/Weydner* in Jannott/Frodermann, Handbuch
   Europäische Aktiengesellschaft, S. 206 Rz. 13; *Gutsche*, EA für kleine und mittlere Unternehmen, 1994, S. 195. Zu einem guten Überblick über die Regelungen in Frankreich, Niederlanden und Großbritannien s. *Jaeger*, Die europäische Aktiengesellschaft, 1994, S. 125 ff.
76 *Hüffer*, § 131 Rz. 1 ff.; *Kubis* in MünchKomm. AktG, § 131 Rz. 1 ff.; *Siems* in Spindler/Stilz,
   AktG, § 131 Rz. 12 ff.
77 *Spindler* in K. Schmidt/Lutter, AktG, § 131 Rz. 11.
78 Ebenso *Kubis* in MünchKomm. AktG, Art. 53 SE-VO Rz. 16.
79 *Spindler* in K. Schmidt/Lutter, AktG, § 131 Rz. 71.
80 So wie hier *Kubis* in MünchKomm. AktG, Art. 53 SE-VO Rz. 16.
81 *Kubis* in MünchKomm. AktG, Art. 53 SE-VO Rz. 16; *Mayer* in Manz/Mayer/Schröder, Art. 53
   SE-VO Rz. 23.
82 *Heckschen* in Widmann/Mayer, Anhang 14 Rz. 504 f.
83 *Schwarz*, Art. 53 Rz. 25; *Kubis* in MünchKomm. AktG, Art. 53 SE-VO Rz. 17; *Schwarz*, ZIP
   2001, 1847, 1857; *Schwarz/Lösler*, NotBZ 2001, 117, 123; *Bungert/Beier*, EWS 2002, 1, 4.
84 *Kubis* in MünchKomm. AktG, Art. 53 SE-VO Rz. 17.
85 *Kubis* in MünchKomm. AktG, Art. 53 SE-VO Rz. 17; *Schwarz*, Art. 53 Rz. 25; *Baatz/Weydner*
   in Jannott/Frodermann, Handbuch Europäische Aktiengesellschaft, S. 224 Rz. 100.

24 Im Allgemeinen ist davon auszugehen, dass die Rechte und Pflichten der SE-Aktionäre grundsätzlich gleich sind[86]. Noch in Art. 40 SE-VOV 1991 war dieser **Gleichbehandlungsgrundsatz** ausdrücklich festgeschrieben. Da der Gleichbehandlungsgrundsatz nur entfernt mit dem Ablauf der Hauptversammlung zusammenhängt, findet das nationale Recht heute aber nicht über die Verweisung des Art. 53, sondern über die allgemeine Generalverweisung des Art. 9 Abs. 1 lit. c ii Anwendung[87]. Beide Verweisungsnormen gelangen jedoch im Ergebnis zur Anwendung des § 53a AktG für eine in Deutschland ansässige SE. Grundsätzlich meint die Gleichbehandlung während der Hauptversammlung i.S.d. § 53a AktG zwar die Gleichbehandlung nach Köpfen[88]; um aber die Durchführbarkeit der Hauptversammlung zu gewährleisten, ist bei der SE auch von einer Gleichbehandlung nach Stimmen auszugehen[89]. Dieses gilt insbesondere im Hinblick auf die Redezeiten der Aktionäre (zum Rederecht s. Rz. 21).

b) Leitung der Hauptversammlung

25 Nach Art. 61 SE-VOV 1991 war noch vorgesehen, dass sich die innere Ordnung der Hauptversammlung nach Maßgabe der Satzung der SE regelt. Diese Bestimmung ist zugunsten der partiellen Generalverweisung des Art. 38 gestrichen worden (Art. 38 Rz. 6 f.)[90]. Daher enthält die SE-VO keinerlei Bestimmungen über die Person oder Aufgaben und Befugnisse des **Versammlungsleiters**.

26 **aa) Person.** Auch im nationalen Recht findet der Versammlungsleiter lediglich in § 122 Abs. 3 Satz 2 AktG (Bestimmung des Versammlungsleiters durch das Gericht bei Erteilung einer Einziehungsermächtigung) und in § 130 Abs. 2 AktG (Angabe der Feststellung des Vorsitzenden über die Beschlussfassung in der Versammlungsniederschrift) Erwähnung. Die Leitung der Hauptversammlung durch einen Vorsitzenden stellt im nationalen Recht jedoch ein **unverzichtbares Erfordernis** dar[91], dieser Gedanke ist auf die SE übertragbar[92]. Regelungen über die Person des Versammlungsleiters lassen sich jedoch auch dem AktG nicht entnehmen[93]. Die Ausschlusskriterien des nationalen Rechts[94] finden aber auch auf die SE Anwendung. Besondere Anforderungen werden an die Person üblicherweise nicht gestellt[95]. Die Auswahl des Versammlungsleiters ist aber gegenüber dem AktG zu modifizieren: So darf bei der monistisch strukturierten SE der Versammlungsleiter aus Gründen der Neutralität weder durch Wahl noch durch Satzungsbestimmung aus dem Kreis des Verwaltungsorgans stammen[96].

---

86 *Schwarz*, Art. 53 Rz. 25; *Brandt*, Hauptversammlung, S. 222.
87 So auch *Schwarz*, Art. 53 Rz. 25; *Brandt*, Hauptversammlung, S. 222; *Casper* in Spindler/Stilz, Art. 53 SE-VO Rz. 6.
88 Hierzu *Fleischer* in K. Schmidt/Lutter, AktG, § 53a Rz. 26.
89 *Schwarz*, Art. 53 Rz. 25; *Brandt*, Hauptversammlung, S. 222; zur deutschen Aktiengesellschaft *Semler* in MünchHdb. AG, § 36 Rz. 42; *Hüffer*, § 53a Rz. 7.
90 *Brandt*, Hauptversammlung, S. 226.
91 *Hüffer*, § 129 Rz. 18; *Kubis* in MünchKomm. AktG, § 119 Rz. 100; *Mülbert* in Großkomm. AktG, Vor §§ 118–147 Rz. 73; *Zöllner* in KölnKomm. AktG, § 119 Rz. 46; *Heckschen* in Widmann/Mayer, Anhang 14 Rz. 498; *Stützle/Walgenbach*, ZHR 155 (1991), 516, 519.
92 *Mayer* in Manz/Mayer/Schröder, Art. 53 SE-VO Rz. 5, Rz. 22; *Baatz/Weydner* in Jannott/Frodermann, Handbuch Europäische Aktiengesellschaft, S. 226 Rz. 113 f.; *Jaeger*, Die europäische Aktiengesellschaft, 1994, S. 123; *Hirte*, NZG 2002, 1, 8.
93 *Ziemons* in K. Schmidt/Lutter, AktG, § 129 Rz. 28 ff.
94 Hierzu *Ziemons* in K. Schmidt/Lutter, AktG, § 129 Rz. 34.
95 *Kubis* in MünchKomm. AktG, Art. 53 SE-VO Rz. 18; *Kubis* in MünchKomm. AktG, § 119 Rz. 102.
96 Ebenso *Kubis* in MünchKomm. AktG, Art. 53 SE-VO Rz. 18.

Umstritten ist aber, ob entgegen einer im nationalen Recht vertretenen Ansicht[97] für   27
die in Deutschland domizilierende SE **Kenntnisse der deutschen Sprache** zu fordern
sind[98]. Anders als für die nationale AG kann angesichts des grenzüberschreitenden
Charakters der SE die Beherrschung der deutschen Sprache nicht gefordert werden[99].

bb) Aufgaben und Befugnisse. Der Versammlungsleiter einer SE besitzt die gleichen   28
Aufgaben und Befugnisse eines solchen einer aktienrechtlichen Hauptversammlung[100]. Üblicherweise findet eine Unterteilung in **Leitungs- und Ordnungsbefugnisse**
statt, wobei die Leitungsbefugnisse der sachgemäßen Abwicklung der Hauptversammlung und die Ordnungsbefugnisse der Sicherung eines geordneten Verfahrensablaufs dienen[101]. Der Versammlungsleiter einer SE hat unter Beachtung des Neutra-
litäts-, des Verhältnismäßigkeits- und des Gleichbehandlungsgebots insgesamt für
die ordnungsgemäße Abwicklung der Hauptversammlung zu sorgen, wozu insbesondere auch die Festlegung und die Überwachung des in Art. 53 ausdrücklich erwähnten Abstimmungsverfahrens (Rz. 31) gehört[102]. Da Art. 58 nur regelt, welche Stimmen bei der Auszählung zu berücksichtigen sind (hierzu Art. 58 Rz. 23 ff.), die SE-VO
ein bestimmtes Abstimmungs- oder Zählverfahren in der SE-VO selbst hingegen
nicht bestimmt, ist hierfür über Art. 53 das Sitzstaatsrecht anwendbar. Der Versammlungsleiter ist dementsprechend bei der Anordnung des Zählverfahrens frei, sofern die Satzung nichts Gegenteiliges bestimmt; er kann zwischen Additions- und
Substraktionsverfahren wählen (Art. 58 Rz. 6)[103]. Bei fehlender Satzungsregelung
kann der Hauptversammlungsleiter auch ein nicht-dokumentiertes Abstimmungsverfahren wie z.B. Zuruf oder Handheben festlegen[104]. Weitere Besonderheiten zum
nationalen Recht bestehen bei einer SE mit Sitz in Deutschland nicht[105].

c) Niederschrift und Teilnehmerverzeichnis

Während Art. 94 SE-VOV 1970 und 1975 sowie Art. 99 SE-VOV 1989 noch Regelun-   29
gen zur **Dokumentation der Hauptversammlung** vorsahen, kannte der Verordnungsentwurf von 1991 bereits keine entsprechende Regelung mehr und es kam über
Art. 81a SE-VOV 1991 zur Anwendung des nationalen Rechts. Über Art. 53 gelangen
daher die §§ 129, 130 AktG zur Anwendung[106]. Nach § 129 AktG ist daher ein Teil-

---

97 Zumindest solange die Übersetzung durch einen vereidigten Dolmetscher gewährleistet ist,
     s. OLG Hamburg v. 12.1.2001 – 11 U 162/00, NZG 2001, 513, 516; *Hüffer*, § 129 Rz. 18; *Butz-
     ke* in Obermüller/Werner/Winden, Die Hauptversammlung der Aktiengesellschaft, 4. Aufl.
     2001, S. 118 Rz. 4; s. auch *Mülbert* in Großkomm. AktG, Vor §§ 118–147 Rz. 147.
98 Dafür *Kubis* in MünchKomm. AktG, Art. 53 SE-VO Rz. 18; a.A. *Schwarz*, Art. 53 Rz. 17;
     Brandt, Hauptversammlung, S. 226.
99 So auch *Schwarz*, Art. 53 Rz. 17; *Brandt*, Hauptversammlung, S. 226.
100 *Ziemons* in K. Schmidt/Lutter, AktG, § 129 Rz. 35 ff.
101 *Mülbert* in Großkomm. AktG, Vor §§ 118–147 Rz. 98; *Kubis* in MünchKomm. AktG, § 119
     Rz. 119; *Semler* in MünchHdb. AG, § 36 Rz. 39; *Martens*, WM 1981, 1010.
102 *Kubis* in MünchKomm. AktG, Art. 53 SE-VO Rz. 19; *Baatz/Weydner* in Jannott/Froder-
     mann, Handbuch Europäische Aktiengesellschaft, S. 226 Rz. 113; zu weiteren Beispielen
     Mayer in Manz/Mayer/Schröder, Art. 53 SE-VO Rz. 22.
103 *Kubis* in MünchKomm. AktG, Art. 53 SE-VO Rz. 19; *Mayer* in Manz/Mayer/Schröder,
     Art. 53 SE-VO Rz. 32; *Baatz/Weydner* in Jannott/Frodermann, Handbuch Europäische Ak-
     tiengesellschaft, S. 206 Rz. 13; *Brandt*, Hauptversammlung, S. 235.
104 *Mayer* in Manz/Mayer/Schröder, Art. 53 SE-VO Rz. 31 f.; *Kubis* in MünchKomm. AktG, Art. 53 SE-
     VO Rz. 19; *Brandt*, Hauptversammlung, S. 235.
105 Für die sonstigen Aufgaben und Befugnisse kann daher auf die Kommentierung zu § 129 in
     K. Schmidt/Lutter, AktG, verwiesen werden.
106 *Brandt*, Hauptversammlung, S. 226; *Kubis* in MünchKomm. AktG, Art. 53 SE-VO Rz. 20;
     Schwarz, Art. 53 Rz. 18; *Mayer* in Manz/Mayer/Schröder, Art. 53 SE-VO Rz. 6; *Hirte*, NZG
     2002, 1, 8; *Casper* in Spindler/Stilz, Art. 53 SE-VO Rz. 7.

nehmerverzeichnis auszulegen[107], welches nach § 129 Abs. 1 Satz 2 AktG der Versammlungsleiter (Rz. 25 ff.) zu führen hat[108]. Dieses muss den in den § 129 Abs. 2 und Abs. 3 AktG beschriebenen Anforderungen genügen; die Publizität richtet sich nach § 129 Abs. 4 AktG[109]. Für eine in Deutschland ansässige SE gilt zudem, dass gem. § 130 Abs. 1 Satz 1 AktG grundsätzlich jeder Hauptversammlungsbeschluss durch ein über die Verhandlung notariell aufgenommene Niederschrift zu beurkunden ist[110].

30 Eine nationale nichtbörsennotierte Aktiengesellschaft hat aber auch gem. § 130 Abs. 1 Satz 3 AktG die Möglichkeit, eine **Niederschrift vom Vorsitzenden des Aufsichtsrats** zu unterzeichnen, soweit keine Beschlüsse gefasst werden, für die das Gesetz eine Dreiviertel- oder größere Mehrheit bestimmt[111]. Fraglich ist, ob und wie diese zugelassene Erleichterung für nichtbörsennotierte Gesellschaften auch auf eine SE mit Sitz in Deutschland zutrifft. Die europäische Aktiengesellschaft sieht für Satzungsänderungen vorbehaltlich einer strengeren mitgliedstaatlichen Mehrheit für nationale Aktiengesellschaften gem. Art. 59 Abs. 1 eine Mehrheit von nicht weniger als zwei Drittel der abgegebenen Stimmen vor (hierzu Art. 59 Rz. 8). Da das nationale Recht in § 179 Abs. 2 Satz 1 AktG eine strengere Vorschrift für Satzungsänderungen statuiert, stellt diese Norm somit eine solche Ausnahme i.S.d. Art. 59 Abs. 1 dar und ist die speziellere Vorschrift. Nach richtiger Auffassung wird man daher bei der in Deutschland ansässigen SE wegen § 179 Abs. 2 Satz 1 AktG im Rahmen des § 130 Abs. 1 Satz 3 AktG eine Abweichung von der notariellen Beurkundung nur unterhalb einer Dreiviertel-Kapitalmehrheit[112] und nicht bei einer Zwei-Drittel-Mehrheit der abgegebenen Stimmen zulassen können[113].

IV. Abstimmungsverfahren

31 Auch das Abstimmungsverfahren findet in Art. 53 beim Umfang der Verweisung auf das nationale Recht ausdrücklich Erwähnung, Art. 57 regelt lediglich die Voraussetzungen für die Beschlussfassung (Art. 57 Rz. 1), Art. 58 lediglich punktuell die für

---

107 S. *Ziemons* in K. Schmidt/Lutter, AktG, § 129 Rz. 12. Dieses wurde in Art. 89 SE-VOV 1970 noch gemeinschaftsweit einheitlich geregelt, *Brandt*, Hauptversammlung, S. 226; zum Teilnahmeverzeichnis s. auch *Mayer* in Manz/Mayer/Schröder, Art. 53 SE-VO Rz. 20; *Baatz/Weydner* in Jannott/Frodermann, Handbuch Europäische Aktiengesellschaft, S. 225.

108 Zum nationalen Recht *Kubis* in MünchKomm. AktG, § 130 Rz. 28; zur SE so wie hier *Kubis* in MünchKomm. AktG, Art. 53 SE-VO Rz. 20; unklar *Mayer* in Manz/Mayer/Schröder, Art. 53 SE-VO Rz. 20; a.A. *Baatz/Weydner* in Jannott/Frodermann, Handbuch Europäische Aktiengesellschaft, S. 225: „Vorstand der Gesellschaft".

109 *Kubis* in MünchKomm. AktG, Art. 53 SE-VO Rz. 20; hierzu auch *Baatz/Weydner* in Jannott/Frodermann, Handbuch Europäische Aktiengesellschaft, S. 225.

110 *Schwarz*, Art. 53 Rz. 18; *Mayer* in Manz/Mayer/Schröder, Art. 53 SE-VO Rz. 33; *Baatz/Weydner* in Jannott/Frodermann, Handbuch Europäische Aktiengesellschaft, S. 236; *Brandt*, Hauptversammlung, S. 226.

111 Hierzu ausführlich *Ziemons* in K. Schmidt/Lutter, AktG, § 130 Rz. 1 ff.

112 Zur Maßgeblichkeit der Kapital- anstelle der Stimmenmehrheit *Ziemons* in K. Schmidt/Lutter, AktG, § 130 Rz. 3.

113 So wie hier *Kubis* in MünchKomm. AktG, Art. 53 SE-VO Rz. 20; wohl auch *Mayer* in Manz/Mayer/Schröder, Art. 53 SE-VO Rz. 34; *Baatz/Weydner* in Jannott/Frodermann, Handbuch Europäische Aktiengesellschaft, S. 236; a.A. *Brandt*, Hauptversammlung, S. 226 Fn. 1260; differenzierend *J. Schmidt*, „Deutsche" vs. „britische" Societas Europaea, 2006, S. 663, 665: „prinzipiell Stimmenmehrheit von 2/3, grundsätzlich zusätzlich eine Kapitalmehrheit von mindestens 3/4; des vertretenen Grundkapitals erforderlich, die indes satzungsmäßig abdingbar ist"; für eine generelle Pflicht der notariellen Beurkundung hingegen *Heckschen*, DNotZ 2003, 251, 267 f.

die Zählung zu berücksichtigenden Stimmen (hierzu Art. 58 Rz. 2)[114]. Die SE-VO enthält im Gegensatz zu Art. 92, 93 SE-VOV 1989 und Art. 92 SE-VOV 1991 keine Regelungen mehr über die Stimmkraft der Aktien und über die Stimmrechtsbeschränkung aus sachlichen und individuellen Gründen. Daher richten sich sämtliche andere Verfahrensfragen bzgl. der Abstimmung nach dem **nationalen Recht**[115], einschließlich der Stimmrechtsvertretung (§ 134 AktG, s. auch oben Rz. 20); etwaige Verbote bei der Stimmrechtsausübung richten sich nach § 136 AktG[116]. Fragen des Anwesenheitsquorum werden indes nicht vom Abstimmungsverfahren umfasst (hierzu Art. 57 Rz. 7)[117].

V. Beschlusskontrolle

Zuletzt fand sich eine gemeinschaftsrechtliche Bestimmung zur Beschlusskontrolle in Art. 100 SE-VOV 1989. Sowohl die **materiell-rechtlichen Vorgaben für eine Beschlusskontrolle** als auch die **zugehörigen Verfahrensverfragen** sind im Gegensatz zu den Vorgängerentwürfen in der SE-VO jetzt nicht mehr geregelt; daher findet das mitgliedstaatliche Sitzrecht Anwendung. Zu dieser Anwendbarkeit gelangt man bzgl. der Beschlusskontrolle jedoch nicht durch die Verweisnorm des Art. 53, denn die Beschlusskontrolle wird dem Wortlaut nach weder von der Organisation und dem Ablauf der Hauptversammlung noch von dem Abstimmungsverfahren erfasst, sondern vielmehr durch die allgemeine Generalverweisung des Art. 9 Abs. 1 lit. c ii[118]. Daher gelten grundsätzlich ohne Abweichung die Bestimmungen des AktG (§§ 148 f., §§ 241 ff.), der ZPO[119] sowie im Bereich des Auskunftserzwingungsverfahrens das FGG[120]. Der Verweis in das nationale Recht findet sowohl für Nichtigkeits- und Anfechtungsgründe, als auch für die Befugnis zur Erhebung der Anfechtungsklage oder die Einhaltung von Anfechtungsfristen Anwendung[121]. Für eine in Deutschland ansässige SE bleibt es somit bei den aktienrechtlichen Fehlerkategorien für Hauptversammlungsbeschlüsse; des Weiteren gelten die Voraussetzungen und Folgen einer erfolgreichen Beschlussanfechtung nach §§ 245 ff. AktG. Lediglich bei der Anwendung des § 241 Nr. 3 AktG, der Nichtigkeitsgründe für einen Hauptversammlungsbeschluss aufzählt[122], sind gemeinschaftseinheitliche Einflüsse denkbar[123], die sich

32

---

114 *Spindler* in Lutter/Hommelhoff, Europäische Gesellschaft, S. 223, 237.
115 *Kubis* in MünchKomm. AktG, Art. 53 SE-VO Rz. 21; *Mayer* in Manz/Mayer/Schröder, Art. 53 SE-VO Rz. 30 ff.; *Brandt*, Hauptversammlung, S. 235.
116 *Schwarz*, Art. 53 Rz. 20; *Kubis* in MünchKomm. AktG, Art. 53 SE-VO Rz. 21; *Brandt*, Hauptversammlung, S. 264.
117 *Schwarz*, Art. 53 Rz. 19 unter Verweis auf *Brandt*, Hauptversammlung, S. 229 ff., 235 ff.
118 So auch *Brandt*, Hauptversammlung, S. 266; *Schwarz*, Art. 53 Rz. 21; *Kubis* in Münch-Komm. AktG, Art. 53 SE-VO Rz. 22; *Schindler*, Europäische Aktiengesellschaft, S. 79; *Theisen/Hölzl* in Theisen/Wenz, Europäische Aktiengesellschaft, S. 247, 263; *Hirte*, NZG 2002, 1, 8; *Hommelhoff/Teichmann*, SZW 2002, 1, 10; a.A. über die Verweisung des Art. 53 SE-VO *Mayer* in Manz/Mayer/Schröder, Art. 53 SE-VO Rz. 6; *Thümmel*, Europäische Aktiengesellschaft, S. 124 Rz. 265.
119 *Baatz/Weydner* in Jannott/Frodermann, Handbuch Europäische Aktiengesellschaft, S. 236 Rz. 151; *Brandt*, Hauptversammlung, S. 266; *Spindler* in Lutter/Hommelhoff, Europäische Gesellschaft, S. 223, 247; *Thümmel*, Europäische Aktiengesellschaft, S. 124 f. Rz. 265 f.; *Hommelhoff/Teichmann*, SZW 2002, 1, 10; *Schwarz/Lösler*, NotBZ 2001, 117, 123.
120 *Kubis* in MünchKomm. AktG, Art. 53 SE-VO Rz. 22; zur Anwendung des AktG auch *Baatz/Weydner* in Jannott/Frodermann, Handbuch Europäische Aktiengesellschaft, S. 236 Rz. 151.
121 *Spindler* in Lutter/Hommelhoff, Europäische Gesellschaft, S. 223, 247; *Thümmel*, Europäische Aktiengesellschaft, S. 124 f. Rz. 265 f.
122 Hierzu *Schwab* in K. Schmidt/Lutter, AktG, § 241 Rz. 15 ff.
123 *Kubis* in MünchKomm. AktG, Art. 53 SE-VO Rz. 22; *Spindler* in Lutter/Hommelhoff, Europäische Gesellschaft, S. 223, 248.

speziell auf das Wesen der europäischen Aktiengesellschaft beziehen, insbesondere für Nichtigkeitsgründe bei einer monistisch strukturierten Gesellschaft[124].

VI. Selbstorganisationsrecht der Hauptversammlung

1. Satzung

33 Die **Zulässigkeitsgrenzen für Satzungen** finden sich im deutschen Recht ausschließlich in § 23 Abs. 5 AktG. In deutschen Aktiengesellschaften finden sich oft Satzungsregeln betreffend der Organisation und dem Ablauf der Hauptversammlung[125], für den Satzungsgeber der SE findet über Art. 53 derselbe Dispositionsrahmen Anwendung[126]. Eine Satzungsöffnungsklausel enthält die SE-VO mit Ausnahme von Art. 56 Satz 3 nicht, dessen Reichweite der Satzungsermächtigung derjenigen in § 122 Abs. 1 Satz 2 AktG entspricht. Daher kann es im Bereich des Selbstorganisationsrechts der Hauptversammlung auch nicht zur Anwendung von Art. 9 Abs. 1 lit. b und zu einer **Kollision zwischen dem gemeinschaftsrechtlichen Satzungsrecht und dem AktG** kommen[127].

2. Geschäftsordnung

34 Die Hauptversammlung einer nationalen AG kann sich gem. § 129 Abs. 1 Satz 1 AktG eine Geschäftsordnung mit Regeln für die Vorbereitung und Durchführung geben[128]. Diese Regelung gilt kraft der Verweisung des Art. 53 auch für eine in Deutschland ansässige SE. Die SE kann daher ihre organisatorischen und verfahrensmäßigen Abläufe der Hauptversammlung durch eine Geschäftsordnung regeln, der jedoch, wie im nationalen Recht auch, nur ein schmaler Anwendungsbereich verbleiben dürfte[129].

Art. 54
[Einberufung der Hauptversammlung]

(1) Die Hauptversammlung tritt mindestens einmal im Kalenderjahr binnen sechs Monaten nach Abschluss des Geschäftsjahres zusammen, sofern die im Sitzstaat der SE für Aktiengesellschaften, die dieselbe Art von Aktivitäten wie die SE betreiben, maßgeblichen Rechtsvorschriften nicht häufigere Versammlungen vorsehen. Die Mitgliedstaaten können jedoch vorsehen, dass die erste Hauptversammlung bis zu 18 Monate nach Gründung der SE abgehalten werden kann.

---

124 *Kubis* in MünchKomm. AktG, Art. 53 SE-VO Rz. 22.
125 Zur Satzungsgestaltung bzgl. der Durchführung der Hauptversammlung *Mülbert* in Großkomm. AktG, Vor §§ 118–147 Rz. 180, 183 ff.
126 *Kubis* in MünchKomm. AktG, Art. 53 SE-VO Rz. 24; zur Möglichkeit einer Satzungsregelung auch *Mayer* in Manz/Mayer/Schröder, Art. 53 SE-VO Rz. 30 f.
127 *Kubis* in MünchKomm. AktG, Art. 53 SE-VO Rz. 24.
128 *Ziemons* in K. Schmidt/Lutter, AktG, § 129 Rz. 3.
129 *Ziemons* in K. Schmidt/Lutter, AktG, § 129 Rz. 3 ff.; *Schwarz*, Art. 53 Rz. 17; *Kubis* in MünchKomm. AktG, Art. 53 SE-VO Rz. 25; *Mayer* in Manz/Mayer/Schröder, Art. 53 SE-VO Rz. 36; *Baatz/Weydner* in Jannott/Frodermann, Handbuch Europäische Aktiengesellschaft, S. 206 Rz. 13; zum nationalen Recht *Mülbert* in Großkomm. AktG, Vor §§ 118–147 Rz. 185; *Hüffer*, § 129 Rz. 1a; *Kubis* in MünchKomm. AktG, § 129 Rz. 12; *Schaaf*, ZIP 1999, 1339, 1341; *Butzke* in Obermüller/Werner/Winden, Die Hauptversammlung der Aktiengesellschaft, 4. Aufl. 2001, S. 117 Rz. 2, S. 158 ff. Rz. 92 ff.

(2) Die Hauptversammlung kann jederzeit vom Leitungs-, Aufsichts- oder Verwaltungsorgan oder von jedem anderen Organ oder jeder zuständigen Behörde nach den für Aktiengesellschaften im Sitzstaat der SE maßgeblichen einzelstaatlichen Rechtsvorschriften einberufen werden.

Literatur: S. vor Art. 52 SE-VO.

I. Grundlagen

1. Regelungsgegenstand und Normzweck

Die Regelung des Art. 54 erfasst die **Einberufung der Hauptversammlung** einer SE. 1
Nach Art. 54 Abs. 1 Satz 1 muss die Hauptversammlung mindestens einmal im Jahr innerhalb von 6 Monaten nach Abschluss des Geschäftsjahres zusammentreten, es sei denn, es gelten nach Art. 54 Abs. 1 Satz 2 für die Einberufung der ersten Hauptversammlung nach Gründung der SE mitgliedstaatliche Besonderheiten. Art. 54 Abs. 2 statuiert hingegen Einberufungsrechte und -pflichte, verweist aber wegen des Einberufungsverfahren ausdrücklich auf die mitgliedstaatlichen Regelungen, welche für nationale Aktiengesellschaften gelten[1]. Art. 54 geht Art. 53 als speziellere Vorschrift vor (Art. 53 Rz. 9 f.).

Die Einberufung der **ordentlichen Hauptversammlung** nach Art. 54 Abs. 1 Satz 1 erfolgt grundsätzlich nach den gemeinschaftsweit einheitlich festgeschriebenen Einberufungsmodalitäten hinsichtlich Turnus und Zeitpunkt für die Hauptversammlung, wobei im Fall des Art. 54 Abs. 1 Satz 2 abweichend das mitgliedstaatliche Recht Anwendung findet, sofern es eine Regelung beinhaltet (ausführlich Rz. 9). Eine Regelung der außerordentlichen Hauptversammlung kennt die SE-VO hingegen nicht, auch wenn außerordentliche Hauptversammlungen nicht durch die Verordnung ausgeschlossen werden[2]. 2

---

1 *Schwarz*, Art. 54 Rz. 1; *Kubis* in MünchKomm. AktG, Art. 54 SE-VO Rz. 1; *Casper* in Spindler/Stilz, Art. 54 SE-VO Rz. 1.

2 So wie hier *Kubis* in MünchKomm. AktG, Art. 52 SE-VO Rz. 2; a.A. *Schwarz*, Art. 54 Rz. 4, 26 ff., der zwischen Art. 54 Abs. 1 (ordentliche Hauptversammlung) und Art. 54 Abs. 2 (außerordentliche Hauptversammlung) differenziert.

3   Art. 54 Abs. 2 verweist hingegen für die einzuberufenden Organe und für die sons-
    tigen Einberufungsmodalitäten auf das mitgliedstaatliche Recht. Fraglich ist aber **der
    Umfang der Verweisung** des Art. 54 Abs. 2 in das nationale Recht. Eine Ansicht sieht
    Art. 54 Abs. 2 lediglich als Regelung der außerordentlichen Hauptversammlung und
    wendet dann über den Verweis des Art. 54 Abs. 2 das mitgliedstaatliche Recht auch
    für die in Art. 54 Abs. 1 ungeregelten Rechtsfragen an[3]. Nach anderer Auffassung
    wird von Art. 54 Abs. 2 die außerordentliche Hauptversammlung hingegen nicht er-
    fasst, hiernach wird in Art. 54 Abs. 2 lediglich das Einberufungsrecht geregelt[4]. Die
    einzelnen Einberufungsmodalitäten unterfallen nach letzter Ansicht dann aber nicht
    dem Art. 54 Abs. 2, sondern der generellen Verweisung auf das mitgliedstaatliche
    Recht nach Art. 53, welcher die Durchführung der Hauptversammlung regelt (hierzu
    ausführlich Art. 53 Rz. 7 ff.)[5]. Richtigerweise wird zu differenzieren sein. Nach der
    hier vertretenen Auffassung regelt zwar Art. 54 Abs. 2 nicht die außerordentliche
    Hauptversammlung (Rz. 2); deswegen ist jedoch nicht hinsichtlich der Einberufungs-
    modalitäten auf die generelle Vorschrift des Art. 53 zurückzugreifen[6]. Stattdessen
    sind die Einberufungsmodalitäten vollumfänglich von dem Verweis auf das mitglied-
    staatliche Recht über Art. 54 Abs. 2 erfasst, wofür schon der Wortlaut spricht[7], zu-
    dem auch systematische Gründe, da Art. 54 bezüglich der Einberufung die speziellere
    Norm darstellt (Art. 53 Rz. 1).

2. Historische Entwicklung

4   In Art. 84, 86 SE-VOV 1970 und 1975[8] und Art. 82, 84 SE-VOV 1989 waren **neben der
    jährlichen Einberufung** als **einzelne Einberufungsmodalitäten** auch Fristen sowie Art
    und Inhalt der Bekanntmachung der Einberufung vorgesehen. Im SE-VOV 1991 ist
    die detaillierte Regelung des Art. 83 SE-VOV 1989 dann ersatzlos gestrichen worden.
    Allerdings stellte auch Art. 82 SE-VOV 1991 noch eine Vorschrift dar, die z.T. einzel-
    ne Einberufungsmodalitäten, insbesondere hinsichtlich der Fristen regelte. Ein Ver-
    weis in das jeweilige mitgliedstaatliche Recht für die Einberufung der Aktionäre be-
    fand sich für die dort nicht geregelten Voraussetzungen in Art. 81a SE-VOV 1991.
    Der Verweis in das jeweilige nationale Recht war insofern bereits dem Verordnungs-
    entwurf aus dem Jahr 1991 bekannt, der insoweit der heutigen Fassung des Art. 54
    ähnelte.

II. Zeitpunkt und Turnus der Einberufung einer ordentlichen Hauptver-
sammlung (Art. 54 Abs. 1)

5   Zu differenzieren ist i.R.d. Art. 54 Abs. 1 zunächst zwischen der regulären Frist der
    Einberufung und der Frist der ersten Einberufung einer Hauptversammlung nach

---

3 So *Schwarz*, Art. 54 Rz. 6.
4 *Kubis* in MünchKomm. AktG, Art. 52 SE-VO Rz. 2, Art. 54 SE-VO Rz. 8 ff.; *Mayer* in Manz/
   Mayer/Schröder, Art. 54 SE-VO Rz. 5; so wohl auch *Baatz/Weydner* in Jannott/Frodermann,
   Handbuch Europäische Aktiengesellschaft, S. 216 f. Rz. 60 ff.
5 So wohl *Kubis* in MünchKomm. AktG, Art. 54 SE-VO Rz. 10, der zwar einerseits bei der Möglichkeit einer Ermächtigung an den Gesetzgeber aus Art. 54 Abs. 2 oder aus Art. 53 von „rein
   theoretischem Wert" spricht, andererseits die einzelnen Einberufungsmodalitäten aber in
   Art. 53 SE-VO Rz. 3 ff. als Unterfall der „Organisation" der Hauptversammlung einordnet.
6 So aber wohl *Kubis* in MünchKomm. AktG, Art. 53 SE-VO Rz. 3 ff., Art. 54 SE-VO Rz. 10; so
   wie hier *Mayer* in Manz/Mayer/Schröder, Art. 54 SE-VO Rz. 6 ff., 16.
7 I.E. ebenso *Schwarz*, Art. 54 Rz. 6; *Brandt*, Hauptversammlung, S. 181, 185; bewusst offen lassend *Mayer* in Manz/Mayer/Schröder, Art. 54 SE-VO Rz. 18.
8 Zu Art. 84 und 86 SE-VOV 1975 ausführlich *Sonnenberger* in Lutter, Europäische Aktiengesellschaft, 2. Aufl. 1978, S. 73, 77 ff.

Art. 54 Abs. 1 Satz 2. Die reguläre Frist der Einberufung unterteilt sich wiederum in den Turnus der Einberufung bzw. die Hauptversammlungsfrequenz sowie in die Frist für die Abhaltung der ordentlichen Hauptversammlung. Sowohl Frequenz als auch die Einberufungsfrist sind in Art. 54 Abs. 1 **gemeinschaftseinheitlich** geregelt. Keine Regelung findet sich stattdessen in der Verordnung bzgl. der Frage des Zeitpunkts der Einberufung einer ordentlichen Hauptversammlung, so dass über den Verweis des Art. 54 Abs. 2 das **mitgliedstaatliche Recht** Anwendung findet.

1. Reguläre Frist der Einberufung (Art. 54 Abs. 1 Satz 1)

a) Frequenz

Nach Art. 54 Abs. 1 Satz 1 1. Halbsatz hat die Hauptversammlung einer SE mindes- 6
tens **einmal im Kalenderjahr** stattzufinden. Obwohl das deutsche Aktienrecht hinsichtlich der Einberufungsfrist in §§ 120 Abs. 1 Satz 1, 175 Abs. 1 Satz 2 AktG an das Ende des Geschäftsjahres anknüpft, geht insoweit die kalenderjährliche Versammlungsfrequenz der SE-VO nach Art. 9 Abs. 1 lit. a vor[9]. Die Vorgabe der SE-VO ist insoweit abschließend[10]. Eine zusätzliche Anknüpfung an das Geschäftsjahr ist daher nicht statthaft.

Diese Grundregel wird durch Art. 54 Abs. 1 Satz 1 2. Halbsatz durchbrochen, wenn 7
das mitgliedstaatliche Recht häufigere Hauptversammlung verlangt[11], sofern die SE die gleiche Geschäftstätigkeit ausübt wie die zur Abhaltung einer häufigeren Hauptversammlung verpflichtete nationale Aktiengesellschaft. Dieser Vorbehalt ist für eine in Deutschland ansässige SE ohne Belang, da §§ 120 Abs. 1 Satz 1, 175 Abs. 1 Satz 2 AktG zwar den Zeitpunkt der Einberufung der ordentlichen Hauptversammlung anders als die gemeinschaftseinheitliche Regelung des Art. 54 Abs. 1 Satz 1 1. Halbsatz am Ende des Geschäftjahres festmachen, ansonsten aber hinsichtlich der Frequenz ebenfalls einmal jährlich eine Pflicht zur Einberufung statuieren[12].

b) Einberufung binnen sechs Monaten

Nach Art. 54 Abs. 1 Satz 1 1. Halbsatz als gemeinschaftseinheitlicher, abschließender 8
Regelung ist die ordentliche Hauptversammlung **binnen sechs Monaten** nach Abschluss des Geschäftsjahres einzuberufen[13]. Zwar knüpft die europarechtliche Regelung ebenso wie das nationale Recht in §§ 120 Abs. 1 Satz 1, 175 Abs. 1 Satz 2 AktG an das Ende des Geschäftsjahres an, jedoch beträgt die Frist zwischen dem Geschäftsjahresende und dem spätesten Tag der Hauptversammlung nach gemeinschaftsein-

---

9   *Kubis* in MünchKomm. AktG, Art. 54 SE-VO Rz. 3; *Baatz/Weydner* in Jannott/Frodermann, Handbuch Europäische Aktiengesellschaft, S. 204 Rz. 4; i.E. ebenso *Mayer* in Manz/Mayer/Schröder, Art. 54 SE-VO Rz. 19; *Casper* in Spindler/Stilz, Art. 54 SE-VO Rz. 2; *Thümmel*, Europäische Aktiengesellschaft, S. 119 Rz. 251; zur österreichischen Regelung in § 126 Abs. 1 öAktG s. *Zollner* in Kalss/Hügel, § 62 SEG Rz. 4.
10 So auch *Schwarz*, Art. 54 Rz. 4; *Mayer* in Manz/Mayer/Schröder, Art. 54 SE-VO Rz. 19; a.A. aber *Kubis* in MünchKomm. AktG, Art. 54 SE-VO Rz. 3, der bei Geschäftsjahresende zwischen dem 30.6. und dem 30.11. entgegen dem insofern europarechtlich vorrangigem, eindeutigem Wortlaut des Art. 54 Abs. 1 Satz 1 SE-VO auf das Kalenderjahr abstellen will.
11 *Kubis* in MünchKomm. AktG, Art. 54 SE-VO Rz. 4; *Schwarz*, Art. 54 Rz. 4; *Mayer* in Manz/Mayer/Schröder, Art. 54 SE-VO Rz. 3.
12 Ebenso *Kubis* in MünchKomm. AktG, Art. 54 SE-VO Rz. 4; *Baatz/Weydner* in Jannott/Frodermann, Handbuch Europäische Aktiengesellschaft, S. 205 Rz. 9; *Casper* in Spindler/Stilz, Art. 54 SE-VO Rz. 2; *Thümmel*, Europäische Aktiengesellschaft, S. 119 Rz. 251.
13 *Schwarz*, Art. 54 Rz. 4; *Kubis* in MünchKomm. AktG, Art. 54 SE-VO Rz. 5; *Brandt*, Hauptversammlung, S. 174; *Mayer* in Manz/Mayer/Schröder, Art. 54 SE-VO Rz. 1 f., 19; *Schindler*, Europäische Aktiengesellschaft, S. 74 f.; *Hirte*, NZG 2002, 1, 8; *Artmann*, wbl 2002, 189, 196; *Pluskat*, EuZW 2001, 524, 527.

heitlichen Vorgaben nur sechs Monate anstatt der durch das AktG festgeschriebenen acht Monate. Art. 54 Abs. 1 Satz 1 1. Halbsatz verkürzt daher für eine in Deutschland ansässige SE die Einberufungsfrist im Gegensatz zum nationalen Recht. Eine § 175 Abs. 1 Satz 1 AktG entsprechende Vorschrift für die im deutschen Aktienrecht nicht vorgesehene monistische Struktur hat der deutsche Gesetzgeber in § 48 Abs. 1 SEAG geschaffen[14]. Eine Kollision zwischen § 175 Abs. 1 Satz 1 AktG bzw. § 48 Abs. 1 SEAG und Art. 54 Abs. 1 Satz 1 scheidet jedoch von vornherein aus, da in §§ 175 Abs. 1 Satz 1 AktG, 48 Abs. 1 SEAG nur die Frist zwischen dem Eingang des Verwaltungs- bzw. Aufsichtsratsberichtes einerseits und der Einberufung andererseits geregelt ist, während Art. 54 Abs. 1 1. Halbsatz eine absolute sechsmonatige Frist statuiert[15].

2. Einberufungsfrist der ersten Hauptversammlung (Art. 54 Abs. 1 Satz 2)

9 Nach Art. 54 Abs. 1 Satz 2 werden die Mitgliedstaaten ermächtigt, die Frist für die erste Hauptversammlung in der Gründungsphase der SE auf **bis zu 18 Monate** nach der Gründung zu verlängern. Im AktG fehlt eine entsprechende Regelung, der deutsche Gesetzgeber hat von dieser Ermächtigung keinen Gebrauch gemacht. Eine teleologische Auslegung, die für eine in Deutschland ansässige SE anstelle der gemeinschaftseinheitlich vorgeschriebenen Grundregel der sechsmonatigen Einberufungsfrist des Art. 54 Abs. 1 Satz 1 1. Halbsatz die nationale achtmonatige Frist der §§ 120 Abs. 1 Satz 1, 175 Abs. 1 Satz 2 AktG anwenden will, geht insofern fehl[16].

3. Zeitpunkt der Einberufung

10 Von der regulären Frist zur Einberufung der ordentlichen Hauptversammlung und der Frist der ersten Einberufung nach Gründung der SE ist die **Frist zur Einberufung vor dem Stattfinden** der Hauptversammlung zu unterscheiden. Zwar enthielten die Vorgängervorschriften Art. 86 Abs. 1 SE-VOV 1970 und 1975 sowie Art. 84 Abs. 3 SE-VOV 1989 zur Einberufung noch entsprechende Bestimmungen, nicht jedoch die jetzige SE-VO[17]. Nach Art. 54 Abs. 2 (Rz. 3) findet daher das mitgliedstaatliche Recht Anwendung, für eine in Deutschland ansässige SE gilt daher § 123 Abs. 1 AktG. Hiernach ist die Hauptversammlung mindestens dreißig Tage vor dem Tag der Versammlung einzuberufen[18]. Für eine in Deutschland ansässige SE sind daher – wie bei der nationalen AG – ausschließlich die Feiertage i.S.d. § 193 BGB maßgeblich (Art. 53 Rz. 14)[19]. Auch gilt die aufgrund des Grundsatzes der Nichtdiskriminierung nach Art. 10 für Übernahmefälle in § 16 Abs. 4 Satz 1 WpÜG vorgesehene Fristverkürzung für eine SE mit Sitz in Deutschland[20].

---

14 Hierzu *Kubis* in MünchKomm. AktG, Art. 54 SE-VO Rz. 2; *Casper* in Spindler/Stilz, Art. 54 SE-VO Rz. 2.

15 *Kubis* in MünchKomm. AktG, Art. 54 SE-VO Rz. 2.

16 So aber *Kubis* in MünchKomm. AktG, Art. 54 SE-VO Rz. 7; so wie hier *Schwarz*, Art. 54 Rz. 5; *Mayer* in Manz/Mayer/Schröder, Art. 54 SE-VO Rz. 20; wohl auch *Baatz/Weydner* in Jannott/Frodermann, Handbuch Europäische Aktiengesellschaft, S. 204 Rz. 4; *Casper* in Spindler/Stilz, Art. 54 SE-VO Rz. 2.

17 *Schwarz*, Art. 54 Rz. 24; *Brandt*, Hauptversammlung, S. 186; s. auch *Baatz/Weydner* in Jannott/Frodermann, Handbuch Europäische Aktiengesellschaft, S. 216 Rz. 64 f.

18 Zur Berechnung der Frist sowie zur Berücksichtigung der Sonn- und Feiertage s. *Ziemons* in K. Schmidt/Lutter, AktG, § 123 Rz. 33 f.

19 Ebenso *Kubis* in MünchKomm. AktG, Art. 53 SE-VO Rz. 7.

20 So auch *Kubis* in MünchKomm. AktG, Art. 53 SE-VO Rz. 7.

III. Einberufungsrecht (Art. 54 Abs. 2)

1. Einberufungsberechtigte

Art. 54 Abs. 1 regelt nicht das für die Einberufung der ordentlichen Hauptversamm-   11
lung **zuständige Organ**. Die Verordnungsentwürfe kannten grundsätzlich nur eine Berechtigung und Verpflichtung des Vorstands, der allerdings nach Art. 84 SE-VOV 1970
und 1975 sowie Art. 82 Abs. 2 SE-VOV 1991 auf Verlangen des Aufsichtsrats zur Einberufung verpflichtet war; lediglich ausnahmsweise kam dem Aufsichtsrat im Fall
der Säumnis des Vorstands eine Einberufungskompetenz zu[21]. Nach Art. 54 Abs. 2
steht das Einberufungsrecht jetzt dem Leitungs-, Aufsichts- oder Verwaltungsorgan
sowie jedem anderen Organ oder jeder zuständigen Behörde zu. Die Einberufung
durch unzuständige Personen führt nach Art. 9 Abs. 1 lit. c i.V.m. § 241 Nr. 1 AktG
zur Nichtigkeit der Beschlüsse, sofern keine Universalversammlung i.S.d. § 121
Abs. 6 AktG (hierzu Art. 53 Rz. 17) vorliegt[22].

a) Gemeinschaftseinheitliche Regelung

Umstritten ist, ob die in Art. 54 Abs. 2 **genannten Organe** unabhängig vom nationa-   12
len Recht ein Recht zur Einberufung haben[23] oder ob sich die Einberufung generell
nach dem nationalen Recht richtet[24]. Denkbar wäre auch eine Differenzierung zwischen den einzelnen Organen des Art. 54 Abs. 2[25]. Dann wären die explizit genannten Organe wie Leitungs-, Aufsichts- oder Verwaltungsorgan bereits aus der unmittelbar anwendbaren gemeinschaftseinheitlichen Regelung zur Einberufung berechtigt, während für die Begriffe „jedes Organ" oder „jede zuständige Stelle" auf das
jeweilige nationale Recht verwiesen werden würde[26]. Jedenfalls zu weit gehen dürfte
indes die Einbeziehung von satzungsmäßig berufenen Organen bzw. zuständigen Behörden bereits in den europarechtlichen Verweis des Art. 54 Abs. 2[27], denn die genannten Begriffe unterfallen nicht per se den „maßgeblichen einzelstaatlichen
Rechtsvorschriften" i.S.d. Art. 54 Abs. 2, sondern können allenfalls über das jeweilige nationale Recht Berücksichtigung finden, sofern – wie § 121 Abs. 2 Satz 3 AktG
im deutschen Recht – auf das Recht zur Einberufung durch Satzung verwiesen wird
und man einen Verweis auf das nationale Recht als grundsätzlich zulässig ansieht.

Nach richtiger Auffassung kann die Hauptversammlung in jedem Mitgliedstaat   13
durch die bereits **gemeinschaftsweit in Art. 54 Abs. 2 festgeschriebenen Organe** einberufen werden, die Einberufung richtet sich daher nicht nach dem nationalen

---

21 *Schwarz*, Art. 54 Rz. 8; *Brandt*, Hauptversammlung, S. 179; *Sonnenberger* in Lutter, Europäische Aktiengesellschaft, 2. Aufl. 1978, S. 73, 77.

22 *Spindler* in Lutter/Hommelhoff, Europäische Gesellschaft, S. 223, 243; *Brandt*, Hauptversammlung, S. 210 f.; *Casper* in Spindler/Stilz, Art. 54 SE-VO Rz. 1; *Schwarz*, Art. 54 Rz. 13
m.w.N. zum nationalen Recht.

23 So *Baatz/Weydner* in Jannott/Frodermann, Handbuch Europäische Aktiengesellschaft, S. 206
Rz. 14, S. 215 Rz. 53; *Spindler* in Lutter/Hommelhoff, Europäische Gesellschaft, S. 223,
241 ff.; *Mayer* in Manz/Mayer/Schröder, Art. 54 SE-VO Rz. 7 f.; *Kind*, Die Europäische Aktiengesellschaft, 1994, S. 20; wohl auch *Artmann*, wbl 2002, 189, 197; noch weitergehend *Brandt*,
Hauptversammlung, S. 179 ff., 182, der davon ausgeht, dass Art. 54 Abs. 2 bzgl. der Einberufungsberechtigten abschließend ist, so dass das nationale Recht daneben keine Anwendung
findet.

24 So *Schwarz*, Art. 54 Rz. 8: „Zur Einberufung (...) ist (...) das Organ bzw. der Organteil befugt,
der befugt ist, eine Hauptversammlung der AG im Sitzmitgliedstaate einzuberufen"; zustimmend *Zollner* in Kalss/Hügel, § 62 SEG Rz. 7.

25 So *Kubis* in MünchKomm. AktG, Art. 54 SE-VO Rz. 8.

26 So *Kubis* in MünchKomm. AktG, Art. 54 SE-VO Rz. 8.

27 So aber wohl *Kubis* in MünchKomm. AktG, Art. 54 SE-VO Rz. 8.

Recht[28]. Der Wortlaut des Art. 54 Abs. 2 ist insofern zwar nicht eindeutig, doch kann der Verweis auf das mitgliedstaatliche Recht auch nur das Verfahren der Einberufung erfassen, d.h. lediglich für die einzelnen Einberufungsmodalitäten (zu den Einberufungsmodalitäten Rz. 18 ff)[29]. Mit der Statuierung der einzelnen Organe in Art. 54 Abs. 2 wurde gerade eine gemeinschaftseinheitliche Regelung der Einberufungsberechtigten für eine europäische Gesellschaft angestrebt. Auch wäre die Regelung sonst kaum verständlich, da eine Bezugnahme auf die Mitgliedstaaten sich bereits aus den generellen Verweisen der SE-VO in Art. 9 Abs. 1 lit. c bzw. Art. 53 ergäbe[30]. Art. 54 Abs. 2 gibt daher allen Leitungsorganen, aber auch sonstigen Organen und Behörden gleichberechtigt und ohne Restriktion die Befugnis zur Einberufung der Hauptversammlung[31]. Auch ein zwingend nicht vorgesehenes Organ, wie etwa ein Beirat, kann folglich die Hauptversammlung einberufen. Der Verweis in Art. 54 Abs. 2 schränkt daher nicht die Kompetenzen der in Art. 54 Abs. 2 aufgeführten Organe zur Einberufung ein, sondern bezieht sich ausschließlich auf das Verfahren der Einberufung[32].

b) Einberufung durch Behörden

14 Art. 54 Abs. 2 lässt auch ausdrücklich eine **Einberufungskompetenz für Behörden** zu. Zwar kennt das deutsche Recht für die Einberufung der Hauptversammlung einer nationalen Aktiengesellschaft keine derartige Einberufung für staatliche Stellen, denn die aufsichtsrechtlichen Maßnahmen nach §§ 44 Abs. 5 KWG; 3 Abs. 1 Satz 1 BSpkG; 83 Abs. 1 Satz 1 Nr. 6 VAG richten sich an den Vorstand[33]. Auch das Registergericht kann im nationalen Recht gem. §§ 407 Abs. 1 Satz 1, 175 AktG lediglich ein Zwangsgeld festsetzen, aber nicht die Einberufung selbst vornehmen, sofern der Vorstand die Einberufung der ordentlichen Hauptversammlung unterlässt[34]. Im SEAG ist jedoch keine Benennung einer Behörde erfolgt, die nach Art. 68 Abs. 2 zur Einberufung berechtigt wäre (näher hierzu Art. 68 Rz. 8). Aufgrund der Vorgaben des Art. 68 Abs. 2 ist jedoch eine solche Benennung erforderlich[35]; allein das nationale Mitgliedstaatsrecht sollte darüber entscheiden, welche staatlichen Organe zuständig sind – wobei nach den Vorgaben der Art. 68 Abs. 2, Art. 54 Abs. 2 zwingend *ein* staatliches Organ diese Kompetenz haben muss[36]. Insoweit müsste der deutsche Gesetzgeber noch ergänzend tätig werden, um die gemeinschaftsrechtlichen Vorgaben zu erfüllen.

---

28 *Spindler* in Lutter/Hommelhoff, Europäische Gesellschaft, S. 223, 241; *Baatz/Weydner* in Jannott/Frodermann, Handbuch Europäische Aktiengesellschaft, S. 215 Rz. 53; *Mayer* in Manz/Mayer/Schröder, Art. 54 SE-VO Rz. 7 f.; wohl auch *Casper* in Spindler/Stilz, Art. 54 SE-VO Rz. 3.

29 *Spindler* in Lutter/Hommelhoff, Europäische Gesellschaft, S. 223, 241; so auch *Baatz/Weydner* in Jannott/Frodermann, Handbuch Europäische Aktiengesellschaft, S. 215 Rz. 53 ff.; *Mayer* in Manz/Mayer/Schröder, Art. 54 SE-VO Rz. 6 ff.

30 *Spindler* in Lutter/Hommelhoff, Europäische Gesellschaft, S. 223, 241.

31 *Spindler* in Lutter/Hommelhoff, Europäische Gesellschaft, S. 223, 241; i.E. ebenso *Baatz/Wedner* in Jannott/Frodermann, Handbuch Europäische Aktiengesellschaft, S. 215 Rz. 53 ff.

32 *Spindler* in Lutter/Hommelhoff, Europäische Gesellschaft, S. 223, 241; überzeugend i.E. auch *Brandt*, Hauptversammlung, S. 181.

33 *Schwarz*, Art. 54 Rz. 10; *Butzke* in Obermüller/Werner/Winden, Die Hauptversammlung der Aktiengesellschaft, 4. Aufl. 2001, S. 28 Rz. 46; *Semler* in MünchHdb. AG, § 35 Rz. 11; i.E. ebenso *Mayer* in Manz/Mayer/Schröder, Art. 54 SE-VO Rz. 21; hierzu auch *Kubis* in MünchKomm. AktG, § 121 Rz. 23, Art. 54 SE-VO Rz. 8.

34 *Schwarz*, Art. 54 Rz. 10; *Brandt*, Hauptversammlung, S. 179.

35 *Brandt*, Hauptversammlung, S. 181; *Spindler* in Lutter/Hommelhoff, Europäische Gesellschaft, S. 223, 241; *Mayer* in Manz/Mayer/Schröder, Art. 54 SE-VO Rz. 10; a.A. *Schwarz*, Art. 54 Rz. 10; *Casper* in Spindler/Stilz, Art. 54 SE-VO Rz. 3.

36 *Spindler* in Lutter/Hommelhoff, Europäische Gesellschaft, S. 223, 241; *Mayer* in Manz/Mayer/Schröder, Art. 54 SE-VO Rz. 10.

c) Einberufung durch sonstige Organe

§ 121 Abs. 2 Satz 3 AktG lässt eine **Satzungsregelung** zu, die einzelnen Aktionären   15
oder Aktionärsgruppen, einzelnen Mitglieder von Vorstand und Aufsichtsrat sowie
außenstehenden Dritten eigene Einberufungsrechte einräumt[37]. Hingegen werden in
Art. 54 Abs. 2 als einberufungsberechtigte Personen nur die genannten und andere
Organe sowie Behörden aufgeführt, so dass andere Personen ohne Organqualität nach
der SE-VO nicht einberufungsberechtigt sind[38]. § 121 Abs. 2 Satz 3 AktG findet daher
für eine in Deutschland ansässige SE insgesamt keine Anwendung (Rz. 13)[39], da die
SE-VO keinerlei Satzungsspielraum vorsieht und insoweit eine Sperrwirkung entfaltet. Hingegen sollte auch Scheinorganmitgliedern i.S.d. § 121 Abs. 2 Satz 2 AktG, die
im Register eingetragen sind[40], aus Gründen der Rechtssicherheit ein Einberufungsrecht zugebilligt werden[41]. Zwar enthält Art. 54 Abs. 2 keine entsprechende Erweiterung; doch präjudiziert der Begriff „Organ" in Art. 54 Abs. 2 nicht, wann jemand
noch als Organmitglied aus Gründen des Schutzes der Rechtsverkehrs und der
Rechtssicherheit angesehen werden kann[42]. Das Einberufungsrecht einer Aktionärsminderheit unterfällt hingegen nicht Art. 54 Abs. 2, sondern wird spezieller durch
den Art. 55 geregelt (hierzu ausführlich Art. 55 Rz. 2)[43].

2. Einberufungsgründe

Nach Art. 54 Abs. 2 kann die Hauptversammlung „**jederzeit**" von allen einberufungs-   16
berechtigten Organen (Rz. 11 ff.) einberufen werden, eines besonderen Grundes zur
Einberufung bedarf es nach Art. 54 Abs. 2 daher nicht[44]. Art. 54 Abs. 2 stellt die Einberufung der Hauptversammlung aber nicht vollständig in das Ermessen der Organe,
sondern ergänzt nur die bestehenden Pflichten zur Einberufung[45]. Zu differenzieren
ist insoweit zwischen dem **Einberufungsrecht** für die Organe und der **Einberufungspflicht** (s. Rz. 17). Art. 54 Abs. 2 regelt gemeinschaftseinheitlich unmittelbar lediglich das Recht zur Einberufung, für eine derartige Pflicht verweist er hingegen auf

---

37 *Ziemons* in K. Schmidt/Lutter, AktG, § 121 Rz. 20.
38 *Spindler* in Lutter/Hommelhoff, Europäische Gesellschaft, S. 223, 242; i.E. auch *Brandt*,
   Hauptversammlung, S. 182, der § 121 Abs. 2 Satz 3 AktG generell nicht anwenden will; insoweit auch *Schwarz*, Art. 54 Rz. 12, der insoweit – nicht konsequent – den Verweis auf das nationale Recht auf die durch die Satzung genannten Organe beschränken will; unklar *Kubis* in
   MünchKomm. AktG, Art. 54 SE-VO Rz. 8, der anscheinend sehr weit sämtliche satzungsmäßigen begründeten Einberufungsrechte auf die SE mit Sitz in Deutschland anwendet.
39 *Spindler* in Lutter/Hommelhoff, Europäische Gesellschaft, S. 223, 242; *Brandt*, Hauptversammlung, S. 182; a.A. *Mayer* in Manz/Mayer/Schröder, Art. 54 SE-VO Rz. 21.
40 *Ziemons* in K. Schmidt/Lutter, AktG, § 121 Rz. 18.
41 *Spindler* in Lutter/Hommelhoff, Europäische Gesellschaft, S. 223, 242; *Schwarz*, Art. 54
   Rz. 12; *Casper* in Spindler/Stilz, Art. 54 SE-VO Rz. 3; a.A. *Kubis* in MünchKomm. AktG,
   Art. 54 SE-VO Rz. 6, der Art. 50 Abs. 1 als Verdrängung von §§ 121 Abs. 2, 111 Abs. 3 AktG ansieht; sowie unter Hinweis auf eine europäisch gebotene Rechtssicherheit *Brandt*, Hauptversammlung, S. 182 f.
42 *Spindler* in Lutter/Hommelhoff, Europäische Gesellschaft, S. 223, 242.
43 *Schwarz*, Art. 54 Rz. 12; *Mayer* in Manz/Mayer/Schröder, Art. 54 SE-VO Rz. 24.
44 *Kubis* in MünchKomm. AktG, Art. 54 SE-VO Rz. 9, Art. 53 SE-VO Rz. 3; *Spindler* in Lutter/
   Hommelhoff, Europäische Gesellschaft,S. 223, 242 f.; *Brandt*, Hauptversammlung, S. 183 f.;
   Mayer in Manz/Mayer/Schröder, Art. 54 SE-VO Rz. 13, 15; *Casper* in Spindler/Stilz, Art. 54
   SE-VO Rz. 4; a.A. *Schwarz*, Art. 54 Rz. 28 f., der aus der Wendung „jederzeit" in Abgrenzung
   zur ordentlichen HV des Art. 54 Abs. 1 SE-VO sieht (hierzu ablehnend bereits Rz. 2) und daher eine Einberufung nur nach den im Mitgliedstaat bestimmten Einberufungsgründen zulassen
   will; zustimmend *Thümmel*, Europäische Aktiengesellschaft, S. 118 Rz. 250 in Fn. 197.
45 *Spindler* in Lutter/Hommelhoff, Europäische Gesellschaft, S. 223, 243.; *Brandt*, Hauptversammlung, S. 184; *Mayer* in Manz/Mayer/Schröder, Art. 54 SE-VO Rz. 22 f.

das jeweilige mitgliedstaatliche Recht[46]. Andernfalls wäre Art. 54 Abs. 2 zugunsten der generellen Verweisung des Art. 9 Abs. 1 lit. c bzw. Art. 53 entbehrlich (Rz. 13)[47]. Folglich kann das mitgliedstaatliche Recht nicht von der Entbehrlichkeit eines Einberufungsgrundes abweichen und nicht das Einberufungsrecht sämtlicher Organe einschränken[48]. Das für die dualistische Struktur der in Deutschland ansässigen SE in § 111 Abs. 3 Satz 1 AktG beim Aufsichtsrat und für das monistische System in § 22 Abs. 2 Satz 1 SEAG beim Verwaltungsorgan[49] erforderliche „Wohl der Gesellschaft" als nationalgesetzlicher Einberufungsgrund für das Aufsichtsorgan wird daher durch die gemeinschaftsweit festgeschriebene „jederzeitige" Einberufungskompetenz überspielt[50]. Auch § 121 Abs. 2 Satz 1 AktG findet auf eine in Deutschland ansässige SE daneben keine Anwendung[51]. Die Frage nach den Folgen einer **grundlosen Einberufung** im deutschen Recht[52] stellt sich somit wegen des jederzeitigen Einberufungsrechts nach Art. 54 Abs. 2 nicht[53].

17   Von dem unmittelbar durch Art. 54 Abs. 2 eingeräumten Einberufungsrecht bleiben jedoch die mitgliedstaatlichen **Einberufungspflichten** unberührt. Die Hauptversammlung einer SE in Deutschland ist demzufolge durch das Leitungsorgan unverzüglich nach Eingang des Prüfungs- und Rechenschaftsberichts des Aufsichtsorgans gem. Art. 54 Abs. 2 i.V.m. §§ 175 Abs. 1 Satz 1, 171 Abs. 2 AktG einzuberufen[54]. Dasselbe gilt für die Einberufung durch den Vorstand nach § 92 Abs. 1 AktG (Verlustanzeige) und wegen des Verbindungsgebots in § 120 Abs. 3 Satz 1 AktG nach § 120 Abs. 1 AktG für den Vorstand hinsichtlich der Entlastung der Organmitglieder[55]. Der Aufsichtsrat hat gem. Art. 54 Abs. 2 i.V.m. § 111 Abs. 3 Satz 1 AktG dann eine Hauptversammlung einzuberufen, wenn es das Wohl der Gesellschaft verlangt[56]. Für die im deutschen AktG nicht vorgesehene monistisch strukturierte SE hat der Gesetzgeber in § 48 Abs. 1 SEAG eine dem § 175 Abs. 1 Satz 1 AktG entsprechende Vorschrift für das Verwaltungsorgan geschaffen[57]. Daneben hat das Verwaltungsorgan gem. Art. 54 Abs. 2 i.V.m. § 22 Abs. 2 Satz 1 SEAG, der weitgehend dem § 111 Abs. 3 Satz 1 AktG entspricht, eine Hauptversammlung einzuberufen, wenn das Wohl der Gesellschaft es fordert[58]. Zudem besteht eine Pflicht zur Einberufung des Verwaltungsorgans bei einem Verlust in Höhe der Hälfte des Grundkapitals gem. Art. 54 Abs. 2 i.V.m. § 22 Abs. 5 SEAG[59]. Des Weiteren finden gem. Art. 9 Abs. 1

---

46 So auch *Kubis* in MünchKomm. AktG, Art. 54 SE-VO Rz. 9, Art. 53 SE-VO Rz. 3; *Mayer* in Manz/Mayer/Schröder, Art. 54 SE-VO Rz. 17, 22; *Casper* in Spindler/Stilz, Art. 54 SE-VO Rz. 4.

47 *Kubis* in MünchKomm. AktG, Art. 54 SE-VO Rz. 9.

48 Auf diesen Aspekt zu Recht hinweisend *Kubis* in MünchKomm. AktG, Art. 54 SE-VO Rz. 9.

49 S. hierzu Begr. RegE zu SEEG, BT-Drucks. 15/3405, S. 36 f.

50 *Kubis* in MünchKomm. AktG, Art. 54 SE-VO Rz. 9; ebenso *Spindler* in Lutter/Hommelhoff, Europäische Gesellschaft, S. 223, 243, dort allerdings nur zu § 113 Abs. 3 Satz 1 AktG.

51 A.A. *Baatz/Weydner* in Jannott/Frodermann, Handbuch Europäische Aktiengesellschaft, S. 215 Rz. 56.

52 *Ziemons* in K. Schmidt/Lutter, AktG, § 121 Rz. 11.

53 *Kubis* in MünchKomm. AktG, Art. 53 SE-VO Rz. 3.

54 *Drygala* in K. Schmidt/Lutter, AktG, § 175 Rz. 4.

55 *Kubis* in MünchKomm. AktG, Art. 53 SE-VO Rz. 3; zu den Einberufungspflichten s. auch *Mayer* in Manz/Mayer/Schröder, Art. 54 SE-VO Rz. 22 ff.

56 *Drygala* in K. Schmidt/Lutter, AktG, § 111 Rz. 33.

57 *Baatz/Weydner* in Jannott/Frodermann, Handbuch Europäische Aktiengesellschaft, S. 215 Rz. 54; *Mayer* in Manz/Mayer/Schröder, Art. 54 SE-VO Rz. 22.

58 Begr. RegE zu SEEG, BT-Drucks. 15/3405, S. 36 f.; *Thümmel*, Europäische Aktiengesellschaft, S. 119 Rz. 250.

59 Begr. RegE zu SEEG, BT-Drucks. 15/3405, S. 37; *Thümmel*, Europäische Aktiengesellschaft, S. 119 Rz. 250.

lit. c die satzungsmäßigen Einberufungsgründe[60] und die von der SE vertraglich vereinbarten Einberufungspflichten[61] auch auf eine in Deutschland ansässige SE Anwendung[62].

3. Sonstige Einberufungsmodalitäten

Für die weiteren Einberufungsmodalitäten verweist Art. 54 Abs. 2 vollumfänglich 18
auf die maßgeblichen **einzelstaatlichen Rechtsvorschriften** (Rz. 2 f.). Dieses betrifft
insbesondere Form und Inhalt der Einberufung (Rz. 19 f.), den Einberufungsbeschluss
(Rz. 23 f.), die Tagesordnung (Rz. 25) sowie die Mitteilungspflichten im Vorfeld
(Rz. 21).

a) Form und Inhalt der Einberufung

Auf eine in Deutschland ansässige SE finden die §§ 121 Abs. 3, 124 AktG Anwen- 19
dung[63]. Demzufolge ist die Einberufung der Hauptversammlung nach § 121 Abs. 3
AktG i.V.m. § 25 Satz 1 AktG zwingend im elektronischen Bundesanzeiger bekannt
zu machen. Eine **Bekanntmachung** im EU-Amtsblatt ist zwar bei einer gemeinschaftsweiten Aktionärsbasis wünschenswert[64], jedoch im Umkehrschluss zu
Art. 14, der abschließend einzelne Pflichten zur Veröffentlichung im Amtsblatt der
Europäischen Gemeinschaft statuiert (Art. 14 Rz. 7) nicht ausreichend bzw. erforderlich[65]. Zu fordern sein wird aber wenigstens die Veröffentlichung in einer weit verbreiteten überregionalen Zeitung[66]. Da die SE-VO nicht regelt, in welcher Sprache
die Informationen erteilt werden müssen, ist das nationale Recht anzuwenden, in der
Regel daher in der Sprache des Sitzstaats[67]. Ob man diese Pflicht zur Bekanntmachung in der deutschen Sprache aus dem allgemeinen in Art. 10 festgeschriebenen
Grundsatz der Nichtdiskriminierung ableiten kann, erscheint aber zweifelhaft[68].
Vielmehr ergibt sich diese Pflicht bereits aus dem Verweis des Art. 54 Abs. 2 in das
jeweilige nationale Recht.

Als **notwendigen Inhalt** muss die Einberufung gem. §§ 121 Abs. 3 Satz 2, 124 AktG 20
die Firma, den Sitz der SE, Zeit und Ort der Hauptversammlung, etwaige besondere
Teilnahme- und Abstimmungsmodalitäten, die Tagesordnung und im Falle besonderer Beschlüsse die in § 124 Abs. 2 und Abs. 3 AktG normierten Besonderheiten enthalten[69]. Hierbei gelten für die SE jedoch keine Abweichungen zum nationalen

---

60 *Ziemons* in K. Schmidt/Lutter, AktG, § 121 Rz. 13.
61 *Ziemons* in K. Schmidt/Lutter, AktG, § 121 Rz. 15.
62 *Kubis* in MünchKomm. AktG, Art. 53 SE-VO Rz. 3.
63 *Schwarz*, Art. 54 Rz. 18; *Kubis* in MünchKomm. AktG, Art. 53 SE-VO Rz. 6; *Baatz/Weydner*
   in Jannott/Frodermann, Handbuch Europäische Aktiengesellschaft, S. 216 Rz. 63 ff.; *Mayer* in
   Manz/Mayer/Schröder, Art. 54 SE-VO Rz. 25 ff.; *Casper* in Spindler/Stilz, Art. 54 SE-VO Rz. 5;
   Thümmel, Europäische Aktiengesellschaft, S. 119 Rz. 252.
64 Diesen Aspekt zu Recht hervorhebend *Brandt*, Hauptversammlung, S. 178; *Schwarz*, Art. 54
   Rz. 21.
65 Ebenso *Kubis* in MünchKomm. AktG, Art. 53 SE-VO Rz. 6; a.A. wohl *Brandt*, Hauptversammlung, S. 178; *Schwarz*, Art. 54 Rz. 21, die eine Pflichtveröffentlichung aus Art. 14 SE-VO
   ableiten wollen.
66 So wie hier *Schwarz*, Art. 54 Rz. 21; *Brandt*, Hauptversammlung, S. 178; *Baatz/Weydner* in
   Jannott/Frodermann, Handbuch Europäische Aktiengesellschaft, S. 216 Rz. 63 unter Hinweis
   auf §§ 73, 70 BörsZulVO.
67 *Schwarz*, Art. 54 Rz. 20; *Brandt*, Hauptversammlung, S. 177 f.; i.E. ebenso *Kubis* in Münch-
   Komm. AktG, Art. 53 SE-VO Rz. 6.
68 So aber *Kubis* in MünchKomm. AktG, Art. 53 SE-VO Rz. 6.
69 *Schwarz*, Art. 54 Rz. 19.; *Kubis* in MünchKomm. AktG, Art. 53 SE-VO Rz. 6; *Baatz/Weydner*
   in Jannott/Frodermann, Handbuch Europäische Aktiengesellschaft, S. 217 Rz. 66.

Recht[70]. Die Einberufungsbekanntmachung sollte darüber hinaus mit dem Rechtsformzusatz „Societas Europaea" oder „SE" versehen sein sowie vorsorglich neben
dem Gesellschaftssitz zur Abgrenzung von namensidentischen Gemeinden im Ausland einen Hinweis auf Deutschland als Sitzstaat enthalten, um der Nichtigkeitsfolge der § 241 Nr. 1 i.V.m. § 121 Abs. 3 Satz 2 AktG zu entgehen[71].

b) Mitteilungspflichten im Vorfeld

21   Kraft der Verweisung des Art. 54 Abs. 2 (zur Abgrenzung zu Art. 53 Art. 53 Rz. 5) gelten auch die **Mitteilungsrechte und -pflichten im Vorfeld** nach §§ 125 bis 127 AktG
für eine in Deutschland ansässige SE[72]. Für die SE besteht daher eine Pflicht gem.
Art. 54 Abs. 2 i.V.m. § 125 AktG binnen zwölf Tagen nach der Bekanntmachung der
Einberufung, den Kreditinstituten sowie namentlich bekannten Aktionären und Aktionärsvereinigungen die Einberufung, die Tagesordnung sowie etwaige Anträge von
Aktionären mitzuteilen[73]. Gleichfalls wie bei der Bekanntmachung der Einberufung
genügt die SE den Verpflichtungen aus §§ 125, 126 AktG durch die Publizität in deutscher Sprache (Rz. 19)[74]. Abweichend zum nationalen Recht hat die Mitteilungspflichten nach §§ 125, 126 AktG bei dem monistischen System das Verwaltungsorgan zu erfüllen, so dass § 125 Abs. 3 und Abs. 4 AktG hier keine Anwendung finden; zudem wird die nationale Soll-Vorschrift des § 125 Abs. 1 Satz 3 2. Halbsatz
AktG verordnungskonform dahingehend auszulegen sein, dass die Angabe von Mit-
gliedschaften in vergleichbaren Kontrollgremien innerhalb den Europäischen Gemeinschaften zwingend mit der für den ersten Halbsatz gültigen Rechtsfolge erfolgen
muss[75].

22   Zu den **Vorbereitungspflichten der Kreditinstitute** nach Art. 54 Abs. 2 i.V.m. § 128
AktG, welche auch für die Hauptversammlung einer SE mit Sitz in Deutschland gelten[76]. Eine Besonderheit für die SE ergibt sich lediglich für die Stimmrechtsausübung
nach § 128 Abs. 2 AktG und die sich daraus ergebenden Verpflichtungen für Finanz-
dienstleister und Kreditinstitute, denn angesichts des Grundsatzes der Nichtdiskriminierung nach Art. 10 darf der Wohnsitzstaat der betroffenen europäischen SE-Aktionäre kein Kriterium für eine ansonsten mögliche Differenzierung unter Depotkun-
den[77] sein[78].

c) Einberufungsbeschluss

23   Zu den Modalitäten der Einberufung gehört ebenfalls der **Einberufungsbeschluss**.
Auch wenn die Beschlussfassung der Organe sich grundsätzlich nach Art. 50 richtet,
steht Art. 50 Abs. 1 unter dem Vorbehalt einer anderen Bestimmung der Verordnung
oder Satzung (Art. 50 Rz. 5 ff.). Art. 54 Abs. 2 stellt aber eine solche entsprechende

---

70 S. dazu *Ziemons* in K. Schmidt/Lutter, AktG, §§ 123, 124.
71 So auch *Kubis* in MünchKomm. AktG, Art. 53 SE-VO Rz. 6.
72 *Baatz/Weydner* in Jannott/Frodermann, Handbuch Europäische Aktiengesellschaft, S. 217 ff
   Rz. 69 ff.; *Mayer* in Manz/Mayer/Schröder, Art. 54 SE-VO Rz. 28 ff.
73 *Ziemons* in K. Schmidt/Lutter, AktG, § 125 Rz. 13 f.
74 *Kubis* in MünchKomm. AktG, Art. 53 SE-VO Rz. 11.
75 Ausführlich hierzu *Kubis* in MünchKomm. AktG, Art. 53 SE-VO Rz. 11; *Kubis* in Münch-
   Komm. AktG, § 121 Rz. 46.
76 S. die Kommentierung zum nationalen Recht *Ziemons* in K. Schmidt/Lutter, AktG, § 128
   Rz. 1 ff.
77 *Ziemons* in K. Schmidt/Lutter, AktG, § 128 Rz. 14 ff.
78 *Kubis* in MünchKomm. AktG, Art. 53 SE-VO Rz. 12; *Kubis* in MünchKomm. AktG, § 128
   Rz. 19.

andere Bestimmung dar, so dass er dem Art. 50 vorgeht[79]. Auch Art. 57 regelt lediglich die Beschlussfassung der Hauptversammlung selbst und nicht die der Einberufung zur Hauptversammlung (Art. 57 Rz. 1).

Auf eine **dualistisch strukturierte SE** in Deutschland findet daher über den Verweis   24
des Art. 54 Abs. 2 § 121 Abs. 2 Satz 1 AktG Anwendung, so dass für den Einberufungsbeschluss des Vorstandes eine einfache Mehrheit erforderlich ist[80], für denjenigen des Aufsichtsratsorgans nach § 111 Abs. 3 Satz 2 AktG die Mehrheit der abgegebenen Stimmen, wobei Stimmenthaltungen und abwesende Organmitglieder nicht
mitzuzählen sind[81]. Für den Einberufungsbeschluss in der **monistischen SE** gilt über
den Verweis des Art. 54 Abs. 2 die spezielle Regelung des § 22 Abs. 2 Satz 2 SEAG für
den Verwaltungsrat; hiernach genügt ebenfalls eine einfache Mehrheit für die Einberufung[82].

d) Tagesordnung

Eine in Deutschland ansässige SE hat gem. Art. 54 Abs. 2 i.V.m. § 124 Abs. 1 Satz 1   25
AktG eine **Tagesordnung** aufzustellen, welche von demjenigen aufzustellen ist, der
die Hauptversammlung einberuft (zu den Einberufungsberechtigten s. Rz. 11 f.)[83].
Die Tagesordnung führt alle die auf der Hauptversammlung zu behandelnden Gegenstände in der zu behandelnden Reihenfolge auf[84]. Sie ist wie die Einberufung selbst
in deutscher Sprache aufzustellen (Rz. 19). Für die Wahl von Aufsichtsratsmitgliedern, für Satzungsänderungen und auch für zustimmungspflichtige Verträge sind in
§ 124 Abs. 2 AktG für eine nationale Aktiengesellschaft besondere Bekannt-
machungsregeln vorgesehen, die auch für eine in SE mit Sitz in Deutschland gelten[85].
Aufgrund der speziellen Verweisung in Art. 56 Satz 2 gilt auch die Bekanntmachungsfrist des § 124 Abs. 1 Satz 2 AktG für ein Ergänzungsverlangen von Minderheitsaktionären (hierzu Art. 56 Rz. 24)[86]. Wie konkret die Angabe der Tagesordnungspunkt auszufallen hat, richtet sich nach nationalem Recht[87]; demnach müssen
sich die Aktionäre ein konkretes Bild über die in der Hauptversammlung zu behandelnden Punkte machen können[88]. Im Übrigen kann auf die Ausführungen zu § 124
AktG verwiesen werden.

Wenn die Tagesordnung ordnungswidrig bekannt gemacht wird, dürfen gem. Art. 54   26
Abs. 2 i.V.m. § 124 Abs. 4 Satz 1 AktG über die **fehlerhaften Tagesordnungspunkte**

---

79 So auch *Schwarz*, Art. 54 Rz. 15, Art. 50 Rz. 21 f.; a.A. *Brandt*, Hauptversammlung, S. 183:
   Einberufungsbeschluss ist von Art. 50 SE-VO erfasst.
80 *Ziemons* in K. Schmidt/Lutter, AktG, § 121 Rz. 16.
81 *Schwarz*, Art. 54 Rz. 16; zum nationalen Recht s. *Butzke* in Obermüller/Werner/Winden, Die
   Hauptversammlung der Aktiengesellschaft, 4. Aufl. 2001, S. 21 f. Rz. 31; *Hüffer*, § 111
   Rz. 13 ff.
82 I.E. ebenso *Schwarz*, Art. 54 Rz. 17, allerdings über eine „gesamtanaloge Anwendung" von
   § 22 Abs. 2 Satz 2 SEAG und § 121 Abs. 2 Satz 1 AktG; zur österreichischen Regelung des § 38
   Abs. 2 SE s. *Zollner* in Kalss/Hügel, § 62 SEG Rz. 5.
83 *Schwarz*, Art. 54 Rz. 22; *Casper* in Spindler/Stilz, Art. 54 SE-VO Rz. 6; a.A. über den Verweis
   des Art. 53 SE-VO *Kubis* in MünchKomm. AktG, Art. 53 SE-VO Rz. 8.
84 *Schwarz*, Art. 54 Rz. 22; *Baatz/Weydner* in Jannott/Frodermann, Handbuch Europäische Aktiengesellschaft, S. 217 Rz. 67; *Mayer* in Manz/Mayer/Schröder, Art. 54 SE-VO Rz. 26; *Werner*
   in Großkomm. AktG, § 124 Rz. 14; *Semler* in MünchHdb. AG, § 35 Rz. 38; *Hüffer*, § 124
   Rz. 2.
85 *Schwarz*, Art. 54 Rz. 22.
86 *Kubis* in MünchKomm. AktG, Art. 53 SE-VO Rz. 8.
87 *Casper* in Spindler/Stilz, Art. 54 SE-VO Rz. 6; *Schwarz*, Art. 54 Rz. 22; *Brandt*, Hauptversammlung, S. 186 f.; *Kubis* in MünchKomm. AktG, Art. 53 SE-VO Rz. 8.
88 *Schwarz*, Art. 54 Rz. 17; *Baatz/Weydner* in Jannott/Frodermann, Handbuch Europäische Aktiengesellschaft, S. 217 Rz. 67; *Brandt*, Hauptversammlung, S. 187.

keine Beschlüsse gefasst werden, gleichwohl gefasste Beschlüsse sind nach Art. 9 Abs. 1 lit. c i.V.m. §§ 243 Abs. 1, 245 Nr. 2 AktG anfechtbar (Art. 53 Rz. 34)[89]. Allerdings kann eine Verletzung der Einberufungsvorschriften geheilt werden, wenn alle Aktionäre erschienen sind und niemand der Durchführung der Hauptversammlung widerspricht (zur Universalversammlung s. auch Rz. 11; näher Art. 53 Rz. 17)[90].

Art. 55
[Einberufung durch eine Minderheit der Aktionäre]

(1) Die Einberufung der Hauptversammlung und die Aufstellung ihrer Tagesordnung können von einem oder mehreren Aktionären beantragt werden, sofern sein/ihr Anteil am gezeichneten Kapital mindestens 10% beträgt; die Satzung oder einzelstaatliche Rechtsvorschriften können unter denselben Voraussetzungen, wie sie für Aktiengesellschaften gelten, einen niedrigeren Prozentsatz vorsehen.

(2) Der Antrag auf Einberufung muss die Punkte für die Tagesordnung enthalten.

(3) Wird die Hauptversammlung nicht rechtzeitig bzw. nicht spätestens zwei Monate nach dem Zeitpunkt, zu dem der in Absatz 1 genannte Antrag gestellt worden ist, abgehalten, so kann das am Sitz der SE zuständige Gericht oder die am Sitz der SE zuständige Verwaltungsbehörde anordnen, dass sie innerhalb einer bestimmten Frist einzuberufen ist, oder die Aktionäre, die den Antrag gestellt haben, oder deren Vertreter dazu ermächtigen. Hiervon unberührt bleiben einzelstaatliche Bestimmungen, aufgrund deren die Aktionäre gegebenenfalls die Möglichkeit haben, selbst die Hauptversammlung einzuberufen.

   § 50 SEAG: Einberufung und Ergänzung der Tagesordnung auf Verlangen einer Minderheit
(1) Die Einberufung der Hauptversammlung und die Aufstellung ihrer Tagesordnung nach Artikel 55 der Verordnung kann von einem oder mehreren Aktionären beantragt werden, sofern sein oder ihr Anteil am Grundkapital mindestens 5 Prozent beträgt.
(2) Die Ergänzung der Tagesordnung für eine Hauptversammlung durch einen oder mehrere Punkte kann von einem oder mehreren Aktionären beantragt werden, sofern sein oder ihr Anteil 5 Prozent des Grundkapitals oder den anteiligen Betrag von 500 000 Euro erreicht.

---

89 *Mayer* in Manz/Mayer/Schröder, Art. 54 SE-VO Rz. 32; *Schwarz*, Art. 54 Rz. 23 m.w.N. zum nationalen Recht.
90 *Schwarz*, Art. 54 Rz. 23; *Baatz/Weydner* in Jannott/Frodermann, Handbuch Europäische Aktiengesellschaft, S. 217 Rz. 68; *Mayer* in Manz/Mayer/Schröder, Art. 54 SE-VO Rz. 32; s. auch *Spindler* in Lutter/Hommelhoff, Europäische Gesellschaft, S. 223, 243.

Literatur: S. vor Art. 52 SE-VO.

I. Grundlagen

1. Regelungsgegenstand und Normzweck

Art. 55 regelt zusammen mit Art. 56 den **Minderheitenschutz** in der SE[1]. Sowohl   1
Art. 55 als auch Art. 56 tragen dem Umstand Rechnung, dass die Aktionäre ihren
Einfluss in der SE in der Hauptversammlung geltend machen müssen[2]. Die Minder-
heitenrechte der Aktionäre in der SE setzen sich zusammen aus der Möglichkeit, eine Hauptversammlung überhaupt nach Art. 55 einzuberufen (sog. Einberufungsrecht
bzw. -verlangen) sowie nach Art. 56 aus der Möglichkeit, die Ergänzung der Tagesordnung für eine bereits anderweitig einberufene Hauptversammlung beschließen zu
lassen (sog. Ergänzungsverlangen).

Das **Minderheitenrecht auf Einberufung** einer Hauptversammlung ist hierbei **zwei-**   2
stufig aufgebaut: dem an die Gesellschaft gerichteten Einberufungsverlangen der Aktionärsminderheit nach Art. 55 Abs. 1 und 2 (Rz. 4 ff.) schließt sich bei dessen Nichtbeachtung das staatliche Einberufungsverfahren nach Art. 55 Abs. 3 an (Rz. 18 ff.)[3].
Durch die Norm wird, wie in Art. 56 auch (Art. 56 Rz. 1), der Minderheitenschutz
grundsätzlich bereits auf gemeinschaftsrechtlicher Ebene gewährleistet. Art. 55 erlaubt den Mitgliedstaaten oder dem Satzungsgeber das Absenken des Quorums, nicht
jedoch Einschränkungen des Minderheitenschutzes[4]. Art. 55 stellt eine Spezialverweisung dar, die den generellen Verweisungen der Art. 53, 54 (hierzu Art. 53 Rz. 1,
5 ff., Art. 54 Rz. 4) vorgeht[5].

2. Historische Entwicklung

Bereits die **Vorgängerentwürfe** kannten eine **ähnliche Form der Einberufung** durch   3
die Minderheitsaktionäre. So sah Art. IV-3-2 Sanders-Vorentwurf eine dem § 122
Abs. 1, 3 und 4 AktG im Wesentlichen entsprechende Regelung vor, die sodann in

---

1 *Schwarz*, Art. 55 Rz. 1; *Kubis* in MünchKomm. AktG, Art. 55, 56 SE-VO Rz. 1; *Casper* in
Spindler/Stilz, Art. 55, 56 SE-VO Rz. 1; *Mayer* in Manz/Mayer/Schröder, Art. 55 SE-VO Rz. 1;
Schindler, Europäische Aktiengesellschaft, S. 75 f.; *Lind*, Die Europäische Aktiengesellschaft,
S. 165 f.; *Thümmel*, Europäische Aktiengesellschaft, S. 120 Rz. 253; ausführlich zum Minderheitenschutz in der SE im Allgemeinen *Kalss*, ZGR 2003, 593 ff.
2 *Casper* in Spindler/Stilz, Art. 55, 56 SE-VO Rz. 1; *Schwarz*, Art. 55 Rz. 1; *Kubis* in Münch-
Komm. AktG, Art. 55, 56 SE-VO Rz. 1; *Kalss*, ZGR 2003, 593, 600.
3 *Schwarz*, Art. 55 Rz. 1; *Casper* in Spindler/Stilz, Art. 55, 56 SE-VO Rz. 1; *Mayer* in Manz/May-
er/Schröder, Art. 55 SE-VO Rz. 1 f., 9.
4 *Kubis* in MünchKomm. AktG, Art. 55, 56 SE-VO Rz. 2; *Schwarz*, Art. 55 Rz. 16.
5 *Kubis* in MünchKomm. AktG, Art. 55, 56 SE-VO Rz. 2.

Art. 85 Abs. 1 und 2 SE-VOV 1970 sowie später in Art. 85 SE-VOV 1975 nahezu identisch übernommen wurde. Auch Art. 83 SE-VOV 1989, Art. 83 SE-VOV 1991 und Art. 54 SE-RatsE 1998 kannten bereits ein Einberufungsrecht der Minderheitsaktionäre. Während aber die ursprünglichen Verordnungsvorschläge (Art. 85 Abs. 1 SE-VOV 1970 und 1975) noch eine Mindestbeteiligung von 5% bzw. eine am Nennbetrag orientierte Beteiligungsschwelle vorschrieben, sah bereits Art. 83 SE-VOV 1989 und SE-VOV 1991 ein Quorum von 10% des haftenden Kapitals vor, was auf Kritik stieß[6]. Im Gegensatz zu den Vorgängerentwürfen, in denen in Art. 85 Abs. 1 SE-VOV 1970 und 1975 sowie in Art. 85 Abs. 1 SE-VOV 1991 nur die Satzung dieses Quorum herabsetzen konnte, während in dem SE-VOV 1989 überhaupt keine Herabsetzung möglich war, konnte bereits nach Art. 55 Abs. 1 2. Halbs. RatsE 1998 aber auch das nationale Recht die Beteiligungsschwelle für das Einberufungsverlangen senken. Diese Regelung ist in der aktuellen Fassung übernommen worden. Zusätzlich forderte Art. 83 SE-VOV 1991 noch eine Begründung des Einberufungsverlangens der Minderheitsaktionäre. Nunmehr ist das Minderheitenrecht aus Art. 55 ohne diese Begründungspflicht weitgehend voraussetzungsfrei auf europarechtlicher Ebene festgelegt.

II. Einberufungsantrag der Minderheit (Art. 55 Abs. 1 und 2)

1. Antragsberechtigung

4   Antragsberechtigt für die Einberufung einer Hauptversammlung sind nach Art. 55 Abs. 1 bereits **ein oder mehrere Aktionäre**. Erforderlich ist daher, dass der Antragsteller im Zeitpunkt des Antrags Aktionär ist[7]. Die Antragsberechtigung des Art. 55 Abs. 1 ist mit derjenigen des § 122 Abs. 1 AktG identisch, so dass neben der materiell-rechtlichen Aktionärseigenschaft auch bei der in Deutschland ansässigen SE ein unwiderleglich vermuteter Aktienbesitz nach § 67 Abs. 2 AktG genügt[8]. Vermögensrechtliche Belastungen der Aktie schaden der Antragsbefugnis nicht, auch ein fehlendes Stimmrecht ist wie im nationalen Recht irrelevant[9]. Das Einberufungsverlangen kann ebenso wie im nationalen Recht[10] durch Dritte ausgeübt werden[11].

2. Quorum

a) Höhe

5   **aa) Regelung der SE-VO.** Das Einberufungsrecht steht nur einer Aktionärsminderheit mit einem Quorum von **10% am gezeichneten Kapital** zu. Die 10%ige Beteiligungsschwelle stellt einen gemeinschaftsweiten Mindeststandard mit Vorrang vor den Vorschriften einzelner Mitgliedstaaten dar, welche für die Aktiengesellschaften eine höhere Mindestbeteiligung vorsehen; sie gewährt damit den Minderheitsaktionären ein europaweit einheitliches Mindestmaß an Minderheitenschutz[12]. Die in der SE-VO verwandte Terminologie des „gezeichneten Kapitals" ist nicht mit der deutschen Begrifflichkeit identisch. Trotz der sprachlichen Abweichung des im Aktiengesetz gebräuchlichen Begriffs des „Grundkapitals" von der europäischen Terminologie des

---

6 *Trojan-Limmer*, RIW 1991, 1010, 1017.
7 *Kubis* in MünchKomm. AktG, Art. 55, 56 SE-VO Rz. 4.
8 *Kubis* in MünchKomm. AktG, Art. 55, 56 SE-VO Rz. 4.
9 *Ziemons* in K. Schmidt/Lutter, AktG, § 122 Rz. 7; *Casper* in Spindler/Stilz, Art. 55, 56 SE-VO Rz. 1; *Kubis* in MünchKomm. AktG, Art. 55, 56 SE-VO Rz. 4; zum nationalen Recht ferner *Werner* in Großkomm. AktG, § 122 Rz. 8.
10 *Ziemons* in K. Schmidt/Lutter, AktG, § 122 Rz. 12.
11 *Kubis* in MünchKomm. AktG, Art. 55, 56 SE-VO Rz. 4; *Mayer* in Manz/Mayer/Schröder, Art. 55 SE-VO Rz. 15.
12 *Schwarz*, Art. 55 Rz. 7; *Brandt*, Hauptversammlung, S. 188.

„gezeichneten Kapitals", der sich aus Gründen des einheitlichen Sprachgebrauchs erklärt, ist ein sachlicher Unterschied damit jedoch nicht verbunden[13]. Die Vorschrift steht insofern im Einklang mit § 122 Abs. 1 AktG. Bei der Berechnung des Quorums sind Aktien aller Art, auch Vorzugsaktien etc., einzubeziehen.

bb) Nationale Ausführungsbestimmungen (§ 50 SEAG). Einzelstaatliche Rechtsvorschriften können nach Art. 55 Abs. 1 2. Halbs. unter denselben Voraussetzungen, wie sie für nationale Aktiengesellschaften gelten, einen niedrigeren Prozentsatz vorsehen[14]. Deutschland hat von dieser Ermächtigung in § 50 Abs. 1 SEAG durch eine **Absenkung auf 5% vom Grundkapital** Gebrauch gemacht. Jedoch gehen **abweichende Satzungsregelungen** der SE in den von Art. 55 Abs. 1 festgelegten Grenzen vor (Rz. 7). In § 50 Abs. 2 SEAG wird für das Ergänzungsverlangen als zusätzliche Alternative ein rechnerischer Anteil am Grundkapital von 500.000 Euro vorgesehen (Art. 56 Rz. 6, 10 f.). Hierdurch erfolgt eine vollständige Harmonisierung der Quoren mit § 122 AktG[15]. Dadurch wird der Minderheitenschutz gegenüber der Regelung in der SE-VO gestärkt, denn ohne eine Satzungsregelung gilt anstatt der 10%igen Beteiligung der SE-VO die 5%ige des § 50 Abs. 1 SEAG[16].

cc) Vorrang der Satzung. Art. 55 Abs. 1 2. Halbs. eröffnet auch der Satzung einer SE die Möglichkeit, einen niedrigeren Prozentsatz für das Einberufungsverlangen vorzusehen. Dabei handelt es sich um originäres Satzungsrecht der SE-VO gem. Art. 9 Abs. 1 lit. b[17] und nicht um einen Verweis auf nationale aktienrechtliche Vorschriften und deren Satzungsspielräume; mithin gelangt § 23 Abs. 5 AktG nicht zur Anwendung. Soweit die Satzung das Quorum für ein Minderheitsverlangen betreffen, entfalten die Satzungsregelungen eine **verdrängende Wirkung**, auch gegenüber § 50 SEAG[18]. Dies lässt sich zum einen durch die Normgenese belegen[19], zum anderen auch durch den Wortlaut des Art. 55, denn im Vergleich zu Art. 47 Abs. 1 oder zu Art. 52 Satz 2 enthält Art. 55 Abs. 1 gerade keinen Vorbehalt zu Gunsten der nationalen Vorschrift[20]. Hinsichtlich des Quorums für ein Einberufungsrecht bzw. -verlangen ist § 50 SEAG somit satzungsdispositiv[21]. Die Satzung der SE kann folglich eine niedrigere Beteiligungsquote als die 5%ige des § 50 Abs. 1 SEAG vorsehen, aber auch eine höhere als in § 50 Abs. 1 SEAG festsetzen oder sogar das 10%ige Quorum des Art. 55 Abs. 1 2. Halbs. wiederherstellen[22].

13 Begr. RegE zu SEAG, BT-Drucks. 15/3405, S. 40; *Kubis* in MünchKomm. AktG, Art. 55, 56 SE-VO Rz. 5; *Mayer* in Manz/Mayer/Schröder, Art. 55 SE-VO Rz. 22; *Thümmel*, Europäische Aktiengesellschaft, S. 120 Rz. 253 in Fn. 199; wohl auch *Heckschen* in Widmann/Mayer, Anhang 14 Rz. 491.
14 Begr. RegE zu SEAG, BT-Drucks. 15/3405, S. 40; *Spindler* in Lutter/Hommelhoff, Europäische Gesellschaft, S. 223, 242; zur österreichischen Regelung des § 62 SEG s. *Zollner* in Kalss/Hügel, § 62 SEG Rz. 8.
15 S. dazu *Ziemons* in K. Schmidt/Lutter, AktG, § 122 Rz. 7. Vgl. auch *Kubis* in MünchKomm. AktG, Art. 55, 56 SE-VO Rz. 3; *Schwarz*, Art. 55 Rz. 17, Art. 56 Rz. 7; *Baatz/Weydner* in Jannott/Frodermann, Handbuch Europäische Aktiengesellschaft, S. 205 Rz. 5; *Neye/Teichmann*, AG 2003, 169, 176; *Ihrig/Wagner*, BB 2003, 969, 976.
16 *Schwarz*, Art. 55 Rz. 7; ebenso *Baatz/Weydner* in Jannott/Frodermann, Handbuch Europäische Aktiengesellschaft, S. 213 f. Rz. 46.
17 *Schwarz*, Art. 55 Rz. 15; *Brandt*, Hauptversammlung, S. 194; *Kubis* in MünchKomm. AktG, Art. 55, 56 SE-VO Rz. 2 f.
18 *Kubis* in MünchKomm. AktG, Art. 55, 56 SE-VO Rz. 2; *Schwarz*, Art. 55 Rz. 15; *Brandt*, Hauptversammlung, S. 194; *Spindler* in Lutter/Hommelhoff, Europäische Gesellschaft, S. 223, 242.
19 Hierzu ausführlich *Schwarz*, Art. 55 Rz. 15; *Brandt*, Hauptversammlung, S. 194.
20 *Kubis* in MünchKomm. AktG, Art. 55, 56 SE-VO Rz. 3.
21 *Kubis* in MünchKomm. AktG, Art. 55, 56 SE-VO Rz. 3.
22 *Schwarz*, Art. 55 Rz. 17; *Kubis* in MünchKomm. AktG, Art. 55, 56 SE-VO Rz. 3, 5; a.A. *Casper* in Spindler/Stilz, Art. 55, 56 SE-VO Rz. 3, demzufolge der abweichende Schwellenwert in der Satzung 5% nicht überschreiten darf.

b) Mindestbesitzdauer

8   Anders als das deutsche Recht, das gem. §§ 122 Abs. 1 Satz 3, 147 Abs. 1 Satz 2 AktG eine nachweisliche Mindestbesitzdauer der Aktien von mindestens drei Monaten vor Antragstellung verlangt[23], setzt Art. 55 Abs. 1 lediglich das beschriebene Quorum (Rz. 5) voraus, mithin **keine weiteren Anforderungen** hinsichtlich einer Mindestbesitzzeit[24]. Die Vorschriften des §§ 122 Abs. 1 Satz 3, 147 Abs. 1 Satz 2 AktG gelten daher nicht für eine SE mit Sitz in Deutschland[25]. Die Ermächtigung des Art. 55 Abs. 1 2. Halbs. zeigt vielmehr, dass die Mitgliedstaaten lediglich berechtigt sein sollen, den Minderheitenschutz zu verbessern, anstatt ihn einzuschränken[26].

9   Davon zu trennen ist die Frage der **Mindestfortwirkungsdauer** des Quorums, welche insbesondere bei einem anschließenden Ermächtigungsverfahren mit u.U. länger währendem Beschwerdeverfahren zum Tragen kommt. Anders als die h.M. im deutschen Recht, die das Fortbestehen des Quorums bis zur rechtskräftigen Entscheidung über das Minderheitsverlangen fordert[27], lässt sich aus der SE-VO nicht ableiten, dass das Quorum über den Zeitpunkt der Antragstellung hinaus bestehen muss[28]. Ansonsten würde es allein auf die Prüfungs- und Reaktionsgeschwindigkeit des Vorstands bzw. auf die Arbeitsgeschwindigkeit der Gerichte, die mit einem Minderheitsverlangen befasst sind, ankommen[29]. Die in Art. 55 Abs. 1 genannte Voraussetzung von „einem oder mehreren Aktionären" liegt daher auch bei einer nachfolgenden Veräußerung der Aktien vor, sofern die Aktionärsstellung der Antragsteller hierdurch nicht vollständig verloren geht. Es genügt also bei einer in Deutschland ansässigen SE, dass das Quorum bei Stellung des Antrags nach Art. 55 Abs. 1 vorliegt, ein Fortdauern ist nicht erforderlich[30].

3. Ordnungsgemäßer Antrag

a) Adressat

10   Eine Regelung über den richtigen Adressaten des Einberufungsantrages enthält Art. 55 Abs. 1 nicht. Die **verbandsinterne Empfangszuständigkeit** ist umstritten. Nach einer Ansicht ist die Empfangszuständigkeit entsprechend dem umfänglichen Einberufungsrecht aus Art. 54 Abs. 2 herzuleiten, d.h. der Antrag kann an alle zur Einberufung berechtigten Gesellschaftsorgane nach Art. 54 Abs. 2 (Art. 54 Rz. 13 ff.) gerichtet werden[31]. Richtigerweise ist aber nur das Geschäftsführungsorgan (Vor-

---

23   *Spindler* in K. Schmidt/Lutter, AktG, § 147 Rz. 11.
24   *Kubis* in MünchKomm. AktG, Art. 55, 56 SE-VO Rz. 6; *Schwarz*, Art. 55 Rz. 8; *Brandt*, Hauptversammlung, S. 189 f.; *Mayer* in Manz/Mayer/Schröder, Art. 55 SE-VO Rz. 6, 23.
25   *Schwarz*, Art. 55 Rz. 8; *Kubis* in MünchKomm. AktG, Art. 55, 56 SE-VO Rz. 6; *Casper* in Spindler/Stilz, Art. 55, 56 SE-VO Rz. 3; *Brandt*, Hauptversammlung, S. 189 f.
26   *Schwarz*, Art. 55 Rz. 8; i.E. ebenso *Mayer* in Manz/Mayer/Schröder, Art. 55 SE-VO Rz. 6.
27   OLG Düsseldorf v. 16.1.2004 – I-3 Wx 290/03 – „Babcock Borsig AG", AG 2004, 211 = NZG 2004, 239 m. zust. Anm. *Vetter*, EWiR 2004, 261; ausführlich *Kubis* in MünchKomm. AktG, Art. 55, 56 SE-VO Rz. 6; *Kubis* in MünchKomm. AktG, § 122 Rz. 7, 41 m.w.N. Zu ausführlichen Nachweisen im deutschen Recht s. *Ziemons* in K. Schmidt/Lutter, AktG, § 122 Rz. 9 ff.
28   Ebenso *Kubis* in MünchKomm. AktG, Art. 55, 56 SE-VO Rz. 6; *Casper* in Spindler/Stilz, Art. 55, 56 SE-VO Rz. 3.
29   So auch *Kubis* in MünchKomm. AktG, Art. 55, 56 SE-VO Rz. 6.
30   *Casper* in Spindler/Stilz, Art. 55, 56 SE-VO Rz. 3; *Kubis* in MünchKomm. AktG, Art. 55, 56 SE-VO Rz. 6.
31   *Schwarz*, Art. 55 Rz. 6; *Brandt*, Hauptversammlung, S. 190 f.; wohl auch *Mayer* in Manz/Mayer/Schröder, Art. 55 SE-VO Rz. 5.

stand bzw. Verwaltungsrat) richtiger Adressat des Antrages[32]. Dies entspricht zum einen den Vorgängerregelungen[33], zum anderen wird der Einberufungsantrag auch zweckmäßigerweise an das geschäftsführende Gesellschaftsorgan zu richten sein[34]. Zudem korrespondiert das in Art. 54 Abs. 2 geregelte Einberufungsrecht gerade nicht mit einer entsprechenden Einberufungspflicht (Art. 54 Rz. 18 f.); diese wird vielmehr durch einen formell und materiell ordnungsgemäßen Einberufungsantrag von Art. 55 Abs. 1 statuiert (Rz. 15)[35]. Des Weiteren wird das Aufsichtsorgan auch nicht immer rechtzeitig über den Einberufungsantrag entscheiden können[36].

b) Inhalt

Der Inhalt des Antrags wird in Art. 55 Abs. 2 geregelt, wobei die Anforderungen gegenüber dem deutschen Recht reduziert sind[37]. Nach Art. 55 Abs. 2 muss der Einberufungsantrag lediglich die Punkte der **Tagesordnung** bezeichnen[38] und nicht – wie im deutschen Recht (§ 122 Abs. 1 AktG) – den Zweck der Hauptversammlung sowie die Gründe der Einberufung angeben, wobei der „Zweck" im deutschen Recht ebenfalls die Nennung der Gegenstände der Tagesordnung umfasst[39]. Unerlässlich für ein wirksames Einberufungsverlangen sind die Zuständigkeit der Hauptversammlung (formelle Voraussetzung) und die inhaltliche Rechtmäßigkeit des verlangten Tagesordnungspunktes sowohl mit der SE-VO als auch mit den ergänzend geltenden mitgliedstaatlichen Regelungen und der Satzung (materielle Voraussetzung)[40]. Die Minderheitsaktionäre einer in Deutschland ansässigen SE müssen auch aufgrund der Verweisung des Art. 54 Abs. 2 i.V.m. § 124 AktG (Art. 54 Rz. 27) die gewünschten Tagesordnungspunkte derart präzise bezeichnen, dass der Vorstand die Möglichkeit erhält, diese nach den Anforderungen des § 124 AktG bekannt zu machen[41]. Art. 55 Abs. 2 setzt aber nicht voraus, dass ein konkreter Beschlussantrag für die initiierten Tagesordnungspunkte formuliert wird[42]. 11

Fraglich ist, ob eine **Begründung** für das Einberufungsverlangen wie nach § 122 Abs. 1 Satz 1 AktG erforderlich ist, insbesondere dafür, warum ein Abwarten bis zur nächsten ordentlichen Hauptversammlung nicht möglich sein soll[43]; denn Art. 55 Abs. 2 enthält keine entsprechende Regelung. Zwar entfaltet nach einer Auffassung Art. 55 Abs. 2 Sperrwirkung gegenüber nationalem Recht, denn in der SE-VO fehle im Gegensatz zur deutschem Recht in § 122 Abs. 1 Satz 1 AktG gerade eine entsprechende 12

---

32 *Kubis* in MünchKomm. AktG, Art. 55, 56 SE-VO Rz. 6; *Casper* in Spindler/Stilz, Art. 55, 56 SE-VO Rz. 4.

33 S. insbesondere Art. 83 Abs. 1 SE-VOV 1989 „kann bei der SE (...) beantragt werden (...)."

34 Dies räumt auch *Schwarz*, Art. 55 Rz. 6 ein; *Brandt*, Hauptversammlung, S. 190 f.

35 *Kubis* in MünchKomm. AktG, Art. 55, 56 SE-VO Rz. 7; i.E. ebenso *Casper* in Spindler/Stilz, Art. 55, 56 SE-VO Rz. 4.

36 *Kubis* in MünchKomm. AktG, Art. 55, 56 SE-VO Rz. 7.

37 Ebenso *Casper* in Spindler/Stilz, Art. 55, 56 SE-VO Rz. 4; *Kubis* in MünchKomm. AktG, Art. 55, 56 SE-VO Rz. 8; a.A. *Schwarz*, Art. 55 Rz. 10 f.; *Brandt*, Hauptversammlung, S. 191.

38 *Casper* in Spindler/Stilz, Art. 55, 56 SE-VO Rz. 4; zur Notwendigkeit der Nennung der Tagesordnungspunkte auch *Mayer* in Manz/Mayer/Schröder, Art. 55 SE-VO Rz. 8.

39 *Ziemons* in K. Schmidt/Lutter, AktG, § 122 Rz. 15 f.

40 *Kubis* in MünchKomm. AktG, Art. 55, 56 SE-VO Rz. 8; *Casper* in Spindler/Stilz, Art. 55, 56 SE-VO Rz. 4.

41 *Casper* in Spindler/Stilz, Art. 55, 56 SE-VO Rz. 4; *Kubis* in MünchKomm. AktG, Art. 55, 56 SE-VO Rz. 8. Zum nationalen Recht *Ziemons* in K. Schmidt/Lutter, AktG, § 124 Rz. 7.

42 Ebenso *Casper* in Spindler/Stilz, Art. 55, 56 SE-VO Rz. 4; *Kubis* in MünchKomm. AktG, Art. 55, 56 SE-VO Rz. 8; a.A. *Schwarz*, Art. 55 Rz. 10; *Brandt*, Hauptversammlung, S. 191, allerdings beide ohne nähere Begründung für die Abweichung gegenüber § 122 AktG.

43 *Ziemons* in K. Schmidt/Lutter, AktG, § 122 Rz. 18; *Hüffer*, § 122 Rz. 4; *Semler* in MünchHdb. AG, § 35 Rz. 15.

Regelung, so dass es keiner Begründung für das Einberufungsverlangen bedürfe[44]. Hierfür spräche auch die Entstehungsgeschichte des Art. 55 Abs. 2[45]: Die Vorgängernormen von 1970[46] und 1975[47] kannten zwar noch eine Begründungspflicht, die in dem Verordnungstext von 1989 jedoch dann fehlte[48] und erst wieder auf Drängen des WSA[49] und EP[50] in den Vorschlag von 1991[51] aufgenommen wurde – bevor sie dann erneut endgültig ersatzlos gestrichen wurde, woraus eine abschließende Regelung hergeleitet wird[52]. Dagegen zeigt schon der systematische Zusammenhang mit Art. 56 Abs. 2, dass nationales Recht das Minderheitenrecht weiter ausformen kann[53]. Entscheidend ist ferner, dass mit einer Begründungspflicht rechtsmissbräuchliche Einberufungen verhindert werden können[54]. Die nach § 122 Abs. 1 Satz 1 AktG erforderliche Begründung des Antrags ist also auch für eine SE mit Sitz in Deutschland zu fordern.

c) Form

13 Hinsichtlich der **Formvoraussetzungen** für einen Einberufungsantrag der Minderheit treffen Art. 55 Abs. 1 und Abs. 2 keine Aussage, so dass das jeweilige nationalen Recht zur Anwendung kommt, für Deutschland mithin über Art. 53 die § 122 Abs. 1 AktG i.V.m. §§ 126, 126a BGB[55]. Der Antrag ist daher schriftlich bzw. in elektronischer Form gem. §§ 126, 126a BGB an die Gesellschaft zu richten[56]. Auch die Rücknahme eines Einberufungsantrags bedarf der Schriftform[57].

d) Rechtsmissbrauch des Einberufungsverlangens

14 Art. 55 entfaltet keine Sperrwirkung für die Ablehnung **rechtsmissbräuchlicher Einberufungsverlangen**[58]. Entsprechend der zu § 122 AktG geführten Diskussion zum Rechtsmissbrauch ist daher in bestimmten Fällen ein allgemeines Verweigerungsrecht des Einberufungsorgan anzunehmen[59], zu stützen auf die allgemeine verbands-

---

44 *Kubis* in MünchKomm. AktG, Art. 55, 56 SE-VO Rz. 8; *Casper* in Spindler/Stilz, Art. 55, 56 SE-VO Rz. 4; *Mayer* in Manz/Mayer/Schröder, Art. 55 SE-VO Rz. 6, Art. 56 SE-VO Rz. 6; so auch *Baatz/Weydner* in Jannott/Frodermann, Handbuch Europäische Aktiengesellschaft, S. 222 Rz. 88 zu Art. 56 SE-VO; bereits *Schindler*, Europäische Aktiengesellschaft, S. 75; *Scheifele*, ZIP 2001, 1889, 1897.

45 S. hierzu auch *Schwarz*, Art. 55 Rz. 11; *Brandt*, Hauptversammlung, S. 192.

46 Art. 85 Abs. 1 Satz 1 SE-VOV 1970, Vorschlag einer Verordnung (EWG) des Rates über das Statut für europäische Aktiengesellschaften v. 19.8.1970, BT-Drucks. VI/1109, S. 1, 35.

47 Art. 85 Abs. 1 Satz 1 SE-VOV 1975, Geänderter Vorschlag einer Verordnung des Rates über das Statut für Europäische Aktiengesellschaften v. 2.6.1975, BT-Drucks. 7/3713, S. 1, 63.

48 S. Art. 83 SE-VOV 1989, Vorschlag für eine Verordnung (EWG) des Rates über das Statut der Europäischen Aktiengesellschaft v. 21.9.1989, BT-Drucks. 11/5427, S. 1, 40.

49 WSA, Stellungnahme zum SE-VOV 1989, ABl. EG Nr. C 124 v. 21.5.1990, S. 34, 41.

50 EP, Stellungnahme zum SE-VOV 1989, ABl. EG Nr. C 48 v. 25.2.1991, S. 72, 93.

51 Art. 83 Abs. 2 SE-VOV 1991, Geänderter Vorschlag für eine Verordnung (EWG) des Rates über das Statut der Europäischen Aktiengesellschaft v. 8.7.1991, ABl. EG Nr. C 176, S. 1, 46.

52 Hierzu *Schindler*, Europäische Aktiengesellschaft, S. 75; *Schwarz*, ZIP 2001, 18479, 1857.

53 *Schwarz*, Art. 55 Rz. 12; *Brandt*, Hauptversammlung, S. 192; *Spindler* in Lutter/Hommelhoff, Europäische Gesellschaft, S. 223, 242.

54 *Brandt*, Hauptversammlung, S. 191; *Schwarz*, Art. 55 Rz. 11 f.

55 *Schwarz*, Art. 55 Rz. 9; *Kubis* in MünchKomm. AktG, Art. 55, 56 SE-VO Rz. 9; *Casper* in Spindler/Stilz, Art. 55, 56 SE-VO Rz. 4; *Brandt*, Hauptversammlung, S. 191; *Mayer* in Manz/Mayer/Schröder, Art. 55 SE-VO Rz. 5, 24.

56 *Ziemons* in K. Schmidt/Lutter, AktG, § 122 Rz. 12.

57 *Kubis* in MünchKomm. AktG, Art. 55, 56 SE-VO Rz. 9.

58 *Kubis* in MünchKomm. AktG, Art. 55, 56 SE-VO Rz. 10; *Schwarz*, Art. 55 Rz. 13; *Casper* in Spindler/Stilz, Art. 55, 56 SE-VO Rz. 5; *Mayer* in Manz/Mayer/Schröder, Art. 55 SE-VO Rz. 4; *Brandt*, Hauptversammlung, S. 193; *Fleischer*, JZ 2003, 865.

59 *Schwarz*, Art. 55 Rz. 13; *Kubis* in MünchKomm. AktG, Art. 55, 56 SE-VO Rz. 10.

rechtliche Treuepflicht der Aktionäre zur Gesellschaft[60]. Zur bisher entwickelten Kasuistik kann insofern auf die Kommentierung zum nationalen Recht verwiesen werden[61], wobei aber die weitere Rechtsfortbildung auf gemeinschaftsrechtlicher Ebene abzuwarten bleibt[62]. Insgesamt ist bei der Annahme des Rechtsmissbrauchs Zurückhaltung geboten, um den von Art. 55 bezweckten Minderheitenschutz nicht vollständig leer laufen zu lassen[63].

4. Verfahren

a) Einberufungspflicht des Geschäftsorgans

Wenn ein Einberufungsantrag einer Minderheit vorliegt, besteht für das Geschäftsführungsorgan zunächst die **Pflicht zur Prüfung**, ob die formellen und materiellen Voraussetzungen des Einberufungsantrags (Rz. 11) vorliegen und, bei Nichtvorliegen weiterer entgegenstehender Gründe, sodann eine **Pflicht zur Einberufung** der Hauptversammlung[64]. Die Pflicht des Art. 55 Abs. 1 erschöpft sich aber in der Einberufung der Hauptversammlung; das Geschäftsorgan ist nicht verpflichtet, den Minderheitsaktionären auch eine negative Entscheidung mitzuteilen[65]. Eine Teilrechtswidrigkeit des Einberufungsverlangens führt zur Unwirksamkeit des gesamten Einberufungsverlangens[66]. Bei den formellen Voraussetzungen sind im Wesentlichen die Höhe des Quorums (Rz. 5), der Antragsinhalt (Rz. 11 f.) sowie die Antragsform (Rz. 13) zu prüfen, die materielle Prüfung beschränkt sich hauptsächlich auf den Rechtsmissbrauch des Einberufungsantrags (Rz. 14)[67].   15

Die Beschlussfassung richtet sich mangels anderer Regelung nach Art. 50 Abs. 1 (Art. 50 Rz. 17)[68]. **Pflichtwidrigkeiten** hinsichtlich der Einberufungspflicht führen zur Organhaftung nach Art. 51 (Art. 51 Rz. 7 ff.)[69]. Das Geschäftsführungsorgan als zur Einberufung berechtigtes Organ (Rz. 10) darf keineswegs die in Art. 55 Abs. 3 Satz 1 vorgesehene Zwei-Monats-Frist für die Abhaltung der Hauptversammlung voll ausnutzen, denn es handelt sich hierbei lediglich um eine Höchstfrist, welche an der Unverzüglichkeit der Entscheidung über den Einberufungsantrag nichts ändert[70].   16

b) Sonstige Verfahrensvoraussetzungen

Das **weitere Einberufungsverfahren** richtet sich nach Art. 54 Abs. 2 und damit für eine SE mit Sitz in Deutschland nach §§ 121 ff. AktG (ausführlich *Spindler*, Art. 54   17

---

60 *Hüffer*, § 122 Rz. 6.
61 *Kubis* in MüchKomm. AktG, § 122 Rz. 18 ff.
62 So vorsichtig auch *Kubis* in MünchKomm. AktG, Art. 55, 56 SE-VO Rz. 10.
63 Auf diesen Aspekt zu Recht hinweisend *Casper* in Spindler/Stilz, Art. 55, 56 SE-VO Rz. 5.
64 *Casper* in Spindler/Stilz, Art. 55, 56 SE-VO Rz. 6; *Kubis* in MünchKomm. AktG, Art. 55, 56 SE-VO Rz. 11; *Schwarz*, Art. 55 Rz. 18; *Brandt*, Hauptversammlung, S. 196 f.; *Mayer* in Manz/Mayer/Schröder, Art. 55 SE-VO Rz. 6.
65 So auch *Kubis* in MünchKomm. AktG, Art. 55, 56 SE-VO Rz. 11.
66 *Schwarz*, Art. 55 Rz. 19; *Brandt*, Hauptversammlung, S. 197; zu § 122 Abs. 2 AktG s. *Mertens*, AG 1997, 481, 489.
67 *Kubis* in MünchKomm. AktG, Art. 55, 56 SE-VO Rz. 11; s. auch *Schwarz*, Art. 55 Rz. 19.
68 *Kubis* in MünchKomm. AktG, Art. 55, 56 SE-VO Rz. 11; *Casper* in Spindler/Stilz, Art. 55, 56 SE-VO Rz. 6; *Brandt*, Hauptversammlung, S. 196; a.A. *Schwarz*, Art. 55 Rz. 18, der als andere Regelung i.S.d. Art. 50 Abs. 1 SE-VO auch die in Art. 54 Abs. 2 SE-VO enthaltene Verweisung auf das mitgliedstaatliche Recht ansieht.
69 *Casper* in Spindler/Stilz, Art. 55, 56 SE-VO Rz. 6; *Kubis* in MünchKomm. AktG, Art. 55, 56 SE-VO Rz. 11; *Brandt*, Hauptversammlung, S. 196.
70 *Kubis* in MünchKomm. AktG, Art. 55, 56 SE-VO Rz. 11. Zum nationalen Recht *Ziemons* in K. Schmidt/Lutter, AktG, § 122 Rz. 22.

Rz. 21 ff.). Für die Einberufung durch das Leitungsorgan enthält § 121 Abs. 2 Satz 1 AktG eine Regelung, für das Verwaltungsorgan gilt § 22 Abs. 2 Satz 2 SEAG[71]. Der Vorstand kann die durch die Minderheit beantragte Tagesordnung um eigene Tagesordnungspunkte ergänzen; daneben ist er auch befugt, etwaige Begründungen bekannt zu machen, eine Pflicht hierzu besteht aber nicht[72]. Die Einberufung sollte mit einem Hinweis auf das dahinter stehende Minderheitsverlangen versehen sein[73].

III. Staatliches Einberufungsverfahren (Art. 55 Abs. 3)

1. Allgemeines

18   Art. 55 Abs. 3 soll das Minderheitenrecht durch ein staatliches Einberufungsverfahren für den Fall absichern, dass der Antrag auf Einberufung durch die Minderheit nach Art. 55 Abs. 1, 2 von den Gesellschaftsorganen abgelehnt oder innerhalb eines bestimmten Zeitraums gar nicht entschieden wird. Damit die abschließende Entscheidung über die Einberufung durch eine Minderheit nicht bei den Gesellschaftsorganen liegt[74], überprüft die staatliche Stelle, ob das Einberufungsbegehren rechtswidrig unberücksichtigt geblieben ist[75]. Hierfür sieht Art. 55 Abs. 3 Satz 1 zwei Wege vor: Das zuständige Gericht bzw. die zuständige Verwaltungsbehörde kann die Einberufung **selbst unmittelbar anordnen** (Art. 55 Abs. 3 Satz 1 Alt. 1) oder alternativ die **Aktionärsminderheit ermächtigen**, die Hauptversammlung selbst einzuberufen (Art. 55 Abs. 3 Satz 1 Alt. 2). Beide Einberufungswege sind zwingend gemeinschaftsrechtlich festgeschrieben; die wahlweise Bereitstellung der Mitgliedstaaten nur eines Einberufungsweges genügt nicht[76]. Zu weit geht es daher auch, wenn – unter fehlgehender Berufung auf die Begründung zum SEAG[77] – für die deutsche SE nur die aus § 122 Abs. 3 AktG bekannte gerichtliche Ermächtigung einer Aktionärsminderheit entsprechend Art. 55 Abs. 3 Alt. 1 eingreifen soll[78]. Allein das nach Art. 55 Abs. 3 Satz 1 berufene staatliche Organ, welches nach Art. 68 Abs. 2 zwingend von der Bundesrepublik Deutschland zu benennen ist (Art. 68 Rz. 5), kann daher für die in Deutschland domizilierende SE entscheiden, welcher Einberufungsweg einzuschlagen ist[79]. Da beide Einberufungsalternativen europarechtlich gleichwertig festgeschrieben sind, kann die Auswahlentscheidung des hierzu berufenen staatlichen

---

71 *Schwarz*, Art. 55 Rz. 18.
72 *Kubis* in MünchKomm. AktG, Art. 55, 56 SE-VO Rz. 12.
73 *Kubis* in MünchKomm. AktG, Art. 55, 56 SE-VO Rz. 12.
74 Begr. d. Komm. zu Art. 81 SE-VOV 1989, BT-Drucks. 11/5427, S. 13.
75 *Schwarz*, Art. 55 Rz. 20; *Brandt*, Hauptversammlung, S. 197 f.
76 *Schwarz*, Art. 55 Rz. 28; *Brandt*, Hauptversammlung, S. 201 f.; *Kubis* in MünchKomm. AktG, Art. 55, 56 SE-VO Rz. 13; i.E. ebenso *Casper* in Spindler/Stilz, Art. 55, 56 SE-VO Rz. 7; *Baatz/Weydner* in Jannott/Frodermann, Handbuch Europäische Aktiengesellschaft, S. 214 Rz. 46.
77 S. hierzu Begr. RegE zu SEAG, BT-Drucks. 15/3405, S. 31; allenfalls könnte man in der nachfolgenden Aussage "damit ergibt sich ein weitgehender Gleichlauf mit dem nationalen Aktiengesetz. Dies bedeutet, dass eine SE mit Sitz in Deutschland, in allen Fragen, *die in der Verordnung keine Regelung erfahren haben*, ebenso behandelt wird wie eine deutsche Aktiengesellschaft" (S. 31) eine entsprechende Aussage des Gesetzgebers versucht zu sehen sein. Allerdings besteht in Art. 55 Abs. 3 Satz 1 Alt. 1 mit der Möglichkeit der unmittelbaren Anordnung der Einberufung durch staatliche Stellen vielmehr eine derartige Regelung in der Verordnung, so dass der Regierungsbegründung eine derart behauptete Aussage gerade nicht zu entnehmen ist.
78 So aber *Casper* in Spindler/Stilz, Art. 55, 56 SE-VO Rz. 7 unter Hinweis auf Begr. RegE zu SEAG, BT-Drucks. 15/3405, S. 31; wohl auch *Thümmel*, Europäische Aktiengesellschaft, S. 120 Rz. 254.
79 *Kubis* in MünchKomm. AktG, Art. 55, 56 SE-VO Rz. 13; ebenso *Schwarz*, Art. 55 Rz. 28; *Brandt*, Hauptversammlung, S. 201 f.

Organs auch nicht mit der Begründung angefochten werden, dass die jeweils andere Alternative die „rechtmäßigere" sei[80].

Daneben sieht Art. 55 Abs. 3 Satz 2 für den Fall, dass das Geschäftsführungsorgan **19** seiner Einberufungspflicht nicht nachkommt, ein weiteres Einberufungsrecht vor. Nach Art. 55 Abs. 3 Satz 2 steht den Minderheitsaktionären auch ein **Selbsteinberufungsrecht** zu, sofern entsprechende einzelstaatliche Bestimmungen existieren. Die Bestimmung hat für eine in Deutschland ansässige SE indes keine Bedeutung (näher Rz. 30).

2. Verfahren

Sofern das Einberufungsverlangen ordnungsgemäß ist, muss die staatliche Stelle für **20** die Einberufung sorgen, ein Ermessen steht ihr nicht zu[81]. Ermessen besteht lediglich hinsichtlich der Wahl zwischen den beiden Einberufungswegen des Art. 55 Abs. 3 Satz 1 (Rz. 18 f.)[82].

a) Verfahrensgrundsätze

Sofern die SE ihren Sitz in Deutschland hat, ist nach § 4 Satz 2 SEAG für das staatli- **21** che Einberufungsverfahren gem. Art. 55 Abs. 3 Satz 1 das Amtsgericht (§ 145 FGG) am Sitz der Gesellschaft (§ 14 AktG) zuständig[83]. Den Verfahrensgrundsatz schreibt Art. 55 Abs. 3 Satz 1 nicht vor; daher ist für das deutsche Verfahren nach § 12 FGG das Verfahren der freiwilligen Gerichtsbarkeit anzuwenden, insbesondere der Amtsermittlungsgrundsatz[84].

b) Verfahrensvoraussetzungen

aa) Einberufungsantrag. Der Antrag auf Durchführung des staatlichen Einberufungs- **22** verfahrens beim Gericht setzt voraus, dass ihn dieselben Minderheitsaktionäre (zum Quorum s. oben Rz. 5 ff.) stellen. Denn nur diejenige Minderheit, deren Rechte verletzt worden sind, soll auch berechtigt sein, ihr Minderheitenrecht durchzusetzen[85].

Erforderlich ist ferner ein **ordnungsgemäßer Einberufungsantrag.** Der Verweis in **23** Art. 55 Abs. 3 Satz 1 auf den in Abs. 1 genannten Antrag bedeutet implizit, dass auch die Voraussetzungen des Art. 55 Abs. 1 vorliegen müssen[86], so dass zumindest ein formell ordnungsgemäßer Antrag erforderlich ist[87]. Zwar enthält die SE-VO keine Angaben darüber, bis zu welchem Zeitpunkt das staatliche Verfahren einzuleiten ist

---

80 So zu Recht *Kubis* in MünchKomm. AktG, Art. 55, 56 SE-VO Rz. 13.

81 So auch *Schwarz*, Art. 55 Rz. 31; *Kubis* in MünchKomm. AktG, Art. 55, 56 SE-VO Rz. 15; *Casper* in Spindler/Stilz, Art. 55, 56 SE-VO Rz. 10; *Brandt*, Hauptversammlung, S. 203.

82 *Kubis* in MünchKomm. AktG, Art. 55, 56 SE-VO Rz. 15; *Schwarz*, Art. 55 Rz. 31; *Casper* in Spindler/Stilz, Art. 55, 56 SE-VO Rz. 10.

83 *Kubis* in MünchKomm. AktG, Art. 55, 56 SE-VO Rz. 15; *Schwarz*, Art. 55 Rz. 27; *Casper* in Spindler/Stilz, Art. 55, 56 SE-VO Rz. 9; *Baatz/Weydner* in Jannott/Frodermann, Handbuch Europäische Aktiengesellschaft, S. 214 Rz. 46; *Mayer* in Manz/Mayer/Schröder, Art. 55 SE-VO Rz. 12; 25.

84 *Casper* in Spindler/Stilz, Art. 55, 56 SE-VO Rz. 9; *Kubis* in MünchKomm. AktG, Art. 55, 56 SE-VO Rz. 15.

85 *Schwarz*, Art. 55 Rz. 23; *Kubis* in MünchKomm. AktG, Art. 55, 56 SE-VO Rz. 14; *Mayer* in Manz/Mayer/Schröder, Art. 55 SE-VO Rz. 13.

86 *Schwarz*, Art. 55 Rz. 21; *Casper* in Spindler/Stilz, Art. 55, 56 SE-VO Rz. 8; *Brandt*, Hauptversammlung, S. 198.

87 *Kubis* in MünchKomm. AktG, Art. 55, 56 SE-VO Rz. 14; *Schwarz*, Art. 55 Rz. 21; *Casper* in Spindler/Stilz, Art. 55, 56 SE-VO Rz. 8; *Brandt*, Hauptversammlung, S. 198; *Mayer* in Manz/Mayer/Schröder, Art. 55 SE-VO Rz. 14.

(Antragsfrist); angesichts einer fehlenden Verweisung in das jeweilige mitgliedstaatliche Recht ist die Angemessenheit dieser Frist aber gemeinschaftseinheitlich vorzunehmen[88]. Nach Stattgeben des Einberufungsantrags ist die Hauptversammlung gem. Art 55 Abs. 3 Satz 1 „innerhalb einer bestimmten Frist einzuberufen". Eine Konkretisierung dieser Umsetzungsfrist hat sich einerseits an dem Interesse der Minderheit an einer schnellen Einberufung und andererseits an der Vorbereitungsdauer sowie Komplexität der geforderten Tagesordnungspunkte zu orientieren[89], so dass die Einberufung zumindest nicht unbegrenzt verzögert werden darf[90]. Die Einberufungsfrist, d.h. der Zeitraum zwischen Einberufung und Zeitpunkt der Hauptversammlung, richtet sich gem. Art. 54 Abs. 2 hingegen nach dem mitgliedstaatlichen Recht[91]; für eine in Deutschland domizilierende SE findet sie daher frühestens einen Monat nach der Einberufung statt[92]. Darüber hinaus ist auch ein **materiell ordnungsgemäßer Antrag** Voraussetzung[93]. Zwar soll dies für die Verfahrenseinleitung keine Rolle spielen, da erst von dem angerufenen Gericht im Rahmen der Rechtmäßigkeitseinschätzung des Beschlusses des Organs der SE dies zu berücksichtigen sei[94]. Doch streitet schon der Wortlauts des Art. 55 Abs. 3 Satz 1, der ausdrücklich auf den „in Absatz 1 genannte(n) Antrag" verweist, für das Erfordernis eines materiell ordnungsgemäßen Antrags.

24 Demgegenüber muss das Quorum von 5% nur zum Zeitpunkt des Einberufungsantrags vorgelegen haben, nicht mehr zum Zeitpunkt der Verfahrenseinleitung nach Art. 55 Abs. 3 (**Bestehensdauer des Quorums**)[95]. Die gegenteilige Auffassung, die sich auf den Wortlaut („Aktionäre, die den Antrag gestellt haben") sowie auf die Funktion des Minderheitenrechts beruft[96], verkennt, dass der Hinweis auf den Wortlaut nur die Aktivlegitimation trägt, nicht aber den zwingenden Fortbestand des Quorums[97]. Zwar ist der Gegenansicht zuzubilligen, dass gerade der Minderheit bis zur Einleitung des gerichtlichen Verfahrens die Kontrolle über ihren Antrag belassen werden soll und es dem Sinn des Minderheitenrechts widersprechen könnte, wenn ein einzelner Aktionär in diese Rechtsposition eintreten könnte, um das gerichtliche Verfahren einzuleiten[98], jedoch würde ansonsten der Prüfungs- und Reaktionsgeschwindigkeit des Vorstands und der Arbeitsgeschwindigkeit des Gerichts zu großes Gewicht eingeräumt (Rz. 9)[99]. Im Gleichklang mit Art. 55 Abs. 1 ist daher auf den Zeitpunkt des Einberufungsantrags abzustellen.

---

88 *Schwarz*, Art. 55 Rz. 32; *Casper* in Spindler/Stilz, Art. 55, 56 SE-VO Rz. 9; ausführlich *Brandt*, Hauptversammlung, S. 204, der in Anlehnung an das englische Recht spätestens nach drei Monaten eine Verwirkung des Rechts annehmen möchte.
89 *Brandt*, Hauptversammlung, S. 205.
90 *Brandt*, Hauptversammlung, S. 205; *Schwarz*, Art. 55 Rz. 33.
91 *Schwarz*, Art. 55 Rz. 34; *Brandt*, Hauptversammlung, S. 205.
92 So auch *Brandt*, Hauptversammlung, S. 205; ähnlich *Schwarz*, Art. 55 Rz. 34: frühestens nach 30 Tagen. Zum nationalen Recht s. *Ziemons* in K. Schmidt/Lutter, AktG, § 123 Rz. 6.
93 *Kubis* in MünchKomm. AktG, Art. 55, 56 SE-VO Rz. 14; *Casper* in Spindler/Stilz, Art. 55, 56 SE-VO Rz. 8; *Brandt*, Hauptversammlung, S. 198.
94 So *Schwarz*, Art. 55 Rz. 21; wohl auch *Mayer* in Manz/Mayer/Schröder, Art. 55 SE-VO Rz. 14.
95 *Kubis* in MünchKomm. AktG, Art. 55, 56 SE-VO Rz. 14; *Casper* in Spindler/Stilz, Art. 55, 56 SE-VO Rz. 8; zustimmend wohl *Mayer* in Manz/Mayer/Schröder, Art. 55 SE-VO Rz. 13.
96 *Schwarz*, Art. 55 Rz. 25; *Brandt*, Hauptversammlung, S. 199.
97 So zu Recht *Kubis* in MünchKomm. AktG, Art. 55, 56 SE-VO Rz. 14.
98 Auf diesen Asprekt hinweisend *Brandt*, Hauptversammlung, S. 199 f.; *Schwarz*, Art. 55 Rz. 25.
99 So auch *Kubis* in MünchKomm. AktG, Art. 55, 56 SE-VO Rz. 14, 6; i.E. ebenso *Casper* in Spindler/Stilz, Art. 55, 56 SE-VO Rz. 8; wohl auch *Mayer* in Manz/Mayer/Schröder, Art. 55 SE-VO Rz. 13.

bb) Nichteinberufung innerhalb Frist. Um ein Verfahren nach Art. 55 Abs. 3 Satz 1   **25** auszulösen ist weitere Voraussetzung, dass die Gesellschaft die verlangte Hauptversammlung nicht innerhalb einer bestimmten Frist einberuft. Bei **ausdrücklicher Ablehnung** ist das Abwarten der Frist nicht erforderlich. Ansonsten wird im Rahmen der „Rechtzeitigkeit" i.S.d. Art. 55 Abs. 3 Satz 1 dem Geschäftsführungsorgan eine **angemessene Frist** zur Entscheidung eingeräumt[100], die nach Art. 55 Abs. 3 Satz 1 spätestens **zwei Monate** nach Zugang des Einberufungsantrags endet[101]. Danach wird ein sorgfaltswidriges Verhalten der Gesellschaftsorgane ebenso wie die Weigerung der Gesellschaft zur Einberufung unwiderleglich vermutet[102]. Das angerufene Gericht muss diese absolute Frist nicht abwarten, wenn sich bereits aufgrund der staatlich normierten oder der in der Satzung der SE geregelten Einberufungsfristen zeigt, dass die von der Aktionärsminderheit verlangte Hauptversammlung innerhalb der Zwei-Monats-Frist nicht abgehalten werden kann. Dementsprechend gilt für die in Deutschland domizilierende SE, dass ein Nichterreichen der Zwei-Monats-Frist wegen der Ein-Monats-Frist des § 123 Abs. 1 AktG[103] bereits dann feststeht, wenn die Gesellschaftsorgane auf das Einberufungsverlangen der Aktionärsminderheit nicht innerhalb eines Monats reagiert hat[104].

c) Kosten

Anders als Art. 85 Abs. 2 Satz 3 SE-VOV 1970, der noch ausdrücklich vorsah, dass die   **26** Gesellschaft selbst die Kosten zur Einberufung zu tragen habe, enthält die SE-VO **keine Regelung hinsichtlich der Kostentragung** mehr im Zusammenhang mit der Organisation und der Veranstaltung der Hauptversammlung. Im Ergebnis herrscht Einigkeit darüber, dass bei der SE die Gesellschaft auch für die Einberufung der Hauptversammlung durch eine Minderheit die Kosten zu tragen hat[105]. Begründet werden kann eine solche Annahme zum einen mit der effektiven Ausgestaltung des Minderheitenschutzrechts[106] und zum anderen mit einem Verweis der Verordnung in das mitgliedstaatliche Recht. Daher kommt über den Verweis des Art. 54 Abs. das mitgliedstaatliche Recht zur Anwendung, so dass entsprechend dem deutschen Aktienrecht in § 122 Abs. 4 AktG[107] die ermächtigten Aktionäre im eigenen Namen, aber für Rechnung der Gesellschaft handeln[108]. Zunächst sind daher die anfallenden Kosten von den ermächtigten Aktionären selbst zutragen, diesen steht allerdings im Innenverhältnis zur Gesellschaft ein Erstattungsanspruch zu[109]. Im Ergebnis trägt daher die SE bei stattgebenden Entscheidungen durch das berufene Gericht die Kosten.

---

100 *Kubis* in MünchKomm. AktG, Art. 55, 56 SE-VO Rz. 14; *Schwarz*, Art. 55 Rz. 26; *Brandt*, Hauptversammlung, S. 200.
101 *Kubis* in MünchKomm. AktG, Art. 55, 56 SE-VO Rz. 14; *Casper* in Spindler/Stilz, Art. 55, 56 SE-VO Rz. 8; *Schwarz*, Art. 55 Rz. 26.
102 So auch *Schwarz*, Art. 55 Rz. 26 in Fn. 53.
103 Ausführlich *Ziemons* in K. Schmidt/Lutter, AktG, § 123 Rz. 6.
104 So zu Recht *Kubis* in MünchKomm. AktG, Art. 55, 56 SE-VO Rz. 14; a.A. aber wohl *Brandt*, Hauptversammlung, S. 200, der davon ausgeht, dass die gesetzlich bestimmten Fristen in den einzelnen Mitgliedstaaten unbeachtlich sind.
105 *Kubis* in MünchKomm. AktG, Art. 55, 56 SE-VO Rz. 15, 17; *Schwarz*, Art. 55 Rz. 36; *Mayer* in Manz/Mayer/Schröder, Art. 55 SE-VO Rz. 6, 24; ausführlich *Brandt*, Hauptversammlung, S. 206 f.
106 Diesen Aspekt hervorhebend *Schwarz*, Art. 55 Rz. 36; ähnlich *Brandt*, Hauptversammlung, S. 206; auch *Kubis* in MünchKomm. AktG, Art. 55, 56 SE-VO Rz. 17 betont, dass der Minderheit aus der vorprozessualen Weigerung des Geschäftsführungsorgans keine Kostennachteile entstehen dürfen.
107 *Ziemons* in K. Schmidt/Lutter, AktG, § 122 Rz. 41.
108 *Schwarz*, Art. 55 Rz. 36; *Brandt*, Hauptversammlung, S. 207.
109 *Schwarz*, Art. 55 Rz. 36; *Kubis* in MünchKomm. AktG, Art. 55, 56 SE-VO Rz. 17; *Brandt*, Hauptversammlung, S. 207.

3. Einberufungsalternativen

27 Für den Fall, dass das Geschäftsführungsorgan seine Einberufungspflicht aus Art. 55 Abs. 1 nicht erfüllt, unterscheidet Art. 55 Abs. 3 drei Einberufungsalternativen (s. bereits Rz. 18 f.): Das zuständige Gericht als zuständige staatliche Stelle für eine in Deutschland ansässige SE (Rz. 21) kann die Einberufung gem. Art. 55 Abs. 3 Satz 1 Alt. 1 anordnen bzw. die Aktionärsminderheit oder deren Vertreter nach Art. 55 Abs. 3 Satz 1 Alt. 2 zur Einberufung ermächtigen oder die Aktionäre können sich unter bestimmten Voraussetzungen selbst gem. Art. 55 Abs. 3 Satz 2 einberufen.

a) Anordnung durch das Gericht

28 Art. 55 Abs. 3 Satz 1 Alt. 1 sieht vor, dass das berufene Gericht die Einberufung der Hauptversammlung innerhalb einer bestimmten Frist (Rz. 25) anordnen kann. Das Gericht kann die Einberufung nicht unmittelbar selbst vornehmen, sondern kann lediglich **die Gesellschaft beauftragen**, die Einberufung der Hauptversammlung unter Vorgabe einer hierzu bestimmten Frist vorzunehmen[110]. Die gegenteilige Auffassung, die dem Gericht die Kompetenz zur eigenen Einberufung zuweist[111], lässt sich mit dem Wortlaut von Art. 55 Abs. 3 Satz 1 nicht vereinbaren, auch wenn die Gefahr besteht, dass möglicherweise ein Gesellschaftsorgan zur Einberufung verpflichtet wird, das sich gerade zuvor noch rechtswidrig dem Einberufungsverlangen der Minderheit widersetzt hat[112]. Auch die grundsätzliche Anerkennung einer **Prüfungsfrist** für die Einberufung (Rz. 25) spricht gegen die Möglichkeit der Einberufung durch das zuständige Gericht selbst; andernfalls müsste nach der gerichtlichen Entscheidung die Einberufung sofort vorgenommen werden, anstatt zunächst noch die in Art. 55 Abs. 3 Satz 1 statuierte Frist abzuwarten[113]. Die erforderliche Vollstreckungsmöglichkeit ergibt sich für die SE mit Sitz in Deutschland aus § 888 ZPO, der über die allgemeine Verweisung des Art. 53 (Art. 53 Rz. 5 ff.) Anwendung findet[114]. Eines gesonderten Antrags bedarf es hierfür nicht[115].

b) Ermächtigung der Aktionärsminderheit

29 Daneben ist auch eine Ermächtigung der Aktionärsminderheit nach Art. 55 Abs. 3 Satz 1 Alt. 2 möglich (zum Verhältnis zur ersten Alternative s. Rz. 18). Hiernach kann das zuständige Gericht die Minderheitsaktionäre oder deren Vertreter zur Einberufung der Hauptversammlung ermächtigen. Die antragstellenden Aktionäre können dann kraft staatlicher Ermächtigung die Hauptversammlung mit der von ihnen beantragten Tagesordnung unter Beachtung der sonstigen Verfahrensvorschriften (Rz. 17) einberufen[116]. Die Vorschrift des Art. 55 Abs. 3 Satz 1 Alt. 2 entspricht der deutschen Regelung in § 122 Abs. 3 Satz 1 AktG. Über die Verweisung des Art. 54 Abs. 2 gelten für das Verfahren der Einberufung bei einer in Deutschland domizilie-

---

110 So *Kubis* in MünchKomm. AktG, Art. 55, 56 SE-VO Rz. 16; *Schwarz*, Art. 55 Rz. 30; *Baatz/Weydner* in Jannott/Frodermann, Handbuch Europäische Aktiengesellschaft, S. 214 Rz. 46; *Brandt*, Hauptversammlung, S. 202.
111 So *Casper* in Spindler/Stilz, Art. 55, 56 SE-VO Rz. 7.
112 Auf diese Gefahr zu Recht hinweisend *Schwarz*, Art. 55 Rz. 30; *Brandt*, Hauptversammlung, S. 202.
113 *Schwarz*, Art. 55 Rz. 30; *Kubis* in MünchKomm. AktG, Art. 55, 56 SE-VO Rz. 16; *Brandt*, Hauptversammlung, S. 202.
114 A.A., aber i.E. ebenso *Kubis* in MünchKomm. AktG, Art. 55, 56 SE-VO Rz. 16 sowie *Casper* in Spindler/Stilz, Art. 55, 56 SE-VO Rz. 10, die ohne nähere Begründung von einer „analogen" Anwendung des § 888 ZPO ausgehen wollen. Unklar *Mayer* in Manz/Mayer/Schröder, Art. 55 SE-VO Rz. 14: Vollstreckung „nach nationalem Recht".
115 Ebenso *Kubis* in MünchKomm. AktG, Art. 55, 56 SE-VO Rz. 16.
116 *Schwarz*, Art. 55 Rz. 29.

renden SE die §§ 121 ff. AktG (näher Rz. 17)[117], so dass für die näheren Voraussetzungen auf die Kommentierung zum nationalen Recht verwiesen werden kann.

c) Selbsteinberufungsrecht der Aktionäre

Nach Art. 55 Abs. 3 Satz 2 bleiben einzelstaatliche Vorschriften, aufgrund denen die   30
Aktionäre die Möglichkeit erhalten, selbst die Hauptversammlung einzuberufen (sog.
Selbsteinberufungsrecht), unberührt. Diese Vorschrift stellt eine **Sondervorschrift** im
Rahmen der Einberufung durch eine Aktionärsminderheit dar[118]. Sie regelt eine Ausnahme zum Grundsatz des Art. 55 Abs. 3 Satz 1 und stellt klar, dass ein bereits auf
mitgliedstaatlicher Ebene existierendes Selbsteinberufungsrecht der Minderheitsaktionäre auch ohne Einleitung eines staatliches Einberufungsverfahren unmittelbare Geltung erlangt[119]. Da Deutschland jedoch keine entsprechenden Regelungen
kennt, scheidet die Anwendung auf eine in Deutschland ansässige SE zum gegenwärtigen Zeitpunkt aus[120].

Art. 56
[Ergänzung der Tagesordnung]

**Die Ergänzung der Tagesordnung für eine Hauptversammlung durch einen oder mehrere Punkte kann von einem oder mehreren Aktionären beantragt werden, sofern
sein/ihr Anteil am gezeichneten Kapital mindestens 10% beträgt. Die Verfahren und
Fristen für diesen Antrag werden nach dem einzelstaatlichen Recht des Sitzstaats der
SE oder, sofern solche Vorschriften nicht vorhanden sind, nach der Satzung der SE
festgelegt. Die Satzung oder das Recht des Sitzstaats können unter denselben Voraussetzungen, wie sie für Aktiengesellschaften gelten, einen niedrigeren Prozentsatz
vorsehen.**

§ 50 SEAG: Einberufung und Ergänzung der Tagesordnung auf Verlangen einer Minderheit
(1) Die Einberufung der Hauptversammlung und die Aufstellung ihrer Tagesordnung nach Artikel 55 der Verordnung kann von einem oder mehreren Aktionären beantragt werden, sofern sein
oder ihr Anteil am Grundkapital mindestens 5 Prozent beträgt.
(2) Die Ergänzung der Tagesordnung für eine Hauptversammlung durch einen oder mehrere Punkte kann von einem oder mehreren Aktionären beantragt werden, sofern sein oder ihr Anteil 5 Prozent des Grundkapitals oder den anteiligen Betrag von 500 000 Euro erreicht.

---

117 So auch *Casper* in Spindler/Stilz, Art. 55, 56 SE-VO Rz. 10; *Kubis* in MünchKomm. AktG,
Art. 55, 56 SE-VO Rz. 17.
118 *Schwarz*, Art. 55 Rz. 35; hierzu auch *Brandt*, Hauptversammlung, S. 205.
119 *Kubis* in MünchKomm. AktG, Art. 55, 56 SE-VO Rz. 13; *Schwarz*, Art. 55 Rz. 35; *Casper* in
Spindler/Stilz, Art. 55, 56 SE-VO Rz. 7; *Mayer* in Manz/Mayer/Schröder, Art. 55 SE-VO
Rz. 17.
120 *Schwarz*, Art. 55 Rz. 35; *Casper* in Spindler/Stilz, Art. 55, 56 SE-VO Rz. 7; *Kubis* in MünchKomm. AktG, Art. 55, 56 SE-VO Rz. 13.

Literatur: S. vor Art. 52 SE-VO.

I. Regelungsgegenstand und Normzweck

1   Art. 56 steht in enger Verbindung mit Art. 55 und dient, wie das dort geregelte Einberufungsrecht, dem **Minderheitenschutz** (Art. 55 Rz. 1). Art. 56 regelt das in der Praxis bedeutsamere[1] Verlangen zur Ergänzung der Tagesordnung einer bereits einberufenen Hauptversammlung[2] bzw. das Recht auf Bekanntmachung eines Beschlussgegenstandes zur Tagesordnung[3]. Beide Vorschriften finden ihre Parallelen im deutschen Aktienrecht der § 122 Abs. 1 und Abs. 2 AktG[4]. Aufgrund der unmittelbaren europarechtlichen Anwendbarkeit der Norm einerseits und der Beschränkung in Art. 56 Satz 2 auf die Geltung bereits existierenden mitgliedstaatlichen Rechts andererseits können die zu § 122 Abs. 2 entwickelten Grundsätze[5] indes nur mit Vorsicht übertragen werden[6].

2   Das Ergänzungsverlangen des Art. 56 Satz 1 und Satz 3 ist von den **Tatbestandsvoraussetzungen** identisch formuliert wie Art. 55 Abs. 1 Satz 1 für das Einberufungsverlangen durch eine Minderheit, so dass die Voraussetzungen für das Ergänzungsverlangen weitgehend mit denen des Einberufungsverlangen (hierzu Art. 55 Rz. 7 ff.) übereinstimmen[7]. Sowohl hinsichtlich der **Aktionärseigenschaft** (Rz. 8), des **Adressaten des Antrags** (Rz. 11) als auch für die **Form** (Rz. 14) ergeben sich daher keine Abweichungen zu Art. 55. Abweichungen zu Art. 55 existieren jedoch aufgrund struktureller Unterschiede beider Normen oder aufgrund nationaler Besonderheiten in Deutschland[8]. Zu unterscheiden sind von dem Einberufungsverlangen nach Art. 56 die Anträge und Gegenanträge zu Tagesordnungspunkten, denn solche können ohne Aufnahme in die Tagesordnung und ohne Bekanntmachung auch noch direkt in der Hauptversammlung gestellt werden (Art. 53 Rz. 16).

II. Historische Entwicklung

3   Sowohl Art. 85 Abs. 3 SE-VOV 1970 als auch Art. 86 Abs. 3 SE-VOV 1975 sowie Art. IV-3-2 Sanders-Vorentwurf kannten weitgehend **entsprechende Bestimmungen**

---

1 *Schwarz*, Art. 56 Rz. 1 unter Bezugnahme auf *Mertens*, AG 1997, 481 ff.
2 *Kubis* in MünchKomm. AktG, Art. 55, 56 SE-VO Rz. 18; *Mayer* in Manz/Mayer/Schröder, Art. 56 SE-VO Rz. 2; *Heckschen* in Widmann/Mayer, Anhang 14 Rz. 493.
3 *Schwarz*, Art. 56 Rz. 1.
4 *Kubis* in MünchKomm. AktG, Art. 55, 56 SE-VO Rz. 18; *Baatz/Weydner* in Jannott/Frodermann, Handbuch Europäische Aktiengesellschaft, S. 204 f. Rz. 5 f.
5 Ausführlich *Ziemons* in K. Schmidt/Lutter, AktG, § 122 Rz. 25 ff.
6 So zu Recht auch *Kubis* in MünchKomm. AktG, Art. 55, 56 SE-VO Rz. 18.
7 *Kubis* in MünchKomm. AktG, Art. 55, 56 SE-VO Rz. 19.
8 *Kubis* in MünchKomm. AktG, Art. 55, 56 SE-VO Rz. 19.

für die Bekanntmachung von Gegenständen zur Tagesordnung. So sahen diese Vorschriften für die Einberufung und für die Ergänzung der Tagesordnung einen Prozentsatz i.H.v. 5% des Kapitals und alternativ eine Mindestkapitalbeteiligung i.H.v. 100.000 bzw. 250.000 Rechnungseinheiten vor. In den nachfolgenden Verordnungsentwürfen in Art. 85 SE-VOV 1989, Art. 85 SE-VOV 1991 und Art. 56 SE-RatsE 1998 war dann bereits eine 10% Beteiligung am gezeichneten Kapital gefordert, welche der heutigen Regelung in Art. 56 Satz 1 entspricht (hierzu Rz. 8 f.).

III. Satzungsregelung und mitgliedstaatlicher Vorbehalt

Wie auch bei Art. 55 Abs. 1 2. Halbs. (Art. 55 Rz. 4) kann durch die **Satzung** (Art. 6)   **4** oder durch **einzelstaatliche Rechtsvorschriften** gem. Art. 56 Satz 3 für die erforderliche Mindestbeteiligung ein niedrigerer Prozentsatz als 10% des gezeichneten Kapitals bestimmt werden.

1. Nationale Ausführungsbestimmungen

Nach Art. 56 Satz 3 kann ein abweichender niedrigerer Prozentsatz durch Satzung   **5** oder einzelstaatliche Rechtsvorschriften unter denselben Voraussetzungen, wie sie für nationale Aktiengesellschaften gelten, durch die Mitgliedstaaten festgelegt werden. Art. 56 Satz 3 erkennt hierbei aber nicht bereits bestehende mitgliedstaatliche Vorschriften an (Art. 55 Rz. 5). Eine Umsetzung des Art. 56 Satz 3 erfolgte durch den deutschen Gesetzgeber in **§ 50 Abs. 2 SEAG**, in dem das Quorum für das Ergänzungsverlangen von 10% auf 5% des Grundkapitals abgesenkt (§ 50 Abs. 2 Alt. 1 SEAG, sog. relatives Quorum) oder alternativ ein rechnerischer Anteil am Grundkapital von 500.000 Euro vorgesehen wird (§ 50 Abs. 2 Alt. 2 SEAG, sog. absolutes Quorum). Näher hierzu Rz. 8 f.

2. Vorrang der Satzung

Art. 56 Satz 3 sieht daneben auch vor, dass die Satzung der SE einen niedrigeren Prozentsatz für das Ergänzungsverlangen vorsehen kann. Hinsichtlich der **Normenhierarchie** zwischen Satzung und mitgliedstaatlichen Rechtsvorschriften sowie der **Reichweite des mitgliedstaatlichen Vorbehalts** kann hinsichtlich der Parallelität auf die Ausführungen zu Art. 55 Abs. 1 2. Halbs. verwiesen werden (Art. 55 Rz. 6). Auch bei Art. 56 Satz 3 steht die Satzungsautonomie nicht unter einem mitgliedstaatlichen Vorbehalt, denn Art. 56 Satz 2 bestimmt ausdrücklich den Vorrang des mitgliedstaatlichen Rechts vor der Satzungsgestaltung, so dass im Umkehrschluss bei Art. 56 Satz 3 die Satzung dem nationalen Recht vorgehen muss[9]. Die Satzung der SE kann dementsprechend wie bei Art. 55 auch (Art. 55 Rz. 6) eine niedrigere Beteiligungsquote als die 5%ige des § 50 Abs. 2 Alt. 1 SEAG vorsehen, aber auch eine höhere festsetzen oder sogar das 10%ige Quorum des Art. 56 Satz 1 wiederherstellen[10].

IV. Ergänzungsverlangen

1. Antragsberechtigung

Erforderlich ist eine ausreichende Anzahl von Aktionären für einen ordnungsgemä-   **7** ßen Antrag (Rz. 8 f.). Antragsberechtigt für die Einberufung einer Hauptversammlung sind nach Art. 56 Satz 1 bereits **ein oder mehrere Aktionäre**. Zunächst ist demnach –

---

9 *Schwarz*, Art. 56 Rz. 6; unklar *Thümmel*, Europäische Aktiengesellschaft, S. 121 Rz. 255.
10 *Schwarz*, Art. 55 Rz. 6.

wie bei Art. 55 auch – Voraussetzung, dass der oder die antragstellenden Aktionäre zum Zeitpunkt der Antragstellung die **Aktionärstellung** besitzt (Art. 55 Rz. 7).

2. Beteiligungsquorum

a) Höhe

8   Nach Art. 56 Satz 1 sind diejenigen Aktionäre antragsberechtigt, die zusammen oder alleine 10% des gezeichneten Kapitals halten. Art. 56 Satz 3 sieht als Ausnahme von dem 10%igen Quorum vor, dass die Satzung der SE (Art. 6) oder das mitgliedstaatliche Recht dieses Beteiligungsquorum herabsetzen kann, eine Verschärfung ist hingegen bereits nachweislich des Gesetzeswortlauts nicht möglich (zu Art. 55 s. Art. 55 Rz. 8). Eine Absenkung des Beteiligungsquorums ist durch den deutschen Gesetzgeber in § 50 Abs. 2 SEAG erfolgt. Hiernach genügt für die Ergänzung der Tagesordnung ein Quorum von **5% des Grundkapitals** (zur Terminologie des SEAG s. Art. 55 Rz. 8) oder der anteilige Betrag von 500.000 Euro.

9   Bedenken hinsichtlich der **Europarechtskonformität** ergeben sich jedoch für die Festlegung eines **absoluten Quorums** in § 50 Abs. 2 Alt. 2 SEAG. Der Fix-Betrag i.H.v. 500.000 Euro kann bei höherem Grundkapital ohne weiteres wesentlich geringer als die in § 50 Abs. 2 Alt. 1 SEAG genannten 5% des gezeichneten Kapitals sein[11]. Zwar soll nach Auffassung des deutschen Gesetzgebers der Wortlaut des Art. 56 Satz 3 gerade so zu verstehen werden, dass dieselben Voraussetzungen, wie sie für nationale Aktiengesellschaften gelten, angewandt werden können[12], so dass eine parallele Regelung zu § 122 Abs. 2 AktG nahe liegt[13]. Des Weiteren sei nach dem Sinn und Zweck der Vorschrift, minderheitenfreundliche Regelungen auf nationaler Ebene zuzulassen, nicht erkennbar, weshalb ein absolutes Quorum neben dem unzweifelhaft zulässigen Relativen unzulässig sein solle[14]. Richtigerweise überschreitet § 50 Abs. 2 Alt. 2 SEAG jedoch die von Art. 56 Satz 3 gezogenen Grenzen und ist damit unwirksam[15]; denn der Wortlaut des Art. 56 Satz 1 spricht anstatt von einer absoluten Kapitalbeteiligung lediglich von einer relativen. Dafür spricht auch die Entstehungsgeschichte der Norm (hierzu Rz. 3)[16]. Die Rede ist hier lediglich von einer Zulässigkeit „unter denselben Voraussetzungen, wie sie für Aktiengesellschaften gelten" in Bezug auf den in Art. 56 Satz 3 erwähnten *Prozentsatz*. Dieser explizit erwähnte Prozentsatz wird jedoch aus systematischen Gründen in Art. 56 Satz 1 nur durch eine relative Beteiligungsquote (i.H.v. 10%) konkretisiert, von anderen mitgliedstaatlichen Möglichkeiten der Verstärkung des Minderheitenschutzes ist gerade nicht die Rede[17].

---

11 *Spindler* in Lutter/Hommelhoff, Europäische Gesellschaft, S. 223, 243.
12 Begr. RegE zu SEAG, BT-Drucks. 15/3405, S. 40; *Kubis* in MünchKomm. AktG, Art. 55, 56 SE-VO Rz. 19; *Casper* in Spindler/Stilz, Art. 55, 56 SE-VO Rz. 11; Stellungnahme des DAV zum SEAG-DiskE, NZG 2004, 75, 85; wohl auch *Baatz/Weydner* in Jannott/Frodermann, Handbuch Europäische Aktiengesellschaft, S. 221 Rz. 86; *Heckschen* in Widmann/Mayer, Anhang 14 Rz. 493 sowie *Mayer* in Manz/Mayer/Schröder, Art. 56 SE-VO Rz. 9 f.
13 Begr. RegE zu SEAG, BT-Drucks. 15/3405, S. 40.
14 *Kubis* in MünchKomm. AktG, Art. 55, 56 SE-VO Rz. 19; i.E. ebenso, allerdings ohne Begründung *Casper* in Spindler/Stilz, Art. 55, 56 SE-VO Rz. 11.
15 *Schwarz*, Art. 56 Rz. 7 ff.
16 *Schwarz*, Art. 56 Rz. 8; kritisch auch bereits *Spindler* in Lutter/Hommelhoff, Europäische Gesellschaft, S. 223, 243; *Brandt*, Hauptversammlung, S. 209 ff. zu § 47 Abs. 2 SEAG-DiskE.
17 I.E. ebenso *Schwarz*, Art. 56 Rz. 9.

b) Dauer

Keine Anwendung finden auf die SE § 122 Abs. 2 i.V.m. § 122 Abs. 1 Satz 3 und § 142   10
Abs. 2 Satz 2 AktG; eine **Mindestbesitzdauer** ist keine weitere Antragsvoraussetzung
(ausführlich Art. 55 Rz. 10).

3. Ordnungsgemäßer Antrag (Art. 56 Satz 1 und Satz 3)

a) Adressat

Art. 56 regelt nicht den richtigen Adressaten des Ergänzungsantrages. Die Zuständig- 11
keit hierfür richtet sich nach der allgemeinen Kompetenzverteilung innerhalb der
SE; zuständig ist damit das Organ, welchem generell die Ausarbeitung der Tagesordnung der Hauptversammlung obliegt[18]. Da die Aufstellung der Tagesordnung als Vorbereitung der Hauptversammlung in den Aufgabenbereich der **Geschäftsführung**
fällt, ist verbandsintern im Einklang mit Art. 55 das Leitungsorgan bzw. bei der monistisch organisierten SE (Art. 43) das Verwaltungsorgan zuständig (Art. 55 Rz. 10)[19].

b) Inhalt

Das Ergänzungsverlangen des Art. 56 Satz 1 regelt inhaltlich die Ergänzung der Ta- 12
gesordnung durch einen oder mehreren Punkte. Der Inhalt eines solchen Antrags darf
nur auf **Beschlussgegenstände** gerichtet sein, beschlusslose Diskussions- oder Infor-
mationspunkte genügen auf europarechtlicher Ebene ebenso wenig wie im nationalen Recht[20]. Denn auch die Art. 57, 58 gehen von einer beschlussorientierten
Hauptversammlung aus (Art. 57 Rz. 4)[21]. Das Minderheitenrecht soll nicht durch
Verwicklung in zeitraubende Diskussionen dazu führen, dass die gesamte Hauptversammlung torpediert wird; vielmehr dient das Antragsrecht zur Fassung von Beschlüssen und der Herbeiführung von rechtlichen Ergebnissen[22].

Umstritten ist entsprechend dem Streit bei Art. 55 Abs. 1, ob eine **Begründung** des 13
Ergänzungsverlangens zu fordern ist. Nach einer Ansicht ist eine Begründungspflicht
nicht gegeben, denn Art. 56 Satz 2 verweise lediglich für das Verfahren und die Fristen hinsichtlich der Weiterbehandlung des Antrags auf das nationale Recht; nicht für
das eigentliche Verfahren für den Antrag selbst[23]. Hingegen verweist Art. 56 Satz 2
bereits dem Wortlaut nach auf das einzelstaatliche Recht des Sitzstaats der SE und
führt daher für die SE mit Sitz in Deutschland zu der Anwendung von § 122 Abs. 1
und Abs. 2 AktG[24]. Die Anforderungen an die Begründung sind indes geringer als
beim Einberufungsverlangen, da der Aufwand für die zusätzliche Behandlung von Beschlussgegenständen wesentlich geringer ausfällt als bei einer außerordentlichen
Hauptversammlung[25].

---

18 *Schwarz*, Art. 56 Rz. 12.
19 *Schwarz*, Art. 56 Rz. 12; *Brandt*, Hauptversammlung, S. 212 f.; *Mayer* in Manz/Mayer/Schrö-
    der, Art. 56 SE-VO Rz. 11.
20 *Kubis* in MünchKomm. AktG, Art. 55, 56 SE-VO Rz. 20; *Schwarz*, Art. 56 Rz. 14; i.E. auch
    Brandt, Hauptversammlung, S. 215. Zum nationalen Recht *Ziemons* in K. Schmidt/Lutter,
    AktG, § 122 Rz. 25.
21 *Kubis* in MünchKomm. AktG, Art. 55, 56 SE-VO Rz. 20.
22 *Schwarz*, Art. 56 Rz. 14.
23 *Kubis* in MünchKomm. AktG, Art. 55, 56 SE-VO Rz. 22; *Mayer* in Manz/Mayer/Schröder,
    Art. 56 SE-VO Rz. 6; *Baatz/Weydner* in Jannott/Frodermann, Handbuch Europäische Aktien-
    gesellschaft, S. 222 Rz. 88.
24 *Schwarz*, Art. 56 Rz. 13; *Brandt*, Hauptversammlung, S. 192; *Spindler* in Lutter/Hommelhoff,
    Europäische Gesellschaft, S. 223, 242.
25 *Brandt*, Hauptversammlung, S. 213; *Schwarz*, Art. 56 Rz. 13.

c) Form

14 Auch hinsichtlich der **Formvoraussetzungen** des Ergänzungsverlangens ist Art. 56 keine Regelung zu entnehmen[26]. Daher richtet sich die Form des Antrags über den Verweis des Art. 53 nach dem jeweiligen nationalen Recht, auf eine in Deutschland ansässige SE finden § 122 Abs. 1 AktG i.V.m. §§ 126, 126a BGB Anwendung.

d) Zeitpunkt

15 Im Unterschied zu dem Einberufungsverlangen des Art. 55 Abs. 1 setzt das Ergänzungsverlangen dem Wortlaut nach eine bereits einberufene Hauptversammlung voraus. Insofern stellt sich bei Art. 56 Satz 1 die Frage nach dem **zulässigen Zeitpunkt der Antragstellung**. Auf jeden Fall ist ein Ergänzungsverlangen **nach Einberufung** der Hauptversammlung zulässig[27]. Das **Fristende** richtet sich für das Ergänzungsverlangen nach Einberufung über den ausdrücklichen Verweis des Art. 56 Satz 2 für Fristen nach dem jeweiligen mitgliedstaatlichen Recht (Rz. 20); zu beachten ist hierbei, dass es dem Geschäftsführungsorgan möglich sein muss, die ergänzte Tagesordnung rechtzeitig ordnungsgemäß bekannt zu machen, damit eine Anfechtbarkeit der Beschlüsse vermieden werden kann[28]. Dementsprechend findet auf die in Deutschland ansässige SE § 124 Abs. 1 Satz 2 AktG Anwendung (Rz. 20)[29].

16 Fraglich ist aber, ob auch ein Ergänzungsverlangen **vor Einberufung** der Hauptversammlung zulässig ist. Der Wortlaut des Art. 56 Satz 1 scheint zunächst dagegen zu sprechen, denn wenn die Tagesordnung *ergänzt* werden kann, legt dieses im Umkehrschluss nahe, dass eine Hauptversammlung bereits einberufen sein muss[30]. Auch auf gemeinschaftsrechtlicher Ebene spricht aber ebenso wie im nationalen Recht[31] aus Zweckmäßigkeitsgründen zur Verringerung des zusätzlichen Unterrichtungsaufwandes[32] nichts dagegen, ein Ergänzungsverlangen bereits vor Einberufung der Hauptversammlung zu beantragen[33]. Der Ergänzungsantrag nach Art. 56 Satz 1 kann daher während des gesamten Geschäftsjahres für die jeweils kommende Hauptversammlung gestellt werden[34].

---

26 So wie hier *Kubis* in MünchKomm. AktG, Art. 55, 56 SE-VO Rz. 19, 22; a.A. aber *Schwarz*, Art. 56 Rz. 13 sowie *Brandt*, Hauptversammlung, S. 213, die auch für die Formvoraussetzungen auf den Verweis in das mitgliedstaatliche Recht über Art. 56 Satz 2 SE-VO zurückgreifen wollen, i.E. aber ebenfalls zur Anwendung des § 122 Abs. 1 AktG und somit zur Schriftlichkeit gelangen.

27 *Kubis* in MünchKomm. AktG, Art. 55, 56 SE-VO Rz. 19; *Brandt*, Hauptversammlung, S. 215; *Schwarz*, Art. 56 Rz. 16; *Casper* in Spindler/Stilz, Art. 55, 56 SE-VO Rz. 11; *Baatz/Weydner* in Jannott/Frodermann, Handbuch Europäische Aktiengesellschaft, S. 222 Rz. 89; *Mayer* in Manz/Mayer/Schröder, Art. 56 SE-VO Rz. 4.

28 *Kubis* in MünchKomm. AktG, Art. 55, 56 SE-VO Rz. 19, 22; *Casper* in Spindler/Stilz, Art. 55, 56 SE-VO Rz. 11.

29 *Kubis* in MünchKomm. AktG, Art. 55, 56 SE-VO Rz. 19, 22.

30 *Brandt*, Hauptversammlung, S. 214; *Kubis* in MünchKomm. AktG, Art. 55, 56 SE-VO Rz. 19.

31 *Ziemons* in K. Schmidt/Lutter, AktG, § 122 Rz. 30.

32 So *Brandt*, Hauptversammlung, S. 215; *Mayer* in Manz/Mayer/Schröder, Art. 56 SE-VO Rz. 4.

33 *Kubis* in MünchKomm. AktG, Art. 55, 56 SE-VO Rz. 19; *Schwarz*, Art. 56 Rz. 16 m.w.N. zum nationalen Recht; *Casper* in Spindler/Stilz, Art. 55, 56 SE-VO Rz. 11; *Brandt*, Hauptversammlung, S. 215.

34 *Brandt*, Hauptversammlung, S. 215; *Schwarz*, Art. 56 Rz. 16; *Baatz/Weydner* in Jannott/Frodermann, Handbuch Europäische Aktiengesellschaft, S. 222 Rz. 89; *Mayer* in Manz/Mayer/Schröder, Art. 56 SE-VO Rz. 4.

e) Rechtsmissbrauch des Ergänzungsverlangens

Auch bei dem Ergänzungsverlangen gilt wie für das Einberufungsverlangen des   17
Art. 55 auch (Art. 55 Rz. 15) die Grenze des Rechtsmissbrauchs. Die dort dargestellten Grundsätze finden **entsprechende Anwendung** auf Art. 56. Allerdings werden hier höhere Anforderungen an einen Rechtsmissbrauch als bei der außerordentlichen Hauptversammlung zu stellen sein, da der mit einem Ergänzungsverlangen verbundene Aufwand wesentlich geringer ist[35].

4. Verfahren und Antragsfrist (Art. 56 Satz 2)

a) Verfahren

In Art. 56 Satz 2 wird zunächst für das Verfahren hinsichtlich des Ergänzungsantrages   18
nach Art. 56 Satz 1 auf das Mitgliedstaatsrecht oder, sofern dort keine Regelung besteht, auf die Satzung verwiesen. Verfahren i.S.d. Art. 56 Satz 2 stellt nicht das eigentliche Verfahren für den Antrag selbst dar (hierzu Rz. 7 ff.), sondern lediglich das Verfahrensrecht um dessen Weiterbehandlung[36]. Die **Weiterbehandlung des Ergänzungsverlangens richtet** sich daher für eine in Deutschland ansässige SE nach §§ 122 ff. AktG gem. Art. 56 Satz 2 über den Verweis in das mitgliedstaatliche Recht, so dass die für die Einberufung zuständigen Gesellschaftsorgane über den Ergänzungsantrag der Minderheitsaktionäre zu beschließen haben[37]. § 122 Abs. 2 AktG statuiert eine strikte Befolgungspflicht des Geschäftsorgans[38], welcher bei Vorliegen der formellen und materiellen Voraussetzungen für das Ergänzungsverlangen nachgekommen werden muss[39]. Die Entscheidung stellt keine Ermessensnorm dar, bei Vorliegen der Voraussetzungen ist das Geschäftsführungsorgan in seiner Entscheidung rechtlich gebunden.

Art. 50 Abs. 1 greift für die **Beschlussfassung** über das Ergänzungsbegehren nach rich-   19
tiger Ansicht nicht, denn die Verweisung in Art. 56 Satz 2 ist als eine „andere Vorschrift" i.S.d. Art. 50 Abs. 1 zu qualifizieren (Art. 50 Rz. 5)[40]. Daher gilt über den Verweis des Art. 56 Satz 2 der § 121 Abs. 2 Satz 1 AktG für das Leitungsorgan in der dualistischen SE, in der monistischen SE § 22 Abs. 2 Satz 2 SEAG für das Verwaltungsorgan hinsichtlich der Beschlussfassung; die einfache Mehrheit genügt[41].

b) Antragsfrist

Eine Regelung über die Antragsfrist enthält Art. 56 nicht. Die Antragsfrist ist nicht   20
mit dem Zeitpunkt zu verwechseln, in dem der Ergänzungsantrag überhaupt gestellt werden kann (Rz. 15 f.). Sie umfasst den Zeitraum, in dem ein rechtzeitig gestellter Antrag noch einen Anspruch auf Bekanntmachung zur Tagesordnung der nächsten

---

35 *Kubis* in MünchKomm. AktG, Art. 55, 56 SE-VO Rz. 21; *Mayer* in Manz/Mayer/Schröder, Art. 56 SE-VO Rz. 6; weitergehend zum Rechtsmissbrauch auch *Schwarz*, Art. 56 Rz. 15; *Brandt*, Hauptversammlung, S. 214.
36 *Kubis* in MünchKomm. AktG, Art. 55, 56 SE-VO Rz. 22; *Casper* in Spindler/Stilz, Art. 55, 56 SE-VO Rz. 11.
37 *Kubis* in MünchKomm. AktG, Art. 55, 56 SE-VO Rz. 22; *Schwarz*, Art. 56 Rz. 18.
38 *Ziemons* in K. Schmidt/Lutter, AktG, § 122 Rz. 31.
39 *Schwarz*, Art. 56 Rz. 19; *Kubis* in MünchKomm. AktG, Art. 55, 56 SE-VO Rz. 22; *Brandt*, Hauptversammlung, S. 218.
40 So zu Recht *Schwarz*, Art. 56 Rz. 18; auch *Kubis* in MünchKomm. AktG, Art. 55, 56 SE-VO Rz. 22 geht davon aus, dass Art. 56 Satz 2 die einschlägige Vorschrift ist; a.A. *Brandt*, Hauptversammlung, S. 218, der zur Anwendung des Art. 50 Abs. 1 SE-VO gelangt.
41 *Schwarz*, Art. 56 Rz. 18; a.A. *Brandt*, Hauptversammlung, S. 218, der Art. 50 Abs. 1 SE-VO anwenden will.

Hauptversammlung gewährt[42]. Über den Verweis des Art. 56 Satz 2 findet auf eine SE mit Sitz in Deutschland die **Bekanntmachungsfrist des § 124 Abs. 1 Satz 2 AktG** Anwendung (Art. 54 Rz. 27)[43]. Sofern dem Ergänzungsverlangen nachgekommen werden soll, müssen die Beschlussgegenstände daher spätestens innerhalb von 10 Tagen nach Einberufung der Hauptversammlung bekannt gemacht werden[44]. Nach erfolgter Einberufung der Hauptversammlung sind demzufolge nur solche Gegenstände zu beachten, deren Bekanntmachung noch innerhalb der in § 124 Abs. 1 Satz 2 AktG genannten Frist erfolgen kann[45]. Falls das Geschäftsführungsorgan die Zehn-Tages-Frist trotz schneller Prüfung des Ergänzungsverlangens nicht einhalten kann, gilt der Antrag der Minderheitsaktionäre für die nächste Hauptversammlung fort[46].

V. Staatliches Rechtsdurchsetzungsverfahren

21 Anders als Art. 55 Abs. 3 sieht Art. 56 für den Fall einer **unberechtigten Weigerung des Geschäftsführungsorgans** kein staatliches Rechtsdurchsetzungsverfahren vor. Zwar könnte daraus der Schluss gezogen werden, dass die hier keinerlei Sanktionen an eine Verletzung des in Art. 56 geregelten Minderheitenrechts knüpfen wollte[47]. Jedoch spricht gegen diesen Umkehrschluss das Telos der Norm, insbesondere der Charakter als Minderheitenrecht, das weitgehend leer laufen würde, wenn die Gesellschaft nicht zur Bekanntmachung gezwungen werden könnte[48]. Im deutschen Recht kann die Aktionärsminderheit für den Fall, dass der Vorstand dem Ergänzungsverlangen nicht nachkommt, gem. § 122 Abs. 3 AktG auf dem gerichtlichen Wege die Bekanntmachung der geforderten Beschlussgegenstände erreichen[49]. Fraglich ist daher aufgrund der zwingenden Notwendigkeit der Anerkennung eines Rechtsdurchsetzungsverfahrens für die SE mit Sitz in Deutschland nur, ob bezüglich des Rechtsdurchsetzungsverfahrens kraft Verweisung in Art. 56 Satz 2 das Verfahren des § 122 Abs. 3 AktG angewandt werden soll[50] oder aber Art. 55 Abs. 3 analog[51] gilt. Auch wenn insbesondere aus systematischen Gründen einiges für einen Verweis hinsichtlich des *Verfahrens* in Art. 56 Satz 2 in das jeweilige nationale Recht spricht und somit eine Anwendung des § 122 Abs. 3 AktG naheliegt, ist angesichts der Parallelität beider Vorschriften zum Minderheitenschutz in der SE von einer analogen Anwendung des Art. 55 Abs. 3 beim Einberufungsverlangen auch für das Ergänzungsverlangen nach Art. 56 auszugehen[52]. Hierfür spricht auch, dass so ein Gleichklang zwischen Art. 55 und Art. 56 erreicht werden kann, ohne dass die einheitlichen Rechtsfolgen durch unterschiedliche Regelungen auf nationaler Ebene zerstört werden

---

42 *Schwarz*, Art. 56 Rz. 17.
43 *Schwarz*, Art. 56 Rz. 19; *Kubis* in MünchKomm. AktG, Art. 55, 56 SE-VO Rz. 22; *Baatz/Weydner* in Jannott/Frodermann, Handbuch Europäische Aktiengesellschaft, S. 221 Rz. 87.
44 *Ziemons* in K. Schmidt/Lutter, AktG, § 124 Rz. 13.
45 *Schwarz*, Art. 56 Rz. 17.
46 *Ziemons* in K. Schmidt/Lutter, AktG, § 122 Rz. 10; *Kubis* in MünchKomm. AktG, Art. 55, 56 SE-VO Rz. 22; *Schwarz*, Art. 56 Rz. 17; *Baatz/Weydner* in Jannott/Frodermann, Handbuch Europäische Aktiengesellschaft, S. 222 Rz. 89 m.w.N. zum nationalen Recht; a.A. *Brandt*, Hauptversammlung, S. 217 f.
47 So angedacht von *Spindler* in Lutter/Hommelhoff, Europäische Gesellschaft, S. 223, 243 f.
48 *Spindler* in Lutter/Hommelhoff, Europäische Gesellschaft, S. 223, 244.
49 *Ziemons* in K. Schmidt/Lutter, AktG, § 122 Rz. 33.
50 So *Mayer* in Manz/Mayer/Schröder, Art. 56 SE-VO Rz. 12 f.
51 So die h.M., *Schwarz*, Art. 56 Rz. 20; *Kubis* in MünchKomm. AktG, Art. 55, 56 SE-VO Rz. 22; *Brandt*, Hauptversammlung, S. 221; *Spindler* in Lutter/Hommelhoff, Europäische Gesellschaft, S. 223, 244.
52 *Schwarz*, Art. 56 Rz. 20; *Kubis* in MünchKomm. AktG, Art. 55, 56 SE-VO Rz. 22; *Brandt*, Hauptversammlung, S. 221; *Spindler* in Lutter/Hommelhoff, Europäische Gesellschaft, S. 223, 244.

könnten[53]. Daher gilt in allen europäischen Mitgliedstaaten einheitlich Art. 55 Abs. 3 analog auch für das Ergänzungsverlangen. Eine Modifikation der Zwei-Monats-Frist des Art. 55 Abs. 3 Satz 1 muss aber für die in Deutschland ansässige SE gelten, denn hier ist über den Verweis des Art. 56 Satz 2 i.V.m. § 124 Abs. 1 Satz 2 AktG eine Bekanntmachung innerhalb von 10 Tagen erlaubt (Rz. 20)[54].

Art. 57
[Beschlussfassung]

Die Beschlüsse der Hauptversammlung werden mit der Mehrheit der abgegebenen gültigen Stimmen gefasst, sofern diese Verordnung oder gegebenenfalls das im Sitzstaat der SE für Aktiengesellschaften maßgebliche Recht nicht eine größere Mehrheit vorschreibt.

Literatur : S. vor Art. 52 SE-VO.

I. Grundlagen

1. Regelungsgegenstand und Normzweck

Art. 57 regelt die **Voraussetzungen für Beschlüsse der Hauptversammlung** einer SE.   **1** Grundsätzlich richtet sich die Hauptversammlungsbeschlussfassung aufgrund der generellen Verweisung des Art. 53 nach den Vorschriften des jeweiligen nationalen Rechts, allerdings enthalten die Art. 57 bis 60 einzelne Regelungen, die der Generalverweisung des Art. 53 vorgehen (Art. 53 Rz. 1, 5 ff.). Durch diese bewusste Zurückhaltung des Verordnungsgebers wird ein weitgehender Gleichlauf für eine in Deutschland domizilierende SE mit dem deutschen Aktienrecht erreicht, hiervon sind jedoch einzelne Bereiche durch die gemeinschaftsweite Regelung in den Art. 57 ff. ausgespart[1].

---

53 *Kubis* in MünchKomm. AktG, Art. 55, 56 SE-VO Rz. 22; ebenso *Brandt*, Hauptversammlung, S. 221.
54 *Kubis* in MünchKomm. AktG, Art. 55, 56 SE-VO Rz. 22.
1 *Casper* in Spindler/Stilz, Art. 57, 58 SE-VO Rz. 1; *Kubis* in MünchKomm. AktG, Art. 57, 58 SE-VO Rz. 1; *Brandt*, Hauptversammlung, S. 227; *Heckschen* in Widmann/Mayer, Anhang 14 Rz. 506.

2   Im Interesse der Rechtssicherheit greift Art. 57 eine Einzelfrage der Abstimmung heraus und führt sie einer gemeinschaftsweit einheitlichen Regelung zu[2]. Die Regelung des Art. 57 stellt die Grundnorm der Beschlussfassung in der Hauptversammlung dar und statuiert den **Grundsatz der einfachen Mehrheit** der abgegebenen gültigen Stimmen[3]. Dementsprechend muss die Zahl der abgegebenen gültigen Ja-Stimmen die Zahl der Nein-Stimmen um wenigstens eine übersteigen, bei Stimmengleichheit ist der Antrag abgelehnt[4]. Die abgegebenen Stimmen finden keine Regelung in Art. 57, sondern werden in Art. 58 definiert (Art. 58 Rz. 3 f.). Allerdings enthält Art. 57 eine Öffnungsklausel für höhere Mehrheiten, die nicht nur in der SE-VO selbst, sondern auch durch das jeweilige nationale Recht vorgeschrieben werden können[5]. Nach Art. 57 gelten daher abweichend von dem Grundsatz der einfachen Mehrheit für die SE auch nationale Vorschriften, die für Hauptversammlungsbeschlüsse einer nationalen Aktiengesellschaft höhere Mehrheiten vorschreiben (Rz. 12 f.); Gleiches gilt auch für eine Abweichung durch die Verordnung selbst (Rz. 11).

2. Historische Entwicklung

3   Sowohl nach Art. IV-3-8 Abs. 2 *Sanders*-Vorentwurf als auch nach Art. 91 SE-VOV 1970 benötigten Hauptversammlungsbeschlüsse grundsätzlich der einfachen Mehrheit der gültig abgegebenen Stimmen, die Satzung konnte jedoch hiervon abweichend eine größere Mehrheit festsetzen. Die Grundnorm für die Beschlussfassung enthielten sodann Art. 94 Abs. 1 SE-VOV 1989 sowie Art. 94 Abs. 1 SE-VOV 1991, welche allerdings anders als die heutige Regelung noch eine Obergrenze von 80% der abgegebenen Stimmen vorsahen und daher dort eine höhere Abstimmungsquote im Unterschied zur jetzigen Regelung nicht festgelegt werden konnte. Art. 57 SE-RatsE 1998 war hingegen bereits wortidentisch mit der heutigen Fassung des Art. 57 .

II. Beschlussfassung

4   Nach dem Grundsatz des Art. 57 sind Beschlüsse mit der **einfachen Mehrheit der abgegebenen gültigen Stimmen** zu fassen. Allerdings ist unklar, inwieweit neben Art. 57 bzw. den europaweit festgeschriebenen, einheitlichen Abstimmungsvoraussetzungen noch Raum ist für nationale Bestimmungen und Satzungsspielräume hinsichtlich der Beschlussfähigkeit der Hauptversammlung (Rz. 6).

1. Abstimmungsvoraussetzungen

a) Beschlüsse der Hauptversammlung

5   Art. 57 regelt nur die erforderliche Stimmenmehrheit zu Beschlüssen der Hauptversammlung, d.h. die Norm bezieht sich auf alle **Verfahrens- und Sachbeschlüsse**, un-

---

2 *Casper* in Spindler/Stilz, Art. 57, 58 SE-VO Rz. 1; *Kubis* in MünchKomm. AktG, Art. 57, 58 SE-VO Rz. 1 f.; *Brandt*, Hauptversammlung, S. 227, 239 f.
3 *Schwarz*, Art. 57 SE-VO Rz. 1; *Kubis* in MünchKomm. AktG, Art. 57, 58 SE-VO Rz. 1; *Spindler* in Lutter/Hommelhoff, Europäische Gesellschaft, S. 223, 246; *Hirte*, Kapitalgesellschaftsrecht, 4. Aufl. 2003, S. 159 Rz. 3.268; *Zollner* in Kalss/Hügel, § 62 SEG Rz. 29; *Baatz/Weydner* in Jannott/Frodermann, Handbuch Europäische Aktiengesellschaft, S. 205 Rz. 10, S. 234 Rz. 140; *Thümmel*, Europäische Aktiengesellschaft, S. 123 Rz. 260.
4 *Mayer* in Manz/Mayer/Schröder, Art. 57 SE-VO Rz. 1. Zum nationalen Recht *Spindler* in K. Schmidt/Lutter, AktG, § 133 Rz. 22.
5 *Spindler* in Lutter/Hommelhoff, Europäische Gesellschaft, S. 223, 246; *Kubis* in MünchKomm. AktG, Art. 57, 58 SE-VO Rz. 2.

abhängig davon, ob sie einen positiven oder negativen Inhalt enthalten[6]. Daneben gilt Art. 57 aber auch für die Beschlussfassung bei **Wahlen**, so dass der im deutschen Recht geltende Satzungsspielraum nach § 133 Abs. 2 AktG nicht eingreift[7].

b) Beschlussfähigkeit

Nicht geregelt wird von Art. 57 die Frage der **Beschlussfähigkeit** der Hauptversamm- 6 lung. Diese Frage findet in der gesamten SE-VO keine Berücksichtigung, insbesondere ist sie auch nicht von Art. 50 erfasst (Art. 50 Rz. 1). Fraglich ist daher, ob neben der Stimmenmehrheit **weitere Beschlussvoraussetzungen wie die Beschlussfähigkeit** in der **Satzung** für eine SE mit Sitz in Deutschland aufgestellt werden können. Zwar soll Art. 57 eine abschließende Regelung darstellen, so dass entsprechende Satzungsgestaltungen und die Anwendung von § 133 Abs. 1 AktG ausgeschlossen wären[8]. Hierfür sprechen nach dieser Ansicht der Wortlaut des Art. 57, der im Gegensatz zur deutschen Regelung in § 133 Abs. 1 2. Halbs. AktG gerade nicht vorsehe, dass weitere Abstimmungsvoraussetzungen aufgestellt werden könnten[9]. Richtigerweise stellt Art. 57 jedoch **keine abschließende Regelung** dar, so dass auch § 133 Abs. 1 AktG auf die SE mit Sitz in Deutschland anwendbar ist[10]. Weder den Regelungen des Art. 59 Abs. 2 noch des Art. 53 kann ein einheitlicher Zusammenhang entnommen werden: Denn Art. 59 Abs. 2 sieht nur eine Öffnungsklausel für Mitgliedstaaten bei satzungsändernden Beschlüssen zur Festlegung einer einfachen Mehrheit vor, sofern die Hälfte des gezeichneten Kapitals vertreten ist. Art. 53 kann von vorneherein nicht zur Lückenfüllung herangezogen werden, da er nur das Abstimmungsverfahren (Art. 53 Rz. 33) anstatt die Voraussetzungen für das Vorliegen einer Abstimmung regelt[11]. Gegen die Annahme einer abschließenden Regelungen streitet auch die Entstehungsgeschichte der VO; die Entwürfe enthielten ursprünglich entsprechende Quoren, welche aber aufgegeben wurden, ohne dass damit eine abschließende Regelung geschaffen werden sollte[12]. Daher wird gem. Art. 9 Abs. 1 lit. c der Spielraum für den nationalen Gesetzgeber eröffnet, der nach § 133 Abs. 1 2. Halbs. AktG auch für entsprechende Satzungsbestimmungen hinsichtlich der Beschlussfähigkeit eingreift[13]. Gerade eine Satzungsregelung mit entsprechender Publizität sorgt für Klarheit, so dass der hier vertretenen Ansicht auch nicht entgegengehalten werden kann, sie gefährde die europaweite Rechtssicherheit[14].

Für eine in Deutschland ansässige SE ergibt sich hieraus, dass vorbehaltlich einer zu- 7 lässigen, anderweitigen Satzungsregelung die Hauptversammlung mangels aktienrechtlicher Vorgaben zur Beschlussfähigkeit bereits bei **Präsenz eines einzigen Aktio-**

---

6 *Kubis* in MünchKomm. AktG, Art. 57, 58 SE-VO Rz. 3; *Baatz/Weydner* in Jannott/Frodermann, Handbuch Europäische Aktiengesellschaft, S. 232 Rz. 133.

7 *Spindler* in K. Schmidt/Lutter, AktG, § 133 Rz. 50; *Kubis* in MünchKomm. AktG, Art. 57, 58 SE-VO Rz. 3; ausführlich *Schwarz*, Art. 57 Rz. 22; *Brandt*, Hauptversammlung, S. 257; a.A. aber wohl *Baatz/Weydner* in Jannott/Frodermann, Lutter/Hommelhoff, Europäische Gesellschaft, S. 235 Rz. 148 ff.

8 *Schwarz*, Art. 57 Rz. 16 f., 19; *Brandt*, Hauptversammlung, S. 234.

9 *Schwarz*, Art. 57 Rz. 16.

10 *Spindler* in Lutter/Hommelhoff, Europäische Gesellschaft, S. 223, 244 f.; *Kubis* in MünchKomm. AktG, Art. 57, 58 SE-VO Rz. 1; *Thümmel*, Europäische Aktiengesellschaft, S. 123 Rz. 260.

11 *Spindler* in Lutter/Hommelhoff, Europäische Gesellschaft, S. 223, 244.

12 So bereits *Spindler* in Lutter/Hommelhoff, Europäische Gesellschaft, S. 223, 244 unter Hinweis auf Art. 84 SE-VOV 1989 und dessen Streichung in dem SE-VOV 1991, s. hierzu Begr. d. Komm. zu Art. 84 SE-VOV 1991, BT-Drucks. 12/1004 v. 30.7.1991, S. 1, 10.

13 *Spindler* in Lutter/Hommelhoff, Europäische Gesellschaft, S. 223, 244.

14 *Spindler* in Lutter/Hommelhoff, Europäische Gesellschaft, S. 223, 244; a.A. *Brandt*, Hauptversammlung, S. 234.

närs beschlussfähig ist[15]. Das deutsche Recht kennt mit Ausnahme des § 52 Abs. 5 AktG im Fall der Nachgründungsgeschäfte[16] keine Mindestpräsenz für die Beschlussfassung.

c) Stimmberechtigung

8   Voraussetzung für einen wirksamen Beschluss ist ferner, dass die an der Abstimmung teilnehmenden Aktien überhaupt stimmberechtigt sind[17]. Da die SE-VO hierfür keine Regelung vorsieht, finden aufgrund der Verbindung der Stimmrechte mit den Aktien die jeweiligen **aktienrechtlichen Vorschriften der Mitgliedstaaten** über den Verweis des Art. 5 Anwendung[18]. Zu beachten ist für die SE mit Sitz in Deutschland daher insbesondere § 134 Abs. 2 AktG, so dass das Stimmrecht grundsätzlich erst mit der vollständigen Leistung der Einlage entsteht[19]. Anwendung finden daneben auf die in Deutschland ansässige SE auch individuelle Stimmrechtsverbote oder -beschränkungen nach §§ 20 Abs. 7, 71b, 136 und 328 AktG sowie § 28 WpHG; zu berücksichtigen sind des Weiteren auch ein fehlendes Stimmrecht aus stimmrechtslosen Vorzugsaktien nach § 139 Abs. 1 AktG[20] sowie etwaige satzungsmäßige Höchststimmrechte[21, 22].

d) Gültige Stimmabgabe

9   Art. 57 regelt auch nicht, was unter einer „gültigen" Stimme zu verstehen ist. Auf eine in Deutschland ansässige SE finden daher zur Konkretisierung des Art. 57 auch ohne ausdrücklichen Verweis in das mitgliedstaatliche Recht die nationalen **aktienrechtlichen Gültigkeitsvoraussetzungen** bzw. -hindernisse Anwendung[23]. Gemeinschaftsrechtliche Besonderheiten bestehen hierbei nicht.

2. Erforderliche Stimmenmehrheit

10   Art. 57 normiert die **gemeinschaftsweite Grundregel**, dass für alle Beschlüsse (zum Begriff Rz. 5 f.) mit Ausnahme gesondert normierter Beschlüsse wie z.B. zur Satzungsänderung nach Art. 59 (zu weiteren Ausnahmen Rz. 2) die einfache Mehrheit der abgegebenen gültigen Stimmen gilt. Jedoch sieht Art. 57 eine **Öffnungsklausel** für hiervon abweichende höhere Mehrheiten durch das Mitgliedstaatsrecht vor (Rz. 12 f.). Bereits nach dem Wortlaut des Art. 57 sind lediglich größere Mehrheiten beachtlich, von der einfachen Mehrheit zwar abweichende, aber niedrigere Mehrheiten bleiben daher im Umkehrschluss außer Betracht.

---

15 *Kubis* in MünchKomm. AktG, Art. 57, 58 SE-VO Rz. 1; *Kubis* in MünchKomm. AktG, § 133 Rz. 16 m.w.N. zum nationalen Recht.
16 *Bayer* in K. Schmidt/Lutter, AktG, § 52 Rz. 33.
17 *Kubis* in MünchKomm. AktG, Art. 57, 58 SE-VO Rz. 4.
18 *Kubis* in MünchKomm. AktG, Art. 57, 58 SE-VO Rz. 4; *Brandt*, Hauptversammlung, S. 237 f.; *Casper* in Spindler/Stilz, Art. 57, 58 SE-VO Rz. 3; so auch bereits *Spindler* in Lutter/Hommelhoff, Europäische Gesellschaft, S. 223, 245 f., allerdings noch mit dem kumulativen Verweis des Art. 9 Abs. 1 lit. c in das mitgliedstaatliche Recht.
19 *Spindler* in K. Schmidt/Lutter, AktG, § 134 Rz. 28; *Kubis* in MünchKomm. AktG, Art. 57, 58 SE-VO Rz. 4; *Brandt*, Hauptversammlung, S. 236 m.w.N. zum nationalen Recht.
20 Ausführlich hierzu *Spindler* in K. Schmidt/Lutter, AktG, § 139 Rz. 7 ff.
21 Zur Zulässigkeit s. *Spindler* in K. Schmidt/Lutter, AktG, § 134 Rz. 12 ff.
22 *Kubis* in MünchKomm. AktG, Art. 57, 58 SE-VO Rz. 4; *Spindler* in Lutter/Hommelhoff, Europäische Gesellschaft, S. 223, 245; ausführlich *Brandt*, Hauptversammlung, S. 236 f. m.w.N.
23 Ausführlich *Spindler* in K. Schmidt/Lutter, AktG, § 133 Rz. 15 ff. S. auch *Kubis* in MünchKomm. AktG, Art. 57, 58 SE-VO Rz. 5.

a) Stimmenmehrheit aus der SE-VO

Nur solange die SE-VO keine größere Mehrheit vorschreibt, gilt gem. Art. 57 die ein- 11
fache Mehrheit. Eine **qualifizierte Mehrheit** schreibt die Verordnung etwa in Art. 59
für satzungsändernde Beschlüsse (Art. 59 Rz. 7) sowie in Art. 8 Abs. 6 für die grenzüberschreitende Sitzverlegung (Art. 8 Rz. 39) vor. Die Beschlüsse für die Auflösung
der SE nach Art. 63 sowie für die Umwandlung in eine nationale AG nach Art. 66
Abs. 6 Satz 2 i.V.m. Art. 7 der Richtlinie 78/855/EWG unterliegen zwar nicht direkt
einer durch die Verordnung selbst festgesetzten qualifizierten Mehrheit, jedoch indirekt kraft Verweisung in das nationale Recht des jeweiligen Mitgliedstaats[24]. Gleiches gilt für diejenigen Mehrheitserfordernisse, welche sich aus den einzelnen Gründungsvorschriften für eine SE ergeben, wenn diese nach Art. 3 Abs. 1 an der Gründung einer weiteren SE beteiligt ist und daher selbst eine „Gründungsgesellschaft"
darstellt[25]. So muss die Hauptversammlung der sich verschmelzenden SE gem.
Art. 23 Abs. 1 im Fall der Gründung durch Verschmelzung dem Verschmelzungsplan
zustimmen, wobei sich die Mehrheit für die Zustimmung in einem solchen Fall aus
einem Verweis des Art. 18 in das mitgliedstaatliche Recht ergibt (nach § 65 Abs. 1
Satz 1 UmwG mindestens ¾ des bei der Beschlussfassung vertretenen Grundkapitals,
s. Art. 23 Rz. 10)[26]; zur erforderlichen Mehrheit des Art. 32 Abs. 6 für die Zustimmung der Hauptversammlung bei der Holding-Gründung Art. 32 Rz. 65 ff. In beiden
Fällen ergibt sich die geforderte Mehrheit zwar durch einen Verweis in das jeweilige
mitgliedstaatliche Recht, jedoch wird diese aufgrund der Verweistechnik der Verordnung zumindest mittelbar durch die SE-VO selbst festgesetzt.

b) Verschärfung der Stimmenmehrheit aus dem jeweiligen Sitzstaatrecht

Nach Art. 57 ist eine Verschärfung der Stimmenmehrheit für die SE auch durch **na-** 12
tionale Vorschriften zulässig, die für Hauptversammlungsbeschlüsse einer nationalen Aktiengesellschaft höhere Mehrheiten vorschreiben. Eine Obergrenze für eine
maximal zulässige Stimmenmehrheit enthält die SE-VO in Abweichung zu ihren
Vorgängernormen nicht mehr (Rz. 3), so dass grundsätzlich auch die Einstimmigkeit
als erforderliche Beschlussvoraussetzung denkbar ist[27]. Höhere Stimmenmehrheiten
für die SE mit Sitz in Deutschland finden sich in § 103 Abs. 1 AktG für die Abberufung von Aufsichtsratsmitgliedern und in § 29 Abs. 1 SEAG für die der Verwaltungsratsmitglieder.

Umstritten ist die Übertragbarkeit mitgliedstaatlicher Anforderungen an die **Kapital-** 13
mehrheit auf die in Deutschland ansässige SE. Problematisch ist hierbei, dass eine
Vielzahl der deutschen aktienrechtlichen Vorschriften nicht auf eine erhöhte Stim-
menmehrheit, sondern auf eine Kapitalmehrheit abstellen (§§ 103 Abs. 1, 129 Abs. 1
Satz 1, 179 Abs. 2 Satz 1, 182 Abs. 1 Satz 1, 186 Abs. 3 Satz 2, 293 Abs. 1 Satz 2, 319
Abs. 2 AktG). Dabei ist die Kapitalmehrheit für die nationale Aktiengesellschaft ein
neben die einfache Stimmenmehrheit tretendes Erfordernis und keine Erhöhung der
Abstimmungsquote[28]. Die Kapitalmehrheit bei der SE aber tritt nicht neben die ein-

---

24 *Kubis* in MünchKomm. AktG, Art. 57, 58 SE-VO Rz. 1 f., Art. 59 SE-VO Rz. 4; *Casper* in
   Spindler/Stilz, Art. 57, 58 SE-VO Rz. 4; *Schwarz*, Art. 57 Rz. 6; *Mayer* in Manz/Mayer/Schrö-
   der, Art. 57 SE-VO Rz. 5.
25 A.A. *Schwarz*, Art. 57 Rz. 6, 13 f., der hierin primär nicht mittelbare, durch die Verordnung
   festgesetzte Mehrheitserfordernisse sieht, sondern aufgrund der Verweise in das nationale
   Recht mitgliedstaatliche Regelungen annehmen möchte.
26 *Scheifele*, Gründung, S. 211 f.
27 So zu Recht *Schwarz*, Art. 57 Rz. 7.
28 *Seibt* in K. Schmidt/Lutter, AktG, § 179 Rz. 27.

fache Stimmmehrheit, da Art. 57 keine weiteren Erfordernisse aufstellt[29]. Die Anwendung der eine Kapitalmehrheit fordernden nationalen Vorschriften würde daher nach Art. 9 Abs. 1 lit. c ii eine Regelungsoffenheit in der Verordnung voraussetzen. Hiergegen spricht aber bereits der Wortlaut der Art. 57 und 59, da beide Normen ausdrücklich nur auf die Mehrheit der abgegebenen Stimmen abstellen[30]. Auch zeigt die Normentwicklung, dass die Frage der Beschlussfassung in den verschiedenen SE-Statuten zwar unterschiedlich geregelt war (Rz. 3), jedoch immer nur auf die Stimmenmehrheit und gerade nicht auf eine Kapitalmehrheit abgestellt wurde[31]. Insofern ist davon auszugehen, dass die SE-VO hier eine abschließende Regelung trifft und Vorgaben zur Kapitalmehrheit nicht anwendbar sind[32]. Zwar sollen auch Vorschriften, die eine Kapitalmehrheit vorsehen, aufgrund einer europaeinheitlichen Auslegung des Art. 57 als „größere Mehrheiten" i.S.d. Art. 57 anzusehen sein[33]. Zudem sollen Vorschriften über die Kapitalmehrheit aufgrund des Erfordernisses eines einheitlichen Mindeststandards sogar dem generellen Verweis des Art. 53 unterfallen[34]. Beides entspricht jedoch nicht dem Telos der Norm: Da bestimmte Kapitalmehrheiten dem Grundsatz der Gleichbehandlung („one share – one vote") zuwiderlaufen, sind nationalen Anforderungen an die Kapitalmehrheit, wie sie für die deutsche AG gelten, im Hinblick abzulehnen; sie würden den europarechtlich unerwünschten Unterschied in der Stimmkraft der Aktien bloß zementieren[35]. Eine **verordnungskonforme Auslegung**[36] deutet daher die im nationalen Recht bestehenden Mehrheitserfordernisse für eine Kapitalmehrheit als Stimmenmehrheit; denn die Verordnung öffnet sich in Art. 57 a.E. auch für mitgliedstaatliche Regelungen, die bestimmte Beschlüsse an qualifizierte Anforderungen knüpfen wollen[37]. Daher findet das aktienrechtliche Erfordernis einer zusätzlichen Mehrheit von ¾ des vertretenen Grundkapitals auf die SE mit Sitz in Deutschland dergestalt Anwendung, dass bei Strukturänderungsmaßnahmen anstelle der im AktG vorgegebenen Kapitalmehrheit auf eine entsprechende Stimmenmehrheit von ¾ abzustellen ist[38].

c) Keine Verschärfung der Stimmenmehrheit durch Satzung

14 Zwar sieht Art. 57 eine Öffnungsklausel für schärfere mitgliedstaatliche Regelungen vor (Rz. 12 f.), fraglich ist jedoch, ob diese Bezugnahme auf das nationale Recht auch mögliche **Satzungsgestaltungen** nach nationalem Recht umfasst[39]. Dem steht jedoch bereits der Wortlaut des Art. 57 entgegen, der anders als Art. 52 keinen entsprechenden Spielraum vorsieht[40]. Auch unterscheidet sich die Wortwahl des Art. 57 deutlich von der des Art. 59, der alternativ von „vorsehen" oder „zulassen" spricht und mit-

29 Schwarz, Art. 57 Rz. 8 f.; Brandt, Hauptversammlung, S. 248.
30 Schwarz, Art. 57 Rz. 9; Brandt, Hauptversammlung, S. 248.
31 Ausführlich hierzu Schwarz, Art. 57 Rz. 9; Brandt, Hauptversammlung, S. 247 ff.
32 So auch Schwarz, Art. 57 Rz. 8 f.; Kubis in MünchKomm. AktG, Art. 57, 58 SE-VO Rz. 7; Casper in Spindler/Stilz, Art. 57, 58 SE-VO Rz. 5; Brandt, Hauptversammlung, S. 247 ff., 250; wohl auch Leupold, Europäische Aktiengesellschaft, 1993, S. 110.
33 So Mayer in Manz/Mayer/Schröder, Art. 57 SE-VO Rz. 10; wohl auch Thümmel, Europäische Aktiengesellschaft, S. 123 Rz. 261; unklar Baatz/Weydner in Jannott/Frodermann, Handbuch Europäische Aktiengesellschaft, S. 234 Rz. 139 ff.
34 So J. Schmidt, „Deutsche" vs. „britische" Societas Europaea, S. 659 f.
35 Kubis in MünchKomm. AktG, Art. 57, 58 SE-VO Rz. 7.
36 Schwarz, Art. 57 Rz. 10; i.E. ebenso Kubis in MünchKomm. AktG, Art. 57, 58 SE-VO Rz. 7; Casper in Spindler/Stilz, Art. 57, 58 SE-VO Rz. 5; Brandt, Hauptversammlung, S. 247 ff., 250.
37 Diesen Aspekt zu Recht hervorhebend Casper in Spindler/Stilz, Art. 57, 58 SE-VO Rz. 5; Schwarz, Art. 57 Rz. 10.
38 So auch Casper in Spindler/Stilz, Art. 57, 58 SE-VO Rz. 5; Schwarz, Art. 57 Rz. 10; Kubis in MünchKomm. AktG, Art. 57, 58 SE-VO Rz. 7; Brandt, Hauptversammlung, S. 250.
39 So Zollner in Kalss/Hügel, § 62 SEG Rz. 29.
40 Spindler in Lutter/Hommelhoff, Europäische Gesellschaft, S. 223, 246.

hin auf die nationale Satzungsautonomie Bezug nimmt, während in Art. 57 ausschließlich die Rede davon ist, dass das mitgliedstaatliche Recht eine größere Mehrheit „vorschreibt"[41]. Insofern lässt Art. 57 zwar zwingende nationale Abweichungen für größere Mehrheiten zu, jedoch keine diesbezüglichen Satzungsgestaltungen[42]. Eine Anwendung der Regeln über ungeschriebene Kompetenzen für die Hauptversammlung und damit höheren Mehrheiten aufgrund Richterrechts scheidet dagegen aus[43].

3. Ermittlung der Stimmenmehrheit

Art. 57 legt keine Voraussetzungen für das Verfahren zur Ermittlung der einfachen   15
Stimmenmehrheit fest, auch das zu Grunde liegende Abstimmungsverfahren unterliegt keiner gemeinschaftsweit einheitlichen Regelung (Art. 53 Rz. 30). Über den generellen Verweis des Art. 53 in das mitgliedstaatliche Recht gilt daher für die in Deutschland domizilierende SE, dass entweder die Satzung oder der Versammlungsleiter sowohl das Abstimmungsverfahren als auch das technische Verfahren zur Stimmauszählung selbständig festlegen können; hierbei besteht ein Wahlrecht zwischen **Additions- und Subtraktionsverfahren** (Art. 53 Rz. 30, 33)[44]. Über den Verweis des Art. 5 findet auch das jeweilige mitgliedstaatliche Recht bei der Behandlung unterschiedlicher Stimmkraft und insbesondere bei den Mehrfachstimmrechten Anwendung; diese sind allerdings für die in Deutschland ansässige SE wegen § 12 Abs. 2 AktG[45] ausgeschlossen[46].

III. Fehlerhaftigkeit von Hauptversammlungsbeschlüssen

Art. 57 lässt sich auch keine Aussage zur **Beschlussanfechtung** und zur **materiellen**   16
Beschlusskontrolle bei der Fehlerhaftigkeit von Hauptversammlungsbeschlüssen entnehmen. Hierfür spricht auch die Entstehungsgeschichte der SE-VO, die in Art. IV-3-12 Sanders-Vorentwurf[47], Art. 95 SE-VOV 1970[48] und 1975[49] sowie Art. 100 SE-VOV 1989[50] noch eigene Regelungen zur Anfechtung von Hauptversammlungsbeschlüssen kannten, während mit dem VO-Vorschlag von 1991[51] eine derartige Be-

---

41 *Spindler* in Lutter/Hommelhoff, Europäische Gesellschaft, S. 223, 246; zustimmend *J. Schmidt,* „Deutsche" vs. „britische" Societas Europaea, S. 660.
42 *Spindler* in Lutter/Hommelhoff, Europäische Gesellschaft, S. 223, 246; *Kubis* in Münch-Komm. AktG, Art. 57, 58 SE-VO Rz. 8; *Schwarz,* Art. 57 Rz. 11, 15; *Casper* in Spindler/Stilz, Art. 57, 58 SE-VO Rz. 4; *Brandt,* Hauptversammlung, S. 241; *Mayer* in Manz/Mayer/Schröder, Art. 57 SE-VO Rz. 14; *J. Schmidt,* „Deutsche" vs. „britische" Societas Europaea, S. 659 f.
43 S. dazu Art. 52 Rz. 46 f.
44 *Kubis* in MünchKomm. AktG, Art. 57, 58 SE-VO Rz. 6; *Baatz/Weydner* in Jannott/Frodermann, Lutter/Hommelhoff, Europäische Gesellschaft, S. 233 Rz. 138.
45 Zum nationalen Recht s. *Ziemons* in K. Schmidt/Lutter, AktG, § 12 Rz. 19.
46 *Kubis* in MünchKomm. AktG, Art. 57, 58 SE-VO Rz. 6; weitergehend *Brandt,* Hauptversammlung, S. 237 ff., u.a. auch zu einer Auswirkung auf eine grenzüberschreitende Sitzverlegung.
47 Sanders-Vorentwurf, EWG-Kommission, Dok. 16.205/IV/66-D und DOK 1100/IV/67-D, Dezember 1966, Kollektion Studien, Reihe Wettbewerb Nr. 6, Brüssel 1967.
48 Vorschlag einer Verordnung (EWG) des Rates über das Statut für europäische Aktiengesellschaften v. 19.8.1970, BT-Drucks. VI/1109, S. 1, 39.
49 Geänderter Vorschlag einer Verordnung (EWG) des Rates über das Statut für Europäische Aktiengesellschaften v. 2.6.1975, BT-Drucks. 7/3713, S. 1, 69 f.
50 Vorschlag für eine Verordnung (EWG) des Rates über das Statut der Europäischen Aktiengesellschaft v. 21.9.1989, BT-Drucks. 11/5427, S. 1, 43 f.
51 S. Art. 100 des geänderten Vorschlags für eine Verordnung (EWG) des Rates über das Statut der Europäischen Aktiengesellschaft v. 8.7.1991, ABl. EG Nr. C 176 v. 8.7.1991, S. 1, 53 f.

stimmung zugunsten der jeweiligen mitgliedstaatlichen Regelungen entfallen ist[52]. Über die allgemeine Generalverweisung des Art. 9 Abs. 1 lit. c ii findet daher heute das jeweilige mitgliedstaatlichen Recht Anwendung und für die SE mit Sitz in Deutschland gelten dementsprechend die §§ 241 ff. AktG (Art. 53 Rz. 34).

IV. Zustimmungserfordernis bei Erhöhung von Verpflichtungen

17 Für die Auferlegung von Nebenverpflichtungen nach § 180 Abs. 1 AktG und die Vinkulierung von Aktien oder Zwischenscheinen nach § 180 Abs. 2 AktG verlangt das nationale Recht in Deutschland für die Aktiengesellschaft die **Zustimmung aller** betroffenen Aktionäre, um die Aktionäre davor zu bewahren, dass sie gegen ihren Willen zu vermehrten Nebenleistungen verpflichtet oder durch die Vinkulierung ihrer Aktien enger an die Gesellschaft gebunden werden[53]. Dieses Zustimmungserfordernis stellt einen gemeinschaftsweiten Rechtsgrundsatz dar, auch Art. 97 Abs. 3 SE-VOV 1989 und 1991 enthielten hierzu noch eine ausdrückliche Bestimmung[54]. Das Erfordernis der Zustimmung aller betroffenen Aktionäre stellt aber nicht grundsätzlich einen von Art. 57 abweichenden höheren Mehrheitsbeschluss durch mitgliedstaatliches Recht dar, denkbar ist auch, dass die Anzahl der betroffenen Aktionäre die einfache Mehrheit unterschreitet. Dennoch finden auch Erhöhung derartiger Verpflichtungen auf die SE mit Sitz in Deutschland Anwendung, es gelten insofern §§ 180, 55 AktG[55].

Art. 58
[Abstimmungsverfahren]

Zu den abgegebenen Stimmen zählen nicht die Stimmen, die mit Aktien verbunden sind, deren Inhaber nicht an der Abstimmung teilgenommen oder sich der Stimme enthalten oder einen leeren oder ungültigen Stimmzettel abgegeben haben.

Literatur: S. vor Art. 52 SE-VO.

---

52 Zur geschichtlichen Entwicklung ausführlich *Brandt*, Hauptversammlung, S. 265 f.; *Schwarz*, Art. 57 Rz. 23.
53 *Seibt* in K. Schmidt/Lutter, AktG, § 180 Rz. 14 m.w.N. zum nationalen Recht.
54 *Schwarz*, Art. 57 Rz. 18; *Werlauff*, EC company law, 1993, S. 244.
55 So auch *Schwarz*, Art. 57 Rz. 18; a.A. *Mayer* in Manz/Mayer/Schröder, Art. 57 SE-VO Rz. 12, der auch die Zustimmungserklärungen bestimmter, von der Beschlussfassung betroffener Aktionärsgruppen aufgrund einer „Verschärfung" des Erfordernisses der einfachen Mehrheit als „größere Mehrheit" i.S.d. Art. 57 SE-VO" ansieht.

I. Grundlagen

1. Regelungsgegenstand und Normzweck

Art. 58 enthält **punktuelle Regelungen zum Abstimmungsverfahren**. Neben Art. 57   1
bildet Art. 58 den Grundtatbestand für alle Hauptversammlungsbeschlüsse (zu
Art. 57 s. Art. 57 Rz. 2)[1].

2. Historische Entwicklung

Sowohl Art. 91 Abs. 2 SE-VOV 1970 und 1975 als auch Art. IV-3-8 Sanders-Vorent-   2
wurf stellten auf die „Mehrheit der gültig abgegebenen Stimmen" ab, während
Art. 94 SE-VOV 1989 nur bestimmte, dass die Stimmenmehrheit ausgehend vom vertretenen gezeichneten Kapital zu berechnen war. Art. 93a SE-VOV 1991 entsprach sodann der heutigen Bestimmung des Art. 58 und wurde auf Vorschlag des EP eingeführt[2].

II. Abstimmungsverfahren

Geregelt wird in Art. 58 nur die **Ermittlung der Stimmenmehrheit** bezogen auf die   3
abgegebenen Stimmen, das Abstimmungsverfahren selbst ist hingegen nicht erfasst
und unterliegt nach dem Verweis des Art. 53 den mitgliedstaatlichen Rechtsvorschriften anstelle einer gemeinschaftsweiten einheitlichen Regelung (Art. 53 Rz. 33).
Hierfür sollen laut einer Protokollnotiz zu Art. 58 sämtliche nationale Abstim-
mungs- und Auszählungsverfahren auf die SE anwendbar sein, so dass auch die in der
englischen Gesellschaftsrechtspraxis übliche Abstimmung durch Handheben (show
of hands) ausdrücklich zulässig ist[3]. Für die **Mehrheitsberechnung bei der Beschlussfassung der Hauptversammlung** wird in Art. 57 auf die abgegebenen Stimmen abgestellt (Art. 57 Rz. 4), Art. 58 stellt hierfür klar, welche Stimmen als abgegeben gelten
und konkretisiert durch eine Negativbegrenzung insofern den Art. 57 .

Für die Bestimmung der Mehrheit i.S.d. Art. 57 wird auf die abgegebenen Stimmen   4
abgestellt. Art. 58 zählt hierfür **drei Alternativen** im Abstimmungsverfahren auf, die
gemeinschaftsweit einheitlich nicht zu den abgegebenen Stimmen i.S.d. Art. 57 zu
rechnen sind.

1. Nichtteilnahme an der Abstimmung

Zunächst führt nach Art. 58 Alt. 1 die Nichtteilnahme an der Abstimmung dazu,   5
dass die hiervon betroffenen Aktionäre **von der Ergebnisrelevanz ausgeschlossen**
sind, da das Stimmrecht sämtlicher Aktien der SE an die Teilnahme der Hauptversammlung gebunden werden soll[4]. Eine persönliche Teilnahme an der Hauptversammlung für die Ergebnisrelevanz der Stimme wird hierdurch jedoch nicht vorgeschrieben; es kommt nur auf die Teilnahme an der Abstimmung an, nicht auf die

---

1 *Kubis* in MünchKomm. AktG, Art. 57, 58 SE-VO Rz. 1; zu Art. 58 s. auch *Zollner* in Kalss/
   Hügel, § 62 SEG Rz. 37; *Mayer* in Manz/Mayer/Schröder, Art. 58 SE-VO Rz. 1; *Baatz/Weydner*
   in Jannott/Frodermann, Handbuch Europäische Aktiengesellschaft, S. 205 Rz. 10, S. 234
   Rz. 140.
2 Änderungsantrag Nr. 107, Stellungnahme des EP zum SE-VOV 1989, ABl. EG C 48 v. 25.2.1991,
   S. 72, 95.
3 Rat der Europäischen Union, Dok. Nr. 12 610/01 ADD v. 17.10.2001, S. 1, 6; abrufbar im Internet unter http://register.consilium.europa.eu/pdf/de/01/st12/12610-a1d1.pdf, zuletzt abgerufen
   am 29.5.2006; s. hierzu auch *Schwarz*, Art. 58 Rz. 1, 4; *Casper* in Spindler/Stilz, Art. 57, 58 SE-
   VO Rz. 6; *Mayer* in Manz/Mayer/Schröder, Art. 58 SE-VO Rz. 1.
4 *Kubis* in MünchKomm. AktG, Art. 57, 58 SE-VO Rz. 9.

Anwesenheit auf der Hauptversammlung[5]. Vielmehr wird über den Verweis des Art. 53 in das jeweilige mitgliedstaatliche Recht die Möglichkeit einer Vertretung im Stimmrecht eröffnet (für die SE mit Sitz in Deutschland gelten §§ 129 Abs. 3, 134 Abs. 3, 135 AktG, s. Art. 53 Rz. 22), die sodann auch als Teilnahme iSd. Art. 58 zu werten ist[6]. Keine gemeinschaftsrechtliche Entscheidung wird dadurch für die Präsenzhauptversammlung getroffen, die Zulässigkeit einer solchen folgt für die in Deutschland ansässige SE jedoch aus dem Verweis der Generalklausel des Art. 53 auf § 118 AktG (hierzu Art. 53 Rz. 12).

6 Die **bloße Passivität** des Aktionärs bei der Stimmabgabe unter Anwendung des sog. **Substraktionsverfahrens** ist hingegen kein Fall der Nichtteilnahme i.S.d. Art. 58 Alt. 1[7]. Da die SE-VO hinsichtlich des Auszählungsverfahrens offen ist und weder das Abstraktions- noch das Substraktionsverfahren vorschreibt, besteht ein Wahlrecht (Art. 57 Rz. 17, Art. 53 Rz. 30). Wenn jedoch die Substraktionsmethode gewählt wird, erfolgt eine Auszählung der Stimmenthaltungen und derjenigen Stimmen, von denen angenommen wird, dass sie die kleinste Gruppe darstellen, welches in der Regel die Nein-Stimmen sind. Von der Gesamtzahl, die durch die Präsenzliste ausgewiesen wird, werden zunächst die Zahl der Stimmenthaltungen und gegebenenfalls die Stimmen der von einem Stimmverbot betroffenen Aktionäre abgezogen, woraus sich die Zahl der Abstimmenden ergibt, von der dann wiederum die ausgezählten Nein-Stimmen subtrahiert werden. Die sich hieraus ergebende Differenz stellt schließlich die Zahl der Ja-Stimmen dar[8]. Die Annahme dieses Auszählungsverfahren führt daher dazu, dass kraft Anordnung einer verbandsinternen Fiktionswirkung, die Passivität als Zustimmung zum betroffenen Beschlussantrag qualifiziert wird[9].

2. Stimmenthaltungen

7 Daneben werden nach Art. 58 Alt. 2 auch diejenigen Aktionäre nicht berücksichtigt, die sich der **Stimme enthalten** haben[10]. Die Vorschrift steht für die in Deutschland domizilierende SE **weitgehend im Gleichklang mit dem nationalen Recht**. Nach § 133 Abs. 1 AktG stellen alle abgegebenen Stimmen nur die gültigen Ja- und Nein-Stimmen dar, nicht jedoch die Enthaltungen[11]. Anders als § 133 Abs. 2 AktG stellt Art. 58 jedoch ein Verbot für Satzungsbestimmungen auf, die eine Stimmenthaltung bei der Ermittlung der erforderlichen Stimmenmehrheit positiv berücksichtigen[12]. Denn eine Satzungserleichterung ist nach Art. 57 gegenüber dem europarechtlich zwingend vorgeschrieben Erfordernis der einfachen Stimmenmehrheit aufgrund des Vergleichs mit dem Wortlaut der Art. 52 und 59 unzulässig (Art. 57 Rz. 16). Im Ergebnis berechnet sich die Mehrheit der abgegebenen Stimmen für die SE europaweit also nur nach den gültigen Ja- und Nein-Stimmen (s. auch Art. 57 Rz. 2), die Stimmenthaltungen werden als nicht abgegebene Stimmen angesehen.

---

5 *Spindler* in Lutter/Hommelhoff, Europäische Gesellschaft, S. 223, 245; *Schwarz*, Art. 58 Rz. 4; *Casper* in Spindler/Stilz, Art. 57, 58 SE-VO Rz. 6; *Brandt*, Hauptversammlung, S. 235.
6 *Kubis* in MünchKomm. AktG, Art. 57, 58 SE-VO Rz. 9; *Casper* in Spindler/Stilz, Art. 57, 58 SE-VO Rz. 6.
7 *Kubis* in MünchKomm. AktG, Art. 57, 58 SE-VO Rz. 9.
8 Zum Verfahren s. auch *Spindler* in K. Schmidt/Lutter, AktG, § 133 Rz. 22 ff.
9 *Kubis* in MünchKomm. AktG, Art. 57, 58 SE-VO Rz. 9, § 133 AktG Rz. 26.
10 S. auch *Brandt*, Hauptversammlung, S. 235; *Schwarz*, Art. 58 Rz. 5 je m.w.N. zu der unterschiedlichen Behandlung der Stimmenthaltung in einzelnen Mitgliedstaaten.
11 *Spindler* in K. Schmidt/Lutter, AktG, § 133 Rz. 15.
12 *Kubis* in MünchKomm. AktG, Art. 57, 58 SE-VO Rz. 10.

3. Leere oder ungültige Stimmzettel

Auch leere oder ungültige Stimmzettel stellen **keine ergebnisrelevante Stimme** dar. 8
Da die Auswahl des Abstimmungsverfahren ausdrücklich nach Art. 53 den jeweiligen mitgliedstaatlichen aktienrechtlichen Vorschriften unterliegt (Art. 53 Rz. 33)
und daher die SE-VO nicht nur als einzig zulässiges Abstimmungsverfahren die
Stimmabgabe per Stimmzettel vorsieht, wie aufgrund des insofern missverständlichen Wortlauts des Art. 58 aber leicht anzunehmen sein könnte[13], hat Art. 58 Alt. 3
insofern lediglich eine klarstellende Funktion. Falls eine schriftliche Stimmabgabe
erfolgt und diese gem. der Verweisung des Art. 53 in dem jeweiligen nationalen Sitzrecht der SE überhaupt anerkannt ist, können – europarechtlich einheitlich geregelt –
nur eindeutige Willensbekundungen in die Zählbasis für die Ermittlung der Stimmenmehrheit einfließen[14]. Abgegebene ungültige Stimmen bleiben ebenso unberücksichtigt wie leere Stimmzettel. Dass Art. 57 daneben noch auf die „gültigen" Stimmen abstellt, ist überflüssig[15].

Art. 59
[Satzungsänderung]

**(1) Die Änderung der Satzung bedarf eines Beschlusses der Hauptversammlung, der
mit der Mehrheit von nicht weniger als zwei Dritteln der abgegebenen Stimmen gefasst worden ist, sofern die Rechtsvorschriften für Aktiengesellschaften im Sitzstaat
der SE keine größere Mehrheit vorsehen oder zulassen.**

**(2) Jeder Mitgliedstaat kann jedoch bestimmen, dass die einfache Mehrheit der Stim-
men im Sinne von Absatz 1 ausreicht, sofern mindestens die Hälfte des gezeichneten
Kapitals vertreten ist.**

(3) Jede Änderung der Satzung wird gemäß Artikel 13 offen gelegt.

§ 51 SEAG: Satzungsänderungen

**Die Satzung kann bestimmen, dass für einen Beschluss der Hauptversammlung über die Ände-
rung der Satzung die einfache Mehrheit der abgegebenen Stimmen ausreicht, sofern mindestens
die Hälfte des Grundkapitals vertreten ist. Dies gilt nicht für die Änderung des Gegenstands des
Unternehmens, für einen Beschluss gemäß Artikel 8 Abs. 6 der Verordnung sowie für Fälle, für
die eine höhere Kapitalmehrheit gesetzlich zwingend vorgeschrieben ist.**

Literatur: *Brandt,* Die Hauptversammlung der Europäischen Aktiengesellschaft, 2004 (zit.:
Hauptversammlung); *Heckschen,* Die Europäische AG aus notarieller Sicht, DNotZ 2003, 251.

---

13 So jedenfalls *Kubis* in MünchKomm. AktG, Art. 57, 58 SE-VO Rz. 11.
14 *Kubis* in MünchKomm. AktG, Art. 57, 58 SE-VO Rz. 11.
15 *Schwarz,* Art. 58 Rz. 4; ähnlich *Kubis* in MünchKomm. AktG, Art. 57, 58 SE-VO Rz. 5: „fast
schon tautologisch".

I. Begriff der Satzungsänderung

1 Art. 59 betrifft zunächst das Verfahren zur Änderung **materieller (echter, körperschaftlicher, korporativer, normativer) Satzungsbestandteile**, die gem. Art. 6 sowohl in der Gründungsurkunde als auch in einer davon getrennten Satzungsurkunde enthalten sein können. In den Anwendungsbereich von Art. 59 gehören insbesondere auch Beschlüsse über Kapitalmaßnahmen als Unterfall der Satzungsänderung[1], die grenzüberschreitende Sitzverlegung (Art. 8 Abs. 6) oder die Änderung des Verwaltungssystems.

2 Enthält die Satzungsurkunde darüber hinaus **formelle (unechte, individuelle) Satzungsbestandteile**, ist zu unterscheiden: Zur *inhaltlichen* Änderung dieser Regelungen oder Vereinbarungen genügt die Einhaltung des für das betroffene Rechtsverhältnis geltenden Vorschriften. Der *Satzungstext* bleibt davon jedoch unberührt. Jede – auch rein redaktionelle – Veränderung des Textes der Satzungsurkunde erfordert demgegenüber die Einhaltung des Verfahrens nach Art. 59.[2]

II. Zuständigkeit

3 Gem. Art. 59 Abs. 1 ist die **Hauptversammlung** der SE das für Änderungen der Satzung zuständige Organ.

Eine Delegation der Befugnis zu **reinen Fassungsänderungen** durch die Hauptversammlung auf das Aufsichts- oder Verwaltungsorgan ist in der SE-VO nicht vorgesehen. Unklar ist, ob Art. 59 Abs. 1 Raum für eine entsprechende Anwendung von § 179 Abs. 1 Satz 2 AktG lässt. Im Verordnungsentwurf von 1989 war eine solche Delegationsmöglichkeit – allerdings auf das Leitungs- oder Verwaltungsorgan – noch ausdrücklich vorgesehen[3]. Aus der Streichung der Ausnahmeregelung sollte nicht auf einen insoweit abschließenden Charakter von Art. 59 Abs. 1 geschlossen werden, da anderenfalls einige Kapitalmaßnahmen (z.B. bedingte Kapitalerhöhungen) nur unter erheblichem Aufwand durchgeführt werden könnten[4]. Für die Befugnis zu reinen Fassungsänderungen durch das Aufsichts- oder Verwaltungsorgan streitet vor allem das allgemeine Diskriminierungsverbot aus Art. 10.

4 Werden von der Satzungsänderung bei Existenz **mehrerer Gattungen von Aktien** spezifische Rechte einer oder mehrerer Gruppen von Aktionären berührt, bedarf es gem. Art. 60 eines gesonderten, mit der nach Art. 59 erforderlichen Mehrheit zu fassenden Beschlusses jeder betroffenen Aktionärsgruppe (vgl. Art. 60 Rz. 10 ff.).

5 Nach nationalem Recht kann schließlich die **Zustimmung einzelner Aktionäre** bzw. aller Aktionäre einer bestimmten Gruppe erforderlich sein (vgl. § 180 Abs. 1 und Abs. 2 AktG, § 35 BGB). Soweit Art. 60 einschlägig ist, bedeutet die darin vorgesehe-

---

1 *Brandt*, Hauptversammlung , S. 243 f.; *Schwarz*, Art. 59 Rz. 11.
2 Vgl. *Mayer* in Manz/Mayer/Schröder, Art. 59 SE-VO Rz. 1; für das nationale Aktienrecht *Hüffer*, § 179 Rz. 4, 6; *Stein* in MünchKomm. AktG, § 179 Rz. 32 f.; a.A. *Schwarz*, Art. 59 Rz. 6, der für die Änderung unechter Satzungsbestandteile das nationale Sitzstaatrecht für anwendbar hält, sowie für das nationale Recht *Zöllner* in KölnKomm. AktG, § 179 Rz. 84, 87; *Wiedemann* in Großkomm. AktG, § 179 Rz. 12.
3 Art. 95 Abs. 2 des Vorschlags für eine Verordnung (EWG) des Rates über das Statut der Europäischen Aktiengesellschaft vom 25. August 1989, veröffentlicht als Sonderbeilage zum Bulletin der Europäischen Gemeinschaften 1989/05 = BT-Drucks. 11/5427, S. 24 ff.
4 So auch *Schwarz*, Art. 59 Rz. 9; *Kolster* in Jannott/Frodermann, Handbuch Europäische Aktiengesellschaft, Rz. 4–106; *Kubis* in MünchKomm. AktG, Art. 59 SE-VO Rz. 3; a.A. *Mayer* in Manz/Mayer/Schröder, Art. 59 SE-VO Rz. 8.

ne Mehrheitsentscheidung eine Erleichterung gegenüber der an sich bei Eingriff in Sonderrechte erforderlichen Zustimmung aller betroffenen Aktionäre.[5]

III. Mehrheitserfordernisse

Gem. Art. 59 Abs. 1 bedarf der Beschluss der Hauptversammlung einer Mehrheit von   6
mindestens zwei Dritteln der abgegebenen Stimmen. Die Zahl der abgegebenen Stimmen ermittelt sich nach Art. 58. Sofern jedoch das nationale Recht für Aktiengesellschaften eine größere Mehrheit vorsieht oder zulässt, ist diese maßgeblich. Unter einer durch nationales Recht „zugelassenen" größeren Mehrheit ist eine durch die Satzung der SE aufgrund Ermächtigung des nationalen Gesetzgebers vorgeschriebene größere Mehrheit zu verstehen.

1. Gesetz

Für Satzungsänderungen der SE mit Sitz in Deutschland bedarf es einer gem. § 179   7
Abs. 2 Satz 1 AktG erforderlichen **Kapitalmehrheit von mindestens drei Vierteln** des bei der Beschlussfassung vertretenen Grundkapitals[6]. Als vertreten gilt nur das an der Beschlussfassung durch Abgabe einer gültigen Ja- oder Nein-Stimme teilnehmende Kapital[7]; fehlende Stimmrechte oder Stimmverbote sind von vornherein abzuziehen.

Neben der Kapitalmehrheit ist – anstelle der bei der AG zusätzlich erforderlichen   8
einfachen Stimmenmehrheit des § 133 Abs. 1 AktG[8] – die **Stimmenmehrheit von zwei Dritteln** der abgegebenen Stimmen des Art. 59 Abs. 1 erforderlich[9]. Die Kapitalmehrheit des § 179 Abs. 2 Satz 1 kann weder bei Anwendung auf die SE als Stimmenmehrheit „gelesen"[10] werden, noch ist die Zweidrittel*stimmen*mehrheit neben der „höheren" Dreiviertel*kapital*mehrheit des nationalen Rechts obsolet. Es handelt sich um qualitativ unterschiedliche Mehrheitserfordernisse, die sich nicht im Sinne von „größer" und „kleiner" gegeneinander abwiegen lassen und bei Vorhandensein von Mehrstimmrechten, Stimmrechtsbeschränkungen und teileingezahlten Aktien zu unterschiedlichen Ergebnissen führen können[11].

Anders als größere gesetzliche Mehrheiten, sind etwaige in den nationalen Rechts-   9
ordnungen geregelte niedrigere Mehrheiten (z.B. § 113 Abs. 1 Satz 4 AktG für in der Satzung festgesetzte Aufsichtsratsvergütungen) nicht anwendbar[12].

Für einen Beschluss über die **Änderung des Gesellschaftszwecks** ist nach herrschen-   10
der Meinung gem. § 33 Abs. 1 Satz 2 BGB die Zustimmung aller Aktionäre erforderlich.[13] Durch die Satzung ist eine Erleichterung bis zur der in § 55 Abs. 2 SEAG für die Änderung des Unternehmensgegenstands gesetzten Grenze zulässig.

---

5 Zu der entsprechenden Regelung im nationalen Recht vgl. *Seibt* in K. Schmidt/Lutter, AktG, § 179 Rz. 67 ff.

6 *Mayer* in Manz/Mayer/Schröder, Art. 59 SE-VO Rz. 18; a.A. *Brandt*, Hauptversammlung, S. 246, der auf den dispositiven Charakter von § 179 Abs. 2 AktG verweist.

7 Vgl. *Seibt* in K. Schmidt/Lutter, AktG, § 179 Rz. 39. Ebenso *Schwarz*, Art. 59 Rz. 12, vgl. auch *Hüffer*, § 179 Rz. 14.

8 Vgl. *Seibt* in K. Schmidt/Lutter, AktG, § 179 Rz. 39.

9 A.A. *Schwarz*, Art. 59 Rz. 15; *Brandt*, Hauptversammlung, S. 250.

10 So *Schwarz*, Art. 59 Rz. 15; *Kubis* in MünchKomm. AktG, Art. 59 SE-VO Rz. 6; ähnlich *Brandt*, Hauptversammlung, S. 250, der Abstimmungsunterschiede ausdrücklich hinnimmt.

11 Vgl. *Seibt* in K. Schmidt/Lutter, AktG, § 179 Rz. 41 ff.

12 *Schwarz*, Art. 59 Rz. 13; *Brandt*, Hauptversammlung, S. 245 f.

13 Vgl. *Seibt* in K. Schmidt/Lutter, AktG, § 179 Rz. 14.

2. Satzung

11　Bestimmt die Satzung aufgrund der Ermächtigung in § 179 Abs. 2 Satz 2 AktG eine noch **größere Mehrheit**, ist diese als vom nationalen Recht „zugelassene" größere Mehrheit nach Art. 59 Abs. 1 maßgeblich. Die Anhebung des Mehrheitserfordernisses darf jedoch nicht dazu führen, dass Satzungsänderungen faktisch unmöglich werden. Bei Publikumsgesellschaften sind Einstimmigkeitserfordernisse daher in der Regel unzulässig.[14]

12　Andererseits gestattet § 51 Satz 1 SEAG auf der Grundlage der Ermächtigung in Art. 59 Abs. 2, in der Satzung der SE zu bestimmen, dass für den satzungsändernden Beschluss eine **einfache Stimmenmehrheit** ausreicht, jedoch nur unter der Voraussetzung, dass mindestens die Hälfte des Grundkapitals vertreten ist. Ausweislich der Regierungsbegründung zu § 51 SEAG wollte der Gesetzgeber damit einen Gleichlauf zu § 179 Abs. 2 Satz 2 AktG herstellen. Tatsächlich besteht jedoch ein Unterschied, der wegen der eindeutigen Wortlaute hinzunehmen ist. Während nach § 51 Satz 1 SEAG neben der einfachen Stimmenmehrheit keine Kapitalmehrheit erforderlich ist, sofern mindestens die Hälfte des Grundkapitals vertreten ist, kann gem. § 179 Abs. 2 Satz 2 AktG die zusätzlich zur einfachen Stimmenmehrheit erforderliche Kapitalmehrheit nur herabgesetzt, es kann aber nicht auf eine Mehrheit des bei der Beschlussfassung vertretenen Kapitals vollständig verzichtet werden.[15] Anders als nach § 51 Satz 1 SEAG werden dagegen an die Höhe des vertretenen Kapitals keine Anforderungen gestellt. Für die Satzung der SE gilt ausschließlich § 51 Satz 1 SEAG.[16]

13　Art. 59 Abs. 2 und § 51 Satz 1 SEAG lassen offen, ob auch hier das **Vertretensein** von mindestens der Hälfte des Grundkapitals die Abgabe einer gültigen Ja- oder Nein-Stimme voraussetzt. Im Sinne einer einheitlichen Auslegung von § 51 Satz 1 SEAG und § 179 Abs. 1 Satz 1 AktG ist dies zu bejahen.

14　Das Erfordernis der einfachen Stimmenmehrheit kann die Satzung nicht weiter abschwächen.[17] Auch gilt eine durch Satzung zugelassene Beschlussfassung mit einfacher Stimmenmehrheit gem. § 51 Satz 2 SEAG nicht (1) für die Änderung des Gegenstands des Unternehmens, (2) für einen Beschluss über die Verlegung des Sitzes der SE in einen anderen Mitgliedstaat nach Art. 8 Abs. 6 sowie (3) für Fälle, für die eine **höhere Kapitalmehrheit gesetzlich zwingend** vorgeschrieben ist. Letzteres betrifft Beschlüsse über die Übertragung des gesamten Gesellschaftsvermögens (§ 179a Abs. 1 Satz 2 AktG), die Ausgabe von Vorzugsaktien (§ 182 Abs. 1 Satz 2 AktG), bedingte Kapitalerhöhungen (§ 193 Abs. 1 Satz 2 AktG), die Schaffung eines genehmigten Kapitals (§ 202 Abs. 2 Satz 3 AktG), die Herabsetzung des Grundkapitals (§ 222 Abs. 1 Satz 2 AktG, § 229 Abs. 3, § 237 Abs. 2 Satz 1 AktG) sowie die Einführung einer Bestimmung über die Gesellschaftsdauer oder deren Verkürzung (§ 262 Abs. 1 Nr. 2 AktG).

15　Die Satzung kann gem. § 179 Abs. 2 Satz 3 AktG **zusätzliche Erfordernisse** für die Satzungsänderung vorschreiben, z.B. ein bestimmtes Quorum oder die Zustimmung bestimmter Aktionäre.[18] In der Rechtsliteratur wird dies teilweise unter Hinweis auf

---

14　Vgl. *Mayer* in Manz/Mayer/Schröder, Art. 59 Rz. 14; speziell für den Beschluss über eine grenzüberschreitende Sitzverlegung vgl. *Schwarz*, Art. 59 Rz. 21; *Brandt*, Hauptversammlung, S. 245; für das nationale Aktienrecht vgl. *Hüffer*, § 179 Rz. 20.

15　Vgl. *Seibt* in K. Schmidt/Lutter, AktG, Art. 179 Rz. 42; *Hüffer*, § 179 Rz. 16, 19.

16　Vgl. *Schwarz*, Art. 6 Rz. 85.

17　Vgl. *Spindler* in K. Schmidt/Lutter, AktG, § 133 Rz. 1.

18　Vgl. *Seibt* in K. Schmidt/Lutter, AktG, § 179 Rz. 47 ff.

die Entstehungsgeschichte von Art. 59 verneint[19]. Eine derart weitgehende und über das bei der AG bestehende Maß hinausgehende Einschränkung der statutarischen Gestaltungsfreiheit wäre jedoch nicht gerechtfertigt. Wenig konsequent wird andererseits auch von denselben Autoren Art. 59 hinsichtlich gesetzlicher Quoren für die Beschlussfähigkeit nicht für regelungsoffen gehalten[20]. Wie sich aus der Möglichkeit der „Zulassung" einer größeren Beschlussmehrheit durch den nationalen Gesetzgeber ergibt, ist Art. 59 Abs. 1 hinsichtlich der Gestaltungsermächtigungen an den Satzungsgeber nicht abschließend. Art. 59 Abs. 1 beschränkt die Ermächtigung auch nicht auf die Zulassung einer größeren *Stimmen*mehrheit, sondern spricht generell von einer größeren Mehrheit. Aus dem Verordnungsentwurf von 1975 lassen sich andererseits keine zwingenden Schlüsse ziehen, da sich die entsprechende Regelung in den nachfolgenden Entwürfen von 1989[21] und 1991[22] jeweils wieder stark verändert hat.

3. Durchführung der Hauptversammlung

Vorbereitung und Durchführung der Hauptversammlung richten sich nach nationalem Recht (für die SE mit Sitz in Deutschland nach §§ 118 ff. AktG). Insbesondere ist der Wortlaut der Satzungsänderung gem. § 124 Abs. 2 Satz 2 AktG mit der Tagesordnung bekannt zu machen.   16

Der satzungsändernde Hauptversammlungsbeschluss ist gem. Art. 9 Abs. 1 lit. c ii i.V.m. § 130 AktG notariell zu beurkunden[23]. Dies gilt auch für die nichtbörsennotierte SE, da die in § 130 Abs. 1 Satz 3 AktG vorgesehene Erleichterung wegen der gesetzlich bestimmten Kapitalmehrheit von mindestens drei Vierteln des vertretenen Grundkapitals (§ 179 Abs. 2 Satz 1 AktG) nicht einschlägig ist[24].   17

4. Offenlegung; Wirksamwerden

Jede Satzungsänderung ist gem. Art. 59 Abs. 3 i.V.m. Art. 13 nach dem Verfahren offen zu legen, das die nationalen Rechtsvorschriften zur Umsetzung der Ersten Gesellschaftsrechtlichen Richtlinie[25] vorsehen. Danach ist in Deutschland gem. § 181   18

---

19 So *Brandt*, Hauptversammlung , S. 248 f.; *Schwarz*, Art. 59 Rz. 16 f. (Verweis auf die Begründung zu Art. 243 Abs. 2 Verordnungsentwurf 1975, BT-Drucks. 7/3713, S. 243: „[...] kann die *Satzung jetzt nur noch eine höhere Mehrheit als die vorgesehene Dreiviertelmehrheit vorschreiben. Sie kann aber nicht mehr, wie bisher zulässig, andere zusätzliche Erfordernisse aufstellen. Für solche Erfordernisse ist kein zwingendes Bedürfnis ersichtlich; sie können bei einer Gesellschaft auf europäischer Ebene zu Zweifelsfragen Anlass geben."*)
20 *Brandt*, Hauptversammlung, S. 252; *Schwarz*, Art. 59 Rz. 17.
21 Gem. Art. 94 des Vorschlags für eine Verordnung (EWG) des Rates über das Statut der Europäischen Aktiengesellschaft vom 25. August 1989 konnten abweichende Mehrheiten nur durch die Verordnung selbst oder die Satzung der SE vorgesehen werden, vgl. Begründung zu Art. 94, abgedruckt in BT-Drucks. 11/5427, S. 15.
22 Art. 94 des Geänderten Vorschlags für eine Verordnung (EWG) über das Statut der Europäischen Aktiengesellschaft vom 16. Mai 1991 sah überhaupt keine Gestaltungsermächtigung an den Satzungsgeber mehr vor.
23 Vgl. *Heckschen*, DNotZ 2003, 251, 267 sowie *Schwarz*, Art. 59 Rz. 23, der jedoch unter Verweis auf den Verordnungsentwurf von 1989 als Verweisungsnorm Art. 53 für einschlägig hält.
24 *Schwarz*, Art. 59 Rz. 23.
25 Erste Richtlinie 68/151/EWG des Rates vom 9. März 1968 zur Koordinierung der Schutzbestimmungen, die in den Mitgliedstaaten den Gesellschaften im Sinne des Artikels 58 Absatz 2 des Vertrages im Interesse der Gesellschafter sowie Dritter vorgeschrieben sind, um diese Bestimmungen gleichwertig zu gestalten, ABl.EG Nr. L 65 v. 14.3.1968, S. 8 ff., zuletzt geändert durch Richtlinie 2003/58/EG des Europäischen Parlaments und des Rates vom 15. Juli 2003 zur Änderung der Richtlinie 68/151/EWG des Rates in Bezug auf die Offenlegungspflichten von Gesellschaften bestimmter Rechtsformen, ABl.EG Nr. L 221 v. 4.9.2003, S. 13 ff.

Abs. 1 Satz 1 AktG die Satzungsänderung vom Leitungsorgan der SE unter Beifügung des vollständigen Wortlauts der Satzung und einer notariellen Bescheinigung nach § 181 Abs. 1 Satz 2 AktG zur Eintragung in das Handelsregister am Sitz der SE anzumelden. Für den Prüfungsumfang der Registerkontrolle gelten die Grundsätze des nationalen Aktienrechts entsprechend[26]. Mit der Eintragung im Handelsregister wird die Satzungsänderung konstitutiv wirksam (§ 181 Abs. 3 AktG)[27]. Das Registergericht hat sodann den Inhalt der Eintragung nach § 10 HGB sowie ggf. darüber hinaus – soweit Gegenstände des § 40 AktG betroffen sind – gem. § 181 Abs. 2 Satz 2 AktG den Inhalt der Satzungsänderung bekannt zu machen.

Art. 60
[Sonderbeschlüsse]

(1) Sind mehrere Gattungen von Aktien vorhanden, so erfordert jeder Beschluss der Hauptversammlung noch eine gesonderte Abstimmung durch jede Gruppe von Aktionären, deren spezifische Rechte durch den Beschluss berührt werden.

(2) Bedarf der Beschluss der Hauptversammlung der Mehrheit der Stimmen gemäß Art. 59 Absätze 1 oder 2, so ist diese Mehrheit auch für die gesonderte Abstimmung jeder Gruppe von Aktionären erforderlich, deren spezifische Rechte durch den Beschluss berührt werden.

Literatur: S. vor Art. 52 SE-VO.

I. Grundlagen

1. Regelungsgegenstand und Normzweck

1 Art. 60 betrifft den **Sonderbeschluss** und stellt eine weitere Beschlussvoraussetzung abweichend von dem Grundtatbestand des Art. 57 auf (hierzu Art. 57 Rz. 1 f.). Die Vorschrift regelt den Spezialfall der Hauptversammlungsbeschlüsse in der SE mit mehreren Aktiengattungen. Sofern die spezifischen Rechte von Aktionären einzelner Aktiengattungen (Rz. 7) durch einen Hauptversammlungsbeschluss nachteilig be-

---

[26] Vgl. *Seibt* in K. Schmidt/Lutter, AktG, § 181 Rz. 30 ff.; *Schwarz*, Art. 59 Rz. 25.

[27] Vgl. *Brandt*, Hauptversammlung, S. 264 f.; *Schwarz*, Art. 59 Rz. 24; *Kubis* in MünchKomm. AktG, Art. 59 SE-VO Rz. 10.

rührt werden (hierzu Rz. 8 f.), ist für einen derartigen Beschluss zu seiner Wirksamkeit zusätzlich noch die Zustimmung der betroffenen Aktionäre erforderlich[1].

Die Regelung des Art. 60 dient dem **Schutz einzelner Aktionärsgruppen** gegenüber einer Mehrheitsentscheidung der Aktionärsgesamtheit[2]. Daneben ermöglicht Art. 60 Abs. 2 durch gegebenenfalls erhöhte Anforderungen an die Mehrheitsverhältnisse auch noch eine vereinfachte Veränderung der relativen Gewichtung bestimmter Aktiengattungen zueinander[3].   2

Der Sonderbeschluss nach Art. 60 Abs. 1 **erleichtert** die **Beschlussfassung**, denn im Gegensatz zu dem allgemeinen gesellschaftsrechtlichen Grundsatz des § 35 BGB, dass Eingriffe in besondere Mitgliedschaftsrechte grundsätzlich der Zustimmung aller betroffenen Aktionäre bedürfen[4], dient Art. 60 Abs. 1 dem Zweck, diesen Grundsatz einerseits für die Aktionäre einer bestimmten Gattung abzusichern, andererseits aber auch für die Publikumsgesellschaft adäquat auszugestalten[5].   3

2. Historische Entwicklung

Auch die Vorgängerentwürfe kannten bereits eine **gesonderte Zustimmung bestimmter Aktionäre**. Angelehnt an § 179 Abs. 3 AktG bedurfte der Hauptversammlungsbeschluss gem. Art. III-2-2 Abs. 5 *Sanders*-Vorentwurf und Art. 49 Abs. 5 SE-VOV 1970 nur dann der Zustimmung, wenn er sich auf das bisherige Verhältnis der Aktiengattungen zueinander nachteilig auswirkte. Nach Art. 49 Abs. 5 SE-VOV 1975 war der Hauptversammlungsbeschluss bereits dann zustimmungspflichtig, wenn die Inhaber einer Aktiengattung dadurch „benachteiligt" wurden; dies sollte laut Kommissionsbegründung die Inhaber einer Gattung von Aktien nicht nur vor einer Veränderung des Verhältnisses der Aktiengattungen schützen, sondern vor jeder Benachteiligung[6]. Die Regelung wurde zunächst in Art. 52 Abs. 5 SE-VOV 1989 übernommen, wodurch der Grundsatz der Gleichbehandlung der SE-Aktionäre angewendet werden sollte[7]. Im SE-Statut von 1991 wurde sie jedoch wieder gestrichen. Vielmehr sollte nach Art. 98 Abs. 1 SE-VOV 1991 ein Sonderbeschluss bereits dann erforderlich sein, wenn die Rechte einer bestimmten Aktiengattung durch den Hauptversammlungsbeschluss „berührt werden". Diese Regelung entspricht der heutigen Fassung des Art. 60 Abs. 1. Eine dem Art. 60 Abs. 2 entsprechende Regelung kannten bereits die Vorgängernormen der Art. 98 Abs. 2 1989 und 1991.   4

II. Sonderbeschluss (Art. 60 Abs. 1)

Von Art. 60 Abs. 1 wird nur das **Verhältnis mehrerer Aktiengattungen untereinander** erfasst, Sonderrechte einzelner Aktionäre ohne Gattungsverschiedenheit unterfallen bereits nicht dem Tatbestand des Art. 60 (Rz. 17 f.)[8]. Derartige Sonderrechte ohne Gattungsverschiedenheit unterliegen stattdessen dem Recht des jeweiligen Mitgliedstaats (näher hierzu Rz. 17).   5

---

1 *Schwarz*, Art. 60 Rz. 1; *Casper* in Spindler/Stilz, Art. 60 SE-VO Rz. 1; *Kubis* in MünchKomm. AktG, Art. 60 SE-VO Rz. 1; *Baatz/Weydner* in Jannott/Frodermann, Handbuch Europäische Aktiengesellschaft, S. 234 Rz. 144; *Thümmel*, Europäische Aktiengesellschaft, S. 124 Rz. 264.
2 *Schwarz*, Art. 60 Rz. 1; *Casper* in Spindler/Stilz, Art. 60 SE-VO Rz. 1; *Mayer* in Manz/Mayer/Schröder, Art. 60 SE-VO Rz. 1.
3 *Kubis* in MünchKomm. AktG, Art. 60 SE-VO Rz. 1.
4 *Spindler* in K. Schmidt/Lutter, AktG, § 138 Rz. 15.
5 *Casper* in Spindler/Stilz, Art. 60 SE-VO Rz. 1; *Schwarz*, Art. 60 Rz. 1.
6 Begr. d. Komm. zu Art. 49 SE-VOV 1975, BT-Drucks. 7/3713 v. 2.6.1975, S. 207 f.
7 Begr. d. Komm. zu Art. 52 Abs. 5 SE-VOV 1989, BT-Drucks. 11/5427, S. 10.
8 *Kubis* in MünchKomm. AktG, Art. 60 SE-VO Rz. 1.

1. Voraussetzungen

6 Wenn Gegenstände der Beschlussfassung die Aktionäre in ihrer mitgliedschaftlichen Stellung zur SE unterschiedlich betreffen, ist zur Wirksamkeit des Hauptversammlungsbeschlusses nach Art. 60 Abs. 1 zusätzlich noch ein separater Beschluss der betroffenen Aktionäre erforderlich, um ihren Partikularinteressen Rechnung zu tragen (Rz. 2). Sofern mehrere Aktiengattungen unterschiedlich berührt werden, sind auch mehrere notwendige separate Sonderbeschlüsse der jeweils betroffenen Aktionäre denkbar[9]. Anders als im deutschen Aktienrecht, in dem sich die Erforderlichkeit eines Sonderbeschlusses nach den gesetzlichen Tatbeständen bestimmt, verlangt Art. 60 Abs. 1 neben der **Existenz mehrerer Aktiengattungen**, dass auch „**spezifische Rechte durch den Beschluss berührt werden**". Art. 60 Abs. 1 statuiert daher zwei Tatbestandsvoraussetzungen.

a) Mehrere Aktiengattungen

7 Als erste Tatbestandsvoraussetzung verlangt Art. 60 Abs. 1 das Vorliegen mehrerer Gattungen von Aktien. Während Art. 52 Abs. 4 SE-VOV 1989 und 1991 noch eine Bestimmung kannten, nach der die Aktien mit gleichen Rechten eine Gattung bilden, fehlt heute in der SE-VO eine derartige Definition. Über den Verweis des Art. 5 gilt daher für eine SE mit Sitz in Deutschland der den Vorgängerregelungen in den SE-Statuten entsprechende § 11 Satz 2 AktG[10], das Bestehen von Sonderrechten einzelner Gattungen richtet sich nach dem nationalen Recht[11]. Daher liegt eine **Gattungsverschiedenheit** bei Einräumung unterschiedlicher mitgliedschaftlicher Rechte bzw. Pflichten vor; keine Gattungsverschiedenheit wird hingegen durch bloße unterschiedliche Verbriefung oder durch Festsetzung unterschiedlicher Ausgabebeträge erreicht[12]. Die Regelung des Art. 60 Abs. 1 setzt bereits nach dem Wortlaut explizit die Existenz mehrerer Aktiengattungen voraus, so dass die erstmalige Begründung einer neuen Aktiengattung nicht vom Tatbestand erfasst wird[13].

b) Spezifische Rechte berührend

8 Gefordert wird von Art. 60 Abs. 1 für eine gesonderte Abstimmung zusätzlich, dass der Hauptversammlungsbeschluss die spezifischen Rechte der jeweiligen Aktiengattung berührt. Während zahlreiche andere Sprachfassungen der SE-VO die „Beeinträchtigung" von Rechten voraussetzen[14], ist die deutsche Sprachfassung „Berührung" sehr weit reichend[15]. Da die meisten anderen Sprachfassungen aber hier ein anderes Verständnis zugrundelegen, ist aufgrund der **gemeinschaftsweiten autonomen Auslegung** eine rechtliche oder wirtschaftliche gattungsspezifische Benachteiligung

---

9 *Schwarz*, Art. 60 Rz. 4.

10 *Schwarz*, Art. 60 Rz. 5; *Kubis* in MünchKomm. AktG, Art. 60 SE-VO Rz. 3; *Casper* in Spindler/Stilz, Art. 60 SE-VO Rz. 2; *Baatz/Weydner* in Jannott/Frodermann, Handbuch Europäische Aktiengesellschaft, S. 234 Rz. 145; *Mayer* in Manz/Mayer/Schröder, Art. 60 SE-VO Rz. 2; *Brandt*, Hauptversammlung, S. 260; *Artmann*, wbl 2002, 189, 197.

11 *Schwarz*, Art. 60 Rz. 8; *Kubis* in MünchKomm. AktG, Art. 60 SE-VO Rz. 3; *Brandt*, Hauptversammlung, S. 260.

12 *Kubis* in MünchKomm. AktG, Art. 60 SE-VO Rz. 3; *Casper* in Spindler/Stilz, Art. 60 SE-VO Rz. 2; *Mayer* in Manz/Mayer/Schröder, Art. 60 SE-VO Rz. 3 f.; *Zätzsch/Maul* in Beck'sches Hdb. AG, § 4 Rz. 67 f.; *Hüffer*, § 11 Rz. 7. Ausführlich zum nationalen Recht s. *Ziemons* in K. Schmidt/Lutter, AktG, § 11 Rz. 6.

13 *Kubis* in MünchKomm. AktG, Art. 60 SE-VO Rz. 3.

14 Ausführlich hierzu *Brandt*, Hauptversammlung, S. 259 m.N. in Fn. 1407; s. auch *Mayer* in Manz/Mayer/Schröder, Art. 60 SE-VO Rz. 7.

15 So auch *Kubis* in MünchKomm. AktG, Art. 60 SE-VO Rz. 4; *Schwarz*, Art. 60 Rz. 8.

einzelner Aktiengattungen für die Anwendung des Art. 60 Abs. 1 zu verlangen[16]. Erforderlich ist ein Eingriff in die gattungsspezifischen Rechte der Aktionäre[17]. Diese gemeinschaftsautonome Auslegung für die SE stellt eine Abweichung zum deutschen Recht dar, wonach Sonderbeschlüsse zum Teil auch dann erforderlich sind, wenn in dem Hauptversammlungsbeschluss für die Gattungsaktionäre keine Beeinträchtigung liegt (so im Bereich der Kapitalmaßnahmen und Umstrukturierungen §§ 182 Abs. 2, 193 Abs. 1 Satz 3, 202 Abs. 2 Satz 4, 222 Abs. 2, 229 Abs. 3, 237 Abs. 2 Satz 1 AktG)[18]. Im Wesentlichen entsprechen aber durch eine derart vorgenommene Auslegung die Kriterien des Art. 60 Abs. 1 den Tatbestandsvoraussetzungen des § 179 Abs. 3 AktG[19] bzw. der Regelung für Vorzugsaktien nach § 141 AktG[20].

Es müssen **gerade die spezifischen Rechte beeinträchtigt werden**, die die Aktiengattung charakterisieren; es genügt nicht, wenn Rechte beeinträchtigt werden, die jedem Aktionär zustehen[21]. Eine Saldierung etwaiger gattungsspezifischer Vorteile mit ebensolchen Nachteilen ist unzulässig[22]. Die vollständige Aufhebung von (Dividenden-)Vorzügen stellt einen Sonderfall der gattungsspezifischen Benachteiligung dar[23].   9

2. Gesonderte Abstimmung

Anders als das deutsche Recht, das für einen Sonderbeschluss gem. § 138 Satz 1 AktG   10
wahlweise sowohl eine gesonderte Abstimmung im Rahmen der Hauptversammlung als auch eine gesonderte Versammlung der betroffenen Aktionäre vorsieht[24], sieht Art. 60 Abs. 1 **nur die gesonderte Abstimmung** vor[25]. Dementsprechend kann eine gesonderte Versammlung der nachteilig betroffenen Aktionäre für die SE nicht angeordnet werden; Art. 60 Abs. 1 enthält insofern eine abschließende Regelung für die gesonderte Abstimmung[26]. Auch über die Aufhebung oder Beschränkung von Vorzügen einer SE mit Sitz in Deutschland ist anders als nach § 141 Abs. 3 Satz 1 AktG lediglich im Rahmen einer gesonderten Abstimmung und nicht im Rahmen einer Sonderversammlung zu beschließen[27].

---

16 Grundlegend *Brandt*, Hauptversammlung, S. 259 f.; zustimmend *Kubis* in MünchKomm. AktG, Art. 60 SE-VO Rz. 4; *Schwarz*, Art. 60 Rz. 8; *Casper* in Spindler/Stilz, Art. 60 SE-VO Rz. 3.
17 *Schwarz*, Art. 60 Rz. 9; *Koke*, Finanzverfassung der Europäischen Aktiengesellschaft mit Sitz in Deutschland, 2004, S. 88; *Zollner* in Kalss/Hügel, § 62 SEG Rz. 34.
18 *Casper* in Spindler/Stilz, Art. 60 SE-VO Rz. 3; *Schwarz*, Art. 60 Rz. 6.
19 Ausführlich zum nationalen Recht *Seibt* in K. Schmidt/Lutter, AktG, § 179 Rz. 48 ff.
20 *Spindler* in K. Schmidt/Lutter, AktG, § 141 Rz. 34 ff.
21 *Schwarz*, Art. 60 Rz. 9; *Zollner* in Kalss/Hügel, § 62 SEG Rz. 34; *Brandt*, Hauptversammlung, S. 257.
22 *Kubis* in MünchKomm. AktG, Art. 60 SE-VO Rz. 4; *Casper* in Spindler/Stilz, Art. 60 SE-VO Rz. 3.
23 Ebenso *Kubis* in MünchKomm. AktG, Art. 60 SE-VO Rz. 4.
24 *Spindler* in K. Schmidt/Lutter, AktG, § 138 Rz. 4 ff.
25 Ausführlich *Brandt*, Hauptversammlung, S. 260 m.N. in Fn. 1413; *Schwarz*, Art. 60 Rz. 12; *Kubis* in MünchKomm. AktG, Art. 60 SE-VO Rz. 5; *Mayer* in Manz/Mayer/Schröder, Art. 60 SE-VO Rz. 10.
26 *Kubis* in MünchKomm. AktG, Art. 60 SE-VO Rz. 5; *Schwarz*, Art. 60 Rz. 12; *Brandt*, Hauptversammlung, S. 261; *Casper* in Spindler/Stilz, Art. 60 SE-VO Rz. 4; a.A. ohne Begründung *Mayer* in Manz/Mayer/Schröder, Art. 60 SE-VO Rz. 10.
27 *Kubis* in MünchKomm. AktG, Art. 60 SE-VO Rz. 5; *Schwarz*, Art. 60 Rz. 12. Zum nationalen Recht *Spindler* in K. Schmidt/Lutter, AktG, § 141 Rz. 35.

11 Auch die **Satzungsgestaltungsfreiheit** des § 138 Satz 1 AktG gilt mangels Regelungs-offenheit nicht über Art. 9 Abs. 1 lit. c ii und findet keine Anwendung auf die in Deutschland domizilierende SE[28].

12 Sofern der Tatbestand des Art. 60 Abs. 1 gegeben ist, muss unter den Aktionären je-der benachteiligten Gattung eine gesonderte Abstimmung vorliegen. Über den Ver-weis des Art. 53 in das **jeweilige mitgliedstaatliche Recht** findet für eine in Deutsch-land domizilierende SE § 124 AktG Anwendung, so dass die gesonderte Abstimmung bereits bei Einberufung der Hauptversammlung als eigener Tagesordnungspunkt an-zukündigen ist[29]. Die Durchführung einer solchen Abstimmung obliegt dem Ver-sammlungsleiter (ausführlich Art. 53 Rz. 30).

3. Abstimmungsvoraussetzungen

13 Nicht geregelt werden in Art. 60 Abs. 1 und Abs. 2 die **Abstimmungsvoraussetzun-gen** für den Sonderbeschluss; auch findet sich anders als bei § 138 Satz 2 AktG eine Verweisung auf die Verfahrensvorschriften der Hauptversammlung; eine solche wäre aber erforderlich, da die Sonderbeschlüsse keine Beschlüsse der Hauptversammlung darstellen und somit die Art. 57 und 59 zumindest nicht direkt anwendbar sind. Während einige den Verweis des Art. 53 und damit die jeweiligen Mehrheiten des Sitzstaatsrechts anwenden wollen[30], ist richtigerweise von einer – zumindest analo-gen – Anwendung des Art. 57 im Rahmen des Art. 60 auszugehen[31]. Art. 53 verweist nur hinsichtlich des Abstimmungsverfahrens auf das mitgliedstaatliche Recht, wäh-rend die erforderliche Mehrheit in Art. 57 geregelt wird (Art. 53 Rz. 33). Die Regelung des Art. 60 Abs. 2 verdeutlicht jedoch, dass ein Rückgriff auf das nationale Recht ge-rade für die Abstimmungsvoraussetzungen der Sonderbeschlüsse nicht zulässig sein soll[32].

III. Sonderbeschluss bei Satzungsänderung (Art. 60 Abs. 2)

14 Damit ein Sonderbeschluss nach Art. 60 Abs. 1 wirksam zustande kommt, gilt das Erfordernis der einfachen Stimmenmehrheit des Art. 57 (Rz. 13). Wenn der Hauptver-sammlungsbeschluss selbst aber der Mehrheit nach Art. 59 Abs. 1 oder Abs. 2 bedarf, findet dieses **qualifizierte Erfordernis** gem. Art. 60 Abs. 2 auch für die gesonderte Ab-stimmung Anwendung.

1. Gesetzliche Mehrheit

15 Sofern es sich daher um die Zustimmung zu einem **satzungsändernden Hauptver-sammlungsbeschluss** handelt und durch die Satzungsänderung die spezifischen Rechte der Aktionäre einer Aktiengattung berührt werden, muss der erforderliche Sonderbeschluss der betroffenen Aktionäre mit der Mehrheit gefasst werden, welche auch für den satzungsändernden Beschluss selbst nach Art. 59 Abs. 1 erforderlich ist

---

28 *Schwarz*, Art. 60 Rz. 6; *Brandt*, Hauptversammlung, S. 260 f.; *Casper* in Spindler/Stilz, Art. 60 SE-VO Rz. 5.
29 *Casper* in Spindler/Stilz, Art. 60 SE-VO Rz. 4; *Kubis* in MünchKomm. AktG, Art. 60 SE-VO Rz. 5; *Hüffer*, § 138 Rz. 5.
30 *Mayer* in Manz/Mayer/Schröder, Art. 60 SE-VO Rz. 13; wohl auch *Casper* in Spindler/Stilz, Art. 60 SE-VO Rz. 5, der die Anwendung des § 138 Satz 2 AktG bejaht und demzufolge zur Be-schlussfassung i.R.d. Sonderbeschlusses das AktG gilt.
31 Ähnlich *Schwarz*, Art. 60 Rz. 10: „im Sinne einer SE-spezifischen Regelungslücke entspre-chende Anwendung"; zustimmend *Kubis* in MünchKomm. AktG, Art. 60 SE-VO Rz. 5; *Zoll-ner* in Kalss/Hügel, § 62 SEG Rz. 34; *Brandt*, Hauptversammlung, S. 262.
32 So auch *Schwarz*, Art. 60 Rz. 10.

(hierzu Art. 59 Rz. 6 ff.)[33]. Der Sonderbeschluss per se bewirkt keine Satzungsänderung, so dass die Mehrheit des Art. 59 Abs. 1 und Abs. 2 ohne die Regelung des Art. 60 Abs. 2 keine Anwendung finden würde. Damit die Rechte der betroffenen Aktionäre jedoch auch bei Satzungsänderungen nicht unterlaufen werden, verweist insofern Art. 60 Abs. 2 auf das qualifizierte gesetzliche Mehrheitserfordernis des Art. 59 Abs. 1 gleichfalls für den Fall der gesonderten Abstimmung. Erzielt wird durch diese Regelung des Art. 60 Abs. 2 ein Gleichlauf der Mehrheitserfordernisse für den Hauptversammlungsbeschluss aller Aktionäre und den Sonderbeschluss der benachteiligten Aktionäre einer Gattung; wenn die erforderliche Mehrheit bereits bei einem der Beschlüsse nicht erzielt wird, ist der Beschlussantrag daher insgesamt abgelehnt[34].

2. Satzungsmäßige Mehrheit

Der Verweis des Art. 60 Abs. 2 erstreckt sich nicht nur auf Art. 59 Abs. 1, sondern auch auf Art. 59 Abs. 2. Für die gesonderte Abstimmung unter den Aktionären einer Gattung, die durch den Beschluss in ihren spezifischen Rechten berührt werden, gelten daher auch die in Art. 59 Abs. 2 eröffneten **mitgliedstaatlichen Erleichterungen**. Auf eine in Deutschland ansässige SE findet daher auch § 51 SEAG (ausführlich Art. 59 Rz. 12 ff.) für die erforderliche Mehrheit bei der Fassung eines Sonderbeschlusses Anwendung[35]. 16

IV. Nicht erfasste Fälle

Die erstmalige Begründung einer neuen Aktiengattung unterfällt bereits nachweislich des Wortlauts des Art. 60 Abs. 1 nicht dem Anwendungsbereich der Vorschrift (Rz. 7). Auch die **Begründung oder Erhöhung von Nebenverpflichtungen** der Aktionäre ist kein Anwendungsfall des Art. 60; vielmehr gilt die allgemeine Regel, so dass für einen entsprechenden Beschluss der Hauptversammlung die Zustimmung aller Aktionäre erforderlich ist. Da die Zustimmungspflichtigkeit im Falle der Erhöhung von Verpflichtungen allerdings ein gemeinschaftsweiter Rechtsgrundsatz darstellt, unterliegt der Beschluss einer SE nach überzeugender Ansicht bereits auf gemeinschaftsrechtlicher Ebene der Zustimmung aller hiervon betroffenen Aktionäre[36]. Ansonsten ergibt sich bei Annahme einer Regelungslücke für die in Deutschland ansässige SE nach § 180 Abs. 1 AktG die gleiche Rechtslage[37]. 17

Nicht von Art. 60 werden ferner die **Sonderrechte einzelner Aktionäre ohne Gattungsverschiedenheit** erfasst, so dass der **Schutz von Minderheitsaktionären im Konzern** nach richtiger Ansicht ausschließlich über den Verweis des Art. 9 Abs. 1 lit. c ii den mitgliedstaatlichen Vorschriften unterliegt[38]. Für die abhängige SE mit Sitz in Deutschland finden daher §§ 295 Abs. 2, 296 Abs. 2, 297 Abs. 2, 302 Abs. 3 Satz 3, 18

---

33 *Schwarz*, Art. 60 Rz. 14; *Casper* in Spindler/Stilz, Art. 60 SE-VO Rz. 4; *Kubis* in MünchKomm. AktG, Art. 60 SE-VO Rz. 6; *Mayer* in Manz/Mayer/Schröder, Art. 60 SE-VO Rz. 16.
34 *Kubis* in MünchKomm. AktG, Art. 60 SE-VO Rz. 6.
35 *Casper* in Spindler/Stilz, Art. 60 SE-VO Rz. 4; *Kubis* in MünchKomm. AktG, Art. 60 SE-VO Rz. 6.
36 Ausführlich *Brandt*, Hauptversammlung, S. 262 m.N. in Fn. 1426; zustimmend *Casper* in Spindler/Stilz, Art. 60 SE-VO Rz. 6; *Kubis* in MünchKomm. AktG, Art. 60 SE-VO Rz. 3.
37 Auf diesen Aspekt zu Recht hinweisend auch *Kubis* in MünchKomm. AktG, Art. 60 SE-VO Rz. 3; *Casper* in Spindler/Stilz, Art. 60 SE-VO Rz. 6.
38 *Schwarz*, Art. 60 Rz. 7; *Kubis* in MünchKomm. AktG, Art. 60 SE-VO Rz. 1; *Brandt*, Hauptversammlung, S. 258 f.; a.A. *Casper* in Spindler/Stilz, Art. 60 SE-VO Rz. 5 ohne nähere Begründung: internationalprivatrechtliche Anknüpfung entscheidet über anzuwendendes nationales Sachrecht.

309 Abs. 3 Satz 1, 310 Abs. 4, 317 Abs. 4, 318 Abs. 4 AktG Anwendung[39]. Trotz des an sich abschließenden Charakters des Art. 60 (s. Rz. 7) ergibt sich schon aus Erwägungsgrund 15, dass Art. 60 nicht auch den Schutz der außenstehenden Minderheitsaktionäre erfassen soll[40], sondern dieser vielmehr vom Sitzstaatrecht der abhängigen Gesellschaft geregelt werden soll[41]. Für die nicht von Art. 60 erfassten Sonderbeschlüsse zum Schutz von Minderheitsaktionären gilt über den Verweis des Art. 9 Abs. 1 lit. c ii nationales Recht, wobei der Verweis sich nur auf das „Ob" des Sonderbeschlusses bezieht, nicht aber auf das „Wie" des Abstimmungsverfahren selbst[42]. Im Interesse der Rechtssicherheit sollte für die Abstimmungsvoraussetzungen der Beschlussfassung einheitlich in allen Mitgliedstaaten dieselbe Regelung des Art. 57 Anwendung finden[43].

---

39 *Schwarz*, Art. 60 Rz. 7; *Brandt*, Hauptversammlung, S. 258.
40 So auch *Schwarz*, Art. 60 Rz. 6; *Brandt*, Hauptversammlung, S. 261.
41 So wie hier *Schwarz*, Art. 60 Rz. 7; *Brandt*, Hauptversammlung, S. 262.
42 *Brandt*, Hauptversammlung, S. 262; *Schwarz*, Art. 60 Rz. 11.
43 So auch *Brandt*, Hauptversammlung, S. 262; *Schwarz*, Art. 60 Rz. 11.

Titel IV. Jahresabschluss und konsolidierter Abschluss

Art. 61
[Aufstellung]

Vorbehaltlich des Artikels 62 unterliegt die SE hinsichtlich der Aufstellung ihres Jahresabschlusses und gegebenenfalls ihres konsolidierten Abschlusses einschließlich des dazugehörigen Lageberichts sowie der Prüfung und der Offenlegung dieser Abschlüsse den Vorschriften, die für dem Recht des Sitzstaates der SE unterliegende Aktiengesellschaften gelten.

Literatur: *Ammedick/Strieder*, Zwischenberichterstattung börsennotierter Gesellschaften, 2002; *d'Arcy/Meyer*, Neue Anforderungen an die Zwischenberichterstattung durch die Transparenzrichtlinie, Der Konzern 2005, 151; *Bosse*, Wesentliche Neuregelungen ab 2007 aufgrund des Transparenzrichtlinie-Umsetzungsgesetzes für börsennotierte Unternehmen, DB 2007, 39; *Buchheim/Ulbrich*, EU-Transparenz-Richtlinie: Neuregelung der periodischen und laufenden Berichterstattung kapitalmarktorientierter Unternehmen, KoR 2004, 273; *Clausnitzer/Blatt*, Das neue elektronische Handels- und Unternehmensregister, GmbHR 2006, 1303; *Deilmann*, EHUG: Neuregelung der Jahresabschlusspublizität und mögliche Befreiung nach § 264 Abs. 3 HGB, BB 2006, 2347; *Grashoff*, Offenlegung von Jahres und Konzernabschlüssen nach dem in Kraft getretenen EHUG: Sanktionen und steuerliche Folgen, DB 2006, 2641; *Klein/Klaas*, Die Entwicklung der neuen Abschlussprüferrichtlinie in den Beratungen von Kommission, Ministerrat und Europäischem Parlament, WPg 2006, 885; *Kleindiek*, Rechnungslegung in Europa – Gestaltungsaufgaben im Bilanz-, Gesellschafts- und Steuerrecht, in Hatje/Terhechte (Hrsg.), Unternehmen und Steuern in Europa, EuR 2006, Beiheft 2, S. 91; *S. Müller/Stute*, Ausgestaltung der unterjährigen Berichterstattung deutscher Unternehmen: E-DRS 21 im Vergleich mit nationalen und internationalen Regelungen, BB 2006, 2803; *Nonnenmacher*, Zwischenberichte, in Marsch-Barner/Schäfer (Hrsg.), Handbuch börsennotierte AG, 2005, § 54; *Oversberg*, Übernahme der IFRS in Europa: Der Endorsement-Prozess – Status quo und Aussicht, DB 2007, 1597; *Pirner/Lebherz*, Wie nach dem Transparenzrichtlinie-Umsetzungsgesetz publiziert werden muss, AG 2007, 19; *Plendl/Niehues*, Rechnungslegung, Prüfung und Publizität, in Theisen/Wenz, Europäische Aktiengesellschaft, S. 405; *Seibert/Decker*, Das Gesetz über elektronische Handelsregister und Genossenschaftsregister sowie das Unternehmensregister (EHUG) – Der „Big Bang" im Recht der Unternehmenspublizität, DB 2006, 2446.

I. Gegenstand der Regelung

1 Die Vorschrift unterwirft die Aufstellung, Offenlegung und Prüfung der Jahresabschlüsse und Konzernabschlüsse sowie der dazu gehörigen Lageberichte den für nationale Aktiengesellschaften des Sitzstaates geltenden Regelungen, welche in Umsetzung der europäischen Bilanzrichtlinien[1] ergangen sind. Art. 61 ist Ausdruck der von der SE-VO angestrebten **Gleichbehandlung der SE mit den nationalen Aktiengesellschaften**. In der Konsequenz der bloßen Verweisung liegt es, dass sich die Vergleichbarkeit der Rechnungslegung der SE unterschiedlicher Sitzstaaten auf den durch die Bilanzrichtlinien harmonisierten Rahmen beschränkt; eine EU-weit einheitliche Rechnungslegung für die transnationale Rechtsform SE gibt es nicht. Den Vorschriften des nach Maßgabe der Bilanzrichtlinien angeglichenen Rechts der Mitgliedstaaten stehen die unmittelbar geltenden Bestimmungen der IAS-Verordnung[2] zur Seite.

2 Der Verweis auf das mitgliedstaatliche Rechnungslegungsrecht steht unter dem **Vorbehalt von Art. 62**, der für die Abschlüsse von Kredit- oder Finanzinstituten sowie von Versicherungsunternehmen auf die für diese – wiederum in Umsetzung einschlägiger Richtlinienvorgaben – geltenden speziellen einzelstaatlichen Rechtsvorschriften des Sitzstaates verweist. Art. 61, 62 haben ihrerseits Vorrang gegenüber der allgemeinen Verweisungsnorm des Art. 9.

3 Art. 61 verweist (nur) für die **Aufstellung** des Jahres- und Konzernabschlusses auf diejenigen Vorschriften, die für dem Recht des Sitzstaates der SE unterliegende Aktiengesellschaften gelten. Für die **Feststellung** des Jahresabschlusses bzw. die Billigung des Konzernabschlusses greift aber jedenfalls die allgemeine Verweisung in Art. 9 Abs. 1 lit. c ii[3]. Wegen des sachlichen Zusammenhangs von Aufstellung und Feststellung (bzw. Billigung) wird im Folgenden auf beides eingegangen (s. unten Rz. 17 ff.).

4 Die Erstreckung der Prüfungs- und Offenlegungspflicht auf den **Lagebericht** bzw. **Konzernlagebericht** ist nach dem Wortlaut der Vorschrift zwar nicht völlig zweifelsfrei; denn Prüfung und Offenlegung werden auf „diese Abschlüsse" bezogen. Da der Normtext zuvor aber vom Jahresabschluss und konsolidiertem Abschluss „einschließlich des dazugehörigen Lageberichts" spricht, erstreckt sich die Pflicht zur Prüfung und Offenlegung auch auf die Lageberichterstattung. Eine andere Interpretation wäre mit den Vorgaben der Bilanzrichtlinien auch nicht vereinbar.

5 Nicht von der Vorschrift erfasst werden aber die nach nationalem Recht zu erfüllenden **unterjährigen Berichtspflichten** zu Lasten kapitalmarktaktiver Unternehmen kraft kapitalmarktrechtlicher Vorgaben, namentlich nach Maßgabe des jüngst in Kraft getretenen Transparenzrichtlinie-Umsetzungsgesetzes (TUG) v. 5.1.2007[4]. Die Geltung der insoweit einschlägigen Verpflichtungsquellen des nationalen Rechts folgt indes aus der allgemeinen Verweisung in Art. 9 Abs. 1 lit. c ii. Einzelheiten der Zwischenberichterstattung sind an dieser Stelle des Kommentars nicht zu erörtern[5].

---

1 Zu nennen sind v.a. die Richtlinien 78/660/EWG (JahresabschlussRL) und 83/349/EWG (KonzernabschlussRL); spätere Änderungen u.a. durch die Richtlinien 2001/65/EG (Fair-ValueRL) und 2003/51/EG (ModernisierungsRL).
2 Verordnung (EG) Nr. 1606/2002 des Europäischen Parlaments und des Rates v. 19.7.2002 betreffend die Anwendung internationaler Rechnungslegungsstandards, ABl. EG Nr. L 243 v. 11.9.2002, S. 1.
3 *Schwarz*, Art. 61 Rz. 27.
4 BGBl. I, 2007, 10.
5 Übersicht bei *Ammedick/Strieder*, Zwischenberichterstattung; *Nonnenmacher*, Zwischenberichte. Zu den Vorgaben der Transparenzrichtlinie 2004/109/EWG s. etwa *d'Arcy/Meyer*, Der Konzern 2005, 151 ff.; *Buchheim/Ulbrich*, KoR 2004, 273 ff.; zum TUG einführend etwa *Bosse*, DB 2007, 39 ff.; *S. Müller/Stute*, BB 2006, 2803 ff.; *Pirner/Lebherz*, AG 2007, 19 ff.

II. Buchführungspflicht, Jahresabschluss und Lagebericht: anwendbares Recht

1. Buchführungspflicht

Die SE unterliegt als Handelsgesellschaft (Art. 9 i.V.m. § 3 AktG) den für Kaufleute   6
geltenden Vorschriften des Handelsrechts (§ 6 HGB) und damit auch der **Buchführungspflicht** nach Maßgabe der §§ 238 ff. HGB. Verantwortlich für die Erfüllung der
Buchführungspflicht ist in der dualistisch strukturierten SE der Vorstand (§ 91 Abs. 1
AktG), in der Gesellschaft mit monistischem Leitungssystem der Verwaltungsrat
(§ 22 Abs. 3 Satz 1 SEAG).

2. HGB-Bilanzrecht

Die SE ist – vorbehaltlich der Konzernrechnungslegung nach IAS/IFRS (dazu unten   7
Rz. 12 ff.) – zur **Rechnungslegung nach Maßgabe der Vorschriften des HGB** verpflichtet; wobei die allgemeinen Bestimmungen der §§ 242 ff. HGB durch die auf Kapitalgesellschaften anwendbaren Vorschriften der §§ 264 ff. HGB ergänzt und modifiziert
werden[6]. Die HGB-Bestimmungen zur Rechnungslegung enthalten umfassende und
eingehende Vorschriften zur Gliederung des Jahresabschlusses sowie zum Ansatz
und zur Bewertung. Nach § 264 Abs. 2 Satz 1 HGB muss der Jahresabschluss aller Gesellschaften (unabhängig von ihrer Größenklasse) unter Beachtung der Grundsätze
ordnungsmäßiger Buchführung ein den tatsächlichen Verhältnissen entsprechendes
Bild der Vermögens-, Finanz- und Ertragslage der Gesellschaft vermitteln. Tochterunternehmen eines konsolidierungspflichtigen Mutterunternehmens sind unter den
näheren Voraussetzungen des § 264 Abs. 3 HGB von der Anwendung der §§ 264 ff.
HGB befreit.

Die bilanzrechtlichen Bestimmungen des HGB werden flankiert von einigen **rechts-**   8
formspezifischen Vorschriften im AktG, insbesondere in §§ 150, 152, 158 und 160
AktG (zur Bildung und Verwendung von gesetzlicher Rücklage und Kapitalrücklage,
zum Ausweis in der Bilanz, in der Gewinn- und Verlustrechnung und im Anhang), in
§§ 170–173 AktG (zur Prüfung des aufgestellten Jahres- und Konzernabschlusses
durch den Aufsichtsrat sowie zur Feststellung des Jahresabschlusses bzw. Billigung
des Konzernabschlusses), schließlich in §§ 256, 257 AktG (zur Nichtigkeit des festgestellten Jahresabschlusses).

Im Rahmen der §§ 264 ff. HGB unterscheidet das Gesetz (§ 267 HGB) **drei Größen-**   9
klassen von Gesellschaften (kleine, mittelgroße und große Gesellschaften) und verbindet damit größenspezifisch gesteigerte Anforderungen an Intensität und Umfang
der Rechnungslegungspflichten. Die Größe bemisst sich nach den Kriterien Bilanzsumme, Umsatzerlöse und Arbeitnehmerzahl[7], wobei für jeweils zwei dieser Kriterien die Schwellenwerte zur höheren Klasse nicht überschritten sein dürfen (§ 267
HGB). Eine börsennotierte Gesellschaft – d.h. eine solche, die einen organisierten
Markt i.S.d. § 2 Abs. 5 WpHG durch von ihr ausgegebene Wertpapiere i.S.d. § 2 Abs. 1
Satz 1 WpHG in Anspruch nimmt oder die Zulassung zum Handel an einem organisierten Markt beantragt hat – gilt stets als große Gesellschaft (§ 267 Abs. 3 Satz 2
HGB).

Das Rechnungslegungsrecht des HGB ist Bestandteil eines ausgefeilten Gesamtsys-   10
tems des Unternehmensrechts, das durch enge **Verzahnungen von Bilanz- und Ge-**

---

6 Vgl. auch die Erläuterungen von *Kleindiek* in K. Schmidt/Lutter, AktG, Vor § 150 Rz. 4 ff.
7 Aktuelle Schwellenwerte in § 267 HGB nach Maßgabe der Richtlinie 2003/38/EG; Änderung
(Umsetzungsfrist September 2008) durch die Richtlinie 2006/46/EG.

sellschaftsrecht gekennzeichnet ist. Dem regelgerecht erstellten HGB-Jahres-abschluss kommt eine zentrale Funktion bei der gläubigerschützenden Sicherung der Kapitalerhaltung (Ausschüttungsbegrenzung) zu; die Ausgestaltung des Rechnungs-legungsrechts trägt dem bilanzbasierten Kapitalschutzkonzept des AktG Rechnung, wie es – jedenfalls noch – von der KapitalRL 77/91/EWG (Art. 15 und 16) vorgegeben wird. Diese Funktion der Rechnungslegung steht in einem Zielkonflikt zu den kapi-talmarktorientierten Rechnungslegungsregeln der IAS/IFRS[8]. Jene sind nicht auf Zahlungsbemessung ausgerichtet, sondern suchen über die Ressourcen des Unter-nehmens zu berichten und sollen die von den Kapitalgebern benötigten prognosege-eigneten Informationen liefern. Weil die IAS/IFRS grundkonzeptionell nicht dazu ge-eignet sind, jenen Aufgaben gerecht zu werden, die dem Einzelabschluss in einem bi-lanzrechtlich geprägten System des Kapitalschutzes zugewiesen sein müssen, hat der deutsche Gesetzgeber bei Umsetzung der in Art. 5 IAS-VO gewährten Mitgliedstaa-tenwahlrechte entschieden, für alle Unternehmen – auch für kapitalmarktorientierte Gesellschaften – an der **Verpflichtung zur Erstellung eines HGB-Jahresabschlusses** festzuhalten. Nur in einem Randbereich wird hier den Unternehmen (und damit auch der SE mit Sitz in Deutschland) die Option zum befreienden IAS/IFRS-Ab-schluss eingeräumt: nämlich bezogen auf die Bekanntmachung im elektronischen Bundesanzeiger (sog. Einzelabschluss nach § 325 Abs. 2a HGB; näher unten Rz. 32). Im Übrigen stehen die **IAS/IFRS nur für die** – ausschließlich Informationszwecken dienende – **Konzernrechnungslegung** offen (näher unten Rz. 12 ff.).

3. Jahresabschluss und Lagebericht

11   Der Jahresabschluss einer jeden SE besteht gemäß §§ 264 Abs. 1 Satz 1, 242 Abs. 1 und Abs. 2 HGB aus der **Bilanz**, der Gewinn- und Verlustrechnung (**GuV**) und dem **Anhang**. Mittelgroße und große Gesellschaften (oben Rz. 9) haben den Jahres-abschluss zwingend um einen **Lagebericht** zu ergänzen (§ 264 Abs. 1 HGB), für dessen Inhalt § 289 HGB gilt. Zu Aufstellung und Feststellung s. unten Rz. 17 ff.

III. Konzernrechnungslegung

1. Kapitalmarktorientierte Gesellschaften

12   Die **IAS-Verordnung** verpflichtet in ihrem Art. 4 für die nach dem 31.12.2004 begin-nenden Geschäftsjahre alle nach EG-Recht konsolidierungspflichtigen Gesellschaf-ten, ihre Konzernabschlüsse nach internationalen Rechnungslegungsstandards auf-zustellen, wenn am jeweiligen Bilanzstichtag ihre Wertpapiere in einem beliebigen Mitgliedstaat zum Handel in einem geregelten Markt zugelassen sind. Internationale Rechnungslegungsstandards in diesem Sinne sind allein die *International Accoun-ting Standards (IAS)* bzw. – wie alle vom International *Accounting Standards Board (IASB)* seit dem 1.4.2001 veröffentlichten Regelungen heißen – die *International Fi-nancial Reporting Standards (IFRS)*. Voraussetzung ist freilich ihre vorherige förmli-che Anerkennung durch die Kommission im sog. Regelungsverfahren (Komitologie-verfahren) nach Maßgabe des Ratsbeschlusses v. 28.6.1999 zur Festlegung der Modali-täten für die Ausübung der der Kommission übertragenen Durchführungsbefugnisse (1999/468/EG)[9] -„*endorsement*"[10].

---

8 S. dazu *Kleindiek*, Rechnungslegung in Europa, S. 91, 103 ff. m.w.N.
9 ABl. EG Nr. L 184 v. 17.7.1999, S. 23.
10 Zur Implementierung der IAS/IFRS in das europäische (Rechnungslegungs-)Recht *Kleindiek*, Rechnungslegung in Europa, S. 91, 95 ff.; zu aktuellen Entwicklungen s. *Oversberg*, DB 2007, 1597 ff.

Das **deutsche Recht** zwingt – mit erstmaliger Wirkung für die nach dem 31.12.2006   13
beginnenden Geschäftsjahre – auch dann zur Konzernrechnungslegung nach IAS/
IFRS, wenn für das Mutterunternehmen der Wertpapierhandel in einem geregelten
Markt zum Bilanzstichtag erst beantragt worden ist (§ 315a Abs. 2 HGB). Im Interesse
von kapitalmarktorientierten Muttergesellschaften, deren Wertpapiere zum öffentlichen Handel in einem Nichtmitgliedstaat der EU zugelassen sind und die zu eben
diesem Zweck bislang einen (befreienden) Konzernabschluss nach US-GAAP aufgestellt hatten, gewährt die IAS-Verordnung den Mitgliedstaaten das Recht, die zwingende Umstellung auf IAS/IFRS um zwei Jahre hinauszuschieben, also erst für die
nach Ende 2006 beginnenden Geschäftsjahre vorzusehen (Art. 9 lit. b IAS-VO). Ein
zeitlich entsprechendes Mitgliedstaatenwahlrecht hat der europäische Gesetzgeber
zu Gunsten solcher konsolidierungspflichtigen Gesellschaften eingeräumt, von denen lediglich Schuldtitel zum Handel in einem geregelten Markt zugelassen sind
(Art. 4 IAS-VO). Der deutsche Gesetzgeber hat von diesen Optionen nach Maßgabe
von Art. 57 Satz 1 Nr. 1 und 2 EGHGB Gebrauch gemacht. Mit Ablauf der Übergangs-
frist haben sich diese den Mitgliedstaaten noch verbliebenen Gestaltungsmöglichkeiten aber erledigt. Für die nach dem 31.12.2006 beginnenden Geschäftsjahre sind alle
konsolidierungspflichtigen *kapitalmarktorientierten* Gesellschaften kraft europäischen Rechts gezwungen, ihre Konzernabschlüsse einheitlich nach IAS/IFRS aufzustellen.

Im Übrigen sind die **maßgeblichen Vorgaben für die IAS/IFRS-Konzernrechnungs-**   14
legung wie folgt abzugrenzen: Die IAS-Verordnung regelt das Rechnungslegungssys-
tem, nach dem der konsolidierte Abschluss aufzustellen ist. Die Konsolidierungs-
pflicht selbst und etwaige Befreiungen davon ergeben sich auch weiterhin aus den
(durch Richtlinienrecht harmonisierten) nationalen Bilanzrechten der Mitgliedstaaten, für die SE mit Sitz in Deutschland also aus §§ 290 ff. HGB (§ 315a Abs. 1 HGB).
Für den Konsolidierungskreis, die Ansatz- und Bewertungsregeln sowie die Berichts-
elemente der Konzernrechnungslegung gelten indes die Vorgaben der IAS/IFRS. Die
Pflicht zur Aufstellung eines Konzernlageberichts nach Maßgabe von § 315 HGB
bleibt hingegen auch für solche Gesellschaften bestehen, die nach IAS/IFRS konsolidiert Rechnung legen. Darüber hinaus gelten auch für den Konzernabschluss nach
IAS/IFRS die Vorgaben in § 298 Abs. 1 HGB i.V.m. §§ 244, 245 HGB (Abfassung in
deutscher Sprache, s. aber auch unten Rz. 30; Unterzeichnung durch die gesetzlichen
Vertreter) sowie die Verpflichtung zu ergänzenden Angaben im Anhang nach Maßgabe der §§ 313 Abs. 2–4, 314 Abs. 1 Nr. 4, 6, 8, 9, Abs. 2 Satz 2 HGB (zum Ganzen
§ 315a Abs. 1 HGB).

2. Nicht kapitalmarktorientierte Gesellschaften

Nicht kapitalmarktorientierte Muttergesellschaften haben die **Wahl, entweder nach**   15
IAS/IFRS (mit den darin geregelten Berichtsinstrumenten, ergänzt um den Konzernlagebericht und die weiteren Angaben nach Maßgabe des in Rz. 14 Gesagten) **oder**
nach §§ 290 ff. HGB konsolidiert Rechnung zu legen (§ 315a Abs. 3 HGB). Ein Unternehmen, das von seinem Wahlrecht zugunsten der IAS/IFRS-Konzernrechnungs-
legung Gebrauch macht, hat die internationalen Standards und die durch § 315a
Abs. 1 HGB für anwendbar erklärten Vorschriften des HGB (s. Rz. 14) vollständig zu
befolgen (§ 315a Abs. 3 Satz 2 HGB).

Der **Konzernabschluss nach HGB** besteht aus der Konzernbilanz, der Konzern-Ge-   16
winn- und Verlustrechnung, dem Konzernanhang sowie der Kapitalflussrechnung
und dem Eigenkapitalspiegel (§ 297 Abs. 1 Satz 1 HGB); er kann um eine Segmentbe-
richterstattung erweitert (§ 297 Abs. 1 Satz 2 HGB) und muss um den Konzernlagebericht ergänzt werden (§ 315 HGB).

IV. Aufstellung und Feststellung des Jahresabschlusses; Aufstellung und Billigung des Konzernabschlusses

1. SE mit dualistischem System

17 In der SE mit dualistischem System ist der **Vorstand** als gesetzliches Vertretungsorgan (alle Vorstandsmitglieder) für die **Aufstellung** von Jahresabschluss und Lagebericht sowie Konzernabschluss und Konzernlagebericht zuständig (§§ 264 Abs. 1 Satz 1, 290 Abs. 1 HGB). Jahresabschluss und Lagebericht mittelgroßer und großer Gesellschaften müssen binnen dreier Monate nach Ende des Geschäftsjahres aufgestellt werden; kleine Gesellschaften haben, soweit es einem ordnungsgemäßen Geschäftsgang entspricht, für die Aufstellung ihres Jahresabschlusses maximal sechs Monate Zeit (§ 264 Abs. 1 Satz 2 und 3 HGB). Konzernabschluss und Konzernlagebericht sind innerhalb von fünf Monaten nach Geschäftsjahresende aufzustellen (§ 290 Abs. 1 HGB).

18 Der Vorstand hat nach § 170 Abs. 1 Satz 1 AktG Jahresabschluss und Lagebericht – gemeinsam mit seinem Gewinnverwendungsvorschlag nach § 170 Abs. 2 AktG – unverzüglich (d.h. ohne schuldhaftes Zögern, § 121 Abs. 1 Satz 1 BGB) nach der Aufstellung dem **Aufsichtsrat** zur **Prüfung** (dazu § 171 AktG, zu den zeitlichen Vorgaben § 171 Abs. 3 AktG) vorzulegen. Entsprechendes gilt für einen Einzelabschluss nach § 325 Abs. 2a HGB (s. oben Rz. 10) sowie bei konsolidierungspflichtigen Mutterunternehmen für den Konzernabschluss und den Konzernlagebericht (§ 170 Abs. 1 Satz 2 AktG). Der Einzelabschluss nach § 325 Abs. 2a HGB darf vom Vorstand erst nach dessen Billigung durch den Aufsichtsrat offen gelegt werden (s. unten Rz. 32). Zur Vorlage des Prüfungsberichts des Abschlussprüfers s. sogleich Rz. 19.

19 Mit **Billigung des Jahresabschlusses durch den Aufsichtsrat** (Erklärung am Schluss des Aufsichtsratsberichts nach § 171 Abs. 2 Satz 4 AktG) ist dieser **festgestellt**, sofern nicht Vorstand und Aufsichtsrat beschließen, die Feststellung des Jahresabschlusses der Hauptversammlung zu überlassen (§ 172 Satz 1 AktG). Haben Vorstand und Aufsichtsrat dies beschlossen oder hat der Aufsichtsrat den Jahresabschluss nicht gebilligt, so stellt die **Hauptversammlung** den Jahresabschluss fest (§ 173 Abs. 1 Satz 1 AktG). Die Feststellung kann in prüfungspflichtigen Gesellschaften nicht ohne vorherige **Abschlussprüfung** erfolgen (s. unten Rz. 24). Der Prüfungsbericht des Abschlussprüfers wird dem Aufsichtsrat vom Abschlussprüfer übermittelt (§ 321 Abs. 5 Satz 2 HGB); der Aufsichtsrat trifft seine Entscheidung über die Billigung des Jahresabschlusses erst nach Vorlage des Prüfungsberichts[11].

20 Ebenso entscheidet die Hauptversammlung über die **Billigung des Konzernabschlusses**, wenn der Aufsichtsrat eines Mutterunternehmens dem Konzernabschluss die Billigung (Erklärung nach § 171 Abs. 2 Satz 5 AktG) versagt hat (§ 173 Abs. 1 Satz 2 AktG)[12]. Das in Rz. 19 Gesagte gilt entsprechend.

21 Jahresabschluss und Konzernabschluss sind von allen Vorstandsmitgliedern, einschließlich der Stellvertreter (§ 94 AktG), zu **unterzeichnen** (§§ 245, 298 Abs. 1 HGB), wobei sich die Zeichnungspflicht auf den festgestellten Jahresabschluss (bzw. den gebilligten Konzernabschluss) bezieht[13].

---

11 Zu Einzelheiten s. die Erläuterungen von *Drygala* in K. Schmidt/Lutter, AktG, zu §§ 170–173.
12 S. näher die Erläuterungen von *Drygala* in K. Schmidt/Lutter, AktG, zu §§ 171, 173.
13 Heute ganz h.M.; BGH v. 28.1.1985 – II ZR 79/84, GmbHR 1985, 256; *Hennrichs* in Baetge/Kirsch/Thiele, Bilanzrecht, Loseblatt, § 245 HGB Rz. 23; *Hüffer* in Großkomm. HGB, 4. Aufl. 2002, § 245 Rz. 5; *Kleindiek* in Lutter/Hommelhoff, GmbHG, § 42 Rz. 14, je m.w.N.

2. SE mit monistischem System

In der SE mit monistischem System sind für die **Aufstellung** von Jahresabschluss und 22
Lagebericht sowie Konzernabschluss und Konzernlagebericht die **geschäftsführenden
Direktoren** zuständig, da sie die gesetzlichen Vertreter der Gesellschaft sind (§ 41
Abs. 1 SEAG); auch §§ 40 Abs. 3 Satz 1, 47 Abs. 1 Satz 1 und Abs. 4 Satz 1 SEAG ge-
hen von ihrer Zuständigkeit bei der Abschlussaufstellung aus[14]. Aufstellung von Jah-
resabschluss und Konzernabschluss unterliegen den bei Rz. 17 skizzierten Fristen.

Das **weitere Verfahren** ist in § 47 SEAG in Anlehnung an und unter Verweis auf die 23
Regelungen in §§ 170–173 AktG ausgestaltet (s. oben Rz. 18 ff.); die nach §§ 170–173
AktG dem Aufsichtsrat zugewiesenen Kompetenzen obliegen in der SE mit monistischem System deren Verwaltungsrat. Der Prüfungsbericht des Abschlussprüfers wird
dem Verwaltungsrat vom Abschlussprüfer übermittelt (§ 22 Abs. 6 SEAG). Der Einzelabschluss nach § 325 Abs. 2a HGB darf wiederum erst nach Billigung durch den
Verwaltungsrat offen gelegt werden (§ 47 Abs. 4 Satz 2 SEAG)[15].

V. Prüfung und Offenlegung

1. Prüfung

Jahresabschluss und Lagebericht in **mittelgroßen** und **großen Kapitalgesellschaften** 24
(und mithin auch in der SE dieser Größenklassen) sind zwingend der **Abschlussprüfung** unterworfen[16]. Hat keine Prüfung stattgefunden, kann der Jahresabschluss nicht
festgestellt werden (§ 316 Abs. 1 HGB); ein gleichwohl festgestellter Abschluss ist
entsprechend § 256 Abs. 1 Nr. 2 AktG nichtig. Tochterunternehmen eines konsolidierungspflichtigen Mutterunternehmens sind unter den näheren Voraussetzungen
des § 264 Abs. 3 HGB von der Prüfungspflicht befreit. **Obligatorische Konzernabschlüsse** und Konzernlageberichte sind in jedem Fall prüfungspflichtig; ohne vorherige Prüfung ist die Billigung des Konzernabschlusses ausgeschlossen (§ 316 Abs. 2
HGB). Werden Jahresabschluss, Konzernabschluss, Lagebericht oder Konzernlagebericht nach Vorlage des Prüfungsberichts geändert, so ist eine **Nachtragsprüfung** erforderlich (§ 316 Abs. 3 HGB). Die Vorschriften zur Prüfung des Jahresabschlusses
(§§ 316 ff. HGB) sind auf den **Einzelabschluss nach § 325 Abs. 2a HGB** (s. Rz. 10) entsprechend anzuwenden (§ 324a HGB).

Ihrem **Umfang** nach erstreckt sich die Prüfung auf den Jahresabschluss, den Konzern- 25
abschluss, den Lagebericht sowie den Konzernlagebericht; die Buchführung ist in die
Prüfung einzubeziehen. Prüfungsmaßstab (**Gegenstand der Prüfung**) ist die Übereinstimmung mit den gesetzlichen Vorgaben und den sie ggf. ergänzenden Bestimmungen der Satzung. Einzelheiten zu Umfang und Gegenstand der Prüfung sind in § 317
HGB normiert.

Die Abschlussprüfung in der SE können einzelne **Wirtschaftsprüfer oder Wirtschafts-** 26
prüfungsgesellschaften durchführen (§ 319 Abs. 1 Satz 1 HGB, §§ 15, 27 ff. WPO), sofern sie über eine wirksame Bescheinigung über die Teilnahme an der Qualitätskon-
trolle (§ 57a WPO) verfügen (§ 319 Abs. 1 Satz 3) und kein Ausschlussgrund nach
§§ 319 Abs. 2–5, 319a HGB (Gefährdungen der Prüferunabhängigkeit) vorliegt. Der
Abschlussprüfer wird von der Hauptversammlung der prüfungspflichtigen SE ge-

---

14 Im Ergebnis ebenso *Fischer* in MünchKomm. AktG, Art. 61 SE-VO Rz. 15.
15 Zu näheren Einzelheiten s. die Erläuterungen zu § 47 SEAG, oben Anh. Art. 43.
16 Zur gesetzgeberischen Aufgabe einer Novellierung des Abschlussprüfungsrechts in Umsetzung (Frist: Juni 2008) der Abschlussprüferrichtlinie 2006/43/EG v. 17.5.2006 (ABl. EU Nr. L
   157, S. 87) s. etwa *Klein/Klaas*, WPg 2006, 885 ff.

wählt (der Konzernabschlussprüfer von der Hauptversammlung der konsolidierungspflichtigen Muttergesellschaft), Art. 52 SE-VO i.V.m. § 318 Abs. 1 Satz 1 HGB, § 119
Abs. 1 Nr. 4 AktG. Der **Prüfungsauftrag** wird in der SE mit dualistischem System
durch den Aufsichtsrat erteilt (§ 111 Abs. Abs. 2 Satz 3 AktG), in der SE mit monistischem System durch den Verwaltungsrat (§ 22 Abs. 4 Satz 3 SEAG), wobei jeweils der
Vorsitzende handelt. Der Prüfungsauftrag ist unverzüglich nach der Wahl zu erteilen
(§ 318 Abs. 1 Satz 4 HGB).

27   Jahresabschluss und Konzernabschluss, Lagebericht und Konzernlagebericht sind
      dem Abschlussprüfer unverzüglich nach der Aufstellung durch die gesetzlichen Ver-
      treter der Gesellschaft vorzulegen (§ 320 Abs. 1 Satz 1 HGB); Letztere sind dem Prü-
      fer gegenüber auskunftspflichtig nach Maßgabe von § 320 HGB. Der Abschlussprüfer
      berichtet über Art und Umfang sowie über das Ergebnis der Prüfung schriftlich nach
      näherer Bestimmung des § 321 HGB und fasst das Ergebnis der Prüfung in einem **Be-
      stätigungsvermerk** nach Maßgabe von § 322 HGB zusammen. Empfänger des **Prü-
      fungsberichts** ist der Aufsichtsrat bzw. (in der SE mit monistischer Struktur) der Ver-
      waltungsrat (§ 321 Abs. 5 Satz 2 HGB, § 22 Abs. 6 SEAG). Der Abschlussprüfer hat an
      den Verhandlungen von Aufsichtsrat bzw. Verwaltungsrat über den Jahres- und Kon-
      zernabschluss teilzunehmen (§ 171 Abs. 1 Satz 2 AktG). Im Falle der Eröffnung des
      Insolvenzverfahrens über das Vermögen der Gesellschaft (oder bei Ablehnung des Er-
      öffnungsantrags mangels Masse) hat jeder Gläubiger ein Einsichtsrecht in die Prü-
      fungsberichte der drei zurückliegenden Geschäftjahre nach Maßgabe von § 321a
      HGB.

2. Offenlegung

28   Jahresabschluss und Konzernabschluss, Lagebericht und Konzernlagebericht unterlie-
      gen der **Offenlegungspflicht** nach den Bestimmungen der **§§ 325 ff. HGB**, die mit dem
      – zum 1.1.2007 in Kraft getretenen – Gesetz über elektronische Handelsregister und
      Genossenschaftsregister sowie das Unternehmensregister (**EHUG**) v. 10.11.2006[17] er-
      hebliche Änderungen erfahren haben[18].

29   Die gesetzlichen Vertreter der SE haben für diese den Jahresabschluss (Bilanz, GuV,
      Anhang) und den Konzernabschluss sowie Lagebericht und Konzernlagebericht, je-
      weils mit dem Bestätigungsvermerk des Abschlussprüfers (oder dem Vermerk über
      dessen Versagung), nunmehr **beim Betreiber des elektronischen Bundesanzeigers ein-
      zureichen**[19], und zwar erstmals für das nach dem 31.12.2005 beginnende Geschäfts-
      jahr. Ebenso einzureichen sind der Bericht des Aufsichtsrats bzw. Verwaltungsrats
      (§ 22 Abs. 6 SEAG) über die Prüfung (s. Rz. 18)[20]. Das hat unverzüglich nach Vorlage
      des Abschlusses an die Gesellschafter, spätestens jedoch vor Ablauf des zwölften Mo-
      nats des dem Abschlussstichtag nachfolgenden Geschäftsjahres zu geschehen (§ 325
      Abs. 1 und 4 HGB); für kapitalmarktorientierte Gesellschaften verkürzt sich diese
      Höchstfrist auf vier Monate (§ 325 Abs. 4 HGB mit der Einschränkung nach Maßgabe

---

17 BGBl. I 2006, 2553; dazu *Seibert/Decker*, DB 2006, 2446.
18 Art. 1 Nr. 21 EHUG; hierzu einführend etwa *Clausnitzer/Blatt*, GmbHR 2006, 1303, 1306 ff.;
    Deilmann, BB 2006, 2347; *Seibert/Decker*, DB 2006, 2446, 2450 f. S. dazu auch die Erläuterun-
    gen von *Kleindiek* in K. Schmidt/Lutter, AktG, Vor § 150 Rz. 23 ff.
19 www. ebundesanzeiger.de; Betreiber des elektronischen Bundesanzeigers ist die Bundesanzei-
    ger Verlagsgesellschaft mbH, Köln (Handelsregister AG Köln, HRB 31248).
20 Außerdem sind einzureichen die nach § 161 AktG für börsennotierte Gesellschaften vor-
    geschriebene Erklärung zum Corporate Governance Kodex, der Vorschlag von Vorstand bzw.
    Verwaltungsrat zur Gewinnverwendung (§ 170 Abs. 2 AktG, § 22 Abs. 6, 47 Abs. 1 Satz 2
    SEAG) sowie der Verwendungsbeschluss der Hauptversammlung.

von § 327a HGB i.d.F. von Art. 1 Nr. 21 u. 22 EHUG). **Form und Inhalt der Offenlegung** bestimmen sich nach § 328 HGB.

Die **Rechnungslegungsunterlagen können zusätzlich** zu ihrer deutschsprachigen Fassung **auch übersetzt** in jede Amtssprache eines Mitgliedstaates der EU **übermittelt** werden (§ 325 Abs. 6 i.V.m. § 11 HGB i.d.F. v. Art. 1 Nr. 2 und 21 EHUG). Sie **sind elektronisch einzureichen** (§ 325 Abs. 6 i.V.m. § 12 Abs. 2 HGB i.d.F. v. Art. 1 Nr. 2 und 21 EHUG); gestützt auf Art. 61 Abs. 2 EGHGB i.d.F. v. Art. 2 EHUG hat das Bundesministerium der Justiz jedoch durch Rechtsverordnung bestimmt, dass die beim Betreiber des elektronischen Bundesanzeigers einzureichenden Rechnungslegungsunterlagen bis zum 31.12.2009 alternativ auch noch in Papierform eingereicht werden können[21]. 30

Kleine Gesellschaften (s. Rz. 9) haben von den in Rz. 29 bezeichneten Unterlagen nur die Bilanz und den Anhang beim Betreiber des elektronischen Bundesanzeigers einzureichen; der Anhang braucht die die GuV betreffenden Angaben nicht zu enthalten. **Mittelgroße Gesellschaften** können Erleichterungen für den Ausweis in Bilanz und Anhang nach Maßgabe von § 327 HGB in Anspruch nehmen. **Tochterunternehmen** eines konsolidierungspflichtigen Mutterunternehmens sind unter den näheren Voraussetzungen des § 264 Abs. 3 HGB von der Verpflichtung zur Offenlegung ihres Jahresabschlusses befreit. Zur Publizitätspflicht der inländischen **Zweigniederlassung** einer Kapitalgesellschaft mit Sitz in einem anderen EU-Staat oder Vertragsstaat des Abkommens über den europäischen Wirtschaftsraum s. § 325a HGB. 31

Die gesetzlichen Vertreter der Gesellschaft haben die Rechnungslegungsunterlagen jeweils unverzüglich nach der Einreichung **im elektronischen Bundesanzeiger bekannt machen** zu lassen (§ 325 Abs. 2 HGB). Für diese Offenlegung im elektronischen Bundesanzeiger (und nur dafür) **kann** an die Stelle des HGB-Jahresabschlusses ein **Einzelabschluss nach** den übernommenen **IAS/IFRS** (s. oben Rz. 10) treten, für den ergänzend die in § 325 Abs. 2a HGB aufgeführten Bestimmungen des HGB-Bilanzrechts gelten. 32

Der Betreiber des elektronischen Bundesanzeigers prüft, ob die einzureichenden Rechnungslegungsunterlagen fristgemäß und vollzählig eingereicht worden sind; andernfalls unterrichtet er die für die Durchführung eines Ordnungsgeldverfahrens nach **§ 335 HGB** zuständige Behörde (zu Einzelheiten s. § 329 HGB i.d.F. v. Art. 1 Nr. 26 EHUG). Zuständige Behörde ist das Bundesamt für Justiz, das **von Amts wegen** (also ohne dass es noch eines Antrages bedarf) ein **Ordnungsgeldverfahren** (mit Festsetzung eines Ordnungsgeldes zwischen 2.500 und 25.000 €, ggf. auch wiederholt) gegen die Mitglieder des vertretungsberechtigten Organs einer Kapitalgesellschaft einleitet, welche die gesetzlichen Pflichten zur Offenlegung der Rechnungslegungsunterlagen nicht befolgen; ebenso kann das Ordnungsgeldverfahren gegen die Gesellschaft selbst eingeleitet werden (§ 335 HGB i.d.F. v. Art. 1 Nr. 27 EHUG)[22]. 33

Die Unterlagen der Rechnungslegung und deren Bekanntmachung sind – wie alle wesentlichen publizitätspflichtigen Unternehmensdaten – auch über die Internetseite des (elektronisch geführten) **Unternehmensregisters**[23] zugänglich; die entsprechen- 34

---

21 S. § 4 der Verordnung über die Übertragung der Führung des Unternehmensregisters und die Einreichung von Dokumenten beim Betreiber des elektronischen Bundesanzeigers vom 15.12.2006, BGBl. I, 2006, 3202.
22 Zu Einzelheiten s. *Grashoff*, DB 2006, 2641 ff.
23 www. unternehmensregister.de; die Führung des Unternehmensregisters ist durch § 1 der in Fn. 21 genannten Verordnung der Bundesanzeiger Verlagsgesellschaft mbH, Köln, übertragen worden. S. zum Unternehmensregister einführend *Clausnitzer/Blatt*, GmbHR 2006, 1303, 1304 f.; *Seibert/Decker*, DB 2006, 2446, 2449 f.

den Daten werden vom Betreiber des elektronischen Bundesanzeigers dem Unternehmensregister übermittelt (s. § 8b HGB i.d.F. v. Art. 1 Nr. 2 EHUG)[24].

VI. Aufbewahrungs- und Vorlagepflichten

35 Die SE ist wie eine AG verpflichtet, Unterlagen nach Maßgabe von § 257 HGB aufzubewahren und ggf. nach §§ 258 bis 261 HGB vorzulegen.

VII. Straf- und Bußgeldvorschriften

36 Erwägungsgrund 18 verpflichtet die Mitgliedstaaten zur Anwendung der in den Mitgliedstaaten für Aktiengesellschaften geltenden Sanktionen. Zur Anwendbarkeit der Straf- und Bußgeldvorschriften vgl. § 53 SEAG.

Art. 62
[Abschluss von Kredit- oder Finanzinstituten, Versicherungsunternehmen]

(1) Handelt es sich bei der SE um ein Kreditinstitut oder ein Finanzinstitut, so unterliegt sie hinsichtlich der Aufstellung ihres Jahresabschlusses und gegebenenfalls ihres konsolidierten Abschlusses einschließlich des dazugehörigen Lageberichts sowie der Prüfung und der Offenlegung dieser Abschlüsse den gemäß der Richtlinie 2000/12/EG des Europäischen Parlaments und des Rates vom 20. März 2000 über die Aufnahme und Ausübung der Tätigkeit der Kreditinstitute[1] erlassenen einzelstaatlichen Rechtsvorschriften des Sitzstaats.

(2) Handelt es sich bei der SE um ein Versicherungsunternehmen, so unterliegt sie hinsichtlich der Aufstellung ihres Jahresabschlusses und gegebenenfalls ihres konsolidierten Abschlusses einschließlich des dazugehörigen Lageberichts sowie der Prüfung und der Offenlegung dieser Abschlüsse den gemäß der Richtlinie 91/674/EWG des Rates vom 19. Dezember 1991 über den Jahresabschluss und den konsolidierten Abschluss von Versicherungsunternehmen[2] erlassenen einzelstaatlichen Rechtsvorschriften des Sitzstaats.

Literatur: S. vor Art. 61 SE-VO.

---

24 Einführend *Seibert/Decker*, DB 2006, 2446, 2449 f.

1 ABl. EG Nr. L 126 v. 26.5.2000, S. 1.

2 ABl. EG Nr. L 374 v. 31.12.1991, S. 7.

I. Gegenstand der Regelung

Die Vorschrift enthält, ergänzend und modifizierend zur Verweisung nach Art. 61, ei-   1
ne spezielle Verweisung für Kredit- und Finanzinstitute sowie Versicherungsunternehmen in der Rechtsform der SE. Für die Aufstellung von Konzernabschluss, Lagebericht und Konzernlagebericht sowie für die Prüfung und Offenlegung dieser Unterlagen verweist die Norm auf das zur Umsetzung der Richtlinien über die Aufnahme
und Ausübung der Tätigkeit der Kreditinstitute sowie über den Jahresabschluss und
den konsolidierten Abschluss von Versicherungsunternehmen erlassene – weitgehend harmonisierte – **sitzstaatliche Recht**. Dessen branchenbezogene Bestimmungen sind vorrangig vor den allgemeinen Vorschriften anzuwenden, auf die Art. 61 verweist.

II. Kredit- oder Finanzinstitute (Art. 62 Abs. 1)

Eine Umschreibung der Begriffe Kredit- und Finanzinstitut findet sich in Art. 1 der   2
Richtlinie über die Aufnahme und Ausübung der Tätigkeit der Kreditinstitute (Kreditinstitute-RL)[3], auf welche Art. 62 Abs. 1 Bezug nimmt. Ein **Kreditinstitut** ist demnach „ein Unternehmen, dessen Tätigkeit darin besteht, Einlagen oder andere rück-
zahlbare Gelder des Publikums entgegenzunehmen und Kredite für eigene Rechnung
zu gewähren" (Art. 1 Nr. 1 lit. a Kreditinstitute-RL) oder „ein E-Geld-Institut im Sinne der Richtlinie 2000/46/EG des Europäischen Parlaments und des Rates vom
18. September 2000 über die Aufnahme, Ausübung und Beaufsichtigung der Tätigkeit
von E-Geld-Instituten. (ABl. L 275 vom 27.10.2000, S. 39)" (Art. 1 Nr. 1 lit. b Kreditinstitute-RL). Bei einem **Finanzinstitut** handelt es sich um „ein Unternehmen, das
kein Kreditinstitut ist und dessen Haupttätigkeit darin besteht, Beteiligungen zu erwerben oder eines oder mehrere der Geschäfte zu betreiben, die unter den Nummern
2 bis 12 der im Anhang I enthaltenen Liste aufgeführt sind" (Art. 1 Nr. 5 Kreditinstitute-RL).

Art. 62 Abs. 1 verweist auf die Richtlinie über die Aufnahme und Ausübung der Tä-   3
tigkeit der Kreditinstitute, die freilich im Wesentlichen das Aufsichtsrecht über die
Tätigkeit der Kredit- und Finanzinstitute zum Gegenstand hat; die Kreditinstitute-
RL trifft indessen keine Regelungen zur Rechnungslegung der Banken und enthält
auch ihrerseits keinen Verweis auf die insoweit einschlägigen Rechnungslegungs-
bestimmungen der **BankbilanzRL 86/635/EWG**[4]. Ob die – insgesamt misslungene[5] –
Formulierung des Art. 62 Abs. 1 deshalb Ausdruck eines Redaktionsversehens des
europäischen Gesetzgebers ist[6], mag dahinstehen. Denn jedenfalls wäre über die allgemeinere Verweisungsvorschrift des Art. 61 auch das in Umsetzung der BankbilanzRL ergangene nationale Recht verbindlich[7]. Der deutsche Gesetzgeber hat die
BankbilanzRL in den **§§ 340 bis 340o HGB** umgesetzt.

---

3 Richtlinie 2000/12/EG des Europäischen Parlaments und des Rates v. 20.3.2000 über die Aufnahme und Ausübung der Tätigkeit der Kreditinstitute, ABl. EG Nr. L 126 v. 26.5.2000, S. 1; geändert durch Richtlinie 2000/28/EG.
4 Richtlinie 86/635/EWG, ABl. EG Nr. L 372 v. 31.12.1986, S. 1.
5 *Fischer* in MünchKomm. AktG, Art. 62 SE-VO Rz. 2 ff.; *Plendl/Niehues* in Theisen/Wenz, Europäische Aktiengesellschaft, S. 405, 415 ff.
6 *Plendl/Niehues* in Theisen/Wenz, Europäische Aktiengesellschaft, S. 405, 416 f.
7 *Fischer* in MünchKomm. AktG, Art. 62 SE-VO Rz. 4; *Schwarz*, Art. 62 Rz. 6.

III. Versicherungsunternehmen (Art. 62 Abs. 2)

4   **Versicherungsunternehmen** sind gem. Art. 2 der VersicherungsbilanzRL[8], auf welche Art. 62 Abs. 2 verweist, „Unternehmen gem. Artikel 1 der Richtlinie 73/239/EWG mit Ausnahme derjenigen Versicherungsvereine auf Gegenseitigkeit, die nach Artikel 3 der Richtlinie 73/239/EWG aus deren Anwendungsbereich ausgeschlossen sind, aber einschließlich der in Artikel 4 lit. a, b, c und e der genannten Richtlinie aufgeführten Einrichtungen, es sei denn, deren Tätigkeit besteht nicht ausschließlich oder hauptsächlich im Versicherungsgeschäft" (Art. 2 lit. a VersicherungsbilanzRL) oder „Unternehmen gemäß Artikel 1 der Richtlinie 79/267/EWG mit Ausnahme der in Artikel 2 Absätze 2 und 3 sowie Artikel 3 der genannten Richtlinie aufgeführten Einrichtungen und Versicherungsvereine auf Gegenseitigkeit" (lit. b) oder „Unternehmen, die die Rückversicherung betreiben" (Art. 2 lit. c VersicherungsbilanzRL). Die Vorgaben der VersicherungsbilanzRL sind in den **§§ 341 bis 341p HGB** umgesetzt.

---

8 Richtlinie 91/674/EWG des Rates v. 19.12.1991 über den Jahresabschluss und den konsolidierten Abschluss von Versicherungsunternehmen, ABl. EG Nr. L 374 v. 31.12.1991, S. 7.

Titel V. Auflösung, Liquidation, Zahlungsunfähigkeit und Zahlungseinstellung

Art. 63
[Auflösung und ähnliche Verfahren]

Hinsichtlich der Auflösung, Liquidation, Zahlungsunfähigkeit, Zahlungseinstellung und ähnlicher Verfahren unterliegt die SE den Rechtsvorschriften, die für eine Aktiengesellschaft maßgeblich wären, die nach dem Recht des Sitzstaats der SE gegründet worden ist; dies gilt auch für die Vorschriften hinsichtlich der Beschlussfassung durch die Hauptversammlung.

Literatur: *Frege/Klawa*, Auflösung und Abwicklung, in Jannott/Frodermann (Hrsg.), Handbuch der Europäischen Aktiengesellschaft – Societas Europaea, 2005; *Hopt*, Auflösung, Abwicklung und Konkurs der S.E., in Lutter (Hrsg.), Die Europäische Aktiengesellschaft, 2. Aufl. 1978, S. 353; *Kunz*, Die Insolvenz der Europäischen Aktiengesellschaft, 1995 (zit.: Insolvenz); *Ludwig*, Die Beendigung der Europäischen Aktiengesellschaft (SE) nach europäischem und nationalem Recht, Diss. Köln 2006 (zit.: Beendigung); *Nolting*, Insolvenz und Sanierung, in Theisen/Wenz (Hrsg.), Die Europäische Aktiengesellschaft, 2. Aufl. 2005; *Oechsler*, Kapitalerhaltung in der Europäischen Gesellschaft (SE), NZG 2005, 449; *Roitsch*, Auflösung, Liquidation und Insolvenz der Europäischen Aktiengesellschaft (SE) mit Sitz in Deutschland, 2006 (zit.: Auflösung); *Schöberl*, Auflösung, Liquidation und Insolvenz, in Straube/Aicher (Hrsg.), Handbuch zur Europäischen Aktiengesellschaft – Praxishandbuch, 2006; *Zang*, Sitz und Verlegung des Sitzes einer Europäischen Aktiengesellschaft mit Sitz in Deutschland, 2004 (zit.: Sitz).

I. Grundlagen

1   Die Auflösung und Liquidation einer SE führen zum Ende der Existenz der Gesellschaft (Beendigung). Sie sind daher der Schlusspunkt des „Lebens" einer SE, das mit
der Gründung beginnt. Mit der **Auflösung** ändern sich die Zielrichtung des Geschäftsbetriebs und der Zweck der Gesellschaft[1]. Verbunden damit ist die **Liquidation**
der Gesellschaft im Sinne einer bestmöglichen Verwertung des Vermögens der SE, einer geordneten Befriedigung der Gläubiger und der Ausschüttung des übrigen Vermögens an die Gesellschafter. Die Liquidation kann entweder gesellschaftsrechtlich
oder insolvenzrechtlich erfolgen. In beiden Fällen geht es um den Schutz der Gläubiger. Die gesellschaftsrechtliche Liquidation darf nur dann erfolgen, wenn das Vermögen der Gesellschaft ausreicht, um alle Gläubiger vollständig zu befriedigen. Ist
dies nicht der Fall, so muss ein Verfahren eingreifen, das die Gläubiger jedenfalls quo-
tal gleichmäßig befriedigt. Diese Aufgabe übernimmt ein Insolvenzverfahren. Was
im Einzelnen unter einem Verfahren zur Gesamtvollstreckung in der Insolvenz einer
Gesellschaft zu fassen ist, ist von Mitgliedstaat zu Mitgliedstaat ganz unterschiedlich ausgestaltet und entzieht sich einer einheitlichen Betrachtung. Eine Bestimmung dessen, was als Insolvenzverfahren anzuerkennen ist, ergibt sich aus Art. 2
lit. a in Verbindung mit Art. 1 Abs. 1 EuInsVO, die entsprechenden Insolvenzverfahren sind in Anhang A zur EuInsVO aufgelistet. Nur eine Liquidation im Rahmen eines Insolvenzverfahrens ist ein **Gesamtvollstreckungsverfahren**[2]. Der Verweis auf
das Insolvenzverfahren des Sitzstaates beinhaltet auch die Möglichkeit, dass es zu
keiner Vollbeendigung der Gesellschaft kommt, sondern dass die Gesellschaft saniert
und im Anschluss an einen Fortführungsbeschluss der Gesellschafter fortgeführt
wird. Die bloße Veräußerung des Unternehmens (*asset deal*) führt hingegen nicht zur
Abwendung des Ziels einer Vollbeendigung[3], weil sich die Vollbeendigung auf den
Rechtsträger, also die SE, bezieht und die Veräußerung des Unternehmens keine Auswirkung auf den Bestand des Rechtsträgers hat[4].

2   Die Schaffung einer supranationalen Gesellschaftsform bedarf notwendigerweise
Vorschriften für die Beendigung der Gesellschaft. Als supranationale Rechtsform[5]
sind die maßgeblichen Bestimmungen zunächst nicht im nationalen Recht zu suchen, sondern der übergeordneten Rechtsebene zu entnehmen[6]. Eine einheitliche Ge-
meinschaftsregelung wäre im Hinblick auf die Einheitlichkeit der Ausgestaltung der
SE wünschenswert, aber sie ist nicht notwendig[7]. In der SE-VO hat man sich aus guten Gründen jedoch für eine sehr **zurückhaltende Regelung** der Vorschriften für die
Beendigung der Gesellschaft entschieden[8]. Die Auflösung und die Liquidation sowie
die Beendigung von Gesellschaften ist nämlich mit einer erheblichen **Vielzahl von
Annexregelungen** verbunden, die nicht gesellschaftsrechtlich geprägt sind (z.B. regis-
terrechtliche, insolvenzrechtliche und steuerrechtliche Fragestellungen), so dass in-

---

1 Ausführlich *Frege/Klawa* in Jannott/Frodermann, Handbuch Europäische Aktiengesellschaft,
   § 12 Rz. 2; *Schöberl* in Straube/Aicher, Europäische Aktiengesellschaft, S. 288 f.; *Schwarz*,
   Art. 63 Rz. 5.
2 Ungenau *Schwarz*, Art. 63 Rz. 5, der von einem Gesamtverfahren spricht und dies auch auf die
   anderen Liquidationsverfahren bezieht.
3 So aber *Schwarz*, Art. 63 Rz. 5.
4 Zur Differenzierung von Unternehmen/Verband und Rechtsträger allg. ausführlich *Karsten
   Schmidt*, GesR, § 18.
5 *Teichmann*, ZGR 2002, 383, 387; zweifelnd *Lächler/Oplustil*, NZG 2005, 381.
6 *Ludwig*, Beendigung, S. 21.
7 Ebenso *Frege/Klawa* in Jannott/Frodermann, Handbuch Europäische Aktiengesellschaft, § 12
   Rz. 1.
8 Zu den Gründen *Ludwig*, Beendigung, S. 37 ff.

soweit die Kompetenz der EG zur einheitlichen Regelung gefehlt hat[9]. Unabhängig davon wäre eine vereinheitlichte Regelung aufgrund der Vielzahl von Regelungen nicht mit dem Versuch vereinbar gewesen, eine schlanke Regelung für die SE zu schaffen. Sie hätte zudem tief in das Rechtsgefüge der einzelnen Mitgliedstaaten eingegriffen und wäre an Akzeptanzdefiziten gescheitert.

Besonders sensibel ist insbesondere der gesamte Bereich der **Insolvenz**, weil die Ausgestaltung des insoweit eingreifenden Verfahrens in den einzelnen Mitgliedstaaten höchst disparat und einer Vereinheitlichung nicht zugänglich ist[10]. Nach dem Erwägungsgrund 20 Satz 1 der SE-VO zählt das Konkursrecht daher auch nicht zu den Rechtsgebieten, die von der Verordnung erfasst werden[11]. Der Erwägungsgrund 20 lautet: „Andere Rechtsgebiete wie das Steuerrecht, das Wettbewerbsrecht, der gewerbliche Rechtsschutz und das Konkursrecht werden nicht von dieser Verordnung erfasst. Die Rechtsvorschriften der Mitgliedstaaten und das Gemeinschaftsrecht gelten in den oben genannten, sowie in anderen, nicht von dieser Verordnung erfassten Bereichen." Damit wird dem Umstand Rechnung getragen, dass auf der Ebene der EG – mit Ausnahme Dänemarks – ein kollisionsrechtlicher Ansatz zur Anerkennung fremder insolvenzrechtlicher Entscheidungen getroffen wurde, der zu einer Harmonisierung auf kollisionsrechtlicher Ebene führt[12]. Einen entsprechenden kollisionsrechtlichen Ansatz wählt Art. 63 für die Auflösung und Liquidation einer SE, die nicht insolvenzrechtlich vorgenommen wird. Er erklärt die Rechtsregeln für anwendbar, die für eine Aktiengesellschaft maßgeblich wären, die nach dem Recht des Sitzstaates der SE gegründet worden ist.

II. Entwicklung der Norm

Die SE-VO enthält in ihrer aktuellen Fassung nur noch eine rudimentäre Regelung   3
über das Ende einer SE, deren Kernnorm Art. 63 ist, die sowohl die Auflösung und Liquidation als auch die Insolvenz erfasst. Für die Auflösung und Liquidation einer SE war dem **früheren Konzept einer umfassenden Regelung** entsprechend im Sander-Vorentwurf ein vollständiger Regelungskanon vorgesehen[13]. Darauf aufbauend hieß es in den Erwägungsgründen zum Vorschlag der SE-VOV von 1970 noch ausdrücklich, dass „... sämtliche Vorschriften über (...) die Liquidation der europäischen Aktiengesellschaft von der Anwendung der einzelstaatlichen Rechte ausgenommen werden" müssten.[14] Demgemäß regelte Titel IX in den Art. 247 ff. SE-VOV 1970 die Auflösung und Abwicklung der SE ohne Verweisung auf das nationale Recht[15]. Dies wurde in dem Vorschlag für eine SE-VO von 1975 im Wesentlichen beibehalten. Der Ansatz der autonomen Regelung von Auflösung und Liquidation wurde in dem Vorschlag der SE-VO von 1989 aufgegeben. Stattdessen wurde eine Verweisung auf die Auflösungsgrunde des Aktienrechts des Staates, in dem die SE ihren Sitz hat, aufgenommen. Der Vorschlag wollte sich auf die Regelung von Auflösungsgründen und auf die Regelung der wesentlichen Probleme, um den Schutz der Aktionäre in der Liquidation der SE sicherzustellen, beschränken[16]. Die Regelungen über die Auflösung und Li-

---

9 Vgl. auch *Ludwig*, Beendigung, S. 39.
10 Vgl. *Nolting* in Theisen/Wenz, Europäische Aktiengesellschaft, S. 622; *Schöberl* in Straube/Aicher, Europäische Aktiengesellschaft, S. 296; *Schwarz*, Art. 63 Rz. 2.
11 Erwägungsgrund 20 VO 2157/2001, ABl. EG Nr. L 294 v. 10.11.2001, S. 1–21.
12 Zu den verschiedenen Möglichkeiten der Rechtsangleichung in Europa vgl. *Riesenhuber*, Europäische Methodenlehre, 2006.
13 Dazu *Schwarz*, Art. 63 Rz. 2.
14 So auch *Schwarz*, Art. 63 Rz. 2.
15 Vgl. *Schwarz*, Art. 63 Rz. 2.
16 Begr. SE-VOV 1989, BT-Drucks. 11/5427, S. 3.

quidation wurden in dem Vorschlag zu einer SE-VO 1991 noch weiter gekürzt (vgl. Art 129, 130 SE-VOV 1991). Neben dem Wegfall der eigenständigen Bestimmungen über die Liquidation wurden die Regelungen auf den Verweis auf das Sitzstaatsrecht und einige Sachregelungen beschränkt, so dass im Ergebnis nur noch eine kursorische Regelung vorgesehen war[17]. Im Bezug auf Vorschriften der Insolvenz (Konkurs) der SE sah der Sanders-Vorentwurf sowohl einige autonome Vorschriften vor als auch eine Verweisung aus das Sitzstaatsrecht der SE (Art. IX 3-1 Abs. 2). Im Gegensatz dazu verwies Art. 261 SE-VOV 1970 auf das zwischen den Mitgliedstaaten abzuschließende Übereinkommen über den Konkurs, Vergleiche und konkursähnliche Verfahren. Der SE-VOV 1975 behielt diese Regelung bei. In den SE-VOV von 1989 und 1991 wurde wieder auf das Sitzstaatsrecht verwiesen, insbesondere auf die einzelstaatlichen Rechtsvorschriften über die Zahlungsunfähigkeit und Zahlungseinstellung[18].

4 In der Literatur wird aus dieser Entwicklung gefolgert, dass der Begriff des Konkurses durch die Begriffe **„Zahlungsunfähigkeit und Zahlungseinstellung"** ersetzt worden seien[19]. Dafür gibt es allerdings keinen Anhaltspunkt. Zwar wird darauf hingewiesen, dass die Norm einen reinen Verweisungscharakter habe und Bezug nehme auf das Europäische Übereinkommen über Insolvenzverfahren von 1995, welches von einem Begriff der Insolvenz ausgehe, das jedenfalls ein Element von Zahlungskrise oder Vermögensinsuffizienz erfasse[20], doch ist wesentlich, dass der frühere Verweis auf das Übereinkommen nun durch einen Verweis auf das nationale Recht ersetzt worden ist, so dass die Schlussfolgerung – wollte man sie überhaupt ziehen – nun nicht mehr möglich ist. Ferner hat es früher bereits einen Unterschied zwischen dem Begriff des Konkurses und den beiden anderen Begriffen gegeben, die nur die Voraussetzung für die Eröffnung eines Konkursverfahrens darstellen, keinesfalls aber so mit dem Konkurs gleichzusetzen sind, dass sie den Begriff des Konkurses einfach sinngleich überlagern könnten. Das Gleiche gilt auch für den Begriff der Insolvenz, denn auch nach dem aktuellen (deutschen) Recht lässt sich der Begriff der Insolvenz nicht durch Voraussetzungen für die Eröffnung des Insolvenzverfahrens ersetzen[21].

III. Norminhalt

1. Allgemeines

5 Art. 63 beinhaltet in Halbs. 1 eine kollisionsrechtliche Regelung, die die maßgeblichen Rechtsvorschriften bestimmt, denen die SE im Hinblick auf deren Auflösung, Liquidation, Zahlungsunfähigkeit, Zahlungseinstellung und ähnlicher Verfahren unterliegt. Demnach wird das sog. **Sitzstaatsrecht** berufen, wobei die SE insoweit den jeweiligen nationalen Aktiengesellschaften gleichgestellt wird und damit im Ergebnis die Supranationalität der Gesellschaftsform SE aufgehoben wird. Da diese Regelung sich auch auf die Beschlussfassung der Organe bezieht, ist Art. 63 Halbs. 1 eine „andere Bestimmung" der Verordnung im Sinne des Art. 50 Abs. 1[22]. Die sich für die in Art. 63 Halbs. 1 genannten Verfahren aus dem nationalen Recht ergebenden Zuständigkeiten sind solche im Sinne des Art. 52 Unterabs. 2[23].

---

17 S. *Kunz*, Insolvenz, S, 27 ff.; *Ludwig*, Beendigung, S. 33.
18 So auch *Schwarz*, Art. 63 Rz. 3; vgl. dazu auch *Kunz*, Insolvenz, S. 27 ff.
19 *Roitsch*, Auflösung, S. 29; *Kunz*, Insolvenz, S. 44 f.; *Fuchs* in Manz/Mayer/Schröder, Art. 63 SE-VO Rz. 8.
20 *Fuchs* in Manz/Mayer/Schröder, Art. 63 SE-VO Rz. 8.
21 Wie hier im Ergebnis *Nolting* in Theisen/Wenz, Europäische Aktiengesellschaft, S. 623 f.
22 So auch *Schwarz*, Art. 63 Rz. 1.
23 *Schwarz*, Art. 63 Rz. 1.

Art. 63 Halbs. 2 erklärt die Verweisungsnorm des Halbs. 1 ausdrücklich auch für die 6
„Vorschriften hinsichtlich der Beschlussfassung durch die Hauptversammlung" für
anwendbar. Damit werden die **nationalen Rechtsvorschriften des Sitzstaates**, die für
die jeweilige nationale AG durch Beschlussfassung durch die Hauptversammlung bei
der Auflösung und Insolvenz regeln, für die SE berufen. Art. 57 und 59 greifen daher
insoweit nicht ein. Damit soll gewährleistet werden, dass Beschlüsse, die auch im
werbenden Stadium, also nur bei Gelegenheit der Auflösung, getroffen werden können, noch den allgemeinen Vorschriften der Art. 52 ff. unterfallen können[24].

Die Regelung über die Beendigung der SE findet nur eine Entsprechung bei den Rege- 7
lungen über die Beendigung einer SCE. Art. 72 SCE-VO ist mit Art. 63 identisch. Die
anderen supranationalen Gesellschaftsformen sehen zum Teil andere Regelungsansätze vor. Für die EWIV sind die Auflösungsgründe in Art. 31 und 32 EWIV-VO abschließend geregelt, während die Abwicklung ebenso wie die Zahlungseinstellung
(Art. 36 EWIV-VO) und Zahlungsunfähigkeit (Art. 35 Abs. 2 EWIV-VO) dem einzelnen Recht unterstellt werden[25]. Für die EPG ist in den bisherigen Diskussionsbeiträ-
gen ein Verweis in das nationale Recht vorgesehen[26]. Für den europäischen Verein sehen Art. 42 ff. EUV-VOV Vorschriften vor, die mit denen des SE-VOV 1991 vergleichbar sind[27]. Das Gleiche gilt auch für die EUGGES (Art. 50 ff. EUGGES-VOV).

2. Regelungsgegenstand

Art. 63 bezieht die dort geregelte Kollisionsnorm auf **fünf Anknüpfungspunkte**, näm- 8
lich auf die „Auflösung", „Liquidation", „Zahlungsunfähigkeit", „Zahlungseinstellung" und „ähnliche Verfahren". Die vom Verordnungsgeber genannten Begriffe stehen inhaltlich nicht in einer Reihe und sind als solche und im Sachzusammenhang
klärungsbedürftig[28]. In ihrer Begrifflichkeit haben die fünf Anknüpfungspunkte keine
gemeinschaftsrechtlich feststehende Bedeutung. Sie sind vielmehr **autonom und
funktional** auszulegen[29].

Die Begriffe kennzeichnen gesellschaftsrechtliche und insolvenzrechtliche Ansatz- 9
punkte für die Einleitung von Verfahren in den jeweiligen Mitgliedstaaten, die zu einer Beendigung der Gesellschaft führen[30]. Diese Verfahren müssen nicht notwendig
gesetzlich geregelt sein[31]. Die Begriffe sind aus Sicht **deutscher Rechtsterminologie**
zum Teil unscharf gewählt. Während man den Begriffen „Auflösung" und „Liquidation" durchaus noch einen Verfahrenscharakter zusprechen könnte, beinhalten die Begriffe „Zahlungsunfähigkeit" und „Zahlungseinstellung" eindeutig keine Verfahrens-
elemente, sondern sind nur Voraussetzungen zur Einleitung von bestimmten (Ge-
samtvollstreckungs-)Verfahren, selbst wenn die Verbindung mit den „und ähnlicher
Verfahren" ein anderes Verständnis nahe legen könnte. Im Regelungszusammenhang
betrachtet sind aber auch die „Auflösung" und die „Liquidation" nicht als Verfahren
zu verstehen, sondern als tatbestandliche Anknüpfungspunkte für mitgliedstaatliche
Verfahren, die zur Beendigung der Gesellschaft führen[32]. Vor diesem Hintergrund
lässt sich die Verknüpfung mit dem Zusatz „und ähnlicher Verfahren", der zwar

---

24 Vgl. *Schwarz*, Art. 63 Rz. 13 f.
25 Zur EWIV vgl. den Überblick bei *Habersack*, Europäisches Gesellschaftsrecht, Rz. 388 ff.
26 Zur EPG vgl. *Ehricke* in Hommelhoff/Helms, Neue Wege in der Europäischen Privatgesellschaft, 2001 ibid; *Helms*, Europäische Privatgesellschaft, 1998; *Bachmann*, ZGR 2001, 351.
27 S. *Wagner*, Der Europäische Verein, 2000, S. 53 f.
28 So auch *Nolting* in Theisen/Wenz, Europäische Aktiengesellschaft, S. 622.
29 Insoweit gleich *Schwarz*, Art. 63 Rz. 5.
30 Ähnlich *Nolting* in Theisen/Wenz, Europäische Aktiengesellschaft, S. 623.
31 *Schwarz*, Art. 63 Rz. 5.
32 Im Ergebnis in diese Richtung auch *Schwarz*, Art. 63 Rz. 7, Fn. 13; vgl. *Schöberl* in Straube/
   Aicher, Europäische Aktiengesellschaft, S. 288 f.

sprachlich unsauber ist – weil vorher eben keine Verfahren bezeichnet worden sind, sondern nur die Voraussetzung für Verfahren – auch so verstehen, dass sie sich auf alle vier vorherigen Merkmale bezieht und damit deutlich macht, dass Regelungsgegenstand in Art. 63 diejenigen Verfahren sein sollen, die zu einer Beendigung der Gesellschaft führen. Um insoweit auch alle möglichen mitgliedstaatlichen Verfahren in den Anwendungsbereich der Kollisionsnorm aufzunehmen, selbst wenn deren Anknüpfungspunkte nicht mit „Auflösung", „Liquidation", „Zahlungsunfähigkeit" oder „Zahlungseinstellung" in Verbindung zu bringen sind, stellt der Begriff „ähnlicher Verfahren" eine Auffangvorschrift für solche Verfahren dar, die nach nationalem Recht ebenfalls zu einer Beendigung der Gesellschaft führen.

10 Die **sprachlich wenig exakte Fassung des Regelungsgegenstandes** der Verweisung dürfte dem Umstand geschuldet sein, dass die SE-VO mit Modifikationen aus früheren Vorentwürfen zur SE entwickelt wurde und andere Sekundärrechtsakte einen gewissen Vorbildcharakter hatten, so dass eine sprachlich klare Linie fehlt. So mag z.B. möglicherweise die Formulierung „Konkurse, Vergleiche und ähnliche Verfahren" in Art. 1 Abs. 2 lit. b EuGVVO einen gewissen Anhaltspunkt für die Fassung des Art. 63 gegeben haben, aus der gefolgert werden könnte, dass sich dieser Zusatz nur auf die Begriffe „Zahlungsunfähigkeit und Zahlungseinstellung" bezieht. Zwingend ist dies nicht, und keinesfalls kann daraus Weiteres für den Regelungsgehalt des Art. 63 abgeleitet werden. Denn einerseits spricht Art. 63 von Zahlungsunfähigkeit und Zahlungseinstellung, und es kann nicht als gesichert angesehen werden, dass diese beiden Begriffe synonym mit dem Begriff des Konkurses verwendet werden sollten[33]. Andererseits wäre ein damit verbundener Verweis auf das nationale Insolvenzrecht nach Erwägungsgrund 20 der Verordnung ausgeschlossen und darf deshalb nicht in die Vorschrift des Art. 63 hineingelesen werden[34].

11 Ein weiterer Grund für die ungenaue begriffliche Fassung des Art. 63 besteht darin, dass der Verordnungsgeber mit dem Umstand zu kämpfen hatte, dass die Regelung des Art. 63 eine Vielzahl disparater und ganz **unterschiedlicher Ansätze und Voraussetzungen** in den mitgliedstaatlichen Rechten im Hinblick auf die Beendigung von Gesellschaften in sich vereinen musste und dies am besten dadurch bewerkstelligt werden konnte, dass gleichsam nur typische Anhaltspunkte für die Einleitung von Verfahren angegeben wurden, die zu einer Beendigung der Gesellschaft führen können.

3. Verweisungsregelung

a) Allgemeines

12 Art. 63 Halbs. 1 verweist auf die Rechtsvorschriften, die für eine Aktiengesellschaft maßgeblich wären, die nach dem Recht des Sitzstaates der SE gegründet wären. Es handelt sich damit um eine **Spezialverweisung**, da die in Art. 63 vorgenommene Verweisung tatbestandlich den besonderen Fall der Beendigung der SE betrifft[35]. Nach dem auch im europäischen Recht geltenden Grundsatz der Spezialität verdrängt Art. 63 als Spezialverweisung die Generalverweisung in Art. 9 Abs. 1 lit. c[36]. Der Vor-

---

33 So etwa *Fuchs* in Manz/Mayer/Schröder, Art. 63 SE-VO Rz. 8 mit Verweis auf *Balz*, ZIP 1996, 948, allerdings ohne Nachweise.

34 Einzelheiten dazu s. unten Rz. 17; dagegen *Fuchs* in Manz/Mayer/Schröder, Art. 63 SE-VO Rz. 8.

35 *Ludwig*, Beendigung, S. 46; allgemeiner *Schwarz*, Europäisches Gesellschaftsrecht, 2000, Rz. 957; vgl auch *Schäfer* in MünchKomm. AktG, Art. 63 SE-VO Rz. 1; *Hirte*, NZI 2002, 1, 10.

36 Allg. Meinung, *Schwarz*, Art. 63 Rz. 8; *Fuchs* in Manz/Mayer/Schröder, Art. 63 SE-VO Rz. 1; *Roitsch*, Auflösung, S. 21; *Ludwig*, Beendigung, S. 46 f.

rang der Spezialverweisung ergibt sich auch aus dem Wortlaut des Art. 9, wonach die SE zunächst den Bestimmungen der Verordnung selbst unterliegt, zu denen auch Spezialverweisungen zählen[37].

Art. 63 trifft keine eigene materielle Regelung und weicht in der Verweisungsanordnung auch nicht von der Generalklausel ab[38]. Diese Verweisungsnorm hat damit die Funktion, die in ihr angesprochene Rechtsfrage als zum Regelungsbereich gehörig zu charakterisieren, und erschöpft sich allerdings auch in dieser **Klarstellung**[39]. Als Verweisungsnorm ist Art. 63 **keine Rangkollisionsnorm**, da sie nicht die Abgrenzung von EG-Recht und nationalem Recht bei gleichem Sachverhalt regelt[40]. Im Bereich der SE enthält das nationale Recht nämlich keine Regelungen, die in Konkurrenz zu denen der SE-VO stehen könnten. Es wird durch die Regelung des Art. 63 vielmehr nationales Recht auf Sachverhalte für anwendbar erklärt, die es vorher nicht erfasst hat[41]. Sie greift ferner nicht kraft eigener Zuständigkeit ein, sondern wird zur Anwendung berufen, so dass es sich bei Art. 63 nicht um eine Verweisungsnorm im Sinne des Internationalen Privatrechts handelt, sondern um eine bloße Rechtsanwendungsregel[42].   13

b) Art der Verweisung

aa) Sachnorm- oder Gesamtnormverweisung. Das Verständnis der Art der Verweisungsregel in Art. 63 ist unklar. Zunächst lassen sich grundsätzlich Sachnorm- und Gesamtnormverweisungen unterscheiden. Üblicherweise werden in Verweisungsnormen in Verordnungen die unterschiedlichen Arten der Verweisungen durch die Begriffe „innerstaatliches Recht" für eine Sachnormverweisung und „einzelstaatliches Recht" für eine Gesamtnormverweisung vorgenommen. Die SE-VO verwendet beide Begriffe und zieht auch andere, neutrale Formulierungen heran, ohne dass insoweit eine bewusste Verwendung ersichtlich wäre. Daher ist dem Wortlaut der Norm selbst keine Festlegung auf die Art der Verweisung zu entnehmen[43]. Vor dem Hintergrund, dass die Verweisung des Art. 63 ihrem Sinn und Zweck nach **jede Rück- und Weiterverweisung ausschließen** möchte, weil das berufene Recht für die SE im Hinblick auf den zugrunde liegenden Sachverhalt eine Gleichbehandlung der SE mit den jeweiligen mitgliedstaatlichen Aktiengesellschaften anstrebt, handelt es sich um eine **Sachnormverweisung**[44]. Diese Sachnormverweisung bezieht sich sowohl auf das berufene Verfahrensrecht als auch auf das entsprechende materielle Recht in diesem Bereich[45].   14

bb) Inhaltlicher Umfang der Sachnormverweisung. In der Literatur ist indes umstritten, worauf sich die Sachnormverweisung inhaltlich erstreckt. Unter Berücksichtigung der Begriffspaare „Auflösung und Liquidation" und „Zahlungsunfähigkeit und Zahlungseinstellung" könnte man in Art. 63 einen Verweis sowohl auf das deutsche   15

---

37 *Brandt/Scheifele*, DStR 2002, 547, 553; *Hommelhoff* in Lutter/Hommelhoff, Europäische Gesellschaft, S. 5, 15.
38 *Fuchs* in Manz/Mayer/Schröder, Art. 63 SE-VO Rz. 1.
39 S. *Kalss* in Kalss/Hügel, nach § 63 SEG Rz. 1; *Ludwig*, Beendigung, S. 47; *Brandt/Scheifele*, DStR 2002, 547, 551.
40 Vgl. allg. dazu *Sonnenberger* in MünchKomm. BGB, Einl. IPR, Rz. 124.
41 *Teichmann*, ZGR 2002, 383, 395; *Ludwig*, Beendigung, S. 48.
42 *Teichmann*, ZGR 2002, 383, 395; *Ludwig*, Beendigung, S. 48.
43 So auch *Ludwig*, Beendigung, S. 49.
44 *Schwarz*, Art. 63 Rz. 8; *Schwarz*, ZIP 2001, 1847, 1858; *Ludwig*, Beendigung, S. 52; *Roitsch*, Auflösung, S. 21; vgl. auch *Brandt/Scheifele*, DStR 2002, 547, 553. Anders *Fuchs* in Manz/Mayer/Schröder, Art. 63 SE-VO Rz. 1, die ohne weitere Begründung eine Gesamtnormverweisung annimmt.
45 Ausführlich dazu *Ludwig*, Beendigung, S. 54 ff.

Gesellschaftsrecht als auch auf das deutsche Insolvenzrecht sehen[46]. Dagegen wird der Umfang der Sachnormverweisung von der wohl h.M. enger gesehen und auf die **gesellschaftsrechtlichen Bestimmungen** (auf das für die AG geltende Recht) des Sitzstaates der SE beschränkt[47].

16 Soweit Art. 63 auf das nationale Recht, das für eine Aktiengesellschaft maßgeblich ist, verweist, sind damit nicht nur die Aktiengesetze im engeren Sinne gemeint. Das ergibt sich zum einen bereits aus dem Wortlaut des Art. 63, der insoweit einen offeneren Wortlaut gewählt hat und sich nicht nur auf die mitgliedstaatlichen Aktiengesetze bezieht. Darüber hinaus muss mit der Verweisung dem Umstand Rechnung getragen werden, dass sich allgemein Auflösungsgründe für alle Gesellschaften etwa in Frankreich[48] und Italien[49] (auch) im allgemeinen Zivilgesetzbuch finden, während in Großbritannien sowohl freiwillige als auch zwangsweise Abwicklungen im Insolvency Act geregelt sind. Zum Teil existiert in manchen Mitgliedstaaten nicht einmal ein spezielles Aktiengesetz (vgl. die Niederlande und Italien, wo sich die entsprechenden aktienrechtlichen Vorschriften in den dortigen Zivilgesetzbüchern finden[50]). Die Verweisung des Art. 63 erfasst damit alle nationalen Vorschriften, die die Auflösung der Aktiengesellschaft zum Gegenstand haben. Die **Eingrenzung** der Verweisung findet deshalb **nach inhaltlichen** und nicht nach formalen **Kriterien** statt[51].

17 Zu Unklarheiten führt, dass Art. 63 auch die „Zahlungsunfähigkeit" und „Zahlungseinstellung" erfasst. Mit dem Hinweis, dass die SE-VOV 1991 unter Zahlungsunfähigkeit und Zahlungseinstellung die Insolvenz verstanden habe und auch das EÜI 1995 und die EuInsVO von einem Begriff der Insolvenz ausgingen, der jedenfalls ein Element von Zahlungskrise oder Vermögensinsuffizienz erfasse, wird daraus gefolgert, dass Art. 63, wenn auch nicht unmittelbar nach dem Wortlaut, so doch der Sache nach auch auf das nationale und internationale Insolvenzrecht verweise[52]. Diese Auffassung steht allerdings im Widerspruch zu Erwägungsgrund 20 der SE-VO, nach dessen Satz 1 andere Rechtsbereiche, wie das Steuerrecht, das Wettbewerbsrecht, der gewerbliche Rechtsschutz und das Konkursrecht, nicht von der Verordnung erfasst werden. Würde man Art. 63 als Verweisung auf das nationale und internationale Insolvenzrecht begreifen, dann läge der Ansatzpunkt zur Ermittlung des maßgebenden Rechts im Insolvenzfall der SE bei Art. 63, der als ersten Prüfungsschritt die Bestimmung des Sitzstaates (Art. 7) vorsehen würde. Damit würde aber außerhalb der EuInsVO ein weiterer gemeinschaftsrechtlicher Ansatzpunkt für die Bestimmung des maßgebenden Insolvenzrechts der SE bei Belegenheit von Vermögensgegenständen in verschiedenen Mitgliedstaaten ergeben, was aber ausweislich des 20. Erwägungsgrundes gerade nicht der Fall sein soll[53]. Dem lässt sich auch nicht entgegenhalten, dass sich der Widerspruch zwischen Art. 63 und dem 20. Erwägungsgrund dadurch auflöse, dass man den zweiten Satz des 20. Erwägungsgrundes hinzuziehe, wonach die Rechtsvorschriften der Mitgliedstaaten und das Gemeinschaftsrecht in den oben ge-

---

46 So *Fuchs* in Manz/Mayer/Schröder, Art. 63 SE-VO Rz. 8.
47 *Schwarz*, Art. 63 Rz. 8; *Schwarz*, ZIP 2001, 1847, 1858; *Nolting* in Theisen/Wenz, Europäische Aktiengesellschaft, S. 624 ff., *Ludwig*, Beendigung, S. 57 ff.; im Ergebnis wohl auch *Frege/Klawa* in Jannott/Frodermann, Handbuch Europäische Aktiengesellschaft, S. 362; *Thümmel*, Europäische Aktiengesellschaft, S. 161 Rz. 356.
48 Art. 1844-7 Code Civil.
49 Art. 2448 Codice Civile.
50 2. Buch, Art. 64 ff. Burgerlijk Wetboek; Art. 2325 ff. Codice Civile.
51 Zu alledem ausführlich *Ludwig*, Beendigung, S. 57.
52 *Fuchs* in Manz/Mayer/Schröder, Art. 63 SE-VO Rz. 8.
53 So die überzeugende Argumentation von *Nolting* in Theisen/Wenz, Europäische Aktiengesellschaft, S. 624.

nannten sowie in den anderen von der Verordnung nicht erfassten Bereichen gelten[54]. Daraus ergibt sich nämlich nur, dass die SE-VO keine Sperrwirkung auf das Recht der Mitgliedstaaten und des Gemeinschaftsrechts ausüben soll, wo durch ihren Anwendungsbereich die SE-VO lex specialis ist. Das nationale Recht und das (übrige) Gemeinschaftsrecht finden dort Anwendung, wo das Recht der SE-VO keine Beachtung verlangt[55]. Auch für die Insolvenz einer SE mit Sitz in Deutschland gilt nach Art. 3 EuInsVO im Zweifel deutsches Insolvenzrecht[56] (vgl. ferner unten Rz. 46 ff.).

Es stellt sich damit allerdings die Frage, wie der **Bedeutungsgehalt** der Begriffe „Zahlungsunfähigkeit" und „Zahlungseinstellung" verstanden werden muss, damit sie außerhalb des Konkurs- und Insolvenzrechts eingeordnet werden können und damit eine Kongruenz zwischen Erwägungsgrund 20 und dem Wortlaut des Art. 63 Halbs. 1 hergestellt werden kann.   18

Bei der **inhaltlichen Bestimmung** darf nicht vorrangig vom Verständnis nationaler Rechtssprachen ausgegangen werden, insbesondere dürfen nicht feststehende Rechtsbegriffe des deutschen Insolvenzrechts zugrunde gelegt werden. Vielmehr ist eher ein untechnisches Verständnis eines tatsächlichen Vorgangs zugrunde zu legen. Verwiesen wird demnach auf das für eine Aktiengesellschaft maßgebliche Recht[57], in dem eine SE tatsächlichen oder potenziellen Zahlungsverpflichtungen nicht mehr nachkommt oder nachkommen kann[58]. Eine etwaige Redundanz innerhalb der Anknüpfungspunkte für die Verweisung[59] erklärt sich aus dem Bedürfnis im Hinblick auf andere Rechtsordnungen, die einzelnen Begriffe mit aufzuführen[60]. Damit werden etwa diejenigen Verfahren erfasst, die Zahlungsunfähigkeit voraussetzen, die aber kein Konkursverfahren sind und sich außerhalb der entsprechenden, ausweislich des Erwägungsgrundes 20 nicht in Bezug genommenen Regelungen vollziehen. So ist z.B. eine zahlungsunfähige Aktiengesellschaft in Dänemark nicht verpflichtet, Konkurs anzumelden[61], gleichwohl kann sie ihre Auflösung bestimmen. Auch nach englischem Recht ist eine freiwillige Auflösung möglich, wenn die Gesellschaft aufgrund ihrer Verbindlichkeiten ihre Geschäfte nicht weiterführen kann[62]. Betrachtet man vor diesem Hintergrund, dass sich das Konkurs- bzw. Insolvenzverfahren als ein Gesamtverfahren auszeichnet, welche die Insolvenz des Schuldners voraussetzt und den vollständigen oder teilweisen Vermögensbeschlag gegen den Schuldner sowie die Bestellung eines Verwalters zur Folge hat (Art. 1 Abs. 1 EuInsVO) und dass derartige Verfahren gem. Erwägungsgrund 20 nicht von Art. 63 erfasst werden sollen, dann folgt daraus, dass Art. 63 als gesellschaftsrechtliche Beendigung der SE all diejenigen Verfahren erfasst, bei denen mindestens eine Insolvenzvoraussetzung fehlt; das heißt, eine gesellschaftsrechtliche Beendigung liegt dann vor, wenn entweder keine Insolvenz vorausgesetzt ist, kein Vermögensbeschlag erfolgt, kein Verwalter ernannt oder   19

54 *Fuchs* in Manz/Mayer/Schröder, Art. 63 SE-VO Rz. 8.
55 Im Ergebnis in eine ähnliche Richtung argumentiert *Nolting* in Theisen/Wenz, Europäische Aktiengesellschaft, S. 625.
56 S. dazu jetzt grundlegend EuGH v. 2.5.2006 – Rs. C-341/04 Slg. 2006, I – 3813 – „Eurofood IFSC Ltd.".
57 Das muss nicht notwendigerweise das Aktienrecht sein – so aber offensichtlich *Nolting* in Theisen/Wenz, Europäische Aktiengesellschaft, S. 624 f.
58 *Ludwig*, Beendigung, S. 58.
59 So *Fuchs* in Manz/Mayer/Schröder, Art. 63 SE-VO Rz. 1.
60 Überzeugend *Ludwig*, Beendigung, S. 58; vgl. auch *Nolting* in Theisen/Wenz, Europäische Aktiengesellschaft, S. 626.
61 S. § 69a ASL, dazu *Alsted/Hansen* in Hohloch (Hrsg.), EU-Handbuch Gesellschaftsrecht, 1997, Dänemark, Rz. 199.
62 Sect. 97 Insolvency Act.; *Hohloch* in Hohloch (Hrsg.), EU-Handbuch Gesellschaftsrecht, 1997, Großbritannien, Rz. 304.

aber die Verwertung nicht in einem Gesamtvollstreckungsverfahren erfolgt[63]. Damit verweist Art. 63 also auf alle Verfahren, in denen eine Gesellschaft zu einem rechtlichen Ende gebracht werden soll, unabhängig davon, ob dies freiwillig oder zwangsweise geschieht, solange der Beendigungsgrund nicht in der Insolvenz der Gesellschaft besteht und daher ein besonderes Verfahren nach sich zieht.

20   **cc) Verweis auf ungeschriebenes nationales Recht.** Der Wortlaut des Art. 63 verweist auf die *Rechtsvorschriften* (engl.: legal provisions), die auf eine Aktiengesellschaft im Sitzstaat angewendet werden müssen, so dass fraglich ist, ob sich der Verweis auch auf ungeschriebenes nationales Recht bezieht[64]. Zwar könnte der Gedanke der Rechtssicherheit und der Rechtsklarheit gegen die Einbeziehung ungeschriebenen Rechts sprechen, doch spielt vor allem das Richterrecht als Konkretisierung abstrakter Rechtszusammenhänge eine wesentliche Rolle in der Rechtspraxis, so dass das auf eine Aktiengesellschaft anzuwendende nationale Recht unvollständig wäre, wenn man formal auf Rechtsvorschriften abstellen wollte. Der Wille des europäischen Normgebers, ein wenigstens mit Hilfe zahlreicher Verweisungen in das nationale Recht vollständiges Aktienrecht bereitzustellen, kann sich nur durchsetzen, wenn auch die national entwickelten, ungeschriebenen Rechtssätze jeweils Anwendung finden[65].

c) Anwendbares Recht aufgrund der Verweisung; ergänzende Anwendung des AktG

21   Geht man von einer Sachnormverweisung aus, die sich nur auf die Regelungen bezieht, welche zu einer gesellschaftsrechtlichen Beendigung der Gesellschaft führen, ohne dass der Beendigungsgrund in der Insolvenz der Gesellschaft besteht und ein besonderes Verfahren nach sich zieht, so kommen für eine SE mit Sitz in Deutschland die Rechtsvorschriften in Betracht, die auch für eine in Deutschland ansässige AG im Hinblick auf deren Beendigung anwendbar wären, ohne dass auch auf das nationale Insolvenzrecht verwiesen würde[66]. Insoweit sind die Regelungen des AktG, insbes. §§ 262–274 AktG ergänzend anwendbar.

4. Verweis für die Beschlussfassung durch die Hauptversammlung

22   Art. 63 Halbs. 2 erklärt die Verweisungsvorschrift in Halbs. 1 ausdrücklich auch für die Vorschriften hinsichtlich der Beschlussfassung durch die Hauptversammlung als anwendbar. Danach gelten die Regelungen bezüglich der Beschlussfassung der Hauptversammlung, die für eine AG im SE-Sitzstaat gelten, auch für die SE. In seinem Anwendungsbereich verdrängt Art. 63 Halbs. 2 damit die Vorschriften der Art. 57 und 59.

23   Der **Anwendungsbereich** des Art. 63 Halbs. 2 wird begrenzt durch den systematischen Zusammenhang. Die Grundregelungen über die Kompetenzen der Hauptversammlung finden sich in Art. 52 ff., wobei Vorschriften über die Beschlussfassung der Hauptversammlung in Art. 57 und 59 vorgesehen sind und Art. 53 für die Organisation, den Ablauf und das Abstimmungsverfahren der Hauptversammlung einer werbenden SE grundsätzlich auf das nationale Recht des Sitzstaates verweist. Die in Art. 63 Halbs. 2 vorgesehene Verweisung ergänzt die allgemeinen Regelungen und betrifft nur die Fragen der Beschlussfassung der Hauptversammlung, die mit der von Art. 63 erfassten Regelungsmaterie, nämlich die Beendigung der Gesellschaft, zusam-

---

63 So überzeugend *Ludwig*, Beendigung, S. 59.
64 Dazu *Ludwig*, Beendigung, S. 59 f.
65 *Teichmann*, ZGR 2002, 383, 398; *Ludwig*, Beendigung, S. 60; vgl. auch *Hommelhoff* in Lutter/Hommelhoff, Europäische Gesellschaft, S. 21.
66 Inkonsequent insoweit *Schwarz*, Art. 63 Rz. 9.

menhängen[67]. In erster Linie geht es im deutschen Recht insoweit um die **Beschlussfassung der Hauptversammlung bezüglich der Auflösung der SE**. Für die Annahme einer ungeschriebenen gemeinschaftsrechtlichen Zuständigkeit gem. Art. 63 Halbs. 2 in Verbindung mit Art. 52 Unterabs. 1[68] gibt es keine Grundlage. Darüber hinaus werden aber auch alle anderen Beschlüsse der Hauptversammlung erfasst, die nach der nationalen Rechtsordnung im Rahmen der Auflösung, Liquidation und Insolvenz zu fassen sind (z.B. § 265 Abs. 2 Satz 1 AktG, § 274 Abs. 1 Satz 1 AktG)[69]. Wesentliches Merkmal der von Art. 63 Halbs. 2 erfassten Hauptversammlungsbeschlüsse ist, dass sie einen spezifischen Bezug zur Auflösung, Liquidation oder Insolvenz haben müssen. Beschlüsse, die nur bei Gelegenheit der Liquidation, Auflösung oder Insolvenz getroffen worden sind, im werbenden Stadium der SE aber ebenso hätten erfasst werden können, unterfallen nicht der Verweisungsanordnung des Art. 63 Halbs. 2, sondern den allgemeinen Regeln der §§ 52 ff[70].

Die Beschlussfassung der Hauptversammlung mit Bezug zur Auflösung, Liquidation 24
und Insolvenz regelt abweichend von Art. 57 aufgrund der Verweisung in Art. 63
Halbs. 2 das **nationale Sitzstaatsrecht**. Für eine in Deutschland ansässige SE gelten
daher die §§ 262 Abs. 1 Nr. 2, 264 ff., 118 ff. AktG im Hinblick auf die Auflösung und
Liquidation der SE. Für einen Beschluss der Hauptversammlung zur Auflösung einer
SE mit Sitz in Deutschland ist demnach die sogenannte **doppelte Mehrheit** erforderlich. Zum einen bedarf es gem. § 262 Abs. 1 Nr. 2 AktG einer Mehrheit, die mindestens drei Viertel des bei der Beschlussfassung vertretenen Grundkapitals umfasst. Zusätzlich ist gem. § 133 AktG die einfache Stimmenmehrheit erforderlich. Soweit in
der Literatur eine SE-spezifische Auslegung des § 262 Abs. 1 Nr. 2 AktG vertreten
wird, mit der Folge, dass eine Mehrheit von drei Viertel der Stimmen für einen Auflösungsbeschluss notwendig ist[71], so ist ein derartiges Bedürfnis nicht ersichtlich.
Aufgrund des Verweises in Art. 63 Halbs. 2 kommt das nationale Recht umfassend
zur Anwendung, also auch § 262 Abs. 1 Nr. 2 Halbs. 2AktG, so dass in der Satzung
der SE höhere Anforderungen an die Mehrheitserfordernisse zur Auflösung gestellt
werden können. Es obliegt daher den Gesellschaftern selbst, die Anforderungen an
die Auflösung zu erhöhen; für eine entsprechende Auslegung des § 262 Abs. 1 Nr. 2
Halbs. AktG ist insoweit dann kein Platz mehr.

5. Ausnahmen von der Verweisung

Die Verweisung des Art. 63 bezieht sich nicht auf Gegenstände, die von der SE-VO 25
selbst geregelt werden. Dazu gehören der Verstoß gegen die Vorschrift des Art. 7 als
Auflösungsgrund, der von Art. 64 erfasst wird, die Offenlegung der Löschung gem.
Art. 65 SE-VO nach Maßgabe des Art. 13 i.V.m. nationalen Vorschriften und die Bekanntmachung zu Informationszwecken im Amtsblatt der EU gem. Art. 14 Abs. 1[72].

---

67 Ähnlich *Schwarz*, Art. 63 Rz. 1: „Beschlussfassung der Hauptversammlung bei der Auflösung
und Insolvenz".
68 So *Brandt*, Die Hauptversammlung der europäischen Aktiengesellschaft (SE), 2004, S. 123,
140.
69 *Schwarz*, Art. 63 Rz. 13.
70 So auch *Schwarz*, Art. 63 Rz. 14.
71 *Roitsch*, Auflösung, S. 42 ff.
72 *Fuchs* in Manz/Mayer/Schröder, Art. 63 SE-VO Rz. 3; *Schwarz*, Art. 63 Rz. 11.

IV. Auflösung einer SE mit Sitz in Deutschland

1. Allgemeines

26   Eine SE mit Sitz in Deutschland wird aufgelöst, wenn entweder nach dem Recht der SE-VO oder nach dem deutschen Recht, auf das dort verwiesen wird, die Auflösung der Gesellschaft vorgesehen wird. Mit der Auflösung wird die Abwicklung der SE eingeleitet. Das nationale deutsche Recht bestimmt das Liquidationsverfahren, die Vollbeendigung und die Löschung der Gesellschaft aus dem Handelsregister. Die Firma der SE erhält gem. § 268 Abs. 4 Satz 1 AktG einen Zusatz für Geschäftsbriefe, der auf den Liquidationsstatus der SE hinweist, und gem. § 269 Abs. 6 AktG einen die Abwicklung andeutenden Zusatz für die Zeichnung[73].

2. Auflösung

a) Allgemeine Auflösungsgründe

27   Die Voraussetzungen für eine Auflösung ergeben sich nach deutschem Aktienrecht aus **§ 262 Abs. 1 AktG**[74]. Die dort genannten sechs Auflösungsgründe lassen sich in zwei Gruppen aufteilen. Zum einen kann die Gesellschaft auf Basis der **freiwilligen Entscheidung** der Gesellschafter aufgelöst werden. Dazu gehören die Auflösung durch Beschluss gem. § 262 Abs. 1 Nr. 2 AktG und die Auflösung aufgrund der in der Satzung bestimmten Zeit, weil es mangels gesetzlicher Höchstdauer zu diesem Auflösungsgrund nur nach Festlegung in der Satzung kommen kann. Zum anderen sieht § 262 Abs. 1 AktG Auflösungstatbestände vor, die **zwingend** sind. Dazu gehören die Eröffnung eines Insolvenzverfahrens über das Vermögen der Gesellschaft (§ 262 Abs. 1 Nr. 3 AktG), die Ablehnung der Verfahrenseröffnung mangels Masse (§ 263 Abs. 1 Nr. 4 AktG), die rechtskräftige Feststellung eines Satzungsmangels durch das Registergericht nach § 144a FGG (§ 262 Abs. 1 Nr. 5 AktG) und die Löschung wegen Vermögenslosigkeit nach § 141a FGG (§ 262 Abs. 1 Nr. 6 AktG). Die Fälle der Amtslöschung werden ergänzt durch § 144 FGG, der einen besonders schweren, eine Nichtigkeitsklage nach § 275 AktG rechtfertigenden Satzungsmangel voraussetzt.

28   § 262 Abs. 2 AktG macht deutlich, dass die Auflösungsgründe in § 262 Abs. 1 AktG nicht vollständig sind[75]. **Weitere Auflösungsgründe** ergeben sich daher aus anderen gesetzlichen Bestimmungen. Gem. § 17 VereinsG besteht die Möglichkeit, auch gegen Kapitalgesellschaften ein Vereinsverbot nach den §§ 3 ff. VereinsG zu erlassen, wenn sie sich gegen die verfassungsmäßige Ordnung, die Völkerverständigung oder Strafgesetze wenden. § 396 AktG enthält eine Vorschrift zur gerichtlichen Auflösung wegen Gefährdung des Allgemeinwohls. In § 38 KWG und in § 87 VAG ist geregelt, dass im Bereich der Finanz- und Versicherungsunternehmen das Erlöschen einer Genehmigung, wenn von ihr nicht Gebrauch gemacht wird, sowie ihre Rücknahme oder ihr Widerruf zur Auflösung führen können. Zu einer Auflösung führt es, wenn alle Gesellschafter wegfallen. Während eine Ein-Personen-AG rechtlich zulässig ist, führt eine Kein-Personen-AG zur Auflösung[76].

29   In der aktienrechtlichen Literatur ist umstritten, ob es über den § 262 Abs. 1 Nr. 1 AktG hinaus noch weitere **satzungsmäßig geregelte Auflösungsgründe** geben kann.

---

73 In den früheren Vorschlägen war ein solcher Zusatz ausdrücklich vorgesehen, vgl. z.B. Art. 11 lit. f SE-VOV 1991. Diese Vorschläge sind aber nicht in die SE-VO aufgenommen worden.
74 Zu Einzelheiten s. *Riesenhuber* in K. Schmidt/Lutter, AktG, § 262 Rz. 3 ff.
75 Vgl. *Riesenhuber* in K. Schmidt/Lutter, AktG, § 262 Rz. 23.
76 *Ehricke* in Großkomm. AktG, § 42 Rz. 49 f.

Die herrschende Meinung bejaht dies[77]. Damit können auch etwa Kündigungsrechte vereinbart werden, deren ordnungsmäßige Ausübung zur Auflösung der Gesellschaft führen.

Kein ausdrücklicher Auflösungsgrund ist nach deutschem Recht die Zweckerrei-   30
chung oder deren Unmöglichkeit bei einer AktG[78].

b) SE-spezifische Auflösungsgründe

aa) Allgemeines. Die allgemeinen Auflösungsgründe, die für die SE nach deutschem   31
Aktienrecht gelten, können im Hinblick auf die SE konkretisiert werden. Nach § 262
Abs. 1 Nr. 5 AktG i.V.m. § 144a FGG führt ein **Satzungsmangel**, der auf der Nichtigkeit aufgrund der Verletzung zwingender Vorgaben der SE-VO und/oder des nationalen Rechts, auf das verwiesen wird, beruht, zur Auflösung der SE. In Betracht kommen Art. 4 (Grundkapital), Art. 11 i.V.m. §§ 18 ff. HGB (Firma), § 8 AktG (Aktien),
§§ 16 und 23 SEAG (Leitungs- und Vorstandsmitglieder)[79]. Eine Auflösung durch
Nichtigkeitserklärung gem. §§ 275 ff. AktG kommt bei allen Gründungsformen der
SE außer der Verschmelzungsgründung in Betracht. Bei der Verschmelzungsgründung
enthält Art. 30 eine abschließende Regelung (s. oben Art. 30 Rz. 4).

Nicht zu einer Auflösung führt dagegen der Wegfall der Mehrstaatlichkeit nach einer   32
Gründung[80], wie z.B. beim Fall einer Tochter-SE oder einer Holding-SE[81]. Ebenso
führt die unterbliebene Rechtmäßigkeitskontrolle bei einer Verschmelzung nach
Art. 30 Abs. 2 (dazu s. oben Art. 30 Rz. 8) nicht zu einer Auflösung der SE, weil das
deutsche Recht, auf das Art. 30 Abs. 2 im Fall einer SE mit Sitz in Deutschland verweist, eine Auflösung bei unterbliebener Rechtmäßigkeitskontrolle nicht kennt[82].

bb) Änderungen den Sitz betreffend. Einen Satzungsmangel stellt das **Auseinanderfal-**   33
len des Satzungssitzes und des Ortes der Hauptverwaltung dar, soweit beide Orte in
demselben Mitgliedstaat liegen und in dem betreffenden Mitgliedstaat die Regelung
des Art. 7 Abs. 2 bereits umgesetzt ist. In Deutschland ist dies durch § 2 SEAG geschehen, wonach die Satzung der SE als Sitz den Ort zu bestimmen hat, wo die
Hauptverwaltung geführt wird. Bestand der Mangel bereits bei Eintragung, so ist die
Satzung mangelhaft und führt zur Auflösung (§ 262 Abs. 1 Nr. 5 AktG in Verbindung
mit § 144a FGG). Ein Beschluss über die nachträgliche innerstaatliche Sitzverlegung,
die gegen § 2 SEAG verstößt, ist gem. § 9 Abs. 1 lit. c ii i.V.m. § 241 Nr. 3 AktG nichtig[83].

Für den Fall des Auseinanderfallens von Satzungssitz und Ort der Hauptverwaltung   34
sieht **Art. 64 Abs. 2** eine gesonderte Regelung vor. Das deutsche Recht sieht für diesen Fall ebenfalls eine Amtslöschung vor. § 52 SEAG enthält insoweit eine Verweisung auf § 262 Abs. 1 Nr. 5 AktG i.V.m. § 144a FGG (s. unten Art. 64 Rz. 20).

Art. 8 Abs. 15 lässt die Sitzverlegung einer SE in einen anderen Mitgliedstaat zu, oh-   35
ne dass es zu einer Auflösung und/oder Neugründung kommt. Dagegen ist – anders
als etwa in der früheren Vorschrift des Art. 117a SE-VOV 1991 – ein Beschluss über

---

77 *Wiedemann* in Großkomm. AktG, § 262 Rz. 39 im Anschluss an RGZ 79, 418, 422; anders
     aber z.B. *Hüffer*, § 262 Rz. 7; *Riesenhuber* in K. Schmidt/Lutter, AktG, § 262 Rz. 12.
78 Vgl. *K. Schmidt*, GesR, § 30 VI 2 b.
79 *Schwarz*, Art. 63 Rz. 17.
80 Vgl. dagegen aber Art. 31 Abs. 3 in Verbindung mit Art. 4 Abs. 2 EWIV-VO – dazu *Schwarz*,
     Art. 63 Rz. 21.
81 *Schwarz*, Art. 63 Rz. 21, Fn. 29.
82 Ausführlicher *Schwarz*, Art. 63 Rz. 22.
83 So *Schwarz*, Art. 63 Rz. 18.

die Sitzverlegung in einen Staat außerhalb der EU nicht von der SE-VO erfasst[84]. Es bleibt daher in diesem Fall bei der allgemeinen Regel, dass das nationale Recht, auf das Art. 63 Halbs. 1 verweist, über die Rechtsfolgen eines solchen Beschlusses bestimmt. Demzufolge handelt es sich bei einem solchen Beschluss entweder um einen Auflösungsbeschluss nach § 261 Abs. 1 Nr. 2 AktG oder um einen satzungsändernden, nichtigen Beschluss nach § 241 Nr. 3 AktG.

c) Anmeldung, Eintragung und Bekanntmachung der Auflösung

36 Die Auflösung bzw. die Löschung der SE wird in das Handelsregister eingetragen[85]. Das ergibt sich aus dem Verweis des Art. 63 auf das nationale Recht. Eine konkrete – aber insoweit überflüssige[86] – Ausprägung der Publizität enthält Art. 65, der ebenso auf das nationale Recht verweist (s. Art. 65 Rz. 1 ff). In den Fällen des § 262 Abs. 1 Nr. 1und 2 AktG hat der Vorstand der SE die Auflösung unverzüglich zur Eintragung in das Handelsregister anzumelden. Dabei ist es nicht erforderlich, wohl aber zweckmäßig[87], den Auflösungsgrund anzugeben. In den Fällen der § 262 Abs. 1 Nr. 3–5 AktG trägt das Registergericht die Auflösung und den Grund von Amts wegen ein. Im Fall von § 262 Abs. 1 Nr. 6 AktG wird von Amts wegen die Löschung, nicht aber die Auflösung, in das Handelsregister eingetragen.

3. Liquidation

a) Allgemeines

37 Die Abwicklung (Liquidation) der SE folgt wegen des Verweises in Art. 63 Halbs. 1 den **nationalen Vorgaben des Sitzstaates**. Eine SE mit Sitz in Deutschland unterliegt daher den Abwicklungsvorschriften der §§ 264 ff. AktG. Diese dienen der Umsetzung des Gesellschaftsvermögens der SE in Geld, der Gläubigerbefriedigung und der Verteilung des übrigen Vermögens unter den Aktionären[88]. § 264 Abs. 3 AktG regelt, dass auch in der Abwicklung grundsätzlich die Regeln anwendbar sind, die für nicht aufgelöste Gesellschaften (werbende Gesellschaften) gelten. Ebenso werden die Pflichten der Abwickler in § 268 Abs. 2 AktG durch den Verweis auf nationale Regelungen der Rechte und Pflichten des Vorstandes konkretisiert. Diese Verweise sind im Hinblick auf eine SE nicht auf die spezifischen Regelungen für eine werbende AG zu verstehen, sondern als Verweisung auf das Recht der werbenden SE[89]. Das ergibt sich aus dem Sinn und Zweck der SE, die – trotz ihrer Verweise in das Sitzrecht – von ihrer Konzeption her doch ein möglichst großes Maß an Einheitlichkeit aufweisen möchte. Da die werbende Tätigkeit der SE in der SE-VO – jedenfalls – zum Teil geregelt ist, würde es gegen dieses Ziel verstoßen, wenn hinsichtlich der Parallelwertungen zur werbenden Tätigkeit im Rahmen der Liquidation nunmehr nicht die bestehenden Regelungen der SE-VO herangezogen würden, sondern auch hier die nationalen Regelungen vorgingen. Damit wäre dann eine SE in Liquidation vollends aus dem supranationalen Recht der SE-VO herausgelöst. Die Begründung dieses Ergebnisses ist dogmatisch allerdings schwierig, weil sowohl § 264 Abs. 3 als auch § 268 Abs. 2 AktG nicht als (Rück-)Verweisungsnormen auf das Recht der SE verstanden werden können. Daher wird man vor dem Hintergrund des Sinns und Zwecks der Verwei-

---

84 Vgl. Art. 32 Abs. 1 i.V.m. Art. 12 EWIV-VO.
85 *Fuchs* in Manz/Mayer/Schröder, Art. 63 SE-VO Rz. 24.
86 In der Wertung ebenso *Schwarz*, Art. 63 Rz. 4.
87 So *Frege/Klawa* in Jannott/Frodermann, Handbuch Europäische Aktiengesellschaft, § 12 Rz. 45.
88 Ausführlich dazu *Frege/Klawa* in Jannott/Frodermann, Handbuch Europäische Aktiengesellschaft, § 12 Rz. 46
89 Ebenso *Schwarz*, Art. 63 Rz. 28.

sung im Gesamtkontext der Regelung der SE den Verweis in Art. 63 Halbs. 1 so verstehen müssen, dass nur auf solche nationalen Regelungen verwiesen wird, die die Liquidation als solche regeln. Art. 63 Halbs. 1 erlaubt hingegen mit seiner Einschränkung auf liquidationsspezifische Fragen keine Weiterverweisung innerhalb der Liquidationsfragen, die Regelungsmaterien betreffen, die auch in der SE-VO geregelt sind[90]. Die SE bleibt während der Abwicklung rechts- und parteifähig.

Im Einzelnen ist ferner zwischen der Abwicklung einer dualistisch strukturierten SE   38
und einer monistisch strukturierten SE zu differenzieren.

b) Dualistisch strukturierte SE

In einer dualistisch strukturierten SE richtet sich die Bestellung der Abwickler nach   39
§ 265 AktG. Demnach werden entweder die zum Zeitpunkt der Auflösung der SE
amtierenden Mitglieder des Leitungsorgans bestellt (§ 265 Abs. 1 AktG) **oder** durch
Satzung bzw. mittels Beschluss der Hauptversammlung werden **andere Abwickler** bestimmt (§ 265 Abs. 2 AktG), wobei insoweit die persönlichen Bestellungshindernisse
gem. § 265 Abs. 2 Satz 2 in Verbindung mit § 76 Abs. 3 AktG zu beachten sind. Gem.
§ 265 Abs. 3 AktG muss das Registergericht bei Vorliegen eines wichtigen Grundes
Abwickler bestellen. Die besondere Antragsberechtigung der qualifizierten Minderheit sowie die Grenzwerte des § 265 Abs. 3 AktG gelten auch für die SE[91]. § 265
Abs. 2 Satz 3 AktG lässt eine **juristische Person** als Abwickler zu; das gilt auch für eine SE. Art. 47 Abs. 1 steht dem nicht entgegen, weil das Verbot, dass eine juristische
Person Organmitglied wird, nicht für eine SE in der Liquidation gilt[92].

Die Abwickler in einer SE haben gem. § 268 Abs. 1 Satz 1 AktG die Pflicht, die lau-   40
fenden Geschäfte zu beenden, die Forderungen einzuziehen, das übrige Vermögen in
Geld umzusetzen und die Gläubiger zu befriedigen[93]. Im Rahmen dieser **Abwicklungspflichten** können die Abwickler im Einzelfall auch das Unternehmen der SE
weiterführen, z.B., um es als Ganzes oder in Teilen wirtschaftlich günstiger veräußern zu können (vgl. § 268 Abs. 1 Satz 2 AktG). Voraussetzung ist aber, dass aus
Sicht eines ordentlichen und gewissenhaften Geschäftsleiters eine positive Prognose
des Verwertungserfolges besteht[94]. Darüber hinaus haben die Abwickler innerhalb ihres Geschäftskreises die Rechte und Pflichten eines Vorstandes der SE (§ 268 Abs. 2
Satz 1 AktG). Sie werden insoweit auch weiter vom Aufsichtsrat kontrolliert (vgl.
Art. 39 ff. und §§ 15 ff. SEAG). Die Abwickler einer SE vertreten sie unbeschränkt
und unbeschränkbar (§ 269 Abs. 1, Abs. 5 AktG)[95]. Die Rechnungslegungspflichten
der Abwickler ergeben sich aus den allgemeinen Vorschriften der §§ 242 ff., 264 ff.
und 284 ff. HGB. Die Verpflichtung, eine Eröffnungsbilanz, einen Jahresabschluss
und einen Lagebericht aufzustellen, ergibt sich für den oder die Abwickler einer SE
aus § 270 AktG. Die Abwickler müssen zudem eine Abwicklungsschlussbilanz aufstellen, wenn die Voraussetzungen für die Verteilung des Liquiditätsüberschusses
vorliegen, insbesondere das Verstreichen des Sperrjahres (vgl. § 273 AktG)[96]. Am Ende der Abwicklung sind die Gläubiger zu befriedigen und der Abwicklungsüberschuss
an die Gesellschafter der SE auszukehren (§ 268 Abs. 1, § 271 AktG). Die Abwickler

---

90 Ähnlich *Schwarz*, Art. 63 Rz. 28, der eine „SE-spezifische" Auslegung vertritt.
91 *Roitsch*, Auflösung, S. 78 ff.
92 *Schwarz*, Art. 63 Rz. 30.
93 Im Einzelnen dazu vgl. *Fuchs* in Manz/Mayer/Schröder, Art. 63 SE-VO Rz. 27; *Frege/Klawa* in
    Jannott/Frodermann, Handbuch Europäische Aktiengesellschaft, § 12 Rz. 46.
94 *Frege/Klawa* in Jannott/Frodermann, Handbuch Europäische Aktiengesellschaft, § 12
    Rz. 61 f.
95 *Frege/Klawa* in Jannott/Frodermann, Handbuch Europäische Aktiengesellschaft, § 12 Rz. 65.
96 *Frege/Klawa* in Jannott/Frodermann, Handbuch Europäische Aktiengesellschaft, § 12 Rz. 75.

der SE müssen nach Beendigung der Abwicklung und nach Stellung der Schlussrechnung dies gem. § 274 Abs. 1 Satz 1 AktG) zur Eintragung in das Handelsregister anmelden. Das Amtsgericht verfügt dann die Löschung der SE (§ 273 Abs. 1 Satz 2 AktG). Die Existenz der SE erlischt nach der Lehre vom Doppeltatbestand, wenn sie aus dem Register gelöscht wurde und kein Vermögen mehr besitzt[97]. Die Bücher und Schriften der SE müssen gem. § 273 Abs. 2 AktG zehn Jahre an einem sicheren Ort zur Aufbewahrung hinterlegt werden. Nach der Löschung der SE kann es auch bei der SE noch eine Nachtragsabwicklung geben, wenn sich herausstellt, dass weitere Abwicklungsmaßnahmen notwendig sind. Dies richtet sich bei der SE ebenfalls nach § 273 Abs. 4 AktG.

c) Monistisch strukturierte SE

41   **aa) Allgemeines.** In den §§ 20–49 SEAG hat der deutsche Gesetzgeber Regeln für die werbende monistische SE aufgestellt. Zwar ermächtigt Art. 43 Abs. 4 auch, die Liquidation einer monistisch strukturierten SE zu regeln, doch hat der **deutsche Gesetzgeber davon keinen Gebrauch gemacht.** Damit ist die vielfältige Gefahr der Rechtsunsicherheit eröffnet, weil die §§ 264–274 AktG nicht unmittelbar auf die monistische SE anwendbar sind, da sie auf eine dualistische Unternehmensverfassung abstellen[98]. Normativer Ansatzpunkt für eine Regelung ist daher § 22 Abs. 6 SEAG, wonach Rechtsvorschriften, die außerhalb des SEAG dem Vorstand oder dem Aufsichtsrat einer Aktiengesellschaft Rechte oder Pflichten zuweisen, sinngemäß auch für den Verwaltungsrat gelten, soweit nicht im SEAG für den Verwaltungsrat und für die geschäftsführenden Direktoren besondere Regelungen enthalten sind. Zwar ist § 22 Abs. 6 SEAG an der werbenden monistischen SE ausgerichtet, doch ist die Regelung Ausdruck des allgemeinen Gedankens, dass die monistische SE angelehnt an die dualistische SE zu regeln ist, so dass die Regelungsansätze der Liquidation übertragen werden können[99]. Demnach verweist Art. 63 Halbs. 1 für die Liquidation einer monistischen SE auf das Recht des Sitzstaates. Zwar beinhaltet Art. 63 Halbs. 1 nur einen Verweis auf die Aktiengesellschaft, wie sie im Recht des Sitzstaates der SE gegründet worden ist, so dass damit der Sache nach nur auf die dualistische AG verwiesen würde, doch ist Art. 63 Halbs. 1 vor dem Hintergrund des Art. 43 Abs. 4 dahingehend auszulegen, dass auch der **Verweis auf das Sitzstaatsrecht** gewollt ist, wenn es sich um eine SE handelt, die in ihrer Struktur von den Aktiengesellschaften in dem Sitzstaat der AG abweicht. In Deutschland werden daher über § 22 Abs. 6 die **§§ 264–274 AktG in entsprechender Auslegung** zur Anwendung herangezogen[100]. Sie sind direkt anwendbar, wenn es sich um Regelungen handelt, die keinen Bezug zu dem Leitungs- bzw. Aufsichtsorgan haben. Sind von den Liquidationsvorschriften indessen die Stellung, Rechte und Pflichten des Leitungsorgans bzw. Aufsichtsorgans betroffen, so bedarf es einer sinngemäßen Übertragung dieser Vorschriften in das Recht der monistischen SE.

42   **bb) Gesetzliche Abwickler.** Während in einer AG der Vorstand der gesetzliche Abwickler ist und der Aufsichtsrat seine Stellung nicht ändert, muss bei einer monistischen SE, bei der das Verwaltungsorgan die Aufgaben von Vorstand und Aufsichtsrat wahrnimmt, die **Aufgabenwahrnehmung differenziert** werden. Der Verwaltungsrat leitet die Gesellschaft, bestimmt die Grundlinien ihrer Tätigkeit und überwacht deren Umsetzung (§ 22 Abs. 1 SEAG). Geschäftsführende Direktoren, die entweder Mit-

---

97 *Frege/Klawa* in Jannott/Frodermann, Handbuch Europäische Aktiengesellschaft, § 12 Rz. 88; so auch *Fuchs* in Manz/Mayer/Schröder, Art. 63 SE-VO Rz. 30.
98 Ebenso *Schwarz*, Art. 63 Rz. 32.
99 Ebenso *Schwarz*, Art. 63 Rz. 33.
100 Vgl. *Schwarz*, Art. 63 Rz. 33.

glieder des Verwaltungsrates oder Dritte sein können, führen die Geschäfte der Gesellschaft (§ 40 Abs. 2 Satz 1 SEAG). In der Literatur ist zum einen vertreten worden, dass Abwickler in der Liquidation einer monistischen SE sowohl die Verwaltungsratsmitglieder als auch der geschäftsführende Direktor sein sollen[101], und zum anderen wird angenommen, die Verwaltungsratmitglieder seien als Abwickler berufen[102]. Beidem kann nicht zugestimmt werden. Die Konzeption der §§ 22 Abs. 1 und § 40 Abs. 2 SEAG machen deutlich, dass die Tätigkeit, die in einer dualistischen AG dem Vorstand obliegen, in der monistischen SE der Sache nach dem **geschäftsführenden Direktor** obliegen. Unterstützt wird dies auch durch § 41 Abs. 1 SEAG, wonach der geschäftsführende Direktor die Gesellschaft gerichtlich und außergerichtlich vertritt. Diese Kompetenz spiegelt sich dann in § 269 Abs. 1 AktG wider. Der Verwaltungsrat hat zwar eine Weisungsbefugnis, ist aber inhaltlich nur für die großen Linien der Geschäftspolitik zuständig[103]. Im Rahmen der Liquidation werden diese „großen Linien der Geschäftspolitik" durch die Liquidationsvorgaben des Gesetzes bestimmt, so dass die Verwaltungsorganmitglieder insoweit keine andere Entscheidung treffen dürfen. Daher ist es auch wenig überzeugend, bei den Abwicklungsgeschäften zu entscheiden, ob diese Aufgabe eine Vertretungshandlung, ein laufendes Geschäft, eine Leitungsentscheidung oder ein außergewöhnliches Geschäft ist[104]. Diese für die werbende SE sinnvolle Unterscheidung hebt sich in der Abwicklung auf, weil es insoweit keine „außergewöhnlichen Geschäfte" oder „Leitentscheidungen der Geschäftsführung" mehr gibt, da sich alle Entscheidungen an dem Liquidationszweck orientieren müssen und dieser keinen Platz für „Leitentscheidungen" mehr lässt. Unabhängig davon wären aufgrund der Vertretungsbefugnis derartige Geschäfte auch von den geschäftsführenden Direktoren auszuführen und die Verwaltungsorganmitglieder nur weisungsbefugt. Das „Tagesgeschäft" der abwickelnden Geschäfte obliegt folglich allein den geschäftsführenden Direktoren. Sie führen die laufenden Geschäfte zu Ende und gehen ggf. neue Geschäfte ein, soweit dies vom Liquidationszweck gedeckt ist, sie ziehen die Forderungen ein und setzen die Vermögenswerte in Geld um. All dies sind Geschäfte, die dem Kompetenzbereich der Verwaltungsorganmitglieder ohnehin entzogen sind, so dass sie nicht als Abwickler in Betracht kommen. Dies wird mittelbar auch durch § 40 Abs. 2 Satz 3 SEAG unterstrichen, wonach die Anmeldung und Einreichung von Unterlagen zum Handelsregister ebenfalls von den geschäftsführenden Direktoren vorzunehmen sind. § 47 Abs. 1 SEAG enthält vor dem Hintergrund der §§ 270 und 273 Abs. 1 AktG eine ähnliche Wertung. Vor diesem Hintergrund können die Verwaltungsorganmitglieder keinesfalls (alleinige) Abwickler sein. Wenig praktisch ist es überdies, wenn man den gesetzlichen Abwickler in einen geschäftsführenden (geschäftsführender Direktor) und in einen nichtgeschäftsführenden (Verwaltungsorganmitglied) Teil des Abwicklers aufteilen möchte[105]. Es fragt sich, welche Funktion dort dann das Verwaltungsorganmitglied haben soll, insbesondere, was konzediert wird, wenn es nicht einmal eine Vertretungsbefugnis hat. Eine solche Konstruktion wirkt eher aufgebläht und dem Liquidationszweck abträglich. Eine Kontrolle, die in der dualistischen SE der Aufsichtsrat übernimmt, wird in der SE ohnehin vom Verwaltungsrat vorgenommen; sie muss nicht auch innerhalb der Figur des Abwicklers verankert sein. Es passt daher nicht in die Konzeption einer SE, das Kontroll-

---

101　*Schwarz*, Art. 63 Rz. 36.
102　*Frege/Klawa* in Jannott/Frodermann, Handbuch Europäische Aktiengesellschaft, § 12 Rz. 51; im Anschluss daran *Schäfer* in MünchKomm. AktG, Art. 63 SE-VO Rz. 4; s. auch *Schöberl* in Straube/Aicher, Europäische Aktiengesellschaft, S. 293
103　*Schwarz*, Art. 63 Rz. 36.
104　So *Schwarz*, Art. 63 Rz. 38.
105　*Schwarz*, Art. 63 Rz. 38.

organ gleichzeitig als Teil des gesetzlichen Abwicklers zu verstehen. Gesetzliche Ab-wickler einer monistischen SE sind daher nur die geschäftsführenden Direktoren.

43   **cc) Andere Abwickler.** Die Satzung der monistischen SE, die Hauptversammlung oder das zuständige Gericht können andere Abwickler bestellen. Die Bestellung dieser Abwickler führt zu einer **Abbestellung der gesetzlichen Abwickler.** Die persönlichen Voraussetzungen der anderen Abwickler ergeben sich aus dem Verweis des § 265 Abs. 2 Satz 2 AktG auf § 76 Abs. 3 Satz 3 und 4 AktG. Danach können auch in einer monistischen SE juristische Personen Abwickler sein. Antragberechtigt sind gem. § 263 Abs. 3 eine qualifizierte Minderheit der Gesellschafter oder das Verwaltungsorgan aufgrund seiner Überwachungsfunktion (vgl. § 22 Abs. 6 SEAG). Für den Beschluss des Verwaltungsorgans ist § 50 maßgeblich[106].

44   **dd) Pflichten.** Die Pflichten des Abwicklers in einer monistischen SE entsprechen denjenigen in einer dualistisch strukturierten SE (vgl. oben Rz. 40).

4. Insolvenzverfahren

a) Allgemeines

45   Für eine SE mit Sitz in Deutschland gilt das **deutsche Insolvenzrecht**, also insbesondere die Regelungen der InsO; gewisse Modifikationen kann es für eine monistisch strukturierte SE geben (s. unten Rz. 50 ff.). Gem. § 11 Abs. 1 Satz 1 InsO ist eine SE als juristische Person (Art. 1 Abs. 3) insolvenzfähig. Das gilt auch, wenn sie aufgelöst ist, solange ihr Vermögen noch nicht verteilt ist (§ 11 Abs. 3 InsO)[107]. Der SE stehen – ebenso wie einer AG – alle Verfahrenstypen der InsO, insbesondere auch das Verfahren der Eigenverwaltung gem. §§ 270 ff. InsO, offen.

45a   Im Hinblick auf die **grenzüberschreitenden Bezüge der Insolvenz** einer SE gelten – wie bei einer AG auch – die Regeln des **internationalen Insolvenzrechts**. Es gibt insoweit keine Besonderheiten. Anwendbar ist insoweit innerhalb ihres Anwendungsbereichs die EuInsVO und darüber hinaus die Regelungen des autonomen deutschen Internationalen Insolvenzrechts der §§ 335 ff. InsO). Der Anwendungsbereich der EuInsVO beschränkt sich in räumlicher Hinsicht auf alle Mitgliedstaaten der EU außer Dänemark, und in sachlicher Hinsicht sind Kreditinstitute und Versicherungsunternehmen vom Anwendungsbereich ausgeschlossen[108]. Ein grenzüberschreitender Bezug liegt vor, wenn der Schuldner in Deutschland Vermögensgegenstände oder eine Niederlassung im Ausland hat[109].

b) Zuständigkeit

46   Für das Insolvenzverfahren über das Vermögen einer SE mit Sitz in Deutschland ist grundsätzlich das **Insolvenzgericht am (satzungsmäßigen) Sitz der SE** (international) zuständig. Das ergibt sich allgemein aus § 3 InsO und für den Anwendungsbereich der EuInsVO aus Art. 3 EuInsVO. Abweichend davon kann im Kontext der EuInsVO die Zuständigkeit des Insolvenzgerichts auch am Ort des **Mittelpunkts der hauptsächlichen Interessen** (comi) der SE liegen[110]. Eine Konzernzuständigkeit, etwa am

---

106 *Schwarz*, Art. 63 Rz. 42.
107 *Ehricke* in Jaeger, InsO, 2004, § 11 Rz. 95 ff.
108 *Schwarz*, Rz. 53 und 81 f.; *Paulus*, EuInsVO, Einl. Rz. 13.
109 Ausführlich *Duursma-Kepplinger* in Duursma-Kepplinger/Duursma/Chalupsky, EuInsVO, 2002, Art. 1 Rz. 2 ff.; *Smid*, Deutsches und Europäisches Insolvenzrecht, 2004, Art. 1 EuInsVO Rz. 6; *Leible/Staudinger*, KTS 2000, 533, 538 f.
110 Zum „comi" ausführlich: *Undritz* in Hamburger Kommentar z. Insolvenzrecht, 2006, nach §§ 335 ff, Art. 3 EuInsVO Rz. 2 f.; *Paulus*, EuInsVO, 2006, Art. 3 Rz. 5 ff.; *Kübler* in FS Gerhardt, 2004, S. 527 ff.

Sitz der Mutter-SE, gibt es nicht[111], vielmehr muss nach der Regel „eine Person, ein Vermögen, ein Verfahren" für jeden Schuldner unabhängig geprüft werden, welches Gericht zuständig ist. Ein spezifisches Konzerninsolvenzrecht, das auch für einen SE-Konzern Bedeutung hätte[112], gibt es ebenfalls nicht[113].

Halten sich mehrere Gerichte für international zuständig für die Eröffnung des Insol-   47
venzverfahrens über das Vermögen einer SE, gilt innerhalb der EuInsVO das **Priori-tätsprinzip**. Eine Entscheidung über die Eröffnung eines Verfahrens wird in den anderen Mitgliedstaaten anerkannt (Art. 16 EuInsVO). Es ist ggf. möglich, im Inland ein Sekundärinsolvenzverfahren zu eröffnen (Art. 3 Abs. 2 bis 4, 27 ff. EuInsVO). Voraussetzung ist dafür, dass eine SE mit Sitz in einem Mitgliedstaat der EuInsVO ihren Hauptsitz hat und in Deutschland eine Niederlassung (Art. 2 lit. h EuInsVO) unterhält.

Im Rahmen des autonomen **deutschen Internationalen Insolvenzverfahrens** sind die   48
Voraussetzungen für die Anerkennung ausländischer Eröffnungsentscheidungen strenger. § 343 InsO enthält die Regelung einer „Anerkennungszuständigkeit", wonach das deutsche Gericht von Amts wegen nach dem Spiegelbildprinzip zu prüfen hat, ob das ausländische Gericht zuständig wäre, wenn dort deutsches Insolvenzrecht gelte.

c) Verhältnis der Organe der SE zum Insolvenzverwalter

Durch die Eröffnung des Insolvenzverfahrens über das Vermögen der SE geht die **Ver-   49
waltungs- und Verfügungsbefugnis** über die zur Masse gehörigen Gegenstände auf den **Insolvenzverwalter** über (§ 80 Abs. 1 InsO). Die Organisationsverfassung der SE wird dadurch als solche nicht tangiert. Allerdings „ersetzt" der Insolvenzverwalter alle Organe der Schuldnerin, soweit es sich um die Verwaltung des Vermögens und die Verfügungen darüber handelt. Die **Funktionsteilung** zwischen den Organen der SE und dem Insolvenzverwalter richtet sich gemäß den allgemeinen Regeln nach der sog. Weber'schen Formel[114]. Danach gibt es eine verdrängende Alleinzuständigkeit des Insolvenzverwalters, eine Alleinzuständigkeit der Organe der SE und einen Überschneidungsbereich[115]. Die Eröffnung des Insolvenzverfahrens führt dazu, dass das SE-Liquidationsrecht keine Anwendung mehr findet. Eine Ausnahme gibt es nur dann, wenn der Insolvenzverwalter einen Gegenstand aus der Masse freigibt[116]. Dieser Vermögensgegenstand fällt dann in den insolvenzbeschlagsfreien Teil des Vermögens und unterliegt damit dem Kompetenzbereich der Abwickler der SE[117].

---

111 Statt vieler *Haas* in Gottwald, Insolvenzrechts-Handbuch, 3. Aufl. 2006, § 95 Rz. 12 ff.; *Ehricke*, DZWIR 1999, 354 ff.; vgl. aber auch den abweichenden Ansatz von *Paulus*, EuInsVO, Einl. Rz. 43 ff.
112 Vgl. *Schwarz*, Art. 63 Rz. 78 ff.; *Nolting* in Theisen/Wenz, Europäische Aktiengesellschaft, S. 646 ff.
113 Grundlegend *Rotstegge*, Konzerninsolvenz, 2006.
114 Ähnlich *Schwarz*, Art. 63 Rz. 63. Die sog. „Weber'sche Formel" basiert auf den grundlegenden Überlegungen von *Weber*, KTS 1970, 73 ff.
115 Ausführlich dazu *Maesch*, Corporate Governance in einer insolventen AG, 2005, S. 74 ff.; *Schwarz*, Art. 63 Rz. 63
116 Die Frage, ob ein Insolvenzverwalter in der Insolvenz einer juristischen Person Vermögensgegenstände freigeben kann, ist extrem streitig. s. statt vieler *Jaeger/Henckel*, InsO, § 35 Rz. 146 ff.; *Meier-Sommer*, Die Freigabe streitbefangener Forderungen in der Insolvenz einer GmbH, 2007, passim; anders vor allem *K. Schmidt*, KTS 1984, 345, 366; *K. Schmidt*, Wege zum Insolvenzrecht der Unternehmen, 1990, S. 27 f., 161; *K. Schmidt* in Kölner Schrift zur Insolvenzordnung, 2. Aufl. 1999, S. 1207 ff.; ebenso auch *Maesch*, Corporate Governance in einer insolventen AG, 2005, S. 40 ff.
117 Unrichtig daher die Annahme, dass es bei der Verwaltung des insolvenzfreien Vermögens bei der Kompetenzverteilung der werbenden SE bleibt, *Schwarz*, Art. 63 Rz. 75.

d) Besonderheiten bei der monistischen SE mit Sitz in Deutschland

50   Gem. § 22 Abs. 5 Satz 2 SEAG gelten für den Verwaltungsrat bei Zahlungsunfähigkeit oder Überschuldung der monistischen SE die Regeln des § 93 Abs. 2 und 3 AktG entsprechend. Demnach ist gem. § 15 Abs. 1 InsO **jedes Verwaltungsratsmitglied antragsbefugt**[118]. Diese ausdrückliche Zuweisung der Antragspflicht ist eine Spezialregelung zu § 41 Abs. 1 SEAG, die den geschäftsführenden Direktoren die Vertretungsbefugnis für die monistische SE auferlegt, die damit verdrängt wird. Die **geschäftsführenden Direktoren** sind damit gem. § 40 Abs. 3 SEAG verpflichtet, den Verwaltungsrat über die Zahlungsunfähigkeit und Überschuldung zu informieren. Sie haben insoweit eine unterstützende Funktion, indem sie durch die Informationspflicht die Verwaltungsorganmitglieder in die Lage versetzen, rechtzeitig reagieren zu können[119]. Allerdings kann die Normierung einer organinternen Berichtspflicht über den Insolvenzgrund nicht zu einer Verdoppelung der dreiwöchigen Antragsfrist führen. Vielmehr müssen die geschäftsführenden Direktoren und Verwaltungsratsmitglieder so zusammenwirken, dass die **Drei-Wochen-Frist** des § 92 Abs. 2 AktG gehalten werden kann[120]. Als maßgeblicher Zeitpunkt für den Fristbeginn ist auf die Erkennbarkeit des Insolvenzgrundes für die Verwaltungsratsmitglieder abzustellen. Sie können ihre Verantwortlichkeit für die Überprüfung der finanziellen Grundlagen der SE nicht haftungsbefreiend auf die geschäftsführenden Direktoren delegieren, ohne sich eines Organisationsverschuldens verantwortlich zu machen[121].

51   Regelungstechnisch misslungen ist, dass § 22 Abs. 5 Satz 2 SEAG das **Verbot der Zahlungen** nach Zahlungsunfähigkeit oder nach der Überschuldung der SE, die gem. § 92 Abs. 3 AktG verboten sind, nur auf die Verwaltungsratsmitglieder und nicht auf die geschäftsführenden Direktoren bezieht, denn die Verwaltungsratsmitglieder dürfen aufgrund der Geschäftsverteilung derartige Zahlungen in der Regel nicht vornehmen, vielmehr obliegt die Abwicklung des Zahlungsverkehrs den geschäftsführenden Direktoren[122]. Vor dem Hintergrund des Schutzzwecks des § 92 Abs. 3 AktG wäre es de lege ferenda sinnvoll, die geschäftsführenden Direktoren in diese Haftung einzubeziehen. Aufgrund des eindeutigen gesetzlichen Wortlauts wird man de lege lata allerdings nur die Verwaltungsratsmitglieder verantwortlich machen können. Haftungsgrund ist insoweit dann nicht die Vornahme der entsprechenden Zahlungen, sondern der Vorwurf, trotz des Weisungsrechts (vgl. § 44 Abs. 2 SEAG) nicht auf die geschäftsführenden Direktoren eingewirkt zu haben, dass diese die Zahlungen nicht vorgenommen haben (§ 39 SEAG i.V.m. § 93 Abs. 2 AktG). Der geschäftsführende Direktor haftet insoweit allerdings nicht, weil ihn aufgrund der Pflichtenzuweisung an die Verwaltungsratsmitglieder gerade kein eigener Pflichtenverstoß zur Last fällt, wenn er Zahlungen nach Insolvenzreife vornimmt[123].

52   Die **Rechte und Pflichten des Schuldners** im Insolvenzverfahren nimmt bei einer monistisch strukturierten SE grundsätzlich die zur Vertretung befugte Person wahr, also der geschäftsführende Direktor. Das gilt z.B. für die Rechte des Schuldners in der Gläubigerversammlung (§ 74 Abs. 1 Satz 2 InsO), insbesondere das Recht auf Bestrei-

---

118 *Roitsch*, Auflösung, S. 134 f.; *Schwarz*, Art. 63 Rz. 64; *Oechsler*, NZG 2005, 449, 452; vgl. aber *Nolting* in Theisen/Wenz, Europäische Aktiengesellschaft, S. 640.
119 *Manz* in Manz/Mayer/Schröder, Art. 43 SE-VO Rz. 141.
120 *Nolting* in Theisen/Wenz, Europäische Aktiengesellschaft, S. 641; *Oechsler*, NZG 2005, 449, 452.
121 So *Nolting* in Theisen/Wenz, Europäische Aktiengesellschaft, S. 641 f.; *Oechsler*, NZG 2005, 449, 453.
122 S. auch *Nolting* in Theisen/Wenz, Europäische Aktiengesellschaft, S. 641.
123 Anders *Schwarz*, Art. 63 Rz. 70, der auch die geschäftsführenden Direktoren haften lassen möchte. Vgl. aber *Neye*, S. 140.

ten im Prüfungstermin nach § 176 InsO, für die Rechte nach § 158 Abs. 2 Satz 1, § 161 Satz 1, § 160 InsO und für den Antrag auf Wiedereinsetzung in den vorigen Stand gem. § 186 InsO. Etwas anderes gilt dann, wenn in der InsO ausdrücklich etwas anderes geregelt ist, wie z.B. das Beschwerderecht des Antragstellers nach § 34 InsO. Da nach § 22 Abs. 5 Satz 2 SEAG die Verwaltungsratsmitglieder antragsberechtigt sind, steht auch ihnen – und nicht dem geschäftsführenden Direktor – das Beschwerderecht zu[124]. Die Pflichten des Schuldners nach §§ 97 bis 99 InsO treffen gem. § 101 Abs. 1 Satz 1 InsO bei einer SE die Mitglieder des Vertretungs- und Aufsichtsorgans. Um dem Sinn und Zweck dieser Vorschrift, nämlich die Gewährleistung einer möglichst effektiven Verwaltung, möglichst umfangreich Rechnung zu tragen, unterliegen bei einer monistischen SE sowohl die Verwaltungsratsmitglieder als auch die geschäftsführenden Direktoren diesen Pflichten. Diese umfassen vor allem Auskunfts- oder Mitwirkungspflichten (§ 97 Abs. 1 und Abs. 2 InsO). Im Rahmen der dem geschäftsführenden Direktor für den Schuldner obliegenden Aufgaben besteht kein Weisungsrecht gem. § 44 Abs. 2 SEAG[125]. Die Regelung des § 44 Abs. 2 SEAG bezieht sich nur auf die werbende SE und findet im Insolvenzverfahren keine Anwendung. Der geschäftsführende Direktor muss seine Pflichten im Interesse des Verfahrens ableisten und nicht im Interesse der Gesellschaft. Daher macht es keinen Sinn, dass das Interesse der Gesellschaft durch Weisungen durch das Organ der Gesellschaft weitergegeben wird.

Bei der **Eigenverwaltung** (§§ 270 ff. InsO) bleibt die Struktur der monistischen SE unberührt. Lediglich die Befugnisse des Sachwalters (§§ 274, 275 InsO) und des Gläubigerausschusses (§ 276 InsO) müssen berücksichtigt werden.   53

Art. 64
[Auseinanderfallen von Sitz und Hauptverwaltung]

(1) Erfüllt eine SE nicht mehr die Verpflichtung nach Artikel 7, so trifft der Mitgliedstaat, in dem die SE ihren Sitz hat, geeignete Maßnahmen, um die SE zu verpflichten, innerhalb einer bestimmten Frist den vorschriftswidrigen Zustand zu beenden, indem sie

a) entweder ihre Hauptverwaltung wieder im Sitzstaat errichtet

b) oder ihren Sitz nach dem Verfahren des Artikels 8 verlegt.

(2) Der Sitzstaat trifft die erforderlichen Maßnahmen, um zu gewährleisten, dass eine SE, die den vorschriftswidrigen Zustand nicht gemäß Absatz 1 beendet, liquidiert wird.

(3) Der Sitzstaat sieht vor, dass ein Rechtsmittel gegen die Feststellung des Verstoßes gegen Artikel 7 eingelegt werden kann. Durch dieses Rechtsmittel werden die in den Absätzen 1 und 2 vorgesehenen Verfahren ausgesetzt.

(4) Wird auf Veranlassung der Behörden oder einer betroffenen Partei festgestellt, dass sich die Hauptverwaltung einer SE unter Verstoß gegen Artikel 7 im Hoheitsgebiet eines Mitgliedstaats befindet, so teilen die Behörden dieses Mitgliedstaats dies unverzüglich dem Mitgliedstaat mit, in dem die SE ihren Sitz hat.

---

124 Ebenso *Schwarz*, Art. 63 Rz. 72.
125 Anders *Schwarz*, Art. 63 Rz. 74.

§ 52 SEAG Auflösung der SE bei Auseinanderfallen von Sitz und Hauptverwaltung

(1) Erfüllt eine SE nicht mehr die Verpflichtung nach Artikel 7 der Verordnung, so gilt dies als Mangel der Satzung im Sinne von § 262 Abs. 1 Nr. 5 des Aktiengesetzes. Das Registergericht fordert die SE auf, innerhalb einer bestimmten Frist den vorschriftswidrigen Zustand zu beenden, indem sie
a) entweder ihre Hauptverwaltung wieder im Sitzstaat errichtet
b) oder ihren Sitz nach dem Verfahren des Artikels 8 der Verordnung verlegt.

(2) Wird innerhalb der nach Absatz 1 bestimmten Frist der Aufforderung nicht genügt, so hat das Gericht den Mangel der Satzung festzustellen.

(3) Gegen Verfügungen, durch welche eine Feststellung nach Absatz 2 getroffen wird, findet die sofortige Beschwerde statt.

Literatur: S. vor Art. 63 SE-VO.

I. Zweck und Entwicklung der Norm

1   Art. 64 erweitert die Reihe der nationalen Auflösungsgründe, welche gem. Art. 63 für eine Aktiengesellschaft maßgeblich wären, die nach dem Recht des Staates der SE gegründet worden ist, um einen weiteren **SE-spezifischen Auflösungsgrund**. Die Vorschrift geht von einem Gleichlauf von Sitz und Hauptverwaltung aus, die beide an demselben Ort in einem Mitgliedstaat der Europäischen Union gelegen sein müssen. Art. 64 Abs. 2 sanktioniert das dauerhafte Auseinanderfallen von Sitz und Hauptverwaltung mit der Liquidation der SE, wenn nicht der verordnungsgemäße Zustand wieder hergestellt wird. Dieser Auflösungsgrund bezieht die Regelungen der Art. 7 und 8 in den Normzweck ein[1]. Art. 64 beinhaltet zwar lediglich die Verpflichtung der Mitgliedstaaten, geeignete Maßnahmen einzuführen, die eine SE bei einem Verstoß gegen Art. 7 dazu anhalten, diesen Verstoß entweder zu beseitigen oder die SE zu liquidieren[2]. Der Sache nach ergibt sich aus dem Zusammenspiel des Art. 64 Abs. 2 mit Art. 7 und 8 aber, dass es sich um die materielle Regelung eines Auflösungsgrundes handelt, der darin besteht, dass Sitz und Hauptversammlung der SE dauerhaft nicht mehr in demselben Mitgliedstaat liegen[3]. Eine derartige Konstruktion findet sich in den Vorentwürfen zur SE-VO erst seit 1989 und 1991. Gem. Art. 115 Nr. 3c, 117 SE-VOV 1989 bestand die Möglichkeit, eine SE mit Sitz in Deutschland durch Gerichtsbeschluss aufzulösen, wenn die SE ihren Sitz aus der Gemeinschaft heraus verlegen sollte. Parallel zu Art. 5a SE-VOV 1991, der die Sitzverlegung der SE inner-

---

1 S. *Ludwig*, Beendigung, S. 36; *Ebert*, BB 2003, 1854, 1857.
2 *Schwarz*, Art. 64 Rz. 1; *Fuchs* in Manz/Mayer/Schröder, Art. 64 SE-VO Rz. 1.
3 S. *Frege/Klawa* in Jannott/Frodermann, Handbuch Europäische Aktiengesellschaft, § 12 Rz. 4; *Bartone/Klapdor*, Europäische Aktiengesellschaft, S. 79; *Ludwig*, Beendigung, S. 36. Ob dagegen Art. 64 Abs. 2 damit zum Rückgrat der Verordnung gehört, so *Blanquet*, ZGR 2002, 20, 42, mag aufgrund der geringen Bedeutung eher bezweifelt werden.

halb der Gemeinschaft ohne Auflösung und anschließender Neugründung einführte, wurde mit Art. 117a SE-VOV 1991 ein neuer Grund für eine gerichtlich verfügte Auflösung vorgesehen. Zum Schutz des Gemeinschaftscharakters der SE konnte auf Antrag jedes Beteiligten oder einer zuständigen Behörde durch das Gericht des Sitzes der SE die Gesellschaft aufgelöst werden[4].

Die Regelung des Art. 64 entspricht dem Art. 32 EWIV-VO, der für die EWIV anordnet, dass bei Auseinanderfallen von Sitz und Hauptverwaltung bzw. dem Ort, an dem eines der Mitglieder der EWIV seine Hauptverwaltung hat und dort auch tatsächlich seine Tätigkeit ausübt, zu einem Auslösungsverfahren führt. Eine Entsprechung zu Art. 64 sieht auch Art. 73 Abs. 2 bis Abs. 5 SCE-VO vor.   2

II. Primärrechtskonformität der Regelung des Art. 64 Abs. 2

Die Anwendung des Art. 64 Abs. 2 führt dazu, dass die Folge der grenzüberschreitenden Verlegung der Hauptverwaltung in einen anderen als den (Satzungs-)Sitzstaat ein rechtswidriger Zustand ist, der zur Liquidation führen kann. Der dadurch faktisch erzwungene Rechtswechsel könnte als eine unzulässige **Beschränkung der Niederlassungsfreiheit** einer SE gem. Art. 43 Abs. 1 i.V.m. Art. 48 Abs. 1 EG angesehen werden[5]. Zum Teil wird in Abrede gestellt, dass eine SE als supranationale Gesellschaftsform überhaupt in den Schutzbereich des Art. 48 EG fällt[6]. Allerdings ist ein Verständnis des Art. 48 Abs. 1 EG zu eng, wonach diese Vorschrift nicht auf Gesellschaften Anwendung finden soll, die nach den Rechtsvorschriften eines Mitgliedstaates gegründet sind und ihren satzungsmäßigen oder tatsächlichen Sitz in der EU haben. Die Gründung einer SE richtet sich zwar primär nach europäischem Recht, doch wird damit nur eine Vereinheitlichung der Gründung einer Gesellschaftsform in den nationalen Rechten angestrebt, keinesfalls soll dies aber dazu führen können, dass nach der SE-VO gegründete SE nicht in den Genuss der Freizügigkeit für Gesellschaften nach dem EG-Vertrag fallen. Die in Art. 48 EG vorgenommene Beschränkung bezieht sich lediglich darauf, Gesellschaften, die nicht innerhalb der EG gegründet bzw. ihren Sitz haben, von der Freizügigkeit auszunehmen[7]. Zudem macht die Gleichstellung der SE in Art. 10 mit einer nationalen Aktiengesellschaft deutlich, dass eine SE nicht anders behandelt werden darf als eine AG[8], für die Art. 48 EG unzweifelhaft gilt.   3

Art. 64 Abs. 2 beinhaltet lediglich eine **Sanktion** bei dem Auseinanderfallen von Hauptverwaltung und Satzungssitz. Dies führt aber nicht dazu, dass die Sitzverlegung einer SE unter Wahrung ihrer Identität nicht möglich wäre. Dass sich das subsidiär anwendbare Recht damit ändert, ist unerheblich, weil dieses in der Konstruktion der SE als supranationale Gesellschaftsform angelegt ist[9]. Selbst wenn man diesem Argument nicht folgen wollte, liegt in der in Art. 64 Abs. 2 beinhalteten Rechtsfolge **kein Verstoß gegen Art. 48 EG** vor, weil darin allenfalls eine Regelung über den „Wegzug" der Gesellschaft gesehen werden könnte. Diese können nach der   4

---

4 Vgl. *Schwarz*, Art. 64 Rz. 2; *Schwarz*, Europäisches Gesellschaftsrecht, 2000, Rz. 1182 f.

5 S. dazu *Schindler*, RdW 2003, 122; *Teichmann*, ZGR 2003, 367, 401; *de Diego*, EWS 2005, 446, 448 f.; *Ulmer*, NJW 2004, 1201, 1210; *Schäfer*, NZG 2004, 785, 787 f.; *Thümmel*, Europäische Aktiengesellschaft, Rz. 19, *Ludwig*, Beendigung, S. 38 ff.; *Fuchs* in Manz/Mayer/Schröder, Art. 64 SE-VO Rz. 12.

6 So *Teichmann*, ZGR 2003, 367, 401; *Ludwig*, Beendigung, S. 39.

7 Vgl. statt vieler *Troberg/Tietje* in von der Groeben/Schwarze, EU-/EG-Vertrag, 2003, Art. 48 EG Rz. 34 ff.

8 *Eidenmüller*, JZ 2004, 24, 31; vgl. auch *Ziemons*, ZIP 2003, 1913, 1918.

9 So auch *Schindler*, RdW 2003, 122, 125; *Ludwig*, Beendigung, S. 39.

derzeitigen Lage der Rechtsprechung des EuGH aber immer noch reglementiert werden, ohne dass ein Verstoß gegen Art. 48 Abs. 1 EG vorliegt[10]. Nach alledem verstößt Art. 64 Abs. 2 nicht gegen Art. 48 Abs. 1 i.V.m. Art. 43 Abs. 1 EG[11].

III. Auflösungstatbestand gem. Art. 64 Abs. 1

1. Allgemeines

5   Art. 64 Abs. 1 setzt voraus, dass die SE ihre Verpflichtung aus Art. 7 nicht mehr erfüllt. Art. 7 sieht vor, dass die SE als nominellen Sitz einen Ort zu bestimmen hat, der innerhalb der Gemeinschaft und im gleichen Mitgliedstaat wie die Hauptverwaltung liegt. Zudem muss die SE ihren Satzungssitz am Ort der Hauptverwaltung haben, falls der Satzungssitzstaat der SE von der Ermächtigung des Art. 7 Satz 2 Gebrauch gemacht hat[12]. Dies ist in Deutschland der Fall. Der deutsche Gesetzgeber hat den Gleichlauf mit § 5 Abs. 2 AktG herstellen wollen[13] und in § 2 SEAG geregelt, dass die Satzung der SE **als Sitz den Ort zu bestimmen hat, wo die Hauptverwaltung geführt wird**. Sollte der § 5 Abs. 2 AktG gestrichen werden, wie es im Entwurf des MoMiG derzeit geplant ist[14], wird der angestrebte Gleichlauf wieder aufgehoben und es käme zu einer Ungleichbehandlung von deutschen AG und SE mit Sitz in Deutschland. Diese Ungleichbehandlung ist aber durch Art. 7 SE-VO gedeckt. Eine Streichung des § 5 Abs. 2 AktG ändert ferner nichts an der Regelung des § 2 SEAG.

6   Art. 64 sieht für die Mitgliedstaaten allerdings vor, nur für einige Verpflichtungen der SE nach Art. 7 Satz 1 Regelungen zu treffen. Art. 64 **erfasst** daher **nicht alle in Art. 7 genannten Verpflichtungen**[15]. Im Einzelnen sind verschiedene Anwendungsfälle zu differenzieren, nämlich in die Fälle, in denen die Hauptverwaltung außerhalb der EU liegt, in die Fälle, in denen der Satzungssitz außerhalb der EU liegt, in die Fälle, in denen Hauptverwaltung und Satzungssitz in unterschiedlichen EU-Staaten liegen und in die Fälle, in denen die Hauptverwaltung und der Satzungssitz in unterschiedlichen Orten innerhalb desselben Staates in der EU liegen.

7   Art. 64 Abs. 1 lit. a und lit. b stellen klar, dass nur solche Verstöße gegen Art. 7 erfasst werden, die entweder durch eine Wiedererrichtung der Hauptverwaltung im Satzungssitzstaat oder eine Sitzverlegung nach dem Verfahren des Art. 8 beseitigt werden können[16]. Der Wortlaut „erfüllt (...) nicht mehr" macht zudem deutlich, dass eine **Einschränkung in zeitlicher Hinsicht** vorgenommen wird, in dem Sinne, dass die SE jedenfalls bei ihrer Eintragung in das Register ihre Verpflichtung aus Art. 7 Satz 1 erfüllt hat.

---

10 Einen Überblick über den derzeitigen Stand der Rechtsprechung des EuGH zu Art. 48 EG-Vertrag geben *Troberg/Tietje* in von der Groeben/Schwarze, EU-/EG-Vertrag, 2003, Art. 48 EG Rz. 13 ff.; *Siems*, EuZW 2006, 135 ff.
11 Im Ergebnis gleich *Ludwig*, Beendigung, S. 40; *Schäfer* in MünchKomm. AktG, Art. 64 SE-VO Rz. 3; *Teichmann*, ZGR 2003, 367, 401; *Ulmer*, NJW 2004, 1204, 1210. Anders offensichtlich *Ziemons*, ZIP 2003, 1913, 1918; *Wymeersch*, ECGI Law Working Paper 8/2003, S. 23.
12 Dazu s. oben Art. 7 Rz. 21; *Hunger* in Jannott/Frodermann, Handbuch Europäische Aktiengesellschaft, § 9 Rz. 21.
13 *Neye*, S. 75; *Hunger* in Jannott/Frodermann, Handbuch Europäische Aktiengesellschaft, § 9 Rz. 21; *Schwarz*, Art. 64 Rz. 4.
14 Dazu vgl. u.a. *Haas*, GmbHR 2006, 729; *Noack*, DB 2006, 1475; *Seibert*, ZIP 2006, 1157.
15 *Schwarz*, Art. 64 Rz. 4; *Fuchs* in Manz/Mayer/Schröder, Art. 64 SE-VO Rz. 5.
16 *Zang*, Sitz, S. 61 f.; *Schwarz*, Art. 64 Rz. 4.

2. Von Art. 64 erfasste und nicht erfasste Verstöße

a) Erfasste Verstöße

Ein Verstoß gegen Art. 7 Satz 1 Halbs. 2 liegt vor, wenn der **Satzungssitz und die** 8
Hauptverwaltung infolge einer Satzungssitzverlegung **in verschiedenen Mitgliedstaa-**
ten liegen. Zwar regelt Art. 8 Abs. 9, dass die SE erst dann in das Register des neuen
Sitzstaats eingetragen werden darf, wenn sie ihre Hauptverwaltung in diesem Mitgliedstaat errichtet hat, doch sind fehlerhafte Eintragungen in das Register denkbar.
Insoweit richten sich die Folgen einer fehlerhaften Eintragung nach Art. 64 und nicht
nach dem Recht des betroffenen Mitgliedstaates[17].

Gegen Art. 7 Satz 1 Halbs. 2 verstößt eine SE auch dann, wenn sie unter Beibehaltung 9
des Satzungssitzes ihre Hauptverwaltung in einen anderen Mitgliedstaat verlegt[18].
Bei einer **Verlegung der Hauptverwaltung** in einen Nicht-EWR-Staat bei Beibehaltung
des Satzungssitzes in dem Mitgliedstaat verstößt die SE gegen Art. 7 Satz 1
Halbs. 2[19].

b) Nicht erfasste Verstöße

Art. 64 Abs. 1 bis Abs. 3 erfassen nicht Verstöße gegen Art. 7, die schon **vor der Ein-** 10
tragung der SE bestanden haben. Zwar hatte der Verordnungsgeber bei Erlass des
Art. 64 offensichtlich die Fälle nicht im Auge, wo der Ort der Hauptverwaltung bereits bei der Gründung gegen Art. 7 vom Satzungssitz der künftigen SE abweicht,
doch macht der Wortlaut „erfüllt eine SE nicht mehr die Verpflichtung nach Art. 7"
deutlich, dass Verstöße vor Eintragung nicht von Art. 64 erfasst sind. Insoweit handelt es sich um einen Verstoß gegen die Gründungsvorschriften, so dass die Eintragung einer SE, die ihren Satzungssitz in Deutschland begründen will, nach Art. 15
Abs. 1 i.V.m. § 38 Abs. 1 Satz 2 AktG abzulehnen ist. Zwar wird in der Regel dann
das für die Eintragung zuständige Gericht oder die zuständige Behörde die Eintragung
der SE ablehnen, doch ist zumindest theoretisch möglich, dass die SE gleichwohl eingetragen wird und dann wirksam gegründet ist[20]. Da die SE insoweit die Möglichkeit
hat, ihre Hauptverwaltung im Sitzstaat zu errichten, wird vertreten, dass Art. 64
Abs. 1 lit. a in erweiternder Auslegung auch auf den Fall des anfänglichen Auseinanderfallens von Hauptverwaltung und Satzungssitz anwendbar sei, insbesondere, weil
dies der Sache nach dem Fall der Verlegung der Hauptverwaltung nach Gründung
entspreche[21]. Für eine derartige Auslegung ist aber dogmatisch kein Raum, weil in
dem Fall, in dem eine SE durch das zuständige Gericht oder die zuständige Behörde
fehlerhaft eingetragen wird, bereits die allgemeinen Auflösungsregeln nach Art. 63
eingreifen. In Betracht kommt hier insbesondere die Auflösung gem. § 262 Abs. 1
Nr. 5 AktG, § 144a FGG (Auflösung von Amts wegen)[22].

---

17 *Teichmann*, ZGR 2002, 383, 457 f.; *Schäfer* in MünchKomm. AktG, Art. 64 SE-VO Rz. 4;
   Wenz in Theisen/Wenz, Europäische Aktiengesellschaft, S. 171, 204; *Schwarz*, Art. 64 Rz. 5;
   anderer Ansicht *Zang*, Sitz, S. 64, 77.
18 *Jahn/Herss-Röttgen*, DB 2001, 631, 634; *Zang*, Sitz, S. 65; *Schwarz*, Art. 64 Rz. 7; *Fuchs* in
   Manz/Mayer/Schröder, Art. 64 SE-VO Rz. 4.
19 S. *Schwarz*, Art. 64 Rz. 7; *Fuchs* in Manz/Mayer/Schröder, Art. 64 SE-VO Rz. 4.
20 *Fuchs* in Manz/Mayer/Schröder, Art. 64 SE-VO Rz. 5; *Grote*, Das neue Statut der Europäischen Aktiengesellschaft zwischen europäischem und nationalem Recht, 1990, S. 157.
21 So auch *Fuchs* in Manz/Mayer/Schröder, Art. 64 SE-VO Rz. 5; vgl. auch *Ludwig*, Beendigung,
   S. 37.
22 So wie hier *Zang*, Sitz, S. 75; *Schwarz*, Art. 64 Rz.10; anders hingegen *Fuchs* in Manz/Mayer/
   Schröder, Art. 64 SE-VO Rz. 5, die Art. 64 entgegen des Wortlautes erweiternd auslegen will.
   Dazu ist allerdings kein Platz, da der Verstoß bereits durch die Auflösung des Tatbestandes
   gem. Art. 63 erfasst wird.

11 Wird der **Satzungssitz außerhalb der EU** gewählt, wobei der Hauptverwaltungssitz innerhalb der EU verbleibt, so lässt sich differenzieren: Wenn der nominelle und der tatsächliche Sitz der Gesellschaft bereits bei ihrer Gründung außerhalb der EU liegt, handelt es sich nicht um eine SE, auch wenn eine solche Gesellschaft versehentlich als SE im Register eingetragen werden sollte und im Rechtsverkehr auftritt. Art. 64 entfaltet gegenüber einer Schein-SE keine Wirkung[23]. Gleiches gilt, wenn zwar die Hauptverwaltung der Gesellschaft zum Zeitpunkt der Eintragung in einem Mitgliedstaat, der Satzungssitz aber außerhalb der EU liegt. In diesem Fall gibt es ebenfalls keinen Mitgliedstaat, in dem die SE ihren Sitz hat, der durch den Art. 64 verpflichtet werden könnte[24].

12 Es stellt einen Verstoß gegen Art. 7 dar, wenn die **Verlegung des Satzungssitzes in einen Staat außerhalb des EWR** stattfindet. Ein solcher Verstoß wird allerdings von Art. 64 nicht erfasst, weil er weder durch die in Art. 64 Abs. 1 lit. a vorgesehene Sitzverlegung noch nach dem in Art. 8 vorgesehenen Verfahren (Art. 64 Abs. 1 lit. b) beseitigt werden kann[25]. Zu bedenken ist allerdings, dass es nach deutschem Recht keine weitergehende Regelung über den Fall der Sitzverlegung in einen Nicht-EWR-Staat geben muss. Ein Beschluss über eine entsprechende Sitzverlegung würde nach deutschem Recht ohnehin zur Nichtigkeit des Hauptversammlungsbeschlusses führen (Art. 9 Abs. 1 lit. c II i.V.m. § 241 Nr. 3 AktG). Satzungsändernde Beschlüsse, die von zwingenden Vorschriften des Aktienrechts abweichen, sind stets nach § 241 Nr. 3, 3. Alt. AktG nichtig.

13 Ein Verstoß gegen Art. 7 liegt auch vor, wenn sich die **Hauptverwaltung und der Satzungssitz in unterschiedlichen EU-Staaten** befinden. Dabei kommen **drei unterschiedliche Fälle** in Betracht. Entweder hatte die SE bereits bei der Gründung ihren Hauptverwaltungssitz nicht am Satzungssitz und ist trotz dieses Fehlers in das Register eingetragen worden, oder die SE hat nach Eintragung die Hauptverwaltung vom Satzungssitz in einen anderen Mitgliedstaat verlegt, oder die SE hat nach Eintragung ihren Satzungssitz nach Art. 8 weg vom Ort der Hauptverwaltung verlegt, ohne dass dies beim Eintragungsverfahren aufgefallen wäre[26]. Da die SE diesen rechtswidrigen Zustand auf beide, in Art. 64 genannte Wege beseitigen kann, muss das nationale Recht eine Regelung für diese Fälle vorsehen. Dies gilt auch für den Fall, dass die SE nach Eintragung ihren Satzungssitz an einen anderen Ort als den der Hauptverwaltung verlegt hat. Zwar ist der Wortlaut des Art. 64 Abs. 1 lit. a insoweit missverständlich, als er davon spricht, dass der vorschriftswidrige Zustand zu beenden ist, indem die SE (…) ihre Hauptverwaltung „wieder" im Sitzstaat errichtet, was die Auslegung nahe legen könnte, dass dieser Fall nicht dadurch gelöst werden kann, dass nun auch die Hauptverwaltung an den Satzungssitz verlegt wird, weil sie sich da noch nie befunden hat und es daher auch kein Zurückverlegen wird. Allerdings ist ein solches Ergebnis nicht haltbar, weil es die Herstellung eines Zustandes verhindern würde, der der Sache nach als verordnungsgemäß vorausgesetzt wird.

14 Ein Verstoß gegen Art. 7 Satz 2 i.V.m. § 2 SEAG liegt vor, wenn **Sitz und Hauptverwaltung innerhalb desselben Mitgliedstaats auseinanderfallen**. Ein solcher Verstoß wird von Art. 64 nicht sanktioniert, weil eine Wiedereinrichtung der Hauptverwaltung im Sitzstaat nach § 64 Abs. 1 lit. a nicht geeignet ist, einen Verstoß gegen Art. 7 Satz i.V.m. § 2 SEAG zu beseitigen. Dieses erfordert nämlich innerhalb des jeweiligen Sitzstaats zusätzlich die Wiedererrichtung der Hauptverwaltung am Satzungssitz der

---

23 *Fuchs* in Manz/Mayer/Schröder, Art. 64 SE-VO Rz. 7.
24 *Fuchs* in Manz/Mayer/Schröder, Art. 64 SE-VO Rz. 7; *Schäfer* in MünchKomm. AktG, Art. 64 SE-VO Rz. 4.
25 S. *Schwarz*, Art. 64 Rz. 10 unter Aufgabe seiner früheren Position in ZIP 2001, 1847, 1858.
26 S. *Fuchs* in Manz/Mayer/Schröder, Art. 64 SE-VO Rz. 9.

SE[27]. Auch ein Verfahren nach Art. 8 führt nicht dazu, den Verstoß gegen Art. 7 Satz 2 zu beheben, denn Art. 8 regelt die grenzüberschreitende Sitzverlegung und ist daher auf die Sitzverlegung innerhalb eines Mitgliedstaats nicht anwendbar[28]. Das gleiche gilt für den Verstoß gegen die Regelung des § 2 SEAG, weil diese Vorschrift dem § 5 Abs. 2 AktG entspricht[29].

Wird die Hauptverwaltung einer SE innerhalb des Sitzstaates an einen anderen Ort   15
als den des Satzungssitzes verlegt, so greift Art. 64 ebenfalls nicht ein. Art. 7 Satz 2
enthält eine Ermächtigung der Mitgliedstaaten, die Sitzwahlfreiheit weitergehend
einzuschränken und die Ermächtigung, die Sanktionierung eines Verstoßes gegen die
Ausführungsregelung zu Art. 7 Satz 2 (gegen § 2 SEAG) zu regeln[30]. Nach deutschem
Recht bleibt ein Verstoß gegen § 5 Abs. 2 AktG durch Verlagerung eines Betriebs, der
Geschäftsleitung oder der Verwaltungsführung allerdings ohne Folgen, weil das
Amtsauflösungsverfahren nach § 272 Abs. 1 Nr. 5 AktG i.V.m. § 144a FGG keine An-
wendung findet. Die **Verlegung der Hauptverwaltung im Inland** stellt nämlich kei-
nen Mangel der Satzung dar. Das SEAG hat für diesen Fall auch keine eigenständige
Sanktion eingeführt.

Schließlich greift Art. 64 auch nicht bei einer **nichtigen Satzungsregelung** ein. Eine   16
solche könnte z.B. darin liegen, dass ein Satzungssitz außerhalb der EU gewählt wurde oder dass ein mehrfacher Satzungssitz bestimmt worden ist. Eine derartige anfänglich nichtige Regelung des Satzungssitzes hat nach Art. 9 Abs. 1 lit. c ii, § 23 Abs. 3
Nr. 1 AktG, § 144a Abs. 1 FGG, § 262 Abs. 1 Nr. 5 AktG eine Amtsauflösung zur Folge[31]. Wird ein Hauptversammlungsbeschluss nachträglich gefasst, der gegen Art. 7
Satz 2 i.V.m. § 2 SEAG verstößt, so ist dieser nichtig. Es bleibt dann bei der bisherigen Satzungsbestimmung, so dass für eine Amtsauflösung kein Raum ist.

3. Erforderliche Maßnahmen

Art. 64 Abs. 1 gibt den Mitgliedstaaten, in denen die SE ihren satzungsmäßigen Sitz   17
hat, auf, die erforderlichen Maßnahmen zu treffen, um die SE zu verpflichten, den
vorschriftswidrigen Zustand zu beenden. Der deutsche Gesetzgeber ist dieser Verpflichtung mit der Regelung des **§ 52 SEAG** gefolgt, der ein eigenständiges Verfahren
vorsieht, das sich an dem Verfahren der Amtsauflösung bei Feststellung eines Satzungsmangels nach § 144a FGG orientiert. Die früheren Vorschläge im Schrifttum,
zur Umsetzung der Vorgaben des Art. 64 Abs. 1–3 auf das Amtsauflösungsverfahren
gem. § 144a FGG zurückzugreifen[32], sind nicht aufgegriffen worden. Nach § 52
Abs. 1 SEAG gilt der Umstand, dass eine SE nicht mehr die Verpflichtung nach Art. 7
erfüllt, als **Mangel der Satzung** i.S.d. §§ 262 Abs. 1, 5 AktG. Das Registergericht fordert dann die SE auf, innerhalb einer bestimmten Frist den vorschriftswidrigen Zustand zu beenden, indem sie ihre Hauptverwaltung wieder im Sitzstaat errichtet oder
ihren Sitz nach dem Verfahren des Art. 8 verlegt. Nach § 52 Abs. 2 SEAG muss das
Gericht den Mangel der Satzung feststellen, wenn nach der bestimmten Frist die SE
der Forderung nicht genügt. Gegen eine derartige Verfügung des Registergerichts besteht die Möglichkeit einer sofortigen Beschwerde.

---

27 S. *Schwarz*, Art. 64 Rz. 11.
28 Vgl. *Wenz* in Theisen/Wenz, Europäische Aktiengesellschaft, S. 171, 204.
29 *Schwarz*, Art. 64 Rz. 12.
30 Vgl. *Zang*, Sitz, S. 78; *Fuchs* in Manz/Mayer/Schröder, Art. 64 SE-VO Rz. 12.
31 Vgl. *Schwarz*, Art. 64 Rz. 14; *Schäfer* in MünchKomm. AktG, Art. 64 SE-VO Rz. 4.
32 Vgl. *Teichmann*, ZGR 2002, 383, 458 f.; *Teichmann*, ZIP 2002, 1109, 1116; *Brandt*, NZI 2002,
    991, 995; *Zang*, Sitz, S. 73 f.; *Wenz* in Theisen/Wenz, Europäische Aktiengesellschaft, S. 205.

18 Für die in § 52 Abs. 1 Satz 2 SEAG geregelte Beseitigungsaufforderung ist das Registergericht des Sitzes der SE **sachlich und örtlich zuständig**, in dessen Handelsregister die Gesellschaft eingetragen ist[33]. Die in § 52 Abs. 1 Satz 2 geregelten Maßnahmen zur Beseitigung des rechtswidrigen Zustands geben die Vorgaben des Art. 64 Abs. 1 wörtlich wieder. Die Wiedererrichtung der Hauptversammlung beinhaltet die Verpflichtung, dass die Hauptverwaltung räumlich in den Satzungssitzstaat zurückverlagert werden muss[34]. Die Behebung des Verstoßes gegen Art. 7 nach dem Verfahren gem. Art. 8 beinhaltet, dass eine entsprechende Satzungsänderung vorgenommen wird. Der Satzungssitz muss dadurch in den Mitgliedstaat verlegt werden, in dem sich die Hauptverwaltung befindet[35].

19 § 52 SEAG sieht **keinen Antrag** auf Festsetzung der Maßnahmen vor. Anders als nach Art. 117a SE-VOV 1991, der noch ein Antragserfordernis einer beteiligten oder zuständigen Behörde vorsah, verzichtet Art. 64 Abs. 1 auf diese Voraussetzung.

IV. Zwangsweise Liquidation gem. Art. 64 Abs. 2

20 Art. 64 Abs. 2 verpflichtet den Sitzstaat, die erforderlichen Maßnahmen zu treffen, um zu gewährleisten, dass die SE, die den vorschriftswidrigen Zustand nicht nach Maßgabe des § 64 Abs. 1 lit. a oder lit. b beendet, liquidiert wird. Als Liquidation ist – wie in Art. 63 – die **Abwicklung der Gesellschaft** im Anschluss an deren Auflösung gemeint. Das deutsche Umsetzungsrecht hat nach § 52 Abs. 1 Satz 1 SEAG i.V.m. mit § 272 Abs. 1 Nr. 5 AktG den Auflösungsgrund des Satzungsmangels vorgesehen und entspricht damit den Vorgaben des Art. 64 Abs. 2. Der Sache nach fingiert das Gesetz in dieser Situation einen Absatzmangel, der vom Registergericht vor der Liquidation festgestellt werden muss[36].

V. Rechtsmittel gem. Art. 64 Abs. 3

21 Nach Art. 64 Abs. 3 hat jeder Mitgliedstaat in seinen nationalen Umsetzungsregelungen der SE, die ihren Sitz dort hat, ein Rechtsmittel gegen die Feststellung des Verstoßes gegen Art. 7 einzuräumen. Die SE kann damit allerdings lediglich geltend machen, dass kein Verstoß gegen diese Vorschrift vorliegt. Nicht angegriffen werden kann die Auswahl der Maßnahmen nach Art. 64 Abs. 1 oder die Durchführung der Abwicklung nach Art. 64 Abs. 2.

22 Vorgesehen ist in Art. 64 Abs. 3 ferner, dass das nationale Umsetzungsrecht vorsehen muss, dass die Rechtsmittel einen **Suspensiveffekt** haben, so dass Maßnahmen nach Art. 64 Abs. 1 so lange keine Wirkung haben, wie die Frist nach Abs. 1 läuft und eine Abwicklung unzulässig ist[37]. Ein Rechtsmittel hat auch einen **Devolutiveffekt**[38]. Als Rechtsmittel wird ein gerichtlicher Rechtsbehelf verstanden. Dies ergibt sich aus dem Vergleich mit den anderssprachigen Fassungen der SE-VO[39].

23 Im deutschen Recht ist die Umsetzung der Vorgaben des Art. 64 Abs. 3 in § 52 SEAG vorgenommen worden, in dem geregelt ist, dass Verfügungen, durch welche eine

---

33 *Schwarz*, Art. 64 Rz. 16.
34 *Zang*, Sitz, S. 67; *Schwarz*, Art. 64 Rz. 17.
35 Vgl. *Zang*, Sitz, S. 68; *Schwarz*, Art. 64 Rz. 18.
36 Vgl. *Schwarz*, Art. 64 Rz. 19; *Schäfer* in MünchKomm. AktG, Art. 64 SE-VO Rz. 5.
37 *Fuchs* in Manz/Mayer/Schröder, Art. 64 SE-VO Rz. 20; *Schwarz*, Art. 64 Rz. 20.
38 *Zang*, Sitz, S. 69; *Schwarz*, Art. 64 Rz. 20.
39 Judicial remedy (engl. Version); recours juridictionnel (franz. Fassung); recurso jurisdiccional (span. Fassung); recurso judicial (portugiesische Fassung).

Feststellung nach Art. 64 Abs. 2 getroffen wird, der **sofortigen Beschwerde** unterliegen. Die **aufschiebende Wirkung** bezieht sich sowohl auf die zur Auflösung führende Feststellung des Satzungsmangels als auch gegen die Beseitigungsaufforderung nach § 52 Abs. 1 Satz 2 SEAG[40]. Soweit vertreten wird, dass die sofortige Beschwerde lediglich aufschiebende Wirkung gegenüber der zur Auflösung führenden Feststellung des Mangels der Satzung nach § 52 Abs. 2 SEAG, nicht aber gegenüber der Beseitigungsaufforderung nach § 52 Abs. 1 Satz 2 SEAG habe[41], wird übersehen, dass Art. 64 Abs. 3 Satz 2 anordnet, dass durch das Rechtsmittel sowohl die in den Abs. 1 und 2 vorgesehenen Verfahren ausgesetzt werden. Zudem übersieht die abweichende Meinung, dass zwischen der Feststellung des Satzungsmangels und der Beseitigungsaufforderung ein notwendiger innerer Zusammenhang besteht, der nicht zu trennen ist und der sich auch in der Einheitlichkeit der aufschiebenden Wirkung gegenüber diesen Verfahrensschritten ausdrückt.

VI. Mitteilungspflicht gem. Art. 64 Abs. 4

Die Behörden des Mitgliedstaates, in dem die Hauptverwaltung der SE liegt, müssen   24
gem. Art. 64 Abs. 4 dem Sitzstaat der SE mitteilen, wenn der Ort der Hauptverwaltung und der satzungsmäßige Sitz grenzüberschreitend auseinanderfallen. § 64 Abs. 4 fordert ferner, dass diese **Mitteilung unverzüglich** erfolgen muss, nachdem die Behörden des Staates, in dem die SE ihre Hauptverwaltung hat, davon Kenntnis erlangt haben. Der Begriff der Feststellung wird in Art. 64 Abs. 4 nicht weiter erläutert. Aus dem Regelungszusammenhang ergibt sich jedoch, dass es keiner gerichtlichen oder sonst formalisierten Feststellung des Verstoßes bedarf[42]. Unverzüglich ist die Mitteilung, wenn sie ohne schuldhaftes Zögern vorgenommen wird[43]. Nach § 4 SEAG, der auf § 125 Abs. 1 und Abs. 2 FGG verweist, ist das Registergericht für diese Mitteilung zuständig[44]. Zur Mitteilung sind die Behörden von Amts wegen verpflichtet, wenn sie Kenntnis erlangen. Art. 64 Abs. 4 sieht aber vor, dass jeder Betroffene ein **Initiativrecht** hat, so dass er die zuständigen Behörden am Sitz der Hauptverwaltung informieren kann. Voraussetzung für das Vorliegen eines Initiativrechts, das zu einer Mitteilungspflicht des Gerichts führt, ist jedoch, dass die veranlassende Partei eine „betroffene Partei" ist. Damit soll das Registergericht davor geschützt werden, jeder Verdachtsanzeige nachgehen zu müssen[45]. Vielmehr ist es notwendig, dass der Anzeigende ein rechtliches oder wirtschaftliches Interesse an der Einhaltung der Vorschriften des Art. 7 hat. Dieses Interesse muss dem Registergericht gegenüber glaubhaft gemacht werden[46].

---

40 So auch *Schwarz*, Art. 64 Rz. 20.
41 *Zang*, Sitz, S. 73.
42 So *Schäfer* in MünchKomm. AktG, Art. 64 SE-VO Rz. 8.
43 Ähnlich auch *Fuchs* in Manz/Mayer/Schröder, Art. 64 SE-VO Rz. 21, die auch „baldmöglichst" als unverzüglich ansieht.
44 S. dazu oben Art. 12 Rz. 7.
45 *Fuchs* in Manz/Mayer/Schröder, Art. 64 SE-VO Rz. 22.
46 Vgl. ferner *Fuchs* in Manz/Mayer/Schröder, Art. 64 SE-VO Rz. 22, mit einer Aufzählung von potenziell Betroffenen.

Art. 65
[Bekanntmachung der Auflösung]

Die Eröffnung eines Auflösungs-, Liquidations-, Zahlungsunfähigkeits- und Zahlungseinstellungsverfahrens und sein Abschluss sowie die Entscheidung über die Weiterführung der Geschäftstätigkeit werden unbeschadet einzelstaatlicher Bestimmungen, die zusätzliche Anforderungen in Bezug auf die Offenlegung enthalten, gemäß Artikel 13 offen gelegt.

Literatur : S. vor Art. 63 SE-VO.

I. Zweck und Entwicklung der Norm

1   Art. 65 regelt die Publizität der Eröffnung eines Auflösungs-, Liquidations-, Zahlungsunfähigkeits- und Zahlungseinstellungsverfahrens und die Publizität des Abschlusses eines derartigen Verfahrens. Ebenso wird in dieser Vorschrift die Publizitätspflicht von Entscheidungen über die Weiterführung der Geschäftstätigkeit nach Art. 13 angeordnet. Zweck der Norm ist die **Offenlegung der in Art. 65 bezeichneten Verfahren**[1]. Mit der Veröffentlichungspflicht soll vornehmlich der **Geschäftsverkehr geschützt** werden. Die Kenntnis über die Eröffnung der Verfahren versetzt die einzelnen Akteure nämlich in die Lage, ihr geschäftliches Verhalten auf die neue Situation bezüglich der SE abzustimmen. Neben dem Schutzzweck für den Geschäftsverkehr hat die Publizität darüber hinaus die formale Funktion der sachgerechten registermäßigen Behandlung der Beendigung der Gesellschaft[2] und im Hinblick auf die Eröffnung des Insolvenzverfahrens die Gewährleistung, dass die Beteiligten die Rechte und Pflichten im Verfahren angemessen wahrnehmen können[3].

2   Publizitätsvorschriften, die Art. 65 der Sache nach entsprechen, hat es bereits in Art. IX-1-4, IX-2-9, IX-3-3 des Vorentwurfs zu einem SE-Statut von Sanders und in den Art. 250, 259, 263 SE-VOV 1970 und den entsprechenden Normen in der SE-VOV von 1975 gegeben. Die einzelnen Regelungen in den früheren Entwürfen betrafen jeweils unterschiedliche Sachgebiete und verwiesen daher entsprechend auch zum Teil auf unterschiedliche Rechte, um die Publizität zu regeln[4]. Die Vorschriften, die in den **früheren Entwürfen** die Offenlegung anordneten, bestimmten im Gegensatz zu Art. 65 auch die Publizitätsmittel selbst[5]. Anders als die älteren Entwürfe haben die Entwürfe zu einer SE-VOV 1989 und 1991 dann jedoch die Anwendung der in den jeweiligen Mitgliedstaaten vorgesehenen Offenlegungsinstrumente angeordnet (vgl. Art. 13 SE-VOV 1989 und Art. 9 SE-VOV 1991).

---

1 *Schwarz*, Art. 65 Rz. 1.
2 *Schwarz*, Art. 65 Rz. 1.
3 *Schwarz*, Art. 65 Rz. 1; *Fuchs* in Manz/Mayer/Schröder, Art. 65 SE-VO Rz. 3 (ergänzende Heranziehung des § 30 InsO).
4 Im Hinblick auf die Insolvenz vgl. Art. IX-3-1 Vorentwurf zu einer SE-VOV von Sanders – s. *Sanders* in Schmitthoff (Hrsg.), The Harmonisation of European Company Law, 1973, S. 83 ff.; *Sanders*, AWD 1960, 1; Art. 261 SE-VOV 1970 und 1975.
5 Vgl. insoweit *Hopt* in Lutter, Die europäische Aktiengesellschaft, 2. Aufl. 1978, S. 353, 375.

Im Hinblick auf **andere supranationale Rechtsformen** findet sich in Art. 74 SCE-VO   3
eine ähnliche Regelung wie in Art. 65. Im Hinblick auf den europäischen Verein und
auf die EUGGES werden lediglich Vorschriften für die Offenlegung eines Verfahrens
wegen Zahlungsunfähigkeit oder Zahlungseinstellung vorgesehen (vgl. Art. 45
Abs. 2–4 EUV-VOV, Art. 54 Abs. 2–4 EUGGES-VOV). Für die EWIV sieht Art. 7 Satz 2
lit. f–h EWIV-VO die Offenlegung der Auflösung und des Abwicklungsbeschlusses
vor. Art. 36 EWIV-VO ergänzt dies um einen Verweis auf das einzelstaatliche Recht
über Zahlungsunfähigkeit und Zahlungseinstellung. Eine Pflicht zur Offenlegung insolvenzrechtlicher Vorgänge ist in der EWIV-VO dagegen nicht vorgesehen.

Im Hinblick auf die Grundregelung des Art. 63 ist – ebenso wie für die Vorgänger-   4
norm des § 250 Abs. 1 SE-VOV 1975[6] – vertreten worden, dass der Art. 65 der Sache
nach überflüssig sei[7]. Richtig ist, dass Art. 65 i.V.m. Art. 13 zur Anwendung des Sitzstaatsrechts führt und dasselbe Ergebnis auch über eine Verweisung nach Art. 63 erreicht würde[8]. Gleichwohl ist die Regelung des Art. 65 **keineswegs überflüssig**. Zum
einen begründet diese Vorschrift die Offenlegung der einzelnen Verfahren in dem europäischen Recht und entzieht es damit der mitgliedstaatlichen Rechtsgrundlage.
Damit wird vor allem gewährleistet, dass die **Publizität** über die in Art. 65 geregelten
Gegenstände **in allen Mitgliedstaaten gleichermaßen** erfolgt. Zudem wird die **Auslegung** des Art. 65 in letzter Konsequenz **dem EuGH zugeordnet**, während ein Weg-
denken des Art. 65 dazu führen würde, dass die in Art. 65 genannten Verfahren nur
über den Verweis in das nationale Recht von der Publizität erfasst würden und sich
Einzelheiten dann aus den verschiedenen nationalen Rechten ergeben würden.

II. Die Publizitätsgegenstände

Art. 65 ist im Zusammenhang mit Art. 13 und Art. 14 zu sehen. Diese drei Vorschrif-   5
ten regeln die Publizitätsverpflichtung anlässlich der Auflösung und der Insolvenz einer SE. Die Vorschriften erfassen aber nicht alle Bekanntmachungen während der
Auflösung, Liquidation und Insolvenz einer SE, sondern **nur bestimmte Publizitätsgegenstände**[9]. Die im Einzelnen nicht erfassten Fälle werden deshalb dann nicht europaeinheitlich, sondern nach den jeweiligen mitgliedstaatlichen Rechtsvorschriften
geregelt, die über Art. 63 Halbs. 1 zur Anwendung gelangen. Insoweit sind die Regelungen des AktG entsprechend heranzuziehen.

Ebenso wie in Art. 63 müssen die Begriffe, die Art. 65 zur Bezeichnung der Publizi-   6
tätsgegenstände heranzieht, **autonom ausgelegt** werden. Sie sind funktional zu verstehen und müssen in Übereinstimmung mit den entsprechenden Begriffen in Art. 63
ausgelegt werden, um ein Verständnisgleichklang zu erzeugen. Damit sind die Publizitätsgegenstände mit Rücksicht auf das nationale Recht zu ermitteln, auf das
Art. 63 verweist[10].

Die in Art. 65 vorgesehen **Publizitätsgegenstände** sind   7
– die Eröffnung eines Auflösungsverfahrens,
– die Eröffnung eines Liquidationsverfahrens,
– die Eröffnung eines Zahlungsunfähigkeitsverfahrens,

---

6 S. *Hopt* in Lutter, Die europäische Aktiengesellschaft, 2. Aufl. 1978, S. 353, 368.
7 *Roitsch*, Auflösung, S. 70 f.; *Schwarz*, Art. 65 Rz. 4.
8 *Schwarz*, Art. 65 Rz. 4.
9 *Schwarz*, Art. 65 Rz. 5.
10 So auch *Schwarz*, Art. 65 Rz. 6; vgl. auch *Fuchs* in Manz/Mayer/Schröder, Art. 65 SE-VO
    Rz. 1.

– die Eröffnung eines Zahlungseinstellungsverfahrens,

– der Abschluss eines Auflösungsverfahrens,

– der Abschluss eines Liquidationsverfahrens,

– der Abschluss eines Zahlungsunfähigkeitsverfahrens,

– der Abschluss eines Zahlungseinstellungsverfahrens,

– die Entscheidung über die Weiterführung der Geschäftstätigkeit.

8   Soweit Art. 65 die Eröffnung eines Verfahrens der dort genannten Art erfasst, soll damit gewährleistet werden, dass der **Eintritt der SE in eine existenzgefährdende Phase** veröffentlicht wird[11]. Im deutschen Aktienrecht wird das Abwicklungsverfahren durch den Eintritt eines Auflösungsgrundes gem. § 264 Abs. 1 AktG eingeleitet. Daher beziehen sich die Publizitätsgegenstände im Hinblick auf diese Verfahrenseröffnung auf den Eintritt eines Auflösungsgrundes der §§ 262, 263 AktG für eine SE. Soweit die Eröffnung eines Insolvenzverfahrens angesprochen ist, ergeben sich die Publizitätsgegenstände im Hinblick auf die Eröffnung des Insolvenzverfahrens gem. § 27 InsO oder im Hinblick auf die Anordnung der Eigenverwaltung gem. § 270 Abs. 1 Satz 1 bzw. § 273 InsO. Das deutsche Recht kennt kein besonderes Auflösungsverfahren, wie es in Art. 65 beschrieben ist. Vor dem Hintergrund der oben in Rz. 6 bezeichneten Auslegung des Art. 65 nach den nationalen Maßstäben des Sitzstaates der SE ist unter „Eröffnung eines Auflösungsverfahrens" der Eintritt eines Auflösungsgrundes zu verstehen. Erfasst werden damit alle Auflösungsgründe einer SE, und zwar unabhängig davon, ob sie an ein gerichtliches oder an ein außergerichtliches Verfahren anknüpfen[12].

9   Der in Art. 65 geregelte Abschluss eines Verfahrens bezieht sich trotz des missverständlichen Begriffes „sein" nicht etwa nur auf das Zahlungseinstellungsverfahren, sondern auf die **gesamten in Art. 65 genannten Verfahrensarten**. Die englische Fassung regelt nämlich insoweit: "The initiation and termination of winding up, liquidation, insolvency or cessation of payment procedures." Dadurch wird eindeutig klargestellt, dass die Publizitätsgegenstände sowohl die Eröffnung als auch der Abschluss der jeweiligen Verfahren sind. Es wäre darüber hinaus auch inkonsequent, die Beendigung eines Zahlungseinstellungsverfahrens zu veröffentlichen, während der Abschluss einer Liquidation nicht offenlegungspflichtig wäre[13]. Der Abschluss der Verfahren ist im deutschen Recht die Beendigung der Abwicklung nach § 273 AktG, die Aufhebung eines Insolvenzverfahrens gem. § 200 Abs. 1 InsO und die Aufhebung des Verfahrens nach Bestätigung des Insolvenzplans nach § 258 InsO. Ebenso gehören zur Abwicklung eines Verfahrens die vorzeitige Einstellung des Insolvenzverfahrens mangels Masse (§ 207 InsO) oder wegen Masseunzulänglichkeit (§ 211 InsO).

10 **Weitere Publizitätsgegenstände** sind die Weiterführung der Geschäftstätigkeit als Fortsetzung der SE gem. § 274 AktG und die Eintragung der Löschung gem. § 273 Abs. 1 Satz 2 AktG bzw. § 141a Abs. 1 Satz 2 FGG. Ein darüber hinausgehender, publizitätspflichtiger Tatbestand findet sich etwa in der (dreifachen) Bekanntmachung des Aufrufs an die Gläubiger nach § 267 AktG, ihre Ansprüche anzumelden. Derartige Publizitätsgegenstände sind aufgrund der Verweisung des Art. 63 Halbs. 1 auf das

---

11 *Schwarz*, Art. 65 Rz. 7.

12 So *Schwarz*, Art. 65 Rz. 8 unter Verweis auf Art. IX-1-4 Vorentwurf zu einer SE von Sanders, Art. 250 SE-VOV 1970; Art. 250 SE-VOV 1975, Art. 118 SE-VOV 1989 und Art. 118 SE-VOV 1991.

13 *Schwarz*, Art. 65 Rz. 10; *Schwarz*, ZIP 2001, 1847, 1858.

mitgliedstaatliche Aktiengesetz des Staates, in dem die SE ihren Sitz hat, auch für die SE offenlegungspflichtig[14].

III. Publizitätsmittel

Die Publizitätsmittel ergeben sich aus dem nationalen Recht. Ein **Gleichlauf der Publizitätsmittel** in den einzelnen Mitgliedstaaten ist allerdings dadurch gewährleistet, dass die jeweiligen nationalen Publizitätsmittel die Anforderungen der ersten gesellschaftsrechtlichen Richtlinie (Publizitätsrichtlinie)[15] entsprechen müssen. Daraus folgt für eine SE mit Sitz in Deutschland, dass sie die Publizitätsgegenstände im deutschen (elektronisch geführten) Handelsregister eintragen und elektronisch bekannt machen lassen muss (§§ 8, 10 i.V.m. 9 HGB i.d.F. des EHUG; dazu oben ausführlich Art. 13 Rz. 4 ff.). 11

Art. 14 Abs. 1 erfordert die **Bekanntmachung zu Informationszwecken im Amtsblatt der EU**. Dieses außerordentliche Publizitätsmittel ist allerdings nur auf die Eintragung und auf die Löschung der Eintragung einer SE beschränkt. Im Hinblick auf Versicherungsunternehmen und Kreditinstitute sehen die Richtlinien 2001/17/EG und 2001/24/EG über die Sanierung und Liquidation von solchen Unternehmen vor, dass die Entscheidungen über die Eröffnung eines Liquidationsverfahrens und die Entscheidung über eine Sanierungsmaßnahme im Amtsblatt der EU bekannt zu machen sind[16]. 12

Art. 65 lässt ausdrücklich **einzelstaatliche Bestimmungen** zu, die **zusätzliche Anforderungen** in Bezug auf die Offenlegung enthalten. Damit wird deutlich, dass Art. 65 nur eine Mindestharmonisierung im Hinblick auf die Publizität fordert. Die zusätzlichen Publizitätsanforderungen können sich sowohl auf die Publizitätsgegenstände als auch auf die Publizitätsmittel beziehen. Hintergrund dieser Regelung ist, dass Art. 65 es ermöglichen will, dass die einzelnen mitgliedstaatlichen Regelungen höhere Anforderungen als Art. 13 stellen und eine möglichst umfassende Information des Geschäftsverkehrs gewährleisten können[17]. 13

Art. 65 lässt es auch zu, dass **weitere gemeinschaftsrechtliche Vorschriften** über die Offenlegung Anforderungen enthalten, die über das nationale Recht auf eine SE angewendet werden müssen. Insbesondere fallen darunter die für Versicherungsunternehmen und Kreditinstitute geltenden Publizitätsvorschriften und die Möglichkeit gem. Art. 102, § 5 Abs. 1 EGInsO, die dem Insolvenzverwalter das Recht einräumt, die Bekanntmachung des wesentlichen Inhalts über die Eröffnungsentscheidung in anderen Mitgliedstaaten zu beantragen. Eine entsprechende Vorgabe kann sich auch aus § 345 InsO ergeben, die für die Sachverhalte maßgeblich ist, die außerhalb des Anwendungsbereiches der EuInsVO liegen[18]. 14

Im deutschen Recht sind die Publizitätsanforderungen **in unterschiedlichen Gesetzen** geregelt. Die Bekanntmachung der Auflösung ergibt sich aus § 263 AktG i.V.m. § 10 HGB. Die Bekanntmachung des Eröffnungsbeschlusses im Insolvenzverfahren 15

---

14 *Schwarz*, Art. 65 Rz. 13.
15 Erste Richtlinie 68/151/EWG des Rates vom 9. März 1968 zur Koordinierung der Schutzbestimmungen, die in den Mitgliedstaaten den Gesellschaften im Sinne des Artikels 58 Absatz 2 des Vertrages im Interesse der Gesellschafter sowie Dritter vorgeschrieben sind, um diese Bestimmungen gleichwertig zu gestalten, ABl. EG Nr. L 65 v. 14.3.1968, S. 8 ff.
16 Vgl. jeweils Art. 6 Abs.1 und 14 Abs. 1 der Richtlinien und die Erwägungsgründe 20.
17 Vgl. *Schwarz*, Art. 65 Rz. 17.
18 S. *Stephan* in Heidelberger Kommentar z. InsO, 4. Aufl. 2006, § 345 Rz. 1 ff.; *Smid*, Deutsches und Europäisches Insolvenzrecht, 2004, § 345 InsO Rz. 3 ff.

ergibt sich auch aus § 30 InsO. Der Abschluss des Insolvenzverfahrens ist je nach Art der Beendigung gem. § 200 Abs. 2 InsO oder § 215 InsO zu publizieren[19]. Bekanntmachungspflichten ergeben sich darüber hinaus z.B. aus §§ 23, 25 InsO hinsichtlich der Bekanntmachung der Verfügungsbeschränkungen im Vorverfahren bzw. der Aufhebung von Sicherungsmaßnahmen, aus § 252 InsO, im Hinblick auf die Bekanntmachung über den Beschluss über einen Insolvenzplan, aus § 267 InsO im Hinblick auf die Überwachung des Insolvenzplans und aus § 273 InsO bezüglich der Anordnung der Eigenverwaltung oder deren Aufhebung. Die Publizitätsmittel werden insoweit durch § 9 InsO konkretisiert.

16   Die Bekanntmachung der **Fortsetzung der aufgelösten Gesellschaft** ergibt sich aus § 274 Abs. 3 AktG i.V.m. § 10 HGB.

Der **Schluss der Abwicklung** ist gem. § 273 Abs. 1 AktG i.V.m. § 10 HGB bekannt zu machen.

Art. 66
[Umwandlung in eine AG]

(1) Eine SE kann in eine dem Recht ihres Sitzstaats unterliegende Aktiengesellschaft umgewandelt werden. Ein Umwandlungsbeschluss darf erst zwei Jahre nach Eintragung der SE oder nach Genehmigung der ersten beiden Jahresabschlüsse gefasst werden.

(2) Die Umwandlung einer SE in eine Aktiengesellschaft führt weder zur Auflösung der Gesellschaft noch zur Gründung einer neuen juristischen Person.

(3) Das Leitungs- oder das Verwaltungsorgan der SE erstellt einen Umwandlungsplan sowie einen Bericht, in dem die rechtlichen und wirtschaftlichen Aspekte der Umwandlung erläutert und begründet sowie die Auswirkungen, die der Übergang zur Rechtsform der Aktiengesellschaft für die Aktionäre und die Arbeitnehmer hat, dargelegt werden.

(4) Der Umwandlungsplan ist mindestens einen Monat vor dem Tag der Hauptversammlung, die über die Umwandlung zu beschließen hat, nach den in den Rechtsvorschriften der einzelnen Mitgliedstaaten gemäß Artikel 3 der Richtlinie 68/151/EWG vorgesehenen Verfahren offen zu legen.

(5) Vor der Hauptversammlung nach Absatz 6 ist von einem oder mehreren unabhängigen Sachverständigen, der/die nach den einzelstaatlichen Durchführungsbestimmungen zu Artikel 10 der Richtlinie 78/855/EWG durch ein Gericht oder eine Verwaltungsbehörde des Mitgliedstaates, dem die sich in eine Aktiengesellschaft umwandelnde SE unterliegt, bestellt oder zugelassen ist/sind, zu bescheinigen, dass die Gesellschaft über Vermögenswerte mindestens in Höhe ihres Kapitals verfügt.

(6) Die Hauptversammlung der SE stimmt dem Umwandlungsplan zu und genehmigt die Satzung der Aktiengesellschaft. Die Beschlussfassung der Hauptversammlung erfolgt nach Maßgabe der einzelstaatlichen Bestimmungen im Einklang mit Artikel 7 der Richtlinie 78/855/EWG.

---

19 *Fuchs* in Manz/Mayer/Schröder, Art. 65 SE-VO Rz. 3.

Literatur: *Hirte*, Die Europäische Aktiengesellschaft, NZG 2002, 1; *Kossmann/Heinrich*, Möglichkeiten der Umwandlung einer bestehenden SE, ZIP 2007, 164; *Meilicke/Hohlfeld*, Unzulässige Mehrfachbesteuerung bei abweichendem Wirtschaftsjahr 1956/57, BB 1957, 793; *Oplustil/ M. Schneider*, Zur Stellung der Europäischen Aktiengesellschaft im Umwandlungsrecht, NZG 2003, 13; *Vossius*, Gründung und Umwandlung der deutschen Europäischen Gesellschaft (SE), ZIP 2005, 741; *Wolff*, Die Zulässigkeit einer rückwirkenden Änderung des Geschäftsjahres bei Kapitalgesellschaften, DB 1999, 2149.

I. Grundlegungen

1. Entstehungsgeschichte und Normzweck

Eine Regelung zur Umwandlung der SE in eine AG nationalen Rechts ist bereits in   1 den ersten Verordnungsvorschlag der Europäischen Kommission vom 24. Juni 1970[1] aufgenommen worden (dort Art. 264 ff.). Die Verordnungsentwürfe von 1989[2] und 1991[3] enthielten dagegen keine Regelungen zur Umwandlung der SE.

Die Vorschrift des Art. 66 hat eine **doppelte Zweckrichtung**: *Zum einen* stellt die   2 Norm klar, dass der Weg in die Rechtsform der SE keine „Einbahnstraße" ist, sondern auch Unternehmen in dieser Rechtsform ihr Rechtskleid jedenfalls in dasjenige einer nationalen Aktiengesellschaft umwandeln können müssen. Der europäische Verordnungsgeber ermöglicht dabei den Formwechsel auch für solche SE, deren Sitzstaatrecht diese Umwandlungsvariante ansonsten nicht vorsieht. *Zum anderen* bezweckt die konkrete Ausgestaltung von Art. 66 SE-VO, namentlich der Ausschluss der Sitzverlegung anlässlich der Umwandlung Art. 66 Abs. 1 Satz 1; unten Rz. 8) sowie die Sperrfrist (Art. 66 Abs. 1 Satz 2; unten Rz. 10), rechtsmissbräuchliche Gestaltungen durch Zwischenschaltung einer SE zu verhindern.[4] Allerdings ist bei der Gewichtung dieses Normzwecks bei der Auslegung zu berücksichtigen, das inzwischen (1) der EuGH die grenzüberschreitende Umstrukturierung dem europarechtlichen

---

1 Vorschlag einer Verordnung (EWG) des Rates über das Statut für europäische Aktiengesellschaften vom 24. Juni 1970, veröffentlicht als Sonderbeilage zum Bulletin der Europäischen Gemeinschaften 1970/08 = BT-Drucks. VI/1109, S. 1 ff.
2 Vorschlag für eine Verordnung (EWG) des Rates über das Statut der Europäischen Aktiengesellschaft vom 25. August 1989, veröffentlicht als Sonderbeilage zum Bulletin der Europäischen Gemeinschaften 1989/05 = BT-Drucks. 11/5427, S. 24 ff.
3 Geänderter Vorschlag für eine Verordnung (EWG) über das Statut der Europäischen Aktiengesellschaft vom 16. Mai 1991, ABl. EG Nr. C 176 v. 8.7.1991, S. 1 ff. = BT-Drucks. 12/1004, S. 1 ff.
4 *Schäfer* in MünchKomm. AktG, Art. 66 SE-VO Rz. 1.

Grundprinzip der Niederlassungsfreiheit unterstellt hat[5] und (2) die Richtlinie 2005/56/EG vom 26.10.2005 über die Verschmelzung von Kapitalgesellschaften aus verschiedenen Mitgliedsstaaten ("Verschmelzungsrichtlinie") in Kraft getreten ist, die einen grenzüberschreitenden Übergang von Vermögen in Form von Unternehmen im Wege der Gesamtrechtsnachfolge zulässt.[6]

2. Keine Sperrwirkung für andere Umwandlungsformen

3 Einer Schrifttumsauffassung zufolge wirkt Art. 66 über den ausdrücklichen Regelungsgegenstand (Zulässigkeit des Formwechsels einer SE in eine Aktiengesellschaft desselben Rechts) hinaus auch auf andere national-rechtlich geregelte Umwandlungsformen ein und besitzt im Ergebnis Sperrwirkung für sämtliche Umwandlungen, mit Ausnahme von – sachgegenstandsnahen – Verschmelzungen einer SE mit einer anderen SE oder AG desselben Rechts.[7] Ein solchermaßen verstandenes **Umwandlungsverbot** der SE liefe indes der allgemeinen Zielsetzung des Verordnungsgebers entgegen, mit der Rechtsform der SE eine attraktive Rechtsform für grenzüberschreitende unternehmerische Tätigkeiten anzubieten, die im Übrigen nicht gegenüber einer nationalen Aktiengesellschaft diskriminiert werden darf (vgl. Erwägungsgrund 5 der SE-VO, Art. 10). Es wäre zudem nicht in Einklang zu bringen mit den vom EuGH jüngst aufgestellten Grundsätzen zu grenzüberschreitenden Verschmelzungen[8], die auf andere Umstrukturierungsformen wie etwa Formwechsel und Spaltungen übertragbar sind und der SE sogar die Möglichkeit einer Beteiligung an grenzüberschreitenden Umwandlungsvorgängen eröffnen. Auch die konkreten **Normzwecke des Art. 66** rechtfertigen ein solches Umwandlungsverbot nicht, sondern sie strahlen nur insoweit auf das nationale Umwandlungsrecht aus, als die zur Vermeidung rechtsmissbräuchlicher Gestaltungen eingeführten Umwandlungsvoraussetzungen (Ausschluss einer Sitzverlegung anlässlich der Umwandlung; Sperrfrist) in entsprechender Anwendung auch Geltung bei anderen Umwandlungen verlangen. Aus der Entstehungsgeschichte von Art. 66 ergibt ebenfalls, dass sich die SE an anderen Umwandlungsvarianten des nationalen Rechts beteiligen kann. In den Verordnungsentwürfen von 1989 (dort Art. 131 lit. c und d) und 1991 (dort Art. 132) war eine Verschmelzung unter Beteiligung einer SE zur Neugründung einer anderen Rechtsform noch ausdrücklich vorgesehen. Die Nichtaufnahme in die SE-VO rechtfertigt indes nicht die Schlussfolgerung, dass Art. 66 die Umwandlungsfähigkeit abschließend regelt[9]. Auch in der Begründung zu Art. 264 des Verordnungsentwurfs von 1970 heißt es ausdrücklich (ohne dass hierzu wie später konkrete Normen vor-

---

5 EuGH v. 13.12.2005 – C 411/03, DB 2005, S. 2804 = BB 2006, S. 11 (m. Anm. *Schmidt/Maul*) – "SEVIC"; hierzu *Bungert*, BB 2006, 53 ff.; *Meilicke/Rabback*, GmbHR 2006, 123 ff.; *Siems*, EWS 2006, 135 ff.; *Waclawik*, DB 2006, 1827 ff.; *Seibt*, Financial Times Deutschland v. 20.12.2005, S. 33.

6 Vgl. Art. 15 der Richtlinie 2005/56/EG vom 26. Oktober 2005 über die Verschmelzung von Kapitalgesellschaften aus verschiedenen Mitgliedsstaaten, ABl. EG Nr. L 310 v. 25. 11.2005, S. 1 ff. Die Umsetzung erfolgte zivilrechtlich durch das Zweite Gesetz zur Änderung des Umwandlungsgesetzes (BGBl. I 2007, 542), mitbestimmungsrechtlich durch das Gesetz über die Mitbestimmung der Arbeitnehmer bei einer grenzüberschreitenden Verschmelzung (BGBl. I 2006, 3332) und steuerrechtlich durch das Gesetz über steuerliche Begleitmaßnahmen zur Einführung der Europäischen Gesellschaft und zur Änderung weiterer steuerlicher Maßnahmen (BGBl. I 2006, 2782).

7 *Veil* in Jannott/Frodermann, Handbuch Europäische Aktiengesellschaft, Rz. 10–13 ff., 10–46 ff.; ihm folgend *Schäfer* in MünchKomm. AktG, Art. 66 SE-VO Rz. 1.

8 EuGH v. 13.12.2005 – C 411/03, DB 2005, 2804 – "SEVIC"; hierzu *Seibt*, Financial Times Deutschland v. 20.12.2005, S. 33.

9 So auch *Schwarz*, Art. 66 SE-VO Rz. 29; *Marsch-Barner* in Kallmeyer, UmwG, Anhang Rz. 130; a.A. *Veil* in Jannott/Frodermann, Handbuch Europäische Aktiengesellschaft, Rz. 10–16.

gesehen gewesen wären), dass den Unternehmen *„jede weitere formändernde Umwandlung nach nationalem Recht (...) unbenommen [bleibt]"*[10]. Schließlich ist zu berücksichtigen, dass ein Verbot eines direkten Formwechsels in andere Gesellschaftsformen jederzeit unter erheblichem Mehraufwand an Zeit und Kosten über den Umweg eines Formwechsels zunächst in eine Aktiengesellschaft umgangen werden könnte[11].

Nach alledem ist es überzeugend anzunehmen, dass die SE-VO den Bereich der Um-   **4** wandlung einer SE nicht abschließend regelt, sondern mit Art. 66 sich darauf beschränkt, auf Ebene des europäischen Rechts zumindest *einen* Weg zur Renationalisierung der SE zur Verfügung zu stellen. Daneben eröffnet Art. 9 Abs. 1 lit. c ii – auch unter Berücksichtigung von Erwägungsgrund 5 der SE-VO, Art. 10 – die Möglichkeit zur Umwandlung der SE unter **Rückgriff auf nationales Umwandlungsrecht**. Das bedeutet im Einzelnen:

– Ein Formwechsel der SE in nationale Gesellschaften anderer Rechtsformen (und über die Aktiengesellschaft hinaus) ist wie bei einer Aktiengesellschaft zulässig,[12] sofern die zur Vermeidung rechtsmissbräuchlicher Gestaltungen in Art. 66 geregelten Tatbestandsvoraussetzungen entsprechend angewendet werden (Rz. 9).

– Eine SE kann gleichermaßen an einer (nicht grenzüberschreitenden) Verschmelzung wie eine Aktiengesellschaft beteiligt sein (nicht nur an Verschmelzung mit einer anderen SE oder AG),[13] sofern die zur Vermeidung rechtsmissbräuchlicher Gestaltungen in Art. 66 geregelten Tatbestandsvoraussetzungen entsprechend angewendet werden (Rz. 10).

– Eine SE kann schließlich wie eine Aktiengesellschaft Gegenstand einer Spaltung sein (die ja bloßes Gegenstück zur Verschmelzung ist)[14], sofern die zur Vermeidung rechtsmissbräuchlicher Gestaltungen in Art. 66 geregelten Tatbestandsvoraussetzungen entsprechend angewendet werden (Rz. 10). Allerdings sperrt Art. 1 Abs. 1, Art. 3 Abs. 2 die sekundäre SE-Gründung durch nationales Spaltungsrecht[15].

3. Identitätsprinzip

Die systematische Stellung von Art. 66 im Fünften Titel der SE-VO, die die Über-   **5** schrift „Auflösung, Liquidation, Zahlungsunfähigkeit und Zahlungseinstellung" trägt, ist irreführend. Bei der in Art. 66 geregelten „Umwandlung" einer SE in eine

---

10 Sonderbeilage zum Bulletin der Europäischen Gemeinschaften 1970/08, S. 204.
11 Vgl. *Schröder* in Manz/Mayer/Schröder, Art. 66 SE-VO Rz. 9; *Oplustil/M. Schneider*, NZG 2003, 13, 15 f.; *Bayer* in Lutter/Hommelhoff, Europäische Gesellschaft, S. 28 f.
12 So auch *Schröder* in Manz/Mayer/Schröder, Art. 66 SE-VO Rz. 9; *Oplustil/M. Schneider*, NZG 2003, 13, 15 f.; *Bayer* in Lutter/Hommelhoff, Europäische Gesellschaft, S. 28 f.; *Vossius* in Widmann/Mayer, § 20 UmwG, Rz. 458; *Schwarz*, Art. 66 SE-VO Rz. 29 ff.; *Kossmann/Heinrich*, ZIP 2007, 164, 168; *Marsch-Barner* in Kallmeyer, UmwG, Anhang Rz. 130; a.A. *Veil* in Jannott/Frodermann, Handbuch Europäische Aktiengesellschaft, Rz. 10–20; *Schäfer* in MünchKomm. AktG, Art. 66 SE-VO Rz. 14; *Hirte*, NZG 2002, 1, 9; *Henssler* in Ulmer/Habersack/Henssler, Mitbestimmungsrecht, 2. Aufl. 2006, SEBG Einl Rz. 136.
13 *Vossius*, ZIP 2005, 741, 748 f.; *Hirte*, NZG 2002, 1, 9 f.; *Oplustil/M. Schneider*, NZG 2003, 13 ff.; *Waclawik*, DB 2006, 1827, 1833; *Kossmann/Heinrich*, ZIP 2007, 164, 168; *Henssler* in Ulmer/Habersack/Henssler, Mitbestimmungsrecht, 2. Aufl. 2006, SEBG Einl Rz. 136; einschränkend *Veil* in Jannott/Frodermann, Handbuch Europäische Aktiengesellschaft, Rz. 10–13 ff., 10–46 ff.; *Schäfer* in MünchKomm. AktG, Art. 66 SE-VO Rz. 1.
14 *Vossius*, ZIP 2005, 741, 748 f.; *Oplustil/M. Schneider*, NZG 2003, 13 ff.; *Henssler* in Ulmer/Habersack/Henssler, Mitbestimmungsrecht, 2. Aufl. 2006, SEBG Einl Rz. 136; a.A. *Veil* in Jannott/Frodermann, Handbuch Europäische Aktiengesellschaft, Rz. 10–17, 10–19; *Schäfer* in MünchKomm. AktG, Art. 66 SE-VO Rz. 1.
15 Ausf. *Kossmann/Heinrich*, ZIP 2007, 164, 168; a.A. *Bayer* in Lutter/Hommelhoff, Europäische Gesellschaft, S. 28.

Aktiengesellschaft nationalen Rechts handelt es sich um einen **identitätswahrenden Formwechsel deutschrechtlicher Terminologie** (§§ 190 ff. UmwG), der weder zur Auflösung der Gesellschaft noch zur Gründung einer juristischen Person oder zur Übertragung von Vermögen führt. Der Formwechsel nach Art. 66 ist als *actuscontrarius* zur Gründung einer SE durch Formwechsel i.S.v. Art. 37 ausgestaltet,[16] nutzt wie in Art. 37 den Begriff „Umwandlung" und regelt das Formwechselverfahren in beiden Fällen weitgehend gleich.

6   Gem. Art. 9 Abs. 1 lit c ii gelten ergänzend die **nationalen Umwandlungsbestimmungen**, also in Deutschland die §§ 190 ff., 226 f., 238 ff. UmwG sowie über § 197 UmwG prinzipiell das Gründungsrecht der AG in §§ 23 ff. AktG. Die Verweisungsnorm des Art. 63 findet trotz der systematischen Verordnung von Art. 66 im Fünften Titel keine Anwendung, da Art. 63 sich alleine auf Auflösung und Liquidation einer SE bezieht.[17]

II. Voraussetzungen des Formwechsels in eine nationale Gesellschaft

7   Art. 66 Abs. 1 eröffnet den Formwechsel (1) einer SE (Rz. 8), (2) in eine Aktiengesellschaft, die dem Recht desselben Sitzstaats unterliegt (Ausschluss der Sitzverlegung, Art. 66 Abs. 1 Satz 1; unten Rz. 9), wobei (3) der Formwechselbeschluss erst zwei Jahre nach Eintragung der SE oder nach Genehmigung der ersten beiden Jahresabschlüsse gefasst werden darf (Art. 66 Abs. 1 Satz 2; unten Rz. 11).

1. SE als Ausgangsrechtsform

8   Art. 66 Abs. 1 Satz 1 gestattet *jeder* SE den Wechsel in die Rechtsform der AG. Es ist also unbeachtlich, nach welcher Gründungsvariante die SE entstanden ist, insbesondere ist Art. 66 nicht nur für solche Gesellschaften eröffnet, die im Wege des Formwechsels i.S.v. Art. 37 gegründet worden sind. In gleicher Weise wie bei der Gründung einer SE gibt es auch für den Formwechsel aus der SE keine ungeschriebenen Tatbestandsmerkmale beispielsweise derart, dass die SE einen operativen Geschäftsbetrieb haben oder Arbeitnehmer beschäftigen muss.

2. Aktiengesellschaft als Zielrechtsform

9   Art. 66 behandelt ausschließlich den Formwechsel der SE in eine dem Recht ihres Sitzstaates unterliegende Gesellschaft in der Rechtsform der AG (vgl. Anhang 5 zur SE-VO). Die AG muss also nach dem Recht des Mitgliedstaates existieren, in dem die SE ihren in der Satzung bestimmten Sitz i.S.v. Art. 7 hat. Beabsichtigt die Gesellschaft die Umwandlung in eine AG, die dem Recht eines anderen Mitgliedstaates als demjenigen ihres Satzungssitzes unterliegt, muss vor Umwandlung in die nationale Gesellschaft der Sitz der SE nach dem in Art. 8 vorgesehenen Verfahren in den anderen Mitgliedstaat verlegt werden. Dieses Sitzverlegungsverbot entspricht dasjenigem, das in Art. 37 Abs. 3 für den Formwechsel in die SE geregelt ist.[18]

10   Allerdings folgt aus Art. 66 nicht, dass eine SE nicht nach nationalem Recht in eine **Gesellschaft anderer Rechtsform** als diejenige der AG formgewechselt werden kann, sofern nur das Sitzverlegungsverbot des Art. 66 Abs. 1 Satz 1 sowie die Sperrfrist des Art. 66 Abs. 1 Satz 2 eingehalten wird (Rz. 9 und Rz. 11).

---

16 So auch *Zollner* in Kalss/Hügel, § 33 SEG Rz. 2; *Schäfer* in MünchKomm. AktG, Art. 66 SE-VO Rz. 2.
17 So auch *Schäfer* in MünchKomm. AktG, Art. 66 SE-VO Rz. 4.
18 *Schäfer* in MünchKomm. AktG, Art. 66 SE-VO Rz. 3.

3. Sperrfrist

Die Umwandlung der SE in eine nationale AG ist erst zulässig, nachdem *entweder* 11
die SE zwei Jahre lang gem. Art. 12 Abs. 1 eingetragen gewesen ist (Art. 66 Abs. 1
Satz 2 Alt. 1; unten Rz. 13) *oder* die Genehmigung der ersten beiden Jahresabschlüsse
der SE gefasst worden ist (Art. 66 Abs. 1 Satz 2 Alt. 2; unten Rz. 14).

Maßgeblicher Zeitpunkt für die Bestimmung des Fristendes ist nach dem Wortlaut 12
von Art. 66 Abs. 1 Satz 2 der Umwandlungsbeschluss der Hauptversammlung i.S.v.
Art. 66 Abs. 6[19]. Die Ansicht, wonach es auf den Zeitpunkt der Eintragung der Rückumwandlung in das Handelsregister des neuen Rechtsträgers ankommt,[20] ist angesichts des eindeutigen Wortlautes von Art. 66 Abs. 1 Satz 2 nicht haltbar.[21]

Die erste Alternative der Sperrfrist bezieht sich ausschließlich auf den Ablauf von 13
zwei Kalenderjahren.

Die zweite Alternative der Sperrfrist verweist auf die „Fassung der Genehmigung des 14
Jahresabschlusses", worunter in Abgrenzung zur Aufstellung i.S.v. Art. 61 die **Feststellung des Jahresabschlusses** durch das nach nationalem Recht zuständige Organ
als verbindlich zu verstehen ist. Im deutschen Recht kommt es auf die Feststellung
nach §§ 172 f. AktG an.

Die beiden Jahresabschlüsse, die genehmigt sein müssen, können sich auch auf 15
Rumpfgeschäftsjahre beziehen[22]. Aus diesem Grund kann die zweite Voraussetzung
bereits vor Ablauf von zwei Kalenderjahren seit Eintragung der SE erfüllt sein[23].

Der **erste genehmigte Jahresabschluss** der SE wird sich regelmäßig dann auf ein 16
Rumpfgeschäftsjahr beziehen, wenn die SE bei ihrer Gründung als neue Gesellschaft
entstanden ist. Dies betrifft die Gründung der SE im Wege der Verschmelzung durch
Neugründung (Art. 2 Abs. 1, 17 Abs. 2 lit. b), die Gründung einer Holding-SE (Art. 2
Abs. 2) sowie die Gründung einer Tochter-SE (Art. 2 Abs. 3) oder einer SE-Tochtergesellschaft (Art. 3 Abs. 2). Bei der Gründung der SE im Wege der Verschmelzung durch
Aufnahme (Art. 2 Abs. 1, 17 Abs. 2 lit. a) sowie der Umwandlung (Art. 2 Abs. 4) stellt
sich dagegen die Frage, ob die Gesellschaft während des gesamten ersten Geschäftsjahres, auf das gem. Art. 66 Abs. 1 abzustellen ist, in der Rechtsform der SE bestanden haben muss. Da keine sachlichen Gründe für eine unterschiedliche Behandlung
der verschiedenen Gründungsformen im Zusammenhang mit der Bemessung der
zeitlichen Grenze des Art. 66 Abs. 1 sprechen, muss es genügen, dass die Gesellschaft
im Zeitpunkt des Stichtags, auf den der Jahresabschluss aufgestellt wurde, in der
Rechtsform der SE existierte.

Fraglich ist, ob es neben dieser durch die Gründung der SE bedingten Verkürzung des 17
ersten Geschäftsjahres zulässig ist, die zeitliche Sperrfrist dadurch weiter zu verkürzen, dass durch die **Änderung des Geschäftsjahres** der SE ein zweites ggf. sehr kurzes

---

19 So auch *Schröder* in Manz/Mayer/Schröder, Art. 66 SE-VO. Rz. 5; a.A. *Vossius* in Widmann/
   Mayer, UmwG, § 20 Rz. 458.
20 *Vossius* in Widmann/Mayer, UmwG, § 20 Rz. 458.
21 Zur entsprechenden Fristberechnung bei § 76 UmwG *Rieger* in Widmann/Mayer, § 76 UmwG
   Rz. 7.
22 *Vossius* in Widmann/Mayer, § 20 UmwG Rz. 458; *Schröder* in Manz/Mayer/Schröder, Art. 66
   SE-VO Rz. 4; einschränkend *Schäfer* in MünchKomm. AktG, Art. 66 SE-VO Rz. 5, der nur von
   einem auf „*das*" Rumpfgeschäftsjahr bezogenen Jahresabschluss spricht.
23 Im offenen Widerspruch zu Art. 66 heißt es dagegen im französischen Umsetzungsgesetz
   „*Toute société européenne peut se transformer en société anonyme si, au moment de la
   transformation, elle est immatriculée depuis plus de deux ans **et** a fait approuver le bilan de
   ses deux premiers exercices*" (Art. L. 229-10 Code de Commerce, eingeführt durch LoI No.
   2005-842 v. 26. 6.2005).

Rumpfgeschäftsjahr geschaffen wird. Grundsätzlich steht es dem Satzungsgeber der SE frei, ein vom Kalenderjahr abweichendes Geschäftsjahr zu bestimmen bzw. das gewählte Geschäftsjahr zu ändern[24]. Grenzen der beliebigen Abkürzung der zeitlichen Sperre sind jedoch zunächst bereits verfahrenstechnisch bedingt: Die Änderung des Geschäftsjahres setzt eine Satzungsänderung und damit gem. Art. 59 einen Beschluss der Hauptversammlung der SE und seine Eintragung im Handelsregister voraus. Nach herrschender Meinung ist eine rückwirkende Änderung des Geschäftsjahres bei Kapitalgesellschaften unzulässig, d.h. der Hauptversammlungsbeschluss muss vor Ablauf des zu bildenden Rumpfgeschäftsjahres in das Handelsregister eingetragen werden[25]. Der Jahresabschluss kann erst nach Ende des Geschäftsjahres aufgestellt und genehmigt werden. Es ist also nicht möglich, in der gleichen Hauptversammlung das Geschäftsjahr rückwirkend zu ändern, den für das Rumpfgeschäftsjahr aufgestellten Jahresabschluss festzustellen und anschließend die Umwandlung der SE in eine AG zu beschließen. Es müssen mindestens zwei Hauptversammlungen durchgeführt werden. Darüber hinaus sind Grenzen inhaltlicher Art zu beachten: Unzulässig ist ein beliebiger oder willkürlicher Wechsel des Geschäftsjahres[26]. Vor dem Hintergrund des *Telos* der Sperrfrist, Missbräuche zu verhindern, kann die beabsichtigte Umwandlung der SE nicht als alleiniger sachlicher Grund für eine Änderung des Geschäftsjahres dienen. Ist die Bildung eines Rumpfgeschäftsjahres jedoch aufgrund anderer Umstände (z.B. Änderung der Konzernzugehörigkeit, Einbringungen, Änderung der Geschäftstätigkeit) sachlich begründet, kann der darauf bezogene Jahresabschluss uneingeschränkt zur Erfüllung der zeitlichen Voraussetzung des Art. 66 Abs. 1 Satz 2 herangezogen werden.

18 Nach alledem wäre z.B. folgender **zeitlicher Ablauf** für den Formwechsel einer AG in die Rechtsform der SE mit nachfolgender Sitzverlegung (bspw. in die Niederlande) und Rückformwechsel aus der SE in eine AG nationalen Rechts (hier NV) zulässig: 1.8.2006 Hauptversammlung mit Formwechselbeschluss AG in SE; 15.9.2006 Handelsregistereintragung des Formwechsels; 1.3.2007 Feststellung des (ersten) Jahresabschlusses 2006 der SE; 1.8.2007 Hauptversammlung mit Beschlüssen zur Änderung des Geschäftsjahres (1.10.-30.9.) und zur Sitzverlegung in die Niederlande; 15.9.2007 Handelsregistereintragung der Satzungsänderungen; 15.12.2007 Feststellung des (zweiten) Jahresabschlusses Rumpfgeschäftsjahr 2007; 30.12.2007 Hauptversammlung mit Formwechselbeschluss SE in NV.

19 Die **analoge Anwendung der zeitlichen Sperrfrist** des Art. 66 Abs. 1 auf andere Formwechsel wird teilweise mit der Begründung verneint, die Wartefrist bezwecke ausschließlich die Verhinderung einer Umgehung der in Art. 11 der 2. Gesellschaftsrechtlichen RL geregelten Nachgründungsvorschriften[27]. Diese Auffassung leitet sich offenbar aus dem gesetzgeberischen Hintergrund der vergleichbaren §§ 76 und 141 UmwG ab, vermag jedoch zu überzeugen. Im Kontext eines identitätswahrenden Formwechsels einer SE in eine AG kann es nur darum gehen, die Kapitalaufbringung bei der AG sicherzustellen. Dem ist durch die Umwandlungsprüfung nach Art. 66 Abs. 5 Rechnung getragen. Zudem finden über §§ 197, 220 Abs. 3 Satz 2 UmwG die

---

24 Vgl. *Wiedmann* in Ebenroth/Boujong/Joost, HGB, 2001, § 240 Rz. 22; *Hense/Philipps* in Beck'scher Bilanz-Kommentar, 5. Aufl. 2003, § 240 HGB Rz. 62.

25 Vgl. *Wiedemann* in Großkomm. AktG, 4. Aufl. 1995, § 179 Rz. 164; *Hüffer*, § 179 Rz. 28; a.A. *Wolff*, DB 1999, 2149 ff.; *Meilicke/Hohlfeld*, BB 1957, 793, 797.

26 *Wiedmann* in Ebenroth/Boujong/Joost, HGB, 2001, § 240 Rz. 22; *Hense/Philipps* in Beck'scher Bilanz-Kommentar, 5. Aufl. 2003, § 240 HGB Rz. 62; *Merkt* in Baumbach/Hopt, HGB, § 240 Rz. 6.

27 So *Vossius* in Widmann/Mayer, § 20 UmwG Rz. 425.

zu den Gründungsvorschriften gehörenden §§ 52, 53 AktG mit Wirksamwerden des Formwechsels auf die AG Anwendung[28].

Durch die zeitliche Sperrfrist in Art. 66 Abs. 1 soll vielmehr verhindert werden, dass 20 die Rechtsform der SE nur kurzzeitig zur Ermöglichung einer grenzüberschreitenden Sitzverlegung benutzt wird[29]. Bereits in der Begründung der Europäischen Kommission zu Art. 264 des ersten Entwurfs einer SE-Verordnung von 1970[30], der eine Wartefrist von drei Jahren seit der Gründung vorsah, heißt es, die Zulässigkeit der Umwandlung in eine nationale AG werde begrenzt, *„um Missbräuchen der Umwandlung in das Recht eines Mitgliedstaates vorzubeugen"*. Die Einschränkung auf die Rechtsordnung des Sitzstaates sowie das zeitliche Erfordernis seien erforderlich, um die Umwandlung in die Rechtsform einer AG jedes Mitgliedstaates ohne Rücksicht auf die Herkunft der ursprünglichen Gründergesellschaften zulassen zu können. Vor diesem Hintergrund muss die zeitliche Einschränkung wegen der vergleichbaren Interessenlage analog auch auf andere Formwechsel Anwendung finden[31]. Der – vor dem Hintergrund des umfangreichen Schutzes von Gläubiger- und Aktionärsrechten in SE-VO und nationalem Recht – rechtspolitischen Fragwürdigkeit der zeitlichen Einschränkung sollte allerdings in allen Fällen des Formwechsels durch eine **teleogische Reduktion** auf diejenigen Fälle, in denen ein Missbrauch der SE zur Beschränkung von Mitbestimmungsrechten der Arbeitnehmer überhaupt denkbar ist, begegnet werden[32]. Ein solcher Missbrauch ist beispielsweise von vornherein ausgeschlossen, wenn die SE im Wege der Umwandlung einer nationalen AG gegründet und anschließend wieder in eine AG mit Sitz in demselben Mitgliedstaat umgewandelt wird; etwaige Modifikationen bei der unternehmensmitbestimmungsrechtlichen Situation gegenüber der ursprünglichen Ausgangslage sind bei Beachtung von Art. 4 Abs. 4 SE-RL und § 21 Abs. 6 SEBG (Mitbestimmungsbeibehaltung) hinzunehmen.

III. Durchführung des Formwechsels

1. Umwandlungsplan (Art. 66 Abs. 3)

Zunächst hat das Leitungsorgan (bei der dualistischen SE) bzw. das Verwaltungsorgan 21 (bei der monistischen SE) nach Art. 66 Abs. 3 einen Umwandlungsplan sowie einen Umwandlungsbericht zu erstellen. Die Vorschrift entspricht Art. 37 Abs. 4, auf dessen Kommentierung verwiesen wird (Art. 37 Rz. 31 ff.).

Auch bei der Rückumwandlung in eine nationale Aktiengesellschaft ist der notwendige Inhalt des Umwandlungsplans nicht unter Rückgriff auf nationales Umwandlungsrecht, sondern in Heranziehung des **Katalogs in Art. 20 Abs. 1** als Leitbild zu bestimmen, denn dieser Bereich der Umwandlung einer SE in eine nationale AG ist auf 22

---

28 Dabei kann der Tatbestand des § 52 Abs. 1 Satz 1 AktG mangels Existenz von Gründern nur in der 2. Alt. (Verträge mit mehr als 10% am Grundkapital beteiligten Aktionären) erfüllt werden.

29 Vgl. *Oplustil/M. Schneider*, NZG 2003, 13 ff.; *Schindler*, Europäische Aktiengesellschaft, S. 122; *Schäfer* in MünchKomm. AktG, Art. 66 SE-VO Rz. 1, 5; *Schwarz*, Art. 66 Rz. 20.

30 Vorschlag einer Verordnung (EWG) des Rates über das Statut für europäische Aktiengesellschaften vom 24. Juni 1970, veröffentlicht als Sonderbeilage zum Bulletin der Europäischen Gemeinschaften 1970/08 = BT-Drucks. VI/1109 v. 19.8.1970, S. 1 ff.

31 So auch *Schröder* in Manz/Mayer/Schröder, Art. 66 SE-VO Rz. 9; *Oplustil/M. Schneider*, NZG 2003, 13, 15 f.; *Schwarz*, Art. 66 Rz. 31; *Kossmann/Heinrich*, ZIP 2007, 164, 168.

32 So vorgeschlagen von *Oplustil/M. Schneider*, NZG 2003, 13, 15; ablehnend *Schwarz*, Art. 66 Rz. 21.

europäischer Ebene abschließend geregelt[33]. Angaben zu den Folgen des Formwechsels für die Arbeitnehmer sind daher nicht erforderlich[34].

2. Umwandlungsbericht (noch Art. 66 Abs. 3)

23 Wie beim Formwechsel in die SE gem. Art. 37 hat das Leitungs- oder Verwaltungsorgan der SE zusätzlich zum Umwandlungsplan einen Umwandlungsbericht zu erstellen, der den betroffenen Aktionären im Hinblick auf den Zustimmungsbeschluss nach Art. 66 Abs. 6 ausreichende Vorabinformationen vermitteln soll. Er hat die rechtlichen und wirtschaftlichen Aspekte der Umwandlung zu erläutern und zu begründen, sowie die Auswirkungen des Formwechsels für die Aktionäre und die Arbeitnehmer darzustellen (für eine Detailkommentierung Art. 37 Rz. 41 ff.). Eine Zuleitung an den zuständigen Betriebsrat ist nicht erforderlich, wegen abweichender Literaturauffassungen jedoch in der Praxis anzuraten (vgl. Art. 37 Rz. 47). Ein Verzicht auf die Erstellung des Umwandlungsberichts ist nicht möglich (vgl. Art. 37 Rz. 48).

3. Offenlegung (Art. 66 Abs. 4)

24 Nach Art. 66 Abs. 4 ist nur der Umwandlungsplan, nicht aber der Umwandlungsbericht offen zu legen (vgl. Art 37 Rz. 46). Hinsichtlich des Verfahrens der **Offenlegung** wird auf die Kommentierung zu Art. 37 Abs. 5 (dort Rz. 38) verwiesen.

25 Eine Zuleitung des Umwandlungsplans an den **Betriebsrat** ist nach richtiger Rechtsansicht aus den gleichen Gründen wie bei Art. 37 nicht erforderlich (vgl. Art. 37 Rz. 40)[35]. Auch für die Rückumwandlung der SE ist die Information der Öffentlichkeit in Art. 66 abschließend geregelt. In der Praxis kann die Zuleitung an den Betriebsrat jedoch wegen der abweichenden Literaturauffassungen ratsam sein.

4. Umwandlungsprüfung

26 Nach Art. 66 Abs. 5 ist vor Fassung des Umwandlungsbeschlusses von einem oder mehreren Sachverständigen zu bescheinigen, dass die Gesellschaft über Vermögenswerte mindestens in Höhe ihres Grundkapitals verfügt. Wie bei Art. 37 Abs. 6 ist nach zutreffender Ansicht auf das mit **Zeitwerten** zu bewertende Nettoreinvermögen der Gesellschaft abzustellen (vgl. Art. 37 Rz. 29). Im Fall einer materiellen Unterbilanz ist vor der Umwandlung der SE in eine AG eine Kapitalherabsetzung durchzuführen. Anders als Art. 37 Abs. 6 verlangt Art. 66 Abs. 5 nicht, dass das Nettoreinvermögen der SE neben dem Betrag des Grundkapitals auch die nach Gesetz oder Satzung nicht ausschüttungsfähigen Rücklagen deckt. Eine solche Verschärfung der für nationale Kapitalgesellschaften geltende Kapitalaufbringungsvorschriften wurde nur für die Gründung der SE intendiert[36].

27 Für die **Bescheinigung** der Umwandlungsprüfer war anders als in Art. 37 Abs. 6 eine ausdrückliche Bezugnahme auf Art. 10 Abs. 2 der Zweiten Gesellschaftsrechtlichen Richtlinie in Art. 66 Abs. 5 entbehrlich, weil die in Umsetzung der Richtlinie erlassenen nationalen Vorschriften (in Deutschland § 33 Abs. 3 AktG) auf die nationale AG, anders als auf die SE, direkt anwendbar sind[37].

---

33 So auch *Schäfer* in MünchKomm. AktG, Art. 66 Rz. 6; *Schwarz*, Art. 66 Rz. 13.
34 A.A. *Schröder* in Manz/Mayer/Schröder, Art. 66 SE-VO Rz. 11 i.V.m. Art. 37 SE-VO Rz. 17 ff., 69 ff.; *Veil* in Jannott/Frodermann, Handbuch Europäische Aktiengesellschaft, Rz. 10–23 ff.
35 A.A. *Schwarz*, Art. 66 Rz. 17.
36 Vgl. *Schröder* in Manz/Mayer/Schröder, Art. 66 SE-VO Rz. 17; *Schwarz*, Art. 66 Rz. 18.
37 Vgl. *Schröder* in Manz/Mayer/Schröder, Art. 66 SE-VO Rz. 16.

Aus den gleichen Gründen wie bei Art. 37 gibt es auch bei der Umwandlung einer SE   28
in eine AG keine Personen, die den Gründern der Gesellschaft gleichstünden (vgl.
Art. 37 Rz. 69 f.). Ein **Gründungsbericht** ist daher, anders als nach § 197 UmwG, § 32
AktG, nicht erforderlich[38]. Auch eine **Gründungsprüfung** gem. § 33 AktG ist entbehrlich, da der Zweck der Gründungsprüfung bereits durch die Werthaltigkeitsprü-
fung nach Art. 66 Abs. 5 erfüllt wird (vgl. Art. 37 Rz. 78)[39].

5. Statusverfahren

Die Mitbestimmung in der AG richtet sich nach den nationalen mitbestimmungs-   29
rechtlichen Vorschriften. Bei der Umwandlung einer SE bleiben die Mitglieder des
Aufsichtsorgans im Amt, wenn der Aufsichtsrat der AG in gleicher Weise gebildet
und zusammengesetzt wird[40]. **Ändert sich** dagegen das **Mitbestimmungsregime** oder
muss **erstmals ein Aufsichtsrat gebildet** werden, sollte bei der Umwandlung in eine
deutsche AG, wie beim Formwechsel nationaler Gesellschaften, möglichst frühzeitig
ein Statusverfahren nach §§ 97 ff. AktG eingeleitet werden[41]. Der Abschluss des Statusverfahrens bzw. die Wahl der Arbeitnehmervertreter sind jedoch nicht Voraussetzung für das Wirksamwerden des Formwechsels. Vorausgesetzt, der Aufsichtsrat ist
handlungsfähig, kann die Bestellung des ersten Vorstands sowie die Anmeldung des
Formwechsels zum Handelsregister durch diejenigen Aufsichtsratsmitglieder bewirkt werden, die zum gegebenen Zeitpunkt bereits gewählt sind[42]. Für die Handlungsfähigkeit des Aufsichtsrats können die Anteilseigner durch Festsetzung eines
aus mindestens sechs Personen bestehenden Aufsichtsrats Sorge tragen.

6. Vorbereitung und Durchführung der Hauptversammlung

Der Umwandlungsplan und die Satzung werden gem. Art. 66 Abs. 6 von der Haupt-   30
versammlung der SE beschlossen, für deren Vorbereitung und Durchführung die Erläuterungen zu Art. 37 Abs. 7 (dort Rz. 59) entsprechend gelten. Art. 37 Abs. 7 trifft
eine eindeutige Spezialverweisung auf Art. 7 der Dritten Gesellschaftsrechtlichen
Richtlinie und die nationale Umsetzung, so dass sich die Beschlussmehrheiten nach
§ 65 Abs. 1 UmwG und nicht nach Art. 59 richten[43]. Eine gesonderte Beurkundung
der Satzung ist nicht erforderlich (vgl. Art. 37 Rz. 75).

Wird eine monistische SE in eine AG umgewandelt, müssen außerdem die **Anteils-**   31
eignervertreter in den zu bildenden **Aufsichtsrat** gewählt werden. Gem. § 197 Satz 2
UmwG finden die Vorschriften der §§ 30, 31 AktG über den ersten Aufsichtsrat keine
Anwendung, d.h. die Wahl erfolgt sogleich für die reguläre Amtszeit i.S.v. § 102
Abs. 1 Satz 1 AktG.

---

38 So auch *Marsch-Barner* in Kallmeyer, UmwG, Anhang Rz. 132.
39 So auch *Veil* in Jannott/Frodermann, Handbuch Europäische Aktiengesellschaft, Rz. 10–31,
    der zur Begründung § 245 Abs. 4 UmwG analog heranzieht; *Schäfer* in MünchKomm. AktG,
    Art. 66 SE-VO Rz. 9; offen *Marsch-Barner* in Kallmeyer, UmwG, Anhang Rz. 132.
40 So auch *Veil* in Jannott/Frodermann, Handbuch Europäische Aktiengesellschaft, Rz. 10–34;
    Schäfer in MünchKomm. AktG, Art. 66 SE-VO Rz. 11.
41 Vgl. *Veil* in Jannott/Frodermann, Handbuch Europäische Aktiengesellschaft, Rz. 10–35; *De-
    cher* in Lutter, UmwG, § 202 Rz. 15 ff.; *Meister/Klöcker* in Kallmeyer, UmwG, § 197 Rz. 69.
42 Vgl. *Decher* in Lutter, UmwG, § 202. Rz. 21 f.; *Bärwaldt* in Semler/Stengler, UmwG, § 197
    Rz. 70; *Stratz* in Schmitt/Hörtnagl/Stratz, UmwG, § 203 Rz. 4; *Mayer* in Widmann/Mayer,
    § 197 UmwG Rz. 15, § 222 UmwG Rz. 21, der jedoch zugleich die Stellung eines Antrags auf
    gerichtliche Bestellung der Arbeitnehmervertreter gem. § 104 AktG verlangt; a.A. *Meister/
    Klöcker* in Kallmeyer, UmwG, § 197 Rz. 69, 73.
43 *Brandt*, Die Hauptversammlung der Europäischen Aktiengesellschaft, 2004, S. 255 f.;
    Schwarz, Art. 66 Rz. 23.

7. Handelsregisteranmeldung, Eintragung, Offenlegung

32 Die neue Rechtsform ist zur Eintragung in das Handelsregister, in dem die formwechselnde SE eingetragen ist, anzumelden (vgl. § 198 Abs. 1 UmwG). Es gelten die
Erläuterungen zu § 37 (§ 37 Rz. 79 ff.) entsprechend.

33 Mit der Eintragung ist der **Formwechsel vollzogen**. Die Gesellschaft besteht als AG
weiter, ohne dass es zur Auflösung der Gesellschaft oder zur Gründung einer neuen
juristischen Person kommt (Art. 66 Abs. 2). Trotz des Identitätsgrundsatzes endet die
Organstellung der Mitglieder des Leitungsorgans bzw. Verwaltungsrats[44]. Der erste
Vorstand der AG wird nach den allgemeinen Grundsätzen vom Aufsichtsrat bestellt.

34 Das Handelsregister hat die Eintragung der neuen Rechtsform durch den Bundesanzeiger und durch mindestens ein anderes Blatt bekannt zu machen (§ 201 UmwG).
Darüber hinaus erfolgt gem. Art. 14 Abs. 1 eine **Bekanntmachung** im Amtsblatt der
Europäischen Gemeinschaft.

---

44 Vgl. *Veil* in Jannott/Frodermann, Handbuch Europäische Aktiengesellschaft, Rz. 10–34; sowie
zum nationalen Recht *Decher* in Lutter, UmwG, § 202 Rz. 44; *Mayer* in Widmann/Mayer,
§ 202 UmwG Rz. 110.

Titel VI. Ergänzungs- und Übergangsbestimmungen

Art. 67
[Wirtschafts- und Währungsunion]

(1) Jeder Mitgliedstaat kann, sofern und solange für ihn die dritte Stufe der Wirtschafts- und Währungsunion (WWU) nicht gilt, auf die SE mit Sitz in seinem Hoheitsgebiet in der Frage, auf welche Währung ihr Kapital zu lauten hat, dieselben Bestimmungen anwenden wie auf die Aktiengesellschaften, für die seine Rechtsvorschriften gelten. Die SE kann ihr Kapital auf jeden Fall auch in Euro ausdrücken. In diesem Fall wird für die Umrechnung zwischen Landeswährung und Euro der Satz zugrunde gelegt, der am letzten Tag des Monats vor der Gründung der SE galt.

(2) Sofern und solange für den Sitzstaat der SE die dritte Stufe der WWU nicht gilt, kann die SE jedoch die Jahresabschlüsse und gegebenenfalls die konsolidierten Abschlüsse in Euro erstellen und offen legen. Der Mitgliedstaat kann verlangen, dass die Jahresabschlüsse und gegebenenfalls die konsolidierten Abschlüsse nach denselben Bedingungen, wie sie für die dem Recht dieses Mitgliedstaats unterliegenden Aktiengesellschaften vorgesehen sind, in der Landeswährung erstellt und offen gelegt werden. Dies gilt unbeschadet der der SE zusätzlich eingeräumten Möglichkeit, ihre Jahresabschlüsse und gegebenenfalls ihre konsolidierten Abschlüsse entsprechend der Richtlinie 90/604/EWG[1] in Euro offen zu legen.

I. Normzweck

Gem. Art. 4 Abs. 1 lautet das Kapital einer SE auf Euro. Die SE-VO legt auch im Übrigen einheitlich den Euro als Währung zu Grunde. Für Mitgliedstaaten, die noch nicht an der dritten Stufe der Wirtschafts- und Währungsunion (WWU) teilnehmen, schafft Art. 67 die erforderlichen Spezial- und Ausnahmebestimmungen[2]. Sie sind für das deutsche Recht ohne Bedeutung.   1

II. Einzelheiten

1. Kapital der SE (Art. 67 Abs. 1)

Mitgliedstaaten, für die die dritte Stufe der WWU noch nicht gilt, können für die Währungsangabe ihr nationales Aktienrecht anwenden (Art. 67 Abs. 1 Satz 1). Zu-   2

---

1 Richtlinie 90/604/EWG des Rates vom 8.November 1990 zur Änderung der Richtlinie 78/660/EWG über den Jahresabschluss und der Richtlinie 83/349/EWG über den konsolidierten Abschluss hinsichtlich der Ausnahme für kleine und mittlere Gesellschaften sowie der Offenlegung von Abschlüssen in Ecu (ABl. L 317 v. 16.11.1990, S. 57).
2 Eingehend *Schwarz*, Art. 67 Rz. 1 ff.; *Mayer* in Manz/Mayer/Schröder, Art. 67 SE-VO Rz. 1.

sätzlich[3] ist aber auch die Angabe in Euro zulässig (Art. 67 Abs. 1 Satz 2). Art. 67 Abs. 1 Satz 3 verhält sich zum anfänglichen Umrechnungskurs, der sodann für die gesamte Dauer der SE gilt[4]. Auf die Höhe des Mindestkapitals (Art. 4 Abs. 2) hat die Norm keinen Einfluss[5].

2. Rechnungslegung (Art. 67 Abs. 2 Satz 1 und 2)

3   Eine SE mit Sitz außerhalb der WWU hat die Wahl, ihre Abschlüsse in Euro oder Landeswährung zu erstellen bzw. zu publizieren (Art. 67 Abs. 2 Satz 1), sofern nicht der betreffende Mitgliedstaat von der Ausnahmeoption nach Art. 67 Abs. 2 Satz 2 Gebrauch macht[6].

3. Mittelstandsrichtlinie (Art. 67 Abs. 2 Satz 3)

4   **Art. 67 Abs. 2** Satz 3 stellt klar, dass die sog. „Mittelstandsrichtlinie" unberührt bleibt. Wenn also ein Mitgliedstaat von der Ausnahmeoption gem. Art. 67 Abs. 2 Satz 2 Gebrauch macht, können daher die Abschlüsse zusätzlich in Euro offen gelegt werden[7].

---

3 *Schwarz*, Art. 67 Rz. 5; *Mayer* in Manz/Mayer/Schröder, Art. 67 SE-VO Rz. 4.
4 *Mayer* in Manz/Mayer/Schröder, Art. 67 SE-VO Rz. 5.
5 *Mayer* in Manz/Mayer/Schröder, Art. 67 SE-VO Rz. 6.
6 *Mayer* in Manz/Mayer/Schröder, Art. 67 SE-VO Rz. 10; *Schwarz*, Art. 67 Rz. 7.
7 *Mayer* in Manz/Mayer/Schröder, Art. 67 SE-VO Rz. 10; *Schwarz*, Art. 67 Rz. 8.

Titel VII. Schlussbestimmungen

Art. 68
[Nationale Umsetzung]

(1) Die Mitgliedstaaten treffen alle geeigneten Vorkehrungen, um das Wirksamwerden dieser Verordnung zu gewährleisten.

(2) Jeder Mitgliedstaat benennt die zuständigen Behörden im Sinne der Art. 8, 25, 26, 54, 55 und 64. Er setzt die Kommission und die anderen Mitgliedstaaten davon in Kenntnis.

§ 4 SEAG: Zuständigkeiten
Für die Eintragung der SE und für die in den Art. 8 Abs. 8, 25 Abs. 2, 26 und 64 Abs. 4 der VO bezeichneten Aufgaben ist das nach § 125 Abs. 1 und 2 des Gesetzes über die Angelegenheiten der Freiwilligen Gerichtsbarkeit bestimmte Gericht zuständig. Das zuständige Gericht im Sinne des Artikels 55 Abs. 3 Satz 1 der VO bestimmt sich nach § 145 Abs. 1 des Gesetzes über die Angelegenheiten der Freiwilligen Gerichtsbarkeit

I. Normzweck

Art. 68 Abs. 1 enthält einen **allgemeinen Programmsatz** ohne engeren eigenen Anwendungsbereich. Er präzisiert lediglich die primärrechtliche Verpflichtung aus Art. 249 Abs. 2 i.V.m. Art. 10 EG und ist insoweit deklaratorischer Natur[1]. Art. 68 Abs. 2 gibt den Mitgliedstaaten die Benennung der zuständigen Behörden im Sinne der Verordnung auf und stellt die wechselseitige Information sicher. Der Artikel soll insbesondere für den Fall gelten, dass sich ein Mitgliedstaat veranlasst sieht, für die SE spezielle Maßnahmen zur Anwendung der SE-VO zu treffen, weil es in seinem nationalen Recht bestimmte Rechtsstrukturen von Gesellschaften nicht gibt[2]. Darüber hinaus können die Mitgliedstaaten auf der Grundlage des Art. 68 Abs. 1 tätig werden, falls Maßnahmen über die ausdrücklichen Ermächtigungen hinaus notwendig werden sollten[3].

1

---

1 *Schwarz*, Art. 68 Rz. 1.
2 Rat und Kommission, Erklärungen für das Ratsprotokoll (zum geänderten Vorschlag vom 19.12.2000), Ratsdokument 14717/00 ADD 1 vom 19.12.2001.
3 *Neye/Teichmann*, AG 2003, 169.

II. Einzelheiten

1. Normadressaten

2 Die Mitgliedstaaten sind Normadressaten. Damit sind alle staatlichen Stellen gemeint, die mit der Ausführung der SE-VO befasst sind, insbesondere der **Gesetzgeber**[4].

2. Geeignete Vorkehrungen (Art. 68 Abs. 1)

3 Die Mitgliedstaaten haben alle **geeigneten Vorkehrungen** zu treffen, um das Wirksamwerden der Verordnung zu gewährleisten. „Wirksamwerden" in diesem Sinne meint nicht das Inkrafttreten der VO selbst, denn dies ergibt sich aus Art. 70, sondern die **praktische Wirksamkeit**[5]. Dazu gehört zunächst einmal der Erlass des jeweiligen nationalen Ausführungsgesetzes. Während die SE-VO am 8.10.2004 in Kraft trat (vgl. Art. 70), ist das SE-Einführungsgesetz (SEEG)[6] erst am 22.12.2004 erlassen worden und somit leicht verspätet am 29.12.2004 in Kraft getreten. Deutschland hat seine Pflicht aus Art. 68 Abs. 1 insoweit erfüllt. Die Pflicht besteht als Beobachtungs- und Reaktionspflicht fort[7]; die Mitgliedstaaten haben also die zukünftige Einhaltung der Vorgaben zu überwachen. Geeignet sind alle Vorkehrungen, die in dem betreffenden Staat dazu beitragen, die Ziele der VO zu erreichen, insofern besteht ein Ermessensspielraum[8].

4 Die Ausführungsgesetze der Mitgliedstaaten haben die **Vorgaben** der Verordnung genau zu beachten. Das bedeutet, dass sie z.B. ihr bisheriges System den Vorschriften zum Aufbau der SE nach Art. 38 ff. anpassen müssen[9], soweit dies für das Wirksamwerden notwendig ist. Bei der Erfüllung der Pflicht aus Art. 68 Abs. 1 haben die Mitgliedstaaten den Grundsatz der Nicht-Diskriminierung einzuhalten. Dies zeigen Art. 10 und Erwägungsgrund 5 sowie die Erklärungen von Rat und Kommission[10]. Die SE darf also gegenüber nationalen Aktiengesellschaften weder besser noch schlechter gestellt werden. Eine Ausnahme gilt nur dann, wenn die Sonderbehandlung von der SE-VO vorgeschrieben wird.

3. Benennung der zuständigen Behörden und Information von Kommission und Mitgliedstaaten (Art. 68 Abs. 2)

5 Gem. Art. 68 Abs. 2 Satz 1 haben die Mitgliedstaaten die **zuständigen Behörden** für bestimmte Maßnahmen zu benennen. Dies sind:

– nach Art. 8 (Sitzverlegung) die Ausstellung der Bescheinigung, einen möglichen Widerspruch und die Eintragung;

– nach Art. 25 (Verschmelzung) die Kontrolle der Rechtmäßigkeit der Rechtshandlungen und der Formalitäten und die Ausstellung der entsprechenden Bescheinigung im Sitzstaat der Gründungsgesellschaft;

---

4 *Schwarz*, Art. 68 Rz. 4.
5 *Schwarz*, Art. 68 Rz. 6.
6 Gesetz zur Einführung der Europäischen Gesellschaft (SEEG) vom 22.12.2004, BGBl. I 2004, 3675.
7 *Fuchs* in Manz/Mayer/Schröder, Art. 68 SE-VO Rz. 6.
8 *Schwarz*, Art. 68 Rz. 5.
9 Vgl. dazu Art. 1 §§ 15 ff. SEEG (§§ 15 ff. SEAG); *Schwarz*, Art. 68 Rz. 5; zur Frage, ob die Norm insofern als „Ergänzungsermächtigungsnorm" zu verstehen ist, *Schwarz*, Art. 68 Rz. 7 f. m.w.N.
10 Erklärungen für das Ratsprotokoll (zum geänderten Vorschlag vom 19.12.2000), Ratsdokument 14717/00 ADD 1 vom 19.12.2001.

– nach Art. 26 (Verschmelzung) die Rechtmäßigkeitskontrolle im künftigen Sitzstaat der SE und die Eintragung der SE;

– nach Art. 54, 55 die Einberufung der Hauptversammlung von Amts wegen bzw.
auf Antrag von Aktionären;

– nach Art. 64 die Überwachung der Einhaltung der Sitzvorschriften.

Ein Ermessensspielraum hinsichtlich des Ob besteht nicht, frei sind die Mitgliedstaaten jedoch bei der konkreten Aufgabenzuweisung[11].

Über seine Entscheidungen hat der jeweilige Mitgliedstaat die Kommission und die   6
anderen Mitgliedstaaten **in Kenntnis zu setzen**. Dabei schreibt die SE-VO die Form
der Benachrichtigung nicht vor; sie bleibt freigestellt[12].

4. Zuständige Behörden in Deutschland

Die zuständigen „Behörden" im Sinne des Art. 68 Abs. 2 Satz 1 werden durch § 4   7
SEAG festgelegt

„Für die Eintragung der SE und für die in den Art. 8 Abs. 8, 25 Abs. 2, 26 und 64
Abs. 4 der VO bezeichneten Aufgaben ist das nach § 125 Abs. 1 und 2 des Gesetzes
über die Angelegenheiten der Freiwilligen Gerichtsbarkeit bestimmte Gericht zuständig. Das zuständige Gericht im Sinne des Artikels 55 Abs. 3 Satz 1 der VO bestimmt sich nach § 145 Abs. 1 des Gesetzes über die Angelegenheiten der Freiwilligen Gerichtsbarkeit."

5. Ergänzende Anwendung des AktG

Damit ist nur die sachliche, nicht aber die örtliche Zuständigkeit geregelt. Über § 9   8
Abs. 1c ii gilt insofern § 14 AktG[13]. Einer Benennung eines nach Art. 54 zuständigen
Gerichts bedarf es nicht, weil dies in Deutschland nur bei § 122 Abs. 3 AktG der Fall
ist und hierfür Art. 55 gilt[14] (vgl. aber Art. 54 Rz. 14).

6. Einhaltung des Regelungsrahmens

Es erscheint fraglich, ob mit § 4 SEAG der durch die zitierten Normen der SE-VO vor-   9
gegebene **Regelungsrahmen eingehalten** wurde. Die deutsche Fassung der Verordnung (Art. 8 Abs. 8 bzw. Art. 25 Abs. 2, Abs. 3 Satz 2: „das zuständige Gericht, der
Notar oder eine andere zuständige Behörde") lässt auf den ersten Blick die Interpretation zu, der nationale Gesetzgeber könne unter diesen drei Institutionen frei auswählen. Dies hält allerdings einer näheren Betrachtung nicht stand. Denn die Zuständigkeit von Notar und Gericht ist durch Art. 8 Abs. 8, Art. 25 Abs. 2, Art. 26 Abs. 1 bereits zwingend vorgegeben. Richtigerweise kann der einzelne Mitgliedsstaat daneben
lediglich noch weitere zuständige Behörden festlegen (z.B. für das Königreich der Niederlande die Zuständigkeit der Kamer van Koophandel)[15]. Die Betrachtung verschiedener Sprachfassungen, die im Europarecht notwendig ist, um einen „gemeinschaftsrechtlichen Wortsinn" zu ermitteln[16], belegt dies. So zeigt zunächst die französische
Fassung Abweichungen von der deutschen. Dort wird in Art. 68 nur von den „auto-

---

11 *Schwarz*, Art. 68 Rz. 9.

12 *Fuchs* in Manz/Mayer/Schröder, Art. 68 SE-VO Rz. 6.

13 *Schwarz*, Art. 68 Rz. 12 f. Vgl. die Kommentierung *Langhein* in K. Schmidt/Lutter, § 14
AktG.

14 *Schwarz*, Art. 68 Rz. 14.

15 *Deutscher Notarverein*, Stellungnahme zum Diskussionsentwurf eines Gesetzes zur Einführung der Europäischen Gesellschaft vom 24.6.2003, http://www.dnotv.de/pdf/dnotv_stn_
013.html.

16 *Bleckmann*, Europarecht, 6. Aufl. 1996, Rz. 540; *Luttermann*, EuZW 1999, 401, 404.

rités compétentes" gesprochen. Dagegen formulieren die von dieser Vorschrift in Bezug genommenen Artikel teils „un tribunal, un notaireou une autreautorité compétente" (Art. 8 Abs. 8, Art. 25 Abs. 2, Abs. 3 Satz 2, Art. 26 Abs. 1), teils lediglich „autorité compétente" (Art. 54 Abs. 2, vgl. auch Art. 8 Abs. 7), teils „autorité judiciaire ou administrative compétente" (Art. 55 Abs. 3) oder bloß „les autorités" (Art. 64 Abs. 4)[17]. Auch die englische Version formuliert in dieser Weise (vgl. Art. 8 Abs. 8: „the court, notary or other competent authority"), ebenso die spanische (Art. 8 Abs. 8: „un tribunal, un notario u otra autoridad competente") und die italienische Fassung (Art. 8 Abs. 8: „un organo giurisdizionale, un notaio o un'altra autorità competente"). Dies gilt ebenfalls hinsichtlich Art. 25 Abs. 2 und Art. 26 Abs. 1.

Folglich ist die deutsche Übersetzung des Art. 68 ungenau. Wie der *Deutsche Notarverein* in seiner Stellungnahme zum Diskussionsentwurf des SEEG zutreffend feststellt, bezieht sich das Wort *„zuständig"*, da es als Femininum und im Singular gebraucht wird, nur auf das Wort *„Behörde"*. Bezöge es sich auf alle drei Substantive, stünde es als Maskulinum im Plural (also z.B. französisch *„compétents"*). Es ist zu vermuten, dass die englische Version „competent" zur Klarstellung allen drei Substantiven vorangestellt hätte[18].

Im Ergebnis lässt sich festhalten, dass der nationale, also auch der deutsche Gesetzgeber, allein in Bezug auf die „Behörde" eine Zuständigkeitszuweisung vornehmen durfte, während „Gericht" und „Notar" von der SE-VO für zuständig erklärt wurden. Insoweit darf der Gesetzgeber lediglich die örtliche und funktionelle Zuständigkeit regeln[19].

10   Da gem. § 4 Satz 1 SEAG der § 125 FGG für die Ausstellung der Bescheinigungen gilt, die für die Eintragung der Sitzverlegung und der Verschmelzung erforderlich sind, handelt es sich um **Handelsregistersachen**. Somit gilt die durch das SEEG angepasste Handelsregisterverordnung[20]. Die Zuständigkeit für die Führung der Handelsregister liegt nach §§ 145, 125 FGG bei den Amtsgerichten. Eine Registersache ist gem. § 4 Satz 1 SEAG auch das Zwangsauflösungsverfahren bei Auseinanderfallen von Sitz und Hauptverwaltung. Dazu näher unter Art. 64 Rz. 5 ff.

7. Mitteilungspflicht (Art. 68 Abs. 2 Satz 2)

11   Sowohl die Kommission als auch direkt alle Mitgliedstaaten sind entsprechend zu informieren. Dadurch soll insbesondere die Zusammenarbeit zwischen den jeweiligen Behörden erleichtert werden[21].

---

17 Nach *Deutscher Notarverein*, Stellungnahme zum Diskussionsentwurf eines Gesetzes zur Einführung der Europäischen Gesellschaft vom 24.6.2003, http://www.dnotv.de/pdf/dnotv_stn_013.html.

18 *Deutscher Notarverein*, Stellungnahme zum Diskussionsentwurf eines Gesetzes zur Einführung der Europäischen Gesellschaft vom 24.6.2003, http://www.dnotv.de/pdf/dnotv_stn_013.html.

19 *Deutscher Notarverein*, Stellungnahme zum Diskussionsentwurf eines Gesetzes zur Einführung der Europäischen Gesellschaft vom 24.6.2003, http://www.dnotv.de/pdf/dnotv_stn_013.html.

20 Vgl. näher Art. 7 SEEG.

21 *Schwarz*, Art. 68 Rz. 15.

Art. 69
[Überprüfung der Verordnung]

Spätestens fünf Jahre nach Inkrafttreten dieser Verordnung legt die Kommission dem Rat und dem Europäischen Parlament einen Bericht über die Anwendung der Verordnung sowie gegebenenfalls Vorschläge für Änderungen vor. In dem Bericht wird insbesondere geprüft, ob es zweckmäßig ist,

a) zuzulassen, dass sich die Hauptverwaltung und der Sitz der SE in verschiedenen Mitgliedstaaten befinden,

b) den Begriff der Verschmelzung in Artikel 17 Absatz 2 auszuweiten, um auch andere als die in Artikel 3 Absatz 1 und Artikel 4 Absatz 1 der Richtlinie 78/855/EWG definierten Formen der Verschmelzung zuzulassen,

c) die Gerichtsstandsklausel des Artikels 8 Absatz 16 im Lichte von Bestimmungen, die in das Brüsseler Übereinkommen von 1968 oder in einen Rechtsakt der Mitgliedstaaten oder des Rates zur Ersetzung dieses Übereinkommens aufgenommen wurden, zu überprüfen,

d) vorzusehen, dass ein Mitgliedstaat in den Rechtsvorschriften, die er in Ausübung der durch diese Verordnung übertragenen Befugnisse oder zur Sicherstellung der tatsächlichen Anwendung dieser Verordnung auf eine SE erlässt, Bestimmungen in der Satzung der SE zulassen kann, die von diesen Rechtsvorschriften abweichen oder diese ergänzen, auch wenn derartige Bestimmungen in der Satzung einer Aktiengesellschaft mit Sitz in dem betreffenden Mitgliedstaat nicht zulässig wären.

Art. 70
[Inkrafttreten]

Diese Verordnung tritt am 8. Oktober 2004 in Kraft.

Diese Verordnung ist in allen ihren Teilen verbindlich und gilt unmittelbar in jedem Mitgliedstaat.

Von einer Kommentierung der Art. 69 und 70 wurde abgesehen.

B. SE-Beteiligungsgesetz

Gesetz über die Beteiligung der Arbeitnehmer in einer Europäischen Gesellschaft (SE-Beteiligungsgesetz – SEBG)

Gesetz vom 22. Dezember 2004 (BGBl. I S. 3675)

Teil 1. Allgemeine Vorschriften

§ 1 Zielsetzung des Gesetzes

(1) Das Gesetz regelt die Beteiligung der Arbeitnehmer in einer Europäischen Gesellschaft (SE), die Gegenstand der Verordnung (EG) Nr. 2157/2001 des Rates vom 8. Oktober 2001 über das Statut der Europäischen Gesellschaft (ABl. EG Nr. L 294 S. 1) ist. Ziel des Gesetzes ist, in einer SE die erworbenen Rechte der Arbeitnehmer (Arbeitnehmerinnen und Arbeitnehmer) auf Beteiligung an Unternehmensentscheidungen zu sichern. Maßgeblich für die Ausgestaltung der Beteiligungsrechte der Arbeitnehmer in der SE sind die bestehenden Beteiligungsrechte in den Gesellschaften, die die SE gründen.

(2) Zur Sicherung des Rechts auf grenzüberschreitende Unterrichtung, Anhörung, Mitbestimmung und sonstige Beteiligung der Arbeitnehmer wird eine Vereinbarung über die Beteiligung der Arbeitnehmer in der SE getroffen. Kommt es nicht zu einer Vereinbarung, wird eine Beteiligung der Arbeitnehmer in der SE kraft Gesetzes sichergestellt.

(3) Die Vorschriften dieses Gesetzes sowie die nach Absatz 2 zu treffende Vereinbarung sind so auszulegen, dass die Ziele der Europäischen Gemeinschaft, die Beteiligung der Arbeitnehmer in der SE sicherzustellen, gefördert werden.

(4) Die Grundsätze der Absätze 1 bis 3 gelten auch für strukturelle Änderungen einer gegründeten SE sowie für deren Auswirkungen auf die betroffenen Gesellschaften und ihre Arbeitnehmer.

§ 2 Begriffsbestimmungen

(1) Der Begriff des Arbeitnehmers richtet sich nach den Rechtsvorschriften und Gepflogenheiten der jeweiligen Mitgliedstaaten. Arbeitnehmer eines inländischen Unternehmens oder Betriebs sind Arbeiter und Angestellte einschließlich der zu ihrer Berufsausbildung Beschäftigten und der in § 5 Abs. 3 Satz 2 des Betriebsverfassungsgesetzes genannten leitenden Angestellten, unabhängig davon, ob sie im Betrieb, im Außendienst oder mit Telearbeit beschäftigt werden. Als Arbeitnehmer gelten auch die in Heimarbeit Beschäftigten, die in der Hauptsache für das Unternehmen oder den Betrieb arbeiten.

(2) Beteiligte Gesellschaften sind die Gesellschaften, die unmittelbar an der Gründung einer SE beteiligt sind.

(3) Tochtergesellschaften sind rechtlich selbstständige Unternehmen, auf die eine andere Gesellschaft einen beherrschenden Einfluss im Sinne von Artikel 3 Abs. 2 bis 7 der Richtlinie 94/45/EG des Rates vom 22. September 1994 über die Einsetzung eines Europäischen Betriebsrats oder die Schaffung eines Verfahrens zur Unterrichtung und Anhörung der Arbeitnehmer in gemeinschaftsweit operierenden Unternehmen und Unternehmensgruppen (ABl. EG Nr. L 254 S. 64) ausüben kann. § 6 Abs. 2 bis 4 des Europäische Betriebsräte-Gesetzes vom 28. Oktober 1996 (BGBl. I S. 1548, 2022) ist anzuwenden.

(4) Betroffene Tochtergesellschaften oder betroffene Betriebe sind Tochtergesellschaften oder Betriebe einer beteiligten Gesellschaft, die zu Tochtergesellschaften oder Betrieben der SE werden sollen.

(5) Leitung bezeichnet das Organ der unmittelbar an der Gründung der SE beteiligten Gesellschaften oder der SE selbst, das die Geschäfte der Gesellschaft führt und zu ihrer Vertretung berechtigt ist. Bei den beteiligten Gesellschaften ist dies das Leitungs- oder Verwaltungsorgan, bei der SE das Leitungsorgan oder die geschäftsführenden Direktoren.

(6) Arbeitnehmervertretung bezeichnet jede Vertretung der Arbeitnehmer nach dem Betriebsverfassungsgesetz (Betriebsrat, Gesamtbetriebsrat, Konzernbetriebsrat oder eine nach § 3 Abs. 1 Nr. 1 bis 3 des Betriebsverfassungsgesetzes gebildete Vertretung).

(7) SE-Betriebsrat bezeichnet das Vertretungsorgan der Arbeitnehmer der SE, das durch eine Vereinbarung nach § 21 oder kraft Gesetzes nach den §§ 22 bis 33 eingesetzt wird, um die Rechte auf Unterrichtung und Anhörung der Arbeitnehmer der SE, ihrer Tochtergesellschaften und Betriebe und, wenn vereinbart, Mitbestimmungsrechte und sonstige Beteiligungsrechte in Bezug auf die SE wahrzunehmen.

(8) Beteiligung der Arbeitnehmer bezeichnet jedes Verfahren – einschließlich der Unterrichtung, Anhörung und Mitbestimmung –, durch das die Vertreter der Arbeitnehmer auf die Beschlussfassung in der Gesellschaft Einfluss nehmen können.

(9) Beteiligungsrechte sind Rechte, die den Arbeitnehmern und ihren Vertretern im Bereich der Unterrichtung, Anhörung, Mitbestimmung und der sonstigen Beteiligung zustehen. Hierzu kann auch die Wahrnehmung dieser Rechte in den Konzernunternehmen der SE gehören.

(10) Unterrichtung bezeichnet die Unterrichtung des SE-Betriebsrats oder anderer Arbeitnehmervertreter durch die Leitung der SE über Angelegenheiten, welche die SE selbst oder eine ihrer Tochtergesellschaften oder einen ihrer Betriebe in einem anderen Mitgliedstaat betreffen oder die über die Befugnisse der zuständigen Organe auf der Ebene des einzelnen Mitgliedstaats hinausgehen. Zeitpunkt, Form und Inhalt der Unterrichtung sind so zu wählen, dass es den Arbeitnehmervertretern möglich ist, zu erwartende Auswirkungen eingehend zu prüfen und gegebenenfalls eine Anhörung mit der Leitung der SE vorzubereiten.

(11) Anhörung bezeichnet die Einrichtung eines Dialogs und eines Meinungsaustauschs zwischen dem SE-Betriebsrat oder anderer Arbeitnehmervertreter und der Leitung der SE oder einer anderen zuständigen mit eigenen Entscheidungsbefugnissen ausgestatteten Leitungsebene. Zeitpunkt, Form und Inhalt der Anhörung müssen dem SE-Betriebsrat auf der Grundlage der erfolgten Unterrichtung eine Stellungnahme zu den geplanten Maßnahmen der Leitung der SE ermöglichen, die im Rahmen des Entscheidungsprozesses innerhalb der SE berücksichtigt werden kann.

(12) Mitbestimmung bedeutet die Einflussnahme der Arbeitnehmer auf die Angelegenheiten einer Gesellschaft durch

1. die Wahrnehmung des Rechts, einen Teil der Mitglieder des Aufsichts- oder Verwaltungsorgans der Gesellschaft zu wählen oder zu bestellen, oder

2. die Wahrnehmung des Rechts, die Bestellung eines Teils oder aller Mitglieder des Aufsichts- oder Verwaltungsorgans der Gesellschaft zu empfehlen oder abzulehnen.

§ 3 Geltungsbereich

(1) Dieses Gesetz gilt für eine SE mit Sitz im Inland. Es gilt unabhängig vom Sitz der SE auch für Arbeitnehmer der SE, die im Inland beschäftigt sind sowie für beteiligte Gesellschaften, betroffene Tochtergesellschaften und betroffene Betriebe mit Sitz im Inland.

(2) Mitgliedstaaten im Sinne dieses Gesetzes sind die Mitgliedstaaten der Europäischen Union und die anderen Vertragsstaaten des Abkommens über den Europäischen Wirtschaftsraum.

Teil 2. Besonderes Verhandlungsgremium

Kapitel 1. Bildung und Zusammensetzung

§ 4 Information der Leitungen

(1) Das besondere Verhandlungsgremium ist auf Grund einer schriftlichen Aufforderung der Leitungen zu bilden. Es hat die Aufgabe, mit den Leitungen eine schriftliche Vereinbarung über die Beteiligung der Arbeitnehmer in der SE abzuschließen.

(2) Wenn die Leitungen die Gründung einer SE planen, informieren sie die Arbeitnehmervertretungen und Sprecherausschüsse in den beteiligten Gesellschaften, betroffenen Tochtergesellschaften und betroffenen Betrieben über das Gründungsvorhaben. Besteht keine Arbeitnehmervertretung, erfolgt die Information gegenüber den Arbeitnehmern. Die Information erfolgt unaufgefordert und unverzüglich nach Offenlegung des Verschmelzungsplans, des Gründungsplans für eine Holdinggesellschaft, des Umwandlungsplans oder nach Abschluss der Vereinbarung eines Plans zur Gründung einer Tochtergesellschaft.

(3) Die Information erstreckt sich insbesondere auf

1. die Identität und Struktur der beteiligten Gesellschaften, betroffenen Tochtergesellschaften und betroffenen Betriebe und deren Verteilung auf die Mitgliedstaaten;

2. die in diesen Gesellschaften und Betrieben bestehenden Arbeitnehmervertretungen;

3. die Zahl der in diesen Gesellschaften und Betrieben jeweils beschäftigten Arbeitnehmer sowie die daraus zu errechnende Gesamtzahl der in einem Mitgliedstaat beschäftigten Arbeitnehmer;

4. die Zahl der Arbeitnehmer, denen Mitbestimmungsrechte in den Organen dieser Gesellschaften zustehen.

(4) Maßgeblicher Zeitpunkt für die Ermittlung der Zahl der Arbeitnehmer ist der Zeitpunkt der Information nach Absatz 2.

§ 5 Zusammensetzung des besonderen Verhandlungsgremiums

(1) Für die in jedem Mitgliedstaat beschäftigten Arbeitnehmer der beteiligten Gesellschaften, betroffenen Tochtergesellschaften und betroffenen Betriebe werden Mitglieder für das besondere Verhandlungsgremium gewählt oder bestellt. Für jeden Anteil der in einem Mitgliedstaat beschäftigten Arbeitnehmer, der 10 Prozent der Gesamtzahl der in allen Mitgliedstaaten beschäftigten Arbeitnehmer der beteiligten Gesellschaften und der betroffenen Tochtergesellschaften oder betroffenen Betriebe oder einen Bruchteil davon beträgt, ist ein Mitglied aus diesem Mitgliedstaat in das besondere Verhandlungsgremium zu wählen oder zu bestellen.

(2) Wird die SE durch Verschmelzung gegründet, sind so viele zusätzliche Mitglieder in das besondere Verhandlungsgremium zu wählen oder zu bestellen, wie erforderlich sind, um zu gewährleisten, dass jede beteiligte Gesellschaft, die eingetragen ist und Arbeitnehmer in dem betreffenden Mitgliedstaat beschäftigt und die als Folge der geplanten Eintragung der SE als eigene Rechtspersönlichkeit erlöschen wird, in dem besonderen Verhandlungsgremium durch mindestens ein Mitglied vertreten ist. Dies darf nicht zu einer Doppelvertretung der betroffenen Arbeitnehmer führen.

(3) Die Zahl der zusätzlichen Mitglieder darf 20 Prozent der sich aus Absatz 1 ergebenden Mitgliederzahl nicht überschreiten. Kann danach nicht jede nach Absatz 2 besonders zu berücksichtigende Gesellschaft durch ein zusätzliches Mitglied im besonderen Verhandlungsgremium vertreten werden, so werden diese Gesellschaften in absteigender Reihenfolge der Zahl der bei ihnen beschäftigten Arbeitnehmer berücksichtigt. Dabei ist zu gewährleisten, dass ein Mitgliedstaat nicht mehrere zusätzliche Sitze erhält, solange nicht alle anderen Mitgliedstaaten, aus denen die nach Absatz 2 besonders zu berücksichtigenden Gesellschaften stammen, einen Sitz erhalten haben.

(4) Treten während der Tätigkeitsdauer des besonderen Verhandlungsgremiums solche Änderungen in der Struktur oder Arbeitnehmerzahl der beteiligten Gesellschaften, der betroffenen Tochtergesellschaften oder der betroffenen Betriebe ein, dass sich die konkrete Zusammensetzung des besonderen Verhandlungsgremiums ändern würde, so ist das besondere Verhandlungsgremium entsprechend neu zusammenzusetzen. Über solche Änderungen haben die zuständigen Leitungen unverzüglich das besondere Verhandlungsgremium zu informieren. 3§ 4 Abs. 2 bis 4 gilt entsprechend.

§ 6 Persönliche Voraussetzungen der auf das Inland entfallenden Mitglieder des besonderen Verhandlungsgremiums

(1) Die persönlichen Voraussetzungen der Mitglieder des besonderen Verhandlungsgremiums richten sich nach den jeweiligen Bestimmungen der Mitgliedstaaten, in denen sie gewählt oder bestellt werden.

(2) Zu Mitgliedern des besonderen Verhandlungsgremiums wählbar sind im Inland Arbeitnehmer der Gesellschaften und Betriebe sowie Gewerkschaftsvertreter. Frauen und Männer sollen entsprechend ihrem zahlenmäßigen Verhältnis gewählt werden. Für jedes Mitglied ist ein Ersatzmitglied zu wählen.

(3) Gehören dem besonderen Verhandlungsgremium mehr als zwei Mitglieder aus dem Inland an, ist jedes dritte Mitglied ein Vertreter einer Gewerkschaft, die in einem an der Gründung der SE beteiligten Unternehmen vertreten ist.

(4) Gehören dem besonderen Verhandlungsgremium mehr als sechs Mitglieder aus dem Inland an, ist mindestens jedes siebte Mitglied ein leitender Angestellter.

§ 7 Verteilung der auf das Inland entfallenden Sitze des besonderen Verhandlungsgremiums

(1) Die Wahl oder Bestellung der Mitglieder des besonderen Verhandlungsgremiums nach § 5 erfolgt nach den jeweiligen Bestimmungen der Mitgliedstaaten.

(2) Bei der Wahl der auf das Inland entfallenden Mitglieder des besonderen Verhandlungsgremiums sollen alle an der Gründung der SE beteiligten Gesellschaften mit Sitz im Inland, die Arbeitnehmer im Inland beschäftigen, durch mindestens ein Mitglied im besonderen Verhandlungsgremium vertreten sein.

(3) Ist die Anzahl der auf das Inland entfallenden Mitglieder des besonderen Verhandlungsgremiums geringer als die Anzahl der an der Gründung der SE beteiligten Gesellschaften mit Sitz im Inland, die Arbeitnehmer im Inland beschäftigen, so erhalten die Gesellschaften in absteigender Reihenfolge der Zahl der Arbeitnehmer jeweils einen Sitz.

(4) Ist die Anzahl der auf das Inland entfallenden Mitglieder des besonderen Verhandlungsgremiums höher als die Anzahl der an der Gründung der SE beteiligten Gesellschaften mit Sitz im Inland, die Arbeitnehmer im Inland beschäftigen, so sind die nach erfolgter Verteilung nach Absatz 2 verbleibenden Sitze nach dem d'Hondtschen Höchstzahlenverfahren auf die beteiligten Gesellschaften zu verteilen.

(5) Sind keine Gesellschaften mit Sitz im Inland an der Gründung der SE beteiligt, sondern von ihr nur Betriebe ausländischer Gesellschaften betroffen, gelten die Absätze 2 bis 4 entsprechend.

Kapitel 2. Wahlgremium

§ 8 Zusammensetzung des Wahlgremiums; Urwahl

(1) Die nach diesem Gesetz oder dem Gesetz eines anderen Mitgliedstaats auf die im Inland beschäftigten Arbeitnehmer der an der Gründung der SE beteiligten Gesellschaften, betroffenen Tochtergesellschaften und betroffenen Betriebe entfallenden Mitglieder des besonderen Verhandlungsgremiums werden von einem Wahlgremium in geheimer und unmittelbarer Wahl gewählt. Im Fall des § 6 Abs. 3 ist jedes dritte Mitglied auf Vorschlag einer Gewerkschaft zu wählen, die in einem an der Gründung der SE beteiligten Unternehmen vertreten ist. Wird nur ein Wahlvorschlag gemacht, muss dieser mindestens doppelt so viele Bewerber enthalten wie Vertreter von Gewerkschaften zu wählen sind. Jeder Wahlvorschlag einer Gewerkschaft muss von einem Vertreter der Gewerkschaft unterzeichnet sein. Im Fall des § 6 Abs. 4 ist jedes siebte Mitglied auf Vorschlag der Sprecherausschüsse zu wählen; Satz 3 gilt entsprechend. Besteht in einem beteiligten Unternehmen oder in einer beteiligten Unternehmensgruppe kein Sprecherausschuss, können die leitenden Angestellten Wahlvorschläge machen; ein Wahlvorschlag muss von einem Zwanzigstel oder 50 der wahlberechtigten leitenden Angestellten unterzeichnet sein.

(2) Ist aus dem Inland nur eine Unternehmensgruppe an der SE-Gründung beteiligt, besteht das Wahlgremium aus den Mitgliedern des Konzernbetriebsrats oder, sofern ein solcher nicht besteht, aus den Mitgliedern der Gesamtbetriebsräte, oder, sofern ein solcher in einem Unternehmen nicht besteht, aus den Mitgliedern des Betriebsrats. Betriebsratslose Betriebe und Unternehmen einer Unternehmensgruppe werden vom Konzernbetriebsrat, Gesamtbetriebsrat oder Betriebsrat mit vertreten.

(3) Ist aus dem Inland nur ein Unternehmen an der Gründung einer SE beteiligt, besteht das Wahlgremium aus den Mitgliedern des Gesamtbetriebsrats, oder, sofern ein

solcher nicht besteht, aus den Mitgliedern des Betriebsrats. Betriebsratslose Betriebe eines Unternehmens werden vom Gesamtbetriebsrat oder Betriebsrat mit vertreten.

(4) Ist aus dem Inland nur ein Betrieb von der Gründung einer SE betroffen, besteht das Wahlgremium aus den Mitgliedern des Betriebsrats.

(5) Sind an der Gründung der SE eine oder mehrere Unternehmensgruppen oder nicht verbundene Unternehmen beteiligt oder sind von der Gründung unternehmensunabhängige Betriebe betroffen, setzt sich das Wahlgremium aus den jeweiligen Arbeitnehmervertretungen auf Konzernebene, Unternehmensebene oder Betriebsebene zusammen. Die Absätze 2 bis 4 gelten entsprechend. Ist in den Fällen des Satzes 1 eine entsprechende Arbeitnehmervertretung nicht vorhanden, werden diese Mitglieder des Wahlgremiums von den Arbeitnehmern in Urwahl gewählt. Die Wahl wird von einem Wahlvorstand eingeleitet und durchgeführt, der in einer Versammlung der Arbeitnehmer gewählt wird, zu der die inländische Konzernleitung, Unternehmensleitung oder Betriebsleitung einlädt. Es sind so viele Mitglieder des Wahlgremiums zu wählen, wie eine bestehende Arbeitnehmervertretung in den Fällen der Absätze 2 bis 4 an gesetzlichen Mitgliedern hätte; für das Wahlverfahren gilt Absatz 7 Satz 3 bis 5 entsprechend.

(6) Das Wahlgremium besteht aus höchstens 40 Mitgliedern. Würde diese Höchstzahl überschritten, ist die Anzahl der Mitglieder in dem Wahlgremium entsprechend ihrem zahlenmäßigen Verhältnis nach dem d'Hondtschen Höchstzahlverfahren zu verringern.

(7) Besteht in den Fällen der Absätze 2 bis 5 keine Arbeitnehmervertretung, wählen die Arbeitnehmer die Mitglieder des besonderen Verhandlungsgremiums in geheimer und unmittelbarer Wahl. Die Wahl wird von einem Wahlvorstand eingeleitet und durchgeführt, der in einer Versammlung der Arbeitnehmer gewählt wird, zu der die inländische Konzernleitung, Unternehmensleitung oder Betriebsleitung einlädt. Die Wahl der Mitglieder des besonderen Verhandlungsgremiums erfolgt nach den Grundsätzen der Verhältniswahl. Sie erfolgt nach den Grundsätzen der Mehrheitswahl, wenn nur ein Wahlvorschlag eingereicht wird. Jeder Wahlvorschlag der Arbeitnehmer muss von mindestens einem Zwanzigstel der wahlberechtigten Arbeitnehmer, mindestens jedoch von drei Wahlberechtigten, höchstens aber von 50 Wahlberechtigten unterzeichnet sein; in Betrieben mit in der Regel bis zu 20 wahlberechtigten Arbeitnehmern genügt die Unterzeichnung durch zwei Wahlberechtigte. 6§ 8 Abs. 1 Satz 2 bis 6 gilt entsprechend.

§ 9 Einberufung des Wahlgremiums

(1) Auf der Grundlage der von den Leitungen erhaltenen Informationen hat der Vorsitzende der Arbeitnehmervertretung auf Konzernebene oder, sofern eine solche nicht besteht, auf Unternehmensebene oder, sofern eine solche nicht besteht, auf Betriebsebene

1. Ort, Tag und Zeit der Versammlung des Wahlgremiums festzulegen;

2. die Anzahl der Mitglieder aus den jeweiligen Arbeitnehmervertretungen nach § 8 Abs. 6 festzulegen;

3. zur Versammlung des Wahlgremiums einzuladen.

(2) Bestehen auf einer Ebene mehrere Arbeitnehmervertretungen, treffen die Verpflichtungen nach Absatz 1 den Vorsitzenden der Arbeitnehmervertretung, die die meisten Arbeitnehmer vertritt.

§ 10 Wahl der Mitglieder des besonderen Verhandlungsgremiums

(1) Bei der Wahl müssen mindestens zwei Drittel der Mitglieder des Wahlgremiums, die mindestens zwei Drittel der Arbeitnehmer vertreten, anwesend sein. Die Mitglieder des Wahlgremiums haben jeweils so viele Stimmen, wie sie Arbeitnehmer vertreten. Die Wahl erfolgt mit einfacher Mehrheit der abgegebenen Stimmen.

(2) Im Wahlgremium vertreten die Arbeitnehmervertretungen und die in Urwahl gewählten Mitglieder jeweils alle Arbeitnehmer der organisatorischen Einheit, für die sie nach § 8 Abs. 2 bis 5 zuständig sind. Nicht nach Satz 1 vertretene Arbeitnehmer werden den Arbeitnehmervertretungen innerhalb der jeweiligen Unternehmensgruppe zu gleichen Teilen zugerechnet.

(3) Sind für eine Arbeitnehmervertretung mehrere Mitglieder im Wahlgremium vertreten, werden die entsprechend der von ihnen vertretenen Arbeitnehmer bestehenden Stimmenanteile gleichmäßig aufgeteilt. Dies gilt auch für die nach § 8 Abs. 5 Satz 3 gewählten Mitglieder des Wahlgremiums.

Kapitel 3. Verhandlungsverfahren

§ 11 Information über die Mitglieder des besonderen Verhandlungsgremiums

(1) Die Wahl oder Bestellung der Mitglieder des besonderen Verhandlungsgremiums soll innerhalb von zehn Wochen nach der in § 4 Abs. 2 und 3 vorgeschriebenen Information erfolgen. Den Leitungen sind unverzüglich die Namen der Mitglieder des besonderen Verhandlungsgremiums, ihre Anschriften sowie die jeweilige Betriebszugehörigkeit mitzuteilen. Die Leitungen haben die örtlichen Betriebs- und Unternehmensleitungen, die dort bestehenden Arbeitnehmervertretungen und Sprecherausschüsse sowie die in inländischen Betrieben vertretenen Gewerkschaften über diese Angaben zu informieren.

(2) Das Verhandlungsverfahren nach den §§ 12 bis 17 findet auch dann statt, wenn die in Absatz 1 Satz 1 genannte Frist aus Gründen, die die Arbeitnehmer zu vertreten haben, überschritten wird. Nach Ablauf der Frist gewählte oder bestellte Mitglieder können sich jederzeit an dem Verhandlungsverfahren beteiligen.

§ 12 Sitzungen; Geschäftsordnung

(1) Die Leitungen laden unverzüglich nach Benennung der Mitglieder oder im Fall des § 11 nach Ablauf der in § 11 Abs. 1 Satz 1 genannten Frist zur konstituierenden Sitzung des besonderen Verhandlungsgremiums ein und informieren die örtlichen Betriebs- und Unternehmensleitungen. Das besondere Verhandlungsgremium wählt aus seiner Mitte einen Vorsitzenden und mindestens zwei Stellvertreter. Es kann sich eine schriftliche Geschäftsordnung geben.

(2) Der Vorsitzende kann weitere Sitzungen einberufen.

§ 13 Zusammenarbeit zwischen besonderem Verhandlungsgremium und Leitungen

(1) Das besondere Verhandlungsgremium schließt mit den Leitungen eine schriftliche Vereinbarung über die Beteiligung der Arbeitnehmer in der SE ab. Zur Erfüllung dieser Aufgabe arbeiten sie vertrauensvoll zusammen.

(2) Die Leitungen haben dem besonderen Verhandlungsgremium rechtzeitig alle erforderlichen Auskünfte zu erteilen und die erforderlichen Unterlagen zur Verfügung zu stellen. Das besondere Verhandlungsgremium ist insbesondere über das Gründungsvorhaben und den Verlauf des Verfahrens bis zur Eintragung der SE zu unterrichten. Zeitpunkt, Häufigkeit und Ort der Verhandlungen werden zwischen den Leitungen und dem besonderen Verhandlungsgremium einvernehmlich festgelegt.

§ 14 Sachverständige und Vertreter von geeigneten außenstehenden Organisationen

(1) Das besondere Verhandlungsgremium kann bei den Verhandlungen Sachverständige seiner Wahl, zu denen auch Vertreter von einschlägigen Gewerkschaftsorganisationen auf Gemeinschaftsebene zählen können, hinzuziehen, um sich von ihnen bei seiner Arbeit unterstützen zu lassen. Diese Sachverständigen können, wenn das besondere Verhandlungsgremium es wünscht, an den Verhandlungen in beratender Funktion teilnehmen.

(2) Das besondere Verhandlungsgremium kann beschließen, die Vertreter von geeigneten außenstehenden Organisationen vom Beginn der Verhandlungen zu unterrichten.

§ 15 Beschlussfassung im besonderen Verhandlungsgremium

(1) Die Mitglieder des besonderen Verhandlungsgremiums, die in einem Mitgliedstaat gewählt oder bestellt werden, vertreten alle in dem jeweiligen Mitgliedstaat beschäftigten Arbeitnehmer. Solange aus einem Mitgliedstaat keine Mitglieder in das besondere Verhandlungsgremium gewählt oder bestellt sind (§ 11 Abs. 2), gelten die betroffenen Arbeitnehmer als nicht vertreten.

(2) Das besondere Verhandlungsgremium beschließt vorbehaltlich des Absatzes 3 und § 16 Abs. 1 mit der Mehrheit seiner Mitglieder, in der zugleich die Mehrheit der vertretenen Arbeitnehmer enthalten sein muss. Jedes auf das Inland entfallende Mitglied vertritt gleich viele Arbeitnehmer.

(3) Hätten die Verhandlungen eine Minderung der Mitbestimmungsrechte zur Folge, so ist für einen Beschluss zur Billigung einer solchen Vereinbarung eine Mehrheit von zwei Dritteln der Mitglieder des besonderen Verhandlungsgremiums erforderlich, die mindestens zwei Drittel der Arbeitnehmer in mindestens zwei Mitgliedstaaten vertreten. Dies gilt

1. im Fall einer SE, die durch Verschmelzung gegründet werden soll, sofern sich die Mitbestimmung auf mindestens 25 Prozent der Gesamtzahl der Arbeitnehmer der beteiligten Gesellschaften und der betroffenen Tochtergesellschaften erstreckt oder

2. im Fall einer SE, die als Holding-Gesellschaft oder als Tochtergesellschaft gegründet werden soll, sofern sich die Mitbestimmung auf mindestens 50 Prozent der Gesamtzahl der Arbeitnehmer der beteiligten Gesellschaften und der betroffenen Tochtergesellschaften erstreckt.

(4) Minderung der Mitbestimmungsrechte bedeutet, dass

1. der Anteil der Arbeitnehmervertreter im Aufsichts- oder Verwaltungsorgan der SE geringer ist als der höchste in den beteiligten Gesellschaften bestehende Anteil oder

2. das Recht, Mitglieder des Aufsichts- oder Verwaltungsorgans der Gesellschaft zu

wählen, zu bestellen, zu empfehlen oder abzulehnen, beseitigt oder eingeschränkt wird.

(5) Wird eine SE durch Umwandlung gegründet, kann ein Beschluss nach Absatz 3 nicht gefasst werden.

§ 16 Nichtaufnahme oder Abbruch der Verhandlungen

(1) Das besondere Verhandlungsgremium kann beschließen, keine Verhandlungen aufzunehmen oder bereits aufgenommene Verhandlungen abzubrechen. Für diesen Beschluss ist eine Mehrheit von zwei Dritteln der Mitglieder erforderlich, die mindestens zwei Drittel der Arbeitnehmer in mindestens zwei Mitgliedstaaten vertreten. Die Vorschriften für die Unterrichtung und Anhörung der Arbeitnehmer, die in den Mitgliedstaaten gelten, in denen die SE Arbeitnehmer beschäftigt, finden Anwendung.

(2) Ein Beschluss nach Absatz 1 beendet das Verfahren zum Abschluss der Vereinbarung nach § 21. Ist ein solcher Beschluss gefasst worden, finden die Regelungen der §§ 22 bis 33 über den SE-Betriebsrat kraft Gesetzes und der §§ 34 bis 38 über die Mitbestimmung kraft Gesetzes keine Anwendung.

(3) Wird eine SE durch Umwandlung gegründet, kann ein Beschluss nach Absatz 1 nicht gefasst werden, wenn den Arbeitnehmern der umzuwandelnden Gesellschaft Mitbestimmungsrechte zustehen.

§ 17 Niederschrift

In eine Niederschrift, die vom Vorsitzenden und einem weiteren Mitglied des besonderen Verhandlungsgremiums zu unterzeichnen ist, ist aufzunehmen

1. ein Beschluss über den Abschluss einer Vereinbarung nach § 13 Abs. 1,

2. ein Beschluss über die Nichtaufnahme oder den Abbruch der Verhandlungen nach § 16 Abs. 1 und

3. die jeweiligen Mehrheiten, mit denen die Beschlüsse gefasst worden sind.

Eine Abschrift der Niederschrift ist den Leitungen zu übermitteln.

§ 18 Wiederaufnahme der Verhandlungen

(1) Frühestens zwei Jahre nach dem Beschluss nach § 16 Abs. 1 wird auf schriftlichen Antrag von mindestens 10 Prozent der Arbeitnehmer der SE, ihrer Tochtergesellschaften und Betriebe oder von deren Vertretern ein besonderes Verhandlungsgremium erneut gebildet, mit der Maßgabe, dass an die Stelle der beteiligten Gesellschaften, betroffenen Tochtergesellschaften und betroffenen Betriebe die SE, ihre Tochtergesellschaften und Betriebe treten. Die Parteien können eine frühere Wiederaufnahme der Verhandlungen vereinbaren.

(2) Wenn das besondere Verhandlungsgremium die Wiederaufnahme der Verhandlungen mit der Leitung der SE nach Absatz 1 beschließt, in diesen Verhandlungen jedoch keine Einigung erzielt wird, finden die §§ 22 bis 33 über den SE-Betriebsrat kraft Gesetzes und die §§ 34 bis 38 über die Mitbestimmung kraft Gesetzes keine Anwendung.

(3) Sind strukturelle Änderungen der SE geplant, die geeignet sind, Beteiligungsrechte der Arbeitnehmer zu mindern, finden auf Veranlassung der Leitung der SE oder des SE-Betriebsrats Verhandlungen über die Beteiligungsrechte der Arbeitnehmer der SE statt. Anstelle des neu zu bildenden besonderen Verhandlungsgremiums können die Verhandlungen mit der Leitung der SE einvernehmlich von dem SE-Betriebsrat gemeinsam mit Vertretern der von der geplanten strukturellen Änderung betroffenen Arbeitnehmer, die bisher nicht von dem SE-Betriebsrat vertreten werden, geführt werden. Wird in diesen Verhandlungen keine Einigung erzielt, sind die §§ 22 bis 33 über den SE-Betriebsrat kraft Gesetzes und die §§ 34 bis 38 über die Mitbestimmung kraft Gesetzes anzuwenden.

(4) In den Fällen der Absätze 1 und 3 gelten die Vorschriften des Teils 2 mit der Maßgabe, dass an die Stelle der Leitungen die Leitung der SE tritt.

§ 19 Kosten des besonderen Verhandlungsgremiums

Die durch die Bildung und Tätigkeit des besonderen Verhandlungsgremiums entstehenden erforderlichen Kosten tragen die beteiligten Gesellschaften und nach ihrer Gründung die SE als Gesamtschuldner. Insbesondere sind für die Sitzungen in erforderlichem Umfang Räume, sachliche Mittel, Dolmetscher und Büropersonal zur Verfügung zu stellen sowie die erforderlichen Reise- und Aufenthaltskosten der Mitglieder des besonderen Verhandlungsgremiums zu tragen.

§ 20 Dauer der Verhandlungen

(1) Die Verhandlungen beginnen mit der Einsetzung des besonderen Verhandlungsgremiums und können bis zu sechs Monate dauern. Einsetzung bezeichnet den Tag, zu dem die Leitungen zur konstituierenden Sitzung des besonderen Verhandlungsgremiums eingeladen haben.

(2) Die Parteien können einvernehmlich beschließen, die Verhandlungen über den in Absatz 1 genannten Zeitraum hinaus bis zu insgesamt einem Jahr ab der Einsetzung des besonderen Verhandlungsgremiums fortzusetzen.

Teil 3. Beteiligung der Arbeitnehmer in der SE

Kapitel 1. Beteiligung der Arbeitnehmer kraft Vereinbarung

§ 21 Inhalt der Vereinbarung

(1) In der schriftlichen Vereinbarung zwischen den Leitungen und dem besonderen Verhandlungsgremium wird, unbeschadet der Autonomie der Parteien im Übrigen und vorbehaltlich des Absatzes 6, festgelegt:

1. der Geltungsbereich der Vereinbarung, einschließlich der außerhalb des Hoheitsgebietes der Mitgliedstaaten liegenden Unternehmen und Betriebe, sofern diese in den Geltungsbereich einbezogen werden;

2. die Zusammensetzung des SE-Betriebsrats, die Anzahl seiner Mitglieder und die Sitzverteilung, einschließlich der Auswirkungen wesentlicher Änderungen der Zahl der in der SE beschäftigten Arbeitnehmer;

3. die Befugnisse und das Verfahren zur Unterrichtung und Anhörung des SE-Betriebsrats;

4. die Häufigkeit der Sitzungen des SE-Betriebsrats;

5. die für den SE-Betriebsrat bereitzustellenden finanziellen und materiellen Mittel;

6. der Zeitpunkt des Inkrafttretens der Vereinbarung und ihre Laufzeit; ferner die Fälle, in denen die Vereinbarung neu ausgehandelt werden soll und das dabei anzuwendende Verfahren.

(2) Wenn kein SE-Betriebsrat gebildet wird, haben die Parteien die Durchführungsmodalitäten des Verfahrens oder der Verfahren zur Unterrichtung und Anhörung festzulegen. Absatz 1 gilt entsprechend.

(3) Für den Fall, dass die Parteien eine Vereinbarung über die Mitbestimmung treffen, ist deren Inhalt festzulegen. Insbesondere soll Folgendes vereinbart werden:

1. die Zahl der Mitglieder des Aufsichts- oder Verwaltungsorgans der SE, welche die Arbeitnehmer wählen oder bestellen können oder deren Bestellung sie empfehlen oder ablehnen können;

2. das Verfahren, nach dem die Arbeitnehmer diese Mitglieder wählen oder bestellen oder deren Bestellung empfehlen oder ablehnen können und

3. die Rechte dieser Mitglieder.

(4) In der Vereinbarung soll festgelegt werden, dass auch vor strukturellen Änderungen der SE Verhandlungen über die Beteiligung der Arbeitnehmer in der SE aufgenommen werden. Die Parteien können das dabei anzuwendende Verfahren regeln.

(5) Die Vereinbarung kann bestimmen, dass die Regelungen der §§ 22 bis 33 über den SE-Betriebsrat kraft Gesetzes und der §§ 34 bis 38 über die Mitbestimmung kraft Gesetzes ganz oder in Teilen gelten.

(6) Unbeschadet des Verhältnisses dieses Gesetzes zu anderen Regelungen der Mitbestimmung der Arbeitnehmer im Unternehmen muss in der Vereinbarung im Fall einer durch Umwandlung gegründeten SE in Bezug auf alle Komponenten der Arbeitnehmerbeteiligung zumindest das gleiche Ausmaß gewährleistet werden, das in der Gesellschaft besteht, die in eine SE umgewandelt werden soll. Dies gilt auch bei einem Wechsel der Gesellschaft von einer dualistischen zu einer monistischen Organisationsstruktur und umgekehrt.

Kapitel 2. Beteiligung der Arbeitnehmer kraft Gesetzes

Abschnitt 1. SE-Betriebsrat kraft Gesetzes

Unterabschnitt 1. Bildung und Geschäftsführung

§ 22 Voraussetzung

(1) Die Regelungen der §§ 23 bis 33 über den SE-Betriebsrat kraft Gesetzes finden ab dem Zeitpunkt der Eintragung der SE Anwendung, wenn

1. die Parteien dies vereinbaren oder

2. bis zum Ende des in § 20 angegebenen Zeitraums keine Vereinbarung zustande gekommen ist und das besondere Verhandlungsgremium keinen Beschluss nach § 16 gefasst hat.

(2) Absatz 1 gilt entsprechend im Fall des § 18 Abs. 3.

§ 23 Errichtung des SE-Betriebsrats

(1) Zur Sicherung des Rechts auf Unterrichtung und Anhörung in der SE ist ein SE-Betriebsrat zu errichten. Dieser setzt sich aus Arbeitnehmern der SE, ihrer Tochtergesellschaften und Betriebe zusammen. Für die Errichtung des SE-Betriebsrats gelten § 5 Abs. 1, § 6 Abs. 1 und 2 Satz 2 und 3, die §§ 7 bis 10 und 11 Abs. 1 Satz 2 und 3 entsprechend mit der Maßgabe, dass an die Stelle der beteiligten Gesellschaften, betroffenen Tochtergesellschaften und betroffenen Betriebe die SE, ihre Tochtergesellschaften und Betriebe treten. Im Fall des § 22 Abs. 1 Nr. 2 ist für die Feststellung der Zahl der beschäftigten Arbeitnehmer das Ende des in § 20 angegebenen Zeitraums maßgeblich. Die Mitgliedschaft im SE-Betriebsrat beginnt mit der Wahl oder Bestellung. Die Dauer der Mitgliedschaft der aus dem Inland kommenden Mitglieder beträgt vier Jahre, wenn sie nicht durch Abberufung oder aus anderen Gründen vorzeitig endet. Für die Abberufung gelten die §§ 8 bis 10 entsprechend mit der Maßgabe, dass an die Stelle der beteiligten Gesellschaften, betroffenen Tochtergesellschaften und betroffenen Betriebe die SE, ihre Tochtergesellschaften und Betriebe treten.

(2) Die Leitung der SE lädt unverzüglich nach Benennung der Mitglieder zur konstituierenden Sitzung des SE-Betriebsrats ein. Der SE-Betriebsrat wählt aus seiner Mitte einen Vorsitzenden und dessen Stellvertreter.

(3) Der Vorsitzende oder im Fall seiner Verhinderung der Stellvertreter vertritt den SE-Betriebsrat im Rahmen der von ihm gefassten Beschlüsse. Zur Entgegennahme von Erklärungen, die dem SE-Betriebsrat gegenüber abzugeben sind, ist der Vorsitzende oder im Fall seiner Verhinderung der Stellvertreter berechtigt.

(4) Der SE-Betriebsrat bildet aus seiner Mitte einen Ausschuss von drei Mitgliedern, dem neben dem Vorsitzenden zwei weitere zu wählende Mitglieder angehören. Der Ausschuss führt die laufenden Geschäfte des SE-Betriebsrats (geschäftsführender Ausschuss).

§ 24 Sitzungen und Beschlüsse

(1) Der SE-Betriebsrat soll sich eine schriftliche Geschäftsordnung geben, die er mit der Mehrheit seiner Mitglieder beschließt.

(2) Vor Sitzungen mit der Leitung der SE ist der SE-Betriebsrat oder der geschäftsführende Ausschuss – gegebenenfalls in der nach § 29 Abs. 3 erweiterten Zusammensetzung – berechtigt, in Abwesenheit der Vertreter der Leitung der SE zu tagen. Mit Einverständnis der Leitung der SE kann der SE-Betriebsrat weitere Sitzungen durchführen. Die Sitzungen des SE-Betriebsrats sind nicht öffentlich.

(3) Der SE-Betriebsrat ist beschlussfähig, wenn mindestens die Hälfte seiner Mitglieder anwesend ist. Die Beschlüsse des SE-Betriebsrats werden, soweit in diesem Gesetz nichts anderes bestimmt ist, mit der Mehrheit der anwesenden Mitglieder gefasst.

§ 25 Prüfung der Zusammensetzung des SE-Betriebsrats

Alle zwei Jahre, vom Tage der konstituierenden Sitzung des SE-Betriebsrats an gerechnet, hat die Leitung der SE zu prüfen, ob Änderungen der SE und ihrer Tochtergesellschaften und Betriebe, insbesondere bei den Arbeitnehmerzahlen in den einzelnen Mitgliedstaaten eingetreten sind. Sie hat das Ergebnis dem SE-Betriebsrat mitzuteilen. Ist danach eine andere Zusammensetzung des SE-Betriebsrats erforderlich, veranlasst dieser bei den in den jeweiligen Mitgliedstaaten zuständigen Stellen, dass die Mitglieder des SE-Betriebsrats in diesen Mitgliedstaaten neu gewählt oder bestellt werden. Mit der neuen Wahl oder Bestellung endet die Mitgliedschaft der bisherigen Arbeitnehmervertreter aus diesen Mitgliedstaaten.

§ 26 Beschluss zur Aufnahme von Neuverhandlungen

(1) Vier Jahre nach seiner Einsetzung hat der SE-Betriebsrat mit der Mehrheit seiner Mitglieder einen Beschluss darüber zu fassen, ob über eine Vereinbarung nach § 21 verhandelt werden oder die bisherige Regelung weiter gelten soll.

(2) Wird der Beschluss gefasst, über eine Vereinbarung nach § 21 zu verhandeln, so gelten die §§ 13 bis 15, 17, 20 und 21 entsprechend mit der Maßgabe, dass an die Stelle des besonderen Verhandlungsgremiums der SE-Betriebsrat tritt. Kommt keine Vereinbarung zustande, findet die bisherige Regelung weiter Anwendung.

Unterabschnitt 2. Aufgaben

§ 27 Zuständigkeiten des SE-Betriebsrats

Der SE-Betriebsrat ist zuständig für die Angelegenheiten, die die SE selbst, eine ihrer Tochtergesellschaften oder einen ihrer Betriebe in einem anderen Mitgliedstaat betreffen oder die über die Befugnisse der zuständigen Organe auf der Ebene des einzelnen Mitgliedstaats hinausgehen.

§ 28 Jährliche Unterrichtung und Anhörung

(1) Die Leitung der SE hat den SE-Betriebsrat mindestens einmal im Kalenderjahr in einer gemeinsamen Sitzung über die Entwicklung der Geschäftslage und die Perspektiven der SE unter rechtzeitiger Vorlage der erforderlichen Unterlagen zu unterrichten und ihn anzuhören. Zu den erforderlichen Unterlagen gehören insbesondere

1. die Geschäftsberichte,

2. die Tagesordnung aller Sitzungen des Leitungsorgans und des Aufsichts- oder Verwaltungsorgans,

3. die Kopien aller Unterlagen, die der Hauptversammlung der Aktionäre vorgelegt werden.

(2) Zu der Entwicklung der Geschäftslage und den Perspektiven im Sinne von Absatz 1 gehören insbesondere

1. die Struktur der SE sowie die wirtschaftliche und finanzielle Lage;

2. die voraussichtliche Entwicklung der Geschäfts-, Produktions- und Absatzlage;

3. die Beschäftigungslage und ihre voraussichtliche Entwicklung;

4. Investitionen (Investitionsprogramme);

5. grundlegende Änderungen der Organisation;

6. die Einführung neuer Arbeits- und Fertigungsverfahren;

7. die Verlegung von Unternehmen, Betrieben oder wesentlichen Betriebsteilen sowie Verlagerungen der Produktion;

8. Zusammenschlüsse oder Spaltungen von Unternehmen oder Betrieben;

9. die Einschränkung oder Stilllegung von Unternehmen, Betrieben oder wesentlichen Betriebsteilen;

10. Massenentlassungen.

(3) Die Leitung der SE informiert die Leitungen über Ort und Tag der Sitzung.

§ 29 Unterrichtung und Anhörung über außergewöhnliche Umstände

(1) Über außergewöhnliche Umstände, die erhebliche Auswirkungen auf die Interessen der Arbeitnehmer haben, hat die Leitung der SE den SE-Betriebsrat rechtzeitig unter Vorlage der erforderlichen Unterlagen zu unterrichten. Als außergewöhnliche Umstände gelten insbesondere

1. die Verlegung oder Verlagerung von Unternehmen, Betrieben oder wesentlichen Betriebsteilen;

2. die Stilllegung von Unternehmen, Betrieben oder wesentlichen Betriebsteilen;

3. Massenentlassungen.

(2) Der SE-Betriebsrat hat das Recht, auf Antrag mit der Leitung der SE oder den Vertretern einer anderen zuständigen, mit eigenen Entscheidungsbefugnissen ausgestatteten Leitungsebene innerhalb der SE zusammenzutreffen, um zu den außergewöhnlichen Umständen angehört zu werden.

(3) Auf Beschluss des SE-Betriebsrats stehen die Rechte nach Absatz 2 dem geschäftsführenden Ausschuss (§ 23 Abs. 4) zu. Findet eine Sitzung mit dem geschäftsführenden Ausschuss statt, so haben auch die Mitglieder des SE-Betriebsrats, die von diesen Maßnahmen unmittelbar betroffene Arbeitnehmer vertreten, das Recht, daran teilzunehmen.

(4) Wenn die Leitung der SE beschließt, nicht entsprechend der von dem SE-Betriebsrat oder dem geschäftsführenden Ausschuss abgegebenen Stellungnahme zu handeln, hat der SE-Betriebsrat das Recht, ein weiteres Mal mit der Leitung der SE zusammenzutreffen, um eine Einigung herbeizuführen.

§ 30 Information durch den SE-Betriebsrat

Der SE-Betriebsrat informiert die Arbeitnehmervertreter der SE, ihrer Tochtergesellschaften und Betriebe über den Inhalt und die Ergebnisse der Unterrichtungs- und Anhörungsverfahren. Sind keine Arbeitnehmervertreter vorhanden, sind die Arbeitnehmer zu informieren.

Unterabschnitt 3. Freistellung und Kosten

§ 31 Fortbildung

Der SE-Betriebsrat kann Mitglieder zur Teilnahme an Schulungs- und Bildungsveranstaltungen bestimmen, soweit diese Kenntnisse vermitteln, die für die Arbeit des SE-Betriebsrats erforderlich sind. Der SE-Betriebsrat hat die Teilnahme und die zeitliche Lage rechtzeitig der Leitung der SE mitzuteilen. Bei der Festlegung der zeitlichen Lage sind die betrieblichen Notwendigkeiten zu berücksichtigen.

§ 32 Sachverständige

Der SE-Betriebsrat oder der geschäftsführende Ausschuss können sich durch Sachverständige ihrer Wahl unterstützen lassen, soweit dies zur ordnungsgemäßen Erfüllung ihrer Aufgaben erforderlich ist. Sachverständige können auch Vertreter von Gewerkschaften sein.

§ 33 Kosten und Sachaufwand

Die durch die Bildung und Tätigkeit des SE-Betriebsrats und des geschäftsführenden Ausschusses entstehenden erforderlichen Kosten trägt die SE. Im Übrigen gilt § 19 Satz 2 entsprechend.

Abschnitt 2. Mitbestimmung kraft Gesetzes

§ 34 Besondere Voraussetzungen

(1) Liegen die Voraussetzungen des § 22 vor, finden die Regelungen über die Mitbestimmung der Arbeitnehmer kraft Gesetzes nach den §§ 35 bis 38 Anwendung

1. im Fall einer durch Umwandlung gegründeten SE, wenn in der Gesellschaft vor der Umwandlung Bestimmungen über die Mitbestimmung der Arbeitnehmer im Aufsichts- oder Verwaltungsorgan galten;

2. im Fall einer durch Verschmelzung gegründeten SE, wenn

   a) vor der Eintragung der SE in einer oder mehreren der beteiligten Gesellschaften eine oder mehrere Formen der Mitbestimmung bestanden und sich auf mindestens 25 Prozent der Gesamtzahl der Arbeitnehmer aller beteiligten Gesellschaften und betroffenen Tochtergesellschaften erstreckten oder

   b) vor der Eintragung der SE in einer oder mehreren der beteiligten Gesellschaften eine oder mehrere Formen der Mitbestimmung bestanden und sich auf weniger als 25 Prozent der Gesamtzahl der Arbeitnehmer aller beteiligten Gesellschaften und betroffenen Tochtergesellschaften erstreckten und das besondere Verhandlungsgremium einen entsprechenden Beschluss fasst;

3. im Fall einer durch Errichtung einer Holding-Gesellschaft oder einer Tochtergesellschaft gegründeten SE, wenn

   a) vor der Eintragung der SE in einer oder mehreren der beteiligten Gesellschaften eine oder mehrere Formen der Mitbestimmung bestanden und sich auf mindestens 50 Prozent der Gesamtzahl der Arbeitnehmer aller beteiligten Gesellschaften und betroffenen Tochtergesellschaften erstreckten oder

   b) vor der Eintragung der SE in einer oder mehreren der beteiligten Gesellschaften eine oder mehrere Formen der Mitbestimmung bestanden und sich auf weniger als 50 Prozent der Gesamtzahl der Arbeitnehmer aller beteiligten Gesellschaften und betroffenen Tochtergesellschaften erstreckten und das besondere Verhandlungsgremium einen entsprechenden Beschluss fasst.

(2) Bestanden in den Fällen von Absatz 1 Nr. 2 und 3 mehr als eine Form der Mitbestimmung im Sinne des § 2 Abs. 12 in den verschiedenen beteiligten Gesellschaften, so entscheidet das besondere Verhandlungsgremium, welche von ihnen in der SE eingeführt wird. Wenn das besondere Verhandlungsgremium keinen solchen Beschluss fasst und eine inländische Gesellschaft, deren Arbeitnehmern Mitbestim-

mungsrechte zustehen, an der Gründung der SE beteiligt ist, ist die Mitbestimmung nach § 2 Abs. 12 Nr. 1 maßgeblich. Ist keine inländische Gesellschaft, deren Arbeitnehmern Mitbestimmungsrechte zustehen, beteiligt, findet die Form der Mitbestimmung nach § 2 Abs. 12 Anwendung, die sich auf die höchste Zahl der in den beteiligten Gesellschaften beschäftigten Arbeitnehmer erstreckt.

(3) Das besondere Verhandlungsgremium unterrichtet die Leitungen über die Beschlüsse, die es nach Absatz 1 Nr. 2 Buchstabe b und Nr. 3 Buchstabe b und Absatz 2 Satz 1 gefasst hat.

§ 35 Umfang der Mitbestimmung

(1) Liegen die Voraussetzungen des § 34 Abs. 1 Nr. 1 (Gründung einer SE durch Umwandlung) vor, bleibt die Regelung zur Mitbestimmung erhalten, die in der Gesellschaft vor der Umwandlung bestanden hat.

(2) Liegen die Voraussetzungen des § 34 Abs. 1 Nr. 2 (Gründung einer SE durch Verschmelzung) oder des § 34 Abs. 1 Nr. 3 (Gründung einer Holding-SE oder Tochter-SE) vor, haben die Arbeitnehmer der SE, ihrer Tochtergesellschaften und Betriebe oder ihr Vertretungsorgan das Recht, einen Teil der Mitglieder des Aufsichts- oder Verwaltungsorgans der SE zu wählen oder zu bestellen oder deren Bestellung zu empfehlen oder abzulehnen. Die Zahl dieser Arbeitnehmervertreter im Aufsichts- oder Verwaltungsorgan der SE bemisst sich nach dem höchsten Anteil an Arbeitnehmervertretern, der in den Organen der beteiligten Gesellschaften vor der Eintragung der SE bestanden hat.

§ 36 Sitzverteilung und Bestellung

(1) Der SE-Betriebsrat verteilt die Zahl der Sitze im Aufsichts- oder Verwaltungsorgan auf die Mitgliedstaaten, in denen Mitglieder zu wählen oder zu bestellen sind. Die Verteilung richtet sich nach dem jeweiligen Anteil der in den einzelnen Mitgliedstaaten beschäftigten Arbeitnehmer der SE, ihrer Tochtergesellschaften und Betriebe. Können bei dieser anteiligen Verteilung die Arbeitnehmer aus einem oder mehreren Mitgliedstaaten keinen Sitz erhalten, so hat der SE-Betriebsrat den letzten zu verteilenden Sitz einem bisher unberücksichtigten Mitgliedstaat zuzuweisen. Dieser Sitz soll, soweit angemessen, dem Mitgliedstaat zugewiesen werden, in dem die SE ihren Sitz haben wird. Dieses Verteilungsverfahren gilt auch in dem Fall, in dem die Arbeitnehmer der SE Mitglieder dieser Organe empfehlen oder ablehnen können.

(2) Soweit die Mitgliedstaaten über die Besetzung der ihnen zugewiesenen Sitze keine eigenen Regelungen treffen, bestimmt der SE-Betriebsrat die Arbeitnehmervertreter im Aufsichts- oder Verwaltungsorgan der SE.

(3) Die Ermittlung der auf das Inland entfallenden Arbeitnehmervertreter des Aufsichts- oder Verwaltungsorgans der SE erfolgt durch ein Wahlgremium, das sich aus den Arbeitnehmervertretungen der SE, ihrer Tochtergesellschaften und Betriebe zusammensetzt. Für das Wahlverfahren gelten § 6 Abs. 2 bis 4, § 8 Abs. 1 Satz 2 bis 5, Abs. 2 bis 7 und die §§ 9 und 10 entsprechend mit der Maßgabe, dass an die Stelle der beteiligten Gesellschaften, betroffenen Tochtergesellschaften und betroffenen Betriebe die SE, ihre Tochtergesellschaften und Betriebe treten. Das Wahlergebnis ist der Leitung der SE, dem SE-Betriebsrat, den Gewählten, den Sprecherausschüssen und Gewerkschaften mitzuteilen.

(4) Die nach den Absätzen 2 und 3 ermittelten Arbeitnehmervertreter werden der Hauptversammlung der SE zur Bestellung vorgeschlagen. Die Hauptversammlung ist an diese Vorschläge gebunden.

§ 37 Abberufung und Anfechtung

(1) Ein Mitglied oder ein Ersatzmitglied der Arbeitnehmer aus dem Inland im Aufsichts- oder Verwaltungsorgan kann vor Ablauf der Amtszeit abberufen werden. Antragsberechtigt sind

1. die Arbeitnehmervertretungen, die das Wahlgremium gebildet haben;

2. in den Fällen der Urwahl mindestens drei wahlberechtigte Arbeitnehmer;

3. für ein Mitglied nach § 6 Abs. 3 nur die Gewerkschaft, die das Mitglied vorgeschlagen hat;

4. für ein Mitglied nach § 6 Abs. 4 nur der Sprecherausschuss, der das Mitglied vorgeschlagen hat.

Für das Abberufungsverfahren gelten die §§ 8 bis 10 entsprechend mit der Maßgabe, dass an die Stelle der beteiligten Gesellschaften, betroffenen Tochtergesellschaften und betroffenen Betriebe die SE, ihre Tochtergesellschaften und Betriebe treten; abweichend von § 8 Abs. 5 und § 10 Abs. 1 Satz 3 bedarf der Beschluss einer Mehrheit von drei Vierteln der abgegebenen Stimmen. Die Arbeitnehmervertreter sind von der Hauptversammlung der SE abzuberufen.

(2) Die Wahl eines Mitglieds oder eines Ersatzmitglieds der Arbeitnehmer aus dem Inland im Aufsichts- oder Verwaltungsorgan kann angefochten werden, wenn gegen wesentliche Vorschriften über das Wahlrecht, die Wählbarkeit oder das Wahlverfahren verstoßen worden und eine Berichtigung nicht erfolgt ist, es sei denn, dass durch den Verstoß das Wahlergebnis nicht geändert oder beeinflusst werden konnte. Zur Anfechtung berechtigt sind die in Absatz 1 Satz 2 Genannten, der SE-Betriebsrat und die Leitung der SE. Die Klage muss innerhalb eines Monats nach dem Bestellungsbeschluss der Hauptversammlung erhoben werden.

§ 38 Rechtsstellung; Innere Ordnung

(1) Die Arbeitnehmervertreter im Aufsichts- oder Verwaltungsorgan der SE haben die gleichen Rechte und Pflichten wie die Mitglieder, die die Anteilseigner vertreten.

(2) Die Zahl der Mitglieder des Leitungsorgans (§ 16 des SE-Ausführungsgesetzes) oder der geschäftsführenden Direktoren (§ 40 des SE-Ausführungsgesetzes) beträgt mindestens zwei. Einer von ihnen ist für den Bereich Arbeit und Soziales zuständig.

(3) Besteht in einer der beteiligten Gesellschaften das Aufsichtsorgan aus derselben Zahl von Anteilseigner- und Arbeitnehmervertretern sowie einem weiteren Mitglied, so ist auch im Aufsichts- oder Verwaltungsorgan der SE ein weiteres Mitglied auf gemeinsamen Vorschlag der Anteilseigner- und der Arbeitnehmervertreter zu wählen.

Abschnitt 3. Tendenzschutz

§ 39 Tendenzunternehmen

(1) Auf eine SE, die unmittelbar und überwiegend

1. politischen, koalitionspolitischen, konfessionellen, karitativen, erzieherischen, wissenschaftlichen oder künstlerischen Bestimmungen oder

2. Zwecken der Berichterstattung oder Meinungsäußerung, auf die Artikel 5 Abs. 1 Satz 2 des Grundgesetzes anzuwenden ist,

dient, findet Abschnitt 2 keine Anwendung.

(2) Eine Unterrichtung und Anhörung beschränkt sich auf die Gegenstände des § 28 Abs. 2 Nr. 5 bis 10 und des § 29 und erfolgt nur über den Ausgleich oder die Milderung der wirtschaftlichen Nachteile, die den Arbeitnehmern infolge der Unternehmens- oder Betriebsänderung entstehen.

Teil 4. Grundsätze der Zusammenarbeit und Schutzbestimmungen

§ 40 Vertrauensvolle Zusammenarbeit

Die Leitung der SE und der SE-Betriebsrat oder die Arbeitnehmervertreter im Rahmen eines Verfahrens zur Unterrichtung und Anhörung arbeiten zum Wohl der Arbeitnehmer und des Unternehmens oder der Unternehmensgruppe vertrauensvoll zusammen.

§ 41 Geheimhaltung; Vertraulichkeit

(1) Informationspflichten der Leitungen und der Leitung der SE nach diesem Gesetz bestehen nur, soweit bei Zugrundelegung objektiver Kriterien dadurch nicht Betriebs- oder Geschäftsgeheimnisse der an der Gründung beteiligten Gesellschaften, der SE oder deren jeweiliger Tochtergesellschaften und Betriebe gefährdet werden.

(2) Die Mitglieder und Ersatzmitglieder eines SE-Betriebsrats sind unabhängig von ihrem Aufenthaltsort verpflichtet, Betriebs- oder Geschäftsgeheimnisse, die ihnen wegen ihrer Zugehörigkeit zum SE-Betriebsrat bekannt geworden und von der Leitung der SE ausdrücklich als geheimhaltungsbedürftig bezeichnet worden sind, nicht zu offenbaren und nicht zu verwerten. Dies gilt auch nach dem Ausscheiden aus dem SE-Betriebsrat.

(3) Die Pflicht zur Vertraulichkeit des SE-Betriebsrats nach Absatz 2 gilt nicht gegenüber den

1. Mitgliedern des SE-Betriebsrats;

2. Arbeitnehmervertretern der SE, ihrer Tochtergesellschaften und Betriebe, wenn diese auf Grund einer Vereinbarung nach § 21 oder nach § 30 über den Inhalt der Unterrichtung und die Ergebnisse der Anhörung zu informieren sind;

3. Arbeitnehmervertretern im Aufsichts- oder Verwaltungsorgan der SE sowie

4. Dolmetschern und Sachverständigen, die zur Unterstützung herangezogen werden.

(4) Die Pflicht zur Vertraulichkeit nach Absatz 2 gilt entsprechend für

1. die Mitglieder und Ersatzmitglieder des besonderen Verhandlungsgremiums;

2. die Arbeitnehmervertreter der SE, ihrer Tochtergesellschaften und Betriebe;

3. die Arbeitnehmervertreter, die in sonstiger Weise an einem Verfahren zur Unterrichtung und Anhörung teilnehmen;

4. die Sachverständigen und Dolmetscher.

(5) Die Ausnahme von der Pflicht zur Vertraulichkeit nach Absatz 3 Nr. 1 gilt für den
Personenkreis nach Absatz 4 Nr. 1 bis 3 entsprechend. Die Pflicht zur Vertraulichkeit
gilt ferner nicht für

1. die Mitglieder des besonderen Verhandlungsgremiums gegenüber Dolmetschern
   und Sachverständigen;

2. die Arbeitnehmervertreter nach Absatz 4 Nr. 3 gegenüber Arbeitnehmervertretern
   im Aufsichts- oder Verwaltungsorgan der SE, gegenüber Dolmetschern und Sachverständigen, die vereinbarungsgemäß zur Unterstützung herangezogen werden
   und gegenüber Arbeitnehmervertretern der SE, ihrer Tochtergesellschaften und Betriebe, sofern diese nach der Vereinbarung (§ 21) über den Inhalt der Unterrichtungen und die Ergebnisse der Anhörung zu unterrichten sind.

§ 42 Schutz der Arbeitnehmervertreter

Bei der Wahrnehmung ihrer Aufgaben genießen die

1. Mitglieder des besonderen Verhandlungsgremiums;

2. Mitglieder des SE-Betriebsrats;

3. Arbeitnehmervertreter, die in sonstiger Weise bei einem Verfahren zur Unterrichtung und Anhörung mitwirken;

4. Arbeitnehmervertreter im Aufsichts- oder Verwaltungsorgan der SE;

die Beschäftigte der SE, ihrer Tochtergesellschaften oder Betriebe oder einer der beteiligten Gesellschaften, betroffenen Tochtergesellschaften oder betroffenen Betriebe
sind, den gleichen Schutz und die gleichen Sicherheiten wie die Arbeitnehmervertreter nach den Gesetzen und Gepflogenheiten des Mitgliedstaats, in dem sie beschäftigt sind. Dies gilt insbesondere für

1. den Kündigungsschutz,

2. die Teilnahme an den Sitzungen der jeweiligen in Satz 1 genannten Gremien und

3. die Entgeltfortzahlung.

§ 43 Missbrauchsverbot

Eine SE darf nicht dazu missbraucht werden, den Arbeitnehmern Beteiligungsrechte
zu entziehen oder vorzuenthalten. Missbrauch wird vermutet, wenn ohne Durchführung eines Verfahrens nach § 18 Abs. 3 innerhalb eines Jahres nach Gründung der SE
strukturelle Änderungen stattfinden, die bewirken, dass den Arbeitnehmern Beteiligungsrechte vorenthalten oder entzogen werden.

§ 44 Errichtungs- und Tätigkeitsschutz

Niemand darf

1. die Bildung des besonderen Verhandlungsgremiums, die Errichtung eines SE-Betriebsrats oder die Einführung eines Verfahrens zur Unterrichtung und Anhörung nach § 21 Abs. 2 oder die Wahl, Bestellung, Empfehlung oder Ablehnung der Arbeitnehmervertreter im Aufsichts- oder Verwaltungsorgan behindern oder durch Zufügung oder Androhung von Nachteilen oder durch Gewährung oder Versprechen von Vorteilen beeinflussen;

2. die Tätigkeit des besonderen Verhandlungsgremiums, des SE-Betriebsrats oder der Arbeitnehmervertreter nach § 21 Abs. 2 oder die Tätigkeit der Arbeitnehmervertreter im Aufsichts- oder Verwaltungsorgan behindern oder stören oder

3. ein Mitglied oder Ersatzmitglied des besonderen Verhandlungsgremiums, des SE-Betriebsrats oder einen Arbeitnehmervertreter nach § 21 Abs. 2 oder einen Arbeitnehmervertreter im Aufsichts- oder Verwaltungsorgan wegen seiner Tätigkeit benachteiligen oder begünstigen.

Teil 5. Straf- und Bußgeldvorschriften; Schlussbestimmung

§ 45 Strafvorschriften

(1) Mit Freiheitsstrafe bis zu zwei Jahren oder mit Geldstrafe wird bestraft, wer

1. entgegen § 41 Abs. 2, auch in Verbindung mit Abs. 4, ein Betriebs- oder Geschäftsgeheimnis verwertet oder

2. entgegen § 43 Satz 1 eine SE dazu missbraucht, Arbeitnehmern Beteiligungsrechte zu entziehen oder vorzuenthalten.

(2) Mit Freiheitsstrafe bis zu einem Jahr oder mit Geldstrafe wird bestraft, wer

1. entgegen § 41 Abs. 2, auch in Verbindung mit Abs. 4, ein Betriebs- oder Geschäftsgeheimnis offenbart,

2. entgegen § 44 Nr. 1 oder 2 eine dort genannte Tätigkeit behindert, beeinflusst oder stört oder

3. entgegen § 44 Nr. 3 eine dort genannte Person benachteiligt oder begünstigt.

(3) Handelt der Täter in den Fällen des Absatzes 2 Nr. 1 gegen Entgelt oder in der Absicht, sich oder einen anderen zu bereichern oder einen anderen zu schädigen, so ist die Strafe Freiheitsstrafe bis zu zwei Jahren oder Geldstrafe.

(4) Die Tat wird nur auf Antrag verfolgt. In den Fällen des Absatzes 1 Nr. 2 und des Absatzes 2 Nr. 2 und 3 sind das besondere Verhandlungsgremium, der SE-Betriebsrat, die Mehrheit der Arbeitnehmervertreter im Rahmen eines Verfahrens zur Unterrichtung und Anhörung, jedes Mitglied des Aufsichts- oder Verwaltungsorgans, eine im Unternehmen vertretene Gewerkschaft sowie die Leitungen antragsberechtigt.

§ 46 Bußgeldvorschriften

(1) Ordnungswidrig handelt, wer

1. entgegen § 4 Abs. 2 oder § 5 Abs. 4 Satz 2, jeweils auch in Verbindung mit § 18 Abs. 4, eine Information nicht, nicht richtig, nicht vollständig oder nicht rechtzeitig gibt oder

2. entgegen § 28 Abs. 1 Satz 1 oder § 29 Abs. 1 Satz 1 den SE-Betriebsrat nicht, nicht richtig, nicht vollständig, nicht in der vorgeschriebenen Weise oder nicht rechtzeitig unterrichtet.

(2) Die Ordnungswidrigkeit kann mit einer Geldbuße bis zu zwanzigtausend Euro geahndet werden.

§ 47 Geltung nationalen Rechts

(1) Dieses Gesetz berührt nicht die den Arbeitnehmern nach inländischen Rechtsvorschriften und Regelungen zustehenden Beteiligungsrechte, mit Ausnahme

1. der Mitbestimmung in den Organen der SE;

2. der Regelung des Europäische Betriebsräte-Gesetzes, es sei denn, das besondere Verhandlungsgremium hat einen Beschluss nach § 16 gefasst.

(2) Regelungen und Strukturen über die Arbeitnehmervertretungen einer beteiligten Gesellschaft mit Sitz im Inland, die durch die Gründung der SE als eigenständige juristische Person erlischt, bestehen nach Eintragung der SE fort. Die Leitung der SE stellt sicher, dass diese Arbeitnehmervertretungen ihre Aufgaben weiterhin wahrnehmen können.

SE-Beteiligungsgesetz

Vorbemerkung

Literatur:

1. Mitbestimmung in Europa

Baums/Ulmer (Hrsg.), Unternehmens-Mitbestimmung der Arbeitnehmer im Recht der EU-Mitgliedstaaten, 2004 (zit.: Unternehmens-Mitbestimmung); *Klinkhammer/Welslau*, Mitbestimmung in Deutschland und Europa, 1995; *Wunsch-Semmler*, Entwicklungslinien einer europäischen Arbeitnehmermitwirkung, 1995 (zit.: Entwicklungslinien).

2. Entwicklung bis zur Richtlinie 2001/86/EG

a) Gesamtdarstellungen: *Calle Lambach*, Die Beteiligung der Arbeitnehmer in der Europäischen Gesellschaft (SE), 2004 (zit.: Beteiligung der Arbeitnehmer); *Figge*, Mitbestimmung auf Unternehmensebene in Vorschlägen der Europäischen Gemeinschaften, 1991 (zit.: Mitbestimmung auf Unternehmensebene); *Mävers*, Die Mitbestimmung der Arbeitnehmer in der Europäischen Aktiengesellschaft, 2002 (zit.: Mitbestimmung).

b) Erste Anfänge: *Bärmann*, Europäische Integration im Gesellschaftsrecht, 1970; *Lyon-Caen*, Beitrag zu den Möglichkeiten der Vertretung der Interessen der Arbeitnehmer in der Europäischen Aktiengesellschaft, 1970 (zit. Interessenvertretung); *Sanders*, Auf dem Weg zu einer europäischen Aktiengesellschaft?, AWD 1960, 1; *Sanders*, Die Europäische Aktiengesellschaft – Probleme des Zugangs und der Mitbestimmung, AG 1967, 344; *Sanders*, Vorentwurf eines Statuts für eine Europäische Aktiengesellschaft, 1967.

c) Kommissionsvorschläge 1970/1975: *Wagner*, Die wirtschaftliche Arbeitnehmermitbestimmung in einer Europäischen Aktiengesellschaft, 1977 (zit.: Arbeitnehmermitbestimmung).

d) Kommissionsvorschläge 1989/1991: *Abeltshauser*, Der neue Statutvorschlag für eine Europäische Aktiengesellschaft, AG 1990, 289; *Blank*, Perspektiven der Mitbestimmung in der EG, ArbuR 1993, 229; *Blanpain*, Representation of Employees at the Level of the Enterprise and the EEC, RdA 1992, 127; *Däubler*, Mitbestimmung – Ein Thema für Europa, KJ 1990, 14; *Dreher*, Sockellösung statt Optionsmodell für die Mitbestimmung in der Europäischen Aktiengesellschaft?, EuZW 1990, 476; *Göke*, Arbeitsrechtliche Probleme des Richtlinienvorschlages KOM (91) endg – SYN 219 zur Ergänzung des SE-Statuts im Verhältnis zum deutschen und italienischen Arbeitsrecht, Diss. Münster 1993; *Krieger*, Muss die Mitbestimmung der Arbeitnehmer das europäische Gesellschaftsrecht blockieren?, in FS Rittner, 1991, S. 303; *v. Maydell*, Die vorgeschlagenen Regeln zur Mitbestimmung für eine Europäische Aktiengesellschaft, AG 1990, 442; *Nagel*, Erosion der Mitbestimmung und EG-Kommissionsentwürfe zur Europa-AG, ArbuR 1990, 205; *Pipkorn*, Arbeitnehmerbeteiligung in Unternehmen auf europäischer Grundlage, RdA 1992, 120; *Raiser*, Führungsstruktur und Mitbestimmung in der Europäischen Aktiengesellschaft nach dem Verordnungsvorschlag der Kommission vom 25. August 1989, in FS Steindorff, 1990, S. 201; *Wißmann*, Die Mitbestimmung der Arbeitnehmer in der Europäischen Aktiengesellschaft (SE), RdA 1992, 320.

e) „Davignon-Bericht" bis „Nizza-Gipfel": *Hanau*, Neuer Anlauf zur mitbestimmten SE, RdA 1998, 231; *Heinze*, Die Europäische Aktiengesellschaft, ZGR 2002, 66; *Kleinsorge/Neye*, Europäische Aktiengesellschaft: Durchbruch erreicht, BArbBl. 2001, Heft 4, 5; *Kolvenbach*, Scheitert die Europa AG an der Mitbestimmung?, NZA 1998, 1323.

3. Richtlinie 2001/86/EG

Grundmann, Europäisches Gesellschaftsrecht, 2004, Rz. 1053 ff.; *Güntzel*, Die Richtlinie über die Arbeitnehmerbeteiligung in der Europäischen Aktiengesellschaft (SE) und ihre Umsetzung in das deutsche Recht, 2006, S. 131–290 (zit.: Richtlinie); *Hanau* in Hanau/Steinmeyer/Wank, Handbuch des Europäischen Arbeits- und Sozialrechts, 2002, § 19 Rz. 153 ff.; *Heinze*, Die Vertretung der Führungskräfte in der Europäischen Aktiengesellschaft, in FS Schwerdtner, 2003, S. 741; *Henssler*, Unternehmerische Mitbestimmung in der Societas Europea – Neue Denkanstöße für die „Corporate Governance"-Diskussion, in FS Ulmer, 2003, S. 193; *Herfs-Röttgen*, Arbeitnehmerbeteiligung in der Europäischen Aktiengesellschaft, NZA 2001, 424; *Herfs-Röttgen*, Probleme der Arbeitnehmerbeteiligung in der Europäischen Aktiengesellschaft, NZA 2002, 358; *Keller*, Die Europäische Aktiengesellschaft und Arbeitnehmerbeteiligung, WSI-Mitteilungen 2002, 203; *Kleinsorge*, Europäische Gesellschaft und Beteiligungsrechte der Arbeitnehmer, RdA 2002, 343; *Köstler*, Mitbestimmung in Theisen/Wenz (Hrsg.), Die Europäische Aktiengesellschaft, 2002, S. 301 (zit. Europäische Aktiengesellschaft); *Köstler*, Die Mitbestimmung in der SE, ZGR 2003, 800; *Kraushaar*, Europäische Aktiengesellschaft (SE) und Unternehmensmitbestimmung, BB 2003, 1614; *Kuffner*, Die Beteiligung der Arbeitnehmer in der Europäischen Aktiengesellschaft, 2003 (zit.: Beteiligung der Arbeitnehmer); *Nagel*, Verschlechternde Regelungen und Vereinbarungen zur Mitbestimmung in der Europäischen Aktiengesellschaft, ArbuR 2001, 406; *Pluskat*, Die Arbeitnehmerbeteiligung in der geplanten Europäischen AG, DStR 2001, 1483; *Reichert/Brandes*, Mitbestimmung der Arbeitnehmer in der SE: Gestaltungsfreiheit und Bestandsschutz, ZGR 2003, 767; *Runggaldier*, Die Arbeitnehmermitbestimmung in der SE, GesRZ 2004, Sonderheft, S. 47; *Schäfer*, Der europäische Rahmen für Arbeitnehmermitwirkung, 2005, S. 74–90; *Steinberg*, Mitbestimmung in der Europäischen Aktiengesellschaft, 2005 (zit.: Mitbestimmung); *Veelken*, Zur Mitbestimmung bei der Europäischen Aktiengesellschaft, in GS Blomeyer, 2004, S. 491; *Wißmann*, „Deutsche" Europäische Aktiengesellschaft und Mitbestimmung, in FS Wiedemann, 2002, S. 685.

4. SE-Beteiligungsgesetz

Calle Lambach, Das Gesetz über die Beteiligung der Arbeitnehmer in einer Europäischen Gesellschaft (SE-Beteiligungsgesetz – SEBG), RIW 2005, 161; *Ernst*, Ein Überblick über die Europäische Aktiengesellschaft (SE) in Deutschland, BB 2005, Special Nr. 3, S. 1; *Grobys*, Das geplante Umsetzungsgesetz zur Beteiligung von Arbeitnehmervertretern in der Europäischen Aktiengesellschaft, NZA 2004, 779; *Grobys*, SE-Betriebsrat und Mitbestimmung in der Europäischen Gesellschaft, NZA 2005, 84; *Gruber/Weller*, Societas Europaea: Mitbestimmung ohne Aufsichtsrat, NZG 2003, 297; *Habersack*, Konzernrechtliche Aspekte der Mitbestimmung in der Societas Europaea, Der Konzern 2006, 105; *Joost*, Mitbestimmung in der Europäischen Aktiengesellschaft, in Oetker/Preis (Hrsg.), Europäisches Arbeits- und Sozialrecht (EAS), Teil B 8200, 2006; *Kallmeyer*, Die Beteiligung der Arbeitnehmer in einer Europäischen Gesellschaft, ZIP 2004, 1442; *Kienast*, Mitbestimmung, in Jannott/Frodermann, Handbuch Europäische Aktiengesellschaft, 2005, Kap. 13 S. 377 ff.; *Kleinsorge*, Die Beteiligung der Arbeitnehmer in der SE, in Baums/Cahn (Hrsg.), Die Europäische Aktiengesellschaft. Umsetzungsfragen und Perspektiven, 2004, S. 140; *Köstler*, Die Beteiligung der Arbeitnehmer in der Europäischen Aktiengesellschaft nach den deutschen Umsetzungsgesetzen, DStR 2005, 745; *Köstler*, Mitbestimmung in Theisen/Wenz (Hrsg.), Die Europäische Aktiengesellschaft, 2. Aufl. 2005, S. 331 (zit.: Europäische Aktiengesellschaft); *Krause*, Die Mitbestimmung der Arbeitnehmer in der Europäischen Gesellschaft (SE), BB 2005, 1221; *Kraushaar*, Europäische Aktiengesellschaft (SE) und Unternehmensmitbestimmung, BB 2003, 1614; *Müller-Bonanni/Melot de Beauregard*, Mitbestimmung in der Societas Europaea, GmbHR 2005, 195; *Nagel*, Die Europäische Aktiengesellschaft (SE) und die Beteiligung der Arbeitnehmer, ArbuR 2004, 281; *Nagel/Freis/Kleinsorge*, Die Beteiligung der Arbeitnehmer in der Europäischen

Gesellschaft-SE, 2005 (zit.: SEBG); *Niklas*, Beteiligung der Arbeitnehmer in der Europäischen Gesellschaft (SE) – Umsetzung in Deutschland, NZA 2004, 1200; *Oetker*, Die Beteiligung der Arbeitnehmer in der Europäischen Aktiengesellschaft (SE) unter besonderer Berücksichtigung der leitenden Angestellten, BB 2005, Special Nr. 1, S. 2; *Oetker*, Beteiligung der Arbeitnehmer in der Europäischen Aktiengesellschaft (SE) im Überblick, ZESAR 2005, 3; *Oetker*, Die Mitbestimmung der Arbeitnehmer in der Europäischen Gesellschaft, in Lutter/Hommelhoff (Hrsg.), Die Europäische Gesellschaft, 2005, S. 277; *Ringe*, Mitbestimmungsrechtliche Folgen einer SE-Sitzverlegung, NZG 2006, 931; *Scheibe*, Die Mitbestimmung der Arbeitnehmer in der SE unter besonderer Berücksichtigung des monistischen Systems, 2006 (zit.: Mitbestimmung der Arbeitnehmer); *Weiss/ Wöhlert*, Societas Europaea – Der Siegeszug des deutschen Mitbestimmungsrechts in Europa?, NZG 2006, 121; *Wisskirchen/Prinz*, Das Gesetz über die Beteiligung der Arbeitnehmer in einer Europäischen Gesellschaft (SE), DB 2004, 2638. Zu **Einzelfragen** s. die Nachweise bei den jeweiligen Vorschriften des SEBG.

I. Entwicklungslinien bis zur Richtlinie 2001/86/EG

1   Im Rahmen der Arbeiten zur Schaffung Europäischer Gesellschaften standen seit den 60er Jahren die Überlegungen zu einer Europäischen Aktiengesellschaft (SE) im Zentrum[1]. Bei ihnen erwies sich vor allem die Mitbestimmung der Arbeitnehmer als Kristallisationspunkt für divergierende Vorstellungen der Mitgliedstaaten, die die Verabschiedung einer Verordnung über das Statut einer Europäischen Aktiengesellschaft lange Zeit verhindert hatten[2].

1. Kommissionsentwurf (1970)

2   Ausgangspunkt der von der Kommission unterbreiteten Vorschläge war der **1. Entwurf** für ein SE-Statut aus dem Jahre 1970[3]. Im Hinblick auf die Unternehmensmitbestimmung sah dieser für die SE einen der deutschen Aktiengesellschaft entsprechenden dualistischen Verwaltungsaufbau vor. Dem aus mindestens 12 Mitgliedern bestehenden Aufsichtsrat sollten – entsprechend dem damals geltenden § 76 Abs. 1 BetrVG 1952 (heute: § 4 Abs. 1 DrittelbG) – zu einem Drittel Arbeitnehmervertreter angehören (Art. 137 ff.), sofern das Satzungsorgan nicht eine größere Anzahl von Aufsichtsratsmitgliedern der Arbeitnehmer festlegt. Ihre Wahl sollte nicht unmittelbar den Arbeitnehmern, sondern den Mitgliedern der nationalen Betriebsvertretungen obliegen (Art. 139)[4]. Die mitbestimmungsrechtlichen Partien des Entwurfes stießen jedoch überwiegend, wenn auch aus unterschiedlichen Gründen, auf Ablehnung[5].

2. Kommissionsentwurf (1975)

3   Der **2. Entwurf** der Kommission aus dem Jahre 1975[6] schrieb zwar das Modell eines dualistischen Verwaltungsaufbaus fort, sah jedoch in Art. 73 für die Zusammensetzung des Aufsichtsrates eine grundsätzliche konzeptionelle Änderung vor. Abwei-

---

1 Zu den Entwicklungslinien z.B. *Bärmann*, Europäische Integration im Gesellschaftsrecht, S. 143 ff.; *Figge*, Mitbestimmung auf Unternehmensebene, S. 103 ff.; *Grundmann*, Europäisches Gesellschaftsrecht, Rz. 1006 ff.; *Lutter*, Europäisches Unternehmensrecht, 4. Aufl. 1996, S. 715 ff.; *Oechsler* in MünchKomm. AktG, Vor Art. 1 SE-VO Rz. 1 ff.; *Schwarz*, Einleitung Rz. 2 ff.; *Wenz*, SE, S. 10 ff.
2 Statt aller *Monti*, WM 1997, 607, 608.
3 ABl.EG Nr. C 124 v. 10.10.1970, S. 1 ff.
4 Näher hierzu *Güntzel*, Richtlinie, S. 23 ff.; *Hofmann*, Mitbestimmung der Arbeitnehmer, Diss. Bonn 1976, S. 191 ff., 201 ff.; *Mävers*, Mitbestimmung, S. 107 ff.; aus der vorherigen Diskussion z.B. *Sanders*, AG 1967, 344 ff. sowie *Lyon-Caen*, Interessenvertretung, 1970.
5 Im Überblick z.B. *Hofmann*, Mitbestimmung der Arbeitnehmer, Diss. Bonn 1976, S. 212 ff.; *Mävers*, Mitbestimmung, S. 117 ff.
6 Bulletin der EG, Beil. 4/1975.

chend von dem 1. Entwurf sollte sich dieser aus drei gleich starken Gruppen von Mitgliedern zusammensetzen („Drei-Bänke-Modell"). Neben die Mitglieder der Aktionäre und der Arbeitnehmer sollten die Aufsichtsratsmitglieder der Aktionäre und die der Arbeitnehmer zu einem Drittel Vertreter der Öffentlichkeit hinzuwählen können.

Auch bezüglich der Wahl der Aufsichtsratsmitglieder der Arbeitnehmer sah der   **4**
2. Entwurf der Kommission eine grundlegende Korrektur vor. An die Stelle der Mitglieder der nationalen Betriebsvertretungen trat als Wahlkörper eine Delegiertenversammlung, deren Mitglieder die Arbeitnehmer in den Mitgliedstaaten unmittelbar wählen sollten[7]. In den Beratungen über den 2. Vorschlag konnte jedoch insbesondere wegen der divergierenden mitbestimmungsrechtlichen Vorstellungen abermals kein Einvernehmen erzielt werden; die Arbeiten wurden im Jahre 1982 zugunsten der 5. gesellschaftsrechtlichen Richtlinie (Struktur-RL)[8] vorläufig eingestellt.

3. Kommissionsentwurf (1989)

Der im Anschluss an eine längere Diskussionspause vorgelegte 3. **Entwurf** der Kommission aus dem Jahre 1989[9] war erkennbar von dem Bestreben geprägt, den unterschiedlichen gesellschaftsrechtlichen und mitbestimmungsrechtlichen Traditionen in den Mitgliedstaaten Rechnung zu tragen und übertrug zentrale Vorstellungen aus dem zwischenzeitlich erarbeiteten geänderten Vorschlag für eine 5. gesellschaftsrechtliche Richtlinie[10] auf die SE. Für den dritten Anlauf war zunächst die für die weiteren Arbeiten richtungsweisende Aufspaltung der gemeinschaftsrechtlichen Regelungsinstrumente charakteristisch, die wegen der unterschiedlichen Rechtsgrundlagen im EG-Vertrag gewählt wurde[11]. Während eine auf Art. 100a EG-Vertrag a.F. gestützte Verordnung die gesellschaftsrechtlichen Bestimmungen eines SE-Statuts zusammenfassen sollte[12], schlug die Kommission für die mitbestimmungsrechtlichen Fragen den Weg einer separaten und auf Art. 54 Abs. 3 lit. g EG-Vertrag a.F. gestützten Richtlinie vor[13].

Der **Verordnungsentwurf** wich strukturell von den bisherigen Vorschlägen ab, da er   **6**
für die SE nicht mehr zwingend ein dualistisches System vorschrieb, sondern in den Art. 66 f. des Entwurfs zusätzlich die Möglichkeit eröffnete, für die SE eine monistische Struktur zu wählen[14]. Der hierdurch geschaffene Gestaltungsspielraum strahlte

---

7 Näher zu diesem *Hofmann*, Mitbestimmung der Arbeitnehmer, Diss. Bonn 1976, S. 252 ff., 258 ff.; *Mävers*, Mitbestimmung, S. 132 ff.; *Wagner*, Arbeitnehmermitbestimmung; *H. P. Westermann*, RabelsZ 1984, 123 ff. sowie allg. *Lutter*, Die Europäische Aktiengesellschaft, 2. Aufl. 1978.
8 Hierzu im Überblick *Mävers*, Mitbestimmung, S. 169 ff.
9 ABl.EG Nr. C 263 v. 16.10.1989, S. 41 ff. (SE-Statut), 69 ff. (Beteiligung der Arbeitnehmer). Zum vorangegangenen Memorandum der Kommission v. 15.7.1988 (BR-Drucks. 392/88 = Bulletin der EG, Beil. 3/1988) *Figge*, Mitbestimmung auf Unternehmensebene, S. 193 ff.; *Kolvenbach*, DB 1988, 1837 ff.; *Mävers*, Mitbestimmung, S. 190 ff.
10 Dazu im Überblick *Oetker* in Großkomm. AktG, Vorbem. Mitbestimmungsgesetze Rz. 125 ff.
11 Hierzu stellvertretend *Abeltshauser*, AG 1990, 289, 291 ff.; *Figge*, Mitbestimmung auf Unternehmensebene, S. 218 ff.; *Wahlers*, AG 1990, 448 ff. sowie im Überblick *Eser*, ZVglRWiss. 91 (1992), 258, 284 f.; *Hauschka*, EuZW 1990, 181, 183 f.; *Merkt*, BB 1992, 652, 659 f.; den Ansatz der Kommission verteidigend *Pipkorn*, RdA 1992, 120, 124.
12 ABl.EG Nr. C 263 v. 16.10.1989, S. 41 ff.
13 ABl.EG Nr. C 263 v. 16.10.1989, S. 69 ff.
14 *Figge*, Mitbestimmung auf Unternehmensebene, S. 124 ff.; *Hauschka*, EuZW 1990, 181, 182 f.; *Jaeger*, Die Europäische Aktiengesellschaft – europäischen oder nationalen Rechts, 1994, S. 138 ff.; *Leupold*, Die Europäische Aktiengesellschaft, 1993, S. 72 ff.; *Wenz*, SE, S. 75 ff.; ausführlich *Abeltshauser*, Strukturalternativen für eine europäische Unternehmensverfassung, 1990.

denknotwendig auf den mitbestimmungsrechtlichen **Richtlinienvorschlag** aus. Er enthielt in Anlehnung an die Arbeiten zur 5. gesellschaftsrechtlichen Richtlinie verschiedene Mitbestimmungsmodelle, die den Mitgliedstaaten zur Auswahl gestellt werden sollten. Sie reichten von einem Repräsentationsmodell deutscher Prägung, über das dem früheren niederländischen Recht entlehnte Kooptationsmodell[15] und die Mitwirkung eines mit bestimmten Befugnissen ausgestatteten separaten Arbeitnehmervertretungsorgans bis hin zu einem Vereinbarungsmodell[16]. Die Vielfalt der den Mitgliedstaaten eröffneten Wahlmöglichkeiten faszinierte zwar durch ihre Elastizität, die es ihnen ermöglicht hätte, die SE für ihr Hoheitsgebiet in die unterschiedlichen Mitbestimmungstraditionen einzufügen[17]. Sie war aber ungeachtet der Bedenken bezüglich des Verzichts auf jegliche Harmonisierung[18] und die aufgespaltenen Rechtsgrundlagen[19] mit dem Makel behaftet, dass die Gleichwertigkeit der verschiedenen Mitbestimmungsmodelle nicht gewährleistet war[20].

7   Der im Jahre **1991** vorgelegte **geänderte Kommissionsentwurf**[21] beließ es bei dem Ansatz verschiedener Mitbestimmungsmodelle, die aber – abweichend von dem Vorschlag aus dem Jahre 1989 – zwischen den Leitungs- bzw. Verwaltungsorganen der an der Gründung der beteiligten Gesellschaften und den Arbeitnehmervertretern zu vereinbaren waren. Den Mitgliedstaaten sollte jedoch vorbehalten bleiben, die Wahl der Modelle zu begrenzen oder für die SE mit Sitz in ihrem Hoheitsgebiet die Wahl eines einzigen Modells vorzuschreiben[22]. Hinsichtlich der für die Vereinbarung eröffneten Formen einer Beteiligung der Arbeitnehmer schrieb der geänderte Vorschlag der Kommission im Grundsatz den Richtlinienentwurf des Jahres 1989 fort. Die Beteiligung der Arbeitnehmervertreter sollte entweder unmittelbar in dem Aufsichts- oder dem Verwaltungsorgan (Art. 4) oder aber durch ein separates Arbeitnehmerorgan verwirklicht werden (Art. 5). Daneben sah der geänderte Vorschlag in Art. 6 die Möglichkeit vor, im Wege der Vereinbarung andere Modelle für eine Vertretung der Arbeitnehmer festzulegen, die jedoch bestimmten Mindestanforderungen genügen mussten.

4. Davignon-Bericht und Kompromissvorschläge

8   Da wegen der mitbestimmungsrechtlichen Problematik zwischen den Mitgliedstaaten abermals nicht das notwendige Einvernehmen erzielt werden konnte, wurden die

---

15 Hierzu näher *Honée*, ZGR 1982, 87 ff.; *Maeijer*, ZGR 1974, 104 ff.; *Maeijer*, ZfA 1979, 69 ff.; *Sanders*, AG 1977, 173 ff.

16 Zu diesen Modellen *Blank*, ArbuR 1993, 229 (232 f.); *Dreher*, EuZW 1990, 476 ff.; *Güntzel*, Richtlinie, S. 44 ff.; *Leupold*, Die Europäische Aktiengesellschaft, 1993, S. 201 ff.; *v. Maydell*, AG 1990, 443 ff.; *Mävers*, Mitbestimmung, S. 207 ff.; *Merkt*, BB 1992, 652, 658; *Nagel*, ArbuR 1990, 205 ff.; *Raiser* in FS Steindorff, 1990, S. 201 ff.; *Wenz*, SE, S. 24, 157 ff.; *Wißmann*, RdA 1992, 320, 323 ff.

17 Positiv deshalb *Hopt* in FS Everling, 1995, S. 475, 490 f.

18 Kritisch z.B. *Jaeger*, ZEuP 1994, 206, 217: „ein Chamäleon, das sich – notgedrungen – seiner jeweiligen rechtlichen Umgebung anpasst"; *Raiser* in FS Semler, 1993, S. 277, 290.

19 Hierzu *Abeltshauser*, AG 1990, 289, 291 ff.; *Figge*, Mitbestimmung auf Unternehmensebene, S. 218 ff.; *Wahlers*, AG 1990, 448 ff. sowie im Überblick *Eser*, ZVglRWiss. 91 (1992), 258, 284 f.; *Hauschka*, EuZW 1990, 181, 183 f.; *Merkt*, BB 1992, 652, 659 f.; den Ansatz der Kommission verteidigend *Pipkorn*, RdA 1992, 120, 124.

20 Statt aller *Abeltshauser*, AG 1990, 289, 295 ff.; *Abeltshauser*, Funktionale Alternativen einer Europäischen Unternehmensverfassung, Diss. Florenz 1994; *Figge*, Mitbestimmung auf Unternehmensebene, S. 132 ff., 230 ff.; *Raiser* in FS Semler, 1993, S. 277, 290; *Wißmann*, RdA 1992, 320, 329 f.; *Wunsch-Semmler*, Entwicklungslinien, S. 79 ff.

21 ABl.EG Nr. C 138 v. 29.5.1991, S. 1 ff. (SE-Statut), 8 ff. (Beteiligung der Arbeitnehmer); näher dazu im Überblick *Güntzel*, Richtlinie, S. 50 ff.; *Mävers*, Mitbestimmung, S. 252 ff.

22 *Figge*, Mitbestimmung auf Unternehmensebene, S. 216; *Wißmann*, RdA 1992, 320, 329.

Arbeiten unterbrochen und erst wieder aufgenommen, nachdem im September 1994 die Richtlinie über die Einsetzung eines Europäischen Betriebsrats in gemeinschaftsweit operierende Unternehmen und Unternehmensgruppen (94/45/EG)[23] in Kraft getreten war. Den Ausgangspunkt für die weitere Diskussion[24] bildete der Davignon-Bericht[25], der vor allem den in der Richtlinie 94/45/EG aufgezeigten Weg einer vorrangigen Vereinbarungsregelung mit einem subsidiär eingreifenden Auffangmodell favorisierte.

Auf der Grundlage des Davignon-Berichts legte zunächst der luxemburgische Ratsvorsitz am 18.7.1997 einen Kompromissvorschlag vor[26], dem unter dem Vorsitz Großbritanniens am 1.4.1998 ein weiterer Entwurf folgte[27]. Ähnlich wie bei der Richtlinie 94/45/EG sah der letztgenannte Vorschlag die Bildung eines besonderen Verhandlungsgremiums vor, in dem die Arbeitnehmer der verschiedenen Mitgliedstaaten entsprechend ihrem zahlenmäßigen Verhältnis vertreten sind, wobei die Mitgliedstaaten für ihren jeweiligen Hoheitsbereich das Verfahren über die Wahl oder die Bestellung der Mitglieder eigenständig festlegen sollen (Art. 3 Abs. 2 lit. c). Das besondere Verhandlungsgremium sollte sodann entweder mit den zuständigen Organen der beteiligten Gesellschaften eine schriftliche Vereinbarung über die Modalitäten der Arbeitnehmerbeteiligung abschließen (Art. 3 Abs. 3) oder aber mit qualifizierter Mehrheit beschließen können, keine Verhandlungen aufzunehmen oder diese abzubrechen. Konnten sich die Parteien nicht auf eine Vereinbarung verständigen, dann sollte als Auffangregelung die Bildung eines separaten Vertretungsorgans der Arbeitnehmer eingreifen (Teil 1 des Anhangs)[28]. Zusätzlich wollte der Entwurf die Unternehmensmitbestimmung in den Mitgliedstaaten dadurch absichern, dass die Arbeitnehmer der beteiligten Gesellschaften über eine Repräsentanz in dem Vertretungsorgan oder gegebenenfalls in dem Leitungsorgan der SE verfügen, wenn ihnen dieses Recht auch im Hinblick auf die an der SE beteiligte nationale Gesellschaft zusteht (Teil 2 des Anhangs). Die Auffangregelung für die Mitbestimmung erwies sich indes als nicht konsensfähig.

Im Zentrum der nachfolgend von der österreichischen Präsidentschaft im Herbst 1998 unterbreiteten Vorschläge standen die Voraussetzungen für das Eingreifen der mitbestimmungsrechtlichen Auffanglösung[29]. Erörtert wurde in diesem Zusammenhang, dass von der Mitbestimmungsregelung über 50 % der bei den Gründungsunternehmen beschäftigten Arbeitnehmer erfasst sein müssen oder bei einer kleineren Zahl ein Mehrheitsbeschluss des besonderen Verhandlungsgremiums zugunsten der Anwendung der Auffangregelung vorliegt. Auch auf diesen Kompromiss konnten sich die Arbeitsminister der Europäischen Union auf ihrer Sitzung am 2.12.1998 in-

9

10

23 ABl. EG Nr. L 254 v. 30.9.1994, S. 64 ff.
24 Im Überblick *Hopt*, ZIP 1998, 96, 99 ff.; *Jaeger*, BetrR 1998, 5 ff. Eingeleitet durch die Mitteilung der Kommission v. 14.11.1995 (KOM [95] 457 endg.); hierzu *Kolvenbach*, EuZW 1996, 229 ff.
25 Sachverständigengruppe „European Systems of Worker Involvement", Abschlussbericht, 1997; hierzu *Güntzel*, Richtlinie, S. 57 ff.; *Heinze*, AG 1997, 289, 291 ff.; *Hopt*, ZIP 1998, 96, 100; *Jaeger*, BetrR 1998, 5, 6 ff.; *Mävers*, Mitbestimmung, S. 296 ff.
26 BR-Drucks. 728/97; hierzu *Jaeger*, BetrR 1998, 5, 8 f.; *Kolvenbach*, NZA 1998, 1323, 1324 ff.; *Mävers*, Mitbestimmung, S. 313 ff.
27 Abgedruckt in RdA 1998, 239 ff.; hierzu *Hanau*, RdA 1998, 231 ff.; *Kolvenbach*, NZA 1998, 1323, 1326 f.; *Mävers*, Mitbestimmung, S. 320 ff.
28 Generell im Sinne einer Sockellösung *Dreher*, EuZW 1990, 476, 478, der diese jedoch als Alternative zum Optionsmodell vorschlug und zudem die Beteiligung der Arbeitnehmer im Aufsichts- oder Verwaltungsorgan beibehielt; so auch die Davignon-Gruppe in ihrem Abschlussbericht (Nr. 83), aber im Sinne einer Auffangregelung (20 % Beteiligung); gegen den Vorschlag einer Sockellösung *Eser*, ZVglRWiss. 91 (1992), 258, 288; *Lutter*, AG 1990, 413.
29 S. dazu im Überblick *Mävers*, Mitbestimmung, S. 344 ff.

des nicht einigen[30]. Entsprechendes gilt für den auf der Sitzung am 25.5.1999 erörterten und im Hinblick auf die Schwellenwerte modifizierten Vorschlag der deutschen Präsidentschaft, der an dem Veto der spanischen Regierung scheiterte[31].

5. Der Gipfel von Nizza und die Richtlinie 2001/86/EG

11 Der politische Durchbruch gelang erst unter der französischen Präsidentschaft auf dem Gipfel von Nizza in der Nacht vom 7.12.2000 auf den 8.12.2000[32]. Nach jahrelangem Widerstand konnte Spanien durch finanzielle Zusagen für die spanische Fischereiflotte und durch Einfügung einer Optionslösung für die Gründung einer SE durch Verschmelzung (Art. 7 Abs. 3 SE-RL i.V.m. Art. 12 Abs. 3 SE-VO) zur Zustimmung bewogen werden[33]. Die Kompromissnorm sieht vor, dass es den Mitgliedstaaten obliegt, ob sie eine Auffangregelung für die Mitbestimmung vorsehen, wenn eine SE durch Verschmelzung zweier Aktiengesellschaften gegründet wird.

12 Gemäß dem Auftrag des Europäischen Rates von Nizza prüfte der Ausschuss der Ständigen Vertreter die überarbeiteten Vorschläge der deutschen Präsidentschaft und legte einen Bericht für die Tagung des Ministerrates (Beschäftigung und Sozialpolitik) am 20.12.2000 vor[34]. Auf der Grundlage von Art. 308 EG leitete der Rat den Verordnungs- sowie den Richtlinienentwurf am 9.3.2001 dem Europäischen Parlament zum Zwecke der Konsultation zu[35]. Dieses hielt Art. 308 EG als Rechtsgrundlage für fehlerhaft und sah sich selbst nach Art. 95 EG für die SE-Verordnung und gem. Art. 137 EG für die SE-Richtlinie als mitentscheidungsbefugt an. Dennoch stimmte das Europäische Parlament den geänderten Vorschlägen – abgesehen von einigen technischen Änderungswünschen[36] – am 4.9.2001 zu, um die erzielte politische Einigung über das SE-Statut und die Arbeitnehmerbeteiligung nicht zu gefährden[37]. Die Änderungsvorschläge des Europäischen Parlaments blieben vom Rat unberücksichtigt, so dass dieser unter schwedischer Präsidentschaft die SE-Verordnung sowie die SE-Richtlinie in der dem Europäischen Parlament zur Konsultation zugeleiteten Fassung am 8.10.2001 verabschiedete[38].

---

30 S. *Riester*, ArbuR 1999, 1, 4 f.

31 Dazu *Mävers*, Mitbestimmung, S. 357 ff.

32 *Mävers*, Mitbestimmung, S. 412.

33 *Heinze*, ZGR 2002, 66, 77; *Veelken* in GS Blomeyer, 2004, S. 491, 516.

34 *Blanquet*, ZGR 2002, 20, 33.

35 *Herfs-Röttgen*, NZA 2002, 358, 358 f.; *Jacobs* in MünchKomm. AktG, Vor § 1 SEBG Rz. 7.

36 Zu den einzelnen Änderungsvorschlägen hinsichtlich der SE-Verordnung vgl. Bericht des Ausschusses für Recht und Binnenmarkt über den Entwurf einer Verordnung des Rates über das Statut der Europäischen Gesellschaft (SE), (14 886/2000 – C 5–0092/2001 – 1989/0218 [CNS]), Berichterstatter *Hans-Peter Mayer*, Sitzungsdokument A5-0243/2001 v. 26.6.2001, und hinsichtlich der SE-Richtlinie vgl. Bericht des Ausschusses für Beschäftigung und soziale Angelegenheiten über den Entwurf einer Richtlinie des Rates zur Ergänzung des Statuts der Europäischen Gesellschaft hinsichtlich der Beteiligung der Arbeitnehmer (14732/2000 – C5-0093/2001 – 1989/0219 [CNS]), Berichterstatter *Winfried Menrad*, Sitzungsdokument A 5-0231/2001 v. 21.6.2001.

37 Ausführlich zum Kompetenzkonflikt *Calle Lambach*, Beteiligung der Arbeitnehmer, S. 41 f.; *Herfs-Röttgen*, NZA 2002, 358, 358 f.; *Hommelhoff*, AG 2001, 279, 279 f.; *Jacobs* in MünchKomm. AktG, Vor § 1 SEBG Rz. 9; *Kleinsorge*, RdA 2002, 343, 345 f.; *Kuffner*, Beteiligung der Arbeitnehmer, S. 50 ff.; *Neye*, ZGR 2002, 377 ff.; *Schwarz*, ZIP 2001, 1847, 1848.

38 Verordnung (EG) Nr. 2517/2001 des Rates v. 8.10.2001 über das Statut der Europäischen Gesellschaft (SE), ABl.EG Nr. L 294 v. 10.11.2001, S. 1 ff. und Richtlinie 2001/86/EG des Rates v. 8.10.2001 zur Ergänzung des Statuts der Europäischen Genossenschaft hinsichtlich der Beteiligung der Arbeitnehmer, ABl.EG Nr. L 294 v. 10.11.2001, S. 22 ff.

II. Die Umsetzung der Richtlinie 2001/86/EG durch das SE-Beteiligungsgesetz

Den Mitgliedstaaten stand zur Umsetzung der SE-Richtlinie eine Frist von drei Jahren zur Verfügung[39]. Zeitgleich zum Ablauf dieser Umsetzungsfrist trat die SE-Verordnung am 8.10.2004 in Kraft. Während zur Ausführung der SE-Verordnung das Bundesministerium der Justiz bereits am 28.2.2003 einen auf das Gesellschaftsrecht beschränkten Diskussionsentwurf für ein „Gesetz zur Einführung der Europäischen Gesellschaft (SEEG)"[40] veröffentlichte, ließen die beiden zuständigen Ministerien – das Bundesministerium der Justiz und das Bundesministerium für Wirtschaft und Arbeit – über ein Jahr verstreichen, bis sie bezüglich der Umsetzung der SE-Richtlinie am 5.4.2004 einen umfassenden Referentenentwurf in Form eines Artikelgesetzes vorlegten[41]. Dieser enthielt in Art. 2 erstmals den Entwurf für ein „Gesetz zur Beteiligung der Arbeitnehmer in einer Europäischen Gesellschaft (SE-Beteiligungsgesetz – SEBG)". Kurze Zeit später, am 26.5.2004, beschloss das Bundeskabinett einen Regierungsentwurf[42], der am 28.5.2004 dem Bundesrat zugeleitet wurde[43]. Nach Beratung in den Fachausschüssen gab der Bundesrat am 9.7.2004 seine Stellungnahme ab[44], in der er insbesondere forderte, von der Optionslösung des Art. 7 Abs. 3 SE-RL Gebrauch zu machen, um die Attraktivität der Europäischen Gesellschaft im Hinblick auf die Fusion deutscher Unternehmen mit europäischen Partnern zu steigern[45]. Weiterhin kritisierte der Bundesrat die in dem Regierungsentwurf vorgesehene 1:1-Übertragung der Mitbestimmung im dualistischen System auf das bei Wahl des monistischen Systems zu bildende Verwaltungsorgan[46]. Ihre Gegenäußerung gab die Bundesregierung am 24.8.2004 ab[47].   13

Aufgrund besonderer Eilbedürftigkeit wurde der Regierungsentwurf bereits vor Abgabe der Stellungnahme des Bundesrates gem. Art. 76 Abs. 2 Satz 4 GG in den Bundestag eingebracht, so dass am 1.7.2004 die 1. Lesung und zugleich die Überweisung der Vorlage an den Ausschuss für Wirtschaft und Arbeit, den Rechtsausschuss, den Finanzausschuss und den Ausschuss für die Angelegenheiten der Europäischen Union erfolgen konnte[48]. Die ursprünglich für den 30.9.2004 vorgesehene 2. und 3. Lesung setzte der Bundestag im Laufe der Sitzung von der Tagesordnung ab. Stattdessen führte der Rechtsausschuss am 18.10.2004 eine öffentliche Anhörung durch, auf der Ver-   14

---

39 Zur Entstehungsgeschichte des SEBG *Kleinsorge* in Nagel/Freis/Kleinsorge, SEBG, Erster Teil: Einführung Rz. 40 ff.; *Ihrig/Wagner*, BB 2004, 1749, 1749 f.; *Jacobs* in MünchKomm. AktG, Vor § 1 SEBG Rz. 25 ff.
40 Abgedruckt in *Neye*, Die Europäische Aktiengesellschaft, 2005, S. 301 ff. und NZG 2003, Sonderbeilage zu Heft 7. Im Überblick zum Diskussionsentwurf: *Brandt*, DStR 2003, 1208 ff.; *Ihrig/Wagner*, BB 2003, 969 ff.; *Neye*, AG 2003, 169 f.
41 Abgedruckt in *Neye*, Die Europäische Aktiengesellschaft, 2005, S. 327 ff. sowie im Überblick dazu *Waclawik*, DB 2004, 1191 ff.
42 BT-Drucks. 15/3405 v. 21.6.2004. Im Überblick zum Regierungsentwurf *Ihrig/Wagner*, BB 2004, 1749 ff.; *Nagel*, NZG 2004, 833 ff.; *Nagel*, ArbuR 2004, 281 ff.; *Wisskirchen/Prinz*, DB 2004, 2638 ff.
43 BR-Drucks. 438/04 v. 28.5.2004.
44 BR-Drucks. 438/04 (B) v. 9.7.2004.
45 BR-Drucks. 438/04 (B) v. 9.7.2004, S. 2.
46 BR-Drucks. 438/04 (B) v. 9.7.2004, S. 3.
47 BT-Drucks. 15/3656 v. 24.8.2004.
48 Deutscher Bundestag, Stenographischer Bericht, 118. Sitzung v. 1.7.2004, Plenarprotokoll 15/118, S. 10754 D.

treter der Wirtschaft[49], der Arbeitgeberverbände[50], des DGB[51], der Wissenschaft[52], der Anwaltschaft[53] und aus dem Ausland[54] Stellungnahmen abgaben. Am 27.10.2004 gab der Rechtsausschuss eine Beschlussempfehlung und einen Bericht zu dem Gesetzesentwurf der Bundesregierung ab[55]. Neben verschiedenen redaktionellen Änderungsvorschlägen schlug der Rechtsausschuss vor allem die Einfügung des § 35 Abs. 3 SEAG vor. Danach erhält der Vorsitzende des Verwaltungsrats, den regelmäßig die Anteilseignerseite bestimmt, eine zusätzliche Stimme, wenn ein geschäftsführendes Verwaltungsratsmitglied aus rechtlichen Gründen gehindert ist, an der Beschlussfassung im Verwaltungsrat teilzunehmen. Auf diese Weise wollte der Rechtsausschuss den in der öffentlichen Anhörung geäußerten Bedenken zur Verfassungsmäßigkeit der paritätischen Mitbestimmung im Verwaltungsrat der SE Rechnung tragen. Einen Änderungsantrag der CDU/CSU-Fraktion, der unter anderem eine Beschränkung der Parität im monistischen System auf die nicht geschäftsführenden Verwaltungsratsmitglieder vorsah[56], lehnte der Ausschuss mehrheitlich ab.

15   Am 29.10.2004 verabschiedete der Bundestag in 2. und 3. Lesung das SEEG in der vom Rechtsausschuss empfohlenen Fassung[57]. Zwar beschloss der Bundesrat am 26.11.2004 die Anrufung des Vermittlungsausschusses[58], dieser beendete aber die Verhandlungen am 15.12.2004 ohne Ergebnis[59]. Daraufhin legte der Bundesrat am 17.12.2004 Einspruch ein[60], den der Bundestag noch am selben Tag mit der Mehrheit der Stimmen seiner Mitglieder zurückwies[61]. Schließlich trat das SEEG nach seiner Verkündung im Bundesgesetzblatt am 28.12.2004 mit dem nachfolgenden Tag in Kraft[62].

III. Die Umsetzung der Richtlinie 2001/86/EG in den Mitgliedstaaten der Europäischen Union

16   Nicht nur Deutschland, sondern auch einige andere EU-Mitgliedstaaten bewältigten eine Umsetzung der Richtlinie 2001/86/EG in nationales Recht nur mit erheblichen zeitlichen Verzögerungen. Eine fristgerechte Umsetzung gelang nur in Dänemark, Großbritannien, Island, Finnland, Österreich, Schweden, Slowakei und Ungarn[63].

---

49 *Bernhard Beck*, Vorstandsmitglied der EnBW AG.
50 *Klaus Bräunig*, BDI und *Jürgen Möllering*, DIHK. Vgl. auch Gemeinsame Stellungnahme von BDA, BDI, DIHK, DGV und Dt. Aktieninstitut zum Entwurf eines Gesetzes zur Einführung der Europäischen Gesellschaft v. 3.5.2004.
51 *Dietmar Hexel*, DGB. Vgl. auch Stellungnahme des DGB zum Referentenentwurf eines Gesetzes zur Einführung der Europäischen Gesellschaft (SEEG) v. 25.5.2004.
52 *Bernhard Nagel* und *Rüdiger Veil*.
53 *Christoph H. Seibt*, abgedruckt in NZA 2004, Heft 21 Umschlagseite IX ff.
54 *Lionel Fulton*, Secretary of Labour Research Department London.
55 BT-Drucks. 15/4053 v. 27.10.2004.
56 BT-Drucks. 15/4053 v. 27.10.2004, S. 116 ff.
57 Deutscher Bundestag, Stenographischer Bericht, 136. Sitzung v. 29.10.2004, Plenarprotokoll 15/136, S. 12497D-12508A.
58 BR-Drucks. 850/04 (B).
59 BR-Drucks. 989/04.
60 BR-Drucks. 989/04 (B).
61 Ergänzende BR-Drucks. zu BR-Drucks. 989/04 (B).
62 Gesetz zur Einführung der Europäischen Gesellschaft (SEEG) v. 22.12.2004, BGBl. I 2004, 3675 ff.
63 Die bereits in Kraft getretenen nationalen Umsetzungsgesetze, teilweise mit englischer Übersetzung, sind abrufbar unter: ec.europa.eu/employment_social/labour_law/documentation_de.htm. Ein Überblick ist zu finden bei: *Jannott/Frodermann*, Handbuch Europäische Aktiengesellschaft, Kapitel 16. Eine jeweilige inhaltliche Zusammenfassung ist abrufbar unter: www.seeurope-network.org. Offizielle nationale Fundstellen im Internet werden jeweils gesondert angegeben. Dem hiesigen Überblick liegt der Rechtsstand am 1.12.2007 zugrunde.

1. Österreich

Der österreichische Gesetzgeber integrierte mit dem 82. Bundesgesetz[64] die entspre- **17** chenden Umsetzungsvorschriften zur SE-Richtlinie in das Arbeitsverfassungsgesetz, welches in der neuen Fassung gem. § 254 Abs. 16 ArbVG fristgerecht am 8.10.2004 in Kraft trat[65]. In diesem Zusammenhang fügte er in das Arbeitsverfassungsgesetz einen VI. Teil über die „Beteiligung der Arbeitnehmer in der europäischen Gesellschaft" ein (§§ 208 ff. ArbVG). In diesem finden sich allgemeine Bestimmungen in den §§ 208 bis 214 ArbVG wieder, während sich die §§ 215 bis 231 ArbVG mit der Bildung des besonderen Verhandlungsgremiums sowie den formellen und materiellen Anforderungen für eine Beteiligungsvereinbarung befassen. Die §§ 232 ff. ArbVG legen schließlich das Verfahren zur Bildung eines SE-Betriebsrats kraft Gesetzes fest und die Regelungen zur Mitbestimmung kraft Gesetzes haben in den §§ 244 ff. ArbVG ihren Niederschlag gefunden.

2. Belgien, Frankreich, Luxemburg und Niederlande

In **Belgien** gelang die Umsetzung der SE-Richtlinie durch den Tarifvertrag n° 84 vom **18** 6.10.2004 über die Arbeitnehmerbeteiligung in der SE (Convention edlective de travail n° 84), welcher mit einem königlichen Erlass vom 22.12.2004 verabschiedet und am 19.1.2005 im belgischen Staatsblatt, dem Moniteur belge, veröffentlicht wurde[66]. In **Frankreich** wurden die Umsetzungsvorschriften als Ergänzung des VIII. Titels des IV. Buches des Code du travail durch einen VII. Abschnitt mit dem Titel „Groupe spécial de négociation et organe de représentation dans la société européenne" integriert[67]. Zusammen mit einigen anderen Entwürfen zur Reform des luxemburgischen Arbeitsrechts reichte die **luxemburgische Regierung** beim Parlament am 21.1.2005 einen Gesetzesentwurf zur Umsetzung der SE-Richtlinie ein[68], der durch Gesetz v. 25.4.2006 in Kraft getreten ist. In den **Niederlanden** musste das Projekt der Europäischen Aktiengesellschaft zunächst zurücktreten, weil eine seit Jahren diskutierte Reform des nationalen Mitbestimmungsrechts Priorität hatte[69]. Deshalb erfolgte eine Umsetzung der SE-Richtlinie durch den niederländischen Gesetzgeber erst im März 2005[70].

3. Griechenland, Italien, Malta, Portugal, Spanien und Zypern

Das Projekt der Europäischen Aktiengesellschaft wurde im südeuropäischen Rechts- **19** raum zumeist nur zögerlich umgesetzt. So kam es in **Griechenland** erst im Mai 2006

---

64 Bundesgesetzblatt für die Republik Österreich Teil I Nr. 82/2004.
65 Näher dazu *Cerny/Mayr*, Arbeitsverfassungsrecht, Bd. 6, 2006; *Gahleitner*, Kommentar zur SE-Arbeitnehmerbeteiligung, in Kalss/Hügel, Europäische Aktiengesellschaft,; *Reich-Rohrwig/Wallner* in Jannott/Frodermann, Handbuch Europäische Aktiengesellschaft, Kap. 16 Rz. 2878 ff.
66 Veröffentlicht im: Staatsblad 19/01/2005, S. 1476 ff. Französische Fassung abrufbar unter: www.ejustice.just.fgov.be/doc. Vgl. dazu *van Cutsem* in Jannott/Frodermann, Handbuch Europäische Aktiengesellschaft, Kap. 16 Rz. 114 ff.
67 Gesetz Nr. 2005-842 v. 26.7.2005 (J.O n° 173 v. 27.7.2005, S. 12160). S. zum Inhalt: *Couret/Rohmert* in Jannott/Frodermann, Handbuch Europäische Aktiengesellschaft, Kap. 16 Rz. 869 ff.; *Klein*, RIW 2004, 435, 437; *Roussel-Verret*, BB-Special 1/2005, 25 ff.
68 Nr. 5435 v. 3.2.2005. Abrufbar unter www.seeurope-network.org/homepages/seeurope/file_uploads/lux_projetimplication.pdf.
69 Dazu *Berentsen*, Die Mitbestimmung 2002, Heft 6, 31 ff.; *Timmerman/Spanjaard* in Baums/Ulmer, Unternehmens-Mitbestimmung, S. 75 (92 f.).
70 Veröffentlicht im Staatsblad van der Koninkrijk der Nederlanden 2005/166 & 167 v. 31.3.2005. Vgl. dazu *van den Bos/de Koning* in Jannott/Frodermann, Handbuch Europäische Aktiengesellschaft, Kap. 16 Rz. 2702 ff.

zu einem entsprechenden Gesetz[71]. In **Italien** unterzeichneten die Sozialpartner am 2.3.2005 zunächst einen Entwurf zur Umsetzung der Richtlinie, der durch Gesetz Nr. 188 v. 19.8.2005 in Kraft getreten ist[72]. In **Portugal** verzögerten die Parlamentswahlen im Februar 2005 anfänglich die Arbeiten zur Umsetzung der SE-Richtlinie, die jedoch im Dezember 2005 durch das Decreto-Lei n.° 215/2005[73] zum Abschluss gelangten. Angesichts der jahrelangen Blockade **Spaniens** im europäischen Gesetzgebungsprozess überrascht es nicht, dass dort das Umsetzungsgesetz zur SE-Richtlinie erst sehr spät verabschiedet worden ist. Erst die neue (sozialistische) Regierung steht der europäischen Gesellschaftsform offener gegenüber und betrieb die Implementierung der Bestimmungen der SE-Richtlinie in das spanische Arbeitsrecht, die mit dem Gesetz v. 18.10.2006 abgeschlossen worden ist[74]. Eine gänzlich andere Entwicklung ist in den EU-Mitgliedstaaten Malta und Zypern zu verzeichnen. **Malta** kam seiner Verpflichtung zur Umsetzung der SE-Richtlinie mit dem „Law L.N. 452 of 2004 Employee Involvement (European Company) Regulations, 2004" bereits Ende Oktober 2004 nach[75]; und auch in **Zypern** trat Ende Dezember 2004 das nationale Umsetzungsgesetz Nr. 277 (I)/2004 zur SE-Richtlinie in Kraft[76].

4. Großbritannien und Irland

20   In **Großbritannien** setzte Teil 3 der „European Public Limited-Liability Company Regulations (No. 2326)" die Forderungen der SE-Richtlinie fristgerecht um[77]. In **Irland** gelangte die Richtlinie 2001/86/EG hingegen erst im Jahre 2006 in das nationale Recht[78].

5. Dänemark, Finnland und Schweden

21   Das **dänische Umsetzungsgesetz** Nr. 281 vom 26.4.2004 trat fristgerecht zum 8.10.2004 in Kraft[79]. In **Finnland** verabschiedete das Parlament am 13.8.2004 mit dem „Act on the involvement of employees in European companies (No. 758)" das finnische Umsetzungsgesetz zur SE-Richtlinie, welches ebenfalls am 8.10.2004 in Kraft trat[80]. Durch das „Lag (2004:559) om arbetstagarinflytande in europabolag" vom 10.6.2004 erfolgte die Umsetzung der SE-Richtlinie schließlich auch in **Schweden** fristgerecht[81].

---

71 S. ec.europa.eu/employment_social/labour_law/docs/se_greece_el.pdf.
72 Gazetta Ufficiale Della Republica Italiana Nr. 220 v. 21.9.2005.
73 Diavio da Republica – I Serie – A Nr. 237 v. 13.12.2005.
74 S. näher *Larramendi*, BB 2005, Special Nr. 1, S. 22 ff. Zum Gesetzestext s. ec.europa.eu/ employment_social/labour_law/docs/se_spain_es.pdf.
75 Veröffentlicht im: The Malta government gazette 22/10/2004 17667, ab Seite B 7068 in englischer Fassung.
76 Veröffentlicht im: zyprischen Amtsblatt Teil 1 (I) Nr. 3940 v. 31.12.2004, S. 5570 ff.
77 Veröffentlicht im: UK SI 2004 No. 2326 (für Großbritannien); SR 2004 No. 417 (für Nordirland). Abrufbar unter: www.legislation.hmso.gov.uk/si/si2004/20042326.htm. Vgl. dazu *Oliphant* in Jannott/Frodermann, Handbuch Europäische Aktiengesellschaft, Kap. 16 Rz. 1276 ff.
78 S. ec.europa.eu/employment_social/labour_law/docs/SI_no_623_of_2006.pdf.
79 Veröffentlicht im: Lovtidende A 27/04/2004. Vgl. dazu *Nørgaard/Salje* in Jannott/Frodermann, Handbuch Europäische Aktiengesellschaft, Kap. 16 Rz. 304 ff.
80 Veröffentlicht im: Suomen Saadoskokoelma (SK) 18/08/2004 758, S. 2133 ff. Englische Fassung abrufbar unter: www.finlex.fi/en/laki/kaannokset/2004/en20040758.pdf. Zum Inhalt *Kocher*, RIW 2006, 168, 169 f.; *Vartiainen* in Jannott/Frodermann, Handbuch Europäische Aktiengesellschaft, Kap. 16 Rz. 692 ff.
81 Veröffentlicht im Svensk författningssamling (SFS) 2004/559 v. 18.6.2004, S. 1 ff. Vgl. dazu *Hein* in Jannott/Frodermann, Handbuch Europäische Aktiengesellschaft, Kap. 16 Rz. 3491 ff.

6. Osteuropäische Mitgliedstaaten

Estland schuf mit dem IEA (Act on the Involvement of in the Affairs of a Communi-		22
ty-Scale Undertakings, a Community-Scale Groups of Undertakings or a European
Company) das Umsetzungsgesetz zur SE-Richtlinie, welches am 12.1.2005 verabschiedet und am 1.2.2005 im Amtsblatt veröffentlicht wurde[82]. In **Lettland** trat im
März 2005 das nationale Umsetzungsgesetz in Kraft.[83] In **Litauen** fand die SE-Richtlinie ihre Umsetzung im „Law on the Involvement of Employees in Decision Making
in European Companies (No X-20)" vom 12.5.2005. In **Polen** wiederum gelang die
Umsetzung der SE-Richtlinie wie in Lettland erst im März 2005[84]. In der **Slowakei**
verabschiedete der Nationale Rat am 9.9.2004 den „Act on European companies and
amendments to some acts", in dessen Teil 2 unter der Überschrift „Involvement of
employees in an European company" die SE-Richtlinie fristgerecht umgesetzt wurde[85]. In **Slowenien** führten innerpolitische Konflikte dazu, dass das Projekt der Europäischen Aktiengesellschaft erst im März 2006 zum Abschluss gelangte[86]. In der
Tschechischen Republik erfolgte die Umsetzung der SE-Richtlinie in nationales
Recht mit dem Gesetz 627/2004 im Dezember 2004[87]. In **Ungarn** fand die SE-Richtlinie ihre fristgerechte Umsetzung im Teil 2 des „Act XLV of 2004 on the European
Company" unter der Überschrift „Employee involvement in decision-making in the
european company"[88]. Auch in den neuen Mitgliedstaaten **Bulgarien** und **Rumänien**
ist der Prozess der Umsetzung inzwischen abgeschlossen[89].

7. Vertragsstaaten des Abkommens über den Europäischen Wirtschaftsraum

Island war eines der ersten Länder im Europäischen Wirtschaftsraum, welches für		23
die Beteiligung der Arbeitnehmer in der SE mit dem Gesetz Nr. 27 vom 27.4.2004 eine nationale Rechtsgrundlage schuf[90]. In **Norwegen** erlangte das nationale Umsetzungsgesetz zur Richtlinie 2001/86/EG dagegen erst zum 1.4.2005 Gültigkeit[91]. In
Liechtenstein erfolgte die Umsetzung der SE-Richtlinie durch Gesetz v. 25.11.2005[92].

---

82 Veröffentlicht im Riigi Teataja 01/02/2005. Eine englische Übersetzung ist angekündigt unter
     www.legaltext.ee. Vgl. zum Inhalt *Pärn-Lee/Kotivnenko* in Jannott/Frodermann, Handbuch
     Europäische Aktiengesellschaft, Kap. 16 Rz. 475 ff.
83 Veröffentlicht im Latvijas Vēstnesis on 24/03/2005 num: 49. Vgl. dazu *Cakste-Razna* in Jan-
     nott/Frodermann, Handbuch Europäische Aktiengesellschaft, Kap. 16 Rz. 1887 ff.
84 Veröffentlicht im Dziennik Ustaw Nr 62, Poz. 550 i 551, S. 4131 ff. Vgl. dazu *Szumański/Du-
     da* in Jannott/Frodermann, Handbuch Europäische Aktiengesellschaft, Kap. 16 Rz. 3074 ff.
85 Veröffentlicht im Zbierka zákonov č. 562/2004, Čiastka 236, S. 4881 ff. Vgl. dazu *Huber/
     Majtásová* in Jannott/Frodermann, Handbuch Europäische Aktiengesellschaft, Kap. 16
     Rz. 3666 ff.
86 S. ec.europa.eu/employment_social/labour_law/docs/se_slovenia_en.pdf.
87 Veröffentlicht im Sbírka zákonů č. 627/2004, Částka 213, S. 11374 ff.
88 Veröffentlicht im Magyar Közlöny 2004/72.szám., v. 28.5.2004, S. 7292 ff. Vgl. dazu *Oroszlán/
     Bóné* in Jannott/Frodermann, Handbuch Europäische Aktiengesellschaft, Kap. 16 Rz. 4472 ff.
89 S. für Bulgarien: ec.europa.eu/employment_social/labour_law/docs/se_bulgaria_en.pdf. Für
     Rumänien: ec.europa.eu/employment_social/labour_law/docs/se_romania_ro.pdf.
90 Publication Nr. 27 v. 27.4.2004.
91 Veröffentlicht im Norsk Lovtidend avd I nr 4, 2005.
92 Liechtensteinisches Landesgesetzblatt 2006 Nr. 27 v. 10.2.2006.

IV. Die Beteiligung der Arbeitnehmer nach der Richtlinie 2001/86/EG als Modell für die weitere Rechtsetzung der Gemeinschaft im Gesellschaftsrecht

1. Arbeitnehmerbeteiligung in der Europäischen Genossenschaft (SCE)

24 Der mit der Richtlinie 2001/86/EG für die Beteiligung der Arbeitnehmer in der SE erzielte Kompromiss ermöglichte es auch, das Projekt einer weiteren europäischen Gesellschaftsform in Gestalt der Europäischen Genossenschaft (SCE) abzuschließen. Analog der für die SE gewählten Normstruktur sind die gesellschaftsrechtlichen Vorgaben für die SCE in der Verordnung 1435/2003 des Rates vom 22.7.2003[93] zusammengefasst, deren Art. 1 Abs. 6 bezüglich der Beteiligung der Arbeitnehmer auf die Richtlinie 2003/72/EG[94] vom gleichen Tage verweist[95]. Die SCE-RL hat die SE-RL mit nahezu identischem Wortlaut übernommen und enthält lediglich geringe Variationen, die aus der anderen Rechtsform resultieren.

25 Angesicht der identischen Übernahme der SE-RL für die Beteiligung der Arbeitnehmer in der SCE entspricht auch die Umsetzungsgesetzgebung in Deutschland den Regelungen für die SE. Das für die Ausgestaltung der Arbeitnehmerbeteiligung maßgebliche SCE-Beteiligungsgesetz (SCEBG)[96] ist weitgehend mit dem SEBG identisch. Neben den notwendigen Anpassungen an die andere Rechtsform (siehe z.B. § 2 Abs. 2, § 36 Abs. 4 SCEBG) sieht das SCEBG lediglich folgende inhaltliche Abweichungen vor:

– Für die Sitzgarantie der Gewerkschaften in dem besonderen Verhandlungsgremium (BVG) verlangt § 6 Abs. 3 SCEBG, dass die sich hierauf berufende Gewerkschaft in einer der an der Gründung der SCE beteiligten juristischen Person, betroffenen Tochtergesellschaften oder einem betroffenen Betrieb vertreten ist; § 6 Abs. 3 SEBG fordert demgegenüber, dass die Gewerkschaft in einem an der Gründung der SE „beteiligten Unternehmen" vertreten ist (s. dazu unten § 6 SEBG Rz. 16).

– Ist die Anzahl der auf Deutschland entfallenden Mitglieder des BVG höher als die Zahl der an der Gründung der SCE beteiligten juristischen Personen mit Sitz im Inland, so sieht § 7 SCEBG für die Verteilung nach Maßgabe des d'Hondtschen Höchstzahlverfahrens ausdrücklich eine Berücksichtigung auch der betroffenen Tochtergesellschaften und betroffenen Betriebe vor; demgegenüber beschränkt sich die Parallelbestimmung in § 7 Abs. 4 SEBG bei der Verteilung auf die „beteiligten Gesellschaften" (s. dazu auch unten § 7 SEBG Rz. 4).

– Bezüglich des Wahlvorschlagsrechts der Gewerkschaften schreibt § 8 Abs. 1 Satz 2 SCEBG die in § 6 Abs. 3 SCEBG vorgesehene Ausdehnung bezüglich des Vertretenseins auf die betroffenen Tochtergesellschaften und betroffenen Betriebe fort; demgegenüber erfasst § 8 Abs. 1 Satz 2 SEBG in konsequenter Fortführung von § 6 Abs. 3 SEBG ausschließlich die „beteiligten Unternehmen".

– Während § 21 Abs. 4 SEBG für die Beteiligungsvereinbarung im Falle „struktureller Änderungen" der SE eine Soll-Bestimmung bezüglich einer Wiederaufnahme der Verhandlungen vorsieht (s. dazu unten § 21 SEBG Rz. 27), bezieht § 21 Abs. 3 Satz 2 Nr. 4 SCEBG diesen Regelungsinhalt in den Katalog der Regelungsgegen-

---

93 ABl.EU Nr. L 207 v. 18.8.2003, S. 1 = *Oetker/Preis*, EAS, A 2160.
94 ABl.EU Nr. L 207 v. 18.8.2003, S. 25 = *Oetker/Preis*, EAS, A 3720; s. dazu auch *Kisker*, RdA 2006, 206, 208 f.
95 Zu den gemeinschaftsrechtlichen Rahmendaten für die SCE im Überblick *Mahi*, DB 2004, 967 ff.; *Mock*, GPR 2004, 213 ff. sowie zuvor *Blomeyer*, BB 2000, 1741 ff.
96 Gesetz über die Beteiligung der Arbeitnehmer und Arbeitnehmerinnen in einer Europäischen Genossenschaft (SCE-Beteiligungsgesetz – SCEBG); in Kraft getreten als Art. 2 des Gesetzes zur Einführung der Europäischen Genossenschaft und zur Änderung des Genossenschaftsrechts v. 14.8.2006, BGBl. I 2006, 1911, 1917 ff.

stände einer „Vereinbarung über die Mitbestimmung" und benennt zudem auch strukturelle Änderungen, die bei Tochtergesellschaften oder Betrieben der SCE beabsichtigt sind.

– Für den Fall, dass an der Gründung der SCE neben mindestens zwei juristischen Personen auch natürliche Personen beteiligt sind, sehen die §§ 40 und 41 SCEBG Sonderbestimmungen vor, derer es bei der SE nicht bedurfte.

2. Mitbestimmung bei grenzüberschreitender Verschmelzung von Kapitalgesellschaften

Auch die Verabschiedung der Richtlinie zur Verschmelzung von Kapitalgesellschaf- 26 ten aus verschiedenen Mitgliedstaaten war bis zuletzt von den Kontroversen um die Mitbestimmung der Arbeitnehmer geprägt[97]. Der im Rahmen der Richtlinie 2005/56/EG vom 26.10.2005[98] erzielte Kompromiss greift in seinem Kern ebenfalls auf das für die SE geschaffene Modell zurück, beschränkt sich bei dessen Übernahme jedoch – im Gegensatz zur SCE-RL – auf die Regelungen zur Unternehmensmitbestimmung. Bezüglich der Unterrichtung und Anhörung der Arbeitnehmer bzw. ihrer Vertreter verbleibt es bei der Anwendung der Gesetze, die in dem Mitgliedstaat gelten, in dem die aus der grenzüberschreitenden Verschmelzung hervorgehende Gesellschaft ihren Sitz hat. Dementsprechend unterliegt diese – im grundsätzlichen Gegensatz zur SE (s. § 47 Abs. 1 Nr. 2 SEBG) – ohne Einschränkungen dem Gesetz über Europäische Betriebsräte (EBRG)[99]. Hinsichtlich der Mitbestimmung der Arbeitnehmer in dem Aufsichts- oder Verwaltungsorgan der Gesellschaften trifft Art. 16 Verschmelzungs-RL eine Sonderregelung, die von dem Anliegen geprägt ist, eine Minderung der Mitbestimmungsrechte infolge der grenzüberschreitenden Verschmelzung zu verhindern.

Art. 16 Abs. 1 Verschmelzungs-RL hält zwar den Grundsatz fest, dass sich die Mit- 27 bestimmung der Arbeitnehmer nach dem Recht des Mitgliedstaates richtet, in dem die aus der Verschmelzung **hervorgehende Gesellschaft ihren Sitz** hat[100], sieht hiervon aber in Art. 16 Abs. 2 Verschmelzungs-RL zwei bedeutsame **Ausnahmen** vor, wenn

– in einer der an der Verschmelzung beteiligten Gesellschaften ein System der **Arbeitnehmermitbestimmung** i.S. von Art. 2 lit. k SE-RL besteht und diese Gesellschaft durchschnittlich mehr als **500 Arbeitnehmer** beschäftigt

oder

– das nach Art. 16 Abs. 1 Verschmelzungs-RL zu bestimmende **Mitbestimmungsstatut** die Mitbestimmung der Arbeitnehmer **nicht mindestens in dem gleichen Umfang vorsieht**, wie es in den an der Verschmelzung jeweils beteiligten Gesellschaften besteht.

Für beide Fallgestaltungen schreibt Art. 16 Abs. 3 Verschmelzungs-RL die **Einleitung eines Verhandlungsprozesses** vor, der – analog der Konzeption in Art. 7 SE-RL – von einer im Nichteinigungsfalle eingreifenden **Auffangregelung** flankiert ist.

---

97 S. aus dem Schrifttum z.B. *Koberski* in FS Wißmann, 2005, S. 474 ff.; *Nagel*, NZG 2006, 97, 98 f.; *Neye*, ZIP 2005, 1893 ff.; *Pluskat*, EWS 2004, 1 ff.; *Riesenhuber*, NZG 2004, 15 ff.; *Röpke*, DRdA 2006, 68 f.; *Wiesner*, DB 2005, 91 ff.

98 ABl.EU Nr. L 310 v. 25.11.2005, S. 1 ff. = *Oetker/Preis*, EAS, A 3800; näher dazu *Heuschmid*, ArbuR 2006, 184 ff.; *Kisker*, RdA 2006, 206, 209 ff.

99 S. insofern auch den 12. Erwägungsgrund zur Richtlinie 2005/56/EG.

100 Dazu auch die Absicherung durch einen Rechtsformzwang in Art. 16 Abs. 6 Verschmelzungs-RL.

28 Für die auch von der Verschmelzungs-RL als vorrangig bewertete Verhandlungs-lösung greift Art. 16 Abs. 3 der Richtlinie mittels einer Verweisungsnorm weit-gehend auf die Bestimmungen der SE-RL zurück, insbesondere für die Einsetzung ei-nes besonderen Verhandlungsgremiums sowie dessen Arbeitsweise. Eine bis in die letzte Phase vor Verabschiedung der Richtlinie umstrittene Abweichung legt Art. 16 Abs. 3 lit. e Verschmelzungs-RL jedoch für den **Schwellenwert** fest, der für das **Ein-greifen der Auffangregelung** überschritten sein muss. Während es Art. 7 Abs. 2 Unter-absatz 1 lit. b SE-RL (= § 34 Abs. 1 Nr. 2 SEBG) für eine durch Verschmelzung gegrün-dete SE bereits ausreichen lässt, wenn sich eine oder mehrere Formen der Mitbestim-mung auf 25 Prozent der Arbeitnehmer erstrecken, erhöht Art. 16 Abs. 3 lit. e Verschmelzungs-RL das Quorum auf ein Drittel. Ist dieses jedoch erreicht, so gilt die in Teil 3 lit. b des Anhangs zur SE-RL ausgeformte Auffangregelung und damit der höchste Anteil an Arbeitnehmervertretern in den an der Verschmelzung beteiligten Gesellschaften auch für die aus der grenzüberschreitenden Verschmelzung hervor-gehende Gesellschaft; den Mitgliedstaaten eröffnet Art. 16 Abs. 4 lit. c Verschmel-zungs-RL jedoch die Option, den Anteil der Arbeitnehmervertreter im Verwaltungs-organ auf ein Drittel zu begrenzen.

29 Abweichend von dem Ansatz für die SE – aber im Einklang mit der Konzeption für Europäische Betriebsräte (s. § 21 Abs. 1 Satz 2 EBRG) – sollen die Mitgliedstaaten den an der Verschmelzung beteiligten Gesellschaften die Option eröffnen, die Auffang-regelung unmittelbar zur Anwendung zu bringen (Art. 16 Abs. 4 lit. a Verschmel-zungs-RL); ebenso soll dem besonderen Verhandlungsgremium das Recht zustehen, sich mit qualifizierter absoluter Mehrheit selbst dann für das nach Art. 16 Abs. 1 der Richtlinie maßgebende Mitbestimmungsstatut zu entscheiden, wenn dieses hinsicht-lich des Umfangs an Mitbestimmung hinter dem in einer der an der Verschmelzung beteiligten Gesellschaften zurückbleibt (Art. 16 Abs. 4 lit. b Verschmelzungs-RL).

30 Bezüglich der **prozeduralen Absicherung der Verhandlungslösung** verweist Art. 16 Abs. 3 Verschmelzungs-RL nicht nur auf die in Art. 12 Abs. 2 bis 4 SE-VO normierte Verknüpfung von Beteiligungsvereinbarung und Registereintragung, sondern bezieht diese auch in das in Art. 11 Verschmelzungs-RL installierte Instrumentarium ein, dass die Rechtmäßigkeit der grenzüberschreitenden Verschmelzung absichern soll. Die von den Mitgliedstaaten zu benennende Stelle hat nach Art. 11 Abs. 1 Satz 2 Ver-schmelzungs-RL insbesondere sicherzustellen, dass die gegebenenfalls nach Art. 16 der Richtlinie erforderliche Vereinbarung abgeschlossen wurde. Hierzu ist vor allem die nach Art. 10 Abs. 2 Verschmelzungs-RL auszustellende Vorabbescheinigung vor-zulegen (Art. 11 Abs. 2 Verschmelzungs-RL).

31 Das zur **Umsetzung** der Verschmelzungs-RL geschaffene „Gesetz über die Mitbestim-mung der Arbeitnehmer bei einer grenzüberschreitenden Verschmelzung" (MgVG) v. 21.12.2006[101] lehnt sich insbesondere hinsichtlich des Verhandlungsprozesses eng an die Bestimmungen des SEBG an, was letztlich den Verweisungen in Art. 16 Abs. 3 Verschmelzungs-RL auf die entsprechenden Bestimmungen der SE-RL entspricht. Die zentralen Bestimmungen, die die Voraussetzungen für die **Einleitung des Ver-handlungsverfahrens** bei einer grenzüberschreitenden Verschmelzung festlegen, ent-hält § 5 MgVG, der die Vorgaben aus Art. 16 Abs. 2 Verschmelzungs-RL übernimmt. Bezüglich der **gesetzlichen Auffangregelung** hat § 23 Abs. 1 Satz 1 Nr. 3 MgVG die durch Art. 16 Abs. 4 lit. a Verschmelzungs-RL eröffnete Option in Anspruch genom-men, dass die Leitungen der an der Verschmelzung beteiligten Gesellschaften die An-

---

101 BGBl. I 2006, 3332 ff.; dazu *Lunk-Hinrichs*, NZA 2007, 773 ff.; *Nagel*, NZG 2007, 57 ff.; *Schubert*, RdA 2007, 9 ff.; *Teichmann*, Der Konzern 2007, 89 ff. sowie Begr. RegE, BT-Drucks. 12/2922.

wendung der gesetzlichen Auffangregelung ohne vorherige Durchführung des Verhandlungsverfahrens beschließen können. Abgesehen von einer von den Parteien des Verhandlungsverfahrens getroffenen Vereinbarung gelangt die gesetzliche Auffangregelung jedoch nur zur Anwendung, wenn das in der Verschmelzungs-RL vorgegebene Quorum von einem Drittel der Gesamtzahl der Arbeitnehmer erreicht wird oder (beim Unterschreiten des Quorums) das besondere Verhandlungsgremium einen entsprechenden Beschluss fasst (§ 23 Abs. 1 Satz 2 MgVG). Hervorzuheben ist insofern, dass der deutsche Gesetzgeber – wie bereits im Rahmen von § 34 Abs. 1 SEBG – auch in § 23 Abs. 1 Satz 2 MgVG den Bemessungsmaßstab auf die betroffenen Tochtergesellschaften ausdehnt. Ist diese Voraussetzung jedoch erfüllt, so richtet sich der **Umfang der Mitbestimmung** nach dem höchsten Anteil an Arbeitnehmervertretern, der in den Organen der beteiligten Gesellschaften vor der Eintragung der aus der grenzüberschreitenden Verschmelzung hervorgegangenen Gesellschaft bestanden hat (§ 24 Abs. 1 Satz 2 MgVG). Die in Art. 16 Abs. 4 lit. c Verschmelzungs-RL den Mitgliedstaaten eröffnete Option, für den Fall einer monistischen Verfassung den Arbeitnehmeranteil im Verwaltungsrat auf ein Drittel zu begrenzen, hat das MgVG nicht in Anspruch genommen.

V. Entsprechungsübersicht SEBG – SCEBG – MgVG

	SE-Beteiligungsgesetz	SCE-Beteiligungsgesetz	Mitbestimmung der Arbeitnehmer bei grenzüberschreitender Verschmelzung (MgVG)
Allgemeine Vorschriften			
Zielsetzung des Gesetzes	§ 1	§ 1	§ 1
Begriffsbestimmung	§ 2	§ 2	§ 2
Geltungsbereich	§ 3	§ 3	§ 3
Besonderes Verhandlungsgremium			
Bildung und Zusammensetzung			
Information der Leitungen	§ 4	§ 4	§ 6
Zusammensetzung des besonderen Verhandlungsgremiums	§ 5	§ 5	§ 7
Persönliche Voraussetzungen der auf das Inland entfallenden Mitglieder des besonderen Verhandlungsgremiums	§ 6	§ 6	§ 8
Verteilung der auf das Inland entfallenden Sitze des besonderen Verhandlungsgremiums	§ 7	§ 7	§ 9
Wahlgremium			
Zusammensetzung des Wahlgremiums; Urwahl	§ 8	§ 8	§ 10
Einberufung des Wahlgremiums	§ 9	§ 9	§ 11
Wahl der Mitglieder des besonderen Verhandlungsgremiums	§ 10	§ 10	§ 12
Verhandlungsverfahren			

	SE-Beteiligungsgesetz	SCE-Beteiligungsgesetz	Mitbestimmung der Arbeitnehmer bei grenzüberschreitender Verschmelzung (MgVG)
Information über die Mitglieder des besonderen Verhandlungsgremiums	§ 11	§ 11	§ 13
Sitzungen; Geschäftsordnung	§ 12	§ 12	§ 14
Zusammenarbeit zwischen besonderem Verhandlungsgremium und Leitung	§ 13	§ 13	§ 15
Sachverständige und Vertreter von geeigneten außenstehenden Organisationen	§ 14	§ 14	§ 16
Beschlussfassung im besonderen Verhandlungsgremium	§ 15	§ 15	§ 17
Nichtaufnahme oder Abbruch der Verhandlungen	§ 16	§ 16	§ 18
Niederschrift	§ 17	§ 17	§ 19
Wiederaufnahme der Verhandlungen	§ 18	§ 18	–
Kosten des besonderen Verhandlungsgremiums	§ 19	§ 19	§ 20
Dauer der Verhandlungen	§ 20	§ 20	§ 21
Beteiligung der Arbeitnehmer in der SE			
Beteiligung der Arbeitnehmer kraft Vereinbarung			
Inhalt der Vereinbarung	§ 21	§ 21	§ 22
Beteiligung der Arbeitnehmer kraft Vereinbarung			
SE-Betriebsrat kraft Gesetzes			
Bildung und Geschäftsführung			
Voraussetzung	§ 22	§ 22	–
Errichtung des SE-Betriebsrats	§ 23	§ 23	–
Sitzungen und Beschlüsse	§ 24	§ 24	–
Prüfung der Zusammensetzung des SE-Betriebsrats	§ 25	§ 25	–
Beschluss zur Aufnahme von Neuverhandlungen	§ 26	§ 26	–
Aufgaben			
Zuständigkeiten des SE-Betriebsrats	§ 27	§ 27	–
Jährliche Unterrichtung und Anhörung	§ 28	§ 28	–
Unterrichtung und Anhörung über außergewöhnliche Umstände	§ 29	§ 29	–
Information durch den SE-Betriebsrat	§ 30	§ 30	–

	SE-Beteili-gungsgesetz	SCE-Beteili-gungsgesetz	Mitbestimmung der Arbeitnehmer bei grenzüberschreiten-der Verschmelzung (MgVG)
Freistellung und Kosten			
Fortbildung	§ 31	§ 31	–
Sachverständige	§ 32	§ 32	–
Kosten und Sachaufwand	§ 33	§ 33	–
Mitbestimmung kraft Gesetzes			
Besondere Voraussetzungen	§ 34	§ 34	§ 23
Umfang der Mitbestimmung	§ 35	§ 35	§ 24
Sitzverteilung und Bestellung	§ 36	§ 36	§ 25
Abberufung und Anfechtung	§ 37	§ 37	§ 26
Rechtsstellung; Innere Ordnung	§ 38	§ 38	§ 27
Tendenzschutz			
Tendenzunternehmen	§ 39	§ 39	§ 28
Grundsätze der Zusammenarbeit und Schutzbestimmungen			
Vertrauensvolle Zusammenarbeit	§ 40	§ 42	–
Geheimhaltung; Vertraulichkeit	§ 41	§ 43	§ 31
Schutz der Arbeitnehmervertreter	§ 42	§ 44	§ 32
Missbrauchsverbot	§ 43	§ 45	–
Errichtungs- und Tätigkeitsschutz	§ 44	§ 46	§ 33
Straf- und Bußgeldvorschriften; Schluss-bestimmung			
Strafvorschriften	§ 45	§ 47	§ 34
Bußgeldvorschriften	§ 46	§ 48	§ 35
Geltung nationalen Rechts	§ 47	§ 49	§ 29

Teil 1. Allgemeine Vorschriften

§ 1
Zielsetzung des Gesetzes

(1) Das Gesetz regelt die Beteiligung der Arbeitnehmer in einer Europäischen Gesellschaft (SE), die Gegenstand der Verordnung (EG) Nr. 2157/2001 des Rates vom 8. Oktober 2001 über das Statut der Europäischen Gesellschaft (ABl. EG Nr. L 294 S. 1) ist. Ziel des Gesetzes ist, in einer SE die erworbenen Rechte der Arbeitnehmer (Arbeitnehmerinnen und Arbeitnehmer) auf Beteiligung an Unternehmensentscheidungen zu sichern. Maßgeblich für die Ausgestaltung der Beteiligungsrechte der Arbeitnehmer in der SE sind die bestehenden Beteiligungsrechte in den Gesellschaften, die die SE gründen.

(2) Zur Sicherung des Rechts auf grenzüberschreitende Unterrichtung, Anhörung, Mitbestimmung und sonstige Beteiligung der Arbeitnehmer wird eine Vereinbarung über die Beteiligung der Arbeitnehmer in der SE getroffen. Kommt es nicht zu einer Vereinbarung, wird eine Beteiligung der Arbeitnehmer in der SE kraft Gesetzes sichergestellt.

(3) Die Vorschriften dieses Gesetzes sowie die nach Absatz 2 zu treffende Vereinbarung sind so auszulegen, dass die Ziele der Europäischen Gemeinschaft, die Beteiligung der Arbeitnehmer in der SE sicherzustellen, gefördert werden.

(4) Die Grundsätze der Absätze 1 bis 3 gelten auch für strukturelle Änderungen einer gegründeten SE sowie für deren Auswirkungen auf die betroffenen Gesellschaften und ihre Arbeitnehmer.

Literatur: *Blanke,* „Vorrats-SE" ohne Arbeitnehmerbeteiligung, 2005; *Blanke,* „Vorrats-SE" ohne Arbeitnehmerbeteiligung, ZIP 2006, 789; *Schubert,* Die Arbeitnehmerbeteiligung bei der Europäischen Gesellschaft ohne Arbeitnehmer, ZESAR 2006, 340; *Seibt,* Arbeitnehmerlose Societas Europaea, ZIP 2005, 2248.

I. Allgemeines

1   In § 1 Abs. 1 Satz 2 definiert das SEBG in allgemeiner Form sein **Ziel**, bei Gründung einer SE die erworbenen Rechte der Arbeitnehmer auf Beteiligung an Unternehmensentscheidungen zu sichern, und erhebt dieses in § 1 Abs. 3 SEBG zur allgemeinen **Auslegungsmaxime** für die Anwendung des Gesetzes sowie der Vereinbarung, die auf seiner Grundlage abgeschlossen wird. Im bisherigen Gefüge der Gesetze zur Unternehmensmitbestimmung (MitbestG, DrittelbG, Montan-MitbestG) nimmt das SEBG eine Zwitterstellung ein: Es begründet einerseits die Unternehmensmitbestimmung

für eine von den genannten Gesetzen nicht erfasste Rechtsform, knüpft andererseits aber – wie § 1 Abs. 1 Satz 3 SEBG belegt – an den bisherigen mitbestimmungsrechtlichen Status quo an und dient dessen Erhaltung[1]. Aus dieser Perspektive fügt sich das SEBG in andere gesetzliche Regelungen ein, die den Schutz der Unternehmensmitbestimmung bei strukturellen Änderungen in mitbestimmten Unternehmen bezwecken (MitbestBeiG, § 325 Abs. 1 UmwG)[2].

Die **SE-RL** enthält nur teilweise unmittelbar mit § 1 vergleichbare Bestimmungen; 2 die in § 1 Abs. 1 Satz 2 SEBG umschriebene Zielsetzung des Gesetzes lässt sich jedoch auf die Erwägungsgründe der SE-RL zurückführen. Das gilt vor allem für den 3. Erwägungsgrund:

„(3) Um die Ziele der Gemeinschaft im sozialen Bereich zu fördern, müssen besondere Bestimmungen – insbesondere auf dem Gebiet der Beteiligung der Arbeitnehmer – festgelegt werden, mit denen gewährleistet werden soll, dass die Gründung einer SE nicht zur Beseitigung oder zur Einschränkung der Gepflogenheiten der Arbeitnehmerbeteiligung führt, die in den an der Gründung einer SE beteiligten Gesellschaften herrschen. Dieses Ziel sollte durch die Einführung von Regeln in diesem Bereich verfolgt werden, mit denen die Bestimmungen der Verordnung ergänzt werden."

Ergänzt wird diese allgemeine Zielsetzung der SE-RL durch den 18. Erwägungsgrund:

„(18) Die Sicherung erworbener Rechte der Arbeitnehmer über ihre Beteiligung an Unternehmensentscheidungen ist fundamentaler Grundsatz und erklärtes Ziel dieser Richtlinie. Die vor der Gründung von SE bestehenden Rechte der Arbeitnehmer sollten deshalb Ausgangspunkt auch für die Gestaltung ihrer Beteiligungsrechte in der SE (Vorher-Nachher-Prinzip) sein. [...]"

Eine unmittelbare Entsprechung finden lediglich § 1 Abs. 1 Satz 1 und Abs. 2 in Art. 1 SE-RL:

„(1) Diese Richtlinie regelt die Beteiligung der Arbeitnehmer in der Europäischen Aktiengesellschaft (SE, nachfolgend ‚SE' genannt), die Gegenstand der Verordnung (EG) Nr. 2157/2001 ist.

(2) Zu diesem Zweck wird in jeder SE gemäß dem Verhandlungsverfahren nach den Artikeln 3 bis 6 oder unter den in Artikel 7 genannten Umständen gemäß dem Anhang eine Vereinbarung über die Beteiligung der Arbeitnehmer getroffen."

Der Befund bezüglich der SE-RL in Rz. 2 gilt in gleicher Weise für die **SCE-RL**; hin- 3 zuweisen ist auf Erwägungsgrund 3 und 21 zur SCE-RL sowie Art. 1 SCE-RL. Die zur Umsetzung geschaffene Vorschrift in **§ 1 SCEBG** ist mit § 1 SEBG identisch. Weitgehend übernommen hat der Gesetzgeber § 1 SEBG auch für die Mitbestimmung der Arbeitnehmer bei einer **Verschmelzung von Kapitalgesellschaften** aus verschiedenen Mitgliedstaaten (vgl. § 1 MgVG).

In **Österreich** sieht der zur Umsetzung der SE-RL in das ArbVG eingefügte VI. Teil 4 (§§ 208 bis 253) von einer mit § 1 vergleichbaren Bestimmung weitgehend ab. Lediglich § 1 Abs. 1 Satz 1 SEBG findet in § 208 ArbVG und § 1 Abs. 2 SEBG in § 40 Abs. 4c ArbVG eine Entsprechung.

II. Gegenstand und Ziel des Gesetzes (§ 1 Abs. 1)

§ 1 Abs. 1 hält in Satz 1 den **Gegenstand des SEBG** fest und überträgt mit identi- 5 schem Wortlaut Art. 1 Abs. 1 SE-RL in das deutsche Recht. Ein weitergehender Regelungsgehalt ist mit § 1 Abs. 1 Satz 1 nicht verbunden.

Ferner übernimmt § 1 Abs. 1 die im 3. Erwägungsgrund zur SE-RL niedergelegte **Ziel- 6 setzung** in das Gesetz (§ 1 Abs. 1 Satz 2) und hält in konsequenter Umsetzung des 18. Erwägungsgrundes (§ 1 Abs. 1 Satz 2) der SE-RL die Anknüpfung an den bisheri-

---

1 Treffend spricht *Henssler*, RdA 2005, 330, 333, von einer abgeleiteten Mitbestimmung.
2 Zu diesen ausführlich *Schupp*, Mitbestimmungsbeibehaltung bei Veränderung der Unternehmensstruktur, 2001.

gen Status quo der Beteiligungsrechte bei den an der Gründung der SE beteiligten Gesellschaften als maßgebliches Kriterium für die Ausgestaltung der Beteiligungsrechte fest. Hierauf stellt insbesondere der für die Beteiligungsvereinbarung im Hinblick auf die Mitbestimmung notwendige „Vorher-Nachher-Vergleich" in § 15 Abs. 3 sowie die gesetzliche Auffangregelung ab (vgl. § 35).

7   Das SEBG und die hierin festgelegte Beteiligung der Arbeitnehmer greift bei **jeder Form der Gründung** einer SE ein, die Art. 2 SE-VO aufzählt, also der Gründung durch **Verschmelzung** (Art. 2 Abs. 1 SE-VO), der Gründung einer **Holding-SE** (Art. 2 Abs. 2 SE-VO) oder einer **Tochter-SE** (Art. 2 Abs. 3 SE-VO) sowie der **Umwandlung** einer Aktiengesellschaft in eine SE (Art. 2 Abs. 4 SE-VO). Dabei geht das SEBG – wie § 1 Abs. 1 Satz 2 verdeutlicht – davon aus, dass in den Gesellschaften, die eine SE gründen, eine Arbeitnehmerbeteiligung besteht, die nicht auf dem SEBG, sondern den unterschiedlichen Vorschriften der Mitgliedstaaten beruht.

8   Keine Antwort gibt das SEBG für die Rechtslage bei einer **sekundären SE-Gründung**; Art. 3 Abs. 2 Satz 1 SE-VO eröffnet jedoch ausdrücklich auch die Möglichkeit, dass eine SE eine oder mehrere Tochtergesellschaften in Form einer SE gründen kann (**SE-Tochter**). Für diese gilt ebenfalls Art. 12 Abs. 2 SE-VO, so dass bei der Gründung einer SE-Tochter das in den §§ 4 ff. geregelte Procedere zur Bildung eines besonderen Verhandlungsgremiums (BVG) einzuleiten und ggf. eine Vereinbarung über die Beteiligung der Arbeitnehmer in der SE-Tochter abzuschließen ist[3]; insoweit nimmt die eine Gründung der SE-Tochter betreibende SE die Stellung einer „beteiligten Gesellschaft" im Sinne des § 2 Abs. 2 ein. Schwierigkeiten bereitet allerdings die Anwendung der gesetzlichen Auffangregelung – insbesondere der §§ 34 Abs. 1, 35 – sowie des Beschlussquorums in § 15 Abs. 3, da die vorgenannten Bestimmungen den Sonderfall der sekundären SE-Gründung nicht bedacht haben. Um zu verhindern, dass die Errichtung einer SE-Tochter den mit dem SEBG verfolgten Zweck unterläuft, sprechen gute Gründe für eine Schließung der Regelungslücke, die die bei der Gründung der jeweiligen SE maßgebenden Bestimmungen auf die Gründung einer von ihr betriebenen SE-Tochter verlängert[4]. Wurde z.B. die SE durch ein Umwandlung gegründet, so sind die entsprechenden Schutzbestimmungen in den §§ 15 Abs. 5, 21 Abs. 6, 34 Abs. 1 und 35 Abs. 1 auch bei der Gründung einer von dieser SE betriebenen SE-Tochter (analog) anzuwenden. Umgekehrt folgt aus diesem Ansatz auch, dass das Nichteingreifen der Auffangregelung wegen des Unterschreitens der nach § 34 Abs. 1 Nr. 2 und 3 notwendigen Schwellenwerte bei einer sekundären SE-Gründung erhalten bleibt[5]. Darüber hinaus kann die Gründung einer SE-Tochter für die Mutter-SE als strukturelle Änderung i.S. des § 18 Abs. 3 zu qualifizieren sein und bei ihr zu erneuten Verhandlungen über eine Beteiligungsvereinbarung führen.

9   Keine besondere Regelung trifft das SEBG für den Sonderfall der **arbeitnehmerlosen SE**, was nicht nur bei einer Verschmelzung von Holding-Gesellschaften bzw. ihrer Umwandlung, sondern auch bei der Gründung einer Tochter-SE[6] in Betracht kom-

---

3 So auch *Kienast* in Jannott/Frodermann, Handbuch Europäische Aktiengesellschaft, Kap. 13 Rz. 207; *Oechsler* in MünchKomm. AktG, Art. 3 SE-VO Rz. 4; a.A. *Jacobs* in MünchKomm. AktG, Vor § 1 SEBG Rz. 11.
4 Ähnlich *Grobys*, NZA 2005, 85, 91, der das Mitbestimmungsregime der Mutter-SE für maßgeblich hält. Anders im Ansatz indes *Kienast* in Jannott/Frodermann, Handbuch Europäische Aktiengesellschaft, Kap. 13 Rz. 202: Anwendung der Bestimmungen zur Tochter-SE auf die Gründung einer SE-Tochter; ebenso *Scheibe*, Mitbestimmung der Arbeitnehmer, S. 165 ff.
5 So auch *Henssler*, RdA 2005, 330, 335.
6 So der Sachverhalt bei LG Hamburg v. 30.9.2005 – 417 T 15/05, ZIP 2005, 2018 f. – „Zoll Pool Hafen Hamburg" (zuvor AG Hamburg v. 28.6.2005 – 66 AR 76/05, ZIP 2005, 2017, 2018); s. auch *Henssler*, RdA 2005, 330, 334 f.

men kann. Ausgehend von der Prämisse, dass bei der zu gründenden SE stets Arbeitnehmer beschäftigt sein müssen, ist z.T. versucht worden, die Eintragung einer SE auch ohne das Verfahren in den §§ 4 ff. herbeizuführen, wenn bei der SE keine Arbeitnehmer beschäftigt werden sollen[7]. Für eine derartige teleologische Reduktion des Art. 12 Abs. 2 SE-VO fehlen jedoch tragfähige Anhaltspunkte[8]. Gerade die von Art. 2 Abs. 3 SE-VO eröffnete Möglichkeit einer Holding-SE hätte dem Gemeinschaftsgesetzgeber Anlass gegeben, im Rahmen des Art. 12 Abs. 2 SE-VO eine Sonderbestimmung für die Gründung einer arbeitnehmerlosen SE zu treffen. Wegen des Verzichts hierauf ist es Aufgabe der Verhandlungsparteien, im Rahmen der Beteiligungsvereinbarung auf diesen Sonderfall zu reagieren.

Kontroverse Diskussionen hat darüber hinaus die Gründung einer **SE-Vorratsgesell-** 10 **schaft** ausgelöst (s. dazu näher oben Teil A., Art. 2 SE-VO Rz. 28 ff.), bezüglich der z.T. die Einleitung eines Verfahrens über die Beteiligung der Arbeitnehmer als entbehrlich betrachtet wird[9]. Soweit dies ausschließlich auf den Umstand gestützt wird, dass bei der SE-Vorratsgesellschaft keine Arbeitnehmer beschäftigt werden sollen, stehen die in Rz. 9 bereits genannten Gründe einer teleologischen Reduktion des Art. 12 Abs. 2 SE-VO entgegen. Das gilt entsprechend, wenn eine Gesellschaft die Gründung der SE betreibt, die keine Arbeitnehmer beschäftigt, dies jedoch bei betroffenen Tochtergesellschaften der Fall ist. Allenfalls in dem Sonderfall, dass die beteiligten Gesellschaften weder selbst noch betroffene Tochtergesellschaften Arbeitnehmer beschäftigen, ist eine abweichende Würdigung denkbar, denn in dieser Konstellation fehlt es für die Bildung eines BVG an der notwendigen Grundlage, so dass die Einleitung des Verhandlungsproroceders zu einer formalen Hülse denaturieren würde. Ausschließlich in diesem Sonderfall ist die sofortige Eintragung der SE ohne Verhandlungsverfahren zu erwägen[10]. Ändern sich danach die Verhältnisse bei der SE, insbesondere beim Erwerb durch Dritte, so ist jedoch zu erwägen, das Beteiligungsverfahren nachzuholen[11].

III. Vorrang der Vereinbarungslösung (§ 1 Abs. 2)

Die für die Beteiligung der Arbeitnehmer in der SE nach dem SEBG maßgebliche 11 Konzeption greift das Prinzip der SE-RL auf, nach dem grundsätzlich die Beteiligten

---

7 In dieser Richtung *Müller-Bonanni/Melot de Beauregard*, GmbHR 2005, 195, 200; wohl auch *Henssler*, RdA 2005, 330, 334.

8 Ebenso LG Hamburg v. 30.9.2005 – 417 T 15/05, ZIP 2005, 2018, 2019 sowie AG Hamburg v. 28.6.2005 – 66 AR 76/05, ZIP 2005, 2017, 2018; zustimmend insoweit *Seibt*, ZIP 2005, 2248; s. auch *Blanke*, „Vorrats-SE" ohne Arbeitnehmerbeteiligung, 2005, S. 51 ff. und nunmehr ferner *Henssler* in Ulmer/Habersack/Henssler, MitbestR, 2. Aufl. 2006, Einl. SEBG Rz. 170; *Schubert*, ZESAR 2006, 340, 341.

9 So z.B. AG Düsseldorf v. 16.1.2006 – HRB 52618, ZIP 2006, 287 und ferner im Schrifttum *Kienast* in Jannott/Frodermann, Handbuch Europäische Aktiengesellschaft, Kap. 13 Rz. 210 ff. sowie im Ergebnis *Wollburg/Banerjea*, ZIP 2005, 277, 280 f.; dagegen jedoch *Blanke*, „Vorrats-SE" ohne Arbeitnehmerbeteiligung, 2005, S. 35 f.; *Blanke*, ZIP 2006, 789 ff.

10 So AG München v. 29.3.2006 – HRB 159649, ZIP 2006, 1300 f.; im Ansatz ebenso *Henssler*, RdA 2005, 330, 335; *Seibt*, ZIP 2005, 2248, 2248 f.; weitergehend *Henssler* in Ulmer/Habersack/Henssler, MitbestR, 2. Aufl. 2006, Einl. SEBG Rz. 172, der das Beteiligungsverfahren bereits entfallen lässt, wenn bei den Gründungsgesellschaften keine Arbeitnehmer beschäftigt sind; s. insoweit aber auch mit gegenteiligem Ergebnis *Blanke*, „Vorrats-SE" ohne Arbeitnehmerbeteiligung, 2005, S. 51 ff.; *Blanke*, ZIP 2006, 789 ff.

11 So *Köstler* in Theisen/Wenz, Europäische Aktiengesellschaft, S. 331, 374; wohl auch *Blanke*, „Vorrats-SE" ohne Arbeitnehmerbeteiligung, S. 70 ff.; *Seibt*, ZIP 2005, 2248, 2250, die auf § 18 Abs. 3 SEBG zurückgreifen wollen; s. ferner *Schubert*, ZESAR 2006, 340, 343 f., 345 ff.; a.A. *Wollburg/Banerjea*, ZIP 2005, 277, 280 f., die insbesondere eine analoge Anwendung der Vorschriften für die Gründung einer Holding-SE verwerfen.

die in der Gesellschaft zur Anwendung gelangenden Regelungen aushandeln sollen. Neben Art. 1 Abs. 2 SE-RL hält vor allem der 8. Erwägungsgrund zur SE-RL dieses Prinzip fest:

„(8) Die konkreten Verfahren der grenzüberschreitenden Unterrichtung und Anhörung der Arbeitnehmer sowie gegebenenfalls der Mitbestimmung, die für die einzelnen SE gelten, sollten vorrangig durch eine Vereinbarung zwischen den betroffenen Parteien oder – in Ermangelung einer derartigen Vereinbarung – durch die Anwendung einer Reihe von subsidiären Regeln festgelegt werden."

12   Dementsprechend bestimmt § 1 Abs. 2 Satz 2 programmatisch, dass für den Fall des Scheiterns einer Vereinbarung eine Beteiligung der Arbeitnehmer in der SE kraft Gesetzes sichergestellt wird. Angesichts der grundsätzlichen Differenzierung zwischen Unterrichtung und Anhörung einerseits sowie Mitbestimmung andererseits legen die §§ 23 bis 33 diese für die Unterrichtung und Anhörung sowie die §§ 35 bis 38 für die Mitbestimmung fest.

13   Einen eigenständigen Regelungsgehalt hat § 1 Abs. 2 nicht. Insbesondere lässt sich aus **§ 1 Abs. 2 Satz 1** keine verbindliche Vorgabe für den Inhalt der Beteiligungsvereinbarung ableiten. Der in dem SEBG installierte Verhandlungsmechanismus verfolgt zwar das allgemeine Ziel, das Recht der Arbeitnehmer auf grenzüberschreitende Beteiligung zu sichern, überlässt deren konkrete Ausgestaltung aber den Verhandlungsparteien. In diesem Rahmen kann der bisherige Status quo grundsätzlich auch abgesenkt werden, sofern dem nicht zwingende Vorgaben des SEBG entgegenstehen (z.B. § 15 Abs. 5). Das gilt nicht nur für die Mitbestimmung, sondern auch für die Unterrichtung und Anhörung der Arbeitnehmer, sofern die Beteiligten diesbezüglich die Vorgaben in § 21 Abs. 1 beachten.

14   Vergleichbares gilt für **§ 1 Abs. 2 Satz 2**. Die Vorschrift sieht lediglich in allgemeiner Form das subsidiäre Eingreifen einer gesetzlichen Auffangregelung vor. Die Voraussetzungen für deren Anwendung sowie die nähere Ausgestaltung regelt das Gesetz in seinem 3. Teil (§§ 22 bis 33, 34 bis 39). Im Unterschied zur Unterrichtung und Anhörung greift die gesetzliche Auffangregelung zur Mitbestimmung nicht stets beim Scheitern einer Vereinbarung ein, sondern nur, wenn die von der zur Gründung der SE gewählten Form abhängigen Voraussetzungen in § 34 Abs. 1 erfüllt sind. Noch weitergehend bestimmt § 16 Abs. 2, dass die gesetzliche Auffangregelung bei einem Beschluss des BVG, die Verhandlungen mit den Leitungen nicht aufzunehmen oder diese abzubrechen, weder im Hinblick auf die Unterrichtung und Anhörung noch bezüglich der Mitbestimmung zur Anwendung gelangt (vgl. auch unten § 16 Rz. 17).

IV. Auslegung des SEBG und der Beteiligungsvereinbarung (§ 1 Abs. 3)

15   Mit § 1 Abs. 3 erhebt das SEBG die Förderung der Beteiligungssicherung zur Auslegungsmaxime, die nicht nur die Vorschriften des Gesetzes, sondern auch die zwischen den Parteien abgeschlossene Vereinbarung beeinflusst. Die Anwendung anderer Auslegungskriterien schließt die Vorschrift jedoch weder im Hinblick auf das SEBG noch für die Beteiligungsvereinbarung aus.

1. Auslegung des SEBG

16   Die Vorgabe in § 1 Abs. 3 entbindet den Norminterpreten von der Aufgabe, die **teleologische Zielsetzung** der Vorschriften des SEBG eigenständig zu ermitteln. Zudem verpflichtet sie diesen dazu, diese im Zweifel so auszulegen, dass die Sicherstellung der Beteiligung der Arbeitnehmer in der SE möglichst gefördert wird[12]; insoweit lässt

---

12 *Nagel* in Nagel/Freis/Kleinsorge, SEBG, § 1 Rz. 5.

sich § 1 Abs. 3 das **Gebot einer mitbestimmungsfreundlichen Auslegung** entnehmen. Dies legitimiert den Rechtsanwender jedoch nicht, die tradierten Grenzen der Gesetzesauslegung zu überschreiten. Insbesondere muss sich die Auslegung der Vorschriften auch bei Berücksichtigung der Vorgabe in § 1 Abs. 3 in dem Rahmen bewegen, den der natürliche Wortsinn absteckt[13].

Die Auslegungsmaxime des § 1 Abs. 3 befreit den Interpreten nicht davon, bei der 17 Anwendung der Vorschriften des SEBG die **Vorgaben des Gemeinschaftsrechts** zu beachten. Das gilt insbesondere für das Gebot einer **richtlinienkonformen Auslegung**, da die Bestimmungen des SEBG oftmals eine unmittelbare Entsprechung in der SE-RL finden und den Wortlaut der korrespondierenden Regelung z.T. unverändert übernehmen[14]. Besondere Bedeutung können zudem die Vorschriften der SE-VO erlangen, da diese als unmittelbar geltende Rechtsvorschriften der Gemeinschaft (vgl. Art. 249 Unterabs. 2 EG) gegenüber dem Recht der Mitgliedstaaten einen Anwendungsvorrang genießen. Sie überlagern auch die Bestimmungen des SEBG und zwingen dazu, diese im Kollisionsfall nicht anzuwenden. Ungeachtet der Auslegungsregel in § 1 Abs. 3 sind deshalb die Vorschriften des SEBG so auszulegen, dass ihr Inhalt nicht im Widerspruch zu den Bestimmungen der SE-VO steht. Allerdings steht auch deren Inhalt nicht stets zweifelsfrei fest und bedarf ihrerseits ebenfalls der Konkretisierung im Wege einer Auslegung. Bei dieser kann es auch notwendig sein, einzelne Vorschriften der SE-VO im Lichte der SE-RL, insbesondere ihrer in den Erwägungsgründen niedergelegten Zielsetzung auszulegen; Art. 1 Abs. 4 SE-VO verweist hinsichtlich der Beteiligung der Arbeitnehmer ausdrücklich auf die ergänzende Richtlinie, so dass eine im Widerspruch zu der SE-RL stehende Auslegung der SE-VO nicht im Einklang mit dem gemeinschaftsrechtlichen Normengefüge steht. Dieser Zusammenhang rechtfertigt es jedoch nicht, die Bestimmungen der SE-VO im Zweifel so auszulegen, dass die Sicherung der Arbeitnehmerbeteiligung gefördert wird.

Die Auslegungsmaxime in § 1 Abs. 3 ist auf die **Vorschriften des SEBG** beschränkt; 18 sie gibt keinen Maßstab für die Anwendung anderer einfachgesetzlicher Bestimmungen, insbesondere nicht für die gesellschaftsrechtlichen Vorschriften des SEAG bzw. des wegen Art. 9 SE-VO anzuwendenden AktG.

2. Auslegung von Beteiligungsvereinbarungen

Die Auslegungsmaxime in § 1 Abs. 3 gilt ausdrücklich auch für die von den Parteien 19 abgeschlossene Beteiligungsvereinbarung, ist aber ebensowenig wie bezüglich des SEBG in der Lage, andere Auslegungsmaximen vollständig zu verdrängen[15]. Auch insoweit zieht der Wortlaut der Beteiligungsvereinbarung für deren Auslegung eine durch § 1 Abs. 3 nicht überwindbare Grenze. Darüber hinaus ist bei der Beteiligungsvereinbarung das Gebot einer richtlinienkonformen Auslegung zu beachten, sofern die maßgebliche Bestimmung der SE-RL unmittelbar den Inhalt der abzuschließenden Beteiligungsvereinbarung betrifft. Soweit der Beteiligungsvereinbarung die Kraft zugesprochen wird, Regelungen mit normativer Wirkung zu schaffen, sind die Grundsätze zur Gesetzesauslegung anzuwenden (s. unten § 21 Rz. 18)[16].

---

13 Zu dieser allgemeinen Grenze der Auslegung *Larenz/Canaris*, Methodenlehre der Rechtswissenschaft, 3. Aufl. 1995, S. 141 ff.
14 Zu den auch insoweit bestehenden Schranken für die Auslegung vgl. z.B. jüngst BAG v. 18.2.2003 – 1 ABR 2/02, AP Nr. 12 zu § 611 BGB Arbeitsbereitschaft.
15 Dazu ausführlich *Oetker* in FS Konzen, 2006, S. 635, 643 ff.
16 A.A. *Jacobs* in MünchKomm. AktG, § 21 SEBG Rz. 8, der aufgrund seines abweichenden Ansatzes die Grundsätze zur Auslegung von Verträgen anwendet.

V. Strukturelle Änderungen (§ 1 Abs. 4)

20   Die in Rz. 15 ff. dargelegten Grundsätze sollen nach § 1 Abs. 4 auch für strukturelle
Änderungen in der SE gelten. Dementsprechend enthält das SEBG an verschiedenen
Stellen ausdrücklich Regelungen, um die Auswirkungen struktureller Änderungen
zu erfassen, so vor allem in § 18 Abs. 3 SEBG sowie in § 25 SEBG[17], womit das SEBG
insbesondere Erwägungsgrund 18 Satz 3 der SE-RL[18] Rechnung trägt[19], nach dem das
Vorher-Nachher-Prinzip „nicht nur für die Neugründung einer SE, sondern auch für
strukturelle Veränderungen einer bereits gegründeten SE und für die von den strukturellen Änderungsprozessen betroffenen Gesellschaften gelten" soll.

§ 2
Begriffsbestimmungen

(1) Der Begriff des Arbeitnehmers richtet sich nach den Rechtsvorschriften und Gepflogenheiten der jeweiligen Mitgliedstaaten. Arbeitnehmer eines inländischen Unternehmens oder Betriebs sind Arbeiter und Angestellte einschließlich der zu ihrer
Berufsausbildung Beschäftigten und der in § 5 Abs. 3 Satz 2 des Betriebsverfassungsgesetzes genannten leitenden Angestellten, unabhängig davon, ob sie im Betrieb, im
Außendienst oder mit Telearbeit beschäftigt werden. Als Arbeitnehmer gelten auch
die in Heimarbeit Beschäftigten, die in der Hauptsache für das Unternehmen oder
den Betrieb arbeiten.

(2) Beteiligte Gesellschaften sind die Gesellschaften, die unmittelbar an der Gründung einer SE beteiligt sind.

(3) Tochtergesellschaften sind rechtlich selbstständige Unternehmen, auf die eine andere Gesellschaft einen beherrschenden Einfluss im Sinne von Artikel 3 Abs. 2 bis 7
der Richtlinie 94/45/EG des Rates vom 22. September 1994 über die Einsetzung eines
Europäischen Betriebsrats oder die Schaffung eines Verfahrens zur Unterrichtung
und Anhörung der Arbeitnehmer in gemeinschaftsweit operierenden Unternehmen
und Unternehmensgruppen (ABl. EG Nr. L 254 S. 64) ausüben kann. § 6 Abs. 2 bis 4
des Europäische Betriebsräte-Gesetzes vom 28. Oktober 1996 (BGBl. I S. 1548, 2022)
ist anzuwenden.

(4) Betroffene Tochtergesellschaften oder betroffene Betriebe sind Tochtergesellschaften oder Betriebe einer beteiligten Gesellschaft, die zu Tochtergesellschaften oder Betrieben der SE werden sollen.

(5) Leitung bezeichnet das Organ der unmittelbar an der Gründung der SE beteiligten
Gesellschaften oder der SE selbst, das die Geschäfte der Gesellschaft führt und zu ihrer Vertretung berechtigt ist. Bei den beteiligten Gesellschaften ist dies das Leitungs-
oder Verwaltungsorgan, bei der SE das Leitungsorgan oder die geschäftsführenden Direktoren.

(6) Arbeitnehmervertretung bezeichnet jede Vertretung der Arbeitnehmer nach dem
Betriebsverfassungsgesetz (Betriebsrat, Gesamtbetriebsrat, Konzernbetriebsrat oder
eine nach § 3 Abs. 1 Nr. 1 bis 3 des Betriebsverfassungsgesetzes gebildete Vertretung).

---

17 Entsprechendes gilt in Österreich nach Maßgabe der §§ 228, 233 Abs. 3 ArbVG.
18 Entsprechendes gilt für die SCE-RL, s. Erwägungsgrund 21 Satz 3 bis 5 zur SCE-RL.
19 So auch Begr. RegE, BT-Drucks. 15/3405, S. 43.

(7) SE-Betriebsrat bezeichnet das Vertretungsorgan der Arbeitnehmer der SE, das durch eine Vereinbarung nach § 21 oder kraft Gesetzes nach den §§ 22 bis 33 eingesetzt wird, um die Rechte auf Unterrichtung und Anhörung der Arbeitnehmer der SE, ihrer Tochtergesellschaften und Betriebe und, wenn vereinbart, Mitbestimmungsrechte und sonstige Beteiligungsrechte in Bezug auf die SE wahrzunehmen.

(8) Beteiligung der Arbeitnehmer bezeichnet jedes Verfahren – einschließlich der Unterrichtung, Anhörung und Mitbestimmung –, durch das die Vertreter der Arbeitnehmer auf die Beschlussfassung in der Gesellschaft Einfluss nehmen können.

(9) Beteiligungsrechte sind Rechte, die den Arbeitnehmern und ihren Vertretern im Bereich der Unterrichtung, Anhörung, Mitbestimmung und der sonstigen Beteiligung zustehen. Hierzu kann auch die Wahrnehmung dieser Rechte in den Konzernunternehmen der SE gehören.

(10) Unterrichtung bezeichnet die Unterrichtung des SE-Betriebsrats oder anderer Arbeitnehmervertreter durch die Leitung der SE über Angelegenheiten, welche die SE selbst oder eine ihrer Tochtergesellschaften oder einen ihrer Betriebe in einem anderen Mitgliedstaat betreffen oder die über die Befugnisse der zuständigen Organe auf der Ebene des einzelnen Mitgliedstaats hinausgehen. Zeitpunkt, Form und Inhalt der Unterrichtung sind so zu wählen, dass es den Arbeitnehmervertretern möglich ist, zu erwartende Auswirkungen eingehend zu prüfen und gegebenenfalls eine Anhörung mit der Leitung der SE vorzubereiten.

(11) Anhörung bezeichnet die Einrichtung eines Dialogs und eines Meinungsaustauschs zwischen dem SE-Betriebsrat oder anderer Arbeitnehmervertreter und der Leitung der SE oder einer anderen zuständigen mit eigenen Entscheidungsbefugnissen ausgestatteten Leitungsebene. Zeitpunkt, Form und Inhalt der Anhörung müssen dem SE-Betriebsrat auf der Grundlage der erfolgten Unterrichtung eine Stellungnahme zu den geplanten Maßnahmen der Leitung der SE ermöglichen, die im Rahmen des Entscheidungsprozesses innerhalb der SE berücksichtigt werden kann.

(12) Mitbestimmung bedeutet die Einflussnahme der Arbeitnehmer auf die Angelegenheiten einer Gesellschaft durch

a) die Wahrnehmung des Rechts, einen Teil der Mitglieder des Aufsichts- oder Verwaltungsorgans der Gesellschaft zu wählen oder zu bestellen, oder

b) die Wahrnehmung des Rechts, die Bestellung eines Teils oder aller Mitglieder des Aufsichts- oder Verwaltungsorgans der Gesellschaft zu empfehlen oder abzulehnen.

I. Allgemeines

1   Die Vorschrift fasst – entsprechend der Regelungstechnik in Art. 2 SE-RL – die für die Anwendung des SEBG zentralen Legaldefinitionen zusammen; sie sind für die jeweiligen Vorschriften des Gesetzes verbindlich[1].

2   Die einzelnen Umschreibungen in § 2 sind regelmäßig **Art. 2 SE-RL** entnommen und transformieren die dortigen Begriffsbestimmungen zumeist unverändert in das deutsche Recht. Art. 2 SE-RL hat folgenden Wortlaut:

„Für die Zwecke dieser Richtlinie bezeichnet der Ausdruck

a) ‚SE' eine nach der Verordnung (EG) Nr. 2157/2001 gegründete Gesellschaft,

b) ‚beteiligte Gesellschaften' die Gesellschaften, die unmittelbar an der Gründung einer SE beteiligt sind,

c) ‚Tochtergesellschaft' einer Gesellschaft ein Unternehmen, auf das die betreffende Gesellschaft einen beherrschenden Einfluss im Sinne des Artikels 3 Absätze 2 bis 7 der Richtlinie 94/45/EG ausübt,

d) ‚betroffene Tochtergesellschaft oder betroffener Betrieb' eine Tochtergesellschaft oder einen Betrieb einer beteiligten Gesellschaft, die/der bei der Gründung der SE zu einer Tochtergesellschaft oder einem Betrieb der SE werden soll,

e) ‚Arbeitnehmervertreter' die nach den Rechtsvorschriften und/oder den Gepflogenheiten der einzelnen Mitgliedstaaten vorgesehenen Vertreter der Arbeitnehmer,

f) ‚Vertretungsorgan' das Organ zur Vertretung der Arbeitnehmer, das durch die Vereinbarung nach Artikel 4 oder entsprechend dem Anhang eingesetzt wird, um die Unterrichtung und Anhörung der Arbeitnehmer der SE und ihrer Tochtergesellschaften und Betriebe in der Gesellschaft vorzunehmen und gegebenenfalls Mitbestimmungsrechte in Bezug auf die SE wahrzunehmen,

g) ‚besonderes Verhandlungsgremium' das gemäß Artikel 3 eingesetzte Gremium, das die Aufgabe hat, mit dem jeweils zuständigen Organ der beteiligten Gesellschaften die Vereinbarung über die Beteiligung der Arbeitnehmer in der SE auszuhandeln,

h) ‚Beteiligung der Arbeitnehmer' jedes Verfahren – einschließlich der Unterrichtung, der Anhörung und der Mitbestimmung – durch das die Vertreter der Arbeitnehmer auf die Beschlussfassung innerhalb der Gesellschaft Einfluss nehmen können,

i) ‚Unterrichtung' die Unterrichtung des Organs zur Vertretung der Arbeitnehmer und/oder der Arbeitnehmervertreter durch das zuständige Organ der SE über Angelegenheiten, die die SE selbst oder eine ihrer Tochtergesellschaften oder einen ihrer Betriebe in einem anderen Mitgliedstaat betreffen oder die über die Befugnisse der Entscheidungsorgane auf der Ebene des einzelnen Mitgliedstaats hinausgehen, wobei Zeitpunkt, Form und Inhalt der Unterrichtung den Arbeitnehmervertretern eine eingehende Prüfung der möglichen Auswirkungen und gegebenenfalls die Vorbereitung von Anhörungen mit dem zuständigen Organ der SE ermöglichen müssen,

j) ‚Anhörung' die Einrichtung eines Dialogs und eines Meinungsaustauschs zwischen dem Organ zur Vertretung der Arbeitnehmer und/oder den Arbeitnehmervertretern und dem zuständigen Organ der SE, wobei Zeitpunkt, Form und Inhalt der Anhörung den Arbeitnehmervertretern auf der Grundlage der erfolgten Unterrichtung eine Stellungnahme zu den geplanten Maßnahmen des zuständigen Organs ermöglichen müssen, die im Rahmen des Entscheidungsprozesses innerhalb der SE berücksichtigt werden kann,

k) ‚Mitbestimmung' die Einflussnahme des Organs zur Vertretung der Arbeitnehmer und/oder der Arbeitnehmervertreter auf die Angelegenheiten einer Gesellschaft durch

– die Wahrnehmung des Rechts, einen Teil der Mitglieder des Aufsichts- oder des Verwaltungsorgans der Gesellschaft zu wählen oder zu bestellen, oder

– die Wahrnehmung des Rechts, die Bestellung eines Teils der oder aller Mitglieder des Aufsichts- oder des Verwaltungsorgans der Gesellschaft zu empfehlen und/oder abzulehnen."

3   Der Katalog der Legaldefinitionen in Art. 2 SE-RL stimmt mit den vergleichbaren begrifflichen Umschreibungen in **Art. 2 SCE-RL** überein; Entsprechendes gilt für die Legaldefinition in **§ 2 SCEBG** bei einem Vergleich mit § 2 SEBG. Übernommen hat der Gesetzgeber die Legaldefinitionen in § 2 Abs. 1 bis 6 und 12 mit geringen Abwei-

---

1 *Jacobs* in MünchKomm. AktG, § 2 SEBG Rz. 1.

chungen auch für die gesetzliche Regelung zur Mitbestimmung der Arbeitnehmer bei einer **Verschmelzung von Kapitalgesellschaften** aus verschiedenen Mitgliedstaaten (s. § 2 MgVG).

Das **österreichische Recht** greift die Begriffsbestimmungen in Art. 2 SE-RL mit den   4 §§ 210 bis 212 ArbVG auf, wobei diese ebenfalls regelmäßig die gemeinschaftsrechtlichen Legaldefinitionen übernehmen; bezüglich des Arbeitnehmerbegriffs ist § 36 ArbVG maßgebend.

II. Die einzelnen Begriffsbestimmungen

1. Arbeitnehmerbegriff (§ 2 Abs. 1)

Abweichend von der ansonsten praktizierten engen Anlehnung an Art. 2 SE-RL ent-   5 hält § 2 Abs. 1 eine eigenständige Definition des Arbeitnehmerbegriffs[2], die zwar einerseits – entsprechend Art. 2 lit. b SE-RL – auf das Recht der jeweiligen Mitgliedstaaten verweist (§ 2 Abs. 1 Satz 1 SEBG), andererseits aber im Hinblick auf die inländischen Arbeitnehmer unmittelbar den Wortlaut des **§ 5 Abs. 1 BetrVG** übernimmt. Wegen dieser Parallelität sind für die Auslegung von § 2 Abs. 1 Satz 2 die zu § 5 Abs. 1 BetrVG anerkannten Grundsätze[3] heranzuziehen. Maßgebend ist deshalb der **allgemeine Arbeitnehmerbegriff**[4], der insbesondere eine arbeitsvertragliche Beziehung zu dem Unternehmen bzw. dem Rechtsträger des Betriebes fordert. Die in dem Unternehmen bzw. Betrieb eingesetzten **Leiharbeitnehmer** zählen nicht zu den dortigen Arbeitnehmern, da sie ausschließlich mit dem Verleiher arbeitsvertraglich verbunden sind. Bezüglich der in **Heimarbeit** Beschäftigten stimmt § 2 Abs. 1 Satz 3 SEBG mit § 5 Abs. 1 Satz 2 BetrVG überein[5].

Entgegen dem BetrVG, das **leitende Angestellten i.S. des § 5 Abs. 3 Satz 2 BetrVG**   6 grundsätzlich aus dem Anwendungsbereich des Gesetzes ausklammert[6], beschreitet § 2 Abs. 1 Satz 2 den umgekehrten Weg und bezieht diese in den für das SEBG maßgebenden Arbeitnehmerbegriff ein. Wegen der Integration dieser Arbeitnehmergruppe in die Unternehmensmitbestimmung nach dem MitbestG (s. § 3 MitbestG) ist diese Abweichung vom BetrVG zwar zwingend geboten[7], im Hinblick auf die von dem DrittelbG erfassten Unternehmen aber auch als eine gemeinschaftsrechtlich nicht geforderte Privilegierung der leitenden Angestellten zu bewerten[8], die im Interesse der Praktikabilität jedoch hinzunehmen ist[9]. Für die Konkretisierung des Kreises der leitenden Angestellten sind nicht nur die zu § 5 Abs. 3 Satz 2 BetrVG anerkannten

---

2   Zur fehlenden eigenen Definition des Arbeitnehmerbegriffs in der SE-RL s. *Güntzel*, Richtlinie, S. 133 ff.
3   Zu diesen ausführlich *Raab* in GK-BetrVG, 8. Aufl. 2005, § 5 Rz. 10 ff.
4   So auch Begr. RegE, BT-Drucks. 15/3405, S. 44; *Jacobs* in MünchKomm. AktG, § 2 SEBG Rz. 2.
5   Dazu z.B. *Raab* in GK-BetrVG, 8. Aufl. 2005, § 5 Rz. 56 ff.
6   Entsprechendes gilt für den im EBRG maßgebenden Arbeitnehmerbegriff; s. zu diesem *Oetker* in GK-BetrVG, 8. Aufl. 2005, vor § 106 Rz. 63 und 64 sowie *Giesen* in Henssler/Willemsen/Kalb, ArbRKomm., 2. Aufl. 2006, EBRG Rz. 6.
7   Näher dazu *Heinze* in FS Schwerdtner, 2003, S. 741, 745 ff. sowie *Scheibe*, Mitbestimmung der Arbeitnehmer, S. 52 ff.; *Steinberg*, Mitbestimmung, S. 139 ff.; gegenteiliger Ansicht *Güntzel*, Richtlinie, S. 385 f.
8   Zur dortigen Ausklammerung der leitenden Angestellten s. § 3 Abs. 1 DrittelbG.
9   Die Privilegierung der leitenden Angestellten zeigt sich besonders deutlich, wenn keine der an der Gründung der SE beteiligten Gesellschaften aufgrund der Zahl der Arbeitnehmer nicht dem MitbestG unterliegt. In dieser Konstellation geht das SEBG über die selbst definierte Zielsetzung hinaus, da der Status quo zugunsten der leitenden Angestellten verändert wird.

Grundsätze[10], sondern aufgrund der systematischen Verknüpfung mit dieser Vorschrift auch die Zweifelsregeln in § 5 Abs. 4 BetrVG[11] heranzuziehen.

2. Beteiligte Gesellschaften (§ 2 Abs. 2)

7   Für die Umschreibung der „beteiligten Gesellschaften" übernimmt § 2 Abs. 2 den Wortlaut des Art. 2 lit. b SE-RL. Erfasst werden hiervon nur diejenigen Gesellschaften, die sich unmittelbar an der Gründung der SE beteiligen. Gesellschaften, die von diesen abhängig sind (Tochtergesellschaften) zählen nicht zu den „beteiligten Gesellschaften"[12]; bei **Konzernstrukturen** ist deshalb ausschließlich die Konzernobergesellschaft (herrschendes Unternehmen) beteiligte Gesellschaft i.S. des § 2 Abs. 2[13].

8   Im Gegensatz zu § 210 Abs. 1 Satz 2 ArbVG verzichtet § 2 Abs. 2 darauf, den Kreis der unmittelbar an der Gründung beteiligten Gesellschaften nach Maßgabe der verschiedenen **Gründungsformen** zu erläutern, die österreichische Regelung liefert jedoch eine zutreffende Beschreibung der gesellschaftsrechtlichen Verhältnisse. Danach sind bei der Gründung der SE durch **Verschmelzung** die verschmelzenden Gesellschaften unmittelbar beteiligt. Bei einer Verschmelzung durch Aufnahme sind dies sowohl die aufnehmende Gesellschaft (übernehmende Gesellschaft) als auch diejenige, die infolge der Verschmelzung ihre Identität verliert (übertragende Gesellschaft); bei einer Verschmelzung durch Gründung einer neuen Gesellschaft sind diejenigen Gesellschaften beteiligt, die sich verschmelzen. Bei einer **Holding-SE** sind die die Gründung der SE anstrebenden Gesellschaften unmittelbar beteiligt; bei einer **Tochter-SE** sind an deren Gründung unmittelbar beteiligt diejenigen Gesellschaften, die Aktien der Tochter-SE zeichnen. Unmittelbar beteiligt ist bei der Gründung einer SE durch **Umwandlung** ausschließlich die umzuwandelnde Gesellschaft, die in das Rechtskleid der SE wechseln soll.

3. Tochtergesellschaften (§ 2 Abs. 3)

9   Bezüglich der Tochtergesellschaften sieht § 2 Abs. 3 – wie Art. 2 lit. c SE-RL – von einer eigenständigen Definition ab und verweist statt dessen auf Art. 3 Abs. 2 bis 7 EBR-RL bzw. § 6 Abs. 2 bis 4 EBRG[14]. Tochtergesellschaften sind danach rechtlich selbständige Unternehmen (abhängige Unternehmen), auf die ein anderes Unternehmen (herrschendes Unternehmen) unmittelbar oder mittelbar **beherrschenden Einfluss** ausüben kann. Dieser ist bei den Tatbeständen in § 6 Abs. 2 Nr. 1 bis 3 EBRG zu vermuten, jedoch einer Widerlegung zugänglich[15]. Im Unterschied zu § 18 AktG ist **keine „einheitliche Leitung"** erforderlich; es genügt die potentielle Leitungsmacht, um ein Unternehmen als „herrschend" qualifizieren zu können. Wegen des Fehlens eines Beherrschungsverhältnisses erfasst § 2 Abs. 3 nicht den **Gleichordnungskonzern** i.S. des § 18 Abs. 2 AktG. Zu den Tochtergesellschaften i.S. des § 2 Abs. 3 können auch **Gemeinschaftsunternehmen** zählen[16]. Im Unterschied zu dem

---

10 Dazu z.B. *Raab* in GK-BetrVG, 8. Aufl. 2005, § 5 Rz. 92 ff.
11 Hierzu statt aller *Raab* in GK-BetrVG, 8. Aufl. 2005, § 5 Rz. 154 ff. sowie *Gaul* in Henssler/Willemsen/Kalb, ArbRKomm., 2. Aufl. 2006, § 5 BetrVG Rz. 59 ff.
12 *Nagel* in Nagel/Freis/Kleinsorge, SEBG, § 2 Rz. 5.
13 *Grobys*, NZA 2005, 84, 85; *Jacobs* in MünchKomm. AktG, § 2 SEBG Rz. 8.
14 Mit vergleichbarer Regelungstechnik auch die österreichische Regelung in § 210 Abs. 2 ArbVG, die auf einen beherrschenden Einfluss i.S. des § 176 ArbVG abstellt.
15 *Jacobs* in MünchKomm. AktG, § 2 SEBG Rz. 10; *Nagel* in Nagel/Freis/Kleinsorge, SEBG, § 2 Rz. 10; ebenso zu § 210 Abs. 2 ArbVG *Cerny* in Cerny/Mayr, Arbeitsverfassungsrecht, Bd. 6, 2006, § 210 ArbVG Erl. 3; *Gahleitner* in Kalss/Hügel, § 210 ArbVG Rz. 3. Wie hier zu § 6 Abs. 2 EBRG *Oetker* in GK-BetrVG, 8. Aufl. 2005, vor § 106 Rz. 53.
16 *Nagel* in Nagel/Freis/Kleinsorge, SEBG, § 2 Rz. 7. S. dazu im Rahmen der EBR-RL *Oetker* in GK-BetrVG, 8. Aufl. 2005, vor § 106 Rz. 50 f.

herrschenden Unternehmen, dessen Rechtsform durch den von der Gründungsform abhängigen Kreis der beteiligten Gesellschaften beeinflusst wird, gibt das SEBG die **Rechtsform der Tochtergesellschaft** nicht vor; es kann sich deshalb auch um eine Personengesellschaft handeln.

4. Betroffene Tochtergesellschaften oder betroffene Betriebe (§ 2 Abs. 4)

Zur betroffenen Tochtergesellschaft oder zum betroffenen Betrieb wird eine Tochter- 10 gesellschaft oder ein Betrieb, wenn eine an der Gründung der SE unmittelbar beteiligte Gesellschaft herrschendes Unternehmen bzw. Rechtsträger eines Betriebes ist und sich dieses Rechtsverhältnis nach der Gründung der SE zu dieser fortsetzen soll. Hierfür muss die SE nach ihrer Gründung den beherrschenden Einfluss unmittelbar oder mittelbar auf die Tochtergesellschaft ausüben können bzw. Rechtsträger des Betriebes sein.

Betroffene Tochtergesellschaften sind deshalb die Tochtergesellschaften der **ver-** 11 **schmelzenden Gesellschaften** oder die Tochtergesellschaften einer **umzuwandelnden Gesellschaft**. Etwas anderes gilt bei der **Gründung einer Tochter-SE** im Hinblick auf die Tochtergesellschaften der gründenden Gesellschaften; diese werden nach der Gründung der Tochter-SE von dieser weder unmittelbar noch mittelbar beherrscht, bei ihnen handelt es sich vielmehr um Schwestergesellschaften[17]. Anders ist teilweise bei der Gründung einer **Holding-SE** zu entscheiden; in diesem Fall werden die Tochtergesellschaften der gründenden Gesellschaften jedenfalls dann zu Enkelgesellschaften der Holding-SE, wenn diese einen beherrschenden Einfluss auf die gründenden Gesellschaften ausüben kann, da § 2 Abs. 3 für die Qualifizierung als Tochtergesellschaft einen mittelbar beherrschenden Einfluss ausreichen lässt (s. oben Rz. 9)[18].

Bezüglich des **Betriebsbegriffs** verzichtet das SEBG auf eine eigenständige Legaldefinition; es gelten deshalb die allgemeinen Anforderungen des Betriebsverfassungsrechts[19]. Betrieb i.S. des SEBG kann auch ein **Gemeinschaftsbetrieb** sein (vgl. § 1 Abs. 1 Satz 2, Abs. 2 BetrVG). 12

5. Leitung (§ 2 Abs. 5)

Im Rahmen des SEBG verwendet das Gesetz wiederholt die Formulierung „Leitun- 13 gen", insbesondere bilden sie den Verhandlungspartner des BVG für den Abschluss einer Beteiligungsvereinbarung. Die Legaldefinition in § 2 Abs. 5 umschreibt die „Leitung" näher, während die mit § 2 korrespondierende Bestimmung in Art. 2 SE-RL auf eine vergleichbare Umschreibung verzichtet. Im Rahmen der SE-RL erwies sich dies als entbehrlich, weil diese nicht den offenen Begriff der „Leitungen", sondern präzisere Formulierungen verwendet (z.B. Leitungs- oder Verwaltungsorgane der beteiligten Gesellschaften, Art. 3 Abs. 1 Satz 1 SE-RL; jeweils zuständige Organ der beteiligten Gesellschaften, Art. 4 Abs. 1 SE-RL; zuständiges Organ der SE, Art. 9 Unterabs. 1 SE-RL)[20].

---

17 Ebenso *Cerny* in Cerny/Mayr, Arbeitsverfassungsrecht, Bd. 6, 2006, § 210 ArbVG Erl. 4; *Gahleitner* in Kalss/Hügel, § 210 ArbVG Rz. 4.
18 Wie hier auch *Gahleitner* in Kalss/Hügel, § 210 ArbVG Rz. 4; *Scheibe*, Mitbestimmung der Arbeitnehmer, S. 60 f.; zu weitgehend Begr. RegE, BT-Drucks. 15/3405, S. 14, wonach die betroffenen Tochtergesellschaften bei Gründung einer Holding-SE stets zu Enkelgesellschaften der SE werden; ebenso *Nagel* in Nagel/Freis/Kleinsorge, SEBG, § 2 Rz. 14 sowie zu § 210 ArbVG *Cerny* in Cerny/Mayr, Arbeitsverfassungsrecht, Bd. 6, 2006, § 210 ArbVG Erl. 4.
19 Ebenso *Jacobs* in MünchKomm. AktG, § 2 SEBG Rz. 26.
20 Entsprechendes gilt für das österreichische Recht, da dieses auf das zuständige Organ oder die zuständigen Leitungs- oder Verwaltungsorgane abstellt.

14   Für die „Leitung" einer Gesellschaft stellt § 2 Abs. 5 auf die Geschäftsführungsbefug-
      nis und die Vertretungsmacht ab. Leitung ist deshalb dasjenige Organ einer Gesell-
      schaft, dem sowohl die Geschäftsführungsbefugnis als auch die Vertretungsmacht
      zusteht. Bei den beteiligten Gesellschaften handelt es sich, abhängig von der dualisti-
      schen oder monistischen Struktur der Gesellschaft, um das Leitungs- oder Verwal-
      tungsorgan. Erhebt das SEBG die SE selbst zum Normadressaten (z.B. § 18 Abs. 4), so
      wird die Leitung entweder durch das vom Aufsichtsorgan bestellte Leitungsorgan (so
      bei der dualistisch strukturierten SE) oder die geschäftsführenden Direktoren des Ver-
      waltungsrates (so bei der SE mit monistischer Struktur) gebildet.

6. Arbeitnehmervertretung (§ 2 Abs. 6)

15   Verwendet das SEBG in den jeweiligen Vorschriften den Begriff der Arbeitnehmerver-
      tretung, so handelt es sich wegen der Legaldefinition in § 2 Abs. 6 ausschließlich um
      die **nach dem BetrVG gebildeten Vertretungen**[21]. Die SE-RL stellt in Art. 2 lit. e dem-
      gegenüber nicht auf das Organ, sondern auf die **„Arbeitnehmervertreter"** ab, verweist
      jedoch insoweit auf die Rechtsvorschriften und/oder Gepflogenheiten der Mitglied-
      staaten.

16   Da die Legaldefinition in § 2 Abs. 6 mit der Bezugnahme auf das BetrVG einerseits
      die Vertretungen der leitenden Angestellten wegen ihrer Kodifizierung im SprAuG
      ausklammert[22], andererseits Art. 2 lit. e SE-RL offener formuliert ist, hat das SEBG
      die von den leitenden Angestellten errichteten **Sprecherausschüsse** stets gesondert
      neben die „Arbeitnehmervertretungen" in den Gesetzestext aufgenommen (so z.B.
      § 4 Abs. 2 Satz 1). Aufgrund dieser Regelungstechnik ist die alleinige Verwendung
      des Begriffs „Arbeitnehmervertretung" in den Vorschriften des SEBG stets in dem en-
      geren und durch § 2 Abs. 6 umschriebenen Sinne zu verstehen, ohne dass die von den
      leitenden Angestellten gebildeten Sprecherausschüsse einzubeziehen sind (so z.B. § 4
      Abs. 3 Nr. 2, § 9 Abs. 1 und 2, § 10 Abs. 2 und 3).

17   Soweit § 2 Abs. 6 auf die **Vertretungen nach dem BetrVG** Bezug nimmt, werden diese
      in dem Klammerzusatz näher erläutert, wobei dessen Wortlaut eine abschließende
      Aufzählung nahelegt. Von den aufgrund eines **Tarifvertrages** errichteten Vertretungen
      der Arbeitnehmer werden hierdurch zwar diejenigen erfasst, die nach § 3 Abs. 1 Nr. 1
      bis 3 BetrVG errichtet worden sind[23], keine Erwähnung haben aber die aufgrund ei-
      nes Tarifvertrages für im **Flugbetrieb beschäftigte Arbeitnehmer** errichteten Vertre-
      tungen (§ 117 Abs. 2 BetrVG) gefunden. Hierbei dürfte es sich jedoch um ein gesetz-
      geberisches Versehen handeln, das eine ergänzende Korrektur des Klammerzusatzes
      rechtfertigt. Im Rahmen des SEBG handelt es sich auch bei ihnen um „Arbeitneh-
      mervertretungen"[24].

18   Obwohl sich § 2 eng an die Vorgaben in Art. 2 SE-RL anlehnt, hat das SEBG von der
      Aufnahme einer Legaldefinition des **Arbeitnehmervertreters** abgesehen (so aber Art. 2
      lit. e SE-RL). Es liegt zwar nahe, diesen Personenkreis auf die in § 2 Abs. 6 aufgezähl-
      ten Organe zu beziehen, die damit verbundene Einengung auf betriebsverfassungs-
      rechtliche Organmitglieder würde aber Art. 2 SE-RL widersprechen. Art. 2 lit. e SE-
      RL stellt in Verbindung mit dem Arbeitnehmerbegriff in Art. 2 lit. b SE-RL auf die

---

21   *Nagel* in Nagel/Freis/Kleinsorge, SEBG, § 2 Rz. 16.
22   *Hennings* in Manz/Mayer/Schröder, Art. 2 SE-RL Rz. 16; *Jacobs* in MünchKomm. AktG, § 2
     SEBG Rz. 15; *Nagel* in Nagel/Freis/Kleinsorge, SEBG, § 2 Rz. 16; *Niklas*, NZA 2004, 1200,
     1201.
23   *Jacobs* in MünchKomm. AktG, § 2 SEBG Rz. 15; *Nagel* in Nagel/Freis/Kleinsorge, SEBG, § 2
     Rz. 18.
24   Ebenso *Scheibe*, Mitbestimmung der Arbeitnehmer, S. 71 f.

Rechtsvorschriften und Gepflogenheiten der Mitgliedstaaten ab, so dass unter diesem Blickwinkel auch die **Mitglieder der Sprecherausschüsse** als Arbeitnehmervertreter i.S. der Legaldefinition des Art. 2 lit. e SE-RL zu qualifizieren sind. Für die Anwendung des SEBG folgt hieraus, dass der in seinen Vorschriften verwendete Begriff „Arbeitnehmervertreter" (z.B. § 41 Abs. 3 Nr. 3, Abs. 4 Nr. 2) bei der gebotenen richtlinienkonformen Auslegung auch die Vertreter der leitenden Angestellten in den Sprecherausschüssen umfasst.

7. SE-Betriebsrat (§ 2 Abs. 7)

Verwendet das SEBG den Begriff „SE-Betriebsrat", so ist hierunter das Vertretungsorgan der Arbeitnehmer zu verstehen, das entweder aufgrund einer nach § 21 abgeschlossenen Beteiligungsvereinbarung oder nach der gesetzlichen Auffangregelung in den §§ 22 bis 33 errichtet worden ist[25]. Die SE-RL verwendet demgegenüber durchgängig den Begriff „Vertretungsorgan" und definiert dieses in Art. 2 lit. f, ohne jedoch einen Inhalt vorzugeben, der von der Legaldefinition in § 2 Abs. 7 abweicht. **19**

Die Legaldefinition in § 2 Abs. 7 entbindet bei der Anwendung einzelner **Vorschriften des SEBG** nicht von einer **Auslegung** des dort jeweils aufgenommenen Begriffs „SE-Betriebsrat". Mit diesem kann der Gesetzgeber entweder den auf einer Vereinbarung errichteten SE-Betriebsrat oder den SE-Betriebsrat kraft Gesetzes meinen. Zuweilen verwendet das SEBG zur Klarstellung auch den Begriff „SE-Betriebsrat kraft Gesetzes" (so z.B. in § 16 Abs. 2 Satz 2, § 18 Abs. 2 und 3 Satz 3), ohne hierdurch jedoch den Umkehrschluss zu rechtfertigen, dass der Begriff „SE-Betriebsrat" ohne einschränkenden Zusatz stets in einem umfassenden Sinne zu verstehen ist, der beide Rechtsgrundlagen (kraft Vereinbarung nach § 21 sowie kraft Gesetzes) umfasst. Vielmehr bedarf es stets einer Auslegung der jeweiligen Vorschrift, in welchem Sinne diese den ohne Zusatz versehenen Begriff „SE-Betriebsrat" verstanden wissen will. Regelmäßig hilft bereits der systematische Kontext; so ist der Begriff „SE-Betriebsrat" im Rahmen der §§ 22 bis 33 aufgrund ihrer systematischen Stellung[26] stets im Sinne des kraft Gesetzes errichteten SE-Betriebsrates zu verstehen. Umgekehrt kann sich aus dem Zweck der jeweiligen Vorschrift ergeben, dass mit dem „SE-Betriebsrat" das Gremium bzw. seine Mitglieder unabhängig von der Rechtsgrundlage der Errichtung gemeint sind. Exemplarisch hierfür stehen § 41 Abs. 2, Abs. 3 Nr. 1, § 42 Satz 1 Nr. 2, § 44 und § 45 Abs. 4, die wegen ihrer systematischen Stellung und ihres Zwecks unabhängig davon zur Anwendung gelangen, ob der SE-Betriebsrat aufgrund einer Beteiligungsvereinbarung oder kraft Gesetzes errichtet worden ist. **20**

Die Grundsätze in Rz. 20 sind auch maßgebend, wenn **andere Gesetze** den Begriff „SE-Betriebsrat" verwenden. Im Regelfall ist bei deren Anwendung davon auszugehen, dass dieser in einem umfassenden Sinne, also unabhängig von der Rechtsgrundlage für die Errichtung des SE-Betriebsrates zu verstehen ist. Das gilt insbesondere für die §§ 17 Abs. 3 Satz 2, 26 Abs. 2 Nr. 4, 30 Abs. 1 Satz 3 Nr. 2, 31 Abs. 2 Satz 2 SEAG, da für ein restriktives Begriffsverständnis keine Anhaltspunkte erkennbar sind. **21**

8. Beteiligung der Arbeitnehmer (§ 2 Abs. 8)

Mit dem Begriff „Beteiligung" übernimmt das SEBG aus der SE-RL einen **Oberbegriff**, der sowohl die Unterrichtung und Anhörung als auch die Mitbestimmung zusammenfasst[27]. Mit ihrem Wortlaut entspricht die Legaldefinition in § 2 Abs. 8 der Be- **22**

---

25 *Jacobs* in MünchKomm. AktG, § 2 SEBG Rz. 16; *Nagel* in Nagel/Freis/Kleinsorge, SEBG, § 2 Rz. 19.
26 S. die Abschnittsübersicht vor § 22 SEBG: „SE-Betriebsrat kraft Gesetzes".
27 Ähnlich auch die sachlich entsprechende Vorschrift in Österreich, vgl. § 212 Abs. 1 ArbVG.

griffsumschreibung in Art. 2 lit. h SE-RL, deren Elemente (Unterrichtung, Anhörung, Mitbestimmung) § 2 Abs. 10 bis 12 konkretisiert.

23   Für die Abgrenzung zu den Legaldefinitionen in § 2 Abs. 9 bis 12 ist der in § 2 Abs. 8 zum Ausdruck gebrachte Charakter der **Beteiligung als Verfahren** entscheidend[28]. Dieses ist auf ein bestimmtes **Ziel** gerichtet, an dem sich auch die hierfür geschaffenen Beteiligungsrechte (§ 2 Abs. 9) ausrichten müssen. Im Vordergrund der Beteiligung steht die Einflussnahme „auf die Beschlussfassung" der Gesellschaft, was sowohl der Begriffsumschreibung in Art. 2 lit. h SE-RL als auch der korrespondierenden Vorschrift in Österreich (§ 212 Satz 1 ArbVG) entspricht.

9. Beteiligungsrechte (§ 2 Abs. 9)

24   Mit der Legaldefinition in § 2 Abs. 9 führt das SEBG die in § 2 Abs. 8 umschriebene „Beteiligung" fort, jedoch findet es in dem Katalog des Art. 2 SE-RL indes keine Entsprechung. Sie bezeichnet die bezüglich Unterrichtung, Anhörung und Mitbestimmung bestehenden Rechte in konsequenter Fortsetzung der Begriffsbildung in § 2 Abs. 8 als Beteiligungsrechte; eine vergleichbare Regelung enthält auch das österreichische Recht (§ 212 Abs. 1 Satz 2 ArbVG). Aufgegriffen hat das SEBG den Begriff „Beteiligungsrechte" indes nur vereinzelt (s. aber § 18 Abs. 3 Satz 1, § 43 Satz 1 und 2 und § 45 Abs. 1 Nr. 2).

25   Darüber hinaus verleiht § 2 Abs. 9 Satz 2 den Beteiligungsrechten eine **konzerndimensionale Reichweite**[29], wenngleich die Bezugnahme auf „Konzernunternehmen" von der üblichen Terminologie des SEBG abweicht, das hierfür den Begriff „Tochtergesellschaft" verwendet. Zudem erweitert der in § 2 Abs. 9 aufgenommene Zusatz nicht die in § 27 festgelegte Zuständigkeit des kraft Gesetzes errichteten SE-Betriebsrates.

10. Unterrichtung (§ 2 Abs. 10)

26   Soweit das SEBG den Begriff der Unterrichtung verwendet, richtet sich die Legaldefinition in § 2 Abs. 10 an die von der Leitung der SE insbesondere gegenüber dem SE-Betriebsrat geschuldete Unterrichtung und übernimmt hierfür die Umschreibung in § 2 lit. i SE-RL[30]. In diesem Zusammenhang konkretisiert § 2 Abs. 10 neben dem Kreis der in die Unterrichtung einbezogenen Angelegenheiten (§ 2 Abs. 10 Satz 1) vor allem Zeitpunkt, Form und Inhalt der Unterrichtung (§ 2 Abs. 10 Satz 2). Diese sind von dem Zweck geleitet, eine möglichst umfassende Prüfung der jeweiligen Angelegenheit zu ermöglichen und einen sachgerechten Dialog mit der Leitung der SE vorzubereiten.

11. Anhörung (§ 2 Abs. 11)

27   Die Legaldefinition in § 2 Abs. 11 übernimmt die Begriffsumschreibung in Art. 2 lit. j SE-RL[31] und greift in seinem Kern die Umschreibung in § 1 Abs. 4 EBRG auf[32]. Cha-

---

28 Begr. RegE, BT-Drucks. 15/3405, S. 44 (zu Abs. 9); ebenso *Nagel* in Nagel/Freis/Kleinsorge, SEBG, § 2 Rz. 21.
29 In der § 2 Abs. 9 SEBG entsprechenden österreichischen Vorschrift (§ 212 Abs. 1 Satz 2 ArbVG) fehlt ein vergleichbarer Zusatz.
30 Mit nahezu identischem Wortlaut in Österreich § 212 Abs. 2 ArbVG.
31 Die Regelungen in § 2 Abs. 11 SEBG stimmen mit denen in Österreich überein (vgl. § 212 Abs. 3 ArbVG).
32 S. dazu näher *Blanke*, EBRG, 2. Aufl. 2006, § 1 Rz. 21 ff.; *Giesen* in Henssler/Willemsen/Kalb, ArbRKomm., 2. Aufl. 2006, EBRG Rz. 5; *C. Müller*, EBRG, 1997, § 1 Rz. 13 ff. sowie ausführlich *Oetker*, DB 1996, Beilage Nr. 10, S. 7 f.

rakteristisch für die gemeinschaftsrechtlich vorgeprägte Definition der Anhörung ist die Abstraktion von dem Begriffsverständnis des BetrVG[33]. Während die dort normierten Anhörungsrechte lediglich die Gelegenheit zur Stellungnahme geben sollen[34], zielt die Anhörung im Rahmen des SEBG – nicht anders als im Rahmen des EBRG – auf die Errichtung eines Dialogs und einen Meinungsaustausch zwischen SE-Betriebsrat und Leitung der SE ab, was im Vergleich zu einer Beteiligung nach dem BetrVG einem Beratungsrecht entspricht[35].

Im Unterschied zu der Begriffsumschreibung in Art. 2 lit. j SE-RL, die als Adressaten   28
des Dialogs das für die jeweilige Maßnahme zuständige Organ der SE benennt[36], konkretisiert § 2 Abs. 11 Satz 1 diesen mit dem Verweis auf die Leitung der SE (s. insoweit § 2 Abs. 5) oder eine andere Leitungsebene, verlangt für deren „Zuständigkeit" jedoch, dass sie bezüglich des jeweiligen Gegenstandes des Dialogs mit eigenen Entscheidungsbefugnissen ausgestattet ist[37]. Hierdurch will das Gesetz sicherstellen, dass der Dialog auf derjenigen Ebene stattfindet, auf der die Entscheidungen über die beteiligungspflichtige Angelegenheit getroffen werden, da nur so eine Einflussnahme auf die Beschlussfassung in der Gesellschaft (§ 2 Abs. 8) als Ziel der Beteiligung erreichbar ist. Wie die Unterrichtung werden Zeitpunkt, Form und Inhalt der Anhörung vor allem von der gesetzgeberischen Absicht geleitet, dem SE-Betriebsrat im Rahmen des Dialogs die Abgabe einer sachgerechten Stellungnahme zu ermöglichen, um hierdurch auf den Entscheidungsprozess des jeweiligen Entscheidungsträgers Einfluss nehmen zu können.

12. Mitbestimmung (§ 2 Abs. 12)

Die Legaldefinition der Mitbestimmung in § 2 Abs. 12, die mit der Begriffsumschreibung in Art. 2 lit. k SE-RL übereinstimmt[38], harmoniert nur eingeschränkt mit der   29
im deutschen Recht üblichen Terminologie, die die Mitbestimmung regelmäßig umfassender versteht und auch die Beteiligungsrechte des Betriebsrates einbezieht (s. z.B. § 87 Abs. 1 Einleitungssatz BetrVG: „hat ... mitzubestimmen")[39]. Demgegenüber ist die Legaldefinition in § 2 Abs. 12 enger und beschränkt die Mitbestimmung auf die Unternehmensmitbestimmung, die sich in Deutschland über die Wahl oder Bestellung eines Teils der Mitglieder des Aufsichts- oder Verwaltungsorgans vollzieht. Bei diesen handelt es sich wegen der unmittelbaren Legitimation durch die Arbeitnehmer um „Arbeitnehmervertreter im Aufsichts- oder Verwaltungsorgan der SE" i.S. von § 15 Abs. 4 Nr. 1, § 35 Abs. 2 Satz 2, § 36 Abs. 3 Satz 3, § 38 Abs. 1, § 41 Abs. 3 Nr. 3, § 42 Satz 1 Nr. 4 und § 44.

Eine bestimmte Intensität der „Einflussnahme" auf die Bestellung der Mitglieder des   30
Aufsichts- oder Verwaltungsorgans setzt die Mitbestimmung i.S. der Legaldefinition in § 2 Abs. 12 nicht voraus. Vielmehr stellt diese in § 2 Abs. 12 Nr. 2 ein auf einzelne Mitglieder des Aufsichts- oder Verwaltungsorgans bezogenes **Empfehlungs- oder Ablehnungsrecht** (sog. Kooptationsmodell) dem deutschen Modell einer unmittelbaren

---

33 *Blanke*, EBRG, 2. Aufl. 2006, § 1 Rz. 21; *Kienast* in Jannott/Frodermann, Handbuch Europäische Aktiengesellschaft, Kap. 13 Rz. 243 f.; *C. Müller*, EBRG, 1997, § 1 Rz. 14.
34 S. zu dem Anhörungsrecht in § 102 Abs. 1 Satz 1 BetrVG *Raab* in GK-BetrVG, 8. Aufl. 2005, § 102 Rz. 3 und 36.
35 Näher *Oetker*, DB 1996, Beilage Nr. 10, S. 7 ff., 9; ebenso *Kienast* in Jannott/Frodermann, Handbuch Europäische Aktiengesellschaft, Kap. 13 Rz. 246; *Nagel* in Nagel/Freis/Kleinsorge, SEBG, § 2 Rz. 24; zu eng *Schwarz*, Einleitung Rz. 241, der ausschließlich auf die Gelegenheit zur Stellungnahme für den Entscheidungsprozess des zuständigen Organs abstellt.
36 Ebenso in Österreich § 212 Abs. 3 ArbVG.
37 Aufgegriffen hat das SEBG diese Regelung in § 29 Abs. 2 SEBG.
38 Ebenso in Österreich § 212 Abs. 4 ArbVG.
39 *Nagel*, ArbuR 2004, 281, 282.

(oder mittelbaren) Wahl durch die Arbeitnehmer gleich und behandelt dieses als gleichwertig. Umgesetzt worden ist dies insbesondere bei den in § 15 Abs. 4 niedergelegten Voraussetzungen, unter denen eine „Minderung der Mitbestimmung" i.S. des § 15 Abs. 3 vorliegt.

§ 3
Geltungsbereich

(1) Dieses Gesetz gilt für eine SE mit Sitz im Inland. Es gilt unabhängig vom Sitz der SE auch für Arbeitnehmer der SE, die im Inland beschäftigt sind sowie für beteiligte Gesellschaften, betroffene Tochtergesellschaften und betroffene Betriebe mit Sitz im Inland.

(2) Mitgliedstaaten im Sinne dieses Gesetzes sind die Mitgliedstaaten der Europäischen Union und die anderen Vertragsstaaten des Abkommens über den Europäischen Wirtschaftsraum.

I. Allgemeines

1   Die Vorschrift legt den **räumlichen Geltungsbereich** des SEBG fest, wobei zwischen den erfassten Gesellschaften (bzw. Betrieben) und den Arbeitnehmern zu differenzieren ist. Ferner definiert § 3 Abs. 2 abschließend für das SEBG den **Begriff der Mitgliedstaaten**.

2   Die in § 3 zusammengefassten Regelungen, die in der **SE-RL keine Parallele** finden[1], orientieren sich deutlich an der vergleichbaren Bestimmung in **§ 2 EBRG**; bezüglich der Definition der Mitgliedstaaten ist § 3 Abs. 2 SEBG mit § 2 Abs. 3 EBRG identisch. In **Österreich** enthalten die §§ 208, 209 ArbVG vergleichbare Vorschriften, allerdings verzichtet das österreichische Recht auf eine Umschreibung für die „Mitgliedstaaten".

II. Einbezogene Gesellschaften

3   Das SEBG bezieht vor allem die **SE** in seinen Geltungsbereich ein, die ihren Sitz in Deutschland haben (soll). Dabei meint § 3 Abs. 1 den in der **Satzung** angegebenen Sitz, da Art. 7 SE-VO ausdrücklich zwischen dem Sitz der SE und deren Hauptverwaltung unterscheidet[2].

4   Entsprechendes gilt für **beteiligte Gesellschaften**, **betroffene Tochtergesellschaften** und **betroffene Betriebe**, wobei diesbezüglich die Legaldefinitionen in § 2 Abs. 2 und

---

1   Entsprechendes gilt für die SCE; ohne entsprechende Vorgabe der SCE-RL trifft § 3 SCEBG eine mit § 3 SEBG übereinstimmende Regelung. Im wesentlichen Kern entspricht auch die Parallelnorm für die Mitbestimmung der Arbeitnehmer bei einer Verschmelzung von Kapitalgesellschaften aus verschiedenen Mitgliedstaaten in § 3 MgVG der Bestimmung in § 3 SEBG.
2   Näher *Veelken* in GS Blomeyer, 2004, S. 491, 501 f.; ebenso *Jacobs* in MünchKomm. AktG, § 3 SEBG Rz. 2.

4 maßgebend sind. In den Anwendungsbereich des SEBG und den hierdurch begründeten Pflichten bezieht § 1 Abs. 2 die vorgenannten Gesellschaften nur ein, wenn sie ihren Sitz in Deutschland haben. Das ist nicht nur von Bedeutung, wenn die SE ihren Sitz im Inland haben soll und sich die im SEBG begründeten Pflichten an die „beteiligten Gesellschaften" richten. Diese gelten für die genannten Gesellschaften auch, wenn die SE in einem anderen Mitgliedstaat ihren Sitz haben soll, an ihrer Gründung aber eine Gesellschaft beteiligt ist, die ihren Sitz in Deutschland hat[3]. Entsprechendes gilt für „betroffene Tochtergesellschaften" mit Sitz im Inland.

III. Arbeitnehmer der SE

Das SEBG findet auf alle Arbeitnehmer der SE Anwendung, die in Deutschland be- 5 schäftigt sind, wobei bezüglich des Begriffs der Arbeitnehmer das Recht der jeweiligen Mitgliedstaaten heranzuziehen ist (§ 2 Abs. 1 sowie oben § 2 Rz. 5). Zusätzlich verlangt § 3 Abs. 1 für die Einbeziehung in den Geltungsbereich des SEBG, dass der Arbeitnehmer in Deutschland beschäftigt ist. Bei einer Tätigkeit im Ausland ist dies zu bejahen, solange der Arbeitnehmer in einem im Inland gelegenen Betrieb eingegliedert bleibt.

Das SEBG regelt die Beteiligung der Arbeitnehmer auch, wenn eine **SE** ihren **Sitz au-** 6 **ßerhalb Deutschlands** haben soll, an dieser aber eine inländische Gesellschaft beteiligt ist. In diesem Fall richtet sich insbesondere die Wahl der Mitglieder des BVG, die dem Gremium aus Deutschland angehören, nach den Bestimmungen des SEBG (s. die §§ 6 bis 10). Das gilt jedoch nicht für diejenigen Vorschriften, die das BVG selbst, insbesondere dessen Zusammensetzung sowie das Verhandlungsverfahren betreffen. Insoweit ist stets das Recht des Mitgliedstaates anzuwenden, in dem die SE ihren Sitz haben soll (Art. 6 SE-RL). Dementsprechend gelten die Sitzgarantien für die Gewerkschaften bzw. die leitenden Angestellten (§ 6 Abs. 3 und 4) nur für die in Deutschland zu wählenden Mitglieder des BVG. Entsprechendes gilt für die Arbeitnehmervertreter im Aufsichts- oder Verwaltungsorgan der SE, wenn bei der SE die gesetzliche Auffangregelung eingreift. Die entsprechenden Bestimmungen des SEBG (§§ 35 bis 37) gelten nur für die Arbeitnehmervertreter, die dem Organ aus Deutschland angehören.

IV. Mitgliedstaaten (§ 3 Abs. 2)

Seinen Geltungsbereich erstreckt das Gesetz in erster Linie auf die Mitgliedstaaten 7 der Europäischen Union. Damit findet das SEBG auch dann Anwendung, wenn weitere Staaten der Europäischen Union beitreten. Korrespondierend mit dem Geltungsbereich des EBRG (§ 2 Abs. 3 EBRG) dehnt § 3 Abs. 2 diesen auch auf die Vertragsstaaten des EWR-Abkommens aus. Bei diesen handelt es sich um Island, Liechtenstein und Norwegen, die damit im Sinne des SEBG ebenfalls „Mitgliedstaaten" sind. Einer Gesetzesänderung bedarf es allerdings, wenn andere Staaten auf vertraglicher Grundlage in den Anwendungsbereich der SE-RL einbezogen werden[4].

---

3 *Jacobs* in MünchKomm. AktG, § 3 SEBG Rz. 3.
4 Aus diesem Grunde hat der Gesetzgeber in Österreich auf eine Definition der Mitgliedstaaten verzichtet; vgl. die Regierungsbegründung zu § 208 ArbVG, wiedergegeben bei *Kalss/Hügel*, S. 726; a.A. wohl *Nagel* in Nagel/Freis/Kleinsorge, SEBG, § 3 Rz. 2, der scheinbar den Abschluss eines völkerrechtlichen Vertrages allein ausreichen lässt.

Teil 2. Besonderes Verhandlungsgremium

Kapitel 1. Bildung und Zusammensetzung

§ 4
Information der Leitungen

(1) Das besondere Verhandlungsgremium ist aufgrund einer schriftlichen Aufforderung der Leitungen zu bilden. Es hat die Aufgabe, mit den Leitungen eine schriftliche Vereinbarung über die Beteiligung der Arbeitnehmer in der SE abzuschließen.

(2) Wenn die Leitungen die Gründung einer SE planen, informieren sie die Arbeitnehmervertretungen und Sprecherausschüsse in den beteiligten Gesellschaften, betroffenen Tochtergesellschaften und betroffenen Betrieben über das Gründungsvorhaben. Besteht keine Arbeitnehmervertretung, erfolgt die Information gegenüber den Arbeitnehmern. Die Information erfolgt unaufgefordert und unverzüglich nach Offenlegung des Verschmelzungsplans, des Gründungsplans für eine Holdinggesellschaft, des Umwandlungsplans oder nach Abschluss der Vereinbarung eines Plans zur Gründung einer Tochtergesellschaft.

(3) Die Information erstreckt sich insbesondere auf

1. die Identität und Struktur der beteiligten Gesellschaften, betroffenen Tochtergesellschaften und betroffenen Betriebe und deren Verteilung auf die Mitgliedstaaten;

2. die in diesen Gesellschaften und Betrieben bestehenden Arbeitnehmervertretungen;

3. die Zahl der in diesen Gesellschaften und Betrieben jeweils beschäftigten Arbeitnehmer sowie die daraus zu errechnende Gesamtzahl der in einem Mitgliedstaat beschäftigten Arbeitnehmer;

4. die Zahl der Arbeitnehmer, denen Mitbestimmungsrechte in den Organen dieser Gesellschaften zustehen.

(4) Maßgeblicher Zeitpunkt für die Ermittlung der Zahl der Arbeitnehmer ist der Zeitpunkt der Information nach Absatz 2.

I. Allgemeines

Am Beginn der Regelungen zu der vom SEBG als vorrangig (s. oben § 1 Rz. 11 ff.) angesehenen Vereinbarungslösung steht die Errichtung des Verhandlungspartners auf Arbeitnehmerseite. In Fortführung der mit der EBR-RL bzw. dem EBRG eingeleiteten Konzeption übernimmt das SEBG hierfür die auch in Art. 3 SE-RL enthaltene Bezeichnung „besonderes Verhandlungsgremium". Die in dem 1. Kapitel des 2. Teils des Gesetzes zusammengefassten Vorschriften betreffen **Bildung und Zusammensetzung des BVG**, wobei § 4 den Leitungen der an der Gründung der SE beteiligten Gesellschaften auferlegt, die Bildung des Gremiums zu initiieren.

Mit § 4 setzt das SEBG **Art. 3 Abs. 1 SE-RL** um, der folgenden Wortlaut hat:

„(1) Wenn die Leitungs- oder die Verwaltungsorgane der beteiligten Gesellschaften die Gründung einer SE planen, leiten sie nach der Offenlegung des Verschmelzungsplans oder des Gründungsplans für eine Holdinggesellschaft oder nach der Vereinbarung eines Plans zur Gründung einer Tochtergesellschaft oder zur Umwandlung in eine SE so rasch wie möglich die erforderlichen Schritte – zu denen auch die Unterrichtung über die Identität der beteiligten Gesellschaften und der betroffenen Tochtergesellschaften oder betroffenen Betriebe sowie die Zahl ihrer Beschäftigten gehört – für die Aufnahme von Verhandlungen mit den Arbeitnehmervertretern der Gesellschaften über die Vereinbarung über die Beteiligung der Arbeitnehmer in der SE ein."

In der **SCE-RL** findet die in Rz. 2 wiedergegebene Bestimmung der SE-RL mit Art. 3 Abs. 1 eine wörtlich übereinstimmende Entsprechung; demgemäß hat **§ 4 SCEBG** die Vorschriften in § 4 Abs. 2 bis 4 mit identischem Wortlaut übernommen, was auch für § 4 Abs. 1 gilt, dessen Inhalt jedoch als Abs. 1 in **§ 5 SCEBG** eingefügt wurde. Auf das BVG als Verhandlungspartner auf Arbeitnehmerseite greift auch die **Verschmelzungs-RL** zurück, die in der Verweisungsnorm des Art. 16 Abs. 2 auf Art. 3 Abs. 1 SE-RL Bezug nimmt; dementsprechend stimmt der zur Umsetzung geschaffene **§ 6 MgVG** mit der Regelung in § 4 überein.

Das **EBRG** ist im Hinblick auf die Bildung des BVG anders strukturiert, da regelmäßig die Arbeitnehmer oder ihre Vertreter dies bei der zentralen Leitung beantragen[1]. Um die Ausübung dieses Antragsrechts zu erleichtern, begründet § 5 EBRG zugunsten der Arbeitnehmervertretung Auskunftspflichten, die sich an den Voraussetzungen für die Bildung eines BVG und den gesetzlichen Vorgaben für dessen Zusammensetzung orientieren[2].

Die mit § 4 vergleichbare Vorschrift im **österreichischen Recht** (§ 215 ArbVG) weist nur geringe Unterschiede auf. Allerdings verknüpft § 215 Abs. 3 ArbVG die Aufforderung zur Errichtung eines BVG mit der Unterrichtung der Arbeitnehmervertretungen. Ferner ist der Termin für die konstituierende Sitzung des BVG schon bei der Aufforderung mitzuteilen und schließlich haben die für die Entsendung zuständigen Organe der Arbeitnehmerschaft die „zuständige freiwillige Berufsvereinigung der Arbeitnehmer" bereits von der Aufforderung zur Errichtung des BVG zu verständigen (s. demgegenüber § 11 Abs. 1 Satz 3: Unterrichtungspflicht der Leitungen).

---

1 S. § 9 Abs. 1 EBRG, der allerdings auch der zentralen Leitung das Initiativrecht zur Bildung des BVG einräumt.
2 Zum Inhalt des Auskunftsanspruches s. vor allem EuGH v. 29.3.2001 – Rs. C 62/99, AP Nr. 2 zu EWG-Richtlinie Nr. 94/45; EuGH v. 13.1.2004 – Rs. C 440/00, AP Nr. 3 zu EWG-Richtlinie Nr. 94/45; EuGH v. 15.7.2004 – Rs. C 349/01, AP Nr. 5 zu § 5 EBRG; BAG v. 30.3.2004 – 1 ABR 61/01, AP Nr. 3 zu § 5 EBRG sowie im Überblick Oetker in GK-BetrVG, 8. Aufl. 2005, vor § 106 BetrVG Rz. 92 ff. m.w.N.

II. Aufgabe und Rechtsnatur des BVG (§ 4 Abs. 1 Satz 2)

6   Entsprechend § 8 Abs. 1 EBRG umschreibt § 4 Abs. 1 Satz 2 die Aufgabe des BVG. Dieses ist **keine Interessenvertretung der Arbeitnehmer** während des Gründungsvorhabens[3], sondern seine Bildung dient ausschließlich dem Zweck, die Verhandlungen mit den Leitungen der an der Gründung der SE beteiligten Gesellschaften über den **Abschluss einer Beteiligungsvereinbarung** zu führen. Seinen Niederschlag findet diese Funktion des BVG in den Vorschriften zu seiner Zusammensetzung; sie orientieren sich nicht an der langfristigen Arbeitsfähigkeit des Gremiums, sondern an dem **Grundsatz der Repräsentativität**, damit die unterschiedlichen Mitbestimmungstraditionen in den von der SE-Gründung betroffenen Mitgliedstaaten in die Arbeit des BVG und die Verhandlungen mit den Leitungen einfließen können[4].

7   Aufgrund seines vorübergehenden Zwecks ist das BVG **keine Dauereinrichtung**, sondern wie im Rahmen des EBRG ein **Ad-hoc-Gremium**[5]. Obwohl das SEBG keine ausdrücklichen Bestimmungen zur **Amtszeit des BVG** kennt[6], ergibt sich deren **Ende** aus der **Zweckerreichung**, also dem Abschluss einer Vereinbarung i.S. des § 21, einem Beschluss i.S. des § 16 oder dem erfolglosen Ablauf der Verhandlungsfrist (§ 20)[7]. Bestätigt wird dies durch § 18 Abs. 1 Satz 1, Abs. 3 Satz 2, die zum Zweck der Wiederaufnahme der Verhandlungen jeweils die erneute Bildung eines BVG vorsehen. Demgegenüber **beginnt die Amtszeit** des BVG, wenn dieses in seiner konstituierenden Sitzung (§ 12 Abs. 1 Satz 1) Vorsitzenden und Stellvertreter gewählt hat (§ 12 Abs. 1 Satz 2); erst mit Abschluss der Wahlakte ist das BVG als Gremium handlungsfähig (s. auch unten § 12 Rz. 14)[8].

8   Soweit die Gründung der SE die Belange der Arbeitnehmer in den beteiligten Gesellschaften berührt, richten sich die Einzelheiten zur **Beteiligung der bestehenden Arbeitnehmervertretungen** nach den Vorschriften der verschiedenen Mitgliedstaaten; diese werden durch den Verhandlungsmechanismus des SEBG nicht verdrängt. In Deutschland ist deshalb anhand des BetrVG bzw. des SprAuG zu beurteilen, ob das Gründungsvorhaben eine beteiligungspflichtige Angelegenheit ist. In Betracht kommt insoweit vor allem eine **Unterrichtung und Beratung mit dem Wirtschaftsausschuss**. Das gilt nicht nur für die Gründung einer SE durch Verschmelzung (§ 106 Abs. 3 Nr. 8 BetrVG)[9], sondern wegen § 106 Abs. 3 Nr. 10 BetrVG zumeist auch für die anderen Gründungsformen[10]. Bezüglich des **Sprecherausschusses** ist das Unterrichtungsrecht nach § 32 Abs. 1 Satz 1 SprAuG zu beachten.

---

3 S. auch *Kienast* in Jannott/Frodermann, Handbuch Europäische Aktiengesellschaft, Kap. 13 Rz. 96.
4 *Veelken* in GS Blomeyer, 2004, S. 491, 511.
5 Ebenso *Jacobs* in MünchKomm. AktG, § 4 SEBG Rz. 2; zum EBRG s. *Oetker* in GK-BetrVG, 8. Aufl. 2005, vor § 106 BetrVG Rz. 89 f.
6 Anders insoweit § 222 ArbVG.
7 *Jacobs* in MünchKomm. AktG, § 4 SEBG Rz. 2; ebenso für den Beschluss i.S. des § 16 SEBG *Freis* in Nagel/Freis/Kleinsorge, SEBG, § 16 Rz. 10. So im Ansatz auch das österreichische Recht, vgl. § 222 Abs. 2 ArbVG.
8 Der Sache nach ebenso § 222 Abs. 1 ArbVG, der für den Beginn der Tätigkeitsdauer auf den „Tag der Konstituierung" abstellt.
9 Zur Qualifizierung der Verschmelzung als Zusammenschluss i.S. des § 106 Abs. 3 Nr. 8 BetrVG statt aller *Annuß* in Richardi, BetrVG, 10. Aufl. 2006, § 106 Rz. 53; *Oetker* in GK-BetrVG, 8. Aufl. 2005, § 106 Rz. 66; *Willemsen/Lembke* in Henssler/Willemsen/Kalb, ArbRKomm., 2. Aufl. 2006, § 106 BetrVG Rz. 79.
10 S. *Oetker* in GK-BetrVG, 8. Aufl. 2005, § 106 Rz. 75.

III. Aufforderung durch die Leitungen (§ 4 Abs. 1 Satz 1)

Die **Initiative** zur Bildung des BVG erlegt § 4 Abs. 1 den Leitungen der an der Grün- 9
dung der SE beteiligten Gesellschaften auf[11]. Diese haben zur Bildung des BVG
schriftlich aufzufordern; für die Wahrung der Schriftform gilt § 126 Abs. 1 BGB, wobei eine Ersetzung durch elektronische Form (§ 126 Abs. 3 BGB) dem Zweck des
Formerfordernisses widerspricht[12]. Wegen des Zwecks der Aufforderung hat diese in
der **Sprache** des Mitgliedstaates zu geschehen, in dem sich deren Adressat befindet,
sofern in den beteiligten Gesellschaften keine abweichenden Übungen für die interne
Kommunikation bestehen. Die Verpflichtung der Leitung beschränkt sich auf die
Aufforderung; eine weitergehende Pflicht, die tatsächliche Bildung des Gremiums sicherzustellen, besteht nicht[13]; insbesondere verfügen die Leitungen der beteiligten
Gesellschaften über keine Instrumente die Bildung eines BVG zu erzwingen.

Adressaten der Aufforderung sind die Empfänger der nach § 4 Abs. 2 und 3 geschulde- 10
ten Informationen[14], also in der Regel die **Arbeitnehmervertretungen i.S. des § 2
Abs. 6** sowie die von leitenden Angestellten errichteten **Sprecherausschüsse**; besteht
keine Arbeitnehmervertretung, so ist die Aufforderung **unmittelbar** an die **Arbeitnehmer** zu richten (näher dazu unten Rz. 17).

Den **Zeitpunkt** der Aufforderung gibt § 4 Abs. 1 Satz 1 nicht vor, sie hat jedoch **spä-** 11
testens unverzüglich **nach Offenlegung** des jeweiligen Plans zur Gründung einer SE
zu erfolgen, da die zu diesem Zeitpunkt nach § 4 Abs. 2 Satz 3 geschuldete Information denknotwendig die Aufforderung zur Bildung eines BVG voraussetzt. Diese Auslegung trägt ausreichend Art. 3 Abs. 1 SE-RL Rechnung, wonach die erforderlichen
Schritte für die Bildung des BVG „so rasch wie möglich" einzuleiten sind. Dem
Zweck der Richtlinie widerspricht eine **Verbindung** der Aufforderung **mit der Information** nach § 4 Abs. 2 und 3 nicht[15], sie kann aber auch **vor der Information** erklärt
werden. Ebenso steht es dem Zweck des § 4 Abs. 1 Satz 1 nicht entgegen, die **Aufforderung vor der Offenlegung** des jeweiligen Plans zur Gründung der SE zu erklären.
Die Zehn-Wochen-Frist des § 11 Abs. 1 Satz 1 beginnt hierdurch aber nicht zu laufen,
weil die vorgenannte Bestimmung für den Fristbeginn ausdrücklich auf die nach § 4
Abs. 2 und 3 zu gewährenden Informationen abstellt. Gleichwohl kann sich eine vorzeitige Aufforderung anbieten, um im Einvernehmen mit den Akteuren auf Arbeitnehmerseite das Prozedere der Gründung zu beschleunigen[16].

Unterbleibt die Aufforderung durch die Leitungen, was wegen des Verfahrens zur 12
Eintragung der SE (Art. 12 Abs. 2 SE-VO) eher theoretischer Natur sein dürfte[17], so
können auch die Arbeitnehmervertretungen bzw. die Sprecherausschüsse die Initiative zur Bildung eines BVG ergreifen, indem sie gegenüber den Leitungen die in § 4
Abs. 2 und 3 genannten Informationsansprüche[18] geltend machen. Diese stehen
nicht unter der aufschiebenden Bedingung, dass die Leitungen zuvor zur Bildung eines BVG aufgefordert haben; vor Offenlegung des jeweiligen Plans zur Gründung ei-

---

11 Zu dieser im Vergleich zu § 9 Abs. 1 EBRG Umkehrung der Initiativlast *Kleinsorge* in Nagel/
 Freis/Kleinsorge, SEBG, § 4 Rz. 2.
12 Das gilt vor allem im Hinblick auf einen späteren Nachweis gegenüber dem Registergericht;
 s. auch *Kleinsorge* in Nagel/Freis/Kleinsorge, SEBG, § 4 Rz. 3.
13 *Kienast* in Jannott/Frodermann, Handbuch Europäische Aktiengesellschaft, Kap. 13 Rz. 111.
14 S. insoweit auch *Kleinsorge* in Nagel/Freis/Kleinsorge, SEBG, § 4 Rz. 2 f.
15 *Grobys*, NZA 2005, 84, 86.
16 *Joost* in Oetker/Preis, EAS, B 8200, Rz. 45.
17 S. insoweit auch *Kleinsorge* in Nagel/Freis/Kleinsorge, SEBG, § 4 Rz. 2 f.
18 Abweichend insoweit *Jacobs* in MünchKomm. AktG, § 4 SEBG Rz. 20, der für eine rechtliche
 Qualifizierung als Informationsobliegenheit plädiert; wie hier für die Bejahung eines Auskunftsanspruches *Krause*, BB 2005, 1221, 1223.

ner SE ist ein entsprechender Anspruch der Arbeitnehmervertretung jedoch nicht anzuerkennen.

13 **Unterbleibt** trotz ordnungsgemäßer Aufforderung und Unterrichtung der Arbeitnehmervertretungen die **Bildung eines BVG**, so entbindet dies die Leitungen nicht von der Pflicht, nach Ablauf der Zehn-Wochen-Frist (§ 11 Abs. 1 Satz 1) zur konstituierenden Sitzung des BVG einzuladen (§ 12 Abs. 1), um sodann den Ablauf der sechsmonatigen Verhandlungsfrist (§ 20 Abs. 1) abzuwarten[19]. Erst dann kann die Eintragung der SE trotz unterbliebener Bildung eines BVG erfolgen (vgl. Art. 12 Abs. 2 SE-VO). Wegen des vorstehenden Regelungsgeflechts rechtfertigt die Untätigkeit der Arbeitnehmervertretungen innerhalb der Zehn-Wochen-Frist keine sofortige Eintragung der SE, insbesondere kann die Untätigkeit der Arbeitnehmervertretungen nicht einem Verzichtsbeschluss i.S. des § 16 gleichgestellt werden[20]. Eine abweichende Würdigung kommt allenfalls in Betracht, wenn alle in den beteiligten Gesellschaften bestehenden Arbeitnehmervertretungen übereinstimmend bekunden, kein BVG bilden zu wollen.

IV. Informationspflicht der Leitungen (§ 4 Abs. 2 bis 4)

1. Zweck der Information

14 Um die Errichtung eines BVG insbesondere auch im Hinblick auf dessen Zusammensetzung zu ermöglichen, verpflichtet § 4 Abs. 2 die Leitungen der an der Gründung der SE beteiligten Gesellschaften zur Information über diejenigen Umstände, die für die Errichtung des BVG und dessen weitere Arbeit (Abstimmungen) von Bedeutung sind[21].

15 Die nach § 4 Abs. 3 geschuldete Unterrichtung ersetzt nicht die nach dem Recht der Mitgliedstaaten notwendige Unterrichtung der **Arbeitnehmervertretungen** aufgrund dort bestehender **Beteiligungsrechte** (s. auch oben Rz. 8). Das gilt insbesondere für Unterrichtungs- und Beratungsrechte nach dem BetrVG, da die Gründung einer SE regelmäßig nicht mit **Betriebsänderungen i.S. des § 111 BetrVG** verbunden ist, sondern eine **Beteiligung des Wirtschaftsausschusses** erfordert (s. oben Rz. 8), der jedoch keine Arbeitnehmervertretung i.S. der Legaldefinition in § 2 Abs. 6 ist. Zudem ist die Unterrichtung und Beratung nach § 106 Abs. 1 BetrVG der Offenlegung i.S. des § 4 Abs. 2 Satz 3 zeitlich vorgelagert (s. auch unten Rz. 21). Dies schließt es im Einzelfall jedoch nicht aus, bei der nach § 4 Abs. 3 geschuldeten Unterrichtung auf eine zuvor auf anderer Rechtsgrundlage erteilte Information Bezug zu nehmen, solange hierdurch im Hinblick auf den Zweck der von § 4 Abs. 3 geforderten Unterrichtung (s. oben Rz. 14) insbesondere bezüglich der Informationsdichte keine Defizite verbleiben.

2. Adressaten der Information

16 Als Adressaten für die Mitteilungen benennt § 4 Abs. 2 Satz 1 primär die Arbeitnehmervertretungen und die Sprecherausschüsse, wobei bezüglich der zu unterrichtenden **Arbeitnehmervertretungen** die Legaldefinition in § 2 Abs. 6 maßgeblich ist (s. dazu oben § 2 Rz. 15 ff.). **Sprecherausschüsse** i.S. des SEBG sind nur diejenigen, die auf der Grundlage des SprAuG errichtet worden sind. Hinsichtlich der in den beteiligten

---

19 So im Ansatz auch *Jacobs* in MünchKomm. AktG, § 11 SEBG Rz. 6.
20 Wie hier im Ergebnis auch *Jacobs* in MünchKomm. AktG, § 11 SEBG Rz. 6; a.A. jedoch *Kienast* in Jannott/Frodermann, Handbuch Europäische Aktiengesellschaft, Kap. 13 Rz. 161 ff.
21 Begr. RegE, BT-Drucks. 15/3405, S. 45; *Grobys*, NZA 2005, 84, 86; *Kleinsorge* in Nagel/Freis/Kleinsorge, SEBG, § 4 Rz. 4.

Gesellschaften errichteten Arbeitnehmervertretungen erfolgt die Information gegenüber **allen Vertretungen**. Deshalb sind neben dem Gesamtbetriebsrat auch die in den Betrieben des Unternehmens bestehenden Betriebsräte zu unterrichten[22]. Anderen als den in § 4 Abs. 2 Satz 1 genannten Vertretungen der Arbeitnehmer steht kein aus dem SEBG abzuleitender Anspruch auf die in § 4 Abs. 3 aufgezählten Informationen zu[23]. Die **betroffenen Tochtergesellschaften** und **betroffenen Betriebe** sind nach der Legaldefinition in § 2 Abs. 4 zu bestimmen; auch die dort bestehenden Arbeitnehmervertretungen und Sprecherausschüsse sind über die in § 4 Abs. 3 genannten Tatsachen zu unterrichten.

Wurde in der beteiligten Gesellschaft oder betroffenen Tochtergesellschaft bzw. Betrieb **keine Arbeitnehmervertretung** gebildet, dann verpflichtet § 4 Abs. 1 Satz 2 die Leitungen zu einer **unmittelbaren Unterrichtung der Arbeitnehmer**. Das gilt indessen nicht, wenn eine beteiligte Gesellschaft oder betroffene Tochtergesellschaft aus mehreren betriebsratsfähigen Einheiten besteht, in einzelnen von ihnen jedoch die Bildung eines Betriebsrates unterblieb. In diesem Fall existiert in dem Betrieb zwar keine Arbeitnehmervertretung, bei der Wahl der Mitglieder des BVG aus Deutschland werden die betriebsratslosen Betriebe jedoch von dem Konzern- bzw. Gesamtbetriebsrat mitvertreten (§ 9 Abs. 2 und 3 bzw. § 8 Abs. 5 Satz 2)[24]. Aus diesem Grunde ist eine gesonderte unmittelbare Unterrichtung der Arbeitnehmer auch im Hinblick auf den Zweck der Information (s. Rz. 14) entbehrlich.   17

Besteht in einem Betrieb zwar ein Betriebsrat und damit eine Arbeitnehmervertretung i.S. des § 2 Abs. 6, ist aber die Errichtung eines Sprecherausschusses unterblieben, so ist § 4 Abs. 2 Satz 2 bezüglich der leitenden Angestellten analog anzuwenden[25], da die Betriebsräte diese Arbeitnehmergruppe in sprecherausschusslosen Betrieben nicht mitvertreten; das Wahlvorschlagsrecht steht den leitenden Angestellten in einem derartigen Fall unmittelbar zu (§ 8 Abs. 1 Satz 6 sowie unten § 8 Rz. 24 ff.). Allerdings beschränkt sich die unmittelbare Information auf diesen Personenkreis[26].   18

3. Adressat der Informationspflicht

Als Adressaten der Pflicht zur Information benennt § 4 Abs. 2 Satz 1 die **Leitungen der beteiligten Gesellschaften**, die ihrerseits mit Hilfe der Legaldefinition in § 2 Abs. 5 zu konkretisieren sind. Dabei geht § 4 Abs. 2 Satz 1 davon aus, dass jede Leitung die bei ihrer Gesellschaft bestehenden Arbeitnehmervertretungen bzw. beschäftigten Arbeitnehmer über das Gründungsvorhaben unterrichtet. Dies schließt nicht aus, dass eine der beteiligten Gesellschaften federführend die Unterrichtung aller Arbeitnehmervertretungen übernimmt[27].   19

---

22 So im Ergebnis auch *Grobys*, NZA 2005, 84, 86; *Kleinsorge* in Nagel/Freis/Kleinsorge, SEBG, § 4 Rz. 10; a.A. *Güntzel*, Richtlinie, S. 391; *Henssler* in Ulmer/Habersack/Henssler, MitbestR, 2. Aufl. 2006, Einl. SEBG Rz. 156; *Kienast* in Jannott/Frodermann, Handbuch Europäische Aktiengesellschaft, Kap. 13 Rz. 102 f., die auf die Zuständigkeit des Organs abstellen; zweifelnd auch *Krause*, BB 2005, 1221, 1223; unklar *Seibt/Reinhard*, Der Konzern 2005, 407, 417: wenigstens eine Form der Arbeitnehmerbeteiligung.
23 *Grobys*, NZA 2005, 84, 86; *Jacobs* in MünchKomm. AktG, § 4 SEBG Rz. 13 i.V. mit Rz. 6.
24 Im Ergebnis ebenso *Grobys*, NZA 2005, 84, 86; *Henssler* in Ulmer/Habersack/Henssler, MitbestR, 2. Aufl. 2006, Einl. SEBG Rz. 156; *Jacobs* in MünchKomm. AktG, § 4 SEBG Rz. 7; *Joost* in Oetker/Preis, EAS, B 8200, Rz. 48; *Krause*, BB 2005, 1221, 1223.
25 Ebenso *Güntzel*, Richtlinie, S. 391 Fn. 304; *Jacobs* in MünchKomm. AktG, § 4 SEBG Rz. 7; *Kleinsorge* in Nagel/Freis/Kleinsorge, SEBG, § 4 Rz. 10; a.A. *Seibt/Reinhard*, Der Konzern 2005, 407, 417 Fn. 79.
26 So auch *Jacobs* in MünchKomm. AktG, § 4 SEBG Rz. 7.
27 S. *Jacobs* in MünchKomm. AktG, § 4 SEBG Rz. 11.

20 Hat die beteiligte Gesellschaft ihren **Sitz in einem anderen Mitgliedstaat**, so trifft diese zwar ebenfalls eine Unterrichtungspflicht, wegen des Territorialitätsprinzips bestimmt sich diese jedoch nicht nach dem SEBG, sondern maßgebend sind die Bestimmungen des jeweiligen Mitgliedstaates[28]. Umgekehrt besteht die Verpflichtung nach § 4 Abs. 2 und 3 SEGB auch für inländische Gesellschaften, wenn die **SE in einem anderen Mitgliedstaat** gegründet werden soll.

4. Zeitpunkt der Information

21 Bezüglich des Zeitpunktes der Unterrichtung knüpft § 4 Abs. 2 Satz 3 an die **Offenlegung** des Planes zur Errichtung oder Gründung der SE an und entspricht damit Art. 3 Abs. 1 SE-RL. Je nach Gründungsform ist deshalb der Verschmelzungsplan, der Gründungsplan für eine Holdinggesellschaft, der Umwandlungsplan oder der Plan zur Gründung einer Tochtergesellschaft maßgebend[29]. Im Hinblick auf den Zeitpunkt der Unterrichtung stellt § 4 Abs. 2 Satz 3 **nicht** auf die **Aufstellung des Plans**, sondern auf dessen Offenlegung ab, die sich nach den Art. 21, 32 Abs. 3 und 37 Abs. 5 SE-VO richtet.

22 Mit der Offenlegung besteht die Verpflichtung der Leitungen zur Information, ohne dass es hierfür einer Anforderung seitens der Arbeitnehmervertretungen bedarf (**„unaufgefordert"**); einem **Anspruch der Arbeitnehmervertretungen auf Unterrichtung** steht dies nicht entgegen (s. auch oben Rz. 12)[30]. Mit der **Unverzüglichkeit** als zeitlichem Kriterium knüpft § 4 Abs. 2 Satz 3 an die Legaldefinition in § 121 BGB an[31] und trägt Art. 3 Abs. 1 SE-RL Rechnung, wonach die erforderlichen Schritte „so rasch wie möglich" vorzunehmen sind[32]. Schon aus diesem Grunde kann die Unterrichtung mit der Aufforderung zur Bildung des BVG (§ 4 Abs. 1) verbunden werden (s. oben Rz. 11)[33].

23 Die Verknüpfung der Informationspflicht mit der Offenlegung des jeweiligen Gründungsplanes steht einer **früheren Information** nicht entgegen (s. auch oben Rz. 11)[34]. Diese muss jedoch stets so präzise sein, dass auf ihrer Grundlage ein BVG gebildet werden kann. In diesem Fall bestehen auch keine durchgreifenden Bedenken dagegen, den Lauf der **Zehn-Wochen-Frist** in § 11 Abs. 1 Satz 1 bereits vor der Offenlegung des Gründungsplanes beginnen zu lassen.

5. Form der Information

24 Vorgaben im Hinblick auf die Form der Information stellt § 4 Abs. 3 nicht auf[35]. Um die ordnungsgemäße Erfüllung der Mitteilungspflichten ggf. belegen zu können, liegt

---

28 S. dazu auch EuGH v. 13.1.2004 – Rs. C 440/00, AP Nr. 3 zu EWG-Richtlinie Nr. 94/45; EuGH v. 15.7.2004 – Rs. C 349/01, AP Nr. 5 zu § 5 EBRG.
29 S. auch *Kienast* in Jannott/Frodermann, Handbuch Europäische Aktiengesellschaft, Kap. 13 Rz. 93 ff.
30 Ebenso *Henssler* in Ulmer/Habersack/Henssler, MitbestR, 2. Aufl. 2006, Einl. SEBG Rz. 158; *Krause*, BB 2005, 1221, 1223; a.A. *Güntzel*, Richtlinie, S. 389 Fn. 299; *Jacobs* in MünchKomm. AktG, § 4 SEBG Rz. 8, 20: Obliegenheit der Leitungen.
31 Ebenso *Grobys*, NZA 2005, 84, 86; *Kleinsorge* in Nagel/Freis/Kleinsorge, SEBG, § 4 Rz. 8.
32 Kritisch insofern *Kuffner*, Beteiligung der Arbeitnehmer, S. 116.
33 *Grobys*, NZA 2005, 84, 86. Mit dieser Verknüpfung auch das österreichische Recht (§ 215 Abs. 3 ArbVG sowie oben Rz. 5).
34 Zutreffend *Seibt/Reinhard*, Der Konzern 2005, 407, 417.
35 *Grobys*, NZA 2005, 84, 86; *Henssler* in Ulmer/Habersack/Henssler, MitbestR, 2. Aufl. 2006, Einl. SEBG Rz. 157; *Jacobs* in MünchKomm. AktG, § 4 SEBG Rz. 17; *Joost* in Oetker/Preis, EAS, B 8200, Rz. 49; *Kienast* in Jannott/Frodermann, Handbuch Europäische Aktiengesellschaft, Kap.13 Rz. 105; *Seibt/Reinhard*, Der Konzern 2005, 407, 417.

es jedoch nahe, diese schriftlich vorzunehmen[36]. Bei einer unmittelbaren Unterrichtung der Arbeitnehmer muss für diese die zumutbare **Möglichkeit der Kenntnisnahme** bestehen[37]. Die Wahl der **Sprache** für die Information wird von dem Zweck der Unterrichtung geprägt; sie muss für den Adressaten verständlich sein. Regelmäßig führt dies dazu, ihn in der Sprache seines Mitgliedstaates zu unterrichten.

6. Umfang der Information

a) Überblick

Den Umfang der von den Leitungen zu erteilenden Informationen legt § 4 Abs. 3 fest, 25 geht dabei jedoch deutlich über die Vorgaben in Art. 3 Abs. 1 SE-RL hinaus. Danach soll sich die Unterrichtung lediglich auf die Identität der beteiligten Gesellschaften bzw. der betroffenen Tochtergesellschaften oder betroffenen Betriebe sowie die Zahl der dort Beschäftigten beziehen. Demgegenüber ist der Katalog in § 4 Abs. 3 nicht zuletzt wegen seines **nicht abschließenden Charakters**[38] („insbesondere") detaillierter und umfassender[39]. Eine inhaltliche Grenze zieht aber der **Zweck der Unterrichtungspflicht** (s. oben Rz. 14), so dass sich die Unterrichtung auf diejenigen Tatsachen beschränkt, die für die Bildung des BVG und die Erfüllung seiner Aufgaben erforderlich sind[40]. Dies ist z.B. hinsichtlich des zahlenmäßigen Verhältnisses von Frauen und Männern der Fall, da dieses in Deutschland bei der Zusammensetzung der Mitglieder des BVG berücksichtigt werden soll (§ 6 Abs. 1 Satz 2). Andererseits finden die Informationspflichten ihre Grenze in den Betriebs- und Geschäftsgeheimnissen (§ 41 Abs. 1; s. dazu unten § 41 Rz. 6)[41].

b) Identität und Struktur der Gesellschaften (§ 4 Abs. 3 Nr. 1)

Nach § 4 Abs. 3 Nr. 1 ist nicht nur – wie von Art. 3 Abs. 1 SE-RL vorgegeben – über 26 die Identität der beteiligten Gesellschaften sowie der betroffenen Tochtergesellschaften und der betroffenen Betriebe zu unterrichten, sondern auch über deren Struktur. Anzugeben ist ferner die Verteilung auf die Mitgliedstaaten, zu denen neben den Mitgliedstaaten der Europäischen Union wegen § 3 Abs. 2 auch die Vertragsstaaten des EWR-Abkommens zählen (s. oben § 3 Rz. 7).

c) Arbeitnehmervertretungen (§ 4 Abs. 3 Nr. 2)

Mitzuteilen sind ferner die Arbeitnehmervertretungen, die in den in § 4 Abs. 3 Nr. 1 27 genannten Gesellschaften und Betrieben bestehen, wobei bezüglich der **Arbeitnehmervertretungen** die Legaldefinition in § 2 Abs. 6 maßgebend ist. Die von den leitenden Angestellten errichteten **Sprecherausschüsse** nennt § 4 Abs. 3 Nr. 2 nicht, wegen ihres Vorschlagsrechtes zu dem in Deutschland zu bildenden Wahlgremium (§ 8

---

36 Ebenso *Kienast* in Jannott/Frodermann, Handbuch Europäische Aktiengesellschaft, Kap. 13 Rz. 105.
37 *Grobys*, NZA 2005, 84, 86.
38 Begr. RegE, BT-Drucks. 15/3405, S. 45; *Grobys*, NZA 2005, 84, 86; *Henssler* in Ulmer/Habersack/Henssler, MitbestR, 2. Aufl. 2006, Einl. SEBG Rz. 157; *Jacobs* in MünchKomm. AktG, § 4 SEBG Rz. 15; *Kienast* in Jannott/Frodermann, Handbuch Europäische Aktiengesellschaft, Kap. 13 Rz. 108; *Kleinsorge* in Nagel/Freis/Kleinsorge, SEBG, § 4 Rz. 5; *Krause*, BB 2005, 1221, 1223.
39 S. auch *Niklas*, NZA 2004, 1200, 1201.
40 So mit Recht auch *Grobys*, NZA 2005, 84, 86; *Henssler* in Ulmer/Habersack/Henssler, MitbestR, 2. Aufl. 2006, Einl. SEBG Rz. 158; *Jacobs* in MünchKomm. AktG, § 4 SEBG Rz. 14, 15; *Kienast* in Jannott/Frodermann, Handbuch Europäische Aktiengesellschaft, Kap. 13 Rz. 108; *Krause*, BB 2005, 1221, 1223; *Schwarz*, Einleitung Rz. 250.
41 Ebenso im Ergebnis *Jacobs* in MünchKomm. AktG, § 4 SEBG Rz. 20, der § 41 Abs. 1 jedoch analog anwendet.

Abs. 1 Satz 5) sind diese jedoch ebenfalls mitzuteilen; der offene Charakter der Aufzählung in § 4 Abs. 3 (s. oben Rz. 25) ermöglicht die Einbeziehung dieser Angabe, ohne dass es einer Analogiebildung bedarf.

d) Zahl der Arbeitnehmer (§ 4 Abs. 3 Nr. 3)

28 Da die Zusammensetzung des BVG sowie die Berechnung der erforderlichen Mehrheit bei späteren Beschlussfassungen von der Zahl der Arbeitnehmer in den Mitgliedstaaten und ihrer Vertretung in dem BVG abhängt (s. die §§ 15 Abs. 3 und 4, 16 Abs. 1 Satz 2), verpflichtet § 4 Abs. 3 Nr. 3 – in Übereinstimmung mit Art. 3 Abs. 1 SE-RL – auch zur Mitteilung der Arbeitnehmerzahl. Dabei sind alle Arbeitnehmer i.S. des § 2 Abs. 1 unabhängig von dem Volumen ihrer Arbeitszeit zu berücksichtigen[42].

29 Die Zahlen der Arbeitnehmer sind gesondert nach den **Betrieben** und **Gesellschaften** sowie einschließlich ihrer **Gesamtzahl** in jedem **Mitgliedstaat** (§ 3 Abs. 2) anzugeben. Hierfür sind nicht nur die Arbeitnehmer der an der Gründung der SE beteiligten Gesellschaften zu addieren, sondern vielmehr auch die bei den betroffenen Tochtergesellschaften und betroffenen Betrieben i.S. des § 2 Abs. 4 beschäftigten Arbeitnehmer einzubeziehen. Abweichend von dem verbreiteten Rückgriff auf die regelmäßige Arbeitnehmerzahl (z.B. § 1 Abs. 1 Satz 1 BetrVG) ist nach § 4 Abs. 4 die Zahl der Arbeitnehmer im **Zeitpunkt der Information** (dazu oben Rz. 21 ff.) maßgebend. Bevorstehende **Änderungen der Arbeitnehmerzahlen** bleiben zunächst unberücksichtigt, da hierüber nach § 5 Abs. 4 Satz 2 gesondert zu unterrichten ist (s. dazu unten § 5 Rz. 16 ff.)

e) Mitbestimmungsrechte (§ 4 Abs. 3 Nr. 4)

30 Schließlich schreibt § 4 Abs. 3 Nr. 4 vor, dass die Zahl der Arbeitnehmer mitzuteilen ist, denen Mitbestimmungsrechte in den Organen der beteiligten Gesellschaften bzw. betroffenen Tochtergesellschaften und betroffenen Betrieben zustehen. Diese Angabe ist in erster Linie für die Beurteilung bedeutsam, ob infolge der Beteiligungsvereinbarung zwischen den Leitungen und dem BVG eine **Minderung der Mitbestimmungsrechte** eintritt (vgl. § 15 Abs. 3)[43]. Bezüglich der **Mitbestimmung** ist die Legaldefinition in § 2 Abs. 12 maßgebend; die Zahl der Arbeitnehmer, die von einem Verfahren zur Unterrichtung und Anhörung (vgl. § 2 Abs. 10 und 11) erfasst werden, ist demgegenüber unerheblich.

7. Verletzung der Informationspflicht

31 Informieren die Leitungen nicht in dem erforderlichen Umfang, so steht den in § 4 Abs. 2 Satz 2 genannten Adressaten ein **Anspruch auf Unterrichtung** zu (s. oben Rz. 22); ferner kommt eine Verfolgung als **Ordnungswidrigkeit** in Betracht (vgl. § 46 Abs. 1 Nr. 1). Vor allem aber hängt der **Beginn der Zehn-Wochen-Frist** (§ 11 Abs. 1 Satz 1) von der Erfüllung der Informationspflichten in § 4 Abs. 2 und 3 ab (s. auch unten § 11 Rz. 6)[44]. Unterbleibt eine ordnungsgemäße Unterrichtung, so verzögert dies nicht nur das Verhandlungsverfahren, sondern wegen Art. 12 Abs. 2 SE-VO zugleich die Eintragung der SE in das Handelsregister und damit den Abschluss der Gründung.

---

42 *Jacobs* in MünchKomm. AktG, § 4 SEBG Rz. 19; *Kleinsorge* in Nagel/Freis/Kleinsorge, SEBG, § 4 Rz. 5.

43 Ebenso hängt die Zulässigkeit eines Beschlusses i.S. des § 16 bei einer Gründung der SE durch Umwandlung davon ab, ob den Arbeitnehmern in der umzuwandelnden Gesellschaft Mitbestimmungsrechte zustehen (s. unten § 16 Rz. 6 f.).

44 *Kleinsorge* in Nagel/Freis/Kleinsorge, SEBG, § 4 Rz. 13.

§ 5
Zusammensetzung des besonderen Verhandlungsgremiums

(1) Für die in jedem Mitgliedstaat beschäftigten Arbeitnehmer der beteiligten Gesellschaften, betroffenen Tochtergesellschaften und betroffenen Betriebe werden Mitglieder für das besondere Verhandlungsgremium gewählt oder bestellt. Für jeden Anteil der in einem Mitgliedstaat beschäftigten Arbeitnehmer, der 10 Prozent der Gesamtzahl der in allen Mitgliedstaaten beschäftigen Arbeitnehmer der beteiligten Gesellschaften und der betroffenen Tochtergesellschaften oder betroffenen Betriebe oder einen Bruchteil davon beträgt, ist ein Mitglied aus diesem Mitgliedstaat in das besondere Verhandlungsgremium zu wählen oder zu bestellen.

(2) Wird die SE durch Verschmelzung gegründet, sind so viele zusätzliche Mitglieder in das besondere Verhandlungsgremium zu wählen oder zu bestellen, wie erforderlich sind, um zu gewährleisten, dass jede beteiligte Gesellschaft, die eingetragen ist und Arbeitnehmer in dem betreffenden Mitgliedstaat beschäftigt und die als Folge der geplanten Eintragung der SE als eigene Rechtspersönlichkeit erlöschen wird, in dem besonderen Verhandlungsgremium durch mindestens ein Mitglied vertreten ist. Dies darf nicht zu einer Doppelvertretung der betroffenen Arbeitnehmer führen.

(3) Die Zahl der zusätzlichen Mitglieder darf 20 Prozent der sich aus Absatz 1 ergebenden Mitgliederzahl nicht überschreiten. Kann danach nicht jede nach Absatz 2 besonders zu berücksichtigende Gesellschaft durch ein zusätzliches Mitglied im besonderen Verhandlungsgremium vertreten werden, so werden diese Gesellschaften in absteigender Reihenfolge der Zahl der bei ihnen beschäftigten Arbeitnehmer berücksichtigt. Dabei ist zu gewährleisten, dass ein Mitgliedstaat nicht mehrere zusätzliche Sitze erhält, solange nicht alle anderen Mitgliedstaaten, aus denen die nach Absatz 2 besonders zu berücksichtigenden Gesellschaften stammen, einen Sitz erhalten haben.

(4) Treten während der Tätigkeitsdauer des besonderen Verhandlungsgremiums solche Änderungen in der Struktur oder Arbeitnehmerzahl der beteiligten Gesellschaften, der betroffenen Tochtergesellschaften oder der betroffenen Betriebe ein, dass sich die konkrete Zusammensetzung des besonderen Verhandlungsgremiums ändern würde, so ist das besondere Verhandlungsgremium entsprechend neu zusammenzusetzen. Über solche Änderungen haben die zuständigen Leitungen unverzüglich das besondere Verhandlungsgremium zu informieren. § 4 Abs. 2 bis 4 gilt entsprechend.

I. Allgemeines

Die Vorschrift regelt die Zusammensetzung des BVG sowie indirekt dessen Größe. 1
Im Unterschied zu § 9 BetrVG ist diese nicht nach der Zahl der von der SE-Gründung betroffenen Arbeitnehmer (s. oben § 4 Rz. 28 f.) gestaffelt, sondern im Hinblick auf die Aufgabe des Gremiums (s. dazu oben § 4 Rz. 6) bezweckt § 5 vor allem wegen der

verschiedenen Mitbestimmungstraditionen in den Mitgliedstaaten dessen größtmögliche Repräsentativität[1].

2 Die sehr differenziert ausgestaltete Regelung in § 5 beruht auf dem Anliegen, den Vorgaben in **Art. 3 Abs. 2 lit. a SE-RL** gerecht zu werden. Dieser hat folgenden Wortlaut:

„Bei der Wahl oder der Bestellung der Mitglieder des besonderen Verhandlungsgremiums ist folgendes sicherzustellen:

i) die Vertretung durch gewählte oder bestellte Mitglieder entsprechend der Zahl der in jedem Mitgliedstaat beschäftigten Arbeitnehmer der beteiligten Gesellschaften und der betroffenen Tochtergesellschaften oder betroffenen Betriebe in der Form, dass pro Mitgliedstaat für jeden Anteil der in diesem Mitgliedstaat beschäftigten Arbeitnehmer, der 10 % der Gesamtzahl der in allen Mitgliedstaaten beschäftigten Arbeitnehmer der beteiligten Gesellschaften und der betroffenen Tochtergesellschaften oder betroffenen Betriebe entspricht, oder für einen Bruchteil dieser Tranche Anspruch auf einen Sitz besteht;

ii) im Falle einer durch Verschmelzung gegründeten SE die Vertretung jedes Mitgliedstaats durch so viele weitere Mitglieder, wie erforderlich sind, um zu gewährleisten, daß jede beteiligte Gesellschaft, die eingetragen ist und Arbeitnehmer in dem betreffenden Mitgliedstaat beschäftigt und die als Folge der geplanten Eintragung der SE als eigene Rechtspersönlichkeit erlöschen wird, in dem besonderen Verhandlungsgremium durch mindestens ein Mitglied vertreten ist, sofern

– die Zahl dieser zusätzlichen Mitglieder 20 % der sich aus der Anwendung von Ziffer i ergebenden Mitgliederzahl nicht überschreitet und

– die Zusammensetzung des besonderen Verhandlungsgremiums nicht zu einer Doppelvertretung der betroffenen Arbeitnehmer führt.

Übersteigt die Zahl dieser Gesellschaften die Zahl der gemäß Unterabsatz 1 verfügbaren zusätzlichen Mitglieder, so werden diese zusätzlichen Mitglieder Gesellschaften in verschiedenen Mitgliedstaaten in absteigender Reihenfolge der Zahl der bei ihnen beschäftigten Arbeitnehmer zugeteilt."

3 Mit identischem Wortlaut kehrt die in Rz. 2 wiedergegebene Bestimmung der SE-RL in der **SCE-RL** wieder (Art. 3 Abs. 2); Entsprechendes gilt für § 5 Abs. 2 bis 5 SCEBG, der mit § 5 übereinstimmt. Auf Art. 3 Abs. 2 SE-RL nimmt auch **Art. 16 Abs. 2 Verschmelzungs-RL** Bezug; die einschlägige Umsetzungsnorm (**§ 7 MgVG**) ist mit § 5 identisch.

4 Im Ansatz geht § 5 auf **§ 10 EBRG** zurück, der gleichfalls von dem Grundsatz einer möglichst großen Repräsentativität der verschiedenen Mitgliedstaaten in dem BVG geprägt ist. Im übrigen weisen die Bestimmungen in § 10 Abs. 1 und 2 EBRG keine regelungstechnischen Parallelen mit § 5 auf.

5 In **Österreich** entspricht die einschlägige Vorschrift (§ 216 ArbVG) § 5 nahezu wörtlich.

II. Grundfall der SE-Gründung (§ 5 Abs. 1)

6 Als Grundmodell für die Zusammensetzung des BVG legt § 5 Abs. 1 – insofern mit § 10 Abs. 1 EBRG übereinstimmend – fest, dass aus **jedem Mitgliedstaat**, in dem Arbeitnehmer bei den maßgebenden Gesellschaften und Betrieben beschäftigt sind, stets **ein Vertreter** dem BVG angehört. Aus diesem Grunde gibt das SEBG für das BVG keine bestimmte Größe vor. Für die Repräsentativität des BVG ist nicht nur auf die Arbeitnehmer abzustellen, die bei den **beteiligten Gesellschaften** i.S. des § 2 Abs. 2 beschäftigt sind. Unabhängig von den hierdurch bereits erfassten Mitgliedstaaten kann eine Erweiterung des Gremiums durch **betroffene Tochtergesellschaften**

---

1 S. *Veelken* in GS Blomeyer, 2004, S. 491, 511.

und Betriebe i.S. des § 2 Abs. 4 eintreten, was nicht nur durch § 5 Abs. 1, sondern auch wegen Art. 3 Abs. 2 lit. a SE-RL zwingend vorgegeben ist.

Für den Sonderfall einer Gründung der SE durch **Verschmelzung** ermöglicht § 5 Abs. 2 eine Vergrößerung des Gremiums, die aber durch die nach § 5 Abs. 3 zu ermittelnde Höchstzahl begrenzt ist (näher dazu unten Rz. 11 ff.); auch bei einer Gründung der SE durch Verschmelzung ist die Zusammensetzung des BVG jedoch zunächst nach der Grundnorm in § 5 Abs. 1 zu bestimmen. Gewährleistet diese, dass jede Gesellschaft, die infolge der Eintragung der SE als Rechtspersönlichkeit erlöschen wird, in dem BVG vertreten ist, dann scheidet dessen Vergrößerung nach Maßgabe des § 5 Abs. 2 und 3 aus[2]. 7

Um die Zusammensetzung des BVG für den in **§ 5 Abs. 1** genannten **Grundfall** zu errechnen, ist – abweichend von der Gesetzessystematik – in einem **ersten Schritt** die **Gesamtzahl** der in allen Mitgliedstaaten bei den maßgeblichen Gesellschaften bzw. Betrieben (s. oben Rz. 6) beschäftigten Arbeitnehmer zu ermitteln. Die Grundlage hierfür bilden die von den Leitungen nach § 4 Abs. 3 Nr. 3 mitgeteilten Informationen („Gesamtzahl der in einem Mitgliedstaat beschäftigten Arbeitnehmer"; dazu oben § 4 Rz. 28 f.); bezüglich des **Zeitpunktes** der Arbeitnehmerzahl ist arg. e § 5 Abs. 4 § 4 Abs. 4 maßgebend[3]. In einem **zweiten Schritt** ist die Zahl der Arbeitnehmer in den jeweiligen **Mitgliedstaaten** in das **Verhältnis zu der Gesamtzahl** zu setzen. Auf jeden Anteil in den Mitgliedstaaten **bis zu 10 %** („10 Prozent oder einen Bruchteil davon") entfällt ein **Vertreter**. Deren Zahl erhöht sich, wenn die Zahl der Arbeitnehmer in einem Mitgliedstaat einen Anteil von 10 % übersteigt; für **jeden folgenden „Zehner-Schritt"** erhalten die Arbeitnehmer dieses Mitgliedstaates **einen weiteren Vertreter** in dem BVG. 8

Beispiel: Im Rahmen einer Gründung verteilen sich die in den Mitgliedstaaten bei den maßgeblichen Gesellschaften bzw. Betrieben beschäftigten Arbeitnehmer wie folgt: 9

Deutschland: 7.000 Arbeitnehmer

Frankreich: 850 Arbeitnehmer

Griechenland: 150 Arbeitnehmer

Niederlande: 1.800 Arbeitnehmer

Polen: 1.230 Arbeitnehmer

Spanien: 8.300 Arbeitnehmer.

Die in den sechs Mitgliedstaaten beschäftigten Arbeitnehmer ergeben eine Gesamtzahl von 19.330 und verteilen sich prozentual auf

Deutschland: 36,21 %

Frankreich: 4,39 %

Griechenland: 0,77 %

Niederlande: 9,31 %

Polen: 6,36 %

Spanien: 42,93 %.

Nach dem Berechnungsmodus in § 5 Abs. 1 Satz 2 sind aus Deutschland vier Vertreter, Frankreich ein Vertreter, Griechenland ein Vertreter, Niederlande ein Vertreter, Polen ein Vertreter und Spanien fünf Vertreter zu wählen oder zu bestellen. Insgesamt besteht das BVG in dem gebildeten Beispiel somit aus 13 Mitgliedern.

---

2 Ebenso zu § 216 ArbVG *Gahleitner* in Kalss/Hügel, § 216 ArbVG Rz. 3.
3 So auch *Jacobs* in MünchKomm. AktG, § 5 SEBG Rz. 2.

10 Die nach § 5 Abs. 1 Satz 2 ermittelte Zusammensetzung des BVG führt bei dem Beispiel in Rz. 9 allerdings dazu, dass z.B. der Vertreter aus Griechenland bei einer Abstimmung im BVG nach Maßgabe der Mitglieder ein größeres Gewicht hat als es
dem Anteil der aus diesem Mitgliedstaat zu berücksichtigenden Arbeitnehmer im
Verhältnis zu der Gesamtzahl der Arbeitnehmer entspricht. Dieses **Defizit an Repräsentativität** bei Abstimmungen im BVG wird durch das Erfordernis einer **doppelten
Mehrheit** für eine wirksame Beschlussfassung kompensiert, da die jeweils notwendige Mehrheit nicht nur hinsichtlich der Ja-Stimmen, sondern auch bezüglich der von
diesen Stimmen vertretenen Arbeitnehmer vorliegen muss (vgl. § 15 Abs. 2 und 3,
§ 16 Abs. 1 Satz 2 sowie unten § 15 Rz. 14 ff., § 16 Rz. 11 ff.). So könnten die Mitglieder des BVG aus Frankreich, Griechenland, Niederlande, Polen und Spanien bei dem
Beispiel in Rz. 9 mit neun gegen vier Stimmen zwar die Nichtaufnahme der Verhandlungen mit der nach § 16 Abs. 1 Satz 2 notwendigen Mehrheit von zwei Dritteln
(= 8,66 Stimmen) beschließen, die von ihnen abgegebenen Ja-Stimmen würden jedoch
nicht das zusätzlich notwendige Quorum (zwei Drittel der von ihnen vertretenen Arbeitnehmer) erreichen (12.330 Arbeitnehmer = 63,78 %). Umgekehrt schließt der Mechanismus einer doppelten Mehrheit allerdings nicht aus, dass die Vertreter aus Mitgliedstaaten mit wenigen Arbeitnehmern die nach § 15 Abs. 2 bzw. 3 notwendige
Mehrheit wegen ihrer Anzahl im BVG verhindern können, obwohl die anderen Mitglieder die jeweils erforderliche Mehrheit im Hinblick auf die Gesamtzahl der Arbeitnehmer erreichen.

III. Gründung einer SE durch Verschmelzung (§ 5 Abs. 2 und 3)

11 Zu einer **Vergrößerung des BVG** kann es bei einer SE-Gründung durch Verschmelzung kommen, da wegen Art. 3 Abs. 2 lit. a ii SE-RL gewährleistet sein muss, dass jede Gesellschaft eines Mitgliedstaates, die infolge der Verschmelzung erlöschen würde, durch mindestens ein Mitglied in dem BVG vertreten ist. Diese Vorgabe setzt § 5
Abs. 2 Satz 1 um. Allerdings darf die Zahl der zusätzlichen Mitglieder die sich nach
§ 5 Abs. 1 ergebende Mitgliederzahl nicht um 20 % übersteigen (§ 5 Abs. 3). Eine Erhöhung der Mitgliederzahl kommt indessen nicht in Betracht, wenn bereits die
Grundregel in § 5 Abs. 1 die Vertretung der erlöschenden Gesellschaften im BVG gewährleistet (s. auch oben Rz. 7)[4].

12 **Beispiel:** Im Wege einer Gründung durch Verschmelzung sollen auf die als SE fortbestehende deutsche Gesellschaft[5] mit 11.800 Arbeitnehmern eine spanische Gesellschaft mit 8.300 Arbeitnehmern, drei französische Gesellschaften mit 300, 500 und
4.000 Arbeitnehmern sowie eine dänische Gesellschaft mit 1.250 Arbeitnehmern
verschmolzen werden. Bei alleiniger Anwendung des Schlüssels in **§ 5 Abs. 1** ergibt
sich folgende prozentuale Verteilung der insgesamt 26.150 Arbeitnehmer auf die Mitgliedstaaten:

Dänemark: 1.250 Arbeitnehmer = 4,78 %

Deutschland: 11.800 Arbeitnehmer = 45,12 %

Frankreich: 4.800 Arbeitnehmer = 18,35 %

Spanien: 8.300 Arbeitnehmer = 31,73 %.

Das BVG bestünde nach der Grundregel des § 5 Abs. 1 aus 12 Mitgliedern, die sich
auf

---

4 Ebenso für das österreichische Recht *Gahleitner* in Kalss/Hügel, § 216 ArbVG Rz. 3; *Mayr* in
    Cerny/Mayr, Arbeitsverfassungsrecht, Bd. 6, 2006, § 216 ArbVG Erl. 2.
5 S. Art. 17 Abs. 2 Satz 1 lit. a SE-VO sowie Art. 12 Abs. 2 Satz 2 SE-VO.

Dänemark: 1 Mitglied

Deutschland: 5 Mitglieder

Frankreich: 2 Mitglieder

Spanien: 4 Mitglieder

verteilen. Da in Frankreich drei beteiligte Gesellschaften infolge der Eintragung der SE als eigene Rechtspersönlichkeiten erlöschen sollen, wäre die Einhaltung der Vorgabe in § 5 Abs. 2 Satz 1, dass jede erlöschende Gesellschaft durch mindestens ein Mitglied in dem BVG vertreten ist, bezüglich dieses Mitgliedstaates nicht mehr gewährleistet, da dem BVG aus Frankreich lediglich zwei Mitglieder angehören. Um der Vorgabe in § 5 Abs. 2 Satz 1 zu genügen, ist deshalb das BVG um ein Mitglied auf 13 Mitglieder zu vergrößern, wobei der zusätzliche Sitz auf Frankreich entfällt, weil nur so gewährleistet ist, dass die drei erlöschenden französischen Gesellschaften jeweils mit einem Vertreter im BVG vertreten sind. Die Kappungsgrenze in § 5 Abs. 3 Satz 1 (nicht mehr als 20 % zusätzliche Mitglieder) ist nicht überschritten; hierfür hätte es drei zusätzlicher Mitglieder bedurft.

In Deutschland tritt als besonderes Problem das **Zusammenspiel** von **§ 5 Abs. 2** mit   13
den **Vorschlagsrechten** in § 6 Abs. 3 und 4 hinzu. Da § 5 Abs. 2 eine Vertretung der erlöschenden Gesellschaften mit Sitz in Deutschland gewährleistet, die nach § 6 Abs. 3 und 4 Vorzuschlagenden aber nicht die Arbeitnehmer bestimmter Gesellschaften, sondern die Belange der Gewerkschaften bzw. aller leitenden Angestellten vertreten, sprechen die unterschiedlichen teleologischen Fundamente der Mitgliedschaft im BVG grundsätzlich dafür, von der nach § 5 Abs. 1 errechneten Mitgliederzahl aus Deutschland zunächst etwaige Vorschlagsrechte nach § 6 Abs. 3 und 4 in Abzug zu bringen und anhand der verbleibenden Mitglieder zu überprüfen, ob diese ausreichen, damit die erlöschenden Gesellschaften mit Sitz in Deutschland in dem BVG vertreten sind[6]. Eine strikte Umsetzung dieser Privilegierung der Vorschlagsrechte in § 6 Abs. 3 und 4 hat allerdings drei Konsequenzen: Erstens würde sich hierdurch das BVG vergrößern, wenn die nach dem Abzug verbleibenden Sitze nicht ausreichen, um eine Vertretung aller erlöschenden Gesellschaften in dem BVG zu gewährleisten. Zweitens kann bei einer Verschmelzung durch Aufnahme unter Umständen die aufnehmende Gesellschaft nicht in dem BVG vertreten sein, wenn die Zahl der nach dem Abzug verbleibenden Mitglieder aus Deutschland mit der Zahl der erlöschenden deutschen Gesellschaften identisch ist. Drittens kann das Gewicht der Mitglieder in dem BVG aus Deutschland wegen der Vorschlagsrechte in § 6 Abs. 3 und 4 größer sein als dies bei alleiniger Anwendung von § 5 Abs. 1 bis 3 der Fall wäre. Gerade die letztgenannte Konsequenz zeigt, dass die konsequente Umsetzung des Vorrangs von § 6 Abs. 3 und 4 zu Ergebnissen führen kann, die mit den verbindlichen Vorgaben in Art. 3 Abs. 2 lit. a SE-RL unvereinbar sind. Sitzgarantien in § 6 Abs. 3 und 4 müssen im Hinblick auf die Vorgaben der SE-RL deshalb stets dann zurücktreten, wenn nur so gewährleistet ist, dass jede infolge einer Verschmelzung in Deutschland erlöschende Gesellschaft in dem BVG vertreten ist. Nur zu diesem Zweck sieht Art. 3 Abs. 2 lit. a SE-RL eine Vergrößerung des Gremiums vor.

---

6 Für einen Vorrang der nach § 6 Abs. 3 und 4 SEBG garantierten Vertreter Begr. RegE, BT-Drucks. 15/3405, S. 46; *Hennings* in Manz/Mayer/Schröder, Art. 3 SE-RL Rz. 63; *Kienast* in Jannott/Frodermann, Handbuch Europäische Aktiengesellschaft, Kap. 13 Rz. 132; *Kleinsorge* in Nagel/Freis/Kleinsorge, SEBG, § 7 Rz. 3; *Köstler* in Theisen/Wenz, Europäische Aktiengesellschaft, S. 331, 341; europarechtliche Bedenken gegen einen Vorrang macht *Krause*, BB 2005, 1221, 1225, geltend; a.A. (Vorrang zugunsten der Vertretung der beteiligten Gesellschaften) *Scheibe*, Mitbestimmung der Arbeitnehmer, S. 43 ff.

14 Die Anwendung der **Kappungsgrenze** in § 5 Abs. 3 demonstriert folgendes **Beispiel:**
Auf eine deutsche Gesellschaft mit 14.000 Arbeitnehmern, die als SE fortbestehen
soll[7], werden drei deutsche Gesellschaften mit 80, 400 und 600 Arbeitnehmern, vier
österreichische mit 600, 750, 800, und 1.000 Arbeitnehmern sowie sieben spanische
Gesellschaften mit 450, 700, 850, 940, 1.025, 1.180 und 2.500 Arbeitnehmer verschmolzen. Die insgesamt 25.875 Arbeitnehmer verteilen sich prozentual auf

Deutschland: 15.080 Arbeitnehmer = 58,28 %

Österreich: 3.150 Arbeitnehmer = 12,17 % und

Spanien: 7.645 Arbeitnehmer = 29,54 %.

Bei alleiniger Anwendung der Grundregel in § 5 Abs. 1 würde das BVG aus 11 Mitgliedern bestehen, die sich auf

Deutschland = 6 Mitglieder

Österreich = 2 Mitglieder und

Spanien = 3 Mitglieder

verteilen. Aus Deutschland würden dem BVG zwar auch unter Berücksichtigung des
Vorschlagsrechts in § 6 Abs. 3 genügend Mitglieder angehören, um eine Vertretung
der drei erlöschenden deutschen Gesellschaft zu gewährleisten[8], bezüglich der Vertreter aus Österreich und Spanien ist dies aber nicht der Fall. Hierfür müssten dem
BVG aus Österreich (= vier erlöschende Gesellschaften) zwei und aus Spanien (= sieben erlöschende Gesellschaften) vier zusätzliche Mitglieder angehören. Eine Vergrößerung des BVG um sechs Mitglieder würde jedoch die Kappungsgrenze in § 5 Abs. 3
Satz 1 überschreiten; bei einer nach § 5 Abs. 1 ermittelten Zahl von 11 Mitgliedern
darf das BVG lediglich um zwei Mitglieder (= 18,18 %) vergrößert werden. Deshalb
kann nicht jede in Österreich bzw. Spanien erlöschende Gesellschaft durch ein zusätzliches Mitglied in dem BVG vertreten sein. Zur Auflösung dieses Konflikts
schreibt § 5 Abs. 3 Satz 2 vor, dass die beiden maximal zusätzlichen Sitze auf die besonders zu berücksichtigenden Gesellschaften nach Maßgabe der Zahl der bei ihnen
beschäftigten Arbeitnehmer zu verteilen sind. Da die sechs Mitglieder des BVG aus
Deutschland ausreichen, um alle infolge der Eintragung der SE in Deutschland erlöschenden beteiligten Gesellschaften zu berücksichtigen, sind die beiden zusätzlichen
Sitze zwischen Österreich und Spanien zu verteilen. Wegen der Zahl der beschäftigten Arbeitnehmer bleiben bei der Verteilung nach § 5 Abs. 1 zwei österreichische Gesellschaften mit 600 und 750 Arbeitnehmern sowie vier spanische Gesellschaften
mit 450, 700, 850 und 940 Arbeitnehmern unberücksichtigt, so dass bei alleiniger
Verteilung der zusätzlichen (zwei) Mitglieder nach Maßgabe der Zahl der beschäftigten Arbeitnehmer beide Sitze auf Spanien entfielen. Dies widerspricht jedoch § 5
Abs. 3 Satz 3, da hiernach ein Mitgliedstaat erst dann mehrere zusätzliche Sitze erhält, wenn nicht alle anderen nach § 5 Abs. 2 zu berücksichtigenden Mitgliedstaaten
einen zusätzlichen Sitz erhalten haben. Deshalb muss in dem hiesigen Beispiel zunächst Österreich einen zusätzlichen Sitz erhalten, ehe Spanien ein zweiter zusätzlicher Sitz zugesprochen wird. In dem gegebenen Beispiel ist die Mitgliederzahl des
BVG somit von 11 auf 13 zu erhöhen, wobei auf

Deutschland 6 Mitglieder,

Österreich 3 Mitglieder (2 + 1) und

Spanien 4 Mitglieder (3 + 1)

---

7 S. vorstehend Fn. 5.
8 Von den sechs Mitgliedern entfallen zunächst wegen § 6 Abs. 3 SEBG zwei auf die in den beteiligten Gesellschaften vertretenen Gewerkschaften. Die verbleibenden vier Mitglieder gewährleisten, dass die drei erlöschenden Gesellschaften in dem BVG vertreten sind.

entfallen. Das gebildete Beispiel zeigt allerdings, dass die Sonderregelung zur Verschmelzung unmittelbare Auswirkungen auf die Mehrheitsverhältnisse im BVG haben kann. Während bei alleiniger Anwendung der Grundregel in § 5 Abs. 1 die Vertreter aus Deutschland sowohl nach der Kopfzahl als auch nach der Zahl der vertretenen Arbeitnehmer die absolute Mehrheit erreichen, entfällt die Mehrheit nach Köpfen infolge der Anwendung von § 5 Abs. 2 und 3. Nunmehr können die dem BVG aus Österreich und Spanien angehörenden Mitglieder (3+4=7) die sechs deutschen Mitglieder überstimmen, obwohl sie nicht die Mehrheit der Arbeitnehmer vertreten.

Ein anderes Ergebnis tritt bei dem in Rz. 14 gebildeten Beispiel ein, wenn die sieben   15
spanischen Gesellschaften zunächst nach dortigem Recht auf eine neue Gesellschaft verschmolzen werden und sich sodann ausschließlich diese an der Gründung der SE beteiligt. In diesem Fall ist im Hinblick auf die erlöschenden Gesellschaften in Deutschland und in Spanien gewährleistet, dass diese in dem BVG durch mindestens ein Mitglied vertreten sind. Lediglich aus Österreich blieben zwei Gesellschaften unberücksichtigt. Deshalb müssten dem BVG wegen § 5 Abs. 2 zwei zusätzliche Mitglieder angehören, die beide aus Österreich zu bestellen sind, wobei die Kappungsgrenze in § 5 Abs. 3 Satz 1 dem nicht entgegensteht. Die Sonderregelung zur Verschmelzung führt in diesem Beispiel dazu, dass dem BVG vier Mitglieder aus Österreich und aus Spanien unverändert drei Mitglieder angehören, obwohl die Zahl der bei der spanischen Gesellschaft beschäftigten Arbeitnehmer die Zahl der Arbeitnehmer in den österreichischen Gesellschaften um mehr als das Doppelte übersteigt. Eine Korrektur der Verzerrung im Hinblick auf die Repräsentativität im BVG erfolgt allein über das Erfordernis einer doppelten (qualifizierten) Mehrheit für eine wirksame Beschlussfassung (vgl. § 15 Abs. 2 sowie die §§ 15 Abs. 3, 16 Abs. 1 Satz 2 und das Beispiel oben Rz. 10).

IV. Berücksichtigung nachträglicher Veränderungen (§ 5 Abs. 4)

Sofern sich während der Verhandlungen um den Abschluss einer Beteiligungsverein-   16
barung Veränderungen ergeben, können diese bei der Zusammensetzung des BVG trotz laufender Verhandlungen nachträglich zu berücksichtigen sein.

Die Vorschrift reagiert sowohl auf **Veränderungen** in der Struktur der beteiligten bzw.   17
betroffenen Gesellschaften (Betriebe) als auch bezüglich der Arbeitnehmerzahl. Zu den **Strukturveränderungen** zählen insbesondere gesellschaftsrechtliche Änderungen, durch die z.B. eine Gesellschaft den Status als beteiligte oder betroffene Gesellschaft verliert oder erlangt (z.B. Abschluss oder Beendigung eines Beherrschungsvertrages nach Aufnahme der Verhandlungen). Bezüglich der **Arbeitnehmerzahl** sind vor allem Betriebsänderungen oder -stilllegungen relevant, da diese das Verhältnis der auf die Mitgliedstaaten entfallenden Arbeitnehmeranteile verschieben können.

Die Veränderungen in Rz. 17 bewirken jedoch nur eine Neuzusammensetzung des   18
BVG, wenn diese die **konkrete Zusammensetzung** des Gremiums beeinflussen. Das ist insbesondere der Fall, wenn sich die Zahl der Arbeitnehmer eines Mitgliedstaats verändert und dies auf die Zahl der aus diesem Mitgliedstaat in das BVG zu wählenden bzw. zu bestellenden Vertreter ausstrahlt[9]. Allein die veränderte Zusammensetzung der Arbeitnehmer in einem Mitgliedstaat genügt im Rahmen von § 5 Abs. 4 nicht.

Ist die Ursächlichkeit von Veränderung und Zusammensetzung des BVG zu bejahen,   19
so führt die in § 5 Abs. 3 Satz 1 vorgeschriebene **Neuzusammensetzung des BVG**

---

9 *Kleinsorge* in Nagel/Freis/Kleinsorge, SEBG, § 5 Rz. 10.

nicht zu einer vollständigen Neubestellung bzw. -wahl aller Mitglieder des BVG durch die in den Mitgliedstaaten gebildeten Wahlgremien. Dies ist vielmehr nur bezüglich derjenigen Vertreter in dem BVG aus einem Mitgliedstaat notwendig, für den sich die Zahl der Vertreter ändert. Dementsprechend bleibt die bereits begonnene **Verhandlungsfrist** von einer nach § 5 Abs. 4 vorzunehmenden Neuzusammensetzung des BVG unberührt[10].

20   Damit das BVG eine etwaige Neuzusammensetzung des Gremiums prüfen bzw. einleiten kann, verpflichtet § 5 Abs. 4 Satz 2 die Leitungen zur **Information** über die in Rz. 17 genannten Änderungen, und zwar unabhängig davon, ob diese zu einer Neuzusammensetzung des BVG führen. Hinsichtlich der weiteren Einzelheiten zur Unterrichtung verweist § 5 Abs. 4 Satz 3 auf die Konkretisierungen in § 4 Abs. 2 bis 4. Das betrifft insbesondere den **Zeitpunkt** der Information (unaufgefordert und unverzüglich) sowie deren **Inhalt**, den § 4 Abs. 3 konkretisiert (s. dazu oben § 4 Rz. 25 ff.).

§ 6
Persönliche Voraussetzungen der auf das Inland entfallenden Mitglieder des besonderen Verhandlungsgremiums

(1) Die persönlichen Voraussetzungen der Mitglieder des besonderen Verhandlungsgremiums richten sich nach den jeweiligen Bestimmungen der Mitgliedstaaten, in denen sie gewählt oder bestellt werden.

(2) Zu Mitgliedern des besonderen Verhandlungsgremiums wählbar sind im Inland Arbeitnehmer der Gesellschaften und Betriebe sowie Gewerkschaftsvertreter. Frauen und Männer sollen entsprechend ihrem zahlenmäßigen Verhältnis gewählt werden. Für jedes Mitglied ist ein Ersatzmitglied zu wählen.

(3) Gehören dem besonderen Verhandlungsgremium mehr als zwei Mitglieder aus dem Inland an, ist jedes dritte Mitglied ein Vertreter einer Gewerkschaft, die in einem an der Gründung der SE beteiligten Unternehmen vertreten ist.

(4) Gehören dem besonderen Verhandlungsgremium mehr als sechs Mitglieder aus dem Inland an, ist mindestens jedes siebte Mitglied ein leitender Angestellter.

I. Allgemeines

1   Mit § 6 legt das SEBG die persönlichen Voraussetzungen für die Mitglieder des BVG fest, die in den Mitgliedstaaten der EU allerdings nicht einheitlich sind; § 6 Abs. 1

---

10 *Grobys*, NZA 2005, 84, 90; *Jacobs* in MünchKomm. AktG, § 5 SEBG Rz. 4; *Kienast* in Jannott/ Frodermann, Handbuch Europäische Aktiengesellschaft, Kap. 13 Rz. 116; *Krause*, BB 2005, 1221, 1224.

geht von dem Grundsatz aus, dass sich die persönlichen Wählbarkeitsvoraussetzungen nach dem Recht des jeweiligen Mitgliedstaates richten, in dem Mitglieder in das BVG zu wählen oder zu bestellen sind. Für die aus Deutschland zu wählenden Mitglieder legen Absatz 2 bis 4 des § 6 die weiteren Voraussetzungen der Wählbarkeit fest.

Durch § 6 setzt das SEBG die Vorgaben in **Art. 3 Abs. 2 lit. b SE-RL** um, wonach die   2
Mitgliedstaaten das Verfahren für die Wahl oder die Bestellung der Mitglieder des BVG festzulegen haben, die in ihrem Hoheitsgebiet zu wählen oder zu bestellen sind (Art. 3 Abs. 2 lit. b Unterabsatz 1 Satz 1 SE-RL). Ohne dass hierdurch die Gesamtzahl der Mitglieder des BVG erhöht werden darf, sollen die Mitgliedstaaten nach Möglichkeit sicherstellen, dass jede beteiligte juristische Person eines Mitgliedstaates unter den aus diesem Mitgliedstaat gewählten oder bestellten Vertretern des BVG repräsentiert ist. Insoweit eröffnet die SE-RL den Mitgliedstaaten zudem die Option für eine Regelung, „dass diesem Gremium Gewerkschaftsvertreter auch dann angehören können, wenn sie nicht Arbeitnehmer einer beteiligten Gesellschaft oder einer betroffenen Tochtergesellschaft oder eines betroffenen Betriebes sind"[1].

Die **SCE-RL** hat die in Rz. 2 wiedergegebene Bestimmung der SE-RL mit identischem   3
Wortlaut in Art. 3 Abs. 2 lit. b übernommen, gibt darüber hinaus aber vor, dass die Verfahren zur Bestimmung der Arbeitnehmervertreter im BVG eine „ausgewogene Vertretung von Frauen und Männern" möglichst fördern sollen. Die zur Umsetzung der SCE-RL geschaffene Bestimmung in **§ 6 SCEBG** stimmt weitgehend mit § 6 überein; klarstellend legt § 6 Abs. 2 Satz 1 SCEBG für die Wählbarkeit fest, dass es sich um Arbeitnehmer „der beteiligten juristischen Personen betroffenen Tochtergesellschaften oder betroffenen Betriebe" handeln muss (offener § 6 Abs. 2 Satz 1: „Gesellschaften und Betriebe"). Eine vergleichbare Klarstellung sieht § 6 Abs. 3 SCEBG für das Vertretensein einer Gewerkschaft vor (demgegenüber § 6 Abs. 3: „beteiligten Unternehmen"). Die Vorgabe in Art. 3 Abs. 2 lit. b SE-RL ist ferner Bestandteil der Verweisungsnorm in **Art. 16 Abs. 2 Verschmelzungs-RL**; die zur Umsetzung in **§ 8 MgVG** getroffenen Regelungen stimmen mit § 6 überein, modifizieren jedoch die Bestimmung für Gewerkschaftsvertreter in § 6 Abs. 3 ebenso wie § 6 Abs. 3 SCEBG dahingehend, dass ein Vertretensein der Gewerkschaft in „betroffenen Tochtergesellschaften" oder „betroffenen Betrieben" ausreicht.

Eine Parallele findet § 6 in den **§§ 10 Abs. 3, 11 EBRG**. Das gilt insbesondere für die   4
Bestellung von Ersatzmitgliedern (§ 10 Abs. 3 EBRG) sowie das zahlenmäßige Verhältnis von Frauen und Männern unter den Mitgliedern des BVG (§ 11 Abs. 5 EBRG).

Die Parallelbestimmung in **Österreich** (§ 217 ArbVG) weicht von § 6 vor allem dadurch ab, dass sie weder zugunsten der Gewerkschaften noch im Interesse einer Arbeitnehmergruppe eine bestimmte Vertretung unter den aus Österreich zu bestellenden Mitgliedern des BVG vorsieht. Sie eröffnet jedoch – in Ausübung der Option in Art. 3 Abs. 2 lit. b SE-RL – in § 217 Abs. 1 Satz 2 ArbVG die Möglichkeit, anstelle eines Betriebsratsmitgliedes einen „Funktionär oder Arbeitnehmer der zuständigen freiwilligen Berufsvereinigung der Arbeitnehmer" zu ernennen. Ferner soll bei der Entsendung darauf geachtet werden, dass jede beteiligte Gesellschaft durch mindestens ein Mitglied in dem BVG vertreten ist (§ 217 Abs. 3 ArbVG) und die Arbeitnehmerinnen und Arbeitnehmer angemessen repräsentiert sind.   5

---

1 Kritisch insbesondere zu der Festschreibung einer Mitgliedschaft der Gewerkschaften im BVG *Jacobs* in MünchKomm. AktG, § 6 SEBG Rz. 6; zur Vereinbarkeit der Mindestrepräsentanz zugunsten der Gewerkschaften mit der Vorgaben der SE-RL *Scheibe*, Mitbestimmung der Arbeitnehmer, S. 45 ff.

II. Anzuwendende Rechtsvorschriften (§ 6 Abs. 1)

6   Die Wahl oder Bestellung der Mitglieder des BVG richtet sich nicht generell nach dem Recht des Mitgliedstaates, in dem die SE ihren Sitz haben soll. Vielmehr beschränkt sich die Rechtssetzungsmacht der jeweiligen Mitgliedstaaten auf die in ihrem Hoheitsgebiet zu wählenden oder zu bestellenden Mitglieder (Art. 3 Abs. 2 lit. b Unterabsatz 1 Satz 1 SE-RL). Diese Vorgabe der SE-RL setzt § 6 Abs. 1 im Hinblick auf die persönlichen Voraussetzungen für die Mitgliedschaft im BVG um und konkretisiert diese in § 6 Abs. 2 bis 4.

7   Die in Rz. 6 genannten Vorschriften sind für die in Deutschland zu bestellenden Mitglieder des BVG von allgemeiner Bedeutung. Sie gelten nicht nur, wenn eine SE mit Sitz in Deutschland errichtet werden soll, sondern erfassen auch die Bestellung bzw. Wahl der Mitglieder des BVG, wenn sich dessen Bildung nach den Vorschriften eines anderen Mitgliedstaates richtet, diesem aber Mitglieder aus Deutschland angehören[2].

III. Wählbarkeitsvoraussetzungen (§ 6 Abs. 2 bis 4)

1. Grundsatz

8   Bezüglich der **Wählbarkeit** für die Mitglieder des BVG aus **Deutschland** hält § 6 Abs. 2 Satz 1 in allgemeiner Form fest, dass nur solche Personen gewählt werden können, die entweder **Arbeitnehmer** der Gesellschaften bzw. Betriebe oder **Gewerkschaftsvertreter** sind. Weitere persönliche Voraussetzungen stellt § 6 Abs. 2 Satz 1 nicht auf, insbesondere verlangt das Gesetz nicht, dass die Mitglieder des BVG zugleich einer **Arbeitnehmervertretung** angehören müssen; in der Praxis dürfte dies jedoch regelmäßig der Fall sein. Eine bestimmte **Dauer des Beschäftigungsverhältnisses** verlangt § 6 Abs. 2 Satz 1 abweichend von § 4 Abs. 3 DrittelbG, § 7 Abs. 3 MitbestG, jedoch in Übereinstimmung mit den §§ 8 ff. EBRG nicht.

9   Die **Arbeitnehmereigenschaft** richtet sich nach der Legaldefinition in § 2 Abs. 1. Zu den in das BVG wählbaren Arbeitnehmern zählen deshalb auch **leitende Angestellte**. Einschränkend verlangt § 6 Abs. 2 Satz 1, dass es sich um Arbeitnehmer der Gesellschaft oder Betriebe handeln muss. Hierfür muss zu der Gesellschaft ein Arbeitsverhältnis bestehen, bei inländischen Betrieben ausländischer Gesellschaften ist die Wählbarkeit zu bejahen, wenn der Arbeitnehmer in den in Deutschland gelegenen Betrieb eingegliedert ist. Unter den Oberbegriff „**Gesellschaften**" fallen – wie § 6 Abs. 2 SCEBG ausdrücklich klarstellt – sowohl **beteiligte Gesellschaften** i.S. des § 2 Abs. 2 als auch **betroffene Tochtergesellschaften** i.S. des § 2 Abs. 4[3]. Arbeitnehmer „betroffener Betriebe" sind – übereinstimmend mit § 6 Abs. 2 SCEBG – ebenfalls wählbar, da § 6 Abs. 2 Satz 1 auch die Arbeitnehmer der „Betriebe" erfasst[4].

10   Wählbar sind ferner – entsprechend der den Mitgliedstaaten in Art. 3 Abs. 2 lit. b Unterabs. 2 SE-RL eröffneten Option – **Gewerkschaftsvertreter**. Das gilt selbst dann, wenn an der Gründung der SE ausschließlich Gesellschaften aus Deutschland beteiligt sind, die dem DrittelbG unterliegen[5]. Wie bei § 7 Abs. 4 MitbestG muss es sich um den Vertreter einer Gewerkschaft handeln, die in einem der an der Gründung der SE **beteiligten Unternehmen vertreten** ist (vgl. § 6 Abs. 3 sowie unten Rz. 14 ff.).

2 *Kleinsorge* in Nagel/Freis/Kleinsorge, SEBG, § 6 Rz. 2.
3 *Kleinsorge* in Nagel/Freis/Kleinsorge, SEBG, § 6 Rz. 3; *Scheibe*, Mitbestimmung der Arbeitnehmer, S. 62 f.
4 So auch i.E. *Jacobs* in MünchKomm. AktG, § 6 SEBG Rz. 2; *Kleinsorge* in Nagel/Freis/Kleinsorge, SEBG, § 6 Rz. 3.
5 S. näher dazu *Scheibe*, Mitbestimmung der Arbeitnehmer, S. 47 f.

2. Geschlechterproporz (§ 6 Abs. 2 Satz 2)

Während § 15 Abs. 2 BetrVG dem Geschlecht in der Minderheit eine Mindestreprä-   11
sentanz im Betriebsrat zwingend absichert, belässt es § 6 Abs. 2 Satz 2 bei dem Gebot, dass sich unter den in Deutschland zu wählenden Mitgliedern des BVG das zahlenmäßige Verhältnis von Frauen und Männern widerspiegeln soll, was der Vorgabe
in § 11 Abs. 5 EBRG entspricht. Auch das Recht der Unternehmensmitbestimmung
geht über die Aufstellung einer **Soll-Vorschrift** nicht hinaus (vgl. § 4 Abs. 4 DrittelbG, § 4 1. WO-MitbestG). Wird das Gebot des § 6 Abs. 2 Satz 2 nicht beachtet, so
berührt dies nicht die **Rechtswirksamkeit der Wahl**[6].

Das zahlenmäßige Verhältnis von Frauen und Männern ist nicht nach Maßgabe aller   12
Arbeitnehmer in den beteiligten Gesellschaften und betroffenen Tochtergesellschaften zu bestimmen. Zu berücksichtigen sind nur die **in Deutschland beschäftigten Arbeitnehmer**. Die praktische Wirksamkeit der Vorschrift leidet nicht darunter, dass
§ 4 Abs. 3 Angaben zum zahlenmäßigen Verhältnis der Geschlechter unter den Arbeitnehmern nicht ausdrücklich zu den mitzuteilenden Informationen zählt. Die offene Fassung des Tatbestandes („insbesondere") erlaubt es, diesen Sachverhalt in die
Unterrichtungspflicht einzubeziehen. Für die Wahrung des Geschlechterproporzes
sind alle im Inland zu wählenden Mitglieder des BVG und nicht lediglich die unternehmensangehörigen Mitglieder maßgebend, so dass es ausreicht, wenn dieser durch
einen Gewerkschaftsvertreter hergestellt wird[7].

3. Ersatzmitglieder (§ 6 Abs. 2 Satz 3)

Für jedes aus Deutschland in das BVG zu wählende Mitglied ist nach § 6 Abs. 2   13
Satz 3 ein Ersatzmitglied zu wählen. Sofern § 6 Abs. 3 und 4 für einzelne Mitglieder
des BVG **besondere persönliche Voraussetzungen** festlegen, müssen diese auch in der
Person des jeweiligen Ersatzmitgliedes vorliegen. Im Unterschied zu § 10 Abs. 3
EBRG, der als Soll-Vorschrift ausgestaltet ist, schreibt § 6 Abs. 2 Satz 3 die Wahl ei-
nes Ersatzmitgliedes **zwingend** vor[8].

4. Vertreter der Gewerkschaften (§ 6 Abs. 3)

Entsprechend § 7 MitbestG können nach § 6 Abs. 2 Satz 1 zu den in Deutschland   14
wählbaren Mitgliedern des BVG auch Gewerkschaftsvertreter gehören (s. oben
Rz. 10). Wie in § 7 MitbestG müssen diese den in Deutschland gelegenen Unternehmen bzw. Betrieben **nicht als Arbeitnehmer** angehören[9]. Es reicht aus, wenn sie von
einer Gewerkschaft **bevollmächtigt** worden sind; eine Mitgliedschaft in der Gewerkschaft ist nicht notwendig.

Den **Begriff der Gewerkschaft** definiert das SEBG nicht. Angesichts des von der   15
Rechtsprechung des BAG befürworteten einheitlichen Gewerkschaftsbegriffs, den es
insbesondere auch im Rahmen des BetrVG anwendet[10], liegt es nahe, diesen in § 6

---

6 *Joost* in Oetker/Preis, EAS, B 8200, Rz. 59; *Kleinsorge* in Nagel/Freis/Kleinsorge, SEBG, § 6
  Rz. 8.
7 So auch *Kleinsorge* in Nagel/Freis/Kleinsorge, SEBG, § 6 Rz. 8.
8 *Kleinsorge* in Nagel/Freis/Kleinsorge, SEBG, § 6 Rz. 9.
9 So auch *Jacobs* in MünchKomm. AktG, § 6 SEBG Rz. 4.
10 So z.B. BAG v. 23.4.1971 – 1 ABR 26/70, AP Nr. 2 zu § 97 ArbGG 1953; BAG v. 15.3.1977 –
  1 ABR 16/75, AP Nr. 24 zu Art. 9 GG.

Abs. 3 ebenfalls zugrunde zu legen[11]. Gewerkschaften i.S. dieser Vorschrift sind danach nur tariffähige Arbeitnehmervereinigungen i.S. des § 2 Abs. 1 TVG[12].

16   Da sowohl § 6 Abs. 2 Satz 1 als auch § 6 Abs. 3 den offenen Begriff der „Gewerkschaften" verwenden, muss die Gewerkschaft ihren Sitz nicht zwingend in Deutschland haben. Wählbar ist auch der Vertreter einer ausländischen Gewerkschaft. Voraussetzung ist jedoch stets, dass diese in einem „**beteiligten Unternehmen**" vertreten ist. Dies ist zu bejahen, wenn wenigstens ein Mitglied der Gewerkschaft bei einem der beteiligten Unternehmen als Arbeitnehmer beschäftigt ist[13]; eine **Tarifzuständigkeit** für das Unternehmen muss die Gewerkschaft nicht für sich reklamieren[14]. Abweichend von der üblichen Terminologie im SEBG stellt § 6 Abs. 3 Satz 1 nicht auf die beteiligten Gesellschaften, sondern die beteiligten „Unternehmen" ab. Diese Formulierung legt es nahe, dass die Vertretung der Gewerkschaft in einer **betroffenen Tochtergesellschaft** genügt[15]. Die alleinige Vertretung in einem **betroffenen Betrieb** dürfte nicht ausreichen, da § 6 Abs. 3 ausdrücklich auf das Unternehmen abstellt[16]. Ob es sich um ein inländisches oder **ausländisches Unternehmen** handelt, ist für die Wählbarkeit nach dem Gesetzeswortlaut scheinbar ohne Bedeutung; dem Zweck des § 6 Abs. 3 entspricht es aber, die Vertretung in einem inländischen Unternehmen zu verlangen.

17   Die Wählbarkeit als Gewerkschaftsvertreter besteht nicht bezüglich aller Mitglieder des BVG, sondern nur für **jedes dritte Mitglied**, das dem Gremium aus Deutschland angehört[17]. Bei alleiniger Anwendung der Grundregel in § 5 Abs. 1 ist ein Gewerkschaftsvertreter in Deutschland deshalb erst zu wählen, wenn in Deutschland mehr als 20 % der zu berücksichtigenden Arbeitnehmer (s. oben § 5 Rz. 8) beschäftigt sind; die Wahl eines zweiten Gewerkschaftsvertreters ist notwendig, wenn die entsprechende Quote 50 % übersteigt. Zum **Verhältnis** des Vorschlagsrechts in **§ 6 Abs. 3 zu § 5 Abs. 2** s. oben § 5 Rz. 13.

18   Weitergehend wird z.T. die Auffassung vertreten, dass auch über § 6 Abs. 3 hinaus „Gewerkschaftsvertreter" selbst dann in das BVG gewählt werden können, wenn sie keine Arbeitnehmer der „Gesellschaften und Betriebe" sind[18]. Eine isolierte Betrachtung des Wortlauts streitet für diese Auslegung, da § 6 Abs. 2 Satz 1 „Gewerkschaftsvertreter" ohne Einschränkungen für wählbar erklärt. Überzeugender ist indes wegen der Gesetzessystematik die gegenteilige Position, da § 6 Abs. 3 lediglich die Zusam-

---

11 Ebenso die h.M. im Rahmen von § 7 Abs. 4 MitbestG; s. *Oetker* in Großkomm. AktG, § 7 MitbestG Rz. 20, m.w.N.
12 S. dazu BAG v. 14.12.2004 – 1 ABR 51/03, AP Nr. 1 zu § 2 TVG Tariffähigkeit; BAG v. 28.3.2006 – 1 ABR 58/04, AP Nr. 4 zu § 2 TVG Tariffähigkeit sowie ausführlich *Oetker* in Wiedemann, 7. Aufl. 2007, § 2 TVG Rz. 199 ff.
13 S. *Henssler* in Ulmer/Habersack/Henssler, MitbestR, 2. Aufl. 2006, § 7 MitbestG Rz. 70; *Oetker* in ErfKomm., 7. Aufl. 2007, § 7 MitbestG Rz. 3; *Raiser*, MitbestG, § 7 Rz. 19; *Seibt* in Henssler/Willemsen/Kalb, ArbRKomm., 2. Aufl. 2006, § 7 MitbestG Rz. 4.
14 So für das BetrVG BAG v. 10.11.2004 – 7 ABR 19/04, AP Nr. 7 zu § 17 BetrVG 1972.
15 *So Kleinsorge* in Nagel/Freis/Kleinsorge, SEBG, § 8 Rz. 5.
16 Abweichend insoweit § 6 Abs. 3 SCEBG, der ausdrücklich auch die Vertretung in einem betroffenen Betrieb ausreichen lässt. Mit diesem Ergebnis für § 6 Abs. 3 auch *Scheibe*, Mitbestimmung der Arbeitnehmer, S. 39 f., unter Hinweis auf § 6 Abs. 3 SCEBG.
17 Für diesen Schwellenwert auch *Calle Lambach*, Beteiligung der Arbeitnehmer, S. 160; *Kraushaar*, BB 2003, 1614, 1617. Nach *Henssler*, RdA 2005, 330, 333; *Henssler* in Ulmer/Habersack/Henssler, MitbestR, 2. Aufl. 2006, Einl. SEBG Rz. 175; *Thüsing*, ZIP 2006, 1469, 1473; *Wisskirchen/Prinz*, DB 2004, 2638, 2639 soll diese Festlegung europarechtswidrig sein; ebenso zuvor *Kallmeyer*, ZIP 2004, 1442, 1443; kritisch auch *Kienast* in Jannott/Frodermann, Handbuch Europäische Aktiengesellschaft, Kap. 13 Rz. 136 f.; dagegen jedoch *Güntzel*, Richtlinie, S. 399 f.
18 So *Jacobs* in MünchKomm. AktG, § 6 SEBG Rz. 4.

mensetzung des BVG betrifft und wegen der den Gewerkschaftsvertretern danach vorbehaltenen Sitze deren Wählbarkeit eigenständig in § 6 Abs. 2 festgelegt werden musste. Einen weitergehenden Zweck hat die Einbeziehung der Gewerkschaftsvertreter in den Kreis der wählbaren Personen nicht.

Das Vertretern der Gewerkschaften vorbehaltene Mitglied des BVG kann ausschließ- 19
lich von diesen vorgeschlagen werden. Unterbleibt ein entsprechender **Wahlvorschlag**, so ist zu erwägen, dass statt dessen ein Arbeitnehmer des Unternehmens zum Mitglied in das BVG gewählt werden kann. Anderenfalls wäre die an den „beteiligten" Mitgliedstaaten ausgerichtete repräsentative Struktur des BVG in Frage gestellt. Mehr als die sich nach § 6 Abs. 3 ergebende Zahl von Gewerkschaftsvertretern ohne Arbeitnehmerstatus können dem BVG nicht angehören[19]. Dies schließt jedoch nicht aus, dass sich unter den in Deutschland gewählten unternehmensangehörigen Mitgliedern (Arbeitnehmern) auch solche befinden, die das Vertrauen einer im Unternehmen vertretenen Gewerkschaft genießen oder dieser angehören. Erforderlich ist in diesem Fall jedoch ein Wahlvorschlag aus dem Kreise der dem Wahlgremium angehörenden Mitglieder (s. unten § 8 Rz. 6).

5. Vertreter der leitenden Angestellten

Neben den im Unternehmen vertretenen Gewerkschaften sichert § 6 Abs. 4 den lei- 20
tenden Angestellten eine **Mindestrepräsentanz** unter den in Deutschland zu wählenden Mitgliedern des BVG[20]. Hierfür räumt das SEBG jedoch weder den leitenden Angestellten noch dem Sprecherausschuss ein unmittelbar zur Mitgliedschaft führendes Bestellungs- oder Entsendungsrecht ein. Vielmehr begründet § 8 Abs. 1 – wie für die Gewerkschaften – lediglich ein **Vorschlagsrecht** an das Wahlgremium, das sodann aus den eingegangenen Wahlvorschlägen seine Wahl trifft[21]. Auch insoweit ist bei einem fehlenden Wahlvorschlag zu erwägen, dass der den leitenden Angestellten vorbehaltene Sitz im BVG nicht leer bleibt, sondern von dem Wahlgremium frei besetzt werden kann (s. oben Rz. 19).

Die **Sitzgarantie** zugunsten der leitenden Angestellten besteht unabhängig davon, ob 21
diese bei den beteiligten Gesellschaften bzw. betroffenen Tochtergesellschaften, die der Mitbestimmung unterliegen, eine **Entsprechung** findet. Die Sonderstellung der leitenden Angestellten soll zwar die für diese Arbeitnehmergruppe durch § 15 Abs. 1 MitbestG normierte Sitzgarantie absichern, das Gesetz hat aber – aus guten Gründen – davon abgesehen, eine Wiederspiegelung bei den beteiligten Gesellschaften bzw. Tochtergesellschaften zu fordern. Im Extremfall kann dies dazu führen, dass die leitenden Angestellten in dem BVG eine Minderrepräsentanz erhalten, obwohl in keiner der beteiligten Gesellschaften und den betroffenen Tochtergesellschaften eine Mitbestimmung nach dem MitbestG besteht[22].

Die **Wählbarkeit** als leitender Angestellter bestimmt sich wegen der Legaldefinition 22
in § 2 Abs. 1 nach dem BetrVG (s. oben § 2 Rz. 6), wobei nicht nur **§ 5 Abs. 3 Satz 2 BetrVG**, sondern auch die Vermutungstatbestände in **§ 5 Abs. 4 BetrVG** heranzuziehen sind, da diese die Umschreibung in § 5 Abs. 3 Satz 2 Nr. 3 BetrVG konkretisieren bzw. deren Anwendung erleichtern sollen.

---

19 A.A. jedoch *Jacobs* in MünchKomm. AktG, § 6 SEBG Rz. 4; dazu ferner oben Rz. 18.
20 S. dazu auch *Heinze* in FS Schwerdtner, 2003, S. 741 ff.; *Scheibe*, Mitbestimmung der Arbeitnehmer, S. 55 ff.; ablehnend *Kienast* in Jannott/Frodermann, Handbuch Europäische Aktiengesellschaft, Kap. 13 Rz. 138.
21 Dazu auch *Scheibe*, Mitbestimmung der Arbeitnehmer, S. 57 f.
22 Ebenso *Kleinsorge* in Nagel/Freis/Kleinsorge, SEBG, § 6 Rz. 6.

23   Eine Repräsentation der leitenden Angestellten in dem BVG sichert § 6 Abs. 4 erst, wenn aus Deutschland **sieben Mitglieder** in das Gremium zu wählen sind[23]. Sofern für dessen Zusammensetzung ausschließlich die Grundregel des § 5 Abs. 1 zur Anwendung gelangt, müssen mehr als 60 % der Arbeitnehmer in Deutschland beschäftigt sein (s. oben § 5 Rz. 8).

24   Im Unterschied zu der Repräsentanz der Gewerkschaftsvertreter unter den aus Deutschland zu wählenden Mitgliedern des BVG ist § 6 Abs. 4 als **Mindestvorschrift** ausgestaltet. Deshalb können auch mehr Mitglieder des BVG aus Deutschland als die sich nach § 6 Abs. 4 ergebende Zahl als leitende Angestellte zu qualifizieren sein[24]. Voraussetzung ist jedoch stets eine entsprechende Entscheidung des Wahlgremiums[25]. Zudem steht dem Sprecherausschuss ein Vorschlagsrecht nur hinsichtlich des „siebten" Mitgliedes zu; hinsichtlich weiterer Mitglieder bedarf es eines Wahlvorschlages aus dem Kreise der Mitglieder des Wahlgremiums (s. auch unten § 8 Rz. 6)[26].

§ 7
Verteilung der auf das Inland entfallenden Sitze des besonderen Verhandlungsgremiums

(1) Die Wahl oder Bestellung der Mitglieder des besonderen Verhandlungsgremiums nach § 5 erfolgt nach den jeweiligen Bestimmungen der Mitgliedstaaten.

(2) Bei der Wahl der auf das Inland entfallenden Mitglieder des besonderen Verhandlungsgremiums sollen alle an der Gründung der SE beteiligten Gesellschaften mit Sitz im Inland, die Arbeitnehmer im Inland beschäftigen, durch mindestens ein Mitglied im besonderen Verhandlungsgremium vertreten sein.

(3) Ist die Anzahl der auf das Inland entfallenden Mitglieder des besonderen Verhandlungsgremiums geringer als die Anzahl der an der Gründung der SE beteiligten Gesellschaften mit Sitz im Inland, die Arbeitnehmer im Inland beschäftigen, so erhalten die Gesellschaften in absteigender Reihenfolge der Zahl der Arbeitnehmer jeweils einen Sitz.

(4) Ist die Anzahl der auf das Inland entfallenden Mitglieder des besonderen Verhandlungsgremiums höher als die Anzahl der an der Gründung der SE beteiligten Gesellschaften mit Sitz im Inland, die Arbeitnehmer im Inland beschäftigen, so sind die nach erfolgter Verteilung nach Absatz 2 verbleibenden Sitze nach dem d'Hondtschen Höchstzahlverfahren auf die beteiligten Gesellschaften zu verteilen.

(5) Sind keine Gesellschaften mit Sitz im Inland an der Gründung der SE beteiligt, sondern von ihr nur Betriebe ausländischer Gesellschaften betroffen, gelten die Absätze 2 bis 4 entsprechend.

---

23   Für einen niedrigeren Schwellenwert noch *Kraushaar*, BB 2003, 1614, 1617, bereits bei zwei oder mehr Mitgliedern; dagegen jedoch *Güntzel*, Richtlinie, S. 402; *Kleinsorge* in Nagel/Freis/Kleinsorge, SEBG, § 6 Rz. 4 Fn. 5.

24   *Kleinsorge* in Nagel/Freis/Kleinsorge, SEBG, § 6 Rz. 5; *Scheibe*, Mitbestimmung der Arbeitnehmer, S. 54; *Schwarz*, Einleitung Rz. 259 a.E.

25   So auch *Jacobs* in MünchKomm. AktG, § 8 SEBG Rz. 5.

26   *Kleinsorge* in Nagel/Freis/Kleinsorge, SEBG, § 6 Rz. 5.

I. Allgemeines

Die Vorschrift regelt die Verteilung der in Deutschland zu wählenden Mitglieder des 1 BVG (§ 7 Abs. 2 bis 5) und hält in § 7 Abs. 1 den allgemeinen Grundsatz fest, dass sich die Wahl oder Bestellung der Mitglieder im Übrigen nach den Bestimmungen der jeweiligen Mitgliedstaaten richtet. Insofern greift § 7 die Vorgabe in Art. 3 Abs. 2 lit. b Unterabsatz 1 SE-RL auf[1], der die Ausgestaltung des Wahl- bzw. Bestellungsverfahrens den Mitgliedstaaten überlässt. Dabei stellt § 7 Abs. 2 bis 4 ein Prozedere zur Verfügung, um die aus Deutschland zu wählenden Mitglieder des BVG auf die beteiligten Gesellschaften mit Sitz in Deutschland zu verteilen; es ist von dem Ziel geleitet, dass die Arbeitnehmer möglichst jeder beteiligten Gesellschaft in dem BVG vertreten sind.

Im Vergleich zu § 7 belässt das **österreichische Recht** dem Wahlgremium für die Verteilung der aus Österreich zu entsendenden Mitglieder des BVG einen größeren Spielraum. Nach § 217 Abs. 3 ArbVG soll das zur Entsendung berechtigte Organ lediglich darauf Bedacht nehmen, dass jede beteiligte Gesellschaft durch mindestens ein Mitglied in dem BVG vertreten ist[2].

II. Vertretung der inländischen Gesellschaften im BVG (§ 7 Abs. 2 bis 4)

Um unter den aus Deutschland in das BVG gewählten Mitgliedern eine möglichst 3 große Repräsentativität sicherzustellen, legt § 7 Abs. 2 den Grundsatz fest, dass jede an der Gründung der SE **beteiligte inländische Gesellschaft** durch mindestens ein Mitglied in dem BVG vertreten sein soll. Hierfür stellt § 7 Abs. 2 die Grundregel dar, die um die zwingende Vorgabe in § 5 Abs. 2 ergänzt wird, wenn eine SE durch Verschmelzung gegründet werden soll. In diesem Fall ist die Vertretung der erlöschenden Gesellschaften mit Sitz in Deutschland in dem BVG zwingend vorgeschrieben. Demgegenüber begründet § 7 Abs. 2 lediglich eine „Soll-Vorschrift", über die sich das Wahlgremium ggf. hinwegsetzen kann.

Eine **Vertretung betroffener Tochtergesellschaften** im BVG stellt § 7 nicht sicher und 4 entspricht damit der Vorgabe in Art. 3 Abs. 2 lit. b SE-RL, die ebenfalls ausschließlich auf „beteiligte Gesellschaften" abstellt. Übersteigt die Zahl der zu verteilenden Sitze hingegen die Zahl der beteiligten Gesellschaften, dann steht das Gemeinschaftsrecht zwar einer Berücksichtigung betroffener Tochtergesellschaften nicht entgegen, eine derartige Zuweisung ist aber unvereinbar mit § 7 Abs. 4, der die Verteilungsmodalitäten für diesen Fall zwingend festlegt und ausdrücklich nur die „beteiligten Gesellschaften" einbezieht, die nach der Umschreibung in § 2 Abs. 2 zu bestimmen sind[3].

---

1 Entsprechendes gilt nach Art. 3 Abs. 2 lit. b SCE-RL für die SCE (s. insoweit auch den mit § 7 weitgehend übereinstimmenden § 7 SCEBG); auf Art. 3 Abs. 2 lit. b SE-RL nimmt auch die Verschmelzungs-RL in Art. 16 Abs. 2 Bezug (s. auch die Umsetzung in § 9 MgVG, die mit § 7 übereinstimmt).

2 Strenger *Gahleitner* in Kalss/Hügel, § 217 ArbVG Rz. 4, die nur bei zwingenden Gründen eine Abweichung für zulässig erachtet; ähnlich *Mayr* in Cerny/Mayr, Arbeitsverfassungsrecht, Bd. 6, 2006, § 217 Erl. 2, der für eine Abweichung einen „begründeten Ausnahmefall" fordert.

3 S. auch *Scheibe*, Mitbestimmung der Arbeitnehmer, S. 63 ff. A.A. *Kleinsorge* in Nagel/Freis/Kleinsorge, SEBG, § 7 Rz. 6 f.

5   Wie im Rahmen von § 5 Abs. 2 ist auch bei der Anwendung von § 7 Abs. 2 das **Ver-**
     hältnis zu den Vorschlagsrechten nach § 6 Abs. 3 und 4 klärungsbedürftig. Da die
     durch § 6 Abs. 3 und 4 bezweckte Privilegierung nicht gewährleistet, dass die betei-
     ligten Gesellschaften aus Deutschland in dem BVG vertreten sind, sprechen wie bei
     § 5 Abs. 2 (s. oben § 5 Rz. 13) die besseren Gründe dafür, von den auf Deutschland
     entfallenden Mitgliedern zunächst die nach § 6 Abs. 3 und 4 erforderlichen Sitze in
     Abzug zu bringen und die verbleibenden Sitze sodann nach Maßgabe der §§ 5 Abs. 2,
     7 Abs. 2 bis 4 auf die beteiligten Gesellschaften aufzuteilen[4].

6   Für den Fall, dass die in Deutschland für das BVG zu wählenden Mitglieder nicht für
     eine Vertretung aller beteiligten Gesellschaften ausreichen sowie für den umgekehr-
     ten Sachverhalt, dass die Zahl der aus Deutschland zu wählenden Mitglieder die Zahl
     der beteiligten inländischen Gesellschaften übersteigt, legen § 7 Abs. 3 und 4 einen
     Mechanismus fest, nach dem für die Verteilung entweder die **Zahl der Arbeitnehmer**
     der beteiligten Gesellschaften (§ 7 Abs. 3, weniger Mitglieder als beteiligte Gesell-
     schaften) **oder das d'Hondtsche Höchstzahlenverfahren** (§ 7 Abs. 4, mehr Mitglieder
     als beteiligte Gesellschaften) maßgebend ist.

7   **Beispiel:** An der Gründung einer SE sind aus Deutschland fünf Gesellschaften betei-
     ligt. Auf Deutschland entfallen aufgrund der Zahl der bei ihnen beschäftigten Arbeit-
     nehmer lediglich drei Mitglieder des BVG, wobei wegen § 6 Abs. 3 (s. oben Rz. 5) nur
     zwei Sitze für die an der Gründung der SE beteiligten Gesellschaften aus Deutsch-
     land zur Verfügung stehen. Da die verbleibenden zwei Sitze nicht ausreichen, um der
     Vorgabe in § 7 Abs. 2 zu entsprechen, sind diese nach der Regel in § 7 Abs. 3 zu ver-
     teilen. Mit Hilfe der Informationen nach § 4 Abs. 3 sind die Sitze auf die beiden Ge-
     sellschaften zu verteilen, die im Inland die höchste Zahl von Arbeitnehmern beschäf-
     tigen.

8   **Beispiel:** An der Gründung der SE sind aus Deutschland drei Gesellschaften mit 800,
     1 150 und 9 500 Arbeitnehmern beteiligt; aufgrund der Arbeitnehmerzahl entfallen
     sieben Mitglieder des BVG auf Deutschland. Von diesen stehen vorab zwei Sitze den
     in den Gesellschaften vertretenen Gewerkschaften (§ 6 Abs. 3) sowie ein Sitz den lei-
     tenden Angestellten (§ 6 Abs. 4) zu, so dass vier Sitze auf die an der Gründung der SE
     beteiligten deutschen Gesellschaften zu verteilen sind. Da die Zahl der auf Deutsch-
     land entfallenden Mitglieder größer als die Anzahl der beteiligten Gesellschaften ist,
     gelangt § 7 Abs. 4 zur Anwendung. Hiernach erhält zunächst jede Gesellschaft einen
     Sitz. Der verbleibende Sitz ist nach Maßgabe des d'Hondtschen Höchstzahlenverfah-
     rens zu verteilen:

Gesellschaft 1	Gesellschaft 2	Gesellschaft 3
800	1.150	9.500
: 2 = 400	: 2 = 575	: 2 = 4.750

---

4 So auch Begr. RegE, BT-Drucks. 15/3405, S. 47; *Güntzel*, Richtlinie, S. 400 f.; *Hennings* in
  Manz/Mayer/Schröder, Art. 3 SE-RL Rz. 63; *Kleinsorge* in Nagel/Freis/Kleinsorge, SEBG, § 7
  Rz. 3; *Köstler* in Theisen/Wenz, Europäische Aktiengesellschaft, S. 331, 341; *Nagel*, AuR 2004,
  281, 283; *Scheibe*, Mitbestimmung der Arbeitnehmer, S. 40 ff. sowie *Jacobs* in MünchKomm.
  AktG, § 7 SEBG Rz. 2; wohl auch *Kienast* in Jannott/Frodermann, Handbuch Europäische Aktiengesellschaft, Kap. 13 Rz. 132. Europarechtliche Bedenken gegen diese Lösung äußert *Krau-*
  se, BB 2005, 1221, 1225, ohne allerdings überzeugend begründen zu können, warum die Sitzgarantien in § 6 Abs. 3 und 4 nur eingreifen sollen, wenn die Zahl der Sitze im BVG die Zahl
  der aus Deutschland beteiligten Gesellschaften übersteigt (s. auch oben § 5 Rz. 13); gegen einen
  Vorrang auch *Schwarz*, Einleitung Rz. 255 mit Fn. 719, Rz. 259; *Steinberg*, Mitbestimmung,
  S. 158 f.

Die zu berücksichtigende Höchstzahl entfällt auf die Gesellschaft 3 mit 9.500 Arbeitnehmern, die damit insgesamt durch zwei der sieben aus Deutschland zu bestellenden Mitglieder in dem BVG vertreten sind. Auf die beiden anderen beteiligten Gesellschaften entfällt jeweils ein Mitglied des BVG; zwei Sitze sind nach § 6 Abs. 3 und ein Sitz nach § 6 Abs. 4 zu verteilen.

Schwierigkeiten bereitet die Anwendung der Grundsätze in Rz. 3 bis 8, wenn zu den 9 beteiligten Gesellschaften eine **arbeitnehmerlose (Holding-)Gesellschaft** gehört und die Arbeitnehmer bei deren Tochtergesellschaften beschäftigt sind. Da der Verteilungsmechanismus in § 7 betroffene Tochtergesellschaften ausklammert (s. oben Rz. 4), die beteiligte Gesellschaft aber keine Arbeitnehmer im Inland beschäftigt, droht in dem BVG ein Repräsentationsdefizit. Ausschließlich in diesem Fall ist zu erwägen, die bei den Tochtergesellschaften im Inland beschäftigten Arbeitnehmer als solche der ansonsten arbeitnehmerlosen (Holding-)Gesellschaft zu behandeln.

III. Verteilung der Mitglieder bei ausländischen Gesellschaften mit inländischen Betrieben (§ 7 Abs. 5)

Sind an der Gründung der SE ausschließlich Gesellschaften beteiligt, die ihren Sitz 10 nicht in Deutschland haben, sind aber im Inland Betriebe dieser Gesellschaften belegen, so sind die aus Deutschland in das BVG zu wählenden Mitglieder auf die Betriebe zu verteilen, wobei wiederum die Grundsätze in § 7 Abs. 2 bis 4 maßgebend sind. Entspricht die Zahl der in Deutschland zu wählenden Mitglieder der Zahl der dort gelegenen Betriebe, so entfällt auf jeden Betrieb ein Mitglied. Übersteigt die Zahl der Betriebe die Zahl der zu wählenden Mitglieder, so sind diese nach Maßgabe der Zahl der in den Betrieben beschäftigten Arbeitnehmer zu verteilen (§ 7 Abs. 3); in der umgekehrten Konstellation gelangt das d'Hondtsche Höchstzahlenverfahren zur Anwendung (§ 7 Abs. 4).

Kapitel 2. Wahlgremium

§ 8
Zusammensetzung des Wahlgremiums; Urwahl

(1) Die nach diesem Gesetz oder dem Gesetz eines anderen Mitgliedstaats auf die im Inland beschäftigten Arbeitnehmer der an der Gründung der SE beteiligten Gesellschaften, betroffenen Tochtergesellschaften und betroffenen Betriebe entfallenden Mitglieder des besonderen Verhandlungsgremiums werden von einem Wahlgremium in geheimer und unmittelbarer Wahl gewählt. Im Fall des § 6 Abs. 3 ist jedes dritte Mitglied auf Vorschlag einer Gewerkschaft zu wählen, die in einem an der Gründung der SE beteiligten Unternehmen vertreten ist. Wird nur ein Wahlvorschlag gemacht, muss dieser mindestens doppelt so viele Bewerber enthalten wie Vertreter von Gewerkschaften zu wählen sind. Jeder Wahlvorschlag einer Gewerkschaft muss von einem Vertreter der Gewerkschaft unterzeichnet sein. Im Fall des § 6 Abs. 4 ist jedes siebte Mitglied auf Vorschlag der Sprecherausschüsse zu wählen; Satz 3 gilt entsprechend. Besteht in einem beteiligten Unternehmen oder in einer beteiligten Unternehmensgruppe kein Sprecherausschuss, können die leitenden Angestellten Wahlvorschläge machen; ein Wahlvorschlag muss von einem Zwanzigstel oder 50 der wahlberechtigten leitenden Angestellten unterzeichnet sein.

(2) Ist aus dem Inland nur eine Unternehmensgruppe an der SE-Gründung beteiligt, besteht das Wahlgremium aus den Mitgliedern des Konzernbetriebsrats oder,
sofern ein solcher nicht besteht, aus den Mitgliedern der Gesamtbetriebsräte, oder,
sofern ein solcher in einem Unternehmen nicht besteht, aus den Mitgliedern des
Betriebsrats. Betriebsratslose Betriebe und Unternehmen einer Unternehmensgruppe werden vom Konzernbetriebsrat, Gesamtbetriebsrat oder Betriebsrat mit vertreten.

(3) Ist aus dem Inland nur ein Unternehmen an der Gründung einer SE beteiligt, besteht das Wahlgremium aus den Mitgliedern des Gesamtbetriebsrats, oder, sofern
ein solcher nicht besteht, aus den Mitgliedern des Betriebsrats. Betriebsratslose Betriebe eines Unternehmens werden vom Gesamtbetriebsrat oder Betriebsrat mit vertreten.

(4) Ist aus dem Inland nur ein Betrieb von der Gründung einer SE betroffen, besteht
das Wahlgremium aus den Mitgliedern des Betriebsrats.

(5) Sind an der Gründung der SE eine oder mehrere Unternehmensgruppen oder nicht
verbundene Unternehmen beteiligt oder sind von der Gründung unternehmensunabhängige Betriebe betroffen, setzt sich das Wahlgremium aus den jeweiligen Arbeitnehmervertretungen auf Konzernebene, Unternehmensebene oder Betriebsebene zusammen. Die Absätze 2 bis 4 gelten entsprechend. Ist in den Fällen des Satzes 1 eine
entsprechende Arbeitnehmervertretung nicht vorhanden, werden diese Mitglieder
des Wahlgremiums von den Arbeitnehmern in Urwahl gewählt. Die Wahl wird von
einem Wahlvorstand eingeleitet und durchgeführt, der in einer Versammlung der Arbeitnehmer gewählt wird, zu der die inländische Konzernleitung, Unternehmensleitung oder Betriebsleitung einlädt. Es sind so viele Mitglieder des Wahlgremiums zu
wählen, wie eine bestehende Arbeitnehmervertretung in den Fällen der Absätze 2 bis
4 an gesetzlichen Mitgliedern hätte; für das Wahlverfahren gilt Absatz 7 Satz 3 bis 5
entsprechend.

(6) Das Wahlgremium besteht aus höchstens 40 Mitgliedern. Würde diese Höchstzahl
überschritten, ist die Anzahl der Mitglieder in dem Wahlgremium entsprechend ihrem zahlenmäßigen Verhältnis nach dem d,Hondtschen Höchstzahlverfahren zu verringern.

(7) Besteht in den Fällen der Absätze 2 bis 5 keine Arbeitnehmervertretung, wählen
die Arbeitnehmer die Mitglieder des besonderen Verhandlungsgremiums in geheimer
und unmittelbarer Wahl. Die Wahl wird von einem Wahlvorstand eingeleitet und
durchgeführt, der in einer Versammlung der Arbeitnehmer gewählt wird, zu der die
inländische Konzernleitung, Unternehmensleitung oder Betriebsleitung einlädt. Die
Wahl der Mitglieder des besonderen Verhandlungsgremiums erfolgt nach den Grundsätzen der Verhältniswahl. Sie erfolgt nach den Grundsätzen der Mehrheitswahl,
wenn nur ein Wahlvorschlag eingereicht wird. Jeder Wahlvorschlag der Arbeitnehmer muss von mindestens einem Zwanzigstel der wahlberechtigten Arbeitnehmer,
mindestens jedoch von drei Wahlberechtigten, höchstens aber von 50 Wahlberechtigten unterzeichnet sein; in Betrieben mit in der Regel bis zu 20 wahlberechtigten Arbeitnehmern genügt die Unterzeichnung durch zwei Wahlberechtigte. § 8 Abs. 1
Satz 2 bis 6 gilt entsprechend.

I. Allgemeines

Aufbauend auf der sich aus den §§ 6 und 7 ergebenden Zusammensetzung der dem BVG aus Deutschland angehörenden Mitglieder bestimmt § 8 die Einzelheiten über Bildung und Zusammensetzung des Wahlkörpers, die allgemeinen Wahlgrundsätze sowie zum Wahlvorschlagsrecht. Die Vorschrift wird ergänzt durch die Bestimmungen zur Einberufung des Wahlgremiums (§ 9) sowie zur Wahl der Mitglieder (§ 10); sie gilt nicht nur für eine künftige SE mit Sitz in Deutschland, sondern stets, wenn einem BVG Mitglieder aus Deutschland angehören[1].

Die Einzelheiten zur Wahl bzw. Bestellung der Mitglieder des BVG hat die **SE-RL** den Mitgliedstaaten überlassen[2]; entsprechendes gilt für die **SCE-RL**, wobei die zur Umsetzung in § 8 SCEBG getroffene Regelung mit § 8 wörtlich übereinstimmt. Wegen der Bezugnahme in **Art. 16 Abs. 2 Verschmelzungs-RL** auf Art. 3 Abs. 2 SE-RL gilt der Spielraum für die Mitgliedstaaten auch bei der Ausgestaltung der Mitbestimmung bei grenzüberschreitenden Verschmelzungen. Wie für das SCEBG hat der Gesetzgeber in **§ 10 MgVG** davon abgesehen, von § 8 abzuweichen.

In seinem Grundansatz geht § 8 auf **§ 11 EBRG** zurück. Auch dort hat der Gesetzgeber grundsätzlich von einer Urwahl der Mitglieder durch die Arbeitnehmer abgesehen und stattdessen ein Wahlgremium etabliert sowie für dieses auf die vorhandenen betriebsverfassungsrechtlichen Vertretungsstrukturen zurückgegriffen[3]. Dementsprechend wird das Wahlgremium aus dem Gesamt- bzw. Konzernbetriebsrat, ggf. auch aus der Gesamtheit der Gesamtbetriebsräte oder der Betriebsräte gebildet.

Konzeptionell entspricht § 8 der Rechtslage in **Österreich**. Dort knüpfen die §§ 217 Abs. 1, 218 ArbVG ebenfalls an die bestehenden betriebsverfassungsrechtlichen Strukturen an und erklären den Betriebsrat, den Zentralbetriebsrat oder die Konzernvertretung zum zuständigen Gremium, ggf. tritt für den Entsendungsbeschluss auch eine Versammlung der Betriebsräte oder der Zentralbetriebsräte zusammen.

II. Wahlgrundsätze (§ 8 Abs. 1 Satz 1)

Mit der von § 8 Abs. 1 geforderten **geheimen** und **unmittelbaren** Wahl entspricht das Gesetz den Vorgaben in § 14 Abs. 1 BetrVG, so dass die dazu anerkannten Grundsät-

---

1 *Kleinsorge* in Nagel/Freis/Kleinsorge, § 8 Rz. 1.
2 S. Art. 3 Abs. 2 lit. b Unterabs. 1 Satz 1 SE-RL.
3 *Kleinsorge* in Nagel/Freis/Kleinsorge, SEBG, § 8 Rz. 1.

ze[4] auch im Rahmen der Wahl der Mitglieder des BVG aus Deutschland anzuwenden sind. Die weiteren Einzelheiten zu dem Wahlakt als solchen regelt nicht § 8, sondern § 10 (s. näher unten § 10 Rz. 5 ff.).

III. Vorschlagsrechte (§ 8 Abs. 1 Satz 2 bis 6)

1. Allgemeines Wahlvorschlagsrecht für die Mitglieder des BVG

6   Im Unterschied zu den besonderen Vorschlagsrechten in § 6 Abs. 3 und 4 enthält das SEBG keine Bestimmungen zum Wahlvorschlagsrecht bezüglich der übrigen von dem Wahlgremium zu wählenden Mitglieder des BVG. Hieraus folgt im Umkehrschluss, dass jedes **Mitglied des Wahlgremiums Wahlvorschläge** unterbreiten kann (s. auch unten § 10 Rz. 8), ohne dass diese von einer bestimmten Unterstützung innerhalb des Wahlgremiums getragen sein müssen. Ebenso verzichtet das Gesetz auf weitere **Formvorschriften** für einen gültigen Wahlvorschlag, insbesondere muss dieser dem Wahlgremium nicht schriftlich unterbreitet werden. Zum Sonderfall der **Urwahl** (§ 8 Abs. 7) s. unten Rz. 25.

2. Wahlvorschlag der Gewerkschaften (§ 8 Abs. 1 Satz 2 bis 4)

7   Bezüglich des **Wahlvorschlages der Gewerkschaften** ist § 8 Abs. 1 Satz 2 im Verhältnis zu § 6 Abs. 3 ohne weiteren Regelungsinhalt; insoweit ist auf die Ausführungen zu § 6 Rz. 19 zu verweisen. Die näheren Vorgaben für den Wahlvorschlag einer Gewerkschaft legen § 8 Abs. 1 Satz 3 und 4 fest.

8   Dabei soll **§ 8 Abs. 1 Satz 3**, der mit § 16 Abs. 2 Satz 3 MitbestG übereinstimmt, vor allem sicherstellen, dass für den Vertreter der Gewerkschaften ein **Ersatzmitglied** gewählt wird. Aus diesem Grunde bedurfte es einer ausdrücklichen Regelung, wenn nur ein Wahlvorschlag eingereicht wurde. In diesem Fall muss dieser doppelt so viele Bewerber aufweisen wie Vertreter zu wählen sind. Im Unterschied zu § 6 Abs. 2 WO BetrVG ist § 8 Abs. 1 Satz 3 keine Soll-, sondern eine **Mussvorschrift**, was mit der zwingenden Bestellung von Ersatzmitgliedern (§ 6 Abs. 2 Satz 3) korrespondiert. Enthält die Vorschlagsliste nicht die von § 8 Abs. 1 Satz 3 geforderte Zahl von Bewerbern, so ist diese ungültig und vom Wahlgremium nicht zu beachten. Eine gleichwohl erfolgte Wahl ist anfechtbar (s. unten § 10 Rz. 12).

9   Wie § 14 Abs. 5 BetrVG schreibt **§ 8 Abs. 1 Satz 4** zwingend die **Unterzeichnung** des Wahlvorschlages durch einen Vertreter der jeweiligen Gewerkschaft vor. Hierfür genügt es, dass der die Unterschrift Leistende von der Gewerkschaft zur Unterzeichnung des Wahlvorschlages bevollmächtigt ist; die Unterzeichnung durch ein vertretungsberechtigtes Organ der Gewerkschaft ist nicht erforderlich[5]. Die Unterzeichnung des Wahlvorschlages ist eine **zwingende Formvorschrift**; fehlt die Unterschrift, so ist die Vorschlagsliste ungültig und eine aufgrund dessen durchgeführte Wahl anfechtbar (s. unten § 10 Rz. 12).

3. Wahlvorschlag der leitenden Angestellten (§ 8 Abs. 1 Satz 5 und 6)

10   Für den gem. § 6 Abs. 4 zu wählenden **Vertreter der leitenden Angestellten** spricht § 8 Abs. 1 Satz 5 in Fortführung von § 6 Abs. 4 den **Sprecherausschüssen** das Wahlvorschlagsrecht zu. Hinsichtlich der **Zahl der Bewerber** auf einer Vorschlagsliste gelten die Ausführungen in Rz. 8 entsprechend. Der vom Gesetz gewählte Plural („Spre-

---

4 Stellvertretend zu diesen *Kreutz* in GK-BetrVG, 8. Aufl. 2005, § 14 Rz. 12 ff., 24 f.; *Reichold* in Henssler/Willemsen/Kalb, ArbRKomm., 2. Aufl. 2006, § 14 BetrVG Rz. 5 f.
5 Zum Vorstehenden statt aller *Kreutz* in GK-BetrVG, 8. Aufl. 2005, § 14 Rz. 93.

cherausschüsse") deutet darauf hin, dass **jeder** in der Unternehmensgruppe bzw. in dem Unternehmen bestehende **Sprecherausschuss** berechtigt ist einen Wahlvorschlag zu unterbreiten. Vorzugswürdig ist jedoch eine **Einschränkung des Wortlautes** durch den Grundgedanken in § 8 Abs. 2 bis 5, nach dem ausschließlich die Arbeitnehmervertretung der **jeweils höchsten Ebene** – vermittelt durch ihre Mitgliedschaft im Wahlgremium (s. oben Rz. 6) – berechtigt sein soll, Wahlvorschläge zu unterbreiten[6]. Ist an einer SE-Gründung aus Deutschland lediglich **eine Unternehmensgruppe** beteiligt, so steht das Wahlvorschlagsrecht daher ausschließlich einem ggf. gebildeten **Konzernsprecherausschuss** zu. Ungeachtet dessen setzt ein wirksamer Wahlvorschlag des Sprecherausschusses stets einen entsprechenden **Beschluss** voraus; das Wahlvorschlagsrecht steht dem Organ und nicht den einzelnen Mitgliedern zu. Der Wahlvorschlag ist durch den Vorsitzenden (§ 11 Abs. 2 Satz 1 SprAuG) dem Wahlgremium zu übermitteln.

Den **leitenden Angestellten** steht ein unmittelbar von ihnen ausübbares Wahlvorschlagsrecht erst zu, wenn in dem Unternehmen bzw. einer beteiligten Unternehmensgruppe **überhaupt kein Sprecherausschuss** errichtet worden ist. Hierfür genügt es nicht, dass in einem sprecherausschussfähigen Betrieb von der Errichtung eines Sprecherausschusses abgesehen wurde, solange in dem Unternehmen bzw. der Unternehmensgruppe wenigstens ein Sprecherausschuss errichtet worden ist. Sind die leitenden Angestellten selbst zu einem Wahlvorschlag berechtigt, so gilt für die **Zahl der Bewerber** auf der Vorschlagsliste ebenfalls § 8 Abs. 1 Satz 3. Hinsichtlich der notwendigen Anzahl von **Unterstützungsunterschriften** übernimmt § 8 Abs. 1 Satz 6 Halbs. 2 das von § 15 Abs. 2 Nr. 2 MitbestG geforderte Quorum.   11

IV. Zusammensetzung des Wahlgremiums (§ 8 Abs. 2 bis 6)

Eine sehr differenzierte Regelung trifft § 8 Abs. 2 bis 6 für die Bildung des Wahlgremiums. Dessen Größe und Zusammensetzung hängt vor allem von Umfang und Struktur der in Deutschland an der Gründung der SE beteiligten Gesellschaften ab. Zu unterscheiden ist zwischen dem **Grundmodell**, das § 8 Abs. 2 bis 4 für den Fall vorsieht, dass an der SE-Gründung aus dem Inland nur ein Konzern oder Unternehmen beteiligt bzw. nur ein Betrieb betroffen ist, sowie **Mischsachverhalten**, die § 8 Abs. 5 ausgestaltet. Ergänzt werden die vorstehenden Grundsätze durch die Möglichkeit einer **Urwahl** für die Ausnahmekonstellation, dass entsprechende Arbeitnehmervertretungen überhaupt nicht vorhanden sind (§ 8 Abs. 7; s. dazu unten Rz. 24 ff.).   12

1. Grundmodell (§ 8 Abs. 2 bis 4)

Das **Grundmodell** regeln **§ 8 Abs. 2 bis 4**, die auf der Konstellation beruhen, dass an der Gründung der SE aus Deutschland lediglich eine Unternehmensgruppe oder Gesellschaft beteiligt bzw. ein Betrieb betroffen ist. Ist aus dem Inland nur eine **Unternehmensgruppe** beteiligt, so bestimmt § 8 Abs. 2 den **Konzernbetriebsrat** zum zuständigen Wahlgremium; ersatzweise ist dieses aus den Mitgliedern der Gesamtbetriebsräte zu bilden. Lediglich in dem allenfalls theoretisch denkbaren Fall, dass in der Unternehmensgruppe nur ein Betriebsrat besteht, bildet dieser für den gesamten Konzern das Wahlgremium. Fehlt in der Unternehmensgruppe auch ein Betriebsrat, so kommt es zu einer Urwahl, für die § 8 Abs. 7 die Einzelheiten festlegt (s. dazu unten Rz. 24 ff.). Eine gesonderte Berücksichtigung betriebsratsloser Betriebe bzw. Unternehmen erfolgt nicht (§ 8 Abs. 2 Satz 2). Das gilt selbst dann, wenn das Wahlgre-   13

---

6 Ebenso *Kleinsorge* in Nagel/Freis/Kleinsorge, SEBG, § 8 Rz. 7.

mium lediglich durch einen Betriebsrat gebildet wird; dieser vertritt in diesem Fall alle Arbeitnehmer der Unternehmensgruppe[7].

14   Die Grundsätze in Rz. 13 gelten nach § 8 Abs. 3 auch, wenn die einzige beteiligte Gesellschaft aus Deutschland kein Teil einer inländischen Unternehmensgruppe ist. In diesem Fall bildet der **Gesamtbetriebsrat** das Wahlgremium, ersatzweise die Mitglieder der Betriebsräte, wobei die Arbeitnehmer betriebsratsloser Betriebe durch den Gesamtbetriebsrat vertreten werden. Besteht in dem Unternehmen überhaupt kein Betriebsrat, so findet gemäß § 8 Abs. 7 eine Urwahl statt.

15   Eine gesonderte Berücksichtigung der **Sprecherausschüsse** bei der Bildung des Wahlgremiums sieht das SEBG nicht vor. Dieses ist jedoch an die ihm unterbreiteten Wahlvorschläge gebunden; auch aus wichtigem Grund ist das Wahlgremium nicht berechtigt, einen Wahlvorschlag abzulehnen, selbst dann nicht, wenn lediglich ein einziger Wahlvorschlag eingereicht wurde. Ausschließlich ungültige Wahlvorschläge darf das Wahlgremium zurückweisen.

2. Mischsachverhalte (§ 8 Abs. 5)

16   Einer Sonderregelung bedurfte es für den Fall, dass aus dem Inland mehr als eine Unternehmensgruppe oder ein Unternehmen bzw. betroffener Betrieb beteiligt ist. In dieser Konstellation setzt sich das Wahlgremium aus den Mitgliedern der verschiedenen Arbeitnehmervertretungen zusammen, wobei wegen der entsprechenden Anwendung von § 8 Abs. 2 bis 4 (s. § 8 Abs. 5 Satz 2) die Mitglieder der jeweils höchsten Ebene dem Wahlgremium angehören[8].

17   **Beispiel:** An der Gründung einer SE sind aus Deutschland ein herrschendes Unternehmen (mit vier abhängigen Unternehmen) und zwei nicht verbundene Unternehmen (mit jeweils drei Betrieben, deren Betriebsräten jeweils mehr als drei Mitglieder angehören) beteiligt sowie ein unternehmensunabhängiger Betrieb (mit einem aus fünf Mitgliedern bestehenden Betriebsrat) betroffen. In dieser Konstellation scheidet ein alleiniger Rückgriff auf § 8 Abs. 2 bis 4 für die Bildung des Wahlgremiums aus, statt dessen ist § 8 Abs. 5 anzuwenden: Nach § 8 Abs. 5 Satz 1 gehören dem Wahlgremium die Mitglieder des Konzernbetriebsrates, die Mitglieder der Gesamtbetriebsräte aus den nicht verbundenen Unternehmen sowie die Mitglieder des Betriebsrates aus dem unternehmensunabhängigen Betrieb an.

18   Einer Sonderregelung bedurfte es für den Fall, in dem in einer Unternehmensgruppe, einem nicht verbundenen Unternehmen oder einem unternehmensunabhängigen Betrieb **keine Arbeitnehmervertretung** besteht. Eine Mitvertretung der Arbeitnehmer durch die anderen Arbeitnehmervertretungen, wie sie § 8 Abs. 2 Satz 2, Abs. 3 Satz 2 im Rahmen des Grundmodells vorsehen, kommt in dieser Konstellation nicht in Betracht, da sich die Wahrnehmungszuständigkeit des Konzern- bzw. Gesamtbetriebsrates für betriebsratslose Unternehmen bzw. Betriebe auf den Konzern bzw. das Unternehmen beschränkt (§§ 58 Abs. 1 Satz 2, 50 Abs. 1 Satz 2 BetrVG). Aus diesem Grunde sind die entsprechenden Mitglieder für das Wahlgremium in einer **Urwahl** zu bestimmen, für die § 8 Abs. 5 Satz 3 bis 5 die Einzelheiten festlegt, wobei wegen der Verweisung in § 8 Abs. 5 Satz 5 ergänzend die Modalitäten in § 8 Abs. 7 Satz 3 bis 5 zur Anwendung gelangen (s. dazu unten Rz. 26).

19   Abhängig davon, ob die tatbestandliche Voraussetzung einer vollständig fehlenden Arbeitnehmervertretung für eine Unternehmensgruppe, ein nicht verbundenes Unternehmen oder einen unternehmensunabhängigen Betrieb erfüllt ist, wird die Ur-

---

7 *Kleinsorge* in Nagel/Freis/Kleinsorge, SEBG, § 8 Rz. 13.
8 *Kleinsorge* in Nagel/Freis/Kleinsorge, SEBG, § 8 Rz. 20.

wahl durch die Konzern-, Unternehmens- oder Betriebsleitung eingeleitet, indem diese zu einer **Wahlversammlung** einlädt (§ 8 Abs. 5 Satz 4). **Form- und Fristvorschriften** für die Einladung stellt das Gesetz nicht auf; für alle teilnahmeberechtigten Arbeitnehmer muss jedoch die Möglichkeit bestehen, von der Einladung Kenntnis zu erlangen, zudem muss sie so frühzeitig erfolgen, dass alle Arbeitnehmer das Recht zur Teilnahme an der Wahlversammlung wahrnehmen können[9]. Mittels der Einladung bestimmt die jeweils maßgebliche Leitung zugleich Ort und Zeitpunkt der Wahlversammlung.

Die Durchführung der Wahl obliegt nicht der für die Einladung zuständigen Leitung, sondern einem **Wahlvorstand**, der von den Teilnehmern der Wahlversammlung zu wählen ist. Vorgaben für die Wahl des Wahlvorstandes stellt das Gesetz nicht auf. Das gilt sowohl für dessen Größe und Zusammensetzung als auch für die Modalitäten des Wahlvorganges[10]. 20

Vor der Wahl hat der Wahlvorstand die **Zahl der zu wählenden Mitglieder für das Wahlgremium** festzulegen[11]. Hierfür legt § 8 Abs. 5 Satz 5 Halbs. 1 die gesetzliche Mitgliederzahl zugrunde, die ein Konzern- oder Gesamtbetriebsrat bzw. ein auf betrieblicher Ebene gebildeter Betriebsrat hätte. Bei einer Unternehmensgruppe ohne Arbeitnehmervertretung richtet sich die Zahl der Mitglieder deshalb nach der Zahl der in der Unternehmensgruppe zusammengefassten Unternehmen (§ 55 Abs. 1 BetrVG: zwei je Unternehmen); bei nicht verbundenen Unternehmen nach der Zahl der betriebsratsfähigen Einheiten sowie der Größe hypothetisch gebildeter Betriebsräte (§ 47 Abs. 2 Satz 1 BetrVG); bei unternehmensunabhängigen Betrieben ist die Zahl der Arbeitnehmer maßgebend (§ 9 BetrVG)[12]. 21

Für das **Wahlverfahren** selbst verweist § 8 Abs. 5 Satz 5 Halbs. 2 auf § 8 Abs. 7 Satz 3 bis 5, die ihrerseits jedoch lediglich das Wahlsystem (Mehrheits- oder Verhältniswahl) und die Aufstellung der Wahlvorschläge ausgestalten (näher dazu unten Rz. 24 ff.). Die Festlegung der weiteren Einzelheiten für die Durchführung des Wahlvorganges obliegt deshalb dem Wahlvorstand, der sich hierbei unter anderem an den Vorgaben der WO-BetrVG orientieren kann[13]. 22

3. Reduktionsklausel (§ 8 Abs. 6)

Sollte das Wahlgremium aus **mehr als 40 Mitgliedern** bestehen, so ist die **Zahl der Mitglieder** nach Maßgabe des d'Hondtschen Höchstzahlenverfahrens zu reduzieren. Für das in Rz. 17 gebildete Beispiel ergibt sich hieraus: Dem Wahlgremium gehören acht Mitglieder des Konzernbetriebsrates, sechs Mitglieder der Gesamtbetriebsräte sowie fünf Mitglieder des Betriebsrates an. Mit den insgesamt 19 Mitgliedern wird die Obergrenze des § 8 Abs. 6 Satz 1 von 40 Mitgliedern nicht überschritten. 23

V. Urwahl der Mitglieder des BVG (§ 8 Abs. 7)

Sowohl das Grundmodell für die Bildung des Wahlgremiums in § 8 Abs. 2 bis 4 als auch die Sonderregelung für Mischsachverhalte in § 8 Abs. 5 setzen voraus, dass bei den im Inland gelegenen und an der Gründung der SE beteiligten Unternehmensgruppen oder nicht verbundenen Unternehmen oder unternehmensunabhängigen Betrie- 24

---

9 *Kleinsorge* in Nagel/Freis/Kleinsorge, SEBG, § 8 Rz. 23.
10 *Kleinsorge* in Nagel/Freis/Kleinsorge, SEBG, § 8 Rz. 24 f.
11 A.A. *Kleinsorge* in Nagel/Freis/Kleinsorge, SEBG, § 8 Rz. 32, die diese Aufgabe dem Wahlgremium zuweist.
12 Wie hier auch *Kleinsorge* in Nagel/Freis/Kleinsorge, SEBG, § 8 Rz. 32 ff.
13 Im Einzelnen dazu *Kleinsorge* in Nagel/Freis/Kleinsorge, SEBG, § 8 Rz. 26 ff.

ben überhaupt eine Arbeitnehmervertretung besteht. Regelungsbedürftig blieb deshalb der Ausnahmefall, dass **überhaupt keine Arbeitnehmervertretung** besteht. In dieser Konstellation, die vor allem dann in Betracht kommt, wenn in Deutschland lediglich ein Betrieb einer ausländischen Gesellschaft liegt, sieht § 8 Abs. 7 von der Bildung eines eigenständigen Wahlgremiums ab und überantwortet die Wahl der dem BVG aus Deutschland angehörenden Mitglieder direkt den Arbeitnehmern, die die Mitglieder des BVG in geheimer und unmittelbarer Wahl bestimmen (§ 8 Abs. 7 Satz 1).

25   Für die Urwahl greift § 8 Abs. 7 Satz 2 – wie § 8 Abs. 5 Satz 3 – auf eine **Wahlversammlung** zurück, die sich aus den Arbeitnehmern zusammensetzt und zu der die Konzern-, Unternehmens- oder Betriebsleitung einlädt (s. dazu auch oben Rz. 19). Da die Wahlversammlung die Mitglieder des BVG unmittelbar wählt, beschränkt sich § 8 Abs. 7 auf Rahmenregelungen für das Wahlvorschlagsrecht sowie das Wahlverfahren. Für die Wahlvorschläge der Arbeitnehmer übernimmt § 8 Abs. 7 Satz 5 die Regelung in § 14 Abs. 4 BetrVG[14]; bezüglich etwaiger Sitze im BVG für Vertreter der Gewerkschaften bzw. der leitenden Angestellten verweist § 8 Abs. 7 Satz 6 auf die Vorgaben in § 8 Abs. 1 Satz 2 bis 5 (s. dazu oben Rz. 7 ff., 10 f.).

26   Zum **Wahlverfahren** greift § 8 Abs. 7 Satz 3 und 4 im Grundsatz § 14 Abs. 2 BetrVG auf. **Verhältniswahl** findet statt, wenn mehrere Wahlvorschläge vorliegen; **Mehrheitswahl**, wenn nur ein Wahlvorschlag eingereicht wurde. Dabei ist allerdings die Besonderheit zu berücksichtigen, dass wegen der Sitzgarantien in § 6 Abs. 3 und 4 sowie § 5 Abs. 2 stets mehrere Wahlvorschläge vorliegen. Deshalb ist § 8 Abs. 7 Satz 4, der eine Mehrheitswahl vorschreibt, dahin auszulegen, dass bei den vorgenannten Sitzgarantien getrennt zu wählen ist und eine Mehrheitswahl bereits dann stattfindet, wenn bezüglich des garantierten Sitzes lediglich ein Wahlvorschlag eingereicht wurde.

§ 9
Einberufung des Wahlgremiums

(1) Auf der Grundlage der von den Leitungen erhaltenen Informationen hat der Vorsitzende der Arbeitnehmervertretung auf Konzernebene oder, sofern eine solche nicht besteht, auf Unternehmensebene oder, sofern eine solche nicht besteht, auf Betriebsebene

1. Ort, Tag und Zeit der Versammlung des Wahlgremiums festzulegen;

2. die Anzahl der Mitglieder aus den jeweiligen Arbeitnehmervertretungen nach § 8 Abs. 6 festzulegen;

3. zur Versammlung des Wahlgremiums einzuladen.

(2) Bestehen auf einer Ebene mehrere Arbeitnehmervertretungen, treffen die Verpflichtungen nach Absatz 1 den Vorsitzenden der Arbeitnehmervertretung, die die meisten Arbeitnehmer vertritt.

---

14 S. dazu *Kreutz* in GK-BetrVG, 8. Aufl. 2005, § 14 Rz. 50; *Reichold* in Henssler/Willemsen/ Kalb, ArbRKomm., 2. Aufl. 2006, § 14 BetrVG Rz. 17 f.

I. Allgemeines

Die Vorschrift trifft die nähere Ausgestaltung für den Zusammentritt des nach § 8 in   1
seiner Zusammensetzung bestimmten Wahlgremiums; sie wird durch die Wahl-
bestimmung in § 10 ergänzt.

In der **SE-RL** findet § 9 keine Entsprechung; Art. 3 Abs. 2 lit. b Unterabs. 1 Satz 1 SE-   2
RL stellt die Einzelheiten zur Wahl in das Ermessen der Mitgliedstaaten. Gleiches
gilt für die **SCE-RL**; der zur Ausführung geschaffene § 9 SCEBG stimmt indes mit § 9
überein. Für die Mitbestimmung der Arbeitnehmer bei einer **Verschmelzung von Ka-**
pitalgesellschaften aus verschiedenen Mitgliedstaaten gilt Entsprechendes; die einschlägige Vorschrift in **§ 11 MgVG** ist mit § 9 identisch.

Das **EBRG** bedurfte keiner mit § 9 vergleichbar detaillierten Regelung, enthält aller-   3
dings in § 11 Abs. 3 lit. a und c EBRG Vorschriften, nach denen die einladende Arbeitnehmervertretung nach der (größten) Zahl der wahlberechtigten Arbeitnehmer zu bestimmen ist. Dies entspricht einem tradierten Regelungsvorbild, das in den §§ 51
Abs. 2, 59 Abs. 2 BetrVG eine Parallele findet.

Das **österreichische Recht** kennt in § 218 ArbVG ebenfalls Regelungen zur Einberu-   4
fung des Wahlgremiums, sie beschränken sich jedoch auf eine Versammlung der Mitglieder der Zentralbetriebsräte (§ 218 Abs. 2 Satz 3 ArbVG) und sind zudem im Vergleich zu § 9 weniger detailliert ausgestaltet. Zur Einladung verpflichtet ist ggf. der
Vorsitzende des Zentralbetriebsrates des nach der Zahl der wahlberechtigten Arbeitnehmer größten inländischen Unternehmens.

II. Zuständigkeit für die Einberufung des Wahlgremiums

Entsprechend der Hierarchie in § 11 EBRG überträgt § 9 Abs. 1 primär der auf Kon-   5
zernebene gebildeten Arbeitnehmervertretung (Konzernbetriebsrat) die Aufgabe, das
Wahlgremium einzuberufen. Sind an der Gründung der SE mehrere inländische Gesellschaften beteiligt und besteht bei ihnen jeweils ein Konzernbetriebsrat, so bestimmt sich die Zuständigkeit nach der Zahl der vertretenen Arbeitnehmer (§ 9
Abs. 2). Entsprechendes gilt, wenn in den beteiligten Gesellschaften ausschließlich
Gesamtbetriebsräte bestehen; die Einberufung obliegt stets dem Gesamtbetriebsrat,
der die meisten Arbeitnehmer vertritt (§ 9 Abs. 2). Dieser Grundsatz gilt auch, wenn
Arbeitnehmervertretungen ausschließlich auf Betriebsebene gebildet worden sind,
was vor allem im Fall des § 7 Abs. 5 von Bedeutung ist.

III. Maßnahmen zur Einberufung des Wahlgremiums

Die nach Rz. 5 für die Einberufung des Wahlgremiums zuständige Arbeitnehmerver-   6
tretung trifft nach § 9 Abs. 1 Nr. 1 zunächst die Pflicht, **Ort, Tag und Zeit** für die Versammlung des Wahlgremiums festzulegen. Dabei entscheidet der Vorsitzende der zuständigen Arbeitnehmervertretung nach pflichtgemäßem **Ermessen**, hat hierbei allerdings die Vorgabe des § 11 Abs. 1 Satz 1 zu beachten[1], wonach die Wahl der

---

1 S. auch *Kleinsorge* in Nagel/Freis/Kleinsorge, SEBG, § 9 Rz. 6.

Mitglieder für das BVG binnen zehn Wochen nach ordnungsgemäßer Unterrichtung i.S. des § 4 Abs. 2 und 3 zu erfolgen hat. Obwohl das SEBG dies nicht ausdrücklich anordnet, hat der Vorsitzende der zuständigen Arbeitnehmervertretung bei seiner Ermessensausübung den **Grundsatz vertrauensvoller Zusammenarbeit** zu beachten[2]; die §§ 13 Abs. 1 Satz 2, 40 verkörpern einen allgemeinen Grundsatz, der auch für die Ausübung der durch § 9 begründeten Befugnisse gilt und gebietet, die Reisekosten sowie die infolge der Versammlung des Wahlgremiums ausfallende Arbeitszeit möglichst gering zu halten[3]. Ferner hat die zuständige Arbeitnehmervertretung die Anzahl der Mitglieder für das Wahlgremium festzulegen, sofern sie die **Höchstgrenze von 40 Mitgliedern** (s. dazu oben § 8 Rz. 23) überschreiten würde (§ 9 Abs. 1 Nr. 2).

7   Schließlich ist die **Einladung** zu der Versammlung des Wahlgremiums auszusprechen (§ 9 Abs. 1 Nr. 3). Über **Form** und **Inhalt der Einladung** enthält § 9 keine näheren Vorgaben. Die zuständige Arbeitnehmervertretung hat diese deshalb so vorzunehmen, dass die Mitglieder des Wahlgremiums zuverlässig von der Versammlung Kenntnis erlangen können. Hierfür ist die Schriftform zweckmäßig, aber keineswegs zwingend[4]; die gewählte Form sollte jedoch den Nachweis einer ordnungsgemäßen Einladung gestatten. Ferner ist der Zeitraum zwischen Zugang der Einladung und Versammlung so zu bemessen, dass sich die Mitglieder aus den Arbeitnehmervertretungen hierauf einrichten und an der Versammlung teilnehmen können.

§ 10
Wahl der Mitglieder des besonderen Verhandlungsgremiums

(1) Bei der Wahl müssen mindestens zwei Drittel der Mitglieder des Wahlgremiums, die mindestens zwei Drittel der Arbeitnehmer vertreten, anwesend sein. Die Mitglieder des Wahlgremiums haben jeweils so viele Stimmen, wie sie Arbeitnehmer vertreten. Die Wahl erfolgt mit einfacher Mehrheit der abgegebenen Stimmen.

(2) Im Wahlgremium vertreten die Arbeitnehmervertretungen und die in Urwahl gewählten Mitglieder jeweils alle Arbeitnehmer der organisatorischen Einheit, für die sie nach § 8 Abs. 2 bis 5 zuständig sind. Nicht nach Satz 1 vertretene Arbeitnehmer werden den Arbeitnehmervertretungen innerhalb der jeweiligen Unternehmensgruppe zu gleichen Teilen zugerechnet.

(3) Sind für eine Arbeitnehmervertretung mehrere Mitglieder im Wahlgremium vertreten, werden die entsprechend der von ihnen vertretenen Arbeitnehmer bestehenden Stimmenanteile gleichmäßig aufgeteilt. Dies gilt auch für die nach § 8 Abs. 5 Satz 3 gewählten Mitglieder des Wahlgremiums.

---

2 Ebenso *Kleinsorge* in Nagel/Freis/Kleinsorge, SEBG, § 9 Rz. 7.
3 *Kleinsorge* in Nagel/Freis/Kleinsorge, SEBG, § 9 Rz. 7.
4 Anders wohl *Jacobs* in MünchKomm. AktG, § 9 SEBG Rz. 2: muss.

I. Allgemeines

Während § 8 Abs. 1 Satz 1 für die von dem Wahlgremium vorzunehmenden Wahlgän- 1
ge die allgemeinen Wahlgrundsätze festlegt (s. oben § 8 Rz. 5), regelt § 10 die **Einzelheiten zur Beschlussfassung** im Wahlgremium, insbesondere die Zahl der Stimmen
sowie deren Verteilung auf die Mitglieder[1]. Die weiteren und durch die §§ 8 bis 10
nicht normativ vorstrukturierten Einzelheiten des Wahlvorganges legt das Wahlgremium ggf. durch Mehrheitsbeschluss autonom fest (s. unten Rz. 11).

Die **SE-RL** sowie die **SCE-RL** treffen für die Wahlhandlungen der in den Mitgliedstaa- 2
ten gebildeten Wahlgremien keine Vorgaben; **§ 10 SCEBG** stimmt mit § 10 wörtlich
überein; Entsprechendes gilt bezüglich der Mitbestimmung der Arbeitnehmer bei einer **Verschmelzung von Kapitalgesellschaften** aus verschiedenen Mitgliedstaaten
(s. § 12 MgVG).

Die Regelung in **Österreich** (§ 217 Abs. 3 ArbVG) verzichtet auf eine Bestimmung 3
zur Beschlussfähigkeit, stellt für die jeweils notwendige Mehrheit jedoch – wie § 10 –
auf die Zahl der von den Mitgliedern des Wahlgremiums jeweils vertretenen Arbeitnehmer ab.

II. Beschlussfähigkeit des Wahlgremiums

Für die Beschlussfähigkeit legt § 10 Abs. 1 Satz 1 das Erfordernis eines doppelten 4
Zwei-Drittel-Quorums fest; bei der Beschlussfassung müssen **zwei Drittel der Mitglieder anwesend** sein, die zudem **zwei Drittel der Arbeitnehmer vertreten**. Eine Teilnahme an der Beschlussfassung ist – im Unterschied zu § 33 Abs. 2 BetrVG – nicht
erforderlich. Hinsichtlich der Zahl der vertretenen Arbeitnehmer sind die nach § 4
Abs. 3 erteilten Informationen maßgebend[2].

III. Beschlussfassung des Wahlgremiums

Über die Zahl der Stimmen stellt § 10 die **Repräsentativität der Beschlussfassung** her 5
und korrigiert Verzerrungen, die aus der Verteilung der Mitglieder des Wahlgremiums
auf die Mitgliedstaaten resultieren.

Dabei bemisst sich die **Zahl der Stimmen**, die einem Mitglied des Wahlgremiums zu- 6
stehen, nach der Zahl der vertretenen Arbeitnehmer (§ 10 Abs. 1 Satz 2), was § 47
Abs. 7 BetrVG für Abstimmungen im Gesamtbetriebsrat ähnelt. Deshalb vertreten
die Arbeitnehmervertretungen sowie die in Urwahl gewählten Mitglieder des BVG
alle in der organisatorischen Einheit beschäftigten Arbeitnehmer, für die sie nach § 8
Abs. 2 bis 5 zuständig sind (§ 10 Abs. 2 Satz 1). Maßgebend für die Zahl der Arbeitnehmer sind die Angaben in der nach § 4 Abs. 3 zu erteilenden Information[3].

Für den Fall, dass dem Wahlgremium für eine Arbeitnehmervertretung **mehrere Mit- 7
glieder** angehören, verpflichtet das SEBG nicht zu einer einheitlichen Stimmabgabe[4].
Analog dem regelungstechnischen Vorbild in § 47 Abs. 7 Satz 2 BetrVG sieht § 10
Abs. 3 Satz 1 eine **gleichmäßige Aufteilung der Stimmen** auf die Mitglieder der Arbeitnehmervertretungen in dem Wahlgremium vor.

---

1 Mit übereinstimmendem Wortlaut § 10 SCEBG.
2 So auch *Jacobs* in MünchKomm. AktG, § 10 SEBG Rz. 2.
3 Ebenso ausdrücklich § 217 Abs. 4 Satz 3 ArbVG i.V.m. § 215 Abs. 3 Nr. 3 ArbVG.
4 *Hennings* in Manz/Mayer/Schröder, Art. 3 SE-RL Rz. 74; *Kleinsorge* in Nagel/Freis/Kleinsorge,
  SEBG, § 10 Rz. 8.

8 **Aufgabe des Wahlgremiums** ist ausschließlich die Beschlussfassung über die Mitglieder, die dem BVG aus Deutschland angehören sollen. Dabei erfolgt die Wahl – ohne dass dies das SEBG näher ausgestaltet – aufgrund von **Wahlvorschlägen**, über die das Wahlgremium abstimmt. Wegen der fehlenden gesetzlichen Vorgaben steht das **Wahlvorschlagsrecht** grundsätzlich jedem Mitglied des Wahlgremiums zu (s. auch oben § 8 Rz. 6)[5]. Lediglich für die den Vertretern der Gewerkschaften (§ 6 Abs. 3) bzw. den leitenden Angestellten (§ 6 Abs. 4) vorbehaltenen Sitze steht das Wahlvorschlagsrecht ausschließlich den Gewerkschaften (§ 8 Abs. 1 Satz 2 und 3) bzw. dem Sprecherausschuss (§ 8 Abs. 1 Satz 5 und 6) zu; insoweit fehlt den Mitgliedern des Wahlgremiums ein Wahlvorschlagsrecht (s. näher oben § 8 Rz. 7 f., 9 f.). Zur **Wählbarkeit** s. oben § 6 Rz. 8 ff.

9 Für den Wahlvorschlag ist weder eine bestimmte **Form** zu wahren, noch bedarf dieser einer bestimmten Zahl von **Unterstützungsunterschriften** (s. oben § 8 Rz. 6). Abweichendes gilt nach § 8 Abs. 1 Satz 4 für den **Wahlvorschlag einer Gewerkschaft**; dieser muss von einem hierzu bevollmächtigten Vertreter der Gewerkschaft unterzeichnet sein (dazu oben § 8 Rz. 8), was denknotwendig Schriftlichkeit voraussetzt.

10 Bei seiner **Entscheidung** ist das Wahlgremium nicht frei, sondern hat die gesetzlichen Vorgaben zu beachten, die das SEBG nicht nur in § 6 Abs. 3 und 4 aufstellt; es darf sich auch nicht über die Vorgaben in § 7 Abs. 2 bis 5 hinwegsetzen. Das gilt insbesondere für § 7 Abs. 3 und 4, während § 7 Abs. 2 als „Soll-Vorschrift" formuliert ist und Raum für Abweichungen lässt.

11 Für die **Wahl** legt § 8 Abs. 1 Satz 1 den allgemeinen Grundsatz fest (geheim und unmittelbar; s. dazu oben § 8 Rz. 5), überlässt die weitere Ausgestaltung des Wahlganges jedoch dem Wahlgremium, das über derartige prozedurale Fragen gegebenenfalls mit einfacher Mehrheit zu beschließen hat. Zur Zahl der dem einzelnen Mitglied des Wahlgremiums zustehenden Stimmen s. oben Rz. 6.

12 Wie § 11 EBRG sieht § 10 von näheren Vorschriften zu Geltendmachung von **Wahlfehlern** ab. Überwiegend wird dafür plädiert, diese Lücke durch eine entsprechende Anwendung von **§ 37 Abs. 2** zu schließen[6]; vereinzelt wird indes auch eine Analogie zu **§ 19 BetrVG** befürwortet[7]. Zu den zur Anfechtbarkeit führenden Verstößen gegen **wesentliche Wahlvorschriften** zählen u.a.:

   – Beschlussfassung des Wahlgremiums trotz fehlender Beschlussfähigkeit;
   – Nichterreichen des Mehrheitsquorums bei der Beschlussfassung;
   – Wahl ohne gültigen Wahlvorschlag;
   – fehlende Wahlberechtigung, insbesondere im Hinblick auf § 6 Abs. 3 und 4;
   – Nichtbeachtung der Vorgaben in § 7 Abs. 3 und 4.

13 Die zutreffende normative Anknüpfung für eine Anfechtung der seitens des Wahlgremiums gefassten Beschlüsse ist zwar im Hinblick auf die tatbestandlichen Voraussetzungen ohne Bedeutung, im Hinblick auf die spezielle Ausformung des Kreises der **Anfechtungsberechtigten** in § 37 Abs. 2 Satz 2 sowie § 37 Abs. 1 Satz 2 ist aber eine Analogie zu § 37 Abs. 2 vorzugswürdig. Bedeutsam ist dies vor allem auch für die **Anfechtungsfrist**, die § 37 Abs. 2 Satz 3 abweichend von § 19 Abs. 2 Satz 1 BetrVG (zwei Wochen) auf **einen Monat** festlegt. Nach Fristablauf ist die Verletzung von Wahlvor-

---

5 *Kleinsorge* in Nagel/Freis/Kleinsorge, SEBG, § 10 Rz. 6.
6 So *Grobys*, NZA 2005, 84, 87; *Henssler* in Ulmer/Habersack/Henssler, MitbestR, 2. Aufl. 2006, Einl. SEBG Rz. 179; *Jacobs* in MünchKomm. AktG, § 10 SEBG Rz. 6; wohl auch *Kienast* in Jannott/Frodermann, Handbuch Europäische Aktiengesellschaft, Kap. 13 Rz. 168 mit Fn. 142.
7 Hierfür *Kleinsorge* in Nagel/Freis/Kleinsorge, SEBG, § 8 Rz. 58, § 10 Rz. 9.

schriften nur noch unter den strengen Voraussetzungen einer nichtigen Wahl bedeutsam (s. dazu unten Rz. 15). Die entsprechende Anwendung des § 37 Abs. 2 SEGB reicht jedoch **nicht** soweit, dass die Anfechtung mittels einer **Klage** geltend gemacht werden muss, da diese Form des Rechtsschutzes untrennbar mit dem von der Hauptversammlung gefassten Bestellungsbeschluss verbunden ist. Vielmehr ist nach § 2a Abs. 1 Nr. 3d ArbGG der Rechtsweg zu den **Arbeitsgerichten** eröffnet, die über die Anfechtung im **Beschlussverfahren** entscheiden (§§ 2a Abs. 2, 80 ff. ArbGG).

Bei einer **erfolgreichen Anfechtung** verliert das in das BVG gewählte Mitglied ex nunc seine **Amtsstellung**; die Wirksamkeit der bis zur Rechtskraft einer erfolgreichen Wahlanfechtung gefassten **Beschlüsse des BVG** bleibt deshalb unberührt[8]. 14

Neben der Anfechtbarkeit kommt analog den zu § 19 BetrVG anerkannten Grundsätzen[9] die **Nichtigkeit einer Wahl** in Betracht, wenn ein grober und offensichtlicher Verstoß gegen wesentliche Wahlvorschriften vorliegt (s. auch unten § 37 Rz. 16)[10]. Das ist z.B. der Fall, wenn im Wahlgremium über den Wahlvorschlag in offener Abstimmung entschieden worden ist. 15

Kapitel 3. Verhandlungsverfahren

§ 11
Information über die Mitglieder des besonderen Verhandlungsgremiums

(1) Die Wahl oder Bestellung der Mitglieder des besonderen Verhandlungsgremiums soll innerhalb von zehn Wochen nach der in § 4 Abs. 2 und 3 vorgeschriebenen Information erfolgen. Den Leitungen sind unverzüglich die Namen der Mitglieder des besonderen Verhandlungsgremiums, ihre Anschriften sowie die jeweilige Betriebszugehörigkeit mitzuteilen. Die Leitungen haben die örtlichen Betriebs- und Unternehmensleitungen, die dort bestehenden Arbeitnehmervertretungen und Sprecherausschüsse sowie die in inländischen Betrieben vertretenen Gewerkschaften über diese Angaben zu informieren.

(2) Das Verhandlungsverfahren nach den §§ 12 bis 17 findet auch dann statt, wenn die in Absatz 1 Satz 1 genannte Frist aus Gründen, die die Arbeitnehmer zu vertreten haben, überschritten wird. Nach Ablauf der Frist gewählte oder bestellte Mitglieder können sich jederzeit an dem Verhandlungsverfahren beteiligen.

---

8 *Kienast* in Jannott/Frodermann, Handbuch Europäische Aktiengesellschaft, Kap. 13 Rz. 172.
9 Dazu statt aller *Kreutz* in GK-BetrVG, 8. Aufl. 2005, § 19 Rz. 131 ff.; *Reichold* in Henssler/Willemsen/Kalb, ArbRKomm., 2. Aufl. 2006, § 19 BetrVG Rz. 23 ff.
10 *Jacobs* in MünchKomm. AktG, § 10 SEBG Rz. 7; *Kienast* in Jannott/Frodermann, Handbuch Europäische Aktiengesellschaft, Kap. 13 Rz. 171.

I. Allgemeines

1   Die Vorschrift richtet sich vor allem an die in den Mitgliedstaaten errichteten Wahlgremien und verpflichtet sie, die auf den jeweiligen Mitgliedstaat entfallenden Mitglieder des BVG innerhalb einer Regelfrist von zehn Wochen zu bestellen bzw. zu wählen (§ 11 Abs. 1 Satz 1) sowie die Leitungen von dem Ergebnis zu unterrichten (§ 11 Abs. 1 Satz 2), damit diese wiederum ihre Informationspflichten aus § 11 Abs. 1 Satz 3 erfüllen können. Mit § 11 Abs. 2 stellt das Gesetz die Einleitung des Verhandlungsverfahrens auch für den Fall sicher, in dem alle oder einzelne Mitglieder des BVG nicht innerhalb der Frist des § 11 Abs. 1 Satz 1 bestellt bzw. gewählt worden sind und dies auf Gründen beruht, die von den Arbeitnehmern zu vertreten sind.

2   In der **SE-RL** findet § 11 keine Entsprechung; auch die **SCE-RL** kennt keine vergleichbare Bestimmung. Das zur Umsetzung der SCE-RL geschaffene **SCEBG** enthält mit § 11 jedoch eine mit § 11 identische Vorschrift; entsprechendes gilt für die Mitbestimmung der Arbeitnehmer bei einer **Verschmelzung von Kapitalgesellschaften** aus verschiedenen Mitgliedstaaten (s. **§ 13 MgVG**).

3   Die Pflicht zur Unterrichtung der Leitungen (§ 11 Abs. 1 Satz 2) sowie deren anschließende Pflicht, insbesondere die Arbeitnehmervertretungen zu unterrichten (§ 11 Abs. 1 Satz 3), entspricht nahezu wörtlich **§ 12 EBRG**; die Regelungen in § 11 Abs. 1 Satz 1 sowie Abs. 2 finden hingegen im EBRG keine Parallele.

4   Im Gegensatz zum SEBG, das mit der Zehn-Wochen-Frist in § 11 Abs. 1 Satz 1 einen möglichst zügigen Abschluss des Verhandlungsverfahrens fördert, verzichtet das **österreichische Recht** auf ein vergleichbares Instrument. Wie § 11 Abs. 1 Satz 2 verpflichtet § 218 Abs. 4 ArbVG jedoch zur unverzüglichen Mitteilung der benannten Mitglieder des BVG an die Leitungen der an der Gründung der SE beteiligten Gesellschaften, ohne aber – im Unterschied zu § 11 Abs. 1 Satz 3 – zugleich korrespondierende Informationspflichten der Leitungen vorzusehen.

II. Frist zur Wahl oder Bestellung der Mitglieder des BVG (§ 11 Abs. 1 Satz 1, Abs. 2)

5   Um den Abschluss des Verhandlungsverfahrens und damit die Eintragung der SE in das Handelsregister (Art. 12 Abs. 2 SE-VO) möglichst zu beschleunigen, versieht das SEBG die Bildung des BVG und die hierfür erforderliche Wahl bzw. Bestellung der Mitglieder mit einer zeitlichen Vorgabe[1]. Diese ist insbesondere für den Zeitpunkt maßgebend, ab dem die Leitungen der beteiligten Gesellschaften zur konstituierenden Sitzung des BVG einladen können.

6   Die Zehn-Wochen-Frist **beginnt** mit Erteilung der in § 4 Abs. 2 und 3 aufgezählten Informationen (s. dazu oben § 4 Rz. 25 ff.)[2]. Da diese den Arbeitnehmervertretungen sowie den Sprecherausschüssen die Bildung des Wahlgremiums ermöglichen sollen, setzt der Lauf der Zehn-Wochen-Frist voraus, dass **alle** in § 4 Abs. 2 Satz 1 genannten **Adressaten** (dazu oben § 4 Rz. 16 ff.) die Informationen vollständig erhalten haben[3]. Im Hinblick auf den **Umfang** der mitzuteilenden Tatsachen leitet die Unterrichtung kein Beteiligungsverfahren bezüglich des Gründungsvorhabens ein, sondern zielt

---

1   Begr. RegE, BT-Drucks. 15/3405, S. 48 sowie *Freis* in Nagel/Freis/Kleinsorge, SEBG, § 11 Rz. 2, 7. Kritisch zur Bemessung der Frist *Jacobs* in MünchKomm. AktG, § 11 SEBG Rz. 3; dagegen jedoch *Freis* in Nagel/Freis/Kleinsorge, SEBG, § 11 Rz. 3.
2   *Jacobs* in MünchKomm. AktG, § 11 SEBG Rz. 3.
3   Ebenso Begr. RegE, BT-Drucks. 15/3405, S. 48; *Freis* in Nagel/Freis/Kleinsorge, SEBG, § 11 Rz. 4; *Jacobs* in MünchKomm. AktG, § 11 SEBG Rz. 3.

funktional auf die Bildung des BVG ab (s. oben § 4 Rz. 14 f.). Deshalb steht die **Unvollständigkeit der Informationen** dem Beginn der Zehn-Wochen-Frist nicht entgegen, solange die übermittelten Informationen so detailliert sind, dass sie den Arbeitnehmervertretungen in den Mitgliedstaaten die Bildung der Wahlgremien ermöglichen können[4]. Für die **Berechnung der Frist** sind die §§ 187, 188, 193 BGB heranzuziehen.

Die Zehn-Wochen-Frist gestaltet § 11 Abs. 1 Satz 1 als „**Soll-Vorschrift**" aus[5]. Eine 7 **nach Fristablauf** erfolgte Wahl oder Bestellung ist deshalb ohne Einschränkungen rechtswirksam[6]; eine weitergehende Bedeutung hat der Soll-Charakter der Bestimmung nicht; insbesondere legitimiert er keine Verlängerung des Zeitraums, in dem die Mitglieder des BVG zu wählen bzw. zu bestellen sind.

Die Leitungen können die Einladungen zur konstituierenden Sitzung nicht stets unmittelbar nach Ablauf der Frist aussprechen. Hierzu berechtigt sie **§ 11 Abs. 2 Satz 1** 8 nur, wenn die **Überschreitung der Frist** auf Gründen beruht, die von der „Arbeitnehmerseite" zu vertreten sind. In Betracht kommt dies vor allem, wenn sich bei einem Wahlgremium die Wahl bzw. Bestellung des Mitgliedes verzögert, ohne dass dies von den Leitungen der beteiligten Gesellschaften zu verantworten ist[7], was ggf. von ihnen zu beweisen ist[8]. In den nicht von § 11 Abs. 2 Satz 1 erfassten Fällen, also insbesondere, wenn Verzögerungen bei der Bestellung bzw. Wahl sämtlicher oder einzelner Mitglieder des BVG auf unterbliebener oder unvollständiger Erfüllung der Informationspflichten seitens der Leitungen beruhen, ist mit der Einladung zur konstituierenden Sitzung so lange zu warten, bis alle Mitglieder des BVG gewählt bzw. bestellt worden sind[9].

Sofern die Leitungen nach § 11 Abs. 2 Satz 1 berechtigt sind, das Verhandlungsverfahren 9 unverzüglich nach Ablauf der Zehn-Wochen-Frist einzuleiten, schließt dies die **Wahl bzw. Bestellung fehlender Mitglieder** nicht aus (s. oben Rz. 7). Nach Erlangung der Mitgliedschaft im BVG können diese an den Sitzungen des Gremiums bzw. dem Verhandlungsverfahren ohne Einschränkungen teilnehmen (§ 11 Abs. 2 Satz 2)[10]. Bezüglich der **Dauer des Verhandlungsverfahrens** bleibt es jedoch auch in dieser Konstellation bei den Vorgaben in § 20 sowie dem in der Einladung festgelegten Termin der konstituierenden Sitzung[11]; die nachträgliche Wahl bzw. Bestellung eines oder mehrerer Mitglieder bewirkt **keine Verlängerung** der Verhandlungsfrist[12]. Zu den Auswirkungen auf die **Beschlussfassung** in dem BVG s. unten § 15 Rz. 7.

---

4 Ebenso im Ansatz für eine Erheblichkeitsschwelle plädierend *Seibt/Reinhard*, Der Konzern 2005, 407, 417; weitergehend *Freis* in Nagel/Freis/Kleinsorge, SEBG, § 11 Rz. 4, die für den Fristbeginn stets eine i.S. des § 4 Abs. 2 und 3 SEBG vollständige Unterrichtung fordert.
5 Ebenso *Hennings* in Manz/Mayer/Schröder, Art. 3 SE-RL Rz. 77.
6 *Jacobs* in MünchKomm. AktG, § 11 SEBG Rz. 4.
7 In der Praxis dürfte ein entsprechender Nachweis nur schwer zu führen sein; vgl. *Grobys*, NZA 2005, 84, 86.
8 Mit dieser Verteilung der Beweislast auch *Seibt/Reinhard*, Der Konzern 2005, 407, 417.
9 Ebenso Begr. RegE, BT-Drucks. 15/3405, S. 48; i.E. ebenso *Freis* in Nagel/Freis/Kleinsorge, SEBG, § 11 Rz. 8; *Hennings* in Manz/Mayer/Schröder, Art. 3 SE-RL Rz. 77; *Jacobs* in MünchKomm. AktG, § 11 SEBG Rz. 4; *Kienast* in Jannott/Frodermann, Handbuch Europäische Aktiengesellschaft, Kap. 13 Rz. 151, 180; *Wisskirchen/Prinz*, DB 2004, 2638, 2639.
10 *Güntzel*, Richtlinie, S. 393; *Hennings* in Manz/Mayer/Schröder, Art. 3 SE-RL Rz. 78; *Jacobs* in MünchKomm. AktG, § 11 SEBG Rz. 5.
11 *Wisskirchen/Prinz*, DB 2004, 2638, 2639.
12 Ebenso Begr. RegE, BT-Drucks. 15/3405, S. 48; *Freis* in Nagel/Freis/Kleinsorge, SEBG § 11 Rz. 7; *Jacobs* in MünchKomm. AktG, § 11 SEBG Rz. 4; *Kienast* in Jannott/Frodermann, Handbuch Europäische Aktiengesellschaft, Kap. 13 Rz. 149; kritisch zu der hierdurch indirekt bewirkten Bevorzugung der Auffangregelung *Kallmeyer*, ZIP 2004, 1442, 1443.

III. Unterrichtungspflicht der Wahlgremien (§ 11 Abs. 1 Satz 2)

10   Die an die Wahlgremien gerichtete Pflicht, den Leitungen die gewählten bzw. bestellten Mitglieder des BVG mitzuteilen[13], soll es ihnen ermöglichen, die konstituierende Sitzung des Gremiums herbeizuführen[14]. Mit Hilfe der Angaben in § 11 Abs. 1 Satz 2, die denen in § 12 Satz 1 EBRG entsprechen, können die Leitungen insbesondere den Mitgliedern des BVG die Einladung zu der konstituierenden Sitzung zustellen. Die Mitteilungspflicht ist von dem Vorsitzenden der Arbeitnehmervertretung zu erfüllen, der gemäß § 9 Abs. 1 das Wahlgremium einberuft[15], sofern dieses nicht eine abweichende Verfahrensweise beschließt.

11   Den **Adressaten** der Mitteilung umschreibt das Gesetz mit dem Begriff „Leitungen" äußerst vage. Erforderlich ist jedenfalls eine Mitteilung an diejenigen Leitungen, die nach § 4 Abs. 1 Satz 1 zur Bildung des BVG aufgefordert haben. Zur **Form der Mitteilung** enthält das Gesetz keine Vorgaben, insbesondere muss diese nicht schriftlich erfolgen. Sofern in den Mitgliedstaaten die Pflicht besteht, **Ersatzmitglieder** zu bestellen (so z.B. § 6 Abs. 2 Satz 2), erstreckt sich die Unterrichtungspflicht auch auf diese[16]. Bezüglich der **Unverzüglichkeit** ist die Legaldefinition in § 121 BGB maßgebend[17].

12   **Unterbleibt die** in § 11 Abs. 1 Satz 2 vorgeschriebene **Mitteilung**, so steht dies weder der wirksamen Wahl bzw. Bestellung des Mitgliedes entgegen noch hängt hiervon die Wirksamkeit der Einladung zur konstituierenden Sitzung des BVG ab. Es genügt, wenn die Leitungen auf andere Weise von den gewählten bzw. bestellten Mitgliedern des BVG Kenntnis erlangen und ihnen gegenüber die Einladung aussprechen. Ungeachtet dessen korrespondiert mit der Unterrichtungspflicht ein **Unterrichtungsanspruch** der Leitungen[18], um diese in die Lage zu versetzen, die Einladung zu der konstituierenden Sitzung (§ 12 Abs. 1 Satz 1) auszusprechen.

IV. Unterrichtungspflicht der Leitungen (§ 11 Abs. 1 Satz 3)

13   Auf der Grundlage der Mitteilungen durch die gebildeten Wahlgremien verpflichtet § 11 Abs. 1 Satz 3 die Leitungen, die Informationen an die örtlichen **Betriebs- und Unternehmensleitungen** sowie die weiteren im Gesetz genannten Einrichtungen zu übermitteln[19]. Zu diesen zählen auch die **Gewerkschaften**, wobei § 11 Abs. 1 Satz 3 – wie § 12 Satz 2 EBRG – die Informationspflicht auf diejenigen Gewerkschaften beschränkt, die in den inländischen Betrieben vertreten sind (s. dazu oben § 6 Rz. 16). Da § 11 Abs. 1 Satz 3 die Unterrichtungspflicht pauschal auf die „Betriebs- und Unternehmensleitungen" bezieht bzw. ein Vertretensein in den „Betrieben" fordert, sind auch die Leitungen von betroffenen Tochtergesellschaften bzw. betroffenen Betrieben zu unterrichten bzw. es genügt, wenn die Gewerkschaft – entsprechend den Grundsätzen zu § 6 Abs. 3 (s. oben § 6 Rz. 16) – in dem Betrieb einer betroffenen Tochtergesellschaft bzw. einem betroffenen Betrieb vertreten ist, sofern sich dieser im Inland befindet. Wie bei § 11 Abs. 1 Satz 2 (s. oben § 11 Rz. 12) korrespondiert mit der Pflicht zur Unterrichtung nach § 11 Abs. 1 Satz 3 ein **Unterrichtungsanspruch**[20].

---

13 So hinsichtlich des Adressaten auch *Jacobs* in MünchKomm. AktG, § 11 SEBG Rz. 2.
14 *Freis* in Nagel/Freis/Kleinsorge, SEBG, § 11 Rz. 5; in diesem Sinne auch *Gahleitner* in Kalss/Hügel, § 218 ArbVG Rz. 3.
15 So *Hennings* in Manz/Mayer/Schröder, Art. 3 SE-RL Rz. 79.
16 *Freis* in Nagel/Freis/Kleinsorge, SEBG, § 11 Rz. 5.
17 *Jacobs* in MünchKomm. AktG, § 11 SEBG Rz. 2.
18 *Jacobs* in MünchKomm. AktG, § 11 SEBG Rz. 2.
19 Kritisch dazu *Hennings* in Manz/Mayer/Schröder, Art. 3 SE-RL Rz. 80.
20 Für diesen auch *Jacobs* in MünchKomm. AktG, § 11 SEBG Rz. 2.

Der **Umfang der Information** deckt sich mit der Mitteilung nach § 11 Abs. 1 Satz 2   14
und setzt denknotwendig voraus, dass die Wahlgremien in den Mitgliedstaaten ihrer
Pflicht zur Mitteilung gesetzeskonform entsprochen haben. Eine bestimmte **Form**
schreibt § 11 Abs. 1 Satz 3 hierfür nicht vor, zweckmäßigerweise wird die Mitteilung
jedoch schriftlich erfolgen.

§ 12
Sitzungen; Geschäftsordnung

**(1) Die Leitungen laden unverzüglich nach Benennung der Mitglieder oder im Fall
des § 11 nach Ablauf der in § 11 Abs. 1 Satz 1 genannten Frist zur konstituierenden
Sitzung des besonderen Verhandlungsgremiums ein und informieren die örtlichen
Betriebs- und Unternehmensleitungen. Das besondere Verhandlungsgremium wählt
aus seiner Mitte einen Vorsitzenden und mindestens zwei Stellvertreter. Es kann
sich eine schriftliche Geschäftsordnung geben.**

(2) Der Vorsitzende kann weitere Sitzungen einberufen.

I. Allgemeines

Die Vorschrift enthält Bestimmungen zu den Sitzungen des BVG sowie zu seiner Ge-   1
schäftsordnung. Von detaillierten Regelungen zur Geschäftsführung hat der Gesetzgeber wegen der zeitlich begrenzten Aufgabe des Gremiums bewusst abgesehen[1].
Vorgaben der **SE-RL** sind bei der Auslegung der Vorschrift nicht zu berücksichtigen;
auch die **SCE-RL** enthält keine Bestimmungen, **§ 12 SCEBG** stimmt mit § 12 wörtlich überein. Für die Mitbestimmung der Arbeitnehmer bei einer **Verschmelzung von
Kapitalgesellschaften** aus verschiedenen Mitgliedstaaten gilt Entsprechendes; die Parallelnorm im **MgVG (§ 14)** ist mit § 12 identisch.

§ 12 entspricht in seinem Kern **§ 13 Abs. 1 EBRG**, weicht von diesem jedoch in zwei   2
Punkten ab: Erstens verpflichtet § 12 Abs. 1 Satz 2 ausdrücklich zur Bestellung von
mindestens zwei Stellvertretern für den Vorsitzenden, demgegenüber ordnet § 13
Abs. 1 Satz 2 EBRG lediglich die Wahl eines Vorsitzenden an[2]. Zweitens gestaltet das
SEBG das Recht zur Einberufung weiterer Sitzungen abweichend aus. Während § 12

---

1 Begr. RegE, BT-Drucks. 15/3405, S. 48.
2 Die Wahl von Stellvertretern wird jedoch im Rahmen von § 13 Abs. 2 EBRG jedenfalls aufgrund
   entsprechender Regelungen in der Geschäftsordnung für zulässig erachtet. So *Blanke*, EBRG,
   2. Aufl. 2006, § 13 Rz. 7; *Giesen* in Henssler/Willemsen/Kalb, ArbRKomm., 2. Aufl. 2006,
   EBRG Rz. 30; *Joost* in MünchHdb. ArbR, 2. Aufl. 2000, § 366 Rz. 70; *Klebe* in Däubler/Kittner/
   Klebe, BetrVG, 10. Aufl. 2006, § 13 EBRG Rz. 3; *C. Müller*, EBRG, 1997, § 13 Rz. 2; *Oetker* in
   GK-BetrVG, 8. Aufl. 2005, vor § 106 Rz. 111.

Abs. 2 den Vorsitzenden des BVG hierzu ohne Nennung weiterer Voraussetzungen berechtigt, beschränkt § 13 Abs. 2 EBRG ihn auf eine Sitzung vor jeder Verhandlung mit der zentralen Leitung (§ 13 Abs. 2 Halbs. 1 EBRG) und bindet zudem Zeitpunkt, Häufigkeit und Ort der Sitzungen an ein Einvernehmen mit der zentralen Leitung (§ 13 Abs. 2 Halbs. 2 EBRG i.V. mit § 8 Abs. 3 Satz 2 EBRG). Hierauf verzichtet § 12 Abs. 2 .

3   In **Österreich** ist die mit § 12 Abs. 1 Satz 1 vergleichbare Regelung in § 219 ArbVG hinsichtlich der Einladung zur konstituierenden Sitzung weitgehend identisch, bezüglich der Wahl von Stellvertretern (§ 219 Abs. 2 Satz 1 ArbVG) hingegen offener als § 12 Abs. 1 Satz 2 („einen oder mehrere Stellvertreter"). Über das deutsche Recht hinausgehend verpflichtet § 219 Abs. 3 ArbVG das BVG, die Ergebnisse der konstituierenden Sitzung den Leitungen der beteiligten Gesellschaften mitzuteilen. Abweichend von § 12 Abs. 1 Satz 3 schreibt § 219 Abs. 2 Satz 2 ArbVG ferner die Aufstellung einer Geschäftsordnung zwingend vor[3]. Bezüglich weiterer Sitzungen des BVG weicht § 220 Abs. 1 ArbVG von § 12 Abs. 2 ab und beschränkt das Gremium – wie in § 13 Abs. 2 EBRG – auf eine vorbereitende Verhandlung vor jeder Sitzung mit den Leitungen der beteiligten Gesellschaften, verzichtet jedoch auf ein Einvernehmen mit diesen. Über die deutsche Rechtslage hinausgehend trifft **§ 222 ArbVG** Bestimmungen zur **Tätigkeitsdauer** des BVG (s. dazu oben § 4 Rz. 7) sowie im Hinblick auf **Beginn und Ende der Mitgliedschaft** (§ 223 ArbVG).

II. Konstituierende Sitzung der BVG (§ 12 Abs. 1 Satz 1)

1. Einladung durch die Leitungen

4   Die Einladung zur konstituierenden Sitzung obliegt den Leitungen[4], die nach der Legaldefinition in § 2 Abs. 5 zu bestimmen sind. Das Gesetz verwendet zwar den Plural, steht aber einer Einladung seitens einer federführend agierenden beteiligten Gesellschaft nicht entgegen (s. auch oben § 4 Rz. 9).

5   **Ort** und **Zeitpunkt der konstituierenden Sitzung** gibt das SEBG den Leitungen nicht vor. Die Offenheit des Gesetzes legt ein von den Leitungen pflichtgemäß auszuübendes Ermessen nahe[5]; von den Mitgliedern des BVG geäußerte Wünsche dürfen die Leitungen gleichwohl nicht grundlos ignorieren. Ein Einvernehmen mit ihnen ist jedoch nicht erforderlich; ebenso entfaltet der Grundsatz der vertrauensvollen Zusammenarbeit in § 13 Abs. 1 Satz 2 wegen der fehlenden Konstituierung des BVG noch keine Anwendung, ist aber gleichwohl als allgemeiner und auch in § 40 zum Ausdruck gelangter Rechtsgedanke zu beachten[6].

6   Für den **Zeitpunkt der Einladung** geht § 12 Abs. 1 Satz 1 als Regelfall von der **vollständigen Benennung der Mitglieder** des BVG aus, die nach § 11 Abs. 1 Satz 2 den Wahlgremien in den Mitgliedstaaten obliegt (s. dazu oben § 11 Rz. 10 ff.). Sind alle Mitglieder des BVG benannt, so hat die Einladung zur konstituierenden Sitzung unverzüglich zu erfolgen und zwar unabhängig von der Zehn-Wochen-Frist (§ 11 Abs. 1 Satz 1), ggf. also auch vor deren Ablauf. An einer zügigen Einladung sind die Leitun-

---

3   *Gahleitner* in Kalss/Hügel, § 219 ArbVG Rz. 3; s. auch unten Rz. 23.
4   Entsprechend § 13 Abs. 2 Satz 1 EBRG: zentrale Leitung.
5   Bezüglich des Ortes der konstituierenden Sitzung im Rahmen des § 13 Abs. 1 Satz 1 EBRG ebenfalls für ein Bestimmungsrecht der zentralen Leitung *Joost* in MünchHdb. ArbR, 2. Aufl. 2000, § 366 Rz. 69.
6   Im Ergebnis ebenso *Freis* in Nagel/Freis/Kleinsorge, SEBG, § 12 Rz. 5 sowie zu § 13 EBRG *Blanke*, EBRG, 2. Aufl. 2006, § 13 Rz. 2; *Giesen* in Henssler/Willemsen/Kalb, ArbRKomm., 2. Aufl. 2006, EBRG Rz. 21.

gen jedoch schon deshalb interessiert, weil § 20 Abs. 1 Satz 2 den in der Einladung angegebenen Tag der konstituierenden Sitzung als den für den Beginn der Verhandlungen maßgebenden Zeitpunkt festlegt (s. dazu unten § 20 Rz. 6) und ihr zügiger Abschluss wegen Art. 12 Abs. 2 SE-VO im Eigeninteresse der beteiligten Gesellschaften liegt.

Unverzüglich nach **Ablauf der Zehn-Wochen-Frist** erfolgt die Einladung zur konstitu- 7
ierenden Sitzung im **Fall des § 11.** Hiermit meint das Gesetz, dass einzelne oder alle Mitglieder **nicht innerhalb der Frist des § 11 Abs. 1 Satz 1** bestellt worden sind. Das Recht zur Einladung steht den Leitungen in dieser Konstellation jedoch nicht vor Fristablauf zu. Zudem hängt das Recht zur unverzüglichen Einladung nach Ablauf der Zehn-Wochen-Frist davon ab, dass die Säumnis von der **„Arbeitnehmerseite" zu vertreten** ist. Beruhte die Überschreitung der Frist nicht auf deren Verschulden, so darf die Einladung erst nach der vollständigen Benennung der Mitglieder des BVG ausgesprochen werden[7]. Hat die Arbeitnehmerseite die Überschreitung der Frist hingegen zu vertreten, so sind die bereits vorhandenen Mitglieder unverzüglich nach Fristablauf einzuladen; zur Beteiligung der anschließend gewählten oder bestellten Mitglieder s. § 11 Abs. 2 Satz 2 (dazu oben § 11 Rz. 9). Vor Ablauf der Frist oder vollständiger Benennung (verfrüht) ausgesprochene Einladungen sind unbeachtlich[8], lösen insbesondere nicht den Beginn der Verhandlungsfrist i.S. des § 20 aus und sind auch nicht in der Lage, für die Mitglieder des BVG eine Pflicht zur Teilnahme an der Sitzung zu begründen.

Die **Unverzüglichkeit der Einladung** beurteilt sich – entsprechend der Legaldefinition 8
in § 121 BGB[9] – danach, ob die Leitungen die Einladung schuldhaft verzögern. Eine verspätete Einladung zur konstituierenden Sitzung bleibt jedoch ohne Rechtsnachteile[10]; insbesondere setzt auch sie die Verhandlungsfrist des § 20 in Lauf; maßgebend bleibt für diese jedoch stets der in der Einladung angegebene (verspätete) Tag der konstituierenden Sitzung.

Für die **Form der Einladung** enthält § 12 Abs. 1 keine Vorgaben. Schriftform i.S. des 9
§ 126 BGB ist nicht erforderlich; Textform (§ 126b BGB) genügt ebenso wie eine mündliche Erklärung für eine ordnungsgemäße Einladung. Um den Beginn der Verhandlungen u.U. im Eintragungsverfahren gegenüber dem Registergericht dokumentieren zu können (vgl. Art. 12 Abs. 2 SE-VO), empfiehlt sich aber eine Form, die die Einladung der Mitglieder, insbesondere den vorgesehenen Tag für die konstituierende Sitzung, nach außen erkennbar macht[11]. Entsprechendes gilt für den **Zugang der Einladung** bei dem Adressaten (s. unten Rz. 10)[12]. Für die Durchführung der Sitzung ist dies jedoch keine Wirksamkeitsvoraussetzung. Für die **Sprache der Einladung** enthält das Gesetz ebenfalls keine Vorgaben; mangels abweichender Übungen in den beteiligten Gesellschaften sollte die Einladung in der Landessprache des einzuladenden Mitgliedes abgefasst werden (s. auch oben § 4 Rz. 9, 24)[13].

Eine **Frist** zwischen dem Tag der Einladung und dem Sitzungstag legt das SEBG nicht 10
fest; die Zeitspanne ist jedoch so zu bemessen, dass sich die Mitglieder des BVG auf

---

7 Begr. RegE, BT-Drucks. 15/3405, S. 48; *Freis* in Nagel/Freis/Kleinsorge, SEBG, § 12 Rz. 4; *Schwarz*, Einleitung Rz. 251.
8 Ebenso *Jacobs* in MünchKomm. AktG, § 12 SEBG Rz. 2.
9 *Jacobs* in MünchKomm. AktG, § 12 SEBG Rz. 2; i.E. auch *Freis* in Nagel/Freis/Kleinsorge, SEBG, § 12 Rz. 3.
10 Ebenso auch zu § 29 Abs. 1 Satz 1 BetrVG *Raab* in GK-BetrVG, 8. Aufl. 2005, § 29 Rz. 12.
11 Ähnlich *Freis* in Nagel/Freis/Kleinsorge, SEBG, § 12 Rz. 2, die eine schriftliche Einladung empfiehlt.
12 *Jacobs* in MünchKomm. AktG, § 12 SEBG Rz. 2.
13 So auch *Grobys*, NZA 2005, 84, 87.

die Sitzung vorbereiten und an dieser unter Wahrung eines ausreichenden Dispositionsspielraumes teilnehmen können[14]. Der Zeitraum von einer Woche sollte nicht unterschritten werden, da der Zeitpunkt, ab dem die Leitungen zur Einladung berechtigt sind, für die gewählten Mitglieder des BVG nicht erkennbar ist. Eine Frist von einer Woche (§ 29 Abs. 1 Satz 1 BetrVG) scheidet deshalb jedenfalls im Sinne einer Maximalfrist als Orientierung aus.

11   **Adressaten** für die Einladung zu der konstituierenden Sitzung sind die den Leitungen von den Wahlgremien benannten **Mitglieder des BVG**; bei deren Verhinderung an der Teilnahme, die den Leitungen rechtzeitig anzuzeigen ist, ist das entsprechende **Ersatzmitglied** zu laden (§ 6 Abs. 2 Satz 3).

12   **Unterbleibt die Einladung** zu der konstituierenden Sitzung vollständig oder erfolgt diese nicht ordnungsgemäß, so beginnt die Verhandlungsfrist des § 20 nicht zu laufen. Wegen der mit Fristablauf eintretenden Rechtsfolgen (s. unten § 20 Rz. 12 f.) ist die Frage, ob die Mitglieder des BVG aufgrund eigener Initiative die konstituierende Sitzung einberufen können[15], regelmäßig theoretischer Natur.

2. Unterrichtung der Betriebs- und Unternehmensleitungen von der Einladung

13   Wie § 13 Abs. 1 Satz 1 EBRG verpflichtet § 12 Abs. 1 Satz 1 die Leitungen dazu, die örtlichen Betriebs- und Unternehmensleitungen über die Einladung zur konstituierenden Sitzung zu unterrichten. Aufgrund der systematischen Stellung bezieht sich diese Verpflichtung auf die Einladung zu der konstituierenden Sitzung und soll den Mitgliedern des BVG die Freistellung zur Teilnahme an der konstituierenden Sitzung sichern[16]. Wegen dieses Zwecks besteht die Unterrichtungspflicht nicht gegenüber allen Betriebs- und Unternehmensleitungen, sondern nur im Hinblick auf diejenigen, die nach § 42 Satz 2 Nr. 2 i.V. mit § 37 Abs. 2 BetrVG verpflichtet sind, ein Mitglied des BVG von der Pflicht zur Arbeitsleistung freizustellen (s. auch unten § 42 Rz. 16). Für die **Form der Information** verzichtet § 12 Abs. 1 Satz 1 auf Vorgaben; eine mündliche Unterrichtung der örtlichen Betriebs- und Unternehmensleitungen reicht ggf. aus. Eine **Verletzung der Informationspflicht** bleibt sanktionslos, berührt insbesondere nicht das Recht zur Sitzungsteilnahme sowie die Pflicht, das jeweilige Mitglied des BVG für die Teilnahme an der konstituierenden Sitzung und der Anreise hierzu freizustellen.

3. Gegenstände der konstituierenden Sitzung (§ 12 Abs. 1 Satz 2)

14   Die konstituierende Sitzung soll die **Handlungsfähigkeit des BVG** herstellen, indem auf dieser ein Vorsitzender gewählt wird, der das Gremium im Rahmen der gefassten Beschlüsse insbesondere in den Verhandlungen über den Abschluss einer Beteiligungsvereinbarung gegenüber den Leitungen vertritt (s. auch unten Rz. 16). Zur Wahl des Vorsitzenden ist das BVG gesetzlich verpflichtet, ohne dass das Gesetz ausdrücklich Sanktionen für den Fall einer Pflichtverletzung festlegt[17]. Der Lauf der Verhandlungsfrist (§ 20) wird von der unterbliebenen Wahl eines Vorsitzenden nicht berührt, da für deren Beginn der Tag der Einladung und nicht die Konstituierung des BVG maßgebend ist.

---

14   Weitergehend zu § 13 EBRG *Blanke*, EBRG, 2. Aufl. 2006, § 13 Rz. 2, der eine Abstimmung mit den Mitgliedern des BVG für erforderlich hält.

15   Zu dieser Frage im Rahmen von § 13 Abs. 1 Satz 1 EBRG s. *Joost* in MünchHdb. ArbR, 2. Aufl. 2000, § 366 Rz. 69; *Oetker* in GK-BetrVG, 8. Aufl. 2005, vor § 106 Rz. 110.

16   S. auch *Freis* in Nagel/Freis/Kleinsorge, SEBG, § 12 Rz. 8; *Jacobs* in MünchKomm. AktG, § 12 SEBG Rz. 3.

17   *Freis* in Nagel/Freis/Kleinsorge, SEBG, § 12 Rz. 10.

Zum **Vorsitzenden** kann das BVG nur eine Person wählen, die diesem als **Mitglied** 15
angehört[18]; Ersatzmitglieder zählen nicht hierzu, selbst wenn diese wegen der vorübergehenden Verhinderung eines Mitgliedes an der konstituierenden Sitzung teilnehmen. Die Wahl erfordert einen **Beschluss** des BVG, für den **§ 15 Abs. 2 gilt** (s. unten § 15 Rz. 11 ff.)[19]. Es genügt deshalb nicht die absolute Mehrheit der Mitglieder,
sondern zugleich müssen die „Ja-Stimmen" die Mehrheit der von den abgegebenen
Stimmen vertretenen Arbeitnehmer repräsentieren; die Zahl der anwesenden Mitglieder ist für die Erfüllung des Mehrheitserfordernisses unerheblich (zur Beschlussfähigkeit des BVG s. unten § 15 Rz. 8 ff.). Weitere **Wählbarkeitsvoraussetzungen**
stellt das SEBG nicht auf, insbesondere muss der Vorsitzende nicht aus der beteiligten Gesellschaft oder dem Mitgliedstaat mit der höchsten Arbeitnehmerzahl stammen. Entsprechendes gilt für das **Verfahren der Abstimmung**, eine schriftliche
Stimmabgabe ist nicht erforderlich[20].

Der Vorsitzende des BVG vertritt das Gremium im Rahmen der von diesem gefassten 16
Beschlüsse und ist berechtigt, für dieses Erklärungen entgegenzunehmen. Dies entspricht der Rechtslage im Betriebsverfassungsrecht (§ 26 Abs. 2 BetrVG), die als allgemeiner Grundsatz im EBRG für den Vorsitzenden des BVG analog gilt[21] und auch
im SEBG zur Anwendung gelangt (ebenso § 23 Abs. 3 für den Vorsitzenden des SE-Betriebsrates)[22]. Im übrigen kann die Geschäftsordnung des BVG (§ 12 Abs. 1 Satz 3) die
Rechtsstellung des Vorsitzenden näher ausgestalten[23]. Unabhängig davon hat dieser
das Recht, das BVG zu weiteren Sitzungen außerhalb der Verhandlungen mit den Leitungen einzuberufen (§ 12 Abs. 2; s. dazu unten Rz. 20 ff.), und ist verpflichtet, die
Niederschrift über die vom BVG gefassten Beschlüsse zu unterzeichnen (§ 17 Satz 1;
s. unten § 17 Rz. 7).

Mit der nach § 15 Abs. 2 notwendigen Mehrheit (s. oben Rz. 15) wählt das BVG ferner 17
mindestens **zwei Stellvertreter**, die den Vorsitzenden im Falle seiner Verhinderung
aus tatsächlichen oder rechtlichen Gründen vertreten. Wegen der Formulierung
„mindestens" ist die **Wahl weiterer Stellvertreter** zulässig. Andererseits ist das BVG
auch dann rechtswirksam konstituiert, wenn lediglich ein Stellvertreter gewählt
wird oder deren Wahl gänzlich unterbleibt, da das Gremium bereits durch die Wahl
eines Vorsitzenden handlungsfähig ist[24]. Bezüglich der weiteren Einzelheiten zur
Wahl der Stellvertreter gelten die Ausführungen in Rz. 15 entsprechend; wählbar sind
ausschließlich Mitglieder des BVG[25].

Die in § 12 Abs. 1 Satz 2 genannten Wahlakte umschreiben den Gegenstand der kon- 18
stituierenden Sitzung nicht abschließend. Vielmehr kann das Gremium auf dieser
auch **weitere Angelegenheiten** seiner künftigen Arbeit behandeln[26]. Das gilt sowohl

---

18 *Jacobs* in MünchKomm. AktG, § 12 SEBG Rz. 5.
19 *Freis* in Nagel/Freis/Kleinsorge, SEBG, § 12 Rz. 10; *Jacobs* in MünchKomm. AktG, § 12 SEBG
    Rz. 5.
20 *Freis* in Nagel/Freis/Kleinsorge, SEBG, § 12 Rz. 10.
21 *Blanke*, EBRG, 2. Aufl. 2006, § 13 Rz. 7; i.E. auch *C. Müller*, EBRG, 1997, § 13 Rz. 1; ebenso
    wohl *Klebe* in Däubler/Kittner/Klebe, BetrVG, 10. Aufl. 2006, § 13 EBRG Rz. 4.
22 *Joost* in Oetker/Preis, EAS, B 8200, Rz. 86; ebenso für das österreichische Recht *Gahleitner* in
    Kalss/Hügel, § 219 ArbVG Rz. 4.
23 *Freis* in Nagel/Freis/Kleinsorge, SEBG, § 12 Rz. 11; *Jacobs* in MünchKomm. AktG, § 12 SEBG
    Rz. 5; ebenso zu § 13 Abs. 1 EBRG *Klebe* in Däubler/Kittner/Klebe, BetrVG, 10. Aufl. 2006,
    § 13 EBRG Rz. 4; ähnlich *Blanke*, EBRG, 2. Aufl. 2006, § 13 Rz. 7.
24 Zu § 26 Abs. 1 BetrVG *Fitting/Engels/Schmidt/Trebinger/Linsenmaier*, BetrVG, 23. Aufl.
    2006, § 26 Rz. 7; *Glock* in Hess/Schlochauer/Worzalla/Glock, BetrVG, 6. Aufl. 2003, § 26
    Rz. 2; *Raab* in GK-BetrVG, 8. Aufl. 2005, § 26 Rz. 6
25 *Jacobs* in MünchKomm. AktG, § 12 SEBG Rz. 5.
26 So auch zu § 13 Abs. 1 Satz 1 EBRG *Joost* in MünchHdb. ArbR, 2. Aufl. 2000, § 366 Rz. 70.

für die in § 12 Abs. 1 Satz 3 ausdrücklich benannte **Geschäftsordnung** als auch die vom SEBG nicht ausgeschlossene **Bildung von (vorbereitenden) Ausschüssen** und deren Zusammensetzung. Ebenso kann das BVG eine bestimmte **Verhandlungssprache** für die Sitzungen des Gremiums festlegen, sofern eine diesbezügliche Regelung mittels Geschäftsordnung unterbleibt. Denkbar ist auch, dass das BVG auf seiner konstituierenden Sitzung beschließt, von der Einleitung des Verhandlungsverfahrens abzusehen (§ 16). Wegen der damit verbundenen Rechtsfolgen (dazu unten § 16 Rz. 15 ff.) empfiehlt sich eine derart frühzeitige Fassung des Beschlusses jedoch nicht.

4. Teilnahmeberechtigung

19 Zur Teilnahme an der konstituierenden Sitzung sind die **Mitglieder des BVG** berechtigt. Den **Leitungen** der an der Gründung der SE beteiligten Gesellschaften steht ein Teilnahmerecht nicht zu[27].

III. Weitere Sitzungen des BVG (§ 12 Abs. 2)

20 Der Vorsitzende ist nach § 12 Abs. 2 berechtigt, weitere Sitzungen des BVG einzuberufen; im Unterschied zu § 13 Abs. 2 EBRG verzichtet das SEBG auf inhaltliche Vorgaben oder Einschränkungen im Hinblick auf Zeitpunkt und Häufigkeit weiterer Sitzungen (s. näher unten Rz. 22). Eines Einvernehmens mit den Leitungen bedarf die Anberaumung weiterer Sitzungen arg. e § 24 Abs. 2 Satz 2 nicht[28].

21 Mit der Formulierung „kann" stellt § 12 Abs. 2 die Einberufung weiterer Sitzungen nicht nur in das **Ermessen des Vorsitzenden**[29], sondern verpflichtet ihn zugleich, dieses **pflichtgemäß** auszuüben[30]. Diese müssen deshalb für die Erfüllung der gesetzlichen Aufgabe des Gremiums erforderlich sein[31], was nur der Fall ist, wenn sie die Verhandlungen über den Abschluss einer Beteiligungsvereinbarung vorbereiten sollen[32] bzw. Beschlüsse im Rahmen des Verhandlungsprozesses zu fassen sind. Insbesondere die Beratungen über die Aufnahme von Verhandlungen bzw. deren Abbruch (§ 16) können ebenso eine weitere Sitzung des BVG erfordern wie die abschließende Beschlussfassung über eine Vereinbarung zur Beteiligung der Arbeitnehmer.

22 Bezüglich **Zeitpunkt, Häufigkeit und Ort** weiterer Sitzungen verzichtet § 12 Abs. 2 auf einschränkende Vorgaben. Ein Einvernehmen mit den Leitungen ist nicht herbeizuführen, da § 13 Abs. 2 Satz 3 dieses auf die Verhandlungen zwischen den Leitungen und dem BVG beschränkt. Hätte das Gesetz auch für die weiteren Sitzungen des BVG ein Einvernehmen mit den Leitungen vorsehen wollen, dann hätte es dieses – wie in § 13 Abs. 2 EBRG – mittels einer Verweisung auf § 13 Abs. 2 Satz 3 anordnen können. Eine pflichtgemäße Ausübung des Ermessens (s. oben Rz. 21) liegt jedoch nur vor, wenn der Vorsitzende bei der Einberufung weiterer Sitzungen auf die Belange der hiervon betroffenen Unternehmen angemessen Rücksicht nimmt, insbesondere keine Kosten oder sonstigen Nachteile verursacht, die außer Verhältnis zu dem mit

---

27 *Jacobs* in MünchKomm. AktG, § 12 SEBG Rz. 4; i.E. auch *Freis* in Nagel/Freis/Kleinsorge, SEBG, § 12 Rz. 7; ebenso zu § 13 Abs. 1 EBRG *Blanke*, EBRG, 2. Aufl. 2006, § 13 Rz. 4; *Joost* in MünchHdb. ArbR, 2. Aufl. 2000, § 366 Rz. 69.
28 Begr. RegE, BT-Drucks. 15/3405, S. 52.
29 So *Hennings* in Manz/Mayer/Schröder, Art. 3 SE-RL Rz. 83.
30 Ebenso *Joost* in Oetker/Preis, EAS, B 8200, Rz. 85; schwächer *Henssler* in Ulmer/Habersack/ Henssler, MitbestR, 2. Aufl. 2006, Einl. SEBG Rz. 184: freies Ermessen.
31 So auch *Jacobs* in MünchKomm. AktG, § 12 SEBG Rz. 4.
32 S. Begr. RegE, BT-Drucks. 15/3405, S. 48 f.: Koordinierung der mitbestimmungsrechtlichen Fragen aus den verschiedenen Mitgliedstaaten; ebenso *Freis* in Nagel/Freis/Kleinsorge, SEBG, § 12 Rz. 13.

der Sitzung verfolgten Zweck stehen[33]. Auch bezüglich der Einberufung weiterer Sitzungen gilt der Grundsatz einer vertrauensvollen Zusammenarbeit (§ 13 Abs. 1 Satz 2)[34], der einer eigennützigen Interessenverfolgung entgegensteht (s. unten § 13 Rz. 8). Die Beschränkung in § 13 Abs. 2 EBRG auf eine vorbereitende Sitzung hat das SEBG nicht übernommen; in den Grenzen der Erforderlichkeit (s. oben Rz. 21) sind auch mehrere Sitzungen, insbesondere zwischen den Verhandlungsterminen mit den Leitungen, gestattet[35]. Eine Pflicht, die Sitzungen des BVG zeitlich unmittelbar vor den Verhandlungen mit den Leitungen durchzuführen, lässt sich aus dem Gesetz nicht ableiten[36].

Hinsichtlich der weiteren Modalitäten für die **Durchführung der Sitzungen** verzichtet das SEBG auf Festlegungen; maßgebend sind jedoch insbesondere Bestimmungen einer ggf. aufgestellten Geschäftsordnung (s. dazu unten Rz. 24 ff.). Analog § 30 Satz 4 BetrVG sollen die Sitzungen **nicht öffentlich** sein[37] und eine **Teilnahmeberechtigung** grundsätzlich nur für die Mitglieder des BVG, nicht aber für die Leitungen der beteiligten Gesellschaften bestehen[38]. Vertreter der in den beteiligten Gesellschaften vertretenen Gewerkschaften haben – auch kein vom BVG abgeleitetes – allgemeines Teilnahmerecht[39], es sei denn, das BVG beschließt gem. § 14 Abs. 1 die Hinzuziehung eines ihrer Vertreter als Sachverständigen. 23

IV. Geschäftsordnung des BVG (§ 12 Abs. 1 Satz 3)

Wegen der begrenzten Aufgabe des BVG hat das Gesetz von detaillierten Bestimmungen zur Geschäftsführung abgesehen[40]; Einzelheiten hierzu kann das BVG jedoch in einer Geschäftsordnung festlegen (§ 12 Abs. 1 Satz 3). Wie § 13 Abs. 1 Satz 2 EBRG stellt § 12 Abs. 1 Satz 3 die Aufstellung einer Geschäftsordnung in das **Ermessen** („kann") des Gremiums[41]. 24

Inhaltlich kann die Geschäftsordnung unter anderem Förmlichkeiten für die **Einberufung von Sitzungen** festlegen (z.B. Ladungsfristen, Form der Einladung); ferner Bestimmungen zur **Niederschrift** vorsehen, die über § 17 hinausgehen, insbesondere die Aufnahme von Beschlussgegenständen vorsehen, die in § 17 Satz 1 Nr. 1 und 2 nicht genannt sind (s. unten § 17 Rz. 1). In Betracht kommen des weiteren Regelungen zur **Verhandlungssprache** während der Sitzungen des BVG sowie zur Rechtsstellung des Vorsitzenden und seiner Stellvertreter (s. auch oben Rz. 16). 25

Für die Geschäftsordnung begründet § 12 Abs. 1 Satz 3 ein **Schriftformerfordernis** und entspricht damit § 36 BetrVG, weicht in dieser Frage jedoch von § 13 Abs. 1 Satz 2 EBRG ab, der auf ein Formerfordernis verzichtet[42]. Deshalb ist die Wahrung der Schriftform – wie im Betriebsverfassungsrecht – Voraussetzung für die Rechts- 26

---

33 S. auch *Freis* in Nagel/Freis/Kleinsorge, SEBG, § 12 Rz. 13.
34 *Freis* in Nagel/Freis/Kleinsorge, SEBG, § 12 Rz. 13.
35 *Freis* in Nagel/Freis/Kleinsorge, SEBG, § 12 Rz. 13.
36 Ebenso *Freis* in Nagel/Freis/Kleinsorge, SEBG, § 12 Rz. 13.
37 So *Jacobs* in MünchKomm. AktG, § 12 SEBG Rz. 4.
38 *Freis* in Nagel/Freis/Kleinsorge, SEBG, § 12 Rz. 7; *Jacobs* in MünchKomm. AktG, § 12 SEBG Rz. 4.
39 *Jacobs* in MünchKomm. AktG, § 12 SEBG Rz. 4
40 Begr. RegE, BT-Drucks. 15/3405, S. 48.
41 *Freis* in Nagel/Freis/Kleinsorge, SEBG, § 12 Rz. 12; *Jacobs* in MünchKomm. AktG, § 12 SEBG Rz. 5; *Kienast* in Jannott/Frodermann, Handbuch Europäische Aktiengesellschaft, Kap. 13 Rz. 181; zur abweichenden Rechtslage in Österreich oben Rz. 3.
42 Gleichwohl für ein Schriftformerfordernis *Blanke*, EBRG, 2. Aufl. 2006, § 13 Rz. 8; schwächer *C. Müller*, EBRG, 1997, § 13 Rz. 2: sollte.

wirksamkeit einer Geschäftsordnung[43]. Bezüglich der Anforderungen an die Schriftform liegt ein Rückgriff auf § 126 Abs. 1 BGB nahe; die Geschäftsordnung ist deshalb in einer Urkunde zu fixieren und von dem Vorsitzenden des BVG zu unterzeichnen[44].

27 Das Recht zur Aufstellung einer Geschäftsordnung steht dem **BVG als Gremium** zu; es hat hierüber einen **Beschluss** zu fassen[45], für den das Mehrheitserfordernis in § 15 Abs. 2 gilt (s. auch unten § 15 Rz. 11 ff.)[46].

§ 13
Zusammenarbeit zwischen besonderem Verhandlungsgremium und Leitungen

(1) Das besondere Verhandlungsgremium schließt mit den Leitungen eine schriftliche Vereinbarung über die Beteiligung der Arbeitnehmer in der SE ab. Zur Erfüllung dieser Aufgabe arbeiten sie vertrauensvoll zusammen.

(2) Die Leitungen haben dem besonderen Verhandlungsgremium rechtzeitig alle erforderlichen Auskünfte zu erteilen und die erforderlichen Unterlagen zur Verfügung zu stellen. Das besondere Verhandlungsgremium ist insbesondere über das Gründungsvorhaben und den Verlauf des Verfahrens bis zur Eintragung der SE zu unterrichten. Zeitpunkt, Häufigkeit und Ort der Verhandlungen werden zwischen den Leitungen und dem besonderen Verhandlungsgremium einvernehmlich festgelegt.

I. Allgemeines

1 Die Vorschrift bezweckt insbesondere die **Umsetzung von Art. 3 Abs. 3 SE-RL**. Dieser hat folgenden Wortlaut:

---

43 Zu § 36 BetrVG *Joost* in MünchHdb. ArbR, 2. Aufl. 2000, § 307 Rz. 85; *Raab* in GK-BetrVG, 8. Aufl. 2005, § 36 Rz. 8.

44 So auch zu § 36 BetrVG *Fitting/Engels/Schmidt/Trebinger/Linsenmaier*, BetrVG, 23. Aufl. 2006, § 36 Rz. 10; *Glock* in Hess/Schlochauer/Worzalla/Glock, BetrVG, 6. Aufl. 2003, § 36 Rz. 10; *Joost* in MünchHdb. ArbR, 2. Aufl. 2000, § 307 Rz. 85; *Thüsing* in Richardi, BetrVG, 10. Aufl. 2005, § 36 Rz. 10; *Raab* in GK-BetrVG, 8. Aufl. 2005, § 36 Rz. 8.

45 Zu § 36 BetrVG s. *Fitting/Engels/Schmidt/Trebinger/Linsenmaier*, BetrVG, 23. Aufl. 2006, § 36 Rz. 9; *Glock* in Hess/Schlochauer/Worzalla/Glock, BetrVG, 6. Aufl. 2003, § 36 Rz. 9; *Joost* in MünchHdb. ArbR, 2. Aufl. 2000, § 307 Rz. 85; *Raab* in GK-BetrVG, 8. Aufl. 2005, § 36 Rz. 7. Ebenso zu § 13 EBRG *Blanke*, EBRG, 2. Aufl. 2006, § 13 Rz. 8; *C. Müller*, EBRG, 1997, § 13 Rz. 2.

46 *Freis* in Nagel/Freis/Kleinsorge, SEBG, § 12 Rz. 12; *Jacobs* in MünchKomm. AktG, § 12 SEBG Rz. 5.

„Das besondere Verhandlungsgremium und das jeweils zuständige Organ der beteiligten Gesellschaften legen in einer schriftlichen Vereinbarung die Beteiligung der Arbeitnehmer in der SE fest.

Zu diesem Zweck unterrichtet das jeweils zuständige Organ der beteiligten Gesellschaften das besondere Verhandlungsgremium über das Vorhaben der Gründung einer SE und den Verlauf des Verfahrens bis zu deren Eintragung."

Mit identischem Wortlaut hat **Art. 3 Abs. 3 SCE-RL** die in Rz. 1 wiedergegebene Be- 2 stimmung der SE-RL übernommen; Entsprechendes gilt für die zur Umsetzung geschaffene Regelung in **§ 13 SCEBG**, die mit § 13 wörtlich übereinstimmt. Auch die **Verschmelzungs-RL** hat Art. 3 Abs. 3 SE-RL in die Verweisungsnorm (Art. 14 Abs. 2) aufgenommen; dementsprechend ist die zur Umsetzung geschaffene Regelung in § 15 MgVG abgesehen von den gegenstandsbezogenen Abweichungen („grenzüberschreitende Verschmelzung") mit § 13 identisch.

Eine Parallele findet § 13 in **§ 8 EBRG**. Dieser enthält nicht nur das Gebot einer ver- 3 trauensvollen Zusammenarbeit für die Verhandlungen zwischen zentraler Leitung und BVG (§ 8 Abs. 3 Satz 1 EBRG), sondern auch Informationspflichten (§ 8 Abs. 2 EBRG), die denen in § 13 Abs. 2 Satz 1 entsprechen. Ebenso kehrt die Regelung des § 8 Abs. 3 Satz 2 EBRG zu Zeitpunkt, Häufigkeit und Ort der Verhandlungen in § 13 Abs. 2 Satz 3 wieder.

In **Österreich** hat der Gesetzgeber die Vorgaben des Art. 3 Abs. 3 SE-RL in § 225 4 ArbVG umgesetzt[1] und verpflichtet in allgemeiner Form die Organe der Arbeitnehmerschaft, zu denen nach § 211 ArbVG auch das BVG zählt, sowie die Leitungen der beteiligten Gesellschaften zu einer Zusammenarbeit mit dem Willen zur Verständigung (§ 214 ArbVG), was den Grundsätzen vertrauensvoller Zusammenarbeit ähnelt (s. unten Rz. 6).

II. Abschluss einer Vereinbarung über die Beteiligung der Arbeitnehmer (§ 13 Abs. 1 Satz 1)

Entsprechend der in § 4 Abs. 1 Satz 2 umschriebenen Aufgabe des BVG wiederholt 5 § 13 Abs. 1 Satz 1, dass dieses mit den Leitungen eine schriftliche Vereinbarung über die Beteiligung der Arbeitnehmer abschließt. Die Regelung deckt sich inhaltlich mit Art. 3 Abs. 3 SE-RL, ist jedoch letztlich überflüssig, da bereits § 4 Abs. 1 Satz 2 den Abschluss einer schriftlichen Vereinbarung als Aufgabe des BVG benennt und § 21 die Einzelheiten zu ihrem Inhalt regelt. Angesichts dessen verleiht § 13 Abs. 1 Satz 1 vor allem dem Grundsatz der vertrauensvollen Zusammenarbeit in § 13 Abs. 1 Satz 2 inhaltliche Konturen („zur Erfüllung dieser Aufgabe"), der aus diesem Grunde jedoch auch in § 4 Abs. 1 als Satz 3 hätte angefügt werden können. Zu den Einzelheiten der Beteiligungsvereinbarung und deren Zustandekommen s. die Erläuterungen zu § 21. Für den Abschluss der Vereinbarung bedarf es stets eines Beschlusses des BVG, für den § 15 die weiteren Einzelheiten, insbesondere im Hinblick auf die hierfür erforderliche Mehrheit, festlegt.

III. Der Grundsatz vertrauensvoller Zusammenarbeit (§ 13 Abs. 1 Satz 2)

Der Grundsatz der vertrauensvollen Zusammenarbeit in § 13 Abs. 1 Satz 2 verpflich- 6 tet die Leitungen sowie das BVG insbesondere dazu, die Verhandlungen mit dem

---

1 Kritisch im Hinblick auf die zu geringe Reichweite der Unterrichtungspflicht *Gahleitner* in Kalss/Hügel, § 225 ArbVG Rz. 3.

ernsten Willen zu einer Einigung zu führen[2], und konkretisiert den in § 40 geregelten allgemeinen Grundsatz (s. dazu unten § 40 Rz. 6 f.), der § 2 Abs. 1 BetrVG entlehnt ist[3].

7   Androhung oder Einleitung von **Maßnahmen des Arbeitskampfes** zur Erzwingung einer Vereinbarung über die Beteiligung der Arbeitnehmer sind mit einer vertrauensvollen Zusammenarbeit unvereinbar; aus § 13 Abs. 1 Satz 2 folgt ein Arbeitskampfverbot[4]. Umgekehrt lässt sich aus der Vorschrift weder für die Leitungen der beteiligten Gesellschaften noch für das BVG ein **Verhandlungsanspruch** ableiten[5]. Die nach Ablauf der Verhandlungsfrist (§ 20) eingreifende gesetzliche Auffangregelung ist als abschließende Regelung für den Fall zu bewerten, dass ein ordnungsgemäß eingeleitetes Verhandlungsverfahren ohne Ergebnis bleibt[6].

8   Der Grundsatz der vertrauensvollen Zusammenarbeit prägt vor allem die Ausübung der im SEBG begründeten Rechte und gilt für **beide Verhandlungsparteien**[7]. So widerspricht es dem Gebot vertrauensvoller Zusammenarbeit, wenn sich die Leitungen einem sachlich begründeten Wunsch des BVG im Hinblick auf Ort, Zeitpunkt und Häufigkeit der Verhandlungen (s. unten Rz. 14) oder dem Begehren nach Verlängerung der Verhandlungsfrist (s. unten § 20 Rz. 7 ff.) grundlos verschließen. Entsprechendes gilt, wenn der Vorsitzende des BVG bei der Einberufung weiterer Sitzungen auf die Belange des Unternehmens keine Rücksicht nimmt (s. oben § 12 Rz. 22) oder das Gremium bei seiner Arbeit unverhältnismäßig hohe Kosten verursacht (s. unten § 19 Rz. 10).

IV. Informationspflichten der Leitungen (§ 13 Abs. 2 Satz 1 und 2)

9   Zur Erfüllung der Aufgabe in § 4 Abs. 1 Satz 2 bzw. § 13 Abs. 1 Satz 1 begründet § 13 Abs. 2 Satz 1 zugunsten des BVG einen **Auskunftsanspruch**[8], den § 13 Abs. 2 Satz 2 konkretisiert. Als **Gläubiger** des Anspruches benennt § 13 Abs. 2 Satz 1 das BVG als Gremium. Zur Durchsetzung bzw. Geltendmachung eines Auskunftsbegehrens ist der Vorsitzende des BVG deshalb erst aufgrund eines entsprechenden Beschlusses berechtigt, für den das Mehrheitserfordernis in § 15 Abs. 2 gilt.

10   Als **Schuldner** des Auskunftsanspruches benennt § 13 Abs. 2 Satz 1 die Leitungen und knüpft damit an die Legaldefinition in § 2 Abs. 5 an. Unproblematisch ist der Anspruch in den Fällen, in denen die an der Gründung der SE beteiligten Gesellschaf-

---

2 Begr. RegE, BT-Drucks. 15/3405, S. 49; *Brandt*, BB 2005, Special Nr. 3, S. 1, 5; *Calle Lambach*, Beteiligung der Arbeitnehmer, S. 161; *Freis* in Nagel/Freis/Kleinsorge, SEBG, § 13 Rz. 5; *Hennings* in Manz/Mayer/Schröder, Art. 3 SE-RL Rz. 86; *Jacobs* in MünchKomm. AktG, § 13 SEBG Rz. 3; *Kienast* in Jannott/Frodermann, Handbuch Europäische Aktiengesellschaft, Kap. 13 Rz. 184; *Krause*, BB 2005, 1221, 1225 sowie ausdrücklich § 214 ArbVG (s. oben Rz. 4). Ebenso zu § 8 Abs. 3 Satz 1 EBRG *Blanke*, EBRG, 2. Aufl. 2006, § 8 Rz. 10; *Klebe* in Däubler/Kittner/Klebe, BetrVG, 10. Aufl. 2006, § 8 EBRG Rz. 7; *C. Müller*, EBRG, 1997, § 8 EBRG Rz. 3.

3 S. auch *Freis* in Nagel/Freis/Kleinsorge, SEBG, § 13 Rz. 5; *Hennings* in Manz/Mayer/Schröder, Art. 3 SE-RL Rz. 86; *Krause*, BB 2005, 1221, 1225.

4 *Calle Lambach*, Beteiligung der Arbeitnehmer, S. 162; *Freis* in Nagel/Freis/Kleinsorge, SEBG, § 13 Rz. 5. Ebenso zu § 8 Abs. 3 Satz 1 EBRG *Blanke*, EBRG, 2. Aufl. 2006, § 8 Rz. 12; *Klebe* in Däubler/Kittner/Klebe, BetrVG, 10. Aufl. 2006, § 8 EBRG Rz. 7; *C. Müller*, EBRG, 1997, § 8 Rz. 3; *Oetker* in GK-BetrVG, 8. Aufl. 2005, vor § 106 Rz. 260.

5 Wohl auch *Freis* in Nagel/Freis/Kleinsorge, SEBG, § 13 Rz. 6; ebenso zu § 8 Abs. 3 Satz 1 EBRG *C. Müller*, EBRG, 1997, § 8 Rz. 3.

6 *Herfs-Röttgen*, NZA 2002, 358, 364; s. insoweit auch *C. Müller*, EBRG, 1997, § 8 Rz. 3.

7 *Jacobs* in MünchKomm. AktG, § 13 SEBG Rz. 3.

8 *Freis* in Nagel/Freis/Kleinsorge, SEBG, § 13 Rz. 9; *Krause*, BB 2005, 1221, 1225; a.A. *Jacobs* in MünchKomm. AktG, § 13 SEBG Rz. 4, der die Qualifizierung als Anspruch ablehnt.

ten ihren Sitz im Geltungsbereich des SEBG haben. Wie § 5 EBRG lässt das Gesetz jedoch die Frage unbeantwortet, ob § 13 Abs. 2 Satz 1 auch einen **grenzübergreifenden Auskunftsanspruch** gegenüber Gesellschaften mit Sitz in einem anderen Mitgliedstaat begründet. Aufgrund der vergleichbaren Problemlage gelten die zu § 5 EBRG anerkannten Maximen[9] auch im Rahmen von § 13 Abs. 2 Satz 1.

Der **Umfang** der nach § 13 Abs. 2 Satz 1 geschuldeten Auskunft wird durch die **Erforderlichkeit und die Aufgabe des BVG** definiert[10]. Das Gremium muss deshalb bei seinem Auskunftsbegehren verdeutlichen, in welcher Hinsicht die gewünschte Information den Abschluss der Beteiligungsvereinbarung sowie die hierauf bezogenen Verhandlungen betrifft. Die in § 13 Abs. 2 Satz 2 aufgezählten Unterrichtungsgegenstände, die mit nahezu identischem Wortlaut Art. 3 Abs. 2 Unterabs. 2 SE-RL entsprechen, dienen dazu, die Unterrichtungspflicht der Leitungen zu konkretisieren[11]. Die Aufzählung hat indes keinen abschließenden Charakter („insbesondere")[12]; zu informieren ist auch über die angestrebte Organisationsverfassung der SE (monistisch oder dualistisch)[13]. Eine Schranke findet die Informationspflicht in den Betriebs- und Geschäftsgeheimnissen (§ 41 Abs. 1; dazu unten § 41 Rz. 6 ff.)[14]. 11

Die **Form der Auskunft** steht grundsätzlich im Ermessen der Leitungen. Eine schriftliche Unterrichtung legt § 13 Abs. 2 Satz 1 nicht verbindlich fest. Die Form der Auskunft wird deshalb vor allem von dem Informationsgegenstand sowie dem Zweck der Auskunft beeinflusst. Sofern es danach erforderlich ist, kann eine ordnungsgemäße Auskunftserteilung die **Schriftform** (§ 126 BGB) oder die **Textform** (§ 126b BGB) erzwingen; zur **Überlassung von Unterlagen** s. nachfolgend Rz. 13. Die Verständlichkeit der Auskunft bzw. Unterlage für die Mitglieder des BVG beeinflusst auch die von den Leitungen zu wählende **Sprache**; ggf. kann eine Übersetzung in die Sprache der jeweiligen Mitgliedstaaten oder eine in den beteiligten Gesellschaften übliche Arbeitssprache erforderlich sein[15]. Bezüglich des **Zeitpunktes der Unterrichtung** stellt § 13 Abs. 2 Satz 1 auf die Rechtzeitigkeit ab; hierfür muss diese so frühzeitig erfolgen, damit das BVG diese in die Vorbereitungen für die Verhandlungen einbeziehen kann[16]. 12

Soweit bezüglich des Gegenstandes der Verhandlungen **Unterlagen** vorhanden und die hierin enthaltenen Informationen für den Abschluss einer Beteiligungsvereinbarung erforderlich sind, haben die Leitungen diese dem BVG **zur Verfügung zu stellen**, wobei zur Konkretisierung auf die Grundsätze zu § 80 Abs. 2 Satz 2 Halbs. 1 BetrVG zurückzugreifen ist[17]. Obwohl § 13 Abs. 2 Satz 1 dies nicht ausdrücklich festlegt, sind die Leitungen hierzu nicht von sich aus verpflichtet, vielmehr bedarf es eines entsprechenden und vom Vorsitzenden übermittelten **Verlangens seitens des BVG**[18]. Das Gesetz beschränkt sich nicht auf ein Recht zur Einsichtnahme in die Unterlagen, dem Gremium sind diese vielmehr durch Übergabe an dessen Vorsitzen- 13

---

9 S. dazu vor allem EuGH v. 13.1.2004 – Rs. C 440/00, AP Nr. 3 zu EWG-Richtlinie 94/45; bestätigt durch EuGH v. 15.7.2004 – Rs. C 349/01, AP Nr. 5 zu § 5 EBRG sowie zuvor den Vorlagebeschluss BAG v. 27.6.2001 – 1 ABR 32/99 (A), AP Nr. 1 zu EWG-Richtlinie 94/45.

10 *Freis* in Nagel/Freis/Kleinsorge, SEBG, § 13 Rz. 8.

11 Hierauf beschränkt § 225 Abs. 2 ArbVG.

12 *Jacobs* in MünchKomm. AktG, § 13 SEBG Rz. 4.

13 S. auch *Freis* in Nagel/Freis/Kleinsorge, SEBG, § 13 Rz. 9.

14 *Freis* in Nagel/Freis/Kleinsorge SEBG, § 13 Rz. 11; *Jacobs* in MünchKomm. AktG, § 13 SEBG Rz. 4.

15 *Freis* in Nagel/Freis/Kleinsorge, SEBG, § 13 Rz. 10.

16 *Freis* in Nagel/Freis/Kleinsorge, SEBG, § 13 Rz. 12.

17 So auch *Krause*, BB 2005, 1221, 1226. Zum Begriff der Unterlagen s. statt aller *Kraft/Weber* in GK-BetrVG, 8. Aufl. 2005, § 80 Rz. 81 ff.

18 A.A. *Freis* in Nagel/Freis/Kleinsorge, SEBG, § 13 Rz. 7.

den (s. oben § 12 Rz. 16) zur unkontrollierten Durchsicht auszuhändigen[19]. Umgekehrt folgt aus dem Zweck der Informationspflicht, dass die Unterlagen nur für die Dauer des Verhandlungsverfahrens zu überlassen sind. Nach dessen Abschluss muss der Vorsitzende des BVG diese den Leitungen zurückgeben[20].

V. Festlegung von Zeitpunkt, Häufigkeit und Ort der Verhandlungen (§ 13 Abs. 2 Satz 3)

14   Mit § 13 Abs. 2 Satz 3, der § 8 Abs. 3 Satz 2 EBRG wörtlich entspricht, überantwortet das SEBG die Einzelheiten zu den Verhandlungen den Verhandlungsparteien. Die Vorgabe einer **„einvernehmlichen"** Festlegung schließt es aus, dass die Leitungen Zeitpunkt, Häufigkeit und Ort der Verhandlungen einseitig vorgeben. Umgekehrt steht § 13 Abs. 2 Satz 3 einem Anspruch des BVG entgegen, die Verhandlungen an bestimmten Orten bzw. in bestimmten zeitlichen Abständen durchzuführen. Das Gesetz zwingt zu einem Konsens, dessen Zustandekommen vor allem von den Rechtsfolgen beeinflusst wird, wenn es nicht gelingt, die Verhandlungen innerhalb der hierfür vorgesehenen Frist (§ 20) abzuschließen (s. auch unten § 20 Rz. 12 f.)[21]. Einem **Vorschlagsrecht beider Verhandlungsparteien**, auf das sich die jeweils andere Seite im Geiste vertrauensvoller Zusammenarbeit (§ 13 Abs. 1 Satz 2) einlassen muss[22], steht dies nicht entgegen; sachlich begründeten Anregungen darf sich keine Seite grundlos verschließen[23]. Diese Grundsätze gelten auch für den ersten Verhandlungstermin zwischen den Leitungen und dem BVG; eine § 219 Abs. 4 ArbVG entsprechende Regelung, die den Leitungen die Obliegenheit zur Einladung auferlegt[24], kennt das SEBG nicht.

15   Für die **Form der Festlegung** trifft das Gesetz keine verbindlichen Vorgaben; § 13 Abs. 2 Satz 3 gebietet nicht, diese schriftlich niederzulegen. Die Verständigung der Verhandlungsparteien kann bereits zu Beginn der Verhandlungen für das gesamte Verfahren erfolgen; es genügt indes auch, wenn sie sich über Ort und Zeitpunkt eines Verhandlungstermins ad hoc verständigen.

16   Die **Festlegungen** zu Zeitpunkt, Häufigkeit und Ort der Verhandlungen **treffen die Verhandlungsparteien**. Da § 13 Abs. 2 Satz 3 das Einvernehmen auf das Gremium bezieht, ist dessen Vorsitzender nicht berechtigt, die Einzelheiten zum Verhandlungsverfahren eigenmächtig mit den Leitungen festzulegen. **Auf Seiten des BVG** bedarf es grundsätzlich eines **Beschlusses**, für den das Mehrheitserfordernis in § 15 Abs. 2 gilt. Zulässig ist es aber auch, den **Vorsitzenden** des BVG durch Beschluss zu ermächtigen, die Einzelheiten des Verhandlungsverfahrens mit den Leitungen zu vereinbaren; ggf. kann die **Geschäftsordnung** des BVG eine derartige Ermächtigung enthalten.

17   Ort, Zeitpunkt und Häufigkeit der Verhandlungen betreffen lediglich die zentralen Elemente für die Durchführung des Verhandlungsverfahrens, ohne die regelungsbedürftigen Einzelheiten abschließend zu benennen. Festlegungen sind z.B. auch bezüglich der **Verhandlungssprache** und der **Protokollführung** erforderlich. Angesichts des in § 13 Abs. 2 Satz 3 zum Ausdruck gelangten **Konsensprinzips** sprechen gute Gründe dafür, dieses im Wege einer Analogie auf alle **weiteren regelungsbedürftigen**

---

19 *Freis* in Nagel/Freis/Kleinsorge, SEBG, § 13 Rz. 9. Zu § 80 Abs. 2 Satz 2 1. Halbs. BetrVG s. m.w.N. *Kraft/Weber* in GK-BetrVG, 8. Aufl. 2005, § 80 Rz. 86.

20 S. *Kraft/Weber* in GK-BetrVG, 8. Aufl. 2005, § 80 Rz. 86.

21 S. dazu ferner *C. Müller*, EBRG, 1997, § 8 Rz. 4.

22 S. auch *Jacobs* in MünchKomm. AktG, § 13 SEBG Rz. 5.

23 Insoweit ebenfalls zu § 8 Abs. 3 Satz 2 EBRG *Blanke*, EBRG, 2. Aufl. 2006, § 8 Rz. 11; *Klebe* in Däubler/Kittner/Klebe, BetrVG, 10. Aufl. 2006, § 8 EBRG Rz. 9.

24 Dazu *Gahleitner* in Kalss/Hügel, § 219 ArbVG Rz. 5.

Einzelheiten des Verfahrens auszudehnen. Anhaltspunkte dafür, dass das Konsensprinzip ausschließlich für die in § 13 Abs. 2 Satz 3 benannten Angelegenheiten gilt, die Leitungen der beteiligten Gesellschaften hingegen die weiteren Einzelheiten des Verhandlungsverfahrens einseitig festlegen können, lassen sich dem Gesetz nicht entnehmen. Selbst wenn dies angenommen würde, wäre es den Leitungen im Rahmen einer vertrauensvollen Zusammenarbeit verwehrt, sachlich berechtigte Anliegen des BVG grundlos zu übergehen (s. oben Rz. 8).

§ 14
Sachverständige und Vertreter von geeigneten außenstehenden Organisationen

(1) Das besondere Verhandlungsgremium kann bei den Verhandlungen Sachverständige seiner Wahl, zu denen auch Vertreter von einschlägigen Gewerkschaftsorganisationen auf Gemeinschaftsebene zählen können, hinzuziehen, um sich von ihnen bei seiner Arbeit unterstützen zu lassen. Diese Sachverständigen können, wenn das besondere Verhandlungsgremium es wünscht, an den Verhandlungen in beratender Funktion teilnehmen.

(2) Das besondere Verhandlungsgremium kann beschließen, die Vertreter von geeigneten außenstehenden Organisationen vom Beginn der Verhandlungen zu unterrichten.

I. Allgemeines

Die Vorschrift regelt das Recht des BVG, sich bei seiner Arbeit von Personen unterstützen zu lassen, die nicht dem Gremium selbst angehören, beschränkt sich in ihrem Regelungsgehalt jedoch auf „Sachverständige" und die Verhandlungen mit den Leitungen. Mit § 14 setzt das die Vorgabe in **Art. 3 Abs. 5 SE-RL** um, die folgenden Wortlaut hat: 1

„Das besondere Verhandlungsgremium kann bei den Verhandlungen Sachverständige seiner Wahl, zu denen auch Vertreter der einschlägigen Gewerkschaftsorganisationen auf Gemeinschaftsebene zählen können, hinzuziehen, um sich von ihnen bei seiner Arbeit unterstützen zu lassen. Diese Sachverständigen können, wenn das besondere Verhandlungsgremium dies wünscht, den Verhandlungen in beratender Funktion beiwohnen, um gegebenenfalls die Kohärenz und Stimmigkeit auf Gemeinschaftsebene zu fördern. Das besondere Verhandlungsgremium kann beschließen, die Vertreter geeigneter außenstehender Organisationen, zu denen auch Gewerkschaftsvertreter zählen können, vom Beginn der Verhandlungen zu unterrichten."

Die **SCE-RL** hat in Art. 3 Abs. 5 die Regelung der SE-RL mit identischem Wortlaut übernommen; Entsprechendes gilt für die zur Umsetzung geschaffene Vorschrift in **§ 14 SCEBG**, die mit § 14 wörtlich identisch ist. Auch die **Verschmelzungs-RL** hat die in Rz. 1 wiedergegebene Bestimmung der SE-RL in die Verweisungsnorm des Art. 16 Abs. 3 aufgenommen. Die zu dessen Umsetzung getroffene Regelung in **§ 16 MgVG** stimmt mit § 14 überein.   2

3   Die Sonderregelung zur Unterstützung des BVG durch Sachverständige findet eine **Entsprechung in § 13 Abs. 4 EBRG**, der jedoch von § 14 abweicht. Nach § 13 Abs. 4 EBRG ist die Unterstützung durch Sachverständige nicht mit den Verhandlungen verknüpft, sondern hängt sehr viel allgemeiner ausschließlich von der Erforderlichkeit für die ordnungsgemäße Erfüllung der Aufgaben des Gremiums ab. Ferner weicht § 13 Abs. 4 EBRG bezüglich der erfassten Gewerkschaftsvertreter ab. Während § 14 Abs. 1 Satz 1 für diese auf die „einschlägigen Gewerkschaftsorganisationen auf Gemeinschaftsebene" Bezug nimmt, benennt § 13 Abs. 4 Satz 2 EBRG pauschal die „Gewerkschaften".

4   Zu den mit der Hinzuziehung von Sachverständigen verbundenen **Kosten** fehlt im SEBG eine eigenständige Regelung, so dass insoweit die allgemeine Vorschrift in § 19 eingreift (s. auch § 19 Rz. 7). Im Unterschied zu § 16 Abs. 1 EBRG beschränkt § 19 die Verpflichtung zur Tragung der Kosten nicht auf „einen Sachverständigen". Die den Mitgliedstaaten in Art. 3 Abs. 7 Unterabs. 2 Satz 2 SE-RL eröffnete Option für eine derartige Kostenbegrenzung hat der deutsche Gesetzgeber nicht in Anspruch genommen[1].

5   In **Österreich** ist das Recht auf Hinzuziehung von Sachverständigen zu den Verhandlungen in § 220 Abs. 2 ArbVG ebenfalls eigenständig geregelt und entspricht – mit Ausnahme der gesonderten Hervorhebung der Gewerkschaftsvertreter[2] – § 14 Abs. 1. Hinsichtlich der Kosten beschränkt § 224 Abs. 2 ArbVG die Kostentragungspflicht auf diejenigen „für jedenfalls einen Sachverständigen".

II. Hinzuziehung von Sachverständigen zu den Verhandlungen (§ 14 Abs. 1)

6   Das Recht auf Hinzuziehung von Sachverständigen bezieht das Gesetz auf die Verhandlungen („bei den Verhandlungen"). Ein Vergleich mit § 13 Abs. 4 Satz 1 EBRG legt die Schlussfolgerung nahe, dass § 14 Abs. 1 das Recht des BVG, sich bei der Erfüllung seiner Aufgaben von Sachverständigen unterstützen zu lassen, hierdurch abschließend regelt. Eine derartige Auslegung widerspricht jedoch nicht nur der allgemeinen Bestimmung in § 19, sondern vernachlässigt darüber hinaus den Zweck der Sonderregelung. Vor allem die Gegenüberstellung mit § 13 Abs. 4 EBRG zeigt, dass sich der Regelungsgehalt des § 14 Abs. 1 **ausschließlich** auf die **Hinzuziehung** von Sachverständigen **zu den Verhandlungen** mit den Leitungen der beteiligten Gesellschaften beschränkt, während § 13 Abs. 4 EBRG dieses Problem unbeantwortet lässt[3]. Angesichts dessen verpflichtet § 14 Abs. 1 die an den Verhandlungen beteiligten Leitungen, die Teilnahme von Sachverständigen an diesen zu dulden. Ob das BVG zur Unterstützung seiner Arbeit **außerhalb der unmittelbaren Verhandlungen**, insbesondere zu deren Vorbereitung, auf Sachverständige zurückgreifen kann, beurteilt sich nicht nach der speziellen Bestimmung in § 14 Abs. 1, sondern nach der allgemeinen Regelung in § 19 .

7   Das Recht auf Hinzuziehung von Sachverständigen zu den Verhandlungen mit den Leitungen begründet § 14 Abs. 1 BVG zugunsten des BVG als **Organ**; **einzelne Mitglieder** des Gremiums sind – auch nicht ab einem bestimmten Quorum (vgl. § 31 BetrVG) – nicht berechtigt, sich durch Sachverständige ihrer Wahl zu den Verhand-

---

1 Entsprechendes gilt für die SCE, da § 19 SCEBG ebenfalls nicht die in Art. 3 Abs. 7 Unterabs. 2 SCE-RL eröffnete Option in Anspruch nimmt.
2 Deren Hinzuziehung als Sachverständige ist gleichwohl nicht bestritten; vgl. *Gahleitner* in Kalss/Hügel, § 220 ArbVG Rz. 3.
3 Im einschlägigen Schrifttum zu § 13 Abs. 4 EBRG ist dies bislang unerörtert geblieben.

lungen begleiten zu lassen[4]. Ob das BVG von seinem Recht in § 14 Abs. 1 Satz 1 Gebrauch macht, steht in seinem **Ermessen** („kann"), das dieses **pflichtgemäß**, d.h. unter angemessener Wahrung der Belange der beteiligten Gesellschaften sowie im Geiste **vertrauensvoller Zusammenarbeit** (§ 13 Abs. 1 Satz 2)[5] auszuüben hat. Deshalb ist das BVG zur Hinzuziehung von Sachverständigen nur berechtigt, wenn dies für die Erfüllung seiner Aufgaben im Rahmen der Verhandlungen **erforderlich** ist[6]. Bedeutsam ist diese Schranke für das „ob" und die **Zahl der Sachverständigen**. Das SEBG beschränkt das BVG nicht auf einen Sachverständigen[7]; die Hinzuziehung mehrerer Sachverständiger bei den Verhandlungen entspricht aber nur dann pflichtgemäßer Ermessensausübung, wenn dies im Hinblick auf die besonderen Aufgaben des BVG erforderlich ist, da § 14 Abs. 1 Satz 1 das Recht nur zu diesem Zweck einräumt („um sich von ihnen bei seiner Arbeit unterstützen zu lassen")[8]. Aus dem Grundsatz der Erforderlichkeit folgt zudem, dass das BVG von der Hinzuziehung von Sachverständigen absehen muss, wenn die Sachkunde auf andere und für die beteiligten Gesellschaften weniger belastende Weise beschafft werden kann (z.B. Erteilung von Auskünften, Schrifttum)[9]. Bezüglich der Erforderlichkeit ist dem BVG jedoch ein **Beurteilungsspielraum** zuzubilligen.

Die **Person des Sachverständigen** schränkt § 14 Abs. 1 nicht ein; er muss aber über eine besondere Sachkunde verfügen, die sich auf die „Arbeit" des BVG bezieht. Diese wiederum wird von der in § 4 Abs. 1 Satz 2 definierten Aufgabe des Gremiums konkretisiert, „mit den Leitungen eine schriftliche Vereinbarung über die Beteiligung der Arbeitnehmer in der SE abzuschließen" (s. oben § 4 Rz. 6). Wegen der Bindung an den Erforderlichkeitsgrundsatz kommen nur solche Personen als Sachverständige in Betracht, deren Sachkunde über diejenige der Mitglieder des BVG hinausgeht[10]. Die Norm schafft für das BVG nicht das Recht, beliebige Personen zu einer Unterstützung bei den Verhandlungen hinzuzuziehen. Als vom BVG beauftragte Sachverständige können nicht nur natürliche, sondern auch **juristische Personen** hinzugezogen werden, die sodann selbst darüber befinden, welche Person für sie an den Verhandlungen teilnimmt. 8

Die ausdrückliche Erwähnung der Vertreter von einschlägigen **Gewerkschaftsorganisationen auf Gemeinschaftsebene** hat – wie die Formulierung „auch" verdeutlicht – vor allem klarstellende Bedeutung. Deshalb entbindet sie nicht von der Beschränkung in § 14 Abs. 1 auf solche Personen, die im Hinblick auf die Aufgabe des BVG über eine besondere Sachkunde verfügen und deren Hinzuziehung aus diesem Grunde erforderlich ist[11]. Nur unter diesem Vorbehalt ist es gerechtfertigt, die **Hinzuzie-** 9

---

4 Ebenso zu § 220 Abs. 2 ArbVG *Gahleitner* in Kalss/Hügel, § 220 ArbVG Rz. 3.
5 Zutreffend *Hennings* in Manz/Mayer/Schröder, Art. 3 SE-RL Rz.29. Mit dieser Schranke für § 13 Abs. 4 EBRG auch *Klebe* in Däubler/Kittner/Klebe, BetrVG, 10. Aufl. 2006, § 13 EBRG Rz. 11.
6 *Jacobs* in MünchKomm. AktG, § 14 SEBG Rz. 3. a.A. *Freis* in Nagel/Freis/Kleinsorge, SEBG, § 14 Rz. 9, die die Einschaltung von Sachverständigen generell als erforderlich ansieht; der Sache nach auch *Hennings* in Manz/Mayer/Schröder, Art. 3 SE-RL Rz. 29; *Henssler* in Ulmer/Habersack/Henssler, MitbestR, 2. Aufl. 2006, Einl. SEBG Rz. 180 (ebenso im Rahmen von § 13 Abs. 4 EBRG *Klebe* in Däubler/Kittner/Klebe, BetrVG, 10. Aufl. 2006, § 13 EBRG Rz. 11).
7 *Freis* in Nagel/Freis/Kleinsorge, SEBG, § 14 Rz. 6; *Jacobs* in MünchKomm. AktG, § 14 SEBG Rz. 3; *Joost* in Oetker/Preis, EAS, B 8200, Rz. 88.
8 Ebenso *Scheibe*, Mitbestimmung der Arbeitnehmer, S. 50.
9 *Jacobs* in MünchKomm. AktG, § 14 SEBG Rz. 3.
10 *Freis* in Nagel/Freis/Kleinsorge, SEBG, § 14 Rz. 8; ebenso zu § 13 Abs. 4 EBRG *C. Müller*, EBRG, 1997, § 13 Rz. 6.
11 Weitergehend zu § 13 Abs. 4 *Blanke*, EBRG, 2. Aufl. 2006, § 13 Rz. 18, der die Hinzuziehung von Gewerkschaftsvertretern als Sachverständige stets als erforderlich ansieht; ebenso in der Sache *Klebe* in Däubler/Kittner/Klebe, BetrVG, 10. Aufl. 2006, § 13 EBRG Rz. 11.

hung von nationalen Gewerkschaftsvertretern als Sachverständige zu den Verhandlungen zu beschließen[12]. Die von § 14 Abs. 1 erfassten „Gewerkschaftsorganisationen" gehen über die in den beteiligten Gesellschaften vertretenen Gewerkschaften (vgl. §§ 6 Abs. 3, 8 Abs. 1 Satz 2) hinaus; insbesondere ist nicht erforderlich, dass es sich bei ihnen um Gewerkschaften i.S. des § 2 Abs. 1 TVG handelt (s. aber oben § 6 Rz. 15). Ebenso zeigt der Vergleich mit den §§ 6 Abs. 3, 8 Abs. 1 Satz 2, dass die Gewerkschaft nicht in einer an der Gründung der SE beteiligten Gesellschaft vertreten sein muss[13].

10   Über die Person des Sachverständigen entscheidet das BVG; es ist nicht auf das **Einvernehmen der Leitungen** angewiesen[14], sollte sich wegen der Schranken bei der Kostentragungspflicht (§ 19) mit diesen aber frühzeitig ins Benehmen setzen[15], um Haftungsrisiken zu vermeiden. Da § 14 Abs. 1 auf das Gremium abstellt, bedarf es für die Hinzuziehung von Sachverständigen eines **Beschlusses** mit der nach **§ 15 Abs. 2** erforderlichen Mehrheit[16].

11   Aus dem Recht zur Hinzuziehung erschließt sich das Ausmaß der **Beteiligung des Sachverständigen an den Verhandlungen** nur unvollständig. Bereits aus § 14 Abs. 1 lässt sich aber ein von dem Willen des BVG abhängiges **Anwesenheitsrecht** ableiten[17], das mit einer **Duldungspflicht der Leitungen** korrespondiert. In § 14 Abs. 1 Satz 2 wird dies bestätigt, da dessen besonderer Regelungsgehalt vor allem in der Hervorhebung einer „beratenden Funktion" besteht und denknotwendig ein Recht zur Stellungnahme umfasst, so dass sich die „Hinzuziehung" auf das Recht zur Anwesenheit beschränkt.

12   Die „beratende Funktion" bei den Verhandlungen (§ 14 Abs. 1 Satz 2) geht über ein Teilnahmerecht hinaus, ist andererseits aber auch auf eine Beratung beschränkt. Dies schließt nicht nur ein **Stimmrecht**, sondern auch eine **Verhandlungsführerschaft** für das BVG aus[18]. Die Teilnahme an den Verhandlungen mit „beratender Funktion" eröffnet § 14 Abs. 1 nicht für alle Sachverständigen, da sich § 14 Abs. 1 Satz 2 lediglich auf „diese Sachverständigen" bezieht. Hiermit meint § 14 Abs. 1 Satz 2 die „Vertreter von einschlägigen Gewerkschaftsorganisationen auf Gemeinschaftsebene", so dass anderen Sachverständigen die „beratende Funktion" nicht zusteht[19]. Neben der Gesetzessystematik spricht Art. 3 Abs. 5 Satz 2 SE-RL für diese Auslegung, der das Beratungsrecht begründet, um die Kohärenz und Stimmigkeit auf Gemeinschaftsebene zu fördern. Hierzu sind Sachverständige nicht per se in der Lage, sondern nur, wenn sie gemeinschaftsweit agierenden Organisationen angehören.

---

12 Wie hier *Scheibe*, Mitbestimmung der Arbeitnehmer, S. 50 f. Weitergehend Begr. RegE, BT-Drucks. 15/3405, S. 49, die auf den hier befürworteten Vorbehalt verzichtet. Ebenso *Freis* in Nagel/Freis/Kleinsorge, SEBG, § 14 Rz. 6; *Güntzel*, Richtlinie, S. 414; *Henssler* in Ulmer/Habersack/Henssler, MitbestR, 2. Aufl. 2006, Einl. SEBG Rz. 180; *Joost* in Oetker/Preis, EAS, B 8200, Rz. 88.

13 A.A. *Joost* in Oetker/Preis, EAS, B 8200, Rz. 88, der dies aus der Formulierung „einschlägige" Gewerkschaftsorganisation folgert, hierdurch aber die lediglich klarstellende Bedeutung des Halbsatzes in § 14 Abs. 1 Satz 1 SEBG vernachlässigt.

14 *Freis* in Nagel/Freis/Kleinsorge, SEBG, § 14 Rz. 8; *Henssler* in Ulmer/Habersack/Henssler, MitbestR, 2. Aufl. 2006, Einl. SEBG Rz. 180; ebenso zu § 13 Abs. 4 Satz 1 EBRG *Klebe* in Däubler/Kittner/Klebe, BetrVG, 10. Aufl. 2006, § 13 EBRG Rz. 12; *C. Müller*, EBRG, 1997, § 13 Rz. 6.

15 Mit dieser Empfehlung zu § 13 Abs. 4 EBRG auch *Blanke*, EBRG, 2. Aufl. 2006, § 13 Rz. 21.

16 *Jacobs* in MünchKomm. AktG, § 14 SEBG Rz. 2.

17 *Freis* in Nagel/Freis/Kleinsorge, SEBG, § 14 Rz. 10; *Hennings* in Manz/Mayer/Schröder, Art. 3 SE-RL Rz. 30; *Jacobs* in MünchKomm. AktG, § 14 SEBG Rz. 4.

18 Ebenso für eine Vorenthaltung des Stimmrechts *Gahleitner* in Kalss/Hügel, § 220 ArbVG Rz. 3.

19 Weiter insoweit § 220 Abs. 2 ArbVG.

Die beratende Teilnahme des Sachverständigen hängt von dem **Willen des BVG** ab. 13
Insbesondere kann es die Teilnahme des Sachverständigen an den Verhandlungen auf
einzelne Termine beschränken. Mit der Bindung an den Wunsch des BVG stellt § 14
Abs. 1 Satz 2 zudem klar, dass die Teilnahme des Sachverständigen an den Verhandlungen **nicht** von einem **Einvernehmen mit den Leitungen** abhängt[20]. Da das Gesetz
die beratende Teilnahme mit dem Willen des Gremiums verknüpft, hat das BVG zuvor einen **Beschluss** mit der in **§ 15 Abs. 2** vorgesehenen Mehrheit zu fassen.

Soweit Sachverständige infolge ihrer Teilnahme an den Verhandlungen Kenntnis 14
über Betriebs- oder Geschäftsgeheimnisse erlangen, unterliegen sie in gleicher Weise
wie die Mitglieder des BVG der **Pflicht zur Verschwiegenheit** (vgl. § 41 Abs. 4 Nr. 4).
Die an den Verhandlungen beteiligten Leitungen können Informationen auch gegenüber einem als Sachverständigen hinzugezogenen Gewerkschaftsvertreter ausschließlich nach **§ 41 Abs. 1** zurückhalten. Umgekehrt steht die Weitergabe von Be-
triebs- oder Geschäftsgeheimnissen an Sachverständige nicht im Widerspruch zu der
Verschwiegenheitspflicht, die § 41 Abs. 4 Nr. 1 für die Mitglieder des BVG begründet
(§ 41 Abs. 5 Nr. 1)[21].

III. Unterrichtung außenstehender Organisationen (§ 14 Abs. 2)

Das BVG ist nach § 14 Abs. 2 berechtigt, außenstehende Organisationen von dem **Be-** 15
ginn der Verhandlungen zu unterrichten. Da das Gesetz die Unterrichtung ausdrücklich hierauf beschränkt, kann sich das BVG nicht auf § 14 Abs. 2 stützen, um **außenstehende Organisationen** über **Inhalt, Verlauf und Ergebnis der Verhandlungen** zu unterrichten.

Das Recht zur Unterrichtung besteht lediglich gegenüber „**außenstehenden Organi-** 16
sationen". Hierunter sind nur solche zu verstehen, die außerhalb des Unternehmens
anzusiedeln sind; § 14 Abs. 2 betrifft deshalb nicht die Kommunikation zwischen
dem BVG und den gewählten **Arbeitnehmervertretungen** bzw. **Sprecherausschüssen**.
Den Kreis der **Organisationen** grenzt das Gesetz jedoch auf solche ein, die „**geeignet**"
sind. Da das BVG seine Rechte nur zur Wahrnehmung der gesetzlichen Aufgaben (§ 4
Abs. 1 Satz 2) verliehen bekommen hat, hängt auch die Geeignetheit einer Organisation hiervon ab. Zu den in diesem Sinne geeigneten Organisationen können wegen
einer richtlinienkonformen Auslegung des § 14 Abs. 2 auch **Gewerkschaften** zählen[22], da Art. 3 Abs. 5 Satz 3 SE-RL zu den Adressaten der Unterrichtung auch „Gewerkschaftsvertreter" zählt[23]. Allerdings reicht die Vorgabe in Art. 3 Abs. 5 Satz 3 SE-
RL nicht soweit, dass bei Gewerkschaftsvertretern die Geeignetheit i.S. des § 14
Abs. 2 unwiderlegbar feststeht. Die Beschränkung des Unterrichtungsrechts auf „geeignete Organisationen" rechtfertigt es nicht, eine allgemeine **Information der Öffentlichkeit** und der **Medien** (z.B. durch Presseerklärungen) oder eine Unterrichtung
der bei den beteiligten Gesellschaften beschäftigten **Arbeitnehmer** auf § 14 Abs. 2 zu
stützen[24].

Das Recht auf Unterrichtung weist das Gesetz dem **BVG als Gremium** zu, so dass es 17
einer **vorherigen Beschlussfassung** bedarf, für die das Mehrheitserfordernis des **§ 15**

---

20 *Jacobs* in MünchKomm. AktG, § 14 SEBG Rz. 4.
21 Verfehlt deshalb *Hennings* in Manz/Mayer/Schröder, Art. 3 SE-RL Rz. 29, wonach bei der Aus-
    übung des Ermessens bezüglich der Hinzuziehung von Sachverständigen auch die Geheimhal-
    tungspflicht zu beachten sein soll, was jedoch im offensichtlichen Widerspruch zu der Frei-
    stellung in § 41 Abs. 5 Nr. 1 SEBG steht.
22 Ebenso *Freis* in Nagel/Freis/Kleinsorge, SEBG, § 14 Rz. 12.
23 S. auch *Hennings* in Manz/Mayer/Schröder, Art. 3 SE-RL Rz. 31.
24 So im Hinblick auf die Öffentlichkeit auch *Freis* in Nagel/Freis/Kleinsorge, SEBG, § 14 Rz. 13.

Abs. 2 gilt[25]. Wegen der in § 14 Abs. 2 ausdrücklich niedergelegten Abhängigkeit von einem Beschluss des BVG ist dessen Vorsitzender nicht berechtigt, eigenmächtig die Vertreter ihm als geeignet erscheinender Organisationen über den Beginn der Verhandlungen zu unterrichten. Ebenso darf er sich nicht über einen Beschluss des BVG zur Unterrichtung hinwegsetzen oder von diesem abweichen. Die Berechtigung zur Unterrichtung kann auch vorab die **Geschäftsordnung** festlegen. Ob das BVG einen Beschluss zur Unterrichtung fasst, hängt von seinem pflichtgemäß auszuübenden **Ermessen** ab; § 14 Abs. 2 verleiht außenstehenden Organisationen bzw. ihren Vertretern selbst bei objektiver Eignung im Hinblick auf die Aufgaben des BVG **keinen Anspruch**, über den Beginn der Verhandlungen unterrichtet zu werden.

18 Die **Form der Unterrichtung** legt das BVG mangels konkretisierender Vorgaben in § 14 Abs. 2 nach pflichtgemäßem Ermessen fest. Diese kann deshalb mündlich oder mittels moderner Kommunikationsmittel (z.B. per e-mail) erfolgen.

§ 15
Beschlussfassung im besonderen Verhandlungsgremium

(1) Die Mitglieder des besonderen Verhandlungsgremiums, die in einem Mitgliedstaat gewählt oder bestellt werden, vertreten alle in dem jeweiligen Mitgliedstaat beschäftigten Arbeitnehmer. Solange aus einem Mitgliedstaat keine Mitglieder in das besondere Verhandlungsgremium gewählt oder bestellt sind (§ 11 Abs. 2), gelten die betroffenen Arbeitnehmer als nicht vertreten.

(2) Das besondere Verhandlungsgremium beschließt vorbehaltlich des Absatzes 3 und § 16 Abs. 1 mit der Mehrheit seiner Mitglieder, in der zugleich die Mehrheit der vertretenen Arbeitnehmer enthalten sein muss. Jedes auf das Inland entfallende Mitglied vertritt gleich viele Arbeitnehmer.

(3) Hätten die Verhandlungen eine Minderung der Mitbestimmungsrechte zur Folge, so ist für einen Beschluss zur Billigung einer solchen Vereinbarung eine Mehrheit von zwei Dritteln der Mitglieder des besonderen Verhandlungsgremiums erforderlich, die mindestens zwei Drittel der Arbeitnehmer in mindestens zwei Mitgliedstaaten vertreten. Dies gilt

1. im Falle einer SE, die durch Verschmelzung gegründet werden soll, sofern sich die Mitbestimmung auf mindestens 25 Prozent der Gesamtzahl der Arbeitnehmer der beteiligten Gesellschaften und der betroffenen Tochtergesellschaften erstreckt oder

2. im Falle einer SE, die als Holding-Gesellschaft oder als Tochtergesellschaft gegründet werden soll, sofern sich die Mitbestimmung auf mindestens 50 Prozent der Gesamtzahl der Arbeitnehmer der beteiligten Gesellschaften und der betroffenen Tochtergesellschaften erstreckt.

(4) Minderung der Mitbestimmungsrechte bedeutet, dass

1. der Anteil der Arbeitnehmervertreter im Aufsichts- oder Verwaltungsorgan der SE geringer ist als der höchste in den beteiligten Gesellschaften bestehende Anteil oder

2. das Recht, Mitglieder des Aufsichts- oder Verwaltungsorgans der Gesellschaft zu wählen, zu bestellen, zu empfehlen oder abzulehnen, beseitigt oder eingeschränkt wird.

---

25 *Jacobs* in MünchKomm. AktG, § 14 SEBG Rz. 6.

(5) Wird eine SE durch Umwandlung gegründet, kann ein Beschluss nach Absatz 3 nicht gefasst werden.

I. Allgemeines

Die Vorschrift stellt für die Beschlussfassung des BVG allgemeine Grundsätze auf, die § 16 Abs. 1 Satz 2 für den Fall ergänzt, dass das BVG die Nichtaufnahme bzw. den Abbruch des Verhandlungsverfahrens beschließt (s. dazu unten § 16 Rz. 8 ff.). Während § 15 Abs. 1 in der **SE-RL keine Entsprechung** findet, stimmen § 15 Abs. 2 bis 3 mit Art. 3 Abs. 4 Satz 1 bis 3 SE-RL weitgehend (s. aber unten Rz. 2) überein. Diese lauten: 1

„(4) Das besondere Verhandlungsgremium beschließt vorbehaltlich des Absatzes 6 mit der absoluten Mehrheit seiner Mitglieder, sofern diese Mehrheit auch die absolute Mehrheit der Arbeitnehmer vertritt. Jedes Mitglied hat eine Stimme. Hätten jedoch die Verhandlungen eine Minderung der Mitbestimmungsrechte zur Folge, so ist für einen Beschluss zur Billigung einer solchen Vereinbarung eine Mehrheit von zwei Dritteln der Stimmen der Mitglieder des besonderen Verhandlungsgremiums, die mindestens zwei Drittel der Arbeitnehmer vertreten, erforderlich, mit der Maßgabe, dass diese Mitglieder Arbeitnehmer in mindestens zwei Mitgliedstaaten vertreten müssen und zwar

– im Falle einer SE, die durch Verschmelzung gegründet werden soll, sofern sich die Mitbestimmung auf mindestens 25 % der Gesamtzahl der Arbeitnehmer der beteiligten Gesellschaften erstreckt, oder

– im Falle einer SE, die als Holdinggesellschaft oder als Tochtergesellschaft gegründet werden soll, sofern sich die Mitbestimmung auf mindestens 50 % der Gesamtzahl der Arbeitnehmer der beteiligten Gesellschaften erstreckt."

Eine Besonderheit stellt § 15 Abs. 4 dar, der verbindlich festlegt, unter welchen Voraussetzungen eine „Minderung der Mitbestimmung" vorliegt (s. dazu unten Rz. 17 ff.). Demgegenüber ist die Vorgabe in Art. 3 Abs. 4 Satz 4 SE-RL missverständlich formuliert und löste vor Verabschiedung des SEBG insbesondere die Forderung aus, die Prüfung einer „Minderung" um eine qualitative Komponente zu ergänzen[1]. Art. 3 Abs. 4 Satz 4 Unterabs. 2 SE-RL hat insoweit folgenden Wortlaut: 2

---

[1] So z.B. *Herfs-Röttgen*, NZA 2002, 358, 361; *Reichert/Brandes*, ZGR 2003, 767, 777 f., 784 ff.; *Wißmann* in FS Wiedemann, 2002, S. 691 f.; a.A. *Veelken* in GS Blomeyer, 2004, S. 491, 512 f.

„Minderung der Mitbestimmungsrechte bedeutet, dass der Anteil der Mitglieder der Organe der SE im Sinne des Artikels 2 Buchstabe k geringer ist als der höchste in den beteiligten Gesellschaften geltende Anteil."

3   Die Regelung in § 15 Abs. 5, die eine Minderung der Mitbestimmungsrechte infolge einer Vereinbarung bei Gründung einer SE durch Umwandlung ausschließt, soll Art. 4 Abs. 4 SE-RL umsetzen, der für diesen Fall einer Gründung der SE ausdrücklich vorschreibt, dass die Vereinbarung „in Bezug auf alle Komponenten der Arbeitnehmerbeteiligung zumindest das gleiche Ausmaß" gewährleisten muss, „das in der Gesellschaft besteht, die in eine SE umgewandelt werden soll". Mit dieser Vorgabe wäre es unvereinbar gewesen, wenn das BVG eine Minderung der Mitbestimmungsrechte hätte beschließen können.

4   Die in Rz. 1 bis 3 wiedergegebenen Regelungen der SE-RL kehren mit lediglich marginalen sprachlichen Anpassungen in **Art. 3 Abs. 4** sowie **Art. 4 Abs. 4 SCE-RL** wieder. Dementsprechend stimmt die zur Umsetzung in Deutschland geschaffene Vorschrift (**§ 15 SCEBG**) mit § 15 wörtlich überein. Auch die Verweisungsnorm in **Art. 16 Abs. 3 Verschmelzungs-RL** nimmt auf die in Rz. 1–2 genannten Bestimmungen der SE-RL Bezug, soweit sich diese auf Verschmelzungen beziehen; für eine Übernahme der auf Umwandlungen bezogenen Sonderbestimmung in Art. 4 Abs. 4 SE-RL bestand keine sachliche Notwendigkeit. Die zur Umsetzung geschaffene Regelung (**§ 17 MgVG**) entspricht weitgehend § 15; bezüglich der Definition zur „Minderung der Mitbestimmung" trifft § 17 Abs. 4 Nr. 1 lit. b und c MgVG eine Sonderregelung, die den Anteil der Arbeitnehmer in „Ausschüssen" oder in „Leitungsgremien", die für die Ergebniseinheiten der Gesellschaften zuständig" sind, berücksichtigen.

5   In **Österreich** lehnt sich diese Regelung zur Umsetzung von Art. 3 Abs. 4 SE-RL (§ 221 ArbVG) eng an den Wortlaut der Richtlinie an; wie dort fehlt auch in Österreich eine mit § 15 Abs. 1 vergleichbare Regelung. Die Bestimmungen in § 221 Abs. 1 bis 3 ArbVG sind mit der deutschen Rechtslage weitgehend identisch, weichen von dieser lediglich bezüglich des bei der Berechnung der Quoren in § 15 Abs. 3 Satz 2 maßgebenden Arbeitnehmerkreises ab, indem hierbei – wie in Art. 3 Abs. 4 Satz 3 SE-RL vorgesehen[2] – nur die Arbeitnehmer der an der Gründung unmittelbar beteiligten Gesellschaften, nicht aber auch diejenigen in betroffenen Tochtergesellschaften zu berücksichtigen sind (s. auch unten Rz. 29 f.). Abweichend ist ebenfalls die Legaldefinition in § 221 Abs. 4 ArbVG zur Minderung der Mitbestimmungsrechte formuliert: Übereinstimmend mit der deutschen Rechtslage liegt der Tatbestand einer Minderung nach § 221 Abs. 4 ArbVG zwar auch bei dem in § 15 Abs. 4 Nr. 1 genannten Sachverhalt vor (s. zu diesem unten Rz. 20 ff.). Keine ausdrückliche Erwähnung findet aber der in § 15 Abs. 4 Nr. 2 genannte Tatbestand einer Minderung. Wegen der Formulierung „jedenfalls" lässt der Wortlaut der Norm allerdings Spielraum, um von § 15 Abs. 4 Nr. 1 nicht erfasste Sachverhalte einer Minderung einzubeziehen[3].

---

2   Ebenso Art. 3 Abs. 4 Satz 4 SCE-RL.
3   Für ein noch weitergehendes Verständnis *Gahleitner* in Kalss/Hügel, § 221 ArbVG Rz. 3, die auch Abreden einbezieht, welche die Rechtsstellung der Mitglieder betreffen, die dem Aufsichts- oder Verwaltungsorgan angehören.

II. Allgemeines zur Beschlussfassung des BVG

1. Vertretung der Arbeitnehmer im BVG (§ 15 Abs. 1)

Die Regelung in § 15 Abs. 1 steht in einem unmittelbaren Zusammenhang mit den 6 doppelten Mehrheitserfordernissen in § 15 Abs. 2 und Abs. 3 sowie § 16 Abs. 1 Satz 2, die für eine wirksame Beschlussfassung auch auf die Zahl der von den Mitgliedern des BVG vertretenen Arbeitnehmer abstellen. Diesbezüglich legt § 15 Abs. 1 Satz 1, der in der SE-RL keine Entsprechung findet, den allgemeinen Grundsatz fest, dass die in einem Mitgliedstaat von dem dortigen Wahlgremium gewählten Mitglieder des BVG **alle Arbeitnehmer** des betreffenden Mitgliedstaates **repräsentieren**[4]. Das gilt unabhängig davon, ob die Arbeitnehmer in dem Wahlgremium vertreten waren oder sich an den Wahlen zu diesem beteiligt haben. Der in § 15 Abs. 1 Satz 1 niedergelegte Grundsatz gilt auch für die Mitglieder des BVG, die diesem aufgrund der **Sitzgarantien in § 6 Abs. 3 und 4** angehören.

Aus Sicht des SEBG gibt es grundsätzlich **keine vertretungslosen Arbeitnehmer**. In 7 Satz 2 erkennt § 15 Abs. 1 nur für den Fall eine **Ausnahme** an, in dem aus einem Mitgliedstaat **(noch) keine Mitglieder** in das BVG **gewählt** worden sind. In dieser Konstellation, die der Einleitung des Verhandlungsverfahrens nicht entgegensteht (§ 11 Abs. 2 sowie oben § 12 Rz. 7), gelten die Arbeitnehmer dieses Mitgliedstaates in dem BVG als nicht vertreten. Die Bedeutung dieser Regelung zeigt sich bei der Anwendung des § 15 Abs. 2 bzw. der §§ 15 Abs. 3, 16 Abs. 1 Satz 2, die das notwendige Mehrheitserfordernis für eine wirksame Beschlussfassung des BVG festlegen. Die hiernach jeweils notwendige doppelte (qualifizierte) Mehrheit setzt voraus, dass diese nicht nur unter den Mitgliedern des BVG, sondern auch im Hinblick auf die in dem Gremium vertretenen Arbeitnehmer erreicht wird. Arbeitnehmer eines Mitgliedstaates, die in dem BVG (noch) nicht durch Mitglieder vertreten sind, bleiben wegen § 15 Abs. 1 Satz 2 bei der Berechnung der jeweils notwendigen doppelten (qualifizierten) Mehrheit unberücksichtigt[5]. Angesichts der unberührt bleibenden Mitwirkungsrechte später gewählter bzw. bestellter Mitglieder (§ 11 Abs. 2 Satz 2 sowie oben § 11 Rz. 9) ist dies vor allem für Abstimmungen in der konstituierenden Sitzung des BVG von Bedeutung.

2. Beschlussfähigkeit des BVG

Im SEBG fehlt – wie bereits im EBRG – eine Bestimmung zur Beschlussfähigkeit des 8 BVG. Wie dort ist die Lücke durch eine entsprechende Anwendung des Grundsatzes in **§ 33 Abs. 2 BetrVG** zu schließen[6], so dass das BVG nur beschlussfähig ist, wenn an der Beschlussfassung **mehr als die Hälfte der Mitglieder teilnehmen**.

Wegen des in § 15 Abs. 2 bzw. den §§ 15 Abs. 3, 16 Abs. 1 Satz 2 zum Ausdruck ge- 9 langten Grundsatzes der Repräsentativität im Hinblick auf die Zahl der im BVG vertretenen Arbeitnehmer ist allerdings zu erwägen, die Beschlussfähigkeit des Gremiums bei einer entsprechenden Anwendung des § 33 Abs. 2 BetrVG ebenfalls mit diesem zu verknüpfen, so dass die an der Beschlussfassung teilnehmenden Mitglieder zugleich die Hälfte der in dem BVG vertretenen Arbeitnehmer umfassen müssten.

Überlegungen zur Beschlussfähigkeit des BVG sind indes theoretischer Natur, da 10 § 15 Abs. 2 sowie die §§ 15 Abs. 3, 16 Abs. 1 Satz 2 für eine wirksame Beschlussfassung stets auf die Gesamtzahl der Mitglieder des BVG abstellen und das SEBG keine

---

4 Begr. RegE, BT-Drucks. 15/3405, S. 49.
5 Begr. RegE, BT-Drucks. 15/3405, S. 49.
6 Zum EBRG i.E. *Blanke*, EBRG, 2. Aufl. 2006, § 13 Rz. 16.

Beschlüsse ermöglicht, bei denen die Mehrheit der anwesenden Mitglieder ausreicht. Es sind deshalb keine Fälle vorstellbar, in denen das BVG mit der notwendigen Mehrheit Beschlüsse fassen kann, ohne zugleich die in Rz. 8 und 9 dargelegten Voraussetzungen für die Beschlussfähigkeit des Gremiums zu erfüllen[7].

III. Das Erfordernis einer doppelten absoluten Mehrheit (§ 15 Abs. 2)

1. Absolute Mehrheit unter den Mitgliedern des BVG

11   Sofern das SEBG nicht an anderer Stelle des Gesetzes eine abweichende Mehrheit vorschreibt (s. § 15 Abs. 3 Satz 1, § 16 Abs. 1 Satz 2), bedarf **jeder Beschluss** des BVG für seine Rechtswirksamkeit einer absoluten Mehrheit seiner Mitglieder. Dies gilt nicht nur im Hinblick auf den Abschluss einer **Beteiligungsvereinbarung**, sondern auch für alle anderen Beschlüsse, die das BVG insbesondere im Rahmen seiner **Geschäftsführung** zu treffen hat[8].

12   Für die absolute Mehrheit kommt es nicht auf die **Zahl der Mitglieder**, die dem BVG nach § 5 angehören müssen, sondern auf die Zahl derjenigen Mitglieder an, aus denen das Gremium im Zeitpunkt der Beschlussfassung **tatsächlich besteht**. Da § 15 Abs. 2 ausdrücklich auf die Mehrheit der Mitglieder abstellt, **genügt** es für eine wirksame Beschlussfassung **nicht**, wenn der Beschluss zwar mit der Mehrheit der **anwesenden Mitglieder** gefasst wurde, aber lediglich die Hälfte der Mitglieder (oder weniger) mit „Ja" gestimmt haben[9]. Besteht das BVG aus 13 Mitgliedern und sind von diesen lediglich 11 Mitglieder anwesend, so ist die von § 15 Abs. 2 geforderte absolute Mehrheit der Mitglieder nur erreicht, wenn 7 Mitglieder mit „Ja" abgestimmt haben.

13   Da § 15 Abs. 2 für eine Beschlussfassung ausdrücklich die Mehrheit unter den Mitgliedern verlangt, ist ausschließlich die Zahl der „Ja-Stimmen" maßgebend. **Enthaltungen** wirken sich im Hinblick auf das Mehrheitserfordernis wie „Nein-Stimmen" aus[10]; entsprechendes gilt für **abwesende Mitglieder**[11].

2. Absolute Mehrheit der vertretenen Arbeitnehmer

14   Die absolute Mehrheit unter den Mitgliedern des BVG muss zudem dem Grundsatz der Repräsentativität im Hinblick auf die im BVG vertretenen Arbeitnehmer entsprechen: die abgegebenen „Ja-Stimmen" müssen zugleich die Mehrheit der im BVG vertretenen Arbeitnehmer widerspiegeln. Dabei bleiben wegen § 15 Abs. 1 Satz 2 die Arbeitnehmer derjenigen Mitgliedstaaten unberücksichtigt, die nicht durch ein Mitglied in dem BVG vertreten sind (s. dazu oben Rz. 7).

15   **Beispiel:** Von 13 bereits gewählten Mitgliedern des BVG nehmen 12 an der Abstimmung teil, wobei sieben Mitglieder aus Deutschland stammen und insgesamt 8.000 Arbeitnehmer vertreten, drei Mitglieder vertreten 7.000 Arbeitnehmer aus Österreich und zwei Mitglieder aus Spanien vertreten 2.000 Arbeitnehmer. Das 13. Mitglied stammt aus Frankreich und vertritt 900 Arbeitnehmer, kann aber wegen einer plötzlichen Erkrankung nicht an der Sitzung teilnehmen. Die Wahl eines 14. Mitgliedes aus Finnland, das 700 Arbeitnehmer vertritt, ist auch nach der konstituierenden Sit-

---

7 Wie hier *Jacobs* in MünchKomm. AktG, § 15 SEBG Rz. 4. Ebenso für die Rechtslage in Österreich *Gahleitner* in Kalss/Hügel, § 221 ArbVG Rz. 2.
8 Begr. RegE, BT-Drucks. 15/3405, S. 49.
9 *Jacobs* in MünchKomm. AktG, § 15 SEBG Rz. 3.
10 *Freis* in Nagel/Freis/Kleinsorge, SEBG, § 15 Rz. 5; *Jacobs* in MünchKomm. AktG, § 15 SEBG Rz. 3.
11 *Freis* in Nagel/Freis/Kleinsorge, SEBG, § 15 Rz. 5.

zung des BVG noch nicht abgeschlossen. Bei einer Abstimmung votieren ausschließlich die Mitglieder aus Deutschland mit „Ja". In dieser Konstellation ist die notwendige absolute Mehrheit unter den Mitgliedern des BVG erfüllt, nicht aber zugleich die Mehrheit der vertretenen Arbeitnehmer. Selbst wenn die 700 Arbeitnehmer aus Finnland wegen § 15 Abs. 1 Satz 2 unberücksichtigt bleiben, stehen 8.000 im BVG vertretenen Arbeitnehmern aus Deutschland 9.900 Arbeitnehmer aus den anderen Mitgliedstaaten gegenüber.

Eine gesonderte Regelung erfordert der Grundsatz der Repräsentativität für den Fall, 16 in dem **mehrere Mitglieder** die Arbeitnehmer **eines Mitgliedstaates** in dem BVG vertreten. Da die Zahl der aus einem Mitgliedstaat entsandten Mitglieder in dem Gremium die Repräsentativität widerspiegeln soll und das SEBG keine einheitliche Stimmabgabe je Mitgliedstaat vorschreibt, zwingt § 15 Abs. 1 Satz 1 zu einer Aufteilung der in dem BVG vertretenen Arbeitnehmer eines Mitgliedstaates auf die aus diesem gewählten oder bestellten Mitglieder. Dies regelt § 15 Abs. 2 Satz 2, in dem er die **Arbeitnehmer eines Mitgliedstaates gleichmäßig** auf die aus diesem gewählten oder bestellten Mitglieder des BVG **verteilt**. Sind z.B. aus einem Mitgliedstaat vier Mitglieder in das BVG gewählt worden, so vertritt jedes Mitglied 25 % der Arbeitnehmer dieses Mitgliedstaates[12]. Das gilt unabhängig davon, ob das Mitglied dem BVG aufgrund eines **Wahlvorschlages des Wahlgremiums** oder von einer im Unternehmen vertretenen **Gewerkschaft** (§ 6 Abs. 3) bzw. einem **Sprecherausschuss** (§ 6 Abs. 4) vorgeschlagen wurde.

IV. Minderung der Mitbestimmungsrechte (§ 15 Abs. 3 bis 5)

1. Allgemeines

Art und Ausmaß der Beteiligung der Arbeitnehmer in der SE stehen nach der Wert- 17 entscheidung des Gesetzes grundsätzlich zur Disposition der Verhandlungsparteien. Das gilt insbesondere im Hinblick auf die Mitbestimmungsrechte der Arbeitnehmer in der SE. Von einer hierauf bezogenen Vereinbarung kann das BVG, sofern nicht § 16 Abs. 3 eingreift (s. dazu unten § 16 Rz. 6 f.), nicht nur vollständig absehen (§§ 16 Abs. 1 Satz 1, 21 Abs. 3 Satz 1), sondern die Beteiligungsvereinbarung kann bei einem Vergleich mit dem status quo bei den an der Gründung der SE beteiligten Gesellschaften grundsätzlich auch geringere bzw. schwächere Mitbestimmungsrechte vorsehen (s. dazu unten Rz. 18 ff.). In diesem Fall hängt die Wirksamkeit der Vereinbarung jedoch regelmäßig davon ab, dass ihr das BVG mit einer qualifizierten doppelten Mehrheit zustimmt. Die Notwendigkeit einer von dem Grundsatz des § 15 Abs. 2 abweichenden Mehrheit hängt nicht nur von der Zulässigkeit einer entsprechenden Vereinbarung ab (s. dazu Rz. 25 f.), sondern setzt zudem voraus, dass die von der Mitbestimmung erfassten Arbeitnehmer gemessen an deren Gesamtzahl ein bestimmtes Quorum überschreiten (s. unten Rz. 27 ff.). Anderenfalls verbleibt es für die Beschlussfassung über die Beteiligungsvereinbarung bei dem Mehrheitserfordernis in § 15 Abs. 2[13].

---

12 So i.E. auch die Rechtslage in Österreich, die auf eine gesonderte Regelung für diesen Sachverhalt verzichtet hat; vgl. *Gahleitner* in Kalss/Hügel, § 221 ArbVG Rz. 1; *Mayr* in Cerny/Mayr, Arbeitsverfassungsrecht, Bd. 6, 2006, § 221 ArbVG Erl. 1.

13 Ebenso *Gahleitner* in Kalss/Hügel, § 221 ArbVG Rz. 3.

2. Minderungstatbestände

a) Überblick zum Vorher-Nachher-Vergleich

18 Die Notwendigkeit eines mit doppelter 2/3-Mehrheit zu fassenden Beschlusses besteht nur, wenn die Beteiligungsvereinbarung eine Minderung der **Mitbestimmungsrechte** zur Folge hat, wobei hinsichtlich der in den Vorher-Nachher-Vergleich einzubeziehenden Rechtspositionen die Legaldefinition in § 2 Abs. 12 maßgebend ist. Sofern die Minderung bei einem Vorher-Nachher-Vergleich ausschließlich die **Unterrichtung und Anhörung** der Arbeitnehmer betrifft, führt ein derartiger Vereinbarungsinhalt nicht zur Notwendigkeit eines Beschlusses mit 2/3-Mehrheit.

19 Im Unterschied zu Art. 3 Abs. 4 Satz 4 SE-RL, der als Maßstab für den Vorher-Nachher-Vergleich auf den „Anteil der Organmitglieder im Sinne des Artikel 2 Buchstabe k" abstellt und wegen seiner Vagheit die Einbeziehung qualitativer Erwägungen nahe legt[14], hat sich der deutsche Gesetzgeber mit der Legaldefinition in § 15 Abs. 4 für einen **formalen Vergleich** entschieden, der sich nicht auf den „Anteil der Arbeitnehmervertreter im Aufsichts- oder Verwaltungsorgan der SE" als Minderungstatbestand (§ 15 Abs. 4 Nr. 1) beschränkt. Vielmehr liegt eine „Minderung" nach § 15 Abs. 4 Nr. 2 auch („oder") vor, wenn infolge der Beteiligungsvereinbarung das Recht zur Bestellung, Empfehlung oder Ablehnung von Mitgliedern des Aufsichts- oder Verwaltungsorgans beseitigt oder eingeschränkt wird[15].

b) Minderung im Hinblick auf den Anteil der Arbeitnehmervertreter (§ 15 Abs. 4 Nr. 1)

20 Für den Vorher-Nachher-Vergleich im Rahmen des § 15 Abs. 4 Nr. 1 ist ausschließlich auf den „Anteil der Arbeitnehmervertreter" abzustellen. Unerheblich ist deren **Zahl**[16]. Selbst wenn diese in der SE niedriger ist als in der an der Gründung der SE beteiligten Gesellschaft mit dem höchsten Mitbestimmungsniveau, scheidet eine Minderung i.S. des § 15 Abs. 4 Nr. 1 aus, solange das Verhältnis der Arbeitnehmervertreter zu den Vertretern der Anteilseigner unverändert bleibt[17].

21 Ob ein Mitglied im Aufsichts- oder Verwaltungsorgan der SE bzw. der an der Gründung der SE beteiligten Gesellschaften als **Arbeitnehmervertreter** zu qualifizieren ist, erschließt sich aus der Legaldefinition in § 2 Abs. 12 Nr. 1. Maßgeblich ist hiernach, ob den Arbeitnehmern i.S. des § 2 Abs. 1 bezüglich eines Mitgliedes in dem Aufsichts- oder Verwaltungsorgan der SE bzw. den an der Gründung beteiligten Gesellschaften ein **Wahl- oder Bestellungsrecht** zusteht. Dabei steht es einer unmittelbaren oder mittelbaren Wahl durch die Arbeitnehmer oder von ihnen gewählter Delegierter gleich, wenn den Arbeitnehmern unmittelbar oder mittelbar ein **Vorschlagsrecht** für ein nicht von den Arbeitnehmern bestimmtes Wahlorgan zusteht, sofern ein entsprechender Wahlvorschlag für dieses verbindlich ist. Die in **montan-mitbestimmten Unternehmen** von der Arbeitnehmerseite vorgeschlagenen Aufsichtsratsmitglieder, die von dem Wahlorgan der Anteilseigner bestellt werden (s. § 6 Abs. 1 Montan-MitbestG i.V.m. § 5 Montan-MitbestG), zählen deshalb ebenso zu den Arbeitnehmervertretern i.S. des § 15 Abs. 4 Nr. 1 wie die von den Arbeitnehmern nach dem MitbestG bzw. dem DrittelbG unmittelbar oder mittelbar gewählten Mitglieder des Aufsichtsrates.

---

14 S. die Nachweise oben Fn. 1.
15 Zur Rechtfertigung *Niklas*, NZA 2004, 1200, 1203.
16 Begr. RegE, BT-Drucks. 15/3405, S. 50; *Freis* in Nagel/Freis/Kleinsorge, SEBG, § 15 Rz. 21; *Jacobs* in MünchKomm. AktG, § 15 SEBG Rz. 12; *Joost* in Oetker/Preis, EAS, B 8200, Rz. 93; *Scheibe*, Mitbestimmung der Arbeitnehmer, S. 104 f.
17 Begr. RegE, BT-Drucks. 15/3405, S. 50; *Joost* in Oetker/Preis, EAS, B 8200, Rz. 93.

c) Minderung der Mitbestimmungsrechte nach § 15 Abs. 4 Nr. 2

Der in § 15 Abs. 4 Nr. 2 genannte Tatbestand einer Minderung der Mitbestimmungs- 22
rechte ist vor allem im Hinblick auf Gesellschaften in Mitgliedstaaten von Bedeutung, in denen sich einzelne Mitglieder des Aufsichts- oder Verwaltungsorgans **nicht** als „**Arbeitnehmervertreter**" im vorgenannten Sinne (s. oben Rz. 21) qualifizieren lassen, **Empfehlungs- oder Ablehnungsrechte** den Arbeitnehmern der Gesellschaft gleichwohl eine Einflussnahme auf die personelle Zusammensetzung des Aufsichts- oder Verwaltungsorgans ermöglichen. In dieser Konstellation kann die Minderung nicht nach dem proportionalen Verhältnis zwischen verschiedenen Gruppen von Vertretern in dem Aufsichts- oder Verwaltungsorgan beurteilt werden. Vielmehr sind – wie dies in § 15 Abs. 4 Nr. 2 geschieht – die den Arbeitnehmern zustehenden Empfehlungs- oder Ablehnungsrechte heranzuziehen und im Rahmen eines Vorher-Nachher-Vergleichs zu ermitteln, ob diese Rechtsposition im Hinblick auf die Mitglieder des Aufsichts- oder Verwaltungsorgans der SE beseitigt oder eingeschränkt wird[18].

Die auch in § 15 Abs. 4 Nr. 2 enthaltene Gleichstellung der Empfehlungs- und Ableh- 23
nungsrechte mit den Wahl- und Bestellungsrechten wirft die Frage auf, ob ein Empfehlungs- bzw. Ablehnungsrecht im Sinne der Legaldefinition in § 2 Abs. 12 voraussetzt, dass dieses den Arbeitnehmern eine mit Wahl- oder Bestellungsrechten vergleichbare Einflussnahme ermöglicht. Der hierfür erforderlichen qualitativen Anreicherung des Vorher-Nachher-Vergleichs[19] steht jedoch nicht nur die Intention des Gesetzgebers[20], sondern auch die Prämisse der SE-RL entgegen, dass das niederländische Kooptationsmodell eine mit dem in Deutschland geltenden Modell gleichwertige Form der Mitbestimmung gewährleistet[21].

d) Mischsachverhalte

Der Tatbestand einer „Minderung" ist auch erfüllt, wenn einzelne Mitglieder des 24
Aufsichts- oder Verwaltungsorgans der SE als Arbeitnehmervertreter zu qualifizieren sind, den Arbeitnehmern einer der beteiligten Gesellschaften jedoch ein Empfehlungs- oder Ablehnungsrecht bezüglich einzelner oder aller Mitglieder des Aufsichts- oder Verwaltungsorgans zusteht, ohne dass diese als Arbeitnehmervertreter zu qualifizieren sind. Im Hinblick auf die Intensität des Mitbestimmungsrechts ist das Recht zur Wahl oder Bestellung von Arbeitnehmervertretern zwar deutlich stärker als ein bloßes Empfehlungs- oder Ablehnungsrecht, einem qualitativen Vergleich steht aber die in § 15 Abs. 4 durch die Formulierung „oder" hinreichend deutlich zum Ausdruck gelangte Alternativität der Minderungstatbestände entgegen[22].

3. Zulässigkeit geminderter Mitbestimmungsrechte

Eine nach Maßgabe der Rz. 20 bis 24 ermittelte Minderung der Mitbestimmungs- 25
rechte darf nicht stets in einer Beteiligungsvereinbarung enthalten sein bzw. vom BVG beschlossen werden. In Betracht kommt dies ausschließlich, wenn eine SE durch **Verschmelzung** oder als **Holding-** bzw. **Tochter-SE** gegründet werden soll.

---

18 Kritisch im Hinblick auf die Vereinbarkeit mit der Richtlinie *Grobys*, NZA 2004, 779, 781; *Henssler*, RdA 2005, 330, 333; *Rehberg*, ZGR 2005, 859, 889; dagegen jedoch *Joost* in Oetker/ Preis, EAS, B 8200, Rz. 93.
19 S. *Herfs-Röttgen*, NZA 2002, 358, 361.
20 Begr. RegE, BT-Drucks. 15/3405, S. 50.
21 In diesem Sinne auch Begr. RegE, BT-Drucks. 15/3405, S. 50; im Ausgangspunkt auch *Jacobs* in MünchKomm. AktG, § 15 SEBG Rz. 16.
22 So i.E. auch *Gahleitner* in Kalss/Hügel, § 221 ArbVG Rz. 3.

26   Bei einer Gründung der SE durch **Umwandlung** steht § 15 Abs. 5 einer Vereinbarung entgegen, infolge der eine **Minderung** der Mitbestimmungsrechte eintritt. Dieses Verbot bildet mit § 16 Abs. 3 eine Einheit, die eine Inanspruchnahme der Umwandlung zur Flucht aus der Mitbestimmung verhindert, da die Minderung der Mitbestimmungsrechte wegen des Vorher-Nachher-Vergleichs voraussetzt, dass bei der umzuwandelnden Gesellschaft Mitbestimmungsrechte bestehen (s. auch unten § 16 Rz. 6). Bestehen in der umzuwandelnden Gesellschaft **keine Mitbestimmungsrechte**, dann kann nicht nur ein Beschluss nach § 16 Abs. 1 Satz 1 gefasst werden; ebenso scheidet denknotwendig eine Minderung i.S. des § 15 Abs. 4 aus, so dass die im Text des § 15 Abs. 5 unterbliebene Verknüpfung mit den „Mitbestimmungsrechten in der umzuwandelnden Gesellschaft" unschädlich ist. Einer **Verbesserung** der Mitbestimmung steht § 15 Abs. 5 nicht entgegen[23].

4. Repräsentativität der Mitbestimmung

27   Eine infolge der Vereinbarung eintretende Minderung der Mitbestimmungsrechte genügt auch bei den in § 15 Abs. 3 Satz 2 genannten Formen der Gründung einer SE für sich allein nicht, um die Notwendigkeit eines mit 2/3-Mehrheit zu fassenden Beschlusses zu begründen. Vielmehr muss sich die **Mitbestimmung auf ein bestimmtes Quorum** von Arbeitnehmern **erstrecken**. Unterschreitet deren Zahl den Schwellenwert, so bedarf der Beschluss des BVG zum Abschluss einer Vereinbarung selbst dann nur der in § 15 Abs. 2 umschriebenen doppelten absoluten Mehrheit, wenn die Vereinbarung eine Minderung der Mitbestimmungsrechte i.S. des § 15 Abs. 4 zur Folge hat[24].

28   Bei der **Berechnung des Quorums** ist zunächst die Zahl der Arbeitnehmer zu ermitteln, auf die sich die „Mitbestimmung" erstreckt. Einzubeziehen sind sämtliche von einer Mitbestimmung erfassten Arbeitnehmer und nicht nur diejenigen, die einer geminderten Mitbestimmung unterliegen sollen[25]. Schreibt z.B. die Beteiligungsvereinbarung den Anteil der Arbeitnehmervertreter nach Maßgabe des höchsten Anteils in den beteiligten Gesellschaften fort (s. § 15 Abs. 4 Nr. 1) und tritt bei anderen beteiligten Gesellschaften eine Minderung der Mitbestimmungsrechte i.S. des § 15 Abs. 4 Nr. 2 ein, so sind nicht lediglich die von der geminderten Form der Mitbestimmung erfassten Arbeitnehmer zu berücksichtigen. Nur diese Auslegung entspricht dem Zweck des erhöhten Mehrheitserfordernisses das dem Schutz derjenigen Arbeitnehmer dient, die infolge der Gründung der SE aus Sicht der Mitbestimmung einen Rechtsverlust erleiden. Bezöge man bei der Ermittlung der von der Mitbestimmung erfassten Arbeitnehmer diejenigen Arbeitnehmer nicht ein, deren mitbestimmungsrechtlicher status quo infolge der Beteiligungsvereinbarung unverändert bleibt oder sich u.U. sogar verbessert, dann würde der Schutz der Arbeitnehmer dem Normzweck zuwider eingeschränkt.

29   Bezüglich der Zahl der Arbeitnehmer ist nach dem insoweit eindeutigen Wortlaut in § 15 Abs. 3 Satz 2 nicht nur auf die bei den **beteiligten Gesellschaften** beschäftigten Arbeitnehmer abzustellen. Darüber hinaus sind auch die bei „**betroffenen Tochtergesellschaften**" beschäftigten Arbeitnehmer einzubeziehen, wobei die Legaldefinition der „betroffenen Tochtergesellschaften" in § 2 Abs. 4 den Kreis der zusätzlich zu berücksichtigenden Arbeitnehmer eingrenzt. Mit dieser Ausdehnung des bei der Berechnung des Mitbestimmungsquorums zu berücksichtigenden Kreises der Arbeit-

23 *Freis* in Nagel/Freis/Kleinsorge, SEBG, § 15 Rz. 21; *Jacobs* in MünchKomm. AktG, § 15 SEBG Rz. 18.
24 *Freis* in Nagel/Freis/Kleinsorge, SEBG, § 15 Rz. 11.
25 So auch Begr. RegE, BT-Drucks. 15/3405, S. 49; *Jacobs* in MünchKomm. AktG, § 15 SEBG Rz. 7; *Joost* in Oetker/Preis, EAS, B 8200, Rz. 96.

nehmer weicht § 15 Abs. 3 Satz 2 nicht nur von der Rechtslage in Österreich (s. § 221 Abs. 2 ArbVG sowie oben Rz. 5), sondern vor allem von Art. 3 Abs. 4 Satz 3 SE-RL ab, der für das Quorum jeweils ausschließlich die Arbeitnehmer der beteiligten Gesellschaften zum Maßstab erhebt. Die Ausdehnung des Bemessungsmaßstabes wird mit dem Hinweis auf Holding-Gesellschaften gerechtfertigt, bei denen die Arbeitnehmer vor allem bei den Tochtergesellschaften beschäftigt sind[26].

Der im Schrifttum erhobene **Vorwurf der richtlinienwidrigen Umsetzung**[27] besteht   30
auf den ersten Blick zu Recht[28]. Die Umsetzung der SE-RL in § 15 Abs. 3 Satz 2 ist aus gemeinschaftsrechtlicher Sicht allerdings nur zu beanstanden, wenn hierdurch der mit der SE-RL bezweckte Schutz der Arbeitnehmer, auf die sich die geminderten Mitbestimmungsrechte erstrecken, nicht eingreift. Denkbar ist dies ausschließlich, wenn das Quorum von 25 % bzw. 50 % der Arbeitnehmer bei ausschließlicher Berücksichtigung der beteiligten Gesellschaften i.S. des § 2 Abs. 2 überschritten, bei Einbeziehung betroffener Tochtergesellschaften aber unterschritten ist. In dieser Konstellation, die z.B. infolge mehrerer betroffener Tochtergesellschaften mit großer Arbeitnehmerzahl auftreten kann, würde der Schutzzweck der Richtlinien verfehlt, da der Beschluss des BVG nach der Vorgabe des Art. 3 Abs. 4 SE-RL einer doppelten 2/3-Mehrheit bedarf, bei Anwendung des § 15 Abs. 3 jedoch mit der absoluten Mehrheit i.S. des § 15 Abs. 2 gefasst werden könnte. In den anderen Fällen, in denen es erst aufgrund der Einbeziehung der betroffenen Tochtergesellschaften zur Überschreitung des Quorums kommt, geht die Umsetzung durch § 15 Abs. 3 Satz 2 demgegenüber über die Vorgabe der SE-RL hinaus, da sie die Sicherung der Mitbestimmung verstärkt[29].

Soweit § 15 Abs. 3 auf die Zahl der Arbeitnehmer abstellt, sind grundsätzlich die   31
nach § 4 Abs. 3 mitgeteilten Angaben maßgebend (s. näher § 4 Rz. 29)[30]. Zwischenzeitliche Änderungen sind allenfalls unter den Voraussetzungen des § 5 Abs. 4 zu berücksichtigen (s. dazu oben § 5 Rz. 16 ff.)[31].

5. Beschlussmehrheit

Die Wirksamkeit eines im Rahmen von § 15 Abs. 3 Satz 2 gefassten Beschlusses des   32
BVG erfordert eine von dem Grundfall des § 15 Abs. 2 abweichende Mehrheit von 2/3, die – wie nach § 15 Abs. 2 – in doppelter Hinsicht erreicht sein muss: Die „Ja-Stimmen" müssen nicht nur von 2/3 der Mitglieder des BVG abgegeben werden, sondern zugleich 2/3 der in dem BVG vertretenen Arbeitnehmer repräsentieren. Im Übrigen gelten die zu § 15 Abs. 2 dargelegten Grundsätze für die Beschlussfassung entsprechend (s. oben Rz. 11 ff.).

---

26 So Begr. RegE, BT-Drucks. 15/3405, S. 49; ebenso *Freis* in Nagel/Freis/Kleinsorge, SEBG, § 15 Rz. 14; *Niklas*, NZA 2004, 1200, 1203.
27 So *Grobys*, NZA 2004, 779, 781; *Grobys*, NZA 2005, 84, 89; *Güntzel*, Richtlinie, S. 418 ff.; *Hennings* in Manz/Mayer/Schröder, Art. 3 SE-RL Rz. 93 f.; *Henssler* in Ulmer/Habersack/Henssler, MitbestR, 2. Aufl. 2006, Einl. SEBG Rz. 190; *Rehberg*, ZGR 2005, 859, 889; *Scheibe*, Mitbestimmung der Arbeitnehmer, S. 114 ff.; *Schwarz*, Einleitung Rz. 269 und zuvor *Kallmeyer*, ZIP 2004, 1442, 1443.
28 A.A. *Jacobs* in MünchKomm. AktG, § 15 SEBG Rz. 10; *Joost* in Oetker/Preis, EAS, B 8200, Rz. 97.
29 Nach *Kallmeyer*, ZIP 2004, 1442, 1443 soll auch dies richtlinienwidrig sein, weil es sich bei den Vorgaben der Richtlinie um Höchstvorschriften handelt.
30 *Grobys*, NZA 2005, 84, 88; *Jacobs* in MünchKomm. AktG, § 15 SEBG Rz. 8; *Joost* in Oetker/Preis, EAS, B 8200, Rz. 96.
31 *Jacobs* in MünchKomm. AktG, § 15 SEBG Rz. 8; im Ergebnis auch *Grobys*, NZA 2005, 84, 88 f.

33 Zusätzlich müssen sich für eine wirksame Beschlussfassung – wie im Rahmen von
§ 16 Abs. 1 Satz 2 – die von den „Ja-Stimmen" erfassten Arbeitnehmer auf mindestens zwei Mitgliedstaaten erstrecken, wobei wegen § 3 Abs. 2 auch die Arbeitnehmer
in Vertragsstaaten des EWR-Abkommens zu berücksichtigen sind. Nicht erforderlich
ist hingegen, dass das 2/3-Quorum hinsichtlich der vertretenen Arbeitnehmer in wenigstens zwei Mitgliedstaaten erfüllt ist (s. näher zum Vorstehenden unten § 16
Rz. 11 ff.).

§ 16
Nichtaufnahme oder Abbruch der Verhandlungen

**(1) Das besondere Verhandlungsgremium kann beschließen, keine Verhandlungen
aufzunehmen oder bereits aufgenommene Verhandlungen abzubrechen. Für diesen
Beschluss ist eine Mehrheit von zwei Dritteln der Mitglieder erforderlich, die mindestens zwei Drittel der Arbeitnehmer in mindestens zwei Mitgliedstaaten vertreten.
Die Vorschriften für die Unterrichtung und Anhörung der Arbeitnehmer, die in den
Mitgliedstaaten gelten, in denen die SE Arbeitnehmer beschäftigt, finden Anwendung.**

**(2) Ein Beschluss nach Absatz 1 beendet das Verfahren zum Abschluss der Verein-
barung nach § 21. Ist ein solcher Beschluss gefasst worden, finden die Regelungen
der §§ 22 bis 33 über den SE-Betriebsrat kraft Gesetzes und der §§ 34 bis 38 über die
Mitbestimmung kraft Gesetzes keine Anwendung.**

**(3) Wird eine SE durch Umwandlung gegründet, kann ein Beschluss nach Absatz 1
nicht gefasst werden, wenn den Arbeitnehmern der umzuwandelnden Gesellschaft
Mitbestimmungsrechte zustehen.**

I. Allgemeines

1 Dem Vorrang einer Vereinbarungslösung, der die SE-RL sowie das SEBG beherrscht,
entspricht es nicht nur, den Verhandlungsparteien grundsätzlich eine Minderung der
Mitbestimmungsrechte zu gestatten (s. § 15 Abs. 3 bis 5). Ebenso eröffnet das SEBG
dem BVG die Möglichkeit, gänzlich von einer Beteiligung der Arbeitnehmer nach
diesem Gesetz abzusehen, was auch die Anwendung der gesetzlichen Auffangregelung versperrt. Diesbezüglich entspricht § 16 den Bestimmungen in **Art. 3 Abs. 6 Unterabs. 1 bis 3 SE-RL**, die folgenden Wortlaut haben:

„(6) Das besondere Verhandlungsgremium kann mit der nachstehend festgelegten Mehrheit beschließen, keine Verhandlungen aufzunehmen oder bereits aufgenommene Verhandlungen abzubrechen und die Vorschriften für die Unterrichtung und Anhörung der Arbeitnehmer zur Anwendung gelangen zu lassen, die in den Mitgliedstaaten gelten, in denen die SE Arbeitnehmer beschäftigt. Ein solcher Beschluss beendet das Verfahren zum Abschluss der Vereinbarung gemäß
Artikel 4. Ist ein solcher Beschluss gefaßt worden, findet keine der Bestimmungen des Anhangs
Anwendung.

Für den Beschluss, die Verhandlungen nicht aufzunehmen oder sie abzubrechen, ist eine Mehrheit von zwei Dritteln der Stimmen der Mitglieder, die mindestens zwei Drittel der Arbeitnehmer vertreten, erforderlich, mit der Maßgabe, daß diese Mitglieder Arbeitnehmer in mindestens zwei Mitgliedstaaten vertreten müssen.

Im Fall einer durch Umwandlung gegründeten SE findet dieser Absatz keine Anwendung, wenn in der umzuwandelnden Gesellschaft Mitbestimmung besteht."

Die in Rz. 1 wiedergegebene Bestimmung der SE-RL hat der Gemeinschaftsgesetz-   2
geber in der **SCE-RL** (Art. 3 Abs. 6) wiederholt; dementsprechend trifft § 16 SCEBG eine mit § 16 wörtlich identische Umsetzungsregelung. Entsprechendes gilt für die **Verschmelzungs-RL**, die in Art. 16 Abs. 3 auch auf Art. 3 Abs. 6 SE-RL verweist und darüber hinaus die Möglichkeit eröffnet, sich für die Mitbestimmungsregelung zu entscheiden, die in dem Mitgliedstaat gilt, in dem die aus der Verschmelzung hervorgehende Gesellschaft ihren Sitz haben wird (Art. 16 Abs. 4 lit. b Verschmelzungs-RL). Die § 16 entsprechende **Umsetzungsregelung in § 18 MgVG** trägt dem Rechnung, in dem diese von einer Übernahme des § 16 Abs. 2 absieht und § 16 Abs. 1 Satz 3 dahingehend modifiziert, dass die Vorschriften über die Mitbestimmung desjenigen Mitgliedstaates gelten, in dem die aus der grenzüberschreitenden Verschmelzung hervorgehende Gesellschaft ihren Sitz hat; im Übrigen stimmt § 18 MgVG mit § 16 überein.

Die Dispositionsfreiheit des BVG über die Beteiligung der Arbeitnehmer entspricht   3
auch insoweit dem Modell des **EBRG**, dessen § 15 das BVG ebenfalls ausdrücklich berechtigt, mit qualifizierter Mehrheit (2/3) zu beschließen, keine Verhandlungen aufzunehmen oder diese abzubrechen. Wie § 16 Abs. 2 schließt auch das EBRG in diesem Fall die Anwendung der gesetzlichen Auffangregelung aus (§ 21 Abs. 2 EBRG).

Die in **Österreich** geltende Vorschrift (§ 227 Abs. 1, 2 und 3 ArbVG) entspricht § 16 und   4
lehnt sich wie dieser eng an den Wortlaut von Art. 3 Abs. 6 Unterabsatz 1 bis 3 SE-RL an.

II. Erfasste SE-Gründungen

Die durch § 16 Abs. 1 ermöglichte Beschlussfassung eröffnet das Gesetz nicht für alle   5
Formen der Gründung einer SE, die Art. 2 SE-VO aufzählt. Von einer Beteiligung der Arbeitnehmer in der SE nach Maßgabe des SEBG kann das BVG nur absehen, wenn diese im Wege einer **Verschmelzung** (Art. 2 Abs. 1 SE-VO) gegründet oder als **Holding- bzw. Tochter-SE** (Art. 2 Abs. 2 und 3 SE-VO) errichtet werden soll.

Bei der Gründung einer SE durch **Umwandlung** (Art. 2 Abs. 4 SE-VO) zwingt § 16   6
Abs. 3 dazu, nach der Beteiligung der Arbeitnehmer in der umzuwandelnden Gesellschaft zu differenzieren. Stehen den Arbeitnehmern **in der umzuwandelnden Gesellschaft Mitbestimmungsrechte** zu, so ist ein nach § 16 Abs. 1 gefasster Beschluss unwirksam („kann nicht gefasst werden") und entfaltet keine das Verhandlungsverfahren beendende Wirkung. Wegen der fortlaufenden Verhandlungsfrist greift nach deren Ablauf die gesetzliche Auffangregelung ein. Bezüglich der Mitbestimmungsrechte, die einem Verzichtsbeschluss entgegenstehen, ist die **Legaldefinition in § 2 Abs. 12** maßgebend. Da § 16 Abs. 3 ebenso wie Art. 3 Abs. 6 Unterabs. 3 SE-RL ausdrücklich auf die „Mitbestimmung" abstellt, steht es einem Verzichtsbeschluss des BVG nicht entgegen, wenn sich die Beteiligung der Arbeitnehmer in der umzuwandelnden Gesellschaft auf deren **Unterrichtung und Anhörung i.S. des § 2 Abs. 10 und 11** beschränkt.

Wegen der für § 16 Abs. 3 maßgebenden Legaldefinition in § 2 Abs. 12 kann das BVG   7
auch bei der Gründung einer SE durch Umwandlung einen Beschluss i.S. des § 16 Abs. 1 fassen, wenn die in eine SE umzuwandelnde Gesellschaft **keinem** der in Deutschland geltenden **Mitbestimmungsgesetze** unterliegt. Angesichts der für die

Umwandlung ausschließlich zur Verfügung stehenden Rechtsform der Aktiengesellschaft kommt dies zumeist nur in Betracht, wenn in dieser in der Regel weniger als 501 Arbeitnehmer beschäftigt sind und die Gesellschaft nach dem 9.8.1994 in das Handelsregister eingetragen worden ist oder als Familiengesellschaft zu qualifizieren ist (s. § 1 Abs. 1 Nr. 1 Satz 1 DrittelbG); in diesem Fall gelangen in der Gesellschaft lediglich die Beteiligungsrechte des Betriebsverfassungsgesetzes zur Anwendung, die jedoch nach der Legaldefinition in § 2 Nr. 12 keine Mitbestimmungsrechte zugunsten der Arbeitnehmer begründen (s. oben § 2 Rz. 29).

III. Beschlussfassung im BVG

8   Obwohl es die §§ 4 Abs. 1 Satz 2, 13 Abs. 1 Satz 1 als Aufgabe des BVG ansehen, mit den Leitungen eine Vereinbarung über die Beteiligung der Arbeitnehmer abzuschließen, trifft dieses hierzu keine Rechtspflicht[1]. Dem BVG steht – wie § 16 Abs. 2 zeigt – sogar die weiterreichende Befugnis zu, durch eine entsprechende Beschlussfassung nicht nur eine Vereinbarungslösung abzulehnen, sondern zugleich das Eingreifen der gesetzlichen Auffangregelung zu verhindern. Das gilt nicht nur für die Mitbestimmung i.S. des § 2 Abs. 12, sondern – wie sich indirekt aus § 47 Abs. 1 Nr. 2 erschließt – auch für eine Beteiligung der Arbeitnehmer durch Unterrichtung und Anhörung[2]. Hierzu hat das BVG während der laufenden Verhandlungsfrist zu beschließen, von Verhandlungen mit den Leitungen entweder vollständig abzusehen oder aber diese nach ihrem Beginn abzubrechen. Dabei muss sich aus dem Inhalt des Beschlusses mit hinreichender Deutlichkeit entnehmen lassen, dass das BVG auch von dem Eingreifen der gesetzlichen Auffangregelung (vgl. § 16 Abs. 2) und damit auf jegliche Mitbestimmung in der SE verzichten will; die einvernehmliche Feststellung, dass das Verhandlungsverfahren beendet ist, enthält keine derartige Willensbekundung des BVG (s. auch unten § 20 Rz. 7).

9   **Nach Ablauf der Verhandlungsfrist** kann ein Beschluss i.S. des § 16 Abs. 1 nicht mehr rechtmäßig gefasst werden, da mit Fristablauf die gesetzliche Auffangregelung eingreift, die erst aufgrund eines Neuverhandlungsbeschlusses des SE-Betriebsrates (§ 26) wieder zur Disposition steht. Umgekehrt setzt die Rechtswirksamkeit des nach § 16 Abs. 1 Satz 1 gefassten Beschlusses voraus, dass sich das BVG rechtswirksam konstituiert hat[3], was erst der Fall ist, wenn das Gremium die in § 12 Abs. 1 Satz 2 genannten Wahlakte vorgenommen hat (s. oben § 12 Rz. 14). Bedeutsam ist dies insbesondere bei einem Beschluss zur Nichtaufnahme der Verhandlungen in der konstituierenden Sitzung; auch in diesem Fall kann nicht von den Wahlen nach § 12 Abs. 1 Satz 2 nicht abgesehen werden.

10   Für die Entscheidung, die Verhandlungen über den Abschluss einer Beteiligungsvereinbarung nicht aufzunehmen oder diese abzubrechen, bedarf es eines **Beschlusses des BVG**. Wegen seiner weitreichenden Bedeutung schreibt § 16 Abs. 1 Satz 2 für diesen unter Übernahme der Vorgabe in Art. 3 Abs. 6 Unterabs. 2 SE-RL eine **qualifizierte Mehrheit von 2/3** der Mitglieder vor[4]. Diese Stimmenmehrheit muss im Hinblick auf die **Gesamtzahl der Mitglieder** des BVG erreicht werden, wobei nicht die nach § 5 bestimmte Gesamtzahl der Mitglieder, sondern die Zahl der im Zeitpunkt der Be-

---

1 Treffend *Joost* in Oetker/Preis, EAS, B 8200, Rz. 103: Kein Einigungszwang.
2 Wie hier wohl auch *Nagel*, ArbuR 2004, 281, 284; a.A. *Kleinsorge*, RdA 2002, 343, 346 f.; *Niklas*, NZA 2004, 1200, 1203.
3 *Joost* in Oetker/Preis, EAS, B 8200, Rz. 103.
4 Das gilt auch, wenn in keiner der beteiligten Gesellschaften eine gesetzliche Regelung zur Mitbestimmung der Arbeitnehmer eingreift; treffend *Joost* in Oetker/Preis, EAS, B 8200, Rz. 104; *Krause*, BB 2005, 1221, 1225.

schlussfassung **tatsächlich gewählten Mitglieder** maßgebend ist. Von Bedeutung ist dies vor allem für einen vor Eintritt in die Verhandlungen gefassten Beschluss, wenn innerhalb der Zehn-Wochen-Frist des § 11 Abs. 1 Satz 1 nicht alle Mitglieder des BVG gewählt wurden, die Leitungen aber gleichwohl berechtigt waren, die bereits gewählten Mitglieder des BVG unverzüglich nach Fristablauf zur konstituierenden Sitzung einzuladen (s. oben § 12 Rz. 7). Wie § 15 Abs. 2 verknüpft § 16 Abs. 1 Satz 2 das Mehrheitserfordernis nicht mit dem Stimmenverhältnis unter den anwesenden Mitgliedern[5]. **Abwesenheit** und **Stimmenthaltung** wirken deshalb wie „Nein-Stimmen"[6].

Die für eine Nichtaufnahme von Verhandlungen bzw. deren Abbruch stimmenden   11
Mitglieder müssen zudem – entsprechend § 15 Abs. 2 und 3 – eine bestimmte **Zahl von Arbeitnehmern vertreten**. Die Gesamtzahl der im BVG vertretenen Arbeitnehmer ergibt sich aus den Informationen der Leitungen (§ 4 Abs. 3 Nr. 3), wobei die Arbeitnehmer eines Mitgliedstaates wegen § 15 Abs. 1 Satz 2 nur zu berücksichtigen sind, wenn im Zeitpunkt der Beschlussfassung aus diesem Mitglieder in das BVG gewählt oder bestellt worden sind. Anderenfalls bleiben die Arbeitnehmer dieses Mitgliedstaates bei der Berechnung der Mehrheit außer Betracht, da sie nach § 15 Abs. 1 Satz 2 als nicht vertreten gelten (s. auch oben § 15 Rz. 7). Bezüglich der zu berücksichtigenden Mitgliedstaaten ist die Legaldefinition in § 3 Abs. 2 maßgebend (s. dazu oben § 3 Rz. 7).

Von der nach Rz. 11 ermittelten Gesamtzahl der im BVG vertretenen Arbeitnehmer   12
ausgehend ist das für eine wirksame Beschlussfassung notwendige 2/3-Quorum zu errechnen. Die hierfür maßgebende Zahl von Arbeitnehmern muss sich in denjenigen Stimmen des BVG widerspiegeln, die bei der Beschlussfassung für die Nichtaufnahme von Verhandlungen bzw. deren Abbruch gestimmt haben. Wegen dieses Erfordernisses einer **doppelten qualifizierten Mehrheit** ist für jedes Mitglied des BVG die Zahl der von ihm vertretenen Arbeitnehmer festzulegen. Entfallen auf einen Mitgliedstaat mehrere Mitglieder, so sind die Arbeitnehmer gleichmäßig auf diese aufzuteilen; § 15 Abs. 2 Satz 2 findet in dieser Konstellation entsprechende Anwendung. Das 2/3-Quorum muss bezüglich der Gesamtzahl der im BVG vertretenen Arbeitnehmer erfüllt sein; es genügt nicht, wenn das Quorum in mindestens zwei Mitgliedstaaten erreicht wird[7].

Darüber hinaus verlangt das Erfordernis einer doppelten qualifizierten Mehrheit ein   13
Mindestmaß an **Rückhalt in den verschiedenen Mitgliedstaaten**. Die von den „Ja-Stimmen" vertretenen Arbeitnehmer müssen aus mindestens zwei Mitgliedstaaten stammen, wobei die zu berücksichtigenden Mitgliedstaaten nach der Legaldefinition in § 3 Abs. 2 zu bestimmen sind.

Beispiel: Auf eine SE mit Sitz in Deutschland sollen aus Deutschland vier Gesell-   14
schaften mit 7.000, 6.000, 3.000 und 1.000 Arbeitnehmern, ferner eine Gesellschaft aus Frankreich mit 500 Arbeitnehmern, eine Gesellschaft aus Spanien mit 8.000 Arbeitnehmern sowie eine Gesellschaft aus Italien mit 11.000 Arbeitnehmern verschmolzen werden. Dem BVG gehören daher aus Deutschland fünf Mitglieder, aus Italien vier Mitglieder, aus Spanien drei Mitglieder und aus Frankreich ein Mitglied an. Nach der konstituierenden Sitzung beschließt das BVG mit den Stimmen der

---

5 *Freis* in Nagel/Freis/Kleinsorge, SEBG, § 16 Rz. 3. Ebenso zu § 15 Abs. 1 EBRG *Blanke*, EBRG, 2. Aufl. 2006, § 15 EBRG Rz. 2.

6 *Freis* in Nagel/Freis/Kleinsorge, SEBG, § 16 Rz. 4; so auch zu § 15 Abs. 1 EBRG *Blanke*, EBRG, 2. Aufl. 2006, § 15 Rz. 2.

7 Ebenso zu der mit § 16 Abs. 1 Satz 2 vergleichbaren Regelung in § 227 Abs. 1 ArbVG *Gahleitner* in Kalss/Hügel, § 227 ArbVG Rz. 5.

Mitglieder aus Spanien und Italien, denen sich zwei Mitglieder aus Deutschland anschließen, die Verhandlungen abzubrechen. Drei Mitglieder aus Deutschland sowie
das Mitglied aus Frankreich stimmen bei der Beschlussfassung dagegen. Um die Einhaltung der Anforderungen in § 16 Abs. 1 Satz 2 zu überprüfen, sind drei Schritte erforderlich:

- Für den Beschluss müssen 2/3 der Mitglieder gestimmt haben (im Beispielsfall haben 9 von 13 Mitgliedern mit „ja" gestimmt, so dass die Ja-Stimmen das notwendige Quorum erfüllen);
- die mit „Ja" stimmenden Mitglieder müssen mindestens 2/3 der Arbeitnehmer in
  den Mitgliedstaaten vertreten (im Beispielsfall vertreten die einheitlich abstimmenden Vertreter aus Spanien und Italien insgesamt 15.000 Arbeitnehmer; die aus
  Deutschland stammenden Mitglieder vertreten nach § 15 Abs. 2 Satz 2 jeweils
  2.800 Arbeitnehmer, so dass die beiden mit „Ja" stimmenden Mitglieder insgesamt
  5.600 Arbeitnehmer vertreten; die 9 mit „Ja" abstimmenden Mitglieder des BVG
  vertreten damit 24.600 Arbeitnehmer und damit mehr als 2/3 (=22.332) der Arbeitnehmer;
- die mit „Ja" stimmenden Mitglieder des BVG müssen die Arbeitnehmer aus mindestens 2 Mitgliedstaaten vertreten (im Beispielsfall erfüllt, da die mit „Ja" stimmenden Mitglieder Arbeitnehmer aus Deutschland, Italien und Spanien vertreten).

IV. Rechtsfolgen eines Beschlusses i.S. des § 16 Abs. 1

1. Eintragung der SE in das Handelsregister

15 Hat das BVG einen rechtswirksamen Beschluss i.S. des § 16 Abs. 1 gefasst, so kann
die SE nach **Art. 12 Abs. 2 SE-VO** ohne weitere Verzögerung in das Handelsregister
eingetragen werden[8]. Den Nachweis für einen Beschluss i.S. des § 16 Abs. 1 können
die Leitungen der beteiligten Gesellschaften mittels der von der **Niederschrift** zu fer-
tigenden **Abschrift** erbringen (vgl. § 17 Satz 2), die auch einen nach § 16 Abs. 1 gefassten Beschluss des BVG dokumentiert.

2. Beteiligung der Arbeitnehmer

16 Hinsichtlich der Rechtsfolgen eines nach § 16 Abs. 1 Satz 1 gefassten Beschlusses ist
zwischen der Beteiligung der Arbeitnehmer nach dem SEBG (s. unten Rz. 17) und derjenigen nach anderen Gesetzen in den jeweils betroffenen Mitgliedstaaten, die eine
Beteiligung der Arbeitnehmer vorsehen (s. unten Rz. 18 ff.), zu differenzieren:

17 Für die **Beteiligung nach dem SEBG** schreibt § 16 Abs. 2 Satz 2 vor, dass die gesetzliche Auffangregelung (§§ 22 bis 39) weder im Hinblick auf die Unterrichtung und Anhörung noch bezüglich der Mitbestimmung der Arbeitnehmer anzuwenden ist. Dem
BVG steht deshalb nicht die Möglichkeit zur Verfügung, das Verhandlungsverfahren
vor Fristablauf (s. § 20) abzubrechen, um einseitig die gesetzliche Auffangregelung
vorzeitig zur Anwendung zu bringen[9]. Will das BVG dieses Ziel vorzeitig erreichen,
so bedarf es hierfür des Abschlusses einer Vereinbarung mit den Leitungen, die die
Anwendung der gesetzlichen Auffangregelung zum Inhalt hat (§ 22 Abs. 1 Nr. 1;
s. dazu unten § 34 Rz. 9).

18 Ungeachtet des vom BVG gefassten Verzichtsbeschlusses finden nach § 16 Abs. 1
Satz 3 die Vorschriften für die Unterrichtung und Anhörung der Arbeitnehmer An-

---

8 Für die allg. Ansicht *Joost* in Oetker/Preis, EAS, B 8200, Rz. 105; *Kienast* in Jannott/Froder-
  mann, Handbuch Europäische Aktiengesellschaft, Kap. 13 Rz. 324.
9 Ebenso zu § 227 ArbVG *Gahleitner* in Kalss/Hügel, § 227 ArbVG Rz. 1.

wendung, die in den jeweiligen Mitgliedstaaten gelten (s. auch § 47 Abs. 1). Für in Deutschland gelegene Betriebe der SE sind deshalb das **BetrVG** und die dort geregelten Beteiligungsrechte maßgebend[10]; entsprechendes gilt für das **SprAuG**. Soweit beide Gesetze das „**Unternehmen**" als Normadressaten ansprechen (z.B. § 47 BetrVG), erfasst der jeweilige Unternehmensbegriff auch die SE; bei ihr kann deshalb ein **Gesamt- bzw. Konzernbetriebsrat** sowie ein **Gesamt- bzw. Konzernsprecherausschuss** gebildet werden (s. auch unten § 47 Rz. 7). Entsprechendes gilt für die Errichtung eines **Wirtschaftsausschusses** (§ 106 BetrVG).

Bezüglich des **EBRG** hält § 47 Abs. 1 Nr. 2 fest, dass dieses auf die SE Anwendung findet, wenn das BVG einen Beschluss i.S. des § 16 Abs. 1 Satz 1 gefasst hat[11]. Zur Errichtung eines Europäischen Betriebsrates kommt es in diesem Fall jedoch nur, wenn die SE eine gemeinschaftsweite Tätigkeit i.S. des § 3 EBRG entfaltet. Obwohl das EBRG ebenfalls ein **besonderes Verhandlungsgremium** vorsieht, das in Verhandlungen mit der zentralen Leitung eintritt, um eine Beteiligungsvereinbarung abzuschließen (§ 8 Abs. 1 EBRG), kann diese Aufgabe nicht von dem nach dem SEBG bereits gebildeten BVG übernommen werden, da dessen Tätigkeit mit dem nach § 16 Abs. 1 Satz 1 gefassten Beschluss und der Übermittlung einer Abschrift der Niederschrift (§ 17 Satz 2) endet (s. oben § 4 Rz. 7)[12]. Vielmehr ist nach Maßgabe der §§ 9 ff. EBRG ein **neues BVG** zu bilden[13], was eine gänzliche oder teilweise Personenidentität mit dem zuvor gebildeten Gremium nicht ausschließt. Die strikte formale Trennung ist schon deshalb zwingend, weil die Vorschriften zur Zusammensetzung des jeweiligen BVG nicht identisch sind (s. einerseits § 5, andererseits § 10 EBRG).

19

Den in Deutschland geltenden **Gesetzen zur Unternehmensmitbestimmung** ist die SE nicht unterworfen. Dies ergibt sich insbesondere im Umkehrschluss aus § 47 Abs. 1 Nr. 1, der im Hinblick auf die von den Unternehmensmitbestimmungsgesetzen erfassten Rechtsformen die Regelungslücke bezüglich der SE als dem gesetzgeberischen Willen entsprechend erscheinen lässt, so dass auch eine analoge Anwendung der einschlägigen Gesetze zur Unternehmensmitbestimmung auf die SE nicht methodengerecht begründbar ist[14].

20

3. Bindungswirkung des Beschlusses

Der nach § 16 Abs. 1 Satz 1 gefasste Beschluss des BVG steht einer Beteiligung der Arbeitnehmer in der SE nach Maßgabe des SEBG nicht auf Dauer entgegen. Unter den in § 18 im einzelnen geregelten Voraussetzungen kann vielmehr erneut ein BVG gebildet werden (s. näher die Erläuterungen zu § 18). Aus dieser Regelungstechnik folgt umgekehrt, dass der von dem BVG gefasste Beschluss außerhalb der in § 18 genannten Sachverhalte verbindlich ist und der erneuten Bildung eines BVG entgegensteht[15].

21

---

10 Ebenso *Freis* in Nagel/Freis/Kleinsorge, § 16 Rz. 8; *Kienast* in Jannott/Frodermann, Handbuch Europäische Aktiengesellschaft, Kap. 13 Rz. 326; *Kleinsorge*, RdA 2002, 343, 348.
11 *Jacobs* in MünchKomm. AktG, § 16 SEBG Rz. 4; *Kienast* in Jannott/Frodermann, Handbuch Europäische Aktiengesellschaft, Kap. 13 Rz. 326; *Kleinsorge*, RdA 2002, 343, 348; *Seibt/Reinhard*, Der Konzern 2005, 407, 418.
12 So ausdrücklich in Österreich § 222 Abs. 2 Nr. 1 ArbVG. Ebenso zu § 15 Abs. 1 EBRG *Blanke*, EBRG, 2. Aufl. 2006, § 15 Rz. 2 a.E.; *C. Müller*, EBRG, 1997, § 15 Rz. 1.
13 Treffend *Krause*, BB 2005, 1221, 1225.
14 Ebenso *Jacobs* in MünchKomm. AktG, § 16 SEBG Rz. 4.
15 In der Sache auch *Gahleitner* in Kalss/Hügel, § 227 ArbVG Rz. 4; *Mayr* in Cerny/Mayr, Arbeitsverfassungsrecht, Bd. 6, 2006, § 227 ArbVG Rz. 4.

§ 17
Niederschrift

In eine Niederschrift, die vom Vorsitzenden und einem weiteren Mitglied des besonderen Verhandlungsgremiums zu unterzeichnen ist, ist aufzunehmen

1. ein Beschluss über den Abschluss einer Vereinbarung nach § 13 Abs. 1,

2. ein Beschluss über die Nichtaufnahme oder den Abbruch der Verhandlungen nach § 16 Abs. 1 und

3. die jeweiligen Mehrheiten, mit denen die Beschlüsse gefasst worden sind.

Eine Abschrift der Niederschrift ist den Leitungen zu übermitteln.

I. Allgemeines

1   Grundsätzlich regelt das BVG die Förmlichkeiten der Beschlussfassung in der Geschäftsordnung (§ 12 Abs. 1 Satz 3), die – analog § 34 BetrVG – auch über jede Sitzung des BVG eine Niederschrift vorsehen kann (s. oben § 12 Rz. 25). Ohne eine derartige Vorgabe ist eine Niederschrift nur bei den in § 17 Satz 1 abschließend benannten Beschlüssen erforderlich. Die Niederschrift bzw. deren Abschrift ermöglicht insbesondere eine Überprüfung, ob das BVG die Beschlüsse zur Beendigung des Verhandlungsverfahrens mit der notwendigen (qualifizierten) Mehrheit gefasst hat[1]. Bedeutsam ist dies vor allem für das Eintragungsverfahren, da die Leitungen gegenüber dem Registergericht mittels einer Abschrift der Niederschrift (§ 17 Satz 2) die Erfüllung der Voraussetzungen in Art. 12 Abs. 2 SE-VO belegen können.

2   In der **SE-RL** findet § 17 keine Entsprechung; auch die **SCE-RL** kennt keine mit § 17 vergleichbare Regelung, sie ist aber mit identischem Wortlaut als § 17 in dem zur Umsetzung geschaffenen SCEBG enthalten. Für die Mitbestimmung der Arbeitnehmer bei einer **Verschmelzung von Kapitalgesellschaften** aus verschiedenen Mitgliedstaaten gilt entsprechendes; mit **§ 18** enthält das **MgVG** eine mit § 17 **identische Vorschrift**.

3   Abgesehen von den Beschlussgegenständen ähnelt § 17 der Bestimmung in **§ 15 Abs. 1 Satz 2 und 3 EBRG**. Im Unterschied zu § 17 Satz 1 Nr. 3 ist danach jedoch lediglich das Abstimmungsergebnis in die Niederschrift aufzunehmen, nicht aber die Angabe der Stimmenmehrheit, mit der die Beschlüsse gefasst worden sind. Dies schreibt indes § 34 Abs. 1 Satz 1 BetrVG für die Sitzungsniederschrift vor.

4   Die in **Österreich** zur Umsetzung der SE-RL geschaffenen Regelungen des ArbVG sehen – wie die SE-RL – von einer Verpflichtung zur Niederschrift bestimmter Beschlüsse ab, obwohl § 2 Abs. 2 Nr. 2 SEG für die Anmeldung der SE zur Eintragung in

---

1 S. auch Begr. RegE, BT-Drucks. 15/3405, S. 50, die eher formelhaft auf die weitreichenden Rechtsfolgen der gefassten Beschlüsse verweist; ebenso *Freis* in Nagel/Freis/Kleinsorge, SEBG, § 17 Rz. 2; *Hennings* in Manz/Mayer/Schröder, Art. 3 SE-RL Rz. 100; *Joost* in Oetker/Preis, EAS, B 8200, Rz. 100. In diesem Sinne für eine in der Dokumentationsfunktion hinzutretende Warnfunktion *Jacobs* in MünchKomm. AktG, § 17 SEBG Rz. 1.

das Firmenbuch vorschreibt, den nach § 227 Abs. 1 ArbVG von dem BVG gefassten Beschluss beizufügen.

II. Anfertigung der Niederschrift (§ 17 Satz 1)

Das Erfordernis einer Niederschrift über die vom BVG gefassten Beschlüsse legt § 17 5
Satz 1 ausschließlich für den Abschluss der Beteiligungsvereinbarung (Nr. 1) sowie einen nach § 16 Abs. 1 gefassten Beschluss fest, keine Verhandlungen aufzunehmen bzw. diese abzubrechen (Nr. 2). Darüber hinaus ist das BVG nicht kraft Gesetzes verpflichtet, über die in seinen Sitzungen gefassten Beschlüsse eine Niederschrift anzufertigen; entsprechende Regelungen kann eine Geschäftsordnung jedoch vorsehen (s. auch oben Rz. 1 sowie oben § 12 Rz. 25).

In die Niederschrift ist nicht nur der **Inhalt des gefassten Beschlusses** sowie wegen 6
§ 18 Abs. 1 Satz 1 das **Datum des Sitzungstages**[2], sondern auch das **Abstimmungsergebnis** aufzunehmen. Es genügt nicht, lediglich Annahme oder Ablehnung eines Antrages mitzuteilen; nach § 17 Satz 1 Nr. 3 muss die Niederschrift ferner die **jeweilige Mehrheit** wiedergeben, die den Beschluss gefasst hat. Dies ist insbesondere wegen des in § 15 Abs. 3 Satz 1 und § 16 Abs. 1 Satz 2 festgelegten Erfordernisses einer qualifizierten Mehrheit ($^2/_3$) bedeutsam. Deshalb sind nicht nur die Ja-Stimmen, sondern auch die Gegenstimmen und Enthaltungen in der Niederschrift zu dokumentieren[3]. Damit die Erfüllung der doppelten Mehrheitserfordernisse überprüfbar ist, muss aus der Niederschrift des weiteren ersichtlich sein, ob der Beschluss den jeweiligen Anforderungen an die **Repräsentativität** (Zahl der Arbeitnehmer in mindestens zwei Mitgliedstaaten, s. oben § 15 Rz. 27 ff.; § 16 Rz. 11 f.) genügt. Eine **Anwesenheitsliste** ist der Niederschrift nicht beizufügen; die Begründung einer § 34 Abs. 1 Satz 3 BetrVG entsprechenden Verpflichtung war entbehrlich, weil bei den in § 17 Satz 1 Nr. 1 und 2 genannten Beschlüssen stets die Mehrheit der Mitglieder einem Antrag zustimmen muss (s. oben § 15 Rz. 32, § 16 Rz. 10).

Die Niederschrift ist von dem **Vorsitzenden des BVG** und einem **weiteren Mitglied** 7
des Gremiums zu **unterzeichnen**; dies entspricht § 15 Abs. 1 Satz 2 EBRG[4] und soll die korrekte Wiedergabe der Beschlüsse sicherstellen[5]. Das BVG bestimmt nach freiem Ermessen, welches „**weitere Mitglied**" die Niederschrift unterzeichnet; eine diesbezügliche Festlegung in der Geschäftsordnung ist zweckmäßig, aber nicht notwendig[6]. Eine dem BVG für die Protokollführung zur Verfügung gestellte **Schreibkraft** ist nicht zur „Zweitunterschrift" berechtigt, da sie dem BVG nicht als Mitglied angehört.

Die Anfertigung der Niederschrift mit dem in § 17 Satz 1 umschriebenen Inhalt ist 8
zwingend; das BVG kann nicht von ihr absehen. **Unterbleibt die Anfertigung** einer

---

2 Ebenso *Freis* in Nagel/Freis/Kleinsorge, SEBG, § 16 Rz. 7, § 17 Rz. 2, allerdings als Empfehlung.
3 So zu § 34 BetrVG *Reichold* in Henssler/Willemsen/Kalb, ArbRKomm., 2. Aufl. 2006, § 34 BetrVG Rz. 5; *Raab* in GK-BetrVG, 8. Aufl. 2005, § 34 Rz. 14; wohl auch *Fitting/Engels/Schmidt/Trebinger/Linsenmaier*, BetrVG, 23. Aufl. 2006, § 34 Rz. 14; schwächer *Wedde* in Däubler/Kittner/Klebe, BetrVG, 10. Aufl. 2006, § 34 Rz. 3, der dies lediglich für zweckmäßig erachtet.
4 Ebenso § 34 Abs. 1 Satz 2 BetrVG.
5 Ebenso *Freis* in Nagel/Freis/Kleinsorge, SEBG, § 17 Rz. 3.
6 Wie hier zu § 34 BetrVG *Eisemann* in ErfKomm. ArbR, 7. Aufl. 2007, § 34 BetrVG Rz. 3; *Fitting/Engels/Schmidt/Trebinger/Linsenmaier*, BetrVG, 23. Aufl. 2006, § 34 Rz. 19; *Glock* in Hess/Schlochauer/Worzalla/Glock, BetrVG, 6. Aufl. 2003, § 34 Rz. 10; *Thüsing* in Richardi, BetrVG, 10. Aufl. 2006, § 34 Rz. 9; *Raab* in GK-BetrVG, 8. Aufl. 2005, § 34 Rz. 18.

Niederschrift, so berührt dies gleichwohl nicht die Wirksamkeit des vom BVG gefassten Beschlusses; bei § 17 Satz 1 handelt es sich – wie bei § 34 BetrVG – lediglich um
eine **Ordnungsvorschrift**[7]. Deren Einhaltung wird indirekt durch den Anspruch der
Leitungen, diesen eine Abschrift von der Niederschrift zu übermitteln (§ 17 Satz 2),
sichergestellt.

III. Übermittlung einer Abschrift an die Leitungen (§ 17 Satz 2)

9   Vor allem wegen des Verfahrens zur Eintragung der SE (Art. 12 Abs. 2 SE-VO) legt
§ 17 Satz 2 fest, dass den Leitungen eine Abschrift der Niederschrift zu übermitteln
ist. Dies zählt zu den Aufgaben des **Vorsitzenden des BVG** (s. oben § 12 Rz. 16); die
Geschäftsordnung des BVG indes kann auch ein **anderes Mitglied** mit dieser Aufgabe
betrauen. Durch Vorlage der Abschrift können die Leitungen beim Registergericht
die **Einhaltung der Eintragungsvoraussetzungen** in Art. 12 Abs. 2 SE-VO belegen
(s. auch oben Rz. 1).

10   Inhaltlich entspricht § 17 Satz 2 der Regelung in § 15 Abs. 1 Satz 3 EBRG. Die Abschrift ist von dem **Vorsitzenden des BVG**, nicht aber von einem weiteren Mitglied
des Gremiums **zu unterzeichnen**[8]. **Unterbleibt die Übermittlung** der Abschrift an die
Leitungen, so berührt dies nicht die Rechtswirksamkeit des gefassten Beschlusses[9].
Wegen es Plurals („Leitungen") ist die Abschrift jeder Leitung der an der Gründung
der SE beteiligten Gesellschaften zu übermitteln. Ist eine der Gesellschaften im Hinblick auf die Verhandlungen mit dem BVG federführend, so genügt die Übermittlung
an diese Gesellschaft; entsprechendes gilt, wenn die beteiligten Gesellschaften eine
Verhandlungskommission gebildet haben. In diesem Fall ist die Übermittlung der
Abschrift an den Vorsitzenden der Verhandlungskommission ausreichend, da er als
Empfangsbote für die Leitungen der beteiligten Gesellschaften tätig wird.

Andere als die in § 17 Satz 2 Genannten können keine Abschrift der Niederschrift beanspruchen. Das gilt sowohl für die **Mitglieder des BVG** als auch für **Arbeitnehmervertretungen i.S. des § 2 Abs. 6**, die in den an der Gründung der SE beteiligten Gesellschaften bestehen, sowie **Vertreter außenstehender Organisationen** i.S. des § 14
Abs. 2 einschließlich der Vertreter von in den Unternehmen vertretenen **Gewerkschaften**.

---

7 A.A. *Jacobs* in MünchKomm. AktG, § 17 SEBG Rz. 1: Wirksamkeitsvoraussetzung. Wie hier
   zu § 34 BetrVG BAG v. 8.2.1977 – 1 ABR 82/74, AP Nr. 10 zu § 80 BetrVG 1972; stellvertretend
   für die herrschende Meinung im Schrifttum *Eisemann* in ErfKomm. ArbR, 7. Aufl. 2007, § 34
   BetrVG Rz. 3; *Fitting/Engels/Schmidt/Trebinger/Linsenmaier*, BetrVG, 23. Aufl. 2006, § 34
   Rz. 26; *Glock* in Hess/Schlochauer/Worzalla/Glock, BetrVG, 6. Aufl. 2003, § 34 Rz. 12; *Reichold* in Hensler/Willemsen/Kalb, ArbRKomm., 2. Aufl. 2006, § 34 BetrVG Rz. 3; *Thüsing* in
   Richardi, BetrVG, 10. Aufl. 2006, § 34 Rz. 20; *Wedde* in Däubler/Kittner/Klebe, BetrVG,
   10. Aufl. 2006, § 34 Rz. 13; *Raab* in GK-BetrVG, 8. Aufl. 2005, § 34 Rz. 9.
8 *Jacobs* in MünchKomm. AktG, § 17 SEBG Rz. 2. So auch die allgemeine Ansicht zu § 34 Abs. 2
   BetrVG *Fitting/Engels/Schmidt/Trebinger/Linsenmaier*, BetrVG, 23. Aufl. 2006, § 34 Rz. 23;
   Glock in *Hess/Schlochauer/Worzalla/Glock*, BetrVG, 6. Aufl. 2003, § 34 Rz. 16; *Reichold* in
   Hensler/Willemsen/Kalb, ArbRKomm., 2. Aufl. 2006, § 34 BetrVG Rz. 10; *Thüsing* in Richardi, BetrVG, 10. Aufl. 2006, § 34 Rz. 12; *Wedde* in Däubler/Kittner/Klebe, BetrVG, 10. Aufl.
   2006, § 34 Rz. 14; *Raab* in GK-BetrVG, 8. Aufl. 2005, § 34 Rz. 23.
9 Ebenso zu § 15 Abs. 1 Satz 3 EBRG *Blanke*, EBRG, 2. Aufl. 2006, § 15 Rz. 2.

§ 18
Wiederaufnahme der Verhandlungen

(1) Frühestens zwei Jahre nach dem Beschluss nach § 16 Abs. 1 wird auf schriftlichen Antrag von mindestens 10 Prozent der Arbeitnehmer der SE, ihrer Tochtergesellschaften und Betriebe oder von deren Vertretern ein besonderes Verhandlungsgremium erneut gebildet, mit der Maßgabe, dass an die Stelle der beteiligten Gesellschaften, betroffenen Tochtergesellschaften und betroffenen Betriebe die SE, ihre Tochtergesellschaften und Betriebe treten. Die Parteien können eine frühere Wiederaufnahme der Verhandlungen vereinbaren.

(2) Wenn das besondere Verhandlungsgremium die Wiederaufnahme der Verhandlungen mit der Leitung der SE nach Absatz 1 beschließt, in diesen Verhandlungen jedoch keine Einigung erzielt wird, finden die §§ 22 bis 33 über den SE-Betriebsrat kraft Gesetzes und die §§ 34 bis 38 über die Mitbestimmung kraft Gesetzes keine Anwendung.

(3) Sind strukturelle Änderungen der SE geplant, die geeignet sind, Beteiligungsrechte der Arbeitnehmer zu mindern, finden auf Veranlassung der Leitung der SE oder des SE-Betriebsrats Verhandlungen über die Beteiligungsrechte der Arbeitnehmer der SE statt. Anstelle des neu zu bildenden besonderen Verhandlungsgremiums können die Verhandlungen mit der Leitung der SE einvernehmlich von dem SE-Betriebsrat gemeinsam mit Vertretern der von der geplanten strukturellen Änderung betroffenen Arbeitnehmer, die bisher nicht von dem SE-Betriebsrat vertreten werden, geführt werden. Wird in diesen Verhandlungen keine Einigung erzielt, sind die §§ 22 bis 33 über den SE-Betriebsrat kraft Gesetzes und die §§ 34 bis 38 über die Mitbestimmung kraft Gesetzes anzuwenden.

(4) In den Fällen der Absätze 1 und 3 gelten die Vorschriften des Teils 2 mit der Maßgabe, dass an die Stelle der Leitungen die Leitung der SE tritt.

Literatur: *Wollburg/Banerjea*, Die Reichweite der Mitbestimmung in der Europäischen Gesellschaft, ZIP 2005, 277.

I. Allgemeines

Die Vorschrift steht in einem unmittelbaren Zusammenhang mit einem nach § 16   1 gefassten Beschluss des BVG, die Verhandlungen über den Abschluss einer Beteiligungsvereinbarung abzubrechen oder nicht aufzunehmen (§ 18 Abs. 1 und 2) und regelt darüber hinaus in Abs. 3 die Auswirkungen struktureller Änderungen der SE für die Beteiligungsrechte der Arbeitnehmer; insoweit tritt ergänzend ggf. eine in der Vereinbarung selbst getroffene Abrede hinzu (s. § 21 Abs. 4; dazu unten § 21 Rz. 27).

2   Mit § 18 Abs. 1 und 2 greift das SEBG die Vorgaben in **Art. 3 Abs. 6 Unterabs. 4 SE-RL** auf und setzt diese in das nationale Recht um. Die vorgenannte Bestimmung der SE-RL hat folgenden Wortlaut:

> „Das besondere Verhandlungsgremium wird auf schriftlichen Antrag von mindestens 10 % der Arbeitnehmer der SE ihrer Tochtergesellschaften und ihrer Betriebe oder von deren Vertretern frühestens zwei Jahre nach dem vorgenannten Beschluss wieder einberufen, sofern die Parteien nicht eine frühere Wiederaufnahme der Verhandlungen vereinbaren. Wenn das besondere Verhandlungsgremium die Wiederaufnahme der Verhandlungen mit der Geschäftsleitung beschließt, in diesen Verhandlungen jedoch keine Einigung erzielt wird, findet keine der Bestimmungen des Anhangs Anwendung."

Die Regelung in § 18 Abs. 3 zu den Auswirkungen struktureller Änderungen der SE lässt sich nicht auf eine Vorgabe in der SE-RL zurückführen[1], allerdings trifft der 18. Erwägungsgrund zur SE-RL die Aussage, dass das Vorher-Nachher-Prinzip auch für strukturelle Veränderungen einer bereits gegründeten SE und für die von strukturellen Änderungsprozessen betroffenen Gesellschaften gelten „sollte"[2].

3   Die in Rz. 2 wiedergegebene Bestimmung der SE-RL kehrt mit identischem Wortlaut in Art. 3 Abs. 6 Unterabs. 4 in der **SCE-RL** wieder; ebenso stimmt der zur Umsetzung geschaffene **§ 18 SCEBG** mit § 18 wörtlich überein. Abweichend davon verzichtet **Art. 16 Verschmelzungs-RL** darauf, für den Fall struktureller Änderungen auf die SE-RL Bezug zu nehmen oder eine eigenständige Regelung zu treffen; auch das zur Umsetzung geschaffene **MgVG** verzichtet hierauf.

4   In **Österreich** findet § 18 in § 227 Abs. 3 ArbVG sowie § 228 ArbVG eine Entsprechung, die jedoch von der deutschen Rechtslage zum Teil abweicht. So enthält z.B. § 228 Abs. 2 ArbVG eine nicht abschließende Aufzählung wesentlicher Strukturveränderungen in der SE, die zu einer Wiederaufnahme des Verhandlungsverfahrens führen können, während sich § 18 Abs. 3 Satz 1 auf den offenen Begriff der „strukturellen Änderung" beschränkt, so dass dessen Konkretisierung erhebliches Kopfzerbrechen bereitet (s. dazu unten Rz. 16 f.).

II. Wiederaufnahmetatbestände

1. Überblick

5   Der Abschluss des Verhandlungsverfahrens steht erneuten Verhandlungen über den Abschluss einer Beteiligungsvereinbarung grundsätzlich entgegen. Diese „Bestandskraft" durchbricht § 18

- wenn zuvor gem. § 16 Abs. 1 Satz 1 beschlossen wurde, die **Verhandlungen nicht aufzunehmen oder abzubrechen** (§ 18 Abs. 1 Satz 1);

- eine Wiederaufnahme der Verhandlungen vereinbart worden ist (§ 18 Abs. 1 Satz 2);

- **strukturelle Änderungen** der SE **geplant** sind, die geeignet sind, die Beteiligungsrechte der Arbeitnehmer zu mindern (§ 18 Abs. 3).

---

1 Zutreffend *Grobys*, NZA 2005, 84, 91.
2 S. insoweit auch *Freis* in Nagel/Freis/Kleinsorge, SEBG, § 18 Rz. 1; *Jacobs* in MünchKomm. AktG, § 18 SEBG Rz. 7 sowie zum Aussagegehalt des 18. Erwägungsgrundes *Rehberg*, ZGR 2005, 859, 877 ff.

Ergänzt werden die in Rz. 5 aufgezählten Sachverhalte durch § 26, der es dem kraft 6 Gesetzes errichteten **SE-Betriebsrat** nach Ablauf von vier Jahren ermöglicht, ein Verhandlungsverfahren zu initiieren, um zu einer Beteiligungsvereinbarung zu gelangen.

2. Antrag auf erneute Bildung eines BVG (§ 18 Abs. 1 Satz 1)

Hat das BVG nach § 16 Abs. 1 Satz 1 beschlossen, von Verhandlungen über eine Be- 7 teiligungsvereinbarung abzusehen oder diese abzubrechen, dann tritt keine dauerhafte Sperrwirkung für den Abschluss einer Vereinbarung zur Beteiligung der Arbeitnehmer in der SE ein. Da in dieser Konstellation die gesetzliche Auffangregelung nicht eingreift (s. oben § 16 Rz. 17), bedarf es für eine Wiederaufnahme der Verhandlungen einer ausdrücklichen gesetzlichen Bestimmung, um eine Revision des ursprünglichen Beschlusses herbeiführen zu können. Mit dem in § 18 Abs. 1 Satz 1 näher ausgestalteten Antrag stellt das SEBG diese zur Verfügung und begründet zugunsten der Antragsberechtigten einen gesetzlichen **Anspruch auf Wiederaufnahme der Verhandlungen**[3].

Zum Schutz der von der SE aufgrund des nach § 16 Abs. 1 Satz 1 gefassten Beschlus- 8 ses insbesondere im Hinblick auf die Organisationsverfassung der Gesellschaft getroffenen Dispositionen versieht § 18 Abs. 1 Satz 1 den Wiederaufnahmeantrag mit einer **Zeitschranke**. Er ist erst gestattet, wenn seit dem Beschluss des BVG **zwei Jahre** verstrichen sind, ohne dass dies Vorbereitungshandlungen vor Fristablauf zwingend entgegensteht[4]; befassen muss sich die Leitung der SE mit einem Antrag jedoch erst nach Ablauf der Zwei-Jahres-Frist, was nicht ausschließt, dass diese freiwillig schon zu einem früheren Zeitpunkt die für das erneute Verhandlungsverfahren notwendigen Schritte (s. dazu unten Rz. 27 f.) einleitet. Für den **Fristbeginn** ist auf den Tag der Beschlussfassung abzustellen, der aus der Niederschrift (§ 17 Satz 1) ersichtlich ist (s. oben § 17 Rz. 6); zur **Berechnung der Frist** sind die §§ 187, 188, 193 BGB heranzuziehen. Ein vor Fristablauf gestellter Antrag ist unwirksam[5], verpflichtet vor allem die Leitung der SE nicht dazu, die in den §§ 4 ff. vorgesehenen Schritte zur erneuten Bildung eines BVG einzuleiten.

Antragsberechtigt sind ausschließlich die in § 18 Abs. 1 Satz 1 Genannten. Das zur 9 Absicherung einer gewissen Unterstützung[6] für einen **Antrag der Arbeitnehmer** geforderte **Quorum von 10 %** bezieht sich auf die Arbeitnehmer i.S. des § 2 Abs. 1, wobei nicht nur diejenigen erfasst werden, die mit der SE in einem Arbeitsverhältnis stehen, sondern – entsprechend der Vorgabe in Art. 3 Abs. 6 Unterabs. 4 SE-RL – auch diejenigen, die von Tochtergesellschaften der SE beschäftigt werden. Ein Beschäftigungsverhältnis der Arbeitnehmer im Inland ist nicht erforderlich; für die Erreichung des Quorums genügt es, wenn die Arbeitnehmer von Gesellschaften mit Sitz in einem oder mehreren anderen Mitgliedstaaten den Antrag unterstützen.

Mit den **Arbeitnehmervertretern** knüpft § 18 Abs. 1 Satz 1 nicht an Arbeitnehmerver- 10 tretungen i.S. des § 2 Abs. 6 an, sondern bezieht sich auf das für einen Antrag der Arbeitnehmer geltende 10 %-Quorum. Insofern soll es für einen Antrag alternativ ausreichen, wenn 10 % der Arbeitnehmervertreter diesen stellen[7], wobei sowohl Mitglieder der Betriebsräte als auch der Sprecherausschüsse den Antrag stellen können.

---

3 S. Begr. RegE, BT-Drucks. 15/3405, S. 50.
4 Im Ergebnis auch *Jacobs* in MünchKomm. AktG, § 18 SEBG Rz. 3.
5 A.A. *Jacobs* in MünchKomm. AktG, § 18 SEBG Rz. 3.
6 Zu diesem Zweck des Quorums *Freis* in Nagel/Freis/Kleinsorge, SEBG, § 18 Rz. 3.
7 In diesem Sinne auch *Kienast* in Jannott/Frodermann, Handbuch Europäische Aktiengesellschaft, Kap. 13 Rz. 331.

Wie bei einem Antrag der Arbeitnehmer (oben Rz. 9) ist der Beschäftigungsort der Arbeitnehmervertreter unerheblich.

11 Der Antrag auf Wiederaufnahme muss nach § 18 Abs. 1 Satz 1 der **Schriftform** genügen. Den **Adressaten** des Antrages benennt § 18 Abs. 1 Satz 1 nicht ausdrücklich. Da dieser die erneute Bildung eines BVG einleitet[8] und dies nach § 4 Abs. 1 Satz 1 i.V. mit § 18 Abs. 4 mittels einer schriftlichen Aufforderung der **Leitung der SE** (s. § 2 Abs. 5 Satz 2) geschieht, ist der Antrag auf Wiederaufnahme der Verhandlungen an diese zu richten, die sodann die nach den §§ 4 ff. notwendigen Schritte zur Bildung eines BVG einzuleiten hat[9].

3. Wiederaufnahme der Verhandlungen aufgrund Vereinbarung (§ 18 Abs. 1 Satz 2)

12 Zu einer Wiederaufnahme der Verhandlungen kann es zudem aufgrund einer Vereinbarung kommen, wegen der insbesondere die Zwei-Jahres-Sperre des § 18 Abs. 1 Satz 1 zur Disposition steht. Diese kann jedoch auch im Rahmen einer Vereinbarung nicht über den Zwei-Jahres-Zeitraum hinaus verlängert werden, da § 18 Abs. 1 Satz 2 nur eine „frühere" Wiederaufnahme der Verhandlungen ermöglicht.

13 Wer die Vereinbarung zur früheren Wiederaufnahme der Verhandlungen abschließen kann, erschließt sich aus § 18 Abs. 1 Satz 2 nur indirekt, weil das Gesetz die vage Bezeichnung „Parteien" verwendet. Da der nach § 16 Abs. 1 Satz 1 gefasste Beschluss des BVG dazu führt, dass dessen Amtszeit endet (s. oben § 16 Rz. 19 sowie § 4 Rz. 7), fehlt es anschließend an einer Vereinbarungspartei auf Arbeitnehmerseite. Deshalb kann in § 18 Abs. 1 Satz 2 nur eine vor oder im Zusammenhang mit dem Beschluss nach § 16 Abs. 1 **zwischen den Leitungen und dem BVG getroffene Vereinbarung** gemeint sein[10]. Würde das SEBG von einer Fortexistenz des BVG ausgehen, dann bliebe unverständlich, warum § 18 Abs. 1 Satz 1 die „erneute" Bildung eines BVG vorsieht. Dies setzt denknotwendig voraus, dass das BVG mit dem nach § 16 Abs. 1 Satz 1 gefassten Beschluss seine Existenz verliert.

14 Für die Vereinbarung i.S. des § 18 Abs. 1 Satz 2 schreibt das Gesetz **keine Form** vor, sie erfordert jedoch einen **Beschluss des BVG**, der einer doppelten absoluten Mehrheit i.S. des § 15 Abs. 2 bedarf. Im Interesse der Rechtssicherheit ist es zweckmäßig, den Inhalt der Vereinbarung in die **Niederschrift** (§ 17 Satz 1) aufzunehmen, wenngleich dies § 17 nicht zwingend vorschreibt.

4. Wiederaufnahme bei strukturellen Änderungen der SE (§ 18 Abs. 3)

15 Sind nach Eintragung bei der SE eintretende strukturelle Änderungen geeignet, die Beteiligungsrechte der Arbeitnehmer zu mindern, so sind aufgrund eines Antrages Verhandlungen über die Beteiligungsrechte einzuleiten. Tatbestandlich ist strikt zu trennen zwischen dem Erfordernis einer strukturellen Änderung (s. unten Rz. 16 f.) sowie deren Eignung, die Beteiligungsrechte der Arbeitnehmer zu mindern (s. unten Rz. 18 ff.)[11].

---

8 *Freis* in Nagel/Freis/Kleinsorge, SEBG, § 18 Rz. 4; *Jacobs* in MünchKomm. AktG, § 18 SEBG Rz. 4.
9 *Jacobs* in MünchKomm. AktG, § 18 SEBG Rz. 4; a.A. *Kienast* in Jannott/Frodermann, Handbuch Europäische Aktiengesellschaft, Kap. 13 Rz. 331.
10 Im Ergebnis auch *Jacobs* in MünchKomm. AktG, § 16 SEBG Rz. 2.
11 Treffend *Jacobs* in MünchKomm. AktG, § 18 SEBG Rz. 10.

a) Strukturelle Änderungen

Die Sachverhalte einer strukturellen Änderung lässt § 18 Abs. 3 Satz 1 offen[12], womit sich das deutsche Recht grundlegend von der Rechtslage in Österreich unterscheidet, das in § 228 Abs. 2 ArbVG einen nicht abschließend formulierten Katalog von Strukturveränderungen formuliert. Dieser liefert für die Auslegung von § 18 Abs. 3 Satz 1 jedoch allenfalls eine Orientierung[13]. Strukturelle Änderungen können danach insbesondere eine **Verlegung des Sitzes** der SE in einen anderen Mitgliedstaat[14], der Wechsel von der **dualistischen** in die **monistische Verfassung** bzw. umgekehrt[15], die **Stillegung** oder **Einschränkung** von Unternehmen bzw. Betrieben der SE bzw. deren **Zusammenschluss** sowie der **Erwerb wesentlicher Beteiligungen** an anderen Unternehmen sein[16]. In Betracht kommen ferner eine **Umwandlung der SE** in eine Aktiengesellschaft nach Ablauf der Sperrfrist (Art. 66 SE-VO)[17] oder eine **sekundäre SE-Gründung** (Art. 3 Abs. 2 SE-VO). Ob hingegen eine Beschränkung der von § 18 Abs. 3 erfassten „strukturellen Veränderungen" auf gründungsähnliche Vorgänge[18] oder korporative Akte von erheblichem Gewicht[19] möglich ist, erscheint angesichts des offenen Wortlauts und des Ziels der Norm, eine Minderung der Beteiligungsrechte ohne vorheriges Verhandlungsverfahren auszuschließen, zweifelhaft[20].   16

Die in Rz. 16 umschriebenen Sachverhalte zeichnen sich zumeist dadurch aus, dass sich nach Errichtung der SE deren **gesellschaftsrechtliche Rahmendaten** ändern. Hieran fehlt es, wenn sich nach Gründung der SE die Arbeitnehmerzahlen verändern, unabhängig davon, ob im Anschluss daran die Voraussetzungen für das Eingreifen der gesetzlichen Auffangregelung entfallen oder gegeben wären. Die quantitative **Vergrößerung oder Verkleinerung der Belegschaft** führt für sich allein nicht zu dem Zwang, nach § 18 Abs. 3 das Prozedere für Neuverhandlungen einzuleiten[21]. Allerdings widerspricht es dem Normzweck, wenn die von § 18 Abs. 3 Satz 1 erfassten Strukturveränderungen auf solche beschränkt werden, die **gesellschaftsrechtlicher Natur** sind[22]. Um die im Vordergrund stehenden Sachverhalte geminderter Beteiligungsrechte vollständig einzubeziehen, dürften im Lichte der Auslegungsmaxime in § 1 Abs. 3 Satz 1 auch **Änderungen in den tatsächlichen Strukturen** (z.B. Stillegung von Betrieben) als „strukturelle Änderungen" i.S. des § 18 Abs. 3 Satz 1 zu qualifizieren   17

---

12 Kritisch dazu *Kallmeyer*, ZIP 2004, 1442, 1444.
13 Zurückhaltend auch *Freis* in Nagel/Freis/Kleinsorge, SEBG, § 18 Rz. 11.
14 *Jacobs* in MünchKomm. AktG, § 18 SEBG Rz. 16; a.A. *Joost* in Oetker/Preis, EAS, B 8200, Rz. 108; *Ringe*, NZG 2006, 931, 934; *Wollburg/Banerjea*, ZIP 2005, 277, 283; hierzu neigend auch *Oechsler*, AG 2005, 373, 377, der jedoch bezüglich einer bestehenden Vereinbarung einen zur Vertragsanpassung führenden Wegfall der Geschäftsgrundlage annimmt (S. 378).
15 *Scheibe*, Mitbestimmung der Arbeitnehmer, S. 158 f.
16 *Nagel*, ArbuR 2004, 281, 286; s. auch *Wollburg/Banerjea*, ZIP 2005, 277, 278 f.
17 S. insoweit *Nagel*, ArbuR 2004, 281, 286, für den Fall, dass die Umwandlung im Anschluss an eine Sitzverlegung erfolgt.
18 Hierfür *Henssler* in Ulmer/Habersack/Henssler, MitbestR, 2. Aufl. 2006, Einl. SEBG Rz. 209; *Jacobs* in MünchKomm. AktG, § 18 SEBG Rz. 12; *Kienast* in Jannott/Frodermann, Handbuch Europäische Aktiengesellschaft, Kap. 13 Rz. 192; *Krause*, BB 2005, 1221, 1228; *Wollburg/Banerjea*, ZIP 2005, 277, 278.
19 So *Seibt*, AG 2005, 413, 427; *Wollburg/Banerjea*, ZIP 2005, 277, 278 f.
20 Ablehnend *Köstler* in Theisen/Wenz, Europäische Aktiengesellschaft, S. 331, 370; *Scheibe*, Mitbestimmung der Arbeitnehmer, S. 153 ff.; kritisch auch *Rehberg*, ZGR 2005, 859, 883 f.
21 Ebenso *Grobys*, NZA 2005, 85, 91; *Jacobs* in MünchKomm. AktG, § 18 SEBG Rz. 18; *Joost* in Oetker/Preis, EAS, B 8200, § 18 SEBG Rz. 111; *Kienast* in Jannott/Frodermann, Handbuch Europäische Aktiengesellschaft, Kap. 13 Rz. 191; *Krause*, BB 2005, 1221, 1228; *Seibt*, AG 2005, 413, 427; *Wollburg/Banerjea*, ZIP 2005, 277, 282 f.; i.E. auch *Müller-Bonanni/Melot de Beauregard*, GmbHR 2005, 195, 197 f.; mit Einschränkungen *Köstler* in Theisen/Wenz, Europäische Aktiengesellschaft, S. 331, 370 f.
22 So aber z.B. *Jacobs* in MünchKomm. AktG, § 18 SEBG Rz. 12.

sein. Das für die Reichweite des Antragsrechts entscheidende Korrektiv ist bei diesem Verständnis in dem zweiten Merkmal, der Eignung zur Minderung der Beteiligungsrechte (s. dazu Rz. 18 ff.), zu sehen.

b) Minderung der Beteiligungsrechte

18 Die Planung einer strukturellen Änderung löst das Recht zur Wiederaufnahme der Verhandlungen nur aus, wenn diese geeignet ist, die Beteiligungsrechte der Arbeitnehmer zu mindern. Diese einschränkende Voraussetzung für die Wiederaufnahme der Verhandlungen ist in zweifacher Hinsicht problematisch:

19 Erstens verwendet § 18 Abs. 3 Satz 1 ausdrücklich den Terminus „Beteiligungsrechte", so dass für deren Konkretisierung bei einer systematischen Auslegung die Legaldefinition in § 2 Abs. 9 und damit die Trias **„Unterrichtung, Anhörung und Mitbestimmung"** maßgebend ist[23] und – wie § 2 Abs. 9 Satz 2 ausdrücklich festhält – sogar die Wahrnehmung dieser Rechte in Konzernunternehmen der SE umfasst. Wegen des bewussten Rückgriffs auf den weiten Begriff der „Beteiligungsrechte" hängt die Wiederaufnahme der Verhandlungen nicht davon ab, dass es zu einer Minderung der Mitbestimmung kommt[24]. Vielmehr genügt es, wenn bezüglich der Unterrichtungs- und Anhörungsrechte eine Minderung eintritt[25].

20 Zweitens ist klärungsbedürftig, **bei welchen Arbeitnehmern** die Minderung der Beteiligungsrechte eintreten muss. Unbedenklich erfasst sind die Beteiligungsrechte derjenigen Arbeitnehmer, die bereits vor der Durchführung der strukturellen Änderung von dem SE-Betriebsrat vertreten wurden. Aus der in § 18 Abs. 3 Satz 2 normierten Rechtsfolge wird jedoch deutlich, dass § 18 Abs. 3 Satz 1 auch diejenigen Arbeitnehmer im Blick hat, die bislang nicht von dem SE-Betriebsrat vertreten werden, infolge der strukturellen Änderungen aber bei einem neu zu bildenden BVG zu berücksichtigen wären[26].

21 Angesichts der in Rz. 19 und 20 dargelegten Grundsätze kann entgegen abweichenden Stimmen im Schrifttum[27] auch eine **Sitzverlegung** in einem anderen Mitgliedstaat zu einer Minderung der Beteiligungsrechte führen[28]. Zwar berührt diese nicht eine kraft Vereinbarung etablierte Mitbestimmungsregelung, wohl aber kann es auf der Ebene des Betriebsverfassungsrechts und des hierfür maßgeblichen Territorialitätsprinzips zu einer Minderung kommen, wenn infolge der grenzüberschreitenden Sitzverlegung die Bildung eines Konzern- oder Gesamtbetriebsrates nicht mehr möglich ist und infolge dessen die Amtzeit des vorgenannten Organs kraft Gesetzes endet.

22 Ebenso kann es zu einer Minderung der Beteiligungsrechte kommen, wenn eine bislang der Unternehmensmitbestimmung unterliegende Gesellschaft **auf eine SE verschmolzen** wird, da die erstgenannte Gesellschaft erlischt und damit eine bisherige

---

23 Kritisch im Hinblick auf diese Weite *Kallmeyer*, ZIP 2004, 1442, 1444.
24 Hierfür aber *Grobys*, NZA 2005, 84, 91.
25 So auch *Jacobs* in MünchKomm. AktG, § 18 SEBG Rz. 15; *Scheibe*, Mitbestimmung der Arbeitnehmer, S. 160 ff.; i.E. *Kienast* in Jannott/Frodermann, Handbuch Europäische Aktiengesellschaft, Kap. 13 Rz. 194; a.A. *Grobys*, NZA 2005, 84, 91.
26 Zutreffend *Jacobs* in MünchKomm. AktG, § 18 SEBG Rz. 14; *Wollburg/Banerjea*, ZIP 2005, 277, 279.
27 Vor allem *Joost* in Oetker/Preis, EAS, B 8200, Rz. 198; *Kienast* in Jannott/Frodermann, Handbuch Europäische Aktiengesellschaft, Kap. 13 Rz. 193, 200; *Wollburg/Banerjea*, ZIP 2005, 277, 283.
28 Ebenso *Jacobs* in MünchKomm. AktG, § 18 SEBG Rz. 16.

Mitbestimmung für deren Arbeitnehmer nicht mehr besteht[29]. Entsprechendes kommt infolge eines **Betriebsüberganges auf die SE** in Betracht, wenn die hiervon betroffenen Arbeitnehmer infolge des Rechtsträgerwechsels nicht mehr der für sie bislang maßgeblichen Unternehmensmitbestimmung unterliegen[30]. Schließlich kann eine Minderung der Beteiligungsrechte eintreten, wenn eine Gesellschaft infolge Anteilserwerb zur (neuen) Tochtergesellschaft der SE wird und deren Arbeitnehmer zugleich aus einem wegen § 2 Abs. 1 DrittelbG, § 5 Abs. 1 MitbestG mitbestimmungsrechtlich relevanten Konzernverbund ausscheiden[31]. In anderen Fällen des Anteilserwerbs, ohne einen derartigen Konzernbezug, führt die Akquisition von Gesellschaften zwar bei der SE zu einer Strukturveränderung aber nicht zu einer Minderung der Beteiligungsrechte[32].

c) Antragsberechtigung

Verhandlungen über die Beteiligungsrechte der Arbeitnehmer in der SE erfolgen auch bei geplanten Strukturveränderungen nur aufgrund eines entsprechenden Antrages („auf Veranlassung"). Wird trotz Vorliegens der tatbestandlichen Voraussetzungen kein entsprechender Antrag gestellt, so bleibt es im Hinblick auf die Beteiligung der Arbeitnehmer bei der bisherigen Rechtslage[33]. Antragsberechtigt sind neben der **Leitung der SE** auch der **SE-Betriebsrat**. Bei diesem muss es sich nicht um einen solchen handeln, der aufgrund einer Beteiligungsvereinbarung errichtet worden ist. Besondere **Förmlichkeiten** sind bei der Antragstellung nicht zu beachten, wohl aber bedarf es für einen wirksamen Antrag des SE-Betriebsrates eines von ihm zu fassenden **Beschlusses**. 23

d) Verhandlungspartei auf Arbeitnehmerseite

Aus § 18 Abs. 3 Satz 2 erschließt sich, dass zum Zwecke der Verhandlungen grundsätzlich ein **neues BVG** zu bilden ist[34]. Hierzu hat die Leitung der SE – wie bei den Sachverhalten in § 18 Abs. 1 (s. oben Rz. 11) – die nach den §§ 4 ff. notwendigen Schritte einzuleiten (s. unten Rz. 28). 24

Alternativ dazu eröffnet § 18 Abs. 3 Satz 2 dem **SE-Betriebsrat** die Möglichkeit, die Verhandlungen mit der Leitung der SE zu führen. Hierfür ist er jedoch auf deren Einvernehmen[35] sowie auf das der Vertreter der bislang nicht durch den SE-Betriebsrat repräsentierten Arbeitnehmer angewiesen. Sofern die von einer geplanten strukturellen Änderung betroffenen Arbeitnehmer bislang nicht in dem SE-Betriebsrat vertre- 25

---

29 S. Begr. RegE, BT-Drucks. 15/3405, S. 50; *Jacobs* in MünchKomm. AktG, § 18 SEBG Rz. 16; *Kienast* in Jannott/Frodermann, Handbuch Europäische Aktiengesellschaft, Kap. 13 Rz. 192; *Seibt*, AG 2005, 413, 427; *Wollburg/Banerjea*, ZIP 2005, 277, 282.

30 A.A. *Jacobs* in MünchKomm. AktG, § 18 SEBG Rz. 17; *Joost* in Oetker/Preis, EAS, B 8200, Rz. 108; *Henssler*, RdA 2005, 330, 334; *Seibt*, AG 2005, 413, 427; *Wollburg/Banerjea*, ZIP 2005, 277, 279, 281 f.

31 A.A. *Habersack*, Der Konzern 2006, 105, 109 f.; *Henssler* in Ulmer/Habersack/Henssler, MitbestR, 2. Aufl. 2006, Einl. SEBG Rz. 212.

32 *Jacobs* in MünchKomm. AktG, § 18 SEBG Rz. 17; *Müller-Bonanni/Melot de Beauregard*, GmbHR 2005, 195, 199 f.; *Seibt*, AG 2005, 413, 427; *Wollburg/Banerjea*, ZIP 2005, 277, 280; i.E. auch *Habersack*, Der Konzern 2006, 105, 109 f.; *Henssler* in Ulmer/Habersack/Henssler, MitbestR, 2. Aufl. 2006, Einl. Rz. 213, der jedoch eine Strukturveränderung verneint; a.A. *Köstler* in Theisen/Wenz, Europäische Aktiengesellschaft, S. 331, 371, für den Erwerb *mitbestimmter* Gesellschaften.

33 *Jacobs* in MünchKomm. AktG, § 18 SEBG Rz. 19.

34 *Jacobs* in MünchKomm. AktG, § 18 SEBG Rz. 20; *Joost* in Oetker/Preis, EAS, B 8200, Rz. 109.

35 Ebenso *Jacobs* in MünchKomm. AktG, § 18 SEBG Rz. 20; s. ferner *Freis* in Nagel/Freis/Kleinsorge, SEBG, § 18 Rz.18; *Joost* in Oetker/Preis, EAS, B 8200, Rz. 109.

ten sind, ist die Arbeitnehmerseite um Vertreter dieser Arbeitnehmer zu ergänzen. Zu dem hierbei maßgebenden Prozedere enthält das SEBG keine Vorgaben, allerdings sprechen gute Gründe dafür, die Festlegung der hinzuzuziehenden Arbeitnehmervertreter dem Einvernehmen zwischen Leitung der SE und SE-Betriebsrat zu überantworten.

III. Das erneute Verhandlungsverfahren

26   Bezüglich der Durchführung des erneuten Verhandlungsverfahrens ist zwischen den verschiedenen Tatbeständen für dessen Einleitung zu unterscheiden.

1. Einleitung des Verfahrens

27   Sofern die **erneute Bildung eines BVG** auf einem **Antrag** (§ 18 Abs. 1 Satz 1) oder einer **Vereinbarung** (§ 18 Abs. 1 Satz 2) beruht, kommt es nicht zwingend zu einem erneuten Verhandlungsverfahren, sondern hierfür bedarf es eines **Beschlusses des Gremiums**, in Verhandlungen mit der Leitung der SE einzutreten[36], der mit einer doppelten absoluten Mehrheit i.S. des § 15 Abs. 2 zu fassen ist[37]. Wird diese verfehlt, dann verbleibt es hinsichtlich der Beteiligung der Arbeitnehmer in der SE bei der bisherigen Rechtslage (s. dazu oben § 16 Rz. 17).

28   Anders ist die Rechtslage, wenn die Leitung der SE **strukturelle Änderungen** i.S. des § 18 Abs. 3 Satz 1 plant; in dieser Konstellation schreibt § 18 Abs. 3 Satz 1 die Einleitung von Verhandlungen verbindlich vor („finden … Verhandlungen … statt")[38]. Allerdings hängen diese von einer entsprechenden „Veranlassung" ab, die sowohl von der Leitung der SE als auch von dem SE-Betriebsrat herrühren kann. Die Einleitung von Verhandlungen auf Initiative der Arbeitnehmerseite erfordert einen **Beschluss des SE-Betriebsrates**. Liegt dieser vor, dann ist die Leitung der SE zu den nach den §§ 4 ff. erforderlichen Schritten zur **Bildung eines BVG** verpflichtet[39], sofern diese nicht mit dem SE-Betriebsrat Einvernehmen darüber erzielt, die Verhandlungen mit diesem sowie ggf. hinzugezogenen weiteren Arbeitnehmervertretern zu führen (s. oben Rz. 25).

2. Durchführung der Verhandlungen

29   Die Durchführung des erneuten Verhandlungsverfahrens richtet sich nach den allgemeinen Vorschriften des **regulären Verhandlungsverfahrens**[40]. Für die **Dauer** gilt § 20[41], was sich indirekt aus § 18 Abs. 2, Abs. 3 Satz 3 ergibt, die die Anwendung von § 22 anordnen, der wiederum auf dem Tatbestand des Fristablaufs aufbaut. Die Verhandlungen können nicht nur durch Abschluss einer Beteiligungsvereinbarung, sondern auch durch einen Beschluss des BVG enden, die Verhandlungen abzubrechen (§ 16 Abs. 1 Satz 1)[42]. Ein derartiger Beschluss löst sodann die Rechtsfolgen des § 16 Abs. 2 aus (s. dazu oben § 16 Rz. 16 ff.).

---

36 *Jacobs* in MünchKomm. AktG, § 18 SEBG Rz. 4.
37 *Jacobs* in MünchKomm. AktG, § 18 SEBG Rz. 4.
38 A.A. wohl *Jacobs* in MünchKomm. AktG, § 18 SEBG Rz.19: kein Anspruch auf Verhandlungen.
39 *Jacobs* in MünchKomm. AktG, § 18 SEBG Rz. 20; *Joost* in Oetker/Preis, EAS, B 8200, Rz. 109.
40 *Joost* in Oetker/Preis, EAS, B 8200, Rz. 109.
41 So auch *Jacobs* in MünchKomm. AktG, § 18 SEBG Rz. 23.
42 *Jacobs* in MünchKomm. AktG, § 18 SEBG Rz. 23.

3. Abschluss des Verfahrens

Kommt es im Rahmen des erneut eingeleiteten Verhandlungsverfahrens nicht zu ei- 30
ner Einigung über eine Beteiligungsvereinbarung, so ist – wie bei der Verfahrenseinleitung (s. oben Rz. 27 f.) – zwischen den verschiedenen Grundlagen zu unterscheiden.

Ist das erneute Verhandlungsverfahren wegen eines **Antrages der Arbeitnehmer** bzw. 31
ihrer **Vertretungen** (§ 18 Abs. 1 Satz 1) oder aufgrund einer **Vereinbarung** (§ 18 Abs. 1
Satz 2) eingeleitet worden, so schreibt § 18 Abs. 2 zwingend vor, dass die **gesetzliche
Auffangregelung nicht** zur Anwendung gelangt, was im Hinblick auf die Rechtsfolge
mit § 16 Abs. 2 übereinstimmt (s. dazu oben § 16 Rz. 17). Bezüglich der Anhörung
und Unterrichtung der Arbeitnehmer bleibt ein eventuell gebildeter Europäischer Betriebsrat deshalb bestehen (vgl. § 47 Abs. 1); im Übrigen greift in der SE keine Regelung zur Unternehmensmitbestimmung ein.

Anders ist die Rechtslage für den Fall erneuter Verhandlungen aufgrund **struktureller** 32
Änderungen (§ 18 Abs. 3). Für diesen Fall bestimmt § 18 Abs. 3 Satz 3 ausdrücklich,
dass die **gesetzliche Auffangregelung** anzuwenden ist. Das gilt selbst dann, wenn für
die Beteiligung der Arbeitnehmer in der SE **zuvor eine Vereinbarung** maßgebend
war[43]. Da § 18 Abs. 3 Satz 3 auf die gesetzliche Auffangregelung zur Mitbestimmung
in ihrer Gesamtheit verweist, kommt es beim Scheitern der Verhandlungen nur dann
zu einer Mitbestimmung kraft Gesetzes, wenn die von der Gründungsform abhängigen Voraussetzungen des § 34 Abs. 1 erfüllt sind[44], was insbesondere auch für das ggf.
erforderliche Quorum der von einer Mitbestimmung erfassten Arbeitnehmer gilt.

§ 19
Kosten des besonderen Verhandlungsgremiums

Die durch die Bildung und Tätigkeit des besonderen Verhandlungsgremiums entstehenden erforderlichen Kosten tragen die beteiligten Gesellschaften und nach ihrer
Gründung die SE als Gesamtschuldner. Insbesondere sind für die Sitzungen in erforderlichem Umfang Räume, sachliche Mittel, Dolmetscher und Büropersonal zur Verfügung zu stellen sowie die erforderlichen Reise- und Aufenthaltskosten der Mitglieder des besonderen Verhandlungsgremiums zu tragen.

I. Allgemeines

Die Vorschrift zur Tragung der Kosten, die durch die Tätigkeit des BVG entstehen, 1
dient der **Umsetzung von Art. 3 Abs. 7 SE-RL**, der insoweit folgenden Wortlaut hat:

---

43 So auch *Jacobs* in MünchKomm. AktG, § 18 SEBG Rz. 24.
44 Ebenso *Brandt*, BB 2005, Special Nr. 3, S. 1, 6; wohl auch *Jacobs* in MünchKomm. AktG, § 18
SEBG Rz. 23.

„(7) Die Kosten, die im Zusammenhang mit der Tätigkeit des besonderen Verhandlungsgremiums und generell mit den Verhandlungen entstehen, werden von den beteiligten Gesellschaften getragen, damit das besondere Verhandlungsgremium seine Aufgaben in angemessener Weise erfüllen kann.

Im Einklang mit diesem Grundsatz können die Mitgliedstaaten Regeln für die Finanzierung der Arbeit des besonderen Verhandlungsgremiums festlegen. Sie können insbesondere die Übernahme der Kosten auf die Kosten für einen Sachverständigen begrenzen."

2   Die Regelung der SE-RL in Rz. 1 bezüglich der Kosten des BVG hat **Art. 3 Abs. 7 SCE-RL** mit identischem Wortlaut **übernommen**; Entsprechendes gilt für die Umsetzung im **SCEBG** (s. § 19 SCEBG). Die **Verschmelzungs-RL** nimmt in Art. 16 Abs. 3 ebenfalls auf Art. 3 Abs. 7 SE-RL Bezug; die Umsetzung durch **§ 20 MgVG** ist – abgesehen von den durch den Tatbestand einer grenzüberschreitenden Verschmelzung bedingten Besonderheiten – mit § 19 identisch.

3   Inhaltlich lehnt sich § 19 eng an die Parallelbestimmung in **§ 16 EBRG** an. Das gilt sowohl im Hinblick auf den allgemeinen Grundsatz in § 19 Satz 1 (§ 16 Abs. 1 Satz 1 EBRG) und die gesamtschuldnerische Haftung (§ 16 Abs. 2 EBRG) sowie die exemplarische Aufzählung einzelner Sachmittel bzw. zu ersetzender Kosten in § 19 Satz 2 (§ 16 Abs. 1 Satz 3 EBRG). Abweichend von § 16 Abs. 1 Satz 2 EBRG beschränkt § 19 die Pflicht zur Tragung der Kosten bezüglich der Sachverständigen jedoch nicht auf solche für „einen" Sachverständigen[1], obwohl Art. 3 Abs. 7 Unterabs. 2 Satz 2 der SE-RL den Mitgliedstaaten ausdrücklich eine derartige Beschränkung ermöglicht[2].

4   In **Österreich** ist die Regelung zur Kostentragung (§ 224 ArbVG) ausführlicher, verzichtet indes auf die Anordnung einer gesamtschuldnerischen Haftung. Ferner verknüpft § 224 Abs. 1 ArbVG die von den zuständigen Leitungen zu tragenden „Sacherfordernisse" ausdrücklich mit der Größe der SE und den Bedürfnissen des BVG. Die Kosten für Sachverständige beschränkt § 224 Abs. 1 ArbVG auf diejenigen „für jedenfalls einen Sachverständigen".

II. Umfang der Kostentragungspflicht

5   Bezüglich der mit der Tätigkeit des BVG verbundenen Aufwendungen ist zwischen der **allgemeinen Pflicht** zur Tragung der Kosten (§ 19 Satz 1), der Verpflichtung, die erforderlichen **personellen und sachlichen Mittel** zur Verfügung zu stellen (§ 19 Satz 2) sowie dem **Arbeitsentgelt** der dem BVG angehörenden Mitglieder zu unterscheiden. Bezüglich des letztgenannten Punktes ist nicht § 19, sondern § 42 Satz 2 Nr. 3 i.V.m. § 37 Abs. 2 BetrVG maßgebend (s. dazu unten § 42 Rz. 18)[3]. Das Gesetz benennt in § 19 Satz 1 zwar nur das BVG als Gesamtgremium, in den Grenzen der Erforderlichkeit und der Verhältnismäßigkeit entspricht es aber dem Normzweck, in die Pflicht zur Tragung der Kosten auch diejenigen einzubeziehen, die von **Ausschüssen des BVG** verursacht worden sind[4].

1. Kosten für Bildung und Tätigkeit des BVG

6   Hinsichtlich der für Bildung und Tätigkeit des BVG entstehenden Kosten können die zu § 40 BetrVG (§ 16 Abs. 1 Satz 1 EBRG) entwickelten Grundsätze herangezo-

---

1 Ebenso § 19 SCEBG.
2 Dazu näher *Freis* in Nagel/Freis/Kleinsorge, SEBG, § 19 Rz. 9 f.
3 Ebenso *Freis* in Nagel/Freis/Kleinsorge, SEBG, § 19 Rz. 13; *Hennings* in Manz/Mayer/Schröder, Art. 3 SE-RL Rz. 112; *Joost* in Oetker/Preis, EAS, B 8200, Rz. 102.
4 So auch *Freis* in Nagel/Freis/Kleinsorge, SEBG, § 19 Rz. 7 sowie zu § 40 BetrVG *Weber* in GK-BetrVG, 8. Aufl. 2005, § 40 Rz. 2.

gen werden[5], die jedoch an die Besonderheiten des BVG anzupassen sind. Das gilt insbesondere für Kosten, die durch die **Bildung des BVG** entstehen, zu denen auch solche durch die Arbeit der in den Mitgliedstaaten gebildeten **Wahlgremien** zählen[6].

Zu den Kosten der **Tätigkeit des BVG** zählen sämtliche Aufwendungen, die mit dessen **Geschäftsführung** verbunden sind insbesondere solche für die Durchsetzung des **Auskunftsanspruches**, sowie diejenigen, die infolge der sachgerechten und ordnungsgemäßen **Vorbereitung** auf die Verhandlungen mit den Leitungen der beteiligten Gesellschaften entstehen, einschließlich der Kosten für **Übersetzungen** in die Sprache der Mitgliedstaaten, die in dem BVG vertreten sind. Sofern gütliche Einigungen mit den Leitungen der beteiligten Gesellschaften scheitern, können ferner Aufwendungen für die **Rechtsverfolgung** nach § 19 Satz 1 zu tragen sein[7]. Als erforderliche Kosten kommen auch diejenigen für **Sachverständige** in Betracht[8]. Eine Beschränkung auf die Kosten *eines* Sachverständigen sieht das SEBG trotz der entsprechenden Option in Art. 3 Abs. 7 SE-RL nicht vor. Die Zahl der vom BVG zur Unterstützung hinzugezogenen Sachverständigen ist jedoch durch den Erforderlichkeitsgrundsatz beschränkt (s. unten Rz. 8).   7

Das Gesetz begrenzt die Pflicht zur Tragung der Kosten auf die „**erforderlichen**" Aufwendungen und steht damit solchen entgegen, die im Hinblick auf die Tätigkeit des BVG unverhältnismäßig sind[9]. Bei der Prüfung der Erforderlichkeit ist dem BVG bei Übernahme der höchstrichterlich konsentierten Grundsätze zu § 40 BetrVG[10] ein **Beurteilungsspielraum** zuzubilligen[11], zudem steht Art. 3 Abs. 7 SE-RL einer Anwendung des Erforderlichkeitsgrundsatzes entgegen, die in Frage stellt, dass das Gremium nicht mehr in angemessener Weise seine Aufgaben erfüllen kann[12].   8

2. Erforderliche Personal- und Sachmittel

Nach § 19 Satz 2 sind die an der Gründung beteiligten Gesellschaften verpflichtet, dem BVG die erforderlichen Personal- und Sachmittel zur Verfügung zu stellen. In **personeller Hinsicht** betrifft dies insbesondere **Büropersonal**[13] sowie ggf. **Dolmetscher**. Bezüglich der **Sachmittel** haben die in § 19 Satz 2 genannten Räume[14] lediglich exemplarische Bedeutung und werden durch den offenen Begriff der „sachlichen Mittel" ergänzt. Neben dem üblichen Bürobedarf zählen hierzu auch Kommunikationsmittel sowie für die Arbeit des BVG erforderliche Gesetzestexte einschließlich entsprechender Fachliteratur[15]. Ggf. sind diese in verschiedenen Sprachen zur Verfügung   9

---

5 So im Ansatz auch *Joost* in Oetker/Preis, EAS, B 8200, Rz. 102; *Kienast* in Jannott/Frodermann Handbuch Europäische Aktiengesellschaft, Kap. 13 Rz. 444.
6 *Freis* in Nagel/Freis/Kleinsorge, SEBG, § 19 Rz. 5.
7 Ebenso *Freis* in Nagel/Freis/Kleinsorge, SEBG, § 19 Rz. 11; *Jacobs* in MünchKomm. AktG, § 19 SEBG Rz. 4. sowie allg. zu § 40 BetrVG *Weber* in GK-BetrVG, 8. Aufl. 2005, § 40 Rz. 82 ff.
8 Zu dem insoweit in Betracht kommenden Personenkreis s. auch *Kraft/Weber* in GK-BetrVG, 8. Aufl. 2005, § 80 Rz. 131, wobei allerdings eine unreflektierte Übernahme der zu § 80 Abs. 3 BetrVG anerkannten Grundsätze wegen der eingeschränkten Aufgabe des BVG (s. §§ 4 Abs. 1 Satz 2, 13 Abs. 1 Satz 1) nicht in Betracht kommt.
9 *Freis* in Nagel/Freis/Kleinsorge, SEBG, § 19 Rz. 4.
10 Stellvertretend dazu BAG v. 3.9.2003 – 7 ABR 8/03, AP Nr. 79 zu § 40 BetrVG 1972; kritisch jedoch *Weber* in GK-BetrVG, 8. Aufl. 2005, § 40 Rz. 115.
11 *Freis* in Nagel/Freis/Kleinsorge, SEBG, § 19 Rz. 4.
12 Ähnlich *Jacobs* in MünchKomm. AktG, § 19 SEBG Rz. 2.
13 Ausführlich hierzu z.B. *Weber* in GK-BetrVG, 8. Aufl. 2005, § 40 Rz. 168 ff.
14 Dazu statt aller *Weber* in GK-BetrVG, 8. Aufl. 2005, § 40 Rz. 120 ff.
15 Näher dazu *Weber* in GK-BetrVG, § 40 Rz. 124 ff.

zu stellen[16]. Wegen der internationalen Zusammensetzung des BVG können zu den „sachlichen Mitteln" auch Wörterbücher zählen.

10   Wie bei den Kosten des BVG stehen auch die von den Leitungen zur Verfügung zu stellenden Personal- und Sachmittel unter dem Vorbehalt, dass diese für die Sitzungen des BVG erforderlich sind. Sie müssen deshalb nicht nur einen unmittelbaren Bezug zu der **Aufgabe des BVG**, mit den Leitungen über den Abschluss einer Beteiligungsvereinbarung zu verhandeln (s. die §§ 4 Abs. 1 Satz 2, 13 Abs. 1 Satz 1), aufweisen, sondern auch im Hinblick auf ihre **Höhe** verhältnismäßig sein. Das gilt insbesondere für die Inanspruchnahme von Dolmetschern, wenn die bei den Mitgliedern vorhandenen Fremdsprachenkenntnisse durch Wörterbücher ausgeglichen werden können, insbesondere die Verständigung der Mitglieder auf eine von allen beherrschte Arbeitssprache (z.B. englisch) zumutbar ist.

3. Persönliche Kosten der Mitglieder

11   Bezüglich der persönlichen Kosten der Mitglieder zählt § 19 Satz 2 die **Reise- und Aufenthaltskosten** der Mitglieder des BVG ebenfalls zu den von den Leitungen der beteiligten Gesellschaften zu tragenden Kosten[17], wobei dies – wie das Eingangswort „insbesondere" verdeutlicht – nur exemplarische Bedeutung hat. Deshalb sind auch die Kosten eines Mitgliedes zu tragen, die diesem wegen der Durchsetzung seiner mit der Mitgliedschaft verbundenen Rechte entstehen[18]. Da § 42 die Teilnahme an **Schulungs- und Fortbildungsveranstaltungen** umfasst (s. dazu unten § 42 Rz. 15 f.), sind die mit ihrer Teilnahme entstehenden Kosten ebenfalls zu tragen[19].

12   Auch die Kosten der Mitglieder des BVG sind nur zu tragen, wenn sie einer **Erforderlichkeitsprüfung** standhalten und verhältnismäßig sind. Das betrifft insbesondere die Kosten, um an den Sitzungen des BVG teilnehmen zu können. Reise- und Übernachtungskosten müssen deshalb die wirtschaftlichen Belange des Kostenträgers angemessen berücksichtigen[20].

III. Schuldner der nach § 19 zu tragenden Kosten

13   Schuldner der zu tragenden Kosten sind im Gründungsstadium die beteiligten Gesellschaften und nach Gründung die SE als Gesamtschuldner, was jedoch denknotwendig voraussetzt, dass die an der Errichtung der SE beteiligten Gesellschaften nach deren Gründung fortbestehen. Die Einzelheiten der gesamtschuldnerischen Haftung richten sich nach den §§ 421 ff. BGB[21].

14   Über den **Ausgleich im Innenverhältnis** trifft § 19 keine Regelung, so dass die anteilige Haftung nach § 426 Abs. 1 BGB naheliegt. Dies würde aber dem Zweck der Kostentragungspflicht widersprechen, da es sich um solche handelt, die mit der Gründung der SE im Zusammenhang stehen und deren Errichtung ermöglichen sollen. Aus diesem Zweck folgt eine anderweitige Bestimmung i.S. des § 426 Abs. 1 BGB, so dass die Kosten nach der Gründung letztlich ausschließlich von der SE zu tragen sind.

---

16 S. auch *Freis* in Nagel/Freis/Kleinsorge, SEBG, § 19 Rz. 6.
17 Im Einzelnen z.B. *Weber* in GK-BetrVG, 8. Aufl. 2005, § 40 Rz. 34 ff.
18 *Freis* in Nagel/Freis/Kleinsorge, SEBG, § 19 Rz. 12; s. dazu auch *Weber* in GK-BetrVG, 8. Aufl. 2005, § 40 Rz. 88 ff.
19 Näher dazu statt aller *Weber* in GK-BetrVG, 8. Aufl. 2005, § 40 Rz. 45 ff.
20 Zu § 40 Abs. 1 BetrVG s. stellvertretend *Weber* in GK-BetrVG, 8. Aufl. 2005, § 40 Rz. 12 m.w.N.
21 *Freis* in Nagel/Freis/Kleinsorge, SEBG, § 19 Rz. 3.

§ 20
Dauer der Verhandlungen

(1) Die Verhandlungen beginnen mit der Einsetzung des besonderen Verhandlungsgremiums und können bis zu sechs Monate dauern. Einsetzung bezeichnet den Tag, zu dem die Leitungen zur konstituierenden Sitzung des besonderen Verhandlungsgremiums eingeladen haben.

(2) Die Parteien können einvernehmlich beschließen, die Verhandlungen über den in Absatz 1 genannten Zeitraum hinaus bis zu insgesamt einem Jahr ab der Einsetzung des besonderen Verhandlungsgremiums fortzusetzen.

I. Allgemeines

Das SEBG geht für die Beteiligung der Arbeitnehmer in der SE zwar von dem Vorrang   1
einer Vereinbarungslösung aus, wegen der Verknüpfung der Verhandlungen mit der Eintragung der SE (Art. 12 Abs. 2 SE-VO) errichtet das Gesetz jedoch eine Zeitschranke für das Verhandlungsverfahren, damit dieses die Errichtung einer SE nicht unverhältnismäßig verzögert[1]. Hiermit setzt § 20 die Vorgabe des **Art. 5 SE-RL** um, der folgenden Wortlaut hat:

„(1) Die Verhandlungen beginnen mit der Einsetzung des besonderen Verhandlungsgremiums und können bis zu sechs Monate andauern.

(2) Die Parteien können einvernehmlich beschließen, die Verhandlungen über den in Absatz 1 genannten Zeitraum hinaus bis zu insgesamt einem Jahr ab der Einsetzung des besonderen Verhandlungsgremiums fortzusetzen."

Der in Rz. 1 wiedergegebene Wortlaut der SE-RL kehrt in **Art. 5 SCE-RL** wieder;   2
ebenso stimmt **§ 20 SCEBG** mit § 20 wörtlich überein. Auch die **Verschmelzungs-RL** hat in Art. 16 Abs. 3 auf den mit Art. 5 SE-RL etablierten Mechanismus zur Beschleunigung der Verhandlungen Bezug genommen. Dementsprechend ist die Umsetzungsnorm des **§ 21 MgVG** mit § 20 identisch.

Mit der Zeitschranke für die Verhandlungen greift § 20 eine bereits **aus dem EBRG**   3
bekannte Regelungstechnik auf, da auch dort nach Überschreiten der Verhandlungsfrist die gesetzliche Auffangregelung eingreift (s. § 21 Abs. 1 Satz 2 EBRG). Hierin und in dieser Funktion erschöpfen sich indes die Gemeinsamkeiten mit § 20, da § 21 Abs. 1 Satz 2 EBRG eine Verhandlungsdauer von maximal drei Jahren festlegt, die zudem jederzeit abgekürzt werden kann, indem die zentrale Leitung und das BVG gemeinsam das Scheitern der Verhandlungen vorzeitig erklären[2].

---

1 *Jacobs* in MünchKomm. AktG, § 20 SEBG Rz. 1. Ebenso zu § 226 ArbVG *Gahleitner* in Kalss/Hügel, § 226 ArbVG Rz. 1.

2 S. insoweit auch Art. 16 Abs. 4 Verschmelzungs-RL, der den betreffenden Organen der an der Verschmelzung beteiligten Gesellschaften die jederzeit ausübbare Möglichkeit eröffnet, mittels einseitiger Erklärung die Auffangregelung zur Anwendung zu bringen (s. auch § 23 Abs. 1 Satz 1 Nr. 3 MgVG). Für das SEBG gilt dies jedoch nicht; s. auch *Kienast* in Jannott/Frodermann, Handbuch Europäische Aktiengesellschaft, Kap. 13 Rz. 314 Fn. 298.

4   Angesichts der engen Vorgabe in Art. 5 SE-RL hat auch § 226 ArbVG für **Österreich** die gemeinschaftsrechtliche Bestimmung inhaltlich weitgehend unverändert übernommen. Als maßgeblichen Zeitpunkt für den Fristbeginn benennt die Vorschrift indes die Konstituierung des BVG, die jedoch erst mit den in den § 219 Abs. 2 Satz 1 ArbVG vorgesehenen Wahlen abgeschlossen ist (s. oben § 12 Rz. 14), so dass für den Fristbeginn die tatsächlich durchgeführte konstituierende Sitzung maßgebend ist. Damit weicht § 226 ArbVG in zeitlicher Hinsicht geringfügig von § 20 Abs. 1 Satz 2 ab (s. unten Rz. 6).

II. Regelmäßige Verhandlungsdauer (§ 20 Abs. 1)

5   Als regelmäßige Dauer der Verhandlungen bestimmt § 20 Abs. 1 Satz 1 einen Zeitraum von **sechs Monaten**. Für die **Berechnung der Frist** sind die §§ 187, 188, 193 BGB heranzuziehen.

6   Den **Beginn der Frist** legt § 20 Abs. 1 Satz 1 auf die Einsetzung des BVG und übernimmt damit die Vorgabe in Art. 5 Abs. 1 SE-RL. Während diese die Einsetzung des BVG in zeitlicher Hinsicht nicht näher konkretisiert[3], bestimmt § 20 Abs. 1 Satz 2, dass hierfür der Tag maßgebend ist, den die **Einladung zur konstituierenden Sitzung** angibt. Dieser ist unabhängig davon ausschlaggebend, ob die konstituierende Sitzung tatsächlich zu diesem Zeitpunkt stattfindet[4]. Abweichendes gilt lediglich, wenn die Leitungen den ursprünglich benannten Tag der konstituierenden Sitzung nach der **Einladung verschieben** sollten; in diesem Fall ist der neu festgelegte Tag maßgebend. Damit beginnt die Verhandlungsfrist unabhängig davon, ob bzw. wann es zur Konstituierung des BVG kommt. Erforderlich ist jedoch stets, dass die Einladung zu der konstituierenden Sitzung rechtswirksam ist (s. dazu auch oben § 12 Rz. 4 ff.)[5].

III. Verlängerung der Verhandlungsdauer (§ 20 Abs. 2)

7   Mit § 20 Abs. 2 regelt das Gesetz abschließend, in welchem Umfang die Dauer des Verhandlungsverfahrens zur Disposition der Verhandlungsparteien steht. Eine **Verkürzung des Zeitraumes**, nach dessen Ablauf die in Art. 12 Abs. 2 SE-VO bzw. § 22 Abs. 1 Nr. 2 genannten Rechtsfolgen eintreten, können die Verhandlungsparteien nicht beschließen[6]. Die entsprechende Vorschrift des § 21 Abs. 1 Satz 2 EBRG, die diese Möglichkeit eröffnet, hat das SEBG nicht übernommen[7]. Gleichwohl getroffene Abreden sind wegen des Widerspruchs zum zwingenden Gesetzesrecht unwirksam und lösen nicht die gesetzlich vorgesehenen Rechtsfolgen aus. Wollen die Verhandlungsparteien das Verfahren beschleunigt beenden, so können sie dieses nur durch den Abschluss einer Beteiligungsvereinbarung erreichen oder indem sich das BVG bereit erklärt, das Verhandlungsverfahren gem. § 16 vorzeitig abzubrechen, wofür es jedoch eines mit doppelt qualifizierter Mehrheit zu fassenden Beschlusses bedarf (s. oben § 16 Rz. 8 ff.). Die vor Ablauf der Verhandlungsfrist erzielte Einigung, die Verhandlungen vorzeitig abzubrechen, kann allenfalls im Sinne einer **Vereinbarung**

---

3 Zur Notwendigkeit, den Beginn der Verhandlungen präzise festzulegen, Begr. RegE, BT-Drucks. 15/3405, S. 51; *Freis* in Nagel/Freis/Kleinsorge, SEBG, § 20 Rz. 2.
4 Begr. RegE, BT-Drucks. 15/3405, S. 51; *Freis* in Nagel/Freis/Kleinsorge, SEBG, § 20 Rz. 2; *Grobys*, NZA 2005, 84, 87; *Jacobs* in MünchKomm. AktG, § 20 SEBG Rz. 2.
5 *Freis* in Nagel/Freis/Kleinsorge, SEBG, § 20 Rz. 2.
6 Für die Zulässigkeit eines derartigen Beschlusses jedoch *Grobys*, NZA 2005, 84, 88; *Seibt*, Der Konzern 2005, 407, 418.
7 Treffend hervorgehoben von *Kienast* in Jannott/Frodermann, Handbuch Europäische Aktiengesellschaft, Kap. 13 Rz. 314 Fn. 298.

i.S. von § 22 Abs. 1 Nr. 1 ausgelegt werden, dass die gesetzliche Auffangregelung kraft Vereinbarung zur Anwendung gelangen soll[8]. Allerdings setzt auch eine derartige Vereinbarung einen mit ggf. qualifizierter doppelter Mehrheit zu fassenden **Beschluss des BVG** voraus und muss zudem der **Schriftform** genügen (s. unten § 34 Rz. 9).

Die **Verlängerung** der Verhandlungsdauer setzt einen einvernehmlichen **Beschluss** 8 **der Verhandlungsparteien** voraus. Damit steht es scheinbar im Belieben jeder Seite, einem Verlängerungsbegehren der anderen Seite zu entsprechen[9]. Andererseits verpflichtet § 13 Abs. 1 Satz 2 während der Verhandlungen zu einer **vertrauensvollen Zusammenarbeit** (s. dazu oben § 13 Rz. 6 ff.); diesem Gebot handelt eine Partei zuwider, wenn sie sich einem sachlich begründeten Verlängerungsbegehren der anderen Seite grundlos verschließt. Wegen der Rechtsfolgen, mit denen § 22 Abs. 1 Nr. 2 den Ablauf der Verhandlungsfrist versieht, sowie der Bedeutung der Verhandlungen für die Erlangung der Rechtsfähigkeit der SE (Art. 12 SE-VO) kommt ein Verstoß gegen den Grundsatz der vertrauensvollen Zusammenarbeit jedoch nur ausnahmsweise in Betracht; grundsätzlich hängt es allein vom Willen der Leitungen ab, ob sie die mit einer Verlängerung der Verhandlungen verbundenen Verzögerungen in Kauf nehmen wollen. Für das BVG gilt dies entsprechend.

Auf Seiten des BVG setzt die Verlängerung der Verhandlungen einen **Beschluss des** 9 **Gremiums** voraus[10], für den das Mehrheitserfordernis des § 15 Abs. 2 gilt[11]. Dies folgt aus dem Wortlaut des § 20 Abs. 2, der die „Parteien" und damit das BVG als Gremium zur Verlängerung der Verhandlungsdauer berechtigt. Der **Vorsitzende des BVG** kann diese mit den Leitungen deshalb nur rechtswirksam verlängern, wenn ein entsprechender Beschluss des Gremiums ihn hierzu legitimiert. Eine einvernehmliche Abrede ohne diese Grundlage oder eine Abweichung von diesem ist rechtsunwirksam, so dass die für den Ablauf der regelmäßigen Verhandlungsdauer vorgesehenen Rechtsfolgen (s. unten Rz. 12 f.) eintreten.

Die Verlängerung der Verhandlungsdauer stellt das Gesetz nicht vollständig zur Dis- 10 position der Parteien; § 20 Abs. 2 bindet diese an den **Zeitraum von einem Jahr**, der mit der Einsetzung des BVG (s. oben Rz. 6) zu laufen beginnt. Diesen hat das Gesetz als **Höchstgrenze** ausgestaltet, so dass die Verhandlungsparteien für eine Verlängerung die in § 20 Abs. 2 genannte Frist nicht ausschöpfen müssen. Unter der Voraussetzung, dass die maximale Frist von einem Jahr noch nicht abgelaufen ist, können die Verhandlungsparteien den **Beschluss** zur Fortsetzung der Verhandlungen **wiederholen**, sind allerdings stets an den maximalen Verhandlungszeitraum von einem Jahr gebunden.

Für den **Beschluss der Verhandlungsparteien** stellt § 20 **keine Formvorschriften** auf[12]. 11 Auch der **Beschluss des BVG** zur Verlängerung der Verhandlungen (s. oben Rz. 9) bedarf, sofern die Geschäftsordnung des Gremiums keine abweichenden Regelungen trifft, keiner förmlichen Dokumentation, insbesondere keiner Aufnahme in der **Niederschrift**, da § 17 Satz 1 diesen Beschlussgegenstand nicht aufzählt. Im Hinblick auf die Eintragung der SE (Art. 12 Abs. 2 SE-VO) und den ggf. erforderlichen Nachweis zur Länge der (abgelaufenen) Verhandlungsfrist ist diese Lücke misslich.

---

8 So im Ansatz *Freis* in Nagel/Freis/Kleinsorge, SEBG, § 20 Rz. 7.
9 *Kienast* in Jannott/Frodermann, Handbuch Europäische Aktiengesellschaft, Kap. 13 Rz. 314.
10 Ebenso Begr. RegE, BT-Drucks. 15/3405, S. 51; *Jacobs* in MünchKomm. AktG, § 20 SEBG Rz. 3.
11 *Freis* in Nagel/Freis/Kleinsorge, SEBG, § 20 Rz. 4; *Jacobs* in MünchKomm. AktG, § 20 SEBG Rz. 3.
12 *Habersack* in Ulmer/Habersack/Henssler, MitbestR, 2. Aufl. 2006, § 34 SEBG Rz. 10; *Jacobs* in MünchKomm. AktG, § 20 SEBG Rz. 3.

IV. Rechtsfolgen bei Ablauf der Verhandlungsfrist

12 Sind die Verhandlungen bis zum Ablauf der nach § 20 Abs. 1 oder 2 zu bestimmenden
Frist nicht abgeschlossen, dann treten kraft Gesetzes die nachstehenden Rechtsfolgen ein:

– Erstens ist das Registergericht zur **Eintragung der SE** in das Handelsregister berechtigt, ohne dass eine Vereinbarung zur Beteiligung der Arbeitnehmer vorliegt
(Art. 12 Abs. 2 SE-VO);
– zweitens greift die in den §§ 23 ff. ausgestaltete **gesetzliche Auffangregelung** ein.

13 Eine **nach Fristablauf getroffene Vereinbarung** ist wegen des zwingenden Charakters
der §§ 22 ff. unwirksam; der Ablauf der Verhandlungsfrist führt dazu, dass die Amtszeit des BVG endet (s. oben § 4 Rz. 7), so dass auf Arbeitnehmerseite eine rechtsfähige Vereinbarungspartei fehlt. Es ist vielmehr die gesetzliche Auffangregelung anzuwenden[13], die dem auf dieser Grundlage errichteten SE-Betriebsrat jedoch die Möglichkeit eröffnet, einen Beschluss zur Wiederaufnahme der Verhandlungen zu fassen
(s. § 26).

---

13 *Jacobs* in MünchKomm. AktG, § 20 SEBG Rz. 4.

Teil 3. Beteiligung der Arbeitnehmer in der SE

Kapitel 1. Beteiligung der Arbeitnehmer kraft Vereinbarung

§ 21
Inhalt der Vereinbarung

(1) In der schriftlichen Vereinbarung zwischen den Leitungen und dem besonderen Verhandlungsgremium wird, unbeschadet der Autonomie der Parteien im Übrigen und vorbehaltlich des Absatzes 6, festgelegt:

1. der Geltungsbereich der Vereinbarung, einschließlich der außerhalb des Hoheitsgebietes der Mitgliedstaaten liegenden Unternehmen und Betriebe, sofern diese in den Geltungsbereich einbezogen werden;

2. die Zusammensetzung des SE-Betriebsrats, die Anzahl seiner Mitglieder und die Sitzverteilung, einschließlich der Auswirkungen wesentlicher Änderungen der Zahl der in der SE beschäftigten Arbeitnehmer;

3. die Befugnisse und das Verfahren zur Unterrichtung und Anhörung des SE-Betriebsrats;

4. die Häufigkeit der Sitzungen des SE-Betriebsrats;

5. die für den SE-Betriebsrat bereitzustellenden finanziellen und materiellen Mittel;

6. der Zeitpunkt des Inkrafttretens der Vereinbarung und ihre Laufzeit; ferner die Fälle, in denen die Vereinbarung neu ausgehandelt werden soll und das dabei anzuwendende Verfahren.

(2) Wenn kein SE-Betriebsrat gebildet wird, haben die Parteien die Durchführungsmodalitäten des Verfahrens oder der Verfahren zur Unterrichtung und Anhörung festzulegen. Absatz 1 gilt entsprechend.

(3) Für den Fall, dass die Parteien eine Vereinbarung über die Mitbestimmung treffen, ist deren Inhalt festzulegen. Insbesondere soll Folgendes vereinbart werden:

1. die Zahl der Mitglieder des Aufsichts- oder Verwaltungsorgans der SE, welche die Arbeitnehmer wählen oder bestellen können oder deren Bestellung sie empfehlen oder ablehnen können;

2. das Verfahren, nach dem die Arbeitnehmer diese Mitglieder wählen oder bestellen oder deren Bestellung empfehlen oder ablehnen können und

3. die Rechte dieser Mitglieder.

(4) In der Vereinbarung soll festgelegt werden, dass auch vor strukturellen Änderungen der SE Verhandlungen über die Beteiligung der Arbeitnehmer in der SE aufgenommen werden. Die Parteien können das dabei anzuwendende Verfahren regeln.

(5) Die Vereinbarung kann bestimmen, dass die Regelungen der §§ 22 bis 33 über den SE-Betriebsrat kraft Gesetzes und der §§ 34 bis 38 über die Mitbestimmung kraft Gesetzes ganz oder in Teilen gelten.

(6) Unbeschadet des Verhältnisses dieses Gesetzes zu anderen Regelungen der Mitbestimmung der Arbeitnehmer im Unternehmen muss in der Vereinbarung im Falle einer durch Umwandlung gegründeten SE in Bezug auf alle Komponenten der Arbeit-

nehmerbeteiligung zumindest das gleiche Ausmaß gewährleistet werden, das in der Gesellschaft besteht, die in eine SE umgewandelt werden soll. Dies gilt auch bei einem Wechsel der Gesellschaft von einer dualistischen zu einer monistischen Organisationsstruktur und umgekehrt.

Literatur: *Blanke*, Erweiterung der Beteiligungsrechte des SE-Betriebsrats durch Vereinbarung, 2006 (zit.: Beteiligungsrechte); *Habersack*, Schranken der Mitbestimmungsautonomie in der SE, AG 2006, 345; *Heinze/Seifert/Teichmann*, BB-Forum: Verhandlungssache – Arbeitnehmerbeteiligung in der SE. Vorschlag für eine Mustervereinbarung zur Unterrichtung, Anhörung und Mitbestimmung in der Europäischen Gesellschaft (SE), BB 2005, 2524; *Oetker*, Unternehmerische Mitbestimmung kraft Vereinbarung in der Europäischen Gesellschaft (SE), in FS Konzen, 2006, S. 635; *Oetker*, Unternehmensmitbestimmung in der SE kraft Vereinbarung. Grenzen der Vereinbarungsautonomie im Hinblick auf die Größe des Aufsichtsrats, ZIP 2006, 1113; *Seibt*, Privatautonome Mitbestimmungsvereinbarungen: Rechtliche Grundlagen und Praxishinweise, AG 2005, 413; *Thüsing*, SE-Betriebsrat kraft Vereinbarung, ZIP 2006, 1469.

I. Allgemeines

1   Entsprechend der Konzeption des SEBG, autonomen Abreden zur Beteiligung der Arbeitnehmer den Vorrang einzuräumen (§ 1 Abs. 2 Satz 1), steht am Beginn des Dritten Teils mit § 21 eine Grundnorm, die den Inhalt der Beteiligungsvereinbarung konkretisiert; die Katalogtatbestände in § 21 Abs. 1 und 3 haben hierfür exemplarische Bedeutung.

2   Die Bestimmungen in § 21 finden weitgehend eine Entsprechung in **Art. 4 Abs. 2 bis 4 SE-RL**. Diese lauten:

„(2) Unbeschadet der Autonomie der Parteien und vorbehaltlich des Absatzes 4 wird in der schriftlichen Vereinbarung nach Absatz 1 zwischen dem jeweils zuständigen Organ der beteiligten Gesellschaften und dem besonderen Verhandlungsgremium folgendes festgelegt:

a) der Geltungsbereich der Vereinbarung,

b) die Zusammensetzung des Vertretungsorgans als Verhandlungspartner des zuständigen Organs der SE im Rahmen der Vereinbarung über die Unterrichtung und Anhörung der Arbeitnehmer der SE und ihrer Tochtergesellschaften und Betriebe sowie die Anzahl seiner Mitglieder und die Sitzverteilung,

c) die Befugnisse und das Verfahren zur Unterrichtung und Anhörung des Vertretungsorgans,

d) die Häufigkeit der Sitzungen des Vertretungsorgans,

e) die für das Vertretungsorgan bereitzustellenden finanziellen und materiellen Mittel,

f) die Durchführungsmodalitäten des Verfahrens oder der Verfahren zur Unterrichtung und Anhörung für den Fall, dass die Parteien im Laufe der Verhandlungen beschließen, eines oder mehrere solche Verfahren zu schaffen, anstatt ein Vertretungsorgan einzusetzen,

g) der Inhalt einer Vereinbarung über die Mitbestimmung für den Fall, dass die Parteien im Laufe der Verhandlungen beschließen, eine solche Vereinbarung einzuführen, einschließlich (gegebenenfalls) der Zahl der Mitglieder des Verwaltungs- oder des Aufsichtsorgans der SE, welche die Arbeitnehmer wählen oder bestellen können oder deren Bestellung sie empfehlen oder ablehnen können, der Verfahren, nach denen die Arbeitnehmer diese Mitglieder wählen oder bestellen oder deren Bestellung empfehlen oder ablehnen können, und der Rechte dieser Mitglieder,

h) der Zeitpunkt des Inkrafttretens der Vereinbarung und ihre Laufzeit, die Fälle, in denen die Vereinbarung neu ausgehandelt werden sollte, und das bei ihrer Neuaushandlung anzuwendende Verfahren.

(3) Sofern in der Vereinbarung nichts anderes bestimmt ist, gilt die Auffangregelung des Anhangs nicht für diese Vereinbarung.

(4) Unbeschadet des Artikels 13 Absatz 3 Buchstabe a muss in der Vereinbarung im Falle einer durch Umwandlung gegründeten SE in Bezug auf alle Komponenten der Arbeitnehmerbeteiligung zumindest das gleiche Ausmaß gewährleistet werden, das in der Gesellschaft besteht, die in eine SE umgewandelt werden soll."

Ferner ist nach **Art. 7 Abs. 2 lit. a SE-RL** den Parteien die Möglichkeit zu eröffnen, die in den Rechtsvorschriften der Mitgliedstaaten festgelegte Auffangregelung, in dem die SE ihren Sitz haben soll, kraft Vereinbarung zur Anwendung zu bringen; diese gemeinschaftsrechtliche Vorgabe setzt **§ 21 Abs. 5** um.

Die in Rz. 2 wiedergegebenen Bestimmungen der SE-RL sind ohne inhaltliche Änderungen in **Art. 4 Abs. 2 bis 4 SCE-RL** sowie **Art. 7 Abs. 1 Unterabs. 2 lit. a SCE-RL** übernommen worden. Mit geringen Modifizierungen stimmt auch die zur Umsetzung geschaffene Bestimmung in **§ 21 SCEBG** mit § 21 überein; Abweichungen sind lediglich im Hinblick auf die Auswirkungen struktureller Änderungen zu verzeichnen: Die Vorschrift des § 21 Abs. 5 ist in § 21 Abs. 3 SCEBG als Nr. 4 integriert. In der **Verschmelzungs-RL** nimmt die Verweisungsnorm in Art. 16 Abs. 3 auf die in Rz. 2 wiedergegebene Bestimmung der SE-RL nur bezüglich der für die Mitbestimmung maßgeblichen Teile (Art. 4 Abs. 2 lit. a, g und h SE-RL) Bezug; wegen des Gegenstandes der Richtlinie konnte eine Verweisung auf die Sonderbestimmung zur Umwandlung (Art. 4 Abs. 4 SE-RL) unterbleiben. Dementsprechend beschränkt sich auch das zur Umsetzung geschaffene **MgVG** auf Regelungen zur Mitbestimmung der Arbeitnehmer. Dabei kehren die Vorgaben zum Inhalt der Vereinbarung in § 21 Abs. 1 Nr. 1 und 6 sowie Abs. 3 in § 22 Abs. 1 MgVG wieder, § 21 Abs. 4 und 5 wird in § 22 Abs. 2 und 3 MgVG übernommen. Ergänzend zu § 21 aber in Übereinstimmung mit Art. 12 Abs. 4 SE-VO bestimmt § 22 Abs. 4 MgVG, dass die Satzung der aus einer grenzüberschreitenden Verschmelzung hervorgehenden Gesellschaft ggf. an die Regelungen über die Mitbestimmung kraft Vereinbarung anzupassen ist.

Die Regelung in § 21 ähnelt den **§§ 17 bis 20 EBRG**, die sich im Hinblick auf die Unterrichtung und Anhörung bei einem Vergleich mit § 21 jedoch durch eine größere Regelungsdichte auszeichnen.

In **Österreich** enthält § 230 ArbVG eine Vorschrift, die mit § 21 vergleichbar ist; die Vereinbarung zur Schaffung eines oder mehrerer Verfahren zur Unterrichtung und

Anhörung der Arbeitnehmer hat in § 231 ArbVG nur scheinbar eine im Vergleich mit § 21 Abs. 2 detailliertere Regelung erfahren, da § 21 Abs. 2 Satz 2 auf § 21 Abs. 1 verweist. Im Hinblick auf die Vorgaben für die Vereinbarung zur Mitbestimmung stimmen § 230 Abs. 2 ArbVG und § 21 Abs. 3 überein. Wie § 21 Abs. 5 eröffnet auch das österreichische Recht den Parteien die Möglichkeit, die Anwendung der gesetzlichen Auffangregelung zu vereinbaren (§§ 232 Abs. 1 Nr. 1, 244 Abs. 1 Nr. 1 ArbVG).

II. Abschluss der Vereinbarung

1. Vereinbarungsparteien

6   Die Parteien der Beteiligungsvereinbarung legt § 21 Abs. 1 in Fortführung von § 4 Abs. 1 Satz 2 und § 13 Abs. 1 fest und benennt für die Arbeitnehmerseite das BVG und für die an der Gründung der SE beteiligten Gesellschaft die „Leitungen".

7   **Auf Seiten des BVG** muss der Abschluss der Vereinbarung auf einem wirksamen **Beschluss** beruhen[1]. Ohne diesen ist die Vereinbarung selbst dann unwirksam, wenn der Vorsitzende des BVG diese unterzeichnet hat, da er das Gremium lediglich in der Erklärung vertritt (s. oben § 12 Rz. 16); insofern gelten keine anderen Grundsätze als für den Abschluss von Betriebsvereinbarungen[2]. Das für eine rechtswirksame Vereinbarung notwendige **Mehrheitserfordernis** hängt von deren Inhalt ab. Grundsätzlich genügt eine doppelte absolute Mehrheit (§ 15 Abs. 2), erst bei einer Minderung der Mitbestimmung bedarf ein rechtswirksam gefasster Beschluss einer qualifizierten doppelten Mehrheit (§ 15 Abs. 3). Ohne wirksame Beschlussfassung ist eine gleichwohl unterzeichnete Beteiligungsvereinbarung unwirksam[3]. Ausschließlich im Rahmen von Neuverhandlungen wegen struktureller Änderungen (§ 18 Abs. 3) kann auf Arbeitnehmerseite der SE-Betriebsrat als Verhandlungspartei auftreten (s. dazu oben § 18 Rz. 25)[4].

8   Die Verhandlungspartei auf Seiten der an der Gründung der SE **beteiligten Gesellschaften** hält das SEBG bewusst vage; die Legaldefinition in § 2 Abs. 5 hilft insoweit nicht, weil sich aus dieser lediglich ergibt, dass es sich bei der „Leitung" um das vertretungsberechtigte Organ der Gesellschaft handelt (s. oben § 2 Rz. 13 f.). Wegen der Regelungsabstinenz des SEBG obliegt es den „Leitungen", untereinander die **Abschlusskompetenz** festzulegen, wobei diese wegen des Zwecks der Norm so beschaffen sein muss, dass die Vereinbarung für die an der Gründung der SE beteiligten Gesellschaften verbindliche Wirkung entfaltet. Dies kann entweder dadurch erreicht werden, dass die Leitungen aller beteiligten Gesellschaften die Vereinbarung unterzeichnen oder aber die Leitung einer Gesellschaft von den anderen Gesellschaften zur Unterzeichnung der Vereinbarung bevollmächtigt wird[5]. Ebenso kann aus den

---

1 *Jacobs* in MünchKomm. AktG, § 21 SEBG Rz. 4; *Joost* in Oetker/Preis, EAS, B 8200, Rz. 114.
2 Statt aller *Kreutz* in GK-BetrVG, 8. Aufl. 2005, § 77 Rz. 46.
3 Vgl. *Kienast* in Jannott/Frodermann, Handbuch Europäische Aktiengesellschaft, Kap. 13 Rz. 351.
4 S. auch *Oetker* in FS Konzen, 2006, S. 635, 637 f.
5 *Henssler* in Ulmer/Habersack/Henssler, MitbestR, 2. Aufl. 2006, Einl. SEBG Rz. 185; *Jacobs* in MünchKomm. AktG, § 21 SEBG Rz. 2; *Kienast* in Jannott/Frodermann, Handbuch Europäische Aktiengesellschaft, Kap. 13 Rz. 100, 337; *Oetker* in FS Konzen, 2006, S. 635, 638; insofern gelten keine anderen Grundsätze als beim Abschluss konzerndimensionaler Tarifverträge; vgl. dazu *Oetker* in Wiedemann, TVG, 7. Aufl. 2007, § 2 Rz. 143.

Leitungen der beteiligten Gesellschaften eine Verhandlungskommission gebildet und ggf. mit entsprechender Vollmacht ausgestattet werden[6].

2. Einigung der Parteien

Der Abschluss einer Beteiligungsvereinbarung erfolgt im Konsens beider Parteien[7]. 9
Ihre Erzwingung mittels angedrohter oder vollzogener **Maßnahmen eines Arbeitskampfes** widerspricht nicht nur dem durch die Auffangregelung indirekt erzeugten
Einigungsdruck, sondern ist zudem mit dem Gebot vertrauensvoller Zusammenarbeit (§ 13 Abs. 1 Satz 2) unvereinbar (s. oben § 13 Rz. 7)[8].

3. Formerfordernisse

§ 21 Abs. 1 verlangt für die zwischen den Parteien abgeschlossene Vereinbarung aus- 10
drücklich die Wahrung der Schriftform. **Mündliche Absprachen** genügen deshalb
nicht[9].

Bezüglich der **Anforderungen an die Schriftform** lassen sich dem SEBG keine An- 11
haltspunkte entnehmen. Angesichts dessen liegt es nahe, hinsichtlich der Einzelheiten auf **§ 126 BGB** zurückzugreifen[10]. Danach muss eine räumlich zusammenhängende Urkunde vorliegen, deren Text von den Unterschriften beider Parteien abgeschlossen wird. Wegen des besonderen Charakters der Beteiligungsvereinbarung,
insbesondere ihrer rechtlichen Bedeutung im Rahmen des Gründungsverfahrens
(s. Art. 12 Abs. 2 SE-VO), erfolgt die Anwendung des § 126 BGB sinngemäß. Deshalb
kann die Schriftform nicht durch die elektronische Form ersetzt werden (§ 126 Abs. 3
BGB). Ebenso genügt es nicht der Schriftform, wenn die Parteien jeweils unterschrie-
bene Erklärungen austauschen (s. aber § 126 Abs. 2 Satz 1 BGB)[11].

Die Schriftform hat nach ihrem Zweck **konstitutive Bedeutung** für die Rechtswirk- 12
samkeit einer Beteiligungsvereinbarung[12]; dies folgt vor allem aus ihrem Stellenwert
im Rahmen des Eintragungsverfahrens. Genügt sie nicht dem Schriftformerfordernis,
dann ist diese unwirksam; eines Rückgriffs auf § 125 Satz 1 BGB bedarf es für diese
Rechtsfolge nicht. Zur Möglichkeit der **Hauptversammlung**, einen **Genehmigungsvorbehalt** zu beschließen, s. Art. 23 Abs. 2 Satz 2 SE-VO sowie Art. 32 Abs. 6 Unterabs. 2 SE-VO und die dortigen Erläuterungen.

Besondere Anforderungen an die **Publizität** der Beteiligungsvereinbarung stellt das 13
SEBG nicht auf, insbesondere ist sie nicht an geeigneter Stelle in den beteiligten

---

6 *Henssler* in Ulmer/Habersack/Henssler, MitbestR, 2. Aufl. 2006, Einl. SEBG Rz. 185;
  Schwarz, Einleitung Rz. 246; in diesem Sinne auch *Jacobs* in MünchKomm. AktG, § 13 SEBG
  Rz. 2, § 21 SEBG Rz. 5; *Kienast* in Jannott/Frodermann, Handbuch Europäische Aktiengesellschaft, Kap. 13 Rz. 100.
7 *Jacobs* in MünchKomm. AktG, § 21 SEBG Rz. 4.
8 *Calle Lambach*, Beteiligung der Arbeitnehmer, S. 162; *Hennings* in Manz/Mayer/Schröder,
  Art. 4 SE-RL Rz. 2; *Henssler* in Ulmer/Habersack/Henssler, MitbestR, 2. Aufl. 2006, Einl.
  SEBG Rz. 153; *Jacobs* in MünchKomm. AktG, § 21 SEBG Rz. 6.
9 *Calle Lambach*, Beteiligung der Arbeitnehmer, S. 169; *Jacobs* in MünchKomm. AktG, § 21
  SEBG Rz. 4.
10 Ebenso im Ansatz *Kuffner*, Beteiligung der Arbeitnehmer, S. 151.
11 *Calle Lambach*, Beteiligung der Arbeitnehmer, S. 169; *Jacobs* in MünchKomm. AktG, § 21
   SEBG Rz. 4; im Ergebnis auch *Kuffner*, Beteiligung der Arbeitnehmer, S. 151. Ebenso für die
   §§ 17 ff. EBRG *C. Müller*, EBRG, 1997, § 17 Rz. 4.
12 Ebenso für die nach dem EBRG abgeschlossene Vereinbarung *Joost* in MünchHdb. ArbR,
   2. Aufl. 2000, § 366 Rz. 104; *C. Müller*, EBRG, 1997, § 17 Rz. 4. Für die Betriebsvereinbarung
   s. *Fitting/Engels/Schmidt/Trebinger/Linsenmaier*, BetrVG, 23. Aufl. 2006, § 77 Rz. 30; *Kreutz*
   in GK-BetrVG, 8. Aufl. 2005, § 77 Rz. 44.

Gesellschaften oder den betroffenen Tochtergesellschaften auszuhängen. Entsprechendes gilt für das **Registerrecht**; obwohl die Beteiligungsvereinbarung wegen Art. 12 Abs. 2 SE-VO ggf. vorzulegen ist[13], ist sie kein Bestandteil der Registerunterlagen.

III. Rechtsnatur der Vereinbarung und Auslegung

1. Rechtsnatur

14 Die Rechtsnatur der Beteiligungsvereinbarung ist wegen Art. 6 SE-RL nach **Maßgabe des deutschen Rechts** zu bestimmen[14]. Dabei hat sich die dogmatische Einordnung vor allem an dem spezifischen Zweck der Vereinbarung zu orientieren, so dass die Diskussion zur Rechtsnatur der im Rahmen des EBRG abgeschlossenen Vereinbarung[15] nicht unreflektiert auf die Beteiligungsvereinbarung i.S. des § 21 übertragen werden kann.

15 Eine Klassifizierung der Beteiligungsvereinbarung als **Tarifvertrag i.S. des TVG** scheidet aus, weil sich die Abschlusspartei auf Arbeitnehmerseite nicht in das normative Gefüge des deutschen Tarifrechts einordnen lässt[16]. Das BVG genügt nicht den allgemeinen Voraussetzungen für tariffähige Arbeitnehmervereinigungen i.S. des § 2 Abs. 1 TVG, da es weder auf Dauer angelegt ist, noch beruht die Zugehörigkeit zu dem Gremium auf einer freiwilligen Mitgliedschaft. Auch eine Charakterisierung als **Betriebsvereinbarung** scheidet aus[17], weil das BVG kein dem Betriebsrat vergleichbares Repräsentationsgremium ist (s. oben § 4 Rz. 6).

16 Der für das Zustandekommen der Beteiligungsvereinbarung maßgebende Verhandlungsmechanismus rechtfertigt es jedoch, den **vertraglichen Charakter der Abrede** zu betonen[18]. Diese begründet jedoch keine schuldrechtlichen Austauschbeziehungen, sondern weist **organisationsrechtliche Züge** auf[19], so dass die Beteiligungsvereinbarung als ein **kollektivrechtlicher Organisationsvertrag** zu charakterisieren ist[20].

---

13 *Freis* in Nagel/Freis/Kleinsorge, SEBG, § 21 Rz. 3; dazu näher *Kleindiek* in Lutter/Hommelhoff, Europäische Gesellschaft, S. 95, 109.

14 *Hennings* in Manz/Mayer/Schröder, Art. 4 SE-RL Rz. 33; *Herfs-Röttgen*, NZA 2002, 358, 363; a.A. *Schwarz*, Einleitung Rz. 286: gemeinschaftseinheitliche Bestimmung der Rechtsnatur.

15 S. dazu m.w.N. *Giesen* in Henssler/Willemsen/Kalb, ArbRKomm., 2. Aufl. 2006, EBRG Rz. 33; *Joost* in MünchHdb. ArbR, 2. Aufl. 2000, § 366 Rz. 98; *Oetker* in GK-BetrVG, 8. Aufl. 2005, vor § 106 Rz. 125 f.

16 Ebenso *Calle Lambach*, Beteiligung der Arbeitnehmer, S. 172; *Güntzel*, Richtlinie, S. 441; *Hennings* in Manz/Mayer/Schröder, Art. 4 SE-RL Rz. 33; *Henssler* in Ulmer/Habersack/Henssler, MitbestR, 2. Aufl. 2006, Einl. SEBG Rz. 153; *Herfs-Röttgen*, NZA 2002, 358, 363 f.; *Jacobs* in MünchKomm. AktG, § 21 SEBG Rz. 6; *Joost* in Oetker/Preis, EAS, B 8200, Rz. 113; *Kienast* in Jannott/Frodermann, Handbuch Europäische Aktiengesellschaft, Kap. 13 Rz. 352; *Kraushaar*, BB 2003, 1614, 1619; *Scheibe*, Mitbestimmung der Arbeitnehmer, S. 93 ff.; *Steinberg*, Mitbestimmung, S. 191 f.

17 So auch *Calle Lambach*, Beteiligung der Arbeitnehmer, S. 172; *Güntzel*, Richtlinie, S. 441; *Hennings* in Manz/Mayer/Schröder, Art. 4 SE-RL Rz. 33; *Herfs-Röttgen*, NZA 2002, 358, 364; *Jacobs* in MünchKomm. AktG, § 21 SEBG Rz. 6; *Joost* in Oetker/Preis, EAS, B 8200, Rz. 113; *Kienast* in Jannott/Frodermann, Handbuch Europäische Aktiengesellschaft, Kap. 13 Rz. 352; *Kraushaar*, BB 2003, 1614, 1619; *Scheibe*, Mitbestimmung der Arbeitnehmer, S. 95.

18 So auch *Jacobs* in MünchKomm. AktG, § 21 SEBG Rz. 6 f.

19 *Herfs-Röttgen*, NZA 2002, 358, 364; *Joost* in Oetker/Preis, EAS, B 8200, Rz. 113; *Kraushaar*, BB 2003, 1614, 1619; *Steinberg*, Mitbestimmung, S. 189; s. auch *Blanke*, Beteiligungsrechte, S. 46 f.

20 Ähnlich *Blanke*, Beteiligungsrechte, S. 47; *Hennings* in Manz/Mayer/Schröder, Art. 4 SE-RL Rz. 34; *Henssler* in Ulmer/Habersack/Henssler, MitbestR, 2. Aufl. 2006, Einl. SEBG Rz. 153; *Kienast* in Jannott/Frodermann, Handbuch Europäische Aktiengesellschaft, Kap. 13 Rz. 352 f.; *Kraushaar*, BB 2003, 1614, 1619: Kollektivvertrag sui generis.

Ob die Regelungen in der Beteiligungsvereinbarung **normative Wirkung** entfalten, 17
hängt vor allem von ihrem Inhalt ab. Hierfür spricht, dass sie Bestimmungen für Organisationen und Personen trifft bzw. treffen soll, die nicht am Vertragsschluss beteiligt sind, gleichwohl aber an die Vereinbarung gebunden sein sollen. Diese vom
Zweck der Beteiligungsvereinbarung gewollte Drittwirkung lässt sich am ehesten
mittels einer normativen Wirkung konstruktiv begründen[21].

2. Auslegung

Die für die Rechtsnatur der Beteiligungsvereinbarung maßgebenden Überlegungen 18
(oben Rz. 16 f.) strahlen auch auf die Maximen aus, mittels derer die Vereinbarung
auszulegen ist. Wird ihr – wie hier – die Kraft zugesprochen, normative Wirkung zu
entfalten, so ist diese nach den für **Gesetze maßgebenden Grundsätzen** (objektiv) auszulegen[22]. Bei verbleibenden **Regelungslücken** liegt ein Rückgriff auf die gesetzliche
Auffangregelung nahe[23]. Dies entspricht jedenfalls der Vorgabe in **§ 1 Abs. 3**, auch bei
Auslegung und Anwendung einer Beteiligungsvereinbarung die Sicherstellung der
Arbeitnehmerbeteiligung in der SE zu fördern (s. näher oben § 1 Rz. 19)[24].

IV. Inhalt und Schranken der Vereinbarung

1. Allgemeines

Grundsätzlich obliegt es – wie der Eingangssatz des § 21 Abs. 1 betont – der Auto- 19
nomie der Verhandlungsparteien, den Inhalt der Beteiligungsvereinbarung auszugestalten. Von diesem Grundmodell weicht das SEBG nur insofern ab, als § 21 Abs. 1
und Abs. 3 einzelne Tatbestände benennen, die Inhalt einer Beteiligungsvereinbarung
sein können.

Nicht restlos deutlich wird aus dem SEBG, ob es sich bei den **Katalogtatbeständen** 20
um **zwingende Elemente** einer Beteiligungsvereinbarung handelt, deren Fehlen zur
Unwirksamkeit der Abrede führt. Der Gesetzeswortlaut legt eine differenzierende
Würdigung nahe:
– Die in § 21 Abs. 1 genannten Regelungsgegenstände sind nach der sprachlichen
  Fassung des Eingangssatzes zwingend („wird festgelegt")[25]; insofern weicht § 21
  Abs. 1 von § 18 Abs. 1 Satz 2 EBRG ab, der als „Soll-Bestimmung" ausgestaltet
  ist[26].
– Demgegenüber zählen die Katalogtatbestände in § 21 Abs. 3 Satz 2 nicht zu den
  zwingenden Bestandteilen einer auf die Mitbestimmung der Arbeitnehmer bezoge-

---

21 Ebenso *Calle Lambach*, Beteiligung der Arbeitnehmer, S. 172; *Güntzel*, Richtlinie, S. 442 f.;
   Hennings in Manz/Mayer/Schröder, Art. 4 SE-RL Rz. 34; *Herfs-Röttgen*, NZA 2002, 358, 364;
   Joost in Oetker/Preis, EAS, B 8200, Rz. 113; *Kuffner*, Beteiligung der Arbeitnehmer, S. 150 f.;
   Oetker in FS Konzen, 2006, S. 635, 642 f.; *Scheibe*, Mitbestimmung der Arbeitnehmer, S. 98;
   Steinberg, Mitbestimmung, S. 187 ff.; i.E. auch *Schwarz*, Einleitung Rz. 285; a.A. *Jacobs* in
   MünchKomm. AktG, § 21 SEBG Rz. 6 f.
22 So i.E. *Kuffner*, Beteiligung der Arbeitnehmer, S. 151; *Scheibe*, Mitbestimmung der Arbeitneh-
   mer, S. 99 ff.; *Seibt*, AG 2005, 413, 428; a.A. konsequent *Jacobs* in MünchKomm. AktG, § 21
   SEBG Rz. 8.
23 Ebenso *Jacobs* in MünchKomm. AktG, § 21 SEBG Rz. 8; a.A. wohl *Schwarz*, Einleitung
   Rz. 292: kein subsidiärer Rückgriff auf die gesetzliche Auffangregelung.
24 Dazu auch *Oetker* in FS Konzen, 2006, S. 635, 643 f.
25 Begr. RegE, BT-Drucks. 15/3405, S. 51: „muss die Vereinbarung eine Aussage treffen"; ebenso
   Calle Lambach, Beteiligung der Arbeitnehmer, S. 169; *Jacobs* in MünchKomm. AktG, § 21
   SEBG Rz. 16, 17.
26 S. insoweit auch *Oetker* in GK-BetrVG, 8. Aufl. 2005, vor § 106 Rz. 133, m.w.N.

nen Beteiligungsvereinbarung; die Eingangsformulierung („soll ... vereinbart werden") rechtfertigt nicht ohne weiteres die Annahme, dass die sodann genannten Regelungsinhalte zwingend aufzunehmen sind (s. aber auch unten Rz. 32).

– Entsprechendes gilt für Abreden zu strukturellen Änderungen der SE; auch insoweit steht der Wortlaut des § 21 Abs. 4 („soll festgelegt werden") einem zwingenden Charakter entgegen.

21 **Inhaltlich** sind drei Gruppen von Regelungsgegenständen zu unterscheiden:

– Erstens solche Bestimmungen, die für die Beteiligungsvereinbarung von **allgemeiner Bedeutung** sind; hierzu zählen der **Geltungsbereich** (§ 21 Abs. 1 Nr. 1), das **Inkrafttreten** und die **Laufzeit** der Vereinbarung sowie eine etwaige Neuverhandlung (§ 21 Abs. 1 Nr. 6), ferner als „Soll-Bestimmung" die Aufnahme von Verhandlungen bei **strukturellen Änderungen** (§ 21 Abs. 4).

– Zweitens die Unterrichtung und Anhörung, wobei die Parteien entweder die Bildung eines SE-Betriebsrates einschließlich seiner Befugnisse (§ 21 Abs. 1 Nr. 2 bis 5) oder ein abweichendes Verfahren zur Unterrichtung und Anhörung (§ 21 Abs. 2) festlegen können (dazu unten Rz. 28 ff.).

– Drittens die Mitbestimmung der Arbeitnehmer in dem Aufsichts- oder Verwaltungsorgan der SE (§ 21 Abs. 3; dazu unten Rz. 31 ff.).

2. Allgemeine Regelungen

a) Geltungsbereich der Vereinbarung (§ 21 Abs. 1 Nr. 1)

22 Zu den essentialia, ohne die keine rechtswirksame Beteiligungsvereinbarung vorliegt, zählt § 21 Abs. 1 Nr. 1 deren Geltungsbereich. Im Unterschied zum BVG, dessen Tätigkeit sich ausschließlich auf die **Mitgliedstaaten i.S. des § 3 Abs. 2** erstreckt (s. dazu oben § 3 Rz. 7), eröffnet § 21 Abs. 1 Nr. 1 den Verhandlungsparteien die Möglichkeit, den Geltungsbereich der Beteiligungsvereinbarung auch **über den Kreis der Mitgliedstaaten** auszudehnen[27], um z.B. internationalen Konzernsachverhalten Rechnung zu tragen[28]. Zu einer derartigen Abrede sind die Parteien indes nicht verpflichtet und zudem für Gesellschaften außerhalb der Mitgliedstaaten nur verbindlich, wenn diese die Beteiligungsvereinbarung entweder selbst unterzeichnet oder hierfür entsprechende Vollmacht erteilt haben[29].

b) Beginn und Ende der Beteiligungsvereinbarung (§ 21 Abs. 1 Nr. 6)

23 Die Vorgabe zur Dauer der Vereinbarung hat § 21 Abs. 1 Nr. 6 wörtlich aus Art. 4 Abs. 2 lit. h SE-RL übernommen.

24 Dabei stellt es § 21 Abs. 1 Nr. 6 in das Ermessen der Parteien, das **Inkrafttreten** der Vereinbarung zu bestimmen. In der Regel bietet sich hierfür ein präziser **Stichtag** an. Denkbar ist indes auch, für das Inkrafttreten den Eintritt bestimmter **Bedingungen** festzulegen (z.B. Eintragung der SE in das Handelsregister, Genehmigung durch die Hauptversammlung)[30].

25 Ferner ist eine Regelung zur „**Laufzeit**" zu treffen. Hierfür können die Parteien nicht nur einen kalendermäßig bestimmten Stichtag (**Befristung**) vereinbaren, sondern auch die Laufzeit offen lassen und statt dessen eine **Kündigungsregelung** vor-

---

27 Ebenso § 18 Abs. 1 Satz 2 Nr. 1 EBRG für die EBR-Vereinbarung.
28 Begr. RegE, BT-Drucks. 15/3405, S. 51; *Freis* in Nagel/Freis/Kleinsorge, SEBG, § 21 Rz. 9; kritisch hierzu *Thüsing*, ZIP 2006, 1469, 1473.
29 Im Ergebnis auch *Joost* in Oetker/Preis, EAS, B 8200, Rz. 128.
30 So auch für die Eintragung in das Handelsregister *Joost* in Oetker/Preis, EAS, B 8200, Rz. 129.

sehen[31]. Wenngleich § 21 Abs. 1 Nr. 6 – im Unterschied zu § 18 Abs. 1 Satz 2 Nr. 6 EBRG – nicht ausdrücklich die Aufnahme einer Übergangsregelung verlangt, so erweist sich diese dennoch als zweckmäßig[32]. Das gilt sowohl im Hinblick auf die **Verhandlungsfrist** als auch bezüglich der **Rechtsfolgen**, wenn es nicht zu einer neuen Vereinbarung kommt.

Die Sachverhalte für ein **erneutes Aushandeln** der Vereinbarung sind in dieser nach 26
§ 21 Abs. 1 Nr. 6 ebenfalls festzulegen. Hierbei handelt es sich um einen zwingenden Mindestinhalt der Vereinbarung, wenngleich die Parteien frei darin sind, in welchen Fällen sie ein erneutes Verhandeln um eine Beteiligungsvereinbarung vorsehen[33]. Sofern sie bestimmte Sachverhalte für Neuverhandlungen festlegen, sollen sie ferner das dabei anzuwendende Verfahren verabreden. Scheitern die Neuverhandlungen, so sprechen gute Gründe für einen Fortbestand der bisherigen Vereinbarung[34], da sich aus Art. 12 Abs. 2 SE-VO ergibt, dass eine SE nur mit einer Beteiligungsvereinbarung bestehen soll, sofern kein rechtswirksamer Beschluss i.S. des § 16 Abs. 1 gefasst worden ist, die Verhandlungen über eine Beteiligung der Arbeitnehmer abzubrechen. Jedenfalls empfiehlt es sich, diese Problematik im Interesse der Rechtssicherheit in der Vereinbarung zu regeln[35].

c) Verhandlungen bei strukturellen Änderungen (§ 21 Abs. 4)

Ausgehend von der Grundsatznorm in § 1 Abs. 4 legt § 21 Abs. 4 fest, dass die Verein- 27
barung auch für strukturelle Änderungen eine Regelung treffen soll. Hierbei handelt es sich nicht um eine zwingende Vorgabe[36]. Zudem gibt § 21 Abs. 4 nicht das Ergebnis der Verhandlungen vor. Es genügt, wenn die Parteien verabreden, vor strukturellen Änderungen überhaupt Verhandlungen über die Beteiligung der Arbeitnehmer in der SE aufzunehmen. In der Vereinbarung können sie ferner den Tatbestand der strukturellen Änderung konkretisieren (s. insoweit auch oben § 18 Rz. 16 f.)[37].

3. Regelungen zur Unterrichtung und Anhörung (§ 21 Abs. 1 Nr. 2 bis 5, Abs. 2)

Wie das EBRG stellt § 21 den Parteien die Modalitäten für die Unterrichtung und An- 28
hörung zur Wahl; sie können mittels der Vereinbarung entweder einen **SE-Betriebsrat** (§ 21 Abs. 1 Nr. 2 bis 5) oder ein **anderes Verfahren zur Unterrichtung und Anhörung** der Arbeitnehmer (§ 21 Abs. 2) etablieren. Für einen der beiden Wege müssen sich die Parteien jedoch entscheiden; einen Verzicht auf die Unterrichtung und Anhörung können sie nicht isoliert vereinbaren[38], sondern dies ist nur als Rechtsfolge eines vom BVG gefassten Beschlusses möglich, die Verhandlungen insgesamt nicht aufzunehmen oder abzubrechen (§ 16 Abs. 1).

---

31 *Seibt*, AG 2005, 413, 428.
32 *Hennings* in Manz/Mayer/Schröder, Art. 4 SE-RL Rz. 29; *Oetker* in FS Konzen, 2006, S. 635, 646.
33 S. näher *Oetker* in FS Konzen, 2006, S. 635, 646 f.
34 Ausführlich dazu *Oetker* in FS Konzen, 2006, S. 635, 646 f.
35 *Hennings* in Manz/Mayer/Schröder, Art. 4 SE-RL Rz. 31.
36 *Jacobs* in MünchKomm. AktG, § 21 SEBG Rz. 25; *Joost* in Oetker/Preis, EAS, B 8200, Rz. 126; *Kienast* in Jannott/Frodermann, Handbuch Europäische Aktiengesellschaft, Kap. 13 Rz. 394; *Wisskirchen/Prinz*, DB 2004, 2638, 2640.
37 Treffend *Seibt*, AG 2005, 413, 427 sowie *Oetker* in FS Konzen, 2006, S. 635, 647 f.
38 Ebenso *Freis* in Nagel/Freis/Kleinsorge, SEBG, § 21 Rz. 10; *Güntzel*, Richtlinie, S. 443; *Jacobs* in MünchKomm. AktG, § 21 SEBG Rz. 12; *Schwarz*, Einleitung Rz. 286; *Steinberg*, Mitbestimmung, S. 180 f.; *Thüsing*, ZIP 2006, 1469, 1471; a.A. *Hennings* in Manz/Mayer/Schröder, Art. 4 SE-RL Rz. 4.

29 Die Bestimmungen zur Unterrichtung und Anhörung mittels Etablierung eines **SE-Betriebsrates** entsprechen weitgehend den Katalogtatbeständen in § 18 Abs. 1 Satz 2 Nr. 2 bis 5 EBRG; die geringfügigen Abweichungen betreffen die Ersatzmitglieder und die Mandatsdauer, die § 21 Abs. 1 Nr. 2 nicht eigens nennt, dafür jedoch eine Regelung für den Fall vorschreibt, in dem sich die Zahl der in der SE beschäftigten Arbeitnehmer wesentlich verändert. Die Vorschrift in § 21 Abs. 1 Nr. 3 weicht nur sprachlich von § 18 Abs. 1 Satz 2 Nr. 3 EBRG („Aufgaben und Zuständigkeiten") ab, entspricht in seinem Wortlaut jedoch Art. 4 Abs. 2 lit. c SE-RL. Bestimmungen zu Ort und Dauer der Sitzungen des SE-Betriebsrates muss die Beteiligungsvereinbarung im Unterschied zur EBR-Vereinbarung (§ 18 Abs. 1 Nr. 4 EBRG) nicht enthalten, was ebenfalls mit der Vorgabe in Art. 4 Abs. 2 lit. d SE-RL übereinstimmt. Bezüglich der bereitzustellenden Mittel ist § 21 Abs. 1 Nr. 5 nicht nur mit der SE-RL (Art. 4 Abs. 2 lit. e), sondern auch mit § 18 Abs. 1 Satz 2 Nr. 5 EBRG identisch[39].

30 Verständigen sich die Parteien nicht auf die Etablierung eines SE-Betriebsrates, so müssen sie ein abweichendes **Verfahren zur Unterrichtung und Anhörung** festlegen (§ 21 Abs. 2); für den Inhalt einer derartigen Vereinbarung gelten die Grundsätze in Rz. 29 entsprechend (§ 21 Abs. 2 Satz 2)[40]. Im Hinblick auf die Unterrichtung und Anhörung sind die Verhandlungsparteien somit ungeachtet der in § 21 Abs. 1 betonten Autonomie gezwungen, eine institutionelle Regelung zu treffen, was in der in § 17 EBRG festgelegten Alternativität eine Parallele findet. Gelingt es den Parteien nicht, innerhalb der Verhandlungsfrist (§ 20) eine Einigung zu erzielen, so gelangt die gesetzliche Auffangregelung (§§ 22 bis 33) zur Anwendung.

4. Regelungen zur Mitbestimmung (§ 21 Abs. 3)

a) Freiwilligkeit der Mitbestimmung (§ 21 Abs. 3 Satz 1)

31 Ob die Parteien eine Regelung zur Mitbestimmung treffen, steht nach § 21 Abs. 3 Satz 1 grundsätzlich in ihrem Ermessen; mit den Eingangsworten „für den Fall" hält § 21 Abs. 3 Satz 1 dies ausdrücklich fest[41]. Sehen sie von einer eigenständigen Bestimmung zur Mitbestimmung ab, so bedarf ein entsprechender Beschluss des BVG jedoch einer qualifizierten doppelten Mehrheit, wenn hierdurch eine Minderung der Mitbestimmungsrechte i.S. des § 15 Abs. 4 in den an der Gründung beteiligten Gesellschaften eintritt[42]. Darüber hinaus untersagt § 21 Abs. 6 den Verzicht auf Regelungen zur Mitbestimmung, wenn eine SE durch formwechselnde Umwandlung gegründet werden soll; zu den im gleichen Ausmaß zu gewährleistenden „Komponenten der Arbeitnehmerbeteiligung" zählt auch die Mitbestimmung der Arbeitnehmer im Aufsichtsrat (s. unten Rz. 34)[43].

---

39 Näher zur Reichweite der den SE-Betriebsrat betreffenden Vereinbarungsfreiheit s. einerseits *Blanke*, Beteiligungsrechte (extensiv); andererseits *Thüsing*, ZIP 2006, 1469 ff. (restriktiv).

40 Begr. RegE, BT-Drucks. 15/3405, S. 51.

41 S. auch Begr. RegE, BT-Drucks. 15/3405, S. 51; ebenso *Grobys*, NZA 2005, 84, 88; *Jacobs* in MünchKomm. AktG, § 21 SEBG Rz. 13; *Joost* in Oetker/Preis, EAS, B 8200, Rz. 121; *Kienast* in Jannott/Frodermann, Handbuch Europäische Aktiengesellschaft, Kap. 13 Rz. 376, 381; *Krause*, BB 2005, 1221, 1226; *Schwarz*, Einleitung Rz. 286; *Steinberg*, Mitbestimmung, S. 181 ff. sowie zuvor *Herfs-Röttgen*, NZA 2002, 358, 363.

42 *Jacobs* in MünchKomm. AktG, § 21 SEBG Rz. 13; der gleichfalls vorgeschlagene Rückgriff auf das für einen „Verzicht" maßgebende Beschlussquorum (so *Herfs-Röttgen*, NZA 2002, 358, 363) führt letztlich zu keinem anderen Ergebnis.

43 Im Ergebnis ebenso *Jacobs* in MünchKomm. AktG, § 21 SEBG Rz. 13.

b) Schranken für Vereinbarungen zur Mitbestimmung

Trotz Freiwilligkeit der Vereinbarung und der von § 21 Abs. 1 in den Vordergrund ge- 32
rückten Autonomie der Parteien werfen die in § 21 Abs. 3 Satz 2 aufgelisteten **Kata-logtatbestände** die Frage auf, ob diese notwendiger Inhalt einer Vereinbarung zur Mitbestimmung sind. Die Formulierung in Art. 4 Abs. 2 SE-RL („wird ... festgelegt") deutet zwar auf einen zwingend aufzunehmenden Mindestinhalt hin, andererseits stünde eine derartige Auslegung im Widerspruch zu dem Ziel der Richtlinie, Regelungen zur Mitbestimmung in das Belieben der Parteien zu stellen. Bei diesem Verständnis, das den Katalogtatbeständen lediglich Empfehlungscharakter beimisst[44], steht es der Wirksamkeit der Beteiligungsvereinbarung jedenfalls nicht entgegen, wenn diese von Bestimmungen zu den „Rechten der Mitglieder" (§ 21 Abs. 3 Satz 2 Nr. 3) absieht. Anders dürfte bei den in § 21 Abs. 3 Satz 2 Nr. 1 und 2 genannten Inhalten zu entscheiden sein, da sie zu den essentialia einer Mitbestimmungsregelung zählen, ohne deren Aufnahme diese nicht vollziehbar ist[45]. Wegen § 21 Abs. 5 genügt es jedoch, wenn sich aus der Vereinbarung ergibt, dass es bezüglich der vorgenannten Aspekte bei der gesetzlichen Auffangregelung bleiben soll; deren Anwendung kann auch im Hinblick auf die Mitbestimmung ganz oder teilweise vereinbart werden.

Anerkannt ist, dass eine Beteiligungsvereinbarung ihre Schranken in den **zwingenden** 33
Vorgaben der SE-VO bzw. des SE-AG sowie des AktG findet[46], sofern diese ihrerseits nicht selbst einen Vorrang zugunsten der Beteiligungsvereinbarung eröffnen[47]. Andererseits kann nicht alles, was durch Satzung oder Geschäftsordnung regelbar ist, Inhalt einer Beteiligungsvereinbarung sein[48], da § 21 Abs. 3 Satz 1 die Vereinbarungsautonomie nur für Regelungen „über die Mitbestimmung" eröffnet, was eine Konkretisierung mittels der Legaldefinition in § 2 Abs. 12 nahelegt und eine Beschränkung der Vereinbarungsautonomie auf die Ausgestaltung der Mitbestimmung aufdrängt. Die Legaldefinition gibt bei dieser Sichtweise nicht nur die Zielrichtung („Einflussnahme der Arbeitnehmer"), sondern auch den Weg („durch") vor, so dass sich die Vereinbarungsautonomie auf dessen Ausgestaltung beschränkt (s. auch unten Rz. 41 f.)[49].

Eine spezielle Schranke errichtet **§ 21 Abs. 6** für den Fall, in dem eine SE durch **Um-** 34
wandlung gegründet wird. Insofern muss die **Arbeitnehmerbeteiligung** in der Beteiligungsvereinbarung hinsichtlich **aller Komponenten** erhalten bleiben. Damit steht jedenfalls fest, dass diese weder von einer Bestimmung zur Mitbestimmung absehen noch die Mitbestimmungsrechte mindern kann (s. auch § 15 Abs. 5). Die „Komponenten" der Arbeitnehmerbeteiligung beziehen sich ausschließlich auf die durch die Legaldefinitionen in § 2 Abs. 10 bis 12 ausgeformte Trias von Unterrichtung, Anhörung und Mitbestimmung, was auch auf das von § 21 Abs. 6 geforderte „gleiche Ausmaß" ausstrahlt. Den Anteil der Arbeitnehmervertreter im Aufsichts- oder Verwaltungsorgan darf die Beteiligungsvereinbarung deshalb nicht zum Nachteil der Ar-

---

44 So auch *Kienast* in Jannott/Frodermann, Handbuch Europäische Aktiengesellschaft, Kap. 13
Rz. 383; i.E. ebenfalls *Joost* in Oetker/Preis, EAS, B 8200, Rz. 125.
45 Näher zum Vorstehenden *Oetker* in FS Konzen, 2006, S. 635, 648 f.
46 Ebenso *Habersack*, AG 2006, 345, 348; *Hennings* in Manz/Mayer/Schröder, Art. 4 SE-RL
Rz. 7; *Hommelhoff* in Lutter/Hommelhoff, Europäische Gesellschaft, S. 5, 16.
47 Abweichend im Ansatz jedoch *Habersack*, AG 2006, 345, 348, der die Satzungsautonomie als
notwendige Voraussetzung für die Vereinbarungsautonomie qualifiziert.
48 So aber *Heinze/Seifert/Teichmann*, BB 2005, 2524, 2525.
49 Dazu näher *Oetker* in FS Konzen, 2006, S. 635, 649; im Ansatz ebenso *Habersack* AG 2006,
345, 351; a.A. (weitergehend) *Heinze/Siefert/Teichmann*, BB 2005, 2524, 2525; *Köstler* in
Theisen/Wenz, Europäische Aktiengesellschaft, S. 331, 351.

beitnehmer verändern (s. näher unten § 35 Rz. 7 ff.)[50]. Aus § 21 Abs. 6 lässt sich aus diesem Grunde kein Zwang entnehmen, dass dem Aufsichts- oder Verwaltungsorgan nach der Umwandlung eine identische Zahl von Arbeitnehmervertretern angehören muss[51]. Ebenso steht § 21 Abs. 6 einer Vereinbarung nicht entgegen, die die Zusammensetzung der Arbeitnehmervertreter abweichend von der bislang maßgeblichen gesetzlichen Regelung ausgestaltet[52], da dies nicht das „Ausmaß" der Mitbestimmung i.S. des § 2 Abs. 12 berührt.

c) Zahl der mitbestimmten Mitglieder des Aufsichts- oder Verwaltungsorgans (§ 21 Abs. 3 Satz 2 Nr. 1)

35 Im Gegensatz zu der häufig anzutreffenden Bezugnahme des SEBG auf den „Anteil" der Mitglieder des Aufsichts- oder Verwaltungsorgans, bezüglich der den Arbeitnehmern Mitbestimmungsrechte i.S. des § 2 Abs. 12 zustehen, stellt § 21 Abs. 3 Satz 2 Nr. 1 auf die Zahl der Mitglieder ab. Da es sich insoweit lediglich um eine „Soll-Vorschrift" handelt (s. oben Rz. 32), ist es für die Rechtswirksamkeit der Vereinbarung unschädlich, wenn sich diese darauf beschränkt, den **Anteil der mitbestimmten Mitglieder** des Aufsichts- oder Verwaltungsorgans festzulegen.

36 Nach teilweise vertretener Ansicht soll die Beteiligungsvereinbarung in den durch die §§ 17 Abs. 1 Satz 4, 23 Abs. 1 Satz 4 gezogenen Schranken auch die **Gesamtgröße des Aufsichts- oder Verwaltungsorgans** fixieren können[53]. Die Beschränkung der Vereinbarungsautonomie auf die Mitbestimmung der Arbeitnehmer (s. oben Rz. 33) legt zwar ein abweichendes Verständnis nahe[54], dem aber entgegensteht, dass die Größe des Aufsichts- oder Verwaltungsorgans indirekt durch eine Festlegung zur Zahl der Arbeitnehmervertreter sowie deren Anteil an der Gesamtzahl der Organmitglieder vereinbart werden kann[55]. Deshalb ist es unschädlich, wenn selbst bei einem engen Verständnis zur Vereinbarungsautonomie die Beteiligungsvereinbarung zunächst die Größe des Aufsichts- oder Verwaltungsorgans und sodann Anteil und/oder Zahl der Arbeitnehmervertreter fixiert. Umstritten ist selbst bei diesem Verständnis allerdings die bindende Wirkung von Vorgaben zur Größe des Aufsichts- oder Verwaltungsorgans, die in der Satzung festgelegt sind sowie die Auswirkungen der gesetzlichen Schranken für die Satzungsautonomie auf den Inhalt einer Beteiligungsvereinbarung. Während teilweise auch die in den §§ 17 Abs. 1, 23 Abs. 1 SEAG normierten Schranken, zu denen ebenfalls der Grundsatz der Dreiteilbarkeit in § 17 Abs. 1 Satz 3 SEAG zählt, für die Beteiligungsvereinbarung als maßgebend angesehen werden[56],

---

50 Hierfür *Grobys*, NZA 2005, 84, 88; *Jacobs* in MünchKomm. AktG, § 21 SEBG Rz. 21; weitergehend wohl auch Begr. RegE, BT-Drucks. 15/3405, S. 52 sowie *Freis* in Nagel/Freis/Kleinsorge, SEBG, § 21 Rz. 32: auch „konkret bestehende Mitbestimmungsrechte"; ähnlich *Henssler* in Ulmer/Habersack/Henssler, MitbestR, 2. Aufl. 2006, Einl. SEBG Rz. 192.

51 So auch *Henssler* in Ulmer/Habersack/Henssler, MitbestR, 2. Aufl. 2006, Einl. SEBG Rz. 192; *Scheibe*, Mitbestimmung der Arbeitnehmer, S. 148 f.; *Schwarz*, Einleitung Rz. 287.

52 A.A. jedoch *Köstler* in Theisen/Wenz, Europäische Aktiengesellschaft, S. 331, 349.

53 So *Hennings* in Manz/Mayer/Schröder, Art. 4 SE-RL Rz. 28; wohl auch *Seibt*, AG 2005, 413, 422 f.; ohne abschließende Stellungnahme *Krause*, BB 2005, 1221, 1226; a.A. *Kallmeyer*, AG 2003, 197, 199 sowie *Scheibe*, Mitbestimmung der Arbeitnehmer, S. 123 ff.

54 So vor allem ausführlich *Habersack*, AG 2006, 345, 351, 352 f. und zuvor *Habersack*, Der Konzern 2006, 105, 107; s. auch *Steinberg*, Mitbestimmung, S. 212 ff.

55 Ebenso *Güntzel*, Richtlinie, S. 224; s. auch *Oetker* in FS Konzen, 2006, S. 635, 650 f.; a.A. *Steinberg*, Mitbestimmung, S. 212 ff.

56 So vor allem *Habersack*, AG 2006, 345, 352 f., m.w.N. und bereits im Ansatz *Habersack*, Der Konzern 2006, 105, 107; ferner *Reichert/Brandes* in MünchKomm. AktG, Art. 40 SE-VO Rz. 70 und zuvor *Kallmeyer*, AG 2003, 197, 199.

verweisen andere Autoren auf den in den §§ 17 Abs. 2, 23 Abs. 2 SEAG normierten Vorrang der Beteiligungsvereinbarung[57].

d) Verfahren zur Ausübung der Mitbestimmung (§ 21 Abs. 3 Satz 2 Nr. 2)

Das Verfahren zur Festlegung der mitbestimmten Mitglieder des Aufsichts- oder Ver- 37 waltungsorgans soll die Beteiligungsvereinbarung zwar regeln, das SEBG überlässt den Parteien aber die weiteren Modalitäten. Dies umfasst auch die **Aufteilung der mitbestimmten Mitglieder** des Aufsichts- oder Verwaltungsorgans auf die Mitgliedstaaten[58] oder die Festlegung anderer Kriterien (z.B. Sparten) sowie insbesondere Einzelheiten zum **Wahlverfahren**[59]. Der Gestaltungsspielraum der Parteien erstreckt sich ferner auf das **Wahlgremium** sowie Konkretisierungen zum **Wahlvorschlagsrecht**[60]. Aus dem Wortlaut des § 21 Abs. 3 Nr. 2 lässt sich allerdings ableiten, dass das Wahlrecht zumindest indirekt von den Arbeitnehmern ausgeübt werden muss. **Entsendungsrechte** zugunsten außenstehender Dritter (z.B. im Unternehmen vertretene Gewerkschaften) dürften hiermit unvereinbar sein[61]. Umgekehrt bestehen keine rechtlichen Bedenken, wenn ausschließlich den Mitgliedern eines Wahlgremiums Vorschlagsrechte eingeräumt werden und davon abgesehen wird, bestimmte Garantien für einzelne Sitze im Aufsichts- oder Verwaltungsorgan (z.B. für im Unternehmen vertretene Gewerkschaften oder bestimmte Arbeitnehmergruppen) festzuschreiben. Hinsichtlich der **Wählbarkeit** stehen die durch die §§ 100, 105 Abs. 1 AktG für das Aufsichtsorgan und § 27 SEAG für den Verwaltungsrat abgesteckten Koordinaten des zwingenden Gesellschaftsrechts nicht zur Disposition (s. oben Rz. 33).

e) Rechte der mitbestimmten Mitglieder des Aufsichts- oder Verwaltungsorgans (§ 21 Abs. 3 Satz 2 Nr. 3)

Die Beteiligungsvereinbarung soll darüber hinaus die Rechte der Mitglieder des Auf- 38 sichts- oder Verwaltungsorgans regeln. Wegen der Bezugnahme auf die in § 21 Abs. 3 Satz 2 Nr. 1 genannten Mitglieder („dieser Mitglieder") muss es sich um diejenigen handeln, auf die sich die Mitbestimmung der Arbeitnehmer i.S. der Legaldefinition in § 2 Abs. 12 bezieht. Gegenstand einer Beteiligungsvereinbarung können deshalb insbesondere Bestimmungen sein, die die persönliche Rechtsstellung der Arbeitnehmervertreter im Aufsichts- oder Verwaltungsorgan über § 42 hinausgehend verstärken (z.B. Schulungsansprüche, Kündigungsschutz)[62]. Der offene Wortlaut in § 21 Abs. 3 Satz 2 Nr. 3 darf nicht darüber hinwegtäuschen, dass der Gestaltungsspielraum der Parteien insoweit begrenzt ist. Insbesondere darf sich die Beteiligungsvereinbarung nicht über die Schranken der geltenden Rechtsordnung hinwegsetzen.

Deshalb dürfen die in der Vereinbarung festgelegten Rechte der mitbestimmten Mit- 39 glieder des Aufsichts- oder Verwaltungsorgans nicht im Widerspruch zu den zwingenden Bestimmungen der SE-VO sowie den ergänzend heranzuziehenden Regelungen des AktG sowie des SEAG stehen (s. oben Rz. 33). Das gilt insbesondere für den **Grundsatz der individuell gleichen Berechtigung und Verpflichtung aller Aufsichts-**

---

57 Ausführlich zu diesem Ansatz *Oetker*, ZIP 2006, 1113 ff.; mit diesem Ergebnis auch *Schwarz*, Art. 40 Rz. 82.
58 *Seibt*, AG 2005, 413, 423.
59 Gegen eine Ablösung der Hauptversammlung als Bestellungsorgan mittel einer Beteiligungsvereinbarung jedoch *Scheibe*, Mitbestimmung der Arbeitnehmer, S. 128 ff.
60 Näher dazu *Oetker* in FS Konzen, 2006, S. 635, 651 f.
61 S. näher *Oetker* in FS Konzen, 2006, S. 635, 651 f.; ebenso bezüglich der Mitglieder des SE-Betriebsrates *Thüsing*, ZIP 2006, 1469, 1473 f.; a.A. *Seibt*, AG 2005, 413, 423.
62 Dazu auch *Oetker* in FS Konzen, 2006, S. 635, 653; dagegen jedoch *Thüsing*, ZIP 2006, 1469, 1476 f., im Hinblick auf Mitglieder des SE-Betriebsrates.

ratsmitglieder und seinen Ausstrahlungen auf die personelle Zusammensetzung der im Aufsichts- oder Verwaltungsorgan gebildeten **Ausschüsse**[63]. Hiergegen verstoßen z.B. Vereinbarungen, die ausschließlich den mitbestimmten Mitgliedern des Aufsichts- oder Verwaltungsorgans in einzelnen Angelegenheiten das Stimmrecht vorenthalten bzw. sie auf ein Teilnahme- und Beratungsrecht beschränken[64]. Allenfalls bei Ausschüssen, die aus sachlichen Gründen auch ohne Arbeitnehmervertreter gebildet werden können[65], ist eine abweichende Würdigung in Betracht zu ziehen. Gegen den Grundsatz der individuellen gleichen Berechtigung und Verpflichtung verstieße es ebenfalls, wenn die Beteiligungsvereinbarung den mitbestimmten Mitgliedern des Aufsichts- oder Verwaltungsrates das Recht vorenthielte, für das Leitungsorgan zu kandidieren oder sich als geschäftsführender Direktor zur Wahl zu stellen.

f) Weitere Regelungen zur Mitbestimmung

40   Wegen des Wortlauts in § 21 Abs. 3 Satz 2 („insbesondere") ist die dortige Aufzählung für die mitbestimmungsrechtlichen Inhalte einer Beteiligungsvereinbarung nicht abschließend. Denkbar sind insbesondere Abreden, die die Pflichten der mitbestimmten Mitglieder des Aufsichts- oder Verwaltungsorgans, z.B. im Hinblick auf die Geheimhaltung konkretisieren[66], diese sind jedoch nur rechtswirksam, wenn dem Grundsatz der individuell gleichen Berechtigung und Verpflichtung aller Aufsichtsratsmitglieder ausreichend Rechnung getragen ist[67].

41   Die Grundentscheidung zwischen **dualistischer oder monistischer Organisationsverfassung** ist keine zulässiger Bestandteil einer Beteiligungsvereinbarung; sie betrifft unmittelbar die Organisationsstruktur der SE und nur indirekt die von den Arbeitnehmern zu wählenden Mitglieder des Aufsichts- oder Verwaltungsorgans (s. oben Rz. 33)[68]. Aus diesem Grunde überschreitet eine Abrede, nach der die Arbeitnehmervertreter ausschließlich einem außerhalb des Aufsichts- oder Verwaltungsorgans angesiedelten Ausschuss (Konsultationsrat) angehören, die Schranken der Vereinbarungsautonomie[69]. Entsprechendes gilt für Bestimmungen zur **Binnenorganisation des Aufsichts- oder Verwaltungsorgans**, wie z.B. Vereinbarungen zur Bildung und Zusammensetzung von Ausschüssen[70] sowie zur Geschäftsordnung des Aufsichts- oder Verwaltungsorgans (z.B. Sitzungshäufigkeit, Handhabung von Interessenkonflikten, Rechtsstellung des stellvertretenden Vorsitzenden)[71].

---

63 Dazu näher *Oetker* in FS Konzen, 2006, S. 635, 654, 656; *Scheibe*, Mitbestimmung der Arbeitnehmer, S. 141 ff. Vgl. auch *Drygala* in K. Schmidt/Lutter, AktG, § 107 Rz. 45.

64 Weitergehend *Scheibe*, Mitbestimmung der Arbeitnehmer, S. 130 ff.

65 S. *Drygala* in K. Schmidt/Lutter, AktG, § 107 Rz. 44.

66 *Heinze/Seifert/Teichmann*, BB 2005, 2524, 2526; *Kienast* in Jannott/Frodermann, Handbuch Europäische Aktiengesellschaft, Kap. 13 Rz. 391.

67 Näher dazu *Oetker* in FS Konzen, 2006, S. 635, 656.

68 Im Ergebnis wie hier *Schwarz*, Einleitung Rz. 290.

69 Im Ergebnis wie hier *Köstler* in Theisen/Wenz, Europäische Aktiengesellschaft, S. 331, 349; *Schwarz*, Einleitung Rz. 286 (anders aber Rz. 291); a.A. aber *Jacobs* in MünchKomm. AktG, § 21 SEBG Rz. 12; *Müller-Bonanni/Melot de Beauregard*, GmbHR 2005, 195, 199; *Scheibe*, Mitbestimmung der Arbeitnehmer, S. 145 ff.

70 Wie hier *Eder*, NZA 2004, 544, 546; *Reichert/Brandes*, ZGR 2003, 767, 796; *Scheibe*, Mitbestimmung der Arbeitnehmer, S. 139 ff.; *Seibt*, AG 2005, 413, 423 ff.; *Seibt* in Lutter/Hommelhoff, Europäische Gesellschaft, S. 67, 86; a.A. *Gruber/Weller*, NZG 2003, 297 ff.; *Heinze/Seifert/Teichmann*, BB 2005, 2524, 2526; *Jacobs* in MünchKomm. AktG, § 21 SEBG Rz. 19.

71 *Habersack*, AG 2006, 345, 353 f.; *Oetker* in FS Konzen, 2006, S. 635, 654 f.; a.A. *Heinze/Seifert/Teichmann*, BB 2005, 2524, 2526; *Kienast* in Jannott/Frodermann, Handbuch Europäische Aktiengesellschaft, Kap. 13 Rz. 386; *Seibt*, AG 2005, 413, 426.

Über die durch die Legaldefinition der Mitbestimmung in § 2 Abs. 12 (s. oben Rz. 33) 42
gezogenen Schranken gehen schließlich Regelungen hinaus, die die Binnenorganisation des Leitungsorgans bzw. der geschäftsführenden Direktoren betreffen; Abreden, die analog der **Auffangregelung in § 38 Abs. 2** die Zuständigkeit eines Mitgliedes für **Arbeits- und Sozialangelegenheiten** festschreiben bzw. konkretisieren, oder gar die Modalitäten für deren Bestellung ausgestalten, sind hiermit unvereinbar[72]. Gegen die Innenschranken der Vereinbarungsautonomie verstoßen ferner Abreden, die die Rechtsbeziehungen zwischen Aufsichts- und Leitungsorgan bzw. Verwaltungsrat und geschäftsführenden Direktoren betreffen. Weder die wechselseitig bestehenden Auskunfts-, Berichts- und Informationspflichten der Organe noch ein Katalog von Geschäften, die der (ggf. qualifizierten) Zustimmung des Aufsichts- oder Verwaltungsorgans bedürfen, sind zulässiger Inhalt einer Beteiligungsvereinbarung[73].

V. Rechtsfolgen fehlerhafter Beteiligungsvereinbarungen

Bezüglich der Rechtsfolgen fehlerhafter Beteiligungsvereinbarungen ist zu differen- 43
zieren zwischen Mängeln, die deren **Zustandekommen** betreffen, und solchen bezüglich ihres **Inhalts**. Darüber hinaus bedarf es auf der Rechtsfolgenebene gesonderter Überlegungen zu den **gesellschaftsrechtlichen Auswirkungen** fehlerhafter Beteiligungsvereinbarungen.

Das **Zustandekommen der Beteiligungsvereinbarung** ist insbesondere durch eine feh- 44
lerhafte Beschlussfassung des BVG betroffen, weil z.B. das von § 15 Abs. 2 oder 3 geforderte Quorum bei der Beschlussfassung nicht erreicht oder fehlerhaft berechnet worden ist. Analog den zur Betriebsvereinbarung anerkannten Grundsätzen[74] ist eine Unwirksamkeit der Beteiligungsvereinbarung nur in Betracht zu ziehen, wenn die insbesondere bei der Beschlussfassung verletzte Verfahrensvorschrift nach ihrem Zweck für das Zustandekommen einer Beteiligungsvereinbarung als wesentlich zu bewerten ist. Bezüglich des qualifizierten Mehrheitsquorums in § 15 Abs. 3 dürfte dies bei einer fehlerhaften Berechnung zu bejahen sein, wenn der Beschluss den Anforderungen des § 15 Abs. 3 hätte genügen müssen.

Verstoßen einzelne **Bestimmungen einer Beteiligungsvereinbarung** aus inhaltlichen 45
Gründen gegen **zwingendes Gesetzesrecht** oder überschreiten sie die **Innenschranken der Vereinbarungsautonomie**, so kommt eine Unwirksamkeit der gesamten Beteiligungsvereinbarung – analog den Grundsätzen zur Betriebsvereinbarung[75] – nur in Betracht, wenn die verbliebenen wirksamen Bestimmungen keine sinnvolle und in sich geschlossene Regelung mehr darstellen.

Selbst wenn die Beteiligungsvereinbarung insgesamt unwirksam ist, stellt dies die 46
Eintragung der SE nicht in Frage. Insoweit gelangen keine anderen Grundsätze zur Anwendung, als sie für fehlerhafte Bestimmungen in der Satzung anerkannt sind[76].

---

72 A.A. *Seibt*, AG 2005, 413, 425, 427 sowie *Scheibe*, Mitbestimmung der Arbeitnehmer, S. 147 f., die sogar einen Verzicht auf einen für den Bereich Arbeit und Soziales zuständigen geschäftsführenden Direktor im Rahmen einer Beteiligungsvereinbarung für zulässig erachtet.

73 Näher *Oetker* in FS Konzen, 2006, S. 635, 655 f.; wie hier für Zustimmungsvorbehalte *Habersack*, AG 2006, 345, 354; a.A. jedoch *Heinze/Seifert/Teichmann*, BB 2005, 2524, 2526; *Köstler* in Theisen/Wenz, Europäische Aktiengesellschaft, S. 331, 351.

74 BAG v. 23.8.1984 – 2 AZR 391/83, AP Nr. 17 zu § 103 BetrVG 1972 sowie stellvertretend für die allgemeine Ansicht im Schrifttum *Raab* in GK-BetrVG, 8. Aufl. 2005, § 33 Rz. 51, m.w.N.

75 Dazu statt aller *Kreutz* in GK-BetrVG, 8. Aufl. 2005, § 77 Rz. 61.

76 S. dazu *Drygala* in K. Schmidt/Lutter, AktG, § 95 Rz. 16 f.

Die §§ 96 Abs. 2 AktG, 24 Abs. 2 SEAG legen darüber hinaus nahe, dass die Unwirksamkeit einer Beteiligungsvereinbarung nicht die aktuelle **Zusammensetzung des Aufsichts- oder Verwaltungsorgans** berührt. Die Leitung der SE bleibt in diesem Fall jedoch verpflichtet, das Verhandlungsverfahren erneut einzuleiten, um den Abschluss einer rechtswirksamen Beteiligungsvereinbarung zu ermöglichen. Scheitern die Verhandlungen, so gelangt analog § 18 Abs. 3 Satz 2 die gesetzliche Auffangregelung zur Anwendung.

Kapitel 2. Beteiligung der Arbeitnehmer kraft Gesetzes

Abschnitt 1. SE-Betriebsrat kraft Gesetzes

Unterabschnitt 1. Bildung und Geschäftsführung

§ 22
Voraussetzung

(1) Die Regelungen der §§ 23 bis 33 über den SE-Betriebsrat kraft Gesetzes finden ab dem Zeitpunkt der Eintragung der SE Anwendung, wenn

1. die Parteien dies vereinbaren oder

2. bis zum Ende des in § 20 angegebenen Zeitraums keine Vereinbarung zustande gekommen ist und das besondere Verhandlungsgremium keinen Beschluss nach § 16 gefasst hat.

(2) Absatz 1 gilt entsprechend im Fall des § 18 Abs. 3.

1   Als gesetzliche Auffangregelung für das Verfahren zur Unterrichtung und Anhörung der Arbeitnehmer sieht das SEBG die Errichtung eines **SE-Betriebsrates kraft Gesetzes** vor. Hierfür legt § 22 – in Übernahme von Art. 7 Unterabs. 2 SE-RL – die Voraussetzungen fest, die § 34 Abs. 1 auch für die **gesetzliche Auffangregelung zur Mitbestimmung** in Bezug nimmt (s. dazu näher unten § 34 Rz. 7 ff.); die weiteren Vorschriften zur Bildung des SE-Betriebsrates und seiner Geschäftsführung sowie zu den Beteiligungsrechten sind in den §§ 23 bis 33 enthalten. Sie beruhen weitgehend auf den Vorgaben in Teil 1 und 2 des Anhangs zur SE-RL und lehnen sich inhaltlich eng an die Bestimmungen des EBRG zum Europäischen Betriebsrat kraft Gesetzes an (s. die §§ 22 bis 35 EBRG).

§ 23
Errichtung des SE-Betriebsrats

(1) Zur Sicherung des Rechts auf Unterrichtung und Anhörung in der SE ist ein SE-Betriebsrat zu errichten. Dieser setzt sich aus Arbeitnehmern der SE, ihrer Tochtergesellschaften und Betriebe zusammen. Für die Errichtung des SE-Betriebsrats gelten § 5 Abs. 1, § 6 Abs. 1 und 2 Satz 2 und 3, die §§ 7 bis 10 und § 11 Abs. 1 Satz 2 und 3 entsprechend mit der Maßgabe, dass an die Stelle der beteiligten Gesellschaften, betroffenen Tochtergesellschaften und betroffenen Betriebe die SE, ihre Tochtergesellschaften und Betriebe treten. Im Fall des § 22 Abs. 1 Nr. 2 ist für die Feststellung der Zahl der beschäftigten Arbeitnehmer das Ende des in § 20 angegebenen Zeitraums maßgeblich. Die Mitgliedschaft im SE-Betriebsrat beginnt mit der Wahl oder Bestellung. Die Dauer der Mitgliedschaft der aus dem Inland kommenden Mitglieder beträgt vier Jahre, wenn sie nicht durch Abberufung oder aus anderen Gründen vorzeitig endet. Für die Abberufung gelten die §§ 8 bis 10 entsprechend mit der Maßgabe, dass an die Stelle der beteiligten Gesellschaften, betroffenen Tochtergesellschaften und betroffenen Betriebe die SE, ihre Tochtergesellschaften und Betriebe treten.

(2) Die Leitung der SE lädt unverzüglich nach Benennung der Mitglieder zur konstituierenden Sitzung des SE-Betriebsrats ein. Der SE-Betriebsrat wählt aus seiner Mitte einen Vorsitzenden und dessen Stellvertreter.

(3) Der Vorsitzende oder im Fall seiner Verhinderung der Stellvertreter vertritt den SE-Betriebsrat im Rahmen der von ihm gefassten Beschlüsse. Zur Entgegennahme von Erklärungen, die dem SE-Betriebsrat gegenüber abzugeben sind, ist der Vorsitzende oder im Fall seiner Verhinderung der Stellvertreter berechtigt.

(4) Der SE-Betriebsrat bildet aus seiner Mitte einen Ausschuss von drei Mitgliedern, dem neben dem Vorsitzenden zwei weitere zu wählende Mitglieder angehören. Der Ausschuss führt die laufenden Geschäfte des SE-Betriebsrats (geschäftsführender Ausschuss).

Während § 23 Abs. 1 die Errichtung des SE-Betriebsrates kraft Gesetzes weitgehend   1
eigenständig regelt, entsprechen die § 23 Abs. 2 bis 4 in großen Teilen den parallelen Vorschriften im EBRG: § 23 Abs. 2 greift § 25 Abs. 1 EBRG auf[1], § 23 Abs. 3 ist mit § 25 Abs. 2 EBRG[2] identisch und § 23 Abs. 4 stimmt fast vollständig mit § 26 Abs. 1 EBRG[3] überein. Durch § 23 Abs. 1 setzt das SEBG die Vorgaben in Teil 1 lit. a, b und e des Anhangs zur SE-RL um. Während dieser zu den Bestimmungen in § 23 Abs. 2 und 3 keine Vorgaben für die Mitgliedstaaten enthält, setzt § 23 Abs. 4 Teil 1 lit. c

---

1 S. näher bezüglich der Einladung zur konstituierenden Sitzung *Blanke*, EBRG, 2. Aufl. 2006, § 25 Rz. 2 ff.; *Giesen* in Henssler/Willemsen/Kalb, ArbRKomm., 2. Aufl. 2006, EBRG Rz. 53; *C. Müller*, EBRG, 1997, § 25 Rz. 1 f.; *Oetker* in GK-BetrVG, 8. Aufl. 2005, vor § 106 Rz. 168. Zur Wahl des Vorsitzenden und seines Stellvertreters *Blanke*, EBRG, 2. Aufl. 2006, § 25 Rz. 5 ff.; *Giesen* in Henssler/Willemsen/Kalb, ArbRKomm., 2. Aufl. 2006, EBRG Rz. 53; *C. Müller*, EBRG, 1997, § 25 Rz. 3; *Oetker* in GK-BetrVG, 8. Aufl. 2005, vor § 106 Rz. 173 sowie zu der mit § 23 Abs. 2 Satz 2 SEBG identischen Bestimmung in § 26 Abs. 1 BetrVG ausführlich *Raab* in GK-BetrVG, 8. Aufl. 2005, § 26 Rz. 5 ff. Zu der § 23 Abs. 2 Satz 1 SEBG entsprechenden Bestimmung in § 12 Abs. 1 Satz 1 SEBG s. oben § 12 Rz. 4 ff.
2 Dazu *Blanke*, EBRG, 2. Aufl. 2006, § 25 Rz. 10 ff.; *C. Müller*, EBRG, 1997, § 25 Rz. 4; *Oetker* in GK-BetrVG, 8. Aufl. 2005, vor § 106 Rz. 174 sowie zu der mit § 23 Abs. 3 SEBG übereinstimmenden Vorschrift in § 26 Abs. 2 BetrVG ausführlich *Raab* in GK-BetrVG, 8. Aufl. 2005, § 26 Rz. 29 ff.
3 S. näher *Blanke*, EBRG, 2. Aufl. 2006, § 26 Rz. 2 ff.; *C. Müller*, EBRG, 1997, § 26 Rz. 1 ff.

des Anhangs zur SE-RL um. Im Unterschied zu § 23 Abs. 4 hält dieser ausdrücklich den Charakter der dortigen Größenordnung (drei Mitglieder) als Höchstgrenze fest und macht zudem die Bildung des Ausschusses davon abhängig, dass die Zahl der Mitglieder des Vertretungsorgans (= SE-Betriebsrat) dies rechtfertigt[4]. Hierüber geht § 23 Abs. 4 hinaus, da dieser die Bildung eines geschäftsführenden Ausschusses stets und unabhängig von der Größe des SE-Betriebsrates vorschreibt[5].

§ 24
Sitzungen und Beschlüsse

(1) Der SE-Betriebsrat soll sich eine schriftliche Geschäftsordnung geben, die er mit der Mehrheit seiner Mitglieder beschließt.

(2) Vor Sitzungen mit der Leitung der SE ist der SE-Betriebsrat oder der geschäftsführende Ausschuss – gegebenenfalls in der nach § 29 Abs. 3 erweiterten Zusammensetzung – berechtigt, in Abwesenheit der Vertreter der Leitung der SE zu tagen. Mit Einverständnis der Leitung der SE kann der SE-Betriebsrat weitere Sitzungen durchführen. Die Sitzungen des SE-Betriebsrats sind nicht öffentlich.

(3) Der SE-Betriebsrat ist beschlussfähig, wenn mindestens die Hälfte seiner Mitglieder anwesend ist. Die Beschlüsse des SE-Betriebsrats werden, soweit in diesem Gesetz nichts anderes bestimmt ist, mit der Mehrheit der anwesenden Mitglieder gefasst.

1   Die Vorschrift übernimmt weitgehend die Parallelregelungen im EBRG; für die **Geschäftsordnung** s. § 28 Satz 2 EBRG[1], zu den **Sitzungen** des SE-Betriebsrates s. § 27 Abs. 1 EBRG[2] und zur **Beschlussfassung** im SE-Betriebsrat s. § 28 Satz 1 EBRG[3]. Die Bestimmung zur **Beschlussfähigkeit** (§ 24 Abs. 3 Satz 1) findet im EBRG zwar keine Entsprechung[4], stimmt aber mit § 33 Abs. 2 BetrVG[5] überein. Durch den Anhang zur SE-RL ist der Inhalt von § 24 Abs. 2 Satz 1 vorgegeben (Teil 2 lit. d); bezüglich der Ge-

---

4 Ebenso die Vorgabe in Nr. 1 lit. c des Anhangs zur EBR-RL.
5 Abweichend § 26 EBRG, der bei inhaltlich identischer Vorgabe durch die EBR-RL die Ausschussbildung erst vorsieht, wenn der Europäische Betriebsrat aus neun oder mehr Mitgliedern besteht. Die Gesetzesbegründung verweist zwar auf die obligatorische Größe des SE-Betriebsrates von mindestens zehn Mitgliedern (Begr. RegE, BT-Drucks. 15/3405, S. 52), diese ist aber durch die Auffangregelung der SE-RL vorgegeben und hat gerade nicht dazu geführt, die Ausschussbildung von der Zahl der Mitglieder abhängig zu machen.
1 Näher dazu *Blanke*, EBRG, 2. Aufl. 2006, § 28 Rz. 6 ff.; *C. Müller*, EBRG, 1997, § 28 Rz. 2 f.; *Oetker* in GK-BetrVG, 8. Aufl. 2005, vor § 106 Rz. 174.
2 S. weiterführend *Blanke*, EBRG, 2. Aufl. 2006, § 27 Rz. 3 ff.; *Giesen* in Henssler/Willemsen/ Kalb, ArbRKomm., 2. Aufl. 2006, EBRG Rz. 54; *C. Müller*, EBRG, 1997, § 27 Rz. 1 f.; *Oetker* in GK-BetrVG, 8. Aufl. 2005, vor § 106 Rz. 170 ff.
3 Dazu *Blanke*, EBRG, 2. Aufl. 2006, § 28 Rz. 2 ff.; *Giesen* in Henssler/Willemsen/Kalb, ArbRKomm., 2. Aufl. 2006, EBRG Rz. 55; *C. Müller*, EBRG, 1997, § 28 Rz. 1 sowie zu der mit § 24 Abs. 3 Satz 2 SEBG übereinstimmenden Vorschrift in § 33 Abs. 1 Satz 1 BetrVG *Raab* in GK-BetrVG, 8. Aufl. 2005, § 33 Rz. 7 ff.
4 Entspricht jedoch gleichwohl der allg. Ansicht, s. *Blanke*, EBRG, 2. Aufl. 2006, § 28 Rz. 3; *Giesen* in Henssler/Willemsen/Kalb, ArbRKomm., 2. Aufl. 2006, EBRG Rz. 55; *C. Müller*, EBRG, 1997, § 28 Rz. 1.
5 Zu dessen Auslegung statt aller *Raab* in GK-BetrVG, 8. Aufl. 2005, § 33 Rz. 12 ff.

schäftsordnung bleibt § 24 Abs. 1 hinter Teil 1 lit. d des Anhangs zur SE-RL zurück, der diese zwingend vorschreibt („gibt sich eine Geschäftsordnung").

§ 25
Prüfung der Zusammensetzung des SE-Betriebsrats

Alle zwei Jahre, vom Tage der konstituierenden Sitzung des SE-Betriebsrats an gerechnet, hat die Leitung der SE zu prüfen, ob Änderungen der SE und ihrer Tochtergesellschaften und Betriebe, insbesondere bei den Arbeitnehmerzahlen in den einzelnen Mitgliedstaaten eingetreten sind. Sie hat das Ergebnis dem SE-Betriebsrat mitzuteilen. Ist danach eine andere Zusammensetzung des SE-Betriebsrats erforderlich, veranlasst dieser bei den in den jeweiligen Mitgliedstaaten zuständigen Stellen, dass die Mitglieder des SE-Betriebsrats in diesen Mitgliedstaaten neu gewählt oder bestellt werden. Mit der neuen Wahl oder Bestellung endet die Mitgliedschaft der bisherigen Arbeitnehmervertreter aus diesen Mitgliedstaaten.

Die Vorschrift stimmt mit § 36 Abs. 2 EBRG überein[1]. Sie ist durch die SE-RL nicht   1
vorgegeben, führt aber den Rechtsgedanken in § 4 Abs. 3 fort und sichert im Hinblick auf die im SE-Betriebsrat vertretenen Mitgliedstaaten die Repräsentativität des Gremiums ab[2]. Die Notwendigkeit einer Neuwahl bzw. -bestellung beschränkt sich auf diejenigen Mitgliedstaaten, bei denen sich die Zahl der Sitze im SE-Betriebsrat verändert (arg. e § 25 Satz 3)[3].

§ 26
Beschluss zur Aufnahme von Neuverhandlungen

(1) Vier Jahre nach seiner Einsetzung hat der SE-Betriebsrat mit der Mehrheit seiner Mitglieder einen Beschluss darüber zu fassen, ob über eine Vereinbarung nach § 21 verhandelt werden oder die bisherige Regelung weiter gelten soll.

(2) Wird der Beschluss gefasst, über eine Vereinbarung nach § 21 zu verhandeln, so gelten die §§ 13 bis 15, 17, 20 und 21 entsprechend mit der Maßgabe, dass an die Stelle des besonderen Verhandlungsgremiums der SE-Betriebsrat tritt. Kommt keine Vereinbarung zustande, findet die bisherige Regelung weiter Anwendung.

Mit § 26 hat das SEBG weitgehend unverändert § 37 EBRG übernommen[1]. Dessen   1
Aufnahme in das SEBG gibt Teil 1 lit. g der Auffangregelung zur SE-RL zwingend vor

---

1 Näher dazu *Blanke*, EBRG, 2. Aufl. 2006, § 36 Rz. 4 ff.; *Giesen* in Henssler/Willemsen/Kalb, ArbRKomm., 2. Aufl. 2006, EBRG Rz. 69; *C. Müller*, EBRG, 1997, § 36 Rz. 3 ff.
2 S. Begr. RegE, BT-Drucks. 15/3405, S. 52. Ebenso auch die Rechtslage in Österreich (§ 233 Abs. 2 ArbVG i.V.m. § 216 Abs. 5 ArbVG), die jedoch auf einen zeitlichen Schutz der kontinuierlichen Amtsführung verzichtet. S. dazu *Gahleitner* in Kalss/Hügel, § 233 ArbVG Rz. 2.
3 Ebenso zu § 36 Abs. 2 EBRG *Blanke*, EBRG, 2. Aufl. 2006, § 36 Rz. 7; *C. Müller*, EBRG, 1997, § 36 Rz. 5.
1 Ebenso in Österreich § 243 ArbVG.

und entspricht dieser nahezu wörtlich. Abgesehen von den an das SEBG angepassten Verweisungsobjekten gelten für die Auslegung der Vorschrift die zu § 37 EBRG anerkannten Grundsätze.

Unterabschnitt 2. Aufgaben

§ 27
Zuständigkeiten des SE-Betriebsrats

Der SE-Betriebsrat ist zuständig für die Angelegenheiten, die die SE selbst, eine ihrer Tochtergesellschaften oder einen ihrer Betriebe in einem anderen Mitgliedstaat betreffen oder die über die Befugnisse der zuständigen Organe auf der Ebene des einzelnen Mitgliedstaats hinausgehen.

1 Die Vorschrift ist durch Teil 2 lit. a des Anhangs zur SE-RL zwingend vorgegeben[1] und übernimmt diesen nahezu unverändert; im Unterschied zu der Rechtslage in Österreich (§ 239 ArbVG) begründet § 27 **keine Allzuständigkeit** des SE-Betriebsrates zur Wahrung der wirtschaftlichen, sozialen, gesundheitlichen und kulturellen Interessen der Arbeitnehmer.

§ 28
Jährliche Unterrichtung und Anhörung

(1) Die Leitung der SE hat den SE-Betriebsrat mindestens einmal im Kalenderjahr in einer gemeinsamen Sitzung über die Entwicklung der Geschäftslage und die Perspektiven der SE unter rechtzeitiger Vorlage der erforderlichen Unterlagen zu unterrichten und ihn anzuhören. Zu den erforderlichen Unterlagen gehören insbesondere

1. die Geschäftsberichte,

1. die Tagesordnung aller Sitzungen des Leitungsorgans und des Aufsichts- oder Verwaltungsorgans,

2. die Kopien aller Unterlagen, die der Hauptversammlung der Aktionäre vorgelegt werden.

(2) Zu der Entwicklung der Geschäftslage und den Perspektiven im Sinne von Absatz 1 gehören insbesondere

1. die Struktur der SE sowie die wirtschaftliche und finanzielle Lage;

2. die voraussichtliche Entwicklung der Geschäfts-, Produktions- und Absatzlage;

3. die Beschäftigungslage und ihre voraussichtliche Entwicklung;

4. Investitionen (Investitionsprogramme);

5. grundlegende Änderungen der Organisation;

---

1 S. aber mit beachtlicher Kritik an dem Verzicht auf das Erfordernis einer gemeinschaftsweiten Angelegenheit *Thüsing*, ZIP 2006, 1469, 1475 f.

6. die Einführung neuer Arbeits- und Fertigungsverfahren;

7. die Verlegung von Unternehmen, Betrieben oder wesentlichen Betriebsteilen sowie Verlagerungen der Produktion;

8. Zusammenschlüsse oder Spaltungen von Unternehmen oder Betrieben;

9. die Einschränkung oder Stilllegung von Unternehmen, Betrieben oder wesentlichen Betriebsteilen;

10. Massenentlassungen.

(3) Die Leitung der SE informiert die Leitungen über Ort und Tag der Sitzung.

Die Vorschrift, die im wesentlichen mit der Rechtslage in Österreich (§ 240 ArbVG) übereinstimmt, lehnt sich eng an die Parallelbestimmung in § 32 EBRG an; § 28 Abs. 1 Satz 1 ist weitgehend mit § 32 Abs. 1 EBRG[1] identisch und die nicht abschließenden **Katalogtatbestände** in § 28 Abs. 2 entsprechen denjenigen in § 32 Abs. 2 EBRG[2], die sich wiederum an den in § 106 Abs. 3 BetrVG aufgezählten wirtschaftlichen Angelegenheiten[3] orientieren[4]. Abweichend von § 32 EBRG konkretisiert § 28 Abs. 1 Satz 2 die von der Leitung der SE vorzulegenden **Unterlagen**[5], womit das SEBG einer Vorgabe in Teil 2 lit. b des Anhangs zur SE-RL nachkommt, der auch im Übrigen den Inhalt von § 28 determiniert. Das gilt auch für die abweichend von § 32 Abs. 1 EBRG aufgenommene Forderung, dass die Unterrichtung „**mindestens**" einmal im Kalenderjahr zu erfolgen hat[6]. 1

§ 29
Unterrichtung und Anhörung über außergewöhnliche Umstände

(1) Über außergewöhnliche Umstände, die erhebliche Auswirkungen auf die Interessen der Arbeitnehmer haben, hat die Leitung der SE den SE-Betriebsrat rechtzeitig unter Vorlage der erforderlichen Unterlagen zu unterrichten. Als außergewöhnliche Umstände gelten insbesondere

1. die Verlegung oder Verlagerung von Unternehmen, Betrieben oder wesentlichen Betriebsteilen;

2. die Stilllegung von Unternehmen, Betrieben oder wesentlichen Betriebsteilen;

3. Massenentlassungen.

(2) Der SE-Betriebsrat hat das Recht, auf Antrag mit der Leitung der SE oder den Vertretern einer anderen zuständigen, mit eigenen Entscheidungsbefugnissen ausgestatteten Leitungsebene innerhalb der SE zusammenzutreffen, um zu den außergewöhnlichen Umständen angehört zu werden.

---

1 S. dazu *Blanke*, EBRG, 2. Aufl. 2006, § 32 Rz. 3 ff.; *C. Müller*, EBRG, 1997, § 32 Rz. 1 ff.; *Oetker* in GK-BetrVG, 8. Aufl. 2005, vor § 106 Rz. 189 ff., jeweils m.w.N.
2 Dazu *Blanke*, EBRG, 2. Aufl. 2006, § 32 Rz. 15 ff.; *C. Müller*, EBRG, 1997, § 32 Rz. 4 ff.; *Oetker* in GK-BetrVG, 8. Aufl. 2005, vor § 106 Rz. 194 ff.
3 Hierzu *Oetker* in GK-BetrVG, 8. Aufl. 2005, § 106 Rz. 40 ff.; *Willemsen/Lembke* in Henssler/Willemsen/Kalb, ArbRKomm., 2. Aufl. 2006, § 106 BetrVG Rz. 57 ff.
4 *Herfs-Röttgen*, NZA 2002, 358, 362.
5 Ebenso § 240 Abs. 3 ArbVG, wobei bezüglich der Geschäftsberichte auf § 240 Abs. 1 ArbVG zurückzugreifen ist; näher dazu *Gahleitner* in Kalss/Hügel, § 240 ArbVG Rz. 5.
6 Deshalb soll der SE-Betriebsrat „bei Bedarf" auch häufiger zu unterrichten sein; s. Begr. RegE, BT-Drucks. 15/3405, S. 53.

(3) Auf Beschluss des SE-Betriebsrats stehen die Rechte nach Absatz 2 dem geschäftsführenden Ausschuss (§ 23 Abs. 4) zu. Findet eine Sitzung mit dem geschäftsführenden Ausschuss statt, so haben auch die Mitglieder des SE-Betriebsrats, die von diesen Maßnahmen unmittelbar betroffene Arbeitnehmer vertreten, das Recht, daran teilzunehmen.

(4) Wenn die Leitung der SE beschließt, nicht entsprechend der von dem SE-Betriebsrat oder dem geschäftsführenden Ausschuss abgegebenen Stellungnahme zu handeln, hat der SE-Betriebsrat das Recht, ein weiteres Mal mit der Leitung der SE zusammenzutreffen, um eine Einigung herbeizuführen.

1   Die Regelung, die nahezu identisch mit derjenigen in Österreich ist (vgl. § 241 ArbVG), lehnt sich eng an § 33 EBRG an. Das gilt insbesondere bezüglich der in § 29 Abs. 1 Satz 2 nicht abschließend aufgezählten „besonderen Umstände"[1].

2   In **prozeduraler Hinsicht** weist die Vorschrift **zwei Besonderheiten** auf: Während sich § 33 Abs. 1 Satz 1 EBRG ausschließlich auf ein Unterrichtungs- und Anhörungsrecht beschränkt, begründet § 29 Abs. 2 zusätzlich ein Recht des SE-Betriebsrates auf **Erörterung in gemeinsamer Sitzung** mit der Leitung der SE. Ferner kann der SE-Betriebsrat unter Umständen eine **nochmalige Beratung** erzwingen (§ 29 Abs. 4). Damit trägt das Gesetz einer bindenden Vorgabe in Teil 2 lit. c des Anhangs zur SE-RL Rechnung; auch im Übrigen zeichnet § 29 den Inhalt der vorgenannten Auffangregelung nach.

3   Nicht übernommen hat § 29 die Vorgabe in Teil 2 lit. c Unterabs. 4 des Anhangs zur SE-RL[2], wonach die gemeinsamen Sitzungen mit dem SE-Betriebsrat die „**Vorrechte des zuständigen Organs unberührt**" lassen[3], wodurch insbesondere das Recht des Leitungsorgans bzw. der geschäftsführenden Direktoren, die unternehmerische Entscheidung zu treffen, klargestellt werden soll. Dem SE-Betriebsrat steht deshalb insbesondere **kein Vetorecht** zu[4]; er bleibt darauf angewiesen, die Entscheidungsfindung des zuständigen Organs der SE argumentativ zu beeinflussen. Auch das in § 29 Abs. 4 aufgenommene Recht zum nochmaligen Zusammentritt mit der Leitung der SE soll dem SE-Betriebsrat keine weitergehenden Mitsprachemöglichkeiten eröffnen[5].

§ 30
Information durch den SE-Betriebsrat

Der SE-Betriebsrat informiert die Arbeitnehmervertreter der SE, ihrer Tochtergesellschaften und Betriebe über den Inhalt und die Ergebnisse der Unterrichtungs- und Anhörungsverfahren. Sind keine Arbeitnehmervertreter vorhanden, sind die Arbeitnehmer zu informieren.

---

1 Zu diesen Tatbeständen z.B. *Blanke*, EBRG, 2. Aufl. 2006, § 33 Rz. 16 ff.; *C. Müller*, EBRG, 1997, § 33 Rz. 1; *Oetker* in GK-BetrVG, 8. Aufl. 2005, vor § 106 Rz. 206 f.
2 Über die Gründe schweigt die Regierungsbegründung; s. BT-Drucks. 15/3405, S. 53. Der Verzicht war jedoch bereits in § 33 EBRG anzutreffen, obwohl Nr. 3 der Auffangregelung zur EBR-RL den inhaltlich identischen Vorbehalt zugunsten der zentralen Leitung enthält.
3 Übernommen aber in § 241 Abs. 1 Satz 3 ArbVG für die Rechtslage in Österreich.
4 So mit Recht auch *Gahleitner* in Kalss/Hügel, § 241 ArbVG Rz. 3; der Sache nach ebenso *Mayr* in Cerny/Mayr, Arbeitsverfassungsrecht, Bd. 6, 2006, § 241 ArbVG Erl. 3.
5 In diesem Sinne ebenfalls Begr. RegE, BT-Drucks. 15/3405, S. 53.

Mit der Unterrichtungspflicht in § 30, die unter Umständen auch unmittelbar gegen- 1
über den Arbeitnehmern besteht, hat das SEBG inhaltlich § 35 Abs. 1 EBRG übernommen, so dass die dort anerkannten Auslegungsresultate[1] auch für die Reichweite
des § 30 heranzuziehen sind[2].

Die Vorschrift, die mit Ausnahme der unmittelbaren Unterrichtung der Arbeitneh- 2
mer der Bestimmung in Österreich entspricht (vgl. § 242 ArbVG), ist durch Teil 2
lit. e des Anhangs zur SE-RL vorgegeben, verzichtet allerdings auf den ausdrücklichen Vorbehalt der SE-RL zugunsten der **Verschwiegenheitspflichten**[3]. Diese sind
vom SE-Betriebsrat aber gleichwohl zu beachten[4]. Im Verhältnis zu den in § 30 genannten Arbeitnehmervertretern hebt § 41 Abs. 3 Nr. 1 die Verschwiegenheitspflicht
auf, im Gegenzug bezieht § 41 Abs. 4 Nr. 2 diese in die Verschwiegenheitspflicht
ein. Uneingeschränkt an die Verschwiegenheitspflicht gebunden sind die Mitglieder
des SE-Betriebsrates jedoch bei einer unmittelbaren Unterrichtung der Arbeitnehmer[5].

Unterabschnitt 3. Freistellung und Kosten

§ 31
Fortbildung

**Der SE-Betriebsrat kann Mitglieder zur Teilnahme an Schulungs- und Bildungsver-
anstaltungen bestimmen, soweit diese Kenntnisse vermitteln, die für die Arbeit des
SE-Betriebsrats erforderlich sind. Der SE-Betriebsrat hat die Teilnahme und die zeitliche Lage rechtzeitig der Leitung der SE mitzuteilen. Bei der Festlegung der zeitlichen
Lage sind die betrieblichen Notwendigkeiten zu berücksichtigen.**

Die Vorschrift begründet einen an § 37 Abs. 6 BetrVG angelehnten Freistellungs- 1
anspruch, mit dem das SEBG zwar über die Rechtslage nach dem EBRG hinausgeht[1],
im Kern aber die Vorgabe in Teil 2 lit. g des Anhangs zur SE-RL übernimmt. Dogmatisch begründet § 31 einen **kollektiven Anspruch**, der dem **SE-Betriebsrat als Organ**
zusteht; dem einzelnen Mitglied des SE-Betriebsrates steht dieser erst nach entsprechender Beschlussfassung im SE-Betriebsrat als **abgeleiteter Individualanspruch** zu[2].
Der Freistellungsanspruch ist weder in personeller Hinsicht noch bezüglich seines
zeitlichen Volumens eingeschränkt, steht aber unter dem **Vorbehalt der Erforderlichkeit**. Im Hinblick auf den **Verdienstausfall** trifft § 31 keine Regelung, die Pflicht zur

1 S. dazu *Blanke*, EBRG, 2. Aufl. 2006, § 35 Rz. 2 f.; *C. Müller*, EBRG, 1997, § 35 Rz. 1 ff.; *Oetker*
  in GK-BetrVG, 8. Aufl. 2005, vor § 106 Rz. 218 ff.
2 Zweifelhaft ist die Einbeziehung der Sprecherausschüsse in die Unterrichtungspflicht (hierfür
  Begr. RegE, BT-Drucks. 15/3405, S. 53), da § 30 von „Arbeitnehmervertretern" spricht.
3 Mit diesem aber § 242 ArbVG.
4 Begr. RegE, BT-Drucks. 15/3405, S. 53.
5 Ebenso zu § 35 EBRG *Blanke*, EBRG, 2. Aufl. 2006, § 35 Rz. 3; *C. Müller*, EBRG, 1997, § 35
  Rz. 1; *Oetker* in GK-BetrVG, 8. Aufl. 2005, vor § 106 Rz. 223.

1 S. näher dazu *Oetker* in GK-BetrVG, 8. Aufl. 2005, vor § 106 Rz. 243.
2 Abweichend demgegenüber Teil 2 lit. g der Auffangregelung zur SE-RL, der einen Anspruch für
  die „Mitglieder des Vertretungsorgans" vorsieht.

Entgeltfortzahlung ergibt sich aber aus § 42 i.V. mit den Rechtsvorschriften der jeweiligen Mitgliedstaaten (s. unten § 42 Rz. 18 f.). Bezüglich der infolge der Teilnahme an der Schulungs- und Bildungsveranstaltung entstehenden **Kosten** (Gebühren, Fahrt- und Aufenthaltskosten) gilt § 33.

§ 32
Sachverständige

Der SE-Betriebsrat oder der geschäftsführende Ausschuss können sich durch Sachverständige ihrer Wahl unterstützen lassen, soweit dies zur ordnungsgemäßen Erfüllung ihrer Aufgaben erforderlich ist. Sachverständige können auch Vertreter von Gewerkschaften sein.

1   Die Vorschrift zur Heranziehung von Sachverständigen hat das SEBG aus § 29 EBRG ohne inhaltliche Änderungen übernommen und entspricht mit Ausnahme von Satz 2 den Vorgaben in Teil 2 lit. f des Anhangs zur SE-RL. Die Einbeziehung der „**Vertreter von Gewerkschaften**" in § 32 Satz 2 hat lediglich klarstellende Bedeutung[1], entbindet daher weder von der **Erforderlichkeitsprüfung** noch von der Voraussetzung eines besonderen Sachverstandes im Hinblick auf die konkrete Aufgabe (s. auch oben § 14 Rz. 7). Ob die mit der Hinzuziehung des Sachverständigen verbundenen **Kosten** von der SE zu tragen sind, richtet sich nach § 33.

§ 33
Kosten und Sachaufwand

Die durch die Bildung und Tätigkeit des SE-Betriebsrats und des geschäftsführenden Ausschusses entstehenden erforderlichen Kosten trägt die SE. Im Übrigen gilt § 19 Satz 2 entsprechend.

1   Die Vorschrift zur Kostentragungspflicht der SE entspricht weitgehend der Parallelnorm in § 30 EBRG[1]; lediglich bezüglich der Kosten infolge der Hinzuziehung von Sachverständigen weicht § 33 hiervon ab, da die Norm auf die Einschränkung in § 30 Satz 2 EBRG verzichtet, wonach sich die Pflicht zur Kostentragung auf *einen* Sachverständigen beschränkt[2]. Damit übernimmt § 33 die Parallelnorm für das BVG in § 19 SEGB, deren Inhalt wegen der Verweisung in § 33 Satz 2 SEGB auch im Übrigen im Anwendungsbereich des § 33 SEGB maßgebend ist (vgl. deshalb näher die Erläuterungen zu § 19 SEGB).

---

1 So auch zu § 29 EBRG *Blanke*, EBRG, 2. Aufl. 2006, § 29 Rz. 2; *C. Müller*, EBRG, 1997, § 29 Rz. 4.

1 Entsprechendes gilt für die Rechtslage in Österreich; vgl. § 238 ArbVG i.V.m. § 224 ArbVG.

2 Die entsprechende Option für eine derartige Begrenzung in Teil 2 lit. g des Anhangs zur SE-RL wurde – anders als in Österreich (vgl. § 238 ArbVG i.V.m. § 224 Abs. 2 ArbVG) – nicht in Anspruch genommen.

Abschnitt 2. Mitbestimmung kraft Gesetzes

§ 34
Besondere Voraussetzungen

(1) Liegen die Voraussetzungen des § 22 vor, finden die Regelungen über die Mitbestimmung der Arbeitnehmer kraft Gesetzes nach den §§ 35 bis 38 Anwendung

1. im Falle einer durch Umwandlung gegründeten SE, wenn in der Gesellschaft vor der Umwandlung Bestimmungen über die Mitbestimmung der Arbeitnehmer im Aufsichts- oder Verwaltungsorgan galten;

2. im Falle einer durch Verschmelzung gegründeten SE, wenn

   a) vor der Eintragung der SE in einer oder mehreren der beteiligten Gesellschaften eine oder mehrere Formen der Mitbestimmung bestanden und sich auf mindestens 25 Prozent der Gesamtzahl der Arbeitnehmer aller beteiligten Gesellschaften und betroffenen Tochtergesellschaften erstreckten oder

   b) vor der Eintragung der SE in einer oder mehreren der beteiligten Gesellschaften eine oder mehrere Formen der Mitbestimmung bestanden und sich auf weniger als 25 Prozent der Gesamtzahl der Arbeitnehmer aller beteiligten Gesellschaften und betroffenen Tochtergesellschaften erstreckten und das besondere Verhandlungsgremium einen entsprechenden Beschluss fasst;

3. im Falle einer durch Errichtung einer Holding-Gesellschaft oder einer Tochtergesellschaft gegründeten SE, wenn

   a) vor der Eintragung der SE in einer oder mehreren der beteiligten Gesellschaften eine oder mehrere Formen der Mitbestimmung bestanden und sich auf mindestens 50 Prozent der Gesamtzahl der Arbeitnehmer aller beteiligten Gesellschaften und betroffenen Tochtergesellschaften erstreckten oder

   b) vor der Eintragung der SE in einer oder mehreren der beteiligten Gesellschaften eine oder mehrere Formen der Mitbestimmung bestanden und sich auf weniger als 50 Prozent der Gesamtzahl der Arbeitnehmer aller beteiligten Gesellschaften und betroffenen Tochtergesellschaften erstreckten und das besondere Verhandlungsgremium einen entsprechenden Beschluss fasst.

(2) Bestanden in den Fällen von Absatz 1 Nr. 2 und 3 mehr als eine Form der Mitbestimmung im Sinne des § 2 Abs. 12 in den verschiedenen beteiligten Gesellschaften, so entscheidet das besondere Verhandlungsgremium, welche von ihnen in der SE eingeführt wird. Wenn das besondere Verhandlungsgremium keinen solchen Beschluss fasst und eine inländische Gesellschaft, deren Arbeitnehmern Mitbestimmungsrechte zustehen, an der Gründung der SE beteiligt ist, ist die Mitbestimmung nach § 2 Abs. 12 Nr. 1 maßgeblich. Ist keine inländische Gesellschaft, deren Arbeitnehmern Mitbestimmungsrechte zustehen, beteiligt, findet die Form der Mitbestimmung nach § 2 Abs. 12 Anwendung, die sich auf die höchste Zahl der in den beteiligten Gesellschaften beschäftigten Arbeitnehmer erstreckt.

(3) Das besondere Verhandlungsgremium unterrichtet die Leitungen über die Beschlüsse, die es nach Absatz 1 Nr. 2 Buchstabe b und Nr. 3 Buchstabe b und Absatz 2 Satz 1 gefasst hat.

I. Allgemeines

1   Im Unterschied zu den §§ 22 bis 33, die Errichtung und Beteiligung des SE-Betriebs-rates kraft Gesetzes ausgestalten, regelt der 2. Abschnitt des 2. Kapitels – entsprechend dem Programm des § 1 Abs. 2 Satz 2 – die **gesetzliche Auffangregelung zur Mitbestimmung** der Arbeitnehmer. Korrespondierend mit § 22 legt § 34 hierfür die Voraussetzungen fest. Während § 22 die Errichtung eines SE-Betriebsrates kraft Gesetzes für alle Gründungsformen einer SE und unabhängig von der Zahl der Arbeitnehmer, die bei der SE oder ihren Tochtergesellschaften beschäftigt sind, vorsieht, gestaltet das SEBG die Anforderungen für die Anwendung der gesetzlichen Auffangregelung zur Mitbestimmung nach Maßgabe der jeweiligen Gründungsform der SE unterschiedlich aus. Zu unterscheiden ist zwischen der **Gründung durch formwechselnde Umwandlung** (§ 34 Abs. 1 Nr. 1), der Gründung durch Verschmelzung (§ 34 Abs. 1 Nr. 2) sowie der **Errichtung einer Holding- oder Tochter-SE** (§ 34 Abs. 1 Nr. 3). Die in Art. 7 Abs. 3 SE-RL für die Mitgliedstaaten eröffnete Option, von gesetzlichen Auffangregelungen bei einer Gründung der SE durch Verschmelzung abzusehen, hat das SEBG nicht ausgeübt[1].

2   Mit § 34 setzt das SEBG die Regelungen in **Art. 7 SE-RL** um, die den Mitgliedstaaten vorgibt, unter welchen Voraussetzungen die Auffangregelung im Anhang zur SE-RL zur Anwendung gelangen muss. Die genannte Bestimmung der SE-RL hat folgenden Wortlaut:

„(1) Zur Verwirklichung des in Artikel 1 festgelegten Ziels führen die Mitgliedstaaten unbeschadet des nachstehenden Absatzes 3 eine Auffangregelung zur Beteiligung der Arbeitnehmer ein, die den im Anhang niedergelegten Bestimmungen genügen muss.

Die Auffangregelung, die in den Rechtsvorschriften des Mitgliedstaats festgelegt ist, in dem die SE ihren Sitz haben soll, findet ab dem Zeitpunkt der Eintragung der SE Anwendung, wenn

a) die Parteien dies vereinbaren oder

b) bis zum Ende des in Artikel 5 genannten Zeitraums keine Vereinbarung zustande gekommen ist und

  – das zuständige Organ jeder der beteiligten Gesellschaften der Anwendung der Auffangrege-lung auf die SE und damit der Fortsetzung des Verfahrens zur Eintragung der SE zugestimmt hat und

---

1 Zu den durch Art. 12 Abs. 3 SE-VO vorgegebenen Rechtsfolgen in denjenigen Mitgliedstaaten, die die Option in Anspruch genommen haben, s. z.B. *Calle Lambach*, Beteiligung der Arbeitnehmer, S. 173 f. sowie oben Art. 12 SE-VO Rz. 28.

– das besondere Verhandlungsgremium keinen Beschluss gemäß Artikel 3 Absatz 6 gefasst hat.

(2) Ferner findet die Auffangregelung, die in den Rechtsvorschriften des Mitgliedstaats festgelegt ist, in dem die SE eingetragen wird, gemäß Teil 3 des Anhangs nur Anwendung, wenn

a) im Falle einer durch Umwandlung gegründeten SE die Bestimmungen eines Mitgliedstaats über die Mitbestimmung der Arbeitnehmer im Verwaltungs- oder Aufsichtsorgan für eine in eine SE umgewandelte Aktiengesellschaft galten;

b) im Falle einer durch Verschmelzung gegründeten SE

– vor der Eintragung der SE in einer oder mehreren der beteiligten Gesellschaften eine oder mehrere Formen der Mitbestimmung bestanden und sich auf mindestens 25 % der Gesamtzahl der Arbeitnehmer aller beteiligten Gesellschaften erstreckten oder

– vor der Eintragung der SE in einer oder mehreren der beteiligten Gesellschaften eine oder mehrere Formen der Mitbestimmung bestanden und sich auf weniger als 25 % der Gesamtzahl der Arbeitnehmer aller beteiligten Gesellschaften erstreckten und das besondere Verhandlungsgremium einen entsprechenden Beschluss fasst;

c) im Falle einer durch Errichtung einer Holdinggesellschaft oder einer Tochtergesellschaft gegründeten SE

– vor der Eintragung der SE in einer oder mehreren der beteiligten Gesellschaften eine oder mehrere Formen der Mitbestimmung bestanden und sich auf mindestens 50 % der Gesamtzahl der Arbeitnehmer aller beteiligten Gesellschaften erstreckten oder

– vor der Eintragung der SE in einer oder mehreren der beteiligten Gesellschaften eine oder mehrere Formen der Mitbestimmung bestanden und sich auf weniger als 50 % der Gesamtzahl der Arbeitnehmer aller beteiligten Gesellschaften erstreckten und das besondere Verhandlungsgremium einen entsprechenden Beschluss fasst.

Bestanden mehr als eine Form der Mitbestimmung in den verschiedenen beteiligten Gesellschaften, so entscheidet das besondere Verhandlungsgremium, welche von ihnen in der SE eingeführt wird. Die Mitgliedstaaten können Regeln festlegen, die anzuwenden sind, wenn kein einschlägiger Beschluss für eine in ihrem Hoheitsgebiet eingetragene SE gefasst worden ist. Das besondere Verhandlungsgremium unterrichtet das jeweils zuständige Organ der beteiligten Gesellschaften über die Beschlüsse, die es gemäß diesem Absatz gefasst hat.

(3) Die Mitgliedstaaten können vorsehen, dass die Auffangregelung in Teil 3 des Anhangs in dem in Absatz 2 Buchstabe b vorgesehenen Fall nicht Anwendung findet."

Die Auffangregelung der **SCE-RL** bezüglich der Mitbestimmung (Art. 7) stimmt mit der in Rz. 2 wiedergegebenen Bestimmung in Art. 7 SE-RL überein. Ebenso ist die Vorschrift zu den Voraussetzungen für die Anwendung der Auffangregelung in **§ 34 SCEBG** mit § 34 identisch. Die **Verschmelzungs-RL** greift zwar im Grundsatz ebenfalls auf Art. 7 SE-RL zurück, erhöht aber das zur Anwendbarkeit der Auffangregelung führende Arbeitnehmerquorum auf 1/3 (Art. 16 Abs. 3 lit. e Verschmelzungs-RL); die Möglichkeit des BVG, die Anwendung der Auffangregelung durch Beschluss herbeizuführen, bleibt von dieser Abweichung unberührt. Die maßgebliche Umsetzungsnorm für Deutschland befindet sich in **§ 23 MgVG**, die in Abs. 1 Satz 1 im Wesentlichen die in § 22 niedergelegten Voraussetzungen für die Anwendung der gesetzlichen Auffangregelung übernimmt[2] und in Abs. 1 Satz 2 das hierfür maßgebliche Arbeitnehmerquorum (1/3) festlegt, dabei jedoch nicht nur auf die Arbeitnehmer in den an der grenzüberschreitenden Verschmelzung beteiligten Gesellschaften abstellt, sondern – dem Vorbild in § 34 Abs. 1 folgend – auch die „betroffenen Tochtergesellschaften" einbezieht. Darüber hinaus kehren die Bestimmungen in § 34 Abs. 2 und 3 in § 23 Abs. 2 und 3 MgVG mit geringen gegenstandsbezogenen Modifizierungen wieder.

3

---

2 Hinzu kommt in § 23 Abs. 1 Satz 1 Nr. 3 MgVG die von Art. 16 Abs. 4 lit. a VerschmelzungsRL vorgegebene Möglichkeit für die Leitungen der an der Verschmelzung beteiligten Gesellschaften, die gesetzliche Auffangregelung auch ohne vorherige Verhandlungen mit dem besonderen Verhandlungsgremium zur Anwendung zu bringen.

4   Die mit § 34 korrespondierende Bestimmung des **österreichischen Rechts** (§ 244 ArbVG) ist mit der deutschen Vorschrift weitgehend identisch. Ein signifikanter und bereits bei § 15 Abs. 3 aufgezeigter Unterschied besteht jedoch im Hinblick auf das Arbeitnehmerquorum und den Bemessungsmaßstab für die „Gesamtzahl der Arbeitnehmer". Während § 34 Abs. 1 Nr. 2 und 3 jeweils von der SE-RL abweichen und auch die Arbeitnehmer der **betroffenen Tochtergesellschaften** einbeziehen (s. auch unten Rz. 19), übernehmen § 244 Abs. 2 Nr. 2 und 3 ArbVG die Vorgabe der SE-RL in Art. 7 ohne Änderungen und stellt bezüglich der „Gesamtzahl der Arbeitnehmer" ausschließlich auf die **beteiligten Gesellschaften** ab. Im übrigen weicht § 244 ArbVG von § 34 lediglich dadurch ab, dass die Norm die Verknüpfung mit den allgemeinen Voraussetzungen für die Anwendung der Auffangregelung nicht mittels der Verweisungstechnik (so § 34 Abs. 1 Eingangsteil), sondern durch Wiedergabe der in Art. 7 Abs. 1 SE-RL genannten Voraussetzungen herstellt.

II. Voraussetzungen für die Anwendung der gesetzlichen Auffangregelung zur Mitbestimmung (§ 34 Abs. 1)

1. Überblick

5   Die Voraussetzungen für die Anwendung der gesetzlichen Auffangregelung gestaltet § 34 differenziert aus. Sie sollen eine Mitbestimmung der Arbeitnehmer in dem einschlägigen Organ der SE gewährleisten, sofern und soweit es eine derartige Mitbestimmung vor der Errichtung der SE in einer der beteiligten Gesellschaft gegeben hat[3]. Insbesondere die nach den verschiedenen Formen der Gründung einer SE abgestuften Voraussetzungen tragen dem unterschiedlichen Gefahrenpotential Rechnung, dass die Gründung der SE für eine Beseitigung oder Einschränkung der bestehenden Mitbestimmungssysteme und –praktiken instrumentalisiert wird; dieses haben die Rechtssetzungsorgane der Gemeinschaft bei der Gründung im Wege der Umwandlung oder Verschmelzung größer eingestuft als bei der Errichtung einer Holding-SE oder einer gemeinsamen Tochter-SE[4]. Dementsprechend wird für die Anwendung der gesetzlichen Auffangregelung auf ein **Quorum für die von der Mitbestimmung erfassten Arbeitnehmer** entweder völlig verzichtet (so für die Umwandlung) oder dieses abgestuft festgelegt (25 % bei der Verschmelzung, 50 % bei Gründung einer Holding- oder Tochter-SE). Unterhalb dieser Schwellenwerte kann nur ein **Beschluss des BVG** zur Anwendung der gesetzlichen Auffangregelung führen.

6   Die Anwendung der gesetzlichen Auffangregelung setzt erstens die Errichtung eines SE-Betriebsrates kraft Gesetzes voraus und zweitens müssen die speziellen Anforderungen in § 34 Abs. 1 vorliegen. Weitere Voraussetzungen stellt das SEBG nicht auf, insbesondere ist – entsprechend der Vorgaben in Art. 7 SE-RL – nicht erforderlich, dass die **Zahl der Arbeitnehmer** in der SE einen bestimmten Schwellenwert überschreitet[5]. Dementsprechend kann eine Holding-SE selbst dann der gesetzlichen Auffangregelung unterliegen, wenn diese keine Arbeitnehmer beschäftigt. Ebenso bleibt die gesetzliche Auffangregelung dauerhaft bei der SE anzuwenden, selbst wenn die Zahl der bei ihr beschäftigten Arbeitnehmer zu einem späteren Zeitpunkt die für die Anwendung des DrittelbG bzw. MitbestG maßgeblichen Schwellenwerte (500 bzw. 2.000 Arbeitnehmer) unterschreitet. Umgekehrt bleibt eine bei Gründung der SE bestehende Mitbestimmungsfreiheit dauerhaft erhalten, selbst wenn die Zahl der von

---

3   S. Erwägungsgrund 11 Satz 2 zur SE-RL.
4   Dazu Erwägungsgrund 10 zur SE-RL sowie *Hennings* in Manz/Mayer/Schröder, Art. 7 SE-RL Rz. 8.
5   S. *Habersack*, Der Konzern 2006, 105, 107 f.

der SE beschäftigten Arbeitnehmer nach der Gründung die vorgenannten Schwellen-werte überschreitet[6].

2. Voraussetzungen des § 22

Ungeachtet der von der Gründungsform der SE abhängigen Voraussetzungen gelangt die gesetzliche Auffangregelung zur Mitbestimmung nur zur Anwendung, wenn in der SE ein **SE-Betriebsrat kraft Gesetzes** zu errichten ist. Die Verzahnung mit diesem Teil der gesetzlichen Auffangregelung ist schon deshalb zwingend, weil der SE-Be-triebsrat unmittelbar als Akteur in die gesetzliche Auffangregelung zur Mitbestim-mung integriert ist (s. § 36). Deshalb gelangt diese nur zur Anwendung, wenn die Vo-raussetzungen des § 22 zur Errichtung eines SE-Betriebsrates kraft Gesetzes erfüllt sind. Diese hat das Gesetz abschließend benannt und weicht insoweit auch von § 21 Abs. 1 EBRG ab; insbesondere sieht § 22 Abs. 1 davon ab, die gesetzliche Auffang-regelung bereits dann eingreifen zu lassen, wenn beide Parteien übereinstimmend das vorzeitige Scheitern der Verhandlungen erklären. Überlegungen im Schrifttum, derartige Erklärungen als konkludente Vereinbarung der gesetzlichen Auffangrege-lung zu bewerten[7], stehen im Widerspruch zu den formellen Voraussetzungen für ei-ne Vereinbarung i.S. des § 22 Abs. 1 Nr. 1 (s. unten Rz. 9)[8]. 7

a) Anwendung der Auffangregelung kraft Vereinbarung (§ 22 Abs. 1 Nr. 1)

Entsprechend der aus der SE-RL übernommenen Grundkonzeption des SEBG gilt auch für die Anwendung der gesetzlichen Auffangregelung der **Vorrang der Verein-barung**. Sie ist deshalb anzuwenden, wenn die Leitungen in den Verhandlungen mit dem BVG übereinkommen, dass die gesetzliche Auffangregelung kraft Gesetzes gelten soll (§ 21 Abs. 5), was § 22 Abs. 1 Nr. 1 in Übernahme von Art. 7 Abs. 1 Unter-abs. 2 lit. a SE-RL ausdrücklich wiederholt. Zur vollständigen Anwendung der gesetz-lichen Auffangregelung zur Mitbestimmung kraft Vereinbarung ist allerdings erfor-derlich, dass sich die Vereinbarung auch auf diese Ausprägung der Arbeitnehmer-beteiligung erstreckt. Weitere Voraussetzungen müssen in dieser Konstellation für die Anwendung der Auffangregelung nicht erfüllt sein[9]. 8

Bereits inhaltlich ist zweifelhaft, ob eine derartige Vereinbarung bereits dann vor-liegt, wenn beide Parteien die Verhandlungen vor Fristablauf als gescheitert anse-hen[10]. Unabhängig davon muss auch eine Vereinbarung zur Anwendung der gesetzli-chen Auffangregelung (§ 21 Abs. 5 Satz 1) dem Schriftformerfordernis in § 21 Abs. 1 (s. dazu oben § 21 Rz. 11) entsprechen, so dass selbst übereinstimmende Erklärungen beider Parteien für sich allein nicht ausreichen, um die Anwendung der gesetzlichen Auffangregelung herbeizuführen. Von dieser Variante, die § 21 Abs. 1 Satz 2 EBRG in Übernahme von Art. 7 Abs. 1 EBR-RL (entsprechender Beschluss) ausdrücklich vor-sieht, hat § 21 Abs. 1 keinen Gebrauch gemacht und war hierzu auch nicht durch Art. 7 SE-RL gezwungen, der die Voraussetzungen für die Anwendung der Auffang-regelung abschließend festlegt und einen „entsprechenden Beschluss" nicht ausrei-chen lässt, sondern nicht zuletzt im Hinblick auf Art. 12 Abs. 2 SE-VO eine „Verein-barung" fordert. 9

---

6 *Habersack*, Der Konzern 2006, 105, 108.
7 So *Grobys*, NZA 2005, 84, 88 sowie im Anschluss *Freis* in Nagel/Freis/Kleinsorge, SEBG, § 20 Rz. 7; *Güntzel*, Richtlinie, S. 447.
8 Ablehnend ferner *Henssler* in Ulmer/Habersack/Henssler, MitbestR, 2. Aufl. 2006, Einl. SEBG Rz. 181; *Jacobs* in MünchKomm. AktG, § 22 SEBG Rz. 3.
9 *Jacobs* in MünchKomm. AktG, § 34 SEBG Rz. 3.
10 Hierfür *Grobys*, NZA 2005, 84, 88 sowie *Freis* in Nagel/Freis/Kleinsorge, SEBG, § 20 Rz.7; ab-lehnend auch *Jacobs* in MünchKomm. AktG, § 22 SEBG Rz. 3.

b) Ablauf der Verhandlungsfrist (§ 22 Abs. 1 Nr. 2)

10   Kommt zwischen den Verhandlungsparteien keine einvernehmliche und der Schrift-
      form genügende Abrede zur Beteiligung der Arbeitnehmer zustande, so gelangt die
      gesetzliche Auffangregelung nur zur Anwendung, wenn die Verhandlungsfrist ohne
      Ergebnis abgelaufen ist, unabhängig davon, ob es sich hierbei um die Grundfrist (§ 20
      Abs. 1) oder die verlängerte Verhandlungsfrist (§ 20 Abs. 2) handelt. Unerheblich ist
      auch, ob die Grundfrist von sechs Monaten für die Verhandlungen zwischen der Lei-
      tung und dem BVG vollständig zur Verfügung stand; Verzögerungen im Rahmen der
      Verhandlungen kann allenfalls dadurch Rechnung getragen werden, dass sich eine
      Seite dem Verlängerungsbegehren der anderen Seite verweigert (s. oben § 20 Rz. 8).

11   An der Voraussetzung eines ergebnislosen Ablaufs der Verhandlungsfrist fehlt es
      nicht nur, wenn sich die Parteien zuvor auf eine Vereinbarung verständigt haben,
      sondern auch, wenn das BVG mit qualifizierter doppelter Mehrheit (§ 16 Abs. 1
      Satz 2) beschlossen hat, keine Verhandlungen aufzunehmen bzw. diese abzubrechen.
      Bei einem derartigen Beschluss findet die gesetzliche Auffangregelung keine Anwen-
      dung (§ 16 Abs. 2 Satz 2 sowie oben Rz. 17). Allerdings gilt dies nur, wenn der vom
      BVG gefasste Beschluss rechtswirksam ist. Anderenfalls greift die gesetzliche Auf-
      fangregelung ein, es sei denn, das BVG wiederholt den Beschluss vor Ablauf der Ver-
      handlungsfrist.

12   Selbst wenn die Verhandlungsfrist i.S. des § 20 abgelaufen ist, fehlt für die Anwen-
      dung der gesetzlichen Auffangregelung die notwendige Grundlage, wenn das zustän-
      dige Organ jeder der beteiligten Gesellschaften angesichts der nicht erzielten Verein-
      barung zur Mitbestimmung den **Abbruch des Verfahrens zur Gründung der SE** be-
      schließen sollte. Dieser Vorbehalt fehlt zwar in § 22, ist aber aufgrund der Vorgaben
      in Art. 7 Abs. 1 Unterabsatz 2 lit. b SE-RL anzuerkennen. Hiernach setzt die Anwen-
      dung der gesetzlichen Auffangregelung ausdrücklich voraus, dass das zuständige Or-
      gan jeder der beteiligten Gesellschaften ihrer Anwendung und damit der **Fortsetzung
      des Eintragungsverfahrens** zugestimmt hat. Dieser Vorgabe der Richtlinie trägt § 22
      Abs. 1 durch den zeitlichen Anwendungsbereich der gesetzlichen Auffangregelung
      Rechnung, da die §§ 22 bis 33 und damit auch die §§ 34 bis 38 erst ab dem Zeitpunkt
      der Eintragung der SE zur Anwendung gelangen. Dies setzt denknotwendig voraus,
      dass die an der Gründung der SE beteiligten Gesellschaften nach Ablauf der Verhand-
      lungsfrist der Fortsetzung des Verfahrens zur Eintragung der SE zugestimmt haben[11].

13   Eine entsprechende Anwendung des § 22 Abs. 1 Nr. 2 kommt in Betracht, wenn die
      Leitungen der an der Gründung der SE beteiligten Gesellschaften verhindert haben,
      dass die Verhandlungsfrist in § 20 zu laufen beginnt. Das ist z.B. der Fall, wenn sie
      die Einleitung des Verhandlungsverfahrens unterlassen haben, indem sie die Pflich-
      ten nach § 4 Abs. 1 Satz 1 oder § 12 Abs. 1 Satz 1 verletzt haben. Selbst wenn die SE
      in dieser Konstellation entgegen Art. 12 Abs. 2 SE-VO eingetragen worden sein sollte,
      hätte das Aufsichts- oder Verwaltungsorgan nach Maßgabe der gesetzlichen Auffang-
      regelung zusammengesetzt sein müssen, sofern die weiteren Voraussetzungen in
      § 34 Abs. 1 erfüllt sind.

3. Gründung der SE durch Umwandlung (§ 34 Abs. 1 Nr. 1)

14   Für die Gründung der SE durch Umwandlung schließt das SEBG nicht nur einen Ver-
      zicht auf die Mitbestimmung (§ 16 Abs. 3) oder eine Minderung der Mitbestim-
      mungsrechte infolge einer Vereinbarung (§ 15 Abs. 5) aus, wenn in der umzuwan-

---

11 In diesem Sinne auch *Hennings* in Manz/Mayer/Schröder, Art. 7 SE-RL Rz. 5, 21; *Schwarz*,
   Einleitung Rz. 297.

delnden Gesellschaft Bestimmungen über die Mitbestimmung der Arbeitnehmer in dem Aufsichts- oder Verwaltungsorgan galten. Unter dieser Voraussetzung (s. dazu oben § 15 Rz. 26, § 16 Rz. 6 f.) schreibt § 34 Abs. 1 Nr. 1 zwingend vor, dass die gesetzliche Auffangregelung zur Mitbestimmung der Arbeitnehmer stets zur Anwendung gelangt, wobei § 34 Abs. 1 Nr. 1 mit den „Bestimmungen zur Mitbestimmung" auf die Legaldefinition in § 2 Abs. 12 Bezug nimmt. Die Anwendung der gesetzlichen Auffangregelung hängt nicht davon ab, dass das bisherige (dualistische) System auch für die SE beibehalten wird[12].

Wegen der Verknüpfung mit einer bei der umzuwandelnden Gesellschaft bestehenden Mitbestimmung i.S. des § 2 Abs. 12 entfällt die Anwendung der gesetzlichen Auffangregelung stets, wenn die umzuwandelnde Gesellschaft **keinem der in Deutschland geltenden Gesetze zur Unternehmensmitbestimmung unterliegt**[13]. Da Art. 2 Abs. 4 SE-VO die Gründung der SE durch Umwandlung nur für Aktiengesellschaften eröffnet, entfällt für die Anwendung der gesetzlichen Auffangregelung zur Mitbestimmung lediglich dann die Grundlage, wenn entweder der notwendige Schwellenwert für die Mitbestimmung nicht erreicht wird (s. § 1 Abs. 1 Nr. 2 MitbestG, § 1 Abs. 1 Nr. 1 DrittelbG) oder für die Aktiengesellschaft aus anderen Gründen (z.B. Tendenzschutz; § 1 Abs. 4 MitbestG, § 1 Abs. 2 DrittelbG) die Unternehmensmitbestimmung nicht gilt[14]. 15

4. Gründung der SE durch Verschmelzung (§ 34 Abs. 1 Nr. 2)

a) Mitbestimmung in einer beteiligten Gesellschaft

Bei einer Gründung der SE durch Verschmelzung gelangen die §§ 35 bis 38 nur zur Anwendung, wenn in einer oder mehreren der beteiligten Gesellschaften eine oder mehrere Formen der Mitbestimmung bestanden, bezüglich der wiederum die Legaldefinition in § 2 Abs. 12 heranzuziehen ist. Insoweit reicht es zunächst aus, wenn **wenigstens eine der beteiligten Gesellschaften** der Mitbestimmung i.S. des § 2 Abs. 12 unterliegt[15], wobei das zur Anwendung gelangende **Mitbestimmungsmodell unerheblich** ist[16]. Umgekehrt ist für die gesetzliche Auffangregelung kein Raum, wenn in keiner der beteiligten Gesellschaften eine Form der Mitbestimmung bestand[17]; im Hinblick auf die mit der Auffangregelung bezweckte Sicherung der Mitbestimmung in wenigstens einer der beteiligten Gesellschaften (s. oben Rz. 5) ist dies konsequent. 16

Ob in **betroffenen Tochtergesellschaften** Bestimmungen über die Mitbestimmung der Arbeitnehmer zur Anwendung gelangten, ist im Rahmen dieser Voraussetzung unerheblich. Das gilt auch, wenn ausschließlich in einer oder mehreren Tochtergesellschaften eine oder mehrere Formen der Mitbestimmung bestanden, selbst dann, wenn an der Verschmelzung zwei Konzerngesellschaften beteiligt sind, die keiner Mitbestimmung unterliegen und die Arbeitnehmer vor allem bei abhängigen Toch- 17

---

12 *Habersack* in Ulmer/Habersack/Henssler, MitbestR, 2. Aufl. 2006, § 34 SEBG Rz. 13; *Jacobs* in MünchKomm. AktG, § 34 SEBG Rz. 5; *Nagel* in Nagel/Freis/Kleinsorge, SEBG, § 34 Rz. 4.

13 Ebenso zu § 244 Abs. 1 Nr. 1 ArbVG *Gahleitner* in Kalss/Hügel, § 244 ArbVG Rz. 3.

14 Bei der Gründung einer SE durch Umwandlung hat § 39 Abs. 1 SEBG nur dann Bedeutung, wenn die umzuwandelnde Gesellschaft vor der Umwandlung keinen tendenzgeschützten Zwecken diente.

15 Begr. RegE, BT-Drucks. 15/3405, S. 54; *Habersack* in Ulmer/Habersack/Henssler, MitbestR, 2. Aufl. 2006, § 34 SEBG Rz. 15; *Jacobs* in MünchKomm. AktG, § 34 SEBG Rz. 8.

16 *Hennings* in Manz/Mayer/Schröder, Art. 7 SE-RL Rz. 10; *Jacobs* in MünchKomm. AktG, § 34 SEBG Rz. 8.

17 *Habersack* in Ulmer/Habersack/Henssler, MitbestR, 2. Aufl. 2006, § 34 SEBG Rz. 15; *Jacobs* in MünchKomm. AktG, § 34 SEBG Rz. 8.

tergesellschaften beschäftigt sind, die aufgrund dessen der Mitbestimmung unterliegen[18].

b) Notwendiges Arbeitnehmerquorum (mindestens 25 %)

18   Im Gegensatz zur Gründung einer SE durch Umwandlung gelangt die gesetzliche Auffangregelung zur Mitbestimmung nur zur Anwendung, wenn – gemessen an der Gesamtzahl – ein bestimmtes Quorum der Arbeitnehmer den von Art. 2 Abs. 12 erfassten Formen der Mitbestimmung unterliegt, sofern nicht das BVG einen entsprechenden Beschluss zur Anwendung der gesetzlichen Auffangregelung fasst (s. dazu unten Rz. 22).

19   Für die **Berechnung** des Arbeitnehmerquorums ist zunächst die **Gesamtzahl der Arbeitnehmer** zu ermitteln, wobei die Angaben im Rahmen der Unterrichtung nach § 4 Abs. 3 maßgebend sind[19]. Dabei sind nicht nur die Arbeitnehmer der **beteiligten Gesellschaften** i.S. des § 2 Abs. 2, sondern **auch** die bei **betroffenen Tochtergesellschaften** beschäftigten Arbeitnehmer zu berücksichtigen. Damit weicht § 34 Abs. 1 Nr. 2 allerdings von **Art. 7 Abs. 2 lit. b SE-RL** ab, der im Hinblick auf das Arbeitnehmerquorum ausschließlich auf die Arbeitnehmer der **beteiligten Gesellschaften** abstellt[20]. Gerechtfertigt wird dies mit den in Deutschland geltenden Bestimmungen zur Unternehmensmitbestimmung, um einer Beseitigung des Wahlrechts bei den betroffenen Tochtergesellschaften (§ 5 Abs. 1 MitbestG, § 2 Abs. 1 DrittelbG) Rechnung zu tragen[21]. Diese Begründung ist allerdings schon deshalb fragwürdig, weil die konzernrechtlichen Anforderungen im Hinblick auf die betroffene Tochtergesellschaft (s. oben § 2 Rz. 9) nicht mit denjenigen übereinstimmen, die § 5 MitbestG bzw. § 2 Abs. 1 DrittelbG für das Wahlrecht der Arbeitnehmer bei abhängigen Gesellschaften aufstellt (s. § 18 Abs. 1 AktG).

20   Bezogen auf die Gesamtzahl der Arbeitnehmer müssen sich die in § 2 Abs. 12 genannten Formen der Mitbestimmung auf mindestens 25 % der Arbeitnehmer erstrecken. Da hierbei nicht nur die von der Mitbestimmung erfassten Arbeitnehmer in den beteiligten Gesellschaften, sondern auch diejenigen Arbeitnehmer zu berücksichtigen sind, auf die sich eine bei betroffenen Tochtergesellschaften bestehende Form der Mitbestimmung erstreckt, kann dies dazu führen, dass das notwendige Quorum selbst dann überschritten wird, wenn es bei ausschließlicher Berücksichtigung der beteiligten Gesellschaften nicht erreicht wird.

21   Während in dem Beispiel in Rz. 20 die Abweichung von der Richtlinie aus Sicht der Erhaltung der Mitbestimmung günstiger ist[22], bleibt die umgekehrte Situation problematisch, wenn infolge des weiter gezogenen Bemessungsmaßstabes in § 34 Abs. 1 Nr. 2 das notwendige Arbeitnehmerquorum unterschritten wird, es bei alleiniger Be-

---

18 Wie hier auch *Habersack* in Ulmer/Habersack/Henssler, MitbestR, 2. Aufl. 2006, § 34 SEBG Rz. 15.

19 So *Habersack* in Ulmer/Habersack/Henssler, MitbestR, 2. Aufl. 2006, § 34 SEBG Rz. 17; *Jacobs* in MünchKomm. AktG, § 34 SEBG Rz. 11; a.A. *Grobys*, NZA 2005, 84, 90: § 23 Abs. 1 Satz 4 analog.

20 Ebenso § 244 Abs. 2 Nr. 2 ArbVG; s. auch *Gahleitner* in Kalss/Hügel, § 244 ArbVG Rz. 3.

21 Begr. RegE, BT-Drucks. 15/3405, S. 54; *Jacobs* in MünchKomm. AktG, § 34 SEBG Rz. 10; *Nagel* in Nagel/Freis/Kleinsorge, SEBG, § 34 Rz. 8; ablehnend *Grobys*, NZA 2004, 779, 781.

22 Ob dies mit der SE-RL vereinbar ist, wird im Schrifttum verbreitet verneint; so z.B. *Brandt*, BB 2005, Special Nr. 3, S. 1, 6; *Güntzel*, Richtlinie, S. 458; *Habersack* in Ulmer/Habersack/Henssler, ArbRKomm., 2. Aufl. 2006, § 34 SEBG Rz. 4; *Hennings* in Manz/Mayer/Schröder, Art. 7 SE-RL Rz. 24; *Joost* in Oetker/Preis, EAS, B 8200, Rz. 216; *Kienast* in Jannott/Frodermann, Handbuch Europäische Aktiengesellschaft, Kap. 13 Rz. 269; *Kallmeyer*, ZIP 2004, 1442, 1443; *Schwarz*, Einleitung Rn. 298 mit Fn. 800; dagegen jedoch *Jacobs* in MünchKomm. AktG, § 34 SEBG Rz. 10.

rücksichtigung der Arbeitnehmer in den beteiligten Gesellschaften aber überschritten wäre[23]. Da dies nach Art. 7 Abs. 2 lit. b SE-RL für die Anwendung der gesetzlichen Auffangregelung ausreichen soll, ist dem durch eine richtlinienkonforme Auslegung des § 34 Abs. 1 Nr. 2 Rechnung zu tragen[24].

c) Beschluss des BVG

Selbst wenn das nach § 34 Abs. 1 Nr. 2 notwendige **Arbeitnehmerquorum nicht erreicht** wird, gelangt die gesetzliche Auffangregelung gleichwohl zur Anwendung, wenn das BVG einen entsprechenden Beschluss fast[25]. Da die Amtszeit des BVG mit Ablauf der Verhandlungsfrist endet (s. oben § 4 Rz. 7), muss der Beschluss vor Fristablauf gefasst worden sein. Bezüglich der hierfür notwendigen **Mehrheit** trifft § 34 Abs. 1 keine Regelung, so dass die Grundregel des **§ 15 Abs. 2** anzuwenden ist[26]. Eine **Untergrenze** der von der Mitbestimmung erfassten Arbeitnehmer legt das Gesetz für eine Beschlussfassung des BVG nicht fest[27]. Indes setzt auch ein Beschluss des BVG stets voraus, dass in wenigstens einer der an der Gründung der SE beteiligten Gesellschaften eine von § 2 Abs. 12 erfasste Form der Mitbestimmung besteht (s. oben Rz. 16)[28].

22

5. Errichtung einer Holding- oder Tochter-SE (§ 34 Abs. 1 Nr. 3)

Die Regelungen für die Gründung einer SE durch Verschmelzung gelten entsprechend, wenn die SE als Holding- oder Tochter-SE errichtet werden soll. Das von der bestehenden Mitbestimmung erfasste **notwendige Arbeitnehmerquorum** beträgt jedoch – entsprechend der Vorgabe in Art. 7 Abs. 2 lit. c SE-RL – mindestens **50 % der Arbeitnehmer** und ist damit doppelt so hoch wie bei der Gründung einer SE durch Verschmelzung (zur Berechnung oben Rz. 19 ff.). Wird dieses nicht erreicht und besteht wenigstens in einer der beteiligten Gesellschaften eine Mitbestimmung der Arbeitnehmer i.S. des § 2 Abs. 12, so kann die gesetzliche Auffangregelung aufgrund eines von dem BVG mit der nach **§ 15 Abs. 2** notwendigen Mehrheit[29] zu fassenden **Beschlusses** zur Anwendung gelangen.

23

---

23 Treffend hervorgehoben von *Kienast* in Jannott/Frodermann, Handbuch Europäische Aktiengesellschaft, Kap. 13 Rz. 267.
24 In dieser Richtung wohl auch *Habersack* in Ulmer/Habersack/Henssler, MitbestR, 2. Aufl. 2006, § 34 SEBG Rz. 18; a.A. *Jacobs* in MünchKomm. AktG, § 34 SEBG Rz. 10, der die Regelung uneingeschränkt als richtlinienkonform ansieht.
25 Kritisch dazu z.B. *Calle Lambach*, Beteiligung der Arbeitnehmer, S. 177 f.
26 *Habersack* in Ulmer/Habersack/Henssler, MitbestR, 2. Aufl. 2006, § 34 SEBG Rz. 19; *Hennings* in Manz/Mayer/Schröder, Art. 7 SE-RL Rz. 12; *Jacobs* in MünchKomm. AktG, § 34 SEBG Rz. 13; *Kienast* in Jannott/Frodermann, Handbuch Europäische Aktiengesellschaft, Kap. 13 Rz. 272. Ebenso zu § 244 Abs. 2 ArbVG *Gahleitner* in Kalss/Hügel, § 244 ArbVG Rz. 1, 3.
27 *Joost* in Oetker/Preis, EAS, B 8200, Rz. 215; *Wisskirchen/Prinz*, DB 2004, 2638, 2641; s. auch *Gahleitner* in Kalss/Hügel, § 244 ArbVG Rz. 3.
28 *Habersack* in Ulmer/Habersack/Henssler, MitbestR, 2. Aufl. 2006, § 34 SEBG Rz. 19; *Joost* in Oetker/Preis, EAS, B 8200, Rz. 215; *Kienast* in Jannott/Frodermann, Handbuch Europäische Aktiengesellschaft, Kap. 13 Rz. 272; in diesem Sinne auch *Gahleitner* in Kalss/Hügel, § 244 ArbVG Rz. 3.
29 *Habersack* in Ulmer/Habersack/Henssler, MitbestR, 2. Aufl. 2006, § 34 SEBG Rz. 21; ebenso zu § 244 Abs. 2 Nr. 3 ArbVG *Gahleitner* in Kalss/Hügel, § 244 ArbVG Rz. 3.

III. Wahl der Mitbestimmungsform (§ 34 Abs. 2)

1. Beschluss des BVG (§ 34 Abs. 2 Satz 1)

24 Besteht bei der Gründung der SE durch Verschmelzung oder bei der Errichtung einer Holding- oder Tochter-SE in den beteiligten Gesellschaften **dieselbe Form der Mitbestimmung**, so ist diese auch für die SE maßgebend[30]. Das gilt selbst dann, wenn bei den betroffenen Tochtergesellschaften andere Formen der Mitbestimmung bestehen, da § 34 Abs. 2 ausdrücklich auf die „beteiligten Gesellschaften" abstellt.

25 Unterliegen die beteiligten Gesellschaften **verschiedenen Formen der Mitbestimmung**, so überlässt § 34 Abs. 2 Satz 1 – entsprechend der Vorgabe in Art. 7 Abs. 2 SE-RL – dem BVG die Entscheidung über die in der SE einzuführende Form der Mitbestimmung. Dieses hat hierüber einen Beschluss zu fassen, für den – mangels abweichender gesetzlicher Regelung – das **Mehrheitserfordernis in § 15 Abs. 2** gilt[31]. Dabei ist das BVG jedoch an die in den beteiligten Gesellschaften bestehenden Formen der Mitbestimmung gebunden, es kann also nicht eine Form der Mitbestimmung für maßgeblich erklären, die in keiner der beteiligten Gesellschaften zur Anwendung gelangt; § 34 Abs. 2 Satz 1 verlangt ausdrücklich eine Entscheidung, welche der bestehenden Formen der Mitbestimmung bei der SE eingeführt werden soll, was auch dem Zweck der Auffangregelung entspricht, die in den beteiligten Gesellschaften bestehenden Mitbestimmungssysteme zu sichern (s. oben Rz. 5).

26 Die Bezugnahme in § 34 Abs. 2 Satz 1 auf § 2 Abs. 12 stellt klar, dass unter „Form der Mitbestimmung" lediglich das **Modell** zu verstehen ist, das bezüglich der Mitbestimmung der Arbeitnehmer zur Anwendung gelangen soll[32]. Die **qualitative Entscheidung** zwischen einer paritätischen Zusammensetzung des Aufsichtsrates und einer Drittelbeteiligung ist deshalb nicht vom BVG im Rahmen des durch § 34 Abs. 2 Satz 1 eröffneten Spielraums zu treffen, sondern richtet sich nach § 35 Abs. 2[33].

2. Auffangregelung (§ 34 Abs. 2 Satz 2 und 3)

27 Unterbleibt ein Beschluss des BVG über die anzuwendende Form der Mitbestimmung, so richtet sich diese nach den subsidiären Regelungen in § 34 Abs. 2 Satz 2 und 3, die in zulässiger Weise den durch Art. 7 Abs. 2 SE-RL eröffneten Gestaltungsspielraum ausfüllen. Dabei legt das SEBG einen **Vorrang des deutschen Mitbestimmungsmodells** fest, wenn an der Gründung der SE eine **Gesellschaft mit Sitz in Deutschland** beteiligt ist[34]. In diesem Fall erfolgt die Mitbestimmung durch eine Wahl von Arbeitnehmervertretern in das Aufsichts- oder Leitungsorgan der SE. Vo-

---

30 *Habersack* in Ulmer/Habersack/Henssler, MitbestR, 2. Aufl. 2006, § 34 SEBG Rz. 24; *Jacobs* in MünchKomm. AktG, § 34 SEBG Rz. 15. Bei der Gründung einer SE durch Umwandlung erweist sich die Wahl der im Rahmen der Auffangregelung maßgeblichen Form der Mitbestimmung denknotwendig als nicht regelungsbedürftig.

31 *Habersack* in Ulmer/Habersack/Henssler, MitbestR, 2. Aufl. 2006, § 34 SEBG Rz. 26; *Jacobs* in MünchKomm. AktG, § 34 SEBG Rz. 17. So auch zu § 244 Abs. 3 ArbVG *Gahleitner* in Kalss/Hügel, § 244 ArbVG Rz. 4.

32 *Habersack* in Ulmer/Habersack/Henssler, MitbestR, 2. Aufl. 2006, § 34 SEBG Rz. 24; *Kienast* in Jannott/Frodermann, Handbuch Europäische Aktiengesellschaft, Kap. 13 Rz. 275; ebenso Begr. RegE, BT-Drucks. 15/3405, S. 54; *Nagel* in Nagel/Freis/Kleinsorge, SEBG, § 34 Rz. 11.

33 Begr. RegE, BT-Drucks. 15/3405, S. 54; *Jacobs* in MünchKomm. AktG, § 34 SEBG Rz. 16; *Nagel* in Nagel/Freis/Kleinsorge, SEBG, § 34 Rz. 11. Missverständlich demgegenüber § 244 Abs. 3 ArbVG, der pauschal eine Abstimmung über die „Form der Mitbestimmung" eröffnet; s. dazu *Gahleitner* in Kalss/Hügel, § 244 ArbVG Rz. 4.

34 Anders insofern die Auffangregelung in § 244 Abs. 5 ArbVG, die stets auf die höchste Zahl der von einer Form der Mitbestimmung erfassten Arbeitnehmer abstellt.

raussetzung ist allerdings stets, dass diese Gesellschaft einem der in Deutschland geltenden Gesetze zur Unternehmensmitbestimmung unterliegt. Die Zahl der von ihr erfassten Arbeitnehmer im Verhältnis zur Gesamtzahl der Arbeitnehmer ist unter dieser Voraussetzung unerheblich.

Auf das **Mehrheitsprinzip** stellt § 34 Abs. 2 Satz 3 lediglich subsidiär ab, wenn an der Gründung der SE keine (mitbestimmte) beteiligte Gesellschaft ihren Sitz in Deutschland hat. Maßgebend ist in diesem Fall die Zahl der Arbeitnehmer, die den verschiedenen Formen der Mitbestimmung unterliegen, wobei die höchste Zahl den Ausschlag gibt. Im Unterschied zu dem für die gesetzliche Auffangregelung maßgeblichen Arbeitnehmerquorum (s. oben Rz. 19) ist ausschließlich auf die **Arbeitnehmer** der **beteiligten Gesellschaften** abzustellen. Diejenigen der **betroffenen Tochtergesellschaften** bleiben hingegen unberücksichtigt, was nicht mit der Entscheidung in § 34 Abs. 1 Nr. 2 und 3 harmoniert, dass ggf. erst die Berücksichtigung der Arbeitnehmer der betroffenen Tochtergesellschaften das für die Anwendung der Auffangregelung notwendige Arbeitnehmerquorum erfüllt. 28

IV. Unterrichtung der Leitungen (§ 34 Abs. 3)

Über die im Rahmen des § 34 Abs. 1 und 2 gefassten Beschlüsse hat das BVG die Leitungen zu unterrichten (so auch Art. 7 Abs. 2 SE-RL), denen umgekehrt ein **Anspruch auf Unterrichtung** zusteht[35]. Für die **Form** der Unterrichtung trifft das SEBG keine Vorgaben[36]. Die Mitteilung kann deshalb formfrei erfolgen, sollte aber so vorgenommen werden, dass die Erfüllung der Unterrichtungspflicht ggf. belegt werden kann. 29

§ 35
Umfang der Mitbestimmung

(1) Liegen die Voraussetzungen des § 34 Abs. 1 Nr. 1 (Gründung einer SE durch Umwandlung) vor, bleibt die Regelung zur Mitbestimmung erhalten, die in der Gesellschaft vor der Umwandlung bestanden hat.

(2) Liegen die Voraussetzungen des § 34 Abs. 1 Nr. 2 (Gründung einer SE durch Verschmelzung) oder des § 34 Abs. 1 Nr. 3 (Gründung einer Holding-SE oder Tochter-SE) vor, haben die Arbeitnehmer der SE, ihrer Tochtergesellschaften und Betriebe oder ihr Vertretungsorgan das Recht, einen Teil der Mitglieder des Aufsichts- oder Verwaltungsorgans der SE zu wählen oder zu bestellen oder deren Bestellung zu empfehlen oder abzulehnen. Die Zahl dieser Arbeitnehmervertreter im Aufsichts- oder Verwaltungsorgan der SE bemisst sich nach dem höchsten Anteil an Arbeitnehmervertretern, der in den Organen der beteiligten Gesellschaften vor der Eintragung der SE bestanden hat.

---

35 *Jacobs* in MünchKomm. AktG, § 34 SEBG Rz. 18.
36 *Habersack* in Ulmer/Habersack/Henssler, MitbestR, 2. Aufl. 2006, § 34 SEBG Rz. 29; *Jacobs* in MünchKomm. AktG, § 34 SEBG Rz. 18.

Literatur: *Kämmerer/Veil*, Paritätische Arbeitnehmermitbestimmung in der monistischen SE – ein verfassungsrechtlicher Irrweg?, ZIP 2005, 369; *Roth*, Die unternehmerische Mitbestimmung in der monistischen SE, ZfA 2004, 440.

I. Allgemeines

1 Liegen die Voraussetzungen des § 34 Abs. 1 für die Anwendung der gesetzlichen Auffangregelung zur Mitbestimmung der Arbeitnehmer vor und steht die bei der SE maßgebliche Form der Mitbestimmung fest, dann richtet sich der Umfang der Mitbestimmung nach § 35. Wie im Rahmen von § 34 Abs. 1 ist auch diesbezüglich zwischen der Gründung einer SE durch **Umwandlung** (§ 35 Abs. 1) sowie ihrer Gründung durch **Verschmelzung** bzw. der **Errichtung einer Holding- oder Tochter-SE** (§ 35 Abs. 2) zu differenzieren.

2 Mit § 35 setzt das SEBG die Vorgabe im 3. Teil des Anhangs der **SE-RL** um, der bezüglich des Inhalts der Norm folgenden Wortlaut hat:

„a) Fanden im Falle einer durch Umwandlung gegründeten SE Vorschriften eines Mitgliedstaats über die Mitbestimmung der Arbeitnehmer im Verwaltungs- oder Aufsichtsorgan vor der Eintragung Anwendung, so finden alle Komponenten der Mitbestimmung der Arbeitnehmer weiterhin Anwendung. Buchstabe b gilt diesbezüglich sinngemäß.

b) In den Fällen der Gründung einer SE haben die Arbeitnehmer der SE, ihrer Tochtergesellschaften und Betriebe und/oder ihr Vertretungsorgan das Recht, einen Teil der Mitglieder des Verwaltungs- oder des Aufsichtsorgans der SE zu wählen oder zu bestellen oder deren Bestellung zu empfehlen oder abzulehnen, wobei die Zahl dieser Mitglieder sich nach dem höchsten maßgeblichen Anteil in den beteiligten Gesellschaften vor der Eintragung der SE bemißt.

Bestanden in keiner der beteiligten Gesellschaften vor der Eintragung der SE Vorschriften über die Mitbestimmung, so ist die SE nicht verpflichtet, eine Vereinbarung über die Mitbestimmung der Arbeitnehmer einzuführen."

3 Die **SCE-RL** hat die in Rz. 2 wiedergegebene Auffangregelung zur Mitbestimmung ebenfalls in den Anhang zu Art. 7 SCE-RL übernommen; dementsprechend stimmt **§ 35 SCEBG** mit § 35 überein. Im Grundsatz gilt die in Rz. 2 wiedergegebene Vorgabe auch für die **Verschmelzungs-RL**, da diese in Art. 16 Abs. 3 lit. h auch auf Buchstabe b des 3. Teils des Anhangs in Art. 7 SE-RL Bezug nimmt. Ergänzend räumt Art. 16 Abs. 4 3. Spiegelstrich den Mitgliedstaaten die Option ein, den Anteil der Arbeitnehmervertreter im Verwaltungsorgan zu begrenzen, dürfen jedoch bei deren Inanspruchnahme den Anteil nicht auf weniger als ein Drittel festlegen, sofern sich das Aufsichts- oder Verwaltungsorgan einer der an der Verschmelzung beteiligten Gesellschaften aus mindestens einem Drittel aus Arbeitnehmervertretern zusammensetzt. Die zur Umsetzung geschaffene Bestimmung in **§ 24 MgVG** nimmt diese Option nicht in Anspruch, sondern erklärt in Abs. 1 Satz 2 ohne Einschränkungen stets den „höchsten Anteil an Arbeitnehmervertretern" als maßgeblich. Im übrigen übernimmt § 24 Abs. 1 MgVG im Wesentlichen § 35 Abs. 2; ferner bestimmt § 24 Abs. 2 MgVG die zwingende Errichtung eines Aufsichtsrates bei der GmbH und § 24 Abs. 3 MgVG ordnet – in konsequenter Fortführung von § 22 Abs. 4 MgVG – den Vorrang der Regelungen über die Mitbestimmung kraft Gesetzes im Verhältnis zur Satzung der aus einer grenzüberschreitenden Verschmelzung hervorgehenden Gesellschaft an, die ggf. an die gesetzliche Auffangregelung anzupassen ist.

4 In **Österreich** hat die mit § 35 korrespondierende Vorschrift in § 245 ArbVG ebenfalls die Vorgaben des Anhangs zur SE-RL mit weitgehend identischem Wortlaut in das innerstaatliche Recht transformiert, im Vergleich mit § 35 jedoch die Reihenfolge umgekehrt, in dem sie zunächst den allgemeinen Grundsatz (§ 245 Abs. 1 ArbVG) und sodann die Ausnahme für die Gründung einer SE durch Umwandlung (§ 245 Abs. 2 ArbVG) festlegt. Während § 34 Abs. 1 die „Erhaltung der Regelung zur Mitbestim-

mung" vorschreibt, ordnet § 245 Abs. 2 ArbVG an, dass „die für die umzuwandelnde Gesellschaft geltenden Bestimmungen über die Mitbestimmung der Arbeitnehmer nach Maßgabe der §§ 246 bis 248 Anwendung" finden.

II. Gründung einer SE durch Umwandlung (§ 35 Abs. 1)

Für den Fall einer Gründung der SE durch Umwandlung ist das SEBG von dem Ziel 5 geleitet, den mitbestimmungsrechtlichen Status quo der umzuwandelnden Gesellschaft in der SE zu erhalten. Dementsprechend sollen bei einer Gründung durch Umwandlung „alle Komponenten der Mitbestimmung der Arbeitnehmer weiterhin Anwendung"[1] finden bzw. die vor der Umwandlung bestehende „Regelung zur Mitbestimmung" erhalten bleiben (so § 35 Abs. 1).

Da § 35 Abs. 1 den „Umfang der Mitbestimmung" betrifft, richtet sich die **Form der** 6 **Mitbestimmung** nach dem Modell, das in der umzuwandelnden Gesellschaft bestand. War insoweit eine Wahl von Arbeitnehmervertretern in den Aufsichtsrat maßgebend (§ 2 Abs. 12 Nr. 1), so gilt diese Form der Mitbestimmung auch für die SE. Entsprechendes gilt, wenn die Umwandlung zum Anlass genommen wird, von dem dualistischen in das monistische System zu wechseln[2].

Der vage Gesetzeswortlaut lässt offen, ob sich die Wahrung des Status quo nur auf 7 den **Anteil der Arbeitnehmervertreter** im Aufsichts- oder Verwaltungsorgan der SE beschränkt[3] oder zusätzlich auch die bisherige **Zahl der Arbeitnehmervertreter** maßgebend bleibt[4]. Während es die erstgenannte Ansicht z.B. gestatten würde, den Aufsichtsrat einer dem MitbestG unterliegenden Aktiengesellschaft im Rahmen der Umwandlung bei Wahrung der paritätischen Zusammensetzung zu verkleinern, hätte die letztgenannte Auffassung zur Folge, dass die Größe des Aufsichts- oder Verwaltungsorgans ebenfalls festgeschrieben bliebe, sofern sich diese aus der „Regelung zur Mitbestimmung" ergibt.

Der Wortlaut des § 35 Abs. 1, der pauschal auf die „Regelung" und nicht lediglich auf 8 die „Mitbestimmung" abstellt, lässt ein extensives Verständnis zu. Dieses trägt zudem dem Normzweck, den mitbestimmungsrechtlichen Status quo in der umzuwandelnden Gesellschaft zu wahren, am besten Rechnung. Auch Buchstabe b des 3. Teils des Anhangs zur SE-RL deutet in diese Richtung, da dieser die weitere Anwendung nicht auf den Anteil der Arbeitnehmervertreter in dem Verwaltungs- oder Aufsichtsorgan beschränkt, sondern diese Rechtsfolge auf **„alle Komponenten"** der Mitbestimmung ausdehnt. Hierzu könnte nicht nur der Anteil der Arbeitnehmervertreter, sondern auch deren Zahl in dem Aufsichts- oder Verwaltungsorgan zählen. Ein gegenteiliges Verständnis, das sich auf den bisherigen Anteil der Arbeitnehmer beschränkt, lässt sich indes darauf stützen, dass die Auffangregelung des SEBG zur „Mitbestimmung" im Lichte der Legaldefinition des § 2 Abs. 12 nur das Recht zur Wahl bzw. Bestellung von Arbeitnehmervertretern betrifft und auch die amtliche Überschrift zu

---

1 So die Formulierung in Teil 3 des Anhangs zur SE-RL.
2 *Jacobs* in MünchKomm. AktG, § 35 SEBG Rz. 8.
3 So *Grobys*, NZA 2005, 84, 90; *Habersack* in Ulmer/Habersack/Henssler, MitbestR, 2. Aufl. 2006, § 35 SEBG Rz. 6; *Habersack*, Der Konzern 2006, 105, 106 f.; *Habersack*, AG 2006, 345, 347; *Jacobs* in MünchKomm. AktG, § 35 SEBG Rz. 9; *Müller-Bonanni/Melot de Beauregard*, GmbHR 2005, 195, 197; *Scheibe*, Mitbestimmung der Arbeitnehmer, S. 174 ff.; *Schwarz*, Einleitung Rz. 311. Ebenso für die österreichische Regelung *Gahleitner* in Kalss/Hügel, § 245 ArbVG Rz. 2.
4 Hierfür *Güntzel*, Richtlinie, S. 460.

§ 35 den Regelungsgehalt der Norm auf den Umfang der Mitbestimmung beschränkt und damit nicht die Größe des Aufsichts- oder Verwaltungsorgans beeinflusst.

9   Ein durch die Vorgaben der SE-RL geprägtes Normverständnis müsste an sich auch bezüglich der „Regelung zur Mitbestimmung" dazu führen, dass diese ebenfalls bezüglich der **Zusammensetzung der Arbeitnehmervertreter** zur Anwendung gelangt[5], was sowohl die Beteiligung von Vertretern der Gewerkschaften sowie der leitenden Angestellten (so bei Anwendung des MitbestG) als auch die der unternehmensangehörigen Arbeitnehmer (so bei Anwendung des DrittelbG) beträfe. Ein abweichendes Verständnis lässt sich allerdings auf § 36 stützen, der nicht nur die Verteilung der Arbeitnehmervertreter unabhängig von der bislang bei der umzuwandelnden Gesellschaft angewendeten Regelung festlegt, sondern mittels der Bezugnahme in § 36 Abs. 3 Satz 2 auf § 6 Abs. 3 und 4 auch die Repräsentanz der Vertreter von Gewerkschaften und leitenden Angestellten ausgestaltet (s. unten § 36 Rz. 12). Da § 36 keine Einschränkungen im Hinblick auf bestimmte Formen zur Gründung der SE enthält, ist der in Österreich in § 245 Abs. 2 ArbVG ausdrücklich aufgenommene Vorbehalt (s. oben Rz. 4) aufgrund einer systematischen Auslegung in § 35 Abs. 1 „hineinzulesen". Die in der umzuwandelnden Gesellschaft bestehende „Regelung zur Mitbestimmung" bleibt deshalb nur nach Maßgabe der §§ 36 bis 38 erhalten[6].

10   Das in Rz. 9 dargelegte Verständnis beantwortet auch die Frage, ob die in dem MitbestG bzw. dem DrittelbG normierten **Regelungen zur inneren Ordnung des Aufsichtsrates** bei der SE als „Regelung zur Mitbestimmung" erhalten bleiben. Bei isolierter Betrachtung des § 35 Abs. 1 lässt sich eine derartige Auslegung nicht von der Hand weisen. Dagegen spricht jedoch der auf alle Formen einer SE-Gründung bezogene Wortlaut des § 38, der nicht nur bei der Gründung durch Verschmelzung, sondern auch bei einer solchen durch Umwandlung erkennbar abschließend regeln soll, in welchem Ausmass die Mitbestimmung der Arbeitnehmer auf die innere Ordnung des Aufsichts- oder Verwaltungsorgans ausstrahlt[7].

11   Die Konservierung des bisherigen Anteils an Arbeitnehmervertretern ist im Hinblick auf eine bisherige paritätische Beteiligung der Arbeitnehmervertreter im Aufsichtsrat auf verschiedene **rechtliche Bedenken** gestoßen, wenn im Rahmen der Umwandlung einer Aktiengesellschaft gleich ein Wechsel vom dualistischen in das **monistische System** stattfindet. Die Kritik knüpft vor allem an der **besonderen Funktion des Verwaltungsrates** an, der sich nicht auf die Überwachung und Beratung der Geschäftsführung beschränkt, sondern diese selbst ausführt, so dass eine Beteiligung von Arbeitnehmervertretern im Verwaltungsrat diesen zu einer unmittelbaren Teilhabe an der Geschäftsführung verhilft und damit qualitativ über das bisherige Ausmaß an Partizipation hinausgeht.

12   Die in Rz. 11 skizzierte Konsequenz steht zwar im Widerspruch zu der tradierten Anknüpfung der Unternehmensmitbestimmung in Deutschland; ein grundsätzlicher Widerspruch zu den **Vorgaben des Gemeinschaftsrechts** ist hierin jedoch nicht zu sehen. Sowohl die SE-VO als auch Teil 3 des Anhangs zu Art. 7 SE-RL gehen davon aus, dass Mitglieder des Verwaltungsorgans von den Arbeitnehmern bestellt bzw. gewählt werden. Darüber hinaus widerspricht es nicht dem Gemeinschaftsrecht, wenn § 35 Abs. 1 dazu führt, dass dem Verwaltungsrat einer SE zur Hälfte Arbeitnehmervertreter angehören. Die Aufrechterhaltung des bisherigen Anteils an Arbeitnehmervertre-

---

5 So *Köstler* in Theisen/Wenz, Europäische Aktiengesellschaft, S. 331, 360 f.
6 Ebenso *Jacobs* in MünchKomm. AktG, § 35 SEBG Rz. 9.
7 Wie hier im Ergebnis *Habersack* in Ulmer/Habersack/Henssler, MitbestR, 2. Aufl. 2006, § 35 SEBG Rz. 5; *Habersack*, Der Konzern 2006, 105, 107.

tern sieht nicht nur die in der SE-RL enthaltene Auffangregelung ausdrücklich vor[8]; auch Art. 45 Satz 2 SE-VO zeigt, dass der Gemeinschaftsgesetzgeber davon ausging, dass der Verwaltungsrat einer monistisch strukturierten SE zur Hälfte aus Mitgliedern bestehen kann, die der Arbeitnehmerseite zuzurechnen sind.

Darüber hinaus werden gegen die in § 35 Abs. 1 angeordnete paritätische Zusammensetzung des Verwaltungsrates verfassungsrechtliche Bedenken im Hinblick auf **Art. 14 Abs. 1 GG** geltend gemacht, weil sie zu einer qualitativ-materiellen Ausweitung der Mitbestimmung führe und hierdurch das mitgliedschaftliche Element des Eigentumsrechts der Anteilseigner verletzt werde[9]. Die zur Stützung der verfassungsrechtlichen Einwände herangezogene Judikatur des BVerfG, insbesondere dessen Urteil zum MitbestG vom 1.3.1979[10], kann indes nicht unreflektiert auf die Mitbestimmungssicherung bei Gründung einer SE herangezogen werden[11]. Mit der gesetzlichen Auffangregelung in § 35 greift der Gesetzgeber nicht – wie bei Schaffung des Mitbestimmungsgesetzes – in bereits bestehende Gesellschaftsformen ein, sondern er gestaltet eine bestimmte Form der SE aus, deren Inanspruchnahme auf einer eigenverantwortlichen Entscheidung der Anteilseigner beruht. Diese Abhängigkeit wird insbesondere in den tatbestandlichen Voraussetzungen für das Eingreifen der gesetzlichen Auffangregelung deutlich, da es hierfür nach erfolglosem Ablauf der Verhandlungsfrist einer positiven Willensbekundung bedarf, um die SE mittels ihrer Eintragung zur Entstehung kommen zu lassen. Ungeachtet dieses grundsätzlichen Unterschiedes stellt jedenfalls Art. 45 Satz 2 SE-VO i.V.m. Art. 50 SE-VO sicher, dass die Stimme des Vorsitzenden des Verwaltungsrates bei Stimmengleichheit den Ausschlag gibt und dieser bei einem paritätisch zusammengesetzten Verwaltungsrat aus dem Kreise der von den Aktionären bestellten Mitglieder des Verwaltungsrates stammt. Das hierdurch vermittelte leichte Übergewicht der Anteilseignerseite wird zusätzlich durch § 35 Abs. 3 SEAG abgesichert, da dieser verhindert, dass bei einem Stimmrechtsausschluss bei von den Anteilseignern bestellten Mitgliedern die Anteilseignervertreter im Verwaltungsrat überstimmt werden können (s. dazu auch oben Art. 45 SE-VO Rz. 10 ff.)[12].

Im Vordergrund steht deshalb die Frage, ob sich aus der Eigentumsgarantie des Art. 14 Abs. 1 GG die Verpflichtung des Gesetzgebers ableiten lässt, eine monistisch

13

14

---

8 So vor allem *Kienast* in Jannott/Frodermann, Handbuch Europäische Aktiengesellschaft, Kap. 13 Rz. 280; *Kleinsorge* in Baums/Cahn, Europäische Aktiengesellschaft, S. 140, 149; *Köstler*, ZGR 2003, 800, 804 f.; *Steinberg*, Mitbestimmung, S. 234; dagegen jedoch *Jacobs* in MünchKomm. AktG, § 35 SEBG Rz. 24; *Kallmeyer*, ZIP 2003, 1531, 1535; *Kämmerer/Veil*, ZIP 2005, 369, 376; *Reichert/Brandes*, ZGR 2003, 767, 790 ff.; *Scheibe*, Mitbestimmung der Arbeitnehmer, S. 188 ff.; *Teichmann*, BB 2004, 53, 56 f., die für ein funktionales Verständnis des Anhangs plädieren und hierdurch für den nationalen Gesetzgeber den im Hinblick auf das Gemeinschaftsrecht unerläßlichen Spielraum schaffen, um eine paritätische Vertretung der Arbeitnehmer auf die nicht geschäftsführenden Direktoren zu beschränken.

9 So vor allem *Kämmerer/Veil*, ZIP 2005, 369 ff.; *Roth*, ZfA 2004, 431, 452 ff.; im Grundsatz ebenso *Henssler* in Ulmer/Habersack/Henssler, MitbestR, 2. Aufl. 2006, Einl. SEBG Rz. 203; *Jacobs* in MünchKomm. AktG, § 35 SEBG Rz. 16 ff.; wohl auch *Habersack* in Ulmer/Habersack/Henssler, MitbestR, 2. Aufl. 2006, § 35 SEBG Rz. 4; *Steinberg*, Mitbestimmung, S. 235 f.; a.A. jedoch *Scheibe*, Mitbestimmung der Arbeitnehmer, S. 210 ff.

10 BVerfG v. 1.3.1979 – 1 BvR 532, 533/77, 419/78, 1 BvL 21/78, BVerfGE 50, 290 ff.

11 Sofern die Vorgabe in dem 3. Teil des Anhangs zu Art. 7 SE-RL als zwingend für die nationale Umsetzung bewertet wird, entfällt ohnehin ein Überprüfung von § 35 SEBG anhand von Art. 14 Abs. 1 GG. So insbesondere *Kienast* in Jannott/Frodermann, Handbuch Europäische Aktiengesellschaft, Kap. 13 Rz. 280; *Kleinsorge* in Baums/Cahn, Europäische Aktiengesellschaft, S. 140, 149; *Köstler*, ZGR 2003, 800, 804 f.

12 Näher dazu *Scheibe*, Mitbestimmung der Arbeitnehmer, S. 244 ff.; *Schönberger*, Der Zustimmungsvorbehalt des Aufsichtsrates bei Geschäftsführungsmaßnahmen des Vorstands (§ 111 Abs. 4 Satz 2–4 AktG), 2006, S. 249 ff.

strukturierte SE zur Verfügung zu stellen, bei der sich eine paritätische Mitbestimmung im Verwaltungsrat auf die nicht geschäftsführenden Direktoren beschränkt. Dies ist zu verneinen, da den Anteilseignern neben den in Rz. 13 dargelegten Absicherungen die Möglichkeit eröffnet ist, zu geschäftsführenden Direktoren auch solche Personen zu bestellen, die nicht dem Verwaltungsrat als Mitglied angehören[13].

III. Gründung einer SE durch Verschmelzung bzw. Errichtung einer Holding- oder Tochter-SE (§ 35 Abs. 2)

15   Für die Gründung einer SE durch Verschmelzung bzw. Errichtung einer Holding- oder Tochter-SE legt § 35 Abs. 2 Satz 1 zunächst das Recht fest, nach Maßgabe der zur Anwendung gelangenden Form der Mitbestimmung (s. § 34 Abs. 2) einen Teil der Mitglieder des Aufsichts- oder Verwaltungsorgans zu wählen (bzw. zu bestellen) oder deren Bestellung zu empfehlen (oder abzulehnen). Mit dieser Regelung übernimmt das SEBG mit identischem Wortlaut die Vorgabe der Auffangregelung in der SE-RL.

16   Die Zahl der Arbeitnehmervertreter legt § 35 Abs. 2 Satz 2 nicht exakt fest, sondern die Vorschrift erklärt insoweit den „höchsten Anteil" an Arbeitnehmervertretern in den Organen der beteiligten Gesellschaften für maßgebend. Bestand in einer der beteiligten Gesellschaften eine **paritätische Mitbestimmung** der Arbeitnehmer nach Maßgabe des MitbestG, so bleibt dieser Anteil auch für das Aufsichts- oder Verwaltungsorgan der SE maßgebend[14].

17   Zweifelhaft ist der Aussagegehalt des § 35 Abs. 2, wenn in einer der beteiligten Gesellschaften vor der Eintragung der SE die **in § 2 Abs. 12 Nr. 2 umschriebene Form der Mitbestimmung** bestand. Das den Arbeitnehmern danach zustehende Empfehlungs- bzw. Ablehnungsrecht bezieht sich nicht auf „Arbeitnehmervertreter" in dem jeweiligen Aufsichts- oder Verwaltungsorgan, sondern auf „Mitglieder" dieser Organe. Andererseits bestimmt § 35 nicht die Form, sondern den Umfang der Mitbestimmung. Sofern in der SE nach § 34 Abs. 2 Satz 1 ein Beschluss zur Anwendung dieser Form der Mitbestimmung gefasst werden sollte, dann sind auch die nach § 2 Abs. 12 Nr. 2 von den Arbeitnehmern beeinflussten Mitglieder des Aufsichts- oder Verwaltungsorgans als „Arbeitnehmervertreter" zu qualifizieren. In dem umgekehrten Fall wird indes teilweise die Auffassung vertreten, dass bei der Bestimmung des „höchsten Anteils" nur diejenigen Gesellschaften zu berücksichtigen sein sollen, in denen das zur Anwendung gelangende Mitbestimmungsmodell besteht[15].

18   Da § 35 Abs. 2 Satz 2 den Anteil an Arbeitnehmervertretern im Aufsichts- oder Verwaltungsorgan für maßgebend erklärt und sich die **Zahl der Arbeitnehmervertreter** nach diesem Anteil bestimmt, ergeben sich aus § 35 Abs. 2 Satz 2 keine Vorgaben für die Größe des bei der SE zu bildenden Aufsichts- oder Verwaltungsorgans[16]. Diesbezüglich sind die Gründer in den durch die §§ 17 Abs. 1, 23 Abs. 1 SEAG gezogenen

---

13 Zur Vereinbarkeit dieses Modells mit Art. 38 lit. b SE-VO ausführlich *Scheibe*, Mitbestimmung der Arbeitnehmer, S. 198 ff.

14 Begr. RegE, BT-Drucks. 15/3405, S. 55; *Jacobs* in MünchKomm. AktG, § 35 SEBG Rz. 11; näher zur Aufrechterhaltung in der monistischen SE *Scheibe*, Mitbestimmung der Arbeitnehmer, S. 180 ff.

15 Hierfür *Brandt*, BB 2005, Special Nr. 3, S. 1, 6; *Habersack* in Ulmer/Habersack/Henssler, MitbestR, 2. Aufl. 2006, § 35 SEBG Rz. 13; *Jacobs* in MünchKomm. AktG, § 35 SEBG Rz. 13.

16 Begr. RegE, BT-Drucks. 15/3405, S. 55; ebenso *Güntzel*, Richtlinie, S. 461; *Habersack* in Ulmer/Habersack/Henssler, MitbestR, 2. Aufl. 2006, § 35 SEBG Rz. 11; *Habersack*, Der Konzern 2006, 105, 107; *Habersack*, AG 2006, 345, 347; *Jacobs* in MünchKomm. AktG, § 35 SEBG Rz. 13; *Müller-Bonanni/Melot de Beauregard*, GmbHR 2005, 195, 197; *Schwarz*, Einleitung Rz. 311.

Grenzen frei, sofern der nach § 35 Abs. 2 Satz 2 maßgebende Anteil an Arbeitnehmervertretern gewahrt bleibt. Die Zahl der Arbeitnehmervertreter in dem Aufsichts- oder Verwaltungsorgan der SE kann deshalb auch niedriger als in der an der Gründung der SE beteiligten Gesellschaft mit dem höchsten Anteil an Arbeitnehmervertretern in dem Aufsichts- oder Verwaltungsorgan sein.

§ 36
Sitzverteilung und Bestellung

(1) Der SE-Betriebsrat verteilt die Zahl der Sitze im Aufsichts- oder Verwaltungsorgan auf die Mitgliedstaaten, in denen Mitglieder zu wählen oder zu bestellen sind. Die Verteilung richtet sich nach dem jeweiligen Anteil der in den einzelnen Mitgliedstaaten beschäftigten Arbeitnehmer der SE, ihrer Tochtergesellschaften und Betriebe. Können bei dieser anteiligen Verteilung die Arbeitnehmer aus einem oder mehreren Mitgliedstaaten keinen Sitz erhalten, so hat der SE-Betriebsrat den letzten zu verteilenden Sitz einem bisher unberücksichtigten Mitgliedstaat zuzuweisen. Dieser Sitz soll, soweit angemessen, dem Mitgliedstaat zugewiesen werden, in dem die SE ihren Sitz haben wird. Dieses Verteilungsverfahren gilt auch in dem Fall, in dem die Arbeitnehmer der SE Mitglieder dieser Organe empfehlen oder ablehnen können.

(2) Soweit die Mitgliedstaaten über die Besetzung der ihnen zugewiesenen Sitze keine eigenen Regelungen treffen, bestimmt der SE-Betriebsrat die Arbeitnehmervertreter im Aufsichts- oder Verwaltungsorgan der SE.

(3) Die Ermittlung der auf das Inland entfallenden Arbeitnehmervertreter des Aufsichts- oder Verwaltungsorgans der SE erfolgt durch ein Wahlgremium, das sich aus den Arbeitnehmervertretungen der SE, ihrer Tochtergesellschaften und Betriebe zusammensetzt. Für das Wahlverfahren gelten § 6 Abs. 2 bis 4, § 8 Abs. 1 Satz 2 bis 5, Abs. 2 bis 7 und die §§ 9 und 10 entsprechend mit der Maßgabe, dass an die Stelle der beteiligten Gesellschaften, betroffenen Tochtergesellschaften und betroffenen Betriebe die SE, ihre Tochtergesellschaften und Betriebe treten. Das Wahlergebnis ist der Leitung der SE, dem SE-Betriebsrat, den Gewählten, den Sprecherausschüssen und Gewerkschaften mitzuteilen.

(4) Die nach den Absätzen 2 und 3 ermittelten Arbeitnehmervertreter werden der Hauptversammlung der SE zur Bestellung vorgeschlagen. Die Hauptversammlung ist an diese Vorschläge gebunden.

I. Allgemeines

Die Vorschrift regelt die Aufteilung der in die Mitbestimmung einbezogenen Mitglieder des Aufsichts- oder Verwaltungsorgans der SE auf die verschiedenen Mitgliedstaa-   1 ten sowie das Verfahren zu deren Bestellung. Wegen der Vorgaben in Art. 40 Abs. 2 Satz 1 SE-VO sowie Art. 43 Abs. 3 Satz 1 SE-VO obliegt die Bestellung der Arbeitnehmervertreter der Hauptversammlung (§ 36 Abs. 4 Satz 1), die hierbei jedoch an die Wahlvorschläge der in den Mitgliedstaaten gebildeten Wahlgremien gebunden ist (§ 36 Abs. 4 Satz 2).

2   Mit § 36 setzt das SEBG eine bindende Vorgabe des 3. Teils des Anhangs zur **SE-RL** um, die im Hinblick auf den Regelungsgehalt des § 36 folgenden Wortlaut hat:

„Das Vertretungsorgan entscheidet über die Verteilung der Sitze im Verwaltungs- oder im Aufsichtsorgan auf die Mitglieder, die Arbeitnehmer aus verschiedenen Mitgliedstaaten vertreten, oder über die Art und Weise, in der die Arbeitnehmer der SE Mitglieder dieser Organe empfehlen oder ablehnen können, entsprechend den jeweiligen Anteilen der in den einzelnen Mitgliedstaaten beschäftigten Arbeitnehmern der SE. Bleiben Arbeitnehmer aus einem oder mehreren Mitgliedstaaten bei der anteilmäßigen Verteilung unberücksichtigt, so bestellt das Vertretungsorgan eines der Mitglieder aus einem dieser Mitgliedstaaten, und zwar vorzugsweise – sofern angemessen – aus dem Mitgliedstaat, in dem die SE ihren Sitz haben wird. Jeder Mitgliedstaat hat das Recht, die Verteilung der ihm im Verwaltungs- oder im Aufsichtsorgan zugewiesenen Sitze festzulegen."

3   In Übereinstimmung mit der Auffangregelung für die SE trifft der Anhang zur **SCE-RL** eine wörtlich identische Regelung; abgesehen von der rechtsformspezifischen Anpassung im Hinblick auf das Wahlorgan (**Generalversammlung**) ist die Umsetzung in **§ 36 SCEBG** mit § 36 identisch. Auf die in Rz. 2 wiedergegebene Bestimmung der SE-RL verweist auch die **Verschmelzungs-RL** in Art. 16 Abs. 3. Dementsprechend ist die zur Umsetzung in Deutschland geschaffene Vorschrift in **§ 25 MgVG** – abgesehen von den durch den Tatbestand einer grenzüberschreitenden Verschmelzung bedingten Anpassungen – mit § 36 Abs. 1 bis 3 identisch. Die in § 36 Abs. 4 vorgesehene Wahl der Arbeitnehmervertreter durch die Hauptversammlung kehrt in § 25 MgVG nicht wieder.

4   Die Parallelbestimmung in **Österreich** (§ 246 ArbVG) entspricht in ihrer Grundstruktur § 36, weist jedoch geringe Abweichungen auf, wenn die Verteilung nach dem proportionalen Verhältnis dazu führt, dass ein oder mehrere Mitgliedstaaten unberücksichtigt bleiben. Im Unterschied zu § 36 enthält § 246 Abs. 3 ArbVG eine eigenständige Regelung für den Fall, in dem sich die Zahl der vom zuständigen Organ bestellten Mitglieder des Aufsichts- oder Verwaltungsrates ändert. Die Einzelheiten zur Entsendung der österreichischen Mitglieder regelt § 247 ArbVG und verweist dazu in Abs. 1 auf die Vorschrift zur Entsendung der österreichischen Mitglieder in den SE-Betriebsrat (§ 234 ArbVG). Wie § 36 Abs. 2 trifft auch § 247 Abs. 2 ArbVG eine Regelung für den Fall, in dem Mitgliedstaaten über die Besetzung der ihnen zustehenden Sitze keine Bestimmung treffen und weist dem SE-Betriebsrat die Bestellungskompetenz zu.

II. Verteilung der Sitze auf die Mitgliedstaaten (§ 36 Abs. 1)

1. Grundmodell (§ 36 Abs. 1 Satz 2)

5   Die nach Maßgabe des jeweils zur Anwendung gelangenden Mitbestimmungsmodells auf die Arbeitnehmer entfallenden Sitze in dem Aufsichts- oder Verwaltungsorgan sind zunächst auf die verschiedenen Mitgliedstaaten zu verteilen, in denen Arbeitnehmer der SE beschäftigt sind. Maßgeblich ist hierfür der auf die jeweiligen Mitgliedstaaten entfallende Anteil, wobei – wie bei der Zusammensetzung des BVG – nicht nur die Arbeitnehmer der SE, sondern auch diejenigen ihrer Tochtergesellschaften und Betriebe zu berücksichtigen sind. Damit weicht § 36 Abs. 1 Satz 2 indes von dem Wortlaut der Richtlinie ab, die ausschließlich die „beschäftigen Ar-

beitnehmer der SE" als maßgeblich ansieht[1]. In zeitlicher Hinsicht sind die in der Information nach § 4 Abs. 3 Nr. 3 mitgeteilten Zahlen maßgeblich[2].

Beispiel: Dem Aufsichts- oder Verwaltungsorgan gehören fünf Mitglieder an, bezüglich der ein Mitbestimmungsrecht besteht. Auf die Mitgliedstaaten verteilen sich die Arbeitnehmer wie folgt: 6

Deutschland:	11.000 Arbeitnehmer
Frankreich:	7.000 Arbeitnehmer
Spanien:	5.000 Arbeitnehmer.

Das Verhältnis der Arbeitnehmer zueinander beträgt:

Deutschland =	47,8 %
Frankreich =	30,4 %
Spanien =	21,7 %.

Eine exakte Übertragung dieser Werte auf die zu verteilenden Sitze in dem Aufsichts- oder Verwaltungsorgan scheidet jedoch aus (Deutschland = 2,39 Mitglieder, Frankreich = 1,52 Mitglieder und Spanien = 1,08 Mitglieder). Deshalb ist die proportionale Verteilung der Sitze nach dem **d'Hondtschen Höchstzahlenverfahren** vorzunehmen[3], das zu folgender Aufteilung führt:

Deutschland		Frankreich		Spanien	
	11.000		7.000		5.000
: 2	5.500	: 2	3.500	: 2	2.500.

Hieraus folgt, dass aus Deutschland und Frankreich jeweils zwei Mitglieder und auf Spanien ein Mitglied entfallen.

2. Nicht ausreichende Zahl an Sitzen (§ 36 Abs. 1 Satz 3 bis 5)

Eine Sonderregelung treffen § 36 Abs. 1 Satz 3 und 4, wenn eine proportionale Verteilung der auf die Arbeitnehmervertreter entfallenden Sitze nicht für eine Vertretung aller Mitgliedstaaten in dem Aufsichts- oder Verwaltungsorgan ausreicht. Dies lässt sich an folgendem **Beispiel** verdeutlichen, wobei bezüglich fünf Mitgliedern des Aufsichts- oder Verwaltungsorgans ein Mitbestimmungsrecht besteht und sich die Arbeitnehmer wie folgt auf die Mitgliedstaaten verteilen: 7

Deutschland =	14.300
Frankreich =	1.200
Niederlande =	900
Österreich =	7.500
Spanien =	3.900.

Die der Mitbestimmung unterliegenden fünf Sitze verteilen sich proportional wie folgt:

---

1 Ebenso *Hennings* in Manz/Mayer/Schröder, Anhang: Auffangregelung Teil 3 SE-RL Rz. 18; für Konformität mit der Richtlinie hingegen wegen ihres Zwecks *Nagel* in Nagel/Freis/Kleinsorge, SEBG, § 36 Rz. 3; ohne abschließende Stellungnahme *Krause*, BB 2005, 1221, 1227. Entsprechendes gilt für § 36 Abs. 1 Satz 2 SCEBG.
2 *Henssler* in Ulmer/Habersack/Henssler, MitbestR, 2. Aufl. 2006, § 36 SEBG Rz. 18; *Jacobs* in MünchKomm. AktG, § 36 SEBG Rz. 2.
3 Für eine Heranziehung mittels Analogie *Gahleitner* in Kalss/Hügel, § 246 ArbVG Rz. 2 (S. 834).

Deutschland		Frankreich		Niederlande		Österreich		Spanien	
	14.300		1.200		900		7.500		3.900
: 2	7.150	: 2	600	: 2	450	: 2	3.750	: 2	1.950.

Auf Deutschland und Österreich entfallen jeweils zwei Mitglieder und ein Mitglied auf Spanien; die Arbeitnehmer aus Frankreich und den Niederlanden bleiben hingegen bei ausschließlicher Anwendung des d'Hondtschen Höchstzahlenverfahrens unberücksichtigt.

8 In dieser Konstellation hat der SE-Betriebsrat den letzten zu verteilenden Sitz, der bei dem Beispiel in Rz. 7 auf Österreich entfällt, nicht nach dem proportionalen Verhältnis zuzuweisen, sondern muss nach den vergleichsweise offen formulierten Kriterien in § 36 Abs. 1 Satz 3 und 4 über dessen Verteilung entscheiden. Vorrangig ist danach derjenige Mitgliedstaat zu berücksichtigen, in dem die **SE ihren Sitz haben soll**. Da § 36 Abs. 1 Satz 4 diese Zuweisung nicht zwingend vorschreibt, kann der SE-Betriebsrat hiervon insbesondere dann abweichen, wenn der Sitzstaat bereits im Rahmen der proportionalen Verteilung nach § 36 Abs. 1 Satz 2 unter den Arbeitnehmervertretern berücksichtigt worden ist. Umgekehrt ist der Sitzstaat bei der Verteilung des letzten verbleibenden Sitzes vor allem dann zu bedenken, wenn auf ihn bei proportionaler Verteilung kein Sitz entfallen ist. Abgesehen von der Vorgabe in § 36 Abs. 1 Satz 4 steht die Zuweisung des letzten zu verteilenden Sitzes unter den bislang nicht berücksichtigten Mitgliedstaaten im **Ermessen des SE-Betriebsrates**. In dem vorstehenden Beispiel müsste dieser deshalb entscheiden, ob der letzte zu verteilende Sitz auf Frankreich oder die Niederlande entfällt, da beide Mitgliedstaaten gleichermaßen bislang unberücksichtigt geblieben sind; wegen der größeren Zahl von Arbeitnehmern sprechen gute Gründe dafür, den Sitz Frankreich zuzuweisen.

9 Über die Zuweisung der Sitze im Aufsichts- oder Verwaltungsrat entscheidet der **SE-Betriebsrat** durch **Beschluss**, für den das Mehrheitserfordernis des **§ 24 Abs. 3 Satz 2** gilt.

III. Vorschlag der zu bestellenden Arbeitnehmervertreter (§ 36 Abs. 2 und 3)

10 Das Prozedere zur Auswahl der auf die jeweiligen Mitgliedstaaten entfallenden Arbeitnehmervertreter in dem Aufsichts- oder Verwaltungsorgan legen – wie sich im Umkehrschluss aus § 36 Abs. 2 ergibt – die **Mitgliedstaaten grundsätzlich autonom** fest[4]; insofern gelten keine anderen Grundsätze als bei der konkreten Wahl bzw. Bestellung der Mitglieder des BVG. Mit § 36 Abs. 2 kreiert das SEBG eine **Auffangregelung**, wenn die Mitgliedstaaten von eigenen Regelungen abgesehen haben. Hierdurch sichert das Gesetz ab, dass das Wahlorgan stets ein Mitglied aus dem entsprechenden Mitgliedstaat bestellen kann. Mit dem SE-Betriebsrat greift § 36 Abs. 2 nicht auf das Gremium zurück, das auch für die Wahlvorschläge zuständig ist und die aus Deutschland zu bestellenden Arbeitnehmer auswählt.

11 Für die Wahlvorschläge zu den **Mitgliedern aus Deutschland** sieht § 36 Abs. 3 die Bildung eines **eigenständigen Wahlgremiums** vor. Obwohl sich dieses nach § 36 Abs. 3 Satz 1 aus den Arbeitnehmervertretungen der SE, ihren Tochtergesellschaften und Betrieben zusammensetzt, gewinnt die in § 36 Abs. 3 Satz 2 angeordnete entsprechende Anwendung von § 8 Abs. 2 bis 7 nur dann einen Sinn, wenn sich aus dieser Norm das für die Aufstellung des Wahlvorschlages zuständige Wahlgremium ergibt.

---

4 Begr. RegE, BT-Drucks. 15/3405, S. 55; *Joost* in Oetker/Preis, EAS, B 8200, Rz. 230; *Nagel* in Nagel/Freis/Kleinsorge, SEBG, § 36 Rz. 5.

In der Regel handelt es sich bei diesem um den Konzernbetriebsrat (zu den Einzelheiten s. oben § 8 Rz. 12 ff., 24 ff.).

Bei der Wahl der aus Deutschland vorzuschlagenden Mitglieder ist das Wahlgremium 12 in gleicher Weise wie das in Deutschland für die Bestimmung der Mitglieder im BVG gebildete Wahlgremium gebunden. Das gilt auch für die **Vertretung der Gewerkschaften** unter den aus Deutschland vorzuschlagenden Mitgliedern (§ 6 Abs. 3) sowie für die **Mindestvertretung der leitenden Angestellten** (§ 6 Abs. 4)[5]. Deren Vertretung unter den Mitgliedern, die aus Deutschland dem Aufsichts- oder Verwaltungsorgan angehören, ist allerdings eher theoretisch, da sich hierfür das Vorschlagsrecht aus Deutschland auf mehr als sechs Mitglieder des Aufsichts- oder Verwaltungsorgans erstrecken muss.

Der Vorsitzende des Wahlgremiums bzw. ein von dem Wahlgremium bestimmter 13 Wahlleiter hat nach § 36 Abs. 3 Satz 3 das **Wahlergebnis** den in der Vorschrift Genannten **mitzuteilen**[6]. Die Aufzählung ist abschließend; eine Mitteilung an die in der SE bestehenden Arbeitnehmervertretungen unterbleibt, weil statt ihrer der **SE-Betriebsrat** von dem Wahlergebnis Kenntnis erhält. Eine bestimmte **Form** für die Mitteilung schreibt das Gesetz nicht vor[7]. Es verzichtet ebenso auf die Festlegung einer **Frist**; die Mitteilung muss aber so rechtzeitig erfolgen, dass die Bestellung der von dem Wahlgremium Gewählten durch die Hauptversammlung nicht in Frage gestellt ist.

IV. Bestellung der Arbeitnehmervertreter durch die Hauptversammlung (§ 36 Abs. 4)

Die Entscheidung der in den Mitgliedstaaten gebildeten Wahlgremien führt nicht ipso iure zur Mitgliedschaft in dem Aufsichts- oder Verwaltungsorgan der SE[8]. Da 14 Art. 40 Abs. 2 Satz 1 SE-VO bzw. Art. 42 Abs. 3 Satz 1 SE-VO zwingend die **Hauptversammlung als Wahlorgan** für die Mitglieder des Aufsichts- oder Verwaltungsorgans festlegt[9] und die SE-RL in dem 3. Teil des Anhangs zu Art. 7 SE-RL keine abweichenden Regelungen trifft, war der Gesetzgeber zu der Ausgestaltung in § 36 Abs. 4 Satz 1 gezwungen, die hinsichtlich des Prozederes der Montan-Mitbestimmung entspricht (vgl. § 6 Montan-MitbestG)[10]. Die Möglichkeit einer gerichtlichen Bestellung der Arbeitnehmervertreter im Aufsichts- oder Verwaltungsorgan nach § 104 Abs. 4 Satz 1 AktG bzw. § 30 Abs. 1 Satz 3 SEAG bleibt von dem Verfahren in § 36 unberührt[11].

Während die Hauptversammlung als Wahlorgan auch für die Arbeitnehmervertreter 15 gemeinschaftsrechtlich zwingend vorgegeben war, ist die **Bindung der Hauptversammlung** an die von den Wahlgremien der Mitgliedstaaten ermittelten Wahlvor-

5 *Hennings* in Manz/Mayer/Schröder, Anhang: Auffangregelung Teil 3 SE-RL Rz. 20; *Jacobs* in MünchKomm. AktG, § 36 SEBG Rz. 7; *Kienast* in Jannott/Frodermann, Handbuch Europäische Aktiengesellschaft, Kap. 13 Rz. 283; *Köstler* in Theisen/Wenz, Europäische Aktiengesellschaft, S. 331, 363; *Krause*, BB 2005, 1221, 1228.
6 Insoweit einen Rechtsanspruch bejahend *Jacobs* in MünchKomm. AktG, § 36 SEBG Rz. 8.
7 S. aber *Jacobs* in MünchKomm. AktG, § 36 SEBG Rz. 8, der entsprechend dem Rechtsgedanken in § 17 SEBG Schriftform empfiehlt.
8 Begr. RegE, BT-Drucks. 15/3405, S. 55; *Hennings* in Manz/Mayer/Schröder, Anhang: Auffangregelung Teil 3 SE-RL Rz. 23; *Jacobs* in MünchKomm. AktG, § 36 SEBG Rz. 9; *Kienast* in Jannott/Frodermann, Handbuch Europäische Aktiengesellschaft, Kap. 13 Rz. 284; *Nagel* in Nagel/Freis/Kleinsorge, SEBG, § 36 Rz. 9.
9 S. auch Begr. RegE, BT-Drucks. 15/3405, S. 55; *Henssler* in Ulmer/Habersack/Henssler, § 36 SEBG Rz. 50; *Nagel* in Nagel/Freis/Kleinsorge, SEBG, § 36 Rz. 9. Angesichts dessen ist § 36 Abs. 4 SEBG entgegen *Krause* (BB 2005, 1221, 1228) alles andere als überraschend.
10 S. *Nagel* in Nagel/Freis/Kleinsorge, SEBG, § 36 Rz. 10.
11 Ebenso *Jacobs* in MünchKomm. AktG, § 36 SEBG Rz. 10.

schläge aus § 6 Abs. 6 Montan-MitbestG übernommen[12]. Im Hinblick auf den Zweck der Mitbestimmung sowie das ausziselierte Normengefüge zur Wahrung der Repräsentativität der dem Aufsichts- oder Verwaltungsorgan angehörenden Arbeitnehmervertreter ist der fehlende Entscheidungsspielraum der Hauptversammlung zwingend geboten. Ein **Ablehnungsrecht der Hauptversammlung** sieht § 36 Abs. 4 nicht vor, insbesondere ist sie nicht berechtigt, die Bestellung eines von dem Wahlgremium Gewählten zu verweigern, weil es diesen für ungeeignet hält[13].

16   Eine **Ausnahme** ist zu erwägen, wenn die Bedenken gegen einen Bestellungsvorschlag so schwerwiegend sind, dass die entsprechenden Tatsachen eine gerichtliche **Abberufung** aus dem Aufsichts- oder Verwaltungsorgan aus **wichtigem Grund** (§ 103 Abs. 3 AktG bzw. § 29 Abs. 3 SEAG) rechtfertigen[14]. Ferner setzt die Bindung der Hauptversammlung voraus, dass dieser ein **gültiger Wahlvorschlag** unterbreitet wurde. Hieran fehlt es, wenn die vorgeschlagene Person nicht von dem jeweiligen Wahlgremium gewählt worden ist[15] oder sich dieses bei der Wahlentscheidung über die Vorgaben in § 36 Abs. 3 Satz 2 i.V. mit § 6 Abs. 3 und 4 hinweggesetzt hat.

§ 37
Abberufung und Anfechtung

(1) Ein Mitglied oder ein Ersatzmitglied der Arbeitnehmer aus dem Inland im Aufsichts- oder Verwaltungsorgan kann vor Ablauf der Amtszeit abberufen werden. Antragsberechtigt sind

1. die Arbeitnehmervertretungen, die das Wahlgremium gebildet haben;

2. in den Fällen der Urwahl mindestens drei wahlberechtigte Arbeitnehmer;

3. für ein Mitglied nach § 6 Abs. 3 nur die Gewerkschaft, die das Mitglied vorgeschlagen hat;

4. für ein Mitglied nach § 6 Abs. 4 nur der Sprecherausschuss, der das Mitglied vorgeschlagen hat.

Für das Abberufungsverfahren gelten die §§ 8 bis 10 entsprechend mit der Maßgabe, dass an die Stelle der beteiligten Gesellschaften, betroffenen Tochtergesellschaften und betroffenen Betriebe die SE, ihre Tochtergesellschaften und Betriebe treten; abweichend von § 8 Abs. 5 und § 10 Abs. 1 Satz 3 bedarf der Beschluss einer Mehrheit von drei Vierteln der abgegebenen Stimmen. Die Arbeitnehmervertreter sind von der Hauptversammlung der SE abzuberufen.

(2) Die Wahl eines Mitglieds oder eines Ersatzmitglieds der Arbeitnehmer aus dem Inland im Aufsichts- oder Verwaltungsorgan kann angefochten werden, wenn gegen wesentliche Vorschriften über das Wahlrecht, die Wählbarkeit oder das Wahlverfah-

---

12 *Jacobs* in MünchKomm. AktG, § 36 SEBG Rz. 9; *Nagel* in Nagel/Freis/Kleinsorge, SEBG, § 36 Rz. 10.

13 Ebenso zu § 6 Abs. 6 Montan-MitbestG *Oetker* in ErfKomm. ArbR, 7. Aufl. 2007, § 6 Montan-MitbestG Rz. 14; *Wißmann* in MünchHdb. ArbR, 2. Aufl. 2000, § 381 Rz. 11; a.A. noch *Boldt*, Mitbestimmungsgesetz Eisen und Kohle, 1952, § 6 Anm. 5; *Kötter*, Kommentar zum Mitbestimmungsrecht, 1952, § 6 Rz. 29; *Müller/Lehmann*, Kommentar zum Mitbestimmungsgesetz, 1952, § 6 Rz. 57.

14 Hierfür im Rahmen von § 6 Abs. 6 Montan-MitbestG *Seibt* in Henssler/Willemsen/Kalb, ArbRKomm., 2. Aufl. 2006, § 6 Montan-MitbestG Rz. 6.

15 Ebenso zu § 6 Abs. 6 Montan-MitbestG *Oetker* in ErfKomm. ArbR, 7. Aufl. 2007, § 6 Montan-MitbestG Rz. 14.

ren verstoßen worden und eine Berichtigung nicht erfolgt ist, es sei denn, dass durch den Verstoß das Wahlergebnis nicht geändert oder beeinflusst werden konnte. Zur Anfechtung berechtigt sind die in Absatz 1 Satz 2 Genannten, der SE-Betriebsrat und die Leitung der SE. Die Klage muss innerhalb eines Monats nach dem Bestellungsbeschluss der Hauptversammlung erhoben werden.

I. Allgemeines

Die Vorschrift regelt entsprechend den regelungstechnischen Vorbildern in den §§ 22, 23 MitbestG und den §§ 11, 12 DrittelbG die **Abberufung** der Arbeitnehmervertreter aus dem Aufsichts- oder Verwaltungsorgan (§ 37 Abs. 1) sowie die **Anfechtung** ihrer Wahl (§ 37 Abs. 2)[1].   1

In der **SE-RL** findet § 37 keine Entsprechung, ebensowenig in der **SCE-RL**. Allerdings enthält das zu deren Umsetzung geschaffene **SCEBG** in § 37 eine mit § 37 übereinstimmende Regelung. Entsprechendes gilt für die Mitbestimmung der Arbeitnehmer bei einer **Verschmelzung von Kapitalgesellschaften** aus verschiedenen Mitgliedstaaten, diesbezüglich ist **§ 26 MgVG** ebenfalls mit § 37 identisch.   2

II. Abberufung von Arbeitnehmervertretern aus dem Aufsichts- oder Verwaltungsorgan (§ 37 Abs. 1)

Korrespondierend zu dem Recht der Hauptversammlung, die von ihr bestellten Mitglieder des Aufsichts- oder Verwaltungsorgans der Anteilseigner jederzeit und ohne wichtigen Grund abzuberufen (§ 103 Abs. 1 AktG bzw. § 29 Abs. 1 Satz 1 SEAG), sieht § 37 Abs. 1 dieses Recht auch hinsichtlich der dem Aufsichts- oder Überwachungsorgan angehörenden Arbeitnehmervertreter vor. Entsprechend § 23 MitbestG und § 12 DrittelbG beschränkt § 37 Abs. 1 das Recht zur Abberufung nicht auf die Mitglieder des Aufsichts- oder Verwaltungsorgans, sondern bezieht in dieses auch die Ersatzmitglieder ein.   3

Für die Abberufung bedarf es – wie im Rahmen von § 23 MitbestG und § 12 DrittelbG – **keines wichtigen Grundes** oder einer sachlichen Rechtfertigung[2]. Wie bei den vorgenannten Bestimmungen geht § 37 Abs. 1 bei einem mit Drei-Viertel-Mehrheit gefassten Beschluss zur Abberufung davon aus, dass der entsprechende Arbeitnehmervertreter in dem Aufsichts- oder Verwaltungsorgan nicht mehr über die notwendige Vertrauensbasis für seine weitere Amtstätigkeit verfügt.   4

Eingeleitet wird das Abberufungsverfahren auf **Antrag** der in § 37 Abs. 1 Satz 2 abschließend[3] aufgezählten **Antragsberechtigten**. Zu ihnen zählen nicht nur das nach   5

---

1 Zu dieser Parallele auch Begr. RegE, BT-Drucks. 15/3405, S. 55; *Jacobs* in MünchKomm. AktG, § 37 SEBG Rz. 1, 3; *Joost* in Oetker/Preis, EAS, B 8200, Rz. 232; *Nagel* in Nagel/Freis/Kleinsorge, SEBG, § 37 Rz. 1.
2 *Henssler* in Ulmer/Habersack/Henssler, MitbestR, 2. Aufl. 2006, § 37 SEBG Rz. 9; *Jacobs* in MünchKomm. AktG, § 37 SEBG Rz. 4; *Kienast* in Jannott/Frodermann, Handbuch Europäische Aktiengesellschaft, Kap. 13 Rz. 286.
3 *Jacobs* in MünchKomm. AktG, § 37 SEBG Rz. 3.

§ 36 Abs. 3 für den Wahlvorschlag zuständige Wahlgremium (§ 37 Abs. 1 Satz 2 Nr. 1), sondern für den Fall einer Urwahl auch mindestens drei wahlberechtigte Arbeitnehmer (§ 37 Abs. 1 Satz 2 Nr. 2). In anderen Fällen steht den Arbeitnehmern der SE kein Antragsrecht zu. Darüber hinaus hängt das Antragsrecht der in § 37 Abs. 1 Satz 2 Nr. 1 und 2 Genannten davon ab, dass sich die Abberufung auf eine Person bezieht, bezüglich der weder den Gewerkschaften nach § 6 Abs. 3 noch den Sprecherausschüssen nach § 6 Abs. 4 ein Vorschlagsrecht zusteht. Hinsichtlich dieser Personen ist ausschließlich die im Unternehmen vertretene Gewerkschaft bzw. der Sprecherausschuss, der das Mitglied oder Ersatzmitglied des Aufsichts- oder Verwaltungsorgans vorgeschlagen hat, berechtigt, einen Antrag auf Abberufung zu stellen (§ 37 Abs. 1 Satz 2 Nr. 3 und 4)[4].

6   Über den Antrag auf Abberufung befindet wegen der Verweisung in § 37 Abs. 1 Satz 3 das **Wahlgremium**, das den entsprechenden Wahlvorschlag unterbreitet hat. Abweichend von § 8 Abs. 5 bzw. § 10 Abs. 1 Satz 3 genügt für einen entsprechenden Beschluss nicht die Mehrheit der abgegebenen Stimmen; § 37 Abs. 1 Satz 3 erhöht das Quorum auf **drei Viertel der abgegebenen Stimmen** und entspricht damit der von § 23 Abs. 2 und 3 MitbestG bzw. § 12 Abs. 1 Satz 2 DrittelbG geforderten Mehrheit. Diese bezieht sich auf die abgegebenen gültigen Stimmen, so dass der Abberufungsbeschluss unter dieser Voraussetzung auch dann wirksam ist, wenn er die Drei-Viertel-Mehrheit bezogen auf die Mitglieder des Wahlgremiums verfehlt.

7   Wie bei der Wahl der Arbeitnehmervertreter in das Aufsichts- oder Verwaltungsorgan der SE (s. oben § 36 Rz. 14) führt der Beschluss zu deren Abberufung nicht ipso iure zum Verlust der **Mitgliedschaft in dem Aufsichts- oder Verwaltungsorgan**. Korrespondierend mit § 36 Abs. 4 legt § 37 Abs. 1 Satz 4 fest, dass die **Hauptversammlung** über die Abberufung entscheidet[5]. Aus dem Gesetzeswortlaut („sind ... abzuberufen") folgt zudem, dass die Hauptversammlung an den Beschluss des Wahlgremiums **gebunden** und **zur Abberufung verpflichtet** ist[6]. Insbesondere kann diese die Abberufung nicht mit der Begründung verweigern, das entsprechende Mitglied des Aufsichts- oder Verwaltungsorgans sei unverändert für die Tätigkeit im Organ geeignet.

8   Die spezielle Bestimmung zur Abberufung der Arbeitnehmervertreter im Aufsichts- oder Verwaltungsorgan der SE bezieht sich lediglich auf die Abberufung, ohne dass es für diese eines rechtfertigenden Grundes bedarf. Deshalb berührt sie nicht die allgemeine Regelung zur **Abberufung** eines Mitgliedes des Aufsichts- oder Überwachungsorgans wegen eines **wichtigen Grundes** (§ 103 Abs. 3 AktG bzw. § 29 Abs. 3 Satz 1 SEAG)[7].

III. Anfechtung der Wahl (§ 37 Abs. 3)

9   Entsprechend § 22 MitbestG und § 11 DrittelbG eröffnet § 37 Abs. 3 die Möglichkeit, die Wahl eines Mitgliedes der Arbeitnehmer in das Aufsichts- oder Verwaltungsorgan anzufechten, wenn diese mit rechtlichen Fehlern behaftet ist. Dabei entsprechen die

---

4 *Jacobs* in MünchKomm. AktG, § 37 SEBG Rz. 3; *Joost* in Oetker/Preis, EAS, B 8200, Rz. 232; *Nagel* in Nagel/Freis/Kleinsorge, SEBG, § 37 Rz. 2.

5 Begr. RegE, BT-Drucks. 15/3405, S. 55; *Jacobs* in MünchKomm. AktG, § 37 SEBG Rz. 4.

6 *Hennings* in Manz/Mayer/Schröder, Anhang: Auffangregelung Teil 3 SE-RL Rz. 28; *Henssler* in Ulmer/Habersack/Henssler, MitbestR, 2. Aufl. 2006, § 37 SEBG Rz. 11; *Nagel* in Nagel/Freis/Kleinsorge, SEBG, § 37 Rz. 285.

7 *Henssler* in Ulmer/Habersack/Henssler, MitbestR, 2. Aufl. 2006, § 37 SEBG Rz. 12; *Jacobs* in MünchKomm. AktG, § 37 SEBG Rz. 2, 3; *Kienast* in Jannott/Frodermann, Handbuch Europäische Aktiengesellschaft, Kap. 13 Rz. 286.

tatbestandlichen Voraussetzungen für eine erfolgreiche Anfechtung denen der vorgenannten Bestimmungen.

Wie § 22 MitbestG und § 11 DrittelbG eröffnet § 37 Abs. 3 die Anfechtung sowohl 10 bezüglich des Mitgliedes als auch hinsichtlich des Ersatzmitgliedes. Die Anfechtung der Wahl setzt voraus, dass die **Mitgliedschaft bzw. Ersatzmitgliedschaft** in dem Aufsichts- oder Verwaltungsorgan der SE feststeht. Deshalb kann die Wahl eines Arbeitnehmervertreters in das Aufsichts- oder Verwaltungsorgan der SE erst angefochten werden, wenn die Hauptversammlung der SE einen Bestellungsbeschluss gefasst hat, da der von dem Wahlgremium nach § 36 Abs. 3 getroffene Wahlvorschlag trotz der Bindung der Hauptversammlung (§ 36 Abs. 4 Satz 2) für sich alleine noch nicht die Mitgliedschaft in dem Aufsichts- oder Verwaltungsorgan der SE begründet (s. oben § 36 Rz. 14). Vor dem Bestellungsbeschluss der Hauptversammlung ist jedoch der Erlass einer einstweiligen Verfügung in Erwägung zu ziehen.

Hinsichtlich der Voraussetzungen für eine erfolgreiche Wahlanfechtung gleicht § 37 11 Abs. 3 Satz 1 den Regelungen in § 22 MitbestG und § 11 DrittelbG, die wiederum in § 19 Abs. 1 BetrVG eine Entsprechung finden. Der mit der Klage geltend gemachte Fehler muss sich auf die „**Wahl**" beziehen. Dies umfasst nach dem Zweck der Vorschrift nicht nur die fehlerhafte Rechtsanwendung bei dem eigentlichen Wahlakt durch das Wahlgremium i.S. von § 36 Abs. 3 Satz 2, sondern auch im Vorfeld angesiedelte Entscheidungen über die Zusammensetzung des Wahlgremiums sowie die Verteilung der Sitze auf die Mitgliedstaaten.

Bezüglich der von § 37 Abs. 3 Satz 1 erfassten **Wahlfehler** können vor allem solche 12 geltend gemacht werden, die die Zahl der aus Deutschland zu wählenden Arbeitnehmervertreter in das Aufsichts- oder Verwaltungsorgan betreffen, ferner die fehlerhafte Anwendung der nach § 36 Abs. 3 Satz 2 i.V.m. § 6 Abs. 3 und 4 bestehenden Vorschlagsrechte, einschließlich des fehlerhaften Zustandekommens entsprechender Wahlvorschläge. Vergleichbares gilt für das Verfahren, in dem der von dem Wahlgremium unterbreitete Wahlvorschlag beschlossen wurde.

Zur **Anfechtung berechtigt** ist nur der in § 37 Abs. 3 Satz 2 abschließend aufgezählte 13 Personenkreis. Missverständlich ist die dortige Bezugnahme auf die zur Stellung eines Abberufungsantrages berechtigten Personen bzw. Gremien. Zu erwägen ist, die Beschränkung auf die jeweils vorgeschlagenen Arbeitnehmervertreter des Aufsichts- oder Verwaltungsorgans (s. oben Rz. 5) auf das Anfechtungsrecht zu übertragen, so dass die Anfechtung der nach § 6 Abs. 3 und 4 vorgeschlagenen Arbeitnehmervertreter nur von der Gewerkschaft bzw. dem Sprecherausschuss geltend gemacht werden könnte, die das entsprechende Mitglied des Aufsichts- oder Verwaltungsorgans vorgeschlagen hat[8]. Eine derartige Restriktion des Anfechtungsrechts würde allerdings das Interesse der in § 37 Abs. 2 Satz 2 Genannten an einer rechtmäßigen Bestellung aller aus Deutschland gewählten Mitglieder des Aufsichts- oder Verwaltungsorgans sowie den teleologischen Hintergrund für die Eingrenzung der Antragsberechtigung in § 37 Abs. 1 Satz 2 Nr. 3 und 4 vernachlässigen. Deshalb sprechen die besseren Gründe dafür, die Anfechtungsberechtigung von dem Wahlvorschlagsrecht zu abstrahieren und bezüglich aller aus Deutschland gewählten Arbeitnehmervertreter des Aufsichts- oder Verwaltungsorgans der SE anzuerkennen.

Darüber hinaus bezieht § 37 Abs. 2 Satz 2 die **Leitung der SE** sowie den **SE-Betriebsrat** 14 in den Kreis der Anfechtungsberechtigten ein. Soweit der SE-Betriebsrat eine entsprechende Klage erheben will, muss sich der Vorsitzende auf einen rechtswirksam ge-

---

8 So *Jacobs* in MünchKomm. AktG, § 37 SEBG Rz. 9.

fassten Beschluss des Gremiums stützen können (vgl. § 24 Abs. 3). Entsprechendes gilt für die Bestellung eines Prozessbevollmächtigten. Diese ist nicht von dem Beschluss zur Erhebung einer Anfechtungsklage mitumfasst.

15 Wie § 22 MitbestG und § 11 DrittelbG verknüpft § 37 Abs. 2 Satz 3 das Anfechtungsrecht mit einer **Ausschlussfrist**. Sie beginnt mit dem Bestellungsbeschluss der Hauptversammlung zu laufen, da erst mit diesem die Mitgliedschaft in dem Aufsichts- oder Verwaltungsorgan feststeht; für die Berechnung der Ein-Monats-Frist sind die §§ 187, 188, 193 BGB heranzuziehen.

16 Nach **Ablauf der Anfechtungsfrist** können Wahlfehler grundsätzlich nicht mehr geltend gemacht werden. Eine Ausnahme gilt entsprechend den zu § 22 MitbestG und § 11 DrittelbG anerkannten Grundsätzen[9], wenn die Wahl an einem derart schwerwiegenden Mangel leidet, dass schlechterdings nicht mehr von einer ordnungsgemäßen Wahl gesprochen werden kann. In diesem Fall ist die Wahl **nichtig**, was jedermann jederzeit und in jedem Verfahren geltend machen kann[10].

17 Die in Rz. 11 und 12 umschriebenen **Wahlfehler berechtigen nicht** dazu, den **Bestellungsbeschluss der Hauptversammlung** mittels Anfechtungsklage **anzufechten**; die Vorschrift des § 251 Abs. 1 Satz 2 AktG wird durch § 17 Abs. 4 SEAG bzw. § 32 SEAG dahin modifiziert, dass das gesetzeswidrige Zustandekommen von Wahlvorschlägen für die Arbeitnehmervertreter aus Deutschland allein in dem durch § 37 zur Verfügung gestellten Verfahren angegriffen werden muss[11].

18 Wird ein **Gesetzesverstoß des Bestellungsbeschlusses** der Hauptversammlung gerügt, so ist auch im Hinblick auf die Arbeitnehmervertreter im Aufsichtsrat Anfechtungsklage (§ 251 AktG, § 32 SEAG) oder ggf. Nichtigkeitsklage (§ 250 AktG, § 31 SEAG) zu erheben. Diese Rechtsbehelfe bleiben von dem Anfechtungsverfahren nach § 37 Abs. 2 – vorbehaltlich der Einschränkung in Rz. 17 – unberührt[12].

§ 38
Rechtsstellung; Innere Ordnung

(1) Die Arbeitnehmervertreter im Aufsichts- oder Verwaltungsorgan der SE haben die gleichen Rechte und Pflichten wie die Mitglieder, die die Anteilseigner vertreten.

(2) Die Zahl der Mitglieder des Leitungsorgans (§ 16 des SE-Ausführungsgesetzes) oder der geschäftsführenden Direktoren (§ 40 des SE-Ausführungsgesetzes) beträgt mindestens zwei. Einer von ihnen ist für den Bereich Arbeit und Soziales zuständig.

(3) Besteht in einer der beteiligten Gesellschaften das Aufsichtsorgan aus derselben Zahl von Anteilseigner- und Arbeitnehmervertretern sowie einem weiteren Mitglied,

---

9 S. zu § 11 DrittelbG *Oetker* in ErfKomm. ArbR, 7. Aufl. 2007, § 11 DrittelbG Rz. 8 sowie zu § 22 MitbestG *Oetker* in Großkomm. AktG, § 22 MitbestG Rz. 14 ff., jeweils m.w.N.

10 *Henssler* in Ulmer/Habersack/Henssler, MitbestR, 2. Aufl. 2006, § 37 SEBG Rz. 20 f.; *Jacobs* in MünchKomm. AktG, § 37 SEBG Rz. 12; *Nagel* in Nagel/Freis/Kleinsorge, SEBG, § 37 Rz. 15 ff.

11 So ausdrücklich auch *Jacobs* in MünchKomm. AktG, § 37 SEBG Rz. 7.

12 Begr. RegE, BT-Drucks. 15/3405, S. 55; *Hennings* in Manz/Mayer/Schröder, Anhang: Auffangregelung Teil 3 SE-RL Rz. 29; *Jacobs* in MünchKomm. AktG, § 37 SEBG Rz. 7; *Joost* in Oetker/Preis, EAS, B 8200, Rz. 234; *Kienast* in Jannott/Frodermann, Handbuch Europäische Aktiengesellschaft, Kap. 13 Rz. 289.

so ist auch im Aufsichts- oder Verwaltungsorgan der SE ein weiteres Mitglied auf gemeinsamen Vorschlag der Anteilseigner- und der Arbeitnehmervertreter zu wählen.

I. Allgemeines

Die gesetzliche Auffangregelung zur Mitbestimmung lässt die **innere Ordnung des** 1 **Aufsichtsrates** weitgehend unberührt. In § 38 regelt das SEBG lediglich einzelne Facetten, die selbst im Hinblick auf die Mitbestimmung der Arbeitnehmer in dem Aufsichts- oder Verwaltungsorgan nicht vollständig sind. Sie werden ergänzt durch die gerade im Hinblick auf eine paritätische Mitbestimmung getroffene Sonderregelung in den Art. 42, 45, 50 Abs. 2 SE-VO zum doppelten Stimmrecht des Vorsitzenden sowie den Übergang des Stimmrechts auf den Vorsitzenden in den Fällen einer rechtlichen Verhinderung (§ 35 Abs. 3 SEAG). Entsprechendes gilt für § 38 Abs. 1 zur Rechtsstellung der Arbeitnehmervertreter im Aufsichts- oder Verwaltungsorgan der SE, der von den Bestimmungen zur Verschwiegenheit (§ 41), zum Schutz der Arbeitnehmervertreter (§ 42) sowie zum Errichtungs- und Tätigkeitsschutz (§ 44) flankiert wird.

Mit **§ 38 Abs. 1** setzt das SEBG die Auffangregelung im **3. Teil des Anhangs zur SE-RL** 2 um. Danach sind

„alle von dem Vertretungsorgan oder gegebenenfalls Arbeitnehmern gewählten, bestellten oder empfohlenen Mitglieder des Verwaltungsorgans oder gegebenenfalls des Aufsichtsorgans der SE" ... „vollberechtigte Mitglieder des jeweiligen Organs mit denselben Rechten (einschließlich des Stimmrechts) und denselben Pflichten wie die Mitglieder, die die Anteilseigner vertreten."

Die Bestimmungen in **§ 38 Abs. 2 und 3** finden in der SE-RL keine Entsprechung.

Die in dem Anhang zur SE-RL enthaltene Vorgabe (s. oben Rz. 2) wurde mit identi- 3 schem Wortlaut in den **Anhang zur SCE-RL** übernommen. Ebenso stimmt das zur Umsetzung der SCE-RL erlassene **SCEBG** in § 38 – abgesehen von rechtsformspezifischen Abweichungen – mit § 38 überein. Wegen der Verweisung in **Art. 16 Abs. 3 lit. h Verschmelzungs-RL** gilt die in Rz. 2 wiedergegebene Auffangregelung auch für die Vorgaben des Gemeinschaftsrechts zu grenzüberschreitenden Verschmelzungen. Der zur Umsetzung geschaffene **§ 27 MgVG** übernimmt im Wesentlichen § 38, ordnet allerdings in § 27 Abs. 2 Satz 2 MgVG – in Übereinstimmung mit § 33 Abs. 1 Satz 2 MitbestG – für Kommanditgesellschaften auf Aktien an, dass bei ihnen die Verpflichtung zur Bestellung eines für den Bereich Arbeit und Soziales zuständigen Mitgliedes der Leitung nicht besteht.

In **Österreich** enthält § 248 ArbVG eine mit § 38 korrespondierende Vorschrift, deren 4 Inhalt jedoch vor allem von dem Bestreben geleitet ist, die Sonderregelungen in § 110 ArbVG bezüglich der Arbeitnehmervertreter im Aufsichtsrat in das Recht der SE zu übertragen. Die in Rz. 2 wiedergegebene Bestimmung in dem Anhang der SE-RL ist in § 248 Abs. 1 Satz 2 ArbVG eingefügt worden.

II. Individuell gleiche Berechtigung und Verpflichtung der Arbeitnehmer-vertreter (§ 38 Abs. 1)

5 Die Vorschrift in § 38 Abs. 1 übernimmt mit weitgehend identischem Wortlaut die Vorgabe im 3. Teil des Anhangs zur SE-RL und entspricht nicht nur allgemeinen aktienrechtlichen Grundsätzen[1], sondern hat – wie § 4 Abs. 3 Satz 1 Montan-MitbestG zeigt – eine mitbestimmungsrechtliche Tradition[2]. Sie verbietet insbesondere die sachlich nicht gerechtfertigte Ungleichbehandlung der dem Aufsichts- oder Verwaltungsorgan angehörenden Arbeitnehmervertreter[3], vor allem im Hinblick auf ihre Mitwirkungs-, Informations- und Stimmrechte[4].

6 Praktische Bedeutung entfaltet der Grundsatz insbesondere bei der **Zusammensetzung von Ausschüssen**, die das Aufsichts- oder Verwaltungsorgan zur Erleichterung seiner Aufgabenerfüllung einrichtet[5]. Bleiben Arbeitnehmervertreter bei der Bildung von Ausschüssen trotz entsprechender Wahlvorschläge gänzlich unberücksichtigt, so ist eine Diskriminierung der Arbeitnehmervertreter widerlegbar zu vermuten[6].

7 Keine Bedeutung hat der Grundsatz der individuell gleichen Berechtigung für die **Bestellung des Leitungsorgans** bzw. der **geschäftsführenden Direktoren**. Bei den entsprechenden Auswahlentscheidungen ist nicht die Rechtsstellung der Arbeitnehmervertreter als Mitglied des Aufsichts- oder Verwaltungsorgans betroffen.

8 Umgekehrt unterliegen die Arbeitnehmervertreter denselben **Pflichten** wie die von den Anteilseignern bestellten Mitglieder. Das gilt insbesondere für die **Sorgfaltspflichten** und die **Haftung** bei Pflichtverstößen (Art. 51 SE-VO)[7]. Nach Art. 49 SE-VO dürfen die Mitglieder der Organe der SE, zu denen auch die dem Aufsichts- oder Verwaltungsorgan angehörenden Arbeitnehmervertreter zählen, **Informationen über die SE**, die im Falle ihrer Verbreitung den Interessen der Gesellschaft schaden könnten, **nicht weitergeben**. Das gilt nicht nur nach Beendigung der Mitgliedschaft, sondern wegen der Formulierung „auch" bereits während der Zugehörigkeit zu dem Aufsichts- oder Verwaltungsorgan (s. dazu ferner oben Art. 49 SE-VO Rz. 7).

III. Ressortzuständigkeit im Aufsichts- oder Verwaltungsorgan für Arbeit und Soziales (§ 38 Abs. 2)

9 Im Anwendungsbereich der gesetzlichen Auffangregelung ist das SEBG vor allem von dem Ziel geleitet, einen mitbestimmungsrechtlichen Bestandsschutz zu gewährleisten. Ohne dass dies zwingend durch die SE-VO oder die SE-RL vorgegeben ist, bestimmt § 38 Abs. 2 Satz 2, dass ein Mitglied des Leitungsorgans bzw. ein geschäfts-

1 Treffend *Henssler/Habersack* in Ulmer/Habersack/Henssler, MitbestR, 2. Aufl. 2006, § 38 SEBG Rz. 9 sowie allg. BGH v. 25.2.1982 – II ZR 123/81, BGHZ 83, 106, 112 f.; BGH v. 15.12.1986 – II ZR 18/86, BGHZ 99, 211, 216; BGH v. 15.11.1993 – II ZR 235/92, BGHZ 124, 111, 127.
2 Begr. RegE, BT-Drucks. 15/3405, S. 55.
3 *Henssler/Habersack* in Ulmer/Habersack/Henssler, MitbestR, 2. Aufl. 2006, § 38 SEBG Rz. 9 und allg. statt aller BGH v. 17.5.1993 –II ZR 89/92, BGHZ 122, 342, 355.
4 *Henssler/Habersack* in Ulmer/Habersack/Henssler, MitbestR, 2. Aufl. 2006, § 38 SEBG Rz. 9; *Jacobs* in MünchKomm. AktG, § 38 SEBG Rz. 2.
5 Dazu auch *Henssler/Habersack* in Ulmer/Habersack/Henssler, MitbestR, 2. Aufl. 2006, § 38 SEBG Rz. 38; ferner für Österreich die Sonderregelung in § 248 Abs. 2 ArbVG.
6 *Henssler/Habersack* in Ulmer/Habersack/Henssler, MitbestR, 2. Aufl. 2006, § 38 SEBG Rz. 38; *Nagel* in Nagel/Freis/Kleinsorge, SEBG, § 38 Rz. 8; dazu vor allem BGH v. 17.5.1993 – II ZR 89/92, BGHZ 122, 342, 355 sowie näher *Drygala* in K. Schmidt/Lutter, AktG, § 107 Rz. 44.
7 *Jacobs* in MünchKomm. AktG, § 38 SEBG Rz. 2 sowie allg. *Hüffer*, § 116 Rz. 2.

führender Direktor für den Bereich Arbeit und Soziales zuständig ist[8]. Um die Wahrnehmung der hiermit verbundenen Aufgaben zu gewährleisten, besteht das Leitungsorgan stets aus zwei Mitgliedern (s. § 16 SEAG) bzw. zwei geschäftsführenden Direktoren (s. § 40 Abs. 1 SEAG)[9].

Obwohl der Gesetzgeber mit § 38 Abs. 2 die „bewährte Funktion des Arbeitsdirektors" aufgreifen wollte[10], hat er davon abgesehen, die Anwendung der Vorschrift mit der Voraussetzung zu verknüpfen, dass in einer der an der Gründung der SE **beteiligten Gesellschaften** ein **Arbeitsdirektor** nach Maßgabe der §§ 33 MitbestG, 13 Montan-MitbestG bestellt worden ist. Um dem Vorwurf der Unvereinbarkeit mit dem Gemeinschaftsrecht zu begegnen, wird dies jedoch vereinzelt im Schrifttum gefordert[11]. Der Wortlaut der Norm sowie die Systematik der Vorschrift, die in Abs. 3 ausdrücklich an den Rechtsstatus bei den beteiligten Gesellschaften anknüpft, stehen der vorgenannten Restriktion jedoch entgegen. 10

Die Vorschrift in § 38 Abs. 2 betrifft lediglich die **Geschäftsverteilung innerhalb des Leitungsorgans** bzw. zwischen den **geschäftsführenden Direktoren** und legt eine **Ressortzuständigkeit** für den Bereich Arbeit und Soziales **zwingend** fest[12]. Die **eigenständige Bestellung** eines Arbeitsdirektors – wie dies § 33 MitbestG bzw. § 13 Montan-MitbestG vorsieht – schreibt § 38 Abs. 2 hingegen nicht vor[13]. Dementsprechend bedarf es keines separaten Beschlusses des Aufsichts- oder Verwaltungsorgans über die Bestellung eines Mitgliedes des Leitungsorgans bzw. geschäftsführenden Direktors zum „Arbeitsdirektor"[14]. Es genügt, wenn eine vom Leitungsorgan bzw. den geschäftsführenden Direktoren oder ggf. dem Aufsichts- bzw. dem Verwaltungsrat beschlossene **Geschäftsordnung** (§ 77 Abs. 1 AktG, § 40 Abs. 4 SEAG) den Vorgaben des § 38 Abs. 2 Satz 2 Rechnung trägt und die Zuständigkeit für den Bereich Arbeit und Soziales einem Mitglied des Leitungsorgans bzw. einem geschäftsführenden Direktor zuweist. Den **Kernbereich in Arbeits- und Sozialangelegenheiten** darf die Geschäftsordnung jedoch nicht antasten[15]. 11

Durch die Bestimmung in § 38 Abs. 2 Satz 2 sichert das SEBG ab, dass die Arbeits- und Sozialangelegenheiten bei einem Mitglied des Leitungsorgans bzw. einem geschäftsführenden Direktor ressortieren. Aus dem Wortlaut der Vorschrift lassen sich zwar keine Anhaltspunkte entnehmen, dass sich der Geschäftsbereich hierauf beschränken muss. Andererseits zeigt die Vorgabe zur Mindestgröße des Leitungsorgans bzw. der Zahl der geschäftsführenden Direktoren in § 38 Abs. 2 Satz 1, dass dem für Arbeit und Soziales zuständigen Organmitglied ausreichend Zeit verbleiben muss, um diesen Aufgabenbereich vollständig auszufüllen[16]. Nur soweit dies gewährleistet 12

---

8 Kritisch im Hinblick auf die Vereinbarkeit mit der SE-RL *Grobys*, NZA 2004, 779, 780; *Güntzel*, Richtlinie, S. 473 f.; *Henssler*, RdA 2005, 330, 336 f.; dagegen jedoch *Krause*, BB 2005, 1221, 1228; *Scheibe*, Mitbestimmung der Arbeitnehmer, S. 236 f. sowie *Jacobs* in MünchKomm. AktG, § 38 SEBG Rz. 4, sofern in einer der beteiligten Gesellschaften bereits ein Arbeitsdirektor bestellt worden war (dagegen jedoch *Scheibe*, Mitbestimmung der Arbeitnehmer, S. 237 f.).
9 S. insoweit auch Begr. RegE, BT-Drucks. 15/3405, S. 55; *Jacobs* in MünchKomm. AktG, § 38 SEBG Rz. 3.
10 Begr. RegE, BT-Drucks. 15/3405, S. 55.
11 So *Henssler/Habersack* in Ulmer/Habersack/Henssler, MitbestR, 2. Aufl. 2006, § 38 SEBG Rz. 42; *Jacobs* in MünchKomm. AktG, § 38 SEBG Rz. 4; *Joost* in Oetker/Preis, EAS, B 8200, Rz. 237.
12 *Jacobs* in MünchKomm. AktG, § 38 SEBG Rz. 3; *Joost* in Oetker/Preis, EAS, B 8200, Rz. 236.
13 Begr. RegE, BT-Drucks. 15/3405, S. 55; *Jacobs* in MünchKomm. AktG, § 38 SEBG Rz. 3; *Nagel* in Nagel/Freis/Kleinsorge, SEBG, § 38 Rz. 6.
14 Wohl auch *Jacobs* in MünchKomm. AktG, § 38 SEBG Rz. 3.
15 S. dazu BGH v. 14.11.1983 –II ZR 33/83, BGHZ 89, 48, 59.
16 Begr. RegE, BT-Drucks. 15/3405, S. 55.

ist, können ihm weitere Aufgaben übertragen werden, ohne hierdurch gegen die zwingende Vorgabe des § 38 Abs. 2 Satz 1 zu verstoßen.

13 Bezüglich der von dem Bereich **„Arbeit und Soziales" umfassten Materien** gelten die Grundsätze, die zu dem Aufgabenbereich des nach § 33 MitbestG bestellten „Arbeitsdirektors" anerkannt sind[17].

IV. Sicherung der Montan-Mitbestimmung (§ 38 Abs. 3)

14 Die **Wahl eines weiteren Mitgliedes** für das Aufsichts- oder Verwaltungsorgan auf gemeinsamen Vorschlag der Anteilseigner- und der Arbeitnehmervertreter sieht § 38 Abs. 3 für den Fall vor, dass das Aufsichtsorgan einer beteiligten Gesellschaft paritätisch zusammengesetzt ist und diesem ein weiteres Mitglied angehört[18]. Diese Form der Zusammensetzung des Aufsichtsorgans ist bei Gesellschaften anzutreffen, die der Montan-Mitbestimmung unterliegen (vgl. § 4 Abs. 1 Montan-MitbestG sowie zur Wahl des weiteren Mitgliedes § 8 Montan-MitbestG)[19].

15 Für diese Konstellation schreibt § 38 Abs. 3 verbindlich vor, dass ein weiteres Mitglied in das Aufsichts- oder Verwaltungsorgan zu wählen ist. Dazu bedarf es eines „gemeinsamen" Vorschlages. Von den Vertretern der Anteilseigner und der Arbeitnehmer ist der Vorschlag nur gemeinsam getragen, wenn er sich **in beiden Gruppen** auf eine **Mehrheit** stützen kann. Die Mehrheit der Anteilseigner- bzw. die Mehrheit der Arbeitnehmervertreter kann deshalb das Zustandekommen eines „gemeinsamen" Wahlvorschlages verhindern. Offen lässt § 38 Abs. 3 das **Wahlorgan**, das das weitere Mitglied bestellt; wegen Art. 40 Abs. 2 Satz 1 SE-VO bzw. Art. 43 Abs. 3 Satz 1 SE-VO ist dies die Hauptversammlung[20].

16 **Scheitert ein gemeinsamer Vorschlag**, so wird das Wahlorgan frei und entscheidet eigenständig über das weitere Mitglied. Dies entspricht der Lösung in § 8 Montan-MitbestG[21] und kommt dem Normzweck des § 38 Abs. 3 näher als ein Verzicht auf das weitere Mitglied in dem Aufsichts- oder Verwaltungsorgan.

17 Die **Person des „weiteren Mitgliedes"** konkretisiert § 38 Abs. 3 nicht näher. Aus diesem Regelungsverzicht folgt, dass **besondere persönliche Wählbarkeitsvoraussetzungen** nicht zu beachten sind; insbesondere unterliegt der Vorschlag nicht den in § 4 Abs. 2 Montan-MitbestG genannten Voraussetzungen.

---

17 *Henssler/Habersack* in Ulmer/Habersack/Henssler, MitbestR, 2. Aufl. 2006, § 38 SEBG Rz. 43; dazu vor allem BGH v. 14.11.1983 – II ZR 33/83, BGHZ 89, 48, 59.
18 Zweifelhaft ist die Vereinbarkeit dieser Bestimmung mit Art. 42 SE-VO; s. *Grobys*, NZA 2004, 779, 780; *Grobys*, NZA 2005, 84, 90; *Güntzel*, Richtlinie, S. 474 ff.; *Henssler*, RdA 2005, 330, 336; *Krause*, BB 2005, 1221, 1228; *Niklas*, NZA 2004, 1200, 1204; *Schwarz*, Einleitung Rz. 312; *Wisskirchen/Prinz*, DB 2004, 2638, 2642; dagegen jedoch *Nagel* in Nagel/Freis/Kleinsorge, SEBG, § 38 Rz. 7 Fn. 3; *Scheibe*, Mitbestimmung der Arbeitnehmer, S. 242 f.; ohne Stellungnahme *Jacobs* in MünchKomm. AktG, § 38 SEBG Rz. 5.
19 S. auch Begr. RegE, BT-Drucks. 15/3405, S. 55.
20 *Henssler/Habersack* in Ulmer/Habersack/Henssler, MitbestR, 2. Aufl. 2006, § 38 SEBG Rz. 46; im Ergebnis auch *Jacobs* in MünchKomm. AktG, § 38 SEBG Rz. 5, der § 5 Montan-MitbestG analog anwenden will.
21 Für dessen entsprechende Anwendung *Hennings* in Manz/Mayer/Schröder, Anhang: Auffangregelung Teil 3 SE-RL Rz. 31.

Abschnitt 3. Tendenzschutz

§ 39
Tendenzunternehmen

(1) Auf eine SE, die unmittelbar und überwiegend

1. politischen, koalitionspolitischen, konfessionellen, karitativen, erzieherischen, wissenschaftlichen oder künstlerischen Bestimmungen oder

2. Zwecken der Berichterstattung oder Meinungsäußerung, auf die Artikel 5 Abs. 1 Satz 2 des Grundgesetzes anzuwenden ist,

dient, findet Abschnitt 2 keine Anwendung.

(2) Eine Unterrichtung und Anhörung beschränkt sich auf die Gegenstände des § 28 Abs. 2 Nr. 5 bis 10 und des § 29 und erfolgt nur über den Ausgleich oder die Milderung der wirtschaftlichen Nachteile, die den Arbeitnehmern infolge der Unternehmens- oder Betriebsänderung entstehen.

I. Allgemeines

Die Vorschrift übernimmt den für die Beteiligung der Arbeitnehmer in Deutschland 1 seit jeher[1] charakteristischen Tendenzschutz für die gesetzliche Auffangregelung. Im Hinblick auf die Mitbestimmung der Arbeitnehmer stimmt sie mit den parallelen Ausschlusstatbeständen in § 1 Abs. 4 Nr. 2 MitbestG sowie § 1 Abs. 2 Satz 2 DrittelbG überein.

Eine mit § 39 vergleichbare Regelung enthält **Art. 8 Abs. 3 SE-RL**. Dieser hat folgen- 2 den Wortlaut:

„(3) Jeder Mitgliedstaat kann für eine SE mit Sitz in seinem Hoheitsgebiet, die in Bezug auf Berichterstattung und Meinungsäußerung unmittelbar und überwiegend eine bestimmte weltanschauliche Tendenz verfolgt, besondere Bestimmungen vorsehen, falls das innerstaatliche Recht solche Bestimmungen zum Zeitpunkt der Annahme dieser Richtlinie bereits enthält."

Einen mit Art. 8 Abs. 3 SE-RL übereinstimmenden Vorbehalt enthält die **SCE-RL** in 3 Art. 10 Abs. 3; die zur Umsetzung geschaffene Bestimmung in § 39 SCEBG ist mit § 39 wörtlich identisch. Die **Verschmelzungs-RL** nimmt auf Art. 8 Abs. 2 SE-RL ebenfalls Bezug (Art. 16 Abs. 3 lit. f Verschmelzungs-RL); dementsprechend stimmt **§ 28 MgVG** mit § 39 Abs. 1 überein.

Das **österreichische Recht** kennt zwar ebenfalls einen Tendenzschutz, die in Aus- 4 führung des Vorbehalts in Art. 8 Abs. 3 SE-RL geschaffene Bestimmung in § 249 ArbVG formuliert diesen im Verhältnis zur Rechtslage in Deutschland aber deutlich restriktiver. Das gilt insbesondere für die Mitbestimmung im Aufsichts- oder Verwaltungsorgan der SE, da § 249 Abs. 1 ArbVG von einem absoluten Tendenzschutz absieht und lediglich die Mitwirkungsrechte der Arbeitnehmervertreter bei solchen

---

1 S. bereits § 67 des Betriebsrätegesetzes v. 4.2.1920, RGBl. 1920, S. 147.

Angelegenheiten ausschließt, „die die politische Richtung dieser Unternehmen be-einflussen"[2].

II. Mitbestimmung der Arbeitnehmer kraft Gesetzes (§ 39 Abs. 1)

5   Verfolgt die SE eine der in § 39 Abs. 1 aufgezählten Bestimmungen, so ordnet die Vor-schrift generell an, dass die Anwendung des gesamten 2. Abschnitts ausgeschlossen ist. Diese Rechtsfolge betrifft nur die **gesetzliche Auffangregelung zur Mitbestim-mung**. Die Pflicht zur **Einleitung des Verhandlungsverfahrens** sowie zur **Bildung ei-nes BVG** bleibt hiervon unberührt[3], insbesondere steht § 39 Abs. 1 einer **Beteil-ligungsvereinbarung** nicht entgegen, die sich auch auf die Mitbestimmung der Ar-beitnehmer erstreckt[4], wenngleich deren Inhalt nicht unter dem Druck einer anderenfalls eingreifenden Auffangregelung steht.

6   Die **tatbestandlichen Voraussetzungen** in § 39 Abs. 1 entsprechen denjenigen, unter denen auch § 1 Abs. 2 Nr. 2 DrittelbG sowie § 1 Abs. 4 Satz 2 MitbestG eine Betei-ligung von Arbeitnehmern im Aufsichtsrat ausschließen. Das gilt sowohl im Hin-blick auf die geschützten Zwecke, als auch bezüglich der Voraussetzung, dass die SE diesen Zwecken „unmittelbar und überwiegend" dienen muss. Angesichts dessen so-wie der von Art. 8 Abs. 3 SE-RL geforderten Kongruenz mit dem vorhandenen Nor-menhaushalt sind die Auslegungsresultate zu den vorgenannten Vorschriften auch für die Reichweite des § 39 Abs. 1 maßgebend[5].

7   Wie § 34 EBRG entspricht § 39 Abs. 1 zwar der deutschen Mitbestimmungstradition, geht aber weit über den **Wortlaut des in der Richtlinie** eröffneten Vorbehalts hinaus[6]. Danach besteht die Befugnis der Mitgliedstaaten zum Erlass besonderer Bestimmun-gen nur bezüglich solcher Unternehmen, die unmittelbar und überwiegend eine be-stimmte Weltanschauung in Bezug auf Berichterstattung und Meinungsäußerung verfolgen. Weder werden hierdurch sämtliche Unternehmen, die in den Schutz-bereich des Art. 5 Abs. 1 Satz 2 GG einbezogen sind, erfasst, noch erstreckt der Wort-laut des Art. 8 Abs. 3 SE-RL den Tendenzschutz auf alle Unternehmen, die eine der in § 39 Abs. 1 Nr. 1 genannte „Tendenz" verfolgen[7]. Gleichwohl spricht der Zweck des Vorbehalts in der Richtlinie, der den mitgliedstaatlichen Besonderheiten Rech-nung tragen soll, für eine Konformität der in § 39 vollzogenen Ausgestaltung mit der Richtlinie[8]. Der Zweck des Art. 8 Abs. 3 SE-RL rechtfertigt deshalb keine richtlini-enkonforme Reduktion des Anwendungsbereichs der Norm[9].

---

2 S. *Gahleitner* in Kalss/Hügel, § 249 ArbVG Rz. 1.
3 *Jacobs* in MünchKomm. AktG, § 39 SEBG Rz. 9.
4 *Jacobs* in MünchKomm. AktG, § 21 SEBG Rz. 2, § 39 Rz. 9.
5 Näher zu § 1 Abs. 4 Satz 2 MitbestG z.B. *Oetker* in Großkomm. AktG, § 1 MitbestG Rz. 22 ff.
6 S. insoweit auch *Calle Lambach*, Beteiligung der Arbeitnehmer, S. 218 f.; *Güntzel*, Richtlinie, S. 482 ff.; *Henssler* in Ulmer/Habersack/Henssler, MitbestR, 2. Aufl. 2006, Einl. SEBG Rz. 198 f.
7 Zum Parallelproblem bei der Anwendung des § 34 EBRG statt aller *Oetker* in GK-BetrVG, 8. Aufl. 2005, Vor § 106 Rz. 66 ff. m.w.N.
8 So auch *Jacobs* in MünchKomm. AktG, § 39 SEBG Rz. 2; *Joost* in Oetker/Preis, EAS, B 8200, Rz. 198; *Kuffner*, Beteiligung der Arbeitnehmer, S. 199; s. bereits *Heinze*, ZGR 2002, 66, 86; a.A. *Güntzel*, Richtlinie, S. 482 ff.; *Hennings* in Manz/Mayer/Schröder, Art. 8 SE-RL Rz. 20; *Schwarz*, Einleitung Rz. 300; ohne Stellungnahme *Kienast* in Jannott/Frodermann, Handbuch Europäische Aktiengesellschaft, Kap. 13 Rz. 304.
9 Hierfür aber *Henssler* in Ulmer/Habersack/Henssler, MitbestR, 2. Aufl. 2006, Einl. SEBG Rz. 198, 199; *Nagel* in Nagel/Freis/Kleinsorge, SEBG, § 39 Rz. 8, 12, 18 f.

III. Anhörung und Unterrichtung der Arbeitnehmer (§ 39 Abs. 2)

Im Unterschied zur Mitbestimmung der Arbeitnehmer gelangen die Vorschriften zur   8
Bildung eines SE-Betriebsrates kraft Gesetzes grundsätzlich auch bei den von § 39
Abs. 1 erfassten Unternehmen zur Anwendung[10]. Das SEBG beschränkt die Unterrichtung und Anhörung des SE-Betriebsrates jedoch auf die in § 39 Abs. 2 genannten
Gegenstände und grenzt diese zudem auf den Ausgleich oder die Milderung wirtschaftlicher Nachteile ein. Der durch § 39 Abs. 2 begründete Tendenzschutz ist identisch mit dem parallelen Vorbehalt für den Europäischen Betriebsrat kraft Gesetzes,
den § 34 EBRG begründet.

---

10 *Jacobs* in MünchKomm. AktG, § 39 SEBG Rz. 11.

Teil 4. Grundsätze der Zusammenarbeit und Schutzbestimmungen

§ 40
Vertrauensvolle Zusammenarbeit

Die Leitung der SE und der SE-Betriebsrat oder die Arbeitnehmervertreter im Rahmen eines Verfahrens zur Unterrichtung und Anhörung arbeiten zum Wohl der Arbeitnehmer und des Unternehmens oder der Unternehmensgruppe vertrauensvoll zusammen.

I. Allgemeines

1   Die Vorschrift erhebt den Grundsatz vertrauensvoller Zusammenarbeit zur prägenden Leitmaxime und überträgt damit § 2 Abs. 1 BetrVG in das SEBG[1]; entsprechendes gilt nach § 13 Abs. 1 Satz 2 für das Verhältnis zwischen den Leitungen der an der Gründung der SE beteiligten Gesellschaften und dem BVG (s. dazu oben § 13 Rz. 6 ff.).

2   Mit § 40 setzt das SEBG die Vorgabe in **Art. 9 SE-RL** um. Dieser lautet:

„Das zuständige Organ der SE und das Vertretungsorgan arbeiten mit dem Willen zur Verständigung unter Beachtung ihrer jeweiligen Rechte und Pflichten zusammen.

Das Gleiche gilt für die Zusammenarbeit zwischen dem Aufsichts- oder dem Verwaltungsorgan der SE und den Arbeitnehmervertretern im Rahmen eines Verfahrens zur Unterrichtung und Anhörung der Arbeitnehmer."

3   Die Regelung in Art. 9 SE-RL hat die **SCE-RL** mit identischem Wortlaut in Art. 11 übernommen[2]; Art. 16 Abs. 3 **Verschmelzungs-RL** hat Art. 9 SE-RL aus den in Bezug genommenen Vorschriften ausgeklammert, was aufgrund der personellen Reichweite des § 40 (dazu unten Rz. 6) und der Beschränkung der Verschmelzungs-RL auf die Mitbestimmung (s. oben Vorbemerkung Rz. 26) gerechtfertigt ist.

4   Den **Grundsatz vertrauensvoller Zusammenarbeit** erhebt auch **§ 38 EBRG** zur Leitmaxime für die Zusammenarbeit zwischen der zentralen Leitung und dem Europäischen Betriebsrat bzw. einem statt dessen vereinbarten Verfahren zur Unterrichtung und Anhörung.

5   Die Parallelnorm in **Österreich** (§ 214 ArbVG) entspricht inhaltlich § 40, lehnt sich im Hinblick auf ihren Wortlaut jedoch enger an Art. 9 SE-RL an und verpflichtet die Beteiligten dazu, „mit dem Willen zur Verständigung unter Beachtung ihrer jeweiligen Rechte und gegenseitigen Pflichten zusammenzuarbeiten".

---

1 Begr. RegE, BT-Drucks. 15/3405, S. 56.
2 Ebenso die Umsetzung in § 42 SCEBG, der mit § 40 SEBG übereinstimmt.

II. Personelle Reichweite der Vorschrift

Für die **Mitbestimmung der Arbeitnehmer** in der SE hat § 40 keine Bedeutung, weil 6 sich die Vorschrift nach ihrem Wortlaut ausschließlich an den SE-Betriebsrat bzw. die Arbeitnehmervertreter im Rahmen eines Verfahrens zur Unterrichtung und Anhörung richtet und damit nicht die **Arbeitnehmervertreter** erfasst, die dem **Aufsichts- oder Verwaltungsorgan der SE** angehören[3]. Als Organmitglieder sind sie aber stets verpflichtet, ihr Verhalten an dem Interesse der SE auszurichten[4]. Auch Art. 9 SE-RL gebietet keine Einbeziehung der Arbeitnehmervertreter im Aufsichts- oder Verwaltungsorgan in den Anwendungsbereich des § 40, da die Bestimmung der Richtlinie nur das Vertretungsorgan (= SE-Betriebsrat, vgl. Art. 2 lit. f SE-RL) und die Arbeitnehmervertreter im Rahmen eines Verfahrens zur Unterrichtung und Anhörung als Adressaten benennt. Dementsprechend erfasst auch § 214 ArbVG nicht die Arbeitnehmervertreter im Aufsichts- oder Verwaltungsorgan der SE; sie zählen nicht zu den Organen der Arbeitnehmerschaft i.S. des § 211 ArbVG.

III. Grundsätze vertrauensvoller Zusammenarbeit

Sowohl der mit § 2 Abs. 1 BetrVG vergleichbare Wortlaut als auch der identische 7 Normzweck rechtfertigen es, die zu § 2 Abs. 1 BetrVG entwickelten Grundsätze im Rahmen von § 40 entsprechend zur Anwendung zu bringen[5].

§ 41
Geheimhaltung; Vertraulichkeit

(1) Informationspflichten der Leitungen und der Leitung der SE nach diesem Gesetz bestehen nur, soweit bei Zugrundelegung objektiver Kriterien dadurch nicht Betriebs- oder Geschäftsgeheimnisse der an der Gründung beteiligten Gesellschaften, der SE oder deren jeweiliger Tochtergesellschaften und Betriebe gefährdet werden.

(2) Die Mitglieder und Ersatzmitglieder eines SE-Betriebsrats sind unabhängig von ihrem Aufenthaltsort verpflichtet, Betriebs- oder Geschäftsgeheimnisse, die ihnen wegen ihrer Zugehörigkeit zum SE-Betriebsrat bekannt geworden und von der Leitung der SE ausdrücklich als geheimhaltungsbedürftig bezeichnet worden sind, nicht zu offenbaren und nicht zu verwerten. Dies gilt auch nach dem Ausscheiden aus dem SE-Betriebsrat.

(3) Die Pflicht zur Vertraulichkeit des SE-Betriebsrats nach Absatz 2 gilt nicht gegenüber den

1. Mitgliedern des SE-Betriebsrats;

2. Arbeitnehmervertretern der SE, ihrer Tochtergesellschaften und Betriebe, wenn diese aufgrund einer Vereinbarung nach § 21 oder nach § 30 über den Inhalt der Unterrichtung und die Ergebnisse der Anhörung zu informieren sind;

3. Arbeitnehmervertretern im Aufsichts- oder Verwaltungsorgan der SE sowie

---

3 *Jacobs* in MünchKomm. AktG, § 40 SEBG Rz. 7. Unzutreffend deshalb Begr. RegE, BT-Drucks. 15/3405, S. 56, wonach § 40 SEBG den Grundsatz der vertrauensvollen Zusammenarbeit übertragen soll, was jedoch im Gesetzestext keinen Niederschlag gefunden hat.
4 Zutreffend *Jacobs* in MünchKomm. AktG, § 40 SEBG Rz. 7.
5 So auch *Jacobs* in MünchKomm. AktG, § 40 SEBG Rz. 1; *Joost* in Oetker/Preis, EAS, B 8200, Rz. 239. Näher zu § 2 BetrVG z.B. *Kraft/Franzen* in GK-BetrVG, 8. Aufl. 2005, § 2 Rz. 3 ff.

4. Dolmetschern und Sachverständigen, die zur Unterstützung herangezogen werden.

(4) Die Pflicht zur Vertraulichkeit nach Absatz 2 gilt entsprechend für

1. **die Mitglieder und Ersatzmitglieder des besonderen Verhandlungsgremiums;**

2. **die Arbeitnehmervertreter der SE, ihrer Tochtergesellschaften und Betriebe;**

3. **die Arbeitnehmervertreter, die in sonstiger Weise an einem Verfahren zur Unterrichtung und Anhörung teilnehmen;**

4. **die Sachverständigen und Dolmetscher.**

(5) Die Ausnahme von der Pflicht zur Vertraulichkeit nach Absatz 3 Nr. 1 gilt für den Personenkreis nach Absatz 4 Nr. 1 bis 3 entsprechend. Die Pflicht zur Vertraulichkeit gilt ferner nicht für

1. **die Mitglieder des besonderen Verhandlungsgremiums gegenüber Dolmetschern und Sachverständigen;**

2. **die Arbeitnehmervertreter nach Absatz 4 Nr. 3 gegenüber Arbeitnehmervertretern im Aufsichts- oder Verwaltungsorgan der SE, gegenüber Dolmetschern und Sachverständigen, die vereinbarungsgemäß zur Unterstützung herangezogen werden und gegenüber Arbeitnehmervertretern der SE, ihrer Tochtergesellschaften und Betriebe, sofern diese nach der Vereinbarung (§ 21) über den Inhalt der Unterrichtungen und die Ergebnisse der Anhörung zu unterrichten sind.**

I. Allgemeines

1   Die Vorschrift betrifft den Schutz der Betriebs- und Geschäftsgeheimnisse der SE, bleibt jedoch deutlich hinter der Verschwiegenheitspflicht für die Arbeitnehmervertreter in dem Aufsichts- oder Verwaltungsorgan nach Art. 49 SE-VO zurück (s. dazu oben Art. 49 SE-VO Rz. 1 ff.). Zum Schutz der Betriebs- und Geschäftsgeheimnisse greift § 41 auf zwei Instrumente zurück. Erstens stellt § 41 Abs. 1 die an die Leitungen der beteiligten Gesellschaften bzw. die Leitung der SE gerichteten Informationspflichten unter den Vorbehalt, dass die Weitergabe nicht zu einer Gefährdung des Geheimnischarakters führt (s. unten Rz. 6 ff.). Zweitens erlegt § 41 Abs. 2 und 4 den Empfängern der Information eine umfassende Verschwiegenheitspflicht auf (dazu unten Rz. 10 ff.), deren Einhaltung § 45 absichert, indem er die Verletzung der Verschwiegenheitspflicht unter Strafe stellt.

2   Mit § 41 setzt das SEBG **Art. 8 Abs. 1 und 2 SE-RL** um, die folgenden Wortlaut haben:

„(1) Die Mitgliedstaaten sehen vor, dass den Mitgliedern des besonderen Verhandlungsgremiums und des Vertretungsorgans sowie den sie unterstützenden Sachverständigen nicht gestattet wird, ihnen als vertraulich mitgeteilte Informationen an Dritte weiterzugeben.

Das Gleiche gilt für die Arbeitnehmervertreter im Rahmen eines Verfahrens zur Unterrichtung und Anhörung.

Diese Verpflichtung besteht unabhängig von dem Aufenthaltsort der betreffenden Personen und auch nach Ablauf ihres Mandats weiter.

(2) Jeder Mitgliedstaat sieht vor, dass das Aufsichts- oder das Verwaltungsorgan einer SE oder einer beteiligten Gesellschaft mit Sitz in seinem Hoheitsgebiet in besonderen Fällen und unter den

Bedingungen und Beschränkungen des einzelstaatlichen Rechts Informationen nicht weiterleiten muss, wenn deren Bekanntwerden bei Zugrundelegung objektiver Kriterien den Geschäftsbetrieb der SE (oder gegebenenfalls der beteiligten Gesellschaft) oder ihrer Tochtergesellschaften und Betriebe erheblich beeinträchtigen oder ihnen schaden würde.

Jeder Mitgliedstaat kann eine solche Freistellung von einer vorherigen behördlichen oder gerichtlichen Genehmigung abhängig machen."

Die Vorgaben in Art. 8 Abs. 1 und 2 SE-RL hat **Art. 10 Abs. 1 SCE-RL** mit identischem Wortlaut übernommen[1]. Auch **Art. 16 Abs. 3 Verschmelzungs-RL** verweist auf die genannte Bestimmung der SE-RL[2].   3

Die Regelungen in § 41 gehen weitgehend mit identischem Wortlaut auf **§ 39 EBRG** zurück, wobei Abs. 2 der Vorschrift die Bestimmungen in § 41 Abs. 2 und 3 in einem Absatz zusammenfasst. Im übrigen ist zur Konkretisierung des § 41 auf die Auslegung des § 39 EBRG zurückzugreifen.   4

In **Österreich** beschränken sich die Vorschriften zur Umsetzung der SE-RL auf deren Art. 8 Abs. 1 und die dort geregelte Verschwiegenheitpflicht; § 250 ArbVG erklärt insoweit die allgemeine Bestimmung in § 115 Abs. 4 ArbVG mit geringen Modifikationen für entsprechend anwendbar. Wie § 41 (s. unten Rz. 10) bezieht auch § 250 ArbVG die Arbeitnehmervertreter im Aufsichts- oder Verwaltungsorgan der SE nicht in die Verschwiegenheitpflicht ein. Statt dessen greift für sie bei der dualistisch strukturierten SE die Pflicht zur Verschwiegenheit nach § 99 öAktG i.V.m. § 84 Abs. 1 Satz 2 öAktG ein, die nach § 55 SEG für die Mitglieder des Verwaltungsrates entsprechend gilt und auch die Arbeitnehmervertreter im Aufsichts- bzw. Verwaltungsrat erfasst[3]. Einen mit § 41 Abs. 1 bzw. Art. 8 Abs. 2 SE-RL vergleichbaren Geheimhaltungsvorbehalt im Hinblick auf die Informationspflichten kennt das österreichische Recht nicht.   5

II. Gefährdung von Betriebs- und Geschäftsgeheimnissen als Schranke der Informationspflichten (§ 41 Abs. 1)

Soweit das SEBG für die Leitungen der beteiligten Gesellschaften bzw. die Leitung der SE Informationspflichten begründet, stehen diese unter dem Vorbehalt einer Gefährdung der Betriebs- oder Geschäftsgeheimnisse (§ 41 Abs. 1). Das betrifft nicht nur die Informationspflichten gegenüber dem SE-Betriebsrat, sondern auch diejenigen, die das SEBG für die **Einleitung und Durchführung des Verhandlungsverfahrens** begründet (s. z.B. § 4 Abs. 1 Satz 2 und Abs. 3, § 13 Abs. 2 Satz 1 und 2)[4]. Diese Ausdehnung des Geheimnisschutzes ergibt sich nicht nur aus der systematischen Stellung der Vorschrift, sondern auch aus der Bezugnahme in § 41 Abs. 1 auf die „Leitungen". Damit geht das SEBG über § 39 Abs. 1 EBRG hinaus, der sich ausdrücklich nur auf die Unterrichtung und Anhörung erstreckt, hingegen nicht die auf die Bildung des BVG sowie seine Aufgabenerfüllung bezogenen Informationspflichten einschränkt.   6

Der Geheimhaltungsvorbehalt in § 41 Abs. 1 besteht nicht für alle Betriebs- und Geschäftsgeheimnisse, die Inhalt der geschuldeten Information sein können. Hinzukommen muss, dass infolge der Offenbarung der Tatsachen gegenüber dem im Gesetz genannten Adressaten eine **Gefährdung des Geheimnischarakters** zu befürchten ist. Im Unterschied zu vergleichbaren Vorbehalten in § 39 Abs. 1 EBRG sowie § 106   7

---

1 Dementsprechend stimmt auch § 43 SCEBG mit § 41 SEBG wörtlich nahezu überein.
2 Zur Umsetzung s. § 31 MgVG.
3 So für § 55 SEG *Kalss/Greda* in Kalss/Hügel, § 55 SEG Rz. 16.
4 Im Grundsatz auch *Jacobs* in MünchKomm. AktG, § 41 SEBG Rz. 2; *Nagel* in Nagel/Freis/ Kleinsorge, SEBG, § 41 Rz. 1.

Abs. 2 BetrVG fordert § 41 Abs. 1 hierfür ausdrücklich **objektive Kriterien**; rein subjektive Befürchtungen oder Vermutungen reichen nicht aus[5]. Diese Ergänzung rechtfertigt allerdings keinen Rückschluss für die vorgenannten Geheimhaltungsvorbehalte; auch dort besteht die Notwendigkeit einer Gefährdung, die anhand objektiver Kriterien nachprüfbar ist[6]. Die von § 41 Abs. 1 geforderte „Zugrundelegung objektiver Kriterien" stellt dies lediglich klar.

8   Bezüglich der von § 41 Abs. 1 geschützten **Betriebs- oder Geschäftsgeheimnisse** gelten die allgemeinen Grundsätze[7]. Entsprechendes gilt für den **Gefährdungstatbestand**, wobei dieser vor allem erfüllt ist, wenn konkrete Anhaltspunkte dafür bestehen, dass es bei einer Offenbarung der Betriebs- oder Geschäftsgeheimnisse zu einer Verletzung der Verschwiegenheitspflicht durch den Empfänger der Information kommen wird; ggf. können frühere Verletzungen der Verschwiegenheitspflicht dies indizieren[8].

9   Im Unterschied zu den §§ 106 ff. BetrVG kennt § 41 Abs. 1, der insoweit mit § 39 Abs. 1 EBRG übereinstimmt, kein spezielles Verfahren, wenn eine **Information unter Hinweis auf die Geheimhaltungspflicht nicht erteilt** wird. Von einer Übernahme des in § 109 BetrVG geregelten Verfahrens[9] hat der Gesetzgeber bei Schaffung des EBRG abgesehen, was vereinzelt zum Anlass genommen wurde, eine analoge Anwendung des § 109 BetrVG im Rahmen des § 39 Abs. 1 EBRG zu fordern[10]. Auch zu § 41 Abs. 1 ist diese Forderung bereits erhoben worden[11]. Angesichts der Möglichkeit, unterbliebene Informationen mittels eines arbeitsgerichtlichen Beschlussverfahrens zu erzwingen, legitimieren die Vorgaben des Gemeinschaftsrechts nicht dazu, rechtsfortbildend das in § 109 BetrVG ausgestaltete Verfahren für § 41 Abs. 2 zu adaptieren.

III. Verschwiegenheitspflicht nach § 41 Abs. 2

1. Personelle Reichweite der Verschwiegenheitspflicht

a) Verpflichteter Personenkreis

10   In die auf Betriebs- und Geschäftsgeheimnisse bezogene Verschwiegenheitspflicht des § 41 Abs. 2 sind primär die **Mitglieder** und **Ersatzmitglieder** des **SE-Betriebsrates** einbezogen (§ 41 Abs. 2); sie gilt in gleicher Weise für die **Mitglieder** und **Ersatzmitglieder** des **BVG** (§ 41 Abs. 4 Nr. 1), sofern diese im Rahmen ihrer Tätigkeit überhaupt Kenntnis von Betriebs- oder Geschäftsgeheimnissen erlangen. In Betracht kommt dies bei der Unterrichtung nach § 13 Abs. 2 Satz 1 und 2, wobei für die Begründung der Verschwiegenheitspflicht neben dem Geheimnischarakter und einem objektiven Geheimhaltungsinteresse der Gesellschaft[12] hinzukommen muss, dass die Leitung der beteiligten Gesellschaft die entsprechende Tatsache ausdrücklich als

---

5   Begr. RegE, BT-Drucks. 15/3405, S. 56.

6   *Oetker* in GK-BetrVG, 8. Aufl. 2005, § 106 Rz. 102 sowie *Oetker* in FS Wißmann, 2005, S. 396, 401.

7   S. Begr. RegE, BT-Drucks. 15/3405, S. 5; ferner *Krieger/Sailer* in K. Schmidt/Lutter, AktG, § 93 Rz. 17 ff.

8   Näher dazu *Oetker* in FS Wißmann, 2005, S. 396, 401 ff.

9   Zu dessen Bedeutung für den Geheimhaltungsvorbehalt in § 106 Abs. 2 BetrVG BAG v. 8.8.1989 – 1 ABR 61/88, AP Nr. 6 zu § 106 BetrVG 1972; BAG v. 11.7.2000 – 1 ABR 43/99, AP Nr. 2 zu § 109 BetrVG 1972 sowie *Oetker* in GK-BetrVG, 8. Aufl. 2005, § 109 Rz. 8 m.w.N.

10 So *Kohte*, EuroAS 1996, 115, 119; dagegen jedoch *Hanau* in Hanau/Steinmeyer/Wank, Handbuch des europäischen Arbeits- und Sozialrechts, 2002, § 19 Rz. 78; *Oetker* in GK-BetrVG, 8. Aufl. 2005, vor § 106 Rz. 232.

11 S. *Köstler* in Theisen/Wenz, Europäische Aktiengesellschaft, S. 331, 364 f.

12 S. *Krieger/Sailer* in K. Schmidt/Lutter, AktG, § 93 Rz. 18.

geheimhaltungsbedürftig erklärt (**formeller Geheimnisbegriff**). Für die insoweit bestehenden Anforderungen gelten die Grundsätze zu § 79 BetrVG[13] entsprechend[14]. Unter dieser Voraussetzung bleibt die Verschwiegenheitspflicht nach Beendigung der Mitgliedschaft in dem BVG (s. dazu oben § 4 Rz. 7) bestehen (§ 41 Abs. 4 i.V.m. § 41 Abs. 2 Satz 2).

Soweit § 41 Abs. 4 Nr. 2 und 3 die Verschwiegenheitspflicht auf „**Arbeitnehmervertreter**" ausdehnen, meint das Gesetz nicht die dem Aufsichts- oder Verwaltungsorgan der SE angehörenden Arbeitnehmervertreter. Anderenfalls hätte es angesichts der gesonderten Benennung dieser Personengruppe in § 41 Abs. 3 Nr. 3 nahegelegen, die dort so benannten „Arbeitnehmervertreter im Aufsichts- oder Verwaltungsorgan der SE" eigenständig als Personengruppe in die Aufzählung des § 41 Abs. 4 einzubeziehen. Hiervon konnte der Gesetzgeber schon deshalb absehen, weil für **Arbeitnehmervertreter im Aufsichts- oder Verwaltungsorgan** die allgemeinen gesellschaftsrechtlichen Bestimmungen gelten[15], also § 116 AktG i.V.m. § 93 Abs. 1 Satz 3 AktG bei der dualistisch strukturierten SE und § 39 SEAG i.V.m. § 93 Abs. 1 Satz 3 AktG bei der monistisch verfassten SE sowie für beide Strukturformen Art. 49 SE-VO[16]. **11**

b) Personelle Ausnahmen

Im Hinblick auf den internen Kommunikationsfluss[17] zwischen den verschiedenen Gremien der Arbeitnehmer bezieht § 41 Abs. 3 nicht die **Mitglieder** und **Ersatzmitglieder** des **BVG** in den personellen Ausnahmetatbestand ein, da die Tätigkeit dieses Gremiums mit dem Abschluss des Verhandlungsverfahrens endet (s. oben § 4 Rz. 7). Umgekehrt besteht die Verschwiegenheitspflicht für die Mitglieder und Ersatzmitglieder des SE-Betriebsrates nicht im Verhältnis zu den **Arbeitnehmervertretern**, die dem **Aufsichts- oder Verwaltungsorgan der SE** angehören (§ 41 Abs. 3 Nr. 3), was den vergleichbaren Ausnahmetatbeständen in § 79 Abs. 1 Satz 4 BetrVG, § 39 Abs. 2 Satz 4 EBRG und § 29 Abs. 1 Satz 3 SprAuG entspricht[18]. **12**

Soweit die **Mitglieder** und **Ersatzmitglieder** des **BVG** zur Verschwiegenheit verpflichtet sind (§ 41 Abs. 4 Nr. 1 i.V.m. § 41 Abs. 2), gelangt die personelle Einschränkung in § 41 Abs. 3 nur begrenzt zur Anwendung, da § 41 Abs. 5 Satz 1 diese ausdrücklich auf die Mitglieder des SE-Betriebsrates (§ 41 Abs. 3 Nr. 1) beschränkt, was jedoch für Mitglieder des BVG regelmäßig ohne Bedeutung ist (s. oben Rz. 12). Die Verschwiegenheitspflicht besteht für deren Mitglieder und Ersatzmitglieder insbesondere im Verhältnis zu den **Arbeitnehmervertretungen** bei den beteiligten Gesellschaften sowie den betroffenen Tochtergesellschaften und betroffenen Betrieben (Betriebsräte, Sprecherausschüsse). Andererseits bezieht § 41 Abs. 5 Satz 2 Nr. 1 die von dem BVG hinzugezogenen **Dolmetscher** und **Sachverständigen** (s. oben § 19 Rz. 7) in den personellen Ausnahmetatbestand ein; korrespondierend dazu dehnt § 41 Abs. 4 Nr. 4 die Verschwiegenheitspflicht auf diesen Personenkreis aus. **13**

---

13 Dazu *Oetker* in GK-BetrVG, 8. Aufl. 2005, § 79 Rz. 14 ff.
14 *Joost* in Oetker/Preis, EAS, B 8200, Rz. 241. Ebenso zu § 39 Abs. 2 Satz 1 EBRG *Blanke*, EBRG, 2. Aufl. 2006, § 39 Rz. 8; *C. Müller*, EBRG, 1997, § 39 Rz. 4.
15 Ebenso Begr. RegE, BT-Drucks. 15/3405, S. 56.
16 Wie hier *Jacobs* in MünchKomm. AktG, § 41 SEBG Rz. 1; *Nagel* in Nagel/Freis/Kleinsorge, SEBG, § 41 Rz. 7.
17 Begr. RegE, BT-Drucks. 15/3405, S. 56; ferner *Jacobs* in MünchKomm. AktG, § 41 SEBG Rz. 7.
18 Ebenso § 43 Abs. 3 Nr. 3 SCEBG.

2. Verletzungshandlungen

14 Bezüglich der Verletzungshandlungen erfasst § 41 Abs. 2 sowohl das **Offenbaren** als auch das **Verwerten** des Betriebs- und Geschäftsgeheimnisses und übernimmt damit die Tatbestände in § 79 Abs. 1 BetrVG. Diese Parallelität rechtfertigt es, die dort anerkannten Grundsätze[19] für die Anwendung des § 41 Abs. 2 heranzuziehen (s. auch § 45 Rz. 4 ff.).

3. Rechtsfolgen bei Pflichtverletzungen

15 Die zu § 41 Abs. 2 normierte Pflicht zur Verschwiegenheit ist durch § 45 Abs. 1 Nr. 1 und Abs. 2 Nr. 1 **strafbewehrt**. Aus dem Zweck der Geheimhaltungspflicht folgt ein Anspruch der Leitung der SE auf **Unterlassung**, wenn diese Trägerin des Betriebs- und Geschäftsgeheimnisses ist[20]. § 41 Abs. 2 ist darüber hinaus Schutzgesetz i.S. des § 823 Abs. 2 BGB[21], so dass bei schuldhafter Pflichtverletzung ein adäquat kausal verursachter und in den Schutzbereich einbezogener Schaden auszugleichen ist.

§ 42
Schutz der Arbeitnehmervertreter

Bei der Wahrnehmung ihrer Aufgaben genießen die

1. Mitglieder des besonderen Verhandlungsgremiums;

2. Mitglieder des SE-Betriebsrats;

3. Arbeitnehmervertreter, die in sonstiger Weise bei einem Verfahren zur Unterrichtung und Anhörung mitwirken;

4. Arbeitnehmervertreter im Aufsichts- oder Verwaltungsorgan der SE;

die Beschäftigte der SE, ihrer Tochtergesellschaften oder Betriebe oder einer der beteiligten Gesellschaften, betroffenen Tochtergesellschaften oder betroffenen Betriebe sind, den gleichen Schutz und die gleichen Sicherheiten wie die Arbeitnehmervertreter nach den Gesetzen und Gepflogenheiten des Mitgliedstaats, in dem sie beschäftigt sind. Dies gilt insbesondere für

1. den Kündigungsschutz,

2. die Teilnahme an den Sitzungen der jeweiligen in Satz 1 genannten Gremien und

3. die Entgeltfortzahlung.

---

19 Näher dazu *Oetker* in GK-BetrVG, 8. Aufl. 2005, § 79 Rz. 29 m.w.N.

20 *Jacobs* in MünchKomm. AktG, § 41 SEBG Rz. 9. Ebenso zu § 79 BetrVG BAG v. 26.2.1987 – 6 ABR 46/84, AP Nr. 2 zu § 79 BetrVG 1972; *Oetker* in GK-BetrVG, 8. Aufl. 2005, § 79 Rz. 45 m.w.N.

21 So auch *Jacobs* in MünchKomm. AktG, § 41 SEBG Rz. 9.

I. Allgemeines

Die Vorschrift regelt den Schutz der Arbeitnehmervertreter im weitesten Sinne und stellt die in § 42 Satz 1 aufgezählten Personen insbesondere im Hinblick auf Kündigungsschutz und Entgeltfortzahlung den Arbeitnehmervertretern in den Mitgliedstaaten gleich. Hierfür nimmt § 42 Satz 1 auf die Gesetze und Gepflogenheiten des Mitgliedstaates Bezug, in dem sie beschäftigt sind. In das geltende Schutzinstrumentarium des deutschen Rechts sind deshalb nicht alle in § 42 Satz 1 aufgezählten Personen einbezogen, sondern nur diejenigen, die zu der SE oder einer Tochtergesellschaft bzw. einer beteiligten Gesellschaft oder betroffenen Tochtergesellschaft in einem Arbeitsverhältnis stehen und in Deutschland beschäftigt sind[1]. **Gewerkschaftsvertreter**, die nicht in dieser Form durch ein Arbeitsverhältnis mit der SE verbunden sind, gleichwohl aber dem BVG (s. § 6 Abs. 3) oder dem Aufsichts- oder Verwaltungsorgan der SE (s. § 36 Abs. 3 Satz 2 i.V.m. § 6 Abs. 3) angehören, sind nicht in den Schutz durch § 42 einbezogen[2]. Ergänzt wird § 42 durch den Errichtungs- und Tätigkeitsschutz des § 44[3], der neben einem Organschutz auch einen Individualschutz begründet. Dieser ist insbesondere für **Wahlbewerber** zum BVG bedeutsam, da § 42 diese nicht in seinen Schutzbereich einbezieht. 1

Mit § 42 setzt das SEBG die Vorgaben in **Art. 10 SE-RL** um, der folgenden Wortlaut hat: 2

„Die Mitglieder des besonderen Verhandlungsgremiums, die Mitglieder des Vertretungsorgans, Arbeitnehmervertreter, die bei einem Verfahren zur Unterrichtung und Anhörung mitwirken, und Arbeitnehmervertreter im Aufsichts- oder im Verwaltungsorgan der SE, die Beschäftigte der SE, ihrer Tochtergesellschaften oder Betriebe oder einer der beteiligten Gesellschaften sind, genießen bei der Wahrnehmung ihrer Aufgaben den gleichen Schutz und gleichartige Sicherheiten wie die Arbeitnehmervertreter nach den innerstaatlichen Rechtsvorschriften und/oder Gepflogenheiten des Landes, in dem sie beschäftigt sind.

Dies gilt insbesondere für die Teilnahme an den Sitzungen des besonderen Verhandlungsgremiums oder des Vertretungsorgans an allen sonstigen Sitzungen, die im Rahmen der Vereinbarung nach Artikel 4 Absatz 2 Buchstabe f stattfinden, und an den Sitzungen des Verwaltungs- oder des Aufsichtsorgans sowie für die Lohn- und Gehaltsfortzahlung an die Mitglieder, die Beschäftigte einer der beteiligten Gesellschaften oder der SE oder ihrer Tochtergesellschaften oder Betriebe sind, für die Dauer ihrer zur Wahrnehmung ihrer Aufgaben erforderlichen Abwesenheit."

Die **SCE-RL** hat mit identischem Wortlaut Art. 10 SE-RL übernommen (s. Art. 12 SCE-RL); entsprechendes gilt für die Umsetzung durch das SCEBG, das in § 44 eine mit § 42 übereinstimmende Regelung trifft. Auf Art. 10 SE-RL verweist auch die **Verschmelzungs-RL** (s. Art. 16 Abs. 3); beschränkt auf die Mitglieder des besonderen Verhandlungsgremiums sowie die Arbeitnehmervertreter im Aufsichtsorgan der aus einer grenzüberschreitenden Verschmelzung hervorgehenden Gesellschaft ist die Parallelnorm in **§ 32 MgVG** mit § 42 SEBG identisch. 3

Für die Mitglieder des Europäischen Betriebsrates sowie des nach dem EBRG errichteten BVG sieht **§ 40 EBRG** einen mit § 42 vergleichbaren Schutz vor, präzisiert diesen jedoch mittels einer Verweisung auf die jeweiligen Vorschriften des BetrVG. Eine Übernahme dieser Regelungstechnik in das SEBG verbot sich wegen der Vorgabe in Art. 10 SE-RL und der dortigen Anknüpfung an die „Rechtsvorschriften und/oder Gepflogenheiten des Landes, in dem sie beschäftigt sind". 4

In **Österreich** trägt § 251 ArbVG der Vorgabe in Art. 10 SE-RL Rechnung und erklärt die einschlägigen Bestimmungen zugunsten der Betriebsräte für entsprechend an- 5

---

1 S. auch *Jacobs* in MünchKomm. AktG, § 42 SEBG Rz. 1; *Nagel* in Nagel/Freis/Kleinsorge, SEBG, § 42 Rz. 3.
2 Ebenso zu Art. 10 SE-RL *Hennings* in Manz/Mayer/Schröder, Art. 10 SE-RL Rz. 1.
3 Begr. RegE, BT-Drucks. 15/3405, S. 56.

wendbar, beschränkt dies jedoch auf die österreichischen Mitglieder. Der entsprechende Sonderkündigungsschutz (§§ 120 bis 122 ArbVG) gilt auch für die „Arbeitnehmervertreter im Aufsichts- oder Verwaltungsrat der Europäischen Gesellschaft", ohne dass hierin ein Wertungswiderspruch liegt, da die Mitglieder des Aufsichts- oder Verwaltungsrates stets einem Betriebsrat angehören (§ 217 Abs. 1 Satz 1 ArbVG sowie § 110 Abs. 1 Satz 1 ArbVG).

II. Gleichstellung mit Arbeitnehmervertretern

1. Auslegung der Gleichstellungsklausel

6   Die Gleichstellungsklausel in § 42 Satz 1 erweist sich aufgrund ihrer Offenheit als äußerst **schwierig in der praktischen Anwendung**. Erstens führt die Verweisung auf die Gesetze und Gepflogenheiten des Mitgliedstaates, in dem die geschützte Person beschäftigt ist, ggf. zu der Notwendigkeit, das jeweilige ausländische Recht zu ermitteln[4]. Zweitens passt die Verweisung auf die „Arbeitnehmervertreter" im Hinblick auf die deutsche Rechtslage nicht mit dem inhomogenen Befund bezüglich der geschützten Personengruppen überein. Im Unterschied zu § 40 EBRG, bei dem die entsprechende Anwendung der für Mitglieder des Betriebsrates geltenden Vorschriften sachgerecht ist, ist der arbeitsrechtliche Schutz der in § 42 Satz 1 aufgezählten Personen bei einer Parallelbetrachtung unterschiedlich ausgestaltet[5]. So sind zwar die in § 42 Satz 1 Nr. 2 und 3 Genannten funktional mit den durch das BetrVG geschützten Organmitgliedern vergleichbar, dies trifft aber – wie der fehlende Sonderkündigungsschutz für Arbeitnehmervertreter im Aufsichtsrat zeigt[6] – nicht bezüglich der in § 42 Satz 1 Nr. 1 und 4 Genannten zu.

7   Bezüglich der **Mitglieder des BVG** (§ 42 Satz 1 Nr. 1) lässt sich die fehlende funktionale Vergleichbarkeit mit den Mitgliedern eines Betriebsrates durch die gesetzgeberische Wertentscheidung in § 40 Abs. 2 EBRG überwinden. Da der Gesetzgeber dort die Mitglieder des BVG den Mitgliedern des Europäischen Betriebsrates gleichstellt, folgt hieraus, dass sie ungeachtet ihrer gänzlich anders gearteten Aufgaben dieselbe persönliche Rechtsstellung genießen sollen[7]. Zwecks Vermeidung von Wertungswidersprüchen ist diese Gleichstellung auf die Anwendung des § 42 zu übertragen. Hinsichtlich der **Arbeitnehmervertreter im Aufsichts- oder Verwaltungsorgan** der SE fehlt hierfür demgegenüber eine tragfähige normative Grundlage.

8   Die **sachliche Reichweite** der Gleichstellung legt § 42 **nicht abschließend** fest; § 42 Satz 2 zählt lediglich exemplarisch[8] einige für die persönliche Rechtsstellung der geschützten Personen besonders gewichtige Bereiche auf. Ergänzende und über das durch § 42 etablierte Schutzniveau hinausgehende Bestimmungen können in einer **Beteiligungsvereinbarung** i.S. des § 21 getroffen werden. Diese kann nicht nur die unterschiedlichen nationalen Standards (auf das höchste Niveau) vereinheitlichen, sondern auch zusätzliche Rechte bzw. Schutzbestimmungen vorsehen, z.B. indem für

---

4 S. Begr. RegE, BT-Drucks. 15/3405, S. 56; *Hennings* in Manz/Mayer/Schröder, Art. 10 SE-RL Rz. 5; *Jacobs* in MünchKomm. AktG, § 42 SEBG Rz. 1.
5 S. auch *Hennings* in Manz/Mayer/Schröder, Art. 10 SE-RL Rz. 7.
6 S. BAG v. 4.4.1974 – 2 AZR 452/73, AP Nr. 1 zu § 626 BGB Arbeitnehmervertreter im Aufsichtsrat sowie die Nachweise unten in Fn. 16.
7 Zutreffend *Kienast* in Jannott/Frodermann, Handbuch Europäische Aktiengesellschaft, Kap. 13 Rz. 420. Im Ergebnis wie hier § 251 Abs. 1 ArbVG, der die Mitglieder des BVG sowie des SE-Betriebsrates gleichermaßen in den Schutz der Norm einbezieht.
8 S. Begr. RegE, BT-Drucks. 15/3405, S. 56; *Jacobs* in MünchKomm. AktG, § 42 SEBG Rz. 5; *Kienast* in Jannott/Frodermann, Handbuch Europäische Aktiengesellschaft, Kap. 13 Rz. 422; *Nagel* in Nagel/Freis/Kleinsorge, SEBG, § 42 Rz. 4.

die dem Aufsichts- oder Verwaltungsorgan der SE angehörenden Arbeitnehmervertreter ein über § 42 nicht begründbarer (s. unten Rz. 14) Sonderkündigungsschutz oder Ansprüche auf Teilnahme an Schulungs- und Fortbildungsveranstaltungen (s. auch unten Rz. 19) geschaffen wird (s. ferner oben § 21 Rz. 38).

2. Kündigungsschutz (§ 42 Satz 2 Nr. 1)

a) Mitglieder des BVG

Bezüglich des Kündigungsschutzes für Mitglieder des BVG bewirkt § 42 Satz 1 i.V.m. 9
der Gleichstellung in § 40 Abs. 2 EBRG (s. oben Rz. 7), dass der für Betriebsratsmitglieder geltende Sonderkündigungsschutz bei den in Deutschland gewählten Mitgliedern grundsätzlich entsprechend anzuwenden ist. Sie sind wegen § 42 Satz 1 in den persönlichen Schutzbereich des **§ 15 KSchG** einzubeziehen[9], mit der Folge, dass sie während ihrer **Mitgliedschaft** im BVG sowie eines **Nachwirkungszeitraumes** von sechs Monaten **nur außerordentlich kündbar** sind. Der nachwirkende Kündigungsschutz beginnt, wenn die auf eine vorübergehende Aufgabe angelegte Tätigkeit des BVG endet, also mit Abschluss einer Beteiligungsvereinbarung i.S. des § 21, einem Beschluss i.S. des § 16 oder dem ergebnislosen Ablauf der Verhandlungsfrist (§ 20)[10].

Eine Ausnahme gilt für **leitende Angestellte**, die dem BVG angehören. Hinsichtlich 10
der von ihnen gewählten Arbeitnehmervertreter hat der Gesetzgeber bewusst auf eine Einbeziehung in den Schutz durch § 15 KSchG verzichtet und sich auf einen relativen Kündigungsschutz durch das allgemeine Benachteiligungsverbot (§ 2 Abs. 3 Satz 2 SprAuG) beschränkt[11]. Eine Erstreckung des Sonderkündigungsschutzes auf diese Mitglieder des BVG ginge deshalb über den von § 42 Satz 1 geforderten „gleichen Schutz" hinaus. Auf die Gleichstellung in § 40 Abs. 2 EBRG lässt sich ein gegenteiliges Ergebnis nicht stützen, obwohl leitende Angestellte dem nach dem EBRG gebildeten BVG als Mitglied angehören können (§ 11 Abs. 4 EBRG).

Die von § 42 Satz 1 für die Mitglieder des BVG geforderte Gleichstellung hinsicht- 11
lich des Kündigungsschutzes erfordert auch die Einbeziehung in den Schutz durch **§ 103 BetrVG**[12], so dass eine **außerordentliche Kündigung der vorherigen Zustimmung des Betriebsrates bedarf**, deren Fehlen das Arbeitsgericht jedoch ggf. ersetzen kann. Der Anwendung des § 103 BetrVG steht nicht entgegen, dass § 42 nach der amtlichen Überschrift dem Schutz der Arbeitnehmer*vertreter* dient und § 103 BetrVG darüber hinaus vornehmlich die Arbeitnehmer*vertretung* schützt und damit auf einen Organschutz abzielt. Insoweit entspricht es jedoch nahezu allgemeiner Ansicht, dass § 103 BetrVG eine – wenn auch flankierende – „individualschützende Funktion" hat[13].

Bei der gebotenen entsprechenden Anwendung des § 103 BetrVG ist die Feststellung 12
des **zuständigen Betriebsrates**, von dem der Arbeitgeber die Zustimmung einholen muss, zweifelhaft. Nach dem Wortlaut müsste dies der **örtliche Betriebsrat** sein. Andererseits beruht dessen Zuständigkeit in § 103 BetrVG vor allem auf dem mit der

---

9 *Jacobs* in MünchKomm. AktG, § 42 SEBG Rz. 6; *Joost* in Oetker/Preis, EAS, B 8200, Rz. 246; *Kienast* in Jannott/Frodermann, Handbuch Europäische Aktiengesellschaft, Kap. 13 Rz. 420 f.

10 *Kienast* in Jannott/Frodermann, Handbuch Europäische Aktiengesellschaft, Kap. 13 Rz. 421.

11 Für die allg. Ansicht *Oetker* in ErfKomm. ArbR, 7. Aufl. 2007, § 2 SprAuG Rz. 16; ausführlich *Abeln*, Organrechtliche und Kündigungsrechtliche Stellung des Sprecherausschussmitglieds im Vergleich zum Betriebsratsmitglied, 1993.

12 *Jacobs* in MünchKomm. AktG, § 42 SEBG Rz. 6; *Joost* in Oetker/Preis, EAS, B 8200, Rz. 246.

13 S. *Oetker*, RdA 1990, 343, 355; *Raab* in GK-BetrVG, 8. Aufl. 2005, § 103 Rz. 1.

Vorschrift bezweckten Organschutz[14]. In Erwägung zu ziehen ist deshalb auch eine Zuständigkeit des nach § 8 zu bestimmenden **Wahlgremiums**, da dieses eher dazu berufen ist, den Schutz des von ihm (mit-)kreierten Organs zu gewährleisten.

13   Für die dem BVG angehörenden **leitenden Angestellten** scheidet aufgrund der Erwägungen in Rz. 10 eine entsprechende Anwendung des § 103 BetrVG bereits im Ansatz aus. Es verbleibt bei der allgemeinen Anordnung in **§ 31 Abs. 2 SprAuG**, vor Ausspruch einer Kündigung gegenüber leitenden Angestellten den Sprecherausschuss anzuhören.

b) Arbeitnehmervertreter im Aufsichts- oder Verwaltungsorgan der SE

14   Wegen der von § 42 Satz 1 erstrebten Gleichstellung mit inländischen Arbeitnehmervertretern scheidet für den in § 42 Satz 1 Nr. 4 genannten Personenkreis eine Übernahme des Sonderkündigungsschutzes für Mitglieder des Betriebsrates aus[15]. Arbeitnehmervertreter im Aufsichtsrat genießen im deutschen Recht **keinen** mit Betriebsräten vergleichbaren **absoluten Kündigungsschutz**; die allgemeinen **Benachteiligungsverbote** in § 26 MitbestG und § 9 DrittelbG begründen lediglich einen **relativen Kündigungsschutz**[16]. Eine Übertragung des Sonderkündigungsschutzes in § 103 BetrVG und § 15 KSchG auf die Arbeitnehmervertreter im Aufsichts- oder Verwaltungsorgan der SE ginge über den mit § 42 Satz 1 bezweckten gleichen Schutz wie bei inländischen Arbeitnehmervertretern hinaus. Angesichts dessen führt die Gleichstellungsklausel in § 42 Satz 1 bei dem von § 42 Satz 1 Nr. 4 geschützten Personenkreis lediglich zu einem relativen Kündigungsschutz mittels des Benachteiligungsverbots. Für dessen Geltung bedarf es jedoch keiner entsprechenden Anwendung von § 26 MitbestG bzw. § 9 DrittelbG, da das spezielle Benachteiligungsverbot des § 44 Nr. 3 ausdrücklich auch die Arbeitnehmervertreter im Aufsichts- oder Verwaltungsorgan der SE in seinen Schutzbereich einbezieht (s. unten § 44 Rz. 7).

3. Sitzungsteilnahme (§ 42 Satz 2 Nr. 2)

15   Den Schutz der persönlichen Rechtsstellung erstreckt § 42 Satz 2 Nr. 2 auf die Teilnahme an Sitzungen der jeweiligen Gremien, insbesondere auch diejenigen des BVG sowie des Aufsichts- oder Verwaltungsorgans der SE. Einzubeziehen ist für die Mitglieder des BVG ferner die Teilnahme an den Verhandlungen zwischen den Leitungen und dem BVG über den Abschluss einer Beteiligungsvereinbarung. Sofern insoweit keine extensive Auslegung des § 42 Satz 2 Nr. 2 befürwortet wird, folgt dies aus dem nicht abschließenden Charakter der Aufzählung (s. oben Rz. 8).

16   Um einen mit Arbeitnehmervertretern gleichen Schutz zu gewährleisten, ist den **Mitgliedern des BVG** ein Recht auf Teilnahme an der Sitzung einzuräumen; diese sind – ebenso wie Betriebsratsmitglieder – hierzu von ihrer beruflichen Tätigkeit zu

---

14 Zur Paralleldiskussion im Rahmen des § 40 EBRG s. *Blanke*, EBRG, 2. Aufl. 2006, § 40 Rz. 13, bei der jedoch eine als Alternative in Betracht kommende Zuständigkeit des Europäischen Betriebsrates abgelehnt wird.

15 Ebenso *Güntzel*, Richtlinie, S. 489; *Hennings* in Manz/Mayer/Schröder, Art. 10 SE-RL Rz. 7; *Jacobs* in MünchKomm. AktG, § 42 SEBG Rz. 6; *Kienast* in Jannott/Frodermann, Handbuch Europäische Aktiengesellschaft, Kap. 13 Rz. 420.

16 BAG v. 4.4.1974 – 2 AZR 452/73, AP Nr. 1 zu § 626 BGB Arbeitnehmervertreter im Aufsichtsrat; *Henssler* in Ulmer/Habersack/Henssler, MitbestR, 2. Aufl. 2006, § 26 Rz. 12; *Oetker* in ErfKomm. ArbR, 7. Aufl. 2007, § 26 MitbestG Rz. 7; *Raiser*, MitbestG, 4. Aufl. 2002, § 26 Rz. 10 sowie ausführlich *Bengsch*, Der verfassungsrechtlich geforderte Mindestkündigungsschutz im Arbeitsverhältnis, 2005, S. 405 ff.; *Jacklofsky*, Arbeitnehmerstellung und Aufsichtsratsamt, 2001, S. 201 ff.

befreien. Da § 40 Abs. 2 EBRG i.V. mit § 40 Abs. 1 EBRG und die dortige Verweisung auf § 37 BetrVG dies für die Mitglieder des auf der Grundlage des EBRG errichteten BVG vorsieht, ist dieser Schutz auch den Mitgliedern des nach dem SEBG gebildeten BVG einzuräumen (s. auch oben Rz. 7)[17]. Gehören diesem Gremium **leitende Angestellte** an, ist wegen § 42 Satz 1 auf § 14 Abs. 1 SprAuG zurückzugreifen, der inhaltlich § 37 Abs. 2 BetrVG entspricht.

Bezüglich der **Arbeitnehmervertreter im Aufsichtsrat** kennt das deutsche Recht keine mit § 37 Abs. 2 BetrVG vergleichbare Regelung zur Freistellung; es ist jedoch anerkannt, dass das Recht zur Sitzungsteilnahme den Vorrang gegenüber der vertraglichen Pflicht zur Arbeitsleistung genießt[18]. Diese Rechtsgrundsätze sind – ungeachtet der Divergenzen in der dogmatischen Begründung[19] – wegen § 42 Satz 1 auch bei den Arbeitnehmervertretern im Aufsichts- oder Verwaltungsorgan der SE anzuwenden[20]. | 17

4. Entgeltfortzahlung (§ 42 Satz 2 Nr. 3)

Bezüglich der Entgeltfortzahlung ist die Rechtslage für die **Mitglieder des BVG** durch die Gleichstellung in § 40 Abs. 2 EBRG vorgezeichnet (s. oben Rz. 7). Danach ist ihnen das Arbeitsentgelt auch für diejenigen Zeiträume fortzuzahlen, in denen sie Tätigkeiten im Aufgabenkreis des BVG wahrnehmen[21]. Allerdings erstreckt sich die Gleichstellung wegen der eingeschränkten Verweisung in § 40 Abs. 1 EBRG nicht auf die Fortzahlung des Entgelts während der **Teilnahme an Schulungs- und Bildungsveranstaltungen** i.S.v. § 37 Abs. 6 und 7 BetrVG[22]. Anderenfalls stünden die Mitglieder des nach dem SEBG errichteten BVG besser als die Mitglieder des nach dem EBRG gebildeten BVG. Gehören dem BVG **leitende Angestellte** an, gilt dies wegen des eingeschränkten Regelungsgehalts des § 14 SprAuG[23] ebenfalls. | 18

Für **Arbeitnehmervertreter im Aufsichtsrat** kennt das deutsche Recht keine mit § 37 BetrVG vergleichbare Bestimmung, so dass der Ausgleich eines etwaigen Verdienstausfalls dogmatisch wenig geklärt ist[24]. Diesen gleicht regelmäßig die Vergütung für die Aufsichtsratstätigkeit aus, anderenfalls steht das Benachteiligungsverbot (§ 26 MitbestG, § 10 DrittelbG) einer Minderung des Arbeitsentgelts entgegen. Wegen der Verweisungen in Art. 9 Abs. 1 lit. c ii SE-VO bzw. § 38 Abs. 1 SEAG auf § 113 AktG sowie aufgrund ihrer Einbeziehung in das Benachteiligungsverbot in § 44 Nr. 2 (s. dort Rz. 6) sind diese Grundsätze auch auf die Arbeitnehmervertreter im Aufsichts- oder Verwaltungsorgan der SE zu übertragen, so dass ein gleicher Schutz i.S. des § 42 Satz 1 gewährleistet ist[25]. | 19

---

17 Wie hier *Jacobs* in MünchKomm. AktG, § 42 SEBG Rz. 7.
18 S. *Oetker* in ErfKomm. ArbR, 7. Aufl. 2007, § 26 MitbestG Rz. 4, m.w.N.
19 Dazu ausführlich *Jacklofski*, Arbeitnehmerstellung und Aufsichtsratsamt, 2001, S. 68 ff.
20 A.A. scheinbar *Jacobs* in MünchKomm. AktG, § 42 SEBG Rz. 7.
21 *Jacobs* in MünchKomm. AktG, § 42 SEBG Rz. 8; *Joost* in Oetker/Preis, EAS, B 8200, Rz. 246.
22 So auch *Joost* in Oetker/Preis, EAS, B 8200, Rz. 246; unklar *Hennings* in Manz/Mayer/Schröder, Art. 10 SE-RL Rz. 6, wonach pauschal auch der Bereich der Fortbildung gemäß § 31 SEBG erfasst sein soll.
23 Näher dazu *Oetker* in ErfKomm. ArbR, 7. Aufl. 2007, § 14 SprAuG Rz. 6.
24 Dazu m.w.N. *Jacklofski*, Arbeitnehmerstellung und Aufsichtsratsamt, 2001, S. 82 ff.
25 Im Ergebnis auch *Jacobs* in MünchKomm. AktG, § 42 SEBG Rz. 9.

§ 43
Missbrauchsverbot

Eine SE darf nicht dazu missbraucht werden, den Arbeitnehmern Beteiligungsrechte zu entziehen oder vorzuenthalten. Missbrauch wird vermutet, wenn ohne Durchführung eines Verfahrens nach § 18 Abs. 3 innerhalb eines Jahres nach Gründung der SE strukturelle Änderungen stattfinden, die bewirken, dass den Arbeitnehmern Beteiligungsrechte vorenthalten oder entzogen werden.

Literatur : *Kübler*, Mitbestimmungsfeindlicher Mißbrauch der Societas Europaea?, in FS Raiser, 2005, S. 247; *Rehberg*, Die mißbräuchliche Verkürzung der unternehmerischen Mitbestimmung durch die Societas Europaea, ZGR 2005, 859.

I. Allgemeines

1   Bereits das SEBG und die Fortschreibung der Beteiligungsrechte bei den an der Gründung der SE beteiligten Gesellschaften sollen verhindern, dass die Gründung einer SE zu dem Zweck erfolgt, Beteiligungsrechte der Arbeitnehmer zu beseitigen bzw. einzuschränken. Das gilt insbesondere für eine Gründung der SE durch Umwandlung (vgl. §§ 15 Abs. 5, 16 Abs. 3, 34 Abs. 1, 35 Abs. 1)[1]. Gleichwohl hat das SEBG als zusätzlichen Schutz ein allgemeines Missbrauchsverbot in das SEBG aufgenommen, dessen Konkretisierung jedoch erhebliche Schwierigkeiten bereitet.

2   Die Aufnahme des Missbrauchsverbots in § 43 beruht auf der **verbindlichen Vorgabe in Art. 11 SE-RL**[2]:
„Die Mitgliedstaaten treffen im Einklang mit den gemeinschaftsrechtlichen Rechtsvorschriften geeignete Maßnahmen, um zu verhindern, dass eine SE dazu missbraucht wird, Arbeitnehmern Beteiligungsrechte zu entziehen oder vorzuenthalten."

3   In Art. 13 hat die **SCE-RL** die in Rz. 2 wiedergegebene Schutzbestimmung der SE-RL wörtlich übernommen[3]; im Unterschied dazu hat Art. 16 Abs. 3 **Verschmelzungs-RL** von einer Verweisung auf Art. 11 SE-RL abgesehen. Statt dessen trifft Art. 16 Abs. 7 Verschmelzungs-RL eine eigenständige Sonderregelung, die einen befristeten Fortbestand der Mitbestimmungsregelungen für den Fall nachfolgender Verschmelzungen vorsieht; die Umsetzung in das deutsche Recht nimmt § 30 MgVG vor.

4   Das **österreichische Recht** hat den Missbrauchsschutz in § 229 ArbVG verankert, der mit § 43 weitgehend übereinstimmt. Das gilt auch im Hinblick auf § 43 Satz 2, wobei jedoch § 229 Abs. 1 Satz 2 ArbVG von einer zeitlichen Schranke absieht[4] und § 229 Abs. 1 Satz 3 ArbVG als Rechtsfolge zudem ausdrücklich die Durchführung von Neuverhandlungen vorsieht. Weitergehende Sanktionen bei einem Verstoß gegen das Missbrauchsverbot benennt das österreichische Recht nicht, insbesondere qualifiziert § 253 Abs. 1 ArbVG den Verstoß gegen § 229 ArbVG nicht als Verwaltungsüber-

---

1 S. insoweit auch den 10. Erwägungsgrund der SE-RL.
2 Ausführlich zu Aussagegehalt und Interpretation des Art. 11 SE-RL *Rehberg*, ZGR 2005, 859, 864 ff.
3 Zur Umsetzung s. § 45 SCEBG, der mit § 43 wörtlich übereinstimmt.
4 Anders aber für den Vermutungstatbestand in § 229 Abs. 2 ArbVG.

tretung und unterscheidet sich hierin grundlegend vom deutschen Recht, das den (vorsätzlichen) Verstoß gegen das Missbrauchsverbot sogar unter Strafe stellt (§ 45 Abs. 1 Nr. 2; näher dazu unten § 45 Rz. 8 ff.).

II. Tatbestand des Missbrauchsverbots

Der Tatbestand des Missbrauchsverbots ist denkbar offen formuliert[5], was insbeson- 5
dere im Hinblick auf die Strafbewehrung zu dem verbreiteten Plädoyer einer restriktiven Auslegung des Tatbestandes geführt hat (s. insoweit auch unten § 45 Rz. 9 f.).
Anknüpfungspunkt für den Missbrauchstatbestand ist sowohl die **Gründung** einer SE
als auch – wie die Vermutung in § 43 Satz 1 zeigt – die spätere Durchführung **struktureller Änderungen** i.S. des § 18 Abs. 3 Satz 1 (dazu oben § 18 Rz. 16 f.), wenn hierbei
eine SE eingesetzt wird. Hinzutreten muss als weiteres Merkmal eine unmittelbare
Auswirkung auf die Beteiligungsrechte der Arbeitnehmer, wobei wegen der Gesetzessystematik die Legaldefinition in § 2 Abs. 9 maßgebend ist. Ein systematischer Vergleich mit § 18 Abs. 3 Satz 1 zeigt zudem, dass eine **Minderung** der Beteiligungsrechte nicht ausreicht, vielmehr ist notwendig, dass diese den Arbeitnehmern **entzogen**
oder **vorenthalten** werden.

Sowohl die Gründung einer SE als auch nachfolgende strukturelle Änderungen stel- 6
len für sich genommen jedoch selbst dann noch keinen Missbrauch dar, wenn diese
dazu führen, dass den Arbeitnehmern Beteiligungsrechte entzogen oder vorenthalten
werden[6]. Dies kommt vielmehr erst in Betracht, wenn für die Gründung der SE oder
eine sie betreffende strukturelle Änderung **keine sachliche Rechtfertigung** erkennbar
ist[7] und als Folge der SE-Gründung oder einer strukturellen Änderung unter Beteiligung einer SE Beteiligungsrechte der Arbeitnehmer entzogen oder vorenthalten
werden.

Beim Vorliegen einer sachlichen Rechtfertigung ist auch der **Vermutungstatbestand** 7
in § 43 Satz 2 widerlegt. Für diesen gilt ebenfalls, dass er nicht jede strukturelle Änderung i.S. des § 18 Abs. 3 Satz 1 erfasst, sondern ausschließlich solche, die zu einer
Vorenthaltung oder Entziehung von Beteiligungsrechten der Arbeitnehmer führen.
Hinzukommen muss, dass die strukturelle Änderung ohne das in § 18 Abs. 3 vorgesehene Verfahren zeitnah zu der Gründung der SE durchgeführt wird, wobei der Ein-
Jahres-Zeitraum in § 43 Satz 2[8] mit Abschluss der Gründung der SE, also deren Eintragung in das Handelsregister, beginnt.

III. Rechtsfolgen eines Verstoßes gegen § 43 Satz 1

Mit der Formulierung „darf nicht" bleiben die Rechtsfolgen eines Verstoßes gegen 8
das Missbrauchsverbot unklar. Aus der Gesetzesbegründung zu der Strafbestimmung
in § 45 Abs. 1 Nr. 2[9] folgt jedoch zumindest, dass § 43 Satz 1 nicht die Kraft entfaltet,
die rechtliche Existenz einer in das Handelsregister eingetragenen SE zu beseitigen.

---

5 S. auch die vorsichtig tastenden Versuche einer Konkretisierung des Art. 11 SE-RL bei *Rehberg*,
ZGR 2005, 859, 864 ff.
6 S. *Henssler* in Ulmer/Habersack/Henssler, MitbestR, 2. Aufl. 2006, Einl. SEBG Rz. 216; *Kübler*
in FS Raiser, S. 247, 257; *Rehberg*, ZGR 2005, 859, 866.
7 Kritisch dazu jedoch *Rehberg*, ZGR 2005, 859, 871 f., allerdings zu Art. 11 SE-RL.
8 Mit zustimmender Bewertung *Rehberg*, ZGR 2005, 859, 888 f.
9 S. Begr. RegE, BT-Drucks. 15/3405, S. 57 sowie unten § 45 Rz. 8.

Wohl aber berechtigt das Missbrauchsverbot in § 43 Satz 1 den **Registerrichter, die Eintragung einer SE abzulehnen.** Entsprechendes gilt für strukturelle Änderungen, wenn diese ihre Rechtswirkungen erst nach einer Registereintragung entfalten. Darüber hinaus ist zu erwägen, § 43 Satz 1 als Verbotsgesetz i.S. des § 134 BGB zu qualifizieren[10].

§ 44
Errichtungs- und Tätigkeitsschutz

Niemand darf

1. die Bildung des besonderen Verhandlungsgremiums, die Errichtung eines SE-Betriebsrats oder die Einführung eines Verfahrens zur Unterrichtung und Anhörung nach § 21 Abs. 2 oder die Wahl, Bestellung, Empfehlung oder Ablehnung der Arbeitnehmervertreter im Aufsichts- oder Verwaltungsorgan behindern oder durch Zufügung oder Androhung von Nachteilen oder durch Gewährung oder Versprechen von Vorteilen beeinflussen;

2. die Tätigkeit des besonderen Verhandlungsgremiums, des SE-Betriebsrats oder der Arbeitnehmervertreter nach § 21 Abs. 2 oder die Tätigkeit der Arbeitnehmervertreter im Aufsichts- oder Verwaltungsorgan behindern oder stören oder

3. ein Mitglied oder Ersatzmitglied des besonderen Verhandlungsgremiums, des SE-Betriebsrats oder einen Arbeitnehmervertreter nach § 21 Abs. 2 oder einen Arbeitnehmervertreter im Aufsichts- oder Verwaltungsorgan wegen seiner Tätigkeit benachteiligen oder begünstigen.

I. Allgemeines

1   Mit § 44 gewährleistet das SEBG einen Errichtungs- und Tätigkeitsschutz, der u.a. sowohl die Bildung und Tätigkeit des BVG als auch die Arbeitnehmervertreter im Aufsichts- oder Verwaltungsorgan der SE einbezieht.

2   Auf eine ausdrückliche Vorgabe der **SE-RL** lässt sich § 44 nicht stützen[1], er übernimmt jedoch den Errichtungs- und Tätigkeitsschutz durch **§ 42 EBRG**[2] und passt diesen den Besonderheiten des SEBG an. Eine mit § 44 übereinstimmende Regelung für die **SCE** enthält § 46 SCEBG sowie für die **Verschmelzung von Kapitalgesellschaften** aus verschiedenen Mitgliedstaaten § 33 MgVG.

---

10 S. ferner *Rehberg*, ZGR 2005, 859, 877, der sich im Rahmen von Art. 11 SE-RL für eine Gleichstellung im Hinblick auf die umgangenen Vorschriften ausspricht; hierfür auch *Henssler* in Ulmer/Habersack/Henssler, MitbestR, 2. Aufl. 2006, Einl. SEBG Rz. 217.

1 S. insoweit aber Begr. RegE, BT-Drucks. 15/3405, S. 57, die auf Art. 12 Abs. 2 SE-RL verweist; so auch *Nagel* in Nagel/Freis/Kleinsorge, SEBG, § 44 Rz. 1.

2 Die gleichfalls gezogene Parallele zu § 119 BetrVG (Begr. RegE, BT-Drucks. 15/3405, S. 57) trifft ausschließlich im Hinblick auf den Tatbestand zu, da es sich bei § 119 BetrVG – im Unterschied zu § 44 – um eine Strafnorm handelt.

In **Österreich** regelt § 251 Abs. 1 ArbVG i.V.m. § 115 Abs. 3 ArbVG das Benachtei- 3
ligungsverbot.

II. Errichtungsschutz (§ 44 Nr. 1)

Mit § 44 Nr. 1 begründet das SEBG einen uneingeschränkten Errichtungsschutz, der 4
nicht nur die Bildung des **BVG**, sondern auch die Wahl bzw. Bestellung der **Arbeitnehmervertreter in das Aufsichts- oder Verwaltungsorgan der SE** absichert[3]. Die Vorschrift untersagt die Behinderung durch Zufügung oder Androhung von Nachteilen
bzw. die Beeinflussung durch Gewährung oder Versprechen von Vorteilen und entspricht hinsichtlich der untersagten Handlungen dem Errichtungsschutz durch § 42
Nr. 1 EBRG, der seinerseits in § 20 Abs. 1 und 2 BetrVG sowie § 20 Abs. 2 MitbestG
und § 10 DrittelbG eine Parallele findet. Die zu den letztgenannten Vorschriften
anerkannten Grundsätze[4] sind auf § 44 Nr. 1 übertragbar.

III. Tätigkeitsschutz (§ 44 Nr. 2 und 3)

Bei der durch § 44 bezweckten Absicherung ist zwischen dem **Schutz bei Ausübung** 5
der Organtätigkeit (§ 44 Nr. 2) sowie demjenigen **wegen der Organtätigkeit** (§ 44
Nr. 3) zu unterscheiden.

Das **Behinderungs- bzw. Störungsverbot** erstreckt § 44 Nr. 2 auch auf die Tätigkeit 6
des BVG sowie diejenige der Arbeitnehmervertreter in dem Aufsichts- oder Verwaltungsorgan der SE und entspricht in tatbestandlicher Hinsicht § 42 Nr. 2 EBRG, der
seinerseits eine Parallele in dem Behinderungs- und Störungsverbot des § 78 Satz 1
BetrVG sowie in § 26 Satz 1 MitbestG und § 9 Satz 1 DrittelbG findet. Die dortigen
Auslegungsgrundsätze[5] sind auch für § 44 Nr. 2 maßgebend.

Das zugunsten der Mitglieder und der Ersatzmitglieder des BVG sowie für die Arbeit- 7
nehmervertreter im Aufsichts- oder Verwaltungsorgan der SE in **§ 44 Nr. 3** begründete **Benachteiligungs- und Begünstigungsverbot** entspricht hinsichtlich des inhaltlichen Schutzes § 42 Nr. 3 EBRG, der seinerseits mit der Absicherung durch § 78
Satz 2 BetrVG sowie § 26 Satz 2 MitbestG und § 9 Satz 2 DrittelbG übereinstimmt[6].
Die letztgenannten Vorschriften erstrecken das Benachteiligungs- und Begünstigungsverbot ausdrücklich ebenfalls auf die **berufliche Entwicklung**, worauf jedoch
sowohl § 42 Nr. 3 EBRG als auch § 44 Nr. 3 verzichten. Eine sachliche Diskrepanz resultiert hieraus nicht; die Erwähnung der „beruflichen Entwicklung" in § 78 Satz 2
BetrVG sowie § 26 Satz 2 MitbestG und § 9 Satz 3 DrittelbG hat lediglich klarstellende Bedeutung. Ebenso wie die vorgenannten Bestimmungen richtet sich der Verbotsbefehl in § 44 Nr. 3 gegen jedermann[7].

---

3 *Jacobs* in MünchKomm. AktG, § 44 SEBG Rz. 4; *Nagel* in Nagel/Freis/Kleinsorge, SEBG, § 44
Rz. 6.
4 Ausführlich dazu z.B. *Kreutz* in GK-BetrVG, 8. Aufl. 2005, § 20 Rz. 7 ff., 24 ff. jeweils m.w.N.
5 Zu diesen stellvertretend *Kreutz* in GK-BetrVG, 8. Aufl. 2005, § 78 Rz. 25 ff.
6 Dazu näher z.B. *Kreutz* in GK-BetrVG, 8. Aufl. 2005, § 78 Rz. 41 ff. m.w.N.
7 Begr. RegE, BT-Drucks. 15/3405, S. 57 sowie allg. *Kreutz* in GK-BetrVG, 8. Aufl. 2005, § 78
Rz. 19.

IV. Rechtsfolgen bei Pflichtverletzungen

8   **Rechtsgeschäfte** (z.B. Kündigungen), die gegen die Verbotstatbestände in § 44 verstoßen, sind nach **§ 134 BGB** nichtig; **Weisungen des Arbeitgebers**, die im Widerspruch zu § 44 stehen, überschreiten die Grenzen billigen Ermessens i.S.v. **§ 106 GewO**. Sofern den von § 44 Nr. 1 und 3 Geschützten infolge des verbotswidrigen Verhaltens ein **Vermögensschaden** entsteht, ist dieser nach den §§ 249 ff. BGB auszugleichen; § 44 Nr. 1 und 3 sind als **Schutzgesetz i.S. des § 823 Abs. 2 BGB** zu qualifizieren[8]. Zusätzlich stellt § 45 Abs. 2 Nr. 2 und 3 den vorsätzlichen Verstoß gegen § 44 unter Strafe.

---

8 Weitergehend *Jacobs* in MünchKomm. AktG, § 44 SEBG Rz. 7, der § 44 generell als Schutzgesetz qualifiziert, was jedoch bezüglich § 44 Nr. 2 zweifelhaft ist, da der dortige Verbotsbefehl keinen individuellen Vermögensschutz bezweckt.

Teil 5. Straf- und Bußgeldvorschriften; Schlussbestimmung

§ 45
Strafvorschriften

(1) Mit Freiheitsstrafe bis zu zwei Jahren oder mit Geldstrafe wird bestraft, wer

1. entgegen § 41 Abs. 2, auch in Verbindung mit Abs. 4, ein Betriebs- oder Geschäftsgeheimnis verwertet oder

2. entgegen § 43 Satz 1 eine SE dazu missbraucht, Arbeitnehmern Beteiligungsrechte zu entziehen oder vorzuenthalten.

(2) Mit Freiheitsstrafe bis zu einem Jahr oder mit Geldstrafe wird bestraft, wer

1. entgegen § 41 Abs. 2, auch in Verbindung mit Abs. 4, ein Betriebs- oder Geschäftsgeheimnis offenbart,

2. entgegen § 44 Nr. 1 oder 2 eine dort genannte Tätigkeit behindert, beeinflusst oder stört oder

3. entgegen § 44 Nr. 3 eine dort genannte Person benachteiligt oder begünstigt.

(3) Handelt der Täter in den Fällen des Absatzes 2 Nr. 1 gegen Entgelt oder in der Absicht, sich oder einen anderen zu bereichern oder einen anderen zu schädigen, so ist die Strafe Freiheitsstrafe bis zu zwei Jahren oder Geldstrafe.

(4) Die Tat wird nur auf Antrag verfolgt. In den Fällen des Absatzes 1 Nr. 2 und des Absatzes 2 Nr. 2 und 3 sind das besondere Verhandlungsgremium, der SE-Betriebsrat, die Mehrheit der Arbeitnehmervertreter im Rahmen eines Verfahrens zur Unterrichtung und Anhörung, jedes Mitglied des Aufsichts- oder Verwaltungsorgans, eine im Unternehmen vertretene Gewerkschaft sowie die Leitungen antragsberechtigt.

I. Allgemeines

Mit § 45 ermöglicht das SEBG eine strafrechtliche Sanktion, die einerseits den Schutz der Betriebs- und Geschäftsgeheimnisse durch § 41 sowie andererseits den Schutz zugunsten der Errichtung des Organs und seiner Tätigkeit bzw. seiner Mitglieder durch § 44 verstärkt. Damit trägt § 45 der **Forderung in Art. 12 Abs. 2 SE-RL** Rechnung, für den Fall der Nichteinhaltung einer in der Richtlinie festgelegten Verpflichtung geeignete Maßnahmen vorzusehen[1]. 1

Konzeptionell ist § 45 den **§§ 43 und 44 EBRG** nachgebildet und fasst diese in einer Vorschrift zusammen; für das Recht der **SCE** hat der Gesetzgeber durch § 47 SCEBG eine mit § 45 identische Strafbestimmung geschaffen. Entsprechendes gilt für die Mitbestimmung bei einer **Verschmelzung von Kapitalgesellschaften** aus verschiede- 2

---

1 S. auch Begr. RegE, BT-Drucks. 15/3405, S. 57.

nen Mitgliedstaaten; mit Ausnahme von § 45 Abs. 1 Nr. 2 ist die Parallelnorm in § 34 MgVG mit § 45 identisch.

3   Das **österreichische Recht** verzichtet demgegenüber darauf, die Verletzung der in § 250 Abs. 1 ArbVG normierten Verschwiegenheitpflicht unter Strafe zu stellen und belässt es bei einer Sanktionierung als Verwaltungsübertretung (§ 253 Abs. 1 ArbVG), für deren Verfolgung es zudem eines Strafantrages bedarf (§ 253 Abs. 2 ArbVG). Ebenso sind die Straftatbestände in § 45 Abs. 2 Nr. 2 und 3 ohne Parallele im österreichischen Recht. Auch die Verletzung des Missbrauchsverbots, das Art. 229 ArbVG übereinstimmend mit § 43 vorsieht (s. oben § 43 Rz. 4), stellt im österreichischen Recht keine strafbare Handlung dar; § 253 Abs. 1 ArbVG hat einen Verstoß gegen § 229 ArbVG nicht einmal in den Katalog der Verwaltungsstrafbestimmungen aufgenommen.

II. Schutz der Betriebs- und Geschäftsgeheimnisse (§ 45 Abs. 1 Nr. 1, Abs. 2 Nr. 1)

4   Der strafrechtliche Geheimnisschutz durch § 45 Abs. 1 Nr. 1, Abs. 2 Nr. 1 knüpft an ein von § 41 Abs. 2 geschütztes **Betriebs- oder Geschäftsgeheimnis** an (dazu oben § 41 Rz. 6 ff.). Dieses ist nur dann in den Tatbestand der Strafnorm einbezogen, wenn bezüglich der betreffenden Tatsache eine **formelle Geheimhaltungserklärung** vorliegt, da dieser ausdrücklich an eine Verletzung der Verbotsnorm in § 41 Abs. 2 anknüpft und ein Verstoß gegen diese ohne formelle Geheimhaltungserklärung nicht in Betracht kommt[2]. Für die dem **Aufsichts- oder Verwaltungsorgan der SE** angehörenden **Arbeitnehmervertreter** ist die Strafnorm ohne Bedeutung, da sie nicht der durch § 41 Abs. 2 begründeten Verschwiegenheitspflicht unterliegen. Statt dessen gilt für sie der aktienrechtliche Geheimnisschutz, den § 404 AktG strafrechtlich absichert.

5   Als Tathandlung erfasst § 45 einerseits die **Offenbarung** des Geheimnisses (§ 45 Abs. 2 Nr. 1) und andererseits dessen **Verwertung** (§ 45 Abs. 1 Nr. 1), für das § 45 einen höheren Strafrahmen (Freiheitsstrafe bis zu zwei Jahren) vorsieht. Dieser gilt auch bei einer Offenbarung des Geheimnisses, wenn der Täter die Qualifikationen in § 45 Abs. 3 erfüllt, weil er mit der Tat eine **besondere Absicht (Bereicherung** oder **Schädigung)** verfolgt. Sowohl bezüglich der inkriminierten Tathandlungen (Offenbarung und Verwertung) als auch hinsichtlich der subjektiven Qualifikationen (Bereicherungs- oder Schädigungsabsicht) sind die Auslegungsgrundsätze zu § 120 BetrVG heranzuziehen[3]. Für die **Grundtatbestände** in § 41 Abs. 1 Nr. 1 und Abs. 2 Nr. 1 genügt **bedingter Vorsatz** (dolus eventualis); die fahrlässige Verletzung der in Bezug genommenen Verbotsnorm steht nicht unter Strafe (vgl. § 15 StGB)[4]. Entsprechendes gilt für den **Versuch** (vgl. § 23 Abs. 1 StGB)[5].

6   Die Bestimmungen zum strafrechtlichen Geheimnisschutz sind keine Allgemein-, sondern **Sonderdelikte**[6]. Täter kann nur sein, wer nach § 41 Abs. 2 und 4 zur Verschwiegenheit über ein ihm bekanntgewordenes Betriebs- oder Geschäftsgeheimnis

---

2 Wie hier *Jacobs* in MünchKomm. AktG, § 45 SEBG Rz. 4; *Kienast* in Jannott/Frodermann, Handbuch Europäische Aktiengesellschaft, Kap. 13 Rz. 436; *Nagel* in Nagel/Freis/Kleinsorge, SEBG, § 45 Rz. 2.

3 Stellvertretend dazu *Oetker* in GK-BetrVG, 8. Aufl. 2005, § 120 Rz. 9 ff. (Offenbarung), 42 ff. (Verwertung), 53 f. (Bereicherungsabsicht) und 55 f. (Schädigungsabsicht).

4 *Jacobs* in MünchKomm. AktG, § 45 SEBG Rz. 3.

5 *Jacobs* in MünchKomm. AktG, § 45 SEBG Rz. 3; *Nagel* in Nagel/Freis/Kleinsorge, SEBG, § 45 Rz. 14.

6 Wohl auch *Jacobs* in MünchKomm. AktG, § 45 SEBG Rz. 2; ebenso zu § 120 Abs. 1 BetrVG *Oetker* in GK-BetrVG, 8. Aufl. 2005, § 120 Rz. 28 m.w.N.

verpflichtet ist (s. dazu oben § 41 Rz. 10 ff.). Hierbei handelt es sich um eine **strafbegründende persönliche Eigenschaft**; bei einer Teilnahme (§§ 26, 27 StGB) gelangt **§ 28 Abs. 1 StGB** zur Anwendung[7].

Entsprechend § 43 Abs. 2, § 44 Abs. 3 Satz 1 EBRG sowie § 120 BetrVG sind die Strafbestimmungen zum Schutz der Betriebs- und Geschäftsgeheimnisse **Antragsdelikte**[8]. **Antragsberechtigt** ist als Verletzter (§ 77 Abs. 1 StGB) ausschließlich das Unternehmen, das Träger des offenbarten oder verwerteten Betriebs- oder Geschäftsgeheimnisses ist[9]. Die **Antragsfrist** beträgt drei Monate seit Erlangung der Kenntnis bezüglich Tat und Person des Täters (§ 77b StGB). 7

III. Verstoß gegen das Missbrauchsverbot (§ 45 Abs. 1 Nr. 2)

Während § 43 zur Umsetzung von Art. 11 SE-RL ein allgemeines Verbot begründet, eine SE zur Beseitigung oder Vorenthaltung von Beteiligungsrechten der Arbeitnehmer zu missbrauchen, stellt § 45 Abs. 1 Nr. 2 den Verstoß gegen das Missbrauchsverbot zusätzlich unter Strafe. Damit will das Gesetz der Besonderheit Rechnung tragen, dass gesellschaftsrechtliche Gründe regelmäßig nicht gestatten, vollzogene grenzüberschreitende Maßnahmen rückgängig zu machen[10]. 8

Die Anknüpfung in § 45 Abs. 1 Nr. 2 an den Verletzungstatbestand in **§ 43 Satz 1** ist im Hinblick auf den aus dem Rechtsstaatsprinzip fließenden **Bestimmtheitsgrundsatz** teilweise auf Bedenken gestoßen[11]; *Joost* erachtet die Norm wegen einer Verletzung von Art. 103 Abs. 2 GG sogar als verfassungswidrig[12]. Obwohl die Umschreibung von Sachverhalten schwerfällt, in denen die Gründung einer SE zu dem Zweck erfolgt, den Arbeitnehmern Beteiligungsrechte zu entziehen oder vorzuenthalten (s. oben § 43 Rz. 5 ff.), ist die Vorschrift nicht weniger unbestimmt als andere Straftatbestände, so dass den Anforderungen des Bestimmtheitsgrundsatzes noch ausreichend Rechnung getragen worden ist[13]. 9

Die **Vermutungsregel**, die **§ 43 Satz 2** aufstellt, findet nach einhelliger Ansicht im Rahmen des § 45 Abs. 1 Nr. 2 keine Anwendung[14]. Dies folgt zwar nicht zwingend aus der Einschränkung der Verweisung auf § 43 Satz 1[15], wohl aber aus der Unvereinbarkeit von § 43 Satz 2 mit der im Strafrecht geltenden **Unschuldsvermutung**[16]. 10

---

7 S. *Oetker* in GK-BetrVG, § 120 Rz. 28 m.w.N.
8 So auch § 47 Abs. 4 SCEBG.
9 Ebenso zu § 120 BetrVG *Oetker* in GK-BetrVG, 8. Aufl. 2005, § 120 Rz. 58, m.w.N. sowie ausdrücklich § 253 Abs. 2 Nr. 4 ArbVG für das österreichische Recht.
10 Begr. RegE, BT-Drucks. 15/3405, S. 57.
11 So z.B. *Grobys*, NZA 2004, 779, 781; *Hennings* in Manz/Mayer/Schröder, Art. 11 SE-RL Rz. 4; *Kienast* in Jannott/Frodermann, Handbuch Europäische Aktiengesellschaft, Kap. 13 Rz. 427.
12 *Joost* in Oetker/Preis, EAS, B 8200, Rz. 252; *Rehberg*, ZGR 2005, 859, 890; dagegen jedoch *Jacobs* in MünchKomm. AktG, § 45 SEBG Rz. 5.
13 So auch *Jacobs* in MünchKomm. AktG, § 45 SEBG Rz. 5.
14 *Grobys*, NZA 2004, 779, 781; *Grobys*, NZA 2005, 84, 91 Fn. 49; *Hennings* in Manz/Mayer/Schröder, Art. 11 SE-RL Rz. 4; *Jacobs* in MünchKomm. AktG, § 45 SEBG Rz. 5; *Joost* in Oetker/Preis, EAS, B 8200, Rz. 253; *Nagel* in Nagel/Freis/Kleinsorge, SEBG, § 45 Rz. 5; i.E. wohl auch *Schwarz*, Einleitung Rz. 319.
15 Treffend *Jacobs* in MünchKomm. AktG, § 45 SEBG Rz. 5.
16 *Grobys*, NZA 2004, 779, 781; *Grobys*, NZA 2005, 84, 91 Fn. 49; *Hennings* in Manz/Mayer/Schröder, Art. 11 SE-RL Rz. 4; *Jacobs* in MünchKomm. AktG, § 45 SEBG Rz. 5; *Joost* in EAS, B 8200, Rz. 253; *Nagel* in Nagel/Freis/Kleinsorge, SEBG, § 45 Rz. 5; *Rehberg*, ZGR 2005, 859, 890; *Schwarz*, Einleitung Rz. 319; s. auch *Kienast* in Jannott/Frodermann, Handbuch Europäische Aktiengesellschaft, Kap. 13 Rz. 427, allerdings ohne Festlegung im Hinblick auf die Rechtsfolgen; a.A. wohl *Niklas*, NZA 2004, 1200, 1205.

IV. Errichtungs- und Tätigkeitsschutz (§ 45 Abs. 2 Nr. 2 und 3)

11 Die **Straftatbestände** in § 45 Abs. 2 Nr. 2 und 3 knüpfen an die Verbote in § 44 an (dazu oben § 44 Rz. 4 ff.) und sanktionieren deren Verletzung zusätzlich durch Etablierung eines strafrechtlichen Schutzes (zum zivilrechtlichen Schutz s. oben § 44 Rz. 8), der inhaltlich den Parallelnormen in § 47 Abs. 2 Nr. 2 und 3 SCEBG, § 44 Abs. 1 Nr. 2 EBRG sowie § 119 BetrVG entspricht. Auf der **subjektiven Seite** setzt § 45 Abs. 2 Nr. 2 und 3 zumindest bedingten Vorsatz voraus[17]; die **fahrlässige Verwirklichung** des objektiven Tatbestandes steht nicht unter Strafe (vgl. § 15 StGB). Wie § 44 kann der Tatbestand des § 45 Abs. 2 Nr. 2 und 3 von **jedermann** verwirklicht werden (**Allgemeindelikt**). Der **Versuch** steht nicht unter Strafe (vgl. § 23 Abs. 1 StGB).

12 Wie bei den Parallelnormen in § 47 Abs. 4 Satz 2 SCEBG, § 44 Abs. 3 Satz 2 EBRG und § 119 Abs. 2 BetrVG wird der vorsätzliche Verstoß gegen die Bestimmungen zum Errichtungs- und Tätigkeitsschutz nur auf **Antrag** strafrechtlich verfolgt. Dabei entspricht der Kreis der in § 45 Abs. 4 Satz 2 aufgezählten **Antragsberechtigten** denjenigen Personen bzw. Organen, die auch nach § 47 Abs. 4 Satz 2 SCEBG sowie § 44 Abs. 3 Satz 2 EBRG zur Stellung eines Strafantrages berechtigt sind. Wird dieser von einem der in § 45 Abs. 4 Satz 2 genannten Organe bzw. Gremien gestellt, so bedarf es hierfür einer entsprechenden Beschlussfassung[18]. Ergänzend spricht § 45 Abs. 4 Satz 2 (ebenso § 47 Abs. 4 Satz 2 SCEBG) auch den **Mitgliedern des Aufsichts- oder Verwaltungsorgans der SE** ein Antragsrecht zu. Wegen der Formulierung „jedes Mitglied" ist dieses nicht auf die Arbeitnehmervertreter im Aufsichts- oder Verwaltungsorgan der SE beschränkt.

§ 46
Bußgeldvorschriften

(1) Ordnungswidrig handelt, wer

1. entgegen § 4 Abs. 2 oder § 5 Abs. 4 Satz 2, jeweils auch in Verbindung mit § 18 Abs. 4, eine Information nicht, nicht richtig, nicht vollständig oder nicht rechtzeitig gibt oder

2. entgegen § 28 Abs. 1 Satz 1 oder § 29 Abs. 1 Satz 1 den SE-Betriebsrat nicht, nicht richtig, nicht vollständig, nicht in der vorgeschriebenen Weise oder nicht rechtzeitig unterrichtet.

(2) Die Ordnungswidrigkeit kann mit einer Geldbuße bis zu zwanzigtausend Euro geahndet werden.

1 Die Vorschrift ergänzt § 45 und dient zugleich der Umsetzung von Art. 12 Abs. 2 SE-RL, der den Mitgliedstaaten auferlegt, für den Fall der Nichteinhaltung der in der Richtlinie niedergelegten Pflichten geeignete Maßnahmen vorzusehen[1]. Bezüglich

---

17 Näher zum subjektiven Tatbestand *Oetker* in GK-BetrVG, 8. Aufl. 2005, § 120 Rz. 28 ff. m.w.N.

18 S. näher zu § 119 Abs. 2 BetrVG *Oetker* in GK-BetrVG, 8. Aufl. 2005, § 119 Rz. 45.

1 Für die SCE enthält § 48 SCEBG eine wörtlich übereinstimmende Vorschrift. Im österreichischen Recht findet § 46 SEBG mit § 253 Abs. 1 ArbVG nur im Ansatz eine Parallele, die jedoch teils enger, teils weiter gefasst ist.

der Informationspflichten im SEBG sah der Gesetzgeber das arbeitsgerichtliche Beschlussverfahren nicht als ausreichend an, da es keine rechtzeitige Durchsetzung gewährleiste[2]; ob indes die Ausgestaltung als Ordnungswidrigkeit besser geeignet ist, erscheint angesichts der Praxis zu § 121 BetrVG[3] zweifelhaft[4]. Zudem hat der Gesetzgeber sein Konzept nur unvollkommen umgesetzt, weil die nach § 13 Abs. 2 Satz 2 bestehenden Informationspflichten nicht in den Tatbestand des § 46 Abs. 1 Nr. 1 aufgenommen worden sind[5].

Der Bußgeldtatbestand in § 46 entspricht weitgehend § 45 EBRG und ist mit übereinstimmendem Wortlaut als **§ 48** im **SCEBG** sowie – beschränkt auf die Informationspflichten gegenüber dem besonderen Verhandlungsgremium – als **§ 35** im **MgVG** enthalten. Das gilt insbesondere für die Verletzung der Unterrichtungsrechte des kraft Gesetzes errichteten SE-Betriebsrates in § 28 und § 29, womit das SEBG nicht nur § 45 Abs. 1 Nr. 2 EBRG aufgreift, sondern sich auch an § 121 BetrVG anlehnt[6]. Das betrifft vor allem die inkriminierten Tathandlungen (nicht, nicht richtig, nicht vollständig, nicht in der vorgeschriebenen Weise, nicht rechtzeitig), so dass die dortigen Auslegungsergebnisse[7] im Rahmen von § 46 zur Anwendung gelangen.

Die Verletzung der **Unterrichtungspflichten gegenüber dem BVG** gestaltet § 46 Abs. 1 Nr. 1 nicht generell als Ordnungswidrigkeit aus. Vielmehr beschränkt sich das Gesetz auf diejenigen Bestimmungen, die unmittelbar die Errichtung des Gremiums bzw. dessen Zusammensetzung betreffen. So ist insbesondere eine Verletzung der Unterrichtungspflichten nach **§ 13 Abs. 2 Satz 2 SEGB** nicht in den Rang einer Ordnungswidrigkeit erhoben worden; einer Schließung dieser Lücke mittels entsprechender Anwendung von § 46 Abs. 1 Nr. 1 steht das strafrechtliche Analogieverbot entgegen[8].

Als Ordnungswidrigkeit kann die Verletzung der in § 46 Abs. 1 aufgezählten Informationspflichten nur im Fall der **Vollendung** verfolgt werden (s. § 13 Abs. 2 OWiG)[9]. In subjektiver Hinsicht bedarf es einer bedingt vorsätzlichen Verwirklichung des objektiven Tatbestandes[10]; fahrlässiges Handeln genügt wegen § 10 OWiG nicht, die Anwendung des § 130 OWiG schließt dies jedoch nicht aus[11].

Die Verfolgung der Tat geschieht **ex officio**, steht jedoch im pflichtgemäß auszuübenden **Ermessen** der zuständigen Behörde; bezüglich des weiteren Verfahrens s. die §§ 35 ff. OWiG. Den **Betrag** der maximalen Geldbuße erhöht § 46 Abs. 2 bei einem Vergleich mit § 45 EBRG von 15.000 auf 20.000 Euro (ebenso § 48 Abs. 2 SCEBG)[12]. Zu den **Rechtsmitteln** gegen einen Bußgeldbescheid s. die §§ 79 f. OWiG. Dieser kann sich nicht nur gegen die pflichtwidrig handelnden **Organmitglieder**, sondern über § 30 OWiG auch gegen die **beteiligte Gesellschaft** sowie die **SE** richten[13].

---

2 Begr. RegE, BT-Drucks. 15/3405, S. 57; s. auch *Nagel* in Nagel/Freis/Kleinsorge, SEBG, § 46 Rz. 3.
3 S. m.w.N. *Oetker* in GK-BetrVG, 8. Aufl. 2005, § 121 Rz. 6.
4 Bezeichnend für Österreich *Gahleitner* in Kalss/Hügel, § 253 ArbVG Rz. 1: „kaum beantragt und haben keine abschreckende Wirkung".
5 So aber das österreichische Recht, das die entsprechende Bestimmung (Art. 225 Abs. 2 ArbVG) in den Katalog des § 253 Abs. 1 ArbVG aufgenommen hat.
6 *Kienast* in Jannott/Frodermann, Handbuch Europäische Aktiengesellschaft, Kap. 13 Rz. 439.
7 Zu diesen näher *Oetker* in GK-BetrVG, 8. Aufl. 2005, § 121 Rz. 11 ff.
8 So auch *Jacobs* in MünchKomm. AktG, § 46 SEBG Rz. 2.
9 *Jacobs* in MünchKomm. AktG, § 46 SEBG Rz. 2.
10 *Jacobs* in MünchKomm. AktG, § 46 SEBG Rz. 2; *Nagel* in Nagel/Freis/Kleinsorge, SEBG, § 46 Rz. 5.
11 S. insoweit auch *Oetker* in GK-BetrVG, 8. Aufl. 2005, § 121 Rz. 41 ff.
12 Deutlich niedriger das österreichische Recht; § 253 Abs. 1 ArbVG: 2.180 Euro.
13 Dazu näher *Oetker* in GK-BetrVG, 8. Aufl. 2005, § 121 Rz. 38.

§ 47
Geltung nationalen Rechts

(1) Dieses Gesetz berührt nicht die den Arbeitnehmern nach inländischen Rechtsvorschriften und Regelungen zustehenden Beteiligungsrechte, mit Ausnahme

1. der Mitbestimmung in den Organen der SE;

2. der Regelung des Europäische Betriebsräte-Gesetzes, es sei denn, das besondere Verhandlungsgremium hat einen Beschluss nach § 16 gefasst.

(2) Regelungen und Strukturen über die Arbeitnehmervertretungen einer beteiligten Gesellschaft mit Sitz im Inland, die durch die Gründung der SE als eigenständige juristische Person erlischt, bestehen nach Eintragung der SE fort. Die Leitung der SE stellt sicher, dass diese Arbeitnehmervertretungen ihre Aufgaben weiterhin wahrnehmen können.

I. Allgemeines

1   Die Vorschrift legt fest, in welchem Umfang bei der SE neben dem SEBG **andere Gesetze des jeweiligen Sitzstaates** zur Beteiligung der Arbeitnehmer zur Anwendung gelangen. Ferner trifft § 47 Abs. 2 eine Sonderregelung für die Fälle, in denen eine an der Gründung der SE beteiligte Gesellschaft nach Errichtung der SE erlischt; die Aufnahme der Vorschrift war durch die SE-RL nicht zwingend vorgegeben (Art. 13 Abs. 4 SE-RL: „können sicherstellen")[1].

2   Mit § 47 setzt das SEBG Art. 13 SE-RL um, der folgenden Wortlaut hat:

„(1) SE und Tochtergesellschaften einer SE, die gemeinschaftsweit operierende Unternehmen oder herrschende Unternehmen in einer gemeinschaftsweit operierenden Unternehmensgruppe im Sinne der Richtlinie 94/45/EG oder im Sinne der Richtlinie 97/74/EG zur Ausdehnung der genannten Richtlinie auf das Vereinigte Königreich sind, unterliegen nicht den genannten Richtlinien und den Bestimmungen zu ihrer Umsetzung in einzelstaatliches Recht.

Beschließt das besondere Verhandlungsgremium jedoch gemäß Artikel 3 Absatz 6, keine Verhandlungen aufzunehmen oder bereits aufgenommene Verhandlungen abzubrechen, so gelangen die Richtlinie 94/45/EG oder die Richtlinie 97/74/EG und die Bestimmungen zu ihrer Umsetzung in einzelstaatliches Recht zur Anwendung.

(2) Einzelstaatliche Rechtsvorschriften und/oder Gepflogenheiten in Bezug auf die Mitbestimmung der Arbeitnehmer in den Gesellschaftsorganen, die nicht zur Umsetzung dieser Richtlinie dienen, finden keine Anwendung auf gemäß der Verordnung (EG) Nr. 2157/2001 gegründete und von dieser Richtlinie erfassten Gesellschaften.

(3) Diese Richtlinie berührt nicht

a) die den Arbeitnehmern nach einzelstaatlichen Rechtsvorschriften und/oder Gepflogenheiten zustehenden Beteiligungsrechte, die für die Arbeitnehmer der SE und ihrer Tochtergesellschaften und Betriebe gelten, mit Ausnahme der Mitbestimmung in den Organen der SE,

b) die nach einzelstaatlichen Rechtsvorschriften und/oder Gepflogenheiten geltenden Bestimmungen über die Mitbestimmung in den Gesellschaftsorganen, die auf die Tochtergesellschaften der SE Anwendung finden.

---

1 Kritisch dazu *Joost* in Oetker/Preis, EAS, B 8200, Rz. 254.

(4) Zur Wahrung der in Absatz 3 genannten Rechte können die Mitgliedstaaten durch geeignete Maßnahmen sicherstellen, daß die Strukturen der Arbeitnehmervertretung in den beteiligten Gesellschaften, die als eigenständige juristische Personen erlöschen, nach der Eintragung der SE fortbestehen."

Eine Art. 13 SE-RL entsprechende Vorschrift enthält die **SCE-RL** in Art. 15 und führte   3
zu der mit § 47 übereinstimmenden Bestimmung in **§ 49 SCEBG**. Die **Verschmelzungs-RL** hat in Art. 14 Abs. 2 von einer Bezugnahme auf Art. 13 SE-RL weitgehend
abgesehen; zur Anwendung gelangt lediglich die in Art. 13 Abs. 4 SE-RL eröffnete
Option, den Fortbestand bisheriger Strukturen der Arbeitnehmervertretung anzuordnen. Mit **§ 29 MgVG**, der mit § 47 Abs. 2 inhaltlich überstimmt, hat der deutsche
Gesetzgeber diese Option in Anspruch genommen.

In **Österreich** trifft § 252 Abs. 1 bis 4 ArbVG eine mit § 47 wörtlich nahezu identi-   4
sche Regelung; im Unterschied zum deutschen Recht hält § 252 Abs. 2 ArbVG jedoch ausdrücklich fest, dass in Österreich gelegenen Tochtergesellschaften der SE
den dortigen Vorschriften zur Unternehmensmitbestimmung (§ 110 ArbVG) unterliegen.

II. Anwendung der innerstaatlichen Vorschriften zur Beteiligung der Arbeitnehmer (§ 47 Abs. 1)

Die mit dem **SEBG** ausgestaltete Beteiligung der Arbeitnehmer in der SE hat nach ih-   5
rem Zweck den Charakter einer **lex specialis**, wobei das SEBG die innerstaatlichen
Gesetze zur Beteiligung der Arbeitnehmer jedoch nicht vollständig verdrängt, sondern nur soweit § 47 Abs. 1 dies ausdrücklich anordnet.

Den Charakter einer lex specialis haben die Regelungen des SEBG insbesondere im   6
Hinblick auf die **Mitbestimmung der Arbeitnehmer in den Organen der SE**. Diese besteht ausschließlich und nur nach Maßgabe des SEBG. Die Vorschriften des MitbestG bzw. des DrittelbG gelangen nach § 47 Abs. 1 Nr. 1 nicht zur Anwendung; wegen Art. 13 Abs. 1 SE-RL steht diese Rechtsfolge nicht zur Disposition der Mitgliedstaaten[2]. Anders ist die Rechtslage, wenn die **beteiligten Gesellschaften** nach der
Gründung – wie bei der Bildung einer Holding-SE – ihre **rechtliche Selbständigkeit**
behalten; sofern die Voraussetzungen im Übrigen erfüllt sind, unterliegen sie unverändert den Gesetzen zur Unternehmensmitbestimmung in den jeweiligen Mitgliedstaaten[3]. In Österreich stellt § 252 Abs. 2 ArbVG diese Rechtsfolge ausdrücklich klar.

Umgekehrt berührt das SEBG nicht die gesetzlichen **Vorschriften zur betrieblichen**   7
Mitbestimmung, was die Eingangsformulierung in § 47 Abs. 1 ausdrücklich klarstellt. Auch in den in Deutschland gelegenen Betrieben der SE kann deshalb nach
Maßgabe des BetrVG ein **Betriebsrat** bzw. nach den Bestimmungen des SprAuG ein
Sprecherausschuss errichtet werden[4]. Hat die SE in Deutschland ihren Sitz, so ist die-

---

2 Zutreffend *Joost* in Oetker/Preis, EAS, B 8200, Rz. 257.
3 *Hanau* in Hanau/Steinmeyer/Wank, Handbuch des europäischen Arbeits- und Sozialrechts,
2002, § 19 Rz. 157; *Heinze*, ZGR 2002, 66, 87 f.; *Hennings* in Manz/Mayer/Schröder, Art. 11 SE-
RL Rz. 19; *Jacobs* in MünchKomm. AktG, § 47 SEBG Rz. 7; *Joost* in Oetker/Preis, EAS, B 8200,
Rz. 258; *Kienast* in Jannott/Frodermann, Handbuch Europäische Aktiengesellschaft, Kap. 13
Rz. 42; *Kleinsorge* in Nagel/Freis/Kleinsorge, SEBG, § 47 Rz. 3; *Kleinsorge*, RdA 2002, 343, 351;
Köstler in Theisen/Wenz, Europäische Aktiengesellschaft, S. 331, 366.
4 Begr. RegE, BT-Drucks. 15/3405, S. 57; *Hennings* in Manz/Mayer/Schröder, Art. 13 SE-RL Rz. 5;
Jacobs in MünchKomm. AktG, § 47 SEBG Rz. 3; *Joost* in Oetker/Preis, EAS, B 8200, Rz. 258;
Kienast in Jannott/Frodermann, Handbuch Europäische Aktiengesellschaft, Kap. 13 Rz. 42;
Kleinsorge in Nagel/Freis/Kleinsorge, SEBG, § 47 Rz. 4; *Kleinsorge*, RdA 2002, 343, 351.

se „**Unternehmen**" i.S. des BetrVG[5] bzw. des SprAuG; auch bei der SE ist ein **Gesamtbetriebsrat** bzw. **Gesamtsprecherausschuss** zu bilden. Entsprechendes gilt für einen **Konzernbetriebsrat** bzw. einen **Konzernsprecherausschuss**, sofern dies die Gesamtbetriebsräte bzw. Gesamtsprecherausschüsse mit der notwendigen Mehrheit (§ 54 Abs. 1 Satz 2 BetrVG, § 21 Abs. 1 Satz 2 SprAuG) beschließen.

8   Die Arbeitnehmervertretungen nach dem BetrVG bestehen selbständig **neben** dem **SE-Betriebsrat**, insbesondere sind sie diesem nicht untergeordnet, sondern können sich nach Maßgabe der §§ 50, 58 BetrVG auf einen eigenen und gesetzlich abgesicherten **Zuständigkeitsbereich** stützen, den auch eine nach § 21 abgeschlossene **Beteiligungsvereinbarung** nicht modifizieren kann. Denkbar ist allenfalls, dass diese umgekehrt die Zuständigkeit eines auf der Vereinbarung beruhenden SE-Betriebsrates unter einen Subsidiaritätsvorbehalt stellt (§ 21 Abs. 1 Nr. 3). Fehlt dieser oder bestimmt sich die Zuständigkeit des kraft Gesetzes errichteten SE-Betriebsrates nach § 27, so kann die Leitung der SE verpflichtet sein, sowohl den SE-Betriebsrat als auch den Gesamt- bzw. Konzernbetriebsrat zu beteiligen bzw. den **Wirtschaftsausschuss** zu konsultieren.

9   Bezüglich der **Anwendung des EBRG** ist zu differenzieren: Da das SEBG darauf abzielt, die grenzüberschreitende Beteiligung der Arbeitnehmer im Hinblick auf Unterrichtung und Anhörung auszugestalten, verfolgt das Gesetz einen mit dem EBRG übereinstimmenden Zweck. Bereits diese teleologische Parallelität zwingt dazu, dem SEBG den Vorrang einzuräumen, so dass der Ausschluss für die Anwendung des EBRG in § 47 Abs. 1 Nr. 2 letztlich auch ohne die gesetzliche Regelung gelten würde[6]. Allerdings gilt der Vorrang des SEBG nur, soweit dieses diesbezüglich in der SE zur Anwendung gelangt. Deshalb stellt § 47 Abs. 1 Nr. 2 den Ausschluss des EBRG ausdrücklich unter den Vorbehalt, dass das BVG nicht i.S. des § 16 Abs. 1 Satz 1 beschließt, keine Verhandlungen aufzunehmen oder diese abzubrechen. In dieser Konstellation scheidet auch die Anwendung der gesetzlichen Auffangregelung des SEBG, insbesondere die Errichtung eines SE-Betriebsrates kraft Gesetzes aus (§ 16 Abs. 2; dazu oben § 16 Rz. 17). Die rechtlichen Rahmenbedingungen für die grenzüberschreitende Unterrichtung und Anhörung der Arbeitnehmer bestimmen sich in dieser Konstellation statt dessen ausschließlich nach dem EBRG[7]. Zur Bildung eines Europäischen Betriebsrates kommt es bei der SE jedoch selbst dann nur, wenn diese die Voraussetzungen für die Anwendung des EBRG erfüllt, insbesondere eine nach den jeweiligen Arbeitnehmerzahlen in den Mitgliedstaaten zu beurteilende gemeinschaftsweite Tätigkeit entfaltet (vgl. § 3 EBRG). Entsprechendes gilt, wenn die SE als abhängiges Unternehmen an einer Unternehmensgruppe beteiligt ist und das herrschende Unternehmen nach § 6 EBRG dem EBRG unterliegt[8].

III. Fortbestand von Arbeitnehmervertretungen (§ 47 Abs. 2)

10   Mit § 47 Abs. 2 trifft das SEBG eine **Sonderregelung**, die dem Umstand Rechnung trägt, dass die Errichtung der SE zum Erlöschen von beteiligten Gesellschaften führen kann, was jedoch nur bei der Gründung einer SE durch **Verschmelzung** in Be-

---

5 S. *Kreutz* in GK-BetrVG, 8. Aufl. 2005, § 47 Rz. 13, § 54 Rz. 23.
6 *Jacobs* in MünchKomm. AktG, § 47 SEBG Rz. 4; ebenso in der Sache Begr. RegE, BT-Drucks. 15/3405, S. 57.
7 *Hennings* in Manz/Mayer/Schröder, Art. 13 SE-RL Rz. 2; *Jacobs* in MünchKomm. AktG, § 47 SEBG Rz. 5; *Kleinsorge* in Nagel/Freis/Kleinsorge, SEBG, § 47 Rz. 6; *Köstler* in Theisen/Wenz, Europäische Aktiengesellschaft, S. 331, 366.
8 *Hennings* in Mayer/Manz/Schröder, Art. 13 SE-RL Rz. 1.

tracht kommt[9]. Nur für den Fall, in dem das Erlöschen einer beteiligten Gesellschaft den Bestand der bisherigen Arbeitnehmervertretung berührt, ordnet § 47 Abs. 2 deren Fortbestand an und stellt zudem sicher, dass die bislang geltenden Vorschriften bezüglich der Arbeitnehmervertretung unverändert anzuwenden sind. Deshalb ist für den Fall einer **Umwandlung** in eine SE kein Raum für die Anwendung von § 47 Abs. 2, da die umzuwandelnde Gesellschaft lediglich ihr Rechtskleid wechselt[10]. Die Auswirkungen auf die zuvor bei dem untergehenden Rechtsträger bestehenden Arbeitnehmervertretungen sind allerdings unterschiedlich.

Hauptanwendungsfall des § 47 Abs. 2 sind die bei den beteiligten Gesellschaften gebildeten **Gesamtbetriebsräte** und **Wirtschaftsausschüsse**, da deren Existenz untrennbar mit der des Rechtsträgers verknüpft ist[11]. Entsprechendes gilt für einen **Konzernbetriebsrat**, wenn die bisherige Konzernobergesellschaft infolge Gründung der SE ihre rechtliche Existenz einbüßt und die bislang von dieser abhängigen Unternehmen zu Tochtergesellschaften der SE werden. Bezüglich der in den Betrieben bestehenden **Betriebsräte** ist § 47 Abs. 2 hingegen ohne Bedeutung, da deren Existenz von der Gründung der SE bzw. dem verschmelzungsbedingten Untergang des Rechtsträgers des Betriebes unberührt bleibt.   11

Keine ausdrückliche Regelung trifft § 47 Abs. 2 zur **Rechtsstellung** einer fortbestehenden Arbeitnehmervertretung, was sowohl die Ausübung der Beteiligungsrechte als auch deren Geschäftsführung betrifft. Insofern begründet § 47 Abs. 2 Satz 2 lediglich eine an die Leitung der SE gerichtete Pflicht, die Wahrnehmung der bisherigen Aufgaben durch die fortbestehende Arbeitnehmervertretung sicherzustellen. Diese Pflicht muss die Leitung der SE indes nicht selbst erfüllen, sondern kann hiermit auch andere Personen betrauen[12]. Hat sie hiervon abgesehen, dann sind die **Beteiligungsrechte** eines nach § 47 Abs. 2 fortbestehenden Gesamt- oder Konzernbetriebsrates von der Leitung der SE zu erfüllen; für die **Geschäftsführung** der fortbestehenden Arbeitnehmervertretung gilt dies entsprechend.   12

Wegen des Territorialitätsprinzips kann der deutsche Gesetzgeber die in Rz. 12 umschriebene und an die Leitung der SE adressierte Pflicht nur anordnen, wenn diese ihren Sitz im Geltungsbereich des SEBG hat[13]. Für eine **SE mit Sitz in einem anderen Mitgliedstaat** entfaltet § 47 Abs. 2 Satz 2 keine Geltung, was jedoch der Anwendung von § 47 Abs. 2 Satz 1 nicht entgegensteht, wenn die erlöschende juristische Person ihren Sitz im Geltungsbereich der SEBG hatte.   13

Das Gesetz ordnet den Fortbestand der Arbeitnehmervertretungen **ohne zeitliche Begrenzung** an und unterscheidet sich hierdurch deutlich von dem zeitlich befristeten Übergangsmandat (§ 21a BetrVG) bzw. dem funktional beschränkten Restmandat (§ 21b BetrVG)[14] des Betriebsrates. Am ehesten ist die Rechtsfolge in § 47 Abs. 2 mit § 1 Mitbest-Beihaltungsgesetz vergleichbar, da dieses ebenfalls von einer zeitlichen Begrenzung absieht[15].   14

---

9 *Jacobs* in MünchKomm. AktG, § 47 SEBG Rz. 6; *Joost* in Oetker/Preis, EAS, B 8200, Rz. 254; *Kleinsorge* in Nagel/Freis/Kleinsorge, SEBG, § 47 Rz. 7.

10 Zutreffend *Jacobs* in MünchKomm. AktG, § 47 SEBG Rz. 5; a.A. jedoch zu Art. 13 Abs. 4 SE-RL *Hanau* in Hanau/Steinmeyer/Wank, Handbuch des europäischen Arbeits- und Sozialrechts, 2002, § 19 Rz. 155.

11 *Hennings* in Manz/Mayer/Schröder, Art. 13 SE-RL Rz. 20; *Jacobs* in MünchKomm. AktG, § 47 SEBG Rz. 6; *Köstler* in Theisen/Wenz, Europäische Aktiengesellschaft, S. 331, 366 f.

12 *Kleinsorge* in Nagel/Freis/Kleinsorge, SEBG, § 47 Rz. 8.

13 Anders im Hinblick auf Art. 12 SE-RL *Herfs-Röttgen*, NZA 2002, 358, 364.

14 Für diese Parallele aber *Heinze*, ZGR 2002, 66, 88.

15 S. *Oetker* in Großkomm. AktG, Vorbem. Mitbestimmungsgesetze Rz. 75.

C. Die SE im Steuerrecht

Professor Dr. Wolfgang Schön und
Dr. Clemens Philipp Schindler, LL. M.

Literatur: *Aßmann*, Steuerrechtliche Aspekte der Gründung und Sitzverlegung einer Europäischen Gesellschaft (Societas Europaea), 2006 (zit.: Steuerrechtliche Aspekte); *Benecke*, Internationalisierung des Ertragssteuerrechts durch das SEStEG – ein Überblick, StuB 2007, 3; *Benecke/Schnitger*, Letzte Änderungen der Neuregelungen des UmwStG und der Entstrickungsnormen durch das SEStEG, IStR 2007, 22; *Benecke/Schnitger*, Neuregelung des UmwStG und der Entstrickungsnormen durch das SEStEG, IStR 2006, 765; *Benz/Rosenberg*, Einbringungsvorgänge nach dem Regierungsentwurf des SEStEG, BB-Spezial 8/2006, 51; *Bilitewski*, Gesetz über steuerliche Begleitmaßnahmen zur Einführung der Europäischen Gesellschaft und zur Änderung weiterer steuerrechtlicher Vorschriften (SEStEG), FR 2007, 57; *Blumenberg/Schäfer* (Hrsg.), Das SEStEG, 2007; *Blumers/Kinzl*, Änderungen der Fusionsrichtlinie: Warten auf den EuGH, DB 2005, 971; *Cordewener*, Das Abkommen über den europäischen Wirtschaftsraum: Eine unerkannte Baustelle des deutschen Steuerrechts, FR 2005, 236; *Debatin*, Die Steuerharmonisierung in der EWG in Form der Konzern-Besteuerungs-Richtlinie, DStZ/A 1969, 146; *Diller/Grottke*, Die Konzeption von Teilwert und gemeinem Wert – dargestellt am Beispiel des Wechsels vom Teilwert zum gemeinen Wert im Rahmen des SEStEG, StuSt 2007, 69; *Dörfler/Rautenstrauch/Adrian*, Verlustnutzung bei Verschmelzung von Körperschaften vor und nach Änderung des § 12 Abs. 3 UmwStG durch das SEStEG, BB 2006, 1657; *Dörfler/Rautenstrauch/Adrian*, Einbringungen in eine Kapitalgesellschaft nach dem SEStEG-Entwurf, BB 2006, 1711; *Dötsch/Pung*, SEStEG: Die Änderung des UmwStG, DB 2006, 2704 (Teil I), 2763 (Teil II); *Dötsch/Pung*, SEStEG: Die Änderungen des KStG, DB 2006, 2648; *Eckl*, Wechsel von beschränkter und unbeschränkter Steuerpflicht bei Kapitalgesellschaften, 2006; *M. Fischer* in MünchKomm. AktG, 2. Aufl. 2006, Die Besteuerung der Europäischen Aktiengesellschaft; *Förster/Lange*, Grenzüberschreitende Sitzverlegung der Europäischen Aktiengesellschaft aus ertragsteuerlicher Sicht, RIW 2002, 585; *Förster/Lange*, Steuerliche Aspekte der Gründung einer Europäischen Aktiengesellschaft (SE), DB 2002, 288; *Frotscher*, Zur Vereinbarkeit der „Betriebsstättenbedingung" bei Sitzverlegung und grenzüberschreitender Umwandlung mit den Grundfreiheiten, IStR 2006, 65; *Gammi*, EU Taxation and the Societas Europaea – Harmless Creature or Trojan Horse?, ET 2004, 35; *Goergen*, Unternehmensbesteuerung aus europäischer Sicht, JbFfSt 1985/1986, 59; *Hageböke/Käbisch*, Zur Ausdehnung des Anwendungsbereichs des UmwStG i.d.F. SEStEG-E auf Grund der Diskriminierungsverbote in Art. 24 OECD-MA, IStR 2006, 849; *Hagemann/Burkhard/Ropohl/Viebrock*, Das neue Konzept der Verstrickung und Entstrickung sowie die Neufassung des Umwandlungssteuergesetzes, NWB 2007,

Sonderheft 1, S. 1; *Hahn*, Der Entwurf des SEStEG: Geplante Änderungen bei grenzüberschreitenden Fusionen, GmbHR 2006, 617; *Hahn*, Formwechsel und Sitzverlegung nach dem künftigen
Gesetz über steuerliche Begleitmaßnahmen zur Einführung der Europäischen Gesellschaft und
zur Änderung weiterer steuerrechtlicher Vorschriften, IStR 2005, 677; *Hahn*, Kritische Erläuterungen und Überlegungen zum Entwurf des SEStEG, IStR 2006, 797; *Haritz/Wisniewski*, Steuerneutrale Umwandlung über die Grenze, Anmerkung zum Vorschlag der Europäischen Kommission zur Änderung der steuerlichen Fusionsrichtlinie, GmbHR 2004, 28; *Hasenauer*, Vorschlag
zur Änderung der EU-Fusionsrichtlinie: Ende der Verdoppelung stiller Reserven?, GeS 2004, 434;
Helminen, The Tax Treatment of the Running of an SE, ET 2004, 28; *Herzig* (Hrsg.), Besteuerung
der Europäischen Aktiengesellschaft, 2004 (zit.: Besteuerung); *Herzig* (Hrsg.), Organschaft, 2003;
Herzig/Griemla, Steuerliche Aspekte der Europäischen Aktiengesellschaft/Societas Europaea
(SE), StuW 2002, 55; *Hey*, Umwandlungssteuergesetz nach der Unternehmenssteuerreform,
GmbHR 2001, 993; *Hofmeister*, Sind die Rechtsfolgen des § 12 Abs. 1 KStG mit Artikel 43,
48 EG-Vertrag vereinbar, in FS Wassermeyer, 2005, S. 437; *Prinz zu Hohenlohe/Rautenstrauch/
Adrian*, Der Entwurf des SEStEG: Geplante Änderungen bei inländischen Verschmelzungen,
GmbHR 2006, 623; *Hörtnagl*, Europäisierung des Umwandlungssteuerrechts – SEStEG, Stbg
2006, 471; *Hruschka*, Die Internationalisierung des KStG nach dem SEStEG, StuB 2006, 631;
Hügel, Steuerrechtliche Hindernisse bei der internationalen Sitzverlegung, ZGR 1999, 71; *Hügel*,
Grenzüberschreitende Umgründungen, Sitzverlegung und Wegzug im Lichte der Änderung der
Fusionsrichtlinie und der neueren EuGH-Judikatur, in FS Wiesner, 2004, S. 177; *Hügel*,
Umgründungssteuergesetz und Fusionbesteuerungsrichtlinie, in FS Werilly, 2000, S. 161; *Ismer/
Reimer/Rust*, Ist § 6 AStG noch zu halten? – Die Wegzugsbesteuerung auf dem Prüfstand des Ge-
meinschaftsrechts nach der Entscheidung de Lasteyrie du Saillant, EWS 2004, 207; *Jacobs*, Inter-
nationale Unternehmensbesteuerung, 5. Aufl. 2002; *Kessler/Achilles/Huck*, Die Europäische
Aktiengesellschaft im Spannungsfeld zwischen nationalen Steuergesetzgeber und EuGH, IStR
2003, 715; *Kessler/Huck*, Steuerliche Aspekte der Gründung und der Sitzverlegung der Europäischen Aktiengesellschaft – Geltende und zukünftige Rechtslage, Der Konzern 2006, 352; *Kessler/
Huck*, Der (zwangsweise) Weg in den Betriebsstättenkonzern am Beispiel der Hinausverschmelzung von Holdinggesellschaften, IStR 2006, 433; *Kessler/Huck/Obser/Schmalz*, Wegzug von
Kapitalgesellschaften – Teil I – Gesellschafts- und steuerrechtliche Aspekte der Unternehmens-
verlagerung ins Ausland nach de Lasteyrie du Saillant, DStZ 2004, 813; *Kessler/Winterhalter/
Huck*, Überführung und Rückführung von Wirtschaftsgütern: Die Ausgleichspostenmethode des
§ 4 EStG, DStR 2007, 133; *Kinzl*, Beschluss des Bundeskabinetts über den Entwurf eines SEStEG:
Einführung und Verschmelzung von Kapital- und Personengesellschaften, AG 2006, 580; *Klapdor*,
Überlegungen zur Besteuerung der europäischen Aktiengesellschaft, EuZW 2001, 677; *Klingberg/
van Lishaut* Die Internationalisierung des Umwandlungssteuerrechts, Der Konzern 2005, 698;
Knobbe-Keuk, Die steuerliche Behandlung der Europäischen Aktiengesellschaft, AG 1990, 435;
Knobbe-Keuk, Umzug von Gesellschaften in Europa, ZHR 154 (1990), 325; *Knobbe-Keuk*, Wegzug und Einbringung von Unternehmen zwischen Niederlassungsfreiheit, Fusionsrichtlinie und
nationalem Steuerrecht, DB 1991, 298; *Knobbe-Keuk*, Der Wechsel von der beschränkten zur unbeschränkten Körperschaftsteuerpflicht und vice-versa, StuW 1990, 372; *Kofler/Schindler*, Grenzüberschreitende Umgründungen: Änderungen der steuerlichen Fusionsrichtlinie und Anpas-
sungsbedarf in Österreich, taxlex 2005, 496 (Teil I), 559 (Teil II); *Körner*, Anmerkungen zum
SEStEG-Entwurf vom 21.4.2006, IStR 2006, 469; *Körner*, Europarecht und Wegzugsbesteuerung –
das EuGH-Urteil „de Lasteyrie du Saillant", IStR 2004, 424; *Körner*, Europarecht und Umwandlungssteuerrecht, IStR 2006, 109; *Lang*, Die gemeinschaftsrechtlichen Rahmenbedingungen für
„Exit Taxes" im Lichte der Schlussanträge von GA Kokott in der Rechtssache N, SWI 2006, 213;
Ley, Einbringungen nach §§ 20, 24 UmwStG in der Fassung des SEStEG, FR 2007, 109; *van Lis-
haut*, Europarechtliche Perspektiven des Umwandlungssteuerrechts sowie Wegzugsbesteuerung,
FR 2004, 1301; *Lüdicke*, Darf im internationalen Steuerrecht noch differenziert werden?, in FS
Wassermeyer, 2005, S. 473; *Maisto*, Shaping EU Company Tax Policy: Amending the Tax Directi-
ves, ET 2002, 287; *Menner/Broer*, Europäischer Teilbetriebsbegriff und Zuordnung von Wirtschaftsgütern, DB 2002, 815; *Welf Müller*, Bilanzierungsfragen bei der grenzüberschreitenden
Umwandlung und Sitzverlegung, in FS Raupach, 2006, S. 261; *Olbing/Binnewies*, Referentenentwurf für ein Gesetz über steuerliche Begleitmaßnahmen zur Einführung der Europäischen Gesellschaft und zur Änderung weiterer steuerrechtlicher Vorschriften (SEStEG), AG 2006, 411; *Patt*,
Die steuerliche Behandlung der Einbringung von Unternehmensteilen in eine Kapitalgesellschaft
oder Europäische Genossenschaft und des Anteilstauschs nach dem SEStEG, Der Konzern 2006,
730; *Plasschaert*, Further Thoughts on the „European Union Company Income Tax" and its First
Cousins, European Taxation 2002, 336; *PricewaterhouseCoopers AG* (Hrsg.), Reform des Umwandlungssteuerrechts, 2007; *Prinz*, SEStEG und Bilanzrecht: Wegfall des umwandlungssteuerli-
chen Maßgeblichkeitsprinzips, StuB 2007, 125; *Rödder*, Grundfragen der Besteuerung der Euro-

päischen Aktiengesellschaft (SE), Der Konzern 2003, 522; *Rödder*, Gründung und Sitzverlegung der Europäischen Aktiengesellschaft (SE), DStR 2005, 893; *Rödder/Schumacher*, Das kommende SEStEG – Teil 1: Die geplanten Änderungen des EStG, KStG und AStG, DStR 2006, 1481; *Rödder/ Schumacher*, Das kommende SEStEG – Teil II: Das geplante neue Umwandlungssteuergesetz, DStR 2006, 1525; *Rödder/Schumacher*, Das SEStEG – Überblick über die endgültige Fassung und die Änderungen gegenüber dem Regierungsentwurf, DStR 2007, 369; *Von Rosen* (Hrsg.), Die Europa AG – Eine Perspektive für deutsche Unternehmen, Deutsches Aktieninstitut e. V., 2003; *Saß*, Die geänderte steuerliche EU-Fusionsrichtlinie vom 17.02.2005, DB 2005, 1238; *Saß*, Die Fusionsrichtlinie und die Mutter-/Tochterrichtlinie, DB 1990, 2340; *Schaumburg*, Internationales Steuerrecht, 2. Aufl. 1998; *Schaumburg*, Der Wegzug von Unternehmen, in FS Wassermeyer, 2005, S. 411; *Schindler*, Steuerrechtliche Folgen der Sitzverlegung einer Europäischen Aktiengesellschaft, ecolex 2004, 770; . *Schindler*, Hughes de Lasteyrie du Saillant als Ende der (deutschen) Wegzugsbesteuerung, IStR 2004, 300; *Schindler*, Generalthema II: Die Änderung der Fusionsbesteuerungsrichtlinie, IStR 2005, 551; *Schindler*, Die Europäische Aktiengesellschaft, 2002; *Schindler*, EU Report, Volume 90b, International Fiscal Association, 2005, S. 49; *Schmitt/Hörtnagl/Stratz*, Umwandlungsgesetz, Umwandlungssteuergesetz, 4. Aufl. 2006; *Schnitger/Rometzki*, Ausländische Umwandlungen und ihre Folgen bei inländischen Anteilseignern, FR 2006, 845; *Schön*, Besteuerung im Binnenmarkt – die Rechtsprechung des EuGH zu den direkten Steuern, IStR 2004, 289; *Schön*, EU-Auslandsgesellschaften im deutschen Handelsbilanzrecht, in FS Heldrich, 2005, S. 391; *Schön*, Tax Issues and Constraints on Reorganizations and Reincorporations in The European Union, TNI 2004, 197; *Schön*, Unternehmensbesteuerung und Europäisches Gemeinschaftsrecht, StbJb 2003/2004, S. 27; *Schön*, Perspektiven der Konzernbesteuerung, ZHR 171 (2007), 409; *Schön* (Hrsg.), Steuerliche Maßgeblichkeit in Deutschland und Europa, 2005; *Schön/ Schindler*, Seminar D: Zur Besteuerung grenzüberschreitender Sitzverlegung einer europäischen Aktiengesellschaft, IStR 2004, 571; *Schönherr/Lemaitre*, Der Entwurf des SEStEG: Geplante Änderungen im Einkommens-, Körperschafts- und Gewerbesteuergesetz. Überblick und erste Anmerkungen, GmbHR 2006, 561; *Schulz/Eicker*, The European Company Statute – the German View, INTERTAX 2001, 332; *Schulz/Geismar*, Die Europäische Aktiengesellschaft, DStR 2001, 1078; *Schulz/Petersen*, Die Europa-AG: Steuerlicher Handlungsbedarf bei Gründung und Sitzverlegung, DStR 2002, 1508; *Schulze zur Wiesche*, Das neue Umwandlungssteuergesetz nach SEStEG, WPg 2007, 162; *Schwenke*, Europarechtliche Vorgaben und deren Umsetzung durch das SEStEG, DStZ 2007, 235; *Soler Roch*, Tax Residence of the SE, ET 2004, 11; *Strahl*, Einbringung in eine Kapitalgesellschaft nach dem neuen Umwandlungssteuerrecht, KÖSDI 2007, 15442; *Tenore*, The Transfer of Assets from a Permanent Establishment to its General Enterprise in the Light of European Tax Law, Intertax 2006, 386; *Terra/Wattel*, European Tax Law, 4. Aufl. 2005; *Thiel*, Der fortschreitende Einfluss des EuGH auf die Ertragsbesteuerung der Unternehmen – Aktuelle Urteile und anhängige Verfahren, DB 2004, 2603; *Thiel*, Europäisierung des Umwandlungssteuerrechts: Grundprobleme der Verschmelzung, DB 2005, 2316; *Thiel*, Die grenzüberschreitende Umstrukturierung von Kapitalgesellschaften im Ertragsteuerrecht, GmbHR 1994, 277; *Thömmes*, EC Law Aspects of the Transfer of Seat of an SE, ET 2004, 22; *Thömmes/Fuks*, EC Corporate Law, Commentary on the EC Direct Tax Measures and Member States Implementation, IBFD, 2005; *Tumpel*, Harmonisierung der direkten Unternehmensbesteuerung in der EU, 1994; *Tumpel*, Steuerrechtliche Rahmenbedingungen der Europäischen Aktiengesellschaft, GesRZ 2002, 162; *Voß*, SEStEG: Die vorgesehenen Änderungen im Einkommenssteuergesetz, im Körperschaftsteuergesetz und im 1. bis 7. Teil des Umwandlungssteuergesetz, BB 2006, 411; *Wassermeyer*, Verliert Deutschland im Fall der Überführung von Wirtschaftsgütern in eine ausländische Betriebsstätte das Besteuerungsrecht?, DB 2006, 1176; *Wenz*, The European Company (Societas Europaea) – Legal Concept and Tax Issues, European Taxation, 2004, S. 4; *Werra/Teiche*, Das SEStBeglG aus der Sicht international tätiger Unternehmen, DB 2006, 1455.

I. Einführung

1. Rechtsentwicklung

a) Gesetzgebungsarbeiten der EG/EWG

aa) Allgemeines. Seit Beginn der Entwurfsarbeiten zur SE stand die Frage **begleitender**   1
steuerlicher Regelungen auf europäischer oder nationaler Ebene im Raum. Diese Regelungen sollten zum einen den Vorgang der Gründung einer SE in den Blick nehmen, zum zweiten die Sitzverlegung einer SE zwischen Mitgliedstaaten der Europäi-

schen Gemeinschaft behandeln und zum dritten für die laufende Besteuerung international operierender Gesellschaften ein angemessenes Gerüst bereit stellen[1].

2 Ausgangspunkt dieser Überlegungen war die Annahme, dass eine SE in erster Linie dem Körperschaftsteuerrecht des Staates unterliegen soll, in dem sie ihren Sitz hat[2]. Dem schließt sich die Notwendigkeit an, die Koordination mit dem Besteuerungsanspruch von anderen Mitgliedstaaten herzustellen, in denen die SE Betriebsstätten oder Tochtergesellschaften unterhält. Umstritten war dabei von jeher, ob und in welchem Umfang eine SE **rechtsformspezifischen Sondervorschriften auf dem Gebiet des Steuerrechts** unterliegen sollte. Befürworter eines Sonderrechts der SE wiesen auf die zwingende Internationalität der SE und den daraus folgenden grenzüberschreitenden Charakter ihrer Wirtschaftstätigkeit hin[3]. Kritiker eines Sonderrechts betonten den Gedanken der Rechtsformneutralität der Besteuerung[4]. Die Europäische Kommission machte in ihren Vorschlägen von Anbeginn deutlich, dass „die Ausarbeitung besonderer Steuervorschriften für die europäische Aktiengesellschaft die Gefahr mit sich bringt, dass sie zur Ursache von Diskriminierungen in dieser oder jener Hinsicht im Verhältnis zu den Aktiengesellschaften des einzelstaatlichen Rechts werden"[5].

3 Einigkeit herrschte und herrscht indessen darin, dass **steuerliche Hindernisse** für die Gründung und Entfaltung einer SE (wie auch für die Mobilität von Unternehmen anderer Rechtsformen) abgebaut werden müssen. Vor diesem Hintergrund hat die Europäische Kommission einerseits im Rahmen ihrer Arbeiten zur SE-VO immer wieder versucht, Hindernisse für die Gründung und Aktivität einer SE aus dem Weg zu räumen, die aus dem allgemeinen Unternehmenssteuerrecht stammen; sie hat andererseits ihre rechtsformübergreifenden Arbeiten zur Harmonisierung grenzüberschreitender Fragen der Unternehmensbesteuerung zugleich auch als „Begleitstück"[6] zur Einführung der SE verstanden[7].

4 **bb) Keine Steuerregeln in der SE-VO.** In seinen vorbereitenden Arbeiten für ein Statut der SE verzichtete *Sanders* auf konkrete Entwürfe auf dem Gebiet der Besteuerung[8]. Die EWG-Kommission nahm sich der Problematik indessen an. Bereits der **erste Entwurf** einer Verordnung über die Europäische Aktiengesellschaft aus dem Jahre 1970[9] (geändert 1975[10]) enthielt in Art. 275 ff. Regelungen zur steuerlichen Verfassung der

---

1 Darstellung bei *Diemer* in Herzig, Besteuerung, S. 36 ff.
2 Vorschlag einer Verordnung (EWG) des Rates über das Statut für europäische Aktiengesellschaften v. 30.6.1970, ABl. EG Nr. C 124 v. 10.10.1970, S. 1 ff., Art. 276 Abs. 1; *EG-Kommission*, Statut für die Europäische Aktiengesellschaft – Memorandum der Kommission an das Europäische Parlament, den Rat und die Sozialpartner, Bulletin der Europäischen Gemeinschaften 1988, Beilage 3, S. 17.
3 *Thömmes* in Theisen/Wenz, Europäische Aktiengesellschaft, S. 526 ff.
4 *Knobbe-Keuk*, AG 1990, 435 ff., 439; *Piltz* in Herzig, Besteuerung, S. 81 ff., 85; *Schindler* in Kalss/Hügel, Teil III: Steuerrecht Rz. 2; *Wenz*, European Taxation 2004, 4 ff., 6 ff.
5 Vorschlag 1970, ABl. EG Nr. C 124 v. 10.10.1970, S. 3; Vorschlag einer Verordnung des Rates über das Statut für Europäische Aktiengesellschaften (von der Kommission gem. Art. 149 Abs. 2 des EWG-Vertrags dem Rat vorgelegter geänderter Vorschlag), EG-Bulletin 1975, Beilage 4/75, S. 14; s. auch *EG-Kommission*, Statut für die Europäische Aktiengesellschaft – Memorandum der Kommission an das Europäische Parlament, den Rat und die Sozialpartner, Bulletin der Europäischen Gemeinschaften 1988, Beilage 3, S. 17; *Blanquet*, ZGR 2002, 20 ff., 54.
6 *Debatin*, DStZ/A 1969, 146 ff., 149; *Weissenborn*, FR 1969, 45 ff., 47.
7 Vorschlag 1970, ABl. EG Nr. C 124 v. 10.10.1970, S. 3.
8 *Sanders*, Vorentwurf eines Statuts für eine europäische Aktiengesellschaft, 1966, S. XXVI, S. 205.
9 Vorschlag 1970, ABl. EG Nr. C 124 v. 10.10.1970, S. 1 ff.
10 Vorschlag 1975, EG-Bulletin 1975, Beilage 4/75, S. 14; in den steuerlichen Vorschriften wurde nichts geändert.

Europäischen Aktiengesellschaft[11]. Vorgesehen wurde, dass die SE ihren steuerlichen Sitz am Ort der Geschäftsleitung haben sollte (Art. 276). Zugleich wurden spezifische Regeln zur Sicherung der Steuerneutralität der Gründung einer Holding-SE (Art. 275) sowie bei Sitzverlegung zwischen Mitgliedstaaten (Art. 277) formuliert. Weiterhin sollte im Rahmen der laufenden Besteuerung der SE eine grenzüberschreitende Verrechnung von Betriebsstättenverlusten (Art. 278–280) oder Verlusten von Tochtergesellschaften (Art. 281) mit Gewinnen am Sitzstaat der SE eingeführt werden.

Der nachfolgende, im Jahre 1989 publizierte und auch in anderen Rechtsbereichen   5 deutlich reduzierte Verordnungsentwurf[12] beschränkte sich demgegenüber auf eine einzige SE-spezifische Steuerregel, nämlich die **grenzüberschreitende Verrechnung von Betriebsstättenverlusten** nach Art. 133[13]. Der anschließende Entwurf von 1991[14] verzichtete indessen vollständig auf eine rechtsformbezogene steuerliche Vorschrift. Dies gilt auch für die später diskutierten Formulierungen.

Auch die **verabschiedete Fassung der SE-VO** enthält schließlich keine normativen   6 Vorgaben zur Besteuerung der SE. Im 20. Erwägungsgrund wird für steuerliche Fragen lediglich auf das Recht der Mitgliedstaaten verwiesen:

„Andere Rechtsbereiche wie das Steuerrecht, das Wettbewerbsrecht, der gewerbliche Rechtsschutz und das Konkursrecht werden nicht von dieser Verordnung erfasst. Die Rechtsvorschriften der Mitgliedstaaten und das Gemeinschaftsrecht gelten in den oben genannten sowie in anderen nicht von dieser Verordnung erfassten Bereichen."

Dies bringt den Verzicht auf eigenständige steuerliche Regelungen in der SE-VO deutlich zum Ausdruck.

cc) Steuerliche Richtlinien. Mit dem Verzicht der SE-VO auf rechtsformspezifische   7 Steuerregeln für die SE rückt die Erfassung der SE, ihrer Gründung, Sitzverlegung und laufenden Geschäftstätigkeit durch die Maßnahmen der Europäischen (Wirtschafts-)Gemeinschaft auf dem Gebiet der allgemeinen Unternehmensbesteuerung in den Vordergrund.

Rechtsakte auf dem Gebiet des Steuerrechts können durch die Europäischen Institu-   8 tionen nur unter einstimmiger Billigung des Ministerrats erlassen werden (Art. 93, 94, 95 Abs. 2 EG). Daher sind bisher nur wenige materielle Richtlinien auf dem Gebiete der direkten Steuern verabschiedet worden. Wesentliches Instrument zur Förderung der Gründung und Sitzverlegung einer SE ist die **Fusionsbesteuerungs-RL** aus dem Jahre 1990[15]. Der erste Entwurf dieser Richtlinie stammte aus dem Jahre 1969 und ist von Anbeginn auch auf die Europäische Aktiengesellschaft bezogen und mit ihrer Einführung gerechtfertigt worden[16]. Dennoch dauerte es 21 Jahre, bis dieser Rechtsakt förmlich verabschiedet werden konnte. Die Fusionsbesteuerungs-RL in ihrer 1990 erstmals in Kraft getretenen Fassung ist darauf angelegt, bestimmte grenzüberschreitende Umstrukturierungen von Kapitalgesellschaften steuerlich zu erleichtern. Dazu gehören: die grenzüberschreitende Verschmelzung, die grenzüberschreitende Spaltung, der grenzüberschreitende Anteilstausch und die Einbringung eines Betriebsteils in eine Tochtergesellschaft. Im Jahre 2005 wurde der Anwen-

---

11 Dazu *Debatin* in Lutter, Die Europäische Aktiengesellschaft, S. 219 ff.
12 ABl. EG Nr. C 263, S. 41 ff.
13 Zur Kritik *Knobbe-Keuk*, AG 1990, 437 ff.
14 ABl. EG Nr. C 176, S. 1 ff.
15 Richtlinie 90/434/EWG über das gemeinsame Steuersystem für Fusionen, Spaltungen, Abspaltungen, die Einbringung von Unternehmensteilen und den Austausch von Anteilen, die Gesellschaften verschiedener Mitgliedstaaten betreffen v. 23.7.1990, ABl. EG Nr. L 225, S. 1 ff.
16 *Debatin*, DStZ/A 1969, 149.

dungsbereich der Fusionsbesteuerungs-RL persönlich und sachlich erweitert[17]. Die
SE wurde (zusammen mit der SCE) in den Kreis der von der RL erfassten Rechtsformen aufgenommen (Art. 3 lit. a Fusionsbesteuerungs-RL i.V.m. dem Anhang lit. a);
zugleich wurde für die SE und die SCE eine rechtsformspezifische Regelung zu den
steuerlichen Folgen einer Sitzverlegung in die RL eingeführt (Art. 10b–10c Fusionsbesteuerungs-RL).

9   Weiterhin werden in der **Mutter-Tochter-RL**[18] Quellensteuerbefreiungen für grenzüberschreitende Dividenden und in der **Zins-Lizenzgebühren-RL**[19] Quellensteuerbefreiungen für grenzüberschreitende Zins- und Lizenzzahlungen zwischen Mutter-
und Tochtergesellschaften angeordnet. Die Mutter-Tochter-RL erfasst nach einer Änderung aus dem Jahre 2003 explizit auch Unternehmen in der Rechtsform der SE[20].
Bei der Zins-Lizenzgebühren-RL fehlt ein entsprechender Hinweis im Anhang[21].

10   **dd) Gemeinsame körperschaftsteuerliche Bemessungsgrundlage.** Seit Beginn der Arbeiten an der SE steht die Frage nach einer grenzüberschreitenden Konsolidierung
von Ergebnissen der SE und ihrer sekundären Niederlassungen in der Europäischen
Gemeinschaft im Raum[22]. Hier stehen drei abgestufte Regelungen zur Diskussion:

11   Eine enge Lösung – zuletzt in Art. 133 des Entwurfs von 1989 für die SE sowie im
Jahre 1992 für alle Kapitalgesellschaften vorgeschlagen[23] – befürwortet eine **Verrechnung ausländischer Betriebsstättenverluste** mit dem inländischen Einkommen der
SE. Eine weiter gehende Lösung, die in einem Kommissionsvorschlag aus dem Jahre
1990 niedergelegt ist schließt auch die **Verluste ausländischer Tochtergesellschaften**
in diese Verrechnungsmöglichkeit ein[24]. Beide Konzepte verbleiben indessen im traditionellen Regelungszusammenhang des internationalen Steuerrechts: es bleibt bei
der gesonderten Ermittlung und Versteuerung von Einkünften im Quellenstaat sowie
im Sitzstaat der SE; es werden lediglich zur Vermeidung von Überbelastungen negative Einkommensbeträge aus den Quellenstaaten auf der Ebene des Mutterunternehmens zur Verrechnung herangezogen (und entsprechend später nachversteuert). Die
Kommission hat diese Initiative jedoch zurückgezogen[25]. Derzeit verfolgt die Kommission die Politik, an die Stelle einer zwingenden Richtlinie eine freiwillige Koor-

---

17 Richtlinie 2005/19/EG zur Änderung der Richtlinie 90/434/EWG über das gemeinsame Steuersystem für Fusionen, Spaltungen, die Einbringung von Unternehmensteilen und den Austausch von Anteilen, die Gesellschaften verschiedener Mitgliedstaaten betreffen v. 17.2.2005,
ABl. EG Nr. L 58, S. 19 ff.; näher *Diemer* in Herzig, Besteuerung, S. 52 ff.; *Schindler*, IStR
2005, 551 ff.
18 Richtlinie 90/435/EWG über das gemeinsame Steuersystem der Mutter- und Tochtergesellschaften verschiedener Mitgliedstaaten v. 23.7.1990, ABl. EG Nr. L 225, S. 6 ff.
19 Richtlinie 2003/49/EG über eine gemeinsame Steuerregelung für Zahlungen von Zinsen und
Lizenzgebühren zwischen verbundenen Unternehmen verschiedener Mitgliedstaaten v.
3.6.2003, ABl. EG Nr. L 157, S. 49 ff.
20 Mutter-Tochter-RL 90/435/EWG, ABl. EG Nr. L 225, S. 6 ff.: Anhang, Liste der unter Art. 2
lit. a fallenden Gesellschaften, lit. p.
21 Zins-Lizenzgebühren-RL 2003/49/EG, ABl. EG Nr. L 157, S. 49 ff.: Anhang, Liste der unter
Art. 3 lit. a der Richtlinie fallenden Gesellschaften; ein entsprechender Änderungsvorschlag
der Kommission v. 30.12.2003, KOM (2003)841 endg ist noch nicht verabschiedet; zur Frage
der Erstreckung der Wirkungen für nationale Kapitalgesellschaften auf die SE s. unter Rz. 22.
22 *Diemer* in Herzig, Besteuerung, S. 56 ff.
23 Darstellung der Entwürfe bei *Cordewener* in von Groll (Hrsg.), Verluste im Steuerrecht, 2005,
S. 255 ff., 259.
24 Vorschlag KOM (90) 595 endg. v. 6.12.1990 ABl. EG Nr. C 53, S. 30 ff.; dazu *Cordewener* in
von Groll (Hrsg.), Verluste im Steuerrecht, 2005, S. 259.
25 *Cordewener* in von Groll (Hrsg.), Verluste im Steuerrecht, 2005, S. 261 f.

dination der nationalen Regeln zum grenzüberschreitenden Verlustausgleich treten zu lassen[26].

Weitergehend stellt sich der Vorschlag einer **einheitlichen körperschaftsteuerlichen Bemessungsgrundlage** dar[27]. Dieser Vorschlag reicht in zweifacher Hinsicht über die bloße grenzüberschreitende Verlustverrechnung hinaus. Zum einen soll die einheitliche körperschaftsteuerliche Bemessungsgrundlage dem Konzern in der gesamten EG (oder jedenfalls einer qualifizierten Gruppe von Mitgliedstaaten) einheitliche Regeln zur steuerlichen Gewinnermittlung an die Hand geben. Die Glieder der Unternehmensgruppe würden dann nicht mehr nach deutschem, belgischem, estnischem, etc. Steuerbilanzrecht das Ergebnis feststellen, sondern auf der Grundlage eines einheitlichen europäischen Rechtsaktes. Zum zweiten können diese Ergebnisse einer weit reichenden grenzüberschreitenden Konsolidierung im Konzern zugeführt werden. Dies ermöglicht nicht nur eine vollständige Verrechnung von Gewinn- und Verlustpositionen im Konzern, sondern verhindert auch Gewinnrealisierungen bei konzerninternen Verlagerungen von Wirtschaftsgütern und Umstrukturierungen von Rechtsträgern. Weiterhin werden konzerninterne Geschäfte durch die Konsolidierung neutralisiert und können daher auch nicht zu Verrechnungspreisstreitigkeiten Anlass geben.   12

Ob sich die Einführung einer solchen einheitlichen körperschaftsteuerlichen Bemessungsgrundlage **rechtsformspezifisch für die SE oder allgemein für Körperschaften** (oder auch Personenunternehmen) empfiehlt, ist umstritten. Eine Position spricht sich dafür aus, die Verbreitung der Rechtsform der SE mit Hilfe eines solchen präferentiellen Regimes gezielt zu fördern[28]. Eine vermittelnde Position hält im Rahmen eines „Pilotprojekts" die Einführung der einheitlichen körperschaftsteuerlichen Bemessungsgrundlage für die SE für hilfreich und zulässig[29]. Eine konservative Linie spricht sich gegen jede rechtsformspezifischen Vergünstigungen aus und hält eine solche einheitliche körperschaftsteuerliche Bemessungsgrundlage nur rechtsformübergreifend für zulässig[30].   13

b) Gesetzgebungsarbeiten in der Bundesrepublik Deutschland

Der deutsche Gesetzgeber hat bis zum Jahre 2006 keine besonderen steuerlichen Maßnahmen mit Rücksicht auf die Einführung der SE erlassen. Insbesondere sind bis dahin die Regeln der Fusionsbesteuerungs-RL über grenzüberschreitende Verschmelzungen und Spaltungen nicht in deutsches Recht überführt worden. Dies wurde damit gerechtfertigt, dass vor Inkrafttreten der SE-VO und der gesellschaftsrechtlichen   14

---

26 Mitteilung der Kommission an den Rat, das Europäische Parlament und den Europäischen Wirtschafts- und Sozialausschuss: Steuerliche Behandlung von Verlusten bei grenzübergreifenden Sachverhalten v. 19.12.2006, KOM (2006) 824 endg.

27 Mitteilung der Kommission an den Rat, das Europäische Parlament und den Europäischen Wirtschafts- und Sozialausschuss: Ein Binnenmarkt ohne steuerliche Hindernisse – Strategie zur Schaffung einer konsolidierten Körperschaftsteuer-Bemessungsgrundlage für die grenzüberschreitende Unternehmenstätigkeit in der EU v. 23.10.2001, KOM (2001) 582 endg.; *Europäische Kommission*, Unternehmensbesteuerung im Binnenmarkt, Arbeitsdokument der Dienststellen der Kommission v. 23.10.2001, SEK(2001)1681, Abschn. C; Analyse bei *Schön* in Herzig, Organschaft, S. 612 ff.; *Schön*, ZHR 171 (2007), 409 ff.; *Spengel* in Herzig, Besteuerung, S.101 ff.

28 *Thömmes* in Theisen/Wenz, Europäische Aktiengesellschaft, S. 526 ff.

29 Mitteilung der Kommission v. 23.10.2001, KOM (2001) 582 endg., Abschn. 5; Mitteilung der Kommission an den Rat, das Europäische Parlament und den Europäischen Wirtschafts- und Sozialausschuss: Ein Binnenmarkt ohne unternehmenssteuerliche Hindernisse, Ergebnisse, Initiativen, Herausforderungen, 24.11.2003, KOM (2003) 726 endg., Tz. 4.5.

30 *Schön*, European Taxation 2002, 475 ff.

Richtlinie über internationale Verschmelzungen der gesellschaftsrechtliche „Unterbau" für diese Vorgänge fehlte[31]. Mit der Änderung der Fusionsbesteuerungs-RL im Jahre 2005 wurde die Bundesrepublik Deutschland verpflichtet, die neuen Vorschriften für die SE und die SCE in deutsches Recht zu überführen. Nachdem das BMF im September 2005 einen internen Vorentwurf mit Fachleuten diskutiert hatte, wurde im April 2006 ein Referentenentwurf veröffentlicht, der in erneut veränderter Form am 25.9.2006 als Regierungsentwurf eines **„Gesetzes über steuerliche Begleitmaßnahmen zur Einführung der Europäischen Gesellschaft und zur Änderung weiterer steuerrechtlicher Vorschriften (SEStEG)"** beschlossen und in den parlamentarischen Geschäftsgang gebracht wurde[32]. Nachdem – nicht zuletzt aufgrund der Stellungnahme des Bundesrates[33] und der Arbeit des Finanzausschusses[34] – einige Regelungen verändert wurden[35], wurde das Gesetz am 7.12.2006 verabschiedet und am 22.12.2006 im Bundesgesetzblatt verkündet[36]. Das SEStEG ist ein Artikelgesetz, welches das EStG, das KStG, das UmwStG und weitere Gesetze ändert und ergänzt.

15 Das SEStEG verfolgt mehrere Ziele[37]. Es versucht, eine breit angelegte (und damit deutlich über die SE hinausführende) Beseitigung steuerlicher Hemmnisse internationaler Umstrukturierungen von Unternehmen zu präsentieren. Im Rahmen dieser **„Europäisierung" des deutschen Unternehmens- und Umwandlungssteuerrechts** ist er zugleich darauf angelegt, den Besteuerungsanspruch der Bundesrepublik Deutschland auf stille Reserven in inländischen Wirtschaftsgütern zu sichern. Drohen stille Reserven, in eine andere steuerliche Jurisdiktion überzuwechseln, so reagiert das Gesetz in der Regel mit einer „Sofortbesteuerung" der stillen Reserven. Darüber hinaus soll das Gesetz die SE in das allgemeine Unternehmenssteuerrecht integrieren. Schließlich werden einzelne Sondervorschriften für die SE im Hinblick auf die laufende Geschäftätigkeit und die grenzüberschreitende Umstrukturierung eingeführt.

16 Der Entwurf ist im Schrifttum[38] und von den betroffenen Kreisen[39] scharf kritisiert worden. Als maßgeblicher Fehler wird die regelmäßige **Sofortversteuerung stiller Reserven** bei ihrem Wechsel über die Grenze in eine andere Steuerhoheit eingeordnet. Ob die Konzeption der Bundesregierung sich als tragfähig erweist, wird namentlich davon abhängen, ob und in welcher Weise die Europäische Kommission und der Europäische Gerichtshof die Position der SE vor dem Hintergrund der Grundfreiheiten des EG-Vertrages weiter stärken werden, als dies im Entwurf eines SEStEG vorgesehen ist. Kritisiert wird auch die weitgehende Beschränkung auf Vorgänge im Rahmen der EU/EWR-Mitgliedstaaten, d.h. den Verzicht auf eine wirkliche „Globalisierung" vor allem des Umwandlungssteuerrechts[40].

---

31 BT-Drucks. 12/1108, S. 80.
32 BT-Drucks. 16/2710 = BR-Drucks. 542/06; zum Gesetzgebungsverfahren s. *Lüdicke/Möhlenbrock* in PriceWaterhouseCoopers, Reform des Umwandlungssteuerrechts, Einl. Rz. 61 ff.
33 BR-Drucks. 542/06 (B).
34 BT-Drucks. 16/3369; zu den wichtigsten Änderungen im Gesetzgebungsverfahren s. *Benecke/Schnitger*, IStR 2007, 22 ff. und *Rödder/Schumacher*, DStR 2007, 369 ff.
35 Namentlich wurde der „Ausgleichsposten" nach § 4g EStG geschaffen (s. dazu den Antrag des Freistaats Bayern v. 20.9.2006, BR-Drucks. 542/2/06, S. 1 ff. und die Stellungnahme des Bundesrates, BR-Drucks. 542/06 (B), S. 1 ff.).
36 Gesetz über steuerliche Begleitmaßnahmen zur Einführung der Europäischen Gesellschaft und zur Änderung weiterer steuerrechtlicher Vorschriften (SEStEG) v. 7.12.2006, BGBl. I 2006, 2782 ff. = BStBl. I 2007, S. 4 ff.
37 BT-Drucks. 16/2710, S. 25 ff.
38 *Rödder/Schumacher*, DStR 2006, 1481 ff., 1525 ff.; *Werra/Teiche*, DB 2006, 1455 ff.
39 S. etwa Bundesverband der Deutschen Industrie e. V., Das SEStEG – Hemmschuh für Unternehmensumstrukturierungen?, 2006.
40 *Rödder/Schumacher*, DStR 2007, 369 f.

2. Die SE im Recht der Europäischen Gemeinschaft

a) Grundfreiheiten

Die Grundfreiheiten haben in den vergangenen 20 Jahren einen erheblichen Einfluss 17
auf das Steuerrecht der Mitgliedstaaten gewonnen[41]. Nach ständiger Rechtsprechung
des EuGH ist zwar die Fiskalhoheit der Mitgliedstaaten im Kern nicht in Frage zu
stellen, doch haben diese ihre Steuersouveränität im Einklang mit den Diskriminie-
rungs- und Beschränkungsverboten des Binnenmarkts auszuüben. Diese Verbote besitzen erhebliche Bedeutung, wenn es um die **steuerliche Behandlung grenzüberschreitender wirtschaftlicher Aktivitäten** von Unternehmen geht, etwa bei grenzüberschreitender Umstrukturierung oder internationaler Ergebnisverrechnung.

Die SE gehört zu den Gesellschaften, die nach Art. 48 Abs. 1 EG nach dem Recht ei- 18
nes Mitgliedstaates der EG gegründet wird und dort zwingend ihren satzungsmäßigen Sitz sowie in der Regel auch ihre Hauptverwaltung und ihre Hauptniederlassung
unterhalten wird. Daher kann sie sich ebenso wie eine natürliche Person auf die **Niederlassungsfreiheit des Art. 43 Abs. 1 EG** berufen[42]. Der Umstand, dass es sich bei
der SE um eine „supranationale" Rechtsform handelt, kann den Zugang zu dieser
Grundfreiheit nicht beeinträchtigen. Vielmehr betont der Gemeinschaftsgesetzgeber
in Art. 9, 10 SE-VO die Gleichstellung mit nationalen Aktiengesellschaften, die sich
mit Selbstverständlichkeit auf die Grundfreiheiten des EG-Vertrages berufen können.

Art. 48 Abs. 1 EG findet laut Art. 55 EG auch auf dem Gebiet der **Dienstleistungsfrei-** 19
heit Anwendung. Die SE kann sich daher auch auf Art. 49 EG berufen. Darin kommt
der allgemeine Grundsatz zum Ausdruck, dass die SE – wie jede in der EU gegründete
Kapitalgesellschaft – an den Vorteilen des Binnenmarktes partizipieren kann. Sie
kann daher auch die **Freiheit des Warenverkehrs** (Art. 28 EG) und des **Kapital- und
Zahlungsverkehrs** (Art. 56 EG) sowie die speziellen Diskriminierungsverbote auf
dem Gebiet der Warensteuern (Art. 12, 90 EG) in Anspruch nehmen[43].

b) Steuerliche Richtlinien

Bei den steuerlichen Richtlinien auf dem Gebiet der Unternehmensbesteuerung stel- 20
len sich aus der Sicht der Rechtsanwendung zwei Fragen: Wird die SE von einer
Richtlinie erfasst und kann sie sich auf diese Richtlinie bei abweichendem nationalem Recht „unmittelbar berufen"?

Eine ausdrückliche Erstreckung des **Anwendungsbereichs der Richtlinie** findet sich 21
im Anhang der Fusionsbesteuerungs-RL (Liste der Gesellschaften im Sinne von Art. 3
lit. a) unter (a)[44] sowie im Anhang der Mutter-Tochter-RL (Liste der unter Art. 2 lit. a
fallenden Gesellschaften) unter (p). Zudem wird in der Fusionsbesteuerungs-RL die
SE in Art. 1 lit. b sowie in Art. 10 lit. b bis Art. 10 lit. d im Zusammenhang mit der
Sitzverlegung ausdrücklich erwähnt.

Zweifelhaft ist die Erstreckung des Anwendungsbereichs der Richtlinien auf die SE 22
für die Zeit vor dem **Ablauf der Umsetzungsfrist** (1.1.2007). Gleiches gilt für die Zins-
Lizenzgebühren-RL, bei der eine explizite Einbeziehung der SE fehlt. In diesen Fällen

---

41 Ausführliche Darstellung bei *Cordewener*, Europäische Grundfreiheiten und nationales Steuerrecht, 2002; Überblick zu den Auswirkungen auf das Unternehmenssteuerrecht: *Schön*,
StbJb. 2003/04, S. 28 ff.; *Schön*, IStR 2004, 289 ff.
42 *Helminen*, European Taxation 2004, 28 ff., 30; *Schindler* in Kalss/Hügel, Teil III: Steuerrecht,
Rz. 30; *Büsching* in Jannott/Frodermann, Handbuch Europäische Aktiengesellschaft, 14. Kap.
Steuerrecht, Rz. 14 f.; a.A. *Ulmer*, NJW 2004, 1201, 1210.
43 Zum allgemeinen Charakter von Art. 48 EG s. *Schön* in FS Lutter, 2000, S. 685 ff., 689 ff.
44 *Schön/Schindler*, IStR 2004, 571 ff., 573 f.

kann entweder mit einer Analogie geholfen oder Art. 10 SE-VO ins Spiel gebracht werden[45]. Insoweit diese Norm eine Gleichstellung der SE mit einer nationalen Aktiengesellschaft anordnet und für diese nationale Aktiengesellschaft die Vorschriften einer der genannten Richtlinien Anwendung finden (das ist in der Regel der Fall), kann eine SE Erstreckung dieser Rechtsfolgen auf sich nach Art. 10 SE-VO verlangen.

23 Der Gerichtshof hat bereits mehrfach entschieden, dass **Steuerpflichtige sich unmittelbar auf die Regelungen der Fusionsbesteuerungs-RL sowie der Mutter-Tochter-RL berufen können**[46]. Zweifelhaft kann im Rahmen der Fusionsbesteuerungs-RL allenfalls sein, ob eine Direktwirkung an Art. 11 Abs. 1 lit. b der Richtlinie scheitert. Danach kann ein Mitgliedstaat die Anwendung der Richtlinienbestimmungen ganz oder teilweise versagen oder rückgängig machen, wenn eine Umstrukturierung „dazu führt, dass eine am Vorgang beteiligte Gesellschaft oder eine an dem Vorgang nicht beteiligte Gesellschaft die Voraussetzungen für die bis zu dem Vorgang bestehende Vertretung der Arbeitnehmer in den Organen der Gesellschaft nicht mehr erfüllt". Diese Vorschrift kann jedoch die unmittelbare Durchsetzbarkeit der Richtlinie nicht hindern. Zum einen hat der deutsche Gesetzgeber im Rahmen der Umsetzung bisher von diesem Vorbehalt keinen Gebrauch gemacht. Zum anderen – und dies ist bedeutsamer – sind die von dieser Klausel geschützten Arbeitnehmerinteressen sowohl im Rahmen der Verordnung und Richtlinie zur SE als auch im Rahmen der gesellschaftsrechtlichen Richtlinie über grenzüberschreitende Fusionen hinreichend gewahrt. Die Vorschrift läuft damit „leer"; sie hat keinen eigenständigen Funktionswert mehr[47].

24 Die Richtlinien auf dem **Gebiet der indirekten Steuern** – namentlich die Richtlinien zur Umsatzsteuer und zu den speziellen Verbrauchsteuern – stellen dem Grunde nach nicht auf die Rechtsform der leistenden Unternehmer oder anderer Steuerpflichtiger ab. Eine Anpassung an die SE-VO war daher nicht erforderlich[48]. Lediglich im Gesellschaftsteuerrecht hätte eine ausdrückliche Erweiterung des Anwendungsbereichs nahe gelegen, denn Art. 3 Nr. 1a enthält einen Katalog nationaler Rechtsformen, bei denen Umstrukturierungsvorgänge dem harmonisierten Gesellschaftssteuerrecht unterliegen. Allerdings finden sich in Art. 3 Nr. 1b und c Auffangklauseln, die in allgemeiner Weise sowohl alle börsenfähige Gesellschaften als auch alle Erwerbsgesellschaften mit genehmigungsfrei übertragbaren Anteilen und beschränkter Haftung dem Anwendungsbereich der RL unterstellen. Von beiden Alternativen wird die SE erfasst[49].

c) Verhältnis Grundfreiheiten – Richtlinien

25 Für die steuerlichen Rahmenbedingungen der SE ist das Verhältnis zwischen den Grundfreiheiten des EG-Vertrages und den Richtlinien auf dem Gebiet der Unterneh-

---

45 *Diemer* in Herzig, Besteuerung, S. 38; *Schön* in Deutsches Aktieninstitut (Hrsg.), Die Europa-AG – Eine Perspektive für deutsche Unternehmen?, 2002, S. 75 ff., 81; *Herzig/Griemla*, StuW 2002, 55 ff., 59 f.; *Schindler* in Kalss/Hügel, Teil III: Steuerrecht, Rz. 15; zweifelnd *Büsching* in Jannott/Frodermann, Handbuch Europäische Aktiengesellschaft, Rz. 7 f.

46 Ständige Rechtsprechung seit EuGH v. 17.10.1996 – Rs. C-291/94 u.a. – „Denkavit", EuGHE 1996, S. I-5063 ff. (zur Mutter-Tochter-RL); zuletzt EuGH v. 5.7.2007 – Rs. C-321/05 – „kofoed", GmbHR 2007, 880 ff. (zur Fusions-RL).

47 *Schön* in von Rosen (Hrsg.), Die Europa-AG – Eine Perspektive für deutsche Unternehmen?, 2003, S. 87; *Schindler*, Europäische Aktiengesellschaft, S. 92; *Schindler* in Kalss/Hügel, Teil III: Steuerrecht, Rz. 75 m.w.N. in Fn. 159; a.A. *Schulz/Petersen*, DStR 2002, 1508 ff., 1514; unentschieden *Herzig/Griemla*, StuW 2002, 61

48 *Terra/Wattel*, European Tax Law, 2004, S. 619 f.

49 Zur Anwendung der Gesellschaftsteuer-RL auf die SE *Diemer* in Herzig, Besteuerung, S. 45; *Bouwman/Werbroeck* in van Gerven/Storm, The European Company, Vol. 1, 2006, S. 98 ff., 108.

mensbesteuerung von zentraler Bedeutung. Dies hat seinen Grund darin, dass die Grundfreiheiten nach dem im Schrifttum herrschenden Verständnis die Fiskalhoheit der Mitgliedstaaten bei der grenzüberschreitenden Umstrukturierung stärker beschränken als die Richtlinien. Konkret geht es um die **steuerliche Erfassung von stillen Reserven** des Unternehmens, die aus Anlass einer Sitzverlegung oder Verschmelzung in eine ausländische Steuerjurisdiktion verlagert werden. Hier legt die Richtlinie eine sofortige Besteuerungsbefugnis des Wegzugsstaats zugrunde[50], während die Rechtsprechung des Europäischen Gerichtshofs[51] in die Richtung einer gemeinschaftsrechtlichen Pflicht zur Steuerstundung tendiert[52].

Das **Verhältnis der Grundfreiheiten zu den sekundären Rechtsakten der Gemeinschaft** lässt sich wie folgt darstellen: 26

Ausgangspunkt ist, dass die **Wahrnehmung der Rechte aus Art. 43 Abs. 1 EG** nicht von dem Erlass sekundärrechtlicher oder nationaler Rechtsvorschriften abhängig ist. Wenn eine inländische Kapitalgesellschaft die Sitzverlegung über die Grenze oder die Verschmelzung mit einer Kapitalgesellschaft im EU-Ausland anstrebt, kann ihr nicht entgegengehalten werden, dass die entsprechenden Richtlinien auf dem Gebiet des Gesellschaftsrechts oder des Steuerrechts noch nicht verabschiedet oder noch nicht umgesetzt seien. Auch kann nicht hinderlich sein, dass nationales Recht nicht existiert[53].

Weiterhin wird man nicht bezweifeln können, dass die Richtlinien **nur dort vorrangig zu beachten sind, wo sie eingreifen.** Wenn also eine gesellschaftsrechtliche oder steuerrechtliche Richtlinie nur grenzüberschreitende Verschmelzungen in den Blick nimmt, hindert dies nicht die Anwendung von Art. 43, 48 EG, wenn eine Kapitalgesellschaft lediglich ihren Sitz über die Grenze verlegen möchte[54].   27

Diskussionswürdig erscheint allerdings der Fall, dass eine Richtlinie eine grenzüberschreitende Organisationsmaßnahme erfasst, die auch auf der Grundlage der Niederlassungsfreiheit durchgesetzt werden könnte. Hier geht es zunächst darum, ob die „Wertungen" der Richtlinie in die Verwirklichung der Niederlassungsfreiheit einfließen können. Es würde sich dabei – mangels einer auslegungsfähigen inländischen Regelung – um den Fall einer „richtlinienkonformen Rechtsfortbildung" handeln[55]. Eine solche Übernahme von Wertungen der Richtlinie würde zum einen dazu führen, dass der Mitgliedstaat die in der Richtlinie niedergelegten Schutzzwecke und Schutzmechanismen auch gegenüber der Berufung auswanderungswilliger Gesellschaften auf die Art. 43, 48 EG durchsetzen kann. Es würde zum anderen die beteiligten Unternehmen berechtigen, eine Sitzverlegung oder Verschmelzung nach Maßgabe der Richtlinie vorzunehmen[56].   28

Als problematisch erweist sich vor allem die Situation, dass die Richtlinie Hindernisse für die Ausübung der Niederlassungsfreiheit durch Sitzverlegung oder Verschmel-   29

---

50 Art. 4, 10b Richtlinie 2005/19/EG vom 17.2.2005 (Fusions-Richtlinie), ABl. EG Nr. L 58, S. 19 ff.
51 EuGH v. 11.3.2004 – Rs. C-9/02 – „Hughes de Lasteyrie de Saillant", EuGHE 2004, S. I-2409 ff.; EuGH v. 7.9.2006 – Rs. C-470/04 – „N.", DStR 2006, 1691 ff.
52 S. zur Sitzverlegung Rz. 150 ff.; zur Verschmelzung Rz. 239 ff.
53 EuGH v. 13.12.2005 – Rs. C-411/03 – „SEVIC", EuGHE 2005, S. I-10805 ff. Rz. 26.
54 *Forsthoff*, DStR 2006, 613 ff., 617; *Teichmann*, ZIP 2006, 355 ff., 362.
55 Zur richtlinienkonformen Auslegung vor Ablauf der Umsetzungsfrist s. zuletzt EuGH v. 4.7.2006 – Rs. C-212/04 – „Adeneler", EuZW 2006, 730 ff.: Grundlage ist die Loyalitätspflicht aus Art. 10 EG; zum methodischen Vorgehen nach europäischem und deutschem Recht ausführlich: *Roth*, EWS 2005, 385 ff., 388 f., 393 f.
56 So zum Gesellschaftsrecht: *Bayer/Schmidt*, ZIP 2006, 210 ff., 213; *Forsthoff*, DStR 2006, 613 ff., 617.

zung formuliert, die der nationale Gesetzgeber nur im Rahmen der strengen Anforderungen an „gerechtfertigte" Beschränkungen der Grundfreiheiten einführen und durchsetzen dürfte. Diese Fälle werfen die grundlegende Problematik auf, ob die **Gesetzgebungsakte der Gemeinschaft selbst an den Grundfreiheiten des EG-Vertrages gemessen** und gegebenenfalls verworfen werden dürfen. Diese Diskussion wird sowohl im Gesellschaftsrecht als auch im Steuerrecht geführt. Einige gesellschaftsrechtliche Autoren nehmen hierzu an, dass die Niederlassungsfreiheit prinzipiell Vorrang genießt und auch durch Sekundärrechtsakte nicht eingeschränkt werden kann[57]. Andere meinen, dass der europäische Gesetzgeber im Sekundärrecht einen gewissen Gestaltungsspielraum besitzt, den der nationale Gesetzgeber nicht hat, und insbesondere Allgemeininteressen definieren und durchsetzen darf, die der ungezügelten Nutzung der Grundfreiheiten entgegengehalten werden können. Es handele sich bei der Richtlinie insoweit um eine „die Niederlassungsfreiheit in zulässiger Weise konkretisierende Regelung"[58]. Im Steuerrecht neigt die deutliche Mehrheit der Autoren der Ansicht zu, dass der Gesetzgeber sowohl den Vorgaben der Richtlinie als auch den Ansprüchen der Grundfreiheiten entsprechen muss[59].

30 Der Europäische Gerichtshof hat zu diesem Problemkreis in früheren Urteilen verfahrensrechtlich festgestellt, dass für Rechtsakte des europäischen Sekundärrechts (Richtlinien, Verordnungen) im Grundsatz die **Vermutung der Rechtmäßigkeit** gilt. Diese Akte entfalten Rechtswirkungen, auf die sich der nationale Gesetzgeber verlassen kann, solange sie nicht zurückgenommen, im Rahmen einer Nichtigkeitsklage für nichtig erklärt oder infolge eines Vorabentscheidungsersuchens für ungültig erklärt worden sind[60]. Materiell-rechtlich geht der EuGH indessen in ständiger Rechtsprechung davon aus, dass die Grundfreiheiten des EG-Vertrages (zumindest die „Grundsätze" dieser Grundfreiheiten) auch gegenüber Rechtsakten der Gemeinschaft ins Feld geführt werden können[61].

31 Zwar richten sich die Grundfreiheiten dem Wortlaut nach in erster Linie gegen Maßnahmen der Mitgliedstaaten. Doch sind die Kompetenzen der Organe der Europäischen Gemeinschaft in ihrer Zielsetzung darauf angelegt, den Binnenmarkt und die dort vorgesehenen Freiheitsräume zu gewährleisten und auszubauen[62]. Der europäische Gesetzgeber muss sich daher mit seinen Normsetzungen im Rahmen des „**Binnenmarktprogramms**" bewegen. Dabei dürften Regelungen, die zu Diskriminierungen von Marktteilnehmern führen, grundsätzlich ebenso unzulässig sein wie entsprechende mitgliedstaatliche Maßnahmen. Vor diesem Hintergrund ist zweifelhaft, ob

---

57 *Meilicke/Rabback*, GmbHR 2006, 123 ff., 126 (für Durchsetzung von Arbeitnehmerrechten); vgl. auch *Schindler*, ECFR 2006, 109 ff., 118.

58 *Bayer/Schmidt*, ZIP 2006, 210 ff., 212; *Forsthoff*, DStR 2006, 613 ff., 617; *Teichmann*, ZIP 2006, 355 ff., 362.

59 *Frotscher*, IStR 2006, 65 ff., 68 ff.; *Kessler/Huck/Obser/Schmalz*, DStZ 2004, 855 ff., 860 f.; *Rödder*, DStR 2005, 895 f.; a.A. eventuell *Hey*, GmbHR 2001, 993 ff., 1000 f.

60 EuGH v. 5.10.2004 – Rs.C-475/01 (Kommission ./. Griechenland), EuR 2005, 755 ff. (Vereinbarkeit einer Verbrauchsteuer-RL mit Art. 90 EG); dazu kritisch *Weinzierl*, EuR 2005, 759 ff.

61 S. etwa EuGH v. 20.4.1978 – Rs.80 u. 81/77 – „Commissionaires Réunis", EuGHE 1978, 927 ff., Rz. 35/36; EuGH v. 17.5.1984 – Rs.15/83 – „Denkavit Nederland B.V.", EuGHE 1984, 2171 ff., Rz. 13 ff.; EuGH v. 9.8.1994 – Rs.C-51/93 – „Meyhui", EuGHE 1994, S. I-3879 ff., Rz. 10 f.; EuGH v. 25.6.1997 – Rs.C-114/96 – „Kieffer u. Thill", EuGHE 1997, S. I-3629 ff., Rz. 24 f.; EuGH v. 7.11.2000 – Rs.C-168/98 – „Luxemburg ./. Parlament/Rat" EuGHE 2000, S. I-9131 ff. Rz. 17–29.

62 S. *Müller-Graff* in Streinz (Hrsg.), EUV/EGV, 2004, Art. 43 EG Rz. 37; *Randelzhofer/Forsthoff* in Grabitz/Hilf (Hrsg.), EUV/EGV, Loseblatt (Stand 2001), Vor Artt. 39–55 EGV Rz. 49–52; *Becker* in Schwarze (Hrsg.), EU-Kommentar, 2000, Art. 28 EG Rz. 101–102; ausführlich *Scheffer*, Die Marktfreiheiten des EG-Vertrages als Ermessensgrenze des Gemeinschaftsgesetzgebers, 1997.

der Gemeinschaftsgesetzgeber eine SE oder eine nationale Kapitalgesellschaft an der schlichten Verlagerung ihres Verwaltungssitzes ins Ausland hindern und darauf festlegen kann, zugleich mit dem Verwaltungssitz auch den Satzungssitz zu verlegen.

Bei der Durchsetzung von Allgemeininteressen kann dem Gemeinschaftsgesetzgeber · · · 32
jedoch ein erheblicher Definitionsspielraum zugestanden werden. Dies gilt auch für die Art und Weise, in der die Interessen Dritter – etwa des Fiskus, aber auch von Minderheitsgesellschaftern, Gläubigern oder Arbeitnehmern – gesichert werden. Allerdings bleibt der Richtlinien- und Verordnungsgeber auch insoweit an den Grundsatz der Erforderlichkeit und Verhältnismäßigkeit gebunden[63]. Dabei ist vor allem zweifelhaft, ob die Notwendigkeit **„politischer Kompromisse"** bei der europäischen Gesetzgebung ausreicht, um nachteilige Regelungen zu begründen[64]. Dazu ist zu bemerken, dass ein politischer Kompromiss bei der Definition der europäischen „Schutzzwecke" im Grundsatz akzeptiert werden muss. Er vermag die Anforderungen der Grundfreiheiten jedoch dann nicht zurückzudrängen, wenn er letztlich dem Zweck dient, auf dem „Umweg" über die europäische Gesetzgebung einseitige nationale Regelungsinteressen durchzusetzen. Dies muss gerade auch für Richtlinien auf dem Gebiet des Steuerrechts kontrolliert werden, weil bei diesen Rechtsakten die (fiskalisch interessierten) Mitgliedstaaten einseitig zu Lasten der Marktbürger Recht setzen können und ein „natürlicher" Interessengegensatz zwischen den Mitgliedstaaten in dieser Frage nicht existiert.

Betrachtet man vor diesem Hintergrund das Verhältnis der Grundfreiheiten (Nieder- · · · 33
lassungsfreiheit, Kapitalverkehrsfreiheit) zu der Fusionsbesteuerungs-RL im Hinblick auf die grenzüberschreitende Sitzverlegung und Verschmelzung, so stellt man fest, dass ein echter „Konflikt" zwischen der Richtlinie und den Grundfreiheiten nicht besteht. Zunächst ist festzuhalten, dass die Richtlinie als solche nicht eine **„Sofortbesteuerung"** von verlagerten Wirtschaftsgütern anordnet, sondern lediglich eine Sofortbesteuerung **von in inländischen Betriebsstätten verbleibenden Wirtschaftsgütern ausschließt**[65]. Für die übrigen Wirtschaftsgüter – solche die im Ausland belegen sind oder aus Anlass einer Umstrukturierung dorthin verlagert werden – bleibt es bei einem Gestaltungsspielraum der Mitgliedstaaten. Diesen Gestaltungsspielraum darf der nationale Gesetzgeber, wie der Gerichtshof zu mitgliedstaatlichen Wahlrechten auf dem Gebiet der Besteuerung mehrfach entschieden hat, nur in Übereinstimmung mit den Grundfreiheiten ausüben[66]. Bei der Bestimmung des Verhältnisses zwischen den Grundfreiheiten und der Richtlinie ist weiterhin zu beachten, dass die Fusionsbesteuerungs-RL darauf ausgerichtet ist, die Ausübung der Niederlassungsfreiheit für Unternehmen zu fördern, nicht jedoch Einschränkungen gegenüber den Grundfreiheiten zu statuieren[67]. Auch dies spricht dafür, die Richtlinie nicht als Beschränkung der Grundfreiheiten nach der Rechtsprechung des Europäischen Gerichtshofs zu verstehen.

---

63 EuGH v. 9.8.1994 1994 – Rs.C-51/93 – „Meyhui", EuGHE 1994, S. I-3879 ff., Rz. 21; EuGH v. 25.6.1997 – Rs.C-114/96 – „Kieffer u. Thill", EuGHE 1997, S. I-3629 ff., Rz. 30–38.
64 Dafür in der Tendenz *Randelzhofer/Forsthoff* in Grabitz/Hilf (Hrsg.), EUV/EGV, Loseblatt (Stand 2001), Vor Artt. 39–55 EGV Rz. 49–52.
65 *Saß*, DB 2005, 1238 ff., 1240.
66 EuGH v. 18.9.2003 – Rs.C-168/01 – „Bosal", EuGHE 2003, S. I-9401 ff. Rz. 25 f., 43; EuGH v. 23.2.2006 – Rs. C-471/04 – „Keller Holding", IStR 2006, 235 ff. Rz. 45; näher hierzu *Forsthoff*, IStR 2006, 222 ff. und *Lüdicke/Hummel*, IStR 2006, 694 ff.; *Kessler/Huck/Obser/Schmalz*, DStZ 2004, 860 f.
67 Ausführlich *Schön*, Tax Notes International v. 12.3.2004, 197 ff., 202; *Schön/Schindler*, IStR 2004, 571 ff., 574; s. auch schon *Knobbe-Keuk*, DB 1991, 298 ff., 298.

34   Daher müssen die Regelungen des deutschen Steuerrechts für grenzüberschreitende Sachverhalte sowohl den **Anforderungen der Grundfreiheiten** als auch den **Vorgaben der Richtlinien** genügen.

d) Die SE und EFTA/EWR

35   Neben den Mitgliedstaaten der EU sind einige Mitgliedstaaten der Europäischen Freihandelszone EFTA (Island, Liechtenstein, Norwegen) mit der EU im Europäischen Wirtschaftsraum (EWR) zusammengefasst. Im EWR gelten im Grundsatz auch die im EG-Vertrag genannten **Grundfreiheiten**[68]. Außerdem kann **Sekundärrecht** durch Annex oder Protokoll zum EWR-Vertrag für den EWR verbindlich werden.

36   Für die Europäische Aktiengesellschaft ist zu beachten, dass die SE-VO in das Recht des Europäischen Wirtschaftsraums übernommen worden ist[69], **nicht jedoch die Richtlinien auf dem Gebiet der direkten Steuern**[70]. Daher fehlen im Verhältnis EU/EFTA sowohl die materiell-rechtlichen Vorschriften der Fusionsbesteuerungs-RL und der Mutter-Tochter-RL als auch die verfahrensrechtlichen Regelungen der Amtshilfe-RL und der Beitreibungs-RL. Diese Regelungen können auch nicht auf der Grundlage der primärrechtlichen Diskriminierungsverbote von EFTA-Marktteilnehmern eingefordert werden[71].

37   Für die SE gelten daher aus der Sicht der EFTA-Staaten im Gesellschaftsrecht in vollem Umfang die Bestimmungen der SE-VO, während im Steuerrecht lediglich die Grundfreiheiten Anwendung finden[72].

II. Die SE im nationalen Steuerrecht

1. Direkte und indirekte Steuern

38   Im Ausgangspunkt ist für das Recht der direkten und der indirekten Steuern festzustellen, dass die SE im nationalen Steuerrecht wie eine deutsche Aktiengesellschaft behandelt wird. Dies folgt aus **Art. 10 SE-VO**[73], welcher anordnet, dass „vorbehaltlich der Bestimmungen dieser Verordnung eine SE in jedem Mitgliedstaat wie eine Aktiengesellschaft behandelt wird, die nach dem Recht des Sitzstaats der SE gegründet wurde". Die Vorschrift reicht weiter als **Art. 9 Abs. 1 lit. c iii SE-VO**, der lediglich auf das nationale Aktienrecht zur Lückenfüllung für die SE-VO Bezug nimmt[74]. Soweit im Schrifttum[75] ein enges Verständnis des Art. 10 SE-VO mit der

---

68   Zum Steuerrecht s. *Cordewener*, FR 2005, 236 ff.; *Kofler*, ÖStZ 2005, 143 ff.
69   Beschluss des Gemeinsamen EWR-Ausschusses Nr. 93/2002 v. 25.6.2002 zur Änderung des Anhangs XXII (Gesellschaftsrecht) des EWR-Abkommens, ABl.EU Nr. L 266 v. 3.10.2002, S. 69 f.
70   Näher *Cordewener*, FR 2005, 239.
71   A.A. *Gudmundsson*, Intertax 2006, 58 ff., 84.
72   Zur Erstreckung der SE und ihrer steuerlichen Wirkungen auf EFTA-Staaten im Rahmen des EWR s. ausführlich *Thömmes* in Theisen/Wenz, Europäische Aktiengesellschaft, S. 603 ff.
73   *Bartone/Klapdor*, Die Europäische Aktiengesellschaft, S. 151; *Bouwman/Werbroeck* in van Gerven/Storm, The European Company, Vol.1, 2006, 100 ff.; *Fischer* in MünchKomm. AktG, Rz. 4; *Schaumburg* in Lutter/Hommelhoff, Europäische Gesellschaft, S. 319 ff.; *Schindler* in Kalss/Hügel, Teil III: Steuerrecht, Rz. 15; *Schön* in von Rosen (Hrsg.), Die Europa-AG – Eine Perspektive für deutsche Unternehmen?, 2003, S. 81; *Thömmes* in Theisen/Wenz, Europäische Aktiengesellschaft, S. 590.
74   *Habersack*, ZGR 2003, 724 ff., 728; *Schäfer* in MünchKomm. AktG, Art. 10 SE-VO Rz. 3; insoweit unzutreffend die Berufung auf Art. 9 SE-VO für das Steuerrecht (*Büsching* in Jannott/Frodermann, Handbuch Europäische Aktiengesellschaft, Rz. 1; *Schaumburg* in Lutter/Hommelhoff, Europäische Gesellschaft, S. 319 f.).
75   *Schwarz*, Art. 10 Rz.7 f.

Begründung vertreten wird, dass der Gesetzgeber der SE-VO nicht mit Hilfe des Art. 10 SE-VO in die nach dem 20. Erwägungsgrund der Verordnung bewusst nicht geregelten Sachbereiche (Insolvenzrecht, Steuerrecht, Wettbewerbsrecht und gewerblicher Rechtsschutz) eingreifen könne, ist dem nicht zu folgen. Art. 10 SE-VO verwirklicht das im 5. Erwägungsgrund niedergelegte Verbot der Diskriminierung der SE im Verhältnis zu anderen Aktiengesellschaften, ohne den nationalen Gesetzgeber in der sachlichen Ausgestaltung des Steuerrechts und anderer Rechtsgebiete zu beeinträchtigen.

Die wesentlichen Sachfragen zur SE im deutschen Steuerrecht stellen sich aus der Sicht der **direkten Steuern**, namentlich der Unternehmensbesteuerung. Mit dieser Thematik befasst sich der nachstehende Abschnitt (Rz. 43 ff.).   39

Demgegenüber spielt im Bereich der **indirekten Steuern** (Umsatzsteuer, spezielle Verbrauchsteuern etc.) die Rechtsform eines Steuerpflichtigen nahezu keine Rolle. Die SE kann Unternehmer i.S. des § 2 Abs. 1 UStG sein, wenn sie eine gewerbliche oder berufliche Tätigkeit selbständig ausübt. Als Unternehmerin kann sie auch Organträger, als juristische Person des Privatrechts kann sie auch Organgesellschaft im Rahmen einer umsatzsteuerlichen Organschaft sein (§ 2 Abs. 2 Nr. 2 UStG).   40

Im Rahmen des **Grunderwerbsteuerrechts** ist zu beachten, dass auch bei der Vereinigung von 95 v. H. und mehr Anteilen an einer Gesellschaft in einer Hand Grunderwerbsteuer im Hinblick auf inländisches Grundvermögen dieser Gesellschaft anfällt (§ 1 Abs. 3 Nr. 1 GrEStG). Dies gilt auch für die SE.   41

Die Vorschriften des **Steuerverfahrensrechts**, etwa über die Erfüllung steuerlicher Pflichten und die resultierende Haftung durch die Vertreter einer juristischen Person (§§ 34, 69 AO) gelten auch für die SE.   42

2. Subjektive Steuerpflicht

a) Unbeschränkte Steuerpflicht

aa) Die SE als Kapitalgesellschaft i.S.v. § 1 Abs. 1 Nr. 1 KStG. Nach § 1 Abs. 1 Nr. 1 KStG (i.d.F. des SEStEG) ist eine Europäische Aktiengesellschaft, die ihre Geschäftsleitung oder ihren Sitz im Inland hat, unbeschränkt steuerpflichtig. Damit ist die Rechtsform der **SE als Körperschaftsteuersubjekt explizit anerkannt.** Die vor dem Inkrafttreten des SEStEG diskutierte Frage, ob die Europäische Aktiengesellschaft über Art. 10 SE-VO einer Aktiengesellschaft i.S.d. § 1 Abs. 1 Nr. 1 KStG a.F. gleichgestellt werden oder als sonstige juristische Person des privaten Rechts nach § 1 Abs. 1 Nr. 4 KStG als Steuersubjekt anerkannt werden konnte, ist damit obsolet geworden. Mit dieser Anerkennung der SE als Kapitalgesellschaft i.S.d. Nr. 1 leg cit ist zugleich klargestellt, dass diejenigen Vorschriften des KStG und anderer Gesetze, die nicht auf jedes Körperschaftsteuersubjekt, sondern nur auf Kapitalgesellschaften Anwendung finden, auch die SE betreffen. Dies gilt z.B. für die bis 31.12.2007 gültigen Regeln über die Einschränkung des Verlustabzugs nach § 8 Abs. 4 Satz 2 KStG, die Regeln über Gesellschafter-Fremdfinanzierung nach § 8a KStG, sowie die Vorschriften über den Liquidationsgewinn nach § 11 KStG oder Einlagen und Rücklagen (§§ 27 f. KStG). Rechtsformspezifisch auf die AG und KGaA des deutschen Gesellschaftsrechts war bisher die Regelung über Organgesellschaften in § 14 KStG abgefasst; doch konnte eine SE als „andere Kapitalgesellschaft" i.S.v. § 17 KStG als Organgesellschaft anerkannt werden. Durch das SEStEG ist § 14 Abs. 1 KStG auf die SE erweitert worden. Als Organträger kommt nach § 14 KStG ohnehin jedes „gewerbliche Unternehmen" und damit auch eine SE in Betracht.   43

44 Die SE unterliegt weiterhin den **Vorzugsregeln des UmwStG** für nationale und grenz-
    überschreitende Umstrukturierungen[76]. Nach § 1 Abs. 1 Nr. 1 UmwStG gelten diese
    Regeln für die Verschmelzung, Aufspaltung und Abspaltung von „Körperschaften"
    und nach der Nr. 2 leg cit dieser Vorschrift auch für den „Formwechsel einer Kapital-
    gesellschaft in eine Personengesellschaft". Sowohl der Begriff der Körperschaft als
    auch der (engere) der Kapitalgesellschaft schließen die SE ein. Die nach der alten
    Rechtslage nicht eindeutig gelöste Frage, ob die SE einer deutschen „Kapitalgesell-
    schaft" nach Art. 10 SE-VO gleichgestellt werden musste, ist damit hinfällig gewor-
    den.

45 Nach § 2 Abs. 2 Satz 1 GewStG i.d.F. des SEStEG gilt die Tätigkeit einer SE (ebenso
    wie die Tätigkeit einer deutschen Kapitalgesellschaft) „stets und in vollem Umfang
    als Gewerbebetrieb". Die Anerkennung einer Kapitalgesellschaft als Organgesell-
    schaft für Zwecke der **gewerbesteuerlichen Organschaft** in § 2 Abs. 2 GewStG wird
    auf der Grundlage der Erstreckung des Begriffs der Kapitalgesellschaft auf die SE in
    § 1 Abs. 1 Nr. 1 KStG ebenfalls klargestellt. Dies gilt auch für andere Tatbestände des
    Gewerbesteuerrechts, die an die Eigenschaft eines Unternehmens als „Kapitalgesell-
    schaft" anknüpfen (etwa die Kürzung des Gewerbeertrags um Gewinne aus Anteilen
    an einer ausländischen Kapitalgesellschaft nach § 9 Nr. 7 GewStG).

46 Soweit im Rahmen anderer Steuerarten auf das **Merkmal einer „Kapitalgesellschaft"**
    abgestellt wird (z.B. in § 19a Abs. 2 Nr. 3 ErbStG für die Anwendbarkeit einer Tarif-
    begrenzung bei der Erbschaftsteuer auf den Übergang von Gesellschaftsanteilen) ist
    die SE nach Maßgabe von § 1 Abs. 1 Nr. 1 KStG ebenfalls erfasst.

47 **bb) Geschäftsleitung oder Sitz im Inland.** § 1 Abs. 1 KStG setzt für die **unbeschränkte
    Steuerpflicht** einer Körperschaft voraus, dass diese ihre Geschäftsleitung oder ihren
    Sitz im Inland hat. Geschäftsleitung ist der „Mittelpunkt der geschäftlichen Oberlei-
    tung" (§ 10 AO), Sitz ist der „Ort, der durch Gesetz, Gesellschaftsvertrag, Stiftungs-
    geschäft oder dergleichen bestimmt ist" (§ 11 AO). Eine Gesellschaft, die eines der
    beiden Merkmale erfüllt, ist im Inland „ansässig".

48 Der **steuerliche Tatbestand des Sitzes** knüpft formal an den Satzungssitz i.S. des Ge-
    sellschaftsrechts an. Die SE-VO geht davon aus, dass bei Gründung einer SE deren
    rechtlicher Sitz in der Satzung festgelegt wird (s. auch § 2 SEAG). Er muss innerhalb
    der Gemeinschaft liegen (Art. 7 Abs. 1 SE-VO); zugleich muss für den Sitz ein be-
    stimmter Mitgliedstaat festgelegt werden. Dessen Rechtsordnung ist (neben der SE-
    VO) sowohl für die Gründung (Art. 15 Abs. 1 SE-VO) als auch für die weiteren
    Rechtsverhältnisse der SE (Art. 9, 10 SE-VO) maßgeblich. Innerhalb des Mitglied-
    staats wird die Gesellschaft an dem in der Satzung bestimmten Ort im Handelsregis-
    ter eingetragen (Art. 12 Abs. 1 SE-VO, § 3 SEAG).

49 Der **steuerliche Tatbestand der Geschäftsleitung** ähnelt dem der „Hauptverwaltung"
    nach Art. 7 SE-VO und § 2 SEAG, ist aber mit diesem nicht identisch. Vielmehr han-
    delt es sich bei der Hauptverwaltung um einen spezifischen Ausdruck des Europäi-
    schen Gesellschaftsrechts, der autonom im Rahmen der SE-VO (und verordnungs-
    konform im Rahmen des SEAG) auszulegen ist. Eine unterschiedliche Auslegung je
    nach mitgliedstaatlicher Tradition kommt nicht in Betracht. Der Begriff der Haupt-
    verwaltung stammt aus Art. 48 Abs. 1 EG. Er ist in der Begründung zum Entwurf ei-
    ner Sitzverlegungs-RL näher ausgeführt als der Ort, „an dem sich die tatsächliche
    Geschäftsleitung der Gesellschaft befindet"[77]. Dies meint wiederum den Ort, an dem

---

76 *Hruschka*, StuB 2006, 631 ff., 632.
77 S. auch *Oechsler* in MünchKomm. AktG, Art. 7 SE-VO Rz. 3.

die leitenden Entscheidungen des laufenden Geschäfts- und Verwaltungsbetriebs gefasst und in Geschäftsführungsakte umgesetzt werden[78].

Als „**Ort der Geschäftsleitung**" i.S.d. § 10 AO, § 1 Abs. 1 KStG wird traditionell der Ort verstanden, wo der für die Geschäftsführung maßgebende Wille gebildet wird, d.h. wo dauernd die für die Geschäftsführung notwendigen Maßnahmen von einiger Wichtigkeit getroffen werden[79]. Aus der Sicht einer SE ergeben sich namentlich zwei Problemkreise: 50

Es wird diskutiert, ob der **gesellschaftsrechtliche Verwaltungssitz und der steuerliche Ort der Geschäftsleitung einer Kapitalgesellschaft** zwingend zusammenfallen. Dies ist im Hinblick auf die unterschiedliche Terminologie und Teleologie der jeweiligen Normen nicht der Fall[80]. Dennoch ist eine faktische Übereinstimmung von der Rechtsprechung konkludent bejaht[81] und auch im Schrifttum[82] häufig vertreten worden. Im neueren Schrifttum wird darauf hingewiesen, dass ein sachlicher Unterschied zwischen dem Ort der Willensbildung der Geschäftsführung (so das Verständnis des § 10 AO) und dem Ort der Umsetzung dieser Willensbildung in laufende Geschäftsführungsakte (so das gesellschaftsrechtliche Verständnis) liegen kann[83]. Dies soll namentlich bei Holding-Gesellschaften zu einem Auseinanderfallen von Verwaltungssitz und Ort der Geschäftsleitung führen können[84]. Diesem Befund ist im rechtlichen Ausgangspunkt zuzustimmen, allerdings fehlt es für diese Tatfrage bisher an praktischem Material.   51

Weiterhin wird unterschiedlich beurteilt, ob eine Kapitalgesellschaft über **mehrere Orte der Geschäftsleitung** verfügen kann. Dies kann bei einer SE vor allem dann thematisiert werden, wenn im Anschluss an eine grenzüberschreitende Fusion in zwei verschiedenen Mitgliedstaaten leitende Managementfunktionen wahrgenommen werden. Zum Teil wird angenommen, dass die Zuordnungsfunktion des § 10 AO für die subjektive Steuerpflicht und die verfahrensrechtliche Erfassung einer Gesellschaft zwingend nur einen Ort der Geschäftsleitung anerkennt[85]. Der Bundesfinanzhof hat in mehreren jüngeren Urteilen gemeint, dass das Gesetz „mindestens" einen Ort der Geschäftsleitung voraussetze, ohne damit zugleich eine Höchstgrenze zu formulieren[86]. Dem ist zuzustimmen[87]. Der Ort der Geschäftsleitung ist ein faktisches Tatbestandsmerkmal, das je nach Sachlage an mehreren Orten gleichrangig erfüllt werden kann. In diesem Sinne hält Art. 4 Abs. 1 OECD-Musterabkommen es für möglich, dass eine Gesellschaft in zwei Vertragsstaaten über einen „Ort der Geschäftsleitung" verfügt; die „**tie-breaker**"-**Regel** sieht dann vor, dass der „Ort der tat-   52

---

78 Ausführlich oben Art. 7 SE-VO Rz. 9 ff. *Greda* in Kalss/Hügel, § 5 SEG Rz. 4; *Schwarz*, Art. 7 Rz. 9 ff.

79 Ausführliche Darstellung bei *Birk* in Hübschmann/Hepp/Spitaler, AO und FGO, Loseblatt, § 10 AO (Stand 2003) Rz. 14; *Mössner* in Mössner u.a., Steuerrecht international tätiger Unternehmen, 3. Aufl. 2005, Rz. B 59 ff.

80 *Soler Roch*, European Taxation 2004, 11 ff., 12.

81 BFH v. 23.6.1992 – IX R 182/87, BStBl. II 1992, 972 ff. = GmbHR 1993, 184.

82 *Debatin*, BB 1988, 1155 ff., 1159; *Knobbe-Keuk*, ZHR 154 (1990), 325 ff., 355.

83 *Birk* in Hübschmann/Hepp/Spitaler, AO und FGO, Loseblatt, § 10 AO (Stand 2003) Rz. 37; *Schaumburg*, Internationales Steuerrecht, 2. Aufl. 1998, Rz. 6.19; *Schindler* in Kalss/Hügel, Teil III: Steuerrecht, Rz. 54, 156.

84 *Eilers/Wienands*, IStR 1999, 289 ff., 292.

85 *Frotscher* in Frotscher/Maas, KStG, Loseblatt, § 1 Rz. 52; *Graffe* in Dötsch/Jost/Pung/Witt, KStG, Loseblatt, § 1 Rz. 22; BFH v. 16.3.1994 – I B 171/93, BFH/NV 1994, 770 ff. = GmbHR 1994, 902; *Kalbfleisch* in Ernst & Young, KStG, Loseblatt, § 1 Rz. 17.

86 BFH v. 8.8.1997 – III B 140/94, BFH/NV 1998, 434 ff.; BFH v. 16.12.1998 – I R 138/97, BStBl. II 1999, 437 ff. = GmbHR 1999, 788; BFH v. 30.1.2002 – I R 12/01, BFH/NV 2002, 1128 f.

87 So auch *Mössner* in Mössner u.a., Steuerrecht international tätiger Unternehmen, 3. Aufl. 2005, Rz. B 69.

sächlichen Geschäftsleitung" die Ansässigkeit bestimmt. Dieser richtet sich nach dem Ort, an dem „die höchstrangige Person oder Personengruppe (z.B. ein Vorstand) ihre Entscheidungen trifft, wo über die Maßnahmen, die von dem Rechtsträger als Ganzem getroffen werden müssen, entschieden wird"[88]. Es kann daher die Situation eintreten, dass eine SE (oder eine andere Kapitalgesellschaft) in zwei Mitgliedstaaten der EG wegen ihrer jeweiligen Geschäftsleitung unbeschränkt steuerpflichtig ist; nach Art. 4 Abs. 3 OECD-MA (bzw. den jeweiligen bilateralen DBA) ist dann die Aufteilung zwischen den beteiligten Mitgliedstaaten vorzunehmen[89].

53   **cc) Auseinanderfallen von Sitz und Geschäftsleitung.** Art. 7 Satz 1 SE-VO sieht vor, dass eine SE ihren Satzungssitz in dem Mitgliedstaat zu wählen hat, in dem sich ihre Hauptverwaltung befindet[90]. Weiterhin bestimmt § 2 SEAG (auf der Grundlage des Mitgliedstaatenwahlrechts in Art. 7 Satz 2 SE-VO), dass im Inland **Satzungssitz und Ort der Hauptverwaltung übereinstimmen müssen**[91]. Vor diesem Hintergrund werden sich auch steuerlich der Sitz (§ 11 AO) und der Ort der Geschäftsleitung (§ 10 AO) in aller Regel in demselben Mitgliedstaat und in derselben politischen Gemeinde befinden.

54   Zu einem **Auseinanderfallen von Sitz und Geschäftsleitung** kann es daher nur in zwei Fällen kommen:

Der erste Fall liegt darin, dass **gesellschaftsrechtliche Hauptverwaltung und steuerliche Geschäftsleitung** in verschiedenen Mitgliedstaaten belegen sind. Das kann eintreten, wenn in einem Mitgliedstaat die wesentlichen Geschäftsführungsentscheidungen getroffen und in einem anderen Mitgliedstaat in laufende Geschäftsführungsakte übertragen werden[92].

Der zweite Fall liegt darin, dass die SE unter **Verstoß gegen Art. 7 Satz 1 SE-VO** ihre Hauptverwaltung nicht im Staat des Satzungssitzes betreibt. In der Regel wird dadurch weder die „Subjektqualität" der SE als noch ihre steuerliche Ansässigkeit berührt. Wenn die SE gegen Art. 7 Satz 1 SE-VO verstößt, führt dies nicht automatisch zu ihrer Nichtigkeit oder Auflösung. Die steuerlichen Probleme einer sofortigen Zwangsauflösung, die für gewöhnliche Kapitalgesellschaften auf der Grundlage der „Sitztheorie" für die subjektive Steuerpflicht resultieren[93], erlangen daher bei der SE keine Bedeutung. Allerdings ist nach Art. 64 Abs. 1 SE-VO der Mitgliedstaat, in dem sie ihren Sitz hat, ermächtigt, eine Übereinstimmung von Sitz und Hauptverwaltung zu erzwingen. Wird der vorschriftswidrige Zustand nicht beendet, so ist der Mitgliedstaat nach Art. 64 Abs. 2 SE-VO ermächtigt, die Liquidation der SE durchzusetzen. Sowohl vor dem Eintritt in die Liquidationsphase als auch während der Liquidation ist die SE bis zur Vollbeendigung als vollgültiges Steuersubjekt anzuerkennen.

55   Wenn die SE **ihre Hauptverwaltung in das Ausland** verlegt, bleibt es bei ihrer steuerlichen Ansässigkeit im Inland auf der Grundlage des Satzungssitzes. Sie bleibt unbeschränkt körperschaftsteuerpflichtig. Allerdings kann sich jetzt ein Konkurrenzpro-

---

88 OECD-Kommentar zu Art. 4 OECD-Musterabkommen, Stand 2005, Abschn. 24.
89 *Lehner* in Vogel/Lehner, DBA, 4. Aufl. 2003, Art. 4 OECD-MA Rz. 110 ff.; *Mössner* in Mössner u.a., Steuerrecht international tätiger Unternehmen, 3. Aufl. 2005, Rz.B 69.
90 Zur Frage der Primärrechtskonformität dieser Regel s. die Kommentierung zu Art. 7 SE-VO.
91 Nach Art. 18 des Regierungsentwurfs eines Gesetzes zur Modernisierung des GmbH-Rechts und zur Bekämpfung von Missbräuchen (MoMiG) i.d.F v. 29.5.2006 soll § 2 SEAG (in Entsprechung zu den Regelungen für die GmbH und die AG) aufgehoben werden. Dies betrifft jedoch nur die Übereinstimmung des jeweiligen Ortes innerhalb Deutschlands für Satzungssitz und Hauptverwaltung nach Art. 7 Satz 2; die gemeinschaftsrechtliche Regelung in Art. 7 Satz 1 bleibt unberührt).
92 S. oben Rz. 51.
93 Ausführlich *Schaumburg* in FS Wassermeyer, S. 411 ff., 421 ff.

blem stellen, wenn die Gesellschaft in einem anderen Staat nach Maßgabe ihres Ortes der Geschäftsleitung ebenfalls unbeschränkt körperschaftsteuerpflichtig ist. Hier
kann nach Art. 4 Abs. 3 OECD-MA im Verhältnis zwischen den beiden betroffenen
Mitgliedstaaten dem Staat der Geschäftsleitung der Vorrang zukommen[94]. Im rein innerstaatlichen Bereich sowie gegenüber Drittstaaten bleibt es jedoch bei der unbeschränkten Steuerpflicht.

dd) Ausländische SE mit Geschäftsleitung im Inland. Der **unbeschränkten Steuer-** 56
pflicht in Deutschland unterliegt nach § 1 Abs. 1 Nr. 1 KStG auch eine im Ausland
gegründete SE, die ihre Geschäftsleitung im Inland unterhält. Nach dieser Vorschrift
reicht es aus, wenn nur der Ort der Geschäftsleitung, nicht aber zugleich der Satzungssitz, im Inland belegen ist. Dies kann eintreten, wenn steuerliche Geschäftsleitung und gesellschaftsrechtliche Hauptverwaltung auseinander fallen[95] oder wenn eine im Ausland gegründete SE unter Verstoß gegen Art. 7 Satz 1 SE-VO ihre
Hauptverwaltung im Inland unterhält.

Die **„Subjektqualität" einer ausländischen SE** mit Geschäftsleitung im Inland wird 57
in § 1 Abs. 1 Nr. 1 KStG anerkannt. Dies lässt sich auf zwei Wegen begründen: Zum
einen wird die „Europäische Gesellschaft" dort ausdrücklich genannt, ohne dass dies
auf in Deutschland gegründete Rechtsträger beschränkt wird. Zum zweiten hat der
Gesetzgeber bewusst durch das Wort „insbesondere" vor der Aufzählung der einzelnen Gesellschaftsformen deutlich gemacht, dass auch andere Gesellschaften, vor allem ausländische Kapitalgesellschaften mit Geschäftsleitung im Inland von dieser
Norm erfasst werden sollen[96]. Ausschlaggebend ist ein „Typenvergleich" mit in
Deutschland als Kapitalgesellschaft gesetzlich anerkannten Rechtsformen. Bei die-
sem Typenvergleich ist die Ähnlichkeit zwischen einer im EU-Ausland gegründeten
SE und einer in Deutschland gegründeten SE wegen der vielfältigen einheitlichen
Vorgaben aus der SE-VO und dem durch EG-Richtlinien angeglichenen nationalen
Aktienrecht stets zu bejahen[97].

Eine solche Gesellschaft ist sowohl in ihrem Sitzstaat (nach Maßgabe des dortigen 58
Steuerrechts) als auch im Inland unbeschränkt steuerpflichtig. Bei der Anwendung
eines Doppelbesteuerungsabkommens ist die **„tie-breaker"-Regel** des Art. 4 Abs. 3
OECD-MA zu beachten.

ee) Beginn und Ende der Steuerpflicht. Die Steuerpflicht der SE beginnt – wie all- 59
gemein bei einer AG – mit dem Entstehen einer handlungsfähigen **Vorgesellschaft**[98].
Dazu ist bei Auslegung des Art. 16 SE-VO zu klären, ob bei der SE eine teilrechtsfähi-

---

94 Art. 4 Abs. 3 DBA Belgien; Art. 4 Abs. 3 DBA Dänemark; Art. 4 Abs. 3 DBA Finnland; Art. 2
 Abs. 1 Nr. 4c DBA Frankreich; Art. II 4c DBA Griechenland; Art. 2h (iii) DBA Großbritannien;
 Art. 4 Abs. 3 DBA Italien; Art. 4 Abs. 3 DBA Jugoslawien (Fortgeltung für Slowenien); Art. 4
 Abs. 3 DBA Malta; Art. 4 Abs. 3 DBA Österreich; Art. 4 Abs. 3 DBA Polen; Art. 4 Abs. 3 DBA
 Portugal; Art. 4 Abs. 3 DBA Schweden; Art. 4 Abs. 3 DBA Spanien; Art. 4 Abs. 3 DBA Tsche-
 choslowakei (Fortgeltung für Tschechien und Slowakei); Art. 4 Abs. 3 DBA Ungarn; Art. 4
 Abs. 3 DBA Zypern; **abweichende Regelungen** finden sich in Art. 4 Abs. 3 DBA Estland; Art. II
 Abs. 1d DBA Irland; Art. 4 Abs. 3 DBA Lettland; Art. 4 Abs. 3 DBA Litauen; Art. 3 Abs. 5 DBA
 Luxemburg; Art. 3 Abs. 5 DBA Niederlande.
95 S. oben Rz. 51.
96 BT-Drucks. 16/2710, S. 30; *Lüdicke/Möhlenbrock* in PriceWaterhouseCoopers, Reform des
 Umwandlungssteuerrechts, Rz. 176.
97 S. unten Rz. 62 f.
98 *Schindler* in Kalss/Hügel, Teil III: Steuerrecht, Rz. 161; zur Steuerpflicht der Vorgesellschaft
 s. BFH v. 20.10.1982 – I R 118/78, BStBl. II 1983, 247 ff. = GmbHR 1983, 129; BFH v. 8.11.1989
 – I R 174/86, BStBl. II 1990, 91 f. = GmbHR 1990, 235; ausführliche Darstellung der Problematik bei: *Frotscher* in Frotscher/Maas, KStG, Loseblatt, § 1 Rz. 65 ff.; *Graffe* in Dötsch/Jost/
 Pung/Witt, KStG, Loseblatt, § 1 Rz. 104 ff.

ge Vorgesellschaft überhaupt ausscheidet[99], ob sie nach Maßgabe des jeweiligen nationalen Aktienrechts entsteht[100] oder ob sie von der SE-VO gemeinschaftsrechtlich vorausgesetzt wird[101]. Erkennt man, dass die Statuierung der Handelndenhaftung in Art. 16 SE-VO keine negative Aussage über das Bestehen und die Ausgestaltung einer Vor-SE trifft[102], wird man nach Art. 15 SE-VO auf das deutsche Aktienrecht verweisen und daher jedenfalls für in Deutschland gegründete SE den Tatbestand einer rechtsfähigen Vor-SE bejahen können. Kommt es nicht zu einer Eintragung der Vor-SE, so sind die Einkünfte der SE rückwirkend auf den Zeitpunkt der Errichtung unmittelbar den Gründungsgesellschaftern bzw. ihren Rechtsnachfolgern als mitunternehmerische Einkünfte i.S.v. § 15 Abs. 1 Satz 1 Nr. 2 EStG zuzurechnen[103].

60 Die Steuerpflicht endet nicht bereits mit der Liquidation oder Löschung im Handelsregister, sondern erst mit der rechtlichen und tatsächlichen **Vollbeendigung** der Tätigkeit der Gesellschaft[104].

b) Beschränkte Steuerpflicht

61 Eine SE, die im Inland weder über einen Sitz noch über einen Ort der Geschäftsleitung verfügt, kann in Deutschland der beschränkten Körperschaftsteuerpflicht nach § 2 Nr. 1 KStG unterliegen. Danach unterliegen alle „Körperschaften, Personenvereinigungen und Vermögensmassen, die **weder ihre Geschäftsleitung noch ihren Sitz im Inland** haben, mit ihren inländischen Einkünften" der Körperschaftsbesteuerung. Die beschränkte Steuerpflicht bildet daher den Regelfall für eine SE, die nach dem Recht eines anderen EU-Mitgliedstaats gegründet worden ist, dort ihren Satzungssitz unterhält und gem. Art. 7 Satz 2 SE-VO mit ihrer Hauptverwaltung regelmäßig auch den Ort der Geschäftsleitung im Gründungsstaat hat.

62 Voraussetzung für die subjektive Steuerpflicht nach § 2 KStG ist die Qualifikation eines Gebildes als „Körperschaft, Personenvereinigung oder Vermögensmasse". Dies wird bei ausländischen Gesellschaften durch einen **„Typenvergleich"** zwischen der rechtlichen Struktur des ausländischen Gebildes und den inländischen Steuersubjekten nach § 1 Abs. 1 KStG entschieden[105]. Nachdem eine SE mit Sitz oder Geschäftsleitung im Inland in § 1 Abs. 1 Nr. 1 KStG. i.d.F. des SEStEG ohnehin als Körperschaftsteuersubjekt anerkannt ist, geht es darum, ob eine im EU-Ausland gegründete SE einer in Deutschland gegründeten SE ohne weitere Prüfung „vergleichbar" ist oder ob im Einzelfall die Ausgestaltung der ausländischen SE nach Maßgabe des im Gründungsstaat anwendbaren Rechts und der ergänzenden Satzungsbestimmungen über-

---

99 So *Hirte*, NZG 2002, 1 ff., 4; *Vossius*, ZIP 2005, 741 ff.
100 So *Kersting*, DB 2001, 2079 ff., 2082; *Schäfer* in MünchKomm. AktG, Art. 16 SE-VO Rz. 4.
101 So *Schwarz*, Art. 16 Rz. 8, 11 ff., 13.
102 Oben Art. 16 SE-VO Rz. 4; *Schäfer* in MünchKomm. AktG, Art. 16 SE-VO Rz. 4; *Schäfer*, NZG 2004, 785 ff., 790.
103 *Crezelius* in FS Wassermeyer, 2005, S. 15 ff., 22 ff.; *Hüttemann* in FS Wassermeyer, 2005, S. 27 ff., 41; umstritten und in der Rechtsprechung bisher offen gelassen ist dies für den Fall des Scheiterns bei ursprünglich ernsthafter Eintragungsabsicht und sofortiger Liquidation nach Eintreten eines Eintragungshindernisses oder Wegfall der Eintragungsabsicht (für § 15 EStG nunmehr FG Brandenburg v. 8.6.2006 – 6 K 2841/03, DStRE 2007, 463 ff.; *Hüttemann* in FS Wassermeyer, 2005, S. 41; dagegen *Crezelius* in FS Wassermeyer, 2005, S. 22 ff.
104 *Graffe* in Dötsch/Jost/Pung/Witt, KStG, Loseblatt, § 1 Rz. 112 f.; *Frotscher* in Frotscher/Maas, KStG, Loseblatt, § 1 Rz. 77 ff.
105 Grundlegend RFHE 27, 73 ff.; BFH v. 3.2.1988 – I R 134/84, BStBl. II 1988, 588 ff. = GmbHR 1989, 56; BFH v. 16.12.1992 – I R 32/92, BStBl. II 1993, 399 ff. = FR 1993, 403; ausführlich BMF v. 19.03.2004 – IV B 4 – S 1301 USA – 22/04, BStBl. I 2004, 411 ff. (zur US-amerikanischen Limited Liability Company); *Mössner* in Mössner u.a., Steuerrecht international tätiger Unternehmen, 3. Aufl. 2005, Rz. B 48 ff.

prüft werden muss. Wichtige Merkmale sind die Rechtsfähigkeit des Gebildes, der Handelsregistereintrag, die Aufbringung von Kapital und die Haftungsbeschränkung, die Übertragbarkeit der Anteile und die unbegrenzte Lebensdauer der Gesellschaft. Hinzu treten die Selbständigkeit der Geschäftsführung, die Notwendigkeit eines Gewinnverwendungsbeschlusses, die Zuteilung des Gewinns an die Aktionäre nach Kapitalanteilen sowie die Beteiligung an den stillen Reserven in der Liquidation[106].

Der Typenvergleich führt bei einer im EU-Ausland gegründeten SE wegen der zwingenden Einheitlichkeit bestimmter Strukturen nach Maßgabe der SE-VO und des angeglichenen allgemeinen Kapitalgesellschaftsrechts durchgehend zu einer **Qualifikation als „Körperschaft" i.S.d. § 2 Nr. 1 KStG**. Einheitlich und zwingend angeordnet ist die Rechtsfähigkeit der SE (Art. 1 Abs. 3 SE-VO), der Handelsregistereintrag (Art. 12 Abs. 1 SE-VO), die Aufbringung eines Kapitals (Art. 4 SE-VO) und die beschränkte Haftung der Aktionäre (Art. 1 Abs. 2 Satz 2 SE-VO). Dem nationalen Gesellschaftsrecht überlassen ist die Frage der Übertragbarkeit der Anteile (Art. 5 SE-VO)[107]. Allerdings wird insoweit die SE im Grundsatz einer nationalen Aktiengesellschaft gleichgestellt[108]. Daher ist in der Regel von einer Übertragbarkeit der Aktien auszugehen. Eventuelle Vinkulierungen (s. § 68 Abs. 2 AktG) schaden nicht, denn sie schließen auch im deutschen Recht nicht die Qualifikation einer GmbH oder AG als Körperschaftsteuersubjekt aus. Für das Innenverhältnis einer SE ist zwingend eine Sonderung zwischen der Hauptversammlung der Aktionäre und (je nach Wahl einer monistischen oder dualistischen Leitungsstruktur) den Verwaltungs- bzw. Leitungs- und Aufsichtsorganen vorgesehen (Art. 38 SE-VO). Damit ist eine „Selbstorganschaft", die für Personengesellschaften typisch wäre, ebenso ausgeschlossen wie ein maßgeblicher Einfluss der Hauptversammlung auf die Geschäftsführung der SE (Art. 39 Abs. 1, 43 Abs. 1 Satz 1 SE-VO)[109]. Ein unmittelbarer Zugriff der Aktionäre auf den Gesellschaftsgewinn ist ebenso wenig vorgesehen wie eine Verteilung nach Köpfen, wie sie für eine Personengesellschaft typisch wäre (allerdings findet auch hier das nationale Aktienrecht Anwendung). Schließlich werden die Aktionäre erst in der Liquidation an den stillen Reserven des Unternehmens beteiligt (Art. 63 SE-VO i.V.m. den Vorschriften des nationalen Aktienrechts). Für eine durchgehende Qualifikation der SE als „Körperschaft" nach § 2 Nr. 1 KStG spricht schließlich, dass sämtliche Aktiengesellschaften des nationalen Rechts in der EU von der Finanzverwaltung als Körperschaftsteuersubjekte anerkannt werden[110].

Eine beschränkt steuerpflichtige, im Ausland ansässige, SE ist im Inland mit ihren **inländischen Einkünften** dem Zugriff des deutschen Fiskus unterworfen. Art und Umfang der Einkünfte richten sich nach § 49 EStG. Dies erfasst namentlich Einkünfte aus gewerblichen Betriebsstätten nach § 49 Abs. 1 Nr. 2 lit. a EStG.

c) Steuerbefreiungen

Der Katalog subjektiver Steuerbefreiungen in § 5 KStG findet ganz überwiegend auf Unternehmen in der Rechtsform einer Kapitalgesellschaft und damit auch auf die SE keine Anwendung. Wichtigste Ausnahme ist § 5 Abs. 1 Nr. 9 KStG, der die allgemeine Steuerbefreiung wegen Verfolgung steuerbegünstigter Zwecke Körperschaften aller Art einräumt. Für die SE gilt (wie für AG und GmbH), dass sie nicht auf eine kaufmännische Tätigkeit angelegt oder notwendig mit Gewinnerzielungsabsicht tätig

---

106 BMF, BStBl. I 2004, 412 f.
107 *Schwarz*, Art. 5 Rz. 56.
108 *Oechsler* in MünchKomm. AktG, Art. 5 SE-VO Rz. 36.
109 *Reichert/Brandes* in MünchKomm. AktG, Art. 39 SE-VO Rz. 9, Art. 43 SE-VO Rz. 9.
110 S. (mit wenigen Lücken) BMF, BStBl. I 1999, 1076 ff., 1114 ff.

63

64

65

sein muss. Dieser ursprünglich in Art. 1 Abs. 3 des Entwurfs 1970 vorgesehene Grundsatz ist auch ohne ausdrückliche Erwähnung im endgültigen Verordnungstext anerkannt[111]. Daher kann eine SE in derselben Weise wie eine deutsche AG oder GmbH den **Status der Gemeinnützigkeit** erhalten. Voraussetzung ist allerdings, dass sie ihre Satzung und ihre tatsächliche Geschäftsführung den detaillierten Vorgaben der §§ 59 ff. AO unterwirft[112].

66 Nach § 5 Abs. 2 Nr. 1 KStG sind die in Abs. 1 dieser Vorschrift genannten Steuerbefreiungen beschränkt Steuerpflichtigen nicht zugänglich. Diese Regelung verstößt gegen die **Diskriminierungsverbote des EG-Vertrages**[113]. Auf die Ansässigkeit einer Körperschaft darf es nicht ankommen, wenn eine Körperschaft im Übrigen die Voraussetzungen der Steuerbegünstigung erfüllt. Ungeklärt ist freilich, ob auch die Verfolgung von Zwecken im und für das EU-Ausland dem Tatbestand der Gemeinnützigkeit i.S. des deutschen Abgabenrechts entspricht[114].

3. Objektive Steuerpflicht

a) Einkommen, Einkommensermittlung und Einkommensverwendung

67 **aa) Qualifikation der Einkünfte. (1) Unbeschränkt steuerpflichtige SE.** Die Steuerpflicht einer unbeschränkt steuerpflichtigen SE umfasst nach § 7 Abs. 1 und 2 KStG das **zu versteuernde Einkommen** im Sinne des § 8 Abs. 1 KStG. Dort wird für den Tatbestand des Einkommens und dessen Ermittlung auf die Vorschriften des Einkommensteuergesetzes verwiesen, die in einzelnen Beziehungen durch Vorschriften des Körperschaftsteuergesetzes ergänzt werden.

68 Eine unbeschränkt steuerpflichtige SE erzielt immer und in vollem Umfang **Einkünfte aus Gewerbebetrieb**. Dies geht aus § 8 Abs. 2 KStG hervor. Diese Norm stellte in ihrer bis zum Inkrafttreten des SEStEG geltenden Fassung auf die handelsrechtliche Buchführungspflicht des Steuerpflichtigen ab. Diese Pflicht zur kaufmännischen Rechnungslegung ist bei einer SE nach Art. 61 SE-VO i.V.m. dem in der Bilanz-RL harmonisierten Recht aller Mitgliedstaaten der EU zweifelsfrei gegeben. In der durch das SEStEG veränderten Fassung des § 8 Abs. 2 KStG gelten bei sämtlichen Kapitalgesellschaften und damit ausdrücklich auch bei der SE die Einkünfte als Einkünfte aus Gewerbebetrieb[115]. Nach – bestrittener[116] – Auffassung des Bundesfinanzhofs[117] erfasst der gewerbliche Charakter auch solche Tätigkeiten und Wirtschaftsgüter, die nicht mit Gewinnerzielungsabsicht ausgeübt oder gehalten werden.

69 **(2) Beschränkt steuerpflichtige SE.** Eine nach dem Recht eines anderen Mitgliedstaats gegründete und in Deutschland beschränkt steuerpflichtige SE fällt nicht unter § 8 Abs. 2 KStG i.d.F. des SEStEG und erzielt daher nicht zwingend ausschließlich gewerbliche Einkünfte. Eine analoge Anwendung des neuen § 8 Abs. 2 KStG auf beschränkt steuerpflichtige Gesellschaften ist (wie die neu formulierte Sondervorschrift des § 49 Abs. 1 Nr. 2 lit. f EStG deutlich macht) ausgeschlossen. Auf die –

---

111 Oben Art. 1 SE-VO Rz. 5; *Schwarz*, Art. 1 Rz. 17; *Oechsler* in MünchKomm. AktG, Art. 1 SE-VO Rz. 4.

112 BFH v. 20.12.2006 – I R 94/02, IStR 2007, 217 ff.; ausführlich am Beispiel der gemeinnützigen GmbH *Priester*, GmbHR 1999, 149 ff.

113 EuGH v. 14.9.2006 – Rs. C-386/04 – „Stauffer", DStR-E 2006, 1304 ff.

114 BFH v. 20.12.2006 – I R 94/02, IStR 2007, 217 ff.

115 *Hruschka*, StuB 2006, 633.

116 *Schön* in FG Flume, 1998, S. 265 ff.; *Hüttemann* in FS Raupach, 2006, S. 495 ff. m.w.N.

117 BFH v. 4.12.1996 – I R 54/95, BFHE 182, 123 ff.; BFH v. 8.7.1998 – I R 123/97, BFHE 186, 540 ff. = GmbHR 1998, 1134; BFH v. 6.7.2000 – I B 34/00, BStBl. II 2002, 490 ff. = GmbHR 2000, 1115; BFH v. 8.8.2001 – I R 106/99, FR 2002, 79 ff.; BFH v. 15.5.2002 – I R 92/00, FR 2002, 1175 ff. mit Anm. *Pezzer*.

zum alten Recht umstrittenen – Fragen nach der Anwendung des § 8 Abs. 2 KStG a.F. auf ausländische Kapitalgesellschaften und nach deren handelsrechtlicher Buchführungspflicht kommt es daher nicht mehr an[118]. Für beschränkt steuerpflichtige Kapitalgesellschaften gelten vielmehr nach § 8 Abs. 1 KStG die **allgemeinen Regeln des Einkommensteuerrechts** über Qualifikation von Einkünften. Sie werden ergänzt durch den in § 49 Abs. 2 EStG niedergelegten Grundsatz der „isolierenden Betrachtungsweise", demzufolge im Ausland verwirklichte Tatbestandsmerkmale für die beschränkte Steuerpflicht keine Rolle spielen, soweit sie die Steuerpflicht entfallen lassen würden[119]. Es kommt „nur auf das objektive Erscheinungsbild der jeweiligen im Inland verwirklichten Einkünfteerzielung an"[120].

Dies bedeutet folgendes: Für eine beschränkt steuerpflichtige SE ist zunächst zu prü-   70 fen, ob sie Einkünfte aus einer **gewerblichen Betriebsstätte im Inland** bezieht (§ 49 Abs. 1 Nr. 2 lit. a EStG). Dafür ist erforderlich, dass sie eine feste Geschäftseinrichtung oder Anlage nach § 12 AO unterhält. Fehlt es an einer solchen Betriebsstätte, so kann die SE dennoch gewerbliche Einkünfte aus dem Inland beziehen, wenn einer der **Sondertatbestände des § 49 Abs. 1 Nr. 2 lit. b – f EStG** gegeben ist. Dazu gehören namentlich die Gewinne aus der Veräußerung von Anteilen an Kapitalgesellschaften nach § 17 EStG (lit. e) und aus der Veräußerung von unbeweglichem Vermögen, Sachinbegriffen oder Rechten i.S.v. § 21 Abs. 1 EStG (lit. f). Zu beachten ist, dass nach § 49 Abs. 1 Nr. 2 lit. f Satz 2 EStG i.d.F. des SEStEG die Einkünfte aus der Veräußerung von Vermögen, Sachinbegriffen oder Rechten dann steuerpflichtig sind, wenn „sie von einer Körperschaft im Sinne des § 2 Nr. 1 des Körperschaftsteuergesetzes erzielt werden, die mit einer Kapitalgesellschaft im Sinne des § 1 Abs. 1 Nr. 1 bis 3 des Körperschaftsteuergesetzes vergleichbar ist"[121]. Dazu gehört auch die ausländische SE wegen ihrer weitgehenden Strukturgleichheit mit einer inländischen SE. Einkünfte aus selbständiger Arbeit kann eine (ausländische) Kapitalgesellschaft nach (ständiger, aber bestrittener[122]) Rechtsprechung des BFH[123] nicht erzielen. Dafür spielt die Gewerblichkeitsfiktion in § 8 Abs. 2 KStG keine Rolle. Im Weiteren ist der Fall zu beachten, dass die SE im Inland **Einkünfte aus Vermögensverwaltung** (Vermietung und Verpachtung, Kapitalvermögen) oder sonstige Einkünfte bezieht. Diese sind im Inland nach § 49 Abs. 1 Nr. 5 und 6 EStG steuerpflichtig, und zwar auch dann, wenn sie zu einem im Ausland betriebenen gewerblichen Unternehmen gehören und daher an sich (§§ 20 Abs. 3, 21 Abs. 3, 22 Nr. 3 Satz 1, 23 Abs. 2 Satz 1 EStG) den gewerblichen Einkünften zugeschlagen werden müssten[124].

bb) Maßgeblichkeit der Handelsbilanz für die steuerliche Gewinnermittlung. Die   71 steuerliche Gewinnermittlung einer in Deutschland gegründeten SE wird nach § 8 Abs. 1 KStG i.V.m. § 5 Abs. 1 EStG auf der Grundlage des **Jahresabschlusses der SE** durchgeführt. Art. 61 SE-VO verweist insoweit auf das für deutsche Aktiengesellschaften geltende Recht. Als Formkaufmann (Art. 1 Abs. 1 SE-VO, Art. 10 SE-VO i.V.m. § 3 AktG) ist die SE buchführungspflichtig (§ 238 HGB). Ihre Bilanz ist auf der

---

118 Ausführlich *Engert* in Eidenmüller (Hrsg.), Ausländische Kapitalgesellschaften im deutschen Recht, 2004, § 8 Rz. 45 ff.
119 Dazu umfassend *Mössner* in FS Flick, 1997, S. 939 ff.; *Gosch* in FS Wassermeyer, 2005, S. 263 ff.
120 BFH v. 28.1.2004 – I R 73/02, BStBl. II 2005, 550 ff. = FR 2004, 776.
121 Dies ersetzt die frühere Formulierung, die auf § 8 Abs. 2 KStG Bezug nahm.
122 Ausführliche Kritik bei *Clausen* in Herrmann/Heuer/Raupach, EStG und KStG, Loseblatt, § 49 EStG (Stand 2003) Anm. 1250 f.
123 BFH v. 7.7.1971 – I R 41/70, BStBl. II 1971, 771 f.; BFH v. 20.2.1974 – I R 217/71, BStBl. II 1974, 511 f., 512; BFH v. 1.12.1982 – I R 238/81, BStBl. II 1983, 213 ff. = FR 1983, 204; BFH v. 27.7.1988 – I R 130/84, BStBl. II 1989, 101 ff. = FR 1988, 650.
124 BFH v. 28.1.2004 – I R 73/02, BStBl. II 2005, 550 ff = FR 2004, 776.

Grundlage der §§ 242 ff. HGB, ergänzt um die Sondervorschriften für Kapitalgesellschaften nach §§ 264 ff. HGB aufzustellen (weitere Sonderregeln für Kredit- und Finanzinstitute werden in Art. 62 SE-VO angesprochen).

72 Für die steuerliche Gewinnermittlung sind die für alle Kaufleute geltenden „**Grundsätze ordnungsmäßiger Buchführung**", nicht aber die rechtsform- oder branchenspezifischen Regeln maßgeblich. Ausgangspunkt sind daher (wie § 141 AO für die originäre steuerliche Buchführungspflicht von Nichtkaufleuten zum Ausdruck bringt) die §§ 242 ff. HGB[125]. Hat die SE von dem in § 325 Abs. 2a HGB niedergelegten Recht Gebrauch gemacht, einen Einzelabschluss nach internationalen Rechnungslegungsregeln zu publizieren, so ist für die steuerliche Gewinnermittlung dennoch der (obligatorische) ausschüttungsrelevante Einzelabschluss maßgeblich. Die handelsrechtlichen Ausgangswerte werden in § 5 Abs. 2–6, §§ 6 ff. EStG vielfältig modifiziert. Dafür sind in der Steuererklärung Anpassungen oder die Vorlage einer zusätzlichen Steuerbilanz erforderlich (§ 60 Abs. 2 EStDV).

73 Eine nach dem Recht eines anderen Mitgliedstaats gegründete und in Deutschland (wegen einer Geschäftsleitung im Inland) unbeschränkt steuerpflichtige SE fällt ebenfalls unter § 1 Abs. 1 Nr. 1 KStG und erzielt daher nach § 8 Abs. 2 KStG n.F. ebenfalls ausschließlich gewerbliche Einkünfte. Sie ist jedoch nicht befugt, **ihrer inländischen steuerlichen Gewinnermittlung** ihre nach dem Recht ihres Gründungsstaats erstellte Handelsbilanz zugrunde zu legen[126]. Trotz der Bilanz-RL bestehen nach wie vor vielfältige Unterschiede in der handelsrechtlichen Gewinnermittlung in Europa. Auch wenn sie nicht den inländischen Regeln des Handelsrechts unterliegt, muss sie daher für ihre steuerliche Gewinnermittlung von gewerblichen Einkünften nach deutschen Vorschriften auf der Grundlage von § 141 AO eine den deutschen GoB entsprechende und nach § 5 Abs. 2–6, §§ 6 ff. EStG modifizierte Steuerbilanz vorlegen[127]. Diese verfahrensmäßige Mehrbelastung verstößt nicht gegen die Grundfreiheiten des EG-Vertrages[128].

74 Eine in Deutschland nur beschränkt steuerpflichtige SE (mit Satzungssitz und Ort der Geschäftsleitung im Ausland) **unterliegt im Inland nicht der Buchführungspflicht nach HGB**. Dies gilt nach allgemeiner Ansicht jedenfalls für solche Gesellschaften, die im Inland keine Zweigniederlassung unterhalten[129]. Auch wenn sie eine Zweigniederlassung betreibt, resultiert daraus keine Buchführungspflicht nach HGB. Die Gesellschaft ist lediglich verpflichtet, ihre im Sitzstaat offen gelegten Rechnungslegungsunterlagen am Handelsregister einer Zweigniederlassung zugänglich zu machen (§ 325a HGB)[130]. Die gegenteilige Auffassung der Finanzverwaltung[131] und der

---

125 Ausführlich zum Verständnis der GoB: *Weber-Grellet* in Schmidt, EStG, 26. Aufl. 2007, § 5 Rz. 66 f.; *Crezelius* in Kirchhof, EStG-Kompaktkommentar, 7. Aufl. 2007, § 5 Rz. 38 ff.
126 Zur Buchführungspflicht von EU-Auslandsgesellschaften mit Zweigniederlassung oder Verwaltungssitz im Inland s. *Hennrichs* in FS Horn, 2006, S. 387 ff.; *Schön* in FS Heldrich, S. 391 ff.; rechtsvergleichend zur Maßgeblichkeit in Europa die Beiträge von *Dammann, Kersting, Osterloh-Konrad, Richter* und *Wartenburger* in Schön, Steuerliche Maßgeblichkeit in Deutschland und Europa.
127 Ausführliche Diskussion bei *Engert* in Eidenmüller (Hrsg.), Ausländische Kapitalgesellschaften im deutschen Recht, 2004, § 8 Rz. 51 ff. (zur Auslandsgesellschaft mit Verwaltungssitz in Deutschland).
128 EuGH v. 30.9.2003 – Rs. C-167/01 – „Inspire Art", EuGHE 2003, S. I-10155 ff. Rz. 69.
129 BFH v. 7.11.2001 – I R 14/01, DStR 2002, 667 ff., 670 = FR 2002, 634 m. Anm. *Kempermann.*
130 Ausführlich *Schön* in FS Heldrich, 2005, S. 391 ff. und *Hennrichs* in FS Horn, 2006. S. 387 ff.
131 BMF v. 24.12.1999 – IV B 4 – S 1300 – 111/99, BStBl. I 1999, 1076 ff., 1079 Tz. 1.1.3.2.; *Schreiber* in Blümich, EStG (Loseblatt), § 5 (Stand 2003) Rz. 138; *Stobbe* in Herrmann/Heuer/Raupach, EStG und KStG, Loseblatt, § 5 EStG (Stand 2002) Anm. 13.

Finanzgerichtsbarkeit[132] entbehrt der gesetzlichen Grundlage. Allerdings kann für inländische Betriebsstätten von Auslandsgesellschaften bei Überschreiten der gesetzlichen Umsatz-, Betriebsvermögens- oder Gewinngrenzen des § 141 AO eine originäre Buchführungspflicht eintreten[133]. Diese führt zur Anwendung von § 5 EStG auf die im Inland erzielten gewerblichen Einkünfte. Im Übrigen bleibt es bei der Anwendung der für die jeweilige Einkunftsart geltenden Regeln zur Ermittlung von Einkünften.

cc) Körperschaftsteuerliche Gewinnmodifikationen. (1) Allgemeines. Das Körper-   75
schaftsteuerrecht kennt bestimmte Modifikationen der steuerlichen Gewinnermittlung, die auch auf die SE als „Kapitalgesellschaft" i.S.v. § 1 Abs. 1 Nr. 1 KStG Anwendung finden. Dazu rechnen die Regeln über **Gesellschafter-Fremdfinanzierung** (§ 8a KStG), über **Beteiligungserträge** (§ 8b KStG) sowie über die Grenzen des **Verlustabzugs** (§ 8 Abs. 4 KStG; ab 1.1.2008 § 8c KStG). Gleiches gilt für die Regeln über abziehbare Aufwendungen (§ 9 KStG) und nicht abziehbare Aufwendungen (§ 10 KStG).

(2) § 10 Nr. 4 KStG (Abzugsfähigkeit von Aufsichtsratsvergütungen u. Ä.). Eine Son-   76
derfrage bei der SE kann sich im Hinblick auf die Nichtabzugsfähigkeit von Vergütungen für die Überwachung der Geschäftsführung ergeben. Nach § 10 Nr. 4 KStG ist „die Hälfte der **Vergütungen jeder Art, die an Mitglieder des Aufsichtsrats, Verwaltungsrats, Grubenvorstands oder andere mit der Überwachung der Geschäftsführung beauftragte Personen gewährt werden**", nicht abzugsfähig. Außerdem wird eine Abgeltungssteuer zu Lasten der Empfänger nach § 50a Abs. 1–3 EStG erhoben. Dies unterscheidet Aufsichtsratsvergütungen und gleichgestellte Zahlungen von Entgelten für die Geschäftsführungstätigkeit von Vorständen, die als gewöhnliche Betriebsausgaben in vollem Umfang das steuerliche Ergebnis der Gesellschaft mindern. Diese Abgrenzung ist bei einer „dualistisch" konstruierten SE unproblematisch; hier finden wir die traditionelle Unterscheidung von geschäftsleitendem Vorstand und überwachendem Aufsichtsrat vor. Sie ist aber bei der „monistisch" konstruierten SE nicht leicht nachzuvollziehen.

Die **Vergütungen an sämtliche Mitglieder des Verwaltungsrats einer monistischen**   77
SE sind voll als Betriebsausgaben abzugsfähig. Ausgangspunkt ist die Festlegung in Art. 43 Abs. 1 Satz 1 SE-VO, dass im „monistischen System" das Verwaltungsorgan die Geschäfte der SE führt. Dies deutet bereits auf eine volle Abzugsfähigkeit der entsprechenden Entgelte hin. Allerdings kann ein Mitgliedstaat nach Art. 43 Abs. 1 Satz 2 SE-VO vorsehen, dass geschäftsführende Direktoren die laufenden Geschäfte in eigener Verantwortung führen, während die Mitglieder des Verwaltungsorgans am „Tagesgeschäft" nicht beteiligt werden. Dies kann auch in der Weise organisiert werden, dass einzelne Mitglieder des Verwaltungsrats zugleich als geschäftsführende Direktoren aktiv sind, während andere Mitglieder des Verwaltungsrats sich auf Grundlagenfragen und Überwachung der Geschäftstätigkeit beschränken[134]. Nach deutschem Recht muss der Mehrheit des Verwaltungsrats aus nicht geschäftsführenden Mitgliedern bestehen (§ 40 Abs. 1 Satz 2 SEAG). Die Vertretung nach außen liegt demgegenüber bei den geschäftsführenden Direktoren (§ 41 Abs. 1 SEAG). Dabei gehen die Erwägungsgründe der SE-VO davon aus, dass auch im monistischen System eine „klare Abgrenzung der Verantwortungsbereiche jener Personen, denen die Geschäftsführung obliegt, und der Personen, die mit der Aufsicht betraut sind, wün-

---

132 FG Köln v. 14.10.1981 – I (VII) 565/79 G, EFG 1982, 422; offen BFH v. 7.11.2001 – I R 14/01, DStR 2002, 667 ff., 670 = FR 2002, 634 m. Anm. *Kempermann*.
133 *Engert* in Eidenmüller (Hrsg.), Ausländische Kapitalgesellschaften im deutschen Recht, 2004, § 8 Rz. 55.
134 *Reichert/Brandes* in MünchKomm. AktG, Art. 43 SE-VO Rz. 13.

schenswert" ist[135]. Dies könnte darauf hindeuten, dass die „non-executive"-directors i.S.v. § 10 Nr. 4 KStG „mit der Überwachung der Geschäftsführung beauftragt" sind und daher die an sie gezahlten Vergütungen nur zur Hälfte als Betriebsausgaben abgezogen werden können[136]. Dabei ist zu beachten, dass nach der finanzgerichtlichen Rechtsprechung auch Organe mit Zwischenstellung zwischen Aufsichtsrat und Geschäftsführung unter § 10 Nr. 4 KStG fallen können, wenn sie im Wesentlichen oder überwiegend Überwachungsaufgaben wahrnehmen[137]. Dies gilt auch dann, wenn sie sich im Einzelfall in die Geschäftsführung einmischen[138].

78 Für sämtliche Verwaltungsratsmitglieder, d.h. auch für solche, die nicht an der laufenden Geschäftsführung beteiligt sind, gilt jedoch, dass sie **an der Geschäftsleitung mitwirken**. Der Verwaltungsrat in seiner Gesamtheit „leitet die Gesellschaft, bestimmt die Grundlinien ihrer Tätigkeit und überwacht deren Umsetzung" (§ 22 Abs. 1 SEAG). Grundlagenentscheidungen, Planung und Strategie obliegen sämtlichen Verwaltungsratsmitgliedern[139]. Dies unterscheidet den Verwaltungsrat wesentlich vom Aufsichtsrat deutscher Prägung, dem jede unternehmerische Initiative fehlt und der im Wesentlichen nur durch Zustimmungsvorbehalte und Personalentscheidungen Einfluss auf die Geschäftsführung ausüben kann[140]. Hinzu treten weitere zentrale Aufgaben des Verwaltungsorgans wie die Einberufung der Hauptversammlung (§ 22 Abs. 2 SEAG) oder die Führung der Handelsbücher (§ 22 Abs. 3 SEAG). Der Verwaltungsrat steht damit eher einem Vorstand gleich, der sich aus der Führung der laufenden Geschäfte weitgehend zurückgezogen hat. Ein solcher Vorstand ist dennoch im Kern kein Überwachungsorgan, sondern ein Leitungsorgan, dessen Vergütungen voll abzugsfähig sind[141]. § 10 Nr. 4 KStG und § 50a Abs. 1–3 EStG finden keine Anwendung.

79 **(3) Offene und verdeckte Gewinnausschüttungen.** Die Art und Weise der Gewinnverwendung ist **für die Besteuerung** einer Kapitalgesellschaft nach dem KStG **irrelevant** (§ 8 Abs. 3 Satz 1 KStG). Offene Ausschüttungen auf der Grundlage eines ordnungsmäßigen Gewinnverwendungsbeschlusses mindern nicht den steuerpflichtigen Gewinn. Gleiches gilt nach § 8 Abs. 3 Satz 2 KStG für verdeckte Gewinnausschüttungen.

80 Ebenfalls **nicht abzugsfähig** sind Ausschüttungen auf Genussrechte, die mit einer Beteiligung am Gewinn und am Liquidationserlös der Kapitalgesellschaft verbunden sind. Die Ausgabe derartiger Genussrechte ist kraft der Verweisung in Art. 5 SE-VO auf die Finanzierungsformen des nationalen Aktienrechts zulässig[142].

b) Organschaft

81 **aa) SE mit Sitz und Geschäftsleitung im Inland.** Die SE ist, soweit sie ein „**gewerbliches Unternehmen**" betreibt, nach § 14 Abs. 1 Satz 1 KStG in der Lage, als Organträger an einem Organschaftsverhältnis teilzunehmen. Sie ist weiterhin – wie nun-

---

135 Erwägungsgrund 14 SE-VO.
136 So *Büsching* in Jannott/Frodermann, Handbuch Europäische Aktiengesellschaft, Rz. 223.
137 BFH v. 11.3.1981 – I R 8/77, BStBl. II 1981, 623 ff. = GmbHR 1981, 247; FG Niedersachsen v. 29.3.1990 – VI 303/86, EFG 1991, 421 f.
138 BFH 19.9.1973 – I R 170/71, BStBl. II 1973, 872 f.
139 Oben Art. 43 SE-VO Rz. 15; *Reichert/Brandes* in MünchKomm. AktG, Art. 43 SE-VO Rz. 7.
140 Für einen GmbH-Beirat FG Baden-Württemberg v. 28.10.1976 – III (II) 73/73, EFG 1977, 133 f.
141 FG Niedersachsen v. 29.3.1990 – VI 303/86, EFG 1991, 421 für einen Vorstand, der rechtsgeschäftlich eine Geschäftsführung aus Angestellten für die laufende Arbeit eingestellt hatte.
142 *Schwarz*, Art. 5 Rz. 69; *Oechsler* in MünchKomm. AktG, Art. 5 SE-VO Rz. 38.

mehr § 14 Abs. 1 Satz 1 KStG i.d.F. des SEStEG ausdrücklich klarstellt – tauglich, als Organgesellschaft eingesetzt zu werden. Voraussetzung für die Qualifikation als **Organträger** ist, dass sich der Ort der Geschäftsleitung im Inland befindet (§ 14 Nr. 2 Satz 1 KStG). Voraussetzung für die Qualifikation als **Organgesellschaft** ist, dass sich sowohl der Sitz als auch der Ort der Geschäftsleitung im Inland befinden (§ 14 Abs. 1 Satz 1 KStG). Mit Rücksicht auf Art. 7 Satz 1 SE-VO dürften beide Voraussetzungen bei einer in Deutschland gegründeten SE regelmäßig vorliegen. In Ausnahmefällen (s. oben Rz. 53 ff.) können Sitz und Geschäftsleitung allerdings auch in verschiedenen Mitgliedstaaten liegen, ohne dass dies zur Nichtigkeit der Gesellschaft führt. Dann stellt sich die Frage, ob die einschränkenden Voraussetzungen zur Ansässigkeit von Organträger (Geschäftsleitung im Inland) und Organgesellschaft (Sitz und Geschäftsleitung im Inland) mit dem Schutz der Niederlassungsfreiheit in der EG (Art. 43, 48 EG) vereinbar sind (dazu unten Rz. 86, 91 ff.).

Der Organträger muss an der Organgesellschaft mit der **Mehrheit der Stimmrechte**   82
beteiligt sein (§ 14 Nr. 1 KStG).

Voraussetzung für eine steuerliche Organschaft ist weiterhin der **Abschluss eines Ge-**   83
winnabführungsvertrages nach § 291 Abs. 1 AktG (§ 14 Abs. 1 Satz 1 KStG). Damit wird für die SE auf ihre gesellschaftsrechtliche Fähigkeit zum Abschluss von Unternehmensverträgen verwiesen. Aus gesellschaftsrechtlicher Sicht wird indessen die Anwendbarkeit des deutschen Konzernvertragsrechts auf eine SE mit Sitz in Deutschland ganz überwiegend bejaht[143]. Dabei wird z.T. auf die subsidiäre Anwendung deutschen Aktienrechts nach Art. 9 Abs. 1 lit. c ii SE-VO verwiesen[144], z.T. wird das Konzernrecht als außerhalb des Anwendungsbereichs der SE-VO liegende, nach allgemeinem Internationalen Privatrecht zu beurteilende Materie eingeordnet[145]. In jedem Fall ergibt sich für eine abhängige SE mit Sitz in Deutschland die Anwendbarkeit der §§ 291 ff. AktG. Soweit eine SE mit Sitz in Deutschland als herrschendes Unternehmen auftreten soll, folgt die Lösung von Rechtsfragen (z.B. zur Zustimmung der Hauptversammlung des herrschenden Unternehmens) den §§ 291 ff. AktG. Der Gewinnabführungsvertrag muss auf mindestens fünf Jahre geschlossen und tatsächlich vollzogen werden (§ 14 Abs. 1 Nr. 3 KStG).

bb) SE mit Sitz im Ausland und Geschäftsleitung im Inland. (1) Organträger. Eine SE   84
mit Sitz im Ausland und Geschäftsleitung im Inland kann sich als Organträger an einer Organschaft i.S. der §§ 14 ff. KStG beteiligen. Der „**doppelte Inlandsbezug**" ist seit VZ 2001 nicht (mehr) Voraussetzung für diesen Status[146]. Ein Verstoß gegen das Gebot der Übereinstimmung von Sitz und Hauptverwaltung nach Art. 7 Satz 1 SE-VO führt weiterhin nicht zur Unwirksamkeit der Gesellschaft, so dass eine solche Gesellschaft sich als herrschendes Unternehmen an einem Unternehmensvertrag beteiligen kann.

(2) Organgesellschaft. Als Organgesellschaft kommt nach § 14 Abs. 1 Satz 1 KStG ei-   85
ne **beschränkt steuerpflichtige Kapitalgesellschaft** nicht in Betracht. Vielmehr verlangt das Gesetz einen „doppelten Inlandsbezug", d.h. die Organgesellschaft muss sowohl ihren Satzungssitz als auch den Ort ihrer Geschäftsleitung im Inland haben.

---

143 Die Gegenansicht von *Hommelhoff* (AG 2003, 179 ff.) hat sich nicht durchgesetzt.
144 *Schwarz*, Einl. Rz.173 ff.
145 *Altmeppen* in MünchKomm. AktG, Art. 9 SE-VO Anh. Rz. 23 ff.; *Habersack*, ZGR 2003, 728 ff.; *Casper* in FS Ulmer, 2003, S. 51 ff., 67.
146 *Schaumburg* in Herzig, Organschaft, S. 420 f., 428 f.; *Thömmes* in Herzig, Organschaft, S. 533 f.; *Frotscher*, Der Konzern 2003, 98 ff., 99 f.

86   Die **EG-rechtliche Zulässigkeit** dieser Vorgabe wird überwiegend bestritten[147]. Ge-
      meinschaftsrechtswidrig ist zunächst das Erfordernis eines inländischen Satzungssit-
      zes der Organgesellschaft. Dieses Tatbestandsmerkmal begründet eine evidente Be-
      nachteiligung von im Ausland gegründeten Tochter-SE und verletzt damit die Nie-
      derlassungsfreiheit des Mutterunternehmens. Diese Rechtsfolge kann nicht mit der
      Überlegung gerechtfertigt werden, dass das Organschaftsrecht einen vollen steuerli-
      chen Zugriff des deutschen Fiskus auf das Einkommen der Tochtergesellschaft vo-
      raussetzen würde. Denn die unbeschränkte Steuerpflicht der Organgesellschaft ist
      bereits dann gegeben (und auch nach Art. 4 Abs. 3 OECD-MA doppelbesteuerungs-
      rechtlich im Verhältnis zum Sitzstaat gesichert), wenn sich der Ort der Geschäftslei-
      tung im Inland befindet[148]. Es kann weiterhin nicht darum gehen, auf diese Weise die
      zivilrechtlichen Voraussetzungen für den Abschluss eines Gewinnabführungsvertra-
      ges i.S.v. § 291 AktG zu gewährleisten[149]. Denn dafür wäre es nicht erforderlich,
      sämtliche im Ausland gegründeten Gesellschaften *a limine* als Organgesellschaft
      auszuscheiden. Schließlich reicht der administrative Zweck der Regelung, die tat-
      bestandlichen Voraussetzungen der Organschaft sämtlich im Inland prüfen zu kön-
      nen[150], mit Rücksicht auf die gemeinschaftsrechtlichen Möglichkeiten zum grenz-
      überschreitenden Auskunftsverkehr ebenfalls nicht aus[151]. Die Vorschrift ist daher
      als gemeinschaftsrechtswidrig anzusehen.

87   Eine zusätzliche Fragestellung zielt auf das **Erfordernis eines Gewinnabführungsver-
      trages** mit einer ausländischen Tochter-SE. Nach internationalem Gesellschaftsrecht
      richtet sich das auf Abhängigkeitsverhältnisse anwendbare Konzernrecht nach den
      Vorgaben des Sitzstaates der Tochter-SE; dort wird ein entsprechendes Instrument
      des Unternehmensvertrages in der Regel nicht vorgesehen sein[152]. Insoweit kann
      man vertreten, dass das Erfordernis des Gewinnabführungsvertrages ein „diskrimi-
      nierungsfreies" Tatbestandsmerkmal bildet, das vom deutschen Gesetzgeber als Be-
      leg für die zivilrechtliche Fundierung der Einkommenszurechnung an den Organträ-
      ger verlangt werden kann[153]. Die „Beschränkung" würde dann durch das auslän-
      dische Gesellschaftsrecht hervorgerufen, das einen Gewinnabführungsvertrag
      regelmäßig nicht kennt, und vom deutschen Gesetzgeber nicht zu verantworten sein.
      Dem kann allerdings entgegengehalten werden, dass andere Rechtsordnungen – zu-
      letzt die „Gruppenbesteuerung" in Österreich[154] – eine grenzüberschreitende Verlust-
      zurechnung auch ohne Unternehmensvertrag ermöglichen. Daraus könnte man fol-
      gern, dass das Merkmal des Gewinnabführungsvertrages letztlich eine „verschleier-

---

147 *Schaumburg* in Herzig, Organschaft, S. 431; *Thömmes* in Herzig, Organschaft, S. 534 ff.;
    Herzig/Wagner, Der Konzern 2006, 176 ff., 183 f.; auch Vertreter der Finanzverwaltung
    (*Witt/Dötsch* in Dötsch/Jost/Pung/Witt, KStG [Loseblatt], § 14 Rz. 57) und der Finanz-
    gerichtsbarkeit (*Gosch*, StBp 2002, 374 ff., 378) halten die Regelung für angreifbar.
148 *Schaumburg* in Herzig, Organschaft, S. 431; *Thömmes* in Herzig, Organschaft, S. 534 ff.
149 So die Vermutung von *Thömmes* in Herzig, Organschaft, S. 535.
150 *Kolbe* in Herrmann/Heuer/Raupach, EStG und KStG, Loseblatt, § 14 KStG (Stand 2006)
    Anm. 51.
151 S. nur EuGH v. 15.5.1997 – Rs. C-250/95 – „Futura und Singer", EuGHE 1997, S. I-2471 ff.
    zur Buchführungspflicht von Betriebsstätten im Inland.
152 Das ist lediglich in Österreich und Portugal der Fall; näher *Scheunemann*, IStR 2006, 145 ff.,
    146.
153 *Thiel*, DB 2004, 2603 ff., 2605.
154 Für eine kurze Einführung s. statt vieler *Hirschler/Schindler*, IStR 2004, 505 ff. Ausführlich
    zu dieser Thematik etwa die Kommentare *Quantschnigg/Achatz/Haidenthaler/Trenkwal-
    der/Tumpel* (Hrsg.), Gruppenbesteuerung, 2005; *Wiesner/Kirchmayr/Mayr* (Hrsg.), Gruppen-
    besteuerung, 2005.

te" Diskriminierung ausländischer Tochtergesellschaften bildet[155]. Allerdings sind ausländische Konzernsteuersysteme häufig nur auf eine „Verlagerung" von Verlustguthaben gerichtet und sehen nicht wie das deutsche Konzernsteuerrecht eine volle Zuordnung des gesamten Tochterergebnisses an die Muttergesellschaft vor[156]. Das führt letztlich zu der Frage, ob der nationale Gesetzgeber bei der Einführung und Ausgestaltung von Verlust- und Gewinnzurechnungen zwischen verschiedenen Gesellschaften einer Unternehmensgruppe frei ist. Es ist anzunehmen, dass der Europäische Gerichtshof hier die Frage nach der Erforderlichkeit und Verhältnismäßigkeit eines solchen Tatbestandsmerkmals stellen und dem deutschen Gesetzgeber dabei einen Einschätzungsspielraum überlassen wird. Eine angemessene Lösung kann darin bestehen, dass der deutsche Fiskus eine Organschaft mit einer im Ausland gegründeten SE dann akzeptieren muss, wenn eine dem Gewinnabführungsvertrag wirtschaftlich vergleichbare Verlustübernahme zwischen den dem Organkreis angehörigen Gesellschaften nach ausländischem Zivilrecht vereinbart wird[157].

cc) SE mit Sitz im Inland und Ort der Geschäftsleitung im Ausland. (1) Organträger.   88
Bei dem Organträger verlangt das Gesetz einen Ort der **Geschäftsleitung im Inland.** Fehlt es daran, so kann eine im Ausland ansässige Kapitalgesellschaft als Organträger nur dann anerkannt werden, soweit sie ihre Beteiligung an der Organgesellschaft im Rahmen einer inländischen Zweigniederlassung hält und der Gewinnabführungsvertrag im Rahmen dieser Zweigniederlassung geschlossen worden ist (§ 18 KStG). Auf diese Vorschrift kann sich auch eine im EU-Ausland ansässige SE berufen. Demgegenüber reicht ein bloßer Satzungssitz im Inland nicht aus, weil die regelmäßige doppelbesteuerungsrechtliche Zuordnung der Besteuerungsrechte nach Art. 4 Abs. 3 OECD-MA dem Staat der Geschäftsleitung den Vorrang vor dem Staat des statutarischen Sitzes einräumt[158]. Für die gemeinschaftsrechtliche Problematik kann auf den weitgehend gleich gelagerten Fall eines Organträgers mit Sitz und Geschäftsleitung im Ausland verwiesen werden (Rz. 91 ff.).

(2) Organgesellschaft. Für eine Organgesellschaft mit **Ort der Geschäftsleitung im**   89
Ausland versagt § 14 Abs. 1 Nr. 1 KStG die Anerkennung als taugliche Organgesellschaft. Der statutarische Sitz im Inland reicht nicht aus, weil nach Art. 4 Abs. 3 OECD-MA in der Regel das Einkommen einer solchen Gesellschaft doppelbesteuerungsrechtlich vorrangig im Staat der tatsächlichen Ansässigkeit versteuert wird.

Der Ausschluss einer solchen Gesellschaft wird im Schrifttum vielfach als **Verstoß**   90
gegen Gemeinschaftsrecht kritisiert. Der Fall liegt im Wesentlichen wie bei einer Organgesellschaft mit Sitz und Geschäftsleitung im EU-Ausland. Auf den entsprechenden Abschnitt wird verwiesen (Rz. 94 ff.).

dd) SE ohne Sitz oder Ort der Geschäftsleitung im Inland. (1) Organträger. § 14 KStG   91
akzeptiert eine SE ohne Geschäftsleitung im Inland (und ohne Betriebsstätte im Inland i.S.v. § 18 KStG) nicht als Organträger. Umstritten ist, ob das **Gemeinschaftsrecht** cs erzwingt, dass auch eine SE mit Sitz im Inland und Geschäftsleitung im Aus-

---

155 *Herzig/Wagner*, DStR 2006, 1 ff., 9; *Hey*, GmbHR 2006, 113 ff., 118; *Scheunemann*, IStR 2006, 146 f.; *Sedemund/Sterner*, DStZ 2006, 29 ff., 38 f.; s. zu dieser Thematik auch *Wimpissinger*, Steuerliche Verlustverrechnung nach EG-Recht, 2006, S. 202 ff.

156 Überblick zu den Konzernsteuersystemen in Europa bei *Dörr* in Schön (Hrsg.), Steuerliche Maßgeblichkeit in Deutschland und Europa, 2005, S. 727 ff.

157 *Balmes/Brück/Ribbrock*, BB 2006, 186 ff., 189; *Englisch*, IStR 2006, 22 f., 23; *Wernsmann/Nippert*, FR 2006, 153 ff., 160 f.; a.A. *Eicker/Röhrbein*, Stbg. 2006, 117 ff., 120 f.; *Scheunemann*, IStR 2006, 147.

158 Kritisch im Hinblick darauf, dass § 14 Abs. 1 Satz 1 Nr. 2 KStG auch für den Fall gilt, dass eine abkommensrechtlichen Zuweisung an den Staat der Geschäftsleitung konkret nicht gegeben ist: *Schaumburg* in Herzig, Organschaft, S. 421.

land, die im Inland über keine Betriebsstätte verfügt, als Organträger in Betracht kommt.

92 Materiell hätte dies zur Folge, dass das **Einkommen einer inländischen Organgesellschaft dem ausländischen Organträger zugerechnet** würde. Die Rechtsfolgen einer solchen Konstruktion würden sich allerdings nicht an den ausländischen Fiskus richten (etwa im Sinne einer Verrechnung von Verlusten der ausländischen Muttergesellschaft in ihrem Sitzstaat mit den Gewinnen der inländischen Tochtergesellschaft), weil das Steuerrechtsverhältnis im Sitzstaat des Mutterunternehmens durch die Regelung des deutschen Organschaftsrechts gar nicht berührt werden kann. Außerdem würde durch die Anerkennung einer grenzüberschreitenden Organschaft mit einem ausländischen Träger die „Steuerquelle" auch aus der Sicht des deutschen Fiskus nicht in das Ausland verschoben[159]. § 14 Abs. 1 Satz 1 KStG spricht von einer „Zurechnung" des Tochtereinkommens an die Konzernmutter, nicht jedoch von einem „Abzug" des abgeführten Gewinns bei der Tochter mit anschließender „Einnahme" bei der Konzernmutter[160].

93 Näher würde es daher liegen, dass das Einkommen der inländischen Tochtergesellschaft aus der Sicht des deutschen Steuerrechts als **Einkommen einer inländischen Betriebsstätte des ausländischen Organträgers** einzuordnen ist. Dies würde zwar mit der traditionellen Sicht des Organschaftsrechts brechen, derzufolge die Tochtergesellschaft nicht als Steuersubjekt „verschwindet" und in eine Zweigniederlassung überführt wird (so die alte „Filialtheorie" des RFH), sondern als Rechtssubjekt anerkannt bleibt (etwa mit der Folge, dass Rechtsgeschäfte zwischen Organgesellschaft und Organträger bilanzwirksam sind). Aber es würde doch der Regelung in § 18 KStG für Gewinnabführungsverträge mit Zweigniederlassungen ausländischer Gesellschaften gedanklich entsprechen und eine zutreffende territoriale Zuordnung der Gewinne herbeiführen[161]. Die Frage nach einer grenzüberschreitenden Verlustverrechnung zwischen inländischer Tochtergesellschaft und ausländischer Muttergesellschaft ist dann vergleichbar der Problematik einer Verrechnung von Gewinnen einer inländischen Betriebsstätte mit den Verlusten des ausländischen Stammhauses aus der Sicht des Betriebsstättenstaates. Dies ist indessen gemeinschaftsrechtlich nach der Rechtsprechung des EuGH nicht geboten[162]. Gemeinschaftsrechtlich durchgesetzt könnte demgegenüber eine Verrechnung von Gewinnen und Verlusten zwischen zwei inländischen Tochtergesellschaften derselben ausländischen Muttergesellschaft[163].

94 **(2) Organgesellschaft.** § 14 Abs. 1 Satz 1 KStG akzeptiert eine Kapitalgesellschaft mit Geschäftsleitung (und gegebenenfalls auch Sitz) im Ausland nicht als Organgesellschaft. Soweit dies damit begründet wird, dass der Abschluss eines Gewinnabführungsvertrages mit einer solchen Gesellschaft nicht durchgeführt oder überprüft werden könne, ist dies mit dem Gemeinschaftsrecht nicht vereinbar (s. oben Rz. 86). Es muss ausreichen, wenn eine wirtschaftlich vergleichbare Verlustübernahme zwischen den Parteien vereinbart wird. Fraglich kann nur sein, ob das Prinzip der **Territorialität der Besteuerung** einer solchen Zurechnung von Einkünften einer im Ausland ansässigen Tochtergesellschaft entgegensteht. Hier ist im Ausgangspunkt zwischen zwei Situationen zu unterscheiden:

---

159 Gegen eine „Gewinnverlagerung" in das Ausland auch *Hey*, GmbHR 2006, 119; anders *Herzig/Wagner*, Der Konzern 2006, 185 f.; *Kleinert/Nagler*, DB 2005, 2791 ff., 2792; *Scheunemann*, IStR 2006, 154.
160 In diese Richtung das finnische Recht zu den „Konzernbeiträgen" und dazu die Schlussanträge von GA *Kokott* v. 12.9.2006 in der Rechtssache C-231/05 – „Oy AA".
161 *Frotscher*, Der Konzern 2003, 102 f.
162 EuGH v. 15.5.1997 – Rs. C-250/95 – „Futura und Singer", EuGHE 1997, S. I-2471.
163 *Cordewener* in von Groll (Hrsg.), Verluste im Steuerrecht, 2005, S. 255 ff., 281.

Unterhält die im Ausland ansässige Kapitalgesellschaft eine **Betriebsstätte im Inland,**   95
so hindert das Territorialitätsprinzip nicht die organschaftliche Zurechnung dieses
inländischen Ergebnisses an die Muttergesellschaft. Daran ändert sich auch dann
nichts, wenn die Gesellschaft zugleich in ihrem Ansässigkeitsstaat oder weiteren
Staaten Einkünfte erzielt. Der Fall liegt nicht anders als bei einer im Inland ansässigen Gesellschaft mit Einkunftsquellen in mehreren Staaten[164]. Die Organschaft
muss im Hinblick auf das Inlandseinkommen einer ausländischen Organgesellschaft
akzeptiert werden[165].

Geht es um die organschaftliche Zurechnung von Ergebnissen, die im Ausland erzielt   96
werden und der dortigen Steuerjurisdiktion unterliegen, so kann das Territorialitätsprinzip einen Ausschluss dieser Einkunftsteile vom Organkreis mit einer inländischen Muttergesellschaft rechtfertigen[166]. Der Europäische Gerichtshof hat für den
britischen „group relief" eine solche grenzüberschreitende Verlustzurechnung vor
dem Hintergrund des Territorialitätsprinzips im Grundsatz abgelehnt und nur für
den Fall bejaht, dass eine Verlustverrechnung im Quellenstaat sich als unmöglich erweist und daher der Sitzstaat der Muttergesellschaft die **Gelegenheit zur Verlustverrechnung** bieten müsse[167]. Diese Aussage – deren praktische Bedeutung und Folgen
im Einzelnen unklar sind[168] – kann auch auf die Anwendung des deutschen Organschaftsrechts übertragen werden. Nicht durchgesetzt hat sich damit die im Schrifttum überwiegend vertretene Annahme, dass Auslandsverluste (unter Vorbehalt einer
Nachversteuerung späterer kongruenter Auslandsgewinne) automatisch und zeitgleich mit inländischen Gewinnen der Muttergesellschaft oder anderer Organglieder
verrechnet werden müssten[169].

III. Die SE im Doppelbesteuerungsrecht

Die SE wird im Recht der Doppelbesteuerungsabkommen wie eine gewöhnliche Ak-   97
tiengesellschaft behandelt[170]. Dafür bedarf es nicht der Verweisung auf die Stellung
der nationalen Aktiengesellschaft in Art. 10 SE-VO. Es reicht aus, dass in Art. 3
Abs. 1 lit. b OECD-MA als „Gesellschaft" i.S. des Doppelbesteuerungsrechts sämtliche „juristischen Personen oder Rechtsträger, die für die Besteuerung wie juristische
Personen behandelt werden", erfasst sind. Dies schließt die SE auf der Grundlage ihrer persönlichen Rechtsfähigkeit ein (Art. 1 Abs. 3 SE-VO). Diese Definition wird in
den von der Bundesrepublik Deutschland abgeschlossenen DBA durchgehend übernommen und allenfalls erweitert[171]. Die SE ist damit **abkommensberechtigte Person**
nach Art. 1 OECD-MA i.V.m. Art. 3 Abs. 1 lit. a OECD-MA. Für die Ansässigkeit gilt
Art. 4 OECD-MA (s. dazu bereits oben Rz. 52, 55).

---

164 Dazu *Frotscher*, Der Konzern 2003, 101 f., 103; *Schaumburg* in Herzig, Organschaft,
     S. 423 ff.; *Cordewener* in von Groll (Hrsg.), Verluste im Steuerrecht, 2005, S. 255 ff., 280 f.
165 *Wernsmann/Nippert*, FR 2006, 161 f.
166 Ausführlich *Thömmes* in Herzig, Organschaft, S. 526 ff.; *Cordewener* in von Groll (Hrsg.),
     Verluste im Steuerrecht, 2005, S. 255 ff., 299 ff.
167 EuGH v. 13.12.2005 – Rs. C-446/03 – „Marks & Spencer", EWS 2006, 30 ff. m. Anm. *Dörr*.
168 Weitgehend offen ist insbesondere, wann und in welcher Weise eine Verlustverrechnung im
     Quellenstaat „ausgeschlossen" sein muss, um die Verrechnungspflicht des Sitzstaats des
     Mutterunternehmens hervorzurufen (zur Diskussion: *Dötsch/Pung*, Der Konzern 2006,
     130 ff., 132 ff.; *Hey*, GmbHR 2006, 117 ff.; *Scheunemann*, IStR 2006, 147 ff.).
169 Ausführlich *Cordewener* in von Groll (Hrsg.), Verluste im Steuerrecht, 2005, S. 255 ff.,
     299 ff.
170 *Helminen*, European Taxation 2004, 29 f.; *Schindler* in Kalss/Hügel, Teil III: Steuerrecht,
     Rz. 8–10; *Schaumburg* in Lutter/Hommelhoff, Europäische Gesellschaft, S. 319 ff., 354 f.
171 *Vogel* in Vogel/Lehner, Doppelbesteuerungsabkommen, 4. Aufl. 2003, Art. 3 OECD-MA
     Rz. 24.

98   Die Gewinnausschüttungen einer SE sind „**Dividenden**" i.S.v. Art. 10 Abs. 1 OECD-MA. Dabei kommt es nicht darauf an, ob es sich nach Art. 10 Abs. 3 OECD-MA unmittelbar um „Einkünfte aus Aktien" handelt oder um solche, „die nach dem Recht des Staates, in dem die ausschüttende Gesellschaft ansässig ist, den Einkünften aus Aktien steuerlich gleichgestellt sind".

99   Als problematisch erweist sich – wie bereits zu § 10 Nr. 4 KStG[172] – die Qualifikation der **Vergütungen an die Mitglieder des Verwaltungsrats in der monistisch verfassten SE**. Nach Art. 16 OECD-MA können „Aufsichtsratsvergütungen, Verwaltungsratsvergütungen und ähnliche Zahlungen, die eine in einem Vertragsstaat ansässige Person in ihrer Eigenschaft als Mitglied des Aufsichtsrats oder Verwaltungsrats einer Gesellschaft bezieht, die im anderen Staat ansässig ist" im „anderen Staat besteuert werden". Die ausdrückliche Erwähnung des „Verwaltungsrats" in diesem Artikel könnte dahin verstanden werden, dass die Vergütungen an Verwaltungsratsmitglieder einer SE generell nach Art. 16 OECD-MA im Sitzstaat der Gesellschaft versteuert werden. Zu beachten ist allerdings, dass der Bundesfinanzhof seine Auslegung des Art. 16 OECD-MA nicht an der Bezeichnung des Organs, sondern an dessen sachlicher Aufgabe orientiert. Danach unterfallen Vergütungen dem Art. 16 OECD-MA, wenn sie im Wesentlichen für die Aufgabe der Überwachung der eigentlichen Unternehmensleitung gezahlt werden[173]. Das ist bei den Verwaltungsratsmitgliedern einer SE, die – auch bei fehlender Einbeziehung in die laufende Geschäftätigkeit – die wesentlichen unternehmerischen Entscheidungen für die SE treffen müssen, nicht der Fall.

IV. Die Sitzverlegung der SE

1. Wegzug einer SE

a) Besteuerung der Gesellschaft

100   **aa) Anwendbare Rechtsvorschriften.** Die steuerlichen Folgen der Sitzverlegung einer SE von Deutschland in das Ausland werden für die SE von drei **sich überlagernden Teilrechtsordnungen** beherrscht, nämlich dem nationalen Steuerrecht, dem sekundären Gemeinschaftsrecht (Fusionsbesteuerungs-RL) und dem primären Gemeinschaftsrecht (Grundfreiheiten):

101   Bei der Anwendung des nationalen Steuerrechts und der europäischen Rahmenbedingungen ist zu beachten, dass ein **materieller Steuertatbestand ausschließlich auf der Ebene des nationalen Rechts** festgelegt werden kann. Dieser ist für den Fall der Sitzverlegung einer SE in § 12 Abs. 1 KStG zu finden. Das Gemeinschaftsrecht (die Grundfreiheiten und die Richtlinien) bilden demgegenüber einen Rahmen, mit dem das nationale Steuerrecht vereinbar sein muss, um gegenüber den betroffenen Unternehmen durchgesetzt werden zu können. Es begründet hingegen keine steuerlichen Realisationstatbestände.

102   **(1) § 12 KStG.** Im **nationalen Recht** findet sich die maßgebliche Vorschrift in **§ 12 KStG**, der durch das SEStEG wesentlich umgestaltet worden ist. Die frühere Fassung ordnete für die Sitzverlegung die entsprechende Anwendung der Regelung über die Gewinnbesteuerung bei Liquidation (§ 11 KStG) an. Sie lautete:

---

172 S. oben Rz. 76 ff. mit Hinweisen zur Rechtsstellung der Verwaltungsratsmitglieder.
173 BFH v. 5.10.1994 – I R 67/93, BStBl. II 1995, 95 ff. = GmbHR 1995, 238; BFH v. 27.4.2000 – I B 114/99, IStR 2000, 568 f.

„§ 12 Abs. 1 Satz 1 und 2 KStG a.F.: Verlegt eine unbeschränkt steuerpflichtige Körperschaft oder Vermögensmasse ihre Geschäftsleitung und ihren Sitz oder eines von beiden ins Ausland und scheidet sie dadurch aus der unbeschränkten Steuerpflicht aus, so ist § 11 entsprechend anzuwenden. An die Stelle des zur Verteilung kommenden Vermögens tritt der gemeine Wert des vorhandenen Vermögens."

Die neue Fassung erwähnt nicht mehr ausdrücklich die Sitzverlegung als Tatbestand.   103
Vielmehr werden sowohl im EStG (§ 4 Abs. 1 Satz 3 ff.) als auch im KStG (§ 12 Abs. 1) jeweils ein allgemeiner Tatbestand über die steuerliche Entstrickung von Betriebsvermögen formuliert. Unter diesen Tatbestand kann – wenn und insoweit aus einem solchen Anlass stille Reserven der **„Entstrickung"** anheimfallen würden – auch die Verlegung des Sitzes einer Kapitalgesellschaft subsumiert werden. Lediglich für die Sitzverlegung in Drittstaaten (außerhalb EU und EWR) wird in Abs. 3 wie bisher die Liquidationsbesteuerung vorgesehen. Die Vorschrift lautet:

„§ 12 Abs. 1 KStG n.F.: Wird bei der Körperschaft, Personenvereinigung oder Vermögensmasse das Besteuerungsrecht der Bundesrepublik Deutschland hinsichtlich des Gewinns aus der Veräußerung oder der Nutzung eines Wirtschaftsguts ausgeschlossen oder beschränkt, gilt dies als Veräußerung oder Überlassung des Wirtschaftsguts zum gemeinen Wert; § 17 Abs. 5 Satz 2 des Einkommensteuergesetzes gilt entsprechend. Für die Bewertung von Pensionsrückstellungen gilt § 6a des Einkommensteuergesetzes.

§ 12 Abs. 3 KStG n.F.: Verlegt eine Körperschaft, Vermögensmasse oder Personenvereinigung ihre Geschäftsleitung oder ihren Sitz und scheidet sie dadurch aus der unbeschränkten Steuerpflicht in einem Mitgliedstaat der Europäischen Union oder einem Staat aus, auf den das Abkommen über den Europäischen Wirtschaftsraum Anwendung findet, gilt sie als aufgelöst und § 11 ist entsprechend anzuwenden. Gleiches gilt, wenn die Körperschaft, Vermögensmasse oder Personenvereinigung auf Grund eines Abkommens zur Vermeidung der Doppelbesteuerung infolge der Verlegung ihres Sitzes oder ihrer Geschäftsleitung als außerhalb des Hoheitsgebietes der in Satz 1 genannten Staaten ansässig anzusehen ist. An die Stelle des zur Verteilung kommenden Vermögens tritt der gemeine Wert des vorhandenen Vermögens."

Diese Neuregelung wirkt im Verhältnis zur bisherigen Rechtslage insoweit **verschär-   104
fend**, als sie nunmehr einen allgemeinen steuerlichen Entstrickungstatbestand formuliert[174]. Sie wirkt insoweit **erleichternd**, als sie (in Übereinstimmung mit einer früheren Auslegung im Schrifttum[175]) für solches Vermögen, das (etwa in inländischen Betriebsstätten) weiterhin dem deutschen Steuerzugriff unterliegt, von einer Gewinnrealisierung aus Anlass der Sitzverlegung absieht.

Das Grundkonzept des § 12 Abs. 1 KStG ist in Verbindung zu § 4 Abs. 1 Satz 3–5   105
EStG und § 11 UmwStG i.d.F. des SEStEG zu verstehen[176]. Der deutsche Steuergesetzgeber strebt mit diesen Vorschriften die Einführung einer allgemeinen Entstrickungsvorschrift für internationale Sachverhalte an, bei denen unter der Jurisdiktion des deutschen Steuerrechts entstandene stille Reserven verloren zu gehen drohen[177]. Dieser **allgemeine Entstrickungstatbestand** ist in der Weise auf die unterschiedlichen

---

174 Zur früheren Rechtslage war ganz h.M., dass die Sitzverlegung einer SE nicht dem allgemeinen Tatbestand der Liquidationsbesteuerung zu unterwerfen ist (*Aßmann*, Steuerrechtliche Aspekte, S. 119 f.; *Herzig/Griemla*, StuW 2002, 75; *Rödder*, Der Konzern 2003, 522 ff., 527; *Schaumburg* in Lutter/Hommelhoff, Europäische Gesellschaft, S. 350).

175 *Büsching* in Jannott/Frodermann, Handbuch Europäische Aktiengesellschaft, Rz. 163; *Eckl*, Wechsel von beschränkter und unbeschränkter Steuerpflicht bei Kapitalgesellschaften, S. 106 ff.; *Fischer* in MünchKomm. AktG, Rz. 56; *Hügel*, ZGR 1999, 71 ff., 96 ff.; *Kessler/Huck/Obser/Schmalz*, DStZ 2004, 813 ff., 819 f.; *Knobbe-Keuk*, StuW 1990, 372 ff., 376 f.; *Knobbe-Keuk*, DB 1991, 300; *Schaumburg* in Lutter/Hommelhoff, Europäische Gesellschaft, S. 351; *Thömmes* in Theisen/Wenz, Europäische Aktiengesellschaft, S. 581; a.A. *Thiel*, GmbHR 1994, 277 ff., 288.

176 Ausführlich *Rödder/Schumacher*, DStR 2006, 1481 ff.; *Blumenberg/Lechner* in Blumenberg/Schäfer, Das SEStEG, S. 65 ff., 78 ff.

177 *Klingberg/van Lishaut*, Der Konzern 2005, 698 ff.; *Brink/Endres* in PriceWaterhouseCoopers, Reform des Umwandlungssteuerrechts, Kap.2, Rz. 251 ff.

Einzelsteuergesetze aufgeteilt worden, dass für stille Reserven im Betriebsvermögen natürlicher Personen § 4 Abs. 1 Satz 3–5 EStG eingreift[178], während bei Körperschaften § 12 Abs. 1 KStG Geltung beansprucht[179]. Eine weitere Unterscheidung liegt darin, dass bei Entstrickungen, die aus Anlass eines Rechtsträgerwechsels stattfinden, die Vorschriften des UmwStG eingreifen (insbesondere § 11 UmwStG), während bei Entstrickungen ohne Rechtsträgerwechsel die Regelungen im EStG und KStG maßgeblich sind[180]. Für die identitätswahrende Sitzverlegung als einem Vorgang ohne Rechtsträgerwechsel im Rahmen des Körperschaftsteuerrechts ist daher § 12 Abs. 1 KStG einschlägig.

106 **(2) EG-Grundfreiheiten.** Im **europäischen Recht** müssen sowohl das Primärrecht als auch das Sekundärrecht beachtet werden.

107 Zunächst ist die SE als Gesellschaft nach Art. 48 Abs. 1 EG befugt, sich auf die **Grundfreiheiten** zu berufen (oben Rz. 18). Diese Berechtigung erfasst namentlich die primäre und sekundäre **Niederlassungsfreiheit** (Art. 43, 48 EG), etwa im Hinblick auf die Gründung von Zweigniederlassungen oder Tochtergesellschaften im Ausland. Gleiches gilt für die Niederlassungsfreiheit nach Art. 31 EWR-Abkommen[181]. Umstritten ist, ob auch der **„Wegzug" einer SE** aus ihrem Gründungsstaat von den Grundfreiheiten erfasst wird. Der europäische Gesetzgeber hat dieses subjektive Recht im 6. Erwägungsgrund der Richtlinie 2005/19/EG ausdrücklich hervorgehoben[182]. Der Europäische Gerichtshof hat indessen in seiner Entscheidung „Daily Mail" aus dem Jahre 1988 gemeint, dass sich Gesellschaften hinsichtlich einer Sitzverlegung in das Ausland gegenüber einer steuerlichen Schlussbesteuerung nicht auf Art. 43, 48 EG berufen könnten, weil ihr Bestand und ihre rechtliche Ordnung wesentlich durch den nationalen Gesetzgeber geprägt würden[183]. Diese Ausführungen sind (obiter) in der Entscheidung „Überseering" aus dem Jahre 2002 bestätigt worden[184]. Im Vordringen im Schrifttum ist indessen die Annahme, dass auch der „Wegzug" einer einmal wirksam gegründeten Gesellschaft von der primären Niederlassungsfreiheit geschützt ist und vom jeweiligen Gesetzgeber nicht beliebig ausgeschlossen oder beschränkt werden kann[185].

108 Weiterhin ist aus der Sicht der Grundfreiheiten zwischen der **gesellschaftsrechtlichen „Anerkennung" einer Sitzverlegung und deren steuerlichen Folgen** zu unterscheiden. Soweit es um die gesellschaftsrechtliche Zulässigkeit einer Verlegung von Satzungssitz und/oder Hauptverwaltung der SE in das EU/EWR-Ausland geht, wird

---

178 Dazu ausführlich *Stadler/Elser* in Blumenberg/Schäfer, Das SEStEG, S. 43 ff.; *Dötsch/Pung*, DB 2006, 2648 ff.
179 Für eine Spezialität von § 12 KStG gegenüber § 4 Abs. 1 Satz 3 EStG *Dötsch/Pung*, DB 2006, 2648; m.E. liegt wechselseitige Exklusivität vor. Der Grund dafür, dass in § 4 Abs. 1 Satz 3 EStG eine „Entnahme" fingiert wird und in § 12 Abs. 1 KStG eine „Veräußerung" unterstellt wird, liegt darin, dass der Gesetzgeber bei Kapitalgesellschaften mangels „Privatsphäre" eine Entnahme nicht für möglich hält (*Benecke*, StuB 2007, 3 ff., 4).
180 *Rödder/Schumacher*, DStR 2006, 1526 f.
181 Mitteilung der Kommission an den Rat, das Europäische Parlament und den Europäischen Wirtschafts- und Sozialausschuss, Wegzugsbesteuerung und die Notwendigkeit einer Koordinierung der Steuerpolitiken der Mitgliedstaaten v. 19.12.2006 KOM (2006) 825 endg., Tz. 4.1, S. 10.
182 ABl. EG Nr. L 58, S. 19 ff.
183 EuGH v. 27.9.1988 – Rs.81/87 – „Daily Mail", EuGHE 1988, 5483 ff.
184 Eine einschlägige Vorlage eines deutschen Registergerichts ist als unzulässig verworfen worden (EuGH v. 10.7.2001 – Rs. C-86/00 – „HSB-Wohnbau", EuZW 2001, 499 f.); s. nunmehr (für eine Personengesellschaft) die Vorlage des Registergerichts Szeged/Ungarn v. 20.4.2006 – Rs.C-210/06 – „Cartesio", ZIP 2006, 1356 ff.
185 S. z.B. *Behrens*, IPRax 2004, 20 ff., 26; *Roth* in FS Heldrich, 2005, S. 973 ff., 985 ff.; *Schön*, ECFR 2006, 122 ff., 137 ff.

auf der Grundlage von „Daily Mail" überwiegend angenommen, dass die Befugnis und Rechtsfolgen einer Sitzverlegung in das Ausland vom Gesetzgeber des Gründungsstatuts frei ausgestaltet werden können (sog. „Kreationstheorie"). Daher soll für die SE der europäische Gesetzgeber befugt sein, das „Ob" und „Wie" einer Sitzverlegung der SE als Rechtsgebilde des Gemeinschaftsrechts frei zu ermöglichen oder auszuschließen[186]. Von dieser Gestaltungsfreiheit haben die Gemeinschaftsorgane in zwei Richtungen Gebrauch gemacht: Sie haben in Art. 8 SE-VO die grenzüberschreitende Sitzverlegung im Grundsatz ermöglicht, sie haben zugleich in Art. 7 Satz 1 SE-VO den regelmäßigen Gleichlauf von Satzungssitz und Hauptverwaltung angeordnet und damit ein Auseinanderfallen von Satzungssitz und Hauptverwaltung mit den in Art. 64 SE-VO niedergelegten Rechtsfolgen untersagt.

Eine andere Frage ist darauf gerichtet, ob die geschilderte gesellschaftsrechtliche Gestaltungsfreiheit des (europäischen) Gesetzgebers für den Fall der Verlegung von Satzungssitz und/oder Hauptverwaltung in das EU/EWR-Ausland auch in eine steuerliche Gestaltungsfreiheit des Gemeinschaftsrechts oder des nationalen Steuerrechts mündet. In „Daily Mail"[187] hat der Gerichtshof aus der gesellschaftsrechtlichen Gestaltungsfreiheit des nationalen Gesetzgebers gefolgert, dass ihm auch **„kontrollfreie" steuerliche Hindernisse** einer Sitzverlegung erlaubt sind. Allerdings betraf „Daily Mail" den Sonderfall, dass (nach dem streitigen britischen Recht) die gesellschaftsrechtliche Zulässigkeit einer Verlegung der Hauptverwaltung kraft Gesetzes an die Erfüllung steuerlicher Pflichten geknüpft wurde und damit beide Rechtsfolgen untrennbar verbunden wurden. Für die Sitzverlegung der SE stellt sich demgegenüber die Frage, ob mit der unbedingten „Anerkennung" der gesellschaftsrechtlichen Sitzverlegung durch Art. 8 SE-VO für die SE das Recht entstanden ist, sich gegenüber steuerlichen Hindernissen auf die Niederlassungsfreiheit zu berufen. Das ist zu bejahen[188]. Die gesellschaftsrechtliche Gestaltungsfreiheit des (nationalen oder europäischen) Gesetzgebers erschöpft sich in seiner Befugnis, den Bestand und die innere und äußere Ordnung einer Gesellschaft zu regeln. Damit ist entschieden, dass die Gesellschaft subjektiv in den Normbereich der Art. 43, 48 EG fällt[189]. **Gegenüber diskriminierenden oder beschränkenden Regelungen desselben Gesetzgebers auf anderen Gebieten** (neben dem Steuerrecht etwa das Wettbewerbsrecht, das Insolvenzrecht, das Gewerberecht etc.) **kann sich die wirksam entstandene Gesellschaft vollumfänglich auf die Grundfreiheiten berufen.** Der Gesetzgeber kann Diskriminierungen oder Beschränkungen in anderen Rechtsgebieten nicht mit dem Argument rechtfertigen, er hätte dem Unternehmen im Rahmen des Gesellschaftsrechts eine bestimmte Umstrukturierung untersagen können. In diese Richtung deutet auch die Forderung des europäischen Gesetzgebers, dass „eine von einer Gesellschaft beschlossene Umstrukturierung durch Sitzverlegung (...) nicht durch diskriminierende steuerliche Vorschriften oder durch Beschränkungen, Nachteile und Verzerrungen, die sich aus dem Gemeinschaftsrecht zuwiderlaufenden Steuervorschriften der Mitgliedstaaten ergeben, behindert werden (sollten)"[190].

109

---

186 *Oechsler* in MünchKomm. AktG, Art. 7 SE-VO Rz. 2; *Schindler*, RdW 2003, 122 ff., 124 f.; *Schwarz*, Art. 7 Rz. 13 ff.
187 EuGH v. 27.9.1988 – Rs. 81/87, EuGHE 1988, 5483 ff.
188 Mitteilung der Kommission v. 19.12.2006 KOM (2006) 825 endg., Tz. 3.1, S. 6 f.; *Hügel* in FS Wiesner, 2004, S. 177 ff., 196 f.; *Kleinert/Probst*, DB 2004, 673 ff.; *Schaumburg* in FS Wassermeyer, 2005, S. 414; *Schön*, IStR 2004, 297; a.A. *Frotscher*, IStR 2006, 65 ff., 68 ff.; *Thiel*, DB 2004, 2609; *Thiel*, DB 2005, 2316 ff., 2318; *Terra/Wattel*, European Tax Law, 2004, S. 117 u. 618.
189 *Fischer* in MünchKomm. AktG, Rz. 55; *Terra/Wattel*, European Tax Law, 2004, S. 118 f.
190 Richtlinie 2005/19/EG v. 17.2.2005, ABl. EG Nr. L 58, S. 19 ff., 6. Erwägungsgrund Satz 2.

110 Neben die Niederlassungsfreiheit tritt die **Kapitalverkehrsfreiheit** (Art. 56 EG), soweit im Rahmen einer Sitzverlegung eine Kapitalbewegung vollzogen wird. Eine solche geschützte Kapitalbewegung kann zwar nicht in der bloßen Verlegung des Wohnsitzes[191] oder der rechtlichen Ansässigkeit einer juristischen Person gesehen werden, wohl aber in der Verlagerung von Betriebsvermögen, z.B. bei der Ausstattung einer Geschäftsleitung oder einer anderen Betriebsstätte. Die Kapitalverkehrsfreiheit kann eigenständige Bedeutung gewinnen, wenn es um die Verlegung des Sitzes in Drittstaaten (außerhalb von EU/EWR) geht, weil Art. 56 Abs. 1 EG auch Kapitalbewegungen in und aus Drittstaaten schützt. Der Europäische Gerichtshof lässt jedoch Art. 56 EG nicht zur Anwendung kommen, wenn der gesetzlich geregelte Sachverhalt im Kern die Niederlassungsfreiheit berührt[192]. Weiterhin ist umstritten, ob und in welchem Umfang der Kapitalverkehr mit Drittstaaten auch gegenüber steuerlichen Regelungen schützt[193]. Zumindest sollten die Mitgliedstaaten der EU im Rahmen des Drittstaatenverkehrs zusätzliche Rechtfertigungsgründe formulieren können[194].

111 Im Schrifttum wird weiterhin vorgeschlagen, dass gegen steuerliche Hindernisse auch unmittelbar die **Freiheit der Sitzverlegung nach Art. 8 SE-VO** ins Feld geführt werden könne[195]. Dies ist zweifelhaft, weil Art. 8 SE-VO ausschließlich die gesellschaftsrechtlichen Voraussetzungen und Folgen einer Sitzverlegung regelt. Im Übrigen würden die Normwirkungen nicht über die primärrechtliche Niederlassungsfreiheit hinausreichen.

112 **(3) Fusionsbesteuerungs-RL.** Im **sekundären Gemeinschaftsrecht** hat die „Richtlinie 2005/19/EG des Rates vom 17.2.2005 zur Änderung der Richtlinie 90/434/EWG über das gemeinsame Steuersystem für Fusionen, Spaltungen, die Einbringung von Unternehmensteilen und den Austausch von Anteilen, die Gesellschaften verschiedener Mitgliedstaaten betreffen,"[196] die Fusionsbesteuerungs-RL aus dem Jahre 1990 um drei Vorschriften zur Sitzverlegung von SE (und SCE) ergänzt. Dabei wurden für die Sitzverlegung Vorschriften eingeführt, die sich inhaltlich an die bereits 1990 in Kraft getretenen Regelungen über die grenzüberschreitende Verschmelzung anlehnen. Diese betreffen im Wesentlichen die **Realisierung von stillen Reserven** aus Anlass einer Sitzverlegung sowie die **Behandlung von Verlustvorträgen**.

113 Die für die Besteuerung der Gesellschaft maßgeblichen Vorschriften lauten:
Art. 10b Fusionsbesteuerungs-RL
(1) Wenn

a) eine SE oder SCE ihren Sitz von einem Mitgliedstaat in eine anderen verlegt oder

b) eine SE oder SCE, die in einem Mitgliedstaat ansässig ist, infolge der Verlegung ihres Sitzes von diesem Mitgliedstaat in einen anderen Mitgliedstaat ihren Steuersitz in diesem Mitgliedstaat aufgibt und in einem anderen Mitgliedstaat ansässig wird,

darf die Verlegung des Sitzes oder die Aufgabe des Steuersitzes in dem Mitgliedstaat, von dem der Sitz verlegt wurde, keine Besteuerung des nach Artikel 4 Absatz 1 berechneten Veräußerungsgewinns aus dem Aktiv- und Passivvermögen einer SE oder SCE auslösen, das in der Folge tatsächlich einer Betriebsstätte der SE bzw. der SCE in dem Mitgliedstaat, von dem der Sitz verlegt wurde, zugerechnet bleibt, und das zur Erzielung des steuerlich zu berücksichtigenden Ergebnisses beiträgt.

---

191 EuGH v. 23.2.2006 – Rs. C-513/03 – „van Hilten" EuGHE 2006, S. I-1957 ff.
192 EuGH v. 13.3.2007 – Rs. C-524/04 – „Test Claimants in the Thin Cap Group Litigation", Rz. 93 ff.
193 *Schön* in FS Wassermeyer, 2005, S. 489 ff.; *Cordewener/Kofler/Schindler*, ET 2007, 107.
194 GA *Kokott* in EuGH v. 7.9.2004 – Rs. C-319/02 – „Manninen", EuGHE 2004, S. I-7477 ff.
195 *Schaumburg* in Lutter/Hommelhoff, Europäische Gesellschaft, S. 351.
196 Richtlinie 2005/19/EG v. 17.2.2005, ABl. EG Nr. L 58, S. 19 ff.

(2) Absatz 1 findet nur dann Anwendung, wenn die SE bzw. die SCE neue Abschreibungen und spätere Wertsteigerungen oder Wertminderungen des Aktiv- und Passivvermögens, das tatsächlich dieser Betriebsstätte zugerechnet bleibt, so berechnet, als habe keine Sitzverlegung stattgefunden oder als habe die SE oder SCE ihren steuerlichen Sitz nicht aufgegeben.

(3) Darf die SE bzw. die SCE nach dem Recht jenes Mitgliedstaats neue Abschreibungen oder spätere Wertsteigerungen oder Wertminderungen des in jenem Mitgliedstaat verbleibenden Aktiv- und Passivvermögens abweichend von Absatz 2 berechnen, so findet Absatz 1 keine Anwendung auf das Vermögen, für das die Gesellschaft von diesem Recht Gebrauch gemacht hat.

Art. 10c Fusionsbesteuerungs-RL

(1) Wenn

a) eine SE oder SCE ihren Sitz von einem Mitgliedstaat in einen anderen verlegt oder

b) eine SE oder SCE, die in einem Mitgliedstaat ansässig ist, infolge der Verlegung ihres Sitzes von diesem Mitgliedstaat in einen anderen Mitgliedstaat ihren Steuersitz in diesem Mitgliedstaat aufgibt und in einem anderen Mitgliedstaat ansässig wird,

treffen die Mitgliedstaaten die erforderlichen Maßnahmen, um sicherzustellen, dass Rückstellungen und Rücklagen, die von der SE oder der SCE vor der Verlegung des Sitzes ordnungsgemäß gebildet wurden und ganz oder teilweise steuerbefreit sind sowie nicht aus Betriebsstätten im Ausland stammen, von einer Betriebsstätte der SE oder SCE im Hoheitsgebiet des Mitgliedstaats, von dem der Sitz verleg wurde, mit der gleichen Steuerbefreiung übernommen werden können.

(2) Insofern als eine Gesellschaft, die ihren Sitz innerhalb des Hoheitsgebietes eines Mitgliedstaats verlegt, das Recht hätte, steuerlich noch nicht berücksichtigte Verluste vor- oder rückzutragen, gestattet der betreffende Mitgliedstaat auch der in seinem Hoheitsgebiet gelegenen Betriebsstätte der SE oder SCE, die ihren Sitz verlegt, die Übernahme der steuerlich noch nicht berücksichtigten Verluste der SE bzw. der SCE, vorausgesetzt, die Vor- oder Rückübertragung der Verluste wäre für ein Unternehmen, das weiterhin seinen Sitz oder seinen steuerlichen Sitz in diesem Mitgliedstaat hat, zu vergleichbaren Bedingungen möglich gewesen.

Kernaussage der Regelungen der Fusionsbesteuerungs-RL über die Sitzverlegung ist die Anordnung, dass stille Reserven in Wirtschaftsgütern, die in inländischen Betriebsstätten verbleiben, aus Anlass der Sitzverlegung nicht aufgedeckt werden dürfen. Der deutsche Gesetzgeber hat diese Vorgaben der Richtlinie im Rahmen des SEStEG in das deutsche EStG und KStG überführt. Dabei ist zu beachten, dass die Fusionsbesteuerungs-RL für die übrigen – im Ausland belegenen oder dorthin verlagerten – Wirtschaftsgüter inhaltlich keine Besteuerungsrechte der Mitgliedstaaten begründet[197]. Dem nationalen Gesetzgeber wird durch die Fusionsbesteuerungs-RL nicht vorgeschrieben, welche Vermögensmehrungen er steuerlich erfassen soll, sondern nur – im Sinne einer „Negativausgrenzung" – die Besteuerung bestimmter Vorgänge untersagt.   114

bb) Der Wechsel von der unbeschränkten in die beschränkte Steuerpflicht. (1) Der Wechsel in die beschränkte Steuerpflicht im Rahmen von § 12 Abs. 1 KStG. § 12 Abs. 1 KStG setzte in seiner vor dem SEStEG geltenden Fassung voraus, dass eine unbeschränkt steuerpflichtige Körperschaft ihre Geschäftsleitung und ihren Sitz oder eines von beiden in das Ausland verlegte und dadurch aus der unbeschränkten deutschen Steuerpflicht ausschied. Dieses Tatbestandsmerkmal ist in der Neufassung des § 12 Abs. 1 KStG nicht mehr ausdrücklich enthalten. Dennoch bildet der Wechsel von der unbeschränkten in die beschränkte Steuerpflicht nach wie vor einen wesentlichen Anwendungsfall der Vorschrift. Durch die **Verlegung von Sitz und/oder Geschäftsleitung in das Ausland** und den damit verbundenen Fortfall der unbeschränkten Steuerpflicht kann nämlich der in § 12 Abs. 1 KStG nunmehr tatbestandlich vorausgesetzte Fall eines Ausschlusses oder einer Beschränkung des Besteuerungs-   115

---

197 Mitteilung der Kommission v. 19.12.2006 KOM (2006) 825 endg., Tz. 3.1., S. 6.

rechts der Bundesrepublik Deutschland eintreten[198]. Daher spielt für die Anwendung des § 12 Abs. 1 KStG auf die Sitzverlegung der SE nach wie vor eine wesentliche Rolle, ob die SE aus Anlass der Sitzverlegung ihre steuerliche Ansässigkeit im Inland verliert.

116 **(2) Gemeinschaftsrechtliche Aussagen zum Wechsel in die beschränkte Steuerpflicht.** Art. 7, 8 SE-VO enthalten europaweit einheitliche gesellschaftsrechtliche Regeln über den Satzungssitz und die Hauptverwaltung einer SE sowie deren Verlagerung innerhalb der EU. Das Gemeinschaftsrecht enthält demgegenüber keine harmonisierten Regeln für die Frage, durch welche Vorgänge ein Wechsel in der steuerlichen Ansässigkeit einer SE ausgelöst wird. Während in den ersten beiden SE-Entwürfen aus den Jahren 1970 und 1975 noch eine Vereinheitlichung des „Steuersitzes" der SE angestrebt wurde, **verzichten sowohl die SE-VO als auch die Fusionsbesteuerungs-RL auf solche Regelungen.** Aus Anlass der Novellierung der Fusionsbesteuerungs-RL im Jahre 2005 hielt der Gemeinschaftsgesetzgeber fest, dass „für den Steuersitz der SE oder SCE (...) weiterhin die einzelstaatlichen Vorschriften und Besteuerungsabkommen maßgeblich sind"[199]. „In Anbetracht der für die Mitgliedstaaten gemäß dem Vertrag bestehenden Verpflichtung, alle erforderlichen Maßnahmen zur Beseitigung der Doppelbesteuerung zu treffen", sei es „derzeit nicht erforderlich, gemeinsame Vorschriften über den Steuersitz einer SE oder SCE zu schaffen"[200]. Daher hält es der Gemeinschaftsgesetzgeber auch für möglich, dass „eine SE oder SCE, die ihren Sitz von einem Mitgliedstaat in einen anderen verlegt, (...) trotzdem im ersten Mitgliedstaat ihren Steuersitz beibehalten (kann)"[201].

117 Bei der Frage nach den Rechtsfolgen eines „Wegzugs" einer SE muss daher beachtet werden, dass die **gesellschaftsrechtliche Verlegung von „Sitz" und „Hauptverwaltung" sich nach der SE-VO** richten, die steuerlichen Tatbestände sich jedoch nach „Sitz" und „Ort der Geschäftsleitung" i.S.d. §§ 10, 11 AO bzw. nach den einschlägigen Vorschriften der Doppelbesteuerungsabkommen richten. Dabei muss davon ausgegangen werden, dass in (seltenen) Einzelfällen die Hauptverwaltung i.S.d. Art. 7 SE-VO und der Ort der Geschäftsleitung i.S.d. § 10 AO auseinander fallen können (s. oben Rz. 51).

118 **(3) Verlegung des Satzungssitzes.** Gesetzlicher und tatsächlicher Regelfall ist eine in Deutschland gegründete SE, die ihren Satzungssitz und ihre Hauptverwaltung sowie den „Ort ihrer Geschäftsleitung" i.S.v. § 10 AO im Inland hat. Wird der Satzungssitz einer solchen SE in das EU/EWR-Ausland verlegt, so sind drei mögliche Fälle zu behandeln:

– Der Sitz wird gemeinsam mit der Hauptverwaltung in das Ausland verlegt. Dabei wandert der „Ort der Geschäftsleitung" i.S.v. § 10 AO regelmäßig ebenfalls in das Ausland.

– Der Sitz wird gemeinsam mit der Hauptverwaltung in das Ausland verlegt. Dabei verbleibt ausnahmsweise der „Ort der Geschäftsleitung" im Inland.

– Der Sitz wird in das Ausland verlegt, ohne dass die Hauptverwaltung und der „Ort der Geschäftsleitung" ebenfalls verlagert werden.

– Der Sitz wird in das Ausland verlegt. Die Hauptverwaltung bleibt im bisherigen Sitzstaat zurück, die Geschäftsleitung wandert mit.

---

198 Hinzu treten weitere Fallgestaltungen, z.B. die Verlagerung von Betriebsvermögen in eine ausländische Betriebsstätte oder der Abschluss eines Doppelbesteuerungsabkommens, welches den steuerlichen Status von Auslandsvermögen verändert.

199 Richtlinie 2005/19/EG v. 17.2.2005, ABl. EG Nr. L 58, S. 19 ff., 6. Erwägungsgrund Satz 5.

200 Richtlinie 2005/19/EG v. 17.2.2005, ABl. EG Nr. L 58, S. 19 ff., 7. Erwägungsgrund Satz 7.

201 Richtlinie 2005/19/EG v. 17.2.2005, ABl. EG Nr. L 58, S. 19 ff., 6. Erwägungsgrund Satz 4.

Im dem Fall, dass eine SE Sitz, Hauptverwaltung und „Ort der Geschäftsleitung" in 119
das europäische Ausland verlegt, **verliert die SE mit dem Wegzug ihre unbeschränkte
Steuerpflicht im Inland** nach § 1 Abs. 1 Nr. 1 KStG und wechselt in den Status der
beschränkt steuerpflichtigen Körperschaft nach § 2 KStG. Dieser Fall wird im Rahmen des deutschen Rechts von § 12 Abs. 1 KStG erfasst, wenn und soweit im Zuge
dieser Sitzverlegung „das Besteuerungsrecht der Bundesrepublik Deutschland hinsichtlich des Gewinns aus der Veräußerung oder der Nutzung eines Wirtschaftsguts
ausgeschlossen oder beschränkt wird". Aus der Sicht der Fusionsbesteuerungs-RL
liegt ein Fall von Art. 10b Abs. 1 lit. b, Art. 10c Abs. 1 lit. b vor, weil „eine SE oder
SCE, die in einem Mitgliedstaat ansässig ist, infolge der Verlegung ihres Sitzes von
diesem Mitgliedstaat in einen anderen Mitgliedstaat ihren Steuersitz in diesem Mitgliedstaat aufgibt und in einem anderen Mitgliedstaat ansässig wird". Schließlich genießt diese Situation auch den Schutz der Grundfreiheiten (Art. 43, 48 und 56 EG).

In dem Fall, dass **eine SE Sitz und Hauptverwaltung in das europäische Ausland ver-** 120
legt, aber der „Ort der Geschäftsleitung" im Inland bleibt, verliert die SE mit dem
Wegzug nicht ihre unbeschränkte Steuerpflicht im Inland nach § 1 Abs. 1 Nr. 2 KStG.
§ 12 Abs. 1 KStG erfasst diesen Fall daher im Regelfall nicht. Dies wird dadurch abgesichert, dass nach Art. 4 Abs. 3 OECD-MA bei einer steuerlichen Konkurrenz zwischen dem Sitzstaat und dem Staat der Geschäftsleitung der „place of effective management" den Ausschlag über die Zuordnung von Besteuerungsrechten zwischen
diesen beiden Staaten gibt. Zu einer Anwendung von § 12 Abs. 1 KStG kann es daher
nur kommen, wenn eine **Art. 4 Abs. 3 OECD-MA** entsprechende Regelung in einem
deutschen DBA nicht existiert und trotz eines Ortes der Geschäftsleitung im Inland
(etwa im Wege eines Verständigungsverfahrens) dem anderen Staat das vorrangige Besteuerungsrecht zugesprochen wird. Aus der Sicht der Fusionsbesteuerungs-RL liegt
hier in der Regel ein Fall des Art. 10b Abs. 1 lit. a und des Art. 10c Abs. 1 lit. a vor,
weil die SE zwar ihren gesellschaftsrechtlichen Sitz in einen anderen Mitgliedstaat
verlegt, nicht aber ihren Steuersitz im bisherigen Ansässigkeitsstaat aufgibt. Die Anwendung dieser Vorschrift führt allerdings ins „Leere", weil die bloße Verlegung des
gesellschaftsrechtlichen Sitzes ohne eine Verlegung des steuerlichen Sitzes ohnehin
schon nach deutschem Steuerrecht keine Gewinnrealisierung hervorruft. Führt allerdings die Anwendung eines Doppelbesteuerungsabkommens dazu, dass dem anderen
Staat das vorrangige Besteuerungsrecht zugesprochen wird, so kann man dies als eine
Verlagerung des Steuersitzes ansehen und sich daher für eine erweiterte Auslegung
und Anwendung von Art. 10b Abs. 1 lit. b und Art. 10c Abs. 1 lit. b Fusionsbesteuerungs-RL aussprechen. Wiederum ist der Fall auch vom Schutz der Grundfreiheiten
erfasst.

In dem Fall, **dass eine SE nur ihren Satzungssitz, nicht aber ihre Hauptverwaltung** 121
oder ihren Ort der Geschäftsleitung in das Ausland verlegt, gelten die vorstehenden
Ausführungen ebenfalls. § 12 Abs. 1 KStG kann nur eingreifen, wenn die Bundesrepublik ausnahmsweise trotz Fortbestandes des Ortes der Geschäftsleitung im Inland in ihrem Besteuerungsrecht beschränkt wird. Auch findet keine Liquidationsbesteuerung nach § 11 KStG statt, weil das bloße Auseinanderfallen von Sitz und
Hauptverwaltung nicht automatisch zur Liquidation führt. Aus der Sicht der Fusionsbesteuerungs-RL sind wiederum Art. 10b Abs. 1 lit. a und Art. 10c Abs. 1 lit. a
einschlägig, die allerdings mangels eines Gewinnrealisierungstatbestandes im deutschen Recht ins Leere gehen. Führt die SE allerdings nicht nachträglich einen Gleichlauf von Sitz und Hauptverwaltung herbei, so ist der Sitzstaat befugt, die Liquidation
der Gesellschaft anzuordnen (Art. 64 SE-VO). Wenn dies durchgeführt wird, kann eine gewöhnliche Liquidationsbesteuerung (§ 11 KStG) stattfinden, die nicht von den
Tatbeständen der Art. 10b, 10c Fusionsbesteuerungs-RL überlagert wird.

122 **Verlegt die SE ihren Satzungssitz und den Ort der Geschäftsleitung ins Ausland, belässt aber die Hauptverwaltung im Inland**, so wird der Fall (bis zum Eingreifen von Maßnahmen nach Art. 64 SE-VO) als vollständiger Wechsel von der unbeschränkten in die beschränkte Steuerpflicht behandelt. Er unterliegt sowohl § 12 Abs. 1 KStG als auch Art. 10b Abs. 1 lit. b und Art. 10c Abs. 1 lit. b der Fusionsbesteuerungs-RL und ist schließlich auch von den Grundfreiheiten geschützt.

123 **(4) Verlegung des Verwaltungssitzes.** Wird **die Hauptverwaltung einer SE gemeinsam mit dem Satzungssitz verlegt**, so finden die zu (1) geschilderten Regelungen Anwendung. Es ist jedoch auch möglich, dass die Hauptverwaltung faktisch in einen anderen Mitgliedstaat verlegt wird, ohne dass dies von einer Verlegung des Satzungssitzes begleitet wird. Solange der Sitzstaat der Gesellschaft dies nicht zum Anlass nimmt, die Liquidation der SE zu betreiben, kommt es zu einem (mehr oder weniger) dauerhaften Auseinanderfallen von Satzungssitz und Hauptverwaltung. Aus der Sicht des Steuerrechts ist dies dann bedeutsam, wenn (was die Regel sein wird) zugleich mit der Hauptverwaltung der „Ort der Geschäftsleitung" in das Ausland wandert. Allerdings führt dies zunächst nicht nach § 1 Abs. 1 Nr. 1 KStG zu einem Verlust der unbeschränkten Steuerpflicht im Inland, weil diese sowohl durch den inländischen Satzungssitz als auch durch den inländischen Ort der Geschäftsleitung begründet wird. Auf der Grundlage von Art. 4 Abs. 3 OECD-MA (dem in den meisten deutschen Doppelbesteuerungsabkommen eine inhaltsgleiche Vorschrift entspricht[202]) wird jedoch das vorrangige Besteuerungsrecht dem Staat der Geschäftsleitung zugewiesen. Daher kann § 12 Abs. 1 KStG eingreifen. Von der Fusionsbesteuerungs-RL ist diese Situation nicht erfasst, denn diese setzt in Art. 10b, 10c voraus, dass der gesellschaftsrechtliche Sitz einer Gesellschaft verlegt (und gegebenenfalls *zusätzlich* der Steuersitz verlagert) wird.

124 Allerdings kann sich eine **SE, die ihre Hauptverwaltung entgegen Art. 7, 8 SE-VO ohne den Satzungssitz in das Ausland verlagert hat**, gegenüber steuerlichen Hindernissen auf die Grundfreiheiten berufen. Der Gesetzgeber der SE hat sich entschieden, an die isolierte Verlagerung des Verwaltungssitzes keine automatische Liquidation der Gesellschaft zu knüpfen. Die SE ist daher in diesem Stadium weiterhin eine Gesellschaft i.S.v. Art. 48 EG, welche die Niederlassungsfreiheit (Art. 43 EG) und andere Grundfreiheiten in Anspruch nehmen kann. Im Lichte der Rechtsprechung des EuGH (Centros, Überseering, Inspire Art) ist der Fall als Begründung einer Zweigniederlassung im Ausland zu würdigen.

125 **(5) Verlegung des Ortes der Geschäftsleitung.** Schließlich sind auch Fälle denkbar, in denen **sowohl der Satzungssitz als auch die Hauptverwaltung einer SE im Inland verbleiben**, allerdings der Ort der Geschäftsleitung ins Ausland verlegt wird. Gesellschaftsrechtlich hat dies keine Folgen, insbesondere wird nicht eine Liquidation der Gesellschaft nach Art. 64 SE-VO veranlasst. Der Zustand kann daher dauerhaft bestehen bleiben. Aus der Sicht des nationalen Steuerrechts bleibt es in diesen Fällen bei der unbeschränkten Steuerpflicht der Gesellschaft wegen ihres inländischen Satzungssitzes (§ 1 Abs. 1 KStG). Verliert die Bundesrepublik Deutschland in diesem Fall nach einer dem **Art. 4 Abs. 3 OECD-MA** entsprechenden Abkommensvorschrift ihr Besteuerungsrecht, so kann § 12 Abs. 1 KStG eingreifen. Die Fusionsbesteuerungs-RL

---

202 S. Art. 4 Abs. 3 DBA Belgien; Art. 4 Abs. 3 DBA Dänemark; Art. 4 Abs. 3 DBA Finnland; Art. 2 Abs. 1 Nr. 4c DBA Frankreich; Art. II 4c DBA Griechenland; Art. 2h (iii) DBA Großbritannien; Art. 4 Abs. 3 DBA Italien; Art. 4 Abs. 3 DBA Jugoslawien (Fortgeltung für Slowenien); Art. 4 Abs. 3 DBA Malta; Art. 4 Abs. 3 DBA Österreich; Art. 4 Abs. 3 DBA Polen; Art. 4 Abs. 3 DBA Portugal; Art. 4 Abs. 3 DBA Schweden; Art. 4 Abs. 3 DBA Spanien; Art. 4 Abs. 3 DBA Tschechoslowakei (Fortgeltung für Tschechien und Slowakei); Art. 4 Abs. 3 DBA Ungarn; Art. 4 Abs. 3 DBA Zypern.

trifft zu dem Vorgang keine Aussagen, weil Art. 10b, 10c eine gesellschaftsrechtliche Sitzverlegung voraussetzen. Der Vorgang ist allerdings als Begründung einer ausländischen Zweigniederlassung von Art. 43, 48 EG auf der Ebene des Primärrechts erfasst und gegen unzulässige Diskriminierungen und Beschränkungen geschützt.

(6) Konsequenzen für die Anwendung von § 12 Abs. 1 KStG. Ausgangspunkt des steu- 126 erlichen Zugriffs ist ausschließlich § 12 Abs. 1 KStG[203]. Dieser ordnet die **Fiktion einer Veräußerung für ein Wirtschaftsgut** an, wenn für den Gewinn aus der Veräußerung oder Nutzung dieses Wirtschaftsguts das Besteuerungsrecht der Bundesrepublik Deutschland ausgeschlossen oder beschränkt wird. Dies kann im Rahmen einer grenzüberschreitenden Verlagerung einer SE der Fall sein, wenn diese von der unbeschränkten in die beschränkte Steuerpflicht wechselt oder trotz fortbestehender unbeschränkter Steuerpflicht nach Art. 4 Abs. 3 OECD-MA (oder einer anderen DBA-Regelung) das Besteuerungsrecht des Zuzugsstaates Vorrang vor dem Besteuerungsrecht des Wegzugsstaates genießt.

Darunter fallen die folgenden oben beschriebenen Situationen: 127

- Verlagerung von Satzungssitz, Hauptverwaltung und Ort der Geschäftsleitung in das Ausland (s. Rz. 119).
- Verlagerung von Satzungssitz (und Hauptverwaltung) in das Ausland, wenn ein DBA dem Zuzugsstaat Vorrang vor dem inländischen Geschäftsleitungsstaat einräumt (s. Rz. 120).
- Verlagerung von Satzungssitz und Ort der Geschäftsleitung (auch ohne Hauptverwaltung) in das Ausland (s. Rz. 122 ff.).
- Verlagerung von Geschäftsleitung (und Hauptverwaltung) in das Ausland, wenn ein DBA dem Zuzugsstaat Vorrang vor dem inländischen Sitzstaat einräumt (s. Rz. 125).

Betrachtet man die betriebliche Tätigkeit und das dazugehörige Vermögen der SE, so 128 ist zwischen den folgenden Segmenten zu unterscheiden[204].

cc) Die Belegenheit von Vermögen im Rahmen von § 12 Abs. 1 KStG. In seiner neuen 129 Fassung ordnet § 12 Abs. 1 KStG die Aufdeckung stiller Reserven aus Anlass des Wegzugs einer Kapitalgesellschaft nicht für sämtliche Wirtschaftsgüter an. Vielmehr ist entscheidend, ob der Wegzug für ein Wirtschaftsgut zu einem **Ausschluss oder zu einer Beschränkung des deutschen Besteuerungsrechts** führt. Von einem Ausschluss ist dann die Rede, wenn der Besteuerungszugriff auf die Einkünfte aus der Nutzung oder der Veräußerung eines Wirtschaftsguts vollständig entfällt. Unter einer Beschränkung versteht das Gesetz den Fall, dass die deutsche Steuerhoheit zwar bestehen bleibt, aber die Einkünfte aus der Veräußerung oder Nutzung eines Wirtschaftsguts zusätzlich der Jurisdiktion eines ausländischen Staates unterfallen, dessen Steuern nach Doppelbesteuerungsabkommen oder nach unilateralem Recht (§ 34c EStG)[205] angerechnet werden müssen. Um festzustellen, ob aus Anlass einer Sitzverlegung ein solcher Ausschluss oder eine solche Beschränkung eintreten, ist nach der Belegenheit und der Art der Wirtschaftsgüter zu unterscheiden.

(1) Inländisches Vermögen. Soweit eine Betriebsstätte im Inland trotz Wegzugs ver- 130 bleibt und soweit dieser Betriebsstätte weiterhin Wirtschaftsgüter zugeordnet werden können, sehen sowohl das nationale Steuerrecht (§ 49 Abs. 1 Nr. 2 lit. a EStG) als

---

203 *Rödder/Schumacher*, DStR 2006, 1488 ff.
204 S. auch (vor Inkrafttreten des SEStEG) *Förster/Lange*, RIW 2002, 585 ff.
205 Zur Auslegung von „Ausschluss und Beschränkung" im Hinblick auf unilaterale Steuerverzichte s. unten Rz. 137.

auch das Doppelbesteuerungsrecht (Art. 5 und 7 OECD-MA) ein **fortbestehendes Besteuerungsrecht der Bundesrepublik Deutschland** vor. Es gilt der Vorrang des Quellenstaats, d.h. dass der (neue) Sitzstaat der SE die in Deutschland erzielten Betriebsstätteneinkünfte entweder steuerlich freistellt oder die in Deutschland gezahlten Steuern anrechnen muss. Die Anwendung von § 12 Abs. 1 KStG führt daher zu keiner Aufdeckung stiller Reserven im Betriebsstättenvermögen. Damit entspricht § 12 Abs. 1 KStG der gemeinschaftsrechtlichen Vorgabe in Art. 10b Abs. 1 Fusionsbesteuerungs-RL.

131 Nach deutschem Steuerrecht hat die fehlende Gewinnrealisierung zur Folge, dass in der Bilanz der Betriebsstätte **die Buchwerte der SE für die im Inland verbleibenden Wirtschaftsgüter fortgeschrieben** werden. Dies gilt auch für Rückstellungen und Rücklagen auf der Passivseite der Bilanz. An eine solche Fortführung der bisherigen Wertansätze (für Abschreibungen, Wertsteigerungen oder Wertminderungen) knüpft auch Art. 10b Abs. 2 Fusionsbesteuerungs-RL den Ausschluss der Gewinnrealisierung in Abs. 1 dieser Vorschrift. Art. 10c Abs. 1 Fusionsbesteuerungs-RL bestätigt dieses Ergebnis für den Sonderfall der bilanziellen Fortführung von steuerfreien Rückstellungen und Rücklagen, die aus der Gewinnermittlung der SE in die Ergebnisrechnung der Betriebsstätte überführt werden. Um eine Verlagerung ausländischer Verluste in das Inland zu vermeiden, ist für eine solche Weiterführung von Rückstellungen oder Rücklagen vorausgesetzt, dass sie nicht aus Betriebsstätten im Ausland stammen (Art. 10c Abs. 1 Fusionsbesteuerungs-RL).

132 In gleicher Weise wird mit **inländischem Vermögen verfahren, das keiner inländischen Betriebsstätte zugehört, aber dennoch im Inland steuerverhaftet** bleibt. Dies betrifft in erster Linie inländisches Immobilienvermögen oder Beteiligungen an inländischen Kapitalgesellschaften außerhalb des Anwendungsbereichs von Art. 13 Abs. 5 OECD-MA. Für die Nutzung und Veräußerung von solchen im Inland belegenen Vermögenswerten auch außerhalb eines betrieblichen Zusammenhangs ist eine inländische Besteuerung nach § 49 Abs. 1 EStG (im Rahmen des jeweils einschlägigen Doppelbesteuerungsabkommens) möglich (s. z.B. § 49 Abs. 1 Nr. 2 lit. d EStG für die Veräußerung von Anteilen an inländischen Kapitalgesellschaften sowie § 49 Abs. 1 Nr. 2 lit. f, Nr. 6 EStG für die Veräußerung und Vermietung von inländischem Immobilienvermögen). Die Fusionsbesteuerungs-RL trifft für diese Fallgestaltungen keine Anordnungen, sondern beschränkt sich auf inländisches Betriebsstättenvermögen. § 12 Abs. 1 KStG ist insoweit weitgreifender angelegt, weil die Buchwertfortführung nicht im engeren Sinne auf den Verbleib in einer inländischen Betriebsstätte abstellt, sondern auf die fortbestehende Steuerverhaftung im Inland[206].

133 **(2) Verlagertes Vermögen. (a) Wechsel in die ausländische Steuerhoheit.** Eine wesentliche Problematik der „Wegzugsbesteuerung" im Rahmen des § 12 Abs. 1 KStG betrifft Wirtschaftsgüter, die im Zuge einer Sitzverlegung aus der deutschen Jurisdiktion ausscheiden und in den neuen Sitzstaat der SE (oder einen anderen Staat) überwechseln. Betroffen sind in erster Linie **„immaterielle" Güter, z.B. Finanzanlagen, Beteiligungen, Patente, Urheberrechte oder Forderungen**, die aus Anlass der Sitzverlegung „automatisch" an den neuen Ort der Geschäftsleitung wechseln[207]. Es kann aber auch um materielle Güter gehen, die bei dem Umzug der Geschäftsleitung oder anderer Betriebsstätten physisch in einen anderen Staat verbracht werden.

---

206 *Blumenberg/Lechner* in Blumenberg/Schäfer, Das SEStEG, S. 80; *Frotscher*, IStR 2006, 67; *Hruschka*, StuB 2006, 637.
207 *Blumenberg/Lechner* in Blumenberg/Schäfer, Das SEStEG, S. 81 f.; *Dötsch/Pung*, DB 2006, 2649; Kritisch zu diesem Automatismus für die „Zentralfunktion der Geschäftsleitung" s. *Blumers*, DB 2006, 856 ff.

Aus der Sicht des § 12 Abs. 1 KStG stellt sich in diesen Situationen die Frage, ob und   134
in welchem Umfang „das Besteuerungsrecht der Bundesrepublik Deutschland hinsichtlich des Gewinns aus der Veräußerung oder der Nutzung eines Wirtschaftsguts
ausgeschlossen oder beschränkt wird". Dieser Ausschluss oder diese Beschränkung
kann **zum Teil auf nationalem Recht, zum Teil auf allgemeinem Völkerrecht und
zum Teil auf dem Doppelbesteuerungsrecht** beruhen[208]:

Soweit im Rahmen des Wegzugs der SE diese ihre unbeschränkte Steuerpflicht in   135
Deutschland aufgibt und die mitgeführten Wirtschaftsgüter nunmehr physisch ausländischen Steuerquellen (insbesondere Betriebsstätten) zugeordnet werden, besteht
schon nach deutschem Steuerrecht kein Besteuerungsrecht mehr – es handelt sich
um Bestandteile von ausländischen Steuerquellen einer im Ausland ansässigen Person. Hier dürfte weiterhin bereits das **allgemeine Völkerrecht** mangels eines fortbestehenden „Inlandsbezuges" das Besteuerungsrecht Deutschlands ausschließen.

Soweit die mitgeführten Wirtschaftsgüter weiterhin einen Inlandsbezug aufweisen,   136
verzichtet schon das **deutsche Steuerrecht** häufig auf den weiteren Zugriff (etwa bei
Forderungen gegen inländische Schuldner), während in anderen Fällen der inländische Zugriff nach nationalem Recht fortbesteht (etwa bei inländischen Beteiligungen
an Kapitalgesellschaften nach § 49 Abs. 1 Nr. 2 lit. e EStG oder bei inländischen Immaterialrechten nach § 49 Abs. 1 Nr. 2 lit. f Satz 1, Nr. 6 EStG). Wenn das innerstaatliche Recht den Besteuerungsanspruch aufrechterhält, ist in einem weiteren Schritt
zu prüfen, ob ein **Doppelbesteuerungsabkommen der Bundesrepublik Deutschland
das Besteuerungsrecht entzieht** (z.B. für Veräußerungsgewinne aus Beteiligungen an
Kapitalgesellschaften Art. 13 Abs. 5 OECD-MA oder für die Verwertung von Immate-
rialgütern Art. 12 Abs. 1 OECD-MA). Soweit das Besteuerungsrecht für die Veräußerung und laufenden Erträge verschiedenen Fisci zugeordnet wird (so z.B. für Veräußerungsgewinne und Dividenden aus Kapitalbeteiligungen in Art. 13 Abs. 5 OECD-MA
einerseits und in Art. 10 OECD-MA andererseits), kommt es für den Tatbestand nach
§ 12 Abs. 1 KStG n.F. darauf an, ob hinsichtlich der Veräußerungsgewinne ein Ausschluss erfolgt.

In den geschilderten Fällen kann **§ 12 Abs. 1 KStG** zum Zuge kommen. Daran be-   137
steht kein Zweifel, wenn das allgemeine Völkerrecht oder ein Doppelbesteuerungsabkommen den weiteren Steuerzugriff im Inland verhindern. Fraglich kann nur sein,
ob von einem Ausschluss oder einer Beschränkung des Besteuerungsrechts der Bundesrepublik Deutschland auch dann die Rede sein kann, wenn der deutsche Gesetzgeber unilateral auf die Erfassung bestimmter Einkunftsarten im Rahmen der beschränkten Steuerpflicht verzichtet (etwa bei einfachen (verzinslichen) Geldforderun-
gen gegen inländische Schuldner). Vor dem Hintergrund, dass ein Besteuerungsrecht
auch dann besteht, wenn man es nicht ausübt, lässt sich § 12 Abs. 1 KStG insofern
nicht anwenden[209]. Allerdings ist § 12 Abs. 1 KStG einschlägig, wenn die deutsche
Besteuerung der Veräußerung oder Nutzung eines Wirtschaftsguts sowohl nach nationalem Recht als auch nach Doppelbesteuerungsrecht bzw. allgemeinem Völkerrecht nicht erfolgen kann.

(b) Fortbestehendes Besteuerungsrecht für die „stillen Reserven"? Eng mit dem Ver-   138
ständnis des „Ausschlusses" oder der „Beschränkung" des Besteuerungsrechts der
Bundesrepublik Deutschland verbunden ist die Frage, ob eine solche Einschränkung
des deutschen Besteuerungsrechts aus Anlass einer Verlagerung von Vermögen in das

---

208 *Hruschka*, StuB 2006, 636.
209 Ebenso zu § 34c EStG *Bilitewski*, FR 2007, 57 ff.; *Hagemann/Jakob/Ropohl/Viebrock*, NWB
     2007, Sonderheft 1, S. 2.

Ausland konkret im Hinblick auf die bis dahin entstandenen „stillen Reserven" eintritt. Hier ist zu unterscheiden:

139 Soweit **materielle Wirtschaftsgüter** physisch ins Ausland verlagert werden (etwa bewegliche Anlagegüter in eine ausländische Betriebsstätte transportiert werden), fehlt es nach der Verlagerung an jedem deutschen Besteuerungszugriff. Diese Fälle meint das Gesetz, wenn von einem Ausschluss bzw. einer Einschränkung des Besteuerungsrechts die Rede ist[210]. Allerdings wird im Schrifttum für den ähnlich gelagerten Fall einer Verlagerung von Wirtschaftsgütern zwischen Stammhaus und Betriebsstätte die Auffassung vertreten, dass trotz physischer Verlagerung ins Ausland der spätere Veräußerungsgewinn anteilig auf Stammhaus und Betriebsstätte verteilt werden könne[211]. Diese Betrachtung setzt allerdings voraus, dass bei der späteren Veräußerung sowohl das ausländische Stammhaus als auch die inländische Betriebsstätte noch bestehen und das Wirtschaftsgut bis zur Veräußerung bilanziell ansetzen. Das ist von vornherein ausgeschlossen, wenn aus Anlass der Sitzverlegung einer SE keine Betriebsstätte im Inland mehr verbleibt. Auf der Grundlage dieser neuen Konzeption kann man einen „Ausschluss oder eine Beschränkung" des deutschen Besteuerungsrechts bei der Sitzverlegung einer SE allerdings dann verneinen, wenn ein Wirtschaftsgut im Rahmen der Sitzverlegung von einer inländischen Betriebsstätte in eine ausländische Betriebsstätte transferiert wird, die inländische Betriebsstätte nach der Sitzverlegung bestehen bleibt und dort der spätere Veräußerungsgewinn anteilig zugeordnet werden kann. Für eine solche Betrachtung kann aber nicht der Verbleib irgendeiner Betriebsstätte im Inland ausreichen, vielmehr kommt es darauf an, ob die wirtschaftliche Funktion, welche die im Inland entstandenen stillen Reserven „generiert" hat, ebenfalls im Inland verbleibt, so dass man „funktional" einen Anteil des späteren Veräußerungsgewinns weiterhin dem inländischen Betriebteil zuordnen kann. Beispielhaft wäre die Verlagerung von Waren oder Patenten in das Ausland, wenn die entsprechende Produktionsstätte oder Forschungseinrichtung nach der Sitzverlegung als Betriebsstätten im Inland weiter betrieben werden.

140 Die Ansicht *Wassermeyers* wird vom Gesetzgeber erkennbar nicht geteilt. Dies schließt eine entsprechende „objektive" Auslegung im Grundsatz nicht aus. Diese sollte der Praxis aber nur dann zugrunde gelegt werden, wenn sie auch vom Zuzugsstaat für die Gewinnabgrenzung akzeptiert ist. Andernfalls drohen Doppelbesteuerungen durch mehrfachen Zugriff auf dasselbe Steuersubstrat.

141 Ebenfalls dem Zugriff des deutschen Fiskus werden solche **immateriellen Güter** entzogen, die zwar bisher im Inland verwaltet wurden, aber künftig im Ausland verwaltet werden und deren Nutzung **keinen Inlandsbezug** aufweist (z.B. Beteiligungen an ausländischen Kapitalgesellschaften oder Immaterialgüterrechte, die im Ausland genutzt werden). Soweit stille Reserven im Inland „generiert" worden sind und die entsprechenden Unternehmensfunktionen im Inland verbleiben, wird man nach der geschilderten Auffassung jedoch einen fortbestehenden Besteuerungsanspruch der Bundesrepublik Deutschland bejahen können.

142 Soweit **immaterielle Wirtschaftsgüter** weiterhin einen **Inlandsbezug** aufweisen (Beteiligungen an inländischen Gesellschaften; Patente oder Urheberrechte mit inländischer Nutzung), resultiert der Ausschluss des Besteuerungsrechts in der Regel aus der Anwendung eines DBA. In diesen Fällen muss geprüft werden, ob dieses DBA tatsächlich dem neuen Ansässigkeitsstaat der SE das ausschließliche Besteuerungsrecht auch hinsichtlich der vor der Sitzverlegung entstandenen stillen Reserven zuweist.

---

210 *Stadler/Elser* in Blumenberg/Schäfer, Das SEStEG, S. 46 f.
211 *Wassermeyer*, DB 2006, 1176 ff.; *Werra/Teiche*, DB 2006, 1455 f.; ähnlich *Benecke/Schnitger*, IStR 2006, 765 ff.

Dies wird im Schrifttum überwiegend mit der Begründung angenommen, dass eine spätere Realisierung dieser stillen Reserven bereits vollständig unter der Jurisdiktion des Zuzugsstaats stattfinden würde[212]. Man sollte jedoch erwägen, ob die Zuteilungsregeln des DBA auch im Sinne einer zeitlichen Aufspaltung zwischen solchen stillen Reserven verstanden werden können, die im früheren und im künftigen Sitzstaat einer Gesellschaft (oder im früheren und im künftigen Betriebsstättenstaat des jeweiligen Vermögens) entstanden sind[213]. Folgt man der letztgenannten Auffassung, so können die stillen Reserven bei „Wegzug" der Gesellschaft „eingefroren" werden. Bei einer späteren Gewinnrealisierung durch Veräußerung müssen die entstandenen Gewinne dann auf die frühere und die spätere Periode aufgeteilt und entsprechend dem früheren und dem späteren Sitzstaat zugeordnet werden. Wird das Wirtschaftsgut nicht veräußert, sondern verbraucht und trägt es in dieser Weise zum Gewinn der SE bei (z.B. durch zeitlich limitierte Nutzung von Immaterialgüterrechten), so können Gewinnanteile in Form fiktiver Abschreibungen auf den gemeinen Wert im Zeitpunkt der Sitzverlegung dem früheren Ansässigkeitsstaat zugerechnet werden.

(3) Ausländisches Vermögen. Wieder anders ist die Situation, wenn die wegziehende SE über Wirtschaftsgüter verfügt, die bereits vor der Sitzverlegung im Ausland belegen waren und dort auch verblieben[214]: 143

Wenn und soweit die Bundesrepublik Deutschland **vor der Sitzverlegung kein Recht zur Besteuerung der Nutzung und der Veräußerung dieser Wirtschaftsgüter** innehatte, kann dieses auch nicht durch die Sitzverlegung verloren gehen. Es kommt dann nicht zu einer Aufdeckung stiller Reserven nach § 12 Abs. 1 KStG[215]. Dies betrifft in erster Linie Wirtschaftsgüter in ausländischen Betriebsstätten deutscher SE, wenn der in dieser Betriebsstätte erzielte Gewinn nach einem von Deutschland mit dem Betriebsstättenstaat abgeschlossenen DBA im Inland freigestellt ist. Anderes gilt nur, wenn die Wirtschaftsgüter vor der Sitzverlegung zum Buchwert in eine ausländische Betriebsstätte verschoben worden waren und daher endgültig der Verlust der Besteuerung der „eingefrorenen" stillen Reserven droht.

Davon zu unterscheiden ist die Situation, wenn die Bundesrepublik Deutschland vor der Sitzverlegung – d.h. während der unbeschränkten Steuerpflicht der SE – hinsichtlich dieser ausländischen Wirtschaftsgüter nach dem Welteinkommensprinzip Zugriff auf die mit diesen Wirtschaftsgütern verknüpften Gewinne hat – etwa weil mit dem **Betriebsstättenstaat kein DBA abgeschlossen ist oder das DBA lediglich eine Steueranrechnung** vorsieht. In diesen Fällen kommt durch den Wechsel der SE von der unbeschränkten in die beschränkte Steuerpflicht der deutsche Steuerzugriff in Fortfall. Die ausländischen Wirtschaftsgüter können dafür auch nicht einer im Inland verbleibenden Betriebsstätte zugeordnet werden. Daher kann es in diesen Fällen zu einer Gewinnrealisierung nach § 12 Abs. 1 KStG kommen. 144

Eine wesentliche Problematik besteht in dem letztgenannten Fall darin, dass die bei einer regulären Veräußerung anfallende **Anrechnung der im ausländischen (Betriebsstätten-)Staat anfallenden Steuern** bei einer solchen vorzeitigen Veräußerungsfiktion nicht eingreifen kann[216]. Der ausländische Staat wird die Sitzverlegung der SE nicht 145

---

212 BFH v. 30.3.1993 – VIII R 44/90, IStR 1994, 77 = GmbHR 1994, 273; BFH v. 19.3.1996 – VIII R 15/94, RIW 1996, 614; *Lang*, SWI 1999, 282 ff., 286 f.; *Schuch*, Die Zeit im Recht der Doppelbesteuerungsabkommen, 2002, S. 231 f.
213 Dagegen (zu § 6 AStG): *Ismer/Reimer/Rust*, EWS 2004, 207 ff.
214 Einzelheiten bei *Eckl*, Wechsel von beschränkter und unbeschränkter Steuerpflicht bei Kapitalgesellschaften, S. 110 ff.
215 *Büsching* in Jannott/Frodermann, Handbuch Europäische Aktiengesellschaft, Rz. 161; *Förster/Lange*, RIW 2002, 587.
216 *Förster/Lange*, RIW 2002, 588.

zum Anlass nehmen, ebenfalls eine fiktive Gewinnrealisierung durchzuführen. Im Betriebsstättenstaat wird es daher erst zu einem späteren Zeitpunkt oder überhaupt nicht zu einer entsprechenden Gewinnaufdeckung kommen. Auch kann sich der Erfolgsbeitrag des „entstrickten" Wirtschaftsguts im Betriebsstättenstaat in anderer Weise realisieren (etwa bei Anlagegütern, die im Produktionsprozess gewinnbringend eingesetzt werden). Daher kommt es in diesen Fällen bei einer vorzeitigen Entstrickung in Deutschland regelmäßig zu einer juristischen oder wirtschaftlichen Doppelbesteuerung. Das DBA-Recht steht dem allerdings nicht entgegen, weil die Entstrickung noch unter deutscher Fiskalhoheit geschieht und die spätere Gewinnrealisierung im Ausland nicht formal an denselben Vorgang anknüpft. Zur Lösung dieser Fälle werden eine fiktive Steueranrechnung[217] und eine rückwirkende Änderung des Bescheides nach § 175 Abs. 1 Satz 1 Nr. 2 AO diskutiert[218]. Vorzugswürdig erscheint die „fiktive Steueranrechnung" in Analogie zu Art. 10 Abs. 2 Fusionsbesteuerungs-RL[219], weil sie dem Ausgangspunkt Rechnung trägt, dass bereits vor der Sitzverlegung der Besteuerungszugriff Deutschlands nicht voll ausgeübt werden konnte und daher aus Anlass der Sitzverlegung nur der „relative Verlust" erfasst werden soll. Gelangt man unter dem Einfluss der Grundfreiheiten zu einer Stundung des gegenwärtigen Steueranspruchs auf den Zeitpunkt der tatsächlichen Gewinnrealisierung[220], so erscheint eine tatsächliche Anrechnung der im Belegenheitsstaat gezahlten Steuern möglich.

146   **dd) Die Aufdeckung stiller Reserven.** Die Rechtsfolge des § 12 Abs. 1 KStG liegt in der **Sofortversteuerung eines fiktiven Veräußerungsgewinns in Höhe der Differenz zwischen dem Buchwert und dem gemeinen Wert** der Wirtschaftsgüter. Damit weicht § 12 Abs. 1 KStG von den allgemeinen Entnahmeregeln ab, die eine Gewinnrealisierung durch Ansatz des Teilwerts vorsehen (§ 4 Abs. 1 Satz 1 i.V.m. § 6 Abs. 1 Nr. 4 Satz 1 EStG)[221], und stimmt weiterhin nicht mit den Regeln für Gewinnabgrenzungen zwischen Auslands- und Inlandsbetriebsstätten überein, welche den „Fremdvergleichspreis" zugrundelegen[222]. Mit dem Ansatz des gemeinen Wertes wird ein Gewinnzuschlag vorgesehen, der bei Teilwert und Fremdvergleichspreis nicht oder in geringerem Umfang angesetzt werde[223]. So kann bei Waren anstelle des Einkaufspreises der Verkaufspreis Anwendung finden[224]. Verteidigt wird die Entscheidung des Gesetzgebers für den Ansatz des gemeinen Wertes mit dem Hinweis, dass für einen allgemeinen Entstrickungsgrundsatz, wie er nunmehr in § 4 Abs. 1 EStG und § 12 Abs. 1 KStG eingeführt werde, ein einheitlicher Maßstab für alle Arten von Ersatzrealisationen definiert werden müsse[225]. Ein Verstoß der Neuregelung gegen höherrangiges Recht (Art. 3 Abs. 1 GG oder die Niederlassungsfreiheit/Kapitalverkehrsfreiheit) würde voraussetzen, dass hier von der Regelung einer vergleichbaren (inländischen) Situation abgewichen wird. Dies ist im Hinblick auf die unterschiedlichen Maßstäbe zu innerstaatlichen Entstrickungstatbeständen (Entnahme

---

217 *Blumenberg/Lechner* in Blumenberg/Schäfer, Das SEStEG, S. 83; *Herzig/Griemla*, StuW 2002, 75 f.

218 *Förster/Lange*, RIW 2002, 588.

219 Dazu unten Rz. 237.

220 Dazu unten Rz. 155.

221 *Olbing/Binnewies*, AG 2006, 411 ff., 413.

222 *Werra/Teiche*, DB 2006, 1457.

223 *Benecke*, StuB 2007, 4; kritisch zu dieser Unterstellung *Lüdicke/Möhlenbrock* in PriceWaterhouseCoopers, Reform des Umwandlungssteuerrechts, Rz. 91 f.; *Stadler/Elser* in Blumenberg/Schäfer, Das SEStEG, S. 54.

224 *Schulze zur Wiesche*, WPg 2007, 162 ff.

225 *Klingberg/van Lishaut*, Der Konzern 2005, 704 f.

führt zum Teilwert, Betriebsaufgabe zum gemeinen Wert) nicht leicht zu bejahen[226].

Für **Anteile an Kapitalgesellschaften** ist zu berücksichtigen, dass aus Anlass der Entstrickung kein Gewinn besteuert werden kann, der im Rahmen von § 8b Abs. 2 KStG steuerfrei bleiben würde[227]. Denn eine weitergehende Belastung bei der grenzüberschreitenden Realisation als bei der innerstaatlichen Realisation ist mit den Grundfreiheiten des EG-Vertrages nicht vereinbar.

Zugleich mit dem Ansatz „stiller Reserven" werden „**stille Lasten**" aufgedeckt und gegengerechnet, z.B. nicht in der Steuerbilanz angesetzte Rückstellungen für drohende Verluste[228]; dabei sollte § 12 Abs. 1 Satz 2 KStG i.d.F. des Regierungsentwurfes[229] in systemwidriger Weise für Pensionsrückstellungen eine Realisierung der stillen Lasten in Höhe der Differenz zwischen dem steuerlichen Ansatz nach § 6a EStG und dem „wahren Wert" dieser Verbindlichkeiten verhindern[230]. In der Endfassung ist diese Sonderregelung nicht mehr enthalten. Es gelten vielmehr die „allgemeinen Grundsätze"[231]. Diese erfassen auch Verbindlichkeiten und Rückstellungen als „negative Wirtschaftsgüter" und müssen daher einen Ausweis dieser Lasten zum gemeinen Wert herbeiführen[232].

ee) Keine Anwendbarkeit des Besteuerungsaufschubs nach § 4g EStG. Die Sofortbesteuerung nach § 12 Abs. 1 KStG kann nicht durch Rekurs auf § 4g EStG gemildert werden, der bei Verlagerung von Wirtschaftsgütern in ausländische Betriebsstätten in Höhe des entstehenden Gewinns einen **steuerfreien Ausgleichsposten** zulässt, der über fünf Jahre verteilt aufgelöst wird[233]. Dies scheitert zunächst daran, dass § 12 Abs. 1 KStG für körperschaftsteuerpflichtige Personen nicht auf § 4g EStG verweist. Dem könnte allerdings dadurch abgeholfen werden, dass die Vorschrift analog zugunsten der wegziehenden Körperschaft angewandt wird[234]. In diesem Sinne ist auch eine Parallelregelung im KStG in Aussicht gestellt worden[235]. Auch eine solche Erstreckung des § 4g EStG auf das KStG würde aber nicht helfen, weil die Vorschrift eine (fortbestehende) unbeschränkte Steuerpflicht des betroffenen Steuersubjekts voraussetzt. Daran fehlt es gerade im Fall der grenzüberschreitenden Sitzverlegung[236]. Lediglich dann, wenn eine SE (oder eine andere Körperschaft) ihren inländischen Sitz behält und Wirtschaftsgüter in ausländische Betriebsstätten verlagert, kann die Analogie zu § 4g EStG eingreifen.

ff) Vereinbarkeit der „Sofortbesteuerung" mit Gemeinschaftsrecht? Wenn und soweit § 12 Abs. 1 KStG die Verlagerung von Vermögen im Rahmen des Wegzugs einer SE erfasst, stellt sich die Frage nach der Vereinbarkeit mit dem Gemeinschaftsrecht.

---

226 Eine weitgehende Annäherung von Teilwert und gemeinem Wert in der Praxis konstatieren *Diller/Grottke*, StuSt 2007, 69 ff.

227 *Blumenberg/Lechner* in Blumenberg/Schäfer, Das SEStEG, S. 82.

228 *Büsching* in Jannott/Frodermann, Handbuch Europäische Aktiengesellschaft, Rz. 162.

229 BT-Drucks.16/2710, S. 8.

230 Kritisch *Rödder/Schumacher*, DStR 2006, 1489.

231 BT-Drucks.16/3369, S. 8; der Umstand, dass das im BMF zuständige Referat die Anwendung von § 6a EStG für deklaratorisch hält und daher auf Satz 2 verzichtet hat (so *Dötsch/Pung*, DB 2006, 2648 Fn. 15), kann auf die Auslegung der Norm keinen Einfluss haben.

232 *Schulze zur Wiesche*, WPg 2007, 163 f.; näher zu dieser Auslegungsfrage *Benecke/Schnitger*, IStR 2007, 24.

233 Zu den Einzelheiten *Kessler/Winterhalter/Huck*, IStR 2007, 133 ff.

234 *Bilitewski*, FR 2007, 60; *Blumenberg/Lechner* in Blumenberg/Schäfer, Das SEStEG, S. 67 f.

235 *Dötsch/Pung*, DB 2006, 2651; *Hagemann/Jakob/Ropohl/Viebrock*, NWB 2007, Sonderheft 1, S. 3; *Rödder/Schumacher*, DStR 2007, 372.

236 *Benecke/Schnitger*, IStR 2007, 23.

Gleiches gilt für den Fall, dass steuerverhaftetes Auslandsvermögen aus Anlass des Wegzugs gewinnrealisierend entstrickt wird.

151 Ein Verstoß gegen **Art. 10b, 10c Fusionsbesteuerungs-RL** liegt nicht vor, weil diese Vorschriften ein Verbot der steuerlichen Gewinnrealisierung nur für den Fall aufstellen, dass Wirtschaftsgüter im Rahmen einer inländischen Betriebsstätte verbleiben und dort zum steuerlichen Ergebnis beitragen.

152 Allerdings können die **Grundfreiheiten (Niederlassungsfreiheit – Art. 43, 48 EG – und Kapitalverkehrsfreiheit – Art. 56 EG)** in diesen Fällen weitergehende Schranken für die Gewinnrealisierung aufstellen. Vor allem im frühen Schrifttum zur Wegzugsbesteuerung ist die Aufdeckung stiller Reserven außerhalb von inländischen Betriebsstätten allerdings noch im Grundsatz akzeptiert worden[237]. Nach der neueren Rechtsprechung des Europäischen Gerichtshofs zum Wegzug natürlicher Personen in den Rechtssachen „Hughes de Lasteyrie du Saillant"[238] und „N."[239] kann eine Sofortversteuerung jedoch gegen die genannten Grundfreiheiten verstoßen[240]. Diese Judikatur kann auch auf den Wegzug juristischer Personen Anwendung finden[241]. Soweit der EuGH bei Kapitalgesellschaften nationalen Rechts eine solche **„Wegzugsfreiheit"** gesellschaftsrechtlich noch nicht akzeptiert hat, ist dieser Umstand für die SE mit Rücksicht auf Art. 8 SE-VO nicht von Bedeutung. Auch kann nicht angenommen werden, dass die Zulässigkeit gesellschaftsrechtlicher Vorbehalte eine „kontrollfreie" Errichtung steuerlicher Hindernisse automatisch rechtfertigt (s. bereits oben Rz. 109).

153 Ausschlaggebend aus der Sicht der Grundfreiheiten ist der Umstand, dass die in § 12 Abs. 1 UmwStG vorgesehene Sofortversteuerung bei grenzüberschreitender Verlagerung eine Beschränkung[242] dieser Grundfreiheiten bildet bzw. eine **Benachteiligung grenzüberschreitender Sitzverlegungen** im Vergleich mit rein inländischen Sitzverlegungen, bei denen eine solche Rechtsfolge nicht eintritt. Daran ändert sich auch nichts dadurch, dass § 12 Abs. 1 KStG nicht formal an den grenzüberschreitenden Sachverhalt anknüpft, sondern in allgemeiner Form den Ausschluss oder die Beschränkung des deutschen Besteuerungsrechts als Tatbestandsmerkmal wählt. Denn diese Vorschrift trifft in der Regel grenzüberschreitende Konstellationen und ist damit als „verschleierte" Diskriminierung bzw. Beschränkung einzuordnen.

154 Maßgeblich ist daher die **Frage nach der Rechtfertigung der Sofortversteuerung**. Dafür ist im Ausgangspunkt das Interesse eines Mitgliedstaats an der steuerlichen Erfassung der unter seiner Jurisdiktion entstandenen stillen Reserven anzuerkennen. Die-

---

237 *Knobbe-Keuk*, StuW 1990, 376; s. aus jüngerer Zeit: *Büsching* in Jannott/Frodermann, Handbuch Europäische Aktiengesellschaft, Rz. 167 ff.; *Förster/Lange*, RIW 2002, 587.
238 EuGH v. 11.3.2004 – Rs. C-9/02 – „Hughes de Lasteyrie de Saillant", EuGHE 2004, S. I-2409 ff.
239 EuGH v. 7.9.2006 – Rs. C-470/04 – „N.", DStR 2006, 1691 ff.
240 So die heute h.M.: *Aßmann*, Steuerrechtliche Aspekte, S. 157 ff.; *Hofmeister* in FS Wassermeyer, 2005, S. 437 ff., 442 ff.; *Hügel* in FS Wiesner, 2004, S. 196; *Kessler/Achilles/Huck*, IStR 2003, 715 ff., 718 f.; *Köhler/Eicker*, IStR 2006, 1871 ff., 1875; *Körner*, IStR 2006, 109 ff., 110 f.; *Schaumburg* in FS Wassermeyer, 2005, S. 423 f.; *Schindler* in Kalss/Hügel, Teil III: Steuerrecht, Rz. 227; *Schindler*, IStR 2004, 300 ff.; *Schön*, StbJb. 2003/04, 47 ff.; *Schön*, Tax Notes International v. 12.3.2004, 202; *Schön*, IStR 2004, 290; *Schön/Schindler*, IStR 2004, 571 ff., 574 ff.; *Schönherr/Lemaitre*, GmbHR 2006, 561 ff., 562.
241 Mitteilung der Kommission v. 19.12.2006 KOM (2006) 825 endg., Tz. 3.1, S. 6 f.; *Kleinert/Probst*, DB 2004, 674; *Schön*, IStR 2004, 297; *Schindler* in Kalss/Hügel, Teil III: Steuerrecht, Rz. 26; a.A. *Frotscher*, IStR 2006, 68 ff.; *Körner*, IStR 2004, 424 ff., 430; *Thiel*, DB 2004, 2608 f.
242 *Hügel* in FS Wiesner, 2004, S. 193 f.

ses Interesse ist zugleich Ausdruck der „Kohärenz" des nationalen Besteuerungssystems. Davon gehen nicht nur die Fusionsbesteuerungs-RL[243], sondern auch die Europäische Kommission[244] und der Europäische Gerichtshof[245] aus. Dieses Interesse muss jedoch in einer dem Verhältnismäßigkeitsprinzip genügenden Weise ausgeübt werden. Soweit ein Mitgliedstaat sich darauf beruft, dass eine Sofortbesteuerung erforderlich sei, um dem drohenden Verlust des Besteuerungsrechts an den anderen Mitgliedstaat entgegenzuwirken, kann dem mit der Rechtsprechung des EuGH entgegengehalten werden, dass ein freiwilliger Verzicht auf ein Besteuerungsrecht (etwa im Rahmen der Ausgestaltung des nationalen Rechts oder durch den Abschluss eines Doppelbesteuerungsabkommens) diese Rechtfertigung nicht tragen kann[246]. Nur soweit das allgemeine Völkerrecht die Bundesrepublik an einem steuerlichen Zugriff hindert (etwa bei der vollständigen Verlagerung eines Wirtschaftsguts in die ausländische Steuerquelle eines ausländischen Steuerpflichtigen) kommt dieses Argument in Betracht.

Im Übrigen muss der nationale Gesetzgeber prüfen, ob und in welchem Umfang „mildere Mittel" in Betracht kommen, um den Besteuerungsanspruch des Wegzugsstaats durchzusetzen. Dafür bietet sich die **Sofortfestsetzung unter gleichzeitiger zinsloser Stundung bis zur endgültigen Veräußerung** an[247]. Weiterhin muss darauf geachtet werden, dass nachträgliche Wertminderungen berücksichtigt werden, soweit dies nicht der Aufnahmestaat übernimmt. Es ergibt sich für den endgültigen Besteuerungszugriff daher eine „doppelte Schranke": der zu besteuernde Gewinn darf weder den Betrag der stillen Reserven im Zeitpunkt des Wegzugs noch den tatsächlich später erzielten Veräußerungsgewinn übersteigen (es sei denn, dass der Aufnahmestaat die zwischenzeitlich eingetretene Wertminderung berücksichtigt)[248]. Soweit allerdings (etwa bei beweglichen Anlagegütern oder Immaterialgüterrechten) vor dem Zeitpunkt der Veräußerung bereits ein wertmindernder Verbrauch im Zuzugsstaat stattfindet, der dort positiv zum Betriebsergebnis beiträgt, können aus deutscher Sicht bereits laufend diese Abschreibungen (bis zur Höhe der steuerverhafteten stillen Reserven) gewinnwirksam zugerechnet werden[249]. 155

Soweit der deutsche Gesetzgeber die Sofortversteuerung mit dem **Problem der Administrierbarkeit** rechtfertigt[250], liegt dem zweifellos ein anerkennenswertes praktisches Anliegen zugrunde[251]. Die Rechtsprechung des EuGH verweist zur Lösung derartiger Schwierigkeiten indessen regelmäßig auf die einschlägige Amtshilfe-RL und Beitreibungs-RL[252]. Auch die Europäische Kommission weist darauf hin, dass ein Steueraufschub mit der Auflage versehen werden kann, dass der Steuerpflichtige die 156

---

243 Richtlinie 2005/19/EG v. 17.2.2005, ABl. EG Nr. L 58, S. 19 ff., 4. Erwägungsgrund.
244 Stellungnahme zu § 6 AStG v. 1.4.2004 (Az.1999/4371).
245 EuGH v. 7.9.2006 – Rs. C-470/04 – „N.", DStR 2006, 1691 ff., Rz.41–47.
246 EuGH v. 21.11.2002 – Rs. C-436/00 – „X und Y", EuGHE 2002, S. I-10829 ff.; EuGH v. 11.3.2004 – Rs. C-9/02 – „Hughes de Lasteyrie de Saillant", EuGHE 2004, S. I-2409 ff.
247 EuGH v. 7.9.2006 – Rs. C-470/04 – „N.", DStR 2006, 1691 ff.; s. auch die Schlussanträge von GA *Kokott* in dieser Rechtssache v. 30.3.2006, Rz. 110 ff.; *Schindler* IStR 2004, 309; *Fraberger/Zöchling*, ÖStZ 2004, 433 ff., 435; *Körner*, IStR 2004, 469; *Schön/Schindler*, IStR 2004, 571 ff.; a.A. *Schwenke*, DStZ 2007, 235 ff., 246 f.
248 Mitteilung der Kommission v. 19.12.2006 KOM (2006) 825 endg., Tz. 3.1, S. 7. So bereits *Schindler*, IStR 2004, 309.
249 *Klingberg/van Lishaut*, Der Konzern 2005, 706; ausführliche Konzepte bei: *Kessler/Huck/Obser/Schmalz*, DStR 2004, 862 ff.
250 BT-Drucks.16/2710, S. 26 f.; *Schwenke*, DStZ 2007, 244.
251 *Hahn*, IStR 2006, 797 ff., 802 f.; *Schön*, StbJb. 2003/04, S. 33 f.
252 EuGH v. 7.9.2006 – Rs. C-470/04 – „N.", DStR 2006, 1691 ff., Rz. 52 f.; *Eckl*, Wechsel von beschränkter und unbeschränkter Steuerpflicht bei Kapitalgesellschaften, S. 172 ff.

Finanzbehörden regelmäßig über das Schicksal der verbrachten Wirtschaftsgüter informiert[253].

157 Der Umstand, dass die Fusionsbesteuerungs-RL einer sofortigen Schlussbesteuerung von verlagertem oder ausländischem Betriebsvermögen nicht entgegensteht, ändert an dieser Einordnung nichts[254]. Zum **Verhältnis der Grundfreiheiten zu den sekundärrechtlichen Richtlinien** ist oben[255] bereits erläutert worden, dass auch das sekundäre Gemeinschaftsrecht mit den primärrechtlich verankerten Grundfreiheiten übereinstimmen muss. Für das Verhältnis der Grundfreiheiten zur Fusionsbesteuerungs-RL kann zusätzlich festgestellt werden, dass ein Konflikt ohnehin nicht besteht. Die Richtlinie ist darauf angelegt, die Grundfreiheiten zu stärken, nicht jedoch, ihre Ausübung zu behindern (s. oben Rz. 33). Daher ist die Richtlinie so zu verstehen, dass sie neben die Grundfreiheiten tritt, nicht jedoch die Wirkungen der Grundfreiheiten einschränkt. Insbesondere kann nicht angenommen werden, dass durch die Richtlinie die Befugnisse der Mitgliedstaaten zur Anordnung steuerlicher Nachteile aus Anlass einer geschützten Umstrukturierung gestärkt werden. Soweit die Richtlinie den Mitgliedstaaten außerhalb ihrer Verbotswirkungen einen Gestaltungsspielraum überlässt, ist dieser in Übereinstimmung mit den Grundfreiheiten auszuüben.

158 **gg) Verlustvorträge.** Zu den Fragestellungen, die durch den „Wegzug" einer SE in das Ausland aufgeworfen wird, gehört weiterhin die Behandlung von Verlustvorträgen, die während der unbeschränkten Steuerpflicht im Inland entstanden sind. Dabei kann es sich einerseits um Verlustvorträge handeln, die aus (steuerpflichtigen) Auslandsaktivitäten herrühren, es kann andererseits um Verlustvorträge gehen, die in einer inländischen Betriebsstätte entstanden sind.

159 **§ 10d Abs. 2 EStG** gewährt unbeschränkt steuerpflichtigen Personen einen der Höhe und dem Zeitraum nach unbegrenzten Verlustvortrag (der lediglich durch die Vorgaben zur „Mindestbesteuerung" eingeschränkt wird). Diese Vorschrift gilt auch für Kapitalgesellschaften (§§ 7 Abs. 1, 8 Abs. 1 KStG) mit der Einschränkung des „Mantelkaufs" in § 8 Abs. 4 KStG. Ein solcher Verlustvortrag wird nach § 50 Abs. 1 Satz 2 EStG auch beschränkt steuerpflichtigen Personen gewährt, wenn und soweit die Verluste „in wirtschaftlichem Zusammenhang mit inländischen Einkünften stehen und sich aus Unterlagen ergeben, die im Inland aufbewahrt werden". Diese territoriale Beschränkung der Verlustverrechnung ist mit Gemeinschaftsrecht vereinbar, die verfahrensrechtliche Belastung mit einer Aufbewahrungspflicht im Inland jedoch nicht[256].

160 Der **Wechsel einer SE aus der unbeschränkten in die beschränkte Steuerpflicht** unterbricht den Verlustvortrag nicht[257]. Es kommt nicht zu einer Auflösung der SE oder zu einer anderen Form des Identitätswechsels. Der Steuerpflichtige bleibt derselbe. Zweifelhaft ist jedoch, ob der Verlustvortrag auch solche Verluste erfasst, die während der unbeschränkten Steuerpflicht des Steuerpflichtigen entstanden sind, allerdings nicht wirtschaftlich mit der im Inland verbleibenden Betriebsstätte verknüpft sind. Heute hat sich die Ansicht durchgesetzt, dass solche Verluste im Grundsatz ab-

---

253 Mitteilung der Kommission v. 19.12.2006 KOM (2006) 825 endg., Tz. 3.1, S. 7.
254 S. bereits *Schön*, Tax Notes International v. 12.3.2004, 202; *Schön/Schindler*, IStR 2004, 571 ff.; ausführlich *Aßmann*, Steuerrechtliche Aspekte, S. 183 ff.
255 Meinungsstand mit Nachweisen in Rz. 25 ff.
256 EuGH v. 15.5.1997 – Rs. C-250/95 – „Futura und Singer", EuGHE 1997, S. I-2471 ff.
257 *Blumenberg/Lechner* in Blumenberg/Schäfer, Das SEStEG, S. 83 f.

zugsfähig bleiben, wenn sie im Entstehungsjahr bei unbeschränkter Steuerpflicht der Gesellschaft ausgleichs- und abzugsfähig waren[258].

Damit entspricht das deutsche Recht der Vorgabe des **Art. 10c Abs. 2 Fusionsbesteue-** 161 **rungs-RL.** Nach dieser Vorschrift gestattet der Mitgliedstaat einer ihren Sitz verlegenden SE, die im Inland bisher verrechnungsfähigen Verluste im Rahmen der verbleibenden Betriebsstätte zu verrechnen. Voraussetzung ist lediglich, dass bei einer rein inländischen Sitzverlegung der Verlustvortrag ebenfalls durch das mitgliedstaatliche Recht ermöglicht wird.

Die Frage der „Mitnahme" von im bisherigen Sitzstaat nicht verrechneten Verlusten 162 in den neuen Sitzstaat der SE wird aus der Sicht des deutschen Rechts im Rahmen des Zuzugs von Gesellschaften erörtert (dazu unten Rz. 179 ff.).

b) Besteuerung der Anteilseigner

Verlegt eine SE ihren Sitz oder ihre Geschäftsleitung in das EU-Ausland und verliert 163 sie damit ihre unbeschränkte Steuerpflicht im Inland, so hängen die Rechtsfolgen für die Anteilseigner davon ab, ob diese ihrerseits **unbeschränkt oder beschränkt steuerpflichtig** sind.

Soweit die Anteilseigner der SE **im Inland unbeschränkt steuerpflichtig** sind, besteht 164 kein Anlass für eine Besteuerung der bis dahin in ihren Händen realisierten Wertsteigerung der Anteile an der SE. Bei der Sitzverlegung handelt es sich nicht um eine Veräußerung i.S.v. § 17 Abs. 1 EStG, auch nicht in Form eines Tauschs, oder um eine steuerpflichtige Liquidation[259]. Es werden nicht Anteile an einer inländischen Gesellschaft hingegeben und Anteile an einer ausländischen Gesellschaft erworben (wie bei einer grenzüberschreitenden Verschmelzung oder einem grenzüberschreitenden Anteilstausch). Auch ist kein Fall des § 6 AStG gegeben, weil die Anteilseigner selbst nicht ihre Ansässigkeit in das Ausland verlagern. Ein Anlass zur Besteuerung besteht auch nicht, weil künftige Dividenden und spätere Veräußerungsgewinne weiterhin im Rahmen der unbeschränkten Steuerpflicht dem Zugriff des deutschen Fiskus unterliegen[260]. Insbesondere sichert Art. 13 Abs. 5 OECD-MA das Besteuerungsrecht des Ansässigkeitsstaates des Anteilseigners im Hinblick auf Anteile an im Ausland ansässigen SE (und anderen Kapitalgesellschaften). Allerdings kann bei einer Sitzverlegung der SE zu der deutschen Steuerhoheit eine zusätzliche ausländische Steuerhoheit hinzutreten (etwa bei Fehlen eines DBA mit dem Sitzstaat der Gesellschaft oder bei einer Abweichung von Art. 13 Abs. 5 OECD-MA), so dass aus deutscher Sicht eine Pflicht zur Anrechnung der ausländischen Steuer entsteht und damit eine Beschränkung des deutschen Steuerzugriffs eintritt[261].

Ein vollständiger Ausschluss des deutschen Besteuerungsrechts kann für **Anteilseig-** 165 **ner mit Sitz im Ausland** eintreten. Hier droht bei Sitzverlegung der SE aus der Sicht des deutschen Fiskus der endgültige Verlust des in § 49 Abs. 1 Nr. 2 lit. d EStG vorgesehenen Besteuerungsrechts (soweit dieses nicht bereits vorher nach Art. 13 Abs. 5 OECD-MA ausgeschlossen war). Die Besteuerung der Anteilseigner einer SE, die ih-

---

258 *Eckl,* Wechsel von beschränkter und unbeschränkter Steuerpflicht bei Kapitalgesellschaften, S. 124 f.; *Wied* in Blümich, EStG, Loseblatt, § 50 (Stand 2006) Rz. 49; *Herkenroth* in Herrmann/Heuer/Raupach, EStG und KStG, Loseblatt, § 50 EStG (Stand 2002) Anm. 60; anders noch *Seithel,* FR 1979, 217 ff., 218; *Orth,* FR 1983, 1 ff., 6 f.
259 *Schaumburg* in Lutter/Hommelhoff, Europäische Gesellschaft, S. 354.
260 *Büsching* in Jannott/Frodermann, Handbuch Europäische Aktiengesellschaft, Rz. 166; *Förster/Lange,* RIW 2002, 588; *Schaumburg* in Lutter/Hommelhoff, Europäische Gesellschaft, S. 352.
261 *Schönherr/Lemaitre,* GmbHR 2006, 565.

ren Sitz in das Ausland verlegt, konnte aus der Sicht des deutschen Fiskus in der Vergangenheit nicht steuerlich erfasst werden[262]. Weder liegt eine Anteilsveräußerung i.S.v. § 17 Abs. 1 EStG vor noch handelt es sich um eine Verlegung der Ansässigkeit der Anteilseigner i.S.v. § 6 AStG. Bei Fehlen eines allgemeinen Entstrickungstatbestandes konnte es in diesen Fällen vor Inkrafttreten des SEStEG zu einem steuerfreien Wertzuwachs kommen.

166   Nunmehr werden diese Fälle – die Pflicht zur Anrechnung ausländischer Steuern oder der völlige Wegfall des deutschen Besteuerungsrechts – für die Beteiligung an einer Kapitalgesellschaft von **§ 17 Abs. 5 Satz 1 EStG n.F.** erfasst:

„Die Beschränkung oder der Ausschluss des Besteuerungsrechts der Bundesrepublik Deutschland hinsichtlich des Gewinns aus der Veräußerung der Anteile an einer Kapitalgesellschaft im Fall der Verlegung des Sitzes oder des Orts der Geschäftsleitung der Kapitalgesellschaft in einen anderen Staat stehen der Veräußerung zum gemeinen Wert gleich."

Gleiches gilt nach §§ 4 Abs. 1 Satz 3 für Gesellschaftsanteile in Betriebsvermögen.

167   Allerdings verbietet **Art. 10d Abs. 1 Fusionsbesteuerungs-RL** diese Rechtsfolge für die Sitzverlegung einer SE oder SCE:

„Die Verlegung des Sitzes einer SE bzw. einer SCE darf für sich allein keine Besteuerung des Veräußerungsgewinns der Gesellschafter auflösen."

Vor diesem Hintergrund bestimmt § 17 Abs. 5 Satz 2 EStG n.F. speziell für die Sitzverlegung einer SE (entsprechende Regelung für Anteile im Betriebsvermögen in § 4 Abs. 1 Satz 4 EStG)[263]:

„Dies gilt nicht in den Fällen der Sitzverlegung einer Europäischen Gesellschaft nach Artikel 8 der Verordnung (EG) Nr. 2157/2001 und der Sitzverlegung einer anderen Kapitalgesellschaft in einen anderen Mitgliedstaat der Europäischen Union. In diesen Fällen ist der Gewinn aus einer späteren Veräußerung der Anteile ungeachtet der Bestimmungen eines Abkommens zur Vermeidung der Doppelbesteuerung in der gleichen Art und Weise zu besteuern, wie die Veräußerung dieser Anteile zu besteuern gewesen wäre, wenn keine Sitzverlegung stattgefunden hätte. § 15 Abs. 1a Satz 2 ist entsprechend anzuwenden."

168   Die in Bezug genommene Vorschrift des § 15 Abs. 1a Satz 2 EStG n.F. lautet:

„Dies gilt auch, wenn später die Anteile verdeckt in eine Kapitalgesellschaft eingelegt werden, die Europäische Gesellschaft oder eine Europäische Genossenschaft aufgelöst wird oder wenn ihr Kapital herabgesetzt und zurückgezahlt wird oder wenn Beträge aus dem steuerlichen Einlagenkonto im Sinne des § 27 des Körperschaftsteuergesetzes ausgeschüttet oder zurückgezahlt werden."

169   Es kommt daher zu einer Besteuerung des **Veräußerungsgewinns aus der nachträglichen Veräußerung der Anteile an der SE**. Aus der Sicht des Gemeinschaftsrechts ist diese nachträgliche Besteuerung nicht zu beanstanden, weil Art. 10d Abs. 2 Fusionsbesteuerungs-RL diese nachträgliche Erfassung der Veräußerungsgewinne gestattet.

170   Dabei ist zu beachten, dass es sich nicht bloß – wie bei der Wegzugsbesteuerung nach § 6 AStG – um eine Erfassung der bis zur Sitzverlegung der SE entstandenen stillen Reserven handelt, sondern der **gesamte Veräußerungsgewinn** der Besteuerung unterworfen wird. Daher kann auf der Grundlage dieser Vorschrift der Fall eintreten, dass vom deutschen Steuerrecht Wertsteigerungen erfasst werden, für die im Inland weder beschränkte noch unbeschränkte Steuerpflicht besteht, nämlich um die Realisierung von nach dem Wegzug eintretenden Wertsteigerungen einer im Ausland ansässigen SE durch eine im Ausland ansässige Person.

---

262 *Aßmann*, Steuerrechtliche Aspekte, S. 122 f.; *Büsching* in Jannott/Frodermann, Handbuch Europäische Aktiengesellschaft, Rz. 165; *Förster/Lange*, RIW 2002, 588; *Herzig/Griemla*, StuW 2002), 76; *Schaumburg* in Lutter/Hommelhoff, Europäische Gesellschaft, 352.
263 Zur Veränderung der Verweisungstechnik im Gesetzgebungsverfahren s. *Benecke/Schnitger*, IStR 2007, 22.

Gegen die Zulässigkeit eines solchen Zugriffs auf die im Ausland nach dem Wegzug   171 entstehenden Wertsteigerungen bestehen in mehrfacher Hinsicht rechtliche Bedenken. Zwar hat der SEStEG die beschränkte Steuerpflicht der Anteilseigner auf diese Fälle positiv-rechtlich erweitert[264]. Allerdings kann man nach **allgemeinem Völkerrecht** bestreiten, dass bei der späteren Veräußerung von ausländischen Anteilen durch einen ausländischen Anteilseigner noch ein „genuine link" zur deutschen Steuerhoheit besteht, soweit auch solche stille Reserven von der Veräußerungsgewinnbesteuerung erfasst werden, die nach der Sitzverlegung ins Ausland und damit nach dem Lösen der Verbindung zum deutschen Territorium entstanden sind[265].

Einen etwaigen Verstoß gegen Doppelbesteuerungsrecht nimmt § 17 Abs. 5 Satz 2   172 EStG n.F. bewusst in Kauf (*treaty override*)[266]. Allerdings ist ein konkreter Konfliktfall nicht leicht vorstellbar. Besteht mit dem Ansässigkeitsstaat des Anteilseigners ein DBA, welches das Besteuerungsrecht für Veräußerungsgewinne dem Wohnsitzstaat des Anteilseigners zuweist (vgl. Art. 13 Abs. 5 OECD-MA), so war bereits vor der Sitzverlegung der SE ein Besteuerungsrecht im Inland nicht gegeben und eine nachträgliche Besteuerung nach § 17 Abs. 5 Satz 2 EStG n.F. scheidet schon tatbestandlich aus[267]. Besteht mit dem Ansässigkeitsstaat des Anteilseigners kein DBA (dies kann vor allem dann eintreten, wenn sich der Anteilseigner in einem Nicht-EU-Staat befindet), so kann durch die Sitzverlegung der SE kein neuer oder zusätzlicher DBA-Schutz entstehen, denn dieser richtet sich nach dem Verhältnis der Bundesrepublik Deutschland zum Ansässigkeitsstaat des Anteilseigners, nicht etwa nach dem Verhältnis der Bundesrepublik Deutschland zum neuen Sitzstaat der SE. Ein *treaty override* kann allerdings eintreten, wenn ein DBA die Zuordnung eines Besteuerungsrechts vom Sitz der Gesellschaft abhängig macht. So führt die Sitzverlegung einer SE aus Deutschland nach Tschechien zu einem Besteuerungsrecht des Zuzugsstaats (Art. 13 Abs. 3 DBA Deutschland/Tschechoslowakei), so dass Deutschland den Veräußerungsgewinn eines inländischen Anteilseigners nach dem Wechsel nicht mehr alleine besteuern kann, sondern die in Tschechien erhobene Steuer anrechnen muss[268]. Dies kann als „Beschränkung" des deutschen Besteuerungsrechts angesehen werden.

2. Zuzug einer SE

Der Zuzug einer SE in das Inland wird in der Regel nach Art. 8 SE-VO durch gleich-   173 zeitige **Verlegung von Satzungssitz und Hauptverwaltung in das Inland** vonstatten gehen. Damit wird zumeist auch eine Verlagerung des Ortes der Geschäftsleitung in das Inland verbunden sein. Allerdings sind auch Ausnahmefälle denkbar, in denen der Satzungssitz in das Inland verlegt wird und dennoch (unter Verstoß gegen Art. 7 Satz 1 SE-VO) die Hauptverwaltung im Ausland verbleibt oder zwar die Hauptverwaltung in das Inland übergeht, aber der Ort der Geschäftsleitung im Ausland verbleibt.

---

264 § 49 Abs. 1 Nr. 2 lit. e bb und Nr. 8 lit. c bb EStG n.F.; dazu *Benecke/Schnitger*, IStR 2007, 24.

265 Einen Verstoß gegen die Grundfreiheiten des EG-Vertrages bejahen (ohne nähere Begründung) *Benecke/Schnitger*, IStR 2006, 768.

266 Kritisch *Blumenberg/Lechner* in Blumenberg/Schäfer, Das SEStEG, S. 86 f.; *Rödder/Schumacher*, DStR 2006, 1486 f.

267 S. bereits *Knobbe-Keuk*, StuW 1990, 378; dies übersieht *Hruschka*, StuB 2006, 637.

268 *Benecke/Schnitger*, IStR 2006, 768; *Blumenberg/Lechner* in Blumenberg/Schäfer, Das SEStEG, S. 86; *Dötsch/Pung*, DB 2006, 2650; *Fischer* in MünchKomm. AktG, Rz. 57.

a) Besteuerung der Gesellschaft

174 **aa) Wechsel beschränkte/unbeschränkte Steuerpflicht.** Fehlte es vor dem Zuzug sowohl an einem Satzungssitz als auch an einem Ort der Geschäftsleitung der SE im Inland, so war die Gesellschaft im Inland lediglich beschränkt steuerpflichtig (§ 2 KStG). Die **unbeschränkte Steuerpflicht** kann je für sich durch eine Verlegung des Satzungssitzes und durch eine Begründung des Orts der Geschäftsleitung im Inland ausgelöst werden. Wenn und soweit eine dem Art. 4 Abs. 3 OECD-MA nachgebildete Regelung in dem einschlägigen Doppelbesteuerungsabkommen zwischen dem Wegzugsstaat und dem Zuzugsstaat existiert, gibt im Verhältnis dieser beiden Staaten zueinander der Ort der tatsächlichen Geschäftsleitung den Ausschlag. Für die Anwendung des allgemeinen Einkommensteuerrechts/Körperschaftsteuerrechts und für das Verhältnis zu Drittstaaten wird durch eine solche doppelbesteuerungsrechtliche *tie-breaker-rule* allerdings die unbeschränkte Steuerpflicht nicht in Frage gestellt.

175 Der Wechsel der SE von der beschränkten in die unbeschränkte Steuerpflicht begründet für sich genommen keinen Besteuerungstatbestand[269]. Es bleibt bei der Identität der Steuerpflichtigen mit sich selbst (trotz bestimmter Veränderungen im anwendbaren Recht). Es findet insbesondere **keine automatische Liquidation** der Gesellschaft (gegebenenfalls unter gleichzeitiger Neugründung) statt. Die wesentliche Rechtsfolge ist die territoriale und sachliche Erweiterung der Einkunftsquellen, auf welche der deutsche Fiskus nach dem Zuzug zugreifen kann.

176 **bb) Zugangsbewertung von Betriebsvermögen.** Wird im Inland die unbeschränkte Steuerpflicht einer SE begründet, so stellt sich zunächst die Frage der **Zugangsbewertung von Betriebsvermögen.** Handelsrechtlich werden dafür die Buchwerte der bisherigen (ausländischen) SE-Bilanz fortgeführt[270]. Steuerlich ist zu differenzieren: Soweit das Betriebsvermögen der SE bereits in der Vergangenheit im Inland steuerverhaftet war (etwa einer gewerblichen Betriebsstätte angehört hat), ändert sich an den steuerlichen Werten nichts[271]. Soweit neues Betriebsvermögen in diese Betriebsstätte überführt wird oder eine neue Betriebsstätte begründet wird, ist eine Zugangsbewertung vorzunehmen. Dabei ist die wesentliche Frage darauf gerichtet, ob die im Ausland bestehenden Buchwerte übernommen werden, ob die historischen Anschaffungskosten angesetzt werden oder nach den Regeln über die Bewertung von Einlagen und über die Eröffnungsbilanz von Betrieben ein Ansatz zum Teilwert erfolgt (§ 6 Abs. 1 Nr. 5 u. Nr. 6 EStG)[272].

177 Für eine Anknüpfung an die steuerlichen Buchwerte im Herkunftsstaat fehlt es im deutschen Steuerrecht an einer Grundlage. Der Bundesfinanzhof hat in seiner Rechtsprechung in der Vergangenheit dazu geneigt, auf die historischen Anschaffungskosten zu rekurrieren und damit einen **„Import" stiller Reserven** veranlasst[273]. Allerdings beziehen sich die ergangenen Urteile ausschließlich auf Überschusseinkünfte, bei denen nach deutschen Einkünfteermittlungsregeln ein späterer Veräußerungsgewinn durch einen Vergleich des Veräußerungserlöses mit den historischen Anschaffungskosten festgestellt wird. Für betriebliche gebundene Wirtschaftsgüter fehlte es an entsprechenden Urteilen. Im Schrifttum wurde vorgeschlagen, dass die Re-

---

269 *Schulz/Petersen*, DStR 2002, 1513.

270 *W. Müller* in FS Raupach, 2006, S. 261 ff., 275 f.; für eine handelsrechtliche Eröffnungsbilanz *Eckl*, Wechsel von beschränkter und unbeschränkter Steuerpflicht bei Kapitalgesellschaften, S. 142.

271 *Fischer* in MünchKomm. AktG, Rz. 58.

272 Unentschieden *Fischer* in MünchKomm. AktG, Rz. 58.

273 BFH v. 19.3.1996 – VIII R 15/94, BStBl. II 1996, 312 ff. = GmbHR 1996, 632; anders in der Tendenz BFH v. 5.6.2002 – I R 105/00, IStR 2002, 596 f.; kritisch *Schaumburg* in Lutter/Hommelhoff, Europäische Gesellschaft, S. 353 f.

geln über den Teilwertansatz bei Einlagen oder Betriebseröffnungen Geltung beanspruchen[274]. Der Teilwertansatz entspricht auch dem gemeinschaftsrechtlich anerkannten Prinzip, dass der Herkunftsstaat den steuerlichen Zugriff auf die unter seiner Jurisdiktion entstandenen stillen Reserven behält (s. Rz. 154).

Nach § 8 Abs. 1 KStG i.V.m. § 4 Abs. 1 Satz 7 EStG i.d.F. des SEStEG steht nunmehr 178 die **Begründung des deutschen Besteuerungsrechts hinsichtlich des Gewinns aus der Veräußerung eines Wirtschaftsguts einer Einlage** gleich. Diese Vorschrift kann auch den Fall des Zuzugs einer Körperschaft erfassen[275] und führt zu einem Ansatz des gemeinen Wertes (§ 6 Abs. 1 Nr. 5a EStG). Zweifelhaft ist auf dieser Grundlage allerdings, ob auch ein Geschäftswert entgegen § 5 Abs. 2 EStG/§ 248 Abs. 2 HGB aus Anlass des Zuzuges aktiviert werden kann. Das ist wegen des Vorrangs der Regeln über Entnahmen und Einlagen gegenüber den allgemeinen Bilanzierungsvorschriften zu bejahen (vgl. § 5 Abs. 6 EStG).

cc) Verlustvorträge. Gegen die **Weiterführung** der vor dem Zuzug im Rahmen inländischer Einkünfte entstandenen Verlustvorträge bestehen **keine Bedenken**; diese können uneingeschränkt weitergeführt werden[276]. 179

Keine Regelung treffen das deutsche Steuerrecht sowie das europäische Sekundärrecht hinsichtlich von **Verlustvorträgen, die bei der zuziehenden SE in ihrem Herkunftsstaat oder in ausländischen Betriebsstätten entstanden sind.** Hier kann sich nur die Frage stellen, ob die Niederlassungsfreiheit der SE (Art. 43 EG) insofern eine „Mitnahme" der Verluste in die deutsche Steuerhoheit fordert. Dafür kann angeführt werden, dass der Verfall eines Verlustvortrages die grundfreiheitlich geschützte Entscheidung für eine Sitzverlegung behindern kann. Andererseits hat der Gerichtshof anerkannt, dass eine Behinderung, die aus der territorialen Aufteilung der Besteuerungshoheit zwischen den Mitgliedstaaten der EU resultiert, entweder schon tatbestandlich nicht als relevante „Beschränkung" eingeordnet[277] oder als gerechtfertigt[278] angesehen werden muss. Vor diesem Hintergrund hat der EuGH sowohl entschieden, dass während der beschränkten Steuerpflicht eine Verrechnung von inländischen Betriebsstättengewinne mit ausländischen Stammhausverlusten nicht durch die Niederlassungsfreiheit geboten ist[279], als auch festgestellt, dass eine Verrechnung der Verluste ausländischer Tochtergesellschaften mit dem Gewinn einer inländischen Muttergesellschaft im Grundsatz nicht geboten ist[280]. Ein gemeinschaftsrechtliches Gebot zur Verlustverrechnung von Tochterverlusten mit Muttergewinnen im Konzern hat der Gerichtshof nur für den Fall angenommen, dass im Ansässigkeitsstaat der Tochtergesellschaft keine Verlustverrechnung möglich ist.

Vor diesem Hintergrund kann sich der deutsche Fiskus darauf berufen, dass **Verluste, die im Ausland außerhalb der eigenen Besteuerungshoheit** entstanden sind, nach den 181

---

274 *Blumenberg/Lechner* in Blumenberg/Schäfer, Das SEStEG, S. 84 f.; *Büsching* in Jannott/Frodermann, Handbuch Europäische Aktiengesellschaft, Rz. 173; *Förster/Lange*, RIW 2002, 589; *Herzig/Griemla*, StuW 2002, 76; für das österreichische Recht *Schindler* in Kalss/Hügel, Teil III: Steuerrecht, Rz. 243 f.
275 *Benecke/Schnitger*, IStR 2006, 766 f.; *Dötsch/Pung*, DB 2006, 2651; *Hagemann/Jakob/Ropohl/Viebrock*, NWB 2007, Sonderheft 1, S. 8.
276 *Eckl*, Wechsel von beschränkter und unbeschränkter Steuerpflicht bei Kapitalgesellschaften, S. 145.
277 Darstellung bei GA *Kokott* v. 12.9.2006 in der Rechtssache C-231/05 – „Oy AA", Rz. 46 ff.
278 EuGH v. 12.9.2006 – Rs. C-196/94 – „Cadbury Schweppes", DStR 2006, 1686 ff.
279 EuGH v. 15.5.1997 – Rs. C-250/95 – „Futura und Singer", EuGHE 1997, S. I-2471 ff.
280 EuGH v. 13.12.2005 – Rs. C-446/03 – „Marks & Spencer", EWS 2006, 30 ff. Rz. 42; EuGH v. 18.7.2007 – Rs. C-231/05 – „Oy AA" Rz. 55.

Regeln über die „Aufteilung der Steuerhoheit" zwischen den Mitgliedstaaten nicht im Inland zur Verrechnung zugelassen werden müssen. Dies gilt zweifelsfrei für diejenigen Fälle, in denen im Entstehungsstaat des Verlustes die SE weiterhin Einkünfte erzielt und daher in Zukunft eine Verrechnung möglich erscheint. Aber auch soweit die „Verlustquelle" im Ausland eingestellt oder in das Inland überführt wird, überzeugt eine Verlagerung der Verluste in das Inland auf der Grundlage der Niederlassungsfreiheit nicht. Anders kann sich Sachlage allerdings darstellen, wenn für das in das Inland verlagerte oder durch die unbeschränkte Steuerpflicht nunmehr steuerlich erfasste ausländische Betriebsvermögen die ausländischen Buchwerte übernommen und damit „stille Reserven" nach Deutschland importiert werden. In einem solchen Fall muss zur Wahrung der „Symmetrie" von Gewinnen und Verlusten auch der im Ausland entstandene Verlust (zumindest bis zur Höhe der stillen Reserven) in die deutsche Einkünfteermittlung übernommen werden.

b) Besteuerung der Anteilseigner

182   Bei Zuzug einer SE nach Deutschland fällt aus deutscher Sicht keine Besteuerung an. Sind die Anteilseigner im Inland ansässig, ändert sich (vor dem Hintergrund des Art. 13 Abs. 5 OECD-MA) regelmäßig nichts an ihrem steuerlichen Status. Soweit die Anteilseigner im Ausland ansässig sind, kann es jedoch zu einer **erstmaligen steuerlichen Verstrickung der bisher in Deutschland nicht steuerpflichtigen Gesellschaftsanteile** nach § 49 Abs. 1 Nr. 2 lit. e i.V.m. § 17 EStG kommen. Dies gilt allerdings nur in den seltenen Fällen, in denen die Steuerhoheit des Ansässigkeitsstaates der Anteilseigner nicht nach Art. 13 Abs. 5 OECD-MA fortbesteht.

183   Im Fall einer Verstrickung ist umstritten, wie der Zugangswert zu bestimmen ist. Nachdem die Rechtsprechung des Bundesfinanzhofs für Fallgestaltungen im Rahmen der Überschusseinkünfte in der Vergangenheit regelmäßig die historischen Anschaffungskosten angesetzt hat[281], kommt auch für diese Anteile eine Verstrickung zu diesem Wert in Betracht. Überzeugend erscheint demgegenüber ein **Ansatz des gemeinen Werts im Zeitpunkt des Zuzugs der SE**, weil auf diese Weise die Abstimmung mit der Besteuerungshoheit des „Wegzugsstaates" symmetrisch gelingt[282].

3. Sitzverlegung im EU-Ausland mit Inlandsbezug

184   Zu den Fällen einer Sitzverlegung mit steuerlichen Folgen kann auch die Situation gehören, dass **eine im EU-Ausland ansässige SE ihren Sitz** (sowie ihre Hauptverwaltung und den Ort ihrer Geschäftsleitung) **in einen dritten Mitgliedstaat der EU verlegt**. Dieser Fall ändert aus der Sicht des deutschen Steuerrechts nichts daran, dass die vor dem Umzug beschränkt steuerpflichtige SE diesen Status weiterhin behält. Veränderungen können jedoch daraus resultieren, dass nunmehr ein anderes Doppelbesteuerungsabkommen auf das Verhältnis zwischen dem im Ausland angesiedelten Stammhaus und den in Deutschland belegenen Betriebsstätten Anwendung findet. Dies kann jedoch in aller Regel nicht zu einer Einschränkung der deutschen Steuerhoheit über diese inländischen Betriebsstätten führen. Wenn und soweit im Ausnahmefall doch ein Verlust von Besteuerungshoheit eintritt (wenn z.B. die Definition der Betriebsstätte in dem DBA mit dem Zuzugsstaat der SE enger geschnitten ist als in

---

281   Dabei ging es um den umgekehrten Fall, dass der Anteilseigner einer ausländischen Kapitalgesellschaft seinen Wohnsitz ins Inland verlegt (BFH v. 19.3.1996 – VIII R 15/94, BStBl. II 1996, 312 ff. = GmbHR 1996, 632; für den Ansatz der historischen Anschaffungskosten bei nachträglicher Herabsetzung der Wesentlichkeitsgrenze BFH v. 1.3.2005 – VIII R 92/03, BStBl. II 2005, 398 = GmbHR 2005, 701).
282   *Weber-Grellet* in Schmidt, EStG, 26. Aufl. 2007, § 17 Rz. 159 m.w.N.

dem DBA mit dem Wegzugsstaat[283]), eröffnet § 12 Abs. 1 KStG die oben für den Fall des Wegzugs einer SE geschilderten Rechtsfolgen.

Hinsichtlich der Besteuerung der Anteilseigner kann der Umstand eintreten, dass **185** Deutschland mit dem Wechsel der Ansässigkeit der SE in einen anderen EU-Mitgliedstaat das **Besteuerungsrecht hinsichtlich der Anteile** verliert. Beispielhaft ist das für Tschechien und die Slowakei fortwirkende Abkommen mit der ehemaligen Tschechoslowakei, welches das Besteuerungsrecht hinsichtlich von Veräußerungen von Anteilen an tschechischen Gesellschaften diesem Staat zuspricht. Verlegt eine österreichische SE ihren Sitz nach Tschechien, so entfällt die in Art. 7 Abs. 1 DBA Deutschland/Österreich niedergelegte Besteuerungsbefugnis Deutschlands und wird durch das Besteuerungsrecht Tschechiens nach Art. 13 Abs. 3 DBA Deutschland/ Tschechoslowakei ersetzt. In einem solchen Fall greift § 17 Abs. 5 Satz 2 EStG ein, der – im Wege eines „treaty override" den vollen deutschen Besteuerungsanspruch im Zeitpunkt der späteren Veräußerung der Anteile durchsetzt.

4. Sitzverlegung in EWR-Staaten

Die vorstehenden Ausführungen gelten auch für die **Sitzverlegung einer SE in andere** **186** **Staaten des Europäischen Wirtschaftsraums.** Für eine solche Sitzverlegung gilt zunächst § 12 Abs. 1 KStG i.d.F. des SEStEG. Weiterhin gelten sowohl Art. 8 SE-VO als auch die Grundfreiheiten des EG-Vertrages in ihrer Fassung durch das EWR-Abkommen (z.B. Art. 31 ff. EWR-Abkommen für die Niederlassungsfreiheit und Art. 40 ff. EWR-Abkommen für die Kapitalverkehrsfreiheit). Die Grundfreiheiten werden für das EWR-Abkommen im Grundsatz in derselben Weise interpretiert wie innerhalb der Europäischen Union[284]. Es fehlt jedoch an einer Geltung der Fusionsbesteuerungs-RL, welche seit 2005 auch steuerliche Fragen der Sitzverlegung innerhalb der EU regelt (oben Rz. 35 ff.).

Aus § 12 Abs. 1 KStG lässt sich zunächst der Schluss ziehen, dass im Falle einer Sitz- **187** verlegung aus Deutschland in einen EWR-Staat keine stillen Reserven aufgedeckt werden, die weiterhin dem Zugriff des deutschen Fiskus unterliegen. Dies gilt in erster Linie für solche Wirtschaftsgüter, die in einer inländischen Betriebsstätte verbleiben. Eine **Besteuerung von stillen Reserven**, die trotz der Sitzverlegung der SE im Inland verbleiben, würde man weiterhin im Hinblick auf die unverhältnismäßige Wirkung einer solchen Besteuerung als Verstoß gegen die Niederlassungsfreiheit und gegebenenfalls gegen die Kapitalverkehrsfreiheit einordnen. Die in § 12 Abs. 1 KStG angeordnete „Sofortversteuerung" für stille Reserven in solchen Wirtschaftsgütern, die ins EWR-Ausland verlagert werden, kann jedoch gerechtfertigt werden. Denn es fehlt im Verhältnis zu den EWR-Staaten an Parallelregelungen zur Amtshilfe-RL und zur Beitreibungs-RL, die dem inländischen Fiskus eine nachlaufende Ermittlung der Besteuerungsgrundlagen und Durchsetzung des Besteuerungsanspruchs erlauben würden. Auf eine „Stundung" kann sich die SE daher nur dann berufen, wenn das Doppelbesteuerungsabkommen zwischen Deutschland und dem jeweiligen Zuzugsstaat Auskunfts- und Vollstreckungsrechte vorsieht, die den europäischen Amtshilfe- und Beitreibungsregelungen gleichwertig sind[285]. Damit wird insbesondere verhindert, dass stille Reserven mit Hilfe der Sitzverlegung einer SE nach Liechtenstein verlagert werden, mit dem kein DBA mit Auskunftsklausel existiert[286].

283 *Blumenberg/Lechner* in Blumenberg/Schäfer, Das SEStEG, S. 84.
284 Grundlegend EFTA-Gerichtshof v. 23.11.2003 – Rs. E-1/04 – „Fokus Bank", IStR 2005, 55 ff.; ausführlich *Cordewener*, FR 2005, 236 ff.; *Kofler*, ÖStZ 2005, 143 ff.; für die Wegzugsbesteuerung Mitteilung der Kommission v. 19.12.2006 KOM (2006) 825 endg., Tz. 4.2, S. 10.
285 Mitteilung der Kommission v. 19.12.2006 KOM (2006) 825 endg., Tz. 4.2, S. 10.
286 *Thömmes* in Theisen/Wenz, Europäische Aktiengesellschaft, S. 608.

5. Sitzverlegung in Drittstaaten

188 Eine Verlegung des Satzungssitzes in einen Staat außerhalb der EU oder des EWR ist auf der Grundlage der SE-VO nicht möglich[287]. Allerdings kann der Fall eintreten, dass die **tatsächliche Hauptverwaltung und/oder der Ort der Geschäftsleitung in einen Drittstaat verlegt** werden, so dass die SE dort ebenfalls unbeschränkt steuerpflichtig wird und gegebenenfalls nach einer dem Art. 4 Abs. 3 OECD-MA entsprechenden Abkommensnorm dieser Drittstaat gegenüber der Bundesrepublik Deutschland den Vorrang genießt.

189 Gesellschaftsrechtlich ist mit einer solchen Verlegung der Geschäftsleitung in einen Drittstaat **keine automatische Liquidation der SE** verbunden, sondern nur das Recht des Sitzstaats, nach Art. 64 SE-VO die SE bei Gefahr einer Liquidation zu einer Angleichung von Sitzstaat und Hauptverwaltungsstaat zu veranlassen. Dennoch wird in § 12 Abs. 3 SEStEG n.F. für den Fall einer solchen Sitzverlegung in einen Drittstaat automatisch eine volle **Liquidationsbesteuerung nach § 11 KStG** angeordnet. Dies ist rechtspolitisch vor allem deshalb problematisch, weil damit auch für im Inland verbleibendes Betriebsvermögen die stillen Reserven aufgedeckt werden[288]. Die Fusionsbesteuerungs-RL enthält zu diesem Fall keine Vorgaben. Ebenfalls sind Art. 43, 48 EG nicht einschlägig, weil keine Niederlassung in der EU oder im EWR angestrebt, sondern ein Engagement in einem Drittstaat durchgeführt sind. Fraglich kann nur sein, ob Art. 56 EG für den Fall der „Mitnahme" von Wirtschaftsgütern in einen solchen Drittstaat der nachteiligen Rechtsfolge der vollen Liquidationsbesteuerung Grenzen setzt. Es ist indessen bereits zweifelhaft, ob die **Kapitalverkehrsfreiheit** auf steuerliche Hindernisse im Drittstaatenverkehr dem Grunde nach Anwendung findet[289]. Im Übrigen tritt die Kapitalverkehrsfreiheit zurück, wenn im Kern eine andere Grundfreiheit betroffen ist, diese aber nicht für den Drittstaatenverkehr Anwendung findet[290].

190 Bejaht man dennoch die **Anwendbarkeit der Kapitalverkehrsfreiheit**[291], so muss man im Bereich der Rechtfertigungsgründe für Beschränkungen anders verfahren als beim Kapitalverkehr innerhalb der Gemeinschaft. So finden im Verhältnis zu Drittstaaten die innerhalb der EU/EWR geltenden Richtlinien über Amtshilfe und Beitreibung keine Anwendung; dies ist bedeutsam für den Sachverhalt der „Sofortbesteuerung", weil eine „Stundungslösung" nur dann durchgesetzt werden kann, wenn der rechtliche Rahmen für nachträgliche steuerliche Feststellungen und Anspruchsdurchsetzungen besteht[292]. Soweit jedoch die in § 12 Abs. 3 KStG angeordnete Liquidationsbesteuerung auch Betriebsstätten im Inland betrifft, geht sie über das zur Sicherung des deutschen Besteuerungsanspruchs Erforderliche hinaus[293].

V. Die Gründung einer SE

191 Nach Art. 2 SE-VO kann eine SE durch Verschmelzung von zwei Aktiengesellschaften, durch Gründung einer Holding-SE durch zwei Kapitalgesellschaften, durch Gründung einer Tochter-SE durch zwei Gesellschaften i.S.v. Art. 48 Abs. 2 EG oder

---

287 *Heuschmid/Schmidt*, NZG 2007, 54 ff.
288 *Hagemann/Jakob/Ropohl/Viebrock*, NWB 2007, Sonderheft 1, S. 7.
289 *Schön* in FS Wassermeyer, 2005, S. 489 ff.; *Cordewener/Kofler/Schindler*, ET 2007, 107.
290 EuGH v. 3.10.2006 – Rs. C-452/04 – „Fidium Finanz", IStR 2006, 754 ff., Rz. 48–50; EuGH v. 13.3.2007 – Rs. C-524/04 – „Test Claimants in the Thin Cap Group Litigation", Rz. 93 ff.
291 So wohl Mitteilung der Kommission v. 19.12.2006 KOM (2006) 825 endg., Tz. 5, S. 11.
292 Mitteilung der Kommission v. 19.12.2006 KOM (2006) 825 endg., Tz. 5, S. 11.
293 S. auch die Kritik bei *Rödder/Schumacher*, DStR 2006, 1489.

durch Formwechsel einer Aktiengesellschaft mit ausländischer Tochtergesellschaft gegründet werden.

1. Die Gründung einer SE durch Verschmelzung

Die Gründung einer SE durch Verschmelzung nach Art. 2 Abs. 1 i.V.m. Art. 17 ff. SE- 192
VO muss aus steuerlicher Sicht für drei wesentliche Fallgestaltungen untersucht werden: Die Verschmelzung einer inländischen Aktiengesellschaft auf einen Rechtsträger im Ausland (**„Hinausverschmelzung"**), die Verschmelzung einer ausländischen Aktiengesellschaft auf einen Rechtsträger im Inland (**„Hereinverschmelzung"**) sowie die Verschmelzung von zwei Aktiengesellschaften im EU/EWR-Ausland, die über (Betriebs-)Vermögen im Inland verfügen (**„Auslandsverschmelzung"**).

Dabei müssen die steuerlichen Folgen für die übertragende Gesellschaft, die überneh- 193
mende Gesellschaft und die Anteilseigner der beteiligten Gesellschaften gewürdigt werden.

a) Die Hinausverschmelzung

Eine Hinausverschmelzung kann gem. Art. 17 Abs. 2 SE-VO dadurch erfolgen, dass 194
eine Aktiengesellschaft mit Sitz im Inland auf eine bestehende Aktiengesellschaft mit Sitz im Ausland verschmolzen wird (**Verschmelzung zur Aufnahme**) oder eine in- ländische Aktiengesellschaft mit einer ausländischen Aktiengesellschaft auf einen neuen Rechtsträger mit Sitz im Ausland verschmolzen wird (**Verschmelzung zur Neugründung**). Diese unterschiedlichen Verschmelzungsformen haben aus der Sicht der untergehenden deutschen Aktiengesellschaft sowie der künftigen SE keine unter- schiedlichen steuerlichen Folgen[294]. Erfolgt die Verschmelzung zur Neugründung auf eine im Ausland entstehende SE, so dass zusätzlich eine ausländische Gründungs- Aktiengesellschaft untergeht und auf die neu entstehende SE verschmolzen wird, fin- den die Regeln über die Auslandsverschmelzung Anwendung[295].

aa) Gesetzliche Grundlagen. Aus steuerlicher Sicht finden die folgenden deutschen 195
und europäischen Vorschriften auf eine solche Hinausverschmelzung Anwendung:

(1) Deutsches Steuerrecht. Im deutschen Recht war **bis zum Inkrafttreten des SEStEG** 196
umstritten, ob und auf welcher Grundlage eine (grenzüberschreitende) Verschmel- zung eine Gewinnrealisation durch Aufdeckung stiller Reserven hervorruft. Sämtli- chen ins Feld geführten Besteuerungsnormen konnten gewichtige Argumente ent- gegengehalten werden:

– Für eine „Entnahme" (§§ 4 Abs. 1 Satz 1, 6 Abs. 1 Nr. 5 EStG)[296] fehlt es an einer Umwidmung der Wirtschaftsgüter für außerbetriebliche Zwecke[297].

– Für eine „Betriebsaufgabe" (§ 16 Abs. 3 EStG)[298] fehlt es an einer Einstellung der betrieblichen Tätigkeit[299].

– Für eine „Betriebsveräußerung" (§ 16 Abs. 1 Nr. 1 EStG) fehlt es bei einer Univer- salsukzession an einem rechtsgeschäftlichen Veräußerungsakt.

294 *Thömmes* in Theisen/Wenz, Europäische Aktiengesellschaft, S. 535.
295 *Aßmann*, Steuerrechtliche Aspekte, S. 84 f.
296 *Fischer* in MünchKomm. AktG, Rz. 15.
297 *Aßmann*, Steuerrechtliche Aspekte, S. 74.
298 Dafür: *Schulz/Petersen*, DStR 2002, 1511.
299 *Aßmann*, Steuerrechtliche Aspekte, S. 74 f.; *Büsching* in Jannott/Frodermann, Handbuch Europäische Aktiengesellschaft, Rz. 27; *Schön* in Deutsches Aktieninstitut (Hrsg.), Die Eu- ropa-AG – Eine Perspektive für deutsche Unternehmen?, 2002, S. 80.

- Für eine „Sachauskehr" an die Gesellschafter mit anschließender „Wiedereinlage" in die Zielgesellschaft[300] fehlt es an einem Vermögensübergang auf die Gesellschafter[301].

- Für eine Liquidationsbesteuerung (§ 11 KStG) fehlt es an einer Abwicklung des Gesellschaftsvermögens[302].

- Für eine Gewinnrealisierung kraft Sitzverlegung (§ 12 KStG)[303] fehlt es an einem Fortbestand der übertragenden Körperschaft im Ausland[304].

- Für einen Anwendungsfall des § 11 UmwStG a.F. fehlte es an einer Umwandlung im Inland[305].

Daher musste man zum früheren Recht entweder eine „Lücke" innerhalb der inländischen Realisationstatbestände konstatieren[306] oder eine Analogiebildung vorschlagen[307] oder eine extensive Auslegung eines der genannten Tatbestände (etwa des § 11 KStG) befürworten.

197   Für die vom neuen UmwStG erfassten Verschmelzungsfälle (Sitz und Geschäftsleitung der beteiligten Gesellschaften in der EU/im EWR) bietet **§ 11 UmwStG n.F.** nunmehr in Abs. 1 eine Grundlage der Gewinnrealisierung und in Abs. 2 die wesentliche Ausnahmevorschrift zur Buchwertfortführung.

198   Im nationalen Recht findet sich der Zugang für die Verschmelzung nach der SE-VO in § 1 Abs. 1 Nr. 1 UmwStG i.d.F. des SEStEG[308]:

„(1) Der zweite bis fünfte Teil gilt nur für

1. die Verschmelzung, Aufspaltung und Abspaltung im Sinne der §§ 2 und 123 Abs. 1 und 2 des Umwandlungsgesetzes von Körperschaften oder vergleichbare ausländische Vorgänge sowie des Artikels 17 der Verordnung (EG) Nr. 2157/2001 und des Artikels 19 der Verordnung (EG) Nr. 1435/2003"

199   In dieser Vorschrift ist ausdrücklich die Regelung der grenzüberschreitenden Fusion nach Art. 2 Abs. 1, 17 ff. SE-VO angesprochen.

200   Dies wird in § 1 Abs. 2 Satz 1 UmwStG dahin spezifiziert, dass Abs. 1 nur Anwendung findet, wenn

„1. beim Formwechsel der umwandelnde Rechtsträger oder bei den anderen Umwandlungen die übertragenden und die übernehmenden Rechtsträger nach den Rechtsvorschriften eines Mitgliedstaats der Europäischen Union oder eines Staates, auf den das Abkommen über den Europäischen

---

300 Dafür: *Förster/Lange*, DB 2002, 288 ff., 289; *Rödder*, Der Konzern 2003, 525 f.; *Rödder*, DStR 2005, 894.
301 *Aßmann*, Steuerrechtliche Aspekte, S. 75 ff.; *Büsching* in Jannott/Frodermann, Handbuch Europäische Aktiengesellschaft, Rz. 26; *Kessler/Achilles/Huck*, IStR 2003, 716 f.; *Thömmes* in Theisen/Wenz, Europäische Aktiengesellschaft, S. 538.
302 *Aßmann*, Steuerrechtliche Aspekte, S. 77 f.; *Büsching* in Jannott/Frodermann, Handbuch Europäische Aktiengesellschaft, Rz. 24; *Fischer* in MünchKomm. AktG, Rz. 11; *Schön* in von Rosen (Hrsg.), Die Europa-AG – Eine Perspektive für deutsche Unternehmen?, 2003, S. 79.
303 Dafür: *Schulz/Petersen*, DStR 2002, 1512.
304 *Aßmann*, Steuerrechtliche Aspekte, S. 78 ff.; *Büsching* in Jannott/Frodermann, Handbuch Europäische Aktiengesellschaft, Rz. 25; *Fischer* in MünchKomm. AktG, Rz. 13; *Schön* in von Rosen (Hrsg.), Die Europa-AG – Eine Perspektive für deutsche Unternehmen?, 2003, S. 79; *Thömmes* in Theisen/Wenz, Europäische Aktiengesellschaft, S. 537.
305 *Fischer* in MünchKomm. AktG, Rz. 10.
306 *Büsching* in Jannott/Frodermann, Handbuch Europäische Aktiengesellschaft, Rz. 28; *Klingberg/van Lishaut*, Der Konzern 2005, 712;
307 *Kessler/Huck*, Der Konzern 2006, 352 ff., 353; dagegen *Schaumburg* in Lutter/Hommelhoff, Europäische Gesellschaft, 347 f.
308 S. auch *Dötsch/Pung*, DB 2006, 2704 ff.; *Schaflitzl/Widmayer* in *Blumenberg/Schäfer*, SEStEG, S. 101 ff., 104 f.

Wirtschaftsraum Anwendung findet, gegründete Gesellschaften im Sinne des Artikels 48 des Vertrags zur Gründung der Europäischen Gemeinschaft oder des Artikels 34 des Abkommens über den Europäischen Wirtschaftsraum sind, deren Sitz und Ort der Geschäftsleitung sich innerhalb des Hoheitsgebiets eines dieser Staaten befinden ...".

In § 1 Abs. 2 Satz 2 UmwStG wird dies für die SE noch einmal konkretisiert: 201

„Eine Europäische Gesellschaft im Sinne der Verordnung (EG) Nr. 2157/2001 und eine Europäische Genossenschaft im Sinne der Verordnung (EG) Nr. 1435/2003 gelten für die Anwendung des Satzes 1 als eine nach den Rechtsvorschriften des Staates gegründete Gesellschaft, in dessen Hoheitsgebiet sich der Sitz der Gesellschaft befindet."

Das **Umwandlungssteuerrecht** ist mit diesen neuen Vorgaben zwar nicht „globalisiert", aber doch **„europäisiert"** worden[309]. Für eine solche Verschmelzung werden   202 die wesentlichen Rechtsfolgen in den §§ 11–13 UmwStG n.F. niedergelegt. Sie betreffen die steuerliche Behandlung der übertragenden Körperschaft (§ 11), der übernehmenden Körperschaft (§ 12) und der Anteilseigner (§ 13).

§ 11

Auswirkungen auf den Gewinn der übertragenden Körperschaft

(1) Bei einer Verschmelzung oder Vermögensübertragung (Vollübertragung) auf eine andere Körperschaft sind die übergehenden Wirtschaftsgüter, einschließlich nicht entgeltlich erworbener oder selbst geschaffener immaterieller Wirtschaftsgüter, in der steuerlichen Schlussbilanz der übertragenden Körperschaft mit dem gemeinen Wert anzusetzen. Für die Bewertung von Pensionsrückstellungen gilt § 6a des Einkommensteuergesetzes.

(2) Auf Antrag können die übergehenden Wirtschaftsgüter abweichend von Absatz 1 einheitlich mit dem Buchwert oder einem höheren Wert, höchstens jedoch mit dem Wert nach Absatz 1, angesetzt werden, soweit

1. sichergestellt ist, dass sie später bei der übernehmenden Körperschaft der Besteuerung mit Körperschaftsteuer unterliegen und

2. das Recht der Bundesrepublik Deutschland hinsichtlich der Besteuerung der übertragenen Wirtschaftsgüter bei der übernehmenden Körperschaft nicht ausgeschlossen oder beschränkt wird und

3. eine Gegenleistung nicht gewährt wird oder in Gesellschaftsrechten besteht.

Anteile an der übernehmenden Körperschaft sind mindestens mit dem Buchwert, erhöht um Abschreibungen sowie um Abzüge nach § 6b des Einkommensteuergesetzes und ähnliche Abzüge, die in früheren Jahren steuerwirksam vorgenommen worden sind, höchstens mit dem gemeinen Wert anzusetzen. Auf einen sich daraus ergebenden Gewinn findet §8b Abs. 2 Satz 4 und 5 des Körperschaftsteuergesetzes Anwendung.

(3) § 3 Abs. 2 Satz 2 und Abs. 3 gilt entsprechend.

§ 12

Auswirkungen auf den Gewinn der übernehmenden Körperschaft

(1) Die übernehmende Körperschaft hat die auf sie übergegangenen Wirtschaftsgüter mit dem in der steuerlichen Schlussbilanz der übertragenden Körperschaft enthaltenen Wert im Sinne des § 11 zu übernehmen. § 4 Abs. 1 Satz 2 und 3 gilt entsprechend.

(2) Bei der übernehmenden Körperschaft bleibt ein Gewinn oder ein Verlust in Höhe des Unterschieds zwischen dem Buchwert der Anteile an der übertragenden Körperschaft und dem Wert, mit dem die übergegangenen Wirtschaftsgüter zu übernehmen sind, abzüglich der Kosten für den Vermögensübergang, außer Ansatz. § 8b des Körperschaftsteuergesetzes ist anzuwenden, soweit der Gewinn im Sinne des Satzes 1, abzüglich der anteilige darauf entfallenden Kosten für den Vermögensübergang, dem Anteil der übernehmenden Körperschaft an der übertragenden Körperschaft entspricht. § 5 Abs. 1 gilt entsprechend.

(3) Die übernehmende Körperschaft tritt in die steuerliche Rechtsstellung der übertragenden Körperschaft ein; § 4 Abs. 2 und 3 gilt entsprechend.

---

309 Zur Frage eines Verstoßes dieser Differenzierung zwischen EU/EWR-Gesellschaften einerseits und Drittstaatengesellschaften andererseits gegen Art. 24 OECD-MA s. *Hageböke/Käbisch*, IStR 2006, 849 ff.

(4) § 6 gilt sinngemäß für den Teil des Gewinns aus der Vereinigung von Forderungen und Verbindlichkeiten, der der Beteiligung der übernehmenden Körperschaft am Grund- oder Stammkapital der übertragenden Körperschaft entspricht.

(5) Im Fall des Vermögensübergangs in den nicht steuerpflichtigen oder steuerbefreiten Bereich der übernehmenden Körperschaft gilt das in der Steuerbilanz ausgewiesene Eigenkapital abzüglich des Bestands des steuerlichen Einlagenkontos im Sinne des § 27 des Körperschaftsteuergesetzes, der sich nach Anwendung des § 29 Abs. 1 des Körperschaftsteuergesetzes ergibt, als Einnahme im Sinne des § 20 Abs. 1 Nr. 1 des Einkommensteuergesetzes.

§ 13
Besteuerung der Anteilseigner der übertragenden Körperschaft

(1) Die Anteile an der übertragenen Körperschaft gelten als zum gemeinen Wert veräußert und die an ihre Stelle tretenden Anteile an der übernehmenden Körperschaft gelten als mit diesem Wert angeschafft.

(2) Abweichend von Absatz 1 sind auf Antrag die Anteile an der übernehmenden Körperschaft mit dem Buchwert der Anteile an der übertragenden Körperschaft anzusetzen, wenn

1. das Recht der Bundesrepublik Deutschland hinsichtlich der Besteuerung der Anteile an der übernehmenden Körperschaft nicht ausgeschlossen oder beschränkt wird oder

2. die Mitgliedstaaten der Europäischen Union bei einer Verschmelzung Artikel 8 der Richtlinie 90/434/EG anzuwenden haben; in diesem Fall ist der Gewinn aus einer späteren Veräußerung der erworbenen Anteile ungeachtet der Bestimmung eines Abkommens zur Vermeidung der Doppelbesteuerung in der gleichen Art und Weise zu besteuern, wie die Veräußerung der Anteile an der übertragenden Körperschaft zu besteuern wäre. § 15 Abs. 1a Satz 2 des Einkommensteuergesetzes ist entsprechend anzuwenden.

Die Anteile an der übernehmenden Körperschaft treten steuerlich an die Stelle der Anteile an der übertragenden Körperschaft. Gehören die Anteile und der übertragenden Körperschaft nicht zu einem Betriebsvermögen, treten an die Stelle des Buchwerts die Anschaffungskosten.

203 **(2) Europäisches Sekundärrecht.** Die steuerlichen Konsequenzen einer grenzüberschreitenden Verschmelzung sind seit 1990 in den Art. 4–8 der Fusionsbesteuerungs-RL niedergelegt. Auf die Vorgaben dieser RL können sich Unternehmen „unmittelbar berufen":

Art. 4 [Stille Reserven] (1) Die Fusion, Spaltung oder Abspaltung darf keine Besteuerung des Veräußerungsgewinns auslösen, der sich aus dem Unterschied zwischen dem tatsächlichen Wert des übertragenen Aktiv- und Passivvermögens und dessen steuerlichem Wert ergibt.

Für die Zwecke dieses Artikels gilt als

a) „steuerlicher Wert" der Wert, auf dessen Grundlage ein etwaiger Gewinn oder Verlust für den die Zwecke der Besteuerung des Veräußerungsgewinns der einbringenden Gesellschaft ermittelt worden wäre, wenn das Aktiv- und Passivvermögen gleichzeitig mit der Fusion, Spaltung oder Abspaltung, aber unabhängig davon, veräußert worden wäre;

b) „übertragenes Aktiv- oder Passivvermögen" das Aktiv- und Passivvermögen der einbringenden Gesellschaft, das nach der Fusion, Spaltung oder Abspaltung tatsächlich einer Betriebsstätte der übernehmenden Gesellschaft im Mitgliedstaat der einbringenden Gesellschaft zugerechnet wird und zur Erzielung des steuerlich zu berücksichtigenden Ergebnisses dieser Betriebsstätte beiträgt.

(2) Findet Absatz 1 Anwendung und betrachtet ein Mitgliedstaat eine gebietsfremde einbringende Gesellschaft aufgrund seiner Beurteilung ihrer juristischen Merkmale, die sich auf dem Recht, nach des sie gegründet wurde, ergeben, als steuerlich transparent und besteuert daher die Gesellschafter nach ihrem Anteil an den ihnen zuzurechnenden Gewinnen der einbringenden Gesellschaft im Zeitpunkt der Zurechnung, so besteuert dieser Staat Veräußerungsgewinne, die sich aus der Differenz zwischen dem tatsächlichen Wert des eingebrachten Aktiv- und Passivvermögens und dessen steuerlichen Wert ergeben, nicht.

(3) Die Absätze 1 und 2 finden nur dann Anwendung, wenn die übernehmende Gesellschaft neue Abschreibungen und spätere Wertsteigerungen oder Wertminderungen des übertragenen Aktiv- oder Passivvermögens so berechnet, wie die einbringende Gesellschaft sie ohne die Fusion, Spaltung oder Abspaltung berechnet hätte.

(4) Darf die übernehmende Gesellschaft nach dem Recht des Mitgliedstaats der einbringenden Gesellschaft neue Abschreibungen und spätere Wertsteigerungen oder Wertminderungen des übertragenen Aktiv- und Passivvermögens abweichend von Absatz 3 berechnen, so findet Ab-

satz 1 keine Anwendung auf das Vermögen, für das die übernehmende Gesellschaft von diesem Recht Gebrauch macht.

Art. 5 [Rückstellungen, Rücklagen] Die Mitgliedstaaten treffen die notwendigen Regelungen, da- 204 mit die von der einbringenden Gesellschaft unter völliger oder teilweiser Steuerbefreiung zulässi- gerweise gebildeten Rückstellungen oder Rücklagen – soweit sie nicht von Betriebsstätten im Ausland stammen – unter den gleichen Voraussetzungen von den im Staat der einbringenden Ge- sellschaft gelegenen Betriebsstätten der übernehmenden Gesellschaft ausgewiesen werden kön- nen, wobei die übernehmende Gesellschaft in die Rechte und Pflichten der einbringenden Gesell- schaft eintritt.

Art. 6 [Übernahme von Verlusten] Wenden die Mitgliedstaaten für den Fall, dass die in Artikel 1 205 Buchstabe a) genannten Vorgänge zwischen Gesellschaften des Mitgliedstaats der einbringenden Gesellschaft erfolgen, Vorschriften an, die die Übernahme der bei der einbringenden Gesellschaft steuerlich noch nicht berücksichtigten Verluste durch die übernehmende Gesellschaft gestatten, so dehnen sie diese Vorschriften auf die Übernahme der bei der einbringenden Gesellschaft steu- erlich noch nicht berücksichtigten Verluste durch die in ihrem Hoheitsgebiet gelegenen Betriebs- stätten der übernehmenden Gesellschaft aus.

Art. 7 [Kapitalbeteiligung] (1) Wenn die übernehmende Gesellschaft am Kapital der einbringenden 206 Gesellschaft eine Beteiligung besitzt, so unterliegen die bei der übernehmenden Gesellschaft möglicherweise entstehenden Wertsteigerungen beim Untergang ihrer Beteiligung am Kapital der einbringenden Gesellschaft keiner Besteuerung

(2) Die Mitgliedstaaten können von Absatz 1 abweichen, wenn der Anteil der übernehmenden Gesellschaft am Kapital der einbringenden Gesellschaft weniger als 20% beträgt.

Ab 1. Januar 2007 beträgt der Mindestanteil 15%. Ab 1. Januar 2009 beträgt der Mindestanteil 10%.

Art. 8 [Zuteilung von Kapitalanteilen] (1) Die Zuteilung von Anteilen am Gesellschaftskapital 207 der übernehmenden oder erwerbenden Gesellschaft an einen Gesellschafter der einbringenden oder erworbenen Gesellschaft gegen Anteile an deren Gesellschaftskapital aufgrund einer Fusion, einer Spaltung oder des Austauschs von Anteilen darf für sich allein keine Besteuerung des Ver- äußerungsgewinns dieses Gesellschafters auslösen.

(2) Die Zuteilung von Anteilen am Gesellschaftskapital der übernehmenden Gesellschaft an ei- nen Gesellschafter der einbringenden Gesellschaft aufgrund einer Abspaltung darf für sich allein keine Besteuerung des Veräußerungsgewinns dieses Gesellschafters auslösen.

(3) Betrachtet ein Mitgliedstaat einen Gesellschafter aufgrund seiner Beurteilung von dessen ju- ristischen Merkmalen, die sich aus dem Recht, nach dem dieser gegründet wurde, ergeben, als steuerlich transparent und besteuert daher die an diesem Gesellschafter beteiligten Personen nach ihrem Anteil an den ihnen zuzurechnenden Gewinnen des Gesellschafters im Zeitpunkt der Zurechnung, so besteuert dieser Mitgliedstaat den Veräußerungsgewinn dieser Personen aus der Zuteilung von Anteilen am Gesellschaftskapital der übernehmenden oder erwerbenden Ge- sellschaft an den Gesellschafter nicht.

(4) Die Absätze 1 und 3 finden nur dann Anwendung, wenn der Gesellschafter den erworbenen Anteilen keinen höheren steuerlichen Wert beimisst, als den im Tausch gegebenen Anteilen un- mittelbar vor der Fusion, Spaltung oder dem Austausch der Anteile beigemessen war.

(5) Die Absätze 2 und 3 finden nur dann Anwendung, wenn der Gesellschafter der Summe der er- worbenen Anteile und seiner Anteile an der einbringenden Gesellschaft keinen höheren steuerli- chen Wert beimisst, als den Anteilen an der einbringenden Gesellschaft unmittelbar vor der Ab- spaltung beigemessen war.

(6) Die Anwendung der Absätze 1, 2 und 3 hindert die Mitgliedstaaten nicht, den Gewinn aus ei- ner späteren Veräußerung der erworbenen Anteile in gleicher Weise zu besteuern wie den Ge- winn aus einer Veräußerung der vor dem Erwerb vorhandenen Anteile.

(7) Für den Zweck dieses Artikels ist der „steuerliche Wert" der Wert, auf dessen Grundlage ein etwaiger Gewinn oder Verlust für die Zwecke der Besteuerung des Veräußerungsgewinns eines Gesellschafters ermittelt würde.

(8) Darf ein Gesellschafter nach dem Recht seines Wohnsitzstaats oder Sitzstaats eine von den Absätzen 4 und 5 abweichende steuerliche Behandlung wählen, so finden die Absätze 1, 2 und 3 keine Anwendung auf die Anteile, für die der Gesellschafter von diesem Recht Gebrauch macht.

(9) Die Absätze 1, 2 und 3 hindern die Mitgliedstaaten nicht, eine bare Zuzahlung aufgrund einer Fusion, einer Spaltung, einer Abspaltung oder eines Austausches von Anteilen an die Gesellschafter zu besteuern.

208 **(3) Europäisches Primärrecht.** Weiterhin bildet die **grenzüberschreitende Verschmelzung einen Anwendungsfall der Niederlassungsfreiheit** nach Art. 43 Abs. 1 EG. Dies ist für den Fall der Hereinverschmelzung aus der Sicht der Bundesrepublik Deutschland durch den Europäischen Gerichtshof bereits entschieden[310]. Umstritten ist indessen, ob auch die Herausverschmelzung einen von der Niederlassungsfreiheit geschützten Akt darstellt. Dagegen wird zum einen die Nähe zur Sitzverlegung über die Grenze angeführt, so dass die restriktive Rechtsprechung zu „Daily Mail" ebenfalls Anwendung finden müsse[311]. Zum anderen wird behauptet, dass die „Selbstauflösung" einer juristischen Person im Wege der Hinausverschmelzung nicht mehr von einer Grundfreiheit gedeckt sein könne[312].

209 Es überwiegen jedoch die Argumente für eine Subsumtion der Hinausverschmelzung unter Art. 43 Abs. 1 EG[313]. Zunächst ist zu betonen, dass es sich hier um einen **Akt der Ausübung der Niederlassungsfreiheit** durch die Anteilseigner der beteiligten Gesellschaften handelt; auf die „Fortexistenz" der Gesellschaft als solcher kommt es daher nicht an[314]. Des Weiteren würde der Ausschluss einer Auslandsgesellschaft als „Zielgesellschaft" diese im Vergleich zu einer inländischen Zielgesellschaft diskriminieren. Eine ausländische Muttergesellschaft wäre durch das Verbot einer „upstream"-Verschmelzung schließlich gehindert, für ihr inländisches Engagement die Rechtsform einer unselbständigen Zweigniederlassung anstelle einer selbständigen Tochtergesellschaft zu wählen. Daher ist anzunehmen, dass die „Hinausverschmelzung" von Art. 43, 48 EG geschützt wird. Gleiches gilt im EWR für den Schutz durch die Niederlassungsfreiheit nach Art. 31 ff. EWR-Abkommen. Die „Verschmelzungsfreiheit" als Ausdruck der Niederlassungsfreiheit kann auch steuerlichen Hindernissen entgegengehalten werden. Eine klärende Entscheidung des EuGH steht indessen noch aus[315].

210 **bb) Beteiligte Gesellschaften. (1) Die relevanten Normen.** Der **persönliche Anwendungsbereich** der SE-VO, des UmwStG, der Fusionsbesteuerungs-RL und der Niederlassungsfreiheit wird jeweils unterschiedlich definiert:

211 – **Art. 2 Abs. 1 SE-VO** setzt im Ausgangspunkt voraus, dass die an der Fusion beteiligten Aktiengesellschaften sowohl ihren **Sitz als auch ihre Verwaltung in der Gemeinschaft** (bzw. im EWR) haben. Art. 2 Abs. 5 SE-VO gestattet jedoch den Mitgliedstaaten, auch solchen Gesellschaften den Zugang zu einer SE-Gründung zu verschaffen, deren Hauptverwaltung sich außerhalb der Gemeinschaft (des EWR) befindet, „sofern sie nach dem Recht eines Mitgliedstaates gegründet wurde, ihren Sitz in diesem Mitgliedstaat hat und mit der Wirtschaft eines Mitgliedstaats in tatsächlicher und dauerhafter Verbindung steht". Von diesem Wahlrecht haben u.a. die Niederlande[316] und das Vereinigte Königreich[317] Gebrauch gemacht. Daher

---

310 EuGH v. 13.12.2005 – Rs.C-411/03 – „SEVIC", EuGHE 2005, S. I-10805 ff. Rz. 26.

311 *Kindler*, Der Konzern 2006, 811 ff., 818 ff.

312 *Paefgen*, GmbHR 2004, 463 ff., 467.

313 *Bayer/Schmidt*, ZIP 2006, 210 ff., 211; *Decher*, Der Konzern 2006, 805 ff., 809 ff.; *Schindler*, ECFR 2006, 115 ff.

314 *Schön*, ECFR 2006, 122 ff., 137 ff.

315 Zur parallelen Diskussion über die „Wegzugsfreiheit" einer Kapitalgesellschaft s. oben Rz. 107 ff.

316 *de Waard/Oldenburg/Storm*, The Netherlands, in van Gerven/Storm, The European Company, Vol. I, 2006, S. 263 ff., 266.

317 Oben Art. 2 SE-VO Rz. 27; *Boardman*, United Kingdom, in van Gerven/Storm, The European Company, Vol. I, 2006, S. 456 ff., 458.

können auch eine plc mit Sitz in London und Hauptverwaltung in New York oder eine NV mit Sitz in Rotterdam und Hauptverwaltung in der Schweiz an einer SE-Gründung beteiligt werden. Von einer „tatsächlichen und dauerhaften Verbindung" zu einem Mitgliedstaat ist auszugehen, wenn dort eine geschäftliche Niederlassung besteht[318].

Der Umstand, dass sich an der Gründung einer SE auch solche Gesellschaften beteiligen können, deren **Hauptverwaltung in einem Drittstaat** belegen ist, ändert jedoch nichts daran, dass die im Zuge der Verschmelzung entstehende SE (sei es eine neu gegründete SE, sei es die im Zuge der Verschmelzung umgewandelte ausländische Aktiengesellschaft) der Regelung des Art. 7 SE-VO unterliegt und daher sowohl ihren Sitz als auch ihre Hauptverwaltung in der Europäischen Gemeinschaft/im Europäischen Wirtschaftsraum haben muss[319].

– In **§ 1 Abs. 2 Nr. 1 UmwStG n.F.** werden solche Aktiengesellschaften von den Regeln des UmwStG erfasst, die **innerhalb der EG/des EWR ihren Satzungssitz und den Ort ihrer Geschäftsleitung** haben. Davon sind insbesondere solche Gesellschaften ausgenommen, die zwar in einem Mitgliedstaat der EU/des EWR ihren Satzungssitz haben, deren Geschäftsleitung (in der Regel zugleich mit ihrer gesellschaftsrechtlichen Hauptverwaltung) indessen in einem Drittstaat belegen ist. Für den Fall der Hinausverschmelzung ist eine solche Situation höchst selten, denn die übertragende deutsche Aktiengesellschaft wird auf der Grundlage der „Sitztheorie" sowohl ihre Hauptverwaltung als auch ihren Satzungssitz im Inland haben und die übernehmende SE wird auf der Grundlage von Art. 7 SE-VO ihren Sitz und ihre Hauptverwaltung ebenfalls in einem EU/EWR-Mitgliedstaat haben[320]. Die Vorschrift kann nur dann nicht eingreifen, wenn entweder die SE unter Verstoß gegen Art. 7 SE-VO ihre Hauptverwaltung in einen Drittstaat verlegt oder zwar die Hauptverwaltung in der EU/im EWR belegen ist, aber der Ort der Geschäftsleitung davon abweichend in einem Drittstaat belegen ist.

212

– **Art. 3 der Fusionsbesteuerungs-RL** setzt für die Anwendbarkeit der Vergünstigungen der RL voraus, dass die beteiligten Gesellschaften einer der im Annex der Richtlinie genannten **Gesellschaftsformen eines Mitgliedstaats** unterliegen oder als SE verfasst sind (Art. 3 lit. a) und darüber hinaus ihre steuerliche Ansässigkeit in einem Mitgliedstaat besitzen (Art. 3 lit. b)[321]. Dabei lässt die Richtlinie zu, dass innerhalb der Gemeinschaft der Satzungssitz und außerhalb der Gemeinschaft der tatsächliche Ort der Geschäftsleitung angesiedelt sind, solange die Gesellschaft „nicht aufgrund eines Doppelbesteuerungsabkommens mit einem dritten Staat als außerhalb der Gemeinschaft ansässig angesehen wird". Die EFTA-Staaten im Rahmen des EWR gelten bei der Anwendung der Fusionsbesteuerungs-RL als Drittstaaten.

213

Die Anwendung der Fusionsbesteuerungs-RL setzt in Art. 1 lit. a weiterhin voraus, dass die beteiligten Gesellschaften **zwei verschiedenen Mitgliedstaaten** angehören. Es ist umstritten, ob diese Angehörigkeit sich nach der gesellschaftsrechtlichen Zugehörigkeit oder der steuerlichen Ansässigkeit richtet. Für die Ausrichtung nach der gesellschaftsrechtlichen Zugehörigkeit wird vorgebracht, dass nach Art. 3 Fusionsbesteuerungs-RL auch Gesellschaften mit Geschäftsleitung in Drittstaaten in den

---

318 *Oechsler* in MünchKomm. AktG, Art. 2 SE-VO Rz. 48.
319 Anders wohl *Oechsler* in MünchKomm. AktG, Art. 2 SE-VO Rz. 47.
320 Dies kann sich ändern, wenn auf der Grundlage des MoMiG (Regierungsentwurf v. 23.5.2007, ZIP 2007, Beilage zu Heft 23) für das deutsche Recht Aktiengesellschaften mit Verwaltungssitz im EU-Ausland und in Drittstaaten zugelassen werden sollten.
321 Ausführlich *Schindler*, CDFI Vol. 90b, S. 49 ff., 56 ff.; *Aßmann*, Steuerrechtliche Aspekte, S. 135 ff.; *Hahn*, GmbHR 2006, 617 ff., 621.

Anwendungsbereich der Richtlinie fallen können[322]. Für die Relevanz der steuerlichen Ansässigkeit spricht, dass Art. 10 Abs. 2 Fusionsbesteuerungs-RL die Anwendung des Welteinkommensprinzips durch den Staat der einbringenden Gesellschaft voraussetzt und damit auf die steuerliche Ansässigkeit abstellt[323]. Diese Ansicht überzeugt auch deshalb, weil die Fusionsbesteuerungs-RL das Problem einer Verlagerung der steuerlichen Ansässigkeit kraft Verschmelzung in den Blick nimmt und insoweit nicht entscheidend auf die gesellschaftsrechtliche Zugehörigkeit abstellt. Dies bedeutet allerdings auch, dass die Wirkungen der Verschmelzung einer in Deutschland ansässigen Aktiengesellschaft auf eine deutsche SE (im Rahmen einer Verschmelzung zur Neugründung) von der Fusionsbesteuerungs-RL nicht erfasst werden[324].

214   – **Art. 43, 48 EG** verschaffen schließlich einer Gesellschaft schon dann den Zugang zu den Grundfreiheiten, wenn sie **nach dem Recht eines Mitgliedstaats wirksam gegründet ist und entweder ihren Satzungssitz oder ihre Hauptverwaltung oder ihre Hauptniederlassung in der Gemeinschaft** hat. Gesellschaften mit (steuerlichem) Ort der Geschäftsleitung und/oder (gesellschaftsrechtlicher) Hauptverwaltung in einem Drittstaat können sich daher auf die Niederlassungsfreiheit gegenüber steuerlichen Hindernissen berufen, wenn sie in der EU/im EWR ihren gesellschaftsrechtlichen Sitz haben.

215   **(2) Wesentliche Fallgruppen.** Daraus ergeben sich für den persönlichen Anwendungsbereich steuerlicher Regeln auf die grenzüberschreitende Hinausverschmelzung die nachstehenden Fallgruppen. Dabei wird – der Einfachheit halber – unterstellt, dass die gesellschaftsrechtliche Hauptverwaltung und der steuerliche Ort der Geschäftsleitung regelmäßig zusammenfallen[325].

216   – **Aktiengesellschaften mit Sitz, Hauptverwaltung und Geschäftsleitung innerhalb der EU** können zweifelsfrei eine SE durch Verschmelzung gründen. Im nationalen Steuerrecht finden die §§ 1, 11 ff. UmwStG n.F. Anwendung. Auf europäischer Ebene können die Regelungen der Fusionsbesteuerungs-RL sowie die Niederlassungsfreiheit der Art. 43, 48 EG und die Kapitalverkehrsfreiheit nach Art. 56 EG in Anspruch genommen werden. Dieser Fallgruppe sind die nachstehenden Rz. 220 ff. gewidmet.

217   – **Aktiengesellschaften mit Sitz, Hauptverwaltung und Geschäftsleitung innerhalb des EWR** können ebenfalls eine SE durch Verschmelzung gründen. Im nationalen Steuerrecht finden die §§ 1, 11 ff. UmwStG n.F. Anwendung. Auf europäischer Ebene hat die Fusionsbesteuerungs-RL keine Geltung, wenn die übertragende Gesellschaft oder die übernehmende Gesellschaft entweder dem Recht eines EFTA-Staates unterliegen oder diese zwar nach dem Recht eines EU-Staats gegründet sind, aber in einem EFTA-Staat ihre Geschäftsleitung haben und nach DBA nicht als in der Gemeinschaft ansässig angesehen werden. Gegenüber steuerlichen Verschmelzungshindernissen können sich diese Gesellschaften allerdings auf die Niederlassungsfreiheit und die Kapitalverkehrsfreiheit nach Art. 31 ff., Art. 40 ff. EWR-Abkommen berufen. Dieser Fallgruppe sind die nachstehenden Rz. 260 ff. gewidmet.

218   – **Aktiengesellschaften mit Sitz in der EG/im EWR, deren Hauptverwaltung/deren Ort der Geschäftsleitung sich in einem Drittstaat außerhalb von EU und EWR be-**

---

322 *Thömmes*, EC Corporate Law, Abschn. 5 Merger Directive, Art. 1 Rz. 31 f.
323 *Farmer/Lyal*, EC Tax Law, 1993, 279 f.; *Hügel* in FS Wiesner, 2004, S. 196 f.; *Schindler* in Kalss/Hügel, Teil III: Steuerrecht, Rz. 55.
324 *Herzig/Griemla*, StuW 2002, 63.
325 Zu den – seltenen – Divergenzfällen s. oben Rz. 51.

findet, können nach Maßgabe von Art. 2 Abs. 5 SE-VO gesellschaftsrechtlich an der Gründung einer SE beteiligt werden, wenn sie über eine wesentliche wirtschaftliche Verbindung in die EU verfügen. Beispielhaft ist die Beteiligung einer niederländischen NV oder einer britischen plc, deren Hauptverwaltung sich in einem Drittstaat befindet und die Zweigniederlassungen in der EU unterhält. Die entstehende SE muss jedoch sowohl Sitz als auch Verwaltung in der EU/im EWR haben (Art. 7 SE-VO). Das UmwStG findet auf diese Gesellschaften daher im Grundsatz Anwendung. Ausnahmen sind gegeben, wenn die entstandene SE entgegen Art. 7 SE-VO ihre Hauptverwaltung in einem Drittstaat unterhält oder lediglich der steuerliche Ort der Geschäftsleitung in einem Drittstaat belegen ist. Dieser Fallgruppe sind die nachstehenden Rz. 265 ff. gewidmet.

– **Aktiengesellschaften, deren Satzungssitz sich außerhalb der EU befindet**, haben bereits gesellschaftsrechtlich keinen Zugang zur Gründung einer SE und können daher in diesem Zusammenhang unerörtert bleiben.   219

cc) Rechtsfolgen bei der übertragenden Gesellschaft. (1) Der Regelfall: Übertragende und übernehmende Gesellschaft sind in der EU ansässig. Die Rechtsfolgen für die übertragende Gesellschaft werden zunächst für den Regelfall behandelt, dass sowohl die übertragende als auch die übernehmende Gesellschaft Sitz und Geschäftsleitung in der EU haben und daher nach § 1 Abs. 2 Nr. 1 UmwStG die §§ 11 ff. UmwStG Anwendung finden. Dabei ist zu beachten, dass diese Vorschriften ausschließlich **die nach deutschem Steuerrecht eintretenden steuerlichen Folgen** in den Blick nehmen. Ob und in welchem Umfang zugleich nach dem Steuerrecht ausländischer Staaten (etwa dem Recht des Sitzstaats der übernehmenden Gesellschaft oder dritten Betriebsstättenstaaten) steuerliche Folgen eintreten, wird hier nicht behandelt. Insoweit die Rechtsfolgen sich aus der Fusionsbesteuerungs-RL ergeben oder durch die Grundfreiheiten erzwungen werden, kann die hier dargestellte Rechtslage allerdings auch für die ausländische Situation übernommen werden.   220

Die wechselseitige Unabhängigkeit der Beurteilung einer internationalen Verschmelzung nach dem Steuerrecht der jeweils beteiligten Mitgliedstaaten kommt insbesondere darin zum Ausdruck, dass eine Anknüpfung an die steuerliche Gewinnermittlung einer ausländischen Gesellschaft im Inland oder einer inländischen Gesellschaft im Ausland nicht stattfindet. Eine **„Buchwertverknüpfung" über die Grenze ist weder im technischen noch im untechnischen Sinne vorgesehen**, sondern lediglich eine Fortführung innerhalb der jeweiligen Steuerrechtsordnung angeordnet[326]. Daher droht eine Doppelbesteuerung, wenn der Staat der einbringenden Gesellschaft auf die latenten stillen Reserven zugreift, der Staat der aufnehmenden Gesellschaft aber einen Ansatz von aktuellen Buchwerten oder historischen Anschaffungskosten wählt[327]. Um eine Doppelbesteuerung zu vermeiden, sollte der Staat der aufnehmenden Gesellschaft für hinzutretendes Vermögen den Ansatz zum gemeinen Wert oder zum Teilwert vorsehen.   221

Um die Erzeugung „weißer Einkünfte" zu vermeiden, wird die **Rückwirkung der Verschmelzung** durch § 2 Abs. 3 UmwStG n.F. insoweit begrenzt, als in einem anderen beteiligten Staat keine parallele Handhabung gesichert ist[328].   222

(2) Ansatz des gemeinen Wertes in der steuerlichen Schlussbilanz. Die wesentliche Rechtsfolge einer (grenzüberschreitenden) Verschmelzung für die übertragende Ge-   223

---

326 *Bartone/Klapdor*, Die Europäische Aktiengesellschaft, S. 112 f.
327 *Werra/Teiche*, DB 2006, 1459.
328 Darstellung bei *Dötsch/Pung*, DB 2006, 2706; *Schaflitzl/Widmayer* in *Blumenberg/Schäfer*, SEStEG, S. 106 ff.

sellschaft besteht nach § 11 Abs. 1 UmwStG n.F. in dem **Ansatz des gemeinen Werts sämtlicher Wirtschaftsgüter** in ihrer Schlussbilanz. Dieser Ansatz gilt nach dem expliziten Gesetzeswortlaut auch für immaterielle Wirtschaftsgüter[329]. Auf diese Weise kommt es zu einer Aufdeckung sämtlicher stiller Reserven. Allerdings finden sachliche Steuerbefreiungen für entsprechende Veräußerungsgewinne auch auf diesen Übertragungsgewinn Anwendung, namentlich § 8b Abs. 2 KStG[330].

224 Zugleich werden sämtliche **stillen Lasten** offen gelegt, z.B. steuerlich nicht angesetzte Rückstellungen für drohende Verluste. Eine Buchwertfortführung ist zwingend lediglich für Pensionsrückstellungen vorgesehen (§ 11 Abs. 1 Satz 2 UmwStG n.F.). Mit dem Ansatz des gemeinen Wertes weicht die Steuerbilanz von der handelsrechtlichen Schlussbilanz ab, die nach § 17 Abs. 2 UmwG i.V.m. Art. 18 SE-VO die fortgeführten Buchwerte der übertragenden Gesellschaft enthält[331].

225 **(3) Voraussetzungen für den Ansatz der Buchwerte.** Nach § 11 Abs. 2 UmwStG kann jedoch unter drei kumulativ genannten Voraussetzungen der **Buchwert oder ein Zwischenwert** gewählt werden. Diese Voraussetzungen lauten:

226 – Es muss sichergestellt sein, dass die stillen Reserven später bei der übernehmenden Körperschaft der Besteuerung mit Körperschaftsteuer unterliegen. Damit ist gemeint, dass es sich bei der Zielgesellschaft um ein Gebilde handelt, das der **persönlichen Steuerpflicht** nach §§ 1, 2 KStG unterliegt. Dies ist bei der Verschmelzung auf eine im EU-Ausland ansässige SE immer der Fall[332].

227 – Es muss gewährleistet sein, dass „das Recht der Bundesrepublik Deutschland hinsichtlich der Besteuerung der übertragenen Wirtschaftsgüter bei der übernehmenden Körperschaft nicht ausgeschlossen oder beschränkt wird". Damit wird der in § 4 Abs. 1 Satz 3 EStG, § 12 Abs. 1 KStG bereits formulierte „**Entstrickungstatbestand**" in das Umwandlungssteuerrecht übernommen. Der wesentliche Unterschied liegt darin, dass § 4 Abs. 1 Satz 3 EStG und § 12 Abs. 1 KStG eine Entstrickung unabhängig von einem Rechtsträgerwechsel anordnen, während § 11 Abs. 2 Nr. 2 UmwStG eine Verschmelzung und damit einen Rechtsträgerwechsel voraussetzt[333] (dazu Rz. 197 ff.).

228 – Eine **Gegenleistung** wird nicht gewährt oder besteht nur in Gesellschaftsrechten. Hier besteht eine Differenz zur Fusionsbesteuerungs-RL, die in Art. 2 lit. a eine Zuzahlung von bis zu 10 % des Nennwerts oder – bei Fehlen eines solchen – des rechnerischen Werts der Anteile für unschädlich erklärt. Es gibt keine Anhaltspunkte dafür, dass hier ein Mitgliedstaatenwahlrecht niedergelegt ist[334]. Den Mitgliedstaaten wird von der Fusionsbesteuerungs-RL lediglich gestattet, die bare Zuzahlung steuerpflichtig zu stellen (Art. 8 Abs. 9 Fusionsbesteuerungs-RL). Es ist davon auszugehen, dass sich die steuerpflichtigen Beteiligten im Fall einer baren Zuzahlung unmittelbar auf die Richtlinie berufen können.

229 **(4) Antrag der übertragenden Gesellschaft.** Der Antrag ist spätestens bis zur **erstmaligen Einreichung der steuerlichen Schlussbilanz** bei dem für die Besteuerung der über-

---

329 Zur – insoweit anderen – Fassung des Regierungsentwurfs: *Hohenlohe/Rautenstrauch/Adrian*, GmbHR 2006, 623 ff., 627.
330 *Van Lishaut*, FR 2004, 1301 ff., 1304; *Thiel*, DB 2005, 2318.
331 *W. Müller* in FS Raupach, 2006, S. 272.
332 Zur subjektiven Körperschaftsteuerpflicht der ausländischen SE s. oben Rz. 61 ff.
333 *Rödder/Schumacher*, DStR 2006, 1526 f.
334 *Terra/Wattel*, European Tax Law, 2004, S. 549; *Thömmes*, EC Corporate Law, Abschn. 5 Merger Directive, Art. 2 Rz. 51 ff; s. auch EuGH v. 6.7.2007 – Rs. C-321/05 – „kofoed", GmbHR 2007, 880 ff.

tragenden Körperschaft zuständigen Finanzamt zu stellen (§ 11 Abs. 3 i.V.m. § 3 Abs. 2 Satz 2 UmwStG n.F. Wird ein solcher Antrag nicht gestellt, werden in der Schlussbilanz die gemeinen Werte angesetzt und ein entsprechender Gewinn realisiert und besteuert[335].

Die **Entscheidung obliegt der übertragenden Gesellschaft**; die übernehmende Gesell- 230 schaft ist an die Bilanzansätze der übertragenden Gesellschaft gebunden (§ 12 Abs. 1 Satz 1 UmwStG). Auch die Richtlinie sieht ein solches Wahlrecht vor, geht allerdings davon aus, dass dieses der übernehmenden Gesellschaft zusteht (Art. 4 Abs. 4 Fusionsbesteuerungs-RL)[336]. Ein Konflikt zwischen UmwStG und RL ist darin nicht zu finden. Aus der Sicht der übertragenden Gesellschaft ist das Wahlrecht des § 11 Abs. 2 UmwStG dadurch gerechtfertigt, dass ein durch eine Richtlinie begünstigter Steuerpflichtiger auf diese Vergünstigung verzichten kann. Insofern kommt es auf Art. 4 Abs. 4 der RL nicht an. Für die Position der übernehmenden Gesellschaft verweist Art. 4 Abs. 4 Fusionsbesteuerungs-RL auf das nationale Recht, welches festlegen darf, ob und unter welchen Voraussetzungen die übernehmende Gesellschaft von einer Buchwertfortführung absehen und einen *step-up* vornehmen kann. Daher kann das nationale Recht die Buchwertfortführung durch die übernehmende Gesellschaft an einen Antrag der übertragenden Gesellschaft binden. Ein Konflikt kann allenfalls dann eintreten, wenn die übertragende Gesellschaft eine Aufdeckung der stillen Reserven anstrebt, die übernehmende Gesellschaft dem jedoch widerspricht. Hier geht nach § 11 Abs. 2 UmwStG das Verhalten der übertragenden Gesellschaft vor; Art. 4 Abs. 4 Fusionsbesteuerungs-RL bietet keine Handhabe, das Antragserfordernis zu überspielen.

(5) Beschränkung des deutschen Besteuerungsrechts. Im Hinblick auf die Beschrän- 231 kung des deutschen Besteuerungsrechts muss aus der Sicht der übertragenden Gesellschaft – wie bei der grenzüberschreitenden Sitzverlegung (dazu ausführlich oben Rz. 129 ff.) – zwischen drei Fallgruppen unterschieden werden:

Soweit **Betriebsvermögen im Inland** verbleibt, kann der deutsche Fiskus im Rahmen 232 der beschränkten Steuerpflicht der im Ausland ansässigen SE weiterhin auf die bis zur Verschmelzung entstandenen stillen Reserven zugreifen. Das „Recht der Bundesrepublik Deutschland hinsichtlich der Besteuerung der übertragenen Wirtschaftsgüter" wird daher bei der übernehmenden Körperschaft nicht beschränkt. Diese Rechtsfolge entspricht für Betriebstättenvermögen Art. 4 Abs. 1 Fusionsbesteuerungs-RL und geht für anderes steuerverhaftetes Vermögen (inländische Immobilien oder Beteiligungen) darüber hinaus[337]. Sie dürfte weiterhin unmittelbar aus der primärrechtlich garantierten Niederlassungsfreiheit von Kapitalgesellschaften im Sinne einer Freiheit zur grenzüberschreitenden Neuorganisation resultieren[338]. § 11 Abs. 2 UmwStG ermöglicht daher für im Inland verbleibendes Betriebsvermögen auf Antrag die Fortführung der Buchwerte oder den Ansatz von Zwischenwerten.

Soweit Betriebsvermögen durch den Rechtsakt der Verschmelzung **aus dem Inland in** 233 **das Ausland** – etwa in die Hauptverwaltung der SE – überführt wird (**Immaterialgüter, Beteiligungen**)[339], ordnet § 11 Abs. 1 UmwStG den Ansatz der gemeinen Werte und

---

335 Erneut wird in unsystematischer Weise eine Aufdeckung stiller Lasten in Pensionsrückstellungen nicht akzeptiert; vielmehr ist § 6a EStG zu befolgen (§ 11 Abs. 1 Satz 2 UmwStG).
336 *Herzig/Griemla*, StuW 2002, 64.
337 *Frotscher*, IStR 2006, 67.
338 *Schön*, ECFR 2006, 122 ff., 137 ff.
339 Zur Bedeutung der „Zentralfunktion" des Stammhauses in diesem Zusammenhang s. *Dötsch/Pung*, DB 2006, 2650; *Dötsch/Pung,*. DB 2006, 2705; *Hagemann/Jakob/Ropohl/ Viebrock*, NWB 2007, Sonderheft 1, S. 31.

damit zugleich eine Aufdeckung und Versteuerung der stillen Reserven an[340]. § 4g EStG findet keine Anwendung[341]. Dies betrifft vor allem Holding-Gesellschaften, soweit nach deren Verschmelzung auf eine Auslandsgesellschaft keine Betriebsstätte im Inland mehr verbleibt[342]. Soweit im Falle einer Veräußerung bestimmte Vergünstigungen eingreifen würden (z.B. § 8b Abs. 2 KStG), finden diese auch im Rahmen von § 11 Abs. 1 UmwStG Anwendung[343]. Art. 4 ff. Fusionsbesteuerungs-RL steht dieser Gewinnrealisierung nicht entgegen. Für die Verlagerung von physischen Wirtschaftsgütern in das Ausland im Zuge der Verschmelzung findet § 11 Abs. 1 UmwStG keine Anwendung, weil dies nicht den Rechtsakt der Verschmelzung betrifft. Hier kann eine Gewinnrealisisierung allerdings nach § 12 Abs. 1 KStG eintreten.

234 Soweit **Betriebsvermögen bereits vor der Verschmelzung im Ausland belegen ist**, ordnet Art. 10 Abs. 1 Satz 1 Fusionsbesteuerungs-RL an, dass das Besteuerungsrecht des Staates der einbringenden Gesellschaft mit der Verschmelzung endet[344]. Dies ist für die laufende Besteuerung deklaratorisch, denn es beschreibt lediglich den Sachverhalt, dass ein ausländisches Steuersubjekt (die SE) künftig Einkünfte erzielt, die von der deutschen beschränkten Steuerpflicht nicht erfasst werden[345]. Darüber hinaus wird die Vorschrift allerdings dahin verstanden, dass der Staat der einbringenden Gesellschaft auch keinen Zugriff auf die stillen Reserven der ausländischen Betriebsstätte aus Anlass der Verschmelzung haben soll[346]. Allerdings wird eben dieser Grundsatz in Art. 10 Abs. 2 Fusionsbesteuerungs-RL wieder eingeschränkt. Dabei können – wie seit 2005 auch Art. 10 Abs. 1 Satz 4 Fusionsbesteuerungs-RL klarstellt – der Staat der Betriebsstätte und der Ansässigkeitsstaat der aufnehmenden Gesellschaft identisch sein.

235 Für die Frage, ob und in welchem Umfang es aus Anlass der Verschmelzung zu einer **Besteuerung stiller Reserven einer Auslandsbetriebsstätte** kommt, ergibt sich folgendes Bild:

236 Aus der **Sicht des Betriebsstättenstaates** (dies kann der Sitzstaat der Zielgesellschaft oder ein anderer Staat in der EU sein), wird durch einen Verweis in Art. 10 Abs. 1 Satz 2 auf Art. 4 ff. Fusionsbesteuerungs-RL das Recht der beteiligten Gesellschaften auf Buchwertfortführung sichergestellt[347]. Aus der **Sicht des Staates der einbringenden Gesellschaft** wird in Art. 10 Abs. 2 Fusionsbesteuerungs-RL demgegenüber das

---

340 Eine Ausnahme wird man nur auf der Grundlage der Meinung *Wassermeyers* (DB 2006, 1176 ff.) und nur dann annehmen können, wenn im Inland eine Betriebsstätte verbleibt und die verlagerten Wirtschaftsgüter dort angeschafft oder hergestellt worden sind und daher weiterhin mit ihrem aktuellen Buchwert dort angesetzt werden können.

341 *Bilitewski*, FR 2007, 62; dies liegt entgegen *Dötsch/Pung* (DB 2006, 2705) nicht daran, dass keine Entnahme gegeben ist, sondern an der fehlenden unbeschränkten Steuerpflicht des übernehmenden Rechtsträgers.

342 *Aßmann*, Steuerrechtliche Aspekte, S. 141 f.; *Bartone/Klapdor*, Die Europäische Aktiengesellschaft, S. 113; *Frotscher*, IStR 2006, 66; *Rödder*, DStR 2005, 894; ausführlich zur Holding-Betriebsstätte *Kessler/Huck*, IStR 2006, 433 ff.

343 *Schön* in von Rosen (Hrsg.), Die Europa-AG – Eine Perspektive für deutsche Unternehmen?, 2003, S. 82 f.; *Thiel*, DB 2005, 2318; *Thömmes* in Theisen/Wenz, Europäische Aktiengesellschaft, S. 551 f.

344 Art. 10 Fusionsbesteuerungs-RL gilt auch dann, wenn die Betriebsstätte sich im Staat der aufnehmenden Gesellschaft befindet (nunmehr klargestellt in Art. 10 Abs. 1 Satz 4 Fusionsbesteuerungs-RL; ausführlich *Thömmes*, EC Corporate Law, Abschn. 5 Merger Directive, Art. 10 Rz. 261–264).

345 *Aßmann*, Steuerrechtliche Aspekte, S. 142; *Thömmes* in Theisen/Wenz, Europäische Aktiengesellschaft, S. 556.

346 *Terra/Wattel*, European Tax Law, 2004, S. 560 f.

347 *Herzig/Griemla*, StuW 2002, 66; *Thömmes* in Theisen/Wenz, Europäische Aktiengesellschaft, S. 555 f.

Recht zur Besteuerung stiller Reserven im Rahmen der „Welteinkommensbesteuerung" hervorgehoben. Danach ist zu differenzieren. Solches Betriebsvermögen, das einer Betriebsstätte angehört, deren Einkünfte nach dem einschlägigen DBA in Deutschland steuerbefreit sind, wird durch die Verschmelzung nicht berührt, weil diese keine zusätzliche Beschränkung des deutschen Besteuerungsanspruchs mit sich führt[348]. Insofern erlauben weder § 11 Abs. 1 UmwStG noch Art. 10 Abs. 2 Fusionsbesteuerungs-RL einen Zugriff. Eine Ausnahme muss für solches Betriebsvermögen, das zu einem früheren Zeitpunkt zum Buchwert aus der deutschen Steuerhoheit in die ausländische Betriebsstätte überführt worden ist, hinsichtlich der „eingefrorenen" stillen Reserven gelten[349]. Allerdings schließt dies nicht aus, dass der Steuerpflichtige für freigestellte Betriebsstätten im Ausland freiwillig die gemeinen Werte ansetzt; allerdings kommt es nicht zu einer Besteuerung[350].

Soweit Betriebsvermögen in einer **Betriebsstätte belegen ist, für welches** – unilateral   237 oder kraft DBA – **Deutschland ein Besteuerungsrecht reklamiert und lediglich die Anrechnung der Steuern im Betriebsstättenstaat vorsieht**, wird eine steuerwirksame Aufdeckung der stillen Reserven sowohl in § 11 Abs. 1 UmwStG als auch in Art. 10 Abs. 2 Fusionsbesteuerungs-RL vorgesehen, weil diese ausländischen Betriebsstätten von der künftig in Deutschland lediglich beschränkten Steuerpflicht der ausländischen SE nicht erfasst werden. Daraus resultiert – wie bereits bei der Sitzverlegung – die Folgefrage, ob und in welcher Weise dem Umstand Rechnung getragen werden muss, dass im Betriebsstättenstaat aus Anlass der Verschmelzung noch keine Gewinnrealisierung erfolgt und daher auch nicht die im DAB oder unilateral vorgesehene Steueranrechnung möglich ist. Diese Steuer im Betriebsstättenstaat wird jedoch zu einem späteren Zeitpunkt voraussichtlich anfallen. § 11 Abs. 3 i.V.m. § 3 Abs. 3 UmwStG n.F. schreibt hierfür nach Maßgabe von Art. 10 Abs. 2 Fusionsbesteuerungs-RL eine „fiktive Steueranrechnung" vor[351], denn nur so wird dem Umstand Rechnung getragen, dass bereits vor der Verschmelzung das deutsche Besteuerungsrecht nicht voll ausgeübt werden konnte und lediglich der „relative Verlust" ausgeglichen werden soll. Auf diese „fiktive Steueranrechnung" kann sich die einbringende Gesellschaft auch ohne Umsetzungsvorschrift im UmwStG „unmittelbar berufen". § 3 Abs. 3 UmwStG und die Fusionsbesteuerungs-RL beschränken diese „fiktive Anrechnung" auf Betriebsstätten in EU/EWR-Mitgliedstaaten; dies ist zumindest rechtspolitisch kritikwürdig[352].

Soweit Betriebsvermögen in einer **ausländischen Betriebsstätte belegen ist, für die**   238 **nach einem DBA die Freistellung von der deutschen Steuerpflicht besteht**, kommt es ebenfalls nicht zu einer Steuerpflicht.

(6) Vereinbarkeit der Sofortbesteuerung mit den Grundfreiheiten? Umstritten ist die   239 **Vereinbarkeit der „Sofortbesteuerung" nach § 11 Abs. 1 UmwStG mit den Grundfreiheiten** (Art. 43 ff. EG, Art. 56 ff. EG)[353]. Im Gefolge der Entscheidungen „Hughes de Lasteyrie de Saillant"[354] und „N."[355] wird man den deutschen Gesetzgeber für ver-

---

348   So auch zum alten Recht *Büsching* in Jannott/Frodermann, Handbuch Europäische Aktiengesellschaft, Rz. 35.

349   *Thömmes*, EC Corporate Law, Abschn. 5 Merger Directive, Art. 10 Rz. 281.

350   *Dötsch* in Dötsch/Patt/Pung/Jost, Umwandlungssteuerrecht, 5. Aufl. 2003, § 11 UmwStG Rz. 17.

351   *Dötsch/Pung*, DB 2006, 2713.

352   S. bereits *Herzig/Griemla*, StuW 200266.

353   Zur Anwendbarkeit der Grundfreiheiten auf die Verschmelzung s. oben Rz.

354   EuGH v. 11.3.2004 – Rs. C-9/02 – „Hughes de Lasteyrie de Saillant", EuGHE 2004, S. I-2409 ff.

355   EuGH v. 7.9.2006 – Rs. C-470/04 – „N.", DStR 2006, 1691 ff.

pflichtet halten müssen, die aktuell anfallende Steuerschuld zu stunden und auf den Zeitpunkt der tatsächlichen Gewinnrealisierung im Aufnahmestaat zu terminieren. Dabei müssen spätere Wertminderungen ebenfalls berücksichtigt werden, soweit dies nicht bereits im Aufnahmestaat geschieht (dieser also bei der Zugangsbewertung einen *step-up* vorsieht). Diese bereits zur Sitzverlegung entwickelte Position (oben Rz. 150 ff.) muss für die Verschmelzung übernommen werden[356]. Es macht aus der Sicht der beteiligten Parteien – insbesondere der Gesellschafter der fusionierten Gesellschaften – keinen wesentlichen Unterschied, ob sie ihre europarechtlich geschützte Organisationsfreiheit durch eine identitätswahrende Sitzverlegung oder durch eine Verschmelzung wahrnehmen, bei der einzelne der beteiligten Gesellschaften aufgelöst werden.

240 Im Schrifttum wird von der ganz h.M. angenommen, dass diese Wirkungen der **Grundfreiheiten durch die Regelungen der Fusionsbesteuerungs-RL nicht eingeschränkt** werden. Abgesehen von dem Vorrang des Primärrechts gegenüber dem Sekundärrecht hat die Fusionsbesteuerungs-RL lediglich eine die Grundfreiheiten verstärkende Funktion. Soweit die Fusionsbesteuerungs-RL den Mitgliedstaaten einen Gestaltungsspielraum überlässt – etwa hinsichtlich von Wirtschaftsgütern außerhalb von Inlandsbetriebsstätten – ist dieser in Übereinstimmung mit den Grundfreiheiten wahrzunehmen[357].

241 Schließlich kann sich die einbringende Gesellschaft auch hinsichtlich der Besteuerung ihrer Betriebsstätten im Ausland durch den deutschen Fiskus auf die **Niederlassungsfreiheit** berufen. Denn die Existenz eines Auslandsengagements darf bei der Anwendung des deutschen Steuerrechts keine nachteiligen Folgen im Verhältnis zu einem Inlandsengagement besitzen[358]. Daher muss man aus der Rechtsprechung des EuGH die Konsequenz ziehen, dass der gemeinschaftsrechtliche Zwang zur „Stundung" des Steueranspruchs bis zur Realisierung der stillen Reserven im Vermögen der ausländischen SE auch für das in steuerverhafteten Auslandsbetriebsstätten belegene Vermögen Anwendung finden muss. Versteht man den Einfluss der Grundfreiheiten dahin, dass auch für diese Wirtschaftsgüter die Steuer auf den Zeitpunkt der tatsächlichen Realisierung aufgeschoben wird (oben Rz. 145), so kann schließlich auch eine tatsächliche Anrechnung der dann anfallenden Steuern im Belegenheitsstaat unschwer vorgenommen werden und es bedarf keiner vorgezogenen „fiktiven" Anrechnung.

242 **(7) Bilanzielle Auswirkungen.** Soweit § 11 Abs. 1 UmwStG n.F. den Ansatz von gemeinen Werten vorschreibt und das Wahlrecht nach § 11 Abs. 2 UmwStG n.F. nicht gegeben ist, kommt es zu einem zwingenden **Ansatz der gemeinen Werte in der steuerlichen Schlussbilanz** der übertragenden Gesellschaft. Dies führt zu einer Abweichung von der handelsrechtlichen Schlussbilanz, die nach Art. 18 SE-VO i.V.m. § 17 Abs. 2 UmwG durchgehend einen Ansatz der Buchwerte vorsieht. Wegen des zwingenden Charakters der steuerlichen Gewinnermittlung kann insoweit der Grundsatz der Maßgeblichkeit der Handelsbilanz für die Steuerbilanz nicht greifen. Soweit der Steuerpflichtige nach § 11 Abs. 2 UmwStG n.F. die Wahl hat, den Buchwert, einen Zwischenwert oder den gemeinen Wert anzusetzen, war zum alten Recht umstritten,

---

356 *Schnitger*, IStR 2006, 778 f.

357 *Aßmann*, Steuerrechtliche Aspekte, S. 184 f.; *Fischer* in MünchKomm. AktG, Rz. 21; *Klingberg/van Lishaut*, Der Konzern 2005, 714; *Rödder*, DStR 2005, 895; *Schindler* in Kalss/Hügel, Teil III: Steuerrecht, Rz. 25 ff.; *Schön/Schindler*, IStR 2004, 571 ff., 574 ff.; *Biegler* in Straube/Aicher, Handbuch zur Europäischen Aktiengesellschaft, 2006, S. 305 ff., 311; zurückhaltend *Thömmes* in Theisen/Wenz, Europäische Aktiengesellschaft, S. 549 f.; s. auch die Paralleldiskussion zur Sitzverlegung oben Rz. 157.

358 *Cordewener*, Europäische Grundfreiheiten und nationales Steuerrecht, 2002, S. 825 ff.

ob eine dieses Wahlrecht in Übereinstimmung mit der handelsrechtlichen Schlussbilanz bei der übertragenden Gesellschaft ausgeübt werden musste[359]. Dies hätte zu einem Zwang zum Buchwertansatz geführt und wurde daher im Schrifttum ganz überwiegend abgelehnt, von der Finanzverwaltung jedoch befürwortet. Für das neue Gesetz wird nunmehr allgemein angenommen, dass es sich um eine steuerliche Sondervorschrift handelt, deren Wahlmöglichkeiten ohne Rücksicht auf die handelsbilanzielle Behandlung genutzt werden können[360].

Eine Besonderheit sieht das Gesetz für den **Ansatz von Anteilen der übertragenden**   243
Gesellschaft an der übernehmenden Gesellschaft vor. Nach § 11 Abs. 2 Satz 2
UmwStG n.F. sind steuerverhaftete stille Reserven in diesen Anteilen aufzudecken.
Vor dem Hintergrund, dass ein Gewinn aus der Veräußerung dieser Anteile im
Grundsatz nach § 8b Abs. 2 KStG steuerfrei wäre, beschränkt sich die Aufdeckung
stiller Reserven auf die Wertaufholung für steuerwirksame Teilwertabschreibungen
und Rücklagen nach § 6b EStG (oder „ähnliche Abzüge"). Die materielle Steuerpflicht dieser Zuschreibung wird durch einen Verweis in § 11 Abs. 2 Satz 3 UmwStG
auf § 8b Abs. 2 Satz 4 KStG gesichert. Um zu verhindern, dass die Zuschreibung früherer gewinnwirksamer Abzüge zu einer Besteuerung fiktiver Wertsteigerungen
führt, legt das § 11 Abs. 2 Satz 2 UmwStG n.F. als Obergrenze für die Wertaufholung
den gemeinen Wert der Anteile fest. Diese Regelung verstößt gegen Art. 4 Abs. 1 Fusionsbesteuerungs-RL, die vom Grundsatz der Buchwertfortführung keine Ausnahme
kennt. Auf diese Vorgabe der Fusionsbesteuerungs-RL kann sich die einbringende Gesellschaft unmittelbar berufen.

Eine **Nachversteuerung von Verlustvorträgen** ausländischer Betriebsstätten ist aus   244
der Sicht des deutschen Steuerrechts bei der übertragenden Gesellschaft nicht vorgesehen. Art. 10 Abs. 1 Satz 2 Fusionsbesteuerungs-RL gestattet zwar dem Staat der
einbringenden Gesellschaft, Verluste ausländischer Betriebsstätten aus Anlass der
Einbringung „nachzuversteuern", doch hat Deutschland von diesem Mitgliedstaatenwahlrecht nicht Gebrauch gemacht. Es kommt lediglich zu einem Ausschluss des
Übergangs des Verlustvortrags auf die übernehmende SE nach § 12 Abs. 3 i.V.m. § 4
Abs. 2 Satz 2 UmwStG n.F.

dd) Rechtsfolgen bei der übernehmenden Gesellschaft. (1) Übernahme der Bilanzwer   245
te der übertragenden Gesellschaft. Die übernehmende Gesellschaft hat sowohl in ihrem Sitzstaat als auch im Sitzstaat der übertragenden Aktiengesellschaft als auch in
Staaten, in denen Betriebsstätten belegen sind, mit steuerlichen Konsequenzen zu
rechnen. Bei der Hinausverschmelzung tritt aus der Sicht des deutschen Steuerrechts
die Frage in den Vordergrund, wie **das im Rahmen der beschränkten Steuerpflicht in**
Deutschland steuerverhaftete Vermögen – aus Betriebsstätten oder auch aus Grundvermögen im Rahmen von § 49 Abs. 1 Nr. 2 lit. f EStG – zu behandeln ist. Für die Anteile der übernehmenden an der übertragenden Aktiengesellschaft besteht in der Regel nach Art. 13 Abs. 5 OECD-MA in Deutschland kein Besteuerungsrecht[361].

Die übernehmende Gesellschaft – hier: die im Ausland ansässige SE – tritt für Zwe   246
cke der Besteuerung in Deutschland, d.h. für die Besteuerung des weiterhin der beschränkten Steuerpflicht in Deutschland unterliegenden Vermögens nach § 12 Abs. 1
UmwStG in Übereinstimmung mit Art. 4 Abs. 3, 4 Fusionsbesteuerungs-RL in die

---

359 *W. Müller* in FS Raupach, 2006, S. 266.
360 *Dötsch/Pung*, DB 2006, 2706; *Hohenlohe/Rautenstrauch/Adrian*, GmbHR 2006, 628; *Röd*
     der/Schumacher, DStR 2006, 1528; *Rödder/Schumacher*, DStR 2007, 372; *Schaflitzl/Wid*
     mayer in *Blumenberg/Schäfer*, SEStEG, S. 130 i.V.m. 113 f.; *Thiel*, DB 2005, 2319 f.; *Voß*, BB
     2006, 411 ff., 417; ausführliche Darstellung bei *Prinz*, StuB 2007, 125 ff.
361 *Kessler/Huck*, Der Konzern 2006, 355.

Bilanzansätze der untergehenden deutschen Aktiengesellschaft ein. Dies gilt auch für Rückstellungen und Rücklagen in der Bilanz der einbringenden Gesellschaft (Art. 5 Fusionsbesteuerungs-RL). Handelsrechtlich verfügt sie nach § 24 UmwG i.V.m. Art. 18 SE-VO über ein Wahlrecht, den Buchwert oder den Verkehrswerte der anzusetzenden Wirtschaftsgüter zu nehmen.

247 **(2) Ausschluss des Verlustvortrages.** Entgegen dem bisherigen Recht schließt § 12 Abs. 3 i.V.m. § 4 Abs. 2 Satz 2 UmwStG (n.F.) im Falle der Verschmelzung den Verlustvortrag aus. Dies widerspricht nicht der Fusionsbesteuerungs-RL, die in Art. 4 Abs. 6 einen Verlustvortrag für den Fall der grenzüberschreitenden Verschmelzung nur dann anordnet, wenn gleiches für den Fall der innerstaatlichen Fusion vorgesehen ist[362]. Nunmehr wird **weder für die inländische noch für die grenzüberschreitende Verschmelzung** ein Verlustvortrag akzeptiert. Dies kann auch nicht regelmäßig durch eine Hochschleusung der Buchwertansätze bis zum Betrag des Verlustvortrages kompensiert werden: zum einen unterliegt die dann mögliche Verrechnung den Grenzen der Mindestbesteuerung (§ 10d Abs. 2 EStG); zum anderen können der körperschaftsteuerliche und der gewerbesteuerliche Verlustvortrag voneinander abweichen, so dass eine „punktgenaue" Verrechnung nicht möglich erscheint[363]. Schließlich ist zu bedenken, dass bei notleidenden Unternehmen die vortragsfähigen Verlustbeträge die vorhandenen stillen Reserven deutlich übersteigen können und eine sanierende Verschmelzung durch den Verfall dieser Vorträge massiv behindert wird. Dieser Ausschluss des Verlustvortrags soll auch für Verluste des laufenden Veranlagungszeitraums gelten[364].

248 Gesetzgeberischer Grund für diese Neuregelung ist die **Sorge eines „Imports" von ausländischen Verlustvorträgen** bei Hereinverschmelzungen. Dies führt insoweit zu überschießenden Konsequenzen, als nunmehr auch die Übertragung inländischer Verlustvorträge der übertragenden Aktiengesellschaft auf die künftige inländische Betriebsstätte der entstehenden SE ausgeschlossen wird. Offenbar fürchtet der Gesetzgeber einen Anspruch auf „diskriminierungsfreie" Verrechnung von Auslandsverlusten aus Anlass einer Verschmelzung. Oben ist bereits ausgeführt worden, dass gute Gründe gegen einen gemeinschaftsrechtlichen „Anspruch" auf Verlagerung von im Ausland entstandenen Verlusten auf inländische Einkunftsquellen bestehen[365]. Ob eine Übernahme von Verlustvorträgen bei der internationalen Verschmelzung mit der Begründung gefordert werden kann, dass andernfalls sinnvolle Umstrukturierungen im Binnenmarkt zwar nicht diskriminiert, aber „beschränkt" werden[366], kann auf der Grundlage der Rechtsprechung des Gerichtshofs nicht abschließend beurteilt werden.

249 **(3) Behandlung von Anteilen der übernehmenden an der übertragenden Gesellschaft.** Eine Sonderbehandlung trifft **Anteile der übernehmenden Gesellschaft an der übertragenden Gesellschaft.** Diese werden bei der Hinausverschmelzung nur dann vom deutschen Steuerrecht erfasst, wenn sie in einer inländischen Betriebsstätte der übernehmenden Gesellschaft gehalten werden oder entgegen Art. 13 Abs. 5 OECD-MA Deutschland das Besteuerungsrecht für Veräußerungsgewinne von Anteilen an inländischen Kapitalgesellschaften zusteht. Andernfalls ist es ausschließlich Aufgabe des

---

362 *Thömmes* in Theisen/Wenz, Europäische Aktiengesellschaft, S. 554.

363 *Rödder/Schumacher*, DStR 2006, 1533.

364 *Dörfler/Rautenstrauch/Adrian*, BB 2006, 1657 ff., 1659; *Schaflitzl/Widmayer* in *Blumenberg/Schäfer*, SEStEG, S. 133 f.

365 Rz. 180 f.; s. auch *Benecke/Schnitger*, IStR 2006, 774; das Sicherheitsbedürfnis des Gesetzgebers wird anerkannt bei *Dötsch/Pung*, DB 2006, 2714.

366 *Büsching* in Jannott/Frodermann, Handbuch Europäische Aktiengesellschaft, Rz. 37; *Körner*, IStR 2004, 469 ff., 470; *Werra/Teiche*, DB 2006, 1460.

Sitzstaats der übernehmenden Gesellschaft, den Wegfall der Anteile an der übertragenden Gesellschaft steuerlich nachzuvollziehen[367].

Für diese Anteile sieht das Gesetz eine **zweistufige Regelung** vor: 250

In einem ersten Schritt wird die Verschmelzung zum Anlass genommen, in der Bilanz der übernehmenden Gesellschaft die Buchwerte der Anteile an der übertragenden Gesellschaft um eine **steuerwirksame Wertaufholung** früherer steuerwirksamer Teilwertabschreibungen und entsprechender Abzüge nach § 6b EStG oder ähnlicher Abzüge aufzustocken (§ 12 Abs. 1 Satz 2 i.V.m. § 4 Abs. 1 Satz 2 UmwStG n.F.). Dieser Gewinn ist nicht nach § 8b Abs. 2 KStG steuerfrei, sondern nach § 12 Abs. 1 Satz 2 i.V.m. § 4 Abs. 1 Satz 3 UmwStG i.V.m. § 8b Abs. 2 Satz 4 und 5 UmwStG steuerpflichtig.

In einem zweiten Schritt wird der **Übernahmegewinn** ermittelt, der sich aus der Differenz zwischen dem Ansatz der Buchwerte dieser Anteile und dem Ansatz des übernommenen Betriebsvermögens der übertragenden Gesellschaft ergibt. Dieser Übernahmegewinn bleibt nach § 12 Abs. 2 Satz 1 UmwStG außer Ansatz. Allerdings findet nach § 12 Abs. 2 Satz 2 UmwStG auf diesen Gewinn § 8b KStG Anwendung, so dass 5 % dieses Übernahmegewinns als nicht abzugsfähige Betriebsausgaben der übernehmenden Körperschaft gelten; dies ergibt sich aus dem Verweis auf § 8b Abs. 3 Satz 1 KStG[368]. Mit dieser Regelung wird auch eine Verweisung auf § 8b Abs. 7 und 8 KStG und damit eine volle Steuerpflicht des Übernahmegewinns erreicht[369].

Auf diese Weise wird der **Verschmelzungsvorgang der bei der übernehmenden Gesell-**   251
schaft zweimal steuerlich belastet: Durch die steuerwirksame Wertaufholung und durch die Hinzurechnung von 5 % des Übernahmegewinns zu den steuerpflichtigen Einkünften. Demgegenüber ordnet Art. 7 Abs. 1 Fusionsbesteuerungs-RL an, dass ab einer bestimmten Mindestbeteiligung[370] „die bei der übernehmenden Gesellschaft möglicherweise entstehenden Wertsteigerungen beim Untergang ihrer Beteiligung am Kapital der einbringenden Gesellschaft keiner Besteuerung unterliegen". Diese Regelung steht (für qualifizierte grenzüberschreitende Beteiligungen) der 5 %-Besteuerung entgegen[371]. Die 5 %-Grenze stammt für reguläre Dividendenzahlungen aus Art. 4 Abs. 2 Satz 2 Mutter-Tochter-RL; einen entsprechenden Vorbehalt zugunsten des Fiskus enthalten Artt.4, 7 Fusionsbesteuerungs-RL nicht. Dem lässt sich auch nicht entgegenhalten, dass nicht die Besteuerung des Übernahmegewinns, sondern die Abzugsfähigkeit fiktiven Aufwands in Rede stehe, denn die Wirkungen des Art. 7 Fusionsbesteuerungs-RL hängen nicht von einer bestimmten Besteuerungstechnik des nationalen Gesetzgebers ab.

Schließlich widerspricht die **steuerwirksame Wertaufholung** nach § 12 Abs. 1 Satz 2   252
i.V.m. § 4 Abs. 1 Satz 2 und 3 UmwStG der Vorgabe des Art. 7 Fusionsbesteuerungs-RL. Diese ist zwar in erster Linie darauf angelegt, die Steuerfreiheit des eigentlichen „Übernahmegewinns" sicherzustellen[372]; doch kann es nicht mit der Richtlinie vereinbar sein, Wertsteigerungen im Betriebsvermögen der übertragenden Gesellschaft

---

367 *Schaumburg* in Lutter/Hommelhoff, Europäische Gesellschaft, S. 348; *Dötsch* in Dötsch/
     Patt/Pung/Jost, Umwandlungssteuerrecht, 5. Aufl. 2003, § 11 UmwStG Rz.19.
368 *Rödder/Schumacher*, DStR 2007, 373; s. dort auch zu Besonderheiten bei der Organschaft.
369 BT-Drucks.16/3369, S.10; dies gründet sich entgegen *Rödder/Schumacher* (DStR 2007, 373)
     auf die Spezialität von Satz 2 gegenüber Satz 1 des § 12 Abs. 2 UmwStG n.F.
370 Art. 7 Abs. 2 Fusionsbesteuerungs-RL: 20 % (ab 1.1.2007: 15 %; ab 1.1.2009: 10 %).
371 *Hagemann/Jakob/Ropohl/Viebrock*, NWB 2007, Sonderheft 1, S. 26; *Kessler/Huck*, Der Konzern 2006, 357 f.; *Körner*, IStR 2004, 470; *Rödder/Schumacher*, DStR 2006, 1533; *Schaflitzl/
     Widmayer* in *Blumenberg/Schäfer*, Das SEStEG, S. 132 f.; *Werra/Teiche*, DB 2006, 1459 f.
372 *Thömmes*, EC Corporate Law, Abschn. 5 Merger Directive, Art. 7 Rz. 208; *Thömmes* in
     Theisen/Wenz, Europäische Aktiengesellschaft, S. 554 f.

dadurch „mittelbar" zu erfassen, dass frühere Abschreibungen auf die Beteiligung an der übertragenden Gesellschaft gerade aus Anlass der Verschmelzung zurückgenommen und steuerpflichtig gestellt werden[373]. Denn die Richtlinie ist darauf angelegt, in umfassender Weise steuerliche Hindernisse für grenzüberschreitende Verschmelzungen abzubauen[374]. Daher sollen Wertsteigerungen im Vermögen der übernehmenden Gesellschaft erst bei ihrer späteren tatsächlichen Realisierung erfasst werden. Insofern muss es ausreichen, wenn der deutsche Fiskus auf das steuerverstrickte Betriebsvermögen der einbringenden Gesellschaft bei der übernehmenden Gesellschaft weiterhin zugreifen kann. Sofern dies nicht der Fall ist und eine Besteuerung stiller Reserven bei der einbringenden Gesellschaft nach § 11 Abs. 1 UmwStG eintritt, kann es durch die zusätzliche Aufdeckung stiller Reserven im Beteiligungsansatz der übernehmenden Gesellschaft sogar zu einer aktuellen Doppelbesteuerung kommen.

253   **(4) Übernahmefolgegewinn.** Bei der Verschmelzung kommt es zur **Konfusion von schuldrechtlichen Verhältnissen** und damit zur Realisation von Gewinnen oder Verlusten, soweit diese Rechtsverhältnisse bei der übertragenden und der übernehmenden Gesellschaft nicht korrespondierend bilanziert worden sind. Entsteht ein Konfusionsgewinn, so ist dieser bei der übernehmenden Gesellschaft steuerpflichtig, allerdings kann nach § 12 Abs. 4 i.V.m. § 6 Abs. 1 UmwStG n.F. die steuerliche Erfassung dieses Gewinns durch eine Rücklage auf drei Jahre verteilt werden. Dies gilt allerdings nur für den Teil des Gewinns, der prozentual der Beteiligung der übernehmenden Gesellschaft am Grund- oder Stammkapital der übertragenden Gesellschaft entspricht. Eine volle Anwendung ist daher nur bei dem *upstream-merger* einer 100 %-Tochtergesellschaft möglich.

254   **ee) Rechtsfolgen bei den Anteilseignern.** Für die (in- und ausländischen) Anteilseigner der übertragenden Gesellschaft muss geprüft werden, ob und in welcher Weise die Verschmelzung hinsichtlich der **in den Anteilswerten gebundenen stillen Reserven** eine Gewinnrealisierung auslöst. Dies ist in § 13 UmwStG und Art. 8 Fusions-RL ausführlich geregelt.

255   Ausgangspunkt dieser Regelung ist das **Verständnis der Verschmelzungswirkungen als Tausch von Anteilen.** Nach Art. 18 SE-VO i.V.m. § 20 Abs. 1 Nr. 3 UmwG erlöschen mit der Verschmelzung die Anteile an der übertragenden Gesellschaft und werden durch die Anteile an der übernehmenden Gesellschaft ersetzt. Ein solcher Tausch führt im Grundsatz (vgl. § 6 Abs. 6 EStG) zu einer Gewinnrealisierung in Höhe der Differenz zwischen dem Buchwert (im Privatvermögen: den Anschaffungskosten) der Anteile und dem Gemeinen Wert der Anteile (als Gegenleistung für den Erhalt der Anteile an der übernehmenden Gesellschaft)[375]. Bei Anteilen im Privatvermögen kommt es im Rahmen der §§ 17, 22 Nr. 3, 23 EStG zu einer Gewinnrealisierung.

256   Vor diesem Hintergrund geht § 13 Abs. 1 UmwStG für den gesetzlichen Regelfall davon aus, dass die **Anteile an der übertragenden Gesellschaft als zum gemeinen Wert veräußert** gelten, während die Anteile an der übernehmenden Gesellschaft als zum gemeinen Wert angeschafft gelten. Abweichend davon sind nach § 13 Abs. 2 UmwStG indessen auf Antrag des Steuerpflichtigen die Anteile an der übernehmenden Körperschaft mit dem **Buchwert** der Anteile an der übertragenen Körperschaft anzusetzen, wenn das Recht der Bundesrepublik Deutschland hinsichtlich der Be-

---

373 Gl. A. *Haritz/Wisniewski*, GmbHR 2004, 28 ff., 31 f.; *Herzig/Griemla*, StuW 2002, 68; *Klingberg/van Lishaut*, Der Konzern 2005, 715; a.A. *Thiel*, DB 2005, 2319.
374 *Thömmes*, EC Corporate Law, Abschn. 5 Merger Directive, Art. 7 Rz. 199.
375 *Büsching* in Jannott/Frodermann, Handbuch Europäische Aktiengesellschaft, Rz. 39; *Hahn*, GmbHR 2006, 618; *Thömmes* in Theisen/Wenz, Europäische Aktiengesellschaft, S. 534.

steuerung der Anteile an der übernehmenden Körperschaft nicht beschränkt wird oder Art. 8 der Fusionsbesteuerungs-RL anwendbar ist[376]. Beide Fallgestaltungen können bei der Hinausverschmelzung einer deutschen Aktiengesellschaft auf eine im Ausland ansässige SE Anwendung finden:

Eine **Beschränkung des Besteuerungsrechts der Bundesrepublik Deutschland** tritt   257
nicht ein, wenn entweder der Anteilstausch an einer bestehenden Steuerpflicht nichts ändert oder schon vor dem Anteilstausch eine Steuerverhaftung der Anteile im Inland nicht gegeben war. Der erste Fall ist in erster Linie dann anzunehmen, wenn der Anteilseigner im Inland unbeschränkt steuerpflichtig ist und daher nicht mit Anteilen an einer inländischen Kapitalgesellschaft, sondern auch mit Anteilen an einer ausländischen Kapitalgesellschaft der deutschen Besteuerung unterliegt. Der zweite Fall ist in erster Linie dann gegeben, wenn der Anteilseigner im Ausland ansässig ist und bereits vor dem Anteilstausch auf der Grundlage einer Art. 13 Abs. 5 OECD-MA entsprechenden Regelung ein Veräußerungsgewinn nur im Ansässigkeitsstaat des Anteilseigners besteuert werden konnte[377]. Die Vorschrift greift jedoch nicht ein, wenn entweder ein DBA nicht existiert und daher für Anteile beschränkt Steuerpflichtiger an inländischen Kapitalgesellschaften eine Steuerpflicht nach § 49 Abs. 1 Nr. 2 lit. e EStG besteht, die durch den Anteilstausch wegfällt[378] oder wenn ein DBA die Zuweisung des Besteuerungsrechts von der Ansässigkeit der Gesellschaft abhängig macht (z.B. Art. 13 Abs. 3 DBA Deutschland/Tschechoslowakei)[379].

Wenn in einem dieser Sonderfälle der Anteilstausch zu einer Beschränkung des Be-   258
steuerungsrechts der Bundesrepublik Deutschland hinsichtlich der Anteile führt, wird bei der Verschmelzung einer SE dennoch eine Sofortbesteuerung der stillen Reserven in den Anteilen durch § 13 Abs. 2 Nr. 2 1. Halbsatz UmwStG i.V.m. Art. 8 Abs. 1 Fusionsbesteuerungs-RL verhindert[380]. Dies führt indessen zu der Frage, ob und wie der Sitzstaat der übertragenden Gesellschaft die unter seiner Steuerhoheit entstandenen stillen Reserven nachträglich erfassen kann. § 13 Abs. 2 Satz 1 Nr. 2 2. Halbsatz UmwStG ordnet eine **Besteuerung des später tatsächlich anfallenden Veräußerungsgewinns** an; dieser nachträgliche Zugriff wird in Art. 8 Abs. 6 Fusionsbesteuerungs-RL gemeinschaftsrechtlich akzeptiert. Problematisch ist indessen das Verhältnis zum Doppelbesteuerungsrecht. Denn die nachträgliche Besteuerung des Veräußerungsgewinns wird häufig in die in einem DBA niedergelegte Zuteilung von Besteuerungsrechten eingreifen. § 13 Abs. 2 Satz 1 Nr. 2 2. Halbsatz UmwStG nimmt diesen „treaty override" bewusst in Kauf. Nach h.L. ist dieser Völkerrechtsverstoß ohne unmittelbare Bedeutung für die Position des Steuerpflichtigen. Darüber hinaus kann ein Verstoß gegen allgemeines Völkerrecht vorliegen, wenn der nachträgliche Steuerzugriff des deutschen Fiskus solche Wertsteigerungen erfasst, die nach der Verschmelzung eintreten und die Beteiligung eines im Ausland ansässigen Steuerpflichtigen an einer im Ausland ansässigen SE betreffen.

Die in § 13 Abs. 2 Satz 1 UmwStG niedergelegte Übertragung der Buchwerte von den   259
Anteilen an der übertragenden Gesellschaft auf die Anteile an der übernehmenden

---

376 Vor dem SEStEG sah § 13 UmwStG insofern kein Wahlrecht, sondern einen Zwang zur Buchwertfortführung vor (*Hohenlohe/Rautenstrauch/Adrian*, GmbHR 2006, 629).
377 *Bartone/Klapdor*, Die Europäische Aktiengesellschaft, S. 117; *Büsching* in Jannott/Frodermann, Handbuch Europäische Aktiengesellschaft, Rz. 41.
378 *Büsching* in Jannott/Frodermann, Handbuch Europäische Aktiengesellschaft, Rz. 42; *Herzig/Griemla*, StuW 2002, 70 f.
379 *Dötsch/Pung*, DB 2006, 2714; *Rödder/Schumacher*, DStR 2006, 1533 f.
380 Dies gilt auch für Anteilseigner aus Drittstaaten (*Büsching* in Jannott/Frodermann, Handbuch Europäische Aktiengesellschaft, Rz. 43).

Gesellschaft ist als **Wahlrecht** ausgestaltet. Dieses Wahlrecht wird in Art. 8 Abs. 4 und 8 Fusionsbesteuerungs-RL abgesichert[381].

260 **ff) Die übernehmende Gesellschaft ist in einem dem EWR zugehörenden EFTA-Staat ansässig.** In dem Fall, dass eine deutsche Aktiengesellschaft auf eine SE in Liechtenstein, Norwegen oder Island verschmolzen wird, finden die **§§ 11–13 UmwStG** Anwendung. Keine Bedeutung hat jedoch die Fusionsbesteuerungs-RL, die für den EWR nicht übernommen worden ist. Anwendbar sind indessen die **Grundfreiheiten des EWR-Abkommens**, insbesondere die Niederlassungsfreiheit (Art. 31 ff. EWR-Abkommen) und die Kapitalverkehrsfreiheit (Art. 40 ff. EWR-Abkommen)[382].

261 Ein **Unterschied** zu der Rechtslage bei einer Verschmelzung auf eine in der EU ansässige SE ergibt sich daher nur unter folgenden Gesichtspunkten:

262 – Soweit das nationale Steuerrecht (§§ 11–13 UmwStG) von der Fusionsbesteuerungs-RL abweicht, besteht keine Möglichkeit, sich auf die **Richtlinie** „unmittelbar" zu berufen. Dies betrifft etwa die Frage der Zulässigkeit barer Zuzahlungen (Art. 2 lit. a Fusionsbesteuerungs-RL) oder die Besteuerung von Übernahmegewinnen (Art. 7 Abs. 1 Fusionsbesteuerungs-RL).

263 – Soweit das nationale Steuerrecht auf die Fusionsbesteuerungs-RL tatbestandlich verweist, geht dieser Verweis für **EFTA-Gesellschaften** ins Leere (z.B. § 13 Abs. 2 Nr. 2 UmwStG, der mit Rücksicht auf Art. 8 Fusionsbesteuerungs-RL eine Sofortbesteuerung der Anteilseigner bei der Verschmelzung auf eine SE ausschließt).

264 – Die Niederlassungsfreiheit und die Kapitalverkehrsfreiheit geben der übertragenden Gesellschaft allerdings das Recht, beschränkende und diskriminierende Regelungen bei der Verlagerung stiller Reserven zu rügen. Darauf beruht zum einen das Recht, einer Sofortversteuerung von stillen Reserven in solchen Wirtschaftsgütern zu rügen, die bei der Verschmelzung im Inland verbleiben und dort steuerverhaftet sind. Werden hingegen **Wirtschaftsgüter aus Anlass der Verschmelzung in das Ausland** transferiert, kann einer Sofortbesteuerung stiller Reserven nicht die Stundung des Steueranspruchs entgegengehalten werden. Denn die Möglichkeit einer nachträglichen Feststellung und Durchsetzung des Besteuerungsanspruchs kann im EWR wegen des Fehlens der Amtshilfe-RL und der Beitreibungs-RL einem Mitgliedstaat nicht ohne weiteres zugemutet werden. Lediglich dann, wenn bilateral (in einem DBA) vergleichbare Rechtshilfeansprüche eingeräumt sind, kann der Steuerpflichtige eine Stundung des Besteuerungsanspruchs verlangen.

265 **gg) Die übernehmende Gesellschaft hat ihre Geschäftsleitung in einem Drittstaat (außerhalb von EU/EWR).** In dem – seltenen – Fall, dass eine übernehmende SE ihre tatsächliche Geschäftsleitung in einem Drittstaat besitzt, findet auf die Verschmelzung für die einbringende und die übernehmende Gesellschaft § 1 UmwStG i.V.m. §§ 11–12 UmwStG keine Anwendung. Das hat zum einen zur Folge, dass es für die auf die Zielgesellschaft übertragenen stillen Reserven an einem expliziten „Realisationstatbestand" fehlt[383]. Es kommt wegen des „Untergangs" der übertragenden Gesellschaft allenfalls eine **Besteuerung wegen Liquidation** nach § 11 KStG in Betracht[384]. Eine weitere Folge ist, dass die günstige Buchwertfortführung für inländisches Vermögen in § 11 Abs. 2 UmwStG nicht zum Tragen kommt.

---

381 *Farmer/Lyal*, EC Tax Law, 1993, S. 289.

382 Allgemein zur SE im Europäischen Wirtschaftsraum oben Rz. 35 ff.

383 Nach *Dötsch/Pung*, DB 2006, 2649 soll § 12 Abs. 1 KStG eingreifen. Dieser setzt allerdings einen fortbestehenden Rechtsträger voraus („Wird bei der Körperschaft …").

384 Zur Problematik der fehlenden Rechtsgrundlage für die Aufdeckung stiller Reserven bei der Verschmelzung vor Inkrafttreten des SEStEG s. Rz. 196.

Doch können sich die beteiligten Gesellschaften für den Fall einer Verschmelzung 266
auf eine SE mit Satzungssitz innerhalb der EU (gilt nicht für dem EWR angehörige
EFTA-Staaten!) für die Buchwertfortführung „unmittelbar" auf die **Vorschriften der
Fusionsbesteuerungs-RL berufen.** Voraussetzung ist allerdings, dass dem Drittstaat
nicht durch Doppelbesteuerungsabkommen wegen der dortigen Ansässigkeit der
Hauptverwaltung/der Geschäftsleitung das vorrangige Besteuerungsrecht zugewiesen
ist, was im Gefolge von Art. 4 Abs. 3 OECD-MA regelmäßig der Fall sein wird. Auch
die Fusionsbesteuerungs-RL wird daher regelmäßig nicht helfen.

Schließlich können sich die beteiligten – dem Recht eines Mitgliedstaats der EU/des 267
EWR unterliegenden – Gesellschaften auch auf die **Niederlassungsfreiheit der
Art. 43 ff. EG/Art. 31 ff. EWR** berufen. Dies dürfte ihnen zumindest die vorläufige
Steuerfreiheit von im Inland verbleibenden stillen Reserven verschaffen, deren Besteuerung aus Anlass einer Verschmelzung unverhältnismäßig erscheint. Problematisch ist allerdings das steuerliche Schicksal von solchen Wirtschaftsgütern, die aus
Anlass der Verschmelzung in einen Drittstaat (z.B. in die Geschäftsleitungsbetriebs-
stätte) verbracht werden. Dieser Vorgang kann nicht unter die Niederlassungsfreiheit, wohl aber unter die Kapitalverkehrsfreiheit gefasst werden. Doch kann schon
bezweifelt werden, ob die Kapitalverkehrsfreiheit gegen diese steuerlichen Maßnahmen hilft (s. oben Rz. 110). Vor allem aber kann eine Stundung nicht verlangt werden, wenn im Verhältnis zum Drittstaat keine Amtshilfeansprüche bestehen wie dies
innerhalb der EU die Amtshilfe-RL und die Beitreibungs-RL vorsehen (oben
Rz. 186 f.).

Die Regeln über die Besteuerung von Anteilseignern bei Verschmelzungen setzten 268
nach § 1 Abs. 2 Satz 3 des Regierungsentwurfs nicht voraus, dass der übertragende
und der übernehmende Rechtsträger Sitz und Ort der Geschäftsleitung innerhalb der
Europäischen Union oder innerhalb des Europäischen Wirtschaftsraums haben[385].
Diese Erweiterung des Anwendungsbereichs wurde in der verabschiedeten Fassung
zurückgenommen[386]. Allerdings verweist § 12 Abs. 2 Satz 2 KStG n.F. auf § 13
UmwStG, soweit eine **Verschmelzung von zwei in demselben Drittstaat ansässigen
Gesellschaften** steuerneutral vorgenommen werden kann[387].

b) Die Hereinverschmelzung

aa) Verschmelzung zur Aufnahme und zur Neugründung. Von einer Hereinver- 269
schmelzung ist die Rede, wenn eine Aktiengesellschaft mit Sitz im Ausland mit einer in Deutschland ansässigen Aktiengesellschaft in der Weise verschmolzen wird,
dass als Zielgesellschaft eine SE mit Sitz in Deutschland entsteht. Dies kann durch
Aufnahme der ausländischen Kapitalgesellschaft in die deutsche Aktiengesellschaft
geschehen (**Verschmelzung zur Aufnahme**) oder durch Neugründung einer SE, in der
beide Gründungsgesellschaften aufgehen (**Verschmelzung zur Neugründung**).

Wird eine Verschmelzung zur Neugründung betrieben, so kommt zu der grenzüber- 270
schreitenden Verschmelzung der Auslandsgesellschaft auf die deutsche SE eine rein
inländische Verschmelzung der deutschen Aktiengesellschaft auf die neu gegründete
deutsche SE hinzu. Diese inländische Verschmelzung wird abschließend in **§§ 11 ff.
UmwStG** geregelt. Die Fusionsbesteuerungs-RL findet auf diesen Vorgang keine Anwendung (oben Rz. 213), ebenfalls nicht die Grundfreiheiten des EG-Vertrages oder
des EWR-Abkommens. Dennoch wird im Regelfall eine Fortführung der Buchwerte
nach § 11 Abs. 2 Satz 1 UmwStG möglich sein. Vor dem Hintergrund einiger nachtei-

---

385 BT-Drucks. 16/2710, S. 12.
386 Kritisch *Schaflitzl/Widmayer* in Blumenberg/Schäfer, Das SEStEG, S. 105.
387 Dazu BT-Drucks. 15/3369, S. 8.

liger Regelungen (Wertaufholung in Beteiligungsansätzen nach § 11 Abs. 2 Satz 2 UmwStG und § 12 Abs. 1 Satz 2, Abs. 2 Satz 2 UmwStG n.F. sowie Ausschluss von Verlustvorträgen nach § 12 Abs. 3 i.V.m. § 4 Abs. 2 Satz 2 UmwStG) wird sich für die beteiligten Unternehmen in der Regel die Verschmelzung zur Aufnahme empfehlen.

271   Die folgenden Ausführungen beziehen sich ausschließlich auf die Verschmelzung einer **ausländischen Aktiengesellschaft auf die inländische SE**.

272   **bb) Steuerfolgen bei der übertragenden Gesellschaft.** Aus der Sicht des deutschen Steuergesetzgebers richten sich die Steuerfolgen einer Hereinverschmelzung auf die mögliche Aufdeckung stiller Reserven in den Wirtschaftsgütern, die bereits vor der Verschmelzung der deutschen Steuerpflicht unterlagen, sowie auf den zutreffenden Ansatz von denjenigen Wirtschaftsgütern, die im Zuge der Verschmelzung erstmals der deutschen Steuerhoheit unterworfen werden. Keinen Einfluss hat die **deutsche Steuergesetzgebung** auf die Behandlung des Verschmelzungsvorgangs durch den Sitzstaat der übertragenden Gesellschaft. Allerdings gilt für sämtliche der EU angehörigen Staaten, dass der Sitzstaat die Grenzen der Fusionsbesteuerungs-RL einhalten muss; in EU/EWR können außerdem die Grundfreiheiten durchgesetzt werden.

273   Nach § 1 Abs. 2 Nr. 1 UmwStG findet die Regelung des § 11 UmwStG auch Anwendung auf die **steuerliche Behandlung einer im EU/EWR-Ausland ansässigen Gesellschaft, die auf eine deutsche Gesellschaft verschmolzen** wird[388]. Voraussetzung für die damit verbundene Realisierung steuerlicher Gewinne ist die objektive Steuerpflicht dieser Gewinne im Rahmen der beschränkten Steuerpflicht der übertragenden Kapitalgesellschaft. Diese objektive Steuerpflicht ist in erster Linie dann gegeben, wenn die übertragende Gesellschaft vor der Verschmelzung über Betriebsvermögen in Deutschland oder anderes steuerverhaftete Vermögen – etwa Immobilien – verfügt. Für dieses Vermögen ordnet § 11 Abs. 1 UmwStG den **Ansatz des gemeinen Wertes** in einer steuerlichen Schlussbilanz an; dieser Ansatz führt zu einer steuerlichen Gewinnrealisierung in Höhe der Differenz von Buchwert und gemeinem Wert. Einen solche Gewinnrealisierung kann allerdings vermieden werden, wenn und soweit die steuerpflichtige Gesellschaft nach § 11 Abs. 2 Satz 1 UmwStG für die Wirtschaftsgüter den **Ansatz zum Buchwert oder zu einem Zwischenwert** wählt. Dieser Ansatz des Buchwerts oder eines Zwischenwerts setzt in erster Linie voraus, dass das Besteuerungsrecht der Bundesrepublik Deutschland aus Anlass der Verschmelzung nicht beschränkt wird. Von einer solchen Beschränkung kann bei einer Übertragung des inländischen Vermögens einer beschränkt steuerpflichtigen Kapitalgesellschaft auf eine im Inland ansässige SE im Grundsatz nicht die Rede sein. Die steuerpflichtige Gesellschaft wird daher in aller Regel eine Buchwertfortführung erreichen können. Dies entspricht auch den Vorgaben des Art. 10 Abs. 3, 4 Fusionsbesteuerungs-RL.

274   Das Problem einer zwangsweisen Gewinnrealisierung kann sich nur dann stellen, wenn **aus Anlass der Verschmelzung Wirtschaftsgüter der übertragenden Gesellschaft vom Inland in das Ausland transferiert werden** und dort entweder (nach Art. 4, 7 OECD-MA) steuerbefreit sind oder zwar der unbeschränkten Steuerpflicht der in Deutschland ansässigen SE unterliegen, aber für die im Betriebsstättenstaat anfallende Steuer in Deutschland eine Anrechnung gewährt werden muss. Diese Verlagerung von Wirtschaftsgütern wird allerdings nicht unmittelbar durch den Rechtsakt der Verschmelzung hervorgerufen und ist nicht unter § 11 Abs. 1 UmwStG, sondern un-

---

388   Dies geht über Art. 4 Fusionsbesteuerungs-RL hinaus, der lediglich den Staat der einbringenden Gesellschaft zu einem Verzicht auf den Steuerzugriff verpflichtet; allerdings lässt sich diese Rechtsfolge auch unmittelbar aus Art. 43 EG herleiten (*Büsching* in Jannott/Frodermann, Handbuch Europäische Aktiengesellschaft, Rz. 53 f.).

ter § 12 Abs. 1 KStG zu fassen. Beispiel ist die Konzentration von Anlagegütern oder Immaterialrechten in einer Betriebsstätte außerhalb des Sitzstaats der SE. In einem solchen Fall lässt § 12 Abs. 1 KStG eine Buchwertfortführung nicht zu; dies wird auch nicht durch die Fusionsbesteuerungs-RL erfordert, die sich mit der physischen Verlagerung von Wirtschaftsgütern nicht befasst. Allerdings können sich die Beteiligten auf die im EG-Vertrag geschützte Niederlassungsfreiheit und die Freiheit des Kapitalverkehrs berufen, die ihnen eine freie Zuordnung ihrer Wirtschaftsgüter in der Gemeinschaft garantiert. Vor diesem Hintergrund erscheint die in § 12 Abs. 1 KStG vorgesehene „Sofortversteuerung" stiller Reserven aus Anlass der Verschmelzung unverhältnismäßig. Es muss ausreichen, wenn die Steuer festgesetzt, ohne Sicherheitsleistung gestundet und erst bei tatsächlicher Gewinnrealisierung eingefordert wird (s. bereits oben Rz. 239 ff.). Als verwaltungstechnische Instrumente können sich dabei die Amtshilfe-RL und die Beitreibungs-RL erweisen. Im Verhältnis zu EFTA-Staaten, welche dem EWR angehören, finden die steuerlichen Richtlinien jedoch keine Anwendung; hier kann von einer Sofortversteuerung nur dann abgesehen werden, wenn auf der Grundlage bilateraler Abkommen eine vergleichbare Durchsetzbarkeit von Besteuerungsansprüchen besteht (s. bereits oben Rz. 260 ff.).

Soweit die übertragende Gesellschaft Anteile an der übernehmenden Gesellschaft besitzt, die sich in einem inländischen Betriebsvermögen befinden (*downstream-merger*), kommt es zu einer Wertaufholung für frühere gewinnwirksame Teilwertabschreibungen, § 6b-Abzüge und ähnliche Abzugsposten bis zur Grenze des gemeinen Wertes (§ 11 Abs. 2 Satz 2 UmwStG).   275

cc) Steuerfolgen bei der übernehmenden Gesellschaft. Bei der übernehmenden in Deutschland ansässigen SE geht es sowohl um den zutreffenden Ansatz für die im Rahmen der Verschmelzung übernommenen inländischen Vermögenswerte der übertragenden Gesellschaft als auch um den zutreffenden Ansatz derjenigen Wirtschaftsgüter, die bisher nicht der inländischen Steuerpflicht unterlegen haben.   276

Ausgangspunkt ist der Umstand, dass Ansatz und Bewertung nach deutschem Steuerrecht nicht an die Buchwerte anschließen müssen, welche die übertragende Gesellschaft nach dem Steuerrecht ihres Sitzstaats für die übergehenden Wirtschaftsgüter angesetzt hatte. Vielmehr sind nach deutschem Recht entweder eine **Eröffnungsbilanz für das gesamte Unternehmen** (bei der Verschmelzung zur Neugründung) **oder entsprechende Neuansätze für die übernommenen Wirtschaftsgüter** (bei der Verschmelzung zur Aufnahme) vorzusehen. Für die übernommenen Wirtschaftsgüter gewährt § 24 UmwG ein Wahlrecht des Inhalts, dass die übernehmende Gesellschaft entweder ihre Anschaffungskosten oder den Buchwert der Anteile bei der übertragenden Gesellschaft ansetzt. Als handelsrechtliche Anschaffungskosten gilt der gemeine Wert der im Rahmen der Verschmelzung hingegebenen Anteile; als Buchwert kann auch der Buchwert einer im Rahmen der europäischen Bilanz-RL aufgestellten Bilanz des übertragenden Rechtsträgers angesetzt werden[389].   277

Aus steuerlicher Sicht besteht hier **keine Maßgeblichkeit der Handelsbilanz für die Steuerbilanz.** Daher gilt folgendes: Soweit die übernehmende Gesellschaft Wirtschaftsgüter anzusetzen hat, die bereits bei der übertragenden Gesellschaft im Inland steuerverhaftet waren, sind nach § 12 Abs. 1 UmwStG die in der Schlussbilanz der übertragenden Gesellschaft nach § 11 UmwStG angesetzten Werte zu übernehmen (Buchwert, Zwischenwert oder gemeiner Wert)[390]. Soweit die übernehmende Gesellschaft Wirtschaftsgüter anzusetzen hat, die vor der Verschmelzung nicht dem deutschen Steuerzugriff unterlagen, greift die Verweisung in § 12 Abs. 1 UmwStG ins   278

---

389 *W. Müller* in FS Raupach, 2006, S. 268 f., 271.
390 *W. Müller* in FS Raupach, 2006, S. 273.

Leere. Zur Vermeidung von Doppelbesteuerungen wäre ein Anschluss an die Buchwerte des ausländischen Rechtsträgers in seinem Sitzstaat vorzugswürdig, allerdings sieht das Gesetz eine solche Buchwertanknüpfung über die Grenze nicht vor (s. oben Rz. 221). Wegen der Vergleichbarkeit mit einer Einlage oder einer Betriebseröffnung wurde im Schrifttum ein Ansatz zum Teilwert nach § 6 Abs. 1 Nr. 5 und 6 EStG befürwortet[391]. Nunmehr wird der Fall durch § 8 Abs. 1 KStG i.V.m. § 4 Abs. 1 Satz 7 EStG erfasst[392].

279   Für **Anteile an der übertragenden Gesellschaft** (*upstream-merger*) kommt es zu einer zweistufigen Gewinnrealisierung: zunächst sieht das Gesetz eine steuerwirksame Wertaufholung früherer Teilwertabschreibungen, § 6b EStG-Abzüge und sonstiger Abzugsposten vor, die bei der übernehmenden Gesellschaft voll steuerpflichtig sein soll (§ 12 Abs. 1 Satz 2 i.V.m. § 4 Abs. 1 Satz 2 und 3 UmwStG n.F.); anschließend kommt es zu einer Aufdeckung des „Übernahmegewinns", der sich bei der übernehmenden Gesellschaft durch Ausbuchung der Anteile an der übertragenden Gesellschaft und anschließende Einbuchung der übernommenen Wirtschaftsgüter ergibt. Dieser Übernahmegewinn soll – als Gewinn aus der Veräußerung einer Beteiligung an einer Kapitalgesellschaft – zu 5 % steuerlich belastet werden (§ 12 Abs. 2 UmwStG n.F.). Auf den Verstoß gegen Art. 7 Abs. 1 Fusionsbesteuerungs-RL wurde bereits hingewiesen (oben Rz. 252).

280   **Verlustvorträge** – weder hinsichtlich der vor der Verschmelzung im Inland unter deutscher Steuerhoheit entstandenen Verluste noch hinsichtlich der im Ausland entstandenen Verluste – können nicht übernommen werden (§ 12 Abs. 3 UmwStG)[393].

281   **dd) Steuerfolgen bei den Anteilseignern.** Die Steuerfolgen bei den Anteilseignern im Falle einer Hineinverschmelzung sind ebenso gelagert wie im Fall einer Hinausverschmelzung[394]. Es finden **§ 13 UmwStG und Art. 8 Fusionsbesteuerungs-RL** Anwendung. Allerdings droht bei einer Hereinverschmelzung weniger als bei einer Herausverschmelzung der Verlust der Steuerhoheit. Unter Geltung des Art. 13 Abs. 4 OECD-MA kommt es in der Regel ohnehin nicht auf die Ansässigkeit der Gesellschaft, sondern auf die Ansässigkeit der Gesellschafter an. Fehlt es an einem DBA, so werden die Anteile der ausländischen Gesellschafter an der neu entstandenen inländischen SE erstmals nach § 49 Abs. 1 Nr. 2 lit. d EStG steuerverstrickt. Den ausländischen Gesellschaftern muss für diesen Fall geraten werden, von dem Wahlrecht des § 13 UmwStG in dem Sinne Gebrauch zu machen, dass die Anteile an der übernehmenden Gesellschaft mit dem gemeinen Wert angesetzt werden, um einen Zugriff des deutschen Fiskus auf die im Ausland entstandenen stillen Reserven in den Anteilen der im Ausland ansässigen verschmolzenen Aktiengesellschaft zu vermeiden.

c) Die Auslandsverschmelzung mit Inlandsbezug

282   Schließlich ist der Fall zu behandeln, dass die deutsche Steuerhoheit von einer Verschmelzung betroffen wird, die sich zwischen **zwei Kapitalgesellschaften aus Anlass**

391   *Büsching* in Jannott/Frodermann, Handbuch Europäische Aktiengesellschaft, Rz. 51; *Herzig/Griemla*, StuW 2002, 67; *Thömmes* in Theisen/Wenz, Europäische Aktiengesellschaft, S. 541 f.
392   *Hagemann/Jakob/Ropohl/Viebrock*, NWB 2007, Sonderheft 1, S. 32; insoweit differenzieren *Dötsch/Pung*, DB 2006, 2705 nicht hinreichend zwischen vorher verstrickten und neu verstrickten Wirtschaftsgütern.
393   Zur Kritik s. *Büsching* in Jannott/Frodermann, Handbuch Europäische Aktiengesellschaft, Rz. 49, 54 sowie oben Rz. 247 f.
394   *Büsching* in Jannott/Frodermann, Handbuch Europäische Aktiengesellschaft, Rz. 58; *Thömmes* in Theisen/Wenz, Europäische Aktiengesellschaft, S. 543.

der Gründung einer SE im EU/EWR-Ausland vollzieht. Hier stehen zwei Konstellationen im Mittelpunkt: zum einen geht es um solche Vermögenswerte, welche die übertragende Gesellschaft im Rahmen ihrer beschränkten Steuerpflicht in Deutschland unterhält (z.B. eine deutsche Betriebsstätte); zum anderen geht es um die Besteuerung von in Deutschland ansässigen Anteilseignern, die im Zuge einer solchen Verschmelzung ihre Anteile an der übertragenden Gesellschaft gegen Anteile an der übernehmenden Gesellschaft eintauschen.

aa) Inländisches (Betriebs-)Vermögen der übertragenden Gesellschaft. Das Schicksal 283 der Wirtschaftsgüter einer ausländischen Kapitalgesellschaft, die auf eine andere ausländische Kapitalgesellschaft verschmolzen wird, ist nunmehr in § 12 Abs. 2 KStG und in § 11 UmwStG n.F. geregelt. Dabei genießt nach § 12 Abs. 2 Nr. 4 KStG i.V.m. § 1 Abs. 2 Satz 1 und 2 UmwStG die Regelung des Umwandlungssteuerrechts in ihrem Anwendungsbereich Vorrang. Da das Umwandlungssteuerrecht für sämtliche Verschmelzungen unter Beteiligung von Gesellschaften mit Sitz und Geschäftsleitung in der EU/im EWR Geltung beansprucht, ist § 12 Abs. 2 UmwStG auf die Verschmelzung von Gesellschaften in Drittstaaten beschränkt. Die **Gründung einer SE ist daher regelmäßig als Fall des § 11 UmwStG zu würdigen.** Eine Ausnahme kommt nur dann in Betracht, wenn die übertragende Gesellschaft nach Art. 2 Abs. 5 SE-VO ihre Hauptverwaltung in einem Drittstaat hat oder wenn die übernehmende SE entgegen Art. 7 SE-VO ihre Hauptverwaltung in einem Drittstaat hat oder wenn wegen einer Divergenz zwischen dem gesellschaftsrechtlichen Ort der Hauptverwaltung und dem steuerrechtlichen Ort der Geschäftsleitung trotz Hauptverwaltung im Inland die Geschäftsleitung in einem Drittstaat belegen ist. In diesem Fall kommt allerdings auch nicht § 12 Abs. 2 KStG zum Zuge, der voraussetzt, dass an einer Verschmelzung nur Gesellschaften eines einzigen Drittstaats beteiligt sind[395]. Ob für den Fall einer grenzüberschreitenden Drittstaatsverschmelzung überhaupt eine Grundlage zur steuerwirksamen Realisierung stiller Reserven besteht, ist – wie schon zum alten Recht – streitig (oben Rz. 265).

Für den geschilderten Regelfall einer Auslandsverschmelzung in der EU/im EWR ord- 284 net § 11 Abs. 1 UmwStG eine **Aufdeckung stiller Reserven in einer deutschen Betriebsstätte** in Höhe des gemeinen Wertes an. Wenn und soweit das deutsche Besteuerungsrecht nicht eingeschränkt wird – was bei im Inland belegenen Vermögen regelmäßig der Fall sein wird – kann nach § 11 Abs. 2 auf Antrag der Ansatz des Buchwertes oder eines Zwischenwertes gewählt werden. Dies entspricht zugleich Art. 10 Abs. 1 Satz 3 Fusionsbesteuerungs-RL[396]. Ein Verlustvortrag geht nach § 12 Abs. 3 i.V.m. § 4 UmwStG nicht über[397].

Soweit im Zuge der Auslandsverschmelzung **inländisches Betriebsvermögen in das** 285 **Ausland verlagert** wird – etwa wegen einer Neuordnung der Unternehmensorganisation, kommt es zu einer Aufdeckung stiller Reserven nach § 12 Abs. 1 KStG; allerdings kann hier eine Stundung verlangt werden, wenn und soweit die Wirtschaftsgüter im Rahmen der EU verschoben werden (ausführlich oben Rz. 239 ff.). Werden sie innerhalb des EWR verlagert oder in einen Drittstaat verlagert, so kann eine Stundung nur verlangt werden, wenn und soweit auf der Grundlage von Doppelbesteuerungsabkommen die deutsche Finanzverwaltung Auskunfts- und Vollziehungsinstrumente in Anspruch nehmen kann, welche der Ausstattung durch die Amtshilfe-RL und die Beitreibungs-RL innerhalb der Gemeinschaft gleichkommen (oben Rz. 267).

---

395 Kritisch dazu *Schaflitzl/Widmayer* in Blumenberg/Schäfer, Das SEStEG, S. 136 f.
396 *Herzig/Griemla*, StuW 2002, 65.
397 Zur Kritik oben Rz. 247 f.

286 **bb) Behandlung der Anteilseigner.** Auf die Anteilseigner sollte nach § 1 Abs. 2 Satz 3 UmwStG i.d.F. des Regierungsentwurfs[398] die Vorschrift des § 13 UmwStG unabhängig von der Ansässigkeit der am Verschmelzungsvorgang beteiligten Gesellschaften Anwendung finden. In die verabschiedete Fassung wurde diese Erweiterung des Anwendungsbereichs nicht übernommen[399]. Allerdings wird bei Verschmelzungen nach § 12 Abs. 2 UmwStG, die **innerhalb eines einzigen Drittstaates** durchgeführt werden, auch Steuerneutralität auf der Ebene der Gesellschafter ermöglicht (§ 12 Abs. 2 Satz 2 UmwStG)[400].

2. Die Gründung einer Holding-SE

a) Gesetzliche Grundlage

287 Aus Sicht des Steuerrechts stellt die Gründung einer Holding-SE eine **Einbringung gegen Gewährung von Gesellschaftsrechten** dar. Es handelt sich um einen Vorgang, bei dem die SE eine die Mehrheit der Stimmrechte verleihende Beteiligung am Gesellschaftskapital anderer Gesellschaften – konkret der Gründungsgesellschaften – erwirbt. Gegenstand der Übertragung auf die Holding-SE sind somit Anteile an den (mindestens zwei) Gründungsgesellschaften. Eingebracht werden diese Anteile von den Anteilseignern der Gründungsgesellschaften, die als Gegenleistung Aktien an der SE erhalten (Art. 33 Abs. 4 SE-VO). Art. 32 Abs. 2 letzter Satz SE-VO schreibt vor, dass der Prozentsatz der Anteile, die auf die Holding-SE übertragen werden, für jede Gründungsgesellschaft mehr als 50% der durch die Anteile verliehenen Stimmrechte umfassen muss. Die Übertragung der Anteile an den Gründungsgesellschaften an die Holding-SE erfolgt im Wege der **Einzelrechtsnachfolge**[401].

288 Die Gründung einer Holding-SE entspricht somit dem in Art. 2 lit. d Fusionsbesteuerungs-RL geregelten Anteilstausch:

> **Art. 2 [Erfasste Vorgänge]** lit. d): „Austausch von Anteilen" der Vorgang, durch den eine Gesellschaft am Gesellschaftskapital einer anderen Gesellschaft eine Beteiligung, die ihr die Mehrheit der Stimmrechte verleiht, oder – sofern sie die Mehrheit der Stimmrechte bereits hält – eine weitere Beteiligung dadurch erwirbt, dass die Gesellschafter der anderen Gesellschaft im Austausch für ihre Anteile Anteile am Gesellschaftskapital der erwerbenden Gesellschaft und gegebenenfalls eine bare Zuzahlung erhalten; Letztere darf 10 % des Nennwerts oder – bei Fehlen eines Nennwerts – des rechnerischen Werts der im Zuge des Austauschs ausgegebenen Anteile nicht überschreiten.

289 Insbesondere das Erreichen einer **Stimmrechtsmehrheit** ist eine der wesentlichen Anwendungsvoraussetzungen der Anteilstausch-Regelungen der Fusionsbesteuerungs-RL. Die steuerrechtlichen Folgen der Gründung einer Holding-SE werden durch die Bestimmungen über den Anteilstausch nach der Fusionsbesteuerungs-RL inhaltlich abgedeckt.

290 Auch das **deutsche Steuerrecht** enthält Regelungen über den „**Anteilstausch**", die sich bislang für innerstaatliche Sachverhalte in § 20 UmwStG a.F. und für grenzüberschreitende EU-Sachverhalte in § 23 UmwStG a.F. fanden. Aus Sicht des deutschen Steuerrechts stellt der Anteilstausch einen Unterfall der Einbringung dar, konkret die Einbringung von Anteilen an einer Kapitalgesellschaft. Mit Verabschiedung des SEStEG wurde das UmwStG im Bereich der Einbringung und des Anteilstausches umfassend reformiert. § 20 UmwStG a.F. regelte zum einen die Einbringung eines Be-

---

398 BT-Drucks. 16/2710, S. 12.
399 Kritisch *Schaflitzl/Widmayer* in Blumenberg/Schäfer, Das SEStEG, S. 105.
400 BT-Drucks. 16/3369, S. 9; näher *Benecke/Schnitger*, IStR 2007, 25; *Hagemann/Jakob/Ropohl/Viebrock*, NWB 2007, Sonderheft 1, S. 24.
401 *Schaumburg* in Lutter/Hommelhoff, Europäische Gesellschaft, S. 319 f.

triebs, Teilbetriebs oder Mitunternehmeranteils in eine unbeschränkt steuerpflichtige Kapitalgesellschaft, zum anderen die Einbringung von mehrheitsvermittelnden Anteilen an einer Kapitalgesellschaft in eine andere unbeschränkt steuerpflichtige Kapitalgesellschaft. Einbringungen in eine im EU-Ausland ansässige Kapitalgesellschaft waren daher *a limine* nicht vom Anwendungsbereich des § 20 UmwStG a.F. erfasst. § 23 UmwStG a.F. wiederum sah Regelungen für die in der Fusionsbesteuerungs-RL geregelten Einbringungsvorgänge vor, so dass zum Teil auch grenzüberschreitende Einbringungen geregelt waren. Das SEStEG gibt diese Differenzierung auf: § 20 UmwStG n.F. regelt nunmehr – sowohl für rein innerstaatliche als auch für grenzüberschreitende Fälle – die Einbringung eines Betriebs, Teilbetriebs oder Mitunternehmeranteils. § 21 UmwStG n.F. stellt das Pendant zum Anteilstausch dar. § 23 UmwStG a.F. ist gänzlich entfallen, die darin geregelten Vorgänge werden nunmehr von §§ 20 und 21 UmwStG n.F. erfasst.

§ 20
Einbringung von Unternehmensteilen in eine Kapitalgesellschaft oder Genossenschaft

(1) Wird ein Betrieb oder Teilbetrieb oder ein Mitunternehmeranteil in eine Kapitalgesellschaft oder eine Genossenschaft (übernehmende Gesellschaft) eingebracht und erhält der Einbringende dafür neue Anteile an der Gesellschaft (Sacheinlage), gelten für die Bewertung des eingebrachten Betriebsvermögens und der neuen Gesellschaftsanteile die nachfolgenden Absätze.

(2) Die übernehmende Gesellschaft hat das eingebrachte Betriebsvermögen mit dem gemeinen Wert anzusetzen; für die Bewertung von Pensionsrückstellungen gilt § 6a des Einkommensteuergesetzes. Abweichend von Satz 1 kann das übernommene Betriebsvermögen auf Antrag einheitlich mit dem Buchwert oder einem höheren Wert, höchstens jedoch mit dem Wert im Sinne des Satzes 1, angesetzt werden, soweit

1. sichergestellt ist, dass es später bei der übernehmenden Körperschaft der Besteuerung mit Körperschaftsteuer unterliegt,
2. die Passivposten des eingebrachten Betriebsvermögens die Aktivposten nicht übersteigen; dabei ist das Eigenkapital nicht zu berücksichtigen,
3. das Recht der Bundesrepublik Deutschland hinsichtlich der Besteuerung des Gewinns aus der Veräußerung des eingebrachten Betriebsvermögens bei der übernehmenden Gesellschaft nicht ausgeschlossen oder beschränkt wird.

Der Antrag ist spätestens bis zur erstmaligen Abgabe der steuerlichen Schlussbilanz bei dem für die Besteuerung der übernehmenden Gesellschaft zuständigen Finanzamt zu stellen. Erhält der Einbringende neben den Gesellschaftsanteilen auch andere Wirtschaftsgüter, deren gemeiner Wert den Buchwert des eingebrachten Betriebsvermögens übersteigt, hat die übernehmende Gesellschaft das eingebrachte Betriebsvermögen mindestens mit dem gemeinen Wert der anderen Wirtschaftsgüter anzusetzen.

(3) Der Wert, mit dem die übernehmende Gesellschaft das eingebrachte Betriebsvermögen ansetzt, gilt für den Einbringenden als Veräußerungspreis und als Anschaffungskosten der Gesellschaftsanteile. Ist das Recht der Bundesrepublik Deutschland hinsichtlich der Besteuerung des Gewinns aus der Veräußerung des eingebrachten Betriebsvermögens im Zeitpunkt der Einbringung ausgeschlossen und wird dieses auch nicht durch die Einbringung begründet, gilt für den Einbringenden insoweit der gemeine Wert des Betriebsvermögens im Zeitpunkt der Einbringung als Anschaffungskosten der Anteile. Soweit neben den Gesellschaftsanteilen auch andere Wirtschaftsgüter gewährt werden, ist deren gemeiner Wert bei der Bemessung der Anschaffungskosten der Gesellschaftsanteile von dem sich nach den Sätzen 1 und 2 ergebenden Wert abzuziehen. Umfasst das eingebrachte Betriebsvermögen auch einbringungsgeborene Anteile im Sinne des § 21 Abs. 1 in der Fassung der Bekanntmachung vom 15. Oktober 2002 (BGBl. I S. 4133, 2003 I S. 738), geändert durch Artikel 3 des Gesetzes vom 16. Mai 2003 (BGBl. I S. 660), gelten die erhaltenen Anteile insoweit auch als einbringungsgeboren im Sinne von § 21 Abs. 1 in der Fassung der Bekanntmachung vom 15. Oktober 2002 (BGBl. I S. 4133, 2003 I S. 738), geändert durch Artikel 3 des Gesetzes vom 16. Mai 2003 (BGBl. I S. 660).

(4) Auf einen bei der Sacheinlage entstehenden Veräußerungsgewinn ist § 16 Abs. 4 des Einkommensteuergesetzes nur anzuwenden, wenn der Einbringende eine natürliche Person ist, es sich nicht um die Einbringung von Teilen eines Mitunternehmeranteils handelt und die übernehmende Gesellschaft das eingebrachte Betriebsvermögen mit dem gemeinen Wert ansetzt. In diesen

Fällen ist § 34 Abs. 1 und 3 des Einkommensteuergesetzes nur anzuwenden, soweit der Veräußerungsgewinn nicht nach § 3 Nr. 40 Satz 1 in Verbindung mit § 3c Abs. 2 des Einkommensteuergesetzes teilweise steuerbefreit ist.

(5) Das Einkommen und das Vermögen des Einbringenden und der übernehmenden Gesellschaft sind auf Antrag so zu ermitteln, als ob das eingebrachte Betriebsvermögen mit Ablauf des steuerlichen Übertragungsstichtags (Absatz 6) auf die Übernehmerin übergegangen wäre. Dies gilt hinsichtlich des Einkommens und des Gewerbeertrags nicht für Entnahmen und Einlagen, die nach dem steuerlichen Übertragungsstichtag erfolgen. Die Anschaffungskosten der Anteile (Absatz 3) sind um den Buchwert der Entnahmen zu vermindern und um den sich nach § 6 Abs. 1 Nr. 5 des Einkommensteuergesetzes ergebenden Wert der Einlagen zu erhöhen.

(6) Als steuerlicher Übertragungsstichtag (Einbringungszeitpunkt) darf in den Fällen der Sacheinlage durch Verschmelzung im Sinne des § 2 des Umwandlungsgesetzes der Stichtag angesehen werden, für den die Schlussbilanz jedes der übertragenden Unternehmen im Sinne des § 17 Abs. 2 des Umwandlungsgesetzes aufgestellt ist; dieser Stichtag darf höchstens acht Monate vor der Anmeldung der Verschmelzung zur Eintragung in das Handelsregister liegen. Entsprechendes gilt, wenn Vermögen im Wege der Sacheinlage durch Aufspaltung, Abspaltung oder Ausgliederung nach § 123 des Umwandlungsgesetzes auf die übernehmende Gesellschaft übergeht. In anderen Fällen der Sacheinlage darf die Einbringung auf einen Tag zurückbezogen werden, der höchstens acht Monate vor dem Tag des Abschlusses des Einbringungsvertrags liegt und höchstens acht Monate vor dem Zeitpunkt liegt, an dem das eingebrachte Betriebsvermögen auf die übernehmende Gesellschaft übergeht. § 2 Abs. 3 gilt entsprechend.

(7) § 3 Abs. 3 ist entsprechend anzuwenden.

(8) Ist eine gebietsfremde einbringende oder erworbene Gesellschaft im Sinne von Artikel 3 der Richtlinie 90/434/EWG als steuerlich transparent anzusehen, ist auf Grund Artikel 10a der Richtlinie 90/434/EWG die ausländische Steuer, die nach den Rechtsvorschriften des anderen Mitgliedstaats der Europäischen Union erhoben worden wäre, wenn die einer in einem anderen Mitgliedstaat belegenen Betriebsstätte zuzurechnenden eingebrachten Wirtschaftsgüter zum gemeinen Wert veräußert worden wären, auf die auf den Einbringungsgewinn entfallende Körperschaftsteuer oder Einkommensteuer unter entsprechender Anwendung von § 26 Abs. 6 des Körperschaftsteuergesetzes und von den §§ 34c und 50 Abs. 6 des Einkommensteuergesetzes anzurechnen.

§ 21
Bewertung der Anteile beim Anteilstausch

(1) Werden Anteile an einer Kapitalgesellschaft oder einer Genossenschaft (erworbene Gesellschaft) in eine Kapitalgesellschaft oder Genossenschaft (übernehmende Gesellschaft) gegen Gewährung neuer Anteile an der übernehmenden Gesellschaft eingebracht (Anteilstausch), hat die übernehmende Gesellschaft die eingebrachten Anteile mit dem gemeinen Wert anzusetzen. Abweichend von Satz 1 können die eingebrachten Anteile auf Antrag mit dem Buchwert oder einem höheren Wert, höchstens jedoch mit dem gemeinen Wert, angesetzt werden, wenn die übernehmende Gesellschaft nach der Einbringung auf Grund ihrer Beteiligung einschließlich der eingebrachten Anteile nachweisbar unmittelbar die Mehrheit der Stimmrechte an der erworbenen Gesellschaft hat (qualifizierter Anteilstausch); § 20 Abs. 2 Satz 3 gilt entsprechend. Erhält der Einbringende neben den Gesellschaftsanteilen auch andere Wirtschaftsgüter, deren gemeiner Wert den Buchwert der eingebrachten Anteile übersteigt, hat die übernehmende Gesellschaft die eingebrachten Anteile mindestens mit dem gemeinen Wert der anderen Wirtschaftsgüter anzusetzen.

(2) Der Wert, mit dem die übernehmende Gesellschaft die eingebrachten Anteile ansetzt, gilt für den Einbringenden als Veräußerungspreis der eingebrachten Anteile und als Anschaffungskosten der erhaltenen Anteile. Abweichend von Satz 1 gilt für den Einbringenden der gemeine Wert der eingebrachten Anteile als Veräußerungspreis und als Anschaffungskosten der erhaltenen Anteile, wenn für die eingebrachten Anteile nach der Einbringung das Recht der Bundesrepublik Deutschland hinsichtlich der Besteuerung des Gewinns aus der Veräußerung dieser Anteile ausgeschlossen oder beschränkt ist; dies gilt auch, wenn das Recht der Bundesrepublik Deutschland hinsichtlich der Besteuerung des Gewinns aus der Veräußerung der erhaltenen Anteile ausgeschlossen oder beschränkt ist. Auf Antrag gilt in den Fällen des Satzes 2 unter den Voraussetzungen des Absatzes 1 Satz 2 der Buchwert oder ein höherer Wert, höchstens der gemeine Wert, als Veräußerungspreis der eingebrachten Anteile und als Anschaffungskosten der erhaltenen Anteile, wenn

1. das Recht der Bundesrepublik Deutschland hinsichtlich der Besteuerung des Gewinns aus der Veräußerung der erhaltenen Anteile nicht ausgeschlossen oder beschränkt ist oder

2. der Gewinn aus dem Anteilstausch auf Grund Artikel 8 der Richtlinie 90/434/EWG nicht besteuert werden darf; in diesem Fall ist der Gewinn aus einer späteren Veräußerung der erhaltenen Anteile ungeachtet der Bestimmungen eines Abkommens zur Vermeidung der Doppelbesteuerung in der gleichen Art und Weise zu besteuern, wie die Veräußerung der Anteile an der erworbenen Gesellschaft zu besteuern gewesen wäre; § 15 Abs. 1a Satz 2 des Einkommensteuergesetzes ist entsprechend anzuwenden.

Der Antrag ist spätestens bis zur erstmaligen Abgabe der Steuererklärung bei dem für die Besteuerung des Einbringenden zuständigen Finanzamt zu stellen. Haben die eingebrachten Anteile beim Einbringenden nicht zu einem Betriebsvermögen gehört, treten an die Stelle des Buchwerts die Anschaffungskosten. § 20 Abs. 3 Satz 3 und 4 gilt entsprechend.

(3) Auf den beim Anteilstausch entstehenden Veräußerungsgewinn ist § 17 Abs. 3 des Einkommensteuergesetzes nur anzuwenden, wenn der Einbringende eine natürliche Person ist und die übernehmende Gesellschaft die eingebrachten Anteile nach Absatz 1 Satz 1 oder in den Fällen des Absatzes 2 Satz 2 der Einbringende mit dem gemeinen Wert ansetzt; dies gilt für die Anwendung von § 16 Abs. 4 des Einkommensteuergesetzes unter der Voraussetzung, dass eine im Betriebsvermögen gehaltene Beteiligung an einer Kapitalgesellschaft eingebracht wird, die das gesamte Nennkapital der Kapitalgesellschaft umfasst. § 34 Abs. 1 des Einkommensteuergesetzes findet keine Anwendung.

b) Begünstigte Rechtsformen nach der Fusionsbesteuerungs-RL und dem SEStEG

Die Frage nach dem Anwendungsbereich der **Fusionsbesteuerungs-RL**[402] ist nicht nur   **291** für eine mögliche Gemeinschaftsrechtswidrigkeit der deutschen Rechtslage von Bedeutung, sondern auch deshalb von Relevanz, weil das UmwStG n.F. mehrfach unmittelbar auf Bestimmungen der Fusionsbesteuerungs-RL verweist[403].

Von der Fusionsbesteuerungs-RL sind grundsätzlich jene Gesellschaften erfasst, die   **292** in der Liste in deren **Anhang** genannt sind (Art. 3 lit. a Fusionsbesteuerungs-RL). Ferner müssen die jeweiligen Gesellschaften zwingend einer in Art. 3 lit. c Fusionsbesteuerungs-RL aufgezählten **Körperschaftsteuer** unterliegen. Die beiden vorgenannten Kriterien sind bei der Gründung einer Holding-SE – die (in Deutschland) ja nur der Rechtsform GmbH und AG offen steht – stets erfüllt. Auch die SE selbst ist seit der Erweiterung des Anhangs im Jahr 2005 ausdrücklich in der Liste erwähnt.

Obwohl die Fusionsbesteuerungs-RL auf den ersten Blick nur Gesellschaften erfasst,   **293** folgt aus ihrer Konzeption, dass an die Person des **Einbringenden** überhaupt **keine Voraussetzungen** geknüpft werden und somit ein weiter Kreis an zulässigen Einbringenden in Frage kommt. Einbringender kann jede natürliche oder juristische Person, aber auch eine Personengesellschaft sein[404]. Die deutsche Rechtslage entspricht diesen Vorgaben[405].

§ 21 UmwStG n.F. spricht allgemein von „**Kapitalgesellschaften**" und erfasst somit   **294** AG, GmbH und SE.

Erörterung verdient auch die in § 1 Abs. 4 Nr. 1 UmwStG n.F. normierte Vorausset-   **295** zung, wonach die übernehmende Gesellschaft nach dem **Recht eines EU- bzw. EWR-Mitgliedstaats** gegründet worden sein muss. Unproblematisch ist dies hinsichtlich der Gründungsgesellschaften, weil Art. 2 Abs. 2 SE-VO nur solchen Gesellschaften die Gründung einer Holding-SE ermöglicht. Was gilt aber für die SE? Deren Gründung erfolgt auf den ersten Blick nach Gemeinschaftsrecht und somit nicht „*nach den Rechtsvorschriften eines Mitgliedstaats*". Bei genauerer Betrachtung ist aber zu

---

402 Vgl. dazu etwa *Schindler*, CDFI Vol. 90b, S. 56 ff.
403 Vgl. stellvertretend § 21 Abs. 2 Nr. 2 UmwStG n.F.
404 *Dötsch/Pung*, DB 2006, 2763, 2769; *Werra/Teiche*, DB 2006, 1455 f. Aus dem bisherigen Schrifttum statt vieler *Schmitt* in Schmitt/Hörtnagl/Stratz, UmwG – UmwStG, § 23 UmwStG Rz. 85.
405 *Widmann* in Widmann/Mayer, Umwandlungsrecht, Loseblatt, § 23 UmwStG Rz. 194.

konstatieren, dass zum einen das unmittelbar anwendbare Gemeinschaftsrecht – in Gestalt der SE-VO – Bestandteil der inländischen Rechtsordnung ist, zum anderen richtet sich die Gründung der SE nach den einzelstaatlichen Ausführungsgesetzen. Daher ist auch diese Anwendungsvoraussetzung des UmwStG n.F. bei der Gründung einer Holding-SE regelmäßig erfüllt.

c) Ansässigkeitsvoraussetzungen nach der Fusionsbesteuerungs-RL und dem SEStEG

296   **aa) Fusionsbesteuerungs-RL.** Die dritte Voraussetzung regelt Art. 1 lit. a i.V.m. Art. 3 lit. b Fusionsbesteuerungs-RL: Hiernach müssen die beteiligten Gesellschaften in **verschiedenen Mitgliedstaaten steueransässig**[406] sein, um von der Fusionsbesteuerungs-RL erfasst zu werden. Bei Prüfung, ob diese Voraussetzung bei der Gründung einer Holding-SE ebenfalls erfüllt ist, sind aufgrund der SE-VO **zwei Fallgruppen** zu unterscheiden: Zum einen ist der Parallelfall zur Verschmelzung vorgesehen, wonach (mindestens) zwei Gründungsgesellschaften dem Recht verschiedener Mitgliedstaaten unterliegen (Art. 2 Abs. 2 lit. a SE-VO). Hier kann auf die Ausführungen zur Verschmelzung verwiesen werden[407]. Bei der Gründungsalternative gem. Art. 2 Abs. 2 lit. b SE-VO reicht es hingegen, dass (mindestens) zwei der Gründungsgesellschaften entweder über eine Tochtergesellschaft oder über eine Zweigniederlassung in einem anderen Mitgliedstaat verfügen[408]. Im Fall der zweiten Gründungsalternative werden die Gründungsgesellschaften in demselben Mitgliedstaat steueransässig sein (weil sonst die Voraussetzungen nach Art. 2 Abs. 2 lit. a SE-VO erfüllt wären), so dass die Fusionsbesteuerungs-RL immer nur dann Anwendung finden wird, wenn die neu gegründete SE in einem anderen Mitgliedstaat steueransässig ist[409].

297   **bb) UmwStG.** Das UmwStG n.F. normiert an zentraler Stelle für alle Umwandlungsformen die Ansässigkeitsvoraussetzungen der beteiligten Rechtsträger:

§ 1
Anwendungsbereich und Begriffsbestimmungen

(3) Der sechste bis achte Teil gilt nur für

5. den Austausch von Anteilen

(1) [Die Bestimmungen über den Anteilstausch gelten] nur, wenn

1. der übernehmende Rechtsträger eine Gesellschaft im Sinne von Absatz 2 Satz 1 Nr. 1 ist [...]

(2) [...]

1. [darunter fallen:] nach den Rechtsvorschriften eines Mitgliedstaats der Europäischen Union oder eines Staates, auf den das Abkommen über den Europäischen Wirtschaftsraum Anwendung findet, gegründete Gesellschaften im Sinne des Artikels 48 des Vertrags zur Gründung der Europäischen Gemeinschaft oder des Artikels 34 des Abkommens über den Europäischen Wirtschaftsraum sind, deren Sitz und Ort der Geschäftsleitung sich innerhalb des Hoheitsgebiets eines dieser Staaten befinden [...]

---

406   Zur Streitfrage, auf welche Art der Ansässigkeit es ankommt, wurde bereits unter Rz. 213 dargelegt, dass nur die steuerrechtliche Ansässigkeit maßgeblich sein kann.

407   S. Rz. 213. Keine Anwendung findet die Fusionsbesteuerungs-RL insoweit, als Gründungsgesellschaft und SE in demselben Mitgliedstaat steueransässig sind: Werden etwa je 100% an einer deutschen AG und einer österreichischen AG in eine deutsche SE eingebracht, fällt zwar die Einbringung der 100% an der österreichischen AG unter die Fusionsbesteuerungs-RL, nicht aber die Einbringung der 100% an der deutschen AG (vgl. etwa *Thömmes* in Theisen/Wenz, Europäische Aktiengesellschaft, S. 562; *Schwarz*, Einl. Rz. 340). Derartige Einbringungen können nach dem UmwStG n.F. aber dennoch steuerneutral durchgeführt werden (vgl. dazu bereits Punkt 2. c) aa)). Vgl. auch *Terra/Wattel*, European Tax Law, S. 562 f.

408   *Schindler* in Kalss/Hügel, Teil III: Steuerrecht, Rz. 56.

409   Vgl *Herzig/Griemla*, StuW 2002, 59 ff.; *Schindler* in Kalss/Hügel, Teil III: Steuerrecht, Rz. 56; *Tumpel*, GesRZ 2002, 162, 165.

(1) Übernehmender Rechtsträger. Seit dem **SEStEG** gilt einheitlich für Einbringung und Anteilstausch, dass der übernehmende Rechtsträger nach den **Rechtsvorschriften eines EU- bzw. EWR-Mitgliedstaats gegründet** worden sein muss, und überdies sowohl seinen **Sitz als auch seinen Ort der Geschäftsleitung in der Gemeinschaft bzw. dem EWR-Raum** haben muss[410]. Somit kommen als übernehmende Körperschaft gem. § 21 Abs. 1 i.V.m. § 1 Abs. 4 Nr. 1 UmwStG n.F. neben unbeschränkt steuerpflichtigen Kapitalgesellschaften auch im EU-/EWR-Ausland ansässige Kapitalgesellschaften in Frage, sofern diese nach dem Recht eines EU- bzw. EWR-Mitgliedstaats gegründet worden sind.

298

Das UmwStG n.F. ist somit großzügiger als die Fusionsbesteuerungs-RL und erfasst auch jene Fälle, in denen die Holding-SE ihren Sitz in demselben Mitgliedstaat hat, wie die Gründungsgesellschaften. In der Diktion der Fusionsbesteuerungs-RL gesprochen, begünstigt das UmwStG n.F. somit auch jene Fälle, in denen sowohl die „**erwerbende**" als auch die „**erworbene**" Gesellschaft in demselben Mitgliedstaat steueransässig sind[411]. Wenn also etwa eine AG und eine GmbH – die beide in Deutschland steueransässig sind und in einem anderen Mitgliedstaat entweder über Tochtergesellschaften oder Zweigniederlassungen verfügen – eine SE mit Sitz in Deutschland gründen wollen, wäre dieser Fall vom UmwStG n.F. erfasst.

299

Auf die Gründung einer Holding-SE übertragen, führt die deutsche Rechtslage zu folgendem **Ergebnis**: Übernehmender Rechtsträger ist stets die SE. Aus Art. 7 Satz 1 SE-VO ergibt sich, dass deren Sitz in der Gemeinschaft liegen muss. Zusätzlich hat auch deren Hauptverwaltung in demselben Mitgliedstaat zu liegen. Da – von Sonderfällen abgesehen – der Ort der Geschäftsleitung mit jenem der Hauptverwaltung übereinstimmt, liegen die von § 1 Abs. 4 Nr. 1 UmwStG n.F. festgelegten Anknüpfungspunkte betreffend die Ansässigkeit des übernehmenden Rechtsträgers somit in aller Regel vor. Problematisch könnten nur solche Fallkonstellationen sein, in denen der Ort der Geschäftsleitung – *contra legem* – von jenem der Hauptverwaltung abweicht und dieser zusätzlich außerhalb der Gemeinschaft liegt.

300

(2) Erworbener Rechtsträger. Die Ansässigkeit des erworbenen Rechtsträgers wird **vom UmwStG n.F. nicht geregelt.** Auch in diesem Punkt ist das deutsche Steuerrecht somit günstiger als die Fusionsbesteuerungs-RL, die für den übernehmenden Rechtsträger und den erworbenen Rechtsträger dieselben Ansässigkeitsvoraussetzungen normiert.

301

Das UmwStG n.F. erfasst somit auch jene Fälle, in denen die Holding-SE ihren Sitz in demselben Mitgliedstaat hat, wie die Gründungsgesellschaften. In der Diktion der Fusionsbesteuerungs-RL gesprochen, begünstigt das UmwStG n.F. somit auch jene Fälle, in denen sowohl die „**erwerbende**" als auch die „**erworbene**" Gesellschaft in demselben Mitgliedstaat steueransässig sind[412]. Wenn also etwa eine AG und eine GmbH – die beide in Deutschland steueransässig sind und in einem anderen Mitgliedstaat entweder über Tochtergesellschaften oder Zweigniederlassungen verfügen –

302

---

410 Das UmwStG wurde somit „europäisiert". Zu einer „Globalisierung" – wie sie noch in einem Vorentwurf vorgesehen war – konnte sich der Gesetzgeber indessen nicht durchringen. Kritik dazu bei *Thiel*, DB 2005, 2320; *Körner*, IStR 2006, 109. In Teilbereichen geht das SEStEG über eine Europäisierung aber hinaus. Etwa bei der Einbringung von Betrieben, Teilbetrieben und Mitunternehmeranteilen erfasst § 24 UmwStG n.F. – in Übereinstimmung mit der bisherigen Rechtslage – auch die Einbringung in eine in einem Drittstaat ansässige Personengesellschaft: Gem. § 1 Abs. 4 Satz 2 UmwStG n.F. bestehen für die Anwendbarkeit des § 24 UmwStG n.F. keine Voraussetzungen betreffend die Ansässigkeit der übernehmenden Personengesellschaft.
411 *Thömmes* in Theisen/Wenz, Europäische Aktiengesellschaft, S. 567.
412 *Thömmes* in Theisen/Wenz, Europäische Aktiengesellschaft, S. 567.

eine SE mit Sitz in Deutschland gründen wollen, wäre dieser Fall vom UmwStG n.F. erfasst.

303 **(3) Einbringende Personen. Keine** derartigen **Ansässigkeitserfordernisse** bestehen hinsichtlich des Einbringenden, weil es im Fall des Anteilstausches auf dessen Ansässigkeit – wie schon nach alter Rechtslage – nicht ankommt[413]. Die Anwendbarkeit der Bestimmungen über den Anteilstausch gem. § 21 UmwStG n.F. hängt nach § 1 Abs. 4 UmwStG n.F. alleine von der Ansässigkeit des übernehmenden Rechtsträgers ab[414].

304 Dies deckt sich mit den Vorgaben der Fusionsbesteuerungs-RL: Auf die Ansässigkeit des Einbringenden kommt es nicht an[415]. Hingegen müssen sowohl die übernehmende Gesellschaft (also die SE) als auch jene Gesellschaft, deren Anteile eingebracht werden (eine Gründungsgesellschaft), in der Gemeinschaft ansässig sein[416].

305 Die deutsche Regelung erfasst auch **Einbringende aus Drittstaaten**, was bei der Gründung einer Holding-SE eine durchaus denkbare Konstellation ist, weil Art. 2 Abs. 2 SE-VO nur bei den Gründungsgesellschaften einen Gemeinschaftsbezug verlangt, nicht aber bei deren Gesellschaftern[417].

d) Erwerb einer Stimmrechtsmehrheit an Anteilen einer Kapitalgesellschaft

306 Wesentliche Voraussetzung für die steuerneutrale Durchführung eines Anteilstausches ist sowohl nach der Fusionsbesteuerungs-RL als auch nach deutschem Recht der Erwerb einer Stimmrechtsmehrheit durch die erwerbende Gesellschaft.

---

413 Dies ergibt sich aus § 1 Abs. 4 Nr. 2 UmwStG n.F., der ausdrücklich nur auf die in § 1 Abs. 3 Nr. 1 bis 4 UmwStG n.F. erfassten Fällen (für die SE-Thematik relevant sind Verschmelzung und Einbringung) verweist, nicht aber auf den in Nr. 5 leg cit geregelten Anteilstausch. Ebenso *Ley*, FR 2007, 109, 117; unklar indessen *Strahl*, KÖSDI 2007, 15442, 15443.

414 *Benecke/Schnitger*, IStR 2007, 25.

415 *Hügel* in Hügel/Mühlehner/Hirschler, UmgrStG, 2000, § 16 Rz. 84 m.w.N.; *Hügel* in FS Werilly, 2004, S. 161, 164 f.

416 Aus Vereinfachungsgründen wird angenommen, dass die Gründungsgesellschaften, die gem. Art. 2 SE-VO zwingend in der Gemeinschaft gegründet worden sein müssen, für steuerrechtliche Zwecke als in der Gemeinschaft ansässig gelten.

417 Der Kommissionsvorschlag zur Änderung der Fusionsbesteuerungs-RL sah eine Klarstellung dahin gehend vor, dass der Erwerb als Gegenleistung gewährten Anteile durch einen im Drittlandsgebiet ansässigen Gesellschafter der Steuerneutralität des Anteilstausches nach der Fusionsbesteuerungs-RL nicht entgegensteht: Art. 8 Fusionsbesteuerungs-RL sollte durch einen neuen Abs. 12 explizit dergestalt geändert werden, dass die Fusionsbesteuerungs-RL eindeutig auch jene Fälle des Anteilstausches abdeckt, in denen eine in einem Mitgliedstaat ansässige Gesellschaft von einem außerhalb der Gemeinschaft ansässigen Gesellschafter die Mehrheit der Stimmrechte erwirbt. Danach sollte die „*Tatsache, dass eine Gesellschaft eine Beteiligung an der erworbenen Gesellschaft von Gesellschaftern erwirbt, die für Steuerzwecke außerhalb der Gemeinschaft ansässig sind, [...] der Anwendung der in diesem Artikel vorgesehenen steuerlichen Entlastung*" nicht entgegenstehen. Diese Bestimmung des Kommissionsvorschlags wurde allerdings nicht verabschiedet. Es ist daher nicht auszuschließen, dass sich einzelne Mitgliedstaaten – dies gilt offenkundig nicht für Deutschland – weiterhin auf den Standpunkt stellen werden, dass die Ansässigkeit des Einbringenden in der Gemeinschaft Voraussetzung der Steuerneutralität des Anteilstausches ist. Eine derartige Auslegung widerspricht der Fusionsbesteuerungs-RL: Da die einbringende Gesellschafter nach den Bestimmungen der Fusionsbesteuerungs-RL keinerlei persönliche Voraussetzungen erfüllen muss, entspricht es seit langem der h.A. im Schrifttum, dass es auf die Ansässigkeit des Einbringenden für die Frage der Steuerneutralität des Anteilstausches nicht ankommt (vgl. *Saß*, DB 1990, 2340, 2343; *Tumpel*, Harmonisierung der direkten Unternehmensbesteuerung in der EU, S. 159 f. Aus dem jüngeren Schrifttum s. *Hügel* in Hügel/Mühlehner/Hirschler, UmgrStG, 2000, § 16 Rz. 21, 62 ff.; *Staringer* in Helbich/Wiesner/Bruckner [Hrsg.], Handbuch Umgründungen, Loseblatt, Q2 Rz. 63; *Schindler*, CDFI Vol. 90b, S. 49 ff.; *Saß*, DB 2005, 1238 f.; a.A. offenbar *Blumers/Kinzl*, BB 2005, 971, 975).

aa) Fusionsbesteuerungs-RL. In der bis 31.12.2006 geltenden Fassung definierte Art. 2   307
lit. d Fusionsbesteuerungs-RL den *„Austausch von Anteilen"* als einen Vorgang, *„durch den eine Gesellschaft am Gesellschaftskapital einer anderen Gesellschaft eine Beteiligung erwirbt, die ihr die Mehrheit der Stimmrechte verleiht, und zwar gegen Gewährung von Anteilen an der erwerbenden Gesellschaft an die Gesellschafter der anderen Gesellschaft".* Aus dieser Definition ging nicht klar hervor, ob der **Erwerb weiterer Anteile** durch einen Gesellschafter, der bereits über eine Mehrheit der Stimmrechte verfügt, ebenso umfasst ist wie der erstmalige Erwerb einer Stimmrechtsmehrheit[418]. Diese Unklarheit wurde durch eine Neuformulierung des Art. 2 lit. d Fusionsbesteuerungs-RL (s. oben Rz. 288) beseitigt, so dass die Erweiterung einer bestehenden Mehrheitsbeteiligung nunmehr unzweifelhaft in den Anwendungsbereich der Fusionsbesteuerungs-RL fällt.

Die h.A. im Schrifttum ging schon bisher davon aus, dass auch die Erweiterung einer   308
bestehenden Mehrheitsbeteiligung von der Fusionsbesteuerungs-RL erfasst ist[419], was sich auch an den Ausführungsgesetzen zahlreicher Mitgliedstaaten – darunter Deutschland (auch schon nach alter Rechtslage) – zeigt.

Die Änderung des Art. 2 lit. d Fusionsbesteuerungs-RL klärt allerdings nicht die   309
schon lange diskutierte Frage, ob das Mehrheitserfordernis auf Basis einer sogenannten *„stand alone* -Betrachtung"* erfüllt sein muss, oder ob auch jene Fälle erfasst sind, in denen die **erworbenen Anteile gemeinsam mit bereits gehaltenen Anteilen eine Mehrheit** verschaffen, wie z.B. bei Aufstockung einer 49%igen Minderheitsbeteiligung auf eine 51%ige Mehrheitsbeteiligung. Im Schrifttum wurde diese Auslegungsfrage zu Recht seit langem zu Gunsten der zweiten Alternative entschieden[420]. Dafür ergibt sich ein Anhaltspunkt aus dem Wortlaut des Art. 2 lit. d Fusionsbesteuerungs-RL, wonach der *„Erwerb"* der Anteile *„die Mehrheit der Stimmrechte verleihen"* muss, nicht jedoch der Erwerb *„der Mehrheit der Stimmrechte"* erforderlich ist. Diese Auslegung wird auch durch die oben genannte Änderung des Art. 2 lit. d Fusionsbesteuerungs-RL bestärkt, wiewohl sie diesen Fall nicht direkt anspricht[421].

Von der Fusionsbesteuerungs-RL begünstigt ist im Fall einer bereits bestehenden Be-   310
teiligung der Erwerb der (gesamten)[422] neu erworbenen Anteile, die zur **Überschreitung der Mehrheitsschwelle** führen[423]. Wird also beispielsweise eine bestehende 30%ige Beteiligung zunächst um 10% und in einem dritten Schritt um 15% aufgestockt, so fällt der gesamte 15%ige Anteilserwerb, durch den die Mehrheitsschwelle überschritten wird, unter die Begünstigung der Fusionsbesteuerungs-RL. Die Erwerbe der 30%igen und der 10%igen Beteiligung sind indessen nicht – auch nicht nachträglich – begünstigt. Dies bedeutet aber nicht *per se*, dass diese vorgelagerten Einbringungen immer zur steuerpflichtigen Aufdeckung stiller Reserven führen müssen, weil es für die Beurteilung der Besteuerungsfolgen immer auf die Bestimmungen des konkreten Mitgliedstaats ankommt: So begünstigt Österreich – über die Vor-

---

418 Vgl. *Schindler*, IStR 2005, 551 ff.
419 S. etwa *Saß*, DB 1990, 2343; *Tumpel*, Harmonisierung der direkten Unternehmensbesteuerung in der EU, S. 162; jeweils m.w.N. Aus dem jüngeren Schrifttum: *Maisto*, ET 2002, 287, 301; *Schindler*, CDFI Vol. 90b, S. 49 ff.; *Terra/Wattel*, European Tax Law, 2004, S. 544 f.; *Thömmes*, EC Corporate Law, Abschn. 5 Merger Directive, Art. 2 Rz. 70; a.A. *Benecke/ Schnitger*, IStR 2005, 639.
420 S. z.B. *Tumpel*, Harmonisierung der direkten Unternehmensbesteuerung in der EU, S. 162 m.w.N.; *Maisto*, ET 2002, 301 m.w.N.; *Thömmes*, EC Corporate Law, Abschn. 5 Merger Directive, Art. 2 Rz. 64; *Terra/Wattel*, European Tax Law, 2004, S. 543 f.
421 *Schindler*, CDFI Vol. 90b, S. 49 ff.; *Schindler*, IStR 2005, 551 ff.
422 S. auch *Saß*, DB 1990, 2340 f.
423 Vgl. *Thömmes*, EC Corporate Law, Abschn. 5 Merger Directive, Art. 2 Rz. 70.

gaben der Fusionsbesteuerungs-RL hinaus – auch die Einbringung von solchen Kapitalanteilen, die eine Beteiligung am Nennkapital von zumindest 25% repräsentieren[424]. Daher wäre nach **österreichischem Recht** auch die Einbringung der 30%igen Beteiligung steuerneutral möglich gewesen, obwohl die übernehmende Gesellschaft dabei (noch) keine Stimmrechtsmehrheit erworben hat.

311   Unter teleologischen Gesichtspunkten sprechen gute Gründe dafür, bei einem entsprechend dokumentierten und determinierten **Gesamtplan** auch juristisch **separierte Anteilserwerbe**, die auf einen gemeinsamen Stichtag abzielen und in Summe zum Überschreiten der Mehrheitsgrenze führen, für Zwecke des Art. 2 lit. d Fusionsbesteuerungs-RL als einheitlichen Vorgang zu betrachten[425]. Es wäre nur schwer einzusehen, dass ein gesamtplanmäßiger Erwerb von mehreren Tranchen von Anteilen an der Zielkörperschaft nur teilweise begünstigt sein soll, und es insofern auf den – oftmals Zufälligkeiten unterliegenden – Zeitablauf ankommt[426].

312   **bb) Deutsches Umwandlungssteuerrecht.** Die deutsche Rechtslage (§ 21 zur Bewertung der Anteile beim Anteilstausch, s. oben Rz. 290) erfüllt die Vorgaben der Fusionsbesteuerungs-RL.

313   Um den Anteilstausch als steuerneutrale **Buchwerteinbringung** durchzuführen, muss die übernehmende Gesellschaft auf Grund ihrer Beteiligung einschließlich der eingebrachten Anteile unmittelbar die Mehrheit der Stimmrechte an der erworbenen Gesellschaft halten. Das Gesetz nennt diesen Vorgang „qualifizierten Anteilstausch". Hierunter fallen – in Übereinstimmung mit den Bestimmungen der Fusionsbesteuerungs-RL – sowohl Einbringungen, die eine bereits bestehende Mehrheitsbeteiligung erweitern, als auch solche, die (erstmals) zum Erwerb einer Mehrheitsbeteiligung führen.

314   Bei Prüfung der Frage, ob eine Einbringung einen „**qualifizierten Anteilstausch**" darstellt, kommt es alleine auf die **Stimmrechtsmehrheit** an[427]. Da Art. 32 Abs. 2 i.V.m. Art. 33 Abs. 2 SE-VO als Voraussetzung für die Gründung einer Holding-SE die Einbringung von mehr als 50% der Stimmrechte verleihenden Anteile normiert, hat die SE *ex lege* in jeder Gründungsgesellschaft die Stimmrechtsmehrheit inne[428]. Die Gründung einer Holding-SE erfolgt somit durch Einbringung von mehrheitsvermittelnden Beteiligungen und kann nach dem SEStEG daher grundsätzlich steuerneutral erfolgen.

---

424   Bei der Einbringung derartiger 25%-Anteile kommt es auf die Stimmrechtsquote nicht an, so dass auch stimmrechtslose Vorzugsaktien steuerneutral eingebracht werden könnten (s. nur *Hügel* in Hügel/Mühlehner/Hirschler, UmgrStG, 2000, § 16 Rz. 101).

425   Vgl. dazu ausführlich *Kofler/Schindler*, taxlex 2005, 559, 560 f.

426   Vgl. folgendes Beispiel von *Kofler/Schindler*, taxlex 2005, 560 f.: Interessiert sich die erwerbende Gesellschaft etwa für drei Aktienpakete im Ausmaß von 51%, 25% und 24% an der Zielkörperschaft und wickelt die Akquisition nach einem einheitlichen Plan ab, so käme es bei einer hier abgelehnten isolierten Betrachtungsweise lediglich dann zu einer vollständigen Begünstigung, wenn der Erwerb der 51%igen Beteiligung zuerst erfolgt. Unnötig zu erwähnen, dass gerade der zeitliche Ablauf oftmals von nicht beeinflussbaren Faktoren (z.B. einer kartellrechtlichen Genehmigung, Registereintragung, etc.) abhängt, so dass das zwischen keiner und vollständiger Anwendung der Fusionsbesteuerungs-RL oszillierender Ausmaß der Begünstigung letztlich rein zufällig wäre. Praktische Bedeutung haben diese Überlegungen auch für den Erwerb einer Publikumsgesellschaft, bei der die einzelnen Anteilsinhaber – vielleicht mit Ausnahme eines Kernaktionärs – regelmäßig keine ausreichende Beteiligung für einen steuerneutralen Anteilstausch halten.

427   *Hagemann/Jakob/Ropohl/Viebrock*, NWB 2007, Sonderheft 1, S. 42. So auch zur alten Rechtslage *Schmitt* in Schmitt/Hörtnagl/Stratz, UmwG – UmwStG, § 23 UmwStG Rz. 146 m.w.N.

428   *Schindler*, Europäische Aktiengesellschaft, S. 34.

Unproblematisch sind jene Fälle, in denen ein **Alleingesellschafter** seine gesamte Be-   315
teiligung an der Gründungsgesellschaft in die SE einbringt. Erörterungsbedürftig sind
vielmehr Fälle, in denen die Anteile an einer Gründungsgesellschaft von mehren Gesellschaftern gehalten werden. Besonders bedeutsam ist dies bei reinen **Publikumsgesellschaften** bzw. Gesellschaften mit Streubesitz. Hier kommt es nach Auffassung
der Finanzverwaltung darauf an, dass die Einbringung auf einem einheitlichen Grün-
dungs- oder Kapitalerhöhungsvorgang beruhen muss[429]. Im Fall der Gründung einer
Holding müssen die eingebrachten Anteile in Summe immer eine Stimmrechtsmehrheit ergeben. Da den einzelnen Gesellschaftern für die Einbringung ihrer Anteile eine
Frist von drei Monaten zur Verfügung steht (Art. 33 Abs. 1 SE-VO), ist darauf zu achten, dass sämtliche Einbringungen auf einen gemeinsamen Einbringungsstichtag erfolgen[430].

Sollte ein **Gesellschafter** seine Anteile an einer Gründungsgesellschaft erst **nachträg-**   316
lich in die SE **einbringen**, hätte Letztere aufgrund der gesellschaftsrechtlichen Vorgaben der SE-VO bereits die Stimmrechtsmehrheit inne, so dass jede nachgelagerte
Einbringung – eines auch noch so kleinen Anteils – steuerneutral erfolgen kann. Derartige Einbringungen stellen dann die Erweiterung einer Stimmrechtsmehrheit dar,
die, ebenso wie deren Begründung, sowohl nach der Fusionsbesteuerungs-RL als auch
nach deutscher Rechtslage begünstigt ist.

Bei den eingebrachten Anteilen muss es sich zudem um solche einer Kapitalgesell-   317
schaft oder Genossenschaft[431] handeln[432]. Da als Gründungsgesellschaften einer Holding-SE gem. Art. 2 Abs. 2 SE-VO nur Gesellschaften i.S.d. Art. 3 Fusionsbesteuerungs-RL – in Deutschland die GmbH und die AG – in Frage kommen, ist diese Voraussetzung stets erfüllt. Aus deutscher Sicht handelt es sich also um **GmbH-Anteile
oder Aktien.** Ob es sich im konkreten Fall um Anteile an einer inländischen Gesellschaft oder um Anteile an einer ausländischen Gesellschaft handelt, ist für die Anwendbarkeit des UmwStG n.F. ohne Bedeutung. In beiden Fällen ist eine steuerneutrale Buchwerteinbringung möglich.

e) Anteilsgewährung der übernehmenden Gesellschaft

Weitere Anwendungsvoraussetzung des § 21 Abs. 1 UmwStG n.F. ist die Gewährung   318
neuer Anteile als **Gegenleistung für die eingebrachten Anteile**[433]. Bei der Holdinggründung i.S.d. Art. 2 Abs. 2 SE-VO handelt es sich um eine reine Sachgründung; eine
Bargründung kommt – anders als im Fall der Gründung einer gemeinsamen Tochtergesellschaft i.S.d. Art. 2 Abs. 3 SE-VO – nicht in Frage. Die Holdinggründung ist so-

---

429 BMF-Schreiben v. 25.3.1998, BStBl. I, 1998, 268.

430 Vgl. *Schindler* in Kalss/Hügel, Teil III: Steuerrecht, Rz. 113.

431 Auf Genossenschaftsanteile wird in weiterer Folge – mangels Relevanz für die SE – nicht
    weiter eingegangen.

432 § 1 Abs. 4 Nr. 3 UmwStG-E sah noch vor, dass neben dem erwerbenden Rechtsträger auch
    der erworbene Rechtsträger in der EU bzw. im EWR ansässig sein musste. Damit wären An-
    teile an Gesellschaften aus Drittstaaten nicht einmal im Inland steuerneutral übertragbar
    gewesen. Diese Voraussetzung ist aber entfallen, so dass es auf die Ansässigkeit jener Gesell-
    schaft, deren Anteile übertragen werden, nicht ankommt. Nunmehr können Anteile an
    Drittstaatengesellschaften auch in EU-Kapitalgesellschaften steuerneutral eingebracht wer-
    den (*Dötsch/Pung*, DB 2006, 2769).

433 *Benz/Rosenberg* in Blumenberg/Schäfer, Das SEStEG, S. 143, 150; *Bilitewski*, FR 2007, 64.
    Wie nach bisheriger Rechtslage wird davon auszugehen sein, dass diese Voraussetzung auch
    dann erfüllt ist, wenn neben neuen Anteilen (bereits vorhandene) eigene Anteile ausgegeben
    werden; vgl. *Schmitt* in Schmitt/Hörtnagl/Stratz, UmwG – UmwStG, § 23 UmwStG
    Rz. 206; *Widmann* in Widmann/Mayer, Umwandlungsrecht, Loseblatt, § 23 UmwStG
    Rz. 471.

mit *ex lege* mit einer Anteilsgewährung verbunden, so dass diese Anwendungsvoraussetzung gem. § 21 Abs. 1 UmwStG n.F. stets erfüllt ist. Hinzuweisen ist darauf, dass es bei den als Gegenleistung gewährten Anteilen nicht darauf ankommt,
dass eine Stimmrechtsmehrheit mit diesen Anteilen verbunden ist. Entscheidend ist
lediglich, ob die SE die Mehrheit der Stimmrechte jener Gesellschaft erlangt, deren
Anteile eingebracht werden.

319 Das Erfordernis der Gewährung neuer Anteile nach deutschem Recht widerspricht
u.E. den **Vorgaben der Fusionsbesteuerungs-RL.** Art. 8 Abs. 11 des Vorschlags einer
Änderung der Fusionsbesteuerungs-RL aus dem Jahr 2003 enthielt eine Bewertungs-
regel für den Fall, dass die übernehmende Gesellschaft **eigene Anteile** hält und diese –
statt einer Kapitalerhöhung – an die Einbringenden überträgt. Diese Bestimmung wurde nicht verabschiedet, woraus manche Autoren nunmehr ableiten wollen, dass stets
die Ausgabe junger Anteile erfolgen muss[434]. Diese Auslegung ist u.E. nicht zutreffend, auch bei der ursprünglichen Fassung der Fusionsbesteuerungs-RL hielt das
Schrifttum die Gewährung (vorhandener) eigener Anteile für zulässig[435]. Hieran kann
eine später geplante, aber letztlich nicht verabschiedete Regelung nichts ändern. Insbesondere war diese Bestimmung Teil einer grundlegenden Reform der Bewertungsregeln, die das Problem der sog. „Verdoppelung stiller Reserven" künftig verhindern
sollte. Da die geplante Reform der Bewertungsvorschriften letztlich (gänzlich) unterblieben ist, wurde auch die für den Sonderfall des Unterbleibens einer Kapitalerhöhung
vorgesehene Regelung nicht in die ÄnderungsRL aufgenommen. Hieraus lässt sich
aber nicht ableiten, dass *e contrario* stets die Ausgabe junger Aktien zu erfolgen hat.

320 Bei der Gründung einer Holding-SE spielt diese Frage aber keine Rolle, weil bei einer
Sachgründung stets die Ausgabe neuer Anteile erfolgt. Die Ausgabe eigener Anteile
durch die Gesellschaft könnte somit nur im Falle späterer – der Gründung nachgelagerter – Einbringungen in die SE von Relevanz sein. Für die Steuerneutralität derartiger Einbringungen darf es u.E. nicht auf die Durchführung einer Kapitalerhöhung ankommen. In diesem Punkt ist daher ein Verstoß der deutschen Bestimmungen gegen
die Fusionsbesteuerungs-RL zu konstatieren[436].

f) Buchwertfortführung

321 **aa) Wertansatz bei der Gesellschaft.** Sind die vorgenannten Voraussetzungen erfüllt,
kann – auf Antrag der erwerbenden Gesellschaft – eine steuerneutrale Buchwerteinbringung erfolgen. § 21 Abs. 1 Satz 1 UmwStG n.F. sieht als **Grundregel** die Bewertung der eingebrachten Anteile bei der erwerbenden Gesellschaft mit dem **gemeinen
Wert** vor. Im Fall eines „qualifizierten Anteilstausches" kann aber gem. § 21 Abs. 1
Satz 2 UmwStG n.F. an Stelle des gemeinen Werts der Buchwert (oder auch ein höherer Zwischenwert) angesetzt werden. Auf den Erhalt des deutschen Besteuerungsrechts an den eingebrachten Anteilen kommt es – wie schon nach bisheriger Rechtslage – nicht an[437] (vgl. § 21 zur Bewertung der Anteile beim Anteilstausch, oben
Rz. 290).

---

434 *Klingberg/van Lishaut*, Der Konzern 2005, 722. Vgl. auch *Benz/Rosenberg*, BB-Special
     8/2006, 51, 53; *Benz/Rosenberg* in Blumenberg/Schäfer, Das SEStEG, S. 150.
435 *Jacobs*, Internationale Unternehmensbesteuerung, 5. Aufl. 2002, S. 1134 f.; *Schindler*, CDFI
     Vol. 90b, S. 59; *Thömmes*, EC Corporate Law, Abschn. 5 Merger Directive, Art. 2 Rz. 73;
     ebenso m.w.N. zur h.A. *Schmitt* in Schmitt/Hörtnagl/Stratz, UmwG – UmwStG, § 23
     UmwStG Rz. 38; a.A. etwa *Hasenauer*, GeS 2004, 434.
436 Vgl. zur alten Rechtslage *Schmitt* in Schmitt/Hörtnagl/Stratz, UmwG – UmwStG, § 23
     UmwStG Rz. 38.
437 *Dötsch/Pung*, DB 2006, 2769. Hieran ändert auch der in diesem Punkt etwas missverständli-
     che § 21 Abs. 2 Satz 2 UmwStG n.F. nichts.

bb) Wertansatz bei den Gesellschaftern. (1) Wahlrecht zur Fortführung der Buchwerte. Grundsätzlich gelten jene Werte, mit denen die übernehmende SE die eingebrachten Anteile ansetzt, bei den Gesellschaftern der Gründungsgesellschaften als Anschaffungskosten der als Gegenleistung erhaltenen SE-Anteile. Dieselben Werte gelten bei den Gesellschaftern der Gründungsgesellschaften als Veräußerungspreis der eingebrachten Anteile. 322

Im Rahmen der Besteuerung der Einbringenden – im Fall der Gründung einer Holding-SE sind das die Gesellschafter der Gründungsgesellschaften – führt dies zu folgendem Ergebnis: 323

Bei der **Buchwerteinbringung unterbleibt** eine tatsächliche **Besteuerung** mangels eines Veräußerungsgewinns. Umgekehrt führt der Ansatz des gemeinen Werts in der Regel zur steuerpflichtigen Aufdeckung der stillen Reserven, so dass der Ansatz der eingebrachten Anteile mit den jeweiligen Buchwerten bzw. Anschaffungskosten erforderlich ist, um eine Einbringung steuerneutral zu gestalten. 324

Liegen die Voraussetzungen einer Buchwertfortführung nicht vor, erfolgt die **Besteuerung** nach folgenden Grundsätzen: 325

Soweit es sich bei den Einbringenden um **natürliche Personen** handelt, die der beschränkten oder unbeschränkten Einkommensteuerpflicht unterliegen, führt eine Einbringung der Anteile an den Gründungsgesellschaften gegen Gewährung von Gesellschaftsrechten als Tausch – der steuerrechtlich wie eine Veräußerung behandelt wird – grundsätzlich zur Besteuerung nach dem **Halbeinkünfteverfahren**. Dies gilt ohne Rücksicht darauf, ob die eingebrachten Anteile zu einem inländischen Betriebsvermögen gehören oder aber von § 17 EStG erfasst werden. Eine **Ausnahme** von diesem Grundsatz der Steuerpflicht besteht dann, wenn im Privatvermögen gehaltene Beteiligungen weniger als 1% ausmachen und die Veräußerung außerhalb der in § 23 Abs. 1 Nr. 2 EStG normierten Spekulationsfrist von einem Jahr erfolgt. Im letztgenannten Fall ist für den Gesellschafter somit selbst der Ansatz des gemeinen Werts bei der Holding-SE unschädlich. 326

Werden die eingebrachten Anteile an den Gründungsgesellschaften von **Kapitalgesellschaften** gehalten, ist der Einbringungsvorgang selbst ohne Buchwertfortführung weitgehend steuerfrei. Die Einbringung von Anteilen an einer inländischen Gründungsgesellschaft in eine Holding-SE gegen Gewährung von Gesellschaftsrechten (konkret Aktien an der SE) unterliegt als Tausch dem Anwendungsbereich des § 8b KStG, so dass der tauschbedingte Gewinn zu **95% von der Körperschaftsteuer freigestellt** wird (§ 8b Abs. 2 und 3 KStG). 327

Eine Besteuerung kann nicht dadurch vermieden werden, dass der einbringende Gesellschafter auf die **Ausgabe neuer Anteile** an der Holding-SE **verzichtet**. Zum einen sieht Art. 33 Abs. 4 SE-VO vor, dass die einbringenden Gesellschafter Aktien der SE erhalten. Zum anderen führt auch eine verdeckte Einlage nach § 6 Abs. 6 Satz 2 EStG zur Gewinnrealisierung der in den eingebrachten Anteilen enthaltenen stillen Reserven[438]. 328

(2) Zwingende Aufdeckung stiller Reserven. Von der Grundregel der Werteverknüpfung besteht folgende **Ausnahme**: Gemäß § 21 Abs. 2 Satz 2 UmwStG n.F. sind – unabhängig von der Buchwertfortführung auf der Ebene der Gesellschaft – als Anschaffungskosten und Veräußerungspreis der gemeine Wert anzusetzen, wenn das Besteuerungsrecht der Republik Deutschland entweder an den eingebrachten Antei- 329

---

438 *Thömmes* in Theisen/Wenz, Europäische Aktiengesellschaft, S. 564.

len oder an den als Gegenleistung erhaltenen SE-Aktien ausgeschlossen oder beschränkt wird.

330   Denkbar sind zudem Fälle, bei denen eine im Ausland ansässige Person Anteile, die einer **deutschen Betriebsstätte** zugerechnet werden, in die SE einbringt. Da in aller Regel auch die als Gegenleistung gewährten SE-Aktien der deutschen Betriebsstätte zugerechnet werden[439], kommt es erst gar nicht zu einer Einschränkung des deutschen Besteuerungsrechts. Gleiches gilt in den – eher seltenen – Fällen, in denen das anwenbare DBA – abweichend von der Grundregel des Art. 13 Abs. 5 OECD-MA – Deutschland das Besteuerungsrecht an Gewinnen aus der Anteilsveräußerung einer im **Ausland ansässigen Person** zuweist. Mangels Einschränkung des deutschen Besteuerungsrechts ergibt sich die Buchwerteinbringung in diesen Fällen bereits aus § 21 Abs. 2 Satz 1 UmwStG n.F. i.V.m. § 21 Abs. 1 Satz 2 UmwStG n.F. Auf die Ausnahmetatbestände des § 21 Abs. 2 Satz 3 UmwStG n.F. kommt es erst gar nicht an.

331   **(3) Gegenausnahmen.** Von dem gem. § 21 Abs. 2 Satz 2 UmwStG n.F. verpflichtenden Ansatz mit dem gemeinen Wert bestehen aber wiederum zwei Gegenausnahmen:

332   Die erste dann, wenn nur die Besteuerung an den eingebrachten Anteilen ausgeschlossen oder beschränkt ist, die als Gegenleistung erhaltenen **SE-Aktien** aber **der deutschen Besteuerungshoheit unterliegen**. Die zweite – und im Falle der SE-Gründung primär bedeutsame – Ausnahme ist der in **Art. 8 Fusionsbesteuerungs-RL geregelte Anteilstausch**. Da die Gründung einer Holding-SE auf Grund ihrer gesellschaftsrechtlichen Vorgaben den Paradefall eines Anteilstausches i.S.d. Art. 8 Fusionsbesteuerungs-RL darstellt, kann sie nach dem SEStEG stets steuerneutral erfolgen. Auf die Ansässigkeit der einbringenden Gesellschafter kommt es hierbei ebenso wenig an wie auf die Ansässigkeit der SE. Das Besteuerungsrecht an den eingebrachten Anteilen spielt für die Steuerneutralität der Einbringung im Ergebnis somit keine Rolle, es sei denn, eine Einbringung erfüllt nicht die Voraussetzungen eines Anteilstausches i.S. der Fusionsbesteuerungs-RL.

333   Kommt die zweite Ausnahme, also ein Anteilstausch nach Art. 8 Fusionsbesteuerungs-RL, zum Tragen, unterliegt der Gewinn aus der **späteren Veräußerung** der SE-Anteile in der gleichen Art und Weise der deutschen Besteuerung, wie die Veräußerung der Anteile an den Gründungsgesellschaften zu besteuern gewesen wäre (§ 21 Abs. 2 Nr. 2 UmwStG n.F.). Das Gesetz ordnet diese (spätere) Besteuerung ungeachtet entgegenstehender DBA-Bestimmungen an und normiert einen sogenannten „treaty override"[440].

334   Das Prinzip der **doppelten Buchwertverknüpfung** wurde im Bereich des Anteilstausches zum Teil aufgegeben, auch wenn sich dessen Grundsätze in § 21 Abs. 2 Satz 1 UmwStG n.F. wiederfinden[441]. Im reinen Inlandsfall bleibt es auch künftig bei der sogenannten „doppelten Buchwertverknüpfung". Im Fall eines grenzüberschreitenden Anteilstausches sind hingegen auch abweichende Wertansätze möglich: Die aufnehmende SE kann theoretisch auch dann den Buchwert ansetzen, wenn der Einbringende den gemeinen Wert ansetzen muss[442]. Im Ergebnis wird die „doppelte Buchwertverknüpfung" im Bereich des grenzüberschreitenden Anteilstausches daher aufgege-

---

439 Vgl. *Dötsch/Pung*, DB 2006, 2763. Zu beachten ist in diesen Fällen aber der Betriebsstättenvorbehalt gem. Art. 10 Abs. 4 OECD-MA.
440 Näher dazu *Benz/Rosenberg* in Blumenberg/Schäfer, Das SEStEG, S. 170 f.; zu den völkerrechtlichen Konsequenzen s. oben Rz. 258.
441 *Werra/Teiche*, DB 2006, 1461.
442 *Dötsch/Pung*, DB 2006, 2769.

ben[443] und stellt keine Voraussetzung für dessen Steuerneutralität (mehr) dar. Nicht möglich ist jedoch, auf der Ebene der Gesellschaft einen höheren Wert anzusetzen als auf der Ebene des Gesellschafters.

Werden dem Einbringenden neben neuen Anteilen **andere Wirtschaftsgüter als Gegenleistung** gewährt, mindert deren gemeiner Wert die Anschaffungskosten der SE-Aktien. Eine Steuerpflicht tritt gem. § 21 Abs. 1 Satz 3 UmwStG n.F. erst dann ein, wenn der gemeine Wert dieser Wirtschaftsgüter den Buchwert der eingebrachten Anteile übersteigt. Die noch im Regierungsentwurf enthaltene Regelung, wonach im Rahmen der Einbringung geleistete bare Zuzahlungen einer sofortigen Besteuerung unterliegen, wurde somit nicht verabschiedet[444].

335

g) Keine Rückwirkungsfiktion

Hinzuweisen ist darauf, dass die Regelungen zum **Anteilstausch** – entgegen der bisherigen Rechtslage und § 20 Abs. 6 UmwStG n.F. – keine Rückwirkungsfiktion enthalten. Demnach ist eine rückwirkende Einbringung von Kapitalgesellschaftsanteilen nicht mehr möglich[445]. Dies wird bei der zeitlichen Planung der SE-Gründung zu beachten sein. Die Materialien enthalten für diese Einschränkung keinerlei Begründung. Interessante Fallkonstellationen ergeben sich, wenn neben Anteilen an Kapitalgesellschaften auch Betriebe etc., eingebracht werden. Da dies bei Gründung einer Holding-SE nicht denkbar ist, wird auf die Ausführungen zur Gründung einer gemeinsamen Tochtergesellschaft verwiesen (vgl. Rz. 400 ff.). Die dort geäußerten Überlegungen haben auch für den Fall Geltung, dass eine „gemischte" Einbringung in eine bereits bestehende Holding-SE erfolgt.

336

h) Nachträgliche Besteuerung

Werden die in eine SE eingebrachten Mehrheitsbeteiligungen innerhalb von **sieben Jahren** nach dem Zeitpunkt der Einbringung durch die SE veräußert, und ist der Einbringende keine durch § 8b Abs. 2 KStG begünstigte Person (betroffen sind somit – anders als im Falle von Betriebseinbringungen – ausschließlich natürliche Personen[446]), ist nach § 22 Abs. 2 UmwStG n.F. der Gewinn aus der Einbringung im Jahr der Einbringung (rückwirkend) als Gewinn aus der Veräußerung von Anteilen beim Einbringenden zu versteuern[447]. Dieser Gewinn wird als **„Einbringungsgewinn II"** bezeichnet und unterliegt bei natürlichen Personen dem Hälftesteuersatz[448].

337

i) Zusammenfassende Darstellung

Aus Sicht des deutschen Steuerrechts sind bei der Gründung einer Holding-SE folgende Fallgruppen zu unterscheiden:

338

– Einbringung von Anteilen an einer inländischen AG oder GmbH in eine im EU-Ausland ansässige Holding-SE;

---

443 *Dörfler/Rautenstrauch/Adrian*, BB 2006, 1713; *Hörtnagl*, Stbg 2006, 471, 478; *Rödder/Schumacher*, DStR 2006, 1540; *Schulze zur Wiesche*, WPg 2007, 170.

444 *Dötsch/Pung*, DB 2006, 2769. Zur Genese dieser Änderung *Strahl*, KÖSDI 2007, 15445.

445 *Ley*, FR 2007, 117; *Rödder/Schumacher*, DStR 2007, 375. *Benz/Rosenberg* in Blumenberg/Schäfer, Das SEStEG, S. 173, sprechen sich *de lege ferenda* für die Möglichkeit einer Rückwirkung aus, andernfalls würde die Rückwirkung durch Gestaltungen erreicht.

446 *Hagemann/Jakob/Ropohl/Viebrock*, NWB 2007, Sonderheft 1, S. 42; *Strahl*, KÖSDI 2007, 15448.

447 Es handelt sich um die Nachfolgeregelung zu § 8b Abs. 4 Satz 1 Nr. 2 KStG.

448 Die bis 2006 geltenden Vorschriften des § 21 UmwStG und die damit in Zusammenhang stehenden Missbrauchsvorschriften in § 3 Nr. 40 Satz 3 und 4 EStG, § 8b Abs. 4 KStG und § 26 UmwStG werden gestrichen. An deren Stelle ist § 22 UmwStG n.F. getreten.

– Einbringung von Anteilen an einer inländischen AG oder GmbH in eine in Deutschland ansässige Holding-SE;

– Einbringung von Anteilen an einer ausländischen „AG" oder „GmbH" in eine in Deutschland ansässige Holding-SE.

339 **aa) Ebene der Holding-SE.** Die Holding-SE wird durch Übertragung von (Kapital)Gesellschaftsanteilen im Wege einer **Sachgründung** errichtet. Dieser Vorgang wirkt sich ausschließlich auf der Vermögensebene aus und erfolgt somit **einkommensneutral**.

340 Weder eine Einbringung zu Buchwerten noch eine Einbringung zu höheren Werten hat unmittelbare Konsequenzen, sondern bestimmt lediglich das Maß der steuerlich verhafteten stillen Reserven. Es handelt sich um einen gesellschaftsrechtlichen Organisationsakt, der keine Auswirkung auf das zu versteuernde Einkommen der Holding-SE hat. Dies gilt umso mehr für eine im Ausland ansässige SE, die – sofern sie nicht beschränkt steuerpflichtig ist – erst gar nicht dem Steuerzugriff der Bundesrepublik Deutschland unterliegt. Auf die internationalen Zuordnungen der Steuerpflicht kommt es aber ohnehin nicht an, weil die Gründung eben einen einkommensneutralen Vorgang darstellt[449].

341 Weitergehende steuerliche Folgen können sich auf Ebene der Holding-SE in solchen Mitgliedstaaten ergeben, deren Steuerrecht für die Aufbringung von Kapital einer Kapitalgesellschaft eine Gesellschaftsteuer vorsieht. Die **Gesellschaftsteuerrichtlinie**[450] gestattet den Mitgliedstaaten die Erhebung einer auf maximal 1% des Kapitals begrenzten Steuer auf die Aufbringung des Kapitals einer in ihrem Hoheitsgebiet gegründeten Kapitalgesellschaft. In Deutschland wurde die nach Maßgabe dieser Richtlinie bis einschließlich 1991 erhobene Gesellschaftsteuer durch das Finanzmarktförderungsgesetz[451] aufgehoben[452].

342 In Deutschland ergeben sich jedoch unter Umständen grunderwerbsteuerrechtliche Folgen: Sofern zum Vermögen der Gründungsgesellschaften inländische Grundstücke i.S. des § 1 Abs. 1 GrEStG gehören und die Holding-SE durch die Einbringung der Anteile mindestens 95% der Anteile an einer solchen Gesellschaft erwirbt, kommt eine **Grunderwerbsteuerpflicht** nach § 1 Abs. 3 Nr. 3 GrEStG in Betracht[453]. Eine Befreiung von der Grunderwerbsteuer ist weder im innerstaatlichen Recht noch in der Fusionsbesteuerungs-RL vorgesehen.

343 Auf Ebene der SE führt die Gründung einer Holding-SE – mit Ausnahme einer etwaigen Grunderwerbsteuer – somit zu keiner Steuerbelastung, ohne dass es darauf ankommt, ob der Sitz der SE in Deutschland oder im EU-Ausland liegt.

344 **bb) Ebene der Gründungsgesellschaften.** Auf Ebene der inländischen Gründungsgesellschaften, also konkret einer deutschen AG oder GmbH, deren Anteile – durch in- oder ausländische Einbringende – in eine in Deutschland oder im EU-Ausland ansässige Holding-SE eingebracht werden, ergeben sich ebenfalls **keine unmittelbaren steuerrechtlichen Folgen**. Dies folgt daraus, dass auf deren Ebene keinerlei steuerrechtlich relevante Tatbestände verwirklicht werden.

---

449 *Schaumburg* in Lutter/Hommelhoff, Europäische Gesellschaft, S. 322 f.
450 Richtlinie 69/335/EWG v. 17.7.1969, ABl. 1969 Nr. L 249/25.
451 BGBl. I 1990, 266.
452 *Thömmes* in Theisen/Wenz, Europäische Aktiengesellschaft, S. 563.
453 *Schaumburg* in Lutter/Hommelhoff, Europäische Gesellschaft, S. 323, weist in diesem Zusammenhang darauf hin, dass Gestaltungen in der Praxis somit häufig darauf gerichtet sein werden, weniger als 95% der Anteile an derartigen Grundstücksgesellschaften in die Holding-SE einzubringen.

Im Gegensatz zur Gründung durch Verschmelzung wird das Vermögen der an der   345
Gründung beteiligten Gesellschaft nicht auf einen anderen Rechtsträger übertragen.
Es kommt somit zu **keiner Vermögensumschichtung**. Vielmehr bleiben die Gründungsgesellschaften bestehen, worauf auch Art. 32 Abs. 1 SE-VO klarstellend hinweist[454]. Die Gründungsgesellschaften sind an der SE-Gründung somit im Prinzip
nicht beteiligt: Weder erhalten sie Vermögen, noch übertragen sie solches. Auch am
Anteilstausch nehmen die Gründungsgesellschaften nicht teil.

Es bedarf somit erst gar nicht der Anwendbarkeit von Ausnahmeregeln in Gestalt et-   346
wa des UmwStG oder der Fusionsbesteuerungs-RL. Die Steuerneutralität auf Ebene
der Gründungsgesellschaften folgt vielmehr daraus, dass keinerlei steuerrechtlich re-
levanter Tatbestand verwirklicht wird.

cc) Ebene der Gesellschafter. Steuerrechtliche Fragen im Zuge der Gründung einer   347
Holding-SE ergeben sich somit in aller Regel allein auf Ebene der Gesellschafter der
Gründungsgesellschaften. Die Einbringung von Anteilen an den Gründungsgesellschaften (konkret: GmbH-Anteile oder Aktien) in die Holding-SE gegen Gewährung
von Gesellschaftsrechten (konkret: Aktien an der SE) führt zu einem **Tausch** und damit gegebenenfalls zu einer Realisierung stiller Reserven.

Durch die **Buchwertverknüpfung** auf Gesellschafterebene soll die inländische Steuer-   348
verstrickung der stillen Reserven in den übernommenen Anteilen sichergestellt werden. Diese Vorgabe ist bei inländischen Einbringenden regelmäßig erfüllt. Es macht
keinen Unterschied, ob es sich bei den eingebrachten Anteilen um in- oder ausländisches Vermögen handelt bzw. ob die Anteile in eine in- oder ausländische SE eingebracht werden.

Bei ausländischen Einbringenden wird diese Steuerverstrickung aber regelmäßig feh-   349
len, so dass die daraus folgende **Aufwertungseinbringung** grundsätzlich zur Aufdeckung der stillen Reserven führen würde. Im Fall der Gründung einer Holding-SE
kommt aber die auf Art. 8 Fusionsbesteuerungs-RL verweisende **Ausnahme des § 21
Abs. 2 Nr. 2 UmwStG n.F.** zum Tragen. Danach ist der Anteilstausch – entsprechend
den Vorgaben der Fusionsbesteuerungs-RL – trotz Entstrickung der als Gegenleistung
erhaltenen Aktien an der SE steuerneutral möglich.

Zusammenfassend ist daher festzustellen, dass die Gründung einer Holding-SE in   350
sämtlichen Fallkonstellationen steuerneutral erfolgen kann. Dies gilt sowohl für inländische als auch für ausländische Einbringende, dies gilt unabhängig davon, ob es
sich bei den Einbringenden um natürliche oder juristische Personen handelt. Die Einbringung in eine im EU-Ausland ansässige SE ist vom UmwStG n.F. ebenso erfasst
wie eine Einbringung in eine in Deutschland ansässige SE.

dd) Ergebnis. Die Gründung einer Holding-SE vollzieht sich auf der Ebene der SE   351
– mangels Verwirklichung eines Steuertatbestands – **ohne jegliche Ertragsteuerbelas-
tung.** Zu prüfen sind aber mittelbare Steuerfolgen, insbesondere eine mögliche
Grunderwerbsteuerpflicht. Auf Ebene der Gesellschafter folgt die Steuerneutralität
aus dem UmwStG n.F., dessen Voraussetzungen bei Gründung einer Holding-SE regelmäßig erfüllt sind und die SE die Buchwerte der erworbenen Anteile weiterführt.
Auf Ebene der Gründungsgesellschaften scheiden Steuerbelastungen schon deshalb
aus, weil keine steuerrechtlich maßgeblichen Sachverhalte verwirklicht werden. Die
Gründung einer Holding-SE kann somit in aller Regel auf sämtlichen Ebenen steuerneutral erfolgen.

---

454 *Thömmes* in Theisen/Wenz, Europäische Aktiengesellschaft, S. 561.

3. Die Gründung einer gemeinsamen Tochtergesellschaft

a) Gründungsformen

352 **aa) Beteiligte Rechtsträger.** Ähnlich wie bei der Gründung einer Holding-SE handelt es sich bei der Gründung einer gemeinsamen Tochtergesellschaft um eine Gründung im Wege der **Einzelrechtsnachfolge.** Einbringende sind aber – im Gegensatz zur Gründung einer Holding-SE – nicht die einzelnen Gesellschafter der Gründungsgesellschaften, sondern die Gründungsgesellschaften selbst. Die Gesellschafter der beteiligten Gründungsgesellschaft sind – anders als bei der Gründung einer Holding-SE – an dem Gründungsvorgang gar nicht beteiligt.

353 Da der Kreis der möglichen Gründungsgesellschaften bei der gemeinsamen Tochtergesellschaft weiter als bei der Gründung einer Holding-SE ist, kommen als Gründer auch **Personengesellschaften** in Frage. Derartige SE-Gründungen würden nicht unter die Anwendbarkeit der Fusionsbesteuerungs-RL fallen. Allerdings hat sich der deutsche Gesetzgeber entschieden, den Anwendungsbereich des UmwStG nicht auf Kapitalgesellschaften zu beschränken, sondern auch Personengesellschaften zu erfassen.

354 **bb) Bargründung.** Sofern die Einlageverpflichtung der Aktionäre durch Bareinlagen erfüllt wird, ergeben sich aus der SE-Gründung im Wege einer gemeinsamen Tochtergesellschaft – unabhängig davon, in welchem Mitgliedstaat die SE ansässig ist – **keine ertragsteuerlichen Folgen.** Dies trifft sowohl für die Gesellschafterebene (also konkret für die Gründungsgesellschaften) als auch für die Gesellschaftsebene (somit für die SE selbst) zu. Diese Variante der SE-Gründung ist daher jedenfalls ertragsteuerneutral möglich[455].

355 Steuerliche Folgen können sich auf Ebene der SE nur in solchen Mitgliedstaaten ergeben, deren Steuerrecht für die Aufbringung von Kapital im Rahmen der Gründung einer Kapitalgesellschaft eine Gesellschaftsteuer vorsieht. Die **Gesellschaftsteuerrichtlinie**[456] gestattet den Mitgliedstaaten die Erhebung einer auf maximal 1% des Kapitals begrenzten Steuer auf die Aufbringung des Kapitals einer in ihrem Hoheitsgebiet gegründeten Kapitalgesellschaft. Da in Deutschland die nach Maßgabe dieser Richtlinie bis einschließlich 1991 erhobene Gesellschaftsteuer durch das Finanzmarktförderungsgesetz[457] abgeschafft worden ist[458], kann die Gründung einer SE mit Sitz in Deutschland vollkommen steuerneutral erfolgen.

356 **cc) Sachgründung.** Sofern Sacheinlagen geleistet werden, stellt sich die Frage nach der Aufdeckung der in diesen Wirtschaftsgütern enthaltenen stillen Reserven.

357 Die Einbringung von **Kapitalgesellschaftsanteilen** ist im Rahmen der Gründung einer Holding-SE erörtert worden, so dass zwecks Vermeidung von Wiederholungen auf eine nochmalige Darstellung der einzelnen Voraussetzungen des Anteilstausches verzichtet und auf die dortigen Ausführungen verwiesen wird (s. oben Rz. 287 ff.).

358 Für die Gründung einer gemeinsamen Tochtergesellschaft ist ferner die „**Einbringung von Unternehmensteilen**" i.S.d. Art. 2 lit. c Fusionsbesteuerungs-RL von Bedeutung:

Art. 2 [Erfasste Vorgänge] lit. c): „Einbringung von Unternehmensteilen" der Vorgang, durch den eine Gesellschaft, ohne aufgelöst zu werden, ihren Betrieb insgesamt oder einen oder mehrere Teilbetriebe in eine andere Gesellschaft gegen Gewährung von Anteilen am Gesellschaftskapital der übernehmenden Gesellschaft einbringt;

---

455 *Schindler* in Kalss/Hügel, Teil III: Steuerrecht, Rz. 135.
456 Richtlinie 69/335/EWG v. 17.7.1969, ABl. EG Nr. L 249, S. 25.
457 BGBl. I 1990, 266.
458 *Thömmes* in Theisen/Wenz, Europäische Aktiengesellschaft, S. 563.

Die Steuerneutralität des Einbringungsvorgangs setzt somit voraus, dass die einge- 359
brachten Wirtschaftsgüter einen **Betrieb oder Teilbetrieb** i.S.d. Art. 2 lit. i **Fusionsbesteuerungs-RL** bilden. Erfüllen die als Sacheinlage eingebrachten Wirtschaftsgüter
die Voraussetzungen an einen Betrieb bzw. Teilbetrieb nicht, kommen – zumindest
nach isolierter Prüfung an Hand der Fusionsbesteuerungs-RL – die allgemeinen Ge-
winnermittlungsvorschriften der Mitgliedstaaten zur Anwendung, die in aller Regel
eine steuerpflichtige Aufdeckung der stillen Reserven anordnen.

Dies entspricht im Grundsatz der **deutschen Rechtslage**: § 20 UmwStG a.F. regelte 360
bislang zum einen die Einbringung eines **Betriebs, Teilbetriebs oder Mitunternehmeranteils** in eine unbeschränkt steuerpflichtige Kapitalgesellschaft, zum anderen die
Einbringung von mehrheitsvermittelnden Anteilen an einer Kapitalgesellschaft in eine andere unbeschränkt steuerpflichtige Kapitalgesellschaft. Einbringungen in eine
im EU-Ausland ansässige Kapitalgesellschaft waren daher *a limine* nicht vom Anwendungsbereich des § 20 UmwStG a.F. erfasst. Die von der Fusionsbesteuerungs-RL
erfassten Einbringungsvorgänge waren in § 23 UmwStG geregelt. Das SEStEG gibt
diese Differenzierung auf: § 20 UmwStG n.F. regelt die Einbringung eines Betriebs,
Teilbetriebs oder Mitunternehmeranteils, § 21 UmwStG n.F. den Anteilstausch (Text
s. oben Rz. 290). Durch die Erstreckung auf den Mitunternehmeranteil geht das
UmwStG über den Anwendungsbereich der Fusionsbesteuerungs-RL hinaus.

b) Persönlicher Geltungsbereich der Fusionsbesteuerungs-RL und des UmwStG

Von der Fusionsbesteuerungs-RL sind grundsätzlich jene Gesellschaften erfasst, die 361
in der Liste in deren **Anhang** genannt sind (Art. 3 lit. a Fusionsbesteuerungs-RL). Ferner müssen die jeweiligen Gesellschaften zwingend einer in Art. 3 lit. c Fusionsbesteuerungs-RL aufgezählten **Körperschaftsteuer** unterliegen. Überdies setzt die Fusionsbesteuerungs-RL voraus, dass die beteiligten Gesellschaften in verschiedenen
Mitgliedstaaten steueransässig sind (vgl. dazu bereits Rz. 296 ff.).

Das **UmwStG n.F.** erfasst sowohl Einbringungen in eine unbeschränkt steuerpflichti- 362
ge Kapitalgesellschaft als auch in eine im EU-Ausland ansässige Kapitalgesellschaft.
Das UmwStG wurde somit „europäisiert". Die **Fusionsbesteuerungs-RL** erfasst nur
Betriebs- bzw. Teilbetriebseinbringungen durch die im Anhang genannten EU-Kapitalgesellschaften. Das UmwStG n.F. geht darüber hinaus und erfasst auch die Einbringung durch Personengesellschaften und natürlichen Personen, sofern ein EU-/
EWR-Bezug besteht[459].

---

459 Vgl. *Dörfler/Rautenstrauch/Adrian*, BB 2006, 1711; *Rödder/Schumacher*, DStR 2006, 1536.
 Hinsichtlich der Ansässigkeit ist bei der Gründung einer gemeinsamen Tochtergesellschaft
 auf die Ausführungen bei der Holding-Gründung zu verweisen. Unterschiede könnten sich
 aber bei den beiden erstgenannten Voraussetzungen ergeben, weil bei der Gründungsform
 der gemeinsamen Tochtergesellschaft der Kreis der potentiell beteiligten Gesellschaften
 über die Gesellschaften i.S.d. Art. 2 lit. c Fusionsbesteuerungs-RL (in Deutschland eine
 GmbH oder AG) hinausgeht und unter anderem Personengesellschaften erfasst. Die Anwendbarkeit der Fusionsbesteuerungs-RL setzt daher voraus, dass neben der zu gründenden
 SE mindestens eine weitere Kapitalgesellschaft an der Gründung beteiligt ist, die überdies in
 einem anderen Mitgliedstaat als die SE steueransässig sein muss. Wie bereits ausgeführt,
 wird diese Problematik aber in aller Regel dadurch entschärft werden, dass die nationalen
 Gesetzgeber – so auch Deutschland – den Anwendungsbereich ihrer nationalen Umwand-
 lungssteuergesetze nicht auf Kapitalgesellschaften beschränkt haben, sondern auch Personengesellschaften miteinbeziehen (vgl. *Herzig/Griemla*, StuW 2002, 59 ff.; *Schindler* in
 Kalss/Hügel, Teil III: Steuerrecht, Rz. 57; *Tumpel*, GesRZ 2002, 165).

c) Ansässigkeit der beteiligten Rechtsträger

363 Das UmwStG n.F. normiert die Ansässigkeitsvoraussetzungen der beteiligten Rechtsträger an zentraler Stelle für alle Umwandlungsformen:

364 **§ 1**

Anwendungsbereich und Begriffsbestimmungen

(3) Der sechste bis achte Teil gilt nur für

4. die Einbringung von Betriebsvermögen durch Einzelrechtsnachfolge in eine Kapitalgesellschaft, [...]

(3) [Die Bestimmungen über den Anteilstausch gelten] nur, wenn

1. der übernehmende Rechtsträger eine Gesellschaft im Sinne von Absatz 2 Satz 1 Nr. 1 ist [...]

(2)

1. [darunter fallen:] nach den Rechtsvorschriften eines Mitgliedstaats der Europäischen Union oder eines Staates, auf den das Abkommen über den Europäischen Wirtschaftsraum Anwendung findet, gegründete Gesellschaften im Sinne des Artikels 48 des Vertrags zur Gründung der Europäischen Gemeinschaft oder des Artikels 34 des Abkommens über den Europäischen Wirtschaftsraum sind, deren Sitz und Ort der Geschäftsleitung sich innerhalb des Hoheitsgebiets eines dieser Staaten befinden

(4) [Die Bestimmungen über den Anteilstausch gelten] nur, wenn

2. in den Fällen des Absatzes 3 Nr. 1 bis 4

a) beim Formwechsel der umwandelnde Rechtsträger, bei der Einbringung durch Einzelrechtsnachfolge der einbringende Rechtsträger oder bei den anderen Umwandlungen der übertragende Rechtsträger

aa) eine Gesellschaft im Sinne von Absatz 2 Satz 1 Nr. 1 ist und, wenn es sich um eine Personengesellschaft handelt, soweit an dieser Körperschaften, Personenvereinigungen, Vermögensmassen oder natürliche Personen unmittelbar oder mittelbar über eine oder mehrere Personengesellschaften beteiligt sind, die die Voraussetzungen im Sinne von Absatz 2 Satz 1 Nr. 1 und 2 erfüllen, oder

bb) eine natürliche Person im Sinne von Absatz 2 Satz 1 Nr. 2 ist

oder

b) das Recht der Bundesrepublik Deutschland hinsichtlich der Besteuerung des Gewinns aus der Veräußerung der erhaltenen Anteile nicht ausgeschlossen oder beschränkt ist.

365 **aa) Einbringender.** Einbringender eines Betriebs, Teilbetriebs oder Mitunternehmeranteils gem. § 20 UmwStG n.F. kann nach § 1 Abs. 4 Nr. 2 lit. a aa UmwStG n.F. eine nach den Rechtsvorschriften eines Mitgliedstaats der EU oder des EWR gegründete **Gesellschaft** sein, deren Sitz und Ort der Geschäftleitung ebenfalls in einem Mitgliedstaat liegen muss. Sitz und Ort der Geschäftsleitung können somit in verschiedenen Mitgliedstaaten, nicht aber in einem Drittstaat liegen.

366 Handelt es sich bei dem Einbringenden um eine **natürliche Person**, müssen nach § 1 Abs. 4 Nr. 2 lit. a bb i.V.m. § 1 Abs. 2 Nr. 2 UmwStG n.F. deren Wohnsitz oder gewöhnlicher Aufenthalt – auch nach Maßgabe der anwendbaren DBA – innerhalb der EU oder des EWR liegen. Diese Fallgruppe erscheint auf den ersten Blick ohne Relevanz für die Gründung einer SE zu sein, weil natürliche Personen nicht als (unmittelbare) Gründer einer SE fungieren können (dazu Art. 2 Rz. 5). In diesem Zusammenhang ist aber der sehr weite Kreis der möglichen Gründer einer gemeinsamen Tochtergesellschaft gem. Art. 2 Abs. 3 SE-VO zu berücksichtigen (dazu Art. 2 Rz. 19): Anders als bei Gründung einer Holding-SE kommen als Gründer etwa Personengesellschaften in Betracht, deren Gesellschafter wiederum natürliche Personen sein können.

367 Im Fall einer **Personengesellschaft** „blickt" § 1 Abs. 4 Nr. 2 lit. a UmwStG n.F. für die Frage der Ansässigkeit auf die dahinterstehenden Gesellschafter und prüft bei die-

sen die genannten Voraussetzungen[460]. Bei einer doppel- oder mehrstöckigen Personengesellschaft ist sowohl auf die einbringende Personengesellschaft als auch auf die oberste Gesellschaft abzustellen[461]. Ist der Gesellschafter eine Kapitalgesellschaft, muss deren Sitz und Ort der Geschäftleitung im EU- bzw. EWR-Raum liegen. Ist der Gesellschafter eine natürliche Person, muss deren Wohnsitz bzw. deren gewöhnlicher Aufenthalt – unter Berücksichtigung des anwendbaren DBA – den EU-/EWR-Bezug aufweisen[462].

Nach bisherigem Recht war die Ansässigkeit des Einbringenden irrelevant[463]. Sie ist 368 es auch nach neuer Rechtslage, sofern das Besteuerungsrecht der Bundesrepublik Deutschland an den als Gegenleistung erhaltenen Anteilen nicht ausgeschlossen oder beschränkt ist (§ 1 Abs. 4 Nr. 2 lit. b)[464]. Letzteres wird auf Grund von Art. 13 Abs. 5 OECD-MA aber die Ausnahme sein.

Sind die Gesellschafter hingegen in einem **Drittstaat** ansässig, ist die Einbringung 369 nach § 20 UmwStG n.F. nur dann steuerneutral möglich, wenn das deutsche Besteuerungsrecht an den als Gegenleistung erhaltenen Anteilen nicht eingeschränkt ist. Dies ist zum einen der Fall gegenüber Drittstaaten, mit denen entweder kein DBA besteht, oder zum anderen dann, wenn mit dem betroffenen Drittstaat ein von Art. 13 Abs. 5 OECD-MA abweichendes DBA abgeschlossen worden ist[465].

Nach Art. 2 Abs. 3 SE-VO müssen die an der SE-Gründung beteiligten Gesellschaften 370 in einem Mitgliedstaat gegründet sein und zusätzlich deren Sitz und Hauptverwaltung in der Gemeinschaft haben. Somit kann nur eine nach dem Recht eines Mitgliedstaats gegründete Personengesellschaft an der Gründung einer gemeinsamen Tochtergesellschaft mitwirken. Da auch deren Sitz und Hauptverwaltung in der Gemeinschaft liegen müssen, wird sich das Problem, dass deren Gesellschafter in einem Drittstaat ansässig sind, selten stellen. Dennoch soll an Hand des folgenden Beispiels kurz die **unterschiedliche Ausgangslage** zwischen Anteilstausch i.S.d. § 20 UmwStG n.F. und Einbringung i.S.d. § 21 UmwStG n.F. veranschaulicht werden: Sind die Gesellschafter einer Personengesellschaft im Drittland ansässig und schließt das anwendbare DBA – in Übereinstimmung mit Art. 13 Abs. 5 OECD-MA – das deutsche Besteuerungsrecht an den (als Gegenleistung erhaltenen) SE-Aktien aus, wäre die Einbringungen von mehrheitsvermittelnden Anteilen – bis zur späteren Veräußerung der Anteile – steuerneutral möglich. Die Einbringung von Betrieben bzw. Teilbetrie-

---

460 Man spricht in diesem Zusammenhang von der „mitunternehmerbezogenen Betrachtungsweise" (*Rödder/Schumacher*, DStR 2006, 1536; *Werra/Teiche*, DB 2006, 1460). Eine Personengesellschaft ist bei der Prüfung, ob das UmwStG n.F. zur Anwendung kommt oder nicht, somit als transparentes Gebilde anzusehen (*Rödder/Schumacher*, DStR 2007, 370).

461 *Benz/Rosenberg* in Blumenberg/Schäfer, Das SEStEG, S. 53.

462 Ebenfalls vom Anwendungsbereich des UmwStG n.F. erfasst sind Personengesellschaften mit Sitz in einem Drittstaat, sofern deren Gesellschafter im EU- bzw. EWR-Raum ansässig sind (*Dörfler/Rautenstrauch/Adrian*, BB 2006, 1711). Ausgehend davon, dass die (gesellschaftsrechtlich maßgebliche) Hauptverwaltung und der (steuerrechtlich maßgebliche) Ort der Geschäftsleitung in der Regel zusammenfallen, sind derartige Fälle im Zuge der Gründung aber nicht denkbar, weil nach Art. 2 Abs. 3 neben der Gründung in einem Mitgliedstaat auch Sitz und Hauptverwaltung der beteiligten Gesellschaften in der Gemeinschaft liegen muss.

463 *Ley*, FR 2007, 109

464 Vgl. *Benecke*, StuB 2007, 6; *Benecke/Schnitger*, IStR 2007, 25.

465 Mangels Relevanz für die SE-Gründung wird die Einbringung durch eine natürliche Person nicht näher behandelt. Es genügt daher ein Hinweis darauf, dass in diesem Fall dieselben Grundsätze gelten, wie für den Fall der Personengesellschaft. Danach ist die Einbringung durch eine im Drittlandsgebiet ansässige natürliche Person nur dann steuerneutral möglich, wenn das deutsche Besteuerungsrecht an den als Gegenleistung erhaltenen Anteilen nicht eingeschränkt ist (vgl. *Benz/Rosenberg* in Blumenberg/Schäfer, Das SEStEG, S. 151).

ben wäre nach dem UmwStG n.F. indessen nur dann steuerneutral möglich, wenn die Gesellschafter der einbringenden Personengesellschaft im EU- bzw. EWR-Raum ansässig sind, oder die einem im Drittstaatsgebiet ansässigen Einbringenden gewährten Anteile – entgegen Art. 13 Abs. 5 OECD-MA – in Deutschland steuerverhaftet sind[466].

371   Bei der Einbringung von mehrheitsvermittelnden Anteilen an Kapitalgesellschaften (also einem **Anteilstausch** i.S.d. § 21 UmwStG n.F.), bestehen keine Ansässigkeitserfordernisse hinsichtlich des Einbringenden. Im Fall des Anteilstausches kommt es auf die Ansässigkeit des Einbringenden – wie schon nach alter Rechtslage – eben nicht an[467]. Die Anwendbarkeit der Bestimmungen über den Anteilstausch gem. § 21 UmwStG n.F. hängt nach § 1 Abs. 4 UmwStG n.F. ausschließlich von der Ansässigkeit des übernehmenden Rechtsträgers ab[468]. Einbringender kann jede natürliche oder juristische Person sein[469].

372   **bb) Übernehmender Rechtsträger.** Übernehmender Rechtsträger i.S.d. § 20 UmwStG a.F. musste bislang eine unbeschränkt steuerpflichtige Kapitalgesellschaft sein. Nur im Anwendungsbereich des § 23 UmwStG a.F. kamen auch EU-Kapitalgesellschaften in Betracht. Seit Verabschiedung des SEStEG gilt nunmehr nach § 1 Abs. 4 Nr. 1 i.V.m. § 1 Abs. 2 Nr. 1 UmwStG n.F. sowohl für die Einbringung als auch für den Anteilstausch, dass der übernehmende Rechtsträger **nach dem Recht eines EU- bzw. EWR-Mitgliedstaats gegründet** worden sein muss, und dessen **Sitz und Ort der Geschäftsleitung zusätzlich in der Gemeinschaft** liegen müssen.

373   Diese **Voraussetzungen** sind bei der Gründung einer gemeinsamen Tochtergesellschaft in der Rechtsform einer SE regelmäßig **erfüllt**: Die Gründung einer SE erfolgt zwar auf den ersten Blick auf Grundlage des Gemeinschaftsrechts und somit nicht „nach den Rechtsvorschriften eines Mitgliedstaats", doch ist zum einen das unmittelbar anwendbare Gemeinschaftsrecht – in Gestalt der SE-VO – Bestandteil der inländischen Rechtsordnung, zum anderen richtet sich die Gründung nach den einzelstaatlichen Ausführungsgesetzen. Zusätzlich müssen nach Art. 7 SE-VO Sitz und Hauptverwaltung der SE in demselben Mitgliedstaat liegen. Zweifelhaft könnte die Anwendbarkeit des UmwStG n.F. daher nur in jener Fallkonstellation sein, dass der Ort der Geschäftsleitung (*contra legem*) von der Hauptverwaltung abweicht und überdies außerhalb der Gemeinschaft liegt. Dies ist bei der eigentlichen SE-Gründung sehr unwahrscheinlich, könnte aber bei nachgelagerten Einbringungen von Relevanz sein.

d) Gegenstand der Einbringung

374   Um die Begünstigung der Steuerneutralität in Anspruch nehmen zu können, muss das eingebrachte Vermögen entweder die Kriterien des § 20 Abs. 1 UmwStG n.F. oder jene des § 21 Abs. 1 UmwStG n.F. erfüllen. Begünstigt sind demnach die Einbringung von **Betrieben, Teilbetrieben und Mitunternehmeranteilen** sowie die Einbringung von mehrheitsvermittelnden **Anteilen an einer Kapitalgesellschaft** (oder einer Genossenschaft).

375   Im Rahmen einer **Betriebseinbringung** können auch Anteile an einer Kapitalgesellschaft (oder einer Genossenschaft), die **keine Mehrheitsbeteiligung** i.S.d. § 21

---

466   *Rödder/Schumacher*, DStR 2007, 370.
467   Dies ergibt sich aus § 1 Abs. 4 Nr. 2 UmwStG n.F., der sich ausdrücklich nur auf die in § 1 Abs. 3 Nr. 1–4 UmwStG n.F. erfassten Fällen (für die SE-Thematik relevant sind Verschmelzung und Einbringung) bezieht, nicht aber den in Nr. 5 leg cit geregelten Anteilstausch.
468   *Benecke/Schnitger*, IStR 2007, 25.
469   *Hagemann/Jakob/Ropohl/Viebrock*, NWB 2007, Sonderheft 1, S. 34.

UmwStG n.F. vermitteln, steuerneutral eingebracht werden, sofern diese wesentliche Betriebsgrundlagen darstellen[470]; dies gilt nach Auffassung der Finanzverwaltung unabhängig von der Beteiligungshöhe[471]. Somit unterliegt auch die Einbringung von Mehrheitsbeteiligungen dem Regime des § 20 UmwStG n.F., sofern es sich um wesentliche Betriebsgrundlagen handelt[472]. Abgesehen von derartigen Fällen müssen aber stets die Voraussetzungen eines qualifizierten Anteilstausches i.S.d. § 21 UmwStG n.F. vorliegen, um die Steuerneutralität der Einbringung von Kapitalgesellschaftsanteilen zu gewährleisten.

Sind Gegenstand der Einbringung Betriebe, Teilbetriebe oder Mitunternehmeranteile, setzt die Anwendbarkeit des § 20 UmwStG n.F. – nach der Rechtsprechung und der Verwaltungsauffassung zu dem bis 2006 geltenden Recht – voraus, dass sämtliche in funktionaler Hinsicht **wesentlichen Betriebsgrundlagen** eingebracht werden (anders als bei Einbringung in eine Personengesellschaft genügt eine Nutzungsüberlassung nicht)[473]. Ob dies mit der Fusionsbesteuerungs-RL im Einklang steht, wird durchaus kontrovers beurteilt[474]. Anders als im Fall des Teilbetriebs[475] enthält die Fusionsbesteuerungs-RL allerdings keine eigenständige Definition des Begriffs „Betrieb". Es sprechen daher gute Gründe dafür, eine Nutzungsüberlassung für ausreichend anzusehen.   376

Art. 2 [Erfasste Vorgänge] lit. i): „Teilbetrieb" die Gesamtheit der in einem Unternehmensteil einer Gesellschaft vorhandenen aktiven und passiven Wirtschaftsgüter, die in organisatorischer Hinsicht einen selbständigen Betrieb, d.h. eine aus eigenen Mitteln funktionsfähige Einheit, darstellen;   377

Die Gesetzesbegründung zu § 20 UmwStG n.F. enthält auch eine Klarstellung dahingehend, dass die Einbringung einer – zu einem Betriebsvermögen gehörigen – **100%-Beteiligung an einer Kapitalgesellschaft** nicht als Einbringung eines Teilbetriebs behandelt wird[476], wie dies z.T. behauptet wurde[477]. Vielmehr ist eine derartige Einbringung nach den Bestimmungen des § 21 UmwStG n.F. zu beurteilen[478]. Dies entspricht der h.A. im Schrifttum[479].   378

Wird die Einlageverpflichtung hingegen nicht durch Übertragung von Betrieben, Teilbetrieben, Mitunternehmeranteilen oder qualifizierten Kapitalgesellschaftsanteilen, sondern durch **Übertragung sonstiger Wirtschaftsgüter** erfüllt, ist dieser Vorgang als Tausch zu qualifizieren, der zur Aufdeckung der im eingebrachten Vermögen enthaltenen stillen Reserven führt. Die einbringungsbedingte Gewinnrealisierung unterliegt uneingeschränkt der Besteuerung (§ 6 Abs. 6 EStG, § 8 Abs. 1 KStG). Auch die Vorschriften der Fusionsbesteuerungs-RL sehen hierfür keine steuerneutrale Lösung vor[480].   379

---

470 *Dötsch/Pung*, DB 2006, 2768 f. Zur alten Rechtslage *Schmitt* in Schmitt/Hörtnagl/Stratz, UmwG – UmwStG, § 23 UmwStG Rz. 159.

471 BMF v. 25.3.1998, BStBl. I 1998, S. 268, Rz. 20.08.

472 *Benz/Rosenberg* in Blumenberg/Schäfer, Das SEStEG, S. 149.

473 Vgl. die Nachweise bei *Strahl*, KÖSDI 2007, 15442 f.; ebenso *Ley*, FR 2007, 110.

474 Vgl. die Nachweise bei *Schmitt* in Schmitt/Hörtnagl/Stratz, UmwG – UmwStG, § 23 UmwStG Rz. 23.

475 Zum Teilbetriebsbegriff nach innerstaatlichem Recht im Überblick *Hagemann/Jakob/Ropohl/Viebrock*, NWB 2007, Sonderheft 1, S. 34.

476 BT-Drucks.16/2710, S.72.

477 *Merkert* in Bordewin/Brandt, EStG-Kommentar, Loseblatt, § 20 UmwStG Rz. 14, 42.

478 Zum Teil wird dies aber bezweifelt: vgl. etwa *Ley*, FR 2007, 110.

479 Vgl. etwa *Schmitt* in Schmitt/Hörtnagl/Stratz, UmwG – UmwStG, § 23 UmwStG Rz. 159; *Widmann* in Widmann/Mayer, § 23 UmwStG Rz. 14.

480 *Schulz/Geismar*, DStR 2001, 1084.

e) Anteilsgewährung der übernehmenden Gesellschaft

380 Anwendungsvoraussetzung des § 20 Abs. 1 UmwStG n.F. ist – wie auch im Fall des § 21 Abs. 1 UmwStG – die Gewährung neuer Anteile als Gegenleistung[481]. Da auch die Gründung einer gemeinsamen Tochtergesellschaft i.S.d. Art. 2 Abs. 3 SE-VO als **Sachgründung** zwingend mit einer Anteilgewährung verbunden ist, wird diese Anwendungsvoraussetzung stets erfüllt sein. Problematisch könnte diese Voraussetzung aber im Falle **nachgelagerter Einbringungen** sein. Mit Verweis auf die diesbezüglichen Ausführungen zur Gründung einer Holding-SE (s. oben Rz. 320) soll nochmals festgehalten werden, dass die h.A. es für ausreichend erachtet, dass nur ein Teil der Gegenleistung aus neuen Anteilen besteht. Dabei soll nochmals der Verstoß dieser Voraussetzung gegen die Fusionsbesteuerungs-RL hervorgehoben werden, die bei der Frage der Gegenleistung keine Einschränkung auf neue Anteile enthält.

f) Buchwertfortführung

381 § 20 UmwStG n.F. regelt die Bewertung bei der Einbringung von Betrieben, Teilbetrieben und Mitunternehmeranteilen wie folgt:

§ 20
Einbringung von Unternehmensteilen in eine Kapitalgesellschaft oder Genossenschaft

(1) Wird ein Betrieb oder Teilbetrieb oder ein Mitunternehmeranteil in eine Kapitalgesellschaft oder eine Genossenschaft (übernehmende Gesellschaft) eingebracht und erhält der Einbringende dafür neue Anteile an der Gesellschaft (Sacheinlage), gelten für die Bewertung des eingebrachten Betriebsvermögens und der neuen Gesellschaftsanteile die nachfolgenden Absätze.

(2) Die übernehmende Gesellschaft hat das eingebrachte Betriebsvermögen mit dem gemeinen Wert anzusetzen; für die Bewertung von Pensionsrückstellungen gilt § 6a des Einkommensteuergesetzes. Abweichend von Satz 1 kann das übernommene Betriebsvermögen auf Antrag einheitlich mit dem Buchwert oder einem höheren Wert, höchstens jedoch mit dem Wert im Sinne des Satzes 1, angesetzt werden, soweit

1. sichergestellt ist, dass es später bei der übernehmenden Körperschaft der Besteuerung mit Körperschaftsteuer unterliegt,
2. die Passivposten des eingebrachten Betriebsvermögens die Aktivposten nicht übersteigen; dabei ist das Eigenkapital nicht zu berücksichtigen,
3. das Recht der Bundesrepublik Deutschland hinsichtlich der Besteuerung des Gewinns aus der Veräußerung des eingebrachten Betriebsvermögens bei der übernehmenden Gesellschaft nicht ausgeschlossen oder beschränkt wird.

382 **aa) Bewertung des eingebrachten Betriebsvermögens.** Für die Bewertung des eingebrachten Betriebsvermögens sieht § 20 Abs. 2 Satz 1 UmwStG n.F. somit als **Grundregel** die Bewertung mit dem **gemeinen Wert** vor. Bislang galt als Obergrenze der Teilwert[482]. Durch Aufgabe des Maßgeblichkeitsgrundsatzes kommt es für die Bewertung auch nicht mehr auf die handelsrechtliche Bilanzierung an[483]. Vielmehr

---

481 Kritik dazu bei *Bilitewski*, FR 2007, 64.
482 Zur Abgrenzung der Begriffe „Teilwert" (§ 9 Abs. 2 BewG) und „gemeiner Wert" (§ 10 Satz 2 BewG) s. *Diller/Grottke*, StuSt 2007, 69 ff., welche sich zwar für eine weitgehende Annäherung aussprechen, den Ansatz des gemeinen Werts bei der Einbringung aus gesetzessystematischen Gründen aber dennoch begrüßen. *Prinz*, StuB 2007, 128 f., geht indessen davon aus, dass der gemeine Wert, etwa bei Umlaufvermögen, häufig über dem Teilwert liegen wird, begrüßt aber ebenso wie die vorgenannten Autoren den Wegfall des Maßgeblichkeitsgrundsatzes für Umwandlungen.
483 BT-Drucks.16/2710, S.34; ausführlich dazu *Prinz*, StuB 2007, 125 ff.; vgl. überdies *Benz/Rosenberg* in Blumenberg/Schäfer, Das SEStEG, S. 158; *Hagemann/Jakob/Ropohl/Viebrock*, NWB 2007, Sonderheft 1, S. 35; *Ley*, FR 2007, 112; *Rödder/Schumacher*, DStR 2006, 1528; *Rödder/Schumacher*, DStR 2007, 369, 372; sowie die Nachweise bei *Strahl*, KÖSDI 2007, 15445.

kann auf Antrag der übernehmenden Gesellschaft ein einheitlicher[484] Ansatz zum **Buchwert** oder einem – unter dem gemeinen Wert liegenden – Zwischenwert[485] erfolgen. Es ist u. E. davon auszugehen, dass der erforderliche Antrag stillschweigend gestellt worden ist, wenn in der beim Finanzamt eingereichten Steuerbilanz die Buchwerte angesetzt worden sind. Ein expliziter zusätzlicher Antrag erscheint nicht notwendig[486].

Dieser **Antrag** kann nur unter folgenden Voraussetzungen gestellt werden, die kumulativ vorliegen müssen[487]: Nach Nr. 1 leg cit muss sichergestellt sein, dass das Betriebsvermögen bei der übernehmenden Gesellschaft einer Besteuerung mit Körperschaftsteuer unterliegt[488], nach Nr. 2 leg cit dürfen die Passiva des eingebrachten Vermögens – unter Außerachtlassung des Eigenkapitals – die Aktiva nicht übersteigen[489], und Nr. 3 leg cit verlangt schließlich, dass das Besteuerungsrecht der Bundesrepublik Deutschland hinsichtlich des eingebrachten Vermögens nicht ausgeschlossen oder beschränkt wird[490]. Auf die Steuerverhaftung der als Gegenleistung gewährten Anteile kommt es – abweichend von § 20 Abs. 3 UmwStG a.F. – nicht mehr an, sofern die Einbringenden in einem EU-/EWR-Mitgliedstaat steueransässig sind[491]. Die Voraussetzung des Nr. 3 leg cit ist – entsprechend den bereits zur Sitzver- 383

---

484 Bei der Einbringung mehrerer Mitunternehmeranteile soll jedoch jeder Mitunternehmer das Antragswahlrecht für seinen Mitunternehmeranteil gesondert ausüben können (so etwa *Schulze zur Wiesche*, WPg 2007, 169; a.A. *Ley*, FR 2007, 112).

485 Nach dem RefE hätte diese Möglichkeit entfallen sollen, bereits der RegE sah sie aber wieder vor.

486 Vorsichtiger *Hagemann/Jakob/Ropohl/Viebrock*, NWB 2007, Sonderheft 1, S. 36. In diese Richtung wohl auch *Benz/Rosenberg* in Blumenberg/Schäfer, Das SEStEG, S. 158, die sogar eine Antragstellung in der „logischen Sekunde" vor Einreichung der steuerlichen Schlussbilanz und Steuererklärung für erforderlich halten.

487 Vgl. *Schulze zur Wiesche*, WPg 2007, 169; *Strahl*, KÖSDI 2007, 15446.

488 Dieses Erfordernis war im RegE noch nicht enthalten. Hintergrund dieser Regelung ist, dass durch die Einbringung keine Einschränkung des Besteuerungsrechts entstehen soll, etwa deshalb, weil der übernehmende Rechtsträger gem. § 5 KStG von der Körperschaftsteuer befreit ist (*Hagemann/Jakob/Ropohl/Viebrock*, NWB 2007, Sonderheft 1, S. 35). Ein weiterer Anwendungsfall sollen G-REIT sein (*Benecke/Schnitger*, IStR 2007, 27; *Benz/Rosenberg* in Blumenberg/Schäfer, Das SEStEG, S. 154). Entfallen ist indessen die Einschränkung, wonach eine Bewertung zum Buch- oder Zwischenwert nicht zulässig hätte sein sollen, wenn neben neuen Anteilen andere Wirtschaftsgüter als Gegenleistung gewährt worden wären. Die verabschiedete Regelung entspricht der alten Rechtslage, die nach § 20 Abs. 2 Satz 5 UmwStG a.F. eine steuerneutrale Einbringung dennoch ermöglicht hat. § 20 Abs. 2 letzter Satz UmwStG n.F. sieht in diesem Zusammenhang vor, dass soweit der gemeine Wert der sonstigen Wirtschaftsgüter – also jeder Gegenleistung die nicht in neuen Anteilen besteht – deren Buchwert übersteigt, eine Bewertung mit einem um diese stillen Reserven erhöhten Zwischenwert zu erfolgen hat.

489 Bislang war diese Voraussetzung in § 20 Abs. 2 Satz 4 UmwStG a.F. enthalten. Ist diese Voraussetzung im Fall einer Buchwerteinbringung nicht erfüllt, müssen etwaige stille Reserven aufgedeckt werden (*Hagemann/Jakob/Ropohl/Viebrock*, NWB 2007, Sonderheft 1, S. 35). Dies hat einheitlich bezüglich aller Wirtschaftsgüter zu erfolgen (*Benz/Rosenberg* in Blumenberg/Schäfer, Das SEStEG, S. 154).

490 Nach den Erläuterungen ist dies ebenso dann der Fall, wenn eine ausländische Betriebsstätte vor der Einbringung auf Grundlage der Anrechnungsmethode der deutschen Besteuerung unterlag und nunmehr in eine EU-Kapitalgesellschaft eingebracht wird (wodurch das Besteuerungsrecht Deutschlands verloren geht). Denkbar wäre auch der Fall, dass vor der Einbringung ein Besteuerungsrecht ohne Anrechnungsverpflichtung bestand und nach der Einbringung eine Anrechnungsverpflichtung eingreift. Bei der Einbringung deutscher Betriebsstätten bleibt das Besteuerungsrecht immer gewahrt (*Benz/Rosenberg* in Blumenberg/Schäfer, Das SEStEG, S. 155).

491 *Rödder/Schumacher*, DStR 2007, 370.

legung (vgl. Rz. 150 ff.) und Verschmelzung (vgl. Rz. 239 ff.) angestellten Überlegungen – nicht mit den Grundfreiheiten vereinbar[492].

384   Ist die Voraussetzung nach Nr. 3 leg cit nicht erfüllt, kommt es künftig zwingend zum Ansatz des gemeinen Werts, somit zur **steuerpflichtigen Aufdeckung der stillen Reserven**. § 20 Abs. 7 i.V.m. § 3 Abs. 3 UmwStG n.F. normiert für diesen Fall – in Übereinstimmung mit Art. 10 Abs. 2 Fusionsbesteuerungs-RL – die Anrechnung einer fiktiven ausländischen Steuer auf die deutsche Besteuerung des Einbringungsgewinns. Angerechnet wird jene ausländische Steuer, die bei einem tatsächlichen Veräußerungsvorgang im Zeitpunkt der Einbringung im Ausland angefallen wäre[493].

385   **bb) Bewertung der gewährten Anteile.** Die Bewertung der als Gegenleistung erhaltenen Anteile erfolgt weiterhin nach denselben Grundsätzen wie vor Verabschiedung des SEStEG[494], so dass insbesondere der Grundsatz der **doppelten Buchwertverknüpfung** beibehalten wird[495]. Nach § 20 Abs. 3 Satz 1 UmwStG n.F. gilt der Wert, mit dem der übernehmende Rechtsträger das eingebrachte Vermögen ansetzt, beim Einbringenden als Veräußerungspreis und als Anschaffungskosten der neuen Anteile. Ein sich daraus ergebender Einbringungsgewinn unterliegt der Besteuerung[496]. Werden dem Einbringenden neben neuen Anteilen andere Wirtschaftsgüter als Gegenleistung gewährt, mindert deren gemeiner Wert die Anschaffungskosten der neuen Anteile. Eine Steuerpflicht tritt gem. § 20 Abs. 2 Satz 4 UmwStG n.F. erst dann ein, wenn der gemeine Wert dieser Wirtschaftsgüter den Buchwert des eingebrachten Vermögens übersteigt. Somit ist die noch im Regierungsentwurf enthaltene Regelung, wonach im Rahmen der Einbringung geleistete bare Zuzahlungen einer sofortigen Besteuerung unterliegen, nicht verabschiedet worden[497].

386   Hinzuweisen ist auf eine für den Steuerpflichtigen günstige **Ausnahme vom Grundsatz der doppelten Buchwertverknüpfung**: Bestand bzw. besteht weder vor noch nach der Einbringung ein Besteuerungsrecht der Bundesrepublik Deutschland für Gewinne aus der Veräußerung des eingebrachten Vermögens, gilt für den Einbringenden gem. § 20 Abs. 3 Satz 2 UmwStG n.F. insoweit der gemeine Wert des Betriebvermögens als Anschaffungskosten der neuen Anteile. Durch diese neue Bewertungsvorschrift werden die bis zum Zeitpunkt der Einbringung im eingebrachten (ausländischen) Betriebsvermögen entstandenen stillen Reserven für den Fall einer späteren Veräußerung der Aktien an der SE von der deutschen Besteuerung ausgenommen[498]. Die Regelung betrifft in erster Linie das zu einer ausländischen Betriebsstätte gehörende Betriebsvermögen, wenn das anwendbare DBA die Freistellungsmethode vorsieht[499].

---

492   Vgl. auch *Werra/Teiche*, DB 2006, 1460.
493   § 3 Abs. 3 UmwStG n.F. verweist lediglich auf § 26 KStG. Sind andere Steuerpflichtige als Körperschaften betroffen, ist von einer planwidrigen Lücke auszugehen, die durch Anwendung des § 34c EStG zu schließen ist (*Benz/Rosenberg* in Blumenberg/Schäfer, Das SEStEG, S. 161).
494   Vgl. *Strahl*, KÖSDI 2007, 15446.
495   *Hagemann/Jakob/Ropohl/Viebrock*, NWB 2007, Sonderheft 1, S. 36; *Werra/Teiche*, DB 2006, 1461. Die noch im Kommissionsentwurf zur Änderung der Fusionsbesteuerungs-RL (KOM [2003] 613 endg., ABl. 2004, C-96/21) vorgesehene Bewertungsvorschrift betreffend die erhaltenen Anteile, welche zu einem „Verbot der Verdoppelung stiller Reserven" geführt hätte, wurde letztlich nicht verabschiedet. Dazu m.w.N. *Schindler*, IStR 2005, 555 f.; *Kofler/ Schindler*, taxlex 2005, 562 f.
496   *Dörfler/Rautenstrauch/Adrian*, BB 2006, 1712.
497   *Dötsch/Pung*, DB 2006, 2765. Zur Genese dieser Änderung *Strahl*, KÖSDI 2007, 15445.
498   *Werra/Teiche*, DB 2006, 1461.
499   *Ley*, FR 2007, 114.

g) Nachträgliche Besteuerung

Wie bereits bei der Holding-Gründung ausgeführt (s. oben Rz. 337), wird das Regime   387
des § 21 UmwStG a.F. samt den damit in Zusammenhang stehenden Missbrauchsvorschriften durch § 22 UmwStG n.F. ersetzt[500].

§ 22

Besteuerung des Anteilseigners

(1) Soweit in den Fällen einer Sacheinlage unter dem gemeinen Wert (§ 20 Abs. 2 Satz 2) der Einbringende die erhaltenen Anteile innerhalb eines Zeitraums von sieben Jahren nach dem Einbringungszeitpunkt veräußert, ist der Gewinn aus der Einbringung rückwirkend im Wirtschaftsjahr
der Einbringung als Gewinn des Einbringenden im Sinne von § 16 des Einkommensteuergesetzes
zu versteuern (Einbringungsgewinn I); § 16 Abs. 4 und § 34 des Einkommensteuergesetzes sind
nicht anzuwenden. Die Veräußerung der erhaltenen Anteile gilt insoweit als rückwirkendes Ereignis im Sinne von § 175 Abs. 1 Satz 1 Nr. 2 der Abgabenordnung. Einbringungsgewinn I ist der
Betrag, um den der gemeine Wert des eingebrachten Betriebsvermögens im Einbringungszeitpunkt nach Abzug der Kosten für den Vermögensübergang den Wert, mit dem die übernehmende
Gesellschaft dieses eingebrachte Betriebsvermögen angesetzt hat, übersteigt, vermindert um jeweils ein Siebtel für jedes seit dem Einbringungszeitpunkt abgelaufene Zeitjahr. Der Einbringungsgewinn I gilt als nachträgliche Anschaffungskosten der erhaltenen Anteile. Umfasst das
eingebrachte Betriebsvermögen auch Anteile an Kapitalgesellschaften oder Genossenschaften, ist
insoweit § 22 Abs. 2 anzuwenden; ist in diesen Fällen das Recht der Bundesrepublik Deutschland
hinsichtlich der Besteuerung des Gewinns aus der Veräußerung der erhaltenen Anteile ausgeschlossen oder beschränkt, sind daneben auch die Sätze 1 bis 4 anzuwenden. [...]

(2) Soweit im Rahmen einer Sacheinlage (§ 20 Abs. 1) oder eines Anteilstausches (§ 21 Abs. 1) unter dem gemeinen Wert eingebrachte Anteile innerhalb eines Zeitraums von sieben Jahren nach
dem Einbringungszeitpunkt durch die übernehmende Gesellschaft veräußert werden und der Einbringende keine durch § 8b Abs. 2 des Körperschaftsteuergesetzes begünstigte Person ist, ist der
Gewinn aus der Einbringung im Wirtschaftsjahr der Einbringung rückwirkend als Gewinn des
Einbringenden aus der Veräußerung von Anteilen zu versteuern (Einbringungsgewinn II); § 16
Abs. 4 des Einkommensteuergesetzes ist nicht anzuwenden. Absatz 1 Satz 2 gilt entsprechend.
Einbringungsgewinn II ist der Betrag, um den der gemeine Wert der eingebrachten Anteile im Einbringungszeitpunkt nach Abzug der Kosten für den Vermögensübergang den Wert, mit dem der
Einbringende die erhaltenen Anteile angesetzt hat, übersteigt, vermindert um jeweils ein Siebtel
für jedes seit dem Einbringungszeitpunkt abgelaufene Zeitjahr. Der Einbringungsgewinn II gilt
als nachträgliche Anschaffungskosten der erhaltenen Anteile. Sätze 1 bis 4 sind nicht anzuwenden, soweit der Einbringende die erhaltenen Anteile veräußert hat [...].

(3) Der Einbringende hat in den dem Einbringungszeitpunkt folgenden sieben Jahren jährlich spätestens bis zum 31. Mai den Nachweis darüber zu erbringen, wem mit Ablauf des Tages, der dem
maßgebenden Einbringungszeitpunkt entspricht,

1. in den Fällen des Absatzes 1 die erhaltenen Anteile und die auf diesen Anteilen beruhenden
   Anteile und
2. in den Fällen des Absatzes 2 die eingebrachten Anteile und die auf diesen Anteilen beruhenden
   Anteile zuzurechnen sind. Erbringt er den Nachweis nicht, gelten die Anteile im Sinne des Ab-
   satzes 1 oder des Absatzes 2 an dem Tag, der dem Einbringungszeitpunkt folgt oder der in den
   Folgejahren diesem Kalendertag entspricht, als veräußert.

aa) Veräußerung durch den Einbringenden. Werden die als Gegenleistung für eine   388
Sacheinlage i.S.d. § 20 UmwStG n.F. erhaltenen SE-Aktien **innerhalb von sieben Jahren veräußert**[501], kommt es zur (rückwirkenden) Besteuerung des Einbringungsgewinns nach Maßgabe einer neuen **Siebentelregelung**; die Veräußerung gilt als rückwirkendes Ereignis i.S.d. § 175 AO. Diese Technik vermeidet unerwünschte
Zinseffekte, weil gem. § 233a Abs. 2a AO der Zinslauf bei Eintritt eines rückwirkenden Ergebnisses erst 15 Monate nach Ablauf des Kalenderjahres beginnt, in dem das

---

500 *Benz/Rosenberg* in Blumenberg/Schäfer, Das SEStEG, S. 51.
501 § 22 Abs. 1 UmwStG n.F. enthält auch zahlreiche Veräußerungsersatztatbestände. Ausnah-
     men der Steuerpflicht bestehen für Folgeeinbringungen mit Buchwertfortführung.

rückwirkende Ereignis in Gestalt der Veräußerung der Anteile eingetreten ist[502]. Hinzu kommt die Steuerpflicht des Veräußerungsgewinns, der aus der Wertsteigerung des Anteils nach der Einbringung stammt.

389   Bislang waren binnen der siebenjährigen Sperrfrist erzielte Gewinne aus der Veräußerung einbringungsgeborener Anteile i.S.d. § 21 UmwStG a.F. – im Veräußerungszeitpunkt – voll steuerpflichtig. Gem. § 3 Nr. 40 Satz 3 und 4 EStG bzw. § 8b Abs. 4 Nr. 1 KStG kamen in diesem Fall insbesondere die Begünstigungen des Halbsatzverfahrens bzw. der 95%igen Steuerbefreiung nach § 8b KStG nicht zur Anwendung. Mit Verabschiedung des SEStEG wurde dies geändert: Die vor der Einbringung entstandenen stillen Reserven werden als **Einbringungsgewinn I** besteuert. Der – um nachträgliche Anschaffungskosten angepasste (hierzu im nächsten Absatz) – Gewinn aus der Veräußerung der als Gegenleistung erhaltenen Anteile ist im Falle einer Körperschaft zu 95% steuerfrei, im Falle der Veräußerung durch natürliche Personen kommt das Halbsatzverfahren zur Anwendung. Im Ergebnis werden in dieser zweiten Stufe die nach der Einbringung entstandenen stillen Reserven besteuert[503].

390   Zunächst kommt es somit zur Besteuerung des sogenannten Einbringungsgewinns I nach § 16 EStG: Dieser ermittelt sich aus dem gemeinen Wert[504] des eingebrachten Vermögens im Zeitpunkt der Einbringung abzüglich der Kosten für die Vermögensübertragung sowie abzüglich jenes Werts, mit welchem das eingebrachte Vermögen bei der übernehmenden SE angesetzt worden ist (häufig der Buchwert im Zeitpunkt der Einbringung). Mit anderen Worten: Es werden die im Rahmen der Einbringung ursprünglich nicht aufgedeckten stillen Reserven rückwirkend aufgedeckt; nachträgliche Wertveränderungen werden an dieser Stelle indessen nicht berücksichtigt[505]. Der Einbringungsgewinn I vermindert sich für jedes seit der Einbringung – konkret dem steuerlichen Übertragungsstichtag gem. § 20 Abs. 6 UmwStG n.F.[506] – abgelaufene (volle[507]) Jahr um jeweils ein Siebentel. Der gekürzte Einbringungsgewinn unterliegt der **regulären Tarifbesteuerung**, weil dieser nach dem Wortlaut des § 22 Abs. 1 Satz 1 UmwStG n.F. nicht der Veräußerung von Anteilen an einer Kapitalgesellschaft, sondern der Einbringung eines Betriebs, Teilbetriebs oder Mitunternehmeranteils zugerechnet wird[508]; d. h. weder das Halbsatzverfahren nach § 3 Nr. 40 EStG noch die 95%ige Steuerbefreiung nach § 8b Abs. 4 Nr. 1 KStG finden Anwendung[509]. Auch der Freibetrag nach §§ 16 Abs. 4 und 34 EStG ist nicht anwendbar[510].

391   Der steuerpflichtige Einbringungsgewinn I führt gem. § 22 Abs. 1 Satz 4 UmwStG n.F. – ohne dass es auf die tatsächliche Entrichtung der Steuer ankommt – für den Einbringenden zu **nachträglichen Anschaffungskosten**, was im Ergebnis zu einer Reduktion des eigentlichen Veräußerungsgewinns auf der zweiten Stufe führt. Letzterer ist – wie oben dargestellt – im Falle einer Körperschaft zu 95% steuerfrei, im Falle der Veräußerung durch natürliche Personen kommt das Halbsatzverfahren zur An-

---

502 *Ley*, FR 2007, 115; *Strahl*, KÖSDI 2007, 15448.
503 *Ley*, FR 2007, 109.
504 Vgl. hierzu *Diller/Grottke*, StuSt 2007, 74.
505 *Dörfler/Rautenstrauch/Adrian*, BB 2006, 1714; *Dötsch/Pung*, DB 2006, 2766; *Rödder/Schumacher*, DStR 2006, 1538; *Strahl*, KÖSDI 2007, 15451. Infolgedessen unterliegen im Zeitpunkt der Einbringung vorhandene stillen Reserven grundsätzlich der vollen Besteuerung, während die nachträglich entstehenden stillen Reserven nach dem Halbeinkünfteverfahren bzw. nach § 8b Abs. 2 und 3 KStG besteuert werden (*Hagemann/Jakob/Ropohl/Viebrock*, NWB 2007, Sonderheft 1, S. 39).
506 *Strahl*, KÖSDI 2007, 15449.
507 *Strahl*, KÖSDI 2007, 15449.
508 *Strahl*, KÖSDI 2007, 15449.
509 BT-Drucks.16/2710, S. 79.
510 *Ley*, FR 2007, 114.

wendung. Das Besteuerungsrecht der Bundesrepublik Deutschland verlagert sich somit für die in der Beteiligung ruhenden stillen Reserven jährlich um ein Siebentel von der vollen in die hälftige Besteuerung bzw. bei Körperschaften in eine 95%ige Steuerbefreiung[511]. Handelt es sich um im Ausland ansässige Anteilseigner, geht das Besteuerungsrecht der Bundesrepublik Deutschland schrittweise zur Gänze verloren, weil sich der nach § 16 EStG steuerpflichtige Gewinn aus der Einbringung zu Gunsten eines Veräußerungsgewinns aus Kapitalgesellschaftsanteilen i.S.d. § 17 EStG verschiebt, der nach Art. 13 Abs. 5 OECD-MA regelmäßig der deutschen Besteuerungshoheit entzogen ist[512].

Die Besteuerung des Einbringungsgewinns I wirkt sich aber auch bei der übernehmenden Gesellschaft – konkret der SE – aus. Diese kann gem. § 23 Abs. 2 UmwStG n.F. im Jahr der Anteilsveräußerung[513] auf Antrag – steuerneutral (§ 23 Abs. 2 Satz 1 UmwStG n.F.)[514] – den versteuerten Einbringungsgewinn I zur **steuerfreien Erhöhung der Buchwerte** nutzen, soweit der Einbringende die Steuer entrichtet[515] hat und dieser Umstand mit einer Bescheinigung gem. § 22 Abs. 5 UmwStG n.F. nachgewiesen wird. Diese Aufstockung der Buchwerte erfolgt wirtschaftsgutbezogen[516]. Sie ist nur bei Wirtschaftsgütern möglich, die sich im Zeitpunkt der Anteilsveräußerung noch im Betriebsvermögen der SE befinden. Soweit das eingebrachte Vermögen nach der Einbringung zum gemeinen Wert veräußert worden ist, stellt der darauf entfallende Aufstockungsbetrag einen sofort abziehbaren Aufwand dar. Wurde das eingebrachte Vermögen indessen zu einem unter dem Verkehrswert liegenden Wert (also zum Buchwert oder einem Zwischenwert) übertragen, erfolgt weder eine Aufstockung noch ist ein abzugsfähiger Aufwand anzusetzen[517]. Durch die Erhöhung der Buchwerte erhöht sich bei abnutzbaren Wirtschaftsgütern die künftige AfA-Bemessungsgrundlage, bei nicht abnutzbaren Wirtschaftsgütern vermindern sich spätere Veräußerungsgewinne bzw. erhöhen sich spätere Veräußerungsverluste[518]. Die Wertaufstockung erfolgt zu Beginn jenes Wirtschaftsjahres, in welches das die Besteuerung nach § 22 UmwStG n.F. auslösende Ereignis fällt (§ 23 Abs. 3 Satz 2 UmwStG n.F.)[519].

Nach § 22 Abs. 3 UmwStG n.F. muss der Steuerpflichtige in den der Einbringung folgenden sieben Jahren jährlich bis spätestens 31. Mai den **Nachweis darüber einbringen, wem die** als Gegenleistung erhaltenen Anteile sowie die eingebrachten **Anteile zuzurechnen sind**. Im Falle von Ketteneinbringungen beziehen sich die genannten Nachweispflichten auch auf alle im Rahmen der weiteren Einbringungen erhaltenen Anteile[520]. Maßgeblich für die Zurechnung ist der dem Einbringungszeitpunkt folgende Tag (und in den Folgejahren stets der diesem Tag entsprechende Kalendertag).

392

393

---

511 *Dötsch/Pung*, DB 2006, 2767.

512 *Strahl*, KÖSDI 2007, 15449.

513 Somit nicht rückwirkend: *Hagemann/Jakob/Ropohl/Viebrock*, NWB 2007, Sonderheft 1, S. 39; *Rödder/Schumacher*, DStR 2007, 374.

514 Nach *Dötsch/Pung*, DB 2006, 2766, ist diese Wertaufstockung im steuerlichen Einlagekonto der aufnehmenden Gesellschaft zu erfassen. Zustimmend *Ley*, FR 2007, 116.

515 Nach *Rödder/Schumacher*, DStR 2007, 374 mit Fn. 26, soll dies auch dann gelten, wenn zwar keine Steuer „entrichtet" worden ist, dafür aber ein bestehender Verlustvortrag gekürzt wird. Dieser Ansicht ist u. E. zuzustimmen.

516 BT-Drucks.16/2710, S. 50. *Benz/Rosenberg* in Blumenberg/Schäfer, Das SEStEG, S. 203, sprechen sich in diesem Zusammenhang für eine Verteilung des Erhöhungsbetrags im Verhältnis der stillen Reserven im Zeitpunkt der Einbringung aus.

517 BT-Drucks.16/2710, S. 50. Vgl. auch *Dötsch/Pung*, DB 2006, 2767.

518 *Ley*, FR 2007, 116.

519 Vgl. *Strahl*, KÖSDI 2007, 15452, mit Hinweis darauf, dass zu diesem Zeitpunkt in der Regel kein Nachweis für die Entrichtung der Steuer für den Einbringungsgewinn I erbracht werden kann.

520 *Benz/Rosenberg* in Blumenberg/Schäfer, Das SEStEG, S. 199.

Erbringt der Steuerpflichtige diesen Nachweis nicht, gelten die Anteile als zu den letztgenannten Terminen veräußert[521]. Nach der Gesetzesbegründung – was sich allerdings nicht aus dem Gesetzeswortlaut ableiten lässt – handelt es sich dabei um keine Ausschlussfrist[522], so dass der Nachweis grundsätzlich auch noch im laufenden Verfahren erbracht werden kann[523]. Das Gesetz[524] enthält im Übrigen keine Aussage darüber, gegenüber welchem Finanzamt dieser Nachweis zu erbringen ist, so dass wohl jeder Aktionär gesondert gegenüber seinem Finanzamt nachweispflichtig ist[525]. Dies ergibt sich nunmehr aus einem BMF-Schreiben, welches auch die Zuständigkeiten bei Ausscheiden des Einbringenden aus der deutschen Steuerpflicht regelt[526].

394   **bb) Veräußerung durch die übernehmende Gesellschaft.** Umfasste das eingebrachte Betriebsvermögen auch Anteile an Kapitalgesellschaften, oder ist dem Veräußerungsfall ein qualifizierter Anteilstausch i.S.d. § 21 UmwStG n.F. vorausgegangen, ist das Regime des § 22 Abs. 2 UmwStG n.F. zu beachten. Hinsichtlich der erstgenannten Fallgruppe finden insoweit die Regeln über den Einbringungsgewinn I nach § 22 Abs. 1 UmwStG n.F. keine Anwendung[527]. Vielmehr wird **auf Ebene der Gesellschafter** der sogenannte **Einbringungsgewinn II** erfasst. Auslöser ist die Veräußerung der eingebrachten Aktien oder GmbH-Anteile durch die aufnehmende SE. Dennoch erfolgt die Besteuerung bei den Aktionären, die auf die Veräußerung in der Regel keinen Einfluss nehmen können[528]. Die steuerlichen Folgen treten somit bei einem anderen Steuersubjekt als jenem ein, das den steuerauslösenden Tatbestand verwirklicht[529]. Bei den Gesellschaftern wird rückwirkend ihr damaliger Einbringungsgewinn besteuert. Auch im Fall des § 22 Abs. 2 UmwStG n.F. sind die Ersatzrealisierungstatbestände i.S.d. § 22 Abs. 1 Satz 6 UmwStG n.F. zu beachten. In dieser Situation ist eine siebenjährige Meldepflicht *der Einbringenden* vorgesehen, wem die eingebrachten Anteile zuzurechnen sind (§ 22 Abs. 3 Satz 1 Nr. 2 UmwStG n.F.). Auch in diesem Fall enthält das Gesetz keine Aussage darüber, gegenüber welchem Finanzamt der Nachweis zu erbringen ist. Verwiesen wird auf die Ausführungen in Rz. 392 und das dort genannte BMF-Schreiben.

395   Die Besteuerung nach § 22 Abs. 2 UmwStG n.F. kommt allerdings nur dann zur Anwendung, wenn es sich bei dem Einbringenden um eine **natürliche Person** handelt (*„keine durch § 8b Abs. 2 KStG begünstigte Person"*)[530]. Der einzige im SE-Regime denkbare Fall wäre somit eine an der SE-Gründung teilnehmende Personengesellschaft, soweit deren Gesellschafter natürliche Personen sind[531]. Der Einbringungsgewinn II wird bei der SE daher eher selten zum Zuge kommen.

---

521 Nach *Rödder/Schumacher*, DStR 2007, 375, soll diese Veräußerungsfiktion nur für § 22 UmwStG n.F. von Bedeutung sein, indessen nicht zu einer Besteuerung des Gewinns aus einer fiktiven Veräußerung führen; offenbar a.A. *Dötsch/Pung*, DB 2006, 2767.
522 BT-Drucks.16/2710, S. 49.
523 *Strahl*, KÖSDI 2007, 15455. Ebenso BMF-Schreiben v. 4.9.2007, DB 2007, 2006.
524 *Dörfler/Rautenstrauch/Adrian*, BB 2006, 1715.
525 *Dötsch/Pung*, DB 2006, 2767; zustimmend *Ley*, FR 2007, 116. Ebenso *Rödder/Schumacher*, DStR 2007, 375.
526 BMF-Schreiben v. 4.9.2007, DB 2007, 2006.
527 Umgekehrt erfolgt keine Besteuerung des Einbringungsgewinns II, soweit der Einbringende und nicht die erwerbende SE die erhaltenen Kapitalanteile veräußert (§ 22 Abs. 2 Satz 5 UmwStG n.F.).
528 Vgl. *Hagemann/Jakob/Ropohl/Viebrock*, NWB 2007, Sonderheft 1, S. 43; *Ley*, FR 2007, 118.
529 Vgl. *Dötsch/Pung*, DB 2006, 2771; *Rödder/Schumacher*, DStR 2006, 1541.
530 Ebenso *Hagemann/Jakob/Ropohl/Viebrock*, NWB 2007, Sonderheft 1, S. 42; *Rödder/Schumacher*, DStR 2007, 376; *Strahl*, KÖSDI 2007, 15452.
531 Zur Erfassung von Personengesellschaften *Benz/Rosenberg* in Blumenberg/Schäfer, Das SEStEG, S. 194.

Kurz zur **Funktionsweise** der Regelung: Auch der Einbringungsgewinn II ist rückwir 396
kend im Jahr der Einbringung als Gewinn aus der Veräußerung von Anteilen beim
Einbringenden – also der natürlichen Person – unter Anwendung des Halbsatzverfahrens zu versteuern. Ob die Begünstigung des § 3 Nr. 40 Sätze 3 und 4 EStG Anwendung findet, scheint nicht zweifelsfrei[532], ist u.E. aber zu bejahen. Der Einbringungsgewinn II ermittelt sich aus dem gemeinen Wert der Anteile im Zeitpunkt der Einbringung, abzüglich der Kosten für den Vermögensübergang sowie abzüglich jenes
Werts, mit dem der Einbringende die SE-Aktien angesetzt hat. Wie im Fall des Einbringungsgewinns I vermindert sich auch der Einbringungsgewinn II für jedes seit
der Einbringung abgelaufene Jahr um jeweils ein Siebentel. Die Besteuerung hat weiterhin folgende Auswirkungen: Gem. § 22 Abs. 2 Satz 4 UmwStG n.F. erhöhen sich
in Höhe des Einbringungsgewinns II beim Gesellschafter die Anschaffungskosten der
als Gegenleistung erhaltenen SE-Aktien[533]. Auch bei der SE erhöhen sich die Anschaffungskosten der eingebrachten Anteile in derselben Höhe, soweit der Einbringende die Steuer entrichtet und dies durch eine Bescheinigung des Finanzamts nachgewiesen wird. Hinzuweisen ist schließlich darauf, dass eine Besteuerung des Einbringungsgewinns II unterbleibt, wenn der Einbringende die SE-Aktien veräußert
oder einer Besteuerung nach § 6 AStG unterzogen wird (und keine Stundung erfolgt).

cc) Siebenjahresfrist. Der Siebenjahresfrist liegt sowohl im Fall des Einbringungs 397
gewinns I als auch im Fall des Einbringungsgewinns II das **Motiv der Missbrauchsverhinderung** zugrunde. Der Gesetzgeber leitet seine Befugnis zur Einführung solcher
Missbrauchsverhinderungs-Vorschriften aus Art. 11 Abs. 1 lit. a Fusionsbesteuerungs-RL ab. Die Vorgängerregelung (§ 26 UmwStG a.F.) wurde heftig kritisiert und
für gemeinschaftsrechtswidrig gehalten[534]. Für die Neuregelung gilt dies zwar nur in
gemilderter Form, doch ist klar zu konstatieren, dass der EuGH sog. typisierenden
Missbrauchsvorschriften generell mit Ablehnung entgegentritt[535]. Nach dessen
Rechtsprechung bedarf es vielmehr einer einzelfallbezogenen Missbrauchsprüfung[536],
die vorliegend nicht erfüllt ist. Darüber hinaus erscheint die vorgesehene Frist von
sieben Jahren zu lange bemessen[537]: Etwa bei einer Veräußerung nach fünf Jahren
von einem Missbrauch auszugehen, erscheint jedenfalls überschießend. Aus Sicht
der Steuerpflichtigen hat sich die Rechtslage somit zwar verbessert, doch stellt u.E.
auch die neue Regelung einen **Verstoß gegen Gemeinschaftsrecht** dar. Steuerpflichtigen ist daher zu empfehlen, eine Besteuerung nach § 22 UmwStG n.F. insbesondere
dann unter Berufung auf Gemeinschaftsrecht zu bekämpfen, wenn der konkrete
Sachverhalt keine Anhaltspunkte für eine missbräuchliche Gestaltung gibt. Dies gilt
aufgrund der Schutzwirkung der Grundfreiheiten auch für Einbringungsvorgänge, die
nicht von der Fusionsbesteuerungs-RL erfasst sind, sofern es sich nicht um rein nationale Sachverhalte handelt.

dd) Alte „einbringungsgeborene" Anteile. Im Falle der Einbringung von einbringungs 398
geborenen Anteilen i.S.d. § 21 Abs. 1 UmwStG a.F., gelten die neuen Anteile als einbringungsgeborene Anteile im Sinne der ursprünglichen Vorschrift (§ 20 Abs. 3 Satz 4
UmwStG n.F.). Somit können auch in Zukunft „einbringungsgeborene Anteile" entstehen, auf die weiterhin die **bisherige Rechtslage anzuwenden** ist. Mangels einer

---

532 Vgl. *Rödder/Schumacher*, DStR 2007, 376.
533 Beim Einbringenden wirkt sich diese Aufstockung allerdings erst bei der Veräußerung der erhaltenen Anteile an der SE steuermindernd aus (vgl. *Strahl*, KÖSDI 2007, 15455).
534 Vgl. statt vieler *Thömmes* in Theisen/Wenz, Europäische Aktiengesellschaft, S. 570.
535 Ebenso *Rödder/Schumacher*, DStR 2006, 1537 f.
536 EuGH v. 17.7.1997 – C-28/95 – „Leur Bloem", Slg. 1997, S. I-4161.
537 Ebenso *Benz/Rosenberg* in Blumenberg/Schäfer, Das SEStEG, S. 188; *Körner*, IStR 2006, 112;
     Körner, IStR 2006, 469, 471; *Strahl*, KÖSDI 2007, 15448; *Werra/Teiche*, DB 2006, 1461.

derartigen Regelung wäre es möglich gewesen, Anteile i.S.d. § 3 Nr. 40 Satz 3 und 4 EStG a.F. bzw. § 8b Abs. 4 KStG a.F. im Rahmen einer Betriebseinbringung zu Buchwerten in eine Kapitalgesellschaft einzubringen, und die als Gegenleistung erhaltenen Anteile anschließend begünstigt mit dem Halbsatz oder gar mit der 95%igen Befreiung zu veräußern[538].

h) Ausländische Betriebsstätte

399   § 20 Abs. 7 UmwStG n.F. regelt durch eine Verweisung auf § 3 Abs. 3 UmwStG n.F. die **Steueranrechnung** bei Einbringung einer nicht durch ein DBA freigestellten ausländischen Betriebsstätte, durch die das deutsche Besteuerungsrecht eingeschränkt wird. In Übereinstimmung mit Art. 10 Abs. 2 Fusionsbesteuerungs-RL kommt es in Deutschland zur Besteuerung, doch ist die deutsche Steuer auf den Einbringungsgewinn um jene fiktive Steuer zu reduzieren, die im Ausland im Falle der tatsächlichen Veräußerung (zum gemeinen Wert) angefallen wäre.

i) Rückwirkungsfiktion

400   § 20 Abs. 6 UmwStG n.F. sieht – in Übereinstimmung mit der bisherigen Rechtslage – die Möglichkeit eines rückwirkenden **Einbringungsstichtags** vor. Letzterer darf höchstens **acht Monate** vor dem Tag des Abschlusses des Einbringungsvertrags und höchstens acht Monate vor dem Zeitpunkt liegen, an dem das eingebrachte Betriebsvermögen auf die SE übergeht. Damit beginnt die Rückbeziehung in der Regel mit Abschluss des Einbringungsvertrags. Geht jedoch das wirtschaftliche Eigentum am eingebrachten Vermögen nicht mit Abschluss dieses Vertrags, sondern erst später auf die SE über, ist dieser Zeitpunkt maßgeblich[539].

401   Die Rückwirkung soll nach § 20 Abs. 6 Satz 4 i.V.m. § 2 Abs. 3 UmwStG n.F. insoweit nicht gewährt werden, als Einkünfte auf Grund abweichender Regelungen zur Rückbeziehung in einem anderen Staat der Besteuerung entzogen werden. Hierdurch sollen sog. „weiße Einkünfte" als Folge der Rückwirkungsfiktion vermieden werden[540].

402   Entsprechend der Rechtslage bei der Gründung einer Holding-SE (s. oben Rz. 336) ist im Falle des **Anteilstausches** – anders als nach bisheriger Rechtslage – **keine Rückwirkungsfiktion** vorgesehen[541]. Die rückwirkende Einbringung von Kapitalgesellschaftsanteilen ist somit nicht mehr möglich[542], was insbesondere dann Hindernisse für die Praxis aufwirft, wenn einer Sachgründung mehrere Einbringungen (z.B. die Einbringung eines Betriebs und einer GmbH-Mehrheitsbeteiligung) zugrunde liegen. In derartigen Fällen wird keine rückwirkende Einbringung möglich sein, wenn die (einzelnen) Einbringungen auf einen gemeinsamen Stichtag erfolgen sollen. Erfolgt die Einbringung von Anteilen an einer Kapitalgesellschaft indessen im Rahmen einer (Teil-)Betriebseinbringung, bleibt § 20 Abs. 6 UmwStG n.F. anwendbar. Die Möglichkeit einer Rückwirkungsfiktion entfällt somit nur bei einem Anteilstausch i.S.d. § 21 UmwStG n.F., nicht aber bei einer Einbringung von Kapitalgesellschaftsanteilen im Rahmen einer (Teil-)Betriebseinbringung.

---

538 *Dötsch/Pung*, DB 2006, 2767.
539 Vgl. etwa *Schmitt* in Schmitt/Hörtnagl/Stratz, UmwG – UmwStG, § 23 UmwStG Rz. 222.
540 *Benz/Rosenberg* in Blumenberg/Schäfer, Das SEStEG, S. 165.
541 Zu den möglichen Gründen *Dötsch/Pung*, DB 2006, 2769 m.w.N.
542 *Rödder/Schumacher*, DStR 2007, 375.

j) Zusammenfassende Darstellung

Erfolgt die Gründung durch Einbringung von Kapitalgesellschaftsanteilen, entspricht 403
die steuerrechtliche Beurteilung dieses Vorgangs der Gründung einer Holding-SE, so
dass zwecks Vermeidung von Wiederholungen auf die dortigen Ausführungen
(Rz. 339 ff.) verwiesen wird.

Von diesem Fall abgesehen sind aus Sicht des deutschen Steuerrechts bei der Grün- 404
dung einer gemeinsamen Tochtergesellschaft folgende Fallgruppen zu unterscheiden:

- Einbringung eines inländischen (Teil-)Betriebs oder Mitunternehmeranteils in eine
  im EU-Ausland ansässige SE;
- Einbringung eines inländischen (Teil-)Betriebs oder Mitunternehmeranteils in eine
  in Deutschland ansässige SE;
- Einbringung eines ausländischen (Teil-)Betriebs oder Mitunternehmeranteils in eine in Deutschland ansässige SE;

aa) Ebene der SE. Die SE wird durch Übertragung von (Teil-)Betrieben oder Mitunter- 405
nehmeranteilen im Wege einer **Sachgründung** errichtet. Dieser Vorgang wirkt sich alleine auf der Vermögensebene aus und erfolgt somit **einkommensneutral**. Die Wahl
zwischen dem Ansatz des gemeinen Werts oder niedrigerer Ansätze wirkt sich erst
bei der späteren Aufdeckung stiller Reserven sowie bei der Nutzung von AfA-Poten-
tial aus. Es handelt sich um einen gesellschaftsrechtlichen Organisationsakt, der keine Auswirkung auf das zu versteuernde Einkommen der SE hat. Dies gilt umso mehr
für eine im Ausland ansässige SE, die – sofern sie nicht gerade beschränkt steuerpflichtig ist – erst gar nicht dem Steuerzugriff Deutschlands unterliegt. Darüber hinaus gewährt das jeweilige Doppelbesteuerungsabkommen in vielen Fällen ergänzenden Schutz. Auf die internationalen Zuordnungen der Steuerpflicht kommt es aber
ohnehin nicht an, weil die SE-Gründung im Wege einer gemeinsamen Tochtergesellschaft ein einkommensneutraler Vorgang ist[543].

Steuerliche Folgen können sich auf Ebene der Holding-SE somit nur in solchen Mit- 406
gliedstaaten ergeben, deren Steuerrecht für die Aufbringung von Kapital einer Kapitalgesellschaft eine Gesellschaftsteuer vorsieht. Die **Gesellschaftsteuerrichtlinie**[544]
gestattet den Mitgliedstaaten die Erhebung einer auf maximal 1% des Kapitals begrenzten Steuer auf die Aufbringung des Kapitals einer in ihrem Hoheitsgebiet gegründeten Kapitalgesellschaft. In Deutschland wurde die nach Maßgabe dieser Richtlinie bis einschließlich 1991 erhobene Gesellschaftsteuer durch das Finanzmarktförderungsgesetz[545] aufgehoben[546].

Hinzuweisen ist auf mögliche grunderwerbsteuerrechtliche Folgen: Werden inländi- 407
sche Grundstücke i.S.d. § 2 GrEStG eingebracht, so entsteht **Grunderwerbsteuerpflicht** nach § 2 Nr. 1 GrEStG[547]. Eine Befreiung von der Grunderwerbsteuer ist weder im innerstaatlichen Recht noch in der Fusionsbesteuerungs-RL vorgesehen.

Auf Ebene der SE führt die Gründung einer gemeinsamen Tochtergesellschaft – mit 408
Ausnahme einer etwaigen Grunderwerbsteuer – somit zu **keiner Steuerbelastung**, ohne dass es darauf ankommt, ob deren Sitz in Deutschland oder im EU-Ausland liegt.

bb) Ebene der Gründungsgesellschaften. Nach deutschen Gewinnermittlungsgrund- 409
sätzen führt die Einbringung von Betriebsvermögen in eine beschränkt oder unbe-

---

543 *Schaumburg* in Lutter/Hommelhoff, Europäische Gesellschaft, S. 335.
544 Richtlinie 69/335/EWG v. 17.7.1969, ABl. EG Nr. L 249, S. 25.
545 BGBl. I 1990, 266.
546 *Thömmes* in Theisen/Wenz, Europäische Aktiengesellschaft, S. 563.
547 *Schaumburg* in Lutter/Hommelhoff, Europäische Gesellschaft, S. 337.

schränkt körperschaftsteuerpflichtige Kapitalgesellschaft gegen Gewährung von Anteilen nach den allgemeinen Regeln zur Aufdeckung der stillen Reserven im eingebrachten Vermögen. Nach den **Tauschgrundsätzen** sind die im Gegenzug erworbenen Anteile an der gemeinsamen Tochtergesellschaft mit dem gemeinen Wert der hingegebenen Wirtschaftsgüter anzusetzen (§ 6 Abs. 6 Satz 1 EStG), was in Höhe der Differenz zwischen dem gemeinen Wert der hingegebenen Wirtschaftsgüter und deren Buchwert zur Besteuerung eines Einbringungsgewinns führt. Die gleiche Rechtsfolge tritt auch dann ein, wenn die Sacheinlage ohne Gewährung von Gesellschaftsrechten (sog. „verdeckte Einlage") erfolgt (§ 6 Abs. 6 Satz 2 EStG)[548]. Bei Kapitalgesellschaften unterliegt die Gründung allerdings nur dann der deutschen Besteuerung, wenn es sich entweder um eine unbeschränkt körperschaftsteuerpflichtige Kapitalgesellschaft oder um eine beschränkt körperschaftsteuerpflichtige Kapitalgesellschaft mit inländischem Betriebsvermögen, welches Gegenstand der Einbringung ist, handelt.

410   Wird die Einlageverpflichtung durch Übertragung **einzelner Wirtschaftsgüter** erfüllt, ist dieser Vorgang als Tausch zu qualifizieren, der zur Aufdeckung der im eingebrachten Vermögen enthaltenen stillen Reserven führt. Die einbringungsbedingte Gewinnrealisierung unterliegt uneingeschränkt der Besteuerung (§ 6 Abs. 6 EStG, § 8 Abs. 1 KStG). Auch die Vorschriften der Fusionsbesteuerungs-RL sehen für diesen Fall keine steuerneutrale Lösung vor[549]. Dies gilt aber wiederum mit der Einschränkung, dass es nur dann zu einer Besteuerung kommt, wenn die einbringende Gesellschaft unbeschränkt steuerpflichtig ist oder die eingebrachten Einzelwirtschaftsgüter einem inländischen Betriebsstättenvermögen zuzuordnen sind. Eine Besteuerung in Deutschland scheidet ferner aus, wenn die Einzelwirtschaftsgüter aus einer ausländischen Betriebsstätte stammen, deren Gewinne aufgrund des anwendbaren DBA von der deutschen Besteuerung freigestellt sind (Art. 7. Abs. 1 und 2, 13 Abs. 2 OECD-MA)[550].

411   Im Falle einer **inländischen Personengesellschaft** unterliegen die Gesellschafter der deutschen Besteuerung im Rahmen der unbeschränkten Steuerpflicht (bei inländischen Gesellschaftern) oder im Rahmen der beschränkten Steuerpflicht. Dies folgt daraus, dass die Beteiligung eines ausländischen Gesellschafters an einer inländischen Personengesellschaft in der Regel eine inländische Betriebsstätte des ausländischen Gesellschafters begründen wird[551].

412   Werden **inländische Betriebe und Teilbetriebe** von einer inländischen Kapitalgesellschaft in eine gemeinsame Tochtergesellschaft mit Sitz im Inland gegen Gewährung von SE-Aktien eingebracht, handelt es sich im Grundsatz zwar um einen steuerpflichtigen Tausch (§ 6 Abs. 6 EStG, § 8 Abs. 1 KStG), doch ist dieser unter den Voraussetzungen des § 20 Abs. 2 Satz 2 UmwStG n.F. steuerneutral durchführbar. Dies setzt allerdings voraus, dass die übernehmende SE-Tochtergesellschaft die Buchwerte des eingebrachten Vermögens fortführt. Gleiches gilt, wenn Einbringender eine ausländische Kapitalgesellschaft ist, weil es auf die Steuerverhaftung der als Gegenleistung gewährten Anteile – anders als nach § 20 Abs. 3 UmwStG a.F. – nicht mehr ankommt.

413   Werden **ausländische Betriebe oder Teilbetriebe** in eine gemeinsame Tochtergesellschaft mit Sitz im Inland gegen Gewährung von SE-Aktien eingebracht, sind die Voraussetzungen des § 20 Abs. 2 Satz 2 UmwStG n.F. ebenfalls erfüllt. Eine deutsche Besteuerung entfällt in aller Regel bereits deshalb, weil die Einbringungsgewinne ab-

---

548   *Thömmes* in Theisen/Wenz, Europäische Aktiengesellschaft, S. 572.
549   *Schulz/Geismar*, DStR 2001, 1084.
550   *Schaumburg* in Lutter/Hommelhoff, Europäische Gesellschaft, S. 337.
551   *Thömmes* in Theisen/Wenz, Europäische Aktiengesellschaft, S. 572.

kommensrechtlich nur der Besteuerung im ausländischen Betriebsstättenstaat zugewiesen sind (Art. 7. Abs. 1 und 2 sowie 13 Abs. 2 OECD-MA). Letzteres gilt auch für den Fall, dass ausländische (Teil-)Betriebe oder Mitunternehmeranteile in eine ausländische SE eingebracht werden. Die in diesem Fall – mangels Vorliegen der Voraussetzungen des § 20 Abs. 2 Satz 2 UmwStG n.F. – eintretende Gewinnrealisierung wird abkommensrechtlich in der Regel von der deutschen Besteuerung ausgeschlossen sein (Art. 7. Abs. 1 und 2 sowie 13 Abs. 2 OECD-MA).

Als letzte Fallkonstellation verbleibt noch die Einbringung **inländischer (Teil-)Betrie-** **be oder Mitunternehmeranteile in eine im EU-Ausland ansässige SE**. Die Voraussetzungen des § 20 Abs. 2 Satz 2 UmwStG n.F. sind in aller Regel erfüllt. Auch die Bedingung der Nr. 3 leg cit, wonach das Besteuerungsrecht der Bundesrepublik Deutschland am Gewinn hinsichtlich der Veräußerung des eingebrachten Vermögens nicht ausgeschlossen oder beschränkt werden darf, ist stets erfüllt (§ 49 Abs. 1 Nr. 2a EStG) und zwar unabhängig davon, ob ein DBA besteht oder nicht bzw. ob im Falle eines DBA die Betriebsstättengewinne freistellt werden oder die Anrechnungsmethode zur Anwendung kommt, weil Deutschland der Betriebsstättenstaat ist. Somit ist auch die Einbringung in eine im EU-Ausland ansässige SE regelmäßig steuerneutral möglich. 414

4. Die Gründung einer SE durch Formwechsel

Art. 2 Abs. 4 i.V.m. Art. 37 SE-VO sieht als weitere Gründungsform die Umwandlung einer bestehenden AG in eine SE vor. Bei diesem Gründungsvorgang handelt es sich um eine sog. „**formwechselnde Umwandlung**", bei der die rechtliche Identität der umzuwandelnden Gesellschaft nicht verändert wird. Dies ergibt sich aus der ausdrücklichen Regelung in Art. 37 Abs. 2 SE-VO, wonach die Umwandlung weder die Auflösung der umzuwandelnden Gesellschaft, noch die Gründung einer neuen juristischen Person zur Folge hat. Gem. Art. 37 Abs. 3 SE-VO darf auch der Sitz der Gesellschaft anlässlich der Umwandlung nicht in einen anderen Mitgliedstaat verlegt werden. 415

Steuerrechtlich führt die formwechselnde Umwandlung somit zu keinem relevanten Vorgang. Insbesondere kommt es zu **keiner Vermögensübertragung**. Auch die Gesellschafter der sich umwandelnden AG bleiben weiterhin an derselben Gesellschaft beteiligt. Der Formwechsel ist somit vollkommen steuerneutral, ohne dass es hierfür der Anwendbarkeit von Ausnahmeregeln in Gestalt etwa des UmwStG oder der Fusionsbesteuerungs-RL bedarf[552]. 416

---

552 *Schindler*, Europäische Aktiengesellschaft, S. 104 f.; *Schindler* in Kalss/Hügel, Teil III: Steuerrecht, Rz. 151 f.; *Thömmes* in Theisen/Wenz, Europäische Aktiengesellschaft, S. 575.

D. Richtlinie 2001/86/EG des Rates vom 8. Oktober 2001 zur Ergänzung des Statuts der Europäischen Gesellschaft hinsichtlich der Beteiligung der Arbeitnehmer

(ABl. EG Nr. L 294 v. 10.11.2001, S. 22 ff.)

DER RAT DER EUROPÄISCHEN UNION –

gestützt auf den Vertrag zur Gründung der Europäischen Gemeinschaft, insbesondere auf Artikel 308,

auf der Grundlage des geänderten Vorschlags der Kommission[1],

nach Stellungnahme des Europäischen Parlaments[2],

nach Stellungnahme des Wirtschafts- und Sozialausschusses[3],

in Erwägung nachstehender Gründe:

(1) Zur Erreichung der Ziele des Vertrags wird mit der Verordnung (EG) Nr. 2157/2001 des Rates[4] das Statut der Europäischen Gesellschaft (SE) festgelegt.

(2) Mit jener Verordnung soll ein einheitlicher rechtlicher Rahmen geschaffen werden, innerhalb dessen Gesellschaften aus verschiedenen Mitgliedstaaten in der Lage sein sollten, die Neuorganisation ihres Geschäftsbetriebs gemeinschaftsweit zu planen und durchzuführen.

(3) Um die Ziele der Gemeinschaft im sozialen Bereich zu fördern, müssen besondere Bestimmungen – insbesondere auf dem Gebiet der Beteiligung der Arbeitnehmer – festgelegt werden, mit denen gewährleistet werden soll, dass die Gründung einer SE nicht zur Beseitigung oder zur Einschränkung der Gepflogenheiten der Arbeitnehmerbeteiligung führt, die in den an der Gründung einer SE beteiligten Gesellschaften herrschen. Dieses Ziel sollte durch die Einführung von Regeln in diesem Bereich verfolgt werden, mit denen die Bestimmungen der Verordnung ergänzt werden.

(4) Da die Ziele der vorgeschlagenen Maßnahme – wie oben ausgeführt – nicht hinreichend von den Mitgliedstaaten erreicht werden können, weil es darum geht, eine Reihe von für die SE geltenden Regeln für die Beteiligung der Arbeitnehmer zu erlassen, und da die Ziele daher wegen des Umfangs und der Wirkungen der vorgeschlagenen Maßnahme besser auf Gemeinschaftsebene erreicht werden können, kann die Gemeinschaft im Einklang mit dem Subsidiaritätsprinzip nach Artikel 5 des Vertrags Maßnahmen ergreifen. Im Einklang mit dem Verhältnismäßigkeitsprinzip nach jenem Artikel geht diese Richtlinie nicht über das für die Erreichung dieser Ziele erforderliche Maß hinaus.

(5) Angesichts der in den Mitgliedstaaten bestehenden Vielfalt an Regelungen und Gepflogenheiten für die Beteiligung der Arbeitnehmervertreter an der Beschlussfassung in Gesellschaften ist es nicht ratsam, ein auf die SE anwendbares einheitliches europäisches Modell der Arbeitnehmerbeteiligung vorzusehen.

(6) In allen Fällen der Gründung einer SE sollten jedoch Unterrichtungs- und Anhörungsverfahren auf grenzüberschreitender Ebene gewährleistet sein.

(7) Sofern und soweit es in einer oder in mehreren der an der Gründung einer SE beteiligten Gesellschaften Mitbestimmungsrechte gibt, sollten sie durch Übertragung

---

1 ABl. Nr. C 138 v. 29.5.1991, S. 8.
2 ABl. Nr. C 342 v. 20.12.1993, S. 15.
3 ABl. Nr. C 124 v. 21.5.1990, S. 34.
4 ABl. Nr. L 294 v. 10.11.2001, S. 1.

an die SE nach deren Gründung erhalten bleiben, es sei denn, dass die Parteien etwas anderes beschließen.

(8) Die konkreten Verfahren der grenzüberschreitenden Unterrichtung und Anhörung der Arbeitnehmer sowie gegebenenfalls der Mitbestimmung, die für die einzelnen SE gelten, sollten vorrangig durch eine Vereinbarung zwischen den betroffenen Parteien oder – in Ermangelung einer derartigen Vereinbarung – durch die Anwendung einer Reihe von subsidiären Regeln festgelegt werden.

(9) Angesicht der unterschiedlichen Gegebenheiten bei den nationalen Systemen der Mitbestimmung sollte den Mitgliedstaaten die Anwendung der Auffangregelungen für die Mitbestimmung im Falle einer Fusion freigestellt werden. In diesem Fall ist die Beibehaltung der bestehenden Mitbestimmungssysteme und -praktiken, die gegebenenfalls auf der Ebene der teilnehmenden Gesellschaften bestehen, durch eine Anpassung der Vorschriften für die Registrierung zu gewährleisten.

(10) Die Abstimmungsregeln in dem besonderen Gremium, das die Arbeitnehmer zu Verhandlungszwecken vertritt, sollten – insbesondere wenn Vereinbarungen getroffen werden, die ein geringeres Maß an Mitbestimmung vorsehen, als es in einer oder mehreren der sich beteiligenden Gesellschaften gegeben ist – in einem angemessenen Verhältnis zur Gefahr der Beseitigung oder der Einschränkung der bestehenden Mitbestimmungssysteme und -praktiken stehen. Wenn eine SE im Wege der Umwandlung oder Verschmelzung gegründet wird, ist diese Gefahr größer, als wenn die Gründung im Wege der Errichtung einer Holdinggesellschaft oder einer gemeinsamen Tochtergesellschaft erfolgt.

(11) Führen die Verhandlungen zwischen den Vertretern der Arbeitnehmer und dem jeweils zuständigen Organ der beteiligten Gesellschaften nicht zu einer Vereinbarung, so sollten für die SE von ihrer Gründung an bestimmte Standardanforderungen gelten. Diese Standardanforderungen sollten eine effiziente Praxis der grenzüberschreitenden Unterrichtung und Anhörung der Arbeitnehmer sowie deren Mitbestimmung in dem einschlägigen Organ der SE gewährleisten, sofern und soweit es eine derartige Mitbestimmung vor der Errichtung der SE in einer der beteiligten Gesellschaften gegeben hat.

(12) Es sollte vorgesehen werden, dass die Vertreter der Arbeitnehmer, die im Rahmen der Richtlinie handeln, bei der Wahrnehmung ihrer Aufgaben einen ähnlichen Schutz und ähnliche Garantien genießen, wie sie die Vertreter der Arbeitnehmer nach den Rechtsvorschriften und/oder den Gepflogenheiten des Landes ihrer Beschäftigung haben. Sie sollten keiner Diskriminierung infolge der rechtmäßigen Ausübung ihrer Tätigkeit unterliegen und einen angemessenen Schutz vor Kündigung und anderen Sanktionen genießen.

(13) Die Vertraulichkeit sensibler Informationen sollte auch nach Ablauf der Amtszeit der Arbeitnehmervertreter gewährleistet sein; dem zuständigen Organ der SE sollte es gestattet werden, Informationen zurückzuhalten, die im Falle einer Bekanntgabe an die Öffentlichkeit den Betrieb der SE ernsthaft stören würden.

(14) Unterliegen eine SE sowie ihre Tochtergesellschaften und Niederlassungen der Richtlinie 94/45/EG des Rates vom 22. September 1994 über die Einsetzung eines Europäischen Betriebsrats oder die Schaffung eines Verfahrens zur Unterrichtung und Anhörung der Arbeitnehmer in gemeinschaftsweit operierenden Unternehmen und Unternehmensgruppen[5], so sollten die Bestimmungen jener Richtlinie und die Bestimmungen zu ihrer Umsetzung in einzelstaatliches Recht weder auf die SE noch auf ihre Tochtergesellschaften und Niederlassungen anwendbar sein, es sei denn, das

---

5 ABl. Nr. L 254 v. 30.9.1994, S. 64. Zuletzt geändert durch die Richtlinie 97/74/EG (ABl. Nr. L 10 v. 16.1.1998, S. 22).

besondere Verhandlungsgremium beschließt, keine Verhandlungen aufzunehmen oder bereits eröffnete Verhandlungen zu beenden.

(15) Die Regeln dieser Richtlinie sollten andere bestehende Beteiligungsrechte nicht berühren und haben nicht notwendigerweise Auswirkungen auf andere bestehende Vertretungsstrukturen aufgrund gemeinschaftlicher oder einzelstaatlicher Rechtsvorschriften oder Gepflogenheiten.

(16) Die Mitgliedstaaten sollten geeignete Maßnahmen für den Fall vorsehen, dass die in dieser Richtlinie festgelegten Pflichten nicht eingehalten werden.

(17) Der Vertrag enthält Befugnisse für die Annahme dieser Richtlinie nur in Artikel 308.

(18) Die Sicherung erworbener Rechte der Arbeitnehmer über ihre Beteiligung an Unternehmensentscheidungen ist fundamentaler Grundsatz und erklärtes Ziel dieser Richtlinie. Die vor der Gründung von SE bestehenden Rechte der Arbeitnehmer sollten deshalb Ausgangspunkt auch für die Gestaltung ihrer Beteiligungsrechte in der SE (Vorher-Nachher-Prinzip) sein. Dieser Ansatz sollte folgerichtig nicht nur für die Neugründung einer SE, sondern auch für strukturelle Veränderungen einer bereits gegründeten SE und für die von den strukturellen Änderungsprozessen betroffenen Gesellschaften gelten.

(19) Die Mitgliedstaaten sollten vorsehen können, dass Vertreter von Gewerkschaften Mitglied eines besonderen Verhandlungsgremiums sein können, unabhängig davon, ob sie Arbeitnehmer einer an der Gründung einer SE beteiligten Gesellschaft sind oder nicht. In diesem Zusammenhang sollten die Mitgliedstaaten dieses Recht insbesondere in den Fällen vorsehen können, in denen Gewerkschaftsvertreter nach ihrem einzelstaatlichen Recht stimmberechtigte Mitglieder des Aufsichts- oder des Leitungsorgans sein dürfen.

(20) In mehreren Mitgliedstaaten werden die Beteiligung der Arbeitnehmer sowie andere Bereiche der Arbeitgeber/Arbeitnehmer-Beziehungen sowohl durch einzelstaatliche Rechtsvorschriften als auch durch Gepflogenheiten geregelt, wobei die Gepflogenheiten im vorliegenden Zusammenhang in der Weise zu verstehen sind, dass sie auch Tarifverträge auf verschiedenen Ebenen – national, sektoral oder unternehmensbezogen – umfassen –

HAT FOLGENDE RICHTLINIE ERLASSEN:

TEIL I. ALLGEMEINE BESTIMMUNGEN

Artikel 1
Gegenstand

(1) Diese Richtlinie regelt die Beteiligung der Arbeitnehmer in der Europäischen Aktiengesellschaft (Societas Europaea, nachfolgend „SE" genannt), die Gegenstand der Verordnung (EG) Nr. 2157/2001 ist.

(2) Zu diesem Zweck wird in jeder SE gemäß dem Verhandlungsverfahren nach den Artikeln 3 bis 6 oder unter den in Artikel 7 genannten Umständen gemäß dem Anhang eine Vereinbarung über die Beteiligung der Arbeitnehmer getroffen.

Artikel 2
Begriffsbestimmungen

Für die Zwecke dieser Richtlinie bezeichnet der Ausdruck

a) „SE" eine nach der Verordnung (EG) Nr. 2157/2001 gegründete Gesellschaft,

b) „beteiligte Gesellschaften" die Gesellschaften, die unmittelbar an der Gründung einer SE beteiligt sind,

c) „Tochtergesellschaft" einer Gesellschaft ein Unternehmen, auf das die betreffende Gesellschaft einen beherrschenden Einfluss im Sinne des Artikels 3 Absätze 2 bis 7 der Richtlinie 94/45/EG ausübt,

d) „betroffene Tochtergesellschaft oder betroffener Betrieb" eine Tochtergesellschaft oder einen Betrieb einer beteiligten Gesellschaft, die/der bei der Gründung der SE zu einer Tochtergesellschaft oder einem Betrieb der SE werden soll,

e) „Arbeitnehmervertreter" die nach den Rechtsvorschriften und/oder den Gepflogenheiten der einzelnen Mitgliedstaaten vorgesehenen Vertreter der Arbeitnehmer,

f) „Vertretungsorgan" das Organ zur Vertretung der Arbeitnehmer, das durch die Vereinbarung nach Artikel 4 oder entsprechend dem Anhang eingesetzt wird, um die Unterrichtung und Anhörung der Arbeitnehmer der SE und ihrer Tochtergesellschaften und Betriebe in der Gemeinschaft vorzunehmen und gegebenenfalls Mitbestimmungsrechte in Bezug auf die SE wahrzunehmen,

g) „besonderes Verhandlungsgremium" das gemäß Artikel 3 eingesetzte Gremium, das die Aufgabe hat, mit dem jeweils zuständigen Organ der beteiligten Gesellschaften die Vereinbarung über die Beteiligung der Arbeitnehmer in der SE auszuhandeln,

h) „Beteiligung der Arbeitnehmer" jedes Verfahren – einschließlich der Unterrichtung, der Anhörung und der Mitbestimmung -, durch das die Vertreter der Arbeitnehmer auf die Beschlussfassung innerhalb der Gesellschaft Einfluss nehmen können,

i) „Unterrichtung" die Unterrichtung des Organs zur Vertretung der Arbeitnehmer und/oder der Arbeitnehmervertreter durch das zuständige Organ der SE über Angelegenheiten, die die SE selbst oder eine ihrer Tochtergesellschaften oder einen ihrer Betriebe in einem anderen Mitgliedstaat betreffen oder die über die Befugnisse der Entscheidungsorgane auf der Ebene des einzelnen Mitgliedstaats hinausgehen, wobei Zeitpunkt, Form und Inhalt der Unterrichtung den Arbeitnehmervertretern eine eingehende Prüfung der möglichen Auswirkungen und gegebenenfalls die Vorbereitung von Anhörungen mit dem zuständigen Organ der SE ermöglichen müssen,

j) „Anhörung" die Einrichtung eines Dialogs und eines Meinungsaustauschs zwischen dem Organ zur Vertretung der Arbeitnehmer und/oder den Arbeitnehmervertretern und dem zuständigen Organ der SE, wobei Zeitpunkt, Form und Inhalt der Anhörung den Arbeitnehmervertretern auf der Grundlage der erfolgten Unterrichtung eine Stellungnahme zu den geplanten Maßnahmen des zuständigen Organs ermöglichen müssen, die im Rahmen des Entscheidungsprozesses innerhalb der SE berücksichtigt werden kann,

k) „Mitbestimmung" die Einflussnahme des Organs zur Vertretung der Arbeitnehmer und/oder der Arbeitnehmervertreter auf die Angelegenheiten einer Gesellschaft durch

– die Wahrnehmung des Rechts, einen Teil der Mitglieder des Aufsichts- oder des Verwaltungsorgans der Gesellschaft zu wählen oder zu bestellen, oder

– die Wahrnehmung des Rechts, die Bestellung eines Teils der oder aller Mitglieder des Aufsichts- oder des Verwaltungsorgans der Gesellschaft zu empfehlen und/oder abzulehnen.

TEIL II. VERHANDLUNGSVERFAHREN

Artikel 3
Einsetzung eines besonderen Verhandlungsgremiums

(1) Wenn die Leitungs- oder die Verwaltungsorgane der beteiligten Gesellschaften die Gründung einer SE planen, leiten sie nach der Offenlegung des Verschmelzungsplans oder des Gründungsplans für eine Holdinggesellschaft oder nach der Vereinbarung eines Plans zur Gründung einer Tochtergesellschaft oder zur Umwandlung in eine SE so rasch wie möglich die erforderlichen Schritte – zu denen auch die Unterrichtung über die Identität der beteiligten Gesellschaften und der betroffenenTochtergesellschaften oder betroffenen Betriebe sowie die Zahl ihrer Beschäftigten gehört – für die Aufnahme von Verhandlungen mit den Arbeitnehmervertretern der Gesellschaften über die Vereinbarung über die Beteiligung der Arbeitnehmer in der SE ein.

(2) Zu diesem Zweck wird ein besonderes Verhandlungsgremium als Vertretung der Arbeitnehmer der beteiligten Gesellschaften sowie der betroffenen Tochtergesellschaften oder betroffenen Betriebe gemäß folgenden Vorschriften eingesetzt:

a) Bei der Wahl oder der Bestellung der Mitglieder des besonderen Verhandlungsgremiums ist Folgendes sicherzustellen:

i) die Vertretung durch gewählte oder bestellte Mitglieder entsprechend der Zahl der in jedem Mitgliedstaat beschäftigten Arbeitnehmer der beteiligten Gesellschaften und der betroffenen Tochtergesellschaften oder betroffenen Betriebe in der Form, dass pro Mitgliedstaat für jeden Anteil der in diesem Mitgliedstaat beschäftigten Arbeitnehmer, der 10 % der Gesamtzahl der in allen Mitgliedstaaten beschäftigten Arbeitnehmer der beteiligten Gesellschaften und der betroffenen Tochtergesellschaften oder betroffenen Betriebe entspricht, oder für einen Bruchteil dieser Tranche Anspruch auf einen Sitz besteht;

ii) im Falle einer durch Verschmelzung gegründeten SE die Vertretung jedes Mitgliedstaats durch so viele weitere Mitglieder, wie erforderlich sind, um zu gewährleisten, dass jede beteiligte Gesellschaft, die eingetragen ist und Arbeitnehmer in dem betreffenden Mitgliedstaat beschäftigt und die als Folge der geplanten Eintragung der SE als eigene Rechtspersönlichkeit erlöschen wird, in dem besonderen Verhandlungsgremium durch mindestens ein Mitglied vertreten ist, sofern

– die Zahl dieser zusätzlichen Mitglieder 20 % der sich aus der Anwendung von Ziffer i ergebenden Mitgliederzahl nicht überschreitet und

– die Zusammensetzung des besonderen Verhandlungsgremiums nicht zu einer Doppelvertretung der betroffenen Arbeitnehmer führt.

Übersteigt die Zahl dieser Gesellschaften die Zahl der gemäß Unterabsatz 1 verfügbaren zusätzlichen Mitglieder, so werden diese zusätzlichen Mitglieder Gesellschaften in verschiedenen Mitgliedstaaten in absteigender Reihenfolge der Zahl der bei ihnen beschäftigten Arbeitnehmer zugeteilt.

b) Die Mitgliedstaaten legen das Verfahren für die Wahl oder die Bestellung der Mitglieder des besonderen Verhandlungsgremiums fest, die in ihrem Hoheitsgebiet zu wählen oder zu bestellen sind. Sie ergreifen die erforderlichen Maßnahmen, um sicherzustellen, dass nach Möglichkeit jede beteiligte Gesellschaft, die in dem jeweiligen Mitgliedstaat Arbeitnehmer beschäftigt, durch mindestens ein Mitglied in dem Gremium vertreten ist. Die Gesamtzahl der Mitglieder darf durch diese Maßnahmen nicht erhöht werden.

Die Mitgliedstaaten können vorsehen, dass diesem Gremium Gewerkschaftsvertreter auch dann angehören können, wenn sie nicht Arbeitnehmer einer beteiligten Gesellschaft oder einer betroffenen Tochtergesellschaft oder eines betroffenen Betriebs sind.

Unbeschadet der einzelstaatlichen Rechtsvorschriften und/oder Gepflogenheiten betreffend Schwellen für die Einrichtung eines Vertretungsorgans sehen die Mitgliedstaaten vor, dass die Arbeitnehmer der Unternehmen oder Betriebe, in denen unabhängig vom Willen der Arbeitnehmer keine Arbeitnehmervertreter vorhanden sind, selbst Mitglieder für das besondere Verhandlungsgremium wählen oder bestellen dürfen.

(3) Das besondere Verhandlungsgremium und das jeweils zuständige Organ der beteiligten Gesellschaften legen in einer schriftlichen Vereinbarung die Beteiligung der Arbeitnehmer in der SE fest.

Zu diesem Zweck unterrichtet das jeweils zuständige Organ der beteiligten Gesellschaften das besondere Verhandlungsgremium über das Vorhaben der Gründung einer SE und den Verlauf des Verfahrens bis zu deren Eintragung.

(4) Das besondere Verhandlungsgremium beschließt vorbehaltlich des Absatzes 6 mit der absoluten Mehrheit seiner Mitglieder, sofern diese Mehrheit auch die absolute Mehrheit der Arbeitnehmer vertritt. Jedes Mitglied hat eine Stimme. Hätten jedoch die Verhandlungen eine Minderung der Mitbestimmungsrechte zur Folge, so ist für einen Beschluss zur Billigung einer solchen Vereinbarung eine Mehrheit von zwei Dritteln der Stimmen der Mitglieder des besonderen Verhandlungsgremiums, die mindestens zwei Drittel der Arbeitnehmer vertreten, erforderlich, mit der Maßgabe, dass diese Mitglieder Arbeitnehmer in mindestens zwei Mitgliedstaaten vertreten müssen, und zwar

– im Falle einer SE, die durch Verschmelzung gegründet werden soll, sofern sich die Mitbestimmung auf mindestens 25 % der Gesamtzahl der Arbeitnehmer der beteiligten Gesellschaften erstreckt, oder

– im Falle einer SE, die als Holdinggesellschaft oder als Tochtergesellschaft gegründet werden soll, sofern sich die Mitbestimmung auf mindestens 50 % der Gesamtzahl der Arbeitnehmer der beteiligten Gesellschaften erstreckt.

Minderung der Mitbestimmungsrechte bedeutet, dass der Anteil der Mitglieder der Organe der SE im Sinne des Artikels 2 Buchstabe k geringer ist als der höchste in den beteiligten Gesellschaften geltende Anteil.

(5) Das besondere Verhandlungsgremium kann bei den Verhandlungen Sachverständige seiner Wahl, zu denen auch Vertreter der einschlägigen Gewerkschaftsorganisationen auf Gemeinschaftsebene zählen können, hinzuziehen, um sich von ihnen bei seiner Arbeit unterstützen zu lassen. Diese Sachverständigen können, wenn das besondere Verhandlungsgremium dies wünscht, den Verhandlungen in beratender Funktion beiwohnen, um gegebenenfalls die Kohärenz und Stimmigkeit auf Gemeinschaftsebene zu fördern. Das besondere Verhandlungsgremium kann beschließen, die Vertreter geeigneter außenstehender Organisationen, zu denen auch Gewerkschaftsvertreter zählen können, vom Beginn der Verhandlungen zu unterrichten.

(6) Das besondere Verhandlungsgremium kann mit der nachstehend festgelegten Mehrheit beschließen, keine Verhandlungen aufzunehmen oder bereits aufgenommene Verhandlungen abzubrechen und die Vorschriften für die Unterrichtung und Anhörung der Arbeitnehmer zur Anwendung gelangen zu lassen, die in den Mitgliedstaaten gelten, in denen die SE Arbeitnehmer beschäftigt. Ein solcher Beschluss beendet das Verfahren zum Abschluss der Vereinbarung gemäß Artikel 4. Ist ein solcher Beschluss gefasst worden, findet keine der Bestimmungen des Anhangs Anwendung.

Für den Beschluss, die Verhandlungen nicht aufzunehmen oder sie abzubrechen, ist eine Mehrheit von zwei Dritteln der Stimmen der Mitglieder, die mindestens zwei

Drittel der Arbeitnehmer vertreten, erforderlich, mit der Maßgabe, dass diese Mitglieder Arbeitnehmer in mindestens zwei Mitgliedstaaten vertreten müssen.

Im Fall einer durch Umwandlung gegründeten SE findet dieser Absatz keine Anwendung, wenn in der umzuwandelnden Gesellschaft Mitbestimmung besteht.

Das besondere Verhandlungsgremium wird auf schriftlichen Antrag von mindestens 10 % der Arbeitnehmer der SE, ihrer Tochtergesellschaften und ihrer Betriebe oder von deren Vertretern frühestens zwei Jahre nach dem vorgenannten Beschluss wieder einberufen, sofern die Parteien nicht eine frühere Wiederaufnahme der Verhandlungen vereinbaren. Wenn das besondere Verhandlungsgremium die Wiederaufnahme der Verhandlungen mit der Geschäftsleitung beschließt, in diesen Verhandlungen jedoch keine Einigung erzielt wird, findet keine der Bestimmungen des Anhangs Anwendung.

(7) Die Kosten, die im Zusammenhang mit der Tätigkeit des besonderen Verhandlungsgremiums und generell mit den Verhandlungen entstehen, werden von den beteiligten Gesellschaften getragen, damit das besondere Verhandlungsgremium seine Aufgaben in angemessener Weise erfüllen kann.

Im Einklang mit diesem Grundsatz können die Mitgliedstaaten Regeln für die Finanzierung der Arbeit des besonderen Verhandlungsgremiums festlegen. Sie können insbesondere die Übernahme der Kosten auf die Kosten für einen Sachverständigen begrenzen.

Artikel 4
Inhalt der Vereinbarung

(1) Das jeweils zuständige Organ der beteiligten Gesellschaften und das besondere Verhandlungsgremium verhandeln mit dem Willen zur Verständigung, um zu einer Vereinbarung über die Beteiligung der Arbeitnehmer innerhalb der SE zu gelangen.

(2) Unbeschadet der Autonomie der Parteien und vorbehaltlich des Absatzes 4 wird in der schriftlichen Vereinbarung nach Absatz 1 zwischen dem jeweils zuständigen Organ der beteiligten Gesellschaften und dem besonderen Verhandlungsgremium Folgendes festgelegt:

a) der Geltungsbereich der Vereinbarung,

b) die Zusammensetzung des Vertretungsorgans als Verhandlungspartner des zuständigen Organs der SE im Rahmen der Vereinbarung über die Unterrichtung und Anhörung der Arbeitnehmer der SE und ihrer Tochtergesellschaften und Betriebe sowie die Anzahl seiner Mitglieder und die Sitzverteilung,

c) die Befugnisse und das Verfahren zur Unterrichtung und Anhörung des Vertretungsorgans,

d) die Häufigkeit der Sitzungen des Vertretungsorgans,

e) die für das Vertretungsorgan bereitzustellenden finanziellen und materiellen Mittel,

f) die Durchführungsmodalitäten des Verfahrens oder der Verfahren zur Unterrichtung und Anhörung für den Fall, dass die Parteien im Laufe der Verhandlungen beschließen, eines oder mehrere solcher Verfahren zu schaffen, anstatt ein Vertretungsorgan einzusetzen,

g) der Inhalt einer Vereinbarung über die Mitbestimmung für den Fall, dass die Parteien im Laufe der Verhandlungen beschließen, eine solche Vereinbarung einzuführen, einschließlich (gegebenenfalls) der Zahl der Mitglieder des Verwaltungs- oder des Aufsichtsorgans der SE, welche die Arbeitnehmer wählen oder bestellen können oder deren Bestellung sie empfehlen oder ablehnen können, der Verfahren, nach denen die Arbeitnehmer diese Mitglieder wählen oder bestellen oder deren Bestellung empfehlen oder ablehnen können, und der Rechte dieser Mitglieder,

h) der Zeitpunkt des Inkrafttretens der Vereinbarung und ihre Laufzeit, die Fälle, in denen die Vereinbarung neu ausgehandelt werden sollte, und das bei ihrer Neuaushandlung anzuwendende Verfahren.

(3) Sofern in der Vereinbarung nichts anderes bestimmt ist, gilt die Auffangregelung des Anhangs nicht für diese Vereinbarung.

(4) Unbeschadet des Artikels 13 Absatz 3 Buchstabe a muss in der Vereinbarung im Falle einer durch Umwandlung gegründeten SE in Bezug auf alle Komponenten der Arbeitnehmerbeteiligung zumindest das gleiche Ausmaß gewährleistet werden, das in der Gesellschaft besteht, die in eine SE umgewandelt werden soll.

Artikel 5
Dauer der Verhandlungen

(1) Die Verhandlungen beginnen mit der Einsetzung des besonderen Verhandlungsgremiums und können bis zu sechs Monate andauern.

(2) Die Parteien können einvernehmlich beschließen, die Verhandlungen über den in Absatz 1 genannten Zeitraum hinaus bis zu insgesamt einem Jahr ab der Einsetzung des besonderen Verhandlungsgremiums fortzusetzen.

Artikel 6
Für das Verhandlungsverfahren maßgebliches Recht

Sofern in dieser Richtlinie nichts anderes vorgesehen ist, ist für das Verhandlungsverfahren gemäß den Artikeln 3 bis 5 das Recht des Mitgliedstaates maßgeblich, in dem die SE ihren Sitz haben wird.

Artikel 7
Auffangregelung

(1) Zur Verwirklichung des in Artikel 1 festgelegten Ziels führen die Mitgliedstaaten unbeschadet des nachstehenden Absatzes 3 eine Auffangregelung zur Beteiligung der Arbeitnehmer ein, die den im Anhang niedergelegten Bestimmungen genügen muss.

Die Auffangregelung, die in den Rechtsvorschriften des Mitgliedstaats festgelegt ist, in dem die SE ihren Sitz haben soll, findet ab dem Zeitpunkt der Eintragung der SE Anwendung, wenn

a) die Parteien dies vereinbaren oder

b) bis zum Ende des in Artikel 5 genannten Zeitraums keine Vereinbarung zustande gekommen ist und

– das zuständige Organ jeder der beteiligten Gesellschaften der Anwendung der Auffangregelung auf die SE und damit der Fortsetzung des Verfahrens zur Eintragung der SE zugestimmt hat und

– das besondere Verhandlungsgremium keinen Beschluss gemäß Artikel 3 Absatz 6 gefasst hat.

(2) Ferner findet die Auffangregelung, die in den Rechtsvorschriften des Mitgliedstaats festgelegt ist, in dem die SE eingetragen wird, gemäß Teil 3 des Anhangs nur Anwendung, wenn

a) im Falle einer durch Umwandlung gegründeten SE die Bestimmungen eines Mitgliedstaats über die Mitbestimmung der Arbeitnehmer im Verwaltungs- oder Aufsichtsorgan für eine in eine SE umgewandelte Aktiengesellschaft galten;

b) im Falle einer durch Verschmelzung gegründeten SE

- vor der Eintragung der SE in einer oder mehreren der beteiligten Gesellschaften eine oder mehrere Formen der Mitbestimmung bestanden und sich auf mindestens 25 % der Gesamtzahl der Arbeitnehmer aller beteiligten Gesellschaften erstreckten oder

- vor der Eintragung der SE in einer oder mehreren der beteiligten Gesellschaften eine oder mehrere Formen der Mitbestimmung bestanden und sich auf weniger als 25 % der Gesamtzahl der Arbeitnehmer aller beteiligten Gesellschaften erstreckten und das besondere Verhandlungsgremium einen entsprechenden Beschluss fasst;

c) im Falle einer durch Errichtung einer Holdinggesellschaft oder einer Tochtergesellschaft gegründeten SE

- vor der Eintragung der SE in einer oder mehreren der beteiligten Gesellschaften eine oder mehrere Formen der Mitbestimmung bestanden und sich auf mindestens 50 % der Gesamtzahl der Arbeitnehmer aller beteiligten Gesellschaften erstreckten oder

- vor der Eintragung der SE in einer oder mehreren der beteiligten Gesellschaften eine oder mehrere Formen der Mitbestimmung bestanden und sich auf weniger als 50 % der Gesamtzahl der Arbeitnehmer aller beteiligten Gesellschaften erstreckten und das besondere Verhandlungsgremium einen entsprechenden Beschluss fasst.

Bestanden mehr als eine Mitbestimmungsform in den verschiedenen beteiligten Gesellschaften, so entscheidet das besondere Verhandlungsgremium, welche von ihnen in der SE eingeführt wird. Die Mitgliedstaaten können Regeln festlegen, die anzuwenden sind, wenn kein einschlägiger Beschluss für eine in ihrem Hoheitsgebiet eingetragene SE gefasst worden ist. Das besondere Verhandlungsgremium unterrichtet das jeweils zuständige Organ der beteiligten Gesellschaften über die Beschlüsse, die es gemäß diesem Absatz gefasst hat.

(3) Die Mitgliedstaaten können vorsehen, dass die Auffangregelung in Teil 3 des Anhangs in dem in Absatz 2 Buchstabe b vorgesehenen Fall nicht Anwendung findet.

TEIL III. SONSTIGE BESTIMMUNGEN

Artikel 8
Verschwiegenheit und Geheimhaltung

(1) Die Mitgliedstaaten sehen vor, dass den Mitgliedern des besonderen Verhandlungsgremiums und des Vertretungsorgans sowie den sie unterstützenden Sachverständigen nicht gestattet wird, ihnen als vertraulich mitgeteilte Informationen an Dritte weiterzugeben.

Das Gleiche gilt für die Arbeitnehmervertreter im Rahmen eines Verfahrens zur Unterrichtung und Anhörung.

Diese Verpflichtung besteht unabhängig von dem Aufenthaltsort der betreffenden Personen und auch nach Ablauf ihres Mandats weiter.

(2) Jeder Mitgliedstaat sieht vor, dass das Aufsichts- oder das Verwaltungsorgan einer SE oder einer beteiligten Gesellschaft mit Sitz in seinem Hoheitsgebiet in besonderen Fällen und unter den Bedingungen und Beschränkungen des einzelstaatlichen Rechts Informationen nicht weiterleiten muss, wenn deren Bekanntwerden bei Zugrundelegung objektiver Kriterien den Geschäftsbetrieb der SE (oder gegebenenfalls der beteiligten Gesellschaft) oder ihrer Tochtergesellschaften und Betriebe erheblich beeinträchtigen oder ihnen schaden würde.

Jeder Mitgliedstaat kann eine solche Freistellung von einer vorherigen behördlichen oder gerichtlichen Genehmigung abhängig machen.

(3) Jeder Mitgliedstaat kann für eine SE mit Sitz in seinem Hoheitsgebiet, die in Bezug auf Berichterstattung und Meinungsäußerung unmittelbar und überwiegend eine bestimmte weltanschauliche Tendenz verfolgt, besondere Bestimmungen vorsehen, falls das innerstaatliche Recht solche Bestimmungen zum Zeitpunkt der Annahme dieser Richtlinie bereits enthält.

(4) Bei der Anwendung der Absätze 1, 2 und 3 sehen die Mitgliedstaaten Verfahren vor, nach denen die Arbeitnehmervertreter auf dem Verwaltungsweg oder vor Gericht Rechtsbehelfe einlegen können, wenn das Aufsichts- oder das Verwaltungsorgan der SE oder der beteiligten Gesellschaft Vertraulichkeit verlangt oder die Informationen verweigert.

Diese Verfahren können Regelungen zur Wahrung der Vertraulichkeit der betreffenden Informationen einschließen.

Artikel 9
Arbeitsweise des Vertretungsorgans und Funktionsweise des Verfahrens zur Unterrichtung und Anhörung der Arbeitnehmer

Das zuständige Organ der SE und das Vertretungsorgan arbeiten mit dem Willen zur Verständigung unter Beachtung ihrer jeweiligen Rechte und Pflichten zusammen.

Das Gleiche gilt für die Zusammenarbeit zwischen dem Aufsichts- oder dem Verwaltungsorgan der SE und den Arbeitnehmervertretern im Rahmen eines Verfahrens zur Unterrichtung und Anhörung der Arbeitnehmer.

Artikel 10
Schutz der Arbeitnehmervertreter

Die Mitglieder des besonderen Verhandlungsgremiums, die Mitglieder des Vertretungsorgans, Arbeitnehmervertreter, die bei einem Verfahren zur Unterrichtung und Anhörung mitwirken, und Arbeitnehmervertreter im Aufsichts- oder im Verwaltungsorgan der SE, die Beschäftigte der SE, ihrer Tochtergesellschaften oder Betriebe oder einer der beteiligten Gesellschaften sind, genießen bei der Wahrnehmung ihrer Aufgaben den gleichen Schutz und gleichartige Sicherheiten wie die Arbeitnehmervertreter nach den innerstaatlichen Rechtsvorschriften und/oder Gepflogenheiten des Landes, in dem sie beschäftigt sind.

Dies gilt insbesondere für die Teilnahme an den Sitzungen des besonderen Verhandlungsgremiums oder des Vertretungsorgans an allen sonstigen Sitzungen, die im Rahmen der Vereinbarung nach Artikel 4 Absatz 2 Buchstabe f stattfinden, und an den Sitzungen des Verwaltungs- oder des Aufsichtsorgans sowie für die Lohn- und Gehaltsfortzahlung an die Mitglieder, die Beschäftigte einer der beteiligten Gesellschaften oder der SE oder ihrer Tochtergesellschaften oder Betriebe sind, für die Dauer ihrer zur Wahrnehmung ihrer Aufgaben erforderlichen Abwesenheit.

Artikel 11
Verfahrensmissbrauch

Die Mitgliedstaaten treffen im Einklang mit den gemeinschaftlichen Rechtsvorschriften geeignete Maßnahmen, um zu verhindern, dass eine SE dazu missbraucht wird, Arbeitnehmern Beteiligungsrechte zu entziehen oder vorzuenthalten.

Artikel 12
Einhaltung der Richtlinie

(1) Jeder Mitgliedstaat trägt dafür Sorge, dass die Leitung der Betriebe einer SE und die Aufsichts- oder die Verwaltungsorgane der Tochtergesellschaften und der beteiligten Gesellschaften, die sich in seinem Hoheitsgebiet befinden, und ihre Arbeitnehmervertreter oder gegebenenfalls ihre Arbeitnehmer den Verpflichtungen dieser Richtlinie nachkommen, unabhängig davon, ob die SE ihren Sitz in seinem Hoheitsgebiet hat oder nicht.

(2) Die Mitgliedstaaten sehen geeignete Maßnahmen für den Fall der Nichteinhaltung dieser Richtlinie vor; sie sorgen insbesondere dafür, dass Verwaltungs- oder Gerichtsverfahren bestehen, mit denen die Erfüllung der sich aus dieser Richtlinie ergebenden Verpflichtungen durchgesetzt werden kann.

Artikel 13
Verhältnis dieser Richtlinie zu anderen Bestimmungen

(1) SE und Tochtergesellschaften einer SE, die gemeinschaftsweit operierende Unternehmen oder herrschende Unternehmen in einer gemeinschaftsweit operierenden Unternehmensgruppe im Sinne der Richtlinie 94/45/EG oder im Sinne der Richtlinie 97/74/EG[6] zur Ausdehnung der genannten Richtlinie auf das Vereinigte Königreich sind, unterliegen nicht den genannten Richtlinien und den Bestimmungen zu deren Umsetzung in einzelstaatliches Recht.

Beschließt das besondere Verhandlungsgremium jedoch gemäß Artikel 3 Absatz 6, keine Verhandlungen aufzunehmen oder bereits aufgenommene Verhandlungen abzubrechen, so gelangen die Richtlinie 94/45/EG oder die Richtlinie 97/74/EG und die Bestimmungen zu ihrer Umsetzung in einzelstaatliches Recht zur Anwendung.

(2) Einzelstaatliche Rechtsvorschriften und/oder Gepflogenheiten in Bezug auf die Mitbestimmung der Arbeitnehmer in den Gesellschaftsorganen, die nicht zur Umsetzung dieser Richtlinie dienen, finden keine Anwendung auf gemäß der Verordnung (EG) Nr. 2157/2001 gegründete und von dieser Richtlinie erfasste Gesellschaften.

(3) Diese Richtlinie berührt nicht

a) die den Arbeitnehmern nach einzelstaatlichen Rechtsvorschriften und/oder Gepflogenheiten zustehenden Beteiligungsrechte, die für die Arbeitnehmer der SE und

---

6 ABl. Nr. L 10 v. 16.1.1998, S. 22.

ihrer Tochtergesellschaften und Betriebe gelten, mit Ausnahme der Mitbestimmung in den Organen der SE,

b) die nach einzelstaatlichen Rechtsvorschriften und/oder Gepflogenheiten geltenden Bestimmungen über die Mitbestimmung in den Gesellschaftsorganen, die auf die Tochtergesellschaften der SE Anwendung finden.

(4) Zur Wahrung der in Absatz 3 genannten Rechte können die Mitgliedstaaten durch geeignete Maßnahmen sicherstellen, dass die Strukturen der Arbeitnehmervertretung in den beteiligten Gesellschaften, die als eigenständige juristische Personen erlöschen, nach der Eintragung der SE fortbestehen.

Artikel 14
Schlussbestimmungen

(1) Die Mitgliedstaaten erlassen die erforderlichen Rechts- und Verwaltungsvorschriften, um dieser Richtlinie spätestens am 8. Oktober 2004 nachzukommen, oder stellen spätestens zu diesem Zeitpunkt sicher, dass die Sozialpartner die erforderlichen Bestimmungen durch Vereinbarungen einführen; die Mitgliedstaaten treffen alle erforderlichen Vorkehrungen, um jederzeit gewährleisten zu können, dass die durch diese Richtlinie vorgeschriebenen Ergebnisse erzielt werden. Sie setzen die Kommission unverzüglich davon in Kenntnis.

(2) Wenn die Mitgliedstaaten diese Vorschriften erlassen, nehmen sie in den Vorschriften selbst oder durch einen Hinweis bei der amtlichen Veröffentlichung auf diese Richtlinie Bezug. Die Mitgliedstaaten regeln die Einzelheiten der Bezugnahme.

Artikel 15
Überprüfung durch die Kommission

Die Kommission überprüft spätestens zum 8. Oktober 2007 im Benehmen mit den Mitgliedstaaten und den Sozialpartnern auf Gemeinschaftsebene die Anwendung dieser Richtlinie, um dem Rat gegebenenfalls erforderliche Änderungen vorzuschlagen.

Artikel 16
Inkrafttreten

Diese Richtlinie tritt am Tag ihrer Veröffentlichung im Amtsblatt der Europäischen Gemeinschaften in Kraft.

Artikel 17
Adressaten

Diese Richtlinie ist an die Mitgliedstaaten gerichtet.

Geschehen zu Luxemburg am 8. Oktober 2001.

Im Namen des Rates

Der Präsident

L. Onkelinx

ANHANG
AUFFANGREGELUNG (nach Artikel 7)

Teil 1: Zusammensetzung des Organs zur Vertretung der Arbeitnehmer

Zur Verwirklichung des Ziels nach Artikel 1 wird in den in Artikel 7 genannten Fällen ein Vertretungsorgan gemäß folgenden Regeln eingesetzt:

a) Das Vertretungsorgan setzt sich aus Arbeitnehmern der SE und ihrer Tochtergesellschaften und Betriebe zusammen, die von den Arbeitnehmervertretern aus ihrer Mitte oder, in Ermangelung solcher Vertreter, von der Gesamtheit der Arbeitnehmer gewählt oder bestellt werden.

b) Die Mitglieder des Vertretungsorgans werden gemäß den einzelstaatlichen Rechtsvorschriften und/oder Gepflogenheiten gewählt oder bestellt.

Die Mitgliedstaaten sorgen durch entsprechende Vorschriften dafür, dass Änderungen innerhalb der SE und ihrer Tochtergesellschaften und Betriebe durch Anpassung der Zahl der Mitglieder des Vertretungsorgans und der Zuteilung der Sitze in diesem Organ Rechnung getragen wird.

c) Sofern die Zahl der Mitglieder des Vertretungsorgans es rechtfertigt, wählt das Vertretungsorgan aus seiner Mitte einen engeren Ausschuss mit höchstens drei Mitgliedern.

d) Das Vertretungsorgan gibt sich eine Geschäftsordnung.

e) Die Mitglieder des Vertretungsorgans werden entsprechend der Zahl der in jedem Mitgliedstaat beschäftigten Arbeitnehmer der beteiligten Gesellschaften und der betroffenen Tochtergesellschaften oder betroffenen Betriebe gewählt oder bestellt, so dass pro Mitgliedstaat für jeden Anteil der in diesem Mitgliedstaat beschäftigten Arbeitnehmer, der 10 % der Gesamtzahl der in allen Mitgliedstaaten beschäftigten Arbeitnehmer der beteiligten Gesellschaften und der betroffenen Tochtergesellschaften oder betroffenen Betriebe entspricht, oder für einen Bruchteil dieser Tranche Anspruch auf einen Sitz besteht.

f) Die Zusammensetzung des Vertretungsorgans wird dem zuständigen Organ der SE mitgeteilt.

g) Vier Jahre nach seiner Einsetzung prüft das Vertretungsorgan, ob die Vereinbarung nach den Artikeln 4 und 7 ausgehandelt werden oder die in Übereinstimmung mit diesem Anhang angenommene Auffangregelung weiterhin gelten soll.

Wird der Beschluss gefasst, eine Vereinbarung gemäß Artikel 4 auszuhandeln, so gelten Artikel 3 Absätze 4 bis 7 und Artikel 4 bis 6 sinngemäß, wobei der Ausdruck „besonderes Verhandlungsgremium" durch das Wort „Vertretungsorgan" ersetzt wird. Wenn am Ende des für die Verhandlungen vorgesehenen Zeitraums keine Vereinbarung zustande gekommen ist, findet die Regelung, die ursprünglich gemäß der Auffangregelung angenommen worden war, weiterhin Anwendung.

Teil 2: Auffangregelung für die Unterrichtung und Anhörung

Für die Zuständigkeiten und Befugnisse des Vertretungsorgans in einer SE gelten folgende Regeln:

a) Die Zuständigkeiten des Vertretungsorgans beschränken sich auf die Angelegenheiten, die die SE selbst oder eine ihrer Tochtergesellschaften oder einen ihrer Betriebe in einem anderen Mitgliedstaat betreffen oder über die Befugnisse der Entscheidungsorgane auf der Ebene des einzelnen Mitgliedstaats hinausgehen.

b) Unbeschadet etwaiger Zusammenkünfte gemäß Buchstabe c hat das Vertretungsorgan das Recht, auf der Grundlage regelmäßig von dem zuständigen Organ erstellter Berichte über die Entwicklung der Geschäftslage und die Perspektiven der SE unterrichtet und dazu gehört zu werden und zu diesem Zweck mindestens einmal jährlich mit dem zuständigen Organ der SE zusammenzutreten. Die örtlichen Geschäftsleitungen werden hiervon in Kenntnis gesetzt.

Das zuständige Organ der SE übermittelt dem Vertretungsorgan die Tagesordnung aller Sitzungen des Verwaltungsorgans oder gegebenenfalls des Leitungs- und des Aufsichtsorgans sowie Kopien aller Unterlagen, die der Hauptversammlung der Aktionäre unterbreitet werden.

Diese Unterrichtung und Anhörung bezieht sich insbesondere auf die Struktur der SE, ihre wirtschaftliche und finanzielle Situation, die voraussichtliche Entwicklung der Geschäfts-, Produktions- und Absatzlage, auf die Beschäftigungslage und deren voraussichtliche Entwicklung, auf die Investitionen, auf grundlegende Änderungen der Organisation, auf die Einführung neuer Arbeits- oder Fertigungsverfahren, auf Verlagerungen der Produktion, auf Fusionen, Verkleinerungen oder Schließungen von Unternehmen, Betrieben oder wichtigen Teilen derselben und auf Massenentlassungen.

c) Treten außergewöhnliche Umstände ein, die erhebliche Auswirkungen auf die Interessen der Arbeitnehmer haben, insbesondere bei Verlegungen, Verlagerungen, Betriebs- oder Unternehmensschließungen oder Massenentlassungen, so hat das Vertretungsorgan das Recht, darüber unterrichtet zu werden. Das Vertretungsorgan oder – wenn das Vertretungsorgan dies, insbesondere bei Dringlichkeit, beschließt – der engere Ausschuss hat das Recht, auf Antrag mit dem zuständigen Organ der SE oder den Vertretern einer geeigneteren mit eigenen Entscheidungsbefugnissen ausgestatteten Leitungsebene innerhalb der SE zusammenzutreffen, um über Maßnahmen, die erhebliche Auswirkungen auf die Interessen der Arbeitnehmer haben, unterrichtet und dazu gehört werden.

Wenn das zuständige Organ beschließt, nicht im Einklang mit der von dem Vertretungsorgan abgegebenen Stellungnahme zu handeln, hat das Vertretungsorgan das Recht, ein weiteres Mal mit dem zuständigen Organ der SE zusammenzutreffen, um eine Einigung herbeizuführen.

Findet eine Sitzung mit dem engeren Ausschuss statt, so haben auch die Mitglieder des Vertretungsorgans, die von diesen Maßnahmen unmittelbar betroffene Arbeitnehmer vertreten, das Recht, daran teilzunehmen.

Die Sitzungen nach Absatz 1 lassen die Vorrechte des zuständigen Organs unberührt.

d) Die Mitgliedstaaten können Regeln für den Vorsitz in den Sitzungen zur Unterrichtung und Anhörung festlegen.

Vor Sitzungen mit dem zuständigen Organ der SE ist das Vertretungsorgan oder der engere Ausschuss – gegebenenfalls in der gemäß Buchstabe c Absatz 3 erweiterten Zusammensetzung – berechtigt, in Abwesenheit der Vertreter des zuständigen Organs zu tagen.

e) Unbeschadet des Artikels 8 unterrichten die Mitglieder des Vertretungsorgans die Arbeitnehmervertreter der SE und ihrer Tochtergesellschaften und Betriebe über den Inhalt und die Ergebnisse der Unterrichtungs- und Anhörungsverfahren.

f) Das Vertretungsorgan oder der engere Ausschuss können sich durch Sachverständige ihrer Wahl unterstützen lassen.

g) Sofern dies zur Erfüllung ihrer Aufgaben erforderlich ist, haben die Mitglieder des Vertretungsorgans Anspruch auf bezahlte Freistellung für Fortbildungsmaßnahmen.

h) Die Ausgaben des Vertretungsorgans gehen zulasten der SE, die die Mitglieder dieses Organs mit den erforderlichen finanziellen und materiellen Mitteln ausstattet, damit diese ihre Aufgaben in angemessener Weise wahrnehmen können.

Insbesondere trägt die SE die Kosten der Veranstaltung der Sitzungen einschließlich der Dolmetschkosten sowie die Aufenthalts- und Reisekosten für die Mitglieder des Vertretungsorgans und des engeren Ausschusses, soweit nichts anderes vereinbart wurde.

Die Mitgliedstaaten können im Einklang mit diesen Grundsätzen Regeln für die Finanzierung der Arbeit des Vertretungsorgans festlegen. Sie können insbesondere die Übernahme der Kosten auf die Kosten für einen Sachverständigen begrenzen.

Teil 3: Auffangregelung für die Mitbestimmung

Für die Mitbestimmung der Arbeitnehmer in der SE gelten folgende Bestimmungen:

a) Fanden im Falle einer durch Umwandlung gegründeten SE Vorschriften eines Mitgliedstaats über die Mitbestimmung der Arbeitnehmer im Verwaltungs- oder im Aufsichtsorgan vor der Eintragung Anwendung, so finden alle Komponenten der Mitbestimmung der Arbeitnehmer weiterhin Anwendung. Buchstabe b gilt diesbezüglich sinngemäß.

b) In den Fällen der Gründung einer SE haben die Arbeitnehmer der SE, ihrer Tochtergesellschaften und Betriebe und/oder ihr Vertretungsorgan das Recht, einen Teil der Mitglieder des Verwaltungs- oder des Aufsichtsorgans der SE zu wählen oder zu bestellen oder deren Bestellung zu empfehlen oder abzulehnen, wobei die Zahl dieser Mitglieder sich nach dem höchsten maßgeblichen Anteil in den beteiligten Gesellschaften vor der Eintragung der SE bemisst.

Bestanden in keiner der beteiligten Gesellschaften vor der Eintragung der SE Vorschriften über die Mitbestimmung, so ist die SE nicht verpflichtet, eine Vereinbarung über die Mitbestimmung der Arbeitnehmer einzuführen.

Das Vertretungsorgan entscheidet über die Verteilung der Sitze im Verwaltungs- oder im Aufsichtsorgan auf die Mitglieder, die Arbeitnehmer aus verschiedenen Mitgliedstaaten vertreten, oder über die Art und Weise, in der die Arbeitnehmer der SE Mitglieder dieser Organe empfehlen oder ablehnen können, entsprechend den jeweiligen Anteilen der in den einzelnen Mitgliedstaaten beschäftigten Arbeitnehmer der SE. Bleiben Arbeitnehmer aus einem oder mehreren Mitgliedstaaten bei der anteilmäßigen Verteilung unberücksichtigt, so bestellt das Vertretungsorgan eines der Mitglieder aus einem dieser Mitgliedstaaten, und zwar vorzugsweise – sofern angemessen – aus dem Mitgliedstaat, in dem die SE ihren Sitz haben wird. Jeder Mitgliedstaat hat das Recht, die Verteilung der ihm im Verwaltungs- oder im Aufsichtsorgan zugewiesenen Sitze festzulegen.

Alle von dem Vertretungsorgan oder gegebenenfalls den Arbeitnehmern gewählten, bestellten oder empfohlenen Mitglieder des Verwaltungsorgans oder gegebenenfalls des Aufsichtsorgans der SE sind vollberechtigte Mitglieder des jeweiligen Organs mit denselben Rechten (einschließlich des Stimmrechts) und denselben Pflichten wie die Mitglieder, die die Anteilseigner vertreten.

Stichwortverzeichnis

Verfasserin: RAin Iris Theves-Telyakar

Halbfette Zahlen ohne Angabe eines Gesetzes verweisen auf die Vorschriften der SE-VO (Teil A.), solche mit Angabe **SEBG** auf Vorschriften des SEBG (Teil B.), **Einl** auf die Einleitung vor Art. 1 SE-VO und **StR** auf die Kommentierung des Steuerrechts (Teil C.). Einige Vorschriften des **SEAG** sind in den Anhängen zu den Vorschriften der SE-VO kommentiert. Magere Zahlen verweisen auf die Randzahlen innerhalb der einzelnen Kommentierungen.

Haftung
- Aufsichtsorgan s. dort
- Geltendmachung **43 Anh § 39 SEAG** 13, 15; **51** 24 f.; **52** 40 ff.
- geschäftsführende Direktoren s. dort
- Gründer **16** 6 ff.; **33** 42
- Gründung s. dort
- Holdinggründung **33** 42
- Leitungsorgan s. dort
- Sachverständige **22** 17
- SE **16** 1, 11 f.
- SE, Haftungsübernahme **16** 26 ff.
- Unterbilanzhaftung **16** 11, 17
- Verlustdeckungshaftung **16** 11, 17
- Verschmelzungsprüfung **22** 17
- Verwaltungsorgan s. dort
- Verwaltungsratsmitglieder s. dort
- Verzicht **52** 43
- Vor-SE **1** 15; **16** 6 ff.

Handelndenhaftung
- Ausschluss **16** 26 ff.
- fehlende Vertretungsmacht **16** 28
- Formwechsel **37** 83
- Gesellschafter **16** 23
- Gründungsformen **16** 18
- Haftungsfolgen **16** 29
- Haftungssubjekte **16** 21 ff.
- Handlung im Namen d. SE **16** 24 f.
- Organmitglieder **16** 21
- Regress **16** 30 ff.
- Vor-SE **1** 15
- Zeitraum **16** 19
- Zweck **16** 3

Handelsbilanz
- anwendbares Recht **StR** 73

Handelsgesellschaft
- Gründung als SE **1** 1, 5

Handelsregister
- Mitteilungspflicht, Sitzverlegung **64** 24
- Mitteilungspflichten **68** 11
- Sitzverlegung, Bescheinigung **8** 54 ff.

Handelsregisteranmeldung
- Bestellungshindernisse/-verbote, Negativerklärung **43 Anh § 46 SEAG** 7
- Formerfordernisse **12** 17 ff.
- Geschäftsführungsänderungen **43 Anh § 46 SEAG** 5 f.
- Gründung, SEAG **43 Anh § 20 SEAG** 2 ff.
- Inhalt **12** 11 ff.
- Leitungsorganmitglieder **39** 26
- Löschung **63** 26, 36
- Registerkontrolle s. dort
- SE nach Formwechsel **37** 79 ff.
- SE-Umwandlung in AG **66** 32
- Verpflichtete **12** 8 ff.
- Verwaltungsratsänderungen **43 Anh § 46 SEAG** 2 ff.
- Zuständigkeit **12** 6 f.; **43 Anh § 40 SEAG** 35

Handelsregistereintragung
- Ablehnung **12** 21

- Gründung, SEAG **43 Anh § 20 SEAG** 13 ff.
- Holding-SE **33** 55 f.
- Holding-SE, Nachfrist **33** 36 f.
- Inhalt **12** 22
- Löschung **63** 26, 36
- Mitbestimmung, Prüfungspflicht **12** 24 ff.
- Rechtmäßigkeitsbescheinigung s. dort
- Rechtsformzusatz **11** 5
- rechtswidrige, Verschmelzung **27** 2, 5; **30** 1, 4 f.
- SE nach Formwechsel **37** 82
- SE-Umwandlung in AG **66** 33
- Sitzverlegung, Wegzugstaat **8** 60
- Sitzverlegung, Zuzugstaat **8** 67 ff., 79 ff., 92
- Tochter-SE, Gründung **36** 25
- Umwandlungsbeschluss, Gründerangaben **37** 69 f.
- Verschmelzung, Offenlegung **27** 6; **28** 1 ff.
- vorläufige **25** 18
- Wirkung **1** 14; **16** 1, 5
- Wirkung, Verschmelzung **27** 1, 3 f.; **30** 1 ff.
- Zuständigkeit **12** 2 ff.

Hauptversammlung
- Ablauf **53** 1 ff., 7, 16
- Ablauf, anwendbares Recht **53** 1 ff., 7
- Abstimmung, anwendbares Recht **53** 31
- Anträge/Gegenanträge **53** 14
- anwendbares Recht **9** 9
- Anwesenheit **53** 10
- Aufsichtsorgan-/Verwaltungsorganwahl **37** 71
- Aufsichtsorganvorsitzender, Wahl **42** 4 ff.
- Auskunftsrecht **53** 22
- Beschlüsse, Anfechtung **43 Anh § 32 SEAG** 2 ff.
- Beschlüsse, Nichtigkeit **43 Anh § 31 SEAG** 2
- Dauer **53** 11
- Geschäftsordnung **53** 34
- Niederschrift **53** 29
- Ort **7** 3
- Personalpolitik **43 Anh § 40 SEAG** 18
- Rederecht **53** 21
- Selbstorganisationsrecht **53** 33
- Sprache **53** 21
- Stimmrechtsausübung **53** 9
- Stimmrechtsvertretung **53** 20
- Tagesordnung **54** 21, 25 f.
- Tagesordnung, Ergänzung **56** 1 ff.; s.a. Tagesordnung – Ergänzung
- Teilnahme Dritter **53** 19
- Teilnahmerecht **53** 17 ff.
- Teilnehmerverzeichnis **53** 30
- Telekommunikationsmöglichkeiten **53** 10
- Versammlungsleiter **53** 25 ff.
- Vollversammlung **53** 15
- Wahl d. Verwaltungsrats **43 Anh § 28 SEAG** 2 ff.
- zwingende Zuständigkeit **43 Anh § 44 SEAG** 6

1217

Karsten Schmidt/Marcus Lutter (Hrsg.)

Aktiengesetz

Herausgegeben von Prof. Dr. Dres. h.c. *Karsten Schmidt* und Prof. Dr. Dres. h.c. *Marcus Lutter*. Bearbeitet von Prof. Dr. *Walter Bayer*, Prof. Dr. *Tilman Bezzenberger*, Prof. Dr. *Tim Drygala*, Prof. Dr. *Holger Fleischer*, LL. M. (Ann Arbor), Prof. Dr. Dres. h.c. *Peter Hommelhoff*, Prof. Dr. *Detlef Kleindiek*, RA Prof. Dr. *Gerd Krieger*, Prof. Dr. *Katja Langenbucher*, Notar Dr. *Gerd H. Langhein*, Prof. Dr. Dres. h.c. *Marcus Lutter*, Prof. Dr. *Hanno Merkt*, LL. M. (Univ. of Chicago), Prof. Dr. *Hartmut Oetker*, Prof. Dr. *Karl Riesenhuber*, Dr. *Viola Sailer*, Prof. Dr. Dres. h.c. *Karsten Schmidt*, RA Dr. *York Schnorbus*, Prof. Dr. *Martin Schwab*, RA Dr. *Christoph H. Seibt*, LL. M. (Yale), Prof. Dr. *Gerald Spindler*, RA Dr. *Klaus-Dieter Stephan*, Prof. Dr. *Rüdiger Veil*, RA Dr. *Jochen Vetter*, PD Dr. *Carl-Heinz Witt*, LL. M. (Georgetown), RA Dr. *Hildegard Ziemons*, Prof. Dr. *Daniel Zimmer*, LL. M. (UCLA). 2008, 3288 Seiten Lexikonformat, gbd. Ln., 2 Bände, 249,– €.
ISBN 978-3-504-31173-5

Der „K. Schmidt/Lutter" ist eine echte Alternative in der Landschaft der Aktiengesetz-Kommentare: Er bietet einerseits mehr als ein Kurzkommentar und ist andererseits deutlich schlanker, aktueller und günstiger als ein Großkommentar. Sichergestellt durch ein namhaftes Herausgeber- und Autorenteam aus Wissenschaft und Beratungspraxis bewegt sich dieser Kommentar gleichbleibend auf allerhöchstem Niveau.

Und das hat gute Gründe, denn die Kommentierungen zeichnen sich aus durch:

- Wissenschaftliche Gründlichkeit
- Praxisgerechte, richtungweisende Lösungen
- Meinungsbildende, eigenständige Kommentierungen
- Zuverlässige Darstellung und sorgfältige Auswertung von Rechtsprechung und Literatur
- Keine Wiederholungen, keine Langatmigkeit. Dieser Kommentar hat fraglos das Potential eines Standardwerks

Jeder wird ihn haben wollen, der im Aktienrecht arbeitet.

Verlag Dr. Otto Schmidt · Köln

Notizen

Notizen

Notizen

Notizen

Lutter/Hommelhoff (Hrsg.), **SE-Kommentar**

• Hinweise und Anregungen: _____

_____

_____

_____

_____

• Auf Seite _____ Art./§ _____ Rz. _____ Zeile _____ von oben/unten

muss es statt _____

_____

_____

richtig heißen _____

_____

_____

Lutter/Hommelhoff (Hrsg.), **SE-Kommentar**

• Hinweise und Anregungen: _____

_____

_____

_____

_____

• Auf Seite _____ Art./§ _____ Rz. _____ Zeile _____ von oben/unten

muss es statt _____

_____

_____

richtig heißen _____

_____

_____

Absender

_____

_____

_____

_____

_____

Antwortkarte

Informationen unter **www.otto-schmidt.de**

So können Sie uns auch erreichen:
lektorat@otto-schmidt.de

Wichtig: Bitte immer den Titel des Werkes
angeben!

Verlag Dr. Otto Schmidt KG
Lektorat
Gustav-Heinemann-Ufer 58
50968 Köln

Absender

_____

_____

_____

_____

Antwortkarte

Informationen unter **www.otto-schmidt.de**

So können Sie uns auch erreichen:
lektorat@otto-schmidt.de

Wichtig: Bitte immer den Titel des Werkes
angeben!

Verlag Dr. Otto Schmidt KG
Lektorat
Gustav-Heinemann-Ufer 58
50968 Köln